COLLINS

SŁOWNIK
ANGIELSKO-POLSKI

ENGLISH-POLISH
DICTIONARY

COLLINS

ENGLISH-POLISH DICTIONARY

EDITOR-IN-CHIEF
PROFESSOR JACEK FISIAK

GRAF PUNKT

COLLINS

SŁOWNIK ANGIELSKO-POLSKI

pod redakcją

PROF. DR. HAB. JACKA FISIAKA

WYDANIE CZWARTE

GRAF PUNKT
OFICYNA WYDAWNICZA

REDAKTOR NACZELNY
JACEK FISIAK

ZASTĘPCA REDAKTORA NACZELNEGO
I NADZÓR INFORMATYCZNY
MICHAŁ JANKOWSKI

REDAKTOR CZĘŚCI ANGIELSKO-POLSKIEJ
ARLETA ADAMSKA-SAŁACIAK

REDAKTOR CZĘŚCI POLSKO-ANGIELSKIEJ
MARIUSZ IDZIKOWSKI

ZESPÓŁ LEKSYKOGRAFÓW
Marek Daroszewski • Przemysław Kaszubski • Janusz Kaźmierczak
Agnieszka Kiełkiewicz-Janowiak • Tadeusz W. Lange • Robert Lew • Tomasz Lisowski
Magdalena Małaczyńska • Agnieszka Mielczarek • Danuta Romanowska • Liliana Sikorska
Grzegorz Skommer • Jacek Witkoś

KONSULTANCI
Ewa Dąbrowska • Alex Earle • Karol Janicki • Graham Knox-Crawford • Martin Parker
Magdalena Pieczka • Tadeusz Piotrowski • Geoffrey Shaw • Tadeusz Zgółka

PRZEDSTAWICIELE WYDAWNICTWA COLLINS
Horst Kopleck (co-ordinator)
Jaremy Butterfield (project manager)

PROJEKT OKŁADKI
Marek Zadworny

REDAKTOR TECHNICZNY
Roman Bryl

ISBN 83-87726-00-1

Graf-Punkt
Wydanie czwarte
Warszawa 2002

SKŁAD
MOTIVEX

ŁAMANIE I DIAPOZYTYWY

DRUK I OPRAWA
PWP „GRYF" S.A., Ciechanów

WSTĘP

Cieszymy się, że wybraliście Państwo słownik wydany przez Graf-Punkt na licencji Collinsa – renomowanego wydawcy brytyjskiego. Mamy nadzieję, że polubicie go i będziecie się nim chętnie posługiwać w domu, na wakacjach i w pracy.

We wstępie znajdziecie Państwo szereg wskazówek wyjaśniających, jak najlepiej wykorzystać słownik – nie tylko jako listę wyrazów, ale również jako zbiór informacji zawartych w każdym artykule hasłowym. Pomoże to Państwu w czytaniu i rozumieniu współczesnych tekstów angielskich, a także ułatwi porozumiewanie się w tym języku.

INTRODUCTION

We are delighted that you have decided to use the Collins Graf-Punkt English-Polish Polish-English Dictionary and hope that you will enjoy it and benefit from using it at home, on holiday or at work.

This introduction gives you a few tips on how to get the most out of your dictionary – not simply from its comprehensive wordlist but also from the information provided in each entry. This will help you to read and understand modern Polish, as well as communicate and express yourself in the language.

SPIS TREŚCI

CONTENTS

JAK KORZYSTAĆ ZE SŁOWNIKA

Wyrazy hasłowe

Wyraz hasłowy to wyraz, pod którym zamieszczony jest artykuł hasłowy. Wyrazy hasłowe są uporządkowane alfabetycznie i wyróżnione **wytłuszczonym drukiem**. Mogą one być częścią zwrotu lub wyrazu złożonego. U góry każdej strony umieszczono pierwszy i ostatni wyraz hasłowy występujący na danej stronie.

Znaczenia

Znaczenia wyrazów hasłowych wydrukowane są zwykłą czcionką. Te, które oddzielone są przecinkiem, mogą najczęściej być używane wymiennie. Znaczenia oddzielone średnikiem nie są wymienne. Różnice znaczeń zaznaczone są zazwyczaj przez *kwalifikatory znaczeniowe* (zob. niżej) umieszczone w nawiasach i wydrukowane kursywą.
Nie zawsze istnieje w jednym z języków ekwiwalent znaczeniowy terminu występującego w drugim. Kiedy np. wyraz angielski określa przedmiot lub instytucję nie istniejącą w Polsce, słownik podaje albo przybliżony odpowiednik poprzedzony symbolem ≈, jeśli w języku polskim takowy występuje, albo wydrukowany kursywą opis danego przedmiotu czy instytucji, jeśli brak ekwiwalentu w polszczyźnie.

Kwalifikatory

Kwalifikator to informacja w języku hasła umieszczona w nawiasach i wydrukowana kursywą. Ułatwia ona wybranie odpowiedniego znaczenia wyrazu hasłowego w zależności od kontekstu, w którym wyraz ów występuje, lub podaje jego synonim. Potoczne użycie wyrazów zaznaczone jest przy pomocy skrótu *inf* bezpośrednio po wyrazie hasłowym. Znaczenia polskie i angielskie wyrazów hasłowych są również odpowiednikami stylistycznymi.

Wymowa

W części angielsko-polskiej słownika po wyrazie hasłowym podana jest wymowa w transkrypcji fonetycznej. Jeśli w pozycji wyrazu hasłowego znajduje się zestawienie lub zwrot składajacy się z dwóch lub więcej wyrazów, wymowy ich należy szukać tam, gdzie występują jako wyrazy hasłowe. Np. w przypadku **bank rate** wymowa jest zamieszczona w odpowiednich miejscach przy **bank** i **rate**. Lista symboli fonetycznych znajduje się na stronach VIII – IX.
W części polsko-angielskiej słownik nie podaje wymowy. Informacje na temat reguł wymowy polskiej umieszczone są w części polsko-angielskiej na stronach IX – XI.

Słowa kluczowe

Nowością w naszym słowniku jest szczególne potraktowanie tzw. słów kluczowych zarówno w części polskiej, jak i angielskiej. *Słowa kluczowe* to wyrazy o wielu znaczeniach i szerokim zakresie użycia. W słowniku zostały one wyraźnie wyróżnione (w specjalnej ramce z nagłówkiem *KEYWORD* lub *SŁOWO KLUCZOWE*), aby ułatwić użytkownikowi ich czynne i bierne opanowanie.

Skróty i nazwy własne

Akronimy i inne skróty oraz nazwy własne zostały w słowniku potraktowane jako wyrazy hasłowe i umieszczone w porządku alfabetycznym.

Użycie *or/lub*, ukośnej kreski (/) i nawiasów

Wyrazy *or* w części angielsko-polskiej i *lub* w części polsko-angielskiej używane są między wymiennymi (synonimicznymi) znaczeniami wyrazu hasłowego lub zwrotu występującego pod hasłem. Ukośna kreska (/) oddziela różne znaczenia, niesynonimiczne i niewymienne. Nawiasy okrągłe oznaczają elementy, które można opuścić.

Amerykanizmy

Warianty pisowni amerykańskiej znajdują się po wyrazie hasłowym, np. **colour**, *(US)* **color**. W wyrazach odległych alfabetycznie warianty amerykańskie podane są samodzielnie według porządku alfabetycznego. Podobnie w przypadku różnych form wyrazowych, np. wyrazy **trousers** i **pants** występują oddzielnie.

Polskie czasowniki zwrotne

Polskie czasowniki zwrotne nie są wyróżnione w słowniku jako osobne hasła. Należy ich szukać pod formami niezwrotnymi, np. **myć się** umieszczono pod hasłem **myć**, które jest wyrazem hasłowym.

USING THE DICTIONARY

Headwords

The headword is the word you look up in a dictionary. Headwords are listed in alphabetical order, and printed in **bold type** so that they stand out on the page. Each headword may contain other references such as phrases and compounds. The two headwords appearing at the top of each page indicate the first and last word dealt with on the page in question.

Translations

The translations of the headword are printed in ordinary roman type. As a rule, translations separated by a comma can be regarded as interchangeable for the meaning indicated. Translations separated by a semi-colon are not interchangeable, though the different meaning splits are generally marked by an indicator (see below).
It is not always possible to give an exact translation equivalent, for instance when the English word denotes an object or institution which does not exist or exists in a different form in Polish. If an approximate equivalent exists, it is given preceded by ≈. If there is no cultural equivalent, a *gloss* is given to explain the source item.

Indicators

An *indicator* is a piece of information in the source language about the usage of the headword to guide you to the most appropriate translation. Indicators give some idea of the contexts in which the headword might appear, or they provide synonyms for the headword. They are printed in italic type and shown in brackets. Colloquial and informal language in the dictionary is marked at the headword. You should assume that the translation will match the source language in register.

Pronunciation

On the English-Polish side of the dictionary you will find the phonetic spelling of the word in square brackets after the headword. Where the entry is composed of two or more unhyphenated words, each of which is given elsewhere in the dictionary, you will find the pronunciation of each word in its alphabetical position. A list of symbols is given on pages VIII – IX.
On the Polish-English side the pronunciation of Polish headwords is not provided. Information on Polish pronunciation is given in the Polish-English part on pages IX – XI.

Keywords

In this dictionary we have given special status to "key" English and Polish words. As these words can be grammatically complex and often have many different usages, they have been given special attention in the dictionary, and are labelled *KEYWORD* and *SŁOWO KLUCZOWE*.

Abbreviations and proper names

Abbreviations, acronyms and proper names have been included in the word list in alphabetical order.

Use of *or/lub*, oblique and brackets

The words *or* on the English-Polish side and *lub* on the Polish-English side are used between interchangeable parts of a translation or source phrase. The oblique (/) is used between non-interchangeable alternatives in the translation of source phrase. Round brackets are used to show optional parts of the translation or source phrase.

American variants

American spelling variants are generally shown at the British headword, eg. **colour**, *(US)* **color**, and also as a separate entry if they are not alphabetically adjacent to the British form. Variant forms are generally shown as headwords in their own right, eg. **trousers** and **pants**, unless the British and American forms are alphabetically adjacent in which case the American form is only shown separately if phonetics are required.

Polish reflexive verbs

Polish reflexive verbs, eg. **myć się**, are listed under the basic verb **myć**.

INFORMACJE GRAMATYCZNE W SŁOWNIKU ANGIELSKO-POLSKIM

Rodzaj gramatyczny

W słowniku podano informację o rodzaju gramatycznym dla wszystkich rzeczowników w języku polskim stanowiących odpowiedniki haseł angielskich. Rzeczowniki, które posiadają dwa rodzaje np. *sierota* mają oznaczenie *m/f*. Rzeczowniki nieodmienne oznaczane są informacją o rodzaju i skrótem *inv*.

W tych przypadkach, gdzie jako odpowiednik oprócz męskiej podana jest też forma żeńska, a forma męska oznaczana jest tak, jak opisano powyżej, to rodzaj formy żeńskiej podaje się w następujący sposób: *nauczyciel(ka) m(f)*. Odpowiedniki w liczbie mnogiej oznaczane są zawsze skrótem *pl*, np. *wakacje pl*.

Formy żeńskie

Przy oznaczaniu form żeńskich używa się następujących konwencji:

— Jeśli formę żeńską tworzy się przez dodanie końcówki do formy męskiej, to końcówka ta podawana jest w nawiasie po formie męskiej, np. *nauczyciel(ka) m(f)*.

— Jeśli dodanie końcówki żeńskiej powoduje zmiany w formie męskiej, to po formie męskiej w nawiasie wraz z końcówką formy żeńskiej podaje się z myślnikiem ostatnią literę wspólną dla obu form, np. *mieszkaniec (-nka)*.

— Jeśli formę żeńską podaje się w całości bezpośrednio po męskiej, to są one oddzielone od siebie kreską ukośną, np. *Czech/Czeszka*.

Przymiotniki

Polskie odpowiedniki przymiotników podawane są zawsze w formie męskiej.

Czasowniki
Jako odpowiedniki wyrazów hasłowych podaje się czasowniki w pełnej formie w trybie niedokonanym i dokonanym wtedy, gdy oba tryby mają zastosowanie, np. **beat** bić (zbić *perf*). Jeśli podany jest tylko jeden tryb czasownika, to oznacza to, że dla tego znaczenia ma zastosowanie tylko ten jeden tryb.
W tych przypadkach, gdzie fraza w języku angielskim zawiera formę czasu przeszłego czasownika w pierwszej osobie liczby pojedynczej, to polski odpowiednik może być podany albo w formie męskiej albo żeńskiej.

STYLE AND LAYOUT OF THE ENGLISH – POLISH DICTIONARY

Gender
The gender of Polish nouns given as translations is always shown in the dictionary. Nouns which have a common gender, eg. *sierota*, are labelled *m/f.* Indeclinable nouns are labelled with gender followed by the abbreviation *inv*.
Where the feminine form of a masculine noun is also given a translation, and the gender of the masculine noun is shown according to the guidelines given above, the gender of the feminine is shown as follows: *nauczyciel(ka) m(f)*. Plural noun translations are always labelled with the abbreviation *pl*, eg. *wakacje pl.*

Feminine forms
The following conventions are used in this dictionary to show feminine forms of masculine nouns:
- If the feminine ending adds on to the masculine form, the feminine ending is bracketed, eg. *nauczyciel(ka)*.
- If the feminine ending substitutes part of the masculine form, the last common letter of the masculine and feminine form is shown before the feminine ending, preceded by a dash and enclosed in brackets, eg. *mieszkaniec (-nka)*.
- If the feminine form is given in full, it appears next to the masculine form and is separated by an oblique (/), eg. *Czech/Czeszka.*

Adjectives
Polish translations of adjectives are always given in the masculine.

Verbs
In translation of the headword, imperfective and perfective aspects are shown in full where they both apply, eg. **beat** bić (zbić *perf*). If only one aspect is shown, it means that only one aspect works for this sense.

In infinitive phrases, if the two aspects apply they are shown and labelled, eg. **to buy sth** kupować (kupić *perf*) coś.

Where the English phrase contains the past tense of a verb in the 1st person singular, the Polish translation gives either the masculine or the feminine form, eg. **I did** 'zrobiłem'/**I sang** 'śpiewałam'.

SKRÓTY UŻYWANE W SŁOWNIKU ANGIELSKO-POLSKIM
ABBREVIATIONS USED IN THE ENGLISH-POLISH DICTIONARY

skrót	***abbr***	abbreviation
biernik	***acc***	accusative
przymiotnik	***adj***	adjective
administracja	***ADMIN***	administration
przysłówek	***adv***	adverb
rolnictwo	***AGR***	agriculture
anatomia	***ANAT***	anatomy
architektura	***ARCHIT***	architecture
astronomia	***ASTRON***	astronomy
motoryzacja	***AUT***	automobiles
lotnictwo	***AVIAT***	aviation
biologia	***BIO***	biology
botanika	***BOT***	botany
angielszczyzna brytyjska	***BRIT***	British English
chemia	***CHEM***	chemistry
handel	***COMM***	commerce
stopień wyższy	***comp***	comparative
informatyka i komputery	***COMPUT***	computer
spójnik	***conj***	conjunction
budownictwo	***CONSTR***	construction
wyraz złożony	***cpd***	compound
kulinarny	***CULIN***	culinary
celownik	***dat***	dative
rodzajnik określony	***def art***	definite article
zdrobnienie	***dimin***	diminutive
ekonomia	***ECON***	economics
elektronika, elektrotechnika	***ELEC***	electronics, electricity
szczególnie	***esp***	especially
itd.	***etc***	et cetera
wykrzyknik	***excl***	exclamation
żeński	***f***	feminine
przenośny	***fig***	figurative
finanse	***FIN***	finance
formalny	***fml***	formal
dopełniacz	***gen***	genitive
geografia	***GEOG***	geography
geologia	***GEOL***	geology
geometria	***GEOM***	geometry
bezosobowy	***impers***	impersonal
rodzajnik nieokreślony	***indef art***	indefinite article
potoczny	***inf***	informal
obraźliwy, wulgarny	***inf!***	offensive
bezokolicznik	***infin***	infinitive
narzędnik	***instr***	instrumental

nieodmienny	***inv***	invariable
nieregularny	***irreg***	irregular
prawo	***JUR***	law
językoznawstwo	***LING***	linguistics
dosłowny	***lit***	literal
miejscownik	***loc***	locative
męski	***m***	masculine
matematyka	***MATH***	mathematics
medycyna	***MED***	medicine
meteorologia	***METEOR***	meteorology
wojskowość	***MIL***	military
muzyka	***MUS***	music
mitologia	***MYTH***	mythology
rzeczownik	***n***	noun
żegluga	***NAUT***	nautical
mianownik	***nom***	nominative
rzeczownik w l. mnogiej	***npl***	plural noun
nijaki	***nt***	neuter
liczebnik	***num***	numeral
niemęskoosobowy	***nvir***	non-virile
siebie, się	***o.s.***	oneself
parlament	***PARL***	parliament
dopełniacz cząstkowy	***part***	partitive
pejoratywny	***pej***	pejorative
czasownik dokonany	***perf***	perfective verb
fotografia	***PHOT***	photography
fizyka	***PHYS***	physics
fizjologia	***PHYSIOL***	physiology
liczba mnoga	***pl***	plural
polityka	***POL***	politics
nie występuje bezpośrednio przed rzeczownikiem	***post***	postpositive (does not immediately precede a noun)
imiesłów bierny	***pp***	past participle
przedrostek	***pref***	prefix
przyimek	***prep***	preposition
zaimek	***pron***	pronoun
psychologia	***PSYCH***	psychology
czas przeszły	***pt***	past tense
kolej	***RAIL***	railways
religia	***REL***	religion
ktoś	***sb***	somebody
szkolnictwo	***SCOL***	school
liczba pojedyncza	***sg***	singular
coś	***sth***	something
stopień najwyższy	***superl***	superlative
technika i technologia	***TECH***	technology
telekomunikacja	***TEL***	telecommunication
teatr	***THEAT***	theatre
telewizja	***TV***	television
poligrafia	***TYP***	printing
uniwersytet	***UNIV***	university

angielszczyzna amerykańska	**US**	American English
zwykle	**usu**	usually
czasownik	**vb**	verb
czasownik nieprzechodni	**vi**	intransitive verb
męskoosobowy	**vir**	virile
wołacz	**voc**	vocative
czasownik przechodni	**vt**	transitive verb
czasownik nierozdzielny	**vt fus**	inseparable verb
zoologia	**ZOOL**	zoology
znak zastrzeżony	®	registered trademark
poprzedza odpowiednik kulturowy	≈	introduces a cultural equivalent
zmiana osoby mówiącej	–	change of speaker

WYMOWA ANGIELSKA

Samogłoski i dyftongi

Symbol fonetyczny	*Przykład angielski*	*Przybliżony odpowiednik polski lub opis*
[ɑː]	part, father	tata
[ʌ]	but, come	agresja
[æ]	man, cat	bardzo otwarte „e”
[ɛ]	dress, egg	bez
[ə]	father, ago	samogłoska centralna nieakcentowana
[əː]	bird, heard	samogłoska centralna długa
[ɪ]	it, big	samogłoska podobna do polskiej „y”
[iː]	tea, sea	kij, pij
[ɔ]	hot, wash	pod
[ɔː]	saw, all	długie „o”
[u]	put, book	but
[uː]	too, you	długie „u”
[aɪ]	fly, high	kraj
[au]	how, house	miał, miau
[eɪ]	day, obey	klej
[ɪə]	hear, here	kombinacja [i] i centralnej samogłoski [ə]
[ɛə]	there, bear	kombinacja [e] i [ə]
[əu]	go, note	kombinacja [ə] i [u]
[ɔɪ]	boy, oil	oj
[uə]	poor, sure	kombinacja [u] i [ə]

Spółgłoski

Symbol fonetyczny	*Przykład angielski*	*Przybliżony odpowiednik polski lub opis*
[b]	but	but
[d]	mended	dom, bieda
[g]	go, big	góra, biegać
[dʒ]	gin, judge	dżem
[ŋ]	sing	bank w wymowie, gdzie nie słychać „k”
[h]	house, he	słabsze polskie „ch”
[j]	young	jest

[k]	come, rock	kamień, bok
[r]	red, tread	trące „r” nieprzerywane
[s]	sand, city	sad, rysa
[z]	rose, zebra	baza, zebra
[ʃ]	she, machine	szyna, maszerować
[tʃ]	chin, rich	czyn, ryczeć
[v]	valley	wał
[w]	water, which	łotr
[ʒ]	vision	ważny
[θ]	think	wymawia się jak „s” z językiem między zębami
[ð]	this	wymawia się jak „z” z językiem między zębami
[f]	face	fakt
[l]	lake	lekcja
[m]	must	musieć
[n]	nut	nuta
[p]	pat, pop	papka
[t]	take, hat	tak, kat

ANGIELSKIE CZASOWNIKI NIEREGULARNE

present	*pt*	*pp*
arise	arose	arisen
awake	awoke	awoken
be (am, is, are; being)	was, were	been
bear	bore	born(e)
beat	beat	beaten
become	became	become
befall	befell	befallen
begin	began	begun
behold	beheld	beheld
bend	bent	bent
beset	beset	beset
bet	bet, betted	bet, betted
bid *(at auction, cards)*	bid	bid
bid *(say)*	bade	bidden
bind	bound	bound
bite	bit	bitten
bleed	bled	bled
blow	blew	blown
break	broke	broken
breed	bred	bred
bring	brought	brought
build	built	built
burn	burnt, burned	burnt, burned
burst	burst	burst
buy	bought	bought
can	could	(been able)
cast	cast	cast
catch	caught	caught
choose	chose	chosen
cling	clung	clung
come	came	come

cost	cost	cost
cost *(work out price of)*	costed	costed
creep	crept	crept
cut	cut	cut
deal	dealt	dealt
dig	dug	dug
do (does)	did	done
draw	drew	drawn
dream	dreamed, dreamt	dreamed, dreamt
drink	drank	drunk
drive	drove	driven
dwell	dwelt	dwelt
eat	ate	eaten
fall	fell	fallen
feed	fed	fed
feel	felt	felt
fight	fought	fought
find	found	found
flee	fled	fled
fling	flung	flung
fly (flies)	flew	flown
forbid	forbad(e)	forbidden
forecast	forecast	forecast
forget	forgot	forgotten
forgive	forgave	forgiven
forsake	forsook	forsaken
freeze	froze	frozen
get	got	got, (*US*) gotten
give	gave	given
go (goes)	went	gone
grind	ground	ground
grow	grew	grown
hang	hung	hung
hang *(execute)*	hanged	hanged
have (has; having)	had	had
hear	heard	heard
hide	hid	hidden
hit	hit	hit
hold	held	held
hurt	hurt	hurt
keep	kept	kept
kneel	knelt, kneeled	knelt, kneeled
know	knew	known
lay	laid	laid
lead	led	led
lean	leant, leaned	leant, leaned
leap	leapt, leaped	leapt, leaped
learn	learnt, learned	learnt, learned
leave	left	left
lend	lent	lent
let	let	let
lie (lying)	lay	lain
light	lit, lighted	lit, lighted
lose	lost	lost
make	made	made

may	might	–
mean	meant	meant
meet	met	met
mistake	mistook	mistaken
mow	mowed	mown, mowed
must	(had to)	(had to)
pay	paid	paid
put	put	put
quit	quit, quitted	quit, quitted
read	read	read
rid	rid	rid
ride	rode	ridden
ring	rang	rung
rise	rose	risen
run	ran	run
saw	sawed	sawed, sawn
say	said	said
see	saw	seen
seek	sought	sought
sell	sold	sold
send	sent	sent
set	set	set
sew	sewed	sewn
shake	shook	shaken
shall	should	–
shear	sheared	shorn, sheared
shed	shed	shed
shine	shone	shone
shoot	shot	shot
show	showed	shown
shrink	shrank	shrunk
shut	shut	shut
sing	sang	sung
sink	sank	sunk
sit	sat	sat
slay	slew	slain
sleep	slept	slept
slide	slid	slid
sling	slung	slung
slit	slit	slit
smell	smelt, smelled	smelt, smelled
sow	sowed	sown, sowed
speak	spoke	spoken
speed	sped, speeded	sped, speeded
spell	spelt, spelled	spelt, spelled
spend	spent	spent
spill	spilt, spilled	spilt, spilled
spin	spun	spun
spit	spat	spat
spoil	spoiled, spoilt	spoiled, spoilt
spread	spread	spread
spring	sprang	sprung
stand	stood	stood
steal	stole	stolen
stick	stuck	stuck

sting	stung	stung
stink	stank	stunk
stride	strode	stridden
strike	struck	struck
strive	strove	striven
swear	swore	sworn
sweep	swept	swept
swell	swelled	swollen, swelled
swim	swam	swum
swing	swung	swung
take	took	taken
teach	taught	taught
tear	tore	torn
tell	told	told
think	thought	thought
throw	threw	thrown
thrust	thrust	thrust
tread	trod	trodden
wake	woke, waked	woken, waked
wear	wore	worn
weave	wove	woven
wed	wedded, wed	wedded, wed
weep	wept	wept
win	won	won
wind	wound	wound
wring	wrung	wrung
write	wrote	written

LICZBY • NUMBERS

Liczebniki główne		*Cardinal numbers*
jeden	**1**	one
dwa	**2**	two
trzy	**3**	three
cztery	**4**	four
pięć	**5**	five
sześć	**6**	six
siedem	**7**	seven
osiem	**8**	eight
dziewięć	**9**	nine
dziesięć	**10**	ten
jedenaście	**11**	eleven
dwanaście	**12**	twelve
trzynaście	**13**	thirteen
czternaście	**14**	fourteen
piętnaście	**15**	fifteen
szesnaście	**16**	sixteen
siedemnaście	**17**	seventeen
osiemnaście	**18**	eighteen
dziewiętnaście	**19**	nineteen
dwadzieścia	**20**	twenty

dwadzieścia jeden	**21**	twenty-one
dwadzieścia dwa	**22**	twenty-two
trzydzieści	**30**	thirty
czterdzieści	**40**	forty
pięćdziesiąt	**50**	fifty
sześćdziesiąt	**60**	sixty
siedemdziesiąt	**70**	seventy
osiemdziesiąt	**80**	eighty
dziewięćdziesiąt	**90**	ninety
sto	**100**	a hundred
sto jeden	**101**	a hundred and one
dwieście	**200**	two hundred
trzysta	**300**	three hundred
czterysta	**400**	four hundred
pięćset	**500**	five hundred
tysiąc	**1000**	a thousand
milion	**1000000**	a million

Liczebniki zbiorowe		*Collective numerals*
dwoje	**2**	two
troje	**3**	three
czworo	**4**	four
pięcioro	**5**	five
sześcioro	**6**	six
siedmioro	**7**	seven

Liczebniki porządkowe		*Ordinal numbers*	
1.	pierwszy	1st	first
2.	drugi	2nd	second
3.	trzeci	3rd	third
4.	czwarty	4th	fourth
5.	piąty	5th	fifth
6.	szósty	6th	sixth
7.	siódmy	7th	seventh
8.	ósmy	8th	eighth
9.	dziewiąty	9th	ninth
10.	dziesiąty	10th	tenth
11.	jedenasty	11th	eleventh
12.	dwunasty	12th	twelfth
13.	trzynasty	13th	thirteenth
14.	czternasty	14th	fourteenth
15.	piętnasty	15th	fifteenth
16.	szesnasty	16th	sixteenth
17.	siedemnasty	17th	seventeenth
18.	osiemnasty	18th	eighteenth
19.	dziewiętnasty	19th	nineteenth
20.	dwudziesty	20th	twentieth
21.	dwudziesty pierwszy	21st	twenty-first
30.	trzydziesty	30th	thirtieth
40.	czterdziesty	40th	fortieth
50.	pięćdziesiąty	50th	fiftieth
60.	sześćdziesiąty	60th	sixtieth

70.	siedemdziesiąty	70th	seventieth
80.	osiemdziesiąty	80th	eightieth
90.	dziewięćdziesiąty	90th	ninetieth
100.	setny	100th	hundredth
101.	sto pierwszy	101st	hundred-and-first
1.000.	tysiączny	1 000th	thousandth
1.000.000.	milionowy	1 000 000th	millionth

Ułamki		*Fractions*	
1/2	pół, połowa	1/2	a half
1/3	jedna trzecia	1/3	a third
1/4	jedna czwarta	1/4	a quarter
1/5	jedna piąta	1/5	a fifth
3/4	trzy czwarte	3/4	three quarters
2/3	dwie trzecie	2/3	two thirds
1 1/2	półtora	1 1/2	one and a half
0,5	pięć dziesiątych	0·5	(nought) point five
3,4	trzy i cztery dziesiąte	3·4	three point four
6,89	sześć przecinek osiemdziesiąt dziewięć	6·89	six point eight nine
10%	dziesięć procent	10%	ten per cent
100%	sto procent	100%	a hundred per cent

CZAS I DATY • TIME AND DATE

	Czas	*Time*
	Która (jest) godzina?	What time is it?
	Jest (godzina) piąta.	It is *or* it's 5 o'clock.
00.00	północ	midnight
01.00	pierwsza (w nocy)	one o'clock (in the morning), 1am
01.05	pięć (minut) po (godzinie) pierwszej	five (minutes) past one
01.10	dziesięć (minut) po pierwszej	ten (minutes) past one
01.15	kwadrans *lub* piętnaście po pierwszej	a quarter past one, fifteen minutes past one, one fifteen
01.20	dwadzieścia po pierwszej	twenty (minutes) past one
01.25	dwadzieścia pięć po pierwszej, za pięć (w)pół do drugiej	twenty-five (minutes) past one
01.30	pół do drugiej, pierwsza trzydzieści	half (past) one, one thirty
01.35	pięć po (w)pół do drugiej, pierwsza trzydzieści pięć, za dwadzieścia pięć (minut) druga	twenty-five (minutes) to two, one thirty-five
01.40	za dwadzieścia (minut) druga, pierwsza czterdzieści	twenty (minutes) to two, one forty
01.45	za kwadrans druga, za piętnaście druga, pierwsza czterdzieści pięć	a quarter to two, fifteen minutes to two
01.50	za dziesięć druga, pierwsza pięćdziesiąt	ten minutes to two, one fifty
12.00	dwunasta (w południe)	twelve (o'clock) noon, midday
12.30	pół do pierwszej, dwunasta trzydzieści	half (past) twelve *or* twelve thirty (in the afternoon), 12.30pm
14.00	druga (po południu), czternasta	two o'clock (in the afternoon), 2pm
19.00	siódma (wieczorem), dziewiętnasta	seven o'clock (in the evening), 7pm

O której godzinie?	At what time?
O (godzinie) +*loc*.	At ... (o'clock).
o (godzinie) siódmej	at seven (o'clock)
o północy	at midnight
o zmierzchu	at dawn, at nightfall
o świcie	at dusk, at sunrise
o zachodzie słońca	at sunset
za dwadzieścia minut	in *or* within twenty minutes
(od teraz) za godzinę	in an hour, in an hour's time, in an hour from now
w ciągu dwudziestu minut	in the next twenty minutes
dziesięć minut temu	ten minutes ago
dwie godziny temu	two hours ago
pół godziny	half an hour
kwadrans, piętnaście minut	a quarter of an hour
półtorej godziny	an hour and a half
co godzinę	every hour
o pełnej godzinie	on the hour
Daty	*Date*
dzisiaj, dziś	today
jutro	tomorrow
pojutrze	the day after tomorrow
wczoraj	yesterday
przedwczoraj	the day before yesterday
w przeddzień	the day before
następnego dnia	the day after
rano	in the morning
wieczorem	in the evening
dziś rano	this morning
dziś wieczorem	tonight, this evening
dziś po południu	this afternoon
wczoraj rano	yesterday morning
wczoraj wieczorem	last night, yesterday evening
jutro rano	tomorrow morning
jutro wieczorem	tomorrow evening
w sobotę wieczorem	on Saturday night
w sobotę rano	on Saturday morning
on przyjdzie w czwartek	he's coming on Thursday
w soboty, w sobotę	on Saturdays
w każdą sobotę, co sobotę	every Saturday
w ostatnią sobotę	last Saturday
w następną sobotę	next Saturday
od tej soboty za tydzień	a week on Saturday
od tej soboty za dwa tygodnie	two weeks on Saturday
od poniedziałku do soboty	from Monday to Saturday
codziennie, co dzień	every day
raz w tygodniu	once a week
dwa razy w tygodniu	twice a week
raz w miesiącu	once a month
tydzień temu	a week *or* seven days ago

dwa tygodnie temu	two weeks *or* a fortnight ago
w zeszłym roku	last year
za dwa dni	in two days' time
za tydzień	in seven days *or* one week *or* a week
za dwa tygodnie	in a fortnight *or* two weeks
w przyszłym miesiącu	next month
w przyszłym roku	next year
który dzisiaj jest?	what is today's date?, what date is it today?
pierwszego *lub* 1. października 1995 r.	the first *or* 1st October 1995
urodziłem się piątego czerwca 1981 r.	I was born on the 5th of June 1981
w 1995 r.	in 1995
tysiąc dziewięćset dziewięćdziesiąt pięć	nineteen (hundred and) ninety-five
44 p.n.e.	44 B.C.
14 n.e.	14 A.D.
w XIX wieku	in the 19th century
w latach trzydziestych, w latach 30.	in the (nineteen) thirties, in the 1930s
pewnego razu	once upon a time
dawno, dawno temu	a long, long time ago

A,a

A[1], **a**[1] [eɪ] *n* (*letter*) A *nt*, a *nt*; (*SCOL*) ≈ bardzo dobry *m*; **A for Andrew,** *(US)* **A for Able** ≈ A jak Adam; **A road** (*BRIT*) ≈ droga główna; **A shares** (*BRIT*: *STOCK EXCHANGE*) akcje klasy A.
A[2] [eɪ] *n* (*MUS*) A *nt*, a *nt*.

KEYWORD

a[2] [ə] (*przed samogłoską lub niemym h:* **an**) *indef art* **1**: **a book/girl** książka/dziewczyna; **an apple** jabłko; **he's a doctor** on jest lekarzem. **2** (*some*): **a woman I know** pewna moja znajoma; **there's a Mr Cox on the phone** dzwoni jakiś pan Cox. **3** (*one*) **a year ago** rok temu; **a hundred/thousand pounds** sto/tysiąc funtów. **4** (*in expressing ratios*) na *+acc*; **three a day/week** trzy na dzień/tydzień; **10 km an hour** 10 km na godzinę. **5** (*in expressing prices*) za *+acc*; **30p a kilo** (po) 30 pensów za kilogram.

a. *abbr* = **acre**.
AA *n abbr* (*BRIT*: = *Automobile Association*) ≈ PZM(ot) *m*; (*US*: = *Associate in/of Arts*) *stopień naukowy*; (= *Alcoholics Anonymous*) Anonimowi Alkoholicy *vir pl*, AA; (= *anti-aircraft*) plot.
AAA *n abbr* (= *American Automobile Association*) ≈ PZM(ot) *m*; (*BRIT*: = *Amateur Athletics Association*) ≈ PZLA *nt*.
A & R (*MUS*) *n abbr* (= *artists and repertoire*): **A & R person** *łowca talentów*.
AAUP *n abbr* (= *American Association of University Professors*).
AB *abbr* (*BRIT*) = **able-bodied seaman**; (*CANADA*: = *Alberta*).
abaci ['æbəsaɪ] *npl of* **abacus**.
aback [ə'bæk] *adv*: **to be taken aback** być zaskoczonym.
abacus ['æbəkəs] (*pl* **abaci**) *n* liczydło *nt*, abakus *m*.
abandon [ə'bændən] *vt* (*person*) porzucać (porzucić *perf*), opuszczać (opuścić *perf*); (*car*) porzucać (porzucić *perf*); (*search, research*) zaprzestawać (zaprzestać *perf*) *+gen*; (*idea*) rezygnować (zrezygnować *perf*) z *+gen* ♦ *n*: **with abandon** bez opamiętania; **with joyous abandon** w radosnym uniesieniu; **to abandon ship** opuszczać (opuścić *perf*) statek.
abandoned [ə'bændənd] *adj* (*child*) porzucony; (*house*) opuszczony; (*laugh*) niepohamowany.
abase [ə'beɪs] *vt*: **to abase o.s.** poniżać się (poniżyć się *perf*), upokarzać się (upokorzyć się *perf*).
abashed [ə'bæʃt] *adj* speszony.
abate [ə'beɪt] *vi* słabnąć (osłabnąć *perf*).
abatement [ə'beɪtmənt] *n*: **noise abatement society** towarzystwo *nt* do walki z hałasem.
abattoir ['æbətwɑ:*] *n* rzeźnia *f*.
abbey ['æbɪ] *n* opactwo *nt*.
abbot ['æbət] *n* opat *m*.
abbreviate [ə'bri:vɪeɪt] *vt* (*word, essay*) skracać (skrócić *perf*).
abbreviation [əbri:vɪ'eɪʃən] *n* skrót *m*.
ABC *n abbr* (= *American Broadcasting Company*).
abdicate ['æbdɪkeɪt] *vt* zrzekać się (zrzec się *perf*) *+gen* ♦ *vi* abdykować (abdykować *perf*).
abdication [æbdɪ'keɪʃən] *n* (*of right*) zrzeczenie się *nt*, wyrzeczenie się *nt*; (*of responsibility*) zrzeczenie się *nt*; (*monarch's*) abdykacja *f*.
abdomen ['æbdəmɛn] *n* brzuch *m*.
abdominal [æb'dɔmɪnl] *adj* brzuszny.
abduct [æb'dʌkt] *vt* porywać (porwać *perf*), uprowadzać (uprowadzić *perf*).
abduction [æb'dʌkʃən] *n* porwanie *nt*, uprowadzenie *nt*.
Aberdonian [æbə'dəunɪən] *adj dotyczący Aberdeen* ♦ *n* mieszkaniec (-nka) *m(f)* Aberdeen.
aberration [æbə'reɪʃən] *n* odchylenie *nt*, aberracja *f*; **in a moment of mental aberration** w chwili zachwiania równowagi umysłowej.
abet [ə'bɛt] *vt see* **aid**.
abeyance [ə'beɪəns] *n*: **in abeyance** w zawieszeniu.
abhor [əb'hɔ:*] *vt* brzydzić się *+instr*, odczuwać wstręt *or* odrazę do *+gen*.
abhorrent [əb'hɔrənt] *adj* odrażający.
abide [ə'baɪd] *vt*: **I can't abide it/him** nie mogę tego/go znieść.
►**abide by** *vt fus* przestrzegać *+gen*.
ability [ə'bɪlɪtɪ] *n* umiejętność *f*, zdolność *f*; **to the best of my ability** najlepiej jak potrafię.

abject ['æbdʒɛkt] *adj* (*poverty*) skrajny; (*apology etc*) uniżony; (*coward*) nędzny.
ablaze [ə'bleɪz] *adj* w płomieniach *post*; **ablaze with light** rozświetlony.
able ['eɪbl] *adj* zdolny; **to be able to do sth** (*capable*) umieć coś (z)robić; (*succeed*) móc coś zrobić, zdołać *(perf)* coś zrobić.
able-bodied ['eɪbl'bɔdɪd] *adj* zdrowy, krzepki; **able-bodied seaman** (*BRIT*) starszy marynarz.
ablutions [ə'blu:ʃənz] (*fml*) *npl* ablucje *pl*.
ably ['eɪblɪ] *adv* umiejętnie, zręcznie.
ABM *n abbr* (= *anti-ballistic missile*).
abnormal [æb'nɔ:ml] *adj* nienormalny, anormalny.
abnormality [æbnɔ:'mælɪtɪ] *n* (*condition*) nienormalność *f*; (*instance*) nieprawidłowość *f*, anomalia *f*.
aboard [ə'bɔ:d] *prep* (*NAUT, AVIAT*) na pokładzie *+gen*; (*train, bus*) w *+loc* ♦ *adv* na pokładzie.
abode [ə'bəud] (*JUR*) *n*: **of no fixed abode** bez stałego miejsca zamieszkania.
abolish [ə'bɔlɪʃ] *vt* (*system*) obalać (obalić *perf*); (*practice*) znosić (znieść *perf*).
abolition [æbə'lɪʃən] *n* obalenie *nt*, zniesienie *nt*.
abominable [ə'bɔmɪnəbl] *adj* wstrętny, odrażający.
abominably [ə'bɔmɪnəblɪ] *adv* wstrętnie, odrażająco.
aborigine [æbə'rɪdʒɪnɪ] *n* aborygen(ka) *m(f)*, tubylec *m*.
abort [ə'bɔ:t] *vt* (*foetus*) usuwać (usunąć *perf*); (*activity*) przerywać (przerwać *perf*); (*plan*) zaniechać *(perf)* *+gen*; (*COMPUT*) przerywać (przerwać *perf*) (*zadanie, wykonywanie programu*).
abortion [ə'bɔ:ʃən] *n* aborcja *f*, przerywanie *nt* ciąży; **to have an abortion** przerywać (przerwać *perf*) ciążę, poddawać się (poddać się *perf*) zabiegowi przerwania ciąży.
abortive [ə'bɔ:tɪv] *adj* nieudany, poroniony.
abound [ə'baund] *vi* (*be plentiful*) mnożyć się; (*possess in large numbers*): **to abound in** *or* **with** obfitować w *+acc*.

KEYWORD

about [ə'baut] *adv* **1** (*approximately*) około *+gen*; **about a hundred/thousand** około stu/tysiąca; **at about 2 o'clock** około (godziny) drugiej; **I've just about finished** prawie skończyłem. **2** (*referring to place*) dookoła; **to leave things lying about** zostawiać (zostawić *perf*) wszystko porozrzucane dookoła; **to run about** biegać dookoła. **3**: **to be about to do sth** mieć właśnie coś zrobić; **he was about to leave** właśnie miał wyjść ♦ *prep* **1** (*relating to*) o *+loc*; **we talked about it** rozmawialiśmy o tym; **what** *or* **how about going out tonight?** (a) może byśmy gdzieś wyszli (dziś) wieczorem? **2** (*referring to place*) po *+loc*; **to walk about the town** spacerować po mieście.

about-face [ə'baut'feɪs] *n* (*MIL*) w tył zwrot *m*; (*fig*) zwrot *m* o 180 stopni, wolta *f*.
about-turn [ə'baut'tə:n] *n* = **about-face**.
above [ə'bʌv] *adv* (*higher up, overhead*) u góry, (po)wyżej; (*greater, more*) powyżej, więcej ♦ *prep* (*higher than*) nad *+instr*, ponad *+instr*; (*greater than, more than*) ponad *+acc*, powyżej *+gen*; **costing above 10 pounds** w cenie powyżej 10 funtów; **mentioned above** wyżej wspomniany *or* wzmiankowany; **he's not above a bit of blackmail** byłby zdolny posunąć się do drobnego szantażu; **above all** przede wszystkim, nade wszystko.
above board *adj* jawny, uczciwy.
abrasion [ə'breɪʒən] *n* (*on skin*) otarcie *nt*.
abrasive [ə'breɪzɪv] *adj* (*substance*) ścierny; (*fig: person, manner*) irytujący.
abreast [ə'brɛst] *adv* ramię przy ramieniu, obok siebie; **three abreast** trójkami; **to keep abreast of** (*fig: news etc*) nadążać za *+instr*, być na bieżąco z *+instr*.
abridge [ə'brɪdʒ] *vt* (*novel etc*) skracać (skrócić *perf*).
abroad [ə'brɔ:d] *adv* (*be*) za granicą; (*go*) za granicę; **there is a rumour abroad that ...** (*fig*) krążą plotki, że... .
abrupt [ə'brʌpt] *adj* (*action, ending*) nagły; (*person, behaviour*) obcesowy.
abruptly [ə'brʌptlɪ] *adv* (*leave, end*) nagle; (*speak*) szorstko, oschle.
abscess ['æbsɪs] *n* ropień *m*, wrzód *m*.
abscond [əb'skɔnd] *vi*: **to abscond with** (*money*) zbiegać (zbiec *perf*) z *+instr*; **to abscond (from)** (*prison*) zbiegać (zbiec *perf*) (z *+gen*), uciekać (uciec *perf*) (z *+gen*); (*school*) uciekać (uciec *perf*) (z *+gen*).
abseil ['æbseɪl] *vi* spuszczać się (spuścić się *perf*) po linie.
absence ['æbsəns] *n* (*of person*) nieobecność *f*, brak *m*; (*of thing*) brak *m*; **in the absence of** (*person*) pod nieobecność *+gen*; (*thing*) wobec braku *+gen*.
absent [*adj* 'æbsənt, *vb* æb'sɛnt] *adj* nieobecny ♦ *vt*: **to absent o.s. from** (*school*) być nieobecnym w *+loc*; (*meeting*) być nieobecnym na *+loc*; **to be absent without leave** (*MIL*) przebywać na samowolnym oddaleniu.
absentee [æbsən'ti:] *n* nieobecny (-na) *m(f)*.
absenteeism [æbsən'ti:ɪzəm] *n* absencja *f*.
absent-minded ['æbsənt'maɪndɪd] *adj* roztargniony.
absent-mindedness ['æbsənt'maɪndɪdnɪs] *n* roztargnienie *nt*.
absolute ['æbsəlu:t] *adj* absolutny.

absolutely [æbsə'lu:tlɪ] *adv* (*totally*) absolutnie, całkowicie; (*certainly*) oczywiście.
absolution [æbsə'lu:ʃən] *n* rozgrzeszenie *nt*.
absolve [əb'zɔlv] *vt*: **to absolve sb (from)** (*blame, sin*) odpuszczać (odpuścić *perf*) komuś (*+acc*); (*responsibility*) zwalniać (zwolnić *perf*) kogoś (od *+gen*).
absorb [əb'zɔ:b] *vt* (*liquid*) wchłaniać (wchłonąć *perf*), absorbować (zaabsorbować *perf*); (*light*) pochłaniać (pochłonąć *perf*), absorbować (zaabsorbować *perf*); (*group, business*) wchłaniać (wchłonąć *perf*); (*changes, effects*) dostosowywać się (dostosować się *perf*) do *+gen*; (*information*) przyswajać (przyswoić *perf*) sobie; **to be absorbed in a book** być pochłoniętym lekturą.
absorbent [əb'zɔ:bənt] *adj* chłonny, wchłaniający.
absorbent cotton (*US*) *n* wata *f*.
absorbing [əb'zɔ:bɪŋ] *adj* (*task, work*) absorbujący; (*book, film*) zajmujący.
absorption [əb'sɔ:pʃən] *n* (*of liquid*) absorpcja *f*, wchłanianie *nt*; (*of light*) absorpcja *f*, pochłanianie *nt*; (*assimilation*) asymilacja *f*; (*interest*) zainteresowanie *nt*, zaangażowanie *nt*.
abstain [əb'steɪn] *vi* (*in vote*) wstrzymywać się (wstrzymać się *perf*); **to abstain from** powstrzymywać się (powstrzymać się *perf*) od *+gen*.
abstemious [əb'sti:mɪəs] *adj* wstrzemięźliwy.
abstention [əb'stɛnʃən] *n* (*action*) wstrzymanie *nt* się od głosu; (*result*) głos *m* wstrzymujący się.
abstinence ['æbstɪnəns] *n* wstrzemięźliwość *f*, abstynencja *f*.
abstract [*adj, n* 'æbstrækt, *vb* æb'strækt] *adj* abstrakcyjny ♦ *n* abstrakt *m*, wyciąg *m* ♦ *vt*: **to abstract sth (from)** wyławiać (wyłowić *perf*) *or* wychwytywać (wychwycić *perf*) coś (z *+gen*).
abstruse [æb'stru:s] *adj* zawiły.
absurd [əb'sə:d] *adj* absurdalny.
absurdity [əb'sə:dɪtɪ] *n* absurdalność *f*, absurd *m*.
ABTA ['æbtə] *n abbr* (= *Association of British Travel Agents*).
Abu Dhabi ['æbu:'dɑ:bɪ] *n* Abu Zabi *nt inv*.
abundance [ə'bʌndəns] *n* liczebność *f*, obfitość *f*; **an abundance of** mnóstwo *+gen*; **in abundance** pod dostatkiem.
abundant [ə'bʌndənt] *adj* obfity.
abundantly [ə'bʌndəntlɪ] *adv* (*grow etc*) obficie; (*clear*) zupełnie.
abuse [*n* ə'bju:s, *vb* ə'bju:z] *n* (*insults*) obelgi *pl*, przekleństwa *pl*; (*ill-treatment*) maltretowanie *nt*, znęcanie się *nt*; (*of power, drugs*) nadużywanie *nt* ♦ *vt* (*insult*) obrażać (obrazić *perf*), lżyć (zelżyć *perf*); (*ill-treat*) maltretować, znęcać się nad *+instr*; (*misuse*) nadużywać (nadużyć *perf*) *+gen*; **open to abuse** podatny na nadużycia.
abusive [ə'bju:sɪv] *adj* obelżywy, obraźliwy.
abysmal [ə'bɪzməl] *adj* (*performance*) fatalny; (*failure*) sromotny; (*conditions, wages*) beznadziejny.
abysmally [ə'bɪzməlɪ] *adv* sromotnie.
abyss [ə'bɪs] *n* przepaść *f*, głębia *f*; (*fig*) przepaść *f*, otchłań *f*.
AC *abbr* = **alternating current**; (*US*: = *athletic club*) KS *m* (= Klub Sportowy).
a/c (*BANKING etc*) *abbr* = **account**; (= *account current*) rachunek *m* bieżący.
academic [ækə'dɛmɪk] *adj* (*child*) dobrze się uczący; (*system, standard*) akademicki; (*book*) naukowy; (*pej*: *issue, discussion*) akademicki, jałowy ♦ *n* naukowiec *m*.
academic year *n* rok *m* akademicki.
academy [ə'kædəmɪ] *n* akademia *f*; **academy of music** akademia muzyczna; **military/naval academy** akademia wojskowa/marynarki wojennej.
ACAS ['eɪkæs] (*BRIT*) *n abbr* (= *Advisory, Conciliation and Arbitration Service*) *rządowa komisja pojednawcza i rozjemcza występująca w sporach dotyczących pracy*.
accede [æk'si:d] *vi*: **to accede to** przystawać (przystać *perf*) na *+acc*.
accelerate [æk'sɛləreɪt] *vt* przyspieszać (przyspieszyć *perf*) ♦ *vi* (*AUT*) przyspieszać (przyspieszyć *perf*).
acceleration [æksɛlə'reɪʃən] *n* przyspieszenie *nt*.
accelerator [æk'sɛləreɪtə*] *n* pedał *m* przyspieszenia *or* gazu.
accent ['æksɛnt] *n* akcent *m*; (*fig*) nacisk *m*, akcent *m*; **to speak with an Irish accent** mówić z irlandzkim akcentem; **he has a strong accent** mówi z silnym akcentem.
accentuate [æk'sɛntjueɪt] *vt* akcentować (zaakcentować *perf*).
accept [ək'sɛpt] *vt* (*gift, invitation*) przyjmować (przyjąć *perf*); (*proposal*) przyjmować (przyjąć *perf*), akceptować (zaakceptować *perf*); (*fact, situation*) przyjmować (przyjąć *perf*) do wiadomości, godzić się (pogodzić się *perf*) z *+instr*; (*responsibility, blame*) brać (wziąć *perf*) na siebie.
acceptable [ək'sɛptəbl] *adj* do przyjęcia *post*.
acceptance [ək'sɛptəns] *n* przyjęcie *nt*, akceptacja *f*; **to meet with general acceptance** spotykać się (spotkać się *perf*) z ogólną aprobatą.
access ['æksɛs] *n* (*to building, room*) dojście *nt*; (*to information, papers*) dostęp *m* ♦ *vt* (*COMPUT*) uzyskiwać (uzyskać *perf*) dostęp do *+gen*; **this door gives access to...** te drzwi prowadzą do *+gen*; **to have access to** (*child etc*) mieć możliwość kontaktów z *+instr*; (*information, library*) mieć dostęp do *+gen*; **the burglars gained access through a window** włamywacze dostali się do środka przez okno.
accessible [æk'sɛsəbl] *adj* (*place, goods*) dostępny; (*person*) osiągalny; (*knowledge, art*) przystępny.

accession [æk'sɛʃən] *n* wstąpienie *nt* na tron, objęcie *nt* tronu.
accessory [æk'sɛsərɪ] *n* (*AUT, COMM*) wyposażenie *nt*, akcesoria *pl*; (*DRESS*) dodatek *m*; (*JUR*): **accessory to** współsprawca (-wczyni) *m(f)* *+gen*; **toilet accessories** (*BRIT*) przybory toaletowe.
access road *n* droga *f* dojazdowa.
access time (*COMPUT*) *n* czas *m* dostępu.
accident ['æksɪdənt] *n* (*chance event*) przypadek *m*; (*mishap, disaster*) wypadek *m*; **to meet with** *or* **to have an accident** ulegać (ulec *perf*) wypadkowi, mieć wypadek; **accidents at work** wypadki przy pracy; **by accident** (*unintentionally*) niechcący, przez przypadek; (*by chance*) przez przypadek, przypadkiem.
accidental [æksɪ'dɛntl] *adj* przypadkowy.
accidentally [æksɪ'dɛntəlɪ] *adv* przypadkowo, przypadkiem.
accident insurance *n* ubezpieczenie *nt* od następstw wypadku.
accident-prone ['æksɪdənt'prəun] *adj* podatny na wypadki.
acclaim [ə'kleɪm] *n* uznanie *nt* ♦ *vt* darzyć uznaniem; **to be acclaimed for one's achievements** wzbudzać uznanie swoimi osiągnięciami.
acclamation [æklə'meɪʃən] *n* aklamacja *f*, aplauz *m*.
acclimate [ə'klaɪmət] (*US*) *vt* = **acclimatize**.
acclimatize (*US* **acclimate**) [ə'klaɪmətaɪz] *vt*: **to become acclimatized (to)** przyzwyczaić się (*perf*) (do *+gen*).
accolade ['ækəleɪd] *n* pochwała *f*, wyraz *m* uznania.
accommodate [ə'kɔmədeɪt] *vt* (*provide with lodging*) kwaterować (zakwaterować *perf*); (*put up*) przenocowywać (przenocować *perf*); (*oblige*) iść (pójść *perf*) na rękę *+dat*; (*car, hotel etc*) mieścić (zmieścić *perf*), pomieścić (*perf*); **to accommodate o.s. to sth** przystosowywać się (przystosować się *perf*) do czegoś.
accommodating [ə'kɔmədeɪtɪŋ] *adj* uczynny, życzliwy.
accommodation [əkɔmə'deɪʃən] *n* zakwaterowanie *nt*, mieszkanie *nt*; **accommodations** (*US*) *npl* noclegi *pl*, zakwaterowanie *nt*; **he's found accommodation** znalazł zakwaterowanie *or* mieszkanie; **"accommodation to let"** „mieszkanie do wynajęcia"; **they have accommodation for 500** dysponują 500 miejscami; **the hall has seating accommodation for 600** (*BRIT*) sala ma 600 miejsc siedzących.
accompaniment [ə'kʌmpənɪmənt] *n* akompaniament *m*.
accompanist [ə'kʌmpənɪst] *n* akompaniator(ka) *m(f)*.
accompany [ə'kʌmpənɪ] *vt* (*escort, go along with*) towarzyszyć *+dat*; (*MUS*) akompaniować *or* towarzyszyć *+dat*.
accomplice [ə'kʌmplɪs] *n* wspólnik (-iczka) *m(f)*, współwinny (-na) *m(f)*.
accomplish [ə'kʌmplɪʃ] *vt* (*goal*) osiągać (osiągnąć *perf*); (*task*) realizować (zrealizować *perf*); **how did she accomplish so much so quickly?** w jaki sposób udało jej się tyle dokonać w tak krótkim czasie?
accomplished [ə'kʌmplɪʃt] *adj* znakomity.
accomplishment [ə'kʌmplɪʃmənt] *n* (*completion*) ukończenie *nt*; (*bringing about*) dokonanie *nt*; (*achievement*) osiągnięcie *nt*; (*skill*) umiejętności *pl*; **accomplishments** *npl* umiejętności *pl*.
accord [ə'kɔ:d] *n* porozumienie *nt*, uzgodnienie *nt* ♦ *vt*: **to accord sb sth/sth to sb** obdarzać (obdarzyć *perf*) kogoś czymś, przyznawać (przyznać *perf*) komuś coś; **of his own accord** z własnej woli *or* inicjatywy; **with one accord** jak jeden mąż; **to be in accord** być w zgodzie.
accordance [ə'kɔ:dəns] *n*: **in accordance with** w zgodzie *or* zgodnie z *+instr*.
according [ə'kɔ:dɪŋ]: **according to** *prep* według *+gen*; **according to plan** zgodnie z planem.
accordingly [ə'kɔ:dɪŋlɪ] *adv* (*appropriately*) stosownie, odpowiednio; (*as a result*) w związku z tym.
accordion [ə'kɔ:dɪən] *n* akordeon *m*.
accost [ə'kɔst] *vt* zaczepiać (zaczepić *perf*).
account [ə'kaunt] *n* (*COMM*: *bill*) rachunek *m*; (: *also*: **monthly account**) rachunek *m* kredytowy; (*in bank*) konto *nt*, rachunek *m*; (*report*) relacja *f*, sprawozdanie *nt*; **accounts** *npl* (*COMM*) rozliczenie *nt*; (*BOOK-KEEPING*) księgi *pl* (rachunkowe); **"account payee only"** (*BRIT*) „na rachunek odbiorcy"; **to keep an account of** prowadzić zapis *+gen*; **to bring** *or* **call sb to account for sth** pociągać (pociągnąć *perf*) kogoś do odpowiedzialności za coś; **by all accounts** podobno; **of no account** bez znaczenia; **to pay 10 pounds on account** wpłacać (wpłacić *perf*) 10 funtów zaliczki; **to buy sth on account** kupować (kupić *perf*) coś na kredyt; **on no account** pod żadnym pozorem; **on account of** z uwagi *or* ze względu na *+acc*; **to take into account, take account of** brać (wziąć *perf*) pod uwagę *+acc*.
►**account for** *vt fus* (*explain*) wyjaśniać (wyjaśnić *perf*); (*represent*) stanowić *+acc*; **all the children were accounted for** żadnego z dzieci nie brakowało; **four people are still not accounted for** los czterech osób ciągle nie jest znany.
accountability [ə'kauntə'bɪlɪtɪ] *n* odpowiedzialność *f*.
accountable [ə'kauntəbl] *adj*: **to be accountable (to)** odpowiadać (przed *+instr*).
accountancy [ə'kauntənsɪ] *n* księgowość *f*.
accountant [ə'kauntənt] *n* księgowy (-wa) *m(f)*.

accounting [ə'kauntɪŋ] *n* księgowość *f*, rachunkowość *f*.
accounting period *n* okres *m* rozliczeniowy.
account number *n* numer *m* konta *or* rachunku.
account payable *n* rachunek *m* „wierzyciele".
account receivable *n* rachunek *m* „dłużnicy".
accredited [ə'krɛdɪtɪd] *adj* akredytowany.
accretion [ə'kri:ʃən] *n* narastanie *nt*, nawarstwianie się *nt*.
accrue [ə'kru:] *vi* gromadzić się (nagromadzić się *perf*), narastać (narosnąć *perf*); **to accrue to** przysługiwać *+dat*.
accrued interest *n* narosłe odsetki *pl*.
accumulate [ə'kju:mjuleɪt] *vt* gromadzić (nagromadzić *perf*) ♦ *vi* gromadzić się (nagromadzić się *perf*).
accumulation [əkju:mju'leɪʃən] *n* nagromadzenie *nt*.
accuracy ['ækjurəsɪ] *n* precyzja *f*, dokładność *f*.
accurate ['ækjurɪt] *adj* (*description, account*) dokładny, wierny; (*person, device*) dokładny; (*weapon, aim*) precyzyjny.
accurately ['ækjurɪtlɪ] *adv* (*report, answer etc*) dokładnie, ściśle; (*shoot*) celnie.
accusation [ækju'zeɪʃən] *n* (*act*) oskarżenie *nt*; (*instance*) zarzut *m*.
accusative [ə'kju:zətɪv] (*LING*) *n* biernik *m*.
accuse [ə'kju:z] *vt*: **to accuse sb of** (*crime*) oskarżać (oskarżyć *perf*) kogoś o *+acc*; (*incompetence*) zarzucać (zarzucić *perf*) komuś *+acc*.
accused [ə'kju:zd] *n*: **the accused** oskarżony (-na) *m(f)*.
accustom [ə'kʌstəm] *vt* przyzwyczajać (przyzwyczaić *perf*); **to accustom o.s. to sth** przyzwyczajać się (przyzwyczaić się *perf*) do czegoś.
accustomed [ə'kʌstəmd] *adj* zwykły, charakterystyczny; **accustomed to** przyzwyczajony *or* przywykły do *+gen*.
AC/DC *abbr* (= *alternating current/direct current*) prąd *m* stały/prąd *m* zmienny.
ACE [eɪs] *n abbr* (= *American Council on Education*).
ace [eɪs] *n* (*CARDS*) as *m*; (*TENNIS*) as *m* serwisowy.
acerbic [ə'sə:bɪk] *adj* zgryźliwy, cierpki.
acetate ['æsɪteɪt] *n* włókno *nt* celulozowe.
ache [eɪk] *n* ból *m* ♦ *vi*: **my head aches** boli mnie głowa; **I've got (a) stomach ache** boli mnie brzuch; **I'm aching all over** jestem cały obolały; **she was aching for a cigarette** marzyła o papierosie; **I was aching to tell you all my news** nie mogłam się doczekać, kiedy ci wszystko opowiem.
achieve [ə'tʃi:v] *vt* (*aim, result*) osiągać (osiągnąć *perf*); (*victory, success*) odnosić (odnieść *perf*).
achievement [ə'tʃi:vmənt] *n* osiągnięcie *nt*.
acid ['æsɪd] *adj* (*CHEM*) kwaśny, kwasowy; (*taste*) kwaśny, kwaskowy ♦ *n* (*CHEM*) kwas *m*; (*inf*) LSD *nt inv*.
acidity [ə'sɪdɪtɪ] (*CHEM*) *n* kwasowość *f*.
acid rain *n* kwaśny deszcz *m*.
acid test *n* (*CHEM*) próba *f* kwasowa; (*fig*) próba *f* ogniowa.
acknowledge [ək'nɔlɪdʒ] *vt* (*letter etc*) potwierdzać (potwierdzić *perf*) odbiór *+gen*; (*fact*) przyznawać (przyznać *perf*); (*situation*) uznawać (uznać *perf*); (*person*) zwracać (zwrócić *perf*) uwagę na *+acc*.
acknowledgement [ək'nɔlɪdʒmənt] *n* (*of letter etc*) potwierdzenie *nt* odbioru; **acknowledgements** *npl* (*in book*) podziękowania *pl*.
ACLU *n abbr* (= *American Civil Liberties Union*).
acme ['ækmɪ] *n* szczyt *m*.
acne ['æknɪ] *n* trądzik *m*.
acorn ['eɪkɔ:n] *n* żołądź *f*.
acoustic [ə'ku:stɪk] *adj* akustyczny.
acoustic coupler (*COMPUT*) *n* sprzęg *m* akustyczny.
acoustics [ə'ku:stɪks] *n* (*science*) akustyka *f* ♦ *npl* (*of hall, room*) akustyka *f*.
acquaint [ə'kweɪnt] *vt*: **to acquaint sb with sth** zapoznawać (zapoznać *perf*) *or* zaznajamiać (zaznajomić *perf*) kogoś z czymś; **to be acquainted with** znać *+acc*.
acquaintance [ə'kweɪntəns] *n* (*person*) znajomy (-ma) *m(f)*; (*with person, subject*) znajomość *f*; **to make sb's acquaintance** zawierać (zawrzeć *perf*) z kimś znajomość.
acquiesce [ækwɪ'ɛs] *vi*: **to acquiesce (to)** przystawać (przystać *perf*) (na *+acc*).
acquire [ə'kwaɪə*] *vt* (*obtain, buy*) nabywać (nabyć *perf*); (*develop*: *interest*) rozwijać (rozwinąć *perf*); (*learn*: *skill*) posiadać (posiąść *perf*), nabywać (nabyć *perf*).
acquired [ə'kwaɪəd] *adj* nabyty, zdobyty; **whisky is an acquired taste** do whisky trzeba się przyzwyczaić.
acquisition [ækwɪ'zɪʃən] *n* (*of property, goods, skill*) nabywanie *nt*, nabycie *nt*; (*of language*) przyswajanie *nt* (sobie); (*purchase*) nabytek *m*.
acquisitive [ə'kwɪzɪtɪv] *adj* zachłanny.
acquit [ə'kwɪt] *vt* uniewinniać (uniewinnić *perf*); **to acquit o.s. well** dobrze się spisać *(perf)*.
acquittal [ə'kwɪtl] *n* uniewinnienie *nt*.
acre ['eɪkə*] *n* akr *m*.
acreage ['eɪkərɪdʒ] *n* areał *m*.
acrid ['ækrɪd] *adj* (*smell, smoke*) ostry, gryzący; (*fig*: *remark*) uszczypliwy.
acrimonious [ækrɪ'məunɪəs] *adj* zjadliwy.
acrimony ['ækrɪmənɪ] *n* zjadliwość *f*.
acrobat ['ækrəbæt] *n* akrobata (-tka) *m(f)*.
acrobatic [ækrə'bætɪk] *adj* akrobatyczny.
acrobatics [ækrə'bætɪks] *npl* akrobacje *pl*.
acronym ['ækrənɪm] *n* akronim *m*.

Acropolis [ə'krɔpəlıs] *n*: **the Acropolis** Akropol *m*.

across [ə'krɔs] *prep* w poprzek *+gen*; (*on the other side of*) po drugiej stronie *+gen* ♦ *adv*: **two kilometers across** o szerokości dwóch kilometrów; **to walk across (the road)** przechodzić (przejść *perf*) przez ulicę; **to take sb across the road** przeprowadzać (przeprowadzić *perf*) kogoś przez ulicę; **a road across the wood** droga przez las; **the lake is 12 km across** jezioro ma 12 km szerokości; **to run across** przebiegać (przebiec *perf*); **they came across by plane** przylecieli samolotem; **across from** naprzeciw(ko) *+gen*; **to get sth across (to sb)** uświadamiać (uświadomić *perf*) coś (komuś), wyjaśniać (wyjaśnić *perf*) coś (komuś).

acrylic [ə'krılık] *adj* akrylowy ♦ *n* akryl *m*; **acrylics** *npl*: **he paints in acrylics** maluje farbami akrylowymi.

ACT *n abbr* (= *American College Test*) *standardowy test dla kandydatów na studia.*

act [ækt] *n* (*action, document, part of play*) akt *m*; (*deed*) czyn *m*, postępek *m*; (*of performer*) numer *m*; (*JUR*) ustawa *f* ♦ *vi* (*do sth, take action, have effect*) działać; (*behave*) zachowywać się (zachować się *perf*); (*in play, film*) grać (zagrać *perf*); (*pretend*) grać ♦ *vt* (*THEAT*) grać (zagrać *perf*); (*fig*) odgrywać (odegrać *perf*); **it's only an act** to tylko poza; **act of God** (*JUR*) klęska żywiołowa; (*fig*) siła wyższa; **in the act of** w trakcie *+gen*; **to catch sb in the act** łapać (złapać *perf*) kogoś na gorącym uczynku; **to act the fool** (*BRIT*) udawać głupiego; **to act as** występować (wystąpić *perf*) w roli *+gen or* jako *+nom*; **it acts as a deterrent** to działa odstraszająco; **acting in my capacity as chairman, I wish to ...** (występując) jako przewodniczący, chciałbym *+infin*.

►**act on** *vt fus* (*produce effect*) działać (podziałać *perf*) na *+instr*; (*behave according to*) postępować (postąpić *perf*) zgodnie z *+instr*.

►**act out** *vt* (*event*) odgrywać (odegrać *perf*); (*fantasies*) urzeczywistniać (urzeczywistnić *perf*).

acting ['æktıŋ] *adj* (*director etc*) pełniący obowiązki ♦ *n* (*profession*) aktorstwo *nt*; (*activity*) gra *f*.

action ['ækʃən] *n* (*things happening*) akcja *f*; (*deed*) czyn *m*; (*of device, force, chemical*) działanie *nt*; (*movement*) ruch *m*; (*MIL*) działania *pl*; (*JUR*) powództwo *nt*; **to bring an action against sb** (*JUR*) wnosić (wnieść *perf*) powództwo przeciw(ko) komuś; **killed in action** (*MIL*) poległy na polu chwały; **out of action** (*person*) wyłączony z gry; (*machine*) niesprawny; **to take action** podejmować (podjąć *perf*) działanie; **to put a plan into action** wprowadzać (wprowadzić *perf*) plan w życie.

action replay *n* powtórka *f* (w zwolnionym tempie).

activate ['æktıveıt] *vt* (*mechanism*) uruchamiać (uruchomić *perf*); (*CHEM, PHYS*) wzbudzać (wzbudzić *perf*).

active ['æktıv] *adj* (*person, life*) aktywny; (*volcano*) czynny; **to play an active part in** odgrywać (odegrać *perf*) czynną rolę w *+loc*.

active duty (*US*: *MIL*) *n* służba *f* czynna.

actively ['æktıvlı] *adv* (*be involved, participate*) czynnie, aktywnie; (*discourage*) usilnie.

active partner *n* (*COMM*) wspólnik *m* rzeczywisty.

active service (*BRIT*: *MIL*) *n* służba *f* liniowa.

activist ['æktıvıst] *n* aktywista (-tka) *m(f)*.

activity [æk'tıvıtı] *n* (*being active*) działalność *f*; (*action*) działanie *nt*; (*pastime, pursuit*) zajęcie *nt*.

actor ['æktə*] *n* aktor *m*.

actress ['æktrıs] *n* aktorka *f*.

actual ['æktjuəl] *adj* (*real*) rzeczywisty, faktyczny; (*expressing emphasis*): **the actual ceremony starts at 10** sama uroczystość zaczyna się o 10.

actually ['æktjuəlı] *adv* (*really*) w rzeczywistości; (*in fact*) właściwie.

actuary ['æktjuərı] *n* rachmistrz *m* ubezpieczeniowy.

actuate ['æktjueıt] (*TECH*) *vt* uruchamiać (uruchomić *perf*).

acuity [ə'kju:ıtı] (*fml*) *n* ostrość *f*.

acumen ['ækjumən] *n* przenikliwość *f*; **business acumen** przedsiębiorczość.

acupuncture ['ækjupʌŋktʃə*] *n* akupunktura *f*.

acute [ə'kju:t] *adj* (*illness, angle*) ostry; (*pain*) ostry, przenikliwy; (*anxiety*) silny; (*mind, person, observer*) przenikliwy; (*LING*: *accent*) akutowy.

AD *adv abbr* (= *Anno Domini*) (*in contrast to BC*) n.e.; (*in religious texts etc*) A.D., R.P. (= roku Pańskiego) ♦ *n abbr* (*US*: *MIL*) = **active duty**.

ad [æd] (*inf*) *n abbr* = **advertisement** ogł.

adage ['ædıdʒ] *n* porzekadło *nt*.

adamant ['ædəmənt] *adj* nieugięty, niewzruszony.

Adam's apple ['ædəmz-] *n* jabłko *nt* Adama.

adapt [ə'dæpt] *vt* adaptować (zaadaptować *perf*); **to adapt sth to** przystosowywać (przystosować *perf*) coś do *+gen* ♦ *vi*: **to adapt (to)** przystosowywać się (przystosować się *perf*) (do *+gen*).

adaptability [ədæptə'bılıtı] *n* zdolności *pl* przystosowawcze.

adaptable [ə'dæptəbl] *adj* (*person*) łatwo się przystosowujący; (*device*) dający się przystosować.

adaptation [ædæp'teıʃən] *n* (*of story, novel*) adaptacja *f*; (*of machine, equipment*) przystosowanie *nt*.

adapter [ə'dæptə*] *n* (*ELEC*) trójnik *m*.

adaptor [ə'dæptə*] *n* = **adapter**.

ADC *n abbr* (*MIL*) = **aide-de-camp**; (*US*: = *Aid to*

Dependent Children) *pomoc finansowa dla rodzin o niskich dochodach.*

add [æd] *vt* dodawać (dodać *perf*) ♦ *vi*: **to add to** powiększać (powiększyć *perf*) *+acc.*

▸**add on** *vt* dodawać (dodać *perf*).

▸**add up** *vt* dodawać (dodać *perf*) ♦ *vi*: **it doesn't add up** (*fig*) to się nie zgadza; **it doesn't add up to much** (*fig*) to nie robi większego wrażenia.

addenda [ə'dɛndə] *npl of* **addendum.**

addendum [ə'dɛndəm] (*pl* **addenda**) *n* (*in book*) addenda *pl*; (*document*) załącznik *m.*

adder ['ædə*] *n* żmija *f.*

addict ['ædɪkt] *n* osoba *f* uzależniona; (*also*: **drug addict**) narkoman(ka) *m(f)*; (*devotee*) entuzjasta (-tka) *m(f).*

addicted [ə'dɪktɪd] *adj*: **to be addicted to** być uzależnionym od *+gen*; (*fig*) nie móc żyć bez *+gen.*

addiction [ə'dɪkʃən] *n* uzależnienie *nt*; **drug addiction** narkomania.

addictive [ə'dɪktɪv] *adj* (*drug*) uzależniający; (*activity*) wciągający.

adding machine ['ædɪŋ-] *n* maszyna *f* sumująca.

Addis Ababa ['ædɪs'æbəbə] *n* Addis Abeba *f.*

addition [ə'dɪʃən] *n* (*adding*) dodanie *nt*; (*thing added*) dodatek *m*; (*MATH*) dodawanie *nt*; **in addition** w dodatku, na dodatek; **in addition to** oprócz *+gen.*

additional [ə'dɪʃənl] *adj* dodatkowy.

additive ['ædɪtɪv] *n* dodatek *m* (*konserwujący, barwiący itp*).

addled ['ædld] *adj* (*BRIT*) *adj* (*egg*) zepsuty; **his brain is addled** w głowie mu się pomieszało.

address [ə'drɛs] *n* (*postal*) adres *m*; (*speech*) przemówienie *nt*, mowa *f* ♦ *vt* (*letter, parcel*) adresować (zaadresować *perf*); (*meeting, rally*) przemawiać (przemówić *perf*) do *+gen*; (*person*) zwracać się (zwrócić się *perf*) do *+gen*; **to address (o.s. to) a problem** zajmować się (zająć się *perf*) problemem; **form of address** forma zwracania się; **what form of address do you use for ...?** jak należy zwracać się do *+gen*?; **absolute/relative address** (*COMPUT*) adres bezwzględny/względny.

Aden ['eɪdən] *n*: **Gulf of Aden** Zatoka *f* Adeńska.

adenoids ['ædɪnɔɪdz] *npl* trzeci migdałek *m.*

adept ['ædɛpt] *adj*: **adept at** biegły w *+loc.*

adequacy ['ædɪkwəsɪ] *n* (*quantitative*) dostateczność *f*; (*qualitative*) właściwość *f*, odpowiedniość *f.*

adequate ['ædɪkwɪt] *adj* (*amount*) wystarczający, dostateczny; (*response*) właściwy, zadowalający.

adequately ['ædɪkwɪtlɪ] *adv* właściwie.

adhere [əd'hɪə*] *vi*: **to adhere to** przylegać (przylgnąć *perf*) do *+gen*; (*fig*: *rule, decision*) stosować się (zastosować się *perf*) do *+gen*; (: *opinion, belief*) obstawać przy *+loc.*

adhesion [əd'hi:ʒən] *n* przyleganie *nt.*

adhesive [əd'hi:zɪv] *n* klej *m* ♦ *adj* (*sticky*) klejący się; (*gummed*) klejący.

adhesive tape *n* (*BRIT*) taśma *f* klejąca; (*US*: *MED*) plaster *m*, przylepiec *m.*

ad hoc [æd'hɔk] *adj* ad hoc ♦ *adv* ad hoc.

ad infinitum ['ædɪnfɪ'naɪtəm] *adv* w nieskończoność.

adjacent [ə'dʒeɪsənt] *adj* (*room etc*) przyległy, sąsiedni; **adjacent to** przylegający do *+gen*, sąsiadujący z *+instr.*

adjective ['ædʒɛktɪv] *n* przymiotnik *m.*

adjoining [ə'dʒɔɪnɪŋ] *adj* (*room*) przyległy, sąsiedni; (*table*) sąsiedni ♦ *prep* obok *+gen.*

adjourn [ə'dʒə:n] *vt* odraczać (odroczyć *perf*) ♦ *vi* (*meeting, trial*) zostawać (zostać *perf*) odroczonym; **they adjourned the meeting till the following week** odroczyli zebranie do następnego tygodnia; **they adjourned to the pub** (*BRIT*: *fml*) udali się do pubu.

adjournment [ə'dʒə:nmənt] *n* (*period*) przerwa *f* w obradach.

Adjt. (*MIL*) *abbr* = **adjutant.**

adjudicate [ə'dʒu:dɪkeɪt] *vt* (*contest*) rozstrzygać (rozstrzygnąć *perf*); (*claim, dispute*) rozsądzać (rozsądzić *perf*) ♦ *vi* orzekać (orzec *perf*).

adjudication [ədʒu:dɪ'keɪʃən] *n* (*JUR*) orzeczenie *nt*; **the matter is under adjudication** sprawa jest rozpatrywana.

adjudicator [ə'dju:dɪkeɪtə*] *n* sędzia *m.*

adjust [ə'dʒʌst] *vt* (*approach*) modyfikować (zmodyfikować *perf*); (*clothing*) poprawiać (poprawić *perf*); (*machine, device*) regulować (wyregulować *perf*) ♦ *vi*: **to adjust (to)** przystosowywać się (przystosować się *perf*) (do *+gen*).

adjustable [ə'dʒʌstəbl] *adj* regulowany.

adjuster [ə'dʒʌstə*] *n see* **loss.**

adjustment [ə'dʒʌstmənt] *n* (*of machine, prices, wages*) regulacja *f*; (*of person*) przystosowanie się *nt.*

adjutant ['ædʒətənt] *n* (*MIL*) adiutant *m.*

ad-lib [æd'lɪb] *vi* improwizować (zaimprowizować *perf*) ♦ *vt* improwizować (zaimprowizować *perf*) ♦ *adv*: **ad lib** (*speak*) bez przygotowania.

adman ['ædmæn] (*inf*) *n* autor *m* reklam.

admin ['ædmɪn] (*inf*) *n abbr* = **administration.**

administer [əd'mɪnɪstə*] *vt* (*country, department*) administrować *+instr*; (*justice, punishment*) wymierzać (wymierzyć *perf*); (*test*) przeprowadzać (przeprowadzić *perf*); (*MED*: *drug*) podawać (podać *perf*).

administration [ədmɪnɪs'treɪʃən] *n* administracja *f*; **the Administration** (*US*) rząd; **the Clinton Administration** administracja Clintona.

administrative [əd'mɪnɪstrətɪv] *adj* administracyjny.

administrator [əd'mɪnɪstreɪtə*] *n* administrator(ka) *m(f).*

admirable ['ædmərəbl] *adj* godny podziwu.

admiral ['ædmərəl] *n* admirał *m*.

Admiralty ['ædmərəltı] (*BRIT*) *n*: **the Admiralty** Admiralicja *f*.

admiration [ædmə'reıʃən] *n* podziw *m*; **to have great admiration for sth/sb** mieć wiele podziwu dla czegoś/kogoś.

admire [əd'maıə*] *vt* podziwiać.

admirer [əd'maıərə*] *n* (*suitor*) wielbiciel *m*; (*fan*) wielbiciel(ka) *m(f)*.

admission [əd'mıʃən] *n* (*admittance*) przyjęcie *nt*; (*to exhibition, night club*) wstęp *m*; (*entry fee*) opłata *f* za wstęp; (*confession*) przyznanie się *nt*; **"admission free", "free admission"** „wstęp wolny"; **by his own admission** jak sam przyznaje.

admit [əd'mıt] *vt* (*confess, accept*) przyznawać się (przyznać się *perf*) do *+gen*; (*permit to enter*) wpuszczać (wpuścić *perf*); (*to club, organization, hospital*) przyjmować (przyjąć *perf*); **"children not admitted"** „(wstęp) tylko dla dorosłych"; **this ticket admits two** to bilet wstępu dla dwóch osób; **I must admit that ...** muszę przyznać, że ... .

►**admit of** *vt fus* (*interpretation etc*) dopuszczać (dopuścić *perf*) *+acc*.

►**admit to** *vt fus* (*murder etc*) przyznawać się (przyznać się *perf*) do *+gen*.

admittance [əd'mıtəns] *n* wstęp *m*; **"no admittance"** „wstęp wzbroniony".

admittedly [əd'mıtıdlı] *adv* trzeba przyznać, co prawda.

admonish [əd'mɔnıʃ] *vt* upominać (upomnieć *perf*).

ad nauseam [æd'nɔ:sıæm] *adv* do znudzenia.

ado [ə'du:] *n*: **without (any) more ado** bez dalszych wstępów.

adolescence [ædəu'lɛsns] *n* okres *m* dojrzewania.

adolescent [ædəu'lɛsnt] *adj* młodociany ♦ *n* nastolatek (-tka) *m(f)*.

adopt [ə'dɔpt] *vt* (*child*) adoptować (zaadoptować *perf*); (*position, attitude*) przyjmować (przyjąć *perf*); (*course of action, method*) obierać (obrać *perf*); (*tone etc*) przybierać (przybrać *perf*); **the party adopted him as its candidate** partia wybrała go na swojego kandydata.

adopted [ə'dɔptıd] *adj* (*child*) adoptowany.

adoption [ə'dɔpʃən] *n* (*of child*) adopcja *f*; (*of position, attitude*) przyjęcie *nt*; (*of course of action, method*) obranie *nt*; (*POL*: *of candidate*) wybór *m*.

adoptive [ə'dɔptıv] *adj* przybrany.

adorable [ə'dɔ:rəbl] *adj* (*child, kitten*) uroczy.

adoration [ædə'reıʃən] *n* uwielbienie *nt*.

adore [ə'dɔ:*] *vt* uwielbiać; **the audience will adore the film** publiczność będzie filmem zachwycona.

adoringly [ə'dɔ:rıŋlı] *adv* z uwielbieniem.

adorn [ə'dɔ:n] *vt* zdobić, przyozdabiać (przyozdobić *perf*).

adornment [ə'dɔ:nmənt] *n* (*act*) zdobienie *nt*; (*decoration*) ozdoba *f*.

ADP *n abbr* = **automatic data processing.**

adrenalin [ə'drɛnəlın] *n* adrenalina *f*; **to get the adrenalin going** podnosić (podnieść *perf*) ciśnienie.

Adriatic [eıdrı'ætık] *n*: **the Adriatic (Sea)** Adriatyk *m*, Morze *nt* Adriatyckie.

adrift [ə'drıft] *adj*: **to be adrift** (*NAUT*) dryfować; **to be** *or* **feel adrift** (*fig*) być *or* czuć się zagubionym; **to come adrift** (*rope, fastening*) poluzowywać się (poluzować się *perf*); **our plans have gone adrift** nasze plany wzięły w łeb.

adroit [ə'drɔıt] *adj* zręczny, sprytny.

adroitly [ə'drɔıtlı] *adv* zręcznie, sprytnie.

ADT (*US*) *abbr* (= *Atlantic Daylight Time*).

adult ['ædʌlt] *n* (*person*) dorosły *m*; (*animal, insect*) dorosły osobnik *m* ♦ *adj* (*grown-up*) dorosły; (*for adults*) dla dorosłych *post*.

adult education *n* kształcenie *nt* dorosłych.

adulterate [ə'dʌltəreıt] *vt* fałszować (sfałszować *perf*), podrabiać (podrobić *perf*).

adultery [ə'dʌltərı] *n* cudzołóstwo *nt*.

adulthood ['ædʌlthud] *n* dorosłość *f*.

advance [əd'vɑ:ns] *n* (*movement*) posuwanie się *nt*; (*progress*) postęp *m*; (*money*) zaliczka *f* ♦ *adj* wcześniejszy, uprzedni ♦ *vt* (*money*) wypłacać (wypłacić *perf*) z góry *or* awansem; (*theory*) wysuwać (wysunąć *perf*) ♦ *vi* (*move forward*) posuwać się (posunąć się *perf*); (*make progress*) czynić (poczynić *perf*) postępy; **to make advances (to sb)** podejmować (podjąć *perf*) próby zbliżenia (z kimś); (*amorously*) zalecać się (do kogoś); **in advance** (*arrive, notify*) z wyprzedzeniem; (*pay*) z góry; **to give sb advance notice** dawać (dać *perf*) komuś wypowiedzenie z wyprzedzeniem.

advanced [əd'vɑ:nst] *adj* (*studies*) wyższy; (*course*) dla zaawansowanych *post*; (*country, child*) rozwinięty; **advanced in years** w podeszłym wieku.

advancement [əd'vɑ:nsmənt] *n* (*furtherance*) wspieranie *nt*; (*in job*) awans *m*.

advantage [əd'vɑ:ntıdʒ] *n* (*benefit*) korzyść *f*; (*beneficial feature*) zaleta *f*, dobra strona *f*; (*supremacy, point in tennis*) przewaga *f*; **to take advantage of** (*person*) wykorzystywać (wykorzystać *perf*) *+acc*; (*opportunity*) korzystać (skorzystać *perf*) z *+gen*; **it's to our advantage to start learning Spanish** będzie dla nas korzystne, jeśli zaczniemy się uczyć hiszpańskiego.

advantageous [ædvən'teıdʒəs] *adj*: **advantageous (to)** korzystny (dla *+gen*).

advent ['ædvənt] *n* (*of era*) nastanie *nt*, nadejście *nt*; (*of innovation*) pojawienie się *nt*; (*REL*): **Advent** adwent *m*.

Advent calendar *n* kalendarz *m* adwentowy.

adventure [əd'vɛntʃə*] *n* przygoda *f*.

adventurous [əd'vɛntʃərəs] *adj* (*person*) odważny; (*action*) ryzykowny; (*life, journey*) pełen przygód.

adverb ['ædvə:b] *n* przysłówek *m*.

adversary ['ædvəsərı] *n* przeciwnik (-iczka) *m(f)*.

adverse ['ædvə:s] *adj* niesprzyjający, niekorzystny; **adverse to** wrogi *+dat*; **in adverse circumstances** w niesprzyjających okolicznościach.

adversity [əd'və:sıtı] *n* przeciwności *pl* (losu).

advert ['ædvə:t] (*BRIT*) *n abbr* = **advertisement**.

advertise ['ædvətaız] *vi* reklamować się (zareklamować się *perf*) ♦ *vt* reklamować (zareklamować *perf*); **to advertise for** poszukiwać *+gen* (*przez ogłoszenie*).

advertisement [əd'və:tısmənt] *n* (*for product*) reklama *f*; (*about job, accomodation etc*) ogłoszenie *nt*, anons *m*.

advertiser ['ædvətaızə*] *n* reklamujący (-ca) *m(f)*, ogłaszający (-ca) *m(f)*.

advertising ['ædvətaızıŋ] *n* reklama *f*.

advertising agency *n* agencja *f* reklamowa.

advertising campaign *n* kampania *f* reklamowa.

advice [əd'vaıs] *n* (*counsel*) rada *f*, (: *doctor's, lawyer's etc*) porada *f*; (*notification*) zawiadomienie *nt*; **a piece of advice** rada; **to ask sb for advice** prosić (poprosić *perf*) kogoś o radę; **to take legal advice** zasięgać (zasięgnąć *perf*) porady prawnej.

advice note (*BRIT*) *n* awizo *nt*.

advisable [əd'vaızəbl] *adj* wskazany.

advise [əd'vaız] *vt* (*person*) radzić (poradzić *perf*) *+dat*; (*company*) doradzać (doradzić *perf*) *+dat*; **to advise sb of sth** powiadamiać (powiadomić *perf*) kogoś o czymś; **to advise sb against sth/doing sth** odradzać (odradzić *perf*) komuś coś/zrobienie czegoś; **you would be well-/ill-advised to go** dobrze/źle byś zrobił, gdybyś pojechał.

advisedly [əd'vaızıdlı] *adv* celowo, rozmyślnie.

adviser [əd'vaızə*] *n* doradca (-dczyni) *m(f)*.

advisor [əd'vaızə*] *n* = **adviser**.

advisory [əd'vaızərı] *adj* doradczy; **in an advisory capacity** w charakterze doradcy.

advocate [*vb* 'ædvəkeıt, *n* 'ædvəkıt] *vt* (*support*) popierać (poprzeć *perf*); (*recommend*) zalecać (zalecić *perf*) ♦ *n* (*JUR*) adwokat(ka) *m(f)*; (*supporter*) zwolennik (-iczka) *m(f)*, orędownik (-iczka) *m(f)*.

advt. *abbr* = **advertisement** ogł.

AEA (*BRIT*) *n abbr* (= *Atomic Energy Authority*) *urząd sprawujący kontrolę nad wykorzystaniem energii atomowej.*

AEC (*US*) *n abbr* (= *Atomic Energy Commission*) *komisja sprawująca kontrolę nad wykorzystaniem energii atomowej.*

Aegean [i:'dʒi:ən] *n*: **the Aegean (Sea)** Morze *nt* Egejskie.

aegis ['i:dʒıs] *n*: **under the aegis of** pod egidą *+gen*.

aeon ['i:ən] *n* wiek *m*.

aerial ['ɛərıəl] *n* antena *f* ♦ *adj* lotniczy.

aero... ['ɛərəu] *pref* aero... .

aerobatics ['ɛərəu'bætıks] *npl* akrobatyka *f* lotnicza.

aerobics [ɛə'rəubıks] *n* aerobik *m*.

aerodrome ['ɛərədrəum] (*BRIT*) *n* lądowisko *nt*, małe lotnisko *nt*.

aerodynamic ['ɛərəudaı'næmık] *adj* aerodynamiczny.

aeronautics [ɛərə'nɔ:tıks] *n* aeronautyka *f*.

aeroplane ['ɛərəpleın] (*BRIT*) *n* samolot *m*.

aerosol ['ɛərəsɔl] *n* aerozol *m*.

aerospace industry ['ɛərəuspeıs-] *n* przemysł *m* aerokosmiczny.

aesthetic [i:s'θɛtık] *adj* estetyczny.

aesthetically [i:s'θɛtıklı] *adv* estetycznie.

AEEU (*BRIT*) *n abbr* (= *Amalgamated Engineering and Electrical Union*).

afar [ə'fɑ:*] *adv*: **from afar** z oddali.

AFB (*US*) *n abbr* (= *Air Force Base*).

AFDC (*US*) *n abbr* (= *Aid to Families with Dependent Children*) *pomoc finansowa dla rodzin o niskich dochodach.*

affable ['æfəbl] *adj* przyjemny, przyjazny.

affair [ə'fɛə*] *n* sprawa *f*, (*also*: **love affair**) romans *m*; **affairs** *npl* sprawy *pl*.

affect [ə'fɛkt] *vt* (*influence*) wpływać (wpłynąć *perf*) na *+acc*; (*afflict*) atakować (zaatakować *perf*); (*move deeply*) wzruszać (wzruszyć *perf*); (*concern*) dotyczyć *+gen*; (*feign*) udawać (udać *perf*).

affectation [æfɛk'teıʃən] *n* poza *f*.

affected [ə'fɛktıd] *adj* sztuczny, afektowany.

affection [ə'fɛkʃən] *n* uczucie *nt*.

affectionate [ə'fɛkʃənıt] *adj* czuły.

affectionately [ə'fɛkʃənıtlı] *adv* czule.

affidavit [æfı'deıvıt] (*JUR*) *n* (pisemne) oświadczenie *nt* pod przysięgą.

affiliated [ə'fılıeıtıd] *adj* stowarzyszony.

affinity [ə'fınıtı] *n*: **to have an affinity with/for** darzyć sympatią *+acc*, odczuwać więź z *+instr*; **to have an affinity with** zdradzać podobieństwo do *+gen*.

affirm [ə'fə:m] *vt* stwierdzać (stwierdzić *perf*).

affirmation [æfə'meıʃən] *n* (*of fact*) stwierdzenie *nt*; (*of belief*) afirmacja *f*.

affirmative [ə'fə:mətıv] *adj* (*statement*) twierdzący; (*nod, gesture*) potakujący ♦ *n*: **in the affirmative** twierdząco.

affix [ə'fıks] *vt* (*stamp*) naklejać (nakleić *perf*).

afflict [ə'flıkt] *vt* dotykać (dotknąć *perf*).

affliction [əˈflɪkʃən] *n* nieszczęście *nt*; (*physical*) przypadłość *f*.
affluence [ˈæfluəns] *n* dostatek *m*.
affluent [ˈæfluənt] *adj* dostatni; **the affluent society** społeczeństwo dobrobytu.
afford [əˈfɔːd] *vt* pozwalać (pozwolić *perf*) sobie na *+acc*; (*provide*) udzielać (udzielić *perf*) *+gen*; **can we afford a car?** czy stać nas na samochód?; **I can't afford the time** nie mam (na to) czasu.
affray [əˈfreɪ] (*BRIT*: *JUR*) *n* zakłócenie *nt* spokoju publicznego.
affront [əˈfrʌnt] *n* zniewaga *f*, afront *m*.
affronted [əˈfrʌntɪd] *adj* urażony.
Afghan [ˈæfgæn] *adj* afgański ♦ *n* Afgańczyk (-anka) *m(f)*.
Afghanistan [æfˈgænɪstæn] *n* Afganistan *m*.
afield [əˈfiːld] *adv*: **far afield** daleko; **from far afield** z daleka.
AFL-CIO *n abbr* (= *American Federation of Labor and Congress of Industrial Organizations*) *amerykańska federacja związków zawodowych*.
afloat [əˈfləut] *adv* na wodzie, na powierzchni (wody) ♦ *adj* unoszący się na wodzie; **to stay afloat** pozostawać (pozostać *perf*) wypłacalnym; **to get a business afloat** uruchamiać (uruchomić *perf*) interes.
afoot [əˈfut] *adv*: **there is something afoot** coś się święci.
aforementioned [əˈfɔːmɛnʃənd] *adj* wyżej wymieniony *or* wspomniany.
aforesaid [əˈfɔːsɛd] *adj* = **aforementioned**.
afraid [əˈfreɪd] *adj* przestraszony; **to be afraid of** bać się *+gen*; **to be afraid to** bać się *+infin*; **she was afraid of offending anyone** bała się, że kogoś obrazi; **I am afraid that ...** obawiam się, że ...; **I am afraid so/not** obawiam się, że tak/nie.
afresh [əˈfrɛʃ] *adv* od nowa.
Africa [ˈæfrɪkə] *n* Afryka *f*.
African [ˈæfrɪkən] *adj* afrykański ♦ *n* Afrykańczyk (-anka) *m(f)*.
Afrikaans [æfrɪˈkɑːns] *n* (język *m*) afrikaans *or* afrykańsko-burski.
Afrikaner [æfrɪˈkɑːnə*] *n* Afrykaner(ka) *m(f)*.
Afro-American [ˈæfrəuəˈmɛrɪkən] *adj* afroamerykański.
AFT (*US*) *n abbr* (= *American Federation of Teachers*).
aft [ɑːft] *adv* (*on ship*: *sit*) na rufie; (: *go*) ku rufie; (*on plane*: *sit*) z tyłu; (: *go*) ku tyłowi.
after [ˈɑːftə*] *prep* (*of time*) po *+loc*; (*of place, order*) po *+loc*, za *+instr*; (*artist, writer*) w stylu *+gen* ♦ *adv* potem, później ♦ *conj* gdy, po tym, jak; **after dinner** po obiedzie; **the day after tomorrow** pojutrze; **what/who are you after?** na co/kogo polujesz? (*inf*); **the police are after him** ściga go policja; **after he left** po jego wyjeździe; **to name sb after sb** dawać (dać *perf*) komuś imię po kimś; **it's twenty after eight** (*US*) jest dwadzieścia po ósmej; **to ask after sb** pytać o kogoś; **after all** (*it must be remembered that*) przecież, w końcu; (*in spite of everything*) mimo wszystko; **after you!** proszę bardzo! (*przepuszczając kogoś w drzwiach*).
aftercare [ˈɑːftəkɛə*] (*BRIT*) *n* opieka *f* pooperacyjna *or* nad rekonwalescentem.
after-effects [ˈɑːftərɪfɛkts] *npl* następstwa *pl*.
afterlife [ˈɑːftəlaɪf] *n* życie *nt* pozagrobowe.
aftermath [ˈɑːftəmɑːθ] *n* następstwa *pl*, pokłosie *nt* (*literary*); **in the aftermath of** w następstwie *+gen*.
afternoon [ˈɑːftəˈnuːn] *n* popołudnie *nt*; **good afternoon!** (*hello*) dzień dobry!; (*goodbye*) do widzenia!
afters [ˈɑːftəz] (*inf*) *n* deser *m*.
after-sales service [ɑːftəˈseɪlz-] (*BRIT*: *COMM*) *n* serwis *m*.
after-shave (lotion) [ˈɑːftəʃeɪv-] *n* płyn *m* po goleniu.
aftershock [ˈɑːftəʃɔk] *n* trzęsienie *nt* następcze.
afterthought [ˈɑːftəθɔːt] *n*: **as an afterthought** machinalnie; **I had an afterthought** nasunęła mi się refleksja.
afterwards [ˈɑːftəwədz] (*US* **afterward**) *adv* później, potem.
again [əˈgɛn] *adv* (*once more, on another occasion*) znowu, znów, ponownie (*fml*); (*one more time*) jeszcze raz; **I won't be late again** już (nigdy) się nie spóźnię; **never again** nigdy więcej; **to begin again** zaczynać (zacząć *perf*) od nowa; **he's opened it again** znowu to otworzył; **again and again, time and again** wielokrotnie, ciągle; **now and again** od czasu do czasu.
against [əˈgɛnst] *prep* (*lean, rub*) o *+acc*; (*fight*) z *+instr*; (*in opposition to*) przeciw(ko) *+dat*; (*in relation to*) w stosunku do *+gen*; **to press sth against sth** przyciskać (przycisnąć *perf*) coś do czegoś; **against a blue background** na niebieskim tle; **(as) against** w porównaniu z *+instr*.
age [eɪdʒ] *n* wiek *m* ♦ *vi* starzeć się (zestarzeć się *perf or* postarzeć się *perf*) ♦ *vt* postarzać (postarzyć *perf*); **what age is he?** ile on ma lat?; **he is 20 years of age** ma dwadzieścia lat; **under age** nieletni, niepełnoletni; **to come of age** osiągać (osiągnąć *perf*) pełnoletniość; **it's been ages since we last saw each other** nie widzieliśmy się całe wieki.
aged[1] [ˈeɪdʒd] *adj*: **aged 10** w wieku lat dziesięciu; **Bill Ash, aged 62, ...** Bill Ash, lat 62, ...
aged[2] [ˈeɪdʒɪd] *npl*: **the aged** osoby *pl* w podeszłym wieku.
age group *n* grupa *f* wiekowa; **the 40 to 50 age group** osoby w wieku od 40 do 50 lat.
ageless [ˈeɪdʒlɪs] *adj* (*never growing old*) wiecznie młody; (*timeless*) wieczny.

age limit *n* ograniczenie *nt or* limit *m* wieku.
agency ['eɪdʒənsɪ] *n* (*COMM*) agencja *f*; (*government body*) urząd *m*, biuro *nt*; **through** *or* **by the agency of** za pośrednictwem *+gen*.
agenda [ə'dʒɛndə] *n* porządek *m* dzienny; **on the agenda** w programie.
agent ['eɪdʒənt] *n* (*person*) agent(ka) *m(f)*; (*CHEM*) środek *m*; (*fig*) czynnik *m*.
aggravate ['ægrəveɪt] *vt* (*worsen*) pogarszać (pogorszyć *perf*); (*annoy*) denerwować (zdenerwować *perf*).
aggravating ['ægrəveɪtɪŋ] *adj* denerwujący.
aggravation [ægrə'veɪʃən] *n* zdenerwowanie *nt*.
aggregate ['ægrɪgɪt] *n* suma *f* ♦ *vt* sumować (zsumować *perf*).
aggression [ə'grɛʃən] *n* agresja *f*.
aggressive [ə'grɛsɪv] *adj* agresywny.
aggressiveness [ə'grɛsɪvnɪs] *n* agresywność *f*.
aggrieved [ə'gri:vd] *adj* dotknięty.
aghast [ə'gɑ:st] *adj* przerażony; **to be aghast at sth** być przerażonym czymś.
agile ['ædʒaɪl] *adj* (*physically*) zwinny; (*mentally*) sprawny.
agitate ['ædʒɪteɪt] *vt* (*person*) poruszać (poruszyć *perf*); (*liquid*) wstrząsać (wstrząsnąć *perf*) *+instr* ♦ *vi*: **to agitate for/against** agitować za *+instr*/przeciw *+dat*.
agitated ['ædʒɪteɪtɪd] *adj* poruszony.
agitator ['ædʒɪteɪtə*] *n* agitator(ka) *m(f)*.
AGM *n abbr* (= *annual general meeting*) WZA *nt inv*.
agnostic [æg'nɔstɪk] *n* agnostyk (-yczka) *m(f)*.
ago [ə'gəu] *adv*: **2 days ago** dwa dni temu; **not long ago** niedawno; **as long ago as 1960** już w roku 1960; **how long ago?** jak dawno (temu)?
agog [ə'gɔg] *adj* przejęty, podniecony; **she was all agog** była bardzo przejęta.
agonize ['ægənaɪz] *vi*: **he agonized over the problem** zadręczał się tym problemem.
agonizing ['ægənaɪzɪŋ] *adj* (*pain*) dręczący; (*cry*) rozdzierający; (*decision*) bolesny; (*wait*) męczący.
agony ['ægənɪ] *n* (*pain*) (dotkliwy) ból *m*; (*torment*) udręka *f*, męczarnia *f*; **to be in agony** cierpieć katusze.
agony aunt *n redaktorka rubryki porad osobistych dla czytelników.*
agony column *n rubryka porad osobistych dla czytelników.*
agree [ə'gri:] *vt* (*price, date*) uzgadniać (uzgodnić *perf*) ♦ *vi* zgadzać się (zgodzić się *perf*); (*LING*) zgadzać się; **to agree with** (*person*) zgadzać się (zgodzić się *perf*) z *+instr*; (*food*) służyć *+dat*; (*statements etc*) pokrywać się (pokryć się *perf*) z *+instr*; **to agree to sth/to do sth** zgadzać się (zgodzić się *perf*) na coś/zrobić coś; **to agree on sth** uzgadniać (uzgodnić *perf*) coś; **to agree that ...** przyznawać (przyznać *perf*), że ...; **garlic doesn't agree with me** czosnek mi szkodzi *or* nie służy; **it was agreed that ...** uzgodniono, że ...; **they agreed on this** zgodzili się co do tego; **they agreed on going** uzgodnili, że pojadą.
agreeable [ə'gri:əbl] *adj* (*pleasant*) miły; (*willing*) skłonny; **are you agreeable to this?** odpowiada ci to?
agreed [ə'gri:d] *adj* uzgodniony; **to be agreed** zgadzać się.
agreement [ə'gri:mənt] *n* (*consent*) zgoda *f*; (*contract*) porozumienie *nt*; **to be in agreement with sb** zgadzać się (zgodzić się *perf*) z kimś; **by mutual agreement** za obopólną zgodą.
agricultural [ægrɪ'kʌltʃərəl] *adj* rolniczy.
agriculture ['ægrɪkʌltʃə*] *n* rolnictwo.
aground [ə'graund] (*NAUT*) *adv*: **to run aground** osiadać (osiąść *perf*) na mieliźnie.
ahead [ə'hɛd] *adv* (*of place*) z przodu; (*of time*) z wyprzedzeniem, naprzód; (*into the future*) naprzód, do przodu; **ahead of** przed *+instr*; **ahead of schedule** przed terminem; **a year ahead** z rocznym wyprzedzeniem, na rok naprzód; **go right** *or* **straight ahead** proszę iść prosto przed siebie; **go ahead!** (*fig*) proszę (bardzo)!; **they were (right) ahead of us** byli (tuż) przed nami; **we are a good ten years ahead of you** wyprzedzamy was o dobre dziesięć lat.
AI *n abbr* (= *Amnesty International*); (*COMPUT*) = **artificial intelligence**.
AIB (*BRIT*) *n abbr* (= *Accident Investigation Bureau*).
AID *n abbr* (= *artificial insemination by donor*) sztuczne zapłodnienie *nt* nasieniem dawcy; (*US*: = *Agency for International Development*).
aid [eɪd] *n* pomoc *f* ♦ *vt* pomagać (pomóc *perf*) *+dat*, wspomagać (wspomóc *perf*); **with the aid of** (*thing*) za pomocą *+gen*; (*person*) przy pomocy *+gen*; **in aid of** na rzecz *+gen*; **to aid and abet** (*JUR*) udzielać (udzielić *perf*) pomocy w dokonaniu przestępstwa; *see also* **hearing**.
aide [eɪd] (*POL, MIL*) *n* doradca (-dczyni) *m(f)*.
aide-de-camp ['eɪddə'kɔŋ] (*MIL*) *n* adiutant(ka) *m(f)*.
AIDS [eɪdz] *n abbr* (= *acquired immune deficiency syndrome*) AIDS *m inv*.
AIH *n abbr* (= *artificial insemination by husband*) sztuczne zapłodnienie *nt* nasieniem męża.
ailing ['eɪlɪŋ] *adj* (*person*) niedomagający; (*industry*) borykający się z trudnościami; (*economy*) kulejący.
ailment ['eɪlmənt] *n* dolegliwość *f*.
aim [eɪm] *vt*: **to aim sth (at)** (*gun*) celować (wycelować *perf*) z czegoś (do *+gen*); (*camera*) kierować (skierować *perf*) coś (na *+acc*); (*blow*) mierzyć (wymierzyć *perf*) coś (w *+acc*); (*remark*) kierować (skierować *perf*) coś (pod adresem *+gen*) ♦ *vi* celować (wycelować *perf*), mierzyć (wymierzyć *perf*) ♦ *n* cel *m*; (*skill*) celność *f*; **to aim at** (*with weapon*) celować (wycelować *perf*)

w *+acc*; (*objective*) dążyć do *+gen*; **to aim to do sth** zamierzać coś zrobić.
aimless ['eɪmlɪs] *adj* (*activity*) bezcelowy; (*person*) pozbawiony celu.
aimlessly ['eɪmlɪslɪ] *adv* bez celu.
ain't [eɪnt] (*inf*) = **am not**; (*inf*) = **aren't**; (*inf*) = **isn't**.
air [ɛə*] *n* powietrze *nt*; (*aria*) aria *f*; (*tune*) melodia *f*; (*mood*) atmosfera *f*; (*appearance*) wygląd *m* ♦ *vt* (*room*) wietrzyć (przewietrzyć *perf* *or* wywietrzyć *perf*); (*views*) głosić, wygłaszać; (*grievances*) wylewać ♦ *cpd* (*currents, attack etc*) powietrzny; **to throw sth into the air** podrzucić (*perf*) coś do góry; **by air** drogą lotniczą, samolotem; **to be on the air** (*RADIO, TV*: *programme*) być na antenie, być nadawanym; (: *station*) nadawać.
airbag ['ɛəbæg] *n* (*in car*) poduszka *f* powietrzna.
air base *n* baza *f* lotnicza.
airbed ['ɛəbɛd] (*BRIT*) *n* materac *m* nadmuchiwany.
airborne ['ɛəbɔ:n] *adj* (*attack etc*) lotniczy; (*plane*) lecący; (*troops*) powietrznodesantowy; (*particles*) zawieszony w powietrzu; **as soon as the plane was airborne** zaraz po starcie samolotu.
air cargo *n* ładunek *m* lotniczy.
air-conditioned ['ɛəkən'dɪʃənd] *adj* klimatyzowany.
air conditioning *n* klimatyzacja *f*.
air-cooled ['ɛəku:ld] *adj* (*engine*) chłodzony powietrzem.
aircraft ['ɛəkrɑ:ft] *n inv* samolot *m*.
aircraft carrier *n* lotniskowiec *m*.
air cushion *n* poduszka *f* pneumatyczna.
airfield ['ɛəfi:ld] *n* lotnisko *nt*.
Air Force *n* siły *pl* powietrzne.
air freight *n* fracht *m* lotniczy.
air freshener *n* odświeżacz *m* powietrza.
airgun ['ɛəgʌn] *n* wiatrówka *f*.
air hostess (*BRIT*) *n* stewardessa *f*.
airily ['ɛərɪlɪ] *adv* beztrosko.
airing ['ɛərɪŋ] *n*: **to give an airing to** wietrzyć (przewietrzyć *perf*) *+acc*; (*fig*: *ideas, views etc*) omawiać (omówić *perf*).
air letter (*BRIT*) *n* list *m* lotniczy.
airlift ['ɛəlɪft] *n* most *m* powietrzny ♦ *vt* transportować (przetransportować *perf*) drogą lotniczą.
airline ['ɛəlaɪn] *n* linia *f* lotnicza.
airliner ['ɛəlaɪnə*] *n* samolot *m* pasażerski.
airlock ['ɛəlɔk] *n* (*in spacecraft*) śluza *f* powietrzna.
airmail ['ɛəmeɪl] *n*: **by airmail** pocztą lotniczą.
air mattress *n* materac *m* nadmuchiwany.
airplane ['ɛəpleɪn] (*US*) *n* samolot *m*.
airport ['ɛəpɔ:t] *n* lotnisko *nt*, port *m* lotniczy.
air raid *n* nalot *m*.
airsick ['ɛəsɪk] *adj*: **to be airsick** mieć mdłości (*podczas lotu samolotem*).
airspace ['ɛəspeɪs] *n* obszar *m* powietrzny.
airstrip ['ɛəstrɪp] *n* pas *m* startowy (*prowizoryczny*).
air terminal *n* terminal *m* (*lotniska*).
airtight ['ɛətaɪt] *adj* szczelny (*nie przepuszczający powietrza*).
air-traffic control ['ɛətræfɪk-] *n* kontrola *f* ruchu lotniczego.
air-traffic controller ['ɛətræfɪk-] *n* kontroler(ka) *m(f)* ruchu lotniczego.
airway ['ɛəweɪ] *n* trasa *f* lotnicza.
airy ['ɛərɪ] *adj* (*building*) przestronny, przewiewny; (*manner*) beztroski.
aisle [aɪl] *n* (*of church*) nawa *f* boczna; (*of theatre, in plane*) przejście *nt*.
ajar [ə'dʒɑ:*] *adj* (*door*) uchylony.
AK (*US*: *POST*) *abbr* (= *Alaska*).
a.k.a. *abbr* (= *also known as*) alias, v. (= vel).
akin [ə'kɪn] *adj*: **akin to** pokrewny *+dat*, przypominający *+acc*.
AL (*US*: *POST*) *abbr* (= *Alabama*).
ALA *n abbr* (= *American Library Association*).
alabaster ['æləbɑ:stə*] *n* alabaster *m*.
à la carte [ɑ:lɑ:'kɑ:t] *adv* à la carte.
alacrity [ə'lækrɪtɪ] *n* ochota *f*; **with alacrity** z ochotą.
alarm [ə'lɑ:m] *n* (*anxiety*) zaniepokojenie *nt*, niepokój *m*; (*in bank etc*) alarm *m*, system *m* alarmowy ♦ *vt* niepokoić (zaniepokoić *perf*).
alarm call *n* budzenie *nt* (*telefoniczne*).
alarm clock *n* budzik *m*.
alarming [ə'lɑ:mɪŋ] *adj* (*worrying*) niepokojący; (*frightening*) zastraszający, zatrważający.
alarmist [ə'lɑ:mɪst] *n* panikarz (-ara) *m(f)*.
alas [ə'læs] *excl* niestety.
Alaska [ə'læskə] *n* Alaska *f*.
Albania [æl'beɪnɪə] *n* Albania *f*.
Albanian [æl'beɪnɪən] *adj* albański ♦ *n* (*LING*) (język *m*) albański; (*person*) Albańczyk (-anka) *m(f)*.
albeit [ɔ:l'bi:ɪt] *conj* aczkolwiek.
album ['ælbəm] *n* album *m*.
albumen ['ælbjumɪn] *n* białko *nt*.
alchemy ['ælkɪmɪ] *n* alchemia *f*.
alcohol ['ælkəhɔl] *n* alkohol *m*.
alcohol-free ['ælkəhɔl'fri:] *adj* bezalkoholowy.
alcoholic [ælkə'hɔlɪk] *adj* alkoholowy ♦ *n* alkoholik (-iczka) *m(f)*.
alcoholism ['ælkəhɔlɪzəm] *n* alkoholizm *m*.
alcove ['ælkəuv] *n* wnęka *f*.
Ald. *abbr* = **alderman**.
alderman ['ɔ:ldəmən] (*irreg like*: **man**) *n* ≈ radny *m*.
ale [eɪl] *n rodzaj piwa angielskiego*.
alert [ə'lə:t] *adj* czujny ♦ *n* stan *m* pogotowia *or* gotowości ♦ *vt* alarmować (zaalarmować *perf*); **to alert sb (to sth)** uświadamiać (uświadomić *perf*) komuś (coś); **to alert sb to the dangers of sth**

ostrzegać (ostrzec *perf*) kogoś przed niebezpieczeństwami czegoś; **to be on the alert** być w pogotowiu; **alert to danger** świadomy niebezpieczeństwa.

Aleutian Islands [əˈluːʃən-] *npl* Aleuty *pl*.

Alexandria [ælɪgˈzɑːndrɪə] *n* Aleksandria *f*.

alfresco [ælˈfrɛskəu] *adj* na świeżym powietrzu (*o posiłku*) ♦ *adv* na świeżym powietrzu (*spożywać posiłek*).

algebra [ˈældʒɪbrə] *n* algebra *f*.

Algeria [ælˈdʒɪərɪə] *n* Algieria *f*.

Algerian [ælˈdʒɪərɪən] *adj* algierski ♦ *n* Algierczyk (-rka) *m(f)*.

Algiers [ælˈdʒɪəz] *n* Algier *m* (*miasto*).

algorithm [ˈælgərɪðəm] *n* algorytm *m*.

alias [ˈeɪlɪəs] *prep* inaczej, alias ♦ *n* pseudonim *m*.

alibi [ˈælɪbaɪ] *n* alibi *nt inv*.

alien [ˈeɪlɪən] *n* (*foreigner*) cudzoziemiec (-mka) *m(f)*; (*extraterrestrial*) istota *f* pozaziemska, kosmita *m* ♦ *adj*: **alien (to)** obcy (*+dat*).

alienate [ˈeɪlɪəneɪt] *vt* zrażać (zrazić *perf*).

alienation [eɪlɪəˈneɪʃən] *n* wyobcowanie *nt*, alienacja *f*.

alight [əˈlaɪt] *adj* płonący, zapalony; (*fig*) płomienny ♦ *adv* w płomieniach ♦ *vi* (*bird*) usiąść (*perf*); (*passenger*) wysiadać (wysiąść *perf*).

align [əˈlaɪn] *vt* ustawiać (ustawić *perf*).

alignment [əˈlaɪnmənt] *n* ustawienie *nt*; **it's out of alignment (with)** to jest źle ustawione (względem *+gen*).

alike [əˈlaɪk] *adj* podobny ♦ *adv* (*similarly*) podobnie, jednakowo; **they all look alike** oni wszyscy są do siebie podobni; **men and women alike** zarówno mężczyźni, jak i kobiety; **winter and summer alike** tak zimą, jak i latem.

alimony [ˈælɪmənɪ] *n* alimenty *pl*.

alive [əˈlaɪv] *adj* (*living*) żywy; (*lively*) pełen życia; **the theatre is very much alive** teatr ma się bardzo dobrze; **to keep sb alive** utrzymywać (utrzymać *perf*) kogoś przy życiu; **to be alive with** być wypełnionym *+instr*; **alive to** świadomy *+gen*.

alkali [ˈælkəlaɪ] *n* (*CHEM*) zasada *f*.

alkaline [ˈælkəlaɪn] *adj* zasadowy, alkaliczny.

KEYWORD

all [ɔːl] *adj* (*with sing*) cały; (*with pl*) wszystkie (*+nvir*), wszyscy (*+vir*); **all the food** całe jedzenie; **all day** cały dzień; **all night** całą noc; **all the books** wszystkie książki; **all men are equal** wszyscy ludzie są równi; **all five came** przyszła cała piątka ♦ *pron* **1** (*sg*) wszystko *nt*; (*pl*) wszystkie *nvir pl*, wszyscy *vir pl*; **I ate it all, I ate all of it** zjadłem (to) wszystko; **is that all?** czy to (już) wszystko?; **all of us went** wszyscy poszliśmy; **we all sat down** wszyscy usiedliśmy.
2: **above all** przede wszystkim, nade wszystko; **after all** przecież, w końcu; **all in all** w sumie, ogółem ♦ *adv* zupełnie; **all alone** zupełnie sam; **it's not as hard as all that** to nie jest aż takie trudne; **all the more/the better** tym więcej/lepiej; **all but** (*all except for*) wszyscy z wyjątkiem *or* oprócz *+gen*; (*almost*) już prawie; **all but the strongest** wszyscy z wyjątkiem najsilniejszych; **I had all but finished** już prawie skończyłam; **what's the score? – 2 all** jaki jest wynik? – dwa – dwa.

allay [əˈleɪ] *vt* rozpraszać (rozproszyć *perf*).

all clear *n* koniec *m* niebezpieczeństwa (*odwołanie alarmu*); (*fig*) pozwolenie *nt*.

allegation [ælɪˈgeɪʃən] *n* zarzut *m*.

allege [əˈlɛdʒ] *vt* utrzymywać; **he is alleged to have said that ...** miał rzekomo powiedzieć, że ... .

alleged [əˈlɛdʒd] *adj* rzekomy.

allegedly [əˈlɛdʒɪdlɪ] *adv* rzekomo.

allegiance [əˈliːdʒəns] *n* lojalność *f*.

allegory [ˈælɪgərɪ] *n* alegoria *f*.

all-embracing [ˈɔːlɪmˈbreɪsɪŋ] *adj* wszechogarniający.

allergic [əˈləːdʒɪk] *adj* alergiczny; **allergic to** uczulony na *+acc*.

allergy [ˈælədʒɪ] *n* alergia *f*, uczulenie *nt*.

alleviate [əˈliːvɪeɪt] *vt* łagodzić (złagodzić *perf*).

alley [ˈælɪ] *n* aleja *f*.

alliance [əˈlaɪəns] *n* przymierze *nt*, sojusz *m*.

allied [ˈælaɪd] *adj* (*POL, MIL*) sprzymierzony, sojuszniczy; (*related*) pokrewny.

alligator [ˈælɪgeɪtə*] *n* aligator *m*.

all-important [ˈɔːlɪmˈpɔːtnt] *adj* bardzo ważny.

all-in [ˈɔːlɪn] (*BRIT*) *adj* (*cost etc*) łączny ♦ *adv* łącznie, ogółem.

all-in wrestling *n* wolna amerykanka *f*.

alliteration [əlɪtəˈreɪʃən] *n* aliteracja *f*.

all-night [ˈɔːlˈnaɪt] *adj* (*café*) czynny całą noc; (*party*) całonocny.

allocate [ˈæləkeɪt] *vt* przydzielać (przydzielić *perf*).

allocation [æləuˈkeɪʃən] *n* przydział *m*.

allot [əˈlɔt] *vt*: **to allot (to)** przyznawać (przyznać *perf*) *or* przydzielać (przydzielić *perf*) (na *+acc*); **in the alloted time** w wyznaczonym czasie.

allotment [əˈlɔtmənt] *n* (*garden*) działka *f*; (*share*) przydział *m*.

all-out [ˈɔːlaut] *adj* (*effort*) zdecydowany; (*dedication*) całkowity; (*strike*) powszechny ♦ *adv*: **all out** wszelkimi środkami, na całego (*inf*); **to go all out for it** z całych sił do czegoś dążyć.

allow [əˈlau] *vt* (*behaviour*) pozwalać (pozwolić *perf*) na *+acc*; (*sum*) przeznaczać (przeznaczyć *perf*); (*claim, goal*) uznawać (uznać *perf*); **to allow that ...** przyznawać (przyznać *perf*), że ...; **to allow sb to do sth** pozwalać (pozwolić *perf*) komuś coś zrobić; **he is allowed to ...** wolno mu *+infin*; **smoking is not allowed** nie wolno palić.

►**allow for** *vt fus* uwzględniać (uwzględnić *perf*) *+acc*.

allowance [ə'lauəns] *n* (*travelling etc*) dieta *f*; (*welfare payment*) zasiłek *m*; (*pocket money*) kieszonkowe *nt*; (*TAX*) ulga *f*; **fuel allowance** dodatek paliwowy; **to make allowances for** brać (wziąć *perf*) poprawkę na *+acc*.

alloy ['ælɔɪ] *n* stop *m*.

all right *adv* (*well*) w porządku, dobrze; (*correctly*) dobrze, prawidłowo; (*as answer*) dobrze.

all-rounder [ɔ:l'raundə*] *n* osoba *f* wszechstronna; **to be a good all-rounder** być bardzo wszechstronnym.

allspice ['ɔ:lspaɪs] *n* ziele *nt* angielskie (*mielone*).

all-time ['ɔ:l'taɪm] *adj*: **an all-time record** rekord *m* wszech czasów; **an all-time high** najwyższy z dotychczas zanotowanych poziomów.

allude [ə'lu:d] *vi*: **to allude to** robić (zrobić *perf*) aluzję do *+gen*.

alluring [ə'ljuərɪŋ] *adj* ponętny.

allusion [ə'lu:ʒən] *n* aluzja *f*.

alluvium [ə'lu:vɪəm] *n* osady *pl* rzeczne.

ally [*n* 'ælaɪ, *vb* ə'laɪ] *n* (*friend*) sprzymierzeniec *m*; (*POL, MIL*) sojusznik *m* ♦ *vt*: **to ally o.s. with** sprzymierzać się (sprzymierzyć *perf* się) z *+instr*.

almighty [ɔ:l'maɪtɪ] *adj* (*omnipotent*) wszechmogący, wszechmocny; (*tremendous*) ogromny.

almond ['ɑ:mənd] *n* (*fruit*) migdał *m*; (*tree*) migdałowiec *m*.

almost ['ɔ:lməust] *adv* prawie; **he almost fell** o mało nie upadł; **almost certainly** prawie na pewno.

alms [ɑ:mz] *npl* jałmużna *f*.

aloft [ə'lɔft] *adv* (*carry*) w górę; (*hold*) w górze.

alone [ə'ləun] *adj* sam ♦ *adv* samotnie; **to leave sb alone** zostawiać (zostawić *perf*) kogoś w spokoju, dawać (dać *perf*) komuś spokój; **to leave sth alone** nie ruszać czegoś; **let alone ...** nie mówiąc (już) o *+loc*.

along [ə'lɔŋ] *prep* wzdłuż *+gen* ♦ *adv*: **is he coming along with us?** czy on idzie z nami?; **to drive along a street** jechać ulicą; **he was limping along** posuwał się kulejąc; **along with** razem *or* wraz z *+instr*; **all along** od samego początku, przez cały czas.

alongside [ə'lɔŋ'saɪd] *prep* (*beside*) obok *+gen*; (*together with*) wraz z *+instr* ♦ *adv* obok; **we brought our boat alongside the pier** przybiliśmy do nabrzeża.

aloof [ə'lu:f] *adj* powściągliwy ♦ *adv*: **to stay** *or* **keep aloof from** trzymać się z dala od *+gen*.

aloofness [ə'lu:fnɪs] *n* powściągliwość *f*, rezerwa *f*.

aloud [ə'laud] *adv* (*not quietly*) głośno; (*out loud*) na głos.

alphabet ['ælfəbɛt] *n* alfabet *m*, abecadło *nt*.

alphabetical [ælfə'bɛtɪkl] *adj* alfabetyczny; **in alphabetical order** w kolejności alfabetycznej.

alphanumeric ['ælfənju:'mɛrɪk] *adj* alfanumeryczny.

alpine ['ælpaɪn] *adj* alpejski.

Alps [ælps] *npl*: **the Alps** Alpy *pl*.

already [ɔ:l'rɛdɪ] *adv* już.

alright ['ɔ:l'raɪt] *adv* = **all right**.

Alsace ['ælsæs] *n* Alzacja *f*.

Alsatian [æl'seɪʃən] (*BRIT*) *n* owczarek *m* alzacki *or* niemiecki, wilczur *m*.

also ['ɔ:lsəu] *adv* też, także, również; **and also** a także, jak również; **Also, ...** Poza tym ... .

altar ['ɔltə*] *n* ołtarz *m*.

alter ['ɔltə*] *vt* zmieniać (zmienić *perf*); (*clothes*) przerabiać (przerobić *perf*) ♦ *vi* zmieniać się (zmienić się *perf*).

alteration [ɔltə'reɪʃən] *n* (*to plans*) zmiana *f*; (*to clothes*) przeróbka *f*; (*to building*) przebudowa *f*; **alterations** *npl* przeróbki *pl*.

alternate [*adj* ɔl'tə:nɪt, *vb* 'ɔltə:neɪt] *adj* (*processes, events*) naprzemienny; (*US*: *alternative*: *plans*) zastępczy, alternatywny ♦ *vi*: **to alternate (with)** występować na przemian (z *+instr*); **on alternate days** co drugi dzień.

alternately [ɔl'tə:nɪtlɪ] *adv* na przemian, kolejno.

alternating current ['ɔltə:neɪtɪŋ-] *n* prąd *m* zmienny.

alternative [ɔl'tə:nətɪv] *adj* alternatywny ♦ *n* alternatywa *f*.

alternative energy *n* energia *f* ze źródeł niekonwencjonalnych.

alternatively [ɔl'tə:nətɪvlɪ] *adv*: **alternatively one could ...** ewentualnie można by... .

alternative medicine *n* medycyna *f* alternatywna *or* niekonwencjonalna.

alternative society *n*: **the alternative society** społeczeństwo *nt* alternatywne.

alternator ['ɔltə:neɪtə*] (*AUT*) *n* alternator *m*.

although [ɔ:l'ðəu] *conj* chociaż *or* choć, mimo że.

altitude ['æltɪtju:d] *n* wysokość *f*.

alto ['æltəu] *n* alt *m*.

altogether [ɔ:ltə'gɛðə*] *adv* (*completely*) całkowicie, zupełnie; (*on the whole*) ogólnie biorąc, generalnie; **how much is that altogether?** ile to będzie razem?; **not altogether true** niezupełnie prawdziwy.

altruistic [æltru'ɪstɪk] *adj* altruistyczny.

aluminium [ælju'mɪnɪəm] (*US* **aluminum** [ə'lu:mɪnəm]) *n* aluminium *nt*, glin *m*.

always ['ɔ:lweɪz] *adv* zawsze.

Alzheimer's disease ['æltshaɪməz-] *n* choroba *f* Alzheimera.

AM *abbr* (= *amplitude modulation*) AM.

am [æm] *vb see* **be**.

a.m. *adv abbr* (= *ante meridiem*) przed południem.

AMA *n abbr* (= *American Medical Association*).

amalgam [ə'mælgəm] *n* połączenie *nt*, amalgamat *m*.

amalgamate [ə'mælgəmeɪt] *vi* (*companies etc*) łączyć się (połączyć się *perf*); **to amalgamate with** łączyć się (połączyć się *perf*) z *+instr*.
amalgamation [əmælgə'meɪʃən] *n* połączenie *nt*.
amass [ə'mæs] *vt* gromadzić (zgromadzić *perf*).
amateur ['æmətə*] *n* amator(ka) *m(f)* ♦ *adj* amatorski; **amateur dramatics** teatr amatorski.
amateurish ['æmətərɪʃ] (*pej*) *adj* amatorski.
amaze [ə'meɪz] *vt* zdumiewać (zdumieć *perf*); **to be amazed (at)** być zdumionym (*+instr*).
amazement [ə'meɪzmənt] *n* zdumienie *nt*.
amazing [ə'meɪzɪŋ] *adj* zdumiewający, niesamowity; (*bargain, offer*) fantastyczny.
amazingly [ə'meɪzɪŋlɪ] *adv* niesamowicie.
Amazon ['æməzən] *n* Amazonka *f*; **the Amazon basin** dorzecze Amazonki; **the Amazon jungle** dżungla amazońska.
Amazonian [æmə'zəunɪən] *adj* amazoński.
ambassador [æm'bæsədə*] *n* ambasador *m*.
amber ['æmbə*] *n* (*substance*) bursztyn *m*; (*BRIT: AUT*) żółte światło *nt*.
ambidextrous [æmbɪ'dɛkstrəs] *adj* oburęczny.
ambience ['æmbɪəns] *n* atmosfera *f*.
ambiguity [æmbɪ'gjuɪtɪ] *n* dwuznaczność *f*, niejasność *f*.
ambiguous [æm'bɪgjuəs] *adj* dwuznaczny, niejasny.
ambition [æm'bɪʃən] *n* ambicja *f*; **to achieve one's ambition** zrealizować *(perf)* swoje dążenia.
ambitious [æm'bɪʃəs] *adj* ambitny.
ambivalent [æm'bɪvələnt] *adj* ambiwalentny.
amble ['æmbl] *vi* iść powoli.
ambulance ['æmbjuləns] *n* karetka *f*.
ambulanceman ['æmbjulənsmən] (*irreg like*: **man**) *n* sanitariusz *m*.
ambush ['æmbuʃ] *n* zasadzka *f*, pułapka *f* ♦ *vt* (*MIL etc*) wciągać (wciągnąć *perf*) w zasadzkę.
ameba [ə'mi:bə] (*US*) *n* = **amoeba**.
ameliorate [ə'mi:lɪəreɪt] *vt* poprawiać (poprawić *perf*).
amen ['ɑ:'mɛn] *excl* amen.
amenable [ə'mi:nəbl] *adj* (*person*) otwarty na sugestie; **amenable to** (*flattery*) podatny na *+acc*; (*advice*) otwarty na *+acc*.
amend [ə'mɛnd] *vt* wnosić (wnieść *perf*) poprawki do *+gen* ♦ *n*: **to make amends for sth** naprawić *(perf)* coś.
amendment [ə'mɛndmənt] *n* poprawka *f*.
amenities [ə'mi:nɪtɪz] *npl* wygody *pl*, udogodnienia *pl*.
amenity [ə'mi:nɪtɪ] *n* udogodnienie *nt*.
America [ə'mɛrɪkə] *n* Ameryka *f*.
American [ə'mɛrɪkən] *adj* amerykański ♦ *n* Amerykanin (-anka) *m(f)*.
americanize [ə'mɛrɪkənaɪz] *vt* amerykanizować (zamerykanizować *perf*).
amethyst ['æmɪθɪst] *n* ametyst *m*.
Amex ['æmɛks] *n abbr* (= *American Stock Exchange*).
amiable ['eɪmɪəbl] *adj* miły, uprzejmy.
amicable ['æmɪkəbl] *adj* (*relationship*) przyjazny, przyjacielski; (*settlement*) polubowny.
amid(st) [ə'mɪd(st)] *prep* wśród *+gen*.
amiss [ə'mɪs] *adj*: **there's something amiss** coś jest nie w porządku ♦ *adv* **to take sth amiss** poczuć się *(perf)* czymś urażonym.
ammeter ['æmɪtə*] *n* amperomierz *m*.
ammo ['æməu] (*inf*) *n abbr* = **ammunition**.
ammonia [ə'məunɪə] *n* amoniak *m*.
ammunition [æmju'nɪʃən] *n* amunicja *f*; (*fig*) broń *f*.
ammunition dump *n* (polowy) skład *m* amunicji.
amnesia [æm'ni:zɪə] *n* amnezja *f*.
amnesty ['æmnɪstɪ] *n* amnestia *f*; **to grant an amnesty to** udzielać (udzielić *perf*) amnestii *+dat*.
amoeba [ə'mi:bə] (*US* **ameba**) *n* ameba *f*.
amok [ə'mɔk] *adv*: **to run amok** dostawać (dostać *perf*) amoku.
among(st) [ə'mʌŋ(st)] *prep* (po)między *+instr*, wśród *+gen*.
amoral [æ'mɔrəl] *adj* amoralny.
amorous ['æmərəs] *adj* (*feelings*) miłosny; (*person*) kochliwy.
amorphous [ə'mɔ:fəs] *adj* (*cloud*) bezkształtny; (*organization, novel*) pozbawiony wyraźnej struktury.
amortization [əmɔ:taɪ'zeɪʃən] (*COMM*) *n* amortyzacja *f*.
amount [ə'maunt] *n* (*of food, work etc*) ilość *f*; (*of money*) suma *f*, kwota *f* ♦ *vi*: **to amount to** (*total*) wynosić (wynieść *perf*) *+acc*; (*be same as*) sprowadzać się (sprowadzić się *perf*) do *+gen*; **this amounts to a refusal** to jest równoznaczne z odmową; **the total amount** (*of money*) całkowita kwota.
amp(ère) ['æmp(ɛə*)] *n* amper *m*; **a 13 amp plug** wtyczka na 13 amperów.
ampersand ['æmpəsænd] *n znak* &.
amphibian [æm'fɪbɪən] *n* płaz *m*.
amphibious [æm'fɪbɪəs] *adj* (*animal*) ziemnowodny; (*vehicle*) wodno-lądowy.
amphitheatre ['æmfɪθɪətə*] (*US* **amphitheater**) *n* amfiteatr *m*.
ample ['æmpl] *adj* (*large*) pokaźny; (*enough*) obfity; **this is ample** jest tego aż nadto; **to have ample time/room** mieć pod dostatkiem czasu/miejsca.
amplifier ['æmplɪfaɪə*] *n* wzmacniacz *m*.
amplify ['æmplɪfaɪ] *vt* wzmacniać (wzmocnić *perf*).
amply ['æmplɪ] *adv* wystarczająco.
ampoule ['æmpu:l] (*US* **ampule**) *n* ampułka *f*.
amputate ['æmpjuteɪt] *vt* amputować (amputować *perf*).
amputation [æmpju'teɪʃən] *n* amputacja *f*.
Amsterdam ['æmstədæm] *n* Amsterdam *m*.
amt *abbr* = **amount**.
amuck [ə'mʌk] *adv* = **amok**.

amuse [ə'mju:z] *vt* (*entertain*) bawić (rozbawić *perf*), śmieszyć (rozśmieszyć *perf*); (*distract*) zabawiać (zabawić *perf*); **to amuse o.s. with sth/by doing sth** bawić się czymś/robieniem czegoś; **to be amused at** bawić się (ubawić się *perf*) *+instr*; **he was not amused** nie (roz)bawiło go to.

amusement [ə'mju:zmənt] *n* (*mirth*) radość *f*; (*pleasure*) zabawa *f*, wesołość *f*; (*pastime*) rozrywka *f*; **much to my amusement** ku memu rozbawieniu.

amusement arcade *n* salon *m* gier automatycznych.

amusing [ə'mju:zɪŋ] *adj* zabawny.

an [æn, ən] *indef art see* **a**.

ANA *n abbr* (= *American Newspaper Association*); (= *American Nurses Association*).

anachronism [ə'nækrənɪzəm] *n* anachronizm *m*, przeżytek *m*.

anaemia [ə'ni:mɪə] (*US* **anemia**) *n* anemia *f*, niedokrwistość *f*.

anaemic [ə'ni:mɪk] (*US* **anemic**) *adj* anemiczny.

anaesthetic [ænɪs'θɛtɪk] (*US* **anesthetic**) *n* środek *m* znieczulający; **under anaesthetic** pod narkozą, w znieczuleniu; **local/general anaesthetic** znieczulenie miejscowe/ogólne.

anaesthetist [æ'ni:sθɪtɪst] *n* anestezjolog *m*.

anagram ['ænəgræm] *n* anagram *m*.

analgesic [ænæl'dʒi:sɪk] *adj* przeciwbólowy ♦ *n* środek *m* przeciwbólowy.

analog(ue) ['ænəlɔg] *adj* analogowy.

analogy [ə'nælədʒɪ] *n* analogia *f*; **to draw an analogy between** przeprowadzać (przeprowadzić *perf*) analogię pomiędzy *+instr*; **by analogy** przez analogię.

analyse ['ænəlaɪz] (*US* **analyze**) *vt* (*situation, statistics*) analizować (przeanalizować *perf*); (*CHEM, MED*) wykonywać (wykonać *perf*) analizę *+gen*; (*PSYCH*) poddawać (poddać *perf*) psychoanalizie.

analyses [ə'næləsi:z] *npl of* **analysis**.

analysis [ə'næləsɪs] (*pl* **analyses**) *n* analiza *f*; (*PSYCH*) psychoanaliza *f*; **in the last** *or* **final analysis** w ostatecznym rozrachunku.

analyst ['ænəlɪst] *n* (*political etc*) ekspert *m*, analityk *m*; (*PSYCH*) psychoanalityk *m*.

analytic(al) [ænə'lɪtɪk(l)] *adj* analityczny.

analyze ['ænəlaɪz] (*US*) *vt* = **analyse**.

anarchist ['ænəkɪst] *n* anarchista (-tka) *m(f)* ♦ *adj* anarchistyczny.

anarchy ['ænəkɪ] *n* anarchia *f*.

anathema [ə'næθɪmə] *n*: **that is anathema to him** on tego nienawidzi.

anatomical [ænə'tɔmɪkl] *adj* anatomiczny.

anatomy [ə'nætəmɪ] *n* anatomia *f*.

ANC *n abbr* (= *African National Congress*) Afrykański Kongres *m* Narodowy.

ancestor ['ænsɪstə*] *n* przodek *m*.

ancestral [æn'sɛstrəl] *adj* rodowy.

ancestry ['ænsɪstrɪ] *n* pochodzenie *nt*, rodowód *m*.

anchor ['æŋkə*] *n* kotwica *f* ♦ *vi* rzucać (rzucić *perf*) kotwicę, kotwiczyć (zakotwiczyć *perf*) ♦ *vt* (*fig*) przywiązywać (przywiązać *perf*); **to anchor sth to** przymocowywać (przymocować *perf*) coś do *+gen*; **to weigh anchor** podnosić (podnieść *perf*) kotwicę.

anchorage ['æŋkərɪdʒ] *n* miejsce *nt* (za)kotwiczenia.

anchovy ['æntʃəvɪ] *n* anchois *nt inv*.

ancient ['eɪnʃənt] *adj* (*civilization etc*) starożytny; (*person, car*) wiekowy.

ancient monument *n* zabytek *m* historyczny.

ancillary [æn'sɪlərɪ] *adj* pomocniczy.

and [ænd] *conj* i; **and so on** i tak dalej; **try and come** spróbuj przyjść; **her marks are getting better and better** jej oceny są coraz lepsze.

Andes ['ændi:z] *npl*: **the Andes** Andy *pl*.

Andorra [æn'dɔ:rə] *n* Andora *f*.

anecdote ['ænɪkdəut] *n* anegdota *f*.

anemia *etc* (*US*) = **anaemia** *etc*.

anemic [ə'ni:mɪk] *adj* = **anaemic**.

anemone [ə'nɛmənɪ] *n* anemon *m*, zawilec *m*.

anesthetic *etc* [ænɪs'θɛtɪk] (*US*) = **anaesthetic** *etc*.

anew [ə'nju:] *adv* na nowo, od nowa.

angel ['eɪndʒəl] *n* anioł *m*.

angelic [æn'dʒɛlɪk] *adj* anielski.

anger ['æŋgə*] *n* gniew *m*, złość *f* ♦ *vt* gniewać (rozgniewać *perf*), złościć (rozzłościć *perf*).

angina [æn'dʒaɪnə] *n* dusznica *f* bolesna.

angle ['æŋgl] *n* (*MATH*) kąt *m*; (*corner*) róg *m*, narożnik *m*; (*viewpoint*) strona *f* ♦ *vi*: **to angle for** przymawiać się (przymówić się *perf*) o *+acc* ♦ *vt*: **to angle sth towards/to** (*aim*) kierować (skierować *perf*) coś do *+gen*.

angler ['æŋglə*] *n* wędkarz (-arka) *m(f)*.

Anglican ['æŋglɪkən] *adj* anglikański ♦ *n* anglikanin (-nka) *m(f)*.

anglicize ['æŋglɪsaɪz] *vt* anglizować (zanglizować *perf*).

angling ['æŋglɪŋ] *n* wędkarstwo *nt*.

Anglo- ['æŋgləu] *pref* anglo..., angielsko-.

Anglo-French ['æŋgləu'frɛntʃ] *adj* (*LING*) anglofrancuski; (*relations*) angielsko-francuski.

Anglo-Saxon ['æŋgləu'sæksən] *adj* anglosaski ♦ *n* Anglosas(ka) *m(f)*.

Angola [æŋ'gəulə] *n* Angola *f*.

Angolan [æŋ'gəulən] *adj* angolski ♦ *n* Angolczyk (-lka) *m(f)*.

angrily ['æŋgrɪlɪ] *adv* gniewnie, w złości.

angry ['æŋgrɪ] *adj* (*person*) zły, rozgniewany; (*response, letter*) gniewny; (*fig*: *wound, rash*) zaogniony; **to be angry with sb/at sth** złościć się na kogoś/o coś; **to get angry** rozgniewać się (*perf*), rozzłościć się (*perf*); **to make sb angry** rozzłościć (*perf*) kogoś, rozgniewać (*perf*) kogoś.

anguish ['æŋgwɪʃ] *n* cierpienie *nt*.

angular ['æŋgjulə*] *adj* kanciasty.

animal ['ænɪməl] *n* zwierzę *nt*; (*pej*: *person*) bydlę *nt* (*pej*) ♦ *adj* zwierzęcy.
animal rights [-raɪts] *npl* prawa *pl* zwierząt.
animate [*adj* 'ænɪmɪt, *vb* 'ænɪmeɪt] *adj* ożywiony ♦ *vt* ożywiać (ożywić *perf*).
animated ['ænɪmeɪtɪd] *adj* (*conversation*) ożywiony; (*FILM*) animowany.
animosity [ænɪ'mɔsɪtɪ] *n* animozja *f*, niechęć *f*.
aniseed ['ænɪsi:d] *n* anyż *m*.
Ankara ['æŋkərə] *n* Ankara *f*.
ankle ['æŋkl] (*ANAT*) *n* kostka *f*.
ankle sock *n* skarpetka *f* do kostki.
annex [*n* 'ænɛks, *vb* ə'nɛks] (*BRIT* **annexe**) *n* przybudówka *f*, (nowe) skrzydło *nt* ♦ *vt* anektować (zaanektować *perf*), zajmować (zająć *perf*).
annexation [ænɛk'seɪʃən] *n* aneksja *f*, zajęcie *nt*.
annihilate [ə'naɪəleɪt] *vt* unicestwiać (unicestwić *perf*).
anniversary [ænɪ'və:sərɪ] *n* rocznica *f*.
Anno Domini ['ænəu'dɔmɪnaɪ] *adv* roku Pańskiego, ≈ naszej ery.
annotate ['ænəuteɪt] *vt* robić (zrobić *perf*) przypisy do *+gen*.
announce [ə'nauns] *vt* ogłaszać (ogłosić *perf*); **he announced that he wasn't going** oświadczył, że nie pojedzie.
announcement [ə'naunsmənt] *n* (*public declaration*) oświadczenie *nt*; (*in newspaper etc*) ogłoszenie *nt*; (*at airport, radio*) komunikat *m*, zapowiedź *f*; **I'd like to make an announcement** chciałabym coś ogłosić.
announcer [ə'naunsə*] (*RADIO, TV*) *n* spiker(ka) *m(f)*.
annoy [ə'nɔɪ] *vt* irytować (zirytować *perf*), drażnić (rozdrażnić *perf*); **to be annoyed (at sth/with sb)** być zdenerwowanym (czymś/na kogoś); **don't get annoyed!** nie irytuj się!
annoyance [ə'nɔɪəns] *n* irytacja *f*.
annoying [ə'nɔɪɪŋ] *adj* irytujący.
annual ['ænjuəl] *adj* (*meeting*) doroczny; (*income, rate*) roczny ♦ *n* (*BOT*) roślina *f* jednoroczna; (*book*) rocznik *m*.
annual general meeting (*BRIT*) *n* doroczne walne zgromadzenie *nt*.
annually ['ænjuəlɪ] *adv* (*once a year*) co rok(u), corocznie, dorocznie; (*during a year*) rocznie.
annual report *n* sprawozdanie *nt* roczne.
annuity [ə'nju:ɪtɪ] *n* opłata *f or* rata *f* roczna; **life annuity** renta dożywotnia.
annul [ə'nʌl] *vt* (*contract*) unieważniać (unieważnić *perf*), anulować (anulować *perf*); (*law*) znosić (znieść *perf*).
annulment [ə'nʌlmənt] *n* (*of contract*) unieważnienie *nt*; (*of law*) zniesienie *nt*.
annum ['ænəm] *n see* **per**.
Annunciation [ənʌnsɪ'eɪʃən] *n* Zwiastowanie *nt*.
anode ['ænəud] *n* anoda *f*.
anoint [ə'nɔɪnt] *vt* namaszczać (namaścić *perf*).
anomalous [ə'nɔmələs] *adj* nieprawidłowy, nieregularny.
anomaly [ə'nɔməlɪ] *n* anomalia *f*, nieprawidłowość *f*.
anon. [ə'nɔn] *abbr* = **anonymous** anonim., anon.
anonymity [ænə'nɪmɪtɪ] *n* anonimowość *f*.
anonymous [ə'nɔnɪməs] *adj* (*letter, gift*) anonimowy; (*place*) bezimienny; **to remain anonymous** zachowywać (zachować *perf*) anonimowość.
anorak ['ænəræk] *n* skafander *m*.
anorexia [ænə'rɛksɪə] *n* anoreksja *f*, jadłowstręt *m* psychiczny.
another [ə'nʌðə*] *adj* inny ♦ *pron* (*one more*) następny, drugi; (*a different one*) inny, drugi; **another drink?** (czy) wypijesz jeszcze jednego?; **in another 5 years** za następne pięć lat; *see also* **one**.
ANSI [eɪɛnɛs'aɪ] *n abbr* (= *American National Standards Institute*) *urząd normalizacyjny*.
answer ['ɑ:nsə*] *n* (*to question, letter*) odpowiedź *f*; (*to problem*) rozwiązanie *nt* ♦ *vi* odpowiadać (odpowiedzieć *perf*); (*TEL*) podnosić (podnieść *perf*) słuchawkę, odbierać (odebrać *perf*) (telefon) ♦ *vt* (*letter, question*) odpowiadać (odpowiedzieć *perf*) na *+acc*; (*problem*) rozwiązywać (rozwiązać *perf*); (*prayer*) wysłuchiwać (wysłuchać *perf*) *+gen*; **in answer to your letter** w odpowiedzi na Pana/Pani list; **to answer the phone** odbierać (odebrać *perf*) telefon; **to answer the bell** *or* **the door** otworzyć (*perf*) drzwi.
►**answer back** *vi* odpyskowywać (odpyskować *perf*) (*inf*).
►**answer for** *vt fus* (*person etc*) ręczyć (poręczyć *perf*) za *+acc*; (*one's actions*) odpowiadać (odpowiedzieć *perf*) za *+acc*.
►**answer to** *vt fus* (*description*) odpowiadać *+dat*.
answerable ['ɑ:nsərəbl] *adj*: **answerable to sb for sth** odpowiedzialny przed kimś za coś; **I am answerable to no-one** nie odpowiadam przed nikim.
answering machine ['ɑ:nsərɪŋ-] *n* automatyczna sekretarka *f*.
ant [ænt] *n* mrówka *f*.
ANTA *n abbr* (= *American National Theater and Academy*).
antagonism [æn'tægənɪzəm] *n* wrogość *f*, antagonizm *m*.
antagonist [æn'tægənɪst] *n* przeciwnik (-iczka) *m(f)*, antagonista (-tka) *m(f)*.
antagonistic [æntægə'nɪstɪk] *adj* wrogi, antagonistyczny.
antagonize [æn'tægənaɪz] *vt* zrażać (zrazić *perf*) sobie.
Antarctic [ænt'ɑ:ktɪk] *n*: **the Antarctic** Antarktyka *f*.
Antarctica [ænt'ɑ:ktɪkə] *n* Antarktyda *f*.

Antarctic Circle *n*: **the Antarctic Circle** koło *nt* podbiegunowe południowe.
Antarctic Ocean *n*: **the Antarctic Ocean** *wody antarktyczne.*
ante ['æntɪ] *n*: **to up the ante** (*fig*) podnosić (podnieść *perf*) stawkę.
ante... ['æntɪ] *pref* przed... .
anteater ['ænti:tə*] *n* mrówkojad *m.*
antecedent [æntɪ'si:dənt] *n* poprzednik (-iczka) *m(f).*
antechamber ['æntɪtʃeɪmbə*] *n* przedsionek *m.*
antelope ['æntɪləup] *n* antylopa *f.*
antenatal ['æntɪ'neɪtl] *adj* przedporodowy.
antenatal clinic *n* klinika *f* przedporodowa.
antenna [æn'tɛnə] (*pl* **antennae**) *n* (*of insect*) czułek *m*; (*RADIO, TV*) antena *f.*
anteroom ['æntɪrum] *n* przedpokój *m*, poczekalnia *f.*
anthem ['ænθəm] *n*: **national anthem** hymn *m* państwowy.
ant-hill ['ænthɪl] *n* mrowisko *nt.*
anthology [æn'θɔlədʒɪ] *n* antologia *f.*
anthropologist [ænθrə'pɔlədʒɪst] *n* antropolog *m.*
anthropology [ænθrə'pɔlədʒɪ] *n* antropologia *f.*
anti... ['æntɪ] *pref* przeciw..., anty... .
anti-aircraft ['æntɪ'ɛəkrɑ:ft] *adj* przeciwlotniczy.
anti-aircraft defence *n* obrona *f* przeciwlotnicza.
antiballistic ['æntɪbə'lɪstɪk] *adj* przeciwbalistyczny.
antibiotic ['æntɪbaɪ'ɔtɪk] *n* antybiotyk *m.*
antibody ['æntɪbɔdɪ] *n* przeciwciało *nt.*
anticipate [æn'tɪsɪpeɪt] *vt* (*foresee*) przewidywać (przewidzieć *perf*); (*look forward to*) czekać na *+acc*; (*do first*) antycypować; **this is worse than I anticipated** jest gorzej, niż przewidywałem; **as anticipated** zgodnie z przewidywaniami.
anticipation [æntɪsɪ'peɪʃən] *n* (*expectation*) przewidywanie *nt*; (*eagerness*) niecierpliwość *f*; **thanking you in anticipation** z góry dziękuję.
anticlimax ['æntɪ'klaɪmæks] *n* zawód *m*, rozczarowanie *nt.*
anticlockwise ['æntɪ'klɔkwaɪz] (*BRIT*) *adv* odwrotnie do ruchu wskazówek zegara.
antics ['æntɪks] *npl* (*of animal, child*) błazeństwa *pl*, figle *pl*; (*of politicians etc*) wyskoki *pl.*
anticyclone ['æntɪ'saɪkləun] *n* wyż *m*, układ *m* wysokiego ciśnienia.
antidote ['æntɪdəut] *n* (*MED*) antidotum *nt*, odtrutka *f*; (*fig*) antidotum *nt.*
antifreeze ['æntɪfri:z] (*AUT*) *n* płyn *m* nie zamarzający.
antihistamine ['æntɪ'hɪstəmɪn] *n* środek *m* antyhistaminowy.
Antilles [æn'tɪli:z] *npl*: **the Antilles** Antyle *pl.*
antipathy [æn'tɪpəθɪ] *n* antypatia *f.*
Antipodean [æntɪpə'di:ən] *adj dotyczący Australii i Nowej Zelandii.*
Antipodes [æn'tɪpədi:z] *npl*: **the Antipodes** antypody *pl.*
antiquarian [æntɪ'kwɛərɪən] *adj*: **antiquarian bookshop** antykwariat *m* ♦ *n* antykwariusz *m.*
antiquated ['æntɪkweɪtɪd] *adj* przestarzały, staroświecki.
antique [æn'ti:k] *n* antyk *m* ♦ *adj* zabytkowy.
antique dealer *n* antykwariusz *m.*
antique shop *n* sklep *m* z antykami, antykwariat *m.*
antiquity [æn'tɪkwɪtɪ] *n* starożytność *f.*
anti-Semitic ['æntɪsɪ'mɪtɪk] *adj* antysemicki.
anti-Semitism ['æntɪ'sɛmɪtɪzəm] *n* antysemityzm *m.*
antiseptic [æntɪ'sɛptɪk] *n* środek *m* odkażający *or* bakteriobójczy ♦ *adj* bakteriobójczy, antyseptyczny.
antisocial ['æntɪ'səuʃəl] *adj* aspołeczny.
antitank ['æntɪ'tæŋk] *adj* (*ditch*) przeciwczołgowy; (*rocket*) przeciwpancerny.
antitheses [æn'tɪθɪsi:z] *npl of* **antithesis.**
antithesis [æn'tɪθɪsɪs] (*pl* **antitheses**) *n* przeciwieństwo *nt*, antyteza *f.*
antitrust ['æntɪ'trʌst] (*US*) *adj*: **antitrust legislation** ustawodawstwo *nt* przeciwtrustowe.
antlers ['æntləz] *npl* rogi *pl* (*zwierzyny płowej*).
Antwerp ['æntwə:p] *n* Antwerpia *f.*
anus ['eɪnəs] *n* odbyt *m.*
anvil ['ænvɪl] *n* kowadło *nt.*
anxiety [æŋ'zaɪətɪ] *n* (*concern*) niepokój *m*, obawa *f*; (*MED*) lęk *m*; **anxiety to do sth** pragnienie uczynienia czegoś; **the anxiety not to offend** obawa, żeby nikogo nie urazić.
anxious ['æŋkʃəs] *adj* (*worried*) zaniepokojony; (*worrying*) niepokojący; **she is anxious to go abroad** zależy jej na wyjeździe za granicę; **he is anxious that we should meet** zależy mu na tym, żebyśmy się spotkali; **I'm very anxious about you** bardzo się o ciebie martwię.
anxiously ['æŋkʃəslɪ] *adv* z troską, z obawą.

KEYWORD

any ['ɛnɪ] *adj* **1** (*in questions etc*): **are there any tickets left?** czy zostały jakieś bilety?; **have you any sugar?** masz trochę cukru? **2** (*with negative*): **I haven't any money/books** nie mam (żadnych) pieniędzy/książek; **they haven't any free time** nie mają (ani trochę) wolnego czasu. **3** (*no matter which*): **any excuse will do** każda wymówka będzie dobra; **ask any teacher** zapytaj jakiegokolwiek *or* któregokolwiek nauczyciela. **4**: **in any case** (*at any rate*) w każdym razie; (*besides*) zresztą, poza tym; (*no matter what*) tak czy owak; **any day now** lada dzień; **at any moment** lada chwila *or* moment, w każdej chwili; **at any rate** w każdym razie; **any time** (*at any moment*) lada chwila *or* moment; (*whenever*) zawsze gdy ♦ *pron* **1** (*in questions etc*): **I collect stamps; have you got any?** zbieram znaczki – masz jakieś?; **can any of you sing?** czy któreś z was umie śpiewać?;

there's some cake left; do you want any? zostało trochę ciasta – chcesz trochę? **2** (*with negative*): **I haven't any (of them)** nie mam ani jednego (z nich); **he's trying to lose weight, but so far hasn't lost any** stara się schudnąć, ale jak dotąd nie schudł ani trochę. **3** (*no matter which one(s)*) jakikolwiek, którykolwiek; **take any of them** weź którykolwiek z nich ♦ *adv* **1** (*in questions etc*) trochę; **are you feeling any better?** czy czujesz się (choć) trochę lepiej? **2** (*with negative*) już; **I can't hear him any more** nie słyszę go już; **don't wait any longer** nie czekaj (już) dłużej.

anybody ['ɛnɪbɔdɪ] = **anyone**.

KEYWORD

anyhow ['ɛnɪhau] *adv* **1** (*at any rate*) i tak, tak czy owak; **I shall go anyhow** i tak pójdę. **2** (*haphazard*) byle jak, jak(kolwiek); **do it anyhow you like** zrób to, jak(kolwiek) chcesz; **she leaves things just anyhow** zostawia wszystko byle jak.

KEYWORD

anyone ['ɛnɪwʌn] *pron* **1** (*in questions etc*) ktoś *m*, ktokolwiek *m*; **can you see anyone?** widzisz kogoś?; **if anyone should ask ...** gdyby ktoś *or* ktokolwiek pytał, ... **2** (*with negative*) nikt *m*; **I can't see anyone** nikogo nie widzę. **3** (*no matter who*) każdy *m*, ktokolwiek *m*; **I could teach anyone to do it** każdego umiałabym tego nauczyć; **anyone could have done it** mógł to zrobić każdy *or* ktokolwiek.

anyplace ['ɛnɪpleɪs] (*US*) *adv* = **anywhere**.

KEYWORD

anything ['ɛnɪθɪŋ] *pron* **1** (*in questions etc*) coś *nt*, cokolwiek *nt*; **can you see anything?** widzisz coś?; **if anything happens to me ...** jeśli coś *or* cokolwiek mi się stanie, ... **2** (*with negative*) nic *nt*; **I can't see anything** nic nie widzę. **3** (*no matter what*) co(kolwiek) *nt*, wszystko *nt*; **you can say anything you like** możesz mówić co(kolwiek) chcesz; **he'll eat anything** on wszystko zje.

KEYWORD

anyway ['ɛnɪweɪ] *adv* **1** (*at any rate*) i tak, tak czy owak; **I shall go anyway** i tak pójdę. **2** (*besides*) w każdym razie, (a) poza tym, (a) tak w ogóle; **anyway, I'll let you know** w każdym razie dam ci znać; **anyway, I couldn't come even if I wanted to** (a) poza tym, nie mógłbym przyjść, nawet gdybym chciał; **why are you phoning, anyway?** a tak w ogóle, dlaczego dzwonisz?

KEYWORD

anywhere ['ɛnɪwɛə*] *adv* **1** (*in questions*) gdzieś; **can you see him anywhere?** widzisz go gdzieś?; **are you going anywhere?** wychodzisz gdzieś? **2** (*with negative*) nigdzie; **I can't see him anywhere** nigdzie go nie widzę. **3** (*no matter where*) gdziekolwiek; **anywhere in the world** gdziekolwiek na świecie.

Anzac ['ænzæk] *n abbr* (= *Australia-New Zealand Army Corps*).

apace [ə'peɪs] *adv*: **negotiations were continuing apace** negocjacje toczyły się w szybkim tempie.

apart [ə'pɑ:t] *adv* (*situate*) z dala, oddzielnie; (*move*) od siebie; (*aside*) osobno, na uboczu, z dala; **10 miles apart** w odległości 10 mil od siebie; **a long way apart** daleko od siebie; **they are living apart** mieszkają oddzielnie; **with one's legs apart** w rozkroku; **to take sth apart** rozbierać (rozebrać *perf*) coś na części; **apart from** (*excepting*) z wyjątkiem *or* oprócz *+gen*; (*in addition to*) oprócz *+gen*, poza *+instr*.

apartheid [ə'pɑ:teɪt] *n* apartheid *m*.

apartment [ə'pɑ:tmənt] *n* (*US*) mieszkanie *nt*; (*in palace etc*) apartament *m*.

apartment building (*US*) *n* blok *m* mieszkalny.

apathetic [æpə'θɛtɪk] *adj* apatyczny.

apathy ['æpəθɪ] *n* apatia *f*.

APB (*US*) *n abbr* (= *all points bulletin*) *rysopis przestępcy rozsyłany do wszystkich posterunków policji*.

ape [eɪp] *n* małpa *f* człekokształtna ♦ *vt* małpować (zmałpować *perf*).

Apennines ['æpənaɪnz] *npl*: **the Apennines** Apeniny *pl*.

aperitif [ə'pɛrɪti:f] *n* aperitif *m*.

aperture ['æpətʃjuə*] *n* otwór *m*, szczelina *f*; (*PHOT*) przysłona *f*.

APEX ['eɪpɛks] (*AVIAT, RAIL*) *n abbr* (= *advance passenger excursion*) APEX *m inv*.

apex ['eɪpɛks] *n* (*of triangle etc*) wierzchołek *m*; (*fig*) szczyt *m*.

aphid ['æfɪd] *n* mszyca *f*.

aphorism ['æfərɪzəm] *n* aforyzm *m*.

aphrodisiac [æfrəu'dɪzɪæk] *adj* pobudzający seksualnie ♦ *n* afrodyzjak *m*.

API *n abbr* (= *American Press Institute*).

apiece [ə'pi:s] *adv* (*per thing*) za sztukę, sztuka; (*per person*) na osobę, na głowę.

aplomb [ə'plɔm] *n* opanowanie *nt*.

APO (*US*) *n abbr* (= *Army Post Office*).
apocalypse [ə'pɔkəlɪps] *n* apokalipsa *f*.
apolitical [eɪpə'lɪtɪkl] *adj* apolityczny.
apologetic [əpɔlə'dʒɛtɪk] *adj* (*person*) skruszony; (*tone, letter*) przepraszający; **to be apologetic about ...** przepraszać za *+acc*.
apologize [ə'pɔlədʒaɪz] *vi*: **to apologize (for sth to sb)** przepraszać (przeprosić *perf*) (kogoś za coś).
apology [ə'pɔlədʒɪ] *n* przeprosiny *pl*; **to send one's apologies** przepraszać (przeprosić *perf*) (*za niemożność przybycia*); **please accept my apologies** proszę o wybaczenie.
apoplectic [æpə'plɛktɪk] *adj* (*MED*) apoplektyczny; (*fig*): **apoplectic with rage** wściekły do granic wytrzymałości.
apoplexy ['æpəplɛksɪ] *n* udar *m* mózgowy, apopleksja *f*.
apostle [ə'pɔsl] *n* apostoł *m*.
apostrophe [ə'pɔstrəfɪ] *n* apostrof *m*.
appal [ə'pɔ:l] *vt* bulwersować (zbulwersować *perf*).
Appalachian Mountains [æpə'leɪʃən-] *npl*: **the Appalachian Mountains** Appalachy *pl*.
appalling [ə'pɔ:lɪŋ] *adj* przerażający; **she's an appalling cook** ona fatalnie gotuje.
apparatus [æpə'reɪtəs] *n* (*equipment*) aparatura *f*, przyrządy *pl*; (: *in gymnasium*) przyrządy *pl*; (*of organization*) aparat *m*.
apparel [ə'pærl] *n* strój *m*, szata *f* (*fml*).
apparent [ə'pærənt] *adj* (*seeming*) pozorny; (*obvious*) widoczny, oczywisty; **it is apparent that ...** jest oczywiste, że ... .
apparently [ə'pærəntlɪ] *adv* najwidoczniej, najwyraźniej.
apparition [æpə'rɪʃən] *n* zjawa *f*.
appeal [ə'pi:l] *vi* (*JUR*) wnosić (wnieść *perf*) apelację, odwoływać się (odwołać się *perf*) ♦ *n* (*JUR*) apelacja *f*, odwołanie *nt*; (*request*) apel *m*; (*charm*) urok *m*, powab *m*; **to appeal (to sb) for** apelować (zaapelować *perf*) (do kogoś) o *+acc*; **to appeal to** podobać się (spodobać się *perf*) *+dat*; **to appeal to sb for mercy** prosić (poprosić *perf*) kogoś o łaskę; **it doesn't appeal to me** to do mnie nie przemawia; **right of appeal** (*JUR*) prawo do odwołania; **on appeal** (*JUR*) przy apelacji w sądzie wyższej instancji.
appealing [ə'pi:lɪŋ] *adj* (*attractive*) pociągający; (*pleading*) błagalny.
appear [ə'pɪə*] *vi* (*come into view*) pojawiać się (pojawić się *perf*), zjawiać się (zjawić się *perf*); (*JUR*) stawiać się (stawić się *perf*); (*be published*) ukazywać się (ukazać się *perf*) (*drukiem*); (*seem*) wydawać się (wydać się *perf*); **to appear on TV/in "Hamlet"** występować (wystąpić *perf*) w telewizji/w „Hamlecie"; **it would appear that ...** wydawałoby się, że ... .
appearance [ə'pɪərəns] *n* (*arrival*) pojawienie się *nt*; (*look*) wygląd *m*; (*in public*) wystąpienie *nt*; **to put in** *or* **make an appearance** pokazywać się (pokazać się *perf*); **in order of appearance** (*THEAT*) w kolejności pojawiania się na scenie; **to keep up appearances** zachowywać (zachować *perf*) pozory; **to all appearances** na pozór.
appease [ə'pi:z] *vt* (*pacify*) uspokajać (uspokoić *perf*); (*satisfy*) zaspokajać (zaspokoić *perf*).
appeasement [ə'pi:zmənt] (*POL*) *n* polityka *f* ustępstw.
append [ə'pɛnd] (*COMPUT*) *vt* dołączać (dołączyć *perf*).
appendage [ə'pɛndɪdʒ] *n* dodatek *m*.
appendices [ə'pɛndɪsi:z] *npl of* **appendix**.
appendicitis [əpɛndɪ'saɪtɪs] *n* zapalenie *nt* wyrostka robaczkowego.
appendix [ə'pɛndɪks] (*pl* **appendices**) *n* (*ANAT*) wyrostek *m* robaczkowy; (*to publication*) dodatek *m*; **to have one's appendix out** mieć wycięty wyrostek.
appetite ['æpɪtaɪt] *n* apetyt *m*; (*fig*) chętka *f*; **that walk has given me an appetite** od tego spaceru nabrałem apetytu.
appetizer ['æpɪtaɪzə*] *n* (*food*) przystawka *f*, zakąska *f*; (*drink*) aperitif *m*.
appetizing ['æpɪtaɪzɪŋ] *adj* smakowity, apetyczny.
applaud [ə'plɔ:d] *vi* bić brawo, klaskać ♦ *vt* (*actor etc*) oklaskiwać; (*action, attitude*) pochwalać (pochwalić *perf*); (*decision, initiative*) przyklaskiwać (przyklasnąć *perf*) *+dat*.
applause [ə'plɔ:z] *n* (*clapping*) oklaski *pl*; (*praise*) aplauz *m*.
apple ['æpl] *n* jabłko *nt*; **she is the apple of his eye** ona jest jego oczkiem w głowie.
apple tree *n* jabłoń *f*.
apple turnover *n* ciastko *nt* z jabłkami.
appliance [ə'plaɪəns] *n* (*electrical, gas etc*) urządzenie *nt*.
applicable [ə'plɪkəbl] *adj*: **applicable (to)** odpowiedni (do *+gen*), mający zastosowanie (w *+loc*); **if applicable** w stosownych przypadkach.
applicant ['æplɪkənt] *n* kandydat(ka) *m(f)*.
application [æplɪ'keɪʃən] *n* (*for job*) podanie *nt*; (*for grant*) podanie *nt*, wniosek *m*; (*of rules, theory*) zastosowanie *nt*; (*of cream*) nałożenie *nt*; (*of compress*) przyłożenie *nt*; (*of paint*) położenie *nt*; (*hard work*) pilność *f*; **on application** na życzenie.
application form *n* formularz *m* podania *or* wniosku.
application program (*COMPUT*) *n* program *m* użytkowy.
applications package (*COMPUT*) *n* pakiet *m* programów użytkowych.
applied [ə'plaɪd] *adj* (*science, art*) stosowany.
apply [ə'plaɪ] *vt* (*put on*) nakładać (nałożyć *perf*); (*put into practice*) stosować (zastosować *perf*) ♦ *vi* (*be applicable*) stosować się, mieć zastosowanie; (*ask*) składać (złożyć *perf*) podanie *or* wniosek,

zgłaszać się (zgłosić się *perf*); **to apply to** mieć zastosowanie do *+gen*; **to apply for** ubiegać się o *+acc*; **to apply the brakes** użyć hamulca; **to apply o.s. to** przykładać się (przyłożyć się *perf*) do *+gen*.

appoint [ə'pɔɪnt] *vt* (*to post*) mianować; (*date, place*) wyznaczać (wyznaczyć *perf*).

appointed [ə'pɔɪntɪd] *adj*: **at the appointed time** o wyznaczonym czasie.

appointee [əpɔɪn'ti:] *n* osoba *f* wyznaczona *or* mianowana.

appointment [ə'pɔɪntmənt] *n* (*of person*) mianowanie *nt*; (*post*) stanowisko *nt*; (*arranged meeting: with client*) spotkanie *nt*; (*: with doctor, hairdresser*) wizyta *f*; **to make an appointment (with sb)** ustalać (ustalić *perf*) termin spotkania (z kimś), umawiać się (umówić się *perf*) (z kimś); **by appointment** po wcześniejszym uzgodnieniu terminu.

apportion [ə'pɔ:ʃən] *vt* (*blame*) rozkładać (rozłożyć *perf*); (*praise*) rozdzielać (rozdzielić *perf*); **to apportion sth to sb** przydzielać (przydzielić *perf*) coś komuś.

appraisal [ə'preɪzl] *n* (*of situation, market*) ocena *f*; (*of damage*) oszacowanie *nt*, wycena *f*.

appraise [ə'preɪz] *vt* (*situation etc*) oceniać (ocenić *perf*); (*value*) szacować (oszacować *perf*), wyceniać (wycenić *perf*).

appreciable [ə'pri:ʃəbl] *adj* znaczny, znaczący.

appreciate [ə'pri:ʃɪeɪt] *vt* (*like*) doceniać, cenić sobie; (*be grateful for*) być wdzięcznym za *+acc*, doceniać (docenić *perf*); (*be aware of*) rozumieć ♦ *vi* (*COMM*) zyskiwać (zyskać *perf*) na wartości; **I appreciate your help** jestem ci wdzięczny za pomoc.

appreciation [əpri:ʃɪ'eɪʃən] *n* (*enjoyment*) uznanie *nt*; (*COMM*) wzrost *m* wartości; (*understanding*) zrozumienie *nt*, świadomość *f*; (*gratitude*) wdzięczność *f*.

appreciative [ə'pri:ʃɪətɪv] *adj* (*person*) wdzięczny; (*audience, comment*) pełen uznania; **to be appreciative of sth** doceniać coś.

apprehend [æprɪ'hɛnd] *vt* (*arrest*) zatrzymywać (zatrzymać *perf*), ująć (*perf*); (*understand*) pojmować (pojąć *perf*).

apprehension [æprɪ'hɛnʃən] *n* (*fear*) obawa *f*; (*of criminal*) ujęcie *nt*, zatrzymanie *nt*.

apprehensive [æprɪ'hɛnsɪv] *adj* pełen obawy; **to be apprehensive about sth** obawiać się czegoś.

apprentice [ə'prɛntɪs] *n* (*carpenter etc*) uczeń/uczennica *m/f*, terminator *m* ♦ *vt*: **to be apprenticed to sb** terminować u kogoś.

apprenticeship [ə'prɛntɪsʃɪp] *n* (*for trade*) nauka *f* rzemiosła, praktyka *f* (zawodowa); (*fig*) praktyka *f*; **to serve one's apprenticeship** odbywać (odbyć *perf*) praktykę, terminować.

appro. ['æprəu] (*BRIT: inf: COMM*) *abbr* (= *approval*): **on appro.** na próbę.

approach [ə'prəutʃ] *vi* nadchodzić (nadejść *perf*) ♦ *vt* (*place*) zbliżać się (zbliżyć się *perf*) do *+gen*; (*person, problem*) podchodzić (podejść *perf*) do *+gen*; (*ask, apply to*) zwracać się (zwrócić się *perf*) do *+gen* ♦ *n* (*of person*) nadejście *nt*; (*proposal*) propozycja *f*, oferta *f*; (*access, path*) droga *f*, dojście *nt*; (*to problem*) podejście *nt*; **to approach sb about sth** zwracać się (zwrócić się *perf*) do kogoś o coś.

approachable [ə'prəutʃəbl] *adj* (*person*) przystępny; (*place*) dostępny.

approach road *n* droga *f* dojazdowa, podjazd *m*.

approbation [æprə'beɪʃən] *n* aprobata *f*.

appropriate [*adj* ə'prəuprɪɪt, *vb* ə'prəuprɪeɪt] *adj* (*remark etc*) stosowny, właściwy; (*tool*) odpowiedni ♦ *vt* przywłaszczać (przywłaszczyć *perf*) sobie; **it would not be appropriate for me to comment** nie chciałbym się wypowiadać.

appropriately [ə'prəuprɪɪtlɪ] *adv* odpowiednio, właściwie.

appropriation [əprəuprɪ'eɪʃən] (*COMM*) *n* asygnowanie *nt*.

approval [ə'pru:vəl] *n* (*approbation*) aprobata *f*; (*permission*) zgoda *f*; **to meet with sb's approval** spotykać się (spotkać się *perf*) z czyjąś aprobatą; **on ten days approval** (*COMM*) z możliwością zwrotu w ciągu dziesięciu dni.

approve [ə'pru:v] *vt* zatwierdzać (zatwierdzić *perf*).

►**approve of** *vt fus* (*person, thing*) akceptować; (*behaviour*) pochwalać.

approved school [ə'pru:vd-] (*BRIT*) *n* ≈ zakład *m* poprawczy.

approvingly [ə'pru:vɪŋlɪ] *adv* z aprobatą.

approx. *abbr* = **approximately** ok.

approximate [*adj* ə'prɔksɪmɪt, *vb* ə'prɔksɪmeɪt] *adj* przybliżony ♦ *vi*: **to approximate to** (*in quality, nature*) być zbliżonym do *+gen*; (*in cost*) wynosić (wynieść *perf*) blisko *+acc*.

approximately [ə'prɔksɪmɪtlɪ] *adv* około, w przybliżeniu.

approximation [ə'prɔksɪ'meɪʃən] *n* przybliżenie *nt*.

APR *n abbr* (= *annual percentage rate*) oprocentowanie *nt* w skali roku.

Apr. *abbr* = **April** kwiec.

apricot ['eɪprɪkɔt] *n* morela *f*.

April ['eɪprəl] *n* kwiecień *m*; **April fool!** prima aprilis!; *see also* **July**.

April Fool's Day *n* prima aprilis *m*.

apron ['eɪprən] *n* (*clothing*) fartuch *m*, fartuszek *m*; (*AVIAT*) płyta *f* lotniska.

apse [æps] (*ARCHIT*) *n* apsyda *f*.

APT (*BRIT*) *n abbr* (= *advanced passenger train*) *szybki pociąg pasażerski*.

apt [æpt] *adj* (*comment etc*) trafny; (*person*) uzdolniony; **to be apt to do sth** mieć tendencję do robienia czegoś.

Apt. *abbr* = **apartment** m.

aptitude ['æptɪtju:d] *n* uzdolnienie *nt*.

aptitude test *n* test *m* zdolności.
aptly ['æptlɪ] *adv* trafnie.
aqualung ['ækwəlʌŋ] *n* akwalung *m*.
aquarium [ə'kwɛərɪəm] *n* (*fish tank*) akwarium *nt*; (*building*) oceanarium *nt*.
Aquarius [ə'kwɛərɪəs] *n* Wodnik *m*; **to be Aquarius** być spod znaku Wodnika.
aquatic [ə'kwætɪk] *adj* wodny.
aqueduct ['ækwɪdʌkt] *n* akwedukt *m*.
AR (*US*: *POST*) *abbr* (= *Arkansas*).
ARA (*BRIT*) *n abbr* (= *Associate of the Royal Academy*).
Arab ['ærəb] *adj* arabski ♦ *n* Arab(ka) *m(f)*.
Arabia [ə'reɪbɪə] *n* Arabia *f*.
Arabian [ə'reɪbɪən] *adj* (*GEOG*) arabski.
Arabian Desert *n*: **the Arabian Desert** Pustynia *f* Arabska.
Arabian Sea *n*: **the Arabian Sea** Morze *nt* Arabskie.
Arabic ['ærəbɪk] *adj* (*language, numerals*) arabski ♦ *n* (język *m*) arabski.
arable ['ærəbl] *adj* uprawny, orny.
ARAM (*BRIT*) *n abbr* (= *Associate of the Royal Academy of Music*).
arbiter ['ɑ:bɪtə*] *n* arbiter *m*, rozjemca *m*.
arbitrary ['ɑ:bɪtrərɪ] *adj* (*attack*) przypadkowy; (*decision*) arbitralny.
arbitrate ['ɑ:bɪtreɪt] *vi* pełnić rolę arbitra *or* rozjemcy, rozstrzygać spory.
arbitration [ɑ:bɪ'treɪʃən] *n* arbitraż *m*; **the dispute went to arbitration** spór skierowano do arbitrażu.
arbitrator ['ɑ:bɪtreɪtə*] *n* rozjemca (-dczyni) *m(f)*.
ARC *n abbr* (= *American Red Cross*) ≈ PCK *nt inv*.
arc [ɑ:k] *n* łuk *m*.
arcade [ɑ:'keɪd] *n* (*covered passageway*) arkada *f*; (*shopping mall*) pasaż *m* handlowy.
arch [ɑ:tʃ] *n* (*ARCHIT*) łuk *m*, sklepienie *nt* łukowe; (: *of bridge*) przęsło *nt*; (*of foot*) podbicie *nt* ♦ *vt* wyginać (wygiąć *perf*) w łuk ♦ *adj* figlarny, łobuzerski ♦ *pref* arcy... .
archaeological [ɑ:kɪə'lɔdʒɪkl] *adj* archeologiczny.
archaeologist [ɑ:kɪ'ɔlədʒɪst] *n* archeolog *m*.
archaeology [ɑ:kɪ'ɔlədʒɪ] *n* archeologia *f*.
archaic [ɑ:'keɪɪk] *adj* archaiczny.
archangel ['ɑ:keɪndʒəl] *n* archanioł *m*.
archbishop [ɑ:tʃ'bɪʃəp] *n* arcybiskup *m*.
arch-enemy ['ɑ:tʃ'ɛnəmɪ] *n* zaciekły wróg *m*.
archeology *etc* (*US*) = **archaeology** *etc*.
archery ['ɑ:tʃərɪ] *n* łucznictwo *nt*.
archetypal ['ɑ:kɪtaɪpəl] *adj* archetypowy.
archetype ['ɑ:kɪtaɪp] *n* archetyp *m*.
archipelago [ɑ:kɪ'pɛlɪgəu] *n* archipelag *m*.
architect ['ɑ:kɪtɛkt] *n* architekt *m*.
architectural [ɑ:kɪ'tɛktʃərəl] *adj* architektoniczny.
architecture ['ɑ:kɪtɛktʃə*] *n* architektura *f*.
archive file (*COMPUT*) *n* plik *m* zarchiwizowany.
archives ['ɑ:kaɪvz] *npl* archiwa *pl*, archiwum *nt*.
archivist ['ɑ:kɪvɪst] *n* archiwista (-tka) *m(f)*.
archway ['ɑ:tʃweɪ] (*ARCHIT*) *n* sklepione przejście *nt*.
ARCM (*BRIT*) *n abbr* (= *Associate of the Royal College of Music*).
Arctic ['ɑ:ktɪk] *adj* arktyczny ♦ *n*: **the Arctic** Arktyka *f*.
Arctic Circle *n*: **the Arctic Circle** koło *nt* podbiegunowe północne.
Arctic Ocean *n*: **the Arctic Ocean** Morze *nt* Arktyczne.
ARD (*US*: *MED*) *n abbr* (= *acute respiratory disease*).
ardent ['ɑ:dənt] *adj* (*admirer*) gorliwy, żarliwy; (*discussion*) ożywiony.
ardour ['ɑ:də*] (*US* **ardor**) *n* zapał *m*.
arduous ['ɑ:djuəs] *adj* żmudny.
are [ɑ:*] *vb see* **be**.
area ['ɛərɪə] *n* (*region, zone*) obszar *m*, rejon *m*; (*MATH*) pole *nt* (powierzchni), powierzchnia *f*; (*part*) miejsce *nt*; (*of knowledge etc*) dziedzina *f*; **in the London area** w rejonie Londynu.
area code (*TEL*) *n* (numer *m*) kierunkowy.
arena [ə'ri:nə] *n* arena *f*; (*fig*) płaszczyzna *f*, niwa *f*.
aren't [ɑ:nt] = **are not**.
Argentina [ɑ:dʒən'ti:nə] *n* Argentyna *f*.
Argentinian [ɑ:dʒən'tɪnɪən] *adj* argentyński ♦ *n* Argentyńczyk (-tynka) *m(f)*.
arguable ['ɑ:gjuəbl] *adj* dyskusyjny; **it is arguable whether ... or not** jest kwestią do dyskusji, czy ..., czy nie; **it is arguable that ...** jest do wykazania, że ... .
arguably ['ɑ:gjuəblɪ] *adv* prawdopodobnie, być może; **it is arguably ...** jest to, być może, ...
argue ['ɑ:gju:] *vi* (*quarrel*) kłócić się, sprzeczać się; (*reason*) argumentować ♦ *vt* roztrząsać; **to argue that ...** utrzymywać, że ...; **to argue about sth** (*quarrel*) sprzeczać się na temat czegoś; (*debate*) dyskutować o czymś; **to argue for/against sth** przedstawiać (przedstawić *perf*) argumenty za czymś/przeciw(ko) czemuś.
argument ['ɑ:gjumənt] *n* (*reason*) argument *m*; (*reasoning*) rozumowanie *nt*; (*quarrel*) kłótnia *f*, sprzeczka *f*; (*debate*) dyskusja *f*; **argument for/against** argument za +*instr*/przeciw +*dat*.
argumentative [ɑ:gju'mɛntətɪv] *adj* kłótliwy.
aria ['ɑ:rɪə] *n* aria *f*.
ARIBA (*BRIT*) *n abbr* (= *Associate of the Royal Institue of British Architects*).
arid ['ærɪd] *adj* suchy, jałowy.
aridity [ə'rɪdɪtɪ] *n* suchość *f*, jałowość *f*.
Aries ['ɛərɪz] *n* Baran *m*; **to be Aries** być spod znaku Barana.
arise [ə'raɪz] (*pt* **arose**, *pp* **arisen**) *vi* powstawać (powstać *perf*), pojawiać się (pojawić się *perf*); **to arise from** brać się (wziąć się *perf*) z +*gen*; **should the need arise** w razie potrzeby.
arisen [ə'rɪzn] *pp of* **arise**.

aristocracy [ærɪs'tɔkrəsɪ] *n* arystokracja *f*.
aristocrat ['ærɪstəkræt] *n* arystokrata (-tka) *m(f)*.
aristocratic [ærɪstə'krætɪk] *adj* arystokratyczny.
arithmetic [ə'rɪθmətɪk] *n* (*MATH*) arytmetyka *f*; (*calculation*) obliczenia *pl*, rachunki *pl*.
arithmetical [ærɪθ'mɛtɪkl] *adj* rachunkowy, arytmetyczny.
ark [ɑ:k] *n*: **Noah's Ark** arka *f* Noego.
arm [ɑ:m] *n* (*ANAT*) ręka *f*, ramię *nt*; (*of jacket*) rękaw *m*; (*of chair*) poręcz *f*; (*of organization etc*) ramię *nt* ♦ *vt* zbroić, uzbrajać (uzbroić *perf*); **arms** *npl* (*MIL*) broń *f*; **arm in arm** pod rękę.
armaments ['ɑ:məmənts] *npl* zbrojenia *pl*.
armband ['ɑ:mbænd] *n* opaska *f* (*na ramię*).
armchair ['ɑ:mtʃɛə*] *n* fotel *m*.
armed [ɑ:md] *adj* (*soldier*) uzbrojony; (*conflict, action*) zbrojny; **the armed forces** siły zbrojne.
armed robbery *n* rabunek *m* z bronią w ręku.
Armenia [ɑ:'mi:nɪə] *n* Armenia *f*.
Armenian [ɑ:'mi:nɪən] *adj* ormiański, armeński ♦ *n* (*person*) Ormianin (-anka) *m(f)*, Armeńczyk (-enka) *m(f)*; (*LING*) (język *m*) ormiański.
armful ['ɑ:mful] *n* naręcze *nt*.
armistice ['ɑ:mɪstɪs] *n* zawieszenie *nt* broni.
armour (*US* **armor**) ['ɑ:mə*] *n* (*of knight*) zbroja *f*; (*also*: **armour-plating**) opancerzenie *nt*; (*tanks*) oddziały *pl* pancerne.
armoured car ['ɑ:məd-] *n* samochód *m* opancerzony.
armoury ['ɑ:mərɪ] *n* arsenał *m*.
armpit ['ɑ:mpɪt] *n* pacha *f*.
armrest ['ɑ:mrɛst] *n* podłokietnik *m*.
arms control [ɑ:mz-] *n* kontrola *f* zbrojeń.
arms race [ɑ:mz-] *n*: **the arms race** wyścig *m* zbrojeń.
army ['ɑ:mɪ] *n* (*MIL*) wojsko *nt*; (: *unit*) armia *f*; (*fig*) armia *f*.
aroma [ə'rəumə] *n* aromat *m*.
aromatic [ærə'mætɪk] *adj* aromatyczny.
arose [ə'rəuz] *pt of* **arise**.
around [ə'raund] *adv* (*about*) dookoła; (*in the area*) w okolicy ♦ *prep* (*encircling*) wokół *or* dookoła *+gen*; (*near*) koło *+gen*; (*fig*: *about, roughly*) około *+gen*; **is he around?** czy on tu (gdzieś) jest?; **around 5 o'clock** (o)koło piątej.
arouse [ə'rauz] *vt* (*from sleep*) budzić (obudzić *perf*); (*sexually*) pobudzać (pobudzić *perf*); (*interest, passion*) rozbudzać (rozbudzić *perf*), wzbudzać (wzbudzić *perf*).
arpeggio [ɑ:'pɛdʒɪəu] *n* arpeggio *nt*.
arrange [ə'reɪndʒ] *vt* (*meeting, tour*) organizować (zorganizować *perf*); (*cards, papers*) układać (ułożyć *perf*); (*glasses, furniture*) ustawiać (ustawić *perf*); (*sth with/for sb*) załatwiać (załatwić *perf*); (*MUS*) aranżować (zaaranżować *perf*) ♦ *vi*: **we have arranged for a car to pick you up** załatwiliśmy, że podjedzie po ciebie samochód; **it was arranged that ...** ustalono, że ...; **they've arranged to meet her in the pub** umówili się (, że spotkają się) z nią w pubie.
arrangement [ə'reɪndʒmənt] *n* (*agreement*) umowa *f*; (*order, layout*) układ *m*; (*MUS*) aranżacja *f*; **arrangements** *npl* (*plans*) ustalenia *pl*; (*preparations*) przygotowania *pl*; **to come to an arrangement with sb** dochodzić (dojść *perf*) z kimś do porozumienia; **home deliveries by arrangement** możliwa dostawa do domu; **I'll make arrangements for you to be met** załatwię, żeby ktoś po ciebie wyszedł.
array [ə'reɪ] *n* (*MATH*) macierz *f*, matryca *f*; (*COMPUT*) tablica *f*; (*MIL*) szyk *m*; **an array of** wachlarz *+gen*.
arrears [ə'rɪəz] *npl* zaległości *pl* płatnicze; **to be in arrears with one's rent** zalegać z czynszem.
arrest [ə'rɛst] *vt* (*criminal*) aresztować (zaaresztować *perf*); (*sb's attention*) przykuwać (przykuć *perf*) ♦ *n* aresztowanie *nt*; **you're under arrest** jest Pan aresztowany.
arresting [ə'rɛstɪŋ] *adj* (*fig*: *beauty etc*) uderzający.
arrival [ə'raɪvl] *n* (*of person*) przybycie *nt*; (*of train, car*) przyjazd *m*; (*of plane*) przylot *m*; (*fig*: *of invention etc*) nadejście *nt*; **new arrival** (*at college, work*) nowy (-wa) *m(f)*; (*baby*) nowo narodzone dziecko; **congratulations on the new arrival** gratulacje z okazji powiększenia rodziny.
arrive [ə'raɪv] *vi* (*person*) przybywać (przybyć *perf*); (*moment, news, letter*) nadchodzić (nadejść *perf*); (*baby*) przychodzić (przyjść *perf*) na świat.
►**arrive at** *vt fus* (*fig*: *conclusion, agreement*) dochodzić (dojść *perf*) do *+gen*.
arrogance ['ærəgəns] *n* arogancja *f*.
arrogant ['ærəgənt] *adj* arogancki.
arrow ['ærəu] *n* (*weapon*) strzała *f*; (*sign*) strzałka *f*.
arse [ɑ:s] (*BRIT*: *inf!*) *n* dupa *f* (*inf!*).
arsenal ['ɑ:sɪnl] *n* arsenał *m*.
arsenic ['ɑ:snɪk] *n* arszenik *m*.
arson ['ɑ:sn] *n* podpalenie *nt*.
art [ɑ:t] *n* sztuka *f*; **arts** *npl* (*SCOL*) nauki *pl* humanistyczne; **work of art** dzieło sztuki.
artefact ['ɑ:tɪfækt] *n* wytwór *m* człowieka.
arterial [ɑ:'tɪərɪəl] *adj* (*ANAT*) tętniczy; (*road*) przelotowy.
artery ['ɑ:tərɪ] *n* (*MED*) tętnica *f*; (*fig*: *road*) arteria *f*.
artful ['ɑ:tful] *adj* chytry, przebiegły.
art gallery *n* galeria *f* sztuki.
arthritic [ɑ:'θrɪtɪk] *adj* (*pain*) artretyczny; (*person*): **to be arthritic** mieć artretyzm.
arthritis [ɑ:'θraɪtɪs] *n* zapalenie *nt* stawów, artretyzm *m*.
artichoke ['ɑ:tɪtʃəuk] *n* (*also*: **globe artichoke**) karczoch *m*; (*also*: **Jerusalem artichoke**) topinambur *m*.
article ['ɑ:tɪkl] *n* artykuł *m*; (*LING*) przedimek *m*,

rodzajnik *m*; **articles** (*BRIT*) *npl* (*JUR*) aplikacja *f*; **article of clothing** część garderoby.
articles of association (*COMM*) *npl* statut *m* spółki.
articulate [*adj* ɑːˈtɪkjulɪt, *vb* ɑːˈtɪkjuleɪt] *adj* (*speech*) wyraźny; (*sth said or written*) zrozumiały, jasny; (*person*) elokwentny, wymowny ♦ *vt* wyrażać (wyrazić *perf*) ♦ *vi*: **to articulate well/badly** mówić wyraźnie/niewyraźnie.
articulated lorry (*BRIT*) *n* ciężarówka *f* przegubowa *or* naczepowa.
artifice [ˈɑːtɪfɪs] *n* (*trick*) podstęp *m*; (*skill*) przebiegłość *f*.
artificial [ɑːtɪˈfɪʃəl] *adj* sztuczny.
artificial insemination [-ɪnsɛmɪˈneɪʃən] *n* sztuczne zapłodnienie *nt*, inseminacja *f*.
artificial intelligence *n* sztuczna inteligencja *f*.
artificial respiration *n* sztuczne oddychanie *nt*.
artillery [ɑːˈtɪlərɪ] *n* artyleria *f*.
artisan [ˈɑːtɪzæn] *n* rzemieślnik *m*.
artist [ˈɑːtɪst] *n* artysta (-tka) *m(f)*.
artistic [ɑːˈtɪstɪk] *adj* artystyczny; **she's very artistic** (*creative*) jest bardzo uzdolniona artystycznie; (*appreciative*) jest wielką miłośniczką sztuki.
artistry [ˈɑːtɪstrɪ] *n* artyzm *m*.
artless [ˈɑːtlɪs] *adj* pozbawiony sztuczności.
art school *n* ≈ akademia *f* sztuk pięknych.
ARV (*BIBLE*) *n abbr* (= *American Revised Version*) *amerykańskie tłumaczenie Biblii*.
AS (*US*) *n abbr* (= *Associate in/of Science*) *stopień naukowy* ♦ *abbr* (*POST*: = *American Samoa*).

KEYWORD

as [æz, əz] *conj* **1** (*referring to time*) kiedy, gdy; **he came in as I was leaving** wszedł, kiedy *or* gdy wychodziłem; **as the years went by** w miarę upływu lat; **as from tomorrow** (począwszy) od jutra. **2** (*in comparisons*): **as big as me** taki duży jak ja; **twice as big as you** dwa razy większy od ciebie; **she has as much money as I** ma tyle (samo) pieniędzy co ja; **as much as 200 pounds** aż 200 funtów; **as soon as you have finished** jak tylko skończysz. **3** (*since, because*) ponieważ; **he left early as he had to be home by ten** wyszedł wcześnie, ponieważ miał być w domu przed dziesiątą; **as you can't come I'll go without you** skoro nie możesz iść, pójdę bez ciebie. **4** (*referring to manner, way*) (tak) jak; **do as you wish** rób, jak chcesz; **as she said** (tak,) jak powiedziała; **he gave it to me as a present** dał mi to w prezencie. **5** (*in the capacity of*) jako; **he works as a driver** pracuje jako kierowca. **6** (*concerning*): **as for** *or* **to that** co do tego, jeśli o to chodzi. **7**: **as if** *or* **though** jak gdyby, jakby; **he looked as if he was ill** wyglądał, jakby był chory; *see also* **long**, **such**, **well**.

ASA *n abbr* (= *American Standards Association*) *urząd normalizacyjny*.
a.s.a.p. *adv abbr* (= *as soon as possible*) jak najszybciej.
asbestos [æzˈbɛstəs] *n* azbest *m*.
ascend [əˈsɛnd] *vt* (*hill*) wspinać się (wspiąć się *perf*) na *+acc*; (*stairs*) wspinać się (wspiąć się *perf*) po *+loc*; (*throne*) wstępować (wstąpić *perf*) na *+acc* ♦ *vi* (*path, stairs*) piąć się; (*person*: *on foot*) wspinać się (wspiąć się *perf*); (: *in lift*) wjeżdżać (wjechać *perf*).
ascendancy [əˈsɛndənsɪ] *n*: **ascendancy (over sb)** dominacja *f or* panowanie *nt* (nad kimś).
ascendant [əˈsɛndənt] *n*: **to be in the ascendant** dominować.
ascension [əˈsɛnʃən] (*REL*) *n*: **the Ascension** Wniebowstąpienie *nt*.
Ascension Island *n* Wyspa *f* Wniebowstąpienia.
ascent [əˈsɛnt] *n* (*slope*) wzniesienie *nt*; (*climb*) wspinaczka *f*.
ascertain [æsəˈteɪn] *vt* (*details, facts*) ustalać (ustalić *perf*).
ascetic [əˈsɛtɪk] *adj* ascetyczny.
asceticism [əˈsɛtɪsɪzəm] *n* asceza *f*.
ASCII [ˈæskiː] (*COMPUT*) *n abbr* (= *American Standard Code for Information Interchange*) (kod *m*) ASCII.
ascribe [əˈskraɪb] *vt*: **to ascribe sth to** przypisywać (przypisać *perf*) coś *+dat*.
ASCU (*US*) *n abbr* (= *Association of State Colleges and Universities*).
ASEAN [ˈæsɪæn] *n abbr* (= *Association of South-East Asian Nations*) ASEAN *m*.
ASH [æʃ] (*BRIT*) *n abbr* (= *Action on Smoking and Health*) *stowarzyszenie antynikotynowe*.
ash [æʃ] *n* (*of fire*) popiół *m*; (*tree, wood*) jesion *m*.
ashamed [əˈʃeɪmd] *adj* zawstydzony; **to be ashamed of/to do sth** wstydzić się *+gen*/coś zrobić; **I'm ashamed of myself for having done that** wstyd mi *or* wstydzę się, że to zrobiłam.
'A' shares (*BRIT*) *npl* akcje *pl* klasy A.
ashen [ˈæʃən] *adj* śmiertelnie blady.
ashore [əˈʃɔː*] *adv* (*swim*) do brzegu; (*go*) na brzeg; (*be*) na brzegu.
ashtray [ˈæʃtreɪ] *n* popielniczka *f*.
Ash Wednesday *n* środa *f* popielcowa, Popielec *m*.
Asia [ˈeɪʃə] *n* Azja *f*.
Asia Minor *n* Azja *f* Mniejsza.
Asian [ˈeɪʃən] *adj* azjatycki ♦ *n* Azjata (-tka) *m(f)*.
Asiatic [eɪsɪˈætɪk] *adj* azjatycki.
aside [əˈsaɪd] *adv* na bok ♦ *n* (*incidental remark*) uwaga *f* na marginesie; (*THEAT*) uwaga *f* na stronie (*skierowana do publiczności*); **to brush**

objections aside przechodzić (przejść *perf*) do porządku dziennego nad zastrzeżeniami.

aside from *prep* oprócz *+gen*, poza *+instr*.

ask [ɑ:sk] *vt* (*question*) zadawać (zadać *perf*); (*invite*) zapraszać (zaprosić *perf*); **to ask sb sth/to do sth** prosić (poprosić *perf*) kogoś o coś/, żeby coś zrobił; **to ask sb about sth** pytać (zapytać *perf or* spytać *perf*) kogoś o coś; **to ask sb the time** pytać (zapytać *perf*) kogoś o godzinę; **to ask about the price** pytać (zapytać *perf*) o cenę; **to ask sb out to dinner** zapraszać (zaprosić *perf*) kogoś do restauracji.

►**ask after** *vt fus*: **she asked after you** pytała o ciebie, pytała, co u ciebie (słychać).

►**ask for** *vt fus* prosić (poprosić *perf*) o *+acc*; **it's just asking for trouble/it** to się może źle skończyć; **he asked for it!** sam się o to prosił!

askance [ə'skɑ:ns] *adv*: **to look askance at sb/sth** spoglądać (spojrzeć *perf*) na kogoś/coś z ukosa.

askew [ə'skju:] *adv*: **his tie was askew** miał przekrzywiony krawat.

asking price ['ɑ:skɪŋ-] *n*: **the asking price** cena *f* ofertowa.

asleep [ə'sli:p] *adj* śpiący, pogrążony we śnie; **to be asleep** spać; **to fall asleep** zasypiać (zasnąć *perf*).

ASLEF ['æzlɛf] (*BRIT*) *n abbr* (= *Associated Society of Locomotive Engineers and Firemen*) *związek zawodowy kolejarzy*.

asp [æsp] *n* osika *f*.

asparagus [əs'pærəgəs] *n* szparagi *pl*.

asparagus tips *npl* główki *pl* szparagów.

ASPCA *n abbr* (= *American Society for the Prevention of Cruelty to Animals*).

aspect ['æspɛkt] *n* aspekt *m*; **to take on a new/different aspect** nabierać (nabrać *perf*) nowego/innego zabarwienia; **a room with a south-west aspect** pokój z widokiem na południowy zachód.

aspersions [əs'pə:ʃənz] *npl*: **to cast aspersions on** rzucać oszczerstwa na *+acc*.

asphalt ['æsfælt] *n* asfalt *m*.

asphyxiate [æs'fɪksɪeɪt] *vt*: **to be asphyxiated** (*choke*) dusić się; (*die*) udusić się *(perf)*.

asphyxiation [æsfɪksɪ'eɪʃən] *n* uduszenie *nt*.

aspirate ['æspəreɪt] (*LING*) *vt* aspirować, wymawiać (wymówić *perf*) z przydechem ♦ *n* aspirata *f*, głoska *f* przydechowa.

aspirations [æspə'reɪʃənz] *npl* aspiracje *pl*.

aspire [əs'paɪə*] *vi*: **to aspire to** aspirować do *+gen*.

aspirin ['æsprɪn] *n* aspiryna *f*.

ass [æs] *n* (*lit, fig*) osioł *m*; (*US*: *inf!*) dupa *f* (*inf!*).

assail [ə'seɪl] *vt* (gwałtownie) napadać (napaść *perf*) na *+acc*; **she was assailed by doubts** nękały ją wątpliwości.

assailant [ə'seɪlənt] *n* napastnik (-iczka) *m(f)*.

assassin [ə'sæsɪn] *n* (*killer*) zabójca (-jczyni) *m(f)*; (*one who attempts to kill*) zamachowiec *m*.

assassinate [ə'sæsɪneɪt] *vt* zabijać (zabić *perf*) (*w drodze zamachu*).

assassination [əsæsɪ'neɪʃən] *n* zabójstwo *nt* (*w drodze zamachu*).

assault [ə'sɔ:lt] *n* (*JUR*) napad *m*, atak *m*; (*MIL*) atak *m*; (*fig*): **an assault on** (*sb's beliefs, attitudes*) (gwałtowne) przeciwstawienie się *nt* *+dat* ♦ *vt* atakować (zaatakować *perf*), napadać (napaść *perf*); (*sexually*) gwałcić (zgwałcić *perf*); **assault and battery** (*JUR*) napaść z pobiciem, czynna napaść.

assemble [ə'sɛmbl] *vt* gromadzić (zgromadzić *perf*); (*TECH*) montować (zmontować *perf*) ♦ *vi* zbierać się (zebrać się *perf*), gromadzić się (zgromadzić się *perf*).

assembly [ə'sɛmblɪ] *n* (*meeting, institution*) zgromadzenie *nt*; (*construction*) montaż *m*.

assembly language (*COMPUT*) *n* asembler *m*.

assembly line *n* linia *f* montażowa.

assent [ə'sɛnt] *n* zgoda *f*, aprobata *f* ♦ *vi*: **to assent (to)** godzić się (zgodzić się *perf*) (na *+acc*); **to give one's assent** wyrażać (wyrazić *perf*) (swoją) zgodę *or* aprobatę.

assert [ə'sə:t] *vt* (*opinion*) wyrażać (wyrazić *perf*) zdecydowanie; (*innocence*) zapewniać (zapewnić *perf*) o *+loc*; (*authority*) zaznaczać (zaznaczyć *perf*), podkreślać (podkreślić *perf*); **to assert o.s.** zaznaczać (zaznaczyć *perf*) swój autorytet.

assertion [ə'sə:ʃən] *n* twierdzenie *nt*.

assertive [ə'sə:tɪv] *adj* stanowczy; (*PSYCH*) asertywny.

assess [ə'sɛs] *vt* (*situation, abilities, students*) oceniać (ocenić *perf*); (*tax*) naliczać (naliczyć *perf*), obliczać (obliczyć *perf*); (*damages, value*) szacować (oszacować *perf*).

assessment [ə'sɛsmənt] *n* (*of situation, abilities*) ocena *f*; (*of tax*) naliczenie *nt*, obliczenie *nt*; (*of damage, value*) oszacowanie *nt*; (*SCOL*) ocena *f* (postępów).

assessor [ə'sɛsə*] (*JUR*) *n* rzeczoznawca *m*, biegły *m*.

asset ['æsɛt] *n* (*quality*) atut *m*; (*person*) cenny nabytek *m*; **assets** *npl* (*property, funds*) wkłady *pl* kapitałowe; (*COMM*) aktywa *pl*.

asset-stripping ['æsɛt'strɪpɪŋ] (*COMM*) *n* wykup *m* majątku przedsiębiorstwa.

assiduous [ə'sɪdjuəs] *adj* gorliwy.

assign [ə'saɪn] *vt*: **to assign (to)** (*task, resources*) przydzielać (przydzielić *perf*) (*+dat*); (*person*) przydzielać (przydzielić *perf*) (do *+gen*), wyznaczać (wyznaczyć *perf*) (do *+gen*); (*cause, meaning*) przypisywać (przypisać *perf*) (*+dat*).

assignment [ə'saɪnmənt] *n* (*task*) zadanie *nt*; (*appointment*) wyznaczenie *nt*, przydzielenie *nt*; **heavy reading assignments** (*SCOL*) duża liczba lektur obowiązkowych.

assimilate [ə'sɪmɪleɪt] *vt* (*learn*) przyswajać

(przyswoić *perf*) sobie; (*absorb*) wchłaniać (wchłonąć *perf*).
assimilation [əsɪmɪ'leɪʃən] *n* (*of ideas: by people*) przyswajanie *nt* (sobie); (: *in industry etc*) wdrażanie *nt*; (*of immigrants*) asymilacja *f*.
assist [ə'sɪst] *vt* pomagać (pomóc *perf*) +*dat*.
assistance [ə'sɪstəns] *n* pomoc *f*.
assistant [ə'sɪstənt] *n* pomocnik (-ica) *m(f)*; (*BRIT*: *also*: **shop assistant**) sprzedawca (-wczyni) *m(f)*.
assistant manager *n* ≈ zastępca *m* dyrektora.
assistant professor (*US*) *n* ≈ docent *m*.
assizes [ə'saɪzɪz] (*BRIT*) *npl wyjazdowe sesje sądu*.
associate [*n, adj* ə'səuʃɪɪt, *vb* ə'səuʃɪeɪt] *n* wspólnik (-iczka) *m(f)* ♦ *vt* kojarzyć (skojarzyć *perf*) ♦ *vi*: **to associate with sb** zadawać się z kimś ♦ *adj*: **associate director** zastępca *m* dyrektora; **associate member** członek korespondent; **associate professor** (*US*) ≈ profesor nadzwyczajny.
associated company [ə'səuʃɪeɪtɪd-] *n* przedsiębiorstwo *nt* zrzeszone.
association [əsəusɪ'eɪʃən] *n* (*group*) stowarzyszenie *nt*, zrzeszenie *nt*; (*involvement, link*) związek *m*; (*PSYCH*) skojarzenie *nt*; **in association with** wspólnie z +*instr*.
association football *n* piłka *f* nożna, futbol *m*.
assorted [ə'sɔːtɪd] *adj* mieszany; **in assorted sizes** w różnych rozmiarach.
assortment [ə'sɔːtmənt] *n* asortyment *m*.
Asst. *abbr* = **assistant** asyst.
assuage [ə'sweɪdʒ] *vt* (*grief, pain*) łagodzić (złagodzić *perf*); (*thirst, appetite*) zaspokajać (zaspokoić *perf*).
assume [ə'sjuːm] *vt* (*suppose*) zakładać (założyć *perf*); (*responsibilities etc*) brać (wziąć *perf*) (na siebie); (*appearance, name*) przybierać (przybrać *perf*).
assumed name [ə'sjuːmd-] *n* przybrane nazwisko *nt*.
assumption [ə'sʌmpʃən] *n* (*supposition*) założenie *nt*; (*of power etc*) przejęcie *nt*; **on the assumption that** zakładając, że.
assurance [ə'ʃuərəns] *n* (*promise*) zapewnienie *nt*; (*confidence*) przekonanie *nt*; (*insurance*) ubezpieczenie *nt* (*zwłaszcza na życie*); **I can give you no assurances** nie mogę ci dać żadnej gwarancji.
assure [ə'ʃuə*] *vt* zapewniać (zapewnić *perf*).
AST (*US*) *abbr* (= *Atlantic Standard Time*).
asterisk ['æstərɪsk] *n* gwiazdka *f*, odsyłacz *m*.
astern [ə'stəːn] (*NAUT*) *adv* na rufie.
asteroid ['æstərɔɪd] *n* asteroida *f*.
asthma ['æsmə] *n* astma *f*.
asthmatic [æs'mætɪk] *adj* astmatyczny ♦ *n* astmatyk (-yczka) *m(f)*.
astigmatism [ə'stɪgmətɪzəm] *n* astygmatyzm *m*.
astir [ə'stəː*] *adv* na nogach.
astonish [ə'stɔnɪʃ] *vt* zdumiewać (zdumieć *perf*), zadziwiać (zadziwić *perf*); **she was astonished to hear that** zdumiała się, słysząc to.
astonishing [ə'stɔnɪʃɪŋ] *adj* zdumiewający, zadziwiający; **I find it astonishing that ...** uważam za zdumiewające, że ... .
astonishingly [ə'stɔnɪʃɪŋlɪ] *adv* zdumiewająco.
astonishment [ə'stɔnɪʃmənt] *n* zdumienie *nt*; **to my astonishment** ku memu zdumieniu.
astound [ə'staund] *vt* zdumiewać (zdumieć *perf*).
astounded [ə'staundɪd] *adj* zdumiony.
astounding [ə'staundɪŋ] *adj* zdumiewający.
astray [ə'streɪ] *adv*: **to go astray** zawieruszyć się (*perf*); **to lead astray** zwodzić (zwieść *perf*) (na manowce).
astride [ə'straɪd] *prep* okrakiem na +*loc*.
astringent [əs'trɪndʒənt] *adj* ściągający; (*fig*: *remark etc*) uszczypliwy ♦ *n* tonik *m* (*kosmetyczny*).
astrologer [əs'trɔlədʒə*] *n* astrolog *m*.
astrology [əs'trɔlədʒɪ] *n* astrologia *f*.
astronaut ['æstrənɔːt] *n* astronauta (-tka) *m(f)*, kosmonauta (-tka) *m(f)*.
astronomer [əs'trɔnəmə*] *n* astronom *m*.
astronomical [æstrə'nɔmɪkl] *adj* (*telescope, price*) astronomiczny; (*odds*) ogromny.
astronomy [əs'trɔnəmɪ] *n* astronomia *f*.
astrophysics ['æstrəu'fɪzɪks] *n* astrofizyka *f*.
astute [əs'tjuːt] *adj* przebiegły.
asunder [ə'sʌndə*] *adv*: **to tear asunder** rozdzierać (rozedrzeć *perf*) na kawałki.
ASV (*BIBLE*) *n abbr* (= *American Standard Version*) *amerykańskie tłumaczenie Biblii*.
asylum [ə'saɪləm] *n* (*refuge*) azyl *m*; (*hospital*) szpital *m* psychiatryczny; **to seek (political) asylum** ubiegać się o azyl (polityczny).
asymmetrical [eɪsɪ'mɛtrɪkl] *adj* asymetryczny.

KEYWORD

at [æt] *prep* **1** (*referring to position, place*): **at the table** przy stole; **at home/school** w domu/szkole; **at the top** na górze; **at my parents' (house)** u (moich) rodziców. **2** (*referring to direction*): **to look at sth** patrzeć (popatrzeć *perf*) na coś; **to throw sth at sb** rzucać (rzucić *perf*) czymś w kogoś. **3** (*referring to time*): **at 4 o'clock** o (godzinie) czwartej; **at night** w nocy; **at Christmas** na Boże Narodzenie; **at times** czasami, czasem. **4** (*referring to rates*) po +*acc*; **at 2 pounds a kilo** po 2 funty za kilogram; **two at a time** po dwa na raz. **5** (*referring to speed*): **at 50 km/h** z prędkością 50 km na godzinę. **6** (*referring to activity*): **to be at work** pracować; **to play at cowboys** bawić się w kowbojów; **to be good at sth** być dobrym w czymś. **7** (*referring to cause*): **shocked/surprised/annoyed at sth** wstrząśnięty/zdziwiony/rozdrażniony czymś; **at his command** na jego polecenie. **8**: **not at all**

(*in answer to question*) wcale nie; (*in answer to thanks*) nie ma za co; **I'm not at all tired** nie jestem wcale zmęczony; **anything at all will do** może być obojętnie co.

ate [eɪt] *pt of* **eat**.
atheism ['eɪθɪɪzəm] *n* ateizm *m*.
atheist ['eɪθɪɪst] *n* ateista (-tka) *m(f)*.
Athenian [ə'θi:nɪən] *adj* ateński ♦ *n* Ateńczyk/Atenka *m/f*.
Athens ['æθɪnz] *n* Ateny *pl*.
athlete ['æθli:t] *n* (*man*) sportowiec *m*, sportsmen *m*; (*woman*) sportsmenka *f*.
athletic [æθ'lɛtɪk] *adj* (*tradition, excellence*) sportowy; (*person*) wysportowany; (*build*) atletyczny.
athletics [æθ'lɛtɪks] *n* lekkoatletyka *f*.
Atlantic [ət'læntɪk] *adj* atlantycki ♦ *n*: **the Atlantic (Ocean)** Atlantyk *m*, Ocean *m* Atlantycki.
atlas ['ætləs] *n* atlas *m*.
Atlas Mountains *npl*: **the Atlas Mountains** góry *pl* Atlas.
ATM *abbr* (= *Automated Telling Machine*) bankomat *m*.
atmosphere ['ætməsfɪə*] *n* (*of planet, place*) atmosfera *f*; (*air*) powietrze *nt*.
atmospheric [ætməs'fɛrɪk] *adj* atmosferyczny.
atmospherics [ætməs'fɛrɪks] (*RADIO*) *npl* zakłócenia *pl* atmosferyczne.
atoll ['ætɔl] *n* atol *m*.
atom ['ætəm] *n* atom *m*.
atomic [ə'tɔmɪk] *adj* atomowy.
atom(ic) bomb *n* bomba *f* atomowa.
atomizer ['ætəmaɪzə*] *n* rozpylacz *m*.
atone [ə'təun] *vi*: **to atone for** odpokutowywać (odpokutować *perf*) za *+acc*.
atonement [ə'təunmənt] *n* zadośćuczynienie *nt*.
ATP *n abbr* (= *Association of Tennis Professionals*).
atrocious [ə'trəuʃəs] *adj* okropny.
atrocity [ə'trɔsɪtɪ] *n* okrucieństwo *nt*.
atrophy ['ætrəfɪ] *n* atrofia *f*, zanik *m* ♦ *vt* powodować (spowodować *perf*) atrofię *or* zanik *+gen* ♦ *vi* zanikać (zaniknąć *perf*), ulegać (ulec *perf*) atrofii.
attach [ə'tætʃ] *vt* (*fasten, join*) przymocowywać (przymocować *perf*), przytwierdzać (przytwierdzić *perf*); (*document*) załączać (załączyć *perf*); (*employee, troops*) przyłączać (przyłączyć *perf*); (*importance etc*) przywiązywać (przywiązać *perf*); **to be attached to sb/sth** (*like*) być przywiązanym do kogoś/czegoś; **the attached letter** załączony list.
attaché [ə'tæʃeɪ] *n* attaché *m*.
attaché case *n* aktówka *f*.
attachment [ə'tætʃmənt] *n* (*tool*) nasadka *f*, końcówka *f*; (*feeling*): **attachment (to sb)** przywiązanie *nt* (do kogoś).
attack [ə'tæk] *vt* (*MIL*) atakować (zaatakować *perf*); (*assault*) atakować (zaatakować *perf*), napadać (napaść *perf*); (*criticize*) atakować (zaatakować *perf*), napadać (napaść *perf*) na *+acc*; (*tackle*) zabierać się (zabrać się *perf*) do *+gen* ♦ *n* (*MIL*) atak *m*; (*on sb's life*) napad *m*, napaść *f*; (*fig*: *criticism*) atak *m*, napaść *f*; (*of illness*) napad *m*, atak *m*; **heart attack** atak serca, zawał.
attacker [ə'tækə*] *n* napastnik (-iczka) *m(f)*.
attain [ə'teɪn] *vt* osiągać (osiągnąć *perf*); (*ambition*) zaspokajać (zaspokoić *perf*).
attainments [ə'teɪnmənts] *npl* osiągnięcia *pl*.
attempt [ə'tɛmpt] *n* próba *f* ♦ *vt*: **to attempt sth/to** próbować (spróbować *perf*) czegoś/*+infin*; **to make an attempt on sb's life** dokonywać (dokonać *perf*) zamachu na czyjeś życie; **he made no attempt to help** nawet nie próbował pomóc.
attempted [ə'tɛmptɪd] *adj* niedoszły; **attempted murder** usiłowanie zabójstwa.
attend [ə'tɛnd] *vt* (*school, church*) uczęszczać do *+gen*; (*lectures, course*) uczęszczać na *+acc*; (*patient*) zajmować się (zająć się *perf*) *+instr*; (*meeting*) brać (wziąć *perf*) udział w *+loc*.
►**attend to** *vt fus* zajmować się (zająć się *perf*) *+instr*; (*customer*) obsługiwać (obsłużyć *perf*) *+acc*.
attendance [ə'tɛndəns] *n* (*presence*) obecność *f*; (*people present*) frekwencja *f*.
attendant [ə'tɛndənt] *n* pomocnik (-ica) *m(f)*; (*in garage, museum etc*) osoba *f* z obsługi ♦ *adj*: **...and its attendant dangers** ...i związane z tym niebezpieczeństwa.
attention [ə'tɛnʃən] *n* (*concentration*) uwaga *f*; (*MED*) pomoc *f* (medyczna) ♦ *excl* (*MIL*) baczność; **for the attention of** (*ADMIN*) do wiadomości *+gen*; **it has come to my attention that ...** zwróciło moją uwagę, że ...; **to draw sb's attention to sth** zwracać (zwrócić *perf*) czyjąś uwagę na coś; **to stand to/at attention** (*MIL*) stawać (stanąć *perf*)/stać na baczność.
attentive [ə'tɛntɪv] *adj* (*intent*) uważny; (*solicitous*) troskliwy; (*kind*) usłużny.
attentively [ə'tɛntɪvlɪ] *adv* uważnie.
attenuate [ə'tɛnjueɪt] *vt* osłabiać (osłabić *perf*) ♦ *vi* słabnąć (osłabnąć *perf*).
attest [ə'tɛst] *vi*: **to attest to** (*demonstrate*) potwierdzać (potwierdzić *perf*) *+acc*; (*JUR*) (*confirm*) świadczyć (poświadczyć *perf*) o *+loc*.
attic ['ætɪk] *n* strych *m*.
attire [ə'taɪə*] *n* strój *m*.
attitude ['ætɪtju:d] *n* (*posture, behaviour*) postawa *f*; (*view*): **attitude (to)** pogląd *m* (na *+acc*), stosunek *m* (do *+gen*); **her arms flung out in an attitude of surrender** rozpostarła ramiona w geście rezygnacji.

attorney [ə'tə:nɪ] *n* (*US*) pełnomocnik *m*; **power of attorney** pełnomocnictwo.
Attorney General *n* (*BRIT*) *minister sprawiedliwości i doradca prawny rządu i Korony*; (*US*) *minister sprawiedliwości i prokurator generalny*.
attract [ə'trækt] *vt* (*people, attention*) przyciągać (przyciągnąć *perf*); (*support, publicity*) zyskiwać (zyskać *perf*); (*interest*) wzbudzać (wzbudzić *perf*); (*appeal to*) pociągać.
attraction [ə'trækʃən] *n* (*appeal*) powab *m*, urok *m*; (*usu pl*: *amusements*) atrakcja *f*; (*PHYS*) przyciąganie *nt*; (*fig*: *towards sb, sth*) pociąg *m*.
attractive [ə'træktɪv] *adj* atrakcyjny.
attribute [*n* 'ætrɪbju:t, *vb* ə'trɪbju:t] *n* atrybut *m* ♦ *vt*: **to attribute sth to** przypisywać (przypisać *perf*) coś *+dat*.
attrition [ə'trɪʃən] *n*: **war of attrition** wojna *f* na wyczerpanie.
Atty. Gen. *abbr* = **Attorney General**.
ATV *n abbr* (= *all terrain vehicle*) pojazd *m* terenowy.
aubergine ['əubəʒi:n] *n* (*vegetable*) bakłażan *m*, oberżyna *f*; (*colour*) (kolor *m*) ciemnofioletowy, ciemny fiolet *m*.
auburn ['ɔ:bən] *adj* kasztanowaty, rudawobrązowy.
auction ['ɔ:kʃən] *n* licytacja *f*, aukcja *f* ♦ *vt* sprzedawać (sprzedać *perf*) na licytacji *or* aukcji.
auctioneer [ɔ:kʃə'nɪə*] *n* licytator(ka) *m(f)*.
auction room *n* sala *f* aukcyjna.
audacious [ɔ:'deɪʃəs] *adj* śmiały, zuchwały (*pej*).
audacity [ɔ:'dæsɪtɪ] *n* (*boldness, daring*) śmiałość *f*; (*impudence*) zuchwałość *f*, bezczelność *f*; **to have the audacity to do sth** mieć czelność coś (z)robić.
audible ['ɔ:dɪbl] *adj* słyszalny.
audience ['ɔ:dɪəns] *n* (*in theatre etc*) publiczność *f*, widownia *f*; (*RADIO*) słuchacze *pl*; (*TV*) widzowie *pl*; (*with queen etc*) audiencja *f*; **to reach a wide audience** docierać (dotrzeć *perf*) do szerokiej rzeszy odbiorców.
audio-typist ['ɔ:dɪəu'taɪpɪst] *n maszynistka spisująca teksty z magnetofonu*.
audio-visual ['ɔ:dɪəu'vɪzjuəl] *adj* audiowizualny.
audio-visual aid *n* pomoc *f* audiowizualna.
audit ['ɔ:dɪt] (*COMM*) *vt* rewidować (zrewidować *perf*), sprawdzać (sprawdzić *perf*) ♦ *n* rewizja *f* ksiąg (rachunkowych).
audition [ɔ:'dɪʃən] *n* przesłuchanie *nt* (*do roli*) ♦ *vi*: **to audition (for)** mieć przesłuchanie (do *+gen*).
auditor ['ɔ:dɪtə*] *n* rewident *m* księgowy.
auditorium [ɔ:dɪ'tɔ:rɪəm] *n* (*building*) audytorium *nt*; (*audience area*) widownia *f*.
Aug. *abbr* = **August** sierp.
augment [ɔ:g'mɛnt] *vt* powiększać (powiększyć *perf*), zwiększać (zwiększyć *perf*).
augur ['ɔ:gə*] *vi*: **it augurs well (for)** to dobrze wróży (*+dat*).
August ['ɔ:gəst] *n* sierpień *m*; *see also* **July**.
august [ɔ:'gʌst] *adj* (*figure, building*) majestatyczny; (*gathering*) dostojny.
aunt [ɑ:nt] *n* ciotka *f*; (*affectionately*) ciocia *f*.
auntie ['ɑ:ntɪ] (*also spelled* **aunty**) *n dimin of* **aunt** ciocia *f*; (*jocularly, ironically*) cioteczka *f*, ciotunia *f*.
au pair ['əu'pɛə*] *n* (*also*: **au pair girl**) *młoda cudzoziemka pomagająca w domu w zamian za utrzymanie i kieszonkowe*.
aura ['ɔ:rə] *n* (*fig*) atmosfera *f*.
auspices ['ɔ:spɪsɪz] *npl*: **under the auspices of** pod auspicjami *+gen*.
auspicious [ɔ:s'pɪʃəs] *adj* pomyślny.
austere [ɔs'tɪə*] *adj* (*room, person, manner*) surowy; (*lifestyle*) prosty, skromny.
austerity [ɔs'tɛrɪtɪ] *n* surowość *f*, prostota *f*; (*ECON*) trudności *pl* gospodarcze.
Australasia [ɔ:strə'leɪzɪə] *n* Australazja *f*.
Australasian [ɔ:strə'leɪzɪən] *adj* australazjatycki.
Australia [ɔs'treɪlɪə] *n* Australia *f*.
Australian [ɔs'treɪlɪən] *adj* australijski ♦ *n* Australijczyk (-jka) *m(f)*.
Austria ['ɔstrɪə] *n* Austria *f*.
Austrian ['ɔstrɪən] *adj* austriacki ♦ *n* Austriak (-aczka) *m(f)*.
AUT (*BRIT*) *n abbr* (= *Association of University Teachers*).
authentic [ɔ:'θɛntɪk] *adj* autentyczny.
authenticate [ɔ:'θɛntɪkeɪt] *vt* (*painting*) ustalać (ustalić *perf*) autorstwo *+gen*; (*document, story*) poświadczać (poświadczyć *perf*).
authenticity [ɔ:θɛn'tɪsɪtɪ] *n* autentyczność *f*.
author ['ɔ:θə*] *n* autor(ka) *m(f)*; (*profession*) pisarz (-arka) *m(f)*.
authoritarian [ɔ:θɔrɪ'tɛərɪən] *adj* (*attitudes, conduct*) władczy, apodyktyczny; (*government, rule*) autorytarny.
authoritative [ɔ:'θɔrɪtətɪv] *adj* (*person, manner*) autorytatywny; (*source, account*) miarodajny, wiarygodny; (*study, treatise*) miarodajny.
authority [ɔ:'θɔrɪtɪ] *n* (*power*) władza *f*; (*expert*) autorytet *m*; (*government body*) administracja *f*; (*official permission*) pozwolenie *nt*; **the authorities** *npl* władze *pl*; **to have the authority to do sth** być władnym coś zrobić.
authorization [ɔ:θəraɪ'zeɪʃən] *n* pozwolenie *nt*.
authorize ['ɔ:θəraɪz] *vt* (*publication*) autoryzować; (*loan*) zatwierdzać (zatwierdzić *perf*); (*course of action*) wyrażać (wyrazić *perf*) zgodę na *+acc*; **to authorize sb to do sth** upoważniać (upoważnić *perf*) kogoś *or* dawać (dać *perf*) komuś pełnomocnictwo do zrobienia czegoś.
authorized capital ['ɔ:θəraɪzd-] *n* kapitał *m* statutowy.
authorship ['ɔ:θəʃɪp] *n* autorstwo *nt*.

autistic [ɔ:'tɪstɪk] *adj* autystyczny.
auto ['ɔ:təu] (*US*) *n* auto *nt*.
autobiographical ['ɔ:təbaɪə'græfɪkl] *adj* autobiograficzny.
autobiography [ɔ:təbaɪ'ɔgrəfɪ] *n* autobiografia *f*.
autocratic [ɔ:tə'krætɪk] *adj* autokratyczny.
autograph ['ɔ:təgrɑ:f] *n* autograf *m* ♦ *vt* podpisywać (podpisać *perf*).
automat ['ɔ:təmæt] (*US*) *n* (*vending machine*) automat *m*; (*restaurant*) *bar, w którym posiłki kupuje się w automatach*.
automata [ɔ:'tɔmətə] *npl of* **automaton**.
automate ['ɔ:təmeɪt] *vt* automatyzować (zautomatyzować *perf*).
automated ['ɔ:təmeɪtɪd] *adj* zautomatyzowany.
automatic [ɔ:tə'mætɪk] *adj* automatyczny; (*reaction*) odruchowy ♦ *n* (*gun*) broń *f* automatyczna; (*washing machine*) pralka *f* automatyczna, automat *m* (*inf*); (*car*) samochód *m* z automatyczną skrzynią biegów.
automatically [ɔ:tə'mætɪklɪ] *adv* (*by itself*) automatycznie; (*without thinking*) machinalnie, odruchowo.
automatic data processing *n* automatyczne przetwarzanie *nt* danych.
automation [ɔ:tə'meɪʃən] *n* automatyzacja *f*.
automaton [ɔ:'tɔmətən] (*pl* **automata**) *n* automat *m*, robot *m*.
automobile ['ɔ:təməbi:l] (*US*) *n* samochód *m*.
autonomous [ɔ:'tɔnəməs] *adj* (*region, area*) autonomiczny; (*organization, person*) niezależny.
autonomy [ɔ:'tɔnəmɪ] *n* (*of country*) autonomia *f*; (*of organization, person*) niezależność *f*.
autopsy ['ɔ:tɔpsɪ] *n* (*post-mortem*) sekcja *f* zwłok, autopsja *f*.
autumn ['ɔ:təm] *n* jesień; **in autumn** jesienią, na jesieni.
auxiliary [ɔ:g'zɪlɪərɪ] *adj* pomocniczy ♦ *n* pomocnik (-ica) *m(f)*.
AV *n abbr* (*BIBLE*: = *Authorized Version*) *angielskie tłumaczenie Biblii z roku 1611* ♦ *abbr* = **audiovisual**.
Av. *abbr* = **avenue** al.
avail [ə'veɪl] *vt*: **to avail o.s. of** korzystać (skorzystać *perf*) z *+gen* ♦ *n*: **to no avail** daremnie, na próżno.
availability [əveɪlə'bɪlɪtɪ] *n* (*of goods, information*) dostępność *f*; (*of staff*) osiągalność *f*.
available [ə'veɪləbl] *adj* (*article, service, information*) dostępny; (*person, time*) wolny; **every available means** wszelkie dostępne środki; **is the manager available?** czy dyrektor jest wolny?; **to make sth available to sb** udostępniać (udostępnić *perf*) coś komuś.
avalanche ['ævəlɑ:nʃ] *n* (*lit, fig*) lawina *f*.
avant-garde ['ævɑ̃ŋ'gɑ:d] *adj* awangardowy.
avarice ['ævərɪs] *n* skąpstwo *nt*.
avaricious [ævə'rɪʃəs] *adj* skąpy.
avdp. *abbr* (= *avoirdupois*) *angielski system wagowy*.
Ave. *abbr* = **avenue** al.
avenge [ə'vɛndʒ] *vt* mścić (pomścić *perf*).
avenue ['ævənju:] *n* aleja *f*; (*fig*) możliwość *f*.
average ['ævərɪdʒ] *n* średnia *f* ♦ *adj* (*mean*) średni, przeciętny; (*ordinary*) przeciętny ♦ *vt* osiągać (osiągnąć *perf*) średnio; **on average** średnio, przeciętnie; **above/below (the) average** powyżej/poniżej średniej.
►**average out** *vi*: **to average out at** wynosić (wynieść *perf*) średnio *+acc*.
averse [ə'və:s] *adj*: **to be averse to sth/doing sth** być przeciwnym *or* niechętnym czemuś/robieniu czegoś; **I wouldn't be averse to** nie miałbym nic przeciwko *+dat*.
aversion [ə'və:ʃən] *n* niechęć *f*, awersja *f*; **to have an aversion to sb/sth** mieć awersję do kogoś/czegoś.
avert [ə'və:t] *vt* (*accident, war*) unikać (uniknąć *perf*) *+gen*; (*one's eyes*) odwracać (odwrócić *perf*).
aviary ['eɪvɪərɪ] *n* ptaszarnia *f*.
aviation [eɪvɪ'eɪʃən] *n* lotnictwo *nt*.
avid ['ævɪd] *adj* gorliwy; **avid for** spragniony *+gen*.
avidly ['ævɪdlɪ] *adv* gorliwie.
avocado [ævə'kɑ:dəu] *n* (*BRIT*: *also*: **avocado pear**) awokado *nt inv*.
avoid [ə'vɔɪd] *vt* unikać (uniknąć *perf*) *+gen*; (*obstacle*) omijać (ominąć *perf*); **to avoid doing sth** unikać (uniknąć *perf*) (z)robienia czegoś.
avoidable [ə'vɔɪdəbl] *adj* do uniknięcia *post*.
avoidance [ə'vɔɪdəns] *n* unikanie *nt*; (*of tax*) uchylanie się *nt*.
avowed [ə'vaud] *adj* (*feminist etc*) zaprzysięgły; (*aim*) obrany.
AVP (*US*) *n abbr* (= *assistant vice-president*).
avuncular [ə'vʌŋkjulə*] *adj* (*genial*) dobroduszny; (*fatherly*) ojcowski.
AWACS ['eɪwæks] *n abbr* (= *airborne warning and control system*) (system *m*) AWACS.
await [ə'weɪt] *vt* oczekiwać na *+acc*; **awaiting attention/delivery** (*COMM*) do załatwienia/dostarczenia; **long awaited** długo oczekiwany.
awake [ə'weɪk] (*pt* **awoke**, *pp* **awoken** *or* **awakened**) *adj*: **to be awake** nie spać ♦ *vt* budzić (obudzić *perf*) ♦ *vi* budzić się (obudzić się *perf*); **he was still awake** jeszcze nie spał; **to be awake to** być świadomym *+gen*, zdawać sobie sprawę z *+gen*.
awakening [ə'weɪknɪŋ] *n* (*of emotion*) przebudzenie *nt*; (*of interest*) rozbudzenie *nt*.
award [ə'wɔ:d] *n* (*prize*) nagroda *f*; (*damages*) odszkodowanie *nt* ♦ *vt* (*prize*) przyznawać (przyznać *perf*); (*damages*) zasądzać (zasądzić *perf*).
aware [ə'wɛə*] *adj*: **aware (of)** (*conscious*)

świadomy (*+gen*); (*informed*) zorientowany (w *+loc*); **to become aware of/that** uświadamiać (uświadomić *perf*) sobie *+acc*/, że; **politically/socially aware** świadomy politycznie/społecznie; **I am fully aware that** zdaję sobie w pełni sprawę *or* jestem w pełni świadomy, że.

awareness [ə'wɛənɪs] *n* świadomość *f*; **to develop people's awareness of** rozwijać (rozwinąć *perf*) wśród ludzi świadomość *+gen*.

awash [ə'wɔʃ] *adj* zalany; (*fig*): **awash with** zalany *+instr*.

away [ə'weɪ] *adv* (*be situated*) z dala, daleko; (*not present*): **to be away** być nieobecnym; (*move*): **he walked away slowly** odszedł powoli; **two kilometres away from** w odległości dwóch kilometrów od *+gen*; **two hours away by car** dwie godziny jazdy samochodem; **the exam is two weeks away** do egzaminu (po)zostały dwa tygodnie; **he's away for a week** nie będzie go przez tydzień, wyjechał na tydzień; **she's away in Milan** wyjechała do Mediolanu; **to take away** (*remove*) zabierać (zabrać *perf*); (*subtract*) odejmować (odjąć *perf*); **to work/pedal** *etc* **away** zawzięcie pracować/pedałować *etc*; **to fade/wither away** (*colour*) blaknąć (wyblaknąć *perf*); (*enthusiasm, light*) wygasać (wygasnąć *perf*); (*sound*) cichnąć (ucichnąć *perf*).

away game *n* mecz *m* wyjazdowy *or* na wyjeździe.

awe [ɔ:] *n* respekt *m*; **to be in awe of** czuć respekt przed *+instr*.

awe-inspiring ['ɔ:ɪnspaɪərɪŋ] *adj* budzący respekt.

awesome ['ɔ:səm] *adj* = **awe-inspiring**.

awestruck ['ɔ:strʌk] *adj* pełen respektu.

awful ['ɔ:fəl] *adj* straszny, okropny; **an awful lot (of)** strasznie dużo (*+gen*).

awfully ['ɔ:fəlɪ] *adv* strasznie, okropnie.

awhile [ə'waɪl] *adv* (przez) chwilę.

awkward ['ɔ:kwəd] *adj* (*person, movement, situation*) niezręczny; (*tool, machine*) niewygodny.

awkwardness ['ɔ:kwədnɪs] *n* niezręczność *f*.

awl [ɔ:l] *n* szydło *nt*.

awning ['ɔ:nɪŋ] *n* (*of tent, caravan*) daszek *m* płócienny; (*of shop, hotel*) markiza *f*.

awoke [ə'wəuk] *pt of* **awake**.

awoken [ə'wəukən] *pp of* **awake**.

AWOL ['eɪwɔl] (*MIL*) *abbr* (= *absent without leave*) nieobecny nieusprawiedliwiony.

awry [ə'raɪ] *adv*: **to be awry** (*clothes*) być w nieładzie; **to go awry** (*plan*) nie powieść się (*perf*).

axe [æks] (*US* **ax**) *n* siekiera *f*, topór *m* ♦ *vt* robić (zrobić *perf*) cięcia w *+loc*; **to have an axe to grind** (*fig*) kierować się własnym interesem.

axes[1] ['æksɪz] *npl of* **ax(e)**.

axes[2] ['æksi:z] *npl of* **axis**.

axiom ['æksɪəm] *n* aksjomat *m*.

axiomatic [æksɪəu'mætɪk] *adj* aksjomatyczny.

axis ['æksɪs] (*pl* **axes**) *n* oś *f*.

axle ['æksl] (*AUT*) *n* (*also*: **axle-tree**) oś *f*.

aye [aɪ] *excl* tak ♦ *n*: **the ayes** głosy *pl* „za".

AYH *n abbr* (= *American Youth Hostels*).

AZ (*US*: *POST*) *abbr* (= *Arizona*).

azalea [ə'zeɪlɪə] *n* azalia *f*, różanecznik *m*.

Azores [ə'zɔ:z] *npl*: **the Azores** Azory *pl*.

Aztec ['æztɛk] *n* Aztek (-eczka) *m(f)* ♦ *adj*: **Aztec civilization/art** cywilizacja *f*/sztuka *f* Azteków.

AZT *n abbr* (= *azidothymidine*) AZT *m inv*.

azure ['eɪʒə*] *adj* lazurowy.

B,b

B[1], **b** [bi:] *n* (*letter*) B *nt*, b *nt*; (*SCOL*) ≈ dobry *m*; **B for Benjamin,** *(US)* **B for Baker** ≈ B jak Barbara; **B road** (*BRIT*) droga drugorzędna.

B[2] [bi:] *n* (*MUS*) H *nt*, h *nt*.

b. *abbr* = **born** ur.

BA *n abbr* (= *Bachelor of Arts*) *stopień naukowy*; (= *British Academy*).

babble ['bæbl] *vi* (*person*: *confusedly*) bełkotać; (: *thoughtlessly, continuously*) paplać; (*baby*) gaworzyć; (*brook*) szemrać ♦ *n*: **a babble of voices** gwar *m*.

baboon [bə'bu:n] *n* pawian *m*.

baby ['beɪbɪ] *n* (*infant*) niemowlę *nt*; (: *affectionately*) dzidziuś *m*; (*US*: *inf*: *darling*) kochanie *nt*; **baby girl** dziewczynka; **baby boy** chłopczyk; **we're going to have a baby** będziemy mieli dziecko; **listen, baby** słuchaj, kochanie *or* dziecinko.

baby carriage (*US*) *n* wózek *m* dziecięcy.

baby grand *n* (*also*: **baby grand piano**) fortepian *m* salonowy.

babyhood ['beɪbɪhud] *n* niemowlęctwo *nt*.

babyish ['beɪbɪɪʃ] *adj* dziecinny.

baby-minder ['beɪbɪ'maɪndə*] (*BRIT*) *n* opiekunka *f* do dziecka (*zajmująca się nim we własnym domu*).

baby-sit ['beɪbɪsɪt] *vi* pilnować (popilnować *perf*) dziecka *or* dzieci.

baby-sitter ['beɪbɪsɪtə*] *n* osoba *f* do pilnowania dziecka *or* dzieci, baby sitter *m*.

bachelor ['bætʃələ*] *n* kawaler *m*; **Bachelor of Arts/Science** *posiadacz stopnia naukowego odpowiadającego licencjatowi w dziedzinie nauk humanistycznych/ścisłych*; **Bachelor of Arts/Science degree** *stopień naukowy odpowiadający licencjatowi w dziedzinie nauk humanistycznych/ścisłych*.

bachelorhood ['bætʃələhud] *n* stan *m* kawalerski.

bachelor party (*US*) *n* wieczór *m* kawalerski.

back [bæk] *n* (*of person*) plecy *pl*; (*of animal*) grzbiet *m*; (*of house, car, shirt*) tył *m*; (*of hand*) wierzch *m*; (*of chair*) oparcie *nt*; (*FOOTBALL*) obrońca *m* ♦ *vt* (*candidate*) popierać (poprzeć *perf*); (*financially*) sponsorować; (*horse*) obstawiać (obstawić *perf*); (*car*) cofać (cofnąć *perf*) ♦ *vi* (*also*: **back up**) cofać się (cofnąć się *perf*) ♦ *cpd* (*payment, rent*) zaległy; (*seat, wheels*) tylny; (*garden*) za domem *post*; (*room*) od podwórza *post* ♦ *adv* do tyłu; **he's back** wrócił; **throw the ball back** odrzuć piłkę; **they ran back** pobiegli z powrotem; **back to front** (*wear*) tył(em) na przód; (*know*) na wylot; **an index at the back of the book** indeks na końcu *or* z tyłu książki; **pin the list on the back of the larder door** powieś listę na wewnętrznej stronie drzwi spiżarni; **to break the back of a job** (*BRIT*) wychodzić (wyjść *perf*) na prostą; **to have one's back to the wall** (*fig*) być przypartym do muru; **to take a back seat** (*fig*) usuwać się (usunąć się *perf*) na drugi plan; **can I have them back?** czy mogę je dostać z powrotem?

►**back down** *vi* wycofywać się (wycofać się *perf*).

►**back on to** *vt fus*: **the house backs on to the golf course** tył budynku wychodzi na pole golfowe.

►**back out** *vi* wycofywać się (wycofać się *perf*).

►**back up** *vt* (*support*) popierać (poprzeć *perf*); (*COMPUT*) robić (zrobić *perf*) (zapasową) kopię *+gen*.

backache ['bækeɪk] *n* ból *m* pleców *or* krzyża.

backbencher ['bæk'bɛntʃə*] (*BRIT*) *n członek brytyjskiego Parlamentu nie pełniący ważnej funkcji w rządzie ani w partii opozycyjnej i w związku z tym zasiadający w tylnych ławach Izby Gmin.*

backbiting ['bækbaɪtɪŋ] *n* obgadywanie *nt* (za plecami).

backbone ['bækbəun] *n* kręgosłup *m*; (*fig*) odwaga *f*, siła *f* charakteru; **he's the backbone of the organization** jest filarem organizacji.

backchat ['bæktʃæt] (*BRIT*: *inf*) *n* pyskowanie *nt* (*inf*).

backcloth ['bækklɔθ] (*BRIT*) *n* (*THEAT*) kulisa *f* (*usu pl*); (*fig*) tło *nt*.

backcomb ['bækkəum] (*BRIT* **back-comb**) *vt* tapirować (utapirować *perf*).

backdate [bæk'deɪt] *vt* antydatować.

backdrop ['bækdrɔp] *n* = **backcloth**.

backer ['bækə*] *n* stronnik (-iczka) *m(f)*, zwolennik (-iczka) *m(f)*; (*financial*) sponsor(ka) *m(f)*.

backfire [bæk'faɪə*] *vi* (*AUT*) strzelać (strzelić *perf*); (*plans*) odnosić (odnieść *perf*) odwrotny skutek.

backgammon ['bækgæmən] *n* trik-trak *m*.

background ['bækgraund] *n* (*lit, fig*) tło *nt*; (*of person*: *origins*) pochodzenie *nt*; (: *educational*) wykształcenie *nt*; **he's from a working class background** pochodzi z rodziny robotniczej; **my primary background is in marketing** mam doświadczenie głównie w marketingu; **we looked closely into her background** zbadaliśmy dokładnie jej przeszłość; **against a background of** na tle *+gen*; **background reading (on)** dodatkowa lektura (na temat *+gen*); **background music** muzyka w tle.

backhand ['bækhænd] (*TENNIS etc*) *n* bekhend *m*.

backhanded ['bæk'hændɪd] *adj* (*fig*: *compliment*) dwuznaczny.

backhander ['bæk'hændə*] (*BRIT*: *inf*) *n* łapówka *f*, wziątka *f* (*inf*).

backing ['bækɪŋ] *n* (*support*) poparcie *nt*; (: *COMM*) sponsorowanie *nt*; (*layer*) podklejka *f*; (*MUS*) akompaniament *m*.

backlash ['bæklæʃ] *n* (*fig*) (gwałtowna) reakcja *f* (*atakująca określony trend, ideologię itp*).

backlog ['bæklɔg] *n*: **backlog of work** zaległości *pl* w pracy.

back number *n* (*of magazine etc*) stary numer *m*.

backpack ['bækpæk] *n* plecak *m*.

backpacker ['bækpækə*] *n* turysta (-tka) *m(f)* pieszy (-sza) *m(f)*.

back pay *n* zaległa wypłata *f*.

backpedal ['bækpɛdl] *vi* (*fig*) wycofywać się (wycofać się *perf*).

backside ['bæksaɪd] (*inf*) *n* tyłek *m* (*inf*).

backslash ['bækslæʃ] *n* ukośnik *m* wsteczny.

backslide ['bækslaɪd] *vi* powracać (powrócić *perf*) na złą drogę.

backspace ['bækspeɪs] *vi* (*in typing*) cofać się (cofnąć się *perf*) (*za pomocą cofacza*).

backstage [bæk'steɪdʒ] *adv* (*be*) za kulisami; (*go*) za kulisy.

back-street ['bækstri:t] *n* uliczka *f* (*w uboższej części miasta*) ♦ *cpd*: **backstreet abortion** pokątna aborcja *f*.

backstroke ['bækstrəuk] *n* styl *m* grzbietowy.

backtrack ['bæktræk] *vi* (*fig*) wycofywać się (wycofać się *perf*).

backup ['bækʌp] *adj* (*staff, services*) pomocniczy; (*COMPUT*) zapasowy ♦ *n* (*people, machines*) zaplecze *nt*; (*also*: **backup file**) zbiór *m* zapasowy *or* rezerwowy, kopia *f* zapasowa zbioru.

backward ['bækwəd] *adj* (*movement*) do tyłu *post*; (*pej*: *country, person*) zacofany; (*fig*): **a backward step** krok *m* wstecz.

backwards ['bækwədz] *adv* (*move, go*) do tyłu; (*fall*) na plecy; (*walk*) tyłem; (*fig*) wstecz; **backwards and forwards** tam i z powrotem; **to know sth backwards** *or (US)* **backwards and forwards** znać coś na wylot.

backwater ['bækwɔ:tə*] *n* (*fig*) zaścianek *m*.

backyard [bæk'jɑ:d] *n* podwórko *nt* (*za domem*).

bacon ['beɪkən] *n* bekon *m*.

bacteria [bæk'tɪərɪə] *npl* bakterie *pl.*
bacteriology [bæktɪərɪ'ɔlədʒɪ] *n* bakteriologia *f.*
bad [bæd] *adj* zły; (*naughty*) niedobry, niegrzeczny; (*poor*: *work, health etc*) słaby; (*mistake, accident, injury*) poważny; **he has a bad back** ma chory kręgosłup; **to go bad** (*meat*) psuć się (zepsuć się *perf*); (*milk*) kwaśnieć (skwaśnieć *perf*); **I feel very bad about it** czuję się podle z tego powodu; **in bad faith** w złej wierze; **to be bad for** szkodzić *+dat*; **he's bad at maths** jest słaby z matematyki; **not bad** nieźle.
bad debt *n* nieściągalny dług *m.*
bade [bæd] *pt of* **bid**.
badge [bædʒ] *n* odznaka *f*; (*with name, function*) identyfikator *m*; (*stick-on*) naklejka *f*; (*sew-on*) naszywka *f*; (*fig*) oznaka *f.*
badger ['bædʒə*] *n* borsuk *m* ♦ *vt* wiercić dziurę w brzuchu *+dat.*
badly ['bædlɪ] *adv* źle; **badly wounded** poważnie ranny; **he needs the money badly** bardzo potrzebuje tych pieniędzy; **things are going badly** sprawy idą źle; **they are badly off (for money)** źle im się powodzi.
bad-mannered ['bæd'mænəd] *adj* źle wychowany.
badminton ['bædmɪntən] *n* badminton *m*, kometka *f.*
bad-tempered ['bæd'tɛmpəd] *adj*: **to be bad-tempered** (*by nature*) mieć nieprzyjemne *or* przykre usposobienie; (*on one occasion*) być w złym humorze.
baffle ['bæfl] *vt* (*puzzle*) zdumiewać (zdumieć *perf*), wprawiać (wprawić *perf*) w zdumienie; (*confuse*) wprawiać (wprawić *perf*) w zakłopotanie.
baffling ['bæflɪŋ] *adj*: **I find his behaviour baffling** jego zachowanie zdumiewa mnie; **a baffling problem** kłopotliwy problem.
bag [bæg] *n* (*large*) torba *f*, (*small*) torebka *f*; (*also*: **handbag**) (damska) torebka *f*; (*satchel*) tornister *m*; (*suitcase*) walizka *f*; (*pej*: *woman*) babsztyl *m* (*pej*); **bags of** (*inf*) (cała) masa *+gen* (*inf*); **to pack one's bags** pakować (spakować *perf*) manatki; **bags under the eyes** worki pod oczami ♦ *vt* (*animal, bird*) upolować *(perf).*
bagful ['bægful] *n* (pełna) torba *f.*
baggage ['bægɪdʒ] *n* bagaż *m.*
baggage car (*US*) *n* wagon *m* bagażowy.
baggage claim *n* (*at airport*) odbiór *m* bagażu.
baggy ['bægɪ] *adj* workowaty.
Baghdad [bæg'dæd] *n* Bagdad *m.*
bagpipes ['bægpaɪps] *npl* dudy *pl.*
bag-snatcher ['bægsnætʃə*] (*BRIT*) *n* złodziej(ka) *m(f)* torebek.
Bahamas [bə'hɑːməz] *npl*: **the Bahamas** Wyspy *pl* Bahama.
Bahrain [bɑː'reɪn] *n* Bahrajn *m.*
bail [beɪl] *n* (*JUR*: *payment*) kaucja *f*; (: *release*) zwolnienie *nt* za kaucją; **to grant bail (to sb)** wyrażać (wyrazić *perf*) zgodę na zwolnienie (kogoś) za kaucją; **he was released on bail** został zwolniony za kaucją ♦ *vi* (*also*: **bail out**: *on boat*) wybierać (wybrać *perf*) wodę; *see also* **bale**.
▸**bail out** *vt* (*prisoner*) wpłacać (wpłacić *perf*) kaucję za *+acc*; (*friend, firm*) poratować *(perf)* (finansowo).
bailiff ['beɪlɪf] *n* (*BRIT*: *of estate*) zarządca *m*; (*JUR*: *BRIT*) ≈ komornik *m*; (: *esp US*) *niski rangą urzędnik sądowy pełniący funkcję gońca, który zajmuje się więźniami i pilnuje porządku.*
bait [beɪt] *n* przynęta *f* ♦ *vt* (*tease*) drażnić; **to bait a hook** zakładać (założyć *perf*) przynętę na haczyk.
bake [beɪk] *vt* (*CULIN*) piec (upiec *perf*); (*TECH*) wypalać (wypalić *perf*) ♦ *vi* (*bread etc*) piec się; (*person*) piec.
baked beans [beɪkt-] *npl fasola z puszki w sosie pomidorowym.*
baker ['beɪkə*] *n* piekarz *m.*
baker's dozen *n* trzynaście *num.*
bakery ['beɪkərɪ] *n* piekarnia *f.*
baking ['beɪkɪŋ] *n* (*act*) pieczenie *nt*; (*food*) wypieki *pl* ♦ *adj* (*inf*) bardzo gorący; **a baking hot day** upalny *or* skwarny dzień.
baking powder *n* proszek *m* do pieczenia.
baking tin *n* (*for cake*) forma *f* do pieczenia; (*for meat*) brytfanna *f.*
baking tray *n* blacha *f* do pieczenia.
balaclava [bælə'klɑːvə] *n* (*also*: **balaclava helmet**) kominiarka *f.*
balance ['bæləns] *n* (*equilibrium*) równowaga *f*; (*of account*: *sum*) stan *m* konta; (: *remainder*) saldo *nt* rachunku; (*scales*) waga *f* ♦ *vt* (*budget*) bilansować (zbilansować *perf*); (*account*) zamykać (zamknąć *perf*); (*pros and cons*) rozważać (rozważyć *perf*); (*make equal, compensate*) równoważyć (zrównoważyć *perf*) ♦ *vi* balansować, utrzymywać równowagę; **on balance** po (głębszym) namyśle; **balance of trade/payments** bilans handlowy/płatniczy; **balance carried forward** (*COMM*) kwota do przeniesienia; **balance brought forward** (*COMM*) kwota z przeniesienia; **to balance the books** (*COMM*) zamykać (zamknąć *perf*) księgi; **an ashtray was balanced on the arm of the chair** na poręczy fotela stała popielniczka.
balanced ['bælənst] *adj* (*report, account*) wyważony; (*personality*) zrównoważony; (*diet*) pełnowartościowy.
balance sheet *n* zestawienie *nt* bilansowe.
balcony ['bælkənɪ] *n* balkon *m.*
bald [bɔːld] *adj* (*person, head, tyre*) łysy; (*lie*) jawny; (*question*) bezceremonialny, bez ogródek *post.*
baldness ['bɔːldnɪs] *n* łysina *f.*
bale [beɪl] *n* bela *f.*

▸**bale out** *vi* (*of a plane*) wyskakiwać (wyskoczyć *perf*) ze spadochronem ♦ *vt* (*water*) wybierać (wybrać *perf*); (*boat*) wybierać (wybrać *perf*) wodę z +*gen*.
Balearic Islands [bælɪ'ærɪk-] *npl*: **the Balearic Islands** Baleary *pl*.
baleful ['beɪlful] *adj* (*glance*) złowrogi; (*influence*) zły.
balk [bɔ:k] *vi*: **to balk (at)** (*person*) wzdragać się (przed +*instr*); (*horse*) zatrzymywać się (zatrzymać się *perf*) (przed +*instr*).
Balkan ['bɔ:lkən] *adj* bałkański ♦ *n*: **the Balkans** Bałkany *pl*.
ball [bɔ:l] *n* (*for football, tennis*) piłka *f*; (*of wool, string*) kłębek *m*; (*dance*) bal *m*; **to set the ball rolling** (*fig*) puszczać (puścić *perf*) mechanizm w ruch; **to play ball (with sb)** (*fig*) współpracować (z kimś); **to be on the ball** (*fig*: *competent*) znać się na rzeczy; (*alert*) mieć oczy otwarte; **the ball is in your court** (*fig*) teraz twój ruch.
ballad ['bæləd] *n* ballada *f*.
ballast ['bæləst] *n* balast *m*.
ball bearings *npl* łożysko *nt* kulkowe.
ballcock ['bɔ:lkɔk] *n* zawór *m* kulowy.
ballerina [bælə'ri:nə] *n* balerina *f*.
ballet ['bæleɪ] *n* balet *m*.
ballet dancer *n* (*male*) tancerz *m* baletowy; (*female*) tancerka *f* baletowa, baletnica *f*.
ballistic [bə'lɪstɪk] *adj* balistyczny.
ballistic missile *n* pocisk *m* balistyczny.
ballistics [bə'lɪstɪks] *n* balistyka *f*.
balloon [bə'lu:n] *n* (*child's*) balon *m*, balonik *m*; (*hot air balloon*) balon *m*; (*in comic strip*) dymek *m*.
balloonist [bə'lu:nɪst] *n* pilot *m* balonowy, baloniarz *m*.
ballot ['bælət] *n* tajne głosowanie *nt*.
ballot box *n* urna *f* wyborcza; (*fig*) wybory *pl*.
ballot paper *n* kartka *f* do głosowania.
ballpark ['bɔ:lpɑ:k] (*US*) *n* boisko *nt* baseballowe.
ballpark figure (*US*: *inf*) *n* orientacyjna liczba *f*.
ballpoint (pen) ['bɔ:lpɔɪnt(-)] *n* długopis *m*.
ballroom ['bɔ:lrum] *n* sala *f* balowa.
balls [bɔ:lz] (*inf!*: *testicles*) *npl* jaja *pl* (*inf!*).
balm [bɑ:m] *n* balsam *m*.
balmy ['bɑ:mɪ] *adj* balsamiczny; (*BRIT*: *inf*) = **barmy**.
BALPA ['bælpə] *n abbr* (= *British Airline Pilots' Association*) *związek zawodowy pilotów*.
balsam ['bɔ:lsəm] *n* balsam *m*.
balsa (wood) ['bɔ:lsə-] *n* balsa *f*.
Baltic [bɔ:ltɪk] *n*: **the Baltic (Sea)** Bałtyk *m*, Morze *nt* Bałtyckie.
balustrade [bæləs'treɪd] *n* balustrada *f*.
bamboo [bæm'bu:] *n* bambus *m*.
bamboozle [bæm'bu:zl] (*inf*) *vt*: **to bamboozle sb into sth** wrabiać (wrobić *perf*) kogoś w coś (*inf*).
ban [bæn] *n* zakaz *m* ♦ *vt* zakazywać (zakazać *perf*) +*gen*; **he was banned from driving** (*BRIT*) odebrano mu prawo jazdy.
banal [bə'nɑ:l] *adj* banalny.
banana [bə'nɑ:nə] *n* banan *m*.
band [bænd] *n* (*group*) banda *f* (*pej*), grupa *f*; (*rock*) grupa *f*, zespół *m*; (*jazz, military etc*) orkiestra *f*; (*strip, stripe*) pasek *m*, wstążka *f*; (*range*) przedział *m*; (: *of frequency*) pasmo *nt*, zakres *m*.
▸**band together** *vi* skrzykiwać się (skrzyknąć się *perf*).
bandage ['bændɪdʒ] *n* bandaż *m* ♦ *vt* (*wound, leg*) bandażować (zabandażować *perf*); (*person*) opatrywać (opatrzyć *perf*).
bandaid ['bændeɪd] ® (*US*) *n* plaster *m*.
bandit ['bændɪt] *n* bandyta *m*.
bandstand ['bændstænd] *n* estrada *f*.
bandwagon ['bændwægən] *n*: **to jump on the bandwagon** (*fig*) przyłączać się (przyłączyć się *perf*) do większości.
bandy ['bændɪ] *vt* (*jokes, ideas*) wymieniać (wymienić *perf*); (*insults*) obrzucać się +*instr*.
▸**bandy about** *vt* szafować +*instr*.
bandy-legged ['bændɪ'lɛgɪd] *adj* krzywonogi.
bane [beɪn] *n*: **it/he is the bane of my life** to/on jest zmorą mojego życia.
bang [bæŋ] *n* (*of door*) trzaśnięcie *nt*, trzask *m*; (*of gun, exhaust*) huk *m*, wystrzał *m*; (*blow*) uderzenie *nt*, walnięcie *nt* ♦ *vt* (*door*) trzaskać (trzasnąć *perf*) +*instr*; (*one's head etc*) uderzać (uderzyć *perf*) +*instr*, walić (walnąć *perf*) +*instr* ♦ *vi* (*door*) trzaskać (trzasnąć *perf*); (*fireworks*) strzelać (strzelić *perf*) ♦ *adv*: **to be bang on time** (*BRIT*: *inf*) być co do minuty; **to bang at the door** walić w drzwi; **to bang into sth** wpaść (*perf*) na coś; **bang! bang! you're dead!** pif-paf! nie żyjesz!
banger ['bæŋə*] (*BRIT*: *inf*) *n* (*car*) gruchot *m*; (*sausage*) kiełbaska *f*; (*firework*) petarda *f*.
Bangkok [bæŋ'kɔk] *n* Bangkok *m*.
Bangladesh [bæŋglə'dɛʃ] *n* Bangladesz *m*.
bangle ['bæŋgl] *n* bransoletka *f*.
bangs [bæŋz] (*US*) *npl* grzywka *f*.
banish ['bænɪʃ] *vt* wygnać (*perf*), skazywać (skazać *perf*) na banicję *or* wygnanie.
banister(s) ['bænɪstə(z)] *n(pl)* poręcz *f*, balustrada *f*.
banjo ['bændʒəu] (*pl* **banjoes** *or* **banjos**) *n* bandżo *nt inv*, banjo *nt inv*.
bank [bæŋk] *n* bank *m*; (*of river, lake*) brzeg *m*; (*of earth*) skarpa *f*, nasyp *m*; (*of switches*) rząd *m* ♦ *vi* (*AVIAT*) przechylać się (przechylić się *perf*); (*COMM*): **they bank with Pitt's** mają konto w Pitt's.
▸**bank on** *vt fus* liczyć na +*acc*.
bank account *n* konto *nt* bankowe.
bank card *n* karta *f* bankowa.
bank charges (*BRIT*) *npl* koszty *pl* bankowe.
bank draft *n* przekaz *m* bankowy.

banker ['bæŋkə*] *n* bankier *m*.
banker's card (*BRIT*) *n* = **bank card**.
banker's order (*BRIT*) *n* polecenie *nt* wypłaty, przekaz *m* bankowy.
bank giro *n* rozliczenie *nt* bezgotówkowe, żyro *nt*.
bank holiday (*BRIT*) *n jeden z ustawowo ustalonych dni, w które nieczynne są banki i wiele innych instytucji*.
banking ['bæŋkɪŋ] *n* bankowość *f*.
banking hours *npl* godziny *pl* otwarcia banku.
bank loan *n* pożyczka *f* bankowa.
bank manager *n* dyrektor *m* banku.
banknote ['bæŋknəut] *n* banknot *m*.
bank rate *n* stopa *f* procentowa od pożyczki bankowej.
bankrupt ['bæŋkrʌpt] *adj* niewypłacalny ♦ *n* bankrut *m*; **to go bankrupt** bankrutować (zbankrutować *perf*); **to be bankrupt** być w stanie bankructwa, być bankrutem.
bankruptcy ['bæŋkrʌptsɪ] *n* (*COMM*) bankructwo *nt*, upadłość *f*; (*fig*) upadek *m*, ruina *f*.
bank statement *n* wyciąg *m* z konta.
banner ['bænə*] *n* (*for decoration, advertising*) transparent *m*; (*in demonstration*) sztandar *m*, transparent *m*.
banner headline *n* całostronicowy tytuł *m*.
bannister(s) ['bænɪstə(z)] *n(pl)* = **banister(s)**.
banns [bænz] *npl* zapowiedzi *pl*.
banquet ['bæŋkwɪt] *n* bankiet *m*.
bantamweight ['bæntəmweɪt] *n* waga *f* kogucia.
banter ['bæntə*] *n* żarty *pl*, przekomarzanie się *nt*.
BAOR *n abbr* (= *British Army of the Rhine*).
baptism ['bæptɪzəm] *n* chrzest *m*.
Baptist ['bæptɪst] *n* baptysta (-tka) *m(f)*.
baptize [bæp'taɪz] *vt* chrzcić (ochrzcić *perf*).
bar [bɑː*] *n* (*place for drinking*) bar *m*; (*counter*) kontuar *m*; (*of metal etc*) sztaba *f*; (*on window etc*) krata *f*; (*of soap*) kostka *f*; (*of chocolate*) tabliczka *f*; (*obstacle*) przeszkoda *f*; (*prohibition*) zakaz *m*; (*MUS*) takt *m* ♦ *vt* (*way, road*) zagradzać (zagrodzić *perf*); (*door, window*) barykadować (zabarykadować *perf*), ryglować (zaryglować *perf*); (*person*) odmawiać (odmówić *perf*) wstępu *+dat*; (*activity*) zabraniać (zabronić *perf*) *or* zakazywać (zakazać *perf*) *+gen*; **behind bars** za kratkami; **the Bar** (*JUR*) adwokatura; **bar none** bez wyjątku.
Barbados [bɑː'beɪdɔs] *n* Barbados *m*.
barbaric [bɑː'bærɪk] *adj* barbarzyński.
barbarous ['bɑːbərəs] *adj* barbarzyński.
barbecue ['bɑːbɪkjuː] *n* (*cooking device*) grill *m* (*ogrodowy*); (*meal, party*) przyjęcie *nt* z grillem.
barbed wire ['bɑːbd-] *n* drut *m* kolczasty.
barber ['bɑːbə*] *n* fryzjer *m* męski.
barbiturate [bɑː'bɪtjurɪt] *n* barbituran *m*.
Barcelona [bɑːsə'ləunə] *n* Barcelona *f*.
bar chart *n* wykres *m* słupkowy, histogram *m*.
bar code *n* (*on goods*) kod *m* kreskowy *or* paskowy.
bare [bɛə*] *adj* (*body, trees, countryside*) nagi; (*feet*) bosy; (*minimum*) absolutny; (*necessities*) podstawowy ♦ *vt* obnażać (obnażyć *perf*); **the bare essentials** najpotrzebniejsze rzeczy; **to bare one's soul** odsłaniać (odsłonić *perf*) duszę.
bareback ['bɛəbæk] *adv*: **to ride bareback** jechać na oklep.
barefaced ['bɛəfeɪst] *adj* bezczelny, bezwstydny.
barefoot ['bɛəfut] *adj* bosy ♦ *adv* boso, na bosaka.
bareheaded [bɛə'hɛdɪd] *adj* z gołą głową *post*, bez nakrycia głowy *post* ♦ *adv* z gołą głową, bez nakrycia głowy.
barely ['bɛəlɪ] *adv* ledwo, ledwie.
Barents Sea ['bærənts-] *n*: **the Barents Sea** Morze *nt* Barentsa.
bargain ['bɑːgɪn] *n* (*deal, agreement*) umowa *f*, transakcja *f*; (*good buy*) okazja *f* ♦ *vi*: **to bargain (with sb)** (*negotiate*) negocjować (z kimś); (*haggle*) targować się (z kimś); **to drive a hard bargain** twardo walczyć o swoje; **into the bargain** w dodatku, na dodatek.
►**bargain for** *vt fus*: **he got more than he bargained for** tego się nie spodziewał.
bargaining ['bɑːgənɪŋ] *n* negocjacje *pl*.
barge [bɑːdʒ] *n* barka *f*.
►**barge in** *vi* (*enter*) włazić (wleźć *perf*) (*inf*), pakować się (wpakować się *perf*) (*inf*); (*interrupt*) wtrącać się (wtrącić się *perf*).
►**barge into** *vt fus* (*room*) włazić (wleźć *perf*) do *+gen* (*inf*); (*person*) wpadać (wpaść *perf*) na *+acc*.
bargepole ['bɑːdʒpəul] *n*: **I wouldn't touch it with a bargepole** (*fig*) nie chcę mieć z tym nic wspólnego, brzydzę się tym.
baritone ['bærɪtəun] *n* baryton *m*.
barium meal ['bɛərɪəm-] *n* papka *f* barytowa (*podawana przy prześwietleniach przewodu pokarmowego*).
bark [bɑːk] *n* (*of tree*) kora *f*; (*of dog*) szczekanie *nt* ♦ *vi* szczekać (szczeknąć *perf or* zaszczekać *perf*); **she's barking up the wrong tree** (*fig*) w ten sposób nic nie wskóra.
barley ['bɑːlɪ] *n* jęczmień *m*.
barley sugar *n twardy cukierek z parzonego cukru*.
barmaid ['bɑːmeɪd] *n* barmanka *f*.
barman ['bɑːmən] (*irreg like*: **man**) *n* barman *m*.
barmy ['bɑːmɪ] (*BRIT*: *inf*) *adj* kopnięty (*inf*), stuknięty (*inf*).
barn [bɑːn] *n* stodoła *f*.
barnacle ['bɑːnəkl] *n* pąkla *f* (*gatunek skorupiaka wodnego*).
barometer [bə'rɔmɪtə*] *n* barometr *m*.
baron ['bærən] *n* (*nobleman*) baron *m*; (*businessman*) magnat *m*.
baroness ['bærənɪs] *n* baronowa *f*.
baronet ['bærənɪt] *n* baronet *m*.
barracks ['bærəks] *npl* koszary *pl*.

barrage ['bærɑ:ʒ] *n* (*MIL*) ogień *m* zaporowy; (*dam*) zapora *f*; (*fig*: *of criticism, questions*) fala *f*.
barrel ['bærəl] *n* (*of wine, beer*) beczka *f*, beczułka *f*; (*of oil*) baryłka *f*; (*of gun*) lufa *f*.
barrel organ *n* katarynka *f*.
barren ['bærən] *adj* jałowy.
barricade [bærɪ'keɪd] *n* barykada *f* ♦ *vt* barykadować (zabarykadować *perf*); **to barricade o.s. (in)** zabarykadować się *(perf)*.
barrier ['bærɪə*] *n* (*at frontier*) szlaban *m*, rogatka *f*; (*at entrance*) bramka *f*; (*BRIT*: *also*: **crash barrier**) barierka *f*; (*fig*: *to progress, communication etc*) bariera *f*, przeszkoda *f*.
barrier cream (*BRIT*) *n* krem *m* ochronny.
barring ['bɑ:rɪŋ] *prep* wyjąwszy *+acc*, o ile nie będzie *+gen*.
barrister ['bærɪstə*] (*BRIT*) *n* adwokat(ka) *m(f)*, obrońca (-nczyni) *m(f)*.
barrow ['bærəu] *n* (*wheelbarrow*) taczka *f*; (*for selling vegetables etc*) wózek *m*.
bar stool *n* stołek *m* barowy.
Bart. (*BRIT*) *abbr* (= *baronet*) *tytuł szlachecki*.
bartender ['bɑ:tɛndə*] (*US*) *n* barman *m*.
barter ['bɑ:tə*] *vt* wymieniać (wymienić *perf*), wymieniać się (wymienić się *perf*) *+instr* ♦ *n* wymiana *f* (towarowa).
base [beɪs] *n* (*of post, tree, system of ideas*) podstawa *f*; (*of cup, box*) spód *m*; (*of paint, make up*) podkład *m*; (*for military, individual, organization*) baza *f* ♦ *vt*: **to base sth on** opierać (oprzeć *perf*) coś na *+loc* ♦ *adj* (*mind, thoughts*) podły, nikczemny; **to be based at** bazować w *+loc or* na *+loc*; **I'm based in London** mam siedzibę w Londynie; **a Paris-based firm** firma z siedzibą w Paryżu; **coffee-based** na bazie kawy.
baseball ['beɪsbɔ:l] *n* baseball *m*.
baseboard ['beɪsbɔ:d] (*US*) *n* listwa *f* przypodłogowa.
base camp *n* baza *f*, główny obóz *m*.
Basel [bɑ:l] *n* = **Basle**.
basement ['beɪsmənt] *n* suterena *f*.
base rate (*FIN*) *n* stopa *f* bazowa oprocentowania kredytu.
bases[1] ['beɪsɪz] *npl of* **base**.
bases[2] ['beɪsi:z] *npl of* **basis**.
bash [bæʃ] (*inf*) *vt* walić (walnąć *perf*) (*inf*) ♦ *vi*: **to bash into/against** walnąć *(perf)* w *+acc* (*inf*) ♦ *n*: **I'll have a bash at it** (*BRIT*: *inf*) przymierzę się do tego.
▸**bash up** *vt* (*car etc*) obijać (poobijać *perf*).
bashful ['bæʃful] *adj* wstydliwy, nieśmiały.
bashing ['bæʃɪŋ] *n*: **Paki-/queer-bashing** (*inf*) nagonka *f* na Pakistańczyków/homoseksualistów.
BASIC ['beɪsɪk] (*COMPUT*) *n* (język) BASIC *m*.
basic ['beɪsɪk] *adj* (*problem*) zasadniczy, podstawowy; (*principles, wage, knowledge*) podstawowy; (*facilities*) prymitywny.
basically ['beɪsɪklɪ] *adv* (*fundamentally*) zasadniczo; (*in fact, put simply*) w zasadzie.
basic rate *n* (*of tax*) stopa *f* podstawowa; (*of pay*) stawka *f* zasadnicza.
basics ['beɪsɪks] *npl*: **the basics** podstawy *pl*.
basil ['bæzl] *n* bazylia *f*.
basin ['beɪsn] *n* (*vessel*) miednica *f*; (*BRIT*: *for food*) miska *f*; (: : *bigger*) misa *f*; (*also*: **wash basin**) umywalka *f*; (*of river*) dorzecze *nt*; (*of lake*) basen *m*.
basis ['beɪsɪs] (*pl* **bases**) *n* podstawa *f*; **on a part-time basis** na niecałym etacie; **on a voluntary basis** na zasadzie dobrowolności; **on the basis of what you've said** na podstawie tego, co powiedziałeś.
bask [bɑ:sk] *vi*: **to bask in the sun** wygrzewać się na słońcu.
basket ['bɑ:skɪt] *n* kosz *m*; (*smaller*) koszyk *m*.
basketball ['bɑ:skɪtbɔ:l] *n* koszykówka *f*.
basketball player *n* koszykarz (-arka) *m(f)*.
Basle [bɑ:l] *n* Bazylea *f*.
Basque [bæsk] *adj* baskijski ♦ *n* (*person*) Bask(ijka) *m(f)*; (*LING*) (język *m*) baskijski.
bass [beɪs] *n* (*singer*) bas *m*; (*part*) partia *f* basowa; (*also*: **bass guitar**) gitara *f* basowa; (*on radio etc*) niskie tony *pl*, basy *pl*.
bass clef *n* klucz *m* basowy.
bassoon [bə'su:n] *n* fagot *m*.
bastard ['bɑ:stəd] *n* (*offspring*) bękart *m*; (*inf!*) gnój *m* (*inf!*).
baste [beɪst] *vt* (*CULIN*) polewać (polać *perf*) tłuszczem; (*SEWING*) fastrygować (sfastrygować *perf*).
bastion ['bæstɪən] *n* (*fig*) bastion *m*.
bat [bæt] *n* (*ZOOL*) nietoperz *m*; (*for cricket, baseball*) kij *m*; (*BRIT*: *for table tennis*) rakieta *f*, rakietka *f* ♦ *vt*: **he didn't bat an eyelid** nawet nie mrugnął; **off one's own bat** z własnej woli *or* inicjatywy.
batch [bætʃ] *n* (*of bread*) wypiek *m*; (*of letters, papers*) plik *m*; (*of applicants*) grupa *f*; (*of work*) porcja *f*; (*of goods*) partia *f*.
batch processing (*COMPUT*) *n* przetwarzanie *nt* partiowe.
bated ['beɪtɪd] *adj*: **with bated breath** z zapartym tchem.
bath [bɑ:θ] *n* (*bathtub*) wanna *f*; (*act of bathing*) kąpiel *f* ♦ *vt* kąpać (wykąpać *perf*); **to have a bath** brać (wziąć *perf*) kąpiel, kąpać się (wykąpać się *perf*); *see also* **baths**.
bathe [beɪð] *vi* (*swim*) kąpać się (wykąpać się *perf*), pływać (popływać *perf*); (*US*: *have a bath*) brać (wziąć *perf*) kąpiel, kąpać się (wykąpać się *perf*) ♦ *vt* (*wound*) przemywać (przemyć *perf*); (*fig*: *in light, love etc*) skąpać *(perf)*.
bather ['beɪðə*] *n* kąpiący (-ca) się *m(f)*.
bathing ['beɪðɪŋ] *n* kąpiel *f*.
bathing cap *n* czepek *m* (kąpielowy).

bathing costume (*US* **bathing suit**) *n* kostium *m* kąpielowy.
bath mat *n* mata *f* łazienkowa.
bathrobe ['bɑ:θrəub] *n* szlafrok *m* kąpielowy.
bathroom ['bɑ:θrum] *n* łazienka *f*.
baths [bɑ:ðz] *npl* kryta pływalnia *f*, kryty basen *m*.
bath towel *n* ręcznik *m* kąpielowy.
bathtub ['bɑ:θtʌb] *n* wanna *f*.
batman ['bætmən] (*BRIT*: *MIL*) (*irreg like*: **man**) *n* ordynans *m*.
baton ['bætən] *n* (*MUS*) batuta *f*; (*ATHLETICS*) pałeczka *f* (sztafetowa); (*policeman's*) pałka *f*.
battalion [bə'tælɪən] *n* batalion *m*.
batten ['bætn] *n* (*CARPENTRY*) listwa *f*; (*NAUT*) listwa *f* żagla.
▸**batten down** *vt*: **to batten down the hatches** (*NAUT*) zamykać (zamknąć *perf*) luki.
batter ['bætə*] *vt* (*child, wife*) maltretować, bić; (*wind, rain*) targać *or* miotać *+instr* ♦ *n* (*CULIN*) panier *m*.
battered ['bætəd] *adj* (*hat, car*) sponiewierany; **battered wife** maltretowana żona.
battering ram ['bætərɪŋ-] *n* taran *m*.
battery ['bætərɪ] *n* (*for torch, radio etc*) bateria *f*; (*AUT*) akumulator *m*; (*of tests*) zestaw *m*, seria *f*; (*of cameras*) zespół *m*.
battery charger *n* prostownik *m* do ładowania akumulatorów.
battery farming *n* hodowla *f* fermowa.
battle ['bætl] *n* (*MIL*) bitwa *f*; (*fig*) wojna *f* ♦ *vi* walczyć; **that's half the battle** to połowa sukcesu; **we're fighting a losing battle** toczymy beznadziejną walkę; **it's a losing battle** to jest beznadziejna walka.
battledress ['bætldrɛs] *n* mundur *m* polowy.
battlefield ['bætlfi:ld] *n* pole *nt* bitwy *or* walki.
battlements ['bætlmənts] *npl* blanki *pl*.
battleship ['bætlʃɪp] *n* pancernik *m*.
bauble ['bɔ:bl] *n* błyskotka *f*, świecidełko *nt*.
baud [bɔ:d] (*COMPUT*) *n* bod *m*.
baud rate *n* szybkość *f* transmisji danych.
baulk [bɔ:lk] *vi* = **balk**.
bauxite ['bɔ:ksaɪt] *n* boksyt *m*.
Bavaria [bə'vɛərɪə] *n* Bawaria *f*.
Bavarian [bə'vɛərɪən] *adj* bawarski ♦ *n* Bawarczyk (-rka) *m(f)*.
bawdy ['bɔ:dɪ] *adj* rubaszny, sprośny.
bawl [bɔ:l] *vi* drzeć się (rozedrzeć się *perf*), ryczeć (ryknąć *perf*).
bay [beɪ] *n* zatoka *f*; (*BRIT*: *for parking*) zatoczka *f*; (: *for loading*) podjazd *m*; (*horse*) gniadosz *m*; **to hold sb at bay** trzymać kogoś na dystans.
bay leaf *n* liść *m or* listek *m* bobkowy *or* laurowy.
bayonet ['beɪənɪt] *n* bagnet *m*.
bay tree *n* wawrzyn *m*, laur *m*.
bay window *n* okno *nt* wykuszowe.
bazaar [bə'zɑ:*] *n* (*market*) bazar *m*, jarmark *m*; (*fete*) kiermasz *m* dobroczynny.
bazooka [bə'zu:kə] *n* pancerzownica *f*.
BB (*BRIT*) *n abbr* (= *Boys' Brigade*) *organizacja chłopięca*.
B & B *n abbr* = **bed and breakfast**.
BBB (*US*) *n abbr* (= *Better Business Bureau*) *biuro broniące praw konsumentów*.
BBC *n abbr* (= *British Broadcasting Corporation*) BBC *nt inv*.
BC *adv abbr* (= *before Christ*) p.n.e. ♦ *abbr* (*CANADA*: = *British Columbia*).
BCG *n abbr* (= *Bacillus Calmette-Guérin*) BCG *nt inv*.
BD *n abbr* (= *Bachelor of Divinity*) *stopień naukowy*.
B/D *abbr* = **bank draft**.
BDS *n abbr* (= *Bachelor of Dental Surgery*) *stopień naukowy*.

KEYWORD

be [bi:] (*pt* **was, were**, *pp* **been**) *aux vb* **1** (*in continuous tenses*): **what are you doing?** co robisz?; **it is raining** pada (deszcz); **they're coming tomorrow** przyjeżdżają jutro; **I've been waiting for hours** czekam od dobrych paru godzin. **2** (*forming passives*) być, zostać (*perf*); **she was admired** była podziwiana; **he was killed** został zabity; **the thief was nowhere to be seen** złodzieja nigdzie nie było widać. **3** (*in tag questions*) prawda; **he's good-looking, isn't he?** jest przystojny, prawda?; **she's back again, is she?** a więc znów jest z powrotem? **4** (*+to +infin*): **the house is to be sold** dom ma zostać sprzedany; **you are to report to the boss** masz się zgłosić do szefa; **he's not to open it** on ma tego nie otwierać ♦ *vb +complement* **1** być; **I'm English** jestem Anglikiem; **I am hot/cold** jest mi gorąco/zimno; **2 and 2 are 4** 2 i 2 jest 4; **be careful** bądź ostrożny. **2** (*of health*) czuć się; **how are you?** jak się czujesz?; **he's very ill** jest bardzo chory. **3** (*of age*): **how old are you?** ile masz lat?; **I'm sixteen (years old)** mam szesnaście lat. **4** (*cost*) kosztować; **how much was the dinner?** ile kosztował obiad?; **that'll be 5 pounds please** to będzie (razem) 5 funtów ♦ *vi* **1** (*exist, occur etc*) istnieć; **is there a God?** czy istnieje Bóg?; **so be it** niech tak będzie; **be that as it may** tak czy owak. **2** (*referring to place*) być; **I won't be here tomorrow** jutro mnie tu nie będzie; **where have you been?** gdzie byłeś? ♦ *impers vb* **1** (*referring to time, distance, weather*) być; **it's five o'clock** jest (godzina) piąta; **it's the 28th of April** jest 28 kwietnia; **it's 10 km to the village** do wsi jest 10 km; **it's too hot/cold** jest za gorąco/zimno. **2** (*emphatic*): **it's only me** to tylko ja; **it was Maria who paid the bill** to Maria uregulowała rachunek.

B/E *abbr* = **bill of exchange**.

beach [bi:tʃ] *n* plaża *f* ♦ *vt* (*boat*) wyciągać (wyciągnąć *perf*) na brzeg.

beach buggy *n mały pojazd z silnikiem o dużej mocy i wielkimi oponami umożliwiającymi jazdę po wydmach.*

beachcomber ['bi:tʃkəumə*] *n włóczęga zbierający wyrzucone przez fale przedmioty i utrzymujący się z ich sprzedaży.*

beachwear ['bi:tʃwεə*] *n* stroje *pl* plażowe.

beacon ['bi:kən] *n* (*signal light*) znak *m* nawigacyjny; (*marker*) stawa *f*, pława *f*; (*radio beacon*) radiolatarnia *f*.

bead [bi:d] *n* (*glass, plastic etc*) paciorek *m*, koralik *m*; (*of sweat*) kropla *f*; **beads** *npl* korale *pl*.

beady ['bi:dɪ] *adj*: **beady eyes** oczy jak paciorki.

beagle ['bi:gl] *n niewielki pies gończy.*

beak [bi:k] *n* dziób *m*.

beaker ['bi:kə*] *n* kubek *m* (*zwykle bez ucha i rozszerzający się ku górze*).

beam [bi:m] *n* (*ARCHIT*) belka *f*, dźwigar *m*; (*of light*) snop *m*; (*RADIO, PHYS*) wiązka *f* ♦ *vi* rozpromieniać się (rozpromienić się *perf*) ♦ *vt* (*signal*) przesyłać (przesłać *perf*), nadawać (nadać *perf*); **to drive on full** *or* **main** *or (US)* **high beam** jechać z włączonymi światłami drogowymi.

beaming ['bi:mɪŋ] *adj* (*sun*) jasny; (*smile*) promienny.

bean [bi:n] *n* fasola *f*, fasolka *f*; **runner bean** fasol(k)a szparagowa; **broad bean** bób; **coffee bean** ziarn(k)o kawy.

beansprouts ['bi:nsprauts] *npl* kiełki *pl* (*fasoli, soi itp*).

bear[1] [bεə*] *n* niedźwiedź *m*; (*STOCK EXCHANGE*) gracz *m* na zniżkę; **a bear market** okres intensywnej wyprzedaży akcji.

bear[2] [bεə*] (*pt* **bore**, *pp* **borne**) *vt* (*carry*) nieść, nosić; (*support*) podtrzymywać (podtrzymać *perf*); (*responsibility, cost*) ponosić (ponieść *perf*); (*tolerate, endure*) znosić (znieść *perf*); (*examination, scrutiny*) wytrzymywać (wytrzymać *perf*); (*traces, signs*) nosić; (*COMM: interest, dividend*) przynosić (przynieść *perf*); (*children, fruit*) rodzić (urodzić *perf*) ♦ *vi*: **to bear right/left** (*AUT*) trzymać się prawej/lewej strony; **to bear no relation to** nie mieć żadnego związku z *+instr*; **I can't bear him** nie mogę go znieść, nie znoszę go; **to bring pressure to bear on sb** wywierać (wywrzeć *perf*) na kogoś presję.

►**bear out** *vt* (*claims, suspicions etc*) potwierdzać (potwierdzić *perf*); (*person*) popierać (poprzeć *perf*).

►**bear up** *vi* nie upadać na duchu, trzymać się; **he bore up well** trzymał się dzielnie.

►**bear with** *vt fus* (*sb's decision, plan*) trwać (wytrwać *perf*) przy *+loc*; **bear with me a minute** posłuchaj mnie przez chwilę.

bearable ['bεərəbl] *adj* znośny.

beard [bɪəd] *n* broda *f*, zarost *m*.

bearded ['bɪədɪd] *adj* brodaty, z brodą *post*.

bearer ['bεərə*] *n* (*of letter, news*) doręczyciel(ka) *m(f)*; (*of cheque, passport, title*) posiadacz(ka) *m(f)*, właściciel(ka) *m(f)*.

bearing ['bεərɪŋ] *n* (*posture*) postawa *f*, postura *f*; (*connection*) związek *m*, powiązanie *nt*; (*TECH*) łożysko *nt*, ułożyskowanie *nt*; **bearings** *npl* łożysko *nt*; **to take a bearing** wziąć *(perf)* namiar; **to get one's bearings** ustalić *(perf)* swoje położenie *or* swoją pozycję; (*fig*) zorientować się *(perf)*, nabrać *(perf)* orientacji.

beast [bi:st] *n* (*animal*) zwierzę *nt*, zwierz *m*; (*inf: person*) bestia *f*, potwór *m*.

beastly ['bi:stlɪ] *adj* (*weather, trick etc*) paskudny; (*child*) nieznośny.

beat [bi:t] (*pt* **beat**, *pp* **beaten**) *n* (*of heart*) bicie *nt*; (*MUS*) rytm *m*; (*of policeman*) obchód *m* ♦ *vt* (*wife, child*) bić (zbić *perf*); (*eggs, cream*) ubijać (ubić *perf*); (*opponent*) pokonywać (pokonać *perf*); (*record*) bić (pobić *perf*) ♦ *vi* (*heart, wind*) bić, uderzać (uderzyć *perf*); (*drum, rain*) bębnić (zabębnić *perf*); **to beat time** wybijać rytm; **beat it!** (*inf*) spływaj! (*inf*), zmiataj! (*inf*); **that beats everything** to przechodzi ludzkie pojęcie; **to beat about the bush** owijać w bawełnę; **off the beaten track** z dala od cywilizacji.

►**beat down** *vt* (*door*) wyważać (wyważyć *perf*); (*seller*) stargować *(perf)* ofertę *+gen* ♦ *vi* (*rain*) lać; (*sun*) prażyć.

►**beat off** *vt* bronić się (obronić się *perf*) przed *+instr*.

►**beat up** *vt* pobić *(perf)*.

beater ['bi:tə*] *n* trzepaczka *f*.

beating ['bi:tɪŋ] *n* lanie *nt*; **to take a beating** (*fig*) doznawać (doznać *perf*) porażki *or* klęski, dostawać (dostać *perf*) lanie (*inf*); **she will take some beating** niełatwo będzie ją pokonać.

beat-up ['bi:t'ʌp] (*inf*) *adj* (*car etc*) poobijany.

beautician [bju:'tɪʃən] *n* kosmetyczka *f*.

beautiful ['bju:tɪful] *adj* piękny.

beautifully ['bju:tɪflɪ] *adv* (*play, sing, etc*) pięknie; (*quiet, empty etc*) doskonale.

beautify ['bju:tɪfaɪ] *vt* upiększać (upiększyć *perf*).

beauty ['bju:tɪ] *n* (*quality*) piękno *nt*, uroda *f*; (*woman*) piękność *f*; (*object*) cudo *nt*; (*fig*) urok *m*; **the beauty of it is that ...** urok tego tkwi w tym, że ... .

beauty contest *n* konkurs *m* piękności.

beauty queen *n* miss *f inv* (*zwyciężczyni konkursu piękności*).

beauty salon *n* salon *m* kosmetyczny *or* piękności.

beauty spot (*BRIT*) *n* atrakcja *f* krajobrazowa.

beaver ['bi:və*] *n* bóbr *m*.

becalmed [bɪ'kɑ:md] *adj* (*ship*) unieruchomiony (*z powodu braku wiatru*).
became [bɪ'keɪm] *pt of* **become**.
because [bɪ'kɔz] *conj* ponieważ, dlatego, że; **because of** z powodu *+gen*.
beck [bɛk] *n*: **to be at sb's beck and call** być na czyjeś zawołanie.
beckon ['bɛkən] *vt* (*also*: **beckon to**) kiwać (kiwnąć *perf*) do *+gen*, skinąć (*perf*) na *+acc* ♦ *vi* (*fame, glory*) kusić.
become [bɪ'kʌm] (*irreg like*: **come**) *vi* (*+noun*) zostawać (zostać *perf*) *or* stawać się (stać się *perf*) *+instr*; (*+adj*) stawać się (stać się *perf*) *+nom*; **to become fat** tyć (utyć *perf*); **to become thin** chudnąć (schudnąć *perf*); **to become angry** złościć się (rozzłościć się *perf*); **it became known that** stało się wiadome, że; **what has become of him?** co się z nim stało?
becoming [bɪ'kʌmɪŋ] *adj* (*behaviour*) stosowny, właściwy; (*clothes, colour*) twarzowy.
BECTU ['bɛktu] (*BRIT*) *n abbr* (= *Broadcasting Entertainment Cinematographic and Theatre Union*).
BEd *n abbr* (= *Bachelor of Education*) *stopień naukowy*.
bed [bɛd] *n* (*furniture*) łóżko *nt*; (*of coal etc*) pokład *m*, złoże *nt*; (*of river, sea*) dno *nt*; (*of flowers*) klomb *m*, grządka *f*; **to go to bed** iść (pójść *perf*) do łóżka, iść (pójść *perf*) spać.
▸**bed down** *vi* przespać się (*perf*).
bed and breakfast *n* (*place*) ≈ pensjonat *m*; (*terms*) pokój *m* ze śniadaniem.
bedbug ['bɛdbʌg] *n* pluskwa *f*.
bedclothes ['bɛdkləuðz] *npl* pościel *f*.
bedding ['bɛdɪŋ] *n* posłanie *nt*, pościel *f*.
bedevil [bɪ'dɛvl] *vt* (*person*) prześladować; (*plans*) krzyżować (pokrzyżować *perf*).
bedfellow ['bɛdfɛləu] *n*: **they are strange bedfellows** (*fig*) dziwna z nich para.
bedlam ['bɛdləm] *n* bałagan *m*, harmider *m*.
bedpan ['bɛdpæn] *n* basen *m* (*dla chorego*).
bedpost ['bɛdpəust] *n* słupek *m* łóżka z baldachimem.
bedraggled [bɪ'drægld] *adj* (*person*) przemoczony; (*clothes, hair*) w nieładzie *post* (*np. po deszczu*).
bedridden ['bɛdrɪdn] *adj* przykuty do łóżka, obłożnie chory.
bedrock ['bɛdrɔk] *n* (*fig*) podstawa *f*, opoka *f*; (*GEOL*) skała *f* macierzysta.
bedroom ['bɛdrum] *n* sypialnia *f*.
Beds [bɛdz] (*BRIT*: *POST*) *abbr* (= *Bedfordshire*).
bedside ['bɛdsaɪd] *n*: **at sb's bedside** u czyjegoś łoża; **a bedside lamp** lampka nocna.
bedsit(ter) ['bɛdsɪt(ə*)] (*BRIT*) *n* ≈ kawalerka *f*.
bedspread ['bɛdsprɛd] *n* narzuta *f*, kapa *f*.
bedtime ['bɛdtaɪm] *n*: **it's bedtime** pora spać; **at bedtime** przed zaśnięciem; **it's long past her bedtime** już od dawna powinna spać.
bee [bi:] *n* pszczoła *f*; **to have a bee in one's bonnet (about sth)** mieć bzika (na punkcie czegoś).
beech [bi:tʃ] *n* buk *m*.
beef [bi:f] *n* wołowina *f*; **roast beef** pieczeń wołowa.
▸**beef up** *vt* (*inf*: *essay, programme*) uatrakcyjniać (uatrakcyjnić *perf*).
beefburger ['bi:fbə:gə*] *n* hamburger *m* z wołowiny.
Beefeater ['bi:fi:tə*] *n strażnik londyńskiej Tower w stroju historycznym*.
beehive ['bi:haɪv] *n* ul *m*.
beeline ['bi:laɪn] *n*: **to make a beeline for** ruszyć (*perf*) prosto do *+gen*.
been [bi:n] *pp of* **be**.
beer [bɪə*] *n* piwo *nt*.
beer can *n* puszka *f* po piwie.
beet [bi:t] *n* burak *m* (pastewny); (*US*: *also*: **red beet**) burak *m* (ćwikłowy).
beetle ['bi:tl] *n* żuk *m*, chrząszcz *m*.
beetroot ['bi:tru:t] (*BRIT*) *n* burak *m* (ćwikłowy).
befall [bɪ'fɔ:l] (*irreg like*: **fall**) *vt* przytrafiać się (przytrafić się *perf*) *+dat*, spotykać (spotkać *perf*).
befit [bɪ'fɪt] *vt* wypadać *+dat*; **as befits a four-star hotel** jak przystało na czterogwiazdkowy hotel.
before [bɪ'fɔ:*] *prep* (*of time*) przed *+instr*; (*of space*) przed *+instr*, naprzeciwko *+gen* ♦ *conj* zanim ♦ *adv* (*time*) (już) kiedyś, poprzednio; **before going** przed wyjściem; **before she goes** zanim wyjdzie; **the week before** tydzień wcześniej, w poprzednim tygodniu; **I've never seen it before** nigdy wcześniej tego nie widziałem.
beforehand [bɪ'fɔ:hænd] *adv* wcześniej, z wyprzedzeniem.
befriend [bɪ'frɛnd] *vt* okazywać (okazać *perf*) życzliwość *+dat*, przychodzić (przyjść *perf*) z pomocą *+dat*.
befuddled [bɪ'fʌdld] *adj* zamroczony.
beg [bɛg] *vi* żebrać ♦ *vt* (*also*: **beg for**: *food, money*) żebrać o *+acc*; (: *favour*) prosić o *+acc*; (: *mercy etc*) błagać o *+acc*; **to beg sb to do sth** błagać kogoś, żeby coś zrobił; **I beg your pardon** (*apologizing*) przepraszam; (*not hearing*) słucham?; **to beg the question** opierać się na nie dowiedzionych przesłankach.
began [bɪ'gæn] *pt of* **begin**.
beggar ['bɛgə*] *n* żebrak (-aczka) *m(f)*.
begin [bɪ'gɪn] (*pt* **began**, *pp* **begun**) *vt* zaczynać (zacząć *perf*), rozpoczynać (rozpocząć *perf*) ♦ *vi* zaczynać się (zacząć się *perf*), rozpoczynać się (rozpocząć się *perf*); **to begin doing** *or* **to do sth** zaczynać (zacząć *perf*) coś robić; **beginning (from) Monday** od poniedziałku; **I can't begin to thank you** nie wiem, jak mam ci dziękować; **we'll have soup to begin with** na początek

będzie zupa; **to begin with, I'd like to know ...** po pierwsze, chciałbym wiedzieć... .

beginner [bɪ'gɪnə*] *n* początkujący (-ca) *m(f)*, nowicjusz(ka) *m(f)*.

beginning [bɪ'gɪnɪŋ] *n* początek *m*; **right from the beginning** od samego początku.

begrudge [bɪ'grʌdʒ] *vt*: **to begrudge sb sth** żałować (pożałować *perf*) komuś czegoś, zazdrościć (pozazdrościć *perf*) komuś czegoś.

beguile [bɪ'gaɪl] *vt* mamić (omamić *perf*).

beguiling [bɪ'gaɪlɪŋ] *adj* (*voice, sight*) czarujący; (*prospect, promise*) złudny.

begun [bɪ'gʌn] *pp of* **begin**.

behalf [bɪ'hɑ:f] *n*: **on behalf of,** *(US)* **in behalf of** (*as representative of*) w imieniu *+gen*; (*for benefit of*) na rzecz *+gen*; **on my/his behalf** w swoim/jego imieniu.

behave [bɪ'heɪv] *vi* (*person*) zachowywać się (zachować się *perf*), postępować (postąpić *perf*); (*object*) zachowywać się (zachować się *perf*); (*also*: **behave o.s.**) być grzecznym, zachowywać się (*poprawnie*); **behave yourself!** zachowuj się!

behaviour [bɪ'heɪvjə*] (*US* **behavior**) *n* zachowanie *nt*, postępowanie *nt*.

behead [bɪ'hɛd] *vt* ścinać (ściąć *perf*) głowę *+dat*.

beheld [bɪ'hɛld] *pt, pp of* **behold**.

behind [bɪ'haɪnd] *prep* (*at the back of*) za *+instr*, z tyłu *+gen*; (*supporting*) za *+instr*, po stronie *+gen*; (*lower in rank etc*) za *+instr* ♦ *adv* z tyłu, w tyle ♦ *n* pupa *f* (*inf*), tyłek *m* (*inf*); **to be behind** być spóźnionym; **behind the scenes** (*fig*) za kulisami; **she asked me to stay behind** poprosiła, żebym został; **to leave sth behind** zapominać (zapomnieć *perf*) czegoś, zostawiać (zostawić *perf*) coś; **we're behind them in technology** jesteśmy za nimi w tyle, jeśli idzie o technikę.

behold [bɪ'həuld] (*irreg like*: **hold**) (*old*) *vt* ujrzeć *(perf)*.

beige [beɪʒ] *adj* beżowy.

Beijing ['beɪ'dʒɪŋ] *n* Pekin *m*.

being ['bi:ɪŋ] *n* (*creature*) istota *f*, stworzenie *nt*; (*existence*) istnienie *nt*, byt *m*; **to come into being** powstawać (powstać *perf*), zaistnieć *(perf)*.

Beirut [beɪ'ru:t] *n* Bejrut *m*.

belated [bɪ'leɪtɪd] *adj* (*thanks etc*) spóźniony.

belch [bɛltʃ] *vi*: **he belched** odbiło mu się ♦ *vt* (*also*: **belch out**: *smoke etc*) buchać (buchnąć *perf*) *+instr*.

beleaguered [bɪ'li:gɪd] *adj* (*city*) oblężony; (*army*) otoczony; (*fig*) zapracowany.

Belfast ['bɛlfɑ:st] *n* Belfast *m*.

belfry ['bɛlfrɪ] *n* dzwonnica *f*.

Belgian ['bɛldʒən] *adj* belgijski ♦ *n* Belg(ijka) *m(f)*.

Belgium ['bɛldʒəm] *n* Belgia *f*.

Belgrade [bɛl'greɪd] *n* Belgrad *m*.

belie [bɪ'laɪ] *vt* (*disprove*) przeczyć *+dat*, zadawać (zadać *perf*) kłam *+dat*; (*give false impression of*) maskować.

belief [bɪ'li:f] *n* (*opinion*) przekonanie *nt*; (*trust, faith*) wiara *f*; (*religious*) wiara *f*, wierzenie *nt*; (*acceptance as true*) przekonanie *nt*, przeświadczenie *nt*; **beyond belief** nie do wiary; **in the belief that ...** w nadziei, że ... .

believable [bɪ'li:vəbl] *adj* wiarygodny.

believe [bɪ'li:v] *vt* (*person*) wierzyć (uwierzyć *perf*) *+dat*; (*story*) wierzyć (uwierzyć *perf*) w *+acc* ♦ *vi* wierzyć (uwierzyć *perf*); **to believe that...** uważać *or* wierzyć, że...; **to believe in** wierzyć (uwierzyć *perf*) w *+acc*; **I don't believe in corporal punishment** nie jestem zwolennikiem kar cielesnych; **he is believed to be abroad** uważa się, że jest za granicą.

believer [bɪ'li:və*] *n* (*in idea*) zwolennik (-iczka) *m(f)*; (*REL*) wyznawca (-wczyni) *m(f)*, wierzący (-ca) *m(f)*; **she's a great believer in healthy eating** ona jest gorącą zwolenniczką zdrowego odżywiania się.

belittle [bɪ'lɪtl] *vt* umniejszać (umniejszyć *perf*).

Belize [bɛ'li:z] *n* Belize *nt inv*.

bell [bɛl] *n* (*of church*) dzwon *m*; (*small, electric*) dzwonek *m*; **that rings a bell** (*fig*) to mi coś przypomina.

bell-bottoms ['bɛlbɔtəmz] *npl* dzwony *pl* (*spodnie*).

bellboy ['bɛlbɔɪ] (*BRIT*) *n* goniec *m* hotelowy.

bellhop ['bɛlhɔp] (*US*) *n* = **bellboy**.

belligerence [bɪ'lɪdʒərəns] *n* wojowniczość *f*.

belligerent [bɪ'lɪdʒərənt] *adj* wojowniczy.

bellow ['bɛləu] *vi* (*bull*) ryczeć (ryknąć *perf or* zaryczeć *perf*); (*person*) grzmieć (zagrzmieć *perf*) ♦ *vt* (*orders*) wykrzykiwać (wykrzyczeć *perf*).

bellows ['bɛləuz] *npl* miech *m*, miechy *pl*.

bell push (*BRIT*) *n* przycisk *m* dzwonka.

belly ['bɛlɪ] *n* brzuch *m*.

bellyache ['bɛlɪeɪk] (*inf*) *n* ból *m* brzucha ♦ *vi* narzekać, stękać (*inf*).

belly button *n* pępek *m*.

belong [bɪ'lɔŋ] *vi*: **to belong to** należeć do *+gen*; **this book belongs here** miejsce tej książki jest tutaj.

belongings [bɪ'lɔŋɪŋz] *npl* rzeczy *pl*, dobytek *m*.

beloved [bɪ'lʌvɪd] *adj* ukochany ♦ *n* (*old*) ukochany (-na) *m(f)*.

below [bɪ'ləu] *prep* (*beneath*) pod *+instr*, poniżej *+gen*; (*less than*) poniżej *+gen* ♦ *adv* pod spodem, poniżej; **see below** (*in letter etc*) patrz poniżej; **temperatures below normal** temperatury poniżej normy.

belt [bɛlt] *n* (*clothing*) pasek *m*; (*of land, sea, air*) pas *m*, strefa *f*; (*TECH*) pas *m*, pasek *m* ♦ *vt* (*inf*) lać (zlać *perf*) (pasem) (*inf*) ♦ *vi* (*BRIT*: *inf*) pędzić, pruć (*inf*); **industrial belt** okręg przemysłowy.

►**belt out** *vt* (*inf*) wyśpiewywać (*na cały głos*).

►**belt up** (*BRIT*: *inf*) *vi* zamknąć się *(perf)* (*inf*), przymknąć się *(perf)* (*inf*).

beltway ['bɛltweɪ] (*US*: *AUT*) *n* obwodnica *f*.

bemoan [bɪ'məun] *vt* opłakiwać, żałować *+gen*.

bemused [bɪ'mju:zd] *adj* zdezorientowany.

bench [bɛntʃ] *n* (*seat*) ławka *f*, ława *f*; (*work bench*) warsztat *m*, stół *m* roboczy; (*BRIT*) ława *f* (*w parlamencie*); **the Bench** sąd.

benchmark ['bɛntʃmɑ:k] *n* (*fig*) miara *f*, kryterium *nt*.

bend [bɛnd] (*pt, pp* **bent**) *vt* (*leg*) zginać (zgiąć *perf*); (*pipe*) giąć, wyginać (wygiąć *perf*) ♦ *vi* (*person*) zginać się (zgiąć się *perf*), schylać się (schylić się *perf*); (*pipe*) zginać się (zgiąć się *perf*) ♦ *n* (*BRIT*: *in road, river*) zakręt *m*; (*in pipe*) wygięcie *nt*; **bends** *npl*: **the bends** choroba *f* kesonowa.

►**bend down** *vi* schylać się (schylić się *perf*).

►**bend over** *vi* nachylać się (nachylić się *perf*), pochylać się (pochylić się *perf*).

beneath [bɪ'ni:θ] *prep* (*in position*) pod *+instr*, poniżej *+gen*; (*in status*) poniżej *+gen* ♦ *adv* poniżej, pod spodem.

benefactor ['bɛnɪfæktə*] *n* dobroczyńca *m*, ofiarodawca *m*.

benefactress ['bɛnɪfæktrɪs] *n* ofiarodawczyni *f*.

beneficial [bɛnɪ'fɪʃəl] *adj* zbawienny, dobroczynny; **beneficial (to)** korzystny (dla *+gen*).

beneficiary [bɛnɪ'fɪʃərɪ] (*JUR*) *n* beneficjent *m*.

benefit ['bɛnɪfɪt] *n* (*advantage*) korzyść *f*, pożytek *m*; (*money*) zasiłek *m*; (*also*: **benefit concert/match**) impreza *f* na cele dobroczynne ♦ *vt* przynosić (przynieść *perf*) korzyść *or* pożytek *+dat* ♦ *vi*: **he'll benefit from it** skorzysta na tym.

Benelux ['bɛnɪlʌks] *n* Beneluks *m*, kraje *pl* Beneluksu.

benevolent [bɪ'nɛvələnt] *adj* (*person*) życzliwy; (*organization*) dobroczynny.

BEng *n abbr* (= *Bachelor of Engineering*) *stopień naukowy*.

benign [bɪ'naɪn] *adj* (*person, smile*) dobroduszny, dobrotliwy; (*MED*) łagodny, niezłośliwy.

bent [bɛnt] *pt, pp of* **bend** ♦ *n* zacięcie *nt*, żyłka *f* ♦ *adj* (*wire, pipe*) zgięty, wygięty; (*inf*: *dishonest*) przekupny, skorumpowany; (: *pej*: *homosexual*) pedałowaty (*pej, inf*); **to be bent on** być zdecydowanym na *+acc*.

bequeath [bɪ'kwi:ð] *vt* zapisywać (zapisać *perf*) *+dat*, zostawiać (zostawić *perf*) w spadku *+dat*.

bequest [bɪ'kwɛst] *n*: **bequest (to)** zapis *m* (na rzecz *+gen*).

bereaved [bɪ'ri:vd] *n*: **the bereaved** pogrążeni *pl* w smutku *or* żałobie ♦ *adj* osamotniony, osierocony.

bereavement [bɪ'ri:vmənt] *n* strata *f* bliskiej osoby, żałoba *f*.

bereft [bɪ'rɛft] (*fml*) *adj*: **bereft of** pozbawiony *+gen*.

beret ['bɛreɪ] *n* beret *m*.

Bering Sea ['beɪrɪŋ-] *n*: **the Bering Sea** Morze *nt* Beringa.

Berks [bɑ:ks] (*BRIT*: *POST*) *abbr* (= *Berkshire*).

Berlin [bə:'lɪn] *n* Berlin *m*; **East/West Berlin** Berlin Wschodni/Zachodni.

berm [bə:m] (*US*) *n* wał *m* ziemny (*na poboczu drogi*).

Bermuda [bə:'mju:də] *n* Bermudy *pl*.

Bermuda shorts *npl* bermudy *pl*.

Bern [bə:n] *n* Berno *nt*.

berry ['bɛrɪ] *n* jagoda *f*.

berserk [bə'sə:k] *adj*: **to go berserk** wpadać (wpaść *perf*) w szał.

berth [bə:θ] *n* (*on boat*) koja *f*; (*on train*) miejsce *nt* leżące; (*NAUT*) miejsce *nt* postoju statku ♦ *vi* dobijać (dobić *perf*) do nabrzeża; **to give sb a wide berth** (*fig*) omijać kogoś szerokim łukiem.

beseech [bɪ'si:tʃ] (*pt, pp* **besought**) *vt* błagać.

beset [bɪ'sɛt] (*pt, pp* **beset**) *vt* dręczyć, prześladować; **beset with dangers/difficulties** najeżony niebezpieczeństwami/trudnościami.

beside [bɪ'saɪd] *prep* (*next to*) obok *+gen*; (*compared with*) oprócz *+gen*, poza *+instr*; **to be beside o.s. (with rage)** nie posiadać się ze złości; **that's beside the point** to nie ma nic do rzeczy.

besides [bɪ'saɪdz] *adv* poza tym, oprócz tego ♦ *prep* poza *+instr*, oprócz *+gen*.

besiege [bɪ'si:dʒ] *vt* oblegać (oblec *perf*); (*fig*) nagabywać; (: *with offers, requests*) zasypywać (zasypać *perf*).

besmirch [bɪ'smə:tʃ] *vt* (*person*) oczerniać (oczernić *perf*); (*reputation*) szargać (zszargać *perf*).

besotted [bɪ'sɔtɪd] (*BRIT*) *adj*: **besotted with** (*person*) ogłupiały na punkcie *+gen*; (*love, power*) zaślepiony *+instr*.

besought [bɪ'sɔ:t] *pt, pp of* **beseech**.

bespectacled [bɪ'spɛktɪkld] *adj* w okularach *post*.

bespoke [bɪ'spəuk] (*BRIT*) *adj* (*garment*) szyty na miarę; (*tailor*) szyjący na miarę.

best [bɛst] *adj* najlepszy ♦ *adv* najlepiej; **the best thing to do is ...** najlepiej *+infin*; **the best part of** większa część *+gen*; **at best** w najlepszym razie, co najwyżej; **to make the best of** robić (zrobić *perf*) jak najlepszy użytek z *+gen*; **to do one's best** dawać (dać *perf*) z siebie wszystko; **to the best of my knowledge** o ile mi wiadomo; **to the best of my ability** najlepiej jak potrafię; **he's not exactly patient at the best of times** nigdy nie odznaczał się zbytnią cierpliwością.

bestial ['bɛstɪəl] *adj* bestialski.

best man *n* drużba *m*.

bestow [bɪ'stəu] *vt*: **to bestow sth on sb** (*honour, title*) nadawać (nadać *perf*) coś komuś; (*affection, praise*) obdarzać (obdarzyć *perf*) czymś kogoś.

bestseller ['bɛst'sɛlə*] *n* bestseller *m*.
bet [bɛt] (*pt, pp* **bet** *or* **betted**) *n* zakład *m* ♦ *vt* (*wager*): **to bet sb sth** zakładać się (założyć się *perf*) z kimś o coś; (*expect, guess*): **to bet that ...** zakładać się (założyć się *perf*), że ... ♦ *vi*: **to bet on** obstawiać (obstawić *perf*) *+acc*; **I wouldn't bet on it** nie liczyłbym na to; **it's a safe bet that ...** jest pewne jak w banku, że ... .
Bethlehem ['bɛθlɪhɛm] *n* Betlejem *nt*.
betray [bɪ'treɪ] *vt* (*person, country, emotion*) zdradzać (zdradzić *perf*); (*trust*) zawodzić (zawieść *perf*).
betrayal [bɪ'treɪəl] *n* zdrada *f*.
better ['bɛtə*] *adj* lepszy ♦ *adv* lepiej ♦ *vt* poprawiać (poprawić *perf*) ♦ *n*: **to get the better of** brać (wziąć *perf*) górę nad *+instr*; **a change for the better** zmiana na lepsze; **I had better go** lepiej już (sobie) pójdę; **I'm much better now** czuję się teraz znacznie lepiej; **you had better do it** lepiej zrób to; **he thought better of it** rozmyślił się; **to get better** (*MED*) zdrowieć (wyzdrowieć *perf*); **that's better!** teraz lepiej!
better off *adj* zamożniejszy; **you can pay the money back when you are better off** możesz zwrócić pieniądze, gdy będziesz w lepszej sytuacji finansowej; **she'll be better off in hospital/without him** lepiej jej będzie w szpitalu/bez niego.
betting ['bɛtɪŋ] *n* (*gambling*) zakłady *pl*; (*odds*) prawdopodobieństwo *nt*.
betting shop (*BRIT*) *n* ajencja *f* bukmacherska.
between [bɪ'twi:n] *prep* między *+instr*, pomiędzy *+instr* ♦ *adv*: **in between** pośrodku; **the road between here and London** droga stąd do Londynu; **we only had 5 pounds between us** mieliśmy razem tylko 5 funtów; **between you and me** między nami (mówiąc); **a man aged between 20 and 25** mężczyzna w wieku między 20 a 25 lat; **Penn Close, Court Road and all the little streets in between** Penn Close, Court Road i wszystkie małe uliczki pomiędzy nimi.
bevel ['bɛvəl] *n* (*also*: **bevel edge**) skos *m*, ukos *m*.
bevelled ['bɛvəld] *adj*: **a bevelled edge** fazowana krawędź *f*.
beverage ['bɛvərɪdʒ] *n* napój *m*.
bevy ['bɛvɪ] *n*: **a bevy of** stadko *nt +gen*.
bewail [bɪ'weɪl] *vt* użalać się (użalić się *perf*) na *+acc*.
beware [bɪ'wɛə*] *vi*: **to beware (of)** wystrzegać się (*+gen*); **"beware of the dog"** „uwaga zły pies".
bewildered [bɪ'wɪldəd] *adj* skonsternowany, zdezorientowany.
bewildering [bɪ'wɪldrɪŋ] *adj* wprawiający w konsternację.
bewitching [bɪ'wɪtʃɪŋ] *adj* czarujący, urzekający.
beyond [bɪ'jɔnd] *prep* poza *+instr* ♦ *adv* dalej; **beyond the age of 16** powyżej szesnastego roku życia; **beyond doubt** ponad wszelką wątpliwość; **beyond repair/recognition** nie do naprawienia/poznania; **to be beyond sb's wildest dreams** przechodzić czyjeś najśmielsze oczekiwania; **it's beyond me** nie mogę tego pojąć.
b/f (*COMM*) *abbr* (= *brought forward*) do przeniesienia.
BFPO *n abbr* (= *British Forces Post Office*).
bhp (*AUT*) *n abbr* (= *brake horsepower*) moc *f* użyteczna w koniach mechanicznych.
bi... [baɪ] *pref* dwu... .
biannual [baɪ'ænjuəl] *adj* odbywający się dwa razy do roku.
bias ['baɪəs] *n* (*prejudice*) uprzedzenie *nt*; (*preference*) przychylność *f*.
bias(s)ed ['baɪəst] *adj* stronniczy, tendencyjny; **to be bias(s)ed against** być uprzedzonym do *+gen*.
bib [bɪb] *n* śliniaczek *m*.
Bible ['baɪbl] *n* Biblia *f*.
biblical ['bɪblɪkl] *adj* biblijny.
bibliography [bɪblɪ'ɔgrəfɪ] *n* bibliografia *f*.
bicarbonate of soda [baɪ'kɑ:bənɪt-] *n* soda *f* oczyszczona.
bicentenary [baɪsɛn'ti:nərɪ] *n* dwóchsetlecie *nt*.
bicentennial [baɪsɛn'tɛnɪəl] *n* = **bicentenary**.
biceps ['baɪsɛps] *n* biceps *m*, bicepsy *pl*.
bicker ['bɪkə*] *vi* sprzeczać się.
bickering ['bɪkərɪŋ] *n* sprzeczki *pl*.
bicycle ['baɪsɪkl] *n* rower *m*.
bicycle path *n* ścieżka *f* rowerowa.
bicycle pump *n* pompka *f* rowerowa.
bicycle track *n* tor *m* rowerowy.
bid [bɪd] (*pt* **bade** *or* **bid**, *pp* **bid(den)**) *n* oferta *f* ♦ *vi* licytować ♦ *vt* oferować (zaoferować *perf*); **a bid for power** próba przejęcia władzy; **to bid sb good day** (*say hallo*) witać (przywitać *perf*) kogoś; (*say good-bye*) żegnać (pożegnać *perf*) kogoś.
bidder ['bɪdə*] *n*: **the highest bidder** osoba *f* oferująca najwyższą cenę.
bidding ['bɪdɪŋ] *n* licytacja *f*;: **to do sb's bidding** spełniać (spełnić *perf*) czyjeś rozkazy.
bide [baɪd] *vt*: **to bide one's time** czekać na właściwy moment.
bidet ['bi:deɪ] *n* bidet *m*.
bidirectional ['baɪdɪ'rɛkʃənl] *adj* dwukierunkowy.
biennial [baɪ'ɛnɪəl] *adj* odbywający się co dwa lata ♦ *n* roślina *f* dwuletnia.
bier [bɪə*] *n* mary *pl* (*nosze pogrzebowe*).
bifocals [baɪ'fəuklz] *npl* okulary *pl* dwuogniskowe.
big [bɪg] *adj* duży; (*brother, sister*) starszy; (*ideas, plans*) ambitny; **a big woman in her early forties** rosła kobieta po czterdziestce; **to be big in** liczyć się w *+loc*; **in a big way** na wielką skalę.
bigamist ['bɪgəmɪst] *n* bigamista (-tka) *m(f)*.

bigamous ['bɪgəməs] *adj* bigamiczny.
bigamy ['bɪgəmɪ] *n* bigamia *f*.
big dipper [-'dɪpə*] *n* kolejka *f* górska (*w wesołym miasteczku*).
big end (*AUT*) *n* łeb *m* korbowy.
bigheaded ['bɪg'hɛdɪd] *adj* przemądrzały.
big-hearted ['bɪg'hɑ:tɪd] *adj* wielkiego serca *post*.
bigot ['bɪgət] *n* bigot(ka) *m(f)*.
bigoted ['bɪgətɪd] *adj* bigoteryjny.
bigotry ['bɪgətrɪ] *n* bigoteria *f*.
big toe *n* paluch *m*, duży *or* wielki palec *m* (u nogi).
big top *n* namiot *m* cyrkowy.
big wheel *n* diabelski młyn *m*.
bigwig ['bɪgwɪg] (*inf*) *n* gruba ryba *f* (*inf*).
bike [baɪk] *n* (*bicycle*) rower *m*; (*motorcycle*) motorower *m*.
bikini [bɪ'ki:nɪ] *n* bikini *nt inv*.
bilateral [baɪ'lætərl] *adj* dwustronny, bilateralny.
bile [baɪl] *n* (*lit, fig*) żółć *f*.
bilingual [baɪ'lɪŋgwəl] *adj* dwujęzyczny, bilingwalny.
bilious ['bɪlɪəs] *adj* (*fig*) obrzydliwy; **I felt bilious** było mi niedobrze.
bill [bɪl] *n* rachunek *m*; (*POL*) projekt *m* ustawy; (*US*) banknot *m*; (*of bird*) dziób *m*; (*THEAT*): **on the bill** w programie ♦ *vt* (*item*) ewidencjonować (zaewidencjonować *perf*); (*customer*) wystawiać (wystawić *perf*) rachunek *+dat*; **"post no bills"** „nie naklejać"; **to fit** *or* **fill the bill** (*fig*) nadawać się (nadać się *perf*); **bill me at my London address** proszę przysłać rachunek na mój londyński adres; **bill of exchange** weksel; **bill of fare** jadłospis; **bill of lading** konosament, list przewozowy; **bill of sale** akt sprzedaży.
billboard ['bɪlbɔ:d] *n* billboard *m*.
billet ['bɪlɪt] *n* (*MIL*) kwatera *f* ♦ *vt* kwaterować (zakwaterować *perf*).
billfold ['bɪlfəuld] (*US*) *n* portfel *m*.
billiards ['bɪljədz] *n* bilard *m*.
billion ['bɪljən] *n* (*BRIT*) bilion *m*; (*US*) miliard *m*.
billow ['bɪləu] *n* kłąb *m* ♦ *vi* (*smoke*) kłębić się; (*sail*) wydymać się.
billy goat ['bɪlɪ-] *n* kozioł *m*.
bin [bɪn] *n* (*BRIT*: *for rubbish*) kosz *m*; (*for storing things*) pojemnik *m*.
binary ['baɪnərɪ] (*MATH*) *adj* dwójkowy, binarny.
bind [baɪnd] (*pt, pp* **bound**) *vt* (*tie*) przywiązywać (przywiązać *perf*); (*tie together*) wiązać, związywać (związać *perf*); (*oblige*) zobowiązywać (zobowiązać *perf*); (*book*) oprawiać (oprawić *perf*) ♦ *n* (*inf*) zawracanie *nt* głowy (*inf*).
►**bind over** *vt* (*JUR*) zobowiązywać (zobowiązać *perf*) pod rygorem.
►**bind up** *vt* (*wound*) bandażować (zabandażować *perf*); **to be bound up in** być zaangażowanym w *+acc*.
binder ['baɪndə*] *n* segregator *m*.
binding ['baɪndɪŋ] *adj* wiążący ♦ *n* (*of book*) oprawa *f*.
binge [bɪndʒ] (*inf*) *n*: **to go on a binge** iść (pójść *perf*) w tango (*inf*).
bingo ['bɪŋgəu] *n* bingo *nt inv*.
binoculars [bɪ'nɔkjuləz] *npl* lornetka *f*.
bio... [baɪəu] *pref* bio... .
biochemistry [baɪə'kɛmɪstrɪ] *n* biochemia *f*.
biodegradable ['baɪəudɪ'greɪdəbl] *adj* ulegający biodegradacji.
biographer [baɪ'ɔgrəfə*] *n* biograf *m*.
biographic(al) [baɪə'græfɪk(l)] *adj* biograficzny.
biography [baɪ'ɔgrəfɪ] *n* biografia *f*.
biological [baɪə'lɔdʒɪkl] *adj* biologiczny; (*washing powder*) enzymatyczny.
biologist [baɪ'ɔlədʒɪst] *n* biolog *m*.
biology [baɪ'ɔlədʒɪ] *n* biologia *f*.
biophysics ['baɪəu'fɪzɪks] *n* biofizyka *f*.
biopsy ['baɪɔpsɪ] *n* biopsja *f*.
biotechnology ['baɪəutɛk'nɔlədʒɪ] *n* biotechnologia *f*.
biped ['baɪpɛd] *n* dwunożny *m*.
birch [bə:tʃ] *n* brzoza *f*.
bird [bə:d] *n* ptak *m*; (*BRIT*: *inf*: *woman*) kociak *m*.
bird's-eye view ['bə:dzaɪ-] *n* (*aerial view*) widok *m* z lotu ptaka; (*overview*) ogólne spojrzenie *nt*.
bird-watcher ['bə:dwɔtʃə*] *n* obserwator(ka) *m(f)* ptaków.
Biro ['baɪərəu] ® *n* długopis *m*.
birth [bə:θ] *n* (*lit, fig*) narodziny *pl*; **to give birth to** rodzić (urodzić *perf*) *+acc*.
birth certificate *n* metryka *f* (urodzenia).
birth control *n* (*policy*) planowanie *nt* rodziny; (*methods*) regulacja *f* urodzeń, zapobieganie *nt* ciąży.
birthday ['bə:θdeɪ] *n* urodziny *pl* ♦ *cpd* urodzinowy; *see also* **happy**.
birthmark ['bə:θmɑ:k] *n* znamię *nt* wrodzone.
birthplace ['bə:θpleɪs] *n* miejsce *nt* urodzenia; (*fig*) miejsce *nt* narodzin, kolebka *f*.
birth rate ['bə:θreɪt] *n* wskaźnik *m* urodzeń.
Biscay ['bɪskeɪ] *n*: **the Bay of Biscay** Zatoka *f* Biskajska.
biscuit ['bɪskɪt] *n* (*BRIT*) herbatnik *m*, kruche ciasteczko *nt*; (*US*) biszkopt *m*, babeczka *f*.
bisect [baɪ'sɛkt] *vt* przepoławiać (przepołowić *perf*), dzielić (podzielić *perf*) na połowę.
bishop ['bɪʃəp] *n* (*REL*) biskup *m*; (*CHESS*) goniec *m*.
bit [bɪt] *pt of* **bite** ♦ *n* (*piece*) kawałek *m*; (*tool*) wiertło *nt*; (*COMPUT*) bit *m*; (*of horse*) wędzidło *nt*; (*US*) *12,5 centa*; **a bit of** trochę *or* odrobina *+gen*; **a bit mad** lekko stuknięty (*inf*); **bit by bit** kawałek po kawałku; **to come to bits** rozpaść się (*perf*) *or* rozlecieć się (*perf*) na kawałki; **bring all your bits and pieces** przynieś wszystkie swoje drobiazgi; **he did his bit** zrobił, co do niego należało.
bitch [bɪtʃ] *n* suka *f*.

bite [baɪt] (*pt* **bit**, *pp* **bitten**) *vt* gryźć (ugryźć *perf*) ♦ *vi* gryźć (ugryźć *perf*), kąsać (ukąsić *perf*) ♦ *n* (*from insect*) ukąszenie *nt*; (*mouthful*) kęs *m*; **to bite one's nails** obgryzać paznokcie; **let's have a bite (to eat)** (*inf*) przekąśmy coś (*inf*).

biting ['baɪtɪŋ] *adj* (*wind*) szczypiący; (*wit*) uszczypliwy.

bit part (*THEAT*) *n* rólka *f*.

bitten ['bɪtn] *pp of* **bite**.

bitter ['bɪtə*] *adj* (*person*) zgorzkniały; (*taste, experience, disappointment*) gorzki; (*cold, wind*) przejmujący, przenikliwy; (*struggle, criticism*) zawzięty ♦ *n* (*BRIT*) *rodzaj piwa*; **to the bitter end** do samego końca; (*struggle etc*) do upadłego.

bitterly ['bɪtəlɪ] *adv* gorzko; (*oppose, criticize*) zawzięcie; **it's bitterly cold** jest przejmująco zimno.

bitterness ['bɪtənɪs] *n* (*resentment*) gorycz *f*, rozgoryczenie *nt*; (*bitter taste*) gorycz *f*, gorzkość *f*.

bittersweet ['bɪtəswi:t] *adj* gorzko-słodki; **bittersweet memories** mieszanina złych i dobrych wspomnień.

bitty ['bɪtɪ] (*BRIT*: *inf*) *adj*: **the play was bitty in the second act** drugi akt nie trzymał się kupy (*inf*).

bitumen ['bɪtjumɪn] *n* bitum(in) *m*.

bivouac ['bɪvuæk] *n* biwak *m*.

bizarre [bɪ'zɑ:*] *adj* dziwaczny.

bk *abbr* = **bank**; = **book** książ.

BL *n abbr* (= *Bachelor of Law, Bachelor of Letters, Bachelor of Literature*) *stopień naukowy*.

bl *abbr* (= *bill of lading*) list *m* przewozowy.

blab [blæb] (*inf*) *vi* wygadać się (*perf*) (*inf*).

black [blæk] *adj* czarny ♦ *n* (*colour*) (kolor *m*) czarny, czerń *f*; (*person*) czarnoskóry (-ra) *m(f)* ♦ *vt* (*BRIT*: *INDUSTRY*) bojkotować (zbojkotować *perf*); **to give sb a black eye** podbić (*perf*) komuś oko; **black and blue** posiniaczony; **in the black** wypłacalny; **in black and white** (*fig*) czarno na białym.

▸**black out** *vi* (na krótko) tracić (stracić *perf*) przytomność.

black belt *n* (*US*) dzielnica *f* murzyńska; (*JUDO*) czarny pas *m*.

blackberry ['blækbərɪ] *n* jeżyna *f*.

blackbird ['blækbə:d] *n* kos *m*.

blackboard ['blækbɔ:d] *n* tablica *f*.

black box (*AVIAT*) *n* czarna skrzynka *f*.

black coffee *n* czarna kawa *f*.

Black Country *n*: **the Black Country** *silnie uprzemysłowiony rejon środkowej Anglii*.

blackcurrant ['blæk'kʌrənt] *n* czarna porzeczka *f*.

black economy *n*: **the black economy** szara strefa *f*.

blacken ['blækn] *vt* (*fig*) oczerniać (oczernić *perf*).

Black Forest *n*: **the Black Forest** Schwarzwald *m*.

blackhead ['blækhɛd] *n* wągier *m*, zaskórnik *m*.

black ice *n warstwa przezroczystego lodu na drodze*.

blackjack ['blækdʒæk] *n* (*CARDS*) oczko *nt*; (*US*) pałka *f*.

blackleg ['blæklɛg] (*BRIT*) *n* łamistrajk *m*.

blacklist ['blæklɪst] *n* czarna lista *f* ♦ *vt* wciągać (wciągnąć *perf*) na czarną listę.

blackmail ['blækmeɪl] *n* szantaż *m* ♦ *vt* szantażować (zaszantażować *perf*).

blackmailer ['blækmeɪlə*] *n* szantażysta (-tka) *m(f)*.

black market *n* czarny rynek *m*.

blackout ['blækaut] *n* (*in wartime*) zaciemnienie *nt*; (*power cut*) przerwa *f* w dostawie energii elektrycznej; (*TV, RADIO*) zagłuszanie *nt*; (*faint*) (krótkotrwała) utrata *f* przytomności.

Black Sea *n*: **the Black Sea** Morze *nt* Czarne.

black sheep *n* (*fig*) czarna owca *f*.

blacksmith ['blæksmɪθ] *n* kowal *m*.

black spot *n* (*AUT*) niebezpieczne miejsce *nt* na drodze; (*for unemployment etc*) rejon *m* zagrożony.

bladder ['blædə*] (*ANAT*) *n* pęcherz *m* (moczowy).

blade [bleɪd] *n* (*of knife*) ostrze *nt*; (*of sword*) klinga *f*, ostrze *nt*; (*of oar*) pióro *nt*; (*of propeller*) łopat(k)a *f*; (*of grass*) źdźbło *nt*.

blame [bleɪm] *n* wina *f* ♦ *vt*: **to blame sb for sth** obwiniać (obwinić *perf*) kogoś o coś; **to be to blame** być winnym, ponosić winę; **who's to blame?** kto jest winny?

blameless ['bleɪmlɪs] *adj* niewinny.

blanch [blɑ:ntʃ] *vi* (*face*) blednąć (zblednąć *perf*) ♦ *vt* (*CULIN*) parzyć (sparzyć *perf*), blanszować (zblanszować *perf*).

blancmange [blə'mɔnʒ] *n* ≈ budyń *m* (*na zimno*).

bland [blænd] *adj* (*taste*) mdły, nijaki.

blank [blæŋk] *adj* (*paper*) czysty, nie zapisany; (*look*) bez wyrazu *post*, obojętny ♦ *n* (*of memory*) luka *f*; (*on form*) puste *or* wolne miejsce *nt*; (*cartridge*) ślepy nabój *m*; **we drew a blank** (*fig*) nie doszliśmy do niczego.

blank cheque *n* czek *m* in blanco; **to give sb a blank cheque to do sth** (*fig*) dawać (dać *perf*) komuś wolną rękę do zrobienia czegoś.

blanket ['blæŋkɪt] *n* (*cloth*) koc *m*; (*of snow*) pokrywa *f*; (*of fog*) zasłona *f* ♦ *adj* całościowy.

blanket cover *n* ubezpieczenie *nt* całościowe.

blare [blɛə*] *vi* grzmieć (zagrzmieć *perf*).

▸**blare out** *vi* ryczeć (*inf*).

blarney ['blɑ:nɪ] *n* pochlebstwa *pl*.

blasé ['blɑ:zeɪ] *adj* zblazowany.

blaspheme [blæs'fi:m] *vi* bluźnić.

blasphemous ['blæsfɪməs] *adj* bluźnierczy.

blasphemy ['blæsfɪmɪ] *n* bluźnierstwo *nt*.

blast [blɑ:st] *n* (*of wind, air*) podmuch *m*; (*of whistle*) gwizd *m*; (*explosion*) wybuch *m* ♦ *vt* wysadzać (wysadzić *perf*) w powietrze ♦ *excl*

(*BRIT*: *inf*) (o) kurczę! (*inf*); **at full blast** na cały regulator.

▸**blast off** *vi* (*SPACE*) startować (wystartować *perf*), odpalać (odpalić *perf*).

blast furnace *n* piec *m* hutniczy.

blast-off ['blɑːstɔf] (*SPACE*) *n* start *m*, odpalenie *nt*.

blatant ['bleɪtənt] *adj* rażący, krzyczący.

blatantly ['bleɪtəntlɪ] *adv*: **blatantly obvious** ewidentny; **to lie blatantly** kłamać w żywe oczy.

blaze [bleɪz] *n* pożar *m*; (*fig*: *of colour*) feeria *f*; (: *of glory*) blask *m* ♦ *vi* (*fire*) buchać (buchnąć *perf*); (*guns*) walić; (*fig*: *eyes*) płonąć (zapłonąć *perf*) ♦ *vt*: **to blaze a trail** (*fig*) przecierać (przetrzeć *perf*) szlak; **in a blaze of publicity** w blasku powszechnego zainteresowania.

blazer ['bleɪzə*] *n* blezer *m*.

bleach [bliːtʃ] *n* wybielacz *m* ♦ *vt* (*fabric*) wybielać (wybielić *perf*); (*hair*) tlenić (utlenić *perf*).

bleached [bliːtʃt] *adj* (*hair*) tleniony.

bleachers ['bliːtʃəz] (*SPORT*: *US*) *npl* trybuny *pl* (*nie osłonięte*).

bleak [bliːk] *adj* ponury, posępny.

bleary-eyed ['blɪərɪ'aɪd] *adj*: **to be bleary-eyed** mieć zaczerwienione oczy.

bleat [bliːt] *vi* beczeć (zabeczeć *perf*) ♦ *n* bek *m*, beczenie *nt*.

bled [blɛd] *pt, pp of* **bleed**.

bleed [bliːd] (*pt, pp* **bled**) *vi* (*MED*) krwawić; (*colour*) farbować, puszczać ♦ *vt* (*brakes, radiator*) odpowietrzać (odpowietrzyć *perf*); **my nose is bleeding** leci mi krew z nosa.

bleeper ['bliːpə*] *n* brzęczyk *m* przywołujący.

blemish ['blɛmɪʃ] *n* skaza *f*.

blend [blɛnd] *n* mieszanka *f* ♦ *vt* (*CULIN*) miksować (zmiksować *perf*); (*colours, styles*) mieszać (zmieszać *perf*) ♦ *vi* (*also*: **blend in**) wtapiać się (wtopić się *perf*).

blender ['blɛndə*] *n* mikser *m*.

bless [blɛs] (*pt, pp* **blessed** *or* **blest**) *vt* błogosławić (pobłogosławić *perf*); **to be blessed with** być obdarzonym *+instr*; **bless you!** na zdrowie!, sto lat!

blessed ['blɛsɪd] *adj* błogosławiony; **it rains every blessed day** (*inf*) nie ma dnia, żeby nie lało (*inf*).

blessing ['blɛsɪŋ] *n* błogosławieństwo *nt*; **you should count your blessings** powinieneś dziękować Bogu za to, co masz; **a blessing in disguise** błogosławione w skutkach nieszczęście.

blew [bluː] *pt of* **blow**.

blight [blaɪt] *vt* niweczyć (zniweczyć *perf*) ♦ *n* rdza *f* zbożowa.

blimey ['blaɪmɪ] (*BRIT*: *inf*) *excl* (o) kurczę! (*inf*).

blind [blaɪnd] *adj* niewidomy, ślepy;: **blind (to)** (*fig*) ślepy (na *+acc*) ♦ *n* (*for window*) roleta *f*; (*also*: **Venetian blind**) żaluzja *f* ♦ *vt* oślepiać (oślepić *perf*); (*deaden*) zaślepiać (zaślepić *perf*); **the blind** *npl* niewidomi *vir pl*; **to turn a blind eye (on** *or* **to)** przymykać (przymknąć *perf*) oko (na *+acc*).

blind alley *n* (*fig*) ślepa uliczka *f*.

blind corner (*BRIT*) *n* zakręt *m* z ograniczoną widocznością.

blind date *n* randka *f* w ciemno.

blinders ['blaɪndəz] (*US*) *npl* = **blinkers**.

blindfold ['blaɪndfəuld] *n* przepaska *f* na oczy ♦ *adj* z zawiązanymi oczami *post* ♦ *adv* z zawiązanymi oczami ♦ *vt* zawiązywać (zawiązać *perf*) oczy *+dat*.

blindly ['blaɪndlɪ] *adv* (*without seeing*) na oślep; (*without thinking*) ślepo.

blindness ['blaɪndnɪs] *n* (*lit, fig*) ślepota *f*.

blind spot *n* (*AUT*) martwy punkt *m*; (*fig*: *weak spot*) słabość *f*.

blink [blɪŋk] *vi* (*person, animal*) mrugać (zamrugać *perf*); (*light*) migać (zamigać *perf*) ♦ *n*: **the TV's on the blink** (*inf*) telewizor nawalił (*inf*).

blinkers ['blɪŋkəz] *npl* klapki *pl* na oczy.

blinking ['blɪŋkɪŋ] (*BRIT*: *inf*) *adj* cholerny (*inf*).

bliss [blɪs] *n* rozkosz *f*.

blissful ['blɪsful] *adj* błogi; **in blissful ignorance** w błogiej niewiedzy.

blissfully ['blɪsfəlɪ] *adv* błogo; **blissfully happy** bezgranicznie szczęśliwy; **blissfully unaware of** w błogiej nieświadomości *+gen*.

blister ['blɪstə*] *n* (*on skin*) pęcherz *m*; (*in paint, rubber*) pęcherzyk *m* ♦ *vi* (*paint*) pokrywać się (pokryć się *perf*) pęcherzykami.

blithely ['blaɪðlɪ] *adv* beztrosko.

blithering ['blɪðərɪŋ] (*inf*) *adj*: **blithering idiot** skończony idiota (*inf*).

BLit(t) *n abbr* (= *Bachelor of Literature, Bachelor of Letters*) *stopień naukowy*.

blitz [blɪts] *n* (*MIL*) bombardowanie *nt*; **to have a blitz on sth** (*fig*) ostro zabierać się (zabrać się *perf*) za coś.

blizzard ['blɪzəd] *n* zamieć *f* (śnieżna).

BLM (*US*) *n abbr* (= *Bureau of Land Management*) *urząd federalny zajmujący się administracją gruntów i bogactw naturalnych*.

bloated ['bləutɪd] *adj* (*face*) opuchnięty; (*stomach*) wydęty; (*person*) napchany (*inf*).

blob [blɔb] *n* (*of glue, paint*) kropelka *f*; (*sth indistinct*) plamka *f*.

bloc [blɔk] (*POL*) *n* blok *m*; **the Eastern bloc** blok wschodni.

block [blɔk] *n* (*large building, piece of stone*) blok *m*; (*toy*) klocek *m*; (*of ice*) bryła *f*; (*of wood*) kloc *m*; (*esp US*: *in town, city*) *obszar zabudowany, ograniczony ze wszystkich stron kolejnymi ulicami* ♦ *vt* (*road, agreement*) blokować (zablokować *perf*); (*COMPUT*) wyróżniać (wyróżnić *perf*); **block of flats** (*BRIT*) blok (mieszkalny); **three blocks from here** trzy przecznice stąd; **mental block** zaćmienie (umysłu); **block and tackle** wielokrążek.

►**block up** *vt* zapychać (zapchać *perf*) ♦ *vi* zapychać się (zapchać się *perf*).
blockade [blɔ'keɪd] *n* blokada *f* ♦ *vt* blokować, zablokowywać (zablokować *perf*).
blockage ['blɔkɪdʒ] *n* (*in pipe, tube*) zator *m*.
block booking *n* rezerwacja *f* zbiorowa.
blockbuster ['blɔkbʌstə*] *n* szlagier *m* (*film lub książka*).
block capitals *npl* drukowane litery *pl*.
blockhead ['blɔkhɛd] (*inf*) *n* zakuty łeb *m* (*inf*).
block letters *npl* = **block capitals**.
block release (*BRIT*) *n* urlop *m* szkoleniowy.
block vote (*BRIT*) *n* głosowanie *nt* pośrednie.
bloke [bləuk] (*BRIT*: *inf*) *n* facet *m* (*inf*), gość *m* (*inf*).
blond(e) [blɔnd] *adj* blond ♦ *n*: **blonde** blondynka *f*.
blood [blʌd] *n* krew *f*; **new blood** (*fig*) nowa krew.
bloodbath ['blʌdbɑ:θ] *n* rzeź *f*.
bloodcurdling ['blʌdkə:dlɪŋ] *adj* mrożący krew w żyłach.
blood donor *n* krwiodawca *m*.
blood group *n* grupa *f* krwi.
bloodhound ['blʌdhaund] *n* pies *m* św. Huberta.
bloodless ['blʌdlɪs] *adj* (*victory*) bezkrwawy; (*cheeks*) blady.
bloodletting ['blʌdlɛtɪŋ] *n* (*MED*) upust *m* krwi; (*fig*) rozlew *m* krwi.
blood poisoning *n* posocznica *f*.
blood pressure *n* ciśnienie *nt* (krwi); **to have high/low blood pressure** mieć wysokie/niskie ciśnienie.
bloodshed ['blʌdʃɛd] *n* rozlew *m* krwi.
bloodshot ['blʌdʃɔt] *adj* nabiegły krwią.
blood sport *n* łowiectwo *nt*.
bloodstained ['blʌdsteɪnd] *adj* poplamiony krwią.
bloodstream ['blʌdstri:m] *n* krwiobieg *m*.
blood test *n* badanie *nt* krwi.
bloodthirsty ['blʌdθə:stɪ] *adj* krwiożerczy.
blood transfusion *n* transfuzja *f* (krwi).
blood vessel *n* naczynie *nt* krwionośne.
bloody ['blʌdɪ] *adj* (*battle*) krwawy; (*hands*) zakrwawiony; (*BRIT*: *inf!*) cholerny (*inf*); **bloody strong/good** (*inf!*) cholernie silny/dobry (*inf*).
bloody-minded ['blʌdɪ'maɪndɪd] (*BRIT*: *inf*) *adj* perfidny.
bloom [blu:m] *n* kwiat *m* (*na drzewie itp*) ♦ *vi* (*be in flower*) kwitnąć; (*come into flower*) zakwitać (zakwitnąć *perf*); (*fig*: *talent, beauty*) rozkwitać (rozkwitnąć *perf*); **to be in bloom** kwitnąć.
blooming ['blu:mɪŋ] (*inf*) *adj* cholerny (*inf*).
blossom ['blɔsəm] *n* kwiat *m* ♦ *n inv* kwiecie *nt*, kwiaty *pl* ♦ *vi* zakwitać (zakwitnąć *perf*); **she has blossomed into a real beauty** zrobiła się z niej prawdziwa piękność.
blot [blɔt] *n* kleks *m*; (*fig*) plama *f* ♦ *vt* osuszać (osuszyć *perf*) bibułą; **to be a blot on the landscape** psuć widok; **to blot one's copybook** (*fig*) psuć (zepsuć *perf*) sobie reputację.
►**blot out** *vt* (*view*) przesłaniać (przesłonić *perf*); (*memory, thought*) wymazywać (wymazać *perf*) z pamięci.
blotchy ['blɔtʃɪ] *adj* (*complexion*) plamisty.
blotter ['blɔtə*] *n* suszka *f*.
blotting paper ['blɔtɪŋ-] *n* bibuła *f*.
blouse [blauz] *n* bluzka *f*.
blow [bləu] (*pt* **blew**, *pp* **blown**) *n* (*lit, fig*) cios *m* ♦ *vi* (*wind*) wiać; (*person*) dmuchać (dmuchnąć *perf*) ♦ *vt* (*instrument*) grać na +*loc*; (*whistle*) dmuchać (dmuchnąć *perf*) w +*acc*; (*fuse*) przepalać (przepalić *perf*); **to blow one's nose** wydmuchiwać (wydmuchać *perf*) nos; **a gust of wind blew snow in her face** podmuch wiatru sypnął jej śniegiem w twarz; **they came to blows** doszło (między nimi) do rękoczynów.
►**blow away** *vt* wywiewać (wywiać *perf*) ♦ *vi* (*piece of paper etc*) odfruwać (odfrunąć *perf*).
►**blow down** *vt* (*tree*) powalać (powalić *perf*).
►**blow off** *vt* zwiewać (zwiać *perf*), zdmuchiwać (zdmuchnąć *perf*); **the washing blew off the line** wiatr zerwał pranie ze sznurka; **the ship was blown off course** statek zniosło z kursu.
►**blow out** *vt* (*fire, flame*) gasić (zgasić *perf*); (*candle*) zdmuchiwać (zdmuchnąć *perf*) ♦ *vi* gasnąć (zgasnąć *perf*).
►**blow over** *vi* (*storm, row*) ucichnąć (*perf*).
►**blow up** *vi* wybuchać (wybuchnąć *perf*) ♦ *vt* (*bridge, building*) wysadzać (wysadzić *perf*) (w powietrze); (*tyre*) pompować (napompować *perf*); (*baloon*) nadmuchiwać (nadmuchać *perf*); (*PHOT*) powiększać (powiększyć *perf*).
blow-dry ['bləudraɪ] *n* modelowanie *nt* włosów (suszarką) ♦ *vt* modelować (wymodelować *perf*) (suszarką).
blowlamp ['bləulæmp] (*BRIT*) *n* lampa *f* lutownicza.
blown [bləun] *pp of* **blow**.
blow-out ['bləuaut] *n* (*of tyre*) rozerwanie *nt*; (*of oil-well*) erupcja *f*; (*inf*: *big meal*) wyżerka *f* (*inf*).
blowtorch ['bləutɔ:tʃ] *n* = **blowlamp**.
blow-up ['bləuʌp] *n* (*PHOT*) powiększenie *nt*.
blowzy ['blauzɪ] (*BRIT*) *adj* flejtuchowaty.
BLS (*US*) *n abbr* (= *Bureau of Labor Statistics*) *urząd federalny opracowujący statystyki rynku pracy*.
blubber ['blʌbə*] *n* tłuszcz *m* wielorybi ♦ *vi* (*pej*) beczeć (*inf*), ryczeć (*inf*).
bludgeon ['blʌdʒən] *vt* tłuc (stłuc *perf*) pałką; **to bludgeon sb into doing sth** (*fig*) wymusić (*perf*) na kimś zrobienie czegoś.
blue [blu:] *adj* niebieski; (*from cold*) siny; (*depressed*) smutny; (*joke*) pikantny; (*film*) porno *post* ♦ *n* (kolor *m*) niebieski, błękit *m*; **blues** *n*: **the blues** blues *m*; **(only) once in a blue moon** (tylko) od wielkiego święta *or* dzwonu; **out of the blue** (*fig*) ni stąd, ni zowąd; **to have the blues** mieć chandrę.
blue baby *n* noworodek *m* z sinicą.

bluebell ['blu:bɛl] *n* (*BOT*) dzwonek *m*.
bluebottle ['blu:bɔtl] *n* mucha *f* mięsna.
blue cheese *n* ser *m* pleśniowy.
blue-chip ['blu:tʃɪp] *adj*: **blue-chip investment** bezpieczna inwestycja *f*.
blue-collar worker ['blu:kɔlə*-] *n* pracownik *m* fizyczny.
blue jeans *npl* dżinsy *pl*.
blueprint ['blu:prɪnt] *n*: **a blueprint (for)** (*fig*) projekt *m* (*+gen*).
bluff [blʌf] *vi* blefować (zablefować *perf*) ♦ *n* (*deception*) blef *m*; (*GEOL*: *cliff*) urwisko *nt*; (: *promontory*) urwisty cypel *m*; **to call sb's bluff** zmuszać (zmusić *perf*) kogoś do odkrycia kart.
blunder ['blʌndə*] *n* gafa *f* ♦ *vi* popełniać (popełnić *perf*) gafę; **to blunder into sb/sth** wpadać (wpaść *perf*) na kogoś/coś.
blunt [blʌnt] *adj* (*knife, pencil*) tępy; (*person, talk*) bezceremonialny ♦ *vt* tępić (stępić *perf*); **blunt instrument** (*JUR*) tępe narzędzie; **to be blunt, ...** mówiąc bez ogródek, ...
bluntly ['blʌntlɪ] *adv* bez ogródek, prosto z mostu.
bluntness ['blʌntnɪs] *n* (*of person*) bezceremonialność *f*.
blur [blə:*] *n* (*shape*) niewyraźna plama *f*; (*memory*) mgliste wspomnienie *nt* ♦ *vt* (*vision*) zamglić (*perf*); (*distinction*) zacierać (zatrzeć *perf*), zamazywać (zamazać *perf*).
blurb [blə:b] *n* (*for book, concert*) notka *f* reklamowa.
blurred [blə:d] *adj* zamazany.
blurt out [blə:t-] *vt* wyrzucać (wyrzucić *perf*) z siebie.
blush [blʌʃ] *vi* rumienić się (zarumienić się *perf*), czerwienić się (zaczerwienić się *perf*) ♦ *n* rumieniec *m*.
blusher ['blʌʃə*] *n* róż *m* (*do makijażu*).
bluster ['blʌstə*] *n* (*threatening*) (głośne) pogróżki *pl*; (*boastful*) (głośne) przechwałki *pl* ♦ *vi* (*in anger*) grzmieć (zagrzmieć *perf*); (*boast*) przechwalać się (głośno).
blustering ['blʌstərɪŋ] *adj* (*tone*) grzmiący; (*person*): **to be blustering** robić dużo hałasu.
blustery ['blʌstərɪ] *adj*: **blustery weather** zawierucha *f*.
Blvd *abbr* (= *boulevard*).
BM *n abbr* (= *British Museum*); (= *Bachelor of Medicine*) *stopień naukowy*.
BMA *n abbr* (= *British Medical Association*).
BMJ *n abbr* (= *British Medical Journal*).
BMus *n abbr* (= *Bachelor of Music*) *stopień naukowy*.
BMX *n abbr* (= *bicycle motorcross*) kros *m* rowerowy; **BMX bike** rower *m* krosowy, rower *m* BMX.
BO *n abbr* (*inf*: = *body odour*) nieprzyjemny zapach *m* (ciała); (*US*) = **box office**.
boar [bɔ:*] *n* (*also*: **wild boar**) dzik *m*; (*male pig*) knur *m*.
board [bɔ:d] *n* (*piece of wood*) deska *f*; (*piece of cardboard*) tektura *f*; (*also*: **notice board**) tablica *f*; (*for chess etc*) plansza *f*; (*committee*) rada *f*; (*in firm*) zarząd *m*; (*NAUT, AVIAT*): **on board** na pokładzie ♦ *vt* (*ship*) wchodzić (wejść *perf*) na pokład *+gen*; (*train*) wsiadać (wsiąść *perf*) do *+gen*; **full/half board** (*BRIT*) pełne/niepełne wyżywienie; **board and lodging** mieszkanie i wyżywienie; **the plan went by the board** (*fig*) plan poszedł do kosza; **above board** (*fig*) zgodny z prawem; **across the board** (*fig*: *adv*) bez wyjątku; (: *adj*) dotyczący wszystkich.
►**board up** *vt* (*door, window*) zabijać (zabić *perf*) deskami.
boarder ['bɔ:də*] (*SCOL*) *n* mieszkaniec (-nka) *m(f)* internatu.
board game *n* gra *f* planszowa.
boarding card ['bɔ:dɪŋ-] *n* = **boarding pass**.
boarding house *n* pensjonat *m*.
boarding pass *n* karta *f* pokładowa.
boarding school *n* szkoła *f* z internatem.
board meeting *n* zebranie *nt* zarządu.
board room *n* sala *f* posiedzeń.
boardwalk ['bɔ:dwɔ:k] (*US*) *n* promenada *f* (nadmorska).
boast [bəust] *vi*: **to boast (about** *or* **of)** chwalić się *or* przechwalać się (*+instr*) ♦ *vt* (*fig*) szczycić się *+instr*.
boastful ['bəustful] *adj* chełpliwy.
boastfulness ['bəustfulnɪs] *n* chełpliwość *f*.
boat [bəut] *n* łódź *f*; (*smaller*) łódka *f*; (*ship*) statek *m*; **to go somewhere by boat** płynąć (popłynąć *perf*) gdzieś statkiem; **to be in the same boat** (*fig*) jechać na tym samym wózku.
boater ['bəutə*] *n* kapelusz *m* słomkowy (*sztywny, z płaskim rondem*).
boating ['bəutɪŋ] *n* przejażdżka *f* łodzią.
boatswain ['bəusn] *n* bosman *m*.
bob [bɔb] *vi* (*also*: **bob up and down**: *boat*) huśtać się; (: *cork on water*) podskakiwać ♦ *n* (*BRIT*: *inf*) = **shilling**.
►**bob up** *vi* wyskakiwać (wyskoczyć *perf*).
bobbin ['bɔbɪn] *n* szpulka *f*.
bobby ['bɔbɪ] (*BRIT*: *inf*) *n policjant angielski*.
bobsleigh ['bɔbsleɪ] *n* bobslej *m*.
bode [bəud] *vi*: **to bode well/ill (for)** wróżyć dobrze/źle (*+dat*).
bodice ['bɔdɪs] *n* góra *f* (sukienki).
bodily ['bɔdɪlɪ] *adj* (*functions*) fizjologiczny; (*needs, pain*) fizyczny ♦ *adv* (*move, lift etc*) w całości.
body ['bɔdɪ] *n* (*ANAT*) ciało *nt*; (*corpse*) zwłoki *pl*; (*main part*) główna część *f*; (*of car*) karoseria *f*, nadwozie *nt*; (*of plane*) kadłub *m*; (*fig*: *group*) grono *nt*; (: *organization*) ciało *nt*, gremium *nt*; (*of facts*) ilość *f*; (*of wine*) treść *f*, treściwość *f*; **ruling body** ciało rządzące.

body-building ['bɔdɪ'bɪldɪŋ] *n* kulturystyka *f*.
bodyguard ['bɔdɪgɑːd] *n* członek *m* ochrony (osobistej), ochroniarz *m* (*inf*).
body repairs *npl* prace *pl* blacharskie.
bodywork ['bɔdɪwəːk] *n* nadwozie *nt*.
boffin ['bɔfɪn] *n* jajogłowy *m*.
bog [bɔg] *n* bagno *nt* ♦ *vt*: **to get bogged down** (*fig*) grząźć (ugrząźć *perf*).
bogey ['bəugɪ] *n* (*worry*) zmora *f*; (*also*: **bogeyman**) strach *m*.
boggle ['bɔgl] *vi*: **the mind boggles** w głowie się nie mieści.
bogie ['bəugɪ] *n* straszydło *nt*.
Bogotá [bəugə'tɑː] *n* Bogota *f*.
bogus ['bəugəs] *adj* fałszywy.
Bohemia [bəu'hiːmɪə] *n* Czechy *pl*.
Bohemian [bəu'hiːmɪən] *adj* czeski ♦ *n* Czech/Czeszka *m/f*; **bohemian** cygan(ka) *m(f)*.
boil [bɔɪl] *vt* (*water*) gotować, zagotowywać (zagotować *perf*); (*eggs etc*) gotować (ugotować *perf*) ♦ *vi* (*liquid*) gotować się (zagotować się *perf*), wrzeć (zawrzeć *perf*); (*fig*: *with anger*) kipieć ♦ *n* czyrak *m*; **to come to the** (*BRIT*) *or* **a** (*US*) **boil** zagotować się (*perf*).
►**boil down to** *vt fus* (*fig*) sprowadzać się (sprowadzić się *perf*) do *+gen*.
►**boil over** *vi* kipieć (wykipieć *perf*).
boiled egg [bɔɪld-] *n* gotowane jajko *nt*.
boiled potatoes *npl* ziemniaki *pl* gotowane *or* z wody.
boiler ['bɔɪlə*] *n* kocioł *m*, bojler *m*.
boiler suit *n* kombinezon *m*.
boiling ['bɔɪlɪŋ] *adj*: **I'm boiling (hot)** (*inf*) umieram z gorąca, gotuję się (*inf*); **it's boiling in here** można się tu ugotować.
boiling point *n* temperatura *f* wrzenia.
boisterous ['bɔɪstərəs] *adj* hałaśliwy.
bold [bəuld] *adj* (*person, action*) śmiały; (*pattern, colours*) krzykliwy; **if I may be so bold** jeśli wolno spytać.
boldly ['bəuldlɪ] *adv* (*bravely*) śmiało; (*defiantly*) zuchwale.
boldness ['bəuldnɪs] *n* śmiałość *f*.
bold type *n* tłusta czcionka *f*.
Bolivia [bə'lɪvɪə] *n* Boliwia *f*.
Bolivian [bə'lɪvɪən] *adj* boliwijski ♦ *n* Boliwijczyk (-jka) *m(f)*.
bollard ['bɔləd] *n* (*BRIT*: *AUT*) słupek *m*; (*NAUT*) pachołek *m*.
bolster ['bəulstə*] *n* wałek *m* (*pod głowę*).
►**bolster up** *vt* podbudowywać (podbudować *perf*).
bolt [bəult] *n* (*lock*) zasuwa *f*, rygiel *m*; (*with nut*) śruba *f*; (*of lightning*) piorun *m* ♦ *vt* (*door*) ryglować (zaryglować *perf*); (*food*) połykać (połknąć *perf*) (*nie żując*); **to bolt sth to sth** przykuwać (przykuć *perf*) coś do czegoś ♦ *vi* (*person*) pędzić (popędzić *perf*); (*horse*) ponosić (ponieść *perf*) ♦ *adv*: **bolt upright** (prosto) jakby kij połknął; **a bolt from the blue** (*fig*) grom z jasnego nieba.
bomb [bɔm] *n* bomba *f* ♦ *vt* bombardować (zbombardować *perf*).
bombard [bɔm'bɑːd] *vt* (*MIL*) bombardować (zbombardować *perf*); (*fig*: *with questions*) bombardować.
bombardment [bɔm'bɑːdmənt] *n* bombardowanie *nt*.
bombastic [bɔm'bæstɪk] *adj* (*person*) napuszony; (*language*) bombastyczny.
bomb disposal *n*: **bomb disposal unit** oddział *m* saperski; **bomb disposal expert** saper.
bomber ['bɔmə*] *n* (*AVIAT*) bombowiec *m*; (*terrorist*) zamachowiec *m*.
bombing ['bɔmɪŋ] *n* atak *m* bombowy.
bombshell ['bɔmʃɛl] *n* (*fig*) sensacja *f*.
bomb site *n* lej *m* po bombie.
bona fide ['bəunə'faɪdɪ] *adj* (*traveller etc*) prawdziwy; (*offer*) rzetelny.
bonanza [bə'nænzə] *n* dobra *or* szczęśliwa passa *f*.
bond [bɔnd] *n* (*of affection etc*) więź *f*; (*FIN*) obligacja *f*; (*COMM*): **in bond** na cle (*o wwożonym towarze*); **my word is my bond** daję słowo honoru.
bondage ['bɔndɪdʒ] *n* niewola *f*; (*sexual*) krępowanie *nt* (*praktyka seksualna*).
bonded warehouse ['bɔndɪd-] *n* magazyn *m or* skład *m* celny.
bone [bəun] *n* (*ANAT*) kość *f*; (*of fish*) ość *f* ♦ *vt* (*meat*) oczyszczać (oczyścić *perf*) z kości; (*fish*) oczyszczać (oczyścić *perf*) z ości; **I've got a bone to pick with you** mam z tobą do pomówienia.
bone china *n* porcelana *f* kostna.
bone-dry ['bəun'draɪ] *adj* suchy jak pieprz.
bone idle *adj*: **he is bone idle** to śmierdzący leń.
boner ['bəunə*] (*US*) *n* byk *m*.
bonfire ['bɔnfaɪə*] *n* ognisko *nt*; **bonfire night** *wieczór 5 listopada, kiedy w Wielkiej Brytanii pali się kukłę Guya Fawkesa.*
Bonn [bɔn] *n* Bonn *nt inv*.
bonnet ['bɔnɪt] *n* (*hat*) czepek *m*; (*BRIT*: *of car*) maska *f*.
bonny ['bɔnɪ] *adj* (*Scottish, Northern English*) ładny.
bonus ['bəunəs] *n* premia *f*; (*fig*) dodatkowa korzyść *f*.
bony ['bəunɪ] *adj* (*arm, person*) kościsty; (*MED*: *tissue*) kostny; (*fish*) ościsty; **the meat is bony** to mięso ma dużo kości.
boo [buː] *excl* hu (*okrzyk mający na celu przestraszenie kogoś*) ♦ *vt* wygwizdywać (wygwizdać *perf*).
boob [buːb] (*inf*) *n* (*breast*) cyc(ek) *m* (*inf*); (*BRIT*: *mistake*) byk *m* (*inf*) ♦ *vi* strzelić (*perf*) byka (*inf*).
booby prize ['buːbɪ-] *n* nagroda *f* pocieszenia.

booby trap ['bu:bɪ-] *n* bomba *f* – pułapka *f*; (*fig: practical joke*) głupi kawał *m*.

booby-trapped ['bu:bɪtræpt] *adj* z podłączoną bombą-pułapką *post*; **a booby-trapped car** samochód-pułapka.

book [buk] *n* książka *f*; (*of stamps, tickets*) bloczek *m* ♦ *vt* (*ticket, seat, room*) rezerwować (zarezerwować *perf*); (*driver*) spisywać (spisać *perf*); (*SPORT: player*) dawać (dać *perf*) kartkę *+dat*; **books** *npl* (*COMM*) księgi *pl* rachunkowe; **to keep the books** prowadzić księgowość; **by the book** według przepisów; **to throw the book at sb** wymierzać (wymierzyć *perf*) komuś najwyższą karę.

▸**book in** (*BRIT*) *vi* (*at hotel*) meldować się (zameldować się *perf*).

▸**book up** *vt* wykupywać (wykupić *perf*); **all seats are booked up** wszystkie miejsca zostały wyprzedane; **the hotel is booked up** w hotelu nie ma wolnych miejsc.

bookable ['bukəbl] *adj*: **all seats are bookable** wszystkie miejsca są numerowane.

bookcase ['bukkeɪs] *n* biblioteczka *f*, regał *m* na książki.

book ends *npl* podpórki *pl* do książek.

booking ['bukɪŋ] (*BRIT*) *n* rezerwacja *f*.

booking office (*BRIT*) *n* kasa *f*.

book-keeping ['buk'ki:pɪŋ] *n* księgowość *f*.

booklet ['buklɪt] *n* broszur(k)a *f*.

bookmaker ['bukmeɪkə*] *n* bukmacher *m*.

bookseller ['buksɛlə*] *n* księgarz *m*.

bookshop ['bukʃɔp] *n* księgarnia *f*.

bookstall ['bukstɔ:l] *n* stoisko *nt* księgarskie.

book store *n* = **bookshop**.

book token *n* talon *m* na książki.

book value *n* wartość *f* księgowa.

boom [bu:m] *n* (*noise*) huk *m*, grzmot *m*; (*in exports etc*) wzrost *m*, (dobra) koniunktura *f*; (*busy period*) ruch *m* ♦ *vi* grzmieć (zagrzmieć *perf*); (*business*) zwyżkować; **population boom** wyż demograficzny.

boomerang ['bu:məræŋ] *n* bumerang *m* ♦ *vi* (*fig*): **to boomerang on sb** obracać się (obrócić się *perf*) przeciwko komuś.

boom town *n* świetnie prosperujące miasto *nt*.

boon [bu:n] *n* dobrodziejstwo *nt*.

boorish ['buərɪʃ] *adj* grubiański, gburowaty.

boost [bu:st] *n*: **a boost to sb's confidence** zastrzyk *m* pewności siebie ♦ *vt* (*sales, demand*) zwiększać (zwiększyć *perf*); (*confidence*) dodawać (dodać *perf*) *+gen*; (*morale*) podnosić (podnieść *perf*); **to give a boost to sb's spirits** *or* **to sb** podnosić (podnieść *perf*) kogoś na duchu.

booster ['bu:stə*] *n* (*MED*) zastrzyk *m* przypominający; (*TV, ELEC*) przetwornica *f*; (*also*: **booster rocket**) silnik *m* rakietowy pomocniczy.

booster seat *n* fotelik *m* dziecięcy (*w samochodzie*).

boot [bu:t] *n* (*for winter*) kozaczek *m*; (*for football, walking*) but *m*; (*also*: **ankle boot**) trzewik *m*; (*BRIT: of car*) bagażnik *m* ♦ *vt* (*COMPUT*) inicjować (zainicjować *perf*), zapuszczać (zapuścić *perf*) (*inf*); **...to boot** ...do tego (jeszcze), ...na dodatek; **to give sb the boot** (*inf*) wylewać (wylać *perf*) kogoś (z pracy) (*inf*).

booth [bu:ð] *n* (*at fair*) stoisko *nt*; (*for voting, telephoning*) kabina *f*.

bootleg ['bu:tlɛg] *adj* nielegalny.

bootlegger ['bu:tlɛgə*] *n* przemytnik (-iczka) *m(f)* alkoholu.

booty ['bu:tɪ] *n* łup *m*.

booze [bu:z] (*inf*) *n* coś *nt* mocniejszego ♦ *vi* popijać (popić *perf*).

boozer ['bu:zə*] (*inf*) *n* (*person*) ochlapus *m* (*inf*); (*BRIT*) knajpa *f* (*inf*).

border ['bɔ:də*] *n* (*of country*) granica *f*; (*for flowers*) rabat(k)a *f*; (*on cloth*) lamówka *f*; (*on plate*) obwódka *f* ♦ *vt* leżeć wzdłuż *+gen*; (*also*: **border on**) graniczyć z *+instr*; **elm trees border the road** wzdłuż szosy rosną wiązy; **Borders** *n*: **the Borders** *pogranicze angielsko-szkockie*.

▸**border on** *vt fus* (*fig*) graniczyć z *+instr*.

borderline ['bɔ:dəlaɪn] *n*: **on the borderline** (*fig*) na granicy.

borderline case *n* przypadek *m* wątpliwy.

bore [bɔ:*] *pt of* **bear** ♦ *vt* (*hole, tunnel*) wiercić (wywiercić *perf*); (*person*) zanudzać (zanudzić *perf*) ♦ *n* (*person*) nudziarz (-ara) *m(f)*; (*of gun*) kaliber *m*; **to be bored** nudzić się; **he's bored to tears** *or* **bored to death** *or* **bored stiff** umiera z nudów.

boredom ['bɔ:dəm] *n* (*condition*) znudzenie *nt*; (*quality*) nuda *f*.

boring ['bɔ:rɪŋ] *adj* (*tedious*) nudny; (*unimaginative*) nieciekawy.

born [bɔ:n] *adj*: **to be born** rodzić się (urodzić się *perf*); **I was born in 1960** urodziłem się w roku 1960; **born blind** niewidomy od urodzenia; **a born comedian** urodzony komik.

borne [bɔ:n] *pp of* **bear**.

Borneo ['bɔ:nɪəu] *n* Borneo *nt inv*.

borough ['bʌrə] *n* okręg *m* wyborczy.

borrow ['bɔrəu] *vt* (*from sb*) pożyczać (pożyczyć *perf*); (*from library*) wypożyczać (wypożyczyć *perf*); **may I borrow your car?** czy mogę pożyczyć twój samochód?

borrower ['bɔrəuə*] *n* kredytobiorca *m*.

borrowing ['bɔrəuɪŋ] *n* (*COMM*) zaciąganie *nt* kredytów; (*LING*) zapożyczenie *nt*.

borstal ['bɔ:stl] (*BRIT*) *n* dom *m or* zakład *m* poprawczy, poprawczak *m* (*inf*).

bosom ['buzəm] *n* (*ANAT*) biust *m*; (*fig: of family*) łono *nt*.

bosom friend *n* przyjaciel (-iółka) *m(f)* od serca.

boss [bɔs] *n* szef(owa) *m(f)* ♦ *vt* (*also*: **boss around, boss about**) rozkazywać *+dat*; **stop bossing everyone about!** przestań rozstawiać wszystkich po kątach!
bossy ['bɔsɪ] *adj* despotyczny.
bosun ['bəusn] (*NAUT*) *n* bosman *m*.
botanical [bə'tænɪkl] *adj* botaniczny.
botanist ['bɔtənɪst] *n* botanik (-iczka) *m(f)*.
botany ['bɔtənɪ] *n* botanika *f*.
botch [bɔtʃ] *vt* (*also*: **botch up**) knocić (sknocić *perf*) (*inf*).
both [bəuθ] *adj* obaj ♦ *pron* (*things*: *with plurals of neuter and masculine nouns*) oba; (: *with plurals of feminine nouns*) obie; (*people*: *male*) obaj; (: *female*) obie; (: *a male and a female*) oboje ♦ *adv*: **both A and B** zarówno A, jak i B; **both of us went, we both went** poszliśmy oboje; **they sell both meat and poultry** sprzedają mięso i drób; **they sell both the fabric and the finished curtains** sprzedają zarówno tkaniny, jak i gotowe zasłony.
bother ['bɔðə*] *vt* (*worry*) niepokoić; (*disturb*) przeszkadzać *+dat*, zawracać głowę *+dat* (*inf*) ♦ *vi* (*also*: **bother o.s.**) trudzić się, zawracać sobie głowę (*inf*) ♦ *n* (*trouble*) kłopot *m*; (*nuisance*): **to be a bother** zawracać głowę (*inf*) ♦ *excl* kurczę (*inf*); **it is a bother to have to do** dużo z tym kłopotu; **to bother doing sth** zadawać sobie trud robienia czegoś; **I'm sorry to bother you** przepraszam, że przeszkadzam; **please don't bother** nie kłopocz się; **don't bother** nie zawracaj sobie głowy; **it's no bother** (to) żaden kłopot.
Botswana [bɔt'swɑːnə] *n* Botswana *f*.
bottle ['bɔtl] *n* butelka *f*; (*small*) buteleczka *f*; (*BRIT*: *inf*) odwaga *f* ♦ *vt* (*beer, wine*) rozlewać (rozlać *perf*) do butelek, butelkować; (*fruit*) zaprawiać (zaprawić *perf*); **a bottle of wine/milk** butelka wina/mleka; **wine/milk bottle** butelka po winie/od mleka.
►**bottle up** *vt* tłumić (stłumić *perf*) w sobie.
bottle bank *n* pojemnik *m* na stłuczkę szklaną.
bottle-fed ['bɔtlfɛd] *adj* karmiony butelką *or* sztucznie.
bottleneck ['bɔtlnɛk] *n* (*AUT*) korek *m* (uliczny); (*fig*) wąskie gardło *nt*.
bottle-opener ['bɔtləupnə*] *n* otwieracz *m* do butelek.
bottom ['bɔtəm] *n* (*of container, sea*) dno *nt*; (*buttocks*) pupa *f*, siedzenie *nt*; (*of page*) dół *m*; (*of chair*) siedzenie *nt*; (*of class etc*) szary koniec *m*; (*of mountain*) podnóże *nt* ♦ *adj* najniższy; **at the bottom of** (*mountain*) u stóp *or* podnóża *+gen*; (*situation, attitude*) u podłoża *+gen*; **to get to the bottom of sth** (*fig*) docierać (dotrzeć *perf*) do sedna czegoś.
bottomless ['bɔtəmlɪs] *adj* bez dna *post*.
bough [bau] *n* konar *m*.
bought [bɔːt] *pt, pp of* **buy**.
boulder ['bəuldə*] *n* głaz *m*.
boulevard ['buːləvɑːd] *n* bulwar *m*.
bounce [bauns] *vi* (*ball*) odbijać się (odbić się *perf*); (*cheque*) nie mieć pokrycia ♦ *vt* odbijać (odbić *perf*) ♦ *n* odbicie *nt*; **to bounce in/out** wpadać (wpaść *perf*)/wypadać (wypaść *perf*) w podskokach.
bouncer ['baunsə*] (*inf*) *n* bramkarz *m* (*inf*: *na dyskotece itp*).
bound [baund] *pt, pp of* **bind** ♦ *n* skok *m*; (*usu pl*: *of possibility etc*) granice *pl* ♦ *vi* podskakiwać (podskoczyć *perf*) ♦ *vt* otaczać (otoczyć *perf*), ograniczać (ograniczyć *perf*) ♦ *adj*: **bound by** (*law etc*) zobowiązany *+instr*; **to be/feel bound to do sth** być/czuć się zobowiązanym zrobić coś; **he's bound to fail** na pewno mu się nie uda; **bound for** (zdążający) do *+gen*; **out of bounds** (*fig*) w strefie zakazanej.
boundary ['baundrɪ] *n* granica *f*.
boundless ['baundlɪs] *adj* nieograniczony, bezgraniczny.
bountiful ['bauntɪful] *adj* (*person*) szczodry; (*supply*) obfity.
bounty ['bauntɪ] *n* (*generosity*) szczodrość *f*; (*reward*) premia *f*, nagroda *f*.
bounty hunter *n* łowca *m* nagród.
bouquet ['bukeɪ] *n* bukiet *m*.
bourbon ['buəbən] (*US*) *n* burbon *m*.
bourgeois ['buəʒwɑː] *adj* burżuazyjny ♦ *n* członek *m* burżuazji, burżuj(ka) *m(f)* (*pej, inf*).
bout [baut] *n* (*of disease*) atak *m*; (*of activity*) napad *m*; (*BOXING*) walka *f*, mecz *m*.
boutique [buː'tiːk] *n* butik *m*.
bow[1] [bəu] *n* (*knot*) kokarda *f*; (*weapon*) łuk *m*; (*MUS*) smyczek *m*.
bow[2] [bau] *n* (*greeting*) ukłon *m*; (*NAUT*: *also*: **bows**) dziób *m* ♦ *vi* kłaniać się (ukłonić się *perf*); **to bow to** *or* **before** (*pressure*) uginać się (ugiąć się *perf*) pod *+instr*; (*sb's wishes*) przystawać (przystać *perf*) na *+acc*; **to bow to the inevitable** godzić się (pogodzić się *perf*) z losem.
bowels ['bauəlz] *npl* (*ANAT*) jelita *pl*; (*of the earth etc*) wnętrze *nt*.
bowl [bəul] *n* (*for/of food*) miska *f*; (: *small*) miseczka *f*; (*for washing*) miednica *f*; (*SPORT*) kula *f*; (*of pipe*) główka *f*; (*US*) stadion *m* (*o budowie amfiteatralnej*) ♦ *vi* (*CRICKET, BASEBALL*) rzucać (rzucić *perf*) (piłką).
►**bowl over** *vt* (*fig*) rzucać (rzucić *perf*) na kolana.
bow-legged ['bəu'lɛgɪd] *adj*: **to be bow-legged** mieć pałąkowate nogi.
bowler ['bəulə*] *n* (*CRICKET, BASEBALL*) *gracz rzucający lub serwujący piłkę*; (*BRIT*: *also*: **bowler hat**) melonik *m*.
bowling ['bəulɪŋ] *n* (*game*) kręgle *pl*.
bowling alley *n* kręgielnia *f*.
bowling green *n* trawnik *m* do gry w kule.
bowls [bəulz] *n* gra *f* w kule.
bow tie [bəu-] *n* muszka *f*.

box [bɔks] *n* pudełko *nt*; (*cardboard box*) pudło *nt*, karton *m*; (*crate*) skrzynka *f*; (*THEAT*) loża *f*; (*on form*) kratka *f*; (*BRIT*: *AUT*) koperta *f* (*lub inne miejsce, w którym nie wolno się zatrzymywać*) ♦ *vt* pakować (zapakować *perf*) do pudełka/pudełek; (*SPORT*) boksować się z *+instr* ♦ *vi* uprawiać boks; **to box sb's ears** dawać (dać *perf*) komuś po uszach.

▸**box in** *vt* blokować (zablokować *perf*).

▸**box off** *vt* odgradzać (odgrodzić *perf*).

boxer ['bɔksə*] *n* bokser *m*.

box file *n* segregator *m* (*w formie zamykanego pudła*).

boxing ['bɔksɪŋ] (*SPORT*) *n* boks *m*.

Boxing Day (*BRIT*) *n drugi dzień Świąt Bożego Narodzenia*.

boxing gloves *npl* rękawice *pl* bokserskie.

boxing ring *n* ring *m* bokserski.

box number (*PRESS*) *n* numer *m* oferty.

box office *n* kasa *f* (biletowa) (*w teatrze itp*).

boxroom ['bɔksrum] *n* rupieciarnia *f* (*służąca czasem jako dodatkowa sypialnia*).

boy [bɔɪ] *n* chłopiec *m*.

boycott ['bɔɪkɔt] *n* bojkot *m* ♦ *vt* bojkotować (zbojkotować *perf*).

boyfriend ['bɔɪfrɛnd] *n* chłopak *m*; (*older woman's*) przyjaciel *m*.

boyish ['bɔɪɪʃ] *adj* chłopięcy.

boy scout *n* ≈ harcerz *m*.

Bp *abbr* = **bishop** bp.

BR *abbr* (= *British Rail*).

bra [brɑː] *n* biustonosz *m*, stanik *m*.

brace [breɪs] *n* (*on teeth*) aparat *m* (korekcyjny); (*tool*) świder *m*; (*also*: **brace bracket**) nawias *m* klamrowy ♦ *vt* (*knees, shoulders*) napinać (napiąć *perf*); **braces** *npl* (*BRIT*) szelki *pl*; **to brace o.s.** podpierać się (podeprzeć się *perf*); (*fig*) zbierać (zebrać *perf*) siły.

bracelet ['breɪslɪt] *n* bransoletka *f*.

bracing ['breɪsɪŋ] *adj* ożywczy, orzeźwiający.

bracken ['brækən] *n* orlica *f* (*paproć*).

bracket ['brækɪt] *n* (*TECH*) wspornik *m*, podpórka *f*; (*group, range*) przedział *m*; (*also*: **brace bracket**) nawias *m* klamrowy, klamra *f*; (*also*: **round bracket**) nawias *m* (okrągły); (*also*: **square bracket**) nawias *m* kwadratowy ♦ *vt* (*word, phrase*) brać (wziąć *perf*) w nawias; (*also*: **bracket together**) traktować (potraktować *perf*) razem; **income bracket** przedział *or* grupa dochodu; **in brackets** w nawiasach.

brackish ['brækɪʃ] *adj* (*water*) słonawy.

brag [bræg] *vi* chwalić się, przechwalać się.

braid [breɪd] *n* (*trimming*) galon *m*; (*plait*) warkocz *m*.

Braille [breɪl] *n* alfabet *m* Braille'a, brajl *m*.

brain [breɪn] *n* mózg *m*; (*fig*) umysł *m*; **brains** *npl* (*CULIN*) móżdżek *m*; (*intelligence*) głowa *f*; **he's got brains** ma (dobrą) głowę.

brainchild ['breɪntʃaɪld] *n*: **the project was the brainchild of Max Nicholson** projekt narodził się w głowie Maxa Nicholsona.

brain drain *n*: **the brain drain** drenaż *m* mózgów.

brainless ['breɪnlɪs] *adj* głupi.

brainstorm ['breɪnstɔːm] *n* (*aberration*) zaćmienie *nt* umysłu; (*US*: *brainwave*) olśnienie *nt*.

brainwash ['breɪnwɔʃ] *vt* robić (zrobić *perf*) pranie mózgu *+dat*.

brainwave ['breɪnweɪv] *n* olśnienie *nt*.

brainy ['breɪnɪ] *adj* bystry, rozgarnięty.

braise [breɪz] (*CULIN*) *vt* dusić (udusić *perf*).

brake [breɪk] *n* hamulec *m*; (*fig*) ograniczenie *nt* ♦ *vi* hamować (zahamować *perf*).

brake fluid *n* płyn *m* hamulcowy.

brake light *n* światła *pl* stopu *or* hamowania.

brake pedal *n* pedał *m* hamulca.

bramble ['bræmbl] *n* jeżyna *f* (*krzew*), ostrężyna *f*.

bran [bræn] *n* otręby *pl*.

branch [brɑːntʃ] *n* (*lit, fig*) gałąź *f*; (*COMM*) oddział *m* ♦ *vi* rozgałęziać się (rozgałęzić się *perf*).

▸**branch out** *vi*: **to branch out (into)** (*fig*) rozszerzać (rozszerzyć *perf*) działalność (o *+acc*).

branch line (*RAIL*) *n* linia *f* boczna.

branch manager *n* kierownik (-iczka) *m(f)* oddziału.

brand [brænd] *n* (*make*) marka *f*; (*fig*) rodzaj *m*, odmiana *f* ♦ *vt* (*cattle*) znakować (oznakować *perf*); **to brand sb a communist/traitor** przyczepiać (przyczepić *perf*) komuś etykietkę komunisty/zdrajcy.

brandish ['brændɪʃ] *vt* wymachiwać *or* wywijać *+instr*.

brand name *n* nazwa *f* firmowa.

brand-new ['brænd'njuː] *adj* nowiutki, nowiuteńki; (*machine etc*) fabrycznie nowy.

brandy ['brændɪ] *n* koniak *m*, winiak *m*.

brash [bræʃ] *adj* zuchwały.

Brasilia [brə'zɪlɪə] *n* Brasilia *f*.

brass [brɑːs] *n* mosiądz *m*; **the brass** (*MUS*) instrumenty dęte blaszane.

brass band *n* orkiestra *f* dęta.

brassière ['bræsɪə*] *n* biustonosz *m*, stanik *m*.

brass tacks *npl*: **to get down to brass tacks** przechodzić (przejść *perf*) do rzeczy.

brat [bræt] (*pej*) *n* bachor *m* (*pej, inf*).

bravado [brə'vɑːdəu] *n* brawura *f*.

brave [breɪv] *adj* dzielny ♦ *n* wojownik *m* indiański ♦ *vt* stawiać (stawić *perf*) czoło *+dat*.

bravely ['breɪvlɪ] *adv* dzielnie.

bravery ['breɪvərɪ] *n* dzielność *f*, męstwo *nt*.

bravo [brɑː'vəu] *excl* brawo.

brawl [brɔːl] *n* bijatyka *f*, burda *f* ♦ *vi* bić się (pobić się *perf*).

brawn [brɔːn] *n* (*strength*) tężyzna *f* (fizyczna), krzepa *f* (*inf*); (*meat*) salceson *m*.

brawny ['brɔːnɪ] *adj* krzepki.

bray [breɪ] *vi* ryczeć (zaryczeć *perf*) ♦ *n* ryk *m* (*ośli lub podobny*).

brazen ['breɪzn] *adj* (*woman*) bezwstydny; (*lie, accusation*) bezczelny ♦ *vt*: **to brazen it out** nadrabiać tupetem.

brazier ['breɪzɪə*] *n* koksownik *m*.

Brazil [brə'zɪl] *n* Brazylia *f*.

Brazilian [brə'zɪljən] *adj* brazylijski ♦ *n* Brazylijczyk (-jka) *m(f)*.

Brazil nut *n* orzech *m* brazylijski.

breach [bri:tʃ] *vt* (*wall*) robić (zrobić *perf*) wyłom w +*loc*; (*defence*) przełamywać (przełamać *perf*) ♦ *n* (*gap*) wyłom *m*; (*estrangement*) różnica *f* zdań *or* poglądów; **breach of contract** naruszenie *or* pogwałcenie umowy; **breach of the peace** zakłócenie porządku publicznego; **breach of trust** nadużycie zaufania.

bread [brɛd] *n* chleb *m*; (*inf*) forsa *f* (*inf*), siano *nt* (*inf*); **to earn one's daily bread** zarabiać (zarobić *perf*) na chleb; **he knows which side his bread is buttered (on)** on wie, komu się przypodobać.

bread and butter *n* chleb *m* z masłem; (*fig*) źródło *nt* utrzymania.

breadbin ['brɛdbɪn] (*BRIT*) *n* pojemnik *m* na chleb *or* pieczywo.

breadboard ['brɛdbɔ:d] *n* deska *f* do krojenia chleba; (*COMPUT*) płyta *f* montażowa.

breadbox ['brɛdbɔks] (*US*) *n* = **breadbin**.

breadcrumbs ['brɛdkrʌmz] *npl* okruszki *pl*; (*CULIN*) bułka *f* tarta.

breadline ['brɛdlaɪn] *n*: **on the breadline** na skraju *or* granicy nędzy.

breadth [brɛtθ] *n* szerokość *f*; (*fig*) rozmach *m*.

breadwinner ['brɛdwɪnə*] *n* żywiciel(ka) *m(f)* (rodziny).

break [breɪk] (*pt* **broke**, *pp* **broken**) *vt* (*crockery, glass*) tłuc (stłuc *perf*); (*leg, promise, law*) łamać (złamać *perf*); (*record*) bić (pobić *perf*) ♦ *vi* (*crockery, glass*) tłuc się (stłuc się *perf*), rozbijać się (rozbić się *perf*); (*weather*) przełamywać się (przełamać się *perf*); (*storm*) zrywać się (zerwać się *perf*); (*story, news*) wychodzić (wyjść *perf*) na jaw ♦ *n* (*gap, pause, rest*) przerwa *f*; (*fracture*) złamanie *nt*; (*chance*) szansa *f*; **the day was about to break when ...** świtało, gdy ...; **to break the news to sb** przekazywać (przekazać *perf*) komuś (złą) wiadomość; **to break even** wychodzić (wyjść *perf*) na czysto *or* na zero; **to break with sb** zrywać (zerwać *perf*) z kimś; **to break free** *or* **loose** wyrwać się *(perf)*, uwolnić się *(perf)*; **to break open** (*door*) wyważać (wyważyć *perf*); (*safe*) otwierać (otworzyć *perf*); **to take a break** (*for a few minutes*) robić (zrobić *perf*) sobie przerwę; (*have a holiday*) brać (wziąć *perf*) wolne; **without a break** bez przerwy; **her lucky break came in 1991** szczęście uśmiechnęło się do niej w 1991.

►**break down** *vt* (*figures, data*) dzielić (podzielić *perf*), rozbijać (rozbić *perf*); (*door*) wyłamywać (wyłamać *perf*) ♦ *vi* (*machine, car*) psuć się (popsuć się *perf*); (*person, talks*) załamywać się (załamać się *perf*).

►**break in** *vt* (*horse*) ujeżdżać (ujeździć *perf*) ♦ *vi* (*burgle*) włamywać się (włamać się *perf*); (*interrupt*) wtrącać się (wtrącić się *perf*).

►**break into** *vt fus* włamywać się (włamać się *perf*) do +*gen*.

►**break off** *vi* (*branch*) odłamywać się (odłamać się *perf*); (*speaker*) przerywać (przerwać *perf*) ♦ *vt* (*talks, engagement*) zrywać (zerwać *perf*).

►**break out** *vi* (*war, fight*) wybuchać (wybuchnąć *perf*); (*prisoner*) zbiegać (zbiec *perf*); **to break out in spots/a rash** pokrywać się (pokryć się *perf*) plamami/wysypką.

►**break through** *vi*: **the sun broke through** wyszło *or* wyjrzało słońce.

►**break through** *vt fus* przedzierać się (przedrzeć się *perf*) przez +*acc*.

►**break up** *vi* (*object, substance, marriage*) rozpadać się (rozpaść się *perf*); (*couple*) zrywać (zerwać *perf*) ze sobą; (*crowd*) rozchodzić się (rozejść się *perf*); (: *in panic*) rozpierzchać się (rozpierzchnąć się *perf*); (*SCOL*) kończyć (skończyć *perf*) naukę *or* zajęcia ♦ *vt* (*rocks, biscuit*) łamać (połamać *perf*), kruszyć (rozkruszyć *perf*); (*fight, meeting, monotony*) przerywać (przerwać *perf*); (*marriage*) doprowadzać (doprowadzić *perf*) do rozpadu +*gen*.

breakable ['breɪkəbl] *adj* łamliwy, kruchy ♦ *n*: **breakables** rzeczy *pl* łatwo tłukące się.

breakage ['breɪkɪdʒ] *n* (*breaking*) uszkodzenie *nt*; (: *of glass etc object*) stłuczenie *nt*; (*damage*) szkoda *f*; **to pay for breakages** płacić (zapłacić *perf*) za szkody.

breakaway ['breɪkəweɪ] *adj* frakcyjny.

break-dancing ['breɪkdɑ:nsɪŋ] *n* breakdance *m*.

breakdown ['breɪkdaun] *n* (*AUT*) awaria *f*; (*of marriage, political system*) rozpad *m*; (*of talks*) załamanie się *nt*; (*of statistics*) rozbicie *nt*, analiza *f*; (*also*: **nervous breakdown**) załamanie *nt* (nerwowe).

breakdown service (*BRIT*) *n* pomoc *f* drogowa.

breakdown van (*BRIT*) *n* samochód *m* pomocy drogowej.

breaker ['breɪkə*] *n* fala *f* przybojowa.

breakeven ['breɪk'i:vn] *cpd*: **breakeven chart** wykres *m* progu rentowności; **breakeven point** próg rentowności.

breakfast ['brɛkfəst] *n* śniadanie *nt* ♦ *vi* jeść (zjeść *perf*) śniadanie.

breakfast cereal *n* płatki *pl* śniadaniowe.

break-in ['breɪkɪn] *n* włamanie *nt*).

breaking and entering ['breɪkɪŋən'ɛntrɪŋ] (*JUR*) *n* wtargnięcie *nt* z włamaniem.

breaking point ['breɪkɪŋ-] *n* granica *f* wytrzymałości.

breakthrough ['breɪkθru:] *n* (*fig*) przełom *m*.
break-up ['breɪkʌp] *n* rozpad *m*.
break-up value *n suma wartości majątku spółki podzielona przez liczbę wyemitowanych akcji.*
breakwater ['breɪkwɔ:tə*] *n* falochron *m*.
breast [brɛst] *n* pierś *f*; (*of lamb, veal*) mostek *m*.
breast-feed ['brɛstfi:d] (*irreg like*: **feed**) *vt* karmić (nakarmić *perf*) piersią ♦ *vi* karmić piersią.
breast pocket *n* kieszeń *f* wewnętrzna.
breast-stroke ['brɛststrəuk] *n* styl *m* klasyczny, żabka *f* (*inf*).
breath [brɛθ] *n* (*breathing*) oddech *m*; (*single intake of air*) wdech *m*; **to go out for a breath of air** wychodzić (wyjść *perf*) zaczerpnąć powietrza *or* odetchnąć świeżym powietrzem; **to be out of breath** nie móc złapać tchu; **to get one's breath back** odzyskać (*perf*) oddech; **to hold one's breath** wstrzymywać (wstrzymać *perf*) oddech.
breathalyze ['brɛθəlaɪz] (*also spelled* **breathalyse**) *vt* mierzyć (zmierzyć *perf*) zawartość alkoholu (w organizmie) *+dat*, kazać (kazać *perf*) dmuchać w balonik *+dat* (*inf*).
Breathalyzer ['brɛθəlaɪzə*] (*also spelled* **Breathalyser**) ® *n* ≈ alkomat *m*.
breathe [bri:ð] *vt* oddychać (odetchnąć *perf*) *+instr* ♦ *vi* oddychać (odetchnąć *perf*); **I won't breathe a word about it** nie puszczę pary z ust na ten temat.
►**breathe in** *vt* wdychać ♦ *vi* robić (zrobić *perf*) wdech.
►**breathe out** *vt* wydychać ♦ *vi* wypuszczać (wypuścić *perf*) powietrze, robić (zrobić *perf*) wydech.
breather ['bri:ðə*] *n*: **to take** *or* **have a breather** robić (zrobić *perf*) sobie przerwę (na złapanie oddechu).
breathing ['bri:ðɪŋ] *n* oddychanie *nt*, oddech *m*.
breathing space *n* (*fig*) chwila *f* wytchnienia.
breathless ['brɛθlɪs] *adj* (*from exertion*) z(a)dyszany; **he was breathless with excitement** z wrażenia zaparło mu dech.
breathtaking ['brɛθteɪkɪŋ] *adj* zapierający dech (w piersiach).
bred [brɛd] *pt, pp of* **breed**.
-bred [brɛd] *suff*: **well/ill-bred** dobrze/źle wychowany.
breed [bri:d] (*pt, pp* **bred**) *vt* hodować (wyhodować *perf*); (*fig*) rodzić (zrodzić *perf*) ♦ *vi* rozmnażać się ♦ *n* (*ZOOL*) rasa *f*; (*of person*) typ *m*.
breeder ['bri:də*] *n* (*person*) hodowca *m*; (*also*: **breeder reactor**) reaktor *m* powielający.
breeding ['bri:dɪŋ] *n* (*upbringing*) wychowanie *nt*.
breeding ground *n* (*for birds*) lęgowisko *nt*; (*for fish*) tarlisko *nt*; (*fig*) wylęgarnia *f*.
breeze [bri:z] *n* wietrzyk *m*.
breezeblock ['bri:zblɔk] (*BRIT*) *n* pustak *m*.
breezy ['bri:zɪ] *adj* (*person*) żwawy; (*tone*) lekki; (*weather*) wietrzny.
Breton ['brɛtən] *adj* bretoński ♦ *n* Bretończyk (-onka) *m(f)*.
brevity ['brɛvɪtɪ] *n* (*of life*) krótkotrwałość *f*; (*of speech, writing*) zwięzłość *f*.
brew [bru:] *vt* (*tea*) parzyć (zaparzyć *perf*); (*beer*) warzyć ♦ *vi* (*tea*) parzyć się (zaparzyć się *perf*); (*beer*) warzyć się; (*sth unpleasant*): **a storm/crisis is brewing** zanosi się na burzę/kryzys.
brewer ['bru:ə*] *n* (*beer maker*) piwowar *m*; (*brewery owner*) właściciel *m* browaru.
brewery ['bru:ərɪ] *n* browar *m*.
briar ['braɪə*] *n* (*thorny bush*) wrzosiec *m*; (*wild rose*) dzika róża *f*.
bribe [braɪb] *n* łapówka *f* ♦ *vt* przekupywać (przekupić *perf*); **to bribe sb to do sth** przekupić (*perf*) kogoś, żeby coś zrobił.
bribery ['braɪbərɪ] *n* przekupstwo *nt*.
bric-a-brac ['brɪkəbræk] *n* bibeloty *pl*.
brick [brɪk] *n* cegła *f*.
bricklayer ['brɪkleɪə*] *n* murarz *m*.
brickwork ['brɪkwə:k] *n* mur *m* (ceglany).
bridal ['braɪdl] *adj* ślubny.
bride [braɪd] *n* panna *f* młoda.
bridegroom ['braɪdgru:m] *n* pan *m* młody.
bridesmaid ['braɪdzmeɪd] *n* druhna *f*.
bridge [brɪdʒ] *n* (*TECH, ARCHIT*) most *m*; (*NAUT*) mostek *m* kapitański; (*CARDS*) brydż *m*; (*DENTISTRY*) most(ek) *m*; (*of nose*) grzbiet *m* ♦ *vt* (*river*) przerzucać (przerzucić *perf*) most nad *+instr*; (*fig*: *gap, gulf*) zmniejszać (zmniejszyć *perf*).
bridging loan ['brɪdʒɪŋ-] (*BRIT*) *n krótkoterminowa pożyczka między transakcjami, np. na zakup nowego domu przed uzyskaniem wpływów ze sprzedaży starego.*
bridle ['braɪdl] *n* uzda *f* ♦ *vt* (*horse*) zakładać (założyć *perf*) uzdę *+dat* ♦ *vi*: **to bridle (at)** obruszać się (obruszyć się *perf*) (na *+acc*).
bridle path *n* ścieżka *f* konna.
brief [bri:f] *adj* krótki ♦ *n* (*JUR*: *documents*) akta *pl* (sprawy); (*task*) wytyczne *pl* ♦ *vt*: **to brief sb (about sth)** (*give instructions*) instruować (poinstruować *perf*) kogoś (o czymś); (*give information*) informować (poinformować *perf*) kogoś (o czymś); **briefs** *npl* (*for men*) slipy *pl*; (*for women*) figi *pl*; **in brief** krótko mówiąc; **to give a brief to sb** (*JUR*) powierzyć komuś prowadzenie sprawy.
briefcase ['bri:fkeɪs] *n* aktówka *f*.
briefing ['bri:fɪŋ] *n* instruktaż *m*; (*MIL*) odprawa *f*; (*PRESS*) briefing *m*.
briefly ['bri:flɪ] *adv* (*smile, glance*) przelotnie; (*visit*) na krótko; (*explain*) pokrótce; **to glimpse sb/sth briefly** ujrzeć (*perf*) kogoś/coś przelotnie.
Brig. *abbr* = **brigadier** bryg.
brigade [brɪ'geɪd] *n* brygada *f*.

brigadier [brɪgə'dɪə*] *n* brygadier *m* (*stopień pomiędzy pułkownikiem a generałem brygady*).

bright [braɪt] *adj* (*light, room, colour*) jasny; (*day*) pogodny; (*person*) bystry; (*idea*) błyskotliwy; (*outlook, future*) świetlany; (*lively*) ożywiony; **to look on the bright side** podchodzić (podejść *perf*) do rzeczy optymistycznie.

brighten ['braɪtn] (*also*: **brighten up**) *vt* (*place*) upiększać (upiększyć *perf*); (*person*) rozweselać (rozweselić *perf*); (*event*) ożywiać (ożywić *perf*) ♦ *vi* (*of weather*) rozpogadzać się (rozpogodzić się *perf*); (*person*) poweseleć (*perf*); (*face*) rozjaśniać się (rozjaśnić się *perf*); (*prospects*) polepszać się (polepszyć się *perf*).

brightly ['braɪtlɪ] *adv* (*shine*) jasno; (*smile*) promiennie; (*talk*) pogodnie.

brilliance ['brɪljəns] *n* (*of light*) świetlistość *f*; (*of talent, skill*) błyskotliwość *f*.

brilliant ['brɪljənt] *adj* (*person, idea, career*) błyskotliwy; (*smile*) promienny; (*light*) olśniewający; (*inf: holiday etc*) kapitalny (*inf*).

brilliantly ['brɪljəntlɪ] *adv* (*act, perform*) błyskotliwie; (*succeed, work*) znakomicie; (*illuminate*) rzęsiście.

brim [brɪm] *n* (*of cup*) brzeg *m*; (*of hat*) rondo *nt*.

brimful ['brɪm'ful] *adj*: **brimful (of)** po brzegi napełniony (+*instr*); (*fig*) pełen (+*gen*).

brine [braɪn] *n* zalewa *f* solna.

bring [brɪŋ] (*pt, pp* **brought**) *vt* (*thing, satisfaction*) przynosić (przynieść *perf*); (*person*) przyprowadzać (przyprowadzić *perf*); **to bring sth to an end** zakończyć (*perf*) coś; **I can't bring myself to fire him** nie mogę się przemóc, żeby go zwolnić.

▸**bring about** *vt* doprowadzać (doprowadzić *perf*) do +*gen*.

▸**bring back** *vt* (*restore*) przywracać (przywrócić *perf*); (*return*) odnosić (odnieść *perf*).

▸**bring down** *vt* (*government*) obalać (obalić *perf*); (*price*) obniżać (obniżyć *perf*).

▸**bring forward** *vt* (*meeting, proposal*) przesuwać (przesunąć *perf*) (*na wcześniejszy termin*); (*BOOK-KEEPING*) przenosić (przenieść *perf*).

▸**bring in** *vt* (*money*) przynosić (przynieść *perf*); (*object, person*) sprowadzać (sprowadzić *perf*); (*POL: legislation*) wprowadzać (wprowadzić *perf*); (*JUR: verdict*) ogłaszać (ogłosić *perf*).

▸**bring off** *vt* (*task*) wykonywać (wykonać *perf*); (*deal, plan*) przeprowadzać (przeprowadzić *perf*).

▸**bring out** *vt* (*person*) ośmielać (ośmielić *perf*); (*new product*) wypuszczać (wypuścić *perf*) (na rynek); **to bring out the worst in sb** wyzwalać (wyzwolić *perf*) w kimś najgorsze instynkty.

▸**bring round** *vt* (*unconscious person*) cucić (ocucić *perf*).

▸**bring up** *vt* (*carry up*) przynosić (przynieść *perf*) (*na górę*); (*children*) wychowywać (wychować *perf*); (*question, subject*) podnosić (podnieść *perf*); (*food*) zwracać (zwrócić *perf*).

bring and buy sale *n dobroczynna giełda rzeczy używanych.*

brink [brɪŋk] *n* (*of disaster, war etc*) krawędź *f*; **to be on the brink of doing sth** być bliskim zrobienia czegoś; **she was on the brink of tears** była bliska łez.

brisk [brɪsk] *adj* (*tone, person*) energiczny; (*pace*) dynamiczny; (*trade*) ożywiony; **brisk walk** szybki spacer; **business is brisk** interes kwitnie.

bristle ['brɪsl] *n* (*on animal, chin*) szczecina *f*; (*of brush*) włosie *nt* ♦ *vi* (*in anger*) zjeżać się (zjeżyć się *perf*) (*inf*); (*at memory etc*) wzdrygać się (wzdrygnąć się *perf*); **bristling with** najeżony +*instr*.

bristly ['brɪslɪ] *adj* (*beard, hair*) szczeciniasty; (*chin*) pokryty szczeciną.

Brit [brɪt] (*inf*) *n abbr* (= *British person*) Brytyjczyk (-jka) *m(f)*.

Britain ['brɪtən] *n* (*also*: **Great Britain**) Wielka Brytania *f*; **in Britain** w Wielkiej Brytanii.

British ['brɪtɪʃ] *adj* brytyjski ♦ *npl*: **the British** Brytyjczycy *vir pl*.

British Isles *npl*: **the British Isles** Wyspy *pl* Brytyjskie.

British Rail *n* Kolej *f* Brytyjska.

Briton ['brɪtən] *n* Brytyjczyk (-jka) *m(f)*.

Brittany ['brɪtənɪ] *n* Bretania *f*.

brittle ['brɪtl] *adj* kruchy.

Br(o). (*REL*) *abbr* = **brother** br.

broach [brəutʃ] *vt* (*subject*) poruszać (poruszyć *perf*).

broad [brɔ:d] *adj* (*street, smile, range*) szeroki; (*outlines*) ogólny; (*accent*) silny ♦ *n* (*US: inf*) kobieta *f*; **in broad daylight** w biały dzień; **broad hint** wyraźna aluzja.

broad bean *n* bób *m*.

broadcast ['brɔ:dkɑ:st] (*pt, pp* **broadcast**) *n* (*RADIO*) audycja *f*, program *m*; (*TV*) program *m* ♦ *vt* (*RADIO, TV*) nadawać (nadać *perf*), emitować (wyemitować *perf*) ♦ *vi* (*RADIO, TV*) nadawać.

broadcasting ['brɔ:dkɑ:stɪŋ] *n* nadawanie *nt* programów.

broadcasting station *n* stacja *f* nadawcza.

broaden ['brɔ:dn] *vt* rozszerzać (rozszerzyć *perf*), poszerzać (poszerzyć *perf*) ♦ *vi* rozszerzać się (rozszerzyć się *perf*); **to broaden sb's mind** poszerzać (poszerzyć *perf*) czyjeś horyzonty (myślowe); **travel broadens the mind** podróże kształcą.

broadly ['brɔ:dlɪ] *adv* zasadniczo; **broadly speaking** najogólniej biorąc.

broad-minded ['brɔ:d'maɪndɪd] *adj* tolerancyjny.

broccoli ['brɔkəlɪ] *n* brokuły *pl*.

brochure ['brəuʃjuə*] *n* broszura *f*, prospekt *m*.

brogue [brəug] *n* (*accent*) *silny akcent,*

zwłaszcza irlandzki lub szkocki; (*shoe*) *mocny, skórzany but.*
broil [brɔɪl] *vt* opiekać (opiec *perf*).
broiler ['brɔɪlə*] *n* brojler *m*.
broke [brəuk] *pt of* **break** ♦ *adj* (*inf*: *person*) spłukany (*inf*); **to go broke** plajtować (splajtować *perf*) (*inf*).
broken ['brəukn] *pp of* **break** ♦ *adj* (*window, cup*) rozbity; (*machine*) zepsuty; (*leg, promise, vow*) złamany; (*marriage, home*) rozbity; **in broken English/Polish** łamaną angielszczyzną/polszczyzną.
broken-down ['brəukn'daun] *adj* (*car, machine*) zepsuty; (*house*) podupadły.
broken-hearted ['brəukn'hɑ:tɪd] *adj*: **to be broken-hearted** mieć złamane serce.
broker ['brəukə*] *n* (*in shares*) makler *m*; (*insurance broker*) broker *m* ubezpieczeniowy.
brokerage ['brəukrɪdʒ] *n* (*business*) usługi *pl* maklerskie; (*fee*) opłata *f* za usługi maklerskie.
brolly ['brɔlɪ] (*BRIT*: *inf*) *n* parasol *m*.
bronchitis [brɔŋ'kaɪtɪs] *n* zapalenie *nt* oskrzeli, bronchit *m*.
bronze [brɔnz] *n* (*metal*) brąz *m*; (*sculpture*) rzeźba *f* z brązu.
bronzed [brɔnzd] *adj* opalony na brąz.
brooch [brəutʃ] *n* broszka *f*.
brood [bru:d] *n* (*baby birds*) wylęg *m*; (*sb's children*) trzódka *f*, gromadka *f* ♦ *vi* (*person*) rozmyślać; (*hen*) wysiadywać jajka.
▸**brood on** *or* **over** *vt fus* rozpamiętywać *+acc*.
broody ['bru:dɪ] *adj* (*moody*) zasępiony; (*hen*) kwoczący; **to feel broody** (*woman*) pragnąć dziecka.
brook [bruk] *n* strumyk *m*.
broom [brum] *n* miotła *f*; (*BOT*) janowiec *m*.
broomstick ['brumstɪk] *n* kij *m* od miotły.
Bros. (*COMM*) *abbr* (= *brothers*) Bracia.
broth [brɔθ] *n* rosół *m*.
brothel ['brɔθl] *n* dom *m* publiczny, burdel *m* (*inf*).
brother ['brʌðə*] *n* (*lit, fig*) brat *m*.
brotherhood ['brʌðəhud] *n* braterstwo *nt*.
brother-in-law ['brʌðərɪn'lɔ:] *n* szwagier *m*.
brotherly ['brʌðəlɪ] *adj* braterski.
brought [brɔ:t] *pt, pp of* **bring**.
brought forward (*BOOK-KEEPING*) *adj* z przeniesienia *post*.
brow [brau] *n* (*forehead*) czoło *nt*; (*old*: *eyebrow*) brew *f*; (*of hill*) grzbiet *m*.
browbeat ['braubi:t] *vt*: **to browbeat sb** zastraszać (zastraszyć *perf*) kogoś; **to browbeat sb into doing sth** wymuszać (wymusić *perf*) na kimś zrobienie czegoś.
brown [braun] *adj* brązowy ♦ *n* (kolor *m*) brązowy, brąz *m* ♦ *vi* (*CULIN*) przyrumieniać się (przyrumienić się *perf*); **to go brown** (*person*) opalać się (opalić się *perf*); (*leaves*) brązowieć (zbrązowieć *perf*).
brown bread *n* ciemny chleb *m*.
Brownie ['braunɪ] *n* (*also*: **Brownie Guide**) *dziewczynka należąca do drużyny zuchów.*
brownie ['braunɪ] (*US*) *n czekoladowe ciasteczko z orzechami.*
brown paper *n* szary papier *m*.
brown rice *n* brązowy ryż *m*.
brown sugar *n* cukier *m* nieoczyszczony.
browse [brauz] *vi* (*in shop*) szperać; (*animal*) paść się ♦ *n*: **to have a browse (around)** rozglądać się (rozejrzeć się *perf*); **to browse through a book** przeglądać *or* przerzucać książkę.
bruise [bru:z] *n* (*on body*) siniec *m*, siniak *m*; (*on fruit*) obicie *nt* ♦ *vt* (*arm, leg*) stłuc (*perf*); (*person*) posiniaczyć (*perf*); (*fruit*) obijać (obić *perf*) ♦ *vi* (*fruit*) obijać się (obić się *perf*).
Brum [brʌm] (*BRIT*: *inf*) *n abbr* (= *Birmingham*).
Brummie ['brʌmɪ] (*inf*) *n* mieszkaniec (-nka) *m(f)* Birmingham.
brunch [brʌntʃ] *n połączenie późnego śniadania z lunchem.*
brunette [bru:'nɛt] *n* brunetka *f*.
brunt [brʌnt] *n*: **to bear the brunt of** (*attack, criticism*) najbardziej odczuwać (odczuć *perf*) *+acc*.
brush [brʌʃ] *n* (*for cleaning*) szczotka *f*; (*for shaving, painting*) pędzel *m*; (*unpleasant encounter*) scysja *f* ♦ *vt* (*floor*) zamiatać (zamieść *perf*); (*hair*) szczotkować (wyszczotkować *perf*); (*also*: **brush against**) ocierać się (otrzeć się *perf*) o *+acc*; **to brush one's teeth** myć (umyć *perf*) zęby; **to have a brush with death** ocierać się (otrzeć się *perf*) o śmierć; **to have a brush with the police** mieć do czynienia z policją.
▸**brush aside** *vt* odsuwać (odsunąć *perf*) na bok.
▸**brush past** *vt* przemykać (przemknąć *perf*) obok *+gen*.
▸**brush up (on)** *vt* (*language*) szlifować (podszlifować *perf*); (*knowledge*) odświeżać (odświeżyć *perf*).
brushed [brʌʃt] *adj* (*steel, chrome*) matowy; (*nylon, denim*) z meszkiem *post*.
brush-off ['brʌʃɔf] *n*: **to give sb the brush-off** (*inf*) spławiać (spławić *perf*) kogoś (*inf*).
brushwood ['brʌʃwud] *n* chrust *m*.
brusque [bru:sk] *adj* szorstki.
Brussels ['brʌslz] *n* Bruksela *f*.
Brussels sprout *n* brukselka *f*.
brutal ['bru:tl] *adj* brutalny.
brutality [bru:'tælɪtɪ] *n* brutalność *f*.
brute [bru:t] *n* (*person*) brutal *m*; (*animal*) zwierz *m*, bydlę *nt* (*inf*) ♦ *adj*: **by brute force** na siłę, na chama (*inf*).
brutish ['bru:tɪʃ] *adj* bydlęcy.
BS (*US*) *n abbr* (= *Bachelor of Science*) *stopień naukowy.*
bs *abbr* = **bill of sale**.
BSA *n abbr* (= *Boy Scouts of America*) *chłopięca organizacja skautowska.*

BSc *abbr* (= *Bachelor of Science*) *stopień naukowy.*
BSE *n abbr* (= *bovine spongiform encephalopathy*) gąbczaste zwyrodnienie mózgu.
BSI *n abbr* (= *British Standards Institution*) *urząd normalizacyjny.*
BST *abbr* (= *British Summer Time*).
Bt. (*BRIT*) *abbr* = **Bart.**.
btu *n abbr* (= *British thermal unit*) brytyjska jednostka *f* cieplna.
bubble ['bʌbl] *n* bańka *f* ♦ *vi* (*form bubbles*: *boiling liquid*) wrzeć; (: *champagne etc*) musować; (*gurgle*) bulgotać; (: *stream*) szemrać; (*fig*: *with energy*) kipieć; (: *with joy, confidence*) tryskać.
bubble bath *n* (*liquid*) płyn *m* do kąpieli; (*bath*) kąpiel *f* w pianie.
bubble gum *n* guma *f* balonowa.
bubble pack *n opakowanie złożone z wymodelowanej przejrzystej pokrywy przymocowanej do kartonowej podstawy.*
Bucharest [bu:kə'rɛst] *n* Bukareszt *m.*
buck [bʌk] *n* (*rabbit*) królik *m* (*samiec*); (*deer*) kozioł *m*; (*US*: *inf*) dolec *m* (*inf*) ♦ *vi* (*horse*) brykać (bryknąć *perf*); **to pass the buck** spychać (zepchnąć *perf*) odpowiedzialność na innych; **to pass the buck to sb** spychać (zepchnąć *perf*) odpowiedzialność na kogoś.
►**buck up** *vi* (*cheer up*) rozchmurzyć się (*perf*) ♦ *vt*: **to buck one's ideas up** spinać się (spiąć się *perf*) (*inf*), sprężać się (sprężyć się *perf*) (*inf*).
bucket ['bʌkɪt] *n* wiadro *nt* ♦ *vi* (*BRIT*: *inf*): **the rain is bucketing (down)** leje jak z cebra (*inf*).
buckle ['bʌkl] *n* sprzączka *f* ♦ *vt* (*shoe, belt*) zapinać (zapiąć *perf*) (na sprzączkę); (*wheel*) wyginać (wygiąć *perf*) ♦ *vi* (*wheel, bridge*) wyginać się (wygiąć się *perf*).
►**buckle down** *vi*: **to buckle down (to sth)** przykładać się (przyłożyć się *perf*) (do czegoś).
Bucks [bʌks] (*BRIT*: *POST*) *abbr* (= *Buckinghamshire*).
bud [bʌd] *n* pąk *m*, pączek *m* ♦ *vi* wypuszczać (wypuścić *perf*) pąki *or* pączki.
Budapest [bju:də'pɛst] *n* Budapeszt *m.*
Buddha ['budə] *n* Budda *m.*
Buddhism ['budɪzəm] *n* buddyzm *m.*
Buddhist ['budɪst] *adj* buddyjski ♦ *n* buddysta (-tka) *m(f).*
budding ['bʌdɪŋ] *adj* (*fig*) dobrze się zapowiadający.
buddy ['bʌdɪ] (*US*) *n* kumpel *m*; (*form of address*) kolego *(voc).*
budge [bʌdʒ] *vt* ruszać (ruszyć *perf*) (z miejsca) ♦ *vi* (*screw etc*) ruszać się (ruszyć się *perf*); (*fig*: *person*) ustępować (ustąpić *perf*); **he could not be budged, he wouldn't budge** pozostawał niewzruszony.
budgerigar ['bʌdʒərɪgɑ:*] *n* papużka *f* falista.
budget ['bʌdʒɪt] *n* budżet *m* ♦ *vi*: **to budget for sth** preliminować (zapreliminować *perf*) coś; **I'm on a tight budget** mam napięty budżet; **she works out her budget every month** co miesiąc planuje swoje wydatki.
budgie ['bʌdʒɪ] *n* = **budgerigar**.
Buenos Aires ['bweɪnɔs'aɪrɪz] *n* Buenos Aires *nt inv.*
buff [bʌf] *adj* szary ♦ *n* (*inf*) znawca (-wczyni) *m(f).*
buffalo ['bʌfələu] (*pl* **buffalo** *or* **buffaloes**) *n* (*BRIT*) bawół *m*; (*US*) bizon *m.*
buffer ['bʌfə*] *n* (*COMPUT, RAIL*) bufor *m*; (*fig*: *safeguard*) zabezpieczenie *nt.*
buffering ['bʌfərɪŋ] (*COMPUT*) *n* buforowanie *nt.*
buffer state *n* państwo *nt* buforowe.
buffet¹ ['bufeɪ] (*BRIT*) *n* bufet *m.*
buffet² ['bʌfɪt] *vt* (*wind, waves*: *ship*) uderzać w *+acc or* o *+acc.*
buffet car *n* wagon *m* restauracyjny.
buffet lunch *n* stół *m* szwedzki.
buffoon [bə'fu:n] *n* bufon *m.*
bug [bʌg] *n* (*esp US*: *insect*) robak *m*; (*COMPUT*: *in program*) błąd *m*; (: *in equipment*) wada *f*; (*microphone*) ukryty mikrofon *m*; (*fig*: *germ*) wirus *m* ♦ *vt* (*inf*: *annoy*) wkurzać (*inf*); (: *bother*) gryźć; (*room, house*) zakładać (założyć *perf*) podsłuch w *+loc*; **to bug sb's telephone** zakładać (założyć *perf*) komuś *or* u kogoś podsłuch (telefoniczny); **to be bugged** (*room, telephone*) być na podsłuchu; **I've got the travel bug** (*fig*) złapałem bakcyla podróży.
bugbear ['bʌgbɛə*] *n* problem *m.*
bugger ['bʌgə*] (*inf!*) *n* gnój *m* (*inf!*) ♦ *vb*: **bugger off!** odpierdol się! (*inf!*); **bugger (it)!** (o) kurwa! (*inf!*).
buggy ['bʌgɪ] *n* (*also*: **baby buggy**) wózek *m* spacerowy, spacerówka *f* (*inf*).
bugle ['bju:gl] *n* trąbka *f* (*zwłaszcza używana w wojsku*).
build [bɪld] (*pt, pp* **built**) *n* (*of person*) budowa *f* (ciała) ♦ *vt* budować (zbudować *perf*).
►**build on** *vt fus* (*fig*) wykorzystywać (wykorzystać *perf*).
►**build up** *vt* (*production*) zwiększać (zwiększyć *perf*); (*forces*) wzmacniać (wzmocnić *perf*); (*morale*) podnosić (podnieść *perf*); (*stocks*) gromadzić (zgromadzić *perf*); (*business*) rozwijać (rozwinąć *perf*); **don't build your hopes up too soon** nie rób sobie przedwcześnie nadziei.
builder ['bɪldə*] *n* budowniczy *m.*
building ['bɪldɪŋ] *n* (*construction*) budowa *f*; (*structure*) budynek *m.*
building contractor *n* przedsiębiorca *m* budowlany.
building industry *n*: **the building industry** przemysł *m* budowlany.
building site *n* plac *m* budowy.
building society (*BRIT*) *n* ≈ kasa *f* mieszkaniowa *or* budowlana.

building trade *n* = **building industry**.
build-up ['bɪldʌp] *n* (*of gas etc*) nagromadzenie *nt*; **to give sb/sth a good build-up** robić (zrobić *perf*) komuś/czemuś dobrą reklamę.
built [bɪlt] *pt, pp of* **build** ♦ *adj*: **built-in** wbudowany; **well-built** dobrze zbudowany.
built-up area ['bɪltʌp-] *n* obszar *m* zabudowany.
bulb [bʌlb] *n* (*BOT*) bulwa *f*; (*ELEC*) żarówka *f*.
bulbous ['bʌlbəs] *adj* bulwiasty.
Bulgaria [bʌl'gɛərɪə] *n* Bułgaria *f*.
Bulgarian [bʌl'gɛərɪən] *adj* bułgarski ♦ *n* (*person*) Bułgar(ka) *m(f)*; (*LING*) (język *m*) bułgarski.
bulge [bʌldʒ] *n* (*bump*) wybrzuszenie *nt*; (*in birth rate, sales*) przejściowy wzrost *m* ♦ *vi*: **his pocket bulged** miał wypchaną kieszeń; **to be bulging with** (*box*) pękać od *+gen*; (*table, shelf*) uginać się od *+gen*; **population bulge** wyż demograficzny.
bulimia [bə'lɪmɪə] *n* bulimia *f*.
bulk [bʌlk] *n* (*of object*) masa *f*; (*of person*) cielsko *nt*; **in bulk** (*COMM*) hurtowo; **the bulk of** większość *+gen*.
bulk buying [-'baɪɪŋ] *n* masowy skup *m*.
bulkhead ['bʌlkhɛd] *n* przegroda *f*.
bulky ['bʌlkɪ] *adj* nieporęczny.
bull [bul] *n* (*ZOOL*) byk *m*; (*STOCK EXCHANGE*) gracz *m* na zwyżkę; (*REL*) bulla *f*.
bulldog ['buldɔg] *n* buldog *m*.
bulldoze ['buldəuz] *vt* (*knock down*) burzyć (zburzyć *perf*) spychaczem; (*flatten*) wyrównywać (wyrównać *perf*) spychaczem; **I was bulldozed into it** (*inf: fig*) zmusili mnie do tego.
bulldozer ['buldəuzə*] *n* spychacz *m*, buldożer *m*.
bullet ['bulɪt] *n* kula *f*.
bulletin ['bulɪtɪn] *n* (*TV etc*): **news bulletin** skrót *m* wiadomości; (*journal*) biuletyn *m*.
bulletin board (*COMPUT*) *n* komputerowa tablica *f* ogłoszeń, BBS *m*; (*US: noticeboard*) tablica *f* ogłoszeń.
bulletproof ['bulɪtpru:f] *adj* kuloodporny.
bullfight ['bulfaɪt] *n* corrida *f*, walka *f* byków.
bullfighter ['bulfaɪtə*] *n* torreador *m*.
bullfighting ['bulfaɪtɪŋ] *n* walki *pl* byków.
bullion ['buljən] *n* (*gold*) złoto *nt* w sztabach; (*silver*) srebro *nt* w sztabach.
bullock ['bulək] *n* wół *m*.
bullring ['bulrɪŋ] *n* arena *f* (*do walk byków*).
bull's-eye ['bulzaɪ] *n* środek *m* tarczy, dziesiątka *f* (*inf*).
bully ['bulɪ] *n*: **he was a bully at school** w szkole znęcał się nad słabszymi ♦ *vt* tyranizować; **to bully sb into doing sth** zmuszać (zmusić *perf*) kogoś do zrobienia czegoś.
bullying ['bulɪɪŋ] *n* tyranizowanie *nt*.
bum [bʌm] (*inf*) *n* (*BRIT: backside*) zadek *m* (*inf*); (*esp US: tramp*) włóczęga *m*.
►**bum around** (*inf*) *vi* (*drift*) włóczyć się; (*laze around*) obijać się.
bumblebee ['bʌmblbi:] *n* trzmiel *m*.
bumf [bʌmf] (*also spelled* **bumph**) (*inf*) *n* papierki *pl* (*inf*).
bump [bʌmp] *n* (*car accident*) stłuczka *f*; (*jolt*) wstrząs *m*; (*on head*) guz *m*; (*on road*) wybój *m* ♦ *vt*: **to bump one's head on** *or* **against sth** uderzać (uderzyć *perf*) głową o coś ♦ *vi* (*car*) podskakiwać (podskoczyć *perf*).
►**bump into** *vt fus* wpadać (wpaść *perf*) na *+acc*.
bumper ['bʌmpə*] *n* zderzak *m* ♦ *adj*: **bumper crop/harvest** rekordowe zbiory *pl*.
bumper cars *pl* samochodziki *pl* (*w wesołym miasteczku*).
bumph [bʌmf] *n* = **bumf**.
bumptious ['bʌmpʃəs] *adj* przemądrzały.
bumpy ['bʌmpɪ] *adj* wyboisty; **it was a bumpy flight/ride** bardzo trzęsło (podczas lotu/jazdy).
bun [bʌn] *n* (*CULIN*) (słodka) bułeczka *f*; (*hairstyle*) kok *m*.
bunch [bʌntʃ] *n* (*of flowers*) bukiet *m*; (*of keys*) pęk *m*; (*of bananas, grapes*) kiść *f*; (*of people*) grupa *f*; **bunches** *npl* kitki *pl*, kucyki *pl*.
bundle ['bʌndl] *n* (*of clothes, belongings*) zawiniątko *nt*, tobołek *m*; (*of sticks*) wiązka *f*; (*of papers*) paczka *f*, plik *m* ♦ *vt* (*also*: **bundle up**) pakować (spakować *perf*); (*put*): **to bundle sth/sb into** wpychać (wepchnąć *perf*) coś/kogoś do *+gen*.
►**bundle off** *vt* (*person*) wyprawiać (wyprawić *perf*).
bun fight (*BRIT: inf*) *n* bankiecik *m* (*inf*).
bung [bʌŋ] *n* (*of barrel*) szpunt *m*; (*of flask*) korek *m*, zatyczka *f* ♦ *vt* (*BRIT: throw, put*) rzucać (rzucić *perf*); (*also*: **bung up**: *pipe, hole*) zatykać (zatkać *perf*); **my nose is bunged up** mam zapchany nos.
bungalow ['bʌŋgələu] *n* dom *m* parterowy, bungalow *m*.
bungle ['bʌŋgl] *vt* spartaczyć (*perf*).
bunion ['bʌnjən] *n* (*MED*) paluch *m* sztywny.
bunk [bʌŋk] *n* (*on ship*) koja *f*.
bunk beds *npl* łóżko *nt* piętrowe.
bunker ['bʌŋkə*] *n* (*coal store*) skład *m* na węgiel; (*MIL, GOLF*) bunkier *m*.
bunny ['bʌnɪ] *n* (*also*: **bunny rabbit**) króliczek *m*.
bunny girl (*BRIT*) *n hostessa w klubie nocnym w stroju króliczka*.
bunny hill (*US: SKI*) *n* ośla łączka *f*.
bunting ['bʌntɪŋ] *n* chorągiewki *pl*.
buoy [bɔɪ] *n* boja *f*.
►**buoy up** *vt* (*fig*) podtrzymywać (podtrzymać *perf*) na duchu.
buoyancy ['bɔɪənsɪ] *n* (*of ship*) pływalność *f*.
buoyant ['bɔɪənt] *adj* (*economy, market*) prężny; (*prices, currency*) zwyżkujący; **to be buoyant** utrzymywać się na powierzchni wody; (*fig*) cieszyć się życiem.
burden ['bə:dn] *n* (*responsibility*) obciążenie *nt*; (*load, worry*) ciężar *m* ♦ *vt*: **to burden sb with**

(*trouble, worry*) martwić kogoś *+instr*; **to be a burden to sb** być dla kogoś ciężarem.
bureau ['bjuərəu] (*pl* **bureaux**) *n* (*BRIT*) sekretarzyk *m*; (*US*) komoda *f*; (*for travel, information*) biuro *nt*.
bureaucracy [bjuə'rɔkrəsɪ] *n* biurokracja *f*.
bureaucrat ['bjuərəkræt] *n* biurokrata (-tka) *m(f)*.
bureaucratic [bjuərə'krætɪk] *adj* biurokratyczny.
bureaux ['bjuərəuz] *npl of* **bureau**.
burgeon ['bə:dʒən] *vi* (*fig*) rozrastać się (rozrosnąć się *perf*).
burglar ['bə:glə*] *n* włamywacz(ka) *m(f)*.
burglar alarm *n* alarm *m* antywłamaniowy *or* przeciwwłamaniowy.
burglarize ['bə:glərаɪz] (*US*) *vt* włamywać się (włamać się *perf*) do *+gen*.
burglary ['bə:glərɪ] *n* włamanie *nt*.
burgle ['bə:gl] *vt* włamywać się (włamać się *perf*) do *+gen*.
Burgundy ['bə:gəndɪ] *n* Burgundia *f*.
burial ['bɛrɪəl] *n* pogrzeb *m*.
burial ground *n* (*ancient*) cmentarzysko *nt*; (*of soldiers*) miejsce *nt* spoczynku.
burlesque [bə:'lɛsk] *n* burleska *f*.
burly ['bə:lɪ] *adj* krzepki.
Burma ['bə:mə] *n* Birma *f*.
Burmese [bə:'mi:z] *adj* birmański; (*person*) Birmańczyk (-anka) *m(f)*; (*LING*) (język *m*) birmański.
burn [bə:n] (*pt, pp* **burned** *or* **burnt**) *vt* (*papers etc*) palić (spalić *perf*); (*fuel*) spalać (spalić *perf*); (*toast etc*) przypalać (przypalić *perf*); (*part of body*) parzyć (oparzyć *perf or* sparzyć *perf*) ♦ *vi* (*house, wood*) palić się (spalić się *perf*); (*fuel*) spalać się (spalić się *perf*); (*toast etc*) przypalać się (przypalić się *perf*); (*blister etc*) piec ♦ *n* oparzenie *nt*; **the cigarette burnt a hole in her dress** papieros wypalił jej dziurę w sukni; **I've burnt myself!** oparzyłem się!
►**burn down** *vt* spalić (*perf*) (doszczętnie).
►**burn out** *vi*: **to burn (o.s.) out** wypalać się (wypalić się *perf*).
burner ['bə:nə*] *n* palnik *m*.
burning ['bə:nɪŋ] *adj* (*house, forest*) płonący, palący się; (*sand, issue*) palący; (*interest, enthusiasm*) gorący.
burnish ['bə:nɪʃ] *vt* polerować (wypolerować *perf*).
burnt [bə:nt] *pt, pp of* **burn**.
burnt sugar (*BRIT*) *n* karmel *m*.
burp [bə:p] (*inf*) *n* odbicie *nt*, beknięcie *nt* (*inf*) ♦ *vi*: **he burped** odbiło mu się, beknął (*inf*).
burrow ['bʌrəu] *n* nora *f* (*np. królicza*) ♦ *vi* (*animal*) ryć *or* kopać norę; (*person*) szperać, grzebać.
bursar ['bə:sə*] *n* kwestor *m*.
bursary ['bə:sərɪ] (*BRIT*) *n* stypendium *nt*.
burst [bə:st] (*pt, pp* **burst**) *vt* (*balloon, ball*) przebijać (przebić *perf*); (*pipe*) rozrywać (rozerwać *perf*) ♦ *vi* (*pipe, tyre*) pękać (pęknąć *perf*) ♦ *n* (*also*: **burst pipe**) pęknięta rura *f*; **to burst into flames** stawać (stanąć *perf*) w płomieniach; **to burst into tears** wybuchać (wybuchnąć *perf*) płaczem; **to burst out laughing** wybuchać (wybuchnąć *perf*) śmiechem; **the river has burst its banks** rzeka wystąpiła z brzegów; **burst blood vessel** pęknięte naczynie krwionośne; **to be bursting with** (*container*) pękać od *+gen*; (*person*) tryskać *+instr*; **to burst open** gwałtownie się otwierać (otworzyć *perf*); **a burst of energy/enthusiasm** przypływ energii/entuzjazmu; **a burst of laughter** wybuch śmiechu; **a burst of applause** burza oklasków; **there was a burst of gunfire** nagle otworzono ogień.
►**burst into** *vt fus* wpadać (wpaść *perf*) do *+gen*.
►**burst out of** *vt fus* wypadać (wypaść *perf*) z *+gen*.
bury ['bɛrɪ] *vt* (*object*) zakopywać (zakopać *perf*); (*person*) chować (pochować *perf*); **to bury one's face in one's hands** ukrywać (ukryć *perf*) twarz w dłoniach; **to bury one's head in the sand** (*fig*) chować (schować *perf*) głowę w piasek; **to bury the hatchet** (*fig*) zakopywać (zakopać *perf*) topór wojenny.
bus [bʌs] *n* autobus *m*.
bush [buʃ] *n* (*plant*) krzew *m*, krzak *m*; (*scrubland*) busz *m*; **to beat about the bush** owijać w bawełnę.
bushel ['buʃl] *n* buszel *m* (*36,4 litra*).
bushy ['buʃɪ] *adj* (*eyebrows*) krzaczasty; (*tail*) puszysty; (*hair, plants*) bujny.
busily ['bɪzɪlɪ] *adv* pracowicie.
business ['bɪznɪs] *n* (*matter, question*) sprawa *f*; (*trading*) interesy *pl*, biznes *m*; (*firm*) firma *f*, biznes *m* (*inf*); (*trade*) branża *f*; **she's away on business** wyjechała w interesach; **I'm here on business** jestem tu w interesach *or* służbowo; **he's in the insurance business** pracuje w branży ubezpieczeniowej; **to do business with sb** robić z kimś interesy; **it's my business to ...** moim obowiązkiem jest *+infin*; **it's none of my business** to nie moja sprawa; **he means business** on nie żartuje.
business address *n* adres *m* firmy.
business card *n* wizytówka *f*.
businesslike ['bɪznɪslaɪk] *adj* rzeczowy.
businessman ['bɪznɪsmən] (*irreg like*: **man**) *n* biznesman *m*.
business trip *n* wyjazd *m* służbowy.
businesswoman ['bɪznɪswumən] (*irreg like*: **woman**) *n* bizneswoman *f inv*.
busker ['bʌskə*] (*BRIT*) *n* grajek *m* uliczny.
bus lane (*BRIT*) *n* pas *m* (ruchu) wydzielony dla autobusów.
bus shelter *n* wiata *f* (*na przystanku autobusowym*).
bus station *n* dworzec *m* autobusowy.
bus stop *n* przystanek *m* autobusowy.
bust [bʌst] *n* (*ANAT*) biust *m*; (*measurement*)

obwód *m* w biuście; (*sculpture*) popiersie *nt* ♦ *adj* (*inf*: *broken*) zepsuty ♦ *vt* (*inf*: *arrest*) przymykać (przymknąć *perf*) (*inf*); **to go bust** plajtować (splajtować *perf*) (*inf*).
bustle ['bʌsl] *n* krzątanina *f* ♦ *vi* krzątać się.
bustling ['bʌslɪŋ] *adj* gwarny, ruchliwy.
bust-up ['bʌstʌp] (*BRIT*: *inf*) *n* kłótnia *f*; (*ending relationship*) zerwanie *nt*.
BUSWE (*BRIT*) *n abbr* (= *British Union of Social Work Employees*).
busy ['bɪzɪ] *adj* (*person, telephone line*) zajęty; (*street*) ruchliwy ♦ *vt*: **to busy o.s. with** zajmować się (zająć się *perf*) +*instr*; **he's a busy man** jest bardzo zapracowany; **she's busy** jest zajęta; **it's usually a very busy shop** w tym sklepie panuje zwykle duży ruch.
busybody ['bɪzɪbɔdɪ] *n* ciekawski (-ka) *m(f)*.
busy signal (*US*: *TEL*) *n* sygnał *m* „zajęte".

KEYWORD

but [bʌt] *conj* **1** (*yet, however*) ale, lecz (*fml*); **I'd love to come, but I'm busy** bardzo chciałabym przyjść, ale jestem zajęta; **I'm sorry, but I don't agree** przykro mi, lecz nie zgadzam się. **2** (*showing disagreement, surprise etc*) ależ; **but that's far too expensive!** ależ to o wiele za drogo!; **but that's fantastic!** ależ to wspaniale! ♦ *prep* (*apart from, except*): **we've had nothing but trouble** mieliśmy same kłopoty; **no-one but him can do it** jedynie on może to zrobić; **but for your help** gdyby nie twoja pomoc; **I'll do anything but that** zrobię wszystko, tylko nie to ♦ *adv* tylko; **she's but a child** jest tylko dzieckiem; **had I but known** gdybym tylko wiedział; **I can but try** mogę tylko spróbować.

butane ['bju:teɪn] *n* (*also*: **butane gas**) butan *m*.
butcher ['butʃə*] *n* rzeźnik (-iczka) *m(f)*; (*fig*) oprawca *m* ♦ *vt* (*cattle*) zarzynać (zarżnąć *perf*); (*people*) dokonywać (dokonać *perf*) rzezi na +*loc*.
butcher's (shop) ['butʃəz-] *n* (sklep *m*) mięsny, rzeźnik *m*.
butler ['bʌtlə*] *n* kamerdyner *m*.
butt [bʌt] *n* (*barrel*) beczka *f*; (*of spear*) rękojeść *f*; (*of gun*) kolba *f*; (*of cigarette*) niedopałek *m*; (*BRIT*: *fig*: *of jokes, criticism*) obiekt *m*; (*US*: *inf!*) dupa *f* (*inf!*) ♦ *vt* (*person*) uderzać (uderzyć *perf*) głową; (*goat*) bóść (ubóść *perf*).
►**butt in** *vi* wtrącać się (wtrącić się *perf*).
butter ['bʌtə*] *n* masło *nt* ♦ *vt* smarować (posmarować *perf*) masłem.
buttercup ['bʌtəkʌp] *n* jaskier *m*.
butter dish *n* maselniczka *f*.
butterfingers ['bʌtəfɪŋgəz] (*inf*) *n* niezdara *m/f*.
butterfly ['bʌtəflaɪ] *n* motyl *m*; (*also*: **butterfly stroke**) styl *m* motylkowy, motylek *m*.
buttocks ['bʌtəks] *npl* pośladki *pl*.
button ['bʌtn] *n* (*on clothes*) guzik *m*; (*on machine*) przycisk *m*, guzik *m*; (*US*: *badge*) znaczek *m* (*do przypinania*) ♦ *vt* (*also*: **button up**) zapinać (zapiąć *perf*) ♦ *vi* zapinać się (zapiąć się *perf*).
buttonhole ['bʌtnhəul] *n* dziurka *f* ♦ *vt* przyczepiać się (przyczepić się *perf*) do +*gen*.
buttress ['bʌtrɪs] *n* przypora *f*.
buxom ['bʌksəm] *adj* (*woman*) dorodny.
buy [baɪ] (*pt, pp* **bought**) *vt* kupować (kupić *perf*) ♦ *n*: **good/bad buy** dobry *or* udany/zły *or* nieudany zakup *m*; **to buy sb sth** kupować (kupić *perf*) komuś coś; **to buy sth from sb/a shop** kupować (kupić *perf*) coś od kogoś/w sklepie; **to buy sth off sb** kupować (kupić *perf*) coś od kogoś; **to buy sb a drink** stawiać (postawić *perf*) komuś drinka.
►**buy back** *vt* odkupić (*perf*) (z powrotem).
►**buy in** (*BRIT*) *vt* zakupić (*perf*) (w dużych ilościach).
►**buy into** (*BRIT*: *COMM*) *vt fus* zdobywać (zdobyć *perf*) udziały w +*loc*.
►**buy off** *vt* przekupywać (przekupić *perf*).
►**buy out** *vt* (*business, partner*) wykupywać (wykupić *perf*).
►**buy up** *vt* (*land etc*) wykupywać (wykupić *perf*).
buyer ['baɪə*] *n* (*purchaser*) kupiec *m*, nabywca *m*; (*COMM*) zaopatrzeniowiec *m*.
buyer's market ['baɪəz-] *n* rynek *m* nabywcy.
buy-out ['baɪaut] *n*: **a management buy-out** wykup *m* przedsiębiorstwa przez kierownictwo.
buzz [bʌz] *n* brzęczenie *nt* ♦ *vi* (*insect, saw*) brzęczeć ♦ *vt* (*person*) przywoływać (przywołać *perf*) (*za pomocą telefonu wewnętrznego, brzęczyka itp*); (*AVIAT*) przelatywać (przelecieć *perf*) lotem koszącym nad +*instr*; **to give sb a buzz** (*inf*) przekręcić (*perf*) do kogoś (*inf*); **my head is buzzing** mam mętlik w głowie; **my ears are buzzing** szumi mi w uszach.
►**buzz off** (*inf*) *vi* spływać (spłynąć *perf*) (*inf*).
buzzard ['bʌzəd] *n* myszołów *m*.
buzzer ['bʌzə*] *n* brzęczyk *m*.
buzz word (*inf*) *n* modne określenie *nt* (*zwykle specjalistyczne i nadużywane w mediach*).

KEYWORD

by [baɪ] *prep* **1** (*referring to cause, agent*) przez +*acc*; **killed by lightning** zabity przez piorun; **surrounded by a fence** otoczony płotem; **a painting by Picasso** obraz Picassa. **2** (*referring to method, manner, means*): **by bus** *etc* autobusem *etc*; **to pay by cheque** płacić (zapłacić *perf*) czekiem; **by moonlight** przy świetle księżyca; **by candlelight** przy świecach; **by saving hard** oszczędzając każdy grosz. **3** (*via, through*) przez +*acc*; **he came in by the back door** wszedł tylnymi drzwiami. **4** (*close to*): **she sat by his bed** usiadła przy jego łóżku; **the house by the river** dom nad rzeką. **5** (*past*) obok +*gen*, koło +*gen*; **she rushed by me**

przemknęła obok mnie; **I go by the post office every day** codziennie przechodzę koło poczty. **6** (*not later than*) do *+gen*; **by 4 o'clock** do (godziny) czwartej; **by the time I got here it was too late** zanim tu dotarłem, było już za późno. **7** (*amount*): **paid by the hour** opłacany za godzinę; **by the kilo/metre** na kilogramy/metry. **8** (*MATH*) przez *+acc*; **to divide by 3** dzielić (podzielić *perf*) przez 3. **9** (*measure*): **a room 3 metres by 4** pokój o wymiarach 3 na 4 (metry); **it's broader by a metre** jest o metr szerszy. **10** (*according to*) według *+gen*; **to play by the rules** grać według zasad; **it's all right by me** mnie to nie przeszkadza. **11**: **he did it (all) by himself** zrobił to (zupełnie) sam. **12**: **by the way** nawiasem mówiąc, à propos; **this wasn't my idea by the way** nawiasem mówiąc, to nie był mój pomysł; **by the way, did you know Claire was back?** à propos, czy wiesz, że Claire wróciła? ♦ *adv* **1** *see* **go**, **pass** *etc* **2**: **by and by** wkrótce, niebawem; **by and by they came to a fork in the road** wkrótce dotarli do rozwidlenia dróg; **they'll come back by and by** niebawem wrócą. **3**: **by and large** ogólnie (rzecz) biorąc; **by and large I would agree with you** ogólnie (rzecz) biorąc, zgodziłbym się z tobą.

bye(-bye) ['baɪ('baɪ)] *n excl* do widzenia; (*to child etc*) pa (pa).

by(e)-law ['baɪlɔ:] *n* lokalne zarządzenie *nt*.

by-election ['baɪɪlɛkʃən] (*BRIT*) *n* wybory *pl* uzupełniające.

bygone ['baɪgɔn] *adj* miniony ♦ *n*: **let bygones be bygones** puśćmy to w niepamięć, (co) było, minęło.

bypass ['baɪpɑ:s] *n* (*AUT*) obwodnica *f*; (*MED*) połączenie *nt* omijające, bypass *m* ♦ *vt* omijać (ominąć *perf*); (*fig*) obchodzić (obejść *perf*).

by-product ['baɪprɔdʌkt] *n* (*of industrial process*) produkt *m* uboczny; (*of situation*) skutek *m* uboczny.

byre ['baɪə*] (*BRIT*) *n* obora *f*.

bystander ['baɪstændə*] *n* (*at accident etc*) świadek *m*, widz *m*.

byte [baɪt] (*COMPUT*) *n* bajt *m*.

byway ['baɪweɪ] *n* boczna droga *f*.

byword ['baɪwə:d] *n*: **to be a byword for** być symbolem *or* uosobieniem *+gen*.

by-your-leave ['baɪjɔ:'li:v] *n*: **without so much as a by-your-leave** nie pytając nikogo o zgodę.

C,c

C¹, **c¹** [si:] *n* (*letter*) C *nt*, c *nt*; (*SCOL*) ≈ dostateczny *m*; **C for Charlie** ≈ C jak Celina.

C² [si:] *n* (*MUS*) C *nt*, c *nt*.

C³ *abbr* = **Celsius, centigrade** C, °C.

c² *abbr* = **century** w.; (= *circa*) ok.; (*US etc*: = *cents*) c.

CA *n abbr* (*BRIT*) = **chartered accountant** ♦ *abbr* (= *Central America*); (*US*: *POST*: = *California*).

ca. *abbr* (= *circa*) ok.

C/A *abbr* (*COMM*) = **capital account**; = **credit account**; = **current account**.

CAA *n abbr* (*BRIT*: = *Civil Aviation Authority*, *US*: = *Civil Aeronautics Authority*) GILC *m* (= Główny Inspektorat Lotnictwa Cywilnego).

CAB (*BRIT*) *n abbr* (= *Citizens' Advice Bureau*) *biuro porad dla obywateli*.

cab [kæb] *n* (*taxi*) taksówka *f*; (*of truck etc*) kabina *f*, szoferka *f*; (*horse-drawn*) powóz *m*, dorożka *f*.

cabaret ['kæbəreɪ] *n* kabaret *m*.

cabbage ['kæbɪdʒ] *n* kapusta *f*.

cabin ['kæbɪn] *n* (*on ship, plane*) kabina *f*; (*house*) chata *f*.

cabin cruiser *n* turystyczny jacht *m* motorowy.

cabinet ['kæbɪnɪt] *n* (*piece of furniture*) szafka *f*; (*also*: **display cabinet**) gablota *f*; (: *small*) gablotka *f*; (*POL*) gabinet *m*; **cocktail cabinet** barek.

cabinet-maker ['kæbɪnɪt'meɪkə*] *n* stolarz *m* meblowy *or* artystyczny.

cabinet minister *n* minister *m* gabinetu, minister *m* w rządzie.

cable ['keɪbl] *n* (*rope*) lina *f*; (*ELEC*) przewód *m*; (*TEL, TV*) kabel *m* ♦ *vt* przesyłać (przesłać *perf*) telegraficznie.

cable-car ['keɪblkɑ:*] *n* wagon *m* kolei linowej.

cablegram ['keɪblgræm] *n* depesza *f*.

cable railway *n* kolej *f* linowa.

cable television *n* telewizja *f* kablowa.

cache [kæʃ] *n* tajny skład *m* (*broni itp*); **a cache of food** ukryte zapasy żywności.

cackle ['kækl] *vi* (*person*) rechotać (zarechotać *perf*) (*pej*); (*hen*) gdakać (zagdakać *perf*).

cacti ['kæktaɪ] *npl of* **cactus**.

cactus ['kæktəs] (*pl* **cacti**) *n* kaktus *m*.

CAD *n abbr* (= *computer-aided design*) CAD, projektowanie *nt* wspomagane komputerowo.

caddie ['kædɪ] (*GOLF*) *n osoba nosząca graczowi kije*.

caddy ['kædɪ] *n* = **caddie**.

cadence ['keɪdəns] *n* (*of voice*) kadencja *f*.

cadet [kə'dɛt] *n* kadet *m*; **police cadet** kadet szkoły policyjnej.

cadge [kædʒ] (*inf*) *vt*: **to cadge (from** *or* **off)** wyłudzać (wyłudzić *perf*) (od *+gen*).
cadger ['kædʒə*] (*BRIT*: *inf*) *n* żebrak (-aczka) *m(f)*.
cadre ['kædrɪ] *n* kadra *f*.
Caesarean [si:'zɛərɪən] *adj*: **Caesarean (section)** cesarskie cięcie *nt*, cesarka *f* (*inf*).
CAF (*BRIT*) *abbr* (= *cost and freight*) koszt *m* i fracht *m*.
café ['kæfeɪ] *n* kawiarnia *f*.
cafeteria [kæfɪ'tɪərɪə] *n* (*in school, factory*) stołówka *f*; (*in station*) bufet *m*.
caffein(e) ['kæfi:n] *n* kofeina *f*.
cage [keɪdʒ] *n* klatka *f* ♦ *vt* zamykać (zamknąć *perf*) w klatce.
cagey ['keɪdʒɪ] (*inf*) *adj* wymijający.
cagoule [kə'gu:l] *n* (lekki) płaszcz *m* przeciwdeszczowy.
CAI *n abbr* (= *computer-aided instruction*) nauczanie *nt* wspomagane komputerowo.
Cairo ['kaɪərəu] *n* Kair *m*.
cajole [kə'dʒəul] *vt* nakłaniać (nakłonić *perf*) (pochlebstwami).
cake [keɪk] *n* (*CULIN*) ciasto *nt*; (: *small*) ciastko *nt*; (*of soap*) kostka *f*; **it's a piece of cake** (*inf*) to małe piwo (*inf*); **he wants to have his cake and eat it (too)** (*fig*) on chce mieć wszystko naraz.
caked [keɪkt] *adj*: **caked with** oblepiony *+instr*.
cake shop *n* ciastkarnia *f*, cukiernia *f*.
calamine lotion ['kæləmaɪn-] *n* płyn *m* kalaminowy (*mieszanina tlenku cynku i wody wapiennej*).
calamitous [kə'læmɪtəs] *adj* katastrofalny.
calamity [kə'læmɪtɪ] *n* katastrofa *f*, klęska *f*.
calcium ['kælsɪəm] *n* wapń *m*.
calculate ['kælkjuleɪt] *vt* (*cost, distance, sum*) obliczać (obliczyć *perf*); (*chances*) oceniać (ocenić *perf*); (*consequences*) przewidywać (przewidzieć *perf*); **calculated to attract shareholders** obliczony na przyciągnięcie akcjonariuszy.
calculated ['kælkjuleɪtɪd] *adj* rozmyślny; **a calculated risk** wkalkulowane ryzyko.
calculating ['kælkjuleɪtɪŋ] *adj* wyrachowany.
calculation [kælkju'leɪʃən] *n* (*sum*) obliczenie *nt*; (*estimate*) rachuba *f*, kalkulacja *f*.
calculator ['kælkjuleɪtə*] *n* kalkulator *m*.
calculus ['kælkjuləs] *n*: **integral/differential calculus** rachunek *m* całkowy/różniczkowy.
calendar ['kæləndə*] *n* kalendarz *m*.
calendar month/year *n* miesiąc *m*/rok *m* kalendarzowy.
calf [kɑ:f] (*pl* **calves**) *n* (*of cow*) cielę *nt*; (*of elephant, seal*) młode *nt*; (*also*: **calfskin**) skóra *f* cielęca; (*ANAT*) łydka *f*.
caliber ['kælɪbə*] (*US*) *n* = **calibre**.
calibrate ['kælɪbreɪt] *vt* (*gun etc*) kalibrować; (*measuring instrument*) skalować (wyskalować *perf*).
calibre ['kælɪbə*] (*US* **caliber**) *n* kaliber *m*.
calico ['kælɪkəu] *n* (*BRIT*) surówka *f* (bawełniana); (*US*) perkal *m*.
California [kælɪ'fɔ:nɪə] *n* Kalifornia *f*.
calipers ['kælɪpəz] (*US*) *npl* = **callipers**.
call [kɔ:l] *vt* (*name, label*) nazywać (nazwać *perf*); (*christen*) dawać (dać *perf*) na imię *+dat*; (*TEL*) dzwonić (zadzwonić *perf*) do *+gen*; (*summon*) przywoływać (przywołać *perf*), wzywać (wezwać *perf*); (*meeting*) zwoływać (zwołać *perf*); (*flight*) zapowiadać (zapowiedzieć *perf*); (*strike*) ogłaszać (ogłosić *perf*) ♦ *vi* (*shout*) wołać (zawołać *perf*); (*TEL*) dzwonić (zadzwonić *perf*); (*also*: **call in, call round**) wstępować (wstąpić *perf*), wpadać (wpaść *perf*) ♦ *n* (*shout*) wołanie *nt*; (*TEL*) rozmowa *f*; (*of bird*) głos *m*; (*visit*) wizyta *f*; (*demand*) wezwanie *nt*; (*for flight etc*) zapowiedź *f*; (*fig*) zew *m*; **to be on call** dyżurować, mieć dyżur; **he's called Hopkins** nazywa się Hopkins; **she's called Suzanne** ma na imię Suzanne; **who is calling?** (*TEL*) kto mówi?; **London calling** (*RADIO*) tu mówi Londyn; **please give me a call at 7** proszę zadzwonić do mnie o 7; **to make a call** dzwonić (zadzwonić *perf*); **to pay a call on sb** składać (złożyć *perf*) komuś wizytę; **there's not much call for these items** nie ma dużego zapotrzebowania na te artykuły.
►**call at** *vt fus* (*ship*: *town*) zawijać (zawinąć *perf*) do *+gen*; (: *island*) zawijać (zawinąć *perf*) na *+acc*; (*train*) zatrzymywać się (zatrzymać się *perf*) w *+loc*.
►**call back** *vi* (*return*) wstępować (wstąpić *perf*) jeszcze raz; (*TEL*) oddzwaniać (oddzwonić *perf*) ♦ *vt* (*TEL*) oddzwaniać (oddzwonić *perf*) *+dat*.
►**call for** *vt fus* (*demand*) wzywać (wezwać *perf*) do *+gen*; (*fetch*) zgłaszać się (zgłosić się *perf*) po *+acc*.
►**call in** *vt* (*doctor, police*) wzywać (wezwać *perf*); (*library books*) wzywać (wezwać *perf*) do zwrotu *+gen*.
►**call off** *vt* (*strike, meeting*) odwoływać (odwołać *perf*); (*engagement*) zrywać (zerwać *perf*).
►**call on** *vt fus* odwiedzać (odwiedzić *perf*) *+acc*; **to call on sb to do sth** wzywać (wezwać *perf*) kogoś do zrobienia czegoś.
►**call out** *vi* krzyczeć (krzyknąć *perf*), wołać (zawołać *perf*) ♦ *vt* wzywać (wezwać *perf*).
►**call up** *vt* (*MIL*) powoływać (powołać *perf*) do wojska; (*TEL*) dzwonić (zadzwonić *perf*) do *+gen*.
callbox ['kɔ:lbɔks] (*BRIT*) *n* budka *f* telefoniczna.
caller ['kɔ:lə*] *n* (*visitor*) gość *m*, odwiedzający (-ca) *m(f)*; (*TEL*) telefonujący (-ca) *m(f)*; **hold the line, caller!** proszę nie odkładać słuchawki!
call girl *n* dziewczyna *f* do towarzystwa.

call-in ['kɔːlɪn] (*US*: *RADIO, TV*) *n program na żywo z telefonicznym udziałem słuchaczy/widzów.*
calling ['kɔːlɪŋ] *n* (*trade, occupation*) fach *m*; (*vocation*) powołanie *nt*.
calling card (*US*) *n* wizytówka *f*, bilet *m* wizytowy.
callipers ['kælɪpəz] (*US* **calipers**) *npl* (*MATH*) cyrkiel *m* kalibrowy; (*MED*) cyrkiel *m* wyciągowy.
callous ['kæləs] *adj* bezduszny.
callousness ['kæləsnɪs] *n* bezduszność *f*.
callow ['kæləu] *adj* niedoświadczony.
calm [kɑːm] *adj* spokojny ♦ *n* spokój *m* ♦ *vt* (*person, fears*) uspokajać (uspokoić *perf*); (*grief, pain*) koić (ukoić *perf*).
►**calm down** *vt* uspokajać (uspokoić *perf*) ♦ *vi* uspokajać się (uspokoić się *perf*).
calmly ['kɑːmlɪ] *adv* spokojnie.
calmness ['kɑːmnɪs] *n* spokój *m*.
Calor gas ['kælə*-] ® *n* ≈ propan-butan *m*.
calorie ['kælərɪ] *n* kaloria *f*; **low calorie product** produkt niskokaloryczny.
calve [kɑːv] *vi* cielić się (ocielić się *perf*).
calves [kɑːvz] *npl of* **calf**.
CAM *n abbr* (= *computer-aided manufacturing*) CAM, produkcja *f* wspomagana komputerowo.
camber ['kæmbə*] *n* (*of road*) wypukłość *f*.
Cambodia [kæm'bəudɪə] *n* Kambodża *f*.
Cambodian [kæm'bəudɪən] *adj* kambodżański ♦ *n* Kambodżanin (-anka) *m(f)*.
Cambs (*BRIT*: *POST*) *abbr* (= *Cambridgeshire*).
camcorder ['kæmkɔːdə*] *n* kamera *f* wideo.
came [keɪm] *pt of* **come**.
camel ['kæməl] *n* wielbłąd *m*.
cameo ['kæmɪəu] *n* (*jewellery*) kamea *f*; (*performance*) *niewielka rola grana przez znanego aktora, często ograniczona do jednego wejścia.*
camera ['kæmərə] *n* (*PHOT*) aparat *m* (fotograficzny); (*FILM, TV*) kamera *f*; (*also*: **cinecamera, movie camera**) kamera *f* filmowa; **35 mm camera** aparat małoobrazkowy; **in camera** (*JUR*) przy drzwiach zamkniętych.
cameraman ['kæmərəmæn] (*irreg like*: **man**) *n* (*FILM*) operator *m* (filmowy); (*TV*) kamerzysta *m*.
Cameroon [kæmə'ruːn] *n* Kamerun *m*.
Cameroun [kæmə'ruːn] *n* = **Cameroon**.
camomile ['kæməumaɪl] *n* rumianek *m*.
camouflage ['kæməflɑːʒ] *n* kamuflaż *m* ♦ *vt* (*MIL*) maskować (zamaskować *perf*).
camp [kæmp] *n* obóz *m* ♦ *vi* obozować, biwakować ♦ *adj* (*effeminate*) zniewieściały; (*exaggerated*) afektowany.
campaign [kæm'peɪn] *n* kampania *f* ♦ *vi* prowadzić (przeprowadzić *perf*) kampanię; **to campaign for/against** prowadzić kampanię na rzecz *+gen*/przeciw(ko) *+dat*.
campaigner [kæm'peɪnə*] *n*: **campaigner for/against sth** osoba *f* prowadząca kampanię na rzecz czegoś/przeciwko czemuś.
camp bed (*BRIT*) *n* łóżko *nt* polowe.
camper ['kæmpə*] *n* (*person*) obozowicz(ka) *m(f)*, wczasowicz(ka) *m(f)*; (*vehicle*) samochód *m* kempingowy.
camping ['kæmpɪŋ] *n* kemping *m*, obozowanie *nt*, biwakowanie *nt*; **to go camping** jechać (pojechać *perf*) na biwak *or* kemping.
camping site *n* = **campsite**.
campsite ['kæmpsaɪt] *n* kemping *m*, pole *nt* namiotowe.
campus ['kæmpəs] *n* miasteczko *nt* uniwersyteckie.
camshaft ['kæmʃɑːft] (*AUT*) *n* wał *m* rozrządowy.
can[1] *n* (*for foodstuffs*) puszka *f*; (*for oil, water*) kanister *m* ♦ *vt* puszkować (zapuszkować *perf*); **a can of beer** puszka piwa; **he had to carry the can** (*BRIT*: *inf*) musiał wziąć całą winę na siebie.

KEYWORD

can[2] [kæn, kən] (*negative* **cannot, can't**, *conditional and pt* **could**) *aux vb* **1** (*be able to*) móc; **you can do it if you try** możesz to zrobić, jeśli się postarasz; **she couldn't sleep that night** nie mogła spać tej nocy; **I can't see you** nie widzę cię. **2** (*know how to*) umieć; **I can swim** umiem pływać; **can you speak French?** (czy) mówisz po francusku? **3** (*expressing permission, disbelief, puzzlement, possibility*) móc; **could I have a word with you?** czy mógłbym zamienić z tobą dwa słowa?; **it can't be true!** to nie może być prawda!; **what CAN he want?** czego on może chcieć?; **she could have been delayed** mogło ją coś zatrzymać.

Canada ['kænədə] *n* Kanada *f*.
Canadian [kə'neɪdɪən] *adj* kanadyjski ♦ *n* Kanadyjczyk (-jka) *m(f)*.
canal [kə'næl] *n* kanał *m*; (*ANAT*) przewód *m*.
Canaries [kə'nɛərɪz] *npl* = **Canary Islands**.
canary [kə'nɛərɪ] *n* kanarek *m*.
Canary Islands [kə'nɛərɪ 'aɪləndz] *npl*: **the Canary Islands** Wyspy *pl* Kanaryjskie.
Canberra ['kænbərə] *n* Canberra *f*.
cancel ['kænsəl] *vt* (*meeting, flight, reservation*) odwoływać (odwołać *perf*); (*contract, cheque*) anulować (anulować *perf*), unieważniać (unieważnić *perf*); (*order*) cofać (cofnąć *perf*); (*words, figures*) przekreślać (przekreślić *perf*).
►**cancel out** *vt* znosić (znieść *perf*); **they cancel each other out** wzajemnie się znoszą *or* niwelują.
cancellation [kænsə'leɪʃən] *n* (*of appointment, reservation, flight*) odwołanie *nt*; (*TOURISM*) zwrot *m*.
cancer ['kænsə*] *n* rak *m*, nowotwór *m*; **Cancer** Rak; **to be Cancer** być spod znaku Raka.

cancerous ['kænsrəs] *adj* nowotworowy.
cancer patient *n* chory (-ra) *m(f)* na raka.
cancer research *n* badania *pl* nad rakiem.
C and F (*BRIT*: *COMM*) *abbr* = **CAF**.
candid ['kændɪd] *adj* szczery.
candidacy ['kændɪdəsɪ] *n* kandydatura *f*.
candidate ['kændɪdeɪt] *n* kandydat(ka) *m(f)*.
candidature ['kændɪdətʃə*] (*BRIT*) *n* = **candidacy**.
candied ['kændɪd] *adj* kandyzowany.
candle ['kændl] *n* (*in house*) świeczka *f*; (*in church*) świeca *f*; (*of tallow*) łojówka *f*.
candlelight ['kændllaɪt] *n*: **by candlelight** przy świetle świec, przy świeczce *or* świecach.
candlestick ['kændlstɪk] *n* świecznik *m*; (*big, ornate*) lichtarz *m*.
candour ['kændə*] (*US* **candor**) *n* szczerość *f*.
candy ['kændɪ] *n* (*also*: **sugar-candy**) cukierek *m*; (*US*) słodycze *pl*.
candy-floss ['kændɪflɔs] (*BRIT*) *n* wata *f* cukrowa.
candy store (*US*) *n* sklep *m* ze słodyczami.
cane [keɪn] *n* trzcina *f*; (*for walking*) laska *f* ♦ *vt* (*BRIT*: *SCOL*) chłostać (wychłostać *perf*).
canine ['keɪnaɪn] *adj* psi.
canister ['kænɪstə*] *n* (*for tea, sugar*) puszka *f*; (*of gas, chemicals*) kanister *m*.
cannabis ['kænəbɪs] *n* marihuana *f*; **cannabis plant** konopie indyjskie.
canned [kænd] *adj* (*fruit, vegetables*) z puszki *post*; (*inf*: *music*) z taśmy *post*; (*BRIT*: *inf*: *drunk*) zalany (*inf*).
cannibal ['kænɪbəl] *n* kanibal *m*.
cannibalism ['kænɪbəlɪzəm] *n* kanibalizm *m*.
cannon ['kænən] (*pl* **cannon** *or* **cannons**) *n* armata *f*, działo *nt*.
cannonball ['kænənbɔːl] *n* kula *f* armatnia.
cannon fodder *n* mięso *nt* armatnie.
cannot ['kænɔt] = **can not**.
canny ['kænɪ] *adj* sprytny.
canoe [kə'nuː] *n* kajak *m*, kanoe *or* kanu *nt inv*.
canoeing [kə'nuːɪŋ] *n* kajakarstwo *nt*.
canon ['kænən] *n* (*clergyman*) kanonik *m*; (*principle*) kanon *m*.
canonize ['kænənaɪz] *vt* kanonizować (kanonizować *perf*).
can opener [-'əupnə*] *n* otwieracz *m* do puszek *or* konserw.
canopy ['kænəpɪ] *n* (*above bed, throne*) baldachim *m*; (*of leaves, sky*) sklepienie *nt*.
cant [kænt] *n* obłudne frazesy *pl*.
can't [kænt] = **can not**.
Cantab. (*BRIT*) *abbr* (*in degree titles*: = *Cantabrigiensis*) *Uniwersytetu Cambridge*.
cantankerous [kæn'tæŋkərəs] *adj* marudny.
canteen [kæn'tiːn] *n* (*in workplace, school*) stołówka *f*; (*mobile*) kuchnia *f* polowa; **a canteen of cutlery** (*BRIT*) komplet sztućców (*w pudełku*).
canter ['kæntə*] *vi* (*horse*) kłusować, biec kłusem ♦ *n* kłus *m*.
cantilever ['kæntɪliːvə*] *n* wspornik *m*.
canvas ['kænvəs] *n* (*fabric*) brezent *m*; (*painting*) płótno *nt*; (*NAUT*) żagiel *m*; **under canvas** pod namiotem.
canvass ['kænvəs] *vi* agitować ♦ *vt* (*opinions, place*) badać (zbadać *perf*); (*person*) wybadać (*perf*); **to canvass for** agitować za *+instr*.
canvasser ['kænvəsə*] *n* agitator(ka) *m(f)*.
canvassing ['kænvəsɪŋ] *n* agitacja *f*.
canyon ['kænjən] *n* kanion *m*.
CAP *n abbr* (= *Common Agricultural Policy*) Wspólna Polityka *f* Agrarna (*krajów Wspólnoty Europejskiej*).
cap [kæp] *n* (*hat*) czapka *f*; (*of pen*) nasadka *f*; (*of bottle*) nakrętka *f*, kapsel *m*; (*also*: **Dutch cap**) kapturek *m* dopochwowy; (*for toy gun*) kapiszon *m*; (*for swimming*) czepek *m* ♦ *vt* (*performance etc*) ukoronować (*perf*), uwieńczyć (*perf*); (*tax*) nakładać (nałożyć *perf*) ograniczenia na *+acc*; **he won his England cap** dostał się do reprezentacji (narodowej) Anglii; **she was capped twenty times** była w reprezentacji kraju dwadzieścia razy; **sweets capped with a cherry** słodycze przystrojone wiśnią; **and to cap it all, ...** a na domiar wszystkiego, ...
capability [keɪpə'bɪlɪtɪ] *n* zdolność *f*; (*MIL*) potencjał *m*; **it's beyond their capabilities** to przerasta ich możliwości.
capable ['keɪpəbl] *adj* zdolny; **to be capable of doing sth** (*able*) być w stanie coś zrobić; (*likely*) być zdolnym do zrobienia czegoś; **to be capable of** być zdolnym do *+gen*; **moths are capable of speeds of 50 kph** ćmy potrafią osiągać prędkość 50 km/h.
capacious [kə'peɪʃəs] *adj* pojemny.
capacity [kə'pæsɪtɪ] *n* (*of container*) pojemność *f*; (*of ship*) ładowność *f*; (*of pipeline*) przepustowość *f*; (*of lift*) udźwig *m*, obciążenie *nt*; (*capability*) zdolność *f*; (*position, role*) kompetencje *pl*, uprawnienia *pl*; (*of factory*) wydajność *f*; **seating capacity** liczba miejsc siedzących; **filled to capacity** wypełniony po brzegi; **in his capacity as a director** w ramach swoich dyrektorskich kompetencji *or* uprawnień; **this work is beyond my capacity** ta praca przerasta moje możliwości; **in an advisory capacity** w charakterze doradcy; **to work at full capacity** pracować na pełnych obrotach.
cape [keɪp] *n* (*GEOG*) przylądek *m*; (*cloak*) peleryna *f*.
Cape of Good Hope *n*: **the Cape of Good Hope** Przylądek *m* Dobrej Nadziei.
caper ['keɪpə*] *n* (*CULIN*: *usu pl*) kapar *m*; (*prank*) psota *f*, figiel *m*.
Cape Town *n* Kapsztad *m*.
capita ['kæpɪtə] *see* **per capita**.

capital ['kæpɪtl] *n* (*city*) stolica *f*; (*money*) kapitał *m*; (*also*: **capital letter**) wielka litera *f*.
capital account *n* (*COMM*) rachunek *m* kapitału, bilans *m*; (*of country*) bilans *m* płatniczy.
capital allowance *n* odpisy *pl* amortyzacyjne.
capital assets *npl* aktywa *pl* trwałe.
capital expenditure *n* wydatki *pl* inwestycyjne.
capital gains tax *n* podatek *m* od zysków kapitałowych.
capital goods (*COMM*) *npl* dobra *pl* inwestycyjne.
capital-intensive ['kæpɪtlɪn'tɛnsɪv] (*COMM*) *adj* kapitałochłonny.
capitalism ['kæpɪtəlɪzəm] *n* kapitalizm *m*.
capitalist ['kæpɪtəlɪst] *adj* kapitalistyczny ♦ *n* kapitalista (-tka) *m(f)*.
capitalize ['kæpɪtəlaɪz] *vi*: **to capitalize on** zbijać (zbić *perf*) kapitał na *+loc* ♦ *vt* (*COMM*) spieniężać (spieniężyć *perf*).
capital punishment *n* kara *f* śmierci.
capital transfer tax (*BRIT*) *n* podatek *m* od spadków *or* transferu kapitału.
capitulate [kə'pɪtjuleɪt] *vi* kapitulować (skapitulować *perf*).
capitulation [kəpɪtju'leɪʃən] *n* kapitulacja *f*.
capricious [kə'prɪʃəs] *adj* kapryśny.
Capricorn ['kæprɪkɔːn] *n* Koziorożec *m*; **to be Capricorn** być spod znaku Koziorożca.
caps [kæps] *abbr* = **capital letters**.
capsize [kæp'saɪz] *vt* wywracać (wywrócić *perf*) dnem do góry ♦ *vi* wywracać się (wywrócić się *perf*) dnem do góry.
capstan ['kæpstən] *n* kabestan *m*.
capsule ['kæpsjuːl] *n* (*MED*) kapsułka *f*; (*spacecraft*) kapsuła *f*; (*storage container*) pojemnik *m*.
Capt. (*MIL*) *abbr* = **captain** kpt.
captain ['kæptɪn] *n* kapitan *m*; (*NAUT*) komandor *m*; (*BRIT*: *SCOL*: *of debating team etc*) przewodniczący (-ca) *m(f)* ♦ *vt* być kapitanem *+gen*.
caption ['kæpʃən] *n* (*to picture, photograph*) podpis *m*.
captivate ['kæptɪveɪt] *vt* urzekać (urzec *perf*).
captive ['kæptɪv] *adj* schwytany, pojmany ♦ *n* jeniec *m*.
captivity [kæp'tɪvɪtɪ] *n* niewola *f*; **in captivity** w niewoli.
captor ['kæptə*] *n* (*unlawful*) porywacz *m*; (*lawful*) zdobywca *m*.
capture ['kæptʃə*] *vt* (*animal*) schwytać (*perf*); (*person*) pojmać (*perf*), ująć (*perf*); (*town, country*) zdobywać (zdobyć *perf*); (*imagination*) zawładnąć (*perf*) *+instr*; (*market*) opanowywać (opanować *perf*); (*COMPUT*) wychwytywać (wychwycić *perf*) ♦ *n* (*of animal*) schwytanie *nt*; (*of person*) pojmanie *nt*, ujęcie *nt*; (*of town*) zdobycie *nt*; (*COMPUT*: *of data*) wychwytywanie *nt*.

car [kɑː*] *n* (*AUT*) samochód *m*; (*RAIL*) wagon *m*; **by car** samochodem.
Caracas [kə'rækəs] *n* Caracas *nt inv*.
carafe [kə'ræf] *n* karafka *f*.
caramel ['kærəməl] *n* (*sweet*) karmelek *m*; (*burnt sugar*) karmel *m*.
carat ['kærət] *n* karat *m*; **18 carat gold** 18-karatowe złoto.
caravan ['kærəvæn] *n* (*BRIT*: *vehicle*) przyczepa *f* kempingowa; (*in desert*) karawana *f*.
caravan site (*BRIT*) *n* pole *nt* kempingowe.
caraway ['kærəweɪ] *n*: **caraway seed** kminek *m*.
carbohydrate [kɑːbəu'haɪdreɪt] *n* węglowodan *m*.
carbolic acid [kɑː'bɔlɪk-] *n* kwas *m* karbolowy.
carbon ['kɑːbən] *n* (*CHEM*) węgiel *m*.
carbonated ['kɑːbəneɪtɪd] *adj* (*drink*) gazowany.
carbon copy *n* kopia *f* (*przez kalkę*).
carbon dioxide *n* dwutlenek *m* węgla.
carbon monoxide [mɔ'nɔksaɪd] *n* tlenek *m* węgla.
carbon paper *n* kalka *f* (maszynowa *or* ołówkowa).
carbon ribbon *n* taśma *f* do maszyny do pisania.
carburettor [kɑːbju'rɛtə*] (*US* **carburetor**) *n* gaźnik *m*.
carcass ['kɑːkəs] *n* padlina *f*, ścierwo *nt*; (*at butcher's*) tusza *f*.
carcinogenic [kɑːsɪnə'dʒɛnɪk] *adj* rakotwórczy.
card [kɑːd] *n* (*index card, membership card, playing card*) karta *f*; (*material*) karton *m*, tektura *f*; (*greetings card*) kartka *f* (okolicznościowa); (*visiting card*) wizytówka *f*; **to play cards** grać (zagrać *perf*) w karty.
cardamom ['kɑːdəməm] *n* kardamon *m*.
cardboard ['kɑːdbɔːd] *n* karton *m*, tektura *f*.
cardboard box *n* pudełko *nt* tekturowe; (*large*) karton *m*.
cardboard city (*inf*) *n miejsce (np. pod mostem), gdzie bezdomni sypiają w kartonach.*
card-carrying ['kɑːd'kærɪɪŋ] *adj* (*member*) pełnoprawny.
card game *n* gra *f* karciana.
cardiac ['kɑːdɪæk] *adj* sercowy; **cardiac arrest** zatrzymanie akcji serca.
cardigan ['kɑːdɪgən] *n* sweter *m* rozpinany.
cardinal ['kɑːdɪnl] *adj* główny ♦ *n* kardynał *m*.
card index *n* katalog *m* alfabetyczny.
cardsharp ['kɑːdʃɑːp] *n* szuler *m*.
card vote (*BRIT*) *n głosowanie za pośrednictwem przedstawiciela.*
CARE [kɛə*] *n abbr* (= *Cooperative for American Relief Everywhere*) *organizacja charytatywna.*
care [kɛə*] *n* (*attention*) opieka *f*; (*worry*) troska *f* ♦ *vi*: **to care about** (*person, animal*) troszczyć się o *+acc*; (*thing, idea*) przejmować się *+instr*; **would you care to/for ...?** czy masz ochotę *+infin*/na *+acc*?; **I don't care to remember** nie chcę pamiętać; **care of Mr and Mrs. Brown** (*on letter*) u Państwa Brown; **"with care"**

„ostrożnie"; **in sb's care** pod czyjąś opieką; **he took care not to offend the visitors** (bardzo) uważał, żeby nie urazić gości; **to take care of** (*person*) opiekować się (zaopiekować się *perf*) *+instr*; (*arrangements*) dopilnowywać (dopilnować *perf*) *+gen*; (*problem*) rozwiązywać (rozwiązać *perf*) *+acc*; **the boy has been taken into care** chłopca zabrano do domu dziecka; **I don't care** nic mnie to nie obchodzi; **I couldn't care less** wszystko mi jedno.

►**care for** *vt fus* (*look after*) opiekować się *+instr*; (*like*): **does she still care for him?** czy nadal jej na nim zależy?

career [kə'rɪə*] *n* kariera *f* ♦ *vi* (*also*: **career along**) pędzić (popędzić *perf*); **change/choice of career** zmiana/wybór zawodu.

career girl *n* = **career woman**.

careers officer [kə'rɪəz-] *n osoba zajmująca się doradztwem zawodowym w szkole itp.*

career woman (*irreg like*: **woman**) *n* kobieta *f* czynna zawodowo.

carefree ['kɛəfri:] *adj* beztroski.

careful ['kɛəful] *adj* (*cautious*) ostrożny; (*thorough*) uważny, staranny; **(be) careful!** uważaj!; **he's careful with his money** nie szasta pieniędzmi.

carefully ['kɛəfəlɪ] *adv* (*cautiously*) ostrożnie; (*methodically*) starannie.

careless ['kɛəlɪs] *adj* (*not careful*) nieostrożny; (*negligent, heedless, casual*) niedbały; (*with money*) rozrzutny.

carelessly ['kɛəlɪslɪ] *adv* niedbale.

carelessness ['kɛəlɪsnɪs] *n* (*negligence*) niedbalstwo *nt*; (*casualness*) niedbałość *f*, nonszalancja *f*.

carer ['kɛərə*] *n* opiekun(ka) *m(f)*.

caress [kə'rɛs] *n* pieszczota *f* ♦ *vt* pieścić.

caretaker ['kɛəteɪkə*] *n* dozorca (-rczyni) *m(f)*.

caretaker government (*BRIT*) *n* rząd *m* tymczasowy.

car-ferry ['kɑ:fɛrɪ] *n* prom *m* samochodowy.

cargo ['kɑ:gəu] (*pl* **cargoes**) *n* ładunek *m*.

cargo boat *n* (*on river*) barka *f*; (*at sea*) frachtowiec *m*.

cargo plane *n* samolot *m* towarowy *or* dostawczy.

car hire (*BRIT*) *n* wynajem *m* samochodów.

Caribbean [kærɪ'bi:ən] *n*: **the Caribbean (Sea)** Morze *nt* Karaibskie ♦ *adj* karaibski.

caricature ['kærɪkətjuə*] *n* karykatura *f*.

caring ['kɛərɪŋ] *adj* opiekuńczy.

carnage ['kɑ:nɪdʒ] *n* rzeź *f*.

carnal ['kɑ:nl] *adj* cielesny.

carnation [kɑ:'neɪʃən] (*BOT*) *n* goździk *m*.

carnival ['kɑ:nɪvl] *n* karnawał *m*; (*US*: *funfair*) wesołe miasteczko *nt*.

carnivorous [kɑ:'nɪvərəs] *adj* (*animal*) mięsożerny; (*plant*) owadożerny.

carol ['kærəl] *n*: **(Christmas) carol** kolęda *f*.

carouse [kə'rauz] *vi* hulać (pohulać *perf*).

carousel [kærə'sɛl] (*US*) *n* karuzela *f*.

carp [kɑ:p] *n* karp *m*.

►**carp at** *vt fus* utyskiwać na *+acc*, wydziwiać na *+acc* (*inf*).

car park (*BRIT*) *n* parking *m*.

carpenter ['kɑ:pɪntə*] *n* stolarz *m*.

carpentry ['kɑ:pɪntrɪ] *n* stolarka *f*; (*at school*) obróbka *f* drewna.

carpet ['kɑ:pɪt] *n* dywan *m*; (*fig*) kobierzec *m* ♦ *vt* wykładać (wyłożyć *perf*) dywanami; **fitted carpet** (*BRIT*) wykładzina (dywanowa).

carpet slippers *npl* bambosze *pl*.

carpet sweeper [-'swi:pə*] *n* szczotka *f* do dywanów (*typu „kasia"*).

car phone *n* telefon *m* samochodowy.

car port *n* wiata *f* samochodowa (*przy domu, zamiast garażu*).

car rental *n* wynajem *m* samochodów.

carriage ['kærɪdʒ] *n* (*BRIT*: *RAIL*) wagon *m* (osobowy); (*horse-drawn*) (po)wóz *m*; (*of typewriter*) karetka *f*; (*transport costs*) przewóz *m*, koszt *m* przewozu; **carriage forward/free** koszt przewozu ponosi odbiorca/dostawca; **carriage paid** przewóz darmowy.

carriage return *n* (*on typewriter etc*) powrót *m* karetki.

carriageway ['kærɪdʒweɪ] (*BRIT*) *n* nitka *f* (*autostrady*).

carrier ['kærɪə*] *n* (*COMM*) przewoźnik *m*, spedytor *m*; (*MED*) nosiciel *m*.

carrier bag (*BRIT*) *n* reklamówka *f*.

carrier pigeon *n* gołąb *m* pocztowy.

carrion ['kærɪən] *n* padlina *f*.

carrot ['kærət] *n* marchew *f*, marchewka *f*; (*fig*: *incentive*) marchewka *f*.

carry ['kærɪ] *vt* (*take*) nieść (zanieść *perf*); (*transport*) przewozić (przewieźć *perf*); (*involve*) nieść za sobą; (*disease, virus*) przenosić (przenieść *perf*); (*gun, donor card*) nosić (przy sobie); (*newspaper*: *report, picture*) zamieszczać (zamieścić *perf*) ♦ *vi* (*sound*) nieść się; **the motion was carried by 259 votes to 162** wniosek przeszedł stosunkiem 259 do 162 głosów; **he got carried away** (*fig*) poniosło go; **the placards carried the slogan: ...** na transparentach widniało hasło: ...; **this loan carries 10% interest** pożyczka jest oprocentowana na 10%.

►**carry forward** *vt* (*BOOK-KEEPING*) przenosić (przenieść *perf*).

►**carry on** *vi* kontynuować; (*inf*) zachowywać się ♦ *vt* prowadzić; **to carry on with sth/doing sth** kontynuować coś/robienie czegoś; **am I boring you? – no, carry on** nudzę cię? – nie, mów dalej.

►**carry out** *vt* (*orders*) wykonywać (wykonać *perf*); (*investigation, experiments*) przeprowadzać

(przeprowadzić *perf*); (*threat*) spełniać (spełnić *perf*).
carrycot ['kærɪkɔt] (*BRIT*) *n* nosidełko *nt* (*torba do noszenia niemowlęcia*).
carry-on ['kærɪ'ɔn] (*inf*) *n*: **what a carry-on!** co za szopka! (*inf*).
cart [kɑ:t] *n* (*for grain, hay*) wóz *m*, furmanka *f*; (*for passengers*) powóz *m*; (*handcart*) wózek *m* ♦ *vt* (*inf*) wlec, włóczyć.
carte blanche ['kɑ:t'blɔŋʃ] *n*: **to give sb carte blanche** dawać (dać *perf*) komuś wolną rękę.
cartel [kɑ:'tɛl] *n* kartel *m*.
cartilage ['kɑ:tɪlɪdʒ] (*ANAT*) *n* chrząstka *f*.
cartographer [kɑ:'tɔgrəfə*] *n* kartograf *m*.
cartography [kɑ:'tɔgrəfɪ] *n* kartografia *f*.
carton ['kɑ:tən] *n* karton *m*.
cartoon [kɑ:'tu:n] *n* (*drawing*) rysunek *m* satyryczny, karykatura *f*; (*FILM*) kreskówka *f*, film *m* rysunkowy; (*BRIT*) komiks *m*.
cartoonist [kɑ:'tu:nɪst] *n* karykaturzysta (-tka) *m(f)*.
cartridge ['kɑ:trɪdʒ] *n* (*for gun, pen*) nabój *m*; (*for camera, tape recorder*) kaseta *f*; (*of record-player*) wkładka *f* (gramofonowa).
cartwheel ['kɑ:twi:l] *n* koło *nt* (wozu); **to turn a cartwheel** (*SPORT etc*) robić (zrobić *perf*) gwiazdę.
carve [kɑ:v] *vt* (*sculpt*) rzeźbić (wyrzeźbić *perf*); (*meat*) kroić (pokroić *perf*); (*initials, design*) wycinać (wyciąć *perf*).
►**carve up** *vt* (*land, property*) parcelować (rozparcelować *perf*); (*meat*) kroić (pokroić *perf*) (na kawałki).
carving ['kɑ:vɪŋ] *n* (*object*) rzeźba *f*; (*design*) rzeźbienia *pl*; (*art of carving*) rzeźbiarstwo *nt*, snycerstwo *nt*.
carving knife *n* nóż *m* do krojenia mięsa.
car wash *n* myjnia *f* samochodowa.
Casablanca [kæsə'blæŋkə] *n* Casablanca *f*.
cascade [kæs'keɪd] *n* kaskada *f* ♦ *vi* (*water*) spływać kaskadą; (*hair*) opadać kaskadą.
case [keɪs] *n* (*also MED, LING*) przypadek *m*; (*JUR*) sprawa *f*; (*for spectacles, nail scissors*) etui *nt inv*; (*for musical instrument*) futerał *m*; (*BRIT*: *also*: **suitcase**) walizka *f*; (*of wine*) skrzynka *f*; **lower/upper case** (*TYP*) małe/duże litery; **to have a good case** (*JUR*) mieć duże szanse na wygranie sprawy; **to make (out) a case for/against** przedstawić argumenty za +*instr*/przeciw(ko) +*dat*; **there's a strong case for/against** wiele przemawia za +*instr*/przeciw(ko) +*dat*; **in case of** w przypadku +*gen*; **in case he comes** na wypadek, gdyby przyszedł; **in any case** (*at any rate*) w każdym razie; (*besides*) zresztą, poza tym; (*no matter what*) tak czy owak; **just in case** (tak) na wszelki wypadek.
case history (*MED*) *n* historia *f* choroby.
case study *n* studium *nt*, opracowanie *nt* (naukowe).
cash [kæʃ] *n* gotówka *f* ♦ *vt* (*cheque, money order*) realizować (zrealizować *perf*); **to pay (in) cash** płacić (zapłacić *perf*) gotówką; **cash on delivery** za pobraniem; **cash with order** zapłata rachunku przy zamówieniu.
►**cash in** *vt* spieniężać (spieniężyć *perf*).
►**cash in on** *vt fus* zarabiać (zarobić *perf*) na +*loc*.
cash account *n* konto *nt* gotówkowe.
cash-and-carry [kæʃən'kærɪ] *n* *skład (pół)hurtowy sprzedający za gotówkę i bez dostawy*.
cash-book ['kæʃbuk] *n* księga *f* kasowa.
cash box *n* sejf *m* sklepowy *or* przenośny, kasa *f* sklepowa.
cash card (*BRIT*) *n* karta *f* bankowa (*do wypłacania pieniędzy z bankomatu*).
cash crop *n* uprawa *f* rynkowa.
cash desk (*BRIT*) *n* kasa *f* (*w sklepie*).
cash discount (*COMM*) *n* rabat *m* przy zapłacie gotówką.
cash dispenser (*BRIT*) *n* bankomat *m*.
cashew [kæ'ʃu:] *n* (*also*: **cashew nut**) orzech *m* nerkowca.
cash flow *n* przepływ *m* gotówki.
cashier [kæ'ʃɪə*] *n* kasjer(ka) *m(f)*.
cashmere ['kæʃmɪə*] *n* kaszmir *m* ♦ *adj* kaszmirowy.
cashpoint ['kæʃpɔɪnt] *n* bankomat *m*.
cash price *n* cena *f* gotówkowa.
cash register *n* kasa *f* rejestrująca *or* fiskalna.
cash sale *n* sprzedaż *f* za gotówkę.
casing ['keɪsɪŋ] *n* obudowa *f*.
casino [kə'si:nəu] *n* kasyno *nt*.
cask [kɑ:sk] *n* (*of wine, beer*) beczułka *f*.
casket ['kɑ:skɪt] *n* (*for jewellery*) szkatułka *f*, kasetka *f*; (*US*: *coffin*) trumna *f*.
Caspian Sea ['kæspɪən-] *n*: **the Caspian Sea** Morze *nt* Kaspijskie.
casserole ['kæsərəul] *n* (*CULIN*) zapiekanka *f*; (*container*) naczynie *nt* (żaroodporne) do zapiekanek.
cassette [kæ'sɛt] *n* kaseta *f*.
cassette deck *n* magnetofon *m* kasetowy (*bez wzmacniacza*).
cassette player *n* odtwarzacz *m* kasetowy.
cassette recorder *n* magnetofon *m* kasetowy.
cast [kɑ:st] (*pt, pp* **cast**) *vt* (*shadow, glance, spell, aspersions*) rzucać (rzucić *perf*); (*net, fishing-line*) zarzucać (zarzucić *perf*); (*skin*) zrzucać (zrzucić *perf*); (*metal*) odlewać (odlać *perf*); (*vote*) oddawać (oddać *perf*); (*THEAT*): **to cast sb as Hamlet** obsadzać (obsadzić *perf*) kogoś w roli Hamleta ♦ *vi* zarzucać (zarzucić *perf*) wędkę ♦ *n* (*THEAT*) obsada *f*; (*mould*) odlew *m*; (*also*: **plaster cast**) gips *m*; **to cast**

doubt on sth podawać (podać *perf*) coś w wątpliwość.
►**cast aside** *vt* odrzucać (odrzucić *perf*).
►**cast off** *vi* (*NAUT*) odwiązywać (odwiązać *perf*) łódź; (*KNITTING*) spuszczać (spuścić *perf*) oczka.
►**cast on** (*KNITTING*) *vi* nabierać (nabrać *perf*) oczka.
castanets [kæstə'nɛts] *npl* kastaniety *pl*.
castaway ['kɑ:stəweɪ] *n* rozbitek *m*.
caste [kɑ:st] *n* (*class*) kasta *f*; (*system*) kastowość *f*.
caster sugar ['kɑ:stə-] (*BRIT*) *n* cukier *m* puder *m*.
casting vote ['kɑ:stɪŋ-] (*BRIT*) *n* decydujący głos *m*.
cast iron *n* żeliwo *nt* ♦ *adj*: **cast-iron** (*fig*: *alibi etc*) żelazny.
castle ['kɑ:sl] *n* zamek *m*; (*CHESS*) wieża *f*.
cast-off ['kɑ:stɔf] *n*: **she wears her elder sister's cast-offs** nosi ubrania po starszej siostrze.
castor ['kɑ:stə*] *n* kółko *nt* (*u fotela, łóżka itp*).
castor oil *n* olej *m* rycynowy.
castrate [kæs'treɪt] *vt* kastrować (wykastrować *perf*).
casual ['kæʒjul] *adj* (*accidental*) przypadkowy; (*irregular*: *work etc*) dorywczy; (*unconcerned*) swobodny, niezobowiązujący; **casual wear** odzież codzienna; **casual sex** przygodny seks.
casual labour *n* praca *f* dorywcza.
casually ['kæʒjulɪ] *adv* (*in a relaxed way*) swobodnie, od niechcenia; (*dress*) na sportowo; (*by chance*) przypadkowo.
casualty ['kæʒjultɪ] *n* (*person*) ofiara *f*; (*in hospital*) izba *f* przyjęć (*dla przypadków urazowych*); **heavy casualties** duże straty (w ludziach).
casualty ward (*BRIT*) *n* oddział *m* urazowy.
cat [kæt] *n* kot *m*.
catacombs ['kætəku:mz] *npl* katakumby *pl*.
catalogue ['kætəlɔg] (*US* **catalog**) *n* katalog *m*; (*of events*) seria *f*; (*of faults, sins*) litania *f* ♦ *vt* (*book, collection*) katalogować (skatalogować *perf*); (*events, qualities*) wyliczać (wyliczyć *perf*).
catalyst ['kætəlɪst] *n* katalizator *m*.
catalytic converter [kætə'lɪtɪk kən'və:tə*] (*AUT*) *n* katalizator *m*.
catapult ['kætəpʌlt] *n* (*BRIT*: *sling*) proca *f*; (*MIL*) katapulta *f* ♦ *vi* wyskakiwać (wyskoczyć *perf*) ♦ *vt* wyrzucać (wyrzucić *perf*).
cataract ['kætərækt] *n* zaćma *f*, katarakta *f*.
catarrh [kə'tɑ:*] *n* katar *m*.
catastrophe [kə'tæstrəfɪ] *n* katastrofa *f*.
catastrophic [kætə'strɔfɪk] *adj* katastrofalny.
catcall ['kætkɔ:l] *n* gwizdy *pl*.
catch [kætʃ] (*pt, pp* **caught**) *vt* (*capture, get hold of*) łapać (złapać *perf*); (*surprise*) przyłapywać (przyłapać *perf*); (*hit*) trafiać (trafić *perf*); (*hear*) dosłyszeć (*perf*); (*MED*) zarażać się (zarazić się *perf*) +*instr*, łapać (złapać *perf*) (*inf*); (*also*: **catch up**) zrównać się (*perf*) z +*instr*, doganiać (dogonić *perf*) ♦ *vi* (*fire*) zapłonąć (*perf*); (*in branches etc*) zaczepić się (*perf*) ♦ *n* (*of fish etc*) połów *m*; (*hidden problem*) kruczek *m*; (*of lock*) zapadka *f*; **to catch sb's attention** *or* **eye** zwracać (zwrócić *perf*) (na siebie) czyjąś uwagę; **to catch fire** zapalać się (zapalić się *perf*), zajmować się (zająć się *perf*); **to catch sight of** dostrzegać (dostrzec *perf*) +*acc*; **she caught her breath** zaparło jej dech (w piersiach); **a difficult catch** trudna piłka.
►**catch on** *vi* (*understand*) zaskakiwać (zaskoczyć *perf*) (*inf*); (*grow popular*) przyjmować się (przyjąć *perf* się), chwytać (chwycić *perf*) (*inf*);: **to catch on to sth** chwytać (chwycić *perf*) coś (*inf*).
►**catch out** (*BRIT*) *vt* (*fig*: *with trick question*) zaginać (zagiąć *perf*) (*inf*).
►**catch up** *vi* (*with person*) doganiać (dogonić *perf*); **to catch up on work/sleep** nadrabiać (nadrobić *perf*) zaległości w pracy/spaniu.
►**catch up with** *vt fus* doganiać (dogonić *perf*) +*acc*.
catching ['kætʃɪŋ] *adj* zaraźliwy.
catchment area ['kætʃmənt-] (*BRIT*) *n* (*of school, hospital*) rejon *m*.
catch phrase *n* slogan *m*.
catch-22 ['kætʃtwɛntɪ'tu:] *n*: **it's a catch-22 situation** to (jest) błędne koło.
catchy ['kætʃɪ] *adj* chwytliwy, wpadający w ucho.
catechism ['kætɪkɪzəm] *n* katechizm *m*.
categoric(al) [kætɪ'gɔrɪk(l)] *adj* kategoryczny.
categorize ['kætɪgəraɪz] *vt* klasyfikować (sklasyfikować *perf*).
category ['kætɪgərɪ] *n* kategoria *f*.
cater ['keɪtə*] *vi*: **cater for** (*party etc*) zaopatrywać (zaopatrzyć *perf*); (*needs etc*) zaspokajać (zaspokoić *perf*); (*readers, consumers*) zaspokajać (zaspokoić *perf*) potrzeby +*gen*.
caterer ['keɪtərə*] *n* aprowizator(ka) *m(f)*.
catering ['keɪtərɪŋ] *n* gastronomia *f*.
caterpillar ['kætəpɪlə*] *n* gąsienica *f*.
caterpillar tracks *npl* gąsienice *pl* (*czołgu itp*).
cathedral [kə'θi:drəl] *n* katedra *f*.
cathode ['kæθəud] *n* katoda *f*.
cathode ray tube *n* lampa *f* kineskopowa *or* elektronopromieniowa.
catholic ['kæθəlɪk] *adj* wszechstronny.
Catholic ['kæθəlɪk] *adj* katolicki ♦ *n* katolik (-iczka) *m(f)*.
CAT scanner (*MED*) *n abbr* (= *computerized axial tomography scanner*) tomograf *m* komputerowy.
cat's-eye ['kæts'aɪ] (*BRIT*: *AUT*) *n* kocie oko *nt*.
catsup ['kætsəp] (*US*) *n* ketchup *m*, keczup *m*.
cattle ['kætl] *npl* bydło *nt*.
catty ['kætɪ] *adj* zjadliwy, złośliwy.

catwalk ['kætwɔ:k] *n* wybieg *m*.
Caucasian [kɔ:'keɪzɪən] *adj* kaukaski ♦ *n* mieszkaniec(nka) *m(f)* Kaukazu.
Caucasus ['kɔ:kəsəs] *n*: **the Caucasus** Kaukaz *m*.
caucus ['kɔ:kəs] (*POL*) *n* (*group*) komitet *m* wyborczy; (*meeting*) (zamknięte) zebranie *nt* komitetu wyborczego.
caught [kɔ:t] *pt, pp of* **catch**.
cauliflower ['kɔlɪflauə*] *n* kalafior *m*.
cause [kɔ:z] *n* (*of outcome, effect*) przyczyna *f*; (*reason*) powód *m*; (*aim, principle*) sprawa *f* ♦ *vt* powodować (spowodować *perf*), wywoływać (wywołać *perf*); **there is no cause for concern** nie ma powodu do obaw; **to cause sth to be done** sprawiać (sprawić *perf*), że coś zostanie zrobione; **to cause sb to do sth** sprawić (*perf*), że ktoś coś zrobi.
causeway ['kɔ:zweɪ] *n* szosa *f* na grobli.
caustic ['kɔ:stɪk] *adj* (*CHEM*) kaustyczny, żrący; (*fig*: *remark*) uszczypliwy.
cauterize ['kɔ:təraɪz] *vt* przyżegać (przyżec *perf*).
caution ['kɔ:ʃən] *n* (*prudence*) ostrożność *f*; (*warning*) ostrzeżenie *nt* ♦ *vt* ostrzegać (ostrzec *perf*); (*policeman*) udzielać (udzielić *perf*) ostrzeżenia *+dat*.
cautious ['kɔ:ʃəs] *adj* ostrożny.
cautiously ['kɔ:ʃəslɪ] *adv* ostrożnie.
cautiousness ['kɔ:ʃəsnɪs] *n* ostrożność *f*.
cavalier [kævə'lɪə*] *adj* nonszalancki.
cavalry ['kævəlrɪ] *n* kawaleria *f*.
cave [keɪv] *n* jaskinia *f*, grota *f* ♦ *vi*: **to go caving** chodzić po jaskiniach.
►**cave in** *vi* (*roof etc*) zapadać się (zapaść *perf* się), załamywać się (załamać *perf* się); (*person*) uginać się (ugiąć się *perf*).
caveman ['keɪvmæn] (*irreg like*: **man**) *n* jaskiniowiec *m*.
cavern ['kævən] *n* pieczara *f*.
caviar(e) ['kævɪɑ:*] *n* kawior *m*.
cavity ['kævɪtɪ] *n* otwór *m*; (*in tooth*) ubytek *m*, dziura *f* (*inf*).
cavity wall insulation *n* izolacja *f* murem szczelinowym *or* podwójnym.
cavort [kə'vɔ:t] *vi* baraszkować, hasać.
cayenne [keɪ'ɛn] *n* (*also*: **cayenne pepper**) pieprz *m* cayenne.
CB *n abbr* (= *Citizens' Band (Radio)*) CB *nt inv*, CB radio *nt*; (*BRIT*: = *Companion of (the Order of) the Bath*) *order brytyjski*.
CBC *n abbr* (= *Canadian Broadcasting Corporation*).
CBE (*BRIT*) *n abbr* (= *Commander of (the Order of) the British Empire*) *order brytyjski*.
CBI *n abbr* (= *Confederation of British Industry*) *związek pracodawców*.
CBS (*US*) *n abbr* (= *Columbia Broadcasting System*).
CC (*BRIT*) *abbr* = **county council**.
cc *abbr* (= *cubic centimetre*) cm^3; = **carbon copy**.
CCA (*US*) *n abbr* (= *Circuit Court of Appeals*) *okręgowy sąd apelacyjny*.
CCU (*US*) *n abbr* (= *coronary care unit*) *oddział intensywnej opieki kardiologicznej*.
CD *abbr* (*BRIT*: = *Corps Diplomatique*) Korpus *m* Dyplomatyczny ♦ *n abbr* (*MIL*: *BRIT*: = *Civil Defence (Corps)*) ≈ OC *f inv*; (: *US*: = *Civil Defense*) ≈ OC *f inv*; = **compact disc** płyta *f* kompaktowa; **CD player** odtwarzacz *m* płyt kompaktowych.
CDC (*US*) *n abbr* (= *Center for Disease Control*).
Cdr (*MIL*) *abbr* = **commander** dow., d-ca.
CD-ROM *abbr* (= *compact disc read-only memory*) CD-ROM *m*.
CDT (*US*) *abbr* (= *Central Daylight Time*).
cease [si:s] *vt* zaprzestawać (zaprzestać *perf*) *+gen*, przerywać (przerwać *perf*) ♦ *vi* ustawać (ustać *perf*).
ceasefire ['si:sfaɪə*] *n* zawieszenie *nt* broni.
ceaseless ['si:slɪs] *adj* nieustanny.
CED (*US*) *n abbr* (= *Committee for Economic Development*).
cedar ['si:də*] *n* cedr *m*.
cede [si:d] *vt* cedować (scedować *perf*).
cedilla [sɪ'dɪlə] *n* cedilla *f* (*haczyk nadający literze c brzmienie s*).
CEEB (*US*) *n abbr* (= *College Entry Examination Board*).
ceiling ['si:lɪŋ] *n* (*in room*) sufit *m*; (*on wages, prices etc*) (górny) pułap *m*.
celebrate ['sɛlɪbreɪt] *vt* (*success, victory*) świętować; (*anniversary, birthday*) obchodzić; (*REL*: *mass*) odprawiać (odprawić *perf*), celebrować ♦ *vi* świętować; **we ought to celebrate** powinniśmy to uczcić.
celebrated ['sɛlɪbreɪtɪd] *adj* sławny.
celebration [sɛlɪ'breɪʃən] *n* świętowanie *nt*.
celebrity [sɪ'lɛbrɪtɪ] *n* (znana) osobistość *f*, sława *f*.
celeriac [sə'lɛrɪæk] *n* seler *m*.
celery ['sɛlərɪ] *n* seler *m* naciowy.
celestial [sɪ'lɛstɪəl] *adj* niebiański, niebieski.
celibacy ['sɛlɪbəsɪ] *n* celibat *m*.
cell [sɛl] *n* (*in prison, monastery*) cela *f*; (*of revolutionaries*) komórka *f* (organizacyjna); (*BIO*) komórka *f*; (*ELEC*) ogniwo *nt*.
cellar ['sɛlə*] *n* piwnica *f*.
cellist ['tʃɛlɪst] *n* wiolonczelista (-tka) *m(f)*.
cello ['tʃɛləu] *n* wiolonczela *f*.
cellophane ['sɛləfeɪn] *n* celofan *m*.
cellphone ['sɛlfəun] *n* telefon *m* komórkowy.
cellular ['sɛljulə*] *adj* (*structure, tissue*) komórkowy; (*fabrics*) luźno tkany.
Celluloid ['sɛljulɔɪd] ® *n* celuloid *m*.
cellulose ['sɛljuləus] *n* celuloza *f*.
Celsius ['sɛlsɪəs] *adj*: **30 degrees Celsius** 30 stopni Celsjusza.
Celt [kɛlt, sɛlt] *n* Celt *m*.

Celtic ['kɛltɪk, 'sɛltɪk] *adj* celtycki ♦ *n* (język *m*) celtycki.

cement [sə'mɛnt] *n* (*powder, concrete*) cement *m*; (*glue*) klej *m* cementowy ♦ *vt* (*path, floor*) cementować (wycementować *perf*); (*fig: relationship*) cementować (scementować *perf*); (*stick, glue*) przytwierdzać (przytwierdzić *perf*).

cement mixer *n* betoniarka *f*.

cemetery ['sɛmɪtrɪ] *n* cmentarz *m*.

cenotaph ['sɛnətɑ:f] *n symboliczny grobowiec upamiętniający poległych na wojnie*.

censor ['sɛnsə*] *n* cenzor(ka) *m(f)* ♦ *vt* cenzurować (ocenzurować *perf*).

censorship ['sɛnsəʃɪp] *n* cenzura *f*.

censure ['sɛnʃə*] *vt* (*reprove*) potępiać (potępić *perf*) ♦ *n* potępienie *nt*.

census ['sɛnsəs] *n* spis *m* ludności.

cent [sɛnt] (*US etc*) *n* cent *m*; *see also* **per**.

centenary [sɛn'ti:nərɪ] *n* stulecie *nt*, setna rocznica *f*.

centennial [sɛn'tɛnɪəl] *n* = **centenary**.

center ['sɛntə*] (*US*) = **centre**.

centigrade ['sɛntɪgreɪd] *adj*: **23 degrees centigrade** 23 stopnie Celsjusza.

centilitre ['sɛntɪli:tə*] (*US* **centiliter**) *n* centylitr *m*.

centimetre ['sɛntɪmi:tə*] (*US* **centimeter**) *n* centymetr *m*.

centipede ['sɛntɪpi:d] *n* wij *m*.

central ['sɛntrəl] *adj* (*in the centre*) centralny, środkowy; (*close to city centre*) położony centralnie *or* w centrum; (*committee etc*) centralny; (*idea, figure*) główny.

Central African Republic *n* Republika *f* Środkowoafrykańska.

Central America *n* Ameryka *f* Środkowa.

central heating *n* centralne ogrzewanie *nt*.

centralize ['sɛntrəlaɪz] *vt* centralizować (scentralizować *perf*).

central processing unit (*COMPUT*) *n* mikroprocesor *m* centralny *or* główny.

central reservation (*BRIT: AUT*) *n* pas *m* zieleni *or* dzielący.

centre ['sɛntə*] (*US* **center**) *n* (*of circle, room, line*) środek *m*; (*of town, attention, power*) centrum *m*; (*of action, belief*) podstawa *f*; (*of arts, industry*) ośrodek *m*, centrum *nt* ♦ *vt* (*weight*) umieszczać (umieścić *perf*) na środku; (*PHOT, TYP*) centrować (wycentrować *perf*); (*ball*) dośrodkowywać (dośrodkować *perf*); **to centre on** (*fig*) skupiać się (skupić się *perf*) na *+loc*.

centrefold ['sɛntəfəuld] (*US* **centerfold**) *n* rozkładówka *f*.

centre-forward ['sɛntə'fɔ:wəd] (*FOOTBALL*) *n* środkowy napastnik *m*.

centre-half ['sɛntə'hɑ:f] (*FOOTBALL*) *n* środkowy pomocnik *m*.

centrepiece ['sɛntəpi:s] (*US* **centerpiece**) *n dekoracja na środku stołu itp*; (*fig*) chluba *f*.

centre spread (*BRIT*) *n artykuł na dwóch środkowych stronach gazety lub czasopisma*.

centrifugal [sɛn'trɪfjugl] *adj* odśrodkowy.

centrifuge ['sɛntrɪfju:ʒ] *n* wirówka *f*.

century ['sɛntjurɪ] *n* wiek *m*, stulecie *nt*; (*CRICKET*) sto punktów; **in the twentieth century** w dwudziestym wieku.

CEO (*US*) *n abbr* = **chief executive officer**.

ceramic [sɪ'ræmɪk] *adj* ceramiczny.

ceramics [sɪ'ræmɪks] *npl* ceramika *f*.

cereal ['si:rɪəl] *n* (*plant, crop*) zboże *nt*; (*food*) płatki *pl* zbożowe.

cerebral ['sɛrɪbrəl] *adj* (*MED*) mózgowy; (*intellectual*) intelektualny; **cerebral hemorrhage** wylew krwi do mózgu.

ceremonial [sɛrɪ'məunɪəl] *n* ceremoniał *m* ♦ *adj* ceremonialny, obrzędowy.

ceremony ['sɛrɪmənɪ] *n* ceremonia *f*; **to stand on ceremony** robić ceremonie.

cert [sə:t] (*BRIT: inf*) *n*: **it's a dead cert** to pewniak (*inf*).

certain ['sə:tən] *adj* (*sure*) pewny, pewien; (*particular, some*) pewien; **a certain Mr Smith** pewien *or* niejaki pan Smith; **certain days/places** pewne dni/miejsca; **a certain coldness/pleasure** pewna oziębłość/przyjemność; **to make certain that** upewniać się (upewnić się *perf*), że; **to be certain of** być pewnym *+gen*; **for certain** na pewno.

certainly ['sə:tənlɪ] *adv* (*undoubtedly*) na pewno, z pewnością; (*of course*) oczywiście, naturalnie.

certainty ['sə:təntɪ] *n* (*assurance*) pewność *f*; (*inevitability*) pewnik *m*.

certificate [sə'tɪfɪkɪt] *n* (*of birth, marriage etc*) akt *m*, świadectwo *nt*; (*diploma*) świadectwo *nt*, dyplom *m*.

certified letter ['sə:tɪfaɪd-] (*US*) *n* list *m* polecony.

certified mail (*US*) *n* poczta *f* polecona.

certified public accountant ['sə:tɪfaɪd-] (*US*) *n* zaprzysiężony rewident *m* księgowy.

certify ['sə:tɪfaɪ] *vt* (*fact*) poświadczać (poświadczyć *perf*); (*award diploma to*) przyznawać (przyznać *perf*) dyplom *or* patent *+dat*; **to certify sb insane** orzekać (orzec *perf*) o czyjejś niepoczytalności ♦ *vi*: **to certify that ...** zaświadczać (zaświadczyć *perf*), że ... .

cervical ['sə:vɪkl] *adj* szyjny, karkowy; **cervical cancer** rak szyjki macicy; **cervical smear** wymaz z szyjki macicy.

cervix ['sə:vɪks] *n* szyjka *f* macicy.

Cesarean [si:'zɛərɪən] (*US*) *adj, n* = **Caesarean**.

cessation [sə'seɪʃən] *n* (*of hostilities etc*) zaprzestanie *nt*.

cesspit ['sɛspɪt] *n* szambo *nt*.

CET *abbr* (= *Central European Time*) czas *m* środkowoeuropejski.
Ceylon [sɪ'lɔn] *n* Cejlon *m.*
cf. *abbr* = **compare** por.
c/f (*COMM*) *abbr* (= *carried forward*) do przeniesienia.
CFC *n abbr* (= *chlorofluorocarbon*) chlorofluorokarbon *m*, CFC.
CG (*US*) *n abbr* = **coastguard.**
cg *abbr* (= *centigram*) cg.
CH (*BRIT*) *n abbr* (= *Companion of Honour*) *odznaczenie brytyjskie.*
ch. *abbr* = **chapter** rozdz.
c.h. (*BRIT*) *abbr* = **central heating** co.
Chad [tʃæd] *n* Czad *m.*
chafe [tʃeɪf] *vt* (*skin*) ocierać (otrzeć *perf*) ♦ *vi*: **to chafe at** (*fig*) irytować się (zirytować się *perf*) z powodu *+gen.*
chaffinch ['tʃæfɪntʃ] *n* zięba *f.*
chagrin ['ʃægrɪn] *n* rozgoryczenie *nt.*
chain [tʃeɪn] *n* łańcuch *m*; (*piece of jewellery*) łańcuszek *m*; (*of shops, hotels*) sieć *f* ♦ *vt* (*also*: **chain up**: *prisoner*) przykuwać (przykuć *perf*) łańcuchem; (: *dog*) uwiązywać (uwiązać *perf*) na łańcuchu.
chain reaction *n* (*fig*) reakcja *f* łańcuchowa.
chain-smoke ['tʃeɪnsməuk] *vi* palić jednego (papierosa) za drugim.
chain store *n* sklep *m* należący do sieci.
chair [tʃɛə*] *n* (*seat*) krzesło *nt*; (*armchair*) fotel *m*; (*at university*) katedra *f*; (*of meeting etc*) przewodniczący (-ca) *m(f)* ♦ *vt* przewodniczyć *+dat*; **the chair** (*US*) krzesło elektryczne.
chairlift ['tʃɛəlɪft] *n* wyciąg *m* krzesełkowy.
chairman ['tʃɛəmən] (*irreg like*: **man**) *n* (*of committee*) przewodniczący *m*; (*BRIT*: *of company*) prezes *m.*
chairperson ['tʃɛəpə:sn] *n* przewodniczący (-ca) *m(f).*
chairwoman ['tʃɛəwumən] (*irreg like*: **woman**) *n* przewodnicząca *f.*
chalet ['ʃæleɪ] *n* drewniana chata *f* (*najczęściej wczasowa, w górach*).
chalice ['tʃælɪs] *n* kielich *m.*
chalk [tʃɔ:k] *n* kreda *f.*
►**chalk up** *vt* zapisywać (zapisać *perf*); (*fig*) zapisywać (zapisać *perf*) na swoim koncie.
challenge ['tʃælɪndʒ] *n* wyzwanie *nt*; (*to authority, received ideas*) kwestionowanie *nt* ♦ *vt* (*SPORT*) rzucać (rzucić *perf*) wyzwanie *+dat*, wyzywać (wyzwać *perf*); (*rival*) stawiać (postawić *perf*) w obliczu wyzwania; (*authority, idea etc*) kwestionować (zakwestionować *perf*); **to challenge sb to do sth** wzywać (wezwać *perf*) kogoś do zrobienia czegoś; **to challenge sb to a fight/game** rzucać (rzucić *perf*) komuś wyzwanie do walki/gry.
challenger ['tʃælɪndʒə*] *n* pretendent(ka) *m(f).*
challenging ['tʃælɪndʒɪŋ] *adj* (*career*) stawiający wysokie wymagania; (*task*) ambitny; (*tone, look etc*) wyzywający.
chamber ['tʃeɪmbə*] *n* (*room*) komnata *f*; (*POL*) izba *f*; (*BRIT*: *usu pl*: *judge's office*) gabinet *m* sędziego; (: *barristers' offices*) kancelaria *f* adwokacka; **chamber of commerce** izba handlowa; **torture chamber** sala tortur.
chambermaid ['tʃeɪmbəmeɪd] *n* pokojówka *f.*
chamber music *n* muzyka *f* kameralna.
chamberpot ['tʃeɪmbəpɔt] *n* nocnik *m.*
chameleon [kə'mi:lɪən] *n* kameleon *m.*
chamois ['ʃæmwɑ:] *n* (*ZOOL*) kozica *f*; (*also*: **chamois leather**) ircha *f.*
champagne [ʃæm'peɪn] *n* szampan *m.*
champion ['tʃæmpɪən] *n* (*of league, contest*) mistrz(yni) *m(f)*; (*of cause*) orędownik (-iczka) *m(f)*, szermierz *m*; (*of person*) obrońca (-ńczyni) *m(f)* ♦ *vt* bronić *+gen* (obronić *perf*).
championship ['tʃæmpɪənʃɪp] *n* (*contest*) mistrzostwa *pl*; (*title*) mistrzostwo *nt.*
chance [tʃɑ:ns] *n* (*hope*) szansa *f*; (*likelihood*) prawdopodobieństwo *nt*; (*opportunity*) sposobność *f*, okazja *f*; (*risk*) ryzyko *nt*; (*accident*) przypadek *m* ♦ *vt* (*risk*): **to chance it** zaryzykować (*perf*); (*happen*): **I chanced to overhear them talking** przez przypadek podsłuchałem ich rozmowę ♦ *adj* przypadkowy; **the chances are that...** wszystko wskazuje na to, że...; **there is little chance of his coming** prawdopodobieństwo, że przyjdzie, jest niewielkie; **to take a chance** ryzykować (zaryzykować *perf*); **by chance** przez przypadek, przypadkiem; **it's the chance of a lifetime** to życiowa szansa.
►**chance (up)on** *vt fus* natykać się (natknąć się *perf*) na *+acc.*
chancel ['tʃɑ:nsəl] *n* prezbiterium *nt.*
chancellor ['tʃɑ:nsələ*] *n* (*head of government*) kanclerz *m*; (*BRIT*: *of university*) (honorowy) rektor *m.*
Chancellor of the Exchequer (*BRIT*) *n* Minister *m* Skarbu.
chancy ['tʃɑ:nsɪ] *adj* ryzykowny.
chandelier [ʃændə'lɪə*] *n* żyrandol *m.*
change [tʃeɪndʒ] *vt* zmieniać (zmienić *perf*); (*replace*) zamieniać (zamienić *perf*), wymieniać (wymienić *perf*); (*substitute, exchange*) wymieniać (wymienić *perf*); (*transform*): **to change sb/sth into** zamieniać (zamienić *perf*) *or* przemieniać (przemienić *perf*) kogoś/coś w *+acc* ♦ *vi* zmieniać się (zmienić się *perf*); (*on bus etc*) przesiadać się (przesiąść się *perf*); (*be transformed*): **to change into** zamieniać się (zamienić się *perf*) *or* przemieniać się (przemienić się *perf*) w *+acc* ♦ *n* (*alteration*) zmiana *f*; (*difference*) odmiana *f*; (*coins*) drobne *pl*; (*money returned*) reszta *f*; **to change trains/buses** przesiadać się (przesiąść się *perf*); **to change hands** (*person*) zmieniać (zmienić

perf) rękę; (*money, house etc*) zmieniać (zmienić *perf*) właściciela; **to change a baby** przewijać (przewinąć *perf*) niemowlę; **to change one's mind** zmieniać (zmienić *perf*) zdanie, rozmyślić się *(perf)*; **to change gear** (*AUT*) zmieniać (zmienić *perf*) bieg; **she changed into an old skirt** przebrała się w starą spódnicę; **a change of clothes** ubranie na zmianę; **small change** drobne; **to give sb change for** *or* **of ten pounds** rozmieniać (rozmienić *perf*) komuś dziesięć funtów; **keep the change** proszę zatrzymać resztę; **for a change** dla odmiany.

changeable ['tʃeɪndʒəbl] *adj* zmienny.

change machine *n* automat *m* do rozmieniania pieniędzy.

changeover ['tʃeɪndʒəuvə*] *n* (*to new system etc*) zmiana *f*.

changing ['tʃeɪndʒɪŋ] *adj* zmieniający się.

changing room (*BRIT*) *n* (*in shop*) przymierzalnia *f*; (*SPORT*) szatnia *f*.

channel ['tʃænl] *n* kanał *m*; (*groove*) rowek *m*, wyżłobienie *nt* ♦ *vt* kierować (skierować *perf*); **to channel sth into** (*fig*) kierować (skierować *perf*) coś w stronę *+gen*; **through the usual/normal channels** zwykłymi/normalnymi kanałami; **green/red channels** *stanowiska odprawy celnej dla podróżnych nie posiadających/posiadających rzeczy do oclenia*; **the (English) Channel** kanał La Manche; **the Channel Islands** Wyspy Normandzkie.

chant [tʃɑ:nt] *n* (*of crowd, fans*) skandowanie *nt*; (*REL*) pieśń *f*, śpiew *m* ♦ *vt* (*slogans etc*) skandować; (*song, prayer*) intonować (zaintonować *perf*) ♦ *vi* skandować; **the demonstrators chanted their disapproval** demonstranci skandowaniem wyrażali swe niezadowolenie.

chaos ['keɪɔs] *n* chaos *m*.

chaotic [keɪ'ɔtɪk] *adj* (*jumble*) bezładny; (*situation*) chaotyczny.

chap [tʃæp] (*BRIT*: *inf*) *n* facet *m* (*inf*), gość *m* (*inf*); **old chap** (*term of address*) stary (*inf*).

chapel ['tʃæpl] *n* kaplica *f*; (*BRIT*: *non-conformist chapel*) zbór *m*; (: *of union*) podstawowa organizacja *f* związkowa.

chaperone ['ʃæpərəun] *n* (*for woman*) przyzwoitka *f*; (*for child*) opiekunka *f* ♦ *vt* (*woman*) towarzyszyć *+dat*; (*child*) opiekować się *+instr*.

chaplain ['tʃæplɪn] *n* kapelan *m*.

chapped [tʃæpt] *adj* spierzchnięty, spękany.

chapter ['tʃæptə*] *n* rozdział *m*; **a chapter of accidents** seria nieszczęść.

char [tʃɑ:*] *vt* zwęglać (zwęglić *perf*) ♦ *vi* (*BRIT*) sprzątać (*u kogoś*) ♦ *n* (*BRIT*) = **charlady**.

character ['kærɪktə*] *n* charakter *m*; (*in novel, film*) postać *f*; (*eccentric*) oryginał *m*, dziwak (-aczka) *m(f)*; (*letter*) znak *m*; **a person of good character** osoba o dobrej reputacji.

character code (*COMPUT*) *n* kod *m* znaku.

characteristic ['kærɪktə'rɪstɪk] *adj* charakterystyczny ♦ *n* cecha *f* (charakterystyczna), właściwość *f*; **characteristic of** charakterystyczny dla *+gen*.

characterize ['kærɪktəraɪz] *vt* (*typify*) charakteryzować, cechować; (*describe character of*) charakteryzować (scharakteryzować *perf*); **to characterize sb/sth as** (*render*) nadawać (nadać *perf*) komuś/czemuś charakter *+gen*.

charade [ʃə'rɑ:d] *n* farsa *f*; **charades** *npl* szarady *pl*.

charcoal ['tʃɑ:kəul] *n* (*fuel*) węgiel *m* drzewny; (*for drawing*) węgiel *m* (rysunkowy).

charge [tʃɑ:dʒ] *n* (*fee*) opłata *f*; (*JUR*) zarzut *m*, oskarżenie *nt*; (*attack*) natarcie *nt*, szarża *f*; (*responsibility*) odpowiedzialność *f*; (*MIL, ELEC*) ładunek *m* ♦ *vt* (*person*) obciążać (obciążyć *perf*); (*sum*) pobierać (pobrać *perf*); (*gun*) ładować (załadować *perf*); (*MIL*) atakować (zaatakować *perf*), nacierać (natrzeć *perf*) na *+acc*; (*also*: **charge up**: *battery*) ładować (naładować *perf*); (*JUR*): **to charge sb (with)** oskarżać (oskarżyć *perf*) kogoś (o *+acc*); **to charge sb to do sth** zobowiązywać (zobowiązać *perf*) kogoś do zrobienia czegoś ♦ *vi* rzucać się (rzucić się *perf*) (do ataku), szarżować; **to charge (up), to charge (along), etc** ruszyć (ruszać *perf*), rzucać się (rzucić się *perf*); **charges** *npl* opłaty *pl*; **labour charges** koszt robocizny; **to reverse the charges** (*BRIT*) *dzwonić na koszt osoby przyjmującej rozmowę*; **is there a charge?** czy jest jakaś opłata?; **there's no charge** nie ma żadnej opłaty; **at no extra charge** bez dodatkowej opłaty; **free of charge** nieodpłatnie; **they charged us 20 pounds for the meal** policzyli nam 20 funtów za posiłek; **how much do you charge?** ile to u państwa kosztuje?; **to charge an expense (up) to sb's account** dopisywać (dopisać *perf*) wydatek do czyjegoś rachunku; **under my charge** pod moją opieką; **to take charge of** (*child*) zajmować się (zająć się *perf*) *+instr*; (*company*) obejmować (objąć *perf*) kierownictwo *+gen*; **to be in charge of** (*person, machine*) odpowiadać za *+acc*; (*business*) kierować *+instr*.

charge account *n* kredyt *m* (*w placówce lub sieci handlowej*).

charge card *n* karta *f* kredytowa *or* stałego klienta (*ważna w określonej placówce handlowej*).

chargé d'affaires ['ʃɑ:ʒeɪ dæ'fεə] *n* chargé d'affaires *m inv*.

chargehand ['tʃɑ:dʒhænd] (*BRIT*) *n* brygadzista (-tka) *m(f)*.

charger ['tʃɑ:dʒə*] *n* (*also*: **battery charger**) urządzenie *nt* załadowcze; (*old*: *warhorse*) rumak *m*.

chariot ['tʃærɪət] *n* rydwan *m*.

charisma [kæ'rɪsmə] *n* charyzma *f*.

charitable ['tʃærɪtəbl] *adj* (*organization*) charytatywny, dobroczynny; (*person, remark*) wyrozumiały, pobłażliwy.
charity ['tʃærɪtɪ] *n* (*organization*) organizacja *f* charytatywna *or* dobroczynna; (*kindness, generosity*) wyrozumiałość *f*; (*money, gifts*) jałmużna *f*.
charlady ['tʃɑ:leɪdɪ] (*BRIT*) *n* sprzątaczka *f*.
charlatan ['ʃɑ:lətən] *n* szarlatan(ka) *m(f)*.
charm [tʃɑ:m] *n* (*appeal, spell*) czar *m*, urok *m*; (*talisman*) talizman *m*, amulet *m*; (*on bracelet etc*) wisiorek *m*, breloczek *m* ♦ *vt* zauroczyć *(perf)*.
charm bracelet *n* bransoletka *f* z wisiorkami.
charming ['tʃɑ:mɪŋ] *adj* czarujący, uroczy.
chart [tʃɑ:t] *n* (*graph, diagram*) wykres *m*; (*NAUT*) mapa *f* (morska); (*weather chart*) mapa *f* (pogody) ♦ *vt* (*river etc*) nanosić (nanieść *perf*) na mapę; (*progress, movements*) rejestrować (*na wykresie*); **charts** *npl* listy *pl* przebojów.
charter ['tʃɑ:tə*] *vt* wynajmować (wynająć *perf*) ♦ *n* (*document, constitution*) karta *f*; (*of university, company*) statut *m*.
chartered accountant ['tʃɑ:təd-] (*BRIT*) *n* ≈ dyplomowany (-na) *m(f)* księgowy (-wa) *m(f)*.
charter flight *n* lot *m* charterowy.
charwoman ['tʃɑ:wumən] (*irreg like*: **woman**) *n* = **charlady**.
chary ['tʃɛərɪ] *adj*: **to be chary of** być ostrożnym przy *+loc*.
chase [tʃeɪs] *vt* (*pursue*) gonić; (*also*: **chase away**) wyganiać (wygonić *perf*); (*job etc*) uganiać się za *+instr* ♦ *n* pościg *m*.
►**chase down** (*US*) *vt* = **chase up**.
►**chase up** (*BRIT*) *vt* (*person*) przyciskać (przycisnąć *perf*) (*inf*); (*information*) odszukiwać (odszukać *perf*).
chasm ['kæzəm] *n* (*GEOL*) rozpadlina *f*; (*between people*) przepaść *f*.
chassis ['ʃæsɪ] *n* podwozie *nt*.
chaste [tʃeɪst] *adj* czysty, cnotliwy.
chastened ['tʃeɪsnd] *adj* skarcony, zawstydzony.
chastening ['tʃeɪsnɪŋ] *adj* (*remark*) karcący; (*experience*) otrzeźwiający.
chastise [tʃæs'taɪz] *vt* (*scold*) (surowo) upominać (upomnieć *perf*).
chastity ['tʃæstɪtɪ] *n* czystość *f*, cnota *f*.
chat [tʃæt] *vi* (*also*: **have a chat**) gadać (pogadać *perf*), ucinać (uciąć *perf*) sobie pogawędkę ♦ *n* pogawędka *f*, pogaduszki *pl*.
►**chat up** (*BRIT*: *inf*) *vt* przygadać *(perf)* sobie (*inf*).
chat show (*BRIT*) *n* talk show *m*.
chattel ['tʃætl] *see* **goods**.
chatter ['tʃætə*] *vi* (*person*) paplać (*inf*), trajkotać (*inf*); (*magpie etc*) skrzeczeć; (*teeth*) szczękać ♦ *n* (*of people*) paplanina *f*; (*of magpie etc*) skrzeczenie *nt*; **his teeth were chattering** szczękał zębami.
chatterbox ['tʃætəbɔks] (*inf*) *n* trajkotka *f* (*inf*).
chatty ['tʃætɪ] *adj* (*style, letter*) gawędziarski; (*person*) gadatliwy.
chauffeur ['ʃəufə*] *n* szofer *m*.
chauvinism ['ʃəuvɪnɪzəm] *n* (*also*: **male chauvinism**) (męski) szowinizm *m*; (*POL*) szowinizm *m*.
chauvinist ['ʃəuvɪnɪst] *n* (*also*: **male chauvinist**) (męski) szowinista *m*; (*POL*) szowinista (-tka) *m(f)*.
chauvinistic [ʃəuvɪ'nɪstɪk] *adj* szowinistyczny.
ChE *abbr* (= *chemical engineer*).
cheap [tʃi:p] *adj* (*lit, fig*) tani; (*ticket, fare*) ulgowy ♦ *adv*: **to buy/sell sth cheap** kupować (kupić *perf*)/sprzedawać (sprzedać *perf*) coś tanio.
cheapen ['tʃi:pn] *vt*: **I wouldn't cheapen myself by doing such a thing** nie zniżyłbym się do czegoś takiego.
cheaper ['tʃi:pə*] *adj* tańszy.
cheaply ['tʃi:plɪ] *adv* tanio.
cheat [tʃi:t] *vi* oszukiwać (oszukać *perf*) ♦ *vt*: **to cheat sb out of sth** podstępem pozbawić *(perf)* kogoś czegoś ♦ *n* oszust(ka) *m(f)*.
►**cheat on** (*inf*) *vt fus* (*husband, wife*) zdradzać *+acc*.
cheating ['tʃi:tɪŋ] *n* oszustwo *nt*.
check [tʃɛk] *vt* (*inspect, examine, verify*) sprawdzać (sprawdzić *perf*); (*halt, restrain*) powstrzymywać (powstrzymać *perf*) ♦ *vi*: **to check (with)** (*data, piece of information*) zgadzać się (z *+instr*) ♦ *n* (*inspection*) kontrola *f*; (*curb*) powstrzymanie *nt*; (*US*: *bill*) rachunek *m*; = **cheque**; (*CHESS*) szach *m*; (*usu pl*: *pattern*) kratka *f* ♦ *adj* w kratkę *post*; **to check with sb** konsultować się (skonsultować się *perf*) z kimś; **to keep a check on sb/sth** kontrolować kogoś/coś; **a green jacket with sky-blue checks** zielona marynarka w błękitną kratkę.
►**check in** *vi* (*at hotel*) meldować się (zameldować się *perf*); (*at airport*) zgłaszać się (zgłosić się *perf*) do odprawy ♦ *vt* (*luggage*) nadawać (nadać *perf*).
►**check off** *vt* (*items on list*) odhaczać (odhaczyć *perf*).
►**check out** *vi* (*of hotel*) wymeldowywać się (wymeldować się *perf*) ♦ *vt* (*luggage*) odbierać (odebrać *perf*); (*person, story*) sprawdzać (sprawdzić *perf*), weryfikować (zweryfikować *perf*).
►**check up on** *vt fus*: **to check up on sb** zbierać (zebrać *perf*) informacje o kimś.
checkered ['tʃɛkəd] (*US*) *adj* = **chequered**.
checkers ['tʃɛkəz] (*US*) *npl* warcaby *pl*.
check guarantee card (*US*) *n* = **cheque card**.
check-in (desk) ['tʃɛkɪn-] *n* (*at airport*) punkt *m* odpraw.
checking account ['tʃɛkɪŋ-] (*US*) *n* ≈ rachunek *m* oszczędnościowo-rozliczeniowy.
checklist ['tʃɛklɪst] *n* lista *f* kontrolny.
checkmate ['tʃɛkmeɪt] *n* szach-mat *m*.

checkout ['tʃɛkaut] *n* kasa *f* (*w supermarkecie*).
checkpoint ['tʃɛkpɔɪnt] *n* punkt *m* kontroli granicznej.
checkroom ['tʃɛkrum] (*US*) *n* przechowalnia *f* bagażu.
checkup ['tʃɛkʌp] (*also spelled* **check-up**) (*MED*) *n* badanie *nt* lekarskie (*kontrolne*); (*at dentist's*) przegląd *m*.
cheek [tʃi:k] *n* (*ANAT*) policzek *m*; (*impudence*) bezczelność *f*, tupet *m*; **to have the cheek to do sth** mieć czelność coś zrobić.
cheekbone ['tʃi:kbəun] *n* kość *f* policzkowa.
cheeky ['tʃi:kɪ] *adj* bezczelny.
cheep [tʃi:p] *vi* (*bird*) piszczeć (zapiszczeć *perf*) ♦ *n* pisk *m*.
cheer [tʃɪə*] *vt* (*team, speaker*) zgotować (*perf*) owację *+dat*; (*gladden*) pocieszać (pocieszyć *perf*) ♦ *vi* wiwatować ♦ *n* wiwat *m*; **cheers!** (*toast*) na zdrowie!; (*bye*) cześć!
▸**cheer on** *vt* kibicować *+dat*.
▸**cheer up** *vi* rozchmurzać się (rozchmurzyć się *perf*) ♦ *vt* rozweselać (rozweselić *perf*).
cheerful ['tʃɪəful] *adj* wesoły, radosny.
cheerfulness ['tʃɪəfulnɪs] *n* wesołość *f*.
cheerio [tʃɪərɪ'əu] (*BRIT*) *excl* cześć (*przy pożegnaniu*).
cheerless ['tʃɪəlɪs] *adj* ponury.
cheese [tʃi:z] *n* ser *m*.
cheeseboard ['tʃi:zbɔ:d] *n* deska *f* do (krojenia) sera; (*with cheese on it*) półmisek *m or* wybór *m* serów.
cheesecake ['tʃi:zkeɪk] *n* sernik *m*.
cheetah ['tʃi:tə] *n* gepard *m*.
chef [ʃɛf] *n* szef *m* kuchni.
chemical ['kɛmɪkl] *adj* chemiczny ♦ *n* substancja *f* chemiczna; **chemicals** chemikalia.
chemical engineering *n* inżynieria *f* chemiczna.
chemist ['kɛmɪst] *n* (*BRIT*: *pharmacist*) aptekarz (-arka) *m(f)*; (*scientist*) chemik (-iczka) *m(f)*.
chemistry ['kɛmɪstrɪ] *n* chemia *f*.
chemist's (shop) ['kɛmɪsts-] (*BRIT*) *n apteka połączona z drogerią*.
cheque [tʃɛk] (*BRIT*) *n* czek *m*; **to pay by cheque** płacić (zapłacić *perf*) czekiem.
chequebook ['tʃɛkbuk] (*BRIT*) *n* książeczka *f* czekowa.
cheque card (*BRIT*) *n* karta *f* czekowa (*gwarantująca czeki wystawiane przez jej posiadacza*).
chequered ['tʃɛkəd] (*US* **checkered**) *adj* (*fig*: *career, history*) burzliwy.
cherish ['tʃɛrɪʃ] *vt* (*person, freedom*) miłować (*literary*); (*right, privilege*) wysoko (sobie) cenić, przywiązywać wielką wagę do *+gen*; (*hope*) żywić; (*memory*) zachowywać (zachować *perf*) w pamięci.
cheroot [ʃə'ru:t] *n* (krótkie) cygaro *nt*.
cherry ['tʃɛrɪ] *n* czereśnia *f*; (*sour*) wiśnia *f*.
chervil ['tʃə:vɪl] *n* (*BOT*) trybula *f*.
Ches (*BRIT*: *POST*) *abbr* (= *Cheshire*).
chess [tʃɛs] *n* szachy *pl*.
chessboard ['tʃɛsbɔ:d] *n* szachownica *f*.
chessman ['tʃɛsmən] (*irreg like*: **man**) *n* figura *f* szachowa.
chessplayer ['tʃɛspleɪə*] *n* szachista (-tka) *m(f)*.
chest [tʃɛst] *n* (*ANAT*) klatka *f* piersiowa; (*box*) skrzynia *f*, kufer *m*; **I'm glad I got it off my chest** (*inf*) cieszę się, że zrzuciłam ten ciężar z serca.
chest measurement *n* obwód *m* klatki piersiowej.
chestnut ['tʃɛsnʌt] *n* kasztan *m*; (*also*: **chestnut tree**) kasztanowiec *m*, kasztan *m* ♦ *adj* kasztanowaty.
chest of drawers *n* komoda *f*.
chew [tʃu:] *vt* (*food*) żuć, przeżuwać; (*gum*) żuć; (*fingernails*) obgryzać; **to chew a hole in sth** wygryźć (*perf*) dziurę w czymś.
chewing gum ['tʃu:ɪŋ-] *n* guma *f* do żucia.
chic [ʃi:k] *adj* (*dress, hat*) modny; (*person, place*) elegancki, szykowny.
chick [tʃɪk] *n* pisklę *nt*; (*inf*: *girl*) laska *f* (*inf*).
chicken ['tʃɪkɪn] *n* kurczę *nt*, kurczak *m*; (*inf*: *person*) tchórz *m*.
▸**chicken out** (*inf*) *vi* tchórzyć (stchórzyć *perf*); **he chickened out of going** stchórzył i nie poszedł.
chicken feed *n* (*fig*) grosze *pl*.
chickenpox ['tʃɪkɪnpɔks] *n* ospa *f* wietrzna.
chick pea *n* ciecierzyca *f*.
chicory ['tʃɪkərɪ] *n* cykoria *f*.
chide [tʃaɪd] *vt*: **to chide sb (for)** besztać (zbesztać *perf*) kogoś (za *+acc*).
chief [tʃi:f] *n* (*of tribe*) wódz *m*; (*of organization, department*) szef *m* ♦ *adj* główny.
chief constable (*BRIT*) *n* komisarz *m or* szef *m* policji (*w danym okręgu*).
chief executive (*US* **chief executive officer**) *n* dyrektor *m* naczelny.
chiefly ['tʃi:flɪ] *adv* głównie.
Chief of Staff *n* szef *m* sztabu.
chiffon ['ʃɪfɔn] *n* szyfon *m*.
chilblain ['tʃɪlbleɪn] *n* odmrożenie *nt* (*palców rąk lub nóg*).
child [tʃaɪld] (*pl* **children**) *n* dziecko *nt*.
child benefit (*BRIT*) *n* ≈ zasiłek *m* rodzinny.
childbirth ['tʃaɪldbə:θ] *n* poród *m*.
childhood ['tʃaɪldhud] *n* dzieciństwo *nt*.
childish ['tʃaɪldɪʃ] *adj* dziecinny.
childless ['tʃaɪldlɪs] *adj* bezdzietny.
childlike ['tʃaɪldlaɪk] *adj* (*behaviour*) dziecinny; (*eyes, figure*) dziecięcy.
child minder (*BRIT*) *n* opiekun(ka) *m(f)* do dziecka.
children ['tʃɪldrən] *npl of* **child**.
child's play ['tʃaɪldz-] *n* dziecinna igraszka *f or* zabawa *f*.
Chile ['tʃɪlɪ] *n* Chile *nt inv*.

Chilean ['tʃɪlɪən] *adj* chilijski ♦ *n* Chilijczyk (-jka) *m(f)*.
chill [tʃɪl] *n* (*coldness*) chłód *m*; (*MED*) przeziębienie *nt*; (*shiver*) dreszcz *m* ♦ *adj* (*lit, fig*) chłodny ♦ *vt* (*food, drinks*) schładzać (schłodzić *perf*); (*person*): **to be chilled** przemarzać (przemarznąć *perf*); **"serve chilled"** „podawać schłodzone".
chilli ['tʃɪlɪ] (*US* **chili**) *n* chili *nt inv*.
chilly ['tʃɪlɪ] *adj* (*lit, fig*) chłodny; **I am/feel chilly** jest mi bardzo zimno.
chime [tʃaɪm] *n* (*of clock*) kurant *m*; (*of bells*) bicie *nt* ♦ *vi* dzwonić.
chimney ['tʃɪmnɪ] *n* komin *m*.
chimney sweep *n* kominiarz *m*.
chimpanzee [tʃɪmpæn'zi:] *n* szympans *m*.
chin [tʃɪn] *n* podbródek *m*.
China ['tʃaɪnə] *n* Chiny *pl*.
china ['tʃaɪnə] *n* (*clay*) glinka *f* porcelanowa; (*crockery*) porcelana *f*.
Chinese [tʃaɪ'ni:z] *adj* chiński ♦ *n inv* (*person*) Chińczyk/Chinka *m/f*; (*LING*) (język *m*) chiński.
chink [tʃɪŋk] *n* (*in door, wall*) szczelina *f*; (*sound*) brzęk *m*.
chintz [tʃɪnts] *n* perkal *m*.
chip [tʃɪp] *n* (*of wood*) drzazga *f*, wiór *m*; (*of glass, stone*) odłamek *m*; (*in glass, cup*) szczerba *f*; (*in gambling*) żeton *m*; (*COMPUT*: *also*: **microchip**) kość *f*, układ *m* scalony; **chips** *npl* (*BRIT*) frytki *pl*; (*US*: *also*: **potato chips**) chipsy *pl* ♦ *vt* wyszczerbiać (wyszczerbić *perf*); **when the chips are down** (*fig*) kiedy przyjdzie co do czego.
►**chip in** (*inf*) *vi* (*contribute*) zrzucać się (zrzucić się *perf*) (*inf*); (*interrupt*) wtrącać się (wtrącić się *perf*).
chipboard ['tʃɪpbɔ:d] *n* płyta *f* wiórowa.
chipmunk ['tʃɪpmʌŋk] *n* (*ZOOL*) pręgowiec *m* amerykański.
chippings ['tʃɪpɪŋz] *npl*: **"loose chippings"** „uwaga żwir!".
chiropodist [kɪ'rɔpədɪst] (*BRIT*) *n* specjalista *m* chorób stóp.
chiropody [kɪ'rɔpədɪ] (*BRIT*) *n* leczenie *nt* chorób stóp.
chirp [tʃə:p] *vi* (*bird*) ćwierkać (zaćwierkać *perf*); (*crickets*) cykać.
chirpy ['tʃə:pɪ] (*inf*) *adj* dziarski, żwawy.
chisel ['tʃɪzl] *n* dłuto *nt*.
chit [tʃɪt] *n* notka *f*, karteczka *f*.
chitchat ['tʃɪttʃæt] (*also spelled* **chit-chat**) *n* pogawędka *f*.
chivalrous ['ʃɪvəlrəs] *adj* rycerski.
chivalry ['ʃɪvəlrɪ] *n* rycerskość *f*.
chives [tʃaɪvz] *npl* szczypiorek *m*.
chloride ['klɔ:raɪd] *n* chlorek *m*.
chlorinate ['klɔrɪneɪt] *vt* chlorować.
chlorine ['klɔ:ri:n] *n* chlor *m*.
chock [tʃɔk] (*AUT, AVIAT*) *n* klin *m* (*pod koła*).
chock-a-block ['tʃɔkə'blɔk] *adj*: **chock-a-block (with)** nabity *or* załadowany (*+instr*) (*inf*).
chock-full [tʃɔk'ful] *adj* = **chock-a-block**.
chocolate ['tʃɔklɪt] *n* (*substance, drink*) czekolada *f*; (*sweet*) czekoladka *f* ♦ *cpd* czekoladowy.
choice [tʃɔɪs] *n* (*selection*) wybór *m*; (*option*) możliwość *f* (do wyboru); (*person preferred*) typ *m*, kandydat *m* ♦ *adj* najlepszy; **by** *or* **from choice** z wyboru; **a wide choice** duży wybór; **I have no (other) choice** nie mam (innego) wyjścia; **this is a possible choice** to jeden z możliwych wariantów.
choir ['kwaɪə*] *n* chór *m*.
choirboy ['kwaɪə'bɔɪ] *n* chłopiec *m* śpiewający w chórze kościelnym.
choke [tʃəuk] *vi* dławić się (zadławić się *perf*) ♦ *vt* (*strangle*) dusić ♦ *n* (*AUT*) ssanie *nt*; **the city centre was choked with cars** centrum miasta było zapchane samochodami.
cholera ['kɔlərə] (*MED*) *n* cholera *f*.
cholesterol [kə'lɛstərɔl] *n* cholesterol *m*.
choose [tʃu:z] (*pt* **chose**, *pp* **chosen**) *vt* wybierać (wybrać *perf*) ♦ *vi*: **to choose between/from** wybierać (wybrać *perf*) (po)między *+instr*/z *+gen*; **to choose to do sth** postanawiać (postanowić *perf*) coś zrobić.
choosy ['tʃu:zɪ] *adj* wybredny.
chop [tʃɔp] *vt* rąbać (porąbać *perf*); (*also*: **chop up**) siekać (posiekać *perf*) ♦ *n* (*CULIN*) kotlet *m*; **chops** (*inf*) *npl* wargi *pl* (*zwierzęcia*); **to lick one's chops** (*fig, pej*) oblizywać się; **he got the chop** (*BRIT*: *inf*) wylali go (z pracy) (*inf*).
►**chop down** *vt* zrąbać (*perf*).
chopper ['tʃɔpə*] (*inf*) *n* helikopter *m*.
choppy ['tʃɔpɪ] *adj* (*sea*) lekko wzburzony.
chopsticks ['tʃɔpstɪks] *npl* pałeczki *pl*.
choral ['kɔ:rəl] *adj* chóralny.
chord [kɔ:d] *n* (*MUS*) akord *m*; (*MATH*) cięciwa *f*.
chore [tʃɔ:*] *n* (*domestic task*) praca *f* domowa; (*routine task*) (przykry) obowiązek *m*; **household chores** prace *or* obowiązki domowe.
choreographer [kɔrɪ'ɔgrəfə*] *n* choreograf(ka) *m(f)*.
chorister ['kɔrɪstə*] *n* chórzysta (-tka) *m(f)* (*w chórze kościelnym*).
chortle ['tʃɔ:tl] *vi* chichotać (zachichotać *perf*).
chorus ['kɔ:rəs] *n* chór *m*; (*part of song*) refren *m*; **she began her career in the chorus line of "Oklahoma"** zaczynała jako statystka w musicalu „Oklahoma".
chose [tʃəuz] *pt of* **choose**.
chosen ['tʃəuzn] *pp of* **choose**.
chow [tʃau] *n* chow-chow *m inv*.
chowder ['tʃaudə*] *n* zupa *f* rybna (*lub ze skorupiaków*).
Christ [kraɪst] *n* Chrystus *m*.
christen ['krɪsn] *vt* (*baby*) chrzcić (ochrzcić *perf*); (*with nickname*) ochrzcić (*perf*) (*fig*).

christening ['krɪsnɪŋ] *n* chrzest *m.*
Christian ['krɪstɪən] *adj* chrześcijański ♦ *n* chrześcijanin (-anka) *m(f).*
Christianity [krɪstɪ'ænɪtɪ] *n* chrześcijaństwo *nt.*
Christian name *n* imię *nt.*
Christmas ['krɪsməs] *n* Święta *pl* (Bożego Narodzenia), Boże Narodzenie *nt*; **Happy** *or* **Merry Christmas!** Wesołych Świąt!
Christmas card *n* kartka *f* świąteczna.
Christmas Day *n* dzień *m* Bożego Narodzenia.
Christmas Eve *n* Wigilia *f* (Bożego Narodzenia).
Christmas Island *n* Wyspa *f* Bożego Narodzenia.
Christmas tree *n* choinka *f.*
chrome [krəum] *n* = **chromium**.
chromium ['krəumɪəm] *n* chrom *m*; (*also*: **chromium plating**) chromowanie *pl.*
chromosome ['krəuməsəum] *n* chromosom *m.*
chronic ['krɔnɪk] *adj* chroniczny; (*fig*: *liar, drunkenness*) notoryczny.
chronicle ['krɔnɪkl] *n* kronika *f.*
chronological [krɔnə'lɔdʒɪkl] *adj* chronologiczny.
chrysanthemum [krɪ'sænθəməm] *n* chryzantema *f.*
chubby ['tʃʌbɪ] *adj* (*cheeks, child*) pucołowaty.
chuck [tʃʌk] (*inf*) *vt* (*lit, fig*) rzucać (rzucić *perf*).
►**chuck out** *vt* wyrzucać (wyrzucić *perf*).
chuckle ['tʃʌkl] *vi* chichotać (zachichotać *perf*).
chug [tʃʌg] *vi* (*machine, car engine*) dyszeć, sapać; (*also*: **chug along**) telepać się (*inf*).
chum [tʃʌm] *n* kumpel *m.*
chump [tʃʌmp] (*inf*) *n* matołek *m* (*inf*).
chunk [tʃʌŋk] *n* kawał *m.*
chunky ['tʃʌŋkɪ] *adj* (*person*) krępy, przysadzisty; (*knitwear*) gruby; (*furniture*) masywny.
church [tʃə:tʃ] *n* kościół *m*; **the Church of England** Kościół *or* kościół anglikański.
churchyard ['tʃə:tʃjɑ:d] *n* cmentarz *m* parafialny.
churlish ['tʃə:lɪʃ] *adj* grubiański.
churn [tʃə:n] *n* (*for butter*) maselnica *f*; (*also*: **milk churn**) bańka *f* (na mleko).
►**churn out** *vt* masowo produkować.
chute [ʃu:t] *n* (*also*: **rubbish chute**) zsyp *m* (na śmieci); (*for coal*) zsuwnia *f*; (*BRIT*: *in playground, into swimming pool*) zjeżdżalnia *f.*
chutney ['tʃʌtnɪ] *n ostry, gęsty sos z owoców, cukru, octu i przypraw, spożywany jako dodatek do mięs i serów.*
CIA (*US*) *n abbr* (= *Central Intelligence Agency*) CIA *f inv.*
cicada [sɪ'kɑ:də] *n* cykada *f.*
CID (*BRIT*) *n abbr* (= *Criminal Investigation Department*) *brytyjska policja kryminalna.*
cider ['saɪdə*] *n* cydr *m*, jabłecznik *m.*
c.i.f. (*COMM*) *abbr* (= *cost, insurance and freight*) koszt *m*, ubezpieczenie *nt* i fracht *m.*
cigar [sɪ'gɑ:*] *n* cygaro *nt.*
cigarette [sɪgə'rɛt] *n* papieros *m.*
cigarette case *n* papierośnica *f.*
cigarette end *n* niedopałek *m.*
cigarette holder *n* cygarniczka *f.*
C-in-C (*MIL*) *abbr* (= *commander-in-chief*) głównodowodzący *m*, naczelny wódz *m.*
cinch [sɪntʃ] (*inf*) *n*: **it's a cinch** to pestka (*inf*).
Cinderella [sɪndə'rɛlə] *n* Kopciuszek *m.*
cinders ['sɪndəz] *npl* popiół *m.*
cine-camera ['sɪnɪ'kæmərə] (*BRIT*) *n* kamera *f* (filmowa).
cine-film ['sɪnɪfɪlm] (*BRIT*) *n* taśma *f* filmowa.
cinema ['sɪnəmə] *n* kino *nt.*
cine-projector ['sɪnɪprə'dʒɛktə*] (*BRIT*) *n* projektor *m* filmowy.
cinnamon ['sɪnəmən] *n* cynamon *m.*
cipher ['saɪfə*] *n* (*code*) szyfr *m*; (*fig*: *person*) pionek *m*; **in cipher** szyfrem.
circa ['sə:kə] *prep* około *+gen.*
circle ['sə:kl] *n* (*curved line*) okrąg *m*; (*area enclosed by curved line*) koło *nt*; (: *smaller*) kółko *nt*; (*of friends*) krąg *m*; (*in cinema, theatre*) balkon *m* ♦ *vi* krążyć, zataczać koła (zatoczyć *perf* koło) ♦ *vt* (*move round*) okrążać (okrążyć *perf*); (*surround*) otaczać (otoczyć *perf*).
circuit ['sə:kɪt] *n* (*ELEC*) obwód *m*; (*tour*) objazd *m*; (*track*) tor *m*; (*lap*) okrążenie *nt.*
circuit board (*COMPUT, ELEC*) *n* płytka *f* montażowa.
circuitous [sə:'kjuɪtəs] *adj* okrężny.
circular ['sə:kjulə*] *adj* (*plate, pond*) okrągły; (*route*) okrężny ♦ *n* (*letter*) okólnik *m*; (*advertisement*) ulotka *f* (reklamowa); **circular argument** błędne koło.
circulate ['sə:kjuleɪt] *vi* krążyć ♦ *vt* (*report etc*) rozprowadzać (rozprowadzić *perf*); **the traffic circulates freely** ruch przebiega bez zakłóceń.
circulating capital [sə:kju'leɪtɪŋ-] *n* kapitał *m* obrotowy.
circulation [sə:kju'leɪʃən] *n* (*of report, book, newspaper*) nakład *m*; (*of air, money*) obieg *m*; (*of blood*) krążenie *nt.*
circumcise ['sə:kəmsaɪz] *vt* obrzezywać (obrzezać *perf*).
circumference [sə'kʌmfərəns] *n* obwód *m.*
circumflex ['sə:kəmflɛks] *n* (*also*: **circumflex accent**) cyrkumfleks *m.*
circumscribe ['sə:kəmskraɪb] *vt* (*geometrical figure*) opisywać (opisać *perf*) okrąg na *+loc*; (*fig*: *authority, freedom*) ograniczać (ograniczyć *perf*).
circumspect ['sə:kəmspɛkt] *adj* ostrożny.
circumstances ['sə:kəmstənsɪz] *npl* (*of accident, death etc*) okoliczności *pl*; (*conditions*) warunki *pl*; (: *financial, domestic*) sytuacja *f*; **in** *or* **under the circumstances** w tej sytuacji; **under no circumstances** w żadnym wypadku.
circumstantial [sə:kəm'stænʃl] *adj* (*report, statement*) szczegółowy; **circumstantial evidence** poszlaki.
circumvent [sə:kəm'vɛnt] *vt* (*regulation, difficulty*) omijać (ominąć *perf*), obchodzić (obejść *perf*).

circus ['səːkəs] *n* cyrk *m*; **Circus** (*in place names*) plac *m*.
CIS *n abbr* (= *Commonwealth of Independent States*) WNP *f inv*.
cistern ['sɪstən] *n* (*water tank*) zbiornik *m*, cysterna *f*; (*of toilet*) spłuczka *f*, rezerwuar *m*.
citation [saɪ'teɪʃən] *n* (*commendation*) (oficjalna) pochwała *f*; (*quotation*) cytat *m*; (*JUR*) wezwanie *nt* (do sądu).
cite [saɪt] *vt* (*sum*) wymieniać (wymienić *perf*); (*author, passage*) cytować (zacytować *perf*); (*example*) przytaczać (przytoczyć *perf*); (*JUR*) wzywać (wezwać *perf*) (do sądu).
citizen ['sɪtɪzn] *n* (*of country*) obywatel(ka) *m(f)*; (*of town*) mieszkaniec (-nka) *m(f)*.
citizenship ['sɪtɪznʃɪp] *n* (*of country*) obywatelstwo *nt*.
citric ['sɪtrɪk] *adj*: **citric acid** kwas *m* cytrynowy.
citrus fruit ['sɪtrəs-] *n* owoc *m* cytrusowy, cytrus *m*.
city ['sɪtɪ] *n* miasto *nt*; **the City** (*BRIT*) (londyńskie) City *nt inv*.
city centre *n* centrum *nt* (miasta).
civic ['sɪvɪk] *adj* (*authorities*) miejski; (*duties, pride*) obywatelski.
civic centre (*BRIT*) *n* ≈ zarząd *m* miasta.
civil ['sɪvɪl] *adj* (*disturbances, equality*) społeczny; (*authorities*) cywilny; (*rights, liberties*) obywatelski; (*behaviour, person*) uprzejmy.
Civil Aviation Authority *n* ≈ Główny Inspektorat *m* Lotnictwa Cywilnego.
civil defence *n* obrona *f* cywilna.
civil disobedience *n* (*JUR*) nieposłuszeństwo *nt* obywatelskie.
civil engineer *n* ≈ inżynier *m* budownictwa.
civil engineering *n* ≈ inżynieria *f* wodno-lądowa.
civilian [sɪ'vɪlɪən] *adj* (*casualties*) cywilny ♦ *n* cywil *m*.
civilization [sɪvɪlaɪ'zeɪʃən] *n* cywilizacja *f*.
civilized ['sɪvɪlaɪzd] *adj* (*society*) cywilizowany; (*person*) kulturalny; (*place, design*) w dobrym guście *post*.
civil law *n* prawo *nt* cywilne.
civil rights *npl* prawa *pl* obywatelskie.
civil servant *n* urzędnik *m* służby cywilnej.
Civil Service *n*: **the Civil Service** Państwowa Służba *f* Cywilna.
civil war *n* wojna *f* domowa.
cl *abbr* = **centilitre** cl.
clad [klæd] *adj*: **clad in** odziany w *+acc*.
claim [kleɪm] *vt* (*rights, compensation*) żądać (zażądać *perf*) *+gen*, domagać się *+gen*; (*credit*) przypisywać (przypisać *perf*) sobie; (*expenses*) żądać (zażądać *perf*) zwrotu *+gen*; (*assert*): **he claims (that)/to be ...** twierdzi, że/że jest *+instr* ♦ *n* (*assertion*) twierdzenie *nt*; (*for pension, wage rise*) roszczenie *nt*; (*to inheritance etc*) prawo *nt*, pretensje *pl*; **to claim responsibility for** przyznawać się (przyznać się *perf*) do *+gen*; **she claimed innocence** twierdziła, że jest niewinna; **to put in a claim for** (*expenses*) przedstawiać (przedstawić *perf*) rachunek na *+acc*; **to lay a claim to sth** rościć sobie prawo *or* pretensje do czegoś; **to claim on the insurance** składać (złożyć *perf*) wniosek o odszkodowanie (*z tytułu polisy ubezpieczeniowej*); **the airline faced millions of dollars in claims** linie lotnicze stanęły w obliczu wielomilionowych roszczeń o odszkodowania.
claimant ['kleɪmənt] *n* osoba *f* wysuwająca roszczenie.
claim form *n* formularz *m* podaniowy; (*completed*) podanie *nt*.
clairvoyant [klɛə'vɔɪənt] *n* jasnowidz *m*.
clam [klæm] *n* małż *m*.
►**clam up** (*inf*) *vi* zamykać się (zamknąć się *perf*) w sobie.
clamber ['klæmbə*] *vi* (*aboard vehicle*) gramolić się (wgramolić się *perf*); (*up hill*) wdrapywać się (wdrapać się *perf*).
clammy ['klæmɪ] *adj* (*hands etc*) lepki, wilgotny.
clamour ['klæmə*] (*US* **clamor**) *vi*: **to clamour for** głośno domagać się *+gen* ♦ *n* (*noise*) zgiełk *m*, wrzawa *f*; (*protest*) oburzenie *nt*.
clamp [klæmp] *n* klamra *f*, zacisk *m* ♦ *vt* (*wheel, car*) zakładać (założyć *perf*) klamrę blokującą na *+acc*; **to clamp sth to sth** przymocowywać (przymocować *perf*) *or* przytwierdzać (przytwierdzić *perf*) coś do czegoś; **they clamped handcuffs round my wrists** założyli mi kajdanki na ręce.
►**clamp down on** *vt fus* przyhamowywać (przyhamować *perf*).
clan [klæn] *n* klan *m*.
clandestine [klæn'dɛstɪn] *adj* (*radio station*) tajny; (*meeting, marriage*) potajemny.
clang [klæŋ] *vi* (*bell*) dźwięczeć (zadźwięczeć *perf*); (*metal object*) szczękać (zaszczękać *perf*) ♦ *n* (*of bell*) brzęk *m*; (*of metal*) szczęk *m*.
clansman ['klænzmən] *n* członek *m* klanu.
clap [klæp] *vi* klaskać ♦ *vt*: **to clap (one's hands)** klaskać (klasnąć *perf*) (w dłonie *or* ręce); **a clap of thunder** uderzenie pioruna, grzmot.
clapping ['klæpɪŋ] *n* oklaski *pl*.
claret ['klærət] *n* bordo *nt inv* (*wino*).
clarification [klærɪfɪ'keɪʃən] *n* wyjaśnienie *nt*.
clarify ['klærɪfaɪ] *vt* wyjaśniać (wyjaśnić *perf*).
clarinet [klærɪ'nɛt] *n* klarnet *m*.
clarity ['klærɪtɪ] *n* jasność *f*.
clash [klæʃ] *n* (*fight, disagreement*) starcie *nt*; (*of beliefs, cultures, styles*) zderzenie *nt*; (*of events, appointments*) nałożenie się *nt*; (*of weapons*) szczęk *m*; (*of cymbals*) brzęk *m* ♦ *vi* (*gangs, political opponents*) ścierać się (zetrzeć się *perf*); (*beliefs*) kolidować (ze sobą); (*colours, styles*) kłócić się (ze sobą); (*two events, appointments*) kolidować, nakładać się (nałożyć się *perf*) (na

siebie); (*weapons*) szczękać (zaszczękać *perf*); (*cymbals*) brzękać (brzęknąć *perf*).
clasp [klɑ:sp] *n* (*hold, embrace*) uścisk *m*; (*of bag*) zatrzask *m*; (*of necklace*) zapięcie *nt* ♦ *vt* ściskać (ścisnąć *perf*).
class [klɑ:s] *n* klasa *f*; (*period of teaching*) lekcja *f*; (*: at university*) zajęcia *pl*, ćwiczenia *pl* ♦ *cpd* klasowy ♦ *vt* klasyfikować (zaklasyfikować *perf*).
class-conscious ['klɑ:s'kɔnʃəs] *adj* świadomy klasowo.
class-consciousness ['klɑ:s'kɔnʃəsnɪs] *n* świadomość *f* klasowa.
classic ['klæsɪk] *adj* klasyczny ♦ *n* (*film, novel*) klasyczne dzieło *nt*, klasyka *f*; (*author*) klasyk *m*; (*example*) klasyczny przykład *m*; **Classics** *npl* ≈ filologia *f* klasyczna.
classical ['klæsɪkl] *adj* (*art, music, language*) klasyczny; (*times*) antyczny.
classification [klæsɪfɪ'keɪʃən] *n* (*process*) klasyfikacja *f*; (*category*) zaklasyfikowanie *nt*.
classified ['klæsɪfaɪd] *adj* (*information*) tajny, poufny.
classified advertisement *n* ≈ ogłoszenie *nt* drobne.
classify ['klæsɪfaɪ] *vt* klasyfikować (zaklasyfikować *perf*).
classmate ['klɑ:smeɪt] *n* kolega/koleżanka *m/f* z klasy.
classroom ['klɑ:srum] *n* klasa *f*, sala *f* lekcyjna.
classy ['klɑ:sɪ] (*inf*) *adj* z klasą *post*.
clatter ['klætə*] *n* (*of dishes, pots*) brzęk *m*; (*of hooves*) stukot *m* ♦ *vi* (*dishes, pots*) brzęczeć (zabrzęczeć *perf*); (*hooves*) stukotać (zastukotać *perf*).
clause [klɔ:z] *n* (*JUR*) klauzula *f*; (*LING*) człon *m* zdania.
claustrophobia [klɔ:strə'fəubɪə] *n* klaustrofobia *f*.
claw [klɔ:] *n* (*of animal*) pazur *m*; (*of bird*) szpon *m*; (*of lobster*) szczypce *pl* (*no sg*).
►**claw at** *vt fus* (*curtains etc*) wczepiać się (wczepić się *perf*) w *+acc*; (*door etc*) drapać w *+acc*.
clay [kleɪ] *n* glina *f*.
clean [kli:n] *adj* (*lit, fig*) czysty; (*joke, story*) przyzwoity; (*edge*) gładki; (*MED: fracture*) prosty ♦ *vt* czyścić (wyczyścić *perf*) ♦ *adv*: **he clean forgot** zupełnie *or* na śmierć zapomniał; **the thief got clean away** złodziej zniknął bez śladu; **to come clean** (*inf*) przyznawać się (przyznać się *perf*); **to clean one's teeth** (*BRIT*) czyścić (wyczyścić *perf*) zęby; **to have a clean driving licence** *or (US)* **record** ≈ nie mieć punktów karnych w ewidencji policji drogowej.
►**clean out** *vt* (*cupboard, drawer*) opróżniać (opróżnić *perf*); (*inf: person*): **to be cleaned out** spłukać się *(perf)* (*inf*).
►**clean up** *vt* (*mess*) sprzątać (posprzątać *perf*); (*child*) doprowadzać (doprowadzić *perf*) do porządku; (*fig: police, authorities: city, area*) robić (zrobić *perf*) porządek w *+loc* ♦ *vi* sprzątać (posprzątać *perf*); (*fig*) zbijać (zbić *perf*) majątek.
clean-cut ['kli:n'kʌt] *adj* (*person*) o miłej powierzchowności *post*; (*situation*) jasny.
cleaner ['kli:nə*] *n* (*person*) sprzątacz(ka) *m(f)*; (*substance*) środek *m* czyszczący.
cleaner's ['kli:nəz] *n* (*also*: **dry cleaner's**) pralnia *f* chemiczna.
cleaning ['kli:nɪŋ] *n* sprzątanie *nt*.
cleaning lady *n* sprzątaczka *f*.
cleanliness ['klɛnlɪnɪs] *n* czystość *f*, schludność *f*.
cleanly ['kli:nlɪ] *adv* gładko.
cleanse [klɛnz] *vt* (*face, cut*) oczyszczać (oczyścić *perf*), przemywać (przemyć *perf*); (*fig: image, memory*) wymazywać (wymazać *perf*).
cleanser ['klɛnzə*] *n* płyn *m* do zmywania twarzy.
clean-shaven ['kli:n'ʃeɪvn] *adj* gładko ogolony.
cleansing department ['klɛnzɪŋ-] (*BRIT*) *n* ≈ przedsiębiorstwo *nt* oczyszczania miasta.
clean-up ['kli:nʌp] *n* gruntowne sprzątanie *nt or* porządki *pl*.
clear [klɪə*] *adj* (*report, argument*) jasny, klarowny; (*voice, photograph, commitment*) wyraźny; (*majority*) wyraźny, bezsporny; (*glass, plastic, water*) przezroczysty; (*road, way*) wolny; (*conscience, profit, sky*) czysty ♦ *vt* (*ground, suspect*) oczyszczać (oczyścić *perf*); (*building*) ewakuować (ewakuować *perf*); (*weeds*) usuwać (usunąć *perf*); (*fence, wall*) przeskakiwać (przeskoczyć *perf*); (*cheque*) rozliczać (rozliczyć *perf*); (*goods*) wyprzedawać (wyprzedać *perf*) ♦ *vi* (*sky*) przejaśniać się (przejaśnić się *perf*); (*fog, smoke*) przerzedzać się (przerzedzić się *perf*) ♦ *adv*: **to be clear of** nie dotykać *+gen*; **to be in the clear** (*free of suspicion*) być wolnym od podejrzeń; (*out of danger*) być bezpiecznym; **to clear the table** sprzątać (sprzątnąć *perf*) ze stołu; **to clear one's throat** odchrząkiwać (odchrząknąć *perf*); **to clear a profit** osiągać (osiągnąć *perf*) zysk; **do I make myself clear?** czy wyrażam się jasno?; **to make it clear to sb that ...** uzmysławiać (uzmysłowić *perf*) komuś, że ...; **to keep** *or* **stay** *or* **steer clear of sb/sth** trzymać się z dala *or* daleka od kogoś/czegoś; **this weather should clear any moment now** lada chwila powinno się rozpogodzić; **the cheque will take three days to clear** czek zostanie rozliczony w ciągu trzech dni.
►**clear off** (*inf*) *vi* zmiatać (*inf*), zmywać się (zmyć się *perf*) (*inf*).
►**clear up** *vt* (*room, mess*) sprzątać (posprzątać *perf*); (*mystery, problem*) wyjaśniać (wyjaśnić *perf*) ♦ *vi* (*person*) sprzątać (posprzątać *perf*); (*illness*) przechodzić (przejść *perf*).
clearance ['klɪərəns] *n* (*removal*) usunięcie *nt*; (*permission*) pozwolenie *nt*, zgoda *f*; (*free space*) miejsce *nt*; (*AVIAT*) zezwolenie *nt*.
clearance sale *n* wyprzedaż *f* likwidacyjna.

clear-cut ['klɪə'kʌt] *adj* (*decision, issue*) jednoznaczny.
clearing ['klɪərɪŋ] *n* (*in wood*) polana *f*.
clearing bank (*BRIT*) *n* bank *m* clearingowy.
clearing house (*COMM*) *n* izba *f* rozrachunkowa.
clearly ['klɪəlɪ] *adv* (*distinctly*) wyraźnie; (*coherently*) jasno, klarownie; (*obviously*) najwyraźniej, najwidoczniej.
clearway ['klɪəweɪ] (*BRIT*) *n* droga *f* szybkiego ruchu.
cleavage ['kli:vɪdʒ] *n* (*within group, society*) rozłam *m*; **she wore a dress which showed her cleavage** miała na sobie suknię z głębokim dekoltem.
cleaver ['kli:və*] *n* tasak *m*.
clef [klɛf] (*MUS*) *n* klucz *m*.
cleft [klɛft] *n* szczelina *f* (skalna).
cleft palate *n* rozszczep *m* podniebienia.
clemency ['klɛmənsɪ] *n* (*JUR*) łaska *f*.
clement ['klɛmənt] *adj* (*weather*) łagodny.
clench [klɛntʃ] *vt* (*fist, teeth*) zaciskać (zacisnąć *perf*); (*object*) ściskać (ścisnąć *perf*).
clergy ['klə:dʒɪ] *n* duchowieństwo *nt*, kler *m*.
clergyman ['klə:dʒɪmən] (*irreg like*: **man**) *n* duchowny *m*.
clerical ['klɛrɪkl] *adj* (*worker, job*) biurowy; **clerical opposition** sprzeciw duchownych *or* kleru; **clerical collar** koloratka; **a clerical error** pomyłka urzędnika.
clerk [klɑ:k] *n* (*office worker*) urzędnik (-iczka) *m(f)*; (*US*: *salesperson*) ekspedient(ka) *m(f)*.
Clerk of Court *n* pisarz *m* sądowy, protokolant(ka) *m(f)*.
clever ['klɛvə*] *adj* (*intelligent*) zdolny, bystry; (*deft, crafty*) sprytny; (*ingenious*) pomysłowy; (*device, gadget*) zmyślny.
clew [klu:] *n* (*US*) = **clue**.
cliché ['kli:ʃeɪ] *n* komunał *m*.
click [klɪk] *vt* (*tongue*) mlaskać (mlasnąć *perf*) *+instr*; (*heels*) stukać (stuknąć *perf*) *or* trzaskać (trzasnąć *perf*) *+instr* ♦ *vi* (*camera, switch*) pstrykać (pstryknąć *perf*); (*fig*: *people*) przypaść (*perf*) sobie do gustu ♦ *n* pstryknięcie *nt*.
client ['klaɪənt] *n* klient(ka) *m(f)*.
clientele [kli:ɑ̃:n'tɛl] *n* klientela *f*.
cliff [klɪf] *n* wybrzeże *nt* klifowe, klif *m*.
cliffhanger ['klɪfhæŋə*] *n* (*fig*) sytuacja *f* pełna napięcia.
climactic [klaɪ'mæktɪk] *adj* szczytowy.
climate ['klaɪmɪt] *n* (*lit, fig*) klimat *m*.
climax ['klaɪmæks] *n* (*of battle*) punkt *m* kulminacyjny; (*of career*) szczyt *m*; (*of film, book*) scena *f* kulminacyjna; (*sexual*) szczytowanie *nt*, orgazm *m*.
climb [klaɪm] *vi* (*person, sun*) wspinać się (wspiąć się *perf*); (*plant*) piąć się; (*plane*) wznosić się (wznieść się *perf*), wzbijać się (wzbić się *perf*); (*prices, shares*) wzrastać (wzrosnąć *perf*) ♦ *vt* (*stairs, ladder*) wdrapywać się (wdrapać się *perf*) po *+loc*; (*tree, hill*) wspinać się (wspiąć się *perf*) na *+acc* ♦ *n* wspinaczka *f*; **to climb over a wall** przełazić (przeleźć *perf*) przez mur; **to climb into a car** gramolić się (wgramolić się *perf*) do samochodu.
►**climb down** (*BRIT*) *vi* (*fig*) iść (pójść *perf*) na ustępstwa.
climb-down ['klaɪmdaun] *n* ustępstwo *nt*.
climber ['klaɪmə*] *n* (*person*) alpinista (-tka) *m(f)*; (*plant*) pnącze *nt*.
climbing ['klaɪmɪŋ] *n* wspinaczka *f* górska, alpinistyka *f*.
clinch [klɪntʃ] *vt* (*deal*) finalizować (sfinalizować *perf*); (*argument*) rozstrzygać (rozstrzygnąć *perf*).
cling [klɪŋ] (*pt, pp* **clung**) *vi*: **to cling to** (*mother, support*) trzymać się kurczowo *+gen*; (*idea, belief*) uporczywie trwać przy *+loc*; (*dress*: *body*) przylegać do *+gen*, opinać się na *+loc*.
clinic ['klɪnɪk] *n* (*centre*) klinika *f*; (*session*) godziny *pl* przyjęć *or* konsultacji.
clinical ['klɪnɪkl] *adj* (*tests etc*) kliniczny; (*building, white*) szpitalny; (*fig*: *dispassionate*) beznamiętny.
clink [klɪŋk] *vi* (*glasses, cutlery*) brzęczeć, pobrzękiwać.
clip [klɪp] *n* (*also*: **paper clip**) spinacz *m*; (*BRIT*: *also*: **bulldog clip**) klips *m* do papieru; (*for hose etc*) klamra *f*, zacisk *m*; (*for hair*) spinka *f*; (*TV, FILM*) clip *m* ♦ *vt* (*fasten*) przypinać (przypiąć *perf*); (*also*: **clip together**) spinać (spiąć *perf*); (*hedge*) przycinać (przyciąć *perf*); (*nails*) obcinać (obciąć *perf*).
clippers ['klɪpəz] *npl* (*for gardening*) sekator *m*; (*also*: **nail clippers**) cążki *pl* (do paznokci).
clipping ['klɪpɪŋ] *n* (*from newspaper*) wycinek *m*.
clique [kli:k] *n* klika *f*.
clitoris ['klɪtərɪs] (*ANAT*) *n* łechtaczka *f*.
cloak [kləuk] *n* peleryna *f* ♦ *vt* (*fig*): **to be cloaked in** (*mist, secrecy*) być okrytym *+instr*.
cloakroom ['kləukrum] *n* (*BRIT*: *for coats*) szatnia *f*; (*bathroom*) toaleta *f* (*zwłaszcza w budynku publicznym*).
clobber ['klɔbə*] (*inf*) *n* majdan *m* (*inf*), manatki *pl* (*inf*) ♦ *vt* (*hit*) walnąć (*perf*) (*inf*); (*defeat*) załatwić (*perf*) (*inf*).
clock [klɔk] *n* zegar *m*; (*of taxi*) taksometr *m*, licznik *m*; **round the clock** (przez) całą dobę, na okrągło (*inf*); **a car with 30,000 miles on the clock** (*BRIT*) samochód z przebiegiem 30.000 mil; **to work against the clock** walczyć z czasem.
►**clock in** (*BRIT*) *vi* odbijać (odbić *perf*) kartę (zegarową) (*po przyjściu do pracy*).
►**clock off** (*BRIT*) *vi* odbijać (odbić *perf*) kartę (zegarową) (*przy wychodzeniu z pracy*).
►**clock on** (*BRIT*) *vi* = **clock in**.
►**clock out** (*BRIT*) *vi* = **clock off**.

►**clock up** *vt* (*hours, miles*) zaliczać (zaliczyć *perf*) (*inf*).

clockwise ['klɔkwaɪz] *adv* zgodnie z ruchem wskazówek zegara.

clockwork ['klɔkwə:k] *n* mechanizm *m* zegarowy ♦ *adj* mechaniczny; **like clockwork** jak w zegarku.

clog [klɔg] *n* chodak *m* ♦ *vt* zapychać (zapchać *perf*), zatykać (zatkać *perf*) ♦ *vi* (*also*: **clog up**) zapychać się (zapchać się *perf*), zatykać się (zatkać się *perf*).

cloister ['klɔɪstə*] *n* krużganek *m*.

clone [kləun] *n* klon *m* (*potomstwo*) ♦ *vt* klonować.

close[1] [kləus] *adj* (*near*): **close to** blisko *+gen*; (*friend, relative, ties*) bliski; (*writing, print*) drobny; (*texture*) gęsty, ścisły; (*examination, look*) dokładny; (*contest*) wyrównany; (*weather*) parny; (*room*) duszny ♦ *adv* blisko; **close to** *or* **up** z bliska; **close by** tuż obok; **close at hand** = **close by**; **how close is Edinburgh to Glasgow?** jak daleko jest z Edynburga do Glasgow?; **it was a close shave** (*fig*) niewiele brakowało; **at close quarters** z bliska.

close[2] [kləuz] *vt* (*door, window*) zamykać (zamknąć *perf*); (*sale, deal*) finalizować (sfinalizować *perf*); (*conversation, speech*) zakańczać (zakończyć *perf*) ♦ *vi* (*door, lid etc*) zamykać się (zamknąć się *perf*); (*film, speech etc*): **to close (with)** kończyć się (zakończyć się *perf*) (*+instr*) ♦ *n* koniec *m*; **to bring sth to a close** (stopniowo) zakańczać (zakończyć *perf*) coś; **the shops/libraries close on Saturdays at one p.m.** sklepy/biblioteki zamyka się w soboty o trzynastej.

►**close down** *vi* (*factory, magazine*) zamykać (zamknąć *perf*).

►**close in** *vi* (*night, fog*) nadciągać (nadciągnąć *perf*); **to close in on sb/sth** otaczać (otoczyć *perf*) kogoś/coś; **the days are closing in** dni stają się coraz krótsze.

►**close off** *vt* zamykać (zamknąć *perf*) (dla ruchu).

closed [kləuzd] *adj* zamknięty.

closed-circuit ['kləuzd'sə:kɪt] *adj*: **closed-circuit television** telewizja *f* przemysłowa, sieć *f* telewizyjna zamknięta.

closed shop *n zakład pracy wymagający od pracowników przynależności do określonego związku zawodowego.*

close-knit ['kləus'nɪt] *adj* (*family, community*) zwarty, zżyty.

closely ['kləuslɪ] *adv* (*examine, watch*) dokładnie; (*connected, related*) blisko; **a closely guarded secret** pilnie strzeżona tajemnica.

closet ['klɔzɪt] *n* (*cupboard*) szafa *f* ścienna.

close-up ['kləusʌp] (*PHOT*) *n* zbliżenie *nt*.

closing ['kləuzɪŋ] *adj* (*stages, remarks*) końcowy.

closing price (*STOCK EXCHANGE*) *n* kurs *m* zamknięcia.

closure ['kləuʒə*] *n* zamknięcie *nt*.

clot [klɔt] *n* (*MED*) skrzep *m*; (*inf*: *person*) baran *m* (*inf*) ♦ *vi* (*blood*) krzepnąć (zakrzepnąć *perf*).

cloth [klɔθ] *n* (*material*) tkanina *f*; (*rag*) szmatka *f*; (*BRIT*: *teacloth*) ścier(ecz)ka *f* (do naczyń); (*tablecloth*) obrus *m*.

clothe [kləuð] *vt* ubierać (ubrać *perf*).

clothes [kləuðz] *npl* ubranie *nt*, ubrania *pl*; **to put one's clothes on** ubierać się (ubrać się *perf*); **to take one's clothes off** rozbierać się (rozebrać się *perf*); **to change one's clothes** przebierać się (przebrać się *perf*).

clothes brush *n* szczotka *f* do ubrań.

clothes line *n* sznur *m* do (suszenia) bielizny.

clothes peg (*US* **clothes pin**) *n* klamerka *f*.

clothing ['kləuðɪŋ] *n* = **clothes**.

clotted cream ['klɔtɪd-] (*BRIT*) *n gęsta śmietana zbierana z podgrzewanego mleka.*

cloud [klaud] *n* chmura *f*, obłok *m* ♦ *vt* (*liquid*) mącić (zmącić *perf*); **to cloud the issue** zaciemniać (zaciemnić *perf*) sprawę; **every cloud has a silver lining** (*proverb*) po burzy zawsze jest słońce.

►**cloud over** *vi* (*sky*) chmurzyć się (zachmurzyć się *perf*); (*face, eyes*) pochmurnieć (spochmurnieć *perf*).

cloudburst ['klaudbə:st] *n* oberwanie *nt* chmury.

cloud-cuckoo-land [klaud'kuku:lænd] (*BRIT*) *n*: **he's living in cloud-cuckoo-land** chodzi z głową w chmurach.

cloudy ['klaudɪ] *adj* (*sky*) pochmurny; (*liquid*) mętny.

clout [klaut] (*inf*) *vt* walnąć (*perf*) (*inf*) ♦ *n* (*fig*) siła *f* przebicia.

clove [kləuv] (*CULIN*) *n* goździki *pl*; **a clove of garlic** ząbek czosnku.

clover ['kləuvə*] *n* koniczyna *f*.

cloverleaf ['kləuvəli:f] *n* liść *m* koniczyny; (*AUT*) koniczyn(k)a *f* (*dwupoziomowe skrzyżowanie bezkolizyjne*).

clown [klaun] *n* klown *m* ♦ *vi* (*also*: **clown about, clown around**) błaznować.

cloying ['klɔɪɪŋ] *adj* mdły.

club [klʌb] *n* (*society, place*) klub *m*; (*weapon*) pałka *f*; (*also*: **golf club**) kij *m* (golfowy) ♦ *vt* tłuc (stłuc *perf*) pałką, pałować (spałować *perf*) (*inf*) ♦ *vi*: **to club together (for sth)** składać się (złożyć się *perf*) *or* zrzucać się (zrzucić się *perf*) (*inf*) (na coś); **clubs** *npl* (*CARDS*) trefle *pl*.

club car (*US*: *RAIL*) *n* salonka *f*.

clubhouse ['klʌbhaus] (*SPORT*) *n* siedziba *f* klubu.

cluck [klʌk] *vi* (*hen*) gdakać.

clue [klu:] *n* (*pointer, lead*) wskazówka *f*; (*: providing solution*) klucz *m*; (*in crossword*) hasło *nt*; **I haven't a clue** nie mam pojęcia.

clued up (*inf*) (*US* **clued in**) *adj* dobrze poinformowany.

clueless ['klu:lɪs] *adj* ciężko myślący.

clump [klʌmp] *n* (*of trees, bushes*) kęp(k)a *f*; (*of people, buildings*) grupka *f*.
clumsy ['klʌmzı] *adj* (*person, attempt*) niezdarny; (*object*) pokraczny.
clung [klʌŋ] *pt, pp of* **cling**.
cluster ['klʌstə*] *n* (*of people*) grupka *f*, gromadka *f*; (*of flowers*) pęk *m*; (*of stars*) skupisko *nt* ♦ *vi*: **to cluster (round)** skupiać się (skupić się *perf*) (wokół *+gen*).
clutch [klʌtʃ] *n* (*grip*) uścisk *m*; (*AUT*) sprzęgło *nt* ♦ *vt* ściskać (ścisnąć *perf*) kurczowo.
▸**to clutch (at)** *vt fus* (*lit, fig*) chwytać się (chwycić się *perf*) (*+gen*).
clutter ['klʌtə*] *vt* (*also*: **clutter up**: *room, house*) zagracać (zagracić *perf*); (: *mind*) zaśmiecać (zaśmiecić *perf*) ♦ *n* graty *pl*.
CM (*US*: *POST*) *abbr* (= *North Mariana Islands*).
cm *abbr* = **centimetre** cm.
CNAA (*BRIT*) *n abbr* (= *Council for National Academic Awards*) *rada przyznająca uprawnienia zawodowe*.
CND *n abbr* (= *Campaign for Nuclear Disarmament*).
CO *n abbr* = **commanding officer** dow., d-ca; (*BRIT*: = *Commonwealth Office*) *urząd do spraw brytyjskiej Wspólnoty Narodów* ♦ *abbr* (*US*: *POST*: = *Colorado*).
Co. *abbr* = **county**; = **company**.
c/o *abbr* (= *care of*) na adres.
coach [kəutʃ] *n* (*bus*) autokar *m*; (*horse-drawn*) powóz *m*, kareta *f*; (*RAIL*) wagon *m*; (*SPORT*) trener(ka) *m(f)*; (*SCOL*) korepetytor(ka) *m(f)* ♦ *vt* (*sportsman/woman*) trenować; (*student*) udzielać korepetycji *or* dawać korepetycje *+dat*.
coach trip *n* wycieczka *f* autokarowa.
coagulate [kəu'ægjuleıt] *vi* (*blood*) krzepnąć (zakrzepnąć *perf*); (*paint*) gęstnieć (zgęstnieć *perf*) ♦ *vt* powodować krzepnięcie *+gen*.
coal [kəul] *n* (*substance*) węgiel *m*; (*piece of coal*) węgielek *m*.
coal face *n* przodek *m* (węglowy).
coalfield ['kəulfi:ld] *n* zagłębie *nt* węglowe.
coalition [kəuə'lıʃən] *n* koalicja *f*.
coalman ['kəulmən] (*irreg like*: **man**) *n* dostawca *m* węgla.
coalmine ['kəulmaın] *n* kopalnia *f* (węgla).
coal miner *n* górnik *m*.
coal mining *n* górnictwo *nt* (węgla).
coarse [kɔ:s] *adj* (*texture*) szorstki; (*person, laugh*) nieokrzesany; (*salt, sand*) gruboziarnisty; (*cloth*) surowy.
coast [kəust] *n* wybrzeże *nt* ♦ *vi* (*car, bicycle etc*) jechać rozpędem.
coastal ['kəustl] *adj* przybrzeżny.
coaster ['kəustə*] *n* (*NAUT*) statek *m* żeglugi przybrzeżnej, kabotażowiec *m*; (*for glass*) podkładka *f* pod kieliszek.
coastguard ['kəustgɑ:d] *n* (*officer*) strażnik *m* straży przybrzeżnej; (*service*) straż *f* przybrzeżna.
coastline ['kəustlaın] *n* linia *f* brzegowa.
coat [kəut] *n* (*overcoat*) płaszcz *m*; (*of animal*) sierść *f*; (*of paint*) warstwa *f* ♦ *vt*: **to coat sth with** pokrywać (pokryć *perf*) coś *+instr*.
coat hanger *n* wieszak *m*.
coating ['kəutıŋ] *n* warstwa *f*.
coat of arms *n* herb *m*.
co-author ['kəu'ɔ:θə*] *n* współautor(ka) *m(f)*.
coax [kəuks] *vt*: **to coax sb (into doing sth)** namawiać (namówić *perf*) kogoś (do zrobienia czegoś) (*posługując się łagodną perswazją*).
cob [kɔb] *n see* **corn**.
cobbler ['kɔblə*] *n* szewc *m*.
cobbles ['kɔblz] *npl* bruk *m*.
cobblestones ['kɔblstəunz] *npl* = **cobbles**.
COBOL ['kəubɔl] (*COMPUT*) *n* COBOL *m*.
cobra ['kəubrə] *n* kobra *f*.
cobweb ['kɔbwεb] *n* pajęczyna *f*.
cocaine [kə'keın] *n* kokaina *f*.
cock [kɔk] *n* kogut *m* ♦ *vt* repetować (zarepetować *perf*); **to cock one's ears** (*fig*) nastawiać (nastawić *perf*) uszu.
cock-a-hoop [kɔkə'hu:p] (*inf*) *adj* rozradowany.
cockerel ['kɔkərl] *n* kogucik *m*.
cock-eyed ['kɔkaıd] *adj* (*fig*: *idea, method*) zwariowany.
cockle ['kɔkl] *n* sercówka *f* jadalna (*małż*).
cockney ['kɔknı] *n* cockney *m* (*rdzenny mieszkaniec wschodniego Londynu lub dialekt, którym się posługuje*).
cockpit ['kɔkpıt] *n* (*AVIAT*) kabina *f* pilota; (*in racing car*) kabina *f*.
cockroach ['kɔkrəutʃ] *n* karaluch *m*.
cocktail ['kɔkteıl] *n* koktajl *m*.
cocktail cabinet *n* barek *m*.
cocktail party *n* koktajl *m*.
cocktail shaker [-'ʃeıkə*] *n* shaker *m*.
cock-up ['kɔkʌp] (*inf!*) *n* fuszerka *f* (*inf*).
cocoa ['kəukəu] *n* kakao *nt inv*.
coconut ['kəukənʌt] *n* (*fruit*) orzech *m* kokosowy; (*flesh*) kokos *m*.
cocoon [kə'ku:n] *n* kokon *m*; **in a cocoon of love and warmth** otoczony miłością i ciepłem.
cod [kɔd] *n* dorsz *m*.
COD *abbr* (= *cash on delivery*) za pobraniem; (*US*: = *collect on delivery*) za pobraniem.
code [kəud] *n* (*rules*) kodeks *m*; (*cipher*) szyfr *m*; (*also*: **dialling code**) (numer *m*) kierunkowy; (*also*: **post code**) kod *m* (pocztowy); **code of behaviour/practice** kodeks zachowania/postępowania.
codeine ['kəudi:n] *n* kodeina *f*.
codicil ['kɔdısıl] (*JUR*) *n* kodycyl *m*, testament *m* uzupełniający.
codify ['kəudıfaı] *vt* kodyfikować (skodyfikować *perf*).
cod-liver oil ['kɔdlıvə-] *n* tran *m*.
co-driver ['kəu'draıvə*] *n* (*in race*) pilot *m*; (*of lorry*) zmiennik *m* (kierowcy).

co-ed ['kəu'ɛd] *adj abbr* (*SCOL*) = **coeducational** ♦ *n abbr* (*US*: *female student*) studentka *f*; (*BRIT*: *school*) szkoła *f* koedukacyjna.
coeducational ['kəuɛdju'keɪʃənl] *adj* koedukacyjny.
coerce [kəu'əːs] *vt* przymuszać (przymusić *perf*).
coercion [kəu'əːʃən] *n* przymus *m*.
coexistence ['kəuɪg'zɪstəns] *n* współistnienie *nt*.
C of C *n abbr* (= *chamber of commerce*) Izba *f* Handlowa.
C of E *abbr* = **Church of England**.
coffee ['kɔfɪ] *n* kawa *f*; **black/white coffee** czarna/biała kawa; **coffee with cream** kawa ze śmietanką.
coffee bar (*BRIT*) *n* bar *m* kawowy.
coffee bean *n* ziarenko *nt* kawy.
coffee break *n* przerwa *f* na kawę.
coffee cake (*US*) *n ciasto drożdżowe, często z bakaliami, lukrowane lub posypywane cukrem pudrem.*
coffee cup *n* filiżanka *f* do kawy.
coffee pot *n* dzbanek *m* do kawy.
coffee table *n* ława *f*.
coffin ['kɔfɪn] *n* trumna *f*.
C of I *abbr* (= *Church of Ireland*).
C of S *abbr* (= *Church of Scotland*).
cog [kɔg] *n* (*wheel*) koło *nt* zębate; (*tooth*) ząb *m* (*koła zębatego*).
cogent ['kəudʒənt] *adj* przekonywający.
cognac ['kɔnjæk] *n* koniak *m*.
cogwheel ['kɔgwiːl] *n* koło *nt* zębate.
cohabit [kəu'hæbɪt] (*fml*) *vi* mieszkać razem (*bez ślubu*).
coherent [kəu'hɪərənt] *adj* (*theory*) spójny; (*person*) komunikatywny.
cohesion [kəu'hiːʒən] *n* (*ideological, political*) jedność *f*; (*of text, performance*) spójność *f*.
cohesive [kə'hiːsɪv] *adj* (*fig*) spójny.
COI (*BRIT*) *n abbr* (= *Central Office of Information*) *rządowe biuro informacji.*
coil [kɔɪl] *n* (*of rope, wire*) zwój *m*; (*of smoke*) wstęga *f*; (*ELEC*) cewka *f*; (*AUT*) cewka *f* zapłonowa; (*contraceptive*) spirala *f* ♦ *vt* zwijać (zwinąć *perf*); **to coil sth round sth** owijać (owinąć *perf*) coś wokół czegoś.
coin [kɔɪn] *n* moneta *f* ♦ *vt* (*word, slogan*) ukuć (*perf*).
coinage ['kɔɪnɪdʒ] *n* monety *pl* (*danego systemu monetarnego*); (*LING*) neologizm *m*.
coin box (*BRIT*) *n* automat *m* telefoniczny (*na monety*).
coincide [kəuɪn'saɪd] *vi* (*events*) zbiegać się (zbiec się *perf*) (w czasie); (*ideas, views*) być zbieżnym.
coincidence [kəu'ɪnsɪdəns] *n* zbieg *m* okoliczności.
coin-operated ['kɔɪn'ɔpəreɪtɪd] *adj* na monety *post*.
Coke [kəuk] ® *n* coca cola *f*.
coke [kəuk] *n* (*coal*) koks *m*.
Col. *abbr* = **Colonel** płk.
COLA (*US*) *n abbr* (= *cost-of-living adjustment*) ≈ indeksacja *f* (*świadczeń, zarobków*).
colander ['kɔləndə*] *n* cedzak *m*, durszlak *m*.
cold [kəuld] *adj* zimny; (*person*: *in temperature*) zmarznięty; (*unemotional*) chłodny, oziębły ♦ *n* (*weather*) zimno *nt*; (*MED*) przeziębienie *nt*; **it's cold** jest zimno; **I am** *or* **feel cold** zimno mi; **to catch (a) cold** przeziębić się (*perf*); **in cold blood** z zimną krwią; **to get cold feet (about)** (*fig*) przestraszyć się (*perf*) (+*gen*); **to give sb the cold shoulder** traktować (potraktować *perf*) kogoś ozięble.
cold-blooded ['kəuld'blʌdɪd] *adj* (*ZOOL*) zmiennocieplny; (*murderer*) bezlitosny, bezwzględny; (*murder*) (popełniony) z zimną krwią.
cold cream *n* krem *m* do oczyszczania twarzy.
coldly ['kəuldlɪ] *adv* chłodno, ozięble.
cold-shoulder [kəuld'ʃəuldə*] *vt* zachowywać się (zachować się *perf*) ozięble wobec +*gen*.
cold sore *n* opryszczka *f* (na wardze), febra *f* (*inf*).
cold war *n*: **the cold war** zimna wojna *f*.
coleslaw ['kəulslɔː] *n surówka z białej kapusty i innych warzyw z dodatkiem majonezu.*
colic ['kɔlɪk] (*MED*) *n* kolka *f*.
collaborate [kə'læbəreɪt] *vi* (*work together*): **to collaborate (on)** pracować wspólnie (nad +*instr*); (*with enemy*) kolaborować.
collaboration [kəlæbə'reɪʃən] *n* współpraca *f*.
collaborator [kə'læbəreɪtə*] *n* współpracownik (-iczka) *m(f)*; (*with enemy*) kolaborant(ka) *m(f)*.
collage [kɔ'lɑːʒ] *n* collage *m*, kolaż *m*.
collagen ['kɔlədʒən] *n* kolagen *m*.
collapse [kə'læps] *vi* (*building*) zawalać się (zawalić się *perf*); (*table, resistance*) załamywać się (załamać się *perf*); (*marriage, system*) rozpadać się (rozpaść się *perf*); (*government, company*) upadać (upaść *perf*); (*hopes*) rozwiewać się (rozwiać się *perf*); (*plans*) runąć (*perf*); (*person*: *faint*) zemdleć (*perf*), zasłabnąć (*perf*); (: *from exhaustion*) padać (paść *perf*) ♦ *n* (*of building*) zawalenie się *nt*; (*of table, resistance*) załamanie się *nt*; (*of marriage, system*) rozpad *m*; (*of government, company*) upadek *m*; (*MED*) zapaść *f*.
collapsible [kə'læpsəbl] *adj* składany.
collar ['kɔlə*] *n* (*of coat, shirt*) kołnierz *m*; (*of dog, cat*) obroża *f*; (*TECH*: *flange*) kołnierz *m*; (: *ring*) pierścień *m* ♦ *vt* (*inf*) dopadać (dopaść *perf*) (*inf*).
collarbone ['kɔləbəun] *n* obojczyk *m*.
collate [kɔ'leɪt] *vt* zestawiać (zestawić *perf*).
collateral [kə'lætərl] (*COMM*) *n* (dodatkowe) zabezpieczenie *nt*.
collation [kə'leɪʃən] *n* zestawienie *nt*; (*CULIN*): **a cold collation** zimny bufet *m*.

colleague ['kɔliːg] *n* kolega/koleżanka *m/f* (z pracy).
collect [kə'lɛkt] *vt* (*wood, litter*) zbierać (zebrać *perf*); (*stamps, coins*) zbierać, kolekcjonować; (*BRIT: children from school etc*) odbierać (odebrać *perf*); (*debts, taxes*) ściągać (ściągnąć *perf*); (*mail: from box*) wybierać (wybrać *perf*), wyjmować (wyjąć *perf*) ♦ *vi* (*dust etc*) zbierać się (zebrać się *perf*); (*for charity etc*) prowadzić zbiórkę pieniędzy, kwestować; **to call collect** (*US*) dzwonić (zadzwonić *perf*) na koszt abonenta; **to collect one's thoughts** zbierać (zebrać *perf*) myśli; **collect on delivery** (*US: COMM*) za pobraniem.
collected [kə'lɛktɪd] *adj*: **collected works** dzieła *pl* zebrane.
collection [kə'lɛkʃən] *n* (*of art, stamps*) kolekcja *f*, zbiór *m*; (*of poems, stories*) zbiór *m*; (*from place, person*) odbiór *m*; (*for charity*) zbiórka *f* pieniędzy, kwesta *f*; (*of mail*) wyjmowanie *nt* listów (*ze skrzynki pocztowej*).
collective [kə'lɛktɪv] *adj* zbiorowy ♦ *n* (zorganizowany) zespół *m*, kolektyw *m*; **collective farm** (*state-owned*) ≈ Państwowe Gospodarstwo Rolne; (*co-operative*) rolnicza spółdzielnia produkcyjna.
collective bargaining *n* negocjacje *pl* w sprawie zbiorowego układu pracy.
collector [kə'lɛktə*] *n* (*of art, stamps*) kolekcjoner(ka) *m(f)*, zbieracz(ka) *m(f)*; (*of taxes, rent*) poborca *m*; **collector's item** *or* **piece** rzadki okaz.
college ['kɔlɪdʒ] *n* (*in Oxford etc*) kolegium *nt*, college *m*; (*of agriculture, technology*) ≈ technikum *nt*; **to go to college** ≈ iść (pójść *perf*) na studia; **college of further education** *instytucja oświatowa, w której można uzupełnić wykształcenie średnie i/lub zdobyć kwalifikacje zawodowe*.
collide [kə'laɪd] *vi* zderzać się (zderzyć się *perf*).
collie ['kɔlɪ] *n* owczarek *m* szkocki.
colliery ['kɔlɪərɪ] (*BRIT*) *n* kopalnia *f* węgla.
collision [kə'lɪʒən] *n* zderzenie *nt*, kolizja *f*; **to be on a collision course (with)** być na kursie kolizyjnym (z *+instr*); (*fig*) zmierzać do konfrontacji (z *+instr*).
collision damage waiver *n* zwolnienie *nt* z obowiązku wypłaty odszkodowania (*w następstwie wypadku drogowego*).
colloquial [kə'ləukwɪəl] *adj* potoczny.
collusion [kə'luːʒən] *n* zmowa *f*; **in collusion with** w zmowie z *+instr*.
Cologne [kə'ləun] *n* Kolonia *f*.
cologne [kə'ləun] *n* (*also*: **eau de cologne**) woda *f* kolońska.
Colombia [kə'lɔmbɪə] *n* Kolumbia *f*.
Colombian [kə'lɔmbɪən] *adj* kolumbijski ♦ *n* Kolumbijczyk (-jka) *m(f)*.
colon ['kəulən] *n* (*punctuation mark*) dwukropek *m*; (*ANAT*) okrężnica *f*.
colonel ['kəːnl] *n* pułkownik *m*.
colonial [kə'ləunɪəl] *adj* kolonialny.
colonize ['kɔlənaɪz] *vt* kolonizować (skolonizować *perf*).
colony ['kɔlənɪ] *n* kolonia *f*.
color *etc* (*US*) = **colour** *etc*.
Colorado beetle [kɔlə'rɑːdəu-] *n* stonka *f* ziemniaczana.
colossal [kə'lɔsl] *adj* kolosalny.
colour ['kʌlə*] (*US* **color**) *n* kolor *m*; (*skin colour*) kolor *m* skóry; (*of spectacle, place*) koloryt *m* ♦ *vt* (*paint*) malować (pomalować *perf*); (*dye*) farbować (ufarbować *perf*); (*fig*) mieć (pewien) wpływ na *+acc* ♦ *vi* czerwienić się (zaczerwienić się *perf*), poczerwienieć (*perf*) ♦ *cpd* kolorowy; **colours** *npl* (*of party, club*) barwy *pl*; **in colour** (*film, magazine*) kolorowy; (*illustrations*) barwny, kolorowy.
►**colour in** *vt* kolorować (pokolorować *perf*).
colour bar *n* segregacja *f* rasowa.
colour-blind ['kʌləblaɪnd] *adj*: **to be colour-blind** być daltonistą (-tką) *m(f)*.
coloured ['kʌləd] *adj* kolorowy.
colour film *n* film *m* kolorowy.
colourful ['kʌləful] *adj* kolorowy; (*fig: account, personality*) barwny.
colouring ['kʌlərɪŋ] *n* (*complexion*) karnacja *f*; (*in food*) barwnik *m*; (*combination of colours*) kolorystyka *f*.
colour scheme *n* kolorystyka *f*.
colour supplement (*BRIT: PRESS*) *n* kolorowy dodatek *m*.
colour television *n* telewizja *f* kolorowa.
colt [kəult] *n* źrebię *nt*, źrebak *m*.
column ['kɔləm] *n* (*of building, people*) kolumna *f*; (*of smoke*) słup *m*; (*PRESS*) rubryka *f*; **the editorial column** artykuł wstępny.
columnist ['kɔləmnɪst] *n* felietonista (-tka) *m(f)* (*mający stałą rubrykę w gazecie lub czasopiśmie*).
coma ['kəumə] *n* śpiączka *f*.
comb [kəum] *n* grzebień *m* ♦ *vt* (*hair*) rozczesywać (rozczesać *perf*); (*area*) przeczesywać (przeczesać *perf*); **to comb one's hair** czesać się (uczesać się *perf*).
combat [*n* 'kɔmbæt, *vb* kɔm'bæt] *n* walka *f* ♦ *vt* walczyć z *+instr*, zwalczać.
combination [kɔmbɪ'neɪʃən] *n* (*mixture*) połączenie *nt*, kombinacja *f*; (*for lock, safe*) szyfr *m*.
combination lock *n* zamek *m* szyfrowy.
combine [*vb* kəm'baɪn, *n* 'kɔmbaɪn] *vt* łączyć (połączyć *perf*) ♦ *vi* łączyć się (połączyć się *perf*) ♦ *n* (*ECON*) koncern *m*; **to combine sth with sth** łączyć (połączyć *perf*) coś z czymś; **a combined effort** wspólny wysiłek.
combine (harvester) *n* kombajn *m*.
combo ['kɔmbəu] *n* kapela *f* jazzowa.

combustible [kəm'bʌstɪbl] *adj* łatwopalny.
combustion [kəm'bʌstʃən] *n* spalanie *nt*.

KEYWORD

come [kʌm] (*pt* **came**, *pp* **come**) *vi* **1** (*movement towards*: *on foot*) przychodzić (przyjść *perf*); (: *by car etc*) przyjeżdżać (przyjechać *perf*); **come here!** chodź tu(taj)!; **I've only come for an hour** przyszedłem tylko na godzinę; **are you coming to my party?** przyjdziesz na moje przyjęcie?; **to come running** przybiegać (przybiec *perf*). **2** (*arrive*) przybywać (przybyć *perf*), przyjeżdżać (przyjechać *perf*); **he's just come from Aberdeen** właśnie przyjechał z Aberdeen; **he's come here to work** przybył tu do pracy. **3** (*reach*): **to come to** sięgać (sięgnąć *perf*) *or* dochodzić (dojść *perf*) do *+gen*; **her hair came to her waist** włosy sięgały jej do pasa; **to come to power** obejmować (objąć *perf*) władzę; **to come to a decision** podejmować (podjąć *perf*) decyzję. **4** (*occur*): **an idea came to me** przyszedł mi do głowy pewien pomysł. **5** (*be, become*): **to come loose** poluźniać się (poluźnić się *perf*); **I've come to like him** polubiłem go.
►**come about** *vi*: **how did it come about?** jak do tego doszło?; **it came about that ...** stało się tak, że ... .
►**come across** *vt fus* natknąć się *(perf)* na *+acc* ♦ *vi*: **to come across well/badly** (*idea, meaning*) zostać *(perf)*/nie zostać *(perf)* dobrze przekazanym.
►**come along** *vi* (*arrive*) pojawiać się (pojawić się *perf*); (*make progress*) posuwać się (posunąć się *perf*) naprzód; **come along!** dalej!
►**come apart** *vi* rozpadać się (rozpaść się *perf*).
►**come away** *vi* (*leave*) odchodzić (odejść *perf*); (*become detached*) odpadać (odpaść *perf*), odrywać się (oderwać się *perf*).
►**come back** *vi* wracać (wrócić *perf*); **black is coming back into fashion** wraca moda na czerń.
►**come by** *vt fus* (*find*) zdobyć *(perf)*, znaleźć *(perf)*.
►**come down** *vi* (*price*) obniżać się (obniżyć się *perf*); (*building, tree*) runąć *(perf)*.
►**come forward** *vi* zgłaszać się (zgłosić się *perf*) (na ochotnika).
►**come from** *vt fus* pochodzić z *+gen*.
►**come in** *vi* (*enter*) wchodzić (wejść *perf*); (*report, news*) nadchodzić (nadejść *perf*); (*on deal etc*) wchodzić (wejść *perf*); **come in!** proszę (wejść)!
►**come in for** *vt fus* (*criticism etc*) spotykać się (spotkać się *perf*) z *+instr*.
►**come into** *vt fus* (*money*) dostawać (dostać *perf*) w spadku; **to come into fashion** wchodzić (wejść *perf*) w modę; **money doesn't come into it** pieniądze nie mają z tym nic wspólnego.
►**come off** *vi* (*become detached*) odpadać (odpaść *perf*); (*succeed*) powieść się *(perf)* ♦ *vt fus* (*inf*): **come off it!** daj spokój! (*inf*).
►**come on** *vi* (*pupil*) robić (zrobić *perf*) postęp(y); (*work, project*) postępować (postąpić *perf*) naprzód; (*electricity*) włączać się (włączyć się *perf*); **come on!** no już!, dalej!
►**come out** *vi* (*fact*) wychodzić (wyjść *perf*) na jaw; (*book*) wychodzić (wyjść *perf*); (*stain*) schodzić (zejść *perf*); (*sun*) wychodzić (wyjść *perf*), wyjrzeć *(perf)*; (*workers*) strajkować (zastrajkować *perf*).
►**come over** *vt fus*: **I don't know what's come over him!** nie wiem, co go naszło!
►**come round** *vi* (*recover consciousness*) przychodzić (przyjść *perf*) do siebie; (*visit*) wpadać (wpaść *perf*); (*agree*) dawać (dać *perf*) się przekonać.
►**come through** *vi* (*survive*) przetrwać *(perf)*; **the call came through** połączenie zostało zrealizowane.
►**come to** *vi* ocknąć się *(perf)* ♦ *vt fus*: **how much does it come to?** ile to (razem) wynosi?
►**come under** *vt fus* (*heading*) być zaliczanym do *+gen*; (*criticism, pressure*) zostawać (zostać *perf*) poddanym *+dat*.
►**come up** *vi* (*approach*) podchodzić (podejść *perf*); (*sun*) wschodzić (wzejść *perf*); (*problem*) pojawiać się (pojawić się *perf*); (*event*) zbliżać się; (*in conversation*) padać (paść *perf*).
►**come up against** *vt fus* (*resistance, difficulties*) napotykać (napotkać *perf*).
►**come upon** *vt fus* natknąć się *(perf)* na *+acc*.
►**come up to** *vt fus*: **the film didn't come up to our expectations** film nie spełnił naszych oczekiwań; **it's coming up to ten o'clock** zbliża się (godzina) dziesiąta.
►**come up with** *vt fus* (*plan*) wymyślić *(perf)*; (*money*) wykombinować *(perf) or* wytrzasnąć *(perf)* (skądś) (*inf*).

comeback ['kʌmbæk] *n* (*of film star, fashion*) powrót *m*, come-back *m*; **to have no comeback** nie mieć prawa do rekompensaty.
Comecon ['kɔmɪkɔn] *n abbr* (= *Council for Mutual Economic Aid*) RWPG *nt inv*.
comedian [kə'mi:dɪən] *n* komik *m*.
comedienne [kəmi:dɪ'ɛn] *n* kobieta *f* – komik *m*.
come-down (*inf*) *n* degradacja *f*.
comedy ['kɔmɪdɪ] *n* (*play, film*) komedia *f*; (*humour*) komizm *m*.
comet ['kɔmɪt] *n* kometa *f*.
come-uppance *n*: **to get one's come-uppance** ponosić (ponieść *perf*) zasłużoną karę.
comfort ['kʌmfət] *n* (*physical*) wygoda *f*; (*luxury, freedom from anxiety*) komfort *m*; (*cosolation*) pociecha *f*, otucha *f* ♦ *vt* pocieszać (pocieszyć *perf*); **comforts** *npl* wygody *pl*.
comfortable ['kʌmfətəbl] *adj* (*person*: *financially*)

dobrze sytuowany; (: *physically*): **I'm comfortable** jest mi wygodnie; (: *when ill*): **she's comfortable** jej stan jest zadowalający; (*chair, bed*) wygodny; (*hotel, flat*) komfortowy; (*walk, climb*) łatwy; (*income*) wysoki; (*majority*) znaczny; **to be/feel comfortable** (*at ease*) czuć się swobodnie; **I don't feel very comfortable about it** trochę mnie to niepokoi; **make yourself comfortable** rozgość się.

comfortably ['kʌmfətəblɪ] *adv* wygodnie.

comforter ['kʌmfətə*] (*US*) *n* smoczek *m*.

comfort station (*US*) *n* toaleta *f* publiczna.

comic ['kɔmɪk] *adj* komiczny ♦ *n* (*person*) komik *m*; (*BRIT*: *magazine*) komiks *m*.

comical ['kɔmɪkl] *adj* komiczny.

comic strip *n* historyjka *f* obrazkowa.

coming ['kʌmɪŋ] *adj* nadchodzący, zbliżający się; **in the coming weeks** w nadchodzących *or* najbliższych tygodniach.

comings and goings *npl* (*arrivals and departures*) przyjazdy *pl* i wyjazdy *pl*; (*bustle*) ruch *m*, bieganina *f*.

Comintern ['kɔmɪntə:n] *n* Międzynarodówka *f* Komunistyczna, Komintern *m*.

comma ['kɔmə] *n* przecinek *m*.

command [kə'mɑ:nd] *n* (*order*) polecenie *nt*, rozkaz *m*; (*control, charge*) kierownictwo *nt*; (*MIL*) dowództwo *nt*; (*of subject*) znajomość *f*, opanowanie *nt*; (*COMPUT*) polecenie *nt* ♦ *vt* (*troops*) dowodzić *+instr*; (*be able to get*) uzyskiwać (uzyskać *perf*); (*deserve*) zasługiwać na *+acc*; **to command sb to do sth** (*tell*) kazać (kazać *perf*) komuś coś zrobić; (*order*) rozkazywać (rozkazać *perf*) komuś coś zrobić; **to be in command of** dowodzić *+instr*; **to have/take command of** sprawować/obejmować (objąć *perf*) dowództwo nad *+instr*; **to have sth at one's command** dysponować czymś.

commandant ['kɔməndænt] *n* komendant(ka) *m(f)*.

commandeer [kɔmən'dɪə*] *vt* rekwirować (zarekwirować *perf*); (*fig*) przywłaszczać (przywłaszczyć *perf*) sobie; **to commandeer sth from sb** odbierać (odebrać *perf*) coś komuś.

commander [kə'mɑ:ndə*] *n* dowódca *m*; (*MIL*) komandor *m* porucznik *m*.

commander-in-chief [kə'mɑ:ndərɪn'tʃi:f] *n* głównodowodzący *m*, naczelny wódz *m*.

commanding [kə'mɑ:ndɪŋ] *adj* (*voice*) rozkazujący, władczy; (*position*) dominujący; (*lead*) zdecydowany.

commanding officer *n* dowódca *m*.

commandment [kə'mɑ:ndmənt] (*REL*) *n* przykazanie *nt*.

command module *n* człon *m* dowodzenia (*statku kosmicznego*).

commando [kə'mɑ:ndəu] *n* (*group*) oddział *m* komandosów; (*soldier*) komandos *m*.

commemorate [kə'mɛməreɪt] *vt* (*with statue, monument*) upamiętniać (upamiętnić *perf*); (*with celebration*) obchodzić rocznicę *+gen*.

commemoration [kəmɛmə'reɪʃən] *n* obchody *pl*; **in commemoration of** dla upamiętnienia *+gen*.

commemorative [kə'mɛmərətɪv] *adj* pamiątkowy.

commence [kə'mɛns] *vt* rozpoczynać (rozpocząć *perf*) ♦ *vi* rozpoczynać się (rozpocząć się *perf*).

commend [kə'mɛnd] *vt* pochwalać (pochwalić *perf*); **to commend sth to sb** rekomendować (zarekomendować *perf*) coś komuś.

commendable [kə'mɛndəbl] *adj* godny pochwały.

commendation [kɔmɛn'deɪʃən] *n* pochwała *f*.

commensurate [kə'mɛnʃərɪt] *adj*: **commensurate with/to** współmierny do *+gen*.

comment ['kɔmɛnt] *n* (*remark*) uwaga *f*, komentarz *m*; (*event, situation*): **a comment on** odbicie *nt or* odzwierciedlenie *nt +gen* ♦ *vi*: **to comment (on)** komentować (skomentować *perf*) (*+acc*); **to comment that ...** zauważyć (*perf*), że ...; **"no comment"** „bez komentarza".

commentary ['kɔməntərɪ] *n* komentarz *m*; (*genre*) publicystyka *f*.

commentator ['kɔmənteɪtə*] *n* (*SPORT*) sprawozdawca *m*, komentator *m*; (*expert*) komentator(ka) *m(f)*.

commerce ['kɔmə:s] *n* handel *m*.

commercial [kə'mə:ʃəl] *adj* (*organization*) handlowy; (*success*) komercyjny ♦ *n* (*TV, RADIO*) reklama *f*.

commercial bank *n* bank *m* komercyjny.

commercial break (*TV*) *n* przerwa *f* na reklamę.

commercial college *n* ≈ technikum *nt* handlowe.

commercialism [kə'mə:ʃəlɪzəm] *n* komercjalizm *m*.

commercialized [kə'mə:ʃəlaɪzd] (*pej*) *adj* skomercjalizowany.

commercial radio *n* prywatna *or* komercyjna stacja *f* radiowa.

commercial television *n* telewizja *f* prywatna *or* komercyjna.

commercial traveller *n* agent *m* handlowy, komiwojażer *m*.

commercial vehicle *n* samochód *m* dostawczy.

commiserate [kə'mɪzəreɪt] *vi*: **to commiserate with** współczuć *+dat*; (*verbally*) składać (złożyć *perf*) wyrazy współczucia *+dat*.

commission [kə'mɪʃən] *n* (*order for work*) zamówienie *nt*, zlecenie *nt*; (*COMM*) prowizja *f* (od sprzedaży); (*committee*) komisja *f*; (*MIL*) stanowisko *nt* oficerskie ♦ *vt* (*work of art*) zamawiać (zamówić *perf*); (*army officer*) mianować (mianować *perf*); **to be out of commission** nie funkcjonować; **I get 10% commission** dostaję 10% prowizji; **commission of inquiry** komisja dochodzeniowa; **to commission sb to do sth** zlecać (zlecić *perf*) komuś zrobienie czegoś; **to commission sth from sb** zamawiać (zamówić *perf*) coś u kogoś.

commissionaire [kəmɪʃə'nɛə*] (*BRIT*) *n* portier *m* (*w liberii*).
commissioner [kə'mɪʃənə*] *n* komisarz *m*.
commit [kə'mɪt] *vt* (*crime, murder*) popełniać (popełnić *perf*); (*money, resources*) przeznaczać (przeznaczyć *perf*); (*person*): **she was committed to a hospital/nursing home** umieszczono ją w szpitalu/prywatnym domu opieki; **to commit o.s. (to do sth)** zobowiązywać się (zobowiązać się *perf*) (do zrobienia czegoś); **to commit suicide** popełnić (*perf*) samobójstwo; **to commit sth to writing** zapisywać (zapisać *perf*) *or* notować (zanotować *perf*) coś; **to commit sb for trial** stawiać (postawić *perf*) kogoś w stan oskarżenia.
commitment [kə'mɪtmənt] *n* zobowiązanie *nt*; (*to ideology, system*) oddanie *nt*, zaangażowanie *nt*.
committed [kə'mɪtɪd] *adj* (*writer, politician*) zaangażowany; (*Christian*) wierny.
committee [kə'mɪtɪ] *n* komisja *f*, komitet *m*; **to be on a committee** zasiadać *or* być w komisji.
committee meeting *n* posiedzenie *nt* komisji.
commodity [kə'mɔdɪtɪ] *n* towar *m*; **commodities** (*food*) artykuły *pl* spożywcze.
common ['kɔmən] *adj* (*shared*) wspólny; (*ordinary*: *object, name, species*) pospolity; (: *experience, phenomenon*) powszechny; (*vulgar*) prostacki ♦ *n* błonia *pl* (wiejskie); **the Commons** (*BRIT*) *npl* Izba *f* Gmin; **to have sth in common (with sb)** mieć coś wspólnego (z kimś); **we have sth in common** mamy ze sobą coś wspólnego; **in common use** w powszechnym użyciu; **it's common knowledge that ...** powszechnie wiadomo, że ...; **for the common good** dla wspólnego dobra, dla dobra ogółu.
commoner ['kɔmənə*] *n* człowiek *m* z ludu.
common ground *n* (*fig*) wspólna płaszczyzna *f*.
common law *n* prawo *nt* zwyczajowe.
common-law ['kɔmənlɔ:] *adj*: **common-law wife** konkubina *f*; **common-law marriage** nieślubny związek.
commonly ['kɔmənlɪ] *adv* powszechnie.
Common Market *n*: **the Common Market** Wspólny Rynek *m*.
commonplace ['kɔmənpleɪs] *adj* powszedni, zwykły.
common room *n* (*SCOL*) ≈ świetlica *f* (szkolna); (*UNIV*) ≈ klub *m*.
common sense *n* zdrowy rozsądek *m*.
Commonwealth ['kɔmənwɛlθ] (*BRIT*) *n*: **the Commonwealth** (Brytyjska) Wspólnota *f* Narodów.
commotion [kə'məuʃən] *n* zamieszanie *nt*, rozgardiasz *m*.
communal ['kɔmju:nl] *adj* (*property*) wspólny, społeczny; **communal life** życie we wspólnocie.
commune [*n* 'kɔmju:n, *vb* kə'mju:n] *n* (*group*) wspólnota *f*; (*POL*) komuna *f* ♦ *vi*: **to commune with** (*nature, God*) obcować z *+instr*.
communicate [kə'mju:nɪkeɪt] *vt* przekazywać (przekazać *perf*) ♦ *vi* (*by speech, gesture*) porozumiewać się (porozumieć się *perf*), komunikować się; (*by letter, telephone*) kontaktować się (skontaktować się *perf*), komunikować się.
communication [kəmju:nɪ'keɪʃən] *n* (*process*) porozumiewanie się *nt*, komunikowanie się *nt*; (*message*) wiadomość *f*.
communication cord (*BRIT*) *n* (*on train*) ≈ hamulec *m* bezpieczeństwa.
communications network [kəmju:nɪ'keɪʃənz-] *n* sieć *f* informacyjna.
communications satellite *n* satelita *m* (tele)komunikacyjny.
communicative [kə'mju:nɪkətɪv] *adj* (*person*) rozmowny.
communion [kə'mju:nɪən] *n* (*also*: **Holy Communion**) komunia *f*, Komunia *f* (Święta).
communiqué [kə'mju:nɪkeɪ] *n* komunikat *m*.
communism ['kɔmjunɪzəm] *n* komunizm *m*.
communist ['kɔmjunɪst] *adj* komunistyczny ♦ *n* komunista (-tka) *m(f)*.
community [kə'mju:nɪtɪ] *n* (*local*) społeczność *f*; (*national*) społeczeństwo *nt*; (*business etc*) środowisko *nt*.
community centre *n* ≈ dom *m or* ośrodek *m* kultury.
community charge (*BRIT*) *n opłata na rzecz społeczności lokalnej uprawniająca do głosowania*.
community chest (*US*) *n* lokalny fundusz *m* zapomogowy.
community health centre *n* ≈ przychodnia *f* rejonowa.
community home (*BRIT*) *n* ≈ dom *m* poprawczy.
community service *n* praca *f* społeczna (*wykonywana dobrowolnie lub jako kara za drobne wykroczenia*).
community spirit *n* poczucie *nt or* duch *m* wspólnoty.
commutation ticket [kɔmju'teɪʃən-] (*US*) *n* bilet *m* okresowy (*dla dojeżdżających do pracy*).
commute [kə'mju:t] *vi* dojeżdżać (do pracy) ♦ *vt* (*JUR*: *sentence*) zamieniać (zamienić *perf*) (*na lżejszy*); (*pension*) zmieniać (zmienić *perf*) formę wypłaty *+gen*.
commuter [kə'mju:tə*] *n* dojeżdżający (-ca) *m(f)* do pracy.
compact [*adj* kəm'pækt, *n* 'kɔmpækt] *adj* niewielkich rozmiarów *post* ♦ *n* (*also*: **powder compact**) puderniczka *f*.
compact disc *n* płyta *f* kompaktowa.
compact disc player *n* odtwarzacz *m* kompaktowy.
companion [kəm'pænjən] *n* towarzysz(ka) *m(f)*.

companionship [kəm'pænjənʃɪp] *n* (*company*) towarzystwo *nt*; (*friendship*) przyjaźń *f*.
companionway [kəm'pænjənweɪ] (*NAUT*) *n* zejściówka *f*.
company ['kʌmpənɪ] *n* (*COMM*) firma *f*, przedsiębiorstwo *nt*; (*THEAT*) zespół *m* (teatralny), trupa *f* (*old*); (*MIL*) kompania *f*; (*companionship*) towarzystwo *nt*; **insurance company** towarzystwo ubezpieczeniowe; **Smith and Company** Smith i spółka; **he's good company** dobry z niego kompan; **we have company** mamy towarzystwo; **to keep sb company** towarzyszyć (potowarzyszyć *perf*) komuś; **to part company with** rozstawać się (rozstać się *perf*) z *+instr*.
company car *n* samochód *m* służbowy.
company director *n* dyrektor *m* spółki.
company secretary (*BRIT*) *n* sekretarz *m* spółki.
comparable ['kɔmpərəbl] *adj* (*size, style etc*) porównywalny; (*car, property etc*) podobny, zbliżony; **comparable to** porównywalny z *+instr*.
comparative [kəm'pærətɪv] *adj* (*peace, safety*) względny; (*study, literature*) porównawczy; (*adjective, adverb*) w stopniu wyższym *post*; **a comparative stranger** ktoś stosunkowo mało znany.
comparatively [kəm'pærətɪvlɪ] *adv* stosunkowo, względnie.
compare [kəm'pɛə*] *vt*: **to compare sb/sth with/to** (*contrast*) porównywać (porównać *perf*) kogoś/coś z *+instr*; **to compare sb/sth to** (*liken*) porównywać (porównać *perf*) kogoś/coś z *+instr*, przyrównywać (przyrównać *perf*) kogoś/coś do *+gen* ♦ *vi*: **to compare (un)favourably with** wypadać (wypaść *perf*) (nie)korzystnie w porównaniu z *+instr*; **how do the prices compare?** jak mają się do siebie ceny?; **compared with** *or* **to** w porównaniu z *+instr*.
comparison [kəm'pærɪsn] *n* porównanie *nt*; **in comparison with** w porównaniu z *+instr*.
compartment [kəm'pɑ:tmənt] *n* (*RAIL*) przedział *m*; (*of wallet*) przegródka *f*; (*of fridge*) komora *f*.
compass ['kʌmpəs] *n* (*NAUT*) kompas *m*; (*GEOM*) cyrkiel *m*; (*fig*: *of activity*) zasięg *m*; (: *of voice, musical instrument*) skala *f*; **compasses** *npl* (*also*: **pair of compasses**) cyrkiel *m*; **beyond/within the compass of** poza zasięgiem/w zasięgu *+gen*.
compassion [kəm'pæʃən] *n* współczucie *nt*.
compassionate [kəm'pæʃənɪt] *adj* współczujący; **on compassionate grounds** ze względów rodzinnych (*urlop itp*).
compatibility [kəmpætɪ'bɪlɪtɪ] *n* zgodność *f*; (*COMPUT*) kompatybilność *f*.
compatible [kəm'pætɪbl] *adj* zgodny; (*COMPUT*) kompatybilny.
compel [kəm'pɛl] *vt* zmuszać (zmusić *perf*), przymuszać (przymusić *perf*).
compelling [kəm'pɛlɪŋ] *adj* (*argument, reason*) nie do odparcia *post*; (*poem, painting*) przykuwający uwagę.
compendium [kəm'pɛndɪəm] *n* kompendium *nt*.
compensate ['kɔmpənseɪt] *vt* dawać (dać *perf*) odszkodowanie *+dat* ♦ *vi*: **to compensate for** rekompensować (zrekompensować *perf*) sobie *+acc*.
compensation [kɔmpən'seɪʃən] *n* (*money*) odszkodowanie *nt*; (*for loss, disappointment*) rekompensata *f*; (*PSYCH etc*) kompensacja *f*.
compère ['kɔmpɛə*] *n* (*TV, RADIO*) gospodarz (-dyni) *m(f)* programu.
compete [kəm'pi:t] *vi* (*in contest, game*) brać (wziąć *perf*) udział; **to compete (with)** (*companies, theories*) rywalizować *or* konkurować (z *+instr*); (*sportsmen*) rywalizować *or* współzawodniczyć (z *+instr*); **to compete (for)** walczyć (o *+acc*).
competence ['kɔmpɪtəns] *n* kompetencje *pl*, fachowość *f*.
competent ['kɔmpɪtənt] *adj* (*person*) kompetentny, fachowy; (*piece of work*) fachowo wykonany.
competition [kɔmpɪ'tɪʃən] *n* (*between firms, rivals*) rywalizacja *f*, współzawodnictwo *nt*; (*contest*) konkurs *m*, zawody *pl*; (*ECON*) konkurencja *f*; **to be in competition with** konkurować *or* rywalizować z *+instr*.
competitive [kəm'pɛtɪtɪv] *adj* (*industry, society*) oparty na współzawodnictwie; (*person*) nastawiony na współzawodnictwo; (*price, product*) konkurencyjny; (*sport*) wyczynowy.
competitive examination *n* egzamin *m* konkursowy.
competitor [kəm'pɛtɪtə*] *n* (*rival*) konkurent(ka) *m(f)*, rywal(ka) *m(f)*; (*participant*) zawodnik (-iczka) *m(f)*, uczestnik (-iczka) *m(f)*.
compile [kəm'paɪl] *vt* (*report*) opracowywać (opracować *perf*); (*dictionary*) kompilować (skompilować *perf*).
complacency [kəm'pleɪsnsɪ] *n* samozadowolenie *nt*.
complacent [kəm'pleɪsnt] *adj* (*person*) zadowolony z siebie; (*smile, attitude*) pełen samozadowolenia.
complain [kəm'pleɪn] *vi*: **to complain (about)** (*grumble*) narzekać (na *+acc*); (*protest*: *to authorities, bank*) składać (złożyć *perf*) zażalenie *or* skargę (z powodu *+gen*); (: *to shop*) zgłaszać (zgłosić *perf*) reklamację (*+gen*); **to complain of** (*pain etc*) skarżyć się na *+acc*.
complaint [kəm'pleɪnt] *n* (*activity*) narzekanie *nt*; (*instance*) skarga *f*; (*in shop etc*) reklamacja *f*; (*reason for complaining*) zarzut *m*; (*MED*) dolegliwość *f*; **a letter of complaint** (pisemne) zażalenie.
complement [*n* 'kɔmplɪmənt, *vb* 'kɔmplɪmɛnt] *n* (*supplement*) uzupełnienie *nt*; (*crew*) skład *m*, załoga *f* ♦ *vt*: **to complement each other/one**

another wzajemnie się uzupełniać; **to have a full complement of** mieć komplet *+gen.*

complementary [kɔmplɪ'mɛntərɪ] *adj* wzajemnie się uzupełniający; **to be complementary** wzajemnie się uzupełniać; **complementary medicine** lek wspomagający *or* pomocniczy.

complete [kəm'pli:t] *adj* (*silence, change, success*) zupełny, całkowity; (*list, edition, set*) cały, kompletny; (*building, task*) ukończony ♦ *vt* (*building, task*) ukończyć *(perf)*; (*set, group*) dopełniać (dopełnić *perf*); (*form*) wypełniać (wypełnić *perf*); **a silk tie completed the outfit** stroju dopełniał jedwabny krawat.

completely [kəm'pli:tlɪ] *adv* zupełnie, całkowicie, kompletnie.

completion [kəm'pli:ʃən] *n* (*of building*) ukończenie *nt*; (*of sale*) sfinalizowanie *nt*; **to be nearing completion** być na ukończeniu; **on completion of** po ukończeniu *+gen.*

complex ['kɔmplɛks] *adj* złożony ♦ *n* kompleks *m.*

complexion [kəm'plɛkʃən] *n* cera *f*, karnacja *f*; (*fig*: *of event, problem*) zabarwienie *nt.*

complexity [kəm'plɛksɪtɪ] *n* złożoność *f.*

compliance [kəm'plaɪəns] *n* uległość *f*; **compliance with** podporządkowanie się *+dat*; **in compliance with** zgodnie z *+instr.*

compliant [kəm'plaɪənt] *adj* uległy.

complicate ['kɔmplɪkeɪt] *vt* komplikować (skomplikować *perf*).

complicated ['kɔmplɪkeɪtɪd] *adj* skomplikowany.

complication [kɔmplɪ'keɪʃən] *n* (*problem*) szkopuł *m*; (*MED*) powikłanie *nt*, komplikacja *f.*

complicity [kəm'plɪsɪtɪ] *n* współudział *m.*

compliment [*n* 'kɔmplɪmənt, *vb* 'kɔmplɪmɛnt] *n* komplement *m* ♦ *vt* gratulować (pogratulować *perf*) *+dat*; **compliments** *npl* uszanowanie *nt*, wyrazy *pl* uszanowania; **to pay sb a compliment** powiedzieć *(perf)* komuś komplement; **to compliment sb (on sth/on doing sth)** gratulować (pogratulować *perf*) komuś (czegoś/zrobienia czegoś).

complimentary [kɔmplɪ'mɛntərɪ] *adj* (*remark*) pochlebny; (*ticket, copy of book*) bezpłatny, gratisowy.

compliments slip *n* bilet *m or* bilecik *m* (grzecznościowy).

comply [kəm'plaɪ] *vi*: **to comply (with)** stosować się (zastosować się *perf*) (do *+gen*).

component [kəm'pəunənt] *adj* składowy ♦ *n* składnik *m.*

compose [kəm'pəuz] *vt*: **to be composed of** składać się *or* być złożonym z *+gen* ♦ *vt* komponować (skomponować *perf*); **to compose o.s.** opanowywać się (opanować się *perf*), uspokajać się (uspokoić się *perf*).

composed [kəm'pəuzd] *adj* opanowany, spokojny.

composer [kəm'pəuzə*] *n* kompozytor(ka) *m(f).*

composite ['kɔmpəzɪt] *adj* (*fee*) łączny; (*resolution, character*) zbiorowy ♦ *n* połączenie *nt.*

composition [kɔmpə'zɪʃən] *n* (*of substance, group*) skład *m*; (*essay*) wypracowanie *nt*; (*MUS*) kompozycja *f.*

compositor [kəm'pɔzɪtə*] *n* zecer *m*, składacz *m.*

compos mentis ['kɔmpɔs 'mɛntɪs] *adj* w pełni władz umysłowych *post.*

compost ['kɔmpɔst] *n* (*decaying material*) kompost *m*; (*also*: **potting compost**) podłoże *nt* kwiatowe.

composure [kəm'pəuʒə*] *n* opanowanie *nt*, spokój *m.*

compound [*n, adj* 'kɔmpaund, *vb* kəm'paund] *n* (*CHEM*) związek *m*; (*enclosure*) ogrodzony *or* zamknięty teren *m*; (*LING*) wyraz *m* złożony ♦ *adj* (*structure*) złożony; (*eye, leaf*) o złożonej budowie *post* ♦ *vt* (*fig*: *problem, difficulty*) pogłębiać; (: *error*) zwiększać.

compound fracture *n* złamanie *nt* otwarte.

compound interest *n* odsetki *pl* łączne.

comprehend [kɔmprɪ'hɛnd] *vt* pojmować (pojąć *perf*).

comprehension [kɔmprɪ'hɛnʃən] *n* (*ability*) zdolność *f* pojmowania; (*understanding*) zrozumienie *nt*; **it's beyond my comprehension** nie jestem w stanie tego pojąć; **it's beyond all comprehension** to przechodzi ludzkie pojęcie; **listening comprehension** rozumienie ze słuchu.

comprehensive [kɔmprɪ'hɛnsɪv] *adj* pełny.

comprehensive (school) (*BRIT*) *n państwowa szkoła średnia, do której przyjmuje się dzieci niezależnie od dotychczasowych wyników w nauce.*

compress [*vb* kəm'prɛs, *n* 'kɔmprɛs] *vt* ściskać (ścisnąć *perf*); (*air, gas*) sprężać (sprężyć *perf*); (*text, information*) kondensować (skondensować *perf*) ♦ *n* kompres *m.*

compressed air [kəm'prɛst-] *n* sprężone powietrze *nt.*

compression [kəm'prɛʃən] *n* ściskanie *nt*; (*of gas, air*) sprężanie *nt.*

comprise [kəm'praɪz] *vt* (*also*: **be comprised of**) składać się *or* być złożonym z *+gen*; (*constitute*) stanowić, składać się na *+acc.*

compromise ['kɔmprəmaɪz] *n* kompromis *m* ♦ *vt* (*beliefs, principles*) narażać (narazić *perf*) (na szwank) ♦ *vi* iść (pójść *perf*) na kompromis, zawierać (zawrzeć *perf*) kompromis ♦ *cpd* kompromisowy; **to compromise sb/o.s.** skompromitować *(perf)* kogoś/się.

compulsion [kəm'pʌlʃən] *n* (*desire*) wewnętrzny przymus *m*; (*pressure*) przymus *m*; **under compulsion** pod przymusem.

compulsive [kəm'pʌlsɪv] *adj* (*liar, gambler*) nałogowy; **it's compulsive viewing/reading** *etc* nie można się od tego oderwać (*o filmie, książce itp*).

compulsory [kəm'pʌlsərɪ] *adj* (*attendance*) obowiązkowy; (*retirement*) przymusowy.
compulsory purchase *n* wywłaszczenie *nt*.
compunction [kəm'pʌŋkʃən] *n* skrupuły *pl*, wyrzuty *pl* (sumienia); **to have no compunction about doing sth** robić (zrobić *perf*) coś bez żadnych skrupułów.
computer [kəm'pju:tə*] *n* komputer *m* ♦ *cpd* komputerowy.
computer game *n* gra *f* komputerowa.
computerization [kəmpju:tərar'zeɪʃən] *n* komputeryzacja *f*.
computerize [kəm'pju:təraɪz] *vt* (*system, filing etc*) komputeryzować (skomputeryzować *perf*); (*information*) przetwarzać (przetworzyć *perf*) komputerowo.
computer programmer *n* programista (-tka) *m(f)*.
computer programming *n* programowanie *nt*.
computer science *n* informatyka *f*.
computer scientist *n* informatyk (-yczka) *m(f)*.
computing [kəm'pju:tɪŋ] *n* (*activity*) praca *f* na komputerze; (*science*) informatyka *f*.
comrade ['kɔmrɪd] *n* towarzysz(ka) *m(f)*.
comradeship ['kɔmrɪdʃɪp] *n* koleżeństwo *nt*; **comradeship of war** braterstwo broni.
comsat ['kɔmsæt] *n abbr* (= *communications satellite*) satelita *m* telekomunikacyjny.
con [kɔn] *vt* nabierać (nabrać *perf*) (*inf*), kantować (okantować *perf*) (*inf*) ♦ *n* kant *m* (*inf*); **to con sb into doing sth** naciągać (naciągnąć *perf*) kogoś na zrobienie czegoś (*inf*).
concave ['kɔnkeɪv] *adj* wklęsły.
conceal [kən'si:l] *vt* ukrywać (ukryć *perf*).
concede [kən'si:d] *vt* przyznawać (przyznać *perf*) ♦ *vi* ustępować (ustąpić *perf*), dawać (dać *perf*) za wygraną.
conceit [kən'si:t] *n* zarozumiałość *f*.
conceited [kən'si:tɪd] *adj* zarozumiały.
conceivable [kən'si:vəbl] *adj* wyobrażalny; **there is no conceivable reason why...** trudno wyobrazić sobie przyczynę, dla której...; **it is conceivable that ...** niewykluczone, że ... .
conceivably [kən'si:vəblɪ] *adv*: **he may conceivably be right** niewykluczone, że ma rację.
conceive [kən'si:v] *vt* (*child*) począć (*perf*); (*plan*) obmyślić (*perf*), wymyślić (*perf*) ♦ *vi* (*BIO*) zajść (*perf*) w ciążę; **to conceive of sth/of doing sth** wyobrażać (wyobrazić *perf*) sobie coś/, że coś się zrobi.
concentrate ['kɔnsəntreɪt] *vi* skupiać się (skupić się *perf*), koncentrować się (skoncentrować się *perf*) ♦ *vt* skupiać (skupić *perf*), koncentrować (skoncentrować *perf*).
concentration [kɔnsən'treɪʃən] *n* skupienie *nt*, koncentracja *f*; (*CHEM*) stężenie *nt*.
concentration camp *n* obóz *m* koncentracyjny.
concentric [kɔn'sentrɪk] *adj* koncentryczny.
concept ['kɔnsɛpt] *n* pojęcie *nt*.
conception [kən'sɛpʃən] *n* (*idea*) koncepcja *f*; (*of child*) poczęcie *nt*.
concern [kən'sə:n] *n* (*affair*) sprawa *f*; (*anxiety*) obawa *f*; (*worry*) zmartwienie *nt*, troska *f*; (*care*) troska *f*; (*COMM*) koncern *m* ♦ *vt* (*worry*) martwić (zmartwić *perf*); (*relate to*) dotyczyć *+gen*; **to be concerned (about)** martwić się (o *+acc*); **to be concerned with, concern o.s. with** interesować się *+instr*; **"to whom it may concern"** „do wszystkich zainteresowanych"; **as far as I am concerned** jeśli o mnie chodzi; **the people concerned** zainteresowani.
concerning [kən'sə:nɪŋ] *prep* dotyczący *+gen*.
concert ['kɔnsət] *n* (*MUS*) koncert *m*; **to be in concert** (*MUS*) dawać koncert; **in concert** (*in cooperation*) wspólnie.
concerted [kən'sə:tɪd] *adj* (*effort etc*) wspólny.
concert hall *n* sala *f* koncertowa.
concertina [kɔnsə'ti:nə] *n* (*instrument*) harmonia *f* ♦ *vi* (*fig*) składać się (złożyć się *perf*) w harmonijkę.
concerto [kən'tʃə:təu] *n* koncert *m*; **piano/violin concerto** koncert fortepianowy/skrzypcowy.
concession [kən'sɛʃən] *n* (*compromise*) ustępstwo *nt*; (*COMM*) koncesja *f*; **tax concession** ulga podatkowa.
concessionaire [kənsɛʃə'nɛə*] *n* koncesjonariusz(ka) *m(f)*.
concessionary [kən'sɛʃənrɪ] *adj* (*fare etc*) ulgowy.
conciliation [kənsɪlɪ'eɪʃən] *n* pojednanie *nt*.
conciliatory [kən'sɪlɪətrɪ] *adj* pojednawczy.
concise [kən'saɪs] *adj* zwięzły.
conclave ['kɔnkleɪv] *n* tajne zebranie *nt*; (*REL*) konklawe *nt inv*.
conclude [kən'klu:d] *vt* (*speech, chapter*) kończyć (zakończyć *perf*); (*treaty, deal*) zawierać (zawrzeć *perf*); (*deduce*) wnioskować (wywnioskować *perf*) ♦ *vi*: **to conclude (with)** (*speaker*) kończyć (zakończyć *perf*) (*+instr*); (*event*) kończyć się (zakończyć się *perf*) (*+instr*); **"that," he concluded, "is why we did it"** „oto dlaczego to zrobiliśmy" – zakończył; **I conclude that ...** wnioskuję, że... .
conclusion [kən'klu:ʒən] *n* (*of speech, chapter*) zakończenie *nt*; (*of treaty, deal*) zawarcie *nt*; (*deduction*) wniosek *m*, konkluzja *f*; **to come to the conclusion that ...** dochodzić (dojść *perf*) do wniosku, że ... .
conclusive [kən'klu:sɪv] *adj* (*evidence*) niezbity; (*defeat*) ostateczny.
concoct [kən'kɔkt] *vt* (*excuse etc*) preparować (spreparować *perf*); (*meal*) zaimprowizować (*perf*).
concoction [kən'kɔkʃən] *n* (*mixture*) mikstura *f*; (*food, drink*) mieszanka *f*.
concord ['kɔŋkɔ:d] *n* (*harmony, agreement*) zgoda *f*; (*treaty*) ugoda *f*.

concourse [ˈkɔŋkɔːs] *n* (*in building*) hol *m*; (*crowd*) zgromadzenie *nt*.
concrete [ˈkɔŋkriːt] *n* beton *m* ♦ *adj* betonowy; (*fig*) konkretny.
concrete mixer *n* betoniarka *f*.
concur [kənˈkəː*] *vi* (*events*) zbiegać się (zbiec się *perf*); (*person*): **to concur with** zgadzać się (zgodzić się *perf*) z *+instr*.
concurrently [kənˈkʌrntlɪ] *adv* w tym samym czasie, jednocześnie.
concussion [kənˈkʌʃən] *n* wstrząs *m* mózgu.
condemn [kənˈdɛm] *vt* (*action*) potępiać (potępić *perf*); (*prisoner*) skazywać (skazać *perf*); (*building*) przeznaczać (przeznaczyć *perf*) do rozbiórki.
condemnation [kɔndɛmˈneɪʃən] *n* potępienie *nt*.
condensation [kɔndɛnˈseɪʃən] *n* (*on wall, window*) skroplona para *f*.
condense [kənˈdɛns] *vi* skraplać się (skroplić się *perf*) ♦ *vt* (*report, information*) skondensować (*perf*).
condensed milk [kənˈdɛnst-] *n* mleko *nt* zagęszczone.
condescend [kɔndɪˈsɛnd] *vi* zniżać się (zniżyć się *perf*); **he condescended to have dinner with us** raczył zjeść z nami obiad.
condescending [kɔndɪˈsɛndɪŋ] *adj* protekcjonalny.
condition [kənˈdɪʃən] *n* (*state*) stan *m*; (*requirement*) warunek *m* ♦ *vt* (*person*) formować (uformować *perf*); (*hair*) nakładać (nałożyć *perf*) odżywkę na *+acc*; **conditions** *npl* warunki *pl*; **in good/poor condition** w dobrym/złym stanie; **a heart condition** choroba serca; **weather conditions** warunki atmosferyczne; **on condition that ...** pod warunkiem, że ... .
conditional [kənˈdɪʃənl] *adj* warunkowy; **to be conditional upon** być uzależnionym od *+gen*.
conditioner [kənˈdɪʃənə*] *n* (*for hair*) odżywka *f*; (*for fabrics*) płyn *m* zmiękczający.
condo [ˈkɔndəu] (*US*: *inf*) *n abbr* = **condominium**.
condolences [kənˈdəulənsɪz] *npl* kondolencje *pl*.
condom [ˈkɔndəm] *n* prezerwatywa *f*, kondom *m* (*inf*).
condominium [kɔndəˈmɪnɪəm] (*US*) *n* (*building*) *blok z mieszkaniami własnościowymi*; (*apartment*) ≈ mieszkanie *nt* własnościowe.
condone [kənˈdəun] *vt* akceptować, godzić się na *+acc*.
conducive [kənˈdjuːsɪv] *adj*: **conducive to** sprzyjający *+dat*.
conduct [*n* ˈkɔndʌkt, *vb* kənˈdʌkt] *n* (*of person*) zachowanie *nt* ♦ *vt* (*survey, research*) przeprowadzać (przeprowadzić *perf*); (*life*) prowadzić; (*orchestra, choir*) dyrygować *+instr*; (*heat, electricity*) przewodzić; **to conduct o.s.** zachowywać się.
conducted tour [kənˈdʌktɪd-] *n* wycieczka *f* z przewodnikiem.
conductor [kənˈdʌktə*] *n* (*of orchestra*) dyrygent *m*; (*on bus, train*) konduktor *m*; (*ELEC*) przewodnik *m*.
conductress [kənˈdʌktrɪs] *n* (*on bus*) konduktorka *f*.
conduit [ˈkɔndjuɪt] *n* przewód *m*, kanał *m*.
cone [kəun] *n* (*shape*) stożek *m*; (*on road*) pachołek *m*; (*ice cream*) rożek *m*; (*BOT*) szyszka *f*.
confectioner [kənˈfɛkʃənə*] *n* cukiernik *m*.
confectioner's (shop) [kənˈfɛkʃənəz-] *n* sklep *m* ze słodyczami.
confectionery [kənˈfɛkʃənrɪ] *n* (*sweets, candies*) słodycze *pl*; (*cakes*) ciasta *pl*.
confederate [kənˈfɛdrɪt] *n* (*accomplice*) wspólnik (-iczka) *m(f)*; (*US*) konfederat *m*.
confederation [kənfɛdəˈreɪʃən] *n* konfederacja *f*.
confer [kənˈfəː*] *vt*: **to confer sth on sb** nadawać (nadać *perf*) coś komuś ♦ *vi* (*jury, panel*) naradzać się; **to confer with sb/about sth** naradzać się (naradzić się *perf*) z kimś/nad czymś.
conference [ˈkɔnfərəns] *n* konferencja *f*; (*daily, routine*) narada *f*; **to be in conference** mieć naradę.
conference room *n* pokój *m* konferencyjny.
confess [kənˈfɛs] *vt* (*sin, guilt*) wyznawać (wyznać *perf*); (*crime, ignorance, weakness*) przyznawać się (przyznać się *perf*) do *+gen* ♦ *vi* przyznawać się (przyznać się *perf*); **to confess to** przyznawać się (przyznać się *perf*) do *+gen*; **I must confess that I didn't enjoy it at all** muszę przyznać, że wcale mnie to nie bawiło.
confession [kənˈfɛʃən] *n* (*admission*) przyznanie się *nt*; (*REL*: *of sins*) spowiedź *f*; (: *of faith*) wyznanie *nt*; **to make a confession** czynić (uczynić *perf*) wyznanie.
confessor [kənˈfɛsə*] *n* spowiednik *m*.
confetti [kənˈfɛtɪ] *n* konfetti *nt inv*.
confide [kənˈfaɪd] *vi*: **to confide in** zwierzać się (zwierzyć się *perf*) *+dat*.
confidence [ˈkɔnfɪdns] *n* (*faith*) zaufanie *nt*; (*self-assurance*) pewność *f* siebie; (*secret*) zwierzenie *nt*; **to have confidence in sb/sth** wierzyć w kogoś/coś; **to have (every) confidence that ...** być (święcie) przekonanym, że ...; **motion of no confidence** wotum nieufności; **I'm telling you this in (strict) confidence** mówię ci to w (największej) tajemnicy.
confidence trick *n* oszustwo *nt*.
confident [ˈkɔnfɪdənt] *adj* (*self-assured*) pewny siebie; (*positive*) pewny.
confidential [kɔnfɪˈdɛnʃəl] *adj* (*information, tone*) poufny; (*secretary*) zaufany.
confidentiality [kɔnfɪdɛnʃɪˈælɪtɪ] *n* poufność *f*.
configuration [kənfɪgjuˈreɪʃən] *n* konfiguracja *f*.

confine [kən'faɪn] *vt*: **to confine (to)** (*limit*) ograniczać (ograniczyć *perf*) (do +*gen*); (*shut up*) zamykać (zamknąć *perf*) (w +*loc*); **to confine o.s. to doing sth/to sth** ograniczać się (ograniczyć się *perf*) do (z)robienia czegoś/do czegoś.
confined [kən'faɪnd] *adj* ograniczony.
confinement [kən'faɪnmənt] *n* (*imprisonment*) zamknięcie *nt*; (*MED*) poród *m*.
confines ['kɔnfaɪnz] *npl*: **within the confines of** (*area*) w granicach +*gen*; (*situation*) w ramach +*gen*.
confirm [kən'fə:m] *vt* potwierdzać (potwierdzić *perf*); **to be confirmed** (*REL*) być bierzmowanym.
confirmation [kɔnfə'meɪʃən] *n* potwierdzenie *nt*; (*REL*) bierzmowanie *nt*.
confirmed [kən'fə:md] *adj* (*bachelor, teetotaller*) zaprzysięgły.
confiscate ['kɔnfɪskeɪt] *vt* konfiskować (skonfiskować *perf*).
confiscation [kɔnfɪs'keɪʃən] *n* konfiskata *f*.
conflagration [kɔnflə'greɪʃən] *n* pożoga *f*.
conflict [*n* 'kɔnflɪkt, *vb* kən'flɪkt] *n* konflikt *m* ♦ *vi* ścierać się (zetrzeć się *perf*).
conflicting [kən'flɪktɪŋ] *adj* sprzeczny.
conform [kən'fɔ:m] *vi* dostosowywać się (dostosować się *perf*), podporządkowywać się (podporządkować się *perf*); **to conform to** (*wish, ideal, standard*) odpowiadać +*dat*.
conformist [kən'fɔ:mɪst] *n* konformista (-tka) *m(f)*.
confound [kən'faund] *vt* wprawiać (wprawić *perf*) w zakłopotanie.
confounded [kən'faundɪd] *adj* przeklęty.
confront [kən'frʌnt] *vt* (*problems, task*) stawać (stanąć *perf*) przed +*instr*; (*enemy, danger*) stawiać (stawić *perf*) czoło +*dat*.
confrontation [kɔnfrən'teɪʃən] *n* konfrontacja *f*.
confuse [kən'fju:z] *vt* (*perplex*) wprawiać (wprawić *perf*) w zakłopotanie; (*mix up*) mylić (pomylić *perf*); (*complicate*) gmatwać (pogmatwać *perf*).
confused [kən'fju:zd] *adj* (*bewildered*) zakłopotany, zmieszany; (*disordered*) pogmatwany; **to get confused** gubić się (pogubić się *perf*).
confusing [kən'fju:zɪŋ] *adj* (*plot, instructions*) zagmatwany; (*signals*) mylący.
confusion [kən'fju:ʒən] *n* (*mix-up*) pomyłka *f*; (*perplexity*) zakłopotanie *nt*, zmieszanie *nt*; (*disorder*) zamieszanie *nt*, zamęt *m*.
congeal [kən'dʒi:l] *vi* (*blood*) krzepnąć (zakrzepnąć *perf*); (*sauce*) gęstnieć (zgęstnieć *perf*).
congenial [kən'dʒi:nɪəl] *adj* (*person*) sympatyczny; (*atmosphere*) przyjemny; (*work, company*) odpowiedni.
congenital [kən'dʒɛnɪtl] *adj* (*MED*) wrodzony.
conger eel ['kɔngər-] *n* węgorz *m* morski.
congested [kən'dʒɛstɪd] *adj* (*nose*) zapchany; (*road, area*) zatłoczony.
congestion [kən'dʒɛstʃən] *n* (*MED*) przekrwienie *nt*; (*of road*) zator *m*.
conglomerate [kən'glɔmərɪt] *n* (*COMM*) konglomerat *m*.
conglomeration [kənglɔmə'reɪʃən] *n* zlepek *m*, konglomerat *m*.
Congo ['kɔŋgəu] *n* Kongo *nt*.
congratulate [kən'grætjuleɪt] *vt*: **to congratulate sb (on)** gratulować (pogratulować *perf*) komuś (+*gen*).
congratulations [kəngrætju'leɪʃənz] *npl* gratulacje *pl*; **congratulations!** (moje) gratulacje!, gratuluję!; **congratulations on** gratulacje z okazji +*gen*.
congregate ['kɔŋgrɪgeɪt] *vi* gromadzić się (zgromadzić się *perf*).
congregation [kɔŋgrɪ'geɪʃən] *n* kongregacja *f*.
congress ['kɔŋgrɛs] *n* kongres *m*; (*US*): **Congress** Kongres *m*.
congressman ['kɔŋgrɛsmən] (*US*) (*irreg like*: **man**) *n* członek *m* Kongresu, kongresman *m*.
congresswoman ['kɔŋgrɛswumən] (*US*) (*irreg like*: **woman**) *n* członkini *f* Kongresu.
conical ['kɔnɪkl] *adj* stożkowy.
conifer ['kɔnɪfə*] *n* drzewo *nt* iglaste.
coniferous [kə'nɪfərəs] *adj* iglasty.
conjecture [kən'dʒɛktʃə*] *n* domysł *m*, przypuszczenie *nt* ♦ *vi* snuć domysły *or* przypuszczenia, przypuszczać.
conjugal ['kɔndʒugl] *adj* małżeński.
conjugate ['kɔndʒugeɪt] *vt* (*LING*) koniugować, odmieniać (odmienić *perf*).
conjugation [kɔndʒə'geɪʃən] *n* koniugacja *f*, odmiana *f* czasownika.
conjunction [kən'dʒʌŋkʃən] *n* (*LING*) spójnik *m*; **in conjunction with** (*act, work*) wraz z +*instr*; (*treat, consider*) łącznie z +*instr*.
conjunctivitis [kəndʒʌŋktɪ'vaɪtɪs] *n* zapalenie *nt* spojówek.
conjure ['kʌndʒə*] *vi* pokazywać sztuczki (magiczne) ♦ *vt* (*lit, fig*) wyczarowywać (wyczarować *perf*).
►**conjure up** *vt* (*ghost, memories*) wywoływać (wywołać *perf*).
conjurer ['kʌndʒərə*] *n* sztukmistrz *m*, iluzjonista (-tka) *m(f)*.
conjuring trick ['kʌndʒərɪŋ-] *n* sztuczka *f* magiczna.
conker ['kɔŋkə*] (*BRIT*) *n* kasztan *m*.
conk out [kɔŋk-] (*inf*) *vi* (*machine, engine*) wysiadać (wysiąść *perf*) (*inf*).
con man (*irreg like*: **man**) *n* oszust *m*, kanciarz *m* (*inf*).
connect [kə'nɛkt] *vt* (*lit, fig*) łączyć (połączyć *perf*); (*TEL*: *telephone, subscriber*) podłączać (podłączyć *perf*); (*join*): **to connect sth (to)**

podłączać (podłączyć *perf*) coś (do *+gen*) ♦ *vi*: **to be connected with** być związanym z *+instr*; **this train connects with a bus service to Worcester** z tego pociągu jest dogodna przesiadka na autobus do Worcester.

connection [kə'nɛkʃən] *n* połączenie *nt*; (*of telephone, subscriber*) podłączenie *nt*; (*ELEC*) styk *m*, połączenie *nt*; (*fig*) związek *m*; **in connection with** w związku z *+instr*; **what is the connection between them?** co oni mają ze sobą wspólnego?; **business connections** stosunki handlowe; **I missed my connection** spóźniłem się *or* nie zdążyłem na przesiadkę.

connexion [kə'nɛkʃən] (*BRIT*) *n* = **connection**.

conning tower ['kɔnɪŋ-] *n* (*NAUT*) (pancerna) wieża *f* dowodzenia.

connive [kə'naɪv] *vi*: **to connive at** przymykać oczy na *+acc*.

connoisseur [kɔnɪ'sə:*] *n* koneser(ka) *m(f)*.

connotation [kɔnə'teɪʃən] *n* konotacja *f*.

connubial [kə'nju:bɪəl] *adj* małżeński.

conquer ['kɔŋkə*] *vt* (*MIL*) zdobywać (zdobyć *perf*), podbijać (podbić *perf*); (*fig*: *fear, feelings*) przemagać (przemóc *perf*), pokonywać (pokonać *perf*).

conqueror ['kɔŋkərə*] *n* zdobywca *m*.

conquest ['kɔŋkwɛst] *n* podbój *m*.

cons [kɔnz] *npl see* **convenience, pro**.

conscience ['kɔnʃəns] *n* sumienie *nt*; **to have a clear/guilty** *or* **bad conscience** mieć czyste/nieczyste sumienie; **in all** *or* **good conscience** z czystym sumieniem.

conscientious [kɔnʃɪ'ɛnʃəs] *adj* sumienny.

conscientious objector *n osoba odmawiająca służby wojskowej ze względu na przekonania.*

conscious ['kɔnʃəs] *adj* (*awake*) przytomny; (*deliberate*) świadomy; (*aware*): **conscious (of)** świadomy (*+gen*); **to become conscious of/that ...** zdać (*perf*) sobie sprawę z *+gen*/, że ... .

consciousness ['kɔnʃəsnɪs] *n* świadomość *f*; (*MED*) przytomność *f*; **to lose/regain consciousness** tracić (stracić *perf*)/odzyskiwać (odzyskać *perf*) przytomność.

conscript ['kɔnskrɪpt] *n* poborowy *m*.

conscription [kən'skrɪpʃən] *n* pobór *m*.

consecrate ['kɔnsɪkreɪt] *vt* święcić (poświęcić *perf*).

consecutive [kən'sɛkjutɪv] *adj* kolejny; **on three consecutive occasions** trzy razy z rzędu.

consensus [kən'sɛnsəs] *n* (powszechna) zgoda *f*, jednomyślność *f*; **consensus (of opinion)** konsensus.

consent [kən'sɛnt] *n* zgoda *f* ♦ *vi*: **to consent to** zgadzać się (zgodzić się *perf*) na *+acc*; **by common consent** za obopólną zgodą; **age of consent** pełnoletność (*określona prawnie dolna granica wieku, przy której dopuszcza się współżycie płciowe i zawieranie związków małżeńskich*).

consequence ['kɔnsɪkwəns] *n* konsekwencja *f*; **of consequence** znaczący, doniosły; **it's of little consequence** to nie ma większego znaczenie; **in consequence** w rezultacie.

consequently ['kɔnsɪkwəntlɪ] *adv* w rezultacie.

conservation [kɔnsə'veɪʃən] *n* (*of environment*) ochrona *f*; (*of paintings, books*) konserwacja *f*; (*of energy, mass, momentum*) zachowanie *nt*; **nature conservation** ochrona przyrody; **energy conservation** oszczędzanie energii.

conservationist [kɔnsə'veɪʃnɪst] *n* działacz(ka) *m(f)* na rzecz ochrony przyrody.

conservative [kən'sə:vətɪv] *adj* (*person, attitude*) konserwatywny, zachowawczy; (*estimate etc*) skromny; (*BRIT*): **Conservative** konserwatywny ♦ *n* (*BRIT*): **Conservative** konserwatysta (-tka) *m(f)*.

conservatory [kən'sə:vətrɪ] *n* (*with plants*) oszklona weranda *f*; (*MUS*) konserwatorium *nt*.

conserve [kən'sə:v] *vt* (*preserve*) utrzymywać (utrzymać *perf*), chronić; (*supplies, energy*) oszczędzać (zaoszczędzić *perf*) ♦ *n* konfitury *pl*.

consider [kən'sɪdə*] *vt* (*believe*): **to consider sb/sth as** uważać kogoś/coś za *+acc*; (*study, take into account*) rozważać (rozważyć *perf*); (*regard, judge*) rozpatrywać (rozpatrzyć *perf*); **to consider doing sth** rozważać (rozważyć *perf*) zrobienie czegoś; **they consider themselves to be superior** uważają się za lepszych; **she considered it a disaster** uważała to za klęskę; **he is generally considered to have invented the first computer** powszechnie uważa się go za wynalazcę pierwszego komputera; **consider yourself lucky** masz *or* miałeś szczęście; **all things considered** wziąwszy wszystko pod uwagę.

considerable [kən'sɪdərəbl] *adj* znaczny.

considerably [kən'sɪdərəblɪ] *adv* znacznie.

considerate [kən'sɪdərɪt] *adj* liczący się z innymi; **it was very considerate of you to remember her birthday** to bardzo ładnie, że pamiętałeś o jej urodzinach.

consideration [kənsɪdə'reɪʃən] *n* (*deliberation*) namysł *m*; (*factor*) czynnik *m*, okoliczność *f*; (*fml*: *reward*) uznanie *nt*; **to show no consideration for sb** zupełnie nie liczyć się z czyimiś uczuciami; **out of consideration for** przez wzgląd na *+acc*; **under consideration** rozważany; **my first consideration is my family** na pierwszym miejscu stoi u mnie (moja) rodzina.

considering [kən'sɪdərɪŋ] *prep* zważywszy na *+acc*; **considering that ...** zważywszy (na to), że ... .

consign [kən'saɪn] *vt* (*goods*) wysyłać (wysłać *perf*); (*person*): **to consign sb to** (*sb's care*) powierzać (powierzyć *perf*) kogoś *+dat*; (*poverty*) skazywać (skazać *perf*) kogoś na *+acc*; **those old wheels had been consigned to the loft** te stare koła wyniesiono na strych.

consignment [kən'saɪnmənt] *n* partia *f* towaru.
consignment note *n* (*COMM*) list *m* przewozowy.
consist [kən'sɪst] *vi*: **to consist of** składać się z *+gen*.
consistency [kən'sɪstənsɪ] *n* (*of actions*) konsekwencja *f*; (*of yoghurt etc*) konsystencja *f*.
consistent [kən'sɪstənt] *adj* (*person*) konsekwentny; (*argument*) spójny; **consistent with** zgodny z *+instr*.
consolation [kɔnsə'leɪʃən] *n* pocieszenie *nt*.
console [*vb* kən'səul, *n* 'kɔnsəul] *vt* pocieszać (pocieszyć *perf*) ♦ *n* konsola *f*, konsoleta *f*.
consolidate [kən'sɔlɪdeɪt] *vt* konsolidować (skonsolidować *perf*).
consols ['kɔnsɔlz] (*BRIT*) *npl* konsole *pl*, obligacje *pl* państwowe.
consommé [kən'sɔmeɪ] *n* bulion *m*.
consonant ['kɔnsənənt] *n* spółgłoska *f*.
consort [*n* 'kɔnsɔːt, *vb* kən'sɔːt] *n* (*also*: **prince consort**) książę *m* małżonek *m* ♦ *vi* (*often pej*): **to consort with** zadawać się z *+instr*.
consortium [kən'sɔːtɪəm] *n* konsorcjum *nt*.
conspicuous [kən'spɪkjuəs] *adj* rzucający się w oczy; **to make o.s. conspicuous** zwracać (zwrócić *perf*) na siebie uwagę.
conspiracy [kən'spɪrəsɪ] *n* spisek *m*.
conspiratorial [kən'spɪrə'tɔːrɪəl] *adj* (*group*) spiskowy; (*whisper, glance*) konspiracyjny.
conspire [kən'spaɪə*] *vi* (*criminals, revolutionaries*) spiskować; (*events*) sprzysięgać się (sprzysiąc się *perf*).
constable ['kʌnstəbl] (*BRIT*) *n* posterunkowy *m*; **chief constable** naczelnik policji.
constabulary [kən'stæbjulərɪ] (*BRIT*) *n* siły *pl* policyjne (*danego miasta lub rejonu*).
constant ['kɔnstənt] *adj* stały.
constantly ['kɔnstəntlɪ] *adv* stale.
constellation [kɔnstə'leɪʃən] *n* gwiazdozbiór *m*, konstelacja *f*.
consternation [kɔnstə'neɪʃən] *n* konsternacja *f*.
constipated ['kɔnstɪpeɪtɪd] *adj*: **to be constipated** cierpieć na zaparcie.
constipation [kɔnstɪ'peɪʃən] *n* zaparcie *nt*.
constituency [kən'stɪtjuənsɪ] *n* (*area*) okręg *m* wyborczy; (*electors*) wyborcy *vir pl*.
constituency party *n* okręgowa organizacja *f* partyjna.
constituent [kən'stɪtjuənt] *n* (*POL*) wyborca *m*; (*component*) składnik *m*.
constitute ['kɔnstɪtjuːt] *vt* (*represent*) stanowić; (*make up*) stanowić, składać się na *+acc*.
constitution [kɔnstɪ'tjuːʃən] *n* (*of country*) konstytucja *f*; (*of organization*) statut *m*; (*of committee etc*) skład *m*; **he has a strong constitution** ma silny organizm.
constitutional [kɔnstɪ'tjuːʃənl] *adj* konstytucyjny.
constrain [kən'streɪn] *vt* ograniczać (ograniczyć *perf*).
constrained [kən'streɪnd] *adj* (*behaviour*) sztuczny; (*smile*) wymuszony; **he felt constrained to apologize** czuł się zmuszony przeprosić.
constraint [kən'streɪnt] *n* (*restriction*) ograniczenie *nt*; (*compulsion*) przymus *m*.
constrict [kən'strɪkt] *vt* (*person*) ograniczać (ograniczyć *perf*); (*breathing, movements*) utrudniać (utrudnić *perf*); (*blood vessels*) obkurczać (obkurczyć *perf*), zwężać (zwęzić *perf*).
constriction [kən'strɪkʃən] *n* (*restriction*) ograniczenie *nt*; (*in chest*) ucisk *m*.
construct [kən'strʌkt] *vt* (*building*) budować (zbudować *perf*); (*machine, argument, theory*) budować (zbudować *perf*), konstruować (skonstruować *perf*).
construction [kən'strʌkʃən] *n* (*activity*) budowa *f*; (*structure*) konstrukcja *f*; (*fig*) interpretacja *f*; **to be under construction** być w budowie.
construction industry *n* przemysł *m* budowlany.
constructive [kən'strʌktɪv] *adj* konstruktywny.
construe [kən'struː] *vt* (*statement, event*) odbierać (odebrać *perf*), interpretować (zinterpretować *perf*).
consul ['kɔnsl] *n* konsul *m*.
consulate ['kɔnsjulɪt] *n* konsulat *m*.
consult [kən'sʌlt] *vt* (*friend*) radzić się (poradzić się *perf*) *+gen*; (*reference book*) sprawdzać (sprawdzić *perf*) w *+loc*; **to consult sb (about sth)** (*doctor, lawyer etc*) konsultować się (skonsultować się *perf*) z kimś (w jakiejś sprawie).
consultancy [kən'sʌltənsɪ] *n* (*business*) firma *f* konsultacyjna; (*MED*) stanowisko *nt* lekarza specjalisty (*w szpitalu*).
consultant [kən'sʌltənt] *n* (*MED*) ≈ lekarz *m* specjalista *m*; (*other specialist*) doradca *m* ♦ *cpd*: **consultant engineer** inżynier *m* specjalista *m*; **consultant paediatrician** ≈ specjalista z zakresu pediatrii; **legal consultant** radca prawny; **management consultant** doradca do spraw zarządzania.
consultation [kɔnsəl'teɪʃən] *n* konsultacja *f*; (*JUR*) porada *f* (prawna); **in consultation with** w porozumieniu z *+instr*; **the patient should feel at ease during a consultation** podczas wizyty u lekarza pacjent powinien czuć się swobodnie.
consulting room [kən'sʌltɪŋ-] (*BRIT*) *n* gabinet *m* lekarski.
consume [kən'sjuːm] *vt* (*food, drink*) konsumować (skonsumować *perf*); (*fuel, energy*) zużywać (zużyć *perf*); (*time*) pochłaniać (pochłonąć *perf*); (*emotion*: *person*) trawić, zżerać; (*fire*: *city etc*) trawić (strawić *perf*).
consumer [kən'sjuːmə*] *n* konsument(ka) *m(f)*; **these machines are enormous consumers of**

electricity te maszyny pożerają ogromne ilości prądu.
consumer credit *n* kredyt *m* konsumpcyjny.
consumer durables *npl* dobra *pl* konsumpcyjne trwałego użytku.
consumer goods *npl* dobra *pl or* towary *pl* konsumpcyjne.
consumerism [kən'sju:mərɪzəm] *n* obrona *f* interesów konsumenta.
consumer society *n* społeczeństwo *nt* konsumpcyjne.
consummate ['kɔnsʌmeɪt] *vt* (*marriage*) konsumować (skonsumować *perf*); (*achievements*) spożytkowywać (spożytkować *perf*).
consumption [kən'sʌmpʃən] *n* (*of food, drink*) konsumpcja *f*, spożycie *nt*; (*of fuel, energy, time*) zużycie *nt*; (*buying*) konsumpcja *f*; (*MED: old*) suchoty *pl*; **not fit for human consumption** nie nadający się do spożycia.
cont. *abbr* (= *continued*) c.d., cd.
contact ['kɔntækt] *n* kontakt *m* ♦ *vt* kontaktować się (skontaktować się *perf*) z *+instr*; **to be in contact with sb/sth** być w kontakcie z kimś/czymś; **business contacts** kontakty handlowe.
contact lenses *npl* soczewki *pl or* szkła *pl* kontaktowe.
contagious [kən'teɪdʒəs] *adj* (*disease*) zakaźny; (*fig: laughter, enthusiasm*) zaraźliwy.
contain [kən'teɪn] *vt* (*objects, ingredients*) zawierać; (*growth, feeling*) powstrzymywać (powstrzymać *perf*); **to contain o.s.** opanowywać się (opanować się *perf*).
container [kən'teɪnə*] *n* pojemnik *m*; (*COMM*) kontener *m*.
containerize [kən'teɪnəraɪz] *vt* konteneryzować (skonteneryzować *perf*).
container lorry *n* ciężarówka *f* z kontenerem, ≈ TIR *m*.
container ship *n* kontenerowiec *m*.
contaminate [kən'tæmɪneɪt] *vt* zanieczyszczać (zanieczyścić *perf*).
contamination [kəntæmɪ'neɪʃən] *n* zanieczyszczenie *nt*; (*radioactive*) skażenie *nt*.
cont'd *abbr* (= *continued*) c.d., cd.
contemplate ['kɔntəmpleɪt] *vt* (*idea, course of action*) rozważać; (*subject*) rozmyślać o *+loc*; (*painting etc*) kontemplować.
contemplation [kɔntəm'pleɪʃən] *n* rozmyślanie *nt*, kontemplacja *f*.
contemporary [kən'tɛmpərərɪ] *adj* współczesny; **contemporary with** współczesny *+dat*; **Samuel Pepys and his contemporaries** Samuel Pepys i jemu współcześni.
contempt [kən'tɛmpt] *n* pogarda *f*; **contempt of court** (*disobedience*) niezastosowanie się do nakazu sądu; (*disrespect*) obraza sądu; **to have contempt for sb/sth, to hold sb/sth in contempt** gardzić *or* pogardzać kimś/czymś.
contemptible [kən'tɛmptəbl] *adj* godny pogardy.
contemptuous [kən'tɛmptjuəs] *adj* pogardliwy.
contend [kən'tɛnd] *vt*: **to contend that ...** twierdzić *or* utrzymywać, że ... ♦ *vi*: **to contend with** borykać się z *+instr* ♦ *vi*: **to contend for** rywalizować o *+acc*; **to have to contend with** musieć stawiać (stawić *perf*) czoło *+dat*; **he has a lot to contend with** musi się uporać z wieloma problemami.
contender [kən'tɛndə*] *n* (*in election*) kandydat(ka) *m(f)*; (*in competition*) uczestnik (-iczka) *m(f)*; (*for title*) pretendent(ka) *m(f)*.
content [*vb* kən'tɛnt, *n* 'kɔntɛnt] *vt* zadowalać (zadowolić *perf*) ♦ *n* zawartość *f*; (*of book etc*) treść *f*; **contents** *npl* zawartość *f*; (*of book etc*) treść *f*; **(table of) contents** spis treści; **to be content to do sth** chętnie coś (z)robić; **to be content with** być zadowolonym z *+gen*; **to content o.s. with sth/with doing sth** zadowalać się (zadowolić się *perf*) czymś/(z)robieniem czegoś.
contented [kən'tɛntɪd] *adj* zadowolony.
contentedly [kən'tɛntɪdlɪ] *adv* z zadowoleniem.
contention [kən'tɛnʃən] *n* (*assertion*) twierdzenie *nt*; (*dispute*) spór *m*; **it is my contention that...** twierdzę, że...; **bone of contention** kość niezgody.
contentious [kən'tɛnʃəs] *adj* (*subject*) sporny; (*opinion*) kontrowersyjny; (*person*) kłótliwy.
contentment [kən'tɛntmənt] *n* zadowolenie *nt*.
contest [*n* 'kɔntɛst, *vb* kən'tɛst] *n* (*competition*) konkurs *m*; (*for control, power*) rywalizacja *f* ♦ *vt* (*election, competition*) uczestniczyć *or* startować w *+loc*; (*title*) ubiegać się *or* walczyć o *+acc*; (*decision, testament*) kwestionować (zakwestionować *perf*).
contestant [kən'tɛstənt] *n* (*in quiz, competition*) uczestnik (-iczka) *m(f)*; (*in election*) kandydat(ka) *m(f)*.
context ['kɔntɛkst] *n* kontekst *m*; **in context** całościowo; **in the context of** w kontekście *+gen*; **out of context** w oderwaniu; **taken out of context** wyrwany z kontekstu.
continent ['kɔntɪnənt] *n* kontynent *m*; **the Continent** (*BRIT*) Europa *f* (*z wyłączeniem Wysp Brytyjskich*).
continental [kɔntɪ'nɛntl] (*BRIT*) *adj* kontynentalny ♦ *n* Europejczyk (-jka) *m(f)*.
continental breakfast *n* śniadanie *nt* kontynentalne (*pieczywo z dżemem i kawa*).
continental quilt (*BRIT*) *n* kołdra *f*.
contingency [kən'tɪndʒənsɪ] *n* ewentualność *f*.
contingency plan *n*: **a contingency plan for** plan *m* na wypadek *+gen*.
contingent [kən'tɪndʒənt] *n* reprezentacja *f*; (*MIL*) kontyngent *m* ♦ *adj*: **to be contingent on/upon** być uzależnionym od *+gen*.

continual [kən'tɪnjuəl] *adj* ciągły, nieustający.
continually [kən'tɪnjuəlɪ] *adv* ciągle, nieustannie.
continuation [kəntɪnju'eɪʃən] *n* (*persistence*) ciągłość *f*; (*after interruption*) wznowienie *nt*; (*extension*) przedłużenie *nt*, kontynuacja *f*.
continue [kən'tɪnju:] *vi* (*carry on*) trwać (nadal); (*after interruption*) zostawać (zostać *perf*) wznowionym ♦ *vt* kontynuować; **to be continued** ciąg dalszy nastąpi; **continued on page 10** ciąg dalszy na stronie 10.
continuity [kɔntɪ'nju:ɪtɪ] *n* ciągłość *f* ♦ *cpd*: **continuity announcer** ≈ prezenter(ka) *m(f)* telewizyjny(na) *m(f)*; **continuity girl** (*FILM*) inspicjentka.
continuous [kən'tɪnjuəs] *adj* (*growth*) ciągły, stały; (*line, verb form*) ciągły; (*relationship*) stały; **continuous performance** (*FILM*) seans non-stop.
continuously [kən'tɪnjuəslɪ] *adv* ciągle, stale.
continuous stationery *n* składanka *f* komputerowa.
contort [kən'tɔ:t] *vt* (*body*) wyginać (wygiąć *perf*); (*face*) wykrzywiać (wykrzywić *perf*).
contortion [kən'tɔ:ʃən] *n* (*of body*) wygięcie *nt*; (: *unusual, complicated*) wygibas *m* (*usu pl*); (*MED*) skręcenie *nt*.
contortionist [kən'tɔ:ʃənɪst] *n* (*in circus etc*) kontorsjonista (-tka) *m(f)*.
contour ['kɔntuə*] *n* (*also*: **contour line**: *on map*) poziomica *f*, warstwica *f*; (*usu pl*: *outline*) kontur *m*.
contraband ['kɔntrəbænd] *n* kontrabanda *f*, przemyt *m* ♦ *adj* z kontrabandy *or* przemytu *post*.
contraception [kɔntrə'sɛpʃən] *n* antykoncepcja *f*, zapobieganie *nt* ciąży.
contraceptive [kɔntrə'sɛptɪv] *adj* antykoncepcyjny ♦ *n* środek *m* antykoncepcyjny.
contract [*n, cpd* 'kɔntrækt, *vb* kən'trækt] *n* kontrakt *m*, umowa *f* ♦ *vi* (*become smaller*) kurczyć się (skurczyć się *perf*); (*COMM*): **to contract to do sth** zobowiązywać się (zobowiązać się *perf*) w drodze umowy do zrobienia czegoś ♦ *vt* (*illness*) nabawiać się (nabawić się *perf*) *+gen* ♦ *cpd* (*price*) umowny; (*work*) zlecony; **contract of employment/service** umowa o pracę.
►**contract in** (*BRIT*) *vi* zgłaszać się (zgłosić się *perf*) (*oficjalnie*).
►**contract out** (*BRIT*) *vi* wycofywać się (wycofać się *perf*) (*oficjalnie*).
contraction [kən'trækʃən] *n* (*of muscle, uterus*) skurcz *m*; (*of metal, power*) kurczenie się *nt*; (*LING*) forma *f* ściągnięta.
contractor [kən'træktə*] *n* zleceniobiorca *m*; (*for building*) wykonawca *m*; (*for supplies*) dostawca *m*.
contractual [kən'træktʃuəl] *adj* (*obligation*) wynikający z umowy; (*agreement*) kontraktowy.
contradict [kɔntrə'dɪkt] *vt* (*person, statement*) zaprzeczać (zaprzeczyć *perf*) *+dat*; (*be contrary to*) pozostawać w sprzeczności z *+instr*, przeczyć *+dat*; **these findings contradict each other** te odkrycia wzajemnie sobie przeczą.
contradiction [kɔntrə'dɪkʃən] *n* sprzeczność *f*; **a contradiction in terms** sprzeczność sama w sobie.
contradictory [kɔntrə'dɪktərɪ] *adj* sprzeczny.
contralto [kən'træltəu] *n* kontralt *m*.
contraption [kən'træpʃən] (*pej*) *n* ustrojstwo *nt* (*inf*).
contrary[1] ['kɔntrərɪ] *adj* przeciwstawny ♦ *n* przeciwieństwo *nt*; **on the contrary** przeciwnie; **unless you hear to the contrary** jeśli nie otrzymasz innych instrukcji; **contrary to what we thought** odwrotnie niż myśleliśmy.
contrary[2] [kən'trɛərɪ] *adj* przekorny.
contrast [*n* 'kɔntrɑ:st, *vb* kən'trɑ:st] *n* kontrast *m* ♦ *vt* zestawiać (zestawić *perf*), porównywać (porównać *perf*); **to contrast sth with sth** przeciwstawiać (przeciwstawić *perf*) coś czemuś; **in contrast to** *or* **with** w przeciwieństwie do *+gen*.
contrasting [kən'trɑ:stɪŋ] *adj* (*colours*) kontrastowy; (*attitudes*) kontrastujący (ze sobą).
contravene [kɔntrə'vi:n] *vt* (*law, regulation*) naruszać (naruszyć *perf*).
contravention [kɔntrə'vɛnʃən] *n*: **in contravention of** z naruszeniem *+gen*.
contribute [kən'trɪbju:t] *vi*: **to contribute to** (*charity etc*) zasilać (zasilić *perf*); (*magazine*) pisywać do *+gen*, współpracować z *+instr*; (*situation, problem*) przyczyniać się (przyczynić się *perf*) do *+gen*; (*discussion, conversation*) brać (wziąć *perf*) udział w *+loc* ♦ *vt*: **to contribute 10 pounds to** (*charity*) wpłacać (wpłacić *perf*) *or* ofiarowywać (ofiarować *perf*) 10 funtów na *+acc*; **to contribute an article to** pisać (napisać *perf*) artykuł do *+gen*.
contribution [kɔntrɪ'bju:ʃən] *n* (*donation*) datek *m*; (*to debate, campaign*) wkład *m*, przyczynek *m*; (*to magazine*) artykuł *m*; (*BRIT*: *for social security*) składka *f*.
contributor [kən'trɪbjutə*] *n* (*to appeal*) ofiarodawca (-wczyni) *m(f)*; (*to magazine*) współpracownik (-iczka) *m(f)*.
contributory [kən'trɪbjutərɪ] *adj*: **it was a contributory factor in ...** był to jeden z czynników, które złożyły się na *+acc*.
contributory pension scheme (*BRIT*) *n* składkowy fundusz *m* emerytalny.
contrite ['kɔntraɪt] *adj* skruszony.
contrivance [kən'traɪvəns] *n* (*scheme*) podstęp *m*; (*device*) urządzenie *nt*.
contrive [kən'traɪv] *vt* (*device*) zmajstrować (*perf*); (*meeting etc*) ukartować (*perf*) ♦ *vi*: **to contrive to do sth** znajdować (znaleźć *perf*) sposób na zrobienie czegoś.
control [kən'trəul] *vt* (*country*) sprawować władzę w *+loc*; (*organization*) sprawować

kontrolę nad *+instr*, kierować *+instr*; (*machinery, process*) sterować *+instr*; (*wages, prices*) kontrolować; (*one's emotions*) panować nad *+instr*; (*fire, disease*) opanowywać (opanować *perf*) ♦ *n* (*of country*) władza *f*; (*of organization, stocks*) kontrola *f*; (*also*: **control group**) grupa *f* kontrolna; **controls** *npl* (*of vehicle*) układ *m* sterowania; (*on radio, television*) przełączniki *pl*; (*governmental*) kontrola *f*; **to take control of** przejmować (przejąć *perf*) kontrolę nad *+instr*; **to be in control of** panować nad *+instr*; **control yourself!** opanuj się!; **everything is under control** panujemy nad sytuacją; **the car went out of control** kierowca stracił kontrolę nad samochodem; **circumstances beyond our control** okoliczności od nas niezależne; **to get out of control** wymykać się (wymknąć się *perf*) spod kontroli.

control key *n* (*COMPUT*) klawisz *m* sterujący.

controller [kən'trəulə*] *n* (*of part of organization*) kierownik *m*; (*COMM*) rewident *m* księgowy.

controlling interest [kən'trəulɪŋ-] *n* pakiet *m* kontrolny.

control panel *n* pulpit *m* sterowniczy.

control room *n* (*NAUT, MIL*) sterownia *f*; (*RADIO, TV*) pokój *m* aparatury.

control tower *n* wieża *f* kontrolna.

control unit *n* jednostka *f* sterująca.

controversial [kɔntrə'və:ʃl] *adj* kontrowersyjny.

controversy ['kɔntrəvə:sɪ] *n* kontrowersja *f*.

conurbation [kɔnə'beɪʃən] *n* konurbacja *f*.

convalesce [kɔnvə'lɛs] *vi* wracać (wrócić *perf*) do zdrowia.

convalescence [kɔnvə'lɛsns] *n* rekonwalescencja *f*.

convalescent [kɔnvə'lɛsnt] *adj* (*leave*) zdrowotny ♦ *n* rekonwalescent(ka) *m(f)*; **convalescent home** ≈ sanatorium.

convector [kən'vɛktə*] *n* grzejnik *m* konwektorowy.

convene [kən'vi:n] *vt* (*meeting, conference*) zwoływać (zwołać *f*) ♦ *vi* (*parliament, jury*) zbierać się (zebrać się *perf*).

convener [kən'vi:nə*] *n* (*ADMIN*) organizator *m* (*konferencji itp*).

convenience [kən'vi:nɪəns] *n* wygoda *f*; **at your convenience** w dogodnej (dla ciebie) chwili; **at your earliest convenience** możliwie szybko *or* jak najszybciej; **all modern conveniences,** (*BRIT*) **all mod cons** z wygodami.

convenience foods *npl łatwe do przygotowania produkty w puszkach, mrożonki itp.*

convenient [kən'vi:nɪənt] *adj* dogodny; **if it is convenient to you** jeśli ci to odpowiada.

conveniently [kən'vi:nɪəntlɪ] *adv* dogodnie.

convenor [kən'vi:nə*] *n* = **convener**.

convent ['kɔnvənt] *n* klasztor *m*.

convention [kən'vɛnʃən] *n* (*custom*) konwenans *m*; (*conference*) zjazd *m*; (*agreement*) konwencja *f*.

conventional [kən'vɛnʃənl] *adj* konwencjonalny.

convent school *n* szkoła *f* przyklasztorna.

converge [kən'və:dʒ] *vi* (*roads, interests*) zbiegać się (zbiec się *perf*); (*ideas*) upodabniać się (upodobnić się *perf*) do siebie; **to converge on** przybywać (przybyć *perf*) do *+gen*.

conversant [kən'və:snt] *adj*: **to be conversant with** posiadać gruntowną znajomość *+gen*.

conversation [kɔnvə'seɪʃən] *n* rozmowa *f*.

conversational [kɔnvə'seɪʃənl] *adj* (*language*) potoczny; (*COMPUT*) konwersacyjny, dialogowy; **conversational skills** umiejętność prowadzenia rozmowy.

conversationalist [kɔnvə'seɪʃnəlɪst] *n*: **(good) conversationalist** (interesujący (-ca) *m(f)*) rozmówca (-wczyni) *m(f)*.

converse [*n* 'kɔnvə:s, *vb* kən'və:s] *n* odwrotność *f* ♦ *vi*: **to converse (with sb) (about sth)** rozmawiać (z kimś) (o czymś).

conversely [kɔn'və:slɪ] *adv* odwrotnie.

conversion [kən'və:ʃən] *n* (*CHEM*) zamiana *f*, konwersja *f*; (*MATH*) przeliczenie *nt*; (*REL*) nawrócenie *nt*; (*BRIT*: *of house*) przebudowa *f*, adaptacja *f*.

conversion table *n* tabela *f* przeliczeniowa.

convert [*vb* kən'və:t, *n* 'kɔnvə:t] *vt* (*change*): **to convert sth into/to** zamieniać (zamienić *perf*) *or* przekształcać (przekształcić *perf*) coś w *+acc*; (*REL, POL*) nawracać (nawrócić *perf*); (*building, vehicle*) przebudowywać (przebudować *perf*), adaptować (zaadaptować *perf*); (*quantity*) zamieniać (zamienić *perf*), przeliczać (przeliczyć *perf*); (*RUGBY*) podwyższać (podwyższyć *perf*) ♦ *n* nawrócony (-na) *m(f)*.

convertible [kən'və:təbl] *adj* (*currency*) wymienialny ♦ *n* kabriolet *m*.

convex ['kɔnvɛks] *adj* wypukły.

convey [kən'veɪ] *vt* (*information, thanks*) przekazywać (przekazać *perf*); (*cargo, travellers*) przewozić (przewieźć *perf*).

conveyance [kən'veɪəns] *n* (*of goods*) przewóz *m*; (*vehicle*) pojazd *m*.

conveyancing [kən'veɪənsɪŋ] (*JUR*) *n* przeniesienie *nt* własności.

conveyor belt *n* przenośnik *m* taśmowy.

convict [*vb* kən'vɪkt, *n* 'kɔnvɪkt] *vt* skazywać (skazać *perf*) ♦ *n* skazaniec *m*, skazany (-na) *m(f)*.

conviction [kən'vɪkʃən] *n* (*belief, certainty*) przekonanie *nt*; (*JUR*) skazanie *nt*; **he had a long record of previous convictions** był przedtem wielokrotnie karany.

convince [kən'vɪns] *vt* przekonywać (przekonać *perf*); **to convince sb (of sth/that ...)** przekonać (*perf*) kogoś (o czymś/, że ...).

convinced [kən'vɪnst] *adj*: **convinced of/that ...** przekonany o *+loc*/, że ... .

convincing [kən'vɪnsɪŋ] *adj* przekonywający, przekonujący.
convincingly [kən'vɪnsɪŋlɪ] *adv* przekonywająco, przekonująco.
convivial [kən'vɪvɪəl] *adj* (*festive*) biesiadny; (*friendly*) serdeczny.
convoluted ['kɔnvəlu:tɪd] *adj* (*statement, argument*) zawiły, zagmatwany; (*shape*) powykręcany.
convoy ['kɔnvɔɪ] *n* konwój *m*.
convulse [kən'vʌls] *vt*: **to be convulsed with laughter/pain** skręcać się ze śmiechu/z bólu.
convulsion [kən'vʌlʃən] *n* drgawki *pl*, konwulsje *pl*.
coo [ku:] *vi* (*dove, pigeon*) gruchać (zagruchać *perf*); (*person*) gruchać.
cook [kuk] *vt* gotować (ugotować *perf*) ♦ *vi* (*person*) gotować; (*meat etc*) gotować się (ugotować się *perf*) ♦ *n* kucharz (-arka) *m(f)*.
►**cook up** (*inf*) *vt* spreparować *(perf)*.
cookbook ['kukbuk] *n* książka *f* kucharska.
cook-chill ['kuktʃɪl] *adj* (*food*) utrwalony przez szybkie schłodzenie.
cooker ['kukə*] *n* kuchenka *f*.
cookery ['kukərɪ] *n* sztuka *f* gotowania.
cookery book (*BRIT*) *n* = **cookbook**.
cookie ['kukɪ] (*US*) *n* herbatnik *m*.
cooking ['kukɪŋ] *n* gotowanie *nt*, kuchnia *f* ♦ *cpd* do gotowania *post*.
cookout ['kukaut] (*US*) *n przyjęcie na wolnym powietrzu, podczas którego przyrządza się potrawy na ognisku lub rożnie*.
cool [ku:l] *adj* (*temperature, drink*) chłodny; (*clothes*) lekki, przewiewny; (*person*: *calm*) spokojny, opanowany; (: *unfriendly*) chłodny ♦ *vt* ochładzać (ochłodzić *perf*) ♦ *vi* ochładzać się (ochłodzić się *perf*); **it's cool** jest chłodno; **to keep sth cool** *or* **in a cool place** przechowywać coś w chłodnym miejscu; **to keep one's cool** zachowywać (zachować *perf*) spokój.
►**cool down** *vi* ochładzać się (ochłodzić się *perf*); (*fig*) uspokajać się (uspokoić się *perf*).
cool box (*US* **cooler**) *n* lodówka *f* turystyczna.
cooling tower ['ku:lɪŋ-] *n* chłodnia *f* kominowa.
coolly ['ku:lɪ] *adv* (*calmly*) spokojnie; (*in unfriendly way*) chłodno.
coolness ['ku:lnɪs] *n* (*lit, fig*) chłód *m*; (*calmness*) spokój *m*.
coop [ku:p] *n* klatka *f* (*dla drobiu, królików itp*) ♦ *vt*: **to coop up** (*fig*) stłaczać (stłoczyć *perf*).
co-op ['kəuɔp] *n abbr* (= *cooperative (society)*) spółdz.
cooperate [kəu'ɔpəreɪt] *vi* (*collaborate*) współpracować; (*assist*) pomagać (pomóc *perf*); **to cooperate with sb** współpracować z kimś.
cooperation [kəuɔpə'reɪʃən] *n* (*collaboration*) współpraca *f*; (*assistance*) pomoc *f*.
cooperative [kəu'ɔpərətɪv] *adj* (*enterprise*) wspólny; (*farm*) spółdzielczy; (*person*) pomocny ♦ *n* (*factory, business*) spółdzielnia *f*.
coopt [kəu'ɔpt] *vt*: **to coopt sb onto a committee** dokooptowywać (dokooptować *perf*) kogoś do komisji.
coordinate [*vb* kəu'ɔ:dɪneɪt, *n* kəu'ɔdɪnət] *vt* koordynować (skoordynować *perf*) ♦ *n* współrzędna *f*.
coordination [kəuɔ:dɪ'neɪʃən] *n* koordynacja *f*.
co-ownership ['kəu'əunəʃɪp] *n* współwłasność *f*.
cop [kɔp] (*inf*) *n* glina *m* (*inf*), gliniarz *m* (*inf*).
cope [kəup] *vi*: **to cope with** borykać się z *+instr*; (*successfully*) radzić sobie z *+instr*.
Copenhagen ['kəupn'heɪgən] *n* Kopenhaga *f*.
copier ['kɔpɪə*] *n* (*also*: **photocopier**) kopiarka *f*.
co-pilot ['kəu'paɪlət] *n* drugi pilot *m*.
copious ['kəupɪəs] *adj* obfity.
copper ['kɔpə*] *n* miedź *f*; (*BRIT*: *inf*) gliniarz *m* (*inf*); **coppers** *npl* miedziaki *pl*.
coppice ['kɔpɪs] *n* zagajnik *m*.
copse [kɔps] *n* = **coppice**.
copulate ['kɔpjuleɪt] *vi* kopulować, spółkować.
copy ['kɔpɪ] *n* (*duplicate*) kopia *f*, odpis *m*; (*of book, record*) egzemplarz *m*; (*material*: *for printing*) maszynopis *m* ♦ *vt* kopiować (skopiować *perf*); **to make good copy** (*PRESS*) nadawać się do gazety.
►**copy out** *vt* przepisywać (przepisać *perf*).
copycat ['kɔpɪkæt] (*pej*) *n* papuga *f* (*pej*).
copyright ['kɔpɪraɪt] *n* prawo *nt* autorskie; **copyright reserved** prawo autorskie zastrzeżone.
copy typist *n* maszynistka *f*.
copywriter ['kɔpɪraɪtə*] *n osoba zajmująca się układaniem haseł reklamowych*.
coral ['kɔrəl] *n* koral *m*.
coral reef *n* rafa *f* koralowa.
Coral Sea *n*: **the Coral Sea** Morze *nt* Koralowe.
cord [kɔ:d] *n* (*string*) sznur *m*; (*ELEC*) przewód *m*; (*fabric*) sztruks *m*; **cords** *npl* sztruksy *pl*.
cordial ['kɔ:dɪəl] *adj* serdeczny ♦ *n* (*BRIT*) *słodki napój bezalkoholowy na bazie soku owocowego*.
cordless ['kɔ:dlɪs] *adj* bezprzewodowy.
cordon ['kɔ:dn] *n* kordon *m*.
►**cordon off** *vt* odgradzać (odgrodzić *perf*) kordonem.
corduroy ['kɔ:dərɔɪ] *n* sztruks *m*.
CORE [kɔ:*] (*US*) *n abbr* (= *Congress of Racial Equality*).
core [kɔ:*] *n* (*of apple*) ogryzek *m*; (*of organization, earth*) jądro *nt*; (*of nuclear reactor*) rdzeń *m*; (*of problem*) sedno *nt*; (*of building, place*) serce *nt* ♦ *vt* (*apple, pear*) wydrążać (wydrążyć *perf*); **rotten to the core** (*fig*) zepsuty do szpiku kości.
Corfu [kɔ:'fu:] *n* Korfu *nt inv*.
coriander [kɔrɪ'ændə*] *n* kolendra *f*.
cork [kɔ:k] *n* korek *m*.
corkage ['kɔ:kɪdʒ] *n opłata pobierana od*

klientów restauracji za podanie przyniesionego przez nich alkoholu.
corked [kɔ:kt] (*US* **corky**) *adj* smakujący *or* trącący korkiem.
corkscrew ['kɔ:kskru:] *n* korkociąg *m*.
cormorant ['kɔ:mərnt] *n* kormoran *m*.
Corn (*BRIT*: *POST*) *abbr* (= *Cornwall*).
corn [kɔ:n] *n* (*BRIT*) zboże *nt*; (*US*) kukurydza *f*; (*on foot*) odcisk *m*; **corn on the cob** gotowana kolba kukurydzy.
cornea ['kɔ:nɪə] *n* rogówka *f*.
corned beef ['kɔ:nd-] *n* peklowana wołowina *f*.
corner ['kɔ:nə*] *n* (*outside*) róg *m*; (*inside*) kąt *m*, róg *m*; (*in road*) zakręt *m*, róg *m*; (*FOOTBALL*: *also*: **corner kick**) rzut *m* rożny, róg *m* (*inf*); (*BOXING*) narożnik *m* ♦ *vt* (*trap*) przypierać (przyprzeć *perf*) do muru; (*COMM*) monopolizować (zmonopolizować *perf*) ♦ *vi* (*car*) brać zakręty; **to cut corners** (*fig*) iść (pójść *perf*) na łatwiznę.
corner flag (*FOOTBALL*) *n* chorągiewka *f* narożnikowa.
corner kick (*FOOTBALL*) *n* rzut *m* rożny.
cornerstone ['kɔ:nəstəun] *n* kamień *m* węgielny; (*fig*) podstawa *f*.
cornet ['kɔ:nɪt] *n* (*MUS*) kornet *m*; (*BRIT*: *ice-cream*) rożek *m*.
cornflakes ['kɔ:nfleɪks] *npl* płatki *pl* kukurydziane.
cornflour ['kɔ:nflauə*] (*BRIT*) *n* mąka *f* kukurydziana.
cornice ['kɔ:nɪs] *n* gzyms *m*.
Cornish ['kɔ:nɪʃ] *adj* kornwalijski.
corn oil *n* olej *m* kukurydziany.
cornstarch ['kɔ:nstɑ:tʃ] (*US*) *n* = **cornflour**.
cornucopia [kɔ:nju'kəupɪə] *n* (*abundance*) obfitość *f*; (*horn of plenty*) róg *m* obfitości.
Cornwall ['kɔ:nwəl] *n* Kornwalia *f*.
corny ['kɔ:nɪ] (*inf*) *adj* banalny; **corny joke** kawał z brodą.
corollary [kə'rɔlərɪ] *n* następstwo *nt*.
coronary ['kɔrənərɪ] *n* (*also*: **coronary thrombosis**) zakrzepica *f* tętnicy wieńcowej.
coronation [kɔrə'neɪʃən] *n* koronacja *f*.
coroner ['kɔrənə*] (*JUR*) *n* koroner *m* (*urzędnik zajmujący się ustalaniem przyczyn nagłych zgonów*).
coronet ['kɔrənɪt] *n* (*small crown*) korona *f*; (*jewellery*) diadem *m*.
Corp. *abbr* = **corporation** Korp.; (*MIL*) = **corporal** kpr.
corporal ['kɔ:pərl] *n* kapral *m* ♦ *adj*: **corporal punishment** kary *pl* cielesne.
corporate ['kɔ:pərɪt] *adj* (*COMM*) korporacyjny; (*action, effort, responsibility*) zbiorowy; **corporate image** wizerunek firmy.
corporation [kɔ:pə'reɪʃən] *n* (*COMM*) korporacja *f*; (*of town*) władze *pl* miejskie.
corporation tax *n* ≈ podatek *m* dochodowy od osób prawnych.
corps [kɔ:*] (*pl* **corps**) *n* korpus *m*; **the press corps** korpus prasowy.
corpse [kɔ:ps] *n* zwłoki *pl*.
corpuscle ['kɔ:pʌsl] (*BIO*) *n* ciałko *nt*.
corral [kə'rɑ:l] *n* zagroda *f*.
correct [kə'rɛkt] *adj* (*accurate*) poprawny, prawidłowy; (*proper*) prawidłowy ♦ *vt* poprawiać (poprawić *perf*); **you are correct** masz rację.
correction [kə'rɛkʃən] *n* (*act of correcting*) poprawa *f*; (*instance*) poprawka *f*.
correctly [kə'rɛktlɪ] *adv* poprawnie, prawidłowo.
correlate ['kɔrɪleɪt] *vt* wiązać (powiązać *perf*) ze sobą ♦ *vi*: **to correlate with** być powiązanym z *+instr*, korelować z *+instr* (*fml*).
correlation [kɔrɪ'leɪʃən] *n* związek *m*, korelacja *f* (*fml*).
correspond [kɔrɪs'pɔnd] *vi*: **to correspond (with)** (*write*) korespondować (z *+instr*); (*tally*) pokrywać się *or* zgadzać się (z *+instr*); **to correspond to** odpowiadać *+dat*.
correspondence [kɔrɪs'pɔndəns] *n* (*letters*) korespondencja *f*; (*relationship*) odpowiedniość *f*.
correspondence course *n* kurs *m* korespondencyjny.
correspondent [kɔrɪs'pɔndənt] *n* korespondent(ka) *m(f)*.
corresponding [kɔrɪs'pɔndɪŋ] *adj* odpowiedni; **corresponding to** zgodny z *+instr*, odpowiadający *+dat*.
corridor ['kɔrɪdɔ:*] *n* korytarz *m*.
corroborate [kə'rɔbəreɪt] *vt* potwierdzać (potwierdzić *perf*).
corrode [kə'rəud] *vt* powodować (spowodować *perf*) korozję *+gen*, korodować ♦ *vi* ulegać (ulec *perf*) korozji, korodować (skorodować *perf*).
corrosion [kə'rəuʒən] *n* (*damage*) rdza *f*; (*process*) korozja *f*.
corrosive [kə'rəuzɪv] *adj* powodujący korozję.
corrugated ['kɔrəgeɪtɪd] *adj* falisty.
corrugated iron *n* blacha *f* stalowa falista.
corrupt [kə'rʌpt] *adj* (*dishonest*) skorumpowany; (*depraved*) zepsuty; (*COMPUT*: *data*) uszkodzony ♦ *vt* korumpować (skorumpować *perf*); (*COMPUT*: *data*) uszkadzać (uszkodzić *perf*); **corrupt practices** nieuczciwe praktyki.
corruption [kə'rʌpʃən] *n* (*dishonesty*) korupcja *f*.
corset ['kɔ:sɪt] *n* gorset *m*.
Corsica ['kɔ:sɪkə] *n* Korsyka *f*.
Corsican ['kɔ:sɪkən] *adj* korsykański ♦ *n* Korsykanin (-anka) *m(f)*.
cortège [kɔ:'teɪʒ] *n* (*also*: **funeral cortège**) kondukt *m or* orszak *m* pogrzebowy.
cortisone ['kɔ:tɪzəun] *n* kortyzon *m*.
coruscating ['kɔrəskeɪtɪŋ] *adj* skrzący się, mieniący się.
c.o.s. *abbr* (= *cash on shipment*) płatne gotówką przy załadowaniu.
cosh [kɔʃ] (*BRIT*) *n* pałka *f*.
cosignatory ['kəu'sɪgnətərɪ] *n* konsygnatariusz *m*.

cosiness ['kəuzɪnɪs] *n* przytulność *f.*
cos lettuce ['kɔs-] *n odmiana sałaty o długich i wąskich liściach.*
cosmetic [kɔz'mɛtɪk] *n* kosmetyk *m* ♦ *adj* (*lit, fig*) kosmetyczny; **cosmetic surgery** operacja plastyczna.
cosmic ['kɔzmɪk] *adj* kosmiczny.
cosmonaut ['kɔzmənɔ:t] *n* kosmonauta (-tka) *m(f).*
cosmopolitan [kɔzmə'pɔlɪtn] *adj* kosmopolityczny.
cosmos ['kɔzmɔs] *n*: **the cosmos** kosmos *m.*
cosset ['kɔsɪt] *vt* rozpieszczać (rozpieścić *perf*).
cost [kɔst] (*pt, pp* **cost**) *n* koszt *m*; (*fig*) cena *f* ♦ *vt* (*be priced at*) kosztować; (*find out cost of*: *pt, pp costed*) ustalać (ustalić *perf*) koszt *+gen*; **costs** *npl* (*COMM*: *overheads*) koszty *pl* (stałe); (*JUR*) koszty *pl* (sądowe); **how much does it cost?** ile to kosztuje?; **it costs 5 pounds/too much** to kosztuje 5 funtów/za dużo; **what will it cost to have it repaired?** ile będzie kosztować naprawa?; **it cost me time/effort** kosztowało mnie to wiele czasu/wysiłku; **it cost him his life/job** kosztowało go to życie/pracę; **the cost of living** koszty utrzymania; **at all costs** za wszelką cenę.
cost accountant *n* (*COMM*) kalkulator *m* (*osoba*).
co-star ['kəusta:*] *n*: **his co-star was ...** obok niego główną rolę (w filmie) grała ... .
Costa Rica ['kɔstə'ri:kə] *n* Kostaryka *f.*
cost centre *n* dział *m* kalkulacji kosztów.
cost control *n* kontrola *f* kosztów.
cost-effective ['kɔstɪ'fɛktɪv] *adj* wydajny.
cost-effectiveness ['kɔstɪ'fɛktɪvnɪs] *n* wydajność *f.*
costing ['kɔstɪŋ] *n* sporządzanie *nt* kosztorysu.
costly ['kɔstlɪ] *adj* kosztowny; (*in time*) czasochłonny; (*in effort*) pracochłonny.
cost-of-living ['kɔstəv'lɪvɪŋ] *adj*: **cost-of-living index** wskaźnik *m* kosztów utrzymania; **cost-of-living allowance** dodatek drożyźniany.
cost price (*BRIT*) *n* cena *f* własna; **to sell/buy at cost price** sprzedawać (sprzedać *perf*)/kupować (kupić *perf*) po cenie własnej.
costume ['kɔstju:m] *n* (*outfit*) kostium *m*; (*style of dress*) strój *m*; (*BRIT*: *also*: **swimming costume**) kostium *m* (kąpielowy).
costume jewellery *n* sztuczna biżuteria *f.*
cosy ['kəuzɪ] (*US* **cozy**) *adj* (*room, house*) przytulny; (*bed*) wygodny; (*atmosphere*) kameralny; (*evening, chat*) miły; **I am/feel very cosy here** jest mi tu bardzo wygodnie.
cot [kɔt] *n* (*BRIT*) łóżeczko *nt* (dziecięce); (*US*) łóżko *nt* polowe *or* rozkładane.
Cotswolds ['kɔtswəuldz] *npl*: **the Cotswolds** *pasmo wzgórz w południowo-zachodniej Anglii.*
cottage ['kɔtɪdʒ] *n* domek *m.*
cottage cheese *n* ≈ serek *m* ziarnisty.
cottage industry *n* chałupnictwo *nt.*
cottage pie *n zapiekanka z mielonego mięsa i ziemniaków.*
cotton ['kɔtn] *n* (*fabric, plant*) bawełna *f*; (*esp BRIT*: *thread*) nici *pl*; **cotton dress** bawełniana sukienka.
►**cotton on** (*inf*) *vi*: **he cottoned on to the fact that ...** zorientował się, że ... .
cotton candy (*US*) *n* wata *f* cukrowa.
cotton wool (*BRIT*) *n* wata *f.*
couch [kautʃ] *n* kanapa *f*; (*doctor's*) leżanka *f* ♦ *vt* (*statement, question*) formułować (sformułować *perf*); **the booklet was couched in legal jargon** broszura napisana była żargonem prawniczym.
couchette [ku:'ʃɛt] *n* kuszetka *f.*
cough [kɔf] *vi* (*person*) kaszleć (zakaszleć *perf*); (*engine*) krztusić się ♦ *n* kaszel *m.*
cough drop *n* pastylka *f* na kaszel.
cough mixture *n* syrop *m* na kaszel.
cough syrup *n* = **cough mixture**.
could [kud] *pt of* **can**.
couldn't ['kudnt] = **could not**.
council ['kaunsl] *n* rada *f*; **city** *or* **town council** rada miejska; **Council of Europe** Rada Europy.
council estate (*BRIT*) *n osiedle mieszkaniowe należące do lokalnych władz samorządowych.*
council house (*BRIT*) *n budynek mieszkalny należący do lokalnych władz samorządowych.*
council housing (*BRIT*) *n* ≈ budownictwo *nt* komunalne.
councillor ['kaunslə*] *n* radny (-na) *m(f).*
counsel ['kaunsl] *n* (*advice*) rada *f*; (*lawyer*) prawnik *m* (*mogący występować w sądach wyższej instancji*) ♦ *vt*: **to counsel sth/sb to do sth** doradzać (doradzić *perf*) coś/komuś, by coś zrobił; **counsel for the defence/the prosecution** obrońca/oskarżyciel.
counsellor ['kaunslə*] *n* (*advisor*): **marriage** *etc* **counsellor** pracownik (-ica) *m(f)* poradni małżeńskiej *etc*; (*US*: *lawyer*) adwokat *m.*
count [kaunt] *vt* liczyć (policzyć *perf*) ♦ *vi* (*matter, qualify*) liczyć się; (*enumerate*) wyliczać (wyliczyć *perf*) ♦ *n* (*of things, people*) liczba *f*; (*of cholesterol, pollen etc*) poziom *m*; (*nobleman*) hrabia *m*; **to count (up) to ten** liczyć (policzyć *perf*) do dziesięciu; **to keep count of sth** prowadzić rachunek czegoś; **not counting the children** nie licząc dzieci; **ten counting him** razem z nim dziesięciu; **to count the cost of** obliczać (obliczyć *perf*) koszt *+gen*; **it counts for very little** to niewiele znaczy; **count yourself lucky** uważaj się za szczęściarza.
►**count on** *vt fus* liczyć na *+acc*; **to count on doing sth** liczyć na zrobienie czegoś.
►**count up** *vt fus* liczyć (policzyć *perf*).
countdown ['kauntdaun] *n* odliczanie *nt.*
countenance ['kauntɪnəns] *n* oblicze *nt* ♦ *vt* aprobować (zaaprobować *perf*).
counter ['kauntə*] *n* (*in shop, café*) lada *f*, kontuar *m*; (*in bank, post office*) okienko *nt*; (*in*

game) pionek *m*; (*TECH*) licznik *m* ♦ *vt* (*oppose*) przeciwstawiać się (przeciwstawić się *perf*) +*dat*; (*blow*) odparowywać (odparować *perf*) ♦ *adv*: **to run counter to** być niezgodnym z +*instr*; **to buy under the counter** (*fig*) kupować (kupić *perf*) spod lady; **to counter with sth/by doing sth** odparowywać (odparować *perf*) czymś/robiąc coś.

counteract ['kauntər'ækt] *vt* (*effect, tendency*) przeciwdziałać +*dat*; (*poison, bitterness*) neutralizować (zneutralizować *perf*).

counterattack ['kauntərə'tæk] *n* kontratak *m* ♦ *vi* kontratakować.

counterbalance ['kauntə'bæləns] *vt* równoważyć (zrównoważyć *perf*).

counter-clockwise ['kauntə'klɔkwaɪz] *adv* przeciwnie do ruchu wskazówek zegara.

counter-espionage ['kauntər'ɛspɪənɑ:ʒ] *n* kontrwywiad *m*.

counterfeit ['kauntəfɪt] *n* fałszerstwo *nt* ♦ *vt* fałszować (sfałszować *perf*) ♦ *adj* fałszywy.

counterfoil ['kauntəfɔɪl] *n* (*of cheque, money order*) odcinek *m*.

counter-intelligence *n* kontrwywiad *m*.

countermand ['kauntəmɑ:nd] *vt* odwoływać (odwołać *perf*).

counter-measure *n* środek *m* zaradczy.

counter-offensive *n* kontrofensywa *f*.

counterpane ['kauntəpeɪn] *n* kapa *f*.

counterpart ['kauntəpɑ:t] *n* (*of person, company*) odpowiednik *m*; (*of document*) kopia *f*.

counter-productive ['kauntəprə'dʌktɪv] *adj*: **to be counter-productive** przynosić (przynieść *perf*) skutki odwrotne do zamierzonych.

counter-proposal *n* kontrpropozycja *f*.

countersign ['kauntəsaɪn] *vt* kontrasygnować.

countersink ['kauntəsɪŋk] *vt* nawiercać (nawiercić *perf*).

countess ['kauntɪs] *n* hrabina *f*.

countless ['kauntlɪs] *adj* niezliczony.

countrified ['kʌntrɪfaɪd] *adj* prowincjonalny.

country ['kʌntrɪ] *n* (*state, population, native land*) kraj *m*; (*rural area*) wieś *f*; (*region*) teren *m*; **in the country** na wsi; **mountainous country** górzysty teren.

country and western (music) *n* country *nt inv*, muzyka *f* country.

country dancing (*BRIT*) *n* tańce *pl* ludowe.

country house *n* posiadłość *f or* rezydencja *f* wiejska.

countryman ['kʌntrɪmən] (*irreg like*: **man**) *n* (*compatriot*) rodak *m*; (*country dweller*) wieśniak *m*.

countryside ['kʌntrɪsaɪd] *n* krajobraz *m* (wiejski); **in the countryside** na wsi.

country-wide ['kʌntrɪ'waɪd] *adj* ogólnokrajowy ♦ *adv* w całym kraju.

county ['kauntɪ] *n* hrabstwo *nt*.

county town (*BRIT*) *n* stolica *f* hrabstwa.

coup [ku:] (*pl* **coups**) *n* (*also*: **coup d'état**) zamach *m* stanu; (*achievement*) osiągnięcie *nt*.

coupé [ku:'peɪ] (*AUT*) *n* coupé *nt inv*.

couple ['kʌpl] *n* para *f* ♦ *vt* (*ideas, names*) łączyć (połączyć *perf*); (*machinery*) sczepiać (sczepić *perf*); **a couple of** (*two*) para +*gen*; (*a few*) parę +*gen*.

couplet ['kʌplɪt] *n* dwuwiersz *m*.

coupling ['kʌplɪŋ] (*RAIL*) *n* łącznik *m*.

coupon ['ku:pɔn] *n* (*voucher*) talon *m*; (*detachable form*) kupon *m*, odcinek *m*.

courage ['kʌrɪdʒ] *n* odwaga *f*.

courageous [kə'reɪdʒəs] *adj* odważny.

courgette [kuə'ʒɛt] (*BRIT*) *n* cukinia *f*.

courier ['kurɪə*] *n* (*messenger*) goniec *m*, kurier *m*; (*for tourists*) pilot *m*.

course [kɔ:s] *n* (*SCOL, NAUT*) kurs *m*; (*of life, events, river*) bieg *m*; (*of injections, drugs*) seria *f*; (*approach*) stanowisko *nt*; (*GOLF*) pole *nt*; (*part of meal*): **first/next/last course** pierwsze/następne/ostatnie danie *nt*; **of course** oczywiście; **(no) of course not!** oczywiście, że nie!; **in the course of the next few days** w ciągu kilku następnych dni; **in due course** w swoim czasie, we właściwym czasie; **course of action** sposób *or* tryb postępowania; **the best course would be to ...** najlepszym wyjściem byłoby +*infin*; **we have no other course but to ...** nie mamy innego wyjścia, jak tylko +*infin*; **course of lectures** cykl wykładów; **course of treatment** (*MED*) leczenie, kuracja.

court [kɔ:t] *n* (*royal*) dwór *m*; (*JUR*) sąd *m*; (*for tennis etc*) kort *m* ♦ *vt* (*woman*) zalecać się do +*gen*; (*fig*: *favour, popularity*) zabiegać o +*acc*; (: *death, disaster*) igrać z +*instr*; **out of court** (*JUR*) polubownie; **to take sb to court** (*JUR*) podawać (podać *perf*) kogoś do sądu.

courteous ['kə:tɪəs] *adj* uprzejmy.

courtesan [kɔ:tɪ'zæn] *n* kurtyzana *f*.

courtesy ['kə:təsɪ] *n* grzeczność *f*, uprzejmość *f*; **(by) courtesy of** dzięki uprzejmości +*gen*.

courtesy light (*AUT*) *n lampka w samochodzie włączająca się przy otwieraniu drzwi*.

court-house ['kɔ:thaus] (*US*) *n* budynek *m* sądu.

courtier ['kɔ:tɪə*] *n* dworzanin *m*.

court-martial (*pl* **courts-martial**) *n* sąd *m* wojenny *or* wojskowy ♦ *vt* oddawać (oddać *perf*) pod sąd wojenny.

court of appeal (*pl* **courts of appeal**) *n* sąd *m* apelacyjny.

court of inquiry (*pl* **courts of inquiry**) *n* komisja *f* śledcza *or* dochodzeniowa.

courtroom ['kɔ:trum] *n* sala *f* rozpraw.

court shoe *n* but *m* na wysokim obcasie.

courtyard ['kɔ:tjɑ:d] *n* dziedziniec *m*.

cousin ['kʌzn] *n* kuzyn(ka) *m(f)*; **first cousin** (*male*) brat cioteczny; (*female*) siostra cioteczna.

cove [kəuv] *n* zatoczka *f*.

covenant ['kʌvənənt] *n* umowa *f*, ugoda *f* ♦ *vt*:

to covenant 200 pounds per year to a charity zobowiązywać się (zobowiązać się *perf*) w drodze umowy do płacenia 200 funtów rocznie na cele dobroczynne.

Coventry ['kɔvəntrɪ] *n*: **to send sb to Coventry** (*fig*) bojkotować (zbojkotować *perf*) kogoś.

cover ['kʌvə*] *vt* (*protect, hide*): **to cover (with)** zakrywać (zakryć *perf*) (+*instr*); (*INSURANCE*): **to cover (for)** ubezpieczać (ubezpieczyć *perf*) (od +*gen*); (*include*) obejmować (objąć *perf*); (*distance*) przemierzać (przemierzyć *perf*), pokonywać (pokonać *perf*); (*topic*) omawiać (omówić *perf*), poruszać (poruszyć *perf*); (*PRESS*) robić (zrobić *perf*) reportaż o +*loc* ♦ *n* (*for furniture, machinery*) pokrowiec *m*; (*of book, magazine*) okładka *f*; (*shelter*) schronienie *nt*; (*INSURANCE*) zwrot *m* kosztów; (*fig*: *for illegal activities*) przykrywka *f*; **to be covered in** *or* **with** być pokrytym +*instr*; **to take cover** kryć się (skryć się *perf*), chronić się (schronić się *perf*); **under cover** osłonięty; **under cover of darkness** pod osłoną ciemności; **under separate cover** (*COMM*) osobną pocztą; **50 pounds will cover my expenses** 50 funtów pokryje moje wydatki.

►**cover up** *vt* przykrywać (przykryć *perf*); (*fig*: *facts, mistakes*) tuszować (zatuszować *perf*); (: *feelings*) maskować ♦ *vi*: **to cover up for sb** (*fig*) kryć *or* osłaniać kogoś.

coverage ['kʌvərɪdʒ] *n* (*TV, PRESS*) sprawozdanie *nt*; **television coverage of the conference** telewizyjne sprawozdanie z konferencji; **to give full coverage to sth** szczegółowo coś omawiać (omówić *perf*).

coveralls ['kʌvərɔ:lz] (*US*) *npl* kombinezon *m*.

cover charge *n* cena *f* wstępu (*w restauracji, nocnym lokalu itp*).

covering ['kʌvərɪŋ] *n* (*layer*) powłoka *f*; (*of snow, dust*) warstwa *f*.

covering letter (*US* **cover letter**) *n* list *m* przewodni *or* towarzyszący.

cover note (*INSURANCE*) *n* (maklerska) nota *f* kryjąca.

cover price *n* cena *f* katalogowa (*książki*).

covert ['kʌvət] *adj* (*glance*) ukradkowy; (*threat*) ukryty; (*attack*) z ukrycia *post*.

cover-up ['kʌvərʌp] *n* tuszowanie *nt*, maskowanie *nt*.

covet ['kʌvɪt] *vt* pożądać +*gen*.

cow [kau] *n* krowa *f*; (*inf!*: *woman*) krowa *f* (*inf!*), krówsko *nt* (*inf!*) ♦ *cpd*: **cow whale** *etc* samica *f* wieloryba *etc* ♦ *vt* zastraszać (zastraszyć *perf*).

coward ['kauəd] *n* tchórz *m*.

cowardice ['kauədɪs] *n* tchórzostwo *nt*.

cowardly ['kauədlɪ] *adj* tchórzliwy.

cowboy ['kaubɔɪ] *n* kowboj *m*; (*pej*) partacz *m*.

cow elephant *n* słonica *f*.

cower ['kauə*] *vi* kulić się (skulić się *perf*).

cowshed ['kauʃɛd] *n* obora *f*.

cowslip ['kauslɪp] *n* pierwiosnek *m*.

cox [kɔks] *n abbr* = **coxswain**.

coxswain ['kɔksn] *n* sternik *m*.

coy [kɔɪ] *adj* nieśmiały, wstydliwy.

coyote [kɔɪ'əutɪ] *n* kojot *m*.

cozy ['kəuzɪ] (*US*) *adj* = **cosy**.

CP *n abbr* (= *Communist Party*) Partia *f* Komunistyczna.

cp. *abbr* = **compare** zob.

c/p (*BRIT*) *abbr* (= *carriage paid*) przewóz opłacony.

CPA (*US*) *n abbr* = **certified public accountant**.

CPI *n abbr* (= *Consumer Price Index*) wskaźnik *m* cen artykułów konsumpcyjnych.

Cpl. (*MIL*) *abbr* = **corporal** kpr.

CP/M *n abbr* (= *Central Program for Microprocessors*) CP/M *m*.

c.p.s. (*COMPUT, TYP*) *abbr* (= *characters per second*) znaków/s.

CPSA (*BRIT*) *n abbr* (= *Civil and Public Services Association*) *związek zawodowy pracowników administracji państwowej*.

CPU (*COMPUT*) *n abbr* = **central processing unit**.

cr. *abbr* = **credit**; = **creditor**.

crab [kræb] *n* krab *m*; (*meat*) kraby *pl*.

crab apple *n* dzika jabłoń *f*.

crack [kræk] *n* (*noise*) trzask *m*; (*gap*) szczelina *f*, szpara *f*; (*in bone*) pęknięcie *nt*; (*in wall, dish*) pęknięcie *nt*, rysa *f*; (*joke*) kawał *m*; (*drug*) crack *m*; (*inf*: *attempt*): **to have a crack (at sth)** próbować (spróbować *perf*) swoich sił (w czymś) ♦ *vt* (*whip, twig*) trzaskać (trzasnąć *perf*) +*instr*; (*knee etc*) stłuc (*perf*); (*nut*) rozłupywać (rozłupać *perf*); (*problem*) rozgryzać (rozgryźć *perf*); (*code*) łamać (złamać *perf*) ♦ *adj* (*athlete, expert*) pierwszorzędny; (*regiment*) elitarny; **to crack jokes** (*inf*) opowiadać kawały; **I cracked a glass** pękła mi szklanka; **to get cracking** (*inf*) zabierać się (zabrać się *perf*) do roboty.

►**crack down on** *vt fus* (*offenders etc*) rozprawiać się (rozprawić się *perf*) z +*instr*.

►**crack up** *vi* (*PSYCH*) załamywać się (załamać się *perf*).

crackdown ['krækdaun] *n*: **crackdown (on)** rozprawa *f* (z +*instr*).

cracked [krækt] (*inf*) *adj* stuknięty (*inf*).

cracker ['krækə*] *n* (*biscuit*) krakers *m*; (*firework*) petarda *f*; (*Christmas cracker*) *kolorowy walec z papieru, zawierający niespodziankę i eksplodujący przy otwarciu*; **a cracker of a shot** (*BRIT*: *inf*) pierwszorzędny strzał; **he's crackers** (*BRIT*: *inf*) on jest stuknięty (*inf*).

crackle ['krækl] *vi* (*fire, twig*) trzaskać.

crackling ['kræklɪŋ] *n* (*of fire etc*) trzaskanie *nt*; (*on radio, telephone*) trzaski *pl*; (*pork*) (przypieczona) skórka *f*.

cradle ['kreɪdl] *n* kołyska *f* ♦ *vt* tulić.

craft [krɑ:ft] *n* (*weaving etc*) rękodzieło *nt*;

(*journalism etc*) sztuka *f*; (*skill*) biegłość *f*; (*pl inv*: *boat*) statek *m*; (: *plane*) samolot *m*.
craftsman ['krɑ:ftsmən] (*irreg like*: **man**) *n* rzemieślnik *m*.
craftsmanship ['krɑ:ftsmənʃɪp] *n* kunszt *m*.
crafty ['krɑ:ftɪ] *adj* przebiegły.
crag [kræg] *n* grań *f*.
craggy ['krægɪ] *adj* (*mountain, cliff*) urwisty; (*face*) wyrazisty.
cram [kræm] *vt*: **to cram sth with** wypełniać (wypełnić *perf*) coś (po brzegi) *+instr* ♦ *vi* kuć (*inf*), wkuwać (*inf*); **he crammed the bank notes into his pockets** poupychał banknoty po kieszeniach.
cramming ['kræmɪŋ] *n* kucie *nt* (*inf*), wkuwanie *nt* (*inf*).
cramp [kræmp] *n* (*MED*) skurcz *m* ♦ *vt* hamować (zahamować *perf*) rozwój *+gen*.
cramped [kræmpt] *adj* (*accommodation*) ciasny.
crampon ['kræmpən] (*for climbing*) *n* raki *pl*.
cranberry ['krænbərɪ] *n* borówka *f*, żurawina *f*.
crane [kreɪn] *n* (*machine*) dźwig *m*; (*bird*) żuraw *m* ♦ *vt*: **to crane one's neck** wyciągać (wyciągnąć *perf*) szyję ♦ *vi*: **to crane forward** wyciągać szyję.
cranium ['kreɪnɪəm] (*pl* **crania**) *n* czaszka *f*.
crank [kræŋk] *n* (*person*) nawiedzony (-na) *m(f)* (*inf*); (*handle*) korba *f*.
crankshaft ['kræŋkʃɑ:ft] (*AUT*) *n* wał *m* korbowy.
cranky ['kræŋkɪ] *adj* nawiedzony (*inf*).
cranny ['krænɪ] *n see* **nook**.
crap [kræp] (*inf!*) *n* gówno *nt* (*inf!*) ♦ *vi* srać (*inf!*); **to have a crap** wysrać się (*perf*) (*inf!*).
crash [kræʃ] *n* (*noise*) trzask *m*; (*COMM*) krach *m* ♦ *vt* rozbijać (rozbić *perf*) ♦ *vi* (*plane, car*) rozbijać się (rozbić się *perf*); (*two cars*) zderzać się (zderzyć się *perf*); (*glass, cup*) roztrzaskiwać się (roztrzaskać się *perf*); (*market, firm*) upadać (upaść *perf*); **car crash** wypadek samochodowy; **plane crash** katastrofa lotnicza; **to crash into** wpadać (wpaść *perf*) na *+acc*; **he crashed the car into a wall** rozbił samochód o mur; **the door crashed open** drzwi otwarły się z trzaskiem.
crash barrier (*BRIT*) *n* bariera *f* ochronna *or* zabezpieczająca.
crash course *n* błyskawiczny kurs *m*.
crash helmet *n* kask *m* (*motocyklowy*).
crash landing (*also spelled* **crash-landing**) *n* lądowanie *nt* awaryjne.
crass [kræs] *adj* (*person, comment*) głupi, prymitywny; (*ignorance*) rażący.
crate [kreɪt] *n* (*of fruit, wine*) skrzynka *f*; (*inf*: *vehicle*) gruchot *m* (*inf*).
crater ['kreɪtə*] *n* (*of volcano*) krater *m*; (*of bomb blast*) lej *m*.
cravat [krə'væt] *n* apaszka *f*.
crave [kreɪv] *vt* (*also*: **crave for**: *drink, cigarette*) mieć nieprzepartą ochotę na *+acc*; (: *luxury, admiration*) być złaknionym *+gen*.
craving ['kreɪvɪŋ] *n* (*for drink, cigarette*) ochota *f*; (*for luxury*) pragnienie *nt*.
crawl [krɔ:l] *vi* (*adult*) czołgać się; (*baby*) raczkować; (*insect*) pełzać, pełznąć; (*vehicle*) wlec się; (*inf*): **to crawl (to sb)** czołgać się *or* płaszczyć się (przed kimś) ♦ *n* kraul *m*; **I crawled in/out** wczołgałem się (do środka)/wyczołgałem się (na zewnątrz); **we were driving along at a crawl** posuwaliśmy się bardzo powoli.
crayfish ['kreɪfɪʃ] *n inv* (*freshwater*) rak *m*; (*saltwater*) langusta *f*.
crayon ['kreɪən] *n* kredka *f*.
craze [kreɪz] *n* moda *f*, szaleństwo *nt* (*fig*).
crazed [kreɪzd] *adj* (*look, person*) szalony; (*pottery, glaze*) popękany.
crazy ['kreɪzɪ] *adj* pomylony, zwariowany; **to be crazy about sb/sth** (*inf*) szaleć za kimś/czymś, mieć bzika na punkcie kogoś/czegoś (*inf*); **to go crazy** wariować (zwariować *perf*).
crazy paving (*BRIT*) *n* chodnik *m* z mozaiki.
creak [kri:k] *vi* skrzypieć (zaskrzypieć *perf*).
cream [kri:m] *n* (*from milk*) śmietana *f*, śmietanka *f*; (*cake and chocolate filling, cosmetic*) krem *m*; (*fig*) śmietanka *f* ♦ *adj* kremowy; **whipped cream** bita śmietana.
►**cream off** *vt* (*best talents*) wyławiać (wyłowić *perf*); (*part of profits*) zgarniać (zgarnąć *perf*).
cream cake *n* ciastko *nt* z kremem.
cream cheese *n* serek *m* śmietankowy.
creamery ['kri:mərɪ] *n* mleczarnia *f*.
creamy ['kri:mɪ] *adj* (*colour*) kremowy; (*milk*) tłusty; (*coffee*) ze śmietanką *post*.
crease [kri:s] *n* (*fold*) zgięcie *nt*; (*wrinkle*) zmarszczka *f*; (*in trousers*) kant *m* ♦ *vt* gnieść (pognieść *perf*), miąć (pomiąć *perf*) ♦ *vi* gnieść się (pognieść się *perf*), miąć się (pomiąć się *perf*).
crease-resistant ['kri:srɪzɪstənt] *adj* niemnący.
create [kri:'eɪt] *vt* tworzyć (stworzyć *perf*); (*interest, fuss*) wywoływać (wywołać *perf*).
creation [kri:'eɪʃən] *n* (*bringing into existence*) tworzenie *nt*; (*production, design*) wyrób *m*; (*REL*) stworzenie *nt* (świata).
creative [kri:'eɪtɪv] *adj* (*artistic*) twórczy; (*inventive*) twórczy, kreatywny.
creativity [kri:eɪ'tɪvɪtɪ] *n* inwencja *f* (twórcza).
creator [kri:'eɪtə*] *n* twórca (-rczyni) *m(f)*; **the Creator** Stwórca *m*.
creature ['kri:tʃə*] *n* stworzenie *nt*.
crèche [krɛʃ] *n* ≈ żłobek *m*.
credence ['kri:dns] *n*: **to lend** *or* **give credence to** dawać (dać *perf*) wiarę *+dat*.
credentials [krɪ'dɛnʃlz] *npl* (*references*) referencje *pl*; (*identity papers*) dokumenty *pl*.
credibility [krɛdɪ'bɪlɪtɪ] *n* wiarygodność *f*.
credible ['krɛdɪbl] *adj* wiarygodny.
credit ['krɛdɪt] *n* (*COMM*) kredyt *m*; (*recognition*)

uznanie *nt*; (*SCOL*) ≈ zaliczenie *nt* ♦ *adj* (*COMM*: *balance etc*) dodatni ♦ *vt* (*believe*) dawać (dać *perf*) wiarę *+dat*; (*COMM*): **to credit sth to sb/sb's account** zapisywać (zapisać *perf*) coś na dobro czyjegoś rachunku; **credits** *npl* (*FILM, TV*) napisy *pl* (końcowe); **to be in credit** być wypłacalnym; **on the credit side** po stronie „ma"; **to credit sb with sth** (*fig*) przypisywać (przypisać *perf*) komuś coś; **to credit 50 pounds to sb** zapisać (*perf*) 50 funtów na czyjeś konto; **on credit** na kredyt; **it is to their credit that ...** to ich zasługa, że..., to dzięki nim...; **to take the credit for** przypisywać (przypisać *perf*) sobie *+acc*; **it does you credit** to dobrze o tobie świadczy; **he's a credit to his family** jest chlubą swojej rodziny.

creditable ['krɛdɪtəbl] *adj* zaszczytny, godny uznania.

credit account *n* konto *nt* kredytowe.

credit agency (*BRIT*) *n* biuro *nt* informacji kredytowej.

credit bureau (*US*) *n* = **credit agency**.

credit card *n* karta *f* kredytowa.

credit control (*ECON*) *n* kontrola *f* kredytów.

credit facilities *npl* udogodnienia *pl* kredytowe.

credit limit *n* maksymalny kredyt *m*, limit *m* kredytu.

credit note (*BRIT*) *n* *pokwitowanie zwrotu zakupionego towaru, uprawniające do kupna towarów za tę samą sumę.*

creditor ['krɛdɪtə*] *n* wierzyciel *m*.

credit transfer *n* przelew *m* (bankowy).

creditworthy ['krɛdɪt'wə:ðɪ] *adj* rzetelny.

credulity [krɪ'dju:lɪtɪ] *n* łatwowierność *f*.

creed [kri:d] *n* wyznanie *nt*.

creek [kri:k] *n* (*inlet*) wąska zatoka *f*; (*US*: *stream*) strumień *m*; **to be up the creek** (*inf*) być w tarapatach.

creel [kri:l] *n* (*also*: **lobster creel**) kosz *m* (*na ryby, homary itp*).

creep [kri:p] (*pt, pp* **crept**) *vi* (*person, animal*) skradać się; (*plant*) płozić się ♦ *n* (*inf*) lizus *m* (*inf*); **it gives me the creeps** przyprawia mnie to o gęsią skórkę; **to creep up on sb** podkradać się (podkraść się *perf*) do kogoś.

creeper ['kri:pə*] *n* pnącze *nt*.

creepy ['kri:pɪ] *adj* straszny.

creepy-crawly ['kri:pɪ'krɔ:lɪ] (*inf*) *n* robal *m* (*inf*).

cremate [krɪ'meɪt] *vt* poddawać (poddać *perf*) kremacji.

cremation [krɪ'meɪʃən] *n* kremacja *f*.

crematoria [krɛmə'tɔ:rɪə] *npl of* **crematorium**.

crematorium [krɛmə'tɔ:rɪəm] (*pl* **crematoria**) *n* krematorium *nt*.

creosote ['krɪəsəut] *n* kreozot *m*.

crêpe [kreɪp] *n* krepa *f* (*tkanina lub rodzaj kauczuku*).

crêpe bandage (*BRIT*) *n* bandaż *m* elastyczny.

crêpe paper *n* krepina *f*, bibułka *f* marszczona *or* krepowa.

crêpe sole *n* kauczukowa podeszwa *f*.

crept [krɛpt] *pt, pp of* **creep**.

crescendo [krɪ'ʃɛndəu] *n* (*MUS*) crescendo *nt inv*; (*noise*): **in a crescendo** coraz głośniej.

crescent ['krɛsnt] *n* (*shape*) półksiężyc *m*; (*street*) ulica *f* (*w kształcie półkola*).

cress [krɛs] *n* rzeżucha *f*.

crest [krɛst] *n* (*of hill*) szczyt *m*, wierzchołek *m*; (*of bird*) czub(ek) *m*, grzebień *m* (*z piór*); (*coat of arms*) herb *m*.

crestfallen ['krɛstfɔ:lən] *adj* strapiony.

Crete [kri:t] *n* Kreta *f*.

crevasse [krɪ'væs] *n* szczelina *f* lodowca.

crevice ['krɛvɪs] *n* szczelina *f* (skalna).

crew [kru:] *n* (*NAUT, AVIAT*) załoga *f*; (*TV, FILM*) ekipa *f*; (*gang*) zgraja *f*.

crew-cut ['kru:kʌt] *n* fryzura *f* na jeża, jeżyk *m* (*inf*).

crew-neck ['kru:nɛk] *n* (*jersey*) pulower *m* (*z okrągłym wykończeniem przy szyi*).

crib [krɪb] *n* (*cot*) łóżeczko *nt* (dziecięce); (*REL*) żłóbek *m* ♦ *vt* (*inf*: *copy*) ściągać (ściągnąć *perf*) (*inf*).

cribbage ['krɪbɪdʒ] *n* *gra karciana, w której jako tabeli wyników używa się drewnianej planszy z wtykanymi kołkami.*

crick [krɪk] *n* (*in neck, back*) (bolesny) skurcz *m*, strzyknięcie *nt* (*inf*).

cricket ['krɪkɪt] *n* (*SPORT*) krykiet *m*; (*insect*) świerszcz *m*.

cricketer ['krɪkɪtə*] *n* gracz *m* w krykieta.

crime [kraɪm] *n* (*illegal activities*) przestępczość *f*; (*illegal action*) przestępstwo *nt*; (*fig*) zbrodnia *f*.

crime wave *n* fala *f* przestępczości.

criminal ['krɪmɪnl] *n* przestępca (-pczyni) *m(f)* ♦ *adj* (*illegal*) kryminalny; (*morally wrong*) karygodny; **criminal law** prawo karne; **Criminal Investigation Department** (*BRIT*) ≈ wydział kryminalny.

crimp [krɪmp] *vt* (*fabric*) marszczyć (zmarszczyć *perf*) brzegi *+gen*; (*pastry*) zaginać (zagiąć *perf*) brzegi *+gen*; (*hair*) karbować.

crimson ['krɪmzn] *adj* karmazynowy.

cringe [krɪndʒ] *vi* kulić się (skulić się *perf*).

crinkle ['krɪŋkl] *vt* marszczyć (zmarszczyć *perf*) (lekko).

cripple ['krɪpl] *n* (*old*) kaleka *m* ♦ *vt* (*person*) okaleczać (okaleczyć *perf*), uczynić (*perf*) kaleką; (*ship, plane*) unieruchamiać (unieruchomić *perf*); (*production, exports*) paraliżować (sparaliżować *perf*); **crippled with rheumatism** sparaliżowany przez reumatyzm.

crippling ['krɪplɪŋ] *adj* (*disease*) wyniszczający; (*taxation, debts*) rujnujący.

crises ['kraɪsi:z] *npl of* **crisis**.

crisis ['kraɪsɪs] (*pl* **crises**) *n* kryzys *m*.

crisp [krɪsp] *adj* (*vegetables*) kruchy; (*bacon,*

roll) chrupiący; (*weather*) rześki; (*tone, reply*) rzeczowy.
crisps [krɪsps] (*BRIT*) *npl* chrupki *pl*, chipsy *pl*.
criss-cross ['krɪskrɔs] *adj* (*pattern etc*) kratkowany ♦ *vt* przecinać (wzdłuż i wszerz).
criteria [kraɪ'tɪərɪə] *npl of* **criterion**.
criterion [kraɪ'tɪərɪən] (*pl* **criteria**) *n* kryterium *nt*.
critic ['krɪtɪk] *n* krytyk *m*.
critical ['krɪtɪkl] *adj* krytyczny; **to be critical of sb/sth** mieć krytyczny stosunek do kogoś/czegoś.
critically ['krɪtɪklɪ] *adv* krytycznie; **he's critically ill** jest w stanie krytycznym.
criticism ['krɪtɪsɪzəm] *n* (*disapproval, complaint*) krytyka *f*; (*of book, play*) analiza *f* krytyczna; **literary criticism** krytyka literacka.
criticize ['krɪtɪsaɪz] *vt* krytykować (skrytykować *perf*).
critique [krɪ'ti:k] *n* krytyka *f*, analiza *f* krytyczna; **a critique of Socialism** krytyka socjalizmu.
croak [krəuk] *vi* (*frog*) rechotać (zarechotać *perf*); (*crow*) krakać (zakrakać *perf*); (*person*) chrypieć (zachrypieć *perf*).
Croatia [krəu'eɪʃə] *n* Chorwacja *f*.
crochet ['krəuʃeɪ] *n* szydełkowanie *nt*.
crock [krɔk] *n* garnek *m* gliniany; (*inf*: *vehicle*) grat *m* (*inf*); (: *person*) ramol *m* (*inf*).
crockery ['krɔkərɪ] (*also*: **crocks**) *n* naczynia *pl* stołowe.
crocodile ['krɔkədaɪl] *n* krokodyl *m*.
crocus ['krəukəs] *n* krokus *m*.
croft [krɔft] (*BRIT*) *n* małe gospodarstwo *nt*.
crofter ['krɔftə*] (*BRIT*) *n* właściciel *m* małego gospodarstwa, chłop *m* małorolny (*old*).
crone [krəun] *n* starucha *f*.
crony ['krəunɪ] (*inf*) *n* kumpel *m* (*inf*).
crook [kruk] *n* (*criminal*) kanciarz *m*; (*of shepherd*) kij *m* pasterski; (*of arm*) zgięcie *nt*.
crooked ['krukɪd] *adj* (*branch, table, smile*) krzywy; (*street, lane*) kręty; (*person*) nieuczciwy.
crop [krɔp] *n* (*plant*) roślina *f* uprawna; (*harvest*) zbiór *m*, plon *m*; (*amount produced*) produkcja *f*; (*also*: **riding crop**) szpicruta *f* (*zakończona pętelką*); (*of bird*) wole *nt* ♦ *vt* (*hair*) przycinać (przyciąć *perf*) (krótko); (*animal*: *grass, leaves*) skubać.
▸**crop up** *vi* pojawiać się (pojawić się *perf*).
crop circle *n* (*BRIT*) *tajemnicze koliste znaki ze złamanych kłosów pojawiające się na polu.*
cropper ['krɔpə*] (*inf*) *n*: **to come a cropper** dawać (dać *perf*) plamę (*inf*).
crop spraying [-'spreɪɪŋ] *n* opylanie *nt* zbiorów.
croquet ['krəukeɪ] (*BRIT*) *n* krokiet *m* (*gra*).
croquette [krə'kɛt] *n* krokiet *m* (*potrawa*).
cross [krɔs] *n* krzyż *m*; (*small*) krzyżyk *m*; (*BIO, BOT*) krzyżówka *f* ♦ *vt* (*street, room*) przechodzić (przejść *perf*) przez *+acc*; (*cheque*) zakreślać (zakreślić *perf*); (*arms, animals, plants*) krzyżować (skrzyżować *perf*); (*thwart*: *person*) psuć (popsuć *perf*) szyki *+dat*; (: *plan*) krzyżować (pokrzyżować *perf*) ♦ *vi*: **the boat crosses from ... to ...** łódź kursuje między *+instr* a *+instr* ♦ *adj* podenerwowany, poirytowany; **to cross o.s.** żegnać się (przeżegnać się *perf*); **to cross one's legs** zakładać (założyć *perf*) nogę na nogę; **we have a crossed line** (*BRIT*: *TEL*) mamy przebicia na linii; **they've got their lines** *or* **wires crossed** (*fig*) mówią o dwóch różnych rzeczach; **to be cross with sb (about sth)** być poirytowanym na kogoś (o coś).
▸**cross out** *vt* skreślać (skreślić *perf*).
▸**cross over** *vi* przechodzić (przejść *perf*) na drugą stronę.
crossbar ['krɔsbɑ:*] (*SPORT*) *n* poprzeczka *f*.
crossbreed ['krɔsbri:d] *n* mieszaniec *m*.
cross-Channel ferry ['krɔs'tʃænl-] *n* prom *m* kursujący po kanale La Manche.
crosscheck ['krɔstʃɛk] (*US* **cross-check**) *n* powtórne badanie *nt* ♦ *vt* powtórnie badać (zbadać *perf*).
cross-country (race) ['krɔs'kʌntrɪ-] *n* wyścig *m* przełajowy.
cross-examination ['krɔsɪgzæmɪ'neɪʃən] (*JUR*) *n* przesłuchanie *nt* (*świadka strony przeciwnej*).
cross-examine ['krɔsɪg'zæmɪn] (*JUR*) *vt* przesłuchiwać (przesłuchać *perf*) (*świadka strony przeciwnej*).
cross-eyed ['krɔsaɪd] *adj* zezowaty.
crossfire ['krɔsfaɪə*] *n* ogień *m* krzyżowy; **to get caught in the crossfire** dostać się (*perf*) w ogień krzyżowy; (*fig*) znaleźć się (*perf*) między młotem a kowadłem.
crossing ['krɔsɪŋ] *n* (*sea passage*) przeprawa *f*; (*also*: **pedestrian crossing**) przejście *nt* dla pieszych.
crossing guard (*US*) *n osoba przeprowadzająca dzieci przez jezdnię w drodze do/ze szkoły.*
cross-purposes ['krɔs'pə:pəsɪz] *npl*: **we are at cross-purposes** nie rozumiemy się; **we're talking at cross-purposes** mówimy o różnych rzeczach.
cross-reference ['krɔs'rɛfrəns] *n* odsyłacz *m*.
crossroads ['krɔsrəudz] *n* skrzyżowanie *nt*.
cross section *n* przekrój *m*.
crosswalk ['krɔswɔ:k] (*US*) *n* przejście *nt* dla pieszych.
crosswind ['krɔswɪnd] *n* boczny wiatr *m*.
crosswise ['krɔswaɪz] *adv* w poprzek.
crossword ['krɔswə:d] *n* krzyżówka *f*.
crotch [krɔtʃ], **crutch** *n* (*ANAT*) krocze *nt*; (*of garment*) krok *m*.
crotchet ['krɔtʃɪt] *n* ćwierćnuta *f*.
crotchety ['krɔtʃɪtɪ] *adj* zrzędny.
crouch [krautʃ] *vi* (*move*) kucać (kucnąć *perf*), przykucać (przykucnąć *perf*); (*sit*) siedzieć w kucki.

croup [kru:p] (*MED*) *n* krup *m*, dławiec *m* rzekomy.
croupier ['kru:pɪə*] *n* krupier *m*.
croutons ['kru:tɔnz] *npl* grzanki *pl* (*małe, w zupie*).
crow [krəu] *n* wrona *f* ♦ *vi* piać (zapiać *perf*); (*fig*): **to crow over sth** piać (z zachwytu) nad czymś.
crowbar ['krəuba:*] *n* łom *m*.
crowd [kraud] *n* tłum *m* ♦ *vt*: **to crowd sb/sth in/into** wpychać (wepchnąć *perf*) kogoś/coś do środka/do +*gen* ♦ *vi*: **to crowd round sb/sth** tłoczyć się (stłoczyć się *perf*) dookoła kogoś/czegoś;: **to crowd in/into** wpychać się (wepchnąć się *perf*) do środka/do +*gen*; **the/our crowd** (nasza) paczka (*inf*); **crowds of people** tłumy ludzi.
crowded ['kraudɪd] *adj* (*full*) zatłoczony; (*densely populated*) przeludniony; **crowded with** pełen +*gen*.
crowd scene (*FILM*) *n* scena *f* zbiorowa.
crown [kraun] *n* (*of monarch, tooth*) korona *f*; (*of head*) ciemię *nt*; (*of hill*) wierzchołek *m*, szczyt *m*; (*of hat*) denko *nt* ♦ *vt* koronować (ukoronować *perf*); (*fig*) ukoronować (*perf*), uwieńczyć (*perf*); **the Crown** (*monarchy*) Korona; **and to crown it all ...** (*fig*) a na dodatek (jeszcze)... .
crown court (*BRIT*) *n Sąd Koronny do spraw karnych (w Anglii i Walii).*
crowning ['kraunɪŋ] *adj* (*achievement*) czołowy; (*ambition*) nadrzędny; **her hair is her crowning glory** włosy są jej głównym atutem.
crown jewels *npl* klejnoty *pl* koronne.
crown prince *n* następca *m* tronu.
crow's feet *npl* kurze łapki *pl*.
crow's nest *n* (*NAUT*) bocianie gniazdo *nt*.
crucial ['kru:ʃl] *adj* (*vote*) rozstrzygający, decydujący; (*issue*) zasadniczy, kluczowy; **crucial to** kluczowy dla +*gen*.
crucifix ['kru:sɪfɪks] *n* krucyfiks *m*.
crucifixion [kru:sɪ'fɪkʃən] *n* ukrzyżowanie *nt*.
crucify ['kru:sɪfaɪ] *vt* krzyżować (ukrzyżować *perf*); **if he catches us he'll crucify us** jak nas złapie, to nas zamorduje.
crude [kru:d] *adj* (*materials*) surowy; (*tool*) prosty, prymitywny; (*person*) niekrzesany.
crude (oil) *n* ropa *f* naftowa.
cruel ['kruəl] *adj* okrutny.
cruelty ['kruəltɪ] *n* okrucieństwo *nt*.
cruet ['kru:ɪt] *n* komplet *m* do przypraw (*lub sam stojaczek, na którym umieszczone są pojemniki z solą, pieprzem itp*).
cruise [kru:z] *n* rejs *m* wycieczkowy ♦ *vi* (*ship*) płynąć (ze stałą prędkością); (*car*) jechać (ze stałą prędkością); (*aircraft*) lecieć (ze stałą prędkością); (*taxi*) krążyć.
cruise missile *n* pocisk *m* samosterujący dalekiego zasięgu.
cruiser ['kru:zə*] *n* (*motorboat*) łódź *f* motorowa; (*warship*) krążownik *m*.
cruising speed *n* (stała) prędkość *f* jazdy.
crumb [krʌm] *n* okruch *m*; (*small*) okruszek *m*; (*fig*: *of information, comfort*) odrobina *f*.
crumble ['krʌmbl] *vt* kruszyć (pokruszyć *perf*) ♦ *vi* (*bread, plaster, brick*) kruszyć się (pokruszyć się *perf*); (*building, society, organization*) rozpadać się (rozpaść się *perf*).
crumbly ['krʌmblɪ] *adj* kruchy.
crummy ['krʌmɪ] (*inf*) *adj* lichy.
crumpet ['krʌmpɪt] *n okrągły placek spożywany na gorąco z masłem, konfiturami itp.*
crumple ['krʌmpl] *vt* (*paper*) gnieść (zgnieść *perf*), miąć (zmiąć *perf*); (*clothes*) gnieść (pognieść *perf*), miąć (wymiąć *perf*).
crunch [krʌntʃ] *vt* (*food etc*) chrupać (schrupać *perf*); (*underfoot*) miażdżyć (zmiażdżyć *perf*) ♦ *n*: **the crunch** (*fig*) krytyczny moment *m*; **if it comes to the crunch** jak przyjdzie co do czego.
crunchy ['krʌntʃɪ] *adj* (*food*) chrupiący, chrupki; (*snow, gravel*) skrzypiący, chrzęszczący.
crusade [kru:'seɪd] *n* wyprawa *f* krzyżowa, krucjata *f*; (*fig*) kampania *f* ♦ *vi* (*fig*): **to crusade for/against** prowadzić kampanię na rzecz +*gen*/przeciwko +*dat*.
crusader [kru:'seɪdə*] *n* krzyżowiec *m*; (*fig*): **moral crusader** orędownik (-iczka) *m(f)* moralności.
crush [krʌʃ] *n* (*crowd*) (gęsty) tłum *m*; (*drink*) sok *m* (*ze świeżych owoców i wody*) ♦ *vt* (*press, break*) miażdżyć (zmiażdżyć *perf*); (*grapes*) wyciskać (wycisnąć *perf*); (*paper*) gnieść (zgnieść *perf*), miąć (zmiąć *perf*); (*clothes*) gnieść (pognieść *perf*), miąć (wymiąć *perf*); (*garlic*) rozgniatać (rozgnieść *perf*); (*ice, rock*) kruszyć (skruszyć *perf*); (*enemy, opposition*) roznosić (roznieść *perf*); (*hopes, person*) zdruzgotać (*perf*); **to have a crush on sb** być zadurzonym w kimś.
crush barrier (*BRIT*) *n* = **crash barrier**.
crushing ['krʌʃɪŋ] *adj* (*defeat, blow*) druzgocący.
crust [krʌst] *n* (*of bread*) skórka *f*; (*of snow, ice*) skorupa *f*; **the earth's crust** skorupa ziemska.
crustacean [krʌs'teɪʃən] *n* skorupiak *m*.
crusty ['krʌstɪ] *adj* chrupiący.
crutch [krʌtʃ] *n* (*MED*) kula *f*; (*fig*) podpora *f*; *see* **crotch**.
crux [krʌks] *n* sedno *nt*.
cry [kraɪ] *vi* (*weep*) płakać (zapłakać *perf*); (*also*: **cry out**) krzyczeć (krzyknąć *perf*) ♦ *n* (*shriek*) (o)krzyk *m*; (*of bird*) krzyk *m*; (*of wolf*) wycie *nt*; **what are you crying about?** dlaczego płaczesz?; **to cry for help** wołać (zawołać *perf*) o pomoc; **she had a good cry** porządnie się wypłakała; **this is a far cry from ...** (*fig*) daleko temu do +*gen*.
►**cry off** (*inf*) *vi* wycofywać się (wycofać się *perf*).
crying ['kraɪɪŋ] *adj* (*fig*: *need*) palący; **it's a crying shame** to woła o pomstę do nieba.

crypt [krɪpt] *n* krypta *f*.
cryptic ['krɪptɪk] *adj* zagadkowy.
crystal ['krɪstl] *n* kryształ *m*.
crystal clear *adj* (*sky, air, sound*) kryształowo czysty; (*point, position*) absolutnie jasny.
crystallize ['krɪstəlaɪz] *vt* krystalizować (skrystalizować *perf*) ♦ *vi* (*lit, fig*) krystalizować się (skrystalizować się *perf*); **crystallized fruits** (*BRIT*) owoce kandyzowane.
CSA *n abbr* (= *Confederate States of America*).
CSC *n abbr* (= *Civil Service Commission*) *komisja administracji państwowej*.
CSE (*BRIT*) *n abbr* (*formerly*: = *Certificate of Secondary Education*) *świadectwo ukończenia szkoły średniej*.
CS gas (*BRIT*) *n* gaz *m* łzawiący.
CST (*US*) *abbr* (= *Central Standard Time*).
CT (*US*: *POST*) *abbr* (= *Connecticut*).
ct *abbr* = **carat** kt.
CTC (*BRIT*) *n abbr* (= *city technology college*).
cu. *abbr* = **cubic**.
cub [kʌb] *n* (*of wild animal*) młode *nt*; (*also*: **cub scout**) ≈ zuch *m*; **lion/wolf/bear cub** lwiątko/wilczek/niedźwiadek.
Cuba ['kju:bə] *n* Kuba *f*.
Cuban ['kju:bən] *adj* kubański ♦ *n* Kubańczyk (-anka) *m(f)*.
cubbyhole ['kʌbɪhəul] *n* kącik *m*.
cube [kju:b] *n* (*shape*) kostka *f*; (*MATH*) sześcian *m*, trzecia potęga *f* ♦ *vt* podnosić (podnieść *perf*) do sześcianu.
cube root *n* pierwiastek *m* sześcienny *or* trzeciego stopnia.
cubic ['kju:bɪk] *adj* (*metre, foot*) sześcienny; **cubic volume** (*of liquid, gas*) objętość; (*of container*) pojemność.
cubic capacity *n* pojemność *f*.
cubicle ['kju:bɪkl] *n* (*at pool*) kabina *f*; (*in hospital*) *część sali oddzielona zasłoną*.
cubism ['kju:bɪzəm] *n* kubizm *m*.
cuckoo ['kuku:] *n* kukułka *f*.
cuckoo clock *n* zegar *m* z kukułką.
cucumber ['kju:kʌmbə*] *n* ogórek *m*.
cud [kʌd] *n*: **to chew the cud** (*fig*) rozmyślać, dumać.
cuddle ['kʌdl] *vt* (*baby*) przytulać (przytulić *perf*); (*lover*) pieścić ♦ *n*: **to give sb a cuddle** przytulić (*perf*) kogoś.
cuddly ['kʌdlɪ] *adj* (*person, animal*) milusi; **a cuddly toy** przytulanka.
cudgel ['kʌdʒl] *n* pałka *f* ♦ *vt*: **to cudgel one's brains** zachodzić w głowę, łamać sobie głowę.
cue [kju:] *n* (*snooker cue*) kij *m* bilardowy; (*hint*) sygnał *m*.
cuff [kʌf] *n* (*of garment*) mankiet *m*; (*blow*) trzepnięcie *nt* ♦ *vt* trzepać (trzepnąć *perf*); **off the cuff** (tak) z głowy.
cuff links *npl* spinki *pl* do mankietów.
cu. in. *abbr* (= *cubic inches*) cali sześciennych.
cuisine [kwɪ'zi:n] *n* kuchnia *f* (*danego regionu, kraju itp*).
cul-de-sac ['kʌldəsæk] *n* ślepa uliczka *f*.
culinary ['kʌlɪnərɪ] *adj* kulinarny.
cull [kʌl] *vt* (*story, idea*) zaczerpnąć (*perf*); (*wild animals*) odstrzeliwać (odstrzelić *perf*); (*domestic animals*) dokonywać (dokonać *perf*) uboju +*gen* (*selektywnego*) ♦ *n* (*of wild animals*) odstrzał *m*; (*of domestic animals*) ubój *m* selektywny.
culminate ['kʌlmɪneɪt] *vi*: **to culminate in** kończyć się (zakończyć się *perf*) +*instr*.
culmination [kʌlmɪ'neɪʃən] *n* (*of career etc*) ukoronowanie *nt*; (*of process*) punkt *m* kulminacyjny.
culottes [kju:'lɔts] *npl* spódnica *f* – spodnie *pl* (*o długości do kolan*).
culpable ['kʌlpəbl] *adj* winny.
culprit ['kʌlprɪt] *n* (*of crime*) sprawca (-wczyni) *m(f)*.
cult [kʌlt] *n* kult *m*.
cult figure *n* bożyszcze *nt*.
cultivate ['kʌltɪveɪt] *vt* (*land, crop*) uprawiać; (*attitude, feeling*) kultywować; (: *in o.s.*) rozwijać w sobie; (*person*) zabiegać o względy +*gen*.
cultivation [kʌltɪ'veɪʃən] *n* uprawa *f*.
cultural ['kʌltʃərəl] *adj* (*tradition, link*) kulturowy; (*concerning the arts*) kulturalny.
culture ['kʌltʃə*] *n* kultura *f*.
cultured ['kʌltʃəd] *adj* (*person*) kulturalny; **cultured pearl** *perła uzyskana w warunkach hodowlanych*.
cumbersome ['kʌmbəsəm] *adj* (*object*) nieporęczny; (*system*) nieefektywny.
cumin ['kʌmɪn] *n* kmin *m*, czarnuszka *f*.
cumulative ['kju:mjulətɪv] *adj* (*effect*) kumulacyjny; (*result*) łączny.
cunning ['kʌnɪŋ] *n* przebiegłość *f* ♦ *adj* przebiegły.
cunt [kʌnt] (*inf!*) *n* pizda *f* (*inf!*).
cup [kʌp] *n* (*for drinking*) filiżanka *f*; (*trophy*) puchar *m*; (*of bra*) miseczka *f*; (*quantity*) ≈ szklanka *f*.
cupboard ['kʌbəd] *n* kredens *m*.
cup final (*BRIT*) *n* finał *m* rozgrywek pucharowych.
cupful ['kʌpful] *n* ≈ szklanka *f*.
Cupid ['kju:pɪd] *n* Kupidyn *m or* Kupido *m*, Amor *m*; (*figurine*) kupidynek *m*, amorek *m*.
cupidity [kju:'pɪdɪtɪ] *n* chciwość *f*.
cupola ['kju:pələ] *n* kopuła *f*.
cup tie (*BRIT*) *n* rozgrywka *f* eliminacyjna (*w systemie pucharowym*).
curable ['kjuərəbl] *adj* uleczalny.
curate ['kjuərɪt] *n* ≈ wikary *m* (*w kościele anglikańskim*).
curator [kjuə'reɪtə*] *n* kustosz *m*.
curb [kə:b] *vt* (*powers, expenditure*) ograniczać (ograniczyć *perf*); (*person*) okiełznywać

(okiełznać *perf*) ♦ *n* (*restraint*) ograniczenie *nt*; (*US*: *kerb*) krawężnik *m*.
curd cheese *n* twaróg *m*.
curdle ['kə:dl] *vi* zsiadać się (zsiąść się *perf*).
curds [kə:dz] *npl* zsiadłe mleko *nt*.
cure [kjuə*] *vt* (*MED*) leczyć (wyleczyć *perf*); (*CULIN*) konserwować (zakonserwować *perf*); (*problem*) zaradzać (zaradzić *perf*) *+dat* ♦ *n* lekarstwo *nt*; **to be cured of sth** zostać *(perf)* z czegoś wyleczonym.
cure-all ['kjuərɔ:l] *n* lekarstwo *nt* na wszystko; (*fig*) panaceum *nt*.
curfew ['kə:fju:] *n* godzina *f* policyjna.
curio ['kjuərɪəu] *n* osobliwość *f*.
curiosity [kjuərɪ'ɔsɪtɪ] *n* (*interest*) ciekawość *f*, zaciekawienie *nt*; (*nosiness*) ciekawość *f*; (*unusual thing*) osobliwość *f*.
curious ['kjuərɪəs] *adj* (*interested*) ciekawy, zaciekawiony; (*nosy*) ciekawski; (*strange, unusual*) dziwny; **I'm curious about him** on mnie interesuje.
curiously ['kjuərɪəslɪ] *adv* ciekawie, z ciekawością *or* zaciekawieniem; **curiously enough, ...** co ciekawe, ...
curl [kə:l] *n* (*of hair*) lok *m*; (*of smoke*) kłąb *m* ♦ *vt* (*hair*: *loosely*) układać (ułożyć *perf*) w fale; (: *tightly*) zakręcać (zakręcić *perf*) ♦ *vi* (*hair*) kręcić się; (*smoke*) wić się.
►**curl up** *vi* (*person*) kulić się (skulić się *perf*); (*animal*) zwijać się (zwinąć się *perf*) (w kłębek).
curler ['kə:lə*] *n* wałek *m* (do włosów).
curlew ['kə:lu:] *n* kulik *m*.
curling ['kə:lɪŋ] *n sport zimowy, polegający na toczeniu po lodzie płaskich kamieni, którymi gracze starają się trafić do celu.*
curling tongs (*US* **curling irons**) *npl* lokówka *f*.
curly ['kə:lɪ] *adj* (*hair*) kręcony; (*leaf etc*) poskręcany.
currant ['kʌrnt] *n* (*dried fruit*) rodzynek *m*; (*also*: **blackcurrant**) czarna porzeczka *f*; (*also*: **redcurrant**) czerwona porzeczka *f*.
currency ['kʌrnsɪ] *n* waluta *f*; **to gain currency** (*fig*) zyskiwać (zyskać *perf*) popularność.
current ['kʌrnt] *n* prąd *m* ♦ *adj* (*methods, rate*) obecny; (*month, year*) bieżący; (*beliefs etc*) powszechnie przyjęty; **direct/alternating current** prąd stały/zmienny; **current of opinion** trend; **the current issue of a magazine** bieżący numer czasopisma; **in current use** rozpowszechniony.
current account (*BRIT*) *n* rachunek *m* bieżący.
current affairs *npl* aktualności *pl*.
current assets *npl* środki *pl* obrotowe.
current liabilities *npl* zobowiązania *pl* bieżące *or* krótkoterminowe.
currently ['kʌrntlɪ] *adv* obecnie.
curricula [kə'rɪkjulə] *npl of* **curriculum**.
curriculum [kə'rɪkjuləm] (*pl* **curriculums** *or* **curricula**) *n* program *m* zajęć *or* nauczania.
curriculum vitae [-'vi:taɪ] *n* życiorys *m*.
curry ['kʌrɪ] *n* curry *nt inv* (*potrawa*) ♦ *vt*: **to curry favour with** starać się przypodobać *+dat*, nadskakiwać *+dat*.
curry powder *n* curry *nt inv* (*przyprawa*).
curse [kə:s] *vi* kląć (zakląć *perf*), przeklinać ♦ *vt* przeklinać (przekląć *perf*) ♦ *n* (*spell*) klątwa *f*, przekleństwo *nt*; (*swearword, scourge*) przekleństwo *nt*.
cursor ['kə:sə*] (*COMPUT*) *n* kursor *m*.
cursory ['kə:sərɪ] *adj* pobieżny.
curt [kə:t] *adj* (*reply, tone*) szorstki.
curtail [kə:'teɪl] *vt* (*freedom, rights*) ograniczać (ograniczyć *perf*); (*visit*) skracać (skrócić *perf*); (*expenses*) redukować (zredukować *perf*).
curtain ['kə:tn] *n* zasłona *f*; (*THEAT*) kurtyna *f*; **to draw the curtains** (*together*) zasuwać (zasunąć *perf*) zasłony; (*apart*) rozsuwać (rozsunąć *perf*) zasłony.
curtain call *n*: **we took four curtain calls** wywoływano nas (oklaskami) cztery razy.
curts(e)y ['kə:tsɪ] *vi* dygać (dygnąć *perf*) ♦ *n* dyg *m*.
curvature ['kə:vətʃə*] *n* krzywizna *f*.
curve [kə:v] *n* łuk *m*; (*MATH*) krzywa *f* ♦ *vi* zataczać (zatoczyć *perf*) łuk.
curved [kə:vd] *adj* zakrzywiony.
cushion ['kuʃən] *n* poduszka *f* ♦ *vt* (*collision, fall*) amortyzować (zamortyzować *perf*); (*shock, effect*) osłabiać (osłabić *perf*).
cushy ['kuʃɪ] (*inf*) *adj* (*life, position*) wygodny; **a cushy job** ciepła posadka.
custard ['kʌstəd] *n sos z mleka, cukru, mąki i jaj do polewania deserów.*
custard powder (*BRIT*) *n słodki sos w proszku do polewania deserów.*
custodian [kʌs'təudɪən] *n* (*of building*) dozorca (-rczyni) *m(f)*; (*of museum*) kustosz *m*.
custody ['kʌstədɪ] *n* (*JUR*: *of child*) opieka *f* nad dzieckiem; (*for offenders*) areszt *m*; **to take sb into custody** aresztować (zaaresztować *perf*) kogoś; **in the custody of** pod opieką *+gen*; **the mother has custody of the children** matce przyznano opiekę nad dziećmi.
custom ['kʌstəm] *n* (*traditional activity*) obyczaj *m*, zwyczaj *m*; (*habit, convention*) zwyczaj *m*; **I shall take my custom elsewhere** będę kupować gdzie indziej; **we get a lot of custom from foreigners** kupuje u nas wielu obcokrajowców.
customary ['kʌstəmərɪ] *adj* (*time, behaviour*) zwykły; (*method, celebration*) tradycyjny; **it is customary to ...** przyjęło się *+infin*.
custom-built ['kʌstəm'bɪlt] *adj* wykonany na zamówienie.
customer ['kʌstəmə*] *n* klient(ka) *m(f)*; **he's an odd customer** (*inf*) to dziwny gość (*inf*).
customer profile *n* charakterystyka *f* klienta.
customized ['kʌstəmaɪzd] *adj* przerobiony (*na życzenie klienta*).

custom-made ['kʌstəm'meɪd] *adj* na zamówienie *post*.
customs ['kʌstəmz] *npl* (*at border, airport*) punkt *m* odprawy celnej; **to go through (the) customs** odbywać (odbyć *perf*) odprawę celną.
Customs and Excise (*BRIT*) *n* ≈ Główny Urząd Ceł.
customs officer *n* celnik (-iczka) *m(f)*.
cut [kʌt] (*pt, pp* **cut**) *vt* (*bread, meat*) kroić (pokroić *perf*); (*hand, knee*) rozcinać (rozciąć *perf*); (*grass*) przycinać (przyciąć *perf*); (*hair*) obcinać (obciąć *perf*); (*scene*: *from book*) usuwać (usunąć *perf*); (: *from film, broadcast*) wycinać (wyciąć *perf*); (*prices*) obniżać (obniżyć *perf*); (*spending, supply*) ograniczać (ograniczyć *perf*); (*garment*) kroić (skroić *perf*); (*line, path*) przecinać (przeciąć *perf*); (*inf*: *cancel*) odwoływać (odwołać *perf*) ♦ *vi* ciąć ♦ *n* (*in skin*) skaleczenie *nt*; (*in salary, spending*) cięcie *nt*; (*of meat*) płat *m*; (*of garment*) krój *m* ♦ *adj* (*jewel*) (o)szlifowany; **the baby is cutting a tooth** dziecku wyrzyna się ząb; **to cut one's finger** skaleczyć się (*perf*) w palec; **to get one's hair cut** obcinać (obciąć *perf*) sobie włosy; **to cut sth short** skracać (skrócić *perf*) coś; **to cut sb dead** udawać (udać *perf*), że się kogoś nie widzi; **cold cuts** (*US*) *różne rodzaje wędlin i zimnych mięs pokrojone w plasterki*; **power cut** przerwa w dopływie energii.
▸**cut back** *vt* (*plants*) przycinać (przyciąć *perf*); (*production, expenditure*) ograniczać (ograniczyć *perf*).
▸**cut down** *vt* (*tree*) ścinać (ściąć *perf*); (*consumption*) ograniczać (ograniczyć *perf*); **to cut sb down to size** (*fig*) przytrzeć (*perf*) komuś nosa.
▸**cut down on** *vt fus* ograniczać (ograniczyć *perf*) +*acc*.
▸**cut in** *vi*: **to cut in (on)** (*interrupt*) wtrącać się (wtrącić się *perf*) (do +*gen*); **to cut in on sb** (*AUT*) zajeżdżać (zajechać *perf*) komuś drogę.
▸**cut off** *vt* (*piece, village, supply*) odcinać (odciąć *perf*); (*limb*) obcinać (obciąć *perf*); (*TEL*) rozłączać (rozłączyć *perf*); **we've been cut off** (*TEL*) rozłączono nas.
▸**cut out** *vt* (*shape, article from newspaper*) wycinać (wyciąć *perf*); (*scene, references*: *from book*) usuwać (usunąć *perf*); (: *from film, broadcast*) wycinać (wyciąć *perf*); **he ought to cut out the drinking** powinien przestać pić; **cut it out!** przestań!
▸**cut up** *vt* (*paper*) ciąć (pociąć *perf*) na kawałki; (*meat*) kroić (pokroić *perf*) (na kawałki); **she still feels cut up about her sister's death** (*inf*) jeszcze nie doszła do siebie po śmierci siostry.
cut-and-dried ['kʌtən'draɪd] *adj* (*also*: **cut-and-dry**: *answer, solution*) gotowy.
cutaway ['kʌtəweɪ] *n* (*coat*) frak *m*; (*drawing, model*) częściowy przekrój *m* perspektywiczny; (*FILM, TV*) fragment *m* ujęcia.
cutback ['kʌtbæk] *n* (*in services, business*) zwolnienia *pl*.
cute [kju:t] *adj* (*sweet*) śliczny, milutki; (*clever*) sprytny; (*esp US*: *attractive*) fajny (*inf*).
cut glass *n* szkło *nt* rżnięte, kryształy *pl*.
cuticle ['kju:tɪkl] *n* skórka *f* (*paznokcia*); **cuticle remover** *płyn lub krem do usuwania skórek u paznokci*.
cutlery ['kʌtlərɪ] *n* sztućce *pl*.
cutlet ['kʌtlɪt] *n* kotlet *m*.
cutoff ['kʌtɔf] (*also spelled* **cut-off**) *n* (*also*: **cutoff point**) (górna) granica *f*.
cutoff switch *n* przełącznik *m* zamykający *or* odcinający.
cutout ['kʌtaut] *n* (*switch*) wyłącznik *m*; (*paper figure*) wycinanka *f*.
cut-price ['kʌt'praɪs] (*US* **cut-rate**) *adj* przeceniony.
cut-throat *n* (*person*) rzezimieszek *m* ♦ *adj* (*competition*) bezwzględny; (*business*) niebezpieczny.
cutting ['kʌtɪŋ] *adj* (*edge*) tnący; (*fig*: *remark*) kąśliwy ♦ *n* (*BRIT*: *from newspaper*) wycinek *m*; (: *RAIL*) wykop *m*; (*from plant*) sadzonka *f*; **to be at the cutting edge of** (*fig*) wyznaczać kierunek rozwoju +*gen*.
cuttlefish ['kʌtlfɪʃ] *n* mątwa *f*.
CV *n abbr* = **curriculum vitae**.
C & W *n abbr* = **country and western music**.
c.w.o. (*COMM*) *abbr* (= *cash with order*) płatne gotówką przy zamówieniu.
cwt. *abbr* = **hundredweight**.
cyanide ['saɪənaɪd] *n* cyjanek *m*.
cybernetics [saɪbə'nɛtɪks] *n* cybernetyka *f*.
cyclamen ['sɪkləmən] *n* cyklamen *m*, fiołek *m* alpejski.
cycle ['saɪkl] *n* (*bicycle*) rower *m*; (*series*) cykl *m*; (*movement*) obrót *m* ♦ *vi* jechać (pojechać *perf*) rowerem *or* na rowerze; (: *regularly*) jeździć na rowerze.
cycle race *n* wyścig *m* kolarski *or* rowerowy.
cycle rack *n* stojak *m* na rowery.
cycling ['saɪklɪŋ] *n* jazda *f* na rowerze; (*SPORT*) kolarstwo *nt*; **to go on a cycling holiday** (*BRIT*) wybierać się (wybrać się *perf*) na wakacje rowerowe.
cyclist ['saɪklɪst] *n* rowerzysta (-tka) *m(f)*; (*SPORT*) kolarz *m*.
cyclone ['saɪkləun] *n* cyklon *m*.
cygnet ['sɪgnɪt] *n* łabędziątko *nt*.
cylinder ['sɪlɪndə*] *n* (*shape*) walec *m*; (*of gas*) butla *f*; (*in engine, machine*) cylinder *m*.
cylinder block *n* (*AUT*) blok *m* cylindrów.
cylinder head *n* (*AUT*) głowica *f* cylindra.
cylinder-head gasket ['sɪlɪndəhɛd-] *n* (*AUT*) uszczelka *f* pod głowicę cylindra.
cymbals ['sɪmblz] *npl* (*MUS*) talerze *pl*.

cynic ['sɪnɪk] *n* cynik (-iczka) *m(f)*.
cynical ['sɪnɪkl] *adj* cyniczny.
cynicism ['sɪnɪsɪzəm] *n* cynizm *m*.
CYO (*US*) *n abbr* (= *Catholic Youth Organization*) *stowarzyszenie młodzieży katolickiej*.
cypress ['saɪprɪs] *n* cyprys *m*.
Cypriot ['sɪprɪət] *adj* cypryjski ♦ *n* Cypryjczyk (-jka) *m(f)*.
Cyprus ['saɪprəs] *n* Cypr *m*.
cyst [sɪst] *n* (*under skin*) pęcherz *m*; (*inside body*) torbiel *f*.
cystitis [sɪs'taɪtɪs] *n* zapalenie *nt* pęcherza (moczowego).
CZ (*US*) *n abbr* (= *Canal Zone*).
czar [zɑ:*] *n* = **tsar**.
Czech [tʃɛk] *adj* czeski ♦ *n* (*person*) Czech/Czeszka *m/f*; (*LING*) (język *m*) czeski.
Czechoslovak [tʃɛkə'sləuvæk] *adj, n* = **Czechoslovakian**.
Czechoslovakia [tʃɛkəslə'vækɪə] (*old*) *n* Czechosłowacja *f*.
Czechoslovak(ian) [tʃɛkəslə'vækɪən] (*old*) *adj* czechosłowacki ♦ *n* mieszkaniec (-nka) *m(f)* Czechosłowacji.
Czech Republic *n*: **the Czech Republic** Republika *f* Czeska.

D,d

D[1], **d**[1] [di:] *n* (*letter*) D *nt*, d *nt*; **D for David,** (*US*) **D for Dog** ≈ D jak Dorota.
D[2] [di:] *n* (*MUS*) D *nt*, d *nt*.
D[3] (*US*: *POL*) *abbr* = **democrat(ic)**.
d[2] (*BRIT*: *formerly*) *abbr* = **penny**.
d. *abbr* (= *died*) zm.; **Henry Jones, d. 1754** Henry Jones, zm. 1754.
DA (*US*) *n abbr* = **district attorney**.
dab [dæb] *vt* (*wound*) (delikatnie) przemywać (przemyć *perf*); (*paint, cream*) nakładać (nałożyć *perf*) ♦ *n* odrobina *f*.
▸**dab at** *vt fus*: **she dabbed at her mouth with the lace handkerchief** kilkakrotnie dotknęła ust koronkową chusteczką; **to be a dab hand at sth/doing sth** być specem w czymś/robieniu czegoś.
dabble ['dæbl] *vi*: **to dabble in** parać się *+instr*, zajmować się po amatorsku *+instr*.
dachshund ['dækshund] *n* jamnik *m*.
dad [dæd] *n* tata *m*, tatuś *m*.
daddy ['dædɪ] *n* = **dad**.
daddy-long-legs [dædɪ'lɔŋlɛgz] (*inf*) *n* (*BRIT*) komarnica *f*; (*US*) kosarz *m*.
daffodil ['dæfədɪl] *n* żonkil *m*.
daft [dɑ:ft] *adj* (*person*) głupi; (*thing*) zwariowany; **to be daft about sb/sth** mieć fioła na punkcie kogoś/czegoś (*inf*).
dagger ['dægə*] *n* sztylet *m*; **to be at daggers drawn with sb** być z kimś na noże; **to look daggers at sb** sztyletować kogoś wzrokiem.
dahlia ['deɪljə] *n* dalia *f*.
daily ['deɪlɪ] *adj* (*dose, wages*) dzienny; (*routine, life*) codzienny ♦ *n* (*paper*) dziennik *m*; (*BRIT*: *also*: **daily help**) (dochodząca) pomoc *f* domowa ♦ *adv* codziennie; **twice daily** dwa razy dziennie.
dainty ['deɪntɪ] *adj* filigranowy.
dairy ['dɛərɪ] *n* (*shop*) sklep *m* nabiałowy; (*company, building*) mleczarnia *f* ♦ *cpd* (*cattle, chocolate*) mleczny; (*industry*) mleczarski.
dairy farm *n* gospodarstwo *nt* mleczarskie.
dairy products *npl* nabiał *m*, produkty *pl* mleczne.
dairy store (*US*) *n* sklep *m* nabiałowy.
dais ['deɪɪs] *n* podium *nt*.
daisy ['deɪzɪ] *n* stokrotka *f*.
daisy wheel *n* (*on printer*) rozetka *f*.
daisy-wheel printer ['deɪzɪwi:l-] *n* drukarka *f* rozetkowa.
Dakar ['dækə*] *n* Dakar *m*.
dale [deɪl] (*BRIT*) *n* dolina *f*.
dally ['dælɪ] *vi* ociągać się, marudzić; **to dally with** rozważać *+acc* (*niezbyt poważnie*).
dalmatian [dæl'meɪʃən] *n* dalmatyńczyk *m*.
dam [dæm] *n* (*on river*) tama *f*, zapora *f*; (*reservoir*) (sztuczny) zalew *m*, zbiornik *m* (zaporowy) ♦ *vt* stawiać (postawić *perf*) zaporę *or* tamę na *+loc*.
damage ['dæmɪdʒ] *n* (*harm*) szkody *pl*; (*dents etc*) uszkodzenia *pl*; (*fig*) szkoda *f*, uszczerbek *m* ♦ *vt* (*physically*) uszkadzać (uszkodzić *perf*); (*affect*) narażać (narazić *perf*) na szwank, wyrządzać (wyrządzić *perf*) szkodę *+dat*; **damages** *npl* (*JUR*) odszkodowanie *nt*; **damage to property** straty materialne; **to pay 5,000 pounds in damages** wypłacać (wypłacić *perf*) 5 tys. funtów (tytułem) odszkodowania.
damaging ['dæmɪdʒɪŋ] *adj*: **damaging (to)** szkodliwy (dla *+gen*).
Damascus [də'mɑ:skəs] *n* Damaszek *m*.
dame [deɪm] *n* (*BRIT*) *tytuł nadawany kobietom nobilitowanym*; (*US*: *inf*) babka *f* (*inf*), facetka *f* (*inf*); (*THEAT*) matrona *f*.
damn [dæm] *vt* (*curse at*) przeklinać (przekląć *perf*); (*condemn*) potępiać (potępić *perf*) ♦ *n* (*inf*): **I don't give a damn** mam to gdzieś (*inf*) ♦ *adj* (*inf*: *also*: **damned**) cholerny (*inf*); **damn (it)!** cholera! (*inf*).
damnable ['dæmnəbl] *adj* (*behaviour*) nikczemny, niecny; (*weather*) okropny.
damnation [dæm'neɪʃən] *n* (*REL*) potępienie *nt* ♦ *excl* (*inf*) niech to szlag (*inf*).
damning ['dæmɪŋ] *adj* (*evidence*) obciążający.
damp [dæmp] *adj* wilgotny ♦ *n* wilgoć *f* ♦ *vt*

(*also*: **dampen**: *cloth, rag*) zwilżać (zwilżyć *perf*); (: *enthusiasm etc*) ostudzić (*perf*).
damp course *n* warstwa *f* izolacyjna (przeciwwilgociowa).
damper ['dæmpə*] *n* (*MUS*) tłumik *m*; (*of fire*) zasuwa *f*; **to put a damper on** (*fig*: *enthusiasm etc*) ostudzić (*perf*) *+acc*.
dampness ['dæmpnɪs] *n* wilgoć *f*.
damson ['dæmzən] *n* śliwka *f* damaszka *or* damascenka.
dance [dɑ:ns] *n* taniec *m*; (*social event*) potańcówka *f*, tańce *pl* ♦ *vi* tańczyć (zatańczyć *perf*); **to dance about** podrygiwać.
dance hall *n* sala *f* balowa.
dancer ['dɑ:nsə*] *n* tancerz (-rka) *m(f)*.
dancing ['dɑ:nsɪŋ] *n* taniec *m*, tańce *pl*.
D and C *n abbr* (*MED*: = *dilation and curettage*) rozszerzenie *nt* i wyłyżeczkowanie *nt*.
dandelion ['dændɪlaɪən] *n* dmuchawiec *m*, mlecz *m*.
dandruff ['dændrəf] *n* łupież *m*.
dandy ['dændɪ] *n* dandys *m* ♦ *adj* (*US*: *inf*) świetny.
Dane [deɪn] *n* Duńczyk/Dunka *m/f*.
danger ['deɪndʒə*] *n* (*unsafe situation*) niebezpieczeństwo *nt*; (*hazard*) zagrożenie *nt*; **there is a danger of ...** istnieje niebezpieczeństwo *+gen*; **"danger!"** „uwaga!"; **to be in danger** znajdować się (znaleźć się *perf*) w niebezpieczeństwie; **to put sb in danger** narażać (narazić *perf*) kogoś na niebezpieczeństwo; **he's in danger of losing his job** grozi mu utrata pracy; **the patient is now out of danger** życiu pacjenta nie zagraża (już) niebezpieczeństwo.
danger list (*MED*) *n*: **on the danger list** w stanie zagrożenia życia.
dangerous ['deɪndʒrəs] *adj* niebezpieczny.
dangerously ['deɪndʒrəslɪ] *adv* niebezpiecznie; **dangerously ill** poważnie chory.
danger zone *n* strefa *f* zagrożenia.
dangle ['dæŋgl] *vt* wymachiwać *+instr* ♦ *vi* zwisać, dyndać (*inf*).
Danish ['deɪnɪʃ] *adj* duński ♦ *n* (język *m*) duński.
Danish pastry *n* ciasto *nt* duńskie.
dank [dæŋk] *adj* (*cellar*) zawilgocony; (*air*) wilgotny.
Danube ['dænju:b] *n*: **the Danube** Dunaj *m*.
dapper ['dæpə*] *adj* szykowny.
Dardanelles [dɑ:də'nɛlz] (*GEOG*) *npl*: **the Dardanelles** Dardanele *pl*, cieśnina *f* Dardanele.
dare [dɛə*] *vt*: **to dare sb to do sth** rzucać (rzucić *perf*) komuś wyzwanie do zrobienia czegoś, wzywać (wezwać *perf*) kogoś do zrobienia czegoś ♦ *vi*: **to dare (to) do sth** ośmielać się (ośmielić się *perf*) coś zrobić, odważyć się (*perf*) coś zrobić; **I daren't tell him** nie śmiem mu powiedzieć; **I dare say...** zapewne..., przypuszczam, że... .
daredevil ['dɛədɛvl] *n* śmiałek *m*.
Dar-es-Salaam ['dɑ:rɛssə'lɑ:m] *n* Dar es-Salaam *nt inv*.
daring ['dɛərɪŋ] *adj* odważny, śmiały ♦ *n* odwaga *f*, śmiałość *f*.
dark [dɑ:k] *adj* ciemny; (*fig*) mroczny, ponury ♦ *n*: **in the dark** w ciemności, po ciemku; **to be in the dark about sth** (*fig*) nic nie wiedzieć o czymś; **after dark** po zmroku; **dark blue** ciemnoniebieski; **dark green** ciemnozielony; **it is getting dark** ściemnia się; **dark chocolate** gorzka czekolada.
Dark Ages *npl*: **the Dark Ages** wczesne średniowiecze *nt*; **in the Dark Ages** w mrokach średniowiecza.
darken [dɑ:kn] *vt* przyciemniać (przyciemnić *perf*) ♦ *vi* ciemnieć (ściemnieć *perf or* pociemnieć *perf*).
dark glasses *npl* ciemne okulary *pl*.
darkly ['dɑ:klɪ] *adv* złowrogo.
darkness ['dɑ:knɪs] *n* ciemność *f*, mrok *m*.
darkroom ['dɑ:krum] *n* ciemnia *f*.
darling ['dɑ:lɪŋ] *adj* (u)kochany ♦ *n* (*as form of address*) kochanie *nt*; **to be the darling of** być ulubieńcem/ulubienicą *m/f +gen*; **she is a darling** (ona) jest kochana.
darn [dɑ:n] *vt* cerować (zacerować *perf*).
dart [dɑ:t] *n* (*in game*) rzutka *f*, strzałka *f*; (*in sewing*) zaszewka *f* ♦ *vi*: **to dart towards** (*also*: **make a dart towards**) rzucać się (rzucić się *perf*) w kierunku *or* w stronę *+gen*; **to dart along** pędzić (popędzić *perf*).
dartboard ['dɑ:tbɔ:d] *n* tarcza *f* do gry w rzutki *or* strzałki.
darts [dɑ:ts] *n* gra *f* w rzutki *or* strzałki.
dash [dæʃ] *n* (*small quantity*) odrobina *f*; (*sign*) myślnik *m*, kreska *f*; (*journey*) wypad *m*; (*run*): **to make a dash for/towards** rzucać się (rzucić się *perf*) do *+gen*/w stronę *+gen* ♦ *vt* (*object*) ciskać (cisnąć *perf*); (*hopes*) grzebać (pogrzebać *perf*) ♦ *vi*: **to dash towards** rzucać się (rzucić się *perf*) w kierunku *or* w stronę *+gen*; **a dash of soda** odrobina wody sodowej; **we'll have to make a dash for it** będziemy musieli się pospieszyć.
►**dash away** *or* **off** *vi* popędzić (*perf*), oddalać się (oddalić się *perf*) pędem ♦ *vt* (*essay etc*) pisać (napisać *perf*) na kolanie, odwalać (odwalić *perf*) (*inf*).
dashboard ['dæʃbɔ:d] *n* (*AUT*) tablica *f* rozdzielcza.
dashing ['dæʃɪŋ] *adj* (*person*) pełen fantazji; (*hat*) fantazyjny.
dastardly ['dæstədlɪ] *adj* nikczemny, podły.
data ['deɪtə] *npl* dane *pl*.
database ['deɪtəbeɪs] *n* baza *f* danych.
data capture (*COMPUT*) *n* zbieranie *nt* danych.
data processing *n* przetwarzanie *nt* danych.
data transmission (*COMPUT*) *n* przesyłanie *nt or* transmisja *f* danych.

date [deɪt] *n* (*day*) data *f*; (*appointment*) (umówione) spotkanie *nt*; (: *with girlfriend, boyfriend*) randka *f*; (*fruit*) daktyl *m* ♦ *vt* (*event, object*) określać (określić *perf*) wiek *+gen*; (*letter*) datować; (*person*) chodzić z *+instr*; **what's the date today?** którego dzisiaj mamy?; **date of birth** data urodzenia; **closing date** (*for application*) ostateczny termin; (*in accounting*) termin zamknięcia ksiąg (rachunkowych); **to date** do chwili obecnej, do dzisiaj; **out-of-date** (*old-fashioned*) przestarzały; (*expired*) przeterminowany; **up-to-date** nowoczesny; **to bring up to date** (*information*) uaktualniać (uaktualnić *perf*); (*correspondence*) uzupełniać (uzupełnić *perf*); (*person*) zapoznawać (zapoznać *perf*) z najnowszymi informacjami; **I have a date with Jill** umówiłem się z Jill; **letter dated 5th July** *or (US)* **July 5th** list z piątego lipca.

dated ['deɪtɪd] *adj*: **to be dated** trącić myszką.

dateline ['deɪtlaɪn] (*PRESS*) *n nagłówek artykułu, podający datę i miejsce jego powstania.*

date stamp *n* datownik *m*.

dative ['deɪtɪv] (*LING*) *n* celownik *m*.

daub [dɔ:b] *vt*: **to daub paint onto/over the wall, to daub the wall with paint** mazać (pomazać *perf*) ścianę farbą.

daughter ['dɔ:tə*] *n* córka *f*.

daughter-in-law ['dɔ:tərɪnlɔ:] *n* synowa *f*.

daunt [dɔ:nt] *vt* (*intimidate*) onieśmielać (onieśmielić *perf*); (*discourage*) zrażać (zrazić *perf*), zniechęcać (zniechęcić *perf*).

daunting ['dɔ:ntɪŋ] *adj* (*task*) onieśmielający; (*prospect*) zniechęcający.

dauntless ['dɔ:ntlɪs] *adj* nieustraszony.

dawdle ['dɔ:dl] *vi* guzdrać się, grzebać się; **to dawdle over one's work** grzebać się z robotą.

dawn [dɔ:n] *n* (*of day*) świt *m*; (*of period, situation*) początek *m*, zaranie *nt* (*literary*) ♦ *vi* świtać (zaświtać *perf*); **it dawned on him that ...** zaświtało mu (w głowie), że ...; **from dawn to dusk** od świtu do zmierzchu *or* zmroku.

dawn chorus (*BRIT*) *n* poranne trele *pl*.

day [deɪ] *n* (*as opposed to night*) dzień *m*; (*twenty-four hours*) doba *f*, dzień *m*; (*heyday*) czas *m*, dni *pl*; **the day before/after** poprzedniego/następnego dnia, dzień wcześniej/później; **the day after tomorrow** pojutrze; **the day before yesterday** przedwczoraj; **the following day** następnego dnia; **(on) the day that ...** w dniu, kiedy ...; **day by day** dzień po dniu; **by day** za dnia; **paid by the day** płatny od dniówki; **to work an 8 hour day** mieć ośmiogodzinny dzień pracy; **these days** w dzisiejszych czasach.

daybook ['deɪbuk] (*BRIT*: *ADMIN*) *n* dziennik *m* (kasowy).

dayboy ['deɪbɔɪ] (*SCOL*) *n* ekstern(ista) *m*, uczeń *m* dochodzący.

daybreak ['deɪbreɪk] *n* świt *m*, brzask *m*.

daydream ['deɪdri:m] *vi* marzyć, fantazjować ♦ *n* marzenie *nt*, mrzonka *f*.

daygirl ['deɪgə:l] (*SCOL*) *n* eksternistka *f*, uczennica *f* dochodząca.

daylight ['deɪlaɪt] *n* światło *nt* dzienne.

Daylight Saving Time (*US*) *n* czas *m* letni.

day release *n*: **to be on day release** kształcić się w godzinach pracy (*jeden dzień w tygodniu*).

day return (ticket) (*BRIT*) *n* bilet *m* powrotny jednodniowy.

day shift *n* dzienna zmiana *f*.

daytime ['deɪtaɪm] *n*: **in the daytime** za dnia.

day-to-day ['deɪtə'deɪ] *adj* (*daily*) codzienny; (*planned a day at a time*) z dnia na dzień *post*.

day trip *n* wycieczka *f* jednodniowa *or* całodzienna.

day tripper *n* wycieczkowicz(ka) *m(f)*.

daze [deɪz] *vt* (*stun*) oszałamiać (oszołomić *perf*); (*blow*) ogłuszać (ogłuszyć *perf*) ♦ *n*: **in a daze** oszołomiony.

dazed [deɪzd] *adj* oszołomiony.

dazzle ['dæzl] *vt* (*bewitch*) olśniewać (olśnić *perf*); (*blind*) oślepiać (oślepić *perf*).

dazzling ['dæzlɪŋ] *adj* (*light*) oślepiający; (*fig*) olśniewający.

DC *abbr* = **direct current**; (*US*: *POST*: = *District of Columbia*).

DD *n abbr* (= *Doctor of Divinity*) *stopień naukowy*; ≈ dr.

dd. (*COMM*) *abbr* (= *delivered*) dostarczony.

D/D *abbr* (= *direct debit*).

D-day ['di:deɪ] *n* godzina *f* zero.

DDS (*US*) *n abbr* (= *Doctor of Dental Surgery*) *stopień naukowy*; ≈ dr.

DDT *n abbr* (= *dichlorodiphenyl trichloroethane*) DDT *nt inv*, azotoks *m*.

DE (*US*: *POST*) *abbr* (= *Delaware*).

DEA (*US*) *n abbr* (= *Drug Enforcement Administration*) ≈ urząd do walki z handlem narkotykami.

deacon ['di:kən] *n* diakon *m*.

dead [dɛd] *adj* (*person*) zmarły; (*animal*) zdechły, nieżywy; (*plant*) zwiędły; (*city*) wymarły; (*language*) martwy; (*body part*) zdrętwiały, ścierpnięty; (*engine*) zepsuty; (*telephone*) głuchy; (*battery*) wyładowany; (*silence*) zupełny ♦ *adv* (*completely*) całkowicie, zupełnie; (*directly, exactly*) akurat, dokładnie ♦ *npl*: **the dead** umarli *pl*, zmarli *pl*; **she's dead** (ona) nie żyje; **to shoot sb dead** zastrzelić (*perf*) kogoś; **to be dead on time** być punktualnym co do minuty; **in the dead centre, dead in the centre** w samym środku; **dead tired** skonany; **he stopped dead** stanął jak wryty; **the line has gone dead** (*TEL*) połączenie zostało przerwane.

deaden [dɛdn] *vt* tłumić (stłumić *perf*), przytępiać (przytępić *perf*).

dead end *n* ślepa uliczka *f*.

dead-end ['dɛdɛnd] *adj*: **a dead-end job** praca *f* bez perspektyw.
dead heat (*SPORT*) *n* bieg *m* martwy *or* nierozstrzygnięty.
dead-letter office [dɛd'lɛtə-] *n* dział *m* przesyłek nie doręczonych.
deadline ['dɛdlaɪn] *n* nieprzekraczalny termin *m*; **I'm working to a deadline** muszę wykonać tę pracę w terminie *or* na termin.
deadlock ['dɛdlɔk] *n* impas *m*; **the meeting ended in deadlock** zebranie zakończyło się impasem.
dead loss (*inf*) *n*: **to be a dead loss** być do niczego (*inf*).
deadly ['dɛdlɪ] *adj* (*weapon*) śmiercionośny; (*poison, insult*) śmiertelny; (*accuracy*) absolutny; (*logic*) nieubłagany ♦ *adv*: **deadly dull** śmiertelnie nudny.
deadpan ['dɛdpæn] *adj* udający powagę, śmiertelnie poważny.
Dead Sea *n*: **the Dead Sea** Morze *nt* Martwe.
dead season *n* martwy sezon *m*.
deaf [dɛf] *adj* (*totally*) głuchy; (*partially*) niedosłyszący; **to turn a deaf ear to sth** być głuchym na coś.
deaf-aid ['dɛfeɪd] (*BRIT*) *n* aparat *m* słuchowy.
deaf-and-dumb ['dɛfən'dʌm] *adj* głuchoniemy; **deaf-and-dumb alphabet** alfabet głuchoniemych.
deafen [dɛfn] *vt* ogłuszać (ogłuszyć *perf*).
deafening ['dɛfnɪŋ] *adj* ogłuszający.
deaf-mute ['dɛfmju:t] *n* głuchoniemy (-ma) *m(f)*.
deafness ['dɛfnɪs] *n* głuchota *f*.
deal [di:l] (*pt, pp* **dealt**) *n* (*COMM*) transakcja *f*, interes *m*; (*POL*) porozumienie *nt*, układ *m* ♦ *vt* (*blow*) wymierzać (wymierzyć *perf*), zadawać (zadać *perf*); (*cards*) rozdawać (rozdać *perf*); **to strike a deal with sb** ubijać (ubić *perf*) z kimś interes; **it's a deal!** (*inf*) zgoda!; **he got a fair/bad deal from them** dobrze/źle go potraktowali; **a good/great deal** (bardzo) dużo *or* wiele; **a great deal of concern** duże zaniepokojenie.
▸**deal in** *vt fus* handlować *+instr*.
▸**deal with** *vt fus* (*COMM*) utrzymywać stosunki handlowe z *+instr*, robić interesy z *+instr* (*inf*); (*handle*) radzić (poradzić *perf*) sobie z *+instr*, uporać się (*perf*) z *+instr*; (*be about*) dotyczyć *+gen*, traktować o *+instr*; **he was not easy to deal with** nie był łatwy w obejściu.
dealer ['di:lə*] *n* (*COMM*) handlarz *m*; (*CARDS*) rozdający (-ca) *m(f)*; **a drug dealer** handlarz narkotyków.
dealership ['di:ləʃɪp] *n* handel *m*.
dealings ['di:lɪŋz] *npl* (*business*) interesy *pl*; (*relations*) kontakty *pl*, stosunki *pl*.
dealt [dɛlt] *pt, pp of* **deal**.
dean [di:n] *n* dziekan *m*.
dear [dɪə*] *adj* drogi ♦ *n* (*as form of address*) kochanie *nt*; **my dear** mój drogi *m*/moja droga *f* ♦ *excl*: **dear me!** ojej!; **Dear Sir/Madam** Szanowny Panie/Szanowna Pani; **Dear Mr/Mrs X** Drogi Panie X/Droga Pani X.
dearly ['dɪəlɪ] *adv* (*love*) szczerze; (*pay*) drogo.
dear money (*COMM*) *n* drogi pieniądz *m*.
dearth [də:θ] *n*: **a dearth of** niedostatek *m* *+gen*.
death [dɛθ] *n* (*BIO*) zgon *m*, śmierć *f*; (*fig*) śmierć *f*; (*fatality*) ofiara *f* (śmiertelna).
deathbed ['dɛθbɛd] *n*: **to be on one's deathbed** być na łożu śmierci.
death certificate *n* świadectwo *nt or* akt *m* zgonu.
deathly ['dɛθlɪ] *adj* (*paleness*) trupi; (*blow*) śmiertelny; (*silence*) grobowy ♦ *adv* trupio.
death penalty *n* kara *f* śmierci.
death rate *n* śmiertelność *f*.
death sentence *n* wyrok *m* śmierci.
death toll *n* liczba *f* ofiar, żniwo *nt* (*literary*).
death trap *n* śmiercionośna *or* śmiertelna pułapka *f*.
deb [dɛb] (*inf*) *n abbr* = **debutante**.
debacle [deɪ'bɑ:kl] *n* (*defeat*) klęska *f*; (*failure*) fiasko *nt*.
debar [dɪ'bɑ:*] *vt*: **to debar sb from doing sth** zabraniać (zabronić *perf*) komuś robienia czegoś; **to debar sb from a club** wykluczać (wykluczyć *perf*) kogoś z klubu.
debase [dɪ'beɪs] *vt* (*value, quality*) deprecjonować (zdeprecjonować *perf*), dewaluować (zdewaluować *perf*); (*person*) poniżać (poniżyć *perf*), upokarzać (upokorzyć *perf*).
debatable [dɪ'beɪtəbl] *adj* dyskusyjny; **it is debatable whether** jest wątpliwe, czy.
debate [dɪ'beɪt] *n* debata *f* ♦ *vt* (*topic*) debatować *or* dyskutować nad *+instr*; (*course of action*) zastanawiać się nad *+instr*; **to debate whether** zastanawiać się (zastanowić się *perf*), czy.
debauchery [dɪ'bɔ:tʃərɪ] *n* rozpusta *f*, rozpasanie *nt*.
debenture [dɪ'bɛntʃə*] (*COMM*) *n* obligacja *f*.
debilitate [dɪ'bɪlɪteɪt] *vt* pozbawiać (pozbawić *perf*) sił, osłabiać (osłabić *perf*).
debilitating [dɪ'bɪlɪteɪtɪŋ] *adj* osłabiający.
debit ['dɛbɪt] *n* debet *m* ♦ *vt*: **to debit a sum to sb** *or* **to sb's account** obciążać (obciążyć *perf*) kogoś *or* czyjś rachunek kwotą; *see also* **direct**.
debit balance *n* saldo *nt* debetowe.
debit note *n* nota *f* debetowa, awizo *nt* debetowe.
debonair [dɛbə'nɛə*] *adj* elegancki i czarujący.
debrief [di:'bri:f] *vt* wysłuchiwać (wysłuchać *perf*) sprawozdania *+gen*.
debriefing [di:'bri:fɪŋ] *n* wysłuchanie *nt* sprawozdania.
debris ['dɛbri:] *n* gruzy *pl*.
debt [dɛt] *n* (*money owed*) dług *m*; (*state of owing money*) długi *pl*, zadłużenie *nt*; **to be in debt** mieć długi; **bad debt** nieściągalny dług.
debt collector *n* poborca *m* należności.
debtor ['dɛtə*] *n* dłużnik (-iczka) *m(f)*.

debug ['di:'bʌg] (*COMPUT*) *vt* usuwać (usunąć *perf*) błędy z *+gen*.
debunk [di:'bʌŋk] *vt* (*myths, ideas, claim*) obalać (obalić *perf*); (*person, institution*) demaskować (zdemaskować *perf*).
debut ['deɪbju:] *n* debiut *m*.
debutante ['dɛbjutænt] *n* debiutantka *f* (*młoda kobieta wprowadzana w towarzystwo*).
Dec. *abbr* = **december** grudz.
decade ['dɛkeɪd] *n* dziesięciolecie *nt*.
decadence ['dɛkədəns] *n* (*period*) dekadencja *f*, schyłek *m*; (*of morals, standards*) dekadencja *f*, upadek *m*.
decadent ['dɛkədənt] *adj* (*period*) dekadencki, schyłkowy; (*behaviour*) dekadencki.
decaffeinated [dɪ'kæfɪneɪtɪd] *adj* bezkofeinowy.
decamp [dɪ'kæmp] (*inf*) *vi* ulatniać się (ulotnić się *perf*) (*inf*).
decant [dɪ'kænt] *vt* (*wine*) przelewać (przelać *perf*) (*do karafki itp*).
decanter [dɪ'kæntə*] *n* karafka *f*.
decarbonize [di:'kɑ:bənaɪz] *vt* usuwać (usunąć *perf*) osad węglowy z *+gen*, odwęglać (odwęglić *perf*).
decay [dɪ'keɪ] *n* (*of organic matter, society, morals*) rozkład *m*, rozpad *m*; (*of building*) niszczenie *nt*; (*of tooth*) próchnica *f* ♦ *vi* (*body*) rozkładać się (rozłożyć się *perf*); (*leaves, wood*) gnić (zgnić *perf*); (*teeth*) psuć się; (*fig*) chylić się ku upadkowi.
decease [dɪ'si:s] (*JUR*) *n* zejście *nt* śmiertelne, zgon *m*.
deceased [dɪ'si:st] *n*: **the deceased** zmarły (-ła) *m(f)*, nieboszczyk (-czka) *m(f)*.
deceit [dɪ'si:t] *n* (*quality*) fałsz *m*, nieuczciwość *f*; (*act*) oszustwo *nt*, kłamstwo *nt*.
deceitful [dɪ'si:tful] *adj* oszukańczy, kłamliwy.
deceive [dɪ'si:v] *vt* oszukiwać (oszukać *perf*), okłamywać (okłamać *perf*); **to deceive o.s.** oszukiwać się *or* samego siebie; **she deceived me into coming here** podstępem skłoniła mnie do przyjścia tutaj.
decelerate [di:'sɛləreɪt] (*AUT*) *vi* zmniejszać (zmniejszyć *perf*) szybkość.
December [dɪ'sɛmbə*] *n* grudzień *m*; *see also* **July**.
decency ['di:sənsɪ] *n* przyzwoitość *f*, poczucie *nt* przyzwoitości.
decent ['di:sənt] *adj* przyzwoity; **we expect you to do the decent thing** oczekujemy, że postąpisz właściwie; **they were very decent about it** podeszli do sprawy bardzo uczciwie; **that was very decent of him** to było bardzo poczciwe z jego strony; **are you decent?** jesteś ubrany?
decently ['di:səntlɪ] *adv* przyzwoicie.
decentralization ['di:sɛntrəlaɪ'zeɪʃən] *n* decentralizacja *f*.
decentralize [di:'sɛntrəlaɪz] *vt* decentralizować (zdecentralizować *perf*).
deception [dɪ'sɛpʃən] *n* oszustwo *nt*, podstęp *m*.
deceptive [dɪ'sɛptɪv] *adj* złudny, zwodniczy.
decibel ['dɛsɪbɛl] *n* decybel *m*.
decide [dɪ'saɪd] *vt* (*person*) przekonywać (przekonać *perf*); (*question, argument*) rozstrzygać (rozstrzygnąć *perf*) ♦ *vi* decydować (się) (zdecydować (się) *perf*); **to decide to** decydować się (zdecydować się *perf*) *+infin*; **to decide that ...** decydować (z(a)decydować *perf*), że ...; **to decide on sth** decydować się (zdecydować się *perf*) na coś; **to decide on/against doing sth** postanawiać (postanowić *perf*) coś zrobić/czegoś nie robić.
decided [dɪ'saɪdɪd] *adj* (*resolute*) zdecydowany, stanowczy; (*clear, definite*) zdecydowany, wyraźny.
decidedly [dɪ'saɪdɪdlɪ] *adv* (*emphatically*) zdecydowanie, stanowczo; (*distinctly*) zdecydowanie, wyraźnie.
deciding [dɪ'saɪdɪŋ] *adj* decydujący.
deciduous [dɪ'sɪdjuəs] *adj* zrzucający liście.
decimal ['dɛsɪməl] *adj* dziesiętny ♦ *n* ułamek *m* dziesiętny; **to three decimal places** do trzech miejsc po przecinku.
decimalize ['dɛsɪməlaɪz] (*BRIT*) *vt* decymalizować (zdecymalizować *perf*).
decimal point *n* ≈ przecinek *m* (*w ułamku dziesiętnym*).
decimate ['dɛsɪmeɪt] *vt* dziesiątkować (zdziesiątkować *perf*).
decipher [dɪ'saɪfə*] *vt* (*coded message*) rozszyfrowywać (rozszyfrować *perf*); (*writing*) odcyfrowywać (odcyfrować *perf*).
decision [dɪ'sɪʒən] *n* (*choice*) decyzja *f*; (*decisiveness*) zdecydowanie *nt*, stanowczość *f*; **to make a decision** podejmować (podjąć *perf*) decyzję.
decisive [dɪ'saɪsɪv] *adj* (*action, intervention*) decydujący, rozstrzygający; (*person, reply*) zdecydowany, stanowczy; (*manner*) stanowczy.
deck [dɛk] *n* (*NAUT*) pokład *m*; (*of bus*) piętro *nt*; (*record deck*) gramofon *m* (*bez wzmacniacza*); (*of cards*) talia *f*; **to go up on deck** wychodzić (wyjść *perf*) na pokład; **below deck** pod pokładem; **cassette deck** magnetofon kasetowy (*bez wzmacniacza*).
deckchair ['dɛktʃɛə*] *n* leżak *m*.
deck hand *n* majtek *m*.
declaration [dɛklə'reɪʃən] *n* (*statement, public announcement*) deklaracja *f*, oświadczenie *nt*; (*of love*) wyznanie *nt*; (*of war*) wypowiedzenie *nt*.
declare [dɪ'klɛə*] *vt* (*intentions, result*) oznajmiać (oznajmić *perf*); (*income*) deklarować (zadeklarować *perf*); **have you anything to declare?** czy ma Pan/Pani coś do oclenia?
declassify [di:'klæsɪfaɪ] *vt* odtajniać (odtajnić *perf*).

decline [dɪ'klaɪn] *n*: **decline in/of** spadek *m +gen* ♦ *vt* (*invitation, offer*) nie przyjmować (nie przyjąć *perf*) *+gen* ♦ *vi* podupadać (podupaść *perf*); **to be on the decline** zanikać; **to fall into decline** podupadać (podupaść *perf*); **a decline in living standards** spadek *or* obniżenie się poziomu życia *or* stopy życiowej; **when he asked me to dance, I politely declined his invitation** gdy poprosił mnie do tańca, grzecznie odmówiłam.

declutch ['di:'klʌtʃ] (*AUT*) *vi* wyłączać (wyłączyć *perf*) sprzęgło.

decode ['di:'kəud] *vt* rozszyfrowywać (rozszyfrować *perf*).

decoder [di:'kəudə*] *n* dekoder *m*.

decompose [di:kəm'pəuz] *vi* rozkładać się (rozłożyć się *perf*).

decomposition [di:kɔmpə'zɪʃən] *n* rozkład *m*.

decompression [di:kəm'prɛʃən] *n* rozprężenie *nt*, dekompresja *f*.

decompression chamber *n* komora *f* dekompresyjna.

decongestant [di:kən'dʒɛstənt] *n* lek *m* zmniejszający przekrwienie.

decontaminate [di:kən'tæmɪneɪt] *vt* odkażać (odkazić *perf*).

decontrol [di:kən'trəul] *vt* znosić (znieść *perf*) kontrolę *+gen* ♦ *n* zniesienie *nt* kontroli cen.

décor ['deɪkɔ:*] *n* wystrój *m* (wnętrza).

decorate ['dɛkəreɪt] *vt* (*room, flat: with paint*) malować (pomalować *perf or* wymalować *perf*); (*: with paper*) tapetować (wytapetować *perf*); **to decorate sth (with)** ozdabiać (ozdobić *perf*) *or* dekorować (udekorować *perf*) coś (*+instr*).

decoration [dɛkə'reɪʃən] *n* (*on dress, Christmas tree*) ozdoba *f*; (*of interior*) wystrój *m*; (*medal*) order *m*, odznaczenie *nt*.

decorative ['dɛkərətɪv] *adj* ozdobny, dekoracyjny.

decorator ['dɛkəreɪtə*] *n* malarz *m*.

decorum [dɪ'kɔ:rəm] *n* przyzwoitość *f*.

decoy ['di:kɔɪ] *n* przynęta *f*; **they used him as a decoy for the enemy** posłużyli się nim jako przynętą dla wroga.

decrease [*n* 'di:kri:s, *vb* di:'kri:s] *n*: **decrease (in)** zmniejszanie się *nt* (*+gen*) ♦ *vt* zmniejszać (zmniejszyć *perf*) ♦ *vi* zmniejszać się (zmniejszyć się *perf*), maleć (zmaleć *perf*); **to be on the decrease** zmniejszać się, maleć.

decreasing [di:'kri:sɪŋ] *adj* zmniejszający się, malejący.

decree [dɪ'kri:] *n* (*ADMIN*) rozporządzenie *nt*, zarządzenie *nt*; (*JUR*) orzeczenie *nt*, wyrok *m*; (*POL*) dekret *m*; (*REL*) wyrok *m* ♦ *vt*: **to decree (that)** zarządzać (zarządzić *perf*)(, że).

decree absolute *n* prawomocne orzeczenie *nt* sądu.

decree nisi [-'naɪsaɪ] *n* warunkowy wyrok *m* rozwodowy.

decrepit [dɪ'krɛpɪt] *adj* (*house*) walący się; (*person*) zniedołężniały.

decry [dɪ'kraɪ] *vt* potępiać (potępić *perf*).

dedicate ['dɛdɪkeɪt] *vt*: **to dedicate to** (*time*) poświęcać (poświęcić *perf*) *+dat*; (*book, record*) dedykować (zadedykować *perf*) *+dat*; **to dedicate o.s. to** poświęcać się (poświęcić się *perf*) *+dat*, oddawać się (oddać się *perf*) *+dat*.

dedicated ['dɛdɪkeɪtɪd] *adj* (*person*) oddany; (*COMPUT*) specjalistyczny.

dedication [dɛdɪ'keɪʃən] *n* (*devotion*) oddanie *nt*, poświęcenie *nt*; (*in book, on radio*) dedykacja *f*.

deduce [dɪ'dju:s] *vt*: **to deduce (that ...)** wnioskować (wywnioskować *perf*) *or* dedukować (wydedukować *perf*) (, że ...).

deduct [dɪ'dʌkt] *vt* potrącać (potrącić *perf*), odciągać (odciągnąć *perf*); **to deduct sth from** potrącać (potrącić *perf*) coś z *+gen*.

deduction [dɪ'dʌkʃən] *n* (*reasoning*) wnioskowanie *nt*; (*: in logic*) dedukcja *f*; (*subtraction*) potrącenie *nt*.

deed [di:d] *n* (*act*) czyn *m*, uczynek *m*; (*feat*) wyczyn *m*; (*JUR*) akt *m* prawny; **deed of covenant** zgoda notarialna.

deem [di:m] (*fml*) *vt*: **to deem sb/sth to be** uważać kogoś/coś za *+acc*, uznawać (uznać *perf*) kogoś/coś za *+acc*; **to deem it wise to do sth** uważać zrobienie czegoś za rozsądne.

deep [di:p] *adj* (*hole, thoughts, sleep*) głęboki; (*voice*) niski; (*trouble, concern*) poważny; (*colour*) ciemny, intensywny ♦ *adv*: **the spectators stood 20 deep** widzowie stali w 20 rzędach; **he took a deep breath** wziął głęboki oddech; **in deepest sympathy** z wyrazami najgłębszego współczucia; **knee-deep in water** po kolana w wodzie; **deep down** w głębi duszy.

deepen [di:pn] *vt* pogłębiać (pogłębić *perf*) ♦ *vi* pogłębiać się (pogłębić się *perf*).

deep freeze *n* zamrażarka *f*.

deep-fry ['di:p'fraɪ] *vt* smażyć (usmażyć *perf*) w głębokim tłuszczu.

deeply ['di:plɪ] *adv* głęboko.

deep-rooted ['di:p'ru:tɪd] *adj* (głęboko) zakorzeniony.

deep-sea ['di:p'si:] *adj* (*diving*) głębinowy; (*fishing*) dalekomorski.

deep-seated ['di:p'si:tɪd] *adj* (głęboko) zakorzeniony.

deep-set ['di:psɛt] *adj* (*eyes*) głęboko osadzony.

deer [dɪə*] *n inv* zwierzyna *f* płowa; **(red) deer** jeleń *m*; **(roe) deer** sarna *f*; **(fallow) deer** daniel *m*.

deerskin ['dɪəskɪn] *n* skóra *f* jelenia *or* sarnia.

deerstalker ['dɪəstɔ:kə*] *n* kapelusz *m* myśliwski.

deface [dɪ'feɪs] *vt* (*wall, notice*) niszczyć (zniszczyć *perf*); (*grave, monument*) bezcześcić (zbezcześcić *perf*).

defamation [dɛfə'meɪʃən] *n* zniesławienie *nt*.

defamatory [dɪ'fæmətrɪ] *adj* zniesławiający.

default [dɪ'fɔ:lt] *n* (*COMPUT*: *also*: **default value**) wartość *f* domyślna ♦ *vi*: **to default on a debt** nie spłacić *(perf)* długu; **to win by default** wygrywać (wygrać *perf*) walkowerem.
defaulter [dɪ'fɔ:ltə*] *n* strona *f* nie wywiązująca się ze zobowiązania.
default option (*COMPUT*) *n* opcja *f* domyślna *or* standardowa.
defeat [dɪ'fi:t] *n* (*in battle*) porażka *f*, klęska *f*; (*failure*) niepowodzenie *nt*, porażka *f* ♦ *vt* pokonywać (pokonać *perf*).
defeatism [dɪ'fi:tɪzəm] *n* defetyzm *m*.
defeatist [dɪ'fi:tɪst] *adj* defetystyczny ♦ *n* defetysta (-tka) *m(f)*.
defecate ['dɛfəkeɪt] *vi* oddawać (oddać *perf*) kał *or* stolec.
defect [*n* 'di:fɛkt, *vb* dɪ'fɛkt] *n* wada *f*, defekt *m* ♦ *vi*: **to defect to the enemy** przejść *(perf)* na stronę wroga; **to defect to the West** uciec *(perf)* na Zachód; **physical defect** ułomność fizyczna; **mental defect** upośledzenie umysłowe.
defective [dɪ'fɛktɪv] *adj* wadliwy, wybrakowany.
defector [dɪ'fɛktə*] *n* zdrajca (-jczyni) *m(f)*.
defence [dɪ'fɛns] (*US* **defense**) *n* (*protection, justification*) obrona *f*; (*assistance*) pomoc *f*; **in defence of** w obronie *+gen*; **witness for the defence** świadek obrony; **the Ministry of Defence,** *(US)* **the Department of Defense** ≈ Ministerstwo Obrony Narodowej.
defenceless [dɪ'fɛnslɪs] *adj* bezbronny.
defend [dɪ'fɛnd] *vt* (*also SPORT*) bronić *+gen* (obronić *perf +acc*); (*JUR*) bronić *+gen*.
defendant [dɪ'fɛndənt] (*JUR*) *n* (*in criminal case*) oskarżony (-na) *m(f)*; (*in civil case*) pozwany (-na) *m(f)*.
defender [dɪ'fɛndə*] *n* (*also SPORT*) obrońca (-ńczyni) *m(f)*.
defending champion [dɪ'fɛndɪŋ-] (*SPORT*) *n* obrońca (-ńczyni) *m(f)* tytułu.
defending counsel [dɪ'fɛndɪŋ-] (*JUR*) *n* obrona *f*.
defense [dɪ'fɛns] (*US*) *n* = **defence**.
defensive [dɪ'fɛnsɪv] *adj* obronny, defensywny ♦ *n*: **on the defensive** w defensywie.
defer [dɪ'fə:*] *vt* odraczać (odroczyć *perf*), wstrzymywać (wstrzymać *perf*).
deference ['dɛfərəns] *n* szacunek *m*, poważanie *nt*; **out of** *or* **in deference to** przez szacunek *or* z szacunku dla *+gen*.
deferential [dɛfə'rɛnʃəl] *adj* pełen szacunku.
defiance [dɪ'faɪəns] *n* bunt *m*; **in defiance of** (*rules, orders etc*) wbrew *or* na przekór *+dat*.
defiant [dɪ'faɪənt] *adj* buntowniczy.
defiantly [dɪ'faɪəntlɪ] *adv* buntowniczo.
deficiency [dɪ'fɪʃənsɪ] *n* (*lack*) brak *m*, niedobór *m*; (*inadequacy*) niedostatki *pl*, słabość *f*; (*COMM*) deficyt *m*.
deficiency disease *n* choroba *f* z niedoboru (*np. witamin*).
deficient [dɪ'fɪʃənt] *adj* (*service*) nie wystarczający; (*product*) wybrakowany; **to be deficient in** wykazywać niedobór *or* niedostatek *+gen*.
deficit ['dɛfɪsɪt] *n* deficyt *m*.
defile [*vb* dɪ'faɪl, *n* 'di:faɪl] *vt* bezcześcić (zbezcześcić *perf*) ♦ *n* wąwóz *m*.
define [dɪ'faɪn] *vt* (*limits etc*) określać (określić *perf*), wyznaczać (wyznaczyć *perf*); (*word etc*) definiować (zdefiniować *perf*).
definite ['dɛfɪnɪt] *adj* (*fixed*) określony; (*clear*) wyraźny; (*certain*) pewny; **he was definite about it** był stanowczy w tej sprawie.
definite article *n* rodzajnik *m or* przedimek *m* określony.
definitely ['dɛfɪnɪtlɪ] *adv* zdecydowanie.
definition [dɛfɪ'nɪʃən] *n* (*of word*) definicja *f*; (*of photograph*) rozdzielczość *f*.
definitive [dɪ'fɪnɪtɪv] *adj* ostateczny, rozstrzygający.
deflate [di:'fleɪt] *vt* wypuszczać (wypuścić *perf*) *or* spuszczać (spuścić *perf*) powietrze z *+gen*; (*fig*: *person*) odbierać (odebrać *perf*) pewność siebie *+dat*; (*ECON*) przeprowadzać (przeprowadzić *perf*) deflację *+gen*.
deflation [di:'fleɪʃən] *n* deflacja *f*.
deflationary [di:'fleɪʃənrɪ] *adj* deflacyjny.
deflect [dɪ'flɛkt] *vt* (*attention*) odwracać (odwrócić *perf*); (*criticism*) odpierać (odeprzeć *perf*); (*shot*) odbijać (odbić *perf*); (*light*) odchylać (odchylić *perf*).
defog ['di:'fɔg] (*US*: *AUT*) *vt* odparowywać (odparować *perf*) (*szybę*).
defogger ['di:'fɔgə*] (*US*: *AUT*) *n* nadmuch *m*.
deform [dɪ'fɔ:m] *vt* zniekształcać (zniekształcić *perf*), deformować (zdeformować *perf*).
deformed [dɪ'fɔ:md] *adj* zniekształcony, zdeformowany.
deformity [dɪ'fɔ:mɪtɪ] *n* (*condition*) kalectwo *nt*; (*distorted part*) deformacja *f*, zniekształcenie *nt*.
defraud [dɪ'frɔ:d] *vt*: **to defraud sb (of sth)** okradać (okraść *perf*) kogoś (z czegoś) (*przez defraudację*).
defray [dɪ'freɪ] *vt*: **to defray sb's expenses** zwracać (zwrócić *perf*) komuś koszty.
defrost [di:'frɔst] *vt* rozmrażać (rozmrozić *perf*).
defroster [di:'frɔstə*] (*US*) *n* = **demister**.
deft [dɛft] *adj* zręczny, zgrabny.
defunct [dɪ'fʌŋkt] *adj* martwy.
defuse [di:'fju:z] *vt* (*bomb*) rozbrajać (rozbroić *perf*); (*fig*: *tension*) rozładowywać (rozładować *perf*).
defy [dɪ'faɪ] *vt* (*disobey*: *person*) przeciwstawiać się (przeciwstawić się *perf*) *+dat*; (: *order*) ignorować (zignorować *perf*), postępować (postąpić *perf*) wbrew *+dat*; (*challenge*) wyzywać (wyzwać *perf*); (*fig*): **to defy description/imitation** być nie do

opisania/podrobienia, nie dawać się opisać/podrobić.

degenerate [*vb* dɪ'dʒɛnəreɪt, *adj* dɪ'dʒɛnərɪt] *vi* pogarszać się (pogorszyć się *perf*) ♦ *adj* zwyrodniały, zdegenerowany.

degradation [dɛgrə'deɪʃən] *n* upodlenie *nt*, poniżenie *nt*.

degrade [dɪ'greɪd] *vt* (*person*) poniżać (poniżyć *perf*); (*environment etc*) powodować (spowodować *perf*) degradację *+gen*.

degrading [dɪ'greɪdɪŋ] *adj* poniżający.

degree [dɪ'gri:] *n* stopień *m*; (*SCOL*) stopień *m* naukowy; **10 degrees below (zero)** 10 stopni poniżej zera, 10 stopni mrozu; **a considerable degree of risk** znaczny stopień ryzyka *or* zagrożenia; **a degree in maths** dyplom z matematyki; **by degrees** stopniowo; **to some degree, to a certain degree** w pewnym stopniu, do pewnego stopnia.

dehydrated [di:haɪ'dreɪtɪd] *adj* (*MED*) odwodniony; (*milk etc*) w proszku *post*.

dehydration [di:haɪ'dreɪʃən] (*MED*) *n* odwodnienie *nt*.

de-ice ['di:'aɪs] *vt* (*windscreen*) usuwać (usunąć *perf*) lód z *+gen*.

de-icer ['di:'aɪsə*] *n* skrobaczka *f* do lodu.

deign [deɪn] *vi*: **to deign to do sth** raczyć coś zrobić, zechcieć (*perf*) (łaskawie) coś zrobić.

deity ['di:ɪtɪ] *n* boskość *f*, bóstwo *nt*.

déjà vu [deɪʒɑ:'vu:] *n* déjà vu *nt inv*.

dejected [dɪ'dʒɛktɪd] *adj* przygnębiony, przybity.

dejection [dɪ'dʒɛkʃən] *n* przygnębienie *nt*.

del. *abbr* = **delete**.

delay [dɪ'leɪ] *vt* (*decision etc*) odwlekać (odwlec *perf*), odkładać (odłożyć *perf*) (na później); (*person*) zatrzymywać (zatrzymać *perf*); (*train etc*) powodować (spowodować *perf*) opóźnienie *+gen* ♦ *vi* zwlekać, ociągać się ♦ *n* (*waiting period*) opóźnienie *nt*, zwłoka *f*; (*postponement*) opóźnienie *nt*; **without delay** bezzwłocznie; **to be delayed** (*person*) być spóźnionym; (*flight etc*) mieć opóźnienie, być opóźnionym.

delayed-action [dɪ'leɪd'ækʃən] *adj* (*mechanism*) zwłoczny.

delectable [dɪ'lɛktəbl] *adj* (*person*) powabny, rozkoszny; (*food*) wyśmienity.

delegate [*n* 'dɛlɪgɪt, *vb* 'dɛlɪgeɪt] *n* delegat(ka) *m(f)*, wysłannik (-iczka) *m(f)* ♦ *vt* (*person*) delegować (wydelegować *perf*); (*task*) przekazywać (przekazać *perf*); **to delegate sth to sb/sb to do sth** udzielać (udzielić *perf*) komuś pełnomocnictwa do zrobienia czegoś.

delegation [dɛlɪ'geɪʃən] *n* (*group*) delegacja *f*; (*by manager etc*) udzielanie *nt* pełnomocnictw, dzielenie się *nt* odpowiedzialnością (*z podwładnymi*).

delete [dɪ'li:t] *vt* (*cross out*) skreślać (skreślić *perf*), wykreślać (wykreślić *perf*); (*COMPUT*) kasować (skasować *perf*).

Delhi ['dɛlɪ] *n* Delhi *nt inv*.

deliberate [*adj* dɪ'lɪbərɪt, *vb* dɪ'lɪbəreɪt] *adj* (*intentional*) umyślny, zamierzony; (*unhurried*) spokojny, nieśpieszny ♦ *vi* (*consider*) zastanawiać się; (*debate*) naradzać się.

deliberately [dɪ'lɪbərɪtlɪ] *adv* (*on purpose*) umyślnie, celowo; (*carefully*) ostrożnie, rozważnie.

deliberation [dɪlɪbə'reɪʃən] *n* namaszczenie *nt*, rozwaga *f*; (*usu pl*) obrady *pl*.

delicacy ['dɛlɪkəsɪ] *n* delikatność *f*; (*choice food*) przysmak *m*.

delicate ['dɛlɪkɪt] *adj* delikatny.

delicately ['dɛlɪkɪtlɪ] *adv* delikatnie.

delicatessen [dɛlɪkə'tɛsn] *n* delikatesy *pl*.

delicious [dɪ'lɪʃəs] *adj* (*food, smell*) wyśmienity, (prze)pyszny; (*feeling, person*) rozkoszny, przemiły.

delight [dɪ'laɪt] *n* (*feeling*) zachwyt *m*, radość *f*; (*experience etc*) (wielka) przyjemność *f*, rozkosz *f* ♦ *vt* cieszyć (ucieszyć *perf*), zachwycać (zachwycić *perf*); **to take (a) delight in** lubować się w *+loc*, rozkoszować się *+instr*; **she was a delight to interview** wywiad z nią to była sama przyjemność; **the delights of country life** rozkosze życia na wsi.

delighted [dɪ'laɪtɪd] *adj*: **delighted at** *or* **with** zachwycony *+instr*; **he was delighted to meet them again** był zachwycony, że mógł ich znów zobaczyć; **I'd be delighted** byłoby mi bardzo przyjemnie.

delightful [dɪ'laɪtful] *adj* zachwycający.

delimit [di:'lɪmɪt] *vt* ograniczać (ograniczyć *perf*).

delineate [dɪ'lɪnɪeɪt] *vt* (*outline*) nakreślać (nakreślić *perf*); (*fig*) określać (określić *perf*).

delinquency [dɪ'lɪŋkwənsɪ] *n* (*criminality*) przestępczość *f*; (*criminal action*) przestępstwo *nt*, wykroczenie *nt*.

delinquent [dɪ'lɪŋkwənt] *adj* winny przestępstwa *or* wykroczenia ♦ *n* (młodociany (-na) *m(f)*) przestępca (-pczyni) *m(f)*.

delirious [dɪ'lɪrɪəs] *adj*: **to be delirious** (*MED*) majaczyć, bredzić; (*fig*) szaleć (z radości).

delirium [dɪ'lɪrɪəm] (*MED*) *n* majaczenie *nt*, bredzenie *nt*.

deliver [dɪ'lɪvə*] *vt* (*distribute*) dostarczać (dostarczyć *perf*), doręczać (doręczyć *perf*); (*hand over*) oddawać (oddać *perf*), przekazywać (przekazać *perf*); (*verdict etc*) wydawać (wydać *perf*); (*speech*) wygłaszać (wygłosić *perf*); (*blow*) zadawać (zadać *perf*); (*warning etc*) dawać (dać *perf*); **to deliver a baby** odbierać (odebrać *perf*) poród; **to deliver sb from** (*captivity*) oswobadzać (oswobodzić *perf*) kogoś spod *+gen*; (*evil, harm*) wybawiać (wybawić *perf*) kogoś od *+gen*; **to deliver the goods** (*fig*) wywiązać się (*perf*) z obietnic(y).

deliverance [dɪ'lɪvrəns] *n* uwolnienie *nt*, wyzwolenie *nt*.

delivery [dɪ'lɪvərɪ] *n* (*distribution*) dostawa *f*; (*of speaker*) sposób *m* mówienia; (*MED*) poród *m*; **to take delivery of sth** obejmować (objąć *perf*) coś w posiadanie.
delivery note (*COMM*) *n* dowód *m* wykonania dostawy.
delivery van (*US* **delivery truck**) *n* samochód *m* dostawczy.
delouse ['di:'laus] *vt* odwszawiać (odwszawić *perf*).
delta ['dɛltə] *n* delta *f*.
delude [dɪ'lu:d] *vt* zwodzić (zwieść *perf*), wprowadzać (wprowadzić *perf*) w błąd; **to delude o.s.** łudzić się, oszukiwać samego siebie.
deluge ['dɛlju:dʒ] *n* (*of rain*) ulewa *f*, potop *m*; (*fig*: *of petitions etc*) lawina *f*, zalew *m*.
delusion [dɪ'lu:ʒən] *n* złudzenie *nt*, ułuda *f*; **to have delusions of grandeur** mieć złudzenie wielkości.
de luxe [də'lʌks] *adj* luksusowy.
delve [dɛlv] *vi*: **to delve into** (*subject, past etc*) zagłębiać się (zagłębić się *perf*) w *+acc*; **to delve into/among** grzebać w *+loc*/wśród *+gen*.
Dem. (*US*: *POL*) *abbr* = **democrat(ic)**.
demagogue ['dɛməgɔg] *n* demagog *m*.
demand [dɪ'mɑ:nd] *vt* (*ask for, insist on*) żądać (zażądać *perf*) *+gen*, domagać się *+gen*; (*need*) wymagać *+gen* ♦ *n* (*request*) żądanie *nt*; (*claim*) wymaganie *nt*; (*ECON*) popyt *m*; **to demand sth (from** *or* **of sb)** żądać (zażądać *perf*) czegoś (od kogoś); **I demand to see a doctor** żądam widzenia z lekarzem; **to be in demand** mieć powodzenie, być rozchwytywanym; **on demand** na żądanie.
demand draft (*COMM*) *n* przekaz *m* na żądanie *or* na okaziciela *or* awista.
demanding [dɪ'mɑ:ndɪŋ] *adj* wymagający.
demarcation [di:mɑ:'keɪʃən] *n* rozgraniczenie *nt*.
demarcation dispute (*INDUSTRY*) *n* spór *m* o rozdział między gałęziami.
demean [dɪ'mi:n] *vt*: **to demean o.s.** poniżać się (poniżyć się *perf*).
demeanour [dɪ'mi:nə*] (*US* **demeanor**) *n* zachowanie (się) *nt*.
demented [dɪ'mɛntɪd] *adj* obłąkany.
demilitarized zone [di:'mɪlɪtəraɪzd-] *n* strefa *f* zdemilitaryzowana.
demise [dɪ'maɪz] *n* (*death*) zgon *m*; (*end*) zanik *m*.
demist [di:'mɪst] (*BRIT*) *vt* (*windscreen*) usuwać (usunąć *perf*) parę z *+gen*.
demister [di:'mɪstə*] (*BRIT*) *n* nadmuch *m*.
demo ['dɛməu] (*inf*) *n abbr* = **demonstration**.
demob [di:'mɔb] (*inf*) *vt* zwalniać (zwolnić *perf*) do cywila (*inf*).
demobilize [di:'məubɪlaɪz] *vt* demobilizować (zdemobilizować *perf*).
democracy [dɪ'mɔkrəsɪ] *n* (*system*) demokracja *f*; (*country*) państwo *nt* demokratyczne.
democrat ['dɛməkræt] *n* demokrata (-tka) *m(f)*.
democratic [dɛmə'krætɪk] *adj* demokratyczny.
demography [dɪ'mɔgrəfɪ] *n* demografia *f*.
demolish [dɪ'mɔlɪʃ] *vt* (*building*) burzyć (zburzyć *perf*); (*fig*: *argument*) obalać (obalić *perf*).
demolition [dɛmə'lɪʃən] *n* (*of building*) zburzenie *nt*; (*of argument*) obalenie *nt*.
demon ['di:mən] *n* demon *m* ♦ *cpd*: **demon player/driver** wytrawny gracz *m*/kierowca *m*.
demonstrate ['dɛmənstreɪt] *vt* (*theory*) dowodzić (dowieść *perf*) *+gen*; (*principle*) pokazywać (pokazać *perf*); (*skill*) wykazywać (wykazać *perf*); (*appliance*) demonstrować (zademonstrować *perf*) ♦ *vi*: **to demonstrate (for/against)** demonstrować (zademonstrować *perf*) *or* manifestować (zamanifestować *perf*) (za *+instr*/przeciw(ko) *+dat*).
demonstration [dɛmən'streɪʃən] *n* (*POL*) demonstracja *f*, manifestacja *f*; (*proof*) dowód *m*; (*exhibition*) demonstracja *f*, pokaz *m*; **to hold a demonstration** (*POL*) przeprowadzać (przeprowadzić *perf*) demonstrację *or* manifestację.
demonstration model *n samochód używany do prób i pokazów, sprzedawany po niższej cenie.*
demonstrative [dɪ'mɔnstrətɪv] *adj* (*person*) wylewny; (*pronoun*) wskazujący.
demonstrator ['dɛmənstreɪtə*] *n* (*POL*) demonstrant(ka) *m(f)*, manifestant(ka) *m(f)*; (*COMM*: *sales person*) demonstrator(ka) *m(f)*; (: *US*) = **demonstration model**.
demoralize [dɪ'mɔrəlaɪz] *vt* zniechęcać (zniechęcić *perf*).
demote [dɪ'məut] *vt* degradować (zdegradować *perf*).
demotion [dɪ'məuʃən] *n* degradacja *f*.
demur [dɪ'mə:*] (*fml*) *vi* sprzeciwiać się (sprzeciwić się *perf*) ♦ *n*: **without demur** bez sprzeciwu; **they demurred at the suggestion** sprzeciwili się tej propozycji.
demure [dɪ'mjuə*] *adj* skromny.
demurrage [dɪ'mʌrɪdʒ] (*COMM*) *n* przestój *m*.
den [dɛn] *n* (*of animal*) nora *f*, legowisko *nt*; (*of thieves*) melina *f*; (*room*) *mały, cichy pokój, w którym jego użytkownikowi nie przeszkadzają inni domownicy.*
denationalization ['di:næʃnəlaɪ'zeɪʃən] *n* denacjonalizacja *f*.
denationalize [di:'næʃnəlaɪz] *vt* denacjonalizować (zdenacjonalizować *perf*).
denatured alcohol [di:'neɪtʃəd-] (*US*) *n* denaturat *m*.
denial [dɪ'naɪəl] *n* (*of allegation*) zaprzeczenie *nt*; (*of rights, liberties*) odmawianie *nt*; (*of country, religion etc*) wyparcie się *nt*.
denier ['dɛnɪə*] *n* denier *m*, den *m* (*jednostka wagi przędzy*).
denigrate ['dɛnɪgreɪt] *vt* oczerniać (oczernić *perf*).

denim ['dɛnɪm] *n* dżins *m*, drelich *m*; **denims** *npl* dżinsy *pl*.
denim jacket *n* kurtka *f* dżinsowa.
denizen ['dɛnɪzn] *n* mieszkaniec *m*.
Denmark ['dɛnmɑ:k] *n* Dania *f*.
denomination [dɪnɔmɪ'neɪʃən] *n* (*of money*) nominał *m*; (*REL*) wyznanie *nt*.
denominator [dɪ'nɔmɪneɪtə*] (*MATH*) *n* mianownik *m*.
denote [dɪ'nəut] *vt* oznaczać (oznaczyć *perf*).
denounce [dɪ'nauns] *vt* potępiać (potępić *perf*).
dense [dɛns] *adj* gęsty; (*inf*: *person*) tępy.
densely ['dɛnslɪ] *adv* gęsto.
density ['dɛnsɪtɪ] *n* gęstość *f*; **double-/high-density disk** dyskietka o podwójnej/wysokiej gęstości.
dent [dɛnt] *n* (*in metal*) wgniecenie *nt*; (*fig*: *to pride, ego*) uszczerbek *m* ♦ *vt* (*metal*) wgniatać (wgnieść *perf*); (*fig*: *pride, ego*) zadawać (zadać *perf*) cios *+dat*.
dental ['dɛntl] *adj* (*treatment*) dentystyczny, stomatologiczny; (*sound*) zębowy; **dental hygiene** higiena jamy ustnej.
dental floss [-flɔs] *n* nić *f* dentystyczna.
dental surgeon *n* lekarz *m* dentysta *m or* stomatolog *m*.
dentifrice ['dɛntɪfrɪs] *n* środek *m* do czyszczenia zębów.
dentist ['dɛntɪst] *n* dentysta (-tka) *m(f)*, stomatolog *m*; **dentist's** (*also*: **dentist's surgery**) gabinet dentystyczny *or* stomatologiczny.
dentistry ['dɛntɪstrɪ] *n* stomatologia *f*.
dentures ['dɛntʃəz] *npl* proteza *f* (zębowa), sztuczna szczęka *f* (*inf*).
denuded [di:'nju:dɪd] *adj*: **denuded of** ogołocony z *+gen*.
denunciation [dɪnʌnsɪ'eɪʃən] *n* potępienie *nt*.
deny [dɪ'naɪ] *vt* (*allegation*) zaprzeczać (zaprzeczyć *perf*) *+dat*; (*permission, rights*) odmawiać (odmówić *perf*) *+gen*; (*country, religion etc*) wypierać się (wyprzeć się *perf*) *+gen*; **he denies having said it** zaprzecza, że to powiedział.
deodorant [di:'əudərənt] *n* dezodorant *m*.
depart [dɪ'pɑ:t] *vi* (*visitor*: *on foot*) wychodzić (wyjść *perf*); (: *by train etc*) wyjeżdżać (wyjechać *perf*); (*train*) odjeżdżać (odjechać *perf*); (*plane*) odlatywać (odlecieć *perf*); **to depart from** (*fig*) odchodzić (odejść *perf*) *or* odstępować (odstąpić *perf*) od *+gen*.
department [dɪ'pɑ:tmənt] *n* (*COMM*) dział *m*; (*SCOL*) instytut *m*, wydział *m*; (*POL*) departament *m*, ministerstwo *nt*; **that's not my department** (*fig*) to nie moja działka (*inf*); **Department of State** (*US*) Departament Stanu.
departmental [di:pɑ:t'mɛntl] *adj* (*meeting etc*) wydziałowy; **departmental manager** (*in company*) kierownik (-iczka) *m(f)* oddziału; (*in shop*) kierownik (-iczka) *m(f)* działu.
department store *n* dom *m* towarowy.
departure [dɪ'pɑ:tʃə*] *n* (*of visitor*: *on foot*) wyjście *nt*; (: *by train etc*) wyjazd *m*; (*of train*) odjazd *m*; (*of plane*) odlot *m*; (*of employee, colleague*) odejście *nt*; (*fig*): **departure from** odejście *nt or* odstępstwo *nt* od *+gen*; **a new departure** (*in policy etc*) nowy kierunek.
departure lounge *n* hala *f* odlotów.
depend [dɪ'pɛnd] *vi*: **to depend on** (*be supported by*) zależeć od *+gen*; (*rely on*) polegać na *+loc*; (*financially*) być zależnym od *+gen*; **it depends** to zależy; **depending on the result** w zależności od wyniku.
dependable [dɪ'pɛndəbl] *adj* niezawodny.
dependant [dɪ'pɛndənt] (*also spelled* **dependent**) *n*: **to be sb's dependant** być na czyimś utrzymaniu.
dependence [dɪ'pɛndəns] *n* uzależnienie *nt*.
dependent [dɪ'pɛndənt] *adj*: **to be dependent on** być uzależnionym od *+gen* ♦ *n* = **dependant**.
depict [dɪ'pɪkt] *vt* (*in picture*) przedstawiać (przedstawić *perf*); (*describe*) odmalowywać (odmalować *perf*).
depilatory [dɪ'pɪlətrɪ] *n* (*also*: **depilatory cream**) krem *m* do depilacji, depilator *m* (w kremie).
depleted [dɪ'pli:tɪd] *adj* (*stocks etc*) uszczuplony, naruszony.
deplorable [dɪ'plɔ:rəbl] *adj* (*conditions*) żałosny; (*lack of concern*) godny ubolewania.
deplore [dɪ'plɔ:*] *vt* ubolewać *or* boleć nad *+instr*.
deploy [dɪ'plɔɪ] *vt* rozmieszczać (rozmieścić *perf*) (strategicznie).
depopulate [di:'pɔpjuleɪt] *vt* wyludniać (wyludnić *perf*).
depopulation ['di:pɔpju'leɪʃən] *n* wyludnienie *nt*.
deport [dɪ'pɔ:t] *vt* deportować (deportować *perf*).
deportation [di:pɔ:'teɪʃən] *n* deportacja *f*.
deportation order *n* nakaz *m* deportacji *or* opuszczenia kraju.
deportment [dɪ'pɔ:tmənt] *n* (*behaviour*) zachowanie się *nt*; (*way of walking etc*) sposób *m* poruszania się.
depose [dɪ'pəuz] *vt* (*official*) dymisjonować (zdymisjonować *perf*); (*ruler*) detronizować (zdetronizować *perf*).
deposit [dɪ'pɔzɪt] *n* (*in account*) wkład *m*, lokata *f*; (*down payment*) pierwsza wpłata *f*, zadatek *m*; (*for hired goods etc*) kaucja *f*, zastaw *m*; (*CHEM*) osad *m*; (*of ore, oil*) złoże *nt* ♦ *vt* (*money*) wpłacać (wpłacić *perf*), deponować (zdeponować *perf*); (*case etc*) oddawać (oddać *perf*) (na przechowanie); (*valuables*) deponować (zdeponować *perf*); (*river*: *sand etc*) osadzać (osadzić *perf*); **to put down a deposit of 50 pounds** wpłacać (wpłacić *perf*) kaucję w wysokości 50 funtów.
deposit account *n* rachunek *m* terminowy.
depositor [dɪ'pɔzɪtə*] *n* deponent *m*.
depository [dɪ'pɔzɪtərɪ] *n* magazyn *m*, skład *m*.

depot ['dɛpəu] *n* (*storehouse*) magazyn *m*, skład *m*; (*for vehicles*) zajezdnia *f*; (*US*: *station*) dworzec *m*.
depraved [dɪ'preɪvd] *adj* (*conduct*) niemoralny; (*person*) zdeprawowany, zepsuty.
depravity [dɪ'prævɪtɪ] *n* zdeprawowanie *nt*, zepsucie *nt*.
deprecate ['dɛprɪkeɪt] *vt* potępiać.
deprecating ['dɛprɪkeɪtɪŋ] *adj* wyrażający dezaprobatę.
depreciate [dɪ'pri:ʃɪeɪt] *vi* tracić (stracić *perf*) na wartości.
depreciation [dɪpri:ʃɪ'eɪʃən] *n* spadek *m* wartości, deprecjacja *f* (*fml*).
depress [dɪ'prɛs] *vt* (*person*) przygnębiać (przygnębić *perf*); (*price, wages*) obniżać (obniżyć *perf*); (*press down*) naciskać (nacisnąć *perf*).
depressant [dɪ'prɛsnt] *n* środek *m* uspokajający.
depressed [dɪ'prɛst] *adj* (*person*) przygnębiony, przybity; (*industry etc*) dotknięty kryzysem; (*area*) dotknięty bezrobociem; **to get depressed** popadać (popaść *perf*) w depresję *or* przygnębienie.
depressing [dɪ'prɛsɪŋ] *adj* przygnębiający.
depression [dɪ'prɛʃən] *n* (*PSYCH*) depresja *f*; (*ECON*) kryzys *m*, depresja *f*; (*weather system*) niż *m*; (*hollow*) zagłębienie *nt*.
deprivation [dɛprɪ'veɪʃən] *n* (*poverty*) ubóstwo *nt*; (*of rights etc*) pozbawienie *nt*.
deprive [dɪ'praɪv] *vt*: **to deprive sb of sth** pozbawiać (pozbawić *perf*) kogoś czegoś.
deprived [dɪ'praɪvd] *adj* (*area*) upośledzony; (*children*) z ubogich rodzin *post*.
dept. *abbr* = **department** wydz.
depth [dɛpθ] *n* (*of hole, water etc*) głębokość *f*; (*of emotion, knowledge*) głębia *f*; **the depths** czeluść, otchłań; **in the depths of despair** w skrajnej rozpaczy; **in the depths of winter** w samym środku zimy; **at a depth of 3 metres** na głębokości trzech metrów; **to be out of one's depth** (*fig*) nie czuć gruntu pod nogami; **to go out of one's depth** (*lit, fig*) tracić (stracić *perf*) grunt pod nogami; **to study sth in depth** studiować (przestudiować *perf*) coś dogłębnie.
depth charge *n* bomba *f* głębinowa.
deputation [dɛpju'teɪʃən] *n* (*assignment*) delegowanie *nt*; (*group*) delegacja *f*.
deputize ['dɛpjutaɪz] *vi*: **to deputize for sb** zastępować (zastąpić *perf*) kogoś.
deputy ['dɛpjutɪ] *cpd*: **deputy chairman/leader** *etc* wiceprzewodniczący (-ca) *m(f)* ♦ *n* (*assistant, replacement*) zastępca (-pczyni) *m(f)*; (*POL*) deputowany (-na) *m(f)*; (*US*: *also*: **deputy sheriff**) zastępca *m* szeryfa; **deputy head** (*BRIT*: *SCOL*) wicedyrektor(ka) *m(f)*.
derail [dɪ'reɪl] *vt*: **to be derailed** wykolejać się (wykoleić się *perf*).
derailment [dɪ'reɪlmənt] *n* wykolejenie *nt*.
deranged [dɪ'reɪndʒd] *adj* (*also*: **mentally deranged**) obłąkany.
derby ['də:rbɪ] (*US*) *n* melonik *m*.
Derbys (*BRIT*: *POST*) *abbr* (= *Derbyshire*).
deregulate [dɪ'rɛgjuleɪt] *vt* wyjmować (wyjąć *perf*) spod kontroli państwowej.
deregulation [dɪ'rɛgju'leɪʃən] *n* wyjęcie *nt* spod kontroli państwowej.
derelict ['dɛrɪlɪkt] *adj* (*building*) opuszczony.
deride [dɪ'raɪd] *vt* szydzić *or* drwić z *+gen*.
derision [dɪ'rɪʒən] *n* szyderstwo *nt*, drwina *f*.
derisive [dɪ'raɪsɪv] *adj* szyderczy, drwiący.
derisory [dɪ'raɪsərɪ] *adj* (*sum*) śmiechu wart; (*laughter, person*) drwiący.
derivation [dɛrɪ'veɪʃən] *n* (*LING*) derywacja *f*.
derivative [dɪ'rɪvətɪv] *n* (*MATH, CHEM*) pochodna *f*; (*LING*) wyraz *m* pochodny, derywat *m* ♦ *adj* (*pej*) wtórny, nieoryginalny.
derive [dɪ'raɪv] *vt*: **to derive pleasure/benefit from** czerpać przyjemność/korzyści z *+gen* ♦ *vi*: **to derive from** wywodzić się z *+gen*.
dermatitis [də:mə'taɪtɪs] *n* zapalenie *nt* skóry.
dermatology [də:mə'tɔlədʒɪ] *n* dermatologia *f*.
derogatory [dɪ'rɔgətərɪ] *adj* uwłaczający.
derrick ['dɛrɪk] *n* (*on ship*) żuraw *m*; (*on oil well*) wieża *f* wiertnicza.
derv [də:v] (*BRIT*) *n* olej *m* napędowy.
DES (*BRIT*) *n abbr* (= *Department of Education and Science*) Ministerstwo *nt* Oświaty i Nauki.
desalination [di:sælɪ'neɪʃən] *n* odsalanie *nt*.
descend [dɪ'sɛnd] *vt* (*stairs*) schodzić (zejść *perf*) po *+loc*; (*hill*) schodzić (zejść *perf*) z *+gen*; (*slope*) schodzić (zejść *perf*) w dół *+gen* ♦ *vi* schodzić (zejść *perf*); **to be descended from** wywodzić się z *+gen*, pochodzić od *+gen*; **to descend to** (*lying etc*) zniżać się (zniżyć się *perf*) do *+gen*; **in descending order** (*MATH*) w porządku malejącym; **in descending order of importance** od najważniejszych poczynając.
►**descend on** *vt fus* (*enemy etc*) napadać (napaść *perf*) na *+acc*; (*silence etc*) zapanować (*perf*) nad *+instr*, zawładnąć (*perf*) *+instr*; **visitors descended (up)on us** zwalili nam się goście (*inf*).
descendant [dɪ'sɛndənt] *n* potomek *m*.
descent [dɪ'sɛnt] *n* (*of stairs, hill etc*) schodzenie *nt*; (*AVIAT*) opadanie *nt*, wytracanie *nt* wysokości; (*origin*) pochodzenie *nt*, rodowód *m*.
describe [dɪs'kraɪb] *vt* opisywać (opisać *perf*).
description [dɪs'krɪpʃən] *n* (*account*) opis *m*; (*sort*) rodzaj *m*; **of every description** wszelkiego rodzaju.
descriptive [dɪs'krɪptɪv] *adj* opisowy.
desecrate ['dɛsɪkreɪt] *vt* bezcześcić (zbezcześcić *perf*), profanować (sprofanować *perf*).
desegregate [di:'sɛgrɪgeɪt] *vt* (*school, area*) eliminować (wyeliminować *perf*) segregację rasową z *+gen*.
desert [*n* 'dɛzət, *vb* dɪ'zə:t] *n* pustynia *f* ♦ *vt*

opuszczać (opuścić *perf*), porzucać (porzucić *perf*) ♦ *vi* dezerterować (zdezerterować *perf*); *see also* **deserts**.
deserter [dɪ'zə:tə*] *n* dezerter *m*.
desertion [dɪ'zə:ʃən] *n* (*MIL*) dezercja *f*; (*JUR*) porzucenie *nt*.
desert island *n* bezludna wyspa *f*.
deserts [dɪ'zə:ts] *npl*: **to get one's just deserts** dostawać (dostać *perf*) to, na co się zasłużyło.
deserve [dɪ'zə:v] *vt* zasługiwać (zasłużyć *perf*) na *+acc*.
deservedly [dɪ'zə:vɪdlɪ] *adv* zasłużenie.
deserving [dɪ'zə:vɪŋ] *adj* (*person*) zasłużony; (*action, cause*) chwalebny, godny poparcia; **deserving of** zasługujący na *+acc*.
desiccated ['dɛsɪkeɪtɪd] *adj* (*skin etc*) wysuszony; **desiccated coconut** wiórki kokosowe.
design [dɪ'zaɪn] *n* (*art, process*) projektowanie *nt*; (*drawing*) projekt *m*; (*layout, shape*) zaprojektowanie *nt*; (*pattern*) deseń *m*; (*intention*) zamiar *m*, zamysł *m* ♦ *vt* (*house, product*) projektować (zaprojektować *perf*); (*test*) układać (ułożyć *perf*); **to have designs on** mieć *or* robić zakusy na *+acc*; **well-designed** dobrze zaprojektowany.
designate [*vb* 'dɛzɪgneɪt, *adj* 'dɛzɪgnɪt] *vt* desygnować, wyznaczać (wyznaczyć *perf*) ♦ *adj*: **chairman/minister designate** desygnowany przewodniczący/minister.
designation [dɛzɪg'neɪʃən] *n* określenie *nt*, oznaczenie *nt*.
designer [dɪ'zaɪnə*] *n* projektant(ka) *m(f)*; (*TECH*) konstruktor(ka) *m(f)* ♦ *adj* (*clothes, label etc*) od znanego projektanta *post*.
desirability [dɪzaɪərə'bɪlɪtɪ] *n*: **the desirability of** potrzeba *f +gen*.
desirable [dɪ'zaɪərəbl] *adj* (*proper*) pożądany, wskazany; (*attractive*) godny pożądania; **it is desirable that** wskazane jest, by.
desire [dɪ'zaɪə*] *n* (*urge*) chęć *f*, ochota *f*; (*sexual urge*) pożądanie *nt*, żądza *f* ♦ *vt* (*want*) pragnąć (zapragnąć *perf*) *+gen*, życzyć (zażyczyć *perf*) sobie *+gen*; (*lust after*) pożądać *+gen*; **to desire to do sth** pragnąć coś (z)robić; **to desire that** pragnąć, by.
desirous [dɪ'zaɪərəs] (*fml*) *adj*: **to be desirous of** życzyć sobie *+infin*.
desist [dɪ'zɪst] *vi*: **to desist from** zaniechać (*perf*) *+gen*.
desk [dɛsk] *n* (*in office*) biurko *nt*; (*for pupil*) ławka *f*; (*in hotel*) recepcja *f*; (*at airport*) informacja *f*; (*BRIT*: *in shop, restaurant*) kasa *f*.
desk job *n* praca *f* biurowa.
desk-top publishing ['dɛsktɔp-] *n* komputerowe wspomaganie *nt* prac wydawniczych.
desolate ['dɛsəlɪt] *adj* (*place*) wyludniony, opuszczony; (*person*) niepocieszony.
desolation [dɛsə'leɪʃən] *n* (*of place*) pustka *f*; (*of person*) rozpacz *f*.
despair [dɪs'pɛə*] *n* rozpacz *f* ♦ *vi*: **to despair of** tracić (stracić *perf*) nadzieję na *+acc*, wątpić (zwątpić *perf*) w *+acc*; **to be in despair** być zrozpaczonym *or* w rozpaczy.
despatch *n, vt* = **dispatch**.
desperate ['dɛspərɪt] *adj* (*person*) zdesperowany; (*action*) rozpaczliwy, desperacki; (*situation, cry*) rozpaczliwy; **to be desperate for sth/to do sth** rozpaczliwie potrzebować czegoś/pragnąć coś zrobić; **gang of desperate men** banda desperatów.
desperately ['dɛspərɪtlɪ] *adv* (*struggle, shout*) z desperacją; (*ill, unhappy etc*) strasznie.
desperation [dɛspə'reɪʃən] *n* desperacja *f*, rozpacz *f*; **in (sheer) desperation** w desperacji.
despicable [dɪs'pɪkəbl] *adj* nikczemny, podły.
despise [dɪs'paɪz] *vt* gardzić (wzgardzić *perf*) *+instr*, pogardzać (pogardzić *perf*) *+instr*.
despite [dɪs'paɪt] *prep* (po)mimo *+gen*; **despite o.s.** wbrew (samemu) sobie.
despondent [dɪs'pɔndənt] *adj* przybity, przygnębiony.
despot ['dɛspɔt] *n* despota (-tka) *m(f)*.
dessert [dɪ'zə:t] *n* deser *m*.
dessert spoon *n* (*object*) łyżka *f* deserowa; (*quantity*) *około 2 łyżeczek od herbaty*.
destabilize [di:'steɪbɪlaɪz] *vt* destabilizować (zdestabilizować *perf*).
destination [dɛstɪ'neɪʃən] *n* (*of traveller*) cel *m* (podróży); (*of goods*) miejsce *nt* przeznaczenia; (*of letter*) adres *m*, adresat *m*.
destined ['dɛstɪnd] *adj*: **destined for** przeznaczony do *+gen*; **destined for Warsaw** w drodze do Warszawy; **he was destined to do it** było mu pisane *or* przeznaczone, że to zrobi.
destiny ['dɛstɪnɪ] *n* przeznaczenie *nt*, los *m*.
destitute ['dɛstɪtju:t] *adj* pozbawiony środków do życia.
destroy [dɪs'trɔɪ] *vt* (*building, faith*) niszczyć (zniszczyć *perf*); (*animal*) uśmiercać (uśmiercić *perf*).
destroyer [dɪs'trɔɪə*] (*NAUT*) *n* niszczyciel *m*.
destruction [dɪs'trʌkʃən] *n* zniszczenie *nt*, zagłada *f*.
destructive [dɪs'trʌktɪv] *adj* (*force*) niszczący, niszczycielski; (*criticism, child*) destruktywny.
desultory ['dɛsəltərɪ] *adj* (*reading*) pobieżny; (*conversation*) zdawkowy.
detach [dɪ'tætʃ] *vt* odczepiać (odczepić *perf*), zdejmować (zdjąć *perf*).
detachable [dɪ'tætʃəbl] *adj* odczepiany, zdejmowany.
detached [dɪ'tætʃt] *adj* (*attitude, person*) bezstronny; (*house*) wolno stojący.
detachment [dɪ'tætʃmənt] *n* obojętność *f*, dystans *m*; (*MIL*) oddział *m* (specjalny).
detail ['di:teɪl] *n* szczegół *m*, detal *m* ♦ *vt*

wyszczególniać (wyszczególnić *perf*); **in detail** szczegółowo; **to go into details** wdawać się (wdać się *perf*) w szczegóły.

detailed ['di:teɪld] *adj* szczegółowy, drobiazgowy.

detain [dɪ'teɪn] *vt* zatrzymywać (zatrzymać *perf*).

detainee [di:teɪ'ni:] *n* zatrzymany (-na) *m(f)*.

detect [dɪ'tɛkt] *vt* wyczuwać (wyczuć *perf*); (*MED, TECH*) wykrywać (wykryć *perf*).

detection [dɪ'tɛkʃən] *n* wykrycie *nt*; **crime detection** wykrywanie *or* wykrywalność przestępstw; **to escape detection** (*criminal*) pozostawać (pozostać *perf*) na wolności; (*mistake*) pozostawać (pozostać *perf*) nie zauważonym, uchodzić (ujść *perf*) uwadze.

detective [dɪ'tɛktɪv] *n* detektyw *m*, wywiadowca (-wczyni) *m(f)*; **private detective** prywatny detektyw.

detective story *n* powieść *f* kryminalna *or* detektywistyczna, kryminał *m* (*inf*).

detector [dɪ'tɛktə*] *n* detektor *m*, wykrywacz *m*.

détente [deɪ'tɑ:nt] *n* odprężenie *nt*.

detention [dɪ'tɛnʃən] *n* (*arrest*) zatrzymanie *nt*; (*SCOL*): **to be in detention** zostawać (zostać *perf*) (za karę) po lekcjach.

deter [dɪ'tə:*] *vt* odstraszać (odstraszyć *perf*).

detergent [dɪ'tə:dʒənt] *n* detergent *m*.

deteriorate [dɪ'tɪərɪəreɪt] *vi* pogarszać się (pogorszyć się *perf*), psuć się (popsuć się *perf*).

deterioration [dɪtɪərɪə'reɪʃən] *n* pogorszenie *nt*.

determination [dɪtə:mɪ'neɪʃən] *n* (*resolve*) determinacja *f*, zdecydowanie *nt*; (*establishment*) określenie *nt*, ustalenie *nt*.

determine [dɪ'tə:mɪn] *vt* (*facts, budget, quantity*) ustalać (ustalić *perf*); (*limits etc*) określać (określić *perf*), wyznaczać (wyznaczyć *perf*); **to determine that** wykazywać (wykazać *perf*), że; **to determine to do sth** postanawiać (postanowić *perf*) coś zrobić.

determined [dɪ'tə:mɪnd] *adj* (*person*) zdecydowany, zdeterminowany; (*effort*) stanowczy; **determined to do sth** zdecydowany coś zrobić.

deterrence [dɪ'tɛrəns] *n* odstraszanie *nt*, działanie *nt* odstraszające.

deterrent [dɪ'tɛrənt] *n* czynnik *m* odstraszający; **to act as a deterrent** działać (podziałać *perf*) odstraszająco.

detest [dɪ'tɛst] *vt* nienawidzić *+gen*, nie cierpieć *+gen*.

detestable [dɪ'tɛstəbl] *adj* obrzydliwy, wstrętny.

detonate ['dɛtəneɪt] *vi* wybuchać (wybuchnąć *perf*) ♦ *vt* detonować (zdetonować *perf*).

detonator ['dɛtəneɪtə*] *n* detonator *m*.

detour ['di:tuə*] *n* (*diversion*) objazd *m*; **to make a detour** zbaczać (zboczyć *perf*) z trasy.

detract [dɪ'trækt] *vi*: **to detract from** (*effect, achievement*) umniejszać (umniejszyć *perf*) *+acc*; (*pleasure*) zakłócać (zakłócić *perf*) *+acc*.

detractor [dɪ'træktə*] *n* krytyk *m*.

detriment ['dɛtrɪmənt] *n*: **to the detriment of** ze szkodą dla *+gen*; **without detriment to** bez szkody dla *+gen*.

detrimental [dɛtrɪ'mɛntl] *adj*: **detrimental to** (wielce) szkodliwy dla *+gen*.

deuce [dju:s] (*TENNIS*) *n* równowaga *f*.

devaluation [dɪvælju'eɪʃən] *n* dewaluacja *f*.

devalue ['di:'vælju:] *vt* (*work, person*) lekceważyć (zlekceważyć *perf*); (*currency*) dewaluować (zdewaluować *perf*).

devastate ['dɛvəsteɪt] *vt* (doszczętnie) niszczyć (zniszczyć *perf*); (*fig*): **to be devastated by** być zdruzgotanym *+instr*.

devastating ['dɛvəsteɪtɪŋ] *adj* (*weapon, storm*) niszczycielski, siejący spustoszenie; (*news, effect*) druzgocący.

devastation [dɛvəs'teɪʃən] *n* zniszczenie *nt*, spustoszenie *nt*.

develop [dɪ'vɛləp] *vt* (*business, idea*) rozwijać (rozwinąć *perf*); (*land*) zagospodarowywać (zagospodarować *perf*); (*resource*) wykorzystywać (wykorzystać *perf*); (*PHOT*) wywoływać (wywołać *perf*); (*disease*) dostawać (dostać *perf*) *+gen*, nabawić się (*perf*) *+gen* ♦ *vi* (*advance, evolve*) rozwijać się (rozwinąć się *perf*); (*appear*) występować (wystąpić *perf*), pojawiać się (pojawić się *perf*); **the machine developed faults** w urządzeniu wystąpiły usterki; **to develop a taste for sth** nabierać (nabrać *perf*) upodobania do czegoś, zasmakować (*perf*) w czymś; **to develop into** rozwijać się (rozwinąć się *perf*) w *+acc*.

developer [dɪ'vɛləpə*] *n* (*also*: **property developer**) inwestor *m* (budowlany).

developing country [dɪ'vɛləpɪŋ-] *n* kraj *m* rozwijający się.

development [dɪ'vɛləpmənt] *n* (*advance*) rozwój *m*; (*in affair, case*) wydarzenie *nt*; (*of land*) zagospodarowanie *nt*.

development area *n rejon wysokiego bezrobocia, w którym rząd zachęca do inwestowania.*

deviant ['di:vɪənt] *adj* odbiegający od normy.

deviate ['di:vɪeɪt] *vi*: **to deviate from** (*view*) odstępować (odstąpić *perf*) od *+gen*; (*norm*) odbiegać (odbiec *perf*) (od *+gen*); (*path*) zbaczać (zboczyć *perf*) (z *+gen*).

deviation [di:vɪ'eɪʃən] *n* odchylenie *nt*, dewiacja *f*.

device [dɪ'vaɪs] *n* (*apparatus*) przyrząd *m*, urządzenie *nt*; (*stratagem*) sposób *m*, środek *m*; **explosive device** bomba.

devil ['dɛvl] *n* diabeł *m*; **go on, be a devil!** zaszalej sobie!; **talk of the devil!** o wilku mowa...; **poor devil** biedaczysko.

devilish ['dɛvlɪʃ] *adj* diabelski.

devious ['di:vɪəs] *adj* (*person*) przebiegły; (*path*) kręty.

devise [dɪ'vaɪz] *vt* (*plan*) obmyślać (obmyślić *perf*); (*machine*) wynaleźć (*perf*).

devoid [dɪ'vɔɪd] *adj*: **devoid of** pozbawiony *+gen*.
devolution [di:və'lu:ʃən] *n* decentralizacja *f* (władzy).
devolve [dɪ'vɔlv] *vi*: **to devolve (up)on** przechodzić (przejść *perf*) na *+acc* ♦ *vt* (*power, duty etc*) przekazywać (przekazać *perf*).
devote [dɪ'vəut] *vt*: **to devote sth to sb/sth** poświęcać (poświęcić *perf*) coś komuś/czemuś.
devoted [dɪ'vəutɪd] *adj* (*service, friendship*) ofiarny; (*admirer, partner*) oddany; **to be devoted to sb** być komuś oddanym; **the book is devoted to politics** książka poświęcona jest polityce.
devotee [dɛvəu'ti:] *n* entuzjasta (-tka) *m(f)*, wielbiciel(ka) *m(f)*; (*REL*) wierny (-na) *m(f)*.
devotion [dɪ'vəuʃən] *n* oddanie *nt*; (*REL*) pobożność *f*.
devour [dɪ'vauə*] *vt* pożerać (pożreć *perf*).
devout [dɪ'vaut] *adj* pobożny, nabożny.
dew [dju:] *n* rosa *f*.
dexterity [dɛks'tɛrɪtɪ] *n* (*manual*) sprawność *f*, zręczność *f*; (*mental*) sprawność *f*.
dext(e)rous ['dɛkstrəs] *adj* sprawny, zręczny.
dg *abbr* (= *decigram*) dkg.
DH (*BRIT*) *n abbr* (= *Department of Health*) Ministerstwo *nt* Zdrowia.
DHSS (*BRIT*) *n abbr* (*formerly*: = *Department of Health and Social Security*) Ministerstwo *nt* Zdrowia i Opieki Społecznej.
Dhaka ['dækə] *n* Dakka *f*.
diabetes [daɪə'bi:ti:z] *n* cukrzyca *f*.
diabetic [daɪə'bɛtɪk] *adj* chory na cukrzycę; (*chocolate etc*) dla chorych na cukrzycę *post* ♦ *n* chory (-ra) *m(f)* na cukrzycę, cukrzyk *m*.
diabolical [daɪə'bɔlɪkl] *adj* (*inf*: *behaviour, weather*) ohydny.
diaeresis [daɪ'ɛrɪsɪs] *n* diereza *f*.
diagnose [daɪəg'nəuz] *vt* rozpoznawać (rozpoznać *perf*), diagnozować (zdiagnozować *perf*).
diagnoses [daɪəg'nəusi:z] *npl of* **diagnosis**.
diagnosis [daɪəg'nəusɪs] (*pl* **diagnoses**) *n* diagnoza *f*, rozpoznanie *nt*.
diagonal [daɪ'ægənl] *adj* ukośny ♦ *n* przekątna *f*.
diagram ['daɪəgræm] *n* wykres *m*, diagram *m*.
dial ['daɪəl] *n* (*indicator*) skala *f* (tarczowa); (*tuner*) pokrętło *nt*, potencjometr *m*; (*of phone*) tarcza *f* ♦ *vt* (*number*) wykręcać (wykręcić *perf*), wybierać (wybrać *perf*) (*fml*); **to dial a wrong number** wykręcać (wykręcić *perf*) zły numer; **can I dial London direct?** czy można zadzwonić do Londynu bezpośrednio?
dial. *abbr* = **dialect**.
dial code (*US*) *n* = **dialling code**.
dialect ['daɪəlɛkt] *n* dialekt *m*, gwara *f*.
dialling code ['daɪəlɪŋ-] (*US* **dial code**) *n* (numer *m*) kierunkowy.
dialling tone (*US* **dial tone**) *n* sygnał *m* (zgłoszenia) (*w telefonie*).
dialogue ['daɪəlɔg] (*US* **dialog**) *n* dialog *m*.
dial tone (*US*) *n* = **dialling tone**.
dialysis [daɪ'ælɪsɪs] *n* dializa *f*.
diameter [daɪ'æmɪtə*] *n* średnica *f*.
diametrically [daɪə'mɛtrɪklɪ] *adv*: **diametrically opposed (to)** diametralnie różny (od *+gen*).
diamond ['daɪəmənd] *n* (*stone*) diament *m*; (: *polished*) brylant *m*; (*shape*) romb *m*; **diamonds** *npl* (*CARDS*) karo *nt inv*.
diamond ring *n* pierścionek *m* z brylantem.
diaper ['daɪəpə*] (*US*) *n* pieluszka *f*.
diaphragm ['daɪəfræm] *n* (*ANAT*) przepona *f*; (*contraceptive*) krążek *m* dopochwowy.
diarrhoea [daɪə'ri:ə] (*US* **diarrhea**) *n* biegunka *f*.
diary ['daɪərɪ] *n* (*engagements book*) terminarz *m*, notatnik *m*; (*daily account*) pamiętnik *m*, dziennik *m*; **to keep a diary** pisać pamiętnik.
diatribe ['daɪətraɪb] *n* diatryba *f*.
dice [daɪs] *n inv* (*in game*) kostka *f* (do gry); (*game*) kości *pl* ♦ *vt* (*CULIN*) kroić (pokroić *perf*) w kostkę.
dicey ['daɪsɪ] (*inf*) *adj*: **it's a bit dicey** to trochę ryzykowne.
dichotomy [daɪ'kɔtəmɪ] *n* (*division*) dwudzielność *f*, dychotomia *f*; (*disagreement*) rozdźwięk *m*.
Dictaphone ['dɪktəfəun] ® *n* dyktafon *m*.
dictate [*vb* dɪk'teɪt, *n* 'dɪkteɪt] *vt* dyktować (podyktować *perf*) ♦ *vi*: **to dictate to** narzucać (narzucić *perf*) swoją wolę *+dat* ♦ *n* nakaz *m*; **I won't be dictated to** nikt mi nie będzie rozkazywać.
dictation [dɪk'teɪʃən] *n* (*of letter etc*) dyktowanie *nt*; (*order*) dyktat *m*; (*SCOL*) dyktando *nt*; **to take dictation from** pisać pod dyktando *+gen*; **at dictation speed** w tempie dyktowania.
dictator [dɪk'teɪtə*] *n* dyktator(ka) *m(f)*.
dictatorship [dɪk'teɪtəʃɪp] *n* dyktatura *f*.
diction ['dɪkʃən] *n* dykcja *f*.
dictionary ['dɪkʃənrɪ] *n* słownik *m*.
did [dɪd] *pt of* **do**.
didactic [daɪ'dæktɪk] *adj* dydaktyczny.
diddle ['dɪdl] (*inf*) *vt* nabierać (nabrać *perf*) (*inf*).
didn't ['dɪdnt] = **did not**.
die [daɪ] *vi* (*person*) umierać (umrzeć *perf*); (*animal*) zdychać (zdechnąć *perf*); (*plant*) usychać (uschnąć *perf*); (*fig*) umierać (umrzeć *perf*), ginąć (zginąć *perf*); **to die of** *or* **from** umierać (umrzeć *perf*) na *+acc*; (*fig*) umierać (umrzeć *perf*) z *+gen*; **he is dying** on umiera *or* jest umierający; **to be dying for sth/to do sth** bardzo chcieć czegoś/zrobić coś.
►**die away** *vi* (*sound, light*) niknąć, zanikać (zaniknąć *perf*).
►**die down** *vi* cichnąć (ucichnąć *perf*), uspokajać się (uspokoić się *perf*).
►**die out** *vi* (*custom*) zanikać (zaniknąć *perf*); (*species*) wymierać (wymrzeć *perf*).

diehard ['daɪhɑːd] *n* (zatwardziały (-ła) *m(f)*) konserwatysta (-tka) *m(f)*.
diesel ['diːzl] *n* (*vehicle*) pojazd *m* napędzany ropą, diesel *m* (*inf*); (*also*: **diesel oil**) olej *m* napędowy.
diesel engine *n* silnik *m* diesla, diesel *m* (*inf*).
diet ['daɪət] *n* (*food intake*) odżywianie *nt*, dieta *f*; (*restricted food*) dieta *f* ♦ *vi* (*also*: **to be on a diet**) być na diecie; **to live on a diet of fish and rice** żywić się rybami i ryżem.
dietician [daɪə'tɪʃən] *n* dietetyk (-yczka) *m(f)*.
differ ['dɪfə*] *vi*: **to differ (from)** różnić się (od *+gen*); **to differ (about)** nie zgadzać się (co do *+gen*); **they agreed to differ** uzgodnili, że pozostaną każdy przy swoim zdaniu.
difference ['dɪfrəns] *n* (*dissimilarity*) różnica *f*; (*disagreement*) różnica *f* poglądów; **it makes no difference to me** nie sprawia mi to różnicy; **to settle one's differences** godzić się (pogodzić się *perf*).
different ['dɪfrənt] *adj* (*not the same, unlike*) inny, różny; (*various*) różny.
differential [dɪfə'rɛnʃəl] *n* (*MATH*) różniczka *f*; (*BRIT*: *in wages*) zróżnicowanie *nt*.
differentiate [dɪfə'rɛnʃɪeɪt] *vi*: **to differentiate between** rozróżniać (rozróżnić *perf*) pomiędzy *+instr* ♦ *vt*: **to differentiate sth from** odróżniać (odróżnić *perf*) coś od *+gen*.
differently ['dɪfrəntlɪ] *adv* (*in a different way*) inaczej, odmiennie; (*in different ways*) różnie.
difficult ['dɪfɪkəlt] *adj* trudny; **difficult to understand** trudny do zrozumienia.
difficulty ['dɪfɪkəltɪ] *n* trudność *f*; **to have difficulties with** mieć trudności z *+instr*; **to be in difficulty** być w tarapatach.
diffidence ['dɪfɪdəns] *n* nieśmiałość *f*, rezerwa *f*.
diffident ['dɪfɪdənt] *adj* nieśmiały.
diffuse [*adj* dɪ'fjuːs, *vb* dɪ'fjuːz] *adj* (*idea, sense*) niejasny; (*light*) rozproszony ♦ *vt* (*information*) rozpowszechniać (rozpowszechnić *perf*), szerzyć.
dig [dɪg] (*pt, pp* **dug**) *vt* (*hole etc*) kopać, wykopywać (wykopać *perf*); (*garden*) kopać w *+loc*, przekopywać (przekopać *perf*) ♦ *n* (*prod*) kuksaniec *m*, szturchaniec *m*; (*also*: **archaeological dig**) wykopalisko *nt*; (*remark*) przytyk *m*; **to dig one's nails into sth** wbijać (wbić *perf*) w coś paznokcie.
▸**dig in** *vi* okopywać się (okopać się *perf*) ♦ *vt* (*compost*) zakopywać (zakopać *perf*); (*knife, claw*) wbijać (wbić *perf*); **to dig one's heels in** (*fig*) zapierać się (zaprzeć się *perf*).
▸**dig into** *vt fus* (*savings*) sięgać (sięgnąć *perf*) do *+gen*.
▸**dig out** *vt* odkopywać (odkopać *perf*), odgrzebywać (odgrzebać *perf*).
▸**dig up** *vt* (*plant*) wykopywać (wykopać *perf*); (*information*) wydobywać (wydobyć *perf*) na jaw.
digest [*vb* daɪ'dʒɛst, *n* 'daɪdʒɛst] *vt* (*food*) trawić (strawić *perf*); (*fig*: *facts*) przetrawiać (przetrawić *perf*) ♦ *n* kompendium *nt*.
digestible [dɪ'dʒɛstəbl] *adj* strawny.
digestion [dɪ'dʒɛstʃən] *n* trawienie *nt*.
digestive [dɪ'dʒɛstɪv] *adj* trawienny; (*BRIT*) *n* *rodzaj herbatnika z mąki razowej*; **the digestive system** układ pokarmowy.
digit ['dɪdʒɪt] *n* (*number*) cyfra *f*; (*finger*) palec *m*.
digital ['dɪdʒɪtl] *adj* cyfrowy.
digital computer *n* komputer *m* cyfrowy.
dignified ['dɪgnɪfaɪd] *adj* dostojny, pełen godności.
dignitary ['dɪgnɪtərɪ] *n* dygnitarz *m*, dostojnik *m*.
dignity ['dɪgnɪtɪ] *n* godność *f*, dostojeństwo *nt*.
digress [daɪ'grɛs] *vi*: **to digress from** (*topic*) odbiegać (odbiec *perf*) od *+gen*.
digression [daɪ'grɛʃən] *n* dygresja *f*.
digs [dɪgz] (*BRIT*: *inf*) *npl* kwatera *f*.
dike [daɪk] *n* = **dyke**.
dilapidated [dɪ'læpɪdeɪtɪd] *adj* walący się, w rozsypce *post*.
dilate [daɪ'leɪt] *vi* rozszerzać się (rozszerzyć się *perf*) ♦ *vt* rozszerzać (rozszerzyć *perf*).
dilatory ['dɪlətərɪ] *adj* opieszały.
dilemma [daɪ'lɛmə] *n* dylemat *m*; **to be in a dilemma** być w rozterce, mieć dylemat.
diligence ['dɪlɪdʒəns] *n* pilność *f*.
diligent ['dɪlɪdʒənt] *adj* pilny.
dill [dɪl] *n* koper *m* ogrodowy, koperek *m*.
dilly-dally ['dɪlɪ'dælɪ] *vi* ociągać się.
dilute [daɪ'luːt] *vt* (*liquid*) rozcieńczać (rozcieńczyć *perf*); (*fig*: *principle etc*) osłabiać (osłabić *perf*) ♦ *adj* rozcieńczony.
dim [dɪm] *adj* (*room*) ciemny; (*outline, figure*) niewyraźny; (*light*) przyćmiony; (*memory*) niewyraźny, mglisty; (*eyesight*) osłabiony; (*prospects*) ponury; (*inf*: *person*) ciemny (*inf*) ♦ *vt* (*light*) przyciemniać (przyciemnić *perf*); (*US*): **to dim one's lights** włączać (włączyć *perf*) światła mijania; **to take a dim view of sth** niechętnie odnosić się do czegoś.
dime [daɪm] (*US*) *n* dziesięciocentówka *f*.
dimension [daɪ'mɛnʃən] *n* (*aspect, measurement*) wymiar *m*; (*also pl*: *scale, size*) rozmiary *pl*.
-dimensional [dɪ'mɛnʃənl] *adj suff*: **two-dimensional** dwuwymiarowy.
diminish [dɪ'mɪnɪʃ] *vi* zmniejszać się (zmniejszyć się *perf*), maleć (zmaleć *perf*) ♦ *vt* zmniejszać (zmniejszyć *perf*), pomniejszać (pomniejszyć *perf*).
diminished [dɪ'mɪnɪʃt] *adj*: **diminished responsibility** ograniczona poczytalność *f*.
diminutive [dɪ'mɪnjutɪv] *adj* malutki, maleńki ♦ *n* (*LING*) zdrobnienie *nt*.
dimly ['dɪmlɪ] *adv* (*shine*) blado; (*visible, lit*) słabo; (*remember*) mgliście; (*see*) niewyraźnie.
dimmer ['dɪmə*] *n* (*also*: **dimmer switch**: *at*

home) regulator *m* oświetlenia; (: *in car*) przełącznik *m* świateł mijania.

dimmers ['dɪməz] (*US*: *AUT*) *npl* (*dipped headlights*) światła *pl* mijania; (*parking lights*) światła *pl* postojowe.

dimple ['dɪmpl] *n* (*on cheek, chin*) dołeczek *m*.

dim-witted ['dɪm'wɪtɪd] (*inf*) *adj* (*person*) ciemny (*inf*).

din [dɪn] *n* hałas *m*, gwar *m* ♦ *vt* (*inf*): **to din sth into sb** wbijać (wbić *perf*) coś komuś do głowy.

dine [daɪn] *vi* jeść (zjeść *perf*) obiad.

diner ['daɪnə*] *n* (*in restaurant*) gość *m*; (*US*) (tania) restauracja *f*.

dinghy ['dɪŋgɪ] *n* (*also*: **rubber dinghy**) ponton *m*; (*also*: **sailing dinghy**) bączek *m*, bąk *m*.

dingy ['dɪndʒɪ] *adj* (*streets, room*) obskurny; (*clothes, curtains*: *dirty*) przybrudzony; (: *faded*) wyblakły, wypłowiały.

dining car ['daɪnɪŋ-] (*BRIT*) *n* wagon *m* restauracyjny.

dining room *n* (*in house*) pokój *m* jadalny *or* stołowy, jadalnia *f*; (*in hotel*) restauracja *f*.

dinner ['dɪnə*] *n* (*evening meal*) ≈ kolacja *f*; (*lunch*) ≈ obiad *m*; (*banquet*) przyjęcie *nt*.

dinner jacket *n* smoking *m*.

dinner party *n* przyjęcie *nt*.

dinner service *n* zastawa *f* stołowa.

dinner time *n* (*midday*) pora *f* obiadowa; (*evening*) pora *f* kolacji.

dinosaur ['daɪnəsɔ:*] *n* dinozaur *m*.

dint [dɪnt] *n*: **by dint of** dzięki +*dat*.

diocese ['daɪəsɪs] *n* diecezja *f*.

dioxide [daɪ'ɔksaɪd] *n* dwutlenek *m*.

Dip. (*BRIT*) *abbr* = **diploma** dypl.

dip [dɪp] *n* (*slope*) nachylenie *nt*, spadek *m*; (*CULIN*) sos *m* (do maczania zakąsek), dip *m*; (*for sheep*) kąpiel *f* odkażająca ♦ *vt* zanurzać (zanurzyć *perf*), zamaczać (zamoczyć *perf*) ♦ *vi* opadać (opaść *perf*); **to take a dip, go for a dip** iść (pójść *perf*) popływać; **to dip the headlights** (*BRIT*) włączać (włączyć *perf*) światła mijania.

diphtheria [dɪf'θɪərɪə] *n* błonica *f*, dyfteryt *m*.

diphthong ['dɪfθɔŋ] (*LING*) *n* dyftong *m*, dwugłoska *f*.

diploma [dɪ'pləumə] *n* dyplom *m*.

diplomacy [dɪ'pləuməsɪ] *n* dyplomacja *f*.

diplomat ['dɪpləmæt] *n* dyplomata (-tka) *m(f)*.

diplomatic [dɪplə'mætɪk] *adj* dyplomatyczny; **to break off diplomatic relations (with)** zrywać (zerwać *perf*) stosunki dyplomatyczne (z +*instr*).

diplomatic corps *n* korpus *m* dyplomatyczny.

dipstick ['dɪpstɪk] (*BRIT*: *AUT*) *n* (prętowy) wskaźnik *m* poziomu oleju.

dip switch (*BRIT*: *AUT*) *n* przełącznik *m* świateł (mijania).

dire [daɪə*] *adj* (*danger, misery*) skrajny; (*consequences*) zgubny; (*prediction*) złowieszczy.

direct [daɪ'rɛkt] *adj* bezpośredni ♦ *vt* (*letter, remarks, attention*) kierować (skierować *perf*); (*company, project*) kierować (pokierować *perf*) +*instr*; (*play, film*) reżyserować (wyreżyserować *perf*);: **to direct sb to do sth** polecać (polecić *perf*) komuś zrobić coś ♦ *adv* bezpośrednio; **can you direct me to ...?** czy może mi Pan/Pani wskazać drogę do +*gen*?

direct access (*COMPUT*) *n* dostęp *m* bezpośredni *or* swobodny.

direct cost (*COMM*) *n* koszty *pl* bezpośrednie.

direct current *n* prąd *m* stały.

direct debit (*BRIT*) *n* debet *m* bezpośredni.

direct dialling *n* połączenie *nt* bezpośrednie.

direct hit *n* trafienie *nt*.

direction [dɪ'rɛkʃən] *n* (*way*) kierunek *m*, strona *f*; (*TV, RADIO, FILM*) reżyseria *f*; **directions** *npl* wskazówki *pl*; **sense of direction** orientacja (w terenie); **directions for use** przepis użytkowania; **to ask for directions** pytać (spytać *perf*) o drogę; **in the direction of** w kierunku *or* w stronę +*gen*.

directional [dɪ'rɛkʃənl] *adj* kierunkowy.

directive [dɪ'rɛktɪv] *n* dyrektywa *f*, wytyczna *f*.

direct labour *n* zatrudnianie *nt* bezpośrednie.

directly [dɪ'rɛktlɪ] *adv* bezpośrednio.

direct mail *n* przesyłki *pl* reklamowe.

direct mailshot (*BRIT*) *n przesyłanie nie zamówionych materiałów reklamowych bezpośrednio na adres domowy lub służbowy potencjalnego klienta.*

directness [daɪ'rɛktnɪs] *n* bezpośredniość *f*.

director [dɪ'rɛktə*] *n* (*COMM*) członek *m* rady nadzorczej; (*of project*) kierownik (-iczka) *m(f)*; (*TV, RADIO, FILM*) reżyser *m*.

Director of Public Prosecutions (*BRIT*) *n* ≈ Prokurator *m* Generalny.

directory [dɪ'rɛktərɪ] *n* (*TEL*) książka *f* telefoniczna; (*also*: **street directory**) księga *f* adresowa; (*COMPUT*) katalog *m*; (*COMM*) zarząd *m*.

directory enquiries (*US* **directory assistance**) *n* biuro *nt* numerów.

dirt [də:t] *n* brud *m*; (*earth*) ziemia *f*; **to treat sb like dirt** traktować (potraktować *perf*) kogoś jak szmatę.

dirt-cheap ['də:t'tʃi:p] *adj* tani jak barszcz ♦ *adv* za psie pieniądze.

dirt road *n* droga *f* gruntowa.

dirty ['də:tɪ] *adj* brudny; (*joke, story*) nieprzyzwoity ♦ *vt* brudzić (zabrudzić *perf or* pobrudzić *perf*).

dirty trick *n* świństwo *nt*.

disability [dɪsə'bɪlɪtɪ] *n* (*physical*) kalectwo *nt*, inwalidztwo *nt*; (*mental*) upośledzenie *nt* (umysłowe).

disability allowance *n* dodatek *m* inwalidzki.

disable [dɪs'eɪbl] *vt* (*illness, accident*) powodować (spowodować *perf*) kalectwo *or* inwalidztwo +*gen*; (*tank, gun*) unieszkodliwiać (unieszkodliwić *perf*).

disabled [dɪs'eɪbld] *adj* (*physically*) kaleki; (*mentally*) upośledzony (umysłowo) ♦ *npl*: **the disabled** niepełnosprawni *vir pl*.

disabuse [dɪsə'bju:z] *vt*: **to disabuse sb of** wyprowadzać (wyprowadzić *perf*) kogoś z błędu co do *+gen*.

disadvantage [dɪsəd'vɑ:ntɪdʒ] *n* ujemna strona *f*, wada *f*; **to work to sb's disadvantage** działać na czyjąś niekorzyść; **to be at a disadvantage** być w niekorzystnym położeniu *or* sytuacji.

disadvantaged [dɪsəd'vɑ:ntɪdʒd] *adj* społecznie upośledzony.

disadvantageous [dɪsædvɑ:n'teɪdʒəs] *adj* niekorzystny.

disaffected [dɪsə'fɛktɪd] *adj* (*estranged*) zrażony; (*disloyal*) nielojalny.

disaffection [dɪsə'fɛkʃən] *n* nielojalność *f*, niezadowolenie *nt* (*polityczne*).

disagree [dɪsə'gri:] *vi* nie zgadzać się, być innego *or* odmiennego zdania; **to disagree with** (*action, proposal*) być przeciwnym *+dat*; **I disagree with you** nie zgadzam się z tobą; **garlic disagrees with me** czosnek mi szkodzi *or* nie służy.

disagreeable [dɪsə'gri:əbl] *adj* nieprzyjemny.

disagreement [dɪsə'gri:mənt] *n* (*lack of consensus*) różnica *f* zdań; (*refusal to agree*) niezgoda *f*; (*between statements, reports*) niezgodność *f*; (*argument*) nieporozumienie *nt*; **to have a disagreement with sb** nie zgadzać się z kimś.

disallow ['dɪsə'lau] *vt* (*JUR*: *appeal*) odrzucać (odrzucić *perf*); (*SPORT*: *goal*) nie uznawać (nie uznać *perf*) *+gen*.

disappear [dɪsə'pɪə*] *vi* znikać (zniknąć *perf*); (*custom etc*) zanikać (zaniknąć *perf*).

disappearance [dɪsə'pɪərəns] *n* zniknięcie *nt*; (*of custom etc*) zanik *m*.

disappoint [dɪsə'pɔɪnt] *vt* rozczarowywać (rozczarować *perf*), zawodzić (zawieść *perf*).

disappointed [dɪsə'pɔɪntɪd] *adj* rozczarowany, zawiedziony.

disappointing [dɪsə'pɔɪntɪŋ] *adj* (*result*) nie spełniający oczekiwań; (*book etc*) zaskakująco słaby.

disappointment [dɪsə'pɔɪntmənt] *n* rozczarowanie *nt*, zawód *m*.

disapproval [dɪsə'pru:vəl] *n* dezaprobata *f*.

disapprove [dɪsə'pru:v] *vi*: **to disapprove of** nie pochwalać *+gen*.

disapproving [dɪsə'pru:vɪŋ] *adj*: **disapproving expression/gesture** wyraz *m*/gest *m* dezaprobaty.

disarm [dɪs'ɑ:m] *vt* (*lit, fig*) rozbrajać (rozbroić *perf*) ♦ *vi* rozbrajać się (rozbroić się *perf*).

disarmament [dɪs'ɑ:məmənt] *n* rozbrojenie *nt*.

disarming [dɪs'ɑ:mɪŋ] *adj* rozbrajający.

disarray *n* [dɪsə'reɪ]: **in disarray** w nieładzie; **to throw into disarray** wprowadzać (wprowadzić *perf*) zamieszanie w *+loc*.

disaster [dɪ'zɑ:stə*] *n* (*natural*) klęska *f* żywiołowa; (*AVIAT etc*) katastrofa *f*; (*fig*) nieszczęście *nt*, katastrofa *f*.

disaster area *n* obszar *m* klęski żywiołowej; **he's a disaster area as a politician** polityk z niego fatalny.

disastrous [dɪ'zɑ:strəs] *adj* katastrofalny.

disband [dɪs'bænd] *vt* (*regiment, group*) rozwiązywać (rozwiązać *perf*) ♦ *vi* rozwiązywać się (rozwiązać się *perf*).

disbelief ['dɪsbə'li:f] *n* niedowierzanie *nt*; **in disbelief** z niedowierzaniem.

disbelieve ['dɪsbə'li:v] *vt* (*person*) nie wierzyć *+dat*; (*story*) nie wierzyć w *+acc*; **I don't disbelieve you** wierzę ci.

disc [dɪsk] *n* (*ANAT*) dysk *m*; (*record*) płyta *f*, krążek *m*; (*COMPUT*) = **disk**.

disc. (*COMM*) *abbr* = **discount**.

discard [dɪs'kɑ:d] *vt* wyrzucać (wyrzucić *perf*), pozbywać się (pozbyć się *perf*) *+gen*; (*fig*) porzucać (porzucić *perf*), odrzucać (odrzucić *perf*).

disc brake *n* hamulec *m* tarczowy.

discern [dɪ'sə:n] *vt* (*perceive*) (ledwie) dostrzegać (dostrzec *perf*); (*discriminate*) rozróżniać (rozróżnić *perf*); (*understand*) rozeznawać się (rozeznać się *perf*) w *+loc*.

discernible [dɪ'sə:nəbl] *adj* dostrzegalny.

discerning [dɪ'sə:nɪŋ] *adj* (*judgement, look*) wnikliwy; (*audience*) wyrobiony.

discharge [*vb* dɪs'tʃɑ:dʒ, *n* 'dɪstʃɑ:dʒ] *vt* (*duties*) wypełniać (wypełnić *perf*); (*debt*) spłacać (spłacić *perf*); (*waste*) wydalać (wydalić *perf*); (*patient*) wypisywać (wypisać *perf*); (*employee, defendant, soldier*) zwalniać (zwolnić *perf*) ♦ *n* (*CHEM*) emisja *f*; (*ELEC*) wyładowanie *nt*, rozładowanie *nt*; (*MED*) wydzielina *f*, wysięk *m*; (*of patient*) wypisanie *nt* (ze szpitala); (*of defendant, soldier*) zwolnienie *nt*; **to discharge a gun** oddać *(perf)* strzał.

discharged bankrupt [dɪs'tʃɑ:dʒd-] (*JUR*) *n* bankrut *m* z uregulowanymi długami.

disciple [dɪ'saɪpl] *n* (*REL*) uczeń *m*; (*fig*) uczeń/uczennica *m/f*.

disciplinary ['dɪsɪplɪnərɪ] *adj* dyscyplinarny; **to take disciplinary action against sb** stosować (zastosować *perf*) wobec kogoś środki dyscyplinarne.

discipline ['dɪsɪplɪn] *n* dyscyplina *f* ♦ *vt* (*train*) narzucać (narzucić *perf*) dyscyplinę *+dat*; (*punish*) karać (ukarać *perf*) (dyscyplinarnie); **to discipline o.s. to do sth** mobilizować (zmobilizować *perf*) się do zrobienia czegoś.

disc jockey *n* dyskdżokej *m*.

disclaim [dɪs'kleɪm] *vt* wypierać się (wyprzeć się *perf*) *+gen*.

disclaimer [dɪs'kleɪmə*] *n* zaprzeczenie *nt*, dementi *nt inv* (*fml*); **to issue a disclaimer** składać (złożyć *perf*) dementi.

disclose [dɪs'kləuz] *vt* ujawniać (ujawnić *perf*).

disclosure [dɪs'kləuʒə*] *n* ujawnienie *nt*.
disco ['dɪskəu] *n abbr* = **discothèque**.
discolour [dɪs'kʌlə*] (*US* **discolor**) *vt* przebarwiać (przebarwić *perf*) ♦ *vi* przebarwiać się (przebarwić się *perf*).
discolo(u)ration [dɪskʌlə'reɪʃən] *n* przebarwienie *nt*.
discolo(u)red [dɪs'kʌləd] *adj* przebarwiony.
discomfort [dɪs'kʌmfət] *n* (*unease*) zakłopotanie *nt*, zażenowanie *nt*; (*physical*) dyskomfort *m*; (*inconvenience*) niewygoda *f*.
disconcert [dɪskən'sə:t] *vt* (*perturb*) niepokoić (zaniepokoić *perf*); (*embarass*) wprawiać (wprawić *perf*) w zakłopotanie.
disconcerting [dɪskən'sə:tɪŋ] *adj* (*perturbing*) niepokojący; (*embarassing*) żenujący.
disconnect [dɪskə'nɛkt] *vt* odłączać (odłączyć *perf*); (*TEL*) rozłączać (rozłączyć *perf*).
disconnected [dɪskə'nɛktɪd] *adj* (*speech, thoughts*) bezładny, chaotyczny.
disconsolate [dɪs'kɔnsəlɪt] *adj* niepocieszony.
discontent [dɪskən'tɛnt] *n* niezadowolenie *nt*.
discontented [dɪskən'tɛntɪd] *adj* niezadowolony.
discontinue [dɪskən'tɪnju:] *vt* przerywać (przerwać *perf*); **"discontinued"** (*COMM*) „model *or* wzór już nie produkowany".
discord ['dɪskɔ:d] *n* niezgoda *f*; (*MUS*) dysonans *m*.
discordant [dɪs'kɔ:dənt] *adj* (*fig: opinions*) niezgodny; (*note*) nieharmonijny.
discothèque ['dɪskəutɛk] *n* dyskoteka *f*.
discount [*n* 'dɪskaunt, *vb* dɪs'kaunt] *n* zniżka *f*, rabat *m* ♦ *vt* (*COMM*) udzielać (udzielić *perf*) rabatu w wysokości *+gen*; (*idea, fact*) pomijać (pominąć *perf*), nie brać (nie wziąć *perf*) pod uwagę *+gen*; **to give sb a discount on sth** udzielać (udzielić *perf*) komuś zniżki na coś; **discount for cash** rabat przy zapłacie gotówką; **at a discount** ze zniżką.
discount house *n* (*FIN*) bank *m* dyskontowy; (*also*: **discount store**) sklep *m* z towarami po obniżonych cenach.
discount rate *n* stopa *f* dyskontowa.
discourage [dɪs'kʌrɪdʒ] *vt* zniechęcać (zniechęcić *perf*); **to discourage sb from doing sth** zniechęcać (zniechęcić *perf*) kogoś do (z)robienia czegoś.
discouragement [dɪs'kʌrɪdʒmənt] *n* (*act*) zniechęcanie *nt*, odradzanie *nt*; (*state*) zniechęcenie *nt*; **to act as a discouragement to sb** działać (podziałać *perf*) na kogoś zniechęcająco.
discouraging [dɪs'kʌrɪdʒɪŋ] *adj* zniechęcający.
discourteous [dɪs'kə:tɪəs] *adj* nieuprzejmy, niegrzeczny.
discover [dɪs'kʌvə*] *vt* odkrywać (odkryć *perf*); (*missing person, object*) odnajdować (odnaleźć *perf*); **to discover that ...** odkrywać (odkryć *perf*), że ... .
discovery [dɪs'kʌvərɪ] *n* odkrycie *nt*; (*of missing person, object*) odnalezienie *nt*.
discredit [dɪs'krɛdɪt] *vt* dyskredytować (zdyskredytować *perf*) ♦ *n*: **to be to sb's discredit** przynosić (przynieść *perf*) komuś ujmę.
discreet [dɪs'kri:t] *adj* dyskretny; (*distance*) bezpieczny.
discreetly [dɪs'kri:tlɪ] *adv* dyskretnie.
discrepancy [dɪs'krɛpənsɪ] *n* rozbieżność *f*.
discretion [dɪs'krɛʃən] *n* dyskrecja *f*; **at the discretion of** według uznania *+gen*; **use your own discretion** zdecyduj sam.
discretionary [dɪs'krɛʃənrɪ] *adj* (*payment etc*) nieobowiązkowy, dobrowolny; **discretionary power(s)** prawo podejmowania decyzji.
discriminate [dɪs'krɪmɪneɪt] *vi*: **to discriminate between sth and sth** odróżniać (odróżnić *perf*) coś od czegoś; **to discriminate against** dyskryminować *+acc*.
discriminating [dɪs'krɪmɪneɪtɪŋ] *adj* (*public*) wyrobiony.
discrimination [dɪskrɪmɪ'neɪʃən] *n* (*bias*) dyskryminacja *f*; (*discernment*) rozeznanie *nt*; **racial/sexual discrimination** dyskryminacja rasowa/pod względem płci.
discus ['dɪskəs] (*SPORT*) *n* (*object*) dysk *m*; (*event*) rzut *m* dyskiem.
discuss [dɪs'kʌs] *vt* (*talk over*) omawiać (omówić *perf*); (*analyse*) dyskutować o *+loc or* nad *+instr* (przedyskutować *perf +acc*).
discussion [dɪs'kʌʃən] *n* dyskusja *f*; **under discussion** omawiany, będący przedmiotem dyskusji.
disdain [dɪs'deɪn] *n* pogarda *f* ♦ *vt* gardzić *+instr* ♦ *vi*: **to disdain to ...** nie raczyć *+infin*.
disease [dɪ'zi:z] *n* (*lit, fig*) choroba *f*.
diseased [dɪ'zi:zd] *adj* (*lit, fig*) chory.
disembark [dɪsɪm'bɑ:k] *vt* (*freight*) wyładowywać (wyładować *perf*); (*passengers*) wysadzać (wysadzić *perf*) ♦ *vi* wysiadać (wysiąść *perf*).
disembarkation [dɪsɛmbɑ:'keɪʃən] *n* (*of freight*) wyładunek *m*; (*of passengers*) zejście *nt* na ląd.
disembodied ['dɪsɪm'bɔdɪd] *adj* bezcielesny.
disembowel ['dɪsɪm'bauəl] *vt* (*animal*) patroszyć (wypatroszyć *perf*); (*person*) wypruwać (wypruć *perf*) wnętrzności z *+gen*.
disenchanted ['dɪsɪn'tʃɑ:ntɪd] *adj*: **disenchanted (with)** rozczarowany (*+instr*), pozbawiony złudzeń (co do *+gen*).
disenfranchise ['dɪsɪn'fræntʃaɪz] *vt* (*POL*) pozbawiać (pozbawić *perf*) praw obywatelskich; (*COMM*) pozbawiać (pozbawić *perf*) licencji *or* prawa wyłączności.
disengage [dɪsɪn'geɪdʒ] *vt* (*AUT*: *clutch*) zwalniać (zwolnić *perf*).
disentangle [dɪsɪn'tæŋgl] *vt* (*person*) wyswobadzać (wyswobodzić *perf*); (*wool, string*) rozplątywać (rozplątać *perf*), rozsupływać

(rozsupłać *perf*); (*truth from lies*) oddzielać (oddzielić *perf*).
disfavour [dɪs'feɪvə*] (*US* **disfavor**) *n* nieprzychylność *f*.
disfigure [dɪs'fɪgə*] *vt* oszpecać (oszpecić *perf*), zeszpecać (zeszpecić *perf*).
disgorge [dɪs'gɔːdʒ] *vt* wypluwać (wypluć *perf*) (*fig*).
disgrace [dɪs'greɪs] *n* hańba *f* ♦ *vt* przynosić (przynieść *perf*) hańbę *+dat*, hańbić (zhańbić *perf*).
disgraceful [dɪs'greɪsful] *adj* haniebny, hańbiący.
disgruntled [dɪs'grʌntld] *adj* rozczarowany.
disguise [dɪs'gaɪz] *n* (*costume*) przebranie *nt*; (*art*) kamuflaż *m* ♦ *vt*: **to disguise sb (as)** przebierać (przebrać *perf*) kogoś (za *+acc*); **in disguise** w przebraniu; **there's no disguising the fact that ...** nie da się ukryć faktu, że ...; **to disguise o.s. as** przebierać się (przebrać się *perf*) za *+acc*.
disgust [dɪs'gʌst] *n* obrzydzenie *nt*, wstręt *m* ♦ *vt* wzbudzać (wzbudzić *perf*) obrzydzenie *or* wstręt w *+loc*, napawać obrzydzeniem *or* wstrętem; **she walked off in disgust** oddaliła się ze wstrętem.
disgusting [dɪs'gʌstɪŋ] *adj* obrzydliwy, wstrętny.
dish [dɪʃ] *n* (*piece of crockery*) naczynie *nt*; (*shallow plate*) półmisek *m*; (*recipe, food*) potrawa *f*; (*also*: **satellite dish**) antena *f* satelitarna; **to do** *or* **wash the dishes** zmywać (pozmywać *perf*) (naczynia).
▸**dish out** *vt* (*gifts*) rozdawać (rozdać *perf*); (*food*) nakładać (nałożyć *perf*) (na talerze); (*advice*) udzielać (udzielić *perf*) *+gen*; (*money*) rozdzielać (rozdzielić *perf*).
▸**dish up** *vt* (*food*) podawać (podać *perf*).
dishcloth ['dɪʃklɔθ] *n* (*for drying*) ścier(ecz)ka *f* do naczyń; (*for washing*) zmywak *m* (do naczyń).
dishearten [dɪs'hɑːtn] *vt* zniechęcać (zniechęcić *perf*).
dishevelled [dɪ'ʃɛvəld] (*US* **disheveled**) *adj* (*hair*) rozczochrany; (*clothes*) w nieładzie *post*.
dishonest [dɪs'ɔnɪst] *adj* nieuczciwy.
dishonesty [dɪs'ɔnɪstɪ] *n* nieuczciwość *f*.
dishonour [dɪs'ɔnə*] (*US* **dishonor**) *n* hańba *f*.
dishono(u)rable [dɪs'ɔnərəbl] *adj* haniebny, hańbiący.
dish soap (*US*) *n* środek *m* do mycia naczyń.
dishtowel ['dɪʃtauəl] (*US*) *n* ścier(ecz)ka *f* do naczyń.
dishwasher ['dɪʃwɔʃə*] *n* zmywarka *f* (do naczyń).
disillusion [dɪsɪ'luːʒən] *vt* pozbawiać (pozbawić *perf*) złudzeń ♦ *n* = **disillusionment**; **to become disillusioned (with)** pozbywać się (pozbyć się *perf*) złudzeń (co do *+gen*).
disillusionment [dɪsɪ'luːʒənmənt] *n* rozczarowanie *nt*.
disincentive [dɪsɪn'sɛntɪv] *n*: **to be a disincentive to work/investment** zniechęcać (zniechęcić *perf*) do pracy/inwestowania; **to be a disincentive to sb** zniechęcać (zniechęcić *perf*) kogoś.
disinclined [dɪsɪn'klaɪnd] *adj*: **to be disinclined to do sth** nie mieć ochoty czegoś (z)robić.
disinfect [dɪsɪn'fɛkt] *vt* odkażać (odkazić *perf*), dezynfekować (zdezynfekować *perf*).
disinfectant [dɪsɪn'fɛktənt] *n* środek *m* odkażający *or* dezynfekujący.
disinflation [dɪsɪn'fleɪʃən] *n* zwalczanie *nt* inflacji.
disingenuous [dɪsɪn'dʒɛnjuəs] *adj* nieszczery.
disinherit [dɪsɪn'hɛrɪt] *vt* wydziedziczać (wydziedziczyć *perf*).
disintegrate [dɪs'ɪntɪgreɪt] *vi* rozpadać się (rozpaść się *perf*).
disinterested [dɪs'ɪntrəstɪd] *adj* (*impartial*) bezinteresowny.
disjointed [dɪs'dʒɔɪntɪd] *adj* bezładny.
disk [dɪsk] *n* dysk *m*; (*floppy*) dyskietka *f*; **double-/high-density disk** dyskietka o podwójnej/wysokiej gęstości.
disk drive *n* stacja *f or* napęd *m* dysków.
diskette [dɪs'kɛt] (*US*) *n* dyskietka *f*.
disk operating system *n* system *m* operacyjny.
dislike [dɪs'laɪk] *n* (*feeling*) niechęć *f*; **one's dislikes** rzeczy, których się nie lubi ♦ *vt* nie lubić *+gen*; **to take a dislike to sb/sth** zacząć (*perf*) odczuwać niechęć do kogoś/czegoś; **I dislike the idea** nie podoba mi się ten pomysł.
dislocate ['dɪsləkeɪt] *vt* (*joint*) zwichnąć (*perf*); **he has dislocated his shoulder** zwichnął (sobie) ramię.
dislodge [dɪs'lɔdʒ] *vt* wyrywać (wyrwać *perf*).
disloyal [dɪs'lɔɪəl] *adj*: **disloyal (to)** nielojalny (wobec *or* w stosunku do *+gen*).
dismal ['dɪzml] *adj* (*weather, mood, prospects*) ponury; (*results*) fatalny.
dismantle [dɪs'mæntl] *vt* (*machine*) rozbierać (rozebrać *perf*), demontować (zdemontować *perf*).
dismay [dɪs'meɪ] *n* (wielki) niepokój *m*, konsternacja *f* ♦ *vt* napełniać (napełnić *perf*) niepokojem *or* konsternacją; **much to my dismay** ku mojej konsternacji; **he gasped in dismay** dech mu zaparło z przerażenia.
dismiss [dɪs'mɪs] *vt* (*worker*) zwalniać (zwolnić *perf*) (z pracy); (*pupils*) puszczać (puścić *perf*) (*do domu lub na przerwę*); (*soldiers*) rozpuszczać (rozpuścić *perf*); (*possibility, problem*) lekceważyć (zlekceważyć *perf*); (*JUR*: *case*) oddalać (oddalić *perf*).
dismissal [dɪs'mɪsl] *n* zwolnienie *nt* (z pracy).
dismount [dɪs'maunt] *vi* zsiadać (zsiąść *perf*) (*z konia, roweru*).
disobedience [dɪsə'biːdɪəns] *n* nieposłuszeństwo *nt*.
disobedient [dɪsə'biːdɪənt] *adj* nieposłuszny.
disobey [dɪsə'beɪ] *vt* nie słuchać (nie posłuchać *perf*) *+gen*.
disorder [dɪs'ɔːdə*] *n* (*untidiness*) nieporządek *m*, bałagan *m*; (*rioting*) niepokoje *pl*, rozruchy *pl*;

(*MED*) zaburzenia *pl*; **civil disorder** niepokoje społeczne.

disorderly [dɪs'ɔ:dəlɪ] *adj* (*room*) nieporządny; (*meeting*) chaotyczny; (*behaviour*) rozpasany.

disorderly conduct *n* zakłócenie *nt* porządku publicznego.

disorganize [dɪs'ɔ:gənaɪz] *vt* dezorganizować (zdezorganizować *perf*).

disorganized [dɪs'ɔ:gənaɪzd] *adj* źle zorganizowany.

disorientated [dɪs'ɔ:rɪɛnteɪtɪd] *adj* zdezorientowany.

disown [dɪs'əun] *vt* (*action*) wypierać się (wyprzeć się *perf*) *+gen*; (*child*) wyrzekać się (wyrzec się *perf*) *+gen*.

disparaging [dɪs'pærɪdʒɪŋ] *adj* pogardliwy, lekceważący; **to be disparaging about sb/sth** odnosić się do kogoś/czegoś z pogardą *or* lekceważeniem.

disparate ['dɪspərɪt] *adj* (całkowicie) różny *or* odmienny, nieporównywalny.

disparity [dɪs'pærɪtɪ] *n* nierówność *f*, różnica *f*.

dispassionate [dɪs'pæʃənət] *adj* beznamiętny.

dispatch [dɪs'pætʃ] *vt* (*send*) wysyłać (wysłać *perf*); (*deal with*) załatwiać (załatwić *perf*); (*kill*) uśmiercać (uśmiercić *perf*) ♦ *n* (*sending*) wysyłka *f*, wysłanie *nt*; (*PRESS*) doniesienie *nt*, depesza *f*; (*MIL*) meldunek *m*, komunikat *m*.

dispatch department *n* dział *m* wysyłki.

dispatch rider *n* kurier *m*, goniec *m*.

dispel [dɪs'pɛl] *vt* rozwiewać (rozwiać *perf*).

dispensary [dɪs'pɛnsərɪ] *n* apteka *f* (*w szpitalu lub szkole*).

dispensation [dɪspən'seɪʃən] *n* (*of justice*) wymierzanie *nt*; (*of medicine*) wydawanie *nt*; (*permission*: *REL*) dyspensa *f*; (: *royal etc*) specjalne pozwolenie *nt*.

dispense [dɪs'pɛns] *vt* (*medicines*) wydawać (wydać *perf*); (*advice*) udzielać (udzielić *perf*) *+gen*; (*money*) rozdysponowywać (rozdysponować *perf*).

▸**dispense with** *vt fus* (*do without*) obchodzić się (obejść się *perf*) *or* obywać się (obyć się *perf*) bez *+gen*; (*get rid of*) pozbywać się (pozbyć się *perf*) *+gen*.

dispenser [dɪs'pɛnsə*] *n*: **drinks dispenser** automat *m* z napojami; **cash dispenser** bankomat; **soap dispenser** dozownik mydła.

dispensing chemist [dɪs'pɛnsɪŋ-] (*BRIT*) *n* (*shop*) apteka *f*; (*person*) farmaceuta (-tka) *m(f)* (*pracujący w aptece*).

dispersal [dɪs'pə:sl] *n* rozproszenie *nt*.

disperse [dɪs'pə:s] *vt* rozpraszać (rozproszyć *perf*) ♦ *vi* rozpraszać się (rozproszyć się *perf*).

dispirited [dɪs'pɪrɪtɪd] *adj* zniechęcony.

displace [dɪs'pleɪs] *vt* (*take place of*) wypierać (wyprzeć *perf*); (*force to move*) wysiedlać (wysiedlić *perf*).

displaced person [dɪs'pleɪst-] *n* wysiedleniec *m*.

displacement [dɪs'pleɪsmənt] *n* (*of population*) wysiedlenie *nt*; (*of liquid*) wypieranie *nt*; (*of vessel*) wyporność *f*.

display [dɪs'pleɪ] *n* (*in shop window*) wystawa *f*; (*of fireworks etc*) pokaz *m*; (*of feelings*) okazywanie *nt*; (*COMPUT*) monitor *m*; (*TECH*) wyświetlacz *m* ♦ *vt* (*collection, goods*) wystawiać (wystawić *perf*); (*feelings*) okazywać (okazać *perf*); (*departure times etc*: *on screen*) wyświetlać (wyświetlić *perf*); (*ostentatiously*) wystawiać (wystawić *perf*) na pokaz; **on display** (*exhibits*) prezentowany; (*goods*) wystawiony.

display advertising *n* reklama *f* na stojakach promocyjnych.

displease [dɪs'pli:z] *vt* (*annoy*) drażnić, denerwować (zdenerwować *perf*); (*cause displeasure to*) wywoływać (wywołać *perf*) niezadowolenie *+gen*.

displeased [dɪs'pli:zd] *adj*: **displeased with** niezadowolony z *+gen*.

displeasure [dɪs'plɛʒə*] *n* niezadowolenie *nt*.

disposable [dɪs'pəuzəbl] *adj* (*lighter, bottle, syringe*) jednorazowy; **disposable income** dochód netto.

disposable nappy (*BRIT*) *n* pieluszka *f* jednorazowa.

disposal [dɪs'pəuzl] *n* (*of rubbish*) wywóz *m*; (*of radioactive waste*) usuwanie *nt*; (*of body, unwanted goods*) pozbycie się *nt*; **at one's disposal** do (swojej) dyspozycji; **to put sth at sb's disposal** oddawać (oddać *perf*) komuś coś do dyspozycji.

dispose [dɪs'pəuz]: **dispose of** *vt fus* (*body, unwanted goods*) pozbywać się (pozbyć się *perf*) *+gen*; (*problem, task*) radzić (poradzić *perf*) sobie z *+instr*; (*COMM*: *stock*) sprzedawać (sprzedać *perf*).

disposed [dɪs'pəuzd] *adj*: **to be disposed to do sth** (*inclined*) być skłonnym coś zrobić; (*willing*) mieć ochotę coś zrobić; **to be well disposed towards** być przyjaźnie usposobionym *or* nastawionym do *+gen*.

disposition [dɪspə'zɪʃən] *n* (*nature*) usposobienie *nt*; (*inclination*) skłonność *f*.

dispossess ['dɪspə'zɛs] *vt* wywłaszczać (wywłaszczyć *perf*); **to dispossess sb of sth** pozbawiać (pozbawić *perf*) kogoś czegoś; **they were dispossessed of the house** wysiedlono ich (z domu).

disproportion [dɪsprə'pɔ:ʃən] *n* dysproporcja *f*.

disproportionate [dɪsprə'pɔ:ʃənət] *adj* nieproporcjonalny.

disprove [dɪs'pru:v] *vt* (*belief, theory*) obalać (obalić *perf*).

dispute [dɪs'pju:t] *n* spór *m* ♦ *vt* (*fact, statement*) podawać (podać *perf*) w wątpliwość, kwestionować (zakwestionować *perf*); (*ownership etc*) spierać się o *+acc*; **to be in** *or* **under**

dispute (*matter*) być przedmiotem dyskusji; (*territory*) być przedmiotem sporu.
disqualification [dɪskwɔlɪfɪ'keɪʃən] *n*: **disqualification (from)** dyskwalifikacja *f or* wykluczenie *nt* (z *+gen*); **disqualification (from driving)** (*BRIT*) odebranie prawa jazdy.
disqualify [dɪs'kwɔlɪfaɪ] *vt* (*SPORT*) dyskwalifikować (zdyskwalifikować *perf*); **to disqualify sb for sth** dyskwalifikować (zdyskwalifikować *perf*) *or* wykluczać (wykluczyć *perf*) kogoś za coś; **to disqualify sb from doing sth** odbierać (odebrać *perf*) komuś prawo robienia czegoś; **he's been disqualified from driving** (*BRIT*) odebrali mu prawo jazdy.
disquiet [dɪs'kwaɪət] *n* zaniepokojenie *nt*.
disquieting [dɪs'kwaɪətɪŋ] *adj* niepokojący.
disregard [dɪsrɪ'gɑ:d] *vt* lekceważyć, nie zważać na *+acc* ♦ *n*: **disregard (for)** lekceważenie *nt* (*+gen*).
disrepair ['dɪsrɪ'pɛə*] *n*: **to fall into disrepair** popadać (popaść *perf*) w ruinę.
disreputable [dɪs'rɛpjutəbl] *adj* (*person*) podejrzany; (*behaviour*) naganny.
disrepute ['dɪsrɪ'pju:t] *n*: **to be in disrepute** cieszyć się złą sławą; **to bring sth into disrepute** przynosić (przynieść *perf*) czemuś złą sławę.
disrespectful [dɪsrɪ'spɛktful] *adj* (*person*) lekceważący; (*conduct*) obraźliwy.
disrupt [dɪs'rʌpt] *vt* (*plans*) krzyżować (pokrzyżować *perf*); (*conversation, proceedings*) przerywać (przerwać *perf*); (*event, process*) zakłócać (zakłócić *perf*).
disruption [dɪs'rʌpʃən] *n* zakłócenie *nt*.
disruptive [dɪs'rʌptɪv] *adj* (*influence, action*) destrukcyjny.
dissatisfaction [dɪssætɪs'fækʃən] *n* niezadowolenie *nt*.
dissatisfied [dɪs'sætɪsfaɪd] *adj* niezadowolony; **dissatisfied with** niezadowolony z *+gen*.
dissect [dɪ'sɛkt] *vt* przeprowadzać (przeprowadzić *perf*) sekcję *+gen*; (*fig*: *theory, article*) rozkładać (rozłożyć *perf*) na czynniki pierwsze.
disseminate [dɪ'sɛmɪneɪt] *vt* rozpowszechniać (rozpowszechnić *perf*).
dissent [dɪ'sɛnt] *n* (*disagreement*) różnica *f* zdań *or* poglądów; (*protest*) protest *m*; **dissent from the party line** odejście od linii partyjnej.
dissenter [dɪ'sɛntə*] *n* inaczej myślący (-ca) *m(f)*; (*REL*) odszczepieniec *m*.
dissertation [dɪsə'teɪʃən] *n* rozprawa *f*, dysertacja *f*.
disservice [dɪs'sə:vɪs] *n*: **to do sb a disservice** źle się komuś przysłużyć (*perf*).
dissident ['dɪsɪdnt] *adj* dysydencki ♦ *n* dysydent(ka) *m(f)*.
dissimilar [dɪ'sɪmɪlə*] *adj* odmienny, różny; **dissimilar to** niepodobny do *+gen*.
dissipate ['dɪsɪpeɪt] *vt* (*heat*) odprowadzać (odprowadzić *perf*); (*clouds*) rozpraszać (rozproszyć *perf*); (*money, time*) trwonić (roztrwonić *perf*).
dissipated ['dɪsɪpeɪtɪd] *adj* (*person*) zniszczony rozpustą; (*behaviour*) rozpustny.
dissociate [dɪ'səuʃɪeɪt] *vt* rozdzielać (rozdzielić *perf*), oddzielać (oddzielić *perf*); **to dissociate o.s. from** odcinać się (odciąć się *perf*) od *+gen*.
dissolute ['dɪsəlu:t] *adj* rozwiązły.
dissolution [dɪsə'lu:ʃən] *n* (*breaking up officially*) rozwiązanie *nt*; (*decay*) rozpad *m*.
dissolve [dɪ'zɔlv] *vt* (*in liquid*) rozpuszczać (rozpuścić *perf*); (*organization, marriage*) rozwiązywać (rozwiązać *perf*) ♦ *vi* rozpuszczać się (rozpuścić się *perf*); **to dissolve in(to) tears** zalewać się (zalać się *perf*) łzami.
dissuade [dɪ'sweɪd] *vt*: **to dissuade sb from** odwodzić (odwieść *perf*) kogoś od *+gen*.
distaff ['dɪstɑ:f] *n*: **on the distaff side** po kądzieli.
distance ['dɪstns] *n* (*interval*) odległość *f*; (*remoteness*) oddalenie *nt*; (*reserve*) dystans *m* ♦ *vt*: **to distance o.s. (from)** dystansować się (zdystansować się *perf*) (od *+gen*); **in the distance** w oddali; **what's the distance to London?** jak daleko jest do Londynu?; **it's within walking distance** można tam dojść pieszo *or* piechotą; **at a distance of two metres** w odległości dwóch metrów; **keep your distance!** nie zbliżać się!
distant ['dɪstnt] *adj* (*place, time*) odległy; (*relative*) daleki; (*manner*) chłodny.
distaste [dɪs'teɪst] *n* wstręt *m*, obrzydzenie *nt*.
distasteful [dɪs'teɪstful] *adj* wstrętny, obrzydliwy.
Dist. Atty. (*US*) *abbr* = **district attorney**.
distemper [dɪs'tɛmpə*] *n* (*paint*) farba *f* klejowa; (*dog disease*) nosówka *f*.
distend [dɪs'tɛnd] (*MED*) *vt* rozszerzać (rozszerzyć *perf*) ♦ *vi* (*stomach*) rozdymać się (rozdąć się *perf*); (*pupils*) rozszerzać się (rozszerzyć się *perf*).
distended [dɪs'tɛndɪd] *adj* (*stomach, intestine*) rozdęty.
distil [dɪs'tɪl] (*US* **distill**) *vt* destylować; (*fig*: *information etc*) czerpać, zaczerpywać (zaczerpnąć *perf*).
distillery [dɪs'tɪlərɪ] *n* gorzelnia *f*.
distinct [dɪs'tɪŋkt] *adj* (*separate*) odrębny; (*different*) różny; (*clear*) wyraźny; (*unmistakable*) niewątpliwy, zdecydowany; **as distinct from** w odróżnieniu od *+gen*.
distinction [dɪs'tɪŋkʃən] *n* (*difference*) różnica *f*; (*mark of respect, recognition of achievement*) wyróżnienie *nt*; **to draw a distinction between** przeprowadzać (przeprowadzić *perf*) rozróżnienie pomiędzy *+instr*; **a writer of distinction** wybitny pisarz.
distinctive [dɪs'tɪŋktɪv] *adj* wyróżniający.

distinctly [dɪs'tɪŋktlɪ] *adv* wyraźnie.
distinguish [dɪs'tɪŋgwɪʃ] *vt* (*differentiate*) odróżniać (odróżnić *perf*); (*identify*) rozpoznawać (rozpoznać *perf*); **to distinguish between** rozróżniać (rozróżnić *perf*) pomiędzy *+instr*; **to distinguish o.s.** (*in battle etc*) odznaczać się (odznaczyć się *perf*).
distinguished [dɪs'tɪŋgwɪʃt] *adj* (*eminent*) wybitny; (*in appearance*) dystyngowany.
distinguishing [dɪs'tɪŋgwɪʃɪŋ] *adj* wyróżniający.
distort [dɪs'tɔ:t] *vt* (*argument*) wypaczać (wypaczyć *perf*); (*sound, image, news*) zniekształcać (zniekształcić *perf*).
distortion [dɪs'tɔ:ʃən] *n* (*of argument*) wypaczenie *nt*; (*of sound, image, news*) zniekształcenie *nt*.
distract [dɪs'trækt] *vt* (*person, attention*) rozpraszać (rozproszyć *perf*); **to distract sb's attention from sth** odrywać (oderwać *perf*) czyjąś uwagę od czegoś; **it distracted them from their work** to im przeszkadzało w pracy.
distracted [dɪs'træktɪd] *adj* (*dreaming*) nieuważny, roztargniony; (*anxious*) strapiony.
distraction [dɪs'trækʃən] *n* (*diversion*) zakłócenie *nt*; (*amusement*) rozrywka *f*; **to drive sb to distraction** doprowadzać (doprowadzić *perf*) kogoś do szału.
distraught [dɪs'trɔ:t] *adj*: **distraught with** (*pain, worry*) oszalały z *+gen*.
distress [dɪs'trɛs] *n* (*extreme worry*) rozpacz *f*; (*suffering*) cierpienie *nt* ♦ *vt* sprawiać (sprawić *perf*) ból *or* przykrość *+dat*; **in distress** (*ship*) w niebezpieczeństwie; (*person*) w niedoli *or* biedzie; **distressed area** (*BRIT*) obszar dotknięty bezrobociem.
distressing [dɪs'trɛsɪŋ] *adj* przykry.
distress signal *n* (*AVIAT, NAUT*) sygnał *m* SOS.
distribute [dɪs'trɪbju:t] *vt* (*hand out*) rozdawać (rozdać *perf*); (*deliver*) rozprowadzać (rozprowadzić *perf*); (*share out*) rozdzielać (rozdzielić *perf*); (*spread out*) rozmieszczać (rozmieścić *perf*).
distribution [dɪstrɪ'bju:ʃən] *n* (*of goods*) rozprowadzanie *nt*; (*of profits etc*) rozdział *m*.
distribution cost *n* koszt *m* dystrybucji.
distributor [dɪs'trɪbjutə*] *n* (*COMM*) dystrybutor *m*; (*AUT, TECH*) rozdzielacz *m*.
district ['dɪstrɪkt] *n* (*of country*) region *m*; (*of town*) dzielnica *f*; (*ADMIN*) okręg *m*.
district attorney (*US*) *n* ≈ prokurator *m*.
district council (*BRIT*) *n* rada *f* okręgowa.
district nurse (*BRIT*) *n* ≈ pielęgniarka *f* środowiskowa.
distrust [dɪs'trʌst] *n* nieufność *f*, podejrzliwość *f* ♦ *vt* nie ufać *or* nie dowierzać *+dat*.
distrustful [dɪs'trʌstful] *adj*: **distrustful (of)** nieufny *or* podejrzliwy (wobec *or* w stosunku do *+gen*).
disturb [dɪs'tə:b] *vt* (*interrupt*) przeszkadzać (przeszkodzić *perf*) *+dat*; (*upset*) martwić (zmartwić *perf*); (*rearrange*) naruszać (naruszyć *perf*); (*inconvenience*) niepokoić (zaniepokoić *perf*); **sorry to disturb you** przepraszam, że przeszkadzam.
disturbance [dɪs'tə:bəns] *n* (*emotional*) niepokój *m*; (*political etc*) niepokoje *pl*; (*violent event*) zajście *nt*; (*of mind*) zaburzenia *pl*; (*by drunks etc*) burda *f*; **to cause a disturbance** zakłócać (zakłócić *perf*) porządek (publiczny); **disturbance of the peace** zakłócenie spokoju *or* porządku (publicznego).
disturbed [dɪs'tə:bd] *adj* (*worried, upset*) zaniepokojony, poruszony; (*childhood*) trudny; **mentally disturbed** umysłowo chory; **emotionally disturbed** niezrównoważony emocjonalnie.
disturbing [dɪs'tə:bɪŋ] *adj* niepokojący, poruszający.
disuse [dɪs'ju:s] *n*: **to fall into disuse** wychodzić (wyjść *perf*) z użycia.
disused [dɪs'ju:zd] *adj* (*building*) opuszczony; (*airfield*) nie używany.
ditch [dɪtʃ] *n* (*at roadside*) rów *m*; (*irrigation ditch*) kanał *m* ♦ *vt* (*inf*: *partner*) rzucać (rzucić *perf*); (: *plan*) zarzucać (zarzucić *perf*); (: *car*) porzucać (porzucić *perf*).
dither ['dɪðə*] (*pej*) *vi* wahać się.
ditto ['dɪtəu] *adv* jak wyżej.
divan [dɪ'væn] *n* (*also*: **divan bed**) otomana *f*.
dive [daɪv] *n* (*from board*) skok *m* (do wody); (*underwater*) nurkowanie *nt*; (*pej*: *place*) spelunka *f* (*pej*) ♦ *vi* (*into water*) skakać (skoczyć *perf*) do wody; (*under water*) nurkować (zanurkować *perf*); (*submarine*) zanurzać się (zanurzyć się *perf*); **to dive into** (*bag, drawer*) sięgać (sięgnąć *perf*) do *+gen*; (*shop, car*) dawać (dać *perf*) nura do *+gen*.
diver ['daɪvə*] *n* (*from board*) skoczek *m* (do wody); (*deep-sea diver*) nurek *m*.
diverge [daɪ'və:dʒ] *vi* rozchodzić się (rozejść się *perf*).
divergent [daɪ'və:dʒənt] *adj* (*interests, views*) rozbieżny; (*groups*) różnorodny.
diverse [daɪ'və:s] *adj* różnorodny, zróżnicowany.
diversification [daɪvə:sɪfɪ'keɪʃən] *n* różnorodność *f*, zróżnicowanie *nt*.
diversify [daɪ'və:sɪfaɪ] *vi* (*COMM*) poszerzać (poszerzyć *perf*) ofertę.
diversion [daɪ'və:ʃən] *n* (*BRIT*: *AUT*) objazd *m*; (*distraction*) urozmaicenie *nt*, rozrywka *f*; (*of investment etc*) zmiana *f* kierunku.
diversity [daɪ'və:sɪtɪ] *n* różnorodność *f*, urozmaicenie *nt*.
divert [daɪ'və:t] *vt* (*sb's attention*) odwracać (odwrócić *perf*); (*money*) zmieniać (zmienić *perf*) przeznaczenie *+gen*; (*traffic*) zmieniać (zmienić *perf*) kierunek *+gen*, kierować (skierować *perf*) objazdem.

divest [daɪ'vɛst] *vt*: **to divest sb of** pozbawiać (pozbawić *perf*) kogoś *+gen*; **to divest o.s. of** (*belief etc*) wyzbywać się (wyzbyć się *perf*) *+gen*.

divide [dɪ'vaɪd] *vt* dzielić (podzielić *perf*) ♦ *vi* dzielić się (podzielić się *perf*) ♦ *n* (*gulf, rift*) przepaść *f* (*fig*); **to divide (between** *or* **among)** dzielić (podzielić *perf*) ((po)między *+acc*); **40 divided by 5** 40 podzielone przez 5.

►**divide out** *vt*: **to divide out (between** *or* **among)** rozdzielać (rozdzielić *perf*) ((po)między *+acc*).

divided [dɪ'vaɪdɪd] *adj* (*lit, fig*) podzielony.

divided highway (*US*) *n* droga *f* dwupasmowa.

dividend ['dɪvɪdɛnd] *n* dywidenda *f*; (*fig*): **to pay dividends** procentować (zaprocentować *perf*).

dividend cover *n* gwarancja *f* dywidendy.

dividers [dɪ'vaɪdəz] *npl* (*instrument*) cyrkiel *m* warsztatowy *or* pomiarowy; (*between pages*) separator *m*.

divine [dɪ'vaɪn] *adj* (*REL*) boski, boży; (*fig*) boski ♦ *vt* (*truth, future*) odgadywać (odgadnąć *perf*); (*water, metal*) wykrywać (wykryć *perf*) (różdżką).

diving ['daɪvɪŋ] *n* (*underwater*) nurkowanie *nt*; (*from board*) skoki *pl* do wody.

diving board *n* trampolina *f*.

diving suit *n* skafander *m* (nurka).

divinity [dɪ'vɪnɪtɪ] *n* (*quality*) boskość *f*; (*god, goddess*) bóstwo *nt*; (*SCOL*) teologia *f*.

divisible [dɪ'vɪzəbl] (*MATH*) *adj*: **divisible (by)** podzielny (przez *+acc*); **to be divisible into** dzielić się na *+acc*.

division [dɪ'vɪʒən] *n* (*of cells, property, within party*) podział *m*; (*MATH*) dzielenie *nt*; (*MIL*) dywizja *f*; (*esp FOOTBALL*) liga *f*; (*department: in company*) dział *m*; (*: in bank*) oddział *m*; (*: in police*) wydział *m*; (*BRIT: POL*) *głosowanie polegające na przejściu członków Izby Gmin przez wyjścia oznaczające „za" i „przeciw"*; **division of labour** podział pracy.

divisive [dɪ'vaɪsɪv] *adj* stwarzający podziały.

divorce [dɪ'vɔːs] *n* rozwód *m* ♦ *vt* (*spouse*) rozwodzić się (rozwieść się *perf*) z *+instr*; (*sth from sth else*) oddzielać (oddzielić *perf*).

divorced [dɪ'vɔːst] *adj* rozwiedziony.

divorcee [dɪvɔː'siː] *n* rozwodnik (-wódka) *m(f)*.

divulge [daɪ'vʌldʒ] *vt* wyjawiać (wyjawić *perf*).

DIY (*BRIT*) *n abbr* = **do-it-yourself**.

dizziness ['dɪzɪnɪs] *n* zawroty *pl* głowy.

dizzy ['dɪzɪ] *adj* (*height*) zawrotny; **dizzy spell** *or* **turn** atak zawrotów głowy; **I feel dizzy** kręci mi się w głowie; **to make sb dizzy** przyprawiać (przyprawić *perf*) kogoś o zawroty głowy.

DJ *n abbr* = **disc jockey** DJ *m*.

d.j. *n abbr* = **dinner jacket**.

Djakarta [dʒə'kɑːtə] *n* Dżakarta *f*.

DJIA (*US*) *n abbr* (= *Dow-Jones Industrial Average*) indeks *m or* wskaźnik *m* Dow-Jones.

dl *abbr* (= *decilitre*) dcl.

DLit(t) *n abbr* (= *Doctor of Literature, Doctor of Letters*) *stopień naukowy*; ≈ dr hab.

DLO *n abbr* (= *dead-letter office*) *dział poczty zajmujący się niedoręczonymi przesyłkami*.

dm *abbr* (= *decimetre*) dm.

DMus *n abbr* (= *Doctor of Music*) *stopień naukowy*; ≈ dr.

DMZ *n abbr* (= *demilitarized zone*) strefa *f* zdemilitaryzowana.

DNA *n abbr* (= *deoxyribonucleic acid*) DNA *m inv*.

KEYWORD

do [duː] (*pt* **did**, *pp* **done**) *aux vb* **1** (*in negative constructions*): **I don't understand** nie rozumiem; **he didn't seem to care** wydawało się, że go to nie obchodzi. **2** (*to form questions*): **didn't you know?** nie wiedziałaś?; **what do you think?** jak myślisz? **3** (*for emphasis*) istotnie, rzeczywiście; **she does seem rather late** istotnie, wydaje się, że się spóźnia; **oh do shut up!** och, zamknij się wreszcie! (*inf*). **4** (*in polite expressions*) (bardzo) proszę; **do sit down/help yourself** (bardzo) proszę usiąść/poczęstować się. **5** (*used to avoid repeating vb*): **she swims better than I do** ona pływa lepiej niż ja *or* ode mnie; **do you agree? – yes, I do/no, I don't** zgadzasz się? – tak/nie; **who made this mess? – I did** kto tak nabałaganił – ja. **6** (*in question tags*) prawda; **you like him, don't you?** lubisz go, prawda?; **I don't know him, do I?** przecież go nie znam ♦ *vt* **1** (*usu*) robić (zrobić *perf*); **what are you doing tonight?** co robisz (dziś) wieczorem?; **what do you do (for a living)?** czym się Pan/Pani zajmuje?; **have you done your homework?** (czy) odrobiłeś lekcje?; **I've got nothing to do** nie mam nic do roboty; **to do the cooking** gotować; **we're doing "Othello" at school** (*studying*) przerabiamy w szkole „Otella"; (*performing*) gramy w szkole „Otella". **2** (*AUT etc: of distance*): **we've done 200 km already** zrobiliśmy już 200 km; (*: of speed*): **the car was doing 100** samochód jechał setką ♦ *vi* **1** (*act, behave*) robić (zrobić *perf*); **do as I tell you** rób, jak ci każę; **you did well to come so quickly** dobrze zrobiłeś, że tak szybko przyszedłeś. **2** (*get on*) radzić sobie; **he's doing well/badly at school** dobrze/źle sobie radzi w szkole; **how do you do?** miło mi Pana/Panią poznać. **3** (*suit*) nadawać się (nadać się *perf*); **will it do?** czy to się nada? **4** (*be sufficient*) starczać (starczyć *perf*), wystarczać (wystarczyć *perf*); **will 10 pounds do?** czy wystarczy dziesięć funtów?; **that'll do** (*is sufficient*) (to) wystarczy; **that'll do!** (*in annoyance*) starczy już!; **to make do with** zadowalać się (zadowolić się *perf*) *+instr* ♦ *n* (*inf*) impreza *f* (*inf*); **we're having a little do on Saturday** w sobotę robimy małą imprezę.

do. *abbr* = **ditto.**
DOA *abbr* (= *dead on arrival*).
d.o.b. *abbr* = **date of birth.**
docile ['dəusaɪl] *adj* potulny.
dock [dɔk] *n* (*NAUT*) dok *m*; (*JUR*) ława *f* oskarżonych; (*BOT*) szczaw *m* ♦ *vi* (*ship*) wchodzić (wejść *perf*) do portu; (*two spacecraft*) łączyć się (połączyć się *perf*) ♦ *vt*: **they docked a third of his wages** potrącili mu jedną trzecią pensji; **docks** *npl* (*NAUT*) port *m*.
dock dues [-dju:z] *npl* opłaty *pl* dokowe *or* przystaniowe.
docker ['dɔkə*] *n* doker *m*.
docket ['dɔkɪt] *n* (*ADMIN, COMM*) pokwitowanie *nt*, kwit *m*; (*on parcel etc*) wykaz *m or* opis *m* zawartości.
dockyard ['dɔkjɑ:d] *n* stocznia *f*.
doctor ['dɔktə*] *n* (*MED*) lekarz (-arka) *m(f)*; (*PhD etc*) doktor *m* ♦ *vt* (*figures, election results*) fałszować (sfałszować *perf*); **she doctored his coffee with arsenic** dosypała mu arszeniku do kawy; **doctor's office** (*US*) gabinet lekarski.
doctorate ['dɔktərɪt] *n* doktorat *m*.
Doctor of Philosophy *n* (*degree*) doktorat *m*; (*person*) doktor *m* (*nauk humanistycznych*).
doctrine ['dɔktrɪn] *n* doktryna *f*.
document [*n* 'dɔkjumənt, *vb* 'dɔkjumɛnt] *n* dokument *m* ♦ *vt* opisywać (opisać *perf*).
documentary [dɔkju'mɛntərɪ] *n* film *m* dokumentalny ♦ *adj*: **documentary evidence** dowody *pl* w postaci dokumentów.
documentation [dɔkjumən'teɪʃən] *n* dokumentacja *f*.
DOD (*US*) *n abbr* = **Department of Defense** Ministerstwo *nt* Obrony, ≈ MON *m*.
doddering ['dɔdərɪŋ] *adj* trzęsący się (*ze starości*).
Dodecanese (Islands) [dəudɪkə'ni:z ('aɪləndz)] *n(pl)*: **the Dodecanese (Islands)** Dodekanez *m*.
dodge [dɔdʒ] *n* unik *m* ♦ *vt* (*tax*) uchylać się (uchylić się *perf*) od *+gen*; (*blow, ball*) uchylać się (uchylić się *perf*) przed *+instr* ♦ *vi* robić (zrobić *perf*) unik; **he dodged the question** uchylił się od odpowiedzi; **to dodge out of the way** uskakiwać (uskoczyć *perf*); **to dodge through the traffic** przemykać się (przemknąć się *perf*) między samochodami.
dodgems ['dɔdʒəmz] (*BRIT*) *npl* samochodziki *pl* (*w wesołym miasteczku*).
DOE *n abbr* (*BRIT*: = *Department of the Environment*) Ministerstwo *nt* Ochrony Środowiska; (*US*: = *Department of Energy*) Ministerstwo *nt* Energetyki.
doe [dəu] *n* (*deer*) łania *f*; (*rabbit*) królica *f*.
does [dʌz] *vb see* **do.**
doesn't ['dʌznt] = **does not.**
dog [dɔg] *n* pies *m* ♦ *vt* (*person*) chodzić za *+instr*; (*bad luck, memory*) prześladować; **to go to the dogs** schodzić (zejść *perf*) na psy.
dog biscuit *n* sucharek *m* dla psów.
dog collar *n* (*of dog*) obroża *f*; (*inf*: *of priest*) koloratka *f*.
dog-eared ['dɔgɪəd] *adj* (*book etc*) zniszczony.
dog food *n* pokarm *m* dla psów.
dogged ['dɔgɪd] *adj* uparty, zawzięty.
dogma ['dɔgmə] *n* dogmat *m*.
dogmatic [dɔg'mætɪk] *adj* dogmatyczny.
do-gooder [du:'gudə*] (*pej*) *n* uszczęśliwiacz *m* (*pej*).
dogsbody ['dɔgzbɔdɪ] (*BRIT*: *inf*) *n* posługacz(ka) *m(f)*.
doing ['duɪŋ] *n*: **this is your doing** to twoja sprawka.
doings ['duɪŋz] *npl* poczynania *pl*.
do-it-yourself ['du:ɪtjɔ:'sɛlf] *n* majsterkowanie *nt*.
doldrums ['dɔldrəmz] *npl*: **to be in the doldrums** (*person*) mieć chandrę; (*business*) podupadać.
dole [dəul] (*BRIT*: *inf*) *n* zasiłek *m*; **to be on the dole** być na zasiłku; **to go on the dole** iść (pójść *perf*) na zasiłek.
▸**dole out** *vt* wydzielać (wydzielić *perf*).
doleful ['dəulful] *adj* smętny, żałosny.
doll [dɔl] *n* (*toy*) lalka *f*; (*US*: *inf*: *attractive woman*) laska *f* (*inf*).
dolled up (*inf*) *adj* odpicowany (*inf*).
dollar ['dɔlə*] (*US etc*) *n* dolar *m*.
Dolomites ['dɔləmaɪts] *npl*: **the Dolomites** Dolomity *pl*.
dolphin ['dɔlfɪn] *n* delfin *m*.
domain [də'meɪn] *n* (*sphere*) dziedzina *f*; (*empire*) królestwo *nt* (*fig*).
dome [dəum] *n* kopuła *f*.
domestic [də'mɛstɪk] *adj* (*trade, policy*) wewnętrzny; (*flight*) krajowy; (*news*) z kraju *post*; (*animals, tasks, happiness*) domowy.
domesticated [də'mɛstɪkeɪtɪd] *adj* (*animal*) oswojony; **her husband is very domesticated** jej mąż dużo pomaga w domu.
domesticity [dəumɛs'tɪsɪtɪ] *n* domatorstwo *nt*.
domestic servant *n* służący (-ca) *m(f)*, pomoc *f* domowa.
domicile ['dɔmɪsaɪl] *n* miejsce *nt* zamieszkania ♦ *vt*: **people domiciled in Britain** ludzie zamieszkali (na stałe) w Wielkiej Brytanii.
dominant ['dɔmɪnənt] *adj* (*share*) przeważający; (*role*) główny; (*partner*) dominujący.
dominate ['dɔmɪneɪt] *vt* (*discussion*) dominować (zdominować *perf*); (*people, place*) mieć zwierzchnictwo nad *+instr*.
domination [dɔmɪ'neɪʃən] *n* dominacja *f*, zwierzchnictwo *nt*.
domineering [dɔmɪ'nɪərɪŋ] *adj* apodyktyczny.
Dominican Republic [də'mɪnɪkən-] (*GEOG*) *n*: **the Dominican Republic** Dominikana *f*, Republika *f* Dominikańska.
dominion [də'mɪnɪən] *n* (*territory*) dominium *nt*; (*authority*): **to have dominion over** mieć zwierzchnictwo nad *+instr*.

domino ['dɔmɪnəu] (*pl* **dominoes**) *n* klocek *m* domina.
domino effect *n* efekt *m* domina.
dominoes ['dɔmɪnəuz] *n* domino *nt* (*gra*).
don [dɔn] *n* (*BRIT*) nauczyciel *m* akademicki (*zwłaszcza w Oxfordzie lub Cambridge*) ♦ *vt* przywdziewać (przywdziać *perf*).
donate [də'neɪt] *vt*: **to donate (to)** ofiarowywać (ofiarować *perf*) (na *+acc*).
donation [də'neɪʃən] *n* (*act of giving*) ofiarowanie *nt*; (*contribution*) darowizna *f*.
done [dʌn] *pp of* **do**.
donkey ['dɔŋkɪ] *n* osioł *m*.
donkey-work ['dɔŋkɪwə:k] (*BRIT*: *inf*) *n* czarna robota *f* (*inf*).
donor ['dəunə*] *n* (*MED*) dawca *m*; (*to charity*) ofiarodawca *m*.
don't [dəunt] = **do not**.
donut ['dəunʌt] (*US*) *n* = **doughnut**.
doodle ['du:dl] *vi* gryzmolić, bazgrać ♦ *n* gryzmoły *pl*, bazgroły *pl*.
doom [du:m] *n* fatum *nt* ♦ *vt*: **to be doomed to failure** być skazanym na porażkę.
doomsday ['du:mzdeɪ] *n* sądny dzień *m*; (*REL*): **Doomsday** dzień *m* Sądu Ostatecznego.
door [dɔ:*] *n* (*of house, room, car*) drzwi *pl*; (*of cupboard*) drzwiczki *pl*; **to go from door to door** chodzić od domu do domu *or* po domach.
doorbell ['dɔ:bɛl] *n* dzwonek *m* u drzwi.
door handle *n* klamka *f*.
doorman ['dɔ:mən] (*irreg like*: **man**) *n* (*in hotel*) odźwierny *m*; (*in block of flats*) portier *m*.
doormat ['dɔ:mæt] *n* wycieraczka *f*; (*fig*) popychadło *nt*.
doorpost ['dɔ:pəust] *n* framuga *f* drzwiowa.
doorstep ['dɔ:stɛp] *n* próg *m*; **on the doorstep** (*fig*) tuż za progiem.
door-to-door ['dɔ:tə'dɔ:*] *adj*: **door-to-door salesman** domokrążca *m*; **door-to-door selling** handel obwoźny.
doorway ['dɔ:weɪ] *n*: **in the doorway** w drzwiach.
dope [dəup] *n* (*inf*: *illegal drug*) narkotyk *m*; (: *medicine*) środek *m* odurzający; (: *person*) idiota (-tka) *m(f)*; (: *information*) cynk *m* (*inf*) ♦ *vt* odurzać (odurzyć *perf*) (*przez podanie narkotyku*).
dopey ['dəupɪ] (*inf*) *adj* (*groggy*) otumaniony, ogłupiały (*inf*); (*stupid*) głupkowaty (*inf*).
dormant ['dɔ:mənt] *adj* (*plant*) w okresie spoczynku *post*; (*volcano*) drzemiący; **to lie dormant** (*idea, report etc*) pozostawać niewykorzystanym.
dormer ['dɔ:mə*] *n* (*also*: **dormer window**) okno *nt* mansardowe.
dormice ['dɔ:maɪs] *npl of* **dormouse**.
dormitory ['dɔ:mɪtrɪ] *n* (*room*) sypialnia *f* (*wieloosobowa w internacie*); (*US*) dom *m* akademicki, akademik *m* (*inf*).
dormouse ['dɔ:maus] (*pl* **dormice**) *n* koszatka *f*.
Dors (*BRIT*: *POST*) *abbr* (= *Dorset*).
DOS [dɔs] (*COMPUT*) *n abbr* (= *disk operating system*) DOS *m*.
dosage ['dəusɪdʒ] *n* (*MED*) dawka *f*; (*on label*) dawkowanie *nt*.
dose [dəus] *n* (*of medicine*) dawka *f*; (*BRIT*: *bout*) atak *m* ♦ *vt*: **to dose o.s. with** aplikować (zaaplikować *perf*) sobie *+acc*; **a dose of flu** atak grypy.
doss house ['dɔs-] (*BRIT*) *n* noclegownia *f*.
dossier ['dɔsɪeɪ] *n* akta *pl*, dossier *nt inv*.
DOT (*US*) *n abbr* (= *Department of Transportation*) Ministerstwo *nt* Transportu.
dot [dɔt] *n* (*round mark*) kropka *f*; (*speck, spot*) punkcik *m* ♦ *vt*: **dotted with** (*pictures, decorations*) upstrzony *+instr*; (*stars, freckles*) usiany *+instr*; **on the dot** co do minuty.
dot command (*COMPUT*) *n polecenie rozpoczynające się od znaku kropki*.
dote [dəut]: **to dote on** *vt fus* świata nie widzieć poza *+instr*, mieć bzika na punkcie *+gen* (*inf*).
dot-matrix printer [dɔt'meɪtrɪks-] *n* drukarka *f* igłowa.
dotted line ['dɔtɪd-] *n* linia *f* kropkowana; **you must get them to sign on the dotted line** (*fig*) musisz ich nakłonić do podpisania się pod tym.
dotty ['dɔtɪ] (*inf*) *adj* stuknięty (*inf*).
double ['dʌbl] *adj* podwójny ♦ *adv*: **to cost double** kosztować podwójnie ♦ *n* sobowtór *m* ♦ *vt* (*offer, amount*) podwajać (podwoić *perf*); (*paper, blanket*) składać (złożyć *perf*) na pół ♦ *vi* podwajać się (podwoić się *perf*); **to double as** spełniać (spełnić *perf*) równocześnie funkcję *+gen*; **on the double,** *(BRIT)* **at the double** dwa razy szybciej; **double five two six (5526)** (*BRIT*: *TEL*) pięćdziesiąt pięć, dwadzieścia sześć; **it's spelt with a double "l"** to się pisze przez dwa „l".
▸**double back** *vi* zawracać (zawrócić *perf*).
▸**double up** *vi* (*with laughter, in pain*) skręcać się; (*share room*) ścieśniać się (ścieśnić się *perf*).
double bass *n* kontrabas *m*.
double bed *n* łóżko *nt* dwuosobowe.
double-breasted ['dʌbl'brɛstɪd] *adj* (*jacket etc*) dwurzędowy.
double-check ['dʌbl'tʃɛk] *vt* ponownie sprawdzać (sprawdzić *perf*) ♦ *vi* podwójnie sprawdzać (sprawdzić *perf*).
double-clutch ['dʌbl'klʌtʃ] (*US*) *vi* zmieniać (zmienić *perf*) bieg z podwójnym wysprzęgleniem.
double cream (*BRIT*) *n* ≈ kremówka *f*.
double-cross *vt* wystawiać (wystawić *perf*) do wiatru.
double-decker *n* autobus *m* piętrowy.
double-declutch ['dʌbldi:'klʌtʃ] (*BRIT*) *vi* zmieniać (zmienić *perf*) bieg z podwójnym wysprzęgleniem.

double exposure *n* podwójnie naświetlona klatka *f*.

double glazing [-'gleɪzɪŋ] (*BRIT*) *n* podwójne szyby *pl*.

double-page ['dʌblpeɪdʒ] *adj*: **double-page spread** rozkładówka *f*.

double parking *n* parkowanie *nt* na drugiego (*inf*).

double room *n* pokój *m* dwuosobowy.

doubles ['dʌblz] *n* debel *m*.

double time *n* podwójna stawka *f* (*za pracę w dni świąteczne*).

doubly ['dʌblɪ] *adv* podwójnie.

doubt [daut] *n* wątpliwość *f* ♦ *vt* (*disbelieve*) wątpić (zwątpić *perf*) w *+acc*; (*mistrust, suspect*) nie dowierzać *+dat*; **without (a) doubt** bez wątpienia; **I doubt it (very much)** (bardzo) wątpię; **to doubt if** *or* **whether ...** wątpić, czy ...; **I don't doubt that ...** nie wątpię, że ... .

doubtful ['dautful] *adj* (*fact*) niepewny; **to be doubtful about sth** mieć wątpliwości co do czegoś; **I'm a bit doubtful** mam pewne wątpliwości.

doubtless ['dautlɪs] *adv* niewątpliwie.

dough [dəu] *n* (*CULIN*) ciasto *nt*; (*inf*) forsa *f* (*inf*), szmal *m* (*inf*).

doughnut ['dəunʌt] (*US* **donut**) *n* ≈ pączek *m*.

dour [duə*] *adj* oschły, surowy.

douse [dauz] *vt* (*person*): **to douse (with)** oblewać (oblać *perf*) (*+instr*); (*lamp*) gasić (zgasić *perf*).

dove [dʌv] *n* gołąb *m*; (*symbol of peace*) gołąb(ek) *m*.

Dover ['dəuvə*] *n* Dover *nt inv*.

dovetail ['dʌvteɪl] *vi* (*fig*) idealnie do siebie pasować ♦ *n*: **dovetail joint** połączenie *nt* na jaskółczy ogon.

dowager ['dauədʒə*] *n wdowa dziedzicząca tytuł po mężu*.

dowdy ['daudɪ] *adj* (*clothes*) niemodny; (*person*) zaniedbany.

Dow-Jones average ['dau'dʒəunz-] (*US*) *n* wskaźnik *m* Dow-Jonesa.

down [daun] *n* (*feathers*) puch *m*; (*hair*) meszek *m*; (*hill*) wzgórze *nt* ♦ *adv* w dół ♦ *prep* w dół *+gen* ♦ *vt* (*inf: drink*) wychylić (*perf*); **down there/here** tam/tu na *or* w dole; **face down** twarzą do ziemi; **down the river** w dół rzeki; **down the corridor** wzdłuż korytarza; **to walk down the road** iść drogą; **the price of meat is down** cena mięsa spadła; **I've got it down in my diary** zapisałam to w pamiętniku; **to pay 5 pounds down** zapłacić (*perf*) 5 funtów zadatku; **England are two goals down** Anglia przegrywa dwoma bramkami; **to down tools** (*BRIT*) przerywać (przerwać *perf*) pracę (*na znak protestu*); **down with X!** precz z X!

down-and-out ['daunəndaut] *n* kloszard *m*.

down-at-heel ['daunət'hi:l] *adj* (*shoes etc*) znoszony; (*appearance, person*) zabiedzony.

downbeat ['daunbi:t] *n* (*MUS*) akcentowana miara *f* taktu ♦ *adj* (*inf*) powściągliwy.

downcast ['daunkɑ:st] *adj* (*person*) przybity; (*eyes*) spuszczony.

downer ['daunə*] (*inf*) *n* środek *m* uspokajający; **he is on a downer** jest przybity.

downfall ['daunfɔ:l] *n* upadek *m*.

downgrade ['daungreɪd] *vt* umniejszać (umniejszyć *perf*) znaczenie *+gen*.

downhearted ['daun'hɑ:tɪd] *adj* przygnębiony.

downhill ['daun'hɪl] *adv*: **to go downhill** (*road*) biec w dół zbocza; (*person*) schodzić (zejść *perf*) ze zbocza; (*car*) zjeżdżać (zjechać *perf*) ze zbocza; (*fig: person*) staczać się (stoczyć się *perf*); (: *business, career*) podupadać (podupaść *perf*) ♦ *n* (*also*: **downhill race**) bieg *m* zjazdowy; **it was downhill after that** potem już było z górki (*inf*).

Downing Street ['daunɪŋ-] (*BRIT*) *n*: **10 Downing Street** *siedziba premiera Wielkiej Brytanii*.

download ['daunləud] *vt* przesyłać (przesłać *perf*) (*do lub z komputera*).

down-market ['daun'mɑ:kɪt] *adj* tandetny.

down payment *n* zadatek *f*.

downplay ['daunpleɪ] (*US*) *vt* bagatelizować (zbagatelizować) *perf*.

downpour ['daunpɔ:*] *n* ulewa *f*.

downright ['daunraɪt] *adj* (*liar etc*) skończony; (*lie, insult*) jawny ♦ *adv* wręcz.

Downs [daunz] (*BRIT*) *npl*: **the Downs** *porośnięte trawą wapienne wzgórza w południowej Anglii*.

Down's syndrome [daunz-] *n* zespół *m* Downa.

downstairs ['daun'stɛəz] *adv* (*below, on ground floor*) na dole; (*downwards, to ground floor*) na dół (po schodach); (*on or to floor below*) piętro niżej.

downstream ['daunstri:m] *adv* (*be*) w dole rzeki; (*go*) w dół rzeki.

downtime ['dauntaɪm] *n* (*of machine etc*) okres *m* wyłączenia.

down-to-earth ['dauntu'ə:θ] *adj* (*realistic*) praktyczny; (*direct*) bezpośredni; (*reason*) przyziemny.

downtown ['daun'taun] *adv* (*in the centre*) w mieście *or* centrum; (*to the centre*) do miasta *or* centrum ♦ *adj* (*US: offices, buildings*) w śródmieściu *or* centrum *post*; **downtown Chicago** śródmieście Chicago.

downtrodden ['dauntrɔdn] *adj* poniewierany.

down under *adv w Australii lub Nowej Zelandii*.

downward ['daunwəd] *adj*: **downward movement** ruch *m* ku dołowi *or* w dół ♦ *adv* ku dołowi, w dół; **a downward trend** tendencja zniżkowa.

downwards ['daunwədz] *adv* = **downward**.

dowry ['daurɪ] *n* posag *m.*

doz. *abbr* = **dozen.**

doze [dəuz] *vi* drzemać.

►**doze off** *vi* zdrzemnąć się *(perf).*

dozen ['dʌzn] *n* tuzin *m*; **a dozen books** tuzin książek; **80p a dozen** po 80 pensów za tuzin; **dozens of** dziesiątki *+gen.*

DPh *n abbr* (= *Doctor of Philosophy*) *stopień naukowy*; ≈ dr.

DPhil *n abbr* (= *Doctor of Philosophy*) *stopień naukowy*; ≈ dr.

DPP (*BRIT*) *n abbr* (= *Director of Public Prosecutions*) ≈ Prokurator *m* Generalny.

DPT *n abbr* (= *diphtheria, pertussis, tetanus*) DiPerTe *nt inv.*

DPW (*US*) *n abbr* (= *Department of Public Works*) Ministerstwo *nt* Robót Publicznych.

Dr *abbr* = **doctor** dr.

Dr. *abbr* (*in street names*) = **Drive.**

dr (*COMM*) *abbr* = **debtor.**

drab [dræb] *adj* (*life, clothes*) szary, bezbarwny; (*weather*) ponury.

draft [drɑ:ft] *n* (*first version*) szkic *m*; (*POL*: *of bill*) projekt *m*; (*bank draft*) przekaz *m*; (*US*: *call-up*) pobór *m* ♦ *vt* (*plan*) sporządzać (sporządzić *perf*) projekt *or* szkic *+gen*; (*write roughly*) pisać (napisać *perf*) pierwszą wersję *+gen*; *see also* **draught.**

draftsman ['drɑ:ftsmən] (*US*) (*irreg like*: **man**) *n* = **draughtsman.**

draftsmanship ['drɑ:ftsmənʃɪp] (*US*) *n* = **draughtsmanship.**

drag [dræg] *vt* (*bundle, person*) wlec (zawlec *perf*); (*river*) przeszukiwać (przeszukać *perf*) ♦ *vi* (*time, event*) wlec się ♦ *n* (*inf*: *bore*) męka *f*; (: *person*) nudziarz (-ara) *m(f)* (*inf*); (*NAUT, AVIAT*) opór *m*; **in drag** w damskim przebraniu.

►**drag away** *vt*: **to drag away (from)** odrywać (oderwać *perf*) (od *+gen*).

►**drag on** *vi* wlec się.

dragnet ['drægnɛt] *n* włok *m*; (*fig*) obława *f.*

dragon ['drægn] *n* smok *m.*

dragonfly ['drægənflaɪ] *n* ważka *f.*

dragoon [drə'gu:n] *n* dragon *m* ♦ *vt*: **to dragoon sb into doing sth** (*BRIT*) zmuszać (zmusić *perf*) kogoś do zrobienia czegoś.

drain [dreɪn] *n* (*in street*) studzienka *f* ściekowa; (*fig*: *on resources*) odpływ *m* ♦ *vt* (*land*) drenować, osuszać (osuszyć *perf*); (*marshes, pond*) osuszać (osuszyć *perf*); (*vegetables*) osączać (osączyć *perf*); (*glass, cup*) wysączyć (*perf*) napój z *+gen* ♦ *vi* spływać (spłynąć *perf*); **to feel drained** czuć się (poczuć się *perf*) wyczerpanym; **I feel drained of energy** (cała) energia ze mnie odpłynęła.

drainage ['dreɪnɪdʒ] *n* (*system*) system *m* odwadniający; (*process*) odwadnianie *nt*, drenaż *m.*

draining board ['dreɪnɪŋ-] (*US* **drainboard**) *n* ociekacz *m.*

drainpipe ['dreɪnpaɪp] *n* rura *f* odpływowa.

drake [dreɪk] *n* kaczor *m.*

dram [dræm] (*Scottish*) *n* ≈ kieliszeczek *m* (*czegoś mocniejszego*).

drama ['drɑ:mə] *n* (*lit, fig*) dramat *m*; (*of situation*) dramaturgia *f.*

dramatic [drə'mætɪk] *adj* (*theatrical, exciting*) dramatyczny; (*marked*) radykalny; (*sudden*) gwałtowny.

dramatically [drə'mætɪklɪ] *adv* (*theatrically*) dramatycznie; (*markedly*) radykalnie; (*suddenly*) gwałtownie.

dramatist ['dræmətɪst] *n* dramaturg *m*, dramatopisarz (-arka) *m(f).*

dramatize ['dræmətaɪz] *vt* (*events*) dramatyzować (udramatyzować *perf*); (*book, story*) adaptować (zaadaptować *perf*).

drank [dræŋk] *pt of* **drink.**

drape [dreɪp] *vt* drapować (udrapować *perf*).

drapes [dreɪps] (*US*) *npl* zasłony *pl.*

drastic ['dræstɪk] *adj* drastyczny.

drastically ['dræstɪklɪ] *adv* drastycznie.

draught [drɑ:ft] (*US* **draft**) *n* (*of wind*) podmuch *m*; (: *between open doors etc*) przeciąg *m*; (*NAUT*) zanurzenie *nt*; **beer on draught** piwo beczkowe.

draughtboard ['drɑ:ftbɔ:d] (*BRIT*) *n* plansza *f* do gry w warcaby, szachownica *f.*

draughts [drɑ:fts] (*BRIT*) *n* warcaby *pl.*

draughtsman ['drɑ:ftsmən] (*irreg like*: **man**) (*US* **draftsman**) *n* (*ART*) rysownik (-iczka) *m(f)*; (*TECH*) kreślarz (-arka) *m(f).*

draughtsmanship ['drɑ:ftsmənʃɪp] (*US* **draftsmanship**) *n* rysunek *m*; **the draughtsmanship of the forgery was excellent** jakość falsyfikatu była wyśmienita.

draw [drɔ:] (*pt* **drew**, *pp* **drawn**) *vt* (*ART, TECH*) rysować (narysować *perf*); (*cart etc*) ciągnąć; (*curtain*: *close*) zaciągać (zaciągnąć *perf*), zasuwać (zasunąć *perf*); (: *open*) odsuwać (odsunąć *perf*); (*gun, conclusion*) wyciągać (wyciągnąć *perf*); (*tooth*) wyrywać (wyrwać *perf*); (*attention*) przyciągać (przyciągnąć *perf*); (*response*) spotykać się (spotkać się *perf*) z *+instr*; (*admiration*) wzbudzać (wzbudzić *perf*); (*money*) podejmować (podjąć *perf*); (*wages*) otrzymywać ♦ *vi* (*ART, TECH*) rysować; (*SPORT*) remisować (zremisować *perf*) ♦ *n* (*SPORT*) remis *m*; (*prize draw*) loteria *f*; **to draw near** zbliżać się; **to draw to a close** dobiegać końca; **to draw a comparison (between sth and sth)** porównywać (porównać *perf*) (coś z czymś); **to draw a distinction (between sth and sth)** rozróżniać (rozróżnić *perf*) (pomiędzy czymś a czymś).

►**draw back** *vi* cofać się (cofnąć się *perf*); **to**

draw back from odsuwać się (odsunąć się *perf*) od *+gen.*
▸**draw in** *vi* (*BRIT*: *train*) wjeżdżać (wjechać *perf*) (na stację); **the nights are drawing in** coraz wcześniej zapada zmierzch.
▸**draw on** *vt* (*resources, imagination*) sięgać (sięgnąć *perf*) do *+gen*; (*cigarette*) zaciągać się (zaciągnąć się *perf*) *+instr.*
▸**draw out** *vi* (*train*) ruszać (ruszyć *perf*) (*ze stacji*) ♦ *vt* (*money*) podejmować (podjąć *perf*).
▸**draw up** *vi* (*car etc*) podjeżdżać (podjechać *perf*) ♦ *vt* (*chair*) przysuwać (przysunąć *perf*); (*plan*) kreślić (nakreślić *perf*).
drawback ['drɔ:bæk] *n* wada *f*, minus *m*.
drawbridge ['drɔ:brɪdʒ] *n* most *m* zwodzony.
drawee [drɔ:'i:] (*FIN*) *n* trasat *m*.
drawer [drɔ:*] *n* szuflada *f*.
drawing ['drɔ:ɪŋ] *n* rysunek *m*.
drawing board *n* deska *f* kreślarska, rysownica *f*; **back to the drawing board** (*fig*) trzeba zacząć od początku.
drawing pin (*BRIT*) *n* pinezka *f*.
drawing room *n* salon *m*.
drawl [drɔ:l] *n przeciągły sposób mówienia, charakterystyczny dla mieszkańców południowych Stanów* ♦ *vi mówić, przeciągając samogłoski.*
drawn [drɔ:n] *pp of* **draw** ♦ *adj* wymizerowany.
drawstring ['drɔ:strɪŋ] *n* sznurek *m* (*do zaciągania/luzowania*).
dread [drɛd] *n* strach *m* ♦ *vt* bać się *+gen.*
dreadful ['drɛdful] *adj* straszny; **I feel dreadful!** czuję się okropnie!
dream [dri:m] (*pt, pp* **dreamed** *or* **dreamt**) *n* (*while asleep*) sen *m*; (: *PSYCH*) marzenie *nt* senne, sen *m*; (*ambition*) marzenie *nt* ♦ *vi* (*while asleep*): **I dreamt about my father** śnił mi się ojciec; **she dreamt that ...** śniło jej się, że ...; (*fantasize*): **he dreamt about/that...** marzył o *+loc*/(o tym), że...; **to have a (strange) dream** mieć (dziwny) sen; **I had a dream about you** śniłaś mi się; **to dream of doing sth** marzyć o tym, żeby coś zrobić; **sweet dreams!** miłych snów!
▸**dream up** *vt* wymyślić *(perf)*, wydumać *(perf)* (*pej*).
dreamer ['dri:mə*] *n* (*fig*) marzyciel(ka) *m(f)*.
dreamt [drɛmt] *pt, pp of* **dream**.
dream world *n*: **to live in a dream world** żyć marzeniami.
dreamy ['dri:mɪ] *adj* (*expression*) rozmarzony; (*person*) marzycielski; (*music*) kojący.
dreary ['drɪərɪ] *adj* (*depressing*) ponury; (*boring*) drętwy.
dredge [drɛdʒ] *vt* dragować, bagrować.
▸**dredge up** *vt* (*fig*: *unpleasant facts*) odgrzebywać (odgrzebać *perf*).
dredger ['drɛdʒə*] *n* draga *f*, pogłębiarka *f*.
dregs [drɛgz] *npl* (*of wine, juice*) męty *pl*; (*of tea, coffee*) fusy *pl*; **the dregs of humanity** najgorsze męty *or* szumowiny.
drench [drɛntʃ] *vt* przemoczyć *(perf)*; **drenched to the skin** przemoczony do suchej nitki.
dress [drɛs] *n* suknia *f*, sukienka *f*; (*no pl*) odzież *f* ♦ *vt* (*child*) ubierać (ubrać *perf*); (*wound*) opatrywać (opatrzyć *perf*) ♦ *vi* ubierać się (ubrać się *perf*); **she dresses very well** ona się bardzo dobrze ubiera; **to dress a shop window** dekorować (udekorować *perf*) okno wystawowe; **to get dressed** ubierać się (ubrać się *perf*).
▸**dress up** *vi* stroić się (wystroić się *perf*); **to dress up (as)** przebierać się (przebrać się *perf*) (za *+acc*).
dress circle (*BRIT*: *THEAT*) *n* pierwszy balkon *m*.
dress designer *n* projektant(ka) *m(f)* odzieży.
dresser ['drɛsə*] *n* (*BRIT*) kredens *m*; (*US*) komoda *f* (z lustrem); (*THEAT*) garderobiany (-na) *m(f)*.
dressing ['drɛsɪŋ] *n* (*MED*) opatrunek *m*; (*CULIN*) sos *m* (*sałatkowy*).
dressing gown (*BRIT*) *n* szlafrok *m*.
dressing room *n* (*THEAT*) garderoba *f*; (*SPORT*) szatnia *f*, przebieralnia *f*.
dressing table *n* toaletka *f*.
dressmaker ['drɛsmeɪkə*] *n* krawiec/krawcowa *m/f*.
dressmaking ['drɛsmeɪkɪŋ] *n* krawiectwo *nt*.
dress rehearsal *n* próba *f* generalna.
dressy ['drɛsɪ] (*inf*) *adj* elegancki.
drew [dru:] *pt of* **draw**.
dribble ['drɪbl] *vi* (*liquid*) spływać, ściekać; (*baby*) ślinić się; (*FOOTBALL*) dryblować ♦ *vt* (*ball*) prowadzić (poprowadzić *perf*).
dried [draɪd] *adj* (*fruit*) suszony; (*eggs, milk*) w proszku *post.*
drier ['draɪə*] *n* = **dryer**.
drift [drɪft] *n* (*of current*) prąd *m*; (*of snow*) zaspa *f*; (*of thought, argument*) sens *m* ♦ *vi* (*boat*) dryfować; (*sand, snow*) tworzyć zaspy; **to let things drift** pozostawiać (pozostawić *perf*) sprawy własnemu biegowi; **they have drifted apart** stali się sobie obcy; **I get** *or* **catch your drift** rozumiem, o co ci chodzi.
drifter ['drɪftə*] *n* tułacz *m*.
driftwood ['drɪftwud] *n* (*on water*) dryfujące drewno *nt*; (*on shore*) drewno *nt* wyrzucone na brzeg.
drill [drɪl] *n* (*drill bit*) wiertło *nt*; (*machine*: *for DIY etc*) wiertarka *f*; (: *of dentist*) wiertarka *f* (dentystyczna); (: *for mining etc*) świder *m*; (*MIL*) musztra *f* ♦ *vt* (*hole*) wiercić (wywiercić *perf*); (*troops*) musztrować ♦ *vi* wiercić; **to drill pupils in grammar/spelling** ćwiczyć z uczniami gramatykę/ortografię.
drilling ['drɪlɪŋ] *n* wiercenia *pl*.
drilling rig *n* (*on land*) wiertnica *f*; (*at sea*) platforma *f* wiertnicza.

drily ['draɪlɪ] *adv* = **dryly**.
drink [drɪŋk] (*pt* **drank**, *pp* **drunk**) *n* (*fruit etc*) napój *m*; (*alcoholic*) drink *m*; (*sip*) łyk *m* ♦ *vt* pić, wypijać (wypić *perf*) ♦ *vi* pić; **a (hot/cold) drink** coś (ciepłego/zimnego) do picia; **cold/hot drinks** (*on menu etc*) napoje zimne/gorące; **to have a drink** napić się *(perf)*; **would you like a drink of water?** czy chciałbyś się napić wody?; **would you like something to drink?** napijesz się czegoś?; **we had drinks before lunch** piliśmy przed obiadem.
►**drink in** *vt* upajać się *+instr*, chłonąć *+acc*.
drinkable ['drɪŋkəbl] *adj* (*not dangerous*) zdatny do picia, pitny; (*palatable*) nadający się do picia.
drinker ['drɪŋkə*] *n* pijący (-ca) *m(f)*; **to be a heavy drinker** dużo pić.
drinking ['drɪŋkɪŋ] *n* picie *nt*.
drinking fountain *n automatyczny wodotrysk z wodą do picia.*
drinking water *n* woda *f* pitna.
drip [drɪp] *n* (*noise*) kapanie *nt*; (*MED*) kroplówka *f* ♦ *vi* (*water, rain*) kapać; (*tap*) ciekną́ć, ciec; (*washing*) ociekać.
drip-dry ['drɪp'draɪ] *adj* nie wymagający prasowania.
drip-feed ['drɪpfi:d] *vt* odżywiać dożylnie ♦ *n*: **she's on a drip-feed** odżywiają ją dożylnie.
dripping ['drɪpɪŋ] *n* tłuszcz *m* spod pieczeni ♦ *adj* ociekający wodą; **I'm dripping** kapie ze mnie; **dripping wet** przemoczony do suchej nitki.
drive [draɪv] (*pt* **drove**, *pp* **driven**) *n* (*journey*) jazda *f or* podróż *f* (samochodem); (*also*: **driveway**) wjazd *m*, droga *f* dojazdowa; (*energy*) werwa *f*, zapał *m*; (*campaign*) działania *pl*; (*SPORT*) uderzenie *nt*; (*also*: **disk drive**) stacja *f* dysków ♦ *vt* (*vehicle*) prowadzić, kierować *+instr*; (*TECH*: *motor, wheel*) napędzać; (*animal*) prowadzić (poprowadzić *perf*); (*ball*) posyłać (posłać *perf*); (*incite, encourage*) kierować *+instr*; (*nail, stake*): **to drive sth into sth** wbijać (wbić *perf*) coś w coś ♦ *vi* (*as driver*) prowadzić (samochód), jeździć samochodem; (*travel*) jechać (pojechać *perf*) (samochodem); **to go for a drive** wybierać się (wybrać się *perf*) na przejażdżkę; **it's 3 hours' drive from London** to trzy godziny jazdy z Londynu; **left-/right-hand drive** lewostronny/prawostronny układ kierowniczy; **front-/rear-/four-wheel drive** napęd na przednie/tylne/cztery koła; **he drives a taxi** jest kierowcą taksówki; **to drive at 50 km an hour** jechać z prędkością 50 km na godzinę; **to drive sb home/to the airport** zawozić (zawieźć *perf*) *or* odwozić (odwieźć *perf*) kogoś do domu/na lotnisko; **to drive sb mad** doprowadzać (doprowadzić *perf*) kogoś do szału; **to drive sb to sth** doprowadzać (doprowadzić *perf*) kogoś do czegoś; **she drove him to move out** doprowadziła do tego, że się wyprowadził; **what are you driving at?** do czego zmierzasz?
►**drive off** *vt* (*enemy*) przepędzać (przepędzić *perf*); (*attack*) odpierać (odeprzeć *perf*).
►**drive out** *vt* (*evil spirits*) wypędzać (wypędzić *perf*).
drive-in ['draɪvɪn] (*esp US*) *adj obsługujący klientów siedzących w samochodach.*
drive-in cinema (*US*) *n* kino *nt* dla zmotoryzowanych.
drivel ['drɪvl] (*inf*) *n* brednie *pl*.
driven ['drɪvn] *pp of* **drive**.
driver ['draɪvə*] *n* (*of car, bus*) kierowca *m*; (*RAIL*) maszynista *m*.
driver's license ['draɪvəz-] (*US*) *n* prawo *nt* jazdy.
driveway ['draɪvweɪ] *n* wjazd *m*, droga *f* dojazdowa.
driving ['draɪvɪŋ] *n* prowadzenie *nt* (samochodu), jazda *f* (samochodem) ♦ *adj* (*rain etc*) zacinający, siekący.
driving force *n* siła *f* napędzająca.
driving instructor *n* instruktor *m* nauki jazdy.
driving lesson *n* lekcja *f* jazdy, jazda *f* (*inf*).
driving licence (*BRIT*) *n* prawo *nt* jazdy.
driving school *n* ≈ ośrodek *m* szkolenia kierowców.
driving test *n* egzamin *m* na prawo jazdy.
drizzle ['drɪzl] *n* mżawka *f* ♦ *vi* mżyć.
droll [drəul] *adj* ucieszny.
dromedary ['drɔmədərɪ] *n* dromader *m*.
drone [drəun] *n* (*of insects*) bzyczenie *nt*, brzęczenie *nt*; (*of engine*) warkot *m*; (*of traffic*) szum *m*; (*male bee*) truteń *m* ♦ *vi* (*bee*) bzyczeć, brzęczeć; (*engine etc*) warczeć; (*also*: **drone on**) ględzić (*inf*), przynudzać (*inf*).
drool [dru:l] *vi* ślinić się; **to drool over sth/sb** (*fig*) pożerać coś/kogoś wzrokiem.
droop [dru:p] *vi* opadać (opaść *perf*), zwieszać się (zwiesić się *perf*).
drop [drɔp] *n* (*of liquid*) kropla *f*; (*reduction, distance*) spadek *m*; (*by parachute etc*) zrzut *m* ♦ *vt* (*object*) upuszczać (upuścić *perf*); (*voice*) zniżać (zniżyć *perf*); (*eyes*) spuszczać (spuścić *perf*); (*price*) zniżać (zniżyć *perf*), opuszczać (opuścić *perf*); (*set down from car: person*) wysadzać (wysadzić *perf*), wyrzucać (wyrzucić *perf*) (*inf*); (*: object*) podrzucać (podrzucić *perf*) (*inf*); (*omit*) opuszczać (opuścić *perf*) ♦ *vi* (*object, temperature*) spadać (spaść *perf*); (*wind*) ucichać (ucichnąć *perf*); **drops** *npl* krople *pl*; **cough drops** krople na kaszel; **a 300 ft drop** stumetrowy spadek (terenu); **a drop of 10%** spadek o 10%; **to drop anchor** rzucać (rzucić *perf*) kotwicę; **to drop sb a line** skrobnąć *(perf)* do kogoś parę słów (*inf*).
►**drop in** (*inf*) *vi*: **to drop in (on sb)** wpadać (wpaść *perf*) (do kogoś).
►**drop off** *vi* zasypiać (zasnąć *perf*) (*mimowolnie*) ♦ *vt* podrzucać (podrzucić *perf*).
►**drop out** *vi* wycofywać się (wycofać się *perf*);

to drop out of school porzucać (porzucić *perf*) szkołę.
droplet ['drɔplɪt] *n* kropelka *f*.
drop-out ['drɔpaut] *n* (*from society*) odszczepieniec *m*; (*SCOL*) *osoba, która nie ukończyła szkoły lub studiów.*
dropper ['drɔpə*] *n* zakraplacz *m*.
droppings ['drɔpɪŋz] *npl* odchody *pl* (*ptaków i małych zwierząt*).
dross [drɔs] *n* odpady *pl* żużlowe.
drought [draut] *n* susza *f*.
drove [drəuv] *pt of* **drive** ♦ *n*: **droves of people** tłumy *pl* ludzi.
drown [draun] *vt* topić (utopić *perf*); (*fig*: *also*: **drown out**) zagłuszać (zagłuszyć *perf*) ♦ *vi* tonąć (utonąć *perf*), topić się (utopić się *perf*).
drowse [drauz] *vi* drzemać.
drowsy ['drauzɪ] *adj* senny, śpiący.
drudge [drʌdʒ] *n* (*person*) wół *m* roboczy.
drudgery ['drʌdʒərɪ] *n* harówka *f*; **housework is sheer drudgery** prace domowe to ciągła harówka.
drug [drʌg] *n* (*MED*) lek *m*; (*narcotic*) narkotyk *m* ♦ *vt* podawać (podać *perf*) środki nasenne *+dat*; **to be on drugs** (*MED*) brać leki; (*addicted*) brać narkotyki; **hard/soft drugs** twarde/miękkie narkotyki.
drug addict *n* narkoman(ka) *m(f)*.
druggist ['drʌgɪst] (*US*) *n* (*person*) aptekarz (-arka) *m(f)*; (*shop*) apteka *f*.
drug peddler *n* handlarz *m* narkotykami.
drugstore ['drʌgstɔ:*] (*US*) *n drogeria prowadząca też sprzedaż leków, napojów chłodzących i prostych posiłków.*
drum [drʌm] *n* bęben *m*; (*for oil etc*) beczka *f* ♦ *vi* bębnić (zabębnić *perf*); **drums** *npl* perkusja *f*.
▸**drum up** *vt* (*support etc*) pozyskiwać (pozyskać *perf*).
drummer ['drʌmə*] *n* perkusista (-tka) *m(f)*.
drum roll *n* tusz *m* werbli, werbel *m*.
drumstick ['drʌmstɪk] *n* (*MUS*) pałeczka *f*; (*of chicken*) pałka *f*.
drunk [drʌŋk] *pp of* **drink** ♦ *adj* pijany ♦ *n* pijak (-aczka) *m(f)*; **to get drunk** upijać się (upić się *perf*).
drunken ['drʌŋkən] *adj* (*laughter etc*) pijacki; (*person*) pijany.
drunkenness ['drʌŋkənnɪs] *n* pijaństwo *nt*.
dry [draɪ] *adj* suchy; (*lake*) wyschnięty; (*humour*) ironiczny; (*wine*) wytrawny; (*subject*) nudny ♦ *vt* (*clothes, hair*) suszyć (wysuszyć *perf*); (*ground*) osuszać (osuszyć *perf*); (*hands, dishes*) wycierać (wytrzeć *perf*); (*tears*) ocierać (otrzeć *perf*) ♦ *vi* schnąć, wysychać (wyschnąć *perf*); **on dry land** na suchym lądzie.
▸**dry up** *vi* (*river, well*) wysychać (wyschnąć *perf*); (*in speech*) zaniemówić (*perf*).
dry clean *vt* czyścić (wyczyścić *perf*) *or* prać (wyprać *perf*) chemicznie.
dry cleaner *n* (*person*) właściciel(ka) *m(f)* pralni chemicznej; (*shop*) pralnia *f* chemiczna.
dry-cleaner's ['draɪ'kli:nəz] *n* pralnia *f* chemiczna.
dry-cleaning ['draɪ'kli:nɪŋ] *n* czyszczenie *nt or* pranie *nt* chemiczne.
dry dock *n* suchy dok *m*.
dryer ['draɪə*] *n* suszarka *f*.
dry goods (*US*) *npl* pasmanteria *f*.
dry ice *n* suchy lód *m*.
dryness ['draɪnɪs] *n* suchość *f*.
dry rot *n* mursz *m*.
dry run *n* (*fig*) próba *f*.
dry ski slope *n* sztuczny stok *m*.
DSc *n abbr* (= *Doctor of Science*) *stopień naukowy*; ≈ dr hab.
DSS (*BRIT*) *n abbr* (= *Department of Social Security*) Ministerstwo *nt* Ubezpieczeń Społecznych.
DST (*US*) *abbr* (= *Daylight Saving Time*) czas *m* letni.
DT (*COMPUT*) *n abbr* (= *data transmission*) przesyłanie *nt* danych.
DTI (*BRIT*) *n abbr* (= *Department of Trade and Industry*) Ministerstwo *nt* Handlu i Przemysłu.
DTP *n abbr* = **desktop publishing** DTP *nt inv*.
DT's (*inf*) *npl abbr* (= *delirium tremens*) delirium *nt* tremens; **to have the DT's** mieć delirium (tremens).
dual ['djuəl] *adj* podwójny.
dual carriageway (*BRIT*) *n* droga *f* dwupasmowa.
dual nationality *n* podwójne obywatelstwo *nt*.
dual-purpose ['djuəl'pə:pəs] *adj* dwufunkcyjny.
dubbed [dʌbd] *adj* (*film*) dubbingowany; (*nicknamed*) ochrzczony.
dubious ['dju:bɪəs] *adj* (*claim, reputation*) wątpliwy; (*past, company*) podejrzany; **to be dubious (about)** mieć wątpliwości (co do *+gen*).
Dublin ['dʌblɪn] *n* Dublin *m*.
Dubliner ['dʌblɪnə*] *n* Dublińczyk/Dublinianka *m/f*.
duchess ['dʌtʃɪs] *n* księżna *f*.
duck [dʌk] *n* kaczka *f* ♦ *vi* (*also*: **duck down**) uchylać się (uchylić się *perf*) ♦ *vt* uchylać się (uchylić się *perf*) przed *+instr*.
duckling ['dʌklɪŋ] *n* (*ZOOL*) kaczątko *nt*, kaczuszka *f*; (*CULIN*) kaczka *f*.
duct [dʌkt] *n* przewód *m*, kanał *m*.
dud [dʌd] *n* (*object*) bubel *m*; (*bomb*) niewypał *m*; (*note, coin*) podróbka *f* ♦ *adj*: **dud cheque** (*BRIT*) czek *m* bez pokrycia.
due [dju:] *adj* (*arrival*) planowy; (*publication, meeting*) planowany; (*money*) należny; (*attention*) należny, należyty ♦ *n*: **to give sb his (*or* her) due** oddawać (oddać *perf*) komuś sprawiedliwość ♦ *adv*: **due north** dokładnie na północ; **dues** *npl* (*for club, union*) składki *pl* (członkowskie); (*in harbour*) opłaty *pl* postojowe;

in due course w swoim czasie, we właściwym czasie; **due to** z powodu *+gen*; **to be due to do sth** mieć coś zrobić; **the rent is due on the 30th** czynsz jest płatny (do) trzydziestego; **the train is due at 8** pociąg przyjeżdża o ósmej; **we were due in London at 2 a.m.** mieliśmy być w Londynie o drugiej w nocy.; **she is due back tomorrow** ma wrócić jutro; **I am due 6 days' leave** należy mi się sześć dni urlopu.

due date *n* data *f* zwrotu (*książki z biblioteki itp*).

duel ['djuəl] *n* pojedynek *m*; (*fig*) konflikt *m*.

duet [dju:'ɛt] *n* duet *m*.

duff [dʌf] (*BRIT*: *inf*) *adj* do niczego *post*.

►**duff up** (*inf*) *vt* dołożyć (*perf*) *+dat* (*inf*).

duffel bag ['dʌfl-] *n* worek *m* marynarski.

duffel coat *n* budrysówka *f*.

duffer ['dʌfə*] (*inf*) *n* beztalencie *nt*.

dug [dʌg] *pt, pp of* **dig**.

duke [dju:k] *n* książę *m*.

dull [dʌl] *adj* (*dark*) mroczny; (*boring*) nudny; (*pain, person*) tępy; (*sound*) głuchy; (*weather, day*) pochmurny ♦ *vt* przytępiać (przytępić *perf*).

duly ['dju:lɪ] *adv* (*properly*) należycie; (*on time*) zgodnie z planem.

dumb [dʌm] *adj* niemy; (*pej*) głupi; **to be struck dumb** oniemieć (*perf*).

dumbbell ['dʌmbɛl] *n* hantle *pl*.

dumbfounded [dʌm'faundɪd] *adj* oniemiały.

dummy ['dʌmɪ] *n* (*tailor's model*) manekin *m*; (*COMM, TECH*) atrapa *f*, makieta *f*; (*CARDS*: *also*: **dummy hand**) dziadek *m*; (*BRIT*: *for baby*) smoczek *m* ♦ *adj* (*bullet*) ślepy; (*firm*) fikcyjny.

dummy run *n* bieg *m* pusty *or* jałowy.

dump [dʌmp] *n* (*also*: **rubbish dump**) wysypisko *nt* (śmieci); (*inf*: *place*) nora *f* (*inf*); (*of ammunition*) skład *m* ♦ *vt* (*throw down*) rzucać (rzucić *perf*); (*get rid of*) wyrzucać (wyrzucić *perf*); (*COMPUT*: *data*) zrzucać (zrzucić *perf*) (*inf*); **to be down in the dumps** (*fig*: *inf*) być w dołku (*inf*); **"no dumping"** „zakaz wysypywania śmieci".

dumpling ['dʌmplɪŋ] *n* knedel *m*, pyza *f*.

dumpy ['dʌmpɪ] *adj* przysadzisty.

dunce [dʌns] *n* (*SCOL*) osioł *m* (*pej*).

dune [dju:n] *n* wydma *f*.

dung [dʌŋ] *n* gnój *m*.

dungarees [dʌŋgə'ri:z] *npl* (*for work*) kombinezon *m*; (*for child, woman*) ogrodniczki *pl*.

dungeon ['dʌndʒən] *n* loch *m*.

dunk [dʌŋk] *vt* maczać, zamaczać (zamoczyć *perf*).

Dunkirk [dʌn'kə:k] *n* Dunkierka *f*.

duo ['dju:əu] *n* para *f*; (*MUS*) duet *m*.

duodenal [dju:əu'di:nl] *adj*: **duodenal ulcer** wrzód *m* dwunastnicy.

duodenum [dju:əu'di:nəm] *n* dwunastnica *f*.

dupe [dju:p] *n* naiwniak *m* ♦ *vt* naciągać (naciągnąć *perf*) (*inf*).

duplex ['dju:plɛks] (*US*) *n* (*house*) bliźniak *m*; (*apartment*) mieszkanie *nt* dwupoziomowe.

duplicate [*n* 'dju:plɪkət, *adj, vt* 'dju:plɪkeɪt] *n* kopia *f*, duplikat *m* ♦ *adj* zapasowy, dodatkowy ♦ *vt* powielać (powielić *perf*), kopiować (skopiować *perf*); **in duplicate** w dwóch egzemplarzach.

duplicating machine ['dju:plɪkeɪtɪŋ-] *n* powielacz *m*.

duplicator ['dju:plɪkeɪtə*] *n* powielacz *m*.

duplicity [dju:'plɪsɪtɪ] *n* obłuda *f*.

Dur (*BRIT*: *POST*) *abbr* (= *Durham*).

durability [djuərə'bɪlɪtɪ] *n* trwałość *f*, wytrzymałość *f*.

durable ['djuərəbl] *adj* trwały, wytrzymały.

duration [djuə'reɪʃən] *n* okres *m or* czas *m* (trwania).

duress [djuə'rɛs] *n*: **under duress** pod przymusem.

Durex ['djuərɛks] ® (*BRIT*) *n* ≈ prezerwatywa *f*.

during ['djuərɪŋ] *prep* podczas *+gen*, w czasie *+gen*.

dusk [dʌsk] *n* zmierzch *m*, zmrok *m*.

dusky ['dʌskɪ] *adj* mroczny.

dust [dʌst] *n* kurz *m*, pył *m* ♦ *vt* (*furniture*) odkurzać (odkurzyć *perf*); (*cake etc*): **to dust with** posypywać (posypać *perf*) *+instr*; **she dusted her face with powder** upudrowała twarz.

►**dust off** *vt* otrzepywać (otrzepać *perf*); (*fig*) odświeżać (odświeżyć *perf*).

dustbin ['dʌstbɪn] (*BRIT*) *n* kosz *m* na śmieci.

dustbin liner *n* worek *m* na śmieci (*wkładany do kosza*).

duster ['dʌstə*] *n* ściereczka *f* (do kurzu).

dust jacket *n* obwoluta *f*.

dustman ['dʌstmən] (*BRIT*) (*irreg like*: **man**) *n* śmieciarz *m*.

dustpan ['dʌstpæn] *n* szufelka *f*, śmietniczka *f*.

dusty ['dʌstɪ] *adj* zakurzony.

Dutch [dʌtʃ] *adj* holenderski ♦ *n* (język *m*) holenderski ♦ *adv*: **to go Dutch** (*inf*) płacić (zapłacić *perf*) każdy za siebie; **the Dutch** *npl* Holendrzy *vir pl*.

Dutch auction *n* licytacja *f* zniżkowa (*polegająca na obniżaniu ceny wywoławczej*).

Dutchman ['dʌtʃmən] (*irreg like*: **man**) *n* Holender *m*.

Dutchwoman ['dʌtʃwumən] (*irreg like*: **woman**) *n* Holenderka *f*.

dutiable ['dju:tɪəbl] *adj* podlegający ocleniu.

dutiful ['dju:tɪful] *adj* (*child*) posłuszny; (*husband, wife*) dobry; (*employee*) obowiązkowy.

duty ['dju:tɪ] *n* (*responsibility*) obowiązek *m*; (*tax*) cło *nt*; **duties** *npl* obowiązki *pl*; **to make it one's duty to do sth** zobowiązywać się (zobowiązać się *perf*) do zrobienia czegoś; **to pay duty on sth** płacić (zapłacić *perf*) za coś cło; **on/off duty** na/po służbie.

duty-free ['dju:tɪ'fri:] *adj* wolny od cła, wolnocłowy; **duty-free shop** sklep wolnocłowy.
duty officer *n* oficer *m* służbowy.
duvet ['du:veɪ] (*BRIT*) *n* kołdra *f*.
DV *abbr* (= *Deo volente*) jeśli Bóg pozwoli.
DVLC (*BRIT*) *n abbr* (= *Driver and Vehicle Licensing Centre*).
DVM (*US*) *n abbr* (= *Doctor of Veterinary Medicine*) *stopień naukowy*; ≈ dr.
dwarf [dwɔ:f] (*pl* **dwarves**) *n* karzeł *m* ♦ *vt*: **he was dwarfed by a huge desk** wydawał się bardzo mały w porównaniu z wielkim biurkiem.
dwarves [dwɔ:vz] *npl of* **dwarf**.
dwell [dwɛl] (*pt, pp* **dwelt**) *vi* mieszkać.
▸**dwell on** *vt fus* rozpamiętywać *+acc*.
dweller ['dwɛlə*] *n* mieszkaniec (-nka) *m(f)*; **city dweller** mieszkaniec miasta.
dwelling ['dwɛlɪŋ] *n* mieszkanie *nt*.
dwelt [dwɛlt] *pt, pp of* **dwell**.
dwindle ['dwɪndl] *vi* (*interest, attendance*) maleć (zmaleć *perf*).
dwindling ['dwɪndlɪŋ] *adj* (*strength, interest*) malejący, słabnący; (*resources, supplies*) topniejący, kurczący się.
dye [daɪ] *n* (*for hair*) farba *f*; (*for cloth*) barwnik *m* ♦ *vt* (*hair*) farbować (ufarbować *perf*); (*cloth*) barwić (zabarwić *perf*), farbować (zafarbować *perf*).
dyestuffs ['daɪstʌfs] *npl* barwniki *pl*.
dying ['daɪɪŋ] *adj* umierający; (*moments, words*) ostatni (*przed śmiercią*).
dyke [daɪk] *n* (*BRIT*) grobla *f*; (*channel*) rów *m*.
dynamic [daɪ'næmɪk] *adj* dynamiczny.
dynamics [daɪ'næmɪks] *n or npl* dynamika *f*.
dynamite ['daɪnəmaɪt] *n* dynamit *m* ♦ *vt* wysadzać (wysadzić *perf*) (w powietrze).
dynamo ['daɪnəməu] *n* prądnica *f* (prądu stałego), dynamo *nt*.
dynasty ['dɪnəstɪ] *n* dynastia *f*.
dysentery ['dɪsntrɪ] *n* czerwonka *f*.
dyslexia [dɪs'lɛksɪə] *n* dysleksja *f*.
dyslexic [dɪs'lɛksɪk] *adj* cierpiący na dysleksję ♦ *n* dyslektyk (-yczka) *m(f)*.
dyspepsia [dɪs'pɛpsɪə] *n* niestrawność *f*.
dystrophy ['dɪstrəfɪ] *n* dystrofia *f*; **muscular dystrophy** dystrofia mięśni.

E,e

E[1], **e** [i:] *n* (*letter*) E *nt*, e *nt*; **E for Edward,** (*US*) **E for Easy** ≈ E jak Ewa.
E[2] [i:] *n* (*MUS*) E *nt*, e *nt*.
E[3] *abbr* = **east** wsch.
E111 *n abbr* (*also*: **form E111**) *formularz używany w krajach Wspólnoty Europejskiej przy ubieganiu się o zwrot wydatków związanych z leczeniem*.
E.A. (*US*) *n abbr* (= *educational age*) wiek *m* szkolny.
ea. *abbr* = **each**.
each [i:tʃ] *adj* każdy ♦ *pron* każdy; **they blamed each other** oskarżali się nawzajem; **they hate/love each other** oni się nienawidzą/kochają; **you are jealous of each other** jesteście o siebie zazdrośni; **each day** każdego dnia; **they have two books each** mają po dwie książki każdy; **they cost 5 pounds each** kosztują (po) 5 funtów za sztukę; **each of us** każdy z nas.
eager ['i:gə*] *adj* (*keen*) gorliwy; (*excited*) podniecony; **to be eager to do sth** być chętnym do zrobienia czegoś; **to be eager for** niecierpliwie oczekiwać *+gen*.
eagerly ['i:gəlɪ] *adv* (*talk etc*) z zapałem; (*awaited*) niecierpliwie.
eagle ['i:gl] *n* orzeł *m*.
ear [ɪə*] *n* (*ANAT*) ucho *nt*; (*of corn*) kłos *m*; **up to one's ears in debt** po uszy w długach; **to give sb a thick ear** trzepnąć (*perf*) kogoś w ucho; **we'll play it by ear** (*fig*) wymyślimy coś na poczekaniu.
earache ['ɪəreɪk] *n* ból *m* ucha.
eardrum ['ɪədrʌm] *n* błona *f* bębenkowa.
earl [ə:l] (*BRIT*) *n* ≈ hrabia *m*.
earlier ['ə:lɪə*] *adj* wcześniejszy ♦ *adv* wcześniej; **in earlier times** dawniej, niegdyś; **I can't come any earlier** nie mogę przyjść ani trochę wcześniej.
early ['ə:lɪ] *adv* (*not late*) wcześnie; (*ahead of time*) wcześniej ♦ *adj* (*hours, stage, lunch*) wczesny; (*death*) przedwczesny; (*Christians, settlers*) pierwszy; (*reply*) szybki; **early last week/month** na początku zeszłego tygodnia/miesiąca; **early in the morning** wcześnie rano, wczesnym rankiem; **in the early** *or* **early in the 19th century** w początkach 19. wieku; **in the early** *or* **early in the spring** wczesną wiosną; **to have an early night** kłaść się (położyć się *perf*) (spać) wcześniej; **take the early train** jechać (pojechać *perf*) wcześniejszym pociągiem; **you're early** przyszedłeś za wcześnie; **she's in her early forties** jest trochę po czterdziestce, ma czterdzieści parę lat; **at your earliest convenience** możliwie szybko *or* jak najszybciej.
early retirement *n*: **to take early retirement** iść (pójść *perf*) na wcześniejszą emeryturę.
early warning system *n* system *m* wczesnego ostrzegania.
earmark ['ɪəmɑ:k] *vt*: **to earmark (for)** rezerwować (zarezerwować *perf*) (na *+acc*).
earn [ə:n] *vt* (*salary*) zarabiać (zarobić *perf*); (*COMM*: *profit*) przynosić (przynieść *perf*);

(*praise*) zyskiwać (zyskać *perf*); (*hatred*) zasłużyć (*perf*) na *+acc*; **to earn one's living** zarabiać (zarobić *perf*) na utrzymanie *or* życie; **this earned him much praise, he earned much praise for this** to przyniosło mu wiele uznania, zyskał tym sobie wiele uznania; **he's earned his rest/reward** zasłużył (sobie) na wypoczynek/nagrodę.

earned income [ə:nd-] *n* dochód *m* z pracy.

earnest ['ə:nɪst] *adj* (*wish, desire*) szczery; (*person, manner*) poważny ♦ *n* (*also*: **earnest money**) zadatek *m*; **in earnest** *adv* na poważnie *or* serio ♦ *adj*: **she was in earnest about what she was to say** była (bardzo) przejęta tym, co miała powiedzieć; **do you think he was in earnest?** (czy) myślisz, że mówił poważnie?

earnings ['ə:nɪŋz] *npl* (*personal*) zarobki *pl*; (*of company*) dochody *pl*.

ear nose and throat specialist *n* specjalista *m* laryngolog *m*.

earphones ['ɪəfəunz] *npl* słuchawki *pl*.

earplugs ['ɪəplʌgz] *npl* zatyczki *pl* do uszu.

earring ['ɪərɪŋ] *n* kolczyk *m*.

earshot ['ɪəʃɔt] *n*: **to be within/out of earshot** być dostatecznie blisko/za daleko, by słyszeć.

earth [ə:θ] *n* (*planet*) Ziemia *f*; (*land, surface, soil*) ziemia *f*; (*BRIT*: *ELEC*) uziemienie *nt*; (*of fox*) nora *f* ♦ *vt* (*BRIT*) uziemiać (uziemić *perf*).

earthenware ['ə:θnwεə*] *n* ceramika *f*, wyroby *pl* ceramiczne ♦ *adj* ceramiczny.

earthly ['ə:θlɪ] *adj* doczesny, ziemski; **earthly paradise** raj na ziemi; **there is no earthly reason to think that ...** nie ma najmniejszego powodu (, by) sądzić, że ... .

earthquake ['ə:θkweɪk] *n* trzęsienie *nt* ziemi.

earth tremor *n* wstrząs *m* podziemny.

earthworks ['ə:θwə:ks] *npl* szańce *pl*.

earthworm ['ə:θwə:m] *n* dżdżownica *f*.

earthy ['ə:θɪ] *adj* (*fig*: *humour*) prymitywny.

earwig ['ɪəwɪg] *n* skorek *m*.

ease [i:z] *n* (*easiness*) łatwość *f*; (*comfort*) beztroska *f* ♦ *vt* (*pain*) łagodzić (złagodzić *perf*); (*tension, problem*) łagodzić (załagodzić *perf*) ♦ *vi* (*situation*) uspokajać się (uspokoić się *perf*); (*pain, grip*) zelżeć (*perf*); (*rain, snow*) słabnąć (osłabnąć *perf*); **to ease sth in/out** włożyć/wyjąć coś; **at ease!** spocznij!; **with ease** z łatwością; **a life of ease** beztroskie życie.

►**ease off** *vi* słabnąć (osłabnąć *perf*).

►**ease up** *vi* = **ease off.**

easel ['i:zl] *n* sztaluga *f*.

easily ['i:zɪlɪ] *adv* (*without difficulty, quickly*) łatwo; (*in a relaxed way*) swobodnie; (*by far*) bez wątpienia; (*possibly, well*) śmiało.

easiness ['i:zɪnɪs] *n* łatwość *f*.

east [i:st] *n* wschód *m* ♦ *adj* wschodni ♦ *adv* na wschód; **the East** (*Orient, Eastern Europe*) Wschód *m*.

Easter ['i:stə*] *n* Wielkanoc *f* ♦ *cpd* wielkanocny.

Easter egg *n* pisanka *f*.

Easter Island *n* Wyspa *f* Wielkanocna.

easterly ['i:stəlɪ] *adj* wschodni.

Easter Monday *n* poniedziałek *m* wielkanocny, ≈ lany poniedziałek *m*.

eastern ['i:stən] *adj* wschodni; **Eastern Europe** Europa Wschodnia; **Eastern philosophy** filozofia Wschodu; **the Eastern bloc** blok wschodni.

Easter Sunday *n* niedziela *f* wielkanocna.

East Germany (*old*) *n* Niemcy *pl* Wschodnie, NRD *nt inv*.

eastward(s) ['i:stwəd(z)] *adv* na wschód.

easy ['i:zɪ] *adj* (*task, life, prey*) łatwy; (*conversation, manner*) swobodny ♦ *adv*: **to take it** *or* **things easy** (*go slowly*) nie przemęczać się; (*not worry*) nie przejmować się; (*for health*) oszczędzać się; **payment on easy terms** spłata na dogodnych warunkach; **that's easier said than done** to się łatwo mówi; **I' m not easy** *or* **I do not feel easy about** nie jestem przekonany do *+gen*; **I'm easy** (*inf*) ja się dostosuję.

easy chair *n* fotel *m* klubowy.

easy-going ['i:zɪ'gəuɪŋ] *adj* spokojny, opanowany.

eat [i:t] (*pt* **ate**, *pp* **eaten**) *vt* jeść (zjeść *perf*) ♦ *vi* jeść.

►**eat away** *vt* (*sea*) podmywać (podmyć *perf*); (*acid*) wyżerać (wyżreć *perf*).

►**eat away at** *vt fus* (*metal*) przeżerać (przeżreć *perf*); (*fig*: *savings*) pochłaniać (pochłonąć *perf*).

►**eat into** *vt fus* = **eat away at.**

►**eat out** *vi* jeść (zjeść *perf*) poza domem.

►**eat up** *vt* zjadać (zjeść *perf*) do końca; (*fig*) pożerać (pożreć *perf*).

eatable ['i:təbl] *adj* nadający się do jedzenia, zjadliwy (*inf*).

eau de Cologne ['əudəkə'ləun] *n* woda *f* kolońska.

eaves [i:vz] *npl* okap *m*.

eavesdrop ['i:vzdrɔp] *vi*: **to eavesdrop (on)** podsłuchiwać (*+acc*).

ebb [εb] *n* odpływ *m* ♦ *vi* (*tidewater*) odpływać, opadać; (*fig*: *strength*) odpływać (odpłynąć *perf*); (: *feeling*) słabnąć (osłabnąć *perf*); **the ebb and flow** (*fig*) wzloty i upadki; **to be at a low ebb** (*fig*) przechodzić kryzys; **the tide is ebbing** jest odpływ.

►**ebb away** *vi* (*fig*) = **ebb.**

ebb tide *n* odpływ *m*.

ebony ['εbənɪ] *n* heban *m*.

ebullient [ɪ'bʌlɪənt] *adj* tryskający energią *or* entuzjazmem.

EC *n abbr* (= *European Community*) Wspólnota *f* Europejska.

eccentric [ɪk'sεntrɪk] *adj* ekscentryczny ♦ *n* ekscentryk (-yczka) *m(f)*.

ecclesiastic(al) [ɪkli:zɪ'æstɪk(l)] *adj* kościelny.

ECG *n abbr* = **electrocardiogram** EKG *nt inv*.

echo ['ɛkəu] (*pl* **echoes**) *n* echo *nt* ♦ *vt* powtarzać (powtórzyć *perf*) ♦ *vi* (*sound*) odbijać się (odbić się *perf*) echem; (*cave*) rozbrzmiewać (rozbrzmieć *perf*) echem.
éclair ['eɪklɛə*] *n* ekler *m* (*ciastko*).
eclipse [ɪ'klɪps] *n* zaćmienie *nt* ♦ *vt* (*artist, performance*) przyćmiewać (przyćmić *perf*); (*competitor*) spychać (zepchnąć *perf*) na drugi *or* dalszy plan; (*problem*) przesłaniać (przesłonić *perf*).
ECM (*US*) *n abbr* (= *European Common Market*) Wspólny Rynek *m*.
ecologist [ɪ'kɔlədʒɪst] *n* ekolog *m*.
ecology [ɪ'kɔlədʒɪ] *n* (*environment*) ekosystem *m*; (*discipline*) ekologia *f*.
economic [i:kə'nɔmɪk] *adj* (*system, history*) gospodarczy, ekonomiczny; (*business*) rentowny.
economical [i:kə'nɔmɪkl] *adj* (*system, car*) oszczędny, ekonomiczny; (*person*) gospodarny, oszczędny.
economically [i:kə'nɔmɪklɪ] *adv* (*frugally*) oszczędnie; (*regarding economics*) gospodarczo, ekonomicznie.
economics [i:kə'nɔmɪks] *n* ekonomia *f* ♦ *npl* ekonomika *f*.
economist [ɪ'kɔnəmɪst] *n* ekonomista (-tka) *m(f)*.
economize [ɪ'kɔnəmaɪz] *vi* oszczędzać.
economy [ɪ'kɔnəmɪ] *n* (*of country*) gospodarka *f*; (*financial prudence*) oszczędność *f*; **economies of scale** (*COMM*) obniżenie kosztów poprzez zwiększenie produkcji.
economy class *n* (*AVIAT*) klasa *f* turystyczna.
economy size *n* duże opakowanie *nt*.
ECSC *n abbr* (= *European Coal & Steel Community*) EWWiS *f* (= Europejska Wspólnota Węgla i Stali).
ecstasy ['ɛkstəsɪ] *n* (*rapture*) ekstaza *f*, uniesienie *nt*; (*drug*) ekstaza *f*; **in ecstasy** w uniesieniu; **to go into ecstasies over** podniecać się *+instr*.
ecstatic [ɛks'tætɪk] *adj* (*welcome, reaction*) entuzjastyczny; (*person*) rozentuzjazmowany.
ECT *n abbr* = **electro-convulsive therapy**.
ECU ['eɪkju:] *n abbr* (= *European Currency Unit*) ECU *nt inv*.
Ecuador ['ɛkwədɔ:*] *n* Ekwador *m*.
ecumenical [i:kju'mɛnɪkl] *adj* ekumeniczny.
eczema ['ɛksɪmə] *n* egzema *f*.
eddy ['ɛdɪ] *n* zawirowanie *nt*.
edge [ɛdʒ] *n* (*of forest, road*) skraj *m*; (*of table, chair*) krawędź *f*, brzeg *m*; (*of knife*) ostrze *nt* ♦ *vt* okrawać (okroić *perf*) ♦ *vi*: **to edge forward** (powoli) przepychać się (przepchnąć się *perf*) (do przodu); **to edge past** przeciskać się (przecisnąć się *perf*) przez *+acc*; **on edge** (*fig*) = **edgy**; **to edge away from** (powoli) oddalać się (oddalić się *perf*) od *+gen*; **to have the edge (over)** (*fig*) mieć przewagę (nad *+instr*).
edgeways ['ɛdʒweɪz] *adv*: **he couldn't get a word in edgeways** nie mógł dojść do słowa.
edging ['ɛdʒɪŋ] *n* obramowanie *nt*.
edgy ['ɛdʒɪ] *adj* podenerwowany, poirytowany.
edible ['ɛdɪbl] *adj* jadalny.
edict ['i:dɪkt] *n* edykt *m*.
edifice ['ɛdɪfɪs] *n* gmach *m*; (*fig*) struktura *f*, formacja *f*.
edifying ['ɛdɪfaɪɪŋ] *adj* budujący.
Edinburgh ['ɛdɪnbərə] *n* Edynburg *m*.
edit ['ɛdɪt] *vt* (*book*) redagować (zredagować *perf*); (*text*) adiustować (zadiustować *perf*); (*film, broadcast*) montować (zmontować *perf*); (*newspaper, magazine*) wydawać.
edition [ɪ'dɪʃən] *n* wydanie *nt*.
editor ['ɛdɪtə*] *n* (*of newspaper, magazine*) redaktor *m* naczelny; (*of book, TV programme*) redaktor *m*; (*FILM*) montażysta (-tka) *m(f)*; **foreign editor** redaktor działu zagranicznego.
editorial [ɛdɪ'tɔ:rɪəl] *adj* redakcyjny ♦ *n* artykuł *m* redakcyjny *or* wstępny.
EDP (*COMPUT*) *n abbr* = **electronic data processing** EPD *nt inv*.
EDT (*US*) *abbr* (= *Eastern Daylight Time*).
educate ['ɛdjukeɪt] *vt* (*teach*) kształcić (wykształcić *perf*), edukować (*literary*); (*inform*) uświadamiać (uświadomić *perf*).
education [ɛdju'keɪʃən] *n* (*process*) kształcenie *nt*, nauczanie *nt*; (*system, area of work*) oświata *f*; (*knowledge, culture*) wykształcenie *nt*; **primary** *or (US)* **elementary/secondary education** szkolnictwo podstawowe/średnie.
educational [ɛdju'keɪʃənl] *adj* (*institution, policy*) oświatowy; (*toy*) edukacyjny; (*experience*) pouczający; **educational technology** technika kształcenia.
Edwardian [ɛd'wɔ:dɪən] *adj* edwardiański.
EE *abbr* = **electrical engineer**.
EEC *n abbr* = **European Economic Community** EWG *nt inv*.
EEG *n abbr* = **electroencephalogram** EEG *nt inv*.
eel [i:l] *n* węgorz *m*.
EENT (*US: MED*) *n abbr* (= *eye, ear, nose and throat*) specjalista *m* z zakresu chorób oczu, uszu, nosa, gardła i krtani.
EEOC (*US*) *n abbr* (= *Equal Employment Opportunities Commission*) *komisja do walki z dyskryminacją pracowników*.
eerie ['ɪərɪ] *adj* niesamowity.
EET *abbr* (= *Eastern European Time*) czas *m* wschodnioeuropejski.
efface [ɪ'feɪs] *vt* zacierać (zatrzeć *perf*), wymazywać (wymazać *perf*); **to efface o.s.** usuwać się (usunąć się *perf*) w cień.
effect [ɪ'fɛkt] *n* (*result, consequence*) skutek *m*; (*impression*) efekt *m* ♦ *vt* (*repairs*) dokonywać (dokonać *perf*) *+gen*; (*savings*) czynić (poczynić *perf*); **effects** *npl* (*belongings*) rzeczy *pl* (osobiste); (*THEAT, FILM*) efekty *pl* (specjalne); **to take effect** (*law*) wchodzić (wejść *perf*) w życie; (*drug*) zaczynać (zacząć *perf*) działać; **to**

put into effect wprowadzać (wprowadzić *perf*) w życie; **to have an effect on sb/sth** mieć wpływ na kogoś/coś; **in effect** w praktyce; **his letter is to the effect that ...** sens jego listu jest taki, że ... .
effective [ɪ'fɛktɪv] *adj* (*successful*) skuteczny; (*actual*) faktyczny; **to become effective** (*JUR*) wchodzić (wejść *perf*) w życie; **effective date** data wejścia w życie.
effectively [ɪ'fɛktɪvlɪ] *adv* (*successfully*) skutecznie; (*in reality*) faktycznie.
effectiveness [ɪ'fɛktɪvnɪs] *n* skuteczność *f*.
effeminate [ɪ'fɛmɪnɪt] *adj* zniewieściały.
effervescent [ɛfə'vɛsnt] *adj* musujący.
efficacy ['ɛfɪkəsɪ] *n* skuteczność *f*.
efficiency [ɪ'fɪʃənsɪ] *n* (*of person, organization*) sprawność *f*; (*of machine*) wydajność *f*.
efficiency apartment (*US*) *n* ≈ kawalerka *f*.
efficient [ɪ'fɪʃənt] *adj* (*person*) sprawny; (*organization*) sprawnie działający; (*machine*) wydajny.
efficiently [ɪ'fɪʃəntlɪ] *adv* (*competently*) sprawnie; (*without wasting time or energy*) wydajnie.
effigy ['ɛfɪdʒɪ] *n* (*dummy*) kukła *f*; (*image*) wizerunek *m*, podobizna *f*.
effluent ['ɛfluənt] *n* ściek *m*.
effort ['ɛfət] *n* (*endeavour, exertion*) wysiłek *m*; (*determined attempt*) próba *f*, usiłowanie *nt*; **to make an effort to do sth** dokładać (dołożyć *perf*) starań, żeby coś zrobić.
effortless ['ɛfətlɪs] *adj* (*action*) nie wymagający wysiłku; (*style*) lekki, swobodny.
effrontery [ɪ'frʌntərɪ] *n* bezczelność *f*, tupet *m*; **to have the effrontery to do sth** mieć czelność coś zrobić.
effusive [ɪ'fju:sɪv] *adj* wylewny.
EFL (*SCOL*) *n abbr* (= *English as a Foreign Language*).
EFTA ['ɛftə] *n abbr* (= *European Free Trade Association*) EFTA *f inv*, Europejskie Stowarzyszenie *nt* Wolnego Handlu.
e.g. *adv abbr* (= *exempli gratia*) np.
egalitarian [ɪgælɪ'tɛərɪən] *adj* (*society*) egalitarny; (*principles*) egalitarystyczny ♦ *n* egalitarysta (-tka) *m(f)*.
egg [ɛg] *n* jajo *nt*, jajko *nt*; **hard-boiled/soft-boiled egg** jajko na twardo/na miękko.
►**egg on** *vt* podjudzać.
eggcup ['ɛgkʌp] *n* kieliszek *m* do jajek.
eggplant ['ɛgplɑ:nt] (*esp US*) *n* bakłażan *m*, oberżyna *f*.
eggshell ['ɛgʃɛl] *n* skorupka *f* jajka ♦ *adj* (*paint, finish*) matowy.
egg white *n* białko *nt*.
egg yolk *n* żółtko *nt*.
ego ['i:gəu] *n* ego *nt inv*.
egotism ['ɛgəutɪzəm], **egoism** *n* egotyzm *m*, egoizm *m*.
egotist ['ɛgəutɪst], **egoist** *n* egotysta (-tka) *m(f)*, egoista (-tka) *m(f)*.
Egypt ['i:dʒɪpt] *n* Egipt *m*.
Egyptian [ɪ'dʒɪpʃən] *adj* egipski ♦ *n* Egipcjanin (-anka) *m(f)*.
eiderdown ['aɪdədaun] *n* pikowana narzuta *f*.
eight [eɪt] *num* osiem; *see also* **five**.
eighteen [eɪ'ti:n] *num* osiemnaście; *see also* **five**.
eighteenth [eɪ'ti:nθ] *num* osiemnasty; *see also* **fifth**.
eighth [eɪtθ] *num* ósmy; *see also* **fifth**.
eighty ['eɪtɪ] *num* osiemdziesiąt; *see also* **fifty**.
Eire ['ɛərə] *n* Irlandia *f*.
EIS *n abbr* (= *Educational Institute of Scotland*) *szkocki związek zawodowy nauczycieli.*
either ['aɪðə*] *adj* (*one or other*) obojętnie który (*z dwóch*); (*both, each*) i jeden, i drugi ♦ *pron*: **either (of them)** (oni) obaj; (*with negative*) żaden (z nich dwóch) ♦ *adv* też (nie) ♦ *conj*: **either ... or** albo ... albo; (*with negative*) ani, ... ani; **she didn't say either yes or no** nie powiedziała ani tak, ani nie; **on either side** po obu stronach; **in either case** w obu przypadkach; **I don't like either** nie lubię ani jednego, ani drugiego; **no, I don't either** nie, ja też nie; **I haven't seen either one or the other** nie widziałem ani jednego, ani drugiego.
ejaculation [ɪdʒækju'leɪʃən] *n* wytrysk *m*, ejakulacja *f*.
eject [ɪ'dʒɛkt] *vt* (*object, gatecrasher*) wyrzucać (wyrzucić *perf*); (*tenant*) eksmitować (eksmitować *perf or* wyeksmitować *perf*) ♦ *vi* (*pilot*) katapultować się (katapultować się *perf*).
ejector seat [ɪ'dʒɛktə-] *n* fotel *m* wyrzucany.
eke [i:k]: **to eke out** *vt* (*income*) podreperowywać (podreperować *perf*); **he eked out a living from writing** z trudem udawało mu się wyżyć z pisania.
EKG (*US*) *n abbr* = **electrocardiogram** EKG *nt inv*.
el [ɛl] (*US*: *inf*) *n abbr* (= *elevated railroad*) *kolejka miejska przebiegająca ponad poziomem ulic.*
elaborate [*adj* ɪ'læbərɪt, *vb* ɪ'læbəreɪt] *adj* (*complex*) złożony; (*intricate*) zawiły; (*ornate*) misterny, kunsztowny ♦ *vt* (*expand*) rozwijać (rozwinąć *perf*); (*refine*) dopracowywać (dopracować *perf*) ♦ *vi*: **to elaborate (on)** (*plan etc*) podawać (podać *perf*) szczegóły (+*gen*).
elapse [ɪ'læps] *vi* (*time*) mijać (minąć *perf*), upływać (upłynąć *perf*).
elastic [ɪ'læstɪk] *n* guma *f* ♦ *adj* rozciągliwy, elastyczny; (*fig*) elastyczny.
elastic band (*BRIT*) *n* gumka *f*.
elasticity [ɪlæs'tɪsɪtɪ] *n* elastyczność *f*.
elated [ɪ'leɪtɪd] *adj* rozradowany.
elation [ɪ'leɪʃən] *n* rozradowanie *nt*.
elbow ['ɛlbəu] *n* łokieć *m* ♦ *vt*: **to elbow one's**

way through the crowd przepychać się (przepchnąć się *perf*) przez tłum.
elbow room *n* pole *nt* manewru.
elder ['ɛldə*] *adj* starszy ♦ *n* (*tree*) czarny bez *m*; (*usu pl*) starszyzna *f*.
elderly ['ɛldəlɪ] *adj* starszy, w podeszłym wieku *post* ♦ *npl*: **the elderly** ludzie *vir pl* starsi.
eldest ['ɛldɪst] *adj* najstarszy ♦ *n* najstarsze dziecko *nt*.
elect [ɪ'lɛkt] *vt* wybierać (wybrać *perf*) ♦ *adj*: **the president elect** prezydent *m* elekt *m*; **to elect to do sth** zdecydować się *(perf)* coś (z)robić.
election [ɪ'lɛkʃən] *n* (*voting*) wybory *pl*; (*installation*) wybór *m*; **to hold an election** przeprowadzać (przeprowadzić *perf*) wybory.
election campaign *n* kampania *f* wyborcza.
electioneering [ɪlɛkʃə'nɪərɪŋ] *n* agitacja *f* (przed)wyborcza.
elector [ɪ'lɛktə*] *n* wyborca *m*.
electoral [ɪ'lɛktərəl] *adj* wyborczy.
electoral college (*US*) *n* kolegium *nt* elektorskie.
electorate [ɪ'lɛktərɪt] *n* wyborcy *vir pl*, elektorat *m*.
electric [ɪ'lɛktrɪk] *adj* elektryczny.
electrical [ɪ'lɛktrɪkl] *adj* elektryczny; **electrical failure** awaria sieci elektrycznej.
electrical engineer *n* inżynier *m* elektryk *m*.
electric blanket *n* koc *m* elektryczny.
electric chair *n* krzesło *nt* elektryczne.
electric cooker *n* kuchenka *f* elektryczna.
electric current *n* prąd *m* elektryczny.
electric fire (*BRIT*) *n* piecyk *m* elektryczny.
electrician [ɪlɛk'trɪʃən] *n* elektryk *m*.
electricity [ɪlɛk'trɪsɪtɪ] *n* elektryczność *f*, prąd *m*; **to switch on/off the electricity** włączać (włączyć *perf*)/wyłączać (wyłączyć *perf*) dopływ prądu; **electricity bill** rachunek za prąd; **electricity meter** licznik prądu; **electricity industry** przemysł energetyczny.
electricity board (*BRIT*) *n* zakład *m* energetyczny.
electric light *n* światło *nt* elektryczne.
electric shock *n* porażenie *nt* prądem.
electrify [ɪ'lɛktrɪfaɪ] *vt* elektryfikować (zelektryfikować *perf*); (*fig*) elektryzować (zelektryzować *perf*).
electro... [ɪ'lɛktrəu] *pref* elektro... .
electrocardiogram [ɪ'lɛktrə'kɑːdɪəgræm] *n* elektrokardiogram *m*.
electroconvulsive therapy [ɪ'lɛktrəkən'vʌlsɪv-] *n* leczenie *nt* elektrowstrząsami.
electrocute [ɪ'lɛktrəkjuːt] *vt* porażać (porazić *perf*) prądem.
electrode [ɪ'lɛktrəud] *n* elektroda *f*.
electroencephalogram [ɪ'lɛktrəuɛn'sɛfələgræm] *n* elektroencefalogram *m*.
electrolysis [ɪlɛk'trɔlɪsɪs] *n* elektroliza *f*.
electromagnetic [ɪ'lɛktrəmæg'nɛtɪk] *adj* elektromagnetyczny.
electron [ɪ'lɛktrɔn] *n* elektron *m*.
electronic [ɪlɛk'trɔnɪk] *adj* elektroniczny.
electronic data processing *n* elektroniczne przetwarzanie *nt* danych.
electronic mail *n* poczta *f* elektroniczna.
electronics [ɪlɛk'trɔnɪks] *n* elektronika *f*.
electron microscope *n* mikroskop *m* elektronowy.
electroplated [ɪ'lɛktrə'pleɪtɪd] *adj* galwanizowany.
electrotherapy [ɪ'lɛktrə'θɛrəpɪ] *n* elektroterapia *f*.
elegance ['ɛlɪgəns] *n* elegancja *f*.
elegant ['ɛlɪgənt] *adj* elegancki.
element ['ɛlɪmənt] *n* (*part*) element *m*; (*CHEM*) pierwiastek *m*; (*of heater, kettle etc*) element *m* grzejny; **to be in one's element** być w swoim żywiole.
elementary [ɛlɪ'mɛntərɪ] *adj* elementarny; (*school, education*) podstawowy.
elephant ['ɛlɪfənt] *n* słoń *m*.
elevate ['ɛlɪveɪt] *vt* (*to peerage etc*) wynosić (wynieść *perf*); (*physically*) podnosić (podnieść *perf*); (*GEOL*) wypiętrzać (wypiętrzyć *perf*).
elevated railroad ['ɛlɪveɪtɪd-] (*US*) *n* nadziemna linia *f* kolejowa.
elevation [ɛlɪ'veɪʃən] *n* (*to peerage etc*) wyniesienie *nt*; (*hill*) wzniesienie *nt*; (*of place*) wysokość *f* (nad poziomem morza); (*ARCHIT*) elewacja *f*.
elevator ['ɛlɪveɪtə*] *n* (*US*) winda *f*; (*in warehouse etc*) podnośnik *m*.
eleven [ɪ'lɛvn] *num* jedenaście; *see also* **five**.
elevenses [ɪ'lɛvnzɪz] (*BRIT*) *npl* ≈ drugie śniadanie *nt*.
eleventh [ɪ'lɛvnθ] *num* jedenasty; **at the eleventh hour** (*fig*) za pięć dwunasta; *see also* **five**.
elf [ɛlf] (*pl* **elves**) *n* elf *m*.
elicit [ɪ'lɪsɪt] *vt*: **to elicit sth from sb** (*response, reaction*) wywoływać (wywołać *perf*) coś z czyjejś strony; (*information*) wydobywać (wydobyć *perf*) coś z kogoś.
eligible ['ɛlɪdʒəbl] *adj* (*man, woman*) wolny, do wzięcia *post*; **an eligible bachelor** dobra partia; **to be eligible for sth** mieć prawo ubiegać się o coś; **to be eligible to do sth** mieć prawo coś robić.
eliminate [ɪ'lɪmɪneɪt] *vt* (*poverty, smoking*) likwidować (zlikwidować *perf*); (*candidate, team, contestant*) eliminować (wyeliminować *perf*).
elimination [ɪlɪmɪ'neɪʃən] *n* (*of poverty, smoking*) likwidacja *f*; (*of candidate, team, contestant*) eliminacja *f*; **by a process of elimination** przez eliminację.
élite [eɪ'liːt] *n* elita *f*.
élitist [eɪ'liːtɪst] (*pej*) *adj* elitarny.
elixir [ɪ'lɪksə*] *n* eliksir *m*.
Elizabethan [ɪlɪzə'biːθən] *adj* elżbietański.
ellipse [ɪ'lɪps] *n* elipsa *f*.

elliptical [ɪ'lɪptɪkl] *adj* eliptyczny.
elm [ɛlm] *n* wiąz *m*.
elocution [ɛlə'kju:ʃən] *n* wymowa *f*.
elongated ['i:lɔŋgeɪtɪd] *adj* wydłużony.
elope [ɪ'ləup] *vi*: **to elope (with sb)** uciekać (uciec *perf*) (z kimś).
elopement [ɪ'ləupmənt] *n* ucieczka *f* (*kochanków*).
eloquence ['ɛləkwəns] *n* (*of speech, description*) sugestywność *f*; (*of person*) krasomówstwo *nt*, elokwencja *f*.
eloquent ['ɛləkwənt] *adj* (*speech, description*) sugestywny; (*person*) wymowny, elokwentny.
else [ɛls] *adv*: **or else** (*otherwise*) bo inaczej; (*threatening*) bo jak nie; **something else** coś innego, coś jeszcze; **somewhere else** gdzie(ś) indziej; **everywhere else** wszędzie indziej; **where else?** gdzie(ż) indziej?; **is there anything else I can do?** czy jest jeszcze coś, co mogę zrobić?; **there was little else to do** niewiele więcej można było zrobić; **everyone else** wszyscy inni; **nobody else spoke** nikt więcej *or* inny się nie odezwał.
elsewhere [ɛls'wɛə*] *adv* gdzie indziej.
ELT (*SCOL*) *n abbr* (= *English Language Teaching*).
elucidate [ɪ'lu:sɪdeɪt] *vt* objaśniać (objaśnić *perf*).
elude [ɪ'lu:d] *vt* (*captor*) umykać (umknąć *perf*) *+dat*; (*capture*) uciekać (uciec *perf*) przed *+instr*; **new ideas eluded them** nie byli w stanie pojąć nowych idei; **his name eludes me** nie mogę sobie przypomnieć jego nazwiska.
elusive [ɪ'lu:sɪv] *adj* (*person, animal*) nieuchwytny; (*quality*) ulotny.
elves [ɛlvz] *npl of* **elf**.
emaciated [ɪ'meɪsɪeɪtɪd] *adj* wychudzony.
E-mail *n abbr* (= *electronic mail*) poczta *f* elektroniczna, e-mail *m*.
emanate ['ɛməneɪt] *vi*: **to emanate from** (*idea*) wywodzić się od *+gen*; (*feeling*) emanować z *+gen*; (*sound, light, smell*) dochodzić z *+gen*; **he emanates concern** emanuje z niego troska.
emancipate [ɪ'mænsɪpeɪt] *vt* (*slaves*) wyzwalać (wyzwolić *perf*); (*women*) emancypować (wyemancypować *perf*).
emancipation [ɪmænsɪ'peɪʃən] *n* (*of slaves*) wyzwolenie *nt*; (*of women*) emancypacja *f*.
emasculate [ɪ'mæskjuleɪt] *vt* osłabiać (osłabić *perf*).
embalm [ɪm'bɑ:m] *vt* balsamować (zabalsamować *perf*).
embankment [ɪm'bæŋkmənt] *n* (*of road, railway*) nasyp *m*; (*of river*) nabrzeże *nt*.
embargo [ɪm'bɑ:gəu] (*pl* **embargoes**) *n* embargo *nt* ♦ *vt* (*goods*) obejmować (objąć *perf*) embargiem; (*ship*) nakładać (nałożyć *perf*) sekwestr na *+acc*; **to put** *or* **impose** *or* **place an embargo on sth** nakładać (nałożyć *perf*) embargo na coś; **to lift an embargo** znosić (znieść *perf*) embargo.
embark [ɪm'bɑ:k] *vi* (*NAUT*): **to embark (on)** zaokrętować się (*perf*) (na *+loc*).
▸**to embark on** *vt fus* (*journey*) wyruszać (wyruszyć *perf*) w *+acc*; (*task, course of action*) podejmować (podjąć *perf*).
embarkation [ɛmbɑ:'keɪʃən] *n* (*of people*) zaokrętowanie *nt*; (*of cargo*) załadunek *m*.
embarrass [ɪm'bærəs] *vt* (*emotionally*) wprawiać (wprawić *perf*) w zakłopotanie; (*politician, government*) stawiać (postawić *perf*) w trudnym położeniu.
embarrassed [ɪm'bærəst] *adj* (*laugh, silence*) pełen zakłopotania *or* zażenowania; **to be embarrassed** być zażenowanym *or* zakłopotanym; **to be embarassed to do sth** krępować się coś zrobić.
embarrassing [ɪm'bærəsɪŋ] *adj* (*situation*) kłopotliwy, krępujący; (*statement*) wprawiający w zakłopotanie.
embarrassment [ɪm'bærəsmənt] *n* (*shame*) wstyd *m*; (*shyness*) zażenowanie *nt*, skrępowanie *nt*; (*problem*) kłopotliwa sytuacja *f*.
embassy ['ɛmbəsɪ] *n* ambasada *f*; **the Polish Embassy** Ambasada Polski.
embedded [ɪm'bɛdɪd] *adj* (*attitude, feeling*) zakorzeniony; (*object*): **embedded in** wbity w *+acc*, osadzony w *+loc*.
embellish [ɪm'bɛlɪʃ] *vt* (*place, dress*) ozdabiać (ozdobić *perf*); (*account*) upiększać (upiększyć *perf*); **lavishly embellished** bogato zdobiony; **the house was embellished with masterly paintings** dom zdobiły obrazy mistrzów.
embers ['ɛmbəz] *npl* żar *m*.
embezzle [ɪm'bɛzl] *vt* sprzeniewierzać (sprzeniewierzyć *perf*), defraudować (zdefraudować *perf*).
embezzlement [ɪm'bɛzlmənt] *n* malwersacja *f*, defraudacja *f*.
embezzler [ɪm'bɛzlə*] *n* malwersant *m*.
embitter [ɪm'bɪtə*] *vt* (*fig*) wprawiać (wprawić *perf*) w rozgoryczenie.
embittered [ɪm'bɪtəd] *adj* rozgoryczony.
emblem ['ɛmbləm] *n* (*of country*) godło *nt*; (*of sports club etc*) emblemat *m*; (*mark, symbol*) symbol *m*.
embodiment [ɪm'bɔdɪmənt] *n*: **to be the embodiment of** być ucieleśnieniem *+gen*.
embody [ɪm'bɔdɪ] *vt* (*express, manifest*) być ucieleśnieniem *+gen*, reprezentować; (*include*) zawierać w sobie.
embolden [ɪm'bəuldn] *vt* podbudowywać (podbudować *perf*).
embolism ['ɛmbəlɪzəm] *n* (*MED*) zator *m*.
embossed [ɪm'bɔst] *adj* (*design, word*) wytłoczony; **paper embossed with the royal insignia** papier z wytłoczonymi insygniami królewskimi.
embrace [ɪm'breɪs] *vt* obejmować (objąć *perf*) ♦

vi obejmować się (objąć się *perf*) ♦ *n* uścisk *m*, objęcie *nt* (*usu pl*).
embroider [ɪm'brɔɪdə*] *vt* haftować (wyhaftować *perf*), wyszywać (wyszyć *perf*); (*fig*: *story*) ubarwiać (ubarwić *perf*); **she embroidered the tablecloth with flowers** wyhaftowała kwiaty na obrusie.
embroidery [ɪm'brɔɪdərɪ] *n* haft *m*.
embroil [ɪm'brɔɪl] *vt*: **to become embroiled (in sth)** wikłać się (uwikłać się *perf*) (w coś).
embryo ['ɛmbrɪəu] *n* zarodek *m*, embrion *m*; (*fig*) zalążek *m*.
emend [ɪ'mɛnd] *vt* (*text*) wnosić (wnieść *perf*) poprawki do +*gen*.
emerald ['ɛmərəld] *n* szmaragd *m*.
emerge [ɪ'mə:dʒ] *vi* pojawiać się (pojawić się *perf*); **to emerge from** (*room, imprisonment*) wychodzić (wyjść *perf*) z +*gen*; (*sleep, reverie*) ocknąć się (*perf*) z +*gen*; (*discussion, investigation*) wyłaniać się (wyłonić się *perf*) z +*gen*; **it emerges that ...** (*BRIT*) okazuje się, że ... .
emergence [ɪ'mə:dʒəns] *n* pojawienie się *nt*.
emergency [ɪ'mə:dʒənsɪ] *n* nagły wypadek *m* ♦ *cpd* (*repair*) awaryjny; (*talks, meeting*) nadzwyczajny; **in an emergency** w razie niebezpieczeństwa; **a state of emergency** stan wyjątkowy.
emergency cord (*US*) *n* ≈ hamulec *m* bezpieczeństwa.
emergency exit *n* wyjście *nt* awaryjne.
emergency landing *n* lądowanie *nt* awaryjne.
emergency lane (*US*) *n* pas *m* awaryjny (*na poboczu autostrady*).
emergency road service (*US*) *n* pomoc *f* drogowa.
emergency services *npl*: **the emergency services** służby *pl* ratownicze.
emergency stop (*BRIT*: *AUT*) *n* nagłe zatrzymanie *nt*.
emergent [ɪ'mə:dʒənt] *adj* (*country*) nowo powstały; (*group, movement, idea*) wyłaniający się.
emeritus [ɪ'mɛrɪtəs] *adj* (*professor, chairman*) honorowy.
emery board ['ɛmərɪ-] *n* pilnik *m* do paznokci (*szmerglowy*).
emery paper ['ɛmərɪ-] *n* papier *m* ścierny szmerglowy.
emetic [ɪ'mɛtɪk] *n* środek *m* wymiotny.
emigrant ['ɛmɪgrənt] *n* emigrant(ka) *m(f)*.
emigrate ['ɛmɪgreɪt] *vi* emigrować (emigrować *perf or* wyemigrować *perf*).
emigration [ɛmɪ'greɪʃən] *n* emigracja *f*.
émigré ['ɛmɪgreɪ] *n* uchodźca *m*.
eminence ['ɛmɪnəns] *n* sława *f*.
eminent ['ɛmɪnənt] *adj* znakomity, wybitny.
eminently ['ɛmɪnəntlɪ] *adv* wybitnie.
emir [ɛ'mɪə*] *n* emir *m*.
emirate ['ɛmɪrɪt] *n* emirat *m*.
emission [ɪ'mɪʃən] *n* emisja *f*.
emit [ɪ'mɪt] *vt* emitować (emitować *perf* or wyemitować *perf*).
emolument [ɪ'mɔljumənt] (*fml*) *n* (*often pl*: *fee*) honorarium *nt*; (*salary*) wynagrodzenie *nt*.
emotion [ɪ'məuʃən] *n* uczucie *nt*; (*as opposed to reason*) emocja *f* (*usu pl*); **he was overcome by** *or* **with emotion** ogarnęło go wzruszenie.
emotional [ɪ'məuʃənl] *adj* (*person*) uczuciowy; (*needs, attitude*) emocjonalny; (*issue*) budzący emocje; (*speech, plea*) wzruszający; **to be emotional about sth** podchodzić do czegoś emocjonalnie.
emotionally [ɪ'məuʃnəlɪ] *adv* (*behave*) emocjonalnie; (*be involved*) uczuciowo; (*speak*) wzruszająco; **emotionally disturbed** niezrównoważony emocjonalnie.
emotive [ɪ'məutɪv] *adj* (*subject*) budzący *or* wywołujący emocje; (*language*) odwołujący się do emocji.
empathy ['ɛmpəθɪ] *n* zrozumienie *nt*; (*PSYCH*) empatia *f*; **to feel empathy with sb** wczuwać się (wczuć się *perf*) w czyjąś sytuację.
emperor ['ɛmpərə*] *n* cesarz *m*, imperator *m*.
emphases ['ɛmfəsi:z] *npl of* **emphasis**.
emphasis ['ɛmfəsɪs] (*pl* **emphases**) *n* nacisk *m*; **to lay** *or* **place emphasis on sth** (*fig*) kłaść (położyć *perf*) nacisk na coś; **the emphasis is on reading** (największy) nacisk kładzie się na czytanie.
emphasize ['ɛmfəsaɪz] *vt* (*word*) akcentować (zaakcentować *perf*); (*point, feature*) podkreślać (podkreślić *perf*); **I must emphasize that ...** muszę podkreślić *or* zaznaczyć, że ... .
emphatic [ɛm'fætɪk] *adj* dobitny, stanowczy.
emphatically [ɛm'fætɪklɪ] *adv* (*forcefully*) stanowczo; (*certainly*) zdecydowanie; **"that'll be the day!", said Mike emphatically** „niedoczekanie!" – powiedział z naciskiem Mike.
emphysema [ɛmfɪ'si:mə] *n* odma *f*.
empire ['ɛmpaɪə*] *n* imperium *nt*, cesarstwo *nt*; (*fig*) imperium *nt*.
empirical [ɛm'pɪrɪkl] *adj* (*study*) doświadczalny; (*knowledge*) empiryczny.
employ [ɪm'plɔɪ] *vt* (*workforce, person*) zatrudniać (zatrudnić *perf*); (*tool, weapon*) stosować (zastosować *perf*); **he's employed in a bank** jest zatrudniony w banku.
employee [ɪmplɔɪ'i:] *n* zatrudniony (-na) *m(f)*, pracownik (-ica) *m(f)*.
employer [ɪm'plɔɪə*] *n* pracodawca *m*.
employment [ɪm'plɔɪmənt] *n* zatrudnienie *nt*; **to find employment** znajdować (znaleźć *perf*) zatrudnienie; **without employment** bez zatrudnienia; **place of employment** miejsce zatrudnienia.
employment agency *n* ≈ biuro *nt* pośrednictwa pracy.

employment exchange (*BRIT: old*) *n* giełda *f* pracy.
empower [ɪm'pauə*] *vt*: **to empower sb to do sth** uprawniać (uprawnić *perf*) kogoś do (z)robienia czegoś.
empress ['ɛmprɪs] *n* cesarzowa *f*.
empties ['ɛmptɪz] *npl* puste butelki *pl*.
emptiness ['ɛmptɪnɪs] *n* (*of area, life*) pustka *f*; (*of sea, ocean*) bezkres *m*.
empty ['ɛmptɪ] *adj* pusty; (*fig: threat, promise*) czczy, gołosłowny ♦ *vt* (*container*) opróżniać (opróżnić *perf*); (*liquid*) wylewać (wylać *perf*) ♦ *vi* (*house*) pustoszeć (opustoszeć *perf*); (*container*) opróżniać się (opróżnić się *perf*); **on an empty stomach** na pusty żołądek; **to empty into** (*river*) uchodzić *or* wpadać do *+gen*; **this kind of debate is guaranteed to empty the House of Commons** podczas debat tego typu Izba Gmin zawsze pustoszeje.
empty-handed ['ɛmptɪ'hændɪd] *adj*: **he returned empty-handed** wrócił z pustymi rękami.
empty-headed ['ɛmptɪ'hɛdɪd] *adj* głupiutki.
EMS *n abbr* (= *European Monetary System*) Europejski System *m* Monetarny.
EMT *n abbr* (= *emergency medical technician*).
emu ['i:mju:] *n* emu *m inv*.
emulate ['ɛmjuleɪt] *vt* naśladować; (*COMPUT*) emulować.
emulsion [ɪ'mʌlʃən] *n* (*PHOT*) emulsja *f*; (*also*: **emulsion paint**) farba *f* emulsyjna.
enable [ɪ'neɪbl] *vt*: **to enable sb to do sth** umożliwiać (umożliwić *perf*) komuś (z)robienie czegoś; **the shell has to be porous to enable oxygen to pass in** skorupa musi być porowata, żeby umożliwić przenikanie tlenu do wnętrza.
enact [ɪ'nækt] *vt* (*law*) uchwalać (uchwalić *perf*); (*play, role*) grać (zagrać *perf*), odgrywać (odegrać *perf*).
enamel [ɪ'næməl] *n* emalia *f*; (*of tooth*) szkliwo *nt*.
enamoured [ɪ'næməd] *adj*: **to be enamoured of** być zakochanym *or* rozkochanym w *+loc*.
encampment [ɪn'kæmpmənt] *n* obozowisko *nt*.
encased [ɪn'keɪst] *adj*: **encased in** (*plaster*) pokryty *+instr*; (*shell*) zamknięty w *+loc*.
enchant [ɪn'tʃɑ:nt] *vt* oczarowywać (oczarować *perf*).
enchanted [ɪn'tʃɑ:ntɪd] *adj* (*castle*) zaczarowany; (*person*) oczarowany.
enchanting [ɪn'tʃɑ:ntɪŋ] *adj* czarujący.
encircle [ɪn'sə:kl] *vt* otaczać (otoczyć *perf*).
encl. *abbr* (= *enclosed, enclosure*) zał.
enclave ['ɛnkleɪv] *n* enklawa *f*.
enclose [ɪn'kləuz] *vt* (*land, space*) otaczać (otoczyć *perf*); (*letter, cheque*) załączać (załączyć *perf*); **please find enclosed ...** w załączeniu przesyłamy *+acc*.
enclosure [ɪn'kləuʒə*] *n* (*area*) ogrodzone miejsce *nt*; (*in letter*) załącznik *m*.
encoder [ɪn'kəudə*] (*COMPUT*) *n* koder *m*.
encompass [ɪn'kʌmpəs] *vt* (*subject, measure*) obejmować (objąć *perf*).
encore [ɔŋ'kɔ:*] *n, excl* bis *m*; **as an encore** na bis.
encounter [ɪn'kauntə*] *n* (*meeting*) spotkanie *nt*; (*experience*) zetknięcie się *nt* ♦ *vt* (*person*) spotykać (spotkać *perf*); (*problem*) napotykać (napotkać *perf*); (*new experience*) spotykać się (spotkać się *perf*) *or* stykać się (zetknąć się *perf*) z *+instr*.
encourage [ɪn'kʌrɪdʒ] *vt* (*person*): **to encourage sb (to do sth)** zachęcać (zachęcić *perf*) kogoś (do zrobienia czegoś); (*activity*) zachęcać do *+gen*; (*attitude*) popierać (poprzeć *perf*); (*growth*) pobudzać (pobudzić *perf*).
encouragement [ɪn'kʌrɪdʒmənt] *n* (*inspiration*) zachęta *f*; (*support*) poparcie *nt*.
encouraging [ɪn'kʌrɪdʒɪŋ] *adj* zachęcający.
encroach [ɪn'krəutʃ] *vi*: **to encroach (up)on** (*rights*) naruszać (naruszyć *perf*) *+acc*; (*property*) wtargnąć *(perf) or* wdzierać się (wedrzeć się *perf*) na teren *+gen*; (*time*) zabierać (zabrać *perf*) *+acc*.
encrusted [ɪn'krʌstɪd] *adj*: **encrusted with** (*gems*) inkrustowany *+instr*; (*snow, dirt*) pokryty skorupą *+gen*.
encumber [ɪn'kʌmbə*] *vt*: **encumbered with** (*baggage etc*) obarczony *+instr*; (*debts*) obciążony *+instr*.
encyclop(a)edia [ɛnsaɪkləu'pi:dɪə] *n* encyklopedia *f*.
end [ɛnd] *n* koniec *m*; (*purpose*) cel *m* ♦ *vt* kończyć (skończyć *perf*), zakańczać (zakończyć *perf*) ♦ *vi* kończyć się (skończyć się *perf*); **from end to end** od końca do końca; **to come to an end** kończyć się (zakończyć się *perf*); **to be at an end** kończyć się; **in the end** w końcu; **on end** na sztorc; **to stand on end** (*hair*) stawać (stanąć *perf*) dęba; **for hours on end** (całymi) godzinami; **to bring to an end, put an end to** kłaść (położyć *perf*) kres *+dat*; **for 5 hours on end** przez bite 5 godzin; **at the end of the street** na końcu ulicy; **at the end of the day** (*BRIT: fig*) w ostatecznym rozrachunku; **to this end, with this end in view** w tym celu.
►**end up** *vi*: **to end up in** (*prison etc*) kończyć (skończyć *perf*) w *+loc*, trafiać (trafić *perf*) do *+gen*; **he ended up in tears** skończyło się na tym, że wybuchnął płaczem; **we ended up taking a taxi** koniec końców wzięliśmy taksówkę.
endanger [ɪn'deɪndʒə*] *vt* zagrażać (zagrozić *perf*) *+dat*; **an endangered species** gatunek zagrożony (wymarciem).
endear [ɪn'dɪə*] *vt*: **to endear o.s. to sb** zdobywać (zdobyć *perf*) czyjeś względy.
endearing [ɪn'dɪərɪŋ] *adj* ujmujący.
endearment [ɪn'dɪəmənt] *n*: **term of endearment** pieszczotliwe *or* czułe słowo *nt*; **to whisper endearments** szeptać czułe słowa.

endeavour [ɪn'dɛvə*] (*US* **endeavor**) *n* usiłowanie *nt*, próba *f* ♦ *vi*: **to endeavour to do sth** usiłować coś zrobić, próbować (spróbować *perf*) coś zrobić; **an exciting new field of endeavour** nowa, pasjonująca dziedzina działań.
endemic [ɛn'dɛmɪk] *adj* (*disease*) endemiczny; (*poverty*) powszechny.
ending ['ɛndɪŋ] *n* (*of book, film*) zakończenie *nt*; (*LING*) końcówka *f*.
endive ['ɛndaɪv] *n* (*curly*) endywia *f*; (*smooth*) cykoria *f*.
endless ['ɛndlɪs] *adj* (*argument, search*) nie kończący się; (*forest, beach*) bezkresny; (*patience, resources*) niewyczerpany; (*possibilities*) nieograniczony.
endorse [ɪn'dɔːs] *vt* (*cheque*) podpisywać (podpisać *perf*) na odwrocie, indosować (indosować *perf*) (*fml*); (*proposal, candidate*) popierać (poprzeć *perf*), udzielać (udzielić *perf*) poparcia *+dat*.
endorsee [ɪndɔː'siː] *n* indosatariusz *m*, indosat *m*.
endorsement [ɪn'dɔːsmənt] *n* poparcie *nt*; (*BRIT: on driving licence*) adnotacja *f* (*o wykroczeniu drogowym*).
endow [ɪn'dau] *vt* wspomagać (wspomóc *perf*) finansowo, dokonywać (dokonać *perf*) zapisu na rzecz *+gen*; **to be endowed with** (*talent, ability*) być obdarzonym *+instr*.
endowment [ɪn'daumənt] *n* (*money*) dar *m*, donacja *f*; (*of quality*) dar *m*.
endowment policy *n* ubezpieczenie *nt* na życie z rentą kapitałową.
end product *n* produkt *m* końcowy; (*fig*) rezultat *m* końcowy.
end result *n* rezultat *m* (końcowy), wynik *m*.
endurable [ɪn'djuərəbl] *adj* znośny.
endurance [ɪn'djuərəns] *n* wytrzymałość *f*.
endurance test *n* próba *f* wytrzymałości.
endure [ɪn'djuə*] *vt* znosić (znieść *perf*) ♦ *vi* trwać (przetrwać *perf*).
enduring [ɪn'djuərɪŋ] *adj* trwały.
end user (*COMPUT*) *n* użytkownik *m* (ostateczny).
enema ['ɛnɪmə] *n* lewatywa *f*.
enemy ['ɛnəmɪ] *n* wróg *m*; (*MIL*) nieprzyjaciel *m* ♦ *cpd*: **enemy forces/strategy** siły *pl*/strategia *f* nieprzyjaciela; **to make an enemy of sb** robić (zrobić *perf*) sobie z kogoś wroga.
energetic [ɛnə'dʒɛtɪk] *adj* energiczny.
energy ['ɛnədʒɪ] *n* energia *f*; **Department of Energy** ≈ Departament Gospodarki Energetycznej i Paliwowej (*przy Ministerstwie Przemysłu*).
energy crisis *n* kryzys *m* energetyczny.
energy-saving ['ɛnədʒɪ'seɪvɪŋ] *adj* energooszczędny.
enervating ['ɛnəveɪtɪŋ] *adj* wyczerpujący.
enforce [ɪn'fɔːs] *vt* (*JUR: impose*) wprowadzać (wprowadzić *perf*) w życie; (*compel observance of*) egzekwować.
enforced [ɪn'fɔːst] *adj* przymusowy.
enfranchise [ɪn'fræntʃaɪz] *vt* nadawać (nadać *perf*) prawo wyborcze *+dat*.
engage [ɪn'geɪdʒ] *vt* (*attention*) zajmować (zająć *perf*); (*consultant, lawyer*) angażować (zaangażować *perf*); (*AUT: clutch*) włączać (włączyć *perf*); (*MIL*) nawiązywać (nawiązać *perf*) walkę z *+instr* ♦ *vi* (*TECH*) zaczepiać się (zaczepić się *perf*), sprzęgać się (sprząc się *perf*); **to engage in** zajmować się (zająć się *perf*) *+instr*; **to engage sb in conversation** zajmować (zająć *perf*) kogoś rozmową.
engaged [ɪn'geɪdʒd] *adj* (*betrothed*) zaręczony; (*BRIT: TEL*) zajęty; **to get engaged (to sb)** zaręczać się (zaręczyć się *perf*) (z kimś); **he is engaged in research** zajmuje się badaniami naukowymi.
engaged tone (*BRIT: TEL*) *n* sygnał *m* „zajęte".
engagement [ɪn'geɪdʒmənt] *n* (*appointment*) umówione spotkanie *nt*, zobowiązanie *nt* (towarzyskie); (*of actor*) angaż *m*; (*to marry*) zaręczyny *pl*; (*MIL*) potyczka *f*; **I have a previous engagement** jestem już (z kimś) umówiony.
engagement ring *n* pierścionek *m* zaręczynowy.
engaging [ɪn'geɪdʒɪŋ] *adj* (*personality, trait*) ujmujący.
engender [ɪn'dʒɛndə*] *vt* rodzić (zrodzić *perf*).
engine ['ɛndʒɪn] *n* (*AUT*) silnik *m*; (*RAIL*) lokomotywa *f*.
engine driver *n* maszynista (-tka) *m(f)*.
engineer [ɛndʒɪ'nɪə*] *n* (*designer*) inżynier *m*; (*BRIT: for repairs*) technik *m*; (*US: RAIL*) maszynista *m*; (*on ship*) mechanik *m*; **civil engineer** inżynier budownictwa; **mechanical engineer** inżynier mechanik.
engineering [ɛndʒɪ'nɪərɪŋ] *n* inżynieria *f*; (*of ships, machines*) budowa *f*; (*SCOL*) nauki *pl* inżynieryjne ♦ *cpd*: **engineering works** *or* **factory** zakład *m* produkcyjny; **mechanical engineering** budowa maszyn.
engine failure *n* awaria *f* silnika.
engine trouble *n* = **engine failure**.
England ['ɪŋglənd] *n* Anglia *f*.
English ['ɪŋglɪʃ] *adj* angielski ♦ *n* (język *m*) angielski; **the English** *npl* Anglicy *vir pl*; **an English speaker** osoba mówiąca po angielsku.
English Channel *n*: **the English Channel** kanał *m* La Manche.
Englishman ['ɪŋglɪʃmən] (*irreg like*: **man**) *n* Anglik *m*.
English-speaking ['ɪŋglɪʃspiːkɪŋ] *adj* anglojęzyczny.
Englishwoman ['ɪŋglɪʃwumən] (*irreg like*: **woman**) *n* Angielka *f*.
engrave [ɪn'greɪv] *vt* (*on jewellery*) grawerować

(wygrawerować *perf*); (*for printing*) ryć (wyryć *perf*).

engraving [ɪn'greɪvɪŋ] *n* sztych *m*, rycina *f*.

engrossed [ɪn'grəust] *adj*: **engrossed in** pochłonięty *+instr*.

engulf [ɪn'gʌlf] *vt* (*fire, water*) pochłaniać (pochłonąć *perf*); (*panic, fear*) ogarniać (ogarnąć *perf*).

enhance [ɪn'hɑ:ns] *vt* (*value*) podnosić (podnieść *perf*); (*beauty*) uwydatniać (uwydatnić *perf*); (*reputation*) poprawiać (poprawić *perf*).

enigma [ɪ'nɪgmə] *n* zagadka *f*.

enigmatic [ɛnɪg'mætɪk] *adj* enigmatyczny, zagadkowy.

enjoy [ɪn'dʒɔɪ] *vt* (*like*): **I enjoy dancing** lubię tańczyć; (*health, life*) cieszyć się *+instr*; **to enjoy o.s.** dobrze się bawić; **I enjoyed doing that** zrobiłam to z przyjemnością; **did you enjoy the concert?** czy podobał ci się koncert?

enjoyable [ɪn'dʒɔɪəbl] *adj* przyjemny.

enjoyment [ɪn'dʒɔɪmənt] *n* przyjemność *f*.

enlarge [ɪn'lɑ:dʒ] *vt* powiększać (powiększyć *perf*) ♦ *vi*: **to enlarge on** rozwodzić się nad *+instr*.

enlarged [ɪn'lɑ:dʒd] *adj* (*edition*) rozszerzony; (*MED*: *organ, gland*) powiększony.

enlargement [ɪn'lɑ:dʒmənt] *n* powiększenie *nt*.

enlighten [ɪn'laɪtn] *vt* oświecać (oświecić *perf*).

enlightened [ɪn'laɪtnd] *adj* oświecony.

enlightening [ɪn'laɪtnɪŋ] *adj* pouczający.

enlightenment [ɪn'laɪtnmənt] *n*: **the Enlightenment** oświecenie *nt*, Oświecenie *nt*.

enlist [ɪn'lɪst] *vt* (*soldier*) werbować (zwerbować *perf*); (*support, help*) pozyskiwać (pozyskać *perf*); (*person*) zjednywać (zjednać *perf*) sobie ♦ *vi*: **to enlist in** zaciągać się (zaciągnąć się *perf*) do *+gen*; **enlisted man** (*US*) żołnierz.

enliven [ɪn'laɪvn] *vt* ożywiać (ożywić *perf*).

enmity ['ɛnmɪtɪ] *n* wrogość *f*.

ennoble [ɪ'nəubl] *vt* nadawać (nadać *perf*) tytuł szlachecki *+dat*; (*fig*) nobilitować (nobilitować *perf*).

enormity [ɪ'nɔ:mɪtɪ] *n* ogrom *m*.

enormous [ɪ'nɔ:məs] *adj* ogromny.

enormously [ɪ'nɔ:məslɪ] *adv* (*increase*) ogromnie; (*rich*) niezmiernie.

enough [ɪ'nʌf] *adj* dosyć *or* dość (*+gen*) ♦ *pron* dosyć, dość ♦ *adv*: **big enough** dość *or* dostatecznie *or* wystarczająco duży; **he has not worked enough** nie pracował tyle, ile powinien; **have you had enough to eat?** najadłeś się?; **will 5 be enough?** czy 5 wystarczy?; **I've had enough!** mam (tego) dosyć!; **he was kind enough to lend me the money** był tak miły, że pożyczył mi pieniądze; **enough!** dość (tego)!; **that's enough, thanks** dziękuję, wystarczy; **I've had enough of him** mam go dosyć; **oddly/funnily enough, ...** dziwnym trafem, ...

enquire [ɪn'kwaɪə*] *vt, vi* = **inquire**.

enrage [ɪn'reɪdʒ] *vt* rozwścieczać (rozwścieczyć *perf*).

enrich [ɪn'rɪtʃ] *vt* wzbogacać (wzbogacić *perf*).

enrol [ɪn'rəul] (*US* **enroll**) *vt*: **to enrol sb (at a school/on a course)** zapisywać (zapisać *perf*) kogoś (do szkoły/na kurs) ♦ *vi*: **to enrol (at a school/on a course)** zapisywać się (zapisać się *perf*) (do szkoły/na kurs).

enrolment [ɪn'rəulmənt] (*US* **enrollment**) *n* zapisanie (się) *nt*.

en route [ɔn'ru:t] *adv* po drodze; **en route for** *or* **to/from** w drodze do *+gen*/z *+gen*.

ensconced [ɪn'skɔnst] *adj*: **ensconced in** (*armchair etc*) usadowiony w *+loc*; (*town etc*) zadomowiony w *+loc*.

ensemble [ɔn'sɔmbl] *n* (*MUS*) zespół *m*, grupa *f*; (*clothing*) strój *m*.

enshrine [ɪn'ʃraɪn] *vt* chronić; **the universities' autonomy is enshrined in their charters** autonomia uniwersytetów (za)gwarantowana jest w ich statutach.

ensue [ɪn'sju:] *vi* następować (nastąpić *perf*), wywiązywać się (wywiązać się *perf*).

ensuing [ɪn'sju:ɪŋ] *adj* (*months*) następny; **in the ensuing fight** w walce, która się (potem) wywiązała.

ensure [ɪn'ʃuə*] *vt* zapewniać (zapewnić *perf*).

ENT (*MED*) *n abbr* (= *Ear, Nose and Throat*) specjalista *m* z zakresu chorób uszu, nosa, gardła i krtani.

entail [ɪn'teɪl] *vt* pociągać (pociągnąć *perf*) za sobą.

entangled [ɪn'tæŋgld] *adj*: **to become entangled (in)** zaplątywać się (zaplątać się *perf*) (w *+acc*).

enter ['ɛntə*] *vt* (*room, building*) wchodzić (wejść *perf*) do *+gen*; (*club, army*) wstępować (wstąpić *perf*) do *+gen*; (*university*) wstępować (wstąpić *perf*) na *+acc*; (*race, contest*) brać (wziąć *perf*) udział w *+loc*; (*person*: *for competition*) zgłaszać (zgłosić *perf*); (*write down*) zapisywać (zapisać *perf*); (*COMPUT*) wprowadzać (wprowadzić *perf*) ♦ *vi* wchodzić (wejść *perf*).

►**enter for** *vt fus* zapisywać się (zapisać się *perf*) na *+acc*.

►**enter into** *vt fus* (*discussion*) wdawać się (wdać się *perf*) w *+acc*; (*correspondence*) nawiązywać (nawiązać *perf*) *+acc*; (*agreement*) zawierać (zawrzeć *perf*) *+acc*.

►**enter (up)on** *vt fus* zapoczątkowywać (zapoczątkować *perf*) *+acc*.

enteritis [ɛntə'raɪtɪs] *n* zapalenie *nt* jelit(a).

enterprise ['ɛntəpraɪz] *n* (*company*) przedsiębiorstwo *nt*; (*venture*) przedsięwzięcie *nt*; (*initiative*) przedsiębiorczość *f*; **free enterprise** wolna konkurencja (rynkowa); **private enterprise** sektor prywatny.

enterprising ['ɛntəpraɪzɪŋ] *adj* (*person*) przedsiębiorczy, rzutki; (*scheme*) pomysłowy.

entertain [ɛntə'teɪn] *vt* (*amuse*) zabawiać

(zabawić *perf*); (*play host to*) przyjmować (przyjąć *perf*); (*consider*) brać (wziąć *perf*) pod uwagę.
entertainer [ɛntə'teɪnə*] *n* artysta (-tka) *m(f)* estradowy (-wa) *m(f)*.
entertaining [ɛntə'teɪnɪŋ] *adj* zabawny ♦ *n*: **to do a lot of entertaining** często przyjmować gości.
entertainment [ɛntə'teɪnmənt] *n* (*amusement*) rozrywka *f*; (*show*) widowisko *nt*.
entertainment allowance *n* fundusz *m* reprezentacyjny.
enthralled [ɪn'θrɔ:ld] *adj* zafascynowany.
enthralling [ɪn'θrɔ:lɪŋ] *adj* fascynujący.
enthuse [ɪn'θu:z] *vi*: **to enthuse about** *or* **over** zachwycać się *+instr*.
enthusiasm [ɪn'θu:zɪæzəm] *n* entuzjazm *m*.
enthusiast [ɪn'θu:zɪæst] *n* entuzjasta (-tka) *m(f)*; **a jazz enthusiast** entuzjasta (-tka) *m(f)* jazzu.
enthusiastic [ɪnθu:zɪ'æstɪk] *adj* (*person, response*) pełen entuzjazmu; (*reception*) entuzjastyczny; (*crowds*) rozentuzjazmowany; **to be enthusiastic about** entuzjazmować się *+instr*.
entice [ɪn'taɪs] *vt* wabić (zwabić *perf*).
enticing [ɪn'taɪsɪŋ] *adj* (*person*) ponętny; (*offer*) kuszący.
entire [ɪn'taɪə*] *adj* cały.
entirely [ɪn'taɪəlɪ] *adv* (*exclusively*) wyłącznie; (*completely*) całkowicie.
entirety [ɪn'taɪərətɪ] *n*: **in its entirety** w całości.
entitle [ɪn'taɪtl] *vt*: **to be entitled to do sth** mieć prawo coś (z)robić; **to entitle sb to sth/to do sth** uprawniać kogoś do czegoś/do (z)robienia czegoś.
entitled [ɪn'taɪtld] *adj* zatytułowany, pod tytułem.
entity ['ɛntɪtɪ] *n* jednostka *f*.
entourage [ɔntu'rɑ:ʒ] *n* świta *f*.
entrails ['ɛntreɪlz] *npl* wnętrzności *pl*.
entrance [*n* 'ɛntrns, *vb* ɪn'trɑ:ns] *n* wejście *nt* ♦ *vt* oczarowywać (oczarować *perf*); **to gain entrance to** (*university*) dostawać się (dostać się *perf*) na *+acc*; (*profession*) uzyskiwać (uzyskać *perf*) wstęp do *+gen*.
entrance examination *n* egzamin *m* wstępny.
entrance fee *n* (*to museum etc*) opłata *f* za wstęp; (*to organization*) wpisowe *nt*.
entrance ramp (*US*) *n* wjazd *m* (na autostradę).
entrancing [ɪn'trɑ:nsɪŋ] *adj* czarujący.
entrant ['ɛntrnt] *n* uczestnik (-iczka) *m(f)*.
entreat [ɛn'tri:t] *vt*: **to entreat sb to do sth** błagać kogoś, żeby coś zrobił.
entreaty [ɛn'tri:tɪ] *n* błaganie *nt*, usilna prośba *f*.
entrée ['ɔntreɪ] (*CULIN*) *n* danie *nt* główne.
entrenched [ɛn'trɛntʃt] *adj* (*ideas*) zakorzeniony; (*power*) utrwalony.
entrepreneur ['ɔntrəprə'nə:*] *n* przedsiębiorca *m*.
entrepreneurial ['ɔntrəprə'nə:rɪəl] *adj* (*capitalism*) inwestycyjny; **the entrepreneurial spirit** duch przedsiębiorczości.
entrust [ɪn'trʌst] *vt*: **to entrust sth to sb, sb with sth** powierzać (powierzyć *perf*) coś komuś.
entry ['ɛntrɪ] *n* (*way in, arrival*) wejście *nt*; (*in competition*: *story, drawing*) praca *f* (konkursowa); (: *taking part*) udział *m*; (*in register, account book*) pozycja *f*, zapis *m*; (*in reference book*) hasło *nt*; (*to country*) wjazd *m*; **"no entry"** „zakaz wstępu"; (*AUT*) „zakaz wjazdu"; **single/double entry book-keeping** księgowanie pojedyncze/podwójne.
entry form *n* kwestionariusz *m*.
entry phone (*BRIT*) *n* domofon *m*.
entwine [ɪn'twaɪn] *vt* splatać (spleść *perf*).
E-number [i:'nʌmbə*] *n poprzedzona literą „E" liczba identyfikująca substancje dodawane w Europie do artykułów żywnościowych.*
enumerate [ɪ'nju:məreɪt] *vt* wyliczać (wyliczyć *perf*).
enunciate [ɪ'nʌnsɪeɪt] *vt* (*word*) (starannie) wymawiać (wymówić *perf*); (*principle, plan*) ogłaszać (ogłosić *perf*).
envelop [ɪn'vɛləp] *vt* okrywać (okryć *perf*).
envelope ['ɛnvələup] *n* koperta *f*.
enviable ['ɛnvɪəbl] *adj* godny pozazdroszczenia.
envious ['ɛnvɪəs] *adj* zazdrosny; **to be envious of sth/sb** być zazdrosnym o coś/kogoś.
environment [ɪn'vaɪərnmənt] *n* (*surroundings*) środowisko *nt*, otoczenie *nt*; **the environment** środowisko (naturalne); **Department of the Environment** (*BRIT*) ≈ Ministerstwo Ochrony Środowiska.
environmental [ɪnvaɪərn'mɛntl] *adj* (*studies*) środowiskowy; **environmental conditions** warunki otoczenia; **environmental contamination** skażenie środowiska.
environmentalist [ɪnvaɪərn'mɛntlɪst] *n* działacz(ka) *m(f)* na rzecz ochrony środowiska, ekolog *m*.
environmentally [ɪnvaɪərn'mɛntlɪ] *adv*: **environmentally sound/friendly** ekologiczny.
Environmental Protection Agency (*US*) *n* Agencja *f* Ochrony Środowiska.
envisage [ɪn'vɪzɪdʒ] *vt* przewidywać (przewidzieć *perf*).
envision [ɪn'vɪʒən] (*US*) *vt* = **envisage**.
envoy ['ɛnvɔɪ] *n* wysłannik (-iczka) *m(f)*.
envy ['ɛnvɪ] *n* zawiść *f*, zazdrość *f* ♦ *vt*: **to envy sb (sth)** zazdrościć komuś (czegoś).
enzyme ['ɛnzaɪm] *n* enzym *m*.
EPA (*US*) *n abbr* (= *Environmental Protection Agency*) *agencja rządowa sprawująca kontrolę nad ochroną środowiska.*
ephemeral [ɪ'fɛmərl] *adj* ulotny, efemeryczny.
epic ['ɛpɪk] *n* epos *m*, epopeja *f* ♦ *adj* (*great*) imponujący.
epicentre ['ɛpɪsɛntə*] (*US* **epicenter**) *n* epicentrum *nt*.
epidemic [ɛpɪ'dɛmɪk] *n* epidemia *f*.
epigram ['ɛpɪgræm] *n* epigram(at) *m*.

epilepsy ['ɛpɪlɛpsɪ] *n* padaczka *f*, epilepsja *f*.
epileptic [ɛpɪ'lɛptɪk] *adj* epileptyczny ♦ *n* epileptyk (-yczka) *m(f)*.
epilogue ['ɛpɪlɔg] *n* epilog *m*.
Epiphany [ɪ'pɪfənɪ] *n* Objawienie *nt* Pańskie, święto *nt* Trzech Króli.
episcopal [ɪ'pɪskəpl] *adj* biskupi; **the Episcopal Church** Kościół Episkopalny.
episode ['ɛpɪsəud] *n* (*period, event*) epizod *m*; (*TV, RADIO*) odcinek *m*.
epistle [ɪ'pɪsl] *n* list *m*; (*long, boring*) epistoła *f*.
epitaph ['ɛpɪtɑ:f] *n* epitafium *nt*.
epithet ['ɛpɪθɛt] *n* epitet *m*.
epitome [ɪ'pɪtəmɪ] *n* (*person*) uosobienie *nt*; (*thing*) typowy przykład *m*.
epitomize [ɪ'pɪtəmaɪz] *vt* (*person*) uosabiać; (*thing, quality*) zawierać w sobie.
epoch ['i:pɔk] *n* epoka *f*.
epoch-making ['i:pɔkmeɪkɪŋ] *adj* epokowy.
eponymous [ɪ'pɔnɪməs] *adj*: **eponymous hero** tytułowy bohater *m*.
equable ['ɛkwəbl] *adj* (*climate*) łagodny; (*temperatures*) wyrównany; (*temper*) zrównoważony.
equal ['i:kwl] *adj* równy; (*intensity, quality*) jednakowy ♦ *n* równy *m* ♦ *vt* (*number, amount*) równać się; (*match, rival*) dorównywać (dorównać *perf*) *+dat*; **they are roughly equal in size** są mniej więcej równej wielkości; **the number of exports should be equal to imports** eksport powinien równać się importowi; **to be equal to the task** stawać (stanąć *perf*) na wysokości zadania.
equality [i:'kwɔlɪtɪ] *n* równość *f*; **equality of opportunity** równouprawnienie.
equalize ['i:kwəlaɪz] *vi* (*SPORT*) wyrównywać (wyrównać *perf*) ♦ *vt* (*wealth, opportunities*) zrównywać (zrównać *perf*); (*society*) znosić (znieść *perf*) różnice w *+loc*.
equally ['i:kwəlɪ] *adv* (*share, divide*) równo; (*good, bad*) równie; **they are equally clever** są tak samo *or* jednakowo inteligentni.
Equal Opportunities Commission (*US* **Equal Employment Opportunity Commission**) *n* *komisja do spraw równouprawnienia zawodowego*.
equals sign *n* znak *m* równości.
equanimity [ɛkwə'nɪmɪtɪ] *n* opanowanie *nt*, spokój *m*.
equate [ɪ'kweɪt] *vt*: **to equate sth with** identyfikować coś z *+instr*; **to equate A to B** przyrównywać (przyrównać *perf*) A do B.
equation [ɪ'kweɪʃən] *n* równanie *nt*.
equator [ɪ'kweɪtə*] *n*: **the equator** równik *m*.
equatorial [ɛkwə'tɔ:rɪəl] *adj* równikowy.
Equatorial Guinea *n* Gwinea *f* Równikowa.
equestrian [ɪ'kwɛstrɪən] *adj* (*competition*) hipiczny; (*club*) jeździecki; (*outfit*) do jazdy konnej *post* ♦ *n* jeździec *m*.
equilibrium [i:kwɪ'lɪbrɪəm] *n* równowaga *f*.
equinox ['i:kwɪnɔks] *n* równonoc *f*; **the spring/autumn equinox** równonoc wiosenna/jesienna.
equip [ɪ'kwɪp] *vt*: **to equip (with)** wyposażać (wyposażyć *perf*) (w *+acc*); **they were well equipped for the negotiations** byli dobrze przygotowani do negocjacji.
equipment [ɪ'kwɪpmənt] *n* wyposażenie *nt*, sprzęt *m*.
equitable ['ɛkwɪtəbl] *adj* sprawiedliwy.
equities ['ɛkwɪtɪz] (*BRIT*) *npl* akcje *pl* zwykłe *or* nieuprzywilejowane.
equity ['ɛkwɪtɪ] *n* sprawiedliwość *f*.
equity capital *n* kapitał *m* własny.
equivalent [ɪ'kwɪvələnt] *adj*: **equivalent (to)** równoważny (*+dat*); (*in meaning*) równoznaczny (z *+instr*) ♦ *n* (*counterpart*) odpowiednik *m*; (*sth of equal value*) równoważnik *m*, ekwiwalent *m*.
equivocal [ɪ'kwɪvəkl] *adj* dwuznaczny, niejednoznaczny.
equivocate [ɪ'kwɪvəkeɪt] *vi* wyrażać się dwuznacznie.
equivocation [ɪkwɪvə'keɪʃən] *n* dwuznaczność *f*.
ER (*BRIT*) *abbr* (= *Elizabeth Regina*) Królowa *f* Elżbieta.
ERA (*US*) *n abbr* (*POL*: = *Equal Rights Amendment*) *poprawka do konstytucji amerykańskiej gwarantująca równouprawnienie kobiet*.
era ['ɪərə] *n* era *f*; **the post-war era** okres powojenny.
eradicate [ɪ'rædɪkeɪt] *vt* (*prejudice, bad habits*) wykorzeniać (wykorzenić *perf*); (*problems*) eliminować (wyeliminować *perf*).
erase [ɪ'reɪz] *vt* (*lit, fig*) wymazywać (wymazać *perf*); (*recording*) kasować (skasować *perf*).
eraser [ɪ'reɪzə*] *n* gumka *f*.
erect [ɪ'rɛkt] *adj* (*posture*) wyprostowany, prosty; (*tail, ears*) podniesiony ♦ *vt* (*build*) wznosić (wznieść *perf*); (*assemble*) montować (zmontować *perf*).
erection [ɪ'rɛkʃən] *n* (*of monument*) wzniesienie *nt*; (*of tent*) postawienie *nt*; (*of machine*) montaż *m*; (*PHYSIOL*) wzwód *m*, erekcja *f*.
ergonomics [ə:gə'nɔmɪks] *n* ergonomia *f*.
ERISA (*US*) *n abbr* (= *Employee Retirement Income Security Act*).
ERM *n abbr* (= *Exchange Rate Mechanism*) *dopuszczalne odchylenia kursu centralnego walut krajów należących do Europejskiego Systemu Walutowego*.
ermine ['ə:mɪn] *n* gronostaje *pl*.
ERNIE ['ə:nɪ] (*BRIT*) *n abbr* (= *Electronic Random Number Indicator Equipment*) *urządzenie do elektronicznego wybierania numerów wygrywających bonów*.
erode [ɪ'rəud] *vt* powodować (spowodować *perf*) erozję *+gen*; (*fig*: *freedom*) ograniczać

(ograniczyć *perf*); (: *authority*) podrywać (poderwać *perf*); (: *confidence*) podkopywać (podkopać *perf*).

erosion [ɪ'rəuʒən] *n* erozja *f*; (*fig: of freedom*) ograniczenie *nt*.

erotic [ɪ'rɔtɪk] *adj* erotyczny.

eroticism [ɪ'rɔtɪsɪzəm] *n* (*of book, picture*) erotyka *f*; (*of person*) erotyzm *m*.

err [ə:*] (*fml*) *vi* błądzić (zbłądzić *perf*); **to err on the side of caution** grzeszyć nadmiarem ostrożności.

errand ['ɛrənd] *n* polecenie *nt*; **to run errands** załatwiać sprawy; **an errand of mercy** misja dobroci.

erratic [ɪ'rætɪk] *adj* (*behaviour, attempts*) niekonsekwentny; (*noise*) nieregularny.

erroneous [ɪ'rəunɪəs] *adj* błędny, mylny.

error ['ɛrə*] *n* błąd *m*; **spelling error** błąd ortograficzny; **typing error** błąd maszynowy; **in error** przez pomyłkę; **errors and omissions excepted** z zastrzeżeniem omyłki (*na rachunkach*).

error message (*COMPUT*) *n* komunikat *m* błędu.

erstwhile ['ə:stwaɪl] *adj* były, niegdysiejszy (*old*).

erudite ['ɛrjudaɪt] *adj* uczony.

erupt [ɪ'rʌpt] *vi* wybuchać (wybuchnąć *perf*).

eruption [ɪ'rʌpʃən] *n* (*of volcano*) erupcja *f*, wybuch *m*; (*of fighting*) wybuch *m*.

ESA *n abbr* (= *European Space Agency*) ESA *f inv*, Europejska Agencja *f* Przestrzeni Kosmicznej.

escalate ['ɛskəleɪt] *vi* nasilać się (nasilić się *perf*).

escalation [ɛskə'leɪʃən] *n* nasilanie się *nt*, eskalacja *f*.

escalation clause (*COMM*) *n* klauzula *f* o warunkach zmiany cen; (*in employment contract*) klauzula *f* regulująca warunki indeksacji płac.

escalator ['ɛskəleɪtə*] *n* schody *pl* ruchome.

escapade [ɛskə'peɪd] *n* eskapada *f*.

escape [ɪs'keɪp] *n* ucieczka *f*; (*of liquid*) wyciek *m*; (*of gas*) ulatnianie się *nt* ♦ *vi* (*person*) uciekać (uciec *perf*); (*liquid*) wyciekać (wyciec *perf*); (*gas*) uchodzić, ulatniać się ♦ *vt* (*consequences, responsibility*) unikać (uniknąć *perf*) +*gen*; **his name escapes me** nie mogę sobie przypomnieć jego nazwiska; **to escape from** (*place*) uciekać (uciec *perf*) z +*gen*; (*person*) uciekać (uciec *perf*) od +*gen*; **to escape to safety** chronić się (schronić się *perf*) w bezpieczne miejsce; **to escape notice** umykać (umknąć *perf*) uwadze.

escape artist *n magik uwalniający się z więzów lub zamknięcia.*

escape clause *n* (*COMM*) klauzula *f* uprawniająca do uwolnienia od zobowiązania.

escape hatch *n* luk *m* ratunkowy.

escape key (*COMPUT*) *n* klawisz *m* „escape".

escape route *n* (*from fire*) droga *f* ewakuacyjna; (*of prisoners*) droga *f* ucieczki.

escapism [ɪs'keɪpɪzəm] *n* eskapizm *m*.

escapist [ɪs'keɪpɪst] *adj* eskapistyczny.

escapologist [ɛskə'pɔlədʒɪst] (*BRIT*) *n* = **escape artist**.

escarpment [ɪs'kɑ:pmənt] *n* skarpa *f*.

eschew [ɪs'tʃu:] *vt* wystrzegać się +*gen*.

escort [*n* 'ɛskɔ:t, *vb* ɪs'kɔ:t] *n* (*companion*) osoba *f* towarzysząca; (*MIL, POLICE*) eskorta *f* ♦ *vt* towarzyszyć +*dat*; (*MIL, POLICE*) eskortować (odeskortować *perf*).

escort agency *n* agencja *f* towarzyska.

Eskimo ['ɛskɪməu] *n* Eskimos(ka) *m(f)*.

ESL (*SCOL*) *n abbr* (= *English as a Second Language*).

esophagus [i:'sɔfəgəs] (*US*) *n* = **oesophagus**.

esoteric [ɛsə'tɛrɪk] *adj* ezoteryczny.

ESP *n abbr* = **extrasensory perception**; (*SCOL*: = *English for Special Purposes*).

esp. *abbr* = **especially** szczeg.

especially [ɪs'pɛʃlɪ] *adv* (*above all, particularly*) szczególnie, zwłaszcza; (*more than normally*) szczególnie.

espionage ['ɛspɪənɑ:ʒ] *n* szpiegostwo *nt*.

esplanade [ɛsplə'neɪd] *n* promenada *f*, esplanada *f*.

espouse [ɪs'pauz] *vt* opowiadać się za +*instr*.

Esquire [ɪs'kwaɪə*] *n*: **J. Brown, Esquire** *or* **Esq.** Wielmożny Pan *or* W.P. J. Brown.

essay ['ɛseɪ] *n* (*SCOL*) wypracowanie *nt*; (*LITERATURE*) esej *m*.

essence ['ɛsns] *n* (*soul, spirit*) istota *f*; (*CULIN*) esencja *f*, olejek *m*; **in essence** w gruncie rzeczy; **speed is of the essence** konieczny jest pośpiech.

essential [ɪ'sɛnʃl] *adj* (*necessary, vital*) niezbędny; (*basic*) istotny, zasadniczy ♦ *n* rzecz *f* niezbędna; **it is essential that ...** jest niezmiernie ważne, żeby ...; **the essentials of English grammar** najważniejsze zasady gramatyki angielskiej.

essentially [ɪ'sɛnʃəlɪ] *adv* (*broadly, basically*) zasadniczo; (*really*) w gruncie rzeczy.

EST (*US*) *abbr* (= *Eastern Standard Time*).

est. *abbr* (= *established*) zał.; (= *estimate*) ocena; (= *estimated*) szacunkowy.

establish [ɪs'tæblɪʃ] *vt* (*organization, firm*) zakładać (założyć *perf*); (*facts, cause*) ustalać (ustalić *perf*); (*relations, contact*) nawiązywać (nawiązać *perf*); **to establish one's reputation as** wyrabiać (wyrobić *perf*) sobie reputację +*gen*.

established [ɪs'tæblɪʃt] *adj* (*business*) o ustalonej reputacji *post*; (*custom, practice*) ustalony, przyjęty.

establishment [ɪs'tæblɪʃmənt] *n* (*of organization, firm*) założenie *nt*; (*shop etc*) placówka *f*; **the Establishment** establishment.

estate [ɪs'teɪt] *n* (*land*) posiadłość *f*, majątek *m* (ziemski); (*BRIT*: *also*: **housing estate**) osiedle *nt* (mieszkaniowe); (*JUR*) majątek *m*.

estate agency (*BRIT*) *n* biuro *nt* pośrednictwa handlu nieruchomościami.

estate agent (*BRIT*) *n* pośrednik (-iczka) *m(f)* w handlu nieruchomościami.
estate car (*BRIT*) *n* samochód *m* kombi, kombi *nt inv*.
esteem [ɪs'tiːm] *n*: **to hold sb in high esteem** darzyć kogoś wielkim szacunkiem.
esthetic [ɪs'θɛtɪk] (*US*) *adj* = **aesthetic**.
estimate [*n* 'ɛstɪmət, *vb* 'ɛstɪmeɪt] *n* (*calculation*) szacunkowe *or* przybliżone obliczenie *nt*, szacunek *m*; (*assessment*) ocena *f*; (*of builder etc*) kosztorys *m* ♦ *vt* szacować (oszacować *perf*); **to give sb an estimate of** przedstawiać (przedstawić *perf*) komuś kosztorys +*gen*; **at a rough estimate** w przybliżeniu; **I estimate that ...** według moich szacunków, ...
estimation [ɛstɪ'meɪʃən] *n* (*of person, situation*) opinia *f*; (*of amount, value*) szacunkowe obliczenie *nt*; **in my estimation** w moim odczuciu.
Estonia [ɛs'təunɪə] *n* Estonia *f*.
estranged [ɪs'treɪndʒd] *adj*: **to be estranged from** (*spouse*) pozostawać w separacji z +*instr*; (*family*) nie mieszkać z +*instr*; **estranged couple** para pozostająca w separacji.
estrangement [ɪs'treɪndʒmənt] *n* separacja *f*.
estrogen ['iːstrəudʒən] (*US*) *n* = **oestrogen**.
estuary ['ɛstjuərɪ] *n* ujście *nt* (rzeki).
ET *n abbr* (*BRIT*: = *Employment Training*) szkolenie *nt* zawodowe ♦ *abbr* (*US*: = *Eastern Time*).
ETA *n abbr* (= *estimated time of arrival*) przewidywany czas *m* przylotu.
et al. *abbr* (= *et alii*) i in.
etc. *abbr* (= *et cetera*) itd.
etch [ɛtʃ] *vi* robić (zrobić *perf*) kwasoryt ♦ *vt*: **to etch (on)** ryć (w +*loc*).
etching ['ɛtʃɪŋ] *n* kwasoryt *m*.
ETD *n abbr* (= *estimated time of departure*) przewidywany czas *m* odlotu.
eternal [ɪ'təːnl] *adj* (*everlasting*) wieczny; (*unchanging*) niezmienny.
eternity [ɪ'təːnɪtɪ] *n* wieczność *f*.
ether ['iːθə*] (*CHEM*) *n* eter *m*.
ethereal [ɪ'θɪərɪəl] *adj* eteryczny.
ethical ['ɛθɪkl] *adj* etyczny.
ethics ['ɛθɪks] *n* etyka *f* (*nauka*) ♦ *npl* etyka *f* (*moralność*).
Ethiopia [iːθɪ'əupɪə] *n* Etiopia *f*.
Ethiopian [iːθɪ'əupɪən] *adj* etiopski ♦ *n* Etiopczyk (-pka) *m(f)*.
ethnic ['ɛθnɪk] *adj* etniczny.
ethnology [ɛθ'nɔlədʒɪ] *n* etnologia *f*, etnografia *f*.
ethos ['iːθɔs] *n* etos *m*.
etiquette ['ɛtɪkɛt] *n* etykieta *f*.
ETV (*US*) *n abbr* (= *Educational Television*).
etymology [ɛtɪ'mɔlədʒɪ] *n* etymologia *f*.
eucalyptus [juːkə'lɪptəs] *n* eukaliptus *m*.
Eucharist ['juːkərɪst] *n*: **the Eucharist** Eucharystia *f*.
eulogy ['juːlədʒɪ] *n* (*written*) panegiryk *m*; (*spoken*) mowa *f* pochwalna.
euphemism ['juːfəmɪzəm] *n* eufemizm *m*.
euphemistic [juːfə'mɪstɪk] *adj* eufemistyczny.
euphoria [juː'fɔːrɪə] *n* euforia *f*.
Eurasia [juə'reɪʃə] *n* Eurazja *f*.
Eurasian [juə'reɪʃən] *adj* eurazjatycki ♦ *n* Eurazjata (-tka) *m(f)*.
Euratom [juə'rætəm] *n abbr* (= *European Atomic Energy Community*) Euratom *m*, Europejska Wspólnota *f* Energii Atomowej.
Eurocheque ['juərəutʃɛk] *n* euroczek *m*.
Eurocrat ['juərəukræt] *n* eurokrata (-tka) *m(f)*.
Eurodollar ['juərəudɔlə*] *n* eurodolar *m*.
Europe ['juərəp] *n* Europa *f*.
European [juərə'piːən] *adj* europejski ♦ *n* Europejczyk (-jka) *m(f)*.
European Community *n*: **the European Community** Wspólnota *f* Europejska.
European Court of Justice *n*: **the European Court of Justice** Europejski Trybunał *m* Sprawiedliwości.
European Economic Community *n*: **the European Economic Community** Europejska Wspólnota *f* Gospodarcza.
euthanasia [juːθə'neɪzɪə] *n* eutanazja *f*.
evacuate [ɪ'vækjueɪt] *vt* ewakuować (ewakuować *perf*).
evacuation [ɪvækju'eɪʃən] *n* ewakuacja *f*.
evade [ɪ'veɪd] *vt* (*tax, duty, responsibility*) uchylać się (uchylić się *perf*) od +*gen*; (*question*) uchylać się (uchylić się *perf*) od odpowiedzi na +*acc*; (*person*: *avoid meeting*) unikać (uniknąć *perf*) +*gen*; (: *escape from*) umykać (umknąć *perf*) *or* wymykać się (wymknąć się *perf*) +*dat*.
evaluate [ɪ'væljueɪt] *vt* oceniać (ocenić *perf*).
evangelical [iːvæn'dʒɛlɪkl] *adj* ewangelicki.
evangelist [ɪ'vændʒəlɪst] *n* (wędrowny) kaznodzieja *m* (*głoszący ewangelię na wielkich zgromadzeniach*).
evangelize [ɪ'vændʒəlaɪz] *vi* głosić ewangelię.
evaporate [ɪ'væpəreɪt] *vi* wyparowywać (wyparować *perf*); (*fig*) ulatniać się (ulotnić się *perf*).
evaporated milk [ɪ'væpəreɪtɪd-] *n* mleko *nt* skondensowane.
evaporation [ɪvæpə'reɪʃən] *n* parowanie *nt*.
evasion [ɪ'veɪʒən] *n* (*of responsibility, tax etc*) uchylanie się *nt*.
evasive [ɪ'veɪsɪv] *adj* (*reply*) wymijający; **to take evasive action** stosować (zastosować *perf*) unik.
eve [iːv] *n*: **on the eve of** w przeddzień *or* przededniu +*gen*; **Christmas Eve** Wigilia; **New Year's Eve** sylwester.
even ['iːvn] *adj* (*level, equal*) równy; (*smooth*) gładki; (*distribution, breathing*) równomierny; (*number*) parzysty ♦ *adv* (*showing surprise*) nawet; (*introducing a comparison*) jeszcze; **even if** nawet jeśli; **even though** (po)mimo że,

chociaż; **there were even more people yesterday** wczoraj było jeszcze więcej ludzi; **he loved her even more** kochał ją jeszcze bardziej; **the work is going even faster now** praca idzie teraz jeszcze szybciej; **even so** mimo to; **not even** nawet nie; **even he was there** nawet on tam był; **even on Sundays** nawet w niedzielę; **to break even** wychodzić (wyjść *perf*) na czysto *or* na zero; **I'll get even with you!** jeszcze ci się odpłacę *or* odwdzięczę!

▸**even out** *vi* wyrównywać się (wyrównać się *perf*).

evening ['i:vnɪŋ] *n* wieczór *m*; **in the evening** wieczorem; **this evening** dziś wieczorem *or* wieczór; **tomorrow/yesterday evening** jutro/wczoraj wieczorem.

evening class *n* kurs *m* wieczorowy.

evening dress *n* (*no pl: formal clothes*) strój *m* wieczorowy; (*woman's gown*) suknia *f* wieczorowa.

evenly ['i:vnlɪ] *adv* (*distribute, space, spread*) równomiernie, równo; (*divide*) równo; (*breathe*) równomiernie.

evensong ['i:vnsɔŋ] *n* wieczorne nabożeństwo *nt* (*w kościele anglikańskim*).

event [ɪ'vɛnt] *n* (*occurrence*) wydarzenie *nt*; (*SPORT*) konkurencja *f*; **in the normal course of events** w normalnych okolicznościach; **in the event of** w przypadku *or* razie *+gen*; **in the event** ostatecznie; **at all events** *(BRIT)*, **in any event** w każdym razie.

eventful [ɪ'vɛntful] *adj* obfitujący *or* bogaty w wydarzenia *post*.

eventing [ɪ'vɛntɪŋ] *n* udział *m* w konkursie hipicznym.

eventual [ɪ'vɛntʃuəl] *adj* ostateczny, końcowy.

eventuality [ɪvɛntʃu'ælɪtɪ] *n* ewentualność *f*.

eventually [ɪ'vɛntʃuəlɪ] *adv* ostatecznie, koniec końców.

ever ['ɛvə*] *adv* (*always*) zawsze; (*at any time*) kiedykolwiek; **I'd rather not go – why ever not?** wolałabym nie iść – ale dlaczego (nie)?; **you cannot do that – why ever not?** nie możesz tego zrobić – (a) dlaczegóż by nie?; **have you ever been to Poland?** (czy) byłeś kiedyś w Polsce?; **where ever have you been?** gdzieś ty był?; **the best kid ever** najlepszy dzieciak pod słońcem; **the best movie ever** najlepszy film wszech czasów; **for ever** na zawsze; **hardly ever** prawie nigdy; **better than ever (before)** lepszy niż kiedykolwiek (przedtem); **ever since** *adv* od tego czasu, od tej pory ♦ *conj* już od *+gen*; **she's ever so pretty** jest prześliczna; **thank you ever so much** ogromnie ci dziękuję; **yours ever** (*BRIT: in letter*) uściski.

Everest ['ɛvərɪst] *n* (*also*: **Mount Everest**) Mount Everest *m*, Czomolungma *f*.

evergreen ['ɛvəgri:n] *n* (*BOT*) roślina *f* zimozielona.

everlasting [ɛvə'lɑ:stɪŋ] *adj* wieczny.

KEYWORD

every ['ɛvrɪ] *adj* **1** (*each*) każdy; **every time** za każdym razem; **every one of them** (*persons*) (oni) wszyscy *vir pl*, (one) wszystkie *nvir pl*; (*objects*) wszystkie *pl*; **every shop in the town was closed** wszystkie sklepy w mieście były zamknięte. **2** (*all possible*): **we wish you every success** życzymy ci wszelkich sukcesów; **I have every confidence in him** mam do niego pełne zaufanie. **3** (*showing recurrence*) co *+acc*; **every day** codziennie; **every week** co tydzień; **every other/third day** co drugi/trzeci dzień; **every now and then** co jakiś czas.

everybody ['ɛvrɪbɔdɪ] *pron* (*each*) każdy *m*; (*all*) wszyscy *vir pl*; **everybody knows about it** wszyscy o tym wiedzą, każdy o tym wie; **everybody else** wszyscy inni.

everyday ['ɛvrɪdeɪ] *adj* codzienny.

everyone ['ɛvrɪwʌn] *pron* = **everybody**.

everything ['ɛvrɪθɪŋ] *pron* wszystko *nt*; **everything is ready** wszystko gotowe; **he did everything possible** zrobił wszystko, co było możliwe.

everywhere ['ɛvrɪwɛə*] *adv* wszędzie; **everywhere you go you meet ...** gdziekolwiek pójdziesz, spotykasz *+acc*.

evict [ɪ'vɪkt] *vt* eksmitować (eksmitować *or* wyeksmitować *perf*).

eviction [ɪ'vɪkʃən] *n* eksmisja *f*.

eviction notice *n* zawiadomienie *nt* o eksmisji.

eviction order *n* nakaz *m* eksmisji.

evidence ['ɛvɪdns] *n* (*proof*) dowód *m*; (*JUR: information*) dowody *pl*; (*: testimony*) zeznania *pl*; (*signs, indications*) oznaki *pl*, dowody *pl*; **to give evidence** składać (złożyć *perf*) zeznania; **to show evidence of** zdradzać oznaki *+gen*; **the servants were never in evidence** służących nigdy nie było widać.

evident ['ɛvɪdnt] *adj* widoczny; **evident to** oczywisty dla *+gen*.

evidently ['ɛvɪdntlɪ] *adv* (*obviously*) ewidentnie; (*apparently*) najwyraźniej.

evil ['i:vl] *adj* zły ♦ *n* zło *nt*.

evocative [ɪ'vɔkətɪv] *adj* (*description, music*) poruszający.

evoke [ɪ'vəuk] *vt* wywoływać (wywołać *perf*).

evolution [i:və'lu:ʃən] *n* ewolucja *f*.

evolve [ɪ'vɔlv] *vt* rozwijać (rozwinąć *perf*) ♦ *vi* rozwijać się (rozwinąć się *perf*), ewoluować (*literary*); **to evolve into** przekształcać się (przekształcić się *perf*) w *+acc*.

ewe [ju:] *n* owca *f*.

ewer ['ju:ə*] *n* dzban *m*.

ex- [ɛks] *pref* eks-, były (*adj*).
exacerbate [ɛks'æsəbeɪt] *vt* (*situation, pain*) zaostrzać (zaostrzyć *perf*).
exact [ɪg'zækt] *adj* dokładny ♦ *vt*: **to exact sth (from)** egzekwować (wyegzekwować *perf*) coś (od +*gen*).
exacting [ɪg'zæktɪŋ] *adj* (*master, boss*) wymagający; (*task*) pracochłonny.
exactly [ɪg'zæktlɪ] *adv* dokładnie; **exactly!** dokładnie!
exaggerate [ɪg'zædʒəreɪt] *vt* wyolbrzymiać (wyolbrzymić *perf*) ♦ *vi* przesadzać (przesadzić *perf*).
exaggerated [ɪg'zædʒəreɪtɪd] *adj* (*politeness*) przesadny; (*remark*) przesadzony; (*idea of o.s.*) wygórowany.
exaggeration [ɪgzædʒə'reɪʃən] *n* przesada *f*.
exalt [ɪg'zɔ:lt] *vt* (*praise*) wychwalać.
exalted [ɪg'zɔ:ltɪd] *adj* (*prominent*) wysoko postawiony; (*elated*) wniebowzięty.
exam [ɪg'zæm] *n abbr* = **examination**.
examination [ɪgzæmɪ'neɪʃən] *n* (*of object*) oględziny *pl*; (*of plan*) analiza *f*; (*of accounts*) kontrola *f*; (*SCOL*) egzamin *m*; (*JUR*) przesłuchanie *nt*; (*MED*) badanie *nt*; **to take** *or* *(BRIT)* **sit an examination** przystępować (przystąpić *perf*) do egzaminu; **the matter is under examination** sprawa jest rozpatrywana.
examine [ɪg'zæmɪn] *vt* (*object*) oglądać (obejrzeć *perf*); (*plan*) analizować (przeanalizować *perf*); (*accounts*) kontrolować (skontrolować *perf*); (*SCOL*) egzaminować (przeegzaminować *perf*); (*JUR*) przesłuchiwać (przesłuchać *perf*); (*MED*) badać (zbadać *perf*).
examiner [ɪg'zæmɪnə*] *n* (*SCOL*) egzaminator(ka) *m(f)*.
example [ɪg'zɑ:mpl] *n* (*illustration*) przykład *m*; (*model*) wzór *m*; **for example** na przykład; **to set a good/bad example** dawać (dać *perf*) dobry/zły przykład.
exasperate [ɪg'zɑ:spəreɪt] *vt* doprowadzać (doprowadzić *perf*) do rozpaczy; **I was exasperated by** *or* **with her stubbornness** jej upór doprowadzał mnie do rozpaczy.
exasperating [ɪg'zɑ:spəreɪtɪŋ] *adj* doprowadzający do rozpaczy.
exasperation [ɪgzɑ:spə'reɪʃən] *n* rozdrażnienie *nt*, złość *f*; **I was almost crying from exasperation** prawie płakałam ze złości.
excavate ['ɛkskəveɪt] *vt* wykopywać (wykopać *perf*) ♦ *vi* (*archeologists*) prowadzić wykopaliska; (*builders*) kopać.
excavation [ɛkskə'veɪʃən] *n* wykop *m*.
excavator ['ɛkskəveɪtə*] *n* koparka *f*.
exceed [ɪk'si:d] *vt* przekraczać (przekroczyć *perf*).
exceedingly [ɪk'si:dɪŋlɪ] *adv* niezmiernie.
excel [ɪk'sɛl] *vi* być najlepszym; **to excel in** *or* **at** celować w +*loc*; **to excel o.s.** (*BRIT*) przechodzić (przejść *perf*) samego siebie.
excellence ['ɛksələns] *n* doskonałość *f*.
Excellency ['ɛksələnsɪ] *n*: **His Excellency** Jego Ekscelencja *m*.
excellent ['ɛksələnt] *adj* doskonały ♦ *excl* doskonale.
except [ɪk'sɛpt] *prep* (*also*: **except for**) oprócz +*gen*, poza +*instr* ♦ *vt*: **to except sb (from)** wyłączać (wyłączyć *perf*) kogoś (spod +*gen*); **except if/when** chyba, że; **except that** (tyle) tylko, że; **present company excepted** z wyjątkiem tu obecnych.
excepting [ɪk'sɛptɪŋ] *prep* z wyjątkiem +*gen*.
exception [ɪk'sɛpʃən] *n* wyjątek *m*; **to take exception to** (*be offended*) czuć się (poczuć się *perf*) urażonym +*instr*; (*complain*) protestować (zaprotestować *perf*) przeciw +*dat*; **with the exception of** z wyjątkiem +*gen*.
exceptional [ɪk'sɛpʃənl] *adj* wyjątkowy.
excerpt ['ɛksə:pt] *n* (*from text, symphony*) wyjątek *m*, ustęp *m*; (*from film*) urywek *m*.
excess [ɪk'sɛs] *n* (*surfeit*) nadmiar *m*; (*amount by which sth is greater*) nadwyżka *f*; (: *of money paid*) nadpłata *f*; (*INSURANCE*) udział *m* własny ♦ *adj* zbędny; **excesses** *npl* (*irresponsible, stupid*) wybryki *pl*, ekscesy *pl*; (*cruel*) okrucieństwa *pl*; **in excess of** powyżej +*gen*.
excess baggage *n* dodatkowy bagaż *m*.
excess fare (*BRIT*) *n* dopłata *f* (*do biletu*).
excessive [ɪk'sɛsɪv] *adj* nadmierny.
excess supply *n* nadwyżka *f* podaży.
exchange [ɪks'tʃeɪndʒ] *n* (*of prisoners, infomation, students*) wymiana *f*; (*conversation*) wymiana *f* zdań; (*also*: **telephone exchange**) centrala *f* (telefoniczna) ♦ *vt*: **to exchange (for)** wymieniać (wymienić *perf*) (na +*acc*); **in exchange for** w zamian za +*acc*; **foreign exchange** waluta obca, dewizy.
exchange control *n* kontrola *f* rynku dewizowego.
exchange market *n* rynek *m* dewizowy *or* walutowy.
exchange rate *n* kurs *m* dewizowy.
Exchequer [ɪks'tʃɛkə*] (*BRIT*) *n*: **the Exchequer** Ministerstwo *nt* Skarbu.
excisable [ɪk'saɪzəbl] *adj* podlegający akcyzie.
excise [*n* 'ɛksaɪz, *vb* ɛk'saɪz] *n* akcyza *f* ♦ *vt* wycinać (wyciąć *perf*).
excise duties *npl* opłaty *pl* akcyzowe.
excitable [ɪk'saɪtəbl] *adj* pobudliwy.
excite [ɪk'saɪt] *vt* (*stimulate*) ekscytować; (*arouse*) podniecać (podniecić *perf*); **to get excited** podniecać się (podniecić się *perf*).
excitement [ɪk'saɪtmənt] *n* (*agitation*) podniecenie *nt*; (*exhilaration*) podniecenie *nt*, podekscytowanie *nt*.
exciting [ɪk'saɪtɪŋ] *adj* (*place*) ekscytujący; (*event, period*) pasjonujący.
excl. *abbr* = **excluding, exclusive (of)** wył.

exclaim [ɪks'kleɪm] *vi* zawołać *(perf)*, wykrzyknąć *(perf)*.
exclamation [ɛksklə'meɪʃən] *n* okrzyk *m*.
exclamation mark (*LING*) *n* wykrzyknik *m*.
exclude [ɪks'klu:d] *vt* (*person, fact*) wyłączać (wyłączyć *perf*), wykluczać (wykluczyć *perf*); (*possibility*) wykluczać (wykluczyć *perf*).
excluding [ɪks'klu:dɪŋ] *prep*: **excluding VAT** wyłączając VAT.
exclusion [ɪks'klu:ʒən] *n* (*of person, fact*) wyłączenie *nt*, wykluczenie *nt*; (*of possibility*) wykluczenie *nt*; **to the exclusion of** z wyłączeniem *+gen*.
exclusion clause *n* klauzula *f* wyłączająca.
exclusive [ɪks'klu:sɪv] *adj* (*club, district*) ekskluzywny; (*use, property*) wyłączny; (*story, interview*) zastrzeżony ♦ *n* (*PRESS*) wyłączna własność *f*; **exclusive of postage/tax** wyłączając opłatę pocztową/podatek; **from 1st to 15th March exclusive** od 1 do 15 marca wyłącznie; **mutually exclusive statements** wzajemnie wykluczające się stwierdzenia.
exclusively [ɪks'klu:sɪvlɪ] *adv* wyłącznie.
exclusive rights (*COMM*) *npl* wyłączne prawa *pl*.
excommunicate [ɛkskə'mju:nɪkeɪt] (*REL*) *vt* ekskomunikować (ekskomunikować *perf*).
excrement ['ɛkskrəmənt] *n* odchody *pl*.
excruciating [ɪks'kru:ʃɪeɪtɪŋ] *adj* nieznośny, straszliwy.
excursion [ɪks'kə:ʃən] *n* wycieczka *f*.
excursion ticket *n* bilet *m* wycieczkowy.
excusable [ɪks'kju:zəbl] *adj* wybaczalny.
excuse [*n* ɪks'kju:s, *vb* ɪks'kju:z] *n* (*justification*) usprawiedliwienie *nt*, wytłumaczenie *nt*; (: *untrue*) wymówka *f*; (*reason (not) to do sth*) pretekst *m* ♦ *vt* (*justify*) usprawiedliwiać (usprawiedliwić *perf*), tłumaczyć (wytłumaczyć *perf*); (*forgive*) wybaczać (wybaczyć *perf*); **to excuse sb from doing sth** zwalniać (zwolnić *perf*) kogoś z robienia czegoś; **excuse me!** przepraszam!; **if you will excuse me** jeśli Pan/Pani pozwoli; **to excuse o.s. for sth/for doing sth** tłumaczyć się (wytłumaczyć się *perf*) z czegoś/ze zrobienia czegoś; **to make excuses for sb** usprawiedliwiać kogoś; **that's no excuse!** to żadne usprawiedliwienie!
ex-directory ['ɛksdɪ'rɛktərɪ] (*BRIT*: *TEL*) *adj* zastrzeżony; **she's ex-directory** ma zastrzeżony numer.
execrable ['ɛksɪkrəbl] *adj* (*accent*) okropny; (*food, taste*) ohydny, wstrętny.
execute ['ɛksɪkju:t] *vt* (*person*) wykonywać (wykonać *perf*) egzekucję na *+loc*, stracić *(perf)* *(literary)*; (*order, movement, manouvre*) wykonywać (wykonać *perf*); (*plan*) przeprowadzać (przeprowadzić *perf*), wprowadzać (wprowadzić *perf*) w życie.
execution [ɛksɪ'kju:ʃən] *n* (*of person*) egzekucja *f*; (*of order, movement, manouvre*) wykonanie *nt*; (*of plan*) przeprowadzenie *nt*, wprowadzenie *nt* w życie.
executioner [ɛksɪ'kju:ʃnə*] *n* kat *m*.
executive [ɪg'zɛkjutɪv] *n* (*of company*) pracownik *m* szczebla kierowniczego; (*of political party*) komitet *m* wykonawczy, egzekutywa *f*; (*POL*) władza *f* wykonawcza, egzekutywa *f* ♦ *adj* (*role*) wykonawczy, kierowniczy; (*car, chair*) dyrektorski; **executive board** zarząd; **executive secretary** sekretarka dyrektora; **executive toys** *maskotki charakterystyczne dla gabinetów pracowników szczebla kierowniczego*.
executive director *n* dyrektor *m* wykonawczy.
executor [ɪg'zɛkjutə*] (*JUR*) *n* wykonawca *m* testamentu.
exemplary [ɪg'zɛmplərɪ] *adj* przykładny.
exemplify [ɪg'zɛmplɪfaɪ] *vt* (*typify*) stanowić przykład *+gen*; (*illustrate*) ilustrować (zilustrować *perf*).
exempt [ɪg'zɛmpt] *adj*: **exempt from** zwolniony z *+gen* ♦ *vt*: **to exempt sb from** zwalniać (zwolnić *perf*) kogoś z *+gen*.
exemption [ɪg'zɛmpʃən] *n* zwolnienie *nt* (*z obowiązku itp*).
exercise ['ɛksəsaɪz] *n* (*no pl*: *keep-fit*) ćwiczenia *pl* fizyczne; (*piece of work, practice*) ćwiczenie *nt*; (*MIL*) ćwiczenia *pl*, manewry *pl* ♦ *vt* (*right*) korzystać (skorzystać *perf*) z *+gen*; (*patience*) wykazywać (wykazać *perf*); (*dog*) ćwiczyć; (*problem*: *mind*) zaprzątać ♦ *vi* (*also*: **to take exercise**) uprawiać sport; **the exercise of one's rights** korzystanie z przysługujących praw.
exercise bike *n* rower *m* treningowy.
exercise book *n* zeszyt *m*.
exert [ɪg'zə:t] *vt* (*influence*) wywierać (wywrzeć *perf*); (*authority*) używać (użyć *perf*) *+gen*; **to exert o.s.** wytężać się, wysilać się.
exertion [ɪg'zə:ʃən] *n* wysiłek *m*.
ex gratia ['ɛks'greɪʃə] *adj*: **ex gratia payment** płatność *f* dobrowolna.
exhale [ɛks'heɪl] *vt* wydychać ♦ *vi* wypuszczać (wypuścić *perf*) powietrze.
exhaust [ɪg'zɔ:st] *n* (*also*: **exhaust pipe**) rura *f* wydechowa; (*fumes*) spaliny *pl* ♦ *vt* wyczerpywać (wyczerpać *perf*); **to exhaust o.s.** przemęczać się (przemęczyć się *perf*).
exhausted [ɪg'zɔ:stɪd] *adj* wyczerpany.
exhausting [ɪg'zɔ:stɪŋ] *adj* wyczerpujący.
exhaustion [ɪg'zɔ:stʃən] *n* wyczerpanie *nt*, przemęczenie *nt*; **nervous exhaustion** wyczerpanie nerwowe.
exhaustive [ɪg'zɔ:stɪv] *adj* wyczerpujący.
exhibit [ɪg'zɪbɪt] *n* (*ART*) eksponat *m*; (*JUR*) dowód *m* (rzeczowy) ♦ *vt* (*quality, ability*) wykazywać (wykazać *perf*); (*emotion*) okazywać (okazać *perf*); (*paintings*) wystawiać (wystawić *perf*).
exhibition [ɛksɪ'bɪʃən] *n* (*of paintings etc*)

wystawa *f*; (*of ill-temper, talent*) pokaz *m*; **to make an exhibition of o.s.** robić (zrobić *perf*) z siebie widowisko.

exhibitionist [ɛksɪ'bɪʃənɪst] *n* (*show-off*) osoba *f* lubiąca się popisywać; (*PSYCH*) ekshibicjonista *m*.

exhibitor [ɪg'zɪbɪtə*] (*ART*) *n* wystawca (-wczyni) *m(f)*.

exhilarating [ɪg'zɪləreɪtɪŋ] *adj* radosny.

exhilaration [ɪgzɪlə'reɪʃən] *n* radosne podniecenie *nt*, rozradowanie *nt*.

exhort [ɪg'zɔːt] *vt*: **to exhort sb to do sth** nawoływać kogoś do (z)robienia czegoś.

exile ['ɛksaɪl] *n* (*state*) wygnanie *nt*, emigracja *f*; (*person*) wygnaniec *m*, emigrant *m* ♦ *vt* skazywać (skazać *perf*) na wygnanie; **in exile** na wygnaniu *or* emigracji.

exist [ɪg'zɪst] *vi* (*be present*) istnieć; (*live*) egzystować, utrzymywać się przy życiu.

existence [ɪg'zɪstəns] *n* (*reality*) istnienie *nt*; (*life*) egzystencja *f*; **to be in existence** istnieć.

existentialism [ɛgzɪs'tɛnʃlɪzəm] *n* egzystencjalizm *m*.

existing [ɪg'zɪstɪŋ] *adj* istniejący.

exit ['ɛksɪt] *n* wyjście *nt*; (*from motorway*) zjazd *m*, wylot *m* ♦ *vi* wychodzić (wyjść *perf*); **to exit from** opuszczać (opuścić *perf*) *+acc*.

exit ramp (*US*: *AUT*) *n* zjazd *f* z autostrady.

exit visa *n* wiza *f* wyjazdowa.

exodus ['ɛksədəs] *n* exodus *m*; **the exodus to the cities** migracja do miast.

ex officio ['ɛksə'fɪʃɪəu] *adj* z urzędu *post*, ex officio *post* ♦ *adv* z urzędu, ex officio.

exonerate [ɪg'zɔnəreɪt] *vt*: **to exonerate from** (*guilt etc*) oczyszczać (oczyścić *perf*) z *+gen*.

exorbitant [ɪg'zɔːbɪtnt] *adj* (*prices*) niebotyczny; (*demands*) wygórowany.

exorcize ['ɛksɔːsaɪz] *vt* egzorcyzmować.

exotic [ɪg'zɔtɪk] *adj* egzotyczny.

expand [ɪks'pænd] *vt* (*business*) rozwijać (rozwinąć *perf*); (*area, staff*) powiększać (powiększyć *perf*); (*influence*) rozszerzać (rozszerzyć *perf*) ♦ *vi* (*population, business*) rozrastać się (rozrosnąć się *perf*); (*gas, metal*) roszerzać się (rozszerzyć się *perf*); **to expand on** omawiać (omówić *perf*) szerzej *+acc*.

expanse [ɪks'pæns] *n* obszar *m*, przestrzeń *f*.

expansion [ɪks'pænʃən] *n* (*of business, economy etc*) rozwój *m*, wzrost *m*; (*of gas, metal*) rozszerzanie się *nt*.

expansionism [ɪks'pænʃənɪzəm] *n* espansjonizm *m*.

expansionist [ɪks'pænʃənɪst] *adj* ekspansjonistyczny.

expatriate [ɛks'pætrɪət] *n*: **expatriate Poles** Polacy *vir pl* (żyjący) na emigracji.

expect [ɪks'pɛkt] *vt* (*anticipate, hope for*) spodziewać się *+gen*; (*await, require, count on*) oczekiwać *+gen*; (*suppose*): **to expect that ...** przypuszczać, że ... ♦ *vi*: **to be expecting** spodziewać się dziecka; **to expect sb to do sth** (*anticipate*) spodziewać się, że ktoś coś zrobi; (*demand*) oczekiwać od kogoś zrobienia czegoś; **as expected** zgodnie z oczekiwaniami; **I expect so** tak przypuszczam.

expectancy [ɪks'pɛktənsɪ] *n* wyczekiwanie *nt*, nadzieja *f*; **life expectancy** średnia długość życia.

expectant [ɪks'pɛktənt] *adj* (*crowd, silence*) wyczekujący.

expectantly [ɪks'pɛktəntlɪ] *adv* wyczekująco.

expectant mother *n* przyszła matka *f*.

expectation [ɛkspɛk'teɪʃən] *n* oczekiwanie *nt*; **against** *or* **contrary to all expectation(s)** wbrew (wszelkim) oczekiwaniom; **to come** *or* **live up to sb's expectations** spełniać (spełnić *perf*) czyjeś oczekiwania.

expedience [ɪks'piːdɪəns] *n* = **expediency**.

expediency [ɪks'piːdɪənsɪ] *n* doraźne cele *pl*; **for the sake of expediency** ze względów praktycznych.

expedient [ɪks'piːdɪənt] *adj* celowy, wskazany ♦ *n* doraźny środek *m*.

expedite ['ɛkspədaɪt] *vt* przyspieszać (przyspieszyć *perf*).

expedition [ɛkspə'dɪʃən] *n* wyprawa *f*, ekspedycja *f*; **a shopping expedition** wyprawa po zakupy.

expeditionary force [ɛkspə'dɪʃənrɪ-] (*MIL*) *n* ekspedycja *f*.

expeditious [ɛkspə'dɪʃəs] *adj* szybki.

expel [ɪks'pɛl] *vt* (*person*: *from school, organization*) wydalać (wydalić *perf*), usuwać (usunąć *perf*); (: *from place*) wypędzać (wypędzić *perf*); (*gas, liquid*) wyrzucać (wyrzucić *perf*).

expend [ɪks'pɛnd] *vt* wydatkować (wydatkować *perf*).

expendable [ɪks'pɛndəbl] *adj* zbędny, zbyteczny.

expenditure [ɪks'pɛndɪtʃə*] *n* (*of money*) wydatki *pl*; (*of energy, time*) wydatkowanie *nt*, nakład *m*.

expense [ɪks'pɛns] *n* (*cost*) koszt *m*; (*expenditure*) wydatek *m*; **expenses** *npl* wydatki *pl*, koszty *pl*; **at the expense of** kosztem *+gen*; **he's gone to the expense of buying a car** wykosztował się na samochód; **at great/little expense** wielkim/małym kosztem.

expense account *n* rachunek *m* wydatków *or* kosztów.

expensive [ɪks'pɛnsɪv] *adj* (*article*) drogi, kosztowny; (*mistake, tastes*) kosztowny.

experience [ɪks'pɪərɪəns] *n* (*knowledge, skill*) doświadczenie *nt*; (*event, activity*) przeżycie *nt* ♦ *vt* (*situation, problem*) doświadczać (doświadczyć *perf*) *+gen*; (*feeling*) doznawać (doznać *perf*) *+gen*; **to know sth by** *or* **from experience** znać coś z własnego doświadczenia *or* z autopsji; **to**

learn by experience uczyć się przez doświadczenie.

experienced [ɪks'pɪərɪənst] *adj* doświadczony.

experiment [ɪks'pɛrɪmənt] *n* (*SCIENCE*) eksperyment *m*, doświadczenie *nt*; (*trial*) eksperyment *m*, próba *f* ♦ *vi* (*SCIENCE*): **to experiment (with/on)** eksperymentować *or* prowadzić doświadczenia (z *+instr*/na *+loc*); (*fig*) eksperymentować; **to perform** *or* **carry out an experiment** wykonywać (wykonać *perf*) *or* przeprowadzać (przeprowadzić *perf*) eksperyment; **as an experiment** tytułem próby.

experimental [ɪkspɛrɪ'mɛntl] *adj* (*methods*) eksperymentalny; (*ideas*) eksperymentatorski; (*tests*) doświadczalny; **at the experimental stage** w fazie prób.

expert ['ɛkspə:t] *adj* (*driver etc*) wytrawny; (*help, advice*) specjalistyczny ♦ *n* ekspert *m*; **expert in** *or* **at sth** biegły w czymś; **an expert on sth** znawca czegoś; **expert witness** (*JUR*) rzeczoznawca, biegły; **expert opinion** opinia specjalisty.

expertise [ɛkspə:'ti:z] *n* wiedza *f* (specjalistyczna), umiejętności *pl* (specjalistyczne).

expire [ɪks'paɪə*] *vi* wygasać (wygasnąć *perf*), tracić (stracić *perf*) ważność.

expiry [ɪks'paɪərɪ] *n* wygaśnięcie *nt*, utrata *f* ważności.

expiry date *n* data *f* ważności.

explain [ɪks'pleɪn] *vt* wyjaśniać (wyjaśnić *perf*), tłumaczyć (wytłumaczyć *perf*).

▸**explain away** *vt* (*mistake etc*) znajdować (znaleźć *perf*) wytłumaczenie *or* usprawiedliwienie dla *+gen*.

explanation [ɛksplə'neɪʃən] *n* (*reason*) wyjaśnienie *nt*, wytłumaczenie *nt*; (*description*) objaśnienie *nt*; **to find an explanation for sth** znajdować (znaleźć *perf*) wytłumaczenie dla czegoś.

explanatory [ɪks'plænətrɪ] *adj* (*statement*) wyjaśniający; (*leaflet, note*) objaśniający.

explicable [ɪks'plɪkəbl] *adj* wytłumaczalny; **for no explicable reason** z niewyjaśnionych *or* niezrozumiałych powodów.

explicit [ɪks'plɪsɪt] *adj* wyraźny; **to be explicit (about sth)** mówić (o czymś) otwarcie *or* jasno.

explode [ɪks'pləud] *vi* (*bomb*) wybuchać (wybuchnąć *perf*), eksplodować (eksplodować *perf*); (*person*) wybuchać (wybuchnąć *perf*) ♦ *vt* (*bomb*) powodować (spowodować *perf*) wybuch *+gen*, dokonywać (dokonać *perf*) eksplozji *+gen*; (*myth, theory*) obalać (obalić *perf*); **the population was still exploding** liczba ludności nadal gwałtownie rosła.

exploit [*n* 'ɛksplɔɪt, *vb* ɪks'plɔɪt] *n* wyczyn *m* ♦ *vt* (*person*) wyzyskiwać (wyzyskać *perf*); (*idea, opportunity*) wykorzystywać (wykorzystać *perf*); (*resources*) eksploatować (wyeksploatować *perf*).

exploitation [ɛksplɔɪ'teɪʃən] *n* (*of person*) wyzysk *m*; (*of idea, opportunity*) wykorzystanie *nt*; (*of resources*) eksploatacja *f*.

exploration [ɛksplə'reɪʃən] *n* (*of place, space*) badanie *nt*, eksploracja *f* (*fml*); (*of idea, suggestion*) zgłębianie *nt*.

exploratory [ɪks'plɔrətrɪ] *adj* (*expedition*) badawczy; (*talks*) przygotowawczy, wstępny; (*operation*) rozpoznawczy; **exploratory operation** (*MED*) eksploracja chirurgiczna.

explore [ɪks'plɔ:*] *vt* (*place, space*) badać (zbadać *perf*); (*idea, suggestion*) zgłębiać (zgłębić *perf*).

explorer [ɪks'plɔ:rə*] *n* badacz(ka) *m(f)*.

explosion [ɪks'pləuʒən] *n* (*of bomb*) wybuch *m*, eksplozja *f*; (*of population*) eksplozja *f*; (*of rage, laughter*) wybuch *m*.

explosive [ɪks'pləusɪv] *adj* (*material, temper*) wybuchowy; (*situation*) zapalny ♦ *n* materiał *m* wybuchowy.

exponent [ɪks'pəunənt] *n* (*of idea, theory*) propagator(ka) *m(f)*; (*of skill, activity*) przedstawiciel(ka) *m(f)*, reprezentant(ka) *m(f)*; (*MATH*) wykładnik *m* (potęgi).

exponential [ɛkspəu'nɛnʃl] *adj* (*growth, increase*) gwałtowny; (*MATH*) wykładniczy.

export [*vb* ɛks'pɔ:t, *n, cpd* 'ɛkspɔ:t] *vt* eksportować (eksportować *perf*) ♦ *n* (*process*) eksport *m*; (*product*) towar *m or* produkt *m* eksportowy ♦ *cpd*: **export duty** cło *nt* eksportowe *or* wywozowe; **export permit** pozwolenie na eksport *or* wywóz.

exportation [ɛkspɔ:'teɪʃən] *n* wywóz *m*, eksport *m*.

exporter [ɛks'pɔ:tə*] *n* eksporter *m*.

expose [ɪks'pəuz] *vt* (*object*) odsłaniać (odsłonić *perf*); (*person*) demaskować (zdemaskować *perf*); (*situation*) ujawniać (ujawnić *perf*); **to expose o.s.** (*JUR*) obnażać się (obnażyć się *perf*) (w miejscu publicznym).

exposé [ɛks'pəuzeɪ] *n* exposé *nt inv*.

exposed [ɪks'pəuzd] *adj* nie osłonięty, odkryty; (*ELEC*) nieizolowany, nie zabezpieczony.

exposition [ɛkspə'zɪʃən] *n* (*explanation*) przedstawienie *nt*; (*exhibition*) ekspozycja *f*, wystawa *f*.

exposure [ɪks'pəuʒə*] *n* (*publicity*) nagłośnienie *nt*; (*of truth*) ujawnienie *nt*; (*of person*) zdemaskowanie *nt*; (*PHOT*: *amount of light*) naświetlenie *nt*; (: *shot*) klatka *f*; **exposure to** (*heat, radiation etc*) wystawienie na *+acc or* na działanie *+gen*; **death from exposure** śmierć na skutek nadmiernego ochłodzenia organizmu.

exposure meter *n* światłomierz *m*.

expound [ɪks'paund] *vt* (*theory, opinion*) wykładać (wyłożyć *perf*).

express [ɪks'prɛs] *adj* (*command, intention*) wyraźny; (*letter, train, bus*) ekspresowy ♦ *n* (*RAIL*) ekspres *m* ♦ *adv*: **to send sth express** wysyłać (wysłać *perf*) coś ekspresem ♦ *vt* wyrażać (wyrazić *perf*); **to express o.s.** wyrażać się (wyrazić się *perf*), wysławiać się (wysłowić się *perf*).

expression [ɪks'prɛʃən] *n* (*word, phrase*) wyrażenie *nt*, zwrot *m*; (*of welcome, support*) wyraz *m*; (*on face*) wyraz *m* twarzy; (*of actor, singer*) ekspresja *f*; **freedom of expression** wolność słowa.

expressionism [ɪks'prɛʃənɪzəm] *n* ekspresjonizm *m*.

expressive [ɪks'prɛsɪv] *adj* pełen wyrazu; **expressive ability** umiejętność wysławiania się.

expressly [ɪks'prɛslɪ] *adv* wyraźnie.

expressway [ɪks'prɛsweɪ] (*US*) *n* ≈ autostrada *f*.

expropriate [ɛks'prəuprɪeɪt] *vt* (*government etc*) konfiskować (skonfiskować *perf*), przejmować (przejąć *perf*); (*person*) przywłaszczać (przywłaszczyć *perf*) sobie.

expulsion [ɪks'pʌlʃən] *n* (*SCOL, POL*) wydalenie *nt*; (*of gas, liquid*) wypuszczenie *nt*.

expurgate ['ɛkspə:geɪt] *vt* okrawać (okroić *perf*); **the expurgated version** okrojona wersja.

exquisite [ɛks'kwɪzɪt] *adj* (*beautiful*) przepiękny; (*perfect*) znakomity, wyśmienity; (*pain*) dojmujący; (*pleasure, relief*) wyraźny.

exquisitely [ɛks'kwɪzɪtlɪ] *adv* (*beautifully*) przepięknie; (*perfectly*) znakomicie, wyśmienicie; (*polite, sensitive*) nienagannie.

ex-serviceman ['ɛks'sə:vɪsmən] *n* były wojskowy *m*.

ext. (*TEL*) *abbr* = **extension** w., wew., wewn.

extemporize [ɪks'tɛmpəraɪz] *vi* improwizować.

extend [ɪks'tɛnd] *vt* (*make longer*) przedłużać (przedłużyć *perf*); (*make larger*) powiększać (powiększyć *perf*); (*offer*) składać (złożyć *perf*); (*invitation*) wystosowywać (wystosować *perf*); (*arm, hand*) wyciągać (wyciągnąć *perf*); (*deadline, visa*) przedłużać (przedłużyć *perf*); (*credit*) udzielać (udzielić *perf*) *+gen* ♦ *vi* (*land, road*) rozciągać się, ciągnąć się; (*period*) trwać, ciągnąć się.

extension [ɪks'tɛnʃən] *n* (*of building*) dobudówka *f*; (*of time, road, table*) przedłużenie *nt*; (*of campaign, rights*) rozszerzenie *nt*; (*ELEC*) przedłużacz *m*; (*TEL*: *in private house*) dodatkowy aparat *m*; (: *in office*) numer *m* wewnętrzny; **extension 3718** wewnętrzny 3718.

extension cable *n* przedłużacz *m*.

extension lead *n* = **extension cable**.

extensive [ɪks'tɛnsɪv] *adj* (*area, knowledge, damage*) rozległy; (*coverage, discussion, inquiries*) szczegółowy; (*quotation*) obszerny; **to make extensive use of** korzystać w znacznym stopniu z *+gen*.

extensively [ɪks'tɛnsɪvlɪ] *adv*: **he's travelled extensively** wiele podróżował.

extent [ɪks'tɛnt] *n* (*of area, land*) rozmiary *pl*; (*of problem*) zakres *m*, zasięg *m*; (*of damage, loss*) stopień *m*, rozmiary *pl*; **to some extent, to a certain extent** do pewnego stopnia, w pewnej mierze; **to a large extent** w dużym stopniu, w dużej mierze; **to the extent of ...** aż po *+acc*; **to such an extent that ...** do tego stopnia, że ... .

extenuating [ɪks'tɛnjueɪtɪŋ] *adj*: **extenuating circumstances** okoliczności *pl* łagodzące.

exterior [ɛks'tɪərɪə*] *adj* zewnętrzny ♦ *n* (*outside*) zewnętrzna *f* strona; (*appearance*) powierzchowność *f*.

exterminate [ɪks'tə:mɪneɪt] *vt* (*animals*) tępić (wytępić *perf*); (*people*) eksterminować.

extermination [ɪkstə:mɪ'neɪʃən] *n* (*of animals*) wytępienie *nt*; (*of people*) eksterminacja *f*.

external [ɛks'tə:nl] *adj* (*walls, use*) zewnętrzny; (*examiner, auditor*) z zewnątrz *post*; **externals** *npl* trywia *pl*; **for external use only** (wyłącznie) do użytku zewnętrznego; **external affairs** sprawy zagraniczne.

externally [ɛks'tə:nəlɪ] *adv* zewnętrznie.

extinct [ɪks'tɪŋkt] *adj* (*animal, plant*) wymarły; (*volcano*) wygasły.

extinction [ɪks'tɪŋkʃən] *n* wyginięcie *nt*, wymarcie *nt*.

extinguish [ɪks'tɪŋgwɪʃ] *vt* (*fire*) gasić (ugasić *perf*); (*light, cigarette*) gasić (zgasić *perf*); (*memory*) wymazywać (wymazać *perf*); (*hope*) niweczyć (zniweczyć *perf*).

extinguisher [ɪks'tɪŋgwɪʃə*] *n* (*also*: **fire extinguisher**) gaśnica *f*.

extol [ɪks'təul] (*US* **extoll**) *vt* wychwalać.

extort [ɪks'tɔ:t] *vt*: **to extort from sb** (*money etc*) wydzierać (wydrzeć *perf*) komuś; (*confession, promise*) wymuszać (wymusić *perf*) na kimś.

extortion [ɪks'tɔ:ʃən] *n* (*crime*) wymuszenie *nt*; (*exorbitant charge*) zdzierstwo *nt*.

extortionate [ɪks'tɔ:ʃnɪt] *adj* wygórowany.

extra ['ɛkstrə] *adj* dodatkowy ♦ *adv* dodatkowo, ekstra (*inf*) ♦ *n* (*luxury*) dodatek *m*; (*surcharge*) dopłata *f*; (*FILM, THEAT*) statysta (-tka) *m(f)*; **wine will cost extra** za wino trzeba będzie zapłacić osobno.

extra... ['ɛkstrə] *pref* (*very*): **extra-large** bardzo duży; (*from outside*): **extra-parliamentary** pozaparlamentarny.

extract [*vb* ɪks'trækt, *n* 'ɛkstrækt] *vt* (*object*) wyciągać (wyciągnąć *perf*); (*tooth*) usuwać (usunąć *perf*), wyrywać (wyrwać *perf*); (*mineral*: *from ground*) wydobywać (wydobyć *perf*); (: *from another substance*) uzyskiwać (uzyskać *perf*); (*promise, confession*) wymuszać (wymusić *perf*); (*money*) wyłudzać (wyłudzić *perf*) ♦ *n* (*of novel*) wyjątek *m*, urywek *m*; (*of recording*) fragment *m*; (*from plant etc*) wyciąg *m*, ekstrakt *m*.

extraction [ɪks'trækʃən] *n* (*of tooth*) usunięcie *nt*, wyrwanie *nt*, ekstrakcja *f* (*fml*); (*descent*) pochodzenie *nt*; (*of mineral*: *from ground*) wydobycie *nt*; (: *from another substance*) uzyskanie *nt*; (*of promise, confession*) wymuszenie *nt*; (*of money*) wyłudzenie *nt*; **he is**

of Scottish extraction, he is Scottish by extraction jest z pochodzenia Szkotem.
extracurricular ['ɛkstrəkə'rɪkjulə*] *adj* ponadprogramowy.
extradite ['ɛkstrədaɪt] *vt* ekstradować *(perf)*.
extradition [ɛkstrə'dɪʃən] *n* ekstradycja *f* ♦ *cpd*: **extradition order** nakaz *m* ekstradycji; **extradition treaty** umowa o ekstradycji.
extramarital ['ɛkstrə'mærɪtl] *adj* pozamałżeński.
extramural ['ɛkstrə'mjuərl] *adj* (*studies, course*) zaoczny; (*activities*) dodatkowy.
extraneous [ɛks'treɪnɪəs] *adj* uboczny.
extraordinary [ɪks'trɔ:dnrɪ] *adj* nadzwyczajny, niezwykły; (*meeting*) nadzwyczajny; **the extraordinary thing is that ...** niezwykłe jest to, że ... .
extraordinary general meeting *n* nadzwyczajne walne zebranie *nt*.
extrapolation [ɛkstræpə'leɪʃən] *n* ekstrapolacja *f*.
extra-sensory perception *n* percepcja *f* pozazmysłowa.
extra time (*FOOTBALL*) *n* dogrywka *f*.
extravagance [ɪks'trævəgəns] *n* (*no pl*: *quality*) rozrzutność *f*; (*instance*) ekstrawagancja *f*.
extravagant [ɪks'trævəgənt] *adj* (*person*) rozrzutny; (*gift*) (przesadnie) kosztowny; (*tastes, ideas*) ekstrawagancki; (*praise*) przesadny.
extreme [ɪks'tri:m] *adj* (*conditions, opinions, methods*) ekstremalny; (*poverty, example*) skrajny; (*caution*) największy ♦ *n* ekstremalność *f*, skrajność *f*; **extreme point/tip** czubek, koniec; **extreme edge** skraj, kraniec; **the extreme right/left** (*POL*) skrajna prawica/lewica; **extremes of temperature** ekstremalne *or* skrajne temperatury.
extremely [ɪks'tri:mlɪ] *adv* niezmiernie, nadzwyczajnie.
extremist [ɪks'tri:mɪst] *n* ekstremista (-tka) *m(f)* ♦ *adj* ekstremistyczny.
extremity [ɪks'trɛmɪtɪ] *n* (*edge, end*) kraniec *m*, skraj *m*; (*of situation*) skrajność *f*; **extremities** *npl* (*ANAT*) kończyny *pl*.
extricate ['ɛkstrɪkeɪt] *vt*: **to extricate sb/sth from** (*trap*) wyswobadzać (wyswobodzić *perf*) kogoś/coś z *+gen*; (*difficult situation*) wyplątywać (wyplątać *perf*) kogoś/coś z *+gen*.
extrovert ['ɛkstrəvə:t] *n* ekstrawertyk (-yczka) *m(f)*.
exuberance [ɪg'zju:bərns] *n* entuzjazm *m*.
exuberant [ɪg'zju:bərnt] *adj* (*person*) tryskający energią *or* entuzjazmem; (*imagination, foliage*) bujny, wybujały.
exude [ɪg'zju:d] *vt* (*confidence, enthusiasm*) tryskać *+instr*; (*liquid, smell*) wydzielać.
exult [ɪg'zʌlt] *vi* nie posiadać się z radości; **he exulted in the title of ...** chlubił się tytułem *+gen*.
exultant [ɪg'zʌltənt] *adj* rozradowany.
exultation [ɛgzʌl'teɪʃən] *n* rozradowanie *nt*.

eye [aɪ] *n* (*ANAT*) oko *nt*; (*of needle*) ucho *nt* ♦ *vt* przypatrywać się (przypatrzyć się *perf*) *+dat*; **to keep an eye on** mieć na oku *+acc*; **as far as the eye can see** jak okiem sięgnąć; **in the public eye** w centrum uwagi publicznej; **to see eye to eye with sb** całkowicie się z kimś zgadzać; **to have an eye for** mieć (doskonałe) wyczucie *+gen*; **there's more to this than meets the eye** kryje się za tym coś więcej.
eyeball ['aɪbɔ:l] *n* gałka *f* oczna.
eyebath ['aɪbɑ:θ] (*BRIT*) *n* kieliszek *m* do przemywania oczu.
eyebrow ['aɪbrau] *n* brew *f*.
eyebrow pencil *n* ołówek *m* do brwi.
eye-catching ['aɪkætʃɪŋ] *adj* przyciągający wzrok.
eye cup (*US*) *n* = **eyebath**.
eyedrops ['aɪdrɔps] *npl* krople *pl* do oczu.
eyeglass ['aɪglɑ:s] *n* monokl *m*.
eyelash ['aɪlæʃ] *n* rzęsa *f*.
eyelet ['aɪlɪt] *n* (*on belt, shoes*) dziurka *f*.
eye-level ['aɪlɛvl] *adj* na wysokości oczu *post*.
eyelid ['aɪlɪd] *n* powieka *f*.
eyeliner ['aɪlaɪnə*] *n* ołówek *m* do oczu, eyeliner *m*.
eye-opener ['aɪəupnə*] *n* objawienie *nt*.
eyeshadow ['aɪʃædəu] *n* cień *m* do powiek.
eyesight ['aɪsaɪt] *n* wzrok *m*.
eyesore ['aɪsɔ:*] *n* (*fig*) szkaradzieństwo *nt*, brzydactwo *nt*.
eyestrain ['aɪstreɪn] *n*: **to get eyestrain** przemęczyć *(perf)* oczy *or* wzrok.
eyetooth ['aɪtu:θ] (*pl* **eyeteeth**) *n* (górny) kieł *m* (*ludzki*); **I would give my eyeteeth for/to** wiele bym dał za *+acc*/, żeby móc *+infin*.
eyewash ['aɪwɔʃ] *n* płyn *m* do przemywania oczu; (*fig*) mydlenie *nt* oczu.
eye witness *n* naoczny świadek *m*.
eyrie ['ɪərɪ] *n* niedostępne gniazdo *nt* (*orle itp*).

F,f

F[1], **f** [ɛf] *n* (*letter*) F *nt*, f *nt*; **F for Frederick,** *(US)* **F for Fox** ≈ F jak Franciszek.
F[2] [ɛf] *n* (*MUS*) F *nt*, f *nt*.
F[3] *abbr* = **Fahrenheit** °F.
FA (*BRIT*) *n abbr* (= *Football Association*) ≈ PZPN *m*.
FAA (*US*) *n abbr* (= *Federal Aviation Administration*) *urząd federalny sprawujący kontrolę nad lotnictwem*.
fable ['feɪbl] *n* bajka *f*.
fabric ['fæbrɪk] *n* (*cloth*) tkanina *f*; (*of society*) struktura *f*; (*of building*) konstrukcja *f*.
fabricate ['fæbrɪkeɪt] *vt* (*evidence, story*)

fabrykować (sfabrykować *perf*); (*parts, equipment*) produkować (wyprodukować *perf*).

fabrication [fæbrɪ'keɪʃən] *n* (*lie*) wymysł *m*; (*manufacturing*) produkcja *f*.

fabric ribbon *n* taśma *f* do maszyny (do pisania).

fabulous ['fæbjuləs] *adj* (*person, looks, mood*) fantastyczny; (*beauty, wealth, luxury*) bajeczny; (*mythical*) baśniowy, bajkowy.

facade *n* (*lit, fig*) fasada *f*.

face [feɪs] *n* (*ANAT*) twarz *f*; (*expression*) mina *f*; (*of clock*) tarcza *f*; (*of mountain, cliff*) ściana *f*; (*of cube, dice*) ścianka *f*; (*fig*) oblicze *nt* ♦ *vt* (*person: direction, object*) zwracać się (zwrócić się *perf*) twarzą do *+gen*; (: *unpleasant situation*) stawiać (stawić *perf*) czoło *+dat*; (*building, seat*) być zwróconym w kierunku *+gen*; **face down/up** (*person*) (leżący) na brzuchu/plecach; (*card*) zakryty/odkryty; **to lose/save face** stracić (*perf*)/zachować (*perf*) twarz; **to make** *or* **pull a face** robić (zrobić *perf*) minę; **to make faces** robić *or* stroić miny; **in the face of** w obliczu *+gen*; **on the face of it** na pierwszy rzut oka; **face to face (with)** twarzą w twarz (z *+instr*); **to be facing sb/sth** (*person*) być zwróconym twarzą do kogoś/czegoś; **to face the fact that ...** przyjmować (przyjąć *perf*) do wiadomości (fakt), że ... .

►**face up to** *vt fus* (*problems, obstacles*) stawiać (stawić *perf*) czoło *+dat*; (*one's responsibilities, duties*) uznawać (uznać *perf*) *+acc*.

face cloth (*BRIT*) *n* myjka *f* do twarzy.

face cream *n* krem *m* do twarzy.

faceless ['feɪslɪs] *adj* bezimienny, anonimowy.

face lift *n* (*of person*) lifting *m* twarzy; (*of building, room, furniture*) odnowienie *nt*.

face powder *n* puder *m* (kosmetyczny).

face-saving ['feɪs'seɪvɪŋ] *adj* (*compromise, gesture*) pozwalający zachować twarz.

facet ['fæsɪt] *n* (*of question, personality*) strona *f*, aspekt *m*; (*of gem*) faseta *f*.

facetious [fə'si:ʃəs] *adj* (*comment, remark*) żartobliwy; (*person*) frywolny.

face-to-face ['feɪstə'feɪs] *adv* twarzą w twarz *post*.

face value *n* wartość *f* nominalna; **to take sth at face value** (*fig*) brać (wziąć *perf*) coś za dobrą monetę.

facia ['feɪʃə] *n* = **fascia**.

facial ['feɪʃl] *adj*: **facial expression** wyraz *m* twarzy; **facial hair** owłosienie *nt* twarzy, zarost *m* ♦ *n* zabieg *m* kosmetyczny (twarzy).

facile ['fæsaɪl] *adj* płytki, powierzchowny.

facilitate [fə'sɪlɪteɪt] *vt* ułatwiać (ułatwić *perf*).

facilities [fə'sɪlɪtɪz] *npl* (*buildings*) pomieszczenia *pl*; (*equipment*) urządzenia *pl*; **credit facilities** możliwość zaciągnięcia kredytu; **she had no cooking facilities in her room** nie miała w swoim pokoju warunków do gotowania.

facility [fə'sɪlɪtɪ] *n* (*service*) udogodnienie *nt*; (*feature*) (dodatkowa) funkcja *f*; (*aptitude*): **to have a facility for** (*languages etc*) mieć zdolności do *+gen*.

facing ['feɪsɪŋ] *n* fliselina *f*, materiał *m* usztywniający.

facsimile [fæk'sɪmɪlɪ] *n* faksymile *nt*.

fact [fækt] *n* fakt *m*; **in fact** (*expressing emphasis*) faktycznie; (*disagreeing*) w rzeczywistości; (*qualifying statement*) właściwie; **I know for a fact (that ...)** wiem na pewno (, że ...); **the fact (of the matter) is (that) ...** rzecz w tym, że ...; **have you told your son the facts of life yet?** czy uświadomiłeś już syna?; **the service fell victim to the economic facts of life** usługi padły ofiarą naturalnych praw rozwoju ekonomicznego.

fact-finding ['fæktfaɪndɪŋ] *adj* (*mission, trip*) dla zebrania informacji *post*.

faction ['fækʃən] *n* odłam *m*, frakcja *f*.

factor ['fæktə*] *n* czynnik *m*; (*MATH*) współczynnik *m*.

factory ['fæktərɪ] *n* fabryka *f*.

factory farming (*BRIT*) *n* chów *m* przemysłowy; (*of pigs*) tucz *m* przemysłowy.

factory ship *n* statek *m* przetwórnia *f*.

factual ['fæktjuəl] *adj* (*analysis, information*) rzeczowy.

faculty ['fækəltɪ] *n* (*sense, ability*) zdolność *f*; (*of university*) wydział *m*; (*US: teaching staff*) wykładowcy *vir pl*.

fad [fæd] *n* przelotna *or* chwilowa moda *f*.

fade [feɪd] *vi* (*colour, wallpaper, photograph*) blaknąć (wyblaknąć *perf*); (*sound*) cichnąć, ucichać (ucichnąć *perf*); (*hope, memory, smile*) gasnąć (zgasnąć *perf*); **the light was fading** ściemniało się.

►**fade in** *vt* (*picture*) rozjaśniać (rozjaśnić *perf*); (*sound*) wzmacniać (wzmocnić *perf*).

►**fade out** *vt* (*picture*) ściemniać (ściemnić *perf*); (*sound*) wyciszać (wyciszyć *perf*).

faeces ['fi:si:z] (*US* **feces**) *npl* kał *m*, odchody *pl*.

fag [fæg] *n* (*BRIT: inf: cigarette*) fajka *f* (*inf*); (: : *chore*) mordęga *f*; (*US: inf!*) pedał *m* (*inf!*).

fail [feɪl] *vt* (*person: exam*) nie zdawać (nie zdać *perf*) *+gen*, oblewać (oblać *perf*); (*examiner: candidate*) oblewać (oblać *perf*); (*leader, memory*) zawodzić (zawieść *perf*); (*courage*) opuszczać (opuścić *perf*) ♦ *vi* (*candidate*) nie zdawać (nie zdać *perf*), oblewać (oblać *perf*); (*attempt*) nie powieść się (*perf*); (*brakes*) zawodzić (zawieść *perf*); (*eyesight, health*) pogarszać się (pogorszyć się *perf*); (*light*) gasnąć (zgasnąć *perf*); **to fail to do sth** (*not succeed*) nie zdołać (*perf*) czegoś zrobić; (*neglect*) nie zrobić (*perf*) czegoś; **without fail** (*always, religiously*) obowiązkowo; (*definitely*) na pewno.

failing ['feɪlɪŋ] *n* wada *f* ♦ *prep* jeżeli nie będzie *+gen*; **failing that** ewentualnie.

failsafe ['feɪlseɪf] *adj* (*machine, system*)

bezpieczny w razie uszkodzenia; (*device, mechanism*) zabezpieczający.

failure ['feɪljə*] *n* (*lack of success*) niepowodzenie *nt*; (*person*) ofiara *f* (życiowa), nieudacznik *m*; (*of engine*) uszkodzenie *nt*; (*of heart*) niedomoga *f*, niewydolność *f*; (*of crops*) nieurodzaj *m*; **his failure to turn up** jego niestawienie się; **it was a complete failure** to była kompletna klęska.

faint [feɪnt] *adj* nikły, słaby; (*smell, breeze*) lekki ♦ *vi* (*MED*) mdleć (zemdleć *perf*) ♦ *n* (*MED*) omdlenie *nt*; **I feel faint** słabo mi.

faint-hearted ['feɪnt'hɑːtɪd] *adj* (*attempt*) nieśmiały; (*person*) bojaźliwy.

faintly ['feɪntlɪ] *adv* (*slightly*) z lekka; (*weakly*) słabo.

fair [fɛə*] *adj* (*just, impartial*) sprawiedliwy; (*honest, honourable*) uczciwy; (*size, number, chance*) spory; (*guess, assessment*) trafny; (*complexion, hair*) jasny; (*weather*) ładny ♦ *adv*: **to play fair** (*SPORT*) grać fair; (*fig*) postępować uczciwie ♦ *n* (*also*: **trade fair**) targi *pl*; (*BRIT*: *also*: **funfair**) wesołe miasteczko *nt*; **it's not fair!** to nie fair!; **a fair amount of money** spora suma pieniędzy; **a fair amount of success** spory sukces.

fair copy *n* czystopis *m*.

fair-haired [fɛə'hɛəd] *adj* jasnowłosy.

fairly ['fɛəlɪ] *adv* (*justly*) sprawiedliwie; (*quite*) dość, dosyć.

fair-minded [fɛə'maɪndɪd] *adj* bezstronny.

fairness ['fɛənɪs] *n* sprawiedliwość *f*; **in all fairness** gwoli sprawiedliwości.

fair play *n* fair play *nt inv*.

fairway ['fɛəweɪ] *n* (*GOLF*) bieżnia *f*.

fairy ['fɛərɪ] *n* wróżka *f* (*z bajki*).

fairy godmother *n* (*fig*) dobra *f* wróżka.

fairy lights (*BRIT*) *npl* kolorowe światełka *pl or* lampki *pl*.

fairy tale *n* bajka *f*, baśń *f*.

faith [feɪθ] *n* wiara *f*; **to have faith in sb/sth** wierzyć w kogoś/coś.

faithful ['feɪθful] *adj* wierny; **to be faithful to** (*spouse*) być wiernym *+dat*; (*book, original*) wiernie oddawać (oddać *perf*) *+acc*.

faithfully ['feɪθfəlɪ] *adv* wiernie; **Yours faithfully** Z poważaniem.

faith healer *n* uzdrowiciel(ka) *m(f)*, uzdrawiacz(ka) *m(f)* (*pej*).

fake [feɪk] *n* falsyfikat *m*, podróbka *f* (*inf*) ♦ *adj* (*antique*) podrabiany; (*passport*) fałszywy; (*laugh*) udawany ♦ *vt* (*painting, document, signature*) podrabiać (podrobić *perf*); (*accounts, results*) fałszować (sfałszować *perf*); (*illness, emotion*) udawać (udać *perf*); **he's a fake** nie jest tym, za kogo się podaje.

falcon ['fɔːlkən] *n* sokół *m*.

Falkland Islands ['fɔːlklənd-] *npl*: **the Falkland Islands** Wyspy *pl* Falklandzkie.

fall [fɔːl] (*pt* **fell**, *pp* **fallen**) *n* (*of person, object, government*) upadek *m*; (*in price, temperature*) spadek *m*; (*of snow*) opady *pl*; (*US*: *autumn*) jesień *f* ♦ *vi* (*person, object, government*) upadać (upaść *perf*); (*snow, rain*) padać, spadać (spaść *perf*); (*price, temperature, dollar*) spadać (spaść *perf*); (*night, darkness, silence*) zapadać (zapaść *perf*); (*light, shadow*) padać (paść *perf*); (*sadness*) zapanowywać (zapanować *perf*); **falls** *npl* wodospad *m*; **to fall flat** nie udawać się (nie udać się *perf*), nie wychodzić (nie wyjść *perf*); **to fall in love (with sb/sth)** zakochiwać się (zakochać się *perf*) (w kimś/czymś); **to fall short of sb's expectations** nie spełniać (nie spełnić *perf*) czyichś oczekiwań.

▸**fall apart** *vi* rozpadać się (rozpaść się *perf*), rozlatywać się (rozlecieć się *perf*); (*inf*: *emotionally*) rozklejać się (rozkleić się *perf*).

▸**fall back** *vt fus* (*MIL*) wycofywać się (wycofać się *perf*); (*in fear, disgust*) cofać się (cofnąć się *perf*).

▸**fall back on** *vt fus* zdawać się (zdać się *perf*) na *+acc*, uciekać się (uciec się *perf*) do *+gen*.

▸**fall behind** *vi* pozostawać (pozostać *perf*) w tyle; (*fig*: *with payment*) zalegać.

▸**fall down** *vi* (*person*) upadać (upaść *perf*); (*building*) walić się (zawalić się *perf*).

▸**fall for** *vt fus* (*trick, story*) dawać (dać *perf*) się nabrać na *+acc*; (*person*) zakochiwać się (zakochać się *perf*) w *+loc*.

▸**fall in** *vi* (*roof*) zapadać się (zapaść się *perf*); (*MIL*) formować (sformować *perf*) szereg.

▸**fall in with** *vt fus* (*plan, suggestion*) zgadzać się (zgodzić się *perf*) na *+acc*; (*remark*) zgadzać się (zgodzić się *perf*) z *+instr*.

▸**fall off** *vi* (*person, object*) odpadać (odpaść *perf*); (*takings, attendance*) spadać (spaść *perf*).

▸**fall out** *vi* (*hair, teeth*) wypadać (wypaść *perf*); (*friends etc*): **to fall out (with sb)** poróżnić się (*perf*) (z kimś).

▸**fall over** *vi* przewracać się (przewrócić się *perf*) ♦ *vt* (*object*) przewracać (przewrócić *perf*); **to fall over o.s. to do sth** stawać (stanąć *perf*) na głowie, żeby coś zrobić.

▸**fall through** *vi* nie dochodzić (nie dojść *perf*) do skutku.

fallacy ['fæləsɪ] *n* (*misconception*) mit *m*; (*in reasoning, argument*) błąd *m* (logiczny).

fallback ['fɔːlbæk] *n* odwrót *m* ♦ *cpd*: **fallback position** upatrzona pozycja *f*.

fallen ['fɔːlən] *pp of* **fall**.

fallible ['fæləbl] *adj* (*person*) omylny; (*memory*) zawodny.

falling ['fɔːlɪŋ] *adj*: **falling market** załamujący się rynek *m*.

falling-off ['fɔːlɪŋ'ɔf] *n* (*of business, interest*) spadek *m*.

fallopian tube [fə'ləupɪən-] *n* jajowód *m*.

fallout ['fɔːlaut] *n* opad *m* radioaktywny.

fallout shelter *n* schron *m* przeciwatomowy.
fallow ['fæləu] *adj*: **fallow land/field** ugór *m*.
false [fɔ:ls] *adj* fałszywy; **false imprisonment** bezprawne pozbawienie wolności.
false alarm *n* fałszywy alarm *m*.
falsehood ['fɔ:lshud] *n* fałsz *m*.
falsely ['fɔ:lslɪ] *adv* (*accuse*) bezpodstawnie.
false pretences *npl*: **under false pretences** pod fałszywym pretekstem.
false teeth (*BRIT*) *npl* sztuczna szczęka *f*.
falsify ['fɔ:lsɪfaɪ] *vt* fałszować (sfałszować *perf*).
falter ['fɔ:ltə*] *vi* (*engine*) przerywać; (*voice*) łamać się, załamywać się (załamać się *perf*); (*weaken*: *person*) wahać się (zawahać się *perf*); (: *demand, interest*) słabnąć (osłabnąć *perf*); **he faltered, his steps faltered** zachwiał się.
fame [feɪm] *n* sława *f*.
familiar [fə'mɪlɪə*] *adj* (*well-known*) (dobrze) znany, znajomy; (*too intimate*) poufały; **I am familiar with her work** znam jej prace; **to be on familiar terms with sb** być z kimś w zażyłych stosunkach.
familiarity [fəmɪlɪ'ærɪtɪ] *n* (*of place*) znajomy wygląd *m or* charakter *m*; (*excessive intimacy*) poufałość *f*; (*knowledge*): **familiarity with** znajomość *f +gen*.
familiarize [fə'mɪlɪəraɪz] *vt*: **to familiarize o.s. with sth** zaznajamiać się (zaznajomić się *perf*) z czymś.
family ['fæmɪlɪ] *n* rodzina *f*; **mothers with large families** matki z licznym potomstwem; **after raising a family** po odchowaniu dzieci.
family business *n* firma *f* rodzinna.
family doctor *n* lekarz *m* domowy.
family life *n* życie *nt* rodzinne.
family planning *n* planowanie *nt* rodziny; **family planning clinic** poradnia rodzinna.
family tree *n* drzewo *nt* genealogiczne.
famine ['fæmɪn] *n* głód *m*, klęska *f* głodu.
famished ['fæmɪʃt] (*inf*) *adj* wygłodniały; **I'm famished** umieram z głodu.
famous ['feɪməs] *adj* sławny, znany; **famous for** słynny *or* słynący z *+gen*.
famously ['feɪməslɪ] *adv*: **to get on famously (with sb)** bardzo dobrze się (z kimś) zgadzać.
fan [fæn] *n* (*folding*) wachlarz *m*; (*ELEC*) wentylator *m*; (*of pop star*) fan(ka) *m(f)*; (*of sports team*) kibic *m* ♦ *vt* (*face, person*) wachlować (powachlować *perf*); (*fire, fear, anger*) podsycać (podsycić *perf*).
▸**fan out** *vi* (*spread out*) rozbiegać się (rozbiec się *perf*) (półkoliście).
fanatic [fə'nætɪk] *n* fanatyk (-yczka) *m(f)*.
fanatical [fə'nætɪkl] *adj* fanatyczny.
fan belt *n* pasek *m* klinowy wentylatora.
fanciful ['fænsɪful] *adj* (*notion, idea*) dziwaczny; (*design, name*) udziwniony, wymyślny.
fancy ['fænsɪ] *n* (*liking*) upodobanie *nt*; (*imagination*) wyobraźnia *f*, fantazja *f*; (*fantasy*) marzenie *nt*, mrzonka *f* ♦ *adj* (*clothes, hat*) wymyślny, fantazyjny; (*hotel*) wytworny, luksusowy ♦ *vt* (*feel like, want*) mieć ochotę na *+acc*; (*imagine*) wyobrażać (wyobrazić *perf*) sobie; **I fancied (that) ...** wydawało mi się, że ...; **I took a fancy to him** przypadł mi do gustu; **when the fancy takes him** kiedy mu przyjdzie ochota; **the vase immediately took** *or* **caught her fancy** wazon natychmiast wpadł jej w oko; **he fancies himself** jest zakochany w sobie; **he fancies himself as an intellectual** wyobraża sobie, że jest intelektualistą; **she fancies you** (*inf*) podobasz jej się; **well, fancy that!** a to dopiero!, coś takiego!
fancy dress *n* przebranie *nt*, kostium *m*.
fancy-dress ball ['fænsɪdrɛs-] *n* bal *m* kostiumowy *or* przebierańców.
fancy goods *npl* luksusowe towary *pl*.
fanfare ['fænfɛə*] *n* fanfara *f*.
fang [fæŋ] *n* kieł *m*.
fan heater (*BRIT*) *n* termowentylator *m*.
fanlight ['fænlaɪt] *n* naświetle *nt* (*półkoliste okienko nad drzwiami*).
fantasize ['fæntəsaɪz] *vi* marzyć.
fantastic [fæn'tæstɪk] *adj* fantastyczny; (*strange, incredible*) niezwykły.
fantasy ['fæntəsɪ] *n* (*dream*) marzenie *nt*; (*unreality*) fikcja *f*; (*imagination*) wyobraźnia *f*; (*LITERATURE*) fantastyka *f* baśniowa.
FAO *n abbr* (= *Food and Agriculture Organization*) FAO *nt inv*.
f.a.q. *abbr* (= *free alongside quay*) franco nabrzeże.
far [fɑ:*] *adj* daleki ♦ *adv* (*a long way*) daleko; (*much, greatly*) w dużym stopniu; **at the far side** na drugiej stronie; **at the far end** na drugim końcu; **far away** daleko; **far off** daleko; **far better** daleko lepiej; **he was far from poor** nie był bynajmniej biedny; **far from speeding up, the car stopped** zamiast przyspieszyć, samochód zatrzymał się; **by far** zdecydowanie; **is it far to London?** czy daleko do Londynu?; **it's not far from here** to niedaleko stąd; **go as far as the farm** idź (aż) do farmy; **as far back as the thirteenth century** już w trzynastym wieku; **as far as I know** o ile wiem; **as far as possible** na tyle, na ile (to) możliwe, w miarę możliwości; **he went too far** posunął się zbyt daleko; **he went so far as to resign** posunął się aż do złożenia rezygnacji; **far and away** zdecydowanie; **from far and wide** zewsząd; **far from it** bynajmniej; **far be it from me to criticise** daleki jestem od tego, by krytykować; **so far** (jak) dotąd *or* do tej pory, dotychczas; **how far?** (*in distance, progress*) jak daleko?; (*in degree*) na ile?, do jakiego stopnia?; **the far left/right** (*POL*) skrajna lewica/prawica.
faraway ['fɑ:rəweɪ] *adj* (*place*) odległy, daleki; (*sound*) daleki; (*look, thought*) oddalony.

farce [fɑ:s] *n* (*lit, fig*) farsa *f*.
farcical ['fɑ:sɪkl] *adj* absurdalny, niedorzeczny.
fare [fɛə*] *n* (*on train, bus*) opłata *f* (za przejazd); (*food*) strawa *f*; (*in taxi*) klient(ka) *m(f)*; **he fares well/badly** dobrze/źle mu się powodzi *or* wiedzie; **how did you fare?** jak ci poszło?; **they fared badly in the recent elections** nie powiodło im się w ostatnich wyborach; **half/full fare** opłata ulgowa/normalna.
Far East *n*: **the Far East** Daleki Wschód *m*.
farewell [fɛə'wɛl] *excl* żegnaj(cie) ♦ *n* pożegnanie *nt*; **to bid sb farewell** żegnać się (pożegnać się *perf*) z kimś ♦ *cpd* pożegnalny.
far-fetched ['fɑ:'fɛtʃt] *adj* (*argument*) naciągany (*inf*); (*conclusion*) zbyt daleko idący.
farm [fɑ:m] *n* gospodarstwo *nt* (rolne); (*specialist*) farma *f* ♦ *vt* (*land*) uprawiać.
►**farm out** *vt* (*work etc*) zlecać (zlecić *perf*).
farmer ['fɑ:mə*] *n* rolnik *m*; (*on specialist farm*) farmer *m*.
farmhand ['fɑ:mhænd] *n* robotnik (-ica) *m(f)* rolny (-na) *m(f)*.
farmhouse ['fɑ:mhaus] *n* dom *m* w gospodarstwie rolnym.
farming ['fɑ:mɪŋ] *n* (*agriculture*) gospodarka *f* rolna; (*of crops*) uprawa *f*; (*of animals*) hodowla *f*; **sheep farming** hodowla owiec; **intensive farming** intensywna gospodarka rolna.
farm labourer *n* = **farmhand**.
farmland ['fɑ:mlænd] *n* pole *nt* uprawne.
farm produce *n* produkty *pl* rolne.
farm worker *n* = **farmhand**.
farmyard ['fɑ:mjɑ:d] *n* podwórze *nt*.
Faroe Islands ['fɛərəu-] *npl*: **the Faroe Islands** Wyspy *pl* Owcze.
Faroes ['fɛərəuz] *npl* = **Faroe Islands**.
far-reaching ['fɑ:'ri:tʃɪŋ] *adj* dalekosiężny.
far-sighted ['fɑ:'saɪtɪd] *adj* (*US*) dalekowzroczny.
fart [fɑ:t] (*inf!*) *vi* pierdzieć (pierdnąć *perf*) (*inf!*) ♦ *n* pierdnięcie *nt* (*inf!*).
farther ['fɑ:ðə*] *adv* dalej ♦ *adj* (*shore, side*) drugi.
farthest ['fɑ:ðɪst] *adv* najdalej.
f.a.s. (*BRIT*) *abbr* (= *free alongside ship*) franco wzdłuż burty statku.
fascia ['feɪʃə] *n* (*AUT*) deska *f* rozdzielcza.
fascinate ['fæsɪneɪt] *vt* fascynować (zafascynować *perf*).
fascinating ['fæsɪneɪtɪŋ] *adj* fascynujący.
fascination [fæsɪ'neɪʃən] *n* fascynacja *f*, zafascynowanie *nt*; **to hold** *or* **exercise a fascination for sb** być dla kogoś źródłem fascynacji.
fascism ['fæʃɪzəm] *n* faszyzm *m*.
fascist ['fæʃɪst] *adj* faszystowski ♦ *n* faszysta (-tka) *m(f)*.
fashion ['fæʃən] *n* (*trend, clothes*) moda *f*; (*manner*) sposób *m* ♦ *vt* (*out of clay etc*) modelować (wymodelować *perf*); **in fashion** w modzie; **to go out of fashion** wychodzić (wyjść *perf*) z mody; **after a fashion** jako tako.
fashionable ['fæʃnəbl] *adj* modny.
fashion designer *n* projektant(ka) *m(f)* mody.
fashion show *n* pokaz *m* mody.
fast [fɑ:st] *adj* (*runner, car, progress*) szybki; (*dye, colour*) trwały ♦ *adv* (*run, act, think*) szybko; (*stuck, held*) mocno ♦ *n* post *m* ♦ *vi* pościć; **my watch is (5 minutes) fast** mój zegarek śpieszy się (o 5 minut); **to be fast asleep** spać głęboko; **as fast as I can** najszybciej jak mogę; **to make a boat fast** (*BRIT*) cumować (zacumować *perf*) łódź.
fasten ['fɑ:sn] *vt* (*one thing to another*) przymocowywać (przymocować *perf*); (*coat, dress, seat-belt*) zapinać (zapiąć *perf*) ♦ *vi* (*dress etc*) zapinać się (zapiąć się *perf*).
►**fasten (up)on** *vt fus* (*idea, scheme*) uchwycić się (*perf*) +*gen*.
fastener ['fɑ:snə*] *n* zapięcie *nt*.
fastening ['fɑ:snɪŋ] *n* = **fastener**.
fast food *n* szybkie dania *pl*; **fast food restaurant** bar szybkiej obsługi; **fast food chain** sieć barów szybkiej obsługi.
fastidious [fæs'tɪdɪəs] *adj* (*fussy*) wybredny; (*attentive to detail*) drobiazgowy, skrupulatny.
fast lane *n*: **the fast lane** pas *m* szybkiego ruchu.
fat [fæt] *adj* (*animal*) tłusty; (*person, book, wallet*) gruby; (*profit*) pokaźny ♦ *n* tłuszcz *m*; **to live off the fat of the land** opływać w dostatki; **that's a fat lot of use** *or* **good to us** (*inf*) strasznie dużo nam z tego przyjdzie!
fatal ['feɪtl] *adj* (*injury, illness, accident*) śmiertelny; (*mistake*) fatalny.
fatalistic [feɪtə'lɪstɪk] *adj* fatalistyczny.
fatality [fə'tælɪtɪ] *n* (*death*) wypadek *m* śmiertelny.
fatally ['feɪtəlɪ] *adv* (*wounded, injured*) śmiertelnie.
fate [feɪt] *n* los *m*; **to meet one's fate** spotykać (spotkać *perf*) swoje przeznaczenie.
fated ['feɪtɪd] *adj*: **we were fated to meet, it was fated that we should meet** było nam przeznaczone *or* sądzone się spotkać.
fateful ['feɪtful] *adj* brzemienny w skutki.
father ['fɑ:ðə*] *n* (*lit, fig*) ojciec *m*.
Father Christmas *n* ≈ Święty Mikołaj *m*.
fatherhood ['fɑ:ðəhud] *n* ojcostwo *nt*.
father-in-law ['fɑ:ðərənlɔ:] *n* teść *m*.
fatherland ['fɑ:ðəlænd] *n* ojczyzna *f*.
fatherly ['fɑ:ðəlɪ] *adj* ojcowski.
fathom ['fæðəm] *n* (*NAUT*) sążeń *m* (angielski) ♦ *vt* (*mystery*) zgłębiać (zgłębić *perf*); (*meaning, reason*) pojmować (pojąć *perf*).
fatigue [fə'ti:g] *n* (*tiredness*) zmęczenie *nt*; **fatigues** *npl* (*MIL*) mundur *m* polowy; **metal fatigue** zmęczenie metalu.
fatness ['fætnɪs] *n* tusza *f*.
fatten ['fætn] *vt* tuczyć (utuczyć *perf*); **chocolate is fattening** czekolada jest tucząca.

fatty ['fætɪ] *adj* (*food*) tłusty ♦ *n* (*inf*) grubas(ka) *m(f)*.

fatuous ['fætjuəs] *adj* niedorzeczny.

faucet ['fɔ:sɪt] (*US*) *n* kran *m*.

fault [fɔ:lt] *n* (*mistake*) błąd *m*; (*defect: in person*) wada *f*; (*: in machine*) usterka *f*; (*GEOL*) uskok *m*; (*TENNIS*) błąd *m* serwisowy ♦ *vt*: **I couldn't fault him** nie mogłem mu nic zarzucić; **it's my fault** to moja wina; **if my memory is not at fault** jeśli mnie pamięć nie myli; **to find fault with sb/sth** czepiać się kogoś/czegoś; **to be at fault** ponosić winę; **generous to a fault** hojny (aż) do przesady.

faultless ['fɔ:ltlɪs] *adj* bezbłędny.

faulty ['fɔ:ltɪ] *adj* wadliwy.

fauna ['fɔ:nə] *n* fauna *f*.

faux pas *n inv* faux pas *nt inv*.

favour ['feɪvə*] (*US* **favor**) *n* (*approval*) przychylność *f*; (*act of kindness*) przysługa *f* ♦ *vt* (*prefer: solution, view*) preferować; (*: person*) faworyzować; (*be advantageous to*) sprzyjać *+dat*; **to ask a favour of sb** prosić (poprosić *perf*) kogoś o przysługę; **to do sb a favour** wyświadczać (wyświadczyć *perf*) komuś przysługę; **in favour of** na korzyść *+gen*; **to be in favour of sth/doing sth** być zwolennikiem czegoś/(z)robienia czegoś; **to find favour with sb** przypadać (przypaść *perf*) komuś do gustu.

favourable ['feɪvrəbl] *adj* (*reaction, review*) przychylny; (*terms, conditions, impression*) korzystny; **to be favourable to** być przychylnie nastawionym do *+gen*.

favourably ['feɪvrəblɪ] *adv* (*react, speak, review*) przychylnie; (*placed*) korzystnie; **to compare favourably with** wypadać (wypaść *perf*) korzystnie w porównaniu z *+instr*.

favourite ['feɪvrɪt] *adj* ulubiony ♦ *n* (*of teacher, parent*) ulubieniec (-ica) *m(f)*; (*in race*) faworyt(ka) *m(f)*.

favouritism ['feɪvrɪtɪzəm] *n* protekcja *f*.

fawn [fɔ:n] *n* jelonek *m* ♦ *adj* (*also*: **fawn-coloured**) płowy ♦ *vi*: **to fawn (up)on** nadskakiwać *+dat*.

fax [fæks] *n* faks *m* ♦ *vt* faksować (przefaksować *perf*).

FBI (*US*) *n abbr* (= *Federal Bureau of Investigation*) FBI *nt inv*.

FCC (*US*) *n abbr* (= *Federal Communications Commission*) *federalny urząd łączności*.

FCO (*BRIT*) *n abbr* (= *Foreign and Commonwealth Office*) Ministerstwo *nt* Spraw Zagranicznych i Stosunków z Krajami Wspólnoty Narodów.

FD (*US*) *n abbr* (= *fire department*) SP *f inv* (= Straż Pożarna).

FDA (*US*) *n abbr* (= *Food and Drug Administration*) *urząd federalny sprawujący kontrolę nad jakością żywności i lekarstw*.

fear [fɪə*] *n* (*dread*) strach *m*; (*: indefinite, irrational*) lęk *m*; (*anxiety*) obawa *f* ♦ *vt* (*be scared of*) bać się *+gen*; (*be worried about*) obawiać się *+gen* ♦ *vi*: **to fear for** lękać się *or* obawiać się o *+acc*; **to fear that ...** obawiać się, że ...; **fear of heights** lęk wysokości; **for fear of offending him** (w obawie,) żeby go nie urazić.

fearful ['fɪəful] *adj* (*person*) bojaźliwy; (*sight, consequences*) przerażający, straszny; (*scream, racket*) przeraźliwy, straszliwy; **to be fearful of sth/doing sth** bać się czegoś/coś (z)robić.

fearfully ['fɪəfəlɪ] *adv* (*timidly*) bojaźliwie; (*fml: very*) przeraźliwie, straszliwie.

fearless ['fɪəlɪs] *adj* nieustraszony.

fearsome ['fɪəsəm] *adj* przerażający.

feasibility [fi:zə'bɪlɪtɪ] *n* wykonalność *f*.

feasibility study *n* techniczno-ekonomiczne badanie *nt* wykonalności.

feasible ['fi:zəbl] *adj* wykonalny.

feast [fi:st] *n* (*banquet*) uczta *f*; (*REL*: *also*: **feast day**) święto *nt* ♦ *vi* ucztować; **to feast on** zajadać się *+instr*; **to feast one's eyes (up)on sb/sth** sycić wzrok widokiem kogoś/czegoś.

feat [fi:t] *n* wyczyn *m*.

feather ['fɛðə*] *n* pióro *nt* ♦ *cpd* (*mattress, pillow*) puchowy ♦ *vt*: **to feather one's nest** (*fig*) nabijać (nabić *perf*) kabzę; **a feather in one's cap** powód do dumy.

featherweight ['fɛðəweɪt] *n* bokser *m* wagi piórkowej; (*fig*) płotka *f*.

feature ['fi:tʃə*] *n* cecha *f*; (*PRESS, TV, RADIO*) (obszerny) reportaż *m* (*na poważny temat nie związany bezpośrednio z najświeższymi wiadomościami*) ♦ *vt*: **the film features two famous actors** w filmie występują dwaj znani aktorzy ♦ *vi*: **to feature in** (*film*) grać (zagrać *perf*) pierwszoplanową rolę w *+loc*; (*situation*) odgrywać (odegrać *perf*) ważną rolę w *+loc*; **features** *npl* rysy *pl* (twarzy).

feature film *n* film *m* fabularny.

featureless ['fi:tʃəlɪs] *adj* niczym się nie wyróżniający.

Feb. *abbr* = **February** lut.

February ['fɛbruərɪ] *n* luty *m*; *see also* **July**.

feces ['fi:si:z] (*US*) *npl* = **faeces**.

feckless ['fɛklɪs] *adj* nieodpowiedzialny.

fed [fɛd] *pt, pp of* **feed**.

Fed (*US*) *abbr* = **federal**; = **federation**.

Fed. [fɛd] (*US: inf*) *n abbr* (= *Federal Reserve Board*) *rada banków rezerwy federalnej, tworzących bank centralny Stanów Zjednoczonych*.

federal ['fɛdərəl] *adj* federalny.

Federal Republic of Germany *n* Republika *f* Federalna Niemiec.

Federal Reserve Board (*US*) *n* Federalny Bank *m* Rezerw.

Federal Trade Commission (*US*) *n* Federalna Komisja *f* do Spraw Handlowych.

federation [fɛdə'reɪʃən] *n* federacja *f*.

fed up *adj*: **to be fed up (with)** mieć dość (+*gen*).

fee [fi:] *n* opłata *f*; (*of doctor, lawyer*) honorarium *nt*; **school fees** czesne; **entrance fee** (*to organization*) wpisowe; **membership fee** składka członkowska; **for a small fee** za niewielką opłatą.

feeble ['fi:bl] *adj* słaby; (*joke, excuse*) kiepski.

feeble-minded ['fi:bl'maındıd] *adj* słaby na umyśle.

feed [fi:d] (*pt* **fed**) *n* (*feeding*) karmienie *nt*; (*fodder*) pasza *f*; (*on printer*) dane *pl* wejściowe ♦ *vt* (*baby, invalid, dog*) karmić (nakarmić *perf*); (*family*) żywić (wyżywić *perf*); (*data, information: into computer*) wprowadzać (wprowadzić *perf*); (*coins: into meter, payphone*) wrzucać (wrzucić *perf*).

▸**feed on** *vt fus* żywić się +*instr*; **anger feeds on disappointment** rozczarowanie stanowi pożywkę dla gniewu.

feedback ['fi:dbæk] *n* (*noise*) sprzężenie *nt*; (*from person*) reakcja *f*.

feeder ['fi:də*] *n*: **the baby is a slow/sleepy feeder** niemowlę je wolno/zasypia przy jedzeniu.

feeding bottle ['fi:dıŋ-] (*BRIT*) *n* butelka *f* dla niemowląt.

feel [fi:l] (*pt* **felt**) *n*: **it has a smooth/prickly feel** to jest gładkie/kłujące w dotyku ♦ *vt* (*touch*) dotykać (dotknąć *perf*) +*gen*; (*experience*) czuć (poczuć *perf*); (*think, believe*): **to feel that ...** uważać, że ...; **the place had a completely different feel** to miejsce miało zupełnie inną atmosferę; **I feel I'm neglecting him** czuję, że go zaniedbuję; **she knew how I felt about it** wiedziała, co sądzę na ten temat; **we didn't feel hungry** nie odczuwaliśmy głodu; **I feel cold/hot** jest mi zimno/gorąco; **to feel lonely/better** czuć się samotnie/lepiej; **I don't feel well** nie czuję się dobrze; **I feel sorry for her** żal mi jej; **the cloth feels soft** tkanina jest miękka w dotyku; **it feels like velvet** przypomina (w dotyku) aksamit; **it feels colder here** tu jest zimniej; **to feel like sth** mieć ochotę na coś; **I felt like a criminal** czułem się jak przestępca; **I'm still feeling my way** nadal poruszam się po omacku; **you'll soon get the feel of it** wkrótce się przyzwyczaisz.

▸**feel about** *vi* szukać po omacku; **to feel about** *or* **around in one's pocket for** szperać *or* grzebać w kieszeni w poszukiwaniu +*gen*.

▸**feel around** *vi* = **feel about**.

feeler ['fi:lə*] *n* (*of insect*) czułek *m*; **to put out a feeler** *or* **feelers** (*fig*) badać (zbadać *perf*) grunt.

feeling ['fi:lıŋ] *n* uczucie *nt*; **feelings were running high** rozgorzały namiętności; **what are your feelings about the matter?** co sądzisz na ten temat?; **I have a feeling (that) we are being followed** mam uczucie, że ktoś nas nas śledzi; **my feeling is that ...** mam wrażenie, że ...; **I didn't want to hurt his feelings** nie chciałam go urazić.

feet [fi:t] *npl of* **foot**.

feign [feın] *vt* (*illness*) symulować; (*interest, surprise*) udawać (udać *perf*).

feigned [feınd] *adj*: **feigned surprise** udawane zdziwienie *nt*.

feint [feınt] *n* papier *m* w linie.

felicitous [fı'lısıtəs] *adj* (*combination*) udany, szczęśliwy; (*word, remark*) trafny.

feline ['fi:laın] *adj* koci.

fell [fɛl] *pt of* **fall** ♦ *vt* (*tree*) ścinać (ściąć *perf*); (*opponent*) powalić (*perf*) ♦ *n* (*BRIT*) *góra, wzgórze lub wrzosowisko w dzikim krajobrazie północnej Anglii* ♦ *adj*: **in one fell swoop** za jednym zamachem.

fellow ['fɛləu] *n* (*chap*) gość *m* (*inf*), facet *m* (*inf*); (*comrade*) towarzysz *m*; (*of learned society*) ≈ członek *m* (rzeczywisty); (*of university*) *nauczyciel akademicki będący członkiem kolegium uniwersytetu* ♦ *cpd*: **their fellow prisoners** ich współwięźniowie *vir pl*; **a fellow passenger** towarzysz podróży; **his fellow workers** jego koledzy z pracy; **with some of his fellow students** z kilkoma innymi studentami.

fellow citizen *n* współobywatel(ka) *m(f)*.

fellow countryman (*irreg like*: **man**) *n* rodak/rodaczka *m/f*.

fellow men *npl* bliźni *vir pl*.

fellowship ['fɛləuʃıp] *n* (*comradeship*) koleżeństwo *nt*; (*society*) towarzystwo *nt*; (*SCOL*) *członkostwo kolegium uniwersytetu*.

fell-walking ['fɛlwɔ:kıŋ] (*BRIT*) *n* górska turystyka *f* piesza.

felon ['fɛlən] *n* (*JUR*) zbrodniarz (-arka) *m(f)*.

felony ['fɛlənı] *n* ciężkie przestępstwo *nt*.

felt [fɛlt] *pt, pp of* **feel** ♦ *n* filc *m*.

felt-tip pen ['fɛlttıp-] *n* pisak *m*.

female ['fi:meıl] *n* (*ZOOL*) samica *f*; (*woman*) kobieta *f* ♦ *adj* (*child*) płci żeńskiej *post*; (*sex, plant, plug*) żeński; (*ZOOL: instincts*) samiczy; (: *animal*): **female whale** samica *f* wieloryba; **the female body** ciało kobiety; **female equality** równouprawnienie kobiet; **female suffrage** prawo wyborcze dla kobiet; **male and female students** studenci obojga płci, studenci i studentki.

female impersonator *n* (*THEAT*) odtwórca *m* ról żeńskich.

feminine ['fɛmının] *adj* kobiecy; (*LING: gender*) żeński; (: *noun, pronoun*) rodzaju żeńskiego *post*.

femininity [fɛmı'nınıtı] *n* kobiecość *f*.

feminism ['fɛmınızəm] *n* feminizm *m*.

feminist ['fɛmınıst] *n* feminista (-tka) *m(f)*.

fen [fɛn] (*BRIT*) *n*: **the Fens** *nisko położone, błotniste tereny we wschodniej Anglii*.

fence [fɛns] *n* płot *m* ♦ *vt* (*also*: **fence in**) ogradzać (ogrodzić *perf*) ♦ *vi* (*SPORT*) uprawiać

szermierkę; **to sit on the fence** (*fig*) zachowywać (zachować *perf*) neutralność.
fencing ['fɛnsɪŋ] *n* (*SPORT*) szermierka *f*.
fend [fɛnd] *vi*: **grown-up children should fend for themselves** dorosłe dzieci powinny radzić sobie same.
▸**fend off** *vt* (*attack, attacker, blow*) odpierać (odeprzeć *perf*); (*unwanted questions etc*) bronić się (obronić się *perf*) przed *+instr*.
fender ['fɛndə*] *n* (*of fireplace*) osłona *f* zabezpieczająca; (*on boat*) odbijacz *m*; (*US*: *of car*) błotnik *m*.
fennel ['fɛnl] *n* (*as herb*) koper *m* włoski; (*as vegetable*) fenkuł *m*.
ferment [*vb* fə'mɛnt, *n* 'fə:mɛnt] *vi* fermentować (sfermentować *perf*) ♦ *n* (*fig*) wrzenie *nt*, ferment *m*.
fermentation [fə:mɛn'teɪʃən] *n* fermentacja *f*.
fern [fə:n] *n* paproć *f*.
ferocious [fə'rəuʃəs] *adj* (*animal, yell*) dziki; (*assault, fighting, heat*) okrutny; (*climate, expression, criticism*) srogi; (*competition, opposition*) ostry.
ferocity [fə'rɔsɪtɪ] *n* (*of animal*) dzikość *f*; (*of assault*) okrucieństwo *nt*; (*of climate*) srogość *f*; (*of competition*) ostrość *f*.
ferret ['fɛrɪt] *n* fretka *f*.
▸**ferret about** *vi* myszkować.
▸**ferret around** *vi* = **ferret about**.
▸**ferret out** *vt* (*information*) wyszperać (*perf*).
ferry ['fɛrɪ] *n* prom *m* ♦ *vt* (*by sea, air, road*) przewozić (przewieźć *perf*); **to ferry sth/sb across** *or* **over** przewozić (przewieźć *perf*) kogoś/coś.
ferryman ['fɛrɪmən] *n* przewoźnik *m*.
fertile ['fə:taɪl] *adj* (*soil*) żyzny, urodzajny; (*imagination, woman*) płodny.
fertility [fə'tɪlɪtɪ] *n* (*of soil*) żyzność *f*; (*of imagination, woman*) płodność *f*.
fertility drug *n* środek *m or* lekarstwo *nt* na bezpłodność.
fertilization [fə:tɪlaɪ'zeɪʃən] *n* zapłodnienie *nt*.
fertilize ['fə:tɪlaɪz] *vt* (*land*) nawozić (nawieźć *perf*), użyźniać (użyźnić *perf*); (*BIO*) zapładniać (zapłodnić *perf*).
fertilizer ['fə:tɪlaɪzə*] *n* nawóz *m*.
fervent ['fə:vənt] *adj* (*admirer, supporter*) zagorzały; (*belief*) żarliwy.
fervour ['fə:və*] (*US* **fervor**) *n* zapał *m*, gorliwość *f*.
fester ['fɛstə*] *vi* (*wound*) ropieć, jątrzyć się (rozjątrzyć się *perf*); (*row*) zaogniać się (zaognić się *perf*).
festival ['fɛstɪvəl] *n* (*REL*) święto *nt*; (*ART, MUS*) festiwal *m*.
festive ['fɛstɪv] *adj* świąteczny, odświętny; **the festive season** (*BRIT*) okres gwiazdkowy.
festivities [fɛs'tɪvɪtɪz] *npl* uroczystości *pl*, obchody *pl*.
festoon [fɛs'tu:n] *vt*: **to festoon sth with** przystrajać (przystroić *perf*) coś *+instr*.
fetch [fɛtʃ] *vt* przynosić (przynieść *perf*); **fetch me a jug of water** przynieś mi dzbanek wody; **how much did it fetch?** ile to przyniosło?
▸**fetch up** *vi* lądować (wylądować *perf*) (*fig*).
fetching ['fɛtʃɪŋ] *adj* (*woman*) ponętny; (*dress*) twarzowy.
fête [feɪt] *n* (*at school*) festyn *m*; (*at church*) odpust *m*.
fetid ['fɛtɪd] *adj* cuchnący.
fetish ['fɛtɪʃ] *n* (*object*) fetysz *m*; (*obsession*) fiksacja *f*.
fetter ['fɛtə*] *vt* krępować (skrępować *perf*), pętać (spętać *perf*).
fetters ['fɛtəz] *npl* (*lit*) kajdany *pl*; (*fig*) pęta *pl*, okowy *pl*.
fettle ['fɛtl] (*BRIT*) *n*: **in fine fettle** w świetnej formie.
fetus ['fi:təs] (*US*) *n* = **foetus**.
feud [fju:d] *n* waśń *f* ♦ *vi* być zwaśnionym; **a family feud** waśń rodzinna.
feudal ['fju:dl] *adj* feudalny.
feudalism ['fju:dlɪzəm] *n* feudalizm *m*.
fever ['fi:və*] *n* gorączka *f*.
feverish ['fi:vərɪʃ] *adj* (*child, face*) rozpalony; (*fig*: *emotion, activity*) gorączkowy; (: *person*) rozgorączkowany.
few [fju:] *adj* niewiele *(+gen)*, mało *(+gen)*; (*of groups of people including at least one male*) niewielu *(+gen)* ♦ *pron* niewiele; (*of groups of people including at least one male*) niewielu; **a few** *adj* kilka *(+gen)*, parę *(+gen)*; (*of groups of people including at least one male*) kilku *(+gen)*, paru *(+gen)*; (*of children, groups of people of both sexes*) kilkoro *(+gen)* ♦ *pron* kilka, parę; (*of groups of people including at least one male*) kilku, paru; **very few survived** bardzo niewielu przeżyło; **a good few, quite a few** (całkiem) sporo; **as few as** zaledwie, tylko; **no fewer than** nie mniej niż, aż; **her visits are few and far between** jej wizyty są bardzo rzadkie; **in the next/past few days** w ciągu kilku najbliższych/ostatnich dni; **every few days/months** co kilka dni/miesięcy.
fewer ['fju:ə*] *adj* mniej *(+gen)*; **they are fewer** jest ich mniej; **there are fewer buses on Sundays** w niedzielę jeździ mniej autobusów.
fewest ['fju:ɪst] *adj* najmniej *(+gen)*.
FFA *n abbr* (= *Future Farmers of America*).
FH (*BRIT*) *n abbr* = **fire hydrant**.
FHA (*US*) *n abbr* (= *Federal Housing Administration*).
fiancé [fɪ'ã:ŋseɪ] *n* narzeczony *m*.
fiancée [fɪ'ã:ŋseɪ] *n* narzeczona *f*.
fiasco [fɪ'æskəu] *n* fiasko *nt*.
fib [fɪb] *n* bajka *f*, bujda *f* (*inf*); **to tell fibs** bujać (*inf*).

fibre ['faɪbə*] (*US* **fiber**) *n* włókno *nt*; (*roughage*) błonnik *m*.

fibreboard ['faɪbəbɔ:d] (*US* **fiberboard**) *n* płyta *f* pilśniowa.

fibre-glass ['faɪbəglɑ:s] (*US* **fiber-glass**) *n* włókno *nt* szklane.

fibrositis [faɪbrə'saɪtɪs] *n* gościec *m* mięśniowo-ścięgnisty.

FICA (*US*) *n abbr* = **Federal Insurance Contributions Act**.

fickle ['fɪkl] *adj* kapryśny, zmienny.

fiction ['fɪkʃən] *n* (*LITERATURE*) beletrystyka *f*, literatura *f* piękna; (*invention, lie*) fikcja *f*.

fictional ['fɪkʃənl] *adj* fikcyjny.

fictionalize ['fɪkʃnəlaɪz] *vt* fabularyzować (sfabularyzować *perf*).

fictitious [fɪk'tɪʃəs] *adj* fikcyjny, zmyślony.

fiddle ['fɪdl] *n* (*MUS*) skrzypki *pl*, skrzypce *pl*; (*fraud*) szwindel *m* (*inf*) ♦ *vt* (*BRIT*: *accounts*) fałszować (sfałszować *perf*); **tax fiddle** oszustwo podatkowe; **to work a fiddle** dopuścić się (*perf*) szwindlu (*inf*).

►**fiddle with** *vt fus* bawić się *+instr*.

fiddler ['fɪdlə*] *n* skrzypek (-paczka) *m(f)*.

fiddly ['fɪdlɪ] *adj* (*task*) delikatny; (*object*) fikuśny (*inf*).

fidelity [fɪ'dɛlɪtɪ] *n* wierność *f*.

fidget ['fɪdʒɪt] *vi* wiercić się.

fidgety ['fɪdʒɪtɪ] *adj* niespokojny.

fiduciary [fɪ'dju:ʃɪərɪ] *n* (*JUR*) powiernik *m*.

field [fi:ld] *n* (*also ELEC, COMPUT*) pole *nt*; (*SPORT*) boisko *nt*; (*fig*) dziedzina *f*, pole *nt*; **field study** badania terenowe; **the field** (*competitors*) stawka; **to lead the field** (*SPORT*) prowadzić stawkę; (*fig*) przodować.

field day *n*: **to have a field day** mieć używanie.

field glasses *npl* lornetka *f* (*polowa*).

field marshal *n* marszałek *m* (polny), feldmarszałek *m*.

fieldwork ['fi:ldwə:k] *n* badania *pl* terenowe.

fiend [fi:nd] *n* potwór *m*.

fiendish ['fi:ndɪʃ] *adj* (*person*) okrutny; (*problem*) piekielnie trudny; (*plan*) szatański.

fierce [fɪəs] *adj* (*animal*) dziki; (*warrior*) zaciekły, zawzięty; (*look*) surowy; (*loyalty*) niezłomny; (*resistance, competition*) zaciekły; (*storm*) gwałtowny.

fiery ['faɪərɪ] *adj* (*sun*) ognisty; (*fig*) ognisty, płomienny.

FIFA ['fi:fə] *n abbr* (= *Fédération Internationale de Football Association*) FIFA *f inv*.

fifteen [fɪf'ti:n] *num* piętnaście.

fifteenth [fɪf'ti:nθ] *num* piętnasty.

fifth [fɪfθ] *num* piąty.

fiftieth ['fɪftɪɪθ] *num* pięćdziesiąty.

fifty ['fɪftɪ] *num* pięćdziesiąt.

fifty-fifty ['fɪftɪ'fɪftɪ] *adj* (*deal etc*) pół na pół *post* ♦ *adv* pół na pół, po połowie; **to go fifty-fifty with sb** dzielić się (podzielić się *perf*) z kimś pół na pół; **to have a fifty-fifty chance (of success)** mieć pięćdziesiąt procent szans (na sukces).

fig [fɪg] *n* (*fruit*) figa *f*; (*tree*) drzewo *nt* figowe.

fight [faɪt] *n* walka *f*; (*brawl*) bójka *f*; (*row*) kłótnia *f*, sprzeczka *f* ♦ *vt* (*pt* **fought**) (*person, urge*) walczyć z *+instr*; (*cancer, prejudice etc*) walczyć z *+instr*, zwalczać (zwalczyć *perf*); (*BOXING*) walczyć przeciwko *+dat or* z *+instr*; **to fight an election** prowadzić walkę (przed)wyborczą; **to fight a case** (*JUR*) bronić sprawy ♦ *vi* walczyć, bić się; **to put up a fight** dzielnie się bronić; **to fight with sb** walczyć z kimś; **to fight for/against sth** walczyć o coś/z czymś; **to fight one's way through a crowd/the undergrowth** przedzierać się (przedrzeć się *perf*) przez tłum/zarośla.

►**fight back** *vi* bronić się, odpowiadać (odpowiedzieć *perf*) na atak ♦ *vt fus* (*tears etc*) walczyć z *+instr*.

►**fight down** *vt* zwalczać (zwalczyć *perf*) w sobie.

►**fight off** *vt* (*attack*) odpierać (odeprzeć *perf*); (*disease, urge*) walczyć z *+instr*, zwalczać (zwalczyć *perf*); (*sleep*) walczyć *or* zmagać się z *+instr*.

►**fight out** *vt*: **to fight it out** rozstrzygać (rozstrzygnąć *perf*) to między sobą.

fighter ['faɪtə*] *n* (*combatant*) walczący *m*; (*plane*) samolot *m* myśliwski, myśliwiec *m*; (*fig*) bojownik (-iczka) *m(f)*.

fighter pilot *n* pilot *m* myśliwca.

fighting ['faɪtɪŋ] *n* (*battle*) walka *f*, bitwa *f*; (*brawl*) bójka *f*, bijatyka *f*.

figment ['fɪgmənt] *n*: **a figment of sb's imagination** wytwór *m* czyjejś wyobraźni.

figurative ['fɪgjurətɪv] *adj* (*expression*) przenośny, metaforyczny; (*style*) obfitujący w przenośnie; (*art*) figuratywny; **in a figurative sense** w znaczeniu przenośnym, w przenośni.

figure ['fɪgə*] *n* (*GEOM*) figura *f*; (*number*) liczba *f*, cyfra *f*; (*body*) figura *f*; (*person*) postać *f*; (*personality*) postać *f*, figura *f* ♦ *vt* (*esp US*) dojść (*perf*) do wniosku ♦ *vi* figurować, pojawiać się (pojawić się *perf*); **I couldn't put a figure on it** nie potrafiłem podać dokładnej liczby; **public figure** osoba publiczna; **that figures** to było do przewidzenia, można się (było) tego spodziewać.

►**figure out** *vt* wymyślić (*perf*), wykombinować (*perf*) (*inf*); **to figure out sb/a problem** rozpracować (*perf*) *or* rozgryźć (*perf*) kogoś/problem.

figurehead ['fɪgəhɛd] *n* (*NAUT*) galion *m*; (*POL*) marionetkowy przywódca *m*.

figure of speech *n* figura *f* retoryczna.

figure skating *n* jazda *f* figurowa na lodzie, łyżwiarstwo *nt* figurowe.

Fiji (Islands) ['fi:dʒi:-] *n(pl)* (wyspy *pl*) Fidżi.

filament ['fɪləmənt] *n* (*ELEC*) włókno *nt* (*żarówki itp*); (*BIO*) nitka *f* pyłkowa.

filch ['fɪltʃ] (*inf*) *vt* zwędzić *(perf)* *(inf)*.
file [faɪl] *n* (*dossier*) akta *pl*, dossier *nt inv*; (*folder*) kartoteka *f*, teczka *f*; (*for loose leaf*) segregator *m*, skoroszyt *m*; (*COMPUT*) plik *m*; (*tool*) pilnik *m* ♦ *vt* (*document*) włączać (włączyć *perf*) do dokumentacji; (*lawsuit*) wnosić (wnieść *perf*); (*metal, fingernails*) piłować (spiłować *perf*); **to file in** wchodzić (wejść *perf*) jeden za drugim *or* gęsiego; **to file out** wychodzić (wyjść *perf*) jeden za drugim *or* gęsiego; **to file past** przechodzić (przejść *perf*) obok jeden za drugim *or* gęsiego, przedefilować *(perf)* obok; **to file for divorce** wnosić (wnieść *perf*) sprawę o rozwód.
file name *n* (*COMPUT*) nazwa *f* pliku.
filibuster ['fɪlɪbʌstə*] (*esp US*: *POL*) *n* ≈ obstrukcja *f* parlamentarna ♦ *vi* ≈ stosować obstrukcję parlamentarną.
filing ['faɪlɪŋ] *n* segregowanie *nt*.
filing cabinet *n* szafka *f* na akta.
filing clerk *n* urzędnik (-iczka) *m(f)* prowadzący (-ca) *m(f)* dokumentację.
Filipino [fɪlɪ'piːnəu] *n* Filipińczyk (-inka) *m(f)* ♦ *adj* filipiński.
fill [fɪl] *vt* (*container*) napełniać (napełnić *perf*); (*space, time, gap*) wypełniać (wypełnić *perf*); (*tooth*) wypełniać (wypełnić *perf*), plombować (zaplombować *perf*); (*vacancy*) zapełniać (zapełnić *perf*) ♦ *vi* wypełniać się (wypełnić się *perf*), zapełniać się (zapełnić się *perf*) ♦ *n*: **to eat/drink one's fill** najeść się *(perf)*/napić się *(perf)* do syta; **to have one's fill of sth** mieć czegoś dosyć; **to fill sth with sth** napełniać (napełnić *perf*) *or* wypełniać (wypełnić *perf*) coś czymś; **filled with anger/resentment** pełen gniewu/urazy.
▸**fill in** *vt* wypełniać (wypełnić *perf*); **to fill in for sb** zastępować (zastąpić *perf*) kogoś; **to fill sb in on sth** (*inf*) wprowadzać (wprowadzić *perf*) kogoś w coś.
▸**fill out** *vt* (*form*) wypełniać (wypełnić *perf*); (*receipt*) wypisywać (wypisać *perf*).
▸**fill up** *vt* (*container*) napełniać (napełnić *perf*); (*space*) wypełniać (wypełnić *perf*) ♦ *vi* wypełniać się (wypełnić się *perf*), zapełniać się (zapełnić się *perf*); **fill it** *or* **her up, please** (*AUT*) do pełna, proszę!
fillet ['fɪlɪt] *n* filet *m* ♦ *vt* filetować.
fillet steak *n* stek *m* z polędwicy.
filling ['fɪlɪŋ] *n* (*for tooth*) wypełnienie *nt*, plomba *f*; (*of cake*) nadzienie *nt*.
filling station *n* stacja *f* paliw.
fillip ['fɪlɪp] *n* ożywienie *nt*; **to give a fillip to sth** ożywiać (ożywić *perf*) coś.
filly ['fɪlɪ] *n* klaczka *f*, młoda klacz *f*.
film [fɪlm] *n* (*FILM, TV, PHOT*) film *m*; (*of dust etc*) cienka warstwa *f*, warstewka *f*; (*of tears*) mgiełka *f*; (*for wrapping*) folia *f* ♦ *vt* filmować (sfilmować *perf*) ♦ *vi* filmować, kręcić (*inf*).
film star *n* gwiazda *f* filmowa.
filmstrip ['fɪlmstrɪp] *n* diapozytyw *m*.
film studio *n* studio *nt* filmowe.
filter ['fɪltə*] *n* (*also PHOT*) filtr *m* ♦ *vt* filtrować (przefiltrować *perf*).
▸**filter in** *vi* (*sound, light*) sączyć się.
▸**filter through** *vi* (*news*) rozchodzić się (rozejść się *perf*).
filter coffee *n* kawa *f* do parzenia w ekspresie.
filter lane (*BRIT*) *n pas jezdni wymuszający ograniczenie prędkości.*
filter tip *n* filtr *m* (*papierosa*), ustnik *m*.
filter-tipped ['fɪltə'tɪpt] *adj* z filtrem *post*.
filth [fɪlθ] *n* (*dirt*) brud *m*; (*smut*) brudy *pl*.
filthy ['fɪlθɪ] *adj* (*object, person*) bardzo brudny; (*language*) sprośny, plugawy; (*behaviour*) obrzydliwy, ohydny.
fin [fɪn] *n* płetwa *f*.
final ['faɪnl] *adj* (*last*) ostatni, końcowy; (*penalty*) najwyższy; (*irony*) największy; (*decision, offer*) ostateczny ♦ *n* (*SPORT*) finał *m*; **finals** *npl* (*SCOL*) egzaminy *pl* końcowe.
final demand *n* (*on invoice etc*) ostatnie ponaglenie *nt*.
finale [fɪ'nɑːlɪ] *n* finał *m*.
finalist ['faɪnəlɪst] *n* finalista (-tka) *m(f)*.
finality [faɪ'nælɪtɪ] *n* ostateczność *f*, nieodwołalność *f*; **with an air of finality** stanowczo.
finalize ['faɪnəlaɪz] *vt* finalizować (sfinalizować *perf*).
finally ['faɪnəlɪ] *adv* (*eventually*) w końcu, ostatecznie; (*lastly*) na koniec; (*irrevocably*) ostatecznie.
finance [faɪ'næns] *n* (*backing*) środki *pl* finansowe, finanse *pl*; (*management*) gospodarka *f* finansowa ♦ *vt* finansować (sfinansować *perf*); **finances** *npl* fundusze *pl*.
financial [faɪ'nænʃəl] *adj* finansowy.
financially [faɪ'nænʃəlɪ] *adv* finansowo.
financial year *n* rok *m* finansowy.
financier [faɪ'nænsɪə*] *n* (*backer*) sponsor *m*; (*expert*) finansista *m*.
find [faɪnd] (*pt* **found**) *vt* (*locate*) znajdować (znaleźć *perf*), odnajdywać (odnaleźć *perf*) (*fml*); (*discover: answer, solution*) znajdować (znaleźć *perf*); (*: object, person*) odkryć *(perf)*; (*consider*) uznać *(perf)* za *+acc*, uważać za *+acc*; (*get: work, time*) znajdować (znaleźć *perf*) ♦ *n* (*discovery*) odkrycie *nt*; (*object found*) znalezisko *nt*; **to find sb guilty** (*JUR*) uznawać (uznać *perf*) kogoś za winnego; **to find that...** przekonać się *(perf)*, że..., odkryć *(perf)*, że...; **I find it easy/difficult** przychodzi mi to z łatwością/trudnością.
▸**find out** *vt* (*fact*) dowiadywać się (dowiedzieć się *perf*) *+gen*; (*truth*) odkrywać (odkryć *perf*), poznawać (poznać *perf*); (*person*) poznać się *(perf)* na *+loc* ♦ *vi*: **to find out about sth** dowiadywać się (dowiedzieć się *perf*) o czymś.

findings ['faındıŋz] *npl* (*of committee*) wyniki *pl* badań; (*of report*) wnioski *pl*.

fine [faın] *adj* (*quality etc*) świetny; (*thread*) cienki; (*sand etc*) drobny, miałki; (*detail etc*) drobny; (*weather*) piękny; (*satisfactory*) w porządku *post*, w sam raz *post* ♦ *adv* (*well*) świetnie; (*thinly*) drobno ♦ *n* grzywna *f* ♦ *vt* karać (ukarać *perf*) grzywną; **(I'm) fine** (mam się) dobrze; **(that's) fine** dobrze; **don't cut it fine** nie rób tego na styk (*inf*); **you're doing fine** świetnie ci idzie; **a speeding/parking fine** mandat za przekroczenie prędkości/niewłaściwe parkowanie.

fine arts *npl* sztuki *pl* piękne.

finely ['faınlı] *adv* (*constructed*) świetnie; (*chopped*) drobno; (*sliced*) cienko; (*tuned*) precyzyjnie.

finery ['faınərı] *n* (*clothing*) wytworny *or* wyszukany strój *m*; (*jewellery*) kosztowności *pl*; **in (all) one's finery** (cały) wystrojony.

finesse [fı'nɛs] *n* finezja *f*.

fine-tooth comb ['faıntu:θ-] *n*: **to go through sth with a fine-tooth comb** (*fig*) gruntownie coś badać (zbadać *perf*).

finger ['fıŋgə*] *n* palec *m* ♦ *vt* dotykać (dotknąć *perf*) palcem *+gen*; **little/index finger** mały/wskazujący palec.

fingernail ['fıŋgəneıl] *n* paznokieć *m* (*u ręki*).

fingerprint ['fıŋgəprınt] *n* odcisk *m* palca ♦ *vt* zdejmować (zdjąć *perf*) odciski palców *+gen*.

fingertip ['fıŋgətıp] *n* koniuszek *m* palca; **to have sth at one's fingertips** (*at one's disposal*) mieć coś w zasięgu ręki; (*know well*) mieć coś w małym palcu.

finicky ['fınıkı] *adj* wybredny.

finish ['fınıʃ] *n* (*end*) koniec *m*, zakończenie *nt*; (*SPORT*) końcówka *f*, finisz *m*; (*polish etc*) wykończenie *nt* ♦ *vt* kończyć (skończyć *perf*) ♦ *vi* (*person*) kończyć (skończyć *perf*); (*course*) kończyć się (skończyć się *perf*); **let me finish** pozwól mi skończyć; **to finish doing sth** kończyć (skończyć *perf*) coś robić; **to finish third** zająć (*perf*) trzecie miejsce; **she's finished with him** skończyła z nim; **a close finish** zacięty finisz, zacięta końcówka.

▸**finish off** *vt* (*job*) dokończyć (*perf*), skończyć (*perf*); (*dinner*) dokończyć (*perf*); (*kill*) wykończyć (*perf*) (*inf*).

▸**finish up** *vt* dokończyć (*perf*), skończyć (*perf*).

▸**finish up (as/in)** *vi* kończyć (skończyć *perf*) (jako *+nom*/w *+loc*) (*pej*).

finished ['fınıʃt] *adj* (*product*) gotowy; (*event, activity*) zakończony, skończony; (*inf: person*) skończony.

finishing line ['fınıʃıŋ-] *n* meta *f*, linia *f* mety.

finishing school *n szkoła dobrych manier dla dziewcząt z wyższych sfer*.

finishing touches *npl*: **to put the finishing touches to sth** wykańczać (wykończyć *perf*) coś.

finite ['faınaıt] *adj* (*number, amount*) skończony; **finite verb** odmienna forma czasownika.

Finland ['fınlənd] *n* Finlandia *f*.

Finn [fın] *n* Fin(ka) *m(f)*.

Finnish ['fınıʃ] *adj* fiński ♦ *n* (język *m*) fiński.

fiord [fjɔ:d] *n* = **fjord**.

fir [fə:*] *n* jodła *f*.

fire ['faıə*] *n* ogień *m*; (*accidental*) pożar *m* ♦ *vt* (*shoot: gun*) strzelać (strzelić *perf*) z *+gen*; (*: arrow*) wystrzeliwać (wystrzelić *perf*); (*stimulate*) rozpalać (rozpalić *perf*); (*inf*) wyrzucać (wyrzucić *perf*) z pracy, wylać (*perf*) (*inf*) ♦ *vi* strzelać (strzelić *perf*); **to catch fire** zapalać się (zapalić się *perf*), zajmować się (zająć się *perf*); **to be on fire** palić się, płonąć; **to set fire to sth, set sth on fire** podkładać (podłożyć *perf*) ogień pod coś, podpalać (podpalić *perf*) coś; **insured against fire** ubezpieczony na wypadek pożaru; **electric/gas fire** grzejnik elektryczny/gazowy; **to come/be under fire (from)** znaleźć się (*perf*)/być pod ostrzałem (*+gen*); **to open fire** otwierać (otworzyć *perf*) ogień; **to fire a shot** oddawać (oddać *perf*) strzał.

fire alarm *n* alarm *m* pożarowy.

firearm ['faıərα:m] *n* broń *f* palna.

fire brigade *n* straż *f* pożarna.

fire chief *n* komendant *m* straży pożarnej.

fire department (*US*) *n* = **fire brigade**.

fire drill *n* ćwiczenia *pl* przeciwpożarowe.

fire engine *n* wóz *m* strażacki.

fire escape *n* schody *pl* pożarowe.

fire extinguisher ['faıərık'stıŋgwıʃə*] *n* gaśnica *f*.

fireguard ['faıəgα:d] (*BRIT*) *n* osłona *f* zabezpieczająca kominek.

fire hazard *n*: **that's a fire hazard** to grozi pożarem.

fire hydrant *n* hydrant *m* pożarowy.

fire insurance *n* ubezpieczenie *nt* od ognia.

fireman ['faıəmən] (*irreg like*: **man**) *n* strażak *m*.

fireplace ['faıəpleıs] *n* kominek *m*.

fireplug ['faıəplʌg] (*US*) *n* = **fire hydrant**.

fireproof ['faıəpru:f] *adj* ognioodporny, ogniotrwały.

fire regulations *npl* przepisy *pl* przeciwpożarowe.

fireside ['faıəsaıd] *n*: **to sit by the fireside** siedzieć przy kominku.

fire station *n* posterunek *m* straży pożarnej.

firewood ['faıəwud] *n* drewno *nt* opałowe.

fireworks ['faıəwə:ks] *npl* fajerwerki *pl*, sztuczne ognie *pl*.

firing line ['faıərıŋ-] *n*: **to be in the firing line** (*fig*) być obiektem ataków.

firing squad *n* pluton *m* egzekucyjny.

firm [fə:m] *adj* (*mattress*) twardy; (*ground*) ubity; (*grasp, hold*) mocny, pewny; (*: fig*) gruntowny, solidny; (*views*) niewzruszony; (*leadership*) nieugięty; (*offer, date*) wiążący; (*decision*) stanowczy; (*evidence*) niezbity; (*voice*) pewny ♦

n przedsiębiorstwo *nt*, firma *f*; **to be a firm believer in sth** mocno w coś wierzyć.
firmly ['fə:mlɪ] *adv* (*strongly*) mocno; (*securely*) pewnie; (*say, tell*) stanowczo.
firmness ['fə:mnɪs] *n* (*of mattress, cake etc*) twardość *f*; (*of decision etc*) stanowczość *f*, kategoryczność *f*.
first [fə:st] *adj* pierwszy ♦ *adv* (*before anyone else*) (jako) pierwszy; (*before other things*) najpierw; (*when listing reasons*) po pierwsze; (*for the first time*) po raz pierwszy ♦ *n* (*AUT*) pierwszy bieg *m*, jedynka *f* (*inf*); (*BRIT*: *SCOL*) *dyplom ukończenia studiów z najwyższą oceną*; **the first of January** pierwszy stycznia; **at first** najpierw, z początku; **first of all** przede wszystkim; **in the first instance** w pierwszej kolejności; **I'll do it first thing (tomorrow)** zrobię to (jutro) z samego rana; **from the very first** od samego początku; **to put sb/sth first** stawiać (postawić *perf*) kogoś/coś na pierwszym miejscu; **at first hand** z pierwszej ręki.
first aid *n* pierwsza pomoc *f*.
first-aid kit [fə:st'eɪd-] *n* apteczka *f* (pierwszej pomocy).
first-class ['fə:st'klɑ:s] *adj* pierwszorzędny; **a first-class carriage/ticket** wagon/bilet pierwszej klasy ♦ *adv* pierwszą klasą.
first-hand ['fə:st'hænd] *adj* z pierwszej ręki *post*.
first lady (*US*) *n* pierwsza dama *f* (*żona prezydenta*); **the first lady of jazz** pierwsza dama jazzu.
firstly ['fə:stlɪ] *adv* po pierwsze.
first name *n* imię *nt*; **to be on first-name terms (with sb)** być (z kimś) na „ty".
first night *n* premiera *f*.
first-rate ['fə:st'reɪt] *adj* pierwszorzędny.
fir tree *n* jodła *f*.
FIS (*BRIT*) *n abbr* (= *Family Income Supplement*) *pomoc finansowa dla rodzin o niskich dochodach*.
fiscal ['fɪskl] *adj* fiskalny, podatkowy.
fish [fɪʃ] *n inv* ryba *f* ♦ *vi* (*commercially*) poławiać ryby; (*as sport, hobby*) łowić ryby, wędkować; **to go fishing** iść (pójść *perf*) na ryby.
▸**fish out** *vt* wyławiać (wyłowić *perf*).
fishbone ['fɪʃbəun] *n* ość *f*.
fishcake ['fɪʃkeɪk] *n* kotlet *m* rybny.
fisherman ['fɪʃəmən] (*irreg like*: **man**) *n* rybak *m*; (*amateur*) wędkarz *m*.
fishery ['fɪʃərɪ] *n* (*area*) łowisko *nt*; (*industry*) rybołówstwo *nt*.
fish farm *n* gospodarstwo *nt* rybne.
fish fingers (*BRIT*) *npl* paluszki *pl* rybne.
fish hook *n* haczyk *m*.
fishing boat ['fɪʃɪŋ-] *n* łódź *f* rybacka.
fishing line *n* żyłka *f* (*do wędki*).
fishing net *n* sieć *f* rybacka.
fishing rod *n* wędka *f*.
fishing tackle *n* sprzęt *m* wędkarski.
fish market *n* targ *m* rybny.
fishmonger ['fɪʃmʌŋgə*] *n* handlarz *m* ryb.
fishmonger's (shop) ['fɪʃmʌŋgəz-] *n* sklep *m* rybny.
fish slice (*BRIT*) *n* łopatka *f* do ryb.
fish sticks (*US*) *npl* = **fish fingers**.
fishy ['fɪʃɪ] (*inf*) *adj* (*suspicious*) podejrzany.
fission ['fɪʃən] *n*: **atomic** *or* **nuclear fission** rozszczepienie *nt* jądra atomowego.
fissure ['fɪʃə*] *n* szczelina *f*.
fist [fɪst] *n* pięść *f*.
fistfight ['fɪstfaɪt] *n* walka *f* na pięści.
fit [fɪt] *adj* (*suitable*) odpowiedni; (*healthy*) sprawny (fizycznie), w dobrej kondycji *or* formie *post* ♦ *vt* (*be the right size for*) pasować na *+acc*; (*match*) pasować do *+gen*; (*attach*) zakładać (założyć *perf*), montować (zamontować *perf*); (*suit*) odpowiadać *+dat*, pasować do *+gen* ♦ *vi* pasować ♦ *n* (*MED*) napad *m*, atak *m*; **he looked fit to explode** wyglądał, jakby miał zaraz wybuchnąć; **to be fit for sth** nadawać się do czegoś; **to keep fit** utrzymywać dobrą kondycję; **to see fit to do sth** uznawać (uznać *perf*) za stosowne coś zrobić; **to fit sth with sth** wyposażać (wyposażyć *perf*) coś w coś; **a fit of rage/pride** przypływ gniewu/dumy; **a fit of giggles/hysterics** atak śmiechu/histerii; **to have a fit** dostać (*perf*) szału; **this dress is a good fit** ta sukienka dobrze leży; **by fits and starts** zrywami.
▸**fit in** *vi* mieścić się (zmieścić się *perf*); (*fig*) pasować ♦ *vt* (*fig*: *appointment, visitor*) wcisnąć (*perf*) (*inf*); **to fit in with sb's plans** pasować do czyichś planów.
▸**fit into** *vt fus* (*hole etc*) pasować do *+gen*; (*suitcase etc*) mieścić się w *+loc*.
fitful ['fɪtful] *adj* (*sleep*) niespokojny.
fitment ['fɪtmənt] *n* mebel *m* zamontowany na stałe.
fitness ['fɪtnɪs] *n* sprawność *f* fizyczna, kondycja *f*.
fitted carpet ['fɪtɪd-] *n* wykładzina *f* dywanowa.
fitted cupboards *npl* szafki *pl* umocowane na stałe.
fitted kitchen (*BRIT*) *n* kuchnia *f* na wymiar.
fitter ['fɪtə*] *n* monter *m*.
fitting ['fɪtɪŋ] *adj* stosowny ♦ *n* przymiarka *f*; **fittings** *npl* armatura *f*.
fitting room *n* przymierzalnia *f*, kabina *f*.
five [faɪv] *num* pięć.
five-day week ['faɪvdeɪ-] *n* pięciodniowy tydzień *m* pracy.
fiver ['faɪvə*] (*inf*) *n* (*BRIT*) banknot *m* pięciofuntowy, piątka *f* (*inf*).
fix [fɪks] *vt* (*date, amount*) ustalać (ustalić *perf*), wyznaczać (wyznaczyć *perf*); (*leak, radio*) naprawiać (naprawić *perf*); (*meal*) przygotowywać (przygotować *perf*); (*inf*: *game, election*) fingować (sfingować *perf*); (: *result*)

fałszować (sfałszować *perf*) ♦ *n*: **to be in a fix** (*inf*) być w tarapatach; **the fight was a fix** (*inf*) walka została sfingowana; **to fix sth to/on sth** (*attach*) przymocowywać (przymocować *perf*) coś do czegoś; (*pin*) przypinać (przypiąć (*perf*)) coś do czegoś; **to fix one's eyes/gaze on sb** utkwić (*perf*) w kimś oczy/wzrok.

►**fix up** *vt* (*meeting etc*) organizować (zorganizować *perf*); **to fix sb up with sth** załatwiać (załatwić *perf*) komuś coś.

fixation [fɪk'seɪʃən] *n* fiksacja *f*.

fixative ['fɪksətɪv] *n* utrwalacz *m*.

fixed [fɪkst] *adj* (*price, intervals etc*) stały, niezmienny; (*ideas*) (głęboko) zakorzeniony; (*smile*) przylepiony; **there's a fixed charge** pobiera się stałą opłatę; **how are you fixed for money?** (*inf*) jak wyglądasz z pieniędzmi?; **of no fixed abode** bez stałego miejsca zamieszkania.

fixture ['fɪkstʃə*] *n* element *m* instalacji (*wanna, zlew itp*); (*SPORT*) impreza *f*.

fizz [fɪz] *vi* (*drink*) musować; (*firework*) skwierczeć.

fizzle out ['fɪzl-] *vi* (*plan*) spalić (*perf*) na panewce; (*interest*) wygasać (wygasnąć *perf*).

fizzy ['fɪzɪ] *adj* gazowany, musujący.

fjord [fjɔːd] *n* fiord *m*.

FL (*US*: *POST*) *abbr* (= *Florida*).

flabbergasted ['flæbəgɑːstɪd] *adj* osłupiały.

flabby ['flæbɪ] *adj* sflaczały.

flag [flæg] *n* (*of country, for signalling*) flaga *f*; (*of organization*) sztandar *m*, chorągiew *f*; (*also*: **flagstone**) płyta *f* chodnikowa ♦ *vi* słabnąć (osłabnąć *perf*); **flag of convenience** tania bandera; **to flag down** (*taxi etc*) zatrzymywać (zatrzymać *perf*).

flagon ['flægən] *n* dzban *m* (*na wino itp*).

flagpole ['flægpəul] *n* maszt *m*.

flagrant ['fleɪgrənt] *adj* (*injustice etc*) rażący.

flagship ['flægʃɪp] *n* (*NAUT*) okręt *m* flagowy; (*fig*) produkt *m* sztandarowy.

flagstone ['flægstəun] *n* płyta *f* chodnikowa.

flag stop (*US*) *n* przystanek *m* na żądanie.

flair [flɛə*] *n* styl *m*; **to have a flair for sth** mieć smykałkę do czegoś.

flak [flæk] *n* ogień *m* przeciwlotniczy; (*inf*) ogień *m* krytyki.

flake [fleɪk] *n* płatek *m* ♦ *vi* (*also*: **flake off**) złuszczać się (złuszczyć się *perf*).

►**flake out** (*inf*) *vi* padać (paść *perf*) ze zmęczenia.

flaky ['fleɪkɪ] *adj* złuszczający się.

flaky pastry *n* ciasto *nt* francuskie.

flamboyant [flæm'bɔɪənt] *adj* (*brightly coloured*) krzykliwy (*pej*); (*showy, confident*) ekstrawagancki.

flame [fleɪm] *n* płomień *m*; **to burst into flames** stawać (stanąć *perf*) w płomieniach; **in flames** w płomieniach; **an old flame** (*inf*) stara miłość.

flaming ['fleɪmɪŋ] (*inf!*) *adj* cholerny (*inf*).

flamingo [flə'mɪŋgəu] *n* flaming *m*.

flammable ['flæməbl] *adj* łatwopalny.

flan [flæn] (*BRIT*) *n* tarta *f*.

Flanders ['flɑːndəz] *n* Flandria *f*.

flank [flæŋk] *n* (*of animal*) bok *m*; (*of army*) skrzydło *nt* ♦ *vt*: **flanked by** (po)między *+instr*.

flannel ['flænl] *n* (*fabric*) flanela *f*; (*BRIT*: *also*: **face flannel**) myjka *f*; (: *inf*): **he gave us no flannel** nie owijał w bawełnę; **flannels** *npl* spodnie *pl* flanelowe.

flannelette [flænə'lɛt] *n* flaneleta *f* (*bawełniana imitacja flaneli*).

flap [flæp] *n* klapa *f*; (*small*) klapka *f* ♦ *vt* machać (machnąć *perf*) *+instr* ♦ *vi* łopotać (załopotać *perf*); **to get in a flap (about sth)** (*inf*) wpaść (*perf*) w panikę (z powodu czegoś).

flapjack ['flæpdʒæk] *n* (*US*) naleśnik *m*; (*BRIT*) *herbatnik z płatków owsianych*.

flare [flɛə*] *n* rakieta *f* świetlna, raca *f*.

►**flare up** *vi* (*fire*) zapłonąć (*perf*); (*fighting*) wybuchać (wybuchnąć *perf*); **flares** *npl* (*trousers*) dzwony *pl*.

flared ['flɛəd] *adj* kloszowy, rozszerzany ku dołowi.

flash [flæʃ] *n* (*of light*) błysk *m*; (*PHOT*) flesz *m*, lampa *f* błyskowa; (*US*) latarka *f* ♦ *adj* (*inf*) wystrzałowy (*inf*) ♦ *vt* (*light*) błyskać (błysnąć *perf*) *+instr*; (*news, message*) przesyłać (przesłać *perf*); (*look, smile*) posyłać (posłać *perf*) ♦ *vi* (*lightning, light*) błyskać (błysnąć *perf*); (*eyes*) miotać błyskawice; **in a flash** w okamgnieniu; **quick as a flash** szybki jak błyskawica; **flash of inspiration/anger** przypływ natchnienia/gniewu; **to flash one's headlights** dawać (dać *perf*) znak światłami drogowymi; **the thought flashed through his mind** przemknęło mu to przez myśl; **to flash by** *or* **past** przemykać (przemknąć *perf*) obok *+gen*.

flashback ['flæʃbæk] *n* (*FILM*) retrospekcja *f*.

flashbulb ['flæʃbʌlb] *n* żarówka *f* błyskowa.

flashcard ['flæʃkɑːd] *n* *karta tekturowa używana jako pomoc dydaktyczna.*

flashcube ['flæʃkjuːb] *n* (*PHOT*) *kostka zawierająca cztery żarówki błyskowe.*

flasher ['flæʃə*] *n* (*AUT*) migacz *m*; (*inf!*) ekshibicjonista *m*.

flashlight ['flæʃlaɪt] *n* latarka *f*.

flashpoint ['flæʃpɔɪnt] *n* (*fig*: *moment*) punkt *m* krytyczny; (*place*) punkt *m* zapalny.

flashy ['flæʃɪ] *adj* (*pej*) krzykliwy (*pej*).

flask [flɑːsk] *n* płaska butelka *f*, piersiówka *f* (*inf*); (*CHEM*) kolba *f*; (*also*: **vacuum flask**) termos *m*.

flat [flæt] *adj* (*surface*) płaski; (*tyre*) bez powietrza *post*; (*battery*) rozładowany; (*beer*) zwietrzały; (*refusal*) stanowczy; (*MUS*) za niski; (*rate, fee*) ryczałtowy ♦ *n* (*BRIT*) mieszkanie *nt*; (*AUT*) guma *f* (*inf*); (*MUS*) bemol *m* ♦ *adv* płasko ♦ *n*: **the flat of one's hand** otwarta dłoń *f*; **to**

work flat out pracować na wysokich obrotach; **in 10 minutes flat** dokładnie za 10 minut.
flat-footed ['flæt'futɪd] *adj*: **to be flat-footed** mieć płaskostopie.
flatly ['flætlɪ] *adv* (*refuse etc*) stanowczo.
flatmate ['flætmeɪt] (*BRIT*) *n* współlokator(ka) *m(f)*.
flatness ['flætnɪs] *n* płaskość *f*.
flatten ['flætn] *vt* (*also*: **flatten out**) spłaszczać (spłaszczyć *perf*); (*terrain*) wyrównywać (wyrównać *perf*); (*building, city*) zrównywać (zrównać *perf*) z ziemią; **to flatten o.s. against a wall/door** przywierać (przywrzeć *perf*) do ściany/drzwi.
flatter ['flætə*] *vt* schlebiać *or* pochlebiać *+dat*; **that dress doesn't flatter her** w tej sukience jej nie do twarzy; **I was flattered that...** pochlebiało mi, że...; **to flatter o.s. on sth** szczycić się czymś.
flatterer ['flætərə*] *n* pochlebca *m*.
flattering ['flætərɪŋ] *adj* (*comment*) pochlebny; (*dress*) twarzowy; (*photograph*) udany.
flattery ['flætərɪ] *n* pochlebstwo *nt*.
flatulence ['flætjuləns] *n* wzdęcie *nt*.
flaunt [flɔ:nt] *vt* obnosić się *or* afiszować się z *+instr*.
flavour ['fleɪvə*] (*US* **flavor**) *n* smak *m* ♦ *vt* (*food*) przyprawiać (przyprawić *perf*), doprawiać (doprawić *perf*); (*drink*) aromatyzować; **strawberry-flavoured** o smaku truskawkowym; **music with an African flavour** muzyka o afrykańskim brzmieniu.
flavouring ['fleɪvərɪŋ] *n* dodatek *m* smakowy.
flaw [flɔ:] *n* skaza *f*; (*in argument, policy*) słaby punkt *m*.
flawless ['flɔ:lɪs] *adj* nieskazitelny, bez skazy *post*.
flax [flæks] *n* len *m*.
flaxen ['flæksən] *adj* (*hair*) płowy, lniany.
flea [fli:] *n* pchła *f*.
flea market *n* pchli targ *m*.
fleck [flɛk] *n* plamka *f* ♦ *vt*: **flecked with mud/blood** poplamiony błotem/krwią; **brown flecked with white** brązowy w białe plamki; **flecks of dust** drobinki kurzu.
fled [flɛd] *pt, pp of* **flee**.
fledg(e)ling ['flɛdʒlɪŋ] *n* świeżo opierzone pisklę *nt*.
flee [fli:] (*pt* **fled**) *vt* (*danger, famine*) uciekać (uciec *perf*) przed *+instr*; (*country*) uciekać (uciec *perf*) z *+gen* ♦ *vi* uciekać (uciec *perf*).
fleece [fli:s] *n* runo *nt*, wełna *f* ♦ *vt* (*inf*: *cheat*) oskubać (*perf*) (*inf*).
fleecy ['fli:sɪ] *adj* wełnisty.
fleet [fli:t] *n* (*of ships*) flota *f*; (*of lorries etc*) park *m* (*samochodowy*).
fleeting ['fli:tɪŋ] *adj* przelotny.
Flemish ['flɛmɪʃ] *adj* flamandzki ♦ *n* (język *m*) flamandzki.
flesh [flɛʃ] *n* (*of pig etc*) mięso *nt*; (*of fruit*) miąższ *m*; (*skin*) ciało *nt*; **in the flesh** we własnej osobie.
►**flesh out** *vt* (*idea*) rozwijać (rozwinąć *perf*).
flesh wound [-wu:nd] *n* rana *f* powierzchowna.
flew [flu:] *pt of* **fly**.
flex [flɛks] *n* sznur *m* sieciowy ♦ *vt* (*muscles*) napinać (napiąć *perf*); (*fingers*) wyginać (wygiąć *perf*).
flexibility [flɛksɪ'bɪlɪtɪ] *n* giętkość *f*, elastyczność *f*.
flexible ['flɛksəbl] *adj* (*adaptable*) elastyczny; (*bending easily*) giętki, elastyczny; **flexible working hours** ruchomy czas pracy.
flick [flɪk] *n* (*of hand, arm*) wyrzut *m*; (*of finger*) prztyczek *m*; (*of towel, whip*) trzaśnięcie *nt*, smagnięcie *nt*; (*through book, pages*) kartkowanie *nt* ♦ *vt* (*with finger, hand*) strzepywać (strzepnąć *perf*); (*whip*) strzelać (strzelić *perf*) z *+gen*; (*ash*) strząsać (strząsnąć *perf*); (*switch*) pstrykać (pstryknąć *perf*) *+instr*; **the flicks** (*BRIT*: *inf*) *npl* kino *nt*.
►**flick through** *vt fus* kartkować.
flicker ['flɪkə*] *vi* migotać (zamigotać *perf*) ♦ *n* (*of light*) migotanie *nt*; (*of pain, fear, smile*) cień *m*; **he didn't flicker an eyelid** nawet nie mrugnął okiem.
flick knife (*BRIT*) *n* nóż *m* sprężynowy.
flier ['flaɪə*] *n* lotnik *m*.
flight [flaɪt] *n* lot *m*; (*escape*) ucieczka *f*; (*also*: **flight of stairs**) kondygnacja *f*, piętro *nt*; **to take flight** uciekać (uciec *perf*); **a flight of fancy** wybryk fantazji.
flight attendant (*US*) *n* steward(essa) *m(f)*.
flight crew *n* załoga *f* samolotu.
flight deck *n* (*AVIAT*) kabina *f* pilota; (*NAUT*) pokład *m* lotniskowca.
flight recorder *n* czarna skrzynka *f*.
flimsy ['flɪmzɪ] *adj* (*clothes*) cienki; (*hut*) lichy; (*excuse, evidence*) marny.
flinch [flɪntʃ] *vi* wzdrygać się (wzdrygnąć się *perf*); **to flinch from** wzdragać się przed *+instr*.
fling [flɪŋ] (*pt* **flung**) *vt* ciskać (cisnąć *perf*), rzucać (rzucić *perf*) ♦ *n* romans *m*; **to fling o.s.** rzucać się (rzucić się *perf*); **to fling one's arms around someone** obejmować (objąć *perf*) kogoś (ramionami).
flint [flɪnt] *n* (*stone*) krzemień *m*; (*in lighter*) kamień *m* do zapalniczki.
flip [flɪp] *vt* (*switch*) pstrykać (pstryknąć *perf*) *+instr*; (*coin*) rzucać (rzucić *perf*); (*pancake, page*) przewracać (przewrócić *perf*) ♦ *vi*: **let's flip for it** rzućmy monetę.
►**flip through** *vt fus* (*book*) kartkować (przekartkować *perf*); (*pages*) przerzucać (przerzucić *perf*).
flippant ['flɪpənt] *adj* nonszalancki.
flipper ['flɪpə*] *n* płetwa *f*.
flip side *n* strona *f* B (*płyty*).

flirt [flə:t] *vi* flirtować ♦ *n* flirt *m*; **to flirt with** (*idea etc*) zabawiać się *+instr*.
flirtation [flə:'teɪʃən] *n* flirt *m*.
flit [flɪt] *vi* (*birds, insects*) polatywać; (*expression, smile*) przemykać (przemknąć *perf*).
float [fləut] *n* (*for swimming*) pływak *m*; (*for fishing*) spławik *m*; (*money*) drobne *pl*; (*in carnival*) ruchoma platforma *f* (*na której odgrywane są sceny rodzajowe*) ♦ *vi* (*on water, through air*) unosić się; (*currency*) mieć płynny kurs ♦ *vt* (*currency*) upłynniać (upłynnić *perf*) kurs *+gen*; (*company*) zakładać (założyć *perf*); (*idea, plan*) wprowadzać (wprowadzić *perf*) w życie.
▸**float around** *vi* krążyć.
flock [flɔk] *n* (*of sheep etc*) stado *nt*; (*REL*) parafia *f*.
▸**to flock to** *vt fus* (*gather*) gromadzić się (zgromadzić się *perf*) (tłumnie) przy *+instr*; (*go*) podążać (podążyć *perf*) (tłumnie) do *+gen*.
floe [fləu] *n* (*also*: **ice floe**) kra *f* (*na morzu*).
flog [flɔg] *vt* chłostać (wychłostać *perf*); (*inf*: *sell*) wciskać (wcisnąć *perf*) (*inf*).
flood [flʌd] *n* (*of water*) powódź *f*; (*of letters, imports*) zalew *m*; (*REL*): **the Flood** potop *m* ♦ *vt* zalewać (zalać *perf*); **to flood into** napływać (napłynąć *perf*) do *+gen*; **the river is in flood** rzeka wylała; **the kitchen was flooded** zalało kuchnię.
flooding ['flʌdɪŋ] *n* wylew *m* (rzeki).
floodlight ['flʌdlaɪt] *n* reflektor *m* ♦ *vt* oświetlać (oświetlić *perf*) reflektorami.
floodlit ['flʌdlɪt] *pt, pp of* **floodlight** ♦ *adj* oświetlony reflektorami.
flood tide *n* przypływ *m*.
floor [flɔ:*] *n* (*of room*) podłoga *f*; (*storey*) piętro *nt*; (*of sea, valley*) dno *nt*; (*for dancing*) parkiet *m*; (*fig*: *at meeting*) prawo *nt* głosu ♦ *vt* powalać (powalić *perf*) (na ziemię); (*fig*) zbijać (zbić *perf*) z tropu; **ground floor** (*US* **first floor**) parter; **first floor** (*US* **second floor**) pierwsze piętro; **top floor** ostatnie piętro; **to have/take the floor** mieć/zabierać (zabrać *perf*) głos; **questions from the floor** pytania z sali.
floorboard ['flɔ:bɔ:d] *n* deska *f* podłogowa.
flooring ['flɔ:rɪŋ] *n* materiał *m* podłogowy.
floor lamp (*US*) *n* lampa *f* stojąca.
floor show *n* występy *pl* artystyczne (*w nocnym klubie itp*).
floorwalker ['flɔ:wɔ:kə*] *n* (*esp US*) kierownik (-iczka) *m(f)* piętra w domu towarowym.
flop [flɔp] *n* klapa *f* (*inf*) ♦ *vi* (*fail*) robić (zrobić *perf*) klapę (*inf*); (*into chair, onto floor*) klapnąć (*perf*).
floppy ['flɔpɪ] *adj* (miękko) opadający.
floppy disk *n* (*COMPUT*) dyskietka *f*.
flora ['flɔ:rə] *n* flora *f*.
floral ['flɔ:rl] *adj* kwiecisty.
Florence ['flɔrəns] *n* Florencja *f*.
Florentine ['flɔrəntaɪn] *adj* florencki.
florid ['flɔrɪd] *adj* (*style, verse*) kwiecisty; (*complexion*) rumiany.
florist ['flɔrɪst] *n* kwiaciarz (-arka) *m(f)*.
florist's (shop) ['flɔrɪsts-] *n* kwiaciarnia *f*.
flotation [fləu'teɪʃən] *n* (*of shares*) emisja *f*; (*of company*) uruchomienie *nt*.
flotsam ['flɔtsəm] *n* (*also*: **flotsam and jetsam**: *of ship, plane*) szczątki *pl* (wraku); (: *rubbish*) rupiecie *pl*; (: *people*) życiowi rozbitkowie *vir pl*.
flounce [flauns] *n* falbana *f*.
▸**flounce out** *or* **off** *vi* wybiegać (wybiec *perf*) jak szalony.
flounder ['flaundə*] *vi* (*swimmer*) miotać się, rzucać się; (*fig*: *speaker*) plątać się; (: *economy*) kuleć ♦ *n* flądra *f*.
flour ['flauə*] *n* mąka *f*.
flourish ['flʌrɪʃ] *vi* kwitnąć ♦ *vt* wymachiwać *+instr* ♦ *n* (*in writing*) zawijas *m*; (*bold gesture*): **with a flourish** z rozmachem.
flourishing ['flʌrɪʃɪŋ] *adj* kwitnący.
flout [flaut] *vt* (*law, convention*) (świadomie) łamać (złamać *perf*), lekceważyć (zlekceważyć *perf*).
flow [fləu] *n* (*of blood, river, information*) przepływ *m*; (*of traffic*) strumień *m*; (*of tide*) przypływ *m*; (*of thought, speech*) potok *m* ♦ *vi* płynąć; (*clothes, hair*) spływać.
flow chart *n* (blokowy) schemat *m* działania, organigram *m*.
flow diagram *n* = **flow chart**.
flower ['flauə*] *n* kwiat *m* ♦ *vi* kwitnąć; **to be in flower** kwitnąć.
flower bed *n* klomb *m*.
flowerpot ['flauəpɔt] *n* doniczka *f*.
flowery ['flauərɪ] *adj* (*pattern, speech*) kwiecisty; (*perfume*) kwiatowy.
flown [fləun] *pp of* **fly**.
flu [flu:] *n* grypa *f*.
fluctuate ['flʌktjueɪt] *vi* zmieniać się (nieregularnie), wahać się.
fluctuation [flʌktju'eɪʃən] *n* zmiany *pl*, wahania *pl*.
flue [flu:] *n* przewód *m* kominowy.
fluency ['flu:ənsɪ] *n* biegłość *f*, płynność *f*; **his fluency in French** jego biegła znajomość francuskiego.
fluent ['flu:ənt] *adj* (*linguist*) biegły; (*speech, writing*) płynny; **he's a fluent speaker/reader** płynnie mówi/czyta; **he speaks fluent French, he's fluent in French** biegle mówi po francusku.
fluently ['flu:əntlɪ] *adv* biegle, płynnie.
fluff [flʌf] *n* (*on jacket, carpet*) meszek *m*, kłaczki *pl*; (*of young animal*) puch *m* ♦ *vt* (*inf*: *exam etc*) zawalać (zawalić *perf*) (*inf*); (*also*: **fluff out**: *hair*) wzburzać (wzburzyć *perf*); (: *feathers*) napuszać (napuszyć *perf*).
fluffy ['flʌfɪ] *adj* puszysty, puchaty.
fluid ['flu:ɪd] *adj* płynny ♦ *n* płyn *m*.

fluid ounce (*BRIT*) *n* (*= 0.028l*) uncja *f* objętości (płynu).
fluke [flu:k] (*inf*) *n* fuks *m* (*inf*).
flummox ['flʌməks] *vt* peszyć (speszyć *perf*).
flung [flʌŋ] *pt, pp of* **fling**.
fluorescent [fluə'rɛsnt] *adj* (*dial, paint*) fluorescencyjny; (*light*) jarzeniowy, fluorescencyjny.
fluoride ['fluəraɪd] *n* fluorek *m*.
fluorine ['fluəri:n] *n* fluor *m*.
flurry ['flʌrɪ] *n* śnieżyca *f*; **a flurry of activity/excitement** przypływ ożywienia/podniecenia.
flush [flʌʃ] *n* (*on face*) rumieniec *m*, wypieki *pl*; (*CARDS*) sekwens *m* ♦ *vt* przepłukiwać (przepłukać *perf*) ♦ *vi* rumienić się (zarumienić się *perf*), czerwienić się (zaczerwienić się *perf*) ♦ *adv*: **flush with** równo z *+instr*; **flush against** tuż przy *+loc*; **in the first flush of youth/freedom** w pierwszym porywie młodości/wolności; **hot flushes** (*MED*) uderzenia gorąca; **to flush the toilet** spuszczać (spuścić *perf*) wodę (w toalecie).
►**flush out** *vt* płoszyć (spłoszyć *perf*).
flushed ['flʌʃt] *adj* zarumieniony, zaczerwieniony; **flushed with success/victory** promieniejący sukcesem/zwycięstwem.
fluster ['flʌstə*] *n*: **in a fluster** podenerwowany ♦ *vt* denerwować (podenerwować *perf*).
flustered ['flʌstəd] *adj* podenerwowany.
flute [flu:t] *n* flet *m*.
fluted ['flu:tɪd] *adj* żłobiony.
flutter ['flʌtə*] *n* (*of wings*) trzepot *m*, trzepotanie *nt*; (*of panic, excitement*) przypływ *m* ♦ *vi* trzepotać (zatrzepotać *perf*) ♦ *vt* trzepotać (zatrzepotać *perf*) *+instr*.
flux [flʌks] *n*: **to be in a state of flux** nieustannie się zmieniać.
fly [flaɪ] (*pt* **flew**, *pp* **flown**) *n* (*insect*) mucha *f*; (*also*: **flies**) rozporek *m* ♦ *vt* (*plane*) pilotować; (*passengers, cargo*) przewozić (przewieźć *perf*) samolotem; (*distances*) przelatywać (przelecieć *perf*); (*kite*) puszczać (puścić *perf*) ♦ *vi* (*plane, passengers*) lecieć (polecieć *perf*); (: *habitually*) latać; (*bird, insect*) lecieć (polecieć *perf*), frunąć (pofrunąć *perf*); (: *habitually*) latać, fruwać; (*prisoner*) uciekać (uciec *perf*); (*flags*) fruwać; **to fly open** gwałtownie się otwierać (otworzyć *perf*); **to fly off the handle** tracić (stracić *perf*) panowanie nad sobą; **pieces of metal went flying everywhere** kawałki metalu fruwały dookoła; **she came flying into the room** wpadła do pokoju; **her glasses flew off** zleciały jej okulary; **he flew into a rage** wpadł we wściekłość; **sorry, I must fly** przepraszam, muszę lecieć.
►**fly away** *vi* odlatywać (odlecieć *perf*).
►**fly in** *vi* przylatywać (przylecieć *perf*).
►**fly off** *vi* = **fly away**.
►**fly out** *vi* wylatywać (wylecieć *perf*).
fly-fishing ['flaɪfɪʃɪŋ] *n* łowienie *nt* ryb na muchę.
flying ['flaɪɪŋ] *n* latanie *nt* ♦ *adj*: **a flying visit** krótka wizyta *f*; **with flying colours** z honorami; **he doesn't like flying** nie lubi latać.
flying buttress *n* łuk *m* przyporowy.
flying saucer *n* latający talerz *m*.
flying start *n*: **to get off to a flying start** brawurowo zaczynać (zacząć *perf*).
flyleaf ['flaɪli:f] *n* strona *f* przedtytułowa.
flyover ['flaɪəuvə*] (*BRIT*) *n* wiadukt *m*, estakada *f*.
flysheet ['flaɪʃi:t] *n* tropik *m* (*namiotu*).
flywheel ['flaɪwi:l] *n* koło *nt* zamachowe.
FM *abbr* (*BRIT*: *MIL*) = **field marshal**; (*RADIO*: = *frequency modulation*) FM, ≈ UKF.
FMB (*US*) *n abbr* (= *Federal Maritime Board*) *instytucja rządowa sprawująca kontrolę nad marynarką handlową.*
FMCS (*US*) *n abbr* (= *Federal Mediation and Conciliation Services*) *federalna komisja mediacyjna i pojednawcza.*
FO (*BRIT*) *n abbr* = **Foreign Office** ≈ MSZ *m*.
foal [fəul] *n* źrebię *nt*, źrebak *m*.
foam [fəum] *n* (*surf, soapy water*) piana *f*; (*on beer, coffee*) pianka *f*; (*also*: **foam rubber**) guma *f* piankowa ♦ *vi* pienić się; **he was foaming at the mouth** toczył pianę z ust.
f.o.b. (*COMM*) *abbr* (= *free on board*) franco statek.
fob [fɔb] *vt*: **to fob sb off** zbywać (zbyć *perf*) kogoś ♦ *n* (*also*: **watch fob**) dewizka *f*.
foc (*COMM*: *BRIT*) *abbr* (= *free of charge*) bezpłatnie, bez ponoszenia kosztów.
focal point ['fəukl-] *n* punkt *m* centralny; (*of lens, mirror*) ognisko *nt*.
focus ['fəukəs] (*pl* **focuses**) *n* (*PHOT*) ostrość *f*; (*fig*) skupienie *nt* uwagi ♦ *vt* (*telescope etc*) ustawiać (ustawić *perf*) ostrość *+gen*; (*light rays, one's eyes, attention*) skupiać (skupić *perf*) ♦ *vi*: **to focus (on)** (*with camera*) nastawiać (nastawić *perf*) ostrość (na *+acc*); (*person*) skupiać się (skupić się *perf*) (na *+loc*); **in/out of focus** ostry/nieostry; **to be the focus of attention** stanowić centrum zainteresowania.
fodder ['fɔdə*] *n* pasza *f*.
FOE *n abbr* (= *Friends of the Earth*) *organizacja propagująca ochronę środowiska.*
foe [fəu] *n* wróg *m*, nieprzyjaciel *m*.
foetus ['fi:təs] (*US* **fetus**) *n* płód *m*.
fog [fɔg] *n* mgła *f*.
fogbound ['fɔgbaund] *adj* unieruchomiony przez mgłę.
foggy ['fɔgɪ] *adj* mglisty; **it's foggy** jest mgła; **I haven't the foggiest (idea)** (*inf*) nie mam zielonego pojęcia (*inf*).
fog lamp (*US* **fog light**) *n* (*AUT*) reflektor *m* przeciwmgłowy *or* przeciwmgielny.
foible ['fɔɪbl] *n* słabostka *f*.

foil [fɔɪl] *vt* (*attack, attempt*) udaremniać (udaremnić *perf*); (*plans*) krzyżować (pokrzyżować *perf*) ♦ *n* (*for wrapping food*) folia *f*; (*complement*) dodatek *m*; (*FENCING*) floret *m*; **to act as a foil to** (*fig*) uwydatniać *or* podkreślać *+acc*.

foist [fɔɪst] *vt*: **to foist sth on sb** narzucać (narzucić *perf*) coś komuś.

fold [fəuld] *n* (*in paper*) zagięcie *nt*; (*in dress, of skin*) fałda *f*; (*for sheep*) koszara *f*; (*fig*) owczarnia *f* ♦ *vt* (*clothes*) składać (złożyć *perf*); (*paper*) składać (złożyć *perf*), zaginać (zagiąć *perf*); (*one's arms*) krzyżować (skrzyżować *perf*) ♦ *vi* (*business, organization*) upadać (upaść *perf*).

►**fold up** *vi* (*map, bed, table*) składać się (złożyć się *perf*); (*business*) upadać (upaść *perf*) ♦ *vt* składać (złożyć *perf*).

folder ['fəuldə*] *n* teczka *f* (papierowa).

folding ['fəuldɪŋ] *adj* składany.

foliage ['fəulɪɪdʒ] *n* listowie *nt*.

folk [fəuk] *npl* (*people*) ludzie *vir pl*; (*ethnic group*) lud *m* ♦ *cpd* ludowy; **folks** (*inf*) *npl* (*parents*) starzy *vir pl* (*inf*).

folklore ['fəuklɔ:*] *n* folklor *m*.

folk music *n* muzyka *f* ludowa.

folk song *n* piosenka *f* ludowa.

follow ['fɔləu] *vt* (*person*: *on foot*) iść (pójść *perf*) za *+instr*, podążać (podążyć *perf*) za *+instr* (*fml*); (: *by vehicle*) jechać (pojechać *perf*) za *+instr*; (*suspect, event, story*) śledzić; (*route, path*: *on foot*) iść (pójść *perf*) *+instr*; (: *by vehicle*) jechać (pojechać *perf*) *+instr*; (*advice, instructions*) stosować się (zastosować się *perf*) do *+gen*; (*example*) iść (pójść *perf*) za *+instr*; (*with eyes*) wodzić (powieść *perf*) wzrokiem po *+loc* ♦ *vi* (*person*): **she made for the stairs and he followed** skierowała się ku schodom, a on podążył *or* poszedł za nią; (*period of time*) następować (nastąpić *perf*); (*result, conclusion*) wynikać (wyniknąć *perf*); **to follow in sb's footsteps** iść (pójść *perf*) w czyjeś ślady; **I don't quite follow you** nie całkiem cię rozumiem; **it follows that ...** wynika z tego, że ...; **as follows** jak następuje; **to follow suit** (*fig*) iść (pójść *perf*) za czyimś przykładem.

►**follow on** *vi* następować (nastąpić *perf*) po *+loc*.

►**follow out** *vt* (*idea, plan*) realizować (zrealizować *perf*); (*advice, instructions*) stosować się (zastosować się *perf*) do *+gen*.

►**follow through** *vt* = **follow out**.

►**follow up** *vt* (*offer*) sprawdzać (sprawdzić *perf*); (*idea, suggestion*) badać (zbadać *perf*).

follower ['fɔləuə*] *n* zwolennik (-iczka) *m(f)*.

following ['fɔləuɪŋ] *adj* (*next*) następny; (*next-mentioned*) następujący ♦ *n* zwolennicy *vir pl*.

follow-up ['fɔləuʌp] *n* ciąg *m* dalszy, kontynuacja *f* ♦ *adj* dalszy, uzupełniający.

folly ['fɔlɪ] *n* (*foolishness*) szaleństwo *nt*; (*building*) *imitacja zamku, świątyni itp ustawiona w parku w celach dekoracyjnych*.

fond [fɔnd] *adj* (*smile, look*) czuły; (*hopes, dreams*) naiwny; **to be fond of sb/sth** lubić kogoś/coś; **to be fond of doing sth** lubić coś robić.

fondle ['fɔndl] *vt* pieścić.

fondly ['fɔndlɪ] *adv* czule, z czułością; **he fondly imagined that ...** naiwnie wyobrażał sobie, że... .

fondness ['fɔndnɪs] *n* czułość *f*; **a special fondness for** szczególne upodobanie do *+gen*.

font [fɔnt] *n* (*in church*) chrzcielnica *f*; (*TYP*) czcionka *f*.

food [fu:d] *n* żywność *f*, pokarm *m*.

food mixer *n* mikser *m*.

food poisoning *n* zatrucie *nt* pokarmowe.

food processor *n* robot *m* kuchenny.

foodstuffs ['fu:dstʌfs] *npl* artykuły *pl* żywnościowe.

fool [fu:l] *n* (*person*) głupiec *m*, idiota (-tka) *m(f)*; (*CULIN*) *mus owocowy z dodatkiem cukru, jajek i śmietany* ♦ *vt* oszukiwać (oszukać *perf*), nabierać (nabrać *perf*) ♦ *vi* wygłupiać się; **to make a fool of sb** (*ridicule*) ośmieszać (ośmieszyć *perf*) kogoś; (*trick*) wystrychnąć *(perf)* kogoś na dudka; **to make a fool of o.s.** zbłaźnić się *(perf)*; **you can't fool me** mnie nie nabierzesz.

►**fool about** (*pej*) *vi* (*waste time*) obijać się; (*behave foolishly*) wygłupiać się, błaznować.

►**fool around** *vi* = **fool about**.

foolhardy ['fu:lhɑ:dɪ] *adj* ryzykancki.

foolish ['fu:lɪʃ] *adj* (*stupid*) głupi; (*rash*) pochopny.

foolishly ['fu:lɪʃlɪ] *adv* (*stupidly*) głupio; (*rashly*) pochopnie.

foolishness ['fu:lɪʃnɪs] *n* głupota *f*.

foolproof ['fu:lpru:f] *adj* niezawodny.

foolscap ['fu:lskæp] *n papier formatu 34 x 43 cm*.

foot [fut] (*pl* **feet**) *n* (*of person, as measure*) stopa *f*; (*of animal*) łapa *f*; (*of cliff*) podnóże *nt*; (*of page, stairs*) dół *m*; **at the foot of the bed** w nogach łóżka; **on foot** pieszo, piechotą; **to find one's feet** (*fig*) czuć (poczuć *perf*) grunt pod nogami; **to put one's foot down** (*AUT*) dodawać (dodać *perf*) gazu; (*say no*) stawiać się (postawić się *perf*); **to foot the bill (for sth)** płacić (zapłacić *perf*) (za coś).

footage ['futɪdʒ] *n* materiał *m* filmowy.

foot and mouth (disease) *n* pryszczyca *f*.

football ['futbɔ:l] *n* (*ball*) piłka *f* nożna; (*SPORT*: *BRIT*) piłka *f* nożna, futbol *m*; (: *US*) futbol *m* amerykański.

football ground *n* boisko *nt* do gry w piłkę nożną.

football match (*BRIT*) *n* mecz *m* piłki nożnej.

football player *n* (*BRIT*: *also*: **footballer**) piłkarz *m*; (*US*) futbolista *m*.

footbrake ['futbreɪk] *n* hamulec *m* nożny.

footbridge ['futbrɪdʒ] *n* kładka *f.*
foothills ['futhɪlz] *npl* pogórze *nt.*
foothold ['futhəuld] *n* oparcie *nt* dla stóp; **to get a foothold** (*fig*) znajdować (znaleźć *perf*) punkt zaczepienia.
footing ['futɪŋ] *n* (*fig*) stopa *f*; **to lose one's footing** tracić (stracić *perf*) równowagę; **on an equal footing with** na równi z *+instr.*
footlights ['futlaɪts] *npl* (*THEAT*) rampa *f.*
footman ['futmən] (*irreg like*: **man**) *n* lokaj *m.*
footnote ['futnəut] *n* przypis *m.*
footpath ['futpɑːθ] *n* ścieżka *f.*
footprint ['futprɪnt] *n* (*of person*) odcisk *m* stopy; (*of animal*) odcisk *m* łapy.
footrest ['futrɛst] *n* podnóżek *m.*
footstep ['futstɛp] *n* krok *m.*
footwear ['futwɛə*] *n* obuwie *nt.*
f.o.r. (*COMM*) *abbr* (= *free on rail*) franco wagon.

KEYWORD

for [fɔː*] *prep* **1** (*indicating recipient*) dla *+gen.* **2** (*indicating destination, application*) do *+gen*; **the train for London** pociąg do Londynu; **what's it for?** do czego to jest? **3** (*indicating intention*) po *+acc*; **he went for the paper** wyszedł po gazetę. **4** (*indicating purpose*): **give it to me – what for?** daj mi to – po co?; **it's time for lunch** czas na obiad; **clothes for children** ubrania dla dzieci; **to pray for peace** modlić się o pokój. **5** (*representing*): **the MP for Hove** poseł/posłanka *m/f* z Hove; **he works for the government** pracuje na rządowej posadzie; **I'll ask him for you** zapytam go w twoim imieniu; **N for Nan** ≈ N jak Natalia. **6** (*because of*) z *+gen*; **for this reason** z tego powodu; **the town is famous for its canals** miasto słynie ze swoich kanałów. **7** (*with regard to*): **he's mature for his age** jest dojrzały (jak) na swój wiek; **a gift for languages** talent do języków. **8** (*in exchange for*) za *+acc*; **I sold it for 5 pounds** sprzedałam to za 5 funtów. **9** (*in favour of*) za *+instr*; **are you for or against us?** jesteś za nami, czy przeciwko nam?; **vote for X** głosuj na X. **10** (*referring to distance*) (przez) *+acc*; **there are roadworks for 5 km** przez 5 km ciągną się roboty drogowe; **we walked for miles** szliśmy wiele mil. **11** (*referring to time*): **he was away for two years** nie było go (przez) dwa lata; **it hasn't rained for 3 weeks** nie padało od trzech tygodni; **can you do it for tomorrow?** czy możesz to zrobić na jutro? **12** (*with infinitive clause*): **it would be best for you to leave** byłoby najlepiej, gdybyś wyjechał; **it is not for me to decide** ja nie mogę tu decydować; **for this to be possible** aby to było możliwe. **13** (*in spite of*) (po)mimo *+gen*; **for all his complaints, he is very fond of her** (po)mimo wszystkich zastrzeżeń, bardzo ją lubi ♦ *conj* (*fml*) ponieważ, gdyż; **she was very angry, for he was late again** była bardzo zła, ponieważ *or* gdyż znów się spóźnił.

forage ['fɔrɪdʒ] *n* pasza *f* ♦ *vi* (*for food*) szukać pożywienia; (*for interesting objects*) szperać.
forage cap *n* furażerka *f.*
foray ['fɔreɪ] *n* najazd *m.*
forbad(e) [fə'bæd] *pt of* **forbid.**
forbearing [fɔː'bɛərɪŋ] *adj* wyrozumiały.
forbid [fə'bɪd] (*pt* **forbad(e)**, *pp* **forbidden**) *vt* zakazywać (zakazać *perf*) *+gen*; **to forbid sb to do sth** zabraniać (zabronić *perf*) komuś coś robić.
forbidden [fə'bɪdn] *pp of* **forbid** ♦ *adj* zakazany, tabu *post.*
forbidding [fə'bɪdɪŋ] *adj* (*prospect*) posępny; (*look, person*) posępny, odpychający.
force [fɔːs] *n* (*also PHYS*) siła *f*; (*power, influence*) siła *f*, moc *f* ♦ *vt* (*person*) zmuszać (zmusić *perf*); (*confession etc*) wymuszać (wymusić *perf*); (*push*) pchnąć (*perf*); (*lock, door*) wyłamywać (wyłamać *perf*); **the Forces** (*BRIT*) *npl* Siły *pl* Zbrojne; **in force** licznie, masowo; **to come into force** wchodzić (wejść *perf*) w życie; **to join forces** łączyć (połączyć *perf*) siły; **a force 5 wind** wiatr o sile 5 stopni; **the sales force** (*COMM*) agenci handlowi; **through** *or* **from force of habit** siłą nawyku; **to force o.s. to do sth** zmuszać się (zmusić się *perf*) do (z)robienia czegoś; **to force sb to do sth** zmuszać (zmusić *perf*) kogoś do (z)robienia czegoś; **to force sb's hand** zmuszać (zmusić *perf*) kogoś do ujawnienia zamiarów; **to force sth (up)on sb** narzucać (narzucić *perf*) coś komuś; **to force o.s. (up)on sb** narzucać się komuś; **they forced him into a small room** wepchnęli go do małego pokoiku.
▸**force back** *vt* (*tears, urge*) powstrzymywać (powstrzymać *perf*).
forced [fɔːst] *adj* (*labour, landing*) przymusowy; (*smile*) wymuszony.
force-feed ['fɔːsfiːd] *vt* karmić (nakarmić *perf*) siłą.
forceful ['fɔːsful] *adj* (*person, point*) przekonujący; (*attack*) silny.
forceps ['fɔːsɛps] *npl* kleszcze *pl*, szczypce *pl.*
forcible ['fɔːsəbl] *adj* (*entry, imposition*) bezprawny, dokonany przemocą; (*reminder*) ostry; (*lesson*) porządny.
forcibly ['fɔːsəblɪ] *adv* (*remove*) siłą; (*express*) dobitnie, dosadnie.
ford [fɔːd] *n* bród *m*; **to ford the river** przebyć (*perf*) rzekę w bród.
fore [fɔː*] *n*: **to come to the fore** wysuwać się (wysunąć się *perf*) na czoło.
forearm ['fɔːrɑːm] *n* przedramię *nt.*
forebear ['fɔːbɛə*] *n* przodek *m.*
foreboding [fɔː'bəudɪŋ] *n* złe przeczucie *nt.*
forecast ['fɔːkɑːst] (*irreg like*: **cast**) *n*

przewidywanie *nt*, prognoza *f* ♦ *vt* przewidywać (przewidzieć *perf*); **the weather forecast** prognoza pogody.

foreclose [fɔ:'kləuz] *vt* (*also*: **foreclose on**: *property*) orzekać (orzec *perf*) przepadek *+gen*; (: *person*) przejmować (przejąć *perf*) mienie *+gen*.

foreclosure [fɔ:'kləuʒə*] *n* egzekucja *f* (mienia).

forecourt ['fɔ:kɔ:t] *n* podjazd *m*.

forefathers ['fɔ:fɑ:ðəz] *npl* przodkowie *vir pl*, ojcowie *vir pl*.

forefinger ['fɔ:fɪŋgə*] *n* palec *m* wskazujący.

forefront ['fɔ:frʌnt] *n*: **in the forefront of** na czele *+gen*.

forego [fɔ:'gəu] (*irreg like*: **go**) *vt* (*give up*) zrzekać się (zrzec się *perf*) *+gen*, rezygnować (zrezygnować *perf*) z *+gen*; (*go without*) obywać się (obyć się *perf*) bez *+gen*.

foregoing ['fɔ:gəuɪŋ] *adj* powyższy ♦ *n*: **the foregoing** powyższe *nt*.

foregone ['fɔ:gɔn] *pp of* **forego** ♦ *adj*: **it's a foregone conclusion** to sprawa przesądzona.

foreground ['fɔ:graund] *n* pierwszy plan *m*; **a foreground program** (*COMPUT*) program pierwszoplanowy.

forehand ['fɔ:hænd] *n* forhend *m*.

forehead ['fɔrɪd] *n* czoło *nt*.

foreign ['fɔrɪn] *adj* (*country, matter*) obcy; (*trade, student*) zagraniczny; **foreign holidays** wakacje za granicą.

foreign body *n* obce ciało *nt*.

foreign currency *n* waluta *f* obca.

foreigner ['fɔrɪnə*] *n* cudzoziemiec (-mka) *m(f)*.

foreign exchange *n* (*system*) wymiana *f* walut; (*money*) waluty *pl* obce.

foreign exchange market *n* rynek *m* dewizowy.

foreign exchange rate *n* kurs *m* walutowy.

foreign minister *n* Minister *m* Spraw Zagranicznych.

Foreign Office (*BRIT*) *n* Ministerstwo *nt* Spraw Zagranicznych.

Foreign Secretary (*BRIT*) *n* Minister *m* Spraw Zagranicznych.

foreleg ['fɔ:lɛg] *n* (*of animal*) przednia noga *f*.

foreman ['fɔ:mən] (*irreg like*: **man**) *n* (*in factory*) brygadzista *m*; (*on building site*) kierownik *m* (robót); (*of jury*) przewodniczący *m*.

foremost ['fɔ:məust] *adj* główny ♦ *adv*: **first and foremost** przede wszystkim.

forename ['fɔ:neɪm] *n* imię *nt*.

forensic [fə'rɛnsɪk] *adj* (*medicine*) sądowy; (*skill*) prawniczy.

forerunner ['fɔ:rʌnə*] *n* prekursor *m*.

foresaw *pt of* **foresee**.

foresee [fɔ:'si:] (*irreg like*: **see**) *vt* przewidywać (przewidzieć *perf*).

foreseeable [fɔ:'si:əbl] *adj* dający się przewidzieć, przewidywalny; **in the foreseeable future** w najbliższej przyszłości.

foreseen [fɔ:'si:n] *pp of* **foresee**.

foreshadow [fɔ:'ʃædəu] *vt* (*event*) zapowiadać (zapowiedzieć *perf*).

foreshore ['fɔ'ʃɔ:*] *n* przedbrzeże *nt*.

foreshorten [fɔ:'ʃɔ:tn] *vt* przedstawiać (przedstawić *perf*) w rzucie perspektywicznym.

foresight ['fɔ:saɪt] *n* zdolność *f* przewidywania, przezorność *f*.

foreskin ['fɔ:skɪn] *n* napletek *m*.

forest ['fɔrɪst] *n* las *m*.

forestall [fɔ:'stɔ:l] *vt* ubiegać (ubiec *perf*).

forestry ['fɔrɪstrɪ] *n* leśnictwo *nt*.

foretaste ['fɔ:teɪst] *n*: **a foretaste of** przedsmak *m* *+gen*.

foretell [fɔ:'tɛl] (*irreg like*: **tell**) *vt* przepowiadać (przepowiedzieć *perf*).

forethought ['fɔ:θɔ:t] *n* przezorność *f*, zapobiegliwość *f*.

foretold [fɔ:'təuld] *pt, pp of* **foretell**.

forever [fə'rɛvə*] *adv* (*permanently*) trwale, na trwałe; (*always*) (na) zawsze, wiecznie; (*continually*) ciągle, bezustannie; **it has gone forever** (to) minęło bezpowrotnie; **it will last forever** to będzie trwać wiecznie; **you're forever finding difficulties** ty ciągle wynajdujesz problemy.

forewarn [fɔ:'wɔ:n] *vt* przestrzegać (przestrzec *perf*).

forewent [fɔ:'wɛnt] *pt of* **forego**.

foreword ['fɔ:wə:d] *n* przedmowa *f*.

forfeit ['fɔ:fɪt] *n* grzywna *f* ♦ *vt* (*right, chance etc*) tracić (stracić *perf*); (*one's happiness, health*) poświęcać (poświęcić *perf*); (*one's income*) zrzekać się (zrzec się *perf*) *+gen*.

forgave [fə'geɪv] *pt of* **forgive**.

forge [fɔ:dʒ] *n* kuźnia *f* ♦ *vt* (*signature, money etc*) fałszować (sfałszować *perf*); (*wrought iron*) kuć (wykuć *perf*); (*alliance*) zawierać (zawrzeć *perf*).

▸**forge ahead** *vi* iść (pójść *perf*) do przodu.

forger ['fɔ:dʒə*] *n* fałszerz *m*.

forgery ['fɔ:dʒərɪ] *n* (*crime*) fałszerstwo *nt*; (*document, painting etc*) falsyfikat *m*.

forget [fə'gɛt] (*pt* **forgot**, *pp* **forgotten**) *vt* zapominać (zapomnieć *perf*) *+gen*; (*birthday, appointment, person*) zapominać (zapomnieć *perf*) o *+loc* ♦ *vi* zapominać (zapomnieć *perf*); **his fourth or fifth play, I forget which** jego czwarta czy piąta sztuka, nie pamiętam; **to forget o.s.** zapominać się (zapomnieć się *perf*).

forgetful [fə'gɛtful] *adj*: **to be forgetful** mieć słabą pamięć; **forgetful of** nie zważający na *+acc*.

forgetfulness [fə'gɛtfulnɪs] *n* słaba pamięć *f*.

forget-me-not [fə'gɛtmɪnɔt] *n* niezapominajka *f*.

forgive [fə'gɪv] (*pt* **forgave**, *pp* **forgiven**) *vt* wybaczać (wybaczyć *perf*) *or* przebaczać (przebaczyć *perf*) *+dat*; **to forgive sb for sth** wybaczyć (*perf*) komuś coś; **to forgive sb for doing sth** wybaczyć (*perf*) komuś, że coś zrobił; **forgive my ignorance, but ...** proszę wybaczyć moją niewiedzę, lecz ...; **they could be forgiven for thinking that ...** można im wybaczyć, iż myśleli, że...; **let's forgive and forget** puśćmy to w niepamięć.

forgiveness [fə'gɪvnɪs] *n* przebaczenie *nt*; **to ask** *or* **beg sb's forgiveness** prosić *or* błagać kogoś o wybaczenie.

forgiving [fə'gɪvɪŋ] *adj* wyrozumiały.

forgo [fɔː'gəu] (*pt* **forwent**, *pp* **forgone**) *vt* = **forego**.

forgot [fə'gɔt] *pt of* **forget**.

forgotten [fə'gɔtn] *pp of* **forget**.

fork [fɔːk] *n* (*for eating*) widelec *m*; (*for gardening*) widły *pl*; (*in road, river*) rozwidlenie *nt* ♦ *vi* (*road*) rozwidlać się.

▸**fork out** (*inf*) *vt* bulić (wybulić *perf*) (*inf*) ♦ *vi* bulić (zabulić *perf*) (*inf*).

forked [fɔːkt] *adj*: **forked lightning** błyskawica *f* zygzakowata.

fork-lift truck ['fɔːklɪft-] *n* podnośnik *m* widłowy.

forlorn [fə'lɔːn] *adj* (*person*) opuszczony; (*cry, voice*) żałosny; (*place*) wymarły; (*attempt, hope*) rozpaczliwy.

form [fɔːm] *n* (*type*) forma *f*; (*shape*) postać *f*; (*SCOL*) klasa *f*; (*questionnaire*) formularz *m* ♦ *vt* (*shape, organization*) tworzyć (utworzyć *perf*); (*idea, impression*) wyrabiać (wyrobić *perf*) sobie; (*relationship*) zawierać (zawrzeć *perf*); (*habit*) nabierać (nabrać *perf*) +*gen* ♦ *vi* tworzyć się (utworzyć się *perf*); **in the form of** w formie +*gen*; **to take the form of** mieć *or* przybierać (przybrać *perf*) formę +*gen*; **to form part of sth** stanowić część czegoś; **to be in good** *or* **top form** (*SPORT*) być w dobrej *or* szczytowej formie; (*fig*) być w dobrej *or* wspaniałej formie; **to be on form** być w formie.

formal ['fɔːməl] *adj* (*education, style*) formalny; (*statement, behaviour*) formalny, oficjalny; (*occasion, dinner*) uroczysty; (*gardens*) tradycyjny, typowy; **formal dress** strój oficjalny *or* wizytowy.

formality [fɔː'mælɪtɪ] *n* (*procedure*) formalność *f*; (*politeness*) formalna uprzejmość *f*; **formalities** *npl* formalności *pl*.

formalize ['fɔːməlaɪz] *vt* nadawać (nadać *perf*) formalny wyraz +*dat*.

formally ['fɔːməlɪ] *adv* (*announce, approve*) formalnie, oficjalnie; (*dress, behave*) formalnie; **to be formally invited** otrzymać (*perf*) oficjalne zaproszenie.

format ['fɔːmæt] *n* forma *f* ♦ *vt* (*COMPUT*) formatować (sformatować *perf*).

formation [fɔː'meɪʃən] *n* (*of organization, business*) utworzenie *nt*; (*of theory, ideas*) powstawanie *nt*, formowanie się *nt*; (*pattern*) formacja *f*; (*of rocks, clouds*) tworzenie się *nt*, powstawanie *nt*.

formative ['fɔːmətɪv] *adj*: **formative years** okres kształtujący osobowość.

former ['fɔːmə*] *adj* (*one-time*) były; (*earlier*) dawny ♦ *n*: **the former** ten pierwszy *m*/ta pierwsza *f*/to pierwsze *nt*; **in former times** w dawnych czasach, niegdyś.

formerly ['fɔːməlɪ] *adv* uprzednio.

Formica [fɔː'maɪkə] ® *n* formika *f*.

formidable ['fɔːmɪdəbl] *adj* (*opponent*) budzący grozę; (*task*) ogromny.

formula ['fɔːmjulə] (*pl* **formulae** *or* **formulas**) *n* (*MATH, CHEM*) wzór *m*, formuła *f*; (*plan*) recepta *f*, przepis *m*; **Formula One** (*AUT*) Formuła I.

formulate ['fɔːmjuleɪt] *vt* (*plan, strategy*) opracowywać (opracować *perf*); (*thought, opinion*) formułować (sformułować *perf*).

fornicate ['fɔːnɪkeɪt] *vi* cudzołożyć.

forsake [fə'seɪk] (*pt* **forsook**, *pp* **forsaken**) *vt* porzucać (porzucić *perf*).

forsook [fə'suk] *pt of* **forsake**.

fort [fɔːt] *n* (*MIL*) fort *m*; **to hold the fort** (*fig*) sprawować pieczę (*pod czyjąś nieobecność*).

forte ['fɔːtɪ] *n* mocna strona *f*.

forth [fɔːθ] *adv*: **to set forth** wyruszać (wyruszyć *perf*); **back and forth** tam i z powrotem; **to bring forth** (*child*) wydać (*perf*) na świat; (*revulsion, discussion etc*) wywoływać (wywołać *perf*); **and so forth** i tak dalej.

forthcoming [fɔːθ'kʌmɪŋ] *adj* (*event*) nadchodzący, zbliżający się; (*book*) mający się ukazać; (*help, money*) dostępny; (*person*) rozmowny.

forthright ['fɔːθraɪt] *adj* otwarty, jawny.

forthwith ['fɔːθ'wɪθ] *adv* niezwłocznie.

fortieth ['fɔːtɪɪθ] *num* czterdziesty.

fortification [fɔːtɪfɪ'keɪʃən] *n* fortyfikacja *f*.

fortified wine ['fɔːtɪfaɪd-] *n* wino *nt* alkoholizowane.

fortify ['fɔːtɪfaɪ] *vt* (*city*) obwarowywać (obwarować *perf*); (*person*) umacniać (umocnić *perf*).

fortitude ['fɔːtɪtjuːd] *n* hart *m* ducha.

fortnight ['fɔːtnaɪt] (*BRIT*) *n* dwa tygodnie *pl*; **it's a fortnight since ...** minęły dwa tygodnie od (czasu, gdy) ... .

fortnightly ['fɔːtnaɪtlɪ] *adj* (*lasting two weeks*) dwutygodniowy; (*happening every two weeks*) odbywający się co dwa tygodnie ♦ *adv* co dwa tygodnie; **a fortnightly magazine** dwutygodnik.

FORTRAN ['fɔːtræn] *n* (język *m*) FORTRAN.

fortress ['fɔːtrɪs] *n* twierdza *f*, forteca *f*.

fortuitous [fɔː'tjuːɪtəs] *adj* przypadkowy.

fortunate ['fɔːtʃənɪt] *adj* (*person*) szczęśliwy; (*event*) pomyślny; **to be fortunate** mieć szczęście; **he is fortunate to have ...** on ma szczęście, że ma +*acc*; **it is fortunate that ...** dobrze się składa, że ... .

fortunately ['fɔːtʃənɪtlɪ] *adv* na szczęście, szczęśliwie.

fortune ['fɔːtʃən] *n* (*luck*) szczęście *nt*,

powodzenie *nt*; (*wealth*) fortuna *f*, majątek *m*; **to make a fortune** zbijać (zbić *perf*) majątek; **to tell sb's fortune** przepowiadać (przepowiedzieć *perf*) komuś przyszłość.
fortune-teller ['fɔːtʃəntɛlə*] *n* wróżka *f*.
forty ['fɔːtɪ] *num* czterdzieści.
forum ['fɔːrəm] *n* forum *nt*.
forward ['fɔːwəd] *adj* (*movement*) do przodu *post*; (*part*) przedni; (*not shy*) śmiały ♦ *n* (*SPORT*) napastnik (-iczka) *m(f)* ♦ *vt* (*letter, parcel*) przesyłać (przesłać *perf*) (dalej); (*career, plans*) posuwać (posunąć *perf*) do przodu; **"please forward"** „proszę przesłać na nowy adres"; **forward planning** planowanie perspektywiczne.
forward(s) ['fɔːwəd(z)] *adv* (*in space*) do przodu; (*in development, time*) naprzód; **to look forward** patrzeć w przyszłość.
fossil ['fɔsl] *n* skamielina *f*.
fossil fuel *n* paliwo *nt* kopalniane.
foster ['fɔstə*] *vt* (*child*) wychowywać, brać (wziąć *perf*) na wychowanie; (*idea, activity*) rozwijać (rozwinąć *perf*), popierać (poprzeć *perf*).
foster child *n* przybrane dziecko *nt*.
foster mother *n* przybrana matka *f*.
fought [fɔːt] *pt, pp of* **fight**.
foul [faul] *adj* (*place, taste*) wstrętny, paskudny; (*smell*) cuchnący; (*temper, weather*) okropny; (*language*) sprośny, plugawy ♦ *n* (*SPORT*) faul *m* ♦ *vt* brudzić (zabrudzić *perf*), zanieczyszczać (zanieczyścić *perf*); (*SPORT*) faulować (sfaulować *perf*); (*anchor, propeller*) blokować (zablokować *perf*); (*fishing net*) uszkadzać (uszkodzić *perf*).
foul play *n* przestępstwo *nt*; **foul play is not suspected** nie podejrzewa się przestępstwa.
found [faund] *pt, pp of* **find** ♦ *vt* zakładać (założyć *perf*).
foundation [faun'deɪʃən] *n* (*of business, theatre etc*) założenie *nt*; (*basis*) podstawa *f*; (*fig*) oparcie *nt*; (*organization*) fundacja *f*; (*also*: **foundation cream**) podkład *m* (pod makijaż); **foundations** *npl* fundamenty *pl*; **the rumours are without foundation** te plotki są bezpodstawne; **to lay the foundations of sth** (*fig*) kłaść (położyć *perf*) podwaliny pod coś.
foundation stone *n* kamień *m* węgielny.
founder ['faundə*] *n* założyciel(ka) *m(f)* ♦ *vi* (*ship*) tonąć (zatonąć *perf*).
founder member *n* członek *m* – założyciel *m*.
founding ['faundɪŋ] *adj*: **founding father** (*fig*) ojciec *m*; **the Founding Fathers** (*US*) Ojcowie Założyciele (*członkowie Federalnej Konwencji Konstytucyjnej z 1787 r.*).
foundry ['faundrɪ] *n* odlewnia *f*.
fount [faunt] *n* (*of knowledge etc*) (ważne) źródło *nt*; (*TYP*) czcionka *f*.
fountain ['fauntɪn] *n* fontanna *f*.
fountain pen *n* wieczne pióro *nt*.
four [fɔː*] *num* cztery; **on all fours** na czworakach.
four-letter word ['fɔːlɛtə-] *n* brzydki wyraz *m*.
four-poster ['fɔː'pəustə*] *n* (*also*: **four-poster bed**) łoże *nt* z baldachimem.
foursome ['fɔːsəm] *n* czwórka *f* (*grupa*).
fourteen ['fɔː'tiːn] *num* czternaście.
fourteenth ['fɔː'tiːnθ] *num* czternasty.
fourth ['fɔːθ] *num* czwarty ♦ *n* (*AUT*: *also*: **fourth gear**) czwarty bieg *m*, czwórka *f* (*inf*).
four-wheel drive ['fɔːwiːl-] *n*: **with four-wheel drive** z napędem na cztery koła.
fowl [faul] *n* (*bird*) ptak *m*; (*birds*) ptactwo *nt*; (: *domestic*) drób *m*.
fox [fɔks] *n* lis *m* ♦ *vt* dezorientować (zdezorientować *perf*).
foxglove ['fɔksglʌv] *n* (*BOT*) naparstnica *f*.
fox-hunting ['fɔkshʌntɪŋ] *n* polowanie *nt* na lisa.
foxtrot ['fɔkstrɔt] *n* fokstrot *m*.
foyer ['fɔɪeɪ] *n* foyer *nt inv*.
FPA (*BRIT*) *n abbr* (= *Family Planning Association*) *stowarzyszenie propagujące planowanie rodziny*.
Fr. (*REL*) *abbr* = **father** (*priest*) ks.; (*friar*) o.
fr. *abbr* (= *franc*) F (= frank).
fracas ['frækɑː] *n* awantura *f*.
fraction ['frækʃən] *n* (*portion*) odrobina *f*; (*MATH*) ułamek *m*; **for a fraction of a second** przez ułamek sekundy.
fractionally ['frækʃnəlɪ] *adv*: **fractionally smaller** *etc* odrobinę mniejszy *etc*.
fractious ['frækʃəs] *adj* marudny.
fracture ['fræktʃə*] *n* (*of bone*) złamanie *nt*, pęknięcie *nt* ♦ *vt* (*bone*) powodować (spowodować *perf*) pęknięcie *+gen*.
fragile ['frædʒaɪl] *adj* (*object, structure*) kruchy; (*person*) delikatny; (*economy*) wątły.
fragment ['frægmənt] *n* część *f*, kawałek *m*; (*of bone, cup*) odłamek *m*; (*of conversation, poem*) fragment *m*, urywek *m*; (*of paper, fabric*) skrawek *m* ♦ *vi* rozpadać się (rozpaść się *perf*).
fragmentary ['frægməntərɪ] *adj* fragmentaryczny.
fragrance ['freɪgrəns] *n* zapach *m*.
fragrant ['freɪgrənt] *adj* pachnący.
frail [freɪl] *adj* (*person*) słabowity, wątły; (*structure*) kruchy.
frame [freɪm] *n* (*of picture, bicycle*) rama *f*; (*of door, window*) framuga *f*, rama *f*; (*of building, structure*) szkielet *m*; (*of human, animal*) sylwetka *f*, ciało *nt*; (*of spectacles*: *also*: **frames**) oprawka *f*; (*PHOT*) klatka *f* ♦ *vt* (*picture*) oprawiać (oprawić *perf*); (*law, theory*) formułować (sformułować *perf*); **to frame sb** (*inf*) wrabiać (wrobić *perf*) kogoś (*inf*).
frame of mind *n* nastrój *m*.
framework ['freɪmwəːk] *n* (*structure*) struktura *f*, szkielet *m*; (*fig*) podstawa *f*, ramy *pl*.
France [frɑːns] *n* Francja *f*.
franchise ['fræntʃaɪz] *n* (*POL*) prawo *nt*

wyborcze; (*COMM*) franszyza *f* (*koncesja na autoryzowaną dystrybucję*).

frank [fræŋk] *adj* szczery ♦ *vt* (*letter*) frankować (ofrankować *perf*).

Frankfurt ['fræŋkfə:t] *n* Frankfurt *m*.

frankfurter ['fræŋkfə:tə*] *n* cienka parówka *f*.

franking machine ['fræŋkɪŋ-] *n* maszyna *f* do frankowania listów.

frankly ['fræŋklɪ] *adv* (*honestly*) szczerze; (*candidly*) otwarcie; **frankly, ...** szczerze mówiąc, ...

frankness ['fræŋknɪs] *n* szczerość *f*.

frantic ['fræntɪk] *adj* (*person*) oszalały; (*rush, pace*) szalony; (*search*) gorączkowy; (*need*) palący; **we were frantic with worry** szaleliśmy ze zmartwienia.

frantically ['fræntɪklɪ] *adv* gorączkowo.

fraternal [frə'tə:nl] *adj* braterski.

fraternity [frə'tə:nɪtɪ] *n* (*feeling*) braterstwo *nt*; (*group of people*) bractwo *nt*.

fraternize ['frætənaɪz] *vi* bratać się.

fraud [frɔ:d] *n* (*crime*) oszustwo *nt*; (*person*) oszust(ka) *m(f)*.

fraudulent ['frɔ:djulənt] *adj* oszukańczy.

fraught [frɔ:t] *adj* (*person*) spięty; (*evening, meeting*) pełen napięcia; **to be fraught with danger/problems** obfitować w niebezpieczeństwa/problemy.

fray [freɪ] *vi* strzępić się (postrzępić się *perf*) ♦ *n*: **to return to the fray** wracać (wrócić *perf*) w ogień walki; **tempers were frayed** nerwy zawodziły; **her nerves were frayed** była kłębkiem nerwów.

FRB (*US*) *n abbr* (= *Federal Reserve Board*) *rada banków rezerwy federalnej, tworzących bank centralny Stanów Zjednoczonych*.

FRCM (*BRIT*) *n abbr* (= *Fellow of the Royal College of Music*).

FRCO (*BRIT*) *n abbr* (= *Fellow of the Royal College of Organists*).

FRCP (*BRIT*) *n abbr* (= *Fellow of the Royal College of Physicians*).

FRCS (*BRIT*) *n abbr* (= *Fellow of the Royal College of Surgeons*).

freak [fri:k] *n* (*in attitude, behaviour*) dziwak (-aczka) *m(f)*; (*in appearance*) dziwoląg *m*, wybryk *m* natury; (*pej*): **health freak** maniak (-aczka) *m(f)* na punkcie zdrowia ♦ *adj* dziwaczny.

►**freak out** (*inf*) *vi* bzikować (zbzikować *perf*), głupieć (zgłupieć *perf*); **I was freaked out** byłem wygłupiony (*inf*).

freakish ['fri:kɪʃ] *adj* dziwaczny, cudaczny.

freckle ['frɛkl] *n* pieg *m*.

freckled ['frɛkld] *adj* piegowaty.

free [fri:] *adj* wolny; (*meal, ticket*) bezpłatny ♦ *vt* (*prisoner, colony*) uwalniać (uwolnić *perf*); (*jammed object*) zwalniać (zwolnić *perf*); (*person*: *from responsibility, duty*) zwalniać (zwolnić *perf*); **to give sb a free hand** dawać (dać *perf*) komuś wolną rękę; **free and easy** na luzie; **"admission free", "free admission"** „wstęp wolny"; **to be free of sth** być wolnym od czegoś; **we are free to do it** wolno nam to robić; **free (of charge), for free** za darmo.

free agent *n* **to be a free agent** mieć całkowitą swobodę działania.

freebie ['fri:bɪ] (*inf*) *n* podarunek *m* (*od firmy, instytucji itp w celach reklamowych*).

freedom ['fri:dəm] *n* wolność *f*; (*of movement*) swoboda *f*; **freedom from hunger/poverty/disease** wolność od głodu/ubóstwa/chorób.

freedom fighter *n* bojownik (-iczka) *m(f)* o wolność.

free enterprise *n* wolny rynek *m*.

free-for-all ['fri:fərɔ:l] *n*: **it's a free-for-all** wszystkie chwyty (są) dozwolone.

free gift *n* bezpłatny podarunek *m*.

freehold ['fri:həuld] *n* tytuł *m* nieograniczonej własności.

free kick *n* rzut *m* wolny.

freelance ['fri:lɑ:ns] *adj* (*journalist, photographer*) niezależny ♦ *n* wolny strzelec *m*.

freeloader ['fri:ləudə*] (*pej*) *n* naciągacz(ka) *m(f)* (*pej*).

freely ['fri:lɪ] *adv* (*talk, move*) swobodnie; (*perspire, donate*) obficie; (*spend*) lekką ręką; **drugs are freely available** narkotyki są łatwo dostępne.

Freemason ['fri:meɪsn] *n* mason *m*, wolnomularz *m*.

freemasonry ['fri:meɪsnrɪ] *n* masoneria *f*, wolnomularstwo *nt*.

Freepost ['fri:pəust] ® *n przesyłka na koszt adresata*.

free-range ['fri:'reɪndʒ] *adj* (*eggs, chickens*) wiejski.

free sample *n* bezpłatna próbka *f*.

freesia ['fri:zɪə] *n* frezja *f*.

free speech *n* wolność *f* słowa.

freestyle ['fri:staɪl] *n* (*SPORT*) styl *m* wolny.

free trade *n* wolny handel *m*.

freeway ['fri:weɪ] (*US*) *n* autostrada *f*.

freewheel [fri:'wi:l] *vi* jechać na wolnym biegu.

free will *n* wolna wola *f*; **of one's own free will** z własnej woli.

freeze [fri:z] (*pt* **froze**, *pp* **frozen**) *vi* (*weather*) mrozić (przymrozić *perf*); (*liquid, pipe*) zamarzać (zamarznąć *perf*); (*person*: *with cold*) marznąć (zmarznąć *perf*); (: *from fear*) zastygać (zastygnąć *perf*) (w bezruchu) ♦ *vt* (*water, lake*) skuwać (skuć *perf*) lodem; (*food, prices*) zamrażać (zamrozić *perf*) ♦ *n* (*cold weather*) przymrozek *m*; (*on arms, wages*) zamrożenie *nt*; **it'll freeze tonight** dziś wieczorem będzie mróz.

►**freeze over** *vi* (*river, windows*) zamarzać (zamarznąć *perf*).

freeze-dried ['fri:zdraɪd] *adj* liofilizowany.
freezer ['fri:zə*] *n* zamrażarka *f*.
freezing ['fri:zɪŋ] *adj* (*also*: **freezing cold**) lodowaty; **3 degrees below freezing** 3 stopnie poniżej zera; **I'm freezing** jest mi bardzo zimno; **it's freezing outside** na zewnątrz jest bardzo zimno.
freezing point *n* punkt *m* zamarzania.
freight [freɪt] *n* fracht *m*; **to send sth by air/sea freight** przesyłać (przesłać *perf*) coś drogą powietrzną/morską.
freight car (*US*) *n* wagon *m* towarowy.
freighter ['freɪtə*] *n* (*NAUT*) frachtowiec *m*, transportowiec *m*; (*AVIAT*) transportowiec *m*.
freight train (*US*) *n* pociąg *m* towarowy.
French [frɛntʃ] *adj* francuski; **the French** *npl* Francuzi *vir pl*.
French bean (*BRIT*) *n* fasola *f* zwyczajna.
French Canadian [frɛntʃkə'neɪdjən] *n* Kanadyjczyk (-jka) *m(f)* francuskojęzyczny (-na) *m(f)*.
French dressing *n* sos *m* francuski.
French fries [-fraɪz] (*esp US*) *npl* frytki *pl*.
French Guiana [-gaɪ'ænə] *n* Gujana *f* Francuska.
Frenchman ['frɛntʃmən] (*irreg like*: **man**) *n* Francuz *m*.
French Riviera *n*: **the French Riviera** Riwiera *f* Francuska.
French window *n* oszklone drzwi *pl*.
Frenchwoman ['frɛntʃwumən] (*irreg like*: **man**) *n* Francuzka *f*.
frenetic [frə'nɛtɪk] *adj* gorączkowy.
frenzied ['frɛnzɪd] *adj* szalony.
frenzy ['frɛnzɪ] *n* (*of violence*) szał *m*; (*of joy, excitement*) szał *m*, szaleństwo *nt*; **to drive sb into a frenzy** doprowadzać (doprowadzić *perf*) kogoś do szału *or* szaleństwa; **to be in a frenzy** szaleć.
frequency ['fri:kwənsɪ] *n* (*of event*) częstość *f*, częstotliwość *f*; (*RADIO*) częstotliwość *f*; **to increase in frequency** występować z większą częstotliwością.
frequency modulation *n* modulacja *f* częstotliwości.
frequent [*adj* 'fri:kwənt, *vb* frɪ'kwɛnt] *adj* częsty ♦ *vt* często bywać w +*loc*.
frequently ['fri:kwəntlɪ] *adv* często.
fresco ['frɛskəu] *n* fresk *m*.
fresh [frɛʃ] *adj* świeży; (*approach*) nowatorski; (*water*) słodki; (*person*) bezczelny; **to make a fresh start** zaczynać (zacząć *perf*) od nowa; **he's fresh from university** on jest świeżo po studiach; **we're fresh out of bread** właśnie skończył nam się chleb.
freshen ['frɛʃən] *vi* (*wind*) wzmagać się (wzmóc się *perf*), przybierać (przybrać *perf*) na sile.
►**freshen up** *vi* odświeżać się (odświeżyć się *perf*).
freshener ['frɛʃnə*] *n*: **skin freshener** płyn *m* tonizujący; **air freshener** odświeżacz powietrza.
fresher ['frɛʃə*] (*BRIT*: *inf*) *n* student(ka) *m(f)* pierwszego roku.
freshly ['frɛʃlɪ] *adv* świeżo.
freshman ['frɛʃmən] (*US*) (*irreg like*: **man**) *n* = **fresher**.
freshness ['frɛʃnɪs] *n* świeżość *f*.
freshwater ['frɛʃwɔ:tə*] *adj* słodkowodny.
fret [frɛt] *vi* gryźć się, trapić się (*literary*).
fretful ['frɛtful] *adj* płaczliwy.
Freudian ['frɔɪdɪən] *adj* freudowski; **Freudian slip** freudowskie przejęzyczenie.
FRG *n abbr* (= *Federal Republic of Germany*) RFN *nt inv*.
Fri. *abbr* = **Friday** pt.
friar ['fraɪə*] *n* zakonnik *m*, brat *m* zakonny.
friction ['frɪkʃən] *n* (*resistance*) tarcie *nt*; (*rubbing*) ocieranie *nt*; (*conflict*) tarcia *pl*.
Friday ['fraɪdɪ] *n* piątek *m*; *see also* **Tuesday**.
fridge [frɪdʒ] (*BRIT*) *n* lodówka *f*.
fried [fraɪd] *pt, pp of* **fry** ♦ *adj* smażony.
friend [frɛnd] *n* przyjaciel (-ciółka) *m(f)*; (*not close*) kolega/koleżanka *m/f*; **to make friends (with)** zaprzyjaźniać się (zaprzyjaźnić się *perf*) (z +*instr*).
friendliness ['frɛndlɪnɪs] *n* (*hospitality*) przyjazne nastawienie *nt*; (*of voice, manner*) życzliwość *f*.
friendly ['frɛndlɪ] *adj* (*person, smile, country*) przyjazny, życzliwy; (*place, restaurant*) przyjemny; (*game, match, argument*) towarzyski ♦ *n* (*SPORT*) spotkanie *nt* towarzyskie; **to be friendly with** przyjaźnić się z +*instr*; **to be friendly to** być przyjaźnie nastawionym do +*gen*.
friendly society *n* towarzystwo *nt* wzajemnej asekuracji.
friendship ['frɛndʃɪp] *n* przyjaźń *f*.
frieze [fri:z] *n* fryz *m*.
frigate ['frɪgɪt] *n* fregata *f*.
fright [fraɪt] *n* (*terror*) przerażenie *nt*; (*shock*) strach *m*, przestrach *m*; **to get a fright** przestraszyć się (*perf*); **to take fright** przestraszyć się (*perf*); **to give sb a fright** przestraszyć (*perf*) *or* nastraszyć (*perf*) kogoś; **she looks a fright** wygląda jak straszydło.
frighten ['fraɪtn] *vt* przestraszać (przestraszyć *perf*), przerażać (przerazić *perf*).
►**frighten away** *vt* odstraszać (odstraszyć *perf*).
►**frighten off** *vt* = **frighten away**.
frightened ['fraɪtnd] *adj* (*afraid*) przestraszony, przerażony; (*anxious*) wylękniony; **to be frightened (that/to...)** bać się (, że/+*infin*); **to be frightened of sth/doing sth** bać się czegoś/zrobić coś.
frightening ['fraɪtnɪŋ] *adj* przerażający.
frightful ['fraɪtful] *adj* przeraźliwy.
frightfully ['fraɪtfəlɪ] *adv* strasznie, straszliwie; **I'm frightfully sorry** jest mi strasznie przykro.
frigid ['frɪdʒɪd] *adj* oziębły.

frigidity [frɪ'dʒɪdɪtɪ] *n* oziębłość *f.*
frill [frɪl] *n* falbanka *f*; **without** *or* **with no frills** (*fig*) bez dodatków.
fringe [frɪndʒ] *n* (*BRIT*: *of hair*) grzywka *f*; (*on shawl, lampshade*) frędzle *pl*; (*of forest*) skraj *m*; (*fig*: *of organization*) (skrajne) skrzydło *nt*; (: *of activity*) obrzeża *pl.*
fringe benefits *npl* dodatkowe świadczenia *pl.*
fringe theatre *n* teatr *m* awangardowy.
frisk [frɪsk] *vt* przeszukiwać (przeszukać *perf*) (*podejrzanego*) ♦ *vi* brykać.
frisky ['frɪskɪ] *adj* rozbrykany.
fritter ['frɪtə*] *n kawałek owocu lub warzywa zapiekany w cieście.*
▸**fritter away** *vt* trwonić (roztrwonić *perf*).
frivolity [frɪ'vɔlɪtɪ] *n* frywolność *f*; **frivolities** *npl* głupstwa *pl.*
frivolous ['frɪvələs] *adj* (*flippant*) frywolny; (*unimportant*) błahy.
frizzy ['frɪzɪ] *adj* (*hair*) kręcony.
fro [frəu] *adv*: **to and fro** tam i z powrotem.
frock [frɔk] *n* sukienka *f.*
frog [frɔg] *n* żaba *f*; **to have a frog in one's throat** mieć chrypkę.
frogman ['frɔgmən] (*irreg like*: **man**) *n* płetwonurek *m.*
frogmarch ['frɔgmɑ:tʃ] (*BRIT*) *vt*: **to frogmarch sb in/out** doprowadzić (*perf*)/wyprowadzić (*perf*) kogoś siłą.
frolic ['frɔlɪk] *vi* baraszkować ♦ *n* igraszki *pl.*

KEYWORD

from [frɔm] *prep* **1** (*indicating starting place, origin etc*): **from London to Glasgow** z Londynu do Glasgow; **a letter/telephone call from my sister** list/telefon od mojej siostry; **a quotation from Dickens** cytat z Dickensa; **where do you come from?** skąd Pan/Pani pochodzi? **2** (*indicating time, distance, range of price, number etc*) od *+gen*; **from one o'clock to** *or* **until** *or* **till two** od (godziny) pierwszej do drugiej; **from January (on)** (począwszy) od stycznia; **we're still a long way from home** wciąż jesteśmy daleko od domu; **prices from 10 to 50 pounds** ceny od 10 do 50 funtów. **3** (*indicating change of price, number etc*) z *+gen*; **the interest rate was increased from 9% to 10%** oprocentowanie zostało podniesione z 9% na 10%. **4** (*indicating difference*) od *+gen*; **he can't tell red from green** nie odróżnia czerwonego od zielonego; **to be different from sb/sth** być różnym od kogoś/czegoś *or* innym niż ktoś/coś. **5** (*because of, on the basis of*) z *+gen*; **from what he says** z tego, co (on) mówi; **weak from hunger** słaby z głodu.

frond [frɔnd] *n* liść *m* (*palmy, paproci itp*).
front [frʌnt] *n* przód *m*; (*also*: **sea front**) brzeg *m* morza; (*MIL, METEOR*) front *m*; (*fig*: *pretence*) pozory *pl* ♦ *adj* przedni ♦ *vi*: **to front onto** (*house etc*) wychodzić na *+acc*; **in front** przodem, z przodu; **in front of** przed *+instr*; (*in the presence of*) przy *+loc*; **on the political front** na froncie politycznym.
frontage ['frʌntɪdʒ] *n* fronton *m.*
frontal ['frʌntl] *adj* (*attack*) czołowy, frontalny; (*view*) od przodu *post.*
front bench (*BRIT*) *n członkowie Parlamentu zajmujący stanowiska w rządzie lub w gabinecie cieni.*
front desk (*US*) *n* (*in hotel*) recepcja *f.*
front door *n* drzwi *pl* frontowe *or* wejściowe.
frontier ['frʌntɪə*] *n* granica *f*; (*between settled and wild country*) kresy *pl.*
frontispiece ['frʌntɪspi:s] *n* frontyspis *m.*
front page *n* strona *f* tytułowa.
front room (*BRIT*) *n* pokój *m* od ulicy.
front-runner ['frʌntrʌnə*] *n* (*fig*) faworyt(ka) *m(f).*
front-wheel drive ['frʌntwi:l-] *n* (*AUT*) napęd *m* przedni.
frost [frɔst] *n* (*weather*) mróz *m*; (*substance*) szron *m.*
frostbite ['frɔstbaɪt] *n* odmrożenie *nt.*
frosted ['frɔstɪd] *adj* (*glass*) matowy; (*esp US*: *cake*) lukrowany.
frosting ['frɔstɪŋ] *n* (*esp US*) lukier *m.*
frosty ['frɔstɪ] *adj* (*weather, night*) mroźny; (*welcome, look*) lodowaty; (*grass, window*) oszroniony.
froth ['frɔθ] *n* piana *f.*
frothy ['frɔθɪ] *adj* pienisty.
frown [fraun] *n* zmarszczenie *nt* brwi ♦ *vi* marszczyć (zmarszczyć *perf*) brwi.
▸**frown on** *vt fus* (*fig*) patrzeć z dezaprobatą na *+acc.*
froze [frəuz] *pt of* **freeze**.
frozen ['frəuzn] *pp of* **freeze** ♦ *adj* (*food*) mrożony; (*lake*) zamarznięty; (*fingers*) zmarznięty; (*COMM*: *assets*) zamrożony.
FRS *n abbr* (*BRIT*: = *Fellow of the Royal Society*); (*US*: = *Federal Reserve System*) *bank centralny Stanów Zjednoczonych.*
frugal ['fru:gl] *adj* (*person*) oszczędny; (*meal*) skromny.
fruit [fru:t] *n inv* owoc *m*; (*fig*: *results*) owoce *pl.*
fruiterer ['fru:tərə*] *n* handlarz (-arka) *m(f)* owoców.
fruitful ['fru:tful] *adj* owocny.
fruition [fru:'ɪʃən] *n*: **to come to fruition** (*actions, efforts*) owocować (zaowocować *perf*); (*plan, hope*) ziszczać się (ziścić się *perf*).
fruit juice *n* sok *m* owocowy.
fruitless ['fru:tlɪs] *adj* (*fig*) bezowocny.
fruit machine (*BRIT*) *n* automat *m* do gry.
fruit salad *n* sałatka *f* owocowa.
fruity ['fru:tɪ] *adj* owocowy; (*laugh etc*) soczysty.
frump [frʌmp] (*pej*) *n* czupiradło *nt* (*pej*).

frustrate [frʌs'treɪt] *vt* (*person*) frustrować (sfrustrować *perf*); (*plan, attempt*) udaremniać (udaremnić *perf*).
frustrated [frʌs'treɪtɪd] *adj* sfrustrowany.
frustrating [frʌs'treɪtɪŋ] *adj* frustrujący.
frustration [frʌs'treɪʃən] *n* (*irritation*) frustracja *f*, złość *f*; (*of hope, plan*) fiasko *nt*.
fry [fraɪ] (*pt* **fried**) *vt* smażyć (usmażyć *perf*); *see also* **small**.
frying pan ['fraɪɪŋ-] *n* patelnia *f*.
FT (*BRIT*) *n abbr* (= *Financial Times*) *gazeta finansowa*; **the FT index** indeks *or* wskaźnik FT (*wskaźnik kursów giełdy londyńskiej publikowany przez The Financial Times*).
ft. *abbr* = **foot, feet**.
FTC (*US*) *n abbr* (= *Federal Trade Commission*) *Federalna Komisja do Spraw Handlu*.
fuchsia ['fju:ʃə] *n* fuksja *f*.
fuck [fʌk] (*inf!*) *vt* pierdolić (*inf!*) ♦ *vi* pierdolić się (*inf!*); **fuck off!** odpierdol się (*inf!*).
fuddled ['fʌdld] *adj* zamroczony.
fuddy-duddy ['fʌdɪdʌdɪ] (*pej*) *n* (stary) nudziarz *m* (*pej*).
fudge [fʌdʒ] *n* krówka *f* (*cukierek*) ♦ *vt* (*issue, problem*) omijać (ominąć *perf*).
fuel ['fjuəl] *n* opał *m*; (*for vehicles, industry*) paliwo *nt* ♦ *vt* (*furnace etc*) dostarczać paliwa do *+gen*; (*fig: rumours, dispute*) podsycać (podsycić *perf*); **to fuel an aircraft/ship etc** tankować (zatankować *perf*).
fuel oil *n* (*for engines*) olej *m* napędowy; (*for heating*) olej *m* opałowy.
fuel pump *n* pompa *f* paliwowa.
fuel tank *n* zbiornik *m* paliwowy.
fug [fʌg] (*BRIT*) *n* zaduch *m*.
fugitive ['fju:dʒɪtɪv] *n* zbieg *m*, uciekinier(ka) *m(f)*.
fulfil [ful'fɪl] (*US* **fulfill**) *vt* spełniać (spełnić *perf*).
fulfilled [ful'fɪld] *adj* (*person*) zaspokojony; (*life*) spełniony.
fulfilment [ful'fɪlmənt] (*US* **fulfillment**) *n* satysfakcja *f*, zaspokojenie *nt*; (*of promise, desire*) spełnienie *nt*.
full [ful] *adj* pełny; (*skirt, sleeve*) szeroki ♦ *adv*: **to know full well that ...** w pełni zdawać sobie sprawę (z tego), że ...; **full up** (*hotel etc*) wypełniony; **I'm full (up)** jestem najedzony; **a full week** okrągły tydzień; **in full view of sb** na czyichś oczach; **full marks** maksymalna liczba punktów; **at full speed** z pełną *or* maksymalną prędkością; **full of** pełen *+gen*; **in full** w całości; **to write one's name in full** podpisywać się (podpisać się *perf*) pełnym imieniem i nazwiskiem; **full in the face** prosto w twarz; **to the full** w (całej) pełni.
fullback ['fulbæk] *n* (*RUGBY, FOOTBALL*) cofnięty obrońca *m*.
full-blooded ['ful'blʌdɪd] *adj* (*attack, support*) pełen zaangażowania; (*person, animal*) czystej krwi *post*; (*virile: man*) z krwi i kości *post*, prawdziwy.
full board *n* pełne wyżywienie *nt*.
full-cream ['ful'kri:m] *adj*: **full-cream milk** (*BRIT*) mleko *nt* pełne *or* pełnotłuste.
full employment *n* pełne zatrudnienie *nt*.
full grown *adj* dorosły.
full-length ['ful'lɛŋθ] *adj* (*film*) pełnometrażowy; (*coat*) długi; (*portrait, mirror*) obejmujący całą postać.
full moon *n* pełnia *f* księżyca.
fullness ['fulnɪs] *n*: **in the fullness of time** w swoim czasie.
full-page ['fulpeɪdʒ] *adj* całostronicowy.
full-scale ['fulskeɪl] *adj* (*attack, war*) totalny; (*model*) naturalnej wielkości; (*negotiations*) na pełną skalę *post*.
full-sized ['ful'saɪzd] *adj* naturalnej wielkości.
full stop *n* kropka *f*; **to come to a full stop** (*fig*) zatrzymać się (*perf*).
full-time ['ful'taɪm] *adj* pełnoetatowy, na pełen etat *post* ♦ *adv* (*work*) na pełen etat; (*study*) w pełnym wymiarze godzin; **a full time student** ≈ student stacjonarny.
fully ['fulɪ] *adv* (*completely*) w pełni; (*in full*) dokładnie, wyczerpująco; (*as many as*) aż.
fully-fledged ['fulɪ'flɛdʒd] *adj* (*teacher, doctor*) wykwalifikowany; (*member, partner*) pełnoprawny; (*atheist*) stuprocentowy; (*bird*) wypierzony.
fulsome ['fulsəm] (*pej*) *adj* (*praise, apologies*) przesadny; (*manner*) wylewny.
fumble ['fʌmbl] *vt* (*ball*) nieczysto zatrzymywać (zatrzymać *perf*); **to fumble a catch** zepsuć (*perf*) podanie.
▸**fumble for** *vt fus* grzebać w poszukiwaniu *+gen*.
▸**fumble with** *vt fus* (*key, pen*) bawić się *+instr*.
fume [fju:m] *vi* wściekać się.
fumes [fju:mz] *npl* (*of fire*) dymy *pl*; (*of fuel, alcohol*) opary *pl*; (*of factories*) wyziewy *pl*; (*of car*) spaliny *pl*.
fumigate ['fju:mɪgeɪt] *vt* odkażać (odkazić *perf*).
fun [fʌn] *n* zabawa *f*; **to have fun** dobrze się bawić; **to get a lot of fun out of** czerpać wiele przyjemności z *+gen*; **he's good fun (to be with)** jest świetnym kumplem; **for fun** dla przyjemności; **in fun** w żartach; **it's not much fun** to nie jest zbyt zabawne; **to make fun of** wyśmiewać *+acc*; **to poke fun at** stroić sobie żarty z *+gen*.
function ['fʌŋkʃən] *n* funkcja *f*; (*social occasion*) uroczystość *f* ♦ *vi* działać, funkcjonować; **to function as** pełnić rolę *+gen*.
functional ['fʌŋkʃənl] *adj* (*operational*) na chodzie *post*; (*practical*) funkcjonalny.
function key *n* (*COMPUT*) klawisz *m* funkcyjny.
fund [fʌnd] *n* (*of money*) fundusz *m*; (*source, store*) zapas *m* ♦ *vt* finansować (sfinansować *perf*); **funds** *npl* fundusze *pl*.

fundamental [fʌndə'mɛntl] *adj* (*essential*) podstawowy; (*basic, elementary*) zasadniczy, fundamentalny.
fundamentalist [fʌndə'mɛntəlɪst] *n* fundamentalista (-tka) *m(f)*.
fundamentally [fʌndə'mɛntəlɪ] *adv* (*basically*) w zasadzie; (*radically*) zasadniczo.
fundamentals [fʌndə'mɛntlz] *npl* podstawowe zasady *pl*.
fund-raising ['fʌndreɪzɪŋ] *n* zbiórka *f* pieniędzy, zdobywanie *f* funduszy.
funeral ['fju:nərəl] *n* pogrzeb *m*.
funeral director *n* przedsiębiorca *m* pogrzebowy.
funeral parlour *n* dom *m* pogrzebowy.
funeral service *n* uroczystość *f* pogrzebowa.
funereal [fju:'nɪərɪəl] *adj* (*atmosphere*) pogrzebowy; (*pace*) ślimaczy.
funfair ['fʌnfɛə*] (*BRIT*) *n* wesołe miasteczko *nt*.
fungi ['fʌŋgaɪ] *npl of* **fungus**.
fungus ['fʌŋgəs] (*pl* **fungi**) *n* grzyb *m*.
funicular [fju:'nɪkjulə*] *n* (*also*: **funicular railway**) kolejka *f* linowo-terenowa.
funnel ['fʌnl] *n* (*for pouring*) lejek *m*; (*of ship*) komin *m*.
funnily ['fʌnɪlɪ] *adv* dziwnie; **funnily enough** dziwnym trafem.
funny ['fʌnɪ] *adj* (*amusing*) zabawny; (*strange*) dziwny.
funny bone (*inf*) *n* czułe miejsce *nt* (*w łokciu*).
fur [fə:*] *n* (*of animal*) futro *nt*, sierść *f*; (*garment*) futro *nt*; (*BRIT*: *in kettle etc*) osad *m*, kamień *m* kotłowy.
fur coat *n* futro *nt*.
furious ['fjuərɪəs] *adj* (*person*) wściekły; (*row, argument*) zażarty; (*effort, speed*) szaleńczy, szalony; **to be furious with sb** wściekać się na kogoś.
furiously ['fjuərɪəslɪ] *adv* (*angrily*) wściekle; (*vigorously*) gwałtownie.
furl [fə:l] *vt* (*sails, flag*) zwijać (zwinąć *perf*); (*umbrella*) składać (złożyć *perf*).
furlong ['fə:lɔŋ] *n* (*HORSE-RACING*) *220 jardów (201,2m)*.
furlough ['fə:ləu] *n* (*MIL*) urlop *m*.
furnace ['fə:nɪs] *n* (*in foundry, power plant*) piec *m*.
furnish ['fə:nɪʃ] *vt* (*room, building*) meblować (umeblować *perf*); (*supply*) dostarczać (dostarczyć *perf*); **to furnish sb with sth** dostarczać (dostarczyć *perf*) komuś czegoś, wyposażać (wyposażyć *perf*) kogoś w coś; **furnished flat** *or (US)* **apartment** umeblowane mieszkanie.
furnishings ['fə:nɪʃɪŋz] *npl* wyposażenie *nt*.
furniture ['fə:nɪtʃə*] *n* meble *pl*; **a piece of furniture** mebel.
furniture polish *n* politura *f*.
furore [fjuə'rɔ:rɪ] *n* wrzawa *f*.
furrier ['fʌrɪə*] *n* kuśnierz *m*.
furrow ['fʌrəu] *n* bruzda *f* ♦ *vt* (*brow*) marszczyć (zmarszczyć *perf*).
furry ['fə:rɪ] *adj* (*tail, animal*) puszysty; (*coat, toy*) futrzany.
further ['fə:ðə*] *adj* dalszy ♦ *adv* (*in distance, time*) dalej; (*in degree*) dalej, jeszcze bardziej; (*in addition*) ponadto, w dodatku ♦ *vt* (*project, cause*) popierać (poprzeć *perf*), wspierać (wesprzeć *perf*); **I have nothing further to say** nie mam nic więcej do powiedzenia; **to further one's interests/one's career** troszczyć się o swoje sprawy/swoją karierę; **until further notice** (aż) do odwołania; **how much further is it?** jak daleko jeszcze?; **further to your letter of ...** (*COMM*) w nawiązaniu do Pana/Pani listu z ... .
further education (*BRIT*) *n* ≈ kształcenie pomaturalne.
furthermore [fə:ðə'mɔ:*] *adv* ponadto, co więcej.
furthermost ['fə:ðəməust] *adj* najdalszy.
furthest ['fə:ðɪst] *adv* (*in distance, time*) najdalej; (*in degree*) najdalej, najbardziej ♦ *adj* najdalszy.
furtive ['fə:tɪv] *adj* potajemny, ukradkowy.
furtively ['fə:tɪvlɪ] *adv* potajemnie, ukradkiem.
fury ['fjuərɪ] *n* furia *f*; **in a fury** w furii.
fuse [fju:z] (*US* **fuze**) *n* (*in plug, circuit*) bezpiecznik *m*; (*for bomb etc*) zapalnik *m* ♦ *vt* (*metal*) topić (stopić *perf*); (*fig*: *ideas, systems*) łączyć (połączyć *perf*) ♦ *vi* (*metal*) topić się (stopić się *perf*); (*fig*: *ideas, systems*) łączyć się (połączyć się *perf*); **to fuse the lights** (*BRIT*) robić (zrobić *perf*) zwarcie; **the lights have fused** (*BRIT*) światło wysiadło (*inf*); **a fuse has blown** bezpiecznik się przepalił.
fuse box *n* skrzynka *f* bezpiecznikowa.
fuselage ['fju:zəlɑ:ʒ] *n* kadłub *m* samolotu.
fuse wire *n* drut *m* topikowy.
fusillade [fju:zɪ'leɪd] *n* strzelanina *f*; (*fig*) ostrzał *m*.
fusion ['fju:ʒən] *n* połączenie *nt*; (*also*: **nuclear fusion**) synteza *f* jądrowa.
fuss [fʌs] *n* (*bother*) zamieszanie *nt*; (*annoyance*) awantura *f* ♦ *vi* panikować (*inf*) ♦ *vt* zawracać głowę *+dat*; **to make a fuss (about sth)** robić (zrobić *perf*) zamieszanie (z powodu *or* wokół czegoś); **to make a fuss of sb** nadskakiwać komuś, robić dużo hałasu wokół kogoś.
►**fuss over** *vt fus* trząść się nad *+instr* (*inf*).
fussy ['fʌsɪ] *adj* (*person*) grymaśny, wybredny; (*clothes, curtains*) przeładowany ozdobami; **I'm not fussy** nie jestem wybredny.
futile ['fju:taɪl] *adj* (*attempt*) daremny; (*remark*) płytki, powierzchowny.
futility [fju:'tɪlɪtɪ] *n* (*of attempt*) daremność *f*; (*remark*) płytkość *f*, powierzchowność *f*.
future ['fju:tʃə*] *adj* przyszły ♦ *n* przyszłość *f*; (*LING*) czas *m* przyszły; **futures** *npl* (*COMM*) sprzedaż *f* terminowa; **in (the) future** w przyszłości; **in the near/foreseeable future** w najbliższej/przewidywalnej przyszłości.

futuristic [fju:tʃə'rɪstɪk] *adj* futurystyczny.
fuze (*US*) *n, vt, vi* = **fuse**.
fuzz [fʌz] *n* (*on face, arms etc*) meszek *m*; **the fuzz** (*inf*) gliny *pl* (*inf*).
fuzzy ['fʌzɪ] *adj* (*photo, image*) zamazany, nieostry; (*hair*) kędzierzawy; (*thoughts, ideas*) mętny.
fwd. *abbr* = **forward**.
fwy (*US*) *abbr* = **freeway**.
FY *abbr* (= *fiscal year*) rok *m* budżetowy.
FYI *abbr* (= *for your information*).

G,g

G¹, g¹ [dʒi:] *n* (*letter*) G *nt*, g *nt*; **G for George** ≈ G jak Genowefa.
G² [dʒi:] *n* (*MUS*) G *nt*, g *nt*.
G³ *n abbr* (*BRIT*: *SCOL*: = *good*) db; (*US*: *FILM*: = *general (audience)*) b.o.; (*PHYS*): **G-force** siła ciężkości.
g² *abbr* = **gram** g; (*PHYS*) = **gravity**.
G7 *n abbr* (*POL*: = *Group of Seven*) Grupa *f* Siedmiu, Wielka Siódemka *f*.
GA (*US*: *POST*) *n abbr* (= *Georgia*).
gab [gæb] (*inf*) *n*: **to have the gift of the gab** mieć gadane (*inf*).
gabble ['gæbl] *vi* trajkotać.
gaberdine [gæbə'di:n] *n* gabardyna *f*.
gable ['geɪbl] *n* szczyt *m* (*domu*).
Gabon [gə'bɔn] *n* Gabon *m*.
gad about [gæd-] (*inf*) *vi* szwendać się (*inf*).
gadget ['gædʒɪt] *n* urządzenie *nt*, gadżet *m* (*inf*).
gadgetry ['gædʒɪtrɪ] *n* sprzęty *pl* mechaniczne.
Gaelic ['geɪlɪk] *adj* celtycki ♦ *n* (język *m*) gaëlicki (*używany w Irlandii i Szkocji*).
gaffe [gæf] *n* gafa *f*.
gag [gæg] *n* (*on mouth*) knebel *m*; (*joke*) gag *m* ♦ *vt* kneblować (zakneblować *perf*) ♦ *vi* krztusić się (zakrztusić się *perf*).
gaga ['gɑ:gɑ:] (*inf*) *adj*: **to go gaga** (*old person*) ramoleć (zramoleć *perf*) (*inf*); **to be/go gaga over sb** mieć/dostawać (dostać *perf*) fioła na czyimś punkcie (*inf*).
gage [geɪdʒ] (*US*) *n, vt* = **gauge**.
gaiety ['geɪɪtɪ] *n* wesołość *f*.
gaily ['geɪlɪ] *adv* wesoło; **gaily coloured** bardzo kolorowy.
gain [geɪn] *n* (*increase, improvement*) przyrost *m*; (*profit*) korzyść *f* ♦ *vt* (*speed, confidence*) nabierać (nabrać *perf*) *+gen*; (*weight*) przybierać (przybrać *perf*) na *+loc* ♦ *vi* (*clock, watch*) śpieszyć się; (*benefit*): **to gain from sth** zyskiwać (zyskać *perf*) na czymś; **to gain in** zyskiwać (zyskać *perf*) na *+loc*; **to gain ground** zyskiwać (zyskać *perf*) popularność; **to gain on sb** doganiać (dogonić *perf*) kogoś; **to gain 3lbs (in weight)** przybierać (przybrać *perf*) 3 funty (na wadze); **to do sth for gain** robić (zrobić *perf*) coś dla zysku.
gainful ['geɪnful] *adj*: **gainful employment** praca *f* zarobkowa.
gainsay [geɪn'seɪ] (*irreg like*: **say**) *vt* polemizować z *+instr*, kwestionować (zakwestionować *perf*).
gait [geɪt] *n* chód *m*, sposób *m* chodzenia; **to walk with a slow/confident gait** chodzić powolnym/pewnym krokiem.
gala ['gɑ:lə] *n* gala *f*; **swimming gala** pokaz pływacki.
Galapagos (Islands) *npl*: **(the) Galapagos (Islands)** Galapagos *nt inv*, Wyspy *pl* Żółwie.
galaxy ['gæləksɪ] *n* galaktyka *f*.
gale [geɪl] *n* wichura *f*; **gale force 10** siła wiatru 10 stopni.
gall [gɔ:l] *n* (*ANAT*) żółć *f*; (*fig*) tupet *m*, czelność *f* ♦ *vt* irytować, drażnić.
gall. *abbr* = **gallon**.
gallant ['gælənt] *adj* (*brave*) waleczny; (*polite*) szarmancki.
gallantry ['gæləntrɪ] *n* (*bravery*) waleczność *f*; (*politeness*) galanteria *f*.
gall bladder *n* pęcherzyk *m or* woreczek *m* żółciowy.
galleon ['gælɪən] *n* galeon *m*.
gallery ['gælərɪ] *n* (*of art, at Parliament*) galeria *f*; (*in theatre*) balkon *m*, galeria *f*; (*in church*) chór *m*, balkon *m*.
galley ['gælɪ] *n* (*ship's kitchen*) kuchnia *f* okrętowa, kambuz *m* (*inf*); (*ship*) galera *f*; (*also*: **galley proof**) korekta *f* (szpaltowa).
Gallic ['gælɪk] *adj* (*of Gaul*) galijski; (*French*) francuski.
galling ['gɔ:lɪŋ] *adj* irytujący, drażniący.
gallon ['gæln] *n* (*BRIT = 4.5l; US = 3.8l*) galon *m*.
gallop ['gæləp] *n* galop *m* ♦ *vi* galopować; **galloping inflation** galopująca inflacja.
gallows ['gæləuz] *n* szubienica *f*.
gallstone ['gɔ:lstəun] *n* kamień *m* żółciowy.
galore [gə'lɔ:*] *adv* w bród; **there were restaurants and night clubs galore** restauracji i nocnych lokali było tam w bród.
galvanize ['gælvənaɪz] *vt* (*fig*) elektryzować (zelektryzować *perf*); **to galvanize sb into action** zdopingować (*perf*) kogoś do działania, porwać (*perf*) kogoś do czynu (*literary*).
Gambia ['gæmbɪə] *n* Gambia *f*.
gambit ['gæmbɪt] *n* (*fig*): **(opening) gambit** zagrywka *f*.
gamble ['gæmbl] *n* ryzyko *nt* ♦ *vt*: **to gamble away** (*money, profits*) przegrywać (przegrać *perf*), przepuszczać (przepuścić *perf*) (*inf*) ♦ *vi* (*risk*) ryzykować (zaryzykować *perf*); (*bet*) uprawiać hazard; **to gamble on** stawiać

(postawić *perf*) na +*acc*; **to gamble on the Stock Exchange** spekulować na giełdzie papierów wartościowych; **he used to gamble on the horses** grywał na wyścigach.
gambler ['gæmblə*] *n* hazardzista (-tka) *m(f)*.
gambling ['gæmblɪŋ] *n* hazard *m*.
gambol ['gæmbl] *vi* hasać.
game [geɪm] *n* (*lit, fig*) gra *f*; (*of football etc*) mecz *m*; (*part of tennis match*) gem *m*; (*HUNTING*) zwierzyna *f*; (*CULIN*) dziczyzna *f* ♦ *adj* odważny; **games** *npl* (*SCOL*) ≈ wychowanie *nt* fizyczne; **big game** gruba zwierzyna; **I'm game to try/for anything** jestem gotów spróbować/na wszystko; **who's game for ...?** kto ma ochotę na +*acc*?
gamebird ['geɪmbə:d] *n* ptak *m* łowny.
gamekeeper ['geɪmki:pə*] *n* łowczy *m*.
gamely ['geɪmlɪ] *adv* odważnie.
game reserve *n* łowisko *nt*, teren *m* łowiecki.
gamesmanship ['geɪmzmənʃɪp] *n* nieczysta gra *f*.
gammon ['gæmən] *n* (*bacon*) bekon *m*; (*ham*) szynka *f*.
gamut ['gæmət] *n* gama *f*; **to run the gamut of** (*experience*) przechodzić (przejść *perf*) (przez) wszystkie stadia +*gen*; (*express*) wyrażać (wyrazić *perf*) wszystkie odcienie +*gen*; **she ran the gamut of all baby illnesses** przeszła wszystkie choroby wieku niemowlęcego.
gander ['gændə*] *n* gąsior *m* (*ptak*).
gang [gæŋ] *n* (*of criminals*) gang *m*; (*of hooligans*) banda *f*; (*of friends*) paczka *f*; (*of workmen*) brygada *f*; **gang warfare** wojna między gangami.
►**gang up** *vi*: **to gang up on sb** sprzysięgać się (sprzysiąc się *perf*) przeciwko komuś.
Ganges ['gændʒi:z] *n*: **the Ganges** Ganges *m*.
gangling ['gæŋglɪŋ] *adj* patykowaty.
gangplank ['gæŋplæŋk] *n* trap *m*.
gangrene ['gæŋgri:n] *n* gangrena *f*, zgorzel *m*.
gangster ['gæŋstə*] *n* gangster *m*.
gangway ['gæŋweɪ] *n* (*from ship*) trap *m*; (*BRIT*: *in cinema, bus, plane*) przejście *nt*.
gantry ['gæntrɪ] *n* (*for crane, railway signal*) portal *m*; (*for rocket*) wyrzutnia *f*.
GAO (*US*) *n abbr* (= *General Accounting Office*) *rządowe biuro rewidentów ksiąg handlowych*.
gaol [dʒeɪl] (*BRIT*) *n, vt* = **jail**.
gap [gæp] *n* (*in mountains*) szczelina *f*; (*in teeth*) szpara *f*; (*in time*) przerwa *f*; (*in market, records*) luka *f*; (*fig*) przepaść *f*.
gape [geɪp] *vi* (*person*) gapić się (*inf*); (*shirt, lips*) rozchylać się; (*hole*) ziać.
gaping ['geɪpɪŋ] *adj* (*hole*) ziejący; (*wound*) otwarty; (*mouth*) rozdziawiony (*inf*).
garage ['gærɑ:ʒ] *n* (*of private house*) garaż *m*; (*for car repairs*) warsztat *m*; (*petrol station*) stacja *f* benzynowa.
garb [gɑ:b] *n* ubiór *m*, strój *m*.
garbage ['gɑ:bɪdʒ] *n* (*US*: *rubbish*) śmieci *pl*; (*inf*: *nonsense*) bzdury *pl* (*inf*); (*fig*: *film, book*) szmira *f*.
garbage can (*US*) *n* pojemnik *m* na śmieci.
garbage disposal (unit) *n* młynek *m* zlewozmywakowy, kuchenny rozdrabniacz *m* odpadków.
garbled ['gɑ:bld] *adj* przekręcony, przeinaczony.
garden ['gɑ:dn] *n* ogród *m* ♦ *vi* pracować w ogrodzie; **gardens** *npl* (*public*) park *m*; (*botanical, private*) ogród *m*; **she was busy gardening** pracowała w ogrodzie.
garden centre *n* centrum *m* ogrodnicze.
gardener ['gɑ:dnə*] *n* ogrodnik *m*.
gardening ['gɑ:dnɪŋ] *n* ogrodnictwo *nt*.
gargle ['gɑ:gl] *vi* płukać gardło ♦ *n* płyn *m* do płukania gardła.
gargoyle ['gɑ:gɔɪl] *n* (*ARCHIT*) gargulec *m*, rzygacz *m*.
garish ['gɛərɪʃ] *adj* jaskrawy.
garland ['gɑ:lənd] *n* (*on head*) wianek *m*; (*round neck*) girlanda *f*.
garlic ['gɑ:lɪk] *n* czosnek *m*.
garment ['gɑ:mənt] *n* część *m* garderoby.
garner ['gɑ:nə*] *vt* (*information*) zbierać (zebrać *perf*).
garnish ['gɑ:nɪʃ] *vt* (*CULIN*) przybierać (przybrać *perf*), garnirować.
garret ['gærɪt] *n* pokój *m* na poddaszu.
garrison ['gærɪsn] *n* garnizon *m*.
garrulous ['gærjuləs] *adj* gadatliwy.
garter ['gɑ:tə*] *n* (*BRIT*) podwiązka *f* (*opaska podtrzymująca pończochę lub skarpetkę*); (*US*) podwiązka *f* (*część pasa do pończoch*).
garter belt (*US*) *n* pas *m* do pończoch.
gas [gæs] *n* gaz *m*; (*US*: *gasoline*) benzyna *f*; (*MED*) gaz *m* rozweselający ♦ *vt* (*kill*) zagazowywać (zagazować *perf*); (*MIL*) przeprowadzać (przeprowadzić *perf*) atak gazowy.
Gascony ['gæskənɪ] *n* Gaskonia *f*.
gas chamber *n* komora *f* gazowa.
gas cooker *n* kuchenka *f* gazowa.
gas cylinder *n* butla *f* gazowa.
gaseous ['gæsɪəs] *adj* lotny.
gas fire (*BRIT*) *n* piecyk *m* gazowy.
gash [gæʃ] *n* (*wound*) (głęboka) rana *f* cięta; (*tear*) rozdarcie *nt* ♦ *vt* (*arm etc*) rozciąć (*perf*).
gasket ['gæskɪt] *n* uszczelka *f*.
gas mask *n* maska *f* gazowa.
gas meter *n* licznik *m* gazowy.
gasoline ['gæsəli:n] (*US*) *n* benzyna *f*.
gasp [gɑ:sp] *n*: **to breathe in gasps** mieć przerywany oddech ♦ *vi* (*pant*) łapać (złapać *perf*) (z trudem) powietrze; (*say while panting*) wykrztusić (*perf*); **she let out a gasp of amazement** zachłysnęła się ze zdumienia; **I am gasping for a drink** umieram z pragnienia.
gas ring *n* palnik *m* gazowy.
gas station (*US*) *n* stacja *f* benzynowa.
gas stove *n* kuchnia *f* gazowa.

gassy ['gæsɪ] *adj* (*beer etc*) gazowany.
gas tank *n* zbiornik *m* gazowy.
gastric ['gæstrɪk] *adj* żołądkowy, gastryczny.
gastric ulcer *n* wrzód *m* żołądka.
gastroenteritis ['gæstrəuɛntə'raɪtɪs] *n* zapalenie *nt* żołądka i jelit.
gastronomy [gæs'trɔnəmɪ] *n* gastronomia *f*.
gasworks ['gæswəːks] *n* gazownia *f*.
gate [geɪt] *n* (*of building*) brama *f*; (*of garden, field*) furtka *f*; (*at airport*) wyjście *nt*; (*of level-crossing etc*) bariera *f*, szlaban *m*.
gateau ['gætəu] (*pl* **gateaux**) *n* torcik *m*.
gatecrash ['geɪtkræʃ] (*BRIT*) *vt* wchodzić (wejść *perf*) bez zaproszenia na *+acc* ♦ *vi* wchodzić (wejść *perf*) bez zaproszenia.
gatecrasher ['geɪtkræʃə*] *n* nieproszony gość *m*.
gateway ['geɪtweɪ] *n* brama *f*; (*fig*) droga *f*; **the gateway to the city** wjazd do miasta.
gather ['gæðə*] *vt* zbierać (zebrać *perf*), gromadzić (zgromadzić *perf*); (*SEWING*) marszczyć (zmarszczyć *perf*) ♦ *vi* (*people, clouds*) zbierać się (zebrać się *perf*), gromadzić się (zgromadzić się *perf*); (*dust*) zbierać się; **to gather (from/that)** wnioskować (wywnioskować *perf*) (z *+gen*/, że); **as far as I can gather** o ile się orientuję; **to gather speed** nabierać (nabrać *perf*) prędkości.
gathering ['gæðərɪŋ] *n* zgromadzenie *nt*.
GATT [gæt] *n abbr* (= *General Agreement on Tariffs and Trade*) GATT *m inv*, Układ *m* Ogólny w Sprawie Taryf Celnych i Handlu.
gauche [gəuʃ] *adj* niezdarny.
gaudy ['gɔːdɪ] *adj* (*clothes etc*) krzykliwy.
gauge [geɪdʒ] *n* (*instrument*) przyrząd *m* pomiarowy; (*RAIL*) szerokość *m* toru ♦ *vt* (*amount, quantity*) określać (określić *perf*); (*fig: feelings, character*) oceniać (ocenić *perf*); **petrol gauge, fuel gauge,** *(US)* **gas gauge** wskaźnik poziomu paliwa.
Gaul [gɔːl] *n* (*country*) Galia *f*; (*person*) Galijczyk (-jka) *m(f)*.
gaunt [gɔːnt] *adj* (*haggard*) wymizerowany; (*stark*) nagi.
gauntlet ['gɔːntlɪt] *n* rękawica *f*; **to run the gauntlet of** być wystawionym *or* narażonym na *+acc*; **to throw down the gauntlet** rzucać (rzucić *perf*) wyzwanie *or* rękawicę.
gauze [gɔːz] *n* gaza *f*.
gave [geɪv] *pt of* **give**.
gavel ['gævl] *n* młotek *m* (*sędziego, przewodniczącego itp*).
gawk [gɔːk] (*inf*) *vi* gapić się (*inf*).
gawky ['gɔːkɪ] *adj* niezdarny, niezgrabny.
gawp [gɔːp] *vi*: **to gawp at** gapić się na *+acc*.
gay [geɪ] *adj* (*person*): **he's gay** on jest homoseksualistą; (*organization, rights*) homoseksualistów *post*; (*bar, magazine*) gejowski, dla homoseksualistów *or* gejów *post*; (*old: cheerful*) wesoły; (*colour, music*) żywy; (*dress*) barwny ♦ *n* gej *m*.
gaze [geɪz] *n* wzrok *m*, spojrzenie *nt* ♦ *vi*: **to gaze at sth** wpatrywać się w coś.
gazelle [gə'zɛl] *n* gazela *f*.
gazette [gə'zɛt] *n* (*newspaper*) gazeta *f*; (*official publication*) dziennik *m* urzędowy.
gazetteer [gæzə'tɪə*] *n* (*index*) wykaz *m or* indeks *m* nazw geograficznych; (*book*) słownik *m* nazw geograficznych.
gazumping [gə'zʌmpɪŋ] (*BRIT*) *n odmowa sprzedaży domu pomimo wcześniejszych uzgodnień, ponieważ pojawił się klient oferujący wyższą cenę.*
GB *abbr* = **Great Britain**.
GBH (*BRIT: JUR*) *n abbr* (= *grievous bodily harm*) ciężkie uszkodzenie *nt* ciała.
GC (*BRIT*) *n abbr* (= *George Cross*) *brytyjski order za odwagę.*
GCE *n abbr* (*BRIT*: = *General Certificate of Education*) *świadectwo ukończenia szkoły średniej*; ≈ świadectwo dojrzałości; ≈ matura.
GCHQ (*BRIT*) *n abbr* (= *Government Communications Headquarters*).
GCSE (*BRIT*) *n abbr* (= *General Certificate of Secondary Education*) *świadectwo ukończenia szkoły średniej, nie uprawniające do podjęcia studiów wyższych.*
Gdns. *abbr* (*in street names*) = **Gardens**.
GDP *n abbr* = **gross domestic product** PKB *m inv* (= produkt krajowy brutto).
GDR (*old*) *n abbr* (= *German Democratic Republic*) NRD *nt inv*.
gear [gɪə*] *n* (*equipment*) sprzęt *m*; (*clothing*) strój *m*; (*belongings*) rzeczy *pl*; (*TECH*) przekładnia *f*; (*AUT*) bieg *m* ♦ *vt*: **to be geared to** *or* **for** być nastawionym na *+acc*; **top** *or (US)* **high/low/bottom gear** wysokie/niskie/najniższe obroty; **in gear** na biegu; **our service is geared to meet the needs of the disabled** jesteśmy nastawieni na zaspokajanie potrzeb osób niepełnosprawnych.
►**gear up** *vi*: **to gear up (to sth/to do sth)** szykować się (do czegoś/zrobienia czegoś) ♦ *vt*: **to gear o.s. up (to sth/to do sth)** szykować się (do czegoś/zrobienia czegoś).
gearbox ['gɪəbɔks] *n* skrzynia *f* biegów.
gear lever (*US* **gear shift**) *n* dźwignia *f* zmiany biegów.
GED (*US: SCOL*) *n abbr* (= *general educational development*).
geese [giːs] *npl of* **goose**.
Geiger counter ['gaɪgə-] *n* licznik *m* geigerowski *or* Geigera-Müllera.
gel [dʒɛl] *n* żel *m* ♦ *vi* (*liquid*) tężeć (stężeć *perf*); (*fig: thought, idea*) krystalizować się (wykrystalizować się *perf*).
gelatin(e) ['dʒɛləti:n] *n* żelatyna *f*.

gelignite ['dʒɛlɪgnaɪt] *n silny materiał wybuchowy.*
gem [dʒɛm] *n* kamień *m* szlachetny, klejnot *m*; (*fig: person*) skarb *m*; (: *idea, house*) klejnot *m*, perła *f*.
Gemini ['dʒɛmɪnaɪ] *n* Bliźnięta *pl*; **to be Gemini** być spod znaku Bliźniąt.
gen [dʒɛn] (*BRIT: inf*) *n*: **to give sb the gen on sth** wprowadzać (wprowadzić *perf*) kogoś w szczegóły czegoś.
Gen. (*MIL*) *abbr* = **general** gen.
gen. *abbr* = **general, generally** og.
gender ['dʒɛndə*] *n* (*sex*) płeć *f*; (*LING*) rodzaj *m*.
gene [dʒi:n] *n* gen *m*.
genealogy [dʒi:nɪ'ælədʒɪ] *n* genealogia *f*.
general ['dʒɛnərl] *n* generał *m* ♦ *adj* ogólny; (*secretary etc*) generalny; **in general** (*on the whole*) ogólnie *or* generalnie (rzecz) biorąc; (*as a whole*) w ogóle; (*ordinarily*) na ogół; **the general public** ogół społeczeństwa; **general audit** (*COMM*) kontrola ogólna.
general anaesthetic *n* znieczulenie *nt* ogólne.
general delivery (*US*) *n* poste restante *nt inv*.
general election *n* wybory *pl* powszechne.
generalization ['dʒɛnrəlaɪ'zeɪʃən] *n* uogólnienie *nt*, generalizacja *f*.
generalize ['dʒɛnrəlaɪz] *vi* uogólniać (uogólnić *perf*), generalizować.
generally ['dʒɛnrəlɪ] *adv* ogólnie *or* generalnie (rzecz) biorąc.
general manager *n* dyrektor *m* naczelny *or* generalny.
general practitioner *n* lekarz *m* ogólny.
general strike *n* strajk *m* generalny.
generate ['dʒɛnəreɪt] *vt* (*energy, electricity*) wytwarzać (wytworzyć *perf*); (*jobs*) stwarzać (stworzyć *perf*); (*profits*) przynosić (przynieść *perf*).
generation [dʒɛnə'reɪʃən] *n* (*people*) pokolenie *nt*, generacja *f*; (*period of time*) pokolenie *nt*; (*of electricity etc*) wytwarzanie *nt*.
generator ['dʒɛnəreɪtə*] *n* generator *m*.
generic [dʒɪ'nɛrɪk] *adj* ogólny; (*BIO*) gatunkowy.
generosity [dʒɛnə'rɔsɪtɪ] *n* (*of spirit*) wspaniałomyślność *f*, wielkoduszność *f*; (*with money, gifts*) hojność *f*, szczodrość *f*.
generous ['dʒɛnərəs] *adj* (*magnanimous*) wspaniałomyślny, wielkoduszny; (*lavish, liberal*) hojny, szczodry.
genesis ['dʒɛnɪsɪs] *n* geneza *f*.
genetic [dʒɪ'nɛtɪk] *adj* genetyczny.
genetic engineering *n* inżynieria *f* genetyczna.
genetics [dʒɪ'nɛtɪks] *n* genetyka *f*.
Geneva [dʒɪ'ni:və] *n* Genewa *f*.
genial ['dʒi:nɪəl] *adj* miły, przyjazny.
genitals ['dʒɛnɪtlz] *npl* genitalia *pl*.
genitive ['dʒɛnɪtɪv] *n* (*LING*) dopełniacz *m*.
genius ['dʒi:nɪəs] *n* (*person*) geniusz *m*; (*ability, skill*): **a genius for (doing) sth** (wielki) talent do (robienia) czegoś.
Genoa ['dʒɛnəuə] *n* Genua *f*.
genocide ['dʒɛnəusaɪd] *n* ludobójstwo *nt*.
Genoese [dʒɛnəu'i:z] *adj* genueński ♦ *n inv* genueńczyk (-enka) *m(f)*.
gent [dʒɛnt] (*BRIT: inf*) *n abbr* = **gentleman**.
genteel [dʒɛn'ti:l] *adj* dystyngowany; (*pej*) afektowany, z pretensjami *post*.
gentle ['dʒɛntl] *adj* łagodny; **a gentle hint** delikatna aluzja.
gentleman ['dʒɛntlmən] (*irreg like*: **man**) *n* (*man*) pan *m*; (*referring to social position*) człowiek *m* szlachetnie *or* wysoko urodzony, ≈ szlachcic *m* (*old*); (*well-mannered man*) dżentelmen *m*; **gentleman's agreement** dżentelmeńska umowa.
gentlemanly ['dʒɛntlmənlɪ] *adj* (*person*) dobrze wychowany; (*behaviour*) dżentelmeński.
gentleness ['dʒɛntlnɪs] *n* łagodność *f*.
gently ['dʒɛntlɪ] *adv* łagodnie; (*lightly*) delikatnie.
gentry *n inv*: **the gentry** ≈ szlachta *f*.
gents [dʒɛnts] *n*: **the gents** męska toaleta *f*.
genuine ['dʒɛnjuɪn] *adj* (*real*) prawdziwy; (*sincere*) szczery.
genuinely ['dʒɛnjuɪnlɪ] *adv* prawdziwie.
geographer [dʒɪ'ɔgrəfə*] *n* geograf *m*.
geographic(al) [dʒɪə'græfɪk(l)] *adj* geograficzny.
geography [dʒɪ'ɔgrəfɪ] *n* geografia *f*.
geological [dʒɪə'lɔdʒɪkl] *adj* geologiczny.
geologist [dʒɪ'ɔlədʒɪst] *n* geolog *m*.
geology [dʒɪ'ɔlədʒɪ] *n* geologia *f*.
geometric(al) [dʒɪə'mɛtrɪk(l)] *adj* geometryczny.
geometry [dʒɪ'ɔmətrɪ] *n* geometria *f*.
Geordie ['dʒɔ:dɪ] (*BRIT: inf*) *n osoba lub akcent z Newcastle.*
geranium [dʒɪ'reɪnɪəm] *n* pelargonia *f*.
geriatric [dʒɛrɪ'ætrɪk] *adj* geriatryczny ♦ *n* osoba *f* w podeszłym wieku.
germ [dʒə:m] *n* (*MED*) zarazek *m*; (*fig*): **the germ of an idea** zalążek *m* pomysłu.
German ['dʒə:mən] *adj* niemiecki ♦ *n* (*person*) Niemiec (-mka) *m(f)*; (*LING*) (język *m*) niemiecki.
German Democratic Republic *n* Niemiecka Republika *f* Demokratyczna.
German measles (*BRIT*) *n* różyczka *f*.
Germany ['dʒə:mənɪ] *n* Niemcy *pl*.
germinate ['dʒə:mɪneɪt] *vi* kiełkować (zakiełkować *perf*).
germination [dʒə:mɪ'neɪʃən] *n* kiełkowanie *nt*.
germ warfare *n* broń *f* biologiczna.
gerrymandering ['dʒɛrɪmændərɪŋ] *n przedwyborcza manipulacja podziałem na okręgi wyborcze.*
gestation [dʒɛs'teɪʃən] *n* ciąża *f*.
gesticulate [dʒɛs'tɪkjuleɪt] *vi* gestykulować.
gesture ['dʒɛstjə*] *n* (*movement*) gest *m*; (*symbol, token*) gest *m*, akt *m*; **as a gesture of friendship** na znak przyjaźni.

KEYWORD

get [gɛt] (*pt, pp* **got**) (*US*: *pp* **gotten**) *vi* **1** (*become, be*) stawać się (stać się *perf*), robić się (zrobić się *perf*); (*+past participle*) zostać (*perf*); **this is getting more and more difficult** to się staje coraz trudniejsze; **it's getting late** robi się późno; **to get elected** zostać (*perf*) wybranym. **2** (*go*): **to get from/to** dostawać się (dostać się *perf*) z *+gen*/do *+gen*; **to get home** docierać (dotrzeć *perf*) do domu. **3** (*begin*) zaczynać (zacząć *perf*); **I'm getting to like him** zaczynam go lubić; **to get to know sb** poznawać (poznać *perf*) kogoś (bliżej); **let's get going** *or* **started** zaczynajmy ♦ *modal aux vb*: **you've got to do it** musisz to zrobić ♦ *vt* **1**: **to get sth done** (*do oneself*) zrobić (*perf*) coś; (*have done*) (od)dać (*perf*) coś do zrobienia; **to get the washing done** zrobić (*perf*) pranie; **to get one's hair cut** obcinać (obciąć *perf*) sobie włosy; **to get sb to do sth** nakłonić (*perf*) kogoś, żeby coś zrobił; **to get sb into trouble** wpakować (*perf*) kogoś w tarapaty. **2** (*obtain, find, receive, acquire*) dostawać (dostać *perf*); **how much did you get for the painting?** ile dostałeś za ten obraz? **3** (*fetch*: *person, doctor*) sprowadzać (sprowadzić *perf*); (: *object*) przynosić (przynieść *perf*); **to get sth for sb** (*obtain*) zdobyć (*perf*) coś dla kogoś; (*fetch*) przynieść (*perf*) coś komuś. **4** (*catch*) łapać (złapać *perf*); **get him!** łapać go! **5** (*hit*) trafić (*perf*); **the bullet got him in the leg** kula trafiła go w nogę. **6** (*take, move*): **to get sth to sb** dostarczyć (*perf*) coś komuś. **7** (*take*: *plane, bus etc*): **we got a plane to London and then a train to Colchester** do Londynu polecieliśmy samolotem, a potem pojechaliśmy pociągiem do Colchester. **8** (*understand*) rozumieć (zrozumieć *perf*); **I get it** rozumiem. **9** (*have, possess*): **how many have you got?** ile (ich) masz?

►**get about** *vi* (*person*) przenosić się z miejsca na miejsce; (*news, rumour*) rozchodzić się (rozejść się *perf*).

►**get across** *vi* (*meaning, message*) docierać (dotrzeć *perf*) ♦ *vt*: **to get sth across (to sb)** znaleźć (*perf*) zrozumienie dla czegoś (u kogoś).

►**get along** *vi* (*be friends*) być w dobrych stosunkach; (*depart*) pójść (*perf*) (sobie).

►**get around** = **get round**.

►**get at** *vt fus* (*attack, criticize*) naskakiwać (naskoczyć *perf*) na *+acc*; (*reach*) dosięgać (dosięgnąć *perf*) *+gen*; **what are you getting at?** do czego zmierzasz?

►**get away** *vi* (*leave*) odchodzić (odejść *perf*), wyrywać się (wyrwać się *perf*) (*inf*); (*on holiday*) wyjeżdżać (wyjechać *perf*); (*escape*) uciekać (uciec *perf*).

►**get away with** *vt fus*: **he'll never get away with it!** nie ujdzie mu to na sucho!

►**get back** *vi* wracać (wrócić *perf*) ♦ *vt* odzyskiwać (odzyskać *perf*); **get back!** odsuń się!

►**get back at** (*inf*) *vt fus*: **to get back at sb (for sth)** odpłacić się (*perf*) komuś (za coś).

►**get back to** *vt fus* powracać (powrócić *perf*) do *+gen*; **to get back to sb on sth** skontaktować się (*perf*) z kimś ponownie w jakiejś sprawie; **to get back to sleep** zasypiać (zasnąć *perf*) ponownie *or* z powrotem.

►**get by** *vi* (*pass*) przechodzić (przejść *perf*); (*manage*) radzić (poradzić *perf*) sobie (jakoś), dawać (dać *perf*) sobie (jakoś) radę; **I can get by in Dutch** potrafię się dogadać po holendersku.

►**get down** *vi* (*descend*) schodzić (zejść *perf*); (*on floor, ground*) siadać (siąść (*perf*)), usiąść *perf* ♦ *vt* (*depress*) przygnębiać (przygnębić *perf*); (*write*) notować (zanotować *perf*), zapisywać (zapisać *perf*).

►**get down to** *vt fus* zabierać się (zabrać się *perf*) do *+gen*; **to get down to business** (*fig*) przechodzić (przejść *perf*) do rzeczy.

►**get in** *vi* (*be elected*) wchodzić (wejść *perf*) (*do parlamentu itp*); (*train*) wjeżdżać (wjechać *perf*) (na stację), przyjeżdżać (przyjechać *perf*) (na miejsce); (*arrive home*) wchodzić (wejść *perf*) do domu ♦ *vt* (*harvest*) zbierać (zebrać *perf*); (*supplies*) gromadzić (zgromadzić *perf*).

►**get into** *vt fus* (*conversation, fight*) wdawać się (wdać się *perf*) w *+acc*; (*vehicle*) wsiadać (wsiąść *perf*) do *+gen*; (*clothes*) wchodzić (wejść *perf*) w *+acc*; **to get into the habit of doing sth** przyzwyczajać się (przyzwyczaić się *perf*) do robienia czegoś.

►**get off** *vi* (*from train etc*) wysiadać (wysiąść *perf*); (*escape*) wykpić się (*perf*); **he got off with a 50-pound fine** wykpił się 50-funtową grzywną ♦ *vt* (*clothes*) zdejmować (zdjąć *perf*); (*stain*) wywabiać (wywabić *perf*) ♦ *vt fus* (*train, bus*) wysiadać (wysiąść *perf*) z *+gen*; **we get three days off at Christmas** na Boże Narodzenie mamy trzy dni wolnego; **to get off to a good start** (*fig*: *person*) dobrze zaczynać (zacząć *perf*); (*event*) dobrze się zaczynać (zacząć *perf*).

►**get on** *vi* (*be friends*) być w dobrych stosunkach ♦ *vt fus* (*bus, train*) wsiadać (wsiąść *perf*) do *+gen*; **how are you getting on?** jak ci idzie?; **time is getting on** czas nagli.

►**get on to** (*BRIT*) *vt fus* (*subject*) przechodzić (przejść *perf*) do *+gen*; (*person*) skontaktować się (*perf*) z *+instr*.

►**to get on with** *vt fus* (*person*) być w dobrych stosunkach z *+instr*; (*meeting, work*) kontynuować *+acc*.

►**get out** *vi* (*of place*) wychodzić (wyjść *perf*); (: *with effort*) wydostawać się (wydostać się *perf*); (*of vehicle*) wysiadać (wysiąść *perf*); (*news etc*) wychodzić (wyjść *perf*) na jaw ♦ *vt* (*object*) wyciągać (wyciągnąć *perf*), wyjmować (wyjąć *perf*); (*stain*) wywabiać (wywabić *perf*).

▸**get out of** *vt fus* (*duty etc*) wymigiwać się (wymigać się *perf*) od +*gen*; **to get money out of the bank** podejmować (podjąć *perf*) pieniądze z banku ♦ *vt* (*confession etc*) wydobywać (wydobyć *perf*); (*pleasure, benefit*) czerpać.
▸**get over** *vt fus* (*illness, shock*) wychodzić (wyjść *perf*) z +*gen*; (*idea etc*) przekazywać (przekazać *perf*) ♦ *vt*: **to get it over with** raz z tym skończyć *(perf)*.
▸**get round** *vt fus* (*law, rule*) obchodzić (obejść *perf*); (*person*) przekonać *(perf)*.
▸**get round to** *vt fus* (w końcu) zabrać się *(perf)* za +*acc*.
▸**get through** *vi* (*TEL*) uzyskiwać (uzyskać *perf*) połączenie ♦ *vt fus* (*work*) uporać się *(perf)* z +*instr*; (*book*) przebrnąć *(perf)* przez +*acc*.
▸**get through to** (*TEL*) *vt fus* dodzwonić się *(perf)* do +*gen*.
▸**get together** *vi* spotykać się (spotkać się *perf*) ♦ *vt* (*people*) zbierać (zebrać *perf*); (*project, plan etc*) sporządzać (sporządzić *perf*).
▸**get up** *vi* wstawać (wstać *perf*) ♦ *vt*: **to get up enthusiasm for sth** rozbudzać (rozbudzić *perf*) entuzjazm dla czegoś.
▸**get up to** *vt fus* wyprawiać *or* wyrabiać +*acc*.

getaway ['gɛtəweɪ] *n*: **to make a** *or* **one's getaway** zbiec *(perf)*, uciec *(perf)*.
getaway car *n samochód, którym sprawcy uciekają z miejsca przestępstwa.*
get-together ['gɛttəgɛðə*] *n* spotkanie *nt*.
get-up ['gɛtʌp] (*inf*) *n* strój *m* (*zwłaszcza dziwaczny lub nieodpowiedni na daną okazję*).
get-well card [gɛt'wɛl-] *n* kartka *f* z życzeniami powrotu do zdrowia.
geyser ['gi:zə*] *n* (*GEOL*) gejzer *m*; (*BRIT*: *water heater*) bojler *m*.
Ghana ['gɑ:nə] *n* Ghana *f*.
Ghanaian [gɑ:'neɪən] *adj* ghański ♦ *n* Ghańczyk/Ghanka *m/f*.
ghastly ['gɑ:stlɪ] *adj* koszmarny; (*complexion, whiteness*) upiorny; **you look ghastly!** wyglądasz okropnie *or* strasznie!
gherkin ['gə:kɪn] *n* korniszon *m*.
ghetto ['gɛtəu] *n* getto *nt*.
ghetto blaster [-'blɑ:stə*] (*inf*) *n* przenośny radiomagnetofon *m*.
ghost [gəust] *n* duch *m* ♦ *vt*: **to ghost sb's books** pisać za kogoś książki; **to give up the ghost** (*fig*) wyzionąć *(perf)* ducha; **ghost story** historia o duchach.
ghost town *n* wymarłe miasto *nt*.
ghostwriter ['gəustraɪtə*] *n* autor *f* piszący za kogoś, murzyn *m* (*inf*).
ghoul [gu:l] *n* (*ghost*) upiór *m*.
ghoulish ['gu:lɪʃ] *adj* makabryczny.
GHQ (*MIL*) *n abbr* (= *general headquarters*) KG (= Kwatera Główna).
GI (*US*: *inf*) *n abbr* (= *government issue*) *popularny skrót oznaczający żołnierza armii amerykańskiej.*
giant ['dʒaɪənt] *n* (*in stories*) olbrzym *m*, wielkolud *m*; (*fig*: *large company*) gigant *m*, potentat *m* ♦ *adj* gigantyczny; **giant (size) packet** wielkie opakowanie.
gibber ['dʒɪbə*] *vi* bełkotać (wybełkotać *perf*).
gibberish ['dʒɪbərɪʃ] *n* bełkot *m*, bzdury *pl*; **to talk gibberish** gadać od rzeczy.
gibe [dʒaɪb] *n* przycinek *m*, docinek *m* ♦ *vi*: **to gibe at** przycinać (przyciąć +*dat*).
giblets ['dʒɪblɪts] *npl* podroby *pl* drobiowe.
Gibraltar [dʒɪ'brɔ:ltə*] *n* Gibraltar *m*.
giddiness ['gɪdɪnɪs] *n* zawroty *pl* głowy.
giddy ['gɪdɪ] *adj* (*dizzy*): **to be/feel giddy** mieć/odczuwać zawroty głowy; (*fig*) przyprawiający o zawrót głowy; **giddy with success** oszołomiony *or* upojony powodzeniem.
gift [gɪft] *n* (*present*) prezent *m*, upominek *m*; (*COMM*: *also*: **free gift**) darmowy *or* gratisowy upominek *m*; **gift of** dar +*gen*; **gift for** talent do +*gen*.
gifted ['gɪftɪd] *adj* utalentowany.
gift token *n* talon *m or* bon *m* na zakupy (*dawany w prezencie*).
gift voucher *n* = **gift token**.
gig [gɪg] (*inf*) *n* koncert *m*.
gigantic [dʒaɪ'gæntɪk] *adj* gigantyczny.
giggle ['gɪgl] *vi* chichotać (zachichotać *perf*) ♦ *n* chichot *m*; **a fit of the giggles** atak wesołości; **to do sth for a giggle** robić (zrobić *perf*) coś dla śmiechu.
GIGO ['gaɪgəu] (*COMPUT*: *inf*) *abbr* (= *garbage in, garbage out*) błędne dane *pl* – błędne wyniki *pl*.
gild [gɪld] *vt* złocić, pozłacać (pozłocić *perf*).
gill [dʒɪl] *n* (*BRIT = 0.14l, US = 0.12l*) ćwierć *f* kwarty.
gills [gɪlz] *npl* skrzela *pl*.
gilt [gɪlt] *adj* złocony, pozłacany ♦ *n* złocenie *nt*, pozłota *f*; **gilts** *npl* (*COMM*) obligacje *pl* państwowe.
gilt-edged ['gɪltɛdʒd] (*COMM*) *adj*: **gilt-edged stocks/securities** obligacje *pl* państwowe.
gimlet ['gɪmlɪt] *n* świder *m* ręczny.
gimmick ['gɪmɪk] *n* sztuczka *f*.
gin [dʒɪn] *n* dżin *m*.
ginger ['dʒɪndʒə*] *n* imbir *m* ♦ *adj* rudy.
ginger ale *n* napój *m* imbirowy.
ginger beer *n* napój *m* imbirowy; (*alcoholic*) piwo *nt* imbirowe.
gingerbread ['dʒɪndʒəbrɛd] *n* (*cake*) piernik *m*; (*biscuit*) pierniczek *m*.
ginger group (*BRIT*) *n* grupa *f* nacisku.
gingerly ['dʒɪndʒəlɪ] *adv* ostrożnie.
gingham ['gɪŋəm] *n tkanina bawełniana w drobną białą kratkę.*
gipsy ['dʒɪpsɪ] *n* Cygan(ka) *m(f)*.

gipsy caravan *n* wóz *m* cygański.
giraffe [dʒɪ'rɑ:f] *n* żyrafa *f*.
girder ['gə:də*] *n* dźwigar *m*.
girdle ['gə:dl] *n* (*corset*) gorset *m*; (*belt*) pasek *m* ♦ *vt* opasywać (opasać *perf*).
girl [gə:l] *n* (*child, daughter*) dziewczynka *f*; (*young woman*) dziewczyna *f*; **this is my little girl** to moja córeczka; **an English girl** (młoda) Angielka; **a girls' school** szkoła dla dziewcząt.
girlfriend ['gə:lfrɛnd] *n* (*of girl*) koleżanka *f*; (: *close*) przyjaciółka *f*; (*of boy*) dziewczyna *f*.
Girl Guide *n* ≈ harcerka *f*.
girlish ['gə:lɪʃ] *adj* dziewczęcy.
Girl Scout (*US*) *n* ≈ harcerka *f*.
Giro ['dʒaɪrəu] *n*: **the National Giro** *brytyjski system pocztowych rachunków czekowych.*
giro ['dʒaɪrəu] *n* (*bank giro*) bankowy system *m* przelewowy; (*post office giro*) pocztowy system *m* przelewowy; (*BRIT*: *welfare cheque*) *przekaz pocztowy z zasiłkiem.*
girth [gə:θ] *n* (*circumference*) obwód *m*; (*of horse*) popręg *m*.
gist [dʒɪst] *n* (*general meaning*) esencja *f*, sedno *nt*; (*main points*) najważniejsze *pl* punkty.

KEYWORD

give [gɪv] (*pt* **gave**, *pt* **given**) *vt* **1**: **to give sb sth, give sth to sb** dawać (dać *perf*) komuś coś. **2** (*used with noun to replace verb*): **to give a sigh** westchnąć (*perf*); **to give a cry** zapłakać (*perf*). **3** (*deliver*: *news, message etc*) podawać (podać *perf*), przekazywać (przekazać *perf*); (: *advice*) dawać (dać *perf*); **to give the right/wrong answer** udzielać (udzielić *perf*) prawidłowej/nieprawidłowej odpowiedzi. **4** (*provide*: *opportunity, job etc*) dawać (dać *perf*); (: *surprise*) sprawiać (sprawić *perf*). **5** (*bestow*: *title, honour*) nadawać (nadać *perf*); (: *right*) dawać (dać *perf*); **that's given me an idea** to podsunęło mi (pewien) pomysł. **6** (*devote*: *time, attention*) poświęcać (poświęcić *perf*); (: *one's life*) oddawać (oddać *perf*). **7** (*organize*): **to give a party/dinner** wydawać (wydać *perf*) przyjęcie/obiad ♦ *vi* **1** (*also*: **give way**) załamywać się (załamać się *perf*); **the roof gave as I stepped on it** dach załamał się, gdy na nim stanąłem; **his legs gave beneath him** nogi się pod nim ugięły. **2** (*stretch*) rozciągać się (rozciągnąć się *perf*).
▸**give away** *vt* (*money, prizes*) rozdawać (rozdać *perf*); (*opportunity*) pozbawiać się (pozbawić się *perf*) *+gen*; (*secret, information*) wyjawiać (wyjawić *perf*); (*bride*) poprowadzić (*perf*) do ołtarza (*do pana młodego*); **that immediately gave him away** to go natychmiast zdradziło.
▸**give back** *vt* oddawać (oddać *perf*).
▸**give in** *vi* poddawać się (poddać się *perf*), ustępować (ustąpić *perf*) ♦ *vt* (*essay etc*) składać (złożyć *perf*), oddawać (oddać *perf*).
▸**give off** *vt* (*heat, smoke*) wydzielać (wydzielić *perf*).
▸**give out** *vt* rozdawać (rozdać *perf*) ♦ *vi* (*be exhausted*: *supplies*) wyczerpywać się (wyczerpać się *perf*), kończyć się (skończyć się *perf*); (*fail*) psuć się (popsuć się *perf*).
▸**give up** *vi* poddawać się (poddać się *perf*), rezygnować (zrezygnować *perf*) ♦ *vt* (*job, boyfriend, habit*) rzucać (rzucić *perf*); (*idea, hope*) porzucać (porzucić *perf*); **to give o.s. up to** oddawać się (oddać się *perf*) *+dat*.
▸**give way** *vi* (*yield*) ustępować (ustąpić *perf*) (miejsca); (*rope, ladder etc*) nie wytrzymać (*perf*), puścić (*perf*) (*inf*); (*BRIT*: *AUT*) ustępować (ustąpić *perf*) pierwszeństwa przejazdu.

give-and-take ['gɪvənd'teɪk] *n* kompromis *m*, (wzajemne) ustępstwa *pl*.
give-away (*inf*) *n*: **her expression was a giveaway** wyraz twarzy zdradzał ją; **giveaway prices** śmiesznie niskie ceny.
given ['gɪvn] *pp of* **give** ♦ *adj* dany ♦ *conj*: **given the circumstances, ...** wziąwszy pod uwagę okoliczności, ...; **given that...** zważywszy, że... .
glacial ['gleɪsɪəl] *adj* (*period*) lodowcowy; (*landscape*) polodowcowy; (*fig*: *person*) oziębły; (: *smile, stare*) lodowaty.
glacier ['glæsɪə*] *n* lodowiec *m*.
glad [glæd] *adj* zadowolony; **to be glad about sth/that ...** cieszyć się z czegoś/, że ...; **I was glad of his help** byłem mu wdzięczny za pomoc.
gladden ['glædn] *vt* cieszyć (ucieszyć *perf*), radować (uradować *perf*); **it gladdened his heart to see her well again** serce mu się radowało, że znów widzi ją w dobrym zdrowiu.
glade [gleɪd] *n* polana *f*, (*small*) polanka *f*.
gladioli [glædɪ'əulaɪ] *npl* gladiole *pl*, mieczyki *pl*.
gladly ['glædlɪ] *adv* chętnie.
glamorous ['glæmərəs] *adj* olśniewający.
glamour ['glæmə*] *n* blask *m*, świetność *f*.
glance [glɑ:ns] *n* zerknięcie *nt*, rzut *m* oka ♦ *vi*: **to glance at** zerkać (zerknąć *perf*) na *+acc*, rzucać (rzucić *perf*) okiem na *+acc*.
▸**glance off** *vt fus* odbijać się (odbić się (*perf*)) od *+gen*.
glancing ['glɑ:nsɪŋ] *adj* (*blow*) ukośny, z boku *post*.
gland [glænd] *n* gruczoł *m*.
glandular ['glændjulə*] *adj*: **glandular fever** (*BRIT*) mononukleoza *f* zakaźna.
glare [glɛə*] *n* (*look*) piorunujące spojrzenie *nt*; (*light*) oślepiające światło *nt*; (*fig*: *of publicity*) blask *m* ♦ *vi* świecić oślepiającym blaskiem; **to glare at** patrzyć z wściekłością na *+acc*.
glaring ['glɛərɪŋ] *adj* (*mistake*) rażący.
glass [glɑ:s] *n* (*substance*) szkło *nt*; (*for/of milk, water etc*) szklanka *f*, (*for/of beer*) kufel *m*; (*for/of wine, champagne*) lampka *f*, (*for/of other*

alcoholic drink) kieliszek *m*; **glasses** *npl* okulary *pl*.
glass-blowing ['glɑ:sbləuɪŋ] *n* dmuchanie *nt* szkła.
glass fibre *n* włókno *nt* szklane.
glasshouse ['glɑ:shaus] *n* szklarnia *f*.
glassware ['glɑ:swɛə*] *n* wyroby *pl* szklane, szkło *nt*.
glassy ['glɑ:sɪ] *adj* (*eyes, stare*) szklisty, szklany.
Glaswegian [glæs'wi:dʒən] *adj* z Glasgow *post* ♦ *n* mieszkaniec (-nka) *m(f)* Glasgow.
glaze [gleɪz] *vt* (*window etc*) szklić (oszklić *perf*); (*pottery*) glazurować ♦ *n* glazura *f*.
glazed [gleɪzd] *adj* (*eyes*) szklisty, szklany; (*pottery*) glazurowany.
glazier ['gleɪzɪə*] *n* szklarz *m*.
gleam [gli:m] *vi* błyszczeć, świecić się; **a gleam of hope** promyk nadziei.
gleaming ['gli:mɪŋ] *adj* błyszczący, świecący.
glean [gli:n] *vt* (*information*) z trudem gromadzić (zgromadzić *perf*).
glee [gli:] *n* radość *f*.
gleeful ['gli:ful] *adj* rozradowany.
glen [glɛn] *n* dolina *f* (górska).
glib [glɪb] *adj* (*person*) wygadany; (*promise*) (zbyt) łatwy; (*response*) bez zająknienia *post*.
glibly ['glɪblɪ] *adv* gładko, bez zająknienia.
glide [glaɪd] *vi* (*snake*) ślizgać się, sunąć; (*dancer, boat*) sunąć; (*bird, aeroplane*) szybować ♦ *n* ślizg *m*.
glider ['glaɪdə*] *n* szybowiec *m*.
gliding ['glaɪdɪŋ] *n* (*sport*) szybownictwo *nt*; (*activity*) szybowanie *nt*.
glimmer ['glɪmə*] *n* (*of light*) (wątły) promyk *m*, migotanie *nt*; (*fig*) przebłysk *m* ♦ *vi* świecić (zaświecić *perf*) słabym światłem, migotać (zamigotać *perf*); **not a glimmer of hope/interest** ani odrobiny nadziei/zainteresowania.
glimpse [glɪmps] *n* mignięcie *nt* ♦ *vt* ujrzeć *(perf)* przelotnie; **to catch a glimpse of** ujrzeć *(perf)* przelotnie *+acc*; **a village they had glimpsed through the trees** wioska, która mignęła im między drzewami.
glint [glɪnt] *vi* błyskać, iskrzyć się ♦ *n* (*of light, metal*) błysk *m*; (*in eyes*) błysk *m*, iskra *f*.
glisten ['glɪsn] *vi* lśnić, połyskiwać.
glitter ['glɪtə*] *vi* błyszczeć, skrzyć się ♦ *n* blask *m*.
glittering ['glɪtərɪŋ] *adj* błyszczący, skrzący się; (*career*) błyskotliwy.
glitz [glɪts] (*inf*) *n* blichtr *m*.
gloat [gləut] *vi* tryumfować; **to gloat over** (*one's own success*) napawać się *+instr*; (*sb else's failure*) cieszyć się z *+gen*.
global ['gləubl] *adj* (*worldwide*) (ogólno)światowy; (*overall*) globalny.
globe [gləub] *n* (*world*) kula *f* ziemska, świat *m*; (*model*) globus *m*; (*shape*) kula *f*.
globetrotter ['gləubtrɔtə*] *n* globtroter *m*, obieżyświat *m*.
globule ['glɔbju:l] *n* (*of blood, water*) kropelka *f*; (*of gold*) kuleczka *f*.
gloom [glu:m] *n* (*dark*) mrok *m*; (*sadness*) ponurość *f*, posępność *f*.
gloomily ['glu:mɪlɪ] *adv* ponuro, posępnie.
gloomy ['glu:mɪ] *adj* (*dark*: *place*) mroczny; (: *sky, day*) pochmurny; (*sad*: *person, place*) ponury, posępny; (: *situation*) przygnębiający.
glorification [glɔ:rɪfɪ'keɪʃən] *n* wysławianie *nt*, gloryfikacja *f*.
glorify ['glɔ:rɪfaɪ] *vt* wysławiać, gloryfikować.
glorious ['glɔ:rɪəs] *adj* wspaniały.
glory ['glɔ:rɪ] *n* (*prestige*) sława *f*, chwała *f*; (*splendour*) wspaniałość *f* ♦ *vi*: **to glory in** rozkoszować się *+instr*.
glory hole (*inf*) *n* rupieciarnia *f*.
Glos (*BRIT*: *POST*) *abbr* = **Gloucestershire**.
gloss [glɔs] *n* (*shine*) połysk *m*; (*also*: **gloss paint**) emalia *f*.
▸**gloss over** *vt fus* (*error*) tuszować *+acc*, zatuszowywać (zatuszować *perf*) *+acc*; (*problem*) przechodzić (przejść *perf*) do porządku dziennego nad *+instr*.
glossary ['glɔsərɪ] *n* słowniczek *m* (*w książce*).
glossy ['glɔsɪ] *adj* (*hair*) lśniący; (*photograph*) z połyskiem *post* ♦ *n*: **glossy magazine** ilustrowane czasopismo *nt* (*drukowane na lśniącym papierze*).
glove [glʌv] *n* rękawiczka *f*; (*boxer's, surgeon's*) rękawica *f*.
glove compartment (*AUT*) *n* schowek *m* na rękawiczki.
glow [gləu] *vi* (*embers*) żarzyć się, jarzyć się; (*stars*) jarzyć się; (*eyes*) błyszczeć; (*face*) różowić się ♦ *n* (*of embers*) żar *m*; (*of stars*) poświata *f*; (*of eyes*) blask *m*; (*of face*) zaróżowienie *nt*.
glower ['glauə*] *vi*: **to glower (at sb)** patrzyć (popatrzyć *perf*) wilkiem (na kogoś).
glowing ['gləuɪŋ] *adj* (*fire*) żarzący się; (*complexion*) zaróżowiony; (*fig*) pochlebny, pochwalny.
glow-worm ['gləuwə:m] *n* świetlik *m*, robaczek *m* świętojański.
glucose ['glu:kəus] *n* glukoza *f*.
glue [glu:] *n* klej *m* ♦ *vt*: **to glue sth onto sth** naklejać (nakleić *perf*) coś na coś; **to glue sth into place** przyklejać (przykleić *perf*) coś.
glue-sniffing ['glu:snɪfɪŋ] *n* wąchanie *nt* kleju.
glum [glʌm] *adj* przybity.
glut [glʌt] *n* przesycenie *nt* ♦ *vt* przesycony; **to be glutted with** (*market etc*) być zalanym *+instr*.
glutinous ['glu:tɪnəs] *adj* kleisty, lepki.
glutton ['glʌtn] *n* żarłok *m*, obżartuch *m* (*inf*); **a glutton for work** tytan pracy; **a glutton for punishment** masochista.
gluttonous ['glʌtənəs] *adj* żarłoczny.

gluttony ['glʌtənɪ] *n* (*act*) obżarstwo *nt*; (*habit*) żarłoczność *f*.

glycerin(e) ['glɪsəri:n] *n* gliceryna *f*.

gm *abbr* = **gram** g.

GMAT (*US*) *n abbr* (= *Graduate Management Admissions Test*) *egzamin, którego zdanie uprawnia do podjęcia studiów magisterskich w dziedzinie handlu i zarządzania*.

GMB (*BRIT*) *n abbr* (= *General Municipal and Boilermakers (Union)*).

GMT *abbr* (= *Greenwich Mean Time*) (czas *m*) GMT, czas *m* Greenwich.

gnarled [nɑ:ld] *adj* sękaty.

gnash [næʃ] *vt*: **to gnash one's teeth** zgrzytać zębami.

gnat [næt] *n* komar *m*.

gnaw [nɔ:] *vt* o(b)gryzać (o(b)gryźć *perf*); (*fig*): **to gnaw at** (*desires, doubts etc*) szarpać *+instr*, targać *+instr*.

gnome [nəum] *n* krasnal *m*, krasnoludek *m*.

GNP *n abbr* = **gross national product** PNB *m inv* (= produkt narodowy brutto).

KEYWORD

go [gəu] (*pt* **went**, *pp* **gone**, *pl* **goes**) *vi* **1** (*on foot*) iść (pójść *perf*); (: *habitually, regularly*) chodzić; (*by car etc*) jechać (pojechać *perf*); (: *habitually, regularly*) jeździć; **she went to the kitchen** poszła do kuchni; **I go to see her whenever I can** chodzę do niej, kiedy tylko mogę; **shall we go by car or by train?** pojedziemy samochodem czy pociągiem?; **they go to Tunisia every winter** co roku w zimie jeżdżą do Tunezji. **2** (*depart*: *on foot*) wychodzić (wyjść *perf*), iść (pójść *perf*); (: *by car etc*) odjeżdżać (odjechać *perf*), wyjeżdżać (wyjechać *perf*). **3** (*attend*) chodzić; **she goes to her dancing class on Tuesdays** we wtorki chodzi na swój kurs tańca. **4** (*take part in an activity*) iść (pójść *perf*); (: *habitually, regularly*) chodzić; **to go for a walk** iść (pójść *perf*) na spacer; **we go dancing on Saturdays** w soboty chodzimy potańczyć. **5** (*work*) chodzić; **the tape recorder was still going** magnetofon ciągle chodził; **the bell went just then** właśnie wtedy zadzwonił dzwonek. **6** (*become*): **to go pale** blednąć (zblednąć *perf*);: **to go mouldy** pleśnieć (spleśnieć *perf*). **7** (*be sold*): **to go for 10 pounds** pójść *(perf)* za 10 funtów. **8** (*intend to*): **we're going to leave in an hour** wyjdziemy za godzinę. **9** (*be about to*): **it's going to rain** będzie padać. **10** (*time*) mijać (minąć *perf*), płynąć; **time went very slowly** czas mijał *or* płynął bardzo wolno. **11** (*event, activity*) iść (pójść *perf*); **how did it go?** jak poszło? **12** (*be given*): **to go to sb** dostać się *(perf)* komuś. **13** (*break etc*) pójść *(perf)* (*inf*); **the fuse went** poszedł bezpiecznik. **14** (*be placed*) **the milk goes in the fridge** mleko trzymamy w lodówce

♦ *n* **1** (*try*): **to have a go (at)** próbować (spróbować *perf*) (*+gen*); **I'll have a go at mending it** spróbuję to zreperować. **2** (*turn*) kolej *f*; **whose go is it?** czyja (teraz) kolej? **3** (*move*): **to be on the go** być w ruchu.

►**go about** *vi* (*also*: **go around**) krążyć ♦ *vt fus*: **how do I go about this?** jak (mam) się za to zabrać?; **to go about one's business** zajmować się swoimi sprawami.

►**go after** *vt fus* (*person*) ruszać (ruszyć *perf*) w pogoń za *+instr*; (*job*) szukać *+gen*; (*record*) próbować (spróbować *perf*) pobić *+acc*.

►**go against** *vt fus* (*advice, sb's wishes*) postępować (postąpić *perf*) wbrew *+dat*; (*be unfavourable to*): **when things go against me, ...** kiedy sprawy nie idą po mojej myśli, ...

►**go ahead** *vi* (*proceed*) przebiegać (przebiec *perf*); **to go ahead (with)** przystępować (przystąpić *perf*) (do *+gen*); **do you mind if I smoke? – go ahead!** czy mogę zapalić? – proszę (bardzo)!

►**go along** *vi* przechodzić (przejść *perf*).

►**go along with** *vt fus* (*agree with*: *plan, decision*) postępować (postąpić *perf*) zgodnie z *+instr*; (: *person, idea*) zgadzać się (zgodzić się *perf*) z *+instr*; (*accompany*) towarzyszyć *+dat*.

►**go away** *vi* odchodzić (odejść *perf*); **"go away!"** „idź sobie!".

►**go back** *vi* wracać (wrócić *perf*).

►**go back on** *vt fus* (*promise etc*) nie dotrzymywać (nie dotrzymać *perf*) *+gen*.

►**go by** *vi* płynąć *or* upływać (upłynąć *perf*), mijać (minąć *perf*) ♦ *vt fus* (*rule etc*) kierować się *+instr*.

►**go down** *vi* (*descend*: *on foot*) schodzić (zejść *perf*) (na dół); (: *in lift etc*) zjeżdżać (zjechać *perf*); (*ship*) iść (pójść *perf*) na dno; (*sun*) zachodzić (zajść *perf*); (*price, level*) obniżać się (obniżyć się *perf*) ♦ *vt fus* (*stairs, ladder*) schodzić (zejść *perf*) po *+loc*; **the speech went down well** przemówienie zostało dobrze przyjęte.

►**go for** *vt fus* (*fetch*) iść (pójść *perf*) po *+acc*; (*favour*) woleć *+acc*; (*attack*) rzucać się (rzucić się *perf*) na *+acc*; (*apply to*) dotyczyć *+gen*.

►**go in** *vi* wchodzić (wejść *perf*) (do środka).

►**go in for** *vt fus* (*competition*) startować (wystartować *perf*) w *+loc*; (*activity*) uprawiać *+acc*.

►**go into** *vt fus* (*enter*) wchodzić (wejść *perf*) do *+gen*; (*investigate*) zagłębiać się (zagłębić się *perf*) w *+acc*; (*career*) zająć się *(perf)* *+instr*.

►**go off** *vi* (*person*) wychodzić (wyjść *perf*); (*food*) psuć się (zepsuć się *perf*); (*bomb*) eksplodować (eksplodować *perf*); (*gun*) wypalić *(perf)*; (*event*) przebiegać (przebiec *perf*), iść (pójść *perf*) (*inf*); (*lights etc*) gasnąć (zgasnąć *perf*) ♦ *vt fus* (*inf*: *person, place, food*) przestawać (przestać *perf*) lubić *+acc*; **she's gone off the idea** przestał jej się podobać ten pomysł; **to go**

off to sleep zasypiać (zasnąć *perf*); **the party went off well** przyjęcie się udało.

►**go on** *vi* (*continue*: *on foot*) iść (pójść *perf*) dalej; (: *in a vehicle*) jechać (pojechać *perf*) dalej; (*happen*) dziać się, odbywać się; (*lights*) zapalać się (zapalić się *perf*) ♦ *vt fus* (*evidence etc*) opierać się (oprzeć się *perf*) na *+loc*; **to go on doing sth** robić coś dalej; **what's going on here?** co się tu dzieje?

►**go on at** (*inf*) *vt fus* marudzić *+dat* (*inf*).

►**go on with** *vt fus* kontynuować *+acc*.

►**go out** *vt fus* wychodzić (wyjść *perf*) ♦ *vi* (*fire, light*) gasnąć (zgasnąć *perf*); (*for entertainment*): **are you going out tonight?** wychodzisz dziś wieczorem?; (*couple*): **they went out for 3 years** chodzili ze sobą (przez) trzy lata.

►**go over** *vi* przechodzić (przejść *perf*) ♦ *vt* sprawdzać (sprawdzić *perf*); **go over and help him** idź tam i pomóż mu; **to go over sth in one's mind** rozważać (rozważyć *perf*) coś w myślach.

►**go round** *vi* (*circulate*) krążyć; (*revolve*) obracać się; (*visit*): **to go round (to sb's house)** zachodzić (zajść *perf*) (do kogoś); **there was never enough food to go round** nigdy nie starczało jedzenia dla wszystkich.

►**go through** *vt fus* (*undergo*) przechodzić (przejść *perf*) (przez) *+acc*; (*search through*) przeszukiwać (przeszukać *perf*) *+acc*; (*discuss*) omawiać (omówić *perf*) *+acc*; (*perform*) wykonywać (wykonać *perf*) (po kolei) *+acc*; **could you go through the names again?** czy mógłbyś jeszcze raz wymienić wszystkie nazwiska?

►**go through with** *vt fus* przeprowadzić *(perf)*, doprowadzić *(perf)* do końca; **I couldn't go through with it** nie mogłem się na to zdobyć.

►**go under** *vi* iść (pójść *perf*) na dno; (*fig*: *business, project*) padać (paść *perf*).

►**go up** *vi* (*on foot*) iść (pójść *perf*) na górę; (*in lift etc*) wjeżdżać (wjechać *perf*) (na górę); (*price, level*) iść (pójść *perf*) w górę; **to go up in flames** stawać (stanąć *perf*) w płomieniach.

►**go with** *vt fus* (*suit*) pasować do *+gen*.

►**go without** *vt fus* (*food*) nie mieć *+gen*; (*treats, luxury*) obywać się (obyć się *perf*) bez *+gen*.

---

goad [gəud] *vt* podjudzać (podjudzić *perf*).

►**goad on** *vt fus* pobudzać (pobudzić *perf*) do działania *+acc*.

go-ahead ['gəuəhɛd] *adj* (*person*) przedsiębiorczy, rzutki; (*organization*) postępowy ♦ *n* zgoda *f*; **to give sb the go-ahead (for sth)** dawać (dać *perf*) komuś zgodę (na coś).

goal [gəul] *n* (*SPORT*: *point gained*) bramka *f*, gol *m*; (: *space*) bramka *f*; (*aim*) cel *m*; **to score a goal** zdobywać (zdobyć *perf*) bramkę.

goalkeeper ['gəulki:pə*] *n* bramkarz *m*.

goalpost ['gəulpəust] *n* słupek *m* (bramki).

goat [gəut] *n* koza *f*; (*male*) kozioł *m*.

gobble ['gɔbl] *vt* (*also*: **gobble down, gobble up**) pożerać (pożreć *perf*).

go-between ['gəubɪtwi:n] *n* (*intermediary*) pośrednik (-iczka) *m(f)*; (*messenger*) posłaniec *m*.

Gobi Desert ['gəubɪ-] *n*: **the Gobi Desert** Pustynia *f* Gobi.

goblet ['gɔblɪt] *n* kielich *m*.

goblin ['gɔblɪn] *n* chochlik *m*.

go-cart ['gəukɑ:t] *n* wózek *m*.

God [gɔd] *n* Bóg *m* ♦ *excl* Boże *(voc)*.

god [gɔd] *n* (*MYTH, REL*) bóg *m*, bóstwo *nt*; (: *less important*) bożek *m*; (*fig*) bóstwo *nt*, bożyszcze *nt*.

godchild ['gɔdtʃaɪld] (*irreg like*: **child**) *n* chrześniak (-aczka) *m(f)*.

goddaughter ['gɔddɔ:tə*] *n* chrześniaczka *f*.

goddess ['gɔdɪs] *n* bogini *f*.

godfather ['gɔdfɑ:ðə*] *n* ojciec *m* chrzestny.

god-forsaken ['gɔdfəseɪkən] *adj* (*place*) opuszczony.

godmother ['gɔdmʌðə*] *n* matka *f* chrzestna.

godparent ['gɔdpɛərənt] *n* (*godmother*) matka *f* chrzestna; (*godfather*) ojciec *m* chrzestny.

godsend ['gɔdsɛnd] *n* dar *m* niebios.

godson ['gɔdsʌn] *n* chrześniak *m*.

goes [gəuz] *vb see* **go**.

go-getter ['gəugɛtə*] *n* osoba *f* przebojowa.

goggle ['gɔgl] *vi* (*inf*): **to goggle at** wybałuszać (wybałuszyć *perf*) oczy na *+acc*.

goggles ['gɔglz] *npl* gogle *pl*.

going ['gəuɪŋ] *n* sytuacja *f*, warunki *pl* ♦ *adj*: **the going rate** aktualna stawka *f*; **a going concern** prosperujące przedsiębiorstwo; **it was slow going** szło opornie.

goings-on ['gəuɪŋz'ɔn] (*inf*) *npl*: **the goings-on at that bar** to, co się wyprawia w tym barze (*inf*).

go-kart ['gəukɑ:t] *n* gokart *m*.

gold [gəuld] *n* złoto *nt* ♦ *adj* złoty; **gold reserves** rezerwy w złocie.

golden ['gəuldən] *adj* (*gold*) złoty; (*in colour*) złoty, złocisty; (*fig*: *opportunity, future*) wielki.

golden age *n* złoty wiek *m*.

golden handshake (*BRIT*) *n* ≈ odprawa *f*.

golden rule *n* najważniejsze przykazanie *nt*.

goldfish ['gəuldfɪʃ] *n* złota rybka *f*.

gold leaf *n* folia *f* złota.

gold medal *n* złoty medal *m*.

goldmine ['gəuldmaɪn] *n* kopalnia *f* złota.

gold-plated ['gəuld'pleɪtɪd] *adj* pozłacany, złocony.

goldsmith ['gəuldsmɪθ] *n* złotnik *m*.

gold standard *n*: **the gold standard** waluta *f or* standard *m* złota.

golf [gɔlf] *n* golf *m*.

golf ball *n* piłka *f* do golfa; (*on typewriter*) głowica *f* kulista.

golf club *n* (*organization*) klub *m* golfowy; (*stick*) kij *m* do golfa.
golf course *n* pole *nt* golfowe.
golfer ['gɔlfə*] *n* gracz *m* w golfa.
gondola ['gɔndələ] *n* gondola *f*.
gondolier [gɔndə'lɪə*] *n* gondolier *m*.
gone [gɔn] *pp of* **go** ♦ *adj* miniony.
gong [gɔŋ] *n* gong *m*.
good [gud] *adj* dobry; (*valid*) ważny; (*well-behaved*) grzeczny ♦ *n* dobro *nt*; **goods** *npl* towary *pl*, towar *m*; **good!** dobrze!; **to be good at** być dobrym w *+loc*; **to be good for sth/sb** być dobrym do czegoś/dla kogoś; **it's good for you** to (jest) zdrowe; **it's a good thing you were there** dobrze, że tam byłeś; **she is good with children** dobrze sobie radzi z dziećmi; **to feel good** czuć się dobrze; **it's good to see you** miło cię widzieć; **he's up to no good** nie ma dobrych zamiarów; **for the common good** dla wspólnego dobra, dla dobra ogółu; **would you be good enough to ...?** czy zechciałbyś *+infin*?; **that's very good of you** to bardzo uprzejmie z twojej strony; **is this any good?** (*will it do?*) czy to będzie dobre?; (*what's it like?*) czy to coś dobrego?; **a good deal (of)** dużo (*+gen*); **a good many** bardzo wiele; **take a good look** przyjrzyj się dobrze; **a good while ago** dość dawno (temu); **to make good** (*damage*) naprawiać (naprawić *perf*); (*loss*) rekompensować (zrekompensować *perf*); **it's no good complaining** nie ma co narzekać; **for good** na dobre; **good morning/afternoon!** dzień dobry!; **good evening!** dobry wieczór!; **good night!** dobranoc!; **goods and chattels** dobytek.
goodbye [gud'baɪ] *excl* do widzenia; **to say goodbye** żegnać się (pożegnać się *perf*).
good-for-nothing ['gudfənʌθɪŋ] *n* nicpoń *m*.
Good Friday *n* Wielki Piątek *m*.
good-humoured ['gud'hju:məd] *adj* dobroduszny.
good-looking ['gud'lukɪŋ] *adj* atrakcyjny.
good-natured ['gud'neɪtʃəd] *adj* (*person, pet*) o łagodnym usposobieniu *post*; (*discussion*) uprzejmy.
goodness ['gudnɪs] *n* dobroć *f*; **for goodness sake!** na litość *or* miłość boską!; **goodness gracious!** Boże (drogi)!; **out of the goodness of one's heart** z dobrego serca.
goods train (*BRIT*) *n* pociąg *m* towarowy.
goodwill [gud'wɪl] *n* dobra wola *f*; (*COMM*) reputacja *f* przedsiębiorstwa.
goody-goody ['gudɪgudɪ] (*inf, pej*) *n* świętoszek (-szka) *m(f)* (*pej*).
goose [gu:s] (*pl* **geese**) *n* gęś *f*.
gooseberry ['guzbərɪ] *n* agrest *m*; **to play gooseberry** (*BRIT*) służyć za przyzwoitkę.
gooseflesh ['gu:sflɛʃ] *n* = **goose pimples**.
goose pimples *npl* gęsia skórka *f*.
goose step *n* krok *m* defiladowy.
GOP (*US*: *POL*: *inf*) *n abbr* (= *Grand Old Party*) Partia *f* Republikańska.
gore [gɔ:*] *vt* brać (wziąć *perf*) na rogi ♦ *n* (rozlana) krew *f*.
gorge [gɔ:dʒ] *n* wąwóz *m* ♦ *vt*: **to gorge o.s. (on)** objadać się (objeść się *perf*) (*+instr*).
gorgeous ['gɔ:dʒəs] *adj* wspaniały, cudowny.
gorilla [gə'rɪlə] (*ZOOL*) *n* goryl *m*.
gormless ['gɔ:mlɪs] (*BRIT*: *inf*) *adj* ciężko myślący.
gorse [gɔ:s] (*BOT*) *n* janowiec *m*.
gory ['gɔ:rɪ] *adj* krwawy.
go-slow ['gəu'sləu] (*BRIT*) *n strajk polegający na obniżeniu wydajności pracy*.
gospel ['gɔspl] *n* (*REL*) ewangelia *f*; (*doctrine*) doktryna *f*.
gossamer ['gɔsəmə*] *n* babie lato *nt*; (*fabric*) cienka gaza *f*.
gossip ['gɔsɪp] *n* (*rumours, chat*) plotki *pl*; (*person*) plotkarz (-arka) *m(f)* ♦ *vi* plotkować (poplotkować *perf*); **a piece of gossip** plotka.
gossip column (*PRESS*) *n* kronika *f* towarzyska.
got [gɔt] *pt, pp of* **get**.
Gothic ['gɔθɪk] *adj* gotycki.
gotten ['gɔtn] (*US*) *pp of* **get**.
gouge [gaudʒ] *vt* (*also*: **gouge out**) dłubać (wydłubać *perf*); **to gouge sb's eyes out** wyłupiać (wyłupić *perf*) komuś oczy.
gourd [guəd] *n* tykwa *f*.
gourmet ['guəmeɪ] *n* smakosz *m*.
gout [gaut] (*MED*) *n* dna *f*, skaza *f* moczanowa.
govern ['gʌvən] *vt* rządzić *+instr*.
governess ['gʌvənɪs] *n* guwernantka *f*.
governing ['gʌvənɪŋ] *adj* rządzący.
governing body *n* ciało *nt* zarządzające, zarząd *m*.
government ['gʌvnmənt] *n* (*act*) rządzenie *nt*, zarządzanie *nt*; (*body*) rząd *m*; (*BRIT*: *ministers*) rada *f* ministrów, rząd *m* ♦ *cpd* rządowy; **local government** samorząd terytorialny.
governmental [gʌvn'mɛntl] *adj* rządowy.
government housing (*US*) *n* ≈ mieszkania *pl* komunalne *or* kwaterunkowe.
government stock *n* państwowe papiery *pl* wartościowe.
governor ['gʌvənə*] *n* (*of state, colony*) gubernator *m*; (*of bank, school etc*) członek (-nkini) *m(f)* zarządu; (*BRIT*: *of prison*) naczelnik *m*; **the Board of Governors** zarząd.
Govt *abbr* = **government**.
gown [gaun] *n* (*dress*) suknia *f*; (*BRIT*: *of teacher, judge*) toga *f*.
GP *n abbr* = **general practitioner**.
GPMU (*BRIT*) *n abbr* (= *Graphical Media and Paper Union*).
GPO *n abbr* (*BRIT*: *formerly*: = *General Post Office*); (*US*: = *Government Printing Office*) *drukarnia rządowa*.
gr. (*COMM*) *abbr* = **gross**.

grab [græb] *vt* chwytać (chwycić *perf*); (*chance, opportunity*) korzystać (skorzystać *perf*) z *+gen*; **I grabbed some sleep/food** udało mi się trochę przespać/coś zjeść ♦ *vi*: **to grab at** porywać (porwać *perf*) *+acc*, rzucać się (rzucić się *perf*) na *+acc*.

grace [greɪs] *n* (*REL*) łaska *f*; (*gracefulness*) gracja *f* ♦ *vt* (*honour*) zaszczycać (zaszczycić *perf*); (*adorn*) zdobić, ozdabiać (ozdobić *perf*); **5 days' grace** 5 dni wytchnienia; **with (a) good grace** nie okazując niechęci; **with (a) bad grace** nie kryjąc niechęci; **his sense of humour is his saving grace** ratuje go poczucie humoru; **to say grace** odmawiać (odmówić *perf*) modlitwę (*przed posiłkiem*).

graceful ['greɪsful] *adj* pełen wdzięku; (*refusal*) taktowny.

gracious ['greɪʃəs] *adj* (*person, smile*) łaskawy; (*living etc*) wytworny ♦ *excl*: **(good) gracious!** Boże (drogi)!

gradation [grə'deɪʃən] *n* stopniowanie *nt*, gradacja *f*.

grade [greɪd] *n* (*COMM*) jakość *f*; (*in hierarchy*) ranga *f*; (*mark*) stopień *m*, ocena *f*; (*US*: *SCOL*) klasa *f*; (: *gradient*) pochyłość *f*, nachylenie *nt* ♦ *vt* klasyfikować (sklasyfikować *perf*); **to make the grade** (*fig*) radzić (poradzić *perf*) sobie.

grade crossing (*US*) *n* przejazd *m* kolejowy.

grade school (*US*) *n* ≈ szkoła *f* podstawowa.

gradient ['greɪdɪənt] *n* (*of road, slope*) nachylenie *nt*; (*MATH*) gradient *m*.

gradual ['grædjuəl] *adj* stopniowy.

gradually ['grædjuəlɪ] *adv* stopniowo.

graduate [*n* 'grædjuɪt, *vb* 'grædjueɪt] *n* absolwent(ka) *m(f)* ♦ *vi* kończyć (skończyć *perf*) studia; (*US*) kończyć (skończyć *perf*) szkołę średnią.

graduated pension ['grædjueɪtɪd-] *n* emerytura *f* krocząca *or* progresywna.

graduation [grædju'eɪʃən] *n* uroczystość *f* wręczenia świadectw.

graffiti [grə'fi:tɪ] *n, npl* graffiti *pl*.

graft [grɑ:ft] *n* (*AGR*) szczep *m*; (*MED*) przeszczep *m*; (*BRIT*: *inf*) harówka *f* (*inf*); (*US*) łapówka *f* ♦ *vt*: **to graft (onto)** (*AGR*) zaszczepiać (zaszczepić *perf*) (na *+loc*); (*MED*) przeszczepiać (przeszczepić *perf*) (na *+acc*), wszczepiać (wszczepić *perf*) (do *+gen*); (*fig*) doczepiać (doczepić *perf*) (na siłę) (do *+gen*).

grain [greɪn] *n* (*seed*) ziarno *nt*; (*no pl*: *cereals*) zboże *nt*; (*of sand, salt*) ziar(e)nko *nt*; (*of wood*) słoje *pl*; **it goes against the grain** (*fig*) to się kłóci z zasadami.

gram [græm] *n* gram *m*.

grammar ['græmə*] *n* gramatyka *f*.

grammar school (*BRIT*) *n* ≈ liceum *nt* (ogólnokształcące).

grammatical [grə'mætɪkl] *adj* gramatyczny.

gramme [græm] *n* = **gram**.

gramophone ['græməfəun] (*BRIT*: *old*) *n* gramofon *m*, adapter *m*.

granary ['grænərɪ] *n* spichlerz *m*; **granary bread** *or* **loaf** ® chleb pełnoziarnisty.

grand [grænd] *adj* (*splendid, impressive*) okazały; (*inf*: *great, wonderful*) świetny; (*gesture*) wielkopański; (*scale, plans*) wielki ♦ *n* (*inf*) tysiąc *m* (*dolarów lub funtów*).

grandchild ['græntʃaɪld] (*irreg like*: **child**) *n* wnuk *m*.

granddad ['grændæd] (*inf*) *n* dziadek *m*, dziadzio *m*.

granddaughter ['grændɔ:tə*] *n* wnuczka *f*.

grandeur ['grændjə*] *n* okazałość *f*, wspaniałość *f*.

grandfather ['grændfɑ:ðə*] *n* dziadek *m*.

grandiose ['grændɪəus] (*pej*) *adj* (*scheme*) wielce ambitny; (*building*) pretensjonalny.

grand jury (*US*) *n sąd przysięgłych decydujący, czy sprawa ma być skierowana do dalszego rozpatrywania.*

grandma ['grænmɑ:] (*inf*) *n* babcia *f*.

grandmother ['grænmʌðə*] *n* babka *f*.

grandpa ['grænpɑ:] (*inf*) *n* = **granddad**.

grandparents ['grændpɛərənts] *npl* dziadkowie *vir pl*.

grand piano *n* fortepian *m*.

Grand Prix ['grɑ̃:'pri:] (*AUT*) *n* Grand Prix *nt inv*.

grandson ['grænsʌn] *n* wnuk *m*.

grandstand ['grændstænd] (*SPORT*) *n* trybuna *f* główna.

grand total *n* (całkowita) suma *f*.

granite ['grænɪt] *n* granit *m*.

granny ['grænɪ] (*inf*) *n* babcia *f*, babunia *f*.

grant [grɑ:nt] *vt* (*money*) przyznawać (przyznać *perf*); (*request*) spełniać (spełnić *perf*); (*visa*) udzielać (udzielić *perf*) *+gen* ♦ *n* (*SCOL*) stypendium *m*; (*ADMIN*) dotacja *f*; **to take sb for granted** zaniedbywać kogoś; **to take sth for granted** przyjmować (przyjąć *perf*) coś za pewnik; **to grant that ...** przyznawać (przyznać *perf*), że ...; **it was silly, I grant you** to było głupie, przyznaję.

granulated sugar ['grænjuleɪtɪd-] *n* cukier *m* kryształ *m*.

granule ['grænju:l] *n* ziar(e)nko *nt*.

grape [greɪp] *n* (*fruit*) winogrono *nt*; (*plant*) winorośl *f*; **a bunch of grapes** kiść winogron.

grapefruit ['greɪpfru:t] (*pl* **grapefruit** *or* **grapefruits**) *n* grejpfrut *m*.

grapevine ['greɪpvaɪn] *n* winorośl *f*; **I heard it on the grapevine** doszło to do mnie pocztą pantoflową.

graph [grɑ:f] *n* wykres *m*.

graphic ['græfɪk] *adj* (*account, description*) obrazowy; (: *of sth unpleasant*) drastyczny; (*art, design*) graficzny; *see also* **graphics**.

graphic designer *n* grafik *m*.

graphics ['græfɪks] *n* (*art*) grafika *f* ♦ *npl* (*drawings*) grafika *f*.

graphite ['græfaɪt] *n* grafit *m*.

graph paper *n* papier *m* milimetrowy.

grapple ['græpl] *vi*: **to grapple with sb/sth** mocować się z kimś/czymś; (*fig*) zmagać się z kimś/czymś.

grasp [grɑːsp] *vt* (*hold, seize*) chwytać (chwycić *perf*); (*understand*) pojmować (pojąć *perf*) ♦ *n* (*grip*) (u)chwyt *m*; (*understanding*) pojmowanie *nt*; **it slipped from my grasp** wyślizgnęło mi się (z ręki); **to have sth within one's grasp** mieć coś w zasięgu ręki; **to have a good grasp of sth** (*fig*) dobrze się w czymś orientować.

►**grasp at** *vt fus* chwytać (chwycić *perf*) (za) *+acc*; (*fig*: *opportunity*) nie przepuszczać (nie przepuścić *perf*) *+gen*.

grasping ['grɑːspɪŋ] *adj* zachłanny.

grass [grɑːs] *n* trawa *f*; (*BRIT*: *inf*: *informer*) kapuś *m* (*inf*).

grasshopper ['grɑːshɔpə*] *n* konik *m* polny, pasikonik *m*.

grass-roots ['grɑːsruːts] *cpd*: **grass-roots support** poparcie *nt* zwykłych ludzi.

grass snake *n* zaskroniec *m*.

grassy ['grɑːsɪ] *adj* trawiasty.

grate [greɪt] *n* palenisko *nt* (*w kominku*) ♦ *vi*: **to grate (on)** (*metal, chalk*) zgrzytać (zazgrzytać *perf*) (na *+loc*); (*fig*: *noise, laughter*) działać na nerwy (*+dat*) ♦ *vt* (*CULIN*) trzeć (zetrzeć *perf*).

grateful ['greɪtful] *adj* (*person*) wdzięczny; (*thanks*) pełen wdzięczności.

gratefully ['greɪtfəlɪ] *adv* z wdzięcznością.

grater ['greɪtə*] *n* tarka *f*.

gratification [grætɪfɪ'keɪʃən] *n* zadowolenie *nt*, satysfakcja *f*; (*of desire, appetite*) zaspokojenie *nt*.

gratify ['grætɪfaɪ] *vt* (*person*) zadowalać (zadowolić *perf*), satysfakcjonować (usatysfakcjonować *perf*); (*desire, appetite*) zaspokajać (zaspokoić *perf*).

gratifying ['grætɪfaɪɪŋ] *adj* zadowalający, satysfakcjonujący.

grating ['greɪtɪŋ] *n* krata *f* ♦ *adj* zgrzytliwy.

gratitude ['grætɪtjuːd] *n* wdzięczność *f*.

gratuitous [grə'tjuːɪtəs] *adj* niepotrzebny, nieuzasadniony.

gratuity [grə'tjuːɪtɪ] *n* napiwek *m*.

grave [greɪv] *n* grób *m* ♦ *adj* poważny.

gravedigger ['greɪvdɪgə*] *n* grabarz *m*.

gravel ['grævl] *n* żwir *m*.

gravely ['greɪvlɪ] *adv* poważnie.

gravestone ['greɪvstəun] *n* nagrobek *m*.

graveyard ['greɪvjɑːd] *n* cmentarz *m*.

gravitate ['grævɪteɪt] *vi*: **to gravitate towards** ciążyć ku *+dat*; (*fig*) skłaniać się ku *+dat*.

gravity ['grævɪtɪ] *n* (*PHYS*) ciążenie *nt*, grawitacja *f*; (*seriousness*) powaga *f*.

gravy ['greɪvɪ] *n* sos *m* (mięsny).

gravy boat *n* sosjerka *f*.

gravy train (*inf*) *n*: **to ride the gravy train** zbijać łatwe pieniądze.

gray [greɪ] (*US*) *adj* = **grey**.

graze [greɪz] *vi* paść się ♦ *vt* (*scrape*) otrzeć (*perf*) (do krwi); (*touch lightly*) muskać (musnąć *perf*) ♦ *n* otarcie *nt* naskórka.

grazing ['greɪzɪŋ] *n* pastwisko *nt*.

grease [griːs] *n* (*lubricant*) smar *m*; (*fat*) tłuszcz *m* ♦ *vt* (*lubricate*) smarować (nasmarować *perf*); (*CULIN*) smarować (posmarować *perf*) tłuszczem, natłuszczać (natłuścić *perf*); **to grease the skids** (*US*: *fig*) posmarować (*perf*) (*inf*).

grease gun *n* smarownica *f*.

greasepaint ['griːspeɪnt] *n* szminka *f* (aktorska).

greaseproof paper ['griːspruːf-] (*BRIT*) *n* papier *m* woskowany.

greasy ['griːsɪ] *adj* (*full of grease*) tłusty; (*covered with grease*) zatłuszczony; (*BRIT*: *slippery*) śliski; (*hair*) tłusty, przetłuszczający się.

great [greɪt] *adj* wielki; (*idea*) świetny; **they're great friends** są wielkimi przyjaciółmi; **we had a great time** świetnie się bawiliśmy; **it was great!** było świetnie!; **the great thing is that ...** najlepsze jest to, że ... .

Great Barrier Reef *n*: **the Great Barrier Reef** Wielka Rafa *f* Koralowa.

Great Britain *n* Wielka Brytania *f*.

greater ['greɪtə*] *adj*: **Greater London/Manchester** Wielki Londyn/Manchester, konurbacja *f* londyńska/manchesterska.

great-grandchild [greɪt'græntʃaɪld] (*irreg like*: **child**) *n* (*male*) prawnuk *m*; (*female*) prawnuczka *f*.

great-grandfather [greɪt'grænfɑːðə*] *n* pradziadek *m*, pradziad *m* (*fml*).

great-grandmother [greɪt'grænmʌðə*] *n* prababka *f*.

Great Lakes *npl*: **the Great Lakes** Wielkie Jeziora *pl*.

greatly ['greɪtlɪ] *adv* wielce.

greatness ['greɪtnɪs] *n* wielkość *f*.

Grecian ['griːʃən] *adj* grecki.

Greece [griːs] *n* Grecja *f*.

greed [griːd] *n* (*also*: **greediness**) chciwość *f*, zachłanność *f*; (*for power, wealth*) żądza *f*.

greedily ['griːdɪlɪ] *adv* chciwie, zachłannie.

greedy ['griːdɪ] *adj* chciwy, zachłanny; **greedy for power/wealth** żądny władzy/bogactw.

Greek [griːk] *adj* grecki ♦ *n* (*person*) Grek/Greczynka *m/f*; (*LING*) (język *m*) grecki; **ancient/modern Greek** greka starożytna/współczesna.

green [griːn] *adj* zielony ♦ *n* (*colour*) (kolor *m*) zielony, zieleń *f*; (*grass*) zieleń *f*; (*GOLF*) pole *nt* puttingowe; (*also*: **village green**) błonia *pl* wiejskie; **greens** *npl* warzywa *pl* zielone; (*POL*): **the Greens** zieloni *vir pl*; **to have green fingers** *or (US)* **a green thumb** (*fig*) mieć dobrą rękę do

roślin; **to give sb the green light** zapalać (zapalić *perf*) komuś zielone światło.
green belt *n* pas *m or* pierścień *m* zieleni.
green card *n* (*AUT*) ubezpieczenie *nt* międzynarodowe; (*US*: *ADMIN*) zielona karta *f*.
greenery ['gri:nərı] *n* zieleń *f*.
greenfly ['gri:nflaı] (*BRIT*) *n* mszyca *f*.
greengage ['gri:ngeıdʒ] *n* renkloda *f*.
greengrocer ['gri:ngrəusə*] (*BRIT*) *n* (*person*) kupiec *m* warzywny, zieleniarz (-arka) *m(f)*; (*shop*) sklep *m* warzywny, warzywniak *m* (*inf*).
greenhouse ['gri:nhaus] *n* szklarnia *f*, cieplarnia *f*.
greenhouse effect *n*: **the greenhouse effect** efekt *m* cieplarniany.
greenhouse gas *n jeden z gazów powodujących efekt cieplarniany.*
greenish ['gri:nıʃ] *adj* zielonkawy.
Greenland ['gri:nlənd] *n* Grenlandia *f*.
Greenlander ['gri:nləndə*] *n* Grenlandczyk (-dka) *m(f)*.
green pepper *n* zielona papryka *f*.
greet [gri:t] *vt* (*in the street etc*) pozdrawiać (pozdrowić *perf*); (*welcome*) witać (powitać *perf*); (*receive*: *news*) przyjmować (przyjąć *perf*).
greeting ['gri:tıŋ] *n* (*salutation*) pozdrowienie *nt*; (*welcome*) powitanie *nt*; **Christmas/birthday greetings** życzenia świąteczne/urodzinowe; **Season's greetings** ≈ (życzenia) Wesołych Świąt i Szczęśliwego Nowego Roku.
greetings card *n* kartka *f* z życzeniami, kartka *f* okolicznościowa.
gregarious [grə'gɛərıəs] *adj* (*person*) towarzyski; (*animal*) stadny.
grenade [grə'neıd] *n* (*also*: **hand grenade**) granat *m*.
grew [gru:] *pt of* **grow**.
grey [greı] (*US* **gray**) *adj* (*colour*) szary, popielaty; (*hair*) siwy; (*dismal*) szary ♦ *n* (kolor *m*) szary *or* popielaty, popiel *m*; **to go grey** (*person*) siwieć (osiwieć *perf*); (*hair*) siwieć (posiwieć *perf*).
grey-haired [greı'hɛəd] *adj* siwy.
greyhound ['greıhaund] *n* chart *m* angielski.
grid [grıd] *n* (*pattern*) kratka *f*, siatka *f*; (*ELEC*) sieć *f*; (*US*) pasy *pl* (*dla pieszych*).
griddle [grıdl] *n okrągła blacha do pieczenia ciastek na wolnym ogniu.*
gridiron ['grıdaıən] *n* ruszt *m*.
grief [gri:f] *n* (*distress*) zmartwienie *nt*, zgryzota *f*; (*sorrow*) żal *m*; **to come to grief** (*plan*) spełzać (spełznąć *perf*) na niczym; (*person*): **I ran away once but came to grief** raz uciekłem, ale źle się to dla mnie skończyło; **good grief!** Boże drogi!
grievance ['gri:vəns] *n* (*feeling*) żal *m*, pretensja *f*; (*complaint*) skarga *f*; (*cause for complaint*) krzywda *f*.
grieve [gri:v] *vi* martwić się, smucić się ♦ *vt* martwić (zmartwić *perf*), zasmucać (zasmucić *perf*); **to grieve for sb** opłakiwać kogoś; **it grieves me to say this, but ...** przykro mi to mówić, ale ... .
grievous ['gri:vəs] *adj* (*mistake*) poważny; (*shock, situation*) ciężki; (*injury*) ciężki, poważny; **grievous bodily harm** (*JUR*) ciężkie uszkodzenie ciała.
grill [grıl] *n* (*on cooker*) ruszt *m*, grill *m*; (*also*: **mixed grill**) mięso *nt* z rusztu ♦ *vt* (*BRIT*: *food*) piec (upiec *perf*) (na ruszcie); (*inf*: *person*) maglować (wymaglować *perf*) (*inf*).
grille [grıl] *n* (*screen*: *on window, counter*) krata *f*; (*AUT*) osłona *f*.
grill(room) ['grıl(rum)] *n* grill *m* (*restauracja*).
grim [grım] *adj* (*unpleasant*) ponury; (*serious, stern*) groźny, surowy.
grimace [grı'meıs] *n* grymas *m* ♦ *vi* wykrzywiać się (wykrzywić się *perf*).
grime [graım] *n* brud *m*.
grimy ['graımı] *adj* brudny.
grin [grın] *n* szeroki uśmiech *m* ♦ *vi*: **to grin (at)** uśmiechać się (uśmiechnąć się *perf*) szeroko (do *+gen*), szczerzyć się *or* szczerzyć zęby (do *+gen*) (*inf*).
grind [graınd] (*pt, pp* **ground**) *vt* (*tablet etc*) kruszyć (rozkruszyć *perf*); (*coffee, pepper, meat*) mielić (zmielić *perf*); (*knife*) ostrzyć (naostrzyć *perf*); (*gem, lens*) szlifować (oszlifować *perf*) ♦ *vi* zgrzytać (zazgrzytać *perf*) ♦ *n* harówka *f* (*inf*); **to grind one's teeth** zgrzytać (zazgrzytać *perf*) zębami; **to grind to a halt** (*vehicle*) zatrzymać się (*perf*) powoli; (*talks, scheme*) zabrnąć (*perf*) w ślepy zaułek; (*work, production*) stawać (stanąć *perf*) w miejscu; **the daily grind** (*inf*) codzienna harówka (*inf*).
grinder ['graındə*] *n* (*for coffee*) młynek *m*; (*for sharpening*) szlifierka *f*; (*for waste disposal*) kuchenny rozdrabniacz *m* odpadków.
grindstone ['graındstəun] *n*: **to keep one's nose to the grindstone** harować bez wytchnienia.
grip [grıp] *n* (*hold*) (u)chwyt *m*, uścisk *m*; (*control, grasp*) kontrola *f*, panowanie *nt*; (*of tyre, shoe*) przyczepność *f*; (*handle*) rękojeść *f*, uchwyt *m*; (*holdall*) torba *f* (podróżna) ♦ *vt* (*object*) chwytać (chwycić *perf*); (*person*) pasjonować, fascynować; (*attention*) przyciągać (przyciągnąć *perf*); **to come to grips with** zmierzyć się (*perf*) z *+instr*; **to grip the road** (*car*) trzymać się szosy; **to lose one's grip** (*fig*) tracić (stracić *perf*) kontrolę.
gripe [graıp] *n* (*inf*) bolączka *f* ♦ *vi* (*inf*) biadolić (*inf*); **the gripes** (*MED*) kolka *f*.
gripping ['grıpıŋ] *adj* pasjonujący, fascynujący.
grisly ['grızlı] *adj* makabryczny, potworny.
grist [grıst] *n*: **it's all grist to his mill** wszystko to (jest) woda na jego młyn.
gristle ['grısl] *n* chrząstka *f*.

grit [grɪt] *n* (*stone*) żwirek *m*, grys *m*; (*of person*) zacięcie *nt*, determinacja *f* ♦ *vt* posypywać (posypać *perf*) żwirkiem; **grits** *npl* (*US*) kasza *f*; **to grit one's teeth** zaciskać (zacisnąć *perf*) zęby; **I've got a piece of grit in my eye** wpadł mi do oka (jakiś) pyłek.
grizzle ['grɪzl] (*BRIT*) *vi* popłakiwać.
grizzly ['grɪzlɪ] *n* (*also*: **grizzly bear**) niedźwiedź *m* północnoamerykański *or* siwy.
groan [grəun] *n* (*of pain*) jęk *m*; (*of disapproval*) pomruk *m* ♦ *vi* (*in pain*) jęczeć (jęknąć *perf or* zajęczeć *perf*); (*in disapproval*) mruczeć (zamruczeć *perf*); (*tree, floorboard*) trzeszczeć (zatrzeszczeć *perf*).
grocer ['grəusə*] *n* właściciel(ka) *m(f)* sklepu spożywczego.
groceries ['grəusərɪz] *npl* artykuły *pl* spożywcze.
grocer's (shop) *n* sklep *m* spożywczy.
grog [grɔg] *n* grog *m*.
groggy ['grɔgɪ] *adj* oszołomiony, odurzony.
groin [grɔɪn] *n* pachwina *f*.
groom [gru:m] *n* (*for horse*) stajenny *m*; (*also*: **bridegroom**) pan *m* młody ♦ *vt* (*horse*) oporządzać (oporządzić *perf*); **to groom sb for** sposobić *or* przysposabiać (przysposobić *perf*) kogoś do *+gen*; **well-groomed** zadbany.
groove [gru:v] *n* (*in record etc*) rowek *m*.
grope [grəup] *vi*: **to grope for** szukać po omacku *+gen*; (*fig*) (*words*) szukać *+gen*.
gross [grəus] *adj* (*neglect, injustice*) rażący; (*behaviour*) grubiański, ordynarny; (*income, weight*) brutto *post*; (*earrings etc*) toporny ♦ *n inv* gros *m* (*dwanaście tuzinów*) ♦ *vt*: **to gross 500,000 pounds** zarabiać (zarobić *perf*) 500.000 funtów brutto.
gross domestic product *n* produkt *m* krajowy brutto.
grossly ['grəuslɪ] *adv* rażąco.
gross national product *n* produkt *m* narodowy brutto.
grotesque [grə'tɛsk] *adj* groteskowy.
grotto ['grɔtəu] *n* grota *f*.
grotty ['grɔtɪ] (*inf*) *adj* okropny.
grouch [grautʃ] (*inf*) *vi* gderać, zrzędzić ♦ *n* zrzęda *m/f*.
ground [graund] *pt, pp of* **grind** ♦ *n* (*earth, soil*) ziemia *f*; (*floor*) podłoga *f*; (*land*) grunt *m*; (*area*) teren *m*; (*US*: *also*: **ground wire**) uziemienie *nt*; (*usu pl*: *reason*) podstawa *f* ♦ *vt* (*plane, pilot*) odmawiać (odmówić *perf*) zgody na start *+dat*; (*US*: *ELEC*) uziemiać (uziemić *perf*) ♦ *adj* mielony ♦ *vi* (*ship*) osiadać (osiąść *perf*) (*na mieliźnie, skałach*); **grounds** *npl* (*of coffee etc*) fusy *pl*; (*gardens etc*) teren *m*; **football grounds** tereny do gry w piłkę nożną; **on the ground** na ziemi; **to the ground** na ziemię; **below ground** pod ziemią; **to gain/lose ground** zyskiwać (zyskać *perf*)/tracić (stracić *perf*) poparcie; **common ground** (*fig*) punkty wspólne; **he declined on the grounds of ill health** *or* **on the grounds that he was ill** odmówił, podając jako powód zły stan zdrowia.
ground cloth (*US*) *n* = **groundsheet**.
ground control *n* (*AVIAT, SPACE*) kontrola *f* naziemna.
ground floor *n* parter *m*.
grounding ['graundɪŋ] *n*: **grounding (in)** (podstawowe) przygotowanie *nt* (z zakresu *+gen*).
groundless ['graundlɪs] *adj* bezpodstawny.
groundnut ['graundnʌt] *n* orzeszek *m* ziemny.
ground rent (*BRIT*) *n* opłata *f* za dzierżawę gruntu.
groundsheet ['graundʃi:t] (*BRIT*) *n* *nieprzemakalny podkład pod namiot.*
groundskeeper ['graundzki:pə*] (*US*) *n* = **groundsman**.
groundsman ['graundzmən] (*SPORT*) *n* dozorca *m or* opiekun *m* terenów sportowych.
ground staff (*SPORT*) *n* *personel zajmujący się utrzymaniem obiektu sportowego.*
groundswell ['graundswɛl] *n*: **groundswell of opinion against/in favour of** narastająca fala *f* sprzeciwu wobec *+gen*/poparcia dla *+gen*.
ground-to-ground ['grauntə'graund] *adj*: **ground-to-ground missile** pocisk *m* (klasy) ziemia-ziemia.
groundwork ['graundwə:k] *n* podwaliny *pl*.
group [gru:p] *n* grupa *f*; (*also*: **pop-group**) zespół *m* ♦ *vt* (*also*: **group together**) grupować (zgrupować *perf*) ♦ *vi* (*also*: **group together**) łączyć się (połączyć się *perf*) w grupy; **newspaper group** koncern prasowy.
grouse [graus] *n inv* pardwa *f* ♦ *vi* gderać.
grove [grəuv] *n* gaj *m*.
grovel ['grɔvl] *vi* (*be humble*) płaszczyć się; (*crawl*) czołgać się.
grow [grəu] (*pt* **grew**, *pp* **grown**) *vi* (*plant, tree*) rosnąć (wyrosnąć *perf*); (*person, animal*) rosnąć (urosnąć *perf*); (*increase*) rosnąć (wzrosnąć *perf*) ♦ *vt* (*roses, vegetables*) hodować; (*crops*) uprawiać; (*beard*) zapuszczać (zapuścić *perf*); **to grow rich** bogacić się (wzbogacić się *perf*); **to grow weak** słabnąć (osłabnąć *perf*); **to grow out of/from** brać się (wziąć się *perf*) z *+gen*; **she grew tired of waiting** zmęczyło ją czekanie.
►**grow apart** *vi* (*fig*) oddalać się (oddalić się *perf*) od siebie.
►**grow away from** *vt fus* (*fig*) oddalać się (oddalić się *perf*) od *+gen*.
►**grow on** *vt fus*: **that painting is growing on me** ten obraz coraz bardziej mi się podoba.
►**grow out of** *vt fus* wyrastać (wyrosnąć *perf*) z *+gen*; **he'll grow out of it** wyrośnie z tego.
►**grow up** *vi* (*child*) dorastać (dorosnąć *perf*); (*idea, friendship*) rozwijać się (rozwinąć się *perf*).
grower ['grəuə*] *n* hodowca *m*.
growing ['grəuɪŋ] *adj* rosnący; **growing pains**

(*MED*) bóle wzrostowe; (*fig*) początkowe trudności.
growl [graul] *vi* warczeć (warknąć *perf*).
grown [grəun] *pp of* **grow**.
grown-up [grəun'ʌp] *n* dorosły *m*.
growth [grəuθ] *n* (*growing, development*) wzrost *m*; (*increase in amount*) przyrost *m*; (*MED*) narośl *f*; **a week's growth of beard** tygodniowy zarost.
growth rate *n* tempo *nt* wzrostu.
grub [grʌb] *n* larwa *f*; (*inf: food*) żarcie *nt* (*inf*) ♦ *vi*: **to grub about/around (for)** grzebać (w poszukiwaniu *+gen*).
grubby ['grʌbɪ] *adj* niechlujny; (*fig*) odrażający.
grudge [grʌdʒ] *n* uraza *f* ♦ *vt*: **to grudge sb sth** zazdrościć komuś czegoś; **to bear sb a grudge** żywić do kogoś urazę.
grudging ['grʌdʒɪŋ] *adj* (*action*) niechętny; (*respect, praise*) wymuszony.
grudgingly ['grʌdʒɪŋlɪ] *adv* niechętnie.
gruelling ['gruəlɪŋ] (*US* **grueling**) *adj* wyczerpujący.
gruesome ['gru:səm] *adj* makabryczny.
gruff [grʌf] *adj* szorstki.
grumble ['grʌmbl] *vi* zrzędzić.
grumpy ['grʌmpɪ] *adj* zrzędliwy.
grunt [grʌnt] *vi* (*pig*) chrząkać (chrząknąć *perf*); (*person*) burknąć (*perf*) ♦ *n* (*of pig*) chrząknięcie *nt*; (*of person*) burknięcie *nt*.
G-string ['dʒi:strɪŋ] *n* tangi *pl* (*figi striptizerki*).
GSUSA *n abbr* (= *Girl Scouts of the United States of America*) *dziewczęca organizacja skautowska*.
GT (*AUT*) *abbr* (= *gran turismo*) GT.
GU (*US: POST*) *abbr* (= *Guam*).
guarantee [gærən'ti:] *n* gwarancja *f* ♦ *vt* (*assure*) gwarantować (zagwarantować *perf*); (*COMM*) dawać (dać *perf*) gwarancję na *+acc*; **he can't guarantee (that) he'll come** nie może zagwarantować, że przyjdzie.
guarantor [gærən'tɔ:*] (*COMM*) *n* gwarant *m*.
guard [gɑ:d] *n* (*one person*) strażnik *m*; (*squad*) straż *f*; (*on machine*) osłona *f*; (*also*: **fireguard**) krata *f* przed kominkiem; (*BRIT: RAIL*) konduktor(ka) *m(f)*; (*BOXING, FENCING*) garda *f* ♦ *vt* strzec *+gen*; **to be on one's guard** mieć się na baczności.
▸**guard against** *vt fus* chronić od *+gen*.
guard dog *n* pies *m* obronny.
guarded ['gɑ:dɪd] *adj* ostrożny.
guardian ['gɑ:dɪən] *n* (*JUR*) opiekun(ka) *m(f)*; (*defender*) stróż *m*, obrońca *m*.
guardian angel *n* anioł *m* stróż *m*.
guard-rail ['gɑ:dreɪl] *n* (*along road*) bariera *f* (ochronna); (*on staircase*) poręcz *f*, balustrada *f*.
guard's van (*BRIT: RAIL*) *n* ≈ wagon *m* służbowy.
Guatemala [gwɑ:tɪ'mɑ:lə] *n* Gwatemala *f*.
Guatemalan [gwɑ:tɪ'mɑ:lən] *adj* gwatemalski.
Guernsey ['gə:nzɪ] *n* wyspa *f* Guernsey.
guerrilla [gə'rɪlə] *n* partyzant(ka) *m(f)*.
guerrilla warfare *n* wojna *f* partyzancka, partyzantka *f*.
guess [gɛs] *vt* (*number, distance etc*) zgadywać (zgadnąć *perf*); (*correct answer*) odgadywać (odgadnąć *perf*) ♦ *vi* domyślać się (domyślić się *perf*) ♦ *n*: **I'll give you three guesses** możesz zgadywać trzy razy; **to take** *or* **have a guess** zgadywać; **my guess is that ...** sądzę *or* przypuszczam, że...; **I guess...** (*esp US*) sądzę *or* przypuszczam, że ...; **I guess so** chyba tak; **I guess you're right** chyba masz rację; **to keep sb guessing** trzymać kogoś w niewiedzy.
guesstimate ['gɛstɪmɪt] (*inf*) *n* szacunkowe określenie *nt* (*zwłaszcza ilości*).
guesswork ['gɛswə:k] *n* domysły *pl*, spekulacje *pl*; **I got the answer by guesswork** (przypadkowo) odgadłem odpowiedź.
guest [gɛst] *n* gość *m*; **be my guest** (*inf*) proszę bardzo, nie krępuj się.
guest-house ['gɛsthaus] *n* pensjonat *m*.
guest room *n* pokój *m* gościnny.
guffaw [gʌ'fɔ:] *vi* śmiać się (roześmiać się *perf*) głośno ♦ *n* głośny śmiech *m*.
guidance ['gaɪdəns] *n* porada *f*; **under the guidance of** pod przewodnictwem *+gen*; **vocational/marriage guidance** poradnictwo zawodowe/małżeńskie.
guide [gaɪd] *n* (*person*) przewodnik (-iczka) *m(f)*; (*book*) przewodnik *m*; (*BRIT: also*: **girl guide**) ≈ harcerka *f* ♦ *vt* (*round city, museum*) oprowadzać (oprowadzić *perf*); (*lead, direct*) prowadzić (poprowadzić *perf*); **to be guided by sth** kierować się czymś.
guidebook ['gaɪdbuk] *n* przewodnik *m*.
guided missile *n* pocisk *m* zdalnie sterowany.
guide dog *n* pies *m* przewodnik *m*.
guidelines ['gaɪdlaɪnz] *npl* wskazówki *pl*.
guild [gɪld] *n* cech *m*.
guildhall ['gɪldhɔ:l] (*BRIT*) *n* siedziba *f* cechu.
guile [gaɪl] *n* przebiegłość *f*.
guileless ['gaɪllɪs] *adj* prostoduszny.
guillotine ['gɪləti:n] *n* (*for execution*) gilotyna *f*; (*for paper*) gilotynka *f*.
guilt [gɪlt] *n* wina *f*.
guilty ['gɪltɪ] *adj* (*to blame*) winny; (*expression*) zmieszany; (*secret, conscience*) nieczysty; **to plead guilty/not guilty** przyznawać się (przyznać się *perf*)/nie przyznawać się (nie przyznać się *perf*) do winy; **to feel guilty about doing sth** czuć się (poczuć się *perf*) winnym z powodu zrobienia czegoś.
Guinea ['gɪnɪ] *n*: **Republic of Guinea** Republika *f* Gwinei.
guinea ['gɪnɪ] (*BRIT: old*) *n* gwinea *f*.
guinea pig *n* świnka *f* morska; (*fig*) królik *m* doświadczalny.

guise [gaɪz] *n*: **in** *or* **under the guise of** pod płaszczykiem *+gen*.
guitar [gɪ'tɑ:*] *n* gitara *f*.
guitarist [gɪ'tɑ:rɪst] *n* gitarzysta (-tka) *m(f)*.
gulch [gʌltʃ] (*US*) *n* parów *m*.
gulf [gʌlf] *n* (*bay*) zatoka *f*; (*abyss, difference*) przepaść *f*; **the (Persian) Gulf** Zatoka Perska.
Gulf States *npl*: **the Gulf States** kraje *pl* Zatoki Perskiej.
Gulf Stream *n*: **the Gulf Stream** Prąd *m* Zatokowy, Golfsztrom *m*.
gull [gʌl] *n* mewa *f*.
gullet ['gʌlɪt] *n* przełyk *m*.
gullibility [gʌlɪ'bɪlɪtɪ] *n* łatwowierność *f*.
gullible ['gʌlɪbl] *adj* łatwowierny.
gully ['gʌlɪ] *n* (*ravine*) wąwóz *m* (*bardzo stromy i wąski*).
gulp [gʌlp] *vt* (*also*: **gulp down**) (w pośpiechu) połykać (połknąć *perf*) ♦ *vi* (*from nerves, excitement*) przełykać (przełknąć *perf*) ślinę; **at** *or* **in one gulp** jednym haustem.
gum [gʌm] *n* (*ANAT*) dziąsło *nt*; (*glue*) klej *m*; (*also*: **gumdrop**) żelatynka *f* (*cukierek*); (*also*: **chewing-gum**) guma *f* (do żucia) ♦ *vt*: **to gum together** sklejać (skleić *perf*).
►**gum up** *vt*: **to gum up the works** (*inf*) powodować (spowodować *perf*) zastój w pracy.
gumboots ['gʌmbu:ts] (*BRIT*) *npl* gumowce *pl*.
gumption ['gʌmpʃən] (*inf*) *n* olej *m* w głowie.
gum tree *n*: **to be up a gum tree** (*fig: inf*) znajdować się (znaleźć się *perf*) w kropce.
gun [gʌn] *n* (*revolver, pistol*) pistolet *m*; (*rifle, airgun*) strzelba *f*; (*cannon*) działo *nt* ♦ *vt* (*also*: **gun down**: *kill*) zastrzelić (*perf*); **they have guns** mają broń; **to stick to one's guns** (*fig*) upierać się przy swoim.
gunboat ['gʌnbəut] *n* kanonierka *f*.
gun dog *n* pies *m* myśliwski.
gunfire ['gʌnfaɪə*] *n* ogień *m* armatni *or* z broni palnej.
gung-ho ['gʌŋhəu] (*inf*) *adj* nadgorliwy, napalony (*inf*).
gunk [gʌŋk] (*inf*) *n* maź *f*.
gunman ['gʌnmən] (*irreg like*: **man**) *n* uzbrojony bandyta *m*.
gunner ['gʌnə*] *n* artylerzysta *m*.
gunpoint ['gʌnpɔɪnt] *n*: **to hold sb at gunpoint** trzymać kogoś na muszce.
gunpowder ['gʌnpaudə*] *n* proch *m* (strzelniczy).
gunrunner ['gʌnrʌnə*] *n* przemytnik *m* broni.
gunrunning ['gʌnrʌnɪŋ] *n* przemyt *m* broni.
gunshot ['gʌnʃɔt] *n* wystrzał *m*.
gunsmith ['gʌnsmɪθ] *n* rusznikarz *m*.
gurgle ['gə:gl] *vi* (*baby*) gaworzyć; (*water*) bulgotać (zabulgotać *perf*).
guru ['guru:] *n* guru *m inv*.
gush [gʌʃ] *vi* tryskać (trysnąć *perf*) ♦ *n* (*of water etc*) wytrysk *m*; **to gush over** rozpływać się nad *+instr*.
gusset ['gʌsɪt] *n* (*SEWING*) klin *m*, wstawka *f*.
gust [gʌst] *n* podmuch *m*, powiew *m*.
gusto ['gʌstəu] *n*: **with gusto** z zapałem *or* upodobaniem.
gut [gʌt] *n* (*ANAT*) jelito *nt*; (*also*: **catgut**: *MUS*) struna *f*; (: *TENNIS*) naciąg *m* ♦ *vt* (*poultry, fish*) patroszyć (wypatroszyć *perf*); **guts** *npl* (*ANAT*) wnętrzności *pl*, trzewia *pl*; (*fig: inf*) odwaga *f*; **to hate sb's guts** serdecznie kogoś nienawidzić; **the whole house was gutted by fire** ogień strawił cały dom.
gut reaction *n* instynktowna reakcja *f*.
gutted ['gʌtɪd] (*inf*) *adj*: **I was gutted** byłem załamany.
gutter ['gʌtə*] *n* (*in street*) rynsztok *m*; (*of roof*) rynna *f*.
guttural ['gʌtərl] *adj* gardłowy.
guy [gaɪ] *n* (*inf: man*) gość *m* (*inf*), facet *m* (*inf*); (*also*: **guyrope**) naciąg *m* (namiotu); (*also*: **Guy Fawkes**) *kukła Guya Fawkesa, palona 5. listopada na pamiątkę nieudanej próby podpalenia Parlamentu.*
Guyana [gaɪ'ænə] *n* Gujana *f*.
guzzle ['gʌzl] *vt* (*drink*) żłopać (wyżłopać *perf*) (*inf*); (*food*) żreć (zeżreć *perf*) (*inf*).
gym [dʒɪm] *n* (*also*: **gymnasium**) sala *f* gimnastyczna; (*also*: **gymnastics**) gimnastyka *f*.
gymkhana [dʒɪm'kɑ:nə] *n* zawody *pl* hipiczne.
gymnasium [dʒɪm'neɪzɪəm] *n* sala *f* gimnastyczna.
gymnast ['dʒɪmnæst] *n* gimnastyk (-yczka) *m(f)*.
gymnastics [dʒɪm'næstɪks] *n* gimnastyka *f*.
gym shoes *npl* tenisówki *pl*.
gym slip (*BRIT*) *n* mundurek *m* szkolny (*dziewczęcy, bez rękawów*).
gynaecologist [gaɪnɪ'kɔlədʒɪst] (*US* **gynecologist**) *n* ginekolog *m*.
gynaecology [gaɪnə'kɔlədʒɪ] (*US* **gynecology**) *n* ginekologia *f*.
gypsy ['dʒɪpsɪ] *n* = **gipsy**.
gyrate [dʒaɪ'reɪt] *vi* wirować.
gyroscope ['dʒaɪərəskəup] *n* żyroskop *m*.

H,h

H, h [eɪtʃ] *n* (*letter*) H *nt*, h *nt*; **H for Harry,** (*US*) **H for How** ≈ H jak Henryk.
habeas corpus ['heɪbɪəs'kɔ:pəs] *n ustawa zabraniająca aresztowania obywatela bez zgody sądu.*
haberdashery [hæbə'dæʃərɪ] (*BRIT*) *n* pasmanteria *f*.
habit ['hæbɪt] *n* (*custom*) zwyczaj *m*; (*addiction*) nałóg *m*; (*REL*) habit *m*; **a marijuana/cocaine**

habit uzależnienie od marihuany/kokainy; **to get into the habit of doing sth** przyzwyczajać się (przyzwyczaić się *perf*) do robienia czegoś; **to get out of the habit of doing sth** odzwyczajać się (odzwyczaić się *perf*) od robienia czegoś; **to be in the habit of doing sth** mieć w zwyczaju robić coś.
habitable ['hæbɪtəbl] *adj* nadający się do zamieszkania.
habitat ['hæbɪtæt] *n* (naturalne) środowisko *nt*.
habitation [hæbɪ'teɪʃən] *n* domostwo *nt*; **fit for human habitation** nadający się do zamieszkania przez ludzi.
habitual [hə'bɪtjuəl] *adj* (*action*) charakterystyczny; (*drinker, smoker*) nałogowy; (*liar, criminal*) notoryczny.
habitually [hə'bɪtjuəlɪ] *adv* stale, notorycznie.
hack [hæk] *vt* rąbać (porąbać *perf*) ♦ *n* (*pej*: *writer*) pismak *m* (*pej*); (*horse*) wynajmowany koń *m* ♦ *vi* przesiadywać przy komputerze.
▸**hack into** *vt fus* (*COMPUT*) włamywać się (włamać się *perf*) do *+gen*.
hacker ['hækə*] (*COMPUT*) *n* maniak *m* komputerowy, haker *m* (*pej*).
hackles ['hæklz] *npl*: **to make sb's hackles rise** (*fig*) doprowadzać (doprowadzić *perf*) kogoś do szału.
hackney cab ['hæknɪ-] *n* taksówka *f* (*zwłaszcza tradycyjna londyńska*).
hackneyed ['hæknɪd] *adj* (*phrase*) wyświechtany, wytarty.
had [hæd] *pt, pp of* **have**.
haddock ['hædək] (*pl* **haddock** *or* **haddocks**) *n* łupacz *m*.
hadn't ['hædnt] = **had not**.
haematology ['hi:mə'tɔlədʒɪ] (*US* **hematology**) *n* hematologia *f*.
haemoglobin ['hi:mə'gləubɪn] (*US* **hemoglobin**) *n* hemoglobina *f*.
haemophilia ['hi:mə'fɪlɪə] (*US* **hemophilia**) *n* hemofilia *f*.
haemorrhage ['hɛmərɪdʒ] (*US* **hemorrhage**) *n* krwotok *m*.
haemorroids ['hɛmərɔɪdz] (*US* **hemorrhoids**) *npl* hemoroidy *pl*.
hag [hæg] *n* wiedźma *f*.
haggard ['hægəd] *adj* zabiedzony, wymizerowany.
haggis ['hægɪs] (*SCOTTISH*) *n podobna do kaszanki potrawa z podróbek baranich, łoju i owsa.*
haggle ['hægl] *vi* targować się; **to haggle over** targować się o *+acc*.
haggling ['hæglɪŋ] *n* targowanie się *nt*.
Hague [heɪg] *n*: **The Hague** Haga *f*.
hail [heɪl] *n* grad *m* ♦ *vt* (*call*) przywoływać (przywołać *perf*); (*acclaim*): **to hail sb/sth as** okrzykiwać (okrzyknąć *perf*) *or* obwoływać (obwołać *perf*) kogoś/coś *+instr* ♦ *vi*: **it hailed** padał grad; **he hails from Scotland** on pochodzi ze Szkocji.
hailstone ['heɪlstəun] *n* kulka *f* gradu.
hailstorm ['heɪlstɔ:m] *n* burza *f* gradowa, gradobicie *nt*.
hair [hɛə*] *n* (*of person*) włosy *pl*; (*of animal*) sierść *f*; (*single hair*) włos *m*, włosek *m*; **to do one's hair** układać (ułożyć *perf*) sobie włosy; **by a hair's breadth** (*fig*) (dosłownie) o włos.
hairbrush ['hɛəbrʌʃ] *n* szczotka *f* do włosów.
haircut ['hɛəkʌt] *n* (*action*) strzyżenie *nt*, obcięcie *nt* włosów; (*style*) fryzura *f*; **to have/get a haircut** dać (*perf*) sobie obciąć *or* ostrzyc włosy.
hairdo ['hɛədu:] *n* fryzura *f*, uczesanie *nt*.
hairdresser ['hɛədrɛsə*] *n* fryzjer(ka) *m(f)*.
hairdresser's ['hɛədrɛsəz] *n* zakład *m* fryzjerski, fryzjer *m*.
hair dryer *n* suszarka *f* do włosów.
-haired [hɛəd] *suff*: **fair-/long-haired** jasno-/długowłosy, o jasnych/długich włosach *post*.
hairgrip ['hɛəgrɪp] *n* klamra *f* do włosów.
hairline ['hɛəlaɪn] *n* linia *f or* granica *f* włosów (*z przodu*); **his hairline was receding** robiły mu się zakola.
hairline fracture *n* włoskowate pęknięcie *nt*.
hairnet ['hɛənɛt] *n* siatka *f* na włosy.
hair oil *n* brylantyna *f*.
hairpiece ['hɛəpi:s] *n* peruka *f*.
hairpin ['hɛəpɪn] *n* wsuwka *f or* spinka *f* do włosów.
hairpin bend (*US* **hairpin curve**) *n* zakręt *m* o 180 stopni.
hair-raising ['hɛəreɪzɪŋ] *adj* jeżący włos na głowie.
hair remover *n* depilator *m*.
hair slide *n* klamra *f* do włosów.
hair spray *n* lakier *m* do włosów.
hairstyle ['hɛəstaɪl] *n* fryzura *f*, uczesanie *nt*.
hairy ['hɛərɪ] *adj* (*person, arms*) owłosiony; (*animal*) włochaty, kosmaty; (*inf*: *situation*) gorący (*inf*).
Haiti ['heɪtɪ] *n* Haiti *nt inv*.
hake [heɪk] (*pl* **hake** *or* **hakes**) *n* morszczuk *m*.
halcyon ['hælsɪən] *adj* błogi.
hale [heɪl] *adj*: **hale and hearty** krzepki.
half [hɑ:f] (*pl* **halves**) *n* (*of amount, object*) połowa *f*; (*TRAVEL*) połówka *f* (*inf*) ♦ *adj*: **half bottle** pół *nt inv* butelki; **half pay** połowa zapłaty ♦ *adv* do połowy, w połowie; **first/second half** (*SPORT*) pierwsza/druga połowa; **a half of beer** pół kufla piwa; **two and a half** dwa i pół; **half-an-hour** pół godziny; **half a dozen** sześć, pół tuzina (*fml*); **a week and a half** półtora tygodnia; **half (of it)** połowa (z tego); **half (of)** połowa (*+gen*); **half as much** o połowę mniej; **to cut sth in half** przecinać (przeciąć *perf*) coś na pół; **half past three** (w)pół do czwartej; **half empty** w połowie

opróżniony; **half closed** (w)półprzymknięty; **to go halves (with sb)** dzielić się (podzielić się *perf*) (z kimś) po połowie; **she never does things by halves** (ona) nigdy niczego nie robi połowicznie; **he's too clever by half** jest o wiele za sprytny.

half-baked ['hɑ:f'beɪkt] *adj* nie w pełni przemyślany, niedopracowany.

half board *n* zakwaterowanie *nt* ze śniadaniem i kolacją.

half-breed ['hɑ:fbri:d] *n* = **halfcaste**.

half-brother ['hɑ:fbrʌðə*] *n* brat *m* przyrodni.

half-caste ['hɑ:fkɑ:st] (*pej*) *n* mieszaniec *m*.

half day *n* dzień *m* pracy skrócony o połowę.

half-hearted ['hɑ:f'hɑ:tɪd] *adj* wymuszony, bez przekonania *or* entuzjazmu *post*.

half-hour [hɑ:f'auə*] *n* pół *nt inv* godziny.

half-life ['hɑ:flaɪf] *n* (*TECH*) okres *m* połowicznego rozpadu.

half-mast ['hɑ:f'mɑ:st] *adv*: **to fly at half-mast** być opuszczonym do połowy masztu.

halfpenny ['heɪpnɪ] (*BRIT*) *n dawna moneta półpensowa*.

half-price ['hɑ:f'praɪs] *adj* o połowę tańszy ♦ *adv* za pół ceny.

half-sister ['hɑ:fsɪstə*] *n* siostra *f* przyrodnia.

half term (*BRIT*) *n krótkie ferie w połowie semestru*.

half-timbered *adj*: **half-timbered building** budynek *m* z muru pruskiego.

half-time [hɑ:f'taɪm] (*SPORT*) *n* przerwa *f* (*po pierwszej połowie meczu*).

halfway ['hɑ:f'weɪ] *adv* (*in space*) w połowie drogi; (*in time*) w połowie; **to meet sb halfway** (*fig*) wychodzić (wyjść *perf*) komuś naprzeciw.

half-yearly [hɑ:f'jɪəlɪ] *adj* półroczny.

halibut ['hælɪbət] *n inv* halibut *m*.

halitosis [hælɪ'təusɪs] *n* cuchnący oddech *m*.

hall [hɔ:l] *n* (*of flat*) przedpokój *m*; (*of building*) hall *m*, hol *m*; (*town/city hall*) ratusz *m*; (*mansion*) dwór *m*; (*for concerts*) sala *f*; (*for meetings*) aula *f*, sala *f*; **to live in hall** (*BRIT*) ≈ mieszkać w akademiku.

hallmark ['hɔ:lmɑ:k] *n* (*on metal*) próba *f*, znak *m* stempla probierczego (*fml*); (*of writer, artist*) cecha *f* charakterystyczna.

hallo [hə'ləu] *excl* = **hello**.

hall of residence (*BRIT*: *pl* **halls of residence**) *n* ≈ dom *m* studencki; ≈ akademik *m* (*inf*).

hallowed ['hæləud] *adj* (*REL*: *ground*) święty; (*fig*: *old building etc*) otaczany (wielkim) szacunkiem.

Hallowe'en ['hæləu'i:n] *n* wigilia *f* Wszystkich Świętych.

hallucination [həlu:sɪ'neɪʃən] *n* halucynacja *f*.

hallway ['hɔ:lweɪ] *n* hall *m*, hol *m*.

halo ['heɪləu] *n* aureola *f*.

halt [hɔ:lt] *n*: **to come to a halt** zatrzymać się (*perf*) ♦ *vt* powstrzymać (*perf*), zatrzymać (*perf*) ♦ *vi* przystanąć (*perf*), zatrzymać się (*perf*); **to call a halt to sth** zarzucić (*perf*) coś, zaniechać (*perf*) czegoś.

halter ['hɔ:ltə*] *n* uździenica *f*.

halterneck ['hɔ:ltənɛk] *adj*: **halterneck dress** suknia *f* bez ramion i pleców.

halve [hɑ:v] *vt* (*reduce*) zmniejszać (zmniejszyć *perf*) o połowę; (*divide*) dzielić (podzielić *perf*) na pół, przepoławiać (przepołowić *perf*).

halves [hɑ:vz] *pl of* **half**.

ham [hæm] *n* (*meat*) szynka *f*; (*inf*: *also*: **radio ham**) radioamator(ka) *m(f)*; (: *actor*) szmirus(ka) *m(f)* (*inf*) ♦ *vt*: **to ham it up** zgrywać się (*o aktorze*).

Hamburg ['hæmbə:g] *n* Hamburg *m*.

hamburger ['hæmbə:gə*] *n* hamburger *m*.

ham-fisted ['hæm'fɪstɪd] (*US* **ham-handed**) *adj* niezręczny.

hamlet ['hæmlɪt] *n* wioska *f*, sioło *nt* (*old*).

hammer ['hæmə*] *n* młot *m*; (*small*) młotek *m* ♦ *vt* (*nail*) wbijać (wbić *perf*); (*fig*: *criticize*) gromić (zgromić *perf*) ♦ *vi* walić; **to hammer sth into sb** wbijać (wbić *perf*) coś komuś do głowy.

▸**hammer out** *vt* (*dent etc*) wyklepywać (wyklepać *perf*); (*fig*: *agreement etc*) dopracować się (*perf*) *+gen*, wynegocjować (*perf*).

hammock ['hæmək] *n* hamak *m*.

hamper ['hæmpə*] *vt* (*person*) przeszkadzać *+dat*; (*movement, effort*) utrudniać ♦ *n* kosz(yk) *m* (z przykrywką).

hamster ['hæmstə*] *n* chomik *m*.

hamstring ['hæmstrɪŋ] *n* (*ANAT*) ścięgno *nt* podkolanowe ♦ *vt* (*fig*) paraliżować (sparaliżować *perf*).

hand [hænd] *n* (*ANAT*) ręka *f*; (*of clock*) wskazówka *f*; (*handwriting*) pismo *nt*, charakter *m* pisma; (*worker*) robotnik (-ica) *m(f)*; (*deal of cards*) rozdanie *nt*; (*cards held in hand*) karty *pl*; (*of horse*) *jednostka pomiaru wysokości konia w kłębie* ♦ *vt* podawać (podać *perf*); **to give** *or* **lend sb a hand** pomóc (*perf*) komuś; **at hand** pod ręką; **by hand** ręcznie; **time in hand** czas do dyspozycji; **the job in hand** praca do wykonania *or* zrobienia; **we have the matter in hand** panujemy nad sytuacją; **to be on hand** być *or* pozostawać do dyspozycji; **out of hand** z miejsca; **to have sth to hand** mieć coś pod ręką *or* na podorędziu; **on the one hand ..., on the other hand ...** z jednej strony ..., z drugiej strony ...; **to force sb's hand** zmuszać (zmusić *perf*) kogoś do ujawnienia zamiarów; **to give sb a free hand** dawać (dać *perf*) komuś wolną rękę; **to change hands** zmieniać (zmienić *perf*) właściciela; **hands-on experience** doświadczenie praktyczne; **"hands off!"** „ręce przy sobie!".

▸**hand down** *vt* przekazywać (przekazać *perf*).

▸**hand in** *vt* (*essay, work*) oddawać (oddać *perf*).

▸**hand out** *vt* (*things*) wydawać (wydać *perf*),

rozdawać (rozdać *perf*); (*information*) udzielać (udzielić *perf*) +*gen*; (*punishment*) wymierzać (wymierzyć *perf*).
▸**hand over** *vt* przekazywać (przekazać *perf*).
▸**hand round** *vt* (*distribute*) rozdawać (rozdać *perf*); (*cakes etc*) częstować (poczęstować *perf*) wszystkich +*instr*.
handbag ['hændbæg] *n* torebka *f* (damska).
handball ['hændbɔ:l] *n* piłka *f* ręczna.
handbasin ['hændbeɪsn] *n* umywalka *f*.
handbook ['hændbuk] *n* (*for school*) podręcznik *m*; (*of practical advice*) poradnik *m*.
handbrake ['hændbreɪk] *n* ręczny hamulec *m*.
h & c (*BRIT*) *abbr* (= *hot and cold (water)*) gorąca i zimna woda *f*.
hand cream *n* krem *m* do rąk.
handcuff ['hændkʌf] *vt* zakładać (założyć *perf*) kajdanki +*dat*.
handcuffs ['hændkʌfs] *npl* kajdanki *pl*.
handful ['hændful] *n* (*of soil, stones*) garść *f*; (*of people*) garstka *f*.
handicap ['hændɪkæp] *n* (*disability*) ułomność *f*, upośledzenie *nt*; (*disadvantage*) przeszkoda *f*, utrudnienie *nt*; (*horse racing, golf*) handicap *m*, wyrównanie *nt* ♦ *vt* utrudniać (utrudnić *perf*); **mentally/physically handicapped** umysłowo/fizycznie niepełnosprawny; **people with handicaps, handicapped people** (ludzie) niepełnosprawni.
handicraft ['hændɪkrɑ:ft] *n* (*activity*) rękodzielnictwo *nt*, rękodzieło *nt*; (*object*) wyrób *m* rękodzielniczy, rękodzieło *nt*.
handiwork ['hændɪwə:k] *n* własne *or* własnoręczne dzieło *nt*.
handkerchief ['hæŋkətʃɪf] *n* chusteczka *f* (do nosa).
handle ['hændl] *n* rączka *f*; (*of door*) klamka *f*; (*of drawer*) uchwyt *m*; (*of cup, mug*) ucho *nt*; (*CB RADIO*: *name*) ksywa *f* ♦ *vt* (*touch*) dotykać (dotknąć *perf*) +*gen*; (*deal with*) obchodzić się (obejść się *perf*) z +*instr*; (: *successfully*) radzić (poradzić *perf*) sobie z +*instr*; **"handle with care"** „ostrożnie"; **to fly off the handle** tracić (stracić *perf*) panowanie nad sobą; **I couldn't get a handle on it** (*inf*) nie wiedziałem, z której strony się do tego zabrać (*inf*).
handlebar(s) ['hændlbɑ:(z)] *n(pl)* kierownica *f* (roweru).
handling charges *npl* opłaty *pl* manipulacyjne.
hand luggage *n* bagaż *m* ręczny.
handmade ['hænd'meɪd] *adj* robiony ręcznie; **it's handmade** to ręczna robota.
handout ['hændaut] *n* (*money, food etc*) jałmużna *f*; (*publicity leaflet*) ulotka *f* reklamowa; (*at lecture, meeting*) konspekt *m*.
hand-picked ['hænd'pɪkt] *adj* (*fruit*) ręcznie zbierany; (*staff*) starannie wyselekcjonowany.
handrail ['hændreɪl] *n* (*on stair, ledge*) poręcz *f*.
handshake ['hændʃeɪk] *n* uścisk *m* dłoni.
handsome ['hænsəm] *adj* (*person*) przystojny; (*building, garden*) ładny; (*fig*: *profit*) pokaźny.
handstand ['hændstænd] *n*: **to do a handstand** stawać (stanąć *perf*) na rękach.
hand-to-mouth ['hændtə'mauθ] *adj* (*existence*) nędzny ♦ *adv* (*live*) z dnia na dzień.
handwriting ['hændraɪtɪŋ] *n* charakter *m* pisma, pismo *nt*.
handwritten ['hændrɪtn] *adj* napisany ręcznie.
handy ['hændɪ] *adj* (*useful*) przydatny; (*easy to use*) poręczny; (*skilful*) zręczny; (*close at hand*) pod ręką *post*; **to come in handy** przydawać się (przydać się *perf*).
handyman ['hændɪmæn] (*irreg like*: **man**) *n* majster *m* do wszystkiego, złota rączka *f*.
hang [hæŋ] (*pt, pp* **hung**) *vt* (*painting*) zawieszać (zawiesić *perf*); (*head*) zwieszać (zwiesić *perf*); (*criminal*) (*pt, pp* **hanged**) wieszać (powiesić *perf*) ♦ *vi* (*painting, coat*) wisieć; (*drapery*) zwisać; (*hair*) opadać; **once you have got the hang of it, ...** (*inf*) jak już raz chwycisz, o co chodzi, ... (*inf*).
▸**hang about** *vi* pałętać się (*inf*).
▸**hang around** *vi* = **hang about**.
▸**hang back** *vi* (*hesitate*) ociągać się.
▸**hang on** *vi* poczekać (*perf*) ♦ *vt fus* (*depend on*) zależeć od +*gen*.
▸**hang onto** *vt fus* (*grasp*) kurczowo ściskać +*acc* (w ręce); (*keep*) przechowywać +*acc*.
▸**hang out** *vt* (*washing*) rozwieszać (rozwiesić *perf*) ♦ *vi*: **the sheets are hanging out to dry** prześcieradła się suszą; (*inf*): **where do they usually hang out?** gdzie zwykle spędzają czas?
▸**hang together** *vi* trzymać się kupy (*inf*).
▸**hang up** *vi*: **to hang up (on sb)** odkładać (odłożyć *perf*) słuchawkę ♦ *vt* (*coat*) wieszać (powiesić *perf*); (*painting*) zawieszać (zawiesić *perf*).
hangar ['hæŋə*] *n* hangar *m*.
hangdog ['hæŋdɔg] *adj* (*look, expression*) winny.
hanger ['hæŋə*] *n* (*also*: **coat hanger**) wieszak *m*.
hanger-on [hæŋər'ɔn] (*pl* **hangers-on**) *n* pieczeniarz *m*.
hang-gliding ['hæŋglaɪdɪŋ] *n* lotniarstwo *nt*.
hanging ['hæŋɪŋ] *n* (*execution*) powieszenie *nt*; (*for wall*) draperia *f*.
hangman ['hæŋmən] (*irreg like*: **man**) *n* kat *m*.
hangover ['hæŋəuvə*] *n* (*after drinking*) kac *m*; (*from past*) przeżytek *m*.
hang-up ['hæŋʌp] *n* zahamowanie *nt*.
hank [hæŋk] *n* motek *m*.
hanker ['hæŋkə*] *vi*: **to hanker after** wzdychać do +*gen*.
hankie ['hæŋkɪ] *n abbr* = **handkerchief**.
hanky ['hæŋkɪ] *n abbr* = **hankie**.
Hants [hænts] (*BRIT*: *POST*) *abbr* (= *Hampshire*).
haphazard [hæp'hæzəd] *adj* przypadkowy, niesystematyczny; **in a haphazard way** na chybił trafił.

hapless ['hæplɪs] *adj* nieszczęsny.
happen ['hæpən] *vi* zdarzać się (zdarzyć się *perf*), wydarzać się (wydarzyć się *perf*); **if you happen to see Jane, ...** gdybyś przypadkiem zobaczył Jane, ...; **as it happens, ...** tak się (akurat) składa, że ...; **what's happening?** co się dzieje?; **what happened?** co się stało?; **she happened to be free** akurat była wolna; **if anything happened to him ...** gdyby coś mu się stało, ...
►**happen (up)on** *vt fus* natrafić *(perf) or* natknąć się *(perf)* na *+acc.*
happening ['hæpnɪŋ] *n* wydarzenie *nt.*
happily ['hæpɪlɪ] *adv* (*luckily*) na szczęście, szczęśliwie; (*cheerfully*) wesoło.
happiness ['hæpɪnɪs] *n* szczęście *nt.*
happy ['hæpɪ] *adj* szczęśliwy; **to be happy with** być zadowolonym z *+gen*; **we'll be happy to help you** chętnie *or* z przyjemnością ci pomożemy; **happy birthday!** wszystkiego najlepszego w dniu urodzin!
happy-go-lucky ['hæpɪgəu'lʌkɪ] *adj* niefrasobliwy.
harangue [hə'ræŋ] *vt* prawić kazanie *+dat.*
harass ['hærəs] *vt* nękać.
harassed ['hærəst] *adj* znękany.
harassment ['hærəsmənt] *n* nękanie *nt*; **sexual harassment** napastowanie (seksualne).
harbour ['hɑ:bə*] (*US* **harbor**) *n* port *m* ♦ *vt* (*hope, fear*) żywić; (*criminal, fugitive*) dawać (dać *perf*) schronienie *+dat*; **to harbour a grudge against sb** żywić do kogoś urazę.
harbo(u)r dues *npl* opłaty *pl* portowe.
harbo(u)r master *n* komendant *m* portu.
hard [hɑ:d] *adj* (*object, surface, drugs*) twardy; (*question, problem*) trudny; (*work, life*) ciężki; (*person*) surowy; (*evidence*) niepodważalny, niezbity; (*drink*) mocny ♦ *adv* (*work*) ciężko; (*think*) intensywnie; (*try*) mocno; **to look hard at** poważnie przyglądać się (przyjrzeć się *perf*) *+dat*; **hard luck!** a to pech!; **no hard feelings!** bez urazy!; **to be hard of hearing** mieć słaby słuch; **to feel hard done by** czuć się oszukanym; **I find it hard to believe that ...** trudno mi uwierzyć, że ... .
hard-and-fast ['hɑ:dən'fɑ:st] *adj* (*rule*) żelazny; (*information*) pewny.
hardback ['hɑ:dbæk] *n* książka *f* w twardej *or* sztywnej oprawie.
hardboard ['hɑ:dbɔ:d] *n* płyta *f* pilśniowa twarda.
hard-boiled egg ['hɑ:d'bɔɪld-] *n* jajko *nt* na twardo.
hard cash *n* gotówka *f.*
hard copy (*COMPUT*) *n* wydruk *m.*
hard core *n* (*of group*) trzon *m.*
hard-core ['hɑ:d'kɔ:*] *adj* (*pornography*) twardy (*inf*); (*supporters*) najzagorzalszy.
hard court *n* twardy kort *m.*
hard disk *n* dysk *m* twardy *or* stały.
harden ['hɑ:dn] *vt* (*wax, glue*) utwardzać (utwardzić *perf*); (*person*) hartować (zahartować *perf*) ♦ *vi* (*wax, glue*) twardnieć (stwardnieć *perf*).
hardened ['hɑ:dnd] *adj* (*criminal*) zatwardziały; **to get** *or* **become hardened to sth** uodparniać się (uodpornić się *perf*) na coś.
hardening ['hɑ:dnɪŋ] *n* (*of attitude*) usztywnienie *nt*; (*of opposition*) nasilenie *nt.*
hard graft *n*: **by sheer hard graft** tylko dzięki wytężonej pracy.
hard-headed ['hɑ:d'hɛdɪd] *adj* wyrachowany.
hard-hearted ['hɑ:d'hɑ:tɪd] *adj* bezwzględny.
hard labour *n* ciężkie roboty *pl.*
hardliner [hɑ:d'laɪnə*] (*POL*) *n* dogmatyk *m.*
hardly ['hɑ:dlɪ] *adv* ledwie, ledwo; **hardly anywhere/ever** prawie nigdzie/nigdy; **hardly anyone knows that ...** mało kto wie, że ...; **it's hardly likely** to mało prawdopodobne; **I can hardly believe it** ledwie mogę w to uwierzyć.
hard sell *n* nachalna reklama *f.*
hardship ['hɑ:dʃɪp] *n* trudności *pl.*
hard shoulder (*BRIT*: *AUT*) *n* pobocze *nt* (drogi).
hard up (*inf*) *adj* spłukany (*inf*).
hardware ['hɑ:dwɛə*] *n* (*ironmongery*) towary *pl* żelazne; (*COMPUT*) hardware *m*; (*MIL*) ciężkie uzbrojenie *nt.*
hardware shop *n* sklep *m* żelazny.
hard-wearing [hɑ:d'wɛərɪŋ] *adj* (*shoes etc*) mocny, nie do zdarcia *post.*
hard-working [hɑ:d'wə:kɪŋ] *adj* pracowity.
hardy ['hɑ:dɪ] *adj* odporny.
hare [hɛə*] *n* zając *m.*
hare-brained ['hɛəbreɪnd] *adj* (*person*) postrzelony; (*scheme, idea*) niedorzeczny.
harelip ['hɛəlɪp] *n* zajęcza warga *f.*
harem [hɑ:'ri:m] *n* harem *m.*
hark back [hɑ:k-] *vt fus*: **to hark back to** nawiązywać (nawiązać *perf*) do *+gen.*
harm [hɑ:m] *n* (*physical*) uszkodzenie *nt* ciała; (*damage*) szkoda *f*; (: *to person*) krzywda *f* ♦ *vt* (*person*) krzywdzić (skrzywdzić *perf*); (*object*) uszkadzać (uszkodzić *perf*); **to mean no harm** nie mieć złych zamiarów; **out of harm's way** w bezpiecznym miejscu; **there's no harm in trying** nie zaszkodzi spróbować.
harmful ['hɑ:mful] *adj* szkodliwy.
harmless [hɑ:mlɪs] *adj* (*person, animal*) nieszkodliwy; (*joke, pleasure*) niewinny.
harmonic [hɑ:'mɔnɪk] *adj* harmoniczny.
harmonica [hɑ:'mɔnɪkə] *n* harmonijka *f* (ustna), organki *pl.*
harmonics [hɑ:'mɔnɪks] *npl* harmonika *f.*
harmonious [hɑ:'məunɪəs] *adj* harmonijny.
harmonium [hɑ:'məunɪəm] *n* fisharmonia *f.*
harmonize ['hɑ:mənaɪz] (*also spelled* **harmonise**) *vi* (*MUS*) harmonizować; **to harmonize (with)** harmonizować (z *+instr*).
harmony ['hɑ:mənɪ] *n* (*accord*) zgoda *f*; (*MUS*) harmonia *f*; **in harmony** (*live*) w zgodzie; (*work*) zgodnie; (*sing*) na głosy.

harness ['hɑ:nɪs] *n* (*for horse*) uprząż *f*; (*for child*) szelki *pl*; (*also*: **safety harness**) pas *m* bezpieczeństwa (*np. do pracy na wysokości*) ♦ *vt* (*resources, energy*) wykorzystywać (wykorzystać *perf*); (*horse, dog*) zaprzęgać (zaprząc *perf*).

harp [hɑ:p] *n* harfa *f* ♦ *vi*: **to harp on (about)** (*pej*) nudzić (o *+loc*) (*pej, inf*).

harpist ['hɑ:pɪst] *n* harfista (-tka) *m(f)*.

harpoon [hɑ:'pu:n] *n* harpun *m*.

harpsichord ['hɑ:psɪkɔ:d] *n* klawesyn *m*.

harried ['hærɪd] *adj* udręczony.

harrow ['hærəu] *n* brona *f*.

harrowing ['hærəuɪŋ] *adj* wstrząsający.

harry ['hærɪ] *vt* zadręczać.

harsh [hɑ:ʃ] *adj* (*judge, criticism, winter*) surowy; (*sound, light, colour*) ostry.

harshly ['hɑ:ʃlɪ] *adv* surowo.

harshness ['hɑ:ʃnɪs] *n* (*of judge, criticism, winter*) surowość *f*; (*of sound, light, colour*) ostrość *f*.

harvest ['hɑ:vɪst] *n* (*harvest time*) żniwa *pl*; (*crops*) zbiory *pl* ♦ *vt* zbierać (zebrać *perf*).

harvester ['hɑ:vɪstə*] *n* (*also*: **combine harvester**) kombajn *m* (żniwny).

has [hæz] *vb see* **have**.

has-been ['hæzbi:n] (*inf*) *n*: **he's/she's a has-been** jego/jej czas (już) minął.

hash [hæʃ] *n* (*fig*): **to make a hash of sth** zawalić *(perf)* coś (*inf*); (*CULIN*) *potrawa z siekanego mięsa zasmażanego z cebulą, ziemniakami itp* ♦ *n abbr* (*inf*) = **hashish**.

hashish ['hæʃɪʃ] *n* haszysz *m*.

hasn't ['hæznt] = **has not**.

hassle ['hæsl] (*inf*) *n* (*bother*) kłopot *m*, zawracanie *nt* głowy (*inf*) ♦ *vt* dokuczać *+dat*.

haste [heɪst] *n* pośpiech *m*; **in haste** w pośpiechu; **to make haste (to)** śpieszyć się (pośpieszyć się *perf*) (, żeby *+infin*).

hasten ['heɪsn] *vt* przyśpieszać (przyśpieszyć *perf*) ♦ *vi*: **I hasten to add** od razu dodam, śpieszę dodać (*literary*); **he hastened to increase the prize** pośpiesznie zwiększył wysokość nagrody; **she hastened back to the house** pośpieszyła z powrotem do domu.

hastily ['heɪstɪlɪ] *adv* (*hurriedly*) pośpiesznie; (*rashly*) pochopnie.

hasty ['heɪstɪ] *adj* pośpieszny; (*rash*) pochopny.

hat [hæt] *n* kapelusz *m*; **to keep sth under one's hat** zachowywać (zachować *perf*) coś dla siebie.

hatbox ['hætbɔks] *n* pudło *nt* na kapelusze.

hatch [hætʃ] *n* (*NAUT*) luk *m*, właz *m*; (*also*: **service hatch**) okienko *nt* ♦ *vi* wylęgać się (wylęgnąć się *perf*), wykluwać się (wykluć się *perf*) ♦ *vt* (*plot etc*) knuć (uknuć *perf*); **after ten days, the eggs hatch** po dziesięciu dniach (z jaj) wykluwają się pisklęta; **we've hatched fourteen birds in the incubator** wyhodowaliśmy w inkubatorze czternaście piskląt.

hatchback ['hætʃbæk] *n* (*AUT*) hatchback *m*.

hatchet ['hætʃɪt] *n* topór *m*; **to bury the hatchet** (*fig*) zakopywać (zakopać *perf*) topór wojenny.

hate [heɪt] *vt* nienawidzić (znienawidzić *perf*) ♦ *n* nienawiść *f*; **to hate to do/doing sth** bardzo niechętnie coś (z)robić; **I hate to trouble you, but ...** przepraszam, że cię niepokoję, ale ... .

hateful ['heɪtful] *adj* (*person*) pełen nienawiści; (*week etc*) okropny.

hatred ['heɪtrɪd] *n* nienawiść *f*.

hat trick (*SPORT*) *n trzy punkty (np. bramki) zdobyte w meczu przez jednego zawodnika.*

haughty ['hɔ:tɪ] *adj* wyniosły.

haul [hɔ:l] *vt* (*pull*) ciągnąć, wyciągać (wyciągnąć *perf*); (*by lorry*) przewozić (przewieźć *perf*); (*NAUT*) holować ♦ *n* (*stolen goods etc*) łup *m*, zdobycz *f*; (*of fish*) połów *m*; **he hauled himself out of the pool** wygramolił się z basenu.

haulage ['hɔ:lɪdʒ] *n* przewóz *m*.

haulage contractor (*BRIT*) *n* przedsiębiorca *m* przewozowy, przewoźnik *m*.

hauler ['hɔ:lə*] (*US*) *n* = **haulier**.

haulier ['hɔ:lɪə*] (*BRIT*) *n* przewoźnik *m*.

haunch [hɔ:ntʃ] *n* (*ANAT*) pośladek *m* (*razem z biodrem i górną częścią uda*); (*of meat*) udziec *m*, comber *m*; **to sit on one's haunches** przykucać (przykucnąć *perf*).

haunt [hɔ:nt] *vt* (*ghost, spirit*) straszyć, nawiedzać; (*fig*: *mystery, memory*) nie dawać spokoju *+dat*, prześladować; (*problem, fear*) nękać ♦ *n* (ulubione) miejsce *nt* spotkań.

haunted ['hɔ:ntɪd] *adj* (*expression, look*) udręczony, znękany; **haunted house** dom, w którym straszy.

haunting ['hɔ:ntɪŋ] *adj* zapadający w pamięć, nie dający spokoju.

Havana [hə'vænə] *n* Hawana *f*.

KEYWORD

have [hæv] (*pt, pp* **had**) *aux vb* **1** (*usu*) **to have arrived** przybyć (*perf*); **to have gone** odejść (*perf*); **she has been promoted** dostała awans; **has he told you?** powiedział ci?; **having finished** *or* **when he had finished, he left** skończywszy *or* kiedy skończył, wyszedł. **2** (*in tag questions*) prawda; **you've done it, haven't you?** zrobiłeś to, prawda? **3** (*in short answers and questions*): **you've made a mistake – no I haven't/so I have** pomyliłeś się – nie/tak (, rzeczywiście); **we haven't paid – yes we have!** nie zapłaciliśmy – ależ tak!; **I've been there before – have you?** już kiedyś tam byłem – naprawdę? ♦ *modal aux vb*: **to have (got) to do sth** musieć coś (z)robić; **I haven't got** *or* **I don't have to wear glasses** nie muszę nosić okularów ♦ *vt* **1** (*possess*) mieć; **he has (got) blue eyes** ma niebieskie oczy; **do you have** *or*

have you got a car? (czy) masz samochód? **2** (*eat*) jeść (zjeść *perf*); (*drink*) pić (wypić *perf*); **to have breakfast** jeść (zjeść *perf*) śniadanie. **3** (*receive, obtain etc*) mieć, dostawać (dostać *perf*); **you can have it for 5 pounds** możesz to dostać *or* mieć za pięć funtów. **4** (*allow*) pozwalać (pozwolić *perf*) na *+acc*; **I won't have it!** nie pozwolę na to! **5**: **to have sth done** dawać (dać *perf*) *or* oddawać (oddać *perf*) coś do zrobienia, kazać (kazać *perf*) (sobie) coś zrobić; **to have one's hair cut** obcinać (obciąć *perf*) włosy; **I must have my jacket cleaned** muszę oddać marynarkę do czyszczenia; **to have sb doing sth** sprawiać (sprawić *perf*), że ktoś coś robi; **he soon had them all laughing** wkrótce sprawił, że wszyscy się śmiali. **6** (*experience, suffer*) mieć; **to have a cold** być przeziębionym; **to have flu** mieć grypę; **he had his arm broken** złamali mu rękę; **she had her bag stolen** ukradli jej torebkę. **7** (*+noun*): **to have a swim** popływać (*perf*); **to have a walk** przespacerować się (*perf*); **to have a rest** odpocząć (*perf*); **to have a baby** urodzić (*perf*) dziecko; **let's have a look** spójrzmy, popatrzmy; **let me have a try** daj mi spróbować. **8** (*inf*): **you've been had** dałeś się nabrać (*inf*).

▸**have in** (*inf*) *vt*: **to have it in for sb** uwziąć się (*perf*) na kogoś.

▸**have on** *vt* (*BRIT*: *inf*: *tease*) nabierać (nabrać *perf*) (*inf*); (*wear*) mieć na sobie; **I don't have any money on me** nie mam przy sobie (żadnych) pieniędzy; **have you anything on tomorrow?** masz coś jutro w planie?

▸**have out** *vt*: **to have it out with sb** zagrać (*perf*) z kimś w otwarte karty.

haven ['heɪvn] *n* schronienie *nt*, przystań *f*.

haven't ['hævnt] = **have not**.

haversack ['hævəsæk] *n* chlebak *m*.

haves [hævz] (*inf*) *npl*: **the haves and have-nots** bogaci i biedni.

havoc ['hævək] *n* (*devastation*) spustoszenia *pl*; (*confusion*) zamęt *m*, zamieszanie *nt*; **to play havoc with** wprowadzać (wprowadzić *perf*) zamęt w *+loc*; **to wreak havoc (with)** siać (posiać *perf*) spustoszenie (w *+loc*).

Hawaii [hə'waɪiː] *n* Hawaje *pl*.

Hawaiian [hə'waɪjən] *adj* hawajski ♦ *n* (*person*) Hawajczyk (-jka) *m(f)*; (*LING*) (język *m*) hawajski.

hawk [hɔːk] *n* jastrząb *m*.

hawker ['hɔːkə*] *n* domokrążca *m*.

hawthorn ['hɔːθɔːn] *n* głóg *m*.

hay [heɪ] *n* siano *nt*.

hay fever *n* katar *m* sienny.

haystack ['heɪstæk] *n* stóg *m* siana; **it's like looking for a needle in a haystack** to (jest) jak szukanie igły w stogu siana.

haywire ['heɪwaɪə*] (*inf*) *adj*: **to go haywire** (*computer, watch*) fiksować (sfiksować *perf*) (*inf*); (*plans*) brać (wziąć *perf*) w łeb (*inf*).

hazard ['hæzəd] *n* zagrożenie *nt*, niebezpieczeństwo *nt* ♦ *vt* ryzykować (zaryzykować *perf*); **to be a fire/health hazard** stanowić zagrożenie pożarowe/dla zdrowia; **I will hazard a guess that ...** zaryzykuję twierdzenie, że ... .

hazardous ['hæzədəs] *adj* (*dangerous*) niebezpieczny; (*risky*) ryzykowny.

hazard pay (*US*) *n* dodatek *m* za pracę w niebezpiecznych warunkach.

hazard (warning) lights (*AUT*) *npl* światła *pl* awaryjne.

haze [heɪz] *n* (*light mist*) mgiełka *f*; (*of smoke, fumes*) opary *pl*.

hazel [heɪzl] *n* leszczyna *f* ♦ *adj* (*eyes*) piwny.

hazelnut ['heɪzlnʌt] *n* orzech *m* laskowy.

hazy ['heɪzɪ] *adj* (*sky, view*) zamglony; (*idea, memory*) mglisty; **I'm rather hazy about the details** mam dość mgliste pojęcie o szczegółach.

H-bomb ['eɪtʃbɔm] *n* bomba *f* wodorowa.

HE *abbr* (*REL, DIPLOMACY*: = *His (or Her) Excellency*) JE (= Jego (*or* Jej) Ekscelencja); (*REL*: = *His Eminence*) JE (= Jego Eminencja); = **high explosive**.

he [hiː] *pron* on; **he who ...** ten, kto ...; **here he is** oto (i) on; **he-bear** samiec niedźwiedzia.

head [hɛd] *n* (*lit, fig*) głowa *f*; (*of table*) szczyt *m*; (*of company*) dyrektor *m*; (*of country, organization*) przywódca (-dczyni) *m(f)*; (*of school*) dyrektor(ka) *m(f)*; (*of list, queue*) czoło *nt*; (*on coin*) reszka *f*; (*on tape recorder, computer*) głowica *f* ♦ *vt* (*list, group*) znajdować się na czele *+gen*; (*company*) prowadzić, kierować *+instr*; (*ball*) odbijać (odbić *perf*) głową; **heads or tails?** orzeł czy reszka?; **head first** (*fall*) głową naprzód *or* do przodu; (*dive*) na główkę; **head over heels in love** zakochany po uszy; **10 pounds a** *or* **per head** 10 funtów na głowę; **to sit at the head of the table** siedzieć u szczytu stołu; **to have a head for business** mieć głowę do interesu; **to have no head for heights** mieć lęk wysokości; **to come to a head** (*fig*: *situation etc*) osiągać (osiągnąć *perf*) punkt krytyczny; **let's put our heads together** zastanówmy się wspólnie; **off the top of my head** (tak) z głowy; **on your own head be it!** na twoją odpowiedzialność!; **to bite** *or* **snap sb's head off** warczeć (warknąć *perf*) na kogoś (*inf*); **the brandy/success went to his head** koniak/sukces uderzył mu do głowy; **to keep one's head** nie tracić (nie stracić *perf*) głowy; **to lose one's head** tracić (stracić *perf*) głowę; **I can't make head nor tail of this** nie mogę się w tym połapać; **he's off his head!** (*inf*) odbiło mu! (*inf*).

▸**head for** *vt fus* (*place*) zmierzać *or* kierować

się do *+gen or* ku *+dat*; (*disaster*) zmierzać (prosto) do *+gen or* ku *+dat*.
►**head off** *vt* zażegnywać (zażegnać *perf*).
headache ['hɛdeɪk] *n* ból *m* głowy; (*fig*) utrapienie *nt*; **I have a headache** boli mnie głowa.
head cold *n* katar *m*.
headdress ['hɛddrɛs] (*BRIT*) *n* przybranie *nt* głowy (*np. pióropusz*).
header ['hɛdə*] (*BRIT*: *FOOTBALL*) *n* główka *f*.
headgear ['hɛdgɪə*] *n* nakrycie *nt* głowy.
head-hunter ['hɛdhʌntə*] *n* łowca *m* głów.
heading ['hɛdɪŋ] *n* nagłówek *m*.
headlamp ['hɛdlæmp] (*BRIT*) *n* = **headlight**.
headland ['hɛdlənd] *n* cypel *m*, przylądek *m*.
headlight ['hɛdlaɪt] *n* reflektor *m*.
headline ['hɛdlaɪn] *n* (*PRESS*) nagłówek *m*; (*RADIO, TV*): **(news) headlines** skrót *m* (najważniejszych) wiadomości; **to hit** *or* **make the headlines** trafiać (trafić *perf*) na pierwsze strony gazet.
headlong ['hɛdlɔŋ] *adv* (*fall*) głową naprzód; (*run*) na łeb, na szyję; (*rush*) na oślep, bez namysłu.
headmaster [hɛd'mɑːstə*] *n* dyrektor *m* (szkoły).
headmistress [hɛd'mɪstrɪs] *n* dyrektorka *f* (szkoły).
head office *n* centrala *f*, siedziba *f* główna.
head of state (*pl* **heads of state**) *n* głowa *f* państwa.
head-on [hɛd'ɔn] *adj* (*collision*) czołowy; (*confrontation*) twarzą w twarz *post*.
headphones ['hɛdfəunz] *npl* słuchawki *pl*.
headquarters ['hɛdkwɔːtəz] *npl* (*of company, organization*) centrala *f*, siedziba *f* główna; (*MIL*) kwatera *f* główna, punkt *m* dowodzenia.
headrest ['hɛdrɛst] *n* zagłówek *m*.
headroom ['hɛdrum] *n* (*under bridge etc*) prześwit *m*; **"max. headroom: 3.4 metres"** „dopuszczalna wysokość pojazdu: 3,4 metra".
headscarf ['hɛdskɑːf] *n* chustka *f* na głowę.
headset ['hɛdsɛt] *n* = **headphones**.
head start *n*: **to give sb a head start** (*in race*) dawać (dać *perf*) komuś fory; (*fig*) zapewniać (zapewnić *perf*) komuś przewagę.
headstone ['hɛdstəun] *n* nagrobek *m*, płyta *f* nagrobkowa.
headstrong ['hɛdstrɔŋ] *adj* zawzięty, nieustępliwy.
head waiter *n* kierownik *m* sali (*w restauracji*).
headway ['hɛdweɪ] *n*: **to make headway** robić (zrobić *perf*) postępy, posuwać się (posunąć się *perf*) naprzód.
headwind ['hɛdwɪnd] *n* wiatr *m* przeciwny.
heady ['hɛdɪ] *adj* (*experience, time*) ekscytujący, podniecający; (*drink, atmosphere*) idący *or* uderzający do głowy.
heal [hiːl] *vt* leczyć (wyleczyć *perf*); (*esp miraculously*) uzdrawiać (uzdrowić *perf*) ♦ *vi* goić się (zagoić się *perf*).
health [hɛlθ] *n* zdrowie *nt*.
health centre (*BRIT*) *n* ośrodek *m* zdrowia.
health food *n* zdrowa *f* żywność.
health food shop *n* sklep *m* ze zdrową żywnością.
health hazard *n* zagrożenie *nt* dla zdrowia.
the (National) Health Service (*BRIT*) *n* ≈ służba *f* zdrowia.
healthy ['hɛlθɪ] *adj* zdrowy; (*fig*: *profit, majority*) znaczny, pokaźny.
heap [hiːp] *n* stos *m*, sterta *f* ♦ *vt*: **to heap (up)** (*sand etc*) usypywać (usypać *perf*) stos z *+gen*; (*stones etc*) układać (ułożyć *perf*) w stos ♦ *vt*: **to heap sth on sth** układać (ułożyć *perf*) coś w stos na czymś; **my plate was heaped with food** na talerzu miałam górę jedzenia; **we've got heaps of time/money** (*inf*) mamy kupę czasu/pieniędzy (*inf*); **to heap praises/gifts on sb** obsypywać (obsypać *perf*) kogoś pochwałami/prezentami.
hear [hɪə*] (*pt, pp* **heard**) *vt* (*sound, information*) słyszeć (usłyszeć *perf*); (*lecture, concert*) słuchać (wysłuchać *perf*) *+gen*; (*orchestra, player*) słuchać (posłuchać *perf*) *+gen*; (*JUR*: *case*) rozpoznawać (rozpoznać *perf*); **have you heard about ...?** (czy) słyszałeś o *+loc*?; **to hear from sb** mieć wiadomości od kogoś; **I can't hear you** nie słyszę cię; **I've never heard of that book** nigdy nie słyszałam o tej książce; **I wouldn't hear of it!** (nawet) nie chcę o tym słyszeć!
►**hear out** *vt* wysłuchiwać (wysłuchać *perf*) *+gen* (do końca).
heard [həːd] *pt, pp of* **hear**.
hearing ['hɪərɪŋ] *n* (*sense*) słuch *m*; (*JUR*) rozprawa; **to say sth within sb's hearing** mówić (powiedzieć *perf*) coś przy kimś; **to give sb a (fair) hearing** (*BRIT*) wysłuchać (*perf*) kogoś (bezstronnie).
hearing aid *n* aparat *m* słuchowy.
hearsay ['hɪəseɪ] *n* pogłoski *pl*.
hearse [həːs] *n* karawan *m*.
heart [hɑːt] *n* (*lit, fig*) serce *nt*; (*of lettuce etc*) środek *m*; **hearts** *npl* kiery *pl*; **to lose heart** tracić (stracić *perf*) ducha; **to take heart** nabierać (nabrać *perf*) otuchy; **at heart** w głębi serca; **by heart** na pamięć; **to have a weak heart** mieć słabe serce; **to set one's heart on sth** pragnąć (zapragnąć *perf*) czegoś z całej duszy; **the heart of the matter** sedno sprawy.
heart attack *n* atak *m* serca, zawał *m*.
heartbeat ['hɑːtbiːt] *n* bicie *nt* serca; (*single*) uderzenie *nt* serca.
heartbreak ['hɑːtbreɪk] *n* zawód *m* miłosny.
heartbreaking ['hɑːtbreɪkɪŋ] *adj* rozdzierający serce.
heartbroken ['hɑːtbrəukən] *adj*: **to be heartbroken** mieć złamane serce.

heartburn ['hɑ:tbə:n] *n* zgaga *f*.
-hearted ['hɑ:tɪd] *suff*: **kind-hearted** dobrotliwy, z sercem *post*.
heartening ['hɑ:tnɪŋ] *adj* podnoszący na duchu.
heart failure *n* niewydolność *f* serca.
heartfelt ['hɑ:tfɛlt] *adj* (płynący) z głębi serca.
hearth [hɑ:θ] *n* palenisko *nt*.
heartily ['hɑ:tɪlɪ] *adv* serdecznie; (*eat*) z apetytem.
heartland ['hɑ:tlænd] *n* centrum *nt*; **Britain's industrial heartland** centrum przemysłowe Wielkiej Brytanii.
heartless ['hɑ:tlɪs] *adj* bez serca *post*, nieczuły.
heart-to-heart ['hɑ:t'tə'hɑ:t] *n* szczera rozmowa *f* ♦ *adj* szczery.
heart transplant *n* przeszczep *m* serca.
heartwarming ['hɑ:twɔ:mɪŋ] *adj* podnoszący na duchu, radujący serce.
hearty ['hɑ:tɪ] *adj* serdeczny; (*appetite*) zdrowy.
heat [hi:t] *n* (*warmth*) gorąco *nt*, ciepło *nt*; (*temperature*) ciepło *nt*, temperatura *f*; (*weather*) upał *m*; (*excitement*) gorączka *f*; (*also*: **qualifying heat**) wyścig *m* eliminacyjny; **in** *or (BRIT)* **on heat** w okresie rui ♦ *vt* (*food*) podgrzewać (podgrzać *perf*); (*water*) zagrzewać (zagrzać *perf*); (*room*) ogrzewać (ogrzać *perf*).
▸**heat up** *vi* (*water*) zagrzewać się (zagrzać się *perf*); (*room*) ogrzewać się (ogrzać się *perf*) ♦ *vt* podgrzewać (podgrzać *perf*).
heated ['hi:tɪd] *adj* (*room*) ogrzewany; (*pool*) podgrzewany; (*argument*) gorący.
heater ['hi:tə*] *n* (*electric, gas etc*) grzejnik *m*; (*in car*) ogrzewanie *nt*.
heath [hi:θ] *n* wrzosowisko *nt*.
heathen ['hi:ðn] *n* poganin (-anka) *m(f)*.
heather ['hɛðə*] *n* wrzos *m*.
heating ['hi:tɪŋ] *n* ogrzewanie *nt*.
heat-resistant ['hi:trɪzɪstənt] *adj* żaroodporny, termoodporny.
heat-stroke *n* udar *m* cieplny.
heatwave ['hi:tweɪv] *n* fala *f* upałów.
heave [hi:v] *vt* (*pull*) przeciągać (przeciągnąć *perf*); (*push*) przepychać (przepchnąć *perf*); (*lift*) podźwignąć *(perf)* ♦ *vi* (*chest*) falować; (*person*) mieć torsje ♦ *n* (*pull*) przeciągnięcie *nt*; (*push*) pchnięcie *nt*; (*lift*) dźwignięcie *nt*; **to heave a sigh** westchnąć *(perf)* ciężko.
▸**heave to** (*pt, pp* **hove**) (*NAUT*) *vi* dobić *(perf)* do brzegu.
heaven ['hɛvn] *n* niebo *nt*, raj *m*; **thank heaven!** dzięki Bogu!; **heaven forbid!** niech (Pan) Bóg broni!; **for heaven's sake!** na miłość *or* litość boską!
heavenly ['hɛvnlɪ] *adj* (*REL*) niebiański, boski; (*body*) niebieski; (*fig*) boski.
heaven-sent [hɛvn'sɛnt] *adj* opatrznościowy, zesłany przez los.
heavily ['hɛvɪlɪ] *adv* ciężko; (*drink, smoke*) dużo; (*depend*) w dużym stopniu.
heavy ['hɛvɪ] *adj* ciężki; (*rain, snow*) obfity; (*responsibility*) wielki; (*drinker, smoker*) nałogowy; (*schedule*) obciążony, przeciążony; (*food*) ciężko strawny; **heavy casualties** duże straty (w ludziach); **how heavy are you?** ile ważysz?; **the conversation was heavy going** rozmowa nie kleiła się.
heavy cream (*US*) *n* kremówka *f* (*śmietana*).
heavy duty *adj* trwały, wytrzymały.
heavy goods vehicle *n* ciężarówka *f*.
heavy-handed ['hɛvɪ'hændɪd] *adj* (*fig*) grubo ciosany.
heavy industry *n* przemysł *m* ciężki.
heavyweight ['hɛvɪweɪt] (*BOXING*) *n* waga *f* ciężka.
Hebrew ['hi:bru:] *adj* hebrajski ♦ *n* (język *m*) hebrajski.
Hebrides ['hɛbrɪdi:z] *npl*: **the Hebrides** Hebrydy *pl*.
heckle ['hɛkl] *vt* (*speaker, performer*) przeszkadzać (przeszkodzić *perf*) +*dat* (*w wystąpieniu*).
heckler ['hɛklə*] *n* warchoł *m* (*przerywający wystąpienie*).
hectare ['hɛktɑ:*] (*BRIT*) *n* hektar *m*.
hectic ['hɛktɪk] *adj* gorączkowy.
hector ['hɛktə*] *vt* napastować.
he'd [hi:d] = **he would**; = **he had**.
hedge [hɛdʒ] *n* żywopłot *m* ♦ *vi* wykręcać się (wykręcić się *perf*); **to hedge one's bets** (*fig*) zabezpieczać się (zabezpieczyć się *perf*) na dwie strony; **as a hedge against inflation** jako zabezpieczenie przeciwko inflacji.
▸**hedge in** *vt* paraliżować (sparaliżować *perf*).
hedgehog ['hɛdʒhɔg] *n* jeż *m*.
hedgerow ['hɛdʒrəu] *n* rząd *m* krzewów *or* drzew.
hedonism ['hi:dənɪzəm] *n* hedonizm *m*.
heed [hi:d] *vt* (*also*: **take heed of**) brać (wziąć *perf*) pod uwagę ♦ *n*: **to pay (no) heed to, take (no) heed of** (nie) zważać na +*acc*.
heedless ['hi:dlɪs] *adj*: **to be heedless of** nie zważać na +*acc*, nie dbać o +*acc*.
heel [hi:l] *n* (*of foot*) pięta *f*; (*of shoe*) obcas *m* ♦ *vt* dorabiać (dorobić *perf*) obcas *or* obcasy do +*gen*; **to bring to heel** przywoływać (przywoływać *perf*) do nogi; (*fig*) zmuszać (zmusić *perf*) do posłuszeństwa; **to take to one's heels** (*inf*) brać (wziąć *perf*) nogi za pas, dawać (dać *perf*) nogę (*inf*).
hefty ['hɛftɪ] *adj* (*person*) masywny, zwalisty; (*parcel*) ciężki; (*profit*) ogromny.
heifer ['hɛfə*] *n* jałówka *f*.
height [haɪt] *n* (*of person*) wzrost *m*; (*of building, plane*) wysokość *f*; (*of terrain*) wzniesienie *nt*; (*fig*) szczyt *m*; **what height are you?** ile masz wzrostu?, ile mierzysz?; **of average height** średniego wzrostu; **to be afraid of heights** mieć lęk wysokości; **it's the height of fashion** to jest szczyt mody; **at the height of the tourist season** w szczycie sezonu turystycznego.

heighten ['haɪtn] *vt* wzmagać (wzmóc *perf*), potęgować (spotęgować *perf*).
heinous ['heɪnəs] *adj* haniebny, ohydny.
heir [ɛə*] *n* (*to throne*) następca *m*; (*to fortune*) spadkobierca *m*.
heir apparent *n* prawowity następca *m or* spadkobierca *m*.
heiress ['ɛərɛs] *n* (*to throne*) następczyni *f*; (*to fortune*) spadkobierczyni *f*.
heirloom ['ɛəlu:m] *n* pamiątka *f* rodowa.
heist [haɪst] (*US*: *inf*) *n* skok *m* (*inf*).
held [hɛld] *pt, pp of* **hold**.
helicopter ['hɛlɪkɔptə*] *n* helikopter *m*.
heliport ['hɛlɪpɔ:t] *n* lądowisko *nt* dla helikopterów.
helium ['hi:lɪəm] *n* hel *m*.
hell [hɛl] *n* piekło *nt*; **hell!** (*inf!*) do diabła! (*inf*); **a hell of a mess/noise** (*inf*) piekielny *or* potworny bałagan/hałas; **a hell of a player/writer** (*inf*) świetny gracz/pisarz.
he'll [hi:l] = **he will**; = **he shall**.
hellish ['hɛlɪʃ] (*inf*) *adj* piekielny.
hello [hə'ləu] *excl* (*as greeting*) cześć, witam; (*to attract attention*) halo; (*expressing surprise*) no no.
helm [hɛlm] *n* koło *nt* sterowe, ster *m*; **at the helm** (*fig*) u steru.
helmet ['hɛlmɪt] *n* kask *m*; (*of soldier*) hełm *m*.
helmsman ['hɛlmzmən] *n* sternik *m*.
help [hɛlp] *n* pomoc *f*; (*charwoman*) pomoc *f* domowa ♦ *vt* pomagać (pomóc *perf*) *+dat*; **with the help of** (*person*) przy pomocy *+gen*; (*tool etc*) za pomocą *+gen*; **to be of help to sb** być komuś pomocnym; **help!** pomocy!, ratunku!; **can I help you?** czym mogę służyć?; **help yourself** poczęstuj się; **he can't help it** nie może nic na to poradzić; **I can't help thinking that ...** coś mi się zdaje, że ...; **she couldn't help laughing** nie mogła powstrzymać (się od) śmiechu.
helper ['hɛlpə*] *n* pomocnik (-ica) *m(f)*.
helpful ['hɛlpful] *adj* pomocny, przydatny.
helping ['hɛlpɪŋ] *n* porcja *f*.
helpless ['hɛlplɪs] *adj* (*incapable*) bezradny; (*defenceless*) bezbronny.
helplessly ['hɛlplɪslɪ] *adv* bezradnie.
Helsinki ['hɛlsɪŋkɪ] *n* Helsinki *pl*.
helter-skelter ['hɛltə'skɛltə*] (*BRIT*) *n* zjeżdżalnia *f* (*w wesołym miasteczku*).
hem [hɛm] *n* rąbek *m*, brzeg *m* ♦ *vt* obrębiać (obrębić *perf*), obszywać (obszyć *perf*).
▸**hem in** *vt* otaczać (otoczyć *perf*), okrążać (okrążyć *perf*); **to feel hemmed in** (*fig*) czuć się (poczuć się *perf*) osaczonym.
hematology ['hi:mə'tɔlədʒɪ] (*US*) *n* = **haematology**.
hemisphere ['hɛmɪsfɪə*] *n* półkula *f*.
hemlock ['hɛmlɔk] *n* cykuta *f*.
hemoglobin ['hi:mə'gləubɪn] (*US*) *n* = **haemoglobin**.
hemophilia ['hi:mə'fɪlɪə] (*US*) *n* = **haemophilia**.
hemorrhage ['hɛmərɪdʒ] (*US*) *n* = **haemorrhage**.
hemorrhoids ['hɛmərɔɪdz] (*US*) *npl* = **haemorrhoids**.
hemp [hɛmp] *n* konopie *pl*.
hen [hɛn] *n* (*female chicken*) kura *f*; (*female bird*) samica *f* (*ptaka*).
hence [hɛns] *adv* stąd, w związku z tym; **2 years hence** za 2 lata.
henceforth [hɛns'fɔ:θ] *adv* odtąd.
henchman ['hɛntʃmən] (*pej*) (*irreg like*: **man**) *n* poplecznik *m*.
henna ['hɛnə] *n* henna *f*.
hen party (*inf*) *n* babski wieczór *m* (*inf*).
henpecked ['hɛnpɛkt] *adj* (*husband*) pod pantoflem *post*.
hepatitis [hɛpə'taɪtɪs] *n* zapalenie *nt* wątroby.
her [hə:*] *adj* jej ♦ *pron* (*direct*) ją; (*indirect*) jej; **not her again!** tylko nie ona!; **I saw her** widziałem ją; **give her a book** daj jej książkę; **after/with her** za/z nią; **about/to her** o/do niej; *see also* **my**, **me**.
herald ['hɛrəld] *n* zwiastun *m* ♦ *vt* zwiastować.
heraldic [hɛ'rældɪk] *adj* heraldyczny.
heraldry ['hɛrəldrɪ] *n* heraldyka *f*.
herb [hə:b] *n* ziele *nt*, zioło *nt*.
herbaceous [hə:'beɪʃəs] *adj* zielny.
herbal ['hə:bl] *adj* ziołowy; **herbal tea** herbata ziołowa.
herbicide ['hə:bɪsaɪd] *n* środek *m* chwastobójczy, herbicyd *m*.
herd [hə:d] *n* stado *nt* ♦ *vt* spędzać (spędzić *perf*), zaganiać (zagonić *perf*); **herded together** stłoczeni.
here [hɪə*] *adv* tu(taj); **she left here yesterday** wyjechała stąd wczoraj; **"here!"** „obecny (-na)!" *m(f)*; **here is the news** oto wiadomości; **here you are** proszę bardzo *or* uprzejmie; **here we are!** (*finding*) o, tu(taj) (jest/są)!; **here she is!** otóż i ona!; **here's my sister** oto moja siostra; **here she comes** właśnie nadchodzi; **come here!** chodź tu(taj)!; **here and there** tu i tam; **"here's to ..."** (*toast*) „za *+acc*".
hereabouts ['hɪərə'bauts] *adv* gdzieś tutaj, w okolicy *or* pobliżu.
hereafter [hɪər'ɑ:ftə*] *adv* odtąd ♦ *n* (*REL*): **the hereafter** życie *nt* przyszłe.
hereby [hɪə'baɪ] (*fml*) *adv* niniejszym.
hereditary [hɪ'rɛdɪtrɪ] *adj* dziedziczny.
heredity [hɪ'rɛdɪtɪ] *n* dziedziczność *f*.
heresy ['hɛrəsɪ] *n* herezja *f*.
heretic ['hɛrətɪk] *n* heretyk (-yczka) *m(f)*.
heretical [hɪ'rɛtɪkl] *adj* (*unorthodox*) nieprawomyślny; (*REL*) heretycki.
herewith [hɪə'wɪð] (*fml*) *adv* (*in letter*) w załączeniu.
heritage ['hɛrɪtɪdʒ] *n* dziedzictwo *nt*, spuścizna *f*

♦ *cpd*: **heritage trail** szlak *m* historyczny; **our national heritage** nasze narodowe dziedzictwo.
hermetically [hə:'mɛtɪklɪ] *adv* hermetycznie.
hermit ['hə:mɪt] *n* pustelnik (-ica) *m(f)*.
hernia ['hə:nɪə] *n* przepuklina *f*.
hero ['hɪərəu] (*pl* **heroes**) *n* bohater *m*; (*idol*) idol *m*.
heroic [hɪ'rəuɪk] *adj* bohaterski, heroiczny.
heroin ['hɛrəuɪn] *n* heroina *f* (*narkotyk*).
heroin addict *n* uzależniony (-na) *m(f)* od heroiny.
heroine ['hɛrəuɪn] *n* (*in book, film*) bohaterka *f*, heroina *f* (*literary*); (*of battle, struggle*) bohaterka *f*; (*idol*) idol *m*.
heroism ['hɛrəuɪzəm] *n* bohaterstwo *nt*, heroizm *m*.
heron ['hɛrən] *n* czapla *f*.
hero worship *n* kult *m* idola.
herring ['hɛrɪŋ] *n* śledź *m*.
hers [hə:z] *pron* jej; **a friend of hers** (pewien) jej znajomy; **this is hers** to jest jej; *see also* **mine**.
herself [hə:'sɛlf] *pron* (*reflexive*) się; (*after prep*) siebie (*gen, acc*), sobie (*dat, loc*), sobą (*instr*); (*after conj*) ona; (*emphatic*) sama; *see also* **oneself**.
Herts [hɑ:ts] (*BRIT*: *POST*) *abbr* (= *Hertfordshire*).
he's [hi:z] = **he is**; = **he has**.
hesitant ['hɛzɪtənt] *adj* (*smile*) niepewny; (*reaction*) niezdecydowany; **to be hesitant about doing sth** nie móc się zdecydować na zrobienie czegoś.
hesitate ['hɛzɪteɪt] *vi* wahać się (zawahać się *perf*); **don't hesitate to ask** nie wahaj się pytać; **don't hesitate to see a doctor if you are worried** nie zwlekaj z wizytą u lekarza, jeśli coś cię niepokoi.
hesitation [hɛzɪ'teɪʃən] *n* wahanie *nt*; **I have no hesitation in saying (that) ...** bez wahania mogę powiedzieć (, że) ... .
hessian ['hɛsɪən] *n* juta *f* (*tkanina*).
heterogenous [hɛtə'rɔdʒɪnəs] *adj* niejednorodny, heterogeniczny.
heterosexual ['hɛtərəu'sɛksjuəl] *adj* heteroseksualny ♦ *n* heteroseksualista (-tka) *m(f)*.
het up [hɛt-] (*inf*) *adj*: **to get het up (about)** przejmować się (przejąć się *perf*) (+*instr*).
HEW (*US*) *n abbr* (= *Department of Health, Education and Welfare*) Ministerstwo *nt* Zdrowia, Edukacji i Opieki Społecznej.
hew [hju:] (*pp* **hewed** *or* **hewn**) *vt* rąbać (porąbać *perf*), ciosać.
hex [hɛks] (*US*) *n* (zły) urok *m or* czar *m* ♦ *vt* rzucać (rzucić *perf*) urok na +*acc*.
hexagon ['hɛksəgən] *n* sześciokąt *m*.
hexagonal [hɛk'sægənl] *adj* sześciokątny.
hey [heɪ] *excl* hej.
heyday ['heɪdeɪ] *n*: **the heyday of** okres *m* rozkwitu +*gen*.
HF *n abbr* (= *high frequency*) w. cz. (= wysoka częstotliwość).
HGV (*BRIT*) *n abbr* (= *heavy goods vehicle*) samochód *m* ciężarowy.
HI (*US*: *POST*) *abbr* (= *Hawaii*).
hi [haɪ] *excl* (*as greeting*) cześć, witam; (*to attract attention*) hej.
hiatus [haɪ'eɪtəs] *n* przerwa *f*; (*LING*) rozziew *m*.
hibernate ['haɪbəneɪt] *vi* (*animal*) zapadać (zapaść *perf*) w sen zimowy.
hibernation [haɪbə'neɪʃən] *n* hibernacja *f*, sen *m* zimowy.
hiccough ['hɪkʌp] *vi* mieć czkawkę, czkać (czknąć *perf*) ♦ *n* (*fig*) (drobna) przeszkoda *f*.
hiccoughs ['hɪkʌps] *npl* czkawka *f*; **to have (the) hiccoughs** mieć czkawkę.
hiccup ['hɪkʌp] *vi* = **hiccough**.
hiccups ['hɪkʌps] *npl* = **hiccoughs**.
hid [hɪd] *pt of* **hide**.
hidden ['hɪdn] *pp of* **hide** ♦ *adj*: **there are no hidden extras** nie ma żadnych ukrytych kosztów dodatkowych; **hidden agenda** ukryte motywy.
hide [haɪd] (*pt* **hid**, *pp* **hidden**) *n* skóra *f* (*zwierzęca*); (*of birdwatcher etc*) stanowisko *nt* (obserwacyjne) ♦ *vt* (*object, person*) ukrywać (ukryć *perf*), chować (schować *perf*); (*feeling*) ukrywać (ukryć *perf*), skrywać; (*sun, view*) zasłaniać (zasłonić *perf*) ♦ *vi*: **to hide (from sb)** ukrywać się (ukryć się *perf*) *or* chować się (schować się *perf*) (przed kimś); **to hide sth (from sb)** ukrywać (ukryć *perf*) coś (przed kimś).
hide-and-seek ['haɪdən'si:k] *n* zabawa *f* w chowanego.
hideaway ['haɪdəweɪ] *n* kryjówka *f*.
hideous ['hɪdɪəs] *adj* (*painting, face*) ohydny, szkaradny; (*conditions*) okropny; (*mistake*) paskudny.
hideously ['hɪdɪəslɪ] *adv* (*ugly*) ohydnie, szkaradnie; (*difficult*) okropnie, paskudnie.
hideout ['haɪdaut] *n* kryjówka *f*.
hiding ['haɪdɪŋ] *n* (*beating*) lanie *nt*; (*seclusion*): **to be in hiding** pozostawać w ukryciu, ukrywać się.
hiding place *n* (*for person*) kryjówka *f*; (*for money etc*) schowek *m*.
hierarchy ['haɪərɑ:kɪ] *n* (*system*) hierarchia *f*; (*people*) władze *pl*.
hieroglyphic [haɪərə'glɪfɪk] *adj* hieroglificzny.
hieroglyphics [haɪərə'glɪfɪks] *npl* hieroglify *pl*.
hi-fi ['haɪfaɪ] *n abbr* (= *high fidelity*) hi-fi ♦ *n* zestaw *m* hi-fi ♦ *cpd*: **hi-fi equipment/system** sprzęt *m*/system *m* hi-fi.
higgledy-piggledy ['hɪgldɪ'pɪgldɪ] *adj* w nieładzie *post* ♦ *adv* bezładnie.
high [haɪ] *adj* wysoki; (*speed*) duży; (*wind*) silny; (*inf*: *on drugs*) na haju *post* (*inf*); (: *on drink*) pod gazem *post* (*inf*); (*CULIN*: *meat, game*) skruszały; (: *cheese etc*) zbyt dojrzały, nadpsuty ♦ *adv*

wysoko ♦ *n*: **exports have reached a new high** eksport osiągnął nie notowany dotąd poziom; **it is 20 m high** ma 20 metrów wysokości; **high in the air** wysoko w powietrzu; **to pay a high price for sth** płacić (zapłacić *perf*) za coś wysoką cenę; **it's high time you learned how to do it** najwyższy czas, żebyś nauczył się to robić.

highball ['haɪbɔ:l] (*US*) *n* whisky *f inv* z wodą (*w wysokiej szklance*).

highboy ['haɪbɔɪ] (*US*) *n* (wysoka) komoda *f* (*na nóżkach*).

highbrow ['haɪbrau] *n* intelektualista (-tka) *m(f)* ♦ *adj* intelektualny; (*pej*) przeintelektualizowany (*pej*).

high chair *n* wysokie krzesełko *nt* (*do sadzania dziecka podczas posiłków*).

high-class ['haɪ'klɑ:s] *adj* ekskluzywny.

High Court *n*: **the High Court** Wysoki Trybunał *m*.

higher ['haɪə*] *adj* wyższy ♦ *adv* wyżej.

higher education *n* wyższe wykształcenie *nt*.

high finance *n* wielka finansjera *f*.

high-flier [haɪ'flaɪə*] *n*: **to be a high-flier** wysoko mierzyć.

high-flying [haɪ'flaɪɪŋ] *adj* mierzący wysoko.

high-handed [haɪ'hændɪd] *adj* władczy.

high-heeled [haɪ'hi:ld] *adj* na wysokim obcasie *post*.

high heels *npl* buty *pl* na wysokim obcasie.

high jump *n* skok *m* wzwyż; **you'll be for the high jump** (*fig*) dostaniesz za swoje.

Highlands ['haɪləndz] *npl*: **the Highlands** *pogórze w północnej Szkocji*.

high-level ['haɪlɛvl] *adj* (*talks etc*) na wysokim szczeblu *post*; **high-level language** (*COMPUT*) język wysokiego poziomu.

highlight ['haɪlaɪt] *n* (*fig*) główna atrakcja *f* ♦ *vt* (*problem, need*) zwracać (zwrócić *perf*) uwagę na *+acc*; (*piece of text*) zakreślać (zakreślić *perf*); **highlights** *npl* (*in hair*) pasemka *pl*.

highlighter ['haɪlaɪtə*] *n* marker *m*, zakreślacz *m*.

highly ['haɪlɪ] *adv* (*placed, skilled*) wysoko; (*improbable, complex*) wysoce, wielce; (*paid*) bardzo dobrze; (*critical*) bardzo; (*confidential*) ściśle; **to speak highly of** wyrażać się (bardzo) pochlebnie o *+loc*; **to think highly of** mieć wysokie mniemanie o *+loc*.

highly strung *adj* nerwowy.

High Mass *n* suma *f*.

highness ['haɪnɪs] *n*: **Her/His Highness** Jego/Jej Wysokość.

high-pitched [haɪ'pɪtʃt] *adj* (*tone*) wysoki; (*voice*) cienki.

high-powered ['haɪ'pauəd] *adj* (*rifle*) o dużym zasięgu *post*; (*microscope*) (o) dużej mocy *post*; (*fig*: *course*) zaawansowany; (: *businessman, advertising*) dynamiczny.

high-pressure ['haɪprɛʃə*] *adj* pod wysokim ciśnieniem *post*.

high-rise ['haɪraɪz] *adj* (*building*) wielopiętrowy; (*flats*) w wieżowcu *post* ♦ *n* wieżowiec *m*, wysokościowiec *m*.

high school *n* ≈ szkoła *f* średnia.

high season (*BRIT*) *n*: **the high season** szczyt *m or* środek *m* sezonu.

high spirits *npl* świetny *or* doskonały humor *m*; **to be in high spirits** być w świetnym *or* doskonałym humorze.

high street (*BRIT*) *n* główna ulica *f*.

high tide *n* przypływ *m*.

highway ['haɪweɪ] *n* (*US*) autostrada *f*; (*public road*) szosa *f*.

Highway Code (*BRIT*) *n*: **the Highway Code** kodeks *m* drogowy.

highwayman ['haɪweɪmən] (*irreg like*: **man**) *n* rozbójnik *m*.

hijack ['haɪdʒæk] *vt* (*plane etc*) porywać (porwać *perf*) ♦ *n* (*also*: **hijacking**) porwanie *nt*.

hijacker ['haɪdʒækə*] *n* porywacz(ka) *m(f)*.

hike [haɪk] *vi* wędrować (pieszo) ♦ *n* piesza wycieczka *f*; (*inf*: *in prices*) podwyżka *f*.

▸**hike up** *vt* (*inf*: *trousers etc*) podciągać (podciągnąć *perf*).

hiker ['haɪkə*] *n* turysta (-tka) *m(f)* pieszy (-sza) *m(f)*.

hiking ['haɪkɪŋ] *n* wycieczki *pl* piesze.

hilarious [hɪ'lɛərɪəs] *adj* komiczny.

hilarity [hɪ'lærɪtɪ] *n* wesołość *f*.

hill [hɪl] *n* (*small*) pagórek *m*, wzniesienie *nt*; (*fairly high*) wzgórze *nt*; **up/down the hill** pod górę/z góry.

hillbilly ['hɪlbɪlɪ] (*US*: *pej*) *n niewykształcony farmer z południowo-wschodnich Stanów*.

hillock ['hɪlək] *n* górka *f*.

hillside ['hɪlsaɪd] *n* stok *m*.

hill start (*AUT*) *n* start *m* pod górkę.

hilltop ['hɪltɔp] *n* szczyt *m*.

hilly ['hɪlɪ] *adj* pagórkowaty.

hilt [hɪlt] *n* rękojeść *f*; **to back sb to the hilt** (*fig*) dawać (dać *perf*) komuś pełne poparcie.

him [hɪm] *pron* (*direct*) (je)go; (*indirect*) (je)mu; (*after prep*) niego (*gen*), nim (*instr, loc*); (*after conj*) on; **not him!** (tylko) nie on!; *see also* **me**.

Himalayas [hɪmə'leɪəz] *npl*: **the Himalayas** Himalaje *pl*.

himself [hɪm'sɛlf] *pron* (*reflexive*) się; (*after prep*) siebie (*gen, acc*), sobie (*dat, loc*), sobą (*instr*); (*after conj*) on; (*emphatic*) sam; **it was easy for a man like himself to...** człowiekowi takiemu jak on łatwo było *+infin*; *see also* **oneself**.

hind [haɪnd] *adj* tylny, zadni ♦ *n* łania *f*.

hinder ['hɪndə*] *vt* utrudniać; **to hinder sb from doing sth** przeszkadzać (przeszkodzić *perf*) komuś coś robić.

hindquarters ['haɪnd'kwɔ:təz] *npl* zad *m*.

hindrance ['hɪndrəns] *n* przeszkoda *f*.

hindsight ['haındsaıt] *n*: **with hindsight** po fakcie.

Hindu ['hındu:] *adj* hinduski.

hinge [hındʒ] *n* zawias *m* ♦ *vi*: **to hinge on** (*fig*) zależeć (całkowicie) od +*gen*.

hint [hınt] *n* (*indirect suggestion*) aluzja *f*; (*advice*) wskazówka *f*; (*sign, glimmer*) cień *m*, ślad *m* ♦ *vt*: **to hint that ...** sugerować (zasugerować *perf*), że ... ♦ *vi*: **to hint at** dawać (dać *perf*) do zrozumienia +*acc*; **to drop a hint** napomykać (napomknąć *perf*), robić (zrobić *perf*) aluzję; **give me a hint** naprowadź mnie; **white with a hint of pink** biały z odcieniem różu.

hip [hıp] *n* biodro *nt*.

hip flask *n* piersiówka *f*.

hippie ['hıpı] *n* hipis(ka) *m(f)*.

hippo ['hıpəu] *n* hipopotam *m*.

hip pocket *n* tylna kieszeń *f* (spodni).

hippopotamus [hıpə'pɔtəməs] (*pl* **hippopotamuses** *or* **hippopotami**) *n* hipopotam *m*.

hippy ['hıpı] *n* = **hippie**.

hire ['haıə*] *vt* (*BRIT*: *car, equipment, hall*) wynajmować (wynająć *perf*) (*od kogoś*); (*worker*) najmować (nająć *perf*) ♦ *n* (*BRIT*) wynajęcie *nt*; **for hire** (*boat etc*) do wynajęcia; (*taxi*) wolny; **on hire** wynajęty.

►**hire out** *vt* wynajmować (wynająć *perf*) (*komuś*).

hire(d) car (*BRIT*) *n* wynajmowany samochód *m*.

hire purchase (*BRIT*) *n* sprzedaż *f* ratalna; **to buy sth on hire purchase** kupować (kupić *perf*) coś na raty.

his [hız] *pron* jego ♦ *adj* jego; **he sold his house** sprzedał (swój) dom; *see also* **my, mine**.

hiss [hıs] *vi* (*snake, gas, fat*) syczeć (zasyczeć *perf*); (*person*) syczeć (syknąć *perf*); (*audience*) syczeć ♦ *n* syk *m*, syczenie *nt*.

histogram ['hıstəgræm] *n* histogram *m*.

historian [hı'stɔ:rıən] *n* historyk (-yczka) *m(f)*.

historic [hı'stɔrık] *adj* historyczny, wiekopomny.

historic(al) [hı'stɔrık(əl)] *adj* (*person, novel*) historyczny.

history ['hıstərı] *n* historia *f*; **medical history** wywiad chorobowy; **there's a long history of asthma in his family** wiele osób w jego rodzinie chorowało na astmę.

hit [hıt] (*pt, pp* **hit**) *vt* (*strike*) uderzać (uderzyć *perf*); (*reach*) trafiać (trafić *perf*) w +*acc*; (*collide with, affect*) uderzać (uderzyć *perf*) w +*acc* ♦ *n* (*knock, blow*) uderzenie *nt*; (*shot*) trafienie *nt*; (*play, film, song*) hit *m*, przebój *m*; **to hit it off with sb** zaprzyjaźnić się (*perf*) kimś; **to hit the headlines** trafiać (trafić *perf*) na pierwsze strony gazet; **to hit the road** (*inf*) (wy)ruszyć (*perf*) w drogę; **to hit the roof** (*inf*) wściec się (*perf*) (*inf*); **to give sb a hit on the head** uderzyć (*perf*) kogoś w głowę.

►**hit back** *vi*: **to hit back (at sb)** oddawać (oddać *perf*) (komuś) cios *or* uderzenie, oddawać (oddać *perf*) (komuś) (*inf*).

►**hit out at** *vt fus* walić (walnąć *perf*) na oślep w +*acc*; (*fig*) (ostro) atakować (zaatakować *perf*).

►**hit (up)on** *vt fus* (*answer, solution*) wpadać (wpaść *perf*) na +*acc*.

hit-and-run driver ['hıtən'rʌn-] *n* kierowca *m* zbiegły z miejsca wypadku.

hitch [hıtʃ] *vt* (*fasten*) przyczepiać (przyczepić *perf*); (*also*: **hitch up**: *trousers, skirt*) podciągać (podciągnąć *perf*) ♦ *n* komplikacja *f*; **to hitch a lift** łapać (złapać *perf*) okazję (*inf*); **a technical hitch** problem natury technicznej.

►**hitch up** *vt* zaprzęgać (zaprząc *perf or* zaprzęgnąć *perf*); *see also* **hitch**.

hitch-hike ['hıtʃhaık] *vi* (*travel around*) jeździć *or* podróżować autostopem; (*to a place*) jechać (pojechać *perf*) autostopem.

hitch-hiker ['hıtʃhaıkə*] *n* autostopowicz(ka) *m(f)*.

hi-tech ['haı'tɛk] *adj* supernowoczesny.

hitherto [hıðə'tu:] *adv* dotychczas.

hitman ['hıtmæn] (*irreg like*: **man**) *n* płatny morderca *m*.

hit-or-miss ['hıtə'mıs] *adj* na oślep *post*, na chybił trafił *post*; **it's hit-or-miss whether ...** trudno przewidzieć, czy ... .

hit parade (*old*) *n* lista *f* przebojów.

HIV *n abbr* (= *human immunodeficiency virus*) (wirus *m*) HIV; **HIV-negative** nie zarażony wirusem HIV; **HIV-positive** zarażony wirusem HIV.

hive [haıv] *n* ul *m*; (*fig*) dynamiczny *or* prężny ośrodek *m*.

►**hive off** (*inf*) *vt* przesuwać (przesunąć *perf*) (*zwłaszcza do sektora prywatnego*).

hl *abbr* (= *hectolitre*) hl.

HM *abbr* (= *His (or Her) Majesty*) JKM.

HMG (*BRIT*) *abbr* (= *His (or Her) Majesty's Government*) Rząd *m* Jego (*or* Jej) Królewskiej Mości.

HMI (*BRIT*: *SCOL*) *n abbr* (= *His (or Her) Majesty's Inspector*) rządowy wizytator *m* szkolny.

HMO (*US*) *n abbr* (= *health maintenance organization*).

HMS (*BRIT*) *abbr* (= *His (or Her) Majesty's Ship*) *skrót stanowiący część nazwy brytyjskich okrętów wojennych.*

HMSO (*BRIT*) *n abbr* (= *His (or Her) Majesty's Stationery Office*) *drukarnia rządowa.*

HNC (*BRIT*) *n abbr* (= *Higher National Certificate*) *rodzaj uprawnień zawodowych.*

HND (*BRIT*) *n abbr* (= *Higher National Diploma*) *rodzaj uprawnień zawodowych.*

hoard [hɔ:d] *n* zapasy *pl*, zasoby *pl* ♦ *vt* gromadzić (zgromadzić *perf*).

hoarding ['hɔ:dıŋ] (*BRIT*) *n* billboard *m*.

hoarfrost ['hɔ:frɔst] *n* szron *m*.

hoarse [hɔ:s] *adj* zachrypły, ochrypły.

hoax [həuks] *n* (głupi) żart *m or* kawał *m* (*zwykle w celu wywołania fałszywego alarmu*).
hob [hɔb] *n* płyta *f* grzejna (*kuchenki*).
hobble ['hɔbl] *vi* kuśtykać.
hobby ['hɔbɪ] *n* hobby *nt inv*.
hobby-horse ['hɔbɪhɔ:s] *n* (*fig*) konik *m*.
hobnob ['hɔbnɔb] *vt*: **to hobnob with** zadawać się z *+instr*.
hobo ['həubəu] (*US*) *n* włóczęga *m*.
hock [hɔk] *n* (*BRIT*: *drink*) (wino *nt*) reńskie; (*of horse*) staw *m* skokowy; (*CULIN*) golonka *f*; (*inf*): **in hock** (*person*) zadłużony; (*object*) zastawiony, oddany w zastaw.
hockey ['hɔkɪ] *n* hokej *m*.
hocus-pocus ['həukəs'pəukəs] *n* (*trickery*) sztuczki *pl*; (*of magician*) czary-mary *pl*, hokus-pokus *nt inv*; (*jargon*) bełkot *m*.
hodgepodge ['hɔdʒpɔdʒ] (*US*) *n* = **hotchpotch**.
hoe [həu] *n* motyka *f* ♦ *vt* okopywać (okopać *perf*).
hog [hɔg] *n* wieprz *m* ♦ *vt* (*fig*: *telephone, bathroom*) okupować; **to hog the road** blokować jezdnię; **to go the whole hog** iść (pójść *perf*) na całego.
hoist [hɔɪst] *n* dźwig *m*, wyciąg *m* ♦ *vt* (*heavy object*) podnosić (podnieść *perf*); (*flag, sail*) wciągać (wciągnąć *perf*) (na maszt); **he hoisted the rope over the branch** przerzucił linę nad gałęzią.
hold [həuld] (*pt, pp* **held**) *vt* (*in hand*) trzymać; (*contain*) mieścić (pomieścić *perf*); (*qualifications*) posiadać; (*power, permit, opinion*) mieć; (*meeting, conversation*) odbywać (odbyć *perf*); (*prisoner, hostage*) przetrzymywać (przetrzymać *perf*) ♦ *vi* (*glue etc*) trzymać (mocno); (*argument etc*) zachowywać (zachować *perf*) ważność, pozostawać w mocy; (*offer, invitation*) być aktualnym; (*luck, weather*) utrzymywać się (utrzymać się *perf*); (*TEL*) czekać (zaczekać *perf*) ♦ *n* (*grasp*) chwyt *m*; (*of ship, plane*) ładownia *f*; **to hold sb responsible/liable** obarczać (obarczyć *perf*) kogoś odpowiedzialnością; **to hold one's head up** trzymać *or* nosić głowę wysoko; **to have a hold over sb** trzymać kogoś w garści; **to get hold of** (*fig*: *object, information*) zdobywać (zdobyć *perf*) *+acc*; (*person*) łapać (złapać *perf*) *+acc* (*inf*); **to get hold of o.s.** brać (wziąć *perf*) się w garść; **hold the line!** proszę nie odkładać słuchawki!; **to hold one's own** (*fig*) nie poddawać się; **to catch** *or* **get (a) hold of** chwycić się (*perf*) *+gen*, złapać (*perf*) za *+acc* (*inf*); **to hold firm** *or* **fast** trzymać się mocno; **he holds the view that ...** jest zdania, że ...; **I don't hold with ...** nie popieram *+gen*; **hold it!** zaczekaj!; **hold still, hold steady** nie ruszaj się.
►**hold back** *vt* (*person, thing*) powstrzymywać (powstrzymać *perf*); (*information*) zatajać (zataić *perf*).
►**hold down** *vt* (*person*) przytrzymywać (przytrzymać *perf*); (*job*) utrzymywać (utrzymać *perf*).
►**hold forth** *vi* rozwodzić się (*na jakiś temat*).
►**hold off** *vt* (*enemy*) powstrzymywać (powstrzymać *perf*); (*decision*) wstrzymywać się (wstrzymać się *perf*) z *+instr* ♦ *vi*: **if the rain holds off** jeżeli nie zacznie padać.
►**hold on** *vi* (*hang on*) przytrzymywać się (przytrzymać się *perf*); (*wait*) czekać (poczekać *perf or* zaczekać *perf*).
►**hold on to** *vt fus* (*for support*) przytrzymywać się (przytrzymać się *perf*) *+gen*; (*keep*: *for o.s.*) nie oddawać (nie oddać *perf*) *+gen*; (: *for sb*) przechowywać (przechować *perf*) *+acc*.
►**hold out** *vt* (*hand*) wyciągać (wyciągnąć *perf*); (*hope*) dawać (dać *perf*) ♦ *vi*: **to hold out for** domagać się *or* żądać *+gen*.
►**hold over** *vt* (*meeting etc*) odkładać (odłożyć *perf*), odraczać (odroczyć *perf*).
►**hold up** *vt* (*raise*) unosić (unieść *perf*); (*support*) podtrzymywać (podtrzymać *perf*), podpierać (podeprzeć *perf*); (*delay*) zatrzymywać (zatrzymać *perf*); (*bank etc*) napadać (napaść *perf*) na *+acc* (*przy użyciu broni palnej*).
holdall ['həuldɔ:l] (*BRIT*) *n* (duża) torba *f* podróżna.
holder ['həuldə*] *n* (*of lamp etc*) uchwyt *m*; (*person*) posiadacz *m*.
holding ['həuldɪŋ] *n* (*share*) udziały *pl*; (*small farm*) gospodarstwo *nt* rolne ♦ *adj* (*operation, tactic*) mający na celu utrzymanie istniejącego stanu rzeczy.
holding company *n* towarzystwo *nt* holdingowe, holding *m*.
hold-up ['həuldʌp] *n* (*robbery*) napad *m* rabunkowy; (*delay*) komplikacje *pl*; (*BRIT*: *in traffic*) zator *m* (drogowy), korek *m* (uliczny).
hole [həul] *n* (*lit, fig*) dziura *f* ♦ *vt* (*make holes*) dziurawić (podziurawić *perf*); (*make a hole*) dziurawić (przedziurawić *perf*); **hole in the heart** (*MED*) ubytek w przegrodzie; **to pick holes in** (*fig*) wyszukiwać słabe punkty w *+loc*.
►**hole up** *vi* zaszywać się (zaszyć się *perf*).
holiday ['hɔlɪdeɪ] *n* (*BRIT*: *vacation*) wakacje *pl*; (*leave*) urlop *m*; (*public holiday*) święto *nt*; **to be/go on holiday** być na wakacjach/wyjeżdżać (wyjechać *perf*) na wakacje; **tomorrow is a holiday** jutro jest święto.
holiday camp (*BRIT*) *n* ośrodek *m* wypoczynkowy *or* wczasowy.
holidaymaker ['hɔlɪdeɪmeɪkə*] (*BRIT*) *n* wczasowicz(ka) *m(f)*.
holiday pay *n* wynagrodzenie *nt* w okresie urlopu.
holiday resort *n* miejscowość *f* wypoczynkowa *or* wczasowa.
holiday season *n* sezon *m* wakacyjny.
holiness ['həulɪnɪs] *n* świętość *f*; **His Holiness** Jego Świątobliwość.

Holland ['hɔlənd] *n* Holandia *f.*

hollow ['hɔləu] *adj* (*container, log, tree*) pusty, wydrążony; (*cheeks, eyes*) zapadnięty; (*claim, promise, laugh*) pusty; (*sound*) głuchy; (*doctrine, opinion*) płytki ♦ *n* wgłębienie *nt*, zagłębienie *nt* ♦ *vt*: **to hollow out** wydrążać (wydrążyć *perf*).

holly ['hɔlɪ] *n* (*BOT*) ostrokrzew *m.*

hollyhock ['hɔlɪhɔk] *n* malwa *f.*

holocaust ['hɔləkɔ:st] *n* zagłada *f*; **the Holocaust** Holocaust.

hologram ['hɔləgræm] *n* hologram *m.*

holster ['həulstə*] *n* kabura *f.*

holy ['həulɪ] *adj* (*picture, place*) święty; (*water*) święcony; (*person*) świątobliwy.

Holy Communion *n* Komunia *f* Święta.

Holy Father *n* Ojciec *m* Święty.

Holy Ghost *n* Duch *m* Święty.

Holy Land *n*: **the Holy Land** Ziemia *f* Święta.

holy orders *npl* święcenia *pl.*

Holy Spirit *n* = **Holy Ghost**.

homage ['hɔmɪdʒ] *n* hołd *m*, cześć *f*; **to pay homage to** składać (złożyć *perf*) hołd *or* oddawać (oddać *perf*) cześć *+dat.*

home [həum] *n* dom *m* ♦ *cpd* (*employment*) chałupniczy; (*ECON, POL*) wewnętrzny, krajowy; (*SPORT*: *team*) miejscowy; (: *game, win*) na własnym boisku *post*, u siebie *post* ♦ *adv* (*be*) w domu; (*go, travel*) do domu; (*press, push*) do środka, na swoje miejsce; **at home** (*in house*) w domu; (*in country*) w kraju; (*comfortable*) swojsko, jak u siebie; **make yourself at home** czuj się jak u siebie (w domu); **to make one's home somewhere** zamieszkać (*perf*) gdzieś; **the home of free enterprise/jazz** kolebka wolnej przedsiębiorczości/jazzu; **we're home and dry** udało (nam) się; **a home from home** drugi dom; **to bring sth home to sb** uświadamiać (uświadomić *perf*) coś komuś.

▸**home in on** *vt fus* namierzać (namierzyć *perf*) *+acc.*

home address *n* adres *m* domowy.

home-brew [həum'bru:] *n* piwo *nt* domowej roboty, podpiwek *m.*

homecoming ['həumkʌmɪŋ] *n* powrót *m* do domu.

home computer *n* komputer *m* domowy.

Home Counties (*BRIT*) *npl*: **the Home Counties** *hrabstwa położone wokół Londynu.*

home economics *n* (*SCOL*) *zajęcia z gospodarstwa domowego.*

home-grown ['həumgrəun] *adj* (*not foreign*) hodowany w kraju, krajowy; (*from garden*) z własnego ogródka *post.*

homeland ['həumlænd] *n* ziemia *f* ojczysta *or* rodzinna.

homeless ['həumlɪs] *adj* bezdomny.

home loan *n* ≈ kredyt *m* mieszkaniowy.

homely ['həumlɪ] *adj* prosty, skromny.

home-made [həum'meɪd] *adj* (*bread*) domowej roboty *post*; (*bomb*) wykonany domowym sposobem.

Home Office (*BRIT*) *n*: **the Home Office** ≈ Ministerstwo *nt* Spraw Wewnętrznych.

homeopathy [həumɪ'ɔpəθɪ] (*US*) *n* = **homoeopathy**.

home rule *n* (*POL*) samorządność *f.*

Home Secretary (*BRIT*) *n*: **the Home Secretary** ≈ Minister *m* Spraw Wewnętrznych.

homesick ['həumsɪk] *adj*: **to be** *or* **feel homesick** tęsknić za domem.

homestead ['həumstɛd] *n* gospodarstwo *nt* rolne.

home town *n* miasto *nt* rodzinne.

homeward ['həumwəd] *adj*: **homeward journey** droga *f* powrotna *or* do domu.

homeward(s) ['həumwəd(z)] *adv* do domu.

homework ['həumwə:k] *n* zadanie *nt* domowe, praca *f* domowa; **he never did any homework** nigdy nie odrabiał zadań domowych.

homicidal [hɔmɪ'saɪdl] *adj* (*maniac*) niebezpieczny dla otoczenia; (*instincts*) morderczy.

homicide ['hɔmɪsaɪd] (*US*) *n* zabójstwo *nt.*

homily ['hɔmɪlɪ] *n* kazanie *nt.*

homing ['həumɪŋ] *adj* (*device*) (samo)naprowadzający; (*missile*) samosterujący; (*pigeon*) pocztowy.

homoeopath ['həumɪəupæθ] (*US* **homeopath**) *n* homeopata (-tka) *m(f).*

homoeopathy [həumɪ'ɔpəθɪ] (*US* **homeopathy**) *n* homeopatia *f.*

homogeneous [hɔməu'dʒi:nɪəs] *adj* jednorodny, homogeniczny.

homogenized [hə'mɔdʒənaɪzd] *adj*: **homogenized milk** mleko *nt* homogenizowane.

homosexual [hɔməu'sɛksjuəl] *adj* homoseksualny ♦ *n* homoseksualista (-tka) *m(f)*; **to be homosexual** być homoseksualistą.

Hon. *abbr* = **honourable**; = **honorary**.

Honduras [hɔn'djuərəs] *n* Honduras *m.*

hone [həun] *vt* ostrzyć (zaostrzyć *perf*).

honest ['ɔnɪst] *adj* (*truthful, trustworthy*) uczciwy; (*sincere*) szczery; **to be quite honest with you ...** jeśli mam być z tobą zupełnie szczery, ...

honestly ['ɔnɪstlɪ] *adv* (*truthfully*) uczciwie; (*sincerely*) szczerze.

honesty ['ɔnɪstɪ] *n* (*truthfulness*) uczciwość *f*; (*sincerity*) szczerość *f.*

honey ['hʌnɪ] *n* miód *m*; (*US*: *inf*: *form of address*) kochanie *nt.*

honeycomb ['hʌnɪkəum] *n* plaster *m* miodu ♦ *vt* (*fig*): **honeycombed with** (*passages etc*) poprzecinany *+instr*; (*holes etc*) usiany *+instr.*

honeymoon ['hʌnɪmu:n] *n* (*trip*) podróż *f* poślubna; (*period*) miodowy miesiąc *m.*

honeysuckle ['hʌnɪsʌkl] *n* kapryfolium *nt*, przewiercień *m.*

Hong Kong ['hɔŋ'kɔŋ] *n* Hongkong *m.*

honk [hɔŋk] *vi* (*AUT*) trąbić (zatrąbić *perf*) ♦ *vt*: **to honk the horn** trąbić (zatrąbić *perf*), dawać (dać *perf*) znak klaksonem.

Honolulu [hɔnə'lu:lu:] *n* Honolulu *nt inv*.

honor ['ɔnə*] (*US*) *vt, n* = **honour**.

honorary ['ɔnərərɪ] *adj* (*job, title*) honorowy.

honour ['ɔnə*] (*US* **honor**) *vt* (*person*) uhonorować *(perf)*; (*commitment, agreement*) honorować; (*promise*) dotrzymywać (dotrzymać *perf*) *+gen* ♦ *n* (*pride, self-respect*) honor *m*; (*tribute*) zaszczyt *m*; **in honour of** na cześć *+gen*.

hono(u)rable ['ɔnərəbl] *adj* (*person, action*) honorowy.

hono(u)r-bound ['ɔnə'baund] *adj*: **to be honour-bound to** czuć się moralnie zobowiązanym do *+gen*.

hono(u)rs degree *n* ≈ dyplom *m* z wyróżnieniem.

Hons. (*UNIV*) *abbr* = **hono(u)rs degree**.

hood [hud] *n* (*of coat*) kaptur *m*; (*of cooker*) pokrywa *f*; (*AUT*: *BRIT*) składany dach *m*; (: *US*) maska *f*.

hooded ['hudɪd] *adj* (*robber*) zakapturzony; (*jacket*) z kapturem *post*.

hoodlum ['hu:dləm] *n* bandzior *m* (*inf*).

hoodwink ['hudwɪŋk] *vt* nabierać (nabrać *perf*).

hoof [hu:f] (*pl* **hooves**) *n* kopyto *nt*.

hook [huk] *n* (*for coats, curtains*) hak *m*; (*for fishing*) haczyk *m*; (*on dress*) haftka *f* (*jej haczykowata część*) ♦ *vt* (*fasten*) przyczepiać (przyczepić *perf*); (*fish*) łapać (złapać *perf*) (na haczyk); **by hook or by crook** nie przebierając w środkach; **to be hooked on** (*inf*: *addicted*) być uzależnionym od *+gen*; (*attracted*) przepadać za *+instr*.

▸**hook up** *vt* (*RADIO, TV etc*) podłączać (podłączyć *perf*).

hook and eye (*pl* **hooks and eyes**) *n* haftka *f*.

hooligan ['hu:lɪgən] *n* chuligan *m*.

hooliganism ['hu:lɪgənɪzəm] *n* chuligaństwo *nt*.

hoop [hu:p] *n* obręcz *f*; (*CROQUET*) *jeden z metalowych łuków, przez które przeprowadza się piłkę w grze w krokieta*.

hooray [hu:'reɪ] *excl* = **hurrah**.

hoot [hu:t] *vi* (*AUT*) trąbić (zatrąbić *perf*); (*siren*) wyć (zawyć *perf*); (*owl*) hukać (zahukać *perf*); (*jeer*) wyć (zawyć *perf*) ♦ *vt* (*AUT*) trąbić (zatrąbić *perf*) *+instr* ♦ *n* (*AUT*) trąbienie *nt*, klakson *m*; (*of owl*) hukanie *nt*; **to hoot with laughter** zanosić się od śmiechu; **to give a hoot of laughter** parsknąć *(perf)* śmiechem.

hooter ['hu:tə*] *n* (*AUT*) klakson *m*; (*NAUT, INDUSTRY*) syrena *f*.

hoover ['hu:və*] ® (*BRIT*) *n* odkurzacz *m* ♦ *vt* odkurzać (odkurzyć *perf*).

hooves [hu:vz] *npl of* **hoof**.

hop [hɔp] *vi* (*person*) podskakiwać *or* skakać na jednej nodze; (*bird*) skakać, podskakiwać ♦ *n* (*of person*) podskok *m* (na jednej nodze); (*of animal*) skok *m*.

hope [həup] *n* nadzieja *f* ♦ *vi* mieć nadzieję ♦ *vt*: **to hope that ...** mieć nadzieję, że ...; **to hope to do sth** mieć nadzieję, że się coś zrobi; **I hope so/not** mam nadzieję, że tak/nie; **to hope for the best** być dobrej myśli; **to have no hope of sth/doing sth** nie liczyć na coś/zrobienie czegoś; **in the hope that/of** w nadziei, że/na *+acc*.

hopeful ['həupful] *adj* (*person*) pełen nadziei; (*situation*) napawający nadzieją, rokujący nadzieje; **I'm hopeful that...** żywię nadzieję, że ... .

hopefully ['həupfulɪ] *adv* (*expectantly*) z nadzieją; (*one hopes*) o ile szczęście dopisze; **hopefully, he'll come back** miejmy nadzieję, że wróci.

hopeless ['həuplɪs] *adj* (*desperate*: *situation*) beznadziejny; (: *person*) zrozpaczony; (: *grief*) rozpaczliwy; (*useless*) beznadziejny.

hopper ['hɔpə*] *n* zsypnia *f*.

hops [hɔps] *npl* chmiel *m*.

horde [hɔ:d] *n* horda *f*.

horizon [hə'raɪzn] *n* horyzont *m*.

horizontal [hɔrɪ'zɔntl] *adj* poziomy.

hormone ['hɔ:məun] *n* hormon *m*.

horn [hɔ:n] *n* róg *m*; (*also*: **French horn**) waltornia *f*, róg *m*; (*AUT*) klakson *m*.

horned [hɔ:nd] *adj* rogaty.

hornet ['hɔ:nɪt] *n* szerszeń *m*.

horn-rimmed ['hɔ:n'rɪmd] *adj*: **horn-rimmed spectacles** okulary *pl* w rogowych oprawkach.

horny ['hɔ:nɪ] (*inf*) *adj* napalony (*inf*).

horoscope ['hɔrəskəup] *n* horoskop *m*.

horrendous [hə'rɛndəs] *adj* (*crime, error*) straszliwy; (*price, cost*) horrendalny.

horrible ['hɔrɪbl] *adj* (*colour, food, mess*) okropny; (*scream, dream*) straszny.

horrid ['hɔrɪd] *adj* obrzydliwy, wstrętny.

horrific [hɔ'rɪfɪk] *adj* przerażający.

horrify ['hɔrɪfaɪ] *vt* przerażać (przerazić *perf*).

horrifying ['hɔrɪfaɪɪŋ] *adj* przerażający.

horror ['hɔrə*] *n* (*alarm*) przerażenie *nt*; (*of battle, warfare*) groza *f*; (*abhorrence*): **horror of** wstręt *m* do *+gen*.

horror film *n* film *m* grozy, horror *m*.

horror-stricken ['hɔrəstrɪkn] *adj* = **horror-struck**.

horror-struck ['hɔrəstrʌk] *adj* struchlały z przerażenia, zdjęty grozą.

hors d'oeuvre [ɔ:'də:vrə] *n* przystawka *f*.

horse [hɔ:s] *n* koń *m*.

horseback ['hɔ:sbæk] *adv* konno, wierzchem (*old*); **on horseback** na koniu.

horse box *n* wóz *m* do przewozu koni.

horse chestnut *n* (*tree*) kasztan(owiec) *m*; (*nut*) kasztan *m*.

horse-drawn ['hɔ:sdrɔ:n] *adj* konny.

horsefly ['hɔ:sflaɪ] *n* giez *m* (koński), mucha *f* końska.
horseman ['hɔ:smən] (*irreg like*: **man**) *n* jeździec *m*.
horsemanship ['hɔ:smənʃɪp] *n* umiejętności *pl* jeździeckie.
horseplay ['hɔ:spleɪ] *n* (dzikie) harce *pl*.
horsepower ['hɔ:spauə*] *n* ≈ koń *m* mechaniczny.
horse-racing ['hɔ:sreɪsɪŋ] *n* wyścigi *pl* konne.
horseradish ['hɔ:srædɪʃ] *n* chrzan *m*.
horseshoe ['hɔ:sʃu:] *n* podkowa *f*.
horse show *n* zawody *pl* jeździeckie *or* hipiczne.
horse-trading ['hɔ:streɪdɪŋ] *n* przetargi *pl*.
horse trials *npl* = **horse show**.
horsewhip ['hɔ:swɪp] *n* szpicruta *f* ♦ *vt* bić (zbić *perf*) szpicrutą.
horsewoman ['hɔ:swumən] (*irreg like*: **man**) *n* amazonka *f*.
horsey ['hɔ:sɪ] *adj* (*person*) kochający konie; (*face*) koński.
horticulture ['hɔ:tɪkʌltʃə*] *n* ogrodnictwo *nt*.
hose [həuz] *n* (*also*: **hosepipe**) wąż *m*; (*TECH*) wężyk *m*; (*also*: **garden hose**) wąż *m* (ogrodowy).
►**hose down** *vt* polewać (polać *perf*) wężem.
hosiery ['həuzɪərɪ] *n* wyroby *pl* pończosznicze.
hospice ['hɔspɪs] *n* hospicjum *nt*.
hospitable ['hɔspɪtəbl] *adj* (*person*) gościnny; (*invitation, welcome*) serdeczny; (*climate*) przyjazny.
hospital ['hɔspɪtl] *n* szpital *m*; **in hospital,** (*US*) **in the hospital** w szpitalu.
hospitality [hɔspɪ'tælɪtɪ] *n* (*of person*) gościnność *f*; (*of welcome*) serdeczność *f*.
hospitalize ['hɔspɪtəlaɪz] *vt* umieszczać (umieścić *perf*) w szpitalu, hospitalizować.
host [həust] *n* (*at party, dinner*) gospodarz *m*; (*TV, RADIO*) gospodarz *m* (programu); (*REL*) hostia *f* ♦ *adj* (*organization*) pełniący rolę gospodarza; (*country, community*): **his host country** goszczący go kraj ♦ *vt* (*TV programme*) prowadzić, być gospodarzem *+gen*; **a host of** mnóstwo *+gen*.
hostage ['hɔstɪdʒ] *n* zakładnik (-iczka) *m(f)*; **he was taken/held hostage** wzięto/trzymano go jako zakładnika.
hostel ['hɔstl] *n* (*for homeless*) schronisko *nt*; (*also*: **youth hostel**) schronisko *nt* (młodzieżowe).
hostelling ['hɔstlɪŋ] *n*: **we went (youth) hostelling round England** podróżowaliśmy po Anglii, zatrzymując się w schroniskach (młodzieżowych).
hostess ['həustɪs] *n* (*at party, dinner*) gospodyni *f*; (*BRIT*: *also*: **air hostess**) stewardessa *f*; (*TV, RADIO*) gospodyni *f* (programu); (*in night-club*) fordanserka *f*.
hostile ['hɔstaɪl] *adj* (*person*) nieprzyjazny, wrogo nastawiony *or* usposobiony; (*attitude*) wrogi; (*conditions, environment*) niesprzyjający; **hostile to** *or* **towards** wrogo nastawiony do *+gen or* w stosunku do *+gen*.
hostility [hɔ'stɪlɪtɪ] *n* wrogość *f*; **hostilities** *npl* działania *pl* wojenne.
hot [hɔt] *adj* gorący; (*spicy*) ostry, pikantny; (*contest, argument*) zawzięty; (*temper*) porywczy; **I am hot** jest mi gorąco; **it was terribly hot yesterday** wczoraj było okropnie gorąco; **to be hot on sth** (*inf*: *knowledgable, skilful*) być świetnym w czymś; (*interested*) pasjonować się czymś; **not so hot** (*inf*) nieszczególny.
►**hot up** (*BRIT*: *inf*) *vi* (*party*) rozkręcać się (rozkręcić się *perf*) (*inf*); (*situation, events*): **the situation was hotting up** robiło się gorąco (*inf*) ♦ *vt* (*pace*) podkręcać (podkręcić *perf*) (*inf*); (*engine*) podrasowywać (podrasować *perf*) (*inf*).
hot air *n* czcza gadanina *f*.
hot-air balloon [hɔt'ɛə-] *n* balon *m* na gorące powietrze.
hotbed ['hɔtbɛd] *n* (*fig*: *of evil*) siedlisko *nt*; (*of criminals*) wylęgarnia *f*.
hot-blooded [hɔt'blʌdɪd] *adj* krewki.
hotchpotch ['hɔtʃpɔtʃ] (*BRIT*) *n* mieszanina *f*, miszmasz *m* (*inf*).
hot dog *n* hot-dog *m*.
hotel [həu'tɛl] *n* hotel *m*.
hotelier [həu'tɛlɪə*] *n* hotelarz (-arka) *m(f)*.
hotel industry *n* hotelarstwo *nt*.
hotel room *n* pokój *m* hotelowy.
hotfoot ['hɔtfut] *adv* ochoczo, żwawo.
hot-headed [hɔt'hɛdɪd] *adj* w gorącej wodzie kąpany.
hothouse ['hɔthaus] *n* cieplarnia *f*.
hot line *n* gorąca linia *f*.
hotly ['hɔtlɪ] *adv* (*contest*) ostro, zawzięcie; (*speak, deny*) stanowczo, kategorycznie.
hotplate ['hɔtpleɪt] *n* płytka *f* grzejna (*kuchenki elektrycznej*).
hotpot ['hɔtpɔt] (*BRIT*) *n* potrawka *f* z jarzynami.
hot seat *n* (*fig*): **in the hot seat** na cenzurowanym.
hot spot (*POL*) *n* punkt *m* zapalny.
hot spring *n* gorące źródło *nt*.
hot stuff (*inf*) *n* (*woman*) laska *f* (*inf*); (*activity*): **skateboarding is hot stuff now** jest teraz szał na jazdę na deskorolce.
hot-tempered ['hɔt'tɛmpəd] *adj* porywczy.
hot-water bottle [hɔt'wɔ:tə-] *n* termofor *m*.
hound [haund] *vt* napastować ♦ *n* pies *m* gończy, ogar *m*.
hour ['auə*] *n* godzina *f*; **60 miles an hour** 60 mil na godzinę; **lunch hour** ≈ przerwa obiadowa; **to pay sb by the hour** płacić komuś od godziny.
hourly ['auəlɪ] *adj* (*service*) cogodzinny; (*rate*) godzinny ♦ *adv* (*each hour*) co godzinę; (*soon*) w każdej chwili.

house [*n* haus, *vb* hauz] *n* dom *m*; (*POL*) izba *f*; (*THEAT*) sala *f*, widownia *f*; (*of Windsor etc*) dynastia *f* ♦ *vt* (*person*) przydzielać (przydzielić *perf*) mieszkanie *+dat*; (*collection, library*) mieścić; **at my house** u mnie w domu; **publishing house** wydawnictwo; **fashion house** dom mody; **royal house** rodzina królewska; **the House of Commons** (*BRIT*) Izba Gmin; **the House of Representatives** (*US*) Izba Reprezentantów; **on the house** (*fig*) na koszt firmy.

house arrest *n* areszt *m* domowy.

houseboat ['hausbəut] *n* łódź *f* mieszkalna.

housebound ['hausbaund] *adj*: **to be housebound** nie móc wychodzić (z domu).

housebreaking ['hausbreıkıŋ] *n* włamanie *nt*.

house-broken ['hausbrəukn] (*US*) *adj* = **house-trained**.

housecoat ['hauskəut] *n* podomka *f*.

household ['haushəuld] *n* (*people*) rodzina *f*; (*home*) gospodarstwo *nt* (domowe); **household name** powszechnie znane nazwisko.

householder ['haushəuldə*] *n* (*owner*) właściciel(ka) *m(f)*; (*tenant*) lokator(ka) *m(f)*.

househunting ['haushʌntıŋ] *n* szukanie *nt* mieszkania.

housekeeper ['hauski:pə*] *n* gosposia *f*.

housekeeping ['hauski:pıŋ] *n* (*work*) prowadzenie *nt* gospodarstwa (domowego); (*money*) pieniądze *pl* na życie.

houseman ['hausmən] (*BRIT*) (*irreg like*: **man**) *n* lekarz *m* stażysta *m*.

houseplant ['hausplɑ:nt] *n* roślina *f* domowa *or* doniczkowa.

house-proud ['hauspraud] *adj*: **to be house-proud** pedantycznie dbać o wygląd domu.

house-to-house ['haustə'haus] *adj* (*enquiries*) po domach *post*; (*selling*) obwoźny, domokrążny.

house-trained ['haustreınd] (*BRIT*) *adj*: **my dog is house-trained** mój pies nie brudzi (w domu).

house-warming (party) ['hauswɔ:mıŋ-] *n* oblewanie *nt* nowego mieszkania/domu, parapetówa *f* (*inf*).

housewife ['hauswaıf] (*irreg like*: **wife**) *n* gospodyni *f* domowa.

housework ['hauswə:k] *n* prace *pl* domowe.

housing ['hauzıŋ] *n* (*buildings*) zakwaterowanie *nt*; (*conditions*) warunki *pl* mieszkaniowe; (*provision*) gospodarka *f* mieszkaniowa ♦ *cpd* (*problem*) mieszkaniowy; **housing shortage** brak mieszkań.

housing association *n* ≈ spółdzielnia *f* mieszkaniowa.

housing conditions *npl* warunki *pl* mieszkaniowe.

housing development (*BRIT*) *n* = **housing estate**.

housing estate *n* osiedle *nt* (mieszkaniowe).

hovel ['hɔvl] *n* (nędzna) chałupa *f*; (*fig*) nora *f*.

hover ['hɔvə*] *vi* (*bird, insect*) wisieć *or* unosić się w powietrzu; (*person*) stać wyczekująco, ociągać się; **to hover round sb** kręcić się koło kogoś.

hovercraft ['hɔvəkrɑ:ft] *n* poduszkowiec *m*.

hoverport ['hɔvəpɔ:t] *n* przystań *f* dla poduszkowców.

how [hau] *adv* jak; **how are you?** jak się masz?; **how is school?** jak tam szkoła *or* w szkole?; **how long have you been here?** jak długo (już) tu jesteś?; **how lovely/awful!** jak cudownie/okropnie!; **how many people?** ilu ludzi?; **how much milk?** ile mleka?

however [hau'ɛvə*] *conj* jednak(że) ♦ *adv* jakkolwiek; (*in questions*) jakże(ż).

howl [haul] *vi* (*animal, person*) wyć; (*baby*) głośno płakać; (*wind*) wyć, zawodzić ♦ *n* wycie *nt*; (*of baby*) głośny płacz *m*.

howler ['haulə*] (*inf*) *n* wsypa *f* (*inf*).

HP (*BRIT*) *n abbr* = **hire purchase**.

h.p. (*AUT*) *abbr* = **horsepower** KM.

HQ *abbr* = **headquarters** KG.

HR (*US*: *POL*) *n abbr* (= *House of Representatives*) Izba *f* Reprezentantów.

HRH (*BRIT*) *abbr* (= *His (or Her) Royal Highness*) JKW.

hr(s) *abbr* = **hour(s)** godz.

HS (*US*) *abbr* = **high school**.

HST (*US*) *abbr* (= *Hawaiian Standard Time*).

hub [hʌb] *n* (*of wheel*) piasta *f*; (*fig*) centrum *nt*; **to be the hub of the universe** być najważniejszym na świecie.

hubbub ['hʌbʌb] *n* wrzawa *f*, zgiełk *m*.

hubcap ['hʌbkæp] *n* (*AUT*) kołpak *m*.

HUD (*US*) *n abbr* (= *Department of Housing and Urban Development*) Ministerstwo *nt* Gospodarki Mieszkaniowej i Rozwoju Miast.

huddle ['hʌdl] *vi*: **to huddle together** skupiać się (skupić się *perf*), ścieśniać się (ścieśnić się *perf*) ♦ *n* bezładna masa *f*, kupa *f* (*inf*).

hue [hju:] *n* (*colour*) barwa *f*; (*shade*) odcień *m*.

hue and cry *n* wrzawa *f*, krzyk *m* (*protestu*).

huff [hʌf] *n*: **in a huff** wzburzony ♦ *vi*: **to huff and puff** ciężko dyszeć.

hug [hʌg] *vt* (*person*) ściskać (uściskać *perf*), przytulać (przytulić *perf*) (do siebie); (*thing*) obejmować (objąć *perf*) (rękoma), przyciskać (przycisnąć *perf*) (do siebie) ♦ *n* uścisk *m*; **to give sb a hug** przytulić (*perf*) *or* uściskać (*perf*) kogoś.

huge [hju:dʒ] *adj* ogromny.

hugely ['hju:dʒlı] *adv* ogromnie.

hulk [hʌlk] *n* (*ship*) kadłub *m* rozbitego statku; (*person, building etc*) kolos *m*.

hulking ['hʌlkıŋ] *adj*: **hulking great** olbrzymi.

hull [hʌl] *n* (*of ship*) kadłub *m*; (*of nut*) łupina *f*; (*of strawberry*) szypułka *f* ♦ *vt* (*strawberries etc*) obierać (obrać *perf*).

hullaballoo ['hʌləbə'lu:] (*inf*) *n* harmider *m*.

hullo [hə'ləu] *excl* = **hello**.
hum [hʌm] *vt* nucić (zanucić *perf*) ♦ *vi* (*person*) nucić (sobie); (*machine*) (głośno) buczeć; (*insect*) bzykać, bzyczeć ♦ *n* (*of traffic*) szum *m*; (*of machines*) buczenie *nt*; (*of voices*) szmer *m*.
human ['hju:mən] *adj* ludzki ♦ *n* (*also*: **human being**) człowiek *m*, istota *f* ludzka; **the human race** rodzaj ludzki.
humane [hju:'meɪn] *adj* (*treatment*) humanitarny, ludzki; (*slaughter*) humanitarny.
humanism ['hju:mənɪzəm] *n* humanizm *m*.
humanitarian [hju:mænɪ'tɛərɪən] *adj* humanitarny.
humanity [hju:'mænɪtɪ] *n* (*mankind*) ludzkość *f*; (*condition*) człowieczeństwo *nt*; (*humaneness, kindness*) człowieczeństwo *nt*, humanitaryzm *m*; **humanities** *npl*: **(the) humanities** nauki *pl* humanistyczne; (*SCOL*) przedmioty *pl* humanistyczne.
humanly ['hju:mənlɪ] *adv*: **humanly possible** w ludzkiej mocy.
humanoid ['hju:mənɔɪd] *adj* człekopodobny, humanoidalny ♦ *n* humanoid *m*.
humble ['hʌmbl] *adj* (*modest*) skromny; (*deferential*) pokorny; (*background, birth*) niski ♦ *vt* upokarzać (upokorzyć *perf*).
humbly ['hʌmblɪ] *adv* (*modestly*) skromnie; (*deferentially*) pokornie.
humbug ['hʌmbʌg] *n* blaga *f*; (*BRIT*: *sweet*) *twardy, czarno-biały cukierek o smaku miętowym*.
humdrum ['hʌmdrʌm] *adj* nudny, monotonny.
humid ['hju:mɪd] *adj* wilgotny.
humidifier [hju:'mɪdɪfaɪə*] *n* nawilżacz *m* (powietrza).
humidity [hju:'mɪdɪtɪ] *n* wilgotność *f*.
humiliate [hju:'mɪlɪeɪt] *vt* poniżać (poniżyć *perf*), upokarzać (upokorzyć *perf*).
humiliating [hju:'mɪlɪeɪtɪŋ] *adj* poniżający, upokarzający.
humiliation [hju:mɪlɪ'eɪʃən] *n* poniżenie *nt*, upokorzenie *nt*.
humility [hju:'mɪlɪtɪ] *n* (*modesty*) skromność *f*; (*deference*) pokora *f*.
humor ['hju:mə*] (*US*) *n* = **humour**.
humorist ['hju:mərɪst] *n* (*writer*) humorysta (-tka) *m(f)*; (*performer*) komik (-iczka) *m(f)*.
humorous ['hju:mərəs] *adj* (*book*) humorystyczny; (*person, remark*) dowcipny.
humour ['hju:mə*] (*US* **humor**) *n* humor *m* ♦ *vt* spełniać (spełnić *perf*) zachcianki *+gen*; **sense of humour** poczucie humoru; **to be in good/bad humour** być w dobrym/złym humorze.
humo(u)rless ['hju:məlɪs] *adj* pozbawiony poczucia humoru.
hump [hʌmp] *n* garb *m*.
humpbacked ['hʌmpbækt] *adj*: **humpbacked bridge** mostek *m* w kształcie łuku.
humus ['hju:məs] *n* humus *m*, próchnica *f*.
hunch [hʌntʃ] *n* przeczucie *nt*; **I have a hunch that ...** mam przeczucie, że ... .
hunchback ['hʌntʃbæk] *n* garbus *m*.
hunched [hʌntʃt] *adj* zgarbiony.
hundred ['hʌndrəd] *num* sto; **hundreds of** setki *+gen*; **I'm a hundred per cent sure** jestem w stu procentach pewny.
hundredth ['hʌndrədθ] *num* setny.
hundredweight ['hʌndrɪdweɪt] *n* cetnar *m* (*BRIT = 50.8 kg; 112 lb; US = 45.3 kg; 100 lb*).
hung [hʌŋ] *pt, pp of* **hang**.
Hungarian [hʌŋ'gɛərɪən] *adj* węgierski ♦ *n* (*person*) Węgier(ka) *m(f)*; (*LING*) (język *m*) węgierski.
Hungary ['hʌŋgərɪ] *n* Węgry *pl*.
hunger ['hʌŋgə*] *n* głód *m* ♦ *vi*: **to hunger for** łaknąć *or* być złaknionym *+gen*.
hunger strike *n* strajk *m* głodowy.
hungrily ['hʌŋgrəlɪ] *adv* łapczywie.
hungry ['hʌŋgrɪ] *adj* głodny; **hungry for** złakniony *+gen*; **to go hungry** głodować.
hung up (*inf*) *adj*: **to be hung up on** *or* **about** być przeczulonym na punkcie *+gen*.
hunk [hʌŋk] *n* (*of bread etc*) kawał *m*; (*inf*: *man*) (wielkie) chłopisko *nt* (*inf*).
hunt [hʌnt] *vt* (*animals*) polować na *+acc*; (*criminal*) ścigać, tropić ♦ *vi* polować ♦ *n* (*for animals*) polowanie *nt*; (*search*) poszukiwanie *nt*; (*SPORT*) *klub myśliwych polujących na lisa*; **to hunt for** (*right word etc*) szukać *+gen*.
►**hunt down** *vt* ścigać.
hunter ['hʌntə*] *n* myśliwy *m*.
hunting ['hʌntɪŋ] *n* myślistwo *nt*; (*SPORT*) polowanie *nt* na lisa.
hurdle ['hə:dl] *n* przeszkoda *f*; (*SPORT*) płotek *m*.
hurl [hə:l] *vt* ciskać (cisnąć *perf*).
hurrah [hu'rɑ:] *excl* hur(r)a.
hurray [hu'reɪ] *n* = **hurrah**.
hurricane ['hʌrɪkən] *n* huragan *m*.
hurried ['hʌrɪd] *adj* pośpieszny.
hurriedly ['hʌrɪdlɪ] *adv* pośpiesznie, w pośpiechu.
hurry ['hʌrɪ] *n* pośpiech *m* ♦ *vi* śpieszyć się (pośpieszyć się *perf*) ♦ *vt* (*person*) popędzać (popędzić *perf*); (*work*) wykonywać (wykonać *perf*) w pośpiechu; **to be in a hurry** śpieszyć się; **to do sth in a hurry** robić (zrobić *perf*) coś w pośpiechu; **to hurry in/out** wchodzić (wejść *perf*)/wychodzić (wyjść *perf*) pośpiesznie; **they hurried to help him** pośpieszyli mu z pomocą; **to hurry home** śpieszyć się do domu; **there's no hurry** nie ma pośpiechu; **what's the hurry?** po co ten pośpiech?
►**hurry along** *vi* śpieszyć się (pośpieszyć się *perf*).
►**hurry away** *vi* odchodzić (odejść *perf*) pośpiesznie.
►**hurry off** *vi* = **hurry away**.
►**hurry up** *vt* popędzać (popędzić *perf*) ♦ *vi* śpieszyć się (pośpieszyć się *perf*).

hurt [həːt] (*pt, pp* **hurt**) *vt* (*cause pain to*) sprawiać (sprawić *perf*) ból *+dat*; (*injure*: *lit, fig*) ranić (zranić *perf*) ♦ *vi* boleć (zaboleć *perf*) ♦ *adj* ranny; **I've hurt my arm** zraniłem się w rękę; **where does it hurt?** gdzie (Pana/Panią) boli?

hurtful ['həːtful] *adj* bolesny.

hurtle ['həːtl] *vi*: **to hurtle past** przemknąć (*perf*) (obok); **the plane hurtled down the runway** samolot popędził po pasie startowym.

husband ['hʌzbənd] *n* mąż *m* ♦ *vt* (*resources etc*) gospodarować oszczędnie *+instr*.

hush [hʌʃ] *n* cisza *f* ♦ *vi* uciszać się (uciszyć się *perf*); **hush!** sza!

►**hush up** *vt* (*scandal etc*) tuszować (zatuszować *perf*).

hushed [hʌʃt] *adj* (*place*) cichy; (*voice*) przyciszony, przytłumiony.

hush-hush [hʌʃ'hʌʃ] (*inf*) *adj* poufny.

husk [hʌsk] *n* łuska *f*.

husky ['hʌskɪ] *adj* (*voice*) chrypiący, chrapliwy ♦ *n* (*dog*) husky *m*.

hustings ['hʌstɪŋz] (*BRIT*) *npl* kampania *f* wyborcza.

hustle ['hʌsl] *vt* wypychać (wypchnąć *perf*) ♦ *n*: **hustle and bustle** zgiełk *m*.

hut [hʌt] *n* (*house*) chata *f*; (*shed*) szopa *f*.

hutch [hʌtʃ] *n* klatka *f*.

hyacinth ['haɪəsɪnθ] *n* hiacynt *m*.

hybrid ['haɪbrɪd] *n* (*plant, animal*) mieszaniec *m*, hybryd *m*; (*fig*) skrzyżowanie *nt* ♦ *adj* hybrydowy.

hydrant ['haɪdrənt] *n* (*also*: **fire hydrant**) hydrant *m*.

hydraulic [haɪ'drɔːlɪk] *adj* hydrauliczny.

hydraulics [haɪ'drɔːlɪks] *n* hydromechanika *f* techniczna.

hydrochloric ['haɪdrəu'klɔrɪk] *adj*: **hydrochloric acid** kwas *m* chlorowodorowy *or* solny.

hydro-electric *adj* (*power*) hydroelektryczny; **hydro-electric power station** elektrownia wodna, hydroelektrownia.

hydrofoil ['haɪdrəfɔɪl] *n* wodolot *m*.

hydrogen ['haɪdrədʒən] *n* wodór *m*.

hydrogen bomb *n* bomba *f* wodorowa.

hydrophobia ['haɪdrə'fəubɪə] *n* wodowstręt *m*.

hydroplane ['haɪdrəpleɪn] *n* ślizgacz *m* ♦ *vi* ślizgać się (po wodzie).

hyena [haɪ'iːnə] *n* hiena *f*.

hygiene ['haɪdʒiːn] *n* higiena *f*.

hygienic [haɪ'dʒiːnɪk] *adj* higieniczny.

hymn [hɪm] *n* hymn *m*.

hype [haɪp] (*inf*) *n* szum *m* ♦ *vt* robić szum (narobić *perf* szumu) wokół *+gen*.

hyperactive ['haɪpər'æktɪv] *adj* nadczynny, nadmiernie ruchliwy.

hypermarket ['haɪpəmɑːkɪt] *n olbrzymi supermarket*.

hypertension ['haɪpə'tɛnʃən] *n* nadciśnienie *nt*.

hyphen ['haɪfn] *n* łącznik *m*.

hyphenated ['haɪfəneɪtɪd] *adj* pisany z łącznikiem.

hypnosis [hɪp'nəusɪs] *n* hipnoza *f*.

hypnotic [hɪp'nɔtɪk] *adj* hipnotyczny.

hypnotism ['hɪpnətɪzəm] *n* hipnoza *f*.

hypnotist ['hɪpnətɪst] *n* hipnotyzer(ka) *m(f)*.

hypnotize ['hɪpnətaɪz] *vt* hipnotyzować (zahipnotyzować *perf*); (*fig*) fascynować (zafascynować *perf*).

hypoallergenic ['haɪpəuælə'dʒɛnɪk] *adj* hipoalergiczny.

hypochondriac [haɪpə'kɔndrɪæk] *n* hipochondryk (-yczka) *m(f)*.

hypocrisy [hɪ'pɔkrɪsɪ] *n* hipokryzja *f*, obłuda *f*.

hypocrite ['hɪpəkrɪt] *n* hipokryta (-tka) *m(f)*, obłudnik (-ica) *m(f)*.

hypocritical [hɪpə'krɪtɪkl] *adj* obłudny.

hypodermic [haɪpə'dəːmɪk] *adj* podskórny ♦ *n* strzykawka *f* podskórna.

hypothermia [haɪpə'θəːmɪə] *n* hipotermia *f*.

hypothesis [haɪ'pɔθɪsɪs] (*pl* **hypotheses**) *n* hipoteza *f*.

hypothetical [haɪpəu'θɛtɪk(l)] *adj* hipotetyczny.

hysterectomy [hɪstə'rɛktəmɪ] *n* wycięcie *nt* macicy, histerektomia *f*.

hysteria [hɪ'stɪərɪə] *n* histeria *f*.

hysterical [hɪ'stɛrɪkl] *adj* histeryczny; (*inf*: *hilarious*) komiczny.

hysterically [hɪ'stɛrɪklɪ] *adv* histerycznie; **hysterically funny** komiczny.

hysterics [hɪ'stɛrɪks] (*inf*) *npl*: **to be in/have hysterics** (*panic, get angry*) histeryzować/ wpadać (wpaść *perf*) w histerię; (*laugh loudly*) zaśmiewać się, zanosić się od śmiechu.

Hz *abbr* (= *hertz*) Hz.

I,i

I[1], **i** [aɪ] *n* (*letter*) I *nt*, i *nt*; **I for Isaac,** *(US)* **I for Item** ≈ I jak Irena.

I[2] [aɪ] *pron* ja.

I. *abbr* = **island, isle** w.

IA (*US*: *POST*) *abbr* (= *Iowa*).

IAEA *n abbr* = **International Atomic Energy Agency**.

IBA (*BRIT*) *n abbr* (= *Independent Broadcasting Authority*).

Iberian [aɪ'bɪərɪən] *adj*: **the Iberian Peninsula** Półwysep *m* Iberyjski.

IBEW (*US*) *n abbr* (= *International Brotherhood of Electrical Workers*) *związek zawodowy elektryków*.

ib(id) *abbr* (= *ibidem*) tamże.

i/c (*BRIT*) *abbr* (= *in charge*) *see* **charge**.

ICBM *n abbr* (= *intercontinental ballistic missile*) międzykontynentalny pocisk *m* balistyczny.
ICC *n abbr* = **International Chamber of Commerce**; (*US*: = *Interstate Commerce Commission*) *komisja sprawująca kontrolę nad transportem towarów między stanami USA.*
ice [aɪs] *n* lód *m* ♦ *vt* (*cake*) lukrować (polukrować *perf*) ♦ *vi* (*also*: **ice over, ice up**) pokrywać się (pokryć się *perf*) lodem; **to put sth on ice** (*fig*) odkładać (odłożyć *perf*) coś na później.
Ice Age *n* epoka *f* lodowa *or* lodowcowa.
ice axe *n* czekan *m*.
iceberg ['aɪsbəːg] *n* góra *f* lodowa; **the tip of the iceberg** (*fig*) wierzchołek góry lodowej.
icebox ['aɪsbɔks] *n* (*US*) lodówka *f*; (*BRIT*) zamrażalnik *m*; (*insulated box*) lodówka *f* turystyczna.
icebreaker ['aɪsbreɪkə*] *n* lodołamacz *m*.
ice bucket *n* wiaderko *nt* z lodem.
ice-cold [aɪs'kəuld] *adj* lodowato zimny.
ice cream *n* lody *pl*.
ice-cream soda ['aɪskriːm-] *n lody z syropem owocowym i wodą sodową.*
ice cube *n* kostka *f* lodu.
iced [aɪst] *adj* (*cake*) lukrowany; (*beer*) schłodzony; (*tea*) mrożony.
ice hockey *n* hokej *m* (na lodzie).
Iceland ['aɪslənd] *n* Islandia *f*.
Icelander ['aɪsləndə*] *n* Islandczyk (-dka) *m(f)*.
Icelandic [aɪs'lændɪk] *adj* islandzki ♦ *n* (język *m*) islandzki.
ice lolly (*BRIT*) *n lizak z mrożonej wody z sokiem owocowym.*
ice pick *n* szpikulec *m* do lodu.
ice rink *n* lodowisko *nt*.
ice-skate ['aɪsskeɪt] *n* łyżwa *f* ♦ *vi* jeździć na łyżwach.
ice-skating ['aɪsskeɪtɪŋ] *n* łyżwiarstwo *nt*.
icicle ['aɪsɪkl] *n* sopel *m*.
icing ['aɪsɪŋ] *n* (*CULIN*) lukier *m*; (*AVIAT etc*) oblodzenie *nt*.
icing sugar (*BRIT*) *n* ≈ cukier *m* puder *m*.
ICJ *n abbr* = **International Court of Justice**.
icon ['aɪkɔn] *n* ikona *f*.
ICR (*US*) *n abbr* (= *Institute for Cancer Research*).
ICU (*MED*) *n abbr* (= *intensive care unit*) IOM *m*, oddział *m* intensywnej opieki medycznej.
icy ['aɪsɪ] *adj* (*water*) lodowaty; (*road*) oblodzony.
ID (*US*: *POST*) *abbr* (= *Idaho*).
I'd [aɪd] = **I would**; = **I had**.
ID card *n* = **identity card**.
IDD (*BRIT*: *TEL*) *n abbr* (= *international direct dialling*) międzynarodowe połączenie *nt* automatyczne.
idea [aɪ'dɪə] *n* (*scheme*) pomysł *m*; (*opinion*) pogląd *m*; (*notion*) pojęcie *nt*; (*objective*) założenie *nt*, idea *f*; **good idea!** dobry pomysł!; **to have a good idea of** mieć dobre pojęcie o *+loc*; **I haven't the least** *or* **faintest idea** nie mam najmniejszego *or* zielonego pojęcia; **that's not my idea of ...** nie tak wyobrażam sobie *+acc*.
ideal [aɪ'dɪəl] *n* ideał *m* ♦ *adj* idealny.
idealist [aɪ'dɪəlɪst] *n* idealista (-tka) *m(f)*.
ideally [aɪ'dɪəlɪ] *adv* idealnie; **ideally the book should have ...** najlepiej (byłoby), gdyby książka miała ...; **she's ideally suited for the job** ona się idealnie nadaje do tej pracy.
identical [aɪ'dɛntɪkl] *adj* identyczny.
identification [aɪdɛntɪfɪ'keɪʃən] *n* rozpoznanie *nt*; (*of person, dead body*) identyfikacja *f*; **(means of) identification** dowód tożsamości.
identify [aɪ'dɛntɪfaɪ] *vt* rozpoznawać (rozpoznać *perf*); (*suspect, dead body*) identyfikować (zidentyfikować *perf*); **this will identify him** po tym będzie można go rozpoznać; **to identify sb/sth with** utożsamiać (utożsamić *perf*) kogoś/coś z *+instr*.
Identikit [aɪ'dɛntɪkɪt] ® *n*: **Identikit (picture)** portret *m* pamięciowy.
identity [aɪ'dɛntɪtɪ] *n* tożsamość *f*.
identity card *n* ≈ dowód *m* osobisty.
identity papers *npl* dowód *m* tożsamości, dokumenty *pl*.
identity parade (*BRIT*) *n* konfrontacja *f* (*mająca na celu zidentyfikowanie podejrzanego*).
ideological [aɪdɪə'lɔdʒɪkl] *adj* ideologiczny.
ideology [aɪdɪ'ɔlədʒɪ] *n* ideologia *f*.
idiocy ['ɪdɪəsɪ] *n* idiotyzm *m*.
idiom ['ɪdɪəm] *n* (*in architecture, music*) styl *m*; (*LING*) idiom *m*.
idiomatic [ɪdɪə'mætɪk] *adj* idiomatyczny.
idiosyncrasy [ɪdɪəu'sɪŋkrəsɪ] *n* dziwactwo *nt*.
idiosyncratic [ɪdɪəusɪŋ'krætɪk] *adj* specyficzny.
idiot ['ɪdɪət] *n* idiota (-tka) *m(f)*.
idiotic [ɪdɪ'ɔtɪk] *adj* idiotyczny.
idle ['aɪdl] *adj* (*inactive*) bezczynny; (*lazy*) leniwy; (*unemployed*) bezrobotny; (*machinery, factory*) nieczynny; (*conversation*) jałowy; (*threat, boast*) pusty ♦ *vi* (*machine, engine*) pracować na wolnych obrotach; **to be idle** próżnować; **to lie idle** być nieczynnym.
►**idle away** *vt*: **to idle away the time** trwonić czas.
idleness ['aɪdlnɪs] *n* (*inactivity*) bezczynność *f*; (*laziness*) próżniactwo *nt*.
idler ['aɪdlə*] *n* próżniak *m*.
idle time (*COMM*) *n* przestój *m*.
idly ['aɪdlɪ] *adv* (*sit*) bezczynnie, z założonymi rękami; (*glance*) nieuważnie.
idol ['aɪdl] *n* idol *m*.
idolize ['aɪdəlaɪz] *vt* ubóstwiać.
idyllic [ɪ'dɪlɪk] *adj* idylliczny, sielankowy.
i.e. *abbr* (= *id est*) tj.

KEYWORD

if [ɪf] *conj* **1** (*conditional use*) jeżeli, jeśli; (: *with unreal or unlikely conditions, in polite requests*) gdyby; **I'll go if you come with me** pójdę, jeśli *or* jeżeli pójdziesz ze mną; **if we had known** gdybyśmy wiedzieli; **if only I could** gdybym tylko mógł; **I'd be pleased if you could do it** cieszyłbym się, gdybyś mógł to zrobić; **if necessary** jeśli to konieczne, jeśli trzeba; **if I were you ...** (ja) na twoim miejscu ... . **2** (*whenever*) gdy tylko, zawsze gdy *or* kiedy; **if we are in Scotland, we always go to see her** gdy tylko jesteśmy w Szkocji, zawsze ją odwiedzamy. **3** (*although*): **(even) if** choćby (nawet); **I am determined to finish it, (even) if it takes all week** zamierzam to skończyć, choćby (nawet) miało to zabrać cały tydzień. **4** (*whether*) czy; **ask him if he can come** zapytaj go, czy może przyjść. **5**: **if so/not** jeśli tak/nie; **if only to** choćby po to, (że)by *+infin*; *see also* **as**.

igloo ['ɪglu:] *n* igloo *nt inv*.
ignite [ɪg'naɪt] *vt* zapalać (zapalić *perf*) ♦ *vi* zapalać się (zapalić się *perf*).
ignition [ɪg'nɪʃən] *n* (*AUT*) zapłon *m*; **to switch on/off the ignition** włączać (włączyć *perf*)/wyłączać (wyłączyć *perf*) zapłon.
ignition key (*AUT*) *n* kluczyk *m* zapłonu.
ignoble [ɪg'nəubl] *adj* niegodziwy.
ignominious [ɪgnə'mɪnɪəs] *adj* haniebny.
ignoramus [ɪgnə'reɪməs] *n* ignorant(ka) *m(f)*.
ignorance ['ɪgnərəns] *n* niewiedza *f*, ignorancja *f*; **to keep sb in ignorance of sth** utrzymywać kogoś w nieświadomości czegoś.
ignorant ['ɪgnərənt] *adj* niedouczony; **to be ignorant of** (*subject*) nie znać *+gen*; (*events*) nie wiedzieć o *+loc*.
ignore [ɪg'nɔ:*] *vt* (*pay no attention to*) ignorować (zignorować *perf*); (*fail to take into account*) nie brać (nie wziąć *perf*) pod uwagę *+gen*.
ikon ['aɪkɔn] *n* = **icon**.
IL (*US*: *POST*) *abbr* (= *Illinois*).
ILA (*US*) *n abbr* (= *International Longshore Association*) *związek zawodowy dokerów*.
I'll [aɪl] = **I will**; = **I shall**.
ill [ɪl] *adj* (*person*) chory; (*effects*) szkodliwy ♦ *n* (*evil*) zło *nt*; (*trouble*) dolegliwość *f* ♦ *adv*: **to speak/think ill of sb** źle o kimś mówić/myśleć; **to be taken ill** (nagle) zachorować *(perf)*.
ill-advised [ɪləd'vaɪzd] *adj* nierozważny, nierozsądny.
ill-at-ease [ɪlət'i:z] *adj* skrępowany.
ill-considered [ɪlkən'sɪdəd] *adj* nie przemyślany.
ill-disposed [ɪldɪs'pəuzd] *adj*: **ill-disposed toward sb/sth** nieprzychylnie nastawiony do kogoś/czegoś.
illegal [ɪ'li:gl] *adj* (*activity*) sprzeczny z prawem, nielegalny; (*immigrant, organization*) nielegalny.
illegally [ɪ'li:gəlɪ] *adv* (*in breach of law*) nielegalnie; (*in breach of rules*) nieprzepisowo.
illegible [ɪ'lɛdʒɪbl] *adj* nieczytelny.
illegitimate [ɪlɪ'dʒɪtɪmət] *adj* (*child*) nieślubny; (*activity*) bezprawny.
ill-fated [ɪl'feɪtɪd] *adj* fatalny.
ill-favoured [ɪl'feɪvəd] (*US* **ill-favored**) *adj* niezbyt urodziwy.
ill feeling *n* uraza *f*.
ill-gotten ['ɪlgɔtn] *adj*: **ill-gotten gains** nieuczciwie osiągnięte zyski *pl*.
illicit [ɪ'lɪsɪt] *adj* (*sale*) nielegalny; (*substance*) zakazany, niedozwolony; **an illicit association** romans.
ill-informed [ɪlɪn'fɔ:md] *adj* (*judgement*) mylny; (*person*) źle poinformowany.
illiterate [ɪ'lɪtərət] *adj* niepiśmienny; **he's illiterate** jest analfabetą.
ill-mannered [ɪl'mænəd] *adj* źle wychowany.
illness ['ɪlnɪs] *n* choroba *f*.
illogical [ɪ'lɔdʒɪkl] *adj* (*argument*) nielogiczny; (*fear*) niedorzeczny.
ill-suited [ɪl'su:tɪd] *adj* (*couple*) niedobrany; **he is ill-suited to the job** on się nie nadaje do tej pracy.
ill-timed [ɪl'taɪmd] *adj* nie w porę *post*.
ill-treat [ɪl'tri:t] *vt* (*treat badly*) źle traktować; (*treat cruelly*) maltretować, znęcać się nad *+instr*.
ill-treatment [ɪl'tri:tmənt] *n* (*bad treatment*) złe traktowanie *nt*; (*cruelty*) maltretowanie *nt*, znęcanie się *nt*.
illuminate [ɪ'lu:mɪneɪt] *vt* oświetlać (oświetlić *perf*).
illuminated sign [ɪ'lu:mɪneɪtɪd-] *n* podświetlony znak *m*.
illuminating [ɪ'lu:mɪneɪtɪŋ] *adj* pouczający.
illumination [ɪlu:mɪ'neɪʃən] *n* (*lighting*) oświetlenie *nt*; (*illustration*) iluminacja *f*; **illuminations** *npl* dekoracje *pl* świetlne.
illusion [ɪ'lu:ʒən] *n* (*false idea, belief*) złudzenie *nt*, iluzja *f*; (*trick*) sztuczka *f* magiczna; **to be under the illusion that ...** łudzić się, że ... .
illusive [ɪ'lu:sɪv] *adj* = **illusory**.
illusory [ɪ'lu:sərɪ] *adj* złudny, iluzoryczny.
illustrate ['ɪləstreɪt] *vt* ilustrować (zilustrować *perf*).
illustration [ɪlə'streɪʃən] *n* (*picture, example*) ilustracja *f*; (*act of illustrating*) ilustrowanie *nt*.
illustrator ['ɪləstreɪtə*] *n* ilustrator(ka) *m(f)*.
illustrious [ɪ'lʌstrɪəs] *adj* znakomity.
ill will *n* wrogość *f*.
ILO *n abbr* = **International Labour Organization**.
ILWU (*US*) *n abbr* (= *International Longshoremen's and Warehousemen's Union*).
I'm [aɪm] = **I am**.
image ['ɪmɪdʒ] *n* (*picture, public face*) wizerunek *m*; (*reflection*) odbicie *nt*.
imagery ['ɪmɪdʒərɪ] *n* (*in writing, painting*) symbolika *f*.
imaginable [ɪ'mædʒɪnəbl] *adj* wyobrażalny; **we've tried every imaginable solution**

próbowaliśmy wszystkich rozwiązań, jakie można sobie wyobrazić; **she had the prettiest hair imaginable** miała prześliczne włosy.

imaginary [ɪ'mædʒɪnərɪ] *adj* wyimaginowany.

imagination [ɪmædʒɪ'neɪʃən] *n* (*inventiveness, part of mind*) wyobraźnia *f*; (*illusion*) urojenie *nt*; **it's just your imagination** to tylko wytwór twojej wyobraźni.

imaginative [ɪ'mædʒɪnətɪv] *adj* (*person*) twórczy; (*solution*) pomysłowy.

imagine [ɪ'mædʒɪn] *vt* (*visualize*) wyobrażać (wyobrazić *perf*) sobie; (*suppose*): **I imagine that ...** zdaje mi się, że ...; **you must have imagined it** zdawało ci się.

imbalance [ɪm'bæləns] *n* brak *m* równowagi.

imbecile ['ɪmbəsi:l] *n* imbecyl *m*.

imbue [ɪm'bju:] *vt*: **to be imbued with** być przepojonym *+instr*.

IMF *n abbr* (= *International Monetary Fund*) MFW *m inv* (= Międzynarodowy Fundusz Walutowy).

imitate ['ɪmɪteɪt] *vt* (*copy*) naśladować; (*mimic*) naśladować, imitować.

imitation [ɪmɪ'teɪʃən] *n* (*act*) naśladowanie *nt*; (*instance*) imitacja *f*.

imitator ['ɪmɪteɪtə*] *n* naśladowca (-wczyni) *m(f)*, imitator(ka) *m(f)*.

immaculate [ɪ'mækjulət] *adj* (*spotless*) nieskazitelnie czysty; (*flawless*) nieskazitelny; (*REL*) niepokalany.

immaterial [ɪmə'tɪərɪəl] *adj* nieistotny.

immature [ɪmə'tjuə*] *adj* niedojrzały.

immaturity [ɪmə'tjuərɪtɪ] *n* niedojrzałość *f*.

immeasurable [ɪ'mɛʒrəbl] *adj* niezmierzony.

immediacy [ɪ'mi:dɪəsɪ] *n* (*of events*) bezpośredniość *f*; (*of reaction*) natychmiastowość *f*.

immediate [ɪ'mi:dɪət] *adj* (*reaction, answer*) natychmiastowy; (*need*) pilny; (*vicinity, predecessor*) bezpośredni; (*family, neighbourhood*) najbliższy.

immediately [ɪ'mi:dɪətlɪ] *adv* (*at once*) natychmiast; (*directly*) bezpośrednio; **immediately behind/next to** tuż za *+instr*/przy *+loc*.

immense [ɪ'mɛns] *adj* ogromny.

immensely [ɪ'mɛnslɪ] *adv* ogromnie, niezmiernie.

immensity [ɪ'mɛnsɪtɪ] *n* ogrom *m*.

immerse [ɪ'mə:s] *vt*: **to immerse sth (in)** zanurzać (zanurzyć *perf*) coś (w *+loc*); **to be immersed in thought/work** (*fig*) być zatopionym w myślach/pochłoniętym pracą.

immersion heater [ɪ'mə:ʃən-] (*BRIT*) *n* grzejnik *m* nurkowy.

immigrant ['ɪmɪgrənt] *n* imigrant(ka) *m(f)*.

immigration [ɪmɪ'greɪʃən] *n* (*process*) imigracja *f*; (*also*: **immigration control**) kontrola *f* paszportowa *or* graniczna ♦ *cpd*: **immigration officer** przedstawiciel(ka) *m(f)* urzędu imigracyjnego; **immigration laws** prawo przesiedleńcze.

imminent ['ɪmɪnənt] *adj* (*war, disaster*) nieuchronny; (*arrival*) bliski.

immobile [ɪ'məubaɪl] *adj* nieruchomy.

immobilize [ɪ'məubɪlaɪz] *vt* unieruchamiać (unieruchomić *perf*).

immoderate [ɪ'mɔdərət] *adj* nieumiarkowany.

immodest [ɪ'mɔdɪst] *adj* nieskromny.

immoral [ɪ'mɔrl] *adj* niemoralny.

immorality [ɪmɔ'rælɪtɪ] *n* niemoralność *f*.

immortal [ɪ'mɔ:tl] *adj* nieśmiertelny.

immortality [ɪmɔ:'tælɪtɪ] *n* nieśmiertelność *f*.

immortalize [ɪ'mɔ:tlaɪz] *vt* uwieczniać (uwiecznić *perf*), unieśmiertelniać (unieśmiertelnić *perf*).

immovable [ɪ'mu:vəbl] *adj* (*object*) nieruchomy; (*opinion*) niewzruszony, niezachwiany.

immune [ɪ'mju:n] *adj*: **immune (to)** (*disease*) odporny (na *+acc*); (*flattery, criticism*) nieczuły (na *+acc*).

immunity [ɪ'mju:nɪtɪ] *n* (*to disease*) odporność *f*; (*of diplomat etc*) immunitet *m*, nietykalność *f*.

immunization [ɪmjunaɪ'zeɪʃən] *n* (*MED*) uodpornienie *nt*.

immunize ['ɪmjunaɪz] *vt* (*MED*): **to immunize (against)** uodparniać (uodpornić *perf*) (przeciwko *+dat*).

imp [ɪmp] *n* diabełek *m*.

impact ['ɪmpækt] *n* (*of bullet, crash*: *contact*) uderzenie *nt*; (: *force*) siła *f* uderzenia; (*of law, measure*) wpływ *m*; **on impact** przy uderzeniu.

impair [ɪm'pɛə*] *vt* osłabiać (osłabić *perf*).

impale [ɪm'peɪl] *vt*: **to impale sth (on)** nadziewać (nadziać *perf*) coś (na *+acc*).

impart [ɪm'pɑ:t] *vt*: **to impart (to)** (*information*) przekazywać (przekazać *perf*) (*+dat*); (*flavour*) nadawać (nadać *perf*) (*+dat*).

impartial [ɪm'pɑ:ʃl] *adj* bezstronny.

impartiality [ɪmpɑ:ʃɪ'ælɪtɪ] *n* bezstronność *f*.

impassable [ɪm'pɑ:səbl] *adj* (*road*) nieprzejezdny; (*river*) nieżeglowny.

impasse [æm'pɑ:s] *n* impas *m*.

impassive [ɪm'pæsɪv] *adj* beznamiętny.

impatience [ɪm'peɪʃəns] *n* (*annoyance, irritation*) zniecierpliwienie *nt*; (*eagerness*) niecierpliwość *f*.

impatient [ɪm'peɪʃənt] *adj* (*annoyed*) zniecierpliwiony; (*irritable, eager, in a hurry*) niecierpliwy; **to be impatient to do sth** niecierpliwić się, żeby coś zrobić; **to get** *or* **grow impatient** zaczynać (zacząć *perf*) się niecierpliwić.

impatiently [ɪm'peɪʃəntlɪ] *adv* niecierpliwie.

impeach [ɪm'pi:tʃ] *vt* stawiać (postawić *perf*) w stan oskarżenia.

impeachment [ɪm'pi:tʃmənt] *n* postawienie *nt* w stan oskarżenia.

impeccable [ɪm'pɛkəbl] *adj* nienaganny.

impecunious [ɪmpɪ'kju:nɪəs] (*fml*) *adj* ubogi.

impede [ɪm'pi:d] *vt* utrudniać (utrudnić *perf*).
impediment [ɪm'pɛdɪmənt] *n* utrudnienie *nt*, przeszkoda *f*; **speech impediment** wada wymowy.
impel [ɪm'pɛl] *vt*: **to impel sb to do sth** zmuszać (zmusić *perf*) kogoś do zrobienia czegoś.
impending [ɪm'pɛndɪŋ] *adj* zbliżający się.
impenetrable [ɪm'pɛnɪtrəbl] *adj* (*jungle*) niedostępny, nie do przebycia *post*; (*fortress*) nie do zdobycia *post*; (*fig*: *text*) nieprzystępny; (: *look, expression*) nieprzenikniony; (: *mystery*) niezgłębiony.
imperative [ɪm'pɛrətɪv] *adj*: **it's imperative that you (should) call him immediately** koniecznie musisz natychmiast do niego zadzwonić ♦ *n* (*LING*) tryb *m* rozkazujący; (*moral*) imperatyw *m*.
imperceptible [ɪmpə'sɛptɪbl] *adj* niezauważalny.
imperfect [ɪm'pə:fɪkt] *adj* wadliwy ♦ *n* (*LING*: *also*: **imperfect tense**) czas *m* przeszły o aspekcie niedokonanym.
imperfection [ɪmpə:'fɛkʃən] *n* (*failing*) wada *f*; (*blemish*) skaza *f*.
imperial [ɪm'pɪərɪəl] *adj* imperialny; (*BRIT*): **imperial system** *tradycyjny brytyjski system miar i wag*.
imperialism [ɪm'pɪərɪəlɪzəm] *n* imperializm *m*.
imperil [ɪm'pɛrɪl] *vt* narażać (narazić *perf*) na niebezpieczeństwo.
imperious [ɪm'pɪərɪəs] *adj* władczy.
impersonal [ɪm'pə:sənl] *adj* bezosobowy.
impersonate [ɪm'pə:səneɪt] *vt* (*pass o.s. off as*) podawać się (podać się *perf*) za *+acc*; (*THEAT*) wcielać się (wcielić się *perf*) w postać *+gen*.
impersonation [ɪmpə:sə'neɪʃən] *n*: **impersonation of** (*JUR*) podawanie się *nt* za *+acc*; (*THEAT*) wcielenie się *nt* w postać *+gen*.
impertinent [ɪm'pə:tɪnənt] *adj* impertynencki.
imperturbable [ɪmpə'tə:bəbl] *adj* niewzruszony.
impervious [ɪm'pə:vɪəs] *adj* (*fig*): **impervious to** nieczuły na *+acc*.
impetuous [ɪm'pɛtjuəs] *adj* porywczy.
impetus ['ɪmpətəs] *n* (*of runner*) rozpęd *m*, impet *m*; (*fig*) bodziec *m*.
impinge [ɪm'pɪndʒ] *vt fus*: **to impinge on** (*sb's life*) rzutować na *+acc*; (*sb's rights*) naruszać *+acc*.
implacable [ɪm'plækəbl] *adj* (*hatred*) zaciekły; (*opposition*) nieprzejednany.
implant [ɪm'plɑ:nt] *vt* (*MED*) wszczepiać (wszczepić *perf*); (*fig*) zaszczepiać (zaszczepić *perf*).
implausible [ɪm'plɔ:zɪbl] *adj* mało prawdopodobny.
implement [*n* 'ɪmplɪmənt, *vb* 'ɪmplɪmɛnt] *n* narzędzie *nt* ♦ *vt* wprowadzać (wprowadzić *perf*) w życie.
implicate ['ɪmplɪkeɪt] *vt*: **to be implicated in** być zamieszanym w *+acc*.
implication [ɪmplɪ'keɪʃən] *n* (*inference*) implikacja *f*; (*involvement*): **implication in** zamieszanie *nt* w *+acc*; **by implication** tym samym.
implicit [ɪm'plɪsɪt] *adj* (*threat, meaning*) ukryty; (*belief, trust*) bezgraniczny.
implicitly [ɪm'plɪsɪtlɪ] *adv* (*indirectly*) pośrednio; (*totally*) bezgranicznie, bez zastrzeżeń.
implore [ɪm'plɔ:*] *vt*: **to implore sb (to do sth)** błagać kogoś (, żeby coś zrobił); **to implore sth (from sb)** błagać (kogoś) o coś.
imply [ɪm'plaɪ] *vt* (*hint*) sugerować (zasugerować *perf*), dawać (dać *perf*) do zrozumienia; (*mean*) implikować.
impolite [ɪmpə'laɪt] *adj* niegrzeczny.
imponderable [ɪm'pɔndərəbl] *adj* nieogarniony ♦ *n* imponderabilia *pl* (*no sg*).
import [*vb* ɪm'pɔ:t, *n, cpd* 'ɪmpɔ:t] *vt* importować (importować *perf*) ♦ *n* (*article*) towar *m* importowany; (*importation*) import *m*, przywóz *m* ♦ *cpd*: **import duty** cło *nt* przywozowe; **import licence** licencja importowa.
importance [ɪm'pɔ:tns] *n* znaczenie *nt*, waga *f*; **to be of great/little importance** mieć duże/małe znaczenie; **a person/position of importance** ważna osoba/pozycja.
important [ɪm'pɔ:tnt] *adj* ważny; **it's not important** to nieważne, to nie ma znaczenia.
importantly [ɪm'pɔ:tntlɪ] *adv* znacznie; **more importantly, ...** co ważniejsze, ...
importation [ɪmpɔ:'teɪʃən] *n* import *m*, przywóz *m*.
imported [ɪm'pɔ:tɪd] *adj* importowany.
importer [ɪm'pɔ:tə*] *n* importer *m*.
impose [ɪm'pəuz] *vt* (*sanctions, restrictions*) nakładać (nałożyć *perf*); (*discipline*) narzucać (narzucić *perf*) ♦ *vi*: **to impose on sb** nadużywać czyjejś uprzejmości.
imposing [ɪm'pəuzɪŋ] *adj* imponujący.
imposition [ɪmpə'zɪʃən] *n* (*of tax, sanctions*) nałożenie *nt*; (*of discipline*) narzucenie *nt*; **it would be an imposition to ask him that** proszenie go o to byłoby nadużywaniem jego uprzejmości.
impossibility [ɪmpɔsə'bɪlɪtɪ] *n* niemożliwość *f*.
impossible [ɪm'pɔsɪbl] *adj* niemożliwy; (*situation*) beznadziejny; **it's impossible for me to leave now** nie mogę teraz wyjść.
impossibly [ɪm'pɔsɪblɪ] *adj* niemożliwie.
imposter [ɪm'pɔstə*] *n* = **impostor**.
impostor [ɪm'pɔstə*] *n* oszust(ka) *m(f)* (*podający się za kogoś*).
impotence ['ɪmpətns] *n* niemoc *f*; (*MED*) impotencja *f*.
impotent ['ɪmpətnt] *adj* (*powerless*) bezsilny; (*MED*): **he's impotent** jest impotentem.
impound [ɪm'paund] *vt* konfiskować (skonfiskować *perf*).
impoverished [ɪm'pɔvərɪʃt] *adj* zubożały.

impracticable [ɪm'præktɪkəbl] *adj* niewykonalny (w praktyce).
impractical [ɪm'præktɪkl] *adj* (*plan, expectation*) nierealny; (*person*) niepraktyczny.
imprecise [ɪmprɪ'saɪs] *adj* nieścisły, nieprecyzyjny.
impregnable [ɪm'prɛgnəbl] *adj* (*castle, fortress*) nie do zdobycia *post*; (*fig: person*) niewzruszony.
impregnate ['ɪmprɛgneɪt] *vt* (*saturate*) nasączać (nasączyć *perf*); (*fertilize*) zapładniać (zapłodnić *perf*).
impresario [ɪmprɪ'sɑ:rɪəu] (*THEAT*) *n* impresario *m*.
impress [ɪm'prɛs] *vt* (*person*) wywierać (wywrzeć *perf*) wrażenie na *+loc*, imponować (zaimponować *perf*) *+dat*; (*imprint*) odciskać (odcisnąć *perf*); **to impress sth on sb** uzmysłowić (*perf*) coś komuś.
impression [ɪm'prɛʃən] *n* (*of situation, person*) wrażenie *nt*; (*of stamp, seal*) odcisk *m*; (*idea*) wrażenie *nt*, impresja *f*; (*imitation*) parodia *f*; **to make a good/bad impression on sb** wywierać (wywrzeć *perf*) na kimś dobre/złe wrażenie; **to be under the impression that ...** mieć wrażenie, że ... .
impressionable [ɪm'prɛʃnəbl] *adj* łatwowierny, bezkrytyczny.
impressionist [ɪm'prɛʃənɪst] *n* (*ART*) impresjonista (-tka) *m(f)*; (*entertainer*) parodysta (-tka) *m(f)*.
impressive [ɪm'prɛsɪv] *adj* imponujący, robiący wrażenie.
imprint ['ɪmprɪnt] *n* (*of hand etc*) odcisk *m*; (*fig*) piętno *nt*; (*TYP*) metryczka *f* (*książki*).
imprinted [ɪm'prɪntɪd] *adj*: **to be imprinted on** (*fig*) tkwić głęboko w *+loc*.
imprison [ɪm'prɪzn] *vt* zamykać (zamknąć *perf*) w więzieniu, wtrącać (wtrącić *perf*) do więzienia.
imprisonment [ɪm'prɪznmənt] *n* (*form of punishment*) kara *f* więzienia, więzienie *nt*; (*act*) uwięzienie *nt*, wtrącenie *nt* do więzienia.
improbable [ɪm'prɔbəbl] *adj* nieprawdopodobny.
impromptu [ɪm'prɔmptju:] *adj* improwizowany, zaimprowizowany.
improper [ɪm'prɔpə*] *adj* (*conduct, procedure*) niestosowny, niewłaściwy; (*activities*) niedozwolony.
impropriety [ɪmprə'praɪətɪ] *n* niestosowność *f*.
improve [ɪm'pru:v] *vt* poprawiać (poprawić *perf*), ulepszać (ulepszyć *perf*) ♦ *vi* poprawiać się (poprawić się *perf*), polepszać się (polepszyć się *perf*); **she may improve with treatment** po leczeniu stan jej zdrowia może się poprawić.
▸**improve (up)on** *vt fus* (*one's own achievement*) robić (zrobić *perf*) postęp(y) w *+loc*; (*sb's achievement*) przewyższać (przewyższyć *perf*).
improvement [ɪm'pru:vmənt] *n*: **improvement (in)** poprawa *f* (*+gen*); **to make improvements to** ulepszać (ulepszyć *perf*) *or* udoskonalać (udoskonalić *perf*) *+acc*.
improvisation [ɪmprəvaɪ'zeɪʃən] *n* (*of meal, bed*) prowizorka *f* (*pej*); (*THEAT, MUS*) improwizacja *f*.
improvise ['ɪmprəvaɪz] *vt* robić (zrobić *perf*) naprędce *or* prowizorycznie ♦ *vi* improwizować (zaimprowizować *perf*).
imprudence [ɪm'pru:dns] *n* nieroztropność *f*.
imprudent [ɪm'pru:dnt] *adj* nieroztropny.
impudent ['ɪmpjudnt] *adj* zuchwały.
impugn [ɪm'pju:n] (*fml*) *vt* kwestionować (zakwestionować *perf*), podawać (podać *perf*) w wątpliwość.
impulse ['ɪmpʌls] *n* (*urge*) (nagła) ochota *f or* chęć *f*, poryw *m*; (*ELEC*) impuls *m*; **to act on impulse** działać pod wpływem impulsu.
impulse buy *n* nie planowany zakup *m*.
impulsive [ɪm'pʌlsɪv] *adj* (*purchase*) nie planowany; (*gesture*) odruchowy; (*person*) impulsywny, porywczy.
impunity [ɪm'pju:nɪtɪ] *n*: **with impunity** bezkarnie.
impure [ɪm'pjuə*] *adj* (*substance*) zanieczyszczony; (*thoughts*) nieczysty.
impurity [ɪm'pjuərɪtɪ] *n* zanieczyszczenie *nt*.
IN (*US: POST*) *abbr* (= *Indiana*).

KEYWORD

in [ɪn] *prep* **1** (*indicating place*) w *+loc*; **in town** w mieście; **in the country** na wsi; **in here/there** tu/tam (wewnątrz); **in London** w Londynie. **2** (*indicating time: during*) w *+loc*; **in winter/summer** w zimie/lecie, zimą/latem; **in the afternoon** po południu. **3** (*indicating time: in the space of*) w *+acc*; **I did it in three hours/days** zrobiłem to w trzy godziny/dni. **4** (*indicating time: after*) za *+acc*; **I'll see you in 2 weeks** *or* **in 2 weeks' time** do zobaczenia za 2 tygodnie. **5** (*indicating manner etc*): **in a loud voice** głośno; **in pencil** ołówkiem; **in English/French** po angielsku/francusku. **6** (*indicating circumstances, mood, state*) w *+loc*; **in the sun/rain** w słońcu/deszczu; **in anger/despair/haste** w gniewie/rozpaczy/pośpiechu; **a change in policy** zmiana polityki. **7** (*with ratios, numbers*) na *+acc*; **one in ten men** jeden mężczyzna na dziesięciu; **you can save up to 20 pence in the pound** można zaoszczędzić do 20 pensów na (każdym) funcie. **8** (*referring to people, works*) u *+gen*; **the disease is common in children** ta choroba często występuje u dzieci; **in Dickens** u Dickensa; **in the works of Dickens** w dziełach Dickensa. **9** (*indicating profession etc*): **to be in teaching/publishing** zajmować się nauczaniem/działalnością wydawniczą. **10** (*with present participle*): **in saying this** mówiąc to ♦ *adv*: **to be in** (*person*: *at home*) być w domu; (: *at work*) być w pracy, być obecnym; (*train*) przyjechać *(perf)*; (*ship*) przypłynąć *(perf)*; (*plane*) przylecieć *(perf)*; (*in fashion*) być popularnym *or* w modzie; **to ask sb in** prosić (poprosić *perf*) kogoś do środka; **to march in** wmaszerowywać (wmaszerować *perf*) (do środka) ♦ *n*: **the ins and outs** szczegóły *pl*, zawiłości *pl*.

in. *abbr* = **inch**.
inability [ɪnə'bɪlɪtɪ] *n*: **inability (to do sth)** niemożność *f* (zrobienia czegoś).
inaccessible [ɪnək'sɛsɪbl] *adj* (*place*) niedostępny; (*fig*: *text etc*) nieprzystępny.
inaccuracy [ɪn'ækjurəsɪ] *n* (*quality*) niedokładność *f*; (*mistake*) nieścisłość *f*.
inaccurate [ɪn'ækjurət] *adj* niedokładny, nieścisły.
inaction [ɪn'ækʃən] *n* bezczynność *f*.
inactive [ɪn'æktɪv] *adj* (*person*) bezczynny; (*volcano*) nieczynny.
inactivity [ɪnæk'tɪvɪtɪ] *n* bezczynność *f*.
inadequacy [ɪn'ædɪkwəsɪ] *n* (*of preparations etc*) niedostateczność *f*; (*of person*) niedociągnięcie *nt*.
inadequate [ɪn'ædɪkwət] *adj* (*amount*) niedostateczny, niewystarczający; (*reply*) niepełny, niezadowalający; (*person*) nieodpowiedni.
inadmissible [ɪnəd'mɪsəbl] *adj* niedopuszczalny.
inadvertently [ɪnəd'və:tntlɪ] *adv* nieumyślnie.
inadvisable [ɪnəd'vaɪzəbl] *adj* niewskazany, nie zalecany; **it is inadvisable to ring him too early** zbyt wczesne telefonowanie do niego nie jest wskazane.
inane [ɪ'neɪn] *adj* bezmyślny.
inanimate [ɪn'ænɪmət] *adj* nieożywiony; (*LING*) nieżywotny.
inapplicable [ɪn'æplɪkəbl] *adj* (*description, comment*) nieadekwatny; **to be inapplicable to sb/sth** nie stosować się do kogoś/czegoś.
inappropriate [ɪnə'prəuprɪət] *adj* (*unsuitable*) nieodpowiedni; (*improper*) niewłaściwy, niestosowny.
inapt [ɪn'æpt] *adj* niestosowny, niewłaściwy.
inarticulate [ɪnɑ:'tɪkjulət] *adj* (*person*) nie potrafiący się wysłowić; (*speech*) niewyraźny, nieartykułowany.
inasmuch as [ɪnəz'mʌtʃ-] *adv* (*in that*) przez to, że...; (*insofar as*) o tyle, o ile ..., w (takim) stopniu, w jakim ... .
inattention [ɪnə'tɛnʃən] *n* (*lack of attention*) nieuwaga *f*; (*neglect*) niedbałość *f*.
inattentive [ɪnə'tɛntɪv] *adj* nieuważny.
inaudible [ɪn'ɔ:dɪbl] *adj* niesłyszalny.
inaugural [ɪ'nɔ:gjurəl] *adj* inauguracyjny.
inaugurate [ɪ'nɔ:gjureɪt] *vt* (*official*) wprowadzać (wprowadzić *perf*) na stanowisko *or* urząd; (*system*) wprowadzać (wprowadzić *perf*); (*festival*) inaugurować (zainaugurować *perf*).
inauguration [ɪnɔ:gju'reɪʃən] *n* (uroczyste) wprowadzenie *nt* na stanowisko *or* urząd.
inauspicious [ɪnɔ:s'pɪʃəs] *adj* nie wróżący sukcesu.
in-between [ɪnbɪ'twi:n] *adj* przejściowy, pośredni.
inborn [ɪn'bɔ:n] *adj* wrodzony.
inbred [ɪn'brɛd] *adj* (*quality*) wrodzony, przyrodzony; (*family*: *of people*) endogamiczny, wewnętrznie skoligacony; (: *of animals*) wsobny.
inbreeding [ɪn'bri:dɪŋ] *n* (*of people*) endogamia *f*; (*of animals*) rozmnażanie *nt* wsobne.
inbuilt [ɪn'bɪlt] *adj* wrodzony, właściwy z natury.
Inc. *abbr* = **incorporated**.
Inca ['ɪŋkə] *adj* (*also*: **Incan**) Inków *post*, inkaski ♦ *n* Inka *m/f*, Inkas(ka) *m(f)*.
incalculable [ɪn'kælkjuləbl] *adj* nieobliczalny, nieoszacowany.
incapable [ɪn'keɪpəbl] *adj* nieporadny; **to be incapable of sth/doing sth** (*incompetent*) nie potrafić czegoś/(z)robić czegoś; (*not bad enough*) nie być zdolnym do czegoś/zrobienia czegoś.
incapacitate [ɪnkə'pæsɪteɪt] *vt*: **to incapacitate sb** czynić (uczynić *perf*) kogoś niesprawnym; (*JUR*) ubezwłasnowolniać (ubezwłasnowolnić *perf*) kogoś.
incapacitated [ɪnkə'pæsɪteɪtɪd] (*JUR*) *adj* ubezwłasnowolniony.
incapacity [ɪnkə'pæsɪtɪ] *n* (*weakness*) niesprawność *f*, niemoc *f*; (*inability*) nieumiejętność *f*.
incarcerate [ɪn'kɑ:səreɪt] *vt* więzić (uwięzić *perf*).
incarnate [ɪn'kɑ:nɪt] *adj* wcielony, ucieleśniony; **evil incarnate** ucieleśnienie zła.
incarnation [ɪnkɑ:'neɪʃən] *n* (*of beauty, evil*) ucieleśnienie *nt*; (*REL*) wcielenie *nt*.
incendiary [ɪn'sɛndɪərɪ] *adj* zapalający.
incense [*n* 'ɪnsɛns, *vb* ɪn'sɛns] *n* kadzidło *nt* ♦ *vt* rozwścieczać (rozwścieczyć *perf*).
incense burner *n* kadzielnica *f*.
incentive [ɪn'sɛntɪv] *n* bodziec *m*, zachęta *f* ♦ *cpd* (*COMM*: *bonus etc*) motywacyjny.
inception [ɪn'sɛpʃən] *n* (*of institution*) powstanie *nt*; (*of activity*) rozpoczęcie *nt*.
incessant [ɪn'sɛsnt] *adj* ustawiczny, nieustający.
incessantly [ɪn'sɛsntlɪ] *adv* nieprzerwanie, bez przerwy.
incest ['ɪnsɛst] *n* kazirodztwo *nt*.
inch [ɪntʃ] *n* cal *m*; **he didn't give an inch** (*fig*) nie ustąpił ani trochę.
▸**inch forward** *vi* posuwać się powoli (do przodu).
incidence ['ɪnsɪdns] *n* (*frequency*) częstość *f or* częstotliwość *f* (występowania); (*extent*) zasięg *m* (występowania).
incident ['ɪnsɪdnt] *n* wydarzenie *nt*; (*involving violence etc*) incydent *m*, zajście *nt*.
incidental [ɪnsɪ'dɛntl] *adj* uboczny; **to be**

incidental to wiązać się z *+instr*; **incidental expenses** wydatki uboczne.

incidentally [ɪnsɪ'dɛntəlɪ] *adv* nawiasem mówiąc.

incidental music *n* podkład *m* muzyczny (*do filmu itp*).

incinerate [ɪn'sɪnəreɪt] *vt* spalać (spalić *perf*).

incinerator [ɪn'sɪnəreɪtə*] *n* piec *m* do spalania śmieci.

incipient [ɪn'sɪpɪənt] *adj* w stadium początkowym *post*, rozpoczynający się.

incision [ɪn'sɪʒən] (*MED*) *n* cięcie *nt*, nacięcie *nt*.

incisive [ɪn'saɪsɪv] *adj* cięty, zjadliwy.

incisor [ɪn'saɪzə*] (*ANAT*) *n* siekacz *m*.

incite [ɪn'saɪt] *vt* (*rioters*) podburzać (podburzyć *perf*); (*hatred*) wzniecać (wzniecić *perf*).

incl. *abbr* = **including, inclusive (of)** wł.

inclement [ɪn'klɛmənt] *adj*: **inclement weather** niepogoda *f*.

inclination [ɪnklɪ'neɪʃən] *n* (*tendency*) skłonność *f*; (*disposition*) upodobanie *nt*, inklinacja *f*.

incline [*n* 'ɪnklaɪn, *vb* ɪn'klaɪn] *n* (*of terrain*) pochyłość *f*, spadek *m*; (*of mountain*) zbocze *nt* ♦ *vt* pochylać (pochylić *perf*) ♦ *vi* być nachylonym; **to be inclined to do sth** mieć skłonność *or* skłonności do robienia czegoś; **to be well inclined towards sb** być przyjaźnie nastawionym do kogoś.

include [ɪn'klu:d] *vt* zawierać (zawrzeć *perf*), obejmować (objąć *perf*); **the crew included two Britons** w skład załogi wchodziło dwóch Brytyjczyków; **the tip is not included in the price** napiwek nie jest wliczony w cenę.

including [ɪn'klu:dɪŋ] *prep* w tym *+acc*, wliczając (w to) *+acc*; **including service charge** łącznie z opłatą za obsługę.

inclusion [ɪn'klu:ʒən] *n* włączenie *nt*.

inclusive [ɪn'klu:sɪv] *adj* globalny, łączny; **inclusive of** z wliczeniem *or* włączeniem *+gen*; **Monday to Friday inclusive** od poniedziałku do piątku włącznie.

incognito [ɪnkɔg'ni:təu] *adv* incognito.

incoherent [ɪnkəu'hɪərənt] *adj* (*argument*) niespójny; (*speech*) nieskładny, nie trzymający się kupy (*inf*); (*person*): **he was incoherent** mówił bez ładu i składu (*inf*).

income ['ɪnkʌm] *n* (*earned*) dochód *m*; (*from property, investment, pension*) dochody *pl*; **gross/net income** dochód brutto/netto; **income and expenditure account** rachunek przychodów i rozchodów; **income bracket** przedział *or* grupa dochodu.

income tax *n* podatek *m* dochodowy ♦ *cpd* (*COMM*: *inspector, return*) podatkowy.

incoming ['ɪnkʌmɪŋ] *adj* (*passengers*) przybywający; (: *by air*) przylatujący; (*call*) z zewnątrz *post*; (*mail*) przychodzący, napływający; (*official*) obejmujący urząd; (*government*) nowy; (*wave*) nadciągający, nadchodzący; **incoming flights** przyloty; **incoming tide** przypływ.

incommunicado ['ɪnkəmjunɪ'kɑ:dəu] *adj*: **to hold sb incommunicado** izolować kogoś.

incomparable [ɪn'kɔmpərəbl] *adj* niezrównany.

incompatible [ɪnkəm'pætɪbl] *adj* (*aims*) nie do pogodzenia (ze sobą) *post*; (*COMPUT*) niekompatybilny.

incompetence [ɪn'kɔmpɪtns] *n* brak *m* kompetencji, nieudolność *f*.

incompetent [ɪn'kɔmpɪtnt] *adj* nieudolny.

incomplete [ɪnkəm'pli:t] *adj* (*unfinished*) niedokończony, nie skończony; (*partial*) niepełny, niekompletny.

incomprehensible [ɪnkɔmprɪ'hɛnsɪbl] *adj* niezrozumiały.

inconceivable [ɪnkən'si:vəbl] *adj* niepojęty, nie do pomyślenia *post*; **it is inconceivable that ...** jest nie do pomyślenia, żeby ... .

inconclusive [ɪnkən'klu:sɪv] *adj* (*experiment*) nie dowodzący niczego; (*evidence*) nieprzekonujący; (*discussion*) nie prowadzący do niczego, nie przynoszący rozstrzygnięcia.

incongruous [ɪn'kɔŋgruəs] *adj* (*situation, figure*) osobliwy, absurdalny; (*remark, act*) niestosowny, nie na miejscu *post*.

inconsequential [ɪnkɔnsɪ'kwɛnʃl] *adj* mało ważny, błahy.

inconsiderable [ɪnkən'sɪdərəbl] *adj*: **not inconsiderable** niemały, pokaźny.

inconsiderate [ɪnkən'sɪdərət] *adj* nie liczący się z innymi.

inconsistency [ɪnkən'sɪstənsɪ] *n* brak *m* konsekwencji, niekonsekwencja *f*.

inconsistent [ɪnkən'sɪstnt] *adj* (*behaviour, person*) niekonsekwentny; (*work*) nierówny; (*statement*) wewnętrznie sprzeczny; **inconsistent with** niezgodny z *+instr*.

inconsolable [ɪnkən'səuləbl] *adj* niepocieszony.

inconspicuous [ɪnkən'spɪkjuəs] *adj* niepozorny, nie rzucający się w oczy; **to make o.s. inconspicuous** starać się (postarać się *perf*) nie zwracać na siebie uwagi.

incontinence [ɪn'kɔntɪnəns] *n* nietrzymanie *nt* moczu/stolca.

incontinent [ɪn'kɔntɪnənt] *adj* nie trzymający moczu/stolca.

inconvenience [ɪnkən'vi:njəns] *n* (*problem*) niedogodność *f*; (*trouble*) kłopot *m* ♦ *vt* przysparzać (przysporzyć *perf*) kłopotu *+dat*; **don't inconvenience yourself** nie rób sobie kłopotu.

inconvenient [ɪnkən'vi:njənt] *adj* (*time, place*) niedogodny; (*visitor*) uciążliwy, kłopotliwy; **that time is very inconvenient for me** to bardzo niedogodna dla mnie pora.

incorporate [ɪn'kɔ:pəreɪt] *vt* (*include*) włączać (włączyć *perf*); (*contain*) zawierać (w sobie); **safety features have been incorporated in the design** w projekcie uwzględniono wymogi bezpieczeństwa.

incorporated company [ɪn'kɔ:pəreɪtɪd-] (*US*) *n* spółka *f* posiadająca osobowość prawną.
incorrect [ɪnkə'rɛkt] *adj* (*information, predictions*) błędny; (*answer*) nieprawidłowy, błędny; (*behaviour*) niestosowny; (*attitude*) niewłaściwy.
incorrigible [ɪn'kɔrɪdʒɪbl] *adj* niepoprawny.
incorruptible [ɪnkə'rʌptɪbl] *adj* nieprzekupny.
increase [*n* 'ɪnkri:s, *vb* ɪn'kri:s] *n*: **increase (in/of)** wzrost *m* (+*gen*) ♦ *vi* wzrastać (wzrosnąć *perf*), zwiększać się (zwiększyć się *perf*) ♦ *vt* (*number, size*) zwiększać (zwiększyć *perf*); (*prices, wages*) podwyższać (podwyższyć *perf*); **an increase of 5%** wzrost o 5%; **to be on the increase** wzrastać.
increasing [ɪn'kri:sɪŋ] *adj* rosnący.
increasingly [ɪn'kri:sɪŋlɪ] *adv* (*more and more*): **increasingly strong/difficult** coraz mocniejszy/trudniejszy; (*more often*) coraz częściej.
incredible [ɪn'krɛdɪbl] *adj* niewiarygodny.
incredulity [ɪnkrɪ'dju:lɪtɪ] *n* niedowierzanie *nt*.
incredulous [ɪn'krɛdjuləs] *adj* (*person*) nie dowierzający; (*tone, expression*) pełen niedowierzania *post*.
increment ['ɪnkrɪmənt] *n* przyrost *m*.
incriminate [ɪn'krɪmɪneɪt] *vt* (*JUR*) obciążać (obciążyć *perf*).
incriminating [ɪn'krɪmɪneɪtɪŋ] (*JUR*) *adj* obciążający.
incrust [ɪn'krʌst] *vt* = **encrust**.
incubate ['ɪnkjubeɪt] *vt* wysiadywać ♦ *vi* (*eggs*) dojrzewać (*do momentu wylęgu*); (*disease*) rozwijać się.
incubation [ɪnkju'beɪʃən] *n* wylęganie *nt*, inkubacja *f*.
incubation period *n* okres *m* wylęgania *or* inkubacyjny.
incubator ['ɪnkjubeɪtə*] *n* inkubator *m*.
inculcate ['ɪnkʌlkeɪt] (*fml*) *vt*: **to inculcate sth in sb** wpajać (wpoić *perf*) coś komuś.
incumbent [ɪn'kʌmbənt] *n* osoba *f* sprawująca urząd ♦ *adj*: **it is incumbent on him to ...** jest zobowiązany +*infin*.
incur [ɪn'kə:*] *vt* (*expenses, loss*) ponosić (ponieść *perf*); (*debt*) zaciągać (zaciągnąć *perf*); (*disapproval, anger*) wywoływać (wywołać *perf*).
incurable [ɪn'kjuərəbl] *adj* nieuleczalny.
incursion [ɪn'kə:ʃən] (*MIL*) *n* wtargnięcie *nt*.
indebted [ɪn'dɛtɪd] *adj*: **to be indebted to sb** być komuś wdzięcznym *or* zobowiązanym.
indecency [ɪn'di:snsɪ] *n* nieprzyzwoitość *f*.
indecent [ɪn'di:snt] *adj* nieprzyzwoity, gorszący.
indecent assault (*BRIT*) *n* czyn *m* nierządny.
indecent exposure *n* obnażenie się *nt* w miejscu publicznym.
indecipherable [ɪndɪ'saɪfərəbl] *adj* (*writing*) nie do odcyfrowania *post*; (*expression, glance*) nieodgadniony.
indecision [ɪndɪ'sɪʒən] *n* niezdecydowanie *nt*.
indecisive [ɪndɪ'saɪsɪv] *adj* niezdecydowany.
indeed [ɪn'di:d] *adv* (*certainly, in fact*) istotnie; (*furthermore*) wręcz, (a) nawet; **yes indeed!** ależ oczywiście!; **thank you very much indeed** dziękuję bardzo; **we have very little information indeed** mamy naprawdę bardzo mało informacji.
indefatigable [ɪndɪ'fætɪgəbl] *adj* (*person*) niestrudzony, niezmordowany; (*rhythm, pulse*) nie słabnący.
indefensible [ɪndɪ'fɛnsɪbl] *adj* niewybaczalny.
indefinable [ɪndɪ'faɪnəbl] *adj* nieuchwytny, nieokreślony.
indefinite [ɪn'dɛfɪnɪt] *adj* (*answer, view*) niejasny; (*period, number*) nieokreślony.
indefinite article (*LING*) *n* przedimek *m or* rodzajnik *m* nieokreślony.
indefinitely [ɪn'dɛfɪnɪtlɪ] *adv* (*continue, wait*) bez końca; (*closed, postponed*) na czas nieokreślony.
indelible [ɪn'dɛlɪbl] *adj* (*mark, stain*) nieusuwalny, nie dający się usunąć; (*pen*) kopiowy, chemiczny; (*impression*) niezatarty.
indelicate [ɪn'dɛlɪkɪt] *adj* nietaktowny.
indemnify [ɪn'dɛmnɪfaɪ] (*COMM*) *vt* gwarantować (zagwarantować *perf*) rekompensatę +*dat*.
indemnity [ɪn'dɛmnɪtɪ] *n* (*insurance*) gwarancja *f* rekompensaty; (*compensation*) odszkodowanie *nt*, (re)kompensata *f*; **indemnity fund** fundusz kompensacyjny.
indent [ɪn'dɛnt] *vt* (*text*) zaczynać (zacząć *perf*) akapitem *or* od akapitu.
indentation [ɪndɛn'teɪʃən] *n* (*TYP*) akapit *m*; (*in surface*) wgłębienie *nt*.
indenture [ɪn'dɛntʃə*] *n* umowa *f* terminatorska.
independence [ɪndɪ'pɛndns] *n* (*of country*) niepodległość *f*; (*of person, thinking*) niezależność *f*, samodzielność *f*.
independent [ɪndɪ'pɛndnt] *adj* (*country*) niepodległy; (*person, thought*) niezależny, samodzielny; (*business, inquiry*) niezależny; (*school, broadcasting company*) ≈ prywatny.
independently [ɪndɪ'pɛndntlɪ] *adv*: **independently (of)** niezależnie (od +*gen*).
indescribable [ɪndɪs'kraɪbəbl] *adj* nieopisany.
indestructible [ɪndɪs'trʌktəbl] *adj* niezniszczalny.
indeterminate [ɪndɪ'tə:mɪnɪt] *adj* nieokreślony.
index ['ɪndɛks] (*pl* **indexes**) *n* (*in book*) indeks *m*, skorowidz *m*; (*in library*) katalog *m* (alfabetyczny); (*pl* **indices**: *ratio, sign*) wskaźnik *m*.
index card *n* karta *f* katalogowa, fiszka *f*.
indexed ['ɪndɛkst] (*US*) *adj* = **index-linked**.
index finger *n* palec *m* wskazujący.
index-linked ['ɪndɛks'lɪŋkt] *adj* indeksowany.
India ['ɪndɪə] *n* Indie *pl*.
Indian ['ɪndɪən] *adj* (*of India*) indyjski; (*American Indian*) indiański ♦ *n* (*from India*) Hindus(ka) *m(f)*; (*American Indian*) Indianin(anka) *m(f)*; **Red Indian** czerwonoskóry.

Indian Ocean *n*: **the Indian Ocean** Ocean *m* Indyjski.
Indian Summer *n* (*fig*) babie lato *nt*.
India paper *n* papier *m* biblijny.
India rubber *n* kauczuk *m*.
indicate ['ɪndɪkeɪt] *vt* (*show, point to*) wskazywać (wskazać *perf*); (*mention*) sygnalizować (zasygnalizować *perf*) ♦ *vi* (*BRIT*: *AUT*): **to indicate left/right** sygnalizować (zasygnalizować *perf*) skręt w lewo/prawo.
indication [ɪndɪ'keɪʃən] *n* znak *m*.
indicative [ɪn'dɪkətɪv] *adj*: **to be indicative of** być przejawem +*gen* ♦ *n* (*LING*) tryb *m* oznajmujący.
indicator ['ɪndɪkeɪtə*] *n* (*marker, signal*) oznaka *f*; (*AUT*) kierunkowskaz *m*; (*device, gauge*) wskaźnik *m*.
indices ['ɪndɪsi:z] *npl of* **index**.
indict [ɪn'daɪt]: **to indict sb (for)** *vt* stawiać (postawić *perf*) kogoś w stan oskarżenia (pod zarzutem +*gen*).
indictable [ɪn'daɪtəbl] *adj* (*offence*) podlegający formalnemu oskarżeniu.
indictment [ɪn'daɪtmənt] *n* (*JUR*) akt *m* oskarżenia; **to be an indictment of** wystawiać złe świadectwo +*dat*.
indifference [ɪn'dɪfrəns] *n* obojętność *f*.
indifferent [ɪn'dɪfrənt] *adj* (*uninterested*) obojętny; (*mediocre*) mierny.
indigenous [ɪn'dɪdʒɪnəs] *adj* (*population*) rdzenny; **animals indigenous to Africa** zwierzęta zamieszkujące Afrykę.
indigestible [ɪndɪ'dʒɛstɪbl] *adj* niestrawny.
indigestion [ɪndɪ'dʒɛstʃən] *n* niestrawność *f*.
indignant [ɪn'dɪgnənt] *adj*: **to be indignant at sth/with sb** być oburzonym na coś/na kogoś.
indignation [ɪndɪg'neɪʃən] *n* oburzenie *nt*.
indignity [ɪn'dɪgnɪtɪ] *n* upokorzenie *nt*.
indigo ['ɪndɪgəu] *n* kolor *m* indygo.
indirect [ɪndɪ'rɛkt] *adj* (*way, effect*) pośredni; (*answer*) wymijający; (*flight*) z przesiadką *post*.
indirectly [ɪndɪ'rɛktlɪ] *adv* pośrednio.
indiscreet [ɪndɪs'kri:t] *adj* niedyskretny.
indiscretion [ɪndɪs'krɛʃən] *n* niedyskrecja *f*.
indiscriminate [ɪndɪs'krɪmɪnət] *adj* (*bombing*) masowy; (*taste, person*) niewybredny.
indispensable [ɪndɪs'pɛnsəbl] *adj* (*tool*) nieodzowny, niezbędny; (*worker*) niezastąpiony.
indisposed [ɪndɪs'pəuzd] *adj* niedysponowany.
indisputable [ɪndɪs'pju:təbl] *adj* niezaprzeczalny, bezsprzeczny.
indistinct [ɪndɪs'tɪŋkt] *adj* niewyraźny.
indistinguishable [ɪndɪs'tɪŋgwɪʃəbl] *adj*: **indistinguishable from** nie dający się odróżnić od +*gen*.
individual [ɪndɪ'vɪdjuəl] *n* osoba *f*; (*as opposed to group, society*) jednostka *f* ♦ *adj* (*personal*) osobisty; (*single*) pojedynczy; (*unique*) indywidualny.
individualist [ɪndɪ'vɪdjuəlɪst] *n* indywidualista (-tka) *m(f)*.
individuality [ɪndɪvɪdju'ælɪtɪ] *n* indywidualność *f*.
individually [ɪndɪ'vɪdjuəlɪ] *adv* (*work*) indywidualnie; (*packed, wrapped*) osobno.
indivisible [ɪndɪ'vɪzɪbl] *adj* niepodzielny.
Indo-China ['ɪndəu'tʃaɪnə] *n* Indochiny *pl*.
indoctrinate [ɪn'dɔktrɪneɪt] *vt* indoktrynować.
indoctrination [ɪndɔktrɪ'neɪʃən] *n* indoktrynacja *f*.
indolence ['ɪndələns] *n* lenistwo *nt*.
indolent ['ɪndələnt] *adj* leniwy.
Indonesia [ɪndə'ni:zɪə] *n* Indonezja *f*.
Indonesian [ɪndə'ni:zɪən] *adj* indonezyjski ♦ *n* (*person*) Indonezyjczyk (-jka) *m(f)*; (*LING*) (język *m*) indonezyjski.
indoor ['ɪndɔ:*] *adj* (*plant*) pokojowy; (*swimming pool*) kryty; (*games, sport*) halowy.
indoors [ɪn'dɔ:z] *adv* (*be*) wewnątrz; (*go*) do środka; **she stayed indoors all day** przez cały dzień nie wychodziła z domu.
indubitable [ɪn'dju:bɪtəbl] *adj* niewątpliwy.
indubitably [ɪn'dju:bɪtəblɪ] *adv* niewątpliwie.
induce [ɪn'dju:s] *vt* (*feeling, birth*) wywoływać (wywołać *perf*); **to induce sb to do sth** nakłaniać (nakłonić *perf*) kogoś do zrobienia czegoś.
inducement [ɪn'dju:smənt] *n* (*incentive*) bodziec *m*; (*pej*: *bribe*) łapówka *f*.
induct [ɪn'dʌkt] *vt* powierzać (powierzyć *perf*) stanowisko +*dat*; (*US*: *MIL*) powoływać (powołać *perf*) (do wojska).
induction [ɪn'dʌkʃən] *n* (*of birth*) wywołanie *nt*.
induction course (*BRIT*) *n* kurs *m* wprowadzający (*dla nowo przyjętych studentów itp*).
indulge [ɪn'dʌldʒ] *vt* (*desire, whim*) zaspokajać (zaspokoić *perf*); (*person, child*) spełniać zachcianki (spełnić zachciankę *perf*) +*gen*; (*also*: **indulge in**: *vice, hobby*) oddawać się +*dat*.
indulgence [ɪn'dʌldʒəns] *n* (*pleasure*) słabostka *f*; (*leniency*) pobłażliwość *f*.
indulgent [ɪn'dʌldʒənt] *adj* pobłażliwy.
industrial [ɪn'dʌstrɪəl] *adj* przemysłowy; **industrial accident** wypadek w miejscu pracy.
industrial action *n* akcja *f* protestacyjna *or* strajkowa.
industrial design *n* wzór *m* przemysłowy.
industrial estate (*BRIT*) *n* teren *m* fabryczny *or* przemysłowy.
industrialist [ɪn'dʌstrɪəlɪst] *n* przemysłowiec *m*.
industrialize [ɪn'dʌstrɪəlaɪz] *vt* uprzemysławiać (uprzemysłowić *perf*), industrializować (zindustrializować *perf*).
industrial park (*US*) *n* = **industrial estate**.
industrial relations *npl* stosunki *pl* między pracownikami a pracodawcą.
industrial tribunal (*BRIT*) *n* ≈ sąd *m* pracy.
industrial unrest (*BRIT*) *n* zagrożenie *nt* akcją strajkową.
industrious [ɪn'dʌstrɪəs] *adj* pracowity.

industry ['ɪndəstrɪ] *n* (*COMM*) przemysł *m*; (*diligence*) pracowitość *f*.
inebriated [ɪ'ni:brɪeɪtɪd] (*fml*) *adj* nietrzeźwy.
inedible [ɪn'ɛdɪbl] *adj* niejadalny.
ineffective [ɪnɪ'fɛktɪv] *adj* nieskuteczny.
ineffectual [ɪnɪ'fɛktʃuəl] *adj* = **ineffective**.
inefficiency [ɪnɪ'fɪʃənsɪ] *n* (*of person*) nieudolność *f*; (*of machine, system*) niewydolność *f*.
inefficient [ɪnɪ'fɪʃənt] *adj* (*person*) nieudolny; (*machine, system*) niewydolny.
inelegant [ɪn'ɛlɪgənt] *adj* mało elegancki.
ineligible [ɪn'ɛlɪdʒɪbl] *adj* (*candidate*) nie spełniający wymogów *or* warunków; **he's ineligible for ...** nie przysługuje mu prawo do *+gen*.
inept [ɪ'nɛpt] *adj* niekompetentny.
ineptitude [ɪ'nɛptɪtju:d] *n* niekompetencja *f*.
inequality [ɪnɪ'kwɔlɪtɪ] *n* nierówność *f*.
inequitable [ɪn'ɛkwɪtəbl] *adj* niesprawiedliwy.
inert [ɪ'nə:t] *adj* bezwładny; (*gas*) obojętny.
inertia [ɪ'nə:ʃə] *n* bezwład *m*, inercja *f*.
inertia-reel seat belt [ɪ'nə:ʃə'ri:l-] *n* pas *m* bezwładnościowy.
inescapable [ɪnɪ'skeɪpəbl] *adj* nieunikniony.
inessential [ɪnɪ'sɛnʃl] *adj* niepotrzebny.
inessentials [ɪnɪ'sɛnʃlz] *npl* rzeczy *pl* nieważne.
inestimable [ɪn'ɛstɪməbl] *adj* nieoceniony.
inevitability [ɪnɛvɪtə'bɪlɪtɪ] *n* nieuchronność *f*; **it is an inevitability** jest to nieuchronne.
inevitable [ɪn'ɛvɪtəbl] *adj* nieuchronny, nieunikniony.
inevitably [ɪn'ɛvɪtəblɪ] *adv* nieuchronnie; **as inevitably happens ...** jak to zwykle (w takich wypadkach) bywa, ...
inexact [ɪnɪg'zækt] *adj* niedokładny.
inexcusable [ɪnɪks'kju:zəbl] *adj* niewybaczalny.
inexhaustible [ɪnɪg'zɔ:stɪbl] *adj* niewyczerpany.
inexorable [ɪn'ɛksərəbl] *adj* nieuchronny.
inexpensive [ɪnɪk'spɛnsɪv] *adj* niedrogi.
inexperience [ɪnɪk'spɪərɪəns] *n* brak *m* doświadczenia.
inexperienced [ɪnɪk'spɪərɪənst] *adj* niedoświadczony; **to be inexperienced in** nie mieć doświadczenia w *+loc*.
inexplicable [ɪnɪk'splɪkəbl] *adj* niewytłumaczalny.
inexpressible [ɪnɪk'sprɛsɪbl] *adj* niewysłowiony.
inextricable [ɪnɪk'strɪkəbl] *adj* (*union*) nierozerwalny; (*knot*) nie do rozwiązania *post*.
inextricably [ɪnɪk'strɪkəblɪ] *adv* nierozerwalnie.
infallibility [ɪnfælə'bɪlɪtɪ] *n* nieomylność *f*.
infallible [ɪn'fælɪbl] *adj* nieomylny.
infamous ['ɪnfəməs] *adj* niesławny.
infamy ['ɪnfəmɪ] *n* niesława *f*.
infancy ['ɪnfənsɪ] *n* (*of person*) wczesne dzieciństwo *nt*; (*of movement, firm*) stadium *m* początkowe.
infant ['ɪnfənt] *n* (*baby*) niemowlę *nt*; (*young child*) małe dziecko *nt* ♦ *cpd*: **infant mortality** śmiertelność *m* noworodków; **infant foods** odżywki dla niemowląt.
infantile ['ɪnfəntaɪl] *adj* (*disease etc*) dziecięcy; (*childish*) dziecinny, infantylny.
infantry ['ɪnfəntrɪ] *n* piechota *f*.
infantryman ['ɪnfəntrɪmən] (*irreg like*: **man**) *n* żołnierz *m* piechoty.
infant school (*BRIT*) *n szkoła dla dzieci w wieku 5-7 lat*.
infatuated [ɪn'fætjueɪtɪd] *adj*: **infatuated with** zadurzony w *+loc*; **to become infatuated with** zadurzyć się *(perf)* w *+loc*.
infatuation [ɪnfætju'eɪʃən] *n* zadurzenie *nt*.
infect [ɪn'fɛkt] *vt* (*lit, fig*) zarażać (zarazić *perf*); (*food*) zakażać (zakazić *perf*); **to become infected** (*wound*) ulegać (ulec *perf*) zakażeniu; **her pessimism infected everyone** jej pesymizm udzielił się wszystkim.
infection [ɪn'fɛkʃən] (*MED*) *n* (*disease*) infekcja *f*; (*contagion*) zakażenie *nt*.
infectious [ɪn'fɛkʃəs] *adj* (*disease*) zaraźliwy, zakaźny; (*fig*) zaraźliwy; **to be infectious** (*person, animal*) roznosić zarazki.
infer [ɪn'fə:*] *vt* (*deduce*) wnioskować (wywnioskować *perf*); (*imply*) dawać (dać *perf*) do zrozumienia.
inference ['ɪnfərəns] *n* (*result*) wniosek *m*; (*process*) wnioskowanie *nt*.
inferior [ɪn'fɪərɪə*] *adj* (*in rank*) niższy; (*in quality*) gorszy, pośledniejszy ♦ *n* (*subordinate*) podwładny (-na) *m(f)*; (*junior*) młodszy (-sza) *m(f)* rangą; **to feel inferior (to)** czuć się gorszym (od *+gen*).
inferiority [ɪnfɪərɪ'ɔrətɪ] *n* (*in rank*) niższość *f*; (*in quality*) pośledniość *f*.
inferiority complex *n* kompleks *m* niższości.
infernal [ɪn'fə:nl] *adj* piekielny.
inferno [ɪn'fə:nəu] *n* piekło *nt*.
infertile [ɪn'fə:taɪl] *adj* (*soil*) nieurodzajny; (*person, animal*) niepłodny, bezpłodny.
infertility [ɪnfə:'tɪlɪtɪ] *n* (*of soil*) nieurodzajność *f*; (*of person, animal*) niepłodność *f*, bezpłodność *f*.
infested [ɪn'fɛstɪd] *adj*: **infested (with vermin)** zaatakowany (przez szkodniki).
infidelity [ɪnfɪ'dɛlɪtɪ] *n* niewierność *f*.
in-fighting ['ɪnfaɪtɪŋ] *n* walki *pl or* konflikty *pl* wewnętrzne (*w ramach partii politycznej itp*).
infiltrate ['ɪnfɪltreɪt] *vt* infiltrować.
infinite ['ɪnfɪnɪt] *adj* (*without limits*) nieskończony; (*very great*) ogromny.
infinitely ['ɪnfɪnɪtlɪ] *adv* nieskończenie.
infinitesimal [ɪnfɪnɪ'tɛsɪməl] *adj* znikomy.
infinitive [ɪn'fɪnɪtɪv] *n* (*LING*) bezokolicznik *m*.
infinity [ɪn'fɪnɪtɪ] *n* nieskończoność *f*; (*infinite number*) nieskończona liczba *f*.
infirm [ɪn'fə:m] *adj* (*weak*) niedołężny; (*: from old age*) zniedołężniały; (*ill*) chory.
infirmary [ɪn'fə:mərɪ] *n* szpital *m*.
infirmity [ɪn'fə:mɪtɪ] *n* (*weakness*) niedołęstwo

nt; (: *from old age*) zniedołężnienie *nt*; (*illness*) choroba *f*.

inflame [ɪn'fleɪm] *vt* (*person*) wzburzać (wzburzyć *perf*); (*emotions*) rozpalać (rozpalić *perf*).

inflamed [ɪn'fleɪmd] *adj* (*throat, appendix*) w stanie zapalnym *post*.

inflammable [ɪn'flæməbl] *adj* łatwopalny.

inflammation [ɪnflə'meɪʃən] *n* (*MED*) zapalenie *nt*.

inflammatory [ɪn'flæmətərɪ] *adj* (*speech*) podburzający.

inflatable [ɪn'fleɪtəbl] *adj* nadmuchiwany.

inflate [ɪn'fleɪt] *vt* (*tyre*) pompować (napompować *perf*); (*balloon*) nadmuchiwać (nadmuchać *perf*); (*price*) (sztucznie) zawyżać (zawyżyć *perf*); (*expectations*) rozdmuchiwać (rozdmuchać *perf*).

inflated [ɪn'fleɪtɪd] *adj* (*price, statistics*) (sztucznie) zawyżony; (*expectations, opinion of o.s.*) wygórowany; (*style, language*) nadęty, napuszony.

inflation [ɪn'fleɪʃən] *n* inflacja *f*.

inflationary [ɪn'fleɪʃənərɪ] *adj* inflacyjny.

inflexible [ɪn'flɛksɪbl] *adj* (*rules, hours*) sztywny; (*person*) mało elastyczny; (: *in particular matter*) nieugięty.

inflict [ɪn'flɪkt] *vt*: **to inflict on sb** (*damage*) wyrządzać (wyrządzić *perf*) komuś; (*pain*) zadawać (zadać *perf*) komuś; (*punishment*) wymierzać (wymierzyć *perf*) komuś.

infliction [ɪn'flɪkʃən] *n* (*of damage*) wyrządzanie *nt*; (*of pain*) zadawanie *nt*.

in-flight ['ɪnflaɪt] *adj* (*refuelling*) w powietrzu *post*; (*entertainment*) podczas lotu *post*.

inflow ['ɪnfləu] *n* napływ *m*.

influence ['ɪnfluəns] *n* wpływ *m* ♦ *vt* wpływać (wpłynąć *perf*) na *+acc*; **under the influence of alcohol** pod wpływem alkoholu.

influential [ɪnflu'ɛnʃl] *adj* wpływowy.

influenza [ɪnflu'ɛnzə] *n* grypa *f*.

influx ['ɪnflʌks] *n* (*of refugees*) napływ *m*; (*of funds*) dopływ *m*.

inform [ɪn'fɔ:m] *vt*: **to inform sb of sth** powiadamiać (powiadomić *perf*) *or* informować (poinformować *perf*) kogoś o czymś ♦ *vi*: **to inform on sb** donosić (donieść *perf*) na kogoś.

informal [ɪn'fɔ:ml] *adj* (*manner*) bezpośredni; (*language*) potoczny; (*discussion, clothes*) swobodny; (*visit, invitation, announcement*) nieoficjalny.

informality [ɪnfɔ:'mælɪtɪ] *n* (*of manner*) bezpośredniość *f*; (*of language*) potoczność *f*; (*of discussion*) swoboda *f*; (*of clothes*) swobodny styl *m*; (*of visit, gathering*) nieoficjalny charakter *m*.

informally [ɪn'fɔ:məlɪ] *adv* (*talk, dress*) swobodnie; (*invite, agree*) nieoficjalnie.

informant [ɪn'fɔ:mənt] *n* informator(ka) *m(f)*.

information [ɪnfə'meɪʃən] *n* informacja *f*; **to get information on** otrzymywać (otrzymać *perf*) informacje o *+loc*; **a piece of information** informacja; **for your information, ...** jeśli chcesz wiedzieć, ...; **for your information only** wyłącznie do twojej wiadomości.

information bureau *n* = **information office**.

information office *n* biuro *nt* informacji.

information processing *n* przetwarzanie *nt* informacji.

information retrieval *n* wyszukiwanie *nt* informacji.

information science *n* informatyka *f*.

information technology *n* technika *f* informacyjna.

informative [ɪn'fɔ:mətɪv] *adj* (*providing useful facts*) zawierający dużo informacji; (*providing useful ideas*) pouczający.

informed [ɪn'fɔ:md] *adj* (*guess, opinion*) uzasadniony; (*person*): **to be well informed** być dobrze zorientowanym.

informer [ɪn'fɔ:mə*] *n* (*also*: **police informer**) informator(ka) *m(f)*.

infra dig ['ɪnfrə'dɪg] (*inf*) *adj abbr* (= *infra dignitatem*) poniżej mojej/twojej *etc* godności.

infra-red [ɪnfrə'rɛd] *adj* podczerwony.

infrastructure ['ɪnfrəstrʌktʃə*] *n* infrastruktura *f*.

infrequent [ɪn'fri:kwənt] *adj* rzadki.

infringe [ɪn'frɪndʒ] *vt* naruszać (naruszyć *perf*) ♦ *vi*: **to infringe on** naruszać (naruszyć *perf*) *+acc*.

infringement [ɪn'frɪndʒmənt] *n* naruszenie *nt*.

infuriate [ɪn'fjuərɪeɪt] *vt* rozwścieczać (rozwścieczyć *perf*).

infuriating [ɪn'fjuərɪeɪtɪŋ] *adj* (*habit, noise*) denerwujący.

infuse [ɪn'fju:z] *vt* parzyć (zaparzyć *perf*); **to infuse sb with sth** (*fig*) natchnąć (*perf*) kogoś czymś.

infusion [ɪn'fju:ʒən] *n* napar *m*.

ingenious [ɪn'dʒi:njəs] *adj* pomysłowy.

ingenuity [ɪndʒɪ'nju:ɪtɪ] *n* pomysłowość *f*.

ingenuous [ɪn'dʒɛnjuəs] *adj* prostoduszny.

ingot ['ɪŋgət] *n* sztaba *f*.

ingrained [ɪn'greɪnd] *adj* zakorzeniony.

ingratiate [ɪn'greɪʃɪeɪt] *vt*: **to ingratiate o.s. with** przypochlebiać się *or* przymilać się *+dat*.

ingratiating [ɪn'greɪʃɪeɪtɪŋ] *adj* przypochlebny, przymilny.

ingratitude [ɪn'grætɪtju:d] *n* niewdzięczność *f*.

ingredient [ɪn'gri:dɪənt] *n* (*of cake*) składnik *m*; (*of situation*) element *m*.

ingrowing ['ɪngrəuɪŋ] *adj*: **ingrowing toenail** wrastający paznokieć *m* (u nogi).

inhabit [ɪn'hæbɪt] *vt* zamieszkiwać.

inhabitant [ɪn'hæbɪtnt] *n* mieszkaniec (-nka) *m(f)*.

inhale [ɪn'heɪl] *vt* wdychać ♦ *vi* (*breathe in*) robić (zrobić *perf*) wdech; (*when smoking*) zaciągać się (zaciągnąć się *perf*).

inherent [ɪn'hɪərənt] *adj* (*innate*) wrodzony; **inherent in/to** właściwy *+dat*/dla *+gen*.

inherently [ɪn'hɪərəntlɪ] *adv* z natury.
inherit [ɪn'hɛrɪt] *vt* dziedziczyć (odziedziczyć *perf*).
inheritance [ɪn'hɛrɪtəns] *n* spadek *m*; (*cultural, political*) dziedzictwo *nt*, spuścizna *f*; (*genetic*) dziedziczenie *nt*.
inhibit [ɪn'hɪbɪt] *vt* (*growth*) hamować (zahamować *perf*); (*person*): **to inhibit sb from** powstrzymywać (powstrzymać *perf*) kogoś przed *+instr*.
inhibited [ɪn'hɪbɪtɪd] (*PSYCH*) *adj* cierpiący na zahamowania.
inhibiting [ɪn'hɪbɪtɪŋ] *adj* (*factor*) hamujący; (*situation*) powodujący zahamowania.
inhibition [ɪnhɪ'bɪʃən] *n* zahamowanie *nt*.
inhospitable [ɪnhɔs'pɪtəbl] *adj* (*person*) niegościnny; (*place, climate*) nieprzyjazny; (*weather*) niesprzyjający.
inhuman [ɪn'hju:mən] *adj* nieludzki.
inhumane [ɪnhju:'meɪn] *adj* niehumanitarny.
inimitable [ɪ'nɪmɪtəbl] *adj* niepowtarzalny, nie do podrobienia *post* (*inf*).
iniquitous [ɪ'nɪkwɪtəs] (*fml*) *adj* niesprawiedliwy.
iniquity [ɪ'nɪkwɪtɪ] (*fml*) *n* (*wickedness*) niegodziwość *f*; (*injustice*) niesprawiedliwość *f*.
initial [ɪ'nɪʃl] *adj* początkowy ♦ *n* pierwsza litera *f* ♦ *vt* parafować (parafować *perf*); **initials** *npl* inicjały *pl*; **can I have your initial, Mrs Jones?** poproszę o pierwszą literę Pani imienia, Pani Jones.
initialize [ɪ'nɪʃəlaɪz] (*COMPUT*) *vt* inicjować.
initially [ɪ'nɪʃəlɪ] *adv* (*at first*) początkowo; (*originally*) pierwotnie.
initiate [ɪ'nɪʃɪeɪt] *vt* (*talks, process*) zapoczątkowywać (zapoczątkować *perf*), inicjować (zainicjować *perf*); **to initiate sb into** (*club, society*) wprowadzać (wprowadzić *perf*) kogoś do *+gen*; (*new skill*) zapoznawać (zapoznać *perf*) kogoś z *+instr*; **to initiate proceedings against sb** (*JUR*) wszczynać (wszcząć *perf*) przeciw(ko) komuś postępowanie.
initiation [ɪnɪʃɪ'eɪʃən] *n* (*beginning*) zapoczątkowanie *nt*; (*into secret*) wtajemniczenie *nt*; (*into adulthood*) inicjacja *f*.
initiative [ɪ'nɪʃətɪv] *n* inicjatywa *f*; **to take the initiative** podejmować (podjąć *perf*) inicjatywę.
inject [ɪn'dʒɛkt] *vt* wstrzykiwać (wstrzyknąć *perf*); **to inject sb with sth** robić (zrobić *perf*) komuś zastrzyk z czegoś, wstrzykiwać (wstrzyknąć *perf*) komuś coś; **to inject money into** pompować pieniądze w *+acc*.
injection [ɪn'dʒɛkʃən] *n* (*lit, fig*) zastrzyk *m*; **to give/have an injection** robić (zrobić *perf*)/dostawać (dostać *perf*) zastrzyk.
injudicious [ɪndʒu'dɪʃəs] *adj* nieroztropny.
injunction [ɪn'dʒʌŋkʃən] (*JUR*) *n* nakaz *m* sądowy.
injure ['ɪndʒə*] *vt* (*person, feelings*) ranić (zranić *perf*); (*reputation*) szargać (zszargać *perf*); **to injure o.s.** zranić się (*perf*); **to injure one's arm** zranić się (*perf*) w ramię.
injured ['ɪndʒəd] *adj* (*person*) ranny; (*arm, feelings*) zraniony; (*tone*) urażony; **injured party** (*JUR*) poszkodowany.
injurious [ɪn'dʒuərɪəs] *adj*: **injurious to** szkodliwy dla *+gen*.
injury ['ɪndʒərɪ] *n* uraz *m*; (*SPORT*) kontuzja *f*; **severe injuries** ciężkie obrażenia; **to escape without injury** wychodzić (wyjść *perf*) bez szwanku.
injury time *n dodatkowy czas gry dla wyrównania przerw spowodowanych kontuzjami zawodników.*
injustice [ɪn'dʒʌstɪs] *n* niesprawiedliwość *f*; **you do me an injustice** jesteś wobec mnie niesprawiedliwy.
ink [ɪŋk] *n* atrament *m*.
ink-jet printer ['ɪŋkdʒɛt-] *n* drukarka *f* atramentowa.
inkling ['ɪŋklɪŋ] *n*: **to have an inkling of** mieć pojęcie o *+loc*.
ink-pad ['ɪŋkpæd] *n* poduszka *f* do pieczątek.
inky ['ɪŋkɪ] *adj* (*blackness, sky*) atramentowy; (*object*) poplamiony atramentem.
inlaid ['ɪnleɪd] *adj*: **inlaid (with)** inkrustowany (*+instr*).
inland [*adj* 'ɪnlənd, *adv* ɪn'lænd] *adj* śródlądowy ♦ *adv* w głąb lądu.
Inland Revenue (*BRIT*) *n* ≈ Urząd *m* Skarbowy.
in-laws ['ɪnlɔ:z] *npl* teściowie *vir pl*.
inlet ['ɪnlɛt] *n* (wąska) zatoczka *f*.
inlet pipe *n* rura *f* wlotowa.
inmate ['ɪnmeɪt] *n* (*of prison*) więzień/więźniarka *m/f*; (*of asylum*) pacjent(ka) *m(f)*.
inmost ['ɪnməust] *adj* najskrytszy.
inn [ɪn] *n* gospoda *f*.
innards ['ɪnədz] (*inf*) *npl* wnętrzności *pl*.
innate [ɪ'neɪt] *adj* wrodzony.
inner ['ɪnə*] *adj* wewnętrzny.
inner city *n zamieszkana przez ubogich część śródmieścia, borykająca się z problemami ekonomicznymi i społecznymi.*
innermost ['ɪnəməust] *adj* = **inmost**.
inner tube *n* dętka *f*.
innings ['ɪnɪŋz] *n runda meczu krykietowego, w której gracze jednej drużyny bronią po kolei swojej bramki*; **he's had a good innings** (*fig*) dobrze przeżył życie.
innocence ['ɪnəsns] *n* niewinność *f*.
innocent ['ɪnəsnt] *adj* niewinny.
innocuous [ɪ'nɔkjuəs] *adj* nieszkodliwy.
innovation [ɪnəu'veɪʃən] *n* innowacja *f*.
innuendo [ɪnju'ɛndəu] (*pl* **innuendoes**) *n* insynuacja *f*.
innumerable [ɪ'nju:mrəbl] *adj* niezliczony.
inoculate [ɪ'nɔkjuleɪt] *vt*: **to inoculate sb against sth** szczepić (zaszczepić *perf*) kogoś

przeciwko czemuś; **to inoculate sb with sth** zaszczepiać (zaszczepić *perf*) komuś coś.

inoculation [ɪnɔkju'leɪʃən] *n* szczepienie *nt*.

inoffensive [ɪnə'fɛnsɪv] *adj* nieszkodliwy.

inopportune [ɪn'ɔpətju:n] *adj* niefortunny.

inordinate [ɪ'nɔ:dɪnət] *adj* (*pleasure*) niezwykły; (*amount*) nadmierny.

inordinately [ɪ'nɔ:dɪnətlɪ] *adv* (*pleasant*) niezwykle; (*large*) nadmiernie.

inorganic [ɪnɔ:'gænɪk] *adj* nieorganiczny.

in-patient ['ɪnpeɪʃənt] *n* chory(ra) *m(f)* hospitalizowany (-na) *m(f)*.

input ['ɪnput] *n* (*of resources*) wkład *m*; (*COMPUT*) dane *pl* wejściowe.

inquest ['ɪnkwɛst] *n* dochodzenie *nt* (*zwłaszcza mające na celu ustalenie przyczyny zgonu*).

inquire [ɪn'kwaɪə*] *vi* pytać (zapytać *perf or* spytać *perf*) ♦ *vt* **to inquire (about)** pytać (zapytać *perf or* spytać *perf*) o *+acc*; **to inquire when/where/whether** dowiadywać się, kiedy/gdzie/czy.

►**inquire after** *vt fus* pytać (zapytać *perf*) o *+acc*.

►**inquire into** *vt fus* badać (zbadać *perf*) *+acc*.

inquiring [ɪn'kwaɪərɪŋ] *adj* dociekliwy.

inquiry [ɪn'kwaɪərɪ] *n* (*question*) zapytanie *nt*; (*investigation*) dochodzenie *nt*; **to hold an inquiry into** przeprowadzać (przeprowadzić *perf*) dochodzenie w sprawie *+gen*.

inquiry desk (*BRIT*) *n* punkt *m* informacyjny.

inquiry office (*BRIT*) *n* biuro *nt* informacji.

inquisition [ɪnkwɪ'zɪʃən] *n* (*interrogation*) przesłuchanie *nt*; (*REL*): **the Inquisition** inkwizycja *f*.

inquisitive [ɪn'kwɪzɪtɪv] *adj* dociekliwy.

inroads ['ɪnrəudz] *npl*: **to make inroads into** (*savings, supplies*) naruszać (naruszyć *perf*) *+acc*.

ins *abbr* (= *inches*).

insane [ɪn'seɪn] *adj* (*MED*) chory umysłowo; (*foolish, crazy*) szalony.

insanitary [ɪn'sænɪtərɪ] *adj* niehigieniczny.

insanity [ɪn'sænɪtɪ] *n* (*MED*) choroba *f* umysłowa; (*of idea etc*) niedorzeczność *f*.

insatiable [ɪn'seɪʃəbl] *adj* nienasycony.

inscribe [ɪn'skraɪb] *vt*: **to inscribe sth on a wall, to inscribe a wall with sth** (*write*) pisać (napisać *perf*) coś na ścianie; (*carve*) ryć (wyryć *perf*) coś na ścianie; **to inscribe a book** pisać (napisać *perf*) dedykację w książce; **to inscribe a ring/monogram** grawerować (wygrawerować *perf*) pierścionek/monogram.

inscription [ɪn'skrɪpʃən] *n* (*on gravestone, memorial*) napis *m*, inskrypcja *f*; (*in book*) dedykacja *f*.

inscrutable [ɪn'skru:təbl] *adj* (*comment*) zagadkowy; (*expression*) nieodgadniony.

inseam ['ɪnsi:m] (*US*) *n*: **inseam measurement** wewnętrzna długość *f* nogawki.

insect ['ɪnsɛkt] *n* owad *m*.

insect bite *n* ukąszenie *nt* owada.

insecticide [ɪn'sɛktɪsaɪd] *n* środek *m* owadobójczy.

insect repellent *n* środek *m* odstraszający owady.

insecure [ɪnsɪ'kjuə*] *adj* (*structure, job*) niepewny; **to be insecure** (*person*) nie wierzyć w siebie; **to feel insecure** nie czuć się pewnie.

insecurity [ɪnsɪ'kjuərɪtɪ] *n* niepewność *f*; **job insecurity** niebezpieczeństwo utraty pracy.

insemination [ɪnsɛmɪ'neɪʃən] *n*: **artificial insemination** sztuczne zapłodnienie *nt*, inseminacja *f*.

insensible [ɪn'sɛnsɪbl] *adj* (*unconscious*) nieprzytomny; (*unaffected*): **insensible to** obojętny *or* niewrażliwy na *+acc*; (*unaware*): **insensible of** nieświadomy *+gen*; **to render a patient insensible** usypiać (uśpić *perf*) pacjenta.

insensitive [ɪn'sɛnsɪtɪv] *adj* (*uncaring*) nieczuły; (*to pain etc*) niewrażliwy.

insensitivity [ɪnsɛnsɪ'tɪvɪtɪ] *n* (*of person*) nieczułość *f*, brak *m* wrażliwości; (*to pain etc*) niewrażliwość *f*.

inseparable [ɪn'sɛprəbl] *adj* (*friends*) nierozłączny; (*ideas etc*): **to be inseparable from** być nierozłącznie *or* nierozerwalnie związanym z *+instr*.

insert [*vb* ɪn'sə:t, *n* 'ɪnsə:t] *vt* wkładać (włożyć *perf*) ♦ *n* wkładka *f*.

insertion [ɪn'sə:ʃən] *n* (*of needle*) wprowadzenie *nt*; (*of peg etc*) włożenie *nt*; (*of comment*) wtrącenie *nt*.

in-service ['ɪn'sə:vɪs] *adj*: **in-service training** doskonalenie *nt* zawodowe; **in-service course** kurs doskonalenia zawodowego.

inshore [ɪn'ʃɔ:*] *adj* przybrzeżny ♦ *adv* (*be*) przy brzegu; (*move*) ku brzegowi.

inside ['ɪn'saɪd] *n* (*interior*) wnętrze *nt*; (*of road*: *BRIT*) lewa strona *f*; (: *US, Europe*) prawa strona *f* ♦ *adj* wewnętrzny ♦ *adv* (*go*) do środka; (*be*) w środku, wewnątrz ♦ *prep* (*location*) wewnątrz *+gen*; (*time*) w ciągu *+gen*; **insides** *npl* (*inf*) wnętrzności *pl*.

inside forward *n* środkowy napastnik *m*.

inside information *n* informacja *f* z pierwszej ręki.

inside lane (*AUT*) *n* (*BRIT*) lewy pas *m*; (*US, Europe*) prawy pas *m*.

inside leg measurement (*BRIT*) *n* wewnętrzna długość *f* nogawki.

inside out *adv* na lewą stronę; (*fig*: *know*) na wylot.

insider [ɪn'saɪdə*] *n* osoba *f* dobrze poinformowana.

insider dealing *or* **trading** *n* *handel akcjami w oparciu o nielegalne wykorzystanie informacji posiadanych z racji zajmowanego stanowiska.*

inside story *n* relacja *f* z pierwszej ręki.

insidious [ɪn'sɪdɪəs] *adj* zdradziecki, podstępny.

insight ['ɪnsaɪt] *n* (*PSYCH*) wgląd *m*; **to gain**

(an) insight into sth zgłębić *(perf)* coś; **a flash of insight** olśnienie; **a number of interesting insights** szereg interesujących spostrzeżeń.
insignia [ɪn'sɪgnɪə] *n inv* insygnia *pl.*
insignificant [ɪnsɪg'nɪfɪknt] *adj* (*unimportant*) mało znaczący, bez znaczenia *post*; (*small*) nieznaczny.
insincere [ɪnsɪn'sɪə*] *adj* nieszczery.
insincerity [ɪnsɪn'sɛrɪtɪ] *n* nieszczerość *f.*
insinuate [ɪn'sɪnjueɪt] *vt* (*imply*) insynuować.
insinuation [ɪnsɪnju'eɪʃən] *n* insynuacja *f.*
insipid [ɪn'sɪpɪd] *adj* mdły, bez smaku *post*; (*fig: person, style*) bezbarwny.
insist [ɪn'sɪst] *vi* upierać się, nalegać; **to insist on sth** upierać się przy czymś; **to insist that ...** (*demand*) upierać się *or* nalegać, żeby ...; (*claim*) utrzymywać *or* uparcie twierdzić, że ... .
insistence [ɪn'sɪstəns] *n* nalegania *pl*; **insistence on** upieranie się przy *+loc.*
insistent [ɪn'sɪstənt] *adj* (*resolute*) stanowczy; (*continual*) uporczywy; **he was insistent that we should have a drink** nalegał, żebyśmy się napili.
insole ['ɪnsəul] *n* brandzel *m.*
insolence ['ɪnsələns] *n* bezczelność *f.*
insolent ['ɪnsələnt] *adj* bezczelny.
insoluble [ɪn'sɔljubl] *adj* nierozwiąz(yw)alny, nie do rozwiązania *post.*
insolvency [ɪn'sɔlvənsɪ] *n* niewypłacalność *f.*
insolvent [ɪn'sɔlvənt] *adj* niewypłacalny.
insomnia [ɪn'sɔmnɪə] *n* bezsenność *f.*
insomniac [ɪn'sɔmnɪæk] *n* osoba *f* cierpiąca na bezsenność.
inspect [ɪn'spɛkt] *vt* (*examine*) badać (zbadać *perf*); (*premises, equipment*) kontrolować (skontrolować *perf*), robić (zrobić *perf*) przegląd *or* inspekcję *+gen*; (*troops*) dokonywać (dokonać *perf*) przeglądu *or* inspekcji *+gen.*
inspection [ɪn'spɛkʃən] *n* (*examination*) badanie *nt*; (*of premises, equipment, troops*) przegląd *m*, inspekcja *f.*
inspector [ɪn'spɛktə*] *n* (*ADMIN, POLICE*) inspektor *m*; (*BRIT: on bus, train*) kontroler(ka) *m(f)* (biletów).
inspiration [ɪnspə'reɪʃən] *n* (*encouragement*) inspiracja *f*; (*influence, source*) źródło *nt* inspiracji; (*idea*) natchnienie *nt.*
inspire [ɪn'spaɪə*] *vt* (*person*) inspirować (zainspirować *perf*); (*confidence, hope*) wzbudzać (wzbudzić *perf*).
inspired [ɪn'spaɪəd] *adj* (*writer, book etc*) natchniony; **in an inspired moment** w chwili natchnienia.
inspiring [ɪn'spaɪərɪŋ] *adj* porywający; (*for artist*) inspirujący, budzący natchnienie.
inst. (*BRIT: COMM*) *abbr* (= *instant*): **of the 16th inst.** 16 bm. (= 16 bieżącego miesiąca).
instability [ɪnstə'bɪlɪtɪ] *n* brak *m* stabilności, chwiejność *f.*
install [ɪn'stɔ:l] *vt* (*machine*) instalować (zainstalować *perf*); (*official*) wprowadzać (wprowadzić *perf*) na stanowisko.
installation [ɪnstə'leɪʃən] *n* instalacja *f*; **military/industrial installations** obiekty militarne/przemysłowe.
installment plan (*US*) *n* system *m* ratalny.
instalment [ɪn'stɔ:lmənt] (*US* **installment**) *n* (*of payment*) rata *f*; (*of story, TV serial*) odcinek *m*; **in instalments** w ratach.
instance ['ɪnstəns] *n* przypadek *m*; **for instance** na przykład; **in that instance** w tym przypadku *or* wypadku; **in many instances** w wielu wypadkach; **in the first instance** w pierwszej kolejności.
instant ['ɪnstənt] *n* chwila *f*, moment *m* ♦ *adj* (*reaction, success*) natychmiastowy; (*coffee*) rozpuszczalny, instant *post*; (*potatoes, rice*) błyskawiczny; **the 10th instant** dziesiątego bieżącego miesiąca.
instantaneous [ɪnstən'teɪnɪəs] *adj* natychmiastowy.
instantly ['ɪnstəntlɪ] *adv* natychmiast; **he was killed instantly** zginął na miejscu.
instant replay (*TV*) *n* powtórka *f.*
instead [ɪn'stɛd] *adv* zamiast tego; **instead of** zamiast *+gen.*
instep ['ɪnstɛp] *n* podbicie *nt.*
instigate ['ɪnstɪgeɪt] *vt* (*rebellion*) wzniecać (wzniecić *perf*); (*search*) wszczynać (wszcząć *perf*); (*talks*) doprowadzać (doprowadzić *perf*) do *+gen.*
instigation [ɪnstɪ'geɪʃən] *n* namowa *f*; **at sb's instigation** za czyjąś namową.
instil [ɪn'stɪl] *vt*: **to instil fear** *etc* **into sb** wzbudzać (wzbudzić *perf*) w kimś strach *etc.*
instinct ['ɪnstɪŋkt] *n* (*BIO*) instynkt *m*; (*reaction*) odruch *m.*
instinctive [ɪn'stɪŋktɪv] *adj* instynktowny, odruchowy.
instinctively [ɪn'stɪŋktɪvlɪ] *adv* instynktownie, odruchowo.
institute ['ɪnstɪtju:t] *n* instytut *m* ♦ *vt* (*system, rule*) ustanawiać (ustanowić *perf*); (*scheme, course of action*) wprowadzać (wprowadzić *perf*); (*proceedings, inquiry*) wszczynać (wszcząć *perf*).
institution [ɪnstɪ'tju:ʃən] *n* (*establishment*) ustanowienie *nt*; (*custom, tradition, organization*) instytucja *f*; (*mental home etc*) zakład *m.*
institutional [ɪnstɪ'tju:ʃənl] *adj* (*education*) formalny; (*value, quality*) tradycyjny; **to be in institutional care** (*mental patient, child*) przebywać w zakładzie.
instruct [ɪn'strʌkt] *vt* (*teach*): **to instruct sb in sth** szkolić (wyszkolić *perf*) kogoś w czymś; (*order*): **to instruct sb to do sth** instruować (poinstruować *perf*) kogoś, żeby coś zrobił.
instruction [ɪn'strʌkʃən] *n* szkolenie *nt*, instruktaż *m* ♦ *cpd*: **instruction manual/leaflet**

instrukcja *f*; **instructions** *npl* instrukcje *pl*; **instructions (for use)** instrukcja (obsługi).
instructive [ɪn'strʌktɪv] *adj* pouczający.
instructor [ɪn'strʌktə*] *n* instruktor(ka) *m(f)*.
instrument ['ɪnstrumənt] *n* narzędzie *nt*; (*MUS*) instrument *m*.
instrumental [ɪnstru'mɛntl] *adj* (*MUS*) instrumentalny; **to be instrumental in** odgrywać (odegrać *perf*) znaczącą rolę w *+loc*.
instrumentalist [ɪnstru'mɛntəlɪst] *n* instrumentalista (-tka) *m(f)*.
instrument panel *n* tablica *f* rozdzielcza.
insubordination [ɪnsəbɔːdə'neɪʃən] *n* niesubordynacja *f*.
insufferable [ɪn'sʌfrəbl] *adj* nieznośny, nie do zniesienia *post*.
insufficient [ɪnsə'fɪʃənt] *adj* niewystarczający.
insufficiently [ɪnsə'fɪʃəntlɪ] *adv* niewystarczająco.
insular ['ɪnsjulə*] *adj* (*outlook*) ciasny; (*person*) zasklepiony w sobie.
insulate ['ɪnsjuleɪt] *vt* izolować (odizolować *perf*); (*against electricity*) izolować (zaizolować *perf*).
insulating tape ['ɪnsjuleɪtɪŋ-] *n* taśma *f* izolacyjna.
insulation [ɪnsju'leɪʃən] *n* izolacja *f*.
insulator ['ɪnsjuleɪtə*] *n* izolator *m*.
insulin ['ɪnsjulɪn] *n* insulina *f*.
insult [*n* 'ɪnsʌlt, *vb* ɪn'sʌlt] *n* zniewaga *f*, obelga *f* ♦ *vt* znieważać (znieważyć *perf*), obrażać (obrazić *perf*).
insulting [ɪn'sʌltɪŋ] *adj* obelżywy.
insuperable [ɪn'sjuːprəbl] *adj* nie do pokonania *post*.
insurance [ɪn'ʃuərəns] *n* ubezpieczenie *nt*; **fire/life insurance** ubezpieczenie na wypadek pożaru/na życie; **to take out insurance (against)** ubezpieczać się (ubezpieczyć się *perf*) (od *+gen*).
insurance agent *n* agent(ka) *m(f)* ubezpieczeniowy (-wa) *m(f)*.
insurance broker *n* makler *m or* broker *m* ubezpieczeniowy.
insurance policy *n* polisa *f* ubezpieczeniowa.
insurance premium *n* składka *f* ubezpieczeniowa.
insure [ɪn'ʃuə*] *vt*: **to insure (against)** ubezpieczać (ubezpieczyć *perf*) (od *+gen*); **to insure (o.s.) against sth** (*to prevent it from happenning*) zabezpieczać się (zabezpieczyć się *perf*) przed czymś; (*in case it happens*) zabezpieczać się (zabezpieczyć się *perf*) na wypadek czegoś; **to be insured for 5,000 pounds** być ubezpieczonym na 5,000 funtów.
insured [ɪn'ʃuəd] *n*: **the insured** ubezpieczony (-na) *m(f)*.
insurer [ɪn'ʃuərə*] *n* ubezpieczyciel *m*.
insurgent [ɪn'səːdʒənt] *adj* rebeliancki ♦ *n* powstaniec *m*, rebeliant *m*.
insurmountable [ɪnsə'mauntəbl] *adj* nie do pokonania *post*.
insurrection [ɪnsə'rɛkʃən] *n* powstanie *nt*.
intact [ɪn'tækt] *adj* nietknięty, nienaruszony.
intake ['ɪnteɪk] *n* (*of food, drink*) spożycie *nt*; (*of air, oxygen*) zużycie *nt*; (*BRIT*: *SCOL*) nabór *m*.
intangible [ɪn'tændʒɪbl] *adj* (*idea, quality*) nieuchwytny; (*benefit*) nienamacalny.
integer ['ɪntɪdʒə*] *n* liczba *f* całkowita.
integral ['ɪntɪgrəl] *adj* integralny.
integrate ['ɪntɪgreɪt] *vt* (*newcomer*) wprowadzać (wprowadzić *perf*); (*ideas, systems*) łączyć (połączyć *perf*) (w jedną całość), integrować (zintegrować *perf*) ♦ *vi* integrować się (zintegrować się *perf*).
integrated circuit ['ɪntɪgreɪtɪd-] *n* układ *m or* obwód *m* scalony.
integration [ɪntɪ'greɪʃən] *n* integracja *f*.
integrity [ɪn'tɛgrɪtɪ] *n* (*of person*) prawość *f*; (*of culture, group*) integralność *f*.
intellect ['ɪntəlɛkt] *n* (*intelligence*) inteligencja *f*; (*cleverness*) intelekt *m*.
intellectual [ɪntə'lɛktjuəl] *adj* intelektualny ♦ *n* intelektualista (-tka) *m(f)*.
intelligence [ɪn'tɛlɪdʒəns] *n* inteligencja *f*; (*MIL etc*) wywiad *m*.
intelligence quotient *n* iloraz *m* inteligencji.
intelligence service *n* służba *f* wywiadowcza.
intelligence test *n* test *m* na inteligencję.
intelligent [ɪn'tɛlɪdʒənt] *adj* inteligentny.
intelligently [ɪn'tɛlɪdʒəntlɪ] *adv* inteligentnie.
intelligentsia [ɪntɛlɪ'dʒɛntsɪə] *n*: **the intelligentsia** inteligencja *f*, inteligenci *vir pl*.
intelligible [ɪn'tɛlɪdʒɪbl] *adj* zrozumiały.
intemperate [ɪn'tɛmpərət] *adj* nieumiarkowany, przesadny.
intend [ɪn'tɛnd] *vt*: **to intend sth for sb** przeznaczać (przeznaczyć *perf*) coś dla kogoś; **to intend to do sth** zamierzać coś (z)robić.
intended [ɪn'tɛndɪd] *adj* (*effect, insult*) zamierzony; (*journey*) planowany.
intense [ɪn'tɛns] *adj* (*heat*) wielki; (*effort, activity*) intensywny; (*effect, emotion, experience*) silny, głęboki; (*person*: *serious*) poważny; (: *emotional*) uczuciowy.
intensely [ɪn'tɛnslɪ] *adv* (*extremely*) wielce; (*feel, experience*) silnie, głęboko.
intensify [ɪn'tɛnsɪfaɪ] *vt* nasilać (nasilić *perf*).
intensity [ɪn'tɛnsɪtɪ] *n* (*of heat, anger*) nasilenie *nt*; (*of effort*) intensywność *f*.
intensive [ɪn'tɛnsɪv] *adj* intensywny.
intensive care *n*: **to be in intensive care** przebywać na oddziale intensywnej opieki medycznej.
intensive care unit *n* oddział *m* intensywnej opieki medycznej.
intent [ɪn'tɛnt] *n* (*fml*) intencja *f* ♦ *adj* skupiony; **intent on** skupiony na *+loc*; **to be intent on doing sth** być zdecydowanym coś (z)robić; **to**

all intents and purposes praktycznie rzecz biorąc.
intention [ɪnˈtɛnʃən] *n* zamiar *m*.
intentional [ɪnˈtɛnʃənl] *adj* zamierzony, celowy.
intentionally [ɪnˈtɛnʃnəlɪ] *adv* celowo.
intently [ɪnˈtɛntlɪ] *adv* w skupieniu, uważnie.
inter [ɪnˈtəː*] *vt* chować (pochować *perf*).
interact [ɪntərˈækt] *vi* oddziaływać na siebie (wzajemnie); **to interact (with sb)** (*co-operate*) współdziałać (z kimś).
interaction [ɪntərˈækʃən] *n* wzajemne oddziaływanie *nt*; (*co-operation*) współdziałanie *nt*; (*social*) interakcja *f*.
interactive [ɪntərˈæktɪv] *adj* interakcyjny.
intercede [ɪntəˈsiːd] *vi*: **to intercede with sb on behalf of sb** *or* **for sb** wstawiać się (wstawić się *perf*) u kogoś za kimś.
intercept [ɪntəˈsɛpt] *vt* (*message*) przechwytywać (przechwycić *perf*); (*person, car*) zatrzymywać (zatrzymać *perf*).
interception [ɪntəˈsɛpʃən] *n* (*of message*) przechwycenie *nt*.
interchange [ˈɪntətʃeɪndʒ] *n* (*of information etc*) wymiana *f*; (*AUT*) rozjazd *m* (*na autostradzie*).
interchangeable [ɪntəˈtʃeɪndʒəbl] *adj* zamienny.
intercity [ɪntəˈsɪtɪ] *adj*: **intercity train** pociąg *m* InterCity.
intercom [ˈɪntəkɔm] *n* telefon *m* komunikacji wewnętrznej, intercom *m*.
interconnect [ɪntəkəˈnɛkt] *vi* łączyć się (ze sobą).
intercontinental [ˈɪntəkɔntɪˈnɛntl] *adj* międzykontynentalny.
intercourse [ˈɪntəkɔːs] *n* (*sexual*) stosunek *m*, zbliżenie *nt*; (*verbal*) kontakty *pl*; **social intercourse** współżycie społeczne.
interdependence [ɪntədɪˈpɛndəns] *n* współzależność *f*.
interdependent [ɪntədɪˈpɛndənt] *adj* współzależny.
interest [ˈɪntrɪst] *n* (*desire to know, pastime*): **interest (in)** zainteresowanie *nt* (*+instr*); (*advantage, profit*) interes *m*; (*COMM*: *in company*) udział *m*; (: *sum of money*) odsetki *pl*, procent *m* ♦ *vt* interesować (zainteresować *perf*); **controlling interest** pakiet kontrolny; **compound/simple interest** procent składany/zwykły; **British interests in the Middle East** interesy brytyjskie na Bliskim Wschodzie; **his main interest is ...** interesuje się głównie *+instr*; **it is in our interest to ...** jest *or* leży w naszym interesie, żeby *+infin*.
interested [ˈɪntrɪstɪd] *adj* zainteresowany; **to be interested in sth/sb** interesować się czymś/kimś; **to be interested in doing sth** być zainteresowanym robieniem czegoś.
interest-free [ˈɪntrɪstˈfriː] *adj* bezprocentowy, nie oprocentowany ♦ *adv* bezprocentowo, bez oprocentowania.
interesting [ˈɪntrɪstɪŋ] *adj* interesujący, ciekawy.
interest rate *n* stopa *f* procentowa.
interface [ˈɪntəfeɪs] *n* (*COMPUT*) interfejs *m*; (*fig*) obszar *m* wzajemnego oddziaływania.
interfere [ɪntəˈfɪə*] *vi*: **to interfere in** wtrącać się (wtrącić się *perf*) do *+gen or* w *+acc*; **to interfere with** (*object*) majstrować przy *+loc*; (*career*) przeszkadzać (przeszkodzić *perf*) w *+loc*; (*plans*) kolidować z *+instr*; **don't interfere** nie wtrącaj się.
interference [ɪntəˈfɪərəns] *n* (*in sb's affairs*) wtrącanie się *nt*, ingerencja *f*; (*RADIO, TV*) interferencja *f*.
interfering [ɪntəˈfɪərɪŋ] *adj* wścibski.
interim [ˈɪntərɪm] *adj* tymczasowy ♦ *n*: **in the interim** w międzyczasie.
interim dividend *n* dywidenda *f* tymczasowa.
interior [ɪnˈtɪərɪə*] *n* wnętrze *nt* ♦ *adj* wewnętrzny; **(in)to/in the interior of** (*country, continent*) w głąb/w głębi *+gen*; **interior minister/department** Minister/Departament Spraw Wewnętrznych.
interior decorator *n* dekorator(ka) *m(f)* wnętrz.
interior designer *n* projektant(ka) *m(f)* wnętrz.
interjection [ɪntəˈdʒɛkʃən] *n* (*interruption*) wtrącenie *nt*; (*LING*) wykrzyknik *m*.
interlock [ɪntəˈlɔk] *vi* łączyć się (ze sobą), zazębiać się (o siebie).
interloper [ˈɪntələupə*] *n* intruz *m*.
interlude [ˈɪntəluːd] *n* (*break*) przerwa *f*; (*THEAT*) antrakt *m*.
intermarry [ɪntəˈmærɪ] *vi* żenić się między sobą.
intermediary [ɪntəˈmiːdɪərɪ] *n* pośrednik (-iczka) *m(f)*.
intermediate [ɪntəˈmiːdɪət] *adj* (*stage*) pośredni; (*student*) średniozaawansowany.
interminable [ɪnˈtəːmɪnəbl] *adj* nie kończący się, bez końca *post*.
intermission [ɪntəˈmɪʃən] *n* przerwa *f*; (*THEAT*) antrakt *m*.
intermittent [ɪntəˈmɪtnt] *adj* (*noise*) przerywany; (*publication*) nieregularny.
intermittently [ɪntəˈmɪtntlɪ] *adv* nieregularnie.
intern [*vb* ɪnˈtəːn, *n* ˈɪntəːn] *vt* internować (internować *perf*) ♦ *n* (*US*) lekarz *m* stażysta *m*.
internal [ɪnˈtəːnl] *adj* wewnętrzny.
internally [ɪnˈtəːnəlɪ] *adv*: **"not to be taken internally"** „do użytku zewnętrznego".
Internal Revenue Service (*US*) *n* ≈ Izba *f* Skarbowa.
international [ɪntəˈnæʃənl] *adj* międzynarodowy ♦ *n* (*BRIT*: *SPORT*) mecz *m* międzypaństwowy.
International Atomic Energy Agency *n* Międzynarodowa Agencja *f* Energii Atomowej.
International Chamber of Commerce *n* Międzynarodowa Izba *f* Handlowa.
International Court of Justice *n* Międzynarodowy Trybunał *m* Sprawiedliwości.
international date line *n* linia *f* zmiany daty.

International Labour Organization *n* Międzynarodowa Organizacja *f* Pracy.
internationally [ɪntə'næʃnəlɪ] *adv* na arenie międzynarodowej.
International Monetary Fund *n* Międzynarodowy Fundusz *m* Walutowy.
internecine [ɪntə'ni:saɪn] *adj* (*war, quarrel*) wyniszczający dla obu stron.
internee [ɪntə:'ni:] *n* internowany (-na) *m(f)*.
internment [ɪn'tə:nmənt] *n* internowanie *nt*.
interplay ['ɪntəpleɪ] *n*: **interplay (of/between)** (wzajemne) oddziaływanie *nt* (*+gen*/między *+instr*).
Interpol ['ɪntəpɔl] *n* Interpol *m*.
interpret [ɪn'tə:prɪt] *vt* (*explain, understand*) interpretować (zinterpretować *perf*); (*translate*) tłumaczyć (przetłumaczyć *perf*) (*ustnie*) ♦ *vi* tłumaczyć (*ustnie*).
interpretation [ɪntə:prɪ'teɪʃən] *n* interpretacja *f*.
interpreter [ɪn'tə:prɪtə*] *n* tłumacz(ka) *m(f)*.
interpreting [ɪn'tə:prɪtɪŋ] *n* tłumaczenie *nt*.
interrelated [ɪntərɪ'leɪtɪd] *adj* powiązany (ze sobą).
interrogate [ɪn'tɛrəugeɪt] *vt* przesłuchiwać (przesłuchać *perf*).
interrogation [ɪntɛrəu'geɪʃən] *n* przesłuchanie *nt*.
interrogative [ɪntə'rɔgətɪv] (*LING*) *adj* pytajny.
interrogator [ɪn'tɛrəgeɪtə*] *n* przesłuchujący (-ca) *m(f)*, śledczy *m*.
interrupt [ɪntə'rʌpt] *vt* (*speaker*) przerywać (przerwać *perf*) *+dat*; (*conversation*) przerywać (przerwać *perf*) ♦ *vi* przerywać (przerwać *perf*).
interruption [ɪntə'rʌpʃən] *n*: **there were several interruptions** kilka razy przerywano; **she hates interruptions** nie znosi, kiedy się jej przerywa.
intersect [ɪntə'sɛkt] *vi* przecinać się (przeciąć się *perf*) ♦ *vt* przecinać (przeciąć *perf*).
intersection [ɪntə'sɛkʃən] *n* (*of roads*) przecięcie *nt*, skrzyżowanie *nt*; (*MATH*: *point*) punkt *m* przecięcia; (: *set*) część *f* wspólna (zbiorów).
intersperse [ɪntə'spə:s] *vt*: **to intersperse sth with** urozmaicać (urozmaicić *perf*) coś *+instr*.
intertwine [ɪntə'twaɪn] *vi* splatać się (spleść się *perf*).
interval ['ɪntəvl] *n* przerwa *f*; (*MUS*) interwał *m*; **sunny intervals** przejaśnienia; **at six-month intervals** w sześciomiesięcznych odstępach.
intervene [ɪntə'vi:n] *vi* (*in situation*) interweniować (zainterweniować *perf*); (*in speech*) wtrącać się (wtrącić się *perf*); (*event*) przeszkadzać (przeszkodzić *perf*); (*years, months*) upływać (upłynąć *perf*).
intervening [ɪntə'vi:nɪŋ] *adj*: **in the intervening period/years** od tamtego czasu.
intervention [ɪntə'vɛnʃən] *n* interwencja *f*.
interview ['ɪntəvju:] *n* (*for job*) rozmowa *f* kwalifikacyjna; (*RADIO, TV*) wywiad *m* ♦ *vt* (*for job*) przeprowadzać (przeprowadzić *perf*) rozmowę kwalifikacyjną z *+instr*; (*RADIO, TV*) przeprowadzać (przeprowadzić *perf*) wywiad z *+instr*.
interviewer ['ɪntəvjuə*] *n* (*of candidate, job applicant*) przeprowadzający (-ca) *m(f)* rozmowę kwalifikacyjną; (*RADIO, TV*) dziennikarz (-arka) *m(f)* przeprowadzający (-ca) *m(f)* wywiad.
intestate *adv*: **to die intestate** umrzeć (*perf*) nie pozostawiwszy testamentu.
intestinal [ɪn'tɛstɪnl] *adj* jelitowy.
intestine [ɪn'tɛstɪn] *n* jelito *nt*.
intimacy ['ɪntɪməsɪ] *n* bliskość *f*.
intimate [*adj* 'ɪntɪmət, *vb* 'ɪntɪmeɪt] *adj* (*friend*) bliski; (*relations, matter, detail*) intymny; (*restaurant, atmosphere*) kameralny; (*knowledge*) gruntowny ♦ *vt* napomykać (napomknąć *perf*) o *+loc*; **to intimate that ...** dawać (dać *perf*) do zrozumienia, że... .
intimately ['ɪntɪmətlɪ] *adv* (*acquainted*) blisko; (*inside out*) gruntownie; (*sexually*) intymnie; **to talk intimately about** zwierzać się sobie z *+gen*.
intimation [ɪntɪ'meɪʃən] *n*: **to feel** *or* **have an intimation of** mieć przeczucie *+gen*.
intimidate [ɪn'tɪmɪdeɪt] *vt* zastraszać (zastraszyć *perf*).
intimidation [ɪntɪmɪ'deɪʃən] *n* zastraszenie *nt*.

KEYWORD

into ['ɪntu] *prep* **1** (*indicating motion or direction*) do *+gen*; **to go into town** iść (pójść *perf*) do miasta; **throw it into the fire** wrzuć to do ognia *or* w ogień; **research into cancer** badania nad rakiem. **2** (*indicating change of condition, result*): **the vase broke into pieces** wazon rozbił się na kawałki; **she burst into tears** wybuchła płaczem; **they got into trouble** wpadli w tarapaty.

intolerable [ɪn'tɔlərəbl] *adj* (*life, situation*) nieznośny, nie do zniesienia *post*; (*quality, methods*) nie do przyjęcia *post*.
intolerance [ɪn'tɔlərns] *n* nietolerancja *f*.
intolerant [ɪn'tɔlərnt] *adj*: **intolerant (of)** nietolerancyjny (wobec *or* w stosunku do *+gen*).
intonation [ɪntəu'neɪʃən] *n* intonacja *f*.
intoxicated [ɪn'tɔksɪkeɪtɪd] *adj* odurzony *or* upojony (alkoholem).
intoxication [ɪntɔksɪ'keɪʃən] *n* upojenie *nt* alkoholowe, odurzenie *nt* alkoholem.
intractable [ɪn'træktəbl] *adj* (*person*) nieustępliwy; (*problem*) trudny do rozwiązania.
intransigence [ɪn'trænsɪdʒəns] *n* nieprzejednanie *nt*.
intransigent [ɪn'trænsɪdʒənt] *adj* nieprzejednany.
intransitive [ɪn'trænsɪtɪv] *adj* (*LING*) nieprzechodni.
intra-uterine device ['ɪntrə'ju:təraɪn-] *n* wkładka *f* domaciczna *or* wewnątrzmaciczna.
intravenous [ɪntrə'vi:nəs] *adj* dożylny.

in-tray ['ɪntreɪ] *n* tacka *f* na korespondencję przychodzącą.
intrepid [ɪn'trɛpɪd] *adj* nieustraszony.
intricacy ['ɪntrɪkəsɪ] *n* zawiłość *f*.
intricate ['ɪntrɪkət] *adj* zawiły.
intrigue [ɪn'tri:g] *n* (*plotting*) intrygi *pl*; (*instance*) intryga *f* ♦ *vt* intrygować (zaintrygować *perf*).
intriguing [ɪn'tri:gɪŋ] *adj* intrygujący.
intrinsic [ɪn'trɪnsɪk] *adj* (*goodness, superiority*) wrodzony; (*part*) nieodłączny; **these objects have no intrinsic value** przedmioty te nie przedstawiają sobą żadnej wartości; **it is a problem of great intrinsic interest** jest to problem wielce interesujący sam w sobie.
introduce [ɪntrə'dju:s] *vt* (*new idea, method*) wprowadzać (wprowadzić *perf*); (*speaker*) przedstawiać (przedstawić *perf*); **to introduce sb (to sb)** przedstawiać (przedstawić *perf*) kogoś (komuś); **to introduce sb to sth** zaznajamiać (zaznajomić *perf*) kogoś z czymś; **may I introduce ...?** Pan/Pani pozwoli, że przedstawię ... .
introduction [ɪntrə'dʌkʃən] *n* (*of new idea, measure*) wprowadzenie *nt*; (*of person*) przedstawienie *nt*, prezentacja *f*; (*to new experience*) zapoznanie *nt*, zaznajomienie *nt*; (*in book*) wstęp *m*, wprowadzenie *nt*; **a letter of introduction** list polecający.
introductory [ɪntrə'dʌktərɪ] *adj* wstępny; **introductory remarks** uwagi wstępne; **an introductory offer** oferta wstępna.
introspection [ɪntrəu'spɛkʃən] *n* introspekcja *f*.
introspective [ɪntrəu'spɛktɪv] *adj* introspekcyjny.
introvert ['ɪntrəuvə:t] *n* introwertyk (-yczka) *m(f)* ♦ *adj* (*also*: **introverted**: *behaviour*) introwersyjny; (*child*) introwertyczny.
intrude [ɪn'tru:d] *vi* przeszkadzać (przeszkodzić *perf*); **to intrude on** zakłócać (zakłócić *perf*) *+acc*; **am I intruding?** czy nie przeszkadzam?
intruder [ɪn'tru:də*] *n* intruz *m*.
intrusion [ɪn'tru:ʒən] *n* (*of person*) wtargnięcie *nt*; (*of outside influences*) wpływ *m*.
intrusive [ɪn'tru:sɪv] *adj* niepożądany.
intuition [ɪntju:'ɪʃən] *n* intuicja *f*; **an intuition** przeczucie *nt*.
intuitive [ɪn'tju:ɪtɪv] *adj* intuicyjny.
inundate ['ɪnʌndeɪt] *vt*: **to inundate sb/sth with** zasypywać (zasypać *perf*) kogoś/coś *+instr*.
inure [ɪn'juə*] *vt*: **to inure o.s. to** przyzwyczajać się (przyzwyczaić się *perf*) do *+gen*, uodparniać się (uodpornić się *perf*) na *+acc*.
invade [ɪn'veɪd] *vt* (*MIL*) najeżdżać (najechać *perf*); (*fig*: *people*) robić (zrobić *perf*) najazd na *+acc*; (*pests etc*) atakować (zaatakować *perf*).
invader [ɪn'veɪdə*] *n* (*MIL*) najeźdźca *m*.
invalid [*n* 'ɪnvəlɪd, *adj* ɪn'vælɪd] *n* inwalida (-dka) *m(f)* ♦ *adj* (*ticket*) nieważny; (*argument*) oparty na błędnych przesłankach.
invalidate [ɪn'vælɪdeɪt] *vt* (*law, marriage*) unieważniać (unieważnić *perf*); (*argument*) obalać (obalić *perf*).
invaluable [ɪn'væljuəbl] *adj* nieoceniony.
invariable [ɪn'vɛərɪəbl] *adj* niezmienny.
invariably [ɪn'vɛərɪəblɪ] *adv* niezmiennie; **she is invariably late** ona zawsze się spóźnia.
invasion [ɪn'veɪʒən] *n* (*lit, fig*) najazd *m*, inwazja *f*; **an invasion of privacy** naruszenie prywatności.
invective [ɪn'vɛktɪv] *n* obelga *f*, inwektywa *f*.
inveigle [ɪn'vi:gl] *vt*: **to inveigle sb into (doing) sth** nakłaniać (nakłonić *perf*) kogoś do (zrobienia) czegoś.
invent [ɪn'vɛnt] *vt* (*machine, system*) wynajdywać (wynaleźć *perf*); (*game, phrase*) wymyślać (wymyślić *perf*); (*fabricate*) zmyślać (zmyślić *perf*), wymyślać (wymyślić *perf*).
invention [ɪn'vɛnʃən] *n* (*machine, system*) wynalazek *m*; (*untrue story*) wymysł *m*; (*act of inventing*) wynalezienie *nt*.
inventive [ɪn'vɛntɪv] *adj* pomysłowy.
inventiveness [ɪn'vɛntɪvnɪs] *n* pomysłowość *f*.
inventor [ɪn'vɛntə*] *n* wynalazca (-zczyni) *m(f)*.
inventory ['ɪnvəntrɪ] *n* spis *m* inwentarza.
inventory control *n* kontrola *f* zapasów.
inverse [ɪn'və:s] *adj* odwrotny; **to vary in inverse proportion to** być odwrotnie proporcjonalnym do *+gen*.
invert [ɪn'və:t] *vt* odwracać (odwrócić *perf*).
invertebrate [ɪn'və:tɪbrət] *n* bezkręgowiec *m*.
inverted commas [ɪn'və:tɪd-] (*BRIT*) *npl* cudzysłów *m*.
invest [ɪn'vɛst] *vt* inwestować (zainwestować *perf*) ♦ *vi*: **invest in** inwestować (zainwestować *perf*) w *+acc*; **to invest sb with sth** obdarzać (obdarzyć *perf*) kogoś czymś.
investigate [ɪn'vɛstɪgeɪt] *vt* badać (zbadać *perf*); (*POLICE*) prowadzić (poprowadzić *perf*) dochodzenie w sprawie *+gen*.
investigation [ɪnvɛstɪ'geɪʃən] *n* dochodzenie *nt*.
investigative [ɪn'vɛstɪgeɪtɪv] *adj*: **investigative journalism** dziennikarstwo *nt* dochodzeniowe.
investigator [ɪn'vɛstɪgeɪtə*] *n* badacz(ka) *m(f)*; (*POLICE*) oficer *m* śledczy; **private investigator** prywatny detektyw.
investiture [ɪn'vɛstɪtʃə*] *n* (*of chancellor*) mianowanie *nt*; (*of prince*) nadanie *nt* tytułu.
investment [ɪn'vɛstmənt] *n* (*activity*) inwestowanie *pl*; (*amount of money*) inwestycja *f*.
investment income *n* dochód *m* z inwestycji kapitałowych.
investment trust *n* spółka *f* inwestycyjna.
investor [ɪn'vɛstə*] *n* inwestor *m*.
inveterate [ɪn'vɛtərət] *adj* niepoprawny, zatwardziały.
invidious [ɪn'vɪdɪəs] *adj* (*task*) niewdzięczny; (*comparison, decision*) krzywdzący.
invigilator [ɪn'vɪdʒɪleɪtə*] *n* *osoba nadzorująca przebieg egzaminu*.

invigorating [ɪn'vɪgəreɪtɪŋ] *adj* orzeźwiający; (*fig*) ożywczy.
invincible [ɪn'vɪnsɪbl] *adj* (*army*) niepokonany, niezwyciężony; (*belief*) niezachwiany.
inviolate [ɪn'vaɪələt] (*fml*) *adj* nietknięty.
invisible [ɪn'vɪzɪbl] *adj* niewidoczny; (*in fairy tales etc*) niewidzialny; **invisible earnings** (*COMM*) wpływy z eksportu niewidocznego.
invisible mending *n* cerowanie *nt* artystyczne.
invitation [ɪnvɪ'teɪʃən] *n* zaproszenie *nt*; **by invitation only** wyłącznie za okazaniem zaproszenia; **at sb's invitation** na czyjeś zaproszenie.
invite [ɪn'vaɪt] *vt* zapraszać (zaprosić *perf*); (*discussion, criticism*) zachęcać (zachęcić *perf*) do *+gen*; **to invite sb to do sth** poprosić (*perf*) kogoś, żeby coś zrobił; **to invite sb to dinner** zapraszać (zaprosić *perf*) kogoś na obiad.
▸**invite out** *vt* umawiać się (umówić się *perf*) z *+instr*.
inviting [ɪn'vaɪtɪŋ] *adj* kuszący.
invoice ['ɪnvɔɪs] *n* (*COMM*) faktura *f* ♦ *vt* fakturować (zafakturować *perf*); **to invoice sb for goods** wystawiać (wystawić *perf*) komuś fakturę na towar.
invoke [ɪn'vəuk] *vt* (*law*) powoływać się (powołać się *perf*) na *+acc*; (*memories*) wywoływać (wywołać *perf*).
involuntary [ɪn'vɔləntrɪ] *adj* mimowolny.
involve [ɪn'vɔlv] *vt* (*entail*) wymagać *+gen*; (*concern, affect*) dotyczyć *+gen*; **to involve sb (in sth)** angażować (zaangażować *perf*) kogoś (w coś).
involved [ɪn'vɔlvd] *adj* (*complicated*) zawiły; (*required*) wymagany; **to be involved in** być zaangażowanym w *+acc*; **to become involved with sb** wiązać się (związać się *perf*) z kimś.
involvement [ɪn'vɔlvmənt] *n* zaangażowanie *nt*.
invulnerable [ɪn'vʌlnərəbl] *adj* (*person*) niewrażliwy (*na ciosy, krytykę itp*); (*ship, building*) niezniszczalny.
inward ['ɪnwəd] *adj* (*thought, feeling*) skryty; (*concentration*) wewnętrzny; (*movement*) do wewnątrz *post*.
inwardly ['ɪnwədlɪ] *adv* wewnętrznie, w duchu.
inward(s) ['ɪnwəd(z)] *adv* do wewnątrz, do środka.
I/O (*COMPUT*) *abbr* (= *input/output*) we/wy.
IOC *n abbr* (= *International Olympic Committee*) MKOl *m* (= Międzynarodowy Komitet Olimpijski).
iodine ['aɪəudi:n] *n* jodyna *f*.
IOM (*BRIT: POST*) *abbr* (= *Isle of Man*).
ion ['aɪən] *n* jon *m*.
Ionian Sea [aɪ'əunɪən-] *n*: **the Ionian Sea** Morze *nt* Jońskie.
iota [aɪ'əutə] *n* odrobina *f*, jota *f*.
IOU *n abbr* (= *I owe you*) rewers *m*, skrypt *m* dłużny.
IOW (*BRIT: POST*) *abbr* (= *Isle of Wight*).
IPA *n abbr* (= *International Phonetic Alphabet*) międzynarodowy alfabet *m* fonetyczny, alfabet *m* IPA.
IQ *n abbr* (= *intelligence quotient*) IQ *nt inv*, iloraz *m* inteligencji.
IRA *n abbr* (= *Irish Republican Army*) IRA *f inv*; (*US*: = *individual retirement account*).
Iran [ɪ'rɑ:n] *n* Iran *m*.
Iranian [ɪ'reɪnɪən] *adj* irański ♦ *n* (*person*) Irańczyk (-anka) *m(f)*; (*LING*) (język *m*) irański.
Iraq [ɪ'rɑ:k] *n* Irak *m*.
Iraqi [ɪ'rɑ:kɪ] *adj* iracki ♦ *n* Irakijczyk (-jka) *m(f)*.
irascible [ɪ'ræsɪbl] *adj* wybuchowy.
irate [aɪ'reɪt] *adj* gniewny.
Ireland ['aɪələnd] *n* Irlandia *f*; **the Republic of Ireland** Republika Irlandii.
iris ['aɪrɪs] (*pl* **irises**) *n* (*ANAT*) tęczówka *f*; (*BOT*) irys *m*.
Irish ['aɪrɪʃ] *adj* irlandzki ♦ *npl*: **the Irish** Irlandczycy *vir pl*.
Irishman ['aɪrɪʃmən] (*irreg like*: **man**) *n* Irlandczyk *m*.
Irish Sea *n*: **the Irish Sea** Morze *nt* Irlandzkie.
Irishwoman ['aɪrɪʃwumən] (*irreg like*: **woman**) *n* Irlandka *f*.
irk [ə:k] *vt* drażnić.
irksome ['ə:ksəm] *adj* drażniący.
IRN *n abbr* (= *Independent Radio News*).
IRO (*US*) *n abbr* (= *International Refugee Organization*).
iron ['aɪən] *n* żelazo *nt*; (*for clothes*) żelazko *nt* ♦ *cpd* żelazny ♦ *vt* prasować (wyprasować *perf*).
▸**iron out** *vt* (*fig*) rozwiązywać (rozwiązać *perf*).
Iron Curtain *n*: **the Iron Curtain** żelazna kurtyna *f*.
iron foundry *n* odlewnia *f* żeliwa.
ironic(al) [aɪ'rɔnɪk(l)] *adj* ironiczny; (*situation*) paradoksalny.
ironically [aɪ'rɔnɪklɪ] *adv* ironicznie; **ironically, the intelligence chief was the last to find out** jak na ironię, szef wywiadu dowiedział się ostatni.
ironing ['aɪənɪŋ] *n* prasowanie *nt*.
ironing board *n* deska *f* do prasowania.
iron lung (*MED*) *n* żelazne płuco *nt*.
ironmonger ['aɪənmʌŋgə*] (*BRIT*) *n* właściciel(ka) *m(f)* sklepu z wyrobami żelaznymi.
ironmonger's (shop) ['aɪənmʌŋgəz-] *n* sklep *m* z wyrobami żelaznymi.
iron ore *n* ruda *f* żelaza.
irons ['aɪəns] *npl* kajdany *pl*; **to clap sb in irons** zakuwać (zakuć *perf*) kogoś w kajdany.
ironworks ['aɪənwə:ks] *n* huta *f* stali.
irony ['aɪrənɪ] *n* ironia *f*.
irrational [ɪ'ræʃənl] *adj* irracjonalny.
irreconcilable [ɪrɛkən'saɪləbl] *adj* (*ideas, views*) nie do pogodzenia *post*; (*conflict*) nierozwiązywalny.

irredeemable [ɪrɪ'di:məbl] *adj* (*selfishness etc*) nieuleczalny.
irrefutable [ɪrɪ'fju:təbl] *adj* niepodważalny, niezbity.
irregular [ɪ'rɛgjulə*] *adj* (*action, pattern, verb*) nieregularny; (*surface*) nierówny; (*behaviour*) nieodpowiedni.
irregularity [ɪrɛgju'lærɪtɪ] *n* (*of action, pattern, verb*) nieregularność *f*; (*of surface*) nierówność *f*; (*anomaly*) nieprawidłowość *f*.
irrelevance [ɪ'rɛləvəns] *n* brak *m* związku (z tematem); **an irrelevance** rzecz nieistotna.
irrelevant [ɪ'rɛləvənt] *adj* (*remark*) nie na temat *post*; (*detail*) nieistotny.
irreligious [ɪrɪ'lɪdʒəs] *adj* niewierzący.
irreparable [ɪ'rɛprəbl] *adj* nieodwracalny.
irreplaceable [ɪrɪ'pleɪsəbl] *adj* niezastąpiony.
irrepressible [ɪrɪ'prɛsəbl] *adj* (*good humour*) wieczny; (*laughter*) niepohamowany; (*person*): **to be irrepressible** być niepoprawnym optymistą.
irreproachable [ɪrɪ'prəutʃəbl] *adj* nienaganny.
irresistible [ɪrɪ'zɪstɪbl] *adj* nieodparty.
irresolute [ɪ'rɛzəlu:t] *adj* niezdecydowany.
irrespective [ɪrɪ'spɛktɪv]: **irrespective of** *prep* bez względu na *+acc*.
irresponsible [ɪrɪ'spɔnsɪbl] *adj* nieodpowiedzialny.
irretrievable [ɪrɪ'tri:vəbl] *adj* nieodwracalny.
irreverent [ɪ'rɛvərnt] *adj* lekceważący.
irrevocable [ɪ'rɛvəkəbl] *adj* nieodwołalny.
irrigate ['ɪrɪgeɪt] *vt* nawadniać (nawodnić *perf*).
irrigation [ɪrɪ'geɪʃən] *n* nawadnianie *nt*.
irritable ['ɪrɪtəbl] *adj* drażliwy.
irritant ['ɪrɪtənt] *n* czynnik *m* drażniący.
irritate ['ɪrɪteɪt] *vt* drażnić (rozdrażnić *perf*), irytować (zirytować *perf*); (*MED*) drażnić (podrażnić *perf*).
irritating ['ɪrɪteɪtɪŋ] *adj* drażniący, irytujący.
irritation [ɪrɪ'teɪʃən] *n* (*feeling*) rozdrażnienie *nt*, irytacja *f*; (*MED*) podrażnienie *nt*; (*thing*) utrapienie *nt*.
IRS (*US*) *n abbr* = **Internal Revenue Service**.
is [ɪz] *vb see* **be**.
ISBN *n abbr* (= *International Standard Book Number*) ISBN *m inv*, numer *m* ISBN.
Islam ['ɪzlɑ:m] *n* islam *m*.
Islamic [ɪz'læmɪk] *adj* islamski.
island ['aɪlənd] *n* wyspa *f*; (*also*: **traffic island**) wysepka *f*.
islander ['aɪləndə*] *n* wyspiarz (-arka) *m(f)*.
isle [aɪl] *n* wyspa *f*.
isn't ['ɪznt] = **is not**.
isobar ['aɪsəubɑ:*] *n* izobara *f*.
isolate ['aɪsəleɪt] *vt* izolować (izolować *perf*), odizolowywać (odizolować *perf*); (*substance*) izolować (wyizolować *perf*).
isolated ['aɪsəleɪtɪd] *adj* (*place, incident*) odosobniony; (*person*) wyobcowany.
isolation [aɪsə'leɪʃən] *n* izolacja *f*, odosobnienie *nt*.
isolationism [aɪsə'leɪʃənɪzəm] *n* izolacjonizm *m*.
isotope ['aɪsəutəup] *n* izotop *m*.
Israel ['ɪzreɪl] *n* Izrael *m*.
Israeli [ɪz'reɪlɪ] *adj* izraelski ♦ *n* Izraelczyk (-lka) *m(f)*.
issue ['ɪʃu:] *n* (*problem*) sprawa *f*, kwestia *f*; (*of magazine*: *edition*) wydanie *nt*; (: *number*) numer *m*; (*old*: *offspring*) potomstwo *nt* ♦ *vt* wydawać (wydać *perf*) ♦ *vi*: **to issue from** wypływać z *+gen*; **that's just not the issue** po prostu nie o to chodzi; **the point at issue is ...** chodzi o *+acc*; **he avoided the issue** unikał tego tematu; **to confuse** *or* **cloud the issue** zaciemniać (zaciemnić *perf*) sprawę; **to issue sth to sb, issue sb with sth** wydawać (wydać *perf*) coś komuś; **to take issue with sb (over)** nie zgadzać się (nie zgodzić się *perf*) z kimś (w kwestii *+gen*); **to make an issue of sth** robić (zrobić *perf*) z czegoś (wielką) sprawę.
Istanbul [ɪstæn'bu:l] *n* Stambuł *m*, Istambuł *m*.
isthmus ['ɪsməs] *n* przesmyk *m*.
IT *n abbr* = **Information Technology**.

KEYWORD

it [ɪt] *pron* **1** (*specific*) ono *nt* (*also: on, ona, depending on grammatical gender of replaced noun*), to *nt*; **give it to me** daj mi to; **I can't find it** nie mogę go znaleźć; **about/in/on/with it** o/w/na/z tym; **from/to/without it** z/do/bez tego. **2** (*impersonal*): **it's raining** pada (deszcz); **it's six o'clock/the 10th of August** jest szósta/dziesiąty sierpnia; **how far is it?** jak to daleko?; **who is it? – it's me** kto tam? – (to) ja.

ITA (*BRIT*) *n abbr* (= *initial teaching alphabet*) *uproszczony, częściowo fonetyczny alfabet używany w nauce czytania w języku angielskim.*
Italian [ɪ'tæljən] *adj* włoski ♦ *n* (*person*) Włoch/Włoszka *m/f*; (*LING*) (język *m*) włoski; **the Italians** Włosi *vir pl*.
italics [ɪ'tælɪks] *npl* kursywa *f*.
Italy ['ɪtəlɪ] *n* Włochy *pl*.
ITC (*BRIT*) *n abbr* (= *Independent Televison Commission*) *komisja sprawująca kontrolę nad sektorem prywatnym telewizji brytyjskiej.*
itch [ɪtʃ] *n* swędzenie *nt* ♦ *vi*: **I itch** swędzi mnie; **my toes are itching** swędzą mnie palce u nóg; **to be itching to do sth** mieć chętkę coś zrobić.
itchy ['ɪtʃɪ] *adj* swędzący; **my back is itchy** swędzą mnie plecy; **I'm all itchy** wszystko mnie swędzi; **to have itchy feet** (*fig*) nie móc usiedzieć na miejscu.
it'd ['ɪtd] = **it would**; = **it had**.
item ['aɪtəm] *n* rzecz *f*; (*on list, agenda*) punkt *m*, pozycja *f*; (*also*: **news item**) wiadomość *f*; **items of clothing** rzeczy.

itemize ['aɪtəmaɪz] *vt* wyszczególniać (wyszczególnić *perf*).
itinerant [ɪ'tɪnərənt] *adj* wędrowny.
itinerary [aɪ'tɪnərərɪ] *n* plan *m* podróży.
it'll ['ɪtl] = **it will**; = **it shall**.
ITN (*BRIT*: *TV*) *n abbr* (= *Independent Television News*).
its [ɪts] *adj* swój, jego; **the baby was lying in its room** dziecko leżało w swoim pokoju; **he liked London for its exotic quality** lubił Londyn za jego egzotykę; **the creature lifted its head** stworzenie uniosło głowę ♦ *pron* swój.
it's [ɪts] = **it is**; = **it has**.
itself [ɪt'sɛlf] *pron* (*reflexive*) się; (*after prep*) siebie *(gen, acc)*, sobie *(dat, loc)*, sobą *(instr)*; (*emphatic*) samo.
ITV (*BRIT*: *TV*) *n abbr* (= *Independent Television*).
IUD *n abbr* (= *intra-uterine device*) wkładka *f* domaciczna *or* wewnątrzmaciczna.
I've [aɪv] = **I have**.
ivory ['aɪvərɪ] *n* kość *f* słoniowa.
Ivory Coast *n*: **the Ivory Coast** Wybrzeże *nt* Kości Słoniowej.
ivory tower *n* (*fig*) wieża *f* z kości słoniowej.
ivy ['aɪvɪ] *n* bluszcz *m*.
Ivy League *n grupa ośmiu prestiżowych uniwersytetów we wschodniej części Stanów Zjednoczonych.*

J, j

J, j [dʒeɪ] *n* (*letter*) J *nt*, j *nt*; **J for Jack,** *(US)* **J for Jig** ≈ J jak Jadwiga.
JA *n abbr* = **judge advocate**.
J/A *abbr* = **joint account**.
jab [dʒæb] *vt* (*person*) dźgać (dźgnąć *perf*); (*finger, stick etc*): **to jab a finger at sb** dźgać (dźgnąć *perf*) kogoś palcem ♦ *n* (*inf*: *injection*) szczepienie *nt*; (*poke*) dźgnięcie *nt*; **to jab at** stukać w *+acc*; **to jab sth into sth** wbijać (wbić *perf*) coś w coś.
jack [dʒæk] *n* (*AUT*) podnośnik *m*, lewarek *m*; (*CARDS*) walet *m*; (*BOWLS*) *biała kula, do której celują grający.*
►**jack in** (*inf*) *vt* rzucać (rzucić *perf*) w diabły (*inf*).
►**jack up** *vt* (*AUT*) podnosić (podnieść *perf*) (lewarkiem *or* na podnośniku).
jackal ['dʒækl] *n* szakal *m*.
jackass ['dʒækæs] (*inf*) *n* osioł *m* (*inf*).
jackdaw ['dʒækdɔ:] *n* kawka *f*.
jacket ['dʒækɪt] *n* (*men's*) marynarka *f*; (*women's*) żakiet *m*; (*coat*) kurtka *f*; (*of book*) obwoluta *f*; **potatoes in their jackets, jacket potatoes** ziemniaki w mundurkach.
jack-in-the-box ['dʒækɪnðəbɔks] *n zabawka w formie pudełka, z którego po otwarciu wyskakuje figurka na sprężynie.*
jack-knife ['dʒæknaɪf] *vi* składać się (złożyć się *perf*) jak scyzoryk ♦ *n* (duży) składany nóż *m*.
jack-of-all-trades ['dʒækəv'ɔ:ltreɪdz] *n* majster *m* do wszystkiego.
jack plug *n* wtyczka *f* typu jack.
jackpot ['dʒækpɔt] *n* najwyższa stawka *f*, cała pula *f*; **to hit the jackpot** (*fig*) wygrać *(perf)* los na loterii.
jacuzzi [dʒə'ku:zɪ] *n* wanna *f* z masażem wodnym, jacuzzi *nt inv*.
jade [dʒeɪd] *n* nefryt *m*.
jaded ['dʒeɪdɪd] *adj* znudzony.
JAG *n abbr* (= *Judge Advocate General*) *zwierzchnik wojskowego wymiaru sprawiedliwości.*
jagged ['dʒægɪd] *adj* (*outline, edge*) postrzępiony; (*blade*) wyszczerbiony.
jaguar ['dʒægjuə*] *n* jaguar *m*.
jail [dʒeɪl] *n* więzienie *nt* ♦ *vt* wsadzać (wsadzić *perf*) do więzienia.
jailbird ['dʒeɪlbə:d] *n* kryminalista (-tka) *m(f)*.
jailbreak ['dʒeɪlbreɪk] *n* ucieczka *f* z więzienia.
jalopy [dʒə'lɔpɪ] (*inf*) *n* gruchot *m* (*inf*).
jam [dʒæm] *n* (*food*) dżem *m*; (*also*: **traffic jam**) korek *m*; (*inf*: *difficulty*) tarapaty *pl* ♦ *vt* (*passage, road*) tarasować (zatarasować *perf*); (*mechanism, drawer*) zablokowywać (zablokować *perf*); (*RADIO*) zagłuszać (zagłuszyć *perf*) ♦ *vi* (*mechanism, drawer etc*) zacinać się (zaciąć się *perf*), zablokowywać się (zablokować się *perf*); (*MUS*) improwizować; **to be in a jam** (*inf*) być w tarapatach; **to get sb out of a jam** (*inf*) wyciągać (wyciągnąć *perf*) kogoś z tarapatów; **the switchboard was jammed** centrala (telefoniczna) się zablokowała; **to jam sth into sth** wpychać (wepchnąć *perf*) coś do czegoś.
Jamaica [dʒə'meɪkə] *n* Jamajka *f*.
Jamaican [dʒə'meɪkən] *adj* jamajski ♦ *n* Jamajczyk (-jka) *m(f)*.
jamb ['dʒæm] *n* (*ARCHIT*) węgar *m*.
jamboree [dʒæmbə'ri:] *n* wielka zabawa *f*.
jam-packed [dʒæm'pækt] *adj*: **jam-packed (with)** zapchany (*+instr*).
jam session *n* jam session *nt inv*.
Jan. *abbr* = **January** stycz.
jangle ['dʒæŋgl] *vi* pobrzękiwać.
janitor ['dʒænɪtə*] *n* (*esp US*) stróż *m*; (*SCOL*) woźny (-na) *m(f)*.
January ['dʒænjuərɪ] *n* styczeń *m*; *see also* **July**.
Japan [dʒə'pæn] *n* Japonia *f*.
Japanese [dʒæpə'ni:z] *adj* japoński ♦ *n inv* (*person*) Japończyk (-onka) *m(f)*; (*LING*) (język *m*) japoński.
jar [dʒɑ:*] *n* słoik *m*; (*large*) słój *m* ♦ *vi* (*sound*) drażnić ♦ *vt*: **to jar one's bones** poobijać *(perf)* sobie kości.

jargon ['dʒɑ:gən] *n* żargon *m*.
jarring ['dʒɑ:rɪŋ] *adj* (*sound*) drażniący; (*colour, contradiction*) rażący.
Jas. *abbr* (= *James*).
jasmine ['dʒæzmɪn] *n* jaśmin *m*.
jaundice ['dʒɔ:ndɪs] *n* żółtaczka *f*.
jaundiced ['dʒɔ:ndɪst] *adj* (*fig*: *attitude*) cyniczny.
jaunt [dʒɔ:nt] *n* wypad *m*.
jaunty ['dʒɔ:ntɪ] *adj* raźny.
Java ['dʒɑ:və] *n* Jawa *f*.
javelin ['dʒævlɪn] *n* oszczep *m*.
jaw [dʒɔ:] *n* szczęka *f*; **the panther held a snake in its jaws** pantera trzymała w zębach węża.
jawbone ['dʒɔ:bəun] *n* kość *f* szczękowa (dolna), żuchwa *f*.
jay [dʒeɪ] *n* sójka *f*.
jaywalker ['dʒeɪwɔ:kə*] *n* pieszy *m* nieprawidłowo przechodzący przez jezdnię.
jazz [dʒæz] *n* jazz *m*; **and all that jazz** (*inf*) i cała reszta.
▸**jazz up** *vt* (*inf*) ożywiać (ożywić *perf*).
jazz band *n* orkiestra *f* jazzowa.
JCS (*US*) *n abbr* (= *Joint Chiefs of Staff*) Kolegium *nt* Szefów Sztabów.
JD (*US*) *n abbr* (= *Doctor of Laws*) *stopień naukowy*; ≈ dr; (= *Justice Department*) ≈ Ministerstwo *nt* Sprawiedliwości.
jealous ['dʒɛləs] *adj*: **jealous (of)** zazdrosny (o +*acc*); **they may feel jealous of your success** mogą ci zazdrościć sukcesu.
jealously ['dʒɛləslɪ] *adv* zazdrośnie.
jealousy ['dʒɛləsɪ] *n* zazdrość *f*, zawiść *f*.
jeans [dʒi:nz] *npl* dżinsy *pl*.
jeep [dʒi:p] ® *n* jeep *m*.
jeer [dʒɪə*] *vi*: **to jeer (at)** wyszydzać (wyszydzić *perf*) (+*acc*), drwić (z +*gen*); **jeers** *npl* gwizdy *pl*.
jeering ['dʒɪərɪŋ] *adj* (*remark*) szyderczy, drwiący; (*crowd*) szydzący ♦ *n* gwizdy *pl*.
jelly ['dʒɛlɪ] *n* galaretka *f*.
jellyfish ['dʒɛlɪfɪʃ] *n* meduza *f*.
jeopardize ['dʒɛpədaɪz] *vt* (*circumstances, opinion*) zagrażać (zagrozić *perf*) +*dat*; (*person*) narażać (narazić *perf*) na szwank; **to jeopardize sb's/one's job** narażać (narazić *perf*) kogoś/się na utratę pracy.
jeopardy ['dʒɛpədɪ] *n*: **to be in jeopardy** być zagrożonym *or* w niebezpieczeństwie.
jerk [dʒə:k] *n* szarpnięcie *nt*; (*inf*: *idiot*) palant *m* (*inf*) ♦ *vt* szarpać (szarpnąć *perf*) ♦ *vi* szarpać (szarpnąć *perf*); **to give sth a jerk** szarpnąć (*perf*) coś.
jerkin ['dʒə:kɪn] *n* kabat *m*.
jerky ['dʒə:kɪ] *adj* szarpany, urywany.
jerry-built ['dʒɛrɪbɪlt] *adj* zbudowany byle jak.
jerry can ['dʒɛrɪ-] *n* kanister *m*.
Jersey ['dʒə:zɪ] *n* Jersey *nt* (*wyspa*).
jersey ['dʒə:zɪ] *n* (*garment*) pulower *m*; (*fabric*) dżersej *m*.
Jerusalem [dʒə'ru:sləm] *n* Jerozolima *f*.
jest [dʒɛst] *n* żart *m*; **in jest** żartem.
jester ['dʒɛstə*] *n*: **(court) jester** błazen *m* (królewski).
Jesus ['dʒi:zəs] *n* Jezus *m*; **Jesus Christ** Jezus Chrystus.
jet [dʒɛt] *n* (*of gas, liquid*) silny strumień *m*; (*AVIAT*) odrzutowiec *m*; (*stone*) gagat *m*.
jet-black ['dʒɛt'blæk] *adj* czarny jak węgiel; (*hair*) kruczoczarny.
jet engine *n* silnik *m* odrzutowy.
jet lag *n zmęczenie po podróży samolotem spowodowane różnicą czasu*.
jet-propelled ['dʒɛt'prəpɛld] *adj* odrzutowy.
jetsam ['dʒɛtsəm] *n* = **flotsam**.
jettison ['dʒɛtɪsn] *vt* (*fuel, cargo*) wyrzucać (wyrzucić *perf*) za burtę; (*fig*: *idea, chance*) odrzucać (odrzucić *perf*).
jetty ['dʒɛtɪ] *n* pirs *m*.
Jew [dʒu:] *n* Żyd *m*.
jewel ['dʒu:əl] *n* (*lit, fig*) klejnot *m*; (*in watch*) kamień *m*.
jeweller ['dʒu:ələ*] (*US* **jeweler**) *n* jubiler *m*.
jeweller's (shop) *n* sklep *m* jubilerski, jubiler *m*.
jewellery ['dʒu:əlrɪ] (*US* **jewelry**) *n* biżuteria *f*.
Jewess ['dʒu:ɪs] *n* Żydówka *f*.
Jewish ['dʒu:ɪʃ] *adj* żydowski.
JFK (*US*) *n abbr* (= *John Fitzgerald Kennedy International Airport*) lotnisko *nt* im. Johna F. Kennedy'ego (*w Nowym Jorku*).
jib [dʒɪb] *n* (*NAUT*) kliwer *m*; (*of crane*) ramię *nt*, wysięgnik *m* ♦ *vi* zapierać się (zaprzeć się *perf*); **to jib at sth/doing sth** wzdragać się przed czymś/zrobieniem czegoś.
jibe [dʒaɪb] *n* = **gibe**.
jiffy ['dʒɪfɪ] (*inf*) *n*: **in a jiffy** za sekundkę *or* momencik.
jig [dʒɪg] *n* (*dance*) giga *f*.
jigsaw ['dʒɪgsɔ:] *n* (*also*: **jigsaw puzzle**) układanka *f*; (: *fig*) łamigłówka *f*; (*tool*) wyrzynarka *f*, laubzega *f*.
jilt [dʒɪlt] *vt* porzucać (porzucić *perf*).
jingle ['dʒɪŋgl] *n* (*for advert*) dżingiel *m* ♦ *vi* (*bells*) dzwonić; (*bracelets, keys*) pobrzękiwać.
jingoism ['dʒɪŋgəuɪzəm] *n* dżingoizm *m*, szowinizm *m*.
jinx [dʒɪŋks] (*inf*) *n* (złe) fatum *nt* ♦ *vt*: **that car is jinxed** ten samochód jest pechowy.
jitters ['dʒɪtəz] (*inf*) *npl*: **to get the jitters** dostawać (dostać *perf*) trzęsiączki (*inf*).
jittery ['dʒɪtərɪ] (*inf*) *adj* roztrzęsiony.
jiujitsu [dʒu:'dʒɪtsu:] *n* dż(i)u-dżitsu *or* ju-jitsu *nt inv*.
job [dʒɔb] *n* praca *f*; **it's a good job that ...** (to) dobrze, że ...; **it's not my job** to nie należy do mnie; **I had a job finding it** miałem trudności ze znalezieniem go; **a part-time/full-time job** praca na pół etatu/cały etat; **he's only doing his job** on tylko robi, co do niego należy; **just the job!** (*inf*) o to właśnie chodziło!

jobber ['dʒɔbə*] (*BRIT*) *n* makler *m*.
jobbing ['dʒɔbɪŋ] (*BRIT*) *adj* (*builder, plumber*) pracujący na zlecenie.
job centre (*BRIT*) *n* ≈ biuro *nt* pośrednictwa pracy.
job creation scheme *n* program *m* tworzenia nowych miejsc pracy.
job description *n* zakres *m* obowiązków.
jobless ['dʒɔblɪs] *adj* bez pracy *post* ♦ *npl*: **the jobless** bezrobotni *vir pl*.
job lot *n* partia *f* (*taniego, używanego towaru, np. na aukcji*).
job satisfaction *n* satysfakcja *f* z pracy.
job security *n* gwarancja *f* stałego zatrudnienia.
job sharing *n* dzielenie się *nt* etatem (*przez dwóch półetatowych pracowników*).
jockey ['dʒɔkɪ] *n* dżokej *m* ♦ *vi*: **to jockey for position** walczyć (o pierwszeństwo) nie przebierając w środkach.
jockey box *n* (*US*: *AUT*) schowek *m* na rękawiczki.
jocular ['dʒɔkjulə*] *adj* (*person*) dowcipny; (*remark*) żartobliwy.
jog [dʒɔg] *vt* trącać (trącić *perf*), potrącać (potrącić *perf*) ♦ *vi* uprawiać jogging; **to jog your memory** żeby ci pomóc sobie przypomnieć.
►**jog along** *vi* biec (przebiec *perf*).
jogger ['dʒɔgə*] *n* osoba *f* uprawiająca jogging.
jogging ['dʒɔgɪŋ] *n* jogging *m*.
join [dʒɔɪn] *vt* (*queue*) dołączać (dołączyć *perf*) do *+gen*; (*club, organization*) wstępować (wstąpić *perf*) do *+gen*; (*things, places*) łączyć (połączyć *perf*); (*person*: *meet*) spotykać się (spotkać się *perf*) z *+instr*; (: *in an activity*) przyłączać się (przyłączyć się *perf*) do *+gen*; (*road, river*) łączyć się z *+instr* ♦ *vi* (*roads, rivers*) łączyć się ♦ *n* złączenie *nt*; **to join forces (with)** (*fig*) połączyć (*perf*) siły (z *+instr*); **will you join us for dinner?** (czy) zjesz z nami obiad?; **I'll join you later** dołączę do was później.
►**join in** *vi* włączać się (włączyć się *perf*) ♦ *vt fus* (*work, discussion*) włączać się (włączyć się *perf*) do *+gen*.
►**join up** *vi* (*MIL*) wstępować (wstąpić *perf*) do wojska; **they all joined up in X for the rest of the holiday** wszyscy spotkali się w X, gdzie razem spędzili resztę wakacji.
joiner ['dʒɔɪnə*] (*BRIT*) *n* stolarz *m* (*robiący drzwi, framugi itp*).
joinery ['dʒɔɪnərɪ] (*BRIT*) *n* stolarka *f*.
joint [dʒɔɪnt] *n* (*TECH*) złącze *nt*, spoina *f*; (*ANAT*) staw *m*; (*BRIT*: *CULIN*) sztuka *f* mięsa; (*inf*: *place*) lokal *m*; (: *of cannabis*) skręt *m* (*inf*) ♦ *adj* wspólny; **joint owners** współwłaściciele.
joint account *n* (*BANKING*) wspólny rachunek *m*.
jointly *adj* wspólnie.
joint ownership *n* współwłasność *f*.
joint-stock company *n* spółka *f* akcyjna.
joint venture *n* spółka *f* joint-venture.
joist [dʒɔɪst] *n* (*in ceiling*) belka *f* stropowa; (*in floor*) legar *m* podłogowy.
joke [dʒəuk] *n* (*gag*) dowcip *m*, kawał *m* (*inf*); (*sth not serious*) żart *m*; (*also*: **practical joke**) psikus *m*, kawał *m* (*inf*) ♦ *vi* żartować; **to play a joke on sb** robić (zrobić *perf*) komuś kawał; **you must be joking!** (*inf*) chyba żartujesz!
joker ['dʒəukə*] *n* (*CARDS*) joker *m*, dżoker *m*.
joking ['dʒəukɪŋ] *n* żarty *pl*.
jokingly ['dʒəukɪŋlɪ] *adv* żartem, w żartach.
jollity ['dʒɔlɪtɪ] *n* wesołość *f*.
jolly ['dʒɔlɪ] *adj* wesoły ♦ *adv* (*BRIT*: *inf*) naprawdę ♦ *vt* (*BRIT*): **to jolly sb along** podbudowywać (podbudować *perf*) kogoś; **jolly good!** świetnie!
jolt [dʒəult] *n* (*jerk*) szarpnięcie *nt*; (*shock*) wstrząs *m* ♦ *vt* (*physically*) szarpnąć (*perf*), potrząsnąć (*perf*) *+instr*; (*emotionally*) wstrząsnąć (*perf*) *+instr*; **with a jolt** gwałtownie; **to give sb a jolt** wstrząsnąć (*perf*) kimś.
Jordan [dʒɔ:dən] *n* Jordania *f*; **the (river) Jordan** Jordan *m*.
Jordanian [dʒɔ:'deɪnɪən] *adj* jordański ♦ *n* Jordańczyk (-anka) *m(f)*.
joss stick ['dʒɔs-] *n* kadzidełko *nt*.
jostle ['dʒɔsl] *vt* potrącać, popychać ♦ *vi* rozpychać się.
jot [dʒɔt] *n*: **not a jot** ani trochę.
►**jot down** *vt* notować (zanotować *perf*).
jotter ['dʒɔtə*] (*BRIT*) *n* notes *m*.
journal ['dʒə:nl] *n* (*magazine*) czasopismo *nt*; (: *in titles*) magazyn *m*; (*diary*) dziennik *m*.
journalese [dʒə:nə'li:z] (*pej*) *n* żargon *m* dziennikarski.
journalism ['dʒə:nəlɪzəm] *n* dziennikarstwo *nt*.
journalist ['dʒə:nəlɪst] *n* dziennikarz (-arka) *m(f)*.
journey ['dʒə:nɪ] *n* podróż *f* ♦ *vi* podróżować; **as they journeyed north ...** w miarę jak posuwali się na północ, ...; **a five-hour/six-mile journey** pięciogodzinna/sześciomilowa podróż; **it's a five-hour journey** to pięć godzin drogi; **return journey** droga powrotna.
jovial ['dʒəuvɪəl] *adj* jowialny.
jowls [dʒaulz] *npl* policzki *pl* (*część przykrywająca żuchwę*).
joy [dʒɔɪ] *n* radość *f*.
joyful ['dʒɔɪful] *adj* (*mood, laugh*) radosny; (*person*) uradowany.
joyrider ['dʒɔɪraɪdə*] *n amator przejażdżek kradzionymi samochodami*.
joystick ['dʒɔɪstɪk] *n* (*AVIAT*) drążek *m* sterowy; (*COMPUT*) joystick *m*, dżojstik *m*.
JP *n abbr* = **Justice of the Peace**.
Jr *abbr* (*in names*) = **junior** jr.
JTPA (*US*) *n abbr* (= *Job Training Partnership Act*).
jubilant ['dʒu:bɪlnt] *adj* rozradowany.
jubilation [dʒu:bɪ'leɪʃən] *n* rozradowanie *nt*.

jubilee ['dʒu:bɪli:] *n* jubileusz *m*; **silver/golden jubilee** srebrny/złoty jubileusz.
judge [dʒʌdʒ] *n* (*JUR*) sędzia (-ina) *m(f)*; (*in competition*) sędzia (-ina) *m(f)*, juror(ka) *m(f)*; (*fig*) ekspert *m* ♦ *vt* (*competition, match*) sędziować; (*estimate*) określać (określić *perf*), oceniać (ocenić *perf*); (*evaluate*) oceniać; (*consider*) uznawać (uznać *perf*) za *+acc* ♦ *vi* wydawać (wydać *perf*) opinię; **she's a good judge of character** ona zna się na ludziach; **I'll be the judge of that** ja to ocenię; **judging** *or* **to judge by his expression** sądząc z jego wyrazu twarzy; **as far as I can judge** o ile się orientuję; **I judged it necessary to inform him** uznałem za konieczne poinformować go.
judge advocate *n* (*BRIT*) asesor *m* sądu; (*US*) prokurator *m* wojskowy.
judg(e)ment ['dʒʌdʒmənt] *n* (*JUR*) orzeczenie *nt*, wyrok *m*; (*view, opinion*) pogląd *m*, opinia *f*; (*discernment*) ocena *f* sytuacji; (*REL*) kara *f*; **in my judg(e)ment** w moim mniemaniu *or* odczuciu; **to pass judg(e)ment (on)** (*JUR*) wydawać (wydać *perf*) wyrok (na *+acc*); (*fig*) wydawać opinię (na temat *+gen*).
judicial [dʒu:'dɪʃl] *adj* sądowy; **judicial review** rewizja (procesu).
judiciary [dʒu:'dɪʃɪərɪ] *n*: **the judiciary** sądownictwo *nt*, władza *f* sądownicza.
judicious [dʒu:'dɪʃəs] *adj* rozważny, rozsądny.
judo ['dʒu:dəu] *n* judo *nt inv*, dżudo *nt inv*.
jug [dʒʌg] *n* dzbanek *m*.
jugged hare ['dʒʌgd-] (*BRIT*) *n* potrawka *f* z zająca.
juggernaut ['dʒʌgənɔ:t] (*BRIT*) *n* wielka ciężarówka *f*.
juggle ['dʒʌgl] *vi* żonglować ♦ *vt* (*fig*) zmieniać (zmienić *perf*), przesuwać (przesunąć *perf*); **to juggle with sth** żonglować czymś.
juggler ['dʒʌglə*] *n* żongler(ka) *m(f)*.
Jugoslav *etc* = **Yugoslav** *etc*.
jugular ['dʒʌgjulə*] *n* żyła *f* szyjna; **to go for the jugular** (*fig*) uderzać (uderzyć *perf*) w najsłabszy punkt.
juice [dʒu:s] *n* sok *m*; (*inf*: *petrol*) benzyna *f*.
juicy ['dʒu:sɪ] *adj* soczysty; (*inf*: *scandalous*) pikantny.
jukebox ['dʒu:kbɔks] *n* szafa *f* grająca.
Jul. *abbr* = **July** lip.
July [dʒu:'laɪ] *n* lipiec *m*; **the first of July** pierwszy lipca; **on the eleventh of July** jedenastego lipca; **in the month of July** w miesiącu lipcu; **at the beginning/end of July** na początku/pod koniec lipca; **in the middle of July** w środku lipca; **during July** w lipcu, przez lipiec; **in July of next year** w lipcu przyszłego roku; **each** *or* **every July** co roku w lipcu; **July was wet this year** lipiec był w tym roku deszczowy.
jumble ['dʒʌmbl] *n* (*of things, colours, qualities*) (bezładna) mieszanina *f*; (*BRIT*: *items for sale*) rzeczy *pl* używane (*przeznaczone na wyprzedaż*) ♦ *vt* (*also*: **jumble up**) mieszać (pomieszać *perf*).
jumble sale (*BRIT*) *n* wyprzedaż *f* rzeczy używanych (*zwykle na cele dobroczynne*).
jumbo ['dʒʌmbəu] *n* (*also*: **jumbo jet**) wielki odrzutowiec *m*, Jumbo Jet *m* ♦ *adj* (*also*: **jumbo-sized**) olbrzymi.
jump [dʒʌmp] *vi* skakać (skoczyć *perf*); (*with fear, surprise*) wzdrygnąć się (*perf*) ♦ *vt* przeskakiwać (przeskoczyć *perf*) (przez) ♦ *n* (*leap*) skok *m*; (*increase*) skok *m* (w górę); **to jump the queue** (*BRIT*) wpychać się (wepchnąć się *perf*) poza kolejką *or* kolejnością.
►**jump at** *vt fus* skwapliwie skorzystać (*perf*) z *+gen*.
►**jump down** *vi* zeskakiwać (zeskoczyć *perf*).
►**jump up** *vi* zrywać się (zerwać się *perf*).
jumped-up ['dʒʌmptʌp] (*BRIT*: *pej*) *adj* nadęty (*pej*), napuszony (*pej*).
jumper ['dʒʌmpə*] *n* (*BRIT*) pulower *m*; (*US*) bezrękawnik *m*; (*person, animal*) skoczek *m*.
jumper cables (*US*) *npl* = **jump leads**.
jump leads (*BRIT*) *npl* (*AUT*) przewody *pl* rozruchowe.
jump suit *n* kombinezon *m*.
jumpy ['dʒʌmpɪ] *adj* zdenerwowany.
Jun. *abbr* = **June** czerw.
junction ['dʒʌŋkʃən] (*BRIT*) *n* (*of roads*) skrzyżowanie *nt*; (*RAIL*) rozjazd *m*, stacja *f* węzłowa.
junction box *n* (*ELEC*) skrzynka *f* przyłączeniowa.
juncture ['dʒʌŋktʃə*] *n*: **at this juncture** w tym momencie *or* punkcie.
June [dʒu:n] *n* czerwiec *m*; *see also* **July**.
jungle ['dʒʌŋgl] *n* dżungla *f*, puszcza *f*; (*fig*) dżungla *f*.
junior ['dʒu:nɪə*] *adj* niższy rangą, młodszy ♦ *n* (*subordinate*) podwładny (-na) *m(f)*; (*BRIT*) ≈ uczeń/uczennica *m/f* szkoły podstawowej (*w wieku 7-11 lat*); **he's my junior by 2 years, he's 2 years my junior** jest ode mnie o 2 lata młodszy; **he's junior to me** jest ode mnie niższy rangą; **Douglas Fairbanks Junior** Douglas Fairbanks junior *or* młodszy.
junior executive *n* samodzielny pracownik *m* niższego szczebla.
junior high school (*US*) *n szkoła średnia obejmująca siódmą, ósmą i czasami dziewiątą klasę.*
junior minister (*BRIT*) *n* ≈ podsekretarz *m* stanu.
junior partner *n* młodszy wspólnik *m*.
junior school (*BRIT*) *n czteroletnia szkoła podstawowa.*
juniper ['dʒu:nɪpə*] *n* jałowiec *m*.
juniper berry *n* owoc *m* jałowca.
junk [dʒʌŋk] *n* (*rubbish*) graty *pl*, rupiecie *pl*;

(*cheap goods*) starzyzna *f*; (*ship*) dżonka *f* ♦ *vt* (*inf*) wyrzucać (wyrzucić *perf*) (na śmietnik).
junket ['dʒʌŋkɪt] *n* (*CULIN*) *słodki deser mleczny*; **to go on a junket** (*inf*) przejechać się *(perf)* za pieniądze podatników.
junk food *n* niezdrowe jedzenie *nt*.
junkie ['dʒʌŋkɪ] (*inf*) *n* ćpun(ka) *m(f)* (*inf*).
junk mail *n* przesyłki *pl* reklamowe.
junk shop *n* sklep *m* ze starzyzną.
Junr *abbr* (*in names*) = **junior** jr.
junta ['dʒʌntə] *n* junta *f*.
Jupiter ['dʒu:pɪtə*] *n* Jowisz *m*.
jurisdiction [dʒuərɪs'dɪkʃən] *n* jurysdykcja *f*; **it falls** *or* **comes within/outside my jurisdiction** to leży/nie leży w moich kompetencjach.
jurisprudence [dʒuərɪs'pru:dəns] *n* prawoznawstwo *nt*.
juror ['dʒuərə*] *n* (*JUR*) przysięgły (-ła) *m(f)*; (*in competition*) juror(ka) *m(f)*.
jury ['dʒuərɪ] *n* (*JUR*) sąd *m or* ława *f* przysięgłych; (*in competition*) jury *nt inv*.
jury box *n* ława *f* przysięgłych (*miejsce*).
juryman ['dʒuərɪmən] (*irreg like*: **man**) *n* = **juror**.
just [dʒʌst] *adj* (*decision, person, society*) sprawiedliwy; (*reward*) zasłużony; (*cause*) słuszny ♦ *adv* (*exactly*) właśnie, dokładnie; (*merely*) tylko, jedynie; **he's just left** właśnie wyszedł; **just as I expected** dokładnie tak, jak się spodziewałem; **just right** w sam raz; **just now** (*a moment ago*) dopiero co; (*at the present time*) w tej chwili; **we were just going** właśnie wychodziliśmy; **I was just about to phone** właśnie miałem zatelefonować *or* zadzwonić; **she's just as clever as you** jest nie mniej inteligentna niż ty; **it's just as well (that ...)** no i dobrze (, że ...); **just as he was leaving** w chwili, gdy wychodził; **just before/after** krótko przed *+instr*/po *+loc*; **just after you called** krótko po tym, jak zadzwoniłeś; **just enough** akurat tyle, ile potrzeba; **there was just enough petrol** ledwo starczyło benzyny; **just here** o tutaj; **he just missed** minimalnie chybił; **it's just me** to tylko ja; **it's just a mistake** to zwykła pomyłka; **just listen** posłuchaj tylko; **just ask someone the way** po prostu zapytaj kogoś o drogę; **not just now** nie w tej chwili; **just a minute!, just one moment!** chwileczkę!, momencik!
justice ['dʒʌstɪs] *n* (*JUR*) sprawiedliwość *f*, wymiar *m* sprawiedliwości; (*of cause*) słuszność *f*; (*of complaint*) zasadność *f*; (*fairness*) sprawiedliwość *f*; (*US*: *judge*) sędzia *m*; **Lord Chief Justice** (*BRIT*: *JUR*) *przewodniczący Ławy Królewskiej Sądu Najwyższego i Prezes (Wydziału Kryminalnego) Sądu Apelacyjnego.*; **to do justice to** (*fig*: *represent, capture*) dobrze oddawać (oddać *perf*) *+acc*; (*deal properly with*) dawać (dać *perf*) sobie radę z *+instr*, uporać się *(perf)* z *+instr*; **she didn't do herself justice** nie pokazała, na co ją stać; **to bring sb to justice** oddawać (oddać *perf*) kogoś w ręce sprawiedliwości.
Justice of the Peace *n* sędzia *m* pokoju.
justifiable [dʒʌstɪ'faɪəbl] *adj* uzasadniony, słuszny.
justifiably [dʒʌstɪ'faɪəblɪ] *adv* słusznie, ze słusznych względów.
justification [dʒʌstɪfɪ'keɪʃən] *n* (*reason*) uzasadnienie *nt*; (*TYP*) justowanie *nt*.
justify ['dʒʌstɪfaɪ] *vt* (*action, decision*) uzasadniać (uzasadnić *perf*), tłumaczyć (wytłumaczyć *perf*); (*TYP*: *text*) justować; **to be justified in doing sth** mieć słuszne powody, żeby coś (z)robić.
justly ['dʒʌstlɪ] *adv* (*fairly*) sprawiedliwie; (*deservedly*) słusznie.
jut [dʒʌt] *vi* (*also*: **jut out**) wystawać, sterczeć.
jute [dʒu:t] *n* juta *f*.
juvenile ['dʒu:vənaɪl] *adj* (*offender*) nieletni, młodociany; (*mentality, person*) dziecinny ♦ *n* nieletni(a) *m(f)*; **juvenile crime** przestępczość nieletnich; **juvenile court** sąd dla nieletnich.
juvenile delinquency *n* przestępczość *f* nieletnich.
juvenile delinquent *n* młodociany przestępca *m*.
juxtapose ['dʒʌkstəpəuz] *vt* zestawiać (zestawić *perf*) (ze sobą).
juxtaposition ['dʒʌkstəpə'zɪʃən] *n* zestawienie *nt*.

K,k

K[1], **k** [keɪ] *n* (*letter*) K *nt*, k *nt*; **K for King** ≈ K jak Karol.
K[2] *abbr* (= *one thousand*); (*COMPUT*) = **kilobyte** kB; (*BRIT*: *in titles*) = **Knight**.
kaftan ['kæftæn] *n* kaftan *m*.
Kalahari Desert [kælə'hɑ:rɪ-] *n*: **the Kalahari Desert** pustynia *f* Kalahari.
kale [keɪl] *n* jarmuż *m*.
kaleidoscope [kə'laɪdəskəup] *n* kalejdoskop *m*.
Kampala [kæm'pɑ:lə] *n* Kampala *f*.
Kampuchea [kæmpu'tʃɪə] *n* Kampucza *f*.
Kampuchean [kæmpu'tʃɪən] *adj* kampuczański.
kangaroo [kæŋgə'ru:] *n* kangur (-urzyca) *m(f)*.
kaput [kə'put] (*inf*) *adj* zepsuty.
karate [kə'rɑ:tɪ] *n* karate *nt inv*.
Kashmir [kæʃ'mɪə*] *n* Kaszmir *m*.
kayak ['kaɪæk] *n* kajak *m* eskimoski.
KC (*BRIT*: *JUR*) *n abbr* (= *King's Counsel*) *stopień w hierarchii sądowej*.
kd (*US*: *COMM*) *abbr* (= *knocked down*) zdemontowany.
kebab [kə'bæb] *n* kebab *m*.

keel [ki:l] *n* kil *m*; **on an even keel** (*fig*) w stanie równowagi.
▸**keel over** *vi* (*NAUT*) przewracać się (przewrócić się *perf*) na burtę; (*person*) przewracać się (przewrócić się *perf*), przekręcić się (*perf*) (*inf*).
keen [ki:n] *adj* (*person*) zapalony, gorliwy; (*interest, desire*) żywy; (*eye, intelligence*) bystry, przenikliwy; (*competition*) zawzięty; (*edge, blade*) ostry; **to be keen to do** *or* **on doing sth** palić się do (robienia) czegoś; **to be keen on sth/sb** interesować się czymś/kimś; **I'm not keen on going** nie mam ochoty iść.
keenly ['ki:nlɪ] *adv* (*interested*) żywo; (*feel*) dotkliwie; (*watch*) bacznie; (*compete*) zawzięcie.
keenness ['ki:nnɪs] *n* zapał *m*, gorliwość *f*.
keep [ki:p] (*pt* **kept**) *vt* (*retain*: *receipt*) zachowywać (zachować *perf*); (: *money*) zatrzymywać (zatrzymać *perf*); (: *job*) utrzymywać (utrzymać *perf*); (*preserve, store*) przechowywać (przechować *perf*), trzymać; (*detain*) zatrzymywać (zatrzymać *perf*); (*hold back*) powstrzymywać (powstrzymać *perf*); (*shop, accounts, notes*) prowadzić; (*chickens etc*) hodować, trzymać (*inf*); (*family*) utrzymywać; (*promise*) dotrzymywać (dotrzymać *perf*) +*gen* ♦ *vi* trzymać się ♦ *n* (*expenses*) utrzymanie *nt*; (*of castle*) baszta *f*; **I keep thinking about it** ciągle o tym myślę; **keep walking** idź dalej; **we try to keep her happy** staramy się, żeby była zadowolona; **keep the kitchen tidy** utrzymuj kuchnię w czystości; **to keep sb waiting** kazać (kazać *perf*) komuś czekać; **to keep an appointment** przychodzić (przyjść *perf*) na (umówione) spotkanie; **to keep a record of** rejestrować *or* notować +*acc*; **to keep sth to o.s.** zachowywać (zachować *perf*) coś dla siebie; **to keep sth (back) from sb** zatajać (zataić *perf*) coś przed kimś; **to keep sb from doing sth** powstrzymywać (powstrzymać *perf*) kogoś od (z)robienia czegoś; **to keep sth from happening** zapobiegać (zapobiec *perf*) czemuś; **to keep time** (*clock*) wskazywać czas; **to keep warm** trzymać się ciepło; **keep to the path** trzymaj się ścieżki; **how are you keeping?** (*inf*) jak (ci) leci? (*inf*).
▸**keep away** *vt*: **to keep sth/sb away from sth/sb** trzymać coś/kogoś z dala *or* daleka od czegoś/kogoś.
▸**keep away** *vi*: **to keep away (from)** trzymać się z dala *or* daleka (od +*gen*).
▸**keep back** *vt* (*crowds, tears*) powstrzymywać (powstrzymać *perf*); (*money*) zostawiać (zostawić *perf*) sobie; (*information*) zatajać (zataić *perf*) ♦ *vi* nie zbliżać się.
▸**keep down** *vt* (*costs, spending*) ograniczać (ograniczyć *perf*); (*food*) nie zwymiotować (*perf*) +*gen* ♦ *vi* nie podnosić się.
▸**keep in** *vt* (*invalid, child*) zatrzymywać (zatrzymać *perf*) w domu; **to keep sb in at school** zostawiać (zostawić *perf*) kogoś po lekcjach.
▸**keep in with** *vt* utrzymywać dobre stosunki z +*instr*.
▸**keep off** *vt* zabraniać (zabronić *perf*) wstępu +*dat*, nie wpuszczać (nie wpuścić *perf*) +*gen* ♦ *vi* (*rain, snow*) nie zaczynać (nie zacząć *perf*) padać; **"keep off the grass"** „nie deptać trawy"; **"keep your hands off"** „ręce przy sobie".
▸**keep on** *vi*: **to keep on doing sth** nadal coś robić; **to keep on (about sth)** nudzić (o czymś).
▸**keep out** *vt* (*intruder etc*) trzymać z daleka; **"keep out"** (*do not enter*) „wstęp wzbroniony"; (*stay away*) „nie zbliżać się".
▸**keep up** *vt* (*standards etc*) utrzymywać (utrzymać *perf*); (*person*) nie pozwalać (nie pozwolić *perf*) spać +*dat* ♦ *vi*: **to keep up (with)** nadążać (nadążyć *perf*) (za +*instr*).
keeper ['ki:pə*] *n* (*in zoo, park*) dozorca *m*.
keep fit *n* zajęcia *pl* sportowe.
keeping ['ki:pɪŋ] *n* opieka *f*; **in keeping with** zgodnie z +*instr*; **to be in/out of keeping with** harmonizować/nie harmonizować z +*instr*; **I'll leave this in your keeping** zostawię to pod twoją opieką.
keeps [ki:ps] *n*: **for keeps** (*inf*) na zawsze.
keepsake ['ki:pseɪk] *n* pamiątka *f*.
keg [kɛg] *n* (*barrel*) beczułka *f*; (*also*: **keg beer**) piwo *nt* beczkowe.
kennel ['kɛnl] *n* psia buda *f*.
kennels ['kɛnlz] *npl* schronisko *nt* dla psów.
Kenya ['kɛnjə] *n* Kenia *f*.
Kenyan ['kɛnjən] *adj* kenijski ♦ *n* Kenijczyk (-jka) *m(f)*.
kept *pt, pp of* **keep**.
kerb [kə:b] (*BRIT*) *n* krawężnik *m*.
kernel ['kə:nl] *n* (*of nut*) jądro *nt*; (*fig*: *of idea*) sedno *nt*, istota *f*.
kerosene ['kɛrəsi:n] (*US*) *n* nafta *f*.
kestrel ['kɛstrəl] *n* pustułka *f*.
ketchup ['kɛtʃəp] *n* keczup *m*.
kettle ['kɛtl] *n* czajnik *m*.
kettledrum ['kɛtldrʌm] *n* (*MUS*) kotły *pl*.
key [ki:] *n* (*lit, fig*) klucz *m*; (*MUS*) tonacja *f*; (*of piano, computer*) klawisz *m* ♦ *adj* kluczowy ♦ *vt* (*also*: **key in**) wpisywać (wpisać *perf*) (*za pomocą klawiatury*).
keyboard ['ki:bɔ:d] *n* klawiatura *f*; **keyboards** *npl* instrumenty *pl* klawiszowe.
keyed up [ki:d'] *adj* (*person*) spięty.
keyhole ['ki:həul] *n* dziurka *f* od klucza.
keynote ['ki:nəut] *n* (*of speech*) myśl *f* przewodnia; (*MUS*) tonika *f*.
keypad ['ki:pæd] (*COMPUT, ELEC*) *n* klawiatura *f* pomocnicza.
key ring *n* kółko *nt* na klucze, breloczek *m*.
keystroke ['ki:strəuk] *n* uderzenie *nt* w klawisz.
kg *abbr* = **kilogram** kg.

KGB (*POL*) *n abbr* (*formerly*) KGB *nt inv*.
khaki ['kɑ:kɪ] *n* khaki *nt inv*.
kHz *abbr* (= *kilohertz*) kHz.
kibbutz [kɪ'buts] *n* kibuc *m*.
kick [kɪk] *vt* kopać (kopnąć *perf*); (*inf*: *addiction*) rzucać (rzucić *perf*) ♦ *vi* wierzgać (wierzgnąć *perf*) ♦ *n* (*of person*) kopnięcie *nt*, kopniak *m*; (*of animal*) wierzgnięcie *nt*, kopnięcie *nt*; (*of ball*) rzut *m* wolny; (*thrill*) frajda *f* (*inf*); (*of rifle*) odrzut *m*; **to do sth for kicks** (*inf*) robić (zrobić *perf*) coś dla frajdy (*inf*); **I could kick myself** (*inf*) pluję sobie w brodę (*inf*).
▸**kick around** (*inf*) *vi* poniewierać się ♦ *vt* (*ideas*) obgadywać (obgadać *perf*).
▸**kick off** (*SPORT*) *vi* rozpoczynać (rozpocząć *perf*) mecz.
kick-off ['kɪkɔf] (*SPORT*) *n* rozpoczęcie *nt* meczu.
kick start (*AUT*) *n* (*also*: **kick starter**) rozrusznik *m* nożny.
kid [kɪd] *n* (*inf*: *child*) dzieciak *m*, dziecko *nt*; (*goat*) koźlę *nt*; (*leather*) kozia skóra *f* ♦ *vi* (*inf*) żartować; **kid brother** (*inf*) młodszy brat.
kidnap ['kɪdnæp] *vt* porywać (porwać *perf*).
kidnapper ['kɪdnæpə*] *n* porywacz(ka) *m(f)*.
kidnapping ['kɪdnæpɪŋ] *n* porwanie *nt*.
kidney ['kɪdnɪ] *n* (*ANAT*) nerka *f*; (*CULIN*) cynaderka *f*.
kidney bean *n* fasola *f* kidney.
kidney machine *n* dializator *m*.
Kilimanjaro [kɪlɪmən'dʒɑ:rəu] *n*: **Mount Kilimanjaro** Kilimandżaro *nt inv*.
kill [kɪl] *vt* zabijać (zabić *perf*); (*fig*: *conversation*) ucinać (uciąć *perf*); (: *inf*: *lights, motor*) gasić (zgasić *perf*); (: *pain*) uśmierzać (uśmierzyć *perf*) ♦ *n* (*animal killed*) zdobycz *f*; (*act of killing*) zabicie *nt*; **to kill time** zabijać (zabić *perf*) czas; **to kill o.s. to do sth** (*inf*) wypruwać sobie żyły, żeby coś zrobić (*inf*); **to kill o.s. laughing** *or* **with laughter** (*inf*) umierać (umrzeć *perf*) ze śmiechu; **my back's killing me** (*inf*) plecy bardzo mi dokuczają; **to be in at the kill** (*fig*) być świadkiem zajścia.
▸**kill off** *vt* (*bacteria, rats*) tępić (wytępić *perf*); (*fig*: *characters in book etc*) wykańczać (wykończyć *perf*) (*inf*).
killer ['kɪlə*] *n* zabójca (-czyni) *m(f)*.
killing ['kɪlɪŋ] *n* zabójstwo *nt*; **to make a killing** (*inf*) obławiać się (obłowić się *perf*) (*inf*).
killjoy ['kɪldʒɔɪ] *n*: **to be a killjoy** psuć innym zabawę.
kiln [kɪln] *n* piec *m* do wypalania.
kilo ['ki:ləu] *n* kilo *nt inv*.
kilobyte ['ki:ləubaɪt] *n* kilobajt *m*.
kilogram(me) ['kɪləugræm] *n* kilogram *m*.
kilohertz ['kɪləuhə:ts] *n inv* kiloherc *m*.
kilometre ['kɪləmi:tə*] (*US* **kilometer**) *n* kilometr *m*.
kilowatt ['kɪləuwɔt] *n* kilowat *m*.
kilt [kɪlt] *n* spódnica *f* szkocka.
kilter ['kɪltə*] *n*: **to be out of kilter** nie działać.
kimono [kɪ'məunəu] *n* kimono *nt*.
kin [kɪn] *n see* **kith, next.**
kind [kaɪnd] *adj* uprzejmy, życzliwy ♦ *n* rodzaj *m*; **of some kind** jakiś; **that kind of thing** coś w tym rodzaju; **in kind** (*COMM*) w towarze; **I'm a kind of anarchist** jestem swego rodzaju anarchistą; **they're two of a kind** (obaj) są ulepieni z tej samej gliny; **would you be kind enough to ...?** czy byłbyś uprzejmy *+infin*?; **would you be so kind as to help me?** czy byłbyś tak miły i pomógł mi?; **it's very kind of you** (to) bardzo miło z twojej strony.
kindergarten ['kɪndəgɑ:tn] *n* przedszkole *nt*.
kind-hearted [kaɪnd'hɑ:tɪd] *adj* życzliwy.
kindle ['kɪndl] *vt* rozpalać (rozpalić *perf*).
kindling ['kɪndlɪŋ] *n* drewno *nt* na rozpałkę.
kindly ['kaɪndlɪ] *adj* (*person*) dobrotliwy; (*tone, interest*) życzliwy ♦ *adv* uprzejmie, życzliwie; **will you kindly ...** czy mógłbyś łaskawie *+infin*?; **he didn't take kindly to being criticized** źle znosił krytykę.
kindness ['kaɪndnɪs] *n* (*quality*) uprzejmość *f*, życzliwość *f*; (*act*) uprzejmość *f*, przysługa *f*.
kindred ['kɪndrɪd] *adj*: **kindred spirit** bratnia dusza *f*.
kinetic [kɪ'nɛtɪk] *adj* (*energy*) kinetyczny; (*art*) ruchomy.
king [kɪŋ] *n* król *m*.
kingdom ['kɪŋdəm] *n* królestwo *nt*.
kingfisher ['kɪŋfɪʃə*] *n* zimorodek *m*.
kingpin ['kɪŋpɪn] *n* (*TECH*) sworzeń *m*; (*fig*) oś *f*.
king-size(d) ['kɪŋsaɪz(d)] *adj* olbrzymi; (*cigarette*) długi.
kink [kɪŋk] *n* (*in rope*) supeł *m*; (*in wire*) skręt *m*; (*fig*) dziwactwo *nt*; (: *sexual*) perwersja *f*, zboczenie *nt*.
kinky ['kɪŋkɪ] (*inf, pej*) *adj* (*person*) zboczony (*inf, pej*); (*underwear, tastes*) perwersyjny.
kinship ['kɪnʃɪp] *n* (*relations*) pokrewieństwo *nt*; (*affinity*) więź *f*.
kinsman ['kɪnzmən] (*irreg like*: **man**) *n* krewniak *m*, krewny *m*.
kinswoman ['kɪnzwumən] (*irreg like*: **woman**) *n* krewniaczka *f*, krewna *f*.
kiosk ['ki:ɔsk] *n* (*shop*) kiosk *m* spożywczy; (*BRIT*: *TEL*) budka *f* (telefoniczna); (*also*: **newspaper kiosk**) kiosk *m* (z gazetami).
kipper ['kɪpə*] *n* śledź *m* wędzony.
kiss [kɪs] *n* pocałunek *m*, całus *m* ♦ *vt* całować (pocałować *perf*) ♦ *vi* całować się (pocałować się *perf*); **to kiss sb goodbye** całować (pocałować *perf*) kogoś na pożegnanie.
kiss of life (*BRIT*) *n*: **the kiss of life** usta – usta *nt inv*.
kit [kɪt] *n* (*sports kit etc*) strój *m*, kostium *m*; (*MIL*) ekwipunek *m*; (*of tools etc*) komplet *m*, zestaw *m*; (*for assembly*) zestaw *m*.

►**kit out** (*BRIT*) *vt* wyposażać (wyposażyć *perf*), wyekwipować (*perf*).
kitbag ['kɪtbæg] *n* (*MIL*) plecak *m* wojskowy; (*NAUT*) worek *m* marynarski.
kitchen ['kɪtʃɪn] *n* kuchnia *f*.
kitchen garden *n* ogród *m* warzywny.
kitchen sink *n* zlewozmywak *m*.
kitchen unit (*BRIT*) *n* szafka *f* kuchenna.
kitchenware ['kɪtʃɪnwɛə*] *n* naczynia *pl* kuchenne.
kite [kaɪt] *n* (*toy*) latawiec *m*; (*ZOOL*) kania *f*.
kith [kɪθ] *n*: **kith and kin** przyjaciele *vir pl* i krewni *vir pl*.
kitten ['kɪtn] *n* kotek *m*, kociątko *nt*.
kitty ['kɪtɪ] *n* wspólna kasa *f*.
KKK (*US*) *n abbr* (= *Ku Klux Klan*) Ku Klux Klan *m*.
Kleenex ['kli:nɛks] ® *n* chusteczka *f* higieniczna.
kleptomaniac [klɛptəu'meɪnɪæk] *n* kleptoman(ka) *m(f)*.
km *abbr* = **kilometre** km.
km/h *abbr* (= *kilometres per hour*) km/h *or* km/godz.
knack [næk] *n*: **to have the knack of/for** mieć talent do *+gen*; **there's a knack to doing this** potrzeba talentu, żeby to zrobić.
knapsack ['næpsæk] *n* chlebak *m*.
knead [ni:d] *vt* (*dough, clay*) wyrabiać (wyrobić *perf*).
knee [ni:] *n* kolano *nt*.
kneecap ['ni:kæp] *n* (*ANAT*) rzepka *f*.
knee-deep ['ni:'di:p] *adj, adv*: **the water was knee-deep** wody było po kolana; **knee-deep in mud** po kolana w błocie.
kneel [ni:l] (*pt* **knelt**) *vi* (*also*: **kneel down**) klękać (klęknąć *perf or* uklęknąć *perf*).
kneepad ['ni:pæd] *n* nakolannik *m*.
knell [nɛl] *n*: **death knell** ostatnia godzina *f*.
knelt [nɛlt] *pt, pp of* **kneel**.
knew [nju:] *pt of* **know**.
knickers ['nɪkəz] (*BRIT*) *npl* figi *pl*.
knick-knacks ['nɪknæks] *npl* bibeloty *pl*.
knife [naɪf] (*pl* **knives**) *n* nóż *m* ♦ *vt* pchnąć (*perf*) nożem; **knife, fork and spoon** sztućce.
knight [naɪt] *n* rycerz *m*; (*CHESS*) skoczek *m*, konik *m* ♦ *vt* nadawać (nadać *perf*) tytuł szlachecki *+dat*.
knighthood ['naɪthud] (*BRIT*) *n*: **to be given a knighthood** otrzymywać (otrzymać *perf*) tytuł szlachecki.
knit [nɪt] *vt* robić (zrobić *perf*) na drutach ♦ *vi* robić na drutach; (*bones*) zrastać się (zrosnąć się *perf*); **to knit one's brows** marszczyć (zmarszczyć *perf*) brwi.
knitted ['nɪtɪd] *adj* (z)robiony na drutach *post*, dziany.
knitting ['nɪtɪŋ] *n* (*activity*) robienie *nt* na drutach; (*garment being knitted*) robótka *f*.
knitting machine *n* maszyna *f* dziewiarska.
knitting needle *n* drut *m* (do robót dzianych).
knitting pattern *n* wzór *m* dzianiny.
knitwear ['nɪtwɛə*] *n* wyroby *pl* z dzianiny.
knives [naɪvz] *npl of* **knife**.
knob [nɔb] *n* gałka *f*; **a knob of butter** (*BRIT*) ≈ odrobina masła.
knobbly ['nɔblɪ] (*US* **knobby**) *adj* guz(k)owaty.
knock [nɔk] *vt* (*strike*) uderzać (uderzyć *perf*); (*hole*) wybijać (wybić *perf*); (*inf: criticize*) najeżdżać (najechać *perf*) na *+acc* (*inf*) ♦ *vi* (*at door etc*) pukać (zapukać *perf*), stukać (zastukać *perf*); (*engine*) stukać ♦ *n* (*blow, bump*) uderzenie *nt*; (*on door*) pukanie *nt*, stukanie *nt*; **to knock sb to the ground** powalić (*perf*) kogoś na ziemię; **she knocked at the door** zapukała do drzwi; **he knocked the drink out of my hand** wytrącił mi drinka z ręki; **to knock a nail into sth** wbijać (wbić *perf*) gwóźdź w coś; **to knock some sense into sb** wbić (*perf*) komuś trochę rozumu do głowy.
►**knock about** (*inf*) *vt* poniewierać ♦ *vi*: **knock about with** włóczyć się z *+instr*.
►**knock around** *vt, vi* = **knock about**.
►**knock back** (*inf*) *vt* (*drink*) obciągać (obciągnąć *perf*) (*inf*).
►**knock down** *vt* (*AUT*) potrącić (*perf*); (*: fatally*) przejechać (*perf*); (*building*) burzyć (zburzyć *perf*); (*wall*) wyburzać (wyburzyć *perf*); (*price*) obniżać (obniżyć *perf*).
►**knock off** *vi* (*inf*) kończyć (skończyć *perf*) (pracę) ♦ *vt* (*from price*) spuszczać (spuścić *perf*); (*inf: steal*) podprowadzać (podprowadzić *perf*) (*inf*); (*: murder*) sprzątnąć (*perf*) (*inf*); **knock it off!** (*inf*) przestań!
►**knock out** *vt* (*person*) pozbawiać (pozbawić *perf*) przytomności; (*drug*) zwalać (zwalić *perf*) z nóg; (*BOXING*) nokautować (znokautować *perf*); (*in game, competition*) eliminować (wyeliminować *perf*).
►**knock over** *vt* przewracać (przewrócić *perf*); (*AUT*) potrącić (*perf*).
knockdown ['nɔkdaun] *adj* (*price*) śmiesznie niski.
knocker ['nɔkə*] *n* kołatka *f*.
knocking ['nɔkɪŋ] *n* pukanie *nt*, stukanie *nt*.
knock-kneed [nɔk'ni:d] *adj*: **to be knock-kneed** mieć iksowate nogi.
knockout ['nɔkaut] *n* nokaut *m* ♦ *adj* (*competition etc*) rozgrywany systemem pucharowym.
knock-up ['nɔkʌp] (*TENNIS*) *n*: **to have a knock-up** rozgrywać (rozegrać *perf*) parę wolnych.
knot [nɔt] *n* (*in rope*) węzeł *m*, supeł *m*; (*in wood*) sęk *m*; (*NAUT*) węzeł *m* ♦ *vt* związywać (związać *perf*); **to tie a knot** zawiązywać (zawiązać *perf*) węzeł *or* supeł.
knotty ['nɔtɪ] *adj* zawiły.
know [nəu] (*pt* **knew**, *pp* **known**) *vt* (*be aware of/that/how etc*) wiedzieć; (*be acquainted with,*

have experience of) znać; (*recognize*) poznawać (poznać *perf*); **to know how to swim** umieć pływać; **to know English** znać angielski; **to know about** *or* **of sth/sb** wiedzieć o czymś/kimś; **to get to know sb** poznawać (poznać *perf*) kogoś bliżej; **I don't know him** nie znam go; **to know right from wrong** odróżniać dobro od zła; **as far as I know** o ile wiem; **yes, I know** tak, wiem; **I don't know** nie wiem.

know-all ['nəuɔ:l] (*BRIT*: *inf, pej*) *n* mądrala *m/f*.

know-how ['nəuhau] *n* wiedza *f* (technologiczna).

knowing ['nəuɪŋ] *adj* (*look*) porozumiewawczy.

knowingly ['nəuɪŋlɪ] *adv* (*intentionally*) świadomie; (*smile, look*) porozumiewawczo.

know-it-all ['nəuɪtɔ:l] (*US*) *n* = **know-all**.

knowledge ['nɔlɪdʒ] *n* wiedza *f*; (*of language etc*) znajomość *f*; **to have no knowledge of** nic nie wiedzieć na temat *+gen*; **not to my knowledge** nic mi o tym nie wiadomo; **without my knowledge** bez mojej wiedzy; **she has a working knowledge of French** potrafi się porozumieć po francusku; **it is common knowledge that ...** powszechnie wiadomo, że ... .

knowledgeable ['nɔlɪdʒəbl] *adj*: **to be knowledgeable about** dobrze znać się na *+loc*.

known [nəun] *pp of* **know** ♦ *adj* znany.

knuckle ['nʌkl] *n* kostka *f* (*u ręki*).

►**knuckle under** (*inf*) *vi* podporządkowywać się (podporządkować się *perf*).

knuckle-duster ['nʌkldʌstə*] *n* kastet *m*.

KO *n abbr* (= *knockout*) KO *nt inv*, nokaut *m* ♦ *vt* nokautować (znokautować *perf*).

koala [kəu'ɑ:lə] *n* (*also*: **koala bear**) (niedźwiadek *m*) koala *m*.

kook [ku:k] (*US*: *inf*) *n* czubek *m* (*inf*).

Koran [kɔ'rɑ:n] *n*: **the Koran** Koran *m*.

Korea [kə'rɪə] *n* Korea *f*; **North/South Korea** Korea Północna/Południowa.

Korean [kə'rɪən] *adj* koreański ♦ *n* (*person*) Koreańczyk (-anka) *m(f)*; (*LING*) (język *m*) koreański.

kosher ['kəuʃə*] *adj* koszerny.

kowtow ['kau'tau] *vi*: **to kowtow to sb** płaszczyć się przed kimś.

Kremlin ['krɛmlɪn] *n*: **the Kremlin** Kreml *m*.

KS (*US*: *POST*) *abbr* (= *Kansas*).

Kt (*BRIT*) *abbr* (*in titles*) = **Knight**.

Kuala Lumpur ['kwɑ:lə'lumpuə*] *n* Kuala Lumpur *nt inv*.

kudos ['kju:dɔs] *n* prestiż *m*.

Kuwait [ku'weɪt] *n* Kuwejt *m*.

Kuwaiti [ku'weɪtɪ] *adj* kuwejcki ♦ *n* Kuwejtczyk (-tka) *m(f)*.

kW *abbr* = **kilowatt** kW.

KY (*US*: *POST*) *abbr* (= *Kentucky*).

L,l

L[1], **l**[1] [ɛl] *n* (*letter*) L *nt*, l *nt*; **L for Lucy, (*US*) L for Love** ≈ L jak Leon.

L[2] *abbr* (*BRIT*: *AUT*: = *learner*) L; = **lake** jez.; = **large**; = **left** l.

l[2] *abbr* = **litre** l.

LA (*US*) *n abbr* (= *Los Angeles*) ♦ *abbr* (*POST*: = *Louisiana*).

lab [læb] *n abbr* = **laboratory** lab.

label ['leɪbl] *n* (*adhesive*) etykieta *f*, nalepka *f*; (*tie-on*) etykieta *f*, przywieszka *f*; (*of record*) znak *m* wytwórni płytowej ♦ *vt* etykietować; (*fig*: *person*) określać (określić *perf*) mianem *+gen*.

labor *etc* (*US*) *n* = **labour** *etc*.

laboratory [lə'bɔrətərɪ] *n* (*scientific*) laboratorium *nt*; (*school*) pracownia *f*.

Labor Day (*US*) *n święto pracy obchodzone w pierwszy poniedziałek września*.

laborious [lə'bɔ:rɪəs] *adj* mozolny, żmudny.

labor union (*US*) *n* związek *m* zawodowy.

labour ['leɪbə*] (*US* **labor**) *n* (*hard work*) ciężka praca *f*; (*work force*) siła *f* robocza; (*work done by work force*) praca *f*; (*MED*): **to be in labour** rodzić ♦ *vi*: **to labour (at sth)** mozolić się (nad czymś) ♦ *vt*: **to labour a point** (zbytnio) rozwodzić się nad zagadnieniem; **Labour, the Labour Party** (*BRIT*) Partia Pracy; **hard labour** (*toil*) harówka (*inf*); (*punishment*) ciężkie roboty.

labo(u)r camp *n* obóz *m* pracy.

labo(u)r cost *n* koszt *m* robocizny.

labo(u)r dispute *n* spór *m* o warunki pracy.

labo(u)red ['leɪbəd] *adj* (*breathing*) ciężki; (*movement*) ciężki, ociężały; (*style, writing*) niezdarny, wymęczony; **his breathing was laboured** oddychał z trudem.

labo(u)rer ['leɪbərə*] *n* robotnik (-ica) *m(f)*; **farm labourer** robotnik rolny.

labo(u)r force *n* siła *f* robocza.

labo(u)r intensive *adj* pracochłonny.

labo(u)r market *n* rynek *m* pracy.

labo(u)r pains *npl* bóle *pl* porodowe.

labo(u)r relations *npl* stosunki *pl* pracy (*między kierownictwem a pracownikami*).

labo(u)r-saving ['leɪbəseɪvɪŋ] *adj* usprawniający *or* ułatwiający pracę.

laburnum [lə'bə:nəm] (*BOT*) *n* złotokap *m* zwyczajny.

labyrinth ['læbɪrɪnθ] *n* labirynt *m*.

lace [leɪs] *n* (*fabric*) koronka *f*; (*of shoe etc*) sznurowadło *nt* ♦ *vt* (*also*: **lace up**: *shoe etc*) sznurować (zasznurować *perf*); (*coffee*) wzmacniać (wzmocnić *perf*) (*alkoholem*).

lacemaking ['leɪsmeɪkɪŋ] *n* koronkarstwo *nt*.

lacerate ['læsəreɪt] *vt* poranić (*perf*), pokaleczyć (*perf*).

laceration [læsə'reɪʃən] *n* rana *f* (*darta lub szarpana*).
lace-up ['leɪsʌp] *adj* (*shoes etc*) sznurowany, wiązany.
lack [læk] *n* brak *m* ♦ *vt*: **he lacks money/confidence** brak(uje) mu pieniędzy/pewności siebie; **through** *or* **for lack of** ze względu na brak *+gen*; **something is lacking here** czegoś tu brak(uje); **to be lacking in** być pozbawionym *+gen*.
lackadaisical [lækə'deɪzɪkl] *adj* nieobecny duchem, bujający w obłokach.
lackey ['lækɪ] (*pej*) *n* lokaj *m* (*pej*).
lacklustre ['læklʌstə*] (*US* **lackluster**) *adj* bezbarwny, bez życia *post*.
laconic [lə'kɔnɪk] *adj* lakoniczny.
lacquer ['lækə*] *n* (*paint*) lakier *m*; (*also*: **hair lacquer**) lakier *m* (do włosów).
lacrosse [lə'krɔs] *n gra zespołowa, w której do odbijania piłeczki i strzelania bramek służą zakończone siatką kijki*.
lacy ['leɪsɪ] *adj* koronkowy.
lad [læd] *n* (*boy*) chłopak *m*; (*young man*) młodzieniec *m*.
ladder ['lædə*] *n* (*metal, wood*) drabina *f*; (*rope*) drabinka *f*; (*BRIT*: *in tights*) oczko *nt*; (*fig*) drabina *f* społeczna ♦ *vt fus* (*BRIT*): **I laddered my tights, my tights laddered** poszło *or* poleciało mi oczko w rajstopach.
laden ['leɪdn] *adj*: **to be laden (with)** uginać się (od *+gen*); **fully laden** z pełnym ładunkiem.
ladle ['leɪdl] *n* chochla *f*, łyżka *f* wazowa ♦ *vt* (*soup*) nalewać (nalać *perf*) (chochlą); (*stew*) nakładać (nałożyć *perf*).
▸**ladle out** *vt* (*fig*: *money*) rozdawać (rozdać *perf*) (na prawo i lewo); (*advice, information*) serwować (zaserwować *perf*) (*inf*); (*compliments, praise*) szafować *+instr*.
lady ['leɪdɪ] *n* kobieta *f*, pani *f* (*polite*); (*dignified etc*) dama *f*; (*BRIT*: *title*) lady *f inv*; **ladies and gentlemen, ...** Panie i Panowie, ..., Szanowni Państwo, ...; **young lady** młoda dama; **the ladies' (room)** toaleta damska.
ladybird ['leɪdɪbə:d] *n* biedronka *f*.
ladybug ['leɪdɪbʌg] (*US*) *n* = **ladybird**.
lady-in-waiting ['leɪdɪɪn'weɪtɪŋ] *n* dama *f* dworu.
ladykiller ['leɪdɪkɪlə*] *n* pożeracz *m or* pogromca *m* serc (niewieścich).
ladylike ['leɪdɪlaɪk] *adj* (*behaviour*) dystyngowany, wytworny; **she's ladylike** zachowuje się jak (prawdziwa) dama.
ladyship ['leɪdɪʃɪp] *n*: **your ladyship** ≈ jaśnie pani *f*.
lag [læg] *n* opóźnienie *nt* ♦ *vi* (*also*: **lag behind**) pozostawać (pozostać *perf*) w tyle; (*trade etc*) podupadać (podupaść *perf*) ♦ *vt* (*pipes etc*) izolować (izolować *perf*); **old lag** (*inf*: *prisoner*) recydywa (*inf, pej*).
lager ['lɑ:gə*] *n* piwo *nt* pełne jasne.
lagging ['lægɪŋ] *n* izolacja *f*, otulina *f*.
lagoon [lə'gu:n] *n* laguna *f*.
Lagos ['leɪgɔs] *n* Lagos *nt inv*.
laid [leɪd] *pt, pp of* **lay**.
laid-back [leɪd'bæk] (*inf*) *adj* (*person*) na luzie *post* (*inf*), wyluzowany (*inf*); (*atmosphere*) swobodny.
laid up *adj*: **to be laid up with** być złożonym *+instr*.
lain [leɪn] *pp of* **lie**.
lair [lɛə*] (*ZOOL*) *n* matecznik *m*, legowisko *nt*.
laissez-faire [lɛseɪ'fɛə*] *n* (*COMM*) polityka *f* nieinterwencji *or* wolnej ręki.
laity ['leɪətɪ] *n or npl* świeccy *vir pl*, laikat *m* (*fml*).
lake [leɪk] *n* jezioro *nt*.
Lake District (*BRIT*) *n*: **the Lake District** ≈ Kraina *f* Jezior (*w północno-zachodniej Anglii*).
lamb [læm] *n* (*ZOOL*) jagnię *nt*; (*REL*: *fig*) baranek *m*; (*in nursery rhymes etc*) owieczka *f*; (*CULIN*) jagnięcina *f*.
lambada [læm'bɑ:də] *n* lambada *f*.
lamb chop *n* kotlet *m* z jagnięcia.
lambskin ['læmskɪn] *n* skóra *f* jagnięca.
lambswool ['læmzwul] *n* wełna *f* jagnięca.
lame [leɪm] *adj* (*person, animal*) kulawy, chromy (*literary*); (*excuse, argument*) lichy, kiepski; **to be lame** kuleć.
lame duck *n* (*person*) nieudacznik *m* (*pej*); (*business*) bankrut *m*.
lamely ['leɪmlɪ] *adv* (*explain, apologize*) nieprzekonująco.
lament [lə'mɛnt] *n* (*mourning*) opłakiwanie *nt*; (*complaining*) lament *m*, biadanie *nt* ♦ *vt* (*mourn*) opłakiwać; (*complain about*) lamentować *or* biadać nad *+instr*.
lamentable ['læməntəbl] *adj* opłakany, pożałowania godny.
laminated ['læmɪneɪtɪd] *adj* (*metal, wood*) wielowarstwowy; (*book cover*) laminowany.
lamp [læmp] *n* lampa *f*.
lamplight ['læmplaɪt] *n*: **by lamplight** przy (zapalonej) lampie.
lampoon [læm'pu:n] *n* satyra *f* ♦ *vt* ośmieszać (ośmieszyć *perf*) (*zwykle za pomocą satyry w prasie*).
lamppost ['læmppəust] (*BRIT*) *n* latarnia *f* (uliczna).
lampshade ['læmpʃeɪd] *n* abażur *m*; (*glass*) klosz *m*.
lance [lɑ:ns] *n* lanca *f* ♦ *vt* (*MED*) nacinać (naciąć *perf*) (*ropień itp*).
lance corporal (*BRIT*) *n* ≈ starszy szeregowy *m*.
lancet ['lɑ:nsɪt] *n* lancet *m*.
Lancs [læŋks] (*BRIT*: *POST*) *abbr* (= *Lancashire*).
land [lænd] *n* (*area of open ground*) ziemia *f*; (*property, estate*) ziemia *f*, grunty *pl*; (*as opposed to sea*) ląd *m*; (*country*) kraj *m*, ziemia *f* (*literary*) ♦ *vi* (*lit, fig*) lądować (wylądować *perf*) ♦ *vt* (*passengers*) wysadzać (wysadzić *perf*); (*goods*) wyładowywać (wyładować *perf*); **to own**

land być właścicielem ziemskim; **to go/travel by land** jechać (pojechać *perf*)/podróżować lądem; **to land on one's feet** (*fig*) spadać (spaść *perf*) na cztery łapy (*inf*); **to land sb with sth** (*inf*) zwalać (zwalić *perf*) komuś coś na głowę (*inf*).

►**land up** *vi*: **to land up in** lądować (wylądować *perf*) w +*loc*.

landed gentry ['lændɪd-] *n* ziemiaństwo *nt*, ziemianie *vir pl*.

landfill site ['lændfɪl-] *n* ≈ wysypisko *nt* (śmieci).

landing ['lændɪŋ] *n* (*of house*) półpiętro *nt*, podest *m*; (*AVIAT*) lądowanie *nt*.

landing card *n* (*AVIAT*) karta *f* lądowania; (*NAUT*) karta *f* zejścia na ląd.

landing craft *n inv* okręt *m* desantowy.

landing gear (*AVIAT*) *n* podwozie *nt*.

landing stage *n* pomost *m*.

landing strip *n* lądowisko *nt*, pas *m* do lądowania.

landlady ['lændleɪdɪ] *n* (*of rented house, flat*) właścicielka *f*; (*of rented room*) gospodyni *f*; (*of pub*: *owner*) właścicielka *f*; (: *manageress*) kierowniczka *f*.

landlocked ['lændlɔkt] *adj* nie posiadający dostępu do morza, bez dostępu do morza *post*.

landlord ['lændlɔ:d] *n* (*of rented house, flat*) właściciel *m*; (*of rented room*) gospodarz *m*; (*of pub*: *owner*) właściciel *m*; (: *manager*) kierownik *m*.

landlubber ['lændlʌbə*] (*old*) *n* szczur *m* lądowy.

landmark ['lændmɑ:k] *n* punkt *m* orientacyjny; (*fig*) kamień *m* milowy.

landowner ['lændəunə*] *n* właściciel(ka) *m(f)* ziemski (-ka) *m(f)*.

landscape ['lænskeɪp] *n* krajobraz *m*; (*ART*) pejzaż *m* ♦ *vt* (*park, garden*) projektować (zaprojektować *perf*).

landscape architect *n* architekt *m* krajobrazu, projektant(ka) *m(f)* terenów zielonych.

landscape gardener *n* = **landscape architect**.

landscape painting *n* malarstwo *nt* pejzażowe.

landslide ['lændslaɪd] *n* osunięcie się *nt* ziemi; (*fig*): **a landslide victory** przygniatające zwycięstwo *nt*.

lane [leɪn] *n* (*in country*) dróżka *f*; (*in town*) uliczka *f*; (*AUT*) pas *m* (ruchu); (*of race course, swimming pool*) tor *m*; **shipping lane** szlak żeglugowy.

language ['læŋgwɪdʒ] *n* język *m*; **bad language** wulgarny język.

language laboratory *n* laboratorium *nt* językowe.

languid ['læŋgwɪd] *adj* (*person*) powolny; (*movement*) leniwy, ociężały.

languish ['læŋgwɪʃ] *vi* (*person*) marnieć, usychać; (*project, case*) wlec się.

lank [læŋk] *adj* (*hair*) w strąkach *post*.

lanky ['læŋkɪ] *adj* tyczkowaty, patykowaty.

lanolin(e) ['lænəlɪn] *n* lanolina *f*.

lantern ['læntən] *n* lampion *m*.

Laos [laus] *n* Laos *m*.

lap [læp] *n* (*in race*) okrążenie *nt*; (*of person*): **in his/my lap** u niego/u mnie na kolanach ♦ *vt* (*also*: **lap up**) chłeptać (wychłeptać *perf*) ♦ *vi* (*water*) pluskać.

►**lap up** *vt* (*fig*) przyjmować (przyjąć *perf*) za dobrą monetę.

La Paz [læ'pæz] *n* La Paz *nt inv*.

lapdog ['læpdɔg] (*pej*) *n* (*lit, fig*) piesek *m* salonowy.

lapel [lə'pɛl] *n* klapa *f*, wyłóg *m*.

Lapland ['læplænd] *n* Laponia *f*.

Lapp [læp] *adj* lapoński ♦ *n* (*person*) Lapończyk (-onka) *m(f)*; (*LING*) (język *m*) lapoński.

lapse [læps] *n* (*bad behaviour*) uchybienie *nt*; (*of time*) upływ *m* ♦ *vi* (*contract, membership*) wygasać (wygasnąć *perf*); (*passport*) tracić (stracić *perf*) ważność; **a lapse of attention/concentration** chwila nieuwagi; **I had a memory lapse** chwilowo zawiodła mnie pamięć; **to lapse into bad habits** popadać (popaść *perf*) w złe nawyki.

laptop (computer) *n* laptop *m*.

larceny ['lɑ:sənɪ] *n* kradzież *f*.

larch [lɑ:tʃ] *n* modrzew *m*.

lard [lɑ:d] *n* smalec *m*.

larder ['lɑ:də*] *n* spiżarnia *f*.

large [lɑ:dʒ] *adj* duży, wielki; **to make larger** powiększać (powiększyć *perf*); **a large number of people** wielu ludzi; **on a large scale** na dużą *or* wielką skalę; **at large** (*at liberty*) na wolności; **people at large** ogół (ludzi); **the country at large** cały kraj; **by and large** ogólnie (rzecz) biorąc.

largely ['lɑ:dʒlɪ] *adv* w dużej mierze.

large-scale ['lɑ:dʒ'skeɪl] *adj* (*event*) na dużą skalę *post*; (*map*) w dużej skali *post*.

largesse [lɑ:'ʒɛs] *n* szczodrość *f*.

lark [lɑ:k] *n* (*bird*) skowronek *m*; (*joke*) kawał *m*.

►**lark about** *vi* dokazywać.

larva ['lɑ:və] (*pl* **larvae**) *n* larwa *f*.

laryngitis [lærɪn'dʒaɪtɪs] *n* zapalenie *nt* krtani.

larynx ['lærɪŋks] *n* krtań *f*.

lascivious [lə'sɪvɪəs] *adj* lubieżny.

laser ['leɪzə*] *n* laser *m*.

laser beam *n* wiązka *f* laserowa.

laser printer *n* drukarka *f* laserowa.

lash [læʃ] *n* (*also*: **eyelash**) rzęsa *f*; (*of whip*) uderzenie *nt* (*batem*) ♦ *vt* (*whip*) chłostać (wychłostać *perf*); (*wind*) smagać; (*rain*) zacinać; **to lash to** przywiązywać (przywiązać *perf*) do +*gen*; **to lash together** związywać (związać *perf*).

►**lash down** *vt* przywiązywać (przywiązać *perf*) ♦ *vi* (*rain*) lać.

►**lash out** *vi*: **to lash out (at sb)** (*with weapon, hands*) bić (kogoś) na oślep; (*with feet*) kopać

(kogoś) na oślep; **to lash out at** *or* **against sb** (*criticize*) naskakiwać (naskoczyć *perf*) na kogoś.
lashing ['læʃɪŋ] *n*: **lashings of** (*BRIT*: *inf*) masa *+gen* (*inf*).
lass [læs] (*BRIT*) *n* dziewczyna *f*.
lasso [læ'su:] *n* lasso *nt* ♦ *vt* chwytać (schwytać *perf*) na lasso.
last [lɑ:st] *adj* ostatni ♦ *adv* (*most recently*) ostatnio, ostatni raz; (*finally*) na końcu ♦ *vi* (*continue*) trwać; (*food*) zachowywać (zachować *perf*) świeżość; (*money, commodity*) wystarczać (wystarczyć *perf*), starczać (starczyć *perf*); **last week** w zeszłym tygodniu; **last night** zeszłej nocy; **at last** wreszcie, w końcu; **last but one** przedostatni; **the last time** ostatni raz; **the film lasts (for) two hours** film trwa dwie godziny.
last-ditch ['lɑ:st'dɪtʃ] *adj* (*attempt*) ostatni, ostateczny.
lasting ['lɑ:stɪŋ] *adj* trwały.
lastly ['lɑ:stlɪ] *adv* na koniec.
last-minute ['lɑ:stmɪnɪt] *adj* (*decision etc*) w ostatniej chwili *post*.
latch [lætʃ] *n* (*metal bar*) zasuwa *f*; (*automatic lock*) zatrzask *m*; **the door was on the latch** drzwi nie były zatrzaśnięte, drzwi były zamknięte (tylko) na klamkę.
►**latch on to** *vt fus* uczepić się *(perf) +gen*.
latchkey ['lætʃki:] *n* klucz *m* (od drzwi wejściowych).
latchkey child *n* dziecko *nt* z kluczem (na szyi).
late [leɪt] *adj* (*far on in time*) późny; (*not on time*) spóźniony; (*deceased*) świętej pamięci ♦ *adv* (*far on in time*) późno; (*behind time*) z opóźnieniem; **to be (10 minutes) late** spóźniać się (spóźnić się *perf*) (o 10 minut); **to work late** pracować do późna; **late in life** w późnym wieku; **of late** ostatnio; **in late May** pod koniec maja; **Jane Smith, late of X** Jane Smith, do niedawna zamieszkała w X.
latecomer ['leɪtkʌmə*] *n* spóźnialski (-ka) *m(f)*.
lately ['leɪtlɪ] *adv* ostatnio.
lateness ['leɪtnɪs] *n* (*of person*) spóźnienie *nt*; (*of event, train*) opóźnienie *nt*; **owing to the lateness of the hour** ze względu na późną porę.
latent ['leɪtnt] *adj* ukryty, utajony.
later ['leɪtə*] *adj* późniejszy ♦ *adv* później; **later on** później.
lateral ['lætərl] *adj* boczny; **lateral thinking** myślenie lateralne.
latest ['leɪtɪst] *adj* ostatni, najnowszy; **at the latest** najpóźniej.
latex ['leɪtɛks] *n* lateks *m*.
lathe [leɪð] *n* tokarka *f*.
lather ['lɑ:ðə*] *n* piana *f* ♦ *vt* namydlać (namydlić *perf*).
Latin ['lætɪn] *n* (*LING*) łacina *f*; (*person*) *osoba pochodząca z Hiszpanii, Włoch lub południowej Francji* ♦ *adj* łaciński.
Latin America *n* Ameryka *f* Łacińska.
Latin American *adj* latynoamerykański, latynoski ♦ *n* Latynos(ka) *m(f)*.
latitude ['lætɪtju:d] *n* szerokość *f* geograficzna; (*fig*) swoboda *f*.
latrine [lə'tri:n] *n* latryna *f*.
latter ['lætə*] *adj* (*of two*) drugi; (*recent*) ostatni ♦ *n*: **the latter** ten ostatni *m*/ta ostatnia *f*/to ostatnie *nt*; **the latter part of the week** druga połowa tygodnia; **in the latter years of his life** na starość.
latter-day ['lætədeɪ] *adj* dzisiejszy, współczesny.
latterly ['lætəlɪ] *adv* ostatnio.
lattice ['lætɪs] *n* kratownica *f*.
lattice window *n okno z szybkami osadzonymi w kratownicy z ołowiu*.
Latvia ['lætvɪə] *n* Łotwa *f*.
laudable ['lɔ:dəbl] *adj* chwalebny, godny pochwały.
laudatory ['lɔ:dətrɪ] *adj* pochwalny.
laugh [lɑ:f] *n* śmiech *m* ♦ *vi* śmiać się (zaśmiać się *perf*); **for a laugh** dla śmiechu.
►**laugh at** *vt fus* śmiać się z *+gen*.
►**laugh off** *vt* obracać (obrócić *perf*) w żart.
laughable ['lɑ:fəbl] *adj* śmieszny.
laughing gas ['lɑ:fɪŋ-] *n* gaz *m* rozweselający.
laughing matter *n*: **this is no laughing matter** to nie (są) żarty.
laughing stock *n*: **to be the laughing stock of** być pośmiewiskiem *+gen*.
laughter ['lɑ:ftə*] *n* śmiech *m*.
launch [lɔ:ntʃ] *n* (*of ship*) wodowanie *nt*; (*of rocket, satellite*) wystrzelenie *nt*; (*COMM*) wprowadzenie *nt or* wypuszczenie *nt* na rynek; (*motorboat*) motorówka *f* ♦ *vt* (*ship*) wodować (zwodować *perf*); (*rocket, satellite*) wystrzeliwać (wystrzelić *perf*); (*COMM*) wprowadzać (wprowadzić *perf*) *or* wypuszczać (wypuścić *perf*) na rynek; (*fig*) zapoczątkowywać (zapoczątkować *perf*).
►**launch into** *vt fus* (*activity*) angażować się (zaangażować się *perf*) w *+acc*; (*description*) wdawać się (wdać się *perf*) w *+acc*.
►**launch out** *vi*: **to launch out (into)** (*new activity, job*) angażować się (zaangażować się *perf*) (w *+acc*).
launching ['lɔ:ntʃɪŋ] *n* (*of rocket, satellite*) wystrzelenie *nt*; (*of ship*) wodowanie *nt*; (*COMM*) wprowadzenie *nt or* wypuszczenie *nt* na rynek; (*fig*) zapoczątkowanie *nt*.
launch(ing) pad *n* płyta *f* wyrzutni rakietowej.
launder ['lɔ:ndə*] *vt* (*clothes, sheets*) prać i prasować (wyprać *perf* i wyprasować *perf*); (*pej: money*) prać (wyprać *perf*).
laundrette [lɔ:n'drɛt] (*BRIT*) *n* pralnia *f* samoobsługowa.
Laundromat ['lɔ:ndrəmæt] ® (*US*) *n* = **laundrette**.
laundry ['lɔ:ndrɪ] *n* (*clothes, linen*) pranie *nt*;

(*place*) pralnia *f*; **to do the laundry** robić (zrobić *perf*) pranie.

laureate ['lɔ:rɪət] *adj see* **poet laureate**.

laurel ['lɔrl] *n* laur *m*, wawrzyn *m*; **to rest on one's laurels** spoczywać (spocząć *perf*) na laurach.

Lausanne [ləu'zæn] *n* Lozanna *f*.

lava ['lɑ:və] *n* lawa *f*.

lavatory ['lævətərɪ] *n* toaleta *f*.

lavatory paper *n* papier *m* toaletowy.

lavender ['lævəndə*] *n* lawenda *f*.

lavish ['lævɪʃ] *adj* (*amount, hospitality*) szczodry; (*person*) szczodry, hojny; (*surroundings*) urządzony z przepychem ♦ *vt*: **to lavish gifts/praise on sb** obsypywać (obsypać *perf*) kogoś prezentami/pochwałami; **to lavish time/attention on sb** poświęcać (poświęcić *perf*) komuś wiele czasu/uwagi; **to be lavish with** nie skąpić *+gen*.

lavishly ['lævɪʃlɪ] *adv* (*generously*) szczodrze, hojnie; (*sumptuously*) z przepychem.

law [lɔ:] *n* prawo *nt*; **against the law** niezgodny z prawem; **to go to law** iść (pójść *perf*) do sądu; **to break the law** łamać (złamać *perf*) prawo.

law-abiding ['lɔ:əbaɪdɪŋ] *adj* prawomyślny, praworządny.

law and order *n* prawo *nt* i porządek *m*.

lawbreaker ['lɔ:breɪkə*] *n*: **to be a lawbreaker** łamać prawo.

law court *n* sąd *m*.

lawful ['lɔ:ful] *adj* legalny.

lawfully ['lɔ:fəlɪ] *adv* legalnie.

lawless ['lɔ:lɪs] *adj* bezprawny.

lawn [lɔ:n] *n* trawnik *m*.

lawnmower ['lɔ:nməuə*] *n* kosiarka *f* (do trawy).

lawn tennis *n* tenis *m* ziemny.

law school (*US*) *n* wydział *m* prawa.

law student *n* student(ka) *m(f)* prawa.

lawsuit ['lɔ:su:t] *n* proces *m* (sądowy).

lawyer ['lɔ:jə*] *n* (*solicitor*) prawnik (-iczka) *m(f)*, radca *m* prawny; (*barrister*) adwokat *m*.

lax [læks] *adj* (*behaviour*) zbyt swobodny, niedbały; (*discipline, security*) rozluźniony.

laxative ['læksətɪv] *n* środek *m* przeczyszczający.

laxity ['læksɪtɪ] *n* (*of laws, rules*) nieprecyzyjność *f*; (*moral*) rozprzężenie *nt*.

lay [leɪ] (*pt, pp* **laid**) *pt of* **lie** ♦ *adj* (*REL*) świecki; (*not expert*): **lay person** laik *m* ♦ *vt* (*put*) kłaść (położyć *perf*); (*table*) nakrywać (nakryć *perf*), nakrywać (nakryć *perf*) do *+gen*; (*plans*) układać (ułożyć *perf*); (*trap*) zastawiać (zastawić *perf*); (*egg*: *insect, frog*) składać (złożyć *perf*); (: *bird*) znosić (znieść *perf*); **to lay facts/proposals before sb** przedstawiać (przedstawić *perf*) komuś fakty/propozycje; **she reads anything she can lay her hands on** czyta wszystko, co wpadnie jej w ręce; **to get laid** (*inf!*) przelecieć (*perf*) kogoś (*inf!*).

►**lay aside** *vt* odkładać (odłożyć *perf*) (na bok).

►**lay by** *vt* (*money*) odkładać (odłożyć *perf*).

►**lay down** *vt* (*pen, book*) odkładać (odłożyć *perf*); (*rules etc*) ustanawiać (ustanowić *perf*); (*arms*) składać (złożyć *perf*); **to lay down the law** rządzić się (*pej*); **to lay down one's life (for)** oddawać (oddać *perf*) życie (za *+acc*).

►**lay in** *vt* robić (zrobić *perf*) zapasy *+gen*.

►**lay into** *vt fus* (*lit, fig*) rzucać się (rzucić się *perf*) na *+acc*.

►**lay off** *vt* zwalniać (zwolnić *perf*) (z pracy).

►**lay on** *vt* (*meal, entertainment*) zadbać (*perf*) or zatroszczyć się (*perf*) o *+acc*; (*water, gas*) doprowadzać (doprowadzić *perf*); (*paint*) kłaść (położyć *perf*).

►**lay out** *vt* wykładać (wyłożyć *perf*).

►**lay up** *vt* (*illness*: *person*) złożyć (*perf*), rozkładać (rozłożyć *perf*) (*inf*); = **lay by**.

layabout ['leɪəbaut] (*inf, pej*) *n* obibok *m* (*pej*), leser(ka) *m(f)* (*pej*).

lay-by ['leɪbaɪ] (*BRIT*: *AUT*) *n* zato(cz)ka *f*.

lay-days ['leɪdeɪz] (*NAUT*) *npl* dni *pl* postoju w porcie.

layer ['leɪə*] *n* warstwa *f*.

layette [leɪ'ɛt] *n* wyprawka *f* niemowlęca.

layman ['leɪmən] (*irreg like*: **man**) *n* laik *m*.

lay-off ['leɪɔf] *n* zwolnienie *nt* (z pracy).

layout ['leɪaut] *n* (*of garden, building*) rozkład *m*; (*of piece of writing*) układ *m* (graficzny).

laze [leɪz] *vi* (*also*: **laze about**) leniuchować.

laziness ['leɪzɪnɪs] *n* lenistwo *nt*.

lazy ['leɪzɪ] *adj* leniwy.

LB (*CANADA*) *abbr* (= *Labrador*).

lb. *abbr* (= *pound (weight)*) funt *m* (*jednostka wagi*).

lbw (*CRICKET*) *abbr* (= *leg before wicket*) *rodzaj błędu w grze*.

LC (*US*) *n abbr* (= *Library of Congress*) Biblioteka *f* Kongresu.

lc (*TYP*) *abbr* = **lower case**.

L/C *abbr* (= *letter of credit*) akredytywa *f*.

LCD *n abbr* = **liquid crystal display**.

Ld (*BRIT*) *abbr* (*in titles*) = **lord**.

LDS *n abbr* (*BRIT*: = *Licentiate in Dental Surgery*) *stopień naukowy* ♦ *abbr* (= *Latter-day Saints*) Kościół *m* Jezusa Chrystusa Świętych Dni Ostatnich.

LEA (*BRIT*) *n abbr* (= *Local Education Authority*) ≈ Kuratorium *nt* Oświaty i Wychowania.

lead[1] [li:d] (*pt, pp* **led**) *n* (*SPORT*) prowadzenie *nt*; (*fig*) przywództwo *nt*; (*piece of information, clue*) trop *m*; (*in play, film*) główna rola *f*; (*for dog*) smycz *f*; (*ELEC*) przewód *m* ♦ *vt* (*walk in front, guide*) prowadzić (poprowadzić *perf*); (*organization, activity*) kierować (pokierować *perf*) *+instr*; (*BRIT*): **to lead the orchestra** grać (zagrać *perf*) partię pierwszych skrzypiec (w orkiestrze) ♦ *vi* prowadzić; **one-minute lead** jednominutowa przewaga; **in the lead** na prowadzeniu; **to take the lead** obejmować (objąć *perf*) prowadzenie; **to lead the way**

prowadzić, wskazywać drogę; **to lead sb astray** (*mislead*) zwieść *(perf)* kogoś; (*corrupt*) sprowadzić *(perf)* kogoś na manowce *or* złą drogę; **to lead sb to believe that** dawać (dać *perf*) komuś powody sądzić, że ...; **to lead sb to do sth** sprawić *(perf)*, że ktoś coś zrobi.

►**lead away** *vt*: **to be led away** dać *(perf)* się poprowadzić (bezmyślnie).

►**lead back** *vt* prowadzić (zaprowadzić *perf*) z powrotem.

►**lead off** *vi* (*in game, conversation*): **to lead off with** rozpoczynać (rozpocząć *perf*) *+instr or* od *+gen*; (*road*): **to lead off from** odchodzić od *+gen* ♦ *vt fus* (*room*) wychodzić na *+acc*; (*corridor*) prowadzić do *+gen*.

►**lead on** *vt* zwodzić.

►**lead to** *vt fus* prowadzić (doprowadzić *perf*) do *+gen*.

►**lead up to** *vt fus* (*events*) prowadzić (doprowadzić *perf*) do *+gen*; (*person*) starać się skierować rozmowę na *+acc*.

lead² [lɛd] *n* (*metal*) ołów *m*; (*in pencil*) grafit *m* ♦ *cpd* ołowiany.

leaded ['lɛdɪd] *adj* (*window*) witrażowy; (*petrol*) ołowiowy.

leaden ['lɛdn] *adj* (*sky, sea*) ołowiany; (*fig*: *steps etc*) ciężki, jak z ołowiu *post*.

leader ['li:də*] *n* (*of group, organization*) przywódca (-dczyni) *m(f)*, lider(ka) *m(f)*; (*SPORT*) lider(ka) *m(f)*, prowadzący (-ca) *m(f)*; (*in newspaper*) artykuł *m* wstępny, wstępniak *m* (*inf*); **the Leader of the House** (*BRIT*) Przewodniczący Izby.

leadership ['li:dəʃɪp] *n* (*group*) kierownictwo *nt*; (*position*) stanowisko *nt* przywódcy; (*quality*) umiejętność *f* przewodzenia.

lead-free ['lɛdfri:] (*old*) *adj* bezołowiowy.

leading ['li:dɪŋ] *adj* (*most important*) czołowy; (*first, front*) prowadzący, znajdujący się na czele; (*role*) główny.

leading lady (*THEAT*) *n* odtwórczyni *f* głównej roli.

leading light *n* czołowa postać *f*.

leading man (*irreg like*: **man**) (*THEAT*) *n* odtwórca *m* głównej roli.

leading question *n* (*pej*) pytanie *nt* sugerujące odpowiedź (*np. w sądzie*).

lead pencil [lɛd-] *n* ołówek *m*.

lead poisoning [lɛd-] *n* zatrucie *nt* ołowiem.

lead singer [li:d-] *n* główny (-na) *m(f)* wokalista (-tka) *m(f)*.

lead time [li:d-] (*COMM*) *n okres projektowania i wdrażania towaru do produkcji*.

leaf [li:f] (*pl* **leaves**) *n* liść *m*; (*of table*) dodatkowy blat *m*; **to turn over a new leaf** rozpoczynać (rozpocząć *perf*) nowe życie; **to take a leaf out of sb's book** brać (wziąć *perf*) z kogoś przykład.

►**to leaf through** *vt fus* kartkować (przekartkować *perf*).

leaflet ['li:flɪt] *n* ulotka *f*.

leafy ['li:fɪ] *adj* (*branch*) pokryty liśćmi; (*suburb*) zielony.

league [li:g] *n* liga *f*; **to be in league with sb** być w zmowie z kimś.

leak [li:k] *n* (*of liquid, gas*) wyciek *m*; (*in pipe etc*) dziura *f*; (*piece of information*) przeciek *m* ♦ *vi* (*ship, roof*) przeciekać; (*shoes*) przemakać; (*liquid*) wyciekać (wyciec *perf*), przeciekać (przeciec *perf*); (*gas*) ulatniać się (ulotnić się *perf*) ♦ *vt* (*information*) ujawniać (ujawnić *perf*).

►**leak out** *vi* (*liquid*) wyciekać (wyciec *perf*); (*information*) wychodzić (wyjść *perf*) na jaw.

leakage ['li:kɪdʒ] *n* wyciek *m*.

leaky ['li:kɪ] *adj* nieszczelny.

lean [li:n] (*pt, pp* **leaned** *or* **leant**) *adj* (*person*) szczupły; (*meat, year*) chudy ♦ *vt*: **to lean sth on sth** opierać (oprzeć *perf*) coś na czymś ♦ *vi* pochylać się (pochylić się *perf*); **to lean against** opierać się (oprzeć się *perf*) o *+acc*; **to lean on** (*rely on*) polegać na *+loc*; (*pressurize*) wywierać nacisk na *+acc*; **to lean forward/back** pochylać się (pochylić się *perf*) do przodu/do tyłu; **to lean towards** skłaniać się ku *+dat*.

►**lean out** *vi* wychylać się (wychylić się *perf*).

►**lean over** *vi* przechylać się (przechylić się *perf*).

leaning ['li:nɪŋ] *n* skłonności *pl* ♦ *adj*: **the leaning Tower of Pisa** krzywa wieża *f* w Pizie.

leant [lɛnt] *pt, pp of* **lean**.

lean-to ['li:ntu:] *n* przybudówka *f* (*gospodarcza*).

leap [li:p] (*pt, pp* **leaped** *or* **leapt**) *n* (*lit, fig*) skok *m* ♦ *vi* (*jump*) skakać (skoczyć *perf*); (*move*): **to leap into/out of** wskakiwać (wskoczyć *perf*) do *+gen*/wyskakiwać (wyskoczyć *perf*) z *+gen*; (*price, number etc*) skakać (skoczyć *perf*), podskoczyć (*perf*).

►**leap at** *vt fus* skwapliwie skorzystać *(perf)* z *+gen*.

►**leap up** *vi* zrywać się (zerwać się *perf*), skoczyć (*perf*) na równe nogi.

leapfrog ['li:pfrɔg] *n zabawa, w której osoby stojące w rzędzie po kolei przeskakują przez siebie jak przez kozioł*.

leapt [lɛpt] *pt, pp of* **leap**.

leap year *n* rok *m* przestępny.

learn [lə:n] (*pt, pp* **learned** *or* **learnt**) *vt* uczyć się (nauczyć się *perf*) *+gen* ♦ *vi* uczyć się; **to learn about** *or* **of sth** (*hear, read*) dowiadywać się (dowiedzieć się *perf*) o czymś; **to learn about sth** (*study*) uczyć się o czymś; **to learn that ...** dowiedzieć się (*perf*), że ...; **to learn to do sth** uczyć się (nauczyć się *perf*) coś robić.

learned ['lə:nɪd] *adj* uczony.

learner ['lə:nə*] (*BRIT*) *n* uczący (-ca) *m(f)* się; (*also*: **learner driver**) zdający (-ca) *m(f)* na prawo jazdy; **to be a slow learner** wolno się uczyć.

learning ['lə:nɪŋ] *n* (*knowledge*) wiedza *f*.

learnt [lə:nt] *pt, pp of* **learn**.
lease [li:s] *n* umowa *f* o dzierżawę *or* najem ♦ *vt* dzierżawić (wydzierżawić *perf*); **on lease (to)** wydzierżawiony (*+dat*).
▸**lease back** *vt dzierżawić dobra inwestycyjne od firmy, której wcześniej się te dobra sprzedało.*
leaseback ['li:sbæk] *n dzierżawa dóbr od firmy, której wcześniej się te dobra sprzedało.*
leasehold ['li:shəuld] *n* dzierżawa *f* ♦ *adj* (wy)dzierżawiony.
leash [li:ʃ] *n* smycz *f*.
least [li:st] *adj*: **the least** (*smallest amount of*) najmniej (*+gen*); (*slightest*) najmniejszy ♦ *adv* (*+verb*) najmniej; (*+adjective*): **the least** najmniej; **at least** (*in expressions of quantity, comparisons*) co najmniej, przynajmniej; (*still, or rather*) przynajmniej; **you could at least have written** mogłeś przynajmniej napisać; **I do not mind in the least** absolutnie mi to nie przeszkadza; **it was the least I could do** przynajmniej to mogłem zrobić.
leather ['lɛðə*] *n* skóra *f* (*zwierzęca, wyprawiona*).
leather goods *npl* wyroby *pl* skórzane *or* ze skóry.
leave [li:v] (*pt, pp* **left**) *vt* (*place: on foot*) wychodzić (wyjść *perf*) z *+gen*; (*: in vehicle*) wyjeżdżać (wyjechać *perf*) z *+gen*; (*place, institution: permanently*) opuszczać (opuścić *perf*), odchodzić (odejść *perf*) z *+gen*; (*person, thing, space, time*) zostawiać (zostawić *perf*); (*mark, stain*) zostawiać (zostawić *perf*), pozostawiać (pozostawić *perf*); (*husband, wife*) opuszczać (opuścić *perf*), odchodzić (odejść *perf*) od *+gen*, zostawiać (zostawić *perf*) (*inf*) ♦ *vi* (*person: on foot*) odchodzić (odejść *perf*); (*: in vehicle*) wyjeżdżać (wyjechać *perf*); (*: permanently*) odchodzić (odejść *perf*); (*bus, train*) odjeżdżać (odjechać *perf*), odchodzić (odejść *perf*); (*plane*) odlatywać (odlecieć *perf*) ♦ *n* urlop *m*; **to leave sth to sb** zostawiać (zostawić *perf*) coś komuś; **they were left with nothing** nic im nie zostało; **you have/there was ten minutes left** zostało ci/zostało (jeszcze) dziesięć minut; **to be left over** (*food, drink*) zostawać (zostać *perf*); **to take one's leave of sb** żegnać się (pożegnać się *perf*) z kimś; **on leave** na urlopie; **on sick leave** na zwolnieniu (lekarskim).
▸**leave behind** *vt* zostawiać (zostawić *perf*).
▸**leave off** *vt*: **to leave the heating/lights off** zostawiać (zostawić *perf*) wyłączone ogrzewanie/światła; **she left the saucepan lid off** nie przykryła rondla (pokrywką) ♦ *vi* (*inf: stop*) przestać (*perf*).
▸**leave on** *vt*: **to leave the heating/lights on** zostawiać (zostawić *perf*) włączone ogrzewanie/światła.
▸**leave out** *vt* opuszczać (opuścić *perf*), pomijać (pominąć *perf*).
leave of absence *n* urlop *m*.
leaves [li:vz] *npl of* **leaf**.
Lebanese [lɛbə'ni:z] *adj* libański ♦ *n inv* Libańczyk (-anka) *m(f)*.
Lebanon ['lɛbənən] *n* Liban *m*.
lecherous ['lɛtʃərəs] (*pej*) *adj* lubieżny.
lectern ['lɛktə:n] *n* pulpit *m*.
lecture ['lɛktʃə*] *n* wykład *m* ♦ *vi* prowadzić wykłady, wykładać ♦ *vt*: **to lecture sb on** *or* **about sth** robić komuś uwagi na temat czegoś; **to give a lecture on** wygłaszać (wygłosić *perf*) wykład na temat *+gen*.
lecture hall *n* sala *f* wykładowa.
lecturer ['lɛktʃərə*] (*BRIT*) *n* (*at university*) wykładowca *m*; (*speaker*) mówca *m*.
LED (*ELEC*) *n abbr* (= *light-emitting diode*) LED *m inv*.
led [lɛd] *pt, pp of* **lead**[1].
ledge [lɛdʒ] *n* (*of mountain*) występ *m* skalny, półka *f* skalna; (*of window*) parapet *m*; (*on wall*) półka *f*.
ledger ['lɛdʒə*] (*COMM*) *n* księga *f* główna.
lee [li:] *n* osłona *f*.
leech [li:tʃ] *n* pijawka *f*; (*fig*) pasożyt *m*.
leek [li:k] *n* por *m*.
leer [lɪə*] *vi*: **to leer at sb** uśmiechać się (uśmiechnąć się *perf*) lubieżnie do kogoś.
leeward ['li:wəd] (*NAUT*) *adj* zawietrzny ♦ *adv* na zawietrzną ♦ *n*: **to leeward** na zawietrzną.
leeway ['li:weɪ] *n* (*fig*): **to have some leeway** mieć pewną swobodę działania; **there's a lot of leeway to make up** jest mnóstwo zaległości do odrobienia.
left [lɛft] *pt, pp of* **leave** ♦ *adj* (*of direction, position*) lewy; (*remaining*) pozostawiony, pozostały; **to be left** zostawać (zostać *perf*), pozostawać (pozostać *perf*) ♦ *n*: **the left** lewa strona *f* ♦ *adv* (*turn, look etc*) w lewo; **on/to the left** na lewo; **the Left** (*POL*) lewica.
left-hand drive ['lɛfthænd-] *adj* z lewostronnym układem kierowniczym *post*.
left-handed [lɛft'hændɪd] *adj* leworęczny.
the left-hand side *n* lewa strona *f*.
leftist ['lɛftɪst] *n* lewicowiec *m* ♦ *adj* lewicowy.
left-luggage (office) [lɛft'lʌgɪdʒ(-)] (*BRIT*) *n* przechowalnia *f* bagażu.
leftovers ['lɛftəuvəz] *npl* resztki *pl*.
left-wing ['lɛft'wɪŋ] *adj* lewicowy.
left-winger ['lɛft'wɪŋgə*] *n* lewicowiec *m*.
leg [lɛg] *n* (*of person, animal, table*) noga *f*; (*of trousers*) nogawka *f*; (*CULIN: of lamb, pork*) udziec *m*; (*: of chicken*) udko *nt*; (*of journey etc*) etap *m*; **1st/2nd/final leg** (*SPORT*) pierwsza/druga/ostatnia runda; **to stretch one's legs** rozprostowywać (rozprostować *perf*) nogi; **to get one's leg over** (*inf*) zaliczyć (*perf*) dziewczynę/chłopaka (*inf*).
legacy ['lɛgəsɪ] *n* spadek *m*; (*fig*) spuścizna *f*, dziedzictwo *nt*.
legal ['li:gl] *adj* (*of the law*) prawny; (*allowed by

law) legalny, zgodny z prawem; **to take legal action/proceedings against sb** wytaczać (wytoczyć *perf*) komuś sprawę.
legal adviser *n* radca *m* prawny.
legal holiday (*US*) *n* święto *nt* państwowe.
legality [lɪ'gælɪtɪ] *n* legalność *f*.
legalize ['li:gəlaɪz] *vt* legalizować (zalegalizować *perf*).
legally ['li:gəlɪ] *adv* (*with regard to the law*) prawnie; (*in accordance with the law*) legalnie, prawnie; **legally binding** prawnie wiążący.
legal tender *n* prawny środek *m* płatniczy.
legation [lɪ'geɪʃən] *n* poselstwo *nt*.
legend ['lɛdʒənd] *n* legenda *f*; (*fig*: *person*) (żywa) legenda *f*.
legendary ['lɛdʒəndərɪ] *adj* legendarny.
-legged ['lɛgɪd] *suff* -nożny.
leggings ['lɛgɪŋz] *npl* (*woman's*) leginsy *pl*; (*protective*) getry *pl* (*ze skóry, grubej tkaniny itp*).
legibility [lɛdʒɪ'bɪlɪtɪ] *n* czytelność *f*.
legible ['lɛdʒəbl] *adj* czytelny.
legibly ['lɛdʒəblɪ] *adv* czytelnie.
legion ['li:dʒən] *n* legion *m*, legia *f*; **stories about him are legion** krążą o nim niezliczone opowieści.
legionnaire [li:dʒə'nɛə*] *n* legionista *m*.
legionnaire's disease *n* choroba *f* legionistów.
legislate ['lɛdʒɪsleɪt] *vi* uchwalać (uchwalić *perf*) ustawę.
legislation [lɛdʒɪs'leɪʃən] *n* legislacja *f*, ustawodawstwo *nt*.
legislative ['lɛdʒɪslətɪv] *adj* legislacyjny, ustawodawczy.
legislator ['lɛdʒɪsleɪtə*] *n* członek (-nkini) *m(f)* ciała ustawodawczego.
legislature ['lɛdʒɪslətʃə*] *n* ciało *nt* ustawodawcze.
legitimacy [lɪ'dʒɪtɪməsɪ] *n* (*validity*) zasadność *f*; (*legality*) legalność *f*.
legitimate [lɪ'dʒɪtɪmət] *adj* (*valid*) uzasadniony; (*legal*) legalny.
legitimize [lɪ'dʒɪtɪmaɪz] *vt* sankcjonować (usankcjonować *perf*) prawnie.
leg-room ['lɛgru:m] *n* (*on plane etc*) miejsce *nt* na nogi.
Leics (*BRIT*: *POST*) *abbr* (= *Leicestershire*).
leisure ['lɛʒə*] *n* wolny czas *m*; **at leisure** bez pośpiechu, w spokoju.
leisure centre *n* kompleks *m* rekreacyjny (*mieszczący halę sportową, sale konferencyjne, kawiarnię itp*).
leisurely ['lɛʒəlɪ] *adj* spokojny, zrelaksowany.
leisure suit *n* dres *m*.
lemon ['lɛmən] *n* cytryna *f* ♦ *adj* cytrynowy.
lemonade [lɛmə'neɪd] *n* lemoniada *f*.
lemon cheese *n* = **lemon curd**.
lemon curd *n* krem *m* cytrynowy.
lemon juice *n* sok *m* cytrynowy.
lemon squeezer *n* wyciskacz *m* do cytryn.
lemon tea *n* herbata *f* cytrynowa.
lend [lɛnd] (*pt, pp* **lent**) *vt*: **to lend sth to sb** pożyczać (pożyczyć *perf*) coś komuś; **it lends itself to ...** to nadaje się do *+gen*; **the problem doesn't lend itself to simple solutions** tego problemu nie da się rozwiązać w prosty sposób; **to lend sb a hand (with sth)** pomagać (pomóc *perf*) komuś (przy czymś).
lender ['lɛndə*] *n* pożyczkodawca *m*.
lending library ['lɛndɪŋ-] *n* wypożyczalnia *f* (*książek*).
length [lɛŋθ] *n* długość *f*; (*piece of wood, string etc*) kawałek *m*; **2 metres in length** 2 metry długości; **at length** (*at last*) wreszcie; (*fully*) obszernie; (*for a long time*) długo; **they travelled the length of the island** przejechali wzdłuż całą wyspę; **he fell/was lying full-length** przewrócił się/leżał jak długi; **they went to great lengths to please us** nie szczędzili starań, by nas zadowolić.
lengthen ['lɛŋθn] *vt* (*workday*) wydłużać (wydłużyć *perf*); (*tramline, cord*) przedłużać (przedłużyć *perf*); (*dress*) podłużać (podłużyć *perf*) ♦ *vi* (*queue, waiting list*) wydłużać się (wydłużyć się *perf*); (*silence*) przedłużać się (przedłużyć się *perf*).
lengthways ['lɛŋθweɪz] *adv* wzdłuż.
lengthy ['lɛŋθɪ] *adj* przydługi, rozwlekły.
leniency ['li:nɪənsɪ] *n* łagodność *f*, pobłażliwość *f*.
lenient ['li:nɪənt] *adj* (*person, attitude*) pobłażliwy; (*judge's sentence*) łagodny.
leniently ['li:nɪəntlɪ] *adv* łagodnie, pobłażliwie.
lens [lɛnz] *n* (*of spectacles*) soczewka *f*; (*of camera, telescope*) obiektyw *m*.
Lent [lɛnt] *n* wielki post *m*.
lent [lɛnt] *pt, pp of* **lend**.
lentil ['lɛntl] *n* soczewica *f*.
Leo ['li:əu] *n* Lew *m*; **to be Leo** być spod znaku Lwa.
leopard ['lɛpəd] *n* lampart *m*.
leotard ['li:əta:d] *n* trykot *m*.
leper ['lɛpə*] *n* trędowaty (-ta) *m(f)*.
leper colony *n* osada *f* trędowatych.
leprosy ['lɛprəsɪ] *n* trąd *m*.
lesbian ['lɛzbɪən] *adj* lesbijski ♦ *n* lesbijka *f*.
lesion ['li:ʒən] (*MED*) *n* uszkodzenie *nt*.
Lesotho [lɪ'su:tu:] *n* Lesoto *nt inv*.
less [lɛs] *adj* mniej *(+gen)* ♦ *pron* mniej ♦ *adv* mniej ♦ *prep*: **less tax/10% discount** minus podatek/10% rabatu; **less than half** mniej niż połowa; **less than ever** mniej niż kiedykolwiek; **less and less** coraz mniej; **the less he works ...** im mniej pracuje, ...; **the Prime Minister, no less** ni mniej, ni więcej, tylko premier.
lessee [lɛ'si:] *n* (*of land*) dzierżawca *m*; (*of flat*) najemca *m*.
lessen ['lɛsn] *vi* zmniejszać się (zmniejszyć się *perf*), maleć (zmaleć *perf*) ♦ *vt* zmniejszać (zmniejszyć *perf*).

lesser ['lɛsə*] *adj* (*in degree, amount*) mniejszy; (*in importance*) pomniejszy; **to a lesser extent** w mniejszym stopniu.
lesson ['lɛsn] *n* (*class*) lekcja *f*; (*example, warning*) nauka *f*, nauczka *f*; **to teach sb a lesson** (*fig*) dawać (dać *perf*) komuś nauczkę.
lessor ['lɛsə*] *n* (*of land*) wydzierżawiający *m*; (*of flat*) wynajmujący *m*.
lest [lɛst] *conj* żeby nie.
let [lɛt] (*pt, pp* **let**) *vt* (*allow*) pozwalać (pozwolić *perf*); (*BRIT: lease*) wynajmować (wynająć *perf*); **to let sb do sth** pozwalać (pozwolić *perf*) komuś coś robić; **to let sb know sth** powiadamiać (powiadomić *perf*) kogoś o czymś; **let's go** chodźmy; **let him come** niech przyjdzie; **"to let"** „do wynajęcia"; **to let go** *vi* (*release one's grip*) puszczać się (puścić się *perf*) ♦ *vt* wypuszczać (wypuścić *perf*); **to let go of sth** puszczać (puścić *perf*) coś; **to let o.s. go** (*relax*) rozluźniać się (rozluźnić się *perf*); (*neglect o.s.*) zaniedbywać się (zaniedbać się *perf*).
►**let down** *vt* (*tyre*) spuszczać (spuścić *perf*) powietrze z *+gen*; (*person*) zawodzić (zawieść *perf*); (*dress*) podłużać (podłużyć *perf*); **to let one's hair down** (*fig*) wyluzowywać się (wyluzować się *perf*) (*inf*).
►**let in** *vt* (*water, air*) przepuszczać (przepuścić *perf*); (*person*) wpuszczać (wpuścić *perf*).
►**let off** *vt* (*culprit*) puszczać (puścić *perf*) wolno; (*gun*) wystrzelić (*perf*) z *+gen*; (*bomb*) detonować (zdetonować *perf*); (*firework*) puszczać (puścić *perf*); **to let sb off housework** *etc* zwalniać (zwolnić *perf*) kogoś z prac domowych *etc*; **to let off steam** (*inf: fig*) wyładowywać się (wyładować się *perf*).
►**let on** *vi* wygadywać się (wygadać się *perf*).
►**let out** *vt* (*person, air, water*) wypuszczać (wypuścić *perf*); (*sound*) wydawać (wydać *perf*); (*house, room*) wynajmować (wynająć *perf*).
►**let up** *vi* (*cease*) ustawać (ustać *perf*); (*diminish*) zelżeć (*perf*).
letdown ['lɛtdaun] *n* zawód *m*, rozczarowanie *nt*.
lethal ['li:θl] *adj* śmiercionośny.
lethargic [lɛ'θɑ:dʒɪk] *adj* (*sleep*) letargiczny; (*person*) ospały.
lethargy ['lɛθədʒɪ] *n* letarg *m*.
letter ['lɛtə*] *n* (*correspondence*) list *m*; (*of alphabet*) litera *f*; **small/capital letter** mała/wielka litera.
letter bomb *n* przesyłka *f* z bombą.
letterbox ['lɛtəbɔks] (*BRIT*) *n* (*on door, at entrance*) skrzynka *f* na listy; (*mailbox*) skrzynka *f* pocztowa *or* na listy.
letterhead ['lɛtəhɛd] *n* nagłówek *m* (*na papierze firmowym*).
lettering ['lɛtərɪŋ] *n* liternictwo *nt*, krój *m* liter.
letter of credit *n* akredytywa *f*.
letter-opener ['lɛtə'əupnə*] *n* nóż *m* do (rozcinania) listów.
letterpress ['lɛtəprɛs] *n* typografia *f* (*technika*).
letter-quality printer (*COMPUT*) *n* drukarka *f* wysokiej jakości druku.
letters patent *npl* zaświadczenie *nt* patentowe o wynalazku.
lettuce ['lɛtɪs] *n* sałata *f*.
let-up ['lɛtʌp] *n* (*in violence etc*) spadek *m*.
leukaemia [lu:'ki:mɪə] (*US* **leukemia**) *n* białaczka *f*.
level ['lɛvl] *adj* równy ♦ *adv*: **to draw level with** zrównywać się (zrównać się *perf*) z *+instr* ♦ *n* (*lit, fig*) poziom *m*; (*also*: **spirit level**) poziomnica *f* ♦ *vt* zrównywać (zrównać *perf*) z ziemią ♦ *vi*: **to level with sb** (*inf*) być z kimś szczerym; **to be/keep level with** być/utrzymywać się na tym samym poziomie co *+nom*; **on the level** (*fig*) uczciwy; **to level a gun at sb** celować (wycelować *perf*) do kogoś z pistoletu; **to level an accusation/a criticism at** *or* **against sb** kierować (skierować *perf*) oskarżenie/krytykę pod czyimś adresem; **to do one's level best** dokładać (dołożyć *perf*) wszelkich starań; **'A' levels** (*BRIT*) *egzaminy końcowe z poszczególnych przedmiotów w szkole średniej na poziomie zaawansowanym*; **'O' levels** (*BRIT*) *egzaminy z poszczególnych przedmiotów na poziomie średniozaawansowanym, do których uczniowie przystępują w wieku 15-16 lat.*
►**level off** *vi* stabilizować się (ustabilizować się *perf*).
►**level out** *vi* = **level off**.
level crossing (*BRIT*) *n* przejazd *m* kolejowy.
level-headed [lɛvl'hɛdɪd] *adj* zrównoważony.
levelling ['lɛvlɪŋ] *n* wyrównanie *nt*.
lever ['li:və*] *n* dźwignia *f*; (*fig*) środek *m* nacisku ♦ *vt*: **to lever up** podważać (podważyć *perf*); **to lever out** wyważać (wyważyć *perf*); **to lever o.s. up** podźwignąć się (*perf*).
leverage ['li:vərɪdʒ] *n* nacisk *m*; (*fig*) wpływ *m*.
levity ['lɛvɪtɪ] *n* beztroska *f*.
levy ['lɛvɪ] *n* pobór *m* ♦ *vt* (*tax: impose*) nakładać (nałożyć *perf*); (*: collect*) pobierać (pobrać *perf*), ściągać (ściągnąć *perf*).
lewd [lu:d] *adj* lubieżny.
LI (*US*) *abbr* (= *Long Island*).
liability [laɪə'bɪlətɪ] *n* (*person, thing*) ciężar *m*, kłopot *m*; (*JUR*) odpowiedzialność *f* (karna); **liabilities** *npl* (*COMM*) pasywa *pl*.
liable ['laɪəbl] *adj* (*prone*): **liable to** podatny na *+acc*; (*responsible*): **liable for** odpowiedzialny za *+acc*; (*likely*): **she's liable to cry when she gets upset** ma tendencję do płaczu, kiedy się zdenerwuje; **these houses are liable to collapse** te domy narażone są na zawalenie.
liaise [li:'eɪz] *vi*: **to liaise (with)** współpracować *or* współdziałać (z *+instr*).

liaison [li:'eɪzɔn] *n* (*cooperation*) współpraca *f*, współdziałanie *nt*; (*sexual*) związek *m*, romans *m*.
liar ['laɪə*] *n* kłamca *m*, łgarz *m*; (*in small matters*) kłamczuch(a) *m(f)*.
libel ['laɪbl] *n* zniesławienie *nt* ♦ *vt* zniesławiać (zniesławić *perf*).
libellous ['laɪbləs] (*US* **libelous**) *adj* zniesławiający.
liberal ['lɪbərl] *adj* (*open-minded*) liberalny; (*generous*) hojny, szczodry ♦ *n* liberał *m*; **to be liberal with** (*generous*) nie żałować *+gen*.
liberalize ['lɪbərəlaɪz] *vt* liberalizować (zliberalizować *perf*).
liberally ['lɪbrəlɪ] *adv* (*generously*) hojnie, suto.
Liberal Democrat *n*: **the Liberal Democrats** (*BRIT*) Partia Liberalnych Demokratów.
liberal-minded ['lɪbərl'maɪndɪd] *adj* o liberalnych poglądach *post*.
liberate ['lɪbəreɪt] *vt* (*people, country*) wyzwalać (wyzwolić *perf*); (*hostage, prisoner*) uwalniać (uwolnić *perf*).
liberation [lɪbə'reɪʃən] *n* wyzwolenie *nt*.
Liberia [laɪ'bɪərɪə] *n* Liberia *f*.
Liberian [laɪ'bɪərɪən] *adj* liberyjski ♦ *n* Liberyjczyk (-jka) *m(f)*.
liberty ['lɪbətɪ] *n* (*of individual*) wolność *f*; (*of movement*) swoboda *f*; **to be at liberty** być *or* przebywać na wolności; **to be at liberty to do sth** mieć przyzwolenie na (z)robienie czegoś; **to take the liberty of doing sth** pozwalać (pozwolić *perf*) sobie zrobić coś.
libido [lɪ'bi:dəu] *n* libido *nt inv*.
Libra ['li:brə] *n* Waga *f*; **to be Libra** być spod znaku Wagi.
librarian [laɪ'brɛərɪən] *n* bibliotekarz (-arka) *m(f)*.
library ['laɪbrərɪ] *n* (*institution, collection of books*) biblioteka *f*; (*of gramophone records*) płytoteka *f*.
library book *n* książka *f* z biblioteki.
libretto [lɪ'brɛtəu] *n* libretto *nt*.
Libya ['lɪbɪə] *n* Libia *f*.
Libyan ['lɪbɪən] *adj* libijski ♦ *n* Libijczyk (-jka) *m(f)*.
lice [laɪs] *npl of* **louse**.
licence ['laɪsns] (*US* **license**) *n* (*official document*) pozwolenie *nt*, zezwolenie *nt*; (*COMM*) licencja *f*, koncesja *f*; (*excessive freedom*) rozpusta *f*, rozwiązłość *f*; **a driving** *or* **driver's licence** prawo jazdy; **to manufacture sth under licence** wytwarzać *or* produkować coś na licencji.
license ['laɪsns] *n* (*US*) = **licence** ♦ *vt* udzielać (udzielić *perf*) pozwolenia *or* zezwolenia *+dat*.
licensed ['laɪsnst] *adj* (*car etc*) zarejestrowany; (*hotel, restaurant*) posiadający koncesję na sprzedaż alkoholu.
licensee [laɪsən'si:] *n* licencjobiorca (-rczyni) *m(f)*, koncesjonariusz(ka) *m(f)*.
license plate (*US*) *n* tablica *f* rejestracyjna.
licensing hours ['laɪsnsɪŋ] (*BRIT*) *npl* godziny *pl* otwarcia pubu.
licentious [laɪ'sɛnʃəs] *adj* rozpustny, rozwiązły.
lichen ['laɪkən] *n* (*BOT*) porost *m*, porosty *pl*.
lick [lɪk] *vt* lizać (polizać *perf*) ♦ *n* liźnięcie *nt*; **to get licked** (*inf*) dostawać (dostać *perf*) cięgi; **a lick of paint** odrobina farby; **to lick one's lips** oblizywać się (oblizać się *perf*); (*fig*) zacierać ręce.
licorice ['lɪkərɪs] (*US*) *n* = **liquorice**.
lid [lɪd] *n* (*of case, large box*) wieko *nt*; (*of jar, small box*) wieczko *nt*; (*of pan*) pokrywka *f*; (*of large container*) pokrywa *f*; (*eyelid*) powieka *f*; **to take the lid off sth** (*fig*) demaskować (zdemaskować *perf*) coś.
lido ['laɪdəu] (*BRIT*) *n* kąpielisko *nt*.
lie [laɪ] (*pt* **lay**, *pp* **lain**) *vi* (*lit, fig*) leżeć; (*pt, pp lied*) kłamać (skłamać *perf*) ♦ *n* kłamstwo *nt*; **to tell lies** kłamać; **France and Britain lie third and fourth respectively** Francja i Wielka Brytania plasują się odpowiednio na trzeciej i czwartej pozycji; **to lie low** (*fig*) przeczekiwać (przeczekać *perf*) (w ukryciu).
►**lie about** *vi* (*things*) poniewierać się; (*people*) rozkładać się, rozwalać się (*inf*).
►**lie around** *vi* = **lie about**.
►**lie back** *vi* kłaść się (położyć się *perf*) na plecach; (*fig*) dawać (dać *perf*) sobie luz (*inf*).
►**lie up** *vi* zostawać (zostać *perf*) w łóżku.
Liechtenstein ['lɪktənstaɪn] *n* Liechtenstein *m*, Księstwo *nt* Liechtenstein.
lie detector *n* wykrywacz *m* kłamstw.
lie-down ['laɪdaun] (*BRIT*) *n*: **to have a lie-down** położyć się *(perf)* (do łóżka).
lie-in ['laɪɪn] (*BRIT*) *n*: **to have a lie-in** poleżeć *(perf)* sobie (w łóżku).
lieu [lu:]: **in lieu of** *prep* zamiast *or* w miejsce *+gen*.
Lieut. (*MIL*) *abbr* = **lieutenant** por.
lieutenant [lɛf'tɛnənt] *n* porucznik *m*.
lieutenant-colonel *n* podpułkownik *m*.
life [laɪf] (*pl* **lives**) *n* życie *nt*; **true to life** realistyczny; **to paint from life** malować z natury; **to be sent to prison for life** zostać *(perf)* skazanym na dożywocie; **to come to life** (*fig*) ożywiać się (ożywić się *perf*).
life annuity *n* renta *f* dożywotnia.
life assurance (*BRIT*) *n* = **life insurance**.
lifebelt ['laɪfbɛlt] (*BRIT*) *n* koło *nt* ratunkowe.
lifeblood ['laɪfblʌd] *n* (*fig*) siła *f* napędowa.
lifeboat ['laɪfbəut] *n* łódź *f* ratunkowa.
lifebuoy ['laɪfbɔɪ] *n* koło *nt* ratunkowe.
life expectancy *n* średnia długość *f* życia.
lifeguard ['laɪfgɑ:d] *n* ratownik (-iczka) *m(f)* (*na plaży, basenie*).
life imprisonment *n* dożywocie *nt*.
life insurance *n* ubezpieczenie *nt* na życie.
life jacket *n* kamizelka *f* ratunkowa.
lifeless ['laɪflɪs] *adj* martwy; (*fig*) bez życia *post*.

lifelike ['laɪflaɪk] *adj* (*model etc*) jak żywy *post*; (*painting, performance*) realistyczny.
lifeline ['laɪflaɪn] *n* lina *f* ratunkowa.
lifelong ['laɪflɔŋ] *adj* (*friend*) na całe życie *post*; (*ambition*) życiowy.
life preserver (*US*) *n* = **lifebelt**; = **life jacket**.
life raft *n* tratwa *f* ratunkowa.
life-saver ['laɪfseɪvə*] *n* ratownik (-iczka) *m(f)*.
life science *n* nauki *pl* biologiczne.
life sentence *n* kara *f* dożywocia *or* dożywotniego więzienia.
life-size(d) ['laɪfsaɪz(d)] *adj* naturalnych rozmiarów *post*, naturalnej wielkości *post*.
life-span ['laɪfspæn] *n* długość *f* życia; (*fig*: *of product etc*) żywotność *f*.
life style ['laɪfstaɪl] *n* styl *m* życia.
life support system (*MED*) *n* respirator *m*.
lifetime ['laɪftaɪm] *n* (*of person*) życie *nt*; (*of thing*) okres *m* istnienia; **once in a lifetime** raz w życiu; **the chance of a lifetime** życiowa szansa.
lift [lɪft] *vt* (*thing, part of body*) ponosić (podnieść *perf*), unosić (unieść *perf*); (*ban, requirement*) znosić (znieść *perf*); (*plagiarize*) przepisywać (przepisać *perf*), zwalać (zwalić *perf*) (*inf*); (*inf*: *steal*) podwędzić (*perf*) (*inf*), gwizdnąć (*perf*) (*inf*) ♦ *vi* (*fog*) podnosić się (podnieść się *perf*) ♦ *n* (*BRIT*) winda *f*; **to give sb a lift** (*BRIT*) podwozić (podwieźć *perf*) kogoś, podrzucać (podrzucić *perf*) kogoś (*inf*).
▸**lift off** *vi* (*rocket*) startować (wystartować *perf*).
▸**lift up** *vt* podnosić (podnieść *perf*).
lift-off ['lɪftɔf] *n* start *m* (*samolotu lub rakiety*).
ligament ['lɪgəmənt] *n* (*ANAT*) wiązadło *nt*.
light [laɪt] (*pt, pp* **lit**) *n* światło *nt*; (*for cigarette etc*) ogień *m* ♦ *vt* (*candle, cigarette*) zapalać (zapalić *perf*); (*fire*) rozpalać (rozpalić *perf*); (*room*) oświetlać (oświetlić *perf*); (*sky*) rozświetlać (rozświetlić *perf*) ♦ *adj* lekki; (*pale, bright*) jasny; **lights** *npl* (*also*: **traffic lights**) światła *pl*; **to turn the light on/off** zapalać (zapalić *perf*)/gasić (zgasić *perf*) światło; **to come to light** wychodzić (wyjść *perf*) na jaw; **to cast** *or* **shed** *or* **throw light on** (*fig*) rzucać (rzucić *perf*) światło na *+acc*; **in the light of** w świetle *+gen*; **to make light of sth** (*fig*) bagatelizować (zbagatelizować *perf*) coś; **to travel light** podróżować z małą ilością bagażu.
▸**light up** *vi* rozjaśniać się (rozjaśnić się *perf*).
light bulb *n* żarówka *f*.
lighten ['laɪtn] *vt* zmniejszać (zmniejszyć *perf*) ♦ *vi* przejaśniać się (przejaśnić się *perf*).
lighter ['laɪtə*] *n* (*also*: **cigarette lighter**) zapalniczka *f*.
light-fingered [laɪt'fɪŋgəd] (*inf*) *adj*: **to be light-fingered** mieć długie *or* lepkie palce (*inf*).
light-headed [laɪt'hɛdɪd] *adj* (*excited*) beztroski; (*dizzy*): **to be/feel light headed** mieć zawroty głowy.
light-hearted [laɪt'hɑ:tɪd] *adj* (*person*) beztroski; (*question, remark*) niefrasobliwy.
lighthouse ['laɪthaus] *n* latarnia *f* morska.
lighting ['laɪtɪŋ] *n* oświetlenie *nt*.
lighting-up time [laɪtɪŋ'ʌp-] *n czas włączania oświetlenia ulicznego*.
lightly ['laɪtlɪ] *adv* lekko; **to get off lightly** wykręcić się (*perf*) sianem.
light meter *n* światłomierz *m*.
lightness ['laɪtnɪs] *n* lekkość *f*.
lightning ['laɪtnɪŋ] *n* błyskawica *f* ♦ *adj* błyskawiczny.
lightning conductor *n* piorunochron *m*.
lightning rod (*US*) *n* = **lightning conductor**.
light pen *n* pióro *nt* świetlne.
lightship ['laɪtʃɪp] *n* latarniowiec *m*.
lightweight ['laɪtweɪt] *adj* lekki ♦ *n* bokser *m* wagi lekkiej.
light year *n* rok *m* świetlny.
like [laɪk] *vt* lubić (polubić *perf*) ♦ *prep* (taki) jak *+nom* ♦ *n*: **and the like** i tym podobne; **I would like, I'd like** chciał(a)bym; **if you like** jeśli chcesz; **to be/look like sb/sth** być/wyglądać jak ktoś/coś; **something like that** coś w tym rodzaju; **what does it look/taste/sound like?** jak to wygląda/smakuje/brzmi?; **what's he like?** jaki on jest?; **what's the weather like?** jaka jest pogoda?; **I feel like a drink** mam ochotę się napić; **there's nothing like ...** nie ma (to) jak...; **that's just like him** to do niego pasuje; **do it like this** (z)rób to tak *or* w ten sposób; **it is nothing like ...** to zupełnie nie to (samo), co...; **his likes and dislikes** jego sympatie i antypatie.
likeable ['laɪkəbl] *adj* przyjemny.
likelihood ['laɪklɪhud] *n* prawdopodobieństwo *nt*; **there is every likelihood that ...** istnieje wszelkie prawdopodobieństwo, że...; **in all likelihood** najprawdopodobniej.
likely ['laɪklɪ] *adj* prawdopodobny; **he is likely to do it** on prawdopodobnie to zrobi; **not likely!** (*inf*) na pewno nie!, jeszcze czego!
like-minded ['laɪk'maɪndɪd] *adj*: **to be like-minded** mieć podobne zapatrywania.
liken ['laɪkən] *vt*: **to liken sth to sth** porównywać (porównać *perf*) coś do czegoś.
likeness ['laɪknɪs] *n* podobieństwo *nt*; **that's a good likeness** podobieństwo zostało dobrze uchwycone.
likewise ['laɪkwaɪz] *adv* podobnie; **to do likewise** robić (zrobić *perf*) to samo.
liking ['laɪkɪŋ] *n*: **liking (for)** (*thing*) upodobanie *nt* (do *+gen*); (*person*) sympatia *f* (do *+gen*); **to be to sb's liking** odpowiadać komuś; **to take a liking to sb** polubić (*perf*) kogoś.
lilac ['laɪlək] *n* bez *m* ♦ *adj* liliowy.
lilt [lɪlt] *n* melodyjna intonacja *f*.
lilting ['lɪltɪŋ] *adj* melodyjny, śpiewny.
lily ['lɪlɪ] *n* lilia *f*.
lily of the valley *n* konwalia *f*.

Lima ['li:mə] *n* Lima *f.*
limb [lɪm] *n* (*ANAT*) kończyna *f*; (*of tree*) konar *m*; **to go out on a limb** (*fig*) wychylać się (wychylić się *perf*).
limber up ['lɪmbə*-] (*SPORT*) *vi* przygotowywać się (przygotować się *perf*) (*przed startem*).
limbo ['lɪmbəu] *n*: **in limbo** (*fig*) w stanie zawieszenia.
lime [laɪm] *n* (*citrus fruit*) limona *f*; (*also*: **lime juice**) sok *m* z limony; (*linden*) lipa *f*; (*for soil*) wapno *nt*; (*rock*) wapień *m.*
limelight ['laɪmlaɪt] *n*: **to be in the limelight** znajdować się w centrum zainteresowania.
limerick ['lɪmərɪk] *n* limeryk *m.*
limestone ['laɪmstəun] *n* wapień *m.*
limit ['lɪmɪt] *n* (*greatest amount, extent*) granica *f*, kres *m*; (*on time, money etc*) ograniczenie *nt*, limit *m*; (*of area*) granica *f*, kraniec *m* ♦ *vt* ograniczać (ograniczyć *perf*); **within limits** w pewnych granicach.
limitation [lɪmɪ'teɪʃən] *n* ograniczenie *nt*; **limitations** *npl* ograniczenia *pl.*
limited ['lɪmɪtɪd] *adj* ograniczony; **to be limited to** być ograniczonym do *+gen.*
limited edition *n* ograniczony nakład *m.*
limited (liability) company (*BRIT*) *n* spółka *f* z ograniczoną odpowiedzialnością.
limitless ['lɪmɪtlɪs] *adj* (*resources etc*) nieograniczony; (*fascination etc*) bezgraniczny.
limousine ['lɪməzi:n] *n* limuzyna *f.*
limp [lɪmp] *n*: **to have a limp** utykać, kuleć ♦ *vi* utykać, kuleć ♦ *adj* bezwładny.
limpet ['lɪmpɪt] *n* (*ZOOL*) skałoczep *m*; (*fig*) rzep *m.*
limpid ['lɪmpɪd] *adj* przezroczysty, przejrzysty.
limply ['lɪmplɪ] *adv* bezwładnie.
linchpin ['lɪntʃpɪn] (*also spelled* **lynchpin**) *n* (*fig*) podpora *f.*
Lincs [lɪŋks] (*BRIT*: *POST*) *abbr* (= *Lincolnshire*).
line [laɪn] *n* (*mark*) linia *f*, kreska *f*; (*wrinkle*) zmarszczka *f*; (*of people*) kolejka *f*; (*of things*) rząd *m*, szpaler *m*; (*of writing, song*) linijka *f*, wiersz *m*; (*rope*) lina *f*, sznur *m*; (*for fishing*) żyłka *f*; (*wire*) przewód *m*; (*TEL*) linia *f*, połączenie *nt*; (*railway track*) tor *m*; (*bus, train route*) linia *f*; (*fig*: *attitude, policy*) linia *f*, kurs *m*; (: *business, work*) dziedzina *f*, branża *f*; (*COMM*: *of product(s)*) typ *m*, model *m* ♦ *vt* (*road*) ustawiać się (ustawić się *perf*) wzdłuż *+gen*, tworzyć (utworzyć *perf*) szpaler wzdłuż *+gen*; (*clothing*) podszywać (podszyć *perf*); (*container*) wykładać (wyłożyć *perf*); **to line sth with sth** wykładać (wyłożyć *perf*) coś czymś; **to line the streets** wypełniać (wypełnić *perf*) ulice; **hold the line please!** (*TEL*) proszę nie odkładać słuchawki!; **to cut in line** (*US*) wpychać się (wepchnąć się *perf*) do kolejki; **in line** rzędem, w szeregu; **in line with** w zgodzie z *+instr*; **to be in line for sth** być następnym w kolejce do czegoś; **to bring sth into line with sth** dostosowywać (dostosować *perf*) coś do czegoś; **on the right lines** na właściwej drodze; **to draw the line at doing sth** stanowczo sprzeciwiać się (sprzeciwić się *perf*) robieniu czegoś.
►**line up** *vi* ustawiać się (ustawić się *perf*) w rzędzie *or* rzędem ♦ *vt* (*people*) zbierać (zebrać *perf*); (*event*) przygotowywać (przygotować *perf*); **to have sth lined up** mieć coś (starannie) zaplanowane.
linear ['lɪnɪə*] *adj* (*process, sequence*) liniowy, linearny; (*shape, form*) linearny.
lined [laɪnd] *adj* (*face*) pomarszczony, pokryty zmarszczkami; (*paper*) w linie *post*, liniowany; (*jacket*) na podszewce *post.*
line editing (*COMPUT*) *n* edycja *f* wierszowa.
line feed (*COMPUT*) *n* znak *m* wysuwu wiersza.
linen ['lɪnɪn] *n* (*cloth*) płótno *nt*; (*sheets etc*) bielizna *f* (*pościelowa lub stołowa*).
line printer (*COMPUT*) *n* drukarka *f* wierszowa.
liner ['laɪnə*] *n* (*ship*) liniowiec *m*; (*also*: **bin liner**) worek *m* na śmieci (*wkładany do kosza*).
linesman ['laɪnzmən] (*irreg like*: **man**) (*SPORT*) *n* sędzia *m* liniowy.
line-up ['laɪnʌp] *n* (*US*) kolejka *f*; (*SPORT*) skład *m* (zespołu); (*at concert, festival*) obsada *f*, lista *f* wykonawców; (*identity parade*) konfrontacja *f.*
linger ['lɪŋgə*] *vi* (*smell, tradition*) utrzymywać się (utrzymać się *perf*); (*person*: *remain long*) zasiedzieć się (*perf*); (: *tarry*) zwlekać, ociągać się.
lingerie ['lænʒəri:] *n* bielizna *f* damska.
lingering ['lɪŋgərɪŋ] *adj* (*sense, feeling*) uporczywy.
lingo ['lɪŋgəu] (*pl* **lingoes**) (*inf*) *n* mowa *f.*
linguist ['lɪŋgwɪst] *n* (*specialist*) językoznawca *m*, lingwista (-tka) *m(f)*; **she's a good linguist** (*speaks several languages*) zna (obce) języki.
linguistic [lɪŋ'gwɪstɪk] *adj* językoznawczy, lingwistyczny.
linguistics [lɪŋ'gwɪstɪks] *n* językoznawstwo *nt*, lingwistyka *f.*
liniment ['lɪnɪmənt] *n* mazidło *nt.*
lining ['laɪnɪŋ] *n* (*cloth*) podszewka *f*; (*ANAT*) wyściółka *f*; (*TECH, AUT*) okładzina *f.*
link [lɪŋk] *n* więź *f*, związek *m*; (*communications link*) połączenie *nt*; (*of chain*) ogniwo *nt* ♦ *vt* łączyć (połączyć *perf*); **links** *npl* pole *nt* golfowe (*nad morzem*); **rail link** połączenie kolejowe.
►**link up** *vt* podłączać (podłączyć *perf*) ♦ *vi* łączyć się (połączyć się *perf*).
link-up ['lɪŋkʌp] *n* (*also RADIO, TV*) połączenie *nt.*
lino ['laɪnəu] *n* = **linoleum**.
linoleum [lɪ'nəulɪəm] *n* linoleum *nt.*
linseed oil ['lɪnsi:d-] *n* olej *m* lniany.
lint [lɪnt] *n* płótno *nt* opatrunkowe.
lintel ['lɪntl] *n* nadproże *nt.*
lion ['laɪən] *n* lew *m.*

lion cub *n* lwiątko *nt*.
lioness ['laɪənɪs] *n* lwica *f*.
lip [lɪp] *n* (*ANAT*) warga *f*; (*of cup etc*) brzeg *m*, krawędź *f*; (*inf*) pyskowanie *nt* (*inf*).
lip-read ['lɪpri:d] *vi* czytać z (ruchu) warg.
lip salve *n* maść *f* do warg.
lip service (*pej*) *n*: **to pay lip service to sth** składać gołosłowne deklaracje poparcia dla czegoś.
lipstick ['lɪpstɪk] *n* pomadka *f* (do ust), szminka *f*.
liquefy ['lɪkwɪfaɪ] *vt* skraplać (skroplić *perf*) ♦ *vi* skraplać się (skroplić się *perf*).
liqueur [lɪ'kjuə*] *n* likier *m*.
liquid ['lɪkwɪd] *adj* płynny ♦ *n* płyn *m*, ciecz *f*.
liquid assets *npl* środki *pl* płynne.
liquidate ['lɪkwɪdeɪt] *vt* likwidować (zlikwidować *perf*).
liquidation [lɪkwɪ'deɪʃən] (*COMM*) *n* likwidacja *f*.
liquidation sale (*US*) *n* wyprzedaż *f* likwidacyjna.
liquidator ['lɪkwɪdeɪtə*] *n* likwidator *m*.
liquid crystal display *n* wyświetlacz *m* ciekłokrystaliczny.
liquidity [lɪ'kwɪdɪtɪ] *n* płynność *f*.
liquidize ['lɪkwɪdaɪz] *vt* miksować (zmiksować *perf*).
liquidizer ['lɪkwɪdaɪzə*] *n* mikser *m*.
liquor ['lɪkə*] *n* wysokoprocentowy napój *m* alkoholowy, (silny) trunek *m*.
liquorice ['lɪkərɪs] (*BRIT*) *n* lukrecja *f*.
liquor store (*US*) *n* (sklep *m*) monopolowy.
Lisbon ['lɪzbən] *n* Lizbona *f*.
lisp [lɪsp] *n* seplenienie *nt* ♦ *vi* seplenić.
lissom(e) ['lɪsəm] *adj* smukły.
list [lɪst] *n* lista *f*, spis *m* ♦ *vt* (*record*) wyliczać (wyliczyć *perf*), wymieniać (wymienić *perf*); (*COMPUT*) listować (wylistować *perf*); (*write down*) robić (zrobić *perf*) listę *+gen*, spisywać (spisać *perf*); (*put down on list*) umieszczać (umieścić *perf*) na liście ♦ *vi* (*ship*) mieć przechył.
listed building (*BRIT*) *n zabytkowy budynek znajdujący się w rejestrze obiektów prawnie chronionych.*
listed company *n* przedsiębiorstwo *nt* notowane na giełdzie.
listen ['lɪsn] *vi* słuchać; **to listen (out) for** nasłuchiwać *+gen*; **to listen to sb/sth** słuchać kogoś/czegoś; **listen!** posłuchaj!
listener ['lɪsnə*] *n* słuchacz(ka) *m(f)*; (*RADIO*) (radio)słuchacz(ka) *m(f)*.
listing [lɪstɪŋ] *n* (*entry*) pozycja *f*, hasło *nt*; (*list*) lista *f*, wykaz *m*.
listless ['lɪstlɪs] *adj* apatyczny.
listlessly ['lɪstlɪslɪ] *adv* apatycznie.
list price *n* cena *f* według cennika.
lit [lɪt] *pt, pp of* **light**.
litany ['lɪtənɪ] *n* litania *f*.
liter ['li:tə*] (*US*) *n* = **litre**.
literacy ['lɪtərəsɪ] *n* umiejętność *f* czytania i pisania.
literacy campaign *n* akcja *f* walki z analfabetyzmem.
literal ['lɪtərl] *adj* dosłowny.
literally ['lɪtrəlɪ] *adv* dosłownie.
literary ['lɪtərərɪ] *adj* literacki.
literate ['lɪtərət] *adj* (*able to read etc*) piśmienny, umiejący czytać i pisać; (*educated*) oczytany.
literature ['lɪtrɪtʃə*] *n* literatura *f*.
lithe [laɪð] *adj* gibki, giętki.
lithograph ['lɪθəgrɑ:f] *n* litografia *f* (*odbitka*).
lithography [lɪ'θɔgrəfɪ] *n* litografia *f* (*technika*).
Lithuania [lɪθju'eɪnɪə] *n* Litwa *f*.
litigation [lɪtɪ'geɪʃən] *n* (*JUR*) spór *m*.
litmus ['lɪtməs] *n*: **litmus paper** papierek *m* lakmusowy.
litre ['li:tə*] (*US* **liter**) *n* litr *m*.
litter ['lɪtə*] *n* (*rubbish*) śmieci *pl*; (*young animals*) miot *m*.
litter bin (*BRIT*) *n* kosz *m* na śmieci.
litterbug ['lɪtəbʌg] *n osoba zaśmiecająca miejsca publiczne.*
littered ['lɪtəd] *adj*: **littered with** zawalony *+instr*.
litter lout *n* = **litterbug**.
little ['lɪtl] *adj* mały; (*brother etc*) młodszy; (*distance, time*) krótki ♦ *adv* mało, niewiele; **a little** trochę, troszkę; **a little bit** troszkę, troszeczkę; **little by little** po trochu;: **to have little time/money** mieć mało czasu/pieniędzy.
little finger *n* mały palec *m*.
liturgy ['lɪtədʒɪ] *n* liturgia *f*.
live [*vb* lɪv, *adj* laɪv] *vi* żyć; (*reside*) mieszkać ♦ *adj* żywy; (*performance etc*) na żywo *post*; (*ELEC*) pod napięciem *post*; (*bullet, bomb*) ostry; **to live with sb** żyć z kimś.
►**live down** *vt* odkupywać (odkupić *perf*), zmazywać (zmazać *perf*); **you'd never live it down** nigdy by ci tego nie zapomniano.
►**live for** *vt* żyć dla *+gen*.
►**live in** *vi* mieszkać na miejscu.
►**live off** *vt fus* (*food*) żyć na *+loc*; (*land*) żyć z *+gen*; (*parents etc*) pasożytować *or* żerować na *+loc*.
►**live on** *vt fus* (*food*) żyć na *+loc*; (*salary*) żyć z *+gen*.
►**live out** *vi* (*BRIT*) mieszkać poza miejscem nauki/pracy ♦ *vt*: **to live out one's days** *or* **life** przeżywać (przeżyć *perf*) swoje dni *or* życie.
►**live together** *vi* mieszkać (zamieszkać *perf*) ze sobą.
►**live up** *vt*: **to live it up** używać sobie, żyć na całego.
►**live up to** *vt fus* spełniać (spełnić *perf*) *+acc*.
livelihood ['laɪvlɪhud] *n* środki *pl* egzystencji *or* do życia.
liveliness ['laɪvlɪnɪs] *n* żwawość *f*, ożywienie *nt*.
lively ['laɪvlɪ] *adj* (*person*) żwawy, pełen życia; (*place*) tętniący życiem, pełen życia; (*interest*)

żywy; (*conversation*) ożywiony; (*book*) zajmujący.

liven up ['laɪvn-] *vt* ożywiać (ożywić *perf*) ♦ *vi* ożywiać się (ożywić się *perf*).

liver ['lɪvə*] *n* (*ANAT*) wątroba *f*; (*CULIN*) wątróbka *f*.

liverish ['lɪvərɪʃ] *adj* niedysponowany (*zwłaszcza z przejedzenia lub przepicia*).

Liverpudlian [lɪvə'pʌdlɪən] *adj* liverpoolski ♦ *n* mieszkaniec (-nka) *m(f)* Liverpoolu.

livery ['lɪvərɪ] *n* liberia *f*.

lives [laɪvz] *npl of* **life**.

livestock ['laɪvstɔk] *n* żywy inwentarz *m*.

livid ['lɪvɪd] *adj* (*colour*) siny; (*inf*: *person*) wściekły.

living ['lɪvɪŋ] *adj* żyjący ♦ *n*: **to earn** *or* **make a living** zarabiać (zarobić *perf*) na życie; **within living memory** za ludzkiej pamięci; **the cost of living** koszty utrzymania.

living conditions *npl* warunki *pl* życia.

living expenses *npl* wydatki *pl* na życie *or* utrzymanie.

living room *n* salon *m*.

living standards *npl* stopa *f* życiowa.

living wage *n* płaca *f* wystarczająca na utrzymanie.

lizard ['lɪzəd] *n* jaszczurka *f*.

llama ['lɑːmə] *n* lama *f*.

LLB *n abbr* (= *Bachelor of Laws*) *stopień naukowy*.

LLD *n abbr* (= *Doctor of Laws*) *stopień naukowy*; ≈ dr hab.

LMT (*US*) *abbr* (= *Local Mean Time*) *czas lokalny*.

load [ləud] *n* (*thing carried*) ładunek *m*; (*weight*) obciążenie *nt* ♦ *vt* ładować, załadowywać (załadować *perf*); **a load of rubbish** (*inf*) stek bzdur; **loads of** *or* **a load of** (*fig*) mnóstwo +*gen*.

loaded ['ləudɪd] *adj* (*vehicle*) załadowany; (*question*) podchwytliwy; (*inf*: *person*) nadziany (*inf*); (*dice*) fałszowany.

loading bay ['ləudɪŋ-] *n* hala *f* wsadowa.

loaf [ləuf] (*pl* **loaves**) *n* bochenek *m* ♦ *vi* (*also*: **loaf about, loaf around**) obijać się, byczyć się (*inf*); **use your loaf!** (*inf*) rusz łbem! (*inf*).

loam [ləum] *n* ił *m*, gleba *f* ilasta.

loan [ləun] *n* pożyczka *f*; (*from bank*) kredyt *m* ♦ *vt* pożyczać (pożyczyć *perf*); **on loan** pożyczony, wypożyczony.

loan account *n* rachunek *m* kredytowy.

loan capital *n* kapitał *m* pożyczkowy.

loath [ləuθ] (*also spelled* **loth**) *adj*: **to be loath to do sth** nie mieć ochoty czegoś (z)robić.

loathe [ləuð] *vt* nie cierpieć +*gen*.

loathing ['ləuðɪŋ] *n* odraza *f*, obrzydzenie *nt*.

loathsome ['ləuðsəm] *adj* wstrętny, obmierzły.

loaves [ləuvz] *npl of* **loaf**.

lob [lɔb] *vt* (*ball*) lobować.

lobby ['lɔbɪ] *n* (*of building*) westybul *m*, hall *m*; (*POL*) lobby *nt inv* ♦ *vt* (*MP etc*) wywierać nacisk na +*acc*.

lobbyist ['lɔbɪɪst] *n* członek (-nkini) *m(f)* lobby.

lobe [ləub] *n* (*of ear*) płatek *m*; (*of brain, lung*) płat *m*.

lobster ['lɔbstə*] *n* homar *m*.

lobster pot *n* sieć *f* na homary.

local ['ləukl] *adj* lokalny, miejscowy ♦ *n* pub *m* (*pobliski, często odwiedzany*); **the locals** *npl* miejscowi *vir pl*.

local anaesthetic *n* znieczulenie *nt* miejscowe.

local authority *n* władze *pl* lokalne.

local call *n* (*TEL*) rozmowa *f* miejscowa.

local government *n* samorząd *m* terytorialny.

locality [ləu'kælɪtɪ] *n* rejon *m*.

localize ['ləukəlaɪz] *vt* lokalizować (zlokalizować *perf*), umiejscawiać (umiejscowić *perf*).

locally ['ləukəlɪ] *adv* lokalnie, miejscowo.

locate [ləu'keɪt] *vt* lokalizować (zlokalizować *perf*), umiejscawiać (umiejscowić *perf*); **located in** umiejscowiony *or* położony w +*loc*.

location [ləu'keɪʃən] *n* położenie *nt*; **on location** (*FILM*) w plenerach.

loch [lɔx] *n* jezioro *nt*.

lock [lɔk] *n* (*of door, suitcase*) zamek *m*; (*on canal*) śluza *f*; (*of hair*) lok *m*, loczek *m* ♦ *vt* (*door etc*) zamykać (zamknąć *perf*) na klucz; (*immobilize*) unieruchamiać (unieruchomić *perf*) ♦ *vi* (*door etc*) zamykać się (zamknąć się *perf*) na klucz; (*knee, mechanism*) blokować się (zablokować się *perf*); **the battery locked into place** bateria wskoczyła na miejsce; **(on) full lock** (*AUT*) pełen promień skrętu; **lock, stock and barrel** w całości.

►**lock away** *vt* trzymać pod kluczem.

►**lock in** *vt* zamykać (zamknąć *perf*) na klucz, brać (wziąć *perf*) pod klucz.

►**lock out** *vt* (*person*) zamykać (zamknąć *perf*) drzwi na klucz przed +*instr*/za +*instr*; (*INDUSTRY*) stosować (zastosować *perf*) lokaut wobec +*gen*.

►**lock up** *vt* (*criminal, mental patient*) zamykać (zamknąć *perf*) ♦ *vi* pozamykać (*perf*).

locker ['lɔkə*] *n* (*in school*) szafka *f*; (*at railway station*) schowek *m* na bagaż.

locker room *n* (*in sports club etc*) szatnia *f*.

locket ['lɔkɪt] *n* medalion *m*.

lockjaw ['lɔkdʒɔː] *n* szczękościsk *m*.

lockout ['lɔkaut] *n* lokaut *m*.

locksmith ['lɔksmɪθ] *n* ślusarz *m*.

lockup ['lɔkʌp] *n* (*US*: *inf*) areszt *m*, paka *f* (*inf*); (*also*: **lock-up garage**) (wynajęty) garaż *m*.

locomotive [ləukə'məutɪv] *n* lokomotywa *f*.

locum ['ləukəm] (*MED*) *n* zastępstwo *nt*.

locust ['ləukəst] *n* szarańcza *f*.

lodge [lɔdʒ] *n* (*small house*) stróżówka *f*; (*hunting lodge*) domek *m* myśliwski; (*masons' lodge*) loża *f* ♦ *vi* (*bullet*) utkwić (*perf*); (*person*):

to lodge (with) mieszkać (zamieszkać *perf*) (u *+gen*) ♦ *vt* (*complaint etc*) wnosić (wnieść *perf*).
lodger ['lɔdʒə*] *n* lokator(ka) *m(f)*.
lodging ['lɔdʒɪŋ] *n* zakwaterowanie *nt*.
lodging house *n* pensjonat *m*.
lodgings ['lɔdʒɪŋz] *npl* wynajęte mieszkanie *nt*.
loft [lɔft] *n* strych *m*.
lofty ['lɔftɪ] *adj* (*ideal, aim*) wzniosły; (*manner*) wyniosły; (*position*) wysoki.
log [lɔg] *n* (*piece of wood*) kłoda *f*; (*written account*) dziennik *m* ♦ *n abbr* (*MATH*) = **logarithm** log, lg ♦ *vt* zapisywać (zapisać *perf*) w dzienniku.
►**log in, log on** *vi* (*COMPUT*) logować się (zalogować się *perf*).
►**log into** (*COMPUT*) *vt fus* logować się (zalogować się *perf*) do *+gen*.
►**log out, log off** (*COMPUT*) *vi* wylogowywać się (wylogować się *perf*).
logarithm ['lɔgərɪðm] *n* logarytm *m*.
logbook ['lɔgbuk] *n* (*NAUT*) dziennik *m* okrętowy; (*AVIAT*) dziennik *m* pokładowy; (*of car*) dowód *m* rejestracyjny; (*of lorry driver*) książka *f* pracy kierowcy; (*of events*) dziennik *m*.
log fire *n* kominek *m*.
loggerheads ['lɔgəhɛdz] *npl*: **to be at loggerheads (with)** drzeć koty (z *+instr*).
logic ['lɔdʒɪk] *n* logika *f*.
logical ['lɔdʒɪkl] *adj* logiczny.
logically ['lɔdʒɪkəlɪ] *adv* logicznie.
logistics [lɔ'dʒɪstɪks] *n* logistyka *f*.
logo ['ləugəu] *n* logo *nt inv*.
loin [lɔɪn] *n* polędwica *f*; **loins** *npl* (*old*: *ANAT*) lędźwie *pl*.
loincloth ['lɔɪnklɔθ] *n* przepaska *f* na biodra.
loiter ['lɔɪtə*] *vi* wałęsać się.
loll [lɔl] *vi* (*also*: **loll about**: *person*) rozkładać się (rozłożyć się *perf*), rozwalać się (rozwalić się *perf*) (*inf*); (*head*) zwisać (zwisnąć *perf*); **the dog's tongue lolled out** pies miał wywieszony język.
lollipop ['lɔlɪpɔp] *n* lizak *m* ♦ *cpd*: **lollipop lady/man** (*BRIT*) *osoba zaopatrzona w duży znak w kształcie lizaka, pomagająca dzieciom w przejściu przez ruchliwe skrzyżowanie*.
lollop ['lɔləp] *vi* podskakiwać (podskoczyć *perf*).
Lombardy ['lɔmbədɪ] *n* Lombardia *f*.
London ['lʌndən] *n* Londyn *m*.
Londoner ['lʌndənə*] *n* londyńczyk *m*, mieszkaniec (-nka) *m(f)* Londynu.
lone [ləun] *adj* samotny.
loneliness ['ləunlɪnɪs] *n* samotność *f*.
lonely ['ləunlɪ] *adj* (*person, period of time*) samotny; (*place*) odludny.
loner ['ləunə*] *n* samotnik (-iczka) *m(f)*.
long [lɔŋ] *adj* długi ♦ *adv* długo ♦ *vi*: **to long for sth** tęsknić do czegoś; **in the long run** na dłuższą metę; **so** *or* **as long as** (*on condition that*) pod warunkiem, że; (*while*) jak długo, dopóki; **don't be long!** pośpiesz się!; **to be 6 metres long** mieć 6 metrów długości; **to be 6 months long** trwać 6 miesięcy; **all night long** (przez) całą noc; **he no longer comes** już nie przychodzi; **long ago** dawno temu; **long before** na długo przed *+instr*; **long after** długo po *+loc*; **they'll catch him before long** niedługo go złapią; **before long we were back home** niedługo potem byliśmy z powrotem w domu; **at long last** wreszcie; **the long and the short of it is that ...** krótko mówiąc, ...
long-distance [lɔŋ'dɪstəns] *adj* (*travel*) daleki; (*race*) długodystansowy; (*phone call*: *within same country*) zamiejscowy; (: *international*) międzynarodowy.
longevity [lɔn'dʒɛvɪtɪ] *n* długowieczność *f*.
long-haired ['lɔŋ'hɛəd] *adj* długowłosy.
longhand ['lɔŋhænd] *n* pismo *nt* ręczne.
longing ['lɔŋɪŋ] *n* tęsknota *f*.
longingly ['lɔŋɪŋlɪ] *adv* tęsknie.
longitude ['lɔŋgɪtju:d] *n* długość *f* geograficzna.
long johns [-dʒɔnz] *npl* kalesony *pl*.
long jump *n* skok *m* w dal.
long-life ['lɔŋlaɪf] *adj* o przedłużonej trwałości *post*.
long-lost ['lɔŋlɔst] *adj* (*relative, friend*) dawno nie widziany.
long-playing record ['lɔŋpleɪɪŋ-] *n* płyta *f* długogrająca.
long-range ['lɔŋ'reɪndʒ] *adj* (*plan*) długookresowy; (*forecast*) długoterminowy; (*missile*) dalekiego zasięgu *post*.
longshoreman ['lɔŋʃɔ:mən] (*US*) (*irreg like*: **man**) *n* doker *m*.
long-sighted ['lɔŋ'saɪtɪd] *adj*: **to be long-sighted** być dalekowidzem.
long-standing ['lɔŋ'stændɪŋ] *adj* (*offer, invitation*) dawny; (*reputation*) (dawno) ugruntowany.
long-suffering [lɔŋ'sʌfərɪŋ] *adj* anielsko cierpliwy.
long-term ['lɔŋtə:m] *adj* długoterminowy.
long wave *n* fale *pl* długie.
long-winded [lɔŋ'wɪndɪd] *adj* rozwlekły.
loo [lu:] (*BRIT*: *inf*) *n* ubikacja *f*.
loofah ['lu:fə] *n* gąbka *f* (z luffy).
look [luk] *vi* patrzeć (popatrzeć *perf*) ♦ *n* (*glance*) spojrzenie *nt*; (*appearance, expression*) wygląd *m*; **looks** *npl* uroda *f*; **he looked scared** wyglądał na przestraszonego; **to look south/(out) onto the sea** (*building etc*) wychodzić na południe/na morze; **look!** patrz!; **look (here)!** słuchaj (no)!; **to look like sb/sth** wyglądać jak ktoś/coś; **it looks like** *or* **as if he's not coming** wygląda na to, że nie przyjdzie; **it looks about 4 metres long** na oko ma ze 4 metry (długości); **everything looks all right to me** moim zdaniem wszystko jest w porządku; **let's have a look** spójrzmy, popatrzmy; **to have a look at sth** przyglądać się

(przyjrzeć się *perf*) czemuś; **to have a look for sth** szukać (poszukać *perf*) czegoś; **to look ahead** patrzeć (popatrzeć *perf*) przed siebie; (*fig*) patrzeć (popatrzeć *perf*) w przyszłość.

►**look after** *vt fus* (*care for*) opiekować się (zaopiekować się *perf*) +*instr*; (*deal with*) zajmować się (zająć się *perf*) +*instr*.

►**look at** *vt fus* patrzeć (popatrzeć *perf*) na +*acc*; (*read quickly*) przeglądać (przejrzeć *perf*) +*acc*; (*study, consider*) przyglądać się (przyjrzeć się *perf*) +*dat*.

►**look back** *vi* patrzeć (popatrzeć *perf*) *or* spoglądać (spojrzeć *perf*) wstecz; **to look back at sth/sb** oglądać się (obejrzeć się *perf*) na coś/kogoś; **to look back on** wspominać (wspomnieć *perf*) +*acc*.

►**look down on** *vt fus* (*fig*) spoglądać z góry na +*acc*.

►**look for** *vt fus* szukać (poszukać *perf*) +*gen*.

►**look forward to** *vt fus* z niecierpliwością czekać na +*acc or* oczekiwać +*gen*, cieszyć się na +*acc*; **we look forward to hearing from you** (*in letter*) czekamy na wiadomości od was.

►**look in** *vi*: **to look in on sb** zaglądać (zajrzeć *perf*) do kogoś.

►**look into** *vt fus* (*investigate*) badać (zbadać *perf*) +*acc*.

►**look on** *vi* przyglądać się.

►**look out** *vi* uważać.

►**look out for** *vt fus* wypatrywać +*gen*.

►**look over** *vt* (*essay*) przeglądać (przejrzeć *perf*); (*person*) lustrować (zlustrować *perf*); (*view, window*: *town, sea etc*) wychodzić na +*acc*.

►**look round** *vi* rozglądać się (rozejrzeć się *perf*).

►**look through** *vt fus* przeglądać (przejrzeć *perf*).

►**look to** *vt fus*: **to look to sb for sth** oczekiwać od kogoś czegoś.

►**look up** *vi* podnosić (podnieść *perf*) wzrok, spoglądać (spojrzeć *perf*) w górę; **things are looking up** idzie ku lepszemu ♦ *vt* (*in dictionary, timetable etc*) sprawdzać (sprawdzić *perf*).

►**look up to** *vt fus* (*hero, idol*) podziwiać.

look-alike ['lukəlaɪk] *n* sobowtór *m*.

look-in ['lukɪn] *n*: **to get a look-in** (*inf*) mieć okazję się odezwać.

lookout ['lukaut] *n* (*tower etc*) punkt *m* obserwacyjny; (*person*) obserwator *m*; **to be on the lookout for** (*work*) rozglądać się za +*instr*; (*mistakes, explosives*) uważać na +*acc*.

loom [lu:m] *vi* (*also*: **loom up**: *object, shape*) wyłaniać się (wyłonić się *perf*); (*event*) zbliżać się, nadchodzić ♦ *n* krosno *nt*.

loony ['lu:nɪ] (*inf*) *adj* pomylony (*inf*) ♦ *n* pomyleniec *m* (*inf*).

loop [lu:p] *n* pętla *f* ♦ *vt*: **to loop sth around sth** obwiązywać (obwiązać *perf*) czymś coś.

loophole ['lu:phəul] *n* luka *f* (*prawna*).

loose [lu:s] *adj* luźny; (*hair*) rozpuszczony; (*life*) rozwiązły ♦ *n*: **to be on the loose** być na wolności ♦ *vt* (*free*) uwalniać (uwolnić *perf*); (*set off, unleash*) wywoływać (wywołać *perf*).

loose change *n* drobne *pl*.

loose chippings *npl* sypki żwir *m*.

loose end *n*: **to be at a loose end** *or (US)* **at loose ends** nie mieć nic do roboty; **to tie up loose ends** wyjaśniać (wyjaśnić *perf*) szczegóły.

loose-fitting ['lu:sfɪtɪŋ] *adj* luźny.

loose-leaf ['lu:sli:f] *adj* z luźnymi kartkami *post*.

loose-limbed [lu:s'lɪmd] *adj* gibki.

loosely ['lu:slɪ] *adv* luźno.

loosen ['lu:sn] *vt* (*screw etc*) poluzowywać (poluzować *perf*); (*clothing, belt*) rozluźniać (rozluźnić *perf*).

loosen up *vi* rozluźniać się (rozluźnić się *perf*).

loot [lu:t] *n* (*inf*) łup *m* ♦ *vt* grabić (ograbić *perf*), plądrować (splądrować *perf*).

looter ['lu:tə*] *n* (*during war*) grabieżca *m*; (*during riot*) złodziej(ka) *m(f)*.

looting ['lu:tɪŋ] *n* grabież *m*.

lop off [lɔp-] *vt* obcinać (obciąć *perf*).

lopsided ['lɔp'saɪdɪd] *adj* krzywy.

lord [lɔ:d] *n* (*BRIT*) lord *m*; **the Lord** (*REL*) Pan (Bóg); **my lord** (*to noble*) milordzie; (*to bishop, judge*) ekscelencjo; **good Lord!** dobry Boże!; **the (House of) Lords** (*BRIT*) Izba Lordów.

lordly ['lɔ:dlɪ] *adj* wielkopański.

lordship ['lɔ:dʃɪp] *n*: **your Lordship** wasza lordowska mość.

lore [lɔ:*] *n* tradycja *f* (ustna).

lorry ['lɔrɪ] (*BRIT*) *n* ciężarówka *f*.

lorry driver (*BRIT*) *n* kierowca *m* ciężarówki.

lose [lu:z] (*pt, pp* **lost**) *vt* (*object, pursuers*) gubić (zgubić *perf*); (*job, money, patience, voice, father*) tracić (stracić *perf*); (*game, election*) przegrywać (przegrać *perf*) ♦ *vi* przegrywać (przegrać *perf*); **my watch loses about 5 minutes a day** mój zegarek spóźnia się jakieś 5 minut dziennie; **to lose sight of** (*person, object*) tracić (stracić *perf*) z oczu +*acc*; (*moral values etc*) zatracać (zatracić *perf*) +*acc*.

loser ['lu:zə*] *n* (*in contest*) przegrywający (-ca) *m(f)*; (*inf*: *failure*) ofiara *f* (życiowa); **to be a good/bad loser** umieć/nie umieć przegrywać.

loss [lɔs] *n* (*no pl*: *of memory, blood, consciousness*) utrata *f*; (*of time, money, person through death*) strata *f*; (*COMM*): **to make a loss** (*business*) przynosić (przynieść *perf*) straty; (*company*) ponosić (ponieść *perf*) straty; **to sell sth at a loss** sprzedawać (sprzedać *perf*) coś ze stratą; **heavy losses** (*MIL*) ciężkie straty; **to cut one's losses** zapobiegać (zapobiec *perf*) dalszym stratom; **I'm at a loss** nie wiem, co robić; **I'm at a loss for words** nie wiem, co powiedzieć.

loss adjuster (*INSURANCE*) *n* likwidator *m* szkód.

loss leader (*COMM*) *n towar sprzedawany tanio, aby przyciągnąć klientów*.

lost [lɔst] *pt, pp of* **lose** ♦ *adj* (*person, animal*) zaginiony; (*object*) zgubiony; **to get lost** gubić się (zgubić się *perf*); **we're lost** zgubiliśmy się; **get lost!** (*inf*) spadaj! (*inf*); **lost in thought** zatopiony w myślach.
lost and found (*US*) *n* = **lost property**.
lost cause *n* przegrana *or* beznadziejna sprawa *f*.
lost property *n* biuro *nt* rzeczy znalezionych.
lot [lɔt] *n* (*of things*) zestaw *m*; (*of people*) grupa *f*; (*of merchandise*) partia *f*; (*at auctions*) artykuł *m*; (*destiny*) los *m*; **the (whole) lot** wszystko; **a lot (of)** dużo (*+gen*); **quite a lot (of)** sporo (*+gen*); **lots of** mnóstwo *+gen*; **a lot bigger/more expensive** dużo większy/droższy; **this happens a lot** to się często zdarza; **have you been seeing a lot of each other?** (czy) często się widujecie?; **thanks a lot!** dziękuję bardzo!; **to draw lots** ciągnąć losy.
lotion ['ləuʃən] *n* płyn *m* kosmetyczny.
lottery ['lɔtərɪ] *n* loteria *f*.
loud [laud] *adj* (*noise, voice*) głośny; (*clothes*) krzykliwy ♦ *adv* głośno; **out loud** na głos; **to be loud in one's support/disapproval of** głośno wyrażać swoje poparcie/dezaprobatę dla *+gen*.
loudhailer [laud'heɪlə*] (*BRIT*) *n* megafon *m*.
loudly ['laudlɪ] *adv* głośno.
loud-mouthed ['laudmauðd] *adj* głośny.
loudspeaker [laud'spi:kə*] *n* głośnik *m*.
lounge [laundʒ] *n* (*in house*) salon *m*; (*in hotel*) hall *m*; (*at station*) poczekalnia *f*; (*BRIT*: *also*: **lounge bar**) bar *m* (*w hotelu lub pubie*) ♦ *vi* rozpierać się; **arrivals/departures lounge** (*at airport*) hala przylotów/odlotów.
►**lounge about** *vi* próżnować.
►**lounge around** *vi* = **lounge about**.
lounge suit (*BRIT*) *n* garnitur *m*.
louse [laus] (*pl* **lice**) *n* wesz *f*.
►**louse up** (*inf*) *vt* paprać (spaprać *perf*) (*inf*).
lousy ['lauzɪ] (*inf*) *adj* (*show, meal*) nędzny; (*person, behaviour*) podły, wstrętny; **to feel lousy** czuć się (poczuć się *perf*) podle.
lout [laut] *n* cham *m*, prostak *m*.
louvre ['lu:və*] (*US* **louver**) *n* (*window*) okno *nt* żaluzjowe.
lovable ['lʌvəbl] *adj* miły, sympatyczny.
love [lʌv] *n* miłość *f*; (*for sport, activity*) zamiłowanie *nt* ♦ *vt* kochać (pokochać *perf*); **"love (from) Anne"** „uściski *or* ściskam, Anna"; **I'd love to come** przyszedłbym z przyjemnością; **I love chocolate** uwielbiam czekoladę; **to be in love with sb** być w kimś zakochanym; **to fall in love with sb** zakochiwać się (zakochać się *perf*) w kimś; **to make love** kochać się; **love at first sight** miłość od pierwszego wejrzenia; **to send one's love to sb** przesyłać (przesłać *perf*) komuś pozdrowienia; **"15 love"** (*TENNIS*) „15:0".
love affair *n* romans *m*.
love letter *n* list *m* miłosny.
love life *n* życie *nt* intymne.
lovely ['lʌvlɪ] *adj* (*place, person*) śliczny, uroczy; (*meal, holiday*) cudowny.
lover ['lʌvə*] *n* (*sexual partner*) kochanek (-nka) *m(f)*; (*person in love*) zakochany (-na) *m(f)*; **a lover of art/music** miłośnik (-iczka) *m(f)* sztuki/muzyki.
lovesick ['lʌvsɪk] *adj* chory z miłości.
love song *n* pieśń *f* miłosna.
loving ['lʌvɪŋ] *adj* (*person*) kochający; (*action*) pełen miłości.
low [ləu] *adj* niski; (*quiet*) cichy; (*depressed*) przygnębiony ♦ *adv* (*speak*) cicho; (*fly*) nisko ♦ *n* (*METEOR*) niż *m*; **we're running low on milk** kończy nam się mleko; **to reach a new** *or* **an all-time low** spadać (spaść *perf*) do rekordowo niskiego poziomu.
low-alcohol ['ləu'ælkəhɔl] *adj* o niskiej zawartości alkoholu *post*.
lowbrow ['ləubrau] *adj* niewyszukany.
low-calorie ['ləu'kælərɪ] *adj* niskokaloryczny.
low-cut ['ləukʌt] *adj* głęboko wycięty, z dużym dekoltem *post*.
lowdown ['ləudaun] *n* (*inf*): **he gave me the lowdown on it** podał mi wszystkie szczegóły na ten temat.
lower ['ləuə*] *adj* (*bottom*) dolny; (*less important*) niższy ♦ *vt* (*object*) opuszczać (opuścić *perf*); (*prices, level*) obniżać (obniżyć *perf*); (*voice*) zniżać (zniżyć *perf*); (*eyes*) spuszczać (spuścić *perf*).
low-fat ['ləu'fæt] *adj* o niskiej zawartości tłuszczu *post*.
low-key ['ləu'ki:] *adj* (*manner*) powściągliwy; (*speech*) stonowany.
lowlands ['ləuləndz] *npl* niziny *pl*.
low-level language ['ləulɛvl-] (*COMPUT*) *n* język *m* niskiego poziomu.
low-loader ['ləuləudə*] *n* pojazd *m* niskopodwoziowy.
lowly ['ləulɪ] *adj* skromny.
low-lying [ləu'laɪɪŋ] *adj* nizinny.
low-paid [ləu'peɪd] *adj* (*worker*) nisko opłacany; (*job*) źle płatny.
loyal ['lɔɪəl] *adj* lojalny.
loyalist ['lɔɪəlɪst] *n* lojalista (-tka) *m(f)*.
loyalty ['lɔɪəltɪ] *n* lojalność *f*.
lozenge ['lɔzɪndʒ] *n* (*tablet*) tabletka *f* do ssania; (*shape*) romb *m*.
LP *n abbr* = **long-playing record**.
L-plates ['ɛlpleɪts] (*BRIT*) *npl tablice z literą „L" umieszczane na samochodach osób uczących się jeździć*.
LPN (*US*) *n abbr* (= *Licensed Practical Nurse*) ≈ pielęgniarka (-arz) *f(m)* dyplomowana (-ny) *f(m)*.
LRAM (*BRIT*) *n abbr* (= *Licentiate of the Royal Academy of Music*).
LSAT (*US*) *n abbr* (= *Law School Admissions*

Test) *egzamin, którego zdanie umożliwia podjęcie magisterskich studiów prawniczych.*

LSD *n abbr* (= *lysergic acid diethylamide*) LSD *nt inv*; (*BRIT*: = *pounds, shillings and pence*) *system monetarny w Wielkiej Brytanii do roku 1971.*

LSE (*BRIT*) *n abbr* (= *London School of Economics*).

LT (*ELEC*) *abbr* (= *low tension*) niskie napięcie *nt*.

Lt (*MIL*) *abbr* = **lieutenant** por.

Ltd (*COMM*) *abbr* = **limited company** ≈ Sp. z o.o.

lubricant ['lu:brɪkənt] *n* smar *m*.

lubricate ['lu:brɪkeɪt] *vt* smarować (nasmarować *perf*).

lucid ['lu:sɪd] *adj* (*writing, speech*) klarowny; (*person, mind*) przytomny.

lucidity [lu:'sɪdɪtɪ] *n* (*of writing, speech*) klarowność *f*; (*of person, mind*) przytomność *f*.

luck [lʌk] *n* szczęście *nt*; **good luck** szczęście; **bad luck** pech; **good luck!** powodzenia!; **bad** *or* **hard** *or* **tough luck!** a to pech!; **to be in luck** mieć szczęście; **to be out of luck** nie mieć szczęścia.

luckily ['lʌkɪlɪ] *adv* na szczęście.

lucky ['lʌkɪ] *adj* szczęśliwy; **she's lucky** ma szczęście.

lucrative ['lu:krətɪv] *adj* intratny, lukratywny.

ludicrous ['lu:dɪkrəs] *adj* śmieszny, śmiechu warty.

ludo ['lu:dəu] (*game*) *n* chińczyk *m*.

lug [lʌg] (*inf*) *vt* taszczyć (zataszczyć *perf*) (*inf*).

luggage ['lʌgɪdʒ] *n* bagaż *m*.

luggage car (*US*) *n* wagon *m* bagażowy.

luggage rack *n* (*AUT*) bagażnik *m* na dach; (*in train*) półka *f* (na bagaż).

luggage van *n* wagon *m* bagażowy.

lugubrious [lu'gu:brɪəs] *adj* smętny.

lukewarm ['lu:kwɔ:m] *adj* (*lit, fig*) letni.

lull [lʌl] *n* okres *m* ciszy ♦ *vt*: **to lull sb (to sleep)** kołysać (ukołysać *perf*) kogoś (do snu); **they were lulled into a false sense of security** ich czujność została uśpiona.

lullaby ['lʌləbaɪ] *n* kołysanka *f*.

lumbago [lʌm'beɪgəu] *n* lumbago *nt inv*.

lumber ['lʌmbə*] *n* (*wood*) tarcica *f*; (*junk*) rupiecie *pl* ♦ *vi*: **to lumber about/along** wlec się (powlec się *perf*).

►**lumber with** *vt*: **to be/get lumbered with sth** być/zostawać (zostać *perf*) czymś obarczonym.

lumberjack ['lʌmbədʒæk] *n* drwal *m*.

lumber room (*BRIT*) *n* rupieciarnia *f*.

lumberyard ['lʌmbəja:d] (*US*) *n* skład *m* drzewny.

luminous ['lu:mɪnəs] *adj* (*fabric*) świecący; (*dial*) fosforyzujący.

lump [lʌmp] *n* (*of clay etc*) bryła *f*; (*on body*) guzek *m*; (*also*: **sugar lump**) kostka *f* (cukru) ♦ *vt*: **to lump together** traktować (potraktować *perf*) jednakowo, wrzucać (wrzucić *perf*) do jednego worka (*inf*); **a lump sum** jednorazowa wypłata.

lumpy ['lʌmpɪ] *adj* (*sauce*) grudkowaty; (*bed*) nierówny.

lunacy ['lu:nəsɪ] *n* (*strange behaviour*) szaleństwo *nt*; (*old*: *mental illness*) obłęd *m*.

lunar ['lu:nə*] *adj* księżycowy.

lunatic ['lu:nətɪk] *adj* szalony ♦ *n* (*foolish person*) szaleniec *m*; (*old*: *mad person*) obłąkany (-na) *m(f)*.

lunatic asylum *n* zakład *m* dla umysłowo chorych.

lunatic fringe *n*: **the lunatic fringe** (*of organization*) skrajne elementy *pl*.

lunch [lʌntʃ] *n* lunch *m* ♦ *vi* jeść (zjeść *perf*) lunch.

lunch break *n* przerwa *f* na lunch.

luncheon ['lʌntʃən] *n* uroczysty lunch *m*.

luncheon meat *n* mielonka *f* (*konserwa*).

luncheon voucher (*BRIT*) *n* kupon *m* na lunch.

lunch hour *n* przerwa *f* na lunch.

lunchtime ['lʌntʃtaɪm] *n* pora *f* lunchu.

lung [lʌŋ] *n* płuco *nt*.

lunge [lʌndʒ] *vi* (*also*: **lunge forward**) rzucać się (rzucić się *perf*) naprzód; **to lunge at** rzucać się (rzucić się *perf*) na *+acc*.

lupin ['lu:pɪn] *n* łubin *m*.

lurch [lə:tʃ] *vi* (*vehicle*) szarpnąć (*perf*); (*person*) zatoczyć się (*perf*) ♦ *n* szarpnięcie *nt*; **to leave sb in the lurch** zostawiać (zostawić *perf*) kogoś na lodzie (*inf*); **he fell with a lurch** zatoczywszy się, upadł.

lure [luə*] *n* powab *m* ♦ *vt* wabić (zwabić *perf*).

lurid ['luərɪd] *adj* (*violent, graphic*) brutalny, drastyczny; (*brightly coloured*) krzykliwy.

lurk [lə:k] *vi* czaić się (zaczaić się *perf*).

luscious ['lʌʃəs] *adj* (*person*) pociągający; (*food*) soczysty.

lush [lʌʃ] *adj* (*vegetation*) bujny; (*restaurant*) luksusowy.

lust [lʌst] (*pej*) *n* (*sexual*) pożądanie *nt*, żądza *f*; (*for money, power*) żądza *f*.

►**lust after** *vt fus* (*desire sexually*) pożądać *+gen*; (*crave*) pragnąć *+gen*.

►**lust for** *vt fus* = **lust after**.

lustful ['lʌstful] *adj* pożądliwy.

lustre ['lʌstə*] (*US* **luster**) *n* połysk *m*.

lusty ['lʌstɪ] *adj* krzepki.

lute [lu:t] *n* lutnia *f*.

Luxembourg ['lʌksəmbə:g] *n* Luksemburg *m*.

luxuriant [lʌg'zjuərɪənt] *adj* bujny.

luxuriate [lʌg'zjuərɪeɪt] *vi*: **to luxuriate in sth** rozkoszować się czymś.

luxurious [lʌg'zjuərɪəs] *adj* luksusowy.

luxury ['lʌkʃərɪ] *n* luksus *m* ♦ *cpd* luksusowy.

LV *n abbr* = **luncheon voucher**.

LW (*RADIO*) *abbr* = **long wave** f.dł.

lying ['laɪɪŋ] *n* kłamstwo *nt* ♦ *adj* kłamliwy.

lynch [lɪntʃ] *vt* linczować (zlinczować *perf*).

lynx [lɪŋks] *n* ryś *m*.

lyric ['lɪrɪk] *adj* liryczny.
lyrical ['lɪrɪkl] *adj* liryczny; (*fig*): **to grow/wax lyrical about** rozpływać się nad *+instr*.
lyricism ['lɪrɪsɪzəm] *n* liryzm *m*.
lyrics ['lɪrɪks] *npl* (*of song*) słowa *pl*, tekst *m*.

M,m

M[1], **m** [ɛm] *n* (*letter*) M *nt*, m *nt*; **M for Mary**, (*US*) **M for Mike** ≈ M jak Maria.
M[2] *n abbr* (*BRIT*: = *motorway*): **the M8** autostrada *f* M8 ♦ *abbr* = **medium**.
m. *abbr* = **metre** m; = **mile**; = **million** mln.
MA *n abbr* (= *Master of Arts*) *stopień naukowy*; ≈ mgr; (= *military academy*) akademia *f* wojskowa ♦ *abbr* (*US*: *POST*: = *Massachusetts*).
mac [mæk] (*BRIT*) *n* płaszcz *m* nieprzemakalny.
macabre [mə'kɑ:brə] *adj* makabryczny.
macaroni [mækə'rəunɪ] *n* makaron *m* rurki.
macaroon [mækə'ru:n] *n* makaronik *m*.
mace [meɪs] *n* (*weapon*) maczuga *f*; (*ceremonial*) buława *f*; (*spice*) gałka *f* muszkatołowa.
machinations [mækɪ'neɪʃənz] *npl* knowania *pl*, machinacje *pl*.
machine [mə'ʃi:n] *n* maszyna *f*; (*fig*) machina *f* ♦ *vt* (*TECH*) obrabiać (obrobić *perf*); (*dress etc*) szyć (uszyć *perf*) na maszynie.
machine code *n* (*COMPUT*) kod *m* maszynowy.
machine gun *n* karabin *m* maszynowy.
machine language *n* (*COMPUT*) język *m* maszynowy.
machine-readable [mə'ʃi:nri:dəbl] *adj* (*COMPUT*) nadający się do przetwarzania automatycznego.
machinery [mə'ʃi:nərɪ] *n* (*equipment*) maszyny *pl*; (*fig*: *of government etc*) mechanizm *m* (funkcjonowania *+gen*).
machine shop *n* warsztat *m* mechaniczny.
machine tool *n* obrabiarka *f*.
machine washable *adj* nadający się do prania w pralce.
machinist [mə'ʃi:nɪst] *n* operator *m* (*maszyny*).
macho ['mætʃəu] *adj*: **macho man** macho *m inv*.
mackerel ['mækrl] *n inv* makrela *f*.
mackintosh ['mækɪntɔʃ] (*BRIT*) *n* płaszcz *m* nieprzemakalny.
macro... ['mækrəu] *pref* makro... .
macro-economics ['mækrəui:kə'nɔmɪks] *npl* makroekonomia *f*.
mad [mæd] *adj* (*insane*) szalony, obłąkany; (*foolish*) szalony, pomylony; (*angry*) wściekły; **to be mad about** szaleć za *+instr*; **to go mad** (*insane*) szaleć (oszaleć *perf*), wariować (zwariować *perf*); (*angry*) wściekać się (wściec się *perf*).
madam ['mædəm] *n* (*form of address*) proszę pani (*voc*); **yes, madam** tak, proszę pani; **Madam Chairman** pani przewodnicząca; **Dear Madam,** Szanowna Pani!
madden ['mædn] *vt* rozwścieczać (rozwścieczyć *perf*).
maddening ['mædnɪŋ] *adj* nieznośny, doprowadzający do szału.
made [meɪd] *pt, pp of* **make**.
Madeira [mə'dɪərə] *n* (*GEOG*) Madera *f*; (*wine*) madera *f*.
made-to-measure ['meɪdtə'mɛʒə*] (*BRIT*) *adj* szyty na miarę.
madly ['mædlɪ] *adv* (*frantically*) jak szalony; (*very*) szalenie; **madly in love** zakochany do szaleństwa.
madman ['mædmən] (*irreg like*: **man**) *n* szaleniec *m*.
madness ['mædnɪs] *n* (*insanity*) szaleństwo *nt*, obłęd *m*; (*foolishness*) szaleństwo *nt*.
Madrid [mə'drɪd] *n* Madryt *m*.
Mafia ['mæfɪə] *n*: **the Mafia** mafia *f*.
mag [mæg] (*BRIT*: *inf*) *n abbr* = **magazine**.
magazine [mægə'zi:n] *n* (*PRESS*) (czaso)pismo *nt*; (*RADIO, TV*) magazyn *m*; (*of firearm*) magazynek *m*; (*MIL*) skład *m*.
maggot ['mægət] *n* larwa *f* muchy.
magic ['mædʒɪk] *n* (*supernatural power*) magia *f*, czary *pl*; (*conjuring*) sztu(cz)ki *pl* magiczne ♦ *adj* (*powers, ritual, formula*) magiczny; (*fig*: *place, moment, experience*) cudowny.
magical ['mædʒɪkl] *adj* (*powers, ritual*) magiczny; (*experience, evening*) cudowny.
magician [mə'dʒɪʃən] *n* (*wizard*) czarodziej *m*, czarnoksiężnik *m*; (*conjurer*) magik *m*, sztukmistrz *m*.
magistrate ['mædʒɪstreɪt] *n* (*JUR*) sędzia *m* pokoju.
magnanimous [mæg'nænɪməs] *adj* wspaniałomyślny.
magnate ['mægneɪt] *n* magnat *m*.
magnesium [mæg'ni:zɪəm] *n* magnez *m*.
magnet ['mægnɪt] *n* magnes *m*.
magnetic [mæg'nɛtɪk] *adj* (*PHYS*) magnetyczny; (*personality, appeal*) zniewalający.
magnetic disk *n* dysk *m* magnetyczny.
magnetic tape *n* taśma *f* magnetyczna.
magnetism ['mægnɪtɪzəm] *n* magnetyzm *m*.
magnification [mægnɪfɪ'keɪʃən] *n* powiększenie *nt*.
magnificence [mæg'nɪfɪsns] *n* wspaniałość *f*.
magnificent [mæg'nɪfɪsnt] *adj* wspaniały.
magnify ['mægnɪfaɪ] *vt* (*enlarge*) powiększać (powiększyć *perf*); (*increase*: *sound*) wzmacniać (wzmocnić *perf*); (*fig*: *exaggerate*) wyolbrzymiać (wyolbrzymić *perf*).

magnifying glass ['mægnɪfaɪɪŋ-] *n* szkło *nt* powiększające.
magnitude ['mægnɪtju:d] *n* (*size*) rozmiary *pl*; (*importance*) waga *f*.
magnolia [mæg'nəulɪə] *n* magnolia *f*.
magpie ['mægpaɪ] *n* sroka *f*.
mahogany [mə'hɔgənɪ] *n* mahoń *m* ♦ *cpd* mahoniowy.
maid [meɪd] *n* pokojówka *f*; **old maid** (*pej*) stara panna.
maiden ['meɪdn] *n* (*literary*) panna *f*, dziewica *f* (*old, literary*) ♦ *adj* (*aunt*) niezamężny; (*voyage*) dziewiczy; (*speech*) pierwszy.
maiden name *n* nazwisko *nt* panieńskie.
mail [meɪl] *n* poczta *f* ♦ *vt* wysyłać (wysłać *perf*) (pocztą); **by mail** pocztą.
mailbox ['meɪlbɔks] *n* (*US*) skrzynka *f* pocztowa (*przed domem*); (*COMPUT*) skrzynka *f*.
mailing list ['meɪlɪŋ-] *n* lista *f* adresowa.
mailman ['meɪlmæn] (*US*) (*irreg like*: **man**) *n* listonosz *m*.
mail order *n* sprzedaż *f* wysyłkowa ♦ *cpd*: **mail-order** wysyłkowy.
mailshot ['meɪlʃɔt] (*BRIT*) *n* przesyłki *pl* reklamowe.
mail train *n* pociąg *m* pocztowy.
mail truck (*US*) *n* furgonetka *f* pocztowa.
mail van (*BRIT*) *n* (*AUT*) furgonetka *f* pocztowa; (*RAIL*) wagon *m* pocztowy.
maim [meɪm] *vt* okaleczać (okaleczyć *perf*).
main [meɪn] *adj* główny ♦ *n*: **gas/water main** magistrala *f* gazowa/wodna; **the mains** *npl* (*ELEC etc*) sieć *f*; **in the main** na ogół.
main course *n* danie *nt* główne.
mainframe ['meɪnfreɪm] *n* komputer *m* dużej mocy.
mainland ['meɪnlənd] *n*: **the mainland** ląd *m* stały.
mainline ['meɪnlaɪn] *adj* położony przy magistrali (kolejowej) *post* ♦ *vt, vi* (*drugs slang*) wstrzykiwać (wstrzyknąć *perf*) sobie.
main line *n* magistrala *f* (kolejowa).
mainly ['meɪnlɪ] *adv* głównie.
main road *n* droga *f* główna.
mainstay ['meɪnsteɪ] *n* podstawa *f*.
mainstream ['meɪnstri:m] *n* główny *or* dominujący nurt *m* ♦ *adj*: **mainstream cinema** *etc* główny nurt *m* kinematografii *etc*.
maintain [meɪn'teɪn] *vt* utrzymywać (utrzymać *perf*); (*friendship, good relations*) podtrzymywać (podtrzymać *perf*); **to maintain one's innocence** zapewniać o swej niewinności; **to maintain that ...** utrzymywać, że ... .
maintenance ['meɪntənəns] *n* utrzymanie *nt*; (*JUR*) alimenty *pl*.
maintenance contract *n* umowa *f* serwisowa.
maintenance order *n* (*JUR*) nakaz *m* alimentacji.
maisonette [meɪzə'nɛt] (*BRIT*) *n* mieszkanie *nt* dwupoziomowe.
maize [meɪz] *n* kukurydza *f*.
Maj. (*MIL*) *abbr* = **major** mjr.
majestic [mə'dʒɛstɪk] *adj* majestatyczny.
majesty ['mædʒɪstɪ] *n* (*splendour*) majestatyczność *f*; **Your Majesty** (*form of address*) Wasza Królewska Mość.
major ['meɪdʒə*] *n* (*MIL*) major *m* ♦ *adj* ważny, znaczący; (*MUS*) dur *post* ♦ *vi* (*US*: *SCOL*): **to major in** studiować *+acc* (*jako główny kierunek*); **a major operation** (*MED*) duża *or* rozległa operacja; (*fig*) poważna operacja.
Majorca [mə'jɔ:kə] *n* Majorka *f*.
major general *n* (*BRIT*) ≈ generał *m* brygady; (*US*) ≈ generał *m* dywizji.
majority [mə'dʒɔrɪtɪ] *n* większość *f* ♦ *cpd*: **majority verdict** orzeczenie *nt* podjęte większością głosów; **majority (share)holding** kontrolny pakiet akcji.
make [meɪk] (*pt, pp* **made**) *vt* (*object, mistake, remark*) robić (zrobić *perf*); (*clothes*) szyć (uszyć *perf*); (*cake*) piec (upiec *perf*); (*noise*) robić, narobić (*perf*) *+gen*; (*speech*) wygłaszać (wygłosić *perf*); (*goods*) produkować (wyprodukować *perf*), wytwarzać; (*money*) zarabiać (zarobić *perf*); (*cause to be*): **to make sb sad/happy** zasmucać (zasmucić *perf*)/uszczęśliwiać (uszczęśliwić *perf*) kogoś; (*force*): **to make sb do sth** zmuszać (zmusić *perf*) kogoś do (z)robienia czegoś; (*equal*): **2 and 2 make 4** dwa i dwa jest cztery ♦ *n* marka *f*; **to make the bed** słać (posłać *perf*) łóżko; **to make a fool of sb** ośmieszać (ośmieszyć *perf*) kogoś; **to make a profit** osiągać (osiągnąć *perf*) zysk, zarabiać (zarobić *perf*); **to make a loss** (*business*) przynosić (przynieść *perf*) straty; (*company*) ponosić (ponieść *perf*) straty; **may I make a suggestion?** czy mogę coś zaproponować?; **he made it** (*arrived*) dotarł na miejsce; (*arrived in time*) zdążył; (*succeeded*) udało mu się; **what time do you make it?** którą masz godzinę?; **to make good** *vt* (*threat, promise*) spełniać (spełnić *perf*); (*damage*) naprawiać (naprawić *perf*); (*loss*) nadrabiać (nadrobić *perf*); **he has made good** powiodło mu się, odniósł sukces; **to make do with** zadowalać się (zadowolić się *perf*) *+instr*.
▸**make for** *vt fus* kierować się (skierować się *perf*) do *+gen or* ku *+dat*.
▸**make off** *vi* umykać (umknąć *perf*).
▸**make out** *vt* (*decipher*) odczytać (*perf*); (*understand*) zorientować się (*perf*) w *+loc*; (*see*) dostrzegać (dostrzec *perf*); (*write*: *cheque*) wypisywać (wypisać *perf*); (*claim, imply*) twierdzić; (*pretend*) udawać; **to make out a case for sth** znajdować (znaleźć *perf*) uzasadnienie dla czegoś.

►**make over** *vt*: **to make over (to)** przekazywać (przekazać *perf*) (prawnie) (+*dat*).
►**make up** *vt* (*constitute*) stanowić; (*invent*) wymyślać (wymyślić *perf*); (*prepare*) przygotowywać (przygotować *perf*) ♦ *vi* (*after quarrel*) godzić się (pogodzić się *perf*); (*with cosmetics*) robić (zrobić *perf*) (sobie) makijaż, malować się (umalować się *perf*); **to make up one's mind** zdecydować się (*perf*); **to be made up of** składać się z +*gen*.
►**make up for** *vt fus* nadrabiać (nadrobić *perf*) +*acc*.
make-believe ['meɪkbɪli:v] *n* pozory *pl*; **a world of make-believe** świat iluzji *or* fantazji; **it's just make-believe** to zwykła fikcja.
maker ['meɪkə*] *n* producent *m*.
makeshift ['meɪkʃɪft] *adj* prowizoryczny.
make-up ['meɪkʌp] *n* (*cosmetics*) kosmetyki *pl* upiększające; (*on sb*) makijaż *m*; (*also*: **stage make-up**) charakteryzacja *f*.
make-up bag *n* kosmetyczka *f*.
make-up remover *n* płyn *m* do demakijażu.
making ['meɪkɪŋ] *n* (*fig*): **he's a linguist in the making** będzie z niego językoznawca; **to have the makings of** mieć (wszelkie) zadatki na +*acc*.
maladjusted [mælə'dʒʌstɪd] *adj* (społecznie) nieprzystosowany.
maladroit [mælə'drɔɪt] *adj* niezręczny.
malaise [mæ'leɪz] *n* (*MED*) (ogólne) złe samopoczucie *nt*; (*fig*) niemoc *f*, apatia *f*.
malaria [mə'lɛərɪə] *n* malaria *f*.
Malawi [mə'lɑ:wɪ] *n* Malawi *nt inv*.
Malay [mə'leɪ] *adj* malajski ♦ *n* Malaj(ka) *m(f)*; (*LING*) (język *m*) malajski.
Malaya [mə'leɪə] *n* Malaje *pl*.
Malayan [mə'leɪən] *adj, n* = **Malay**.
Malaysia [mə'leɪzɪə] *n* Malezja *f*.
Malaysian [mə'leɪzɪən] *adj* malezyjski ♦ *n* Malezyjczyk (-jka) *m(f)*.
Maldives ['mɔ:ldaɪvz] *npl*: **the Maldives** Malediwy *pl*.
male [meɪl] *n* (*BIO*) samiec *m*; (*man*) mężczyzna *m* ♦ *adj* (*sex, attitude*) męski; (*child*) płci męskiej *post*; (*ELEC*): **male plug** wtyczka *f* z bolcem *or* męska; **male and female students** studenci obojga płci, studenci i studentki.
male chauvinist *n* męski szowinista *m*.
male nurse *n* pielęgniarz *m*.
malevolence [mə'lɛvələns] *n* wrogość *f*.
malevolent [mə'lɛvələnt] *adj* wrogi.
malfunction [mæl'fʌŋkʃən] *n* (*of computer, machine*) niesprawność ♦ *vi* nie działać.
malice ['mælɪs] *n* złośliwość *f*.
malicious [mə'lɪʃəs] *adj* (*person, gossip, accusation*) złośliwy; **malicious intent** (*JUR*) zły zamiar.
malign [mə'laɪn] *vt* rzucać oszczerstwa na +*acc* ♦ *adj* (*influence*) szkodliwy, zły; (*interpretation*) wrogi, pełen złej woli.
malignant [mə'lɪgnənt] *adj* (*tumour, growth*) złośliwy; (*behaviour, intention*) wrogi.
malingerer [mə'lɪŋgərə*] *n* symulant(ka) *m(f)*.
mall [mɔ:l] *n* (*also*: **shopping mall**) centrum *nt* handlowe.
malleable ['mælɪəbl] *adj* (*substance*) plastyczny; (*person*) podatny na wpływy.
mallet ['mælɪt] *n* drewniany młotek *m*, pobijak *m*
malnutrition [mælnju:'trɪʃən] *n* (*eating too little*) niedożywienie *nt*; (*eating wrong food*) niewłaściwe *or* złe odżywianie *nt*.
malpractice [mæl'præktɪs] *n* postępowanie *nt* niezgodne z etyką zawodową.
malt [mɔ:lt] *n* (*grain*) słód *m*; (*also*: **malt whisky**) whisky *f inv* słodowa.
Malta ['mɔ:ltə] *n* Malta *f*.
Maltese [mɔ:l'ti:z] *adj* maltański ♦ *n inv* (*person*) Maltańczyk (-anka) *m(f)*; (*LING*) (język *m*) maltański.
maltreat [mæl'tri:t] *vt* maltretować.
mammal ['mæml] *n* ssak *m*.
mammoth ['mæməθ] *n* mamut *m* ♦ *adj* gigantyczny.
man [mæn] (*pl* **men**) *n* (*male*) mężczyzna *m*; (*human being, mankind*) człowiek *m*; (*CHESS*) pionek *m* ♦ *vt* (*post*) obsadzać (obsadzić *perf*); (*machine*) obsługiwać; **man and wife** mąż i żona.
manage ['mænɪdʒ] *vi* (*get by financially*) dawać (dać *perf*) sobie radę; (*succeed*): **he managed to find her** udało mu się ją odnaleźć ♦ *vt* (*business, organization*) zarządzać +*instr*; (*object, device, person*) radzić (poradzić *perf*) sobie z +*instr*; **to manage without sb/sth** radzić (poradzić *perf*) sobie *or* dawać (dać *perf*) sobie radę bez kogoś/czegoś.
manageable ['mænɪdʒəbl] *adj* (*task*) wykonalny **documents are manageable in small numbers** z dokumentami w małych ilościach można sobie poradzić.
management ['mænɪdʒmənt] *n* (*control, organization*) zarządzanie *nt*; (*persons*) zarząd *m* dyrekcja *f*; **"under new management"** *napis informujący o zmianie dyrekcji*.
management accounting *n* księgowość *f*.
management consultant *n* konsultant *m* do spraw zarządzania.
manager ['mænɪdʒə*] *n* (*of large business, institution, department*) dyrektor *m*; (*of smaller business, unit, institution*) kierownik *m*; (*of pop star, sports team*) menażer *m*; **sales manager** dyrektor handlowy; **an educated class of managers and bureaucrats** wykształcona klasa menedżerów i biurokratów.
manageress [mænɪdʒə'rɛs] *n* kierowniczka *f*.
managerial [mænɪ'dʒɪərɪəl] *adj* (*role, post, staff*) kierowniczy; (*skills*) menedżerski; (*decisions*) dotyczący zarządzania.
managing director ['mænɪdʒɪŋ-] *n* dyrektor *m* (główny *or* naczelny).

Mancunian [mæŋ'kju:nıən] *n* mieszkaniec (-nka) *m(f)* Manchesteru.
mandarin ['mændərın] *n* (*also*: **mandarin orange**) mandarynka *f*; (*official*) szycha *f* (*inf*); (: *Chinese*) mandaryn *m*.
mandate ['mændeıt] *n* (*POL*) mandat *m*; (*task*) zadanie *nt*.
mandatory ['mændətərı] *adj* obowiązkowy.
mandolin(e) ['mændəlın] *n* mandolina *f*.
mane [meın] *n* grzywa *f*.
maneuver [mə'nu:və*] (*US*) = **manoeuvre**.
manfully ['mænfəlı] *adv* mężnie.
manganese [mæŋgə'ni:z] *n* mangan *m*.
mangle ['mæŋgl] *vt* zniekształcać (zniekształcić *perf*) ♦ *n* magiel *m* (*przyrząd*).
mango ['mæŋgəu] (*pl* **mangoes**) *n* mango *nt inv*.
mangrove ['mæŋgrəuv] *n* namorzyn *m*, mangrowe *nt inv*.
mangy ['meındʒı] *adj* wyliniały.
manhandle ['mænhændl] *vt* (*mistreat*) poniewierać *+instr*; (*move by hand*) przenosić (przenieść *perf*).
manhole ['mænhəul] *n* właz *m* (kanalizacyjny).
manhood ['mænhud] *n* (*age*) wiek *m* męski (*fml*); (*state*) męskość *f*; **in his early manhood** we wczesnej młodości.
man-hour ['mænauə*] *n* roboczogodzina *f*.
manhunt ['mænhʌnt] *n* obława *f*.
mania ['meınıə] *n* mania *f*.
maniac ['meınıæk] *n* (*lunatic*) maniak *m*, szaleniec *m*; (*fig*) maniak (-aczka) *m(f)*.
manic ['mænık] *adj* szaleńczy.
manic-depressive ['mænıkdı'presıv] *n* chory (-ra) *m(f)* z zespołem maniakalno-depresyjnym ♦ *adj* maniakalno-depresyjny.
manicure ['mænıkjuə*] *n* manicure *m* ♦ *vt* robić (zrobić *perf*) manicure *+dat*.
manicure set *n* zestaw *m* (przyborów) do manicure'u.
manifest ['mænıfest] *vt* manifestować (zamanifestować *perf*) ♦ *adj* oczywisty, wyraźny ♦ *n* (*AVIAT, NAUT*) manifest *m*, wykaz *m* ładunków.
manifestation [mænıfes'teıʃən] *n* przejaw *m*, oznaka *f*.
manifesto [mænı'festəu] *n* manifest *m*.
manifold ['mænıfəuld] *adj* różnoraki, różnorodny ♦ *n*: **exhaust manifold** rura *f* wydechowa.
Manila [mə'nılə] *n* Manila *f*.
manila [mə'nılə] *adj*: **manila envelope** szara koperta *f*.
manipulate [mə'nıpjuleıt] *vt* manipulować *+instr*.
manipulation [mənıpju'leıʃən] *n* manipulacja *f*, manipulowanie *nt*.
mankind [mæn'kaınd] *n* ludzkość *f*.
manliness ['mænlınıs] *n* męskość *f*.
manly ['mænlı] *adj* męski.
man-made ['mæn'meıd] *adj* sztuczny.
manna ['mænə] *n* manna *f*.
mannequin ['mænıkın] *n* (*dummy*) manekin *m*; (*old*: *fashion model*) model(ka) *m(f)*.
manner ['mænə*] *n* (*way*) sposób *m*; (*behaviour*) zachowanie *nt*; (*type, sort*): **all manner of things/people** wszelkiego rodzaju rzeczy/ludzie; **manners** *npl* maniery *pl*.
mannerism ['mænərızəm] *n* maniera *f*.
mannerly ['mænəlı] *adj* dobrze ułożony *or* wychowany.
manoeuvrable [mə'nu:vrəbl] (*US* **maneuverable**) *adj* ruchomy.
manoeuvre [mə'nu:və*] (*US* **maneuver**) *vt* (*car etc*) manewrować (wymanewrować *perf*) *+instr* ♦ *n* (*fig*) manewr *m*; **manoeuvres** *npl* manewry *pl*; **to manoeuvre sth into** ulokować *(perf)* coś w *+loc*; **to manoeuvre sth out of** wydostać *(perf)* *or* wydobyć *(perf)* coś z *+gen*; **to manoeuvre sb into doing sth** pokierować *(perf)* kimś tak, żeby coś zrobił.
manor ['mænə*] *n* (*also*: **manor house**) rezydencja *f* ziemska, dwór *m*.
manpower ['mænpauə*] *n* siła *f* robocza.
Manpower Services Commission (*BRIT*) *n* *urząd d/s tworzenia nowych miejsc pracy, pośrednictwa i kształcenia zawodowego.*
manservant ['mænsə:vənt] (*pl* **menservants**) *n* służący *m*.
mansion ['mænʃən] *n* rezydencja *f*.
manslaughter ['mænslɔ:tə*] (*JUR*) *n* nieumyślne spowodowanie *nt* śmierci.
mantelpiece ['mæntlpi:s] *n* gzyms *m* kominka.
mantle ['mæntl] *n* (*layer*) powłoka *f*; (*garment*) opończa *f*; (*fig*) obowiązki *pl*.
man-to-man ['mæntə'mæn] *adj* otwarty, szczery ♦ *adv* otwarcie, szczerze.
manual ['mænjuəl] *adj* (*work, worker*) fizyczny; (*controls*) ręczny ♦ *n* podręcznik *m*.
manufacture [mænju'fæktʃə*] *vt* produkować (wyprodukować *perf*) ♦ *n* produkcja *f*.
manufactured goods *npl* wyroby *pl* gotowe, produkty *pl*.
manufacturer [mænju'fæktʃərə*] *n* wytwórca *m*, producent *m*.
manufacturing [mænju'fæktʃərıŋ] *n* wytwarzanie *nt*, produkcja *f* (przemysłowa).
manure [mə'njuə*] *n* nawóz *m* naturalny, obornik *m*.
manuscript ['mænjuskrıpt] *n* rękopis *m*; (*ancient*) manuskrypt *m*.
many ['menı] *adj* wiele *(+gen nvir pl)*, wielu *(+gen vir pl)*, dużo *(+gen pl)* ♦ *pron* wiele *nvir*, wielu *vir*; **a great many men/women** bardzo wielu mężczyzn/wiele kobiet; **how many?** ile?; **too many difficulties** zbyt wiele trudności; **twice as many** dwa razy tyle; **many a time** niejeden raz.
map [mæp] *n* mapa *f* ♦ *vt* sporządzać (sporządzić *perf*) mapę *+gen*.
►**map out** *vt* (*plan, task*) nakreślać (nakreślić

perf); (*career, holiday*) planować (zaplanować *perf*).
maple ['meɪpl] *n* klon *m*.
mar [mɑ:*] *vt* (*appearance*) szpecić (zeszpecić *perf or* oszpecić *perf*); (*day, event*) psuć (zepsuć *perf*).
Mar. *abbr* = **March** marz.
marathon ['mærəθən] *n* maraton *m* ♦ *adj* długi i wyczerpujący.
marathon runner *n* maratończyk *m*.
marauder [mə'rɔ:də*] *n* (*robber*) rabuś *m*; (*killer*) bandyta *m*; (*animal*) drapieżnik *m*.
marble ['mɑ:bl] *n* (*stone*) marmur *m*; (*toy*) kulka *f* (*do gry*).
marbles ['mɑ:blz] *n* (*game*) kulki *pl*.
March [mɑ:tʃ] *n* marzec *m*; *see also* **July**.
march [mɑ:tʃ] *vi* (*soldiers, protesters*) maszerować (przemaszerować *perf*); (*walk briskly*) maszerować (pomaszerować *perf*) ♦ *n* marsz *m*; **to march out of** wymaszerowywać (wymaszerować *perf*) z *+gen*; **to march into** wmaszerowywać (wmaszerować *perf*) do *+gen*.
marcher ['mɑ:tʃə*] *n* maszerujący (-ca) *m(f)*.
marching orders ['mɑ:tʃɪŋ-] *npl*: **to give sb his marching orders** (*fig*) odprawić (*perf*) kogoś.
march past *n* defilada *f*.
mare [mɛə*] *n* klacz *f*.
margarine [mɑ:dʒə'ri:n] *n* margaryna *f*.
marge [mɑ:dʒ] (*BRIT*: *inf*) *n abbr* = **margarine**.
margin ['mɑ:dʒɪn] *n* (*on page, of society, for error, safety*) margines *m*; (*of votes*) różnica *f*; (*of wood etc*) skraj *m*; (*COMM*) marża *f*.
marginal ['mɑ:dʒɪnl] *adj* marginesowy, marginalny.
marginally ['mɑ:dʒɪnəlɪ] *adv* (*different*) (tylko) nieznacznie; (*kinder etc*) (tylko) trochę.
marginal (seat) (*POL*) *n mandat wyborczy, o którym decyduje minimalna większość głosów*.
marigold ['mærɪgəuld] *n* nagietek *m*.
marijuana [mærɪ'wɑ:nə] *n* marihuana *f*.
marina [mə'ri:nə] *n* przystań *f*.
marinade [*n* mærɪ'neɪd, *vb* 'mærɪneɪd] *n* zalewa *f* octowa, marynata *f* ♦ *vt* = **marinate**.
marinate ['mærɪneɪt] *vt* marynować (zamarynować *perf*).
marine [mə'ri:n] *adj* (*life, plant*) morski; (*engineering*) okrętowy ♦ *n* (*BRIT*) żołnierz *m* służący w marynarce; (*also*: **US marine**) żołnierz *m* piechoty morskiej.
marine insurance *n* ubezpieczenie *nt* morskie.
marital ['mærɪtl] *adj* małżeński; **marital status** stan cywilny.
maritime ['mærɪtaɪm] *adj* morski; **maritime nation** naród żeglarzy.
marjoram ['mɑ:dʒərəm] *n* majeranek *m*.
mark [mɑ:k] *n* (*sign*) znak *m*; (: *of friendship, respect*) oznaka *f*; (*trace*) ślad *m*; (*stain*) plama *f*; (*point*) punkt *m*; (*level*) poziom *m*; (*BRIT*: *SCOL*: *grade*) stopień *m*, ocena *f*; (*BRIT*: *TECH*) wersja *f*; (*currency*): **the German Mark** marka *f* niemiecka ♦ *vt* (*label*) znakować (oznakować *perf*), oznaczać (oznaczyć *perf*); (*stain*) plamić (poplamić *perf*); (*characterise*) cechować; (*with shoes, tyres*) zostawiać (zostawić *perf*) ślad(y) na *+loc*; (*passage, page in book*) zaznaczać (zaznaczyć *perf*); (*place, time*) wyznaczać (wyznaczyć *perf*); (*event, occasion*) upamiętniać (upamiętnić *perf*); (*BRIT*: *SCOL*) oceniać (ocenić *perf*); (*SPORT*: *player*) kryć; **punctuation marks** znaki przestankowe; **to mark time** (*MIL*) maszerować w miejscu; (*fig*) dreptać w miejscu; **to be quick off the mark (in doing sth)** (*fig*) nie zwlekać (ze zrobieniem czegoś); **up to the mark** na poziomie.
►**mark down** *vt* (*prices*) obniżać (obniżyć *perf*); (*goods*) przeceniać (przecenić *perf*).
►**mark off** *vt* odhaczać (odhaczyć *perf*) (*inf*), odfajkowywać (odfajkować *perf*) (*inf*).
►**mark out** *vt* (*area, land*) wytyczać (wytyczyć *perf*) granice *+gen*; (*person*) wyróżniać (wyróżnić *perf*).
►**mark up** *vt* (*price*) podnosić (podnieść *perf*); (*goods*) podnosić (podnieść *perf*) cenę *+gen*.
marked [mɑ:kt] *adj* wyraźny.
markedly ['mɑ:kɪdlɪ] *adv* wyraźnie.
marker ['mɑ:kə*] *n* (*sign*) znak *m*; (*bookmark*) zakładka *f*; (*pen*) zakreślacz *m*.
market ['mɑ:kɪt] *n* (*for vegetables etc*) targ *m*; (*COMM*) rynek *m* (zbytu) ♦ *vt* sprzedawać; (*new product*) wprowadzać (wprowadzić *perf*) na rynek; **on the market** dostępny na rynku, w sprzedaży; **on the open market** na wolnym rynku; **to play the market** grać na giełdzie.
marketable ['mɑ:kɪtəbl] *adj* znajdujący zbyt.
market analysis (*COMM*) *n* analiza *f or* badanie *nt* rynku.
market day *n* dzień *m* targowy.
market demand (*COMM*) *n* popyt *m* rynkowy.
market forces *npl* siły *pl* rynkowe.
market garden (*BRIT*) *n ogród, w którym uprawia się warzywa i owoce na sprzedaż*.
marketing ['mɑ:kɪtɪŋ] *n* marketing *m*.
marketing manager *n* dyrektor *m* do spraw marketingu.
marketplace ['mɑ:kɪtpleɪs] *n* rynek *m*, plac *m* targowy; (*COMM*) rynek *m*.
market price (*COMM*) *n* cena *f* rynkowa.
market research *n* badanie *nt* rynku.
market value *n* wartość *f* rynkowa.
marking ['mɑ:kɪŋ] *n* (*on animal*) plam(k)a *f*; (*for identification*) oznakowanie *nt*; (*on road*) znakowanie *nt* poziome.
marksman ['mɑ:ksmən] (*irreg like*: **man**) *n* strzelec *m* wyborowy.
marksmanship ['mɑ:ksmənʃɪp] *n* umiejętności *pl* strzeleckie.
mark-up ['mɑ:kʌp] *n* (*margin*) narzut *m*, marża *f*; (*increase*) podwyżka *f*.

marmalade ['mɑːməleɪd] *n* marmolada *f*.
maroon [mə'ruːn] *adj* bordowy ♦ *vt*: **marooned** wyrzucony (na brzeg) (*np. bezludnej wyspy*); (*fig*) pozostawiony sam(emu) sobie.
marquee [mɑː'kiː] *n* (duży) namiot *m* (*na festynie itp*).
marquess ['mɑːkwɪs] *n* markiz *m*.
marquis ['mɑːkwɪs] *n* = **marquess**.
Marrakech, **Marrakesh** [mærə'kɛʃ] *n* Marrakesz *m*.
marriage ['mærɪdʒ] *n* (*relationship, institution*) małżeństwo *nt*; (*wedding*) ślub *m*.
marriage bureau *n* biuro *nt* matrymonialne.
marriage certificate *n* akt *m* małżeństwa *or* ślubu.
marriage guidance (*US* **marriage counseling**) *n* poradnictwo *nt* małżeńskie.
married ['mærɪd] *adj* (*man*) żonaty; (*woman*) zamężny; (*life, love*) małżeński; **to get married** (*man*) żenić się (ożenić się *perf*); (*woman*) wychodzić (wyjść *perf*) za mąż; (*couple*) pobierać się (pobrać się *perf*), brać (wziąć *perf*) ślub.
marrow ['mærəu] *n* (*vegetable*) kabaczek *m*; (*also*: **bone marrow**) szpik *m* kostny.
marry ['mærɪ] *vt* (*man*) żenić się (ożenić się *perf*) z +*instr*; (*woman*) wychodzić (wyjść *perf*) (za mąż) za +*acc*; (*registrar, priest*) udzielać (udzielić *perf*) ślubu +*dat* ♦ *vi* (*couple*) pobierać się (pobrać się *perf*), brać (wziąć *perf*) ślub.
Mars [mɑːz] *n* Mars *m*.
Marseilles [mɑː'seɪlz] *n* Marsylia *f*.
marsh [mɑːʃ] *n* bagna *pl*, moczary *pl*.
marshal ['mɑːʃl] *n* (*MIL*) marszałek *m*; (*US*: *of police, fire department*) ≈ komendant *m*; (*at sports meeting etc*) organizator *m* ♦ *vt* (*thoughts, soldiers*) zbierać (zebrać *perf*); (*support*) zdobywać (zdobyć *perf*).
marshalling yard ['mɑːʃlɪŋ-] (*RAIL*) *n* stacja *f* rozrządowa.
marshmallow [mɑːʃ'mæləu] *n* (*BOT*) prawoślaz *m* lekarski; (*sweet*) cukierek *m* ślazowy.
marshy ['mɑːʃɪ] *adj* bagnisty, grząski.
marsupial [mɑː'suːpɪəl] (*ZOOL*) *n* torbacz *m*.
martial ['mɑːʃl] *adj* (*music*) wojskowy; (*behaviour*) żołnierski.
martial arts *npl* (wschodnie) sztuki *pl* walki.
martial law *n* stan *m* wojenny.
Martian ['mɑːʃən] *n* Marsjanin (-anka) *m(f)*.
martin ['mɑːtɪn] *n* (*also*: **house martin**) jaskółka *f* (oknówka).
martyr ['mɑːtə*] *n* męczennik (-ica) *m(f)* ♦ *vt* męczyć, zamęczać (zamęczyć *perf*).
martyrdom ['mɑːtədəm] *n* męczeństwo *nt*.
marvel ['mɑːvl] *n* cud *m* ♦ *vi*: **to marvel (at)** (*in admiiration*) zachwycać się (+*instr*); (*in surprise*) zdumiewać się (+*instr*).
marvellous ['mɑːvləs] (*US* **marvelous**) *adj* cudowny.
Marxism ['mɑːksɪzəm] *n* marksizm *m*.
Marxist ['mɑːksɪst] *adj* marksistowski ♦ *n* marksista (-tka) *m(f)*.
marzipan ['mɑːzɪpæn] *n* marcepan *m*.
mascara [mæs'kɑːrə] *n* tusz *m* do rzęs.
mascot ['mæskət] *n* maskotka *f*.
masculine ['mæskjulɪn] *adj* (*characteristics, pride, gender*) męski; (*noun, pronoun*) rodzaju męskiego *post*; **she looks masculine** wygląda jak mężczyzna.
masculinity [mæskju'lɪnɪtɪ] *n* męskość *f*.
MASH [mæʃ] (*US*) *n abbr* (= *mobile army surgical hospital*) szpital *m* polowy.
mash [mæʃ] (*CULIN*) *vt* tłuc (utłuc *perf*).
mashed potatoes [mæʃt-] *npl* ziemniaki *pl* purée.
mask [mɑːsk] *n* maska *f* ♦ *vt* (*face*) zakrywać (zakryć *perf*), zasłaniać (zasłonić *perf*); (*feelings*) maskować (zamaskować *perf*).
masking tape ['mɑːskɪŋ-] *n* taśma *f* maskująca.
masochism ['mæsəukɪzəm] *n* masochizm *m*.
masochist ['mæsəukɪst] *n* masochista (-tka) *m(f)*.
mason ['meɪsn] *n* (*also*: **stone mason**) kamieniarz *m*; (*also*: **freemason**) mason(ka) *m(f)*.
masonic [mə'sɔnɪk] *adj* masoński.
masonry ['meɪsnrɪ] *n* konstrukcje *pl* z kamienia.
masquerade [mæskə'reɪd] *vi*: **to masquerade as** udawać +*acc* ♦ *n* maskarada *f*.
mass [mæs] *n* masa *f*; (*of air*) masy *pl*; (*of land*) połacie *pl*; (*REL*): **Mass** msza *f* ♦ *cpd* masowy ♦ *vi* gromadzić się (zgromadzić się *perf*) masowo *or* licznie; **the masses** *npl* masy *pl*; **to go to Mass** iść (pójść *perf*) na mszę; **masses of** (*inf*) (cała) masa *f* +*gen* (*inf*).
massacre ['mæsəkə*] *n* masakra *f* ♦ *vt* urządzać (urządzić *perf*) masakrę +*gen*.
massage ['mæsɑːʒ] *n* masaż *m* ♦ *vt* masować (wymasować *perf*).
masseur [mæ'səː*] *n* masażysta *m*.
masseuse [mæ'səːz] *n* masażystka *f*.
massive ['mæsɪv] *adj* masywny; (*fig*: *changes, increase etc*) ogromny.
mass market *n* rynek *m* masowego odbiorcy.
mass media *n inv*: **the mass media** mass media *pl*, środki *pl* masowego przekazu.
mass meeting *n* wiec *m*.
mass-produce ['mæsprə'djuːs] *vt* produkować na skalę masową.
mass-production ['mæsprə'dʌkʃən] *n* produkcja *f* masowa.
mast [mɑːst] *n* maszt *m*.
master ['mɑːstə*] *n* (*of servant, animal, situation*) pan *m*; (*secondary school teacher*) ≈ profesor *m*; (*title for boys*): **Master X** panicz *m* X; (*artist, craftsman*) mistrz *m* ♦ *cpd*: **master carpenter/builder** mistrz *m* stolarski/murarski ♦ *vt* (*overcome*) przezwyciężać (przezwyciężyć *perf*); (*learn, understand*) opanowywać (opanować *perf*); **Master's degree** tytuł magistra.

master disk (*COMPUT*) *n* dysk *m* główny.
masterful ['mɑ:stəful] *adj* władczy.
master key *n* klucz *m* uniwersalny.
masterly ['mɑ:stəlɪ] *adj* mistrzowski.
mastermind ['mɑ:stəmaɪnd] *n* mózg *m* (*fig*) ♦ *vt* sterować +*instr*; (*robbery etc*) zaplanować (*perf*).
Master of Arts *n* (*degree*) ≈ stopień *m* magistra (nauk humanistycznych); (*person*) ≈ magister *m* (nauk humanistycznych).
Master of Ceremonies *n* mistrz *m* ceremonii.
Master of Science *n* (*degree*) ≈ tytuł *m* magistra (nauk ścisłych lub przyrodniczych); (*person*) ≈ magister *m* (nauk ścisłych lub przyrodniczych).
masterpiece ['mɑ:stəpi:s] *n* arcydzieło *nt*.
master plan *n* wielki plan *m*.
masterstroke ['mɑ:stəstrəuk] *n* majsterszyk *m*.
mastery ['mɑ:stərɪ] *n*: **mastery of** biegłe opanowanie *nt* +*gen*.
mastiff ['mæstɪf] *n* mastif *m*.
masturbate ['mæstəbeɪt] *vi* onanizować się.
masturbation [mæstə'beɪʃən] *n* onanizm *m*, masturbacja *f*.
mat [mæt] *n* (*on floor*) dywanik *m*; (*also*: **doormat**) wycieraczka *f*; (*also*: **table mat**) podkładka *f* (*pod nakrycie*) ♦ *adj* = **matt**.
match [mætʃ] *n* (*game*) mecz *m*; (*for lighting fire*) zapałka *f*; (*equivalent*): **to be a good** *etc* **match** dobrze *etc* pasować ♦ *vt* (*go well with*) pasować do +*gen*; (*equal*) dorównywać (dorównać *perf*) +*dat*; (*correspond to*) odpowiadać +*dat*; (*also*: **match up**) dopasowywać (dopasować *perf*) (do siebie) ♦ *vi* pasować (do siebie); **they are a good match** tworzą dobraną parę; **to be no match for** nie móc się równać z +*instr*; **she had on a yellow dress with yellow shoes to match** miała na sobie żółtą sukienkę i buty pod kolor.
▸**match up** *vi* pasować (do siebie).
matchbox ['mætʃbɔks] *n* pudełko *nt* od zapałek.
matching ['mætʃɪŋ] *adj* dobrze dobrany; (*in colour*) pod kolor *post*.
matchless ['mætʃlɪs] *adj* niezrównany.
mate [meɪt] *n* (*inf: friend*) kumpel *m* (*inf*); (*assistant*) pomocnik *m*; (*NAUT*) oficer *m* (*na statku handlowym*); (*animal, spouse*) partner(ka) *m(f)*; (*in chess*) mat *m* ♦ *vi* (*animals*) łączyć się *or* kojarzyć się w pary.
material [mə'tɪərɪəl] *n* materiał *m* ♦ *adj* (*possessions, existence*) materialny; (*evidence*) istotny, mający znaczenie dla sprawy; **materials** *npl* materiały *pl*; **writing materials** przybory do pisania.
materialistic [mətɪərɪə'lɪstɪk] *adj* materialistyczny.
materialize [mə'tɪərɪəlaɪz] *vi* (*event*) zaistnieć (*perf*); (*person*) pojawiać się (pojawić się *perf*); (*hopes, plans*) materializować się (zmaterializować się *perf*).
maternal [mə'tə:nl] *adj* macierzyński.
maternity [mə'tə:nɪtɪ] *n* macierzyństwo *nt* ♦ *cpd* (*ward etc*) położniczy.
maternity benefit *n* zasiłek *m* macierzyński.
maternity dress *n* suknia *f* ciążowa.
maternity hospital *n* szpital *m* położniczy.
maternity leave *n* urlop *m* macierzyński.
matey ['meɪtɪ] (*BRIT: inf*) *adj* koleżeński, równy (*inf*).
math [mæθ] (*US*) *n abbr* = **mathematics**.
mathematical [mæθə'mætɪkl] *adj* matematyczny.
mathematician [mæθəmə'tɪʃən] *n* matematyk (-yczka) *m(f)*.
mathematics [mæθə'mætɪks] *n* matematyka *f*.
maths [mæθs] (*US* **math**) *n abbr* = **mathematics**.
matinée ['mætɪneɪ] *n* (*FILM*) seans *m* popołudniowy; (*THEAT*) spektakl *m* popołudniowy, popołudniówka *f* (*inf*).
mating ['meɪtɪŋ] *n* łączenie się *nt* w pary, parzenie się *nt*.
mating call *n* godowe wołanie *nt* samca.
mating season *n* okres *m* godowy, pora *f* godowa.
matriarchal [meɪtrɪ'ɑ:kl] *adj* matriarchalny.
matrices ['meɪtrɪsi:z] *npl of* **matrix**.
matriculation [mətrɪkju'leɪʃən] *n* immatrykulacja *f*.
matrimonial [mætrɪ'məunɪəl] *adj* małżeński.
matrimony ['mætrɪmənɪ] *n* małżeństwo *nt*.
matrix ['meɪtrɪks] (*pl* **matrices**) *n* (*social, cultural etc*) kontekst *m*; (*TECH*) matryca *f*; (*MATH*) macierz *f*.
matron ['meɪtrən] *n* (*in hospital*) przełożona *f* pielęgniarek; (*in school*) pielęgniarka *f* (szkolna).
matronly ['meɪtrənlɪ] *adj* przy kości *post*.
matt [mæt] (*also spelled* **mat**) *adj* matowy.
matted ['mætɪd] *adj* splątany.
matter ['mætə*] *n* (*situation, problem*) sprawa *f*; (*PHYS*) materia *f*; (*substance*) substancja *f*; (*MED: pus*) ropa *f* ♦ *vi* liczyć się, mieć znaczenie; **matters** *npl* sytuacja *f*; **it doesn't matter** (*is not important, makes no difference*) to nie ma znaczenia; (*never mind*) (nic) nie szkodzi; **what's the matter?** o co chodzi?; **no matter what** bez względu na to, co się stanie; **that's another matter** to inna sprawa; **as a matter of course** automatycznie; **as a matter of fact** właściwie; **it's a matter of habit** to kwestia przyzwyczajenia; **printed matter** druki; **reading matter** (*BRIT*) lektura.
matter-of-fact ['mætərəv'fækt] *adj* rzeczowy.
matting ['mætɪŋ] *n* mata *f* (podłogowa).
mattress ['mætrɪs] *n* materac *m*.
mature [mə'tjuə*] *adj* dojrzały ♦ *vi* dojrzewać (dojrzeć *perf*); **this policy is due to mature next year** płatności z tytułu tej polisy rozpoczną się w przyszłym roku.
maturity [mə'tjuərɪtɪ] *n* dojrzałość *f*.
maudlin ['mɔ:dlɪn] *adj* (*voice*) płaczliwy, rzewny;

to get maudlin rozklejać się (rozkleić się *perf*) (*zwłaszcza pod wpływem alkoholu*).
maul [mɔːl] *vt* poturbować *(perf)*, pokiereszować *(perf)*.
Mauritania [mɔːrɪ'teɪnɪə] *n* Mauretania *f*.
Mauritius [mə'rɪʃəs] *n* Mauritius *m*.
mausoleum [mɔːsə'lɪəm] *n* mauzoleum *nt*.
mauve [məuv] *adj* jasnofioletowy.
maverick ['mævrɪk] *n* (*fig*) indywidualista (-tka) *m(f)*.
mawkish ['mɔːkɪʃ] *adj* ckliwy, czułostkowy.
max. *abbr* = **maximum** maks.
maxim ['mæksɪm] *n* maksyma *f*.
maxima ['mæksɪmə] *npl of* **maximum**.
maximize ['mæksɪmaɪz] *vt* maksymalnie zwiększać (zwiększyć *perf*), maksymalizować (zmaksymalizować *perf*).
maximum ['mæksɪməm] (*pl* **maxima** *or* **maximums**) *adj* maksymalny ♦ *n* maksimum *nt*.
May [meɪ] *n* maj *m*; *see also* **July**.
may [meɪ] (*conditional* **might**) *vi* (*indicating possibility, permission*) móc; (*indicating wishes*): **may he justify our hopes** oby spełnił nasze nadzieje; **may I smoke?** czy mogę zapalić?; **he might be there** (on) może tam być; **you might like to try** może chciałbyś spróbować; **you may as well go** (właściwie) możesz iść; **may God bless you!** niech cię Bóg błogosławi!
maybe ['meɪbiː] *adv* (być) może.
May Day *n* 1 Maja.
mayhem ['meɪhɛm] *n* chaos *m*.
mayonnaise [meɪə'neɪz] *n* majonez *m*.
mayor [mɛə*] *n* burmistrz *m*.
mayoress ['mɛərɛs] *n* (*also*: **lady mayor**) pani *f* burmistrz; (*wife*) żona *f* burmistrza, burmistrzowa *f*.
maypole ['meɪpəul] *n* ≈ gaik *m* (*zwyczaj ludowy*).
maze [meɪz] *n* labirynt *m*.
MB *abbr* (*COMPUT*) = **megabyte** MB; (*CANADA*: = *Manitoba*).
MBA *n abbr* (= *Master of Business Administration*) *stopień naukowy*; ≈ mgr.
MBBS (*BRIT*) *n abbr* (= *Bachelor of Medicine and Surgery*) *stopień naukowy*.
MBChB (*BRIT*) *n abbr* (= *Bachelor of Medicine and Surgery*) *stopień naukowy*.
MBE (*BRIT*) *n abbr* (= *Member of the Order of the British Empire*) *order brytyjski*.
MC *n abbr* = **Master of Ceremonies**.
MCAT (*US*) *n abbr* (= *Medical College Admissions Test*) *egzamin, którego zdanie uprawnia do podjęcia studiów medycznych*.
MCP (*BRIT*: *inf*) *n abbr* = **male chauvinist pig**.
MD *n abbr* (= *Doctor of Medicine*) *stopień naukowy*; ≈ dr; (*COMM*) = **managing director** ♦ *abbr* (*US*: *POST*: = *Maryland*).
MDT (*US*) *abbr* (= *Mountain Daylight Time*).
ME *n abbr* (*US*: = *medical examiner*) ekspert *m* medycyny sądowej; (*MED*: = *myalgic encephalomyelitis*) zapalenie *nt* mózgu i rdzenia z mialgią ♦ *abbr* (*US*: *POST*: = *Maine*).

KEYWORD

me [miː] *pron* **1** (*direct object*) mnie; **can you hear me?** słyszysz mnie?; **it's me** to ja. **2** (*indirect object*) mi; (: *stressed*) mnie; **he gave me the money** dał mi pieniądze; **he gave the money to me, not to her** dał pieniądze mnie, nie jej; **give them to me** daj mi je. **3** (*after prep*): **it's for me** to dla mnie; **without me** beze mnie; **with me** ze mną; **about me** o mnie.

meadow ['mɛdəu] *n* łąka *f*.
meagre ['miːgə*] (*US* **meager**) *adj* skąpy, skromny.
meal [miːl] *n* (*occasion, food*) posiłek *m*; (*flour*) mąka *f* razowa; **to go out for a meal** wychodzić (wyjść *perf*) do restauracji; **to make a meal of sth** (*fig*) robić (zrobić *perf*) z czegoś problem.
mealtime ['miːltaɪm] *n* pora *f* posiłku.
mealy-mouthed ['miːlɪmauðd] *adj* (*person*) mówiący półsłówkami.
mean [miːn] (*pt, pp* **meant**) *adj* (*with money*) skąpy; (*unkind*: *person, trick*) podły; (*US*: *inf*: *vicious*: *person, animal*) złośliwy; (*shabby*) nędzny; (*average*) średni ♦ *vt* (*signify*) znaczyć, oznaczać; (*refer to*): **I thought you meant her** sądziłem, że miałeś na myśli ją; (*intend*): **to mean to do sth** zamierzać *or* mieć zamiar coś zrobić ♦ *n* (*average*) średnia *f*; **means** (*pl* **means**) *n* środek *m*, sposób *m* ♦ *npl* środki *pl*; **by means of sth** za pomocą czegoś; **by all means!** jak najbardziej!; **do you mean it?** mówisz poważnie?; **what do you mean?** co masz na myśli?; **to be meant for sb** być przeznaczonym dla kogoś; **to be meant for sth** być stworzonym do czegoś.
meander [mɪ'ændə*] *vi* (*river*) meandrować, wić się; (*person*) błąkać się, włóczyć się.
meaning ['miːnɪŋ] *n* (*of word, gesture, book*) znaczenie *nt*; (*purpose, value*) sens *m*.
meaningful ['miːnɪŋful] *adj* (*result, explanation*) sensowny; (*glance, remark*) znaczący; (*relationship, experience*) głęboki.
meaningless ['miːnɪŋlɪs] *adj* (*incomprehensible*) niezrozumiały; (*of no importance or relevance*) bez znaczenia *post*; (*futile*) bezsensowny.
meanness ['miːnnɪs] *n* (*with money*) skąpstwo *nt*; (*unkindness*) podłość *f*; (*shabbiness*) nędza *f*.
means test [miːnz-] *n* ocena *f* dochodów (*dla ustalenia prawa do zasiłku*).
means-tested ['miːnztɛstɪd] *adj*: **means-tested benefit** zasiłek *m* o wysokości uzależnionej od dochodu.
meant [mɛnt] *pt, pp of* **mean**.
meantime ['miːntaɪm] *adv* (*also*: **in the meantime**) tymczasem.

meanwhile ['mi:nwaɪl] *adv* = **meantime**.
measles ['mi:zlz] *n* odra *f*.
measly ['mi:zlɪ] (*inf*) *adj* marny, nędzny.
measurable ['mɛʒərəbl] *adj* wymierny.
measure ['mɛʒə*] *vt* mierzyć (zmierzyć *perf*) ♦ *vi* mierzyć ♦ *n* (*degree*) stopień *m*; (*portion*) porcja *f*; (*ruler*) miar(k)a *f*; (*standard*) miara *f*; (*action*) środek *m* (zaradczy); **a litre measure** miarka litrowa; **measures have been taken to limit the economic decline** podjęto kroki mające na celu ograniczenie spadku gospodarczego.
▸**measure up** *vi*: **to measure up to** (*standards, expectations*) spełniać (spełnić *perf*) *+acc*.
measured ['mɛʒəd] *adj* (*tone*) wyważony; (*step*) miarowy.
measurement ['mɛʒəmənt] *n* pomiar *m*; **chest/hip measurement** obwód klatki piersiowej/bioder.
measurements ['mɛʒəmənts] *npl* wymiary *pl*; **to take sb's measurements** brać (wziąć *perf*) *or* zdejmować (zdjąć *perf*) z kogoś miarę.
meat [mi:t] *n* mięso *nt*; **cold meats** (*BRIT*) wędliny.
meatball ['mi:tbɔ:l] *n* klopsik *m*.
meat pie *n mięso zapiekane w cieście*.
Mecca ['mɛkə] *n* (*GEOG*) Mekka *f*; (*fig*) mekka *f*.
mechanic [mɪ'kænɪk] *n* mechanik *m*.
mechanical [mɪ'kænɪkl] *adj* mechaniczny.
mechanical engineering *n* budowa *f* maszyn.
mechanics [mɪ'kænɪks] *n* (*PHYS*) mechanika *f* ♦ *npl*: **the mechanics of the market** mechanizmy *pl* rynkowe; **the mechanics of reading** przebieg procesu czytania.
mechanism ['mɛkənɪzəm] *n* (*device, automatic reaction*) mechanizm *m*; (*procedure*) tryb *m*.
mechanization [mɛkənaɪ'zeɪʃən] *n* mechanizacja *f*.
mechanize ['mɛkənaɪz] *vt* mechanizować (zmechanizować *perf*) ♦ *vi* wprowadzać (wprowadzić *perf*) mechanizację.
MEd *n abbr* (= *Master of Education*) *stopień naukowy*; ≈ mgr.
medal ['mɛdl] *n* medal *m*.
medallion [mɪ'dælɪən] *n* medalion *m*.
medallist ['mɛdlɪst] (*US* **medalist**) *n* medalista (-tka) *m(f)*.
meddle ['mɛdl] *vi*: **to meddle in** *or* **with** mieszać się w *+acc or* do *+gen*.
meddlesome ['mɛdlsəm] *adj* wścibski.
media ['mi:dɪə] *npl* (mass) media *pl*, środki *pl* (masowego) przekazu.
mediaeval [mɛdɪ'i:vl] *adj* = **medieval**.
median ['mi:dɪən] (*US*) *n* (*also*: **median strip**) pas *m* zieleni.
mediate ['mi:dɪeɪt] *vi* pośredniczyć, występować (wystąpić *perf*) w roli mediatora.
mediation [mi:dɪ'eɪʃən] *n* mediacja *f*.
mediator ['mi:dɪeɪtə*] *n* mediator(ka) *m(f)*.
Medicaid ['mɛdɪkeɪd] (*US*) *n rządowy program pomagający osobom o niskich dochodach pokryć koszty leczenia*.
medical ['mɛdɪkl] *adj* medyczny ♦ *n* badania *pl* (*kontrolne lub okresowe*).
medical certificate *n* zaświadczenie *nt* lekarskie.
medical examiner (*US*) *n* (*JUR*) ekspert *m* medycyny sądowej.
medical student *n* student(ka) *m(f)* medycyny.
Medicare ['mɛdɪkɛə*] (*US*) *n rządowy program pomagający osobom w podeszłym wieku w pokryciu kosztów leczenia*.
medicated ['mɛdɪkeɪtɪd] *adj* leczniczy.
medication [mɛdɪ'keɪʃən] *n* leki *pl*.
medicinal [mɛ'dɪsɪnl] *adj* leczniczy.
medicine ['mɛdsɪn] *n* (*science*) medycyna *f*; (*drug*) lek *m*.
medicine ball *n* piłka *f* lekarska.
medicine chest *n* apteczka *f*.
medicine man *n* czarownik *m*, szaman *m*.
medieval [mɛdɪ'i:vl] *adj* średniowieczny.
mediocre [mi:dɪ'əukə*] *adj* mierny, pośledni.
mediocrity [mi:dɪ'ɔkrɪtɪ] *n* (*quality*) mierność *f*; (*person*) miernota *f*.
meditate ['mɛdɪteɪt] *vi* (*think carefully*): **to meditate (on)** rozmyślać *or* medytować (nad *+instr or* o *+loc*); (*REL*) oddawać się medytacji.
meditation [mɛdɪ'teɪʃən] *n* rozmyślania *pl*, medytacja *f*; (*REL*) medytacja *f*.
Mediterranean [mɛdɪtə'reɪnɪən] *adj* śródziemnomorski; **the Mediterranean (Sea)** Morze Śródziemne.
medium ['mi:dɪəm] (*pl* **media** *or* **mediums**) *adj* (*size, level*) średni; (*colour*) pośredni ♦ *n* (*of communication*) środek *m* przekazu; (*ART*) forma *f* przekazu; (*environment*) ośrodek *m*, środowisko *nt*; (*pl mediums*: *person*) medium *nt*; **English is the medium of instruction** językiem wykładowym jest angielski; **to strike a happy medium** znajdować (znaleźć *perf*) złoty środek.
medium-sized ['mi:dɪəm'saɪzd] *adj* (*object*) średniej wielkości *post*; (*clothes*) w średnich rozmiarach *post*; (*person*) średniej postury *post*.
medium wave (*RADIO*) *n* fale *pl* średnie.
medley ['mɛdlɪ] *n* mieszanka *f*; (*MUS*) składanka *f*.
meek [mi:k] *adj* potulny.
meet [mi:t] (*pt, pp* **met**) *vt* (*accidentally*) spotykać (spotkać *perf*); (*by arrangement*) spotykać się (spotkać się *perf*) z *+instr*; (*for the first time*) poznawać (poznać *perf*); (*condition*) spełniać (spełnić *perf*); (*need*) zaspokajać (zaspokoić *perf*); (*problem, challenge*) sprostać (*perf*) *+dat*; (*expenses*) ponosić (ponieść *perf*); (*bill*) płacić (zapłacić *perf*); (*join: line, road*) łączyć się (połączyć się *perf*) z *+instr* ♦ *vi* spotykać się (spotkać się *perf*); (*for the first time*) poznawać się (poznać się *perf*) ♦ *n* (*BRIT: HUNTING*) zbiórka *f* (*przed rozpoczęciem polowania*); (*US: SPORT*) mityng *m*; **pleased to meet you!** miło

mi Pana/Panią poznać; **he came to the station to meet me** (*on foot*) wyszedł po mnie na stację; (*by car*) wyjechał po mnie na stację.
▸**meet up** *vi*: **to meet up (with sb)** spotykać się (spotkać się *perf*) (z kimś).
▸**meet with** *vt fus* (*difficulties*) napotykać (napotkać *perf*); (*success*) odnosić (odnieść *perf*).
meeting ['mi:tɪŋ] *n* spotkanie *nt*; (*COMM*) zebranie *nt*; (*SPORT*) mityng *m*; **she's at a meeting** (*COMM*) jest na zebraniu; **to call a meeting** zwoływać (zwołać *perf*) zebranie.
meeting-place ['mi:tɪŋpleɪs] *n* miejsce *nt* spotkania.
megabyte ['mɛgəbaɪt] *n* megabajt *m*.
megalomaniac [mɛgələ'meɪnɪæk] *n* megaloman(ka) *m(f)*.
megaphone ['mɛgəfəun] *n* megafon *m*.
melancholy ['mɛlənkəlɪ] *n* melancholia *f* ♦ *adj* melancholijny.
mellow ['mɛləu] *adj* (*sound, light, person*) łagodny; (*voice*) aksamitny; (*colour*) spokojny; (*stone, building*) pokryty patyną wieków; (*wine*) dojrzały ♦ *vi* (*person*) łagodnieć (złagodnieć *perf*).
melodious [mɪ'ləudɪəs] *adj* melodyjny.
melodrama ['mɛləudrɑ:mə] *n* melodramat *m*.
melodramatic [mɛlədrə'mætɪk] *adj* melodramatyczny.
melody ['mɛlədɪ] *n* melodia *f*.
melon ['mɛlən] *n* melon *m*.
melt [mɛlt] *vi* (*metal*) topić się (stopić się *perf*); (*snow*) topnieć (stopnieć *perf*) ♦ *vt* (*metal*) topić (stopić *perf*); (*snow, butter*) roztapiać (roztopić *perf*); **my heart melted as he told his tale** jego opowieść chwyciła mnie za serce.
▸**melt down** *vt* (*metal*) przetapiać (przetopić *perf*).
meltdown ['mɛltdaun] *n* topnienie *nt* (*rdzenia reaktora atomowego*).
melting point ['mɛltɪŋ-] *n* temperatura *f* topnienia.
melting pot *n* (*fig*) tygiel *m*; **to be in the melting pot** (*plans etc*) być w stadium krystalizacji.
member ['mɛmbə*] *n* członek *m* ♦ *cpd*: **member country** kraj *m* członkowski; **Member of Parliament** (*BRIT*) poseł/posłanka *m/f*.
membership ['mɛmbəʃɪp] *n* (*state*) członkostwo *nt*; (*members*) członkowie *vir pl*; (*number of members*) liczba *f* członków.
membership card *n* legitymacja *f* członkowska.
membrane ['mɛmbreɪn] (*ANAT, BIO*) *n* błona *f*.
memento [mə'mɛntəu] *n* pamiątka *f*.
memo ['mɛməu] *n* notatka *f* (*zwłaszcza służbowa*).
memoir ['mɛmwɑ:*] *n* wspomnienie *nt* (*artykuł itp*).
memoirs ['mɛmwɑ:z] *npl* wspomnienia *pl*, pamiętniki *pl*.
memo pad *n* notatnik *m*.
memorable ['mɛmərəbl] *adj* pamiętny.
memorandum [mɛmə'rændəm] (*pl* **memoranda**) *n* (*memo*) notatka *f* (*zwłaszcza służbowa*); (*POL*) memorandum *nt*.
memorial [mɪ'mɔ:rɪəl] *n* pomnik *m* ♦ *adj* (*plaque etc*) pamiątkowy; **memorial service** nabożeństwo żałobne.
memorize ['mɛməraɪz] *vt* uczyć się (nauczyć się *perf*) na pamięć *+gen*.
memory ['mɛmərɪ] *n* (*also COMPUT*) pamięć *f*; (*recollection*) wspomnienie *nt*; **in memory of** ku pamięci *+gen*; **to have a good/bad memory** mieć dobrą/złą pamięć; **loss of memory** utrata pamięci.
men [mɛn] *npl of* **man**.
menace ['mɛnɪs] *n* (*threat*) groźba *f*; (*nuisance*) zmora *f* ♦ *vt* zagrażać *+dat*; **a public menace** zagrożenie dla społeczeństwa; **a menace to democracy** zagrożenie dla demokracji.
menacing ['mɛnɪsɪŋ] *adj* groźny.
menagerie [mɪ'nædʒərɪ] *n* menażeria *f*.
mend [mɛnd] *vt* (*repair*) naprawiać (naprawić *perf*); (*darn*) cerować (zacerować *perf*) ♦ *n*: **to be on the mend** wracać do zdrowia; **to mend one's ways** poprawiać się (poprawić się *perf*).
mending ['mɛndɪŋ] *n* (*repairing*) naprawa *f*; (*clothes*) cerowanie *nt*.
menial ['mi:nɪəl] (*often pej*) *adj* (*work*) służebny, czarny (*pej*).
meningitis [mɛnɪn'dʒaɪtɪs] *n* zapalenie *nt* opon mózgowych.
menopause ['mɛnəupɔ:z] (*MED*) *n*: **the menopause** menopauza *f*, klimakterium *nt*.
menservants ['mɛnsə:vənts] *npl of* **manservant**.
menstrual ['mɛnstruəl] *adj* miesiączkowy, menstruacyjny.
menstruate ['mɛnstrueɪt] *vi* miesiączkować.
menstruation [mɛnstru'eɪʃən] *n* miesiączka *f*, menstruacja *f*.
mental ['mɛntl] *adj* umysłowy; **mental arithmetic** rachunek pamięciowy.
mentality [mɛn'tælɪtɪ] *n* mentalność *f*.
mentally ['mɛntlɪ] *adv*: **mentally handicapped** upośledzony umysłowo.
menthol ['mɛnθɔl] *n* mentol *m*.
mention ['mɛnʃən] *n* wzmianka *f* ♦ *vt* wspominać (wspomnieć *perf*) o *+loc*; **thank you – don't mention it!** dziękuję – nie ma za co!; **she mentioned that ...** wspomniała, że ...; **not to mention ...** nie mówiąc (już) o *+loc*.
mentor ['mɛntɔ:*] *n* mentor(ka) *m(f)*.
menu ['mɛnju:] *n* (*selection of dishes*) zestaw *m*; (*printed*) menu *nt inv*, karta *f* (dań *or* potraw); (*COMPUT*) menu *nt inv*.
menu-driven ['mɛnju:drɪvn] (*COMPUT*) *adj* sterowany za pomocą menu.
MEP (*BRIT*) *n abbr* (= *Member of the European Parliament*) poseł/posłanka *m/f* do Parlamentu Europejskiego.
mercantile ['mə:kəntaɪl] *adj* (*class, society*) kupiecki; (*law*) handlowy.

mercenary ['məːsɪnərɪ] *adj* wyrachowany, interesowny ♦ *n* najemnik *m* (*żołnierz*).
merchandise ['məːtʃəndaɪz] *n* towar *m*, towary *pl*.
merchandiser ['məːtʃəndaɪzə*] *n* handlowiec *m*.
merchant ['məːtʃənt] *n* kupiec *m*; **timber/wine merchant** kupiec drewnem/winem.
merchant bank (*BRIT*) *n* bank *m* handlowy.
merchantman ['məːtʃəntmən] (*irreg like*: **man**) *n* statek *m* handlowy.
merchant navy (*US* **merchant marine**) *n* marynarka *f* handlowa.
merciful ['məːsɪful] *adj* litościwy, miłosierny; **a merciful release** wybawienie.
mercifully ['məːsɪflɪ] *adv* (*fortunately*) na szczęście.
merciless ['məːsɪlɪs] *adj* bezlitosny.
mercurial [məː'kjuərɪəl] *adj* (*unpredictable*) zmienny, nieprzewidywalny; (*lively*) żywy.
mercury ['məːkjurɪ] *n* rtęć *f*.
mercy ['məːsɪ] *n* litość *f*; **to have mercy on sb** mieć litość nad kimś; **to be at the mercy of** być zdanym na łaskę *+gen*.
mercy killing *n* eutanazja *f*.
mere [mɪə*] *adj* zwykły; **his mere presence irritates her** sama jego obecność denerwuje ją; **by mere chance** przez czysty przypadek; **she's a mere child** jest tylko dzieckiem; **a mere one hundred metres** zaledwie sto metrów.
merely ['mɪəlɪ] *adv* tylko, jedynie.
merge [məːdʒ] *vt* łączyć (połączyć *perf*); (*COMPUT*: *files*) scalać (scalić *perf*) ♦ *vi* (*roads, companies*) łączyć się (połączyć się *perf*); (*colours, sounds*) zlewać się (zlać się *perf*).
merger ['məːdʒə*] (*COMM*) *n* fuzja *f*.
meridian [mə'rɪdɪən] *n* południk *m*.
meringue [mə'ræŋ] *n* beza *f*.
merit ['mɛrɪt] *n* (*worth, value*) wartość *f*; (*advantage*) zaleta *f* ♦ *vt* zasługiwać (zasłużyć *perf*) na *+acc*.
meritocracy [mɛrɪ'tɔkrəsɪ] *n* merytrokracja *f*.
mermaid ['məːmeɪd] *n* syrena *f*.
merrily ['mɛrɪlɪ] *adv* wesoło.
merriment ['mɛrɪmənt] *n* wesołość *f*.
merry ['mɛrɪ] *adj* wesoły; **Merry Christmas!** Wesołych Świąt!
merry-go-round ['mɛrɪgəuraund] *n* karuzela *f*.
mesh [mɛʃ] *n* (*net*) siatka *f*; **wire mesh** siatka druciana.
mesmerize ['mɛzməraɪz] *vt* hipnotyzować (zahipnotyzować *perf*).
mess [mɛs] *n* (*in room*) bałagan *m*; (*dirt*) brud *m*; (*MIL*) kantyna *f*; (: *officers'*) kasyno *nt*; (*NAUT*) mesa *f*; **in a mess** (*untidy*) w nieładzie; (*in difficulty*) w kłopotach; **my life is a dreadful mess** moje życie jest straszliwie pogmatwane; **to get o.s. in a mess** pakować się (wpakować się *perf*) w kłopoty.
►**mess about** (*inf*) *vi* (*waste time*) obijać się; (*fool around*) wygłupiać się.
►**mess about with** (*inf*) *vt fus* (*thing*) grzebać przy *+loc*; (*person*) nie traktować poważnie *+gen*.
►**mess around** (*inf*) *vi* = **mess about**.
►**mess around with** (*inf*) *vt fus* = **mess about with**.
►**mess up** (*inf*) *vt* (*spoil*) spaprać (*perf*) (*inf*); (*dirty*) zapaprać (*perf*) (*inf*).
message ['mɛsɪdʒ] *n* (*piece of information*) wiadomość *f*; (*meaning*) przesłanie *nt*; **he finally got the message** (*inf*: *fig*) wreszcie do niego dotarło (*inf*).
message switching [-'swɪtʃɪŋ] (*COMPUT*) *n* rozsyłanie *nt* komunikatów w sieci.
messenger ['mɛsɪndʒə*] *n* posłaniec *m*.
Messiah [mɪ'saɪə] *n* Mesjasz *m*.
Messrs ['mɛsəz] *abbr* (*on letters*: = *messieurs*) Panowie.
messy ['mɛsɪ] *adj* (*dirty*) brudny; (*untidy*) niechlujny.
Met [mɛt] (*US*) *n abbr* (= *Metropolitan Opera*).
met [mɛt] *pt, pp of* **meet** ♦ *adj abbr* (= *meteorological*): **the Met Office** ≈ IMGW *m inv*.
metabolism [mɛ'tæbəlɪzəm] *n* przemiana *f* materii, metabolizm *m*.
metal ['mɛtl] *n* metal *m*.
metalled ['mɛtld] *adj* (*road*) tłuczniowy.
metallic [mɪ'tælɪk] *adj* metaliczny.
metallurgy [mɛ'tælədʒɪ] *n* metalurgia *f*.
metalwork ['mɛtlwəːk] *n* (*craft*) obróbka *f* metali.
metamorphosis [mɛtə'mɔːfəsɪs] (*pl* **metamorphoses**) *n* metamorfoza *f*.
metaphor ['mɛtəfə*] *n* przenośnia *f*, metafora *f*.
metaphorical [mɛtə'fɔrɪkl] *adj* przenośny, metaforyczny.
metaphysics [mɛtə'fɪzɪks] *n* metafizyka *f*.
meteor ['miːtɪə*] *n* meteor *m*.
meteoric [miːtɪ'ɔrɪk] *adj* (*fig*) błyskawiczny.
meteorite ['miːtɪəraɪt] *n* meteoryt *m*.
meteorological [miːtɪərə'lɔdʒɪkl] *adj* meteorologiczny.
meteorology [miːtɪə'rɔlədʒɪ] *n* meteorologia *f*.
mete out [miːt-] *vt* wymierzać (wymierzyć *perf*).
meter ['miːtə*] *n* licznik *m*; (*parking meter*) parkometr *m*; (*US*) = **metre**.
methane ['miːθeɪn] *n* metan *m*.
method ['mɛθəd] *n* metoda *f*; **method of payment** sposób zapłaty.
methodical [mɪ'θɔdɪkl] *adj* metodyczny.
Methodist ['mɛθədɪst] *n* metodysta (-tka) *m(f)*.
methodology [mɛθə'dɔlədʒɪ] *n* (*of research*) metodologia *f*; (*of teaching*) metodyka *f*.
meths [mɛθs] (*BRIT*) *n* = **methylated spirit**.
methylated spirit ['mɛθɪleɪtɪd-] (*BRIT*) *n* denaturat *m*.
meticulous [mɪ'tɪkjuləs] *adj* skrupulatny.
metre ['miːtə*] (*US* **meter**) *n* metr *m*.
metric ['mɛtrɪk] *adj* metryczny; **to go metric** przechodzić (przejść *perf*) na system metryczny.
metrical ['mɛtrɪkl] *adj* metryczny.

metrication [mɛtrɪ'keɪʃən] *n* przechodzenie *nt* na system metryczny.

metric system *n* system *m* metryczny.

metric ton *n* tona *f*.

metronome ['mɛtrənəum] *n* metronom *m*.

metropolis [mɪ'trɔpəlɪs] *n* metropolia *f*.

metropolitan [mɛtrə'pɔlɪtn] *adj* wielkomiejski; (*POL*) metropolitalny.

Metropolitan Police (*BRIT*) *n*: **the Metropolitan Police** *policja londyńska*.

mettle ['mɛtl] *n*: **to be on one's mettle** chcieć się jak najlepiej zaprezentować; **to show/prove one's mettle** wykazać się *(perf)*.

mew [mju:] *vi* miauczeć (zamiauczeć *perf*).

mews [mju:z] (*BRIT*) *n*: **mews flat** *mieszkanie w budynku przerobionym z dawnych stajni*.

Mexican ['mɛksɪkən] *adj* meksykański ♦ *n* Meksykanin (-anka) *m(f)*.

Mexico ['mɛksɪkəu] *n* Meksyk *m*.

Mexico City *n* Meksyk *m*.

mezzanine ['mɛtsəni:n] *n* antresola *f*.

MFA (*US*) *n abbr* (= *Master of Fine Arts*) *stopień naukowy*; ≈ mgr.

mfr *abbr* = **manufacture**; = **manufacturer**.

mg *abbr* = **milligram** mg.

Mgr *abbr* (= *Monseigneur, Monsignor*) *tytuł przysługujący wysokim dostojnikom kościelnym*; (*COMM*) = **manager** ≈ dyr.

MHR (*US*) *n abbr* (= *Member of the House of Representatives*) członek *m* Izby Reprezentantów.

MHz *abbr* (= *megahertz*) MHz.

MI (*US*: *POST*) *abbr* (= *Michigan*).

MI5 (*BRIT*) *n abbr* (= *Military Intelligence 5*) *kontrwywiad brytyjski*.

MI6 (*BRIT*) *n abbr* (= *Military Intelligence 6*) *wywiad brytyjski*.

MIA (*MIL*) *abbr* (= *missing in action*) zaginiony (-na) *m(f)* w toku działań.

miaow [mi:'au] *vi* miauczeć (zamiauczeć *perf*).

mice [maɪs] *npl of* **mouse**.

micro... ['maɪkrəu] *pref* mikro... .

microbe ['maɪkrəub] *n* mikrob *m*.

microbiology [maɪkrəbaɪ'ɔlədʒɪ] *n* mikrobiologia *f*.

microchip ['maɪkrəutʃɪp] *n* układ *m* scalony.

micro(computer) ['maɪkrəu(kəm'pju:tə*)] *n* (mikro)komputer *m*.

microcosm ['maɪkrəukɔzəm] *n* mikrokosmos *m*.

microeconomics ['maɪkrəui:kə'nɔmɪks] *n* mikroekonomia *f*.

microelectronics ['maɪkrəuɪlɛk'trɔnɪks] *n* mikroelektronika *f*.

microfiche ['maɪkrəufi:ʃ] *n* mikrofisza *f*.

microfilm ['maɪkrəufɪlm] *n* mikrofilm *m*.

microlight ['maɪkrəulaɪt] *n mały, lekki samolot silnikowy dla dwóch osób*.

micrometer [maɪ'krɔmɪtə*] *n* mikrometr *m*.

microphone ['maɪkrəfəun] *n* mikrofon *m*.

microprocessor ['maɪkrəu'prəusɛsə*] *n* mikroprocesor *m*.

microscope ['maɪkrəskəup] *n* mikroskop *m*; **under the microscope** pod mikroskopem.

microscopic [maɪkrə'skɔpɪk] *adj* mikroskopijny.

microwave ['maɪkrəuweɪv] *n* (*also*: **microwave oven**) kuchenka *f* mikrofalowa, mikrofalówka *f* (*inf*).

mid- [mɪd] *adj*: **in mid-May** w połowie maja; **in mid-afternoon** po południu; **in mid-air** w powietrzu; **he's in his mid-thirties** ma około trzydziestu pięciu lat.

midday [mɪd'deɪ] *n* południe *nt*.

middle ['mɪdl] *n* (*centre*) środek *m*; (*half-way point*) połowa *f*; (*midriff*) brzuch *m* ♦ *adj* (*place, position*) środkowy; (*course*) pośredni; **in the middle of the night** w środku nocy; **I'm in the middle of...** jestem w trakcie *+gen*.

middle age *n* wiek *m* średni.

middle-aged [mɪdl'eɪdʒd] *adj* w średnim wieku *post*.

Middle Ages *npl*: **the Middle Ages** średniowiecze *nt*, wieki *pl* średnie.

middle-class [mɪdl'klɑ:s] *adj* z klasy średniej *post*.

middle class(es) *n(pl)*: **the middle class(es)** klasa *f or* warstwa *f* średnia, (klasy *pl or* warstwy *pl* średnie).

Middle East *n*: **the Middle East** Bliski Wschód *m*.

middleman ['mɪdlmæn] (*irreg like*: **man**) *n* pośrednik *m*.

middle management *n* kadra *f* kierownicza średniego szczebla.

middle name *n* drugie imię *nt*.

middle-of-the-road ['mɪdləvðə'rəud] *adj* (*POL*) umiarkowany; **middle-of-the-road music** muzyka środka.

middleweight ['mɪdlweɪt] (*BOXING*) *n* waga *f* średnia.

middling ['mɪdlɪŋ] *adj* przeciętny.

Middx (*BRIT*: *POST*) *abbr* (= *Middlesex*).

midge [mɪdʒ] *n* komar *f*.

midget ['mɪdʒɪt] *n* karzeł/karlica *m/f*.

Midlands ['mɪdləndz] (*BRIT*) *npl*: **the Midlands** *środkowa Anglia*.

midnight ['mɪdnaɪt] *n* północ *f* ♦ *cpd*: **midnight party** *etc* nocne przyjęcie *nt etc*; **at midnight** o północy.

midriff ['mɪdrɪf] *n* talia *f*.

midst [mɪdst] *n*: **in the midst of** (*crowd*) wśród *or* pośród *+gen*; (*event*) w (samym) środku *+gen*; (*action*) w trakcie *+gen*.

midsummer [mɪd'sʌmə*] *n* pełnia *f or* środek *m* lata; **Midsummer('s) Day** dzień św. Jana.

midway [mɪd'weɪ] *adj* w połowie drogi *post* ♦ *adv*: **midway (between)** (*in space*) w połowie drogi (między *+instr*); **midway through** (*in time*) w połowie *+gen*.

midweek [mɪd'wi:k] *adv* w środku *or* połowie tygodnia ♦ *adj* w środku *or* połowie tygodnia *post.*
midwife ['mɪdwaɪf] (*pl* **midwives**) *n* położna *f*, akuszerka *f.*
midwifery ['mɪdwɪfərɪ] *n* położnictwo *nt.*
midwinter [mɪd'wɪntə*] *n*: **in midwinter** w środku zimy.
might [maɪt] *vb see* **may** ♦ *n* moc *f*, potęga *f*; **with all one's might** z całej siły, z całych sił.
mighty ['maɪtɪ] *adj* potężny.
migraine ['mi:greɪn] *n* migrena *f.*
migrant ['maɪgrənt] *adj* wędrowny ♦ *n* (*bird*) ptak *m* wędrowny; (*person*) tułacz *m.*
migrate [maɪ'greɪt] *vi* migrować.
migration [maɪ'greɪʃən] *n* migracja *f.*
mike [maɪk] *n abbr* = **microphone**.
Milan [mɪ'læn] *n* Mediolan *m.*
mild [maɪld] *adj* (*gentle*) łagodny; (*slight*) umiarkowany.
mildew ['mɪldju:] *n* pleśń *f.*
mildly ['maɪldlɪ] *adv* (*gently*) łagodnie; (*slightly*) umiarkowanie, w miarę; **to put it mildly** delikatnie mówiąc.
mildness ['maɪldnɪs] *n* łagodność *f.*
mile [maɪl] *n* mila *f*; **how many miles per gallon does your car do?** ile spala *or* pali twój samochód?
mileage ['maɪlɪdʒ] *n* (przebyta) odległość *f or* droga *f* (*w milach*); (*fig*) (potencjalna) przydatność *f.*
mileage allowance *n* zwrot *m* kosztów podróży (*na podstawie ilości przebytych mil*).
mileometer [maɪ'lɔmɪtə*] *n* szybkościomierz *m.*
milestone ['maɪlstəun] *n* kamień *m* milowy.
milieu ['mi:ljə:] *n* środowisko *nt.*
militant ['mɪlɪtnt] *adj* wojowniczy, wojujący ♦ *n* bojownik (-iczka) *m(f).*
militarism ['mɪlɪtərɪzəm] *n* militaryzm *m.*
militaristic [mɪlɪtə'rɪstɪk] *adj* militarystyczny.
military ['mɪlɪtərɪ] *adj* militarny, wojskowy ♦ *n*: **the military** wojsko *nt.*
military police *n* żandarmeria *f* wojskowa.
militate ['mɪlɪteɪt] *vi*: **to militate against** stawać (stanąć *perf*) na przeszkodzie *+dat.*
militia [mɪ'lɪʃə] *n* milicja *f.*
milk [mɪlk] *n* mleko *nt* ♦ *vt* doić (wydoić *perf*); (*fig*) eksploatować (wyeksploatować *perf*).
milk chocolate *n* czekolada *f* mleczna.
milk float (*BRIT*) *n* pojazd *m* rozwożący mleko.
milking ['mɪlkɪŋ] *n* dojenie *nt.*
milkman ['mɪlkmən] (*irreg like*: **man**) *n* mleczarz *m.*
milkshake ['mɪlkʃeɪk] *n* koktajl *m* mleczny.
milk tooth *n* ząb *m* mleczny.
milk truck (*US*) *n* = **milk float**.
milky ['mɪlkɪ] *adj* (*colour*) mleczny; (*drink*) z mlekiem *post.*
Milky Way *n*: **the Milky Way** Droga *f* Mleczna.
mill [mɪl] *n* (*for grain*) młyn *m*; (*also*: **coffee mill**) młynek *m* (do kawy); (*also*: **pepper mill**) młynek *f* (do pieprzu); (*factory*) zakład *m* (przemysłowy) ♦ *vt* mielić (zmielić *perf*) ♦ *vi* (*also*: **mill about**: *crowd etc*) falować.
millennium [mɪ'lɛnɪəm] (*pl* **millenniums** *or* **millennia**) *n* tysiąclecie *nt*, mil(l)enium *nt.*
miller ['mɪlə*] *n* młynarz *m.*
millet ['mɪlɪt] *n* proso *nt.*
milli... ['mɪlɪ] *pref* mili... .
milligram(me) ['mɪlɪgræm] *n* miligram *m.*
millilitre ['mɪlɪli:tə*] (*US* **milliliter**) *n* mililitr *m.*
millimetre ['mɪlɪmi:tə*] (*US* **millimeter**) *n* milimetr *m.*
millinery ['mɪlɪnərɪ] *n* damskie kapelusze *pl.*
million ['mɪljən] *n* milion *m*; **a million times** (*fig*) setki razy.
millionaire [mɪljə'nɛə*] *n* milioner(ka) *m(f).*
millipede ['mɪlɪpi:d] *n* (*ZOOL*) krocionóg *m.*
millstone ['mɪlstəun] *n* (*fig*): **to be a millstone round sb's neck** być komuś kamieniem u szyi.
millwheel ['mɪlwi:l] *n* koło *nt* młyńskie.
milometer [maɪ'lɔmɪtə*] *n* = **mileometer**.
mime [maɪm] *n* (*ART*) pantomima *f*; (*actor*) mim *m* ♦ *vt* pokazywać (pokazać *perf*) na migi; **in mime** na migi.
mimic ['mɪmɪk] *n* imitator *m* ♦ *vt* imitować, naśladować.
mimicry ['mɪmɪkrɪ] *n* imitowanie *nt*, naśladowanie *nt*; (*BIO*) mimikra *f.*
Min. (*BRIT*: *POL*) *abbr* = **ministry** Min.
min. *abbr* = **minute** min.; = **minimum** min.
minaret [mɪnə'rɛt] *n* minaret *m.*
mince [mɪns] *vt* (*in mincer*) mielić (zmielić *perf*); (*with knife*) siekać (posiekać *perf*) ♦ *vi* dreptać ♦ *n* (*BRIT*) (mięso *nt*) mielone; **he does not mince (his) words** (on) nie przebiera w słowach.
mincemeat ['mɪnsmi:t] *n* (*BRIT*) *słodkie nadzienie z bakalii, tłuszczu i przypraw korzennych*; (*US*) (mięso *nt*) mielone; **to make mincemeat of sb** rozbić *(perf) or* zgnieść *(perf)* kogoś na miazgę.
mince pie *n rodzaj okrągłego pierożka z nadzieniem z bakalii spożywanego tradycyjnie w okresie Świąt Bożego Narodzenia.*
mincer ['mɪnsə*] *n* maszynka *f* do (mielenia) mięsa.
mincing ['mɪnsɪŋ] *adj* (*steps*) drobny; (*way of talking*) zmanierowany.
mind [maɪnd] *n* (*intellect*) umysł *m*; (*thoughts*) myśli *pl*; (*head*) głowa *f* ♦ *vt* (*attend to, look after*) doglądać *+gen*; (*be careful of*) uważać na *+acc*; (*object to*) mieć coś przeciwko *+dat*; **do you mind if I smoke?** czy nie będzie Panu/Pani przeszkadzało, jeżeli zapalę?; **to my mind** według mnie; **he must be out of his mind** chyba postradał zmysły; **it's constantly on my mind** ciągle mi to chodzi po głowie; **to keep** *or* **bear sth in mind** pamiętać o czymś; **to make up one's mind** zdecydować się *(perf)*; **to**

change one's mind zmieniać (zmienić *perf*) zdanie, rozmyślić się *(perf)*; **I'm in two minds (about it)** nie mogę się zdecydować; **to have it in mind to do sth** nosić się z zamiarem zrobienia czegoś; **to have sb/sth in mind** mieć kogoś/coś na myśli; **it completely slipped my mind** całkiem mi to wyleciało z głowy; **to bring** *or* **call sth to mind** przywodzić (przywieść *perf*) coś na myśl; **I don't mind** (*when choosing*) wszystko jedno; (*when offered drink etc*) chętnie; **mind you, ...** zwróć uwagę, że ...; **never mind!** (nic) nie szkodzi!; **"mind the step"** „uwaga stopień".

-minded ['maɪndɪd] *adj*: **marriage-/career-minded** nastawiony na małżeństwo/karierę; **liberally-minded** liberalnie nastawiony.

minder ['maɪndə*] *n* (*also*: **childminder**) opiekun(ka) *m(f)* do dziecka; (*inf*: *bodyguard*) goryl *m* (*inf*).

mindful ['maɪndful] *adj*: **to be mindful of** mieć na względzie *+acc*.

mindless ['maɪndlɪs] *adj* bezmyślny.

mine[1] *pron* mój; **that book is mine** ta(mta) książka jest moja; **a friend of mine** (pewien) (mój) kolega *m*/(pewna) (moja) koleżanka *f*.

mine[2] *n* (*coal etc*) kopalnia *f*; (*bomb*) mina *f* ♦ *vt* (*coal*) wydobywać (wydobyć *perf*); (*beach*) minować (zaminować *perf*).

mine detector *n* wykrywacz *m* min.

minefield ['maɪnfi:ld] *n* pole *nt* minowe; (*fig*) niebezpieczny grunt *m*.

miner ['maɪnə*] *n* górnik *m*.

mineral ['mɪnərəl] *adj* mineralny ♦ *n* minerał *m*; **minerals** *npl* (*BRIT*) napoje *pl* gazowane.

mineralogy [mɪnə'rælədʒɪ] *n* mineralogia *f*.

mineral water *n* woda *f* mineralna.

minesweeper ['maɪnswi:pə*] *n* trałowiec *m*.

mingle ['mɪŋgl] *vi* bywać wśród ludzi; **to mingle with** (*people*) obracać się wśród *+gen*; (*sounds, smells*) mieszać się z *+instr*.

mingy ['mɪndʒɪ] (*inf*) *adj* skąpy.

mini... ['mɪnɪ] *pref* mini... .

miniature ['mɪnətʃə*] *adj* miniaturowy ♦ *n* miniatura *f*.

minibus ['mɪnɪbʌs] *n* mikrobus *m*.

minicab ['mɪnɪkæb] (*AUT*) *n* taksówka *f* (*prywatna, wzywana przez telefon*).

minicomputer ['mɪnɪkəm'pju:tə*] *n* minikomputer *m*.

minim ['mɪnɪm] *n* (*MUS*) półnuta *f*.

minima ['mɪnɪmə] *npl of* **minimum**.

minimal ['mɪnɪml] *adj* minimalny.

minimize ['mɪnɪmaɪz] *vt* (*reduce*) minimalizować (zminimalizować *perf*); (*play down*) umniejszać (umniejszyć *perf*).

minimum ['mɪnɪməm] (*pl* **minima**) *n* minimum *nt* ♦ *adj* minimalny; **to reduce sth to a minimum** redukować (zredukować *perf*) coś do minimum; **minimum wage** płaca minimalna.

minimum lending rate *n* minimalne oprocentowanie *nt* kredytu.

mining ['maɪnɪŋ] *n* górnictwo *nt* ♦ *cpd* (*town*) górniczy; (*industry*) wydobywczy.

minion ['mɪnjən] (*pej*) *n* sługus *m* (*inf*).

miniskirt ['mɪnɪskə:t] *n* minispódniczka *f*.

minister ['mɪnɪstə*] *n* (*BRIT*: *POL*) minister *m*; (*REL*) duchowny *m* (*protestancki*) ♦ *vi*: **to minister to sb/sb's needs** służyć komuś.

ministerial [mɪnɪs'tɪərɪəl] (*BRIT*) *adj* ministerialny.

ministry ['mɪnɪstrɪ] *n* (*BRIT*: *POL*) ministerstwo *nt*; (*REL*) stan *m* duchowny.

Ministry of Defence (*BRIT*) *n* ≈ Ministerstwo *nt* Obrony Narodowej.

mink [mɪŋk] (*pl* **minks** *or* **mink**) *n* (*fur*) norki *pl*; (*animal*) norka *f*.

mink coat *n* futro *nt* z norek.

minnow ['mɪnəu] *n nazwa wspólna dla wielu gatunków małych rybek z rodziny karpiowatych*; (*fig*: *person*) płotka *f*.

minor ['maɪnə*] *adj* (*repairs, injuries*) drobny; (*poet*) pomniejszy; (*MED*: *operation*) mały; (*MUS*) moll *post* ♦ *n* nieletni(a) *m(f)*.

Minorca [mɪ'nɔ:kə] *n* Minorka *f*.

minority [maɪ'nɔrɪtɪ] *n* mniejszość *f*; **to be in a minority** być w mniejszości.

minster ['mɪnstə*] *n* kościół *m* katedralny.

minstrel ['mɪnstrəl] *n* minstrel *m*.

mint [mɪnt] *n* (*BOT, CULIN*) mięta *f*; (*sweet*) miętówka *f*; (*factory*) mennica *f* ♦ *vt* (*coins*) bić, wybijać (wybić *perf*); **in mint condition** w idealnym stanie.

mint sauce *n* sos *m* miętowy.

minuet [mɪnju'ɛt] *n* menuet *m*.

minus ['maɪnəs] *n* (*also*: **minus sign**) minus *m* ♦ *prep*: **12 minus 6 equals 6** 12 minus 6 równa się 6; **minus 24 (degrees)** minus 24 (stopnie Celsjusza).

minuscule ['mɪnəskju:l] *adj* maluteńki, malusieńki.

minute[1] [maɪ'nju:t] *adj* (*search*) drobiazgowy; (*amount*) minimalny; **in minute detail** z najdrobniejszymi szczegółami.

minute[2] ['mɪnɪt] *n* minuta *f*; (*fig*) minu(t)ka *f*; **minutes** *npl* (*of meeting*) protokół *m*; **it is five minutes past three** jest pięć (minut) po trzeciej; **wait a minute!, just a minute!** chwileczkę!; **up-to-the-minute** (*news*) najświeższy; (*machine, technology*) najnowszy, najnowocześniejszy; **at the last minute** w ostatniej chwili.

minute book *n* księga *f* protokołów.

minute hand *n* wskazówka *f* minutowa.

minutely [maɪ'nju:tlɪ] *adv* (*in detail*) drobiazgowo; (*by a small amount*) (bardzo) nieznacznie.

miracle ['mɪrəkl] *n* cud *m*.

miraculous [mɪ'rækjuləs] *adj* cudowny.

mirage ['mɪrɑːʒ] *n* miraż *m*.
mire ['maɪə*] *n* bagno *nt*, grzęzawisko *nt*.
mirror ['mɪrə*] *n* (*in bedroom, bathroom*) lustro *nt*; (*in car*) lusterko *nt* ♦ *vt* (*fig*) odzwierciedlać.
mirror image *n* lustrzane odbicie *nt*.
mirth [məːθ] *n* rozbawienie *nt*, wesołość *f*.
misadventure [mɪsəd'vɛntʃə*] *n* nieszczęśliwy wypadek *m*, nieszczęście *nt*; **death by misadventure** (*BRIT*) śmierć na skutek nieszczęśliwego wypadku.
misanthropist [mɪ'zænθrəpɪst] *n* mizantrop *m*.
misapply [mɪsə'plaɪ] *vt* źle *or* niewłaściwie stosować (zastosować *perf*).
misapprehension ['mɪsæprɪ'hɛnʃən] *n* (*wrong idea*) błędne mniemanie *nt*; (*misunderstanding*) nieporozumienie *nt*.
misappropriate [mɪsə'prəuprɪeɪt] *vt* sprzeniewierzać (sprzeniewierzyć *perf*).
misappropriation ['mɪsəprəuprɪ'eɪʃən] *n* sprzeniewierzenie *nt*.
misbehave [mɪsbɪ'heɪv] *vi* źle się zachowywać.
misbehaviour [mɪsbɪ'heɪvjə*] (*US* **misbehavior**) *n* złe zachowanie *nt*.
misc. *abbr* = **miscellaneous**.
miscalculate [mɪs'kælkjuleɪt] *vt* źle *or* błędnie ocenić *(perf)* ♦ *vi* przeliczyć się *(perf)*.
miscalculation ['mɪskælkju'leɪʃən] *n* błędna ocena *f*.
miscarriage ['mɪskærɪdʒ] *n* poronienie *nt*; **miscarriage of justice** pomyłka sądowa.
miscarry [mɪs'kærɪ] *vi* (*MED*) ronić (poronić *perf*); (*plans*) nie powieść się *(perf)*.
miscellaneous [mɪsɪ'leɪnɪəs] *adj* różny, rozmaity; **miscellaneous expenses** wydatki różne *or* inne.
mischance [mɪs'tʃɑːns] *n* (*bad luck*) pech *m*; (*misfortune*) nieszczęście *nt*.
mischief ['mɪstʃɪf] *n* (*naughtiness: of child*) psoty *pl*; (*playfulness*) figlarność *f*; (*maliciousness*) intrygi *pl*; **to get into mischief** psocić (napsocić *perf*); **to do sb/o.s. a mischief** robić (zrobić *perf*) komuś/sobie krzywdę.
mischievous ['mɪstʃɪvəs] *adj* (*naughty*) psotny; (*playful*) figlarny.
misconception ['mɪskən'sɛpʃən] *n* błędne mniemanie *nt or* przekonanie *nt*.
misconduct [mɪs'kɔndʌkt] *n* (*bad behaviour*) złe prowadzenie się *nt*; (*instance*) występek *m*; **professional misconduct** zachowanie niezgodne z etyką zawodową.
misconstrue [mɪskən'struː] *vt* błędnie interpretować (zinterpretować *perf*).
miscount [mɪs'kaunt] *vt* źle policzyć *(perf)* ♦ *vi* mylić się (pomylić się *perf*) w liczeniu.
misdemeanour [mɪsdɪ'miːnə*] (*US* **misdemeanor**) *n* występek *m*, wykroczenie *nt*.
misdirect [mɪsdɪ'rɛkt] *vt* (*person*) źle *or* mylnie kierować (skierować *perf*); (*talent*) niewłaściwie wykorzystywać (wykorzystać *perf*).
miser ['maɪzə*] *n* skąpiec *m*, sknera *m/f* (*inf*).
miserable ['mɪzərəbl] *adj* (*unhappy*) nieszczęśliwy; (*unpleasant: weather*) ponury; (*: person*) nieprzyjemny; (*wretched: conditions*) nędzny; (*contemptible: donation etc*) nędzny, marny; (*: failure*) sromotny; **to feel miserable** być bardzo przygnębionym.
miserably ['mɪzərəblɪ] *adv* (*fail*) sromotnie; (*live*) nędznie; (*smile, say*) ponuro; (*small*) żałośnie.
miserly ['maɪzəlɪ] *adj* skąpy.
misery ['mɪzərɪ] *n* (*unhappiness*) nieszczęście *nt*; (*wretchedness*) nędza *f*; (*inf: person*) maruda *m/f* (*inf*).
misfire [mɪs'faɪə*] *vi* (*plan*) spełznąć *(perf)* na niczym, nie wypalić *(perf)* (*inf*); (*car engine*) nie zapalać (nie zapalić *perf*).
misfit ['mɪsfɪt] *n* odmieniec *m*.
misfortune [mɪs'fɔːtʃən] *n* nieszczęście *nt*.
misgiving [mɪs'gɪvɪŋ] *n* (*often pl*) obawy *pl*, złe przeczucia *pl*.
misguided [mɪs'gaɪdɪd] *adj* (*opinion*) błędny, mylny.
mishandle [mɪs'hændl] *vt* (*instrument*) nieumiejętnie obchodzić się z *+instr*; (*situation*) źle rozgrywać (rozegrać *perf*); (*case, negotiations*) źle prowadzić (poprowadzić *perf*).
mishap ['mɪshæp] *n* niefortunny wypadek *m*.
mishear [mɪs'hɪə*] (*irreg like*: **hear**) *vt* źle usłyszeć *(perf)* ♦ *vi* przesłyszeć się *(perf)*.
misheard [mɪs'həːd] *pt, pp of* **mishear**.
mishmash ['mɪʃmæʃ] (*inf*) *n* bezładna mieszanina *f*, miszmasz *m* (*inf*).
misinform [mɪsɪn'fɔːm] *vt* wprowadzać (wprowadzić *perf*) w błąd.
misinterpret [mɪsɪn'təːprɪt] *vt* źle *or* błędnie interpretować (zinterpretować *perf*).
misinterpretation ['mɪsɪntəːprɪ'teɪʃən] *n* błędna interpretacja *f*.
misjudge [mɪs'dʒʌdʒ] *vt* (*person*) źle osądzić *(perf)*; (*situation, action*) źle *or* niewłaściwie ocenić *(perf)*.
mislay [mɪs'leɪ] (*irreg like*: **lay**) *vt* zapodziać *(perf)*, zawieruszyć *(perf)*.
mislead [mɪs'liːd] (*irreg like*: **lead**) *vt* wprowadzać (wprowadzić *perf*) w błąd, zmylić *(perf)*.
misleading [mɪs'liːdɪŋ] *adj* mylący, wprowadzający w błąd.
misled *pt, pp of* **mislead**.
mismanage [mɪs'mænɪdʒ] *vt* źle *or* niewłaściwie zarządzać *+instr*.
mismanagement [mɪs'mænɪdʒmənt] *n* niewłaściwe zarządzanie *nt*, niegospodarność *f*.
misnomer [mɪs'nəumə*] *n* błędna *or* niewłaściwa nazwa *f*.
misogynist [mɪ'sɔdʒɪnɪst] *n* mizogin(ista) *m*.
misplaced [mɪs'pleɪst] *adj* (*feeling: inappropriate*) nie na miejscu *post*; (*: directed towards wrong*

person) źle *or* niewłaściwie ulokowany; (*accent etc*) źle *or* niewłaściwie umieszczony.
misprint ['mɪsprɪnt] *n* literówka *f*.
mispronounce *vt* źle *or* niewłaściwie wymawiać (wymówić *perf*).
misquote ['mɪs'kwəut] *vt* błędnie cytować (zacytować *perf*).
misread [mɪs'ri:d] (*irreg like*: **read**) *vt* błędnie odczytywać (odczytać *perf*).
misrepresent [mɪsrɛprɪ'zɛnt] *vt* przeinaczać (przeinaczyć *perf*).
Miss [mɪs] *n* (*with surname*) pani *f*, panna *f* (*old*); (*SCOL*: *as form of address*) proszę pani (*voc*); (*beauty queen*) miss *f inv*; **Dear Miss Smith** Droga Pani Smith.
miss [mɪs] *vt* (*train etc*) spóźniać się (spóźnić się *perf*) na *+acc*; (*target*) nie trafiać (nie trafić *perf*) w *+acc*; (*chance*) tracić (stracić *perf*); (*meeting*) opuszczać (opuścić *perf*); (*notice loss of*) zauważać (zauważyć *perf*) brak *+gen*; (*regret absence of*) tęsknić za *+instr* ♦ *vi* chybiać (chybić *perf*), nie trafiać (nie trafić *perf*), pudłować (spudłować *perf*) (*inf*) ♦ *n* chybienie *nt*, pudło *nt* (*inf*); **you can't miss it** nie można tego przeoczyć *or* nie zauważyć; **the bus just missed the wall** autobus omal nie wpadł na mur; **you're missing the point** nie rozumiesz istoty sprawy.
►**miss out** (*BRIT*) *vt* opuszczać (opuścić *perf*).
►**miss out on** *vt fus* tracić (stracić *perf*) *+acc*, nie załapać się (*perf*) na *+acc* (*inf*).
missal ['mɪsl] *n* mszał *m*.
misshapen [mɪs'ʃeɪpən] *adj* zniekształcony.
missile ['mɪsaɪl] *n* pocisk *m*; **missiles** (*objects thrown*) amunicja.
missile base *n* baza *f* rakietowa.
missile launcher [-'lɔ:ntʃə*] *n* wyrzutnia *f* pocisków rakietowych.
missing ['mɪsɪŋ] *adj* (*lost*) zaginiony; (*removed*: *tooth, wheel*) brakujący; (*MIL*): **missing in action** zaginiony w toku działań; **sb/sth is missing** kogoś/czegoś brakuje; **to go missing** (*object*) zginąć (*perf*); (*person*) zaginąć (*perf*); **missing person** osoba zaginiona.
mission ['mɪʃən] *n* misja *f*; (*MIL*) lot *m* bojowy; **to be on a secret mission** odbywać (odbyć *perf*) tajną misję.
missionary ['mɪʃənrɪ] *n* misjonarz (-arka) *m(f)*.
missive ['mɪsɪv] (*fml*) *n* pismo *nt*, list *m*.
misspell ['mɪs'spɛl] (*irreg like*: **spell**) *vt* źle *or* błędnie pisać (napisać *perf*).
misspent ['mɪs'spɛnt] *adj*: **his misspent youth** jego zmarnowana młodość *f*.
mist [mɪst] *n* mgła *f*; (*light*) mgiełka *f* ♦ *vi* (*also*: **mist over**: *eyes*) zachodzić (zajść *perf*) mgłą, zamglić się (*perf*); (*BRIT*: *also*: **mist over, mist up**: *windows*) zaparowywać (zaparować *perf*).
mistake [mɪs'teɪk] (*irreg like*: **take**) *n* (*error*) błąd *m*; (*misunderstanding*) pomyłka *f* ♦ *vt* (*address etc*) pomylić (*perf*); (*intentions*) źle rozumieć (zrozumieć *perf*); **by mistake** przez pomyłkę, omyłkowo; **to make a mistake** (*in writing, calculation*) popełniać (popełnić *perf*) *or* robić (zrobić *perf*) błąd, mylić się (pomylić się *perf*); **to make a mistake about sb/sth** mylić się (pomylić się *perf*) co do kogoś/czegoś; **to mistake sb/sth for** mylić (pomylić *perf*) kogoś/coś z *+instr*, brać (wziąć *perf*) kogoś/coś za *+acc*.
mistaken [mɪs'teɪkən] *pp of* **mistake** ♦ *adj* mylny, błędny; **to be mistaken** mylić się, być w błędzie.
mistaken identity *n*: **it was a case of mistaken identity** wzięto go/ją za kogo innego.
mistakenly [mɪs'teɪkənlɪ] *adv* mylnie, błędnie.
mister ['mɪstə*] *n* (*inf*) proszę pana (*voc*); *see* **Mr**.
mistletoe ['mɪsltəu] *n* jemioła *f*.
mistook [mɪs'tuk] *pt of* **mistake**.
mistranslation [mɪstræns'leɪʃən] *n* błędne tłumaczenie *nt*.
mistreat [mɪs'tri:t] *vt* znęcać się nad *+instr*.
mistress ['mɪstrɪs] *n* (*lover*) kochanka *f*; (*of servant, dog, situation*) pani *f*; (*BRIT*: *SCOL*) nauczycielka *f*.
mistrust [mɪs'trʌst] *vt* nie ufać *+dat*, nie dowierzać *+dat* ♦ *n*: **mistrust of** nieufność *f* (w stosunku) do *+gen*.
mistrustful [mɪs'trʌstful] *adj*: **mistrustful (of)** nieufny (w stosunku do *+gen*).
misty ['mɪstɪ] *adj* (*day*) mglisty; (*glasses, windows*) zamglony.
misty-eyed ['mɪstɪ'aɪd] *adj* (*fig*): **she goes misty-eyed at the sight/thought of ...** oczy zachodzą jej mgłą na widok *+gen*/myśl o *+loc*.
misunderstand [mɪsʌndə'stænd] (*irreg like*: **stand**) *vt* źle rozumieć (zrozumieć *perf*) ♦ *vi* nie rozumieć (nie zrozumieć *perf*).
misunderstanding ['mɪsʌndə'stændɪŋ] *n* nieporozumienie *nt*.
misunderstood *pt, pp of* **misunderstand**.
misuse [*n* mɪs'ju:s, *vb* mɪs'ju:z] *n* (*of power, funds*) nadużywanie *nt*; (*of tool, word*) niewłaściwe używanie *nt* ♦ *vt* (*power*) nadużywać (nadużyć *perf*) *+gen*; (*word*) niewłaściwie używać (użyć *perf*) *+gen*.
MIT (*US*) *n abbr* (= *Massachusetts Institute of Technology*).
mite [maɪt] *n* (*small quantity*) źdźiebko *nt*; (*BRIT*: *small child*) kruszyn(k)a *f*.
miter ['maɪtə*] (*US*) *n* = **mitre**.
mitigate ['mɪtɪgeɪt] *vt* łagodzić (złagodzić *perf*); **mitigating circumstances** okoliczności łagodzące.
mitigation [mɪtɪ'geɪʃən] *n* złagodzenie *nt*.
mitre ['maɪtə*] (*US* **miter**) *n* (*REL*) mitra *f*, infuła *f*; (*also*: **mitre joint**) połączenie *nt* narożnikowe (na ucios).

mitt(en) ['mɪt(n)] *n* rękawiczka *f* (z jednym palcem).

mix [mɪks] *vt* (*ingredients, colours*) mieszać (zmieszać *perf*); (*drink, sauce*) przyrządzać (przyrządzić *perf*); (*cake*) kręcić (ukręcić *perf*); (*cement*) mieszać (wymieszać *perf*) ♦ *vi*: **to mix (with)** utrzymywać kontakty towarzyskie (z *+instr*) ♦ *n* (*combination*) połączenie *nt*; (*powder*) mieszanka *f*; **to mix business with pleasure** łączyć (połączyć *perf*) przyjemne z pożytecznym; **cake mix** ciasto w proszku.

▸**mix in** (*CULIN*) *vt* dodawać (dodać *perf*).

▸**mix up** *vt* (*confuse*) mylić (pomylić *perf*) (ze sobą); (*muddle up*) mieszać (pomieszać *perf*); **to be mixed up in sth** być w coś zamieszanym; **I got (all) mixed up** wszystko mi się pomieszało.

mixed [mɪkst] *adj* mieszany.

mixed doubles *npl* gra *f* mieszana, mikst *m*.

mixed economy *n* gospodarka *f* mieszana.

mixed grill (*BRIT*) *n danie z rusztu złożone z różnych gatunków mięsa i wędlin.*

mixed-up [mɪkst'ʌp] *adj* (*person*) zagubiony; (*papers*) pomieszany.

mixer ['mɪksə*] *n* (*machine*) mikser *m*; (*tonic, juice etc*) dodatek *m* do drinków; **he's a good mixer** łatwo nawiązuje (nowe) znajomości.

mixture ['mɪkstʃə*] *n* mieszanka *f*; (*MED*) mikstura *f* (*old*).

mix-up ['mɪksʌp] *n* zamieszanie *nt*, nieporozumienie *nt*.

MK (*BRIT*: *TECH*) *abbr* = **mark**.

mk (*FIN*) *abbr* = **mark**.

mkt *abbr* = **market**.

MLitt *n abbr* (= *Master of Literature, Master of Letters*) *stopień naukowy*; ≈ mgr.

MLR (*BRIT*) *n abbr* (= *minimum lending rate*) stopa *f* dyskontowa Banku Anglii.

mm *abbr* = **millimetre** mm.

MN *abbr* (*BRIT*) = **Merchant Navy**; (*US*: *POST*: = *Minnesota*).

MO *n abbr* (= *medical officer*); (*US*: *inf*: = *modus operandi*) modus *m* operandi ♦ *abbr* (*US*: *POST*: = *Missouri*).

m.o. *abbr* = **money order**.

moan [məun] *n* jęk *m* ♦ *vi* (*inf*): **to moan (about)** jęczeć (z powodu *+gen*) (*inf*).

moat [məut] *n* fosa *f*.

mob [mɔb] *n* (*disorderly*) tłum *m*, motłoch *m* (*pej*); (*orderly*) paczka *f* (*inf*) ♦ *vt* oblegać (oblec *perf*) (tłumnie).

mobile ['məubaɪl] *adj* (*workforce, social group*) mobilny; (*able to move*): **to be mobile** móc się poruszać ♦ *n* (*decoration*) mobile *pl*; **applicants must be mobile** kandydat musi posiadać samochód.

mobile home *n* dom *f* na kółkach.

mobile phone *n* przenośny aparat *m* telefoniczny.

mobility [məu'bɪlɪtɪ] *n* (*physical*) możliwość *f* poruszania się; (*social*) mobilność *f*.

mobility allowance *n* (*BRIT*) *zapomoga dla niepełnosprawnych na pokrycie wydatków związanych z transportem.*

mobilize ['məubɪlaɪz] *vt* (*work force*) organizować (zorganizować *perf*); (*country, army, organization*) mobilizować (zmobilizować *perf*) ♦ *vi* (*MIL*) mobilizować się (zmobilizować się *perf*).

moccasin ['mɔkəsɪn] *n* mokasyn *m*.

mock [mɔk] *vt* kpić z *+gen*; (*by imitating*) przedrzeźniać ♦ *adj* (*exam, battle*) próbny; (*terror, disbelief*) udawany; **mock crystal** *etc* imitacja kryształu *etc*.

mockery ['mɔkərɪ] *n* kpina *f*; **to make a mockery of** wystawiać (wystawić *perf*) na pośmiewisko *+acc*.

mocking ['mɔkɪŋ] *adj* kpiący.

mockingbird ['mɔkɪŋbə:d] *n* przedrzeźniacz *m* (*ptak*).

mock-up ['mɔkʌp] *n* makieta *f*.

MOD (*BRIT*) *n abbr* (= *Ministry of Defence*) Ministerstwo *nt* Obrony, ≈ MON *m*.

mod cons ['mɔd'kɔnz] (*BRIT*) *npl abbr* (= *modern conveniences*) wygody *pl*.

mode [məud] *n* (*of life*) tryb *m*; (*of action*) sposób *m*; (*of transport*) forma *f*; (*COMPUT*) tryb *m*.

model ['mɔdl] *n* (*of boat, building etc*) model *m*; (*fashion model, artist's model*) model(ka) *m(f)*; (*example*) wzór *m*, model *m* ♦ *adj* (*excellent*) wzorowy; (*small scale*) miniaturowy ♦ *vt* (*clothes*) prezentować; (*object*) wykonywać (wykonać *perf*) model *+gen* ♦ *vi* (*for designer*) pracować jako model(ka) *m(f)*; (*for painter, photographer*) pozować; **to model o.s. on** wzorować się na *+loc*.

modeller ['mɔdlə*] (*US* **modeler**) *n* modelarz *m*.

model railway *n* miniaturowa kolejka *f*.

modem ['məudɛm] *n* modem *m*.

moderate [*adj, n* 'mɔdərət, *vb* 'mɔdəreɪt] *adj* umiarkowany; (*change*) nieznaczny ♦ *n* osoba *f* o umiarkowanych poglądach ♦ *vi* (*wind etc*) słabnąć (osłabnąć *perf*) ♦ *vt* łagodzić (złagodzić *perf*).

moderately ['mɔdərətlɪ] *adv* (*difficult etc*) umiarkowanie; (*pleased*) w miarę; (*drink etc*) z umiarem; **moderately priced goods** towary po przystępnych cenach.

moderation [mɔdə'reɪʃən] *n* umiar *m*; **in moderation** z umiarem.

modern ['mɔdən] *adj* (*contemporary*) współczesny; (*up-to-date*) nowoczesny; **modern languages** języki nowożytne.

modernization [mɔdənaɪ'zeɪʃən] *n* modernizacja *f*, unowocześnianie *nt*.

modernize ['mɔdənaɪz] *vt* modernizować (zmodernizować *perf*), unowocześniać (unowocześnić *perf*).

modest ['mɔdɪst] *adj* skromny.

modestly ['mɔdɪstlɪ] *adv* skromnie.
modesty ['mɔdɪstɪ] *n* skromność *f*.
modicum ['mɔdɪkəm] *n*: **a modicum of** odrobina *f +gen*.
modification [mɔdɪfɪ'keɪʃən] *n* modyfikacja *f*; **to make modifications to** modyfikować (zmodyfikować *perf*) *+acc*.
modify ['mɔdɪfaɪ] *vt* modyfikować (zmodyfikować *perf*).
Mods [mɔdz] (*BRIT*: *SCOL*) *n abbr* (= *(Honour) Moderations*) *egzamin na Uniwersytecie Oksfordzkim*.
modular ['mɔdjulə*] *adj* modularny.
modulate ['mɔdjuleɪt] *vt* (*voice*) modulować; (*process, activity*) przekształcać (przekształcić *perf*).
modulation [mɔdju'leɪʃən] *n* modulacja *f*; (*of process, activity*) modyfikacja *f*, przekształcenie *nt*.
module ['mɔdju:l] *n* moduł *m*; (*SPACE*) człon *m* (statku kosmicznego).
modus operandi ['məudəsɔpə'rændi:] *n* sposób *m* działania.
Mogadishu [mɔgə'dɪʃu:] *n* Mogadiszu *nt inv*.
mogul ['məugl] *n* (*fig*) magnat *m*.
MOH (*BRIT*) *n abbr* (= *Medical Officer of Health*).
mohair ['məuhɛə*] *n* moher *m*.
Mohammed [mə'hæmɛd] (*REL*) *n* Mahomet *m*.
moist [mɔɪst] *adj* wilgotny.
moisten ['mɔɪsn] *vt* zwilżać (zwilżyć *perf*).
moisture ['mɔɪstʃə*] *n* wilgoć *f*; (*on glass*) para *f*.
moisturize ['mɔɪstʃəraɪz] *vt* nawilżać (nawilżyć *perf*).
moisturizer ['mɔɪstʃəraɪzə*] *n* krem *m* nawilżający.
molar ['məulə*] *n* ząb *m* trzonowy.
molasses [məu'læsɪz] *n* melasa *f*.
mold (*US*) *n, vt* = **mould**.
mole [məul] *n* (*on skin*) pieprzyk *m*; (*ZOOL*) kret *m*; (*fig*: *spy*) wtyczka *f* (*inf*).
molecular [məu'lɛkjulə*] *adj* molekularny.
molecule ['mɔlɪkju:l] *n* cząsteczka *f*, molekuła *f*.
molehill ['məulhɪl] *n* kretowisko *nt*.
molest [mə'lɛst] *vt* napastować.
mollusc ['mɔləsk] (*ZOOL*) *n* mięczak *m*.
mollycoddle ['mɔlɪkɔdl] *vt* rozpieszczać (rozpieścić *perf*).
molt [məult] (*US*) *vi* = **moult**.
molten ['məultən] *adj* roztopiony.
mom [mɔm] (*US*) *n* = **mum**.
moment ['məumənt] *n* chwila *f*, moment *m*; **at the moment** w tej chwili; **for a moment** (*go out*) na chwilę; (*hesitate*) przez chwilę; **for the moment** na razie, chwilowo; **in a moment** za chwilę; **"one moment please"** (*TEL*) „chwileczkę"; **a matter of great moment** sprawa wielkiej wagi.
momentarily ['məuməntrɪlɪ] *adv* przez chwilę *or* moment; (*US*: *very soon*) lada chwila *or* moment; **I had momentarily forgotten** przez chwilę nie mogłem sobie przypomnieć.
momentary ['məuməntərɪ] *adj* chwilowy.
momentous [məu'mɛntəs] *adj* doniosły, wielkiej wagi *post*.
momentum [məu'mɛntəm] *n* (*PHYS*) pęd *m*; (*fig*: *of change*) tempo *nt*; **to gather momentum** nabierać (nabrać *perf*) rozpędu; (*fig*: *change*) nabierać (nabrać *perf*) impetu; (: *movement, struggle*) przybierać (przybrać *perf*) na sile.
mommy ['mɔmɪ] (*US*) *n* = **mummy**.
Mon. *abbr* = **Monday** pon.
Monaco ['mɔnəkəu] *n* Monako *nt inv*.
monarch ['mɔnək] *n* monarcha *m*.
monarchist ['mɔnəkɪst] *n* monarchista (-tka) *m(f)*.
monarchy ['mɔnəkɪ] *n* monarchia *f*.
monastery ['mɔnəstərɪ] *n* klasztor *m*.
monastic [mə'næstɪk] *adj* klasztorny; **a monastic life** (*fig*) żywot mnicha/mniszki.
Monday ['mʌndɪ] *n* poniedziałek *m*; *see also* **Tuesday**.
Monegasque [mɔnə'gæsk] *adj*: **Monegasque casinos** kasyna *pl* Monte Carlo ♦ *n* mieszkaniec (-nka) *m(f)* Monte Carlo.
monetarist ['mʌnɪtərɪst] *n* monetarysta (-tka) *m(f)* ♦ *adj* monetarystyczny.
monetary ['mʌnɪtərɪ] *adj* (*system*) walutowy, pieniężny; (*policy*) walutowy, monetarny; (*control*) dewizowy.
money ['mʌnɪ] *n* pieniądze *pl*; **to make money** (*person*) zarabiać (zarobić *perf*); (*business*) przynosić (przynieść *perf*) zysk; **danger money** (*BRIT*) ≈ dodatek za pracę w szkodliwych warunkach; **I've got no money left** nie mam już pieniędzy.
moneyed ['mʌnɪd] (*fml*) *adj* majętny.
moneylender ['mʌnɪlɛndə*] *n* lichwiarz (-arka) *m(f)*.
moneymaking ['mʌnɪmeɪkɪŋ] *adj* dochodowy, zyskowny.
money market *n* rynek *m* pieniężny.
money order *n* przekaz *m* (pieniężny).
money-spinner ['mʌnɪspɪnə*] (*inf*) *n*: **this business is a real money-spinner** to bardzo dochodowy interes.
money supply *n* podaż *f* pieniądza.
Mongol ['mɔŋgəl] *n* (*person*) Mongoł(ka) *m(f)*; (*LING*) (język *m*) mongolski.
mongol ['mɔŋgəl] (*inf!*) *n* mongoł *m* (*inf!*).
Mongolia [mɔŋ'gəulɪə] *n* Mongolia *f*.
Mongolian [mɔŋ'gəulɪən] *adj* mongolski ♦ *n* (*person*) Mongoł(ka) *m(f)*; (*LING*) (język *m*) mongolski.
mongoose ['mɔŋgu:s] *n* mangusta *f*.
mongrel ['mʌŋgrəl] *n* kundel *m*.
monitor ['mɔnɪtə*] *n* monitor *m* ♦ *vt* (*heartbeat, progress*) monitorować; (*broadcasts*) wsłuchiwać się w *+acc*.
monk [mʌŋk] *n* mnich *m*, zakonnik *m*.

monkey ['mʌŋkɪ] *n* małpa *f*.
monkey business (*inf*) *n* machlojki *pl* (*inf*).
monkey nut (*BRIT*) *n* orzeszek *m* ziemny.
monkey tricks *npl* = **monkey business**.
monkey wrench *n* klucz *m* nastawny.
mono ['mɔnəu] *adj* monofoniczy, mono *post*.
monochrome ['mɔnəkrəum] *adj* monochromatyczny.
monogram ['mɔnəgræm] *n* monogram *m*.
monolith ['mɔnəlɪθ] *n* monolit *m*.
monolithic [mɔnə'lɪθɪk] *adj* monolityczny.
monologue ['mɔnəlɔg] *n* monolog *m*.
monoplane ['mɔnəpleɪn] *n* jednopłatowiec *m*, jednopłat *m*.
monopolize [mə'nɔpəlaɪz] *vt* monopolizować (zmonopolizować *perf*).
monopoly [mə'nɔpəlɪ] *n* monopol *m*; **Monopolies and Mergers Commission** (*BRIT*) ≈ Urząd Antymonopolowy.
monorail ['mɔnəureɪl] *n* kolej *f* jednoszynowa.
monosodium glutinate *n* glutaminian *m* sodowy.
monosyllabic [mɔnəsɪ'læbɪk] *adj* (*word*) monosylabiczny, jednozgłoskowy; (*person, reply*) burkliwy.
monosyllable ['mɔnəsɪləbl] *n* monosylaba *f*.
monotone ['mɔnətəun] *n*: **to speak in a monotone** mówić monotonnie.
monotonous [mə'nɔtənəs] *adj* monotonny.
monotony [mə'nɔtənɪ] *n* monotonia *f*.
monsoon [mɔn'su:n] *n* monsun *m*.
monster ['mɔnstə*] *n* (*animal, person, imaginary creature*) potwór *m*; (*monstrosity*) monstrum *nt*.
monstrosity [mɔn'strɔsɪtɪ] *n* monstrum *nt*.
monstrous ['mɔnstrəs] *adj* (*ugly, atrocious*) potworny, monstrualny; (*huge*) monstrualnie wielki.
montage [mɔn'tɑ:ʒ] (*FILM, ART, MUS*) *n* montaż *m*.
Mont Blanc [mɔ̃ 'blɑ̃] *n* Mont Blanc *m inv*.
month [mʌnθ] *n* miesiąc *m*; **every month** co miesiąc; **300 dollars a month** 300 dolarów na miesiąc *or* miesięcznie.
monthly ['mʌnθlɪ] *adj* (*ticket, installment, income*) miesięczny; (*meeting*) comiesięczny ♦ *adv* co miesiąc; (*paid*) miesięcznie; **twice monthly** dwa razy w miesiącu.
Montreal [mɔntrɪ'ɔ:l] *n* Montreal *m*.
monument ['mɔnjumənt] *n* pomnik *m*, monument *m* (*literary*).
monumental [mɔnju'mɛntl] *adj* (*building, work*) monumentalny; (*storm, row*) straszny.
moo [mu:] *vi* ryczeć (zaryczeć *perf*).
mood [mu:d] *n* (*of person*) nastrój *m*, humor *m*; (*of crowd, group*) nastrój *m*; **to be in a good/bad mood** być w dobrym/złym nastroju *or* humorze; **I'm not in the mood for** nie jestem w nastroju do *+gen*; **I'm in the mood for a drink/to watch TV** mam ochotę się napić/pooglądać telewizję.
moodily ['mu:dɪlɪ] *adv* (*sit*) ponuro, markotnie; (*behave*) kapryśnie.
moody ['mu:dɪ] *adj* (*temperamental*) kapryśny, humorzasty (*inf*); (*sullen*) markotny, w złym humorze *post*.
moon [mu:n] *n* księżyc *m*.
moonlight ['mu:nlaɪt] *n* światło *nt* księżyca ♦ *vi* (*inf*) dorabiać na boku (*inf*).
moonlighting ['mu:nlaɪtɪŋ] (*inf*) *n* dorabianie *nt* na boku (*inf*).
moonlit ['mu:nlɪt] *adj*: **a moonlit night** księżycowa noc *f*.
moonshot ['mu:nʃɔt] *n* lot *m* na Księżyc.
moor [muə*] *n* wrzosowisko *nt* ♦ *vt* cumować (zacumować *perf or* przycumować *perf*) ♦ *vi* cumować (zacumować *perf*).
mooring ['muərɪŋ] *n* (*place*) miejsce *nt* cumowania; **moorings** *npl* cumy *pl*.
Moorish ['muərɪʃ] *adj* mauretański.
moorland ['muələnd] *n* wrzosowisko *nt*.
moose [mu:s] *n inv* łoś *m* (amerykański).
moot [mu:t] *vt*: **to be mooted** zostawać (zostać *perf*) poddanym pod dyskusję ♦ *adj*: **moot point** punkt *m* sporny.
mop [mɔp] *n* (*for floor*) mop *m*; (*for dishes*) zmywak *m* (*na rączce*); (*of hair*) czupryna *f* ♦ *vt* (*floor*) myć (umyć *perf*), zmywać (zmyć *perf*); (*eyes, face*) ocierać (otrzeć *perf*).
►**mop up** *vt* (*liquid*) ścierać (zetrzeć *perf*).
mope [məup] *vi* rozczulać się nad sobą.
►**mope about** *vi* snuć się z nieszczęśliwą miną.
►**mope around** *vi* = **mope about**.
moped ['məupɛd] *n* motorower *m*.
moquette [mɔ'kɛt] *n* tkanina *f* pluszowa (*stosowana zwłaszcza w tapicerce*).
MOR *adj abbr* (*MUS*) = **middle-of-the-road**.
moral ['mɔrl] *adj* moralny ♦ *n* morał *m*; **morals** *npl* moralność *f*; **moral support** wsparcie moralne.
morale [mɔ'rɑ:l] *n* morale *nt inv*.
morality [mə'rælɪtɪ] *n* moralność *f*.
moralize ['mɔrəlaɪz] *vi*: **to moralize (about)** moralizować (na temat *+gen*).
morally ['mɔrəlɪ] *adv* moralnie.
morass [mə'ræs] *n* bagno *nt*, mokradło *nt*; (*fig*) gąszcz *m*.
moratorium [mɔrə'tɔ:rɪəm] *n* moratorium *nt*.
morbid ['mɔ:bɪd] *adj* (*imagination, interest*) niezdrowy, chorobliwy; (*subject, joke*) makabryczny.

KEYWORD

more [mɔ:*] *adj* **1** (*greater in number etc*) więcej (*+gen*); **more people/work than we expected** więcej ludzi/pracy niż się spodziewaliśmy; **more and more problems** coraz więcej kłopotów. **2** (*additional*) jeszcze; (: *in negatives*) już; **do you**

want (some) more tea? chcesz jeszcze (trochę) herbaty?; **I have no** *or* **I don't have any more money** nie mam już więcej pieniędzy ♦ *pron* **1** (*greater amount*) więcej; **more than 10** więcej niż dziesięć; **it cost more than we expected** kosztowało więcej, niż się spodziewaliśmy. **2** (*further or additional amount*) jeszcze (trochę); (: *in negatives*) już; **is there any more?** czy jest jeszcze trochę?; **there's no more** nie ma już (ani trochę); **this cost much more** to kosztowało znacznie więcej; **you can take this pen; I have many more** możesz wziąć ten długopis – mam (ich) jeszcze dużo ♦ *adv* bardziej; **more lonely (than you)** bardziej samotny (niż ty *or* od ciebie); **more difficult** trudniejszy; **more easily** łatwiej; **more economically** oszczędniej; **more and more** coraz bardziej; **more and more excited** coraz bardziej podniecony; **more or less** mniej więcej; **more beautiful than ever** piękniejsza niż kiedykolwiek.

moreover [mɔ:'rəuvə*] *adv* ponadto, poza tym.
morgue [mɔ:g] *n* kostnica *f*.
MORI ['mɔ:rɪ] (*BRIT*) *n abbr* (= *Market & Opinion Research Institute*) *ośrodek badania rynku i opinii społecznej*.
moribund ['mɔrɪbʌnd] *adj* chylący się ku upadkowi.
Mormon ['mɔ:mən] *n* mormon(ka) *m(f)*.
morning ['mɔ:nɪŋ] *n* poranek *m*, ranek *m* ♦ *cpd* (*sun, walk*) ranny, poranny; (*paper*) poranny; **this morning** dziś rano; **in the early hours of this morning** (dziś) we wczesnych godzinach rannych; **in the morning** (*between midnight and 3 o'clock*) w nocy; (*shortly before dawn*) nad ranem; (*around waking time*) rano; (*before noon*) przed południem; **three o'clock in the morning** trzecia w nocy; **seven o'clock in the morning** siódma rano.
morning sickness *n* mdłości *pl* poranne.
Moroccan [mə'rɔkən] *adj* marokański ♦ *n* Marokańczyk (-anka) *m(f)*.
Morocco [mə'rɔkəu] *n* Maroko *nt*.
moron ['mɔ:rɔn] (*inf*) *n* debil(ka) *m(f)* (*inf*).
moronic [mə'rɔnɪk] (*inf*) *adj* (*person*) psychiczny (*inf*); (*behaviour*) kretyński (*inf*).
morose [mə'rəus] *adj* posępny, ponury.
morphine ['mɔ:fi:n] *n* morfina *f*.
Morse [mɔ:s] *n* (*also*: **Morse code**) alfabet *m* Morse'a, mors *m* (*inf*).
morsel ['mɔ:sl] *n* (*tasty piece of food*) kąsek *m*; (*small piece or quantity*) odrobina *f*.
mortal ['mɔ:tl] *adj* śmiertelny ♦ *n* śmiertelnik *m*; **mortal combat** walka na śmierć i życie.
mortality [mɔ:'tælɪtɪ] *n* (*being mortal*) śmiertelność *f*; (*number of deaths*) umieralność *f*, śmiertelność *f*.
mortality rate *n* współczynnik *m* umieralności.
mortar ['mɔ:tə*] *n* (*MIL, CULIN*) moździerz *m*; (*CONSTR*) zaprawa *f* (murarska).
mortgage ['mɔ:gɪdʒ] *n* (*loan*) kredyt *m* hipoteczny (*na budowę lub zakup domu*) ♦ *vt* zastawiać (zastawić *perf*), oddawać (oddać *perf*) w zastaw hipoteczny (*fml*); **to take out a mortgage** zaciągać (zaciągnąć *perf*) kredyt hipoteczny.
mortgage company (*US*) *n towarzystwo udzielające kredytów hipotecznych*.
mortgagee [mɔ:gə'dʒi:] *n* wierzyciel *m* hipoteczny.
mortgagor ['mɔ:gədʒə*] *n* dłużnik *m* hipoteczny.
mortician [mɔ:'tɪʃən] (*US*) *n* pracownik *m* zakładu pogrzebowego.
mortified ['mɔ:tɪfaɪd] *adj*: **to be mortified** czuć się potwornie zawstydzonym *or* zażenowanym.
mortify ['mɔ:tɪfaɪ] *vt* zawstydzać (zawstydzić *perf*).
mortise lock ['mɔ:tɪs-] *n* zamek *m* (drzwiowy) wpuszczany.
mortuary ['mɔ:tjuərɪ] *n* kostnica *f*.
mosaic [məu'zeɪɪk] *n* mozaika *f*.
Moscow ['mɔskəu] *n* Moskwa *f*.
Moslem ['mɔzləm] *adj, n* = **Muslim**.
mosque [mɔsk] *n* meczet *m*.
mosquito [mɔs'ki:təu] (*pl* **mosquitoes**) *n* (*in damp places*) komar *m*; (*in tropics*) moskit *m*.
mosquito net *n* moskitiera *f*.
moss [mɔs] *n* mech *m*.
mossy ['mɔsɪ] *adj* omszały.

KEYWORD

most [məust] *adj* **1** (*people, things*) większość *f* (+*gen*); **most men behave like that** większość mężczyzn tak się zachowuje. **2** (*interest, money etc*) najwięcej +*gen*; **he derived the most pleasure from her visit** jej wizyta sprawiła mu najwięcej przyjemności ♦ *pron* większość; **most of it/them** większość (tego)/z nich; **the most** najwięcej; **to make the most of sth** maksymalnie coś wykorzystywać (wykorzystać *perf*); **at the (very) most** (co) najwyżej ♦ *adv* (+*verb*: *spend, eat, work etc*) najwięcej; (+*adjective*): **the most expensive** najbardziej kosztowny, najkosztowniejszy; (+*adverb*: *carefully, easily etc*) najbardziej; (*very*: *polite, interesting etc*) wysoce, wielce.

mostly ['məustlɪ] *adv* (*chiefly*) głównie; (*for the most part*) przeważnie.
MOT (*BRIT*) *n abbr* (= *Ministry of Transport*): **MOT (test)** ≈ przegląd *m* techniczny (*pojazdu samochodowego*).
motel [məu'tɛl] *n* motel *m*.
moth [mɔθ] *n* ćma *f*; (*also*: **clothes moth**) mól *m*.
mothball ['mɔθbɔ:l] *n* kulka *f* naftalinowa.

moth-eaten ['mɔθi:tn] (*pej*) *adj* zniszczony przez mole.
mother ['mʌðə*] *n* matka *f* ♦ *cpd* (*country*) ojczysty; (*company*) macierzysty ♦ *vt* (*act as mother to*) wychowywać; (*pamper, protect*) matkować *+dat*.
mother board ['mʌðəbɔ:d] (*COMPUT*) *n* płyta *f* główna.
motherhood ['mʌðəhud] *n* macierzyństwo *nt*.
mother-in-law ['mʌðərınlɔ:] *n* teściowa *f*.
motherly ['mʌðəlı] *adj* (*attitude*) macierzyński; (*hands. care*) matczyny.
mother-of-pearl ['mʌðərəv'pə:l] *n* macica *f* perłowa.
mother's help *n* pomoc *f* domowa.
mother-to-be ['mʌðətə'bi:] *n* przyszła matka *f*.
mother tongue *n* język *m* ojczysty.
mothproof ['mɔθpru:f] *adj* moloodporny.
motif [məu'ti:f] *n* (*design*) wzór *m*; (*theme*) motyw *m*.
motion ['məuʃən] *n* (*movement, gesture*) ruch *m*; (*proposal*) wniosek *m*; (*BRIT*: *also*: **bowel motion**: *act*) wypróżnienie *nt*; (: : *faeces*) stolec *m* ♦ *vt, vi*: **to motion (to) sb to do sth** skinąć (*perf*) na kogoś, żeby coś zrobił; **to be in motion** (*vehicle*) być w ruchu; **to set in motion** (*machine*) uruchamiać (uruchomić *perf*); (*process*) nadawać (nadać *perf*) bieg *+dat*; **he went through the motions of clapping** udawał, że klaszcze.
motionless ['məuʃənlıs] *adj* nieruchomy, w bezruchu *post*.
motion picture *n* film *m*.
motivate ['məutıveıt] *vt* (*act, decision*) powodować (spowodować *perf*); (*person*) zwiększać (zwiększyć *perf*) motywację *+gen*.
motivated ['məutıveıtıd] *adj*: **to be (highly) motivated** mieć (silną) motywację; **motivated by** (*envy, desire*) powodowany *+instr*; **he was motivated by envy** powodowała nim zawiść.
motivation [məutı'veıʃən] *n* motywacja *f*.
motive ['məutıv] *n* motyw *m*, pobudka *f* ♦ *adj* (*force*) napędowy; **from the best (of) motives** w najlepszej wierze.
motley ['mɔtlı] *adj*: **motley collection/crew** *etc* zbieranina *f*.
motor ['məutə*] *n* (*of machine, vehicle*) silnik *m*; (*BRIT*: *inf*: *car*) maszyna *f* (*inf*) ♦ *cpd* (*industry*) motoryzacyjny; (*mechanic, accident*) samochodowy.
motorbike ['məutəbaık] *n* motor *m*.
motorboat ['məutəbəut] *n* motorówka *f*.
motorcar ['məutəkɑ:] (*BRIT*) *n* samochód *m*.
motorcoach ['məutəkəutʃ] (*BRIT*) *n* autokar *m*.
motorcycle ['məutəsaıkl] *n* motocykl *m*.
motorcycle racing *n* wyścigi *pl* motocyklowe.
motorcyclist ['məutəsaıklıst] *n* motocyklista (-tka) *m(f)*.
motoring ['məutərıŋ] (*BRIT*) *n* jazda *f or* kierowanie *nt* samochodem ♦ *cpd* (*accident*) samochodowy, drogowy; (*offence*) drogowy.
motorist ['məutərıst] *n* kierowca *m*.
motorized ['məutəraızd] *adj* (*transport*) samochodowy; (*barge etc*) motorowy; (*regiment*) zmotoryzowany.
motor oil *n* olej *m* silnikowy.
motor racing (*BRIT*) *n* wyścigi *pl* samochodowe.
motor scooter *n* skuter *m*.
motor vehicle *n* pojazd *m* mechaniczny.
motorway ['məutəweı] (*BRIT*) *n* autostrada *f*.
mottled ['mɔtld] *adj* cętkowany, w cętki *post*.
motto ['mɔtəu] (*pl* **mottoes**) *n* (*of school, in book*) motto *nt*; (*watchword*) motto *nt* (życiowe), dewiza *f*.
mould [məuld] (*US* **mold**) *n* (*cast*) forma *f*; (*mildew*) pleśń *f* ♦ *vt* (*plastic, clay etc*) modelować; (*fig*: *public opinion, character*) kształtować, urabiać; **clay moulded into battleships** okręty wojenne wymodelowane z gliny.
mo(u)lder ['məuldə*] *vi* rozkładać się, gnić.
mo(u)lding ['məuldıŋ] (*ARCHIT*) *n* sztukateria *f*.
mo(u)ldy ['məuldı] *adj* (*bread, cheese*) spleśniały; (*smell*) stęchły.
moult [məult] (*US* **molt**) *vi* linieć (wylinieć *perf*).
mound [maund] *n* (*of earth*) kopiec *m*; (*of blankets, leaves*) stos *m*.
mount [maunt] *n* (*in proper names*): **Mount Carmel** Mount *m inv* Carmel; (*horse*) wierzchowiec *m*; (*for picture, jewel*) oprawa *f* ♦ *vt* (*horse*) dosiadać (dosiąść *perf*) *+gen*; (*exhibition, display*) urządzać (urządzić *perf*); (*machine, engine*) mocować (zamocować *perf*), montować (zamontować *perf*); (*jewel, picture*) oprawiać (oprawić *perf*); (*staircase*) wspinać się (wspiąć się *perf*) na *+acc*; (*stamp*) umieszczać (umieścić *perf*); (*attack, campaign*) przeprowadzać (przeprowadzić *perf*) ♦ *vi* (*inflation, tension, problems*) nasilać się (nasilić się *perf*), narastać (narosnąć *perf*); (*person*) dosiadać (dosiąść *perf*) konia.
►**mount up** *vi* (*costs*) rosnąć, wzrastać (wzrosnąć *perf*); (*savings*) rosnąć (urosnąć *perf*).
mountain ['mauntın] *n* góra *f* ♦ *cpd* górski; **a mountain of** (*papers*) góra *+gen*; (*work*) nawał *+gen*; **to make a mountain out of a molehill** robić z igły widły.
mountain bike *n* rower *m* górski.
mountaineer [mauntı'nıə*] *n* alpinista (-tka) *m(f)*, ≈ taternik (-iczka) *m(f)*.
mountaineering [mauntı'nıərıŋ] *n* wspinaczka *f* górska; **to go mountaineering** wybierać się (wybrać się *perf*) na wspinaczkę.
mountainous ['mauntınəs] *adj* górzysty.
mountain rescue team *n* górskie pogotowie *nt* ratunkowe.
mountainside ['mauntınsaıd] *n* stok *m* (górski), zbocze *nt* (górskie).

mounted ['mauntɪd] *adj* (*police*) konny; (*soldiers*) na koniach *post.*

Mount Everest *n* Mount Everest *m inv.*

mourn [mɔ:n] *vt* opłakiwać ♦ *vi*: **to mourn for sb** opłakiwać kogoś; **to mourn for** *or* **over sth** żałować czegoś.

mourner ['mɔ:nə*] *n* żałobnik *m.*

mournful ['mɔ:nful] *adj* zasmucony, (bardzo) smutny.

mourning ['mɔ:nɪŋ] *n* żałoba *f*; **in mourning** w żałobie.

mouse [maus] (*pl* **mice**) *n* (*ZOOL, COMPUT*) mysz *f*; (*fig*: *person*) tchórz *m.*

mousetrap ['maustræp] *n* (pu)łapka *f* na myszy.

mousse [mu:s] *n* (*CULIN*) mus *m*; (*cosmetic*) pianka *f.*

moustache [məs'tɑ:ʃ] (*US* **mustache**) *n* wąsy *pl.*

mousy ['mausɪ] *adj* (*hair*) mysi.

mouth [mauθ] (*pl* **mouths**) *n* (*ANAT*) usta *pl*; (*of cave, hole*) wylot *m*; (*of river*) ujście *nt*; (*of bottle*) otwór *m.*

mouthful ['mauθful] *n* (*of drink*) łyk *m*; (*of food*) kęs *m.*

mouth organ *n* harmonijka *f* ustna, organki *pl.*

mouthpiece ['mauθpi:s] *n* (*of musical instrument*) ustnik *m*; (*spokesperson*) rzecznik (-iczka) *m(f).*

mouth-to-mouth ['mauθtə'mauθ] *adj*: **mouth-to-mouth resuscitation** oddychanie *nt* metodą usta-usta, sztuczne oddychanie *nt.*

mouthwash ['mauθwɔʃ] *n* płyn *m* do płukania jamy ustnej.

mouth-watering ['mauθwɔ:tərɪŋ] *adj* apetyczny, smakowity.

movable ['mu:vəbl] *adj* ruchomy; **movable feast** święto ruchome.

move [mu:v] *n* (*movement*) ruch *m*; (*action*) posunięcie *nt*; (*of house*) przeprowadzka *f*; (*of employee*) przesunięcie *nt* ♦ *vt* (*furniture, car*) przesuwać (przesunąć *perf*); (*in game*) przesuwać (przesunąć *perf*), ruszać (ruszyć *perf*); (*emotionally*) wzruszać (wzruszyć *perf*), poruszać (poruszyć *perf*) ♦ *vi* (*person, animal*) ruszać się (ruszyć się *perf*); (*traffic*) posuwać się (posunąć się *perf*); (*in game*) wykonywać (wykonać *perf*) ruch; (*also*: **move house**) przeprowadzać się (przeprowadzić się *perf*); (*develop*: *events*) biec; (: *situation*) rozwijać się; **to move towards** zbliżać się (zbliżyć się *perf*) do *+gen*; **to move sb to do sth** skłaniać (skłonić *perf*) kogoś do zrobienia czegoś; **she moved that the meeting be adjourned** zgłosiła wniosek o odroczenie posiedzenia; **get a move on!** rusz się!

►**move about** *vi* (*change position*) ruszać się; (*travel*) jeździć; (*change residence, job*) przenosić się.

►**move along** *vi* przesuwać się (przesunąć się *perf*).

►**move around** *vi* = **move about**.

►**move away** *vi* (*leave*) wyprowadzać się (wyprowadzić się *perf*); (*step away*) odsuwać się (odsunąć się *perf*).

►**move back** *vi* (*return*) wracać (wrócić *perf*); (*to the rear*) cofać się (cofnąć się *perf*).

►**move forward** *vi* posuwać się (posunąć się *perf*) naprzód *or* do przodu.

►**move in** *vi* (*to house*) wprowadzać się (wprowadzić się *perf*); (*police, soldiers*) wkraczać (wkroczyć *perf*).

►**move off** *vi* (*car*) odjeżdżać (odjechać *perf*).

►**move on** *vi* ruszać (ruszyć *perf*) ♦ *vt* (*police*: *onlookers etc*) usuwać (usunąć *perf*).

►**move out** *vi* wyprowadzać się (wyprowadzić się *perf*).

►**move over** *vi* (*to make room*) przesuwać się (przesunąć się *perf*).

►**move up** *vi* (*employee*) awansować (awansować *perf*).

moveable ['mu:vəbl] *adj* = **movable**.

movement ['mu:vmənt] *n* ruch *m*; (*of goods*) przewóz *m*; (*in attitude, policy*) tendencja *f*; (*of symphony etc*) część *f*; (*also*: **bowel movement**) wypróżnienie *nt.*

mover ['mu:və*] *n* (*proposer*) wnioskodawca (-wczyni) *m(f).*

movie ['mu:vɪ] *n* film *m*; **to go to the movies** iść (pójść *perf*) do kina.

movie camera *n* kamera *f* filmowa.

moviegoer ['mu:vɪgəuə*] (*US*) *n* kinoman(ka) *m(f).*

moving ['mu:vɪŋ] *adj* (*emotional*) wzruszający; (*mobile*) ruchomy; (*force*) sprawczy, napędowy; (*spirit*) przewodni.

mow [məu] (*pt* **mowed**, *pp* **mowed** *or* **mown**) *vt* kosić (skosić *perf*).

►**mow down** *vt* (*kill*) skosić (*perf*) (*inf*), wykosić (*perf*) (*inf*).

mower ['məuə*] *n* (*also*: **lawnmower**) kosiarka *f* (do trawy).

Mozambique [məuzəm'bi:k] *n* Mozambik *m.*

MP *n abbr* (= *Member of Parliament*) poseł/posłanka *m/f*; (= *Military Police*) ≈ ŻW; (*CANADA*: = *Mounted Police*) policja *f* konna.

mpg *n abbr* (= *miles per gallon*).

mph *abbr* (= *miles per hour*).

MPhil *n abbr* (= *Master of Philosophy*) *stopień naukowy*; ≈ mgr.

MPS (*BRIT*) *n abbr* (= *Member of the Pharmaceutical Society*).

Mr ['mɪstə*] (*US* **Mr.**) *n*: **Mr Smith** pan *m* Smith.

MRC (*BRIT*) *n abbr* (= *Medical Research Council*).

MRCP (*BRIT*) *n abbr* (= *Member of the Royal College of Physicians*).

MRCS (*BRIT*) *n abbr* (= *Member of the Royal College of Surgeons*).

MRCVS (*BRIT*) *n abbr* (= *Member of the Royal College of Veterinary Surgeons*).

Mrs ['mɪsɪz] (*US* **Mrs.**) *n*: **Mrs Smith** pani *f* Smith.

Ms [mɪz] (*US* **Ms.**) *n*: **Ms Smith** pani *f* Smith.
MS *n abbr* = **multiple sclerosis**; (*US*: = *Master of Science*) *stopień naukowy*; ≈ mgr ♦ *abbr* (*US*: *POST*: = *Mississippi*).
MS. *n abbr* = **manuscript**.
MSA (*US*) *n abbr* (= *Master of Science in Agriculture*) *stopień naukowy*; ≈ mgr.
MSc *n abbr* (= *Master of Science*) *stopień naukowy*; ≈ mgr.
MSG *n abbr* (= *monosodium glutamate*).
MST (*US*) *abbr* (= *Mountain Standard Time*).
MSW (*US*) *n abbr* (= *Master of Social Work*) *stopień naukowy*; ≈ mgr.
MT *n abbr* (*COMPUT, LING*: = *machine translation*) tłumaczenie *nt* maszynowe *or* automatyczne ♦ *abbr* (*US*: *POST*: = *Montana*).
Mt (*GEOG*) *abbr* = **mount** G.
MTV (*US*) *n abbr* (= *music television*) MTV *f inv*.

KEYWORD

much [mʌtʃ] *adj* (*time, money, effort*) dużo (*+gen*), wiele (*+gen*); **we haven't got much time/money** nie mamy dużo *or* wiele czasu/pieniędzy; **I have as much money/intelligence as you** mam tyle samo pieniędzy/rozumu co ty; **as much as 50 pounds** aż 50 funtów ♦ *pron* dużo, wiele; **there isn't much to do** nie ma dużo *or* wiele do zrobienia; **how much is it?** ile to kosztuje? ♦ *adv* **1** (*greatly, a great deal*) bardzo; **thank you very much** dziękuję bardzo; **I read as much as possible/as ever** czytam tyle, ile to możliwe/co zawsze; **he is as much a part of the community as you** jest w takim samym stopniu częścią tej społeczności, co i ty. **2** (*by far*: *+comparative*) znacznie; (: *+superlative*) zdecydowanie; **I'm much better now** czuję się teraz znacznie lepiej; **it's much the biggest publishing company in Europe** jest to zdecydowanie największe wydawnictwo w Europie. **3** (*almost*): **the view is much as it was ten years ago** widok jest w dużym stopniu taki, jak dziesięć lat temu; **how are you feeling? – much the same** jak się czujesz? – prawie tak samo.

muck [mʌk] *n* (*dirt*) brud *m*; (*manure*) gnój *m*.
►**muck about** (*inf*) *vi* wygłupiać się ♦ *vt*: **to muck sb about** traktować kogoś niepoważnie.
►**muck around** *vi* = **muck about**.
►**muck in** (*BRIT*: *inf*) *vi*: **to muck in (with)** przyłączać się (przyłączyć się *perf*) (do *+gen*).
►**muck out** *vt* (*stable etc*) wyrzucać (wyrzucić *perf*) gnój z *+gen*.
►**muck up** (*inf*) *vt* (*test, exam*) zawalać (zawalić *perf*) (*inf*).
muckraking ['mʌkreɪkɪŋ] (*inf*) *n* (*fig*) pranie *nt* brudów ♦ *adj* (*fig*: *reporters etc*) szukający sensacji.
mucky ['mʌkɪ] *adj* (*boots*) bardzo brudny; (*field*) błotnisty.
mucus ['mju:kəs] *n* śluz *m*.
mud [mʌd] *n* błoto *nt*.
muddle ['mʌdl] *n* (*mess*) bałagan *m*; (*confusion*) zamieszanie *nt*, zamęt *m* ♦ *vt* (*person*) mieszać (namieszać *perf*) w głowie *+dat*; (*also*: **muddle up**: *things*) mieszać (pomieszać *perf*); (: *names etc*) mylić (pomylić *perf*); **I'm in a muddle** mam zamęt w głowie; **to get in a muddle** (*while explaining etc*) plątać się (zaplątać się *perf*).
►**muddle along** *vi* brnąć na oślep.
►**muddle through** *vi* jakoś sobie radzić (poradzić *perf*).
muddle-headed [mʌdl'hɛdɪd] *adj* nierozgarnięty.
muddy ['mʌdɪ] *adj* (*field*) błotnisty; (*floor*) zabłocony.
mud flats *npl tereny przybrzeżne zalewane podczas przypływów*.
mudguard ['mʌdgɑ:d] *n* błotnik *m*.
mudpack ['mʌdpæk] *n* maseczka *f* błotna.
mud-slinging ['mʌdslɪŋɪŋ] *n* (*fig*) obrzucanie się *nt* błotem.
muesli ['mju:zlɪ] *n* muesli *nt inv*.
muffin ['mʌfɪn] *n rodzaj bułeczki jadanej na ciepło*.
muffle ['mʌfl] *vt* (*sound*) tłumić (stłumić *perf*); (*against cold*) opatulać (opatulić *perf*).
muffled ['mʌfld] *adj* (*sound*) stłumiony; (*against cold*) opatulony.
muffler ['mʌflə*] *n* (*US*: *AUT*) tłumik *m*; (*scarf*) szalik *m*.
mufti ['mʌftɪ] *n*: **in mufti** po cywilnemu.
mug [mʌg] *n* (*cup*) kubek *m*; (*for beer*) kufel *m*; (*inf*: *face*) gęba *f* (*inf*); (: *fool*) frajer *m* (*inf*) ♦ *vt* napadać (napaść *perf*) (*na ulicy*); **it's a mug's game** (*BRIT*) to robota dla frajerów.
►**mug up** (*BRIT*: *inf*) *vt* (*also*: **mug up on**) wkuwać *or* zakuwać *+acc* (*inf*).
mugger ['mʌgə*] *n* (uliczny) bandyta *m*.
mugging ['mʌgɪŋ] *n* napad *m* (uliczny).
muggy ['mʌgɪ] *adj* parny.
mulatto [mju:'lætəu] (*pl* **mulattoes**) *n* mulat(ka) *m(f)*.
mulberry ['mʌlbrɪ] *n* morwa *f*.
mule [mju:l] *n* muł *m*.
mulled [mʌld] *adj*: **mulled wine** grzane wino *nt*.
mullioned ['mʌlɪənd] *adj*: **mullioned window** okno *nt* wielodzielne.
mull over [mʌl-] *vt* przetrawić *perf +acc* (*fig*).
multi... ['mʌltɪ] *pref* wielo..., multi... .
multi-access ['mʌltɪ'æksɛs] (*COMPUT*) *adj* wielodostępny.
multicoloured ['mʌltɪkʌləd] (*US* **multicolored**) *adj* wielobarwny, różnokolorowy.
multifarious [mʌltɪ'fɛərɪəs] *adj* różnoraki.
multilateral [mʌltɪ'lætərl] *adj* wielostronny.

multi-level ['mʌltɪlɛvl] (*US*) *adj* wielopoziomowy.
multimillionaire [mʌltɪmɪljə'nɛə*] *n* multimilioner(ka) *m(f)*.
multinational [mʌltɪ'næʃənl] *adj* (*company*) międzynarodowy; (*state*) wielonarodowościowy ♦ *n* (wielkie) przedsiębiorstwo *nt* międzynarodowe.
multiple ['mʌltɪpl] *adj* (*collision*) zbiorowy; (*injuries*) wielokrotny; (*interests, causes*) wieloraki ♦ *n* wielokrotność *f*.
multiple-choice ['mʌltɪpltʃɔɪs] *adj*: **multiple-choice test** test *m* wielokrotnego wyboru.
multiple sclerosis *n* stwardnienie *nt* rozsiane.
multiplication [mʌltɪplɪ'keɪʃən] *n* (*MATH*) mnożenie *nt*; (*increase*) pomnożenie się *nt*.
multiplication table *n* tabliczka *f* mnożenia.
multiplicity [mʌltɪ'plɪsɪtɪ] *n*: **a multiplicity of** mnogość *f* +*gen*.
multiply ['mʌltɪplaɪ] *vt* mnożyć (pomnożyć *perf*) ♦ *vi* (*animals*) rozmnażać się; (*problems*) mnożyć się.
multiracial [mʌltɪ'reɪʃl] *adj* wielorasowy.
multi-storey (*BRIT*) *adj* wielopiętrowy.
multitude ['mʌltɪtju:d] *n* (*crowd*) rzesza *f*; **a multitude of** mnóstwo +*gen*; **for a multitude of reasons** z wielu (różnych) powodów.
mum [mʌm] (*BRIT*: *inf*) *n* mama *f* ♦ *adj*: **to keep mum** nie puszczać (nie puścić *perf*) pary z ust; **mum's the word!** ani mru-mru! (*inf*).
mumble ['mʌmbl] *vt* mamrotać (wymamrotać *perf*) ♦ *vi* mamrotać (wymamrotać *perf*).
mummify ['mʌmɪfaɪ] *vt* mumifikować (zmumifikować *perf*).
mummy ['mʌmɪ] *n* (*BRIT*: *mother*) mamusia *f*; (*corpse*) mumia *f*.
mumps [mʌmps] (*MED*) *n* świnka *f*.
munch [mʌntʃ] *vt* żuć ♦ *vi* żuć.
mundane [mʌn'deɪn] *adj* przyziemny.
Munich ['mju:nɪk] *n* Monachium *nt inv*.
municipal [mju:'nɪsɪpl] *adj* miejski, municypalny (*fml*).
municipality [mju:nɪsɪ'pælɪtɪ] *n* (*city, town*) miasto *nt*.
munitions [mju:'nɪʃənz] *npl amunicja i sprzęt bojowy*.
mural ['mjuərl] *n* malowidło *nt* ścienne.
murder ['mə:də*] *n* morderstwo *nt* ♦ *vt* mordować (zamordować *perf*); **to commit murder** popełniać (popełnić *perf*) morderstwo.
murderer ['mə:dərə*] *n* morderca *m*.
murderess ['mə:dərɪs] *n* morderczyni *f*.
murderous ['mə:dərəs] *adj* (*tendencies*) zbrodniczy; (*attack, instinct*) morderczy.
murk [mə:k] *n* mrok *m*.
murky ['mə:kɪ] *adj* (*street*) mroczny; (*water*) mętny.
murmur ['mə:mə*] *n* szmer *m* ♦ *vt* mruczeć (mruknąć *perf*) ♦ *vi* mruczeć (mruknąć *perf*); **heart murmur** (*MED*) szmer w sercu.
MusB(ac) *n abbr* (= *Bachelor of Music*) *stopień naukowy*.
muscle ['mʌsl] *n* (*ANAT*) mięsień *m*; (*fig*) siła *f*.
►**muscle in** *vi* pchać się (wepchać się *perf*) (na siłę).
muscular ['mʌskjulə*] *adj* (*pain*) mięśniowy; (*person*) umięśniony, muskularny; (*build*) muskularny.
MusD(oc) *n abbr* (= *Doctor of Music*) *stopień naukowy*; ≈ dr.
muse [mju:z] *vi* dumać ♦ *n* muza *f*.
museum [mju:'zɪəm] *n* muzeum *nt*.
mush [mʌʃ] *n* breja *f*; (*fig*: *pej*) ckliwe bzdury *pl*.
mushroom ['mʌʃrum] *n* grzyb *m* ♦ *vi* (*fig*: *town, organization*) szybko się rozrastać (rozrosnąć *perf*).
music ['mju:zɪk] *n* muzyka *f*.
musical ['mju:zɪkl] *adj* (*career, skills*) muzyczny; (*person*) muzykalny; (*sound, tune*) melodyjny ♦ *n* musical *m*.
music(al) box *n* pozytywka *f*.
musical instrument *n* instrument *m* muzyczny.
music hall *n* wodewil *m*.
musician [mju:'zɪʃən] *n* muzyk *m*.
music stand *n* pulpit *m* do nut.
musk [mʌsk] *n* piżmo *nt*.
musket ['mʌskɪt] *n* muszkiet *m*.
muskrat ['mʌskræt] *n* piżmak *m*, szczur *m* piżmowy.
musk rose (*BOT*) *n* róża *f* piżmowa.
Muslim ['mʌzlɪm] *adj* muzułmański ♦ *n* muzułmanin (-anka) *m(f)*.
muslin ['mʌzlɪn] *n* muślin *m*.
musquash ['mʌskwɔʃ] *n* (*ZOOL*) = **muskrat**; (*fur*) futro *nt* z piżmaków.
mussel ['mʌsl] *n* małż *m* (jadalny).
must [mʌst] *aux vb* (*necessity, obligation*): **I must do it** muszę to zrobić; (*prohibition*): **you mustn't do it** nie wolno ci tego robić; (*probability*): **he must be there by now** musi już tam być, pewnie już tam jest; (*suggestion, invitation*): **you must come and see me** (koniecznie) musisz mnie odwiedzić; (*guess, assumption*): **I must have made a mistake** musiałam się pomylić; (*indicating sth unwelcome*): **why must he always call so late?** dlaczego zawsze musi dzwonić tak późno? ♦ *n* konieczność *f*; **it's a must** to konieczne.
mustache ['mʌstæʃ] (*US*) *n* = **moustache**.
mustard ['mʌstəd] *n* musztarda *f*.
mustard gas *n* iperyt *m*, gaz *m* musztardowy.
muster ['mʌstə*] *vt* (*energy, troops*) zbierać (zebrać *perf*); (*support*) uzyskiwać (uzyskać *perf*); (*also*: **muster up**: *enthusiasm etc*) wykrzesać (*perf*) z siebie; (: *courage*) zdobywać się (zdobyć się *perf*) na +*acc* ♦ *n*: **to pass muster** sprostać (*perf*) wymaganiom.

mustiness ['mʌstɪnɪs] *n* stęchlizna *f*.
mustn't ['mʌsnt] = **must not**.
musty ['mʌstɪ] *adj* (*smell*) stęchły; (*place*) pachnący stęchlizną.
mutant ['mju:tənt] *n* mutant *m*.
mutate [mju:'teɪt] *vi* mutować, ulegać (ulec *perf*) mutacji.
mutation [mju:'teɪʃən] *n* (*BIO*) mutacja *f*; (*alteration*) zmiana *f*.
mute [mju:t] *adj* niemy.
muted ['mju:tɪd] *adj* przytłumiony; **muted trumpet** trąbka z tłumikiem.
mutilate ['mju:tɪleɪt] *vt* (*person*) okaleczać (okaleczyć *perf*); (*thing*) uszkadzać (uszkodzić *perf*).
mutilation [mju:tɪ'leɪʃən] *n* okaleczenie *nt*.
mutinous ['mju:tɪnəs] *adj* (*troops*) zbuntowany; (*attitude*) buntowniczy.
mutiny ['mju:tɪnɪ] *n* bunt *m* ♦ *vi* buntować się (zbuntować się *perf*).
mutter ['mʌtə*] *vt* mamrotać (wymamrotać *perf*) ♦ *vi* mamrotać (wymamrotać *perf*).
mutton ['mʌtn] *n* baranina *f*.
mutual ['mju:tʃuəl] *adj* (*help, respect*) wzajemny; (*friend, interest*) wspólny.
mutually ['mju:tʃuəlɪ] *adv* (*exclusive, respectful*) wzajemnie; **mutually beneficial** korzystny dla obu stron.
muzzle ['mʌzl] *n* (*of dog*) pysk *m*; (*of gun*) wylot *m* lufy; (*for dog*) kaganiec *m* ♦ *vt* zakładać (założyć *perf*) kaganiec *+dat*; (*fig*) ograniczać (ograniczyć *perf*) swobodę wypowiedzi *+gen*.
MV *abbr* (= *motor vessel*).
MVP (*US*: *SPORT*) *n abbr* (= *most valuable player*).
MW (*RADIO*) *abbr* = **medium wave** f.śr.
my [maɪ] *adj* mój; **this is my house/brother** to (jest) mój dom/brat; **I've washed my hair** umyłem włosy; **I've cut my finger** skaleczyłam się w palec.
myopic [maɪ'ɔpɪk] *adj* (*person*): **to be myopic** być krótkowidzem; (*fig*) krótkowzroczny.
myriad ['mɪrɪəd] *n* miriady *pl*.
myrrh [mə:*] *n* mirra *f*.
myself [maɪ'sɛlf] *pron* (*reflexive*) się; (*emphatic*): **I dealt with it myself** sam sobie z tym poradziłem; (*after prep*) siebie *(gen, acc)*, sobie *(dat, loc)*, sobą *(instr)*; **he's a Pole, like myself** jest Polakiem, podobnie jak ja; *see also* **oneself**.
mysterious [mɪs'tɪərɪəs] *adj* tajemniczy.
mysteriously [mɪs'tɪərɪəslɪ] *adv* (*smile*) tajemniczo; (*disappear*) w tajemniczy sposób; (*die*) w tajemniczych okolicznościach.
mystery ['mɪstərɪ] *n* (*puzzle*) tajemnica *f*; (*strangeness*) tajemniczość *f* ♦ *cpd* tajemniczy.
mystery story *n opowiadanie, w którym niezwykłe wydarzenia znajdują wytłumaczenie dopiero w zakończeniu.*
mystic ['mɪstɪk] *n* mistyk (-yczka) *m(f)*.
mystic(al) ['mɪstɪk(l)] *adj* mistyczny.
mystify ['mɪstɪfaɪ] *vt* zadziwiać (zadziwić *perf*).
mystique [mɪs'ti:k] *n*: **the mystique surrounding sb/sth** aura *f* tajemniczości otaczająca kogoś/coś.
myth [mɪθ] *n* mit *f*.
mythical ['mɪθɪkl] *adj* mityczny.
mythological [mɪθə'lɔdʒɪkl] *adj* mitologiczny.
mythology [mɪ'θɔlədʒɪ] *n* mitologia *f*.

N,n

N[1], **n** [ɛn] *n* (*letter*) N *nt*, n *nt*; **N for Nellie,** *(US)* **N for Nan** ≈ N jak Natalia.
N[2] *abbr* = **north** płn.
NA (*US*) *n abbr* (= *Narcotics Anonymous*) *organizacja niosąca pomoc osobom uzależnionym od narkotyków*; (= *National Academy*).
n/a *abbr* (= *not applicable*) nie dot.; (*COMM etc*: = *no account*) brak rachunku (*bieżącego*).
NAACP (*US*) *n abbr* (= *National Association for the Advancement of Colored People*).
NAAFI ['næfɪ] (*BRIT*) *n abbr* (= *Navy, Army & Air Force Institute*) *instytucja prowadząca sklepy, stołówki itp dla żołnierzy brytyjskich.*
NACU (*US*) *n abbr* (= *National Association of Colleges and Universities*).
nadir ['neɪdɪə*] *n* (*ASTRON*) nadir *m*; (*fig*) najniższy punkt *m*.
nag [næg] *vt* strofować ♦ *vi* zrzędzić ♦ *n* (*pej*: *horse*) szkapa *f* (*pej*); (: *person*) zrzęda *f* (*pej*); **to nag at sb** dręczyć kogoś.
nagging ['nægɪŋ] *adj* (*doubt, suspicion*) dręczący; (*pain*) dokuczliwy; **I have a nagging suspicion/doubt that...** dręczy mnie podejrzenie/wątpliwość, że... .
nail [neɪl] *n* (*on finger*) paznokieć *m*; (*metal*) gwóźdź *m* ♦ *vt* (*inf*: *thief etc*) nakryć (*perf*) (*inf*); **to nail sth to sth** przybijać (przybić *perf*) coś do czegoś; **to nail sb down (to sth)** przyciskać (przycisnąć *perf*) kogoś (w jakiejś sprawie).
nailbrush ['neɪlbrʌʃ] *n* szczoteczka *f* do paznokci
nailfile ['neɪlfaɪl] *n* pilnik *m* do paznokci.
nail polish *n* lakier *m* do paznokci.
nail polish remover *n* zmywacz *m* do paznokci.
nail scissors *npl* nożyczki *pl* do paznokci.
nail varnish (*BRIT*) *n* = **nail polish**.
Nairobi [naɪ'rəubɪ] *n* Nairobi *nt inv*.
naïve [naɪ'i:v] *adj* naiwny.
naïveté [naɪ'i:vteɪ] *n* = **naivety**.
naivety [naɪ'i:vteɪ] *n* naiwność *f*.
naked ['neɪkɪd] *adj* (*person*) nagi; (*flame*) odkryty; **with/to the naked eye** gołym okiem.

nakedness ['neɪkɪdnɪs] *n* nagość *f*.

NAM (*US*) *n abbr* (= *National Association of Manufacturers*).

name [neɪm] *n* (*first name*) imię *nt*; (*surname*) nazwisko *nt*; (*of animal, place, illness*) nazwa *f*; (*of pet*) imię *nt*; (*reputation*) reputacja *f*, dobre imię *nt* ♦ *vt* (*baby*) dawać (dać *perf*) na imię *+dat*; (*ship etc*) nadawać (nadać *perf*) imię *+dat*; (*criminal etc*) wymieniać (wymienić *perf*) z nazwiska; (*price, date etc*) podawać (podać *perf*); **what's your name?** (*surname*) jak się Pan/Pani nazywa?; (*first name*) jak masz na imię?, jak ci na imię?; **by name** z nazwiska; **in the name of** na nazwisko *+nom*; (*fig*) w imię *+gen*; **in sb's name** na czyjeś nazwisko; **my name is Peter** mam na imię Peter; **to give one's name and address** podać *(perf)* (swoje) nazwisko i adres; **to make a name for o.s.** zdobyć *(perf)* sławę; **to give sb a bad name** psuć (popsuć *perf*) komuś opinię *or* reputację; **to call sb names** obrzucać (obrzucić *perf*) kogoś wyzwiskami; **the college is named after her** kolegium nazwano jej imieniem.

name-dropping ['neɪmdrɔpɪŋ] *n* rzucanie *nt* znanymi nazwiskami (*żeby zrobić na kimś wrażenie*).

nameless ['neɪmlɪs] *adj* (*anonymous*) nieznany, bezimienny; (*vague*) nieokreślony; **who/which shall remain nameless** którego nie wymienię.

namely ['neɪmlɪ] *adv* (a) mianowicie.

nameplate ['neɪmpleɪt] *n* tabliczka *f* z nazwiskiem.

namesake ['neɪmseɪk] *n* imiennik (-iczka) *m(f)*.

nanny ['nænɪ] *n* niania *f*.

nanny-goat ['nænɪgəut] *n* koza *f*.

nap [næp] *n* (*sleep*) drzemka *f*; (*of fabric*) włos *m* ♦ *vi*: **to be caught napping** (*fig*) dać *(perf)* się zaskoczyć; **to have a nap** ucinać (uciąć *perf*) sobie drzemkę.

NAPA (*US*) *n abbr* (= *National Association of Performing Artists*) ≈ ZASP.

napalm ['neɪpɑːm] *n* napalm *m*.

nape [neɪp] *n*: **the nape of the neck** kark *m*.

napkin ['næpkɪn] *n* serwetka *f*.

Naples ['neɪplz] *n* Neapol *m*.

Napoleonic [nəpəulɪ'ɔnɪk] *adj* napoleoński.

nappy ['næpɪ] (*BRIT*) *n* pieluszka *f*.

nappy liner (*BRIT*) *n wkładka wchłaniająca do tetrowej pieluszki*.

nappy rash *n* odparzenie *nt* (*od pieluszki*).

narcissistic [nɑːsɪ'sɪstɪk] *adj* narcystyczny.

narcissus [nɑː'sɪsəs] (*pl* **narcissi**) *n* (*BOT*) narcyz *m*.

narcotic [nɑː'kɔtɪk] *adj* narkotyczny ♦ *n* narkotyk *m*; **narcotics** *npl* narkotyki *pl*.

nark [nɑːk] (*BRIT*: *inf*) *vt*: **to be narked at sth** być czymś wkurzonym (*inf*).

narrate [nə'reɪt] *vt* (*story*) opowiadać; (*film, programme*) występować w roli narratora *+gen*.

narration [nə'reɪʃən] *n* (*in novel etc*) narracja *f*; (*to film etc*) komentarz *m*.

narrative ['nærətɪv] *n* (*in novel etc*) narracja *f*; (*of journey etc*) relacja *f*.

narrator [nə'reɪtə*] *n* narrator(ka) *m(f)*.

narrow ['nærəu] *adj* (*space, sense*) wąski; (*majority, defeat*) nieznaczny; (*ideas, view*) ograniczony ♦ *vi* (*road*) zwężać się (zwężyć się *perf*); (*gap*) zmniejszać się (zmniejszyć się *perf*) ♦ *vt* (*gap*) zmniejszać (zmniejszyć *perf*); (*eyes*) mrużyć (zmrużyć *perf*); **to have a narrow escape** ledwo ujść *(perf)* cało; **to narrow sth down (to sth)** zawężać (zawęzić *perf*) coś (do czegoś).

narrow gauge ['nærəugeɪdʒ] *adj* (*RAIL*) wąskotorowy.

narrowly ['nærəulɪ] *adv* ledwo, z ledwością; **he narrowly missed the target** minimalnie chybił.

narrow-minded [nærəu'maɪndɪd] *adj* (*person*) ograniczony, o wąskich horyzontach (umysłowych) *post*; (*attitude*) pełen uprzedzeń.

NAS (*US*) *n abbr* (= *National Academy of Sciences*).

NASA ['næsə] (*US*) *n abbr* (= *National Aeronautics and Space Administration*) NASA *f inv*.

nasal ['neɪzl] *adj* nosowy.

Nassau ['næsɔː] *n* Nassau *nt inv*.

nastily ['nɑːstɪlɪ] *adv* złośliwie.

nastiness ['nɑːstɪnɪs] *n* (*of person, remark*) złośliwość *f*.

nasturtium [nəs'təːʃəm] *n* (*BOT*) nasturcja *f*.

nasty ['nɑːstɪ] *adj* (*remark*) złośliwy; (*person*) złośliwy, niemiły; (*taste, smell*) nieprzyjemny; (*wound, accident, weather*) paskudny; (*shock*) niemiły, przykry; (*problem*) trudny; (*question*) podstępny, podchwytliwy; **to turn nasty** stawać się (stać się *perf*) nieprzyjemnym; **it's a nasty business** to paskudna sprawa.

NAS/UWT (*BRIT*) *n abbr* (= *National Association of Schoolmasters/Union of Women Teachers*) *związek zawodowy nauczycieli*.

nation ['neɪʃən] *n* (*people*) naród *m*; (*country*) państwo *nt*.

national ['næʃənl] *adj* (*newspaper*) (ogólno)krajowy; (*monument, characteristic*) narodowy; (*interests*) państwowy ♦ *n* obywatel(ka) *m(f)*.

national anthem *n* hymn *m* państwowy.

national debt *n* (*ECON*) dług *m* publiczny.

national dress *n* strój *m* narodowy.

National Guard (*US*) *n* Gwardia *f* Narodowa.

National Health Service (*BRIT*) *n* ≈ służba *f* zdrowia.

National Insurance (*BRIT*) *n* ≈ Zakład *m* Ubezpieczeń Społecznych.

nationalism ['næʃnəlɪzəm] *n* nacjonalizm *m*.

nationalist ['næʃnəlɪst] *adj* nacjonalistyczny ♦ *n* nacjonalista (-tka) *m(f)*.

nationality [næʃə'nælɪtɪ] *n* narodowość *f*; (*dual etc*) obywatelstwo *nt*.
nationalization [næʃnəlaɪ'zeɪʃən] *n* nacjonalizacja *f*, upaństwowienie *nt*.
nationalize ['næʃnəlaɪz] *vt* nacjonalizować (znacjonalizować *perf*), upaństwawiać (upaństwowić *perf*).
nationally ['næʃnəlɪ] *adv* na szczeblu centralnym.
national park *n* park *m* narodowy.
national press *n* prasa *f* krajowa.
National Security Council (*US*) *n* Rada *f* Bezpieczeństwa Narodowego.
national service *n* obowiązkowa służba *f* wojskowa.
nationwide ['neɪʃənwaɪd] *adj* ogólnokrajowy ♦ *adv* w całym kraju.
native ['neɪtɪv] *n* tubylec *m*, krajowiec *m* ♦ *adj* (*population*) rodowity; (*country, language*) ojczysty; (*ability*) wrodzony; **a native of Ireland** rodowity Irlandczyk; **native to** rodem z *+gen*.
native speaker *n* rodzimy użytkownik *m* języka.
Nativity [nə'tɪvɪtɪ] *n* (*REL*): **the Nativity** narodzenie *nt* Chrystusa.
NATO ['neɪtəu] *n abbr* (= *North Atlantic Treaty Organization*) NATO *nt inv*.
natter ['nætə*] (*BRIT*) *vi* paplać ♦ *n*: **to have a natter** ucinać (uciąć *perf*) sobie pogawędkę, plotkować (poplotkować *perf*).
natural ['nætʃrəl] *adj* naturalny; (*disaster*) żywiołowy; (*performer, hostess etc*) urodzony; (*MUS*) niealterowany; **to die of natural causes** umierać (umrzeć *perf*) śmiercią naturalną.
natural childbirth *n* poród *m* naturalny.
natural gas *n* gaz *m* ziemny.
naturalist ['nætʃrəlɪst] *n* przyrodnik (-iczka) *m(f)*.
naturalize ['nætʃrəlaɪz] *vt*: **to become naturalized** naturalizować się *(perf)*.
naturally ['nætʃrəlɪ] *adv* naturalnie; (*result, happen*) w sposób naturalny; (*die*) śmiercią naturalną; (*cheerful, talented*) z natury; **she is naturally blonde** jest naturalną blondynką.
naturalness ['nætʃrəlnɪs] *n* naturalność *f*.
natural resources *npl* bogactwa *pl* naturalne.
natural wastage *n* (*INDUSTRY*) odpady *pl* naturalne.
nature ['neɪtʃə*] *n* (*also*: **Nature**) natura *f*, przyroda *f*; (*kind, sort*) natura *f*; (*character*: *of thing*) istota *f*, właściwość *f*; (: *of person*) usposobienie *nt*, natura *f*; **by nature** z natury; **by its (very) nature** z natury rzeczy; **documents of a confidential nature** dokumenty o charakterze poufnym; **something of that nature** coś w tym rodzaju.
-natured ['neɪtʃəd] *suff*: **ill-natured** złośliwy; **good-natured** dobroduszny.
nature reserve (*BRIT*) *n* rezerwat *m* przyrody.
nature trail *n* szlak *m* przyrodoznawczy.
naturist ['neɪtʃərɪst] *n* naturysta (-tka) *m(f)*.
naught [nɔ:t] *n* = **nought**.
naughtiness ['nɔ:tɪnɪs] *n* (*of child*) niegrzeczne zachowanie *nt*, krnąbrność *f*; (*of story etc*) nieprzyzwoitość *f*.
naughty ['nɔ:tɪ] *adj* (*child*) niegrzeczny, krnąbrny; (*story*) nieprzyzwoity.
nausea ['nɔ:sɪə] *n* mdłości *pl*.
nauseate ['nɔ:sɪeɪt] *vt* przyprawiać (przyprawić *perf*) o mdłości; (*fig*) budzić wstręt *or* obrzydzenie w *+loc*.
nauseating ['nɔ:sɪeɪtɪŋ] *adj* (*smell, sight*) przyprawiający o mdłości; (*fig*) budzący *or* wzbudzający obrzydzenie.
nauseous ['nɔ:sɪəs] *adj* przyprawiający o mdłości; **to feel nauseous** mieć mdłości.
nautical ['nɔ:tɪkl] *adj* żeglarski; **a nautical man** człowiek morza.
nautical mile *n* mila *f* morska (= *1853 m*).
naval ['neɪvl] *adj* (*uniform*) marynarski; (*battle, forces*) morski.
naval officer *n* oficer *m* marynarki.
nave [neɪv] *n* (*ARCHIT*) nawa *f* główna.
navel ['neɪvl] *n* (*ANAT*) pępek *m*.
navigable ['nævɪgəbl] *adj* żeglowny, spławny.
navigate ['nævɪgeɪt] *vt* (*river, path*) pokonywać (pokonać *perf*) ♦ *vi* (*birds etc*) odnajdywać drogę; (*NAUT, AVIAT*) nawigować; (*AUT*) pilotować.
navigation [nævɪ'geɪʃən] *n* (*activity*) nawigowanie *nt*, pilotowanie *nt*; (*science*) nawigacja *f*.
navigator ['nævɪgeɪtə*] *n* (*NAUT, AVIAT*) nawigator *m*; (*AUT*) pilot *m*.
navvy ['nævɪ] (*BRIT*) *n* robotnik *m* niewykwalifikowany.
navy ['neɪvɪ] *n* (*branch of military*) marynarka *f* (wojenna); (*ships*) flota *f* (wojenna); **Department of the Navy** (*US*) Departament *m* Marynarki Wojennej.
navy(-blue) ['neɪvɪ('blu:)] *adj* granatowy.
Nazareth ['næzərɪθ] *n* Nazaret *m*.
Nazi ['nɑ:tsɪ] *n* nazista (-tka) *m(f)*.
NB *abbr* (= *nota bene*) nb.; (*CANADA*: = *New Brunswick*).
NBA (*US*) *n abbr* (= *National Basketball Association*); (= *National Boxing Association*).
NBC (*US*) *n abbr* (= *National Broadcasting Company*).
NBS (*US*) *n abbr* (= *National Bureau of Standards*) *urząd normalizacyjny*.
NC *abbr* (*COMM etc*: = *no charge*) bezpł.; (*US*: *POST*: = *North Carolina*).
NCC *n abbr* (*BRIT*: = *Nature Conservancy Council*); (*US*: = *National Council of Churches*).
NCCL (*BRIT*) *n abbr* (= *National Council for Civil Liberties*) *organizacja występująca w obronie praw obywatelskich*.
NCO (*MIL*) *n abbr* = **non-commissioned officer**.
ND (*US*: *POST*) *abbr* (= *North Dakota*).
NE (*US*: *POST*) *abbr* (= *New England*); (= *Nebraska*).

NEA (*US*) *n abbr* (= *National Education Association*).
neap [ni:p] *n* (*also*: **neap tide**) pływ *m* mały *or* kwadrowy.
Neapolitan [nɪə'pɔlɪtən] *adj* neapolitański ♦ *n* neapolitańczyk (-anka) *m(f)*.
near [nɪə*] *adj* (*in space, time*) bliski, niedaleki; (*relative*) bliski; (*darkness*) prawie zupełny ♦ *adv* (*in space*) blisko; (*perfect, impossible*) prawie, niemal ♦ *prep* (*also*: **near to**: *in space*) blisko *+gen*; (: *in time*) około *+gen*; (: *in situation, intimacy*) bliski *+gen* ♦ *vt* zbliżać się (zbliżyć się *perf*) do *+gen*; **Christmas is quite near now** już niedaleko do Świąt Bożego Narodzenia; **25,000 pounds or nearest offer** (*BRIT*) 25.000 funtów lub oferta najbliższa tej sumie; **in the near future** w niedalekiej przyszłości; **near the beginning of the play** krótko po rozpoczęciu sztuki; **near the end of the year** (na) krótko przed końcem roku; **near here/there** tutaj/tam niedaleko, niedaleko stąd/stamtąd; **none of us could really get near her** nikt z nas nie mógł się naprawdę do niej zbliżyć; **this has brought her nearer to me** to zbliżyło nas do siebie; **the building is nearing completion** budowa jest na ukończeniu *or* dobiega końca; **confusion nearing hysteria** zamieszanie graniczące z histerią.
nearby [nɪə'baɪ] *adj* pobliski ♦ *adv* w pobliżu.
Near East *n*: **the Near East** Bliski Wschód *m*.
nearer ['nɪərə*] *adj, adv comp of* **near**.
nearest ['nɪərɛst] *adj, adv superl of* **near**.
nearly ['nɪəlɪ] *adv* prawie; **I nearly fell** o mało nie upadłem; **it's not nearly big enough** jest o wiele za mały; **she was nearly crying** była bliska płaczu.
near miss *n* (*shot*) minimalnie chybiony strzał *m*; **it was a near miss** (*accident avoided*) o mało (co) nie doszło do wypadku.
nearness ['nɪənɪs] *n* bliskość *f*.
nearside ['nɪəsaɪd] (*AUT*) *n* (*with left-hand drive*) prawa strona *f* (*pojazdu*); (*with right-hand drive*) lewa strona *f* (*pojazdu*).
near-sighted [nɪə'saɪtɪd] *adj* krótkowzroczny.
neat [ni:t] *adj* (*person, room*) schludny; (*handwriting*) staranny; (*plan*) zgrabny; (*solution, description*) elegancki; (*spirits*) czysty; **I drink it neat** piję to bez rozcieńczania.
neatly ['ni:tlɪ] *adv* (*tidily*) starannie; (*conveniently*) zgrabnie.
neatness ['ni:tnɪs] *n* (*of person, place*) schludność *f*; (*of solution*) elegancja *f*.
nebulous ['nɛbjuləs] *adj* mglisty.
necessarily ['nɛsɪsrɪlɪ] *adv* z konieczności; **not necessarily** niekoniecznie.
necessary ['nɛsɪsrɪ] *adj* (*skill, item*) niezbędny; (*effect*) nieunikniony; (*connection, condition*) konieczny; **if necessary** jeśli to konieczne, jeśli trzeba; **it is necessary to examine this** *or* **that we examine this** trzeba to zbadać.
necessitate [nɪ'sɛsɪteɪt] *vt* wymagać *+gen*.
necessity [nɪ'sɛsɪtɪ] *n* (*inevitability*) konieczność *f*; (*compelling need*) potrzeba *f*, konieczność *f*; (*essential item*) artykuł *m* pierwszej potrzeby; **of necessity** z konieczności; **out of necessity** z konieczności.
neck [nɛk] *n* szyja *f*; (*of shirt, dress*) wykończenie *nt* przy szyi; (*of bottle*) szyjka *f* ♦ *vi* (*inf*) całować się; **neck and neck** łeb w łeb; **to stick one's neck out** (*inf*) wychylać się (wychylić się *perf*) (*inf*).
necklace ['nɛklɪs] *n* naszyjnik *m*.
neckline ['nɛklaɪn] *n* dekolt *m*.
necktie ['nɛktaɪ] (*esp US*) *n* krawat *m*.
nectar ['nɛktə*] *n* nektar *m*.
nectarine ['nɛktərɪn] *n* nektarynka *f*.
NEDC (*BRIT*) *n abbr* (= *National Economic Development Council*).
Neddy ['nɛdɪ] (*BRIT*: *inf*) *n abbr* = **NEDC**.
née [neɪ] *prep*: **née Scott** z domu Scott.
need [ni:d] *n* (*necessity*) potrzeba *f*, konieczność *f*; (*demand*) potrzeba *f*, zapotrzebowanie *nt*; (*poverty*) ubóstwo *nt*, bieda *f* ♦ *vt* (*want*) potrzebować *+gen*; (*could do with*) wymagać *+gen*; **in need** w potrzebie; **to be in need of** wymagać *or* potrzebować *+gen*; **ten pounds will meet my immediate needs** dziesięć funtów zaspokoi moje najpilniejsze potrzeby; **(there's) no need** nie trzeba; **there's no need to ...** nie ma potrzeby *+infin*; **he had no need to...** nie musiał *+infin*; **you need a haircut** powinieneś iść do fryzjera; **I need to do it** muszę to zrobić; **you don't need to go, you needn't go** nie musisz iść; **a signature is needed** potrzebny jest podpis.
needle ['ni:dl] *n* igła *f*; (*for knitting*) drut *m* ♦ *vt* (*fig*: *inf*) dokuczać *+dat*.
needless ['ni:dlɪs] *adj* niepotrzebny; **needless to say** rzecz jasna.
needlessly ['ni:dlɪslɪ] *adv* niepotrzebnie.
needlework ['ni:dlwə:k] *n* (*object*) robótka *f*; (*activity*) robótki *pl* ręczne.
needn't ['ni:dnt] = **need not**.
needy ['ni:dɪ] *adj* ubogi ♦ *npl*: **the needy** ubodzy *vir pl*.
negation [nɪ'geɪʃən] *n* negowanie *nt*; (*LING*) negacja *f*, przeczenie *nt*.
negative ['nɛgətɪv] *adj* (*answer*) odmowny, negatywny; (*attitude, experience*) negatywny; (*pregnancy test, electrical charge*) ujemny ♦ *n* (*PHOT*) negatyw *m*; (*LING*) przeczenie *nt*, negacja *f*; **to answer in the negative** odpowiadać (odpowiedzieć *perf*) przecząco.
neglect [nɪ'glɛkt] *vt* (*leave undone*) zaniedbywać (zaniedbać *perf*); (*ignore*) nie dostrzegać (nie dostrzec *perf*) *+gen*, lekceważyć (zlekceważyć *perf*) ♦ *n* zaniedbanie *nt*.

neglected [nɪ'glɛktɪd] *adj* (*child, garden*) zaniedbany; (*artist*) niedostrzegany, niedoceniany.
neglectful [nɪ'glɛktful] *adj* zaniedbujący (swoje) obowiązki; **to be neglectful of** zaniedbywać *+acc.*
negligee ['nɛglɪʒeɪ] *n* negliż *m.*
negligence ['nɛglɪdʒəns] *n* niedbalstwo *nt.*
negligent ['nɛglɪdʒənt] *adj* (*person*) niedbały; (*attitude*) nonszalancki; **to be negligent of sb** zaniedbywać kogoś.
negligently ['nɛglɪdʒəntlɪ] *adv* nonszalancko, od niechcenia.
negligible ['nɛglɪdʒɪbl] *adj* nieistotny.
negotiable [nɪ'gəuʃɪəbl] *adj* (*salary*) do uzgodnienia *post*; (*path*) przejezdny; (*river*) spławny; **not negotiable** (*cheque etc*) nie podlegający realizacji w gotówce.
negotiate [nɪ'gəuʃɪeɪt] *vi* negocjować ♦ *vt* (*treaty etc*) negocjować (wynegocjować *perf*); (*obstacle, bend*) pokonywać (pokonać *perf*); **to negotiate with sb (for sth)** pertraktować z kimś (w sprawie czegoś).
negotiation [nɪgəuʃɪ'eɪʃən] *n* negocjacje *pl*; **under negotiation** w fazie negocjacji.
negotiator [nɪ'gəuʃɪeɪtə*] *n* negocjator(ka) *m(f).*
Negress ['ni:grɪs] *n* Murzynka *f.*
Negro ['ni:grəu] *n* (*pl* **Negroes**) Murzyn *m* ♦ *adj* murzyński.
neigh [neɪ] *vi* rżeć (zarżeć *perf*).
neighbour ['neɪbə*] (*US* **neighbor**) *n* sąsiad(ka) *m(f)*; (*REL*) bliźni *m.*
neighbourhood ['neɪbəhud] *n* (*place*) okolice *pl*; (*part of town*) dzielnica *f*; (*people*) sąsiedzi *vir pl*; **in the neighbourhood of** (*place*) w sąsiedztwie *+gen*; (*sum of money*) około *+gen.*
neighbouring ['neɪbərɪŋ] *adj* sąsiedni.
neighbourly ['neɪbəlɪ] *adj* życzliwy, przyjazny.
neither ['naɪðə*] *conj*: **I didn't move and neither did John** nie ruszyłem się i John też nie ♦ *pron* żaden (*z dwóch*), ani jeden, ani drugi ♦ *adv*: **neither ... nor ...** ani ..., ani ...; **neither story is true** żadna z tych dwóch historii nie jest prawdziwa; **neither is true** ani jedno, ani drugie nie jest prawdą; **neither do I/have I** ja też nie.
neo... ['ni:əu] *pref* neo... .
neolithic [ni:əu'lɪθɪk] *adj* neolityczny.
neologism [nɪ'ɔlədʒɪzəm] *n* neologizm *m.*
neon ['ni:ɔn] *n* neon *m.*
neon light *n* neonówka *f.*
neon sign *n* neon *m.*
Nepal [nɪ'pɔ:l] *n* Nepal *m.*
nephew ['nɛvju:] *n* (*sister's son*) siostrzeniec *m*; (*brother's son*) bratanek *m.*
nepotism ['nɛpətɪzəm] *n* nepotyzm *m.*
nerve [nə:v] *n* (*ANAT*) nerw *m*; (*courage*) odwaga *f*; (*impudence*) czelność *f*; **nerves** *npl* nerwy *pl*; **he gets on my nerves** on działa mi na nerwy; **to lose one's nerve** tracić (stracić *perf*) zimną krew.
nerve-centre ['nə:vsɛntə*] *n* (*fig*) ośrodek *m* decyzyjny.
nerve gas *n* gaz *m* paraliżujący.
nerve-racking ['nə:vrækɪŋ] *adj* wykańczający nerwowo (*inf*).
nervous ['nə:vəs] *adj* (*also MED*) nerwowy; (*anxious*) zdenerwowany; **to be nervous of/about** obawiać się *+gen.*
nervous breakdown *n* załamanie *nt* nerwowe.
nervously ['nə:vəslɪ] *adv* nerwowo.
nervousness ['nə:vəsnɪs] *n* zdenerwowanie *nt*, niepokój *m.*
nervous system *n* układ *m* nerwowy.
nest [nɛst] *n* gniazdo *nt* ♦ *vi* gnieździć się; **nest of tables** *zestaw stolików wsuwanych jeden pod drugi.*
nest egg *n* oszczędności *pl* (*gromadzone z zamiarem przeznaczenia na konkretny cel*).
nestle ['nɛsl] *vi* przytulać się (przytulić się *perf*); **a house nestling in the hills** dom wtulony we wzgórza.
nestling ['nɛstlɪŋ] *n* pisklę *nt.*
net [nɛt] *n* siatka *f*; (*for fish*) podbierak *m*; (*also*: **fishing net**) sieć *f* (rybacka); (*fabric*) tiul *m*; (*fig*) sieć *f* ♦ *adj* (*COMM*) netto *post*; (*result*) ostateczny, końcowy ♦ *vt* (*fish, butterfly*) łapać (złapać *perf*) (*w sieć, siatkę*); (*profit*) przynosić (przynieść *perf*) na czysto; (*deal, sale*) zdobywać (zdobyć *perf*); (*fortune*) zbijać (zbić *perf*); **net of tax** po odliczeniu podatku; **he earns ten thousand pounds net per year** zarabia na czysto dziesięć tysięcy funtów rocznie; **it weighs 250g net** to waży 250g netto.
netball ['nɛtbɔ:l] *n gra podobna do koszykówki.*
net curtains *npl* firanki *pl.*
Netherlands ['nɛðələndz] *npl*: **the Netherlands** Holandia *f.*
nett [nɛt] *adj* = **net.**
netting ['nɛtɪŋ] *n* siatka *f.*
nettle ['nɛtl] *n* pokrzywa *f*; **to grasp the nettle** (*fig*) brać (wziąć *perf*) byka za rogi.
network ['nɛtwə:k] *n* sieć *f*; (*of veins*) siateczka *f* ♦ *vt* (*TV, RADIO*) transmitować jednocześnie (przez różne stacje); (*computers*) łączyć (połączyć *perf*) w sieć.
neuralgia [njuə'rældʒə] *n* nerwoból *m.*
neurotic [njuə'rɔtɪk] *adj* przewrażliwiony; (*MED*) neurotyczny ♦ *n* neurotyk (-yczka) *m(f).*
neuter ['nju:tə*] *adj* (*LING*) nijaki ♦ *vt* (*animal*) sterylizować (wysterylizować *perf*).
neutral ['nju:trəl] *adj* (*country*) neutralny; (*view, person*) neutralny, bezstronny; (*colour*) niezdecydowany, bliżej nieokreślony; (*shoe cream*) bezbarwny; (*ELEC*: *wire*) zerowy ♦ *n* (*AUT*) bieg *m* jałowy.
neutrality [nju:'trælɪtɪ] *n* (*of country*) neutralność *f*; (*of view, person*) neutralność *f*, bezstronność *f.*
neutralize ['nju:trəlaɪz] *vt* neutralizować (zneutralizować *perf*).

neutron ['nju:trɔn] *n* neutron *m.*

neutron bomb *n* bomba *f* neutronowa.

never ['nɛvə*] *adv* (*not at any time*) nigdy; (*not*) wcale nie; **never in my life** nigdy w życiu; **never again** nigdy więcej; **well I never!** nie do wiary!; *see also* **mind.**

never-ending [nɛvər'ɛndɪŋ] *adj* nie kończący się.

nevertheless [nɛvəðə'lɛs] *adv* pomimo to, niemniej jednak.

new [nju:] *adj* nowy; (*country, parent*) młody; **as good as new** jak nowy; **to be new to sb** być nowym dla kogoś.

newborn ['nju:bɔ:n] *adj* nowo narodzony.

newcomer ['nju:kʌmə*] *n* przybysz *m*, nowy (-wa) *m(f)* (*inf*).

new-fangled ['nju:fæŋgld] *adj* nowomodny.

new-found ['nju:faund] *adj* świeżo odkryty.

Newfoundland ['nju:fənlənd] *n* Nowa Fundlandia *f.*

New Guinea *n* Nowa Gwinea *f.*

newly ['nju:lɪ] *adv* nowo.

newly-weds ['nju:lɪwɛdz] *npl* nowożeńcy *vir pl*, państwo *vir pl* młodzi.

new moon *n* nów *m.*

newness ['nju:nɪs] *n* nowość *f.*

New Orleans [-'ɔ:li:ənz] *n* Nowy Orlean *m.*

news [nju:z] *n* wiadomość *f*, wiadomości *pl*; **a piece of news** wiadomość; **the news** (*RADIO, TV*) wiadomości; **good/bad news** dobra/zła wiadomość.

news agency *n* agencja *f* prasowa.

newsagent ['nju:zeɪdʒənt] (*BRIT*) *n* (*person*) kioskarz (-arka) *m(f)*; (*shop*) kiosk *m* z gazetami.

news bulletin *n* serwis *m* informacyjny.

newscaster ['nju:zkɑ:stə*] *n* prezenter(ka) *m(f)* wiadomości.

newsdealer ['nju:zdi:lə*] (*US*) *n* = **newsagent.**

newsflash ['nju:zflæʃ] *n* wiadomości *pl* z ostatniej chwili.

newsletter ['nju:zlɛtə*] *n* biuletyn *m.*

newspaper ['nju:zpeɪpə*] *n* gazeta *f*; **daily newspaper** dziennik; **weekly newspaper** tygodnik.

newsprint ['nju:zprɪnt] *n* papier *m* gazetowy.

newsreader ['nju:zri:də*] *n* = **newscaster.**

newsreel ['nju:zri:l] *n* kronika *f* filmowa.

newsroom ['nju:zru:m] *n* (*PRESS, RADIO, TV*) pokój *m* redakcji informacyjnej.

news stand ['nju:zstænd] *n* stoisko *nt* z gazetami.

newt [nju:t] *n* traszka *f.*

New Year *n* Nowy Rok *m*; **Happy New Year!** Szczęśliwego Nowego Roku!; **to wish sb a happy new year** życzyć komuś szczęśliwego nowego roku.

New Year's Day *n* Nowy Rok *m.*

New Year's Eve *n* sylwester *m.*

New York [-'jɔ:k] *n* Nowy Jork *m*; (*also*: **New York State**) stan *m* Nowy Jork.

New Zealand [-'zi:lənd] *n* Nowa Zelandia *f* ♦ *adj* nowozelandzki.

New Zealander [-'zi:ləndə*] *n* Nowozelandczyk (-dka) *m(f).*

next [nɛkst] *adj* (*in space*) sąsiedni, znajdujący się obok; (*in time*) następny, najbliższy ♦ *adv* (*in space*) obok; (*in time*) następnie, potem; **the next day** następnego dnia, nazajutrz (*literary*); **next time** następnym razem; **next year** w przyszłym roku; **next to** obok *+gen*; **next to nothing** tyle co nic; **next please!** następny, proszę!; **who's next?** kto następny?; **"turn to the next page"** „proszę przewrócić stronę"; **the week after next** za dwa tygodnie; **the next on the right/left** pierwsza (ulica) w prawo/lewo; **the next best** drugi w kolejności; **the next thing I knew** nim się spostrzegłem; **when do we meet next?** kiedy się spotykamy następnym razem?

next door *adv* obok ♦ *adj* (*flat*) sąsiedni; (*neighbour*) najbliższy, zza ściany *post.*

next-of-kin ['nɛkstəv'kɪn] *n* najbliższa rodzina *f.*

NF *n abbr* (*BRIT*: *POL*) (= *National Front*) *radykalna partia prawicowa* ♦ *abbr* (*CANADA*: = *Newfoundland*).

NFL (*US*) *n abbr* (= *National Football League*).

NG (*US*) *abbr* = **National Guard.**

NGO (*US*) *n abbr* (= *non-governmental organization*) organizacja *f* pozarządowa.

NH (*US*: *POST*) *abbr* (= *New Hampshire*).

NHL (*US*) *n abbr* (= *National Hockey League*).

NHS (*BRIT*) *n abbr* = **National Health Service.**

NI *abbr* = **Northern Ireland**; (*BRIT*) = **National Insurance.**

Niagara Falls [naɪ'ægərə-] *npl* wodospad *m* Niagara.

nib [nɪb] *n* stalówka *f.*

nibble ['nɪbl] *vt* (*eat*) skubać (skubnąć *perf or* poskubać *perf*); (*bite*) przygryzać (przygryźć *perf*) ♦ *vi*: **to nibble at** skubać (skubnąć *perf*) *+acc.*

Nicaragua [nɪkə'rægjuə] *n* Nikaragua *f.*

Nicaraguan [nɪkə'rægjuən] *adj* nikaraguański ♦ *n* Nikaraguańczyk (-anka) *m(f).*

Nice [ni:s] *n* Nicea *f.*

nice [naɪs] *adj* (*kind, friendly*) miły; (*pleasant*) przyjemny; (*attractive*) ładny.

nicely ['naɪslɪ] *adv* (*attractively*) ładnie; (*satisfactorily*) dobrze; **that will do nicely** to w zupełności wystarczy.

niceties ['naɪsɪtɪz] *npl*: **the niceties** subtelności *pl.*

niche [ni:ʃ] *n* nisza *f*; **to find one's niche in** znajdować (znaleźć *perf*) swoje miejsce w *+loc.*

nick [nɪk] *n* (*on face etc*) zadraśnięcie *nt*; (*in metal, wood*) nacięcie *nt* ♦ *vt* (*BRIT*: *inf*: *steal*) zwędzić (*perf*) (*inf*); (: : *arrest*) przymykać (przymknąć *perf*) (*inf*); (*cut*): **to nick o.s.** zacinać się (zaciąć się *perf*); **in good nick** (*BRIT*: *inf*) w dobrej formie; **in the nick** (*BRIT*: *inf*) w pace (*inf*); **in the nick of time** w samą porę.

nickel ['nɪkl] *n* (*metal*) nikiel *m*; (*US*) pięciocentówka *f*.
nickname ['nɪkneɪm] *n* przezwisko *nt*, przydomek *m* ♦ *vt* przezywać, nadawać przydomek *+dat*.
Nicosia [nɪkə'si:ə] *n* Nikozja *f*.
nicotine ['nɪkəti:n] *n* nikotyna *f*.
niece [ni:s] *n* (*sister's daughter*) siostrzenica *f*; (*brother's daughter*) bratanica *f*.
nifty ['nɪftɪ] (*inf*) *adj* (*car, jacket*) świetny; (*gadget, tool*) zmyślny (*inf*).
Niger ['naɪdʒə*] *n* Niger *m*.
Nigeria [naɪ'dʒɪərɪə] *n* Nigeria *f*.
Nigerian [naɪ'dʒɪərɪən] *adj* nigeryjski ♦ *n* Nigeryjczyk (-jka) *m(f)*.
niggardly ['nɪgədlɪ] *adj* skąpy.
nigger [nɪgə*] (*inf!*) *n* czarnuch *m* (*inf!*).
niggle ['nɪgl] *vt* męczyć ♦ *vi* czepiać się (*inf*).
niggling ['nɪglɪŋ] *adj* (*doubt, anxiety*) dręczący; (*pain*) uporczywy.
night [naɪt] *n* noc *f*; (*evening*) wieczór *m*; **the night before last** przedwczoraj w nocy; **at night** w nocy; **by night** nocą; **nine o'clock at night** dziewiąta wieczór; **we didn't go out last night** wczoraj wieczorem nigdzie nie wychodziliśmy; **in the night, during the night** w nocy; **night and day** dzień i noc.
nightcap ['naɪtkæp] *n* kieliszek *m* przed snem.
nightclub ['naɪtklʌb] *n* nocny lokal *m*.
nightdress ['naɪtdrɛs] *n* koszula *f* nocna.
nightfall ['naɪtfɔ:l] *n* zmrok *m*.
nightgown ['naɪtgaun] *n* = **nightdress**.
nightie ['naɪtɪ] *n* = **nightdress**.
nightingale ['naɪtɪŋgeɪl] *n* słowik *m*.
nightlife ['naɪtlaɪf] *n* nocne życie *nt*.
nightly ['naɪtlɪ] *adj* wieczorny ♦ *adv* (*every night*) co noc; (*every evening*) co wieczór.
nightmare ['naɪtmɛə*] *n* koszmarny sen *m*; (*fig*) koszmar *m*.
night porter *n* nocny portier *m* (*w hotelu*).
night safe *n* (*COMM*) trezor *m*, wrzutnia *f*.
night school *n* szkoła *f* wieczorowa.
nightshade ['naɪtʃeɪd] *n*: **deadly nightshade** (*BOT*) wilcza jagoda *f*.
night shift *n* nocna zmiana *f*.
night-time ['naɪttaɪm] *n* noc *f*.
night watchman (*irreg like*: **man**) *n* nocny stróż *m*.
nihilism ['naɪɪlɪzəm] *n* nihilizm *m*.
nil [nɪl] *n* nic *nt*; (*BRIT*: *SPORT*) zero *nt*.
Nile [naɪl] *n*: **the Nile** Nil *m*.
nimble ['nɪmbl] *adj* (*person, movements*) zwinny; (*mind*) bystry.
nine [naɪn] *num* dziewięć.
nineteen ['naɪn'ti:n] *num* dziewiętnaście.
nineteenth ['naɪn'ti:nθ] *num* dziewiętnasty.
ninety ['naɪntɪ] *num* dziewięćdziesiąt.
ninth [naɪnθ] *num* dziewiąty.
nip [nɪp] *vt* szczypać (szczypnąć *perf or* uszczypnąć *perf*) ♦ *n* (*bite*) uszczypnięcie *nt*; (*drink*) łyk *m*; **to nip out** (*BRIT*: *inf*) wyskakiwać (wyskoczyć *perf*) (*inf*); **to nip downstairs/upstairs** (*BRIT*: *inf*) wyskoczyć (*perf*) na dół/na górę (*inf*); **to nip into a shop** (*BRIT*: *inf*) wskoczyć (*perf*) do sklepu (*inf*).
nipple ['nɪpl] *n* (*ANAT*) brodawka *f* sutkowa.
nippy ['nɪpɪ] (*BRIT*) *adj* (*person*) żwawy; (*car*) szybki; (*air*) mroźny.
nit [nɪt] *n* (*in hair*) gnida *f*; (*inf*: *idiot*) dureń *m* (*inf*).
nitpicking ['nɪtpɪkɪŋ] (*inf*) *n* szukanie *nt* dziury w całym.
nitrogen ['naɪtrədʒən] *n* azot *m*.
nitroglycerin(e) ['naɪtrəu'glɪsəri:n] *n* nitrogliceryna *f*.
nitty-gritty ['nɪtɪ'grɪtɪ] (*inf*) *n*: **to get down to the nitty-gritty** przechodzić (przejść *perf*) do konkretów.
nitwit ['nɪtwɪt] (*inf*) *n* przygłup *m* (*inf*).
NJ (*US*: *POST*) *abbr* (= *New Jersey*).
NLF *n abbr* (= *National Liberation Front*) FWN *m* (= Front Wyzwolenia Narodowego).
NLQ (*COMPUT, TYP*) *abbr* (= *near letter quality*) NLQ.
NLRB (*US*) *n abbr* (= *National Labor Relations Board*) *rada regulująca stosunki między pracodawcami a pracobiorcami.*
NM (*US*: *POST*) *abbr* (= *New Mexico*).

KEYWORD

no [nəu] *adv* nie ♦ *adj*: **I have no money/books** nie mam (żadnych) pieniędzy/książek; **there is no time/bread left** nie zostało ani trochę czasu/chleba; **"no entry"** „wstęp wzbroniony"; **"no smoking"** „palenie wzbronione" ♦ *n* (*pl* **noes**) (*in voting*) głos *m* przeciw; (*refusal*) odmowa *f*; **I won't take no for an answer** nie przyjmę odmowy.

no. *abbr* = **number**.
nobble [nɔbl] (*BRIT*: *inf*) *vt* (*bribe*) dawać (dać *perf*) w łapę *+dat* (*inf*); (*buttonhole*) łapać (złapać *perf*); (*RACING*: *horse, dog*) podtruć (*perf*).
Nobel Prize [nəu'bɛl-] *n* Nagroda *f* Nobla.
nobility [nəu'bɪlɪtɪ] *n* (*aristocracy*) szlachta *f*; (*dignity*) godność *f*; (*virtue*) szlachetność *f*.
noble ['nəubl] *adj* (*admirable*) szlachetny; (*aristocratic*) szlachecki; (*impressive*) wspaniały, imponujący; **of noble birth** szlachetnie urodzony.
nobleman ['nəublmən] (*irreg like*: **man**) *n* szlachcic *m*.
nobly ['nəublɪ] *adv* szlachetnie.
nobody ['nəubədɪ] *pron* nikt ♦ *n*: **he's a nobody** on nic nie znaczy.
no-claims bonus ['nəukleɪmz-] *n* (*INSURANCE*) zniżka *f* za bezszkodowość.
nocturnal [nɔk'tə:nl] *adj* nocny.
nod [nɔd] *vi* (*in agreement*) przytakiwać

(przytaknąć *perf*); (*as greeting*) kłaniać się (ukłonić się *perf*); (*gesture*) wskazywać (wskazać *perf*) ruchem głowy; (*fig: flowers etc*) kołysać się ♦ *vt*: **to nod one's head** skinąć (*perf*) głową ♦ *n* kiwnięcie *nt*, skinienie *nt*; **to give sb a nod** kiwać (kiwnąć *perf*) do kogoś głową; **they nodded their agreement** kiwnęli głowami na znak zgody.
▸**nod off** *vi* przysypiać (przysnąć *perf*) (*inf*).

noise [nɔɪz] *n* (*sound*) dźwięk *m*, odgłos *m*; (*din*) hałas *m*.

noiseless ['nɔɪzlɪs] *adj* bezgłośny.

noisily ['nɔɪzɪlɪ] *adv* hałaśliwie.

noisy ['nɔɪzɪ] *adj* (*audience, machine*) hałaśliwy; (*place*) pełen zgiełku.

nomad ['nəumæd] *n* koczownik (-iczka) *m(f)*.

nomadic [nəu'mædɪk] *adj* koczowniczy.

no-man's-land ['nəumænzlænd] *n* ziemia *f* niczyja.

nominal ['nɔmɪnl] *adj* (*leader*) tytularny; (*price*) nominalny.

nominate ['nɔmɪneɪt] *vt* (*propose*) wysuwać kandydaturę *+gen*, nominować *+acc*; (*appoint*) mianować.

nomination [nɔmɪ'neɪʃən] *n* (*proposal*) kandydatura *f*; (*appointment*) mianowanie *nt*.

nominee [nɔmɪ'ni:] *n* kandydat(ka) *m(f)*.

non... [nɔn] *pref* nie..., bez... .

non-alcoholic [nɔnælkə'hɔlɪk] *adj* bezalkoholowy.

non-aligned [nɔnə'laɪnd] *adj* niezaangażowany, neutralny.

non-breakable [nɔn'breɪkəbl] *adj* nietłukący.

nonce word ['nɔns-] *n słowo wymyślone na daną okazję*.

nonchalant ['nɔnʃələnt] *adj* nonszalancki.

non-commissioned officer *n* (*MIL*) podoficer *m*.

non-committal [nɔnkə'mɪtl] *adj* (*person*) nie zajmujący zdecydowanego stanowiska; (*answer*) wymijający.

nonconformist [nɔnkən'fɔ:mɪst] *n* nonkonformista (-tka) *m(f)* ♦ *adj* nonkonformistyczny.

non-cooperation ['nɔnkəuɔpə'reɪʃən] *n* odmowa *f* współpracy.

nondescript ['nɔndɪskrɪpt] *adj* (*person, clothes*) nijaki; (*colour*) nieokreślony, nijaki.

none [nʌn] *pron* (*not one*) żaden, ani jeden; (*not any*) ani trochę; **none of sth** ani trochę z czegoś; **none of us** żaden z nas; **I've none left** (*not any*) nie zostało mi ani trochę; (*not one*) nie został mi ani jeden; **none at all** (*not any*) ani trochę; (*not one*) absolutnie żaden; **I was none the wiser** nadal nic nie rozumiałem; **she would have none of it** nie chciała o tym słyszeć; **it was none other than X** był to nie kto inny tylko X.

nonentity [nɔ'nɛntɪtɪ] *n* (*person*) miernota *f*.

non-essential [nɔnɪ'sɛnʃl] *adj* zbędny ♦ *n*: **non-essentials** rzeczy *pl* zbędne.

nonetheless ['nʌnðə'lɛs] *adv* pomimo to.

non-existent [nɔnɪg'zɪstənt] *adj* nie istniejący.

non-fiction [nɔn'fɪkʃən] *n* literatura *f* faktu ♦ *adj* niebeletrystyczny.

non-flammable [nɔn'flæməbl] *adj* niepalny.

non-intervention ['nɔnɪntə'vɛnʃən] *n* nieinterwencja *f*, nieingerencja *f*.

non obst. *abbr* (= *non obstante*) pomimo.

non-payment [nɔn'peɪmənt] *n* niepłacenie *nt*.

nonplussed [nɔn'plʌst] *adj* skonsternowany.

non-profit making *adj* niedochodowy.

nonsense ['nɔnsəns] *n* nonsens *m*; **nonsense!** nonsens!, bzdura!; **it is nonsense to say that ...** to nonsens twierdzić, że ...; **to make (a) nonsense of sth** odbierać (odebrać *perf*) czemuś sens, czynić (uczynić *perf*) coś bezsensownym.

non-shrink [nɔn'ʃrɪŋk] (*BRIT*) *adj* niekurczliwy.

non-smoker ['nɔn'sməukə*] *n* niepalący (-ca) *m(f)*.

non-stick ['nɔn'stɪk] *adj* teflonowy.

non-stop ['nɔn'stɔp] *adj* (*unceasing*) nie kończący się; (*without pauses*) nieprzerwany; (*flight*) bezpośredni ♦ *adv* (*speak*) bez przerwy; (*fly*) bezpośrednio.

non-taxable [nɔn'tæksəbl] *adj* (*COMM*) nie podlegający opodatkowaniu.

non-U ['nɔnju:] (*BRIT*: *inf*) *adj abbr* (= *non-upper class*) pospolity.

non-white ['nɔn'waɪt] *adj* kolorowy ♦ *n* kolorowy (-wa) *m(f)*.

noodles ['nu:dlz] *npl* makaron *m*.

nook [nuk] *n*: **every nook and cranny** każdy kąt *m*, wszystkie zakamarki *pl*.

noon [nu:n] *n* południe *nt*.

no-one ['nəuwʌn] *pron* = **nobody**.

noose [nu:s] *n* pętla *f*.

nor [nɔ:*] *conj* = **neither** ♦ *adv see* **neither**.

Norf (*BRIT*: *POST*) *abbr* (= *Norfolk*).

norm [nɔ:m] *n* norma *f*; **to be the norm** być regułą.

normal ['nɔ:ml] *adj* normalny ♦ *n*: **to return to normal** wracać (wrócić *perf*) do normy.

normality [nɔ:'mælɪtɪ] *n* normalność *f*.

normally ['nɔ:məlɪ] *adv* normalnie.

Normandy ['nɔ:məndɪ] *n* Normandia *f*.

north [nɔ:θ] *n* północ *f* ♦ *adj* północny ♦ *adv* na północ; **north of** na północ od *+gen*.

North Africa *n* Afryka *f* Północna.

North African *adj* północnoafrykański ♦ *n* mieszkaniec (-nka) *m(f)* Afryki Północnej.

North America *n* Ameryka *f* Północna.

North American *adj* północnoamerykański ♦ *n* mieszkaniec (-nka) *m(f)* Ameryki Północnej.

Northants [nɔ:'θænts] (*BRIT*: *POST*) *abbr* (= *Northamptonshire*).

northbound ['nɔ:θbaund] *adj* (*traffic*) zdążający na północ; (*carriageway*) prowadzący na północ.

Northd (*BRIT: POST*) *abbr* (= *Northumberland*).
north-east [nɔ:θ'i:st] *n* północny wschód *m* ♦ *adj* północno-wschodni ♦ *adv* na północny wschód; **north-east of** na północny wschód od *+gen*.
northerly ['nɔ:ðəlɪ] *adj* północny.
northern ['nɔ:ðən] *adj* północny.
Northern Ireland *n* Irlandia *f* Północna.
North Korea *n* Korea *f* Północna.
North Pole *n*: **the North Pole** biegun *m* północny.
North Sea *n*: **the North Sea** Morze *nt* Północne.
North Sea oil ['nɔ:θsi:-] *n* ropa *f* z Morza Północnego.
northward(s) ['nɔ:θwəd(z)] *adv* na północ.
north-west [nɔ:θ'wɛst] *n* północny zachód *m* ♦ *adj* północno-zachodni ♦ *adv* na północny zachód; **north-west of** na północny zachód od *+gen*.
Norway ['nɔ:weɪ] *n* Norwegia *f*.
Norwegian [nɔ:'wi:dʒən] *adj* norweski ♦ *n* (*person*) Norweg (-eżka) *m(f)*; (*LING*) (język *m*) norweski.
nos. *abbr* (= *numbers*) nry (= numery).
nose [nəuz] *n* nos *m*; (*of aircraft*) dziób *m*; (*of car*) przód *m* ♦ *vi* (*also*: **nose one's way**) sunąć powoli; **to follow one's nose** (*go straight ahead*) iść (pójść *perf*) prosto przed siebie; (*be guided by instinct*) zdawać się (zdać *perf*) się na wyczucie; **it gets up my nose** (*inf*) to mnie wkurza (*inf*); **to have a (good) nose for sth** mieć (dobrego) nosa do czegoś; **to keep one's nose clean** (*inf*) nie mieszać się w nic; **to look down one's nose at sb/sth** (*inf*) nie mieć o kimś/czymś wysokiego mniemania; **to pay through the nose (for sth)** (*inf*) zapłacić (*perf*) kupę pieniędzy (za coś) (*inf*); **to rub sb's nose in sth** (*inf*) wypominać komuś coś; **to turn one's nose up at sth** (*inf*) gardzić (wzgardzić *perf*) czymś; **under sb's nose** pod czyimś nosem.
►**nose about** *vi* węszyć.
►**nose around** *vi* = **nose about**.
nosebleed ['nəuzbli:d] *n* krwawienie *nt* z nosa.
nose-dive ['nəuzdaɪv] *n* (*of plane*) lot *m* nurkowy; (*of prices*) gwałtowny spadek *m* ♦ *vi* (*plane*) pikować; (*prices*) gwałtownie spadać (spaść *perf*).
nose drops *npl* krople *pl* do nosa.
nosey ['nəuzɪ] (*inf*) *adj* = **nosy**.
nostalgia [nɔs'tældʒɪə] *n* nostalgia *f*.
nostalgic [nɔs'tældʒɪk] *adj* nostalgiczny.
nostril ['nɔstrɪl] *n* nozdrze *nt*.
nosy ['nəuzɪ] (*inf*) *adj* wścibski.
not [nɔt] *adv* nie; **he is not** *or* **isn't here** nie ma go tu(taj); **you must not** *or* **you mustn't do that** nie wolno (ci) tego robić; **he asked me not to do it** (po)prosił, żebym tego nie robił; **it's not that I don't like him ...** nie, żebym go nie lubił ...; **not yet** jeszcze nie; **not now** nie teraz; *see also* **all**, **only**.
notable ['nəutəbl] *adj* godny uwagi.
notably ['nəutəblɪ] *adv* (*particularly*) w szczególności, zwłaszcza; (*markedly*) wyraźnie.
notary ['nəutərɪ] *n* (*JUR*: *also*: **notary public**) notariusz *m*.
notation [nəu'teɪʃən] *n* (*MUS, MATH*) zapis *m*, notacja *f*.
notch [nɔtʃ] *n* nacięcie *nt*, karb *m*; **to be several notches above sth** znacznie coś przewyższać.
►**notch up** *vt* (*score, votes*) zdobyć (*perf*); (*victory*) osiągnąć (*perf*).
note [nəut] *n* (*MUS*) nuta *f*; (*of lecturer, secretary*) notatka *f*; (*in book*) przypis *m*; (*letter*) wiadomość *f* (*na piśmie*); (*banknote*) banknot *m* ♦ *vt* (*notice*) zauważyć (*perf*); (*also*: **note down**) notować (zanotować *perf*), zapisywać (zapisać *perf*); (*fact*) odnotowywać (odnotować *perf*); **of note** znaczący; **to make a note of sth** zapamiętywać (zapamiętać *perf*) coś; **to take notes** robić (zrobić *perf*) notatki; **to take note of sth** brać (wziąć *perf*) coś pod uwagę.
notebook ['nəutbuk] *n* notatnik *m*, notes *m*.
noted ['nəutɪd] *adj* znany.
notepad ['nəutpæd] *n* (*for letters*) blok *m* listowy; (*for notes*) blok *m* biurowy.
notepaper ['nəutpeɪpə*] *n* papier *m* listowy.
noteworthy ['nəutwə:ðɪ] *adj* znaczący, godny uwagi.
nothing ['nʌθɪŋ] *n* nic *nt*; **nothing new/much** *etc* nic nowego/wielkiego *etc*; **nothing else** nic innego; **for nothing** (*free*) za darmo, za nic; (*in vain*) na próżno; **nothing at all** absolutnie nic.
notice ['nəutɪs] *n* (*announcement*) ogłoszenie *nt*; (*dismissal*) wymówienie *nt*; (*BRIT: review*) recenzja *f* ♦ *vt* zauważać (zauważyć *perf*); **to bring sth to sb's notice** zwrócić (zwracać *perf*) na coś czyjąś uwagę; **to take no notice of** nie zwracać (nie zwrócić *perf*) uwagi na *+acc*; **to escape sb's notice** umykać (umknąć *perf*) czyjejś uwadze; **it has come to my notice that ...** (*I have been told*) dotarło do mnie, że...; (*I have noticed*) zwróciło moją uwagę, że...; **to give sb notice of sth** powiadamiać (powiadomić *perf*) kogoś o czymś z wyprzedzeniem; **without notice** bez uprzedzenia *or* ostrzeżenia; **advance notice** wcześniejsze powiadomienie; **at short notice** (*leave etc*) bezzwłocznie; **at a moment's notice** natychmiast; **until further notice** (aż) do odwołania; **to hand in one's notice** składać (złożyć *perf*) wymówienie; **to be given one's notice** dostawać (dostać *perf*) wymówienie.
noticeable ['nəutɪsəbl] *adj* zauważalny, widoczny.
noticeboard ['nəutɪsbɔ:d] (*BRIT*) *n* tablica *f* ogłoszeń.
notification [nəutɪfɪ'keɪʃən] *n* zawiadomienie *nt*.

notify ['nəutɪfaɪ] *vt*: **to notify sb (of sth)** powiadamiać (powiadomić *perf*) kogoś (o czymś).
notion ['nəuʃən] *n* (*idea*) pojęcie *nt*; (*belief*) pogląd *m*; **notions** (*US*) *npl* galanteria *f*.
notoriety [nəutə'raɪətɪ] *n* zła sława *f*.
notorious [nəu'tɔ:rɪəs] *adj* (*liar etc*) notoryczny; (*place*) cieszący się złą sławą.
notoriously [nəu'tɔ:rɪəslɪ] *adv* notorycznie.
Notts [nɔts] (*BRIT*: *POST*) *abbr* (= *Nottinghamshire*).
notwithstanding [nɔtwɪθ'stændɪŋ] *adv* jednak, mimo wszystko ♦ *prep* pomimo *+gen*.
nougat ['nu:gɑ:] *n* nugat *m*.
nought [nɔ:t] *n* zero *nt*.
noun [naun] *n* rzeczownik *m*.
nourish ['nʌrɪʃ] *vt* (*feed*) odżywiać; (*fig*: *foster*) żywić.
nourishing ['nʌrɪʃɪŋ] *adj* pożywny.
nourishment ['nʌrɪʃmənt] *n* pożywienie *nt*.
Nov. *abbr* = **November** list., listop.
Nova Scotia ['nəuvə'skəuʃə] *n* Nowa Szkocja *f*.
novel ['nɔvl] *n* powieść *f* ♦ *adj* nowatorski.
novelist ['nɔvəlɪst] *n* powieściopisarz (-arka) *m(f)*.
novelty ['nɔvəltɪ] *n* nowość *f*.
November [nəu'vɛmbə*] *n* listopad *m*; *see also* **July**.
novice ['nɔvɪs] *n* nowicjusz(ka) *m(f)*.
NOW [nau] (*US*) *n abbr* (= *National Organization for Women*).
now [nau] *adv* teraz ♦ *conj*: **now (that)** teraz, gdy; **right now** w tej chwili; **by now** teraz, w tej chwili; **that's the fashion just now** to jest aktualnie w modzie; **I saw her just now** widziałem ją przed chwilą; **(every) now and then, (every) now and again** od czasu do czasu, co jakiś czas; **from now on** od tej pory; **in three days from now** za trzy dni; **between now and Monday** do poniedziałku; **that's all for now** to wszystko na teraz; **any day now** lada dzień; **now then** a więc, a zatem.
nowadays ['nauədeɪz] *adv* obecnie, dzisiaj.
nowhere ['nəuwɛə*] *adv* (*be*) nigdzie; (*go*) donikąd; **there was nowhere to hide** nie było się gdzie schować; **nowhere else** nigdzie indziej; **she had nowhere to go** nie miała dokąd pójść.
noxious ['nɔkʃəs] *adj* (*gas*) trujący; (*smell*) obrzydliwy.
nozzle ['nɔzl] *n* końcówka *f* wylotowa, dysza *f*.
NP (*JUR*) *n abbr* = **notary public**.
NS (*CANADA*) *abbr* (= *Nova Scotia*).
NSC (*US*) *n abbr* (= *National Security Council*) *rada wchodząca w skład w skład biura prezydenta i zajmująca się sprawami bezpieczeństwa państwa.*
NSF (*US*) *n abbr* (= *National Science Foundation*).
NSPCC (*BRIT*) *n abbr* (= *National Society for the Prevention of Cruelty to Children*).
NSW (*AUSTRALIA*) *abbr* (= *New South Wales*).
NT (*BIBLE*) *n abbr* (= *New Testament*) NT.
nth [ɛnθ] (*inf*) *adj*: **to the nth degree** do entej potęgi.
nuance ['nju:ɑ̃:ns] *n* niuans *m*.
nubile ['nju:baɪl] *adj* na wydaniu *post*.
nuclear ['nju:klɪə*] *adj* jądrowy.
nuclear disarmament *n* rozbrojenie *nt* nuklearne.
nuclear family *n* rodzina *f* elementarna.
nuclei ['nju:klɪaɪ] *npl of* **nucleus**.
nucleus ['nju:klɪəs] (*pl* **nuclei**) *n* (*of atom, cell*) jądro *nt*; (*fig*: *of group*) zaczątek *m*.
NUCPS (*BRIT*) *n abbr* (= *National Union of Civil and Public Servants*).
nude [nju:d] *adj* nagi ♦ *n* (*ART*) akt *m*; **in the nude** nago.
nudge [nʌdʒ] *vt* szturchać (szturchnąć *perf*).
nudist ['nju:dɪst] *n* nudysta (-tka) *m(f)*.
nudist colony *n* kolonia *f* nudystów.
nudity ['nju:dɪtɪ] *n* nagość *f*.
nugget ['nʌgɪt] *n* (*of gold*) bryłka *f*; (*fig*) cenna informacja *f*.
nuisance ['nju:sns] *n* (*situation*) niedogodność *f*; (*thing, person*) utrapienie *nt*; **it's a nuisance** to prawdziwe utrapienie; **to be a nuisance** sprawiać kłopot; **what a nuisance!** a niech to! (*inf*).
NUJ (*BRIT*) *n abbr* (= *National Union of Journalists*).
null [nʌl] *adj*: **null and void** nieważny, nie posiadający mocy prawnej.
nullify ['nʌlɪfaɪ] *vt* (*advantage, power*) odbierać (odebrać *perf*); (*law*) unieważniać (unieważnić *perf*).
NUM (*BRIT*) *n abbr* (= *National Union of Mineworkers*).
numb [nʌm] *adj* zdrętwiały ♦ *vt* (*fingers etc*) powodować drętwienie *+gen*; (*pain*) uśmierzać (uśmierzyć *perf*); (*fig*: *mind*) paraliżować (sparaliżować *perf*).
number ['nʌmbə*] *n* liczba *f*; (*of house, bus etc*) numer *m* ♦ *vt* (*pages etc*) numerować (ponumerować *perf*); (*amount to*) liczyć; **a number of** kilka *+gen*; **any number of** wiele (różnych) *+gen*; **wrong number** (*TEL*) pomyłka; **to be numbered among** zaliczać się do *+gen*.
number plate ['nʌmbəpleɪt] (*BRIT*) *n* tablica *f* rejestracyjna.
Number Ten (*BRIT*) *n siedziba premiera Wielkiej Brytanii.*
numbness ['nʌmnɪs] *n* drętwienie *nt*; (*fig*) odrętwienie *nt*, otępienie *nt*.
numeral ['nju:mərəl] *n* liczebnik *m*.
numerate ['nju:mərɪt] (*BRIT*) *adj*: **to be numerate** umieć liczyć.
numerical [nju:'mɛrɪkl] *adj* liczbowy.
numerous ['nju:mərəs] *adj* liczny.
nun [nʌn] *n* zakonnica *f*.

nuptial ['nʌpʃəl] *adj* (*ceremony*) ślubny; (*bliss*) małżeński.
nurse [nə:s] *n* (*in hospital*) pielęgniarka (-arz) *f(m)*; (*also*: **nursemaid**) opiekunka *f* do dzieci ♦ *vt* (*patient*) opiekować się *+instr*, pielęgnować; (*cold, toothache etc*) odleżeć *(perf)*; (*baby*) karmić (piersią); (*fig*: *desire, grudge*) żywić.
nursery ['nə:sərɪ] *n* (*institution*) żłobek *m*; (*room*) pokój *m* dziecięcy; (*for plants*) szkółka *f*.
nursery rhyme *n* wierszyk *m* dla dzieci, rymowanka *f*.
nursery school *n* przedszkole *nt*.
nursery slope (*BRIT*) *n* ośla łączka *f*.
nursing ['nə:sɪŋ] *n* (*profession*) pielęgniarstwo *nt*; (*care*) opieka *f* pielęgniarska.
nursing home *n* (*hospital*) klinika *f* prywatna; (*residential home*) ≈ dom *m* pogodnej starości.
nursing mother *n* matka *f* karmiąca.
nurture ['nə:tʃə*] *vt* (*child*) wychowywać; (*plant*) hodować; (*fig*: *ideas, creativity*) kultywować.
NUS (*BRIT*) *n abbr* (= *National Union of Students*).
NUT (*BRIT*) *n abbr* (= *National Union of Teachers*).
nut [nʌt] *n* (*TECH*) nakrętka *f*; (*BOT*) orzech *m*; (*inf*: *lunatic*) świr *m* (*inf*).
nutcase ['nʌtkeɪs] (*inf*) *n* świr *m* (*inf*).
nutcrackers ['nʌtkrækəz] *npl* dziadek *m* do orzechów.
nutmeg ['nʌtmɛg] *n* gałka *f* muszkatołowa.
nutrient ['nju:trɪənt] *n* składnik *m* pokarmowy.
nutrition [nju:'trɪʃən] *n* (*diet*) odżywianie *nt*; (*nourishment*) wartość *f* odżywcza.
nutritionist [nju:'trɪʃənɪst] *n* dietetyk (-yczka) *m(f)*.
nutritious [nju:'trɪʃəs] *adj* pożywny.
nuts [nʌts] (*inf*) *adj* świrnięty (*inf*).
nutshell ['nʌtʃɛl] *n* łupina *f* orzecha; **in a nutshell** (*fig*) w (dużym) skrócie.
nuzzle ['nʌzl] *vi*: **to nuzzle up to** łasić się do *+gen*.
NV (*US*: *POST*) *abbr* (= *Nevada*).
NWT (*CANADA*) *abbr* (= *Northwest Territories*).
NY (*US*: *POST*) *abbr* (= *New York*).
NYC (*US*: *POST*) *abbr* (= *New York City*).
nylon ['naɪlɔn] *n* nylon *m* ♦ *adj* nylonowy; **nylons** *npl* (*stockings*) nylony *pl*.
nymph [nɪmf] *n* (*MYTH*) nimfa *f*; (*BIO*) poczwarka *f*.
nymphomaniac ['nɪmfəu'meɪnɪæk] *n* nimfomanka *f*.
NYSE (*US*) *n abbr* (= *New York Stock Exchange*).
NZ *abbr* (= *New Zealand*).

O,o

O, o [əu] *n* (*letter*) O *nt*, o *nt*; (*US*: *SCOL*) celujący *m*; (*TEL etc*) zero *nt*; **O for Olive,** *(US)* **O for oboe** ≈ O jak Olga.
oaf [əuf] *n* (*stupid person*) prostak *m*; (*clumsy person*) niezdara *m/f*.
oak [əuk] *n* (*tree*) dąb *m*; (*wood*) dąb *m*, dębina *f* ♦ *adj* dębowy.
O & M *n abbr* (= *organization and method*).
OAP (*BRIT*) *n abbr* = **old-age pensioner**.
oar [ɔ:*] *n* wiosło *nt*; **to put** *or* **shove one's oar in** (*inf*: *fig*) wtrącać (wtrącić *perf*) swoje trzy grosze.
OAS *n abbr* (= *Organization of American States*).
oasis [əu'eɪsɪs] (*pl* **oases**) *n* oaza *f*.
oath [əuθ] *n* (*promise*) przysięga *f*; (*swear word*) przekleństwo *nt*; **on** *(BRIT) or* **under oath** pod przysięgą; **to take the oath** składać (złożyć *perf*) przysięgę.
oatmeal ['əutmi:l] *n* płatki *pl* owsiane ♦ *adj* (*colour*) jasnokremowy.
oats [əuts] *n* owies *m*.
OAU *n abbr* (= *Organization of African Unity*).
obdurate ['ɔbdjurɪt] *adj* (*person*) uparty; (*leadership*) nieugięty.
OBE (*BRIT*) *n abbr* (= *Order of the British Empire*) *order brytyjski*.
obedience [ə'bi:dɪəns] *n* posłuszeństwo *nt*; **in obedience to** zgodnie z *+instr*.
obedient [ə'bi:dɪənt] *adj* posłuszny; **to be obedient to sb/sth** być posłusznym komuś/czemuś.
obelisk ['ɔbɪlɪsk] *n* obelisk *m*.
obesity [əu'bi:sɪtɪ] *n* otyłość *f*.
obey [ə'beɪ] *vt* (*person*) słuchać (usłuchać *perf or* posłuchać *perf*) *+gen*; (*order*) wykonywać (wykonać *perf*); (*instructions, law*) przestrzegać *+gen* ♦ *vi* być posłusznym.
obituary [ə'bɪtjuərɪ] *n* nekrolog *m*.
object [*n* 'ɔbdʒɪkt, *vb* əb'dʒɛkt] *n* (*thing*) przedmiot *m*, obiekt *m*; (*aim, purpose*) cel *m*; (*LING*) dopełnienie *nt* ♦ *vi*: **to object (to)** sprzeciwiać się (sprzeciwić się *perf*) (*+dat*); **money is no object** pieniądze nie grają roli; **he objected that ...** wysunął zarzut, że ...; **I object** sprzeciw!, protestuję!; **do you object to my smoking?** czy nie przeszkadza ci, że palę?
objection [əb'dʒɛkʃən] *n* (*expression of opposition*) sprzeciw *m*; (*argument*) zarzut *m*; **I have no objection to** nie mam nic przeciwko *+dat*; **if you have no objection** jeśli nie masz nic przeciwko temu; **to raise** *or* **voice an objection** zgłaszać (zgłosić *perf*) *or* wyrażać (wyrazić *perf*) sprzeciw.

objectionable [əb'dʒɛkʃənəbl] *adj* nie do przyjęcia *post.*
objective [əb'dʒɛktɪv] *adj* obiektywny ♦ *n* cel *m.*
objectively [əb'dʒɛktɪvlɪ] *adv* obiektywnie.
objectivity [ɔbdʒɪk'tɪvɪtɪ] *n* obiektywność *f*, obiektywizm *m.*
object lesson *n* (*fig*) pokazowa lekcja *f.*
objector [əb'dʒɛktə*] *n* przeciwnik (-iczka) *m(f).*
obligation [ɔblɪ'geɪʃən] *n* obowiązek *m*; **to be under an obligation to sb** być komuś zobowiązanym; **to be under an obligation to do sth** być zobowiązanym coś (z)robić; **"no obligation to buy"** (*COMM*) „bez obowiązku kupna".
obligatory [ə'blɪgətərɪ] *adj* obowiązkowy.
oblige [ə'blaɪdʒ] *vt*: **to oblige sb to do sth** zobowiązywać (zobowiązać *perf*) kogoś do zrobienia czegoś; **to oblige sb** wyświadczać (wyświadczyć *perf*) komuś przysługę; **to be obliged to sb for sth** być zobowiązanym komuś za coś; **anything to oblige!** (*inf*) zawsze do usług! (*inf*); **I'd be very obliged** byłbym Panu/Pani bardzo wdzięczny *or* zobowiązany.
obliging [ə'blaɪdʒɪŋ] *adj* uczynny.
oblique [ə'bli:k] *adj* (*line*) ukośny, pochyły; (*compliment*) ukryty; (*reference*) niewyraźny ♦ *n* (*BRIT*: *TYP*: *also*: **oblique stroke**) kreska *f* pochyła.
obliterate [ə'blɪtəreɪt] *vt* (*village*) zrównywać (zrównać *perf*) z ziemią; (*traces*) zacierać (zatrzeć *perf*); (*fig*: *thought, error*) wymazywać (wymazać *perf*) z pamięci.
oblivion [ə'blɪvɪən] *n* (*unconsciousness*) stan *m* nieświadomości; (*being forgotten*) niepamięć *f*, zapomnienie *nt*; **to sink into oblivion** odchodzić (odejść *perf*) w niepamięć *or* zapomnienie.
oblivious [ə'blɪvɪəs] *adj*: **oblivious of** *or* **to** nieświadomy *+gen.*
oblong ['ɔblɔŋ] *adj* prostokątny ♦ *n* prostokąt *m.*
obnoxious [əb'nɔkʃəs] *adj* (*behaviour, person*) okropny; (*smell*) ohydny.
o.b.o. (*US*) *abbr* (*in classified adds*: = *or best offer*) lub najwyższa oferta.
oboe ['əubəu] *n* obój *m.*
obscene [əb'si:n] *adj* nieprzyzwoity.
obscenity [əb'sɛnɪtɪ] *n* nieprzyzwoitość *f.*
obscure [əb'skjuə*] *adj* (*place, author etc*) mało znany; (*point, issue*) niejasny; (*shape*) niewyraźny, słabo widoczny ♦ *vt* przysłaniać (przysłonić *perf*).
obscurity [əb'skjuərɪtɪ] *n* niejasność *f*; **to rise from obscurity** zyskiwać (zyskać *perf*) rozgłos, wypływać (wypłynąć *perf*) (*inf*).
obsequious [əb'si:kwɪəs] *adj* służalczy.
observable [əb'zə:vəbl] *adj* widoczny, zauważalny.
observance [əb'zə:vns] *n* przestrzeganie *nt* (*prawa, zwyczajów itp*); **religious observances** obrzędy religijne.
observant [əb'zə:vnt] *adj* spostrzegawczy.
observation [ɔbzə'veɪʃən] *n* obserwacja *f*; (*remark*) uwaga *f*; **she's under observation** (*MED*) jest pod obserwacją.
observation post *n* punkt *m* obserwacyjny.
observatory [əb'zə:vətrɪ] *n* obserwatorium *nt.*
observe [əb'zə:v] *vt* (*watch*) obserwować; (*notice*) zauważyć (*perf*), spostrzec (*perf*); (*remark*) zauważać (zauważyć *perf*); (*rule, convention*) przestrzegać *+gen.*
observer [əb'zə:və*] *n* obserwator(ka) *m(f).*
obsess [əb'sɛs] *vt* prześladować, dręczyć; **to be obsessed by** *or* **with sb/sth** mieć obsesję na punkcie kogoś/czegoś.
obsession [əb'sɛʃən] *n* obsesja *f.*
obsessive [əb'sɛsɪv] *adj* obsesyjny, chorobliwy; (*person*): **to be obsessive about** mieć obsesję na punkcie *+gen.*
obsolescence [ɔbsə'lɛsns] *n* starzenie się *nt*; **built-in** *or* **planned obsolescence** (*COMM*) żywotność.
obsolete ['ɔbsəli:t] *adj* przestarzały.
obstacle ['ɔbstəkl] *n* przeszkoda *f.*
obstacle race *n* bieg *m* z przeszkodami.
obstetrics [ɔb'stɛtrɪks] *n* położnictwo *nt.*
obstinacy ['ɔbstɪnəsɪ] *n* upór *m.*
obstinate ['ɔbstɪnɪt] *adj* uparty; (*cough*) uporczywy.
obstruct [əb'strʌkt] *vt* (*road, path, traffic*) blokować (zablokować *perf*); (*fig*) utrudniać (utrudnić *perf*).
obstruction [əb'strʌkʃən] *n* przeszkoda *f*; (*POL*) obstrukcja *f.*
obstructive [əb'strʌktɪv] *adj*: **to be obstructive** stwarzać trudności.
obtain [əb'teɪn] *vt* (*book etc*) dostawać (dostać *perf*), nabywać (nabyć *perf*) (*fml*); (*degree, information*) uzyskiwać (uzyskać *perf*), otrzymywać (otrzymać *perf*) ♦ *vi* (*fml*: *situation, custom*) istnieć, panować; (: *regulations*) obowiązywać.
obtainable [əb'teɪnəbl] *adj* osiągalny.
obtrusive [əb'tru:sɪv] *adj* natrętny.
obtuse [əb'tju:s] *adj* (*person*) tępy, ograniczony; (*MATH*) rozwarty.
obverse ['ɔbvə:s] *n* odwrotność *f*, przeciwieństwo *nt.*
obviate ['ɔbvɪeɪt] *vt* usuwać (usunąć *perf*), eliminować (wyeliminować *perf*).
obvious ['ɔbvɪəs] *adj* oczywisty.
obviously ['ɔbvɪəslɪ] *adv* (*clearly*) wyraźnie; (*of course*) oczywiście; **obviously!** (ależ) oczywiście!; **obviously not** najwyraźniej nie; **he was obviously not drunk** najwyraźniej nie był pijany; **he was not obviously drunk** nie był wyraźnie pijany.
OCAS *n abbr* (= *Organization of Central American States*).
occasion [ə'keɪʒən] *n* (*point in time*) sytuacja *f*;

(*event, celebration etc*) wydarzenie *nt*; (*opportunity*) okazja *f* ♦ *vt* (*fml*) powodować (spowodować *perf*); **on occasion** czasami; **on that occasion** tym razem; **to rise to the occasion** stawać (stanąć *perf*) na wysokości zadania.

occasional [əˈkeɪʒənl] *adj* sporadyczny; (*rain, showers*) przelotny; **architects, planners, and the occasional sociologist** architekci, planiści i niektórzy socjologowie.

occasionally [əˈkeɪʒənəlɪ] *adv* czasami; **very occasionally** (bardzo) rzadko.

occasional table *n* stolik *m*, stoliczek *m*.

occult [ɔˈkʌlt] *n*: **the occult** okultyzm *m* ♦ *adj* (*subject*) okultystyczny; (*powers*) tajemny.

occupancy [ˈɔkjupənsɪ] *n* zajmowanie *nt* (*pomieszczenia, budynku*).

occupant [ˈɔkjupənt] *n* (*of house*) mieszkaniec (-nka) *m(f)*, lokator(ka) *m(f)*; (*of room*) sublokator(ka) *m(f)*; (*of office*) użytkownik (-iczka) *m(f)*; (*of vehicle*) pasażer(ka) *m(f)*.

occupation [ɔkjuˈpeɪʃən] *n* (*job*) zawód *m*; (*pastime*) zajęcie *nt*; (*of building, country*) okupacja *f*.

occupational guidance (*BRIT*) *n* poradnictwo *nt* zawodowe.

occupational hazard *n* ryzyko *nt* zawodowe.

occupational pension scheme *n* zawodowy system *m* emerytalny.

occupational therapy *n* (*MED*) terapia *f* zajęciowa.

occupier [ˈɔkjupaɪə*] *n* (*of house, flat*) najemca *m*; (*of land etc*) dzierżawca *m*; **"to the occupier"** „do najemcy lokalu".

occupy [ˈɔkjupaɪ] *vt* zajmować (zająć *perf*); **to occupy o.s. in** *or* **with sth/doing sth** zajmować się czymś/robieniem czegoś; **to be occupied in** *or* **with sth/doing sth** być zajętym czymś/robieniem czegoś.

occur [əˈkəː*] *vi* (*event*) zdarzać się (zdarzyć się *perf*), wydarzać się (wydarzyć się *perf*), mieć miejsce; (*phenomenon*) występować (wystąpić *perf*); **to occur to sb** przychodzić (przyjść *perf*) komuś do głowy.

occurrence [əˈkʌrəns] *n* (*event*) wydarzenie *nt*; (*incidence*) występowanie *nt*.

ocean [ˈəuʃən] *n* ocean *m*; **oceans of** (*inf*) morze *+gen*.

ocean bed *n* dno *nt* oceanu.

ocean-going [ˈəuʃəngəuɪŋ] *adj* (*ship, vessel*) pełnomorski.

Oceania [əuʃɪˈeɪnɪə] *n* Oceania *f*.

ocean liner *n* liniowiec *m*.

ochre [ˈəukə*] (*US* **ocher**) *adj* żółtobrunatny, w kolorze ochry *post*.

o'clock [əˈklɔk] *adv*: **it is five o'clock** jest (godzina) piąta.

OCR (*COMPUT*) *n abbr* = **optical character recogniton**; = **optical character reader** OCR *nt*.

Oct. *abbr* = **October** paźdz.

octagonal [ɔkˈtægənl] *adj* ośmiokątny.

octane [ˈɔkteɪn] *n* oktan *m*; **high-octane petrol** *or (US)* **gas** benzyna wysokooktanowa.

octave [ˈɔktɪv] *n* oktawa *f*.

October [ɔkˈtəubə*] *n* październik *m*; *see also* **July**.

octogenarian [ˈɔktəudʒɪˈnɛərɪən] *n* osiemdziesięciolatek (-tka) *m(f)*.

octopus [ˈɔktəpəs] *n* ośmiornica *f*.

odd [ɔd] *adj* (*strange*) dziwny; (*uneven*) nieparzysty; (*not paired*) nie do pary *post*; (*some*) jakiś; (*miscellaneous*) różne (*+pl*); **we had the odd sunny day** czasem trafił się słoneczny dzień; **sixty-odd** sześćdziesiąt kilka *or* parę; **at odd times** co jakiś czas; **to be the odd one out** wyróżniać się.

oddball [ˈɔdbɔːl] (*inf*) *n* dziwak *m*.

oddity [ˈɔdɪtɪ] *n* osobliwość *f*.

odd-job man [ɔdˈdʒɔb-] *n* złota rączka *f*.

odd jobs *npl* prace *pl* dorywcze.

oddly [ˈɔdlɪ] *adv* dziwnie; *see also* **enough**.

oddments [ˈɔdmənts] *npl* resztki *pl* (*pojedyncze egzemplarze pozostałe z większej partii towaru*).

odds [ɔdz] *npl* (*in betting*) szanse *pl* wygranej; (*fig*) szanse *pl* powodzenia; **the odds are that...** wszystko wskazuje na to, że...; **the odds are in favour of/against his coming** wszystko wskazuje na to, że przyjdzie/nie przyjdzie; **to succeed against all the odds** odnieść (*perf*) sukces mimo wszelkich przeciwności; **it makes no odds** (to) nie ma znaczenia, bez różnicy; **to be at odds (with)** (*in disagreement*) nie zgadzać się (z *+instr*); (*at variance*) nie pasować (do *+gen*), kłócić się (z *+instr*).

odds and ends *npl* różności *pl*.

ode [əud] *n* oda *f*.

odious [ˈəudɪəs] *adj* wstrętny.

odometer [ɔˈdɔmɪtə*] (*US*) *n* hodometr *m*, drogomierz *m*.

odour [ˈəudə*] (*US* **odor**) *n* zapach *m*.

odo(u)rless [ˈəudəlɪs] *adj* bez zapachu *post*, bezwonny.

OECD *n abbr* (= *Organization for Economic Cooperation and Development*) OECD *f inv*, Organizacja *f* Współpracy Gospodarczej i Rozwoju.

oesophagus [iːˈsɔfəgəs] (*US* **esophagus**) *n* przełyk *m*.

oestrogen [ˈiːstrəudʒən] (*US* **estrogen**) *n* estrogen *m*.

KEYWORD

of [ɔv, əv] *prep* **1** (*usu*): **the history of Europe** historia Europy; **the winter of 1987** zima roku 1987; **the 5th of July** 5 lipca; **the four of us** nas czworo; **a friend of ours** (pewien nasz) kolega; **a boy of 10** dziesięcioletni chłopiec; **that was kind of you** to było uprzejme z twojej strony; **the city of New York** (miasto) Nowy Jork. **2** (*from, out of*) z *+gen*; **a bracelet of solid gold** bransoletka ze szczerego złota; **made of wood** zrobiony z drewna. **3** (*about*) o *+loc*; **I've never heard of him** nigdy o nim nie słyszałam. **4** (*indicating source, direction*) od *+gen*; **don't expect too much of him** nie oczekuj od niego zbyt wiele; **south of London** na południe od Londynu.

KEYWORD

off [ɔf] *adv* **1** (*referring to distance*): **it's a long way off** to daleko (stąd). **2** (*referring to time*) za *+acc*; **the game is 3 days off** mecz jest za trzy dni. **3** (*departure*): **I must be off** muszę (już) iść; **to go off to Paris** wyjeżdżać (wyjechać *perf*) do Paryża. **4** (*removal*): **to take off one's hat/clothes** zdejmować (zdjąć *perf*) kapelusz/ubranie; **the button came off** guzik odpadł; **10% off** (*COMM*) 10% zniżki *or* rabatu. **5**: **to be off** (*not at work*: *on holiday*) mieć wolne *or* urlop; (: *due to sickness*) być na zwolnieniu (lekarskim); **to have a day off** mieć dzień wolny; **to be off sick** być na zwolnieniu (lekarskim); **to be well off** być dobrze sytuowanym ♦ *adj* **1** (*not turned on*: *machine, light, engine*) wyłączony; (: *water, gas, tap*) zakręcony. **2** (*cancelled*: *meeting, match*) odwołany; (: *agreement, negotiations*) zerwany. **3** (*BRIT*: *not fresh*) nieświeży, zepsuty. **4**: **on the off chance** na wypadek, gdyby; **to have an off day** mieć gorszy dzień ♦ *prep* **1** (*indicating motion, removal etc*): **he fell off a cliff** spadł ze skały; **a button came off my coat** guzik mi odpadł od płaszcza. **2** (*distant from*) (w bok) od *+gen*; **it's 5 km off the main road** to pięć kilometrów (w bok) od głównej drogi. **3**: **I am off meat/beer** (już) nie lubię mięsa/piwa.

offal ['ɔfl] *n* podroby *pl*.

off-beat ['ɔfbi:t] *adj* ekscentryczny.

off-centre [ɔf'sɛntə*] (*US* **off-center**) *adj* skrzywiony; (*TECH*) niewspółosiowy, mimośrodowy ♦ *adv* nie pośrodku; (*TECH*) niewspółosiowo, mimośrodowo.

off-colour ['ɔf'kʌlə*] (*BRIT*) *adj* nie w formie *post*, niedysponowany.

offence [ə'fɛns] (*US* **offense**) *n* (*crime*) przestępstwo *nt*, wykroczenie *nt*; (*insult*) obraza *f*; **to commit an offence** popełnić (*perf*) przestępstwo; **to take offence (at)** obrażać się (obrazić się *perf*) (na *+acc*); **to give offence (to)** obrażać (obrazić *perf*) *or* urażać (urazić *perf*) (*+acc*); **no offence** bez obrazy.

offend [ə'fɛnd] *vt* obrażać (obrazić *perf*), urażać (urazić *perf*); **to offend against** (*law, rule*) naruszać (naruszyć *perf*) *+acc*.

offender [ə'fɛndə*] *n* przestępca (-pczyni) *m(f)*.

offense [ə'fɛns] (*US*) *n* = **offence**.

offensive [ə'fɛnsɪv] *adj* (*remark, behaviour*) obraźliwy; (*smell etc*) wstrętny, ohydny; (*weapon*) zaczepny ♦ *n* ofensywa *f*.

offer ['ɔfə*] *n* oferta *f*; (*of assistance etc*) propozycja *f* ♦ *vt* (*cigarette, seat etc*) proponować (zaproponować *perf*); (*service, product*) oferować (zaoferować *perf*); (*help, friendship*) ofiarować (zaofiarować *perf*); (*advice, praise*) udzielać (udzielić *perf*) *+gen*; (*congratulations*) składać (złożyć *perf*); (*opportunity, prospect*) dawać (dać *perf*), stwarzać (stworzyć *perf*); **to make an offer for sth** składać (złożyć *perf*) ofertę na coś; **to offer sth to sb** proponować (zaproponować *perf*) coś komuś; **he offered to take us...** zaofiarował się zabrać nas...; **"on offer"** (*COMM*: *available*) oferowany; (: *cheaper*) przeceniony.

offering ['ɔfərɪŋ] *n* propozycja *f*, oferta *f*; (*REL*) ofiara *f*.

off-hand [ɔf'hænd] *adj* bezceremonialny, obcesowy ♦ *adv* (tak) od razu *or* od ręki; **I can't tell you off-hand** nie umiem odpowiedzieć ci na poczekaniu.

office ['ɔfɪs] *n* (*room, workplace*) biuro *nt*; (*position*) urząd *m*; **doctor's office** (*US*) gabinet lekarski; **to take office** (*government*) obejmować (objąć *perf*) władzę; (*minister*) obejmować (objąć *perf*) urząd; **in office** (*government, party*) u władzy; (*minister*) na stanowisku *or* urzędzie; **through his good offices** dzięki jego uprzejmości; **Office of Fair Trading** (*BRIT*) *departament rządu kontrolujący uczciwość handlu i reklamy*.

office block (*US* **office building**) *n* budynek *m* biurowy, biurowiec *m*.

office boy *n* goniec *m*.

office holder *n* osoba *f* piastująca urząd.

office hours *npl* (*COMM*) godziny *pl* urzędowania; (*US*: *MED*) godziny *pl* przyjęć.

office manager *n* kierownik (-iczka) *m(f)* biura.

officer ['ɔfɪsə*] *n* (*MIL*) oficer *m*; (*also*: **police officer**) policjant(ka) *m(f)*; (*of organization*) przedstawiciel(ka) *m(f)*; **regional officer** przedstawiciel regionalny.

office work *n* praca *f* biurowa.

office worker *n* urzędnik (-iczka) *m(f)*.

official [ə'fɪʃl] *adj* oficjalny ♦ *n* urzędnik *m* (*w rządzie, związkach zawodowych itp*).

officialdom [ə'fɪʃldəm] (*pej*) *n* biurokracja *f* (*pej*).

officially [ə'fɪʃəlɪ] *adv* oficjalnie.

official receiver *n* (*COMM*) niezależny likwidator *m*.

officiate [ə'fɪʃɪeɪt] *vi* pełnić obowiązki gospodarza; (*REL*) odprawiać *or* celebrować nabożeństwo *or* mszę.

officious [ə'fɪʃəs] *adj* nadgorliwy.
offing ['ɔfɪŋ] *n*: **in the offing** bliski.
off-key [ɔf'ki:] *adj* (*MUS*) fałszywy.
off-licence ['ɔflaɪsns] (*BRIT*) *n* ≈ (sklep *m*) monopolowy.
off-limits [ɔf'lɪmɪts] *adj* niedostępny, zakazany.
off-line [ɔf'laɪn] *adj* (*COMPUT*) autonomiczny, rozłączny; (*switched off*) odłączony.
off-load ['ɔfləud] *vt* (*work, duties*) przerzucać (przerzucić *perf*) (*na kogoś*).
off-peak ['ɔf'pi:k] *adj* poza godzinami szczytu *post*.
off-putting ['ɔfputɪŋ] (*BRIT*) *adj* odpychający.
off-season ['ɔf'si:zn] *adj* poza sezonem *post* ♦ *adv* poza sezonem.
offset ['ɔfsɛt] (*irreg like*: **set**) *vt* równoważyć (zrównoważyć *perf*).
offshoot ['ɔfʃu:t] *n* (*of organization etc*) gałąź *f*, odgałęzienie *nt*.
offshore [ɔf'ʃɔ:*] *adj* (*breeze*) od lądu *post*; (*oilrig, fishing*) przybrzeżny.
offside ['ɔf'saɪd] *adj* (*AUT*: *with right-hand drive*) prawy; (: *with left-hand drive*) lewy; (*SPORT*): **to be offside** być na spalonym ♦ *n*: **the offside** (*AUT*: *with right-hand drive*) prawa strona *f*; (: *with left-hand drive*) lewa strona *f*.
offspring ['ɔfsprɪŋ] *n inv* potomstwo *nt*.
offstage [ɔf'steɪdʒ] *adv* za sceną; (*of actors' behaviour*) prywatnie.
off-the-cuff [ɔfðə'kʌf] *adj* (*remark*) spontaniczny.
off-the-job ['ɔfðə'dʒɔb] *adj*: **off-the-job training** szkolenie *nt* zawodowe poza miejscem pracy.
off-the-peg ['ɔfðə'pɛg] (*US* **off-the-rack**) *adj* gotowy ♦ *adv*: **to buy clothes off-the-peg** kupować gotową odzież.
off-the-record ['ɔfðə'rɛkɔ:d] *adj* nieoficjalny, poza protokołem *post* ♦ *adv* nieoficjalnie, między nami (mówiąc).
off-white ['ɔfwaɪt] *adj* w kolorze złamanej bieli *post*.
often ['ɔfn] *adv* często; **how often have you been there?** jak często tam bywasz?; **more often than not** najczęściej; **as often as not** dość często; **every so often** co jakiś czas.
ogle ['əugl] *vt* przyglądać się pożądliwie *+dat*.
ogre ['əugə*] *n* (*in fairy tales*) ludojad *m*.
OH (*US*: *POST*) *abbr* (= *Ohio*).
oh [əu] *excl* ach.
ohm [əum] *n* (*ELEC*) om *m*.
OHMS (*BRIT*) *abbr* (= *On His (or Her) Majesty's Service*) *napis na przesyłkach urzędowych*.
oil [ɔɪl] *n* (*CULIN*) olej *m*, oliwa *f*; (*petroleum*) ropa *f* (naftowa); (*for heating*) paliwo *nt* olejowe ♦ *vt* oliwić (naoliwić *perf*).
oilcan ['ɔɪlkæn] *n* oliwiarka *f*.
oil change *n* (*AUT*) zmiana *f* oleju.
oilcloth ['ɔɪlklɔθ] *n* cerata *f*.
oilfield ['ɔɪlfi:ld] *n* pole *nt* naftowe.
oil filter *n* (*AUT*) filtr *m* oleju.
oil-fired ['ɔɪlfaɪəd] *adj* opalany paliwem olejowym.
oil gauge *n* (*AUT*) wskaźnik *m* oleju.
oil painting *n* obraz *m* olejny.
oil refinery *n* rafineria *f* (ropy naftowej).
oil rig *n* szyb *m* naftowy; (*at sea*) platforma *f* wiertnicza.
oilskins ['ɔɪlskɪnz] *npl* ubranie *nt* sztormowe.
oil slick *n* plama *f* ropy naftowej.
oil tanker *n* (*ship*) tankowiec *m*, zbiornikowiec *m*; (*truck*) cysterna *f*.
oil well *n* szyb *m* naftowy.
oily ['ɔɪlɪ] *adj* (*substance*) oleisty; (*rag*) zatłuszczony; (*food*) tłusty.
ointment ['ɔɪntmənt] *n* maść *f*.
OK (*US*: *POST*) *abbr* (= *Oklahoma*).
O.K. ['əu'keɪ] (*inf*) *excl* (*showing agreement*) w porządku; (*in questions*) dobrze?, zgoda?; (*granted*) zgoda ♦ *adj* (*average*) w porządku *post*; (*acceptable*) do przyjęcia *post* ♦ *vt* zgadzać się (zgodzić się *perf*) na *+acc* ♦ *n*: **to give sb the O.K. (to ...)** pozwalać (pozwolić *perf*) komuś (*+infin*); **to give sth the O.K.** wyrażać (wyrazić *perf*) zgodę na coś; **if that's okay** jeśli można; **is it O.K.?** może być?; **are you O.K.?** (czy) wszystko w porządku?; **are you O.K. for money?** (czy) masz dosyć pieniędzy?; **it's O.K. with** *or* **by me** mnie to nie przeszkadza.
okay ['əu'keɪ] = **O.K.**.
old [əuld] *adj* stary; (*former*) stary, dawny; **how old are you?** ile masz lat?; **he's ten years old** ma dziesięć lat; **older brother** starszy brat; **any old thing will do** wystarczy byle co.
old age *n* starość *f*.
old age pension *n* emerytura *f*.
old age pensioner (*BRIT*) *n* emeryt(ka) *m(f)*.
old-fashioned ['əuld'fæʃnd] *adj* (*style, design, clothes*) staromodny, niemodny; (*person, values*) staroświecki.
old hand *n* stary wyga *m*.
old hat *adj* już niemodny.
old maid *n* stara panna *f*.
old people's home *n* ≈ dom *m* starców *or* spokojnej starości.
old-time dancing *n* przedwojenne tańce *pl* (*walce, fokstroty itp*).
old-timer [əuld'taɪmə*] (*esp US*) *n* weteran(ka) *m(f)*.
old wives' tale *n* przesąd *m*, babskie gadanie *nt*.
oleander [əulɪ'ændə*] *n* oleander *m*.
olive ['ɔlɪv] *n* (*fruit*) oliwka *f*; (*tree*) drzewo *nt* oliwne ♦ *adj* (*also*: **olive-green**) oliwkowy; **to offer an olive branch to sb** (*fig*) przyjść (*perf*) do kogoś z gałązką oliwną.
olive oil *n* oliwa *f* z oliwek.
Olympic [əu'lɪmpɪk] *adj* olimpijski.
Olympic Games *npl*: **the Olympic Games** (*also*: **the Olympics**) igrzyska *pl* olimpijskie, olimpiada *f*.

OM (*BRIT*) *n abbr* (= *Order of Merit*) *order brytyjski.*

Oman [əu'mɑ:n] *n* Oman *m.*

OMB (*US*) *n abbr* (= *Office of Management and Budget*).

ombudsman ['ɔmbudzmən] *n* rzecznik *m* praw obywatelskich.

omelette ['ɔmlɪt] (*US* **omelet**) *n* omlet *m*; **ham/cheese omelette** omlet z szynką/serem.

omen ['əumən] *n* omen *m.*

ominous ['ɔmɪnəs] *adj* (*silence*) złowrogi, złowieszczy; (*clouds, smoke*) złowróżbny, złowieszczy.

omission [əu'mɪʃən] *n* (*thing omitted*) przeoczenie *nt*; (*act of omitting*) pominięcie *nt.*

omit [əu'mɪt] *vt* pomijać (pominąć *perf*) ♦ *vi*: **to omit to do sth** nie zrobić *(perf)* czegoś.

omnivorous [ɔm'nɪvrəs] *adj* wszystkożerny.

ON (*CANADA*) *abbr* (= *Ontario*).

KEYWORD

on [ɔn] *prep* **1** (*indicating position*) na *+loc*; **on the wall** na ścianie; **on the left** na lewo; **the house is on the main road** dom stoi przy głównej drodze. **2** (*indicating means, method, condition etc*): **on foot** pieszo, piechotą; **on the train/plane** (*go*) pociągiem/samolotem; (*be*) w pociągu/samolocie; **she's on the telephone** rozmawia przez telefon; **on television/the radio** w telewizji/radiu; **to be on tranquilizers** brać leki uspokajające; **to be on holiday** być na wakacjach. **3** (*referring to time*) w *+acc*; **on Friday** w piątek; **on June 20th** dwudziestego czerwca; **a week on Friday** od piątku za tydzień; **on arrival** po przyjeździe; **on seeing this** widząc *or* ujrzawszy to. **4** (*about, concerning*) o *+loc*, na temat *+gen*; **books on philosophy** książki o *or* na temat filozofii; **information on train services** informacja kolejowa ♦ *adv* **1** (*referring to clothes*) na sobie; **to have one's coat on** mieć na sobie płaszcz; **she put her hat on** założyła kapelusz. **2** (*referring to covering*): **screw the lid on tightly** przykręć mocno pokrywę. **3** (*further, continuously*) dalej; **to walk on** iść (pójść *perf*) dalej ♦ *adj* **1** (*in operation*: *machine, radio, TV, light*) włączony; (: *tap*) odkręcony; (: *handbrake*) zaciągnięty; (: *meeting*) w toku *post.* **2** (*not cancelled*) aktualny; **is the meeting still on?** czy (to) zebranie jest nadal aktualne? **3**: **that's not on!** (*inf*) to (jest) nie do przyjęcia!

ONC (*BRIT*) *n abbr* (= *Ordinary National Certificate*) *świadectwo odpowiadające w przybliżeniu GCE A level.*

once [wʌns] *adv* (*on one occasion*) (jeden) raz; (*formerly*) dawniej, kiedyś; (*a long time ago*) kiedyś, swego czasu ♦ *conj* zaraz po tym, jak, gdy tylko; **at once** (*immediately*) od razu; (*simultaneously*) na raz; **once a week** raz w tygodniu *or* na tydzień; **once more** *or* **again** jeszcze raz; **once and for all** raz na zawsze; **once upon a time** pewnego razu; **once in a while** raz na jakiś czas; **all at once** naraz, ni z tego, ni z owego; **for once she was able to relax** chociaż raz mogła odpocząć; **for once I am completely lost** tym razem jestem całkowicie zagubiony; **once or twice** raz czy dwa.

oncoming ['ɔnkʌmɪŋ] *adj* (*traffic*) (nadjeżdżający) z przeciwka; (*winter*) nadchodzący.

OND (*BRIT*) *n abbr* (= *Ordinary National Diploma*) *uprawnienia zawodowe uzyskiwane po dwuletnim kursie.*

KEYWORD

one [wʌn] *num* jeden; **I asked for two coffees, not one** prosiłam o dwie kawy, nie jedną; **one hundred and fifty** sto pięćdziesiąt; **one day there was a knock at the door** któregoś *or* pewnego dnia rozległo się pukanie do drzwi; **one by one** pojedynczo ♦ *adj* **1** (*sole*) jedyny; **that is my one worry** to moje jedyne zmartwienie. **2** (*same*) (ten) jeden; **they came in the one car** przyjechali (tym) jednym samochodem ♦ *pron* **1**: **this one** ten *m*/ta *f*/to *nt*; **that one** (tam)ten *m*/(tam)ta *f*/(tam)to *nt*; **she chose the black dress, though I liked the red one** wybrała tę czarną sukienkę, choć mnie podobała się ta czerwona. **2**: **one another** się; **do you two ever see one another?** czy wy dwoje w ogóle się widujecie?; **the boys didn't dare look at one another** chłopcy nie mieli odwagi spojrzeć na siebie. **3** (*impersonal*): **one never knows** nigdy nie wiadomo; **to cut one's finger** skaleczyć się *(perf)* w palec.

one-day excursion ['wʌndeɪ-] (*US*) *n* bilet *m* powrotny jednodniowy.

one-man ['wʌn'mæn] *adj* (*show*) jednoosobowy; (*business*) indywidualny.

one-man band *n* człowiek *m* – orkiestra *f.*

one-off [wʌn'ɔf] (*BRIT*: *inf*) *n* fuks *m* (*inf*).

one-piece ['wʌnpi:s] *adj*: **one-piece swimsuit** strój *m* (kąpielowy) jednoczęściowy.

onerous ['ɔnərəs] *adj* uciążliwy.

KEYWORD

oneself [wʌn'sɛlf] *pron* (*reflexive*) się; (*after prep*) siebie *(gen, acc)*, sobie *(dat, loc)*, sobą *(instr)*; (*emphatic*) samemu; **to hurt oneself** ranić (zranić *perf*) się; **to talk to oneself** mówić do siebie; **to talk about oneself** mówić o sobie; **to be oneself** być sobą; **others might find odd what one finds normal oneself** to, co samemu uważa się za normalne, inni mogą uznać za dziwne.

one-shot ['wʌnʃɔt] (*US*) *n* = **one-off**.
one-sided [wʌn'saɪdɪd] *adj* jednostronny; (*contest*) nierówny.
one-time ['wʌntaɪm] *adj* były.
one-to-one ['wʌntəwʌn] *adj* (*tuition etc*) indywidualny.
one-upmanship [wʌn'ʌpmənʃɪp] *n*: **the art of one-upmanship** umiejętność *f* zdobywania i utrzymywania przewagi.
one-way ['wʌnweɪ] *adj* (*street, traffic*) jednokierunkowy; (*ticket, trip*) w jedną stronę *post.*
ongoing ['ɔngəuɪŋ] *adj* (*discussion*) toczący się; (*crisis*) trwający.
onion ['ʌnjən] *n* cebula *f.*
on-line ['ɔnlaɪn] (*COMPUT*) *adj* (*mode, processing*) bezpośredni; (*database*) dostępny bezpośrednio; (*switched on*) włączony ♦ *adv* w trybie bezpośrednim.
onlooker ['ɔnlukə*] *n* widz *m*, obserwator(ka) *m(f).*
only ['əunlɪ] *adv* (*solely*) jedynie; (*merely, just*) tylko ♦ *adj* jedyny ♦ *conj* tylko; **an only child** jedynak (-aczka) *m(f)*; **I only took one** wziąłem tylko jedno; **I saw her only yesterday** widziałam ją dopiero wczoraj; **I'd be only too pleased to help** z przyjemnością pomógłbym; **I would come, only I'm busy** przyszedłbym, tylko (że) jestem zajęty; **not only ... but (also)** nie tylko..., lecz (także).
ono (*BRIT*) *abbr* (*in classified ads*: = *or near(est) offer*) *see* **near**.
onset ['ɔnsɛt] *n* początek *m.*
onshore ['ɔnʃɔ:*] *adj* (*wind*) od morza *post.*
onslaught ['ɔnslɔ:t] *n* szturm *m.*
on-the-job ['ɔnðə'dʒɔb] *adj*: **on-the-job training** szkolenie *nt* w czasie pracy.
onto ['ɔntu] *prep* = **on to**.
onus ['əunəs] *n* ciężar *m*, brzemię *nt*; **the onus is on him to prove it** na nim spoczywa ciężar udowodnienia tego.
onward(s) ['ɔnwəd(z)] *adv* (*move, travel*) dalej ♦ *adj* postępujący; **from that time onward(s)** od tego czasu.
onyx ['ɔnɪks] *n* onyks *m.*
ooze [u:z] *vi* wyciekać, sączyć się.
opacity [əu'pæsɪtɪ] *n* nieprzezroczystość *f.*
opal ['əupl] *n* opal *m.*
opaque [əu'peɪk] *adj* nieprzezroczysty.
OPEC ['əupɛk] *n abbr* (= *Organization of Petroleum-Exporting Countries*) OPEC *f inv*, Organizacja *f* Państw-Eksporterów Ropy Naftowej.
open ['əupn] *adj* otwarty; (*vacancy*) wolny ♦ *vt* otwierać (otworzyć *perf*) ♦ *vi* otwierać się (otworzyć się *perf*); (*debate etc*) rozpoczynać się (rozpocząć się *perf*); **in the open (air)** na wolnym powietrzu; **the open sea** otwarte morze; **I have an open mind on that** nie mam wyrobionego zdania na ten temat; **he didn't open his mouth once** ani razu nie otworzył ust; **to be open to** (*suggestions*) być otwartym na *+acc*; (*criticism*) być narażonym na *+acc*; **the palace is open to the public** pałac jest otwarty dla publiczności; **the film/play has recently opened in New York** niedawno odbyła się premiera filmu/sztuki w Nowym Jorku.
►**open on to** *vt fus* (*room, door*) wychodzić na *+acc.*
►**open up** *vi* otwierać (otworzyć *perf*); **he never opens up** nigdy nie mówi, co czuje.
open-air [əupn'ɛə*] *adj* na wolnym powietrzu *post.*
open-and-shut ['əupnən'ʃʌt] *adj*: **open-and-shut case** oczywisty przypadek *m.*
open day *n* dzień *m* otwarty.
open-ended [əupn'ɛndɪd] *adj* (*discussion*) luźny.
opener ['əupnə*] *n* (*also*: **tin opener, can opener**) otwieracz *m* (do puszek).
open-heart [əupn'hɑ:t] *adj*: **open-heart surgery** operacja *f* na otwartym sercu.
opening ['əupnɪŋ] *adj* początkowy ♦ *n* (*gap, hole*) otwór *m*; (*of play, book*) początek *m*; (*of new building*) otwarcie *nt*; (*job*) wakat *m*; **the opening ceremony** uroczystość *or* ceremonia otwarcia.
opening hours *npl* (*of shop, library, pub*) godziny *pl* otwarcia; (*of office, bank*) godziny *pl* urzędowania.
opening night *n* (*THEAT*) premiera *f.*
openly ['əupnlɪ] *adv* otwarcie.
open-minded [əupn'maɪndɪd] *adj* (*person*) otwarty; (*approach*) wolny od uprzedzeń.
open-necked ['əupnnɛkt] *adj* nie zapięty pod szyją.
openness ['əupnnɪs] *n* otwartość *f.*
open-plan ['əupn'plæn] *adj* (*office*) bez ścianek działowych *post.*
open sandwich *n* kanapka *f.*
open shop *n* *przedsiębiorstwo zatrudniające robotników bez względu na przynależność do związków zawodowych.*
Open University (*BRIT*) *n* uniwersytet *m* otwarty.
open verdict *n* (*JUR*) *orzeczenie stwierdzające, że nie wykryto sprawcy lub że zgon mógł nastąpić w wyniku nieszczęśliwego wypadku.*
opera ['ɔpərə] *n* opera *f.*
opera glasses *npl* lornetka *f* teatralna.
opera house *n* opera *f.*
opera singer *n* śpiewak (-aczka) *m(f)* operowy (-wa) *m(f).*
operate ['ɔpəreɪt] *vt* (*machine*) obsługiwać; (*tool, method*) posługiwać się *+instr* ♦ *vi* działać;

(*MED*) operować; **to operate on sb** operować (zoperować *perf*) kogoś.
operatic [ɔpəˈrætɪk] *adj* operowy.
operating system *n* (*COMPUT*) system *m* operacyjny.
operating table *n* stół *m* operacyjny.
operating theatre *n* sala *f* operacyjna.
operation [ɔpəˈreɪʃən] *n* operacja *f*; (*of machine, vehicle*) obsługa *f*; (*of company*) działanie *nt*; **to be in operation** (*scheme, regulation*) być stosowanym; **I had an operation on my spine** miałem operację kręgosłupa; **to perform an operation** (*MED*) przeprowadzać (przeprowadzić *perf*) operację.
operational [ɔpəˈreɪʃənl] *adj* sprawny.
operative [ˈɔpərətɪv] *adj* działający ♦ *n* (*in factory*) operator *m*; **"if" being the operative word** z akcentem na (słowo) „jeżeli".
operator [ˈɔpəreɪtə*] *n* (*TEL*) telefonista (-tka) *m(f)*; (*of machine*) operator(ka) *m(f)*.
operetta [ɔpəˈrɛtə] *n* operetka *f*.
ophthalmic [ɔfˈθælmɪk] *adj* okulistyczny.
ophthalmic optician *n* optyk *m* – okulista *m*.
ophthalmologist [ɔfθælˈmɔlədʒɪst] *n* okulista (-tka) *m(f)*.
opinion [əˈpɪnjən] *n* opinia *f*, zdanie *nt*; **in my opinion** moim zdaniem; **to have a good** *or* **high opinion of sb** mieć dobrą opinię o kimś; **to have a good** *or* **high opinion of o.s.** mieć wysokie mniemanie o sobie; **to be of the opinion that ...** być zdania, że...; **to get a second opinion** zasięgać (zasięgnąć *perf*) opinii innego specjalisty.
opinionated [əˈpɪnjəneɪtɪd] (*pej*) *adj* zadufany (w sobie) (*pej*).
opinion poll *n* badanie *nt* opinii publicznej.
opium [ˈəupɪəm] *n* opium *nt inv*.
opponent [əˈpəunənt] *n* przeciwnik (-iczka) *m(f)*.
opportune [ˈɔpətjuːn] *adj* dogodny.
opportunism [ɔpəˈtjuːnɪsəm] *n* oportunizm *m*.
opportunist [ɔpəˈtjuːnɪst] *n* oportunista (-tka) *m(f)*.
opportunity [ɔpəˈtjuːnɪtɪ] *n* (*chance*) okazja *f*, sposobność *f*; (*prospects*) możliwości *pl*; **I took the opportunity of visiting her** skorzystałem z okazji i odwiedziłem ją.
oppose [əˈpəuz] *vt* sprzeciwiać się (sprzeciwić się *perf*) *+dat*; **to be opposed to sth** być przeciwnym czemuś; **(there is a need for) X as opposed to Y** (potrzebne jest) X, a nie Y.
opposing [əˈpəuzɪŋ] *adj* (*side, team*) przeciwny; (*ideas, tendencies*) przeciwstawny.
opposite [ˈɔpəzɪt] *adj* (*house, door*) naprzeciw(ko) *post*; (*end*) przeciwległy; (*direction, point of view, effect*) przeciwny ♦ *adv* naprzeciw(ko) ♦ *prep* (*in front of*) naprzeciw(ko) *+gen*; (*next to: on list etc*) przy *+loc* ♦ *n*: **the opposite** przeciwieństwo *nt*; **he says one thing and does the opposite** on mówi jedno, a robi coś (wręcz) odwrotnego; **the opposite sex** płeć przeciwna; **"see opposite page"** „patrz sąsiednia strona".
opposite number *n* odpowiednik (-iczka) *m(f)*.
opposition [ɔpəˈzɪʃən] *n* (*resistance*) opozycja *f*, opór *m*; (*SPORT*) przeciwnik *m*; **the Opposition** (*POL*) opozycja.
oppress [əˈprɛs] *vt* uciskać, gnębić.
oppressed [əˈprɛst] *adj* uciskany, gnębiony.
oppression [əˈprɛʃən] *n* ucisk *m*.
oppressive [əˈprɛsɪv] *adj* (*weather, heat*) przytłaczający; (*political regime*) oparty na ucisku.
opprobrium [əˈprəubrɪəm] *n* (*fml*) potępienie *nt*.
opt [ɔpt] *vi*: **to opt for** optować za *+instr*; **he opted to fight** zdecydował się walczyć.
►**opt out (of)** *vi* (*not participate*) wycofywać się (wycofać się *perf*) (z *+gen*); (*POL: hospital, school*) uniezależniać się (uniezależnić się *perf*) (od *+gen*).
optical [ˈɔptɪkl] *adj* optyczny.
optical character reader *n* (*COMPUT*) optyczny czytnik *m* znaków.
optical character recognition *n* (*COMPUT*) optyczne rozpoznawanie *nt* znaków.
optical illusion *n* złudzenie *nt* optyczne.
optician [ɔpˈtɪʃən] *n* optyk (-yczka) *m(f)*.
optics [ˈɔptɪks] *n* optyka *f*.
optimism [ˈɔptɪmɪzəm] *n* optymizm *m*.
optimist [ˈɔptɪmɪst] *n* optymista (-tka) *m(f)*.
optimistic [ɔptɪˈmɪstɪk] *adj* optymistyczny.
optimum [ˈɔptɪməm] *adj* optymalny.
option [ˈɔpʃən] *n* opcja *f*; (*SCOL*) kurs *m* (*z wybranego przedmiotu*); **they have no option** nie mają wyboru; **keep your options open** nie podejmuj (jeszcze) ostatecznej decyzji.
optional [ˈɔpʃənl] *adj* nadobowiązkowy, fakultatywny; **optional extras** (*COMM*) dodatki.
opulence [ˈɔpjuləns] *n* bogactwo *nt*.
opulent [ˈɔpjulənt] *adj* bardzo bogaty.
OR (*US: POST*) *abbr* (= *Oregon*).
or [ɔː*] *conj* (*linking alternatives*) czy; (*also*: **or else**) bo inaczej; (*qualifying previous statement*) albo; **he hasn't seen or heard anything** niczego nie widział ani nie słyszał; **fifty or sixty people** pięćdziesiąt czy sześćdziesiąt osób.
oracle [ˈɔrəkl] *n* wyrocznia *f*.
oral [ˈɔːrəl] *adj* (*spoken*) ustny; (*MED*) doustny ♦ *n* (*SCOL*) egzamin *m* ustny.
orange [ˈɔrɪndʒ] *n* pomarańcza *f* ♦ *adj* pomarańczowy.
orangeade [ɔrɪndʒˈeɪd] *n* oranżada *f*.
oration [ɔːˈreɪʃən] *n* mowa *f*, oracja *f*.
orator [ˈɔrətə*] *n* mówca (-wczyni) *m(f)*, orator *m*.
oratorio [ɔrəˈtɔːrɪəu] *n* oratorium *nt*.
orb [ɔːb] *n* (*sphere*) kula *f*; (*of monarch*) jabłko *nt*.
orbit [ˈɔːbɪt] *n* orbita *f* ♦ *vt* okrążać (okrążyć *perf*).
orchard [ˈɔːtʃəd] *n* sad *m*; **apple orchard** sad jabłkowy.

orchestra ['ɔːkɪstrə] *n* orkiestra *f*; (*US*: *seating*) parter *m*.
orchestral [ɔː'kɛstrəl] *adj* orkiestralny.
orchestrate ['ɔːkɪstreɪt] *vt* (*MUS*) orkiestrować, aranżować (zaaranżować *perf*) na orkiestrę; (*campaign etc*) wyreżyserować (*perf*).
orchid ['ɔːkɪd] *n* orchidea *f*, storczyk *m*.
ordain [ɔː'deɪn] *vt* (*REL*) wyświęcać (wyświęcić *perf*); (*decree*) zarządzać (zarządzić *perf*).
ordeal [ɔː'diːl] *n* przeprawa *f*, gehenna *f*.
order ['ɔːdə*] *n* (*command*) rozkaz *m*; (*from shop, company, in restaurant*) zamówienie *nt*; (*sequence, organization, discipline*) porządek *m*; (*REL*) zakon *m* ♦ *vt* (*command*) nakazywać (nakazać *perf*), rozkazywać (rozkazać *perf*); (*from shop, company, in restaurant*) zamawiać (zamówić *perf*); (*also*: **put in order**) porządkować (uporządkować *perf*); **in order** w porządku; **in (working) order** na chodzie; **in order to/that** żeby *+infin*; **in order of size** według wielkości; **the equipment is already on order** (*COMM*) sprzęt jest już zamówiony; **out of order** (*not working*) niesprawny; (*in wrong sequence*) nie po kolei; (*resolution, behaviour*) niezgodny z przepisami; **to order sb to do sth** kazać (kazać *perf*) komuś coś zrobić; **to place an order for sth with sb** składać (złożyć *perf*) u kogoś zamówienie na coś; **made to order** wykonany na zamówienie; **to be under orders to do sth** mieć rozkaz coś (z)robić; **to take orders from sb** wykonywać czyjeś rozkazy; **I'd like to raise a point of order** chciałabym zabrać głos w kwestii formalnej; **a cheque to the order of** czek (opiewający) na kwotę *+gen*; **of** *or* **in the order of** rzędu *+gen*.
►**order around** *vt* (*also*: **order about**) pomiatać *+instr*.
order book *n* (*COMM*) księga *f* zamówień.
order form *n* (*COMM*) formularz *m* zamówieniowy.
orderly ['ɔːdəlɪ] *n* (*MIL*) ordynans *m*; (*MED*) sanitariusz *m* ♦ *adj* (*sequence*) uporządkowany; (*system*) sprawny; (*manner*) zorganizowany.
order number *n* (*COMM*) numer *m* zamówienia.
ordinal ['ɔːdɪnl] *adj*: **ordinal number** liczebnik *m* porządkowy.
ordinarily ['ɔːdnrɪlɪ] *adv* zazwyczaj, zwykle.
ordinary ['ɔːdnrɪ] *adj* zwyczajny, zwykły; (*pej*) pospolity; **out of the ordinary** niezwykły, niepospolity.
ordinary seaman (*BRIT*) *n* marynarz *m* drugiej klasy.
ordinary shares *npl* akcje *pl* zwyczajne.
ordination [ɔːdɪ'neɪʃən] *n* święcenia *pl* (kapłańskie).
ordnance ['ɔːdnəns] *n* (*MIL*) zaopatrzenie *nt* ♦ *adj* zaopatrzeniowy.
Ordnance Survey (*BRIT*) *n brytyjski urząd kartograficzny.*
ore [ɔː*] *n* ruda *f*.
organ ['ɔːgən] *n* (*ANAT*) narząd *m*, organ *m*; (*MUS*) organy *pl*.
organic [ɔː'gænɪk] *adj* organiczny.
organism ['ɔːgənɪzəm] *n* organizm *m*.
organist ['ɔːgənɪst] *n* organista *m*.
organization [ɔːgənaɪ'zeɪʃən] *n* organizacja *f*.
organization chart *n* schemat *m* organizacyjny.
organize ['ɔːgənaɪz] *vt* organizować (zorganizować *perf*); **get organized, we're leaving in five minutes** zbierajcie się, za pięć minut wychodzimy.
organized labour *n* związki *pl* zawodowe.
organizer ['ɔːgənaɪzə*] *n* organizator(ka) *m(f)*.
orgasm ['ɔːgæzəm] *n* orgazm *m*.
orgy ['ɔːdʒɪ] *n* orgia *f*; **an orgy of destruction** szał niszczycielski.
Orient ['ɔːrɪənt] *n*: **the Orient** Orient *m*.
orient ['ɔːrɪənt] *vt*: **to orient o.s.** nabierać (nabrać *perf*) orientacji *or* rozeznania; **to be oriented towards** być nastawionym na *+acc*.
oriental [ɔːrɪ'ɛntl] *adj* orientalny, dalekowschodni.
orientate ['ɔːrɪənteɪt] *vt*: **to orientate o.s.** (*with map, compass etc*) orientować się (zorientować *perf* się) w swoim położeniu; (*fig*) nabierać (nabrać *perf*) orientacji *or* rozeznania; **to be orientated towards** być nastawionym na *+acc*.
orifice ['ɔrɪfɪs] *n* (*ANAT*) otwór *m*.
origin ['ɔrɪdʒɪn] *n* początek *m*, źródło *nt*; (*of person*) pochodzenie *nt*; **country of origin** kraj pochodzenia.
original [ə'rɪdʒɪnl] *adj* (*first*) pierwotny, pierwszy; (*genuine*) oryginalny, autentyczny; (*imaginative*) oryginalny ♦ *n* oryginał *m*, autentyk *m*.
originality [ərɪdʒɪ'nælɪtɪ] *n* oryginalność *f*.
originally [ə'rɪdʒɪnəlɪ] *adv* pierwotnie, początkowo.
originate [ə'rɪdʒɪneɪt] *vi*: **to originate in** powstawać (powstać *perf*) w *+loc*, pochodzić z *+gen*; **to originate with** *or* **from sb** pochodzić od kogoś.
originator [ə'rɪdʒɪneɪtə*] *n* twórca (-rczyni) *m(f)*, pomysłodawca (-wczyni) *m(f)*.
Orkneys ['ɔːknɪz] *npl*: **the Orkneys** (*also*: **the Orkney Islands**) Orkady *pl*.
ornament ['ɔːnəmənt] *n* (*object*) ozdoba *f*; (*decoration*) ornament *m*.
ornamental [ɔːnə'mɛntl] *adj* ozdobny.
ornamentation [ɔːnəmɛn'teɪʃən] *n* ornamentacja *f*.
ornate [ɔː'neɪt] *adj* ozdobny.
ornithologist [ɔːnɪ'θɔlədʒɪst] *n* ornitolog *m*.
ornithology [ɔːnɪ'θɔlədʒɪ] *n* ornitologia *f*.
orphan ['ɔːfn] *n* sierota *f* ♦ *vt*: **to be orphaned** zostawać (zostać *perf*) sierotą.
orphanage ['ɔːfənɪdʒ] *n* sierociniec *m*.
orthodox ['ɔːθədɔks] *adj* ortodoksyjny; **orthodox medicine** medycyna konwencjonalna.
orthodoxy ['ɔːθədɔksɪ] *n* (*view*) dominujący

pogląd *m*; (*trend*) dominujący kierunek *m*; (*in ideology, religion*) ortodoksja *f*.
orthopaedic [ɔ:θə'pi:dɪk] (*US* **orthopedic**) *adj* ortopedyczny.
OS *abbr* (*BRIT*) = **Ordnance Survey**; (*NAUT*) = **ordinary seaman**; (*DRESS*) = **outsize**.
O/S (*COMM*) *abbr* (= *out of stock*) brak na składzie, zapas towaru wyczerpany.
oscillate ['ɔsɪleɪt] *vi* oscylować.
OSHA (*US*) *n abbr* (= *Occupational Safety and Health Administration*).
Oslo ['ɔzləu] *n* Oslo *nt inv*.
ostensible [ɔs'tɛnsɪbl] *adj* rzekomy.
ostensibly [ɔs'tɛnsɪblɪ] *adv* rzekomo.
ostentation [ɔstɛn'teɪʃən] *n* ostentacja *f*, zbytek *m*.
ostentatious [ɔstɛn'teɪʃəs] *adj* (*showy*) wystawny; (*deliberately conspicuous*) ostentacyjny; (*person*) chełpliwy.
osteopath ['ɔstɪəpæθ] *n* kręgarz *m*.
ostracize ['ɔstrəsaɪz] *vt* bojkotować (towarzysko).
ostrich ['ɔstrɪtʃ] *n* struś *m*.
OT (*BIBLE*) *abbr* (= *Old Testament*) ST.
OTB (*US*) *n abbr* (= *off-track betting*) *zakłady zawierane poza terenem wyścigów konnych*.
OTE (*COMM*) *abbr* (= *on-target earnings*) osiągalne zarobki *pl*.
other ['ʌðə*] *adj* inny; (*opposite*) przeciwny, drugi ♦ *pron*: **the other (one)** (ten) drugi; **others** (*other people*) inni; (*other ones*) inne; **the others** (*the other people*) pozostali; (*the other ones*) pozostałe; **there is no choice other than to...** nie ma innego wyjścia jak tylko *+infin*; **she never discussed it with anyone other than Tom** nie rozmawiała o tym z nikim oprócz Toma; **the other day** parę dni temu; **some actor or other** jakiś (tam) aktor; **somebody or other** ktoś (tam); **it was none other than Robert** był to nie kto inny jak Robert.
otherwise ['ʌðəwaɪz] *adv* (*differently*) inaczej; (*apart from that*) poza tym; (*if not*) w przeciwnym razie; **in an otherwise good piece of work** w skądinąd dobrej pracy.
OTT (*inf*) *abbr* (= *over the top*) *see* **top**.
otter ['ɔtə*] *n* (*ZOOL*) wydra *f*.
OU (*BRIT*) *n abbr* = **Open University**.
ouch [autʃ] *excl* au.
ought [ɔ:t] (*pt* **ought**) *aux vb*: **I ought to do it** powinienem to zrobić; **this ought to have been corrected** to powinno było zostać poprawione; **he ought to win** powinien wygrać; **you ought to go and see it** powinieneś pójść to zobaczyć.
ounce [auns] *n* uncja *f*; (*fig*) odrobina *f*.
our ['auə*] *adj* nasz; *see also* **my**.
ours [auəz] *pron* nasz; *see also* **mine**[1].
ourselves *pron pl* (*reflexive*) się; (*after prep*) siebie (*gen, acc*), sobie (*dat, loc*), sobą (*instr*); (*emphatic*) sami; **we did it (all) by ourselves** zrobiliśmy to (zupełnie) sami; **with the exception of a few tourists and ourselves** z wyjątkiem kilku turystów i nas; *see also* **oneself**.
oust [aust] *vt* usuwać (usunąć *perf*).

KEYWORD

out [aut] *adv* **1** (*not in*) na zewnątrz, na dworze; **(to stand) out in the rain/snow** (stać) (na dworze *or* na zewnątrz) w deszczu/śniegu; **they're out in the garden** są w ogrodzie; **it's hot out here** gorąco tutaj; **to go/come out** wychodzić (wyjść *perf*) (na zewnątrz); **out loud** głośno, na głos. **2** (*not at home, absent*): **she's out at the moment** nie ma jej w tej chwili; **to have a day/night out** spędzać (spędzić *perf*) dzień/wieczór poza domem. **3** (*indicating distance*) (o) *+acc* dalej; **the boat was 10 km out** łódź była (o) dziesięć kilometrów dalej; **three days out from Plymouth** trzy dni drogi z Plymouth. **4** (*SPORT*) na aut; **the ball is/has gone out** piłka jest na aucie/wyszła na aut ♦ *adj* **1**: **to be out** (*unconscious*) być nieprzytomnym; (*of game*) wypaść (*perf*) z gry; (*of fashion*) wyjść (*perf*) z mody; (*have appeared*: *flowers*) zakwitnąć (*perf*); (: *news, secret*) wyjść (*perf*) na jaw; (*extinguished*: *fire, light, gas*) nie palić się. **2** (*finished*) skończyć się (*perf*); **before the week was out** zanim tydzień się skończył. **3**: **to be out to do sth** mieć zamiar coś (z)robić. **4**: **to be out in one's calculations** mylić się (pomylić się *perf*) w obliczeniach.

outage ['autɪdʒ] *n* (*esp US*) przerwa *f* w dopływie energii elektrycznej.
out-and-out ['autəndaut] *adj* absolutny.
outback ['autbæk] *n* (*in Australia*): **in the outback** w głębi kraju.
outbid [aut'bɪd] *vt* przelicytowywać (przelicytować *perf*).
outboard ['autbɔ:d] *n* (*also*: **outboard motor**) silnik *m* przyczepny (*na łodzi motorowej*).
outbreak ['autbreɪk] *n* (*of war*) wybuch *m*; (*of disease*) epidemia *f*.
outbuilding ['autbɪldɪŋ] *n* budynek *m* gospodarczy.
outburst ['autbə:st] *n* wybuch *m*.
outcast ['autkɑ:st] *n* wyrzutek *m*.
outclass [aut'klɑ:s] *vt* przewyższać (przewyższyć *perf*) o klasę.
outcome ['autkʌm] *n* wynik *m*.
outcrop ['autkrɔp] *n* odsłonięta skała *f*.
outcry ['autkraɪ] *n* głosy *pl* protestu.
outdated [aut'deɪtɪd] *adj* przestarzały.
outdo [aut'du:] (*irreg like*: **do**) *vt* prześcigać (prześcignąć *perf*), przewyższać (przewyższyć *perf*).
outdoor [aut'dɔ:*] *adj* (*activities, work*) na świeżym powietrzu *post*; (*swimming pool*)

odkryty; (*clothes*) wierzchni; **I'm an outdoor person** lubię przebywać na świeżym powietrzu.
outdoors [aut'dɔ:z] *adv* na dworze *or* (świeżym) powietrzu.
outer ['autə*] *adj* zewnętrzny; **outer suburbs** odległe przedmieścia.
outer space *n* przestrzeń *f* kosmiczna, kosmos *m*.
outfit ['autfɪt] *n* (*clothes*) strój *m*; (*inf*: *team*) ekipa *f* (*inf*).
outfitter's ['autfɪtəz] (*BRIT*) *n* sklep *m* z odzieżą męską.
outgoing ['autgəuɪŋ] *adj* (*extrovert*) otwarty; (*retiring*) ustępujący; (*mail*) wychodzący.
outgoings ['autgəuɪŋz] (*BRIT*) *npl* wydatki *pl*.
outgrow [aut'grəu] (*irreg like*: **grow**) *vt* (*lit, fig*) wyrastać (wyrosnąć *perf*) z *+gen*.
outhouse ['authaus] *n* (*outbuilding*) budynek *m* gospodarczy; (*US*: *outer toilet*) ubikacja *f* na dworze.
outing ['autɪŋ] *n* wycieczka *f*.
outlandish [aut'lændɪʃ] *adj* dziwaczny.
outlast [aut'lɑ:st] *vt* przeżyć *(perf)*.
outlaw ['autlɔ:] *n* osoba *f* wyjęta spod prawa, banita *m* (*old*) ♦ *vt* (*person, organization*) wyjmować (wyjąć *perf*) spod prawa; (*activity*) zakazywać (zakazać *perf*) *+gen*.
outlay ['autleɪ] *n* nakład *m* (finansowy).
outlet ['autlɛt] *n* (*hole*) wylot *m*; (*pipe*) odpływ *m*; (*US*: *ELEC*) gniazdo *nt* wtykowe; (*also*: **retail outlet**) punkt *m* sprzedaży detalicznej; (*fig*: *for grief, anger*) ujście *nt*.
outline ['autlaɪn] *n* (*lit, fig*) zarys *m*; (*rough sketch*) szkic *m* ♦ *vt* (*fig*) szkicować (naszkicować *perf*), przedstawiać (przedstawić *perf*) w zarysie.
outlive [aut'lɪv] *vt* przeżyć *(perf)*.
outlook ['autluk] *n* (*view, attitude*) pogląd *m*; (*prospects*) perspektywy *pl*; (*for weather*) prognoza *f*.
outlying ['autlaɪɪŋ] *adj* oddalony.
outmanoeuvre [autmə'nu:və*] (*US* **outmaneuver**) *vt* przechytrzać (przechytrzyć *perf*), wymanewrowywać (wymanewrować *perf*) (*inf*).
outmoded [aut'məudɪd] *adj* przestarzały.
outnumber [aut'nʌmbə*] *vt* przewyższać (przewyższyć *f*) liczebnie; **we were outnumbered (by) 5 to 1** było nas 5 razy mniej.

KEYWORD

out of *prep* **1** (*outside*) z *+gen*; **to go out of the house** wychodzić (wyjść *perf*) z domu. **2** (*beyond*): **out of town** za miastem; **out of reach** nieosiągalny; **she is out of danger** nie zagraża jej już niebezpieczeństwo. **3** (*indicating cause, motive, origin, material*) z *+gen*; **out of curiosity/greed** z ciekawości/chciwości; **to drink out of a cup** pić z filiżanki; **made of glass** zrobiony ze szkła. **4** (*from among*) na *+acc*; **one out of three** jeden na trzech. **5** (*without*) bez *+gen*; **out of breath** bez tchu; **to be out of milk/sugar** nie mieć mleka/cukru.

out of bounds *adj*: **this area is out of bounds** to jest teren zakazany.
out-of-date [autəv'deɪt] *adj* (*passport, ticket*) nieważny; (*dictionary, concept*) przestarzały; (*clothes*) niemodny.
out-of-doors [autəv'dɔ:z] *adv* na dworze *or* (świeżym) powietrzu.
out-of-the-way ['autəvðə'weɪ] *adj* (*place*) odległy; (*pub, restaurant*) mało znany.
out-of-work ['autəvwə:k] *adj* bezrobotny.
outpatient ['autpeɪʃənt] *n* pacjent(ka) *m(f)* ambulatoryjny (-na) *m(f)*.
outpost ['autpəust] *n* placówka *f*.
output ['autput] *n* (*of factory*) produkcja *f*; (*of writer*) twórczość *f*, dorobek *m*; (*COMPUT*) dane *pl* wyjściowe ♦ *vt* (*COMPUT*) przetwarzać (przetworzyć *perf*).
outrage ['autreɪdʒ] *n* (*anger*) oburzenie *nt*; (*atrocity*) akt *m* przemocy; (*scandal*) skandal *m* ♦ *vt* oburzać (oburzyć *perf*); **bomb outrage** zamach bombowy; **to be an outrage against** stanowić obrazę *+gen*.
outrageous [aut'reɪdʒəs] *adj* oburzający.
outrider ['autraɪdə*] *n* członek *m* eskorty (*motocyklowej lub konnej*).
outright [*adv* aut'raɪt, *adj* 'autraɪt] *adv* (*win*) bezapelacyjnie; (*ban*) całkowicie; (*buy*) za gotówkę; (*ask*) wprost; (*deny*) otwarcie ♦ *adj* (*winner, victory*) bezapelacyjny; (*denial, hostility*) otwarty; **he was killed outright** zginął na miejscu.
outrun [aut'rʌn] (*irreg like*: **run**) *vt* prześcigać (prześcignąć *perf*).
outset ['autsɛt] *n* początek *m*; **from the outset** od (samego) początku; **at the outset** na (samym) początku.
outshine [aut'ʃaɪn] (*irreg like*: **shine**) *vt* (*fig*) zaćmiewać (zaćmić *perf*).
outside [aut'saɪd] *n* zewnętrzna strona *f* ♦ *adj* (*wall*) zewnętrzny; (*lavatory*) na zewnątrz *post* ♦ *adv* na zewnątrz ♦ *prep* (*building*) przed *+instr*; (*door*) za *+instr*; (*office hours, organization, country*) poza *+instr*; **a village outside Birmingham** wioska pod Birmingham; **an outside chance** niewielkie szanse; **at the outside** (*at the most*) najwyżej; (*at the latest*) najdalej; **you're wearing your shirt-tails outside your trousers** tył koszuli wystaje ci ze spodni.
outside broadcast *n* (*RADIO, TV*) transmisja *f*.
outside lane *n* zewnętrzny pas *m* ruchu.
outside line *n* (*TEL*): **dial 0 for an outside line** wyjście na miasto przez 0.
outsider [aut'saɪdə*] *n* (*person not involved*)

osoba *f* postronna; (*in race etc*) autsajder *m*; **they felt like outsiders** czuli się obco.

outsize ['autsaɪz] *adj*: **outsize clothes** odzież *f* ponadrozmiarowa.

outskirts ['autskə:ts] *npl* peryferie *pl*.

outsmart [aut'smɑ:t] *vt* przechytrzać (przechytrzyć *perf*).

outspoken [aut'spəukən] *adj* otwarty.

outspread [aut'sprɛd] *adj* rozpostarty.

outstanding [aut'stændɪŋ] *adj* (*actor, work*) wybitny; (*debt, problem*) zaległy; **your account is still outstanding** do tej pory nie uregulował/a Pan/Pani rachunku.

outstay [aut'steɪ] *vt*: **to outstay one's welcome** nadużywać (nadużyć *perf*) czyjejś gościnności.

outstretched [aut'strɛtʃt] *adj* (*hand*) wyciągnięty; (*arms*) wyciągnięty, rozpostarty; (*body*) rozciągnięty; (*wings*) rozpostarty.

outstrip [aut'strɪp] *vt* przewyższać (przewyższyć *perf*).

out tray *n* tacka *f* na korespondencję wychodzącą.

outvote [aut'vəut] *vt* (*person*) przegłosowywać (przegłosować *perf*); (*proposal*) odrzucać (odrzucić *perf*) (w głosowaniu).

outward ['autwəd] *adj* (*sign, appearances*) zewnętrzny; (*journey*) w tamtą stronę *post*.

outwardly ['autwədlɪ] *adv* pozornie, na pozór.

outward(s) *adv* na zewnątrz.

outweigh [aut'weɪ] *vt* przeważać (przeważyć *perf*).

outwit [aut'wɪt] *vt* przechytrzać (przechytrzyć *perf*).

ova ['əuvə] *npl of* **ovum**.

oval ['əuvl] *adj* owalny ♦ *n* owal *m*.

ovary ['əuvərɪ] *n* jajnik *m*.

ovation [əu'veɪʃən] *n* owacja *f*.

oven ['ʌvn] *n* piekarnik *m*.

ovenproof ['ʌvnpru:f] *adj* żaroodporny.

oven-ready ['ʌvnrɛdɪ] *adj* do podgrzania w piekarniku *post*.

ovenware ['ʌvnwɛə*] *n* naczynia *pl* żaroodporne.

KEYWORD

over ['əuvə*] *adv* **1** (*across*): **to cross over to the other side** przechodzić (przejść *perf*) na drugą stronę; **you can come over tonight** możesz przyjść dziś wieczorem; **to ask sb over** zapraszać (zaprosić *perf*) kogoś (do domu *or* do siebie); **over here/there** tu/tam. **2** (*indicating movement from upright*): **to fall over** przewracać się (przewrócić się *perf*). **3** (*finished*): **to be over** skończyć się (*perf*). **4** (*excessively*) zbyt, nadmiernie; **she's not over intelligent, is she?** nie jest zbyt *or* nadmiernie inteligentna, prawda? **5** (*remaining*): **there are three over** zostały (jeszcze) trzy. **6**: **all over** wszędzie; **over and over (again)** wielokrotnie, w kółko (*inf*) ♦ *prep* **1** (*above*) nad *+instr*; (*on top of*) na *+loc*; **a canopy over the bed** baldachim nad łóżkiem; **to spread a sheet over sth** rozkładać (rozłożyć *perf*) na czymś prześcieradło. **2** (*on the other side of*) po drugiej stronie *+gen*; (*to the other side of*) przez *+acc*, na drugą stronę *+gen*; **the pub over the road** pub po drugiej stronie ulicy; **he jumped over the wall** przeskoczył przez mur *or* na drugą stronę muru. **3** (*more than*) ponad *+acc*; **over 200 people came** przyszło ponad dwieście osób; **over and above** poza *+instr*, w dodatku do *+gen*. **4** (*during*) przez *+acc*, podczas *+gen*; **over the last few years** przez parę ostatnich lat; **over the winter** podczas zimy; **let's discuss it over dinner** porozmawiajmy o tym przy obiedzie.

over... ['əuvə*] *pref przedrostek, któremu w języku polskim odpowiada prze..., nad... lub zbyt.*

overact [əuvər'ækt] *vi* (*THEAT*) szarżować (przeszarżować *perf*).

overall [*adj, n* 'əuvərɔ:l, *adv* əuvər'ɔ:l] *adj* (*length, cost*) całkowity; (*impression, view*) ogólny ♦ *adv* (*measure, cost*) w sumie; (*generally*) ogólnie (biorąc) ♦ *n* (*BRIT*) kitel *m*; **overalls** *npl* kombinezon *m* (*roboczy*).

overanxious [əuvər'æŋkʃəs] *adj*: **to be overanxious** zbytnio się przejmować.

overawe [əuvər'ɔ:] *vt*: **to be overawed (by)** być onieśmielonym (*+instr*).

overbalance [əuvə'bæləns] *vi* tracić (stracić *perf*) równowagę.

overbearing [əuvə'bɛərɪŋ] *adj* władczy.

overboard ['əuvəbɔ:d] *adv* (*be*) za burtą; (*fall*) za burtę; **to go overboard** (*fig*) popadać (popaść *perf*) w przesadę.

overbook [əuvə'buk] *vt*: **to overbook a show** sprzedać (*perf*) więcej biletów na przedstawienie, niż jest miejsc.

overcame [əuvə'keɪm] *pt of* **overcome**.

overcapitalize [əuvə'kæpɪtəlaɪz] *vt* przeinwestować (*perf*).

overcast ['əuvəkɑ:st] *adj* pochmurny.

overcharge [əuvə'tʃɑ:dʒ] *vt* liczyć (policzyć *perf*) za dużo *+dat*.

overcoat ['əuvəkəut] *n* płaszcz *m*.

overcome [əuvə'kʌm] (*irreg like*: **come**) *vt* przezwyciężać (przezwyciężyć *perf*) ♦ *adj*: **overcome with** ogarnięty *or* owładnięty *+instr*; **overcome with grief** pogrążony w smutku; **I was overcome by a sense of failure** ogarnęło mnie poczucie klęski.

overconfident [əuvə'kɔnfɪdənt] *adj* zbyt pewny siebie.

overcrowded [əuvə'kraudɪd] *adj* przepełniony.

overcrowding [əuvə'kraudɪŋ] *n* przepełnienie *f*.

overdo [əuvə'du:] (*irreg like*: **do**) *vt* przesadzać (przesadzić *perf*) z *+instr*; **don't overdo it** (*don't exaggerate*) nie przesadzaj; (*when ill, weak etc*) nie przemęczaj się.

overdose ['əuvədəus] *n* przedawkowanie *nt*; **to**

take an overdose przedawkowywać (przedawkować *perf*).

overdraft ['əuvədrɑ:ft] *n* przekroczenie *nt* stanu konta, debet *m*.

overdrawn [əuvə'drɔ:n] *adj*: **he is** *or* **his account is overdrawn** przekroczył stan konta, ma debet.

overdrive ['əuvədraɪv] *n* najwyższy bieg *m*.

overdue [əuvə'dju:] *adj* (*bill, library book*) zaległy; **to be overdue** (*person, bus, train*) spóźniać się; (*change, reform*) opóźniać się; **that change was long overdue** tę zmianę należało przeprowadzić o wiele wcześniej.

overestimate [əuvər'ɛstɪmeɪt] *vt* przeceniać (przecenić *perf*).

overexcited [əuvərɪk'saɪtɪd] *adj* zbyt *or* nadmiernie podniecony.

overexertion [əuvərɪg'zə:ʃən] *n* nadmierny wysiłek *m*.

overexpose [əuvərɪk'spəuz] *vt* (*PHOT*) prześwietlać (prześwietlić *perf*).

overflow [əuvə'fləu] *vi* (*river*) wylewać (wylać *perf*); (*sink, bath*) przelewać się (przelać się *perf*) ♦ *n* (*also*: **overflow pipe**) rurka *f* przelewowa.

overgenerous [əuvə'dʒɛnərəs] *adj* zbyt hojny.

overgrown [əuvə'grəun] *adj* (*garden*) zarośnięty; **he's just an overgrown schoolboy** (*fig*) to taki duży dzieciak.

overhang ['əuvə'hæŋ] (*irreg like*: **hang**) *vt* wisieć nad *+instr* ♦ *vi* zwisać ♦ *n* nawis *m*.

overhaul [*vb* əuvə'hɔ:l, *n* 'əuvəhɔ:l] *vt* dokonywać (dokonać *perf*) przeglądu i remontu kapitalnego *+gen* ♦ *n* przegląd *m* i remont *m* kapitalny.

overhead [*adv* əuvə'hɛd, *adj, n* 'əuvəhɛd] *adv* (*above*) na górze, nad głową; (*in the sky*) w górze ♦ *adj* (*light, lighting*) górny; (*cables, wires*) napowietrzny ♦ *n* (*US*) = **overheads**; **overheads** *npl* koszty *pl* stałe.

overhear [əuvə'hɪə*] (*irreg like*: **hear**) *vt* podsłuchać (*perf*), przypadkiem usłyszeć (*perf*).

overheat [əuvə'hi:t] *vi* (*engine*) przegrzewać się (przegrzać się *perf*).

overjoyed [əuvə'dʒɔɪd] *adj* uradowany, zachwycony; **to be overjoyed (at)** być zachwyconym (*+instr*).

overkill ['əuvəkɪl] *n* (*fig*): **it would be overkill** to by była przesada.

overland ['əuvəlænd] *adj* (*journey*) lądowy ♦ *adv*: **to travel overland** podróżować lądem *or* drogą lądową.

overlap [əuvə'læp] *vi* (*edges, figures*) zachodzić (zajść *perf*) na siebie; (*fig*: *ideas, activities*) zazębiać się (zazębić się *perf*) (o siebie).

overleaf [əuvə'li:f] *adv* na odwrocie (strony).

overload [əuvə'ləud] *vt* przeładowywać (przeładować *perf*), przeciążać (przeciążyć *perf*).

overlook [əuvə'luk] *vt* (*building, hill*) wznosić się *or* górować nad *+instr*; (*window*) wychodzić na *+acc*; (*fail to notice*) nie zauważać (nie zauważyć *perf*) *+gen*, przeoczyć (*perf*); (*excuse, forgive*) przymykać (przymknąć *perf*) oczy na *+acc*, nie zwracać (nie zwrócić *perf*) uwagi na *+acc*.

overlord ['əuvəlɔ:d] *n* suweren *m*, pan *m*.

overmanning [əuvə'mænɪŋ] *n* nadmiar *m* siły roboczej.

overnight [əuvə'naɪt] *adv* na *or* przez (całą) noc; (*fig*) z dnia na dzień; **overnight stay/stop** nocleg; **to travel overnight** podróżować nocą; **he'll be away overnight** nie wróci na noc; **to stay overnight** zostawać (zostać *perf*) na noc.

overnight bag *n* torba *f* podróżna.

overpass ['əuvəpɑ:s] *n* (*esp US*) estakada *f*.

overpay [əuvə'peɪ] *vt*: **to overpay sb by 50 pounds** wypłacić (*perf*) komuś o 50 funtów za dużo.

overpower [əuvə'pauə*] *vt* obezwładniać (obezwładnić *perf*).

overpowering [əuvə'pauərɪŋ] *adj* (*heat, smell*) obezwładniający; (*feeling*) przytłaczający; (*desire*) przemożny.

overproduction ['əuvəprə'dʌkʃən] *n* nadprodukcja *f*.

overrate [əuvə'reɪt] *vt* przeceniać (przecenić *perf*), przereklamowywać (przereklamować *perf*).

overreach [əuvə'ri:tʃ] *vt*: **to overreach o.s.** przeliczyć się (*perf*), przecenić (*perf*) swoje siły *or* możliwości.

overreact [əuvəri:'ækt] *vi* reagować (zareagować *perf*) zbyt mocno.

override [əuvə'raɪd] (*irreg like*: **ride**) *vt* unieważniać (unieważnić *perf*), uchylać (uchylić *perf*).

overriding [əuvə'raɪdɪŋ] *adj* nadrzędny.

overrule [əuvə'ru:l] *vt* (*decision*) unieważniać (unieważnić *perf*); (*claim*) odrzucać (odrzucić *perf*); (*JUR*: *objection*) uchylać (uchylić *perf*).

overrun [əuvə'rʌn] (*irreg like*: **run**) *vt* (*country etc*) opanowywać (opanować *perf*) ♦ *vi* (*meeting etc*) przedłużać się (przedłużyć się *perf*); **the town is overrun with tourists** miasto zostało opanowane przez turystów.

overseas [əuvə'si:z] *adv* (*live, work*) za granicą; (*travel*) za granicę ♦ *adj* zagraniczny.

overseer ['əuvəsɪə*] *n* nadzorca *m*.

overshadow [əuvə'ʃædəu] *vt* wznosić się *or* górować nad *+instr*; (*fig*) usuwać (usunąć *perf*) w cień.

overshoot [əuvə'ʃu:t] (*irreg like*: **shoot**) *vt* minąć (*perf*), przejechać (*perf*).

oversight ['əuvəsaɪt] *n* niedopatrzenie *nt*; **due to an oversight** z powodu niedopatrzenia.

oversimplify [əuvə'sɪmplɪfaɪ] *vt* nadmiernie upraszczać (uprościć *perf*).

oversleep [əuvə'sli:p] (*irreg like*: **sleep**) *vi* zaspać (*perf*).

overspend [əuvə'spɛnd] (*irreg like*: **spend**) *vi* wydawać (wydać *perf*) za dużo; **we have**

overspent by 5,000 dollars przekroczyliśmy budżet o 5.000 dolarów.

overspill ['əuvəspɪl] *n odpływ ludności z przeludnionego miasta na peryferie.*

overstaffed [əuvə'stɑ:ft] *adj*: **to be overstaffed** mieć zbyt wielu pracowników.

overstate [əuvə'steɪt] *vt* wyolbrzymiać (wyolbrzymić *perf*), przeceniać (przecenić *perf*); **to overstate the case** przesadzać (przesadzić *perf*).

overstatement [əuvə'steɪtmənt] *n* przesada *f*.

overstep [əuvə'stɛp] *vt*: **to overstep the mark** przeciągać (przeciągnąć *perf*) strunę.

overstock [əuvə'stɔk] *vt* zaopatrywać (zaopatrzyć *perf*) zbyt obficie.

overstrike [*n* 'əuvəstraɪk, *vb* əuvə'straɪk] (*irreg like*: **strike**) *n* (*on printer*) nadrukowywanie *nt* ♦ *vt* nadrukowywać (nadrukować *perf*).

oversubscribed [əuvəsəb'skraɪbd] *adj*: **the shares are oversubscribed** popyt na akcje przekracza podaż.

overt [əu'və:t] *adj* otwarty, jawny.

overtake [əuvə'teɪk] (*irreg like*: **take**) *vt* (*AUT*) wyprzedzać (wyprzedzić *perf*); (*event, change*) zaskakiwać (zaskoczyć *perf*); (*emotion, weakness*) ogarniać (ogarnąć *perf*) ♦ *vi* (*AUT*) wyprzedzać.

overtaking [əuvə'teɪkɪŋ] *n* (*AUT*) wyprzedzanie *nt*.

overtax [əuvə'tæks] *vt* (*ECON*) nadmiernie obkładać (obłożyć *perf*) podatkami; (*strength, patience*) nadwerężać (nadwerężyć *perf*); **to overtax o.s.** przeforsowywać się (przeforsować się *perf*).

overthrow [əuvə'θrəu] (*irreg like*: **throw**) *vt* obalać (obalić *perf*).

overtime ['əuvətaɪm] *n* nadgodziny *pl*; **to do** *or* **work overtime** pracować w nadgodzinach.

overtime ban *n* zakaz *m* pracy w nadgodzinach.

overtone ['əuvətəun] *n* (*also*: **overtones**) zabarwienie *nt*, podtekst *m*.

overture ['əuvətʃuə*] *n* (*MUS*) uwertura *f*; (*fig*) wstęp *m*; **overtures of friendship** przyjazne gesty.

overturn [əuvə'tə:n] *vt* przewracać (przewrócić *perf*); (*fig*: *decision*) unieważniać (unieważnić *perf*); (: *government*) obalać (obalić *perf*) ♦ *vi* wywracać się (wywrócić się *perf*).

overweight [əuvə'weɪt] *adj*: **to be overweight** mieć nadwagę.

overwhelm [əuvə'wɛlm] *vt* (*defeat*) obezwładniać (obezwładnić *perf*); (*affect deeply*) przytłaczać (przytłoczyć *perf*).

overwhelming [əuvə'wɛlmɪŋ] *adj* (*majority, feeling*) przytłaczający; (*heat*) obezwładniający; (*desire*) przemożny; **one's overwhelming impression is of heat** dominuje wrażenie gorąca.

overwhelmingly [əuvə'wɛlmɪŋlɪ] *adv* (*decide*) przytłaczającą *or* miażdżącą większością głosów; (*generous etc*) ogromnie; (*predominantly*) w przeważającej części.

overwork [əuvə'wə:k] *n* przepracowanie *nt* ♦ *vt* (*person*) przeciążać (przeciążyć *perf*) pracą; (*word*) nadużywać *+gen* ♦ *vi* przepracowywać się (przepracować się *perf*).

overwrite [əuvə'raɪt] *vt* (*COMPUT*) kasować (skasować *perf*) przez wpisanie nowego tekstu.

overwrought [əuvə'rɔ:t] *adj* wyczerpany nerwowo.

ovulate ['ɔvjuleɪt] *vi* (*BIO*) przechodzić owulację, jajeczkować.

ovulation [ɔvju'leɪʃən] *n* owulacja *f*, jajeczkowanie *nt*.

ovum ['əuvəm] (*pl* **ova**) *n* (*MED, ANAT*) jajo *nt*.

owe [əu] *vt*: **to owe sb sth, to owe sth to sb** (*money, explanation*) być komuś coś winnym; (*life, talent*) zawdzięczać coś komuś.

owing to ['əuɪŋ-] *prep* z powodu *+gen*.

owl [aul] *n* (*ZOOL*) sowa *f*.

own [əun] *vt* posiadać ♦ *vi* (*BRIT*: *fml*): **to own to sth** przyznawać się (przyznać się *perf*) do czegoś ♦ *adj* własny; **a room of my/his** *etc* **own** (swój) własny pokój; **to make one's own bed** słać (posłać *perf*) sobie łóżko; **to get one's own back on sb** odpłacić się (*perf*) komuś; **to live on one's own** mieszkać samotnie; **to do sth on one's own** robić (zrobić *perf*) coś samemu; **from now on, you're on your own** od tej chwili jesteś zdany na własne siły; **he'll come into his own** pokaże, na co go stać.

►**own up** *vi* przyznać się (*perf*).

own brand *n* (*COMM*) produkt *m* firmowy.

owner ['əunə*] *n* właściciel(ka) *m(f)*.

owner-occupier ['əunər'ɔkjupaɪə*] *n* lokator(ka) *m(f)* mieszkania własnościowego.

ownership ['əunəʃɪp] *n* posiadanie *nt*, własność *f*; **to be under new ownership** mieć nowego właściciela.

ox [ɔks] (*pl* **oxen**) *n* wół *m*.

OXFAM (*BRIT*) *n abbr* (= *Oxford Committee for Famine Relief*) *organizacja dobroczynna.*

oxide ['ɔksaɪd] *n* tlenek *m*.

oxidize ['ɔksɪdaɪz] *vi* utleniać się (utlenić się *perf*).

Oxon. ['ɔksn] (*BRIT*) *abbr* (*POST*: = *Oxfordshire*); (*in degree titles*: = *Oxoniensis*) Uniwersytetu Oxfordzkiego.

oxtail ['ɔksteɪl] *n*: **oxtail soup** zupa *f* ogonowa.

oxyacetylene ['ɔksɪə'sɛtɪli:n] *adj* acetylenowo-tlenowy.

oxygen ['ɔksɪdʒən] *n* tlen *m*.

oxygen mask *n* maska *f* tlenowa.

oxygen tent *n* namiot *m* tlenowy.

oyster ['ɔɪstə*] *n* ostryga *f*.

oz. *abbr* = **ounce**.

ozone ['əuzəun] *n* ozon *m*.

ozone layer *n*: **the ozone layer** powłoka *f or* warstwa *f* ozonowa.

P,p

P, p[1] [piː] *n* (*letter*) P *nt*, p *nt*; **P for Peter** ≈ P jak Paweł.

P. *abbr* = **president** prez.; = **prince** ks.

p[2] (*BRIT*) *abbr* = **penny, pence.**

p. *abbr* = **page** s.

PA *n abbr* = **personal assistant**; = **public address system** ♦ *abbr* (*US*: *POST*: = *Pennsylvania*).

pa [pɑː] (*inf*) *n* tata *m*.

p.a. *abbr* (= *per annum*) roczn.

PAC (*US*) *n abbr* (= *political action committee*).

pace [peɪs] *n* (*step, manner of walking*) krok *m*; (*speed*) tempo *nt* ♦ *vi*: **to pace up and down** chodzić tam i z powrotem; **to keep pace with** (*person*) dotrzymywać (dotrzymać *perf*) kroku *+dat*; (*events*) nadążać (nadążyć *perf*) za *+instr*; **to set the pace** narzucać (narzucić *perf*) tempo; **we put him through his paces** (*fig*) kazaliśmy mu pokazać, co potrafi.

pacemaker ['peɪsmeɪkə*] *n* (*MED*) stymulator *m* serca; (*SPORT*) nadający (-ca) *m(f)* tempo.

Pacific [pə'sɪfɪk] *n*: **the Pacific (Ocean)** Ocean *m* Spokojny, Pacyfik *m*.

pacific [pə'sɪfɪk] *adj* (*intentions etc*) pokojowy.

pacifier ['pæsɪfaɪə*] (*US*) *n* smoczek *m*.

pacifist ['pæsɪfɪst] *n* pacyfista (-tka) *m(f)*.

pacify ['pæsɪfaɪ] *vt* uspokajać (uspokoić *perf*).

pack [pæk] *n* (*packet*) paczka *f*; (*back pack*) plecak *m*; (*of hounds*) sfora *f*; (*of people*) paczka *f* (*inf*); (*of cards*) talia *f* ♦ *vt* pakować (spakować *perf*); (*press down*) przyciskać (przycisnąć *perf*); (*COMPUT*) upakowywać (upakować *perf*) ♦ *vi* pakować się (spakować się *perf*); **to pack into** wpakowywać (wpakować *perf*) do *+gen* (*inf*); **to send sb packing** (*inf*) odprawiać (odprawić *perf*) kogoś, przeganiać (przegonić *perf*) kogoś (*inf*).

►**pack in** (*BRIT*: *inf*) *vt* (*boyfriend, job*) rzucać (rzucić *perf*); **pack it in!** przestań!

►**pack off** *vt* (*person*: *to school etc*) wyprawiać (wyprawić *perf*); (: *to bed*) pakować (zapakować *perf*).

►**pack up** *vi* (*BRIT*: *inf*: *machine*) nawalać (nawalić *perf*) (*inf*); (: : *person*) zbierać się (zebrać się *perf*) ♦ *vt* spakować *(perf)*.

package ['pækɪdʒ] *n* (*parcel*) paczka *f*; (*also*: **package deal**) umowa *f* wiązana; (*COMPUT*) pakiet *m* ♦ *vt* (*goods*) pakować.

package holiday (*BRIT*) *n* wczasy *pl* zorganizowane.

package tour (*BRIT*) *n* wycieczka *f* zorganizowana.

packaging ['pækɪdʒɪŋ] *n* opakowania *pl*.

packed [pækt] *adj*: **packed (with)** wypełniony (*+instr*), pełen (*+gen*).

packed lunch (*BRIT*) *n* (*taken to school*) drugie śniadanie *nt*; (*taken on outing*) suchy prowiant *m*.

packer ['pækə*] *n* pakowacz(ka) *m(f)*.

packet ['pækɪt] *n* (*of cigarettes, crisps*) paczka *f*; (*of washing powder etc*) opakowanie *nt*; **to make a packet (out of)** (*BRIT*: *inf*) robić (zrobić *perf*) duże pieniądze (na *+loc*) (*inf*).

packet switching (*COMPUT*) *n* komutacja *f* pakietów.

pack ice ['pækaɪs] *n* lód *m* spiętrzony, pak *m* polarny.

packing ['pækɪŋ] *n* (*act*) pakowanie *nt*; (*paper, plastic etc*) opakowanie *nt*.

packing case *n* skrzynia *f*.

pact [pækt] *n* pakt *m*, układ *m*.

pad [pæd] *n* (*of paper*) blok *m*, bloczek *m*; (*of cotton wool*) tampon *m*; (*shoulder pad*: *in jacket, dress*) poduszka *f*; (*SPORT*) ochraniacz *m*; (*inf*: *home*) cztery ściany *pl* ♦ *vt* (*upholster*) obijać (obić *perf*); (*stuff*) wypychać (wypchać *perf*) ♦ *vi*: **to pad about/in/out** chodzić/wchodzić (wejść *perf*)/wychodzić (wyjść *perf*) po cichu.

padding ['pædɪŋ] *n* (*of coat etc*) podszycie *nt*; (*of door*) obicie *nt*; (*fig*) wodolejstwo *nt* (*inf*).

paddle ['pædl] *n* wiosło *nt*; (*US*: *for table tennis*) rakietka *f* ♦ *vi* (*at seaside*) brodzić; (*row*) wiosłować ♦ *vt*: **to paddle a boat** płynąć (popłynąć *perf*) łódką.

paddle steamer *n* parowiec *m* (rzeczny).

paddling pool ['pædlɪŋ-] (*BRIT*) *n* brodzik *m*.

paddock ['pædək] *n* wybieg *m* (dla koni); (*at race course*) padok *m*.

paddy field ['pædɪ-] *n* pole *nt* ryżowe.

padlock ['pædlɔk] *n* kłódka *f* ♦ *vt* zamykać (zamknąć *perf*) na kłódkę.

padre ['pɑːdrɪ] *n* kapelan *m*; (*as form of address*) ojcze *(voc)*.

Padua ['pædʒuə] *n* Padwa *f*.

paediatrics [piːdɪ'ætrɪks] (*US* **pediatrics**) *n* pediatria *f*.

pagan ['peɪgən] *adj* pogański ♦ *n* poganin (-anka) *m(f)*.

page [peɪdʒ] *n* (*of book etc*) strona *f*; (*knight's servant*) paź *m*; (*also*: **page boy**: *in hotel*) boy *m* *or* chłopiec *m* hotelowy; (: *at wedding*) *jeden z chłopców usługujących pannie młodej* ♦ *vt* wzywać (wezwać *perf*) (*przez głośnik itp*); **Paging Peter Smith. Would you please go to ...** Pan Peter Smith proszony jest o zgłoszenie się do *+gen*.

pageant ['pædʒənt] *n* (*historical procession*) widowisko *nt* historyczne (*w formie parady, żywych obrazów itp na świeżym powietrzu*); (*show*) pokaz *m*.

pageantry ['pædʒəntrɪ] *n* (wielka) gala *f*.

pager ['peɪdʒə*] *n* pager *m*.

paginate ['pædʒɪneɪt] *vt* numerować (ponumerować *perf*) strony *+gen*.

pagination [pædʒɪ'neɪʃən] *n* numeracja *f* stron.

pagoda [pə'gəudə] *n* pagoda *f*.
paid [peɪd] *pt, pp of* **pay** ♦ *adj* (*work, holiday*) płatny; (*staff*) opłacany; **to put paid to** (*BRIT*) niweczyć (zniweczyć *perf*) *+acc*.
paid-up ['peɪdʌp] (*US* **paid-in**) *adj* (*member*) płacący składki; (*COMM*: *shares*) spłacony; **paid-up capital** kapitał wpłacony.
pail [peɪl] *n* wiadro *nt*.
pain [peɪn] *n* ból *m*; (*inf*: *nuisance*) utrapienie *nt*; **I have a pain in the chest/arm** mam bóle w klatce piersiowej/ramieniu; **to be in pain** cierpieć (ból); **to take pains to do sth** zadawać (zadać *perf*) sobie trud, żeby coś zrobić; **on pain of death** pod karą *or* groźbą śmierci.
pained [peɪnd] *adj* (*look etc*) urażony.
painful ['peɪnful] *adj* (*sore*) obolały; (*causing pain*) bolesny; (*laborious*) żmudny, mozolny.
painfully ['peɪnfəlɪ] *adv* (*fig*) boleśnie, dotkliwie.
painkiller ['peɪnkɪlə*] *n* środek *m* przeciwbólowy.
painless ['peɪnlɪs] *adj* bezbolesny.
painstaking ['peɪnzteɪkɪŋ] *adj* staranny, skrupulatny.
paint [peɪnt] *n* farba *f* ♦ *vt* (*wall etc*) malować (pomalować *perf*); (*person, picture*) malować (namalować *perf*); **to paint the door blue** malować (pomalować *perf*) drzwi na niebiesko; **to paint in oils** malować farbami olejnymi; **to paint a gloomy picture of sth** malować (namalować *perf*) coś w czarnych barwach.
paint box *n* pudełko *nt* z farbami.
paintbrush ['peɪntbrʌʃ] *n* pędzel *m*.
painter ['peɪntə*] *n* (*artist*) malarz (-arka) *m(f)*; (*decorator*) malarz *m* (pokojowy).
painting ['peɪntɪŋ] *n* (*activity*) malowanie *nt*; (*art*) malarstwo *nt*; (*picture*) obraz *m*.
paint-stripper ['peɪntstrɪpə*] *n* zmywacz *m* do farby.
paintwork ['peɪntwə:k] *n* farba *f*; (*of car*) lakier *m*.
pair [pɛə*] *n* para *f*; **a pair of scissors** nożyczki; **a pair of trousers** para spodni.
►**pair off** *vi*: **to pair off with sb** tworzyć (utworzyć *perf*) z kimś parę.
pajamas [pə'dʒɑ:məz] (*US*) *npl* piżama *f*.
Pakistan [pɑ:kɪ'stɑ:n] *n* Pakistan *m*.
Pakistani [pɑ:kɪ'stɑ:nɪ] *adj* pakistański ♦ *n* Pakistańczyk (-anka) *m(f)*.
PAL (*TV*) *n abbr* (= *phase alternation line*) PAL *m*.
pal [pæl] (*inf*) *n* kumpel *m* (*inf*).
palace ['pæləs] *n* pałac *m*.
palatable ['pælɪtəbl] *adj* (*food*) smaczny; (*fig*: *truth etc*) miły.
palate ['pælɪt] *n* podniebienie *nt*.
palatial [pə'leɪʃəl] *adj* (*residence etc*) wspaniały, imponujący.
palaver [pə'lɑ:və*] (*inf*) *n* zawracanie *nt* głowy (*inf*).
pale [peɪl] *adj* blady ♦ *n*: **beyond the pale** nie do przyjęcia ♦ *vi* poblednąć (*perf*); **to grow** *or* **turn pale** blednąć (zblednąć *perf*); **pale blue** bladoniebieski; **to pale into insignificance (beside)** schodzić (zejść *perf*) na dalszy plan (wobec *+gen*).
paleness ['peɪlnɪs] *n* bladość *f*.
Palestine ['pælɪstaɪn] *n* Palestyna *f*.
Palestinian [pælɪs'tɪnɪən] *adj* palestyński ♦ *n* Palestyńczyk (-tynka) *m(f)*.
palette ['pælɪt] *n* paleta *f*.
palings ['peɪlɪŋz] *npl* parkan *m*, płot *m*.
palisade [pælɪ'seɪd] *n* palisada *f*.
pall [pɔ:l] *n* obłok *m* dymu ♦ *vi* przykrzyć się (sprzykrzyć się *perf*).
pallet ['pælɪt] *n* paleta *f* (*rodzaj platformy*).
palliative ['pælɪətɪv] *n* (*MED*) środek *m* uśmierzający; (*fig*) półśrodek *m*.
pallid ['pælɪd] *adj* blady; (*fig*) bezbarwny.
pallor ['pælə*] *n* bladość *f* (*niezdrowa*).
pally ['pælɪ] *adj*: **to be pally with sb** być z kimś w zażyłych stosunkach.
palm [pɑ:m] *n* (*also*: **palm tree**) palma *f*; (*of hand*) dłoń *f* ♦ *vt*: **to palm sth off on sb** (*inf*) wcisnąć (*perf*) *or* opchnąć (*perf*) coś komuś (*inf*).
palmistry ['pɑ:mɪstrɪ] *n* wróżenie *nt* z ręki.
Palm Sunday *n* Niedziela *f* Palmowa.
palpable ['pælpəbl] *adj* ewidentny.
palpitations [pælpɪ'teɪʃənz] *npl* palpitacje *pl*, kołatanie *nt* serca.
paltry ['pɔ:ltrɪ] *adj* marny.
pamper ['pæmpə*] *vt* rozpieszczać (rozpieścić *perf*).
pamphlet ['pæmflət] *n* broszur(k)a *f*.
pan [pæn] *n* (*also*: **saucepan**) rondel *m*; (*also*: **frying pan**) patelnia *f* ♦ *vi* (*film camera*) panoramować ♦ *vt* (*inf*: *criticize*) zjechać (*perf*) (*inf*); **to pan for gold** wypłukiwać złoto.
panacea [pænə'sɪə] *n* panaceum *nt*.
panache [pə'næʃ] *n* szyk *f*.
Panama ['pænəmɑ:] *n* Panama *f*.
Panama Canal *n*: **the Panama Canal** Kanał *m* Panamski.
panama *n* (*also*: **panama hat**) panama *f*.
Panamanian [pænə'meɪnɪən] *adj* panamski ♦ *n* Panamczyk (-mka) *m(f)*.
pancake ['pænkeɪk] *n* naleśnik *m*.
Pancake Day (*BRIT*) *n* ≈ ostatki *pl* (*ostatni dzień karnawału*).
pancreas ['pæŋkrɪəs] *n* trzustka *f*.
panda ['pændə] *n* panda *f*.
panda car (*BRIT*) *n* radiowóz *m* (policyjny).
pandemonium [pændɪ'məunɪəm] *n* zamieszanie *nt*, wrzawa *f*.
pander ['pændə*] *vi*: **to pander to** (*person*) hołubić *+acc*; (*sb's whim*) folgować *+dat*.
p & h (*US*) *abbr* (= *postage and handling*) wysyłka *f*.
P & L *abbr* (= *profit and loss*) rachunek *m* zysków i strat.

p & p (*BRIT*) *abbr* (= *postage and packing*) pakowanie *nt* i wysyłka *f*.
pane [peɪn] *n* szyba *f*.
panel ['pænl] *n* (*of wood, glass etc*) płycina *f*; (*of experts*) zespół *m* ekspertów; (*of judges*) komisja *f*.
panel game (*BRIT*: *TV, RADIO*) *n* quiz *m*.
panelling ['pænəlɪŋ] (*US* **paneling**) *n* boazeria *f*.
panellist ['pænəlɪst] (*US* **panelist**) (*TV, RADIO*) *n* uczestnik (-iczka) *m(f)* dyskusji.
pang [pæŋ] *n*: **a pang of regret** ukłucie *nt* żalu; **hunger pangs** skurcze głodowe (żołądka).
panic ['pænɪk] *n* panika *f* ♦ *vi* wpadać (wpaść *perf*) w panikę.
panicky ['pænɪkɪ] *adj* (*behaviour*) panikarski (*pej*); **a panicky feeling** uczucie paniki.
panic-stricken ['pænɪkstrɪkən] *adj* ogarnięty (panicznym) strachem.
pannier ['pænɪə*] *n* (*on bicycle*) sakwa *f*; (*on animal*) kosz *m* (*juczny*).
panorama [pænə'rɑ:mə] *n* panorama *f*.
panoramic [pænə'ræmɪk] *adj* panoramiczny.
pansy ['pænzɪ] *n* (*BOT*) bratek *m*; (*inf*: *pej*) mięczak *m* (*inf, pej*).
pant [pænt] *vi* (*person*) dyszeć; (*dog*) ziajać.
pantechnicon [pæn'tɛknɪkən] (*BRIT*) *n* meblowóz *m*.
panther ['pænθə*] *n* pantera *f*.
panties ['pæntɪz] *npl* majtki *pl*, figi *pl*.
pantomime ['pæntəmaɪm] *n* (*also*: **mime**) pantomima *f*; (*BRIT*) *bajka muzyczna dla dzieci wystawiana w okresie Gwiazdki.*
pantry ['pæntrɪ] *n* spiżarnia *f*.
pants [pænts] *npl* (*BRIT*: *woman's*) majtki *pl*; (: *man's*) slipy *pl*; (*US*) spodnie *pl*.
panty hose *n* rajstopy *pl*.
papacy ['peɪpəsɪ] *n* papiestwo *nt*.
papal ['peɪpəl] *adj* papieski.
paparazzi [pæpə'rætsi:] *npl* paparazzi *vir pl*.
paper ['peɪpə*] *n* papier *m*; (*also*: **newspaper**) gazeta *f*; (*exam*) egzamin *m*; (*academic essay*) referat *m*; (*wallpaper*) tapeta *f* ♦ *adj* papierowy, z papieru *post* ♦ *vt* tapetować (wytapetować *perf*); **papers** *npl* (*documents, identity papers*) papiery *pl*; **a piece of paper** (*odd bit*) kawałek *m* papieru; (*sheet*) kartka *f* (papieru); **to put sth down on paper** zapisywać (zapisać *perf*) coś.
paper advance *n* (*COMPUT*) przesuw *m* papieru.
paperback ['peɪpəbæk] *n* książka *f* w miękkiej okładce ♦ *adj*: **paperback edition** wydanie *nt* w miękkiej okładce.
paper bag *n* torebka *f* papierowa.
paperboy ['peɪpəbɔɪ] *n* gazeciarz *m*.
paper clip *n* spinacz *m*.
paper hankie *n* chusteczka *f* higieniczna.
paper mill *n* papiernia *f*.
paper money *n* pieniądze *pl* papierowe.
paperweight ['peɪpəweɪt] *n* przycisk *m* (do papieru).
paperwork ['peɪpəwə:k] *n* papierkowa robota *f*.
papier-mâché ['pæpɪeɪ'mæʃeɪ] *n* masa *f* papierowa, papier mâché *nt inv*.
paprika ['pæprɪkə] *n* papryka *f* (*przyprawa*).
Pap Smear *n* wymaz *m* z szyjki macicy.
Pap Test (*MED*) *n* = **Pap Smear**.
par [pɑ:*] *n* (*GOLF*) norma *f*; **to be on a par with** stać na równi z *+instr*; **at/above/below par** (*COMM*) według/powyżej/poniżej parytetu *or* nominału; **above** *or* **over par/below** *or* **under par** (*GOLF*) powyżej/poniżej normy; **to feel below** *or* **under par** nie czuć się w formie; **it's par for the course** (*fig*) to było do przewidzenia.
parable ['pærəbl] *n* przypowieść *f*.
parabola [pə'ræbələ] *n* parabola *f*.
parachute ['pærəʃu:t] *n* spadochron *m*.
parachute jump *n* skok *m* spadochronowy.
parachutist ['pærəʃu:tɪst] *n* spadochroniarz (-arka) *m(f)*.
parade [pə'reɪd] *n* (*public procession*) (uroczysty) pochód *m*; (*MIL*) parada *f* ♦ *vt* (*troops etc*) przeprowadzać (przeprowadzić *perf*); (*wealth etc*) afiszować się z *+instr* ♦ *vi* defilować (przedefilować *perf*); **fashion parade** rewia mody.
parade ground *n* plac *m* apelowy.
paradise ['pærədaɪs] *n* raj *m*.
paradox ['pærədɔks] *n* paradoks *m*.
paradoxical [pærə'dɔksɪkl] *adj* paradoksalny.
paradoxically [pærə'dɔksɪklɪ] *adv* paradoksalnie.
paraffin ['pærəfɪn] (*BRIT*) *n* (*also*: **paraffin oil**) nafta *f*; **liquid paraffin** parafina płynna.
paraffin heater (*BRIT*) *n* grzejnik *m* naftowy.
paraffin lamp (*BRIT*) *n* lampa *f* naftowa.
paragon ['pærəgən] *n* (niedościgniony) wzór *m*.
paragraph ['pærəgrɑ:f] *n* akapit *m*, ustęp *m*; **to begin a new paragraph** rozpoczynać (rozpocząć *perf*) od nowego akapitu.
Paraguay ['pærəgwaɪ] *n* Paragwaj *m*.
Paraguayan [pærə'gwaɪən] *adj* paragwajski ♦ *n* Paragwajczyk (-jka) *m(f)*.
parallel ['pærəlɛl] *adj* (*also COMPUT*) równoległy; (*fig*) zbliżony, podobny ♦ *n* (*similarity*) podobieństwo *nt*, paralela *f* (*fml*); (*sth similar*) odpowiednik *m*; (*GEOG*) równoleżnik *m*; **to draw parallels between/with** wykazywać (wykazać *perf*) podobieństwa między *+instr*/z *+instr*; **to run parallel (with** *or* **to)** biec równolegle (do *+gen*); (*fig*) występować (wystąpić *perf*) równolegle (z *+instr*); **in parallel** (*ELEC*) równolegle.
paralyse ['pærəlaɪz] (*BRIT*) *vt* paraliżować (sparaliżować *perf*).
paralysis [pə'rælɪsɪs] (*pl* **paralyses**) *n* paraliż *m*.
paralytic [pærə'lɪtɪk] *adj* sparaliżowany; (*BRIT*: *inf*: *drunk*) ululany (*inf*).
paralyze ['pærəlaɪz] (*US*) *vt* = **paralyse**.
parameter [pə'ræmɪtə*] *n* parametr *m*.
paramilitary [pærə'mɪlɪtərɪ] *adj* paramilitarny.

paramount ['pærəmaunt] *adj* najważniejszy; **of paramount importance** pierwszorzędnej *or* najwyższej wagi.
paranoia [pærə'nɔɪə] *n* paranoja *f*.
paranoid ['pærənɔɪd] *adj* paranoidalny, paranoiczny; (*person*): **he's paranoid** to paranoik.
paranormal [pærə'nɔ:ml] *adj* paranormalny ♦ *n*: **the paranormal** zjawiska *pl* paranormalne.
parapet ['pærəpɪt] *n* gzyms *m*.
paraphernalia [pærəfə'neɪlɪə] *n* akcesoria *pl*.
paraphrase ['pærəfreɪz] *vt* parafrazować (sparafrazować *perf*).
paraplegic [pærə'pli:dʒɪk] *n*: **to be paraplegic** cierpieć na porażenie kończyn dolnych.
parapsychology [pærəsaɪ'kɔlədʒɪ] *n* parapsychologia *f*.
parasite ['pærəsaɪt] *n* (*lit, fig*) pasożyt *m*.
parasol ['pærəsɔl] *n* parasolka *f* (*od słońca*); (*at café etc*) parasol *m*.
paratrooper ['pærətru:pə*] (*MIL*) *n* spadochroniarz *m*.
parcel ['pɑ:sl] *n* paczka *f* ♦ *vt* (*also*: **parcel up**) pakować, zapakowywać (zapakować *perf*).
►**parcel out** *vt* rozparcelowywać (rozparcelować *perf*).
parcel bomb (*BRIT*) *n przesyłka zawierająca ładunek wybuchowy*.
parcel post *n*: **to send sth by parcel post** wysyłać (wysłać *perf*) coś jako paczkę.
parch [pɑ:tʃ] *vt* spiekać (spiec *perf*).
parched [pɑ:tʃt] *adj* (*lips, skin*) spieczony; **I'm parched** (*inf*) zaschło mi w gardle.
parchment ['pɑ:tʃmənt] *n* pergamin *m*.
pardon ['pɑ:dn] *n* (*JUR*) ułaskawienie *nt* ♦ *vt* (*person*) wybaczać (wybaczyć *perf*) +*dat*; (*sin, error*) wybaczać (wybaczyć *perf*); (*JUR*) ułaskawiać (ułaskawić *perf*); **pardon me!, I beg your pardon!** przepraszam!; **(I beg your) pardon?,** (*US*) **pardon me?** słucham?
pare [pɛə*] *vt* (*BRIT*: *nails*) obcinać (obciąć *perf*); (*fruit*) obierać (obrać *perf*); (*fig*: *costs, expenses*) redukować (zredukować *perf*).
parent ['pɛərənt] *n* (*mother*) matka *f*; (*father*) ojciec *m*; **parents** *npl* rodzice *vir pl*.
parentage ['pɛərəntɪdʒ] *n* pochodzenie *nt*; **of unknown parentage** nieznanego pochodzenia.
parental [pə'rɛntl] *adj* rodzicielski.
parent company (*COMM*) *n* firma *f* macierzysta.
parentheses [pə'rɛnθɪsi:z] *npl of* **parenthesis**.
parenthesis [pə'rɛnθɪsɪs] (*pl* **parentheses**) *n* (*phrase*) zdanie *nt* wtrącone; (*word*) wyraz *m* wtrącony; **parentheses** *npl* (*brackets*) nawiasy *pl*; **in parenthesis** (*say, add*) w nawiasie.
parenthood ['pɛərənthud] *n* rodzicielstwo *nt*.
parenting ['pɛərəntɪŋ] *n* wychowanie *nt*.
Paris ['pærɪs] *n* Paryż *m*.
parish ['pærɪʃ] *n* (*REL*) parafia *f*; (*BRIT*: *civil*) ≈ gmina *f*.
parish council (*BRIT*) *n* rada *f* gminy.
parishioner [pə'rɪʃənə*] *n* parafianin (-anka) *m(f)*.
Parisian [pə'rɪzɪən] *adj* paryski ♦ *n* Paryżanin (-anka) *m(f)*.
parity ['pærɪtɪ] *n* równość *f*; (*ECON*) parytet *m*.
park [pɑ:k] *n* park *m* ♦ *vt* parkować (zaparkować *perf*) ♦ *vi* parkować (zaparkować *perf*).
parka ['pɑ:kə] *n długa kurtka z kapturem, zwykle na futrze*.
parking ['pɑ:kɪŋ] *n* (*action*) parkowanie *nt*; **"no parking"** „zakaz parkowania".
parking lights *npl* światła *pl* postojowe.
parking lot (*US*) *n* parking *m*.
parking meter *n* parkometr *m*.
parking offence (*BRIT*) *n* niedozwolone parkowanie *nt*.
parking place *n* miejsce *nt* do parkowania.
parking ticket *n* mandat *m* za niedozwolone parkowanie.
parking violation (*US*) *n* = **parking offence**.
parkway ['pɑ:kweɪ] (*US*) *n* aleja *f*.
parlance ['pɑ:ləns] *n*: **in common parlance** w mowie potocznej.
parliament ['pɑ:ləmənt] *n* parlament *m*.
parliamentary [pɑ:lə'mɛntərɪ] *adj* parlamentarny.
parlour ['pɑ:lə*] (*US* **parlor**) *n* salon *m*.
parlous ['pɑ:ləs] *adj* (*state*) opłakany.
Parmesan [pɑ:mɪ'zæn] *n* (*also*: **Parmesan cheese**) parmezan *m*.
parochial [pə'rəukɪəl] (*pej*) *adj* zaściankowy.
parody ['pærədɪ] *n* parodia *f* ♦ *vt* parodiować (sparodiować *perf*).
parole [pə'rəul] (*JUR*) *n* zwolnienie *nt* warunkowe; **he was released on parole** został zwolniony warunkowo.
paroxysm ['pærəksɪzəm] *n* paroksyzm *m*.
parquet ['pɑ:keɪ] *n*: **parquet floor(ing)** parkiet *m*.
parrot ['pærət] *n* papuga *f*.
parrot fashion *adv* jak papuga.
parry ['pærɪ] *vt* (*blow*) odparowywać (odparować *perf*); (*argument*) odpierać (odeprzeć *perf*).
parsimonious [pɑ:sɪ'məunɪəs] *adj* skąpy.
parsley ['pɑ:slɪ] *n* pietruszka *f*.
parsnip ['pɑ:snɪp] *n* pasternak *m*.
parson ['pɑ:sn] *n* duchowny *m*; (*Church of England*) pastor *m*.
part [pɑ:t] *n* (*section, division, component*) część *f*; (*role*) rola *f*; (*episode*) odcinek *m*; (*US*: *in hair*) przedziałek *m*; (*MUS*) partia *f* ♦ *adv* = **partly** ♦ *vt* rozdzielać (rozdzielić *perf*) ♦ *vi* (*two people*) rozstawać się (rozstać się *perf*); (*crowd*) rozstępować się (rozstąpić się *perf*); (*fig*: *roads*) rozchodzić się (rozejść się *perf*); **to take part in** brać (wziąć *perf*) udział w +*loc*; **to take sth in good part** przyjmować (przyjąć *perf*) coś w dobrej wierze; **to take sb's part** stawać (stanąć *perf*) po czyjejś stronie; **on his part** z jego strony; **for my part** jeśli o mnie chodzi; **for the most part** (*usually*) przeważnie; (*generally*) w

przeważającej części; **for the better** *or* **best part of the day** przez większą część dnia; **to be part and parcel of** stanowić nieodłączną część *+gen*; **part of speech** część mowy.

►**part with** *vt fus* rozstawać się (rozstać się *perf*) z *+instr*.

partake [pɑ:'teɪk] (*irreg like*: **take**) (*fml*) *vi*: **to partake of** (*food, drink*) spożywać (spożyć *perf*) *+acc*; (*activity*) brać (wziąć *perf*) udział w *+loc*.

part exchange (*BRIT*: *COMM*) *n*: **in part exchange** w rozliczeniu.

partial ['pɑ:ʃl] *adj* (*not complete*) częściowy; (*unjust*) stronniczy; **to be partial to** mieć słabość do *+gen*.

partially ['pɑ:ʃəlɪ] *adv* częściowo.

participant [pɑ:'tɪsɪpənt] *n* uczestnik (-iczka) *m(f)*.

participate [pɑ:'tɪsɪpeɪt] *vi* udzielać się; **to participate in** uczestniczyć w *+loc*.

participation [pɑ:tɪsɪ'peɪʃən] *n* udział *m*, uczestnictwo *nt*.

participle ['pɑ:tɪsɪpl] *n* imiesłów *m*.

particle ['pɑ:tɪkl] *n* cząsteczka *f*.

particular [pə'tɪkjulə*] *adj* szczególny; **particulars** *npl* (*details*) szczegóły *pl*; (*name, address etc*) dane *pl* osobiste; **in particular** w szczególności; **to be very particular about** być bardzo wymagającym, jeśli chodzi o *+acc*.

particularly [pə'tɪkjuləlɪ] *adv* szczególnie.

parting ['pɑ:tɪŋ] *n* (*farewell*) rozstanie *nt*; (*of crowd etc*) rozstąpienie się *nt*; (*of roads*) rozejście się *nt*; (*BRIT*: *in hair*) przedziałek *m* ♦ *adj* pożegnalny; **his parting shot was ...** (*fig*) na odchodnym rzucił ... .

partisan [pɑ:tɪ'zæn] *adj* (*politics, views*) stronniczy ♦ *n* (*fighter*) partyzant *m*; (*supporter*) zwolennik (-iczka) *m(f)*.

partition [pɑ:'tɪʃən] *n* (*wall, screen*) przepierzenie *nt*; (*of country*) podział *m*; (: *among foreign powers*) rozbiór *m* ♦ *vt* dzielić (podzielić *perf*).

partly ['pɑ:tlɪ] *adv* częściowo.

partner ['pɑ:tnə*] *n* partner(ka) *m(f)*; (*COMM*) wspólnik (-iczka) *m(f)* ♦ *vt* być partnerem *+gen*, partnerować *+dat*.

partnership ['pɑ:tnəʃɪp] *n* partnerstwo *nt*; (*COMM*) spółka *f*; **to go into partnership (with), form a partnership (with)** wchodzić (wejść *perf*) w spółkę (z *+instr*).

part payment *n* (*COMM*) częściowe rozliczenie *nt* płatności.

partridge ['pɑ:trɪdʒ] *n* kuropatwa *f*.

part-time ['pɑ:t'taɪm] *adj* niepełnoetatowy ♦ *adv* na niepełen etat.

part-timer [pɑ:t'taɪmə*] *n* (*also*: **part-time worker**) pracownik *m* niepełnoetatowy.

party ['pɑ:tɪ] *n* (*POL*) partia *f*; (*celebration, social event*) przyjęcie *nt*; (*of people*) grupa *f*; (*JUR*) strona *f* ♦ *cpd* (*POL*) partyjny; **dinner party** proszony obiad; **to give** *or* **throw a party** wydawać (wydać *perf*) przyjęcie; **we're having a party next Saturday** w przyszłą sobotę urządzamy przyjęcie; **our son's birthday party** przyjęcie urodzinowe naszego syna; **to be (a) party to a crime** być zamieszanym w przestępstwo.

party dress *n* suknia *f* wieczorowa.

party line *n* (*TEL*) wspólna linia *f* telefoniczna; (*POL*) linia *f* partyjna.

par value (*COMM*) *n* (*of share, bond*) wartość *f* pierwotna.

pass [pɑ:s] *vt* (*time*) spędzać (spędzić *perf*); (*salt, glass etc*) podawać (podać *perf*); (*place, person*) mijać (minąć *perf*); (*car*) wyprzedzać (wyprzedzić *perf*); (*exam*) zdawać (zdać *perf*); (*law*) uchwalać (uchwalić *perf*); (*proposal*) przyjmować (przyjąć *perf*); (*fig*: *limit, mark*) przekraczać (przekroczyć *perf*) ♦ *vi* (*person*) przechodzić (przejść *perf*); (: *in exam etc*) zdawać (zdać *perf*); (*time*) mijać (minąć *perf*); (*vehicle*) przejeżdżać (przejechać *perf*) ♦ *n* (*permit*) przepustka *f*; (*in mountains*) przełęcz *f*; (*SPORT*) podanie *nt*; **to get a pass in** (*SCOL*) otrzymywać (otrzymać *perf*) zaliczenie z *+gen*; **pass the thread through the needle** nawlecz igłę; **could you pass the vegetables round?** czy mógłbyś podać warzywa?; **things have come to a pretty pass** (*BRIT*: *inf*) sprawy mają się kiepsko (*inf*); **to make a pass at sb** (*inf*) przystawiać się do kogoś (*inf*).

►**pass away** *vi* umrzeć (*perf*).

►**pass by** *vi* przechodzić (przejść *perf*) ♦ *vt* (*lit, fig*) przechodzić (przejść *perf*) obok *+gen*.

►**pass down** *vt* (*traditions etc*) przekazywać (przekazać *perf*).

►**pass for** *vt* uchodzić za *+acc*.

►**pass on (to)** *vt* (*news, object*) przekazywać (przekazać *perf*) (*+dat*); (*illness*) zarażać (zarazić *perf*) *+instr* (*+acc*); (*costs, price rises*) przerzucać (przerzucić *perf*) (na *+acc*) ♦ *vi* umrzeć (*perf*).

►**pass out** *vi* mdleć (zemdleć *perf*); (*BRIT*: *MIL*) zostawać (zostać *perf*) promowanym.

►**pass over** *vt* (*ignore*) pomijać (pominąć *perf*) ♦ *vi* umrzeć (*perf*).

►**pass up** *vt* (*opportunity*) przepuszczać (przepuścić *perf*).

passable ['pɑ:səbl] *adj* (*road*) przejezdny; (*acceptable*) znośny.

passage ['pæsɪdʒ] *n* (*also*: **passageway**) korytarz *m*; (*in book*) fragment *m*, ustęp *m*; (*way through crowd etc*) przejście *nt*; (*ANAT*) przewód *m*; (*act of passing*) przejazd *m*; (*journey*) przeprawa *f*.

passenger ['pæsɪndʒə*] *n* pasażer(ka) *m(f)*.

passer-by [pɑ:sə'baɪ] (*pl* **passers-by**) *n* przechodzień *m*.

passing ['pɑ:sɪŋ] *adj* przelotny; **in passing** mimochodem; **to mention sth in passing** napomykać (napomknąć *perf*) o czymś mimochodem.

passing place (*AUT*) *n* mijanka *f.*
passion ['pæʃən] *n* namiętność *f*; (*fig*) pasja *f*; **to have a passion for sth** mieć zamiłowanie do czegoś.
passionate ['pæʃənɪt] *adj* namiętny.
passive ['pæsɪv] *adj* bierny ♦ *n* (*LING*) strona *f* bierna.
passive smoking *n* bierne palenie *nt.*
passkey ['pɑ:ski:] *n* klucz *m* uniwersalny.
Passover ['pɑ:səuvə*] *n* Pascha *f.*
passport ['pɑ:spɔ:t] *n* paszport *m*; (*fig*) klucz *m*, przepustka *f.*
passport control *n* kontrola *f* paszportowa.
password ['pɑ:swə:d] *n* hasło *nt.*
past [pɑ:st] *prep* (*in front of*) obok *+gen*; (*beyond*: *be*) za *or* poza *+instr*; (: *go*) za *or* poza *+acc*; (*later than*) po *+loc* ♦ *adj* (*previous*: *government*) poprzedni; (: *week, month*) ubiegły, miniony; (*experience*) wcześniejszy; (*LING*) przeszły ♦ *n* przeszłość *f*; **he's past forty** jest po czterdziestce; **ten/quarter past eight/midnight** dziesięć/kwadrans po ósmej/północy; **for the past few days** przez ostatnich kilka dni; **to run past (sb/sth)** przebiegać (przebiec *perf*) obok (kogoś/czegoś); **in the past** w przeszłości; (*LING*) w czasie przeszłym; **I'm past caring** przestało mi zależeć; **he's past it** (*BRIT*: *inf*) to już nie te lata.
pasta ['pæstə] *n* makaron *m.*
paste [peɪst] *n* (*wet mixture*) papka *f*; (*glue*) klej *m* mączny, klajster *m*; (*jewellery*) stras *m*; (*CULIN*) pasta *f* ♦ *vt* smarować (posmarować *perf*) klejem; **to paste sth on sth** naklejać (nakleić *perf*) coś na coś; **to paste together** sklejać (skleić *perf*); **paste emeralds** sztuczne szmaragdy.
pastel ['pæstl] *adj* pastelowy.
pasteurized ['pæstʃəraɪzd] *adj* pasteryzowany.
pastille ['pæstl] *n* pastylka *f* (*cukierek*).
pastime ['pɑ:staɪm] *n* hobby *nt inv.*
past master (*BRIT*) *n*: **to be a past master at** być mistrzem w *+loc.*
pastor ['pɑ:stə*] *n* pastor *m.*
pastoral ['pɑ:stərl] (*REL*) *adj* duszpasterski.
pastry ['peɪstrɪ] *n* (*dough*) ciasto *nt*; (*cake*) ciastko *nt.*
pasture ['pɑ:stʃə*] *n* pastwisko *nt.*
pasty [*n* 'pæstɪ, *adj* 'peɪstɪ] *n* pasztecik *m* ♦ *adj* niezdrowo blady.
pat [pæt] *vt* klepać (klepnąć *perf*), poklepywać (poklepać *perf*) ♦ *adj* (*answer etc*) bez zająknienia *post*; **to give sb/o.s. a pat on the back** (*fig*) chwalić (pochwalić *perf*) kogoś/się; **he knows it off pat,** (*US*) **he has it down pat** zna to na wyrywki.
patch [pætʃ] *n* (*piece of material*) łata *f*; (*also*: **eye patch**) przepaska *f* na oko; (*damp, black etc*) plama *f*; (*of land*) zagon *m* ♦ *vt* łatać (załatać *perf or* połatać *perf*); **a bald patch** łysina; **to go through a bad patch** przechodzić zły okres.
►**patch up** *vt* (*clothes*) łatać (załatać *perf or* połatać *perf*); (*quarrel*) łagodzić (załagodzić *perf*); (*relationship*) naprawiać (naprawić *perf*).
patchwork ['pætʃwə:k] *n* patchwork *m.*
patchy ['pætʃɪ] *adj* (*colour*) niejednolity; (*information, knowledge*) wyrywkowy.
pate [peɪt] *n*: **a bald pate** łysina *f.*
pâté ['pæteɪ] *n* pasztet *m.*
patent ['peɪtnt] *n* patent *m* ♦ *vt* opatentowywać (opatentować *perf*) ♦ *adj* oczywisty, ewidentny.
patent leather *n* skóra *f* lakierowana; **patent leather shoes** lakierki.
patently ['peɪtntlɪ] *adv* ewidentnie.
patent medicine *n* (*produced by one firm*) specyfik *m*; (*cure-all*) cudowny lek *m.*
patent office *n* urząd *m* patentowy.
paternal [pə'tə:nl] *adj* (*love, duty*) ojcowski; (*grandmother*) ze strony ojca *post.*
paternalistic [pətə:nə'lɪstɪk] *adj* paternalistyczny.
paternity [pə'tə:nɪtɪ] *n* ojcostwo *nt.*
paternity leave *n urlop przysługujący ojcu z tytułu narodzin dziecka.*
paternity suit *n* postępowanie *nt* o ustalenie ojcostwa.
path [pɑ:θ] *n* ścieżka *f*, dróżka *f*; (*trajectory*) tor *m*; (*fig*) droga *f.*
pathetic [pə'θɛtɪk] *adj* żałosny.
pathological [pæθə'lɔdʒɪkl] *adj* patologiczny.
pathologist [pə'θɔlədʒɪst] *n* patolog *m.*
pathology [pə'θɔlədʒɪ] *n* patologia *f.*
pathos ['peɪθɔs] *n* patos *m.*
pathway ['pɑ:θweɪ] *n* ścieżka *f*; (*fig*) droga *f.*
patience ['peɪʃns] *n* cierpliwość *f*; (*BRIT*: *CARDS*) pasjans *m*; **to lose (one's) patience** tracić (stracić *perf*) cierpliwość.
patient ['peɪʃnt] *n* pacjent(ka) *m(f)* ♦ *adj* cierpliwy; **to be patient with sb** mieć do kogoś cierpliwość.
patiently ['peɪʃntlɪ] *adv* cierpliwie.
patio ['pætɪəu] *n* patio *nt.*
patriot ['peɪtrɪət] *n* patriota (-tka) *m(f).*
patriotic [pætrɪ'ɔtɪk] *adj* (*song, speech*) patriotyczny; (*person*): **he/she is patriotic** jest patriotą/patriotką.
patriotism ['pætrɪətɪzəm] *n* patriotyzm *m.*
patrol [pə'trəul] *n* patrol *m* ♦ *vt* patrolować; **to be on patrol** odbywać patrol.
patrol boat *n* łódź *f* patrolowa.
patrol car *n* wóz *m* patrolowy.
patrolman [pə'trəulmən] (*US*) (*irreg like*: **man**) *n* policjant *m* na patrolu.
patron ['peɪtrən] *n* (*of shop*) (stały (-ła) *m(f)*) klient(ka) *m(f)*; (*of hotel, restaurant*) gość *m* (*zwłaszcza częsty*); (*benefactor*) patron *m*; **patron of the arts** mecenas sztuki.
patronage ['pætrənɪdʒ] *n*: **patronage (of)** (*artist, charity etc*) patronat *m* (nad *+instr*).

patronize ['pætrənaɪz] *vt* (*pej: look down on*) traktować protekcjonalnie; (*artist*) być patronem *+gen*; (*shop*) kupować w *+loc*; (*restaurant etc*) (często) bywać w *+loc*; (*firm*) korzystać z usług *+gen*.

patronizing ['pætrənaɪzɪŋ] *adj* protekcjonalny.

patron saint (*REL*) *n* patron(ka) *m(f)*.

patter ['pætə*] *n* (*of feet*) tupot *m*; (*of rain*) bębnienie *nt*; (*sales talk etc*) gadka *f* (*inf*) ♦ *vi* (*footsteps*) tupać (zatupać *perf*); (*rain*) bębnić (zabębnić *perf*).

pattern ['pætən] *n* (*design*) wzór *m*; (*sample*) próbka *f*; **behaviour patterns** wzory zachowań.

patterned ['pætənd] *adj* wzorzysty; **patterned with flowers** (z wzorem) w kwiatki.

paucity ['pɔ:sɪtɪ] *n* niedostatek *m*.

paunch [pɔ:ntʃ] *n* brzuch *m*.

pauper ['pɔ:pə*] *n* nędzarz (-arka) *m(f)*; **pauper's grave** grób komunalny.

pause [pɔ:z] *n* przerwa *f*; (*MUS*) fermata *f* ♦ *vi* (*stop temporarily*) zatrzymywać się (zatrzymać się *perf*); (*: while speaking*) przerywać (przerwać *perf*); **to pause for breath** zatrzymywać się (zatrzymać się *perf*) dla nabrania oddechu; **without pausing for breath** (*fig*) bez wytchnienia.

pave [peɪv] *vt* (*with stone*) brukować (wybrukować *perf*); (*with concrete*) betonować (wybetonować *perf*); **to pave the way for** (*fig*) torować (utorować *perf*) drogę *+dat or* dla *+gen*.

pavement ['peɪvmənt] *n* (*BRIT*) chodnik *m*; (*US*) nawierzchnia *f* drogi.

pavilion [pə'vɪlɪən] *n* (*SPORT*) szatnia *f*; (*at exhibition*) pawilon *m*.

paving ['peɪvɪŋ] *n* nawierzchnia *f*.

paving stone *n* płyta *f* chodnikowa.

paw [pɔ:] *n* łapa *f* ♦ *vt* (*cat etc*) skrobać (łapą *or* łapami) w *+acc*; (*pej: person*) obłapywać, obmacywać; **the horse was pawing the ground** koń darł kopytami ziemię.

pawn [pɔ:n] *n* pionek *m* ♦ *vt* zastawiać (zastawić *perf*).

pawnbroker ['pɔ:nbrəukə*] *n* właściciel(ka) *m(f)* lombardu.

pawnshop ['pɔ:nʃɔp] *n* lombard *m*.

pay [peɪ] (*pt* **paid**) *n* płaca *f* ♦ *vt* (*sum of money, bill*) płacić (zapłacić *perf*); (*person*) płacić (zapłacić *perf*) *+dat* ♦ *vi* opłacać się (opłacić się *perf*); (*fig*) opłacać się (opłacić się *perf*), popłacać; **how much did you pay for it?** ile za to zapłaciłaś?; **to pay one's way** płacić (zapłacić *perf*) za siebie; **to pay dividends** (*fig*) procentować (zaprocentować *perf*); **to pay a high price for sth** (*fig*) płacić (zapłacić *perf*) za coś wysoką cenę; **to pay the penalty for sth** ponosić (ponieść *perf*) karę za coś; **to pay sb a compliment** powiedzieć *(perf)* komuś komplement; **to pay attention (to)** zwracać (zwrócić *perf*) uwagę (na *+acc*); **to pay sb a visit** składać (złożyć *perf*) komuś wizytę; **to pay one's respects to sb** składać (złożyć *perf*) komuś wyrazy szacunku.

►**pay back** *vt* (*money*) zwracać (zwrócić *perf*), oddawać (oddać *perf*); (*loan*) spłacać (spłacić *perf*); (*person*) zwracać (zwrócić *perf*) *or* oddawać (oddać *perf*) pieniądze *+dat*.

►**pay for** *vt fus* (*lit, fig*) płacić (zapłacić *perf*) za *+acc*.

►**pay in** *vt* wpłacać (wpłacić *perf*).

►**pay off** *vt* (*debt, creditor*) spłacać (spłacić *perf*); (*person: before dismissing*) dać (dawać *perf*) odprawę *+dat*; (*person: bribe*) przekupywać (przekupić *perf*) ♦ *vi* opłacać się (opłacić się *perf*); **to pay sth off in instalments** spłacać (spłacić *perf*) coś w ratach.

►**pay out** *vt* (*money*) wydawać (wydać *perf*); (*rope*) popuszczać (popuścić *perf*).

►**pay up** *vi* oddawać (oddać *perf*) pieniądze (*zwłaszcza niechętnie lub po terminie*).

payable ['peɪəbl] *adj* (*tax etc*) do zapłaty *post*; **cheques should be made payable to** czeki powinny być wystawione na *+acc*.

pay day *n* dzień *m* wypłaty.

PAYE (*BRIT*) *n abbr* (= *pay as you earn*) *płacenie podatku dochodowego przy otrzymywaniu płacy*.

payee [peɪ'i:] *n* (*of postal order*) odbiorca *m*; (*of cheque*) beneficjant *m*, remitent *m*.

pay envelope (*US*) *n* = **pay packet**.

paying guest ['peɪɪŋ-] *n* sublokator(ka) *m(f)*.

payload ['peɪləud] *n* ładunek *m* handlowy *or* użyteczny.

payment ['peɪmənt] *n* (*act*) zapłata *f*; (*of bill*) płatność *f*; (*sum of money*) wypłata *f*; **advance payment** (*part sum*) zaliczka; (*total sum*) wypłata z góry; **deferred payment** zaległa wypłata; **payment by installments** wypłata w ratach; **monthly payment** miesięczna wypłata; **on payment of** po opłaceniu *+gen*.

pay packet (*BRIT*) *n* koperta *f* z wypłatą.

pay phone *n* automat *m* telefoniczny (*na monety*).

payroll ['peɪrəul] *n* lista *f* płac; **to be on a firm's payroll** być na liście płac przedsiębiorstwa.

pay slip (*BRIT*) *n* odcinek *m* (od) wypłaty.

pay station (*US*) *n* = **pay phone**.

PBS (*US*) *n abbr* (= *Public Broadcasting Service*).

PC *n abbr* = **personal computer** pecet *m* (*inf*); (*BRIT*) = **police constable** ♦ *adj abbr* = **politically correct** ♦ *abbr* (*BRIT*) = **Privy Councillor**.

pc *abbr* = **per cent** proc.; = **postcard**.

p/c *abbr* = **petty cash**.

PCB *n abbr* (*ELEC, COMPUT*: = *printed circuit board*) płytka *f* drukowana; (= *polychlorinated biphenyl*) dwufenyl *m* polichlorowany (*ciecz izolacyjna*).

pcm *abbr* (= *per calendar month*) za miesiąc kalendarzowy.

PD (*US*) *n abbr* = **police department**.
pd *abbr* (= *paid*) zapł.
pdq (*inf*) *adv abbr* (= *pretty damn quick*) cholernie szybko (*inf*).
PDSA (*BRIT*) *n abbr* (= *People's Dispensary for Sick Animals*) *darmowa lecznica dla zwierząt domowych.*
PDT (*US*) *abbr* (= *Pacific Daylight Time*).
PE *n abbr* (*SCOL*) = **physical education** WF *m* ♦ *abbr* (*CANADA*: = *Prince Edward Island*).
pea [pi:] *n* groch *m*, groszek *m*.
peace [pi:s] *n* (*not war*) pokój *m*; (*calm*) spokój *m*; **to be at peace with sb/sth** żyć w przyjaźni z kimś/czymś; **to keep the peace** utrzymywać spokój.
peaceable ['pi:səbl] *adj* (*person*) pokojowo nastawiony; (*attitude*) pokojowy.
peaceful ['pi:sful] *adj* (*calm*) spokojny; (*without violence*) pokojowy.
peace offering *n* (*fig*) pojednawczy gest *m*.
peach [pi:tʃ] *n* brzoskwinia *f*.
peacock ['pi:kɔk] *n* paw *m*.
peak [pi:k] *n* (*lit, fig*) szczyt *m*; (*of cap*) daszek *m*.
peak hours *npl* godziny *pl* szczytu.
peak period *n* okres *m* szczytowy.
peaky ['pi:kɪ] (*BRIT*: *inf*) *adj* mizerny.
peal [pi:l] *n* (*of bells*) bicie *nt*; **peals of laughter** salwy śmiechu.
peanut ['pi:nʌt] *n* orzeszek *m* ziemny.
peanut butter *n* masło *nt* orzechowe.
pear [pɛə*] *n* gruszka *f*.
pearl [pə:l] *n* perła *f*.
peasant ['pɛznt] *n* chłop(ka) *m(f)*.
peat [pi:t] *n* torf *m*.
pebble ['pɛbl] *n* kamyk *m*, otoczak *m*.
peck [pɛk] *vt* dziobać (dziobnąć *perf*); (*also*: **peck at**) dziobać (podziobać *perf*) ♦ *n* (*of bird*) dziobnięcie *nt*; (*kiss*) muśnięcie *nt* (wargami); **to peck a hole in sth** wydziobywać (wydziobać *perf*) w czymś dziurę.
pecking order ['pɛkɪŋ-] *n* (*fig*) hierarchia *f* (*w obrębie danej grupy*).
peckish ['pɛkɪʃ] (*BRIT*: *inf*) *adj* głodnawy.
peculiar [pɪ'kju:lɪə*] *adj* osobliwy; **peculiar to** właściwy (szczególnie) *+dat*.
peculiarity [pɪkju:lɪ'ærɪtɪ] *n* (*strange habit, characteristic*) osobliwość *f*, (*distinctive feature*) cecha *f* szczególna.
peculiarly [pɪ'kju:lɪəlɪ] *adv* (*oddly*) osobliwie; (*distinctively*) szczególnie.
pecuniary [pɪ'kju:nɪərɪ] *adj* pieniężny.
pedal ['pɛdl] *n* pedał *m* ♦ *vi* pedałować.
pedal bin (*BRIT*) *n* kosz *m* na śmieci (*z pedałem*).
pedant ['pɛdənt] *n* pedant(ka) *m(f)*.
pedantic [pɪ'dæntɪk] *adj* pedantyczny.
peddle ['pɛdl] *vt* (*goods, drugs*) handlować *+instr*; (*gossip*) rozpowszechniać.
peddler ['pɛdlə*] *n* (*also*: **drug peddler**) handlarz (-arka) *m(f)* narkotyków.
pedestal ['pɛdəstl] *n* piedestał *m*.
pedestrian [pɪ'dɛstrɪən] *n* pieszy (-sza) *m(f)* ♦ *adj* pieszy; (*fig*) przeciętny.
pedestrian crossing (*BRIT*) *n* przejście *nt* dla pieszych.
pedestrian precinct (*BRIT*) *n* strefa *f* ruchu pieszego.
pediatrics [pi:dɪ'ætrɪks] (*US*) *n* = **paediatrics**.
pedigree ['pɛdɪgri:] *n* (*lit, fig*) rodowód *m* ♦ *cpd*: **pedigree dog** pies *m* z rodowodem.
pee [pi:] (*inf*) *vi* siusiać (*inf*).
peek [pi:k] *vi*: **to peek at/over** zerkać (zerknąć *perf*) na *+acc*/ponad *+instr* ♦ *n*: **to have** *or* **take a peek (at)** rzucać (rzucić *perf*) okiem (na *+acc*).
peel [pi:l] *n* (*of orange etc*) skórka *f* ♦ *vt* obierać (obrać *perf*) ♦ *vi* (*paint*) łuszczyć się; (*wallpaper*) odpadać (płatami); (*skin*) schodzić; **my back's peeling** schodzi mi skóra z pleców.
►**peel back** *vt* odrywać (oderwać *perf*).
peeler ['pi:lə*] *n nożyk do obierania warzyw i owoców.*
peelings ['pi:lɪŋz] *npl* obierki *pl*.
peep [pi:p] *n* (*look*) zerknięcie *nt*; (*sound*) pisk *m* ♦ *vi* (*look*) zerkać (zerknąć *perf*); **to have** *or* **take a peep (at)** zerkać (zerknąć *perf*) (na *+acc*).
►**peep out** *vi* wyglądać (wyjrzeć *perf*).
peephole ['pi:phəul] *n* wizjer *m*, judasz *m* (*inf*).
peer [pɪə*] *n* (*noble*) par *m*; (*equal*) równy (-na) *m(f)*; (*contemporary*) rówieśnik (-iczka) *m(f)* ♦ *vi*: **to peer at** przyglądać się (przyjrzeć się *perf*) *+dat*.
peerage ['pɪərɪdʒ] *n*: **a peerage** godność *f* para; **the peerage** parowie *vir pl*.
peerless ['pɪəlɪs] *adj* nie mający sobie równych.
peeved [pi:vd] *adj* (*inf*) wkurzony (*inf*).
peevish ['pi:vɪʃ] *adj* drażliwy.
peg [pɛg] *n* (*for coat*) wieszak *m*; (*BRIT*: *also*: **clothes peg**) klamerka *f*, (*also*: **tent peg**) śledź *m* ♦ *vt* (*washing*) wieszać; (*prices*) ustalać (ustalić *perf*); **off the peg** (*clothes*) gotowy.
pejorative [pɪ'dʒɔrətɪv] *adj* pejoratywny.
Pekin [pi:'kɪn] *n* = **Peking**.
Peking [pi:'kɪŋ] *n* Pekin *m*.
Pekin(g)ese [pi:kɪ'ni:z] *n* pekińczyk *m*.
pelican ['pɛlɪkən] *n* pelikan *m*.
pelican crossing (*BRIT*) *n* przejście *nt* dla pieszych (*z ręczną obsługą sygnalizacji świetlnej*).
pellet ['pɛlɪt] *n* (*of paper*) kulka *f*, (*of mud*) grudka *f*, (*for shotgun*) ziarno *nt or* kulka *f* śrutu.
pell-mell ['pɛl'mɛl] *adv* (*without order*) bezładnie; (*hurriedly*) pośpiesznie.
pelmet ['pɛlmɪt] *n* lambrekin *m*.
pelt [pɛlt] *vt*: **to pelt sb with sth** obrzucać (obrzucić *perf*) kogoś czymś ♦ *vi* (*rain*: *also*: **pelt down**) lać; (*inf*: *run*) pędzić (popędzić *perf*) ♦ *n* skóra *f* (zwierzęca).
pelvis ['pɛlvɪs] (*ANAT*) *n* miednica *f*.
pen [pɛn] *n* (*also*: **fountain pen**) wieczne pióro

nt; (*also*: **ballpoint pen**) długopis *m*; (*also*: **felt-tip pen**) pisak *m*; (*for sheep etc*) zagroda *f*; (*US*: *inf*: *prison*) pudło *nt* (*inf*); **to put pen to paper** (*start to write*) zabrać się *(perf)* do pisania; (*write sth*) napisać *(perf)* coś.

penal ['pi:nl] *adj* karny.

penalize ['pi:nəlaɪz] *vt* karać (ukarać *perf*); (*fig*) pokrzywdzić *(perf)*.

penal servitude [-'sə:vɪtju:d] (*JUR*) *n* ciężkie roboty *pl*.

penalty ['pɛnltɪ] *n* (*punishment*) kara *f*; (*fine*) grzywna *f*; (*SPORT*: *disadvantage*) kara *f*; (: *penalty kick*) rzut *m* karny.

penalty area (*BRIT*: *SPORT*) *n* pole *nt* karne.

penalty clause (*COMM*) *n* klauzula *f* dotycząca kar umownych.

penalty kick *n* rzut *m* karny.

penance ['pɛnəns] (*REL*) *n* pokuta *f*; **to do penance for one's sins** odprawiać (odprawić *perf*) pokutę za grzechy.

pence [pɛns] *npl of* **penny**.

penchant ['pɑ̃:ʃɑ̃:ŋ] *n* skłonność *f*; **to have a penchant for** mieć skłonność do *+gen*.

pencil ['pɛnsl] *n* ołówek *m* ♦ *vt*: **to pencil sb/sth in** wpisywać (wpisać *perf*) kogoś/coś wstępnie.

pencil case *n* piórnik *m*.

pencil sharpener *n* temperówka *f*.

pendant ['pɛndnt] *n* wisiorek *m*.

pending ['pɛndɪŋ] *prep* (*until*) do czasu *+gen*; (*during*) podczas *+gen* ♦ *adj* (*exam*) zbliżający się; (*lawsuit*) w toku *post*; (*question etc*) nie rozstrzygnięty; (*business*) do załatwienia *post*.

pendulum ['pɛndjuləm] *n* wahadło *nt*.

penetrate ['pɛnɪtreɪt] *vt* (*person*: *territory*) przedostawać się (przedostać się *perf*) na *+acc*; (*light, water*) przenikać (przeniknąć *perf*) przez *+acc*.

penetrating ['pɛnɪtreɪtɪŋ] *adj* (*sound, gaze*) przenikliwy; (*observation*) wnikliwy.

penetration [pɛnɪ'treɪʃən] *n* przedostanie się *nt*, przeniknięcie *nt*.

penfriend ['pɛnfrɛnd] (*BRIT*) *n* korespondencyjny (-na) przyjaciel (-iółka) *m(f)*.

penguin ['pɛŋgwɪn] *n* pingwin *m*.

penicillin [pɛnɪ'sɪlɪn] *n* penicylina *f*.

peninsula [pə'nɪnsjulə] *n* półwysep *m*.

penis ['pi:nɪs] *n* członek *m*, prącie *nt*.

penitence ['pɛnɪtns] *n* skrucha *f*; (*REL*) żal *m* za grzechy.

penitent ['pɛnɪtnt] *adj* skruszony.

penitentiary [pɛnɪ'tɛnʃərɪ] (*US*) *n* więzienie *nt*.

penknife ['pɛnnaɪf] *n* scyzoryk *m*.

pen name *n* pseudonim *m* literacki.

pennant ['pɛnənt] *n* proporczyk *m*.

penniless ['pɛnɪlɪs] *adj* bez grosza *post*.

Pennines ['pɛnaɪnz] *npl*: **the Pennines** Góry *pl* Pennińskie.

penny ['pɛnɪ] (*pl* **pennies** *or BRIT* **pence**) *n* (*BRIT*) pens *m*; (*US*) moneta *f* jednocentowa, jednocentówka *f*; **it was worth every penny** to było warte swojej ceny; **it won't cost you a penny** nie będzie cię to kosztowało ani pensa/grosza.

pen pal *n* = **penfriend**.

pension ['pɛnʃən] *n* (*when retired*) emerytura *f*; (*when disabled*) renta *f*.

▸**pension off** *vt* przenosić (przenieść *perf*) na emeryturę.

pensionable ['pɛnʃnəbl] *adj* (*age*) emerytalny; (*job*) uprawniający do emerytury *post*.

pensioner ['pɛnʃənə*] (*BRIT*) *n* emeryt(ka) *m(f)*.

pension fund *n* fundusz *m* emerytalny.

pensive ['pɛnsɪv] *adj* zamyślony.

pentagon ['pɛntəgən] (*US*) *n*: **the Pentagon** Pentagon *m*.

Pentecost ['pɛntɪkɔst] *n* (*in Judaism*) Święto *nt* Pierwszych Płodów, Święto *nt* Koszenia; (*in Christianity*) Zielone Świątki *pl*, Zesłanie *nt* Ducha Świętego.

penthouse ['pɛnthaus] *n* apartament *m* na ostatnim piętrze.

pent-up ['pɛntʌp] *adj* (*feelings*) zdławiony.

penultimate [pɛ'nʌltɪmət] *adj* przedostatni.

penury ['pɛnjurɪ] *n* nędza *f*.

people ['pi:pl] *npl* ludzie *vir pl* ♦ *n* (*tribe, race*) lud *m*; (*nation*) naród *m*; **the people** (*POL*) lud *m*; **old people** starzy ludzie, starcy; **young people** młodzież; **a man of the people** człowiek ludu; **the room was full of people** pokój był pełen ludzi; **people say that ...** mówią *or* mówi się, że... .

pep [pɛp] (*inf*) *n* werwa *f*, wigor *m*.

▸**pep up** *vt* (*person*) ożywiać (ożywić *perf*); (*food*) dodawać (dodać *perf*) smaku *+dat*.

pepper ['pɛpə*] *n* (*spice*) pieprz *m*; (*green, red etc*) papryka *f* ♦ *vt*: **to pepper with** (*fig*: *bullets, questions*) zasypywać (zasypać *perf*) *+instr*.

peppercorn ['pɛpəkɔ:n] *n* ziarno *nt* pieprzu.

pepper mill *n* młynek *m* do pieprzu.

peppermint ['pɛpəmɪnt] *n* (*sweet*) miętówka *f*; (*plant*) mięta *f* pieprzowa.

pepperpot ['pɛpəpɔt] *n* pieprzniczka *f*.

pep talk (*inf*) *n* przemówienie *nt* podnoszące na duchu.

per [pə:*] *prep* na *+acc*; **per day/person** na dzień/osobę; **per hour** (*miles etc*) na godzinę; (*fee*) za godzinę; **per kilo** za kilogram; **as per your instructions** według twoich instrukcji; **per annum** na rok.

per capita *adj* na głowę *post*, na jednego mieszkańca *post* ♦ *adv* na głowę, na jednego mieszkańca.

perceive [pə'si:v] *vt* (*sound, light*) postrzegać; (*difference*) dostrzegać (dostrzec *perf*); (*view, understand*) widzieć, postrzegać.

per cent *n* procent *m*; **a 20 per cent discount** dwudziestoprocentowa zniżka.

percentage [pə'sɛntɪdʒ] *n* procent *m*; **on a percentage basis** procentowo.
perceptible [pə'sɛptɪbl] *adj* dostrzegalny.
perception [pə'sɛpʃən] *n* (*insight*) wnikliwość *f*; (*impression*) wrażenie *nt*; (*opinion, belief*) opinia *f*; (*observation*) spostrzeżenie *nt*; (*understanding*) rozumienie *nt*; (*faculty*) postrzeganie *nt*, percepcja *f*.
perceptive [pə'sɛptɪv] *adj* (*person*) spostrzegawczy; (*analysis*) wnikliwy.
perch [pə:tʃ] *n* (*for bird*) grzęda *f*; (*fish*) okoń *m* ♦ *vi*: **to perch (on)** przysiadać (przysiąść *perf*) (na *+loc*).
percolate ['pə:kəleɪt] *vt* (*coffee*) zaparzać (zaparzyć *perf*) ♦ *vi* (*coffee*) zaparzać się (zaparzyć się *perf*); **to percolate through/into** *etc* (*idea*) rozpowszechniać się (rozpowszechnić się *perf*) powoli w *+loc*; (*light*) sączyć się przez *+acc* /do *+gen*, przesączać się (przesączyć się *perf*) przez *+acc* /do *+gen*.
percolator ['pə:kəleɪtə*] *n* dzbanek *m* do parzenia kawy.
percussion [pə'kʌʃən] *n* perkusja *f*, instrumenty *pl* perkusyjne.
peremptory [pə'rɛmptərɪ] (*pej*) *adj* nie znoszący sprzeciwu.
perennial [pə'rɛnɪəl] *adj* (*BOT*: *plant*) wieloletni; (*fig*: *problem*) wieczny; (: *feature*) nieodłączny ♦ *n* (*BOT*) bylina *f*.
perfect [*adj, n* 'pə:fɪkt, *vb* pə'fɛkt] *adj* (*faultless, ideal*) doskonały; (*utter*) zupełny ♦ *vt* doskonalić (udoskonalić *perf*) ♦ *n*: **the perfect** (*also*: **the perfect tense**) czas *m* dokonany; **he's a perfect stranger to me** w ogóle go nie znam.
perfection [pə'fɛkʃən] *n* perfekcja *f*, doskonałość *f*.
perfectionist [pə'fɛkʃənɪst] *n* perfekcjonista (-tka) *m(f)*.
perfectly ['pə:fɪktlɪ] *adv* (*honest etc*) zupełnie; (*perform, do etc*) doskonale; (*agree*) całkowicie, w zupełności; **I'm perfectly happy with the situation** jestem całkowicie zadowolony z sytuacji; **you know perfectly well** doskonale wiesz; **I understood it perfectly** rozumiałem to doskonale.
perforate ['pə:fəreɪt] *vt* perforować.
perforated ulcer ['pə:fəreɪtəd-] (*MED*) *n* pęknięty wrzód *m*.
perforation [pə:fə'reɪʃən] *n* (*small hole*) otwór *m*; (*line of holes*) perforacja *f*.
perform [pə'fɔ:m] *vt* (*task, piece of music etc*) wykonywać (wykonać *perf*); (*ceremony*) prowadzić (poprowadzić *perf*); (: *REL*) odprawiać (odprawić *perf*) ♦ *vi* (*well, badly*) wypadać (wypaść *perf*); **the ceremony will be performed next week** ceremonia odbędzie się w przyszłym tygodniu.
performance [pə'fɔ:məns] *n* (*of actor, athlete*) występ *m*; (*of play*) przedstawienie *nt*; (*of car, engine*) osiągi *pl*; (*of company*) wyniki *pl* działalności; **performance of the economy** stan gospodarki; **the team put up a good performance** zespół dobrze się spisał.
performer [pə'fɔ:mə*] *n* wykonawca (-wczyni) *m(f)*.
performing [pə'fɔ:mɪŋ] *adj* (*animal*) tresowany.
perfume ['pə:fju:m] *n* (*cologne etc*) perfumy *pl*; (*fragrance*) woń *f*, zapach *m* ♦ *vt* (*air, room etc*) przesycać (przesycić *perf*) zapachem *+gen*; (*apply perfume*) perfumować.
perfunctory [pə'fʌŋktərɪ] *adj* (*search*) pobieżny; (*kiss, remark*) niedbały.
perhaps [pə'hæps] *adv* (być) może; **perhaps not** może nie.
peril ['pɛrɪl] *n* niebezpieczeństwo *nt*.
perilous ['pɛrɪləs] *adj* niebezpieczny.
perilously ['pɛrɪləslɪ] *adv* niebezpiecznie.
perimeter [pə'rɪmɪtə*] *n* (*length of edge*) obwód *m*; (*of camp, clearing*) granice *pl*.
perimeter fence *n* ogrodzenie *nt*.
period ['pɪərɪəd] *n* (*length of time*) okres *m*, czas *m*; (*era*) okres *m*; (*SCOL*) lekcja *f*; (*esp US*: *full stop*) kropka *f*; (*MED*) okres *m*, miesiączka *f* ♦ *adj* stylowy, z epoki *post*; **for a period of three weeks** na okres trzech tygodni; **the holiday period** (*BRIT*) okres urlopowy; **I won't do it. Period.** nie zrobię tego i kropka.
periodic [pɪərɪ'ɔdɪk] *adj* okresowy.
periodical [pɪərɪ'ɔdɪkl] *n* czasopismo *nt* ♦ *adj* okresowy.
periodically [pɪərɪ'ɔdɪklɪ] *adv* okresowo.
period pains (*BRIT*: *MED*) *npl* bóle *pl* miesiączkowe.
peripatetic [pɛrɪpə'tɛtɪk] *adj* wędrowny; **peripatetic teacher** (*BRIT*) *nauczyciel zatrudniony w dwu lub więcej szkołach i podróżujący między nimi.*
peripheral [pə'rɪfərəl] *adj* uboczny; **peripheral vision** widzenie obwodowe ♦ *n* (*COMPUT*) urządzenie *nt* peryferyjne.
periphery [pə'rɪfərɪ] *n* skraj *m*.
periscope ['pɛrɪskəup] *n* peryskop *m*.
perish ['pɛrɪʃ] *vi* (*die*) ginąć (zginąć *perf*); (*rubber, leather*) rozpadać się (rozpaść się *perf*).
perishable ['pɛrɪʃəbl] *adj* (*food*) łatwo psujący się.
perishables ['pɛrɪʃəblz] *npl* produkty *pl* łatwo psujące się.
perishing ['pɛrɪʃɪŋ] *adj*: **it's perishing cold** jest przeraźliwie zimno.
peritonitis [pɛrɪtə'naɪtɪs] *n* zapalenie *nt* otrzewnej.
perjure ['pə:dʒə*] (*JUR*) *vt*: **to perjure o.s.** krzywoprzysięgać (krzywoprzysiąc *perf*).
perjury ['pə:dʒərɪ] (*JUR*) *n* krzywoprzysięstwo *nt*.
perks [pə:ks] (*inf*) *npl* korzyści *pl* uboczne.
perk up *vi* ożywiać się (ożywić się *perf*).
perky ['pə:kɪ] *adj* żwawy.
perm [pə:m] *n* trwała *f* ♦ *vt*: **to have one's hair**

permed robić (zrobić *perf*) sobie trwałą (ondulację).
permanence ['pə:mənəns] *n* trwałość *f*.
permanent ['pə:mənənt] *adj* (*lasting forever*) trwały; (*present all the time*) ciągły; (*job, address*) stały; **I'm not permanent here** nie jestem tu na stałe.
permanently ['pə:mənəntlɪ] *adv* (*damage*) trwale; (*stay, live*) na stałe; (*locked etc*) stale.
permeable ['pə:mɪəbl] *adj* przepuszczalny.
permeate ['pə:mɪeɪt] *vt* przenikać (przeniknąć *perf*) ♦ *vi*: **to permeate through** (*liquid*) przesiąkać (przesiąknąć *perf*) przez *+acc*; (*idea*) przenikać (przeniknąć *perf*) do *+gen*.
permissible [pə'mɪsɪbl] *adj* dopuszczalny, dozwolony.
permission [pə'mɪʃən] *n* (*consent*) pozwolenie *nt*; (*authorization*) zezwolenie *nt*; **to give sb permission to do sth** dawać (dać *perf*) komuś zezwolenie na zrobienie czegoś.
permissive [pə'mɪsɪv] *adj* pobłażliwy, permisywny (*fml*).
permit [*n* 'pə:mɪt, *vb* pə'mɪt] *n* (*authorization*) zezwolenie *nt*; (*entrance pass*) przepustka *f* ♦ *vt* pozwalać (pozwolić *perf*) na *+acc*; **to permit sb to do sth** pozwalać (pozwolić *perf*) komuś coś (z)robić; **weather permitting** jeśli pogoda dopisze; **fishing permit** (*for a year*) karta wędkarska; (*for a week etc*) zezwolenie wędkarskie.
permutation [pə:mju'teɪʃən] *n* (*MATH*) permutacja *f*; (*fig*) kombinacja *f*.
pernicious [pə:'nɪʃəs] *adj* (*lie, nonsense*) szkodliwy; (*effect*) zgubny.
pernickety [pə'nɪkɪtɪ] (*inf*) *adj* drobiazgowy.
perpendicular [pə:pən'dɪkjulə*] *adj* pionowy ♦ *n*: **the perpendicular** pion *m*; **perpendicular to** prostopadły do *+gen*.
perpetrate ['pə:pɪtreɪt] *vt* popełniać (popełnić *perf*).
perpetual [pə'pɛtjuəl] *adj* (*motion, darkness*) wieczny; (*noise, questions*) nieustanny.
perpetuate [pə'pɛtjueɪt] *vt* zachowywać (zachować *perf*).
perpetuity [pə:pɪ'tju:ɪtɪ] *n*: **in perpetuity** po wieczne czasy.
perplex [pə'plɛks] *vt* wprawiać (wprawić *perf*) w zakłopotanie.
perplexing [pə:'plɛksɪŋ] *adj* wprawiający w zakłopotanie.
perquisites ['pə:kwɪzɪts] (*fml*) *npl* uboczne korzyści *pl*.
per se [-seɪ] *adv* jako taki.
persecute ['pə:sɪkju:t] *vt* prześladować.
persecution [pə:sɪ'kju:ʃən] *n* prześladowanie *nt*.
perseverance [pə:sɪ'vɪərns] *n* wytrwałość *f*.
persevere [pə:sɪ'vɪə*] *vi* wytrwać (*perf*), nie ustawać.
Persia ['pə:ʃə] *n* Persja *f*.
Persian ['pə:ʃən] *adj* perski ♦ *n* (język *m*) perski; **the (Persian) Gulf** Zatoka Perska.
persist [pə'sɪst] *vi* (*pain, weather etc*) utrzymywać się; (*person*) upierać się; **to persist with sth** obstawać przy czymś; **to persist in doing sth** wciąż coś robić, nie przestawać czegoś robić.
persistence [pə'sɪstəns] *n* wytrwałość *f*.
persistent [pə'sɪstənt] *adj* (*noise, smell, cough*) uporczywy; (*person*) wytrwały; (*lateness, rain*) bezustanny; **persistent offender** (*JUR*) recydywista (-tka) *m(f)*.
persnickety [pə'snɪkɪtɪ] (*US*: *inf*) *adj* = **pernickety**.
person ['pə:sn] *n* osoba *f*; **in person** osobiście; **on** *or* **about one's person** przy sobie; **person to person call** (*TEL*) ≈ rozmowa z przywołaniem.
personable ['pə:snəbl] *adj* przystojny.
personal ['pə:snl] *adj* (*belongings, account, appeal etc*) osobisty; (*opinion, life, habits*) prywatny; **to be/get personal** robić osobiste wycieczki; **nothing personal!** bez obrazy!
personal allowance *n* kwota *f* dochodu osobistego nie podlegająca opodatkowaniu.
personal assistant *n* osobisty (-ta) *m(f)* asystent(ka) *m(f)*.
personal column *n* ogłoszenia *pl* drobne.
personal computer *n* komputer *m* osobisty.
personal details *npl* dane *pl* osobowe.
personal hygiene *n* higiena *f* osobista.
personal identification number *n* numer *m* PIN (*używany przy elektronicznych przelewach płatności i przy poborze pieniędzy z bankomatów*).
personality [pə:sə'nælɪtɪ] *n* (*character*) osobowość *f*; (*famous person*) osobistość *f*.
personal loan (*BANKING*) *n* kredyt *m* konsumpcyjny.
personally ['pə:snəlɪ] *adv* osobiście; **to take sth personally** brać (wziąć *perf*) coś do siebie.
personal organizer *n* terminarz *m*.
personal stereo *n* walkman *m*.
personify [pə:'sɔnɪfaɪ] *vt* (*LITERATURE*) personifikować; (*embody*) uosabiać (uosobić *perf*).
personnel [pə:sə'nɛl] *n* personel *m*, pracownicy *vir pl*.
personnel department *n* dział *m* kadr.
personnel manager *n* kierownik (-iczka) *m(f)* działu kadr.
perspective [pə'spɛktɪv] *n* (*ARCHIT, ART*) perspektywa *f*; (*way of thinking*) punkt *m* widzenia, pogląd *m*; **to get sth into perspective** (*fig*) spojrzeć (*perf*) na coś z właściwej perspektywy.
Perspex ['pə:spɛks] ® *n* pleksiglas *m*.
perspicacity [pə:spɪ'kæsɪtɪ] *n* bystrość *f*.
perspiration [pə:spɪ'reɪʃən] *n* (*sweat*) pot *m*; (*act of sweating*) pocenie się *nt*.

perspire [pə'spaɪə*] *vi* pocić się (spocić się *perf*).
persuade [pə'sweɪd] *vt*: **to persuade sb to do sth** przekonywać (przekonać *perf*) kogoś, by coś zrobił; **to persuade sb that** przekonywać (przekonać *perf*) kogoś, że; **to be persuaded of sth** być przekonanym o czymś.
persuasion [pə'sweɪʒən] *n* (*act*) perswazja *f*; (*creed*) wyznanie *nt*.
persuasive [pə'sweɪsɪv] *adj* przekonujący.
pert [pə:t] *adj* (*person*) zuchwały; (*nose*) zadarty; (*buttocks*) jędrny; (*hat*) zawadiacki.
pertaining [pə:'teɪnɪŋ]: **pertaining to** *prep* odnoszący się do *+gen*.
pertinent ['pə:tɪnənt] *adj* adekwatny, na temat *post*.
perturb [pə'tə:b] *vt* niepokoić (zaniepokoić *perf*).
Peru [pə'ru:] *n* Peru *nt inv*.
perusal [pə'ru:zl] *n* przejrzenie *nt*.
peruse [pə'ru:z] *vt* przeglądać (przejrzeć *perf*).
Peruvian [pə'ru:vjən] *adj* peruwiański ♦ *n* Peruwiańczyk (-anka) *m(f)*.
pervade [pə'veɪd] *vt* przenikać (przeniknąć *perf*).
pervasive [pə'veɪzɪv] *adj* (*smell*) wszechobecny; (*influence*) szeroki; (*atmosphere*) szerzący się.
perverse [pə'və:s] *adj* (*wayward*) przekorny, przewrotny; (*devious*) perwersyjny.
perversion [pə'və:ʃən] *n* (*sexual*) zboczenie *nt*, perwersja *f*; (*of truth, justice*) wypaczenie *nt*.
perversity [pə'və:sɪtɪ] *n* przekora *f*.
pervert [*n* 'pə:və:t, *vb* pə'və:t] *n* zboczeniec *m* ♦ *vt* (*person, mind*) deprawować (zdeprawować *perf*); (*truth, sb's words*) wypaczać (wypaczyć *perf*).
pessimism ['pɛsɪmɪzəm] *n* pesymizm *m*.
pessimist ['pɛsɪmɪst] *n* pesymista (-tka) *m(f)*.
pessimistic [pɛsɪ'mɪstɪk] *adj* pesymistyczny.
pest [pɛst] *n* (*insect*) szkodnik *m*; (*fig*: *nuisance*) utrapienie *nt*.
pest control *n* zwalczanie *nt* szkodników.
pester ['pɛstə*] *vt* męczyć.
pesticide ['pɛstɪsaɪd] *n* pestycyd *m*.
pestilence ['pɛstɪləns] *n* zaraza *f*.
pestle ['pɛsl] *n* tłuczek *m*.
pet [pɛt] *n* zwierzę *nt* domowe ♦ *adj* ulubiony ♦ *vt* pieścić ♦ *vi* (*inf*: *sexually*) pieścić się; **pet rabbit** *etc* domowy *or* oswojony królik *etc*; **teacher's pet** pupilek (-lka) *m(f)* nauczyciela.
petal ['pɛtl] *n* płatek *m*.
peter out ['pi:tə-] *vi* (stopniowo) kończyć się (skończyć się *perf*).
petite [pə'ti:t] *adj* drobny.
petition [pə'tɪʃən] *n* (*signed document*) petycja *f*; (*JUR*) pozew *m* ♦ *vt* wnosić (wnieść *perf*) petycję do *+gen* ♦ *vi*: **to petition for divorce** wnosić (wnieść *perf*) pozew o rozwód.
pet name (*BRIT*) *n* pieszczotliwe przezwisko *nt*.
petrified ['pɛtrɪfaɪd] *adj* skamieniały.
petrify ['pɛtrɪfaɪ] *vt* paraliżować (sparaliżować *perf*), przerażać (przerazić *perf*).
petrochemical [pɛtrə'kɛmɪkl] *adj* petrochemiczny.
petrodollars ['pɛtrəudɔləz] *npl* petrodolary *pl*.
petrol ['pɛtrəl] (*BRIT*) *n* benzyna *f*; **two/four-star petrol** benzyna niebieska/żółta; **unleaded petrol** benzyna bezołowiowa.
petrol can *n* kanister *m*.
petrol engine (*BRIT*) *n* silnik *m* benzynowy.
petroleum [pə'trəulɪəm] *n* ropa *f* naftowa.
petroleum jelly *n* wazelina *f*.
petrol pump (*BRIT*) *n* (*in garage*) dystrybutor *m*; (*in engine*) pompa *f* paliwowa.
petrol station (*BRIT*) *n* stacja *f* benzynowa.
petrol tank (*BRIT*) *n* zbiornik *m* paliwa.
petticoat ['pɛtɪkəut] *n* (*full length*) halka *f*; (*waist*) półhalka *f*.
pettifogging ['pɛtɪfɔgɪŋ] *adj* drobnostkowy.
pettiness ['pɛtɪnɪs] *n* drobnostkowość *f*, małostkowość *f*.
petty ['pɛtɪ] *adj* (*detail, problem*) drobny, nieistotny; (*crime*) drobny; (*person*) małostkowy.
petty cash *n* kasa *f* podręczna.
petty officer *n* podoficer *m* (*w marynarce wojennej*).
petulant ['pɛtjulənt] *adj* (*person*) nieznośny; (*expression*) nadąsany.
pew [pju:] *n* ławka *f* (kościelna).
pewter ['pju:tə*] *n* stop *m* cyny z ołowiem; **pewter plate** talerz cynowy.
Pfc (*US*: *MIL*) *abbr* (= *private first class*) ≈ st. szer.
PG (*FILM*) *n abbr* (= *parental guidance*) *kategoria filmów, które dzieci mogą oglądać za zgodą rodziców*.
PGA *n abbr* (= *Professional Golfers Association*).
PH (*US*: *MIL*) *n abbr* (= *Purple Heart*) *amerykańskie odznaczenie wojskowe nadawane za rany odniesione w walce*.
pH *n abbr* (= *potential of hydrogen*) pH *nt inv*.
PHA (*US*) *n abbr* (= *Public Housing Administration*).
phallic ['fælɪk] *adj* falliczny.
phantom ['fæntəm] *n* zjawa *f*, widmo *nt*, fantom *m* ♦ *adj* (*fig*) tajemniczy.
Pharaoh ['fɛərəu] *n* faraon *m*.
pharmaceutical [fɑ:mə'sju:tɪkl] *adj* farmaceutyczny; **pharmaceuticals** *npl* środki *pl* farmaceutyczne.
pharmacist ['fɑ:məsɪst] *n* farmaceuta (-tka) *m(f)*.
pharmacy ['fɑ:məsɪ] *n* (*shop*) apteka *f*; (*science*) farmacja *f*.
phase [feɪz] *n* faza *f* ♦ *vt*: **to phase sth in** wprowadzać (wprowadzić *perf*) coś; **to phase sth out** wycofywać (wycofać *perf*) coś.
PhD *n abbr* (= *Doctor of Philosophy*) *stopień naukowy*; ≈ dr.
pheasant ['fɛznt] *n* bażant *m*.
phenomena [fə'nɔmɪnə] *npl of* **phenomenon**.
phenomenal [fə'nɔmɪnl] *adj* fenomenalny.

phenomenon [fəˈnɔmɪnən] (*pl* **phenomena**) *n* zjawisko *nt*.
phew [fju:] *excl* uff.
phial [ˈfaɪəl] *n* fiolka *f*.
philanderer [fɪˈlændərə*] *n* flirciarz *m*.
philanthropic [fɪlənˈθrɔpɪk] *adj* filantropijny.
philanthropist [fɪˈlænθrəpɪst] *n* filantrop(ka) *m(f)*.
philatelist [fɪˈlætəlɪst] *n* filatelista (-tka) *m(f)*.
philately [fɪˈlætəlɪ] *n* filatelistyka *f*.
Philippines [ˈfɪlɪpi:nz] *npl*: **the Philippines** Filipiny *pl*.
Philistine [ˈfɪlɪstaɪn] *n* filister *m*.
philosopher [fɪˈlɔsəfə*] *n* filozof *m*.
philosophical [fɪləˈsɔfɪkl] *adj* filozoficzny.
philosophize [fɪˈlɔsəfaɪz] *vi* filozofować.
philosophy [fɪˈlɔsəfɪ] *n* filozofia *f*.
phlegm [flɛm] *n* flegma *f*.
phlegmatic [flɛgˈmætɪk] *adj* flegmatyczny.
phobia [ˈfəubjə] *n* fobia *f*, chorobliwy lęk *m*.
phone [fəun] *n* telefon *m* ♦ *vt* dzwonić (zadzwonić *perf*) *or* telefonować (zatelefonować *perf*) do *+gen*; **to be on the phone** (*possess phone*) mieć telefon; (*be calling*) rozmawiać przez telefon.
►**phone back** *vt* zadzwonić *(perf)* później do *+gen* ♦ *vi* zadzwonić *(perf)* później, oddzwonić *(perf)*.
►**phone up** *vt* dzwonić (zadzwonić *perf*) do *+gen* ♦ *vi* dzwonić (zadzwonić *perf*).
phone book *n* książka *f* telefoniczna.
phone booth *n* kabina *f* telefoniczna.
phone box (*BRIT*) *n* budka *f* telefoniczna.
phone call *n* rozmowa *f* telefoniczna.
phonecard [ˈfəunkɑ:d] *n* karta *f* telefoniczna.
phone-in [ˈfəunɪn] (*BRIT*) *n program z telefonicznym udziałem słuchaczy/widzów*.
phonetics [fəˈnɛtɪks] *n* fonetyka *f*.
phoney [ˈfəunɪ] *adj* (*address, person*) fałszywy; (*accent*) sztuczny.
phonograph [ˈfəunəgrɑ:f] (*US*) *n* gramofon *m*.
phony [ˈfəunɪ] *adj* = **phoney**.
phosphate [ˈfɔsfeɪt] *n* fosforan *m*.
phosphorus [ˈfɔsfərəs] *n* fosfor *m*.
photo [ˈfəutəu] *n* fotografia *f*, zdjęcie *nt*.
photo... [ˈfəutəu] *pref* foto... .
photocopier [ˈfəutəukɔpɪə*] *n* fotokopiarka *f*.
photocopy [ˈfəutəukɔpɪ] *n* fotokopia *f* ♦ *vt* robić (zrobić *perf*) fotokopię *+gen*.
photoelectric [fəutəuɪˈlɛktrɪk] *adj* fotoelektryczny.
photo finish (*RACING*) *n sytuacja, gdy dla ustalenia kolejności zawodników na mecie konieczne jest odwołanie się do fotokomórki*.
photogenic [fəutəuˈdʒɛnɪk] *adj* fotogeniczny.
photograph [ˈfəutəgræf] *n* fotografia *f*, zdjęcie *nt* ♦ *vt* fotografować (sfotografować *perf*); **to take a photograph of sb** robić (zrobić *perf*) komuś zdjęcie.
photographer [fəˈtɔgrəfə*] *n* fotograf *m*.
photographic [fəutəˈgræfɪk] *adj* fotograficzny.
photography [fəˈtɔgrəfɪ] *n* (*subject*) fotografia *f*; (*art*) fotografika *f*.
photostat [ˈfəutəustæt] *n* fotokopia *f*.
photosynthesis [fəutəuˈsɪnθəsɪs] (*BIO*) *n* fotosynteza *f*.
phrase [freɪz] *n* (*group of words, expression*) zwrot *m*, określenie *nt*; (*LING*) zwrot *m*; (*MUS*) fraza *f* ♦ *vt* (*thought, idea*) wyrażać (wyrazić *perf*); (*letter*) układać (ułożyć *perf*).
phrase book *n* rozmówki *pl*.
physical [ˈfɪzɪkl] *adj* (*geography, properties*) fizyczny; (*world, universe, object*) materialny; (*law, explanation*) naukowy; **physical examination** badanie lekarskie; **the physical sciences** nauki fizyczne.
physical education *n* wychowanie *nt* fizyczne.
physically [ˈfɪzɪklɪ] *adv* fizycznie.
physician [fɪˈzɪʃən] *n* lekarz (-arka) *m(f)*.
physicist [ˈfɪzɪsɪst] *n* fizyk *m*.
physics [ˈfɪzɪks] *n* fizyka *f*.
physiological [ˈfɪzɪəˈlɔdʒɪkl] *adj* fizjologiczny.
physiology [fɪzɪˈɔlədʒɪ] *n* fizjologia *f*.
physiotherapist [fɪzɪəuˈθɛrəpɪst] *n* fizjoterapeuta (-tka) *m(f)*.
physiotherapy [fɪzɪəuˈθɛrəpɪ] *n* fizjoterapia *f*.
physique [fɪˈzi:k] *n* budowa *f* (ciała), konstytucja *f*.
pianist [ˈpi:ənɪst] *n* pianista (-tka) *m(f)*.
piano [pɪˈænəu] *n* pianino *nt*; **grand piano** fortepian.
piano accordion (*BRIT*) *n* akordeon *m*.
Picardy [ˈpɪkədɪ] *n* Pikardia *f*.
piccolo [ˈpɪkələu] *n* pikolo *nt*.
pick [pɪk] *n* kilof *m*, oskard *m* ♦ *vt* (*select*) wybierać (wybrać *perf*); (*fruit, flowers*) zrywać (zerwać *perf*); (*mushrooms*) zbierać (zebrać *perf*); (*book from shelf etc*) zdejmować (zdjąć *perf*); (*lock*) otwierać (otworzyć *perf*); (*spot*) wyciskać (wycisnąć *perf*); (*scab*) zrywać (zerwać *perf*); **take your pick** wybieraj; **the pick of** najlepsza część *+gen*; **to pick one's nose/teeth** dłubać w nosie/zębach; **to pick sb's brains** radzić się (poradzić się *perf*) kogoś; **to pick sb's pocket** dobierać się (dobrać się *perf*) komuś do kieszeni; **to pick a quarrel (with sb)** wywoływać (wywołać *perf*) kłótnię (z kimś).
►**pick at** *vt fus* (*food*) dziobać (dziobnąć *perf*).
►**pick off** *vt* wystrzelać *(perf)*.
►**pick on** *vt fus* czepiać się *+gen*.
►**pick out** *vt* (*distinguish*) dostrzegać (dostrzec *perf*); (*select*) wybierać (wybrać *perf*).
►**pick up** *vi* (*health*) poprawiać się (poprawić się *perf*); (*economy, trade*) polepszać się (polepszyć się *perf*) ♦ *vt* (*lift*) podnosić (podnieść *perf*); (*arrest*) przymykać (przymknąć *perf*) (*inf*); (*collect*: *person, parcel*) odbierać (odebrać *perf*); (*hitchhiker*) zabierać (zabrać *perf*); (*girl*) podrywać (poderwać *perf*); (*language, skill*)

nauczyć się *(perf)* +*gen*; (*RADIO*) łapać (złapać *perf*) (*inf*); **to pick up speed** nabierać (nabrać *perf*) szybkości; **to pick o.s. up** zbierać się (pozbierać się *perf*), podnieść się *(perf)*; **let's pick up where we left off** zacznijmy tam, gdzie przerwaliśmy.

pickaxe ['pɪkæks] (*US* **pickax**) *n* kilof *m*, oskard *m*.

picket ['pɪkɪt] *n* pikieta *f* ♦ *vt* pikietować.

picketing ['pɪkɪtɪŋ] *n* pikietowanie *nt*.

picket line *n* linia *f* pikiety.

pickings ['pɪkɪŋz] *npl*: **there are rich pickings to be had here** można się tu nieźle obłowić (*inf*).

pickle ['pɪkl] *n* (*also*: **pickles**) pikle *pl* ♦ *vt* (*in vinegar*) marynować (zamarynować *perf*); (*in salt water*) kwasić (zakwasić *perf*), kisić (zakisić *perf*); **to get in a pickle** urządzić się *(perf)* (*inf*).

pick-me-up ['pɪkmi:ʌp] *n* (*nonalcoholic*) napój *m* orzeźwiający; (*alcoholic*) kieliszek *m* na wzmocnienie.

pickpocket ['pɪkpɔkɪt] *n* złodziej *m* kieszonkowy, kieszonkowiec *m*.

pick-up ['pɪkʌp] *n* (*also*: **pick-up truck**) furgonetka *f*; (*BRIT*: *on record player*) ramię *nt* gramofonu.

picnic ['pɪknɪk] *n* piknik *m* ♦ *vi* urządzać (urządzić *perf*) piknik.

picnicker ['pɪknɪkə*] *n* uczestnik (-iczka) *m(f)* pikniku.

pictorial [pɪk'tɔ:rɪəl] *adj* obrazkowy.

picture ['pɪktʃə*] *n* (*lit, fig*) obraz *m*; (*photo*) zdjęcie *nt*; (*film*) film *m*, obraz *m* (*fml*); **the economic picture** sytuacja gospodarcza ♦ *vt* wyobrażać (wyobrazić *perf*) sobie; **the pictures** (*BRIT*: *inf*) kino *nt*; **to take a picture of sb/sth** robić (zrobić *perf*) komuś/czemuś zdjęcie; **to put sb in the picture** wprowadzać (wprowadzić *perf*) kogoś w sytuację.

picture book *n* książeczka *f* obrazkowa.

picturesque [pɪktʃə'rɛsk] *adj* malowniczy.

picture window *n* okno *nt* panoramiczne.

piddling ['pɪdlɪŋ] (*inf*) *adj* błahy.

pidgin ['pɪdʒɪn] *n* (język) pidgin *m*.

pie [paɪ] *n* placek *m* (*z nadzieniem mięsnym, warzywnym lub owocowym*).

piebald ['paɪbɔ:ld] *adj* (*horse*) srokaty.

piece [pi:s] *n* (*bit*) kawałek *m*; (*part*) część *f*; (*CHESS etc*) figura *f*; **in pieces** w kawałkach *or* częściach; **a piece of clothing** część garderoby; **a piece of furniture** mebel; **a piece of advice** rada; **a piece of music** utwór; **to take sth to pieces** rozkładać (rozłożyć *perf*) *or* rozbierać (rozebrać *perf*) coś na części; **in one piece** cały; **a 10p piece** (*BRIT*) moneta dziesięciopensowa; **piece by piece** kawałek po kawałku, część po części; **a six-piece band** sześcioosobowy zespół; **I've said my piece** powiedziałem, co miałem do powiedzenia.

►**piece together** *vt* układać (ułożyć *perf*) w całość, poskładać *(perf)*.

piecemeal ['pi:smi:l] *adv* po kawałku.

piecework ['pi:swə:k] *n* praca *f* na akord.

pie chart (*MATH*) *n* diagram *m* kołowy.

Piedmont ['pi:dmɔnt] *n* Piemont *m*.

pier [pɪə*] *n* molo *nt*, pomost *m*.

pierce [pɪəs] *vt* przebijać (przebić *perf*), przekłuwać (przekłuć *perf*); **to have one's ears pierced** przekłuwać (przekłuć *perf*) sobie uszy.

piercing ['pɪəsɪŋ] *adj* (*fig*) przeszywający.

piety ['paɪətɪ] *n* pobożność *f*.

piffling ['pɪflɪŋ] (*inf*) *adj* śmiesznie błahy.

pig [pɪg] *n* (*lit, fig*) świnia *f*.

pigeon ['pɪdʒən] *n* gołąb *m*.

pigeonhole ['pɪdʒənhəul] *n* (*for letters, messages*) przegródka *f*, dziupla *f* (*inf*); (*fig*) przypisane miejsce *nt* ♦ *vt* szufladkować (zaszufladkować *perf*).

piggy bank ['pɪgɪ-] *n* skarbonka *f*.

pig-headed ['pɪg'hɛdɪd] (*pej*) *adj* (głupio) uparty.

piglet ['pɪglɪt] *n* prosię *nt*, prosiak *m*.

pigment ['pɪgmənt] *n* barwnik *m*, pigment *m*.

pigmentation [pɪgmən'teɪʃən] *n* ubarwienie *nt*, pigmentacja *f*.

pigmy ['pɪgmɪ] *n* = **pygmy**.

pigskin ['pɪgskɪn] *n* świńska skóra *f*.

pigsty ['pɪgstaɪ] *n* (*lit, fig*) chlew *m*.

pigtail ['pɪgteɪl] *n* warkoczyk *m*.

pike [paɪk] *n* (*fish*) szczupak *m*; (*spear*) pika *f*.

pilchard ['pɪltʃəd] *n* sardynka *f* (europejska).

pile [paɪl] *n* (*heap, stack*) stos *m*, sterta *f*; (*of carpet, velvet*) włos *m*; (*pillar*) pal *m* ♦ *vt* (*also*: **pile up**) układać (ułożyć *perf*) w stos; **arranged in a pile** ułożone w stos; **to pile into** ładować się (władować się *perf*) do +*gen*; **to pile out of** wylewać się *or* wysypywać się z +*gen*.

►**pile on** *vt*: **to pile it on** (*inf*) przesadzać (przesadzić *perf*).

►**pile up** *vi* gromadzić się (nagromadzić się *perf*).

piles [paɪlz] (*MED*) *npl* hemoroidy *pl*.

pile-up ['paɪlʌp] (*AUT*) *n* karambol *m*.

pilfer ['pɪlfə*] *vt* kraść (ukraść *perf*) (*rzecz drobną lub mało wartościową*) ♦ *vi* kraść.

pilfering ['pɪlfərɪŋ] *n* drobne kradzieże *pl*.

pilgrim ['pɪlgrɪm] *n* pielgrzym *m*.

pilgrimage ['pɪlgrɪmɪdʒ] *n* pielgrzymka *f*.

pill [pɪl] *n* pigułka *f*; **the pill** pigułka antykoncepcyjna; **to be on the pill** stosować pigułkę antykoncepcyjną *or* antykoncepcję doustną.

pillage ['pɪlɪdʒ] *n* grabież *f* ♦ *vt* grabić (ograbić *perf*).

pillar ['pɪlə*] *n* (*lit, fig*) filar *m*.

pillar box (*BRIT*) *n* skrzynka *f* pocztowa.

pillion ['pɪljən] *n*: **to ride pillion** (*on motorcycle*) jechać na tylnym siodełku; (*on horse*) *jechać na koniu, siedząc za plecami jeźdźca*.

pillory ['pɪlərɪ] *vt* stawiać (postawić *perf*) pod pręgierzem ♦ *n* pręgierz *m*.
pillow ['pɪləu] *n* poduszka *f*.
pillowcase ['pɪləukeɪs] *n* poszewka *f* (*na poduszkę*).
pillowslip ['pɪləuslɪp] *n* = **pillowcase**.
pilot ['paɪlət] *n* pilot(ka) *m(f)* ♦ *adj* pilotażowy ♦ *vt* pilotować; (*fig*: *new law, scheme*) nadzorować wprowadzenie w życie *+gen*.
pilot boat *n* łódź *f* pilota portowego.
pilot light *n* (*on cooker, boiler*) płomyk *m* zapalacza.
pimento [pɪ'mɛntəu] *n* piment *m*, ziele *nt* angielskie.
pimp [pɪmp] *n* sutener *m*, alfons *m* (*inf*).
pimple ['pɪmpl] *n* pryszcz *m*.
pimply ['pɪmplɪ] *adj* pryszczaty.
PIN *n abbr* = **personal identification number**.
pin [pɪn] *n* (*for clothes, papers*) szpilka *f*; (*in engine, machine*) zatyczka *f*, sworzeń *m*; (*BRIT*: *also*: **drawing pin**) pinezka *f*; (: *ELEC*) bolec *m*; (*in grenade*) zawleczka *f* ♦ *vt* przypinać (przypiąć *perf*); **pins and needles** mrowienie; **to pin sb against/to** przyciskać (przycisnąć *perf*) kogoś do *+gen*; **to pin the blame on sb** (*fig*) zrzucać (zrzucić *perf*) winę na kogoś.
►**pin down** *vt* (*fig*): **to pin sb down (to sth)** zmuszać (zmusić *perf*) kogoś do zajęcia stanowiska (w jakiejś sprawie); **there's something strange here but I can't quite pin it down** coś tu jest dziwnego, ale nie potrafię (dokładnie) powiedzieć, co.
pinafore ['pɪnəfɔ:*] *n* (*also*: **pinafore dress**) bezrękawnik *m*.
pinball ['pɪnbɔ:l] *n* bilard *m* (elektryczny).
pincers ['pɪnsəz] *npl* (*tool*) obcęgi *pl*, szczypce *pl*; (*of crab, lobster*) szczypce *pl*.
pinch [pɪntʃ] *n* szczypta *f* ♦ *vt* szczypać (uszczypnąć *perf*); (*inf*: *thing, money*) zwędzić (*perf*), zwinąć (*perf*) (*inf*); (*idea*) podkradać (podkraść *perf*) ♦ *vi* (*shoe*) cisnąć, uwierać; **at a pinch** w ostateczności; **he feels the pinch** (*fig*) brak pieniędzy daje mu się we znaki.
pinched [pɪntʃt] *adj* (*face*) ściągnięty; **pinched with cold** ściągnięty z zimna.
pincushion ['pɪnkuʃən] *n* poduszeczka *f* na igły.
pine [paɪn] *n* sosna *f* ♦ *vi*: **to pine for** usychać z tęsknoty za *+instr*.
►**pine away** *vi* marnieć (zmarnieć *perf*) (z żalu).
pineapple ['paɪnæpl] *n* ananas *m*.
pine-cone ['paɪnkəun] *n* szyszka *f* sosnowa.
pine-needles ['paɪnni:dlz] *npl* igliwie *nt* sosnowe.
ping [pɪŋ] *n* (*of bell*) brzęk *m*; (*of bullet*) świst *m*, gwizd *m*.
ping-pong ['pɪŋpɔŋ] ® *n* ping-pong *m*.
pink [pɪŋk] *adj* różowy ♦ *n* (*colour*) (kolor *m*) różowy, róż *m*; (*BOT*) goździk *m*.
pinking shears *npl* nożyce *pl* ząbkowane.
pin money (*BRIT*: *inf*) *n* pieniądze *pl* na drobne wydatki.
pinnacle ['pɪnəkl] *n* (*of building, mountain*) iglica *f*; (*fig*) szczyt *m*.
pinpoint ['pɪnpɔɪnt] *vt* wskazywać (wskazać *perf*) (dokładnie).
pinstripe ['pɪnstraɪp] *adj*: **pinstripe suit** garnitur *m* w prążki.
pint [paɪnt] *n* (*measure*) pół *nt inv* kwarty (*BRIT = 0,568 l, US = 0,473 l*); (*BRIT*: *inf*) ≈ duże piwo *nt*.
pin-up ['pɪnʌp] *n* plakat *m* ze zdjęciem idola.
pioneer [paɪə'nɪə*] *n* pionier(ka) *m(f)* ♦ *vt* być pionierem *+gen*.
pious ['paɪəs] *adj* pobożny.
pip [pɪp] *n* pestka *f* ♦ *vt*: **to be pipped at the post** (*BRIT*: *fig*) zostać (*perf*) pokonanym w ostatniej chwili; **the pips** *npl* (*BRIT*: *RADIO*) sygnał *m* czasu.
pipe [paɪp] *n* (*for water, gas*) rura *f*; (*for smoking*) fajka *f*; (*MUS*) piszczałka *f*, fujarka *f* ♦ *vt* doprowadzać (doprowadzić *perf*) (rurami); **pipes** *npl* (*also*: **bagpipes**) dudy *pl*.
►**pipe down** (*inf*) *vi* przymykać się (przymknąć się *perf*) (*inf*).
pipe cleaner *n* wycior *m* do fajki.
piped music [paɪpt-] *n* muzyka *f* z głośników (*w supermarkecie, na dworcu itp*).
pipe dream *n* marzenie *nt* ściętej głowy.
pipeline ['paɪplaɪn] *n* (*for oil*) rurociąg *m*; (*for gas*) gazociąg *m*; **to be in the pipeline** (*fig*) być w przygotowaniu.
piper ['paɪpə*] *n* dudziarz *m*.
pipe tobacco *n* tytoń *m* fajkowy.
piping ['paɪpɪŋ] *adv*: **piping hot** wrzący.
piquant ['pi:kənt] *adj* pikantny; (*fig*) intrygujący.
pique ['pi:k] *n*: **in a fit of pique** w poczuciu urażonej dumy.
piracy ['paɪərəsɪ] *n* piractwo *nt*.
pirate ['paɪərət] *n* pirat *m* ♦ *vt* nielegalnie kopiować (skopiować *perf*); **pirated video tapes** pirackie kasety wideo.
pirate radio (*BRIT*) *n* radiostacja *f* piracka.
pirouette [pɪru'ɛt] *n* piruet *m* ♦ *vi* robić (zrobić *perf*) piruet.
Pisces ['paɪsi:z] *n* Ryby *pl*; **to be Pisces** być spod znaku Ryb.
piss [pɪs] (*inf!*) *vi* sikać (*inf*) ♦ *n* siki *pl* (*inf*); **piss off!** odpieprz się! (*inf!*); **to be pissed off with sb/sth** mieć kogoś/czegoś po dziurki w nosie; **to take the piss (out of sb)** (*BRIT*) robić sobie jaja (z kogoś) (*inf!*); **it's pissing down** (*BRIT*) leje.
pissed [pɪst] (*inf!*) *adj* zalany (*inf*).
pistol ['pɪstl] *n* pistolet *m*.
piston ['pɪstən] *n* tłok *m*.
pit [pɪt] *n* (*hole dug*) dół *m*, wykop *m*; (*in road, face*) dziura *f*; (*coal mine*) kopalnia *f*; (*also*: **orchestra pit**) kanał *m* dla orkiestry ♦ *vt*: **to pit one's wits against sb** mierzyć się (zmierzyć się

perf) (intelektualnie) z kimś; **the pits** *npl* (*AUT*) boks *m*, kanał *m*; **the pit of one's stomach** dołek; **to pit o.s. against** mierzyć się (zmierzyć się *perf*) z *+instr*; **to pit sb against sb** rzucać (rzucić *perf*) kogoś przeciw komuś.

pit-a-pat ['pɪtə'pæt] (*BRIT*) *adv*: **to go pit-a-pat** (*heart*) kołatać; (*rain*) bębnić.

pitch [pɪtʃ] *n* (*BRIT*: *SPORT*) boisko *nt*; (*of note, voice*) wysokość *f*; (*fig*) poziom *m*; (*tar*) smoła *f*; (*of boat*) rzucanie *nt*, kiwanie *nt*; (*also*: **sales pitch**) nawijka *f* (*inf*) ♦ *vt* (*throw*) rzucać (rzucić *perf*); (*set*) ustawiać (ustawić *perf*) poziom *or* wysokość *+gen* ♦ *vi* (*person*) upaść (*perf*) *or* runąć (*perf*) (głową do przodu); (*NAUT*) rzucać (rzucić *perf*); **to pitch a tent** rozbijać (rozbić *perf*) namiot.

pitch-black ['pɪtʃ'blæk] *adj* czarny jak smoła.

pitched battle [pɪtʃt-] *n* zażarty bój *m*.

pitcher ['pɪtʃə*] *n* dzban *m*; (*US*: *BASEBALL*) zawodnik *m* rzucający piłkę.

pitchfork ['pɪtʃfɔ:k] *n* widły *pl*.

piteous ['pɪtɪəs] *adj* żałosny.

pitfall ['pɪtfɔ:l] *n* pułapka *f*.

pith [pɪθ] *n* (*of orange, lemon*) miękisz *m* (skórki); (*of plant*) rdzeń *m*; (*fig*) sedno *nt*, istota *f*.

pithead ['pɪthɛd] *n* nadszybie *nt*.

pithy ['pɪθɪ] *adj* zwięzły, treściwy.

pitiable ['pɪtɪəbl] *adj* żałosny, godny pożałowania *or* politowania.

pitiful ['pɪtɪful] *adj* żałosny.

pitifully ['pɪtɪfəlɪ] *adv* żałośnie.

pitiless ['pɪtɪlɪs] *adj* bezlitosny.

pittance ['pɪtns] *n* grosze *pl*, psie pieniądze *pl*.

pitted ['pɪtɪd] *adj*: **pitted with** (*chicken pox*) podziobany *+instr*; (*craters, caves*) usiany *+instr*; (*rust*) przeżarty *+instr*.

pity ['pɪtɪ] *n* litość *f*, współczucie *nt* ♦ *vt* współczuć *+dat*, żałować *+gen*; **I pity you** żal mi cię; **what a pity!** jaka szkoda!; **it is a pity that you can't come** szkoda, że nie możesz przyjść; **to take pity on sb** litować się (zlitować się *perf*) nad kimś.

pitying ['pɪtɪɪŋ] *adj* współczujący.

pivot ['pɪvət] *n* (*TECH*) sworzeń *m*, oś *f*; (*fig*) oś *f* ♦ *vi* obracać się (obrócić się *perf*) wokół osi.

►**pivot on** *vt fus* zależeć od *+gen*.

pixel ['pɪksl] (*COMPUT*) *n* piksel *m*.

pixie ['pɪksɪ] *n* elf *m*, skrzat *m*.

pizza ['pi:tsə] *n* pizza *f*.

placard ['plækɑ:d] *n* (*outside newsagent's*) afisz *m*; (*in march*) transparent *m*.

placate [plə'keɪt] *vt* (*person*) udobruchać (*perf*); (*anger*) załagodzić (*perf*).

placatory [plə'keɪtərɪ] *adj* łagodzący, uspokajający.

place [pleɪs] *n* miejsce *nt*; (*in street names*) ≈ ulica *f* ♦ *vt* (*put*) umieszczać (umieścić *perf*); (*identify*: *person*) przypominać (przypomnieć *perf*) sobie; **to take place** mieć miejsce; **at his place** u niego (w domu); **to his place** do niego (do domu); **from place to place** z miejsca na miejsce; **all over the place** wszędzie; **in places** miejscami; **in sb's place** na czyimś miejscu; **in sth's place** na miejscu czegoś; **to take sb's/sth's place** zajmować (zająć *perf*) czyjeś miejsce/miejsce czegoś; **to get a place at college/university** dostawać się (dostać się *perf*) do kolegium/na uniwersytet; **out of place** nie na miejscu; **I feel out of place here** zupełnie tu nie pasuję; **in the first place** po pierwsze; **to be placed first/third** plasować się (uplasować się *perf*) na pierwszym/trzecim miejscu; **to change places with sb** zamieniać się (zamienić się *perf*) (miejscami) z kimś; **to put sb in their place** (*fig*) pokazywać (pokazać *perf*) komuś, gdzie jest jego miejsce; **he's going places** on daleko zajdzie; **it was not my place to say so** nie wypadało mi tego powiedzieć; **to place an order with sb (for sth)** składać (złożyć *perf*) u kogoś zamówienie (na coś); **how are you placed next week?** jak wyglądasz w przyszłym tygodniu (z czasem)?

placebo [plə'si:bəu] *n* (*MED*) placebo *nt inv*; (*fig*) coś *nt* na pocieszenie.

place mat *n* podkładka *f* pod nakrycie.

placement ['pleɪsmənt] *n* (*job*) posada *f*.

place name *n* nazwa *f* miejscowa.

placenta [plə'sɛntə] *n* (*ANAT*) łożysko *nt*.

place of birth *n* miejsce *nt* urodzenia.

place setting *n* nakrycie *nt* (*stołowe*).

placid ['plæsɪd] *adj* spokojny.

plagiarism ['pleɪdʒjərɪzəm] *n* (*activity*) plagiatorstwo *nt*; (*instance*) plagiat *m*.

plagiarist ['pleɪdʒjərɪst] *n* plagiator(ka) *m(f)*.

plagiarize ['pleɪdʒjəraɪz] *vt* dokonywać (dokonać *perf*) plagiatu *+gen*.

plague [pleɪg] *n* (*disease*) dżuma *f*; (*epidemic*) zaraza *f*; (*fig*: *of locusts etc*) plaga *f* ♦ *vt* (*fig*: *problems etc*) nękać; **to plague sb with questions** męczyć *or* zamęczać kogoś pytaniami.

plaice [pleɪs] *n inv* płastuga *f*.

plaid [plæd] *n* materiał *m* w kratę.

plain [pleɪn] *adj* (*unpatterned*) gładki; (*simple*) prosty; (*clear, easily understood*) jasny; (*not beautiful*) nieładny; (*frank*) otwarty ♦ *adv* po prostu ♦ *n* (*area of land*) równina *f*; (*KNITTING*) prawe oczko *nt*; **to make sth plain to sb** dawać (dać *perf*) coś komuś jasno do zrozumienia.

plain chocolate *n* ≈ czekolada *f* deserowa.

plain-clothes ['pleɪnkləuðz] *adj* (*police officer*) ubrany po cywilnemu.

plainly ['pleɪnlɪ] *adv* wyraźnie.

plainness ['pleɪnnɪs] *n* prostota *f*.

plaintiff ['pleɪntɪf] *n* (*JUR*) powód(ka) *m(f)*.

plaintive ['pleɪntɪv] *adj* (*cry, voice*) zawodzący, żałosny; (*song, look*) tęskny.

plait [plæt] *n* (*hair*) warkocz *m*; (*rope*) (pleciona) lina *f* ♦ *vt* (*hair*) pleść, zaplatać (zapleść *perf*); (*rope*) pleść, splatać (spleść *perf*).

plan [plæn] *n* plan *m* ♦ *vt* planować (zaplanować *perf*) ♦ *vi* planować; **to plan to do sth/on doing sth** planować coś (z)robić; **how long do you plan to stay?** jak długo planujesz zostać?; **to plan for** *or* **on** spodziewać się *+gen*.

plane [pleɪn] *n* (*AVIAT*) samolot *m*; (*MATH*) płaszczyzna *f*; (*tool*) strug *m*, hebel *m*; (*also*: **plane tree**) platan *m*; (*fig*) poziom *m* ♦ *vt* (*wood*) heblować (oheblować *perf*) ♦ *vi*: **to plane across water** ślizgać się po wodzie.

planet ['plænɪt] *n* planeta *f*.

planetarium [plænɪ'tɛərɪəm] *n* planetarium *nt*.

plank [plæŋk] *n* (*of wood*) deska *f*; (*fig*: *of policy, campaign*) punkt *m* (programowy).

plankton ['plæŋktən] *n* plankton *m*.

planner ['plænə*] *n* (*town planner*) urbanista (-tka) *m(f)*; (*of project etc*) planista (-tka) *m(f)*.

planning ['plænɪŋ] *n* planowanie *nt*; (*also*: **town planning**) planowanie *nt* przestrzenne, urbanistyka *f*.

planning permission (*BRIT*) *n* zezwolenie *nt* na budowę.

plant [plɑ:nt] *n* (*BOT*) roślina *f*; (*machinery*) maszyny *pl*; (*factory*) fabryka *f*; (*also*: **power plant**) elektrownia *f* ♦ *vt* (*plants, trees*) sadzić (zasadzić *perf*); (*seed, crops*) siać (zasiać *perf*); (*field, garden*: *with plants*) obsadzać (obsadzić *perf*); (: *with crops*) obsiewać (obsiać *perf*); (*microphone, bomb, incriminating evidence*) podkładać (podłożyć *perf*); (*fig*: *object*) lokować (ulokować *perf*); (: *kiss*) składać (złożyć *perf*).

plantation [plæn'teɪʃən] *n* plantacja *f*.

plant pot (*BRIT*) *n* doniczka *f*.

plaque [plæk] *n* (*on building*) tablica *f* (pamiątkowa); (*on teeth*) płytka *f* nazębna.

plasma ['plæzmə] *n* plazma *f*.

plaster ['plɑ:stə*] *n* (*for walls*) tynk *m*; (*also*: **plaster of Paris**) gips *m*; (*BRIT*: *also*: **sticking plaster**) plaster *m*, przylepiec *m* ♦ *vt* tynkować (otynkować *perf*); **in plaster** (*BRIT*) w gipsie; **the walls were plastered with posters** ściany były oblepione plakatami.

plaster cast *n* (*MED*) opatrunek *m* gipsowy, gips *m*; (*model, statue*) odlew *m* gipsowy.

plastered ['plɑ:stəd] *adj* (*inf*: *drunk*) zaprawiony (*inf*).

plasterer ['plɑ:stərə*] *n* tynkarz *m*.

plastic ['plæstɪk] *n* plastik *m* ♦ *adj* (*made of plastic*) plastikowy; (*flexible*) plastyczny; **the plastic arts** sztuki plastyczne.

plastic bag *n* (*shopping bag*) torba *f* plastikowa; (*lunch bag*) woreczek *m* plastikowy *or* foliowy.

plastic explosive *n* plastik *m*.

Plasticine ['plæstɪsi:n] ® *n* plastelina *f*.

plastic surgery *n* (*branch of medicine*) chirurgia *f* plastyczna; (*operation*) operacja *f* plastyczna.

plate [pleɪt] *n* (*dish, plateful*) talerz *m*; (*metal cover*) płyta *f*, pokrywa *f*; (*gold plate, silver plate*) platery *pl*; (*TYP*) płyta *f* drukująca; (*AUT*) tablica *f* (rejestracyjna); (*in book*) rycina *f*; (*dental plate*) proteza *f* (stomatologiczna); (*on door*) tabliczka *f*; **a car with Irish plates** samochód z irlandzką rejestracją.

plateau ['plætəu] (*pl* **plateaus** *or* **plateaux**) *n* (*GEOG*) plateau *nt inv*; (*fig*): **to reach a plateau** stawać (stanąć *perf*) w miejscu.

plateful ['pleɪtful] *n* (pełen) talerz *m*.

plate glass *n* szkło *nt* płaskie walcowane.

platen ['plætən] *n* (*TYP*) wałek *m*.

plate rack *n* suszarka *f* (do naczyń).

platform ['plætfɔ:m] *n* (*for speaker*) podium *nt*, trybuna *f*; (*for landing, loading*) platforma *f*; (*RAIL*) peron *m*; (*BRIT*: *of bus*) pomost *m*, platforma *f*; (*POL*) program *m*; **the train leaves from platform seven** pociąg odjeżdża z peronu siódmego.

platform ticket (*BRIT*: *RAIL*) *n* bilet *m* peronowy, peronówka *f*.

platinum ['plætɪnəm] *n* platyna *f*.

platitude ['plætɪtju:d] *n* frazes *m*.

platonic [plə'tɔnɪk] *adj* platoniczny.

platoon [plə'tu:n] *n* (*MIL*) pluton *m*.

platter ['plætə*] *n* półmisek *m*.

plaudits ['plɔ:dɪts] *npl* uznanie *nt*, aplauz *m*.

plausible ['plɔ:zɪbl] *adj* (*theory, excuse, statement*) prawdopodobny; (*person*) budzący zaufanie.

play [pleɪ] *n* (*THEAT etc*) sztuka *f*; (*activity*) zabawa *f* ♦ *vt* (*hide-and-seek etc*) bawić się w *+acc*; (*football, chess*) grać (zagrać *perf*) w *+acc*; (*team, opponent*) grać (zagrać *perf*) z *+instr*; (*role, piece of music, note*) grać (zagrać *perf*); (*instrument*) grać (zagrać *perf*) na *+loc*; (*tape, record*) puszczać (puścić *perf*) ♦ *vi* (*children*) bawić się (pobawić się *perf*); (*orchestra, band*) grać (zagrać *perf*); (*record, tape, radio*) grać; **to bring sth into play** posłużyć się *(perf)* czymś; **a play on words** gra słów; **he played a trick on us** zrobił nam kawał; **to play for time** (*fig*) grać na zwłokę *or* czas; **to play a part/role in** (*fig*) odgrywać (odegrać *perf*) rolę w *+loc*; **to play safe** nie ryzykować; **to play into sb's hands** podkładać się (podłożyć się *perf*) komuś (*inf*).

►**play about with** *vt fus* = **play around with**.

►**play along with** *vt fus* (*person*) iść (pójść *perf*) na rękę *+dat*; (*plan*) (chwilowo) przystać *(perf)* na *+acc*.

►**play around with** *vt fus* bawić się *+instr*.

►**play at** *vt fus* (*politics etc*) bawić się w *+acc*; **they played at being soldiers** bawili się w żołnierzy.

►**play back** *vt* (*recording*) odtwarzać (odtworzyć *perf*).

►**play down** *vt* pomniejszać (pomniejszyć *perf*) znaczenie *+gen*.

►**play on** *vt fus* (*sb's feelings*) grać (zagrać *perf*)

na *+loc*; (*sb's credulity, prejudices*) wykorzystywać (wykorzystać *perf*) *+acc*; **to play on sb's mind** zatruwać komuś spokój.
►**play up** *vi* (*machine, knee*) nawalać (*inf*); (*children*) szaleć.
play-act ['pleɪækt] *vi* udawać.
playboy ['pleɪbɔɪ] *n* playboy *m*.
player ['pleɪə*] *n* (*in sport, game*) gracz *m*; (*THEAT*) aktor(ka) *m(f)*; (*MUS*): **guitar** *etc* **player** gitarzysta (-tka) *m(f) etc*.
playful ['pleɪful] *adj* (*remark, gesture*) żartobliwy; (*person*) figlarny; (*animal*) rozbrykany.
playgoer ['pleɪgəuə*] *n* teatroman(ka) *m(f)*.
playground ['pleɪgraund] *n* (*in park*) plac *m* zabaw; (*in school*) boisko *nt*.
playgroup ['pleɪgru:p] *n rodzaj środowiskowego przedszkola organizowanego przez grupę zaprzyjaźnionych rodziców*.
playing card ['pleɪɪŋ-] *n* karta *f* do gry.
playing field *n* boisko *nt* sportowe.
playmate ['pleɪmeɪt] *n* towarzysz(ka) *m(f)* zabaw.
play-off ['pleɪɔf] *n* baraż *m*.
playpen ['pleɪpɛn] *n* kojec *m*.
playroom ['pleɪru:m] *n* pokój *m* do zabawy.
playschool ['pleɪsku:l] *n* = **playgroup**.
plaything ['pleɪθɪŋ] *n* zabawka *f*; (*fig*): **we are the playthings of fate** jesteśmy igraszką losu.
playtime ['pleɪtaɪm] *n* przerwa *f* (*w szkole*).
playwright ['pleɪraɪt] *n* dramaturg *m*, dramatopisarz (-arka) *m(f)*.
plc (*BRIT*) *abbr* (= *public limited company*) *duża spółka akcyjna, której akcje mogą być kupowane na giełdzie*; ≈ S.A.
plea [pli:] *n* (*request*) błaganie *nt*, apel *m*; (*excuse*) usprawiedliwienie *nt*; (*JUR*): **plea of (not) guilty** (nie)przyznanie się *nt* do winy.
plead [pli:d] *vt* (*ignorance, ill health*) tłumaczyć się *+instr*; (*JUR*): **to plead sb's case** bronić czyjejś sprawy ♦ *vi* (*JUR*) *odpowiadać na zarzuty przedstawione w akcie oskarżenia*; **to plead with sb to do sth** błagać kogoś, żeby coś (z)robił; **to plead for sth** apelować o coś; **to plead (not) guilty** (nie) przyznawać się ((nie) przyznać się *perf*) do winy.
pleasant ['plɛznt] *adj* przyjemny; (*person*) miły, sympatyczny.
pleasantly ['plɛzntlɪ] *adv* (*surprised*) mile, przyjemnie; (*say, behave*) uprzejmie.
pleasantries ['plɛzntrɪz] *npl* uprzejmości *pl*.
please [pli:z] *excl* proszę ♦ *vt* (*satisfy*) zadowalać (zadowolić *perf*); (*give pleasure*) sprawiać (sprawić *perf*) przyjemność *+dat* ♦ *vi*: **to be eager/anxious to please** bardzo się starać; **yes, please** tak, poproszę; **could I speak to Sue, please?** czy mógłbym rozmawiać z Sue?, czy mogę prosić Sue?; **please miss, ...** (*to teacher*) proszę pani, ...; **he's difficult/impossible to please** trudno/nie sposób mu dogodzić; **do as you please** rób, jak uważasz; **my bill, please** poproszę o rachunek; **please don't cry!** proszę, nie płacz!; **please yourself!** (*inf*) rób, jak chcesz! (*inf*).
pleased [pli:zd] *adj*: **pleased (with/about)** zadowolony (z *+gen*); **pleased to meet you** bardzo mi miło; **we are pleased to inform you that ...** miło nam poinformować Pana/Panią, że ... .
pleasing ['pli:zɪŋ] *adj* przyjemny.
pleasurable ['plɛʒərəbl] *adj* przyjemny.
pleasure ['plɛʒə*] *n* (*happiness, satisfaction*) zadowolenie *nt*; (*fun, enjoyable experience*) przyjemność *f*; **it's a pleasure, my pleasure** cała przyjemność po mojej stronie; **with pleasure** z przyjemnością; **to take pleasure in** (*activity*) znajdować przyjemność w *+loc*; (*sb's progress, success*) czerpać zadowolenie *or* cieszyć się z *+gen*; **is this trip for business or pleasure?** czy to podróż służbowa, czy dla przyjemności?
pleasure boat *n* statek *f* spacerowy.
pleasure cruise *n* wycieczka *f* statkiem.
pleat [pli:t] *n* plisa *f*.
pleb [plɛb] (*inf, pej*) *n* prostak (-aczka) *m(f)*; **plebs** *npl* plebs *m*.
plebiscite ['plɛbɪsɪt] *n* plebiscyt *m*.
plectrum ['plɛktrəm] *n* kostka *f* (*do gry na gitarze itp*).
pledge [plɛdʒ] *n* przyrzeczenie *nt*, zobowiązanie *nt* ♦ *vt* przyrzekać (przyrzec *perf*); **to pledge sb to secrecy** zobowiązywać (zobowiązać *perf*) kogoś do zachowania tajemnicy.
plenary ['pli:nərɪ] *adj* plenarny; **plenary powers** pełnomocnictwo.
plentiful ['plɛntɪful] *adj* (*abundant, copious*) obfity; (*amount*) olbrzymi; **food was plentiful** jedzenia było w bród.
plenty ['plɛntɪ] *n*: **plenty of** (*food, people*) pełno *or* dużo *+gen*; (*money, jobs, houses*) dużo *+gen*; **there had been plenty going on** bardzo dużo się działo; **we've got plenty of time to get there** mamy dużo czasu (na to), żeby tam dotrzeć; **five should be plenty** pięć powinno (w zupełności) wystarczyć.
plethora ['plɛθərə] *n*: **a plethora of** mrowie *nt +gen*.
pleurisy ['pluərɪsɪ] *n* zapalenie *nt* opłucnej.
Plexiglas ['plɛksɪglɑ:s] ® (*US*) *n* pleksiglas *m*.
pliable ['plaɪəbl] *adj* giętki; (*fig*: *easily controlled*) uległy; (: *easily influenced*) podatny na wpływy.
pliant ['plaɪənt] *adj* = **pliable**.
pliers ['plaɪəz] *npl* szczypce *pl*, kombinerki *pl*.
plight [plaɪt] *n* ciężkie położenie *nt*.
plimsolls ['plɪmsəlz] (*BRIT*) *npl* tenisówki *pl*.
plinth [plɪnθ] *n* cokół *m*, postument *m*.
PLO *n abbr* (= *Palestine Liberation Organization*) OWP *nt inv*.
plod [plɔd] *vi* wlec się (powlec się *perf*); (*fig*) harować.

plodder ['plɔdə*] (*pej*) *n*: **to be a plodder** guzdrać się (z robotą).

plonk [plɔŋk] (*inf*) *n* (*BRIT*: *wine*) bełt *m* (*inf*) ♦ *vt*: **he plonked himself down on the sofa** walnął się na kanapę (*inf*); **just plonk it down here** rzuć to gdzieś tutaj.

plot [plɔt] *n* (*secret plan*) spisek *m*; (*of story, play, film*) fabuła *f*; (*of land*) działka *f* ♦ *vt* knuć (uknuć *perf*); (*AVIAT, NAUT*) nanosić (nanieść *perf*) na mapę; (*MATH*) nanosić (nanieść *perf*) (*na wykres itp*) ♦ *vi* spiskować; **vegetable plot** (*BRIT*) działka (warzywna).

plotter ['plɔtə*] *n* (*instrument*) koordynatograf *m*; (*COMPUT*) ploter *m*.

plough [plau] (*US* **plow**) *n* pług *m* ♦ *vt* orać (zaorać *perf*); **to plough money into** wkładać (włożyć *perf*) pieniądze w *+acc*.

►**plough back** *vt* (*COMM*) reinwestować.

►**plough into** *vt fus* (*car*: *crowd*) wjeżdżać (wjechać *perf*) w *+acc*.

ploughman ['plaumən] (*US* **plowman**) *n* oracz *m*.

ploughman's lunch ['plaumənz-] (*BRIT*) *n* *posiłek składający się z chleba, sera i marynowanych warzyw*.

plow (*US*) = **plough**.

ploy [plɔɪ] *n* chwyt *m*, sztuczka *f*.

pluck [plʌk] *vt* (*fruit, flower, leaf*) zrywać (zerwać *perf*); (*bird*) skubać (oskubać *perf*); (*eyebrows*) wyskubywać (wyskubać *perf*); (*strings*) uderzać (uderzyć *perf*) w *+acc* ♦ *n* odwaga *f*; **to pluck up courage** zbierać się (zebrać się *perf*) na odwagę.

plucky ['plʌkɪ] (*inf*) *adj* odważny.

plug [plʌg] *n* (*ELEC*) wtyczka *f*; (*in sink, bath*) korek *m*; (*AUT*: *also*: **spark(ing) plug**) świeca *f* ♦ *vt* zatykać (zatkać *perf*); (*inf*) zachwalać; **to give sb/sth a plug** reklamować (zareklamować *perf*) kogoś/coś.

►**plug in** *vt* (*ELEC*) włączać (włączyć *perf*) (do kontaktu) ♦ *vi*: **where does this plug in?** gdzie to się włącza?

plughole ['plʌghəul] (*BRIT*) *n* otwór *m* odpływowy, odpływ *m*.

plum [plʌm] *n* śliwka *f* ♦ *adj* (*inf*): **a plum job/part** wymarzona praca *f*/rola *f*.

plumage ['plu:mɪdʒ] *n* (*of bird*) upierzenie *nt*.

plumb [plʌm] *vt*: **to plumb the depths of bad taste** być skrajnym przykładem złego smaku.

►**plumb in** *vt* przyłączać (przyłączyć *perf*) do instalacji wodociągowej.

plumber ['plʌmə*] *n* hydraulik *m*, instalator *m*.

plumbing ['plʌmɪŋ] *n* (*piping*) instalacja *f or* sieć *f* wodno-kanalizacyjna; (*trade*) instalatorstwo *nt*.

plumb line *n* pion *m* (*przyrząd*).

plume [plu:m] *n* (*of bird*) pióro *nt*; (*on helmet, horse's head*) pióropusz *m*; **plume of smoke** słup dymu.

plummet ['plʌmɪt] *vi* (*bird*) spadać (spaść *perf*); (*aircraft*) runąć (*perf*); (*price etc*) gwałtownie zniżkować.

plump [plʌmp] *adj* pulchny.

►**plump for** (*inf*) *vt fus* wybierać (wybrać *perf*) *+acc*.

►**plump up** *vt* (*cushion, pillow*) poprawiać (poprawić *perf*).

plunder ['plʌndə*] *n* (*activity*) grabież *f*; (*stolen things*) łup *m* ♦ *vt* plądrować (splądrować *perf*).

plunge [plʌndʒ] *n* (*of bird*) nurkowanie *nt*; (*of person*) skok *m* (*do morza itp*); (*fig*: *of prices, rates*) gwałtowny spadek *m* ♦ *vt* (*hand*: *into pocket*) wkładać (włożyć *perf*); (*knife*) zatapiać (zatopić *perf*) ♦ *vi* (*fall*) wpadać (wpaść *perf*); (*dive*: *bird*) nurkować (zanurkować *perf*); (: *person*) wskakiwać (wskoczyć *perf*); (*fig*: *prices, rates*) spadać (spaść *perf*) (gwałtownie); **to take the plunge** (*fig*) podejmować (podjąć *perf*) życiową decyzję; **the room was plunged into darkness** pokój ogarnęły ciemności.

plunger ['plʌndʒə*] *n* (*for sink*) przepychacz *m*.

plunging ['plʌndʒɪŋ] *adj*: **plunging neckline** głęboki dekolt *m*.

pluperfect [plu:'pə:fɪkt] *n*: **the pluperfect** czas *m* zaprzeszły.

plural ['pluərl] *n* liczba *f* mnoga ♦ *adj* (*number*) mnogi *m*; **the plural form of the noun** rzeczownik w liczbie mnogiej; **the first person plural** pierwsza osoba liczby mnogiej.

plus [plʌs] *n* (*lit, fig*) plus *m* ♦ *prep* plus *+nom*; (*MATH*): **two plus three** dwa dodać *or* plus trzy; **ten/twenty plus** ponad dziesięć/dwadzieścia, powyżej dziesięciu/dwudziestu; **B plus** (*SCOL*) ≈ dobry plus.

plus fours *npl rodzaj bryczesów do gry w golfa.*

plush [plʌʃ] *adj* (*hotel etc*) luksusowy ♦ *n* plusz *m*.

plutonium [plu:'təunɪəm] *n* (*CHEM*) pluton *m*.

ply [plaɪ] *vt* (*trade*) uprawiać; (*tool*) posługiwać się *+instr* ♦ *vi* (*ship*) kursować ♦ *n* (*of wool, rope*) grubość *f*; (*also*: **plywood**) sklejka *f*; **to ply sb with questions** zasypywać (zasypać *perf*) kogoś pytaniami; **to ply sb with drink** wlewać w kogoś alkohol.

plywood ['plaɪwud] *n* sklejka *f*.

PM (*BRIT*) *abbr* = **Prime Minister**.

p.m. *adv abbr* (= *post meridiem*) po południu.

PMT *abbr* = **premenstrual tension**.

pneumatic [nju:'mætɪk] *adj* pneumatyczny.

pneumatic drill *n* młot *m* pneumatyczny.

pneumonia [nju:'məunɪə] *n* zapalenie *nt* płuc.

PO *n abbr* = **Post Office**; (*MIL*) = **petty officer**.

p.o. *abbr* = **postal order**.

POA (*BRIT*) *n abbr* (= *Prison Officers' Association*) *związek zawodowy pracowników więziennictwa.*

poach [pəutʃ] *vt* (*steal*) kłusować na *+acc*; (*cook*: *egg*) gotować (ugotować *perf*) bez skorupki; (: *fish etc*) gotować (ugotować *perf*) we wrzątku ♦ *vi* kłusować.

poached [pəutʃt] *adj* (*egg*) w koszulce *post*; (*fish*) gotowany we wrzątku.

poacher ['pəutʃə*] *n* kłusownik (-iczka) *m(f)*.
PO Box *n abbr* = **Post Office Box** skr. poczt.
pocket ['pɔkɪt] *n* kieszeń *f*; (*fig: small area*) ognisko *nt* (*fig*) ♦ *vt* wkładać (włożyć *perf*) do kieszeni; (*steal*) przywłaszczać (przywłaszczyć *perf*) sobie; **to be out of pocket** (*BRIT*) ponieść (*perf*) stratę.
pocketbook ['pɔkɪtbuk] *n* (*US: wallet*) portfel *m*; (*notebook*) notes *m* kieszonkowy; (*US: handbag*) kopertówka *f*.
pocket calculator *n* kalkulator *m* kieszonkowy.
pocket knife *n* scyzoryk *m*.
pocket money *n* kieszonkowe *nt*.
pocket-sized ['pɔkɪtsaɪzd] *adj* kieszonkowy.
pockmarked ['pɔkmɑ:kt] *adj* ospowaty, dziobaty.
pod [pɔd] *n* strączek *m*.
podgy ['pɔdʒɪ] (*inf*) *adj* pękaty, tłusty.
podiatrist [pɔ'di:ətrɪst] (*US*) *n* podiatra *m* (*lekarz leczący choroby stóp*).
podiatry [pɔ'di:ətrɪ] (*US*) *n* podiatria *f* (*leczenie chorób stóp*).
podium ['pəudɪəm] *n* podium *nt*.
POE *n abbr* (= *port of embarkation*) port *m* załadunku; (= *port of entry*) port *m* przywozowy.
poem ['pəuɪm] *n* wiersz *m*.
poet ['pəuɪt] *n* poeta (-tka) *m(f)*.
poetic [pəu'ɛtɪk] *adj* poetycki; (*fig*) poetyczny.
poetic justice *n*: **it was poetic justice** sprawiedliwości stało się zadość.
poetic licence *n* licencja *f* poetycka, licentia *f* poetica.
poet laureate *n* poeta *m* narodowy.
poetry ['pəuɪtrɪ] *n* poezja *f*.
poignant ['pɔɪnjənt] *adj* (*emotion*) przejmujący; (*pain*) dojmujący; (*moment*) wzruszający; (*taste, remark*) cierpki; (*smell*) ostry.
point [pɔɪnt] *n* (*also GEOM*) punkt *m*; (*sharpened tip*) czubek *m*, szpic *m*; (*purpose*) sens *m*; (*significant part*) cecha *f*, istota *f*; (*subject, idea*) kwestia *f*; (*ELEC: also*: **power point**) gniazdko *nt*; (*also*: **decimal point**) przecinek *m* ♦ *vt* wskazywać (wskazać *perf*) ♦ *vi* (*with finger etc*) wskazywać (wskazać *perf*); **points** *npl* (*AUT*) styki *pl*; (*RAIL*) zwrotnica *f*; **at this point** w tym momencie; **to point at** wskazywać (wskazać *perf*) na *+acc*; **to point sth at sb** celować (wycelować *perf*) czymś w kogoś, kierować (skierować *perf*) coś w stronę kogoś; **two point five (= 2.5)** dwa przecinek pięć (= 2,5); **good/bad points** mocne/słabe punkty; **to be on the point of doing sth** mieć właśnie coś zrobić; **to make a point of doing sth** dokładać (dołożyć *perf*) starań, aby coś zrobić; **to get the point** pojmować (pojąć *perf*) istotę sprawy; **to miss the point** nie dostrzegać (nie dostrzec *perf*) istoty sprawy; **to come/get to the point** przechodzić (przejść *perf*) do sedna sprawy; **to make one's point** przedstawiać (przedstawić *perf*) swoje argumenty; **that's the whole point!** w tym cały problem!; **to be beside the point** nie mieć nic do rzeczy; **there's no point (in doing it)** nie ma sensu (tego robić); **you've got a point there!** tu się z tobą zgadzam!; **in point of fact** właściwie, w rzeczy samej; **point of sale** (*COMM*) punkt sprzedaży.
▸**point out** *vt* (*person, object*) wskazywać (wskazać *perf*); (*in debate etc*) wykazywać (wykazać *perf*), zwracać (zwrócić *perf*) uwagę na *+acc*.
▸**point to** *vt fus* wskazywać (wskazać *perf*) na *+acc*.
point-blank ['pɔɪnt'blæŋk] *adv* (*ask*) wprost, bez ogródek; (*refuse*) kategorycznie; (*also*: **at point-blank range**) z bliska.
point duty (*BRIT*) *n*: **to be on point duty** kierować ruchem drogowym.
pointed ['pɔɪntɪd] *adj* (*chin, nose*) spiczasty; (*stick, pencil*) ostry, zaostrzony; (*fig: remark*) uszczypliwy; (*: look*) znaczący.
pointedly ['pɔɪntɪdlɪ] *adv* (*remark*) uszczypliwie; (*look*) znacząco.
pointer ['pɔɪntə*] *n* (*on machine, scale*) wskaźnik *m*, strzałka *f*; (*fig: advice*) wskazówka *f*; (*stick*) wskaźnik *m*; (*dog*) pointer *m*.
pointing ['pɔɪntɪŋ] *n* spoinowanie *nt*.
pointless ['pɔɪntlɪs] *adj* bezcelowy.
point of view *n* punkt *m* widzenia; **from a practical point of view** z praktycznego punktu widzenia.
poise [pɔɪz] *n* (*composure*) opanowanie *nt*, pewność *f* siebie; (*balance*) równowaga *f*, postawa *f* ♦ *vt*: **to be poised for** (*fig*) być gotowym *or* przygotowanym do *+gen*.
poison ['pɔɪzn] *n* trucizna *f* ♦ *vt* truć (otruć *perf*).
poisoning ['pɔɪznɪŋ] *n* zatrucie *nt*.
poisonous ['pɔɪznəs] *adj* (*substance*) trujący; (*snake*) jadowity; (*fig: rumours*) obrzydliwy.
poison-pen letter [pɔɪzn'pɛn] *n* obrzydliwy anonim *m*.
poke [pəuk] *vt* szturchać (szturchnąć *perf*) ♦ *n* szturchnięcie *nt*; **to poke sth in(to)** wtykać (wetknąć *perf*) coś do *+gen*; **to poke the fire** grzebać w piecu; **to poke one's head out of the window** wystawiać (wystawić *perf*) głowę przez okno; **to poke fun at sb** stroić sobie z kogoś żarty.
▸**poke about** *vi* myszkować.
▸**poke out** *vi* wystawać.
poker ['pəukə*] *n* pogrzebacz *m*; (*CARDS*) poker *m*.
poker-faced ['pəukə'feɪst] *adj* z kamienną twarzą *post*.
poky ['pəukɪ] (*pej*) *adj* (*room etc*) przyciasny (*inf*).
Poland ['pəulənd] *n* Polska *f*.
polar ['pəulə*] *adj* polarny.
polar bear *n* niedźwiedź *m* polarny.
polarize ['pəulərаɪz] *vt* polaryzować (spolaryzować *perf*).

Pole [pəul] *n* Polak (-lka) *m(f)*.
pole [pəul] *n* (*post*) słup *m*; (*stick*) drąg *m*; (*also*: **flag pole**) maszt *m*; (*GEOG, ELEC*) biegun *m*; **to be poles apart** (*fig*) znajdować się na przeciwstawnych biegunach.
pole bean (*US*) *n* fasola *f* tyczkowa.
polecat ['pəulkæt] *n* (*ZOOL*) tchórz *m*.
Pol. Econ. ['pɔlıkɔn] *n abbr* (= *political economy*) ekon. polit.
polemic [pɔ'lɛmık] *n* polemika *f*.
pole star ['pəulstɑ:*] *n* Gwiazda *f* Polarna.
pole vault ['pəulvɔ:lt] *n* skok *m* o tyczce.
police [pə'li:s] *npl* policja *f* ♦ *vt* patrolować; **a large number of police were hurt** wielu policjantów odniosło obrażenia.
police car *n* samochód *m or* radiowóz *m* policyjny.
police constable (*BRIT*) *n* policjant *m* (*szeregowy*).
police department (*US*) *n* wydział *m* policji.
police force *n* policja *f*.
policeman [pə'li:smən] (*irreg like*: **man**) *n* policjant *m*.
police officer *n* = **police constable**.
police record *n*: **to have a police record** być notowanym (w kartotece policyjnej).
police state *n* państwo *nt* policyjne.
police station *n* komisariat *m* policji.
policewoman [pə'li:swumən] (*irreg like*: **woman**) *n* policjantka *f*.
policy ['pɔlısı] *n* (*POL, ECON*) polityka *f*; (*also*: **insurance policy**) polisa *f* ubezpieczeniowa; **to take out a policy** ubezpieczać się (ubezpieczyć się *perf*).
policy holder *n* ubezpieczony (-na) *m(f)*, posiadacz(ka) *m(f)* polisy ubezpieczeniowej.
polio ['pəulıəu] *n* choroba *f* Heinego-Medina, polio *nt inv*.
Polish ['pəulıʃ] *adj* polski ♦ *n* (język *m*) polski.
polish ['pɔlıʃ] *n* (*for shoes, floors*) pasta *f*; (*for furniture*) środek *m* do polerowania; (*shine*) połysk *m*; (*fig*) polor *m*, blask *m* ♦ *vt* (*shoes, furniture*) polerować (wypolerować *perf*); (*floor etc*) froterować (wyfroterować *perf*).
►**polish off** *vt* (*work*) wygładzać (wygładzić *perf*); (*food*) pałaszować (spałaszować *perf*).
polished ['pɔlıʃt] *adj* (*fig*) wytworny.
polite [pə'laıt] *adj* (*person*) uprzejmy, grzeczny; (*company*) kulturalny; **it's not polite to do that** to niegrzecznie robić coś takiego.
politely [pə'laıtlı] *adv* uprzejmie, grzecznie.
politeness [pə'laıtnıs] *n* uprzejmość *f*, grzeczność.
politic ['pɔlıtık] *adj*: **it would be politic to ...** byłoby rozsądnie *+infin*.
political [pə'lıtıkl] *adj* polityczny; (*person*) rozpolitykowany.
political asylum *n* azyl *m* polityczny.
politically [pə'lıtıklı] *adv* politycznie; **politically correct** politycznie poprawny.
politician [pɔlı'tıʃən] *n* polityk *m*.
politics ['pɔlıtıks] *n* polityka *f* ♦ *npl* przekonania *pl* polityczne.
polka ['pɔlkə] *n* polka *f*.
poll [pəul] *n* (*also*: **opinion poll**) ankieta *f*, badanie *nt* opinii publicznej; (*election*) głosowanie *nt*, wybory *pl* ♦ *vt* (*people*) ankietować; (*votes*) zdobywać (zdobyć *perf*); **to go to the polls** (*voters*) iść (pójść *perf*) do urn wyborczych; (*government*) stawać (stanąć *perf*) do wyborów.
pollen ['pɔlən] *n* pyłek *m* kwiatowy.
pollen count *n* stężenie *nt* pyłków w powietrzu.
pollinate ['pɔlıneıt] *vt* zapylać (zapylić *perf*).
polling booth ['pəulıŋ-] (*BRIT*) *n* kabina *f* do głosowania.
polling day (*BRIT*) *n* dzień *m* wyborów.
polling station (*BRIT*) *n* lokal *m* wyborczy.
pollute [pə'lu:t] *vt* zanieczyszczać (zanieczyścić *perf*).
pollution [pə'lu:ʃən] *n* (*contamination*) zanieczyszczenie *nt*; (*substances*) zanieczyszczenia *pl*.
polo ['pəuləu] *n* polo *nt inv*.
polo neck *n* golf *m* (*sweter*).
polo-necked ['pəuləunɛkt] *adj* z golfem *post*.
poltergeist ['pɔ:ltəgaıst] *n* złośliwy duch *m*.
poly ['pɔlı] (*BRIT*) *n abbr* = **polytechnic**.
poly... ['pɔlı] *pref* poli..., wielo... .
polyester [pɔlı'ɛstə*] *n* poliester *m*.
polygamy [pə'lıgəmı] *n* poligamia *f*, wielożeństwo *nt*.
Polynesia [pɔlı'ni:zıə] *n* Polinezja *f*.
Polynesian [pɔlı'ni:zıən] *adj* polinezyjski ♦ *n* Polinezyjczyk (-jka) *m(f)*.
polyp ['pɔlıp] (*MED*) *n* polip *m*.
polystyrene [pɔlı'staıri:n] *n* polistyren *m*.
polytechnic [pɔlı'tɛknık] *n* politechnika *f*.
polythene ['pɔlıθi:n] *n* polietylen *m*.
polythene bag *n* torba *f* polietylenowa.
polyurethane [pɔlı'juərıθeın] *n* poliuretan *m*.
pomegranate ['pɔmıgrænıt] *n* granat *m* (*owoc*).
pommel ['pɔml] *n* kula *f* (*wzniesiony łęk siodła*) ♦ *vt* (*US*) = **pummel**.
pomp [pɔmp] *n* pompa *f*, przepych *m*.
pompom ['pɔmpɔm] *n* pompon *m*.
pompous ['pɔmpəs] (*pej*) *adj* pompatyczny (*pej*).
pond [pɔnd] *n* staw *m*.
ponder ['pɔndə*] *vt* rozważać ♦ *vi* rozmyślać.
ponderous ['pɔndərəs] *adj* (*style*) ciężki.
pong [pɔŋ] (*BRIT*: *inf*) *n* smród *m*, fetor *m* (*inf*) ♦ *vi* cuchnąć.
pontiff ['pɔntıf] *n*: **the pontiff** papież *m*.
pontificate [pɔn'tıfıkeıt] *vi* perorować.
pontoon [pɔn'tu:n] *n* ponton *m*; (*CARDS*) oko *nt*.
pony ['pəunı] *n* kucyk *m*.
ponytail ['pəunıteıl] *n* (*hairstyle*) koński ogon *m*;

she had her hair in a ponytail była uczesana w koński ogon.
pony trekking (*BRIT*) *n* wycieczka *f* konna.
poodle ['pu:dl] *n* pudel *m*.
pooh-pooh [pu:'pu:] *vt* wyśmiewać (wyśmiać *perf*).
pool [pu:l] *n* (*pond*) sadzawka *f*; (*also*: **swimming pool**) basen *m*; (*of light*) krąg *m*; (*of blood etc*) kałuża *f*; (*SPORT*) bilard *m*; (*of cash*) wspólny fundusz *m*; (*of labour*) zasoby *pl*, rezerwy *pl*; (*CARDS*) pula *f*; (*COMM*) kartel *m* ♦ *vt* (*money*) składać (złożyć *perf*) do wspólnego funduszu; (*knowledge, resources*) tworzyć (stworzyć *perf*) (wspólny) bank +*gen*; **pools** *npl* totalizator *m* sportowy; **typing pool,** (*US*) **secretary pool** hala maszyn; **to do the (football) pools** grać (zagrać *perf*) w totalizatora.
poor [puə*] *adj* (*not rich*) biedny, ubogi; (*bad*) słaby, kiepski ♦ *npl*: **the poor** biedni *vir pl*; **poor in** ubogi w +*acc*; **poor thing** biedactwo.
poorly ['puəlı] *adj* chory ♦ *adv* słabo, kiepsko.
pop [pɔp] *n* (*MUS*) pop *m*; (*drink*) napój *m* gazowany *or* musujący; (*US*: *inf*: *father*) tata *m*; (*sound*) huk *m*, trzask *m* ♦ *vi* (*balloon*) pękać (pęknąć *perf*); (*cork*) strzelać (strzelić *perf*); (*eyes*) wychodzić (wyjść *perf*) na wierzch ♦ *vt*: **to pop sth into/onto/on** *etc* wsuwać (wsunąć *perf*) coś do +*gen*/na +*acc*; **she popped her head out of the window** wystawiła głowę przez okno.
►**pop in** *vi* wpadać (wpaść *perf*).
►**pop out** *vi* wyskakiwać (wyskoczyć *perf*).
►**pop up** *vi* pojawiać się (pojawić się *perf*).
popcorn ['pɔpkɔ:n] *n* prażona kukurydza *f*.
pope [pəup] *n* papież *m*.
poplar ['pɔplə*] *n* topola *f*.
poplin ['pɔplın] *n* popelina *f*.
popper ['pɔpə*] (*BRIT*: *inf*) *n* zatrzask *m* (*przy ubraniu, torebce itp*).
poppy ['pɔpı] *n* mak *m*.
poppycock ['pɔpıkɔk] (*inf*) *n* banialuki *pl*.
Popsicle ['pɔpsıkl] ® (*US*) *n lizak z mrożonej wody z sokiem owocowym.*
pop star *n* gwiazda *f* muzyki pop.
populace ['pɔpjuləs] *n*: **the populace** społeczeństwo *nt*.
popular ['pɔpjulə*] *adj* (*well-liked, fashionable, non-specialist*) popularny; (*general*) powszechny; (*POL*: *movement, cause*) (ogólno)społeczny; **to be popular with** cieszyć się popularnością wśród *or* u +*gen*.
popularity [pɔpju'lærıtı] *n* popularność *f*.
popularize ['pɔpjuləraız] *vt* popularyzować (spopularyzować *perf*).
popularly ['pɔpjuləlı] *adv* (*believed, held*) powszechnie; (*called, known as*) potocznie.
population [pɔpju'leıʃən] *n* (*inhabitants*) ludność *f*; (*number of people*) liczba *f* ludności *or* mieszkańców; (*of species*) populacja *f*; **the civilian population** ludność cywilna; **a prison population of 44,000** 44 tysiące osób przebywających w więzieniach.
population explosion *n* eksplozja *f* demograficzna.
populous ['pɔpjuləs] *adj* gęsto zaludniony.
porcelain ['pɔ:slın] *n* porcelana *f*.
porch [pɔ:tʃ] *n* ganek *m*; (*US*) weranda *f*.
porcupine ['pɔ:kjupaın] *n* jeżozwierz *m*.
pore [pɔ:*] *n* por *m* ♦ *vi*: **to pore over** (*book, article*) zagłębiać się w +*acc*; (*map, chart*) studiować +*acc*.
pork [pɔ:k] *n* wieprzowina *f*.
pork chop *n* kotlet *m* schabowy.
pornographic [pɔ:nə'græfık] *adj* pornograficzny.
pornography [pɔ:'nɔgrəfı] *n* pornografia *f*.
porous ['pɔ:rəs] *adj* porowaty.
porpoise ['pɔ:pəs] *n* morświn *m*.
porridge ['pɔrıdʒ] *n* owsianka *f*.
port [pɔ:t] *n* (*harbour*) port *m*; (*NAUT*) lewa burta *f*; (*wine*) porto *nt inv*; (*COMPUT*) port *m*, gniazdo *nt* wejściowe ♦ *adj* portowy; **to port** (*NAUT*) z lewej; **port of call** (*NAUT*) port zawinięcia *or* pośredni.
portable ['pɔ:təbl] *adj* przenośny.
portal ['pɔ:tl] *n* portal *m*.
portcullis [pɔ:t'kʌlıs] *n* (spuszczana) krata *f* (*w bramie twierdzy*).
portend [pɔ:'tɛnd] *vt* zwiastować.
portent ['pɔ:tɛnt] *n* zwiastun *m*.
porter ['pɔ:tə*] *n* (*for luggage*) bagażowy *m*, tragarz *m*; (*doorkeeper*) portier(ka) *m(f)*; (*US*) *pracownik kolei obsługujący pasażerów w wagonie z miejscówkami lub sypialnym.*
portfolio [pɔ:t'fəulıəu] *n* (*for papers, drawings*) teczka *f*; (*POL*) teka *f*; (*FIN*) portfel *m*.
porthole ['pɔ:thəul] *n* luk *m*.
portico ['pɔ:tıkəu] *n* portyk *m*.
portion ['pɔ:ʃən] *n* (*part*) część *f*; (*helping*) porcja *f*.
portly ['pɔ:tlı] *adj* korpulentny.
portrait ['pɔ:treıt] *n* portret *m*.
portray [pɔ:'treı] *vt* (*depict*) przedstawiać (przedstawić *perf*), portretować (sportretować *perf*); (*actor*) odtwarzać (odtworzyć *perf*) rolę +*gen*.
portrayal [pɔ:'treıəl] *n* (*depiction*) przedstawienie *nt*, portret *m*; (*actor's*) odtworzenie *nt* roli.
Portugal ['pɔ:tjugl] *n* Portugalia *f*.
Portuguese [pɔ:tju'gi:z] *adj* portugalski ♦ *n inv* (*person*) Portugalczyk (-lka) *m(f)*; (*LING*) (język *m*) portugalski.
Portuguese man-of-war [-mænəv'wɔ:*] *n* (*ZOOL*) żeglarz *m* portugalski.
pose [pəuz] *n* poza *f* ♦ *vt* (*question*) stawiać (postawić *perf*); (*problem, danger*) stanowić ♦ *vi*: **to pose as** podawać się za +*acc*; **to pose for** (*painting etc*) pozować do +*gen*; **to strike a pose** przybierać (przybrać *perf*) pozę.

poser ['pəuzə*] *n* (*problem, puzzle*) łamigłówka *f*; (*person*) = **poseur**.
poseur [pəu'zə:*] (*pej*) *n* pozer(ka) *m(f)* (*pej*).
posh [pɔʃ] (*inf*) *adj* (*smart*) elegancki; (*upper-class*) z wyższych sfer *post*; **to talk posh** *mówić z akcentem charakterystycznym dla wyższych sfer.*
position [pə'zɪʃən] *n* (*place, situation*) położenie *nt*; (*of body, in competition, society*) pozycja *f*; (*job, attitude*) stanowisko *nt* ♦ *vt* umieszczać (umieścić *perf*); **to position o.s.** lokować się (ulokować się *perf*); **to be in a position to do sth** być w stanie coś (z)robić.
positive ['pɔzɪtɪv] *adj* (*certain*) pewny; (*hopeful, confident, affirmative*) pozytywny; (*decisive*) stanowczy; (*MATH, ELEC*) dodatni; **the current flows from positive to negative** prąd płynie od plusa do minusa.
positively ['pɔzɪtɪvlɪ] *adv* (*expressing emphasis*) wręcz; (*encouragingly*) pozytywnie; (*definitely*) stanowczo; (*ELEC*) dodatnio; **the body has been positively identified** ciało zostało zidentyfikowane.
posse ['pɔsɪ] (*US*) *n* oddział *m* pościgowy.
possess [pə'zɛs] *vt* (*have, own*) posiadać; (*obsess*) opętywać (opętać *perf*); **like a man possessed** jak opętany; **whatever possessed you to do it?** co cię napadło, żeby to zrobić?
possession [pə'zɛʃən] *n* (*state of possessing*) posiadanie *nt*; **possessions** *npl* dobytek *m*; **to take possession of** brać (wziąć *perf*) w posiadanie *+acc*.
possessive [pə'zɛsɪv] *adj* (*of another person*) zaborczy; (*of things*) zazdrosny; (*LING*) dzierżawczy.
possessiveness [pə'zɛsɪvnɪs] *n* zaborczość *f*.
possessor [pə'zɛsə*] *n* posiadacz(ka) *m(f)*.
possibility [pɔsɪ'bɪlɪtɪ] *n* możliwość *f*.
possible ['pɔsɪbl] *adj* możliwy; **it's possible** (to jest) możliwe; **it's possible to do it** to się da zrobić; **as far as possible** na tyle, na ile (to) możliwe, w miarę możliwości; **if possible** jeśli to możliwe; **as soon as possible** (możliwie) jak najszybciej.
possibly ['pɔsɪblɪ] *adv* (*perhaps*) być może; **what could they possibly want?** czegóż mogą chcieć?; **if you possibly can** jeśli tylko możesz; **he will do everything he possibly can** zrobi wszystko, co tylko możliwe; **I couldn't possibly afford it** w żaden sposób nie mogłabym sobie na to pozwolić.
post [pəust] *n* (*BRIT*) poczta *f*; (*pole*) słup *m*, pal *m*; (*job*) stanowisko *nt*; (*MIL*) posterunek *m*; (*also*: **trading post**) faktoria *f*; (*also*: **goalpost**) słupek *m* ♦ *vt* (*BRIT*: *letter*) wysyłać (wysłać *perf*); (*MIL*: *guards*) wystawiać (wystawić *perf*); **to post sb to** oddelegowywać (oddelegować *perf*) kogoś do *+gen*; **by post** (*BRIT*) pocztą; **by return of post** (*BRIT*) odwrotną pocztą; **I'll keep you posted** będę cię informować na bieżąco.
▸**post up** *vt* wywieszać (wywiesić *perf*).
post... [pəust] *pref* po... .
postage ['pəustɪdʒ] *n* opłata *f* pocztowa.
postage stamp *n* znaczek *m* pocztowy.
postal ['pəustl] *adj* pocztowy.
postal order (*BRIT*) *n* przekaz *m* pocztowy.
postbag ['pəustbæg] (*BRIT*) *n* listy *pl*, korespondencja *f*; (*postman's*) torba *f* (listonosza).
postbox ['pəustbɔks] (*BRIT*) *n* skrzynka *f* pocztowa.
postcard ['pəustkɑ:d] *n* pocztówka *f*, widokówka *f*.
postcode ['pəustkəud] (*BRIT*) *n* kod *m* pocztowy.
postdate ['pəust'deɪt] *vt* postdatować *(perf)*.
poster ['pəustə*] *n* plakat *m*, afisz *m*.
poste restante [pəust'rɛstɑ̃:nt] (*BRIT*) *n* poste restante *nt inv*.
posterior [pɔs'tɪərɪə*] (*humorous*) *n* siedzenie *nt*, tyłek *m* (*inf*).
posterity [pɔs'tɛrɪtɪ] *n* potomność *f*.
poster paint *n* farba *f* plakatowa.
post exchange (*US*) *n sklep na terenie jednostki wojskowej.*
post-free [pəust'fri:] (*BRIT*) *adj* wolny od opłaty pocztowej ♦ *adv* bez opłaty pocztowej.
postgraduate ['pəust'grædjuət] *n* (*working for MA etc*) ≈ magistrant(ka) *m(f)*; (*working for PhD etc*) ≈ doktorant(ka) *m(f)*.
posthumous ['pɔstjuməs] *adj* pośmiertny.
posthumously ['pɔstjuməslɪ] *adv* pośmiertnie.
posting ['pəustɪŋ] *n* posada *f* (*na którą jest się oddelegowanym, np. za granicę*).
postman ['pəustmən] (*irreg like*: **man**) *n* listonosz *m*.
postmark ['pəustmɑ:k] *n* stempel *m* pocztowy.
postmaster ['pəustmɑ:stə*] *n* naczelnik *m* poczty.
Postmaster General *n* ≈ Minister *m* Łączności.
postmistress ['pəustmɪstrɪs] *n* naczelniczka *f* poczty.
postmortem [pəust'mɔ:təm] *n* (*MED*) sekcja *f* zwłok; (*fig*) analiza *f or* badanie *m* (*przyczyn niepowodzenia*).
postnatal ['pəust'neɪtl] *adj* poporodowy.
post office *n* urząd *m* pocztowy; **the Post Office** ≈ Poczta Polska.
Post Office Box *n* skrytka *f* pocztowa.
post-paid ['pəust'peɪd] (*US*) *adj, adv* = **post-free**.
postpone [pəus'pəun] *vt* odraczać (odroczyć *perf*), odkładać (odłożyć *perf*).
postscript ['pəustskrɪpt] *n* postscriptum *nt*.
postulate ['pɔstjuleɪt] *vt* postulować.
posture ['pɔstʃə*] *n* postura *f*, postawa *f*; (*fig*) postawa *f* ♦ *vi* (*pej*) pozować.
postwar [pəust'wɔ:*] *adj* powojenny.
posy ['pəuzɪ] *n* bukiecik *m*.
pot [pɔt] *n* (*for cooking*) garnek *m*; (*teapot, coffee pot, potful*) dzbanek *m*; (*for jam etc*) słoik *m*; (*flowerpot*) doniczka *f*; (*inf*: *marijuana*) traw(k)a *f*

(*inf*) ♦ *vt* sadzić (posadzić *perf*) w doniczce; **to go to pot** (*inf*) schodzić (zejść *perf*) na psy; **pots of** (*BRIT*: *inf*) kupa +*gen* (*inf*).

potash ['pɔtæʃ] *n* potaż *m*.

potassium [pə'tæsɪəm] *n* potas *m*.

potato [pə'teɪtəu] (*pl* **potatoes**) *n* ziemniak *m*.

potato chips (*US*) *npl* = **potato crisps**.

potato crisps *npl* chipsy *pl* ziemniaczane.

potato flour *n* mąka *f* ziemniaczana.

potato peeler *n* nóż *m* do obierania ziemniaków.

potbellied ['pɔtbɛlɪd] *adj* (*from overeating*) brzuchaty; (*from malnutrition*) z rozdętym brzuchem *post*.

potency ['pəutnsɪ] *n* (*sexual*) potencja *f*; (*of drink, drug*) moc *f*.

potent ['pəutnt] *adj* (*weapon*) potężny; (*argument*) przekonujący; (*drink*) mocny; (*man*) sprawny seksualnie.

potentate ['pəutnteɪt] *n* potentat(ka) *m(f)*.

potential [pə'tɛnʃl] *adj* potencjalny ♦ *n* (*talent, ability*) potencjał *m*; (*promise, possibilities*) zadatki *pl*; **has she got executive potential?** czy ma zdolności kierownicze?; **many children do not achieve their full potential** wiele dzieci nie osiąga pełni swoich możliwości.

potentially [pə'tɛnʃəlɪ] *adv* potencjalnie; **it's potentially dangerous** to jest potencjalnie niebezpieczne.

pothole ['pɔthəul] *n* (*in road*) wybój *m*; (*cave*) jaskinia *f*.

potholing ['pɔthəulɪŋ] *n*: **to go potholing** chodzić po jaskiniach.

potion ['pəuʃən] *n* (*medicine*) płynny lek *m*; (*poison*) trujący napój *m*; (*charm*) napój *m* magiczny, eliksir *m*.

potluck [pɔt'lʌk] *n*: **to take potluck** zadowalać się (zadowolić się *perf*) tym, co jest.

potpourri [pəu'puri:] *n aromatyczna mieszanka suszonych płatków kwiatów, liści i ziół*; (*fig*) mieszanina *f*, zbieranina *f*.

pot roast *n* duszone mięso *nt*.

pot shot *n*: **to take a pot shot at** strzelać (strzelić *perf*) na chybił trafił do +*gen*.

potted ['pɔtɪd] *adj* (*food*) wekowany; (*plant*) doniczkowy; (*history, biography*) skrócony.

potter ['pɔtə*] *n* garncarz (-arka) *m(f)* ♦ *vi*: **to potter around, potter about** (*BRIT*) pałętać się; **to potter around the house** kręcić się po domu.

potter's wheel *n* koło *nt* garncarskie.

pottery ['pɔtərɪ] *n* (*pots, dishes*) wyroby *pl* garncarskie; (*work, hobby*) garncarstwo *nt*; (*factory, workshop*) garncarnia *f*; **a piece of pottery** naczynie gliniane.

potty ['pɔtɪ] *adj* (*inf*) stuknięty (*inf*) ♦ *n* nocniczek *m*.

potty-training ['pɔtɪtreɪnɪŋ] *n przyzwyczajanie dziecka do korzystania z nocniczka*.

pouch [pautʃ] *n* (*for tobacco*) kapciuch *m*; (*for coins*) sakiewka *f*; (*ZOOL*) torba *f*.

pouf(fe) [pu:f] *n* puf *m*.

poultice ['pəultɪs] *n* gorący okład *m*.

poultry ['pəultrɪ] *n* drób *m*.

poultry farm *n* ferma *f* drobiarska.

poultry farmer *n* hodowca *m* drobiu.

pounce [pauns] *vi*: **to pounce on** rzucać się (rzucić się *perf*) na +*acc*; (*fig*: *mistakes*) wytykać (wytknąć *perf*) +*acc*.

pound [paund] *n* (*unit of money, weight*) funt *m*; (*for cars*) *miejsce odholowywania nieprawidłowo zaparkowanych samochodów*; (*for dogs etc*) *schronisko, w którym zwierzęta są przechowywane przez określony czas, a następnie usypiane, jeśli nie znajdą właściciela* ♦ *vt* (*beat*) walić w +*acc*; (*crush*) tłuc (utłuc *perf*); (*with guns*) ostrzeliwać (ostrzelać *perf*) ♦ *vi* (*heart*) walić; **half a pound of** pół funta +*gen*; **a five-pound note** banknot pięciofuntowy; **my head is pounding** w głowie mi huczy.

pounding ['paundɪŋ] *n*: **to take a pounding** (*fig*) dostawać (dostać *perf*) lanie.

pound sterling *n* funt *m* szterling.

pour [pɔ:*] *vt* lać, nalewać (nalać *perf*) ♦ *vi* (*water, blood, sweat*) lać się; (*rain*) lać; **to pour sb some tea** nalewać (nalać *perf*) komuś herbaty; **it is pouring with rain** leje jak z cebra.

►**pour away** *vt* wylewać (wylać *perf*).

►**pour in** *vi* (*people, crowd*) wlewać się; (*letters*) (masowo) napływać.

►**pour out** *vi* (*people, crowd*) wylewać się ♦ *vt* nalewać (nalać *perf*); (*fig*: *thoughts, feelings*) wylewać (wylać *perf*) z siebie.

pouring ['pɔ:rɪŋ] *adj*: **pouring rain** ulewny deszcz *m*.

pout [paut] *vi* wydymać (wydąć *perf*) wargi.

poverty ['pɔvətɪ] *n* bieda *f*, ubóstwo *nt*.

poverty-stricken ['pɔvətɪstrɪkn] *adj* dotknięty biedą *or* ubóstwem.

poverty trap (*BRIT*) *n* zamknięte *or* zaklęte koło *nt* ubóstwa.

POW *n abbr* = **prisoner of war**.

powder ['paudə*] *n* (*granules*) proszek *m*; (*face powder*) puder *m* (kosmetyczny) ♦ *vt*: **to powder one's face** pudrować (upudrować *perf or* przypudrować *perf*) twarz; **I must powder my nose** (*euphemism*) ≈ muszę umyć ręce.

powder compact *n* puderniczka *f*.

powdered milk ['paudəd-] *n* mleko *nt* w proszku.

powder puff *n* puszek *m* do pudru.

powder room (*euphemism*) *n* damska toaleta *f*.

power ['pauə*] *n* (*control*) władza *f*; (*ability*: *of speech etc*) zdolność *f*; (*legal right*) uprawnienie *nt*; (*of engine, electricity*) moc *f*; (*strength*: *lit, fig*) siła *f*; **two to the power of three** dwa do potęgi trzeciej; **she did everything in her power to help** zrobiła wszystko, co było w jej mocy, by pomóc; **a world power** światowe mocarstwo; **the powers that be** ci na górze (*inf*); **to be in power** być u władzy; **to turn the power on** włączać (włączyć *perf*) zasilanie.

powerboat ['pauəbəut] *n* szybka łódź *f* motorowa.
power cut *n* przerwa *f* w dopływie energii elektrycznej.
powered ['pauəd] *adj*: **powered by** napędzany *+instr*; **nuclear-powered submarine** atomowa łódź podwodna.
power failure *n* przerwa *f* w dopływie energii elektrycznej.
powerful ['pauəful] *adj* (*strong*) mocny, silny; (*influential*) wpływowy; (*ruler*) potężny.
powerhouse ['pauəhaus] *n*: **to be a powerhouse of ideas** być niewyczerpanym w pomysłach.
powerless ['pauəlɪs] *adj* bezsilny; **to be powerless to do sth** nie być w stanie czegoś zrobić.
power line *n* linia *f* elektroenergetyczna.
power point (*BRIT*) *n* gniazdo *nt* sieciowe.
power station *n* elektrownia *f*.
power steering *n* (*AUT*) kierowanie *nt* ze wspomaganiem.
powwow ['pauwau] *n* narada *f*.
pp *abbr* (= *per procurationem*) z up., w/z.
pp. *abbr* (= *pages*) s.
PPE (*BRIT*: *UNIV*) *n abbr* (= *philosophy, politics and economics*).
PPS *n abbr* (= *post postscriptum*) PPS; (*BRIT*: = *parliamentary private secretary*) *poseł-pomocnik ministra*.
PQ (*CANADA*) *abbr* (= *Province of Quebec*).
PR *n abbr* = **public relations**; (*POL*) = **proportional representation** ♦ *abbr* (*US*: *POST*: = *Puerto Rico*).
Pr. *abbr* = **prince** ks.
practicability [præktɪkə'bɪlɪtɪ] *n* wykonalność *f*; (*of legislation etc*) możliwość *f* wprowadzenia w życie.
practicable ['præktɪkəbl] *adj* wykonalny; **as far as is practicable** w takim stopniu, w jakim jest to możliwe.
practical ['præktɪkl] *adj* praktyczny; (*good with hands*) sprawny manualnie; (*ideas, methods*) możliwy (do zastosowania) w praktyce.
practicality [præktɪ'kælɪtɪ] *n* praktyczność *f*; **practicalities** *npl* strona *f* praktyczna.
practical joke *n* psikus *m*, figiel *m*.
practically ['præktɪklɪ] *adv* praktycznie.
practice ['præktɪs] *n* praktyka *f*; (*custom*) zwyczaj *m*; (*exercise, training*) wprawa *f* ♦ *vt, vi* (*US*) = **practise**; **in practice** w praktyce; **I am out of practice** wyszedłem z wprawy; **2 hours' piano practice** dwugodzinne ćwiczenie gry na pianinie; **it's common** *or* **standard practice** (jest) to powszechna *or* typowa praktyka; **to put sth into practice** stosować (zastosować *perf*) coś w praktyce; **target practice** ćwiczenia na strzelnicy.
practice match (*SPORT*) *n* spotkanie *nt* kontrolne.
practise ['præktɪs] (*US* **practice**) *vt* ćwiczyć; (*SPORT*) trenować; (*custom, activity*) praktykować; (*profession*) wykonywać ♦ *vi* ćwiczyć; (*sportsman*) trenować; (*lawyer, doctor*) praktykować, prowadzić praktykę.
practised ['præktɪst] (*BRIT*) *adj* (*person*) doświadczony; (*performance*) przećwiczony, wyćwiczony; **with a practised eye** wprawnym okiem.
practising ['præktɪsɪŋ] *adj* (*Christian, lawyer*) praktykujący; (*homosexual*) aktywny.
practitioner [præk'tɪʃənə*] *n*: **medical practitioner** terapeuta (-tka) *m(f)*.
pragmatic [præg'mætɪk] *adj* pragmatyczny.
pragmatism ['prægmətɪzəm] *n* pragmatyzm *m*.
Prague [prɑ:g] *n* Praga *f*.
prairie ['prɛərɪ] *n* preria *f*; **the prairies** (*US*) preria.
praise [preɪz] *n* pochwała *f* ♦ *vt* chwalić (pochwalić *perf*); (*REL*) chwalić.
praiseworthy ['preɪzwə:ðɪ] *adj* (*behaviour*) godny pochwały; (*attempt*) chwalebny.
pram [præm] (*BRIT*) *n* wózek *m* dziecięcy.
prance [prɑ:ns] *vi* (*horse*) tańczyć; **to prance along/up and down/about** (*person*) paradować.
prank [præŋk] *n* psikus *m*.
prattle ['prætl] *vi* paplać.
prawn [prɔ:n] *n* krewetka *f*; **prawn cocktail** koktajl z krewetek.
pray [preɪ] *vi* modlić się (pomodlić się *perf*); **to pray for/that** (*REL*) modlić się (pomodlić się *perf*) o *+acc*/, żeby; (*fig*) błagać o *+acc*/, żeby.
prayer [prɛə*] *n* modlitwa *f*; **to say one's prayers** modlić się (pomodlić się *perf*).
prayer book *n* modlitewnik *m*.
pre... ['pri:] *pref* pre..., przed...; **pre-1970** sprzed 1970 roku.
preach [pri:tʃ] *vi* wygłaszać (wygłosić *perf*) kazanie ♦ *vt* (*sermon*) wygłaszać (wygłosić *perf*); (*ideology etc*) propagować; **to preach (at sb)** (*fig*) prawić (komuś) kazanie; **to preach to the converted** (*fig*) nawracać nawróconych; **don't preach!** nie truj! (*inf*).
preacher ['pri:tʃə*] *n* kaznodzieja *m*.
preamble [prɪ'æmbl] *n* wstęp *m*; (*in document*) preambuła *f* (*fml*).
prearranged [pri:ə'reɪndʒd] *adj* umówiony.
precarious [prɪ'kɛərɪəs] *adj* niebezpieczny; (*position*) niepewny.
precaution [prɪ'kɔ:ʃən] *n* zabezpieczenie *nt*; **to take precautions** przedsiębrać (przedsięwziąć *perf*) środki ostrożności.
precautionary [prɪ'kɔ:ʃənrɪ] *adj*: **precautionary measure** środek *m* ostrożności.
precede [prɪ'si:d] *vt* (*event, words*) poprzedzać (poprzedzić *perf*); (*person*) iść przed *+instr*; **she**

preceded us, we were preceded by her szła przed nami.
precedence ['prɛsɪdəns] *n* pierwszeństwo *nt*; **to take precedence over** mieć pierwszeństwo przed *+instr*.
precedent ['prɛsɪdənt] *n* precedens *m*; **to establish** *or* **set a precedent** ustanawiać (ustanowić *perf*) *or* stwarzać (stworzyć *perf*) precedens.
preceding [prɪ'si:dɪŋ] *adj* poprzedni.
precept ['pri:sɛpt] *n* zasada *f*.
precinct ['pri:sɪŋkt] *n* (*US*) dzielnica *f*; **precincts** *npl* (*of cathedral, palace*) teren *m*; **pedestrian precinct** (*BRIT*) strefa ruchu pieszego; **shopping precinct** (*BRIT*) centrum handlowe (*zamknięte dla ruchu samochodowego*).
precious ['prɛʃəs] *adj* cenny; (*pej*) afektowany; (*ironic*): **your precious brother** twój kochany braciszek ♦ *adv* (*inf*): **precious little/few** bardzo niewiele/niewielu.
precious stone *n* kamień *m* szlachetny.
precipice ['prɛsɪpɪs] *n* urwisko *nt*, przepaść *f*; (*fig*): **at the edge of an economic precipice** na skraju katastrofy ekonomicznej.
precipitate [*vb* prɪ'sɪpɪteɪt, *adj* prɪ'sɪpɪtɪt] *vt* przyśpieszać (przyśpieszyć *perf*) ♦ *adj* pośpieszny.
precipitation [prɪsɪpɪ'teɪʃən] *n* opad *m* atmosferyczny.
precipitous [prɪ'sɪpɪtəs] *adj* (*steep*) urwisty; (*hasty*) pośpieszny.
précis ['preɪsi:] *n inv* streszczenie *nt*.
precise [prɪ'saɪs] *adj* (*nature, position*) dokładny; (*instructions, definition*) precyzyjny, dokładny; **to be precise** ściśle(j) mówiąc.
precisely [prɪ'saɪslɪ] *adv* dokładnie; **precisely!** (no) właśnie!, dokładnie!
precision [prɪ'sɪʒən] *n* precyzja *f*, dokładność *f*.
preclude [prɪ'klu:d] *vt* wykluczać (wykluczyć *perf*); **to preclude sb from doing sth** uniemożliwiać (uniemożliwić *perf*) komuś (z)robienie czegoś.
precocious [prɪ'kəuʃəs] *adj* (*child*) rozwinięty nad wiek; (*talent*) wcześnie rozwinięty.
preconceived [pri:kən'si:vd] *adj* z góry przyjęty *or* założony.
preconception ['pri:kən'sɛpʃən] *n* z góry przyjęta opinia *f*; (*negative*) uprzedzenie *nt*.
precondition ['pri:kən'dɪʃən] *n* warunek *m* wstępny.
precursor [pri:'kə:sə*] *n* prekursor *m*.
predate ['pri:'deɪt] *vt* poprzedzać (poprzedzić *perf*), być wcześniejszym od *+gen*.
predator ['prɛdətə*] *n* drapieżnik *m*; (*fig*) sęp *m*.
predatory ['prɛdətərɪ] *adj* drapieżny.
predecessor ['pri:dɪsɛsə*] *n* poprzednik (-iczka) *m(f)*.
predestination [pri:dɛstɪ'neɪʃən] *n* predestynacja *f*.
predetermine [pri:dɪ'tə:mɪn] *vt* ustalać (ustalić *perf*) z góry.
predicament [prɪ'dɪkəmənt] *n* kłopotliwe położenie *nt*.
predicate ['prɛdɪkɪt] *n* (*LING*) orzeczenie *nt*.
predict [prɪ'dɪkt] *vt* przewidywać (przewidzieć *perf*).
predictable [prɪ'dɪktəbl] *adj* przewidywalny, do przewidzenia *post*.
predictably [prɪ'dɪktəblɪ] *adv* w sposób możliwy do przewidzenia; **predictably she didn't arrive** jak można było przewidzieć, nie przyjechała.
prediction [prɪ'dɪkʃən] *n* przewidywanie *nt*.
predispose ['pri:dɪs'pəuz] *vt* usposabiać (usposobić *perf*).
predominance [prɪ'dɔmɪnəns] *n* przewaga *f*.
predominant [prɪ'dɔmɪnənt] *adj* dominujący; **to become predominant** zaczynać (zacząć *perf*) dominować.
predominantly [prɪ'dɔmɪnəntlɪ] *adv* w przeważającej mierze *or* części, przeważnie.
predominate [prɪ'dɔmɪneɪt] *vi* przeważać.
pre-eminent [pri:'ɛmɪnənt] *adj* wyróżniający się.
pre-empt [pri:'ɛmt] *vt* (*plan*) udaremniać (udaremnić *perf*); (*decision*) uprzedzać (uprzedzić *perf*).
pre-emptive [pri:'ɛmtɪv] *adj*: **pre-emptive strike** uderzenie *nt* wyprzedzające.
preen [pri:n] *vt*: **to preen o.s.** (*bird*) muskać się; (*person*) stroić się.
prefab ['pri:fæb] *n* dom *m* z prefabrykatów.
prefabricated [pri:'fæbrɪkeɪtɪd] *adj* prefabrykowany.
preface ['prɛfəs] *n* przedmowa *f* ♦ *vt*: **to preface with/by** poprzedzać (poprzedzić *perf*) *+instr*.
prefect ['pri:fɛkt] (*BRIT*) *n starszy uczeń pomagający nauczycielowi w utrzymaniu porządku*.
prefer [prɪ'fə:*] *vt* woleć, preferować (*fml*); **to prefer charges** (*JUR*) stawiać (postawić *perf*) zarzut; **to prefer doing sth** *or* **to do sth** woleć coś robić; **I prefer coffee to tea** wolę kawę od herbaty.
preferable ['prɛfrəbl] *adj* bardziej pożądany.
preferably ['prɛfrəblɪ] *adv* najlepiej.
preference ['prɛfrəns] *n* preferencja *f*; **to have a preference for** woleć *or* preferować *+acc*; **in preference to sth** zamiast czegoś; **to give preference to** dawać (dać *perf*) preferencje *+dat*; **by preference** z wyboru.
preference shares (*BRIT*) *npl* akcje *pl* uprzywilejowane.
preferential [prɛfə'rɛnʃəl] *adj*: **preferential treatment** traktowanie *nt* preferencyjne.
preferred stock [prɪ'fəd-] (*US*) *npl* = **preference shares**.
prefix ['pri:fɪks] *n* przedrostek *m*.
pregnancy ['prɛgnənsɪ] *n* ciąża *f*.
pregnancy test *n* test *m* ciążowy.
pregnant ['prɛgnənt] *adj* w ciąży *post*, ciężarny; (*pause etc*) znaczący; **pregnant with** (*fig*)

nabrzmiały *+instr*; **three months pregnant** w trzecim miesiącu ciąży.
prehistoric ['pri:hɪs'tɔrɪk] *adj* prehistoryczny.
prehistory [pri:'hɪstərɪ] *n* prehistoria *f*.
prejudge [pri:'dʒʌdʒ] *vt* przedwcześnie osądzać (osądzić *perf*).
prejudice ['prɛdʒudɪs] *n* (*against*) uprzedzenie *nt*; (*in favour*) przychylne nastawienie *nt* ♦ *vt* (*sb's chances*) pogarszać (pogorszyć *perf*); **without prejudice to** (*fml*) bez szkody dla *+gen*; **to prejudice sb in favour of** nastawiać (nastawiać *perf*) kogoś przychylnie do *+gen*; **to prejudice sb against** uprzedzać (uprzedzić *perf*) kogoś do *+gen*.
prejudiced ['prɛdʒudɪst] *adj* (*person*: *against*) uprzedzony; (: *in favour*) przychylnie nastawiony; (*view*) stronniczy.
prelate ['prɛlət] *n* prałat *m*.
preliminaries [prɪ'lɪmɪnərɪz] *npl* wstęp *m*.
preliminary [prɪ'lɪmɪnərɪ] *adj* wstępny.
prelude ['prɛlju:d] *n* preludium *nt*; **a prelude to** (*fig*) przygrywka do *+gen*.
premarital ['pri:'mærɪtl] *adj* przedmałżeński.
premature ['prɛmətʃuə*] *adj* przedwczesny; **you are being a little premature** działasz nieco zbyt pochopnie; **premature baby** wcześniak.
premeditated [pri:'mɛdɪteɪtɪd] *adj* (*act*) przemyślany; (*crime*) z premedytacją *post*.
premeditation [pri:mɛdɪ'teɪʃən] *n* premedytacja *f*.
premenstrual tension [pri:'mɛnstruəl-] *n* napięcie *nt* przedmiesiączkowe.
premier ['prɛmɪə*] *adj* główny ♦ *n* premier *m*.
première ['prɛmɪɛə*] *n* premiera *f*.
premise ['prɛmɪs] *n* (*of argument*) przesłanka *f*; **premises** *npl* teren *m*, siedziba *f*; **on the premises** na miejscu.
premium ['pri:mɪəm] *n* (*extra money*) premia *f*; (*INSURANCE*) składka *f* ubezpieczeniowa; **at a premium** (*expensive*) sprzedawany po wyższej cenie; (*hard to get*) poszukiwany.
premium bond (*BRIT*) *n* obligacja *f* pożyczki premiowej.
premium deal *n* oferta *f* specjalna.
premium gasoline (*US*) *n* etylina *f* super.
premonition [prɛmə'nɪʃən] *n* przeczucie *nt*.
preoccupation [pri:ɔkju'peɪʃən] *n*: **preoccupation with** zaabsorbowanie *nt +instr*.
preoccupied [pri:'ɔkjupaɪd] *adj* zaabsorbowany.
prep [prɛp] (*BRIT*: *SCOL*) *adj abbr*: **prep school** (= *preparatory school*) *prywatna szkoła podstawowa* ♦ *n abbr* (= *preparation*) przygotowanie *nt*.
prepaid [pri:'peɪd] *adj* opłacony; **pre-paid envelope** koperta zwrotna (*ze znaczkiem*).
preparation [prɛpə'reɪʃən] *n* (*activity*) przygotowanie *nt*; (*medicine, cosmetic*) preparat *m*; (*food*) przetwór *m*; **preparations** *npl* przygotowania *pl*; **in preparation for sth** w przygotowaniu na *+acc*.
preparatory [prɪ'pærətərɪ] *adj* przygotowawczy; **preparatory to sth/to doing sth** przed *+instr*.
preparatory school *n* (*BRIT*) *prywatna szkoła podstawowa*; (*US*) *prywatna szkoła średnia przygotowująca do studiów wyższych*.
prepare [prɪ'pɛə*] *vt* przygotowywać (przygotować *perf*) ♦ *vi*: **to prepare for** (*action, exam*) przygotowywać się (przygotować się *perf*) do *+gen*; (*sth new or unpleasant*) przygotowywać się (przygotować się *perf*) na *+acc*.
prepared [prɪ'pɛəd] *adj*: **prepared to** gotowy *+infin*; **prepared for** (*action, exam*) przygotowany do *+gen*; (*sth new or unpleasant*) przygotowany na *+acc*.
preponderance [prɪ'pɔndərns] *n* przewaga *f*.
preposition [prɛpə'zɪʃən] *n* przyimek *m*.
prepossessing [pri:pə'zɛsɪŋ] *adj* ujmujący.
preposterous [prɪ'pɔstərəs] *adj* niedorzeczny.
prep school *n* = **preparatory school**.
prerecorded ['pri:rɪ'kɔ:dɪd] *adj* (*broadcast*) nagrany wcześniej; (*cassette*) nagrany.
prerequisite [pri:'rɛkwɪzɪt] *n* warunek *m* wstępny.
prerogative [prɪ'rɔgətɪv] *n* przywilej *m*, prerogatywa *f* (*fml*).
Presbyterian [prɛzbɪ'tɪərɪən] *adj* prezbiteriański ♦ *n* prezbiterianin (-anka) *m(f)*.
presbytery ['prɛzbɪtərɪ] *n* prezbiterium *nt*.
preschool ['pri:'sku:l] *adj* (*age*) przedszkolny; (*child*) w wieku przedszkolnym *post*.
prescribe [prɪ'skraɪb] *vt* (*MED*) przepisywać (przepisać *perf*); (*demand*) nakazywać (nakazać *perf*).
prescribed [prɪ'skraɪbd] *adj* nakazany.
prescription [prɪ'skrɪpʃən] *n* (*slip of paper*) recepta *f*; (*medicine*) przepisane lekarstwo *nt*; **to make up** *or (US)* **fill a prescription** realizować (zrealizować *perf*) receptę; **"only available on prescription"** „wydaje się z przepisu lekarza".
prescription charges (*BRIT*) *npl* opłata *f* za realizację recepty.
prescriptive [prɪ'skrɪptɪv] *adj* (*system*) nakazowy; (*LING*) preskryptywny.
presence ['prɛzns] *n* (*being somewhere*) obecność *f*; (*personality*) prezencja *f*; (*spirit*) istota *f*; **in sb's presence** w czyjejś obecności.
presence of mind *n* przytomność *f* umysłu.
present ['prɛznt] *adj* obecny ♦ *n* (*gift*) prezent *m*; (*LING*: *also*: **present tense**) czas *m* teraźniejszy; (*actuality*): **the present** teraźniejszość *f* ♦ *vt* (*prize*) wręczać (wręczyć *perf*); (*difficulty, threat*) stanowić; (*person, information*) przedstawiać (przedstawić *perf*); (*radio/tv programme*) prowadzić (poprowadzić *perf*); **to present sth to sb, to present sb with sth** wręczać (wręczyć *perf*) coś komuś; **to present sb to** przedstawiać (przedstawić *perf*) kogoś *+dat*; **to give sb a present** dawać (dać *perf*) komuś prezent; **to be present at** być obecnym na *+loc*; **those present**

obecni; **if an opportunity presented itself** gdyby nadarzyła się okazja; **at present** obecnie.
presentable [prɪ'zɛntəbl] *adj* (*person*) o dobrej prezencji *post*; **to be/look presentable** dobrze się prezentować.
presentation [prɛzn'teɪʃən] *n* (*of plan etc*) przedstawienie *nt*, prezentacja *f*; (*appearance*) wygląd *m*; (*lecture*) wystąpienie *nt*; **on presentation of** za okazaniem *+gen*.
present-day ['prɛzntdeɪ] *adj* dzisiejszy, współczesny.
presenter [prɪ'zɛntə*] *n* prezenter(ka) *m(f)*.
presently ['prɛzntlɪ] *adv* (*soon, soon after*) wkrótce; (*currently*) obecnie.
present participle *n* imiesłów *m* czynny.
preservation [prɛzə'veɪʃən] *n* (*of peace*) zachowanie *nt*; (*of standards*) utrzymanie *nt*.
preservative [prɪ'zə:vətɪv] *n* (*for food*) konserwant *m*; (*for wood, metal*) środek *m* konserwujący.
preserve [prɪ'zə:v] *vt* (*customs, independence etc*) zachowywać (zachować *perf*); (*building, manuscript, food*) konserwować (zakonserwować *perf*) ♦ *n* (*often pl*: *jam etc*) zaprawy *pl*; (*for game, fish*) rezerwat *m*; **a male/working class preserve** (*fig*) dziedzina zdominowana przez mężczyzn/klasę robotniczą.
preshrunk ['pri:'ʃrʌŋk] *adj* (*jeans etc*) zdekatyzowany.
preside [prɪ'zaɪd] *vi*: **to preside over** (*meeting*) przewodniczyć *+dat*; (*event*) kierować (pokierować *perf*) *+instr*.
presidency ['prɛzɪdənsɪ] *n* (*POL*: *position*) urząd *m* prezydenta; (: *function, period of time*) prezydentura *f*; (*US*: *of company*) prezesura *f*.
president ['prɛzɪdənt] *n* (*POL*) prezydent *m*; (*of organization*) prezes *m*, przewodniczący(ca) *m(f)*.
presidential [prɛzɪ'dɛnʃl] *adj* (*election, campaign*) prezydencki; **presidential adviser/representative** doradca/przedstawiciel prezydenta; **presidential candidate** kandydat na prezydenta.
press [prɛs] *n* (*also*: **printing press**) prasa *f* (drukarska); (*of switch, bell*) naciśnięcie *nt*; (*for wine*) prasa *f* ♦ *vt* (*one thing against another*) przyciskać (przycisnąć *perf*); (*button, switch*) naciskać (nacisnąć *perf*); (*clothes*) prasować (wyprasować *perf*); (*person*) naciskać (nacisnąć *perf*) (na *+acc*); (*idea, demand*) forsować (przeforsować *perf*); (*squeeze*) ściskać (ścisnąć *perf*) ♦ *vi* przeciskać się (przecisnąć się *perf*); **the Press** prasa; **to press sth (up)on sb** wciskać (wcisnąć *perf*) coś komuś; **to press for** domagać się *+gen*; **we are pressed for time/money** mamy mało czasu/pieniędzy; **to press sb for an answer** żądać (zażądać *perf*) od kogoś odpowiedzi; **to press sb to do** *or* **into doing sth** (*urge*) zmuszać (zmusić *perf*) kogoś do zrobienia czegoś; **to press charges (against sb)** wnosić (wnieść *perf*) oskarżenie (przeciwko komuś); **to go to press** iść (pójść *perf*) do druku; **to be in press** być w druku; **to be in the press** być w gazetach.
►**press on** *vi* nie ustawać w wysiłkach.
press agency *n* agencja *f* prasowa.
press clipping *n* wycinek *m* prasowy.
press conference *n* konferencja *f* prasowa.
press cutting *n* = **press clipping**.
press-gang ['prɛsgæŋ] *vt*: **to press-gang sb into doing sth** zmuszać (zmusić *perf*) kogoś do zrobienia czegoś.
pressing ['prɛsɪŋ] *adj* pilny, nie cierpiący zwłoki.
press release *n* oświadczenie *nt* prasowe.
press stud (*BRIT*) *n* zatrzask *m*.
press-up ['prɛsʌp] (*BRIT*) *n* pompka *f* (*ćwiczenie*).
pressure ['prɛʃə*] *n* (*physical force*) nacisk *m*, ucisk *m*; (*of air, water*) ciśnienie *nt*; (*fig*: *demand*) naciski *pl*; (: *stress*) napięcie *nt* ♦ *vt*: **to pressure sb (to do sth)** zmuszać (zmusić *perf*) kogoś (do zrobienia czegoś); **to put pressure on sb (to do sth)** wywierać (wywrzeć *perf*) presję na kogoś (, by coś zrobił); **high/low pressure** wysokie/niskie ciśnienie.
pressure cooker *n* szybkowar *m*.
pressure gauge *n* ciśnieniomierz *m*.
pressure group *n* grupa *f* nacisku.
pressurize ['prɛʃəraɪz] *vt*: **to pressurize sb (to do/into doing sth)** wywierać (wywrzeć *perf*) nacisk(i) na kogoś (, by coś zrobił).
pressurized ['prɛʃəraɪzd] *adj* ciśnieniowy.
Prestel ['prɛstɛl] ® *n* wideotekst *m*.
prestige [prɛs'ti:ʒ] *n* prestiż *m*.
prestigious [prɛs'tɪdʒəs] *adj* prestiżowy.
presumably [prɪ'zju:məblɪ] *adv* przypuszczalnie; **presumably he did it** prawdopodobnie to zrobił.
presume [prɪ'zju:m] *vt*: **to presume that ...** przyjmować (przyjąć *perf*), że ...; **to presume to** odważać się (odważyć się *perf*) *+infin*; **I presume so** tak przypuszczam, przypuszczam, że tak.
presumption [prɪ'zʌmpʃən] *n* (*supposition*) założenie *nt*, domniemanie *nt*; (*audacity*) arogancja *f*.
presumptuous [prɪ'zʌmpʃəs] *adj* arogancki.
presuppose [pri:sə'pəuz] *vt* zakładać.
presupposition [pri:sʌpə'zɪʃən] *n* założenie *nt*, presupozycja *f* (*fml*).
pre-tax [pri:'tæks] *adj* przed opodatkowaniem *post*.
pretence [prɪ'tɛns] (*US* **pretense**) *n* pozory *pl*; **under false pretences** pod fałszywym pretekstem; **she is devoid of all pretence** jest całkowicie bezpretensjonalna; **to make a pretence of doing sth** udawać (udać *perf*), że się coś robi.
pretend [prɪ'tɛnd] *vt* udawać (udać *perf*) ♦ *vi* udawać; **I don't pretend to understand it** nie twierdzę, że to rozumiem.

pretense [prɪ'tɛns] (*US*) *n* = **pretence**.
pretentious [prɪ'tɛnʃəs] *adj* pretensjonalny.
preterite ['prɛtərɪt] (*LING*) *n* czas *m* przeszły.
pretext ['pri:tɛkst] *n* pretekst *m*; **on** *or* **under the pretext of doing sth** pod pretekstem robienia czegoś.
pretty ['prɪtɪ] *adj* ładny ♦ *adv*: **pretty clever/good** całkiem bystry/niezły.
prevail [prɪ'veɪl] *vi* (*be current*) przeważać, dominować; (*triumph*) brać (wziąć *perf*) górę; **to prevail (up)on sb to do sth** nakłonić *(perf)* kogoś, żeby coś zrobił.
prevailing [prɪ'veɪlɪŋ] *adj* (*wind*) przeważający; (*fashion, view*) panujący, powszechny.
prevalent ['prɛvələnt] *adj* powszechny.
prevaricate [prɪ'værɪkeɪt] *vi* lawirować.
prevarication [prɪværɪ'keɪʃən] *n* lawirowanie *nt*, wykręty *pl*.
prevent [prɪ'vɛnt] *vt* zapobiegać (zapobiec *perf*) *+dat*; **to prevent sb from doing sth** uniemożliwiać (uniemożliwić *perf*) komuś zrobienie czegoś; **to prevent sth from happening** zapobiegać (zapobiec *perf*) czemuś, nie dopuszczać (nie dopuścić *perf*) do czegoś.
preventable [prɪ'vɛntəbl] *adj* do uniknięcia *post*; **preventable diseases** choroby, którym można zapobiegać.
preventative [prɪ'vɛntətɪv] *adj* = **preventive**.
prevention [prɪ'vɛnʃən] *n* zapobieganie *nt*, profilaktyka *f*.
preventive [prɪ'vɛntɪv] *adj* zapobiegawczy, profilaktyczny.
preview ['pri:vju:] *n* pokaz *m* przedpremierowy.
previous ['pri:vɪəs] *adj* poprzedni; **previous to** przed *+instr*.
previously ['pri:vɪəslɪ] *adv* (*before*) wcześniej; (*formerly*) poprzednio.
prewar [pri:'wɔ:*] *adj* przedwojenny.
prey [preɪ] *n* zdobycz *f*; **to fall prey to** (*fig*) padać (paść *perf*) ofiarą *+gen*.
►**prey on** *vt fus* polować na *+acc*; **it was preying on his mind** nie dawało mu to spokoju.
price [praɪs] *n* cena *f* ♦ *vt* wyceniać (wycenić *perf*); **what is the price of...?** ile kosztuje *+nom*?; **to go up** *or* **rise in price** drożeć (zdrożeć *perf*); **to put a price on sth** (*fig*) przeliczać (przeliczyć *perf*) coś na pieniądze; **to price o.s. out of the market** nie utrzymać się *(perf)* na rynku ze względu na zawyżone ceny; **what price his promises now?** cóż są teraz warte jego obietnice?; **he regained his freedom, but at a price** odzyskał wolność, ale drogo za to zapłacił.
price control *n* regulacja *f* cen.
price-cutting ['praɪskʌtɪŋ] *n* obniżanie *nt* cen.
priceless ['praɪslɪs] *adj* bezcenny; (*inf*: *amusing*) kapitalny (*inf*).
price list *n* cennik *m*.
price range *n* rozpiętość *f* cen; **it's within my price range** stać mnie na to.
price tag *n* metka *f*; (*fig*) cena *f*.
price war *n* wojna *f* cenowa.
pricey ['praɪsɪ] (*inf*) *adj* drogawy (*inf*).
prick [prɪk] *n* ukłucie *nt*; (*inf!*) kutas *m* (*inf!*) ♦ *vt* (*make hole in*) nakłuwać (nakłuć *perf*); (*scratch*) kłuć (pokłuć *perf*); **to prick up one's ears** nadstawiać (nadstawić *perf*) uszu.
prickle ['prɪkl] *n* (*of plant*) kolec *m*; (*sensation*) ciarki *pl*.
prickly ['prɪklɪ] *adj* (*plant*) kłujący, kolczasty; (*fabric*) kłujący, szorstki.
prickly heat *n* potówki *pl*.
prickly pear *n* opuncja *f*.
pride [praɪd] *n* duma *f*; (*pej*) pycha *f* ♦ *vt*: **to pride o.s. on** szczycić się *+instr*; **to take (a) pride in** być dumnym z *+gen*; **to have** *or* **take pride of place** (*BRIT*) znajdować się (znaleźć się *perf*) na honorowym miejscu.
priest [pri:st] *n* (*Christian*) ksiądz *m*, kapłan *m*; (*non-Christian*) kapłan *m*.
priestess ['pri:stɪs] *n* kapłanka *f*.
priesthood ['pri:sthud] *n* (*position, office*) kapłaństwo *nt*; (*clergy*) duchowieństwo *nt*.
prig [prɪg] *n* zarozumialec *m*.
prim [prɪm] (*pej*) *adj* (*person, avoidance of issue*) pruderyjny (*pej*); (*voice*) afektowany; (*manner*) wymuszony, sztywny.
prima facie ['praɪmə'feɪʃɪ] *adj* (*JUR*) oparty na domniemaniu faktycznym.
primarily ['praɪmərɪlɪ] *adv* w pierwszym rzędzie, głównie.
primary ['praɪmərɪ] *adj* podstawowy ♦ *n* (*US*) wybory *pl* wstępne.
primary colour *n* barwa *f* podstawowa.
primary school (*BRIT*) *n* szkoła *f* podstawowa.
primate ['praɪmɪt] *n* (*ZOOL*) naczelny *m*, ssak *m* z rzędu naczelnych; (*REL*) prymas *m*.
prime [praɪm] *adj* pierwszorzędny ♦ *n* najlepsze lata *pl* ♦ *vt* (*wood*) zagruntowywać (zagruntować *perf*); (*fig*: *person*) instruować (poinstruować *(perf)*); (*gun*) uzbrajać (uzbroić *perf*); (*pump*) zalewać (zalać *perf*); **in the prime of life** w kwiecie wieku; **a prime example of** klasyczny przykład *+gen*.
Prime Minister *n* premier *m*, Prezes *m* Rady Ministrów.
prime time (*RADIO, TV*) *n* najlepszy czas *m* antenowy.
primeval [praɪ'mi:vl] *adj* (*forest, beast*) pradawny; (*fig*: *feelings*) odwieczny.
primitive ['prɪmɪtɪv] *adj* prymitywny.
primrose ['prɪmrəuz] *n* pierwiosnek *m*.
primula ['prɪmjulə] *n* prymul(k)a *f*.
primus (stove) ® ['praɪməs-] (*BRIT*) *n* kuchenka *f* turystyczna.
prince [prɪns] *n* książę *m*, królewicz *m*.

Prince Charming (*humorous*) *n* książę *m or* królewicz *m* z bajki.
princess [prɪn'sɛs] *n* (*king's daughter*) księżniczka *f*, królewna *f*; (*prince's wife*) księżna.
principal ['prɪnsɪpl] *adj* główny ♦ *n* (*SCOL*) dyrektor(ka) *m(f)*; (*THEAT*) odtwórca (-rczyni) *m(f)* głównej roli; (*FIN*) suma *f* główna, kapitał *m*.
principality [prɪnsɪ'pælɪtɪ] *n* księstwo *nt*.
principally ['prɪnsɪplɪ] *adv* głównie.
principle ['prɪnsɪpl] *n* zasada *f*; **in principle** w zasadzie; **on principle** z *or* dla zasady.
print [prɪnt] *n* (*TYP*) druk *m*; (*ART*) sztych *m*, rycina *f*; (*PHOT*) odbitka *f*; (*fabric*) tkanina *f* drukowana ♦ *vt* (*books etc*) drukować (wydrukować *perf*); (*cloth, pattern*) drukować; (*write in capitals*) pisać (napisać *perf*) drukowanymi literami; **prints** *npl* odciski *pl* palców; **the book is out of print** nakład książki jest wyczerpany; **in print** w sprzedaży (*o książce itp*); **the fine** *or* **small print** adnotacje drobnym drukiem.
►**print out** *vt* (*COMPUT*) drukować (wydrukować *perf*).
printed circuit *n* obwód *m* drukowany.
printed matter *n* druki *pl*.
printer ['prɪntə*] *n* (*person*) drukarz *m*; (*firm*) drukarnia *f*; (*machine*) drukarka *f*.
printhead ['prɪnthɛd] (*COMPUT*) *n* głowica *f* drukująca.
printing ['prɪntɪŋ] *n* (*activity*) drukowanie *nt*; (*profession*) drukarstwo *nt*.
printing press *n* prasa *f* drukarska.
printout ['prɪntaut] (*COMPUT*) *n* wydruk *m*.
print wheel (*COMPUT*) *n* głowica *f* wirująca drukarki.
prior ['praɪə*] *adj* (*previous*) uprzedni, wcześniejszy; (*more important*) ważniejszy ♦ *n* (*REL*) przeor *m*; **without prior notice** bez wcześniejszego powiadomienia; **to have a prior claim on sth** mieć większe prawo do czegoś; **prior to** przed *+instr*.
priority [praɪ'ɔrɪtɪ] *n* sprawa *f* nadrzędna; **priorities** *npl* priorytety *pl*, hierarchia *f* ważności; **to take** *or* **have priority (over)** być nadrzędnym (w stosunku do *+gen*); **to give priority to sb/sth** dawać (dać *perf*) pierwszeństwo komuś/czemuś.
priory ['praɪərɪ] *n* (mały) klasztor *m*.
prise [praɪz] (*BRIT*) *vt*: **to prise open** wyważać (wyważyć *perf*).
prism ['prɪzəm] *n* pryzmat *m*.
prison ['prɪzn] *n* (*lit, fig*) więzienie *nt*; (*imprisonment*) kara *f* więzienia ♦ *cpd* więzienny.
prison camp *n* obóz *m* jeniecki.
prisoner ['prɪznə*] *n* (*in prison*) więzień/więźniarka *m/f*; (*during war etc*) jeniec *m*; **the prisoner at the bar** oskarżony przed sądem; **to take sb prisoner** brać (wziąć *perf*) kogoś do niewoli.
prisoner of war *n* jeniec *m* wojenny.
prissy ['prɪsɪ] (*pej*) *adj* afektowany (*pej*).
pristine ['prɪsti:n] *adj* nieskazitelny; **in pristine condition** w nienaruszonym stanie.
privacy ['prɪvəsɪ] *n* prywatność *f*; **in the privacy of one's own home** w zaciszu własnego domu.
private ['praɪvɪt] *adj* (*personal, confidential, not public*) prywatny; (*secluded*) ustronny; (*secretive*) skryty ♦ *n* (*MIL*) szeregowy (-wa) *m(f)*; **"private"** (*on envelope*) „poufne", „do rąk własnych"; (*on door*) „obcym wstęp wzbroniony"; **in private** na osobności, bez świadków; **in (his) private life** w życiu prywatnym, prywatnie; **to be in private practice** (*MED*) prowadzić prywatną praktykę; **private hearing** (*JUR*) przesłuchanie niejawne.
private enterprise *n* prywatna przedsiębiorczość *f*.
private eye *n* prywatny detektyw *m*.
private limited company (*BRIT*) *n* prywatna spółka *f* z ograniczoną odpowiedzialnością.
privately ['praɪvɪtlɪ] *adv* (*in private*) prywatnie; (*secretly*) w głębi duszy; **to be privately owned** mieć prywatnego właściciela.
private parts *npl* intymne części *pl* ciała.
private property *n* własność *f* prywatna.
private school *n* szkoła *f* prywatna.
privation [praɪ'veɪʃən] *n* niedostatek *m*.
privatize ['praɪvɪtaɪz] *vt* prywatyzować (sprywatyzować *perf*).
privet ['prɪvɪt] *n* ligustr *m*.
privilege ['prɪvɪlɪdʒ] *n* (*advantage*) przywilej *m*; (*honour*) zaszczyt *m*.
privileged ['prɪvɪlɪdʒd] *adj* uprzywilejowany; **to be privileged to do sth** mieć zaszczyt coś (z)robić.
privy ['prɪvɪ] *adj*: **to be privy to** być wtajemniczonym w *+acc*.
Privy Council (*BRIT*) *n* Tajna Rada *f*.
Privy Councillor (*BRIT*) *n* członek *m* Tajnej Rady.
prize [praɪz] *n* (*in competition, sports*) nagroda *f*; (*at lottery*) wygrana *f* ♦ *adj* (*first-class*) pierwszorzędny, przedni; (*example*) klasyczny; (*inf*: *idiot*) wyjątkowy ♦ *vt* wysoko (sobie) cenić.
prize-fighter ['praɪzfaɪtə*] *n* bokser *m* zawodowy.
prize-giving ['praɪzgɪvɪŋ] *n* rozdanie *nt* nagród.
prize money *n* wygrana *f* pieniężna.
prizewinner ['praɪzwɪnə*] *n* zdobywca (-wczyni) *m(f)* nagrody, laureat(ka) *m(f)*.
prizewinning ['praɪzwɪnɪŋ] *adj* nagrodzony.
PRO *n abbr* = **public relations officer**.
pro [prəu] *n* (*SPORT*) zawodowiec *m* ♦ *prep* za *+instr*; **the pros and cons** za i przeciw.
pro- [prəu] *pref* pro...; **pro-Soviet** prosowiecki.
probability [prɔbə'bɪlɪtɪ] *n*: **the probability that/of** prawdopodobieństwo *nt*, że/*+gen*; **in all probability** według wszelkiego prawdopodobieństwa.
probable ['prɔbəbl] *adj* prawdopodobny; **it**

seems probable that ... wydaje się prawdopodobne, że ... .
probably ['prɔbəblɪ] *adv* prawdopodobnie.
probate ['prəubɪt] (*JUR*) *n* poświadczenie *nt* autentyczności testamentu.
probation [prə'beɪʃən] *n*: **to be on probation** (*law-breaker*) odbywać wyrok w zawieszeniu; (*employee*) odbywać staż.
probationary [prə'beɪʃənrɪ] *adj* (*period*) próbny.
probationer [prə'beɪʃənə*] *n* (*nurse*) praktykant(ka) *m(f)*.
probation officer *n* opiekun(ka) *m(f)* sądowy (-wa) *m(f)*, kurator(ka) *m(f)*.
probe [prəub] *n* (*MED*) sonda *f*, zgłębnik *m*; (*SPACE*) sonda *f* kosmiczna; (*enquiry*) dochodzenie *nt* ♦ *vt* badać (zbadać *perf*).
probity ['prəubɪtɪ] *n* prawość *f*.
problem ['prɔbləm] *n* problem *m*; (*MATH*) zadanie *nt*; **to have problems with the car** mieć kłopoty z samochodem; **what's the problem?** w czym problem?; **I had no problem finding her** znalazłem ją bez problemu; **no problem!** nie ma sprawy! (*inf*).
problematic(al) [prɔblə'mætɪk(l)] *adj* skomplikowany.
procedural [prə'si:djurəl] *adj* (*agreement*) formalny; (*obstacle*) formalny, proceduralny.
procedure [prə'si:dʒə*] *n* procedura *f*.
proceed [prə'si:d] *vi* (*carry on*) kontynuować; (*go*) iść; **to proceed to do sth** przystępować (przystąpić *perf*) do robienia czegoś; **to proceed with sth** kontynuować coś; **I am not sure how to proceed** nie jestem pewien, co (mam) robić dalej; **to proceed against sb** (*JUR*) wszczynać (wszcząć *perf*) postępowanie przeciwko komuś.
proceedings [prə'si:dɪŋz] *npl* (*organized events*) przebieg *m* (*uroczystości, obchodów itp*); (*JUR*) postępowanie *nt* prawne; (*written records*) sprawozdanie *nt*, protokół *m*.
proceeds ['prəusi:dz] *npl* dochód *m*.
process ['prəusɛs] *n* proces *m* ♦ *vt* (*raw materials, food*) przerabiać (przerobić *perf*), przetwarzać (przetworzyć *perf*); (*application*) rozpatrywać (rozpatrzyć *perf*); (*data*) przetwarzać (przetworzyć *perf*); **in the process** w tym samym czasie, równocześnie; **to be in the process of doing sth** być w trakcie robienia czegoś.
processed cheese ['prəusɛst-] (*US* **process cheese**) *n* ≈ ser *m* topiony.
processing ['prəusɛsɪŋ] (*PHOT*) *n* obróbka *f* (fotograficzna).
procession [prə'sɛʃən] *n* pochód *m*; (*REL*) procesja *f*; **wedding procession** orszak ślubny; **funeral procession** kondukt żałobny.
proclaim [prə'kleɪm] *vt* proklamować, ogłaszać (ogłosić *perf*).
proclamation [prɔklə'meɪʃən] *n* proklamacja *f*.
proclivity [prə'klɪvɪtɪ] (*fml*) *n* skłonność *f*.
procrastinate [prəu'kræstɪneɪt] *vi* zwlekać.
procrastination [prəukræstɪ'neɪʃən] *n* zwłoka *f*.
procreation [prəukrɪ'eɪʃən] *n* prokreacja *f*.
procure [prə'kjuə*] *vt* zdobywać (zdobyć *perf*).
procurement [prə'kjuəmənt] (*COMM*) *n* zaopatrzenie *nt*.
prod [prɔd] *vt* szturchać (szturchnąć *perf*); (*with sth sharp*) dźgać (dźgnąć *perf*); (*fig*) popychać (popchnąć *perf*) ♦ *n* szturchnięcie *nt*; (*with sth sharp*) dźgnięcie *nt*; (*fig*) przypomnienie *nt*.
prodigal ['prɔdɪgl] *adj*: **prodigal son** syn *m* marnotrawny.
prodigious [prə'dɪdʒəs] *adj* kolosalny.
prodigy ['prɔdɪdʒɪ] *n* cudowne dziecko *nt*.
produce [*n* 'prɔdju:s, *vb* prə'dju:s] *n* płody *pl* rolne ♦ *vt* (*effect etc*) przynosić (przynieść *perf*); (*goods*) produkować (wyprodukować *perf*); (*BIO, CHEM*) wytwarzać (wytworzyć *perf*); (*fig: evidence etc*) przedstawiać (przedstawić *perf*); (*play*) wystawiać (wystawić *perf*); (*film, programme*) być producentem *+gen*; (*bring or take out*) wyjmować (wyjąć *perf*).
producer [prə'dju:sə*] *n* producent *m*.
product ['prɔdʌkt] *n* (*goods*) produkt *m*; (*result*) wytwór *m*.
production [prə'dʌkʃən] *n* produkcja *f*; (*THEAT*) wystawienie *nt* (sztuki), inscenizacja *f*; **to go into production** zostawać (zostać *perf*) wdrożonym do produkcji; **on production of** za okazaniem *+gen*.
production agreement (*US*) *n* umowa *f* w sprawie premii za wydajność.
production line *n* linia *f* produkcyjna.
production manager *n* kierownik *m* produkcji.
productive [prə'dʌktɪv] *adj* wydajny; (*fig*) owocny.
productivity [prɔdʌk'tɪvɪtɪ] *n* wydajność *f*.
productivity agreement (*BRIT*) *n* umowa *f* w sprawie premii za wydajność.
productivity bonus *n* premia *f* za wydajność.
Prof. *n abbr* (= *professor*) prof.
profane [prə'feɪn] *adj* (*language etc*) bluźnierczy; (*secular*) świecki.
profess [prə'fɛs] *vt* (*feelings, opinions*) wyrażać (wyrazić *perf*); **I do not profess to be an expert** nie twierdzę, że jestem znawcą; **he professed ignorance, he professed not to know anything** utrzymywał, że nic nie wie.
professed [prə'fɛst] *adj* zdeklarowany.
profession [prə'fɛʃən] *n* zawód *m*; **the professions** wolne zawody; **the medical/teaching profession** (*occupation*) zawód lekarza/nauczyciela; (*people*) lekarze/nauczyciele.
professional [prə'fɛʃənl] *adj* (*not amateur*) zawodowy; (*skilful*) fachowy, profesjonalny ♦ *n* (*not amateur*) zawodowiec *m*; (*skilled person*) fachowiec *m*, profesjonalista (-tka) *m(f)*; **to seek professional advice** szukać fachowej porady.

professionalism [prəˈfɛʃnəlɪzəm] *n* fachowość *f*, profesjonalizm *m*.
professionally [prəˈfɛʃnəlɪ] *adv* (*qualified*) zawodowo; (*SPORT, MUS*) profesjonalnie; **I only know him professionally** znam go jedynie z pracy.
professor [prəˈfɛsə*] *n* (*BRIT*) profesor *m*; (*US, CANADA*) nauczyciel *m* akademicki.
professorship [prəˈfɛsəʃɪp] *n* profesura *f*.
proffer [ˈprɔfə*] *vt* (*help, drink*) oferować (zaoferować *perf*); (*apologies, resignation*) składać (złożyć *perf*); (*one's hand*) wyciągać (wyciągnąć *perf*).
proficiency [prəˈfɪʃənsɪ] *n* biegłość *f*, wprawa *f*.
proficient [prəˈfɪʃənt] *adj* biegły, wprawny; **to be proficient at** *or* **in** być biegłym w *+loc*.
profile [ˈprəufaɪl] *n* profil *m*; (*fig*) rys *m* biograficzny; **to keep a low profile** (*fig*) starać się nie zwracać na siebie uwagi; **to have a high profile** (*fig*) być bardzo widocznym.
profit [ˈprɔfɪt] *n* zysk *m* ♦ *vi*: **to profit by** *or* **from** (*fig*) odnosić (odnieść *perf*) korzyść *or* korzyści z *+gen*, mieć pożytek z *+gen*; **profit and loss** zyski i straty; **to make a profit** osiągać (osiągnąć *perf*) zysk, zarabiać (zarobić *perf*); **to sell (sth) at a profit** sprzedawać (sprzedać *perf*) (coś) z zyskiem.
profitability [prɔfɪtəˈbɪlɪtɪ] *n* opłacalność *f*.
profitable [ˈprɔfɪtəbl] *adj* opłacalny, dochodowy; (*fig*) korzystny, pożyteczny.
profit centre *n* centrum *nt* zysku *or* zysków.
profiteering [prɔfɪˈtɪərɪŋ] (*pej*) *n* paskarstwo *nt* (*pej*).
profit-making [ˈprɔfɪtmeɪkɪŋ] *adj* dochodowy.
profit margin *n* marża *f*.
profit-sharing [ˈprɔfɪtʃɛərɪŋ] *n* udział *m* w zysku.
profits tax (*BRIT*) *n* podatek *m* od zysku.
profligate [ˈprɔflɪgɪt] *adj* rozrzutny; **to be profligate with** nie liczyć się z *+instr*.
pro forma [ˈprəuˈfɔːmə] *adj*: **pro forma invoice** faktura *f* tymczasowa *or* pro forma.
profound [prəˈfaund] *adj* głęboki.
profuse [prəˈfjuːs] *adj* wylewny.
profusely [prəˈfjuːslɪ] *adv* wylewnie.
profusion [prəˈfjuːʒən] *n* obfitość *f*.
progeny [ˈprɔdʒɪnɪ] *n* potomstwo *nt*.
prognoses [prɔgˈnəusiːz] *npl of* **prognosis**.
prognosis [prɔgˈnəusɪs] (*pl* **prognoses**) *n* (*MED*) rokowanie *nt*; (*fig*) prognoza *f*.
programme [ˈprəugræm] *n* program *m* ♦ *vt* programować (zaprogramować *perf*).
programmer [ˈprəugræmə*] (*COMPUT*) *n* programista (-tka) *m(f)*.
programming [ˈprəugræmɪŋ] (*US* **programing**) (*COMPUT*) *n* programowanie *nt*.
programming language *n* język *m* programowania.
progress [*n* ˈprəugrɛs, *vb* prəˈgrɛs] *n* (*improvement, advances*) postęp *m*; (*development*) rozwój *m* ♦ *vi* (*advance*) robić (zrobić *perf*) postęp(y); (*become higher in rank*) awansować (awansować *perf*); (*continue*) postępować *or* posuwać się naprzód; **in progress** w toku; **to make progress** robić (zrobić *perf*) postęp(y).
progression [prəˈgrɛʃən] *n* (*development*) postęp *m*; (*series*) ciąg *m*.
progressive [prəˈgrɛsɪv] *adj* (*enlightened*) postępowy; (*gradual*) postępujący.
progressively [prəˈgrɛsɪvlɪ] *adv* (stopniowo) coraz (to).
progress report *n* (*MED*) karta *f* choroby; (*ADMIN*) sprawozdanie *nt*, raport *m*.
prohibit [prəˈhɪbɪt] *vt* zakazywać (zakazać *perf*) *+gen*; **to prohibit sb from doing sth** zakazywać (zakazać *perf*) komuś robienia czegoś; **"smoking prohibited"** „palenie wzbronione”.
prohibition [prəuɪˈbɪʃən] *n* zakaz *m*; **Prohibition** (*US*) prohibicja *f*.
prohibitive [prəˈhɪbɪtɪv] *adj* (*cost etc*) wygórowany.
project [*n* ˈprɔdʒɛkt, *vb* prəˈdʒɛkt] *n* projekt *m*; (*SCOL*) referat *m* ♦ *vt* (*plan*) projektować (zaprojektować *perf*); (*estimate*) przewidywać (przewidzieć *perf*); (*film*) wyświetlać (wyświetlić *perf*) ♦ *vi* wystawać.
projectile [prəˈdʒɛktaɪl] *n* pocisk *m*.
projection [prəˈdʒɛkʃən] *n* (*estimate*) przewidywanie *nt*; (*overhang*) występ *m*; (*FILM*) projekcja *f*.
projectionist [prəˈdʒɛkʃənɪst] *n* kinooperator(ka) *m(f)*.
projection room *n* kabina *f* projekcyjna.
projector [prəˈdʒɛktə*] *n* rzutnik *m*.
proletarian [prəulɪˈtɛərɪən] *adj* proletariacki.
proletariat [prəulɪˈtɛərɪət] *n*: **the proletariat** proletariat *m*.
proliferate [prəˈlɪfəreɪt] *vi* mnożyć się.
proliferation [prəlɪfəˈreɪʃən] *n* rozprzestrzenianie *nt*.
prolific [prəˈlɪfɪk] *adj* (*writer etc*) płodny.
prologue [ˈprəulɔg] (*US* **prolog**) *n* prolog *m*.
prolong [prəˈlɔŋ] *vt* przedłużać (przedłużyć *perf*).
prom [prɔm] *n abbr* = **promenade**; (*MUS*) = **promenade concert**; (*US*) *bal w szkole średniej lub college'u.*
promenade [prɔməˈnɑːd] *n* promenada *f*.
promenade concert (*BRIT*) *n* koncert *m* na świeżym powietrzu.
promenade deck (*NAUT*) *n* pokład *m* spacerowy.
prominence [ˈprɔmɪnəns] *n* ważność *f*; **to rise to prominence** osiągać (osiągnąć *perf*) znaczącą pozycję.
prominent [ˈprɔmɪnənt] *adj* (*important*) wybitny; (*very noticeable*) widoczny; **he is prominent in the field of ...** jest wybitny w dziedzinie *+gen*.
prominently [ˈprɔmɪnəntlɪ] *adv* na widocznym

miejscu; **he figured prominently in the case** odegrał znaczącą rolę w tej sprawie.

promiscuity [prɔmɪs'kju:ɪtɪ] *n* rozwiązłość *f.*

promiscuous [prə'mɪskjuəs] *adj* rozwiązły.

promise ['prɔmɪs] *n* (*vow*) przyrzeczenie *nt*, obietnica *f*; (*potential*) zadatki *pl*; (*hope*) nadzieja *f* ♦ *vi* przyrzekać (przyrzec *perf*), obiecywać (obiecać *perf*) ♦ *vt*: **to promise sb sth, promise sth to sb** przyrzekać (przyrzec *perf*) *or* obiecywać (obiecać *perf*) coś komuś; **to promise (sb) to do sth** obiecywać (obiecać *perf*) (komuś) coś zrobić; **to promise (sb) that ...** dawać (dać *perf*) (komuś) słowo, że ...; **to make a promise** składać (złożyć *perf*) obietnicę; **to break a promise** łamać (złamać *perf*) obietnicę; **to keep a promise** dotrzymywać (dotrzymać *perf*) obietnicy; **a young man of promise** dobrze zapowiadający się młody człowiek; **she shows promise** ona się dobrze zapowiada; **it promises to be lively** zapowiada się ciekawie.

promising ['prɔmɪsɪŋ] *adj* obiecujący.

promissory note ['prɔmɪsərɪ-] (*COMM*) *n* skrypt *m* dłużny.

promontory ['prɔməntrɪ] *n* cypel *m.*

promote [prə'məut] *vt* (*employee*) awansować (awansować *perf*), dawać (dać *perf*) awans *+dat*; (*product*) promować (wypromować *perf*), lansować (wylansować *perf*); (*understanding, peace*) przyczyniać się (przyczynić się *perf*) do *+gen*; **the team was promoted to the first division** (*BRIT*) zespół awansował do pierwszej ligi.

promoter [prə'məutə*] *n* (*of concert, sporting event*) sponsor *m*; (*of cause, idea*) rzecznik (-iczka) *m(f)*.

promotion [prə'məuʃən] *n* (*at work*) awans *m*; (*of product*) reklama *f*; (*of idea*) propagowanie *nt*; (*publicity campaign*) promocja *f.*

prompt [prɔmpt] *adj* natychmiastowy ♦ *adv* punktualnie ♦ *n* (*COMPUT*) znak *m* zachęty *or* systemu ♦ *vt* (*cause*) powodować (spowodować *perf*); (*when talking*) zachęcać (zachęcić *perf*) (do kontynuowania wypowiedzi); (*THEAT*) podpowiadać (podpowiedzieć *perf*) *+dat*; **they're very prompt** są bardzo punktualni; **at eight o'clock prompt** punktualnie o ósmej; **he was prompt to accept it** przyjął to natychmiast; **to prompt sb to do sth** skłonić *(perf) or* nakłonić *(perf)* kogoś do zrobienia czegoś.

prompter ['prɔmptə*] (*THEAT*) *n* sufler(ka) *m(f)*.

promptly ['prɔmptlɪ] *adv* (*immediately*) natychmiast; (*exactly*) punktualnie.

promptness ['prɔmptnɪs] *n* szybkość *f*; **with promptness** szybko.

promulgate ['prɔməlgeɪt] *vt* obwieszczać (obwieścić *perf*).

prone [prəun] *adj* leżący twarzą w dół *or* na brzuchu; **to be prone to** mieć skłonność do *+gen*; **she is prone to burst into tears** ma skłonność do wybuchania płaczem.

prong [prɔŋ] *n* (*of fork*) ząb *m.*

pronoun ['prəunaun] *n* zaimek *m.*

pronounce [prə'nauns] *vt* (*word*) wymawiać (wymówić *perf*); (*verdict, opinion*) ogłaszać (ogłosić *perf*) ♦ *vi*: **to pronounce (up)on** wydawać (wydać *perf*) opinię na temat *+gen*; **to pronounce sb guilty/dead** uznawać (uznać *perf*) kogoś za winnego/zmarłego; **they pronounced him unfit to drive** uznali go za niezdolnego do prowadzenia pojazdu.

pronounced [prə'naunst] *adj* wyraźny.

pronouncement [prə'naunsmənt] *n* oświadczenie *nt.*

pronto ['prɔntəu] (*inf*) *adv* migiem (*inf*).

pronunciation [prənʌnsɪ'eɪʃən] *n* wymowa *f.*

proof [pru:f] *n* dowód *m*; (*TYP*) korekta *f* ♦ *adj*: **proof against** odporny na *+acc*; **to be 70% proof** (*alcohol*) zawierać 40% alkoholu.

proofreader ['pru:fri:də*] *n* korektor(ka) *m(f)*.

prop [prɔp] *n* podpora *f*; (*fig*) podpora *f*, ostoja *f* ♦ *vt*: **to prop sth against** opierać (oprzeć *perf*) coś o *+acc.*

►**prop up** *vt* podpierać (podeprzeć *perf*), podtrzymywać (podtrzymać *perf*); (*fig*) wspierać (wesprzeć *perf*), wspomagać (wspomóc *perf*).

Prop. (*COMM*) *abbr* = **proprietor** wł. (= właściciel).

propaganda [prɔpə'gændə] *n* propaganda *f.*

propagate ['prɔpəgeɪt] *vt* (*ideas*) propagować, szerzyć; (*plants*) rozmnażać (rozmnożyć *perf*).

propagation [prɔpə'geɪʃən] *n* (*of ideas*) propagowanie *nt*, szerzenie *nt*; (*of plants*) rozmnażanie *nt.*

propel [prə'pɛl] *vt* (*machine*) napędzać; (*fig: person*) popychać (popchnąć *perf*).

propeller [prə'pɛlə*] *n* śmigło *nt.*

propelling pencil [prə'pɛlɪŋ-] (*BRIT*) *n* ołówek *m* automatyczny.

propensity [prə'pɛnsɪtɪ] *n*: **a propensity for** *or* **to sth** skłonność *f* do czegoś; **a propensity to do sth** skłonność do robienia czegoś.

proper ['prɔpə*] *adj* (*genuine*) prawdziwy; (*correct*) właściwy; (*socially acceptable*) stosowny; **in the town/city proper** w samym mieście; **a proper fool** (*inf*) skończony idiota (*inf*); **to go through the proper channels** przechodzić (przejść *perf*) właściwymi kanałami.

properly ['prɔpəlɪ] *adv* (*eat, work*) odpowiednio, właściwie; (*behave*) stosownie.

proper noun *n* nazwa *f* własna.

property ['prɔpətɪ] *n* (*possessions*) własność *f*, mienie *nt*; (*building and its land*) posiadłość *f*, nieruchomość *f*; (*quality*) własność *f* ♦ *cpd*: **property market** handel *m* nieruchomościami; **property owner** właściciel nieruchomości.

prophecy ['prɔfɪsɪ] *n* proroctwo *nt*, przepowiednia *f.*

prophesy ['prɔfisaɪ] *vt* prorokować (wyprorokować *perf*), przepowiadać (przepowiedzieć *perf*) ♦ *vi* prorokować.
prophet ['prɔfɪt] *n* prorok *m*; **a prophet of doom** czarnowidz.
prophetic [prə'fɛtɪk] *adj* proroczy.
proportion [prə'pɔ:ʃən] *n* (*part*) odsetek *m*; (*quantity*) liczba *f*, ilość *f*; (*ratio*) stosunek *m*; (*MATH*) proporcja *f*; **in proportion to** (*at the same rate as*) proporcjonalnie do *+gen*; (*in relation to*) w stosunku do *+gen*; **to be out of all proportion to** być niewspółmiernym do *+gen*; **to get sth out of proportion** wyolbrzymiać (wyolbrzymić *perf*) coś; **a sense of proportion** wyczucie proporcji.
proportional [prə'pɔ:ʃənl] *adj*: **proportional to** proporcjonalny do *+gen*.
proportional representation *n* przedstawicielstwo *nt* proporcjonalne.
proportionate [prə'pɔ:ʃənɪt] *adj* = **proportional**.
proposal [prə'pəuzl] *n* propozycja *f*; (*of marriage*) oświadczyny *pl*.
propose [prə'pəuz] *vt* (*plan*) proponować (zaproponować *perf*); (*motion*) składać (złożyć *perf*), przedkładać (przedłożyć *perf*); (*toast*) wznosić (wznieść *perf*) ♦ *vi* oświadczać się (oświadczyć się *perf*); **to propose to do** *or* **doing sth** zamierzać coś (z)robić.
proposer [prə'pəuzə*] *n* wnioskodawca (-wczyni) *m(f)*.
proposition [prɔpə'zɪʃən] *n* (*statement*) twierdzenie *nt*; (*offer*) propozycja *f*; **to make sb a proposition** składać (złożyć *perf*) komuś propozycję.
propound [prə'paund] *vt* przedkładać (przedłożyć *perf*).
proprietary [prə'praɪətərɪ] *adj* (*brand*) firmowy, (prawnie) zastrzeżony; (*tone*) władczy.
proprietor [prə'praɪətə*] *n* właściciel(ka) *m(f)*.
propriety [prə'praɪətɪ] *n* stosowność *f*.
propulsion [prə'pʌlʃən] *n* napęd *m*.
pro rata [prəu'rɑ:tə] *adv* proporcjonalnie ♦ *adj* proporcjonalny.
prosaic [prəu'zeɪɪk] *adj* prozaiczny.
Pros. Atty. (*US*) *abbr* = **prosecuting attorney** prok.
proscribe [prə'skraɪb] (*fml*) *vt* zakazywać (zakazać *perf*) *+gen*.
prose [prəuz] *n* proza *f*; (*BRIT*: *SCOL*) praca *f* pisemna w języku obcym.
prosecute ['prɔsɪkju:t] *vt* podawać (podać *perf*) do sądu, wnosić (wnieść *perf*) oskarżenie przeciwko *+dat*; **who prosecuted the case?** kto oskarżał w tej sprawie?
prosecuting attorney ['prɔsɪkju:tɪŋ-] (*US*) *n* oskarżyciel *m* publiczny, prokurator *m*.
prosecution [prɔsɪ'kju:ʃən] *n* (*action*) zaskarżenie *nt*, wniesienie *nt* oskarżenia; (*accusing side*) oskarżenie *nt*.
prosecutor ['prɔsɪkju:tə*] *n* oskarżyciel *m*, prokurator *m*; (*also*: **public prosecutor**) oskarżyciel *m* publiczny, prokurator *m*.
prospect [*n* 'prɔspɛkt, *vt* prə'spɛkt] *n* (*likelihood*) perspektywa *f*; (*thought*) myśl *f* ♦ *vi*: **to prospect for** poszukiwać *+gen*; **prospects** *npl* perspektywy *pl*; **we are faced with the prospect of having to leave** stoimy przed perspektywą przymusowego wyjazdu.
prospecting ['prɔspɛktɪŋ] *n* (*for gold, oil*) poszukiwanie *nt*.
prospective [prə'spɛktɪv] *adj* (*son-in-law, legislation*) przyszły; (*customer*) potencjalny.
prospectus [prə'spɛktəs] *n* prospekt *m* (*informator*).
prosper ['prɔspə*] *vi* prosperować.
prosperity [prɔ'spɛrɪtɪ] *n* (*of business*) (dobra) koniunktura *f*; (*of person*) powodzenie *nt*.
prosperous ['prɔspərəs] *adj* (*business*) (dobrze) prosperujący; **is he prosperous?** czy dobrze mu się powodzi?
prostate ['prɔsteɪt] *n* (*also*: **prostate gland**) gruczoł *m* krokowy, prostata *f*.
prostitute ['prɔstɪtju:t] *n* prostytutka *f*.
prostitution [prɔstɪ'tju:ʃən] *n* prostytucja *f* ♦ *vt*: **to prostitute o.s.** (*fig*) prostytuować się.
prostrate [*adj* 'prɔstreɪt, *vb* prɔ'streɪt] *adj* leżący twarzą ku ziemi; (*fig*) załamany ♦ *vt*: **to prostrate o.s. before** padać (paść *perf*) na twarz przed *+instr*; **prostrate with grief** pogrążony w smutku.
protagonist [prə'tægənɪst] *n* (*of idea*) szermierz *m*; (*LITERATURE*) protagonista *m*.
protect [prə'tɛkt] *vt* chronić, ochraniać (ochronić *perf*).
protection [prə'tɛkʃən] *n* ochrona *f*; **to offer police protection** proponować (zaproponować *perf*) ochronę policyjną.
protectionism [prə'tɛkʃənɪzəm] *n* protekcjonizm *m*.
protection racket *n* wyłudzanie *nt* pieniędzy w zamian za ochronę.
protective [prə'tɛktɪv] *adj* ochronny; (*person*) opiekuńczy; **protective custody** areszt zapobiegawczy *or* prewencyjny.
protector [prə'tɛktə*] *n* (*person*) opiekun(ka) *m(f)*; (*device*) ochraniacz *m*.
protégé ['prəutɛʒeɪ] *n* protegowany *m*.
protégée ['prəutɛʒeɪ] *n* protegowana *f*.
protein ['prəuti:n] *n* białko *nt*, proteina *f*.
pro tem [prəu'tɛm] *adv abbr* (= *pro tempore*) tymczasowo.
protest [*n* 'prəutɛst, *vb* prə'tɛst] *n* protest *m* ♦ *vi*: **to protest about/against/at** protestować przeciw(ko) *+dat* ♦ *vt*: **to protest (that ...)** zapewniać (zapewnić *perf*) (, że ...).
Protestant ['prɔtɪstənt] *adj* protestancki ♦ *n* protestant(ka) *m(f)*.
protester [prə'tɛstə*] *n* protestujący (-ca) *m(f)*.
protest march *n* marsz *m* protestacyjny.

protestor [prə'tɛstə*] *n* = **protester**.
protocol ['prəutəkɔl] *n* protokół *m*.
prototype ['prəutətaɪp] *n* prototyp *m*.
protracted [prə'trækt ɪd] *adj* przedłużający się.
protractor [prə'træktə*] *n* kątomierz *m*.
protrude [prə'tru:d] *vi* wystawać, sterczeć.
protuberance [prə'tju:bərəns] *n* wypukłość *f*.
proud [praud] *adj* dumny; (*pej*) pyszny, hardy; **proud of sb/sth** dumny z kogoś/czegoś; **to be proud to do sth** robić (zrobić *perf*) coś z dumą; **to do sb proud** (*inf*) ugaszczać (ugościć *perf*) kogoś po królewsku; **to do o.s. proud** (*inf*) niczego sobie nie odmawiać.
proudly ['praudlɪ] *adv* dumnie.
prove [pru:v] *vt* udowadniać (udowodnić *perf*), dowodzić (dowieść *perf*) *+gen* ♦ *vi*: **to prove (to be) correct/useful** okazywać się (okazać się *perf*) słusznym/użytecznym; **he was proved right in the end** ostatecznie okazało się, że miał rację.
Provençal [prɔvɔn'sɑ:l] *adj* prowansalski.
Provence [prɔ'vɑ̃:s] *n* Prowansja *f*.
proverb ['prɔvə:b] *n* przysłowie *nt*.
proverbial [prə'və:bɪəl] *adj* przysłowiowy.
provide [prə'vaɪd] *vt* dostarczać (dostarczyć *perf*) *+gen*; **to provide sb with** (*food*) zaopatrywać (zaopatrzyć *perf*) kogoś w *+acc*; (*information*) dostarczać (dostarczyć *perf*) komuś *+gen*; (*job*) zapewniać (zapewnić *perf*) komuś *+acc*; **to be provided with** (*person*) mieć do dyspozycji *+acc*; (*thing*) być wyposażonym w *+acc*.
▸**provide for** *vt fus* (*person*) utrzymywać (utrzymać *perf*) *+acc*; (*future event*) uwzględniać (uwzględnić *perf*) *+acc*.
provided [prə'vaɪdɪd] *conj*: **provided that** pod warunkiem, że.
Providence ['prɔvɪdəns] *n* opatrzność *f*.
providing [prə'vaɪdɪŋ] *conj*: **providing (that)** = **provided (that)**.
province ['prɔvɪns] *n* (*ADMIN*) prowincja *f*; (*of person*) kompetencje *pl*; **provinces** *npl*: **the provinces** prowincja *f*.
provincial [prə'vɪnʃəl] *adj* prowincjonalny.
provision [prə'vɪʒən] *n* (*supplying*) zaopatrywanie *nt*; (*preparation*) zabezpieczenie *nt*; (*of contract, agreement*) warunek *m*, klauzula *f*; **provisions** *npl* zapasy *pl*; **provision of services** świadczenie usług; **to make provision for** (*the future*) zabezpieczać się (zabezpieczyć się *perf*) na *+acc*; (*one's family*) zabezpieczać (zabezpieczyć *perf*) *+acc*; **there's no provision for this in the contract** umowa tego nie przewiduje.
provisional [prə'vɪʒənl] *adj* tymczasowy ♦ *n*: **Provisional** *członek radykalnego skrzydła Irlandzkiej Armii Republikańskiej*.
provisional licence (*BRIT*) *n* tymczasowe prawo *nt* jazdy.
provisionally [prə'vɪʒnəlɪ] *adv* tymczasowo.
proviso [prə'vaɪzəu] *n* zastrzeżenie *nt*; **with the proviso that ...** pod warunkiem, że... .
Provo ['prɔvəu] (*Irish*: *POL*: *inf*) *n abbr* = **Provisional**.
provocation [prɔvə'keɪʃən] *n* prowokacja *f*; **to do sth under provocation** zostać (*perf*) sprowokowanym do zrobienia czegoś.
provocative [prə'vɔkətɪv] *adj* prowokacyjny; (*sexually*) prowokujący; (*thought-provoking*) skłaniający do zastanowienia.
provoke [prə'vəuk] *vt* (*person, fight*) prowokować (sprowokować *perf*); (*reaction, criticism*) wywoływać (wywołać *perf*); **to provoke sb to do** *or* **into doing sth** prowokować (sprowokować *perf*) kogoś do zrobienia czegoś.
provost ['prɔvəst] *n* (*BRIT*: *of university*) rektor *m*; (*Scottish*) burmistrz *m*.
prow [prau] *n* (*of boat*) dziób *m*.
prowess ['praurɪs] *n* (wyjątkowa) biegłość *f*; (*in battle*) męstwo *nt*; (*sexual*) sprawność *f*; **his prowess as a footballer** jego wyjątkowe umiejętności piłkarskie.
prowl [praul] *vi* (*also*: **prowl about, prowl around**) grasować ♦ *n*: **to be on the prowl** (*animal*) polować; (*fig*: *person*) czaić się.
prowler ['praulə*] *n*: **there's a prowler outside** ktoś podejrzany kręci się koło domu.
proximity [prɔk'sɪmɪtɪ] *n* bliskość *f*.
proxy ['prɔksɪ] *n*: **by proxy** przez pełnomocnika.
prude [pru:d] *n* świętoszek (-szka) *m(f)*.
prudence ['pru:dns] *n* rozwaga *f*, roztropność *f*.
prudent ['pru:dnt] *adj* rozważny, roztropny.
prudish ['pru:dɪʃ] *adj* pruderyjny, świętoszkowaty.
prune [pru:n] *n* suszona śliwka *f* ♦ *vt* (*tree*) przycinać (przyciąć *perf*).
pry [praɪ] *vi* węszyć; **to pry into** wścibiać nos w *+acc*.
PS *abbr* = **postscript** PS.
psalm [sɑ:m] *n* psalm *m*.
PSAT (*US*) *n abbr* (= *Preliminary Scholastic Aptitude Test*).
PSBR (*BRIT*: *ECON*) *n abbr* (= *public sector borrowing requirement*) zapotrzebowanie *nt* na kredyty ze strony sektora państwowego.
pseud [sju:d] (*BRIT*: *inf, pej*) *n* pozer(ka) *m(f)* (*pej*).
pseudo- ['sju:dəu] *pref* pseudo... .
pseudonym ['sju:dənɪm] *n* pseudonim *m*.
PST (*US*) *abbr* (= *Pacific Standard Time*).
PSV (*BRIT*) *n abbr* = **public service vehicle**.
psyche ['saɪkɪ] *n* psychika *f*.
psychedelic [saɪkə'dɛlɪk] *adj* psychodeliczny.
psychiatric [saɪkɪ'ætrɪk] *adj* psychiatryczny.
psychiatrist [saɪ'kaɪətrɪst] *n* psychiatra *m*.
psychiatry [saɪ'kaɪətrɪ] *n* psychiatria *f*.
psychic ['saɪkɪk] *adj* (*disorder*) psychiczny; (*person*) mający zdolności parapsychiczne ♦ *n* medium *nt*.

psychoanalyse [saɪkəu'ænəlaɪz] *vt* poddawać (poddać *perf*) psychoanalizie.
psychoanalysis [saɪkəuə'nælɪsɪs] (*pl* **psychoanalyses**) *n* psychoanaliza *f*.
psychoanalyst [saɪkəu'ænəlɪst] *n* psychoanalityk (-yczka) *m(f)*.
psychological [saɪkə'lɔdʒɪkl] *adj* (*mental*) psychiczny; (*relating to psychology*) psychologiczny.
psychologist [saɪ'kɔlədʒɪst] *n* psycholog *m*.
psychology [saɪ'kɔlədʒɪ] *n* (*science*) psychologia *f*; (*character*) psychika *f*.
psychopath ['saɪkəupæθ] *n* psychopata (-tka) *m(f)*.
psychosis [saɪ'kəusɪs] (*pl* **psychoses**) *n* psychoza *f*.
psychosomatic ['saɪkəusə'mætɪk] *adj* psychosomatyczny.
psychotherapy [saɪkəu'θɛrəpɪ] *n* psychoterapia *f*.
psychotic [saɪ'kɔtɪk] *adj* psychotyczny.
PT (*BRIT*: *SCOL*) *n abbr* (= *physical training*) WF *m*.
Pt *abbr* (*in place names*: = *Point*).
pt *abbr* = **pint**; = **point** p.
PTA *n abbr* (= *Parent-Teacher Association*) ≈ komitet rodzicielski.
Pte (*BRIT*: *MIL*) *abbr* = **private** szer.
PTO *abbr* (= *please turn over*) verte.
PTV (*US*) *n abbr* (= *pay television*) *telewizja płatna*; (= *public television*) *telewizja publiczna*.
pub [pʌb] *n* = **public house**.
puberty ['pju:bətɪ] *n* dojrzewanie *nt* płciowe, pokwitanie *nt*.
pubic ['pju:bɪk] *adj* łonowy.
public ['pʌblɪk] *adj* publiczny; (*support, interest*) społeczny; (*spending, official*) państwowy ♦ *n*: **the public** (*people in general*) społeczeństwo *nt*; (*particular set of people*) publiczność *f*; **in public** publicznie; **the general public** (*society*) ogół społeczeństwa; (*readers, viewers etc*) szeroka publiczność; **to be public knowledge** być powszechnie wiadomym; **to make sth public** ujawniać (ujawnić *perf*) coś; **to go public** (*COMM*) wystawiać (wystawić *perf*) akcje na sprzedaż.
public address system *n* system *m* nagłaśniający.
publican ['pʌblɪkən] *n* właściciel(ka) *m(f)* pubu.
publication [pʌblɪ'keɪʃən] *n* (*act*) wydanie *nt*, publikacja *f*; (*book, magazine*) publikacja *f*.
public company *n* spółka *f* akcyjna.
public convenience (*BRIT*) *n* toaleta *f* publiczna.
public holiday *n* święto *nt* urzędowe *or* państwowe.
public house (*BRIT*) *n* pub *m*.
publicity [pʌb'lɪsɪtɪ] *n* (*information*) reklama *f*; (*attention*) rozgłos *m*.
publicize ['pʌblɪsaɪz] *vt* podawać (podać *perf*) do publicznej wiadomości.
public limited company *n* = **public company**.
publicly ['pʌblɪklɪ] *adv* publicznie; **publicly owned** w rękach publicznych akcjonariuszy.
public opinion *n* opinia *f* publiczna.
public ownership *n*: **taken into public ownership** upaństwowiony.
Public Prosecutor *n* oskarżyciel *m* publiczny, prokurator *m*.
public relations *n* kreowanie *nt* wizerunku firmy.
public relations officer *n* specjalista *m* od kreowania wizerunku firmy.
public school *n* (*BRIT*) szkoła *f* prywatna (średniego stopnia); (*US*) szkoła *f* państwowa.
public sector *n*: **the public sector** sektor *m* państwowy.
public service vehicle (*BRIT*) *n* pojazd *m* komunikacji miejskiej.
public-spirited [pʌblɪk'spɪrɪtɪd] *adj* społecznikowski.
public transport *n* komunikacja *f* publiczna.
public utility *n* zakład *m* użyteczności publicznej *or* usług komunalnych.
public works *npl* roboty *pl* publiczne.
publish ['pʌblɪʃ] *vt* (*book, magazine, newspaper*) wydawać (wydać *perf*); (*letter, article*) publikować (opublikować *perf*).
publisher ['pʌblɪʃə*] *n* wydawca *m*.
publishing ['pʌblɪʃɪŋ] *n* działalność *f* wydawnicza.
publishing company *n* wydawnictwo *nt*.
puce [pju:s] *adj* fioletowobrązowy.
puck [pʌk] *n* krążek *m* (*do gry w hokeja*).
pucker ['pʌkə*] *vi* (*mouth, face*) wykrzywiać się (wykrzywić się *perf*); (*fabric etc*) marszczyć się (pomarszczyć się *perf*) ♦ *vt* (*mouth, face*) wykrzywiać (wykrzywić *perf*); (*fabric etc*) marszczyć (pomarszczyć *perf*).
pudding ['pudɪŋ] *n* pudding *m*; (*BRIT*: *dessert*) deser *m*; **black pudding,** (*US*) **blood pudding** ≈ kaszanka.
puddle ['pʌdl] *n* kałuża *f*.
puerile ['pjuəraɪl] *adj* infantylny.
Puerto Rico ['pwə:təu'ri:kəu] *n* Porto Rico *nt inv*.
puff [pʌf] *n* (*of cigarette, pipe*) zaciągnięcie się *nt*; (*gasp*) sapnięcie *nt*; (*of air*) podmuch *m* ♦ *vt* (*also*: **puff on, puff at**: *pipe*) pykać (pyknąć *perf*) +*acc*; (*cigarette*) zaciągnąć się (zaciągać się *perf*) +*instr* ♦ *vi* sapać.
►**puff out** *vt* (*one's chest*) wypinać (wypiąć *perf*); (*one's cheeks*) nadymać (nadąć *perf*).
puffed [pʌft] (*inf*) *adj* zasapany.
puffin ['pʌfɪn] *n* maskonur *m* (*ptak*).
puff pastry (*US* **puff paste**) *n* ciasto *nt* francuskie.
puffy ['pʌfɪ] *adj* (*face*) spuchnięty; (*eye*) podpuchnięty.
pugnacious [pʌg'neɪʃəs] *adj* zaczepny, kłótliwy.
pull [pul] *vt* (*rope, hair etc*) ciągnąć (pociągnąć

perf) za *+acc*; (*handle*) pociągać (pociągnąć *perf*) za *+acc*; (*trigger*) naciskać (nacisnąć *perf*) (na *+acc*); (*cart etc*) ciągnąć; (*curtain, blind*) zaciągać (zaciągnąć *perf*); (*inf*: *people*) przyciągać (przyciągnąć *perf*); (: *sexual partner*) podrywać (poderwać *perf*) (*inf*); (*pint of beer*) nalewać (nalać *perf*) (*z beczki*) ♦ *vi* ciągnąć (pociągnąć *perf*) ♦ *n* (*of moon, magnet*) przyciąganie *nt*; (*fig*) wpływ *m*; **to give sth a pull** pociągnąć (*perf*) (za) coś; **to pull a face** robić (zrobić *perf*) minę; **to pull a muscle** naciągnąć (*perf*) mięsień; **not to pull one's** *or* **any punches** (*fig*) walić prosto z mostu (*inf*); **to pull sth to pieces** (*fig*) nie zostawiać (nie zostawić *perf*) na czymś suchej nitki; **to pull one's weight** (*fig*) przykładać się (przyłożyć się *perf*) (do pracy); **to pull o.s. together** brać się (wziąć się *perf*) w garść; **to pull sb's leg** (*fig*) nabierać (nabrać *perf*) kogoś; **to pull strings (for sb)** używać (użyć *perf*) swoich wpływów (by komuś pomóc).

►**pull apart** *vt* rozdzielać (rozdzielić *perf*).

►**pull away** *vi* (*AUT*) odholowywać (odholować *perf*).

►**pull back** *vi* wycofywać się (wycofać się *perf*); (*fig*) hamować się (pohamować się *perf*).

►**pull down** *vt* (*building*) rozbierać (rozebrać *perf*).

►**pull in** *vi* (*AUT*: *at the kerb*) zatrzymywać się (zatrzymać się *perf*); (*RAIL*) wjeżdżać (wjechać *perf*) (na peron *or* stację) ♦ *vt* (*inf*: *crowds*) przyciągać (przyciągnąć *perf*); (*inf*: *money, suspect*) zgarniać (zgarnąć *perf*) (*inf*).

►**pull off** *vt* (*clothes*) ściągać (ściągnąć *perf*); (*fig*: *difficult thing*) dokonywać (dokonać *perf*) *+gen*.

►**pull out** *vi* (*AUT*: *from kerb*) odjeżdżać (odjechać *perf*); (: *when overtaking*) zmieniać (zmienić *perf*) pas ruchu; (*RAIL*) odjeżdżać (odjechać *perf*) (z peronu *or* stacji); (*withdraw*) wycofywać się (wycofać się *perf*) ♦ *vt* wyciągać (wyciągnąć *perf*).

►**pull over** *vi* (*AUT*) zjeżdżać (zjechać *perf*) na bok.

►**pull through** *vi* wyzdrowieć (*perf*), wylizać się (*perf*) (*inf*).

►**pull up** *vi* (*AUT, RAIL*) zatrzymywać się (zatrzymać się *perf*) ♦ *vt* (*object, clothing*) podciągać (podciągnąć *perf*); (*weeds*) wyrywać (wyrwać *perf*); (*chair*) przysuwać (przysunąć *perf*) (sobie).

pulley ['pulɪ] *n* blok *m*, wielokrążek *m*.

pull-out ['pulaut] *n* (*in magazine*) wkładka *f*.

pullover ['puləuvə*] *n* pulower *m*.

pulp [pʌlp] *n* (*of fruit*) miąższ *m*; (*for paper*) miazga *f*; (*LITERATURE*: *pej*) czytadła *pl* ♦ *adj*: **pulp fiction** tandetna powieść *f* sensacyjna; **to reduce sth to a pulp** ścierać (zetrzeć *perf*) coś na miazgę.

pulpit ['pulpɪt] *n* ambona *f*.

pulsate [pʌl'seɪt] *vi* (*heart*) bić; (*music*) tętnić, pulsować.

pulse [pʌls] *n* (*lit, fig*) tętno *nt*, puls *m*; (*TECH*) impuls *m* ♦ *vi* pulsować; **pulses** *npl* nasiona *pl* roślin strączkowych; **to take sb's pulse** mierzyć (zmierzyć (*perf*)) komuś tętno; **to have one's finger on the pulse** (*fig*) trzymać rękę na pulsie.

pulverize ['pʌlvəraɪz] *vt* proszkować (sproszkować *perf*); (*fig*) ścierać (zetrzeć *perf*) na proch.

puma ['pju:mə] *n* puma *f*.

pumice ['pʌmɪs] *n* (*also*: **pumice stone**) pumeks *m*.

pummel ['pʌml] *vt* okładać pięściami.

pump [pʌmp] *n* pompa *f*; (*for bicycle*) pompka *f*; (*petrol pump*) dystrybutor *m* (paliwa), pompa *f* benzynowa; (*shoe*) czółenko *nt* ♦ *vt* pompować; **to pump sb for information** podpytywać (podpytać *perf*) kogoś; **he had his stomach pumped** zrobili mu płukanie żołądka.

►**pump up** *vt* pompować (napompować *perf*).

pumpkin ['pʌmpkɪn] *n* dynia *f*.

pun [pʌn] *n* kalambur *m*, gra *f* słów.

punch [pʌntʃ] *n* (*blow*) uderzenie *nt* pięścią; (*fig*) siła *f*; (*tool*) dziurkacz *m*; (*drink*) poncz *m* ♦ *vt* (*person*) uderzać (uderzyć *perf*) pięścią; (*ticket*) kasować (skasować *perf*); **to punch a hole in** dziurawić (przedziurawić *perf*) *+acc*.

►**punch in** (*US*) *vi* odbijać (odbić *perf*) kartę (po przyjściu do pracy).

►**punch out** (*US*) *vi* odbijać (odbić *perf*) kartę (przy wyjściu z pracy).

Punch and Judy show *n* *przedstawienie kukiełkowe z parą stałych bohaterów, Punchem i Judy.*

punch-drunk ['pʌntʃdrʌŋk] (*BRIT*) *adj* (*MED*) cierpiący na encefalopatię bokserską; (*fig*) zamroczony, skołowany.

punch(ed) card (*COMPUT*) *n* karta *f* perforowana.

punchline ['pʌntʃlaɪn] *n* puenta *f*.

punch-up ['pʌntʃʌp] (*BRIT*: *inf*) *n* bijatyka *f*.

punctual ['pʌŋktjuəl] *adj* punktualny.

punctuality [pʌŋktju'ælɪtɪ] *n* punktualność *f*.

punctually ['pʌŋktjuəlɪ] *adv* punktualnie; **it will start punctually at six** zacznie się punktualnie o szóstej.

punctuation [pʌŋktju'eɪʃən] *n* interpunkcja *f*.

punctuation mark *n* znak *m* przestankowy.

puncture ['pʌŋktʃə*] (*AUT*) *n* przebicie *nt* dętki ♦ *vt* przebijać (przebić *perf*); **I have a puncture** złapałem gumę (*inf*).

pundit ['pʌndɪt] *n* mędrzec *m* hinduski.

pungent ['pʌndʒənt] *adj* (*smell*) gryzący; (*taste*) cierpki; (*fig*: *article, speech*) ostry; (: *remark*) cierpki.

punish ['pʌnɪʃ] *vt* karać (ukarać *perf*); **to punish sb for sth/for doing sth** karać (ukarać *perf*) kogoś za coś/za (z)robienie czegoś.

punishable ['pʌnɪʃəbl] *adj* (*offence*) karalny.

punishing ['pʌnɪʃɪŋ] *adj* (*fig*: *exercise, ordeal*) wyczerpujący.

punishment ['pʌnɪʃmənt] *n* kara *f*; **he took a lot of punishment** (*fig*) porządnie mu się dostało.
punitive ['pju:nɪtɪv] *adj* (*action, measure*) karny.
punk [pʌŋk] *n* (*also*: **punk rocker**) punk *m*; (*also*: **punk rock**) punk-rock *m*; (*US*: *inf*: *hoodlum*) chuligan *m*.
punnet ['pʌnɪt] *n* kobiałka *f*.
punt [pʌnt] *n* łódź *f* płaskodenna ♦ *vi* płynąć łodzią płaskodenną.
punter ['pʌntə*] (*BRIT*) *n* gracz *m* na wyścigach konnych; (*inf*) klient(ka) *m(f)*.
puny ['pju:nɪ] *adj* mizerny.
pup [pʌp] *n* (*young dog*) szczenię *nt*; (*young seal etc*) młode *nt*.
pupil ['pju:pl] *n* (*SCOL*) uczeń/uczennica *m/f*; (*of eye*) źrenica *f*.
puppet ['pʌpɪt] *n* kukiełka *f*; (*fig*) marionetka *f*.
puppet government *n* rząd *m* marionetkowy.
puppy ['pʌpɪ] *n* szczenię *nt*, szczeniak *m*.
purchase ['pə:tʃɪs] *n* (*act*) zakup *m*, kupno *nt*; (*item*) zakup *m*, nabytek *m* ♦ *vt* nabywać (nabyć *perf*), zakupywać (zakupić *perf*); **to get** *or* **gain (a) purchase** znajdować (znaleźć *perf*) punkt podparcia *or* oparcia.
purchase order *n* zamówienie *nt*.
purchase price *n* cena *f* kupna.
purchaser ['pə:tʃɪsə*] *n* nabywca *m*, kupujący *m*.
purchase tax *n* podatek *m* od wartości dodanej (*przy zakupie*).
purchasing power ['pə:tʃɪsɪŋ-] *n* siła *f* nabywcza.
pure [pjuə*] *adj* (*lit, fig*) czysty; **a pure wool jumper** sweter z czystej wełny; **it's laziness pure and simple** to (jest) czyste lenistwo.
purebred ['pjuəbrɛd] *adj* czystej krwi *post*.
purée ['pjuəreɪ] *n* przecier *m*.
purely ['pjuəlɪ] *adv* (*wholly*) całkowicie.
purgatory ['pə:gətərɪ] *n* czyściec *m*.
purge [pə:dʒ] *n* czystka *f* ♦ *vt* (*organization, party*) przeprowadzać (przeprowadzić *perf*) czystkę w *+loc*; **to purge sth of** (*lit, fig*) oczyszczać (oczyścić *perf*) coś z *+gen*; **they purged extremists from the party** oczyścili partię z ekstremistów; **she wanted to purge her heart of that love** pragnęła usunąć z serca tę miłość.
purification [pjuərɪfɪ'keɪʃən] *n* oczyszczenie *nt*.
purify ['pjuərɪfaɪ] *vt* oczyszczać (oczyścić *perf*).
purist ['pjuərɪst] *n* purysta (-tka) *m(f)*.
puritan ['pjuərɪtən] *n* purytanin (-anka) *m(f)*.
puritanical [pjuərɪ'tænɪkl] *adj* purytański.
purity ['pjuərɪtɪ] *n* czystość *f*.
purl [pə:l] (*KNITTING*) *n* lewe oczko *nt*.
purloin [pə:'lɔɪn] (*fml*) *vt* przywłaszczać (przywłaszczyć *perf*) sobie.
purple ['pə:pl] *adj* fioletowy.
purport [pə:'pɔ:t] *vi*: **they purport to be objective** utrzymują, że są obiektywni; **he purports not to care** twierdzi, że jakoby mu nie zależy.
purpose ['pə:pəs] *n* cel *m*; **on purpose** celowo; **for illustrative purposes** dla ilustracji; **for all practical purposes** z praktycznego punktu widzenia; **for the purposes of this meeting** dla celów tego spotkania; **to no purpose** na próżno; **it was all to little purpose** wszystko to nie na wiele się zdało; **a sense of purpose** poczucie celu.
purpose-built ['pə:pəs'bɪlt] (*BRIT*) *adj* specjalnie zbudowany.
purposeful ['pə:pəsful] *adj* celowy.
purposely ['pə:pəslɪ] *adv* celowo.
purr [pə:*] *vi* (*cat*) mruczeć.
purse [pə:s] *n* (*BRIT*) portmonetka *f*; (*US*) (damska) torebka *f* ♦ *vt* (*lips*) zaciskać (zacisnąć *perf*).
purser ['pə:sə*] *n* (*NAUT*) ochmistrz *m*; (*MIL*) *n* oficer *m* płatnik *m*.
purse-snatcher ['pə:ssnætʃə*] (*US*) *n* złodziej(ka) *m(f)* torebek.
pursue [pə'sju:] *vt* ścigać; (*fig*: *policy, interest, plan*) realizować; (: *aim, objective*) dążyć do osiągnięcia *+gen*.
pursuer [pə'sju:ə*] *n* ścigający *m*.
pursuit [pə'sju:t] *n* (*pastime*) zajęcie *nt*; (*chase*) pościg *m*; (: *fig*) pogoń *f*; **in pursuit of** w pościgu za *+instr*; (*fig*: *happiness, pleasure*) w pogoni za *+instr*.
purveyor [pə'veɪə*] (*fml*) *n* dostarczyciel(ka) *m(f)*.
pus [pʌs] (*MED*) *n* ropa *f*.
push [puʃ] *n* (*of button etc*) naciśnięcie *nt*; (*of door*) pchnięcie *nt*; (*of car, person*) popchnięcie *nt* ♦ *vt* (*button, knob*) naciskać (nacisnąć *perf*); (*door*) pchać (pchnąć *perf*); (*car, person*) popychać (popchnąć *perf*); (*fig*: *person*: *to work harder*) dopingować; (: : *to reveal information*) naciskać; (: *product*) reklamować; (*inf*: *drugs*) handlować *+instr* ♦ *vi* (*press*) naciskać (nacisnąć *perf*); (*shove*) pchać (pchnąć *perf*); **to push for** domagać się *+gen*; **to push a door open/shut** otwierać (otworzyć *perf*)/zamykać (zamknąć *perf*) drzwi; **"push"** (*on door*) „pchać"; (*on bell*) „dzwonić"; **to be pushed for time/money** (*inf*) mieć mało czasu/pieniędzy; **she is pushing fifty** (*inf*) idzie jej piąty krzyżyk (*inf*); **at a push** (*BRIT*: *inf*) na siłę.
►**push around** *vt* pomiatać *+instr*.
►**push aside** *vt* odpychać (odepchnąć *perf*); (*fig*) odsuwać (odsunąć *perf*) na bok.
►**push in** *vi* wpychać się (wepchnąć się *perf*).
►**push off** (*inf*) *vi* spływać (spłynąć *perf*) (*inf*).
►**push on** *vi* ciągnąć *or* jechać dalej (*fig*).
►**push over** *vt* przewracać (przewrócić *perf*).
►**push through** *vt* (*measure, scheme*) przeprowadzać (przeprowadzić *perf*).
►**push up** *vt* (*prices etc*) podnosić (podnieść *perf*).
push-bike ['puʃbaɪk] (*BRIT*) *n* rower *m*.

push-button ['puʃbʌtn] *adj* obsługiwany przez naciskanie przycisków.
pushchair ['puʃtʃεə*] (*BRIT*) *n* spacerówka *f*.
pusher ['puʃə*] *n* handlarz *m* narkotykami.
pushover ['puʃəuvə*] (*inf*) *n*: **it's a pushover** to łatwizna (*inf*).
push-up ['puʃʌp] (*US*) *n* pompka *f* (*ćwiczenie*).
pushy ['puʃɪ] (*pej*) *adj* natarczywy, natrętny.
puss [pus] (*inf*) *n* kiciuś *m*.
pussy(cat) ['pusɪ(kæt)] (*inf*) *n* = **puss**.
put [put] (*pt, pp* **put**) *vt* (*thing*) kłaść (położyć *perf*); (*person*: *in room, institution*) umieszczać (umieścić *perf*); (: *in position, situation*) stawiać (postawić *perf*); (*idea, view, case*) przedstawiać (przedstawić *perf*); (*question*) stawiać (postawić *perf*); (*in class, category*) zaliczać (zaliczyć *perf*); (*word, sentence*) zapisywać (zapisać *perf*); **to put sb in a good/bad mood** wprawiać (wprawić *perf*) kogoś w dobry/zły nastrój; **to put sb to bed** kłaść (położyć *perf*) kogoś do łóżka; **to put sb to a lot of trouble** sprawiać (sprawić *perf*) komuś wiele kłopotu; **how shall I put it?** jak by to powiedzieć?; **to put a lot of time into sth** poświęcać (poświęcić *perf*) czemuś wiele czasu; **to put money on a horse** obstawiać (obstawić *perf*) konia; **the cost is now put at 2 billion pounds** koszt szacuje się obecnie na 2 miliardy funtów; **I put it to you that ...** (*BRIT*) mówię ci, że...; **to stay put** nie ruszać się (z miejsca).
►**put about** *vi* (*NAUT*) zmieniać (zmienić *perf*) kurs na przeciwny ♦ *vt* (*rumour*) rozpuszczać (rozpuścić *perf*).
►**put across** *vt* (*ideas etc*) wyjaśniać (wyjaśnić *perf*).
►**put around** *vt* = **put about**.
►**put aside** *vt* (*work, money*) odkładać (odłożyć *perf*); (*idea, problem*) pomijać (pominąć *perf*).
►**put away** *vt* (*shopping etc*) chować (pochować *perf*); (*money*) odkładać (odłożyć *perf*); (*imprison*) zamykać (zamknąć *perf*); (*inf*: *consume*) sprzątnąć (*perf*) (*inf*).
►**put back** *vt* (*replace*) odkładać (odłożyć *perf*); (*postpone*) przekładać (przełożyć *perf*); (*delay*) opóźniać (opóźnić *perf*).
►**put by** *vt* (*money, supplies*) odkładać (odłożyć *perf*).
►**put down** *vt* (*book, spectacles*) odkładać (odłożyć *perf*); (*cup, chair*) odstawiać (odstawić *perf*); (*in writing*) zapisywać (zapisać *perf*); (*riot, rebellion*) tłumić (stłumić *perf*); (*humiliate*) poniżać (poniżyć *perf*); (*kill*: *animal*) usypiać (uśpić *perf*).
►**put down to** *vt* przypisywać (przypisać *perf*) *+dat*.
►**put forward** *vt* (*proposal*) wysuwać (wysunąć *perf*), przedstawiać (przedstawić *perf*); (*ideas, argument*) przedstawiać (przedstawić *perf*); (*watch, clock*) przesuwać (przesunąć *perf*) do przodu; (*date, meeting*) przesuwać (przesunąć *perf*).
►**put in** *vt* (*application, complaint*) składać (złożyć *perf*); (*time, effort*) wkładać (włożyć *perf*); (*gas, electricity*) instalować (zainstalować *perf*) ♦ *vi* (*NAUT*) zawijać (zawinąć *perf*) do portu.
►**put in for** *vt fus* (*promotion, leave*) składać (złożyć *perf*) podanie o *+acc*.
►**put off** *vt* (*postpone*) odkładać (odłożyć *perf*); (*discourage*) zniechęcać (zniechęcić *perf*); (*distract*) rozpraszać.
►**put on** *vt* (*clothes, glasses*) zakładać (założyć *perf*); (*make-up, ointment*) nakładać (nałożyć *perf*); (*light, TV, record*) włączać (włączyć *perf*); (*play*) wystawiać (wystawić *perf*); (*brake*) naciskać (nacisnąć *perf*) na *+acc*; (*kettle, dinner*) wstawiać (wstawić *perf*); (*accent etc*) udawać; (*extra bus, train*) puszczać (puścić *perf*); (*inf*: *tease*) podpuszczać (podpuścić *perf*) (*inf*); **to put on airs** wynosić się, wywyższać się; **to put on weight** przybierać (przybrać *perf*) na wadze, tyć (przytyć *perf*).
►**put onto** *vt*: **could you put me onto a good lawyer/doctor?** czy mógłbyś mi wskazać dobrego adwokata/lekarza?
►**put out** *vt* (*fire*) gasić (ugasić *perf*); (*candle, cigarette, light*) gasić (zgasić *perf*); (*rubbish*) wystawiać (wystawić *perf*) (*przed dom, do zabrania przez służby oczyszczania miasta*); (*cat*) wypuszczać (wypuścić *perf*); (*one's hand*) wyciągać (wyciągnąć *perf*); (*one's tongue*) wystawiać (wystawić *perf*); (*statement etc*) ogłaszać (ogłosić *perf*); (*BRIT*: *shoulder etc*) przemieszczać (przemieścić *perf*); (*inf*: *inconvenience*) fatygować ♦ *vi*: **to put out to sea** wychodzić (wyjść *perf*) w morze; **to put out from Plymouth** wypływać (wypłynąć *perf*) z Plymouth.
►**put through** *vt* (*TEL*) łączyć (połączyć *perf*); (*plan, agreement*) przyjmować (przyjąć *perf*); **put me through to Miss Blair** połącz mnie z panną Blair.
►**put together** *vt* (*furniture, toy*) składać (złożyć *perf*); (*plan, campaign*) organizować (zorganizować *perf*); **more than the rest of them put together** bardziej niż wszyscy pozostali razem wzięci.
►**put up** *vt* (*fence, building, tent*) stawiać (postawić *perf*); (*umbrella*) rozkładać (rozłożyć *perf*); (*poster, sign*) wywieszać (wywiesić *perf*); (*price, cost*) podnosić (podnieść *perf*); (*person*) przenocowywać (przenocować *perf*); (*resistance*) stawiać (stawić *perf*); **to put sb up to sth/doing sth** namawiać (namówić *perf*) kogoś do czegoś/(z)robienia czegoś; **to put sth up for sale** wystawiać (wystawić *perf*) coś na sprzedaż.
►**put upon** *vt fus* nadużywać uprzejmości *+gen*.
►**put up with** *vt fus* znosić (znieść *perf*) *+acc*.
putative ['pju:tətɪv] *adj* domniemany.

putrid ['pju:trɪd] *adj* gnijący.
putt [pʌt] (*GOLF*) *n* uderzenie *nt* piłki.
putter ['pʌtə*] *n* (*GOLF*) putter *m* ♦ *vi* (*US*) = **potter**.
putting green ['pʌtɪŋ-] *n* pole *f* puttingowe.
putty ['pʌtɪ] *n* kit *m*.
put-up ['putʌp] *n*: **it was a put-up job** to było wcześniej ukartowane.
puzzle ['pʌzl] *n* (*mystery*) zagadka *f*; (*game, toy*) układanka *f* ♦ *vt* stanowić zagadkę dla *+gen* ♦ *vi*: **to puzzle over sth** głowić się nad czymś; **I'm puzzled as to why ...** nie pojmuję, dlaczego... .
puzzling ['pʌzlɪŋ] *adj* zagadkowy.
PVC *n abbr* (= *polyvinyl chloride*) PCW *nt inv*.
Pvt. (*US*: *MIL*) *abbr* = **private** szer.
PW (*US*) *n abbr* = **prisoner of war**.
p.w. *abbr* (= *per week*) tyg.
PX (*US*: *MIL*) *n abbr* = **post exchange**.
pygmy ['pɪgmɪ] *n* Pigmej(ka) *m(f)*.
pyjamas [pɪ'dʒɑ:məz] (*US* **pajamas**) *npl*: **(a pair of) pyjamas** piżama *f*.
pylon ['paɪlən] *n* pylon *m*.
pyramid ['pɪrəmɪd] *n* (*ARCHIT*) piramida *f*; (*GEOM*) ostrosłup *m*; (*pile*) stos *m*.
Pyrenean [pɪrə'ni:ən] *adj* pirenejski.
Pyrenees [pɪrə'ni:z] *npl*: **the Pyrenees** Pireneje *pl*.
Pyrex ['paɪrɛks] ® *n* pyreks *m* (*szkło żaroodporne*) ♦ *adj* żaroodporny.
python ['paɪθən] *n* pyton *m*.

Q,q

Q, q [kju:] *n* (*letter*) Q *nt*, q *nt*; **Q for Queen** ≈ Q jak Quebec.
Qatar [kæ'tɑ:*] (*GEOG*) *n* Katar *m*.
QC (*BRIT*: *JUR*) *n abbr* (= *Queen's Counsel*) *stopień w hierarchii sądowej*.
QED *abbr* (= *quod erat demonstrandum*) c.b.d.o. (= co było do okazania), c.n.d. (= co należało dowieść).
QM *n abbr* (*MIL*) = **quartermaster**.
q.t. (*inf*) *n abbr* (= *quiet*): **on the q.t.** cichcem (*inf*), cichaczem (*inf*).
qty *abbr* = **quantity**.
quack [kwæk] *n* (*of duck*) kwaknięcie *nt*; (*inf, pej*: *doctor*) konował *m* (*inf, pej*) ♦ *vi* kwakać (kwaknąć *perf or* zakwakać *perf*).
quad [kwɔd] *abbr* = **quadrangle**; = **quadruplet**.
quadrangle ['kwɔdræŋgl] *n* (*courtyard*) czworokątny dziedziniec *m*.
quadrilateral [kwɔdrɪ'lætərəl] (*GEOM*) *n* czworobok *m*.
quadruped ['kwɔdrupɛd] *n* czworonóg *m*.
quadruple [kwɔ'dru:pl] *vt* czterokrotnie zwiększać (zwiększyć *perf*) ♦ *vi* wzrastać (wzrosnąć *perf*) czterokrotnie.
quadruplets [kwɔ'dru:plɪts] *npl* czworaczki *pl*.
quagmire ['kwægmaɪə*] *n* trzęsawisko *nt*; (*fig*) gąszcz *m*.
quail [kweɪl] *n* (*bird*) przepiórka *f* ♦ *vi*: **to quail at the thought of** drżeć (zadrżeć *perf*) na myśl o *+loc*.
quaint [kweɪnt] *adj* oryginalny, ciekawy (*najczęściej także staromodny*).
quake [kweɪk] *vi* trząść się, dygotać ♦ *n* = **earthquake**.
Quaker ['kweɪkə*] *n* kwakier(ka) *m(f)*.
qualification [kwɔlɪfɪ'keɪʃən] *n* (*often pl*: *degree, diploma*) kwalifikacje *pl*; (*attribute*) zdolność *f*; (*reservation*) zastrzeżenie *nt*; **what are your qualifications?** jakie ma Pan/Pani kwalifikacje?
qualified ['kwɔlɪfaɪd] *adj* (*doctor, engineer*) dyplomowany; (*worker*) wykwalifikowany; (*agreement, success*) połowiczny; (*praise*) powściągliwy; **to be/feel qualified to do sth** być/czuć się kompetentnym, by coś (z)robić; **he's not qualified for the job** on nie ma kwalifikacji do tej pracy.
qualify ['kwɔlɪfaɪ] *vt* (*entitle*) upoważniać (upoważnić *perf*); (*modify*) uściślać (uściślić *perf*) ♦ *vi* zdobywać (zdobyć *perf*) dyplom; **to qualify for** (*be eligible*) móc ubiegać się o *+acc*; (*in competition*) kwalifikować się (zakwalifikować się *perf*) do *+gen*; **to qualify as an engineer** zdobywać (zdobyć *perf*) dyplom inżyniera.
qualifying ['kwɔlɪfaɪɪŋ] *adj*: **qualifying exam** egzamin *m* kwalifikacyjny; **qualifying round** eliminacje.
qualitative ['kwɔlɪtətɪv] *adj* jakościowy.
quality ['kwɔlɪtɪ] *n* (*standard*) jakość *f*; (*characteristic*: *of person*) cecha *f* (charakteru), przymiot *m* (*usu pl*); (: *of wood, stone*) właściwość *f* ♦ *cpd* dobry jakościowo; **of good/poor quality** dobrej/złej jakości.
quality control *n* kontrola *f* jakości.
quality papers (*BRIT*) *npl*: **the quality papers** poważne gazety *pl*.
qualm [kwɑ:m] *n* niepokój *m*; **to have qualms about sth** mieć skrupuły w związku z czymś.
quandary ['kwɔndrɪ] *n*: **to be in a quandary** być w rozterce.
quango ['kwæŋgəu] (*BRIT*) *n abbr* (= *quasi-autonomous non-governmental organization*).
quantitative ['kwɔntɪtətɪv] *adj* ilościowy.
quantity ['kwɔntɪtɪ] *n* ilość *f*; **in large/small quantities** w dużych/małych ilościach; **in quantity** w dużych ilościach; **an unknown quantity** (*fig*) niewiadoma.
quantity surveyor *n* kosztorysant(ka) *m(f)*.
quarantine ['kwɔrnti:n] *n* kwarantanna *f*; **to be in quarantine** przechodzić (przejść *perf*) kwarantannę.
quarrel ['kwɔrl] *n* kłótnia *f* ♦ *vi* kłócić się; **we**

had a quarrel with them pokłóciliśmy się z nimi; **I've no quarrel with him** nic do niego nie mam; **I can't quarrel with that** nie mogę się z tym nie zgodzić.

quarrelsome ['kwɔrəlsəm] *adj* kłótliwy.

quarry ['kwɔrɪ] *n* (*for stone*) kamieniołom *m*; (*animal being hunted*) zwierzyna *f* ♦ *vt* wydobywać (wydobyć *perf*).

quart [kwɔ:t] *n* kwarta *f* (*1.137 l*).

quarter ['kwɔ:tə*] *n* (*fourth part*) ćwierć *f*; (*US: coin*) ćwierć *f* dolara; (*of year*) kwartał *m*; (*of city*) dzielnica *f* ♦ *vt* ćwiartować (poćwiartować *perf*); (*MIL: lodge*) zakwaterowywać (zakwaterować *perf*); **quarters** *npl* (*MIL*) kwatery *pl*; (*for servants, for sleeping etc*) pomieszczenia *pl*; **he had to leave his previous quarters** musiał opuścić (swoje) poprzednie miejsce zamieszkania; **a quarter of an hour** kwadrans; **it's a quarter to 3,** *(US)* **it's a quarter of 3** jest za kwadrans trzecia; **it's a quarter past 3,** *(US)* **it's a quarter after 3** jest kwadrans po trzeciej; **from all quarters** ze wszystkich stron; **at close quarters** z bliska.

quarterdeck ['kwɔ:tədɛk] (*NAUT*) *n* tylny pokład *m*.

quarterfinal ['kwɔ:tə'faɪnl] *n* ćwierćfinał *m*.

quarterly ['kwɔ:təlɪ] *adj* kwartalny ♦ *adv* kwartalnie ♦ *n* kwartalnik *m*.

quartermaster ['kwɔ:təmɑ:stə*] *n* kwatermistrz *m*.

quartet [kwɔ:'tɛt] *n* kwartet *m*.

quarto ['kwɔ:təu] *n* (*size of paper*) kwarto *nt* (*arkusz o wymiarach 20 na 26 cm*); (*book*) *książka formatu kwarto*.

quartz [kwɔ:ts] *n* kwarc *m* ♦ *cpd* kwarcowy.

quash [kwɔʃ] *vt* (*verdict etc*) unieważniać (unieważnić *perf*).

quasi- ['kweɪzaɪ] *pref* quasi-, niby.

quaver ['kweɪvə*] *n* (*BRIT: MUS*) ósemka *f* ♦ *vi* (*voice*) drżeć.

quay [ki:] *n* nabrzeże *nt*.

quayside ['ki:saɪd] *n* nabrzeże *nt*.

queasiness ['kwi:zɪnɪs] *n* mdłości *pl*.

queasy ['kwi:zɪ] *adj*: **to feel queasy** mieć mdłości; (*fig*) czuć się niewyraźnie.

Quebec [kwɪ'bɛk] *n* Quebec *m*.

queen [kwi:n] *n* królowa *f*; (*CARDS*) dama *f*; (*CHESS*) hetman *m*, królowa *f*.

queen mother *n* królowa *f* matka *f*.

queer [kwɪə*] *adj* dziwny ♦ *n* (*inf!*) pedał *m* (*inf!*); **I feel queer** (*BRIT*) trochę źle się czuję.

quell [kwɛl] *vt* tłumić (stłumić *perf*).

quench [kwɛntʃ] *vt*: **to quench one's thirst** gasić (ugasić *perf*) pragnienie.

querulous ['kwɛruləs] *adj* (*person*) kwękający; (*voice*) płaczliwy.

query ['kwɪərɪ] *n* zapytanie *nt* ♦ *vt* kwestionować (zakwestionować *perf*).

quest [kwɛst] *n* poszukiwanie *nt*.

question ['kwɛstʃən] *n* (*query, problem in exam*) pytanie *nt*; (*doubt*) wątpliwość *f*; (*issue*) kwestia *f* ♦ *vt* (*interrogate*) pytać; (*doubt*) wątpić; **to ask sb a question, put a question to sb** zadawać (zadać *perf*) komuś pytanie; **to bring** *or* **call sth into question** podawać (podać *perf*) coś w wątpliwość; **the question is, ...** problem w tym, ...; **there's no question of** nie ma mowy o *+loc*; **the person/night in question** osoba/noc, o której mowa; **it's beyond question** to nie ulega wątpliwości; **it's out of the question** (to) wykluczone.

questionable ['kwɛstʃənəbl] *adj* wątpliwy.

questioner ['kwɛstʃənə*] *n* osoba *f* zadająca pytanie.

questioning ['kwɛstʃənɪŋ] *adj* (*look, expression*) pytający; (*mind*) dociekliwy ♦ *n* (*POLICE*) przesłuchanie *nt*.

question mark *n* znak *m* zapytania, pytajnik *m*.

questionnaire [kwɛstʃə'nɛə*] *n* kwestionariusz *m*, ankieta *f*.

queue [kju:] (*BRIT*) *n* kolejka *f* ♦ *vi* (*also*: **queue up**) stać w kolejce; **to jump the queue** wpychać się (wepchnąć się *perf*) poza kolejką *or* kolejnością.

quibble ['kwɪbl] *vi*: **to quibble about** *or* **over sth/with sb** sprzeczać się (posprzeczać się *perf*) o coś/z kimś ♦ *n* drobne zastrzeżenie *nt*.

quiche [ki:ʃ] *n* tarta *f* (*z nadzieniem z jajek, sera, boczku itp*).

quick [kwɪk] *adj* (*fast, swift*) szybki; (*sharp: mind*) bystry; (*: wit*) cięty; (*brief*) krótki ♦ *adv* szybko ♦ *n*: **to cut sb to the quick** (*fig*) dotykać (dotknąć *perf*) kogoś do żywego; **be quick!** szybko!, pospiesz się!; **to be quick to act** działać szybko; **she was quick to see that ...** szybko zauważyła, że...; **she has a quick temper** ma porywcze usposobienie.

quicken ['kwɪkən] *vt* (*pace, step*) przyśpieszać (przyśpieszyć *perf*) *+gen* ♦ *vi*: **his pace quickened** przyśpieszył kroku; **her heart would quicken when ...** serce zaczynało jej szybciej bić, gdy ... .

quick-fire ['kwɪkfaɪə*] *adj*: **quick-fire questions** grad *m* pytań.

quicklime ['kwɪklaɪm] *n* wapno *nt* niegaszone.

quickly ['kwɪklɪ] *adv* szybko.

quickness ['kwɪknɪs] *n* szybkość *f*; **quickness of mind** bystrość umysłu.

quicksand ['kwɪksænd] *n* ruchomy piasek *m*.

quickstep ['kwɪkstɛp] *n* szybki fokstrot *m*.

quick-tempered [kwɪk'tɛmpəd] *adj* porywczy, zapalczywy.

quick-witted [kwɪk'wɪtɪd] *adj* bystry.

quid [kwɪd] (*BRIT: inf*) *n inv* funciak *m* (*inf*).

quid pro quo ['kwɪdprəu'kwəu] *n* usługa *f* za usługę.

quiet ['kwaɪət] *adj* (*lit, fig*) cichy; (*peaceful, not busy*) spokojny; (*not speaking*) milczący; (*engine, aircraft*) cichobieżny ♦ *n* (*silence*) cisza *f*; (*peacefulness*) spokój *m* ♦ *vt, vi* (*US*) = **quieten**; **keep** *or* **be quiet!** bądź *or* siedź cicho!; **on the quiet** cichcem (*inf*), cichaczem (*inf*); **I'll have a quiet word with him** pomówię z nim na osobności.
quieten ['kwaɪətn] (*BRIT*: *also*: **quieten down**) *vi* (*grow calm*) uspokajać się (uspokoić się *perf*); (*grow silent*) cichnąć, ucichać (ucichnąć *perf*) ♦ *vt* (*make less active*) uspokajać (uspokoić *perf*); (*make less noisy*) uciszać (uciszyć *perf*).
quietly ['kwaɪətlɪ] *adv* (*not loudly*) cicho; (*without speaking*) w milczeniu; (*calmly*) spokojnie; **she's quietly confident** jest pewna siebie bez okazywania tego.
quietness ['kwaɪətnɪs] *n* (*peacefulness*) spokój *m*; (*silence*) cisza *f*.
quill [kwɪl] *n* (*pen*) gęsie pióro *nt*; (*of porcupine*) kolec *m*.
quilt [kwɪlt] *n* narzuta *f* (*na łóżko*); (*also*: **continental quilt**) kołdra *f*.
quin [kwɪn] (*BRIT*) *n abbr* = **quintuplet**.
quince [kwɪns] *n* pigwa *f*.
quinine [kwɪ'ni:n] *n* chinina *f*.
quintet [kwɪn'tɛt] *n* kwintet *m*.
quintuplets [kwɪn'tju:plɪts] *npl* pięcioraczki *pl*.
quip [kwɪp] *n* dowcipna uwaga *f* ♦ *vi*: **..., he quipped.** ... – zażartował.
quire ['kwaɪə*] *n* libra *f* (*miara papieru*).
quirk [kwə:k] *n* dziwactwo *nt*; **a quirk of fate** kaprys losu.
quit [kwɪt] (*pt* **quit** *or* **quitted**) *vt* (*smoking, job*) rzucać (rzucić *perf*); (*premises*) opuszczać (opuścić *perf*) ♦ *vi* rezygnować (zrezygnować *perf*); **to quit doing sth** przestawać (przestać *perf*) coś robić; **quit stalling!** (*US*: *inf*) przestań kręcić! (*inf*); **notice to quit** (*BRIT*) wymówienie.
quite [kwaɪt] *adv* (*rather*) całkiem, dosyć *or* dość; (*entirely*) całkowicie, zupełnie; **it's not quite big enough** jest odrobinę za mały; **I quite like it** całkiem mi się podoba; **I quite understand** całkowicie rozumiem; **I don't quite remember** niezupełnie pamiętam; **not quite as many as the last time** trochę mniej niż ostatnio; **that dinner was quite something!** co to był za obiad!; **it was quite a sight** był to niezły widok; **quite a few** sporo; **quite (so)!** (no) właśnie!
Quito ['ki:təu] *n* Quito *nt inv*.
quits [kwɪts] *adj*: **we're quits** jesteśmy kwita; **let's call it quits** niech będzie kwita.
quiver ['kwɪvə*] *vi* drżeć.
quiz [kwɪz] *n* (*game*) kwiz *m*, quiz *m* ♦ *vt* przepytywać (przepytać *perf*).
quizzical ['kwɪzɪkl] *adj* zagadkowy.
quoits [kwɔɪts] *npl gra polegająca na zarzucaniu pierścieni na słupek*.
quorum ['kwɔ:rəm] *n* kworum *nt*.
quota ['kwəutə] *n* (*of imported goods*) kontyngent *m*; (*ration*) przydział *m*.
quotation [kwəu'teɪʃən] *n* (*from book etc*) cytat *m*; (*estimate*) wycena *f*; (*of shares*) notowanie *nt*.
quotation marks *npl* cudzysłów *m*.
quote [kwəut] *n* (*from book etc*) cytat *m*; (*estimate*) wycena *f* ♦ *vt* cytować (zacytować *perf*); (*price*) podawać (podać *perf*); **quotes** *npl* cudzysłów *m*; **in quotes** w cudzysłowie; **quote ... unquote** cytuję ... koniec cytatu.
quotient ['kwəuʃənt] *n* współczynnik *m*.
qv *abbr* (= *quod vide*) zob.
qwerty keyboard ['kwə:tɪ-] *n* klawiatura *f* QWERTY.

R,r

R[1], **r** [ɑ:*] *n* (*letter*) R *nt*, r *nt*; **R for Robert,** (*US*) **R for Roger** ≈ R jak Roman.
R[2] *abbr* (= *Réaumur (scale)*) R; (*US*: *FILM*: = *restricted*) (od lat) 18.
R. *abbr* = **right** pr.; = **river** rz.; (*US*: *POL*) = **republican**; (*BRIT*: = *Rex*) Król *m*; (: = *Regina*) Królowa *f*.
RA *abbr* (*MIL*) = **rear admiral** ♦ *n abbr* (*BRIT*: = *Royal Academy*); (: = *Royal Academician*).
RAAF *n abbr* (*MIL*: = *Royal Australian Air Force*).
Rabat [rə'bɑ:t] *n* Rabat *m*.
rabbi ['ræbaɪ] *n* rabin *m*.
rabbit ['ræbɪt] *n* królik *m* ♦ *vi* (*BRIT*: *inf*) (*also*: **to rabbit on**) ględzić (*inf*).
rabbit hole *n* nora *f* królicza.
rabbit hutch *n* klatka *f* dla królików.
rabble ['ræbl] (*pej*) *n* motłoch *m* (*pej*).
rabid ['ræbɪd] *adj* wściekły; (*fig*) fanatyczny.
rabies ['reɪbi:z] *n* wścieklizna *f*.
RAC (*BRIT*) *n abbr* (= *Royal Automobile Club*).
raccoon [rə'ku:n] *n* szop *m* (pracz *m*).
race [reɪs] *n* (*species*) rasa *f*; (*competition*) wyścig *m* ♦ *vt*: **to race horses/cars** *etc* brać udział w wyścigach konnych/samochodowych *etc* ♦ *vi* (*compete*) ścigać się; (*hurry*) pędzić (popędzić *perf*), gnać (pognać *perf*); (*heart*) bić szybko; (*engine*) pracować na podwyższonych obrotach; **the human race** rodzaj ludzki; **the arms race** wyścig zbrojeń; **a race against time** wyścig z czasem; **to race sb** *or* **against sb** ścigać się z kimś; **his pulse raced** miał mocno przyśpieszony puls; **to race in/out** wpadać (wpaść *perf*)/wypadać (wypaść *perf*).
race car (*US*) *n* = **racing car**.
race car driver (*US*) *n* = **racing driver**.
racecourse ['reɪskɔ:s] *n* tor *m* wyścigowy.
racehorse ['reɪshɔ:s] *n* koń *m* wyścigowy.
race meeting *n* wyścigi *pl* konne.

race relations *npl* stosunki *pl* rasowe.
racetrack ['reɪstræk] *n* (*for people*) bieżnia *f*; (*for cars*) tor *m* wyścigowy; (*US*) = **racecourse**.
racial ['reɪʃl] *adj* (*discrimination, prejudice*) rasowy; **racial equality** równouprawnienie ras.
racialism ['reɪʃlɪzəm] *n* rasizm *m*.
racialist ['reɪʃlɪst] *adj* rasistowski ♦ *n* rasista (-tka) *m(f)*.
racing ['reɪsɪŋ] *n* wyścigi *pl*.
racing car (*BRIT*) *n* samochód *m* wyścigowy.
racing driver (*BRIT*) *n* kierowca *m* wyścigowy.
racism ['reɪsɪzəm] *n* rasizm *m*.
racist ['reɪsɪst] *adj* rasistowski ♦ *n* rasista (-tka) *m(f)*.
rack [ræk] *n* (*also*: **luggage rack**) półka *f* (na bagaż); (*also*: **roof rack**) bagażnik *m* na dach; (*for dresses*) wieszak *m*; (*for dishes*) suszarka *f* ♦ *vt*: **racked by** (*pain, anxiety*) dręczony *+instr*; (*doubts*) nękany *+instr*; **to rack one's brains** łamać sobie głowę; **magazine rack** stojak na czasopisma; **toast rack** stojak na grzanki; **to go to rack and ruin** (*building*) zamieniać się (zamienić się *perf*) w ruinę; (*business*) podupadać (podupaść *perf*).
racket ['rækɪt] *n* (*for tennis etc*) rakieta *f*; (*noise*) hałas *m*; (*swindle*) kant *m*.
racketeer [rækɪ'tɪə*] (*esp US*) *n* kanciarz *m*.
racoon [rə'ku:n] *n* = **raccoon**.
racquet ['rækɪt] *n* (*for tennis etc*) rakieta *f*.
racy ['reɪsɪ] *adj* (*story etc*) pikantny.
RADA [rɑ:də] (*BRIT*) *n abbr* (= *Royal Academy of Dramatic Art*).
radar ['reɪdɑ:*] *n* radar *m* ♦ *cpd* radarowy.
radar trap *n* kontrola *f* radarowa.
radial ['reɪdɪəl] *adj* promienisty ♦ *n* (*AUT*: *also*: **radial tyre**) opona *f* radialna; **radial roads** drogi rozchodzące się promieniście.
radiance ['reɪdɪəns] *n* blask *m*.
radiant ['reɪdɪənt] *adj* (*smile*) promienny; (*person*) rozpromieniony; (*PHYS*: *energy*) promienisty; (: *element*) promieniujący.
radiate ['reɪdɪeɪt] *vt* promieniować, wypromieniowywać (wypromieniować *perf*); (*fig*) promieniować *+instr* ♦ *vi* (*lines, roads*) rozchodzić się promieniście.
radiation [reɪdɪ'eɪʃən] *n* promieniowanie *nt*.
radiation sickness *n* choroba *f* popromienna.
radiator ['reɪdɪeɪtə*] *n* (*heater*) kaloryfer *m*; (*AUT*) chłodnica *f*.
radiator cap *n* korek *m* chłodnicy.
radiator grill *n* okratowanie *nt* wlotu chłodnicy.
radical ['rædɪkl] *adj* radykalny ♦ *n* radykał *m*.
radii ['reɪdɪaɪ] *npl of* **radius**.
radio ['reɪdɪəu] *n* (*broadcasting*) radio *nt*; (*device*: *for receiving broadcasts*) radioodbiornik *m*, radio *nt*; (: *for transmitting and receiving*) radiostacja *f* ♦ *vi*: **to radio to sb** łączyć się (połączyć się *perf*) z kimś przez radio ♦ *vt* (*person*) łączyć się (połączyć się *perf*) przez radio z *+instr*; (*information, message*) nadawać (nadać *perf*) przez radio; (*one's position*) podawać (podać *perf*) przez radio; **on the radio** w radiu.
radio... ['reɪdɪəu] *pref* radio... .
radioactive ['reɪdɪəu'æktɪv] *adj* promieniotwórczy, radioaktywny.
radioactivity ['reɪdɪəuæk'tɪvɪtɪ] *n* (*of substance*) promieniotwórczość *f*, radioaktywność *f*; (*radiation*) promieniowanie *nt*.
radio announcer *n* spiker(ka) *m(f)* radiowy (-wa) *m(f)*.
radio-controlled ['reɪdɪəukən'trəuld] *adj* sterowany radiowo.
radiographer [reɪdɪ'ɔgrəfə*] *n* technik *m* rentgenowski.
radiography [reɪdɪ'ɔgrəfɪ] *n* radiografia *f*.
radiologist [reɪdɪ'ɔlədʒɪst] *n* radiolog *m*, rentgenolog *m*.
radiology [reɪdɪ'ɔlədʒɪ] *n* radiologia *f*, rentgenologia *f*.
radio station *n* stacja *f* radiowa.
radio taxi *n* radio-taxi *nt inv*.
radiotelephone ['reɪdɪəu'telɪfəun] *n* radiotelefon *m*.
radio telescope *n* radioteleskop *m*.
radiotherapist ['reɪdɪəu'θerəpɪst] *n* radioterapeuta (-tka) *m(f)*.
radiotherapy ['reɪdɪəu'θerəpɪ] *n* radioterapia *f*.
radish ['rædɪʃ] *n* rzodkiewka *f*.
radium ['reɪdɪəm] *n* rad *m*.
radius ['reɪdɪəs] (*pl* **radii**) *n* promień *m*; **within a radius of 50 miles** w promieniu 50 mil; **from a 25-mile radius** z terenów w promieniu 25 mil.
RAF (*BRIT*) *n abbr* = **Royal Air Force**.
raffia ['ræfɪə] *n* rafia *f*.
raffish ['ræfɪʃ] *adj* rozhukany.
raffle ['ræfl] *n* loteria *f* fantowa ♦ *vt* wystawiać (wystawić *perf*) jako fant na loterii; **raffle ticket** los loterii fantowej.
raft [rɑ:ft] *n* (*craft*) tratwa *f*; (*also*: **life raft**) tratwa *f* ratunkowa.
rafter ['rɑ:ftə*] *n* krokiew *f*.
rag [ræg] *n* (*piece of cloth*) szmata *f*; (: *small*) szmatka *f*; (*pej*: *newspaper*) szmatławiec *m* (*pej*); (*BRIT*: *SCOL*) *seria imprez studenckich, z których dochód przeznaczony jest na cele dobroczynne* ♦ *vt* (*BRIT*) dokuczać *+dat*; **rags** *npl* łachmany *pl*; **in rags** (*person*) w łachmanach; (*clothes*) w strzępach; **a rags-to-riches story** historia zawrotnej kariery.
rag-and-bone man [rægən'bəun-] (*BRIT*) *n* handlarz *m* starzyzną, szmaciarz *m* (*inf*).
ragbag ['rægbæg] *n* miszmasz *m* (*inf*).
rag doll *n* szmaciana lalka *f*.
rage [reɪdʒ] *n* wściekłość *f* ♦ *vi* (*person*) wściekać się; (*storm*) szaleć; (*debate*) wrzeć; **it's all the rage** to (jest) ostatni krzyk mody; **to fly into a rage** wpadać (wpaść *perf*) we wściekłość.
ragged ['rægɪd] *adj* (*edge, line*) nierówny;

(*clothes*) podarty; (*person*) obdarty; (*beard*) postrzępiony.

raging ['reɪdʒɪŋ] *adj* (*sea*) wzburzony; (*storm*) szalejący; (*fever*) bardzo wysoki; (*thirst*) dokuczliwy; (*toothache*) dotkliwy.

rag trade (*inf*) *n*: **the rag trade** przemysł *m* odzieżowy.

raid [reɪd] *n* (*MIL*) atak *m*; (*by aircraft, police*) nalot *m*; (*by criminal*) napad *m* ♦ *vt* (*MIL*) atakować; (*by aircraft*) dokonywać (dokonać *perf*) nalotu na *+acc*; (*police*) robić (zrobić *perf*) nalot na *+acc*; (*criminal*) napadać (napaść *perf*) na *+acc*.

rail [reɪl] *n* (*on stairs, bridge*) poręcz *f*; (*on deck of ship*) reling *m*; **rails** *npl* szyny *pl*; **by rail** koleją.

railcard ['reɪlkɑ:d] (*BRIT*) *n legitymacja uprawniająca młodzież i emerytów do ulgowych przejazdów kolejowych.*

railing(s) ['reɪlɪŋ(z)] *n(pl)* płot *m* (*z metalowych prętów*).

railroad ['reɪlrəud] (*US*) *n* = **railway**.

railway ['reɪlweɪ] (*BRIT*) *n* (*system, company*) kolej *f*; (*track*) linia *f* kolejowa.

railway engine (*BRIT*) *n* lokomotywa *f*.

railway line (*BRIT*) *n* linia *f* kolejowa.

railwayman ['reɪlweɪmən] (*BRIT*: *irreg*) *n* kolejarz *m*.

railway station (*BRIT*) *n* dworzec *m* kolejowy.

rain [reɪn] *n* deszcz *m* ♦ *vi*: **it's raining** pada (deszcz); **in the rain** w *or* na deszczu; **it's raining cats and dogs** leje jak z cebra; **as right as rain** zdrów jak ryba.

rainbow ['reɪnbəu] *n* tęcza *f*.

rain check (*US*) *n*: **I'll take a rain check (on it)** może później skorzystam.

raincoat ['reɪnkəut] *n* płaszcz *m* przeciwdeszczowy.

raindrop ['reɪndrɔp] *n* kropla *f* deszczu.

rainfall ['reɪnfɔ:l] *n* opad *m or* opady *pl* deszczu.

rainforest ['reɪnfɔrɪst] *n* tropikalny las *m* deszczowy.

rainproof ['reɪnpru:f] *adj* nieprzemakalny.

rainstorm ['reɪnstɔ:m] *n* ulewa *f*.

rainwater ['reɪnwɔ:tə*] *n* deszczówka *f*.

rainy ['reɪnɪ] *adj* (*day, season*) deszczowy; (*area*) z dużą ilością opadów *post*; **to save sth for a rainy day** odkładać (odłożyć *perf*) coś na czarną godzinę.

raise [reɪz] *n* (*esp US*: *payrise*) podwyżka *f* ♦ *vt* (*hand, one's voice, salary, question*) podnosić (podnieść *perf*); (*siege*) zakańczać (zakończyć *perf*); (*embargo*) znosić (znieść *perf*); (*objection*) wnosić (wnieść *perf*); (*doubts, hopes*) wzbudzać (wzbudzić *perf*); (*cattle, plant*) hodować (wyhodować *perf*); (*crop*) uprawiać; (*child*) wychowywać (wychować *perf*); (*funds, army*) zbierać (zebrać *perf*); (*loan*) zaciągać (zaciągnąć *perf*); **to raise a glass to sb/sth** wznosić (wznieść *perf*) toast za kogoś/coś; **to raise a laugh/smile** wywoływać (wywołać *perf*) śmiech/uśmiech.

raisin ['reɪzn] *n* rodzynek *m*, rodzynka *f*.

Raj [rɑ:dʒ] *n*: **the Raj** *okres panowania brytyjskiego w Indiach.*

rajah ['rɑ:dʒə] *n* radża *m*.

rake [reɪk] *n* (*tool*) grabie *pl*; (*old*: *person*) hulaka *m* ♦ *vt* (*person*: *soil, lawn*) grabić (zagrabić *perf*); (: *leaves*) grabić (zgrabić *perf*); (*gun*) ostrzeliwać (ostrzelać *perf*); (*searchlight*) przeczesywać (przeczesać *perf*); **he's raking it in** (*inf*) robi duże pieniądze (*inf*).

rake-off ['reɪkɔf] (*inf*) *n* działka *f* (*inf*), dola *f* (*inf*).

rally ['rælɪ] *n* (*POL*) wiec *m*; (*AUT*) rajd *m*; (*TENNIS etc*) wymiana *f* piłek ♦ *vt* (*support*) pozyskiwać (pozyskać *perf*); (*public opinion, supporters*) mobilizować (zmobilizować *perf*) ♦ *vi* (*sick person*) dochodzić (dojść *perf*) do siebie; (*Stock Exchange*) zwyżkować, ożywiać się (ożywić się *perf*).

►**rally round** *vi* łączyć (połączyć *perf*) siły ♦ *vt fus* skupiać się (skupić się *perf*) wokół *+gen*.

rallying point ['rælɪɪŋ-] *n* punkt *m* zborny.

RAM [ræm] (*COMPUT*) *n abbr* = **random access memory** RAM *m*.

ram [ræm] *n* baran *m* ♦ *vt* (*crash into*) taranować (staranować *perf*); (*force into place*: *post, stick*) wbijać (wbić *perf*); (: *bolt*) zasuwać (zasunąć *perf*).

ramble ['ræmbl] *n* wędrówka *f*, (piesza) wycieczka *f* ♦ *vi* (*walk*) wędrować; (*also*: **ramble on**) mówić bez ładu i składu.

rambler ['ræmblə*] *n* (*walker*) turysta (-tka) *m(f)* pieszy (-sza) *m(f)*; (*BOT*) pnącze *nt*.

rambling ['ræmblɪŋ] *adj* (*speech, letter*) bezładny, chaotyczny; (*house*) chaotycznie zbudowany; (*BOT*) pnący.

rambunctious [ræm'bʌŋkʃəs] (*US*) *adj* = **rumbustious**.

RAMC (*BRIT*) *n abbr* (= *Royal Army Medical Corps*).

ramifications [ræmɪfɪ'keɪʃənz] *npl* konsekwencje *pl*, implikacje *pl*.

ramp [ræmp] *n* podjazd *m*; **on ramp** (*US*) wjazd na autostradę; **off ramp** (*US*) zjazd z autostrady.

rampage [ræm'peɪdʒ] *n*: **to be/go on the rampage** siać zniszczenie ♦ *vi*: **they went rampaging through the town** przeszli przez miasto, siejąc zniszczenie.

rampant ['ræmpənt] *adj*: **to be rampant** szerzyć się.

rampart ['ræmpɑ:t] *n* wał *m* obronny.

ramshackle ['ræmʃækl] *adj* (*house*) walący się; (*cart, table*) rozklekotany.

RAN *n abbr* (= *Royal Australian Navy*).

ran [ræn] *pt of* **run**.

ranch [rɑ:ntʃ] *n* ranczo *nt*, rancho *nt*.

rancher ['rɑ:ntʃə*] *n* (*owner*) ranczer *m*; (*worker*) pomocnik *m* (na ranczo).

rancid ['rænsɪd] *adj* zjełczały.

rancour ['ræŋkə*] (*US* **rancor**) *n* nienawiść *f*.

random ['rændəm] *adj* (*arrangement, selection*) przypadkowy; (*COMPUT, MATH*) losowy ♦ *n*: **at random** na chybił trafił.

random access (*COMPUT*) *n* dostęp *m* swobodny.

random access memory (*COMPUT*) *n* pamięć *f* o dostępie swobodnym.

randy ['rændɪ] (*BRIT*: *inf*) *adj* napalony (*inf*).

rang [ræŋ] *pt of* **ring**.

range [reɪndʒ] *n* (*of mountains*) łańcuch *m*; (*of missile*) zasięg *m*; (*of voice*) skala *f*; (*of subjects, possibilities*) zakres *m*; (*of products*) asortyment *m*; (*also*: **rifle range**) strzelnica *f*; (*also*: **kitchen range**) piec *m* (kuchenny) ♦ *vt* ustawiać (ustawić *perf*) w rzędzie ♦ *vi*: **to range over** obejmować +*acc*; **to range from ... to ...** wahać się od +*gen* do +*gen*; **do you have anything else in this price range?** czy ma Pan/Pani coś jeszcze w tym przedziale cenowym?; **within (firing) range** w zasięgu strzału; **ranged right/left** (*text*) wysunięty w prawo/lewo; **at close range** z bliska.

ranger ['reɪndʒə*] *n* strażnik *m* leśny.

Rangoon [ræŋ'gu:n] *n* Rangun *m*.

rank [ræŋk] *n* (*row*) szereg *m*; (*status*) ranga *f*; (*MIL*) stopień *m*; (*of society*) warstwa *f*; (*BRIT*: *also*: **taxi rank**) postój *m* (taksówek) ♦ *vi*: **to rank as/among** zaliczać się do +*gen* ♦ *vt*: **he is ranked third** jest klasyfikowany na trzecim miejscu ♦ *adj* (*stinking*) cuchnący; (*sheer*) czysty; **the ranks** *npl* (*MIL*) szeregowi (żołnierze) *pl*; **the rank and file** (*of organization*) szeregowi członkowie; **to close ranks** (*fig*) zwierać (zewrzeć *perf*) szeregi.

rankle ['ræŋkl] *vi*: **to rankle with sb** napełniać kogoś goryczą.

ransack ['rænsæk] *vt* (*search*) przetrząsać (przetrząsnąć *perf*); (*plunder*) plądrować (splądrować *perf*).

ransom ['rænsəm] *n* okup *m*; **to hold to ransom** trzymać *or* przetrzymywać w charakterze zakładnika; (*fig*) stawiać (postawić *perf*) w przymusowej sytuacji.

rant [rænt] *vi*: **to rant (and rave)** wygłaszać (wygłosić *perf*) tyradę; (*angrily*) rzucać gromy.

ranting ['ræntɪŋ] *n* tyrada *f*.

rap [ræp] *vi* (*on door, table*) pukać (zapukać *perf*), stukać (zastukać *perf*) ♦ *n* (*at door*) pukanie *nt*, stukanie *nt*; (*also*: **rap music**) rap *m*; **to receive a rap on** *or* **over the knuckles** dostawać (dostać *perf*) po łapach (*fig*).

rape [reɪp] *n* (*crime*) gwałt *m*; (*BOT*) rzepak *m* ♦ *vt* gwałcić (zgwałcić *perf*).

rape(seed) oil ['reɪp(si:d)-] *n* olej *m* rzepakowy.

rapid ['ræpɪd] *adj* (*growth, change*) gwałtowny; (*heartbeat, steps*) bardzo szybki.

rapidity [rə'pɪdɪtɪ] *n* (*of growth, change*) gwałtowność *f*; (*of movement*) szybkość *f*.

rapidly ['ræpɪdlɪ] *adv* (*grow, increase*) gwałtownie; (*walk, move*) bardzo szybko.

rapids ['ræpɪdz] *npl* progi *pl* (*rzeczne*).

rapist ['reɪpɪst] *n* gwałciciel *m*.

rapport [ræ'pɔ:*] *n* porozumienie *nt*, wzajemne zrozumienie *nt*.

rapprochement [ræ'prɔʃmɑ̃:ŋ] *n* zbliżenie *nt*.

rapt [ræpt] *adj* (*attention*) wytężony, napięty; **she was rapt in contemplation** była pogrążona w myślach.

rapture ['ræptʃə*] *n* zachwyt *m*; **to go into raptures over** unosić się z zachwytu nad +*instr*.

rapturous ['ræptʃərəs] *adj* (*applause*) pełen zachwytu *or* uniesienia; (*welcome*) entuzjastyczny.

rare [rɛə*] *adj* rzadki; (*steak*) krwisty; **it is rare to ..** rzadko udaje się +*infin*.

rarebit ['rɛəbɪt] *n see* **Welsh rarebit**.

rarefied ['rɛərɪfaɪd] *adj* rozrzedzony; (*fig*) elitarny, ekskluzywny.

rarely ['rɛəlɪ] *adv* rzadko.

raring ['rɛərɪŋ] *adj*: **they are raring to go** (*inf*) palą się, żeby zacząć.

rarity ['rɛərɪtɪ] *n* rzadkość *f*.

rascal ['rɑ:skl] *n* (*child*) łobuz *m*; (*rogue*) łajdak *m*.

rash [ræʃ] *adj* pochopny ♦ *n* (*MED*) wysypka *f*; (*of events, robberies*) seria *f*; **to come out in a rash** dostawać (dostać *perf*) wysypki.

rasher ['ræʃə*] *n* (*of bacon*) plasterek *m*.

rashly ['ræʃlɪ] *adv* pochopnie.

rasp [rɑ:sp] *n* (*tool*) tarnik *m*, raszpla *f*; (*sound*) zgrzyt *m*, zgrzytanie *nt* ♦ *vt* chrypieć (wychrypieć *perf*).

raspberry ['rɑ:zbərɪ] *n* malina *f*; **to blow a raspberry** (*inf*) prychnąć (*perf*).

rasping ['rɑ:spɪŋ] *adj* zgrzytliwy.

rat [ræt] *n* szczur *m*.

ratable ['reɪtəbl] *adj* = **rateable**.

ratchet ['rætʃɪt] *n* mechanizm *m* zapadkowy; **ratchet wheel** koło zapadkowe.

rate [reɪt] *n* (*pace*) tempo *nt*; (*ratio*) współczynnik *m* ♦ *vt* (*value*) cenić; (*estimate*) oceniać (ocenić *perf*); **rates** *npl* (*BRIT*: *property tax*) podatek *m* od nieruchomości; (*fees*) składki *pl*; (*prices*) ceny *pl*; **to rate sb/sth as** uważać kogoś/coś za +*acc*; **to rate sb/sth among** zaliczać (zaliczyć *perf*) kogoś/coś do +*gen*; **at a rate of 60 kph** z szybkością 60 km/h; **rate of taxation/interest** stopa podatkowa/procentowa; **an eight per cent inflation rate** ośmioprocentowa stopa inflacji; **rate of growth** (*ECON*) tempo wzrostu gospodarczego; **rate of return** stopa zysku; **mortgage rate** oprocentowanie kredytu hipotecznego; **birth rate** współczynnik urodzeń;

pulse rate częstość tętna; **at this/that rate** w tym tempie; (*fig*) w ten sposób; **at any rate** w każdym razie.
rateable value ['reɪtəbl-] (*BRIT*) *n* wartość *f* opodatkowana (*nieruchomości*).
ratepayer ['reɪtpeɪə*] (*BRIT*) *n* osoba *f* płacąca podatek od nieruchomości.
rather ['rɑːðə*] *adv* dość, dosyć; **rather a lot** trochę (za) dużo; **it's rather expensive** to (jest) trochę (zbyt) drogie; **it's rather a pity** trochę szkoda; **I would rather go** wolałabym pójść; **I'd rather not say** wolałbym nie mówić; **rather than** zamiast *+gen*; **or rather** czy (też) raczej; **I rather think he won't come** mam wrażenie, że (raczej) nie przyjdzie.
ratification [rætɪfɪ'keɪʃən] *n* ratyfikacja *f*.
ratify ['rætɪfaɪ] *vt* ratyfikować (ratyfikować *perf*).
rating ['reɪtɪŋ] *n* (*score*) wskaźnik *m*; (*assessment*) ocena *f*; (*NAUT*: *BRIT*) marynarz *m*; **ratings** *npl* (*RADIO, TV*) notowania *pl*.
ratio ['reɪʃɪəu] *n* stosunek *m*; **in the ratio of five to one** w stosunku pięć do jednego; **a high pupil/teacher ratio** duża liczba uczniów przypadających na jednego nauczyciela.
ration ['ræʃən] *n* przydział *m*, racja *f* ♦ *vt* racjonować, wydzielać; **rations** *npl* (*MIL*) racje *pl* żywnościowe.
rational ['ræʃənl] *adj* racjonalny.
rationale [ræʃə'nɑːl] *n* racjonalna podstawa *f*.
rationalization [ræʃnəlaɪ'zeɪʃən] *n* racjonalizacja *f*.
rationalize ['ræʃnəlaɪz] *vt* racjonalizować (zracjonalizować *perf*).
rationally ['ræʃnəlɪ] *adv* racjonalnie.
rationing ['ræʃnɪŋ] *n* reglamentacja *f*.
rat poison *n* trutka *f* na szczury.
rat race *n*: **the rat race** wyścig *m* szczurów (*bezkompromisowa walka o sukces*).
rattan [ræ'tæn] *n* rattan *m*.
rattle ['rætl] *n* (*of window*) stukanie *nt*; (*of train*) turkot *m*; (*of engine*) stukot *m*; (*of coins*) brzęk *m*; (*of chain*) szczęk *m*; (*for baby*) grzechotka *f*; (*of snake*) grzechotanie *nt* ♦ *vi* (*window, engine*) stukać; (*train*) turkotać (zaturkotać *perf*); (*coins, bottles*) brzęczeć (zabrzęczeć *perf*); (*chains*) szczękać (szczęknąć *perf*) ♦ *vt* trząść (zatrząść *perf*) *+instr*; (*fig*) wytrącać (wytrącić *perf*) z równowagi; **to rattle along** przejeżdżać (przejechać *perf*) z turkotem.
rattlesnake ['rætlsneɪk] *n* grzechotnik *m*.
ratty ['rætɪ] (*inf*) *adj* nerwowy, popędliwy.
raucous ['rɔːkəs] *adj* (*voice, laughter*) chrapliwy; (*party*) hałaśliwy.
raucously ['rɔːkəslɪ] *adv* hałaśliwie.
raunchy ['rɔːntʃɪ] *adj* seksowny (*inf*).
ravage ['rævɪdʒ] *vt* pustoszyć (spustoszyć *perf*).
ravages ['rævɪdʒɪz] *npl* spustoszenia *pl*.
rave [reɪv] *vi* (*in anger*) wrzeszczeć ♦ *adj* (*inf*: *review*) entuzjastyczny ♦ *n* (*BRIT*: *inf*: *dance*) impreza *f* (*inf*).
►**rave about** *vt fus* zachwycać się *+instr*.
raven ['reɪvən] *n* kruk *m*.
ravenous ['rævənəs] *adj* (*person*) wygłodniały; (*appetite*) wilczy.
ravine [rə'viːn] *n* wąwóz *m*.
raving ['reɪvɪŋ] *adj*: **raving lunatic** skończony wariat *m*.
ravings ['reɪvɪŋz] *npl* bełkot *m*.
ravioli [rævɪ'əulɪ] *n* ravioli *nt inv*.
ravishing ['rævɪʃɪŋ] *adj* olśniewający.
raw [rɔː] *adj* (*meat, cotton*) surowy; (*sugar*) nierafinowany; (*wound*) otwarty; (*skin*) obtarty; (*: from sun*) spalony; (*person*: *inexperienced*) zielony (*inf*); (*day*) przenikliwie zimny; **to get a raw deal** zostać (*perf*) źle potraktowanym.
Rawalpindi [rɔːl'pɪndɪ] *n* Rawalpindi *nt inv*.
raw material *n* surowiec *m*.
ray [reɪ] *n* promień *m*; **ray of hope** promyk nadziei.
rayon ['reɪɔn] *n* sztuczny jedwab *m*.
raze [reɪz] *vt* (*also*: **raze to the ground**) zrównywać (zrównać *perf*) z ziemią.
razor ['reɪzə*] *n* brzytwa *f*; (*safety razor*) maszynka *f* do golenia; (*electric*) golarka *f* elektryczna, elektryczna maszynka *f* do golenia.
razor blade *n* żyletka *f*.
razzle ['ræzl] (*BRIT*: *inf*) *n*: **to go on the razzle** iść (pójść *perf*) się zabawić.
razzmatazz ['ræzmə'tæz] (*inf*) *n* pompa *f*.
R & B *n abbr* (= *rhythm and blues*).
R & D *n abbr* (= *research and development*) prace *pl* badawczo-rozwojowe.
R & R (*US*: *MIL*) *n abbr* (= *rest and recreation*).
RC *abbr* = **Roman Catholic** rz.-kat.
RCAF *n abbr* (= *Royal Canadian Air Force*).
RCMP *n abbr* (= *Royal Canadian Mounted Police*).
RCN *n abbr* (= *Royal Canadian Navy*).
RD (*US*: *POST*) *abbr* (= *rural delivery*).
Rd *abbr* = **road** ul.
RDC (*BRIT*) *n abbr* (= *rural district council*).
RE (*BRIT*) *n abbr* (*SCOL*: = *religious education*) religia *f*; (*MIL*: = *Royal Engineers*) *królewscy saperzy*.
re [riː] *prep* (*in letter*) dotyczy *+gen*, w sprawie *+gen*.
reach [riːtʃ] *n* zasięg *m* ♦ *vt* (*destination*) docierać (dotrzeć *perf*) do *+gen*; (*conclusion*) dochodzić (dojść *perf*) do *+gen*; (*decision*) podejmować (podjąć *perf*); (*age, agreement*) osiągać (osiągnąć *perf*); (*extend to*) sięgać (sięgnąć *perf*) do *+gen*, dochodzić (dojść *perf*) do *+gen*; (*be able to touch*) dosięgać (dosięgnąć *perf*) (do) *+gen*; (*by telephone*) kontaktować się (skontaktować się *perf*) (telefonicznie) z *+instr* ♦ *vi* wyciągać (wyciągnąć *perf*) rękę; **reaches** *npl* (*of river*) dorzecze *nt*; **within reach** osiągalny; **out of reach** nieosiągalny; **within (easy) reach of the shops/station** (bardzo) blisko sklepów/dworca; **beyond the reach of** (*fig*) poza

zasięgiem *+gen*; **"keep out of the reach of children"** „chronić przed dziećmi"; **can I reach you at your hotel?** czy można się z tobą skontaktować w hotelu?

►**reach out** *vt* wyciągać (wyciągnąć *perf*) ♦ *vi* wyciągać (wyciągnąć *perf*) rękę; **to reach out for sth** sięgać (sięgnąć *perf*) po coś.

react [ri:'ækt] *vi* (*respond*): **to react (to)** reagować (zareagować *perf*) (na *+acc*); (*rebel*): **to react (against)** buntować się (zbuntować się *perf*) (przeciwko *+dat*); (*CHEM*): **to react (with)** reagować (z *+instr*).

reaction [ri:'ækʃən] *n* reakcja *f*; **reactions** *npl* (*reflexes*) reakcje *pl*; **a reaction against sth** bunt przeciwko czemuś.

reactionary [ri:'ækʃənrı] *adj* reakcyjny ♦ *n* reakcjonista (-tka) *m(f)*.

reactor [ri:'æktə*] *n* (*also*: **nuclear reactor**) reaktor *m* (jądrowy).

read [ri:d] (*pt* **read**) *vi* (*person*) czytać; (*piece of writing*) brzmieć ♦ *vt* (*book*) czytać (przeczytać *perf*); (*sb's mood*) odgadywać (odgadnąć *perf*); (*sb's thoughts*) czytać w *+loc*; (*sb's lips*) czytać z *+gen*; (*meter etc*) odczytywać (odczytać *perf*); (*subject at university*) studiować; **do you read music?** czy umiesz czytać nuty?; **to read sb's mind** czytać w czyichś myślach; **to read between the lines** czytać między wierszami; **thermometers are reading 108 degrees in the shade** termometry wskazują czterdzieści dwa stopnie w cieniu; **to take sth as read** brać (wziąć *perf*) coś za pewnik; **do you read me?** (*TEL*) słyszysz mnie?; **to read sth into sb's remarks** doszukiwać się (doszukać się *perf*) czegoś w czyichś uwagach.

►**read out** *vt* odczytywać (odczytać *perf*) (na głos).

►**read over** *vt* czytać (przeczytać *perf*) jeszcze raz.

►**read through** *vt* (*quickly*) czytać (przeczytać *perf*) pobieżnie; (*thoroughly*) czytać (przeczytać *perf*) uważnie.

►**read up on** *vt fus* poczytać (*perf*) na temat *+gen*.

readable ['ri:dəbl] *adj* (*legible*) czytelny; (*worth reading*) wart przeczytania.

reader ['ri:də*] *n* (*person*) czytelnik (-iczka) *m(f)*; (*book*) wypisy *pl*; (: *for children*) czytanka *f*; (*BRIT*: *at university*) *starszy wykładowca, niższy o stopień od profesora*; **he is an avid reader** bardzo lubi czytać.

readership ['ri:dəʃıp] *n* czytelnicy *vir pl*.

readily ['rɛdılı] *adv* (*accept, agree*) ochoczo; (*available*) łatwo.

readiness ['rɛdınıs] *n* gotowość *f*; **in readiness for** gotowy do *+gen*.

reading ['ri:dıŋ] *n* (*of books etc*) czytanie *nt*, lektura *f*; (*understanding*) rozumienie *nt*; (*literary event*) czytanie *nt*; (*on meter etc*) odczyt *m*.

reading lamp *n* lampka *f* na biurko.

reading matter *n* materiały *pl* do czytania.

reading room *n* czytelnia *f*.

readjust [ri:ə'dʒʌst] *vt* (*knob, focus*) ustawiać (ustawić *perf*); (*instrument*) regulować (wyregulować *perf*) ♦ *vi*: **to readjust (to)** przystosowywać się (przystosować się *perf*) (do *+gen*).

readjustment [ri:ə'dʒʌstmənt] *n* aklimatyzacja *f*.

ready ['rɛdı] *adj* gotowy; (*easy*) łatwy ♦ *n*: **at the ready** (*MIL*) gotowy do strzału; (*fig*) w pogotowiu; **ready for use** gotowy do użycia; **to get ready** *vi* przygotowywać się (przygotować się *perf*) ♦ *vt* przygotowywać (przygotować *perf*).

ready cash *n* gotówka *f*.

ready-cooked ['rɛdıkukt] *adj* gotowy.

ready-made ['rɛdı'meıd] *adj* (*clothes*) gotowy.

ready-mix ['rɛdımıks] *n* (*for cakes*) ciasto *nt* w proszku; (*concrete*) masa *f* betonowa prefabrykowana.

ready money *n* = **ready cash**.

ready reckoner [-'rɛkənə*] (*BRIT*) *n* tablice *pl* obliczeniowe *or* przeliczeniowe.

ready-to-wear ['rɛdıtə'wɛə*] *adj*: **ready-to-wear clothes** konfekcja *f*.

reaffirm [ri:ə'fə:m] *vt* potwierdzać (potwierdzić *perf*).

reagent [ri:'eıdʒənt] *n*: **chemical reagent** odczynnik *m* (chemiczny).

real [rıəl] *adj* prawdziwy ♦ *adv* (*US*: *inf*) naprawdę; **in real life** w rzeczywistości; **in real terms** faktycznie.

real estate *n* nieruchomość *f* ♦ *cpd* (*US*): **real estate business** handel *m* nieruchomościami.

realism ['rıəlızəm] *n* realizm *m*.

realist ['rıəlıst] *n* realista (-tka) *m(f)*.

realistic [rıə'lıstık] *adj* realistyczny.

reality [ri:'ælıtı] *n* rzeczywistość *f*; **in reality** w rzeczywistości.

realization [rıəlaı'zeıʃən] *n* (*understanding*) uświadomienie *nt* sobie, zrozumienie *nt*; (*of dreams, hopes*) spełnienie *nt*; (*FIN*: *of asset*) upłynnienie *nt*.

realize ['rıəlaız] *vt* (*understand*) uświadamiać (uświadomić *perf*) sobie, zdawać (zdać *perf*) sobie sprawę z *+gen*; (*dreams, hopes*) spełniać (spełnić *perf*); (*ambition, project*) realizować (zrealizować *perf*); (*amount, profit*) przynosić (przynieść *perf*); **I realize that ...** zdaję sobie sprawę (z tego), że ... .

really ['rıəlı] *adv* naprawdę, rzeczywiście; **really?** naprawdę?; **really!** coś podobnego!

realm [rɛlm] *n* (*fig*: *field*) dziedzina *f*, sfera *f*; (*kingdom*) królestwo *nt*.

real-time ['ri:ltaım] (*COMPUT*) *adj*: **real-time processing** przetwarzanie *nt* w czasie rzeczywistym.

realtor ['rıəltɔ:*] (*US*) *n* pośrednik *m* handlu nieruchomościami.

ream [ri:m] *n* (*of paper*) ryza *f*; **reams** (*inf*: *fig*) (całe) masy *pl*, stosy *pl*.

reap [ri:p] *vt* (*crop, rewards*) zbierać (zebrać *perf*); (*benefits*) czerpać.

reaper ['ri:pə*] *n* (*machine*) żniwiarka *f*.

reappear [ri:ə'pɪə*] *vi* pojawiać się (pojawić się *perf*) ponownie.

reappearance [ri:ə'pɪərəns] *n* ponowne pojawienie się *nt*.

reapply [ri:ə'plaɪ] *vi*: **to reapply for** ponownie ubiegać się o *+acc*.

reappoint [ri:ə'pɔɪnt] *vt* ponownie mianować (mianować *perf*).

reappraisal [ri:ə'preɪzl] *n* ponowna analiza *f or* ocena *f*.

rear [rɪə*] *adj* tylny ♦ *n* (*back*) tył *m*; (*buttocks*) tyłek *m* (*inf*) ♦ *vt* (*cattle, chickens*) hodować; (*children*) wychowywać (wychować *perf*) ♦ *vi* (*also*: **rear up**) stawać (stanąć *perf*) dęba.

rear admiral *n* kontradmirał *m*.

rear-engined ['rɪər'ɛndʒɪnd] (*AUT*) *adj* z silnikiem z tyłu *post*.

rearguard ['rɪəgɑ:d] *n* straż *f* tylna; **to fight a rearguard action** (*fig*) bronić straconych pozycji.

rearm [ri:'ɑ:m] *vt* (*country*) remilitaryzować (zremilitaryzować *perf*) ♦ *vi* remilitaryzować się (zremilitaryzować się *perf*).

rearmament [ri:'ɑ:məmənt] *n* remilitaryzacja *f*.

rearrange [ri:ə'reɪndʒ] *vt* (*furniture*) przestawiać (przestawić *perf*); (*meeting*) przekładać (przełożyć *perf*).

rear-view mirror ['rɪəvju:-] (*AUT*) *n* lusterko *nt* wsteczne.

reason ['ri:zn] *n* (*cause*) powód *m*, przyczyna *f*; (*rationality*) rozum *m*; (*common sense*) rozsądek *m* ♦ *vi*: **to reason with sb** przemawiać (przemówić *perf*) komuś do rozsądku; **the reason for** przyczyna *or* powód *+gen*; **the reason why ...** przyczyna, dla której ..., powód, dla którego ...; **to have reason to believe that ...** mieć powód przypuszczać, że ...; **it stands to reason that ...** jest zrozumiałe, że ...; **she claims with good reason that ...** twierdzi, nie bez powodu, że ...; **all the more reason why you should go** tym bardziej powinieneś pójść; **within reason** w granicach (zdrowego) rozsądku.

reasonable ['ri:znəbl] *adj* (*person*) rozsądny; (*explanation, request*) sensowny; (*amount, price*) umiarkowany; (*not bad*) znośny; **be reasonable!** bądź rozsądny!

reasonably ['ri:znəblɪ] *adv* (*fairly*) dość, dosyć; (*sensibly*) rozsądnie.

reasoned ['ri:znd] *adj* racjonalny.

reasoning ['ri:znɪŋ] *n* rozumowanie *nt*.

reassemble [ri:ə'sɛmbl] *vt* ponownie montować (zmontować *perf*) ♦ *vi* zbierać się (zebrać się *perf*) ponownie.

reassert [ri:ə'sə:t] *vt* (*one's authority*) ponownie zaznaczać (zaznaczyć *perf*); **he will reassert himself as soon as he gets back** jak tylko wróci, znowu da nam odczuć swoją władzę.

reassurance [ri:ə'ʃuərəns] *n* (*comfort*) wsparcie *nt* (duchowe), otucha *f*; (*guarantee*) zapewnienie *nt*.

reassure [ri:ə'ʃuə*] *vt* dodawać (dodać *perf*) otuchy *+dat*.

reassuring [ri:ə'ʃuərɪŋ] *adj* dodający otuchy.

reawakening [ri:ə'weɪknɪŋ] *n* (*of feeling, idea*) odrodzenie się *nt*.

rebate ['ri:beɪt] *n* zwrot *m* nadpłaty.

rebel [*n* 'rɛbl, *vb* rɪ'bɛl] *n* (*POL*) rebeliant(ka) *m(f)*; (*against society, parents*) buntownik (-iczka) *m(f)* ♦ *vi* buntować się (zbuntować się *perf*).

rebellion [rɪ'bɛljən] *n* (*POL*) rebelia *f*; (*against society, parents*) bunt *m*.

rebellious [rɪ'bɛljəs] *adj* (*subject, child*) nieposłuszny; (*behaviour*) buntowniczy.

rebirth [ri:'bə:θ] *n* odrodzenie się *nt*.

rebound [*vb* rɪ'baund, *n* 'ri:baund] *vi* odbijać się (odbić się *perf*) ♦ *n*: **on the rebound** (*ball*) odbity; **she married him on the rebound** wyszła za niego po przeżyciu zawodu miłosnego.

rebuff [rɪ'bʌf] *n* odtrącenie *nt* ♦ *vt* (*person*) odtrącać (odtrącić *perf*); (*offer*) odrzucać (odrzucić *perf*).

rebuild [ri:'bɪld] (*irreg like*: **build**) *vt* odbudowywać (odbudować *perf*).

rebuke [rɪ'bju:k] *vt* karcić (skarcić *perf*), upominać (upomnieć *perf*) ♦ *n* upomnienie *nt*.

rebut [rɪ'bʌt] (*fml*) *vt* (*criticism*) odpierać (odeprzeć *perf*); (*theory*) obalać (obalić *perf*).

rebuttal [rɪ'bʌtl] (*fml*) *n* (*of charges, criticism*) odparcie *nt*.

recalcitrant [rɪ'kælsɪtrənt] *adj* krnąbrny.

recall [*vb* rɪ'kɔ:l, *n* 'ri:kɔl] *vt* (*remember*) przypominać (przypomnieć *perf*) sobie; (*ambassador*) odwoływać (odwołać *perf*); (*product*) wycofywać (wycofać *perf*) (ze sprzedaży) ♦ *n* (*of past event*) przypomnienie *nt* (sobie), przywołanie *nt*; (*of ambassador etc*) odwołanie *nt*; **parliament was recalled from recess** odwołano parlament z wakacji; **beyond recall** nieodwołalny.

recant [rɪ'kænt] *vi* kajać się (pokajać się *perf*); (*REL*) wypierać się (wyprzeć się *perf*) swojej wiary.

recap ['ri:kæp] *vt* rekapitulować (zrekapitulować *perf*), reasumować (zreasumować *perf*) ♦ *vi* rekapitulować, reasumować ♦ *n* rekapitulacja *f*.

recapitulate [ri:kə'pɪtjuleɪt] *vt, vi* = **recap**.

recapture [ri:'kæptʃə*] *vt* (*town*) odbijać (odbić *perf*); (*escaped prisoner*) ponownie ująć (*perf*); (*atmosphere, mood*) odtwarzać (odtworzyć *perf*).

rec'd (*COMM*) *abbr* (= *received*).

recede [rɪ'si:d] *vi* (*tide*) cofać się (cofnąć się *perf*); (*lights*) oddalać się (oddalić się *perf*); (*hope*) wygasać (wygasnąć *perf*); (*memory*) słabnąć (osłabnąć *perf*); (*hair*) rzednąć (*na skroniach*).

receding [rɪ'si:dɪŋ] *adj* cofnięty.

receipt [rɪ'si:t] *n* (*for goods purchased*) pokwitowanie *nt*, paragon *m*; (*for parcel etc*) dowód *m* nadania; (*act of receiving*) odbiór *m*; **receipts** *npl* (*COMM*) wpływy *pl*; **on receipt of** po otrzymaniu +*gen*; **in receipt of** otrzymujący +*acc*.

receivable [rɪ'si:vəbl] *adj* należny, przypadający do zapłaty.

receive [rɪ'si:v] *vt* (*money, letter*) otrzymywać (otrzymać *perf*); (*injury*) odnosić (odnieść *perf*); (*criticism, acclaim*) spotykać się (spotkać się *perf*) z +*instr*; (*visitor*) przyjmować (przyjąć *perf*); **to receive treatment** być leczonym; **on the receiving end (of)** narażony (na +*acc*); **"received with thanks"** (*COMM*) ≈ „potwierdzam odbiór".

receiver [rɪ'si:və*] *n* (*TEL*) słuchawka *f*; (*RADIO, TV*) odbiornik *m*; (*of stolen goods*) paser *m*; (*COMM*) syndyk *m*, zarządca *m* masy upadłościowej.

recent ['ri:snt] *adj* niedawny, ostatni; **in recent years** w ostatnich latach.

recently ['ri:sntlɪ] *adv* (*not long ago*) niedawno; (*lately*) ostatnio; **as recently as yesterday** zaledwie wczoraj; **it was discovered as recently as 1903** odkryto go dopiero w roku 1903; **until recently** do niedawna.

receptacle [rɪ'sɛptɪkl] *n* pojemnik *m*.

reception [rɪ'sɛpʃən] *n* (*in hotel*) recepcja *f*; (*in office*) portiernia *f*; (*in hospital*) rejestracja *f*; (*party, welcome*) przyjęcie *nt*; (*RADIO, TV*) odbiór *m*.

reception centre (*BRIT*) *n* schronisko *nt* dla bezdomnych.

reception desk *n* (*in hotel*) recepcja *f*; (*in hospital, at doctor's*) rejestracja *f*; (*in large building, offices*) portiernia *f*.

receptionist [rɪ'sɛpʃənɪst] *n* (*in hotel*) recepcjonista (-tka) *m(f)*; (*in doctor's surgery*) rejestrator(ka) *m(f)*.

receptive [rɪ'sɛptɪv] *adj* (*person, attitude*) otwarty.

recess [rɪ'sɛs] *n* (*in room*) nisza *f*, wnęka *f*; (*secret place*) zakamarek *m*; (*of parliament*) wakacje *pl*, przerwa *f* (między sesjami); (*US: JUR, SCOL*) przerwa *f*.

recession [rɪ'sɛʃən] *n* recesja *f*.

recharge [ri:'tʃɑ:dʒ] *vt* (*battery*) ponownie ładować (naładować *perf*).

rechargeable [ri:'tʃɑ:dʒəbl] *adj*: **rechargeable battery** akumulatorek *m*.

recipe ['rɛsɪpɪ] *n* (*CULIN*) przepis *m*; **a recipe for success** recepta na sukces.

recipient [rɪ'sɪpɪənt] *n* odbiorca (-rczyni) *m(f)*.

reciprocal [rɪ'sɪprəkl] *adj* obustronny, obopólny.

reciprocate [rɪ'sɪprəkeɪt] *vt* odwzajemniać (odwzajemnić *perf*) ♦ *vi* odwzajemniać się (odwzajemnić się *perf*).

recital [rɪ'saɪtl] *n* recital *m*.

recitation [rɛsɪ'teɪʃən] *n* recytacja *f*.

recite [rɪ'saɪt] *vt* (*poem*) recytować (wyrecytować *perf*), deklamować (zadeklamować *perf*); (*complaints, grievances*) wyliczać (wyliczyć *perf*).

reckless ['rɛkləs] *adj* lekkomyślny; (*driver, driving*) nieostrożny.

recklessly ['rɛkləslɪ] *adv* lekkomyślnie; (*drive*) nieostrożnie.

reckon ['rɛkən] *vt* (*consider*): **to reckon sb/sth to be** uznawać (uznać *perf*) kogoś/coś za +*acc*; (*calculate*) obliczać (obliczyć *perf*) ♦ *vi*: **he is somebody to be reckoned with** z nim trzeba się liczyć; **to reckon without sth** nie przewidzieć (*perf*) czegoś; **I reckon that ...** myślę, że ... .

▸**reckon on** *vt fus* liczyć na +*acc*.

reckoning ['rɛknɪŋ] *n* obliczenia *pl*, kalkulacje *pl*; **the day of reckoning** czas porachunków.

reclaim [rɪ'kleɪm] *vt* (*luggage: at airport etc*) odbierać (odebrać *perf*); (*money*) żądać (zażądać *perf*) zwrotu +*gen*; (*land: from sea, forest*) rekultywować (zrekultywować *perf*); (*waste materials*) utylizować (zutylizować *perf*).

reclamation [rɛklə'meɪʃən] *n* (*of land*) rekultywacja *f*.

recline [rɪ'klaɪn] *vi* układać się (ułożyć się *perf*) w pozycji półleżącej.

reclining [rɪ'klaɪnɪŋ] *adj* (*seat*) z opuszczanym oparciem *post*.

recluse [rɪ'klu:s] *n* odludek *m*.

recognition [rɛkəg'nɪʃən] *n* (*of person, place*) rozpoznanie *nt*; (*of fact, achievement*) uznanie *nt*; **in recognition of** w uznaniu (dla) +*gen*; **to gain recognition** zdobywać (zdobyć *perf*) (sobie) uznanie; **to change beyond recognition** zmieniać się (zmienić się *perf*) nie do poznania.

recognizable ['rɛkəgnaɪzəbl] *adj* rozpoznawalny.

recognize ['rɛkəgnaɪz] *vt* (*person, place, voice*) rozpoznawać (rozpoznać *perf*), poznawać (poznać *perf*); (*sign, symptom*) rozpoznawać (rozpoznać *perf*); (*problem, need*) uznawać (uznać *perf*) istnienie +*gen*; (*achievement, government*) uznawać (uznać *perf*); (*qualifications*) honorować; **to recognize sb by/as** rozpoznawać (rozpoznać *perf*) kogoś po +*loc*/jako +*acc*.

recoil [*vb* rɪ'kɔɪl, *n* 'ri:kɔɪl] *vi*: **to recoil (from)** odsuwać się (odsunąć się *perf*) (od +*gen*); (*fig*) wzdrygać się (wzdrygnąć się *perf*) (na widok +*gen*) ♦ *n* (*of gun*) odrzut *m*.

recollect [rɛkə'lɛkt] *vt* przypominać (przypomnieć *perf*) sobie.

recollection [rɛkə'lɛkʃən] *n* wspomnienie *nt*; **she had a flash of recollection** nagle sobie przypomniała; **to the best of my recollection** o ile sobie przypominam.

recommend [rɛkə'mɛnd] *vt* (*book, person*) polecać (polecić *perf*); (*course of action*) zalecać (zalecić *perf*); **she has a lot to recommend her** wiele przemawia na jej korzyść.

recommendation [rɛkəmɛn'deɪʃən] *n* (*act of recommending*) rekomendacja *f*; (*suggestion to follow*) zalecenie *nt*; **on the recommendation of** na wniosek *+gen*.

recommended retail price (*BRIT: COMM*) *n* sugerowana cena *f* detaliczna.

recompense ['rɛkəmpɛns] *n* rekompensata *f*.

reconcilable ['rɛkənsaɪləbl] *adj*: **to be reconcilable** dawać (dać *perf*) się pogodzić.

reconcile ['rɛkənsaɪl] *vt* godzić (pogodzić *perf*); **to reconcile o.s. to sth** godzić się (pogodzić się *perf*) z czymś.

reconciliation [rɛkənsɪlɪ'eɪʃən] *n* (*of people*) pojednanie *nt*; (*of facts, beliefs*) pogodzenie *nt*.

recondite [rɪ'kɔndaɪt] *adj* (*knowledge*) tajemny, ezoteryczny; (*style*) zawiły.

recondition [ri:kən'dɪʃən] *vt* (*machine*) remontować (wyremontować *perf*).

reconditioned [ri:kən'dɪʃənd] *adj* wyremontowany.

reconnaissance [rɪ'kɔnɪsns] *n* rozpoznanie *nt*, rekonesans *m*.

reconnoitre [rɛkə'nɔɪtə*] (*US* **reconnoiter**) *vt* przeprowadzać (przeprowadzić *perf*) rozpoznanie *or* rekonesans *+gen*.

reconsider [ri:kən'sɪdə*] *vt* (*decision*) rozważać (rozważyć *perf*) ponownie; (*opinion*) rewidować (zrewidować *perf*) ♦ *vi* zastanawiać się (zastanowić się *perf*) ponownie.

reconstitute [ri:'kɔnstɪtju:t] *vt* (*organization*) zawiązywać (zawiązać *perf*) ponownie; (*committee, board*) ukonstytuować *(perf)* ponownie; (*dried food*) *doprowadzać do pierwotnej postaci przez dodanie wody*.

reconstruct [ri:kən'strʌkt] *vt* (*building, policy*) odbudowywać (odbudować *perf*); (*event, crime*) rekonstruować (zrekonstruować *perf*), odtwarzać (odtworzyć *perf*).

reconstruction [ri:kən'strʌkʃən] *n* (*of building, country*) odbudowa *f*; (*of crime*) rekonstrukcja *f*.

record [*n* 'rɛkɔ:d, *vb* rɪ'kɔ:d] *n* (*written account*) zapis *m*; (*of meeting*) protokół *m*; (*of attendance*) lista *f*; (*file*) akta *pl*; (*COMPUT, SPORT*) rekord *m*; (*MUS*) płyta *f*; (*history: of person, company*) przeszłość *f* ♦ *vt* (*events etc*) zapisywać (zapisać *perf*); (*temperature, speed, time*) wskazywać; (*voice, song*) nagrywać (nagrać *perf*) ♦ *adj* rekordowy; **he has a criminal record** był wcześniej karany; **I need to have a record of this decision** muszę mieć tę decyzję na piśmie; **public records** archiwum państwowe; **to keep a record of** zapisywać *or* notować *+acc*; **to set** *or* **put the record straight** (*fig*) prostować (sprostować *perf*) nieścisłości; **he is on record as saying that ...** stwierdził publicznie, że...; **off the record** (*statement*) nieoficjalny; (*speak*) nieoficjalnie.

recorded delivery [rɪ'kɔ:dɪd-] (*BRIT*) *n*: **send the letter (by) recorded delivery** wyślij list jako polecony.

recorder [rɪ'kɔ:də*] *n* (*MUS*) flet *m* prosty; (*JUR*) *sędzia z określonymi uprawnieniami do orzekania w sprawach cywilnych i karnych*.

record holder *n* rekordzista (-tka) *m(f)*.

recording [rɪ'kɔ:dɪŋ] *n* nagranie *nt*.

recording studio *n* studio *nt* nagrań.

record library *n* płytoteka *f*.

record player *n* gramofon *m*.

recount [rɪ'kaunt] *vt* (*story*) opowiadać (opowiedzieć *perf*); (*event*) opowiadać (opowiedzieć *perf*) o *+loc*.

re-count [*n* 'ri:kaunt, *vb* ri:'kaunt] *n* ponowne przeliczenie *nt* ♦ *vt* przeliczać (przeliczyć *perf*) ponownie.

recoup [rɪ'ku:p] *vt* odzyskiwać (odzyskać *perf*); **to recoup one's losses** wynagradzać (wynagrodzić *perf*) sobie straty, powetować *(perf)* sobie szkody.

recourse [rɪ'kɔ:s] *n*: **to have recourse to** uciekać się (uciec się *perf*) do *+gen*.

recover [rɪ'kʌvə*] *vt* odzyskiwać (odzyskać *perf*); (*from dangerous place etc*) wydobywać (wydobyć *perf*) ♦ *vi* (*from illness*) zdrowieć (wyzdrowieć *perf*); (*from shock, experience*) dochodzić (dojść *perf*) do siebie; (*economy, country*) wychodzić (wyjść *perf*) z kryzysu.

re-cover [ri:'kʌvə*] *vt* (*chair etc*) zmieniać (zmienić *perf*) obicie *+gen*.

recovery [rɪ'kʌvərɪ] *n* (*from illness*) wyzdrowienie *nt*; (*in economy*) ożywienie *nt*; (*of sth stolen*) odzyskanie *nt*.

recreate [ri:krɪ'eɪt] *vt* odtwarzać (odtworzyć *perf*).

recreation [rɛkrɪ'eɪʃən] *n* rekreacja *f*.

recreational [rɛkrɪ'eɪʃənl] *adj* rekreacyjny.

recreational drug *n narkotyk używany dla wprowadzenia się w stan odprężenia i nie powodujący uzależnienia*.

recreational vehicle (*US*) *n* samochód *m* kempingowy.

recrimination [rɪkrɪmɪ'neɪʃən] *n* (*also pl*) wzajemne oskarżenia *pl*.

recruit [rɪ'kru:t] *n* (*MIL*) rekrut *m*; (*in company*) nowicjusz(ka) *m(f)* ♦ *vt* (*MIL*) rekrutować; (*staff*) przyjmować (przyjąć *perf*) (do pracy); (*new members*) werbować (zwerbować *perf*).

recruiting office [rɪ'kru:tɪŋ-] (*MIL*) *n* ≈ wojskowa komenda *f* uzupełnień.

recruitment [rɪ'kru:tmənt] *n* nabór *m*.

rectangle ['rɛktæŋgl] *n* prostokąt *m*.

rectangular [rɛk'tæŋgjulə*] *adj* prostokątny.

rectify ['rɛktɪfaɪ] *vt* naprawiać (naprawić *perf*).

rector ['rɛktə*] (*REL*) *n* proboszcz *m* (*w kościele anglikańskim*).

rectory ['rɛktərɪ] *n* probostwo *nt* (*w kościele anglikańskim*).

rectum ['rɛktəm] *n* odbytnica *f*.

recuperate [rɪ'kju:pəreɪt] *vi* wracać (wrócić *perf*) do zdrowia.

recur [rɪ'kə:*] *vi* (*error, event*) powtarzać się (powtórzyć się *perf*); (*illness, pain*) nawracać.

recurrence [rɪ'kʌrəns] *n* (*of error, event*) powtórzenie się *nt*; (*of illness, pain*) nawrót *m*.

recurrent [rɪ'kʌrnt] *adj* (*error, event*) powtarzający się; (*illness, pain*) nawracający.

recurring [rɪ'kʌrɪŋ] *adj* (*problem*) powracający; (*dream*) powtarzający się; (*MATH*) okresowy.

recycle [ri:'saɪkl] *vt* utylizować.

red [rɛd] *n* (*colour*) (kolor *m*) czerwony, czerwień *f*; (*pej*: *POL*) czerwony (-na) *m(f)* ♦ *adj* czerwony; (*hair*) rudy; **I'm** *or* **my bank account is in the red** mam debet na koncie; **his business is in the red** jego firma ma deficyt.

red carpet treatment *n*: **to give sb the red carpet treatment** przyjmować (przyjąć *perf*) kogoś z (wielkimi) honorami.

Red Cross *n* Czerwony Krzyż *m*.

redcurrant ['rɛdkʌrənt] *n* czerwona porzeczka *f*.

redden ['rɛdn] *vt* zabarwiać (zabarwić *perf*) na czerwono ♦ *vi* czerwienić się (zaczerwienić się *perf*), czerwienieć (poczerwienieć *perf*).

reddish ['rɛdɪʃ] *adj* czerwonawy; (*hair*) rudawy.

redecorate [ri:'dɛkəreɪt] *vt* (*building*) remontować (wyremontować *perf*); (*room*) odnawiać (odnowić *perf*) ♦ *vi* robić (zrobić *perf*) remont.

redecoration [ri:dɛkə'reɪʃən] *n* (*of building*) remont *m*; (*of room*) odnowienie *nt*.

redeem [rɪ'di:m] *vt* (*situation, reputation*) ratować (uratować *perf*); (*sth in pawn*) wykupywać (wykupić *perf*); (*loan*) spłacać (spłacić *perf*); (*REL*) odkupić (*perf*); **to redeem o.s.** zrehabilitować się (*perf*).

redeemable [rɪ'di:məbl] *adj* (*voucher, gift certificate*) *wymienialny na gotówkę lub towar o określonej wartości.*

redeeming [rɪ'di:mɪŋ] *adj*: **redeeming feature** *or* **quality** jedyna zaleta *f*; **with no redeeming qualities** pozbawiony jakichkolwiek zalet.

redemption [rɪ'dɛmʃən] *n* (*REL*) odkupienie *nt*; **past** *or* **beyond redemption** nie do uratowania, stracony.

redeploy [ri:dɪ'plɔɪ] *vt* (*staff*) przegrupowywać (przegrupować *perf*); (*resources*) przerzucać (przerzucić *perf*).

redeployment [ri:dɪ'plɔɪmənt] *n* (*of staff*) przegrupowanie *nt*; (*of resources*) przerzucenie *nt*.

redevelop [ri:dɪ'vɛləp] *vt* modernizować (zmodernizować *perf*).

redevelopment [ri:dɪ'vɛləpmənt] *n* modernizacja *f*.

red-handed [rɛd'hændɪd] *adj*: **to be caught red-handed** zostać (*perf*) złapanym *or* przyłapanym na gorącym uczynku.

redhead ['rɛdhɛd] *n* rudzielec *m* (*inf*), rudy (-da) *m(f)*.

red herring *n* (*fig*) manewr *m* dla odwrócenia uwagi.

red-hot [rɛd'hɔt] *adj* rozgrzany do czerwoności.

redirect [ri:daɪ'rɛkt] *vt* (*mail*) przeadresowywać (przeadresować *perf*); (*traffic*) skierowywać (skierować *perf*) inną trasą.

rediscover [ri:dɪs'kʌvə*] *vt* odkrywać (odkryć *perf*) na nowo.

redistribute [ri:dɪs'trɪbju:t] *vt* dokonywać (dokonać *perf*) redystrybucji *+gen*.

red-letter day ['rɛdlɛtə-] *n* pamiętny dzień *m*.

red light (*AUT*) *n*: **to go through a red light** przejeżdżać (przejechać *perf*) na czerwonym świetle.

red-light district ['rɛdlaɪt-] *n* dzielnica *f* domów publicznych.

red meat *n mięso, które po ugotowaniu staje się ciemnobrązowe, np. wołowina lub baranina.*

redness ['rɛdnɪs] *n* (*of rose*) czerwień *f*; (*of face, eyes*) zaczerwienienie *nt*; (*of hair*) rudość *f*.

redo [ri:'du:] (*irreg like*: **do**) *vt* przerabiać (przerobić *perf*).

redolent ['rɛdələnt] *adj*: **redolent of** (*sth pleasant*) (intensywnie) pachnący *+instr*; (*sth unpleasant*) cuchnący *+instr*; (*fig*) przywodzący na myśl *+acc*.

redouble [ri:'dʌbl] *vt* podwajać (podwoić *perf*).

redraft [ri:'drɑ:ft] *vt* przeredagowywać (przeredagować *perf*).

redress [rɪ'drɛs] *n* zadośćuczynienie *nt* ♦ *vt* (*error, wrong*) naprawiać (naprawić *perf*); **to redress the balance** przywracać (przywrócić *perf*) równowagę.

Red Sea *n*: **the Red Sea** Morze *nt* Czerwone.

redskin ['rɛdskɪn] (*old*: *offensive*) *n* czerwonoskóry *m*.

red tape *n* (*fig*) biurokracja *f*.

reduce [rɪ'dju:s] *vt* zmniejszać (zmniejszyć *perf*), redukować (zredukować *perf*); **to reduce sth by/to** redukować (zredukować *perf*) coś o *+acc*/do *+gen*; **to reduce sb to** (*tears*) doprowadzać (doprowadzić *perf*) kogoś do *+gen*; (*begging, stealing, silence*) zmuszać (zmusić *perf*) kogoś do *+gen*; **"reduce speed now"** ≈ ograniczenie prędkości.

reduced [rɪ'dju:st] *adj* (*goods*) przeceniony; **"greatly reduced prices"** „wielka obniżka cen".

reduction [rɪ'dʌkʃən] *n* (*in price, cost*) obniżka *f*; (*in numbers*) obniżenie *nt*, redukcja *f*.

redundancy [rɪ'dʌndənsɪ] (*BRIT*) *n* (*dismissal*) zwolnienie *nt* z pracy (*w sytuacji nadmiaru zatrudnienia*); (*unemployment*) bezrobocie *nt*; **compulsory/voluntary redundancy** przymusowe zwolnienie/dobrowolne zwolnienie się z pracy (*w sytuacji nadmiaru zatrudnienia*).

redundancy payment (*BRIT*) *n* odprawa *f* (*przy zwolnieniu z pracy*).

redundant [rɪ'dʌndnt] *adj* (*BRIT*: *worker*) zwolniony; (*superfluous*) zbędny, zbyteczny; **he was made redundant** zwolnili go (z pracy).

reed [ri:d] *n* (*BOT*) trzcina *f*; (*MUS*) stroik *m*.

reedy ['ri:dɪ] *adj* (*voice*) piskliwy.

reef [ri:f] *n* rafa *f*.

reek [ri:k] *vi* (*smell*): **to reek (of)** cuchnąć (*+instr*); (*fig*): **to reek of** trącić *or* zalatywać *+instr*.

reel [ri:l] *n* (*of thread*) szpulka *f*; (*of film, tape*) szpula *f*; (*PHOT*) rolka *f*; (*on fishing-rod*) kołowrotek *m*; (*dance*) *skoczny taniec szkocki lub irlandzki* ♦ *vi* (*person*) zataczać się (zatoczyć się *perf*); **my head is reeling** w głowie mi się kręci.

►**reel in** *vt* (*fish*) wyciągać (wyciągnąć *perf*) (*za pomocą kołowrotka*); (*line*) wybierać (wybrać *perf*) (*za pomocą kołowrotka*).

►**reel off** *vt* recytować (wyrecytować *perf*) (na zawołanie).

re-election [ri:ɪ'lɛkʃən] *n* ponowny wybór *m*.

re-enter [ri:'ɛntə*] *vt* (*country*) powtórnie przekraczać (przekroczyć *perf*) granicę *+gen*; (*earth's atmosphere*) wchodzić (wejść *perf*) (powtórnie) w *+acc*.

re-entry [ri:'ɛntrɪ] *n* powtórne przekroczenie *nt* granicy; (*SPACE*) (powtórne) wejście *nt* w atmosferę.

re-examine [ri:ɪg'zæmɪn] *vt* (*possibility, proposal*) ponownie badać (zbadać *perf*); (*witness*) ponownie przesłuchiwać (przesłuchać *perf*).

re-export [*vb* 'ri:ɪks'pɔ:t, *n* ri:'ɛkspɔ:t] (*COMM*) *vt* reeksportować (reeksportować *perf*) ♦ *n* reeksport *m*.

ref [rɛf] (*SPORT*: *inf*) *n abbr* = **referee**.

ref. (*COMM*) *abbr* (= *with reference to*) dot.

refectory [rɪ'fɛktərɪ] *n* refektarz *m*.

refer [rɪ'fə:*] *vt*: **to refer sb to** (*book*) odsyłać (odesłać *perf*) kogoś do *+gen*; (*doctor, hospital, manager*) kierować (skierować *perf*) kogoś do *+gen*; **to refer the matter to** kierować (skierować *perf*) sprawę do *+gen*; **to refer the task to** przekazywać (przekazać *perf*) zadanie *+dat*.

►**refer to** *vt fus* (*mention*) wspominać (wspomnieć *perf*) o *+loc*; (*relate to*: *name, number*) oznaczać *+acc*; (: *remark*) odnosić się do *+gen*; (*consult*: *dictionary etc*) korzystać (skorzystać *perf*) z *+gen*.

referee [rɛfə'ri:] *n* (*SPORT*) sędzia *m*; (*BRIT*: *for job application*) osoba *f* polecająca ♦ *vt* sędziować.

reference ['rɛfrəns] *n* (*mention*) wzmianka *f*; (*idea, phrase*) odniesienie *nt*; (*for job application*: *letter*) list *m* polecający; (: *person*) osoba *f* polecająca; **references** *npl* (*list of books*) bibliografia *f*; (*for job application*) referencje *pl*; **with reference to** (*in letter*) w nawiązaniu do *+gen*; **"please quote this reference"** (*COMM*) „proszę powoływać się na ten numer".

reference book *n encyklopedia, słownik, leksykon itp.*

reference library *n* księgozbiór *m* podręczny.

reference number *n* numer *m* porządkowy.

referenda [rɛfə'rɛndə] *npl of* **referendum**.

referendum [rɛfə'rɛndəm] (*pl* **referenda**) *n* referendum *nt*.

refill [*vb* ri:'fɪl, *n* 'ri:fɪl] *vt* powtórnie napełniać (napełnić *perf*) ♦ *n* (*for pen etc*) wkład *m*; **would you like a refill?** (*another drink*) czy mogę Panu/Pani dolać?

refine [rɪ'faɪn] *vt* (*sugar, oil*) rafinować; (*theory*) udoskonalać (udoskonalić *perf*).

refined [rɪ'faɪnd] *adj* (*person, taste*) wytworny, wykwintny; (*sugar, oil*) rafinowany.

refinement [rɪ'faɪnmənt] *n* (*of person*) wytworność *f*, wykwintność *f*; (*of system, ideas*) udoskonalenie *nt*.

refinery [rɪ'faɪnərɪ] *n* rafineria *f*.

refit [*n* ri:'fɪt, *vb* 'ri:fɪt] (*NAUT*) *n* remont *m* ♦ *vt* (*ship*) remontować (wyremontować *perf*).

reflate [ri:'fleɪt] *vt*: **to reflate the economy** powodować (spowodować *perf*) reflację, zwiększać (zwiększyć *perf*) podaż pieniądza.

reflation [ri:'fleɪʃən] *n* reflacja *f*, zwiększenie *nt* podaży pieniądza.

reflationary [ri:'fleɪʃənrɪ] *adj* powodujący reflację, zwiększający podaż pieniądza.

reflect [rɪ'flɛkt] *vt* (*light, image*) odbijać (odbić *perf*); (*fig*: *situation, attitude*) odzwierciedlać (odzwierciedlić *perf*) ♦ *vi* zastanawiać się (zastanowić się *perf*).

►**reflect on** *vt fus* (*discredit*) stawiać (postawić *perf*) w złym świetle *+acc*.

reflection [rɪ'flɛkʃən] *n* odbicie *nt*; (*fig*: *of situation, attitude*) odzwierciedlenie *nt*; (: *thought*) zastanawianie się *nt*, refleksja *f*; **on reflection** po zastanowieniu; **reflection on** refleksja nad *+instr*.

reflector [rɪ'flɛktə*] *n* (*on car, bicycle*) światło *nt* odblaskowe; (*for light, heat*) reflektor *m*.

reflex ['ri:flɛks] *adj* odruch *m*; **reflexes** *npl* odruchy *pl*; **to have slow/quick reflexes** mieć słaby/szybki refleks.

reflexive [rɪ'flɛksɪv] (*LING*) *adj* zwrotny.

reform [rɪ'fɔ:m] *n* reforma *f* ♦ *vt* reformować (zreformować *perf*) ♦ *vi* poprawiać się (poprawić się *perf*).

reformat [ri:'fɔ:mæt] (*COMPUT*) *vt* ponownie formatować (sformatować *perf*).

Reformation [rɛfə'meɪʃən] *n*: **the Reformation** reformacja *f*.

reformatory [rɪ'fɔ:mətərɪ] (*US*) *n* zakład *m* poprawczy.

reformed [rɪ'fɔ:md] *adj* nawrócony ze złej drogi.

refrain [rɪ'freɪn] *vi*: **to refrain from doing sth** powstrzymywać się (powstrzymać się *perf*) od (z)robienia czegoś ♦ *n* refren *m*.

refresh [rɪ'frɛʃ] *vt* (*drink*) orzeźwiać (orzeźwić

perf); (*swim*) odświeżać (odświeżyć *perf*); (*sleep, rest*) pokrzepiać (pokrzepić *perf*); **to refresh sb's memory** odświeżać (odświeżyć *perf*) komuś pamięć.

refresher course [rɪˈfrɛʃə-] *n* ≈ kurs *m* doskonalenia zawodowego.

refreshing [rɪˈfrɛʃɪŋ] *adj* (*drink*) orzeźwiający; (*swim*) odświeżający; (*sleep, rest*) pokrzepiający; (*fact, idea etc*) pokrzepiający, krzepiący.

refreshment [rɪˈfrɛʃmənt] *n* (*resting*) odpoczynek *m*.

refreshments [rɪˈfrɛʃmənts] *npl* przekąski *pl* i napoje *pl*.

refrigeration [rɪfrɪdʒəˈreɪʃən] *n* chłodzenie *nt*.

refrigerator [rɪˈfrɪdʒəreɪtə*] *n* lodówka *f*, chłodziarka *f*.

refuel [riːˈfjuəl] *vt, vi* tankować (zatankować *perf*).

refuelling [riːˈfjuəlɪŋ] *n* tankowanie *nt*.

refuge [ˈrɛfjuːdʒ] *n* schronienie *nt*; (*fig*) ucieczka *f*; **to take refuge in** chronić się (schronić się *perf*) w *+loc*; **he sought refuge in silence** szukał ucieczki w milczeniu.

refugee [rɛfjuˈdʒiː] *n* uchodźca *m*; **a political refugee** uchodźca polityczny.

refugee camp *n* obóz *m* dla uchodźców.

refund [*n* ˈriːfʌnd, *vb* rɪˈfʌnd] *n* zwrot *m* pieniędzy ♦ *vt* zwracać (zwrócić *perf*); **tax refund** zwrot nadpłaconego podatku.

refurbish [riːˈfəːbɪʃ] *vt* odnawiać (odnowić *perf*).

refurnish [riːˈfəːnɪʃ] *vt* zmieniać (zmienić *perf*) umeblowanie *+gen*.

refusal [rɪˈfjuːzəl] *n* odmowa *f*; **first refusal** prawo pierwokupu.

refuse[1] [rɪˈfjuːz] *vt* (*permission, consent*) odmawiać (odmówić *perf*) *+gen*; (*request*) odmawiać (odmówić *perf*) *+dat*; (*invitation, gift, offer*) odrzucać (odrzucić *perf*) ♦ *vi* odmawiać (odmówić *perf*); (*horse*) zatrzymywać się (zatrzymać się *perf*) przed przeszkodą; **to refuse to do sth** odmawiać (odmówić *perf*) zrobienia czegoś.

refuse[2] [ˈrɛfjuːs] *n* odpadki *pl*, śmieci *pl*.

refuse collection *n* wywóz *m* śmieci.

refuse disposal *n* usuwanie *nt* odpadków.

refute [rɪˈfjuːt] *vt* obalać (obalić *perf*).

regain [rɪˈgeɪn] *vt* odzyskiwać (odzyskać *perf*).

regal [ˈriːgl] *adj* królewski.

regale [rɪˈgeɪl] *vt*: **to regale sb with sth** raczyć (uraczyć *perf*) kogoś czymś.

regalia [rɪˈgeɪlɪə] *n* insygnia *pl*.

regard [rɪˈgɑːd] *n* szacunek *m* ♦ *vt* (*consider*) uważać; (*view*) patrzeć na *+acc*; **to give one's regards to** przekazywać (przekazać *perf*) pozdrowienia *+dat*; **"with kindest regards"** „łączę najserdeczniejsze pozdrowienia"; **as regards, with regard to** co do *+gen*, jeśli chodzi o *+acc*.

regarding [rɪˈgɑːdɪŋ] *prep* odnośnie do *+gen*.

regardless [rɪˈgɑːdlɪs] *adv* mimo to; **regardless of** bez względu na *+acc*.

regatta [rɪˈgætə] *n* regaty *pl*.

regency [ˈriːdʒənsɪ] *n* regencja *f* ♦ *adj*: **Regency chair/building** krzesło *nt*/budynek *m* z okresu Regencji (*w przypadku Anglii z lat 1811-20*).

regenerate [rɪˈdʒɛnəreɪt] *vt* (*inner cities, feelings*) ożywiać (ożywić *perf*); (*arts, democracy*) odradzać (odrodzić *perf*) ♦ *vi* (*BIO*) regenerować się (zregenerować się *perf*).

regent [ˈriːdʒənt] *n* regent(ka) *m(f)*.

reggae [ˈregeɪ] *n* reggae *nt inv*.

regime [reɪˈʒiːm] *n* reżim *m*.

regiment [*n* ˈrɛdʒɪmənt, *vb* ˈrɛdʒɪmɛnt] *n* (*MIL*) pułk *m* ♦ *vt* (*people*) poddawać (poddać *perf*) surowej dyscyplinie; (*system*) sprawować ścisłą kontrolę nad *+instr*.

regimental [rɛdʒɪˈmɛntl] *adj* pułkowy.

regimentation [rɛdʒɪmɛnˈteɪʃən] *n* surowa dyscyplina *f*.

region [ˈriːdʒən] *n* (*of land*) okolica *f*, rejon *m*; (: *geographical*) region *m*; (: *administrative*) okręg *m*; (*of body*) okolica *f*; **in the region of** około *+gen*.

regional [ˈriːdʒənl] *adj* (*committee etc*) okręgowy; (*accent, foods*) regionalny.

regional development *n* rozwój *m* regionalny.

register [ˈrɛdʒɪstə*] *n* (*ADMIN, MUS, LING*) rejestr *m*; (*also*: **electoral register**) spis *m* wyborców; (*SCOL*) dziennik *m* ♦ *vt* rejestrować (zarejestrować *perf*); (*letter*) nadawać (nadać *perf*) jako polecony ♦ *vi* (*person*: *at hotel, for work*) meldować się (zameldować się *perf*); (: *at doctor's*) rejestrować się (zarejestrować się *perf*); (*amount, measurement*) zostać (*perf*) zarejestrowanym; **to register a protest** zgłaszać (zgłosić *perf*) sprzeciw; **I told them, but I don't think it registered** mówiłam im, ale chyba (do nich) nie dotarło.

registered [ˈrɛdʒɪstəd] *adj* (*letter*) polecony; (*drug addict, childminder*) zarejestrowany.

registered company (*COMM*) *n* spółka *f* akcyjna wpisana do rejestru.

registered nurse (*US*) *n* ≈ pielęgniarka (-arz) *f(m)* dyplomowana (-ny) *f(m)*.

registered trademark *n* znak *m* handlowy prawnie zastrzeżony.

register office *n* = **registry office**.

registrar [ˈrɛdʒɪstrɑː*] *n* (*in registry office*) urzędnik (-iczka) *m(f)* stanu cywilnego; (*in college, university*) sekretarz *m* uniwersytetu; (*BRIT*: *in hospital*) ≈ lekarz *m* specjalista *m*.

registration [rɛdʒɪsˈtreɪʃən] *n* rejestracja *f*.

registration number (*BRIT*: *AUT*) *n* numer *m* rejestracyjny.

registry [ˈrɛdʒɪstrɪ] *n* archiwum *nt*.

registry office (*BRIT*) *n* urząd *m* stanu cywilnego; **to get married in a registry office** brać (wziąć *perf*) ślub cywilny.

regret [rɪ'grɛt] *n* żal *m* ♦ *vt* (*decision, action*) żałować *+gen*; (*loss, death*) opłakiwać; (*inconvenience*) wyrażać (wyrazić *perf*) ubolewanie z powodu *+gen*; **with regret** z żalem; **to have no regrets (about)** wcale nie żałować (*+gen*); **to regret that ...** żałować, że ...; **we regret to inform you that ...** z żalem zawiadamiamy, że ... .
regretfully [rɪ'grɛtfəlɪ] *adv* z żalem.
regrettable [rɪ'grɛtəbl] *adj* (*causing sadness*) godny ubolewania; (*causing disapproval*) pożałowania godny, żałosny.
regrettably [rɪ'grɛtəblɪ] *adv* (*drunk, late*) bardzo mocno; **regrettably, ...** niestety, ...
Regt (*MIL*) *abbr* = **regiment**.
regular ['rɛgjulə*] *adj* (*breathing, features, exercise, verb*) regularny; (*time, doctor, customer*) stały; (*soldier*) zawodowy; (*size*) normalny ♦ *n* (*in shop*) stały (-ła) *m(f)* klient(ka) *m(f)*; (*in pub etc*) stały (-ła) *m(f)* bywalec (-lczyni) *m(f)*.
regularity [rɛgju'lærɪtɪ] *n* regularność *f*.
regularly ['rɛgjuləlɪ] *adv* regularnie.
regulate ['rɛgjuleɪt] *vt* (*control*) kontrolować; (*adjust*) regulować.
regulation [rɛgju'leɪʃən] *n* (*control*) kontrola *f*; (*rule*) przepis *m*.
rehabilitate [riːə'bɪlɪteɪt] *vt* (*criminal*) resocjalizować (zresocjalizować *perf*); (*invalid, drug addict*) poddawać (poddać *perf*) rehabilitacji; (*politician, dissident*) rehabilitować (zrehabilitować *perf*).
rehabilitation ['riːəbɪlɪ'teɪʃən] *n* (*of criminal*) resocjalizacja *f*; (*of invalid, drug addict, politician*) rehabilitacja *f*.
rehash [riː'hæʃ] (*inf*) *vt* (*old ideas etc*) odgrzewać (*inf, pej*).
rehearsal [rɪ'həːsəl] *n* próba *f*; **dress rehearsal** próba generalna.
rehearse [rɪ'həːs] *vt* (*play*) robić (zrobić *perf*) próbę *+gen*, próbować (*inf*); (*dance, speech*) ćwiczyć.
rehouse [riː'hauz] *vt* przesiedlać (przesiedlić *perf*).
reign [reɪn] *n* (*of monarch*) panowanie *nt*; (*fig*: *of terror etc*) rządy *pl* ♦ *vi* (*lit, fig*) panować, rządzić.
reigning ['reɪnɪŋ] *adj* (*monarch*) panujący; (*champion*) aktualny.
reimburse [riːɪm'bəːs] *vt*: **to reimburse sb for sth** zwracać (zwrócić *perf*) komuś koszty czegoś, refundować (zrefundować *perf*) komuś coś.
rein [reɪn] *n*: **reins** (*for horse*) lejce *pl*; (*for toddler*) szelki *pl*; **to give sb free rein** (*fig*) dawać (dać *perf*) komuś wolną rękę; **to keep a tight rein on** (*fig*) trzymać krótko *+acc*.
reincarnation [riːɪnkɑː'neɪʃən] *n* (*belief*) reinkarnacja *f*; (*person, animal*) (ponowne) wcielenie *nt*.
reindeer ['reɪndɪə*] *n inv* renifer *m*.
reinforce [riːɪn'fɔːs] *vt* (*object*) wzmacniać (wzmocnić *perf*); (*belief, prejudice*) umacniać (umocnić *perf*).
reinforced concrete *n* żelazobeton *m*.
reinforcement [riːɪn'fɔːsmənt] *n* (*of object*) wzmocnienie *nt*; (*of attitude, prejudice*) umocnienie *nt*; **reinforcements** *pl* (*MIL*) posiłki *pl*.
reinstate [riːɪn'steɪt] *vt* (*employee*) przywracać (przywrócić *perf*) do pracy; (*tax, law*) przywracać (przywrócić *perf*).
reinstatement [riːɪn'steɪtmənt] *n* (*of employee*) przywrócenie *nt* do pracy.
reissue [riː'ɪʃjuː] *vt* (*book etc*) wznawiać (wznowić *perf*).
reiterate [riː'ɪtəreɪt] *vt* (wielokrotnie) powtarzać (powtórzyć *perf*).
reject [*n* 'riːdʒɛkt, *vb* rɪ'dʒɛkt] *n* (*COMM*) odrzut *m* ♦ *vt* odrzucać (odrzucić *perf*); (*machine*: *coin*) nie przyjmować (nie przyjąć *perf*) *+gen*.
rejection [rɪ'dʒɛkʃən] *n* odrzucenie *nt*.
rejoice [rɪ'dʒɔɪs] *vi*: **to rejoice at** *or* **over** radować się *+instr or* z *+gen*.
rejoinder [rɪ'dʒɔɪndə*] *n* replika *f*, riposta *f*.
rejuvenate [rɪ'dʒuːvəneɪt] *vt* (*person*) odmładzać (odmłodzić *perf*); (*organization, economy*) ożywiać (ożywić *perf*).
rekindle [riː'kɪndl] *vt* (*interest, emotion*) rozpalać (rozpalić *perf*) na nowo.
relapse [rɪ'læps] *n* (*MED*) nawrót *m* ♦ *vi*: **to relapse into** (*depression etc*) popadać (popaść *perf*) w *+acc*; **to relapse into silence** (ponownie) zamilknąć (*perf*).
relate [rɪ'leɪt] *vt* (*tell*) relacjonować (zrelacjonować *perf*); (*connect*) wiązać (powiązać *perf*) ♦ *vi*: **to relate to** (*other people*) nawiązywać (nawiązać *perf*) kontakt z *+instr*, znajdować (znaleźć *perf*) wspólny język z *+instr*; (*idea*) identyfikować się z *+instr*; (*subject, thing*) odnosić się do *+gen*.
related [rɪ'leɪtɪd] *adj* (*people, species*) spokrewniony; (*languages, words*) pokrewny; (*questions, issues*) powiązany.
relating to [rɪ'leɪtɪŋ-] *prep* odnośnie do *+gen*.
relation [rɪ'leɪʃən] *n* (*member of family*) krewny(na) *m(f)*; (*connection*) relacja *f*, związek *m*; **relations** *npl* (*dealings*) relacje *pl*, stosunki *pl*; (*relatives*) krewni *vir pl*; **diplomatic/international relations** stosunki dyplomatyczne/międzynarodowe; **in relation to** w stosunku do *+gen*; **to bear no relation to** nie mieć żadnego związku z *+instr*.
relationship [rɪ'leɪʃənʃɪp] *n* (*between two people*) stosunek *m*; (*between two countries*) stosunki *pl*; (*between two things*) związek *m*, powiązanie *nt*; (*affair*) związek *m*; **they have a good relationship** stosunki między nimi układają się dobrze.
relative ['rɛlətɪv] *n* krewny(na) *m(f)* ♦ *adj* (*not absolute*) względny; (*comparative*) względny,

stosunkowy; **relative to** w stosunku do *+gen*; **it's all relative** to wszystko jest względne.
relatively ['rɛlətɪvlɪ] *adv* względnie, stosunkowo.
relative pronoun *n* zaimek *m* względny.
relax [rɪ'læks] *vi* (*unwind*) odprężać się (odprężyć się *perf*), relaksować się (zrelaksować się *perf*); (*calm down*) uspokajać się (uspokoić się *perf*); (*muscle*) rozluźniać się (rozluźnić się *perf*) ♦ *vt* (*one's grip*) rozluźniać (rozluźnić *perf*); (*mind, person*) relaksować (zrelaksować *perf*); (*rule, control*) łagodzić (złagodzić *perf*).
relaxation [ri:læk'seɪʃən] *n* (*rest, recreation*) odprężenie *nt*, relaks *m*; (*of rule, control*) złagodzenie *nt*.
relaxed [rɪ'lækst] *adj* (*person*) odprężony, rozluźniony; (*atmosphere*) spokojny.
relaxing [rɪ'læksɪŋ] *adj* odprężający, relaksujący.
relay [*n* 'ri:leɪ, *vb* rɪ'leɪ] *n* sztafeta *f* ♦ *vt* (*message, news*) przekazywać (przekazać *perf*); (*programme, broadcast*) transmitować.
release [rɪ'li:s] *n* (*from prison, obligation*) zwolnienie *nt*; (*of documents*) udostępnienie *nt*; (*of funds*) uruchomienie *nt*; (*of gas, water*) spuszczenie *nt*; (*of book, record*) wydanie *nt*; (*of film*) wejście *nt* na ekrany; (*TECH*) mechanizm *m* wyzwalający ♦ *vt* (*from prison, obligation, responsibility*) zwalniać (zwolnić *perf*); (*from wreckage etc*) uwalniać (uwolnić *perf*), wyswobadzać (wyswobodzić *perf*); (*gas etc*) spuszczać (spuścić *perf*); (*catch, brake*) zwalniać (zwolnić *perf*); (*film, record*) wypuszczać (wypuścić *perf*); (*report, news, figures*) publikować (opublikować *perf*); **a new release** (*record*) nowa płyta, nowy album; (*film*) nowy film; **on general release** na ekranach kin; *see also* **press release**.
relegate ['rɛləgeɪt] *vt* degradować (zdegradować *perf*); (*BRIT*: *SPORT*): **to be relegated** spadać (spaść *perf*) do niższej ligi; **part of the text can be relegated to the footnotes** część tekstu można przenieść do przypisów.
relent [rɪ'lɛnt] *vi* ustępować (ustąpić *perf*).
relentless [rɪ'lɛntlɪs] *adj* (*heat, noise*) bezustanny; (*person*) nieustępliwy.
relevance ['rɛləvəns] *n* (*of remarks, information*) odniesienie *nt*; (*of action, question*) doniosłość *f*; **the relevance of sth to** znaczenie czegoś dla *+gen*.
relevant ['rɛləvənt] *adj* (*information, question*) istotny; (*chapter*) odnośny; (*area*) dany; **to be relevant to** mieć związek z *+instr*.
reliability [rɪlaɪə'bɪlɪtɪ] *n* (*of person, firm*) solidność *f*; (*of method, machine*) niezawodność *f*.
reliable [rɪ'laɪəbl] *adj* (*person, firm*) solidny; (*method, machine*) niezawodny; (*information, source*) wiarygodny, pewny.
reliably [rɪ'laɪəblɪ] *adv*: **we are reliably informed that ...** posiadamy pewne informacje, że... .
reliance [rɪ'laɪəns] *n*: **reliance on** (*person*) poleganie *nt* na *+loc*; (*drugs, financial support*) uzależnienie *nt* od *+gen*.
reliant [rɪ'laɪənt] *adj*: **to be reliant on sth/sb** być zależnym od czegoś/kogoś.
relic ['rɛlɪk] *n* (*REL*) relikwia *f*; (*of the past*) relikt *m*.
relief [rɪ'li:f] *n* (*feeling*) ulga *f*; (*aid*) pomoc *f*; (*ART*) relief *m*, płaskorzeźba *f*; (*GEOL*) rzeźba *f* terenu; **relief driver** zmiennik (-iczka) *m(f)*; **light relief** (*THEAT*) lekki przerywnik; **a globe of the world in relief** globus plastyczny.
relief map *n* mapa *f* plastyczna.
relief road (*BRIT*) *n* objazd *m*.
relieve [rɪ'li:v] *vt* (*pain, fear*) łagodzić (złagodzić *perf*), uśmierzać (uśmierzyć *perf*); (*colleague, guard*) zmieniać (zmienić *perf*), zluzowywać (zluzować *perf*) (*inf*); **to relieve sb of** (*load*) uwalniać (uwolnić *perf*) kogoś od *+gen*; (*duties, post*) zwalniać (zwolnić *perf*) kogoś z *+gen*; **to relieve o.s.** załatwiać się (załatwić się *perf*) (*inf*).
relieved [rɪ'li:vd] *adj*: **to be** *or* **feel relieved** odczuwać (odczuć *perf*) ulgę; **he was relieved that ...** ulżyło mu, że...; **I'm relieved to hear it** kamień spadł mi z serca.
religion [rɪ'lɪdʒən] *n* religia *f*.
religious [rɪ'lɪdʒəs] *adj* religijny.
religiously [rɪ'lɪdʒəslɪ] *adv* sumiennie, skrupulatnie.
relinquish [rɪ'lɪŋkwɪʃ] *vt* (*authority*) zrzekać się (zrzec się *perf*) *+gen*; (*claim*) zaniechać (*perf*) *+gen*, rezygnować (zrezygnować *perf*) z *+gen*.
relish ['rɛlɪʃ] *n* (*CULIN*) przyprawa *f* smakowa (*sos, marynata itp*); (*enjoyment*) rozkosz *f* ♦ *vt* rozkoszować się *+instr*; **to relish doing sth** rozkoszować się robieniem czegoś; **she didn't relish the prospect of** nie była zachwycona perspektywą *+gen*.
relive [ri:'lɪv] *vt* przeżywać (przeżyć *perf*) na nowo.
reload [ri:'ləud] *vt* (*gun*) załadować (*perf*).
relocate [ri:ləu'keɪt] *vt* przenosić (przenieść *perf*) ♦ *vi*: **to relocate (in)** przenosić się (przenieść się *perf*) (do *+gen*).
reluctance [rɪ'lʌktəns] *n* niechęć *f*.
reluctant [rɪ'lʌktənt] *adj* niechętny; **he was reluctant to go** nie miał ochoty iść.
reluctantly [rɪ'lʌktəntlɪ] *adv* niechętnie.
rely on [rɪ'laɪ-] *vt fus* (*be dependent on*) zależeć od *+gen*; (*trust*) polegać na *+loc*.
remain [rɪ'meɪn] *vi* (*stay*) zostawać (zostać *perf*); (*survive, continue to be*) pozostawać (pozostać *perf*); **to remain silent** zachowywać (zachować *perf*) milczenie; **much remains to be done** wiele pozostaje do zrobienia; **the fact remains that ...** nie zmienia to faktu, że...; **that remains to be seen** to się dopiero okaże.
remainder [rɪ'meɪndə*] *n* reszta *f* ♦ *vt*

wyprzedawać po bardzo niskiej cenie (*zwłaszcza ostatnie egzemplarze źle sprzedającej się książki*).
remaining [rɪ'meɪnɪŋ] *adj* pozostały.
remains [rɪ'meɪnz] *npl* (*of meal*) resztki *pl*; (*of building etc*) pozostałości *pl*; (*of body, corpse*) szczątki *pl*.
remand [rɪ'mɑ:nd] *n*: **to be on remand** przebywać w areszcie śledczym ♦ *vt*: **to be remanded in custody** przebywać w areszcie śledczym.
remand home (*BRIT*) *n* ≈ izba *f* zatrzymań dla nieletnich.
remark [rɪ'mɑ:k] *n* uwaga *f* ♦ *vi*: **to remark (that ...)** zauważać (zauważyć *perf*) (, że ...); **to remark on sth** robić (zrobić *perf*) uwagę na temat czegoś.
remarkable [rɪ'mɑ:kəbl] *adj* nadzwyczajny, niezwykły.
remarry [ri:'mærɪ] *vi* (*woman*) ponownie wychodzić (wyjść *perf*) za mąż; (*man*) ponownie się żenić (ożenić *perf*).
remedial [rɪ'mi:dɪəl] *adj* (*tuition, classes*) wyrównawczy; (*exercise*) rehabilitacyjny, korekcyjny.
remedy ['rɛmədɪ] *n* lekarstwo *nt*; (*fig*) środek *m* ♦ *vt* (*situation*) zaradzić (*perf*) *+dat*; (*mistake*) naprawiać (naprawić *perf*).
remember [rɪ'mɛmbə*] *vt* (*recall*) przypominać (przypomnieć *perf*) sobie; (*bear in mind*) pamiętać (zapamiętać *perf*); **remember me to him** pozdrów go ode mnie; **I remember seeing it, I remember having seen it** pamiętam, że to widziałem; **she remembered to call me** pamiętała, żeby do mnie zadzwonić.
remembrance [rɪ'mɛmbrəns] *n* (*memory*) pamięć *f*; (*souvenir*) pamiątka *f*; **in remembrance of sb** dla uczczenia czyjejś pamięci; **in remembrance of sth** na pamiątkę czegoś.
remind [rɪ'maɪnd] *vt*: **to remind sb of sth/to do sth** przypominać (przypomnieć *perf*) komuś o czymś/, żeby coś zrobił; **to remind sb that ...** przypominać (przypomnieć *perf*) komuś, że...; **she reminds me of my mother** przypomina mi moją matkę; **that reminds me!** à propos!
reminder [rɪ'maɪndə*] *n* (*of person, event*) przypomnienie *nt*; (*letter*) upomnienie *nt*.
reminisce [rɛmɪ'nɪs] *vi*: **to reminisce (about)** wspominać (*+acc*).
reminiscences [rɛmɪ'nɪsnsɪz] *npl* wspomnienia *pl*.
reminiscent [rɛmɪ'nɪsnt] *adj*: **to be reminiscent of sth** przypominać coś.
remiss [rɪ'mɪs] *adj* niedbały; **it was remiss of him** było to niedbalstwo z jego strony.
remission [rɪ'mɪʃən] *n* (*of prison sentence*) zmniejszenie *nt* kary; (*MED*) remisja *f*; (*REL*: *of sins*) odpuszczenie *nt*.
remit [rɪ'mɪt] *vt* (*money*) przesyłać (przesłać *perf*) ♦ *n* kompetencje *pl*, zakres *m* obowiązków.
remittance [rɪ'mɪtns] *n* przekaz *m* (pocztowy).
remnant ['rɛmnənt] *n* pozostałość *f*; (*of cloth*) resztka *f*.
remonstrate ['rɛmənstreɪt] *vi*: **to remonstrate (with sb about sth)** protestować (zaprotestować *perf*) (u kogoś z powodu czegoś).
remorse [rɪ'mɔ:s] *n* wyrzuty *pl* sumienia.
remorseful [rɪ'mɔ:sful] *adj* skruszony.
remorseless [rɪ'mɔ:slɪs] *adj* (*noise, pain*) niemiłosierny.
remote [rɪ'məut] *adj* (*place, time*) odległy; (*person*) nieprzystępny; (*possibility, chance*) niewielki; **there is a remote possibility that ...** istnieją niewielkie szanse (na to), że... .
remote control *n* zdalne sterowanie *nt*; (*TV etc*) pilot *m*.
remote-controlled [rɪ'məutkən'trəuld] *adj* zdalnie sterowany.
remotely [rɪ'məutlɪ] *adv*: **I'm not even remotely interested** nie jestem w najmniejszym stopniu zainteresowany.
remoteness [rɪ'məutnɪs] *n* (*of place*) oddalenie *nt*; (*of person*) nieprzystępność *f*.
remould ['ri:məuld] (*BRIT*: *AUT*) *n* opona *f* powtórnie bieżnikowana.
removable [rɪ'mu:vəbl] *adj* ruchomy.
removal [rɪ'mu:vəl] *n* (*of object, stain, kidney*) usunięcie *nt*; (*from office*) zwolnienie *nt*; (*BRIT*) przewóz *m* mebli.
removal man (*irreg*: *BRIT*) *n pracownik firmy zajmującej się przewozem mebli.*
removal van (*BRIT*) *n* meblowóz *m*.
remove [rɪ'mu:v] *vt* (*obstacle, stain, kidney*) usuwać (usunąć *perf*); (*employee*) zwalniać (zwolnić *perf*); (*plates, debris*) uprzątać (uprzątnąć *perf*); (*clothing, bandage*) zdejmować (zdjąć *perf*); **he's my first cousin once removed** on jest synem mojego kuzyna.
remover [rɪ'mu:və*] *n* (*for paint*) rozpuszczalnik *m*; (*for varnish*) zmywacz *m*; **stain remover** odplamiacz; **make-up remover** płyn do demakijażu.
remunerate [rɪ'mju:nəreɪt] *vt* wynagradzać (wynagrodzić *perf*).
remuneration [rɪmju:nə'reɪʃən] *n* wynagrodzenie *nt*.
Renaissance [rɪ'neɪsɑ̃:s] *n*: **the Renaissance** Renesans *m*, Odrodzenie *nt*.
renal ['ri:nl] (*MED*) *adj* nerkowy.
renal failure *n* niewydolność *f* nerek.
rename [ri:'neɪm] *vt* przemianowywać (przemianować *perf*).
rend [rɛnd] (*pt* **rent**) *vt* rozdzierać (rozedrzeć *perf*).
render ['rɛndə*] *vt* (*assistance, aid*) udzielać (udzielić *perf*) *+gen*; (*account, bill*) przedkładać (przedłożyć *perf*); **to render sth possible/invisible** czynić (uczynić *perf*) coś możliwym/niewidzialnym; **to render sb/sth harmless** unieszkodliwiać (unieszkodliwić *perf*)

kogoś/coś; **the blow rendered him unconscious** od uderzenia stracił przytomność.
rendering ['rɛndərɪŋ] (*BRIT*) *n* = **rendition**.
rendezvous ['rɔndɪvuː] *n* (*meeting*) spotkanie *nt* (*zwłaszcza potajemne*); (: *of lovers*) schadzka *f*; (*haunt*) (ulubione) miejsce *nt* spotkań ♦ *vi*: **to rendezvous (with sb)** spotykać się (spotkać się *perf*) (z kimś) w umówionym miejscu.
rendition [rɛn'dɪʃən] *n* wykonanie *nt*, interpretacja *f*.
renegade ['rɛnɪgeɪd] *n* renegat *m*, odstępca *m*.
renew [rɪ'njuː] *vt* (*efforts, attack*) ponawiać (ponowić *perf*); (*loan*) przedłużać (przedłużyć *perf*) (termin płatności *+gen*); (*negotiations*) podejmować (podjąć *perf*) na nowo; (*acquaintance, contract*) odnawiać (odnowić *perf*).
renewal [rɪ'njuːəl] *n* (*of hostilities etc*) wznowienie *nt*; (*of licence etc*) odnowienie *nt*, przedłużenie *nt* ważności.
renounce [rɪ'nauns] *vt* (*belief, course of action*) wyrzekać się (wyrzec się *perf*) *+gen*; (*right, title*) zrzekać się (zrzec się *perf*) *+gen*.
renovate ['rɛnəveɪt] *vt* odnawiać (odnowić *perf*), przeprowadzać (przeprowadzić *perf*) renowację *+gen*.
renovation [rɛnə'veɪʃən] *n* renowacja *f*.
renown [rɪ'naun] *n* sława *f*.
renowned [rɪ'naund] *adj* sławny.
rent [rɛnt] *pt, pp of* **rend** ♦ *n* czynsz *m* ♦ *vt* (*house, room*) wynajmować (wynająć *perf*); (*television, car*) wypożyczać (wypożyczyć *perf*).
rental ['rɛntl] *n* (*for television, car*) opłata *f* (*kwartalna, miesięczna*).
renunciation [rɪnʌnsɪ'eɪʃən] *n* (*of belief, course of action*) wyrzeczenie się *nt*; (*of right, title*) zrzeczenie się *nt*; (*self-denial*) umartwianie się *nt*.
reopen [riː'əupən] *vt* (*shop etc*) otwierać (otworzyć *perf*) ponownie; (*negotiations etc*) wznawiać (wznowić *perf*).
reopening [riː'əupnɪŋ] *n* (*of shop*) ponowne otwarcie *nt*; (*of negotiations*) wznowienie *nt*.
reorder [riː'ɔːdə*] *vt* (*papers*) przekładać (przełożyć *perf*); (*furniture*) przestawiać (przestawić *perf*).
reorganization ['riːɔːgənaɪ'zeɪʃən] *n* reorganizacja *f*.
reorganize [riː'ɔːgənaɪz] *vt* reorganizować (zreorganizować *perf*).
Rep. (*US*: *POL*) *abbr* = **representative**; = **republican**.
rep [rɛp] *n abbr* (*COMM*) = **representative**; (*THEAT*) = **repertory**.
repair [rɪ'pɛə*] *n* naprawa *f* ♦ *vt* naprawiać (naprawić *perf*), reperować (zreperować *perf*); (*building*) remontować (wyremontować *perf*); **in good/bad repair** w dobrym/złym stanie; **beyond repair** nie do naprawy; **under repair** w naprawie.
repair kit *n* zestaw *m* naprawczy.
repair man (*irreg like*: **man**) *n* mechanik *m*.
repair shop (*AUT, ELEC*) *n* warsztat *m* naprawczy.
repartee [rɛpɑː'tiː] *n* (*banter*) przekomarzanie się *nt*; (*answer*) riposta *f*.
repast [rɪ'pɑːst] (*fml*) *n* posiłek *m*.
repatriate [riː'pætrɪeɪt] *vt* repatriować.
repay [riː'peɪ] (*irreg like*: **pay**) *vt* (*money*) oddawać (oddać *perf*), zwracać (zwrócić *perf*); (*person*) zwracać (zwrócić *perf*) pieniądze *+dat*; (*sb's efforts*) być wartym *+gen*; (*favour*) odwdzięczać się (odwdzięczyć się *perf*) *or* rewanżować się (zrewanżować się *perf*) za *+acc*.
repayment [riː'peɪmənt] *n* spłata *f*.
repeal [rɪ'piːl] *n* uchylenie *nt*, zniesienie *nt* ♦ *vt* uchylać (uchylić *perf*), znosić (znieść *perf*).
repeat [rɪ'piːt] *n* (*RADIO, TV*) powtórka *f* ♦ *vt* powtarzać (powtórzyć *perf*); (*order*) ponawiać (ponowić *perf*) ♦ *vi* powtarzać (powtórzyć *perf*); **repeat performance** powtórka; **repeat order** ponowne zamówienie; **to repeat o.s.** powtarzać się; **to repeat itself** powtarzać się (powtórzyć się *perf*).
repeatedly [rɪ'piːtɪdlɪ] *adv* wielokrotnie.
repel [rɪ'pɛl] *vt* (*drive away*) odpierać (odeprzeć *perf*); (*disgust*) odpychać.
repellent [rɪ'pɛlənt] *adj* (*appearance, smell*) odpychający, odrażający; (*idea, thought*) odrażający, wstrętny ♦ *n*: **insect repellent** (*also*: **insect repellant**) środek *m* odstraszający owady.
repent [rɪ'pɛnt] *vi*: **to repent (of)** żałować (*+gen*).
repentance [rɪ'pɛntəns] *n* żal *m*, skrucha *f*.
repercussions [riːpə'kʌʃənz] *npl* reperkusje *pl*.
repertoire ['rɛpətwɑː*] *n* (*MUS, THEAT*) repertuar *m*; (*fig*) repertuar *m*, zakres *m*.
repertory ['rɛpətərɪ] *n* (*also*: **repertory theatre**) teatr *m* stały.
repertory company *n zespół aktorów zatrudnionych w teatrze stałym*.
repetition [rɛpɪ'tɪʃən] *n* (*repeat*) powtórzenie *nt*, powtórka *f*; (*COMM*: *of order etc*) ponowienie *nt*.
repetitious [rɛpɪ'tɪʃəs] *adj* zawierający powtórzenia.
repetitive [rɪ'pɛtɪtɪv] *adj* (*movement*) powtarzający się; (*noise, work*) monotonny; (*speech*) zawierający powtórzenia.
replace [rɪ'pleɪs] *vt* (*put back*) odkładać (odłożyć *perf*) (na miejsce); (*take the place of*) zastępować (zastąpić *perf*); **to replace sth with sth else** zastępować (zastąpić *perf*) coś czymś innym; **"replace the receiver"** (*TEL*) „odłóż słuchawkę".
replacement [rɪ'pleɪsmənt] *n* (*substitution*) zastąpienie *nt*; (*substitute*) zastępca (-pczyni) *m(f)*.
replacement part *n* część *f* zamienna.
replay [*n* 'riːpleɪ, *vb* riː'pleɪ] *n* powtórny mecz *m* ♦ *vt* (*game*) rozgrywać (rozegrać *perf*) powtórnie; (*track, song*) odtwarzać (odtworzyć *perf*).
replenish [rɪ'plɛnɪʃ] *vt* (*glass*) dopełniać (dopełnić *perf*); (*stock etc*) uzupełniać (uzupełnić *perf*).

replete [rɪ'pli:t] *adj* syty; **replete with** pełen *+gen.*

replica ['rɛplɪkə] *n* kopia *f*, replika *f*.

reply [rɪ'plaɪ] *n* odpowiedź *f* ♦ *vi* odpowiadać (odpowiedzieć *perf*); **in reply to** w odpowiedzi na *+acc*; **there's no reply** (*TEL*) nikt nie odpowiada.

reply coupon *n* odcinek *m* na odpowiedź.

report [rɪ'pɔ:t] *n* (*account*) sprawozdanie *nt*, raport *m*; (*PRESS, TV etc*) doniesienie *nt*, relacja *f*; (*BRIT*: *also*: **school report**) świadectwo *nt* (szkolne); (*of gun*) huk *m* ♦ *vt* (*state*) komunikować (zakomunikować *perf*); (*PRESS, TV etc*) relacjonować (zrelacjonować *perf*); (*casualties, damage etc*) donosić (donieść *perf*) o *+loc*, odnotowywać (odnotować *perf*); (*bring to notice*: *theft, accident*) zgłaszać (zgłosić *perf*); (: *person*) donosić (donieść *perf*) na *+acc* ♦ *vi* sporządzać (sporządzić *perf*) raport; **to report to sb** (*present o.s. to*) zgłaszać się (zgłosić się *perf*) do kogoś; (*be responsible to*) podlegać komuś; **to report on sth** składać (złożyć *perf*) raport z czegoś; **to report sick** zgłaszać (zgłosić *perf*) niezdolność do pracy z powodu choroby; **it is reported that ...** mówi się, że ... .

report card (*US, Scottish*) *n* świadectwo *nt* szkolne.

reportedly [rɪ'pɔ:tɪdlɪ] *adv* podobno; **he reportedly ordered them to ...** podobno kazał im *+infin*.

reported speech (*LING*) *n* mowa *f* zależna.

reporter [rɪ'pɔ:tə*] *n* reporter(ka) *m(f)*.

repose [rɪ'pəuz] *n*: **in repose** (*face, mouth*) podczas spoczynku.

repository [rɪ'pɔzɪtərɪ] *n* (*person*: *of knowledge*) kopalnia *f*; (: *of secrets*) powiernik (-iczka) *m(f)*; (*place*) składnica *f*.

repossess ['ri:pə'zɛs] *vt* (*goods, building*) przejmować (przejąć *perf*).

reprehensible [rɛprɪ'hɛnsɪbl] *adj* naganny.

represent [rɛprɪ'zɛnt] *vt* (*person, nation, view*) reprezentować; (*symbolize*: *word, object*) przedstawiać; (: *idea, emotion*) być symbolem *+gen*; (*constitute*) stanowić; **to represent sth as** przedstawiać (przedstawić *perf*) coś jako *+acc*.

representation [rɛprɪzɛn'teɪʃən] *n* (*state of being represented*) reprezentacja *f*; (*picture, statue*) przedstawienie *nt*; **representations** *npl* zażalenia *pl*.

representative [rɛprɪ'zɛntətɪv] *n* przedstawiciel(ka) *m(f)*; (*US*: *POL*) *członek izby niższej Kongresu federalnego lub jednego z kongresów stanowych* ♦ *adj* reprezentatywny; **representative of** reprezentatywny dla *+gen*.

repress [rɪ'prɛs] *vt* (*people*) utrzymywać (utrzymać *perf*) w ryzach, poskramiać (poskromić *perf*); (*revolt*) tłumić (stłumić *perf*); (*feeling, impulse*) tłumić (stłumić *perf*), pohamowywać (pohamować *perf*); (*desire*) powstrzymywać (powstrzymać *perf*), pohamowywać (pohamować *perf*).

repression [rɪ'prɛʃən] *n* (*of people, country*) ucisk *m*; (*of feelings*) tłumienie *nt*.

repressive [rɪ'prɛsɪv] *adj* represyjny.

reprieve [rɪ'pri:v] *n* (*JUR*) ułaskawienie *nt*; (*fig*) ulga *f* ♦ *vt* (*JUR*) ułaskawiać (ułaskawić *perf*).

reprimand ['rɛprɪmɑ:nd] *n* nagana *f*, reprymenda *f* ♦ *vt* ganić (zganić *perf*), udzielać (udzielić *perf*) nagany *+dat*.

reprint [*n* 'ri:prɪnt, *vb* ri:'prɪnt] *n* przedruk *m*, wznowienie *nt* ♦ *vt* przedrukowywać (przedrukować *perf*), wznawiać (wznowić *perf*).

reprisal [rɪ'praɪzl] *n* odwet *m*; **reprisals** *npl* czyny *pl or* środki *pl* odwetowe; **to take reprisals** stosować (zastosować *perf*) środki odwetowe.

reproach [rɪ'prəutʃ] *n* wyrzut *m* ♦ *vt*: **to reproach sb for sth** wyrzucać komuś coś; **beyond reproach** bez zarzutu; **to reproach sb with sth** zarzucać (zarzucić *perf*) komuś coś.

reproachful [rɪ'prəutʃful] *adj* pełen wyrzutu.

reproduce [ri:prə'dju:s] *vt* (*copy*) powielać (powielić *perf*); (*in newspaper etc*) publikować (opublikować *perf*); (*sound*) naśladować ♦ *vi* rozmnażać się (rozmnożyć się *perf*).

reproduction [ri:prə'dʌkʃən] *n* (*copy*) powielenie *nt*; (*in newspaper*) opublikowanie *nt*; (*of sound*) odtwarzanie *nt*; (*of painting*) reprodukcja *f*; (*BIO*) rozmnażanie się *nt*.

reproductive [ri:prə'dʌktɪv] *adj* rozrodczy.

reproof [rɪ'pru:f] *n* nagana *f*; **with reproof** z naganą.

reprove [rɪ'pru:v] *vt*: **to reprove (sb for sth)** ganić (zganić *perf*) (kogoś za coś).

reproving [rɪ'pru:vɪŋ] *adj* pełen wyrzutu.

reptile ['rɛptaɪl] *n* gad *m*.

Repub. (*US*: *POL*) *abbr* = **republican**.

republic [rɪ'pʌblɪk] *n* republika *f*.

republican [rɪ'pʌblɪkən] *adj* republikański ♦ *n* republikanin (-anka) *m(f)*; (*US*: *POL*): **Republican** Republikanin (-anka) *m(f)*.

repudiate [rɪ'pju:dɪeɪt] *vt* (*accusation*) odrzucać (odrzucić *perf*); (*violence*) wyrzekać się (wyrzec się *perf*) *+gen*, odcinać się (odciąć się *perf*) od *+gen*; (*friend, wife etc*) wypierać się (wyprzeć się *perf*) *+gen*.

repugnance [rɪ'pʌgnəns] *n* wstręt *m*, odraza *f*.

repugnant [rɪ'pʌgnənt] *adj* wstrętny, odrażający.

repulse [rɪ'pʌls] *vt* (*drive back*) odpierać (odeprzeć *perf*); (*repel*) napełniać (napełnić *perf*) odrazą.

repulsion [rɪ'pʌlʃən] *n* wstręt *m*, odraza *f*.

repulsive [rɪ'pʌlsɪv] *adj* odpychający.

reputable ['rɛpjutəbl] *adj* szanowany, cieszący się poważaniem.

reputation [rɛpju'teɪʃən] *n* reputacja *f*, renoma *f*; **to have a reputation for** być znanym z *+gen*;

he has a reputation for being awkward jest znany ze swej niezdarności.
repute [rɪ'pju:t] *n*: **of repute** renomowany; **to be held in high repute** cieszyć się znakomitą renomą.
reputed [rɪ'pju:tɪd] *adj* rzekomy; **he is reputed to be rich** podobno jest bogaty.
reputedly [rɪ'pju:tɪdlɪ] *adv* rzekomo.
request [rɪ'kwɛst] *n* (*polite*) prośba *f*; (*formal*) wniosek *m*; (*RADIO*) życzenie *nt* ♦ *vt* prosić (poprosić *perf*) o *+acc*; **Mr and Mrs Oliver Barrett request the pleasure of your company** Państwo Barrettowie mają przyjemność zaprosić Pana/Panią; **at the request of** na prośbę *+gen*; **"you are requested not to smoke"** „prosimy o niepalenie".
request stop (*BRIT*) *n* przystanek *m* na żądanie.
requiem ['rɛkwɪəm] *n* (*REL*: *also*: **requiem mass**) msza *f* żałobna; (*MUS*) requiem *nt inv*, rekwiem *nt inv*.
require [rɪ'kwaɪə*] *vt* (*need*: *person*) potrzebować *+gen*, życzyć (zażyczyć *perf*) sobie *+gen*; (: *thing, situation*) wymagać *+gen*; (*demand*) wymagać *+gen*; **to require sb to do sth** wymagać od kogoś, by coś robił; **if required** w razie potrzeby; **what qualifications are required?** jakie kwalifikacje są wymagane?
required [rɪ'kwaɪəd] *adj* wymagany; **required by law** wymagany przez prawo.
requirement [rɪ'kwaɪəmənt] *n* (*need*) potrzeba *f*; (*condition*) wymaganie *nt*; **to meet sb's requirements** odpowiadać czyimś wymaganiom.
requisite ['rɛkwɪzɪt] *adj* wymagany; **requisites** *npl* (*COMM*): **toilet/travel requisites** przybory *pl* toaletowe/do podróży.
requisition [rɛkwɪ'zɪʃən] *n*: **requisition (for)** zapotrzebowanie *nt* (na *+acc*) ♦ *vt* (*MIL*) rekwirować (zarekwirować *perf*).
reroute [ri:'ru:t] *vt* kierować (skierować *perf*) inną trasą.
resale [ri:'seɪl] *n* odsprzedaż *f*; **"not for resale"** „egzemplarz bezpłatny".
resale price maintenance (*COMM*) *n* utrzymanie *nt* ceny przy odsprzedaży.
rescind [rɪ'sɪnd] *vt* (*law*) uchylać (uchylić *perf*); (*decision, agreement*) unieważniać (unieważnić *perf*); (*order*) odwoływać (odwołać *perf*).
rescue ['rɛskju:] *n* (*help*) ratunek *m*; (*from drowning etc*) akcja *f* ratownicza ♦ *vt* ratować (uratować *perf*); **to come to sb's rescue** przychodzić (przyjść *perf*) komuś na ratunek.
rescue party *n* ekipa *f* ratownicza.
rescuer ['rɛskjuə*] *n* ratownik (-iczka) *m(f)*.
research [rɪ'sə:tʃ] *n* badanie *nt or* badania *pl* (naukowe) ♦ *vt* badać (zbadać *perf*) ♦ *vi*: **to research (into sth)** prowadzić badania (czegoś); **to do research** prowadzić badania; **a piece of research** praca badawcza; **research and development** prace badawczo-rozwojowe.
researcher [rɪ'sə:tʃə*] *n* badacz(ka) *m(f)*.
research work *n* praca *f* naukowo-badawcza.
research worker *n* pracownik *m* naukowy.
resell [ri:'sɛl] (*irreg like*: **sell**) *vt* odsprzedawać (odsprzedać *perf*).
resemblance [rɪ'zɛmbləns] *n* podobieństwo *nt*; **to bear a strong resemblance to** być bardzo podobnym do *+gen*, bardzo przypominać *+acc*; **it bears no resemblance to ...** to w ogóle nie przypomina *+gen*.
resemble [rɪ'zɛmbl] *vt* przypominać, być podobnym do *+gen*.
resent [rɪ'zɛnt] *vt* (*attitude, treatment*) czuć się urażonym *+instr*, oburzać się na *+acc*; (*person*) mieć pretensje do *+gen*.
resentful [rɪ'zɛntful] *adj* urażony, pełen urazy.
resentment [rɪ'zɛntmənt] *n* uraza *f*.
reservation [rɛzə'veɪʃən] *n* (*booking*) rezerwacja *f*; (*doubt*) zastrzeżenie *nt*; (*land*) rezerwat *m*; **to make a reservation** robić (zrobić *perf*) rezerwację; **with reservation(s)** z (pewnymi) zastrzeżeniami.
reservation desk (*US*) *n* recepcja *f*.
reserve [rɪ'zə:v] *n* zapas *m*, rezerwa *f*; (*fig*: *of energy, talent etc*) rezerwa *f*; (*SPORT*) rezerwowy (-wa) *m(f)*; (*nature reserve*) rezerwat *m* przyrody; (*restraint*) powściągliwość *f*, rezerwa *f* ♦ *vt* rezerwować (zarezerwować *perf*); **reserves** *npl* (*MIL*) rezerwy *pl*; **in reserve** w rezerwie.
reserve currency *n* rezerwy *pl* dewizowe.
reserved [rɪ'zə:vd] *adj* (*person*) powściągliwy; (*seat*) zarezerwowany.
reserve price (*BRIT*) *n* cena *f* wywoławcza.
reserve team (*BRIT*: *SPORT*) *n* drużyna *f* rezerwowa.
reservist [rɪ'zə:vɪst] (*MIL*) *n* rezerwista *m*.
reservoir ['rɛzəvwa:*] *n* (*of water*) rezerwuar *m*, zbiornik *m*; (*fig*: *of talent etc*) kopalnia *f*, skarbnica *f*.
reset [ri:'sɛt] (*irreg like*: **set**) *vt* (*clock, watch*) przestawiać (przestawić *perf*); (*broken bone*) nastawiać (nastawić *perf*); (*COMPUT*) zerować (wyzerować *perf*), resetować (zresetować *perf*) (*inf*).
reshape [ri:'ʃeɪp] *vt* (*policy, view*) zmieniać (zmienić *perf*) kształt *+gen*.
reshuffle [ri:'ʃʌfl] *n*: **Cabinet reshuffle** (*POL*) przetasowanie *nt* w gabinecie.
reside [rɪ'zaɪd] *vi* zamieszkiwać.
►**reside in** *vt fus* tkwić w *+loc*.
residence ['rɛzɪdəns] *n* (*fml*: *home*) rezydencja *f*; (*length of stay*) pobyt *m*; **to take up residence** zamieszkać (*perf*); **to be in residence** (*queen etc*) rezydować; **in residence** (*writer, artist etc*) *związany z daną instytucją lub uczelnią*.
residence permit (*BRIT*) *n* pozwolenie *nt* na pobyt.
resident ['rɛzɪdənt] *n* (*of country, town*) mieszkaniec (-nka) *m(f)*; (*in hotel*) gość *m* ♦ *adj*

(*population*) stały; (*doctor, landlord*) mieszkający na miejscu; **to be resident in** mieszkać w *+loc*.

residential [rɛzɪ'dɛnʃəl] *adj* (*area*) mieszkaniowy; (*staff*) mieszkający w miejscu pracy; **residential course** ≈ kurs wyjazdowy.

residue ['rɛzɪdju:] *n* (*CHEM*) pozostałość *f*; (*fig*) posmak *m*.

resign [rɪ'zaɪn] *vt* rezygnować (zrezygnować *perf*) z *+gen* ♦ *vi* ustępować (ustąpić *perf*); **to resign o.s. to** pogodzić się (*perf*) z *+instr*.

resignation [rɛzɪg'neɪʃən] *n* rezygnacja *f*; **to tender one's resignation** składać (złożyć *perf*) (swoją) rezygnację.

resigned [rɪ'zaɪnd] *adj*: **resigned to** (*situation etc*) pogodzony z *+instr*.

resilience [rɪ'zɪlɪəns] *n* (*of material*) sprężystość *f*; (*of person*) prężność *f*.

resilient [rɪ'zɪlɪənt] *adj* (*material*) sprężysty; (*person*) prężny.

resin ['rɛzɪn] *n* żywica *f*.

resist [rɪ'zɪst] *vt* opierać się (oprzeć się *perf*) *+dat*; **I couldn't resist it** nie mogłem się temu oprzeć; **I couldn't resist doing it** nie mogłem się powstrzymać, żeby tego nie zrobić.

resistance [rɪ'zɪstəns] *n* (*to change, attack*) opór *m*; (*to illness*) odporność *f*; (*ELEC*) oporność *f*.

resistant [rɪ'zɪstənt] *adj*: **resistant (to)** (*change etc*) przeciwny (*+dat*); (*antibiotics etc*) odporny (na *+acc*).

resolute ['rɛzəlu:t] *adj* zdecydowany, stanowczy.

resolution [rɛzə'lu:ʃən] *n* (*decision*) rezolucja *f*; (*determination*) zdecydowanie *nt*, stanowczość *f*; (*of problem*) rozwiązanie *nt*; **to make a resolution** zrobić (*perf*) postanowienie.

resolve [rɪ'zɔlv] *n* (*determination*) zdecydowanie *nt*; (*intention*) postanowienie *nt* ♦ *vt* rozwiązywać (rozwiązać *perf*) ♦ *vi*: **to resolve to do sth** postanawiać (postanowić *perf*) coś zrobić.

resolved [rɪ'zɔlvd] *adj* zdecydowany.

resonance ['rɛzənəns] (*TECH*) *n* rezonans *m*.

resonant ['rɛzənənt] *adj* (*voice*) donośny; (*place*) z (dużym) pogłosem *post*.

resort [rɪ'zɔ:t] *n* (*town*) miejscowość *f* wypoczynkowa; (*recourse*) uciekanie się *nt* ♦ *vi*: **to resort to** uciekać się (uciec się *perf*) do *+gen*; **seaside/winter sports resort** ośrodek sportów wodnych/zimowych; **as a last resort** w ostateczności; **in the last resort** koniec końców.

resound [rɪ'zaund] *vi*: **to resound (with)** rozbrzmiewać (*+instr*).

resounding [rɪ'zaundɪŋ] *adj* (*voice*) głośny; (*fig*: *success etc*) oszałamiający.

resource [rɪ'sɔ:s] *n* surowiec *m*; **resources** *npl* (*coal, oil etc*) zasoby *pl*; (*money*) zasoby *pl or* środki *pl* (pieniężne); **natural resources** bogactwa naturalne.

resourceful [rɪ'sɔ:sful] *adj* pomysłowy, zaradny.

resourcefulness [rɪ'sɔ:sfəlnɪs] *n* pomysłowość *f*, zaradność *f*.

respect [rɪs'pɛkt] *n* szacunek *m* ♦ *vt* szanować (uszanować *perf*); **respects** *npl* wyrazy *pl* uszanowania; **to have respect for sb/sth** mieć szacunek dla kogoś/czegoś; **to show sb/sth respect** okazywać (okazać *perf*) komuś/czemuś szacunek; **out of respect for** z szacunku dla *+gen*, dla uszanowania *+gen*; **with respect to, in respect of** pod względem *+gen*, w związku z *+instr*; **in this respect** pod tym względem; **in some/many respects** pod kilkoma/wieloma względami; **with (all due) respect** z całym szacunkiem.

respectability [rɪspɛktə'bɪlɪtɪ] *n* (*repute*) poważanie *nt*; (*decency*) poczucie *nt* przyzwoitości.

respectable [rɪs'pɛktəbl] *adj* (*reputable*) poważany, szanowany; (*decent, adequate*) przyzwoity, porządny.

respected [rɪs'pɛktɪd] *adj* poważany.

respectful [rɪs'pɛktful] *adj* pełen szacunku *or* uszanowania.

respectfully [rɪs'pɛktfəlɪ] *adv* z szacunkiem *or* uszanowaniem.

respective [rɪs'pɛktɪv] *adj*: **they returned to their respective homes** wrócili każdy do swego domu.

respectively [rɪs'pɛktɪvlɪ] *adv* odpowiednio; **France and Britain were third and fourth respectively** Francja i Wielka Brytania zajęły odpowiednio trzecie i czwarte miejsce.

respiration [rɛspɪ'reɪʃən] *n see* **artificial**.

respirator ['rɛspɪreɪtə*] (*MED*) *n* respirator *m*.

respiratory ['rɛspərətərɪ] *adj* oddechowy.

respite ['rɛspaɪt] *n* wytchnienie *nt*.

resplendent [rɪs'plɛndənt] *adj* oszałamiający.

respond [rɪs'pɔnd] *vi* (*answer*) odpowiadać (odpowiedzieć *perf*); (*react*) reagować (zareagować *perf*).

respondent [rɪs'pɔndənt] (*JUR*) *n* pozwany (-na) *m(f)*.

response [rɪs'pɔns] *n* (*to question*) odpowiedź *f*; (*to situation, event*) reakcja *f*; **in response to** w odpowiedzi na *+acc*.

responsibility [rɪspɔnsɪ'bɪlɪtɪ] *n* odpowiedzialność *f*; (*duty*) obowiązek *m*; **to have a responsibility to sb** być odpowiedzialnym przed kimś; **to take responsibility for** przyjmować (przyjąć *perf*) (na siebie) odpowiedzialność za *+acc*.

responsible [rɪs'pɔnsɪbl] *adj* odpowiedzialny; **to be responsible for sth** odpowiadać za coś; **to be responsible to sb** być odpowiedzialnym przed kimś.

responsibly [rɪs'pɔnsɪblɪ] *adv* opowiedzialnie.

responsive [rɪs'pɔnsɪv] *adj*: **to be responsive (to)** (żywo) reagować (na *+acc*).

rest [rɛst] *n* (*relaxation, pause*) odpoczynek *m*; (*remainder*) reszta *f*; (*MUS*) pauza *f* ♦ *vi* odpoczywać (odpocząć *perf*) ♦ *vt* (*eyes, legs*) dawać (dać *perf*) odpoczynek *+dat*; **to rest sth on/against sth** opierać (oprzeć *perf*) coś na czymś/o coś; **to rest on sth** (*lit, fig*) opierać się (oprzeć się *perf*) na czymś; **foot rest** podnóżek; **the rest of them** reszta; **to put** *or* **set sb's mind at rest** uspokoić *(perf)* kogoś; **to come to rest** zatrzymać się *(perf)*, znieruchomieć *(perf)*; **to lay sb to rest** składać (złożyć *perf*) kogoś na wieczny spoczynek; **to rest one's eyes** *or* **gaze on sth** zatrzymywać (zatrzymać *perf*) wzrok na czymś; **to let the matter rest** dawać (dać *perf*) sprawie spokój; **rest assured that ...** bądź pewny *or* spokojny, że...; **I won't rest until ...** nie spocznę, dopóki...; **I rest my case** na tym chciałbym skończyć; **may he/she rest in peace** niech spoczywa w pokoju.

restart [riːˈstɑːt] *vt* (*engine*) uruchamiać (uruchomić *perf*) ponownie; (*work*) wznawiać (wznowić *perf*).

restaurant [ˈrɛstərɔŋ] *n* restauracja *f*.

restaurant car (*BRIT*) *n* wagon *m* restauracyjny.

rest cure *n* leczenie *nt* odpoczynkiem.

restful [ˈrɛstful] *adj* (*lighting, music*) kojący; (*place*) spokojny.

rest home *n* ≈ dom *m* spokojnej starości.

restitution [rɛstɪˈtjuːʃən] *n*: **to make restitution to sb for sth** rekompensować (zrekompensować *perf*) komuś coś.

restive [ˈrɛstɪv] *adj* (*person, crew*) zniecierpliwiony, niezadowolony; (*horse*) narowisty.

restless [ˈrɛstlɪs] *adj* niespokojny; **to feel restless** nie móc sobie znaleźć miejsca; **to get restless** zaczynać (zacząć *perf*) się niecierpliwić.

restlessly [ˈrɛstlɪslɪ] *adv* niespokojnie.

restock [riːˈstɔk] *vt* (*shop, freezer*) uzupełniać (uzupełnić *perf*) zapasy w *+loc*; (*lake, river*) zarybiać (zarybić *perf*) na nowo.

restoration [rɛstəˈreɪʃən] *n* (*of painting, church*) restauracja *f*; (*of health, rights, order*) przywrócenie *nt*; (*of land, stolen property*) zwrot *m*; **the Restoration** restauracja *f* (Stuartów).

restorative [rɪˈstɔrətɪv] *adj* wzmacniający ♦ *n* (*old*) kieliszek *m* (czegoś) na wzmocnienie.

restore [rɪˈstɔː*] *vt* (*painting, building*) odrestaurowywać (odrestaurować *perf*); (*order, health, faith*) przywracać (przywrócić *perf*); (*land, stolen property*) zwracać (zwrócić *perf*); **to restore sb to power** przywracać (przywrócić *perf*) komuś władzę; **to restore sth to its former state** przywracać (przywrócić *perf*) czemuś (jego) dawny kształt.

restorer [rɪˈstɔːrə*] (*ART etc*) *n* restaurator(ka) *m(f)*.

restrain [rɪsˈtreɪn] *vt* (*person, feeling*) hamować (pohamować *perf*); (*growth, inflation*) hamować (zahamować *perf*); **to restrain sb/o.s. from doing sth** powstrzymywać (powstrzymać *perf*) kogoś/się od zrobienia czegoś.

restrained [rɪsˈtreɪnd] *adj* (*person, behaviour*) powściągliwy; (*style*) surowy; (*colours*) spokojny.

restraint [rɪsˈtreɪnt] *n* (*restriction*) ograniczenie *nt*; (*moderation*) umiar *m*, powściągliwość *f*; **wage restraint** powstrzymywanie wzrostu płac.

restrict [rɪsˈtrɪkt] *vt* ograniczać (ograniczyć *perf*).

restricted area (*BRIT*: *AUT*) *n* strefa *f* ograniczonego ruchu.

restriction [rɪsˈtrɪkʃən] *n* ograniczenie *nt*.

restrictive [rɪsˈtrɪktɪv] *adj* (*law, policy*) restrykcyjny; (*clothing*) krępujący.

restrictive practices (*BRIT*: *INDUSTRY*) *npl* praktyki *pl* restrykcyjne.

rest room (*US*) *n* toaleta *f*.

restructure [riːˈstrʌktʃə*] *vt* restrukturyzować (zrestrukturyzować *perf*).

result [rɪˈzʌlt] *n* (*consequence*) skutek *m*, rezultat *m*; (*of exam, competition, calculation*) wynik *m* ♦ *vi*: **to result in** prowadzić (doprowadzić *perf*) do *+gen*; **as a result of** na skutek *or* w wyniku *+gen*; **to result (from)** wynikać (wyniknąć *perf*) (z *+gen*); **as a result it is too expensive** w rezultacie jest zbyt drogi.

resultant [rɪˈzʌltənt] *adj*: **the resultant savings** powstałe w ten sposób oszczędności *pl*; **the resultant problems** wynikające stąd problemy.

resume [rɪˈzjuːm] *vt* (*work, journey*) podejmować (podjąć *perf*) na nowo, kontynuować (*po przerwie*); (*efforts*) wznawiać (wznowić *perf*) ♦ *vi* rozpoczynać się (rozpocząć się *perf*) na nowo; **to resume one's seat** wracać (wrócić *perf*) na miejsce.

résumé [ˈreɪzjuːmeɪ] *n* streszczenie *nt*; (*US*: *curriculum vitae*) życiorys *m*.

resumption [rɪˈzʌmpʃən] *n* (ponowne) podjęcie *nt*, wznowienie *nt*.

resurgence [rɪˈsəːdʒəns] *n* (*of energy*) (ponowny) przypływ *m*; (*of activity*) odrodzenie się *nt*.

resurrection [rɛzəˈrɛkʃən] *n* (*of fears, customs*) wskrzeszenie *nt*; (*of hopes*) (ponowne) rozbudzenie *nt*; (*of event, practice*) wznowienie *nt*; (*REL*): **the Resurrection** Zmartwychwstanie *nt*.

resuscitate [rɪˈsʌsɪteɪt] *vt* (*MED*) reanimować; (*fig*) przywracać (przywrócić *perf*) do życia.

resuscitation [rɪsʌsɪˈteɪʃən] (*MED*) *n* reanimacja *f*.

retail [ˈriːteɪl] *adj* detaliczny ♦ *adv* detalicznie, w detalu ♦ *vt* sprzedawać (sprzedać *perf*) detalicznie ♦ *vi*: **this product retails at 25 pounds** cena detaliczna tego artykułu wynosi 25 funtów.

retailer [ˈriːteɪlə*] *n* kupiec *m* detaliczny, detalista (-tka) *m(f)*.

retail outlet *n* punkt *m* sprzedaży detalicznej.

retail price *n* cena *f* detaliczna.

retail price index *n* wskaźnik *m* cen detalicznych.

retain [rɪˈteɪn] *vt* (*independence, souvenir, ticket*) zachowywać (zachować *perf*); (*heat, moisture*) zatrzymywać (zatrzymać *perf*).

retainer [rɪ'teɪnə*] *n* zaliczka *f* dla adwokata.
retaliate [rɪ'tælɪeɪt] *vi* brać (wziąć *perf*) odwet.
retaliation [rɪtælɪ'eɪʃən] *n* odwet *m*; **in retaliation for** w odwecie za *+acc*.
retaliatory [rɪ'tælɪətərɪ] *adj* odwetowy.
retarded [rɪ'tɑːdɪd] *adj* (*also*: **mentally retarded**) opóźniony w rozwoju, upośledzony psychicznie.
retch [rɛtʃ] *vi* mieć torsje.
retention [rɪ'tɛnʃən] *n* (*of organization, land*) utrzymanie *nt*; (*of traditions*) podtrzymywanie *nt*; (*of memories*) przechowywanie *nt*; (*of heat, fluid*) zatrzymywanie *nt*.
retentive [rɪ'tɛntɪv] *adj* (*memory*) trwały.
rethink ['riː'θɪŋk] *vt* przemyśliwać (przemyśleć *perf*) (na nowo).
reticence ['rɛtɪsns] *n* małomówność *f*.
reticent ['rɛtɪsnt] *adj* małomówny.
retina ['rɛtɪnə] *n* (*ANAT*) siatkówka *f*.
retinue ['rɛtɪnjuː] *n* świta *f*.
retire [rɪ'taɪə*] *vi* (*give up work*) przechodzić (przejść *perf*) na emeryturę; (*withdraw*) oddalać się (oddalić się *perf*); (*go to bed*) udawać się (udać się *perf*) na spoczynek.
retired [rɪ'taɪəd] *adj* emerytowany.
retirement [rɪ'taɪəmənt] *n* (*state*) emerytura *f*; (*act*) przejście *nt* na emeryturę.
retirement age *n* wiek *m* emerytalny.
retiring [rɪ'taɪərɪŋ] *adj* (*shy*) nieśmiały; (*official, MP*) ustępujący.
retort [rɪ'tɔːt] *vi* ripostować (zripostować *perf*) ♦ *n* riposta *f*.
retrace [riː'treɪs] *vt*: **to retrace one's steps** wracać (wrócić *perf*) tą samą drogą; (*fig*) odtwarzać (odtworzyć *perf*) tok rozumowania.
retract [rɪ'trækt] *vt* (*promise, confession*) cofać (cofnąć *perf*); (*claws*) chować (schować *perf*); (*undercarriage*) wciągać (wciągnąć *perf*).
retractable [rɪ'træktəbl] *adj* (*undercarriage*) wciągany; (*aerial*) wysuwany.
retrain [riː'treɪn] *vt* przekwalifikowywać (przekwalifikować *perf*) ♦ *vi* przekwalifikowywać się (przekwalifikować się *perf*).
retraining [riː'treɪnɪŋ] *n* przekwalifikowanie *nt*.
retread ['riːtrɛd] *n* opona *f* powtórnie bieżnikowana.
retreat [rɪ'triːt] *n* (*place*) ustronie *nt*; (*withdrawal*) ucieczka *f*; (*MIL*) odwrót *m* ♦ *vi* wycofywać się (wycofać się *perf*); **to beat a hasty retreat** pośpiesznie się wycofywać (wycofać *perf*).
retrial [riː'traɪəl] (*JUR*) *n* rewizja *f* procesu.
retribution [rɛtrɪ'bjuːʃən] *n* kara *f*.
retrieval [rɪ'triːvəl] *n* (*of object*: *regaining*) odzyskanie *nt*; (: *finding*) odnalezienie *nt*; (*COMPUT*) wyszukiwanie *nt*.
retrieve [rɪ'triːv] *vt* (*person*: *object*) odzyskiwać (odzyskać *perf*); (: *situation*) ratować (uratować *perf*); (*dog*) aportować; (*COMPUT*) wyszukiwać (wyszukać *perf*); **to retrieve sth from somewhere** wydobyć *(perf) or* wydostać *(perf)* coś skądś.
retriever [rɪ'triːvə*] *n* pies *m* myśliwski.
retroactive [rɛtrəu'æktɪv] *adj* działający wstecz.
retrograde ['rɛtrəgreɪd] *adj* wsteczny; **a retrograde step** krok do tyłu *or* wstecz.
retrospect ['rɛtrəspɛkt] *n*: **in retrospect** z perspektywy czasu.
retrospective [rɛtrə'spɛktɪv] *adj* (*exhibition*) retrospektywny; (*law, tax*) działający wstecz; (*opinion*) z perspektywy czasu *post* ♦ *n* (*ART*) wystawa *f* retrospektywna, retrospektywa *f*; **I'm in a retrospective mood** mam ochotę powspominać.
return [rɪ'təːn] *n* (*going or coming back*) powrót *m*; (*of sth stolen, borrowed, bought*) zwrot *m*; (*from land, shares, investment*) dochód *m*; (*tax etc*) zeznanie *nt* ♦ *cpd* (*journey, ticket*) powrotny; (*match*) rewanżowy ♦ *vi* (*person*) wracać (wrócić *perf*); (*feelings*) powracać (powrócić *perf*); (*illness, symptoms etc*): **if the illness/pain returns, ...** jeśli wystąpi nawrót choroby/bólu, ... ♦ *vt* (*greetings, sentiment*) odwzajemniać (odwzajemnić *perf*); (*sth borrowed, stolen, bought*) zwracać (zwrócić *perf*); (*verdict*) wydawać (wydać *perf*); (*ball*: *during game*) odsyłać (odesłać *perf*); (*POL*) wybierać (wybrać *perf*) (do parlamentu); **returns** *npl* (*COMM*) dochody *pl*; **in return (for)** w zamian (za *+acc*); **by return of post** odwrotną pocztą; **many happy returns (of the day)!** wszystkiego najlepszego (z okazji urodzin)!; **I promise I'll return the favour some day** obiecuję, że kiedyś się odwdzięczę.
►**return to** *vt fus* powracać (powrócić *perf*) do *+gen*.
returnable [rɪ'təːnəbl] *adj* (*bottle etc*) do zwrotu *post*.
return key (*COMPUT*) *n* klawisz *m* powrotu karetki.
reunion [riː'juːnɪən] *n* (*of school, class, family*) zjazd *m*; (*of two people*) spotkanie *nt* (po latach).
reunite [riːjuː'naɪt] *vt* (*country*) (ponownie) jednoczyć (zjednoczyć *perf*); (*organization, movement*) przywracać (przywrócić *perf*) jedność w *+loc*; **to be reunited** (*friends etc*) spotykać się (spotkać się *perf*) (po latach); (*families*) łączyć się (połączyć się *perf*).
rev [rɛv] (*AUT*) *n abbr* (= *revolution*) obr. ♦ *vt* (*also*: **rev up**) rozgrzewać (*na wysokich obrotach*).
revaluation [riːvælju'eɪʃən] *n* (*of property*) rewaloryzacja *f*; (*of currency*) rewaluacja *f*; (*of attitudes*) przewartościowanie *nt*.
revamp [riː'væmp] *vt* reformować (zreformować *perf*).
rev counter (*BRIT*: *AUT*) *n* obrotomierz *m*.
Rev(d). (*REL*) *abbr* = **reverend.**
reveal [rɪ'viːl] *vt* (*make known*) ujawniać

(ujawnić *perf*); (*make visible*) odsłaniać (odsłonić *perf*).
revealing [rɪ'vi:lɪŋ] *adj* odkrywczy; **she wore a revealing dress** miała na sobie sukienkę, która niewiele zakrywała.
reveille [rɪ'vælɪ] (*MIL*) *n* pobudka *f*.
revel ['rɛvl] *vi*: **to revel in sth/in doing sth** rozkoszować się czymś/robieniem czegoś.
revelation [rɛvə'leɪʃən] *n* rewelacja *f*; (*REL*) objawienie *nt*.
reveller ['rɛvlə*] *n* hałaśliwy biesiadnik *m*.
revelry ['rɛvlrɪ] *n* hulanka *f*.
revenge [rɪ'vɛndʒ] *n* zemsta *f* ♦ *vt* mścić (pomścić *perf*); **to get one's revenge (for sth)** mścić się (zemścić się *perf*) (za coś); **to take (one's) revenge (on sb)** dokonywać (dokonać *perf*) zemsty (na kimś); **to revenge o.s. (on sb)** mścić się (zemścić się *perf*) (na kimś).
revengeful [rɪ'vɛndʒful] *adj* mściwy.
revenue ['rɛvənju:] *n* dochody *pl*.
reverberate [rɪ'və:bəreɪt] *vi* (*sound*) rozlegać się (rozlec się *perf*); (*fig*: *ideas etc*) odbijać się (odbić się *perf*) szerokim echem; (*place*): **to reverberate with** rozbrzmiewać *+instr*.
reverberation [rɪvə:bə'reɪʃən] *n* pogłos *m*, echo *nt*; (*fig*) reperkusje *pl*.
revere [rɪ'vɪə*] *vt* czcić.
reverence ['rɛvərəns] *n* cześć *f*.
Reverend ['rɛvərənd] *adj* wielebny; **the Reverend John Smith** Wielebny John Smith.
reverent ['rɛvərənt] *adj* pełen czci.
reverie ['rɛvərɪ] *n* marzenia *pl*; **I fell into a reverie** pogrążyłem się w marzeniach.
reversal [rɪ'və:sl] *n* (*of decision, policy*) (radykalna) zmiana *f*; (*of roles*) odwrócenie *nt*.
reverse [rɪ'və:s] *n* (*opposite*) przeciwieństwo *nt*; (*of paper*) odwrotna strona *f*; (*of cloth*) lewa strona *f*; (*of coin, medal*) rewers *m*; (*also*: **reverse gear**) (bieg *m*) wsteczny; (*setback*) niepowodzenie *nt*; (*defeat*) porażka *f* ♦ *adj* (*side*) odwrotny; (*process*) przeciwny; (*direction*) przeciwny, odwrotny ♦ *vt* (*order, roles*) odwracać (odwrócić *perf*); (*decision, verdict*) unieważniać (unieważnić *perf*); (*car*) cofać (cofnąć *perf*) ♦ *vi* (*BRIT*: *AUT*) cofać się (cofnąć się *perf*); **they may do quite the reverse (of what you want)** mogą postąpić dokładnie odwrotnie (niż chcesz); **in reverse order** w odwrotnej kolejności; **in reverse** zaczynając od końca; **their fortunes went into reverse** szczęście odwróciło się od nich.
reverse-charge call [rɪ'və:stʃɑ:dʒ-] (*BRIT*: *TEL*) *n* rozmowa *f* „R" (*płatna przez wzywanego*).
reverse video (*COMPUT*) *n* obraz *m* negatywowy.
reversible [rɪ'və:səbl] *adj* (*garment*) dwustronny; (*decision, surgery*) odwracalny.
reversing lights [rɪ'və:sɪŋ-] (*BRIT*: *AUT*) *npl* światła *pl* cofania.
reversion [rɪ'və:ʃən] *n* (*ZOOL*) atawizm *m*; **reversion to** powrót do *+gen*.
revert [rɪ'və:t] *vi*: **to revert to** (*previous owner, topic, state*) powracać (powrócić *perf*) do *+gen*; (*less advanced state*) cofać się (cofnąć się *perf*) do *+gen*.
review [rɪ'vju:] *n* przegląd *m*; (*of book, play etc*) recenzja *f*; (*of policy etc*) rewizja *f* ♦ *vt* (*MIL*: *troops*) dokonywać (dokonać *perf*) przeglądu *+gen*; (*book, play*) recenzować (zrecenzować *perf*); (*policy*) rewidować (zrewidować *perf*); **to be under review** być ocenianym *or* poddawanym ocenie; **to come under review** zostawać (zostać *perf*) poddanym ocenie.
reviewer [rɪ'vju:ə*] *n* recenzent(ka) *m(f)*.
revile [rɪ'vaɪl] *vt* obrzucać (obrzucić *perf*) obelgami.
revise [rɪ'vaɪz] *vt* (*manuscript*) poprawiać (poprawić *perf*); (*opinion, attitude*) rewidować (zrewidować *perf*); (*price, procedure*) korygować (skorygować *perf*) ♦ *vi* (*for exam etc*) powtarzać (materiał); **revised edition** wydanie poprawione.
revision [rɪ'vɪʒən] *n* (*of manuscript*) korekta *f*; (*of schedule*) zmiana *f*; (*of law*) rewizja *f*; (*for exam*) powtórka *f*.
revitalize [ri:'vaɪtəlaɪz] *vt* ożywiać (ożywić *perf*).
revival [rɪ'vaɪvəl] *n* (*ECON*) ożywienie *nt*; (*THEAT*) wznowienie *nt*.
revive [rɪ'vaɪv] *vt* (*person*) cucić (ocucić *perf*); (*economy*) ożywiać (ożywić *perf*); (*custom*) wskrzeszać (wskrzesić *perf*); (*hope, interest*) (ponownie) rozbudzać (rozbudzić *perf*); (*play*) wznawiać (wznowić *perf*) ♦ *vi* (*person*) odzyskiwać (odzyskać *perf*) przytomność; (*activity, economy*) ożywiać się (ożywić się *perf*); (*hope, faith, interest*) odradzać się (odrodzić się *perf*).
revoke [rɪ'vəuk] *vt* (*treaty*) unieważniać (unieważnić *perf*); (*law*) uchylać (uchylić *perf*); (*promise, decision*) cofać (cofnąć *perf*).
revolt [rɪ'vəult] *n* bunt *m*, rewolta *f* ♦ *vi* buntować się (zbuntować się *perf*) ♦ *vt* budzić (wzbudzić *perf*) odrazę w *+loc*; **to revolt against sb/sth** buntować się przeciwko komuś/czemuś.
revolting [rɪ'vəultɪŋ] *adj* odrażający, budzący odrazę.
revolution [rɛvə'lu:ʃən] *n* (*in politics, industry, education*) rewolucja *f*; (*of wheel, earth*) obrót *m*.
revolutionary [rɛvə'lu:ʃənrɪ] *adj* rewolucyjny ♦ *n* rewolucjonista (-tka) *m(f)*.
revolutionize [rɛvə'lu:ʃənaɪz] *vt* rewolucjonizować (zrewolucjonizować *perf*).
revolve [rɪ'vɔlv] *vi* obracać się (obrócić się *perf*); **to revolve (a)round** obracać się wokół *+gen*.
revolver [rɪ'vɔlvə*] *n* rewolwer *m*.
revolving [rɪ'vɔlvɪŋ] *adj* obrotowy.
revolving door *n* drzwi *pl* obrotowe.
revue [rɪ'vju:] (*THEAT*) *n* rewia *f*.
revulsion [rɪ'vʌlʃən] *n* odraza *f*, wstręt *m*.

reward [rɪ'wɔ:d] *n* nagroda *f* ♦ *vt* nagradzać (nagrodzić *perf*); **the rewards of parenthood** satysfakcja z posiadania dzieci.
rewarding [rɪ'wɔ:dɪŋ] *adj* (*job*) przynoszący satysfakcję; (*experience*) cenny; **financially rewarding** opłacający się.
rewind [ri:'waɪnd] (*irreg like*: **wind**) *vt* (*tape, cassette*) przewijać (przewinąć *perf*).
rewire [ri:'waɪə*] *vt* (*house*) wymieniać (wymienić *perf*) instalację elektryczną w +*loc*.
reword [ri:'wə:d] *vt* przeredagowywać (przeredagować *perf*).
rewrite [ri:'raɪt] (*irreg like*: **write**) *vt* przerabiać (przerobić *perf*); (*completely*) pisać (napisać *perf*) od nowa.
Reykjavik ['reɪkjəvi:k] *n* Rejkiawik *m*.
RFD (*US*: *POST*) *abbr* (= *rural free delivery*).
Rh *abbr* (= *rhesus*) Rh *nt inv*.
rhapsody ['ræpsədɪ] *n* rapsodia *f*.
rhesus negative ['ri:səs-] *adj*: **to be rhesus negative** mieć ujemne Rh.
rhesus positive *adj*: **to be rhesus positive** mieć dodatnie Rh.
rhetoric ['rɛtərɪk] *n* retoryka *f*.
rhetorical [rɪ'tɔrɪkl] *adj* retoryczny.
rheumatic [ru:'mætɪk] *adj* (*changes, pain*) reumatyczny; (*person*): **to be rheumatic** mieć reumatyzm; **rheumatic fingers** palce zniekształcone reumatyzmem.
rheumatism ['ru:mətɪzəm] *n* reumatyzm *m*.
rheumatoid arthritis ['ru:mətɔɪd-] *n* reumatoidalne zapalenie *nt* stawów.
Rhine [raɪn] *n*: **the Rhine** Ren *m*.
rhinestone ['raɪnstəun] *n* kryształ *m* górski (*stosowany w jubilerstwie*).
rhinoceros [raɪ'nɔsərəs] *n* nosorożec *m*.
Rhodes [rəudz] *n* Rodos *nt inv*.
Rhodesia [rəu'di:ʒə] *n* Rodezja *f*.
Rhodesian [rəu'di:ʒən] *adj* rodezyjski ♦ *n* Rodezyjczyk (-jka) *m(f)*.
rhododendron [rəudə'dɛndrn] *n* rododendron *m*.
Rhone [rəun] *n*: **the Rhone** Rodan *m*.
rhubarb ['ru:bɑ:b] *n* rabarbar *m*.
rhyme [raɪm] *n* (*rhyming words*) rym *m*; (*verse*) wierszyk *m*, rymowanka *f*; (*technique*) rymowanie *nt* ♦ *vi*: **to rhyme (with)** rymować się (z +*instr*); **without rhyme or reason** ni stąd ni zowąd.
rhythm ['rɪðm] *n* rytm *m*.
rhythmic(al) ['rɪðmɪk(l)] *adj* rytmiczny.
rhythmically ['rɪðmɪklɪ] *adv* rytmicznie.
RI *n abbr* (*BRIT*: *SCOL*: = *religious instruction*) religia *f* ♦ *abbr* (*US*: *POST*: = *Rhode Island*).
rib [rɪb] *n* (*ANAT*) żebro *nt* ♦ *vt* (*inf*): **to rib sb (about sth)** przekomarzać się z kimś (z jakiegoś powodu).
ribald ['rɪbəld] *adj* sprośny.
ribbed [rɪbd] *adj* prążkowany, w prążki *post*.
ribbon ['rɪbən] *n* (*for hair, decoration*) wstążka *f*; (*of typewriter*) taśma *f*; **in ribbons** w strzępach.
rice [raɪs] *n* ryż *m*.
ricefield ['raɪsfi:ld] *n* pole *nt* ryżowe.
rice pudding *n* pudding *m* ryżowy.
rich [rɪtʃ] *adj* (*person*) bogaty; (*life*) urozmaicony; (*soil*) żyzny; (*colour*) nasycony; (*voice*) głęboki; (*tapestries, silks*) kosztowny; (*food, diet*) *bogaty w tłuszcze i węglowodany* ♦ *npl*: **the rich** bogaci *vir pl*; **rich in** bogaty w +*acc*.
riches ['rɪtʃɪz] *npl* bogactwo *nt*, bogactwa *pl*.
richly ['rɪtʃlɪ] *adv* (*decorated*) bogato; (*deserved, earned*) w pełni; (*rewarded*) sowicie.
richness ['rɪtʃnɪs] *n* (*of person*) bogactwo *nt*; (*of soil*) żyzność *f*; (*of costumes, furnishings*) bogactwo *nt*, przepych *m*.
rickets ['rɪkɪts] *n* krzywica *f*.
rickety ['rɪkɪtɪ] *adj* chybotliwy.
rickshaw ['rɪkʃɔ:] *n* riksza *f*.
ricochet ['rɪkəʃeɪ] *vi* odbijać się (odbić się *perf*) rykoszetem ♦ *n* rykoszet *m*.
rid [rɪd] (*pt* **rid**) *vt*: **to rid sb/sth of** uwalniać (uwolnić *perf*) kogoś/coś od +*gen*; **to get rid of** pozbywać się (pozbyć się *perf*) +*gen*.
riddance ['rɪdns] *n*: **good riddance!** krzyżyk na drogę!
ridden ['rɪdn] *pp of* **ride**.
riddle ['rɪdl] *n* zagadka *f* ♦ *vt*: **riddled with** (*guilt, doubts*) pełen +*gen*; (*corruption*) przesiąknięty +*instr*; **riddled with holes** podziurawiony.
ride [raɪd] (*pt* **rode**, *pp* **ridden**) *n* jazda *f*; (*path*) leśna droga *f* (*po której można przejechać konno*) ♦ *vi* (*as sport*) jeździć konno; (*go somewhere, travel*) jechać (pojechać *perf*) ♦ *vt* (*horse, bicycle*) jeździć na +*loc*; (*distance*) przejeżdżać (przejechać *perf*); **we rode all day** jechaliśmy cały dzień; **we rode all the way** całą drogę jechaliśmy; **can you ride a bike?** (czy) umiesz jeździć na rowerze?; **(horse/car) ride** przejażdżka (konna/samochodem); **let's go for a ride** przejedźmy się; **to take sb for a ride** zabierać (zabrać *perf*) kogoś na przejażdżkę; (*fig*) nabierać (nabrać *perf*) kogoś; **to give sb a ride** podwozić (podwieźć *perf*) kogoś; **to ride at anchor** stać na kotwicy.
►**ride out** *vt*: **to ride out the storm/recession** (*fig*) przetrzymywać (przetrzymać *perf*) burzę/recesję.
rider ['raɪdə*] *n* (*on horse*) jeździec *m*; (*on bicycle*) rowerzysta (-tka) *m(f)*; (*on motorcycle*) motocyklista (-tka) *m(f)*; (*in document etc*) uzupełnienie *nt*, poprawka *f*.
ridge [rɪdʒ] *n* (*of hill*) grzbiet *m*; (*of roof*) kalenica *f*; (*in ploughed land*) skiba *f*.
ridicule ['rɪdɪkju:l] *n* kpiny *pl* ♦ *vt* wyśmiewać (wyśmiać *perf*); **to be the object of ridicule** być przedmiotem kpin.
ridiculous [rɪ'dɪkjuləs] *adj* śmieszny.
riding ['raɪdɪŋ] *n* jazda *f* konna.

riding school *n* szkółka *f* jeździecka.
rife [raɪf] *adj*: **to be rife** (*corruption, superstition*) kwitnąć; (*disease*) srożyć się; **the office was rife with rumours** w biurze huczało od plotek.
riffraff ['rɪfræf] *n* hołota *f*.
rifle ['raɪfl] *n* karabin *m*; (*for hunting*) strzelba *f* ♦ *vt* (*sb's wallet, pocket*) opróżniać (opróżnić *perf*).
▸**rifle through** *vt fus* przetrząsać (przetrząsnąć *perf*) *+acc*.
rifle range *n* strzelnica *f*.
rift [rɪft] *n* szczelina *f*; (*fig*) rozdźwięk *m*.
rig [rɪg] *n* (*also*: **oil rig**: *at sea*) platforma *f* wiertnicza; (: *on land*) szyb *m* wiertniczy ♦ *vt* (*election, cards*) fałszować (sfałszować *perf*).
▸**rig out** (*BRIT*) *vt*: **to rig sb out as/in** przebierać (przebrać *perf*) kogoś za *+acc*/w *+acc*.
▸**rig up** *vt* (*device, net*) (naprędce) łatać (połatać *perf*).
rigging ['rɪgɪŋ] *n* olinowanie *nt*.
right [raɪt] *adj* (*correct*) dobry, poprawny; (*suitable*) właściwy, odpowiedni; (*morally good*) dobry; (*not left*) prawy ♦ *n* (*what is morally right*) dobro *nt*; (*entitlement*) prawo *nt*; (*not left*): **the right** prawa strona *f* ♦ *adv* dobrze; (*turn*) w prawo; (*swerve*) na prawo ♦ *vt* naprawiać (naprawić *perf*) ♦ *excl* dobrze; **the right time** (*exact*) dokładny czas; (*most suitable*) odpowiedni czas; **the Right** (*POL*) prawica; **you're right** masz rację; **you are French, is that right?** jesteś Francuzem, prawda?; **is that clock right?** czy ten zegar dobrze chodzi?; **let's get it right this time!** tym razem zróbmy to jak należy!; **I got the first question right** odpowiedziałam dobrze na pierwsze pytanie; **you did the right thing** postąpiłeś właściwie; **to put a mistake right** naprawiać (naprawić *perf*) błąd; **right now** w tej chwili; **right before/after** tuż przed *+instr*/po *+loc*; **right ahead** (*walk etc*) prosto przed siebie; **by rights** na dobrą sprawę; **he's in the right** słuszność jest po jego stronie; **right away** natychmiast; **right in the middle** w samym środku; **right against the wall** przy samej ścianie, tuż przy ścianie; **I'll be right back** zaraz wracam; **to be within one's rights to do sth** mieć (pełne) prawo coś (z)robić; **(as) right as rain** zdrów jak ryba; **film rights** prawo do ekranizacji; **on the right** z prawej (strony); **from left to right** z lewa na prawo; **to right oneself** (*ship*) wyprostowywać się (wyprostować się *perf*); **it's interesting in its own right** to jest ciekawe samo w sobie.
right angle *n* kąt *m* prosty.
righteous ['raɪtʃəs] *adj* (*person*) prawy; (*indignation*) słuszny.
righteousness ['raɪtʃəsnɪs] *n* prawość *f*.
rightful ['raɪtful] *adj* (*heir, owner*) prawowity, prawny; (*place, share*) należny.
rightfully ['raɪtfəlɪ] *adv* prawowicie, prawnie.
right-hand drive ['raɪthænd-] *n* układ *m* kierowniczy prawostronny ♦ *adj* z prawostronnym układem kierowniczym *post*.
right-handed [raɪt'hændɪd] *adj* praworęczny.
right-hand man *n* prawa ręka *f*.
right-hand side *n* prawa strona *f*.
rightly ['raɪtlɪ] *adv* (*with reason*) słusznie; **if I remember rightly** (*BRIT*) jeśli dobrze pamiętam.
right-minded [raɪt'maɪndɪd] *adj* rozsądny.
right of way *n* (*AUT*) pierwszeństwo *nt* przejazdu; (*on path etc*) *prawo przechodzenia przez teren prywatny*.
rights issue (*STOCK EXCHANGE*) *n* emisja *f* praw poboru.
right wing *n* prawe skrzydło *nt*.
right-wing [raɪt'wɪŋ] *adj* (*POL*) prawicowy.
right-winger [raɪt'wɪŋə*] *n* (*POL*) prawicowiec *m*; (*SPORT*) prawoskrzydłowy (-wa) *m(f)*.
rigid ['rɪdʒɪd] *adj* (*structure, back*) sztywny; (*attitude, views*) skostniały; (*control, censorship*) ścisły; (*methods*) surowy.
rigidity [rɪ'dʒɪdɪtɪ] *n* sztywność *f*.
rigidly ['rɪdʒɪdlɪ] *adv* (*tightly*) sztywno; (*closely*) ściśle.
rigmarole ['rɪgmərəul] *n* (*complicated procedure*) korowody *pl* (*inf*).
rigor ['rɪgə*] (*US*) *n* = **rigour**.
rigor mortis ['rɪgə'mɔːtɪs] *n* stężenie *nt* pośmiertne.
rigorous ['rɪgərəs] *adj* rygorystyczny; (*training*) wymagający.
rigorously ['rɪgərəslɪ] *adv* rygorystycznie.
rigour ['rɪgə*] (*US* **rigor**) *n* (*of law, punishment*) surowość *f*; (*of argument*) dyscyplina *f* logiczna; (*of research, methods*) dokładność *f*, ścisłość *f*; **the rigours of life** trudy życia.
rig-out ['rɪgaut] (*BRIT*: *inf*) *n* strój *m*.
rile [raɪl] *vt* drażnić (rozdrażnić *perf*).
rim [rɪm] *n* (*of glass, dish*) brzeg *m*; (*of spectacles*) obwódka *f*; (*of wheel*) obręcz *f*.
rimless ['rɪmlɪs] *adj* (*spectacles*) bezobwódkowy.
rimmed [rɪmd]*adj*: **rimmed with black/red** z czarnymi/czerwonymi obwódkami.
rind [raɪnd] *n* skórka *f*.
ring [rɪŋ] (*pt* **rang**, *pp* **rung**) *n* (*on finger*) pierścionek *m*; (: *large*) pierścień *m*; (*also*: **wedding ring**) obrączka *f*; (*for keys, of smoke*) kółko *nt*; (*of people, objects*) krąg *m*, koło *nt*; (*of spies*) siatka *f*; (*of drug-dealers*) gang *m*; (*for boxing*) ring *m*; (*of circus, for bullfighting*) arena *f*; (*on cooker*) palnik *m*; (*sound of bell*) dzwonek *m* ♦ *vi* dzwonić (zadzwonić *perf*); (*also*: **ring out**) rozbrzmiewać (rozbrzmieć *perf*) ♦ *vt* (*BRIT*: *TEL*) dzwonić (zadzwonić *perf*) do *+gen*; (*mark*) zakreślać (zakreślić *perf*), brać (wziąć *perf*) w kółeczko (*inf*); **to give sb a ring** (*BRIT*) dzwonić (zadzwonić *perf*) do kogoś; **that has a ring of truth about it** to brzmi wiarygodnie; **to ring the bell** dzwonić (zadzwonić *perf*); **the name doesn't ring a bell (with me)** to nazwisko nic

mi nie mówi; **my ears are ringing** dzwoni mi w uszach; **to ring true/false** brzmieć szczerze/fałszywie; **to run rings round sb** (*inf: fig*) bić kogoś na głowę (*inf*).
►**ring back** (*BRIT*) *vt* oddzwaniać (oddzwonić *perf*) +*dat* ♦ *vi* oddzwaniać (oddzwonić *perf*).
►**ring off** (*BRIT*) *vi* odkładać (odłożyć *perf*) słuchawkę.
►**ring up** (*BRIT*) *vt* dzwonić (zadzwonić *perf*) do +*gen*.
ring binder *n* segregator *m*.
ring finger *n* palec *m* serdeczny.
ringing ['rɪŋɪŋ] *n* dzwonienie *nt*.
ringing tone (*BRIT: TEL*) *n* sygnał *m* wołania.
ringleader ['rɪŋli:də*] *n* prowodyr *m*.
ringlets ['rɪŋlɪts] *npl* loki *pl*.
ring road (*BRIT*) *n* obwodnica *f*.
rink [rɪŋk] *n* (*also*: **ice rink**) lodowisko *nt*; (*also*: **roller skating rink**) tor *m* do jazdy na wrotkach.
rinse [rɪns] *n* (*act*) płukanie *nt*; (*hair dye*) płukanka *f* do włosów ♦ *vt* (*dishes*) płukać (opłukać *perf*); (*hands*) opłukiwać (opłukać *perf*); (*hair*) płukać (spłukać *perf*); (*also*: **rinse out**: *clothes*) płukać (wypłukać *perf*); (: *mouth*) przepłukiwać (przepłukać *perf*).
Rio (de Janeiro) ['ri:əu(dədʒə'nɪərəu)] *n* Rio de Janeiro *nt inv*.
riot ['raɪət] *n* rozruchy *pl* ♦ *vi* burzyć się; **to be a riot of colours** mienić się wszystkimi kolorami; **to run riot** szaleć.
rioter ['raɪətə*] *n* uczestnik (-iczka) *m(f)* rozruchów.
riotous ['raɪətəs] *adj* (*mob, crowd*) wzburzony; (*living*) hulaszczy; (*party, welcome*) hałaśliwy.
riotously ['raɪətəslɪ] *adv*: **riotously funny/comic** prześmieszny/przekomiczny.
riot police *n* ≈ oddziały *pl* prewencji; **hundreds of riot police** setki policjantów z oddziałów prewencji.
RIP *abbr* (= *rest in peace*) RIP.
rip [rɪp] *n* rozdarcie *nt* ♦ *vt* drzeć (podrzeć *perf*) ♦ *vi* drzeć się (podrzeć się *perf*); **I ripped open the envelope** rozdarłem *or* rozerwałem kopertę.
►**rip off** *vt* (*shirt etc*) zdzierać (zedrzeć *perf*); (*inf: person*) zdzierać (zedrzeć *perf*) skórę z +*gen* (*inf*).
►**rip up** *vt* drzeć (podrzeć *perf*) (na kawałki).
ripcord ['rɪpkɔ:d] *n* (*on parachute*) linka *f* wyzwalająca.
ripe [raɪp] *adj* dojrzały; **to be ripe for sth** (*fig*) dojrzeć (*perf*) do czegoś; **he lived to a ripe old age** dożył sędziwego wieku.
ripen ['raɪpn] *vi* dojrzewać (dojrzeć *perf*) ♦ *vt* (*fruit, crop etc*): **the sun will ripen them soon** na słońcu szybko dojrzeją.
ripeness ['raɪpnɪs] *n* dojrzałość *perf*.
rip-off ['rɪpɔf] (*inf*) *n*: **it's a rip-off!** to zdzierstwo! (*inf*).
riposte [rɪ'pɔst] *n* riposta *f*.
ripple ['rɪpl] *n* (*wave*) zmarszczka *f*; (*of applause*) szmer *m* ♦ *vi* (*water*) marszczyć się (zmarszczyć się *perf*); (*muscles*) prężyć się, drgać ♦ *vt* marszczyć (zmarszczyć *perf*).
rise [raɪz] (*pt* **rose**, *pp* **risen**) *n* (*incline*) wzniesienie *nt*; (*BRIT: salary increase*) podwyżka *f*; (*in prices, temperature*) wzrost *m*; (*fig*): **rise to power** dojście *nt* do władzy ♦ *vi* (*prices, numbers*) rosnąć, wzrastać (wzrosnąć *perf*); (*waters, voice, level*) podnosić się (podnieść się *perf*); (*sun, moon*) wschodzić (wzejść *perf*); (*wind*) przybierać (przybrać *perf*) na sile; (*sound*) wznosić się (wznieść się *perf*); (*from bed, knees*) wstawać (wstać *perf*); (*also*: **rise up**: *tower, building*) wznosić się; (: *rebel*) powstawać (powstać *perf*); **to rise in rank** awansować (awansować *perf*); **to rise to power** dochodzić (dojść *perf*) do władzy; **to give rise to** (*discussion, misunderstandings*) wywoływać (wywołać *perf*); (*life*) dawać (dać *perf*) początek +*dat*; **to rise to the occasion** stawać (stanąć *perf*) na wysokości zadania.
risen [rɪzn] *pp of* **rise**.
rising ['raɪzɪŋ] *adj* (*number, prices*) rosnący; (*sun, film star*) wschodzący; (*politician, musician*) dobrze się zapowiadający; **rising tide** przypływ.
rising damp *n* wilgoć *f* (*przesuwająca się wzwyż po zewnętrznych ścianach budynku*).
risk [rɪsk] *n* ryzyko *nt*; (*danger*) niebezpieczeństwo *nt* ♦ *vt* ryzykować (zaryzykować *perf*); **to take a risk** podejmować (podjąć *perf*) ryzyko; **to run the risk of** narażać się na +*acc*; **at risk** w niebezpieczeństwie; **at one's own risk** na (swoje) własne ryzyko; **at the risk of sounding rude, I propose ...** być może zabrzmi to niegrzecznie, ale proponuję ...; **to be a fire/health risk** stanowić zagrożenie pożarowe/dla zdrowia; **I'll risk it** zaryzykuję.
risk capital *n* kapitał *m* spekulacyjny (*narażony za szczególne ryzyko*).
risky ['rɪskɪ] *adj* ryzykowny.
risqué ['ri:skeɪ] *adj* (*joke, story*) nieprzyzwoity.
rissole ['rɪsəul] *n* kotlet *m* siekany (*z mięsa, ryb lub warzyw*).
rite [raɪt] *n* obrządek *m*, obrzęd *m*; **last rites** (*REL*) ostatnie namaszczenie.
ritual ['rɪtjuəl] *adj* rytualny ♦ *n* rytuał *m*.
rival ['raɪvl] *n* (*in competition, love*) rywal(ka) *m(f)*; (*in business*) konkurent(ka) *m(f)* ♦ *adj* (*firm, newspaper*) konkurencyjny; (*team*) przeciwny ♦ *vt* równać się z +*instr*; **to rival sb/sth in** konkurować z kimś/czymś +*instr*.
rivalry ['raɪvlrɪ] *n* rywalizacja *f*, współzawodnictwo *nt*.
river ['rɪvə*] *n* (*lit, fig*) rzeka *f* ♦ *cpd* rzeczny; **up/down river** w górę/dół rzeki.
river bank *n* brzeg *m* rzeki.
river bed *n* koryto *nt* rzeki.
riverside ['rɪvəsaɪd] *n* brzeg *m* rzeki.

rivet ['rɪvɪt] *n* nit *m* ♦ *vt* (*fig*: *eyes, attention*) przykuwać (przykuć *perf*).

riveting ['rɪvɪtɪŋ] *adj* (*fig*) pasjonujący, fascynujący.

Riviera [rɪvɪ'ɛərə] *n*: **the (French) Riviera** Riwiera *f* (Francuska); **the Italian Riviera** Riwiera Włoska.

Riyadh [rɪ'jɑːd] *n* Rijad *m*.

RN *n abbr* (*BRIT*) = **Royal Navy**; (*US*: = *registered nurse*) ≈ pielęgniarka (-arz) *f(m)* dyplomowana (-ny) *f(m)*.

RNA *n abbr* (= *ribonucleic acid*) RNA *m inv*.

RNLI (*BRIT*) *n abbr* (= *Royal National Lifeboat Institution*) *organizacja zajmująca się ratownictwem wodnym*.

RNZAF *n abbr* (= *Royal New Zealand Air Force*).

RNZN *n abbr* (= *Royal New Zealand Navy*).

road [rəud] *n* (*lit, fig*) droga *f*; (*motorway etc*) szosa *f*, autostrada *f*; (*in town*) ulica *f* ♦ *cpd* drogowy; **main road** szosa główna; **it takes four hours by road** samochodem jedzie się tam cztery godziny; **let's hit the road** ruszajmy (w drogę); **to be on the road** być w trasie; **on the road to success** na drodze do sukcesu; **major/minor road** droga główna/boczna.

roadblock ['rəudblɔk] *n* blokada *f* drogi.

road haulage *n* transport *m* drogowy.

roadhog ['rəudhɔg] *n* zawalidroga *m*.

road map *n* mapa *f* samochodowa.

road safety *n* bezpieczeństwo *nt* na drodze.

roadside ['rəudsaɪd] *n* pobocze *nt* (drogi) ♦ *cpd* przydrożny; **by the roadside** na poboczu.

road sign *n* znak *m* drogowy.

roadsweeper ['rəudswiːpə*] (*BRIT*) *n* (*person*) zamiatacz *m* ulic; (*vehicle*) maszyna *f* do zamiatania ulic.

road user *n* użytkownik *m* drogi.

roadway ['rəudweɪ] *n* jezdnia *f*.

road works *npl* roboty *pl* drogowe.

roadworthy ['rəudwəːðɪ] *adj* (*car*) zdatny do jazdy.

roam [rəum] *vi* wędrować, włóczyć się ♦ *vt* (*streets*) włóczyć się *+instr*; (*countryside*) wędrować *or* włóczyć się po *+loc*.

roar [rɔː*] *n* ryk *m* ♦ *vi* ryczeć (zaryczeć *perf*); **to roar with laughter** ryczeć (ryknąć *perf*) śmiechem.

roaring ['rɔːrɪŋ] *adj* (*fire*) buzujący; (*success*) oszałamiający; **to do a roaring trade (in sth)** robić (zrobić *perf*) (na czymś) świetny interes.

roast [rəust] *n* pieczeń *f* ♦ *vt* (*meat, potatoes*) piec (upiec *perf*); (*coffee*) palić.

roast beef *n* rostbef *m*, pieczeń *f* wołowa.

rob [rɔb] *vt* rabować (obrabować *perf*), okradać (okraść *perf*); **to rob sb of sth** okradać (okraść *perf*) kogoś z czegoś; (*fig*) pozbawiać (pozbawić *perf*) kogoś czegoś.

robber ['rɔbə*] *n* rabuś *m*, bandyta *m*.

robbery ['rɔbərɪ] *n* rabunek *m*; (*using force or threats*) napad *m*.

robe [rəub] *n* (*for ceremony*) toga *f*; (*also*: **bath robe**) płaszcz *m* kąpielowy; (*US*) szlafrok *m*, podomka *f* ♦ *vt*: **to be robed in** (*fml*) być odzianym w *+acc* (*fml*).

robin ['rɔbɪn] *n* (*European*) rudzik *m*; (*North American*) drozd *m* wędrowny.

robot ['rəubɔt] *n* robot *m*.

robotics [rə'bɔtɪks] *n* robotyka *f*.

robust [rəu'bʌst] *adj* (*person*) krzepki; (*appetite*) zdrowy, tęgi; (*economy*) silny; **to be in robust health** cieszyć się wyśmienitym zdrowiem.

rock [rɔk] *n* (*substance*) skała *f*; (*boulder*) skała *f*, głaz *m*; (*US*: *small stone*) kamień *m*; (*also*: **rock music**) rock *m*; (*BRIT*: *sweet*) *twardy cukierek w kształcie spiralnej laseczki* ♦ *vt* (*person*: *baby, cradle*) kołysać; (*waves*: *ship*) kołysać *+instr*; (*explosion, news*) wstrząsać (wstrząsnąć *perf*) *+instr* ♦ *vi* kołysać się (zakołysać się *perf*); **on the rocks** (*drink*) z lodem *post*; (*ship*) na skałach *post*; (*marriage etc*) w rozsypce *post*; **to rock the boat** (*fig*) wprowadzać (wprowadzić *perf*) zamieszanie.

rock and roll *n* rock and roll *m*.

rock-bottom ['rɔk'bɔtəm] *adj* najniższy ♦ *n*: **to reach** *or* **touch** *or* **hit rock-bottom** upaść *(perf)* *or* stoczyć się *(perf)* na samo dno.

rock cake *n* ≈ brukowiec *m* (*pierniczek*).

rock climber *n* alpinista (-tka) *m(f)*.

rock climbing *n* wspinaczka *f* (górska), alpinistyka *f*.

rockery ['rɔkərɪ] *n* ogród(ek) *m* skalny, alpinarium *nt*.

rocket ['rɔkɪt] *n* rakieta *f* ♦ *vi* (*prices, sales*) skakać (skoczyć *perf*) w górę.

rocket launcher *n* wyrzutnia *f* rakietowa.

rock face *n* ściana *f* skalna.

rock fall *n* obryw *m* skalny.

rocking chair ['rɔkɪŋ-] *n* fotel *m* bujany.

rocking horse *n* koń *m* na biegunach.

rocky ['rɔkɪ] *adj* skalisty; (*fig*) chwiejny, niepewny.

Rocky Mountains *npl*: **the Rocky Mountains** Góry *pl* Skaliste.

rod [rɔd] *n* (*bar*) pręt *m*; (*stick*) rózga *f*; (*also*: **fishing rod**) wędka *f*.

rode [rəud] *pt of* **ride**.

rodent ['rəudnt] *n* gryzoń *m*.

rodeo ['rəudɪəu] (*US*) *n* rodeo *nt*.

roe [rəu] *n*: **hard roe** ikra *f*; **soft roe** mlecz *m* (rybi).

roe deer *n inv* sarna *f*.

rogue [rəug] *n* łobuz *m*.

roguish ['rəugɪʃ] *adj* łobuzerski.

role [rəul] *n* rola *f*.

roll [rəul] *n* (*of paper*) rolka *f*; (*of cloth*) bela *f*; (*of banknotes*) zwitek *m*; (*of members etc*) lista *f*, wykaz *m*; (*in parish etc*) rejestr *m*, archiwum *nt*; (*of drums*) werbel *m*; (*also*: **bread roll**) bułka *f* ♦ *vt* (*ball, dice*) toczyć, kulać; (*also*: **roll up**: *string*) zwijać (zwinąć *perf*); (: *sleeves*) podwijać (podwinąć *perf*); (*cigarette*) skręcać (skręcić *perf*); (*eyes*) przewracać *+instr*; (*also*: **roll out**: *pastry*) wałkować, rozwałkowywać (rozwałkować *perf*); (*road, lawn*) walcować ♦ *vi* (*ball, stone, tears*) toczyć się (potoczyć się *perf*); (*thunder*) przetaczać się (przetoczyć się *perf*); (*ship*) kołysać się; (*sweat*) spływać; (*camera, printing press*) chodzić; **cheese/ham roll** bułka z serem/szynką; **he's rolling in it** (*inf*) on leży *or* siedzi *or* śpi na pieniądzach (*inf*).

►**roll about** *vi* turlać się, tarzać się.

►**roll around** *vi* = **roll about**.

►**roll in** *vi* (*money, invitations*) napływać (napłynąć *perf*).

►**roll over** *vi*: **to roll over (on one's stomach)** przewracać się (przewrócić się *perf*) (na brzuch).

►**roll up** *vi* (*inf*) nadciągać (nadciągnąć *perf*), napływać (napłynąć *perf*) ♦ *vt* zwijać (zwinąć *perf*); **to roll o.s. up into a ball** zwijać się (zwinąć się *perf*) w kłębek.

roll call *n* odczytanie *nt* listy obecności.

rolled gold [rəuld-] *adj*: **the watch is rolled golled** zegarek jest platerowany złotem.

roller ['rəulə*] *n* (*in machine*) wałek *m*, rolka *f*; (*for lawn, road*) walec *m*; (*for hair*) wałek *m*.

roller blind *n* roleta *f*.

roller coaster *n* (*at funfair*) kolejka *f* górska.

roller skates *npl* wrotki *pl*.

rollicking ['rɔlɪkɪŋ] *adj* swawolny, rozhukany; **to have a rollicking time** hucznie się bawić.

rolling ['rəulɪŋ] *adj* (*hills*) falisty.

rolling mill *n* walcownia *f*.

rolling pin *n* wałek *m* do ciasta.

rolling stock *n* tabor *m* kolejowy.

roll-on-roll-off ['rəulɔn'rəulɔf] (*BRIT*) *adj* statek *m* typu „ro-ro".

roly-poly ['rəulɪ'pəulɪ] (*BRIT*: *CULIN*) *n rolada z nadzieniem z konfitur*.

ROM [rɔm] (*COMPUT*) *n abbr* (= *read-only memory*) ROM *m*.

Roman ['rəumən] *adj* rzymski ♦ *n* Rzymianin (-anka) *m(f)*.

Roman Catholic *adj* rzymskokatolicki ♦ *n* katolik (-iczka) *m(f)*.

romance [rə'mæns] *n* (*love affair, novel*) romans *m*; (*charm*) urok *m*, czar *m*.

Romanesque [rəumə'nɛsk] (*ARCHIT*) *adj* romański.

Romania [rəu'meɪnɪə] *n* Rumunia *f*.

Romanian [rəu'meɪnɪən] *adj* rumuński ♦ *n* (*person*) Rumun(ka) *m(f)*; (*LING*) (język *m*) rumuński.

Roman numeral *n* cyfra *f* rzymska.

romantic [rə'mæntɪk] *adj* romantyczny.

romanticism [rə'mæntɪsɪzəm] *n* romantyzm *m*.

Romany ['rɔmənɪ] *adj* cygański, Romów *post* ♦ *n* Rom/Romni *m/f inv*; (*LING*) (język *m*) cygański *or* romani.

Rome [rəum] *n* Rzym *m*.

romp [rɔmp] *n* igraszki *pl* ♦ *vi* (*also*: **romp about**) dokazywać, baraszkować; **to romp home** (*horse*) wygrywać (wygrać *perf*) bez wysiłku.

rompers ['rɔmpəz] *npl* pajacyk *m* (*ubranko*).

rondo ['rɔndəu] (*MUS*) *n* rondo *nt*.

roof [ru:f] (*pl* **roofs**) *n* dach *m* ♦ *vt* pokrywać (pokryć *perf*) dachem, zadaszać (zadaszyć *perf*); **the roof of the mouth** podniebienie.

roof garden *n* ogród *m* na dachu.

roofing ['ru:fɪŋ] *n* pokrycie *nt* dachowe; **roofing felt** papa *f*.

roof rack (*AUT*) *n* bagażnik *m* na dach.

rook [ruk] *n* (*ZOOL*) gawron *m*; (*CHESS*) wieża *f*.

room [ru:m] *n* (*in house, hotel*) pokój *m*; (*in school etc*) sala *f*, pomieszczenie *nt*; (*space*) miejsce *nt*; (*for change, maneouvre*) pole *nt* ♦ *vi*: **to room with sb** (*esp US*) wynajmować wspólnie z kimś pokój; **rooms** *npl* mieszkanie *nt*; **"rooms to let"**, (*US*) **"rooms for rent"** „pokoje do wynajęcia"; **single/double room** pokój jednoosobowy/dwuosobowy; **is there room for this?** czy jest na to miejsce?; **to make room for sb** robić (zrobić *perf*) miejsce dla kogoś; **there is plenty of room for improvement here** (jeszcze) wiele można tu ulepszyć.

rooming house ['ru:mɪŋ-] (*US*) *n* blok *m* mieszkalny (*z mieszkaniami lub pokojami do wynajęcia*).

roommate ['ru:mmeɪt] *n* współlokator(ka) *m(f)*, współmieszkaniec (-nka) *m(f)*.

room service *n* obsługa *f* kelnerska do pokojów; **to call room service** dzwonić (zadzwonić *perf*) po kelnera.

room temperature *n* temperatura *f* pokojowa; **"serve at room temperature"** „podawać w temperaturze pokojowej".

roomy ['ru:mɪ] *adj* przestronny.

roost [ru:st] *vi* siedzieć na grzędzie.

rooster ['ru:stə*] (*esp US*) *n* kogut *m*.

root [ru:t] *n* (*of plant, tooth*) korzeń *m*; (*MATH*) pierwiastek *m*; (*of hair*) cebulka *f*; (*of problem, belief*) źródło *nt* ♦ *vi* ukorzeniać się (ukorzenić się *perf*), wypuszczać (wypuścić *perf*) korzenie ♦ *vt*: **to be rooted in** być zakorzenionym w *+loc*; **roots** *npl* korzenie *pl*; **to take root** (*lit, fig*) zakorzeniać się (zakorzenić się *perf*); **the root cause of the problem** podstawowa przyczyna problemu.

►**root about** *vi* (*fig*) szperać.

►**root for** *vt fus* kibicować *+dat*, dopingować *+acc*.

►**root out** *vt* wykorzeniać (wykorzenić *perf*).

rope [rəup] *n* (*thick string*) sznur *m*, powróz *m*; (*NAUT*) cuma *f*, lina *f*; (*for climbing*) lina *f* ♦ *vt* (*also*: **rope together**) związywać (związać *perf*),

powiązać *(perf)*; *(tie)*: **to rope sth (to)** przywiązywać (przywiązać *perf*) coś (do *+gen*); **to know the ropes** *(fig)* znać się na rzeczy.
►**rope in** *vt* *(fig)* werbować (zwerbować *perf*).
►**rope off** *vt* *(area)* odgradzać (odgrodzić *perf*) (liną).
rope ladder *n* drabina *f* sznurowa.
rosary ['rəuzərɪ] *n* różaniec *m*.
rose [rəuz] *pt of* **rise** ♦ *n* róża *f*; *(on watering can)* sitko *nt* ♦ *adj* różowy.
rosé ['rəuzeɪ] *n* różowe wino *nt*.
rosebed ['rəuzbɛd] *n* klomb *m* róż.
rosebud ['rəuzbʌd] *n* pączek *m* róży.
rosebush ['rəuzbuʃ] *n* krzew *m* różany.
rosemary ['rəuzmərɪ] *n* rozmaryn *m*.
rosette [rəu'zɛt] *n* rozetka *f*.
ROSPA ['rɔspə] *(BRIT)* *n abbr (= Royal Society for the Prevention of Accidents)*.
roster ['rɔstə*] *n*: **duty roster** harmonogram *m* dyżurów.
rostrum ['rɔstrəm] *n* mównica *f*.
rosy ['rəuzɪ] *adj* *(colour)* różowy; *(cheeks)* zaróżowiony; *(situation)* obiecujący; **a rosy future** świetlana przyszłość.
rot [rɔt] *n* *(decay)* gnicie *nt*; *(fig: rubbish)* bzdury *pl* ♦ *vt* psuć (zepsuć *perf*), niszczyć (zniszczyć *perf*) ♦ *vi* *(teeth)* psuć się (popsuć się *perf*); *(wood, fruit, etc)* gnić (zgnić *perf*); **to stop the rot** *(BRIT: fig)* powstrzymywać (powstrzymać *perf*) proces rozkładu; **dry rot** mursz; **wet rot** zgnilizna.
rota ['rəutə] *n* rozkład *m or* harmonogram *m* dyżurów; **on a rota basis** według harmonogramu.
rotary ['rəutərɪ] *adj* *(motion)* obrotowy, rotacyjny; *(cutter)* krążkowy.
rotate [rəu'teɪt] *vt* *(spin)* obracać (obrócić *perf*) ♦ *vi* obracać się (obrócić się *perf*); **to rotate crops** stosować płodozmian; **to rotate jobs** zmieniać się na stanowiskach pracy.
rotating [rəu'teɪtɪŋ] *adj* obrotowy.
rotation [rəu'teɪʃən] *n* *(of planet, drum)* obrót *m*; *(of crops)* płodozmian *m*; *(of jobs)* rotacja *f*; **in rotation** w określonej kolejności.
rote [rəut] *n*: **by rote** na pamięć.
rotor ['rəutə*] *n* *(also:* **rotor blade***)* wirnik *m*.
rotten ['rɔtn] *adj* *(fruit)* zgniły; *(meat, eggs, teeth)* zepsuty; *(wood)* spróchniały, zmurszały; *(inf: unpleasant)* paskudny; *(: bad)* kiepski, marny; **to feel rotten** czuć się podle.
rotund [rəu'tʌnd] *adj* pulchny.
rouble ['ru:bl] *(US* **ruble***)* *n* rubel *m*.
rouge [ru:ʒ] *n* róż *m*.
rough [rʌf] *adj* *(surface)* szorstki, chropowaty; *(terrain)* nierówny, wyboisty; *(person, manner)* grubiański, obcesowy; *(town, area)* niespokojny; *(treatment)* brutalny; *(conditions, journey)* ciężki; *(sea)* wzburzony; *(sketch, plan)* schematyczny; *(estimate)* przybliżony ♦ *n* *(GOLF)*: **in the rough** w zaroślach ♦ *vt*: **to rough it** żyć w prymitywnych warunkach, obywać się bez wygód; **to have a rough time** przeżywać ciężkie chwile; **to play rough** *(fig)* grać (zagrać *perf*) brutalnie; **can you give me a rough idea of the cost?** czy może mi Pan/Pani podać orientacyjny koszt?; **to sleep rough** *(BRIT)* spać pod gołym niebem; **to feel rough** *(BRIT)* czuć się źle.
►**rough out** *vt* szkicować (naszkicować *perf*).
roughage ['rʌfɪdʒ] *n* nietrawiona część *f* pożywienia.
rough-and-ready ['rʌfən'rɛdɪ] *adj* prymitywny, prowizoryczny.
rough-and-tumble ['rʌfən'tʌmbl] *n* *(fighting)* bijatyka *f*, szamotanina *f*; *(fig)* przepychanki *pl*.
roughcast ['rʌfkɑ:st] *n* tynk *m* kamyczkowy.
rough copy *n* brudnopis *m*.
rough draft *n* szkic *m*.
rough justice *n* surowy, ale sprawiedliwy wyrok *m*.
roughly ['rʌflɪ] *adv* *(push, grab)* gwałtownie; *(make)* niestarannie; *(answer)* pobieżnie; *(approximately)* z grubsza, mniej więcej; **roughly speaking** mniej więcej.
roughness ['rʌfnɪs] *n* *(of surface)* szorstkość *f*, chropowatość *f*; *(of manner)* grubiaństwo *nt*.
roughshod ['rʌfʃɔd] *adv*: **to ride roughshod over** *(person)* poniewierać *+instr*; *(objections)* ignorować (zignorować *perf*) *+acc*.
roulette [ru:'lɛt] *n* ruletka *f*.
Roumania [ru:'meɪnɪə] *n* = **Rumania**.
round [raund] *adj* okrągły ♦ *n* *(by policeman, doctor)* obchód *m*; *(of competition, talks)* runda *f*; *(of golf)* partia *f*; *(of ammunition)* nabój *m*, pocisk *m*; *(of drinks)* kolejka *f*; *(of sandwiches)* porcja *f* ♦ *vt* *(lake etc)* okrążać (okrążyć *perf*); *(cape)* opływać (opłynąć *perf*) ♦ *prep*: **round his neck/the table** wokół jego szyi/stołu; **to sail round the world** płynąć (popłynąć *perf*) dookoła świata; **to move round a room** chodzić po pokoju; **round about 300** około 300 ♦ *adv*: **all round** dookoła; **the long way round** okrężną drogą; **all (the) year round** przez cały rok; **the wrong way round** odwrotnie, na odwrót; **in round figures** w zaokrągleniu; **it's just round the corner** to jest tuż za rogiem; **to ask sb round** zapraszać (zaprosić *perf*) kogoś do siebie; **I'll be round at six o'clock** będę o szóstej; **to go round** obracać się; **to go round to sb's (house)** zachodzić (zajść *perf*) do kogoś; **to go round the back** wchodzić (wejść *perf*) od tyłu; **to go round an obstacle** obchodzić (obejść *perf*) przeszkodę; **there is enough to go round** wystarczy dla wszystkich; **round the clock** (przez) całą dobę, na okrągło *(inf)*; **the daily round** *(fig)* dzienny przydział; **a round of applause** owacja; **to round the corner** skręcać (skręcić *perf*) za róg.

▸**round off** *vt* zakańczać (zakończyć *perf*).
▸**round up** *vt* (*cattle*) spędzać (spędzić *perf*), zaganiać (zagonić *perf*); (*people*) spędzać (spędzić *perf*); (*price, figure*) zaokrąglać (zaokrąglić *perf*).
roundabout ['raundəbaut] (*BRIT*) *n* (*AUT*) rondo *nt*; (*at fair*) karuzela *f* ♦ *adj* okrężny; (*fig*: *way, means*) zawoalowany.
rounded ['raundɪd] *adj* (*hill*) łagodny; (*body, figure*) zaokrąglony.
rounders ['raundəz] *n* *odmiana palanta*.
roundly ['raundlɪ] *adv* (*fig*) otwarcie.
round-shouldered ['raund'ʃəuldəd] *adj* przygarbiony.
round trip *n* podróż *f* w obie strony.
roundup ['raundʌp] *n* (*of news*) przegląd *m*; (*of animals*) spęd *m*; (*of criminals*) obława *f*; **a roundup of the latest news** przegląd najświeższych wiadomości.
rouse [rauz] *vt* (*wake up*) budzić (obudzić *perf*); (*stir up*) wzbudzać (wzbudzić *perf*).
rousing ['rauzɪŋ] *adj* porywający.
rout [raut] (*MIL*) *n* pogrom *m* ♦ *vt* rozgromić (*perf*).
route [ru:t] *n* (*way*) szlak *m*, droga *f*; (*of bus, procession*) trasa *f*; (*of shipping*) szlak *m*; (*fig*) droga *f*; **"all routes"** (*AUT*) „wszystkie kierunki"; **the best route to London** najlepsza droga do Londynu; **en route for** po *or* w drodze do *+gen*; **en route from ... to ...** na *or* w drodze z *+gen* do *+gen*.
route map (*BRIT*) *n* (*for journey*) mapa *f* drogowa; (*for trains etc*) plan *m* trasy.
routine [ru:'ti:n] *adj* rutynowy ♦ *n* (*organization*) rozkład *m* zajęć; (*drudgery*) monotonna harówka *f*; (*THEAT*) układ *m*; **routine procedure** postępowanie rutynowe.
rove [rəuv] *vt* włóczyć się po *+loc*.
roving reporter *n* wędrowny reporter *m*.
row[1] [rəu] *n* rząd *m*; (*KNITTING*) rządek *m* ♦ *vi* wiosłować ♦ *vt*: **to row a boat** wiosłować; **in a row** (*fig*) z rzędu.
row[2] [rau] *n* (*din*) zgiełk *m*; (*dispute*) awantura *f*; (*quarrel*) kłótnia *f* ♦ *vi* kłócić się (pokłócić się *perf*); **to have a row** kłócić się (pokłócić się *perf*).
rowboat ['rəubəut] (*US*) *n* łódź *f* (wiosłowa).
rowdiness ['raudɪnɪs] *n* awanturnictwo *nt*.
rowdy ['raudɪ] *adj* awanturniczy.
rowdyism ['raudɪɪzəm] *n* awanturnictwo *nt*.
rowing ['rəuɪŋ] *n* wioślarstwo *nt*.
rowing boat (*BRIT*) *n* łódź *f* (wiosłowa).
rowlock ['rɔlək] (*BRIT*) *n* dulka *f*.
royal ['rɔɪəl] *adj* królewski.
Royal Air Force (*BRIT*) *n*: **the Royal Air Force** Królewskie Siły *pl* Powietrzne.
royal blue *adj* błękit *m* kobaltowy.
royalist ['rɔɪəlɪst] *n* rojalista (-tka) *m(f)* ♦ *adj* rojalistyczny.
Royal Navy (*BRIT*) *n*: **the Royal Navy** Królewska Marynarka *f* Wojenna.
royalty ['rɔɪəltɪ] *n* członkowie *vir pl* rodziny królewskiej; **royalties** *npl* tantiemy *pl*.
RP (*BRIT*) *n abbr* (= *received pronunciation*) *standard wymowy brytyjskiej*.
rpm *abbr* (= *revolutions per minute*) obr/min.
RR (*US*) *abbr* = **railroad**.
RRP (*BRIT*) *n abbr* = **recommended retail price**.
RSA (*BRIT*) *n abbr* (= *Royal Society of Arts*); (= *Royal Scottish Academy*).
RSI (*MED*) *n abbr* (= *repetitive strain injury*) uszkodzenie *nt* przeciążeniowe.
RSPB (*BRIT*) *n abbr* (= *Royal Society for the Protection of Birds*).
RSPCA (*BRIT*) *n abbr* (= *Royal Society for the Prevention of Cruelty to Animals*).
RSVP *abbr* (= *répondez s'il vous plaît*) uprasza się o odpowiedź.
RTA *n abbr* (= *road traffic accident*).
Rt Hon. (*BRIT*) *abbr* (= *Right Honourable*) *tytuł przysługujący niektórym sędziom i członkom Privy Council*.
Rt Rev. (*REL*) *abbr* (= *Right Reverend*) *tytuł przysługujący biskupowi*.
rub [rʌb] *vt* (*part of body*) pocierać (potrzeć *perf*); (*object*) przecierać (przetrzeć *perf*); (*hands*) zacierać (zatrzeć *perf*) ♦ *n*: **to give sth a rub** przecierać (przetrzeć *perf*) coś; **to rub sb up** *or* (*US*) **rub sb the wrong way** działać komuś na nerwy.
▸**rub down** *vt* wycierać (wytrzeć *perf*).
▸**rub in** *vt* wcierać (wetrzeć *perf*); **don't rub it in!** (*fig*) nie wypominaj mi tego bez końca!
▸**rub off** *vi* (*paint*) ścierać się (zetrzeć się *perf*).
▸**rub off on** *vt fus* udzielać się (udzielić się *perf*) *+dat*.
▸**rub out** *vt* wymazywać (wymazać *perf*), zmazywać (zmazać *perf*).
rubber ['rʌbə*] *n* (*substance*) guma *f*; (*BRIT*: *eraser*) gumka *f*; (*US*: *inf*) kondom *m* (*inf*).
rubber band *n* gumka *f*, recepturka *f*.
rubber plant *n* drzewo *nt* kauczukowe.
rubber ring *n* (nadmuchiwane) koło *nt* do pływania.
rubber stamp *n* pieczątka *f*.
rubber-stamp [rʌbə'stæmp] *vt* (*fig*) mechanicznie zatwierdzać (zatwierdzić *perf*).
rubbery ['rʌbərɪ] *adj* (*material*) gumowy; (*food*) gumowaty.
rubbish ['rʌbɪʃ] (*BRIT*) *n* śmieci *pl*, odpadki *pl*; (*fig*: *junk*) szmira *f*; (: *nonsense*) bzdury *pl*, brednie *pl* ♦ *vt* (*inf*) mieszać (zmieszać *perf*) z błotem (*inf*); **rubbish!** bzdura!
rubbish bin (*BRIT*) *n* pojemnik *m* na śmieci *or* odpadki.
rubbish dump (*BRIT*) *n* wysypisko *nt* śmieci.
rubbishy ['rʌbɪʃɪ] (*BRIT*: *inf*) *adj* tandetny, szmirowaty.
rubble ['rʌbl] *n* (*debris*) gruz *m*; (*of house*) gruzy *pl*; (*CONSTR*) tłuczeń *m*.

ruble ['ru:bl] (*US*) *n* = **rouble.**
ruby ['ru:bɪ] *n* rubin *m* ♦ *adj* rubinowy.
RUC (*BRIT*) *n abbr* (= *Royal Ulster Constabulary*) *policja północnoirlandzka.*
rucksack ['rʌksæk] *n* plecak *m.*
ructions ['rʌkʃənz] (*inf*) *npl* afera *f* (*inf*).
rudder ['rʌdə*] *n* ster *m.*
ruddy ['rʌdɪ] *adj* (*face*) rumiany; (*glow*) czerwonawy; **ruddy!** (*inf*) do licha!
rude [ru:d] *adj* (*person, behaviour*) niegrzeczny; (*word, joke*) nieprzyzwoity; (*shock*) gwałtowny; (*shelter etc*) prymitywny; **to be rude to sb** być niegrzecznym wobec kogoś; **a rude awakening** gwałtowne przebudzenie.
rudely ['ru:dlɪ] *adv* niegrzecznie.
rudeness ['ru:dnɪs] *n* niegrzeczność *f.*
rudimentary [ru:dɪ'mɛntərɪ] *adj* elementarny, podstawowy.
rudiments ['ru:dɪmənts] *npl* podstawy *pl.*
rueful ['ru:ful] *adj* smutny.
ruff [rʌf] *n* kreza *f.*
ruffian ['rʌfɪən] *n* zbój *m.*
ruffle ['rʌfl] *vt* (*hair*) mierzwić (zmierzwić *perf*), wichrzyć (zwichrzyć *perf*); (*water*) marszczyć (zmarszczyć *perf*); (*bird*: *feathers*) stroszyć (nastroszyć *perf*); (*fig*: *person*) poruszać (poruszyć *perf*).
rug [rʌg] *n* (*on floor*) dywanik *m*; (*BRIT*: *blanket*) pled *m.*
rugby ['rʌgbɪ] *n* (*also*: **rugby football**) rugby *nt inv.*
rugged ['rʌgɪd] *adj* (*landscape, features, face*) surowy; (*character*) szorstki; (*man, determination*) twardy.
rugger ['rʌgə*] (*BRIT*: *inf*) *n* rugby *nt inv.*
ruin ['ru:ɪn] *n* (*destruction, remains*) ruina *f*; (*downfall*) upadek *m*; (*bankruptcy*) upadek *m*, ruina *f* ♦ *vt* (*building, person, health*) rujnować (zrujnować *perf*); (*plans*) niweczyć (zniweczyć *perf*); (*prospects, relations*) psuć (popsuć *perf*); (*clothes, carpet*) niszczyć (zniszczyć *perf*); (*hopes*) pogrzebać (*perf*); **ruins** *npl* ruiny *pl*; **in ruins** w gruzach.
ruination [ru:ɪ'neɪʃən] *n* (*of building, place*) zniszczenie *nt*; (*of person, life, career*) zrujnowanie *nt.*
ruinous ['ru:ɪnəs] *adj* rujnujący.
rule [ru:l] *n* (*norm*) reguła *f*; (*regulation*) przepis *m*; (*government*) rządy *pl*, panowanie *nt* ♦ *vt* rządzić *+instr* ♦ *vi*: **to rule (over sb/sth)** rządzić (kimś/czymś); **to rule in favour of/against/on** wydawać (wydać *perf*) orzeczenie na korzyść *+gen*/na niekorzyść *+gen*/w sprawie *+gen*; **to rule that ...** orzekać (orzec *perf*), że ...; **it's against the rules** to niezgodne z przepisami *or* niedozwolone; **as a rule of thumb, ...** można przyjąć, że ...; **under British rule** pod panowaniem brytyjskim; **as a rule** z reguły.
►**rule out** *vt* wykluczać (wykluczyć *perf*); **murder cannot be ruled out** nie można wykluczyć morderstwa.
ruled [ru:ld] *adj* (*paper*) liniowany, w linię *post.*
ruler ['ru:lə*] *n* (*sovereign*) władca (-dczyni) *m(f)*; (*for measuring*) linijka *f.*
ruling ['ru:lɪŋ] *adj* rządzący ♦ *n* (*JUR*) orzeczenie *nt.*
rum [rʌm] *n* rum *m* ♦ *adj* (*BRIT*: *inf*) dziwaczny.
Rumania *etc n* = **Romania** *etc.*
rumble ['rʌmbl] *n* (*of thunder, guns*) dudnienie *nt*; (*of voices*) gwar *m* ♦ *vi* dudnić (zadudnić *perf*); (*also*: **rumble along**) toczyć się (potoczyć się *perf*) z łoskotem; **my stomach was rumbling** burczało mi w brzuchu.
rumbustious [rʌm'bʌstʃəs] *adj* rubaszny.
ruminate ['ru:mɪneɪt] *vi* (*person*) zastanawiać się; (*cow, sheep*) przeżuwać.
rummage ['rʌmɪdʒ] *vi* grzebać, szperać.
rummage sale (*US*) *n* wyprzedaż *f* rzeczy używanych (*na cele dobroczynne*).
rumour ['ru:mə*] (*US* **rumor**) *n* pogłoska *f* ♦ *vt*: **it is rumoured that ...** chodzą słuchy, że ... .
rump [rʌmp] *n* (*of animal*) zad *m*; (*of group, political party*) niedobitki *pl* (*najwierniejsi członkowie*).
rumple ['rʌmpl] *vt* (*clothes, sheets*) miąć (pomiąć *perf*).
rump steak *n* wołowina *f* krzyżowa.
rumpus ['rʌmpəs] *n* wrzawa *f*, szum *m*; **to kick up a rumpus** podnosić (podnieść *perf*) wrzawę, robić szum (narobić *perf* szumu).
run [rʌn] (*pt* **ran**, *pp* **run**) *n* (*fast pace, race*) bieg *m*; (*in car*) przejażdżka *f*; (*of train, bus, for skiing*) trasa *f*; (*of victories, defeats*) seria *f*; (*in tights, stockings*) oczko *nt*; (*CRICKET, BASEBALL*) *punkt za przebiegnięcie między oznaczonymi miejscami po uderzeniu piłki* ♦ *vt* (*distance*) biec (przebiec *perf*); (*business, shop, hotel*) prowadzić; (*competition, course*) przeprowadzać (przeprowadzić *perf*); (*COMPUT*: *program*) uruchamiać (uruchomić *perf*); (*hand, fingers*) przesuwać (przesunąć *perf*); (*water*) puszczać (puścić *perf*); (*PRESS*: *article*) zamieszczać (zamieścić *perf*) ♦ *vi* (*move quickly*) biec (pobiec *perf*); (: *habitually, regularly*) biegać; (*flee*) uciekać (uciec *perf*); (*bus, train*: *operate*) kursować, jeździć; (: *travel*) jechać (pojechać *perf*); (*play, show*) być granym, iść (*inf*); (*contract*) być ważnym; (*river, tears*) płynąć (popłynąć *perf*); (*colours, washing*) farbować, puszczać; (*road, railway*) biec; (*horse*: *in race*) ścigać się; **to go for a run** iść (pójść *perf*) pobiegać; **to break into a run** zaczynać (zacząć *perf*) biec; **it's a 50-minute run from Glasgow to Edinburgh** z Glasgow do Edynburga jedzie się 50 minut; **the play had a 6 week run at the Apollo Theatre** sztuka szła w Teatrze Apollo przez 6 tygodni; **a run of good/bad luck** dobra/zła passa; **to have the run of sb's house**

móc korzystać z czyjegoś domu; **there was a run on ...** był run na *+acc*; **in the long/short run** na dłuższą/krótką metę; **we'll have to make a run for it** będziemy musieli szybko (stąd) uciekać; **to be on the run** (*fugitive*) ukrywać się; **I'll run you to the station** zawiozę cię na dworzec; **to run the risk of** narażać się na *+acc*; **the baby's nose was running** niemowlę miało katar; **to run errands** załatwiać sprawy; **my car is very cheap to run** mój samochód jest bardzo tani w eksploatacji; **to run on petrol** jeździć na benzynę; **to run off batteries** działać na baterie; **the engine/computer is running** silnik/komputer jest włączony; **to run for president/in an election** kandydować na prezydenta/w wyborach; **the well has run dry** studnia wyschła; **tempers were running high** panowała nerwowa atmosfera; **unemployment is running at twenty per cent** bezrobocie kształtuje się na poziomie dwudziestu procent; **to run a bath** przygotowywać (przygotować *perf*) kąpiel; **blonde hair runs in the family** jasne włosy są cechą rodzinną; **to be run off one's feet** (*BRIT*) być bardzo zabieganym.

►**run across** *vt fus* (*find*) natykać się (natknąć się *perf*) na *+acc*.

►**run after** *vt fus* biec (pobiec *perf*) za *+instr*.

►**run away** *vi* uciekać (uciec *perf*).

►**run down** *vt* (*production*) ograniczać (ograniczyć *perf*); (*company*) ograniczać (ograniczyć *perf*) działalność *+gen*; (*AUT*: *person*) potrącać (potrącić *perf*); (*criticize*) źle mówić o *+loc* ♦ *vi* (*battery*) wyczerpywać się (wyczerpać się *perf*); **she's run down** jest wyczerpana.

►**run in** (*BRIT*) *vt* (*car*) docierać (dotrzeć *perf*).

►**run into** *vt fus* (*person, fence, post*) wpadać (wpaść *perf*) na *+acc*; (*problems*) napotykać (napotkać *perf*); (*another vehicle*) zderzać się (zderzyć się *perf*) z *+instr*; **to run into debt/trouble** wpadać (wpaść *perf*) w długi/kłopoty; **their losses ran into millions** ich straty sięgały milionów.

►**run off** *vt* (*liquid*) wylewać (wylać *perf*); (*copies*) robić (zrobić *perf*) ♦ *vi* uciekać (uciec *perf*).

►**run out** *vi* (*time, money*) kończyć się (skończyć się *perf*); (*passport*) tracić (stracić *perf*) ważność.

►**run out of** *vt fus*: **we're running out of money/ideas/matches** kończą nam się pieniądze/pomysły/zapałki.

►**run over** *vt* (*AUT*: *person*) przejechać (*perf*) ♦ *vt fus* (*repeat*) powtarzać (powtórzyć *perf*) ♦ *vi* (*bath, water*) przelewać się (przelać się *perf*).

►**run through** *vt fus* (*discuss*) omawiać (omówić *perf*); (*examine*) przeglądać (przejrzeć *perf*); (*rehearse*) ćwiczyć (przećwiczyć *perf*).

►**run up** *vt* (*debt*) zaciągać (zaciągnąć *perf*).

►**run up against** *vt fus* (*difficulties*) napotykać (napotkać *perf*).

runabout ['rʌnəbaut] (*AUT*) *n* samochód *m* miejski.

runaway ['rʌnəweɪ] *adj* (*slave, prisoner*) zbiegły; (*inflation*) nie dający się opanować; (*success*) spektakularny; **runaway child** mały uciekinier; **runaway horse** koń, który poniósł.

rundown ['rʌndaun] *n* (*of company*) ograniczenie *nt* działalności ♦ *adj*: **run-down** (*person*) wyczerpany; (*building, area*) zaniedbany, zapuszczony.

rung [rʌŋ] *pp of* **ring** ♦ *n* (*lit, fig*) szczebel *m*.

run-in ['rʌnɪn] (*inf*) *n* starcie *nt*.

runner ['rʌnə*] *n* (*in race*: *person*) biegacz(ka) *m(f)*; (: *horse*) koń *m* wyścigowy; (*on sledge*) płoza *f*; (*on drawer*) prowadnica *f*.

runner bean (*BRIT*) *n* fasolka *f* szparagowa.

runner-up [rʌnər'ʌp] *n* zdobywca (-wczyni) *m(f)* drugiego miejsca.

running ['rʌnɪŋ] *n* (*sport*) bieganie *nt*; (*of business, organization*) prowadzenie *nt*; (*of machine*) eksploatacja *f*; (*of event*) organizacja *f* ♦ *adj* (*stream*) płynący; (*water*) bieżący; **to be in/out of the running for sth** mieć szansę/nie mieć szansy na coś; **six days running** sześć dni z rzędu; **to have a running battle with sb** być z kimś w stanie ciągłej wojny; **to give a running commentary on sth** komentować coś na bieżąco; **a running sore** jątrzący wrzód; **to make the running** (*in race*) prowadzić; (*fig*) przewodzić, wieść prym.

running costs *npl* koszty *pl* eksploatacji *or* użytkowania.

running head (*TYP*) *n* żywa pagina *f*.

running mate (*US*: *POL*) *n* kandydat(ka) *m(f)* na wiceprezydenta.

runny ['rʌnɪ] *adj* (*honey, omelette*) (zbyt) rzadki; (*eyes*) załzawiony; **his nose is runny** cieknie mu z nosa.

run-off ['rʌnɔf] *n* (*in contest*) dogrywka *f*; (*in election*) druga tura *f*; (*extra race*) dodatkowy bieg *m*.

run-of-the-mill ['rʌnəvðə'mɪl] *adj* tuzinkowy.

runt [rʌnt] *n* (*animal*) *najsłabszy z miotu*; (*pej*: *person*) cherlak *m* (*pej*).

run-through ['rʌnθru:] *n* próba *f*.

run-up ['rʌnʌp] *n*: **the run-up to** okres *m* poprzedzający *+acc*.

runway ['rʌnweɪ] *n* pas *m* startowy.

rupee [ru:'pi:] *n* rupia *f*.

rupture ['rʌptʃə*] *n* (*MED*: *hernia*) przepuklina *f*; (: *of blood vessel, appendix*) pęknięcie *nt*; (*between people, groups*) zerwanie *nt* ♦ *vt*: **to rupture o.s.** (*MED*) dostać (*perf*) przepukliny.

rural ['ruərl] *adj* (*area*) wiejski; (*economy*) rolny; (*country*) rolniczy.

rural district council (*BRIT*) *n rada okręgu wiejskiego.*

ruse [ru:z] *n* podstęp *m*.

rush [rʌʃ] *n* (*hurry*) pośpiech *m*; (*COMM*) nagły popyt *m*; (*of air*) podmuch *m*; (*of feeling, emotion*) przypływ *m* ♦ *vt* (*lunch, job*) śpieszyć się (pośpieszyć się *perf*) z *+instr*; (*supplies*) natychmiast wysyłać (wysłać *perf*) ♦ *vi* (*person*) pędzić (popędzić *perf*); (*air, water*): **to rush in(to)** wdzierać się (wedrzeć się *perf*) (do *+gen*); **rushes** *npl* (*BOT*) sitowie *nt*; **is there any rush for this?** czy to pilne?; **I'm in a rush (to)** śpieszę się (, żeby *+infin*); **we've had a rush of orders** mieliśmy mnóstwo zamówień; **don't rush me!** nie poganiaj mnie!; **to rush sth off** wysyłać (wysłać *perf*) coś natychmiast; **they rushed her to hospital** natychmiast zawieźli ją do szpitala; **she rushed to book a seat** pośpieszyła zarezerwować miejsce; **to rush sb into doing sth** przynaglać kogoś do zrobienia czegoś; **gold rush** gorączka złota.

►**rush through** *vt* (*order, application*) szybko załatwiać (załatwić *perf*).

rush hour *n* godzina *f* szczytu.

rush job *n*: **it was a rush job** to było robione w pośpiechu.

rush matting *n* mata *f*.

rusk [rʌsk] *n* sucharek *m*.

Russia ['rʌʃə] *n* Rosja *f*.

Russian ['rʌʃən] *adj* rosyjski ♦ *n* (*person*) Rosjanin (-anka) *m(f)*; (*LING*) (język *m*) rosyjski.

rust [rʌst] *n* rdza *f* ♦ *vi* rdzewieć (zardzewieć *perf*).

rustic ['rʌstɪk] *adj* wiejski; (*style, furniture*) rustykalny ♦ *n* (*pej*) prostak (-aczka) *m(f)*.

rustle ['rʌsl] *vi* szeleścić (zaszeleścić *perf*) ♦ *vt* (*paper etc*) szeleścić (zaszeleścić *perf*) *+instr*; (*US*: *cattle*) kraść (ukraść *perf*).

rustproof ['rʌstpru:f] *adj* odporny na rdzę.

rustproofing ['rʌstpru:fɪŋ] *n* ochrona *f* przed rdzą.

rusty ['rʌstɪ] *adj* zardzewiały; (*fig*: *skill*): **my German is pretty rusty** dużo zapomniałem z niemieckiego.

rut [rʌt] *n* (*in path, ground*) koleina *f*; (*ZOOL*) okres *m* godowy; **he is in a rut** (*fig*) popadł w rutynę.

rutabaga [ru:tə'beɪgə] (*US*) *n* brukiew *f*.

ruthless ['ru:θlɪs] *adj* bezwzględny.

ruthlessness ['ru:θlɪsnɪs] *n* bezwzględność *f*.

RV *abbr* (*BIBLE*: = *revised version*) *angielskie tłumaczenie Biblii z roku 1885* ♦ *n abbr* (*US*) = **recreational vehicle**.

rye [raɪ] *n* żyto *nt*.

rye bread *n* chleb *m* żytni.

S,s

S[1], **s** [ɛs] *n* (*letter*) S *nt*, s *nt*; (*US*: *SCOL*) ≈ dostateczny *nt inv*; **S for sugar** ≈ S jak Stanisław.

S[2] *abbr* = **south** płd.; = **small**; = **saint** św.

SA *abbr* = **South Africa**; = **South America**.

Sabbath ['sæbəθ] *n* (*Jewish*) sabat *m*, szabas *m*; (*Christian*) Dzień *m* Pański.

sabbatical [sə'bætɪkl] *n* (*also*: **sabbatical year**) urlop *m* naukowy.

sabotage ['sæbətɑ:ʒ] *n* sabotaż *m* ♦ *vt* (*machine, building*) niszczyć (zniszczyć *perf*) (*w akcie sabotażu*); (*plan, meeting*) sabotować.

sabre ['seɪbə*] *n* szabla *f*.

saccharin(e) ['sækərɪn] *n* sacharyna *f* ♦ *adj* (*fig*) cukierkowy.

sachet ['sæʃeɪ] *n* torebeczka *f*.

sack [sæk] *n* worek *m* ♦ *vt* (*dismiss*) zwalniać (zwolnić *perf*), wylewać (wylać *perf*) (*inf*); (*plunder*) łupić (złupić *perf*); **he got the sack** zwolnili *or* wylali (*inf*) go.

sackful ['sækful] *n*: **a sackful of** worek *+gen*.

sacking ['sækɪŋ] *n* (*dismissal*) zwolnienie *nt*; (*material*) płótno *nt* workowe.

sacrament ['sækrəmənt] *n* sakrament *m*.

sacred ['seɪkrɪd] *adj* (*music, writings*) sakralny; (*animal, calling, duty*) święty.

sacred cow *n* (*fig*) święta krowa *f*.

sacrifice ['sækrɪfaɪs] *n* (*offering*) składanie *nt* ofiary; (*animal etc offered*) ofiara *f*; (*fig*) poświęcenie *nt*, wyrzeczenie *nt* ♦ *vt* składać (złożyć *perf*) w ofierze, składać (złożyć *perf*) ofiarę z *+gen*; (*fig*) poświęcać (poświęcić *perf*); **to make sacrifices (for sb)** poświęcać się (dla kogoś).

sacrilege ['sækrɪlɪdʒ] *n* świętokradztwo *nt*.

sacrosanct ['sækrəusæŋkt] *adj* (*fig*: *custom*) uświęcony (tradycją); (*law*) święty, nienaruszalny; (*place, person*) święty, nietykalny.

sad [sæd] *adj* smutny.

sadden ['sædn] *vt* smucić, zasmucać (zasmucić *perf*).

saddle ['sædl] *n* (*for horse*) siodło *nt*; (*of bicycle*) siodełko *nt* ♦ *vt* (*horse*) siodłać (osiodłać *perf*); **to be saddled with** (*inf*) być obarczonym *+instr*.

saddlebag ['sædlbæg] *n* sakwa *f* (*przy siodle, rowerowa itp*).

sadism ['seɪdɪzəm] *n* sadyzm *m*.

sadist ['seɪdɪst] *n* sadysta (-tka) *m(f)*.

sadistic [sə'dɪstɪk] *adj* sadystyczny.

sadly ['sædlɪ] *adv* (*unhappily*) smutno, ze smutkiem; (*unfortunately*) niestety; (*mistaken, neglected*) poważnie; **the school is sadly lacking in equipment** szkoła odczuwa dotkliwe braki w wyposażeniu.

sadness ['sædnɪs] *n* smutek *m*.

sae (*BRIT*) *abbr* (= *stamped addressed envelope*) *see* **stamp**.
safari [sə'fɑ:rɪ] *n* safari *nt inv*.
safari park *n* park *m* safari.
safe [seɪf] *adj* bezpieczny; (*POL*: *seat*) pewny ♦ *n* sejf *m*; **they are safe from attack** nie grozi im atak; **safe and sound** cały i zdrowy; **(just) to be on the safe side** (tak) na wszelki wypadek; **to play safe** nie ryzykować; **it is safe to say that ...** śmiało można powiedzieć, że ...; **safe journey!** szczęśliwej podróży!
safe-breaker ['seɪfbreɪkə*] (*BRIT*) *n* kasiarz *m* (*inf*).
safe-conduct [seɪf'kɔndʌkt] *n* (*document*) list *m* żelazny, glejt *m*.
safe-cracker ['seɪfkrækə*] = **safe-breaker**.
safe-deposit ['seɪfdɪpɔzɪt] *n* (*vault*) skarbiec *m* pancerny, sejf *m* bankowy; (*also*: **safe-deposit box**) skrytka *f* depozytowa *or* sejfowa *or* bankowa.
safeguard ['seɪfgɑ:d] *n* zabezpieczenie *nt* ♦ *vt* (*future*) zabezpieczać (zabezpieczyć *perf*); (*life, interests*) ochraniać, chronić.
safe house *n* lokal *m* kontaktowy.
safekeeping ['seɪf'ki:pɪŋ] *n* przechowanie *nt*.
safely ['seɪflɪ] *adv* (*assume, say*) spokojnie, śmiało; (*drive, arrive*) bezpiecznie; (*shut, lock*) dokładnie.
safe sex *n* bezpieczny seks *m*.
safety ['seɪftɪ] *n* bezpieczeństwo *nt*; **safety first!** bezpieczeństwo przede wszystkim!
safety belt *n* pas *m* bezpieczeństwa.
safety catch *n* (*on gun*) bezpiecznik *m*; (*on window, door*) zapornica *f*.
safety net *n* siatka *f* asekuracyjna; (*fig*) zabezpieczenie *nt*.
safety pin *n* agrafka *f*.
safety valve *n* zawór *m* bezpieczeństwa.
saffron ['sæfrən] *n* szafran *m*.
sag [sæg] *vi* (*bed*) zapadać się; (*breasts*) obwisać; (*fig*: *demand*) spadać (spaść *perf*); **his spirits sagged** upadł na duchu.
saga ['sɑ:gə] *n* saga *f*.
sage [seɪdʒ] *n* (*BOT*) szałwia *f*; (*person*) mędrzec *m*.
Sagittarius [sædʒɪ'tɛərɪəs] *n* Strzelec *m*; **to be Sagittarius** być spod znaku Strzelca.
sago ['seɪgəu] (*CULIN*) *n* sago *nt inv*.
Sahara [sə'hɑ:rə] *n*: **the Sahara (Desert)** Sahara *f*.
Sahel [sæ'hɛl] *n* Sahel *m*.
said [sɛd] *pt, pp of* **say**.
Saigon [saɪ'gɔn] *n* Sajgon *m*.
sail [seɪl] *n* żagiel *m* ♦ *vt* (*ship, boat*) płynąć (popłynąć *perf*) +*instr*; (: *regularly, as job*) pływać na +*loc*; (*ocean*) przepływać (przepłynąć *perf*) ♦ *vi* (*travel*) płynąć (popłynąć *perf*); (*SPORT*) uprawiać żeglarstwo, żeglować; (*also*: **set sail**) wypływać (wypłynąć *perf*); (*fig*: *ball etc*) szybować (poszybować *perf*); **to go for a sail** wybierać się (wybrać się *perf*) na żagle.
▸**sail through** *vt fus* (*fig*): **she sailed through the exam** śpiewająco zdała egzamin.
sailboat ['seɪlbəut] (*US*) *n* żaglówka *f*.
sailing ['seɪlɪŋ] *n* (*SPORT*) żeglarstwo *nt*; (*voyage*) rejs *m*; **to go sailing** wybierać się (wybrać się *perf*) na żagle.
sailing boat *n* żaglówka *f*.
sailing ship *n* żaglowiec *m*.
sailor ['seɪlə*] *n* marynarz *m*; (*on sailing boat/ship*) żeglarz (-arka) *m(f)*.
saint [seɪnt] *n* święty (-ta) *m(f)*.
saintly ['seɪntlɪ] *adj* świątobliwy.
sake [seɪk] *n*: **for the sake of sb/sth, for sb's/sth's sake** ze względu *or* przez wzgląd na kogoś/coś; **he enjoys talking for talking's sake** lubi mówić dla samego mówienia; **for the sake of argument** (czysto) teoretycznie; **art for art's sake** sztuka dla sztuki; **for heaven's sake!** na miłość *or* litość boską!
salad ['sæləd] *n* sałatka *f*; **tomato salad** sałatka z pomidorów; **green salad** (zielona) sałata (*często z dodatkiem innych zielonych warzyw*).
salad bowl *n* salaterka *f*.
salad cream (*BRIT*) *n* sos *m* do sałatek (*na bazie majonezu*).
salad dressing *n* sos *m* do sałatek (*typu vinaigrette*).
salami [sə'lɑ:mɪ] *n* salami *nt inv*.
salaried ['sælərɪd] *adj* otrzymujący pensję.
salary ['sælərɪ] *n* pensja *f*, pobory *pl*.
salary scale *n* skala *f* płac.
sale [seɪl] *n* (*selling*) sprzedaż *f*; (*at reduced prices*) wyprzedaż *f*; (*auction*) aukcja *f*, licytacja *f*; **sales** *npl* obroty *pl*, ogół *m* transakcji ♦ *cpd* (*campaign*) reklamowy, promocyjny; (*conference*) handlowy; **sales figures** wysokość sprzedaży; **sales target** zakładana wysokość sprzedaży; **"for sale"** „na sprzedaż"; **on sale** (*available in shops*) w sprzedaży; **these goods are on sale or return** w razie niesprzedania towary te podlegają zwrotowi; **closing-down** *or* (*US*) **liquidation sale** wyprzedaż końcowa *or* likwidacyjna.
sale and lease back *n sprzedaż dóbr z zastrzeżeniem możliwości dalszego ich użytkowania na zasadzie wynajmu*.
saleroom ['seɪlru:m] *n* sala *f or* hala *f* aukcyjna.
sales assistant [seɪlz-] (*US* **sales clerk**) *n* sprzedawca (-wczyni) *m(f)*, ekspedient(ka) *m(f)*.
sales force *n* agenci *pl* handlowi.
salesman ['seɪlzmən] (*irreg like*: **man**) *n* (*in shop*) sprzedawca *m*, ekspedient *m*; (*representative*) akwizytor *m*.
sales manager *n* kierownik *m* działu sprzedaży *or* zbytu; (*in big company*) dyrektor *m* handlowy.
salesmanship ['seɪlzmənʃɪp] *n* sztuka *f* pozyskiwania klienta.

sales tax (*US*) *n* podatek *m* od wartości dodanej (*przy zakupie*).
saleswoman ['seɪlzwumən] (*irreg like*: **woman**) *n* (*in shop*) sprzedawczyni *f*, ekspedientka *f*; (*representative*) akwizytorka *f*.
salient ['seɪlɪənt] *adj* (*points*) najistotniejszy; (*features*) (najbardziej) rzucający się w oczy.
saline ['seɪlaɪn] *adj* (*deposits*) solny; **saline solution** roztwór soli.
saliva [sə'laɪvə] *n* ślina *f*.
sallow ['sæləu] *adj* ziemisty.
sally forth ['sælɪ-] (*old*) *vi* wyruszać (wyruszyć *perf*).
sally out *vi* = **sally forth**.
salmon ['sæmən] *n inv* łosoś *m*.
salmon trout *n* pstrąg *m* potokowy, troć *f*.
salon ['sælɔn] *n*: **beauty salon** gabinet *m* kosmetyczny, salon *m* piękności; **hairdressing salon** salon fryzjerski.
saloon [sə'lu:n] *n* (*US*) bar *m*; (*BRIT*: *AUT*) sedan *m*; (*ship's lounge*) salon *m*.
SALT [sɔ:lt] *n abbr* (= *Strategic Arms Limitation Talks/Treaty*) rokowania *pl*/układ *m* SALT.
salt [sɔ:lt] *n* sól *f* ♦ *vt* (*preserve*) solić, zasalać (zasolić *perf*); (*potatoes, soup*) solić (posolić *perf*); (*road*) posypywać (posypać *perf*) solą ♦ *cpd* (*lake*) słony; (*deposits*) solny, soli *post*; (*CULIN*) solony; **the salt of the earth** (*fig*) sól ziemi; **to take sth with a pinch** *or* **grain of salt** (*fig*) podchodzić (podejść *perf*) do czegoś z rezerwą.
salt cellar *n* solniczka *f*.
salt-free ['sɔ:lt'fri:] *adj* nie zawierający soli.
salt mine *n* kopalnia *f* soli.
saltwater ['sɔ:lt'wɔ:tə*] *adj* słonowodny.
salty ['sɔ:ltɪ] *adj* słony.
salubrious [sə'lu:brɪəs] *adj* (*air, living conditions*) zdrowy; (*district etc*) porządny.
salutary ['sæljutərɪ] *adj* pożyteczny.
salute [sə'lu:t] *n* (*MIL*) honory *pl* (wojskowe); (: *with guns*) salut *m*, salwa *f* (honorowa); (*greeting*) pozdrowienie *nt* ♦ *vt* (*officer*) salutować (zasalutować *perf*) +*dat*; (*flag*) oddawać (oddać *perf*) honory (wojskowe) +*dat*; (*fig*) oddawać (oddać *perf*) cześć *or* hołd +*dat*.
salvage ['sælvɪdʒ] *n* (*saving*) ocalenie *nt*; (*things saved*) ocalone mienie *nt* ♦ *vt* (*lit, fig*) ratować (uratować *perf*), ocalać (ocalić *perf*); **salvage operation** akcja ratunkowa *or* ratownicza.
salvage vessel *n* statek *m or* okręt *m* ratowniczy.
salvation [sæl'veɪʃən] *n* (*REL*) zbawienie *nt*; (*fig*) ratunek *m*, wybawienie *nt*.
Salvation Army *n* Armia *f* Zbawienia.
salver ['sælvə*] *n* taca *f* (*ozdobna, najczęściej srebrna*).
salvo ['sælvəu] (*pl* **salvoes**) *n* salwa *f*.
Samaritan [sə'mærɪtən] *n*: **the Samaritans** Samarytanie *vir pl* (*organizacja niosąca pomoc osobom znajdującym się w kryzysie życiowym*).
same [seɪm] *adj* ten sam; (*identical*) taki sam ♦ *pron*: **the same (is true of art)** to samo (dotyczy sztuki); **(he will never be) the same (again)** (już nigdy nie będzie) taki sam; **on the same day** tego samego dnia; **at the same time** (*simultaneously*) w tym samym momencie, równocześnie; (*yet*) jednocześnie, zarazem; **all** *or* **just the same** (po)mimo to, niemniej jednak; **to do the same (as sb)** robić (zrobić *perf*) to samo (co ktoś); **happy New Year! – same to you!** szczęśliwego Nowego Roku! – nawzajem!; **you're a fool! – same to you!** głupi jesteś! – sam jesteś głupi!; **I hate him – same here!** nienawidzę go – ja też!; **they're one and the same (person)** to jedna i ta sama osoba; **they're one and the same (thing)** to jedno i to samo; **same again!** (*in bar etc*) jeszcze raz to samo!; **(no, but) thanks all the same** (nie, ale) mimo to dziękuję.
sample ['sɑ:mpl] *n* próbka *f* ♦ *vt* (*food, wine*) próbować (spróbować *perf*) +*gen*; **to take a sample** brać (wziąć *perf*) próbkę; **free sample** darmowa próbka.
sanatorium [sænə'tɔ:rɪəm] (*pl* **sanatoria**) *n* sanatorium *nt*.
sanctify ['sæŋktɪfaɪ] *vt* uświęcać (uświęcić *perf*).
sanctimonious [sæŋktɪ'məunɪəs] *adj* świętoszkowaty.
sanction ['sæŋkʃən] *n* (*approval*) poparcie *nt* ♦ *vt* sankcjonować (usankcjonować *perf*); **sanctions** *npl* sankcje *pl*; **to impose economic sanctions on** *or* **against** nakładać (nałożyć *perf*) sankcje ekonomiczne na +*acc*.
sanctity ['sæŋktɪtɪ] *n* świętość *f*.
sanctuary ['sæŋktjuərɪ] *n* (*for birds, animals*) rezerwat *m*; (*for person*) (bezpieczne) schronienie *nt*, azyl *m*; (*in church*) prezbiterium *nt*.
sand [sænd] *n* piasek *m* ♦ *vt* (*also*: **sand down**) wygładzać (wygładzić *perf*) papierem ściernym; *see also* **sands**.
sandal ['sændl] *n* sandał *m*.
sandbag ['sændbæg] *n* worek *m* z piaskiem.
sandblast ['sændblɑ:st] *vt* piaskować.
sandbox ['sændbɔks] (*US*) *n* = **sandpit**.
sandcastle ['sændkɑ:sl] *n* zamek *m* z piasku.
sand dune *n* wydma *f* (piaszczysta).
S & M *n abbr* (= *sadomasochism*) sadomasochizm *m*.
sandpaper ['sændpeɪpə*] *n* papier *m* ścierny.
sandpit ['sændpɪt] *n* piaskownica *f*.
sands [sændz] *npl* piaski *pl*.
sandstone ['sændstəun] *n* piaskowiec *m*.
sandstorm ['sændstɔ:m] *n* burza *f* piaskowa.
sandwich ['sændwɪtʃ] *n* kanapka *f* ♦ *vt*: **sandwiched between** wciśnięty (po)między +*acc*; **cheese/ham sandwich** kanapka z serem/szynką.

sandwich board *n* tablica *f* reklamowa (*noszona na piersiach i plecach przez człowieka-reklamę*).
sandwich course (*BRIT*) *n kurs, w którym okresy nauki przeplatają się z okresami praktyki zawodowej.*
sandwich man (*irreg like*: **man**) *n* człowiek *m* – reklama *f*.
sandy ['sændɪ] *adj* (*beach*) piaszczysty; (*hair*) rudoblond.
sane [seɪn] *adj* (*person*: *MED*) zdrowy psychicznie; (: *fig*) zdrowy na umyśle, przy zdrowych zmysłach *post*; (*decision, action*) rozumny, rozsądny.
sang [sæŋ] *pt of* **sing**.
sanguine ['sæŋgwɪn] *adj* (*person*) ufny, pełen optymizmu; (*attitude*) optymistyczny; **to be sanguine of** *or* **about** ufać w *+acc*.
sanitarium [sænɪ'tɛərɪəm] (*US*: *pl* **sanitaria**) *n* = **sanatorium**.
sanitary ['sænɪtərɪ] *adj* (*inspector, conditions, facilities*) sanitarny; (*clean*) higieniczny.
sanitary towel (*US* **sanitary napkin**) *n* podpaska *f* (higieniczna).
sanitation [sænɪ'teɪʃən] *n* (*conditions*) warunki *f* sanitarne; (*facilities*) urządzenia *pl* sanitarne.
sanitation department (*US*) *n* ≈ przedsiębiorstwo *nt* oczyszczania miasta.
sanity ['sænɪtɪ] *n* (*of person*) zdrowie *nt* psychiczne; (*common sense*) (zdrowy) rozsądek *m*.
sank [sæŋk] *pt of* **sink**.
San Marino ['sænmə'ri:nəu] *n* San Marino *nt inv*.
Santa Claus [sæntə'klɔ:z] *n* Święty Mikołaj *m*.
Santiago [sæntɪ'ɑ:gəu] *n* (*also*: **Santiago de Chile**) Santiago *nt inv*.
sap [sæp] *n* sok *m* (*z rośliny*) ♦ *vt* nadwątlać (nadwątlić *perf*).
sapling ['sæplɪŋ] *n* młode drzewko *nt*.
sapphire ['sæfaɪə*] *n* szafir *m*.
sarcasm ['sɑ:kæzm] *n* sarkazm *m*.
sarcastic [sɑ:'kæstɪk] *adj* sarkastyczny.
sarcophagus [sɑ:'kɔfəgəs] (*pl* **sarcophagi**) *n* sarkofag *m*.
sardine [sɑ:'di:n] *n* sardynka *f*.
Sardinia [sɑ:'dɪnɪə] *n* Sardynia *f*.
Sardinian [sɑ:'dɪnɪən] *adj* sardyński ♦ *n* (*person*) Sardyńczyk (-ynka) *m(f)*; (*LING*) (język *m*) sardyński.
sardonic [sɑ:'dɔnɪk] *adj* sardoniczny.
sari ['sɑ:rɪ] *n* sari *nt inv*.
sartorial [sɑ:'tɔ:rɪəl] *adj*: **he was a man of great sartorial elegance** odznaczał się wielką elegancją stroju.
SAS (*BRIT*: *MIL*) *n abbr* (= *Special Air Service*) *jednostka wojskowa do zadań specjalnych.*
SASE (*US*) *n abbr* (= *self-addressed stamped envelope*) koperta *f* zwrotna ze znaczkiem.
sash [sæʃ] *n* (*of garment*) szarfa *f*; (*of window*) skrzydło *nt*.
sash window *n* okno *nt* otwierane pionowo (*przez przesuwanie do góry jednego ze skrzydeł*).
SAT (*US*) *n abbr* (= *Scholastic Aptitude Test*) *egzamin sprawdzający zdolności naukowe kandydata na studia wyższe.*
sat [sæt] *pt, pp of* **sit**.
Sat. *abbr* = **Saturday** so., sob.
Satan ['seɪtn] *n* szatan *m*.
satanic [sə'tænɪk] *adj* (*cult, rites*) sataniczny; (*smile*) szatański.
satchel ['sætʃl] *n* tornister *m*.
sated ['seɪtɪd] *adj* (*person*) nasycony; (*appetite*) zaspokojony; **to be sated with sth** (*fig*) mieć przesyt czegoś.
satellite ['sætəlaɪt] *n* satelita *m*; (*POL*: *also*: **satellite state**) państwo *nt* satelitarne, satelita *m*.
satellite dish *n* antena *f* satelitarna.
satellite television *n* telewizja *f* satelitarna.
satiate ['seɪʃɪeɪt] *vt* sycić (nasycić *perf*); (*fig*) zaspokajać (zaspokoić *perf*).
satin ['sætɪn] *n* atłas *m*, satyna *f* ♦ *adj* atłasowy, satynowy; **with a satin finish** (*wood etc*) z połyskiem.
satire ['sætaɪə*] *n* satyra *f*.
satirical [sə'tɪrɪkl] *adj* satyryczny.
satirist ['sætɪrɪst] *n* satyryk (-yczka) *m(f)*.
satirize ['sætɪraɪz] *vt* ośmieszać (ośmieszyć *perf*) (*posługując się satyrą*).
satisfaction [sætɪs'fækʃən] *n* (*contentment*) zadowolenie *nt*, satysfakcja *f*; (*apology*) zadośćuczynienie *nt*; (*refund*) rekompensata *f*; **has it been done to your satisfaction?** czy wszystko zostało zrobione tak, jak Pan/Pani sobie życzył/a?
satisfactorily [sætɪs'fæktərɪlɪ] *adv* (*perform*) zadowalająco; (*recover*) dostatecznie.
satisfactory [sætɪs'fæktərɪ] *adj* zadowalający; (*SCOL*: *grade*) dostateczny.
satisfied ['sætɪsfaɪd] *adj* (*customer*) zadowolony; **to be satisfied (with sth)** być zadowolonym (z czegoś).
satisfy ['sætɪsfaɪ] *vt* (*person*) zadowalać (zadowolić *perf*); (*needs, demand*) zaspokajać (zaspokoić *perf*); (*conditions*) spełniać (spełnić *perf*); **to satisfy sb that ...** przekonać (*perf*) kogoś, że...; **to satisfy o.s. that ...** upewniać się (upewnić się *perf*), że... .
satisfying ['sætɪsfaɪɪŋ] *adj* (*meal*) suty; (*feeling*) przyjemny; (*job*) dający zadowolenie *or* satysfakcję.
satsuma [sæt'su:mə] *n rodzaj mandarynki.*
saturate ['sætʃəreɪt] *vt*: **to saturate (with)** nasycać (nasycić *perf*) (*+instr*); (*fig*) zarzucać (zarzucić *perf*) *or* zasypywać (zasypać *perf*) (*+instr*); **his shirt was saturated with blood/sweat** koszulę miał przesiąkniętą krwią/potem.
saturation [sætʃə'reɪʃən] *n* nasycenie *nt* ♦ *cpd*

(*bombing*) zmasowany; **saturation point** punkt nasycenia.
Saturday ['sætədɪ] *n* sobota *f*; *see also* **Tuesday**.
sauce [sɔːs] *n* sos *m*.
saucepan ['sɔːspən] *n* rondel *m*.
saucer ['sɔːsə*] *n* spodek *m*, spodeczek *m*.
saucy ['sɔːsɪ] *adj* bezczelny.
Saudi ['saudi-] *adj* (*also*: **Saudi Arabian**) saudyjski.
Saudi Arabia ['saudɪ-] *n* Arabia *f* Saudyjska.
sauna ['sɔːnə] *n* sauna *f*.
saunter ['sɔːntə*] *vi* (*about a place*) przechadzać się; (*somewhere*) przespacerować się *(perf)*.
sausage ['sɔsɪdʒ] *n* kiełbasa *f*.
sausage roll *n rodzaj pasztecika z kiełbaską*.
sauté ['səuteɪ] *vt* smażyć (usmażyć *perf*) (*bez panierowania*) ♦ *adj*: **sauté** *or* **sautéed potatoes** ziemniaki *pl* sauté; **sauté the onions until golden brown** (*in recipe*) podsmażać cebulę (aż) do zrumienienia.
savage ['sævɪdʒ] *adj* (*animal, tribe*) dziki; (*attack*) wściekły, brutalny; (*voice, criticism*) srogi, ostry ♦ *n* (*old, pej*) dzikus(ka) *m(f)* ♦ *vt* (mocno) pokiereszować *(perf) or* poturbować *(perf)*; (*fig*) nie zostawiać (nie zostawić *perf*) suchej nitki na *+loc*.
savagely ['sævɪdʒlɪ] *adv* (*attack, beat*) brutalnie; (*criticize*) ostro.
savagery ['sævɪdʒrɪ] *n* brutalność *f*, okrucieństwo *nt*.
save [seɪv] *vt* (*person, sb's life, marriage*) ratować (uratować *perf*), ocalać (ocalić *perf*); (*food, wine*) zachowywać (zachować *perf*) (na później); (*money, time*) oszczędzać (oszczędzić *perf or* zaoszczędzić *perf*); (*work, trouble*) oszczędzać (oszczędzić *perf*) *or* zaoszczędzać (zaoszczędzić *perf*) *+gen*; (*receipt etc*) zachowywać (zachować *perf*); (*seat*: *for sb*) zajmować (zająć *perf*); (*SPORT*) bronić (obronić *perf*); (*COMPUT*) zapisywać (zapisać *perf*) ♦ *vi* (*also*: **save up**) oszczędzać ♦ *n* (*SPORT*): **he made a brilliant save** znakomicie obronił (piłkę) ♦ *prep* (*fml*) z wyjątkiem *+gen*, wyjąwszy *+acc* (*fml*); **it will save me an hour** dzięki temu zaoszczędzę godzinę; **to save face** ratować (uratować *perf*) twarz; **God save the Queen!** Boże zachowaj Królową!
saving ['seɪvɪŋ] *n* oszczędność *f* ♦ *adj*: **the saving grace of sth** jedyny plus *m* czegoś; **the play's saving grace was good acting** sztukę (u)ratowało dobre aktorstwo; **savings** *npl* oszczędności *pl*; **to make savings** robić (porobić *perf*) oszczędności.
savings account *n* rachunek *m* oszczędnościowy.
savings bank *n* ≈ kasa *f* oszczędności.
saviour ['seɪvjə*] (*US* **savior**) *n* zbawca *m*; (*REL*) Zbawiciel *m*.
savoir-faire ['sævwɑːfɛə*] *n* ogłada *f*.
savour ['seɪvə*] (*US* **savor**) *vt* delektować się *+instr* ♦ *n* aromat *m*.
savoury ['seɪvərɪ] (*US* **savory**) *adj* (*food, dish*) pikantny.
savvy ['sævɪ] (*inf*) *n* (*political etc*) zmysł *m*.
saw [sɔː] (*pt* **sawed**, *pp* **sawed** *or* **sawn**) *vt* piłować, przepiłowywać (przepiłować *perf*) ♦ *n* piła *f* ♦ *pt of* **see**; **to saw sth up** ciąć (pociąć *perf*) coś (piłą) na kawałki.
sawdust ['sɔːdʌst] *n* trociny *pl*.
sawmill ['sɔːmɪl] *n* tartak *m*.
sawn [sɔːn] *pp of* **saw**.
sawn-off ['sɔːnɔf] (*US* **sawed-off**) *adj*: **sawn-off shotgun** obrzynek *m*.
saxophone ['sæksəfəun] *n* saksofon *m*.
say [seɪ] (*pt, pp* **said**) *vt* mówić (powiedzieć *perf*) ♦ *n*: **to have one's say** wypowiadać się (wypowiedzieć się *perf*); **to have a** *or* **some say in sth** mieć coś do powiedzenia w jakiejś sprawie, mieć na coś (pewien) wpływ; **to say yes** zgadzać się (zgodzić się *perf*); **to say no** odmawiać (odmówić *perf*); **could you say that again?** czy mógłbyś powtórzyć?; **you can say that again!** zgadza się!; **she said (that) I was to give you this** powiedziała, że mam ci to dać; **my watch says three o'clock** mój zegarek wskazuje trzecią; **it says on the sign "No Smoking"** na znaku napisane jest „Palenie wzbronione"; **(shall we) say 8 o'clock?** powiedzmy o 8-ej?; **that doesn't say much for him** to niezbyt dobrze o nim świadczy; **when all is said and done** koniec końców; **there is something/a lot to be said for this description** ten opis ma parę/wiele zalet; **that is to say** to znaczy *or* jest; **it goes without saying that ...** to oczywiste, że ...; **to say nothing of** nie mówiąc (już) o *+loc*; **say (that) you won a million pounds** powiedzmy, że wygrałeś milion funtów.
saying ['seɪɪŋ] *n* powiedzenie *nt*.
say-so ['seɪsəu] *n* zgoda *f*, zezwolenie *nt*; **to do sth on sb's say-so** robić (zrobić *perf*) coś za czyjąś zgodą.
SBA (*US*) *n abbr* (= *Small Business Administration*) *urząd federalny udzielający pomocy małym i średnim przedsiębiorstwom*.
SC (*US*) *n abbr* = **supreme court** ≈ SN ♦ *abbr* (*POST*: = *South Carolina*).
s/c *abbr* = **self-contained**.
scab [skæb] *n* (*on wound*) strup *m*; (*pej*: *person*) łamistrajk *m*.
scabby ['skæbɪ] (*pej*) *adj* pokryty strupami.
scaffold ['skæfəld] *n* (*for execution*) szafot *m*.
scaffolding ['skæfəldɪŋ] *n* rusztowanie *nt*.
scald [skɔːld] *n* poparzenie *nt* (*wrzątkiem*) ♦ *vt* parzyć (poparzyć *perf*) (*wrzątkiem*).
scalding ['skɔːldɪŋ] *adj* (*also*: **scalding hot**) bardzo gorący.
scale [skeɪl] *n* (*of numbers, salaries, model*) skala *f*; (*of map*) skala *f*, podziałka *f*; (*of fish*)

łuska *f*; (*MUS*) gama *f*; (*size, extent*) rozmiary *pl*, wielkość *f* ♦ *vt* wdrapywać się (wdrapać się *perf*) na *+acc*; **scales** *npl* waga *f*; **pay scale** skala *or* tabela płac; **scale of charges** tabela *or* taryfa opłat; **to draw sth to scale** rysować (narysować *perf*) coś w skali; **a small-scale model** model małych rozmiarów; **on a large scale** na dużą *or* wielką skalę.
▸**scale down** *vt* (proporcjonalnie) zmniejszać (zmniejszyć *perf*).
scale drawing *n* rysunek *m* w skali zmniejszonej.
scallion ['skæljən] (*CULIN, BOT*) *n* cebulka *f*; (*US*: *shallot*) szalotka *f*; (: *leek*) por *m*.
scallop ['skɔləp] *n* (*ZOOL*) przegrzebek *m* (*małż morski*); (*SEWING*) (ozdobny) obrębek *m*.
scalp [skælp] *n* skóra *f* głowy; (*removed from dead body*) skalp *m* ♦ *vt* skalpować (oskalpować *perf*).
scalpel ['skælpl] (*MED*) *n* skalpel *m*.
scalper ['skælpə*] (*US*: *inf*) *n* (*ticket tout*) konik *m* (*inf*).
scamp [skæmp] (*inf*) *n* urwis *m*, łobuziak *m*.
scamper ['skæmpə*] *vi*: **to scamper away** *or* **off** czmychać (czmychnąć *perf*).
scampi ['skæmpɪ] (*BRIT*) *npl* panierowane krewetki *pl*.
scan [skæn] *vt* (*scrutinize*) badawczo przyglądać się (przyjrzeć się *perf*) *+dat*; (*look through*) przeglądać (przejrzeć *perf*); (*RADAR*) badać, penetrować; (*TV*) składać ♦ *vi* (*poetry*) mieć rytm ♦ *n* (*MED*): **brain** *etc* **scan** obrazowanie *nt* mózgu *etc* (*za pomocą tomografii, magnetycznego rezonansu jądrowego itp*).
scandal ['skændl] *n* (*shocking event, disgrace*) skandal *m*; (*gossip*) plotki *pl*.
scandalize ['skændəlaɪz] *vt* gorszyć (zgorszyć *perf*), oburzać (oburzyć *perf*).
scandalous ['skændələs] *adj* skandaliczny.
Scandinavia [skændɪ'neɪvɪə] *n* Skandynawia *f*.
Scandinavian [skændɪ'neɪvɪən] *adj* skandynawski ♦ *n* Skandynaw(ka) *m(f)*.
scanner ['skænə*] *n* (*MED*) skaner *m*; (*RADAR*) antena *f* radarowa *or* przeszukująca.
scant [skænt] *adj* niewielki.
scantily ['skæntɪlɪ] *adv*: **scantily clad** *or* **dressed** skąpo odziany.
scanty ['skæntɪ] *adj* skąpy.
scapegoat ['skeɪpgəut] *n* kozioł *m* ofiarny.
scar [skɑ:] *n* (*on skin*) blizna *f*, szrama *f*; (*fig*) piętno *nt* ♦ *vt* pokrywać (pokryć *perf*) bliznami; (*fig*) wywoływać (wywołać *perf*) (trwały) uraz u *+gen*.
scarce [skɛəs] *adj*: **water/food was scarce** brakowało *or* było za mało wody/jedzenia; **to make o.s. scarce** (*inf*) ulatniać się (ulotnić się *perf*) (*inf*).
scarcely ['skɛəslɪ] *adv* ledwo, (za)ledwie; **scarcely anybody** prawie nikt; **I can scarcely believe it** ledwo *or* z ledwością mogę w to uwierzyć; **there could scarcely be a worse environment for children** trudno o gorsze środowisko dla dzieci.
scarcity ['skɛəsɪtɪ] *n* niedobór *m*; (*COMM*): **their scarcity value makes them expensive** ich rzadkość sprawia, że są drogie.
scare [skɛə*] *n* (*fright*): **to give sb a scare** napędzać (napędzić *perf*) komuś strachu *or* stracha; (*public fear*) panika *f* ♦ *vt* przestraszać (przestraszyć *perf*); **bomb scare** panika wywołana informacją o podłożeniu bomby.
▸**scare away** *vt* (*animal*) płoszyć (spłoszyć *perf*); (*investor, buyer*) odstraszać (odstraszyć *perf*).
▸**scare off** *vt* = **scare away**.
scarecrow ['skɛəkrəu] *n* strach *m* na wróble.
scared ['skɛəd] *adj* przestraszony, wystraszony; **to be scared (to do sth** *or* **of doing sth)** bać się (coś zrobić); **I was scared stiff** śmiertelnie się bałam.
scaremonger ['skɛəmʌŋgə*] *n* panikarz (-ara) *m(f)* (*pej*).
scarf [skɑ:f] (*pl* **scarfs** *or* **scarves**) *n* (*long*) szal *m*, szalik *m*; (*square, triangular*) chusta *f*.
scarlet ['skɑ:lɪt] *adj* jasnoczerwony.
scarlet fever *n* szkarlatyna *f*.
scarred [skɑ:d] *adj* pokryty bliznami; (*fig*) naznaczony, napiętnowany.
scarves [skɑ:vz] *npl of* **scarf**.
scary ['skɛərɪ] (*inf*) *adj* straszny.
scathing ['skeɪðɪŋ] *adj* (*comment ect*) cięty, zjadliwy; **to be scathing about sth** odnosić się do czegoś pogardliwie *or* z pogardą.
scatter ['skætə*] *vt* (*seeds, papers*) rozrzucać (rozrzucić *or* porozrzucać *perf*); (*flock of birds, crowd*) rozpędzać (rozpędzić *perf*) ♦ *vi* (*crowd*) rozpraszać się (rozproszyć się *perf*).
scatterbrained ['skætəbreɪnd] (*inf*) *adj* roztrzepany.
scattered ['skætəd] *adj* rozproszony, rozsiany; **scattered showers** przelotne opady.
scatty ['skætɪ] (*BRIT*: *inf*) *adj* roztrzepany.
scavenge ['skævəndʒ] *vi*: **to scavenge (for food)** grzebać w odpadkach (w poszukiwaniu jedzenia).
scavenger ['skævəndʒə*] *n* (*person*) *osoba grzebiąca w odpadkach*; (*animal, bird*) padlinożerca *m*.
SCE *n abbr* (= *Scottish Certificate of Education*) *szkockie świadectwo ukończenia szkoły*.
scenario [sɪ'nɑ:rɪəu] *n* (*lit, fig*) scenariusz *m*.
scene [si:n] *n* (*lit, fig*) scena *f*; (*of crime, accident*) miejsce *nt*; (*sight*) obraz *m*; **behind the scenes** (*lit, fig*) za kulisami; **to make a scene** (*inf*) urządzać (urządzić *perf*) scenę; **to appear on the scene** (*fig*) pojawiać się (pojawić się *perf*); **the political scene** scena polityczna.
scenery ['si:nərɪ] *n* (*THEAT*) dekoracje *pl*; (*landscape*) krajobraz *m*.

scenic ['si:nɪk] *adj* (*route, location*) malowniczy.
scent [sɛnt] *n* (*fragrance*) woń *f*, zapach *m*; (*perfume*) perfumy *pl*; (*track: lit, fig*) trop *m*; **to put** *or* **throw sb off the scent** (*fig*) zmylić (*perf*) kogoś.
sceptic ['skɛptɪk] (*US* **skeptic**) *n* sceptyk (-yczka) *m(f)*.
sceptical ['skɛptɪkl] (*US* **skeptical**) *adj* sceptyczny.
scepticism ['skɛptɪsɪzəm] (*US* **skepticism**) *n* sceptycyzm *m*.
sceptre ['sɛptə*] (*US* **scepter**) *n* berło *nt*.
schedule ['ʃɛdju:l] *n* (*of trains, buses*) rozkład *m* jazdy; (*of events and times*) harmonogram *m*, rozkład *m* (zajęć); (*of prices, details etc*) wykaz *m*, zestawienie *nt* ♦ *vt* planować (zaplanować *perf*); **he was scheduled to leave yesterday** (zgodnie z planem) miał wyjechać wczoraj; **on schedule** (dokładnie) według planu; **we are working to a very tight schedule** pracujemy według bardzo napiętego planu; **everything went according to schedule** wszystko poszło zgodnie z planem; **they arrived ahead of schedule** przybyli przed czasem; **we are behind schedule** mamy opóźnienie.
scheduled ['ʃɛdju:ld] *adj* (*date, time*) wyznaczony; (*visit, event*) zaplanowany; (*train, bus*) figurujący w rozkładzie.
scheduled flight *n* lot *m* rejsowy.
schematic [skɪ'mætɪk] *adj* schematyczny.
scheme [ski:m] *n* plan *m*; (*of government etc*) program *m* ♦ *vi* spiskować, knuć *or* snuć intrygi; **colour scheme** kolorystyka.
scheming ['ski:mɪŋ] *adj* intrygancki ♦ *n* intrygi *pl*.
schism ['skɪzəm] *n* schizma *f*.
schizophrenia [skɪtsə'fri:nɪə] *n* schizofrenia *f*.
schizophrenic [skɪtsə'frɛnɪk] *adj* schizofreniczny ♦ *n* schizofrenik (-iczka) *m(f)*.
scholar ['skɔlə*] *n* (*learned person*) naukowiec *m*; (*scholarship holder*) stypendysta (-tka) *m(f)*.
scholarly ['skɔləlɪ] *adj* (*text, approach*) naukowy; (*person*) uczony.
scholarship ['skɔləʃɪp] *n* (*knowledge: of person*) uczoność *f*, erudycja *f*; (*: of period, area*) nauka *f*; (*grant*) stypendium *nt*.
school [sku:l] *n* (*primary, secondary*) szkoła *f*; (*faculty, college*) ≈ instytut *m*; (*US: inf*) uniwersytet *m*; (*of whales, fish*) ławica *f* ♦ *cpd* szkolny.
school age *n* wiek *m* szkolny.
schoolbook ['sku:lbuk] *n* podręcznik *m* (szkolny).
schoolboy ['sku:lbɔɪ] *n* uczeń *m*.
schoolchildren ['sku:ltʃɪldrən] *npl* uczniowie *vir pl*.
schooldays ['sku:ldeɪz] *npl* szkolne lata *pl*.
schoolgirl ['sku:lgə:l] *n* uczennica *f*.
schooling ['sku:lɪŋ] *n* nauka *f* szkolna; **they had no schooling at all** nie mieli żadnego wykształcenia.
school-leaver [sku:l'li:və*] (*BRIT*) *n* absolwent(ka) *m(f)* (szkoły).
schoolmaster ['sku:lmɑ:stə*] *n* (*old*) nauczyciel *m*.
schoolmistress ['sku:lmɪstrɪs] *n* (*old*) nauczycielka *f*.
school report (*BRIT*) *n* świadectwo *nt* szkolne.
schoolroom ['sku:lru:m] *n* sala *f* lekcyjna.
schoolteacher ['sku:lti:tʃə*] *n* nauczyciel(ka) *m(f)*.
schooner ['sku:nə*] *n* (*ship*) szkuner *m*; (*glass*) *duży, pękaty kieliszek do sherry lub piwa*.
sciatica [saɪ'ætɪkə] *n* rwa *f* kulszowa.
science ['saɪəns] *n* nauka *f*; **the sciences** nauki przyrodnicze; (*SCOL*) przedmioty ścisłe.
science fiction *n* fantastyka *f* naukowa, science fiction *f inv*.
scientific [saɪən'tɪfɪk] *adj* naukowy.
scientist ['saɪəntɪst] *n* naukowiec *m*; (*eminent*) uczony (-na) *m(f)*.
sci-fi ['saɪfaɪ] (*inf*) *n abbr* = **science fiction** SF.
Scillies ['sɪlɪz] *npl* = **Scilly Isles**.
Scilly Isles ['sɪlɪ'aɪlz] *npl*: **the Scilly Isles** Wyspy *pl* Scilly.
scintillating ['sɪntɪleɪtɪŋ] *adj* (*fig*) błyskotliwy.
scissors ['sɪzəz] *npl*: **(a pair of) scissors** nożyczki *pl*; (*large*) nożyce *pl*.
sclerosis [sklɪ'rəusɪs] *n* skleroza *f*.
scoff [skɔf] *vt* (*BRIT: inf: eat*) wsuwać (wsunąć *perf*) (*inf*) ♦ *vi*: **to scoff (at)** naśmiewać się (z *+gen*).
scold [skəuld] *vt* besztać (zbesztać *perf*), krzyczeć (nakrzyczeć *perf*) na *+acc*.
scolding ['skəuldɪŋ] *n* bura *f*.
scone [skɔn] *n rodzaj babeczki jadanej z masłem na podwieczorek*.
scoop [sku:p] *n* (*for flour etc*) łopatka *f*; (*for ice cream*) łyżka *f*; (*of ice cream*) gałka *f*, kulka *f*; (*PRESS*) sensacyjna wiadomość *f* (*opublikowana wcześniej niż w konkurencyjnych gazetach*).
►**scoop out** *vt* wybierać (wybrać *perf*), wyskrobywać (wyskrobać *perf*).
►**scoop up** *vt* nabierać (nabrać *perf*).
scooter ['sku:tə*] *n* (*also*: **motor scooter**) skuter *m*; (*toy*) hulajnoga *f*.
scope [skəup] *n* (*opportunity*) miejsce *nt*; (*range: of plan, undertaking*) zasięg *m*, zakres *m*; (*: of person*) możliwości *pl* (działania); **within the scope of** w ramach *+gen*; **there is plenty of scope for improvement** (*BRIT*) dużo (jeszcze) można poprawić.
scorch [skɔ:tʃ] *vt* (*iron: clothes*) przypalać (przypalić *perf*); (*sun: earth, grass*) wypalać (wypalić *perf*).
scorched earth policy (*MIL*) *n* taktyka *f* spalonej ziemi.
scorcher ['skɔ:tʃə*] (*inf*) *n* skwarny dzień *m*.
scorching ['skɔ:tʃɪŋ] *adj* skwarny.
score [skɔ:*] *n* (*total number of points*) wynik *m*;

(*MUS*) partytura *f*; (*to film, play*) muzyka *f*; (*twenty*) dwudziestka *f* ♦ *vt* (*goal, point*) zdobywać (zdobyć *perf*); (*mark*) wydrapywać (wydrapać *perf*), wyryć (*perf*); (*leather, wood, card*) robić (zrobić *perf*) nacięcie w *+loc*; (*success*) odnosić (odnieść *perf*) ♦ *vi* (*in game*) zdobyć (*perf*) punkt; (*FOOTBALL etc*) zdobyć (*perf*) bramkę; (*keep score*) notować wyniki, liczyć punkty; **to settle an old score with sb** (*fig*) wyrównać (*perf*) z kimś stare porachunki; **scores of** dziesiątki *+gen*; **on that score** w tej mierze, w tym względzie; **to score well** osiągnąć (*perf*) dobry wynik; **to score six out of ten** uzyskać (*perf*) sześć punktów na dziesięć (możliwych); **to score (a point) over sb** (*fig*) zdobyć (*perf*) przewagę nad kimś.

►**score out** *vt* wykreślać (wykreślić *perf*).

scoreboard ['skɔ:bɔ:d] *n* tablica *f* wyników.

scorecard ['skɔ:kɑ:d] (*SPORT*) *n* karta *f* wyników *or* punktowa.

scorer ['skɔ:rə*] *n* (*FOOTBALL etc*) strzelec *m*, zdobywca (-wczyni) *m(f)* bramki; (*person keeping score*) *osoba notująca punkty w czasie gry*.

scorn [skɔ:n] *n* pogarda *f* ♦ *vt* (*despise*) gardzić (wzgardzić *perf*) *+instr*, pogardzać *+instr*; (*reject*) gardzić *+instr*.

scornful ['skɔ:nful] *adj* pogardliwy.

Scorpio ['skɔ:pɪəu] *n* Skorpion *m*; **to be Scorpio** być spod znaku Skorpiona.

scorpion ['skɔ:pɪən] *n* skorpion *m*.

Scot [skɔt] *n* Szkot(ka) *m(f)*.

Scotch [skɔtʃ] *n* (*whisky*) szkocka *f*.

scotch [skɔtʃ] *vt* zdusić (*perf*) w zarodku.

Scotch tape ® *n* ≈ taśma *f* klejąca.

scot-free ['skɔt'fri:] *adv*: **he got off scot-free** uszło mu to płazem *or* na sucho.

Scotland ['skɔtlənd] *n* Szkocja *f*.

Scots [skɔts] *adj* (*accent*) szkocki.

Scotsman ['skɔtsmən] (*irreg like*: **man**) *n* Szkot *m*.

Scotswoman ['skɔtswumən] (*irreg like*: **woman**) *n* Szkotka *f*.

Scottish ['skɔtɪʃ] *adj* (*history, clans*) szkocki.

scoundrel ['skaundrl] *n* łajdak *m*.

scour ['skauə*] *vt* (*countryside etc*) przetrząsać (przetrząsnąć *perf*), przeszukiwać (przeszukać *perf*); (*book etc*) wertować (przewertować *perf*); (*floor, pan etc*) szorować (wyszorować *perf*).

scourer ['skauərə*] *n* druciak *m* (*do szorowania garnków*).

scourge [skə:dʒ] *n* (*thing*) plaga *f*, zmora *f*; (*person*) utrapienie *nt*.

scout [skaut] *n* (*MIL*) zwiadowca *m*; (*also*: **boy scout**) skaut *m*, ≈ harcerz *m*; **girl scout** (*US*) ≈ harcerka *f*.

►**scout around** *vi* rozglądać się (rozejrzeć się *perf*).

scowl [skaul] *vi* krzywić się (skrzywić się *perf*), nachmurzyć się (*perf*) ♦ *n* nachmurzona mina *f*; **to scowl at sb** krzywić się (skrzywić się *perf*) na kogoś.

scrabble ['skræbl] *vi* macać rękami dokoła ♦ *n*: **Scrabble** ® Scrabble *nt inv*; **to scrabble at sth** próbować dosięgnąć *or* uczepić się czegoś; **to scrabble about** *or* **around for sth** szukać czegoś po omacku.

scraggy ['skrægɪ] *adj* chudy.

scram [skræm] (*inf*) *vi* zwiewać (zwiać *perf*) (*inf*).

scramble ['skræmbl] *n* (*climb*) wdrapanie się *nt*; (*struggle, rush*) szamotanina *f*; (*SPORT*) motocross *m* ♦ *vi*: **to scramble up** wdrapywać się (wdrapać się *perf*); **to scramble over** przedzierać się (przedrzeć się *perf*) przez *+acc*; **to scramble for** rzucać się (rzucić się *perf*) na *+acc*, wydzierać sobie *+acc*.

scrambled eggs ['skræmbld-] *n* jajecznica *f*.

scrap [skræp] *n* (*of paper, material*) skrawek *m*; (*fig*: *of truth, evidence*) odrobina *f*, krzt(yn)a *f*; (*fight*) utarczka *f*, starcie *nt*; (*also*: **scrap metal**) złom *m* ♦ *vt* (*machines etc*) przeznaczać (przeznaczyć *perf*) na złom; (*fig*: *plans etc*) skasować (*perf*) (*inf*) ♦ *vi* gryźć się (pogryźć się *perf*) (*fig*); **scraps** *npl* (*of food*) resztki *pl*; (*of material*) skrawki *pl*, resztki *pl*; **to sell sth for scrap** sprzedawać (sprzedać *perf*) coś na złom.

scrapbook ['skræpbuk] *n* album *m* z wycinkami.

scrap dealer *n* handlarz *m* złomem.

scrape [skreɪp] *vt* (*mud, paint, etc*) zeskrobywać (zeskrobać *perf*), zdrapywać (zdrapać *perf*); (*potato, carrot*) skrobać (oskrobać *perf*); (*hand, car*) zadrapać (*perf*), zadrasnąć (*perf*) ♦ *n*: **to get into a scrape** wpaść (*perf*) w tarapaty.

►**scrape through** *vt* (*exam etc*) przebrnąć (*perf*) przez *+acc*.

►**scrape together** *vt* uciułać (*perf*).

scraper ['skreɪpə*] *n* skrobaczka *f* do butów.

scrap heap *n* (*fig*): **to throw sb on the scrap heap** odstawić (*perf*) kogoś na bocznicę; **to throw sth on the scrap heap** wyrzucić (*perf*) coś do lamusa.

scrap merchant (*BRIT*) *n* handlarz *m* złomem.

scrap metal *n* złom *m*.

scrap paper *n* papier *m* do pisania na brudno.

scrappy ['skræpɪ] *adj* chaotyczny, nieprzemyślany.

scrap yard *n* skład *m* złomu; (*for cars*) złomowisko *nt*.

scratch [skrætʃ] *n* (*on furniture, record*) rysa *f*; (*on body*) zadrapanie *nt*, zadraśnięcie *nt* ♦ *vt* (*body*) drapać (podrapać *perf*); (*paint, car, record*) porysować (*perf*); (*with claw, nail*) zadrapać (*perf*), zadrasnąć (*perf*); (*COMPUT*) wymazywać (wymazać *perf*) (*z dysku*) ♦ *vi* drapać się (podrapać się *perf*) ♦ *cpd* naprędce sklecony; **to scratch one's nose/head** drapać się (podrapać się *perf*) w nos/głowę; **to start from scratch** zaczynać (zacząć *perf*) od zera; **to be**

up to scratch spełniać wymogi; **to scratch the surface** (*fig*) ślizgać się po powierzchni.
scratch pad (*US*) *n* notatnik *m*.
scrawl [skrɔ:l] *n* bazgroły *pl*, gryzmoły *pl* ♦ *vt* bazgrać (nabazgrać *perf*), gryzmolić (nagryzmolić *perf*).
scrawny ['skrɔ:nɪ] *adj* kościsty.
scream [skri:m] *n* krzyk *m*, wrzask *m*; (*of tyres, brakes*) pisk *m*; (*of siren*) wycie *nt*, buczenie *nt* ♦ *vi* wrzeszczeć (wrzasnąć *perf*), krzyczeć (krzyknąć *perf*); **he's a scream** on jest pocieszny *or* komiczny; **to scream at sb (to do sth)** wrzeszczeć (wrzasnąć *perf*) na kogoś (, żeby coś zrobił).
scree [skri:] *n* osypisko *nt* (kamieni).
screech [skri:tʃ] *vi* (*person, bird*) skrzeczeć (zaskrzeczeć *perf*); (*tyres, brakes*) piszczeć (zapiszczeć *perf*) ♦ *n* pisk *m*.
screen [skri:n] *n* (*FILM, TV, COMPUT*) ekran *m*; (*movable barrier*) parawan *m*; (*fig*: *cover*) zasłona *f*, przykrywka *f*; (*also*: **windscreen**) przednia szyba *f* ♦ *vt* (*protect, conceal*) zasłaniać (zasłonić *perf*); (*from wind etc*) osłaniać (osłonić *perf*); (*film, programme*) wyświetlać (wyświetlić *perf*), emitować (wyemitować *perf*) (*w TV*); (*candidates*) sprawdzać (sprawdzić *perf*), badać (zbadać *perf*); (*for illness*) poddawać (poddać *perf*) badaniom przesiewowym.
screen editing (*COMPUT*) *n* edycja *f* ekranowa.
screening ['skri:nɪŋ] *n* (*MED*) badania *pl* przesiewowe; (*of film*) emisja *f* (*w TV*), projekcja *f*; (*for security*) badanie *nt*.
screen memory (*COMPUT*) *n* pamięć *f* obrazu.
screenplay ['skri:npleɪ] *n* scenariusz *m*.
screen test *n* zdjęcia *pl* próbne.
screw [skru:] *n* śruba *f*, wkręt *m* ♦ *vt* (*fasten*) przykręcać (przykręcić *perf*); (*inf!*: *have sex with*) pieprzyć (*inf!*); **to screw sth in** wkręcać (wkręcić *perf*) coś; **to screw sth to the wall** przykręcać (przykręcić *perf*) coś do ściany; **to have one's head screwed on** (*fig*) mieć głowę na karku.
►**screw up** *vt* (*paper etc*) zmiąć (*perf*), zgnieść (*perf*); (*inf*: *ruin*) spieprzyć (*perf*) (*inf*); **to screw up one's eyes** mrużyć (zmrużyć *perf*) oczy.
screwdriver ['skru:draɪvə*] *n* śrubokręt *m*.
screwy ['skru:ɪ] (*inf*) *adj* (*person*) pokręcony (*inf*).
scribble ['skrɪbl] *n* gryzmoły *pl* ♦ *vt* (*note, letter etc*) skrobać (skrobnąć *perf*) ♦ *vi* bazgrać (nabazgrać *perf*); **to scribble sth down** (szybko) coś zapisać (*perf*).
scribe [skraɪb] *n* skryba *m/f*, kopista (-tka) *m(f)*.
script [skrɪpt] *n* (*FILM etc*) scenariusz *m*; (*alphabet*) pismo *nt*; (*in exam*) arkusz *m* egzaminacyjny.
scripted ['skrɪptɪd] (*RADIO, TV*) *adj* (*dialogue, interview*) wcześniej przygotowany.
scripture(s) *n(pl)* święte pisma *pl or* księgi *pl*; **the Scriptures** Biblia.
scriptwriter ['skrɪptraɪtə*] *n* autor(ka) *m(f)* scenariusza.
scroll [skrəul] *n* zwój *m* ♦ *vt* (*COMPUT*) przeglądać, przewijać (przewinąć *perf*).
scrotum ['skrəutəm] *n* moszna *f*.
scrounge [skraundʒ] (*inf*) *vt*: **to scrounge sth off sb** wyłudzać (wyłudzić *perf*) coś od kogoś, naciągać (naciągnąć *perf*) kogoś na coś (*inf*) ♦ *vi* żyć cudzym kosztem ♦ *n*: **on the scrounge** po prośbie.
scrounger ['skraundʒə*] (*inf*) *n* pasożyt *m*.
scrub [skrʌb] *n obszar porośnięty karłowatą roślinnością* ♦ *vt* (*floor, hands, washing*) szorować (wyszorować *perf*); (*inf*: *idea, plan*) odrzucić (*perf*).
scrubbing brush ['skrʌbɪŋ-] *n* szczotka *f* ryżowa.
scruff [skrʌf] *n*: **by the scruff of the neck** za kark.
scruffy ['skrʌfɪ] *adj* niechlujny.
scrum(mage) ['skrʌm(ɪdʒ)] (*RUGBY*) *n* młyn *m*.
scruple ['skru:pl] *n* (*usu pl*) skrupuły *pl*; **to have no scruples about sth** nie mieć skrupułów odnośnie czegoś.
scrupulous ['skru:pjuləs] *adj* (*painstaking*) sumienny, skrupulatny; (*fair-minded*) uczciwy.
scrupulously ['skru:pjuləslɪ] *adv* (*behave, act*) uczciwie; (*honest, fair, clean*) nienagannie.
scrutinize ['skru:tɪnaɪz] *vt* (*face*) przypatrywać się (przypatrzeć się *perf*) *+dat*; (*data, records*) analizować (przeanalizować *perf*).
scrutiny ['skru:tɪnɪ] *n* badanie *nt*, analiza *f*; **under the scrutiny of sb** pod czyjąś obserwacją.
scuba ['sku:bə] *n* akwalung *m*, aparat *m* tlenowy.
scuba diving *n* nurkowanie *nt* z akwalungiem *or* aparatem tlenowym.
scuff [skʌf] *vt* (*shoes*) zdzierać (zedrzeć *perf*); (*floor*) rysować (porysować *perf*).
scuffle ['skʌfl] *n* starcie *nt*.
scull [skʌl] *n* wiosło *nt* jednopiórowe.
scullery ['skʌlərɪ] *n* (*old*) *pomieszczenie przylegające do kuchni, w którym odbywało się pranie, zmywanie itp*.
sculptor ['skʌlptə*] *n* rzeźbiarz (-arka) *m(f)*.
sculpture ['skʌlptʃə*] *n* (*art*) rzeźba *f*, rzeźbiarstwo *nt*; (*object*) rzeźba *f*.
scum [skʌm] *n* (*on liquid*) piana *f*; (*pej*: *people*) szumowiny *pl* (*pej*).
scupper ['skʌpə*] (*BRIT*: *inf*) *vt* sknocić (*perf*) (*inf*).
scurrilous ['skʌrɪləs] *adj* obelżywy.
scurry ['skʌrɪ] *vi* mknąć (pomknąć *perf*), pędzić (popędzić *perf*).
►**scurry off** *vi* rzucać się (rzucić się *perf*) do ucieczki.
scurvy ['skə:vɪ] *n* szkorbut *m*.
scuttle ['skʌtl] *n* (*also*: **coal scuttle**) wiadro *nt* na węgiel ♦ *vt* dokonywać (dokonać *perf*)

samozatopienia *+gen* ♦ *vi*: **to scuttle away** *or* **off** oddalić się *(perf)* drobnymi kroczkami.

scythe [saɪð] *n* kosa *f*.

SD (*US*: *POST*) *abbr* (= *South Dakota*).

SDI (*US*: *MIL*) *n abbr* (= *Strategic Defense Initiative*) Inicjatywa *f* Obrony Strategicznej, SDI *f inv*.

SDLP (*BRIT*: *POL*) *n abbr* (= *Social Democratic and Labour Party*) *partia północnoirlandzka*.

SDP (*BRIT*: *POL*) *n abbr* (= *Social Democratic Party*).

sea [si:] *n* morze *nt* ♦ *cpd* (*breeze, bird etc*) morski; **by sea** morzem; **beside** *or* **by the sea** (*holiday*) nad morzem; (*village*) nadmorski; **on the sea** na morzu; **to be all at sea** (*fig*) być zupełnie zdezorientowanym; **at sea** na (pełnym) morzu; **out to sea** na (pełne) morze; **to look out to sea** spoglądać (spojrzeć *perf*) daleko w morze; **heavy** *or* **rough sea(s)** wzburzone morze.

sea anemone *n* ukwiał *m*.

sea bed *n* dno *nt* morskie.

seaboard ['si:bɔ:d] *n* wybrzeże *nt*.

seafarer ['si:fɛərə*] *n* żeglarz *m*.

seafaring ['si:fɛərɪŋ] *adj* żeglarski.

seafood ['si:fu:d] *n* owoce *pl* morza.

seafront ['si:frʌnt] *n* ulica *f* nadbrzeżna.

seagoing ['si:gəuɪŋ] *adj* (*ship*) dalekomorski.

seagull ['si:gʌl] *n* mewa *f*.

seal [si:l] *n* (*animal*) foka *f*; (*official stamp*) pieczęć *f*; (*in machine etc*) plomba *f*, uszczelnienie *nt* ♦ *vt* (*envelope, opening*) zaklejać (zakleić *perf*); (*with seal*) pieczętować (zapieczętować *perf*); (*sb's fate*) pieczętować (przypieczętować *perf*); (*agreement*) przypieczętować *(perf)*; **to give sth one's seal of approval** aprobować (zaaprobować *perf*) coś.

►**seal off** *vt* odcinać (odciąć *perf*) dostęp do *+gen*.

sea level *n* poziom *m* morza; **2,000 ft above/below sea level** 610 m nad poziomem morza *or* n.p.m./poniżej poziomu morza.

sealing wax ['si:lɪŋ-] *n* lak *m*.

sea lion *n* lew *m* morski.

sealskin ['si:lskɪn] *n* futro *nt* z fok.

seam [si:m] *n* (*line of stitches*) szew *m*; (*where edges meet*) łączenie *nt*; (*of coal etc*) pokład *m*; **the hall was bursting at the seams** sala pękała w szwach.

seaman ['si:mən] (*irreg like*: **man**) *n* marynarz *m*.

seamanship ['si:mənʃɪp] *n* umiejętności *pl* żeglarskie.

seamless ['si:mlɪs] *adj* (*stockings, tights*) bez szwu *post*; (*fig*) jednolity.

seamy ['si:mɪ] *adj* przykry, nieprzyjemny.

séance ['seɪɔns] *n* seans *m* (spirytystyczny).

seaplane ['si:pleɪn] *n* hydroplan *m*.

seaport ['si:pɔ:t] *n* port *m* morski.

search [sə:tʃ] *n* (*for person, thing*) poszukiwania *pl*; (*COMPUT*) szukanie *nt* (*w dokumencie*); (*of sb's home*) rewizja *f* ♦ *vt* (*place*) przeszukiwać (przeszukać *perf*); (*mind, memory*) szukać w *+loc*; (*person, luggage*) przeszukiwać (przeszukać *perf*), rewidować (zrewidować *perf*) ♦ *vi*: **to search for** poszukiwać *+gen*; **"search and replace"** (*COMPUT*) funkcja szukania i zamiany; **in search of** w poszukiwaniu *+gen*.

►**search through** *vt fus* przeszukiwać (przeszukać *perf*), przetrząsać (przetrząsnąć *perf*).

searcher ['sə:tʃə*] *n* poszukiwacz(ka) *m(f)*.

searching ['sə:tʃɪŋ] *adj* (*look*) dociekliwy, badawczy; (*question*) dociekliwy, wnikliwy; (*examination, inquiry*) wnikliwy, drobiazgowy.

searchlight ['sə:tʃlaɪt] *n* reflektor *m*.

search party *n* ekipa *f* poszukiwawcza; **to send out a search party** wysyłać (wysłać *perf*) ekipę poszukiwawczą.

search warrant *n* nakaz *m* rewizji.

searing ['sɪərɪŋ] *adj* (*pain*) piekący; **searing heat** spiekota.

seashore ['si:ʃɔ:*] *n* brzeg *m* morza; **on the seashore** nad brzegiem morza.

seasick ['si:sɪk] *adj*: **to be seasick** dostać *(perf)* choroby morskiej.

seasickness ['si:sɪknɪs] *n* choroba *f* morska.

seaside ['si:saɪd] *n* wybrzeże *nt*; **to go to the seaside** jechać (pojechać *perf*) nad morze; **at the seaside** nad morzem.

seaside resort *n* nadmorski ośrodek *m* wypoczynkowy.

season ['si:zn] *n* (*of year*) pora *f* roku; (*AGR*) sezon *m*, pora *f*; (*SPORT*) sezon *m*; (*of films etc*) przegląd *m*, cykl *m* ♦ *vt* (*food*) doprawiać (doprawić *perf*); **the planting season** pora sadzenia; **oysters are out of season now** sezon na ostrygi już minął, sezon na ostrygi jeszcze się nie rozpoczął; **raspberries are in season now** jest teraz sezon na maliny; **the busy season** (*for shops*) okres wzmożonych zakupów, szczyt; (*for hotels etc*) sezon (turystyczny/letni); **the open season** (otwarty) sezon łowiecki.

seasonal ['si:znl] *adj* (*work*) sezonowy.

seasoned ['si:znd] *adj* (*fig*: *traveller*) wytrawny; (*wood*) wysuszony; **a seasoned campaigner** weteran, kombatant.

seasoning ['si:znɪŋ] *n* (*condiment*) przyprawa *f*; (*spices*) przyprawy *pl*.

season ticket *n* (*RAIL*) bilet *m* okresowy; (*SPORT, THEAT*) abonament *m*.

seat [si:t] *n* miejsce *nt*; (*PARL*) miejsce *nt*, mandat *m*; (*buttocks, of trousers*) siedzenie *nt*; (*of government, learning etc*) siedziba *f* ♦ *vt* (*place*: *guests etc*) sadzać (posadzić *perf*); (*have room for*) móc pomieścić; **the driver's seat** siedzenie kierowcy; **the table seats eight** to stół na osiem osób; **are there any seats left?** czy są jakieś wolne miejsca?; **to take one's seat** zajmować (zająć *perf*) (swoje) miejsce; **please**

be seated proszę usiąść *or* spocząć; **to be seated** siedzieć.
seat belt (*AUT*) *n* pas *m* (bezpieczeństwa).
seating arrangements ['si:tɪŋ-] *npl* rozmieszczenie *nt* (przy stole).
seating capacity *n* liczba *f* miejsc siedzących.
SEATO ['si:təu] *n abbr* (= *Southeast Asia Treaty Organization*) SEATO *nt inv*.
sea urchin *n* jeżowiec *m*.
sea water *n* woda *f* morska.
seaweed ['si:wi:d] *n* wodorosty *pl*.
seaworthy ['si:wə:ðɪ] *adj* zdatny do żeglugi.
SEC (*US*) *n abbr* (= *Securities and Exchange Commission*) *komisja nadzorująca działalność giełdy papierów wartościowych*.
sec. *abbr* = **second**.
secateurs [sɛkə'tə:z] *npl* sekator *m*.
secede [sɪ'si:d] *vi* (*POL*): **to secede (from)** odłączać się (odłączyć się *perf*) (od *+gen*).
secluded [sɪ'klu:dɪd] *adj* odosobniony, zaciszny.
seclusion [sɪ'klu:ʒən] *n* (*place*) zacisze *nt*, ustronie *nt*; (*state*) odosobnienie *nt*, osamotnienie *nt*.
second[1] [sɪ'kɔnd] (*BRIT*) *vt* (*employee*) przesuwać (przesunąć *perf*), oddelegowywać (oddelegować *perf*).
second[2] ['sɛkənd] *adj* drugi ♦ *adv* (*in race etc*) jako drugi; (*when listing*) po drugie ♦ *n* (*unit of time*) sekunda *f*; (*AUT*: *also*: **second gear**) drugi bieg *m*, dwójka *f* (*inf*); (*COMM*) towar *m* wybrakowany ♦ *vt* (*motion*) popierać (poprzeć *perf*); **upper/lower second** (*BRIT*) *dyplom ukończenia studiów z wynikiem dobrym/zadowalającym*; **Charles the Second** Karol II; **second floor** (*BRIT*) drugie piętro; (*US*) pierwsze piętro; **to ask for a second opinion** zasięgać (zasięgnąć *perf*) drugiej opinii; **just a second!** chwileczkę!
secondary ['sɛkəndərɪ] *adj* drugorzędny.
secondary education *n* szkolnictwo *nt* średnie *or* ponadpodstawowe.
secondary school *n* szkoła *f* średnia.
second-best [sɛkənd'bɛst] *adj* zastępczy ♦ *n* namiastka *f*; **as a second-best** z braku lepszej możliwości.
second-class ['sɛkənd'klɑ:s] *adj* (*citizen, standard etc*) drugiej kategorii *post*; (*RAIL*: *ticket, carriage*) drugiej klasy *post* ♦ *adv*: **to send sth second-class** wysyłać (wysłać *perf*) coś drugą klasą; **a second-class stamp/letter** znaczek/list drugiej klasy; **to travel second-class** podróżować drugą klasą.
second cousin *n* kuzyn(ka) *m(f)* w drugiej linii.
seconder ['sɛkəndə*] *n* osoba *f* popierająca wniosek.
secondhand ['sɛkənd'hænd] *adj* używany, z drugiej ręki *post* ♦ *adv*: **I bought this car secondhand** to używany samochód; **to hear sth secondhand** słyszeć (usłyszeć *perf*) o czymś z drugiej ręki.
second hand *n* wskazówka *f* sekundowa, sekundnik *m*.
second-in-command ['sɛkəndɪnkə'mɑ:nd] *n* (*MIL*) zastępca *m* głównodowodzącego; (*ADMIN*) zastępca *m* kierownika.
secondly ['sɛkəndlɪ] *adv* po drugie, po wtóre (*fml*).
secondment [sɪ'kɔndmənt] (*BRIT*) *n*: **he's on secondment to** został czasowo oddelegowany do *+gen*.
second-rate ['sɛkənd'reɪt] *adj* podrzędny.
second thoughts *npl*: **on second thoughts** *or* (*US*) **thought** po namyśle; **to have second thoughts (about sth)** mieć wątpliwości (co do czegoś).
secrecy ['si:krəsɪ] *n* (*state of being kept secret*) tajemnica *f*; (*act of keeping sth secret*) dyskrecja *f*; **surrounded by secrecy** otoczony tajemnicą; **in secrecy** w tajemnicy.
secret ['si:krɪt] *adj* (*plan*) tajny; (*passage*) tajemny, potajemny; (*admirer*) cichy ♦ *n* sekret *m*, tajemnica *f*; **in secret** potajemnie, w sekrecie; **to keep sth secret from sb** trzymać coś przed kimś w tajemnicy; **can you keep a secret?** czy potrafisz dochować tajemnicy?; **to make no secret of sth** nie robić z czegoś tajemnicy, nie ukrywać czegoś.
secret agent *n* tajny (-na) *m(f)* agent(ka) *m(f)*.
secretarial [sɛkrɪ'tɛərɪəl] *adj*: **secretarial course** kurs dla sekretarek; **secretarial work** praca *f* sekretarki; **secretarial staff** pracownicy sekretariatu.
secretariat [sɛkrɪ'tɛərɪət] *n* sekretariat *m*.
secretary ['sɛkrətərɪ] *n* (*COMM*) sekretarz (-arka) *m(f)*; (*of club*) sekretarz *m*; **Secretary of State (for)** (*BRIT*) ≈ minister (do spraw *+gen*); **Secretary of State** (*US*) Sekretarz Stanu.
secrete [sɪ'kri:t] *vt* (*BIO, MED*) wydzielać; (*hide*) ukrywać (ukryć *perf*).
secretion [sɪ'kri:ʃən] *n* wydzielina *f*.
secretive ['si:krətɪv] *adj* tajemniczy.
secretly ['si:krɪtlɪ] *adv* potajemnie, po cichu; **to hope secretly** mieć cichą nadzieję.
secret service *n* tajne służby *pl*.
sect [sɛkt] *n* sekta *f*.
sectarian [sɛk'tɛərɪən] *adj* (*views*) sekciarski; (*violence*) na tle różnic między sektami *post*.
section ['sɛkʃən] *n* (*of society, exam*) część *f*; (*of road etc*) odcinek *m*; (*of company*) dział *m*; (*of orchestra, sports club*) sekcja *f*; (*of document*) paragraf *m*; (*cross-section*) przekrój *m* ♦ *vt* dzielić (podzielić *perf*) (na części); **the business section** (*PRESS*) dział gospodarczy.
sectional ['sɛkʃənl] *adj* (*drawing*) przekrojowy.
sector ['sɛktə*] *n* sektor *m*; (*MIL*) sektor *m*, strefa *f*.
secular ['sɛkjulə*] *adj* świecki.
secure [sɪ'kjuə*] *adj* (*safe*) bezpieczny; (*free from anxiety*) spokojny; (*job, investment*) pewny; (*building, windows*) zabezpieczony; (*rope, shelf*)

dobrze umocowany ♦ *vt* (*shelf etc*) mocować (umocować *perf*); (*votes etc*) uzyskiwać (uzyskać *perf*); **to feel financially secure** czuć się zabezpieczonym finansowo; **to make sth secure** zabezpieczać (zabezpieczyć *perf*) coś; **to secure sth for sb** uzyskiwać (uzyskać *perf*) coś dla kogoś; **to secure a loan** dawać (dać *perf*) zabezpieczenie pod pożyczkę.

secured creditor [sɪ'kjuəd-] (*COMM*) *n* wierzyciel *m* zabezpieczony.

securely [sɪ'kjuəlɪ] *adv* (*firmly*) mocno; (*safely*) pewnie.

security [sɪ'kjuərɪtɪ] *n* (*freedom from anxiety*) bezpieczeństwo *nt*, poczucie *nt* bezpieczeństwa; (*security measures*) środki *pl* bezpieczeństwa; (*FIN*) zabezpieczenie *nt*; **securities** *npl* papiery *pl* wartościowe; **to increase** *or* **tighten security** wzmacniać (wzmocnić *perf*) środki bezpieczeństwa; **security of tenure** zagwarantowane miejsce pracy (*na uniwersytecie*).

security forces *npl* siły *pl* bezpieczeństwa.

security guard *n* strażnik *m*.

security risk *n* (*thing*) zagrożenie *nt*; (*person*) osoba *f* niepewna (*pod względem lojalności*).

secy. *abbr* = **secretary** sekr.

sedan [sə'dæn] (*US*) *n* sedan *m*.

sedate [sɪ'deɪt] *adj* (*person, life*) stateczny; (*pace*) powolny ♦ *vt* (*MED*) podawać (podać *perf*) środek uspokajający *+dat*.

sedation [sɪ'deɪʃən] *n*: **to be under sedation** być pod wpływem środka uspokajającego.

sedative ['sɛdɪtɪv] *n* środek *m* uspokajający.

sedentary ['sɛdntrɪ] *adj* (*work*) siedzący; (*population*) osiadły.

sediment ['sɛdɪmənt] *n* osad *m*.

sedimentary [sɛdɪ'mɛntərɪ] *adj* osadowy.

sedition [sɪ'dɪʃən] *n* działalność *f* wywrotowa.

seduce [sɪ'dju:s] *vt* (*entice*) kusić (skusić *perf*), nęcić (znęcić *perf*); (*beguile*) mamić (omamić *perf*), zwodzić (zwieść *perf*); (*sexually*) uwodzić (uwieść *perf*).

seduction [sɪ'dʌkʃən] *n* (*attraction*) pokusa *f*; (*act of seducing*) uwiedzenie *nt*.

seductive [sɪ'dʌktɪv] *adj* (*look*) uwodzicielski; (*fig*: *offer*) kuszący.

see [si:] (*pt* **saw**, *pp* **seen**) *vt* (*perceive*) widzieć; (*look at*) zobaczyć (*perf*); (*understand*) rozumieć (zrozumieć *perf*); (*notice*) zauważać (zauważyć *perf*), spostrzegać (spostrzec *perf*); (*doctor etc*) iść (pójść *perf*) do *+gen*; (*film*) oglądać (obejrzeć *perf*), zobaczyć (*perf*) ♦ *vi* widzieć; (*find out*: *by searching*) sprawdzić (*perf*); (: *by inquiring*) dowiedzieć się (*perf*) ♦ *n* (*REL*) biskupstwo *nt*; **to see that ...** dopilnować (*perf*), żeby ...; **I've seen** *or* **I saw this play** widziałem tę sztukę; **to see sb to the door** odprowadzać (odprowadzić *perf*) kogoś do drzwi; **there was nobody to be seen** nie było nikogo widać; **let me see** (*show me*) pokaż; (*let me think*) niech pomyślę; **I see** rozumiem; **you see** widzisz; **to go and see sb** odwiedzać kogoś; **see for yourself** zobacz sam; **I don't know what she sees in him** nie wiem, co ona w nim widzi; **as far as I can see** o ile się orientuję; **see you!** do zobaczenia!, cześć! (*inf*); **see you soon!** do zobaczenia wkrótce!

►**see about** *vt fus* zajmować się (zająć się *perf*) *+instr*, załatwiać (załatwić *perf*) *+acc*.

►**see off** *vt* odprowadzać (odprowadzić *perf*).

►**see through** *vt* wspierać (wesprzeć *perf*) ♦ *vt fus* przejrzeć (*perf*).

►**see to** *vt fus* zajmować się (zająć się *perf*) *+instr*.

seed [si:d] *n* nasienie *nt*; (*fig*: *usu pl*) ziarno *nt*; **the number two seed** (*TENNIS*) gracz rozstawiony z numerem dwa; **to go to seed** (*plant*) wydawać (wydać *perf*) nasiona; (*fig*: *person*) niedołężnieć (zniedołężnieć *perf*).

seedless ['si:dlɪs] *adj* bezpestkowy.

seedling ['si:dlɪŋ] *n* sadzonka *f*.

seedy ['si:dɪ] *adj* zapuszczony (*pej*).

seeing ['si:ɪŋ] *conj*: **seeing as** *or* **that** skoro, jako że.

seek [si:k] (*pt, pp* **sought**) *vt* szukać (poszukać *perf*) *+gen*; **to seek advice/help from sb** szukać rady/pomocy u kogoś.

►**seek out** *vt* odszukiwać (odszukać *perf*).

seem [si:m] *vi* wydawać się (wydać się *perf*) (być); **there seems to be ...** zdaje się, że jest ...; **it seems (that)** wydaje się, że; **what seems to be the trouble?** w czym kłopot?; (*to child*) co się stało?; (*to patient*) co Panu/Pani dolega?

seemingly ['si:mɪŋlɪ] *adv* pozornie.

seemly ['si:mlɪ] *adj* właściwy, odpowiedni.

seen [si:n] *pp of* **see**.

seep [si:p] *vi* (*liquid*) przeciekać (przeciec *perf*), przesączać się (przesączyć się *perf*); (*gas*) przenikać (przeniknąć *perf*), przedostawać się (przedostać się *perf*); (*fig*: *information*) przeciekać (przeciec *perf*).

seersucker ['sɪəsʌkə*] *n* kora *f* (*tkanina*).

seesaw ['si:sɔ:] *n* huśtawka *f*.

seethe [si:ð] *vi*: **the street seethed with people/isects** na ulicy roiło się od ludzi/owadów; **the ship seethed with activity/noise** na statku wrzało od krzątaniny/hałasu; **to seethe with anger** wrzeć (zawrzeć *perf*) gniewem.

see-through ['si:θru:] *adj* przejrzysty, przezroczysty.

segment ['sɛgmənt] *n* część *f*; (*GEOM*) odcinek *m*; (*of orange*) cząstka *f*.

segregate ['sɛgrɪgeɪt] *vt* rozdzielać (rozdzielić *perf*).

segregation [sɛgrɪ'geɪʃən] *n* segregacja *f*, rozdział *m*.

Seine [seɪn] *n*: **the Seine** Sekwana *f*.

seismic ['saɪzmɪk] *adj* sejsmiczny.

seize [si:z] *vt* (*person, object*) chwytać (chwycić *perf*); (*fig*: *opportunity*) korzystać (skorzystać *perf*)

z *+gen*; (*power*) przechwytywać (przechwycić *perf*), przejmować (przejąć *perf*); (*territory*) zajmować (zająć *perf*), zdobywać (zdobyć *perf*); (*criminal*) chwytać (schwytać *perf*); (*hostage*) brać (wziąć *perf*); (*JUR*) zajmować (zająć *perf*).
▸**seize up** *vi* (*engine*) zacierać się (zatrzeć się *perf*).
▸**seize (up)on** *vt fus* wykorzystywać (wykorzystać *perf*) *+acc*.
seizure ['si:ʒə*] *n* (*MED*) napad *m*; (*of power*) przechwycenie *nt*, przejęcie *nt*; (*JUR*: *of property*) zajęcie *nt*, konfiskata *f*.
seldom ['sɛldəm] *adv* rzadko.
select [sɪ'lɛkt] *adj* (*school, district*) ekskluzywny; (*group*) doborowy ♦ *vt* wybierać (wybrać *perf*); (*SPORT*) selekcjonować (wyselekcjonować *perf*); **a select few** garstka wybrańców.
selection [sɪ'lɛkʃən] *n* wybór *m*.
selection committee *n* komisja *f* kwalifikacyjna.
selective [sɪ'lɛktɪv] *adj* (*discriminating*) wybiórczy, selektywny; (*strike etc*) ograniczony; (*education etc*) elitarny.
selector [sɪ'lɛktə*] *n* (*person*) selekcjoner(ka) *m(f)*; (*TECH*) przełącznik *m*.
self [sɛlf] (*pl* **selves**) *n* (swoje) ja *nt inv*; **to have no thought of self** nie myśleć o sobie; **to be/become one's normal self** być/stawać się (stać się *perf*) sobą.
self... [sɛlf] *pref* samo... .
self-addressed ['sɛlfə'drɛst] *adj*: **self-addressed envelope** zaadresowana koperta *f* zwrotna.
self-adhesive [sɛlfəd'hi:zɪv] *adj* samoprzylepny.
self-appointed [sɛlfə'pɔɪntɪd] *adj* samozwańczy.
self-assertive [sɛlfə'sə:tɪv] *adj* pewny siebie.
self-assurance [sɛlfə'ʃuərəns] *n* pewność *f* siebie.
self-assured [sɛlfə'ʃuəd] *adj* pewny siebie.
self-catering [sɛlf'keɪtərɪŋ] (*BRIT*) *adj* z wyżywieniem we własnym zakresie *post*.
self-centred [sɛlf'sɛntəd] (*US* **self-centered**) *adj* egocentryczny.
self-cleaning [sɛlf'kli:nɪŋ] *adj* samooczyszczający się.
self-confessed [sɛlfkən'fɛst] *adj*: **self-confessed alcoholic** alkoholik *m* przyznający się do nałogu.
self-confidence [sɛlf'kɔnfɪdns] *n* wiara *f* w siebie.
self-confident [sɛlf'kɔnfɪdənt] *adj* ufny we własne siły, wierzący w siebie.
self-conscious [sɛlf'kɔnʃəs] *adj* skrępowany.
self-contained [sɛlfkən'teɪnd] (*BRIT*) *adj* (*flat etc*) samodzielny; (*society*) samowystarczalny; (*person*) zamknięty (w sobie).
self-control [sɛlfkən'trəul] *n* opanowanie *nt*.
self-defeating [sɛlfdɪ'fi:tɪŋ] *adj* daremny, bezskuteczny.
self-defence [sɛlfdɪ'fɛns] (*US* **self-defense**) *n* samoobrona *f*; **to act in self-defence** działać w obronie własnej.
self-discipline [sɛlf'dɪsɪplɪn] *n* samodyscyplina *f*.
self-employed [sɛlfɪm'plɔɪd] *adj* niezależny (*pracujący dla siebie*).
self-esteem [sɛlfɪs'ti:m] *n* poczucie *nt* własnej wartości.
self-evident [sɛlf'ɛvɪdnt] *adj* oczywisty.
self-explanatory [sɛlfɪks'plænətrɪ] *adj* oczywisty.
self-financing [sɛlffaɪ'nænsɪŋ] *adj* samofinansujący się.
self-governing [sɛlf'gʌvənɪŋ] *adj* samorządny.
self-help ['sɛlf'hɛlp] *n* samopomoc *f*.
self-importance [sɛlfɪm'pɔ:tns] *n* zarozumiałość *f*.
self-indulgent [sɛlfɪn'dʌldʒənt] *adj*: **to be self-idulgent** nie stronić od przyjemności.
self-inflicted [sɛlfɪn'flɪktɪd] *adj*: **self-inflicted wound** rana *f* zadana samemu sobie.
self-interest [sɛlf'ɪntrɪst] *n* korzyść *f* własna.
selfish ['sɛlfɪʃ] *adj* samolubny.
selfishly ['sɛlfɪʃlɪ] *adv* samolubnie.
selfishness ['sɛlfɪʃnɪs] *n* samolubstwo *nt*, egoizm *m*.
selfless ['sɛlflɪs] *adj* bezinteresowny.
selflessly ['sɛlflɪslɪ] *adv* bezinteresownie.
selflessness ['sɛlflɪsnɪs] *n* bezinteresowność *f*.
self-made ['sɛlfmeɪd] *adj*: **self-made man** człowiek *m*, który wszystko zawdzięcza sobie.
self-pity [sɛlf'pɪtɪ] *n* rozczulanie się *nt* nad sobą.
self-portrait [sɛlf'pɔ:treɪt] *n* autoportret *m*.
self-possessed [sɛlfpə'zɛst] *adj* opanowany.
self-preservation ['sɛlfprɛzə'veɪʃən] *n*: **the instinct of** *or* **for self-preservation** instynkt *m* samozachowawczy.
self-raising [sɛlf'reɪzɪŋ] (*US* **self-rising**) *adj*: **self-raising flour** *mąka zmieszana z proszkiem do pieczenia*.
self-reliant [sɛlfrɪ'laɪənt] *adj* samodzielny, niezależny.
self-respect [sɛlfrɪs'pɛkt] *n* szacunek *m* dla samego siebie.
self-respecting [sɛlfrɪs'pɛktɪŋ] *adj* szanujący się.
self-righteous [sɛlf'raɪtʃəs] *adj* zadufany (w sobie).
self-rising [sɛlf'raɪzɪŋ] (*US*) *adj* = **self-raising**.
self-sacrifice [sɛlf'sækrɪfaɪs] *n* wyrzeczenie *nt*, poświęcenie *nt*.
self-same ['sɛlfseɪm]· *adj* (dokładnie) ten sam.
self-satisfied [sɛlf'sætɪsfaɪd] *adj* (*person*) zadowolony z siebie; (*smile*) pełen samozadowolenia.
self-sealing [sɛlf'si:lɪŋ] *adj*: **self-sealing envelope** koperta *f* samoklejąca.
self-service [sɛlf'sə:vɪs] *adj* samoobsługowy.
self-styled ['sɛlfstaɪld] *adj* samozwańczy.
self-sufficient [sɛlfsə'fɪʃənt] *adj* samowystarczalny; **to be self-sufficient in coal** być samowystarczalnym pod względem węgla.
self-supporting [sɛlfsə'pɔ:tɪŋ] *adj* samofinansujący się.

self-taught [sɛlf'tɔ:t] *adj*: **self-taught pianist** pianista *m* samouk *m*.
self-test ['sɛlftɛst] (*COMPUT*) *n* autotest *m*.
sell [sɛl] (*pt, pp* **sold**) *vt* sprzedawać (sprzedać *perf*); (*fig*): **to sell sth to sb** przekonywać (przekonać *perf*) kogoś do czegoś ♦ *vi* sprzedawać się (sprzedać się *perf*); **to sell at** *or* **for 10 pounds** kosztować 10 funtów; **to sell sb sth** sprzedawać (sprzedać *perf*) komuś coś; **to sell o.s.** prezentować się (zaprezentować się *perf*) dobrze.
►**sell off** *vt* wyprzedawać (wyprzedać *perf*).
►**sell out** *vi*: **to sell out (of sth)** wyprzedać *(perf)* (coś); **that shop is never sold out of bread** w tym sklepie nigdy nie brakuje chleba; **the tickets are sold out** bilety zostały wyprzedane; **sorry, we're sold out** niestety, już nie ma.
►**sell up** *vi* sprzedać *(perf)* wszystko.
sell-by date ['sɛlbaɪ-] *n* data *f* ważności.
seller ['sɛlə*] *n* sprzedawca (-wczyni) *m(f)*; **the seller and the buyer** sprzedający i kupujący; **seller's market** rynek sprzedawcy.
selling price ['sɛlɪŋ-] *n* cena *f* zbytu.
sellotape ['sɛləuteɪp] ® (*BRIT*) *n* ≈ taśma *f* klejąca.
sellout ['sɛlaut] *n* (*inf*) zaprzedanie się *nt*; **the match was a sellout** wykupiono wszystkie bilety na ten mecz; (*fig*) mecz został kupiony.
selves [sɛlvz] *pl of* **self**.
semantic [sɪ'mæntɪk] *adj* semantyczny.
semantics [sɪ'mæntɪks] *n* semantyka *f*.
semaphore ['sɛməfɔ:*] *n* semafor *m* (*system sygnalizacji morskiej*).
semblance ['sɛmblns] *n* pozory *pl*.
semen ['si:mən] *n* nasienie *nt*.
semester [sɪ'mɛstə*] (*esp US*) *n* semestr *m*.
semi ['sɛmɪ] *n* = **semidetached (house)**.
semi... ['sɛmɪ] *pref* pół... .
semibreve ['sɛmɪbri:v] (*BRIT*: *MUS*) *n* cała nuta *f*.
semicircle ['sɛmɪsə:kl] *n* półkole *nt*.
semicircular ['sɛmɪ'sə:kjulə*] *adj* półkolisty.
semicolon [sɛmɪ'kəulən] *n* średnik *m*.
semiconductor [sɛmɪkən'dʌktə*] *n* półprzewodnik *m*.
semiconscious [sɛmɪ'kɔnʃəs] *adj* półprzytomny.
semidetached (house) (*BRIT*) *n* dom *m* bliźniaczy, bliźniak *m* (*inf*).
semifinal [sɛmɪ'faɪnl] *n* półfinał *m*.
seminar ['sɛmɪnɑ:*] *n* seminarium *nt*.
seminary ['sɛmɪnərɪ] (*REL*) *n* seminarium *nt*.
semi-precious [sɛmɪ'prɛʃəs] *adj* półszlachetny.
semiquaver ['sɛmɪkweɪvə*] (*BRIT*: *MUS*) *n* szesnastka *f*.
semiskilled [sɛmɪ'skɪld] *adj*: **semiskilled worker** pracownik *m* nie w pełni wykwalifikowany; **semiskilled work** praca nie wymagająca pełnych kwalifikacji.
semi-skimmed [sɛmɪ'skɪmd] *adj* (*milk*) półtłusty.
semitone ['sɛmɪtəun] (*MUS*) *n* półton *m*.
semolina [sɛmə'li:nə] *n* kasza *f* manna *f*.
SEN (*BRIT*) *n abbr* (= *State Enrolled Nurse*) ≈ pielęgniarka (-arz) *f(m)* dyplomowana (-ny) *f(m)*.
Sen. *abbr* (*US*) = **senator** sen.; (*in names*) = **senior** sen., sr.
sen. *abbr* = **Sen.**.
senate ['sɛnɪt] *n* senat *m*.
senator ['sɛnɪtə*] *n* senator *m*.
send [sɛnd] (*pt, pp* **sent**) *vt* (*letter etc*) wysyłać (wysłać *perf*); (*signal, picture*) przesyłać (przesłać *perf*); **to send sth by post** *or (US)* **mail** wysyłać (wysłać *perf*) coś pocztą; **to send sb for sth** wysyłać (wysłać *perf*) kogoś po coś; **to send sb for a check-up** wysłać *(perf)* kogoś na badania kontrolne; **to send word that ...** przysłać *(perf)* wiadomość, że ...; **she sends (you) her love** przesyła (ci) pozdrowienia; **to send sb to Coventry** (*BRIT*) bojkotować (zbojkotować *perf*) kogoś; **to send sb to sleep** usypiać (uśpić *perf*) kogoś; **to send sth flying** ciskać (cisnąć *perf*) czymś.
►**send away** *vt* (*visitor*) odprawiać (odprawić *perf*).
►**send away for** *vt fus* zamawiać (zamówić *perf*) pocztą.
►**send back** *vt* odsyłać (odesłać *perf*).
►**send for** *vt fus* (*by post*) zamawiać (zamówić *perf*) (pocztą); (*doctor, police*) wzywać (wezwać *perf*).
►**send in** *vt* nadsyłać (nadesłać *perf*).
►**send off** *vt* (*goods*) wysyłać (wysłać *perf*); (*BRIT*: *SPORT*) usuwać (usunąć *perf*) z boiska.
►**send on** *vt* (*BRIT*: *letter*) przesyłać (przesłać *perf*) (na nowy adres); (*luggage etc*) nadawać (nadać *perf*).
►**send out** *vt* (*invitation, signal*) wysyłać (wysłać *perf*); (*heat*) wydzielać (wydzielić *perf*).
►**send round** *vt* (*by post*) rozsyłać (rozesłać *perf*); (*at meeting*) puszczać (puścić *perf*) w obieg.
►**send up** *vt* (*price, blood pressure*) podnosić (podnieść *perf*); (*astronaut*) wysyłać (wysłać *perf*); (*BRIT*) parodiować (sparodiować *perf*).
sender ['sɛndə*] *n* nadawca (-wczyni) *m(f)*.
send-off *n*: **a good send-off** ładne pożegnanie *nt*.
send-up ['sɛndʌp] *n* parodia *f*.
Senegal [sɛnɪ'gɔ:l] *n* Senegal *m*.
Senegalese ['sɛnɪgə'li:z] *adj* senegalski ♦ *n inv* Senegalczyk (-lka) *m(f)*.
senile ['si:naɪl] *adj* zniedołężniały.
senility [sɪ'nɪlɪtɪ] *n* zniedołężnienie *nt* starcze.
senior ['si:nɪə*] *adj* (*staff, officer*) starszy *or* wysoki rangą; (*manager*) wysoki rangą; (*post, position*) wysoki ♦ *n* (*SCOL*): **the seniors** (*at school*) uczniowie *vir pl* starszych klas; (*at college or university*) studenci *vir pl* wyższych lat; **to be senior to sb** być od kogoś starszym rangą; **she is 15 years his senior** jest (od niego) starsza o 15 lat; **P. Jones senior** P. Jones senior *or* starszy.

senior citizen *n* emeryt(ka) *m(f)*.
senior high school (*US*) *n szkoła średnia, zwykle obejmująca dziesiątą, jedenastą i dwunastą klasę.*
seniority [si:nɪ'ɔrɪtɪ] *n* (*degree of importance*) starszeństwo *nt*; (*length of work*) staż *m* pracy, wysługa *f* lat.
sensation [sɛn'seɪʃən] *n* (*feeling*) uczucie *nt*; (*ability to feel*) czucie *nt*; (*great success*) wydarzenie *nt*, sensacja *f*; **to cause a sensation** wzbudzać (wzbudzić *perf*) sensację.
sensational [sɛn'seɪʃənl] *adj* (*wonderful*) wspaniały, fantastyczny; (*surprising, exaggerated*) sensacyjny.
sense [sɛns] *n* (*physical*) zmysł *m*; (*of guilt*) poczucie *nt*; (*of shame, pleasure*) uczucie *nt*; (*good sense*) rozsądek *m*; (*of word*) sens *m*, znaczenie *nt*; (*of letter, conversation*) sens *m* ♦ *vt* wyczuwać (wyczuć *perf*); **it makes sense** to ma sens; **there is no sense in that/doing that** to/robienie tego nie ma (żadnego) sensu; **to come to one's senses** opamiętać się *(perf)*; **to take leave of one's senses** postradać *(perf)* zmysły.
senseless ['sɛnslɪs] *adj* (*pointless*) bezsensowny; (*unconscious*) nieprzytomny.
sense of humour *n* poczucie *nt* humoru.
sensibility [sɛnsɪ'bɪlɪtɪ] *n* wrażliwość *f*.
sensible ['sɛnsɪbl] *adj* (*person, advice*) rozsądny; (*shoes, clothes*) praktyczny; **to be sensible for** nadawać się do *+gen*.
sensitive ['sɛnsɪtɪv] *adj* (*person, skin*) wrażliwy; (*instrument*) czuły; (*fig*: *touchy*) drażliwy; **sensitive to** wrażliwy *or* czuły na *+acc*; **he is very sensitive about it** jest bardzo wrażliwy *or* czuły na tym punkcie.
sensitivity [sɛnsɪ'tɪvɪtɪ] *n* (*of person, skin*) wrażliwość *f*; (*to touch etc*) czułość *f*; (*of issue etc*) delikatna natura *f*.
sensual ['sɛnsjuəl] *adj* (*of the senses*) zmysłowy; (*life*) pełen zmysłowych przyjemności *post*.
sensuous ['sɛnsjuəs] *adj* (*lips*) zmysłowy; (*material*) przyjemny w dotyku.
sent [sɛnt] *pt, pp of* **send**.
sentence ['sɛntns] *n* (*LING*) zdanie *nt*; (*JUR*: *judgement*) wyrok *m*; (: *punishment*) kara *f* ♦ *vt*: **to sentence sb to death/to five years in prison** skazywać (skazać *perf*) kogoś na karę śmierci/na karę pięciu lat więzienia; **to pass sentence on sb** wydawać (wydać *perf*) wyrok na kogoś.
sentiment ['sɛntɪmənt] *n* (*tender feelings*) tkliwość *f*, sentyment *m*; (*also pl*: *opinion*) odczucie *nt*, zapatrywanie *nt*.
sentimental [sɛntɪ'mɛntl] *adj* sentymentalny; **to get sentimental** roztkliwiać się (roztkliwić się *perf*).
sentimentality ['sɛntɪmɛn'tælɪtɪ] *n* sentymentalność *f*; (*exaggerated*) sentymentalizm *m*, czułostkowość *f*.
sentry ['sɛntrɪ] *n* wartownik *m*.
sentry duty *n*: **to be on sentry duty** stać na warcie.
Seoul [səul] *n* Seul *m*.
separable ['sɛprəbl] *adj*: **to be separable from** dawać (dać *perf*) się oddzielić od *+gen*.
separate [*adj* 'sɛprɪt, *vb* 'sɛpəreɪt] *adj* (*piles*) osobny; (*occasions, reasons, ways*) różny; (*rooms*) oddzielny ♦ *vt* (*people, things*) rozdzielać (rozdzielić *perf*); (*ideas*) oddzielać (oddzielić *perf*) (od siebie) ♦ *vi* (*part*) rozstawać się (rozstać się *perf*); (*move apart*) rozchodzić się (rozejść się *perf*), rozdzielać się (rozdzielić się *perf*); (*split up*: *couple*) rozstawać się (rozstać się *perf*); (: *parents, married couple*) brać (wziąć *perf*) separację; **to keep sth separate** trzymać coś oddzielnie; **she kept** *or* **remained separate from us** trzymała się oddzielnie; **under separate cover** (*COMM*) osobną pocztą; **to separate into** dzielić (podzielić *perf*) *or* rozdzielać (rozdzielić *perf*) na *+acc*; *see also* **separates**.
separately ['sɛprɪtlɪ] *adv* osobno, oddzielnie.
separates ['sɛprɪts] *npl części ubrania, które można nosić w różnych zestawach.*
separation [sɛpə'reɪʃən] *n* (*being apart*) oddzielenie *nt*; (*time spent apart*) rozłąka *f*; (*JUR*) separacja *f*.
sepia ['si:pjə] *adj* sepiowy, w kolorze sepii *post*.
Sept. *abbr* = **September** wrzes.
September [sɛp'tɛmbə*] *n* wrzesień *m*; *see also* **July**.
septic ['sɛptɪk] *adj* (*MED*) septyczny, zakaźny; (*wound, finger*) zakażony; **the wound is going septic** w ranie rozwija się zakażenie.
septicaemia [sɛptɪ'si:mɪə] (*US* **septicemia**) (*MED*) *n* posocznica *f*.
septic tank *n* szambo *nt*, dół *m* gnilny.
sequel ['si:kwl] *n* (*follow-up*) dalszy ciąg *m*; (*consequence*) następstwo *nt*.
sequence ['si:kwəns] *n* (*order*) kolejność *f*, porządek *m*; (*ordered chain*) seria *f*; (*in dance, film*) sekwencja *f*; **sequence of events** łańcuch zdarzeń; **in sequence** w *or* według kolejności.
sequential [sɪ'kwɛnʃəl] *adj*: **sequential link** ogniwo *nt* łączące; **sequential access** (*COMPUT*) dostęp sekwencyjny.
sequestrate [sɪ'kwɛstreɪt] (*JUR, COMM*) *vt* nakładać (nałożyć *perf*) sekwestr na *+acc*.
sequin ['si:kwɪn] *n* cekin *m*.
Serbo-Croat ['sə:bəu'krəuæt] *n* (język *m*) serbsko-chorwacki.
serenade [sɛrə'neɪd] *n* serenada *f* ♦ *vt* śpiewać (zaśpiewać *perf*) serenadę *+dat*.
serene [sɪ'ri:n] *adj* spokojny.
serenity [sə'rɛnɪtɪ] *n* spokój *m*.
sergeant ['sɑ:dʒənt] *n* sierżant *m*.

sergeant-major ['sɑːdʒənt'meɪdʒə*] *n* starszy sierżant *m*.
serial ['sɪərɪəl] *n* serial *m* ♦ *adj* (*COMPUT*) szeregowy.
serialize ['sɪərɪəlaɪz] *vt* (*on radio, TV*) nadawać w odcinkach; (*in newspaper*) publikować w odcinkach.
serial number *n* (*of machine*) numer *m* seryjny; (*of banknote*) numer *m* serii.
series *n inv* seria *f*; (*TV*: *of shows, talks*) cykl *m*, seria *f*; (: *of films*) serial *m*.
serious ['sɪərɪəs] *adj* poważny; **to be serious** nie żartować; **are you serious (about it)?** mówisz (to) poważnie?
seriously ['sɪərɪəslɪ] *adv* poważnie; **to take sb/sth seriously** brać (wziąć *perf*) kogoś/coś (na) poważnie *or* serio.
seriousness ['sɪərɪəsnɪs] *n* (*of person, situation*) powaga *f*; (*of problem*) waga *f*.
sermon ['səːmən] *n* kazanie *nt*.
serrated [sɪ'reɪtɪd] *adj* ząbkowany.
serum ['sɪərəm] *n* surowica *f*.
servant ['səːvənt] *n* służący (-ca) *m(f)*; (*fig*) sługa *m*.
serve [səːv] *vt* (*country, purpose*) służyć *+dat*; (*guest, customer*) obsługiwać (obsłużyć *perf*); (*food*) podawać (podać *perf*); (*apprenticeship, prison term*) odbywać (odbyć *perf*) ♦ *vi* (*at table*) podawać (podać *perf*); (*TENNIS*) serwować (zaserwować *perf*); (*in army*) służyć ♦ *n* (*TENNIS*) serwis *m*, serw *m*; **to serve as** (*minister, governor*) sprawować urząd *+gen*; (*delegate, representative*) pełnić funkcję *+gen*; **the delegates serve for five years** delegaci pełnią swoją funkcję przez pięć lat; **to serve as/for** służyć (posłużyć *perf*) za *+acc*; **are you being served?** czy ktoś Pana/Panią obsługuje?; **to serve on a committee/jury** zasiadać w komisji/na ławie przysięgłych; **it serves him right** dobrze mu tak.
►**serve out** *vt* serwować, podawać (podać *perf*).
►**serve up** *vt* = **serve out**.
service ['səːvɪs] *n* usługa *f*; (*in hotel, restaurant*) obsługa *f*; (*also*: **train service**) połączenie *nt* kolejowe; (*REL*) nabożeństwo *nt*; (*AUT*) przegląd *m*; (*TENNIS*) serwis *m*, podanie *nt*; (*plates, etc*) serwis *m*; **the Services** *npl* siły *pl* zbrojne ♦ *vt* dokonywać (dokonać *perf*) przeglądu *+gen*; **services (to)** usługi (dla *+gen*); (*extraordinary*) zasługi *pl* (dla *+gen*); **military service** służba wojskowa; **national service** powszechna służba wojskowa; **to be of service to sb** przydawać się (przydać się *perf*) komuś; **to do sb a service** wyświadczyć (*perf*) komuś przysługę; **to put one's car in for a service** oddawać (oddać *perf*) samochód do przeglądu.
serviceable ['səːvɪsəbl] *adj* (*useful*) użyteczny, przydatny; (*able to be used*) zdatny do użycia, sprawny; (*durable*) mocny.
service area *n punkt usługowy przy autostradzie.*
service charge (*BRIT*) *n* dodatek *m* za obsługę.
service industry *n*: **service industries** usługi *pl*.
serviceman ['səːvɪsmən] *n* (*irreg like*: **man**) żołnierz *m*.
service station *n* stacja *f* obsługi.
serviette [səːvɪ'ɛt] (*BRIT*) *n* serwetka *f*.
servile ['səːvaɪl] *adj* służalczy.
session ['sɛʃən] *n* (*period of activity*) sesja *f*; (*sitting*) posiedzenie *nt*, sesja *f*; (*US, Scottish*: *SCOL*) semestr *m*; **to be in session** (*court etc*) obradować.
set [sɛt] (*pt, pp* **set**) *n* (*of problems*) zespół *m*; (*of saucepans, books*) komplet *m*; (*of people*) grupa *f*; (*also*: **radio set**) radio *nt*, odbiornik *m* radiowy; (*also*: **TV set**) telewizor *m*, odbiornik *m* telewizyjny; (*TENNIS*) set *m*; (*MATH*) zbiór *m*; (*FILM*) plan *m*; (*THEAT*) dekoracje *pl*; (*of hair*) ułożenie *nt*, modelowanie *nt* ♦ *adj* (*fixed*) ustalony, stały; (*ready*) gotowy ♦ *vt* (*place, stage*) przygotowywać (przygotować *perf*); (*time, rules*) ustalać (ustalić *perf*); (*record*) ustanawiać (ustanowić *perf*); (*alarm, watch*) nastawiać (nastawić *perf*); (*task, exercise*) zadawać (zadać *perf*); (*exam*) układać (ułożyć *perf*); (*TYP*) składać (złożyć *perf*) ♦ *vi* (*sun*) zachodzić (zajść *perf*); (*jelly, concrete*) tężeć (stężeć *perf*); (*glue*) wysychać (wyschnąć *perf*); (*bone*) zrastać się (zrosnąć się *perf*); **a set of false teeth** sztuczna szczęka; **a set of dining-room furniture** komplet mebli stołowych; **a chess set** szachy; **a set phrase** utarty zwrot; **to be set on doing sth** być zdeterminowanym coś zrobić; **to be all set to do sth** być gotowym do (zrobienia) czegoś; **he's set in his ways** on jest mało elastyczny; **the novel is set in Rome** akcja powieści rozgrywa się w Rzymie; **to set the table** nakrywać (nakryć *perf*) do stołu; **to set sth to music** komponować (skomponować *perf*) muzykę do czegoś; **to set on fire** podpalać (podpalić *perf*); **to set free** uwalniać (uwolnić *perf*), zwalniać (zwolnić *perf*); **to set sail** podnosić (podnieść *perf*) żagle.
►**set about** *vt fus* przystępować (przystąpić *perf*) do *+gen*; **to set about doing sth** zabierać się (zabrać się *perf*) do czegoś.
►**set aside** *vt* (*money etc*) odkładać (odłożyć *perf*); (*time*) rezerwować (zarezerwować *perf*).
►**set back** *vt*: **to set sb back 5 pounds** kosztować kogoś 5 funtów; **to set sb back (by)** opóźniać (opóźnić *perf*) kogoś (o *+acc*); **a house set back from the road** dom z dala od szosy.
►**set in** *vi* (*bad weather*) nadchodzić (nadejść *perf*); (*infection*) wdawać się (wdać się *perf*); **the rain has set in for the day** rozpadało się na dobre.
►**set off** *vi* wyruszać (wyruszyć *perf*) ♦ *vt* (*bomb*) detonować (zdetonować *perf*); (*alarm*) uruchamiać (uruchomić *perf*); (*chain of events*)

wywoływać (wywołać *perf*); (*jewels*) uwydatniać (uwydatnić *perf*); (*tan, complexion*) podkreślać (podkreślić *perf*).

►**set out** *vi* wyruszać (wyruszyć *perf*) ♦ *vt* (*goods etc*) wystawiać (wystawić *perf*); (*arguments*) wykładać (wyłożyć *perf*); **to set out to do sth** przystępować (przystąpić *perf*) do robienia czegoś; **to set out from home** wyruszać (wyruszyć *perf*) z domu.

►**set up** *vt* (*organization*) zakładać (założyć *perf*); (*monument*) wznosić (wznieść *perf*); **to set up shop** (*fig*) zakładać (założyć *perf*) interes.

setback ['sɛtbæk] *n* (*hitch*) komplikacja *f*; (*in health*) pogorszenie *nt*.

set menu *n* ustalone menu *nt inv*.

set square *n* ekierka *f*.

settee [sɛ'ti:] *n* sofa *f*.

setting ['sɛtɪŋ] *n* (*background*) miejsce *nt*, otoczenie *nt*; (*of controls*) nastawa *f*; (*of jewel*) oprawa *f*.

setting lotion *n* płyn *m* do układania włosów.

settle ['sɛtl] *vt* (*argument*) rozstrzygać (rozstrzygnąć *perf*); (*accounts*) regulować (uregulować *perf*); (*affairs*) porządkować (uporządkować *perf*); (*land*) zasiedlać (zasiedlić *perf*) ♦ *vi* (*also*: **settle down**) sadowić się (usadowić się *perf*); (*calm down*) uspokajać się (uspokoić się *perf*); (*bird, insect*) siadać (siąść *perf or* usiąść *perf*); (*dust, sediment*) osiadać (osiąść *perf*), osadzać się (osadzić się *perf*); **to settle down to sth** zasiadać (zasiąść *perf*) do czegoś; **it'll settle your stomach** to ci dobrze zrobi na żołądek; **that's settled then!** no to załatwione!

►**settle for** *vt fus* zadowalać się (zadowolić się *perf*) +*instr*.

►**settle in** *vi* przyzwyczajać się (przyzwyczaić się *perf*) (do nowego miejsca).

►**settle on** *vt fus* decydować się (zdecydować się *perf*) na +*acc*.

►**settle up** *vi*: **to settle up with sb** rozliczać się (rozliczyć się *perf*) z kimś.

settlement ['sɛtlmənt] *n* (*payment*: *of debt*) spłata *f*; (: *in compensation*) odszkodowanie *nt*; (*agreement*) rozstrzygnięcie *nt*, porozumienie *nt*; (*village etc*) osada *f*; (*colonization*) zasiedlanie *nt*, osadnictwo *nt*; **in settlement of our account** (*COMM*) na pokrycie należności.

settler ['sɛtlə*] *n* osadnik (-iczka) *m(f)*.

setup ['sɛtʌp] (*also spelled* **set-up**) *n* układ *m*.

seven ['sɛvn] *num* siedem.

seventeen [sɛvn'ti:n] *num* siedemnaście.

seventh ['sɛvnθ] *num* siódmy.

seventy ['sɛvntɪ] *num* siedemdziesiąt.

sever ['sɛvə*] *vt* (*artery, pipe*) przerywać (przerwać *perf*); (*fig*: *relations*) zrywać (zerwać *perf*).

several ['sɛvərl] *adj* kilka (+*gen*); (*of groups of people including at least one male*) kilku (+*gen*) ♦ *pron* kilka; (*of groups of people including at least one male*) kilku; **several of us** kilkoro z nas; **several times** kilka razy.

severance ['sɛvərəns] *n* (*of relations*) zerwanie *nt*.

severance pay *n* odprawa *f* (pieniężna).

severe [sɪ'vɪə*] *adj* (*pain*) ostry; (*damage, shortage*) poważny; (*winter, person, expression*) surowy.

severely [sɪ'vɪəlɪ] *adv* (*damage*) poważnie; (*punish*) surowo; (*wounded, ill*) ciężko, poważnie.

severity [sɪ'vɛrɪtɪ] *n* surowość *f*; (*of pain, attacks*) ostrość *f*.

sew [səu] (*pt* **sewed**, *pp* **sewn**) *vt* (*dress etc*) szyć (uszyć *perf*); (*edges*) zszywać (zszyć *perf*) ♦ *vi* szyć.

►**sew up** *vt* (*pieces of cloth*) zszywać (zszyć *perf*); (*tear*) zaszywać (zaszyć *perf*); **the deal was sewn up** (*fig*) sprawa została zapięta na ostatni guzik.

sewage ['su:ɪdʒ] *n* ścieki *pl*.

sewer ['su:ə*] *n* ściek *m*.

sewing ['səuɪŋ] *n* szycie *nt*.

sewing machine *n* maszyna *f* do szycia.

sewn [səun] *pp of* **sew**.

sex [sɛks] *n* (*gender*) płeć *f*; (*lovemaking*) seks *m*; **to have sex with sb** mieć z kimś stosunek.

sex act *n* stosunek *m* płciowy.

sexism ['sɛksɪzəm] *n* seksizm *m*.

sexist ['sɛksɪst] *adj* seksistowski.

sextet [sɛks'tɛt] *n* sekstet *m*.

sexual ['sɛksjuəl] *adj* płciowy; **sexual equality** równouprawnienie płci.

sexual assault *n* napad *m* na tle seksualnym.

sexual intercourse *n* stosunek *m* płciowy.

sexually ['sɛksjuəlɪ] *adv* (*attractive*) seksualnie; (*segregate*) według płci; (*reproduce*) płciowo.

sexy ['sɛksɪ] *adj* seksowny.

Seychelles [seɪ'ʃɛl(z)] *npl*: **the Seychelles** Seszele *pl*.

SF *n abbr* = **science fiction** SF.

SG (*US*) *n abbr* (= *Surgeon General*) (*MED*) ≈ Naczelny Lekarz *m* Kraju; (*MIL*) ≈ Naczelny Lekarz *m* Wojskowy.

Sgt (*POLICE, MIL*) *abbr* = **sergeant** sierż.

shabbiness ['ʃæbɪnɪs] *n* nędzny stan *m*.

shabby ['ʃæbɪ] *adj* (*person*) obdarty; (*clothes*) wytarty, wyświechtany; (*trick, behaviour*) podły; (*building*) odrapany.

shack [ʃæk] *n* chałupa *f*.

►**shack up** (*inf*) *vi*: **to shack up (with sb)** żyć (z kimś) na kocią łapę (*inf*).

shackles ['ʃæklz] *npl* kajdany *pl*; (*fig*) pęta *pl*.

shade [ʃeɪd] *n* (*shelter*) cień *m*; (*for lamp*) abażur *m*, klosz *m*; (*of colour*) odcień *m*; (*US*: *also*: **window shade**) roleta *f* ♦ *vt* (*shelter*) ocieniać (ocienić *perf*); (*eyes*) osłaniać (osłonić *perf*); **shades** *npl* (*inf*) okulary *pl* słoneczne; **in the shade** w cieniu; **a shade (too large/more)** odrobinę (za duży/więcej).

shadow ['ʃædəu] *n* cień *m* ♦ *vt* śledzić; **without** *or* **beyond a shadow of a doubt** bez cienia wątpliwości.
shadow cabinet (*BRIT*) *n* gabinet *m* cieni.
shadowy ['ʃædəuɪ] *adj* (*in shadow*) cienisty, zacieniony; (*dim*) niewyraźny.
shady ['ʃeɪdɪ] *adj* cienisty; (*fig*) podejrzany.
shaft [ʃɑːft] *n* (*of arrow, spear*) drzewce *nt*; (*AUT, TECH*) wał(ek) *m*; (*of mine, lift*) szyb *m*; (*of light*) snop *m*; **ventilation shaft** szyb wentylacyjny.
shaggy ['ʃægɪ] *adj* (*beard*) zmierzwiony; (*man*) zarośnięty; (*dog, sheep*) kudłaty.
shake [ʃeɪk] (*pt* **shook**, *pp* **shaken**) *vt* trząść *+instr*, potrząsać (potrząsnąć *perf*) *+instr*; (*bottle, person*) wstrząsać (wstrząsnąć *perf*) *+instr*; (*cocktail*) mieszać (zmieszać *perf*); (*beliefs, resolve*) zachwiać (*perf*) *+instr* ♦ *vi* trząść się (zatrząść się *perf*), drżeć (zadrżeć *perf*) ♦ *n* potrząśnięcie *nt*; **to shake one's head** kręcić (pokręcić *perf*) głową; **to shake hands with sb** uścisnąć (*perf*) czyjąś dłoń, podawać (podać *perf*) komuś rękę; **to shake one's fist (at sb)** wygrażać (komuś) pięścią; **give it a good shake** dobrze potrząśnij.
►**shake off** *vt* strząsać (strząsnąć *perf*), strącać (strącić *perf*); (*fig*: *pursuer*) zgubić (*perf*).
►**shake up** *vt* (*ingredients*) mieszać (zmieszać *perf*); (*fig*: *person*) wstrząsać (wstrząsnąć *perf*) *+instr*.
shake-up ['ʃeɪkʌp] *n* przebudowa *f*.
shakily ['ʃeɪkɪlɪ] *adv* (*reply*) drżącym głosem; (*walk, stand*) chwiejnie, na drżących nogach.
shaky ['ʃeɪkɪ] *adj* (*hand, voice*) trzęsący się, drżący; (*memory*) mglisty, niewyraźny; (*knowledge*) słaby; (*prospects, future*) chwiejny, niepewny; (*start*) niepewny, nieśmiały.
shale [ʃeɪl] *n* łupek *m*.
shall [ʃæl] *aux vb*: **I shall go** pójdę; **shall I open the door?** czy mam otworzyć drzwi?; **I'll get some, shall I?** przyniosę kilka, dobrze?
shallot [ʃə'lɔt] (*BRIT*) *n* szalotka *f*.
shallow ['ʃæləu] *adj* (*lit, fig*) płytki; **the shallows** *npl* mielizna *f*, płycizna *f*.
sham [ʃæm] *n* pozór *m* ♦ *adj* (*jewellery*) sztuczny; (*antique furniture*) podrabiany; (*fight*) udawany, pozorowany ♦ *vt* udawać (udać *perf*).
shambles ['ʃæmblz] *n* bałagan *m*; **the economy is (in) a complete shambles** gospodarka jest w stanie kompletnego chaosu.
shame [ʃeɪm] *n* wstyd *m* ♦ *vt* zawstydzać (zawstydzić *perf*); **it is a shame to ...** szkoda *+infin*; **it is a shame that ...** szkoda, że ...; **what a shame!** co za wstyd!; **to put sb to shame** zawstydzać (zawstydzić *perf*) kogoś; **to put sth to shame** przyćmiewać (przyćmić *perf*) coś.
shamefaced ['ʃeɪmfeɪst] *adj* zawstydzony.
shameful ['ʃeɪmful] *adj* haniebny.
shameless ['ʃeɪmlɪs] *adj* bezwstydny.
shampoo [ʃæm'puː] *n* szampon *m* ♦ *vt* myć (umyć *perf*) (szamponem).
shampoo and set *n* mycie *nt* i modelowanie *nt*.
shamrock ['ʃæmrɔk] *n* koniczyna *f* biała.
shandy ['ʃændɪ] *n drink składający się z piwa i lemoniady.*
shan't [ʃɑːnt] = **shall not**.
shanty town ['ʃæntɪ-] *n* dzielnica *f* slumsów.
SHAPE [ʃeɪp] (*MIL*) *n abbr* (= *Supreme Headquarters Allied Powers, Europe*) *naczelne dowództwo sił alianckich w Europie podczas drugiej wojny światowej.*
shape [ʃeɪp] *n* kształt *m* ♦ *vt* (*with one's hands*) formować (uformować *perf*); (*sb's ideas, sb's life*) kształtować (ukształtować *perf*); **to take shape** nabierać (nabrać *perf*) kształtu; **in the shape of a heart** w kształcie serca; **I can't bear gardening in any shape or form** nie znoszę pracy w ogrodzie w żadnej postaci; **to get (o.s.) into shape** dochodzić (dojść *perf*) do formy.
►**shape up** *vi* (*events*) dobrze się układać (ułożyć *perf*); (*person*) radzić sobie.
-shaped [ʃeɪpt] *suff*: **heart-shaped** w kształcie serca.
shapeless ['ʃeɪplɪs] *adj* bezkształtny, nieforemny.
shapely ['ʃeɪplɪ] *adj* (*woman, legs*) zgrabny.
share [ʃɛə*] *n* (*part*) część *f*; (*contribution*) udział *m*; (*COMM*) akcja *f*, udział *m* ♦ *vt* (*books, cost*) dzielić (podzielić *perf*); (*room, taxi*) dzielić; **China and Japan share many characteristics** Chiny i Japonia mają wiele cech wspólnych; **to share in** (*joy, sorrow*) dzielić *+acc*; (*profits*) partycypować *or* mieć (swój) udział w *+loc*; (*work*) uczestniczyć w *+gen*.
►**share out** *vt* rozdzielać (rozdzielić *perf*).
share capital *n* kapitał *m* akcyjny.
share certificate *n* certyfikat *m* akcji.
shareholder ['ʃɛəhəuldə*] *n* akcjonariusz(ka) *m(f)*.
share index *n* wskaźnik *m* kursów akcji.
share issue *n* emisja *f* akcji.
shark [ʃɑːk] *n* rekin *m*.
sharp [ʃɑːp] *adj* ostry; (*MUS*) podwyższony o pół tonu; (*person, eye*) bystry ♦ *n* (*MUS*) nuta *f* z krzyżykiem; (: *symbol*) krzyżyk *m* ♦ *adv*: **at 2 o'clock sharp** punktualnie o drugiej; **turn sharp left** skręć ostro w lewo; **to be sharp with sb** postępować (postąpić *perf*) z kimś ostro; **look sharp!** pośpiesz się!; **C sharp** (*MUS*) cis; **sharp practices** (*COMM*) nieuczciwe praktyki.
sharpen ['ʃɑːpn] *vt* ostrzyć (zaostrzyć *perf*).
sharpener ['ʃɑːpnə*] *n* (*also*: **pencil sharpener**) temperówka *f*; (*also*: **knife sharpener**) ostrzarka *f*.
sharp-eyed [ʃɑːp'aɪd] *adj* (*person*) bystrooki.
sharply ['ʃɑːplɪ] *adv* ostro.
sharp-tempered [ʃɑːp'tɛmpəd] *adj* porywczy, wybuchowy.
sharp-witted [ʃɑːp'wɪtɪd] *adj* bystry, rozgarnięty.
shatter ['ʃætə*] *vt* roztrzaskiwać (roztrzaskać *perf*); (*fig*) rujnować (zrujnować *perf*) ♦ *vi*

roztrzaskiwać się (roztrzaskać się *perf*); **my dreams have been shattered** moje marzenia legły w gruzach.
shattered ['ʃætəd] *adj* (*overwhelmed*) zdruzgotany; (*inf*: *exhausted*) wykończony (*inf*).
shattering ['ʃætərɪŋ] *adj* (*experience*) wstrząsający; (*effect*) druzgocący; (*exhausting*) wyczerpujący.
shatterproof ['ʃætəpru:f] *adj* (*glass*) nietłukący.
shave [ʃeɪv] *vt* (*person, face, legs*) golić (ogolić *perf*); (*beard*) golić (zgolić *perf*) ♦ *vi* golić się (ogolić się *perf*) ♦ *n*: **to have a shave** golić się (ogolić się *perf*).
shaven ['ʃeɪvn] *adj* (*head*) ogolony, wygolony.
shaver ['ʃeɪvə*] *n* (*also*: **electric shaver**) golarka *f* elektryczna, (elektryczna) maszynka *f* do golenia.
shaving ['ʃeɪvɪŋ] *n* golenie *nt*; **shavings** *npl* strużyny *pl*, wióry *pl*.
shaving brush *n* pędzel *m* do golenia.
shaving cream *n* krem *m* do golenia.
shaving foam *n* pianka *f* do golenia.
shaving point *n* gniazdko *nt* do maszynki do golenia.
shaving soap *n* mydło *nt* do golenia.
shawl [ʃɔ:l] *n* szal *m*.
she [ʃi:] *pron* ona *f* ♦ *pref*: **she-cat** kotka *f*, kocica *f*; **there she is** otóż i ona.
sheaf [ʃi:f] (*pl* **sheaves**) *n* (*of corn*) snop *m*; (*of papers*) plik *m*.
shear [ʃɪə*] (*pt* **sheared**, *pp* **shorn**) *vt* (*sheep*) strzyc (ostrzyc *perf*).
►**shear off** *vi* (*bolt etc*) urywać się (urwać się *perf*).
shears ['ʃɪəz] *npl* nożyce *pl* ogrodnicze, sekator *m*.
sheath [ʃi:θ] *n* (*of knife*) pochwa *f*; (*contraceptive*) prezerwatywa *f*.
sheathe [ʃi:ð] *vt* powlekać (powlec *perf*); (*sword*) chować (schować *perf*) do pochwy.
sheath knife *n* nóż *m* fiński.
sheaves [ʃi:vz] *npl of* **sheaf**.
shed [ʃɛd] (*pt, pp* **shed**) *n* (*for bicycles, tools*) szopa *f*; (*RAIL*) zajezdnia *f*; (*AVIAT, NAUT*) hangar *m* ♦ *vt* (*skin*) zrzucać (zrzucić *perf*); (*tears*) wylewać (wylać *perf*); (*blood*) przelewać (przelać *perf*); (*load*) gubić (zgubić *perf*); (*workers*) pozbywać się (pozbyć się *perf*) *+gen*; **to shed light on** rzucać (rzucić *perf*) światło na *+acc*.
she'd [ʃi:d] = **she had**; = **she would**.
sheen [ʃi:n] *n* połysk *m*.
sheep [ʃi:p] *n inv* owca *f*.
sheepdog ['ʃi:pdɔg] *n* owczarek *m*.
sheep farmer *n* hodowca *m* owiec.
sheepish ['ʃi:pɪʃ] *adj* zmieszany.
sheepskin ['ʃi:pskɪn] *n* barania skóra *f*, kożuch *m* ♦ *cpd*: **sheepskin coat/jacket** kożuch *m*/kożuszek *m*.
sheer [ʃɪə*] *adj* (*utter*) czysty, najzwyklejszy; (*steep*) stromy, pionowy; (*almost transparent*) przejrzysty ♦ *adv* stromo, pionowo; **by sheer chance** przez czysty przypadek.
sheet [ʃi:t] *n* (*on bed*) prześcieradło *nt*; (*of paper*) kartka *f*; (*of glass*) płyta *f*; (*of metal*) arkusz *m*, płyta *f*; (*of ice*) tafla *f*.
sheet feed *n* (*on printer*) podawanie *nt* pojedynczych arkuszy papieru.
sheet lightning *n* błyskawica *f* rozświetlająca całe niebo.
sheet metal *n* blacha *f* cienka.
sheet music *n* nuty *pl*.
sheik(h) [ʃeɪk] *n* szejk *m*.
shelf [ʃɛlf] (*pl* **shelves**) *n* półka *f*; **set of shelves** regał.
shelf life *n* okres *m* przechowywania.
shell [ʃɛl] *n* (*on beach*) muszla *f*; (: *small*) muszelka *f*; (*of egg*) skorupka *f*; (*of nut etc*) łupina *f*; (*of tortoise*) skorupa *f*; (*explosive*) pocisk *m*; (*of building*) szkielet *m* ♦ *vt* (*peas*) łuskać; (*egg*) obierać (obrać *perf*) ze skorupki; (*MIL*) ostrzeliwać (ostrzelać *perf*).
►**shell out** (*inf*) *vt*: **to shell out (for)** bulić (wybulić *perf*) (za *+acc*) (*inf*).
she'll [ʃi:l] = **she will**; = **she shall**.
shellfish ['ʃɛlfɪʃ] *n inv* skorupiak *m*; (*as food*) małż *m*.
shelter ['ʃɛltə*] *n* (*refuge*) schronienie *nt*; (*protection*) osłona *f*, ochrona *f*; (*also*: **air-raid shelter**) schron *m* ♦ *vt* (*protect*) osłaniać (osłonić *perf*); (*give lodging to*) udzielać (udzielić *perf*) schronienia *+dat* ♦ *vi* (*from rain etc*) chronić się (schronić się *perf*); **to take shelter (from)** znajdować (znaleźć *perf*) schronienie (przed *+instr*).
sheltered ['ʃɛltəd] *adj* (*life*) pod kloszem *post*; (*spot*) osłonięty; **sheltered housing** *dom z całodobową opieką dla osób starszych lub niepełnosprawnych.*
shelve [ʃɛlv] *vt* (*fig*: *plan*) odkładać (odłożyć *perf*) do szuflady.
shelves [ʃɛlvz] *npl of* **shelf**.
shelving ['ʃɛlvɪŋ] *n* półki *pl*.
shepherd ['ʃɛpəd] *n* pasterz *m* ♦ *vt* prowadzić (poprowadzić *perf*).
shepherdess ['ʃɛpədɪs] *n* pasterka *f*.
shepherd's pie (*BRIT*) *n zapiekanka z mielonego mięsa i ziemniaków.*
sherbet ['ʃə:bət] *n* (*BRIT*) oranżada *f* w proszku; (*US*) sorbet *m*.
sheriff ['ʃɛrɪf] (*US*) *n* szeryf *m*.
sherry ['ʃɛrɪ] *n* sherry *f inv*.
she's [ʃi:z] = **she is**; = **she has**.
Shetland ['ʃɛtlənd] *n* (*also*: **the Shetland Islands**) Szetlandy *pl*.
shield [ʃi:ld] *n* (*MIL*) tarcza *f*; (*SPORT*) odznaka *f*; (*fig*) osłona *f* ♦ *vt*: **to shield (from)** osłaniać (osłonić *perf*) (przed *+instr*).
shift [ʃɪft] *n* zmiana *f* ♦ *vt* (*move*) przesuwać

(przesunąć *perf*); (*remove*) usuwać (usunąć *perf*) ♦ *vi* przesuwać się (przesunąć się *perf*); **the wind has shifted to the south** wiatr zmienił się na południowy; **a shift in demand** (*COMM*) zmiana charakteru popytu.
shift key *n* klawisz *m* „shift".
shiftless ['ʃɪftlɪs] *adj* niemrawy.
shift work *n* praca *f* zmianowa; **to do shift work** pracować na zmiany.
shifty ['ʃɪftɪ] *adj* chytry, przebiegły.
shilling ['ʃɪlɪŋ] (*BRIT*: *old*) *n* szyling *m*.
shilly-shally ['ʃɪlɪʃælɪ] *vi* wahać się.
shimmer ['ʃɪmə*] *vi* migotać, skrzyć się.
shimmering ['ʃɪmərɪŋ] *adj* migotliwy.
shin [ʃɪn] *n* goleń *f* ♦ *vi*: **to shin up a tree** wdrapywać się (wdrapać się *perf*) na drzewo.
shindig ['ʃɪndɪg] (*inf*) *n* ubaw *m* (*inf*).
shine [ʃaɪn] (*pt, pp* **shone**) *n* połysk *m* ♦ *vi* (*sun, light*) świecić; (*eyes, hair*) błyszczeć, lśnić; (*fig*: *person*) błyszczeć ♦ *vt* (*shoes etc*: *pt, pp shined*) czyścić (wyczyścić *perf*) (do połysku), pucować (wypucować *perf*) (*inf*); **to shine a torch on sth** oświetlać (oświetlić *perf*) coś latarką.
shingle ['ʃɪŋgl] *n* (*on beach*) kamyk *m*; (*on roof*) gont *m*.
shingles ['ʃɪŋglz] (*MED*) *npl* półpasiec *m*.
shining ['ʃaɪnɪŋ] *adj* (*surface*) lśniący, błyszczący; (*example*) godny naśladowania; (*achievement*) godny podziwu.
shiny ['ʃaɪnɪ] *adj* (*coin, hair*) błyszczący, lśniący; (*shoes*) wypolerowany.
ship [ʃɪp] *n* statek *m*, okręt *m* ♦ *vt* (*transport*: *by ship*) przewozić (przewieźć *perf*) drogą morską; (: *by rail etc*) przewozić (przewieźć *perf*); (*water*) nabierać (nabrać *perf*) *+gen*; **on board ship** na pokładzie statku.
shipbuilder ['ʃɪpbɪldə*] *n* (*person*) budowniczy *m* okrętów; (*company*) stocznia *f*.
shipbuilding ['ʃɪpbɪldɪŋ] *n* budownictwo *nt* okrętowe.
ship canal *n* kanał *m* morski.
ship chandler [-'tʃɑːndlə*] *n* dostawca *m* okrętowy.
shipment ['ʃɪpmənt] *n* (*of goods*) transport *m*.
shipowner ['ʃɪpəunə*] *n* armator *m*.
shipper ['ʃɪpə*] *n* spedytor *m*.
shipping ['ʃɪpɪŋ] *n* (*of cargo*) transport *m* morski; (*ships*) flota *f* handlowa.
shipping agent *n* agent *m* okrętowy, spedytor *m* portowy.
shipping company *n* towarzystwo *nt* żeglugowe, linia *f* żeglugowa.
shipping lane *n* szlak *m* żeglugowy.
shipping line *n* = **shipping company**.
shipshape ['ʃɪpʃeɪp] *adj*: **I got the house all shipshape** wysprzątałem dom na tip-top.
shipwreck ['ʃɪprɛk] *n* (*event*) katastrofa *f* morska; (*ship*) wrak *m* (statku) ♦ *vt*: **to be shipwrecked** ocaleć (*perf*) z katastrofy morskiej.
shipyard ['ʃɪpjɑːd] *n* stocznia *f*.
shire ['ʃaɪə*] (*BRIT*) *n* hrabstwo *nt*.
shirk [ʃəːk] *vt* wymigiwać się od *+gen*.
shirt [ʃəːt] *n* (*man's*) koszula *f*; (*woman's*) bluzka *f* (koszulowa); **in (one's) shirt sleeves** w samej koszuli, bez marynarki.
shirty ['ʃəːtɪ] (*BRIT*: *inf*) *adj* wkurzony (*inf*).
shit [ʃɪt] (*inf!*) *excl* cholera! (*inf*).
shiver ['ʃɪvə*] *n* drżenie *nt* ♦ *vi* drżeć (zadrżeć *perf*).
shoal [ʃəul] *n* (*of fish*) ławica *f*; (*also*: **shoals**: *fig*) tłumy *pl*.
shock [ʃɔk] *n* wstrząs *m*, szok *m*; (*also*: **electric shock**) porażenie *nt* (prądem) ♦ *vt* (*upset*) wstrząsać (wstrząsnąć *perf*) *+instr*; (*offend*) szokować (zaszokować *perf*); **to be suffering from shock** (*MED*) być w szoku; **it gave us a shock** to nami wstrząsnęło; **it came as a shock to hear that ...** zaszokowała nas wiadomość, że ... .
shock absorber (*AUT*) *n* amortyzator *m*.
shocking ['ʃɔkɪŋ] *adj* (*very bad*) fatalny; (*outrageous*) szokujący.
shockproof ['ʃɔkpruːf] *adj* odporny na wstrząsy.
shock therapy *n* terapia *f* wstrząsowa, leczenie *nt* wstrząsowe.
shock treatment *n* = **shock therapy**.
shod [ʃɔd] *pt, pp of* **shoe**.
shoddy ['ʃɔdɪ] *adj* lichy.
shoe [ʃuː] (*pt, pp* **shod**) *n* (*for person*) but *m*; (*for horse*) podkowa *f*; (*also*: **brake shoe**) klocek *m* hamulcowy, szczęka *f* hamulcowa ♦ *vt* (*horse*) podkuwać (podkuć *perf*).
shoebrush ['ʃuːbrʌʃ] *n* szczotka *f* do butów.
shoehorn ['ʃuːhɔːn] *n* łyżka *f* do butów.
shoelace ['ʃuːleɪs] *n* sznurowadło *nt*.
shoemaker ['ʃuːmeɪkə*] *n* szewc *m*.
shoe polish *n* pasta *f* do butów.
shoe shop *n* sklep *m* obuwniczy.
shoestring ['ʃuːstrɪŋ] *n* (*fig*): **on a shoestring** małym nakładem (środków).
shoetree ['ʃuːtriː] *n* prawidło *nt*.
shone [ʃɔn] *pt, pp of* **shine**.
shoo [ʃuː] *excl* sio, a kysz ♦ *vt* (*also*: **shoo away, shoo off, etc**: *birds*) płoszyć (wypłoszyć *perf*); (*person*) przeganiać (przegonić *perf*).
shook [ʃuk] *pt of* **shake**.
shoot [ʃuːt] (*pt, pp* **shot**) *n* (*on branch*) pęd *m*; (*on seedling*) kiełek *m*; (*SPORT*) polowanie *nt* ♦ *vt* (*arrow*) wystrzelić (*perf*); (*gun*) (wy)strzelić (*perf*) z *+gen*; (*kill*) zastrzelić (*perf*); (*wound*) postrzelić (*perf*); (*execute*) rozstrzeliwać (rozstrzelać *perf*); (*BRIT*: *game birds*) polować na *+acc*; (*film*) kręcić (nakręcić *perf*) ♦ *vi*: **to shoot (at)** strzelać (strzelić *perf*) (do *+gen*); **to shoot past/through** przemykać (przemknąć *perf*) obok *+gen*/przez *+acc*; **to shoot into** wpadać (wpaść *perf*) do *+gen*.
►**shoot down** *vt* zestrzeliwać (zestrzelić *perf*).

►**shoot in** *vi* wpadać (wpaść *perf*).
►**shoot out** *vi* wypadać (wypaść *perf*).
►**shoot up** *vi* (*fig*: *inflation etc*) skakać (skoczyć *perf*), podskakiwać (podskoczyć *perf*).
shooting ['ʃu:tɪŋ] *n* (*shots*) strzelanina *f*; (*murder*) zastrzelenie *nt*; (*wounding*) postrzelenie *nt*; (*FILM*) zdjęcia *pl*, kręcenie *nt* zdjęć; (*HUNTING*) polowanie *nt*.
shooting range *n* strzelnica *f*.
shooting star *n* spadająca gwiazda *f*.
shop [ʃɔp] *n* (*selling goods*) sklep *m*; (*workshop*) warsztat *m* ♦ *vi* (*also*: **go shopping**) robić (zrobić *perf*) zakupy; **repair shop** warsztat naprawczy; **to talk shop** (*fig*) rozmawiać o sprawach zawodowych.
►**shop around** *vi*: **to shop around (for)** (*lit, fig*) rozglądać się (rozejrzeć się *perf*) (za +*instr*).
shop assistant (*BRIT*) *n* sprzedawca (-wczyni) *m(f)*.
shop floor (*BRIT*: *INDUSTRY*) *n* załoga *f*.
shopkeeper ['ʃɔpki:pə*] *n* sklepikarz (-arka) *m(f)*.
shoplifter ['ʃɔplɪftə*] *n* złodziej(ka) *m(f)* sklepowy (-wa) *m(f)*.
shoplifting ['ʃɔplɪftɪŋ] *n* kradzież *f* sklepowa.
shopper ['ʃɔpə*] *n* kupujący (-ca) *m(f)*, klient(ka) *m(f)*.
shopping ['ʃɔpɪŋ] *n* zakupy *pl*.
shopping bag *n* torba *f* na zakupy.
shopping centre (*US* **shopping center**) *n* centrum *nt* handlowe.
shop-soiled ['ʃɔpsɔɪld] *adj* (*goods*) *niepełnowartościowy wskutek długiego leżenia na wystawie, wielokrotnego przymierzania itp.*
shop steward (*BRIT*: *INDUSTRY*) *n* mąż *m* zaufania (*związku zawodowego*).
shop window *n* witryna *f*, wystawa *f* sklepowa.
shore [ʃɔ:*] *n* (*of sea*) brzeg *m*, wybrzeże *nt*; (*of lake*) brzeg *m* ♦ *vt*: **to shore (up)** podpierać (podeprzeć *perf*); **on shore** na lądzie.
shore leave (*NAUT*) *n* przepustka *f* (na ląd).
shorn [ʃɔ:n] *pp of* **shear**; **to be shorn of** zostać (*perf*) pozbawionym +*gen*.
short [ʃɔ:t] *adj* (*not long*) krótki; (*not tall*) niski; (*curt*) szorstki ♦ *n* film *m* krótkometrażowy; **money is short** brakuje pieniędzy; **we are short of staff** brakuje nam personelu; **I'm three pounds short** mam o trzy funty za mało, brakuje mi trzech funtów; **in short** jednym słowem; **meat/petrol is in short supply** brakuje mięsa/benzyny; **short of sth/doing sth** bez posuwania się do +*gen*; **it is short for ...** to skrót od +*gen*; **a short time ago** niedawno (temu); **in the short term** na krótką metę; **to cut short** (*speech*) ucinać (uciąć *perf*); (*visit*) skracać (skrócić *perf*); **everything short of ...** wszystko z wyjątkiem +*gen*; **to fall short of expectations** zawodzić (zawieść *perf*) oczekiwania; **we were running short of food** zaczynało nam brakować żywności; **to stop short** (nagle) przestać (*perf*) *or* przerwać (*perf*); **to stop short of** powstrzymywać się (powstrzymać się *perf*) przed +*instr*; *see also* **shorts**.
shortage ['ʃɔ:tɪdʒ] *n*: **a shortage of** niedobór *m* +*gen*.
shortbread ['ʃɔ:tbrɛd] *n* herbatnik *m* maślany.
short-change [ʃɔ:t'tʃeɪndʒ] *vt*: **to short-change sb** wydawać (wydać *perf*) komuś za mało (reszty).
short circuit *n* zwarcie *nt*.
shortcoming ['ʃɔ:tkʌmɪŋ] *n* niedostatek *m*, mankament *m*.
shortcrust pastry (*BRIT*) *n* kruche ciasto *nt*.
short cut *n* skrót *m*; (*fig*) ułatwienie *nt*; **to take a short cut** iść (pójść *perf*) na skróty.
shorten ['ʃɔ:tn] *vt* skracać (skrócić *perf*).
shortening ['ʃɔ:tnɪŋ] *n* tłuszcz *m* piekarniczy.
shortfall ['ʃɔ:tfɔ:l] *n* niedobór *m*.
shorthand ['ʃɔ:thænd] *n* (*BRIT*) stenografia *f*; (*fig*) skrót *m*; **to take sth down in shorthand** stenografować coś.
shorthand notebook (*BRIT*) *n* notes *m* stenograficzny.
shorthand typist (*BRIT*) *n* stenotypista (-tka) *m(f)*.
short list (*BRIT*) *n* (ostateczna) lista *f* kandydatów.
short-lived [ʃɔ:t'lɪvd] *adj* krótkotrwały.
shortly ['ʃɔ:tlɪ] *adv* wkrótce.
shorts [ʃɔ:ts] *npl* szorty *pl*.
short-sighted [ʃɔ:t'saɪtɪd] *adj* (*lit, fig*) krótkowzroczny.
short-sightedness [ʃɔ:t'saɪtɪdnɪs] *n* krótkowzroczność *f*.
short-staffed [ʃɔ:t'stɑ:ft] *adj*: **to be short-staffed** mieć niedobory personalne *or* kadrowe.
short story *n* opowiadanie *nt*, nowela *f*.
short-tempered [ʃɔ:t'tɛmpəd] *adj* zapalczywy, wybuchowy.
short-term ['ʃɔ:ttə:m] *adj* krótkoterminowy.
short time *n*: **to work short time, to be on short time** pracować w niepełnym wymiarze godzin.
short-wave ['ʃɔ:tweɪv] (*RADIO*) *adj* krótkofalowy.
shot [ʃɔt] *pt, pp of* **shoot** ♦ *n* (*of gun*) wystrzał *m*, strzał *m*; (*shotgun pellets*) śrut *m*; (*FOOTBALL etc*) strzał *m*; (*injection*) zastrzyk *m*; (*PHOT*) ujęcie *nt*; **to fire a shot at sb/sth** strzelać (strzelić *perf*) do kogoś/czegoś; **to have a shot at sth/doing sth** próbować (spróbować *perf*) czegoś/zrobić coś; **to get shot of sb/sth** (*inf*) pozbywać się (pozbyć się *perf*) kogoś/czegoś; **a big shot** (*inf*) gruba ryba *f* (*inf*), szycha *f* (*inf*); **a good/poor shot** dobry/zły strzelec; **like a shot** migiem.
shotgun ['ʃɔtgʌn] *n* śrutówka *f*.
should [ʃud] *aux vb*: **I should go now** powinienem już iść; **he should be there now**

powinien tam teraz być; **I should go if I were you** na twoim miejscu poszłabym; **I should like to** chciałbym; **should he phone ...** gdyby (przypadkiem) dzwonił, ...

shoulder ['ʃəuldə*] *n* (*ANAT*) bark *m* ♦ *vt* (*fig*: *burden*) brać (wziąć *perf*) na swoje barki; (*responsibility*) brać (wziąć *perf*) na siebie; **to look over one's shoulder** spoglądać (spojrzeć *perf*) przez ramię; **to rub shoulders with sb** (*fig*) ocierać się (otrzeć się *perf*) o kogoś; **to give sb the cold shoulder** (*fig*) traktować (potraktować *perf*) kogoś ozięble.

shoulder bag *n* torba *f* na ramię.

shoulder blade *n* (*ANAT*) łopatka *f*.

shoulder strap *n* (*on clothing*) ramiączko *nt*; (*on bag*) pasek *m*.

shouldn't ['ʃudnt] = **should not**.

shout [ʃaut] *n* okrzyk *m* ♦ *vt* krzyczeć (krzyknąć *perf*) ♦ *vi* (*also*: **shout out**) krzyczeć (krzyknąć *perf*), wykrzykiwać (wykrzyknąć *perf*); **to give sb a shout** wołać (zawołać *perf*) kogoś.

►**shout down** *vt* zakrzykiwać (zakrzyczeć *perf*).

shouting ['ʃautɪŋ] *n* krzyki *pl*.

shove [ʃʌv] *vt* pchać (pchnąć *perf*) ♦ *n*: **to give sb/sth a shove** popychać (popchnąć *perf*) kogoś/coś; **to shove sth in** (*inf*) wpychać (wepchnąć *perf*) coś; **he shoved me out of the way** zepchnął mnie z drogi.

►**shove off** (*inf*) *vi* spływać (spłynąć *perf*) (*inf*).

shovel ['ʃʌvl] *n* szufla *f*, łopata *f*; (*mechanical*) koparka *f* ♦ *vt* szuflować.

show [ʃəu] (*pt* **showed**, *pp* **shown**) *n* (*of emotion*) wyraz *m*, przejaw *m*; (*flower show etc*) wystawa *f*; (*THEAT*) spektakl *m*, przedstawienie *nt*; (*FILM*) seans *m*; (*TV*) program *m* rozrywkowy, show *m* ♦ *vt* (*indicate*) pokazywać (pokazać *perf*), wykazywać (wykazać *perf*); (*exhibit*) wystawiać (wystawić *perf*); (*illustrate, depict*) pokazywać (pokazać *perf*), przedstawiać (przedstawić *perf*); (*courage, ability*) wykazywać (wykazać *perf*); (*programme, film*) pokazywać (pokazać *perf*) ♦ *vi* być widocznym; **to show sb to his seat/to the door** odprowadzać (odprowadzić *perf*) kogoś na miejsce/do drzwi; **to show a profit/loss** (*COMM*) wykazywać (wykazać *perf*) zyski/straty; **it shows** to widać; **it just goes to show that ...** to tylko świadczy o tym, że...; **to ask for a show of hands** prosić (poprosić *perf*) o głosowanie przez podniesienie ręki; **for show** na pokaz; **on show** wystawiony; **who's running the show here?** (*inf*) kto tu jest szefem?

►**show in** *vt* wprowadzać (wprowadzić *perf*), wpuszczać (wpuścić *perf*).

►**show off** *vi* (*pej*) popisywać się ♦ *vt* popisywać się *+instr*.

►**show out** *vt* odprowadzać (odprowadzić *perf*) do wyjścia.

►**show up** *vi* (*stand out*) być widocznym; (*inf*: *turn up*) pokazywać się (pokazać się *perf*), pojawiać się (pojawić się *perf*) ♦ *vt* uwidaczniać (uwidocznić *perf*), odsłaniać (odsłonić *perf*).

show business *n* przemysł *m* rozrywkowy.

showcase ['ʃəukeɪs] *n* gablota *f*; (*fig*) wizytówka *f*.

showdown ['ʃəudaun] *n* ostateczna rozgrywka *f*.

shower ['ʃauə*] *n* (*rain*) przelotny deszcz *m*; (*of stones etc*) grad *m*; (*for bathing*) prysznic *m*; (*US*: *party*) *przyjęcie, na którym obdarowuje się prezentami honorowego gościa – zwykle kobietę wychodzącą za mąż lub spodziewającą się dziecka* ♦ *vi* brać (wziąć *perf*) prysznic ♦ *vt*: **to shower sb with** (*gifts, kisses*) obsypywać (obsypać *perf*) kogoś *+instr*; (*stones, abuse*) obrzucać (obrzucić *perf*) kogoś *+instr*; (*questions*) zasypywać (zasypać *perf*) kogoś *+instr*; **to have** *or* **take a shower** brać (wziąć *perf*) prysznic.

showercap ['ʃauəkæp] *n* czepek *m* kąpielowy.

showerproof ['ʃauəpru:f] *adj* przeciwdeszczowy.

showery ['ʃauərɪ] *adj* deszczowy.

showground ['ʃəugraund] *n* teren *m* wystawowy.

showing ['ʃəuɪŋ] *n* (*of film*) projekcja *f*, pokaz *m*.

show jumping *n* konkurs *m* hipiczny.

showman ['ʃəumən] (*irreg like*: **man**) *n* (*at circus*) artysta *m* cyrkowy; (*at fair*) kuglarz *m*; (*fig*) showman *m*.

showmanship ['ʃəumənʃɪp] *n* talent *m* showmana.

shown [ʃəun] *pp of* **show**.

show-off ['ʃəuɔf] (*inf*) *n*: **he's a show-off** lubi się popisywać.

showpiece ['ʃəupi:s] *n* eksponat *m*; **that hospital is a showpiece** to (jest) pokazowy szpital.

showroom ['ʃəurum] *n* salon *m* wystawowy *or* sprzedaży.

showy ['ʃəuɪ] *adj* ostentacyjny, krzykliwy.

shrank [ʃræŋk] *pt of* **shrink**.

shrapnel ['ʃræpnl] *n* szrapnel *m*.

shred [ʃrɛd] *n* (*usu pl*) strzęp *m*; (*fig*: *of truth*) krzt(yn)a *f*; (: *of evidence*) cień *m* ♦ *vt* (*paper, cloth*) strzępić (postrzępić *perf*); (*CULIN*) szatkować (poszatkować *perf*).

shredder ['ʃrɛdə*] *n* (*vegetable shredder*) szatkownica *f*; (*document shredder*) niszczarka *f* dokumentów.

shrew [ʃru:] *n* (*ZOOL*) sorek *m*, ryjówka *f*; (*fig*: *pej*) złośnica *f*, jędza *f*.

shrewd [ʃru:d] *adj* przebiegły, sprytny.

shrewdness ['ʃru:dnɪs] *n* przebiegłość *f*, spryt *m*.

shriek [ʃri:k] *n* pisk *m* ♦ *vi* piszczeć (zapiszczeć *perf*).

shrift [ʃrɪft] *n*: **to give sb short shrift** rozprawiać się (rozprawić się *perf*) z kimś krótko.

shrill [ʃrɪl] *adj* piskliwy.

shrimp [ʃrɪmp] *n* krewetka *f*.

shrine [ʃraɪn] *n* (*REL*: *place*) miejsce *nt* kultu (*np. grób świętego będący celem pielgrzymek*); (: *container*) relikwiarz *m*; (*fig*) kaplica *f*.

shrink [ʃrɪŋk] (*pt* **shrank**, *pp* **shrunk**) *vi* kurczyć się (skurczyć się *perf*); (*also*: **shrink away**) wzdrygać się (wzdrygnąć się *perf*) ♦ *n* (*inf*: *pej*) psychiatra *m*; **to shrink from (doing) sth** wzbraniać się od (robienia) czegoś *or* przed robieniem czegoś.

shrinkage ['ʃrɪŋkɪdʒ] *n* skurczenie się *nt*, zbiegnięcie się *nt*.

shrink-wrap ['ʃrɪŋkræp] *vt* pakować w folię termokórczliwą.

shrivel ['ʃrɪvl] (*also*: **shrivel up**) *vt* wysuszać (wysuszyć *perf*) ♦ *vi* wysychać (wyschnąć *perf*).

shroud [ʃraud] *n* całun *m* ♦ *vt*: **shrouded in mystery** okryty tajemnicą.

Shrove Tuesday ['ʃrəuv-] *n* ostatki *pl*.

shrub [ʃrʌb] *n* krzew *m*, krzak *m*.

shrubbery ['ʃrʌbərɪ] *n* krzewy *pl*, krzaki *pl*.

shrug [ʃrʌg] *n* wzruszenie *nt* ramion ♦ *vi* wzruszać (wzruszyć *perf*) ramionami ♦ *vt*: **to shrug one's shoulders** wzruszać (wzruszyć *perf*) ramionami.

►**shrug off** *vt* bagatelizować (zbagatelizować *perf*), nic sobie nie robić z *+gen*.

shrunk [ʃrʌŋk] *pp of* **shrink**.

shrunken ['ʃrʌŋkn] *adj* skurczony.

shudder ['ʃʌdə*] *n* dreszcz *m* ♦ *vi* dygotać (zadygotać *perf*), wzdrygać się (wzdrygnąć się *perf*); **I shudder to think of it** (*fig*) drżę na (samą) myśl o tym.

shuffle ['ʃʌfl] *vt* tasować (potasować *perf*) ♦ *vi* iść powłócząc nogami; **to shuffle (one's feet)** przestępować (przestąpić *perf*) z nogi na nogę.

shun [ʃʌn] *vt* (*publicity*) unikać *+gen*; (*neighbours*) stronić od *+gen*.

shunt [ʃʌnt] *vt* (*train*) przetaczać (przetoczyć *perf*).

shunting yard ['ʃʌntɪŋ-] *n* (*RAIL*) stacja *f* rozrządowa.

shush [ʃuʃ] *excl* sza.

shut [ʃʌt] (*pt, pp* **shut**) *vt* zamykać (zamknąć *perf*) ♦ *vi* zamykać się (zamknąć się *perf*); **the shops shut at six** sklepy zamyka się o szóstej.

►**shut down** *vt* (*factory etc*) zamykać (zamknąć *perf*); (*machine*) wyłączać (wyłączyć *perf*) ♦ *vi* zostać (*perf*) zamkniętym.

►**shut off** *vt* (*supply etc*) odcinać (odciąć *perf*); (*view*) zasłaniać (zasłonić *perf*).

►**shut out** *vt* (*person, cold*) nie wpuszczać (nie wpuścić *perf*) *+gen* (do środka); (*noise*) tłumić (stłumić *perf*); (*thought*) nie dopuszczać (nie dopuścić *perf*) *+gen* (do siebie).

►**shut up** *vi* (*inf*) uciszyć się (*perf*), zamknąć się (*perf*) (*inf*) ♦ *vt* uciszać (uciszyć *perf*).

shutdown ['ʃʌtdaun] *n* (*temporary*) przerwa *f* (w pracy); (*permanent*) zamknięcie *nt*.

shutter ['ʃʌtə*] *n* (*on window*) okiennica *f*; (*PHOT*) migawka *f*.

shuttle ['ʃʌtl] *n* (*plane etc*) *środek transportu kursujący tam i z powrotem (wahadłowo)*; (*space shuttle*) prom *m* kosmiczny; (*also*: **shuttle service**) linia *f* lokalna; (*for weaving*) czółenko *nt* ♦ *vi*: **to shuttle to and fro/between** kursować tam i z powrotem/pomiędzy *+instr* ♦ *vt* (*passengers*) transportować (przetransportować *perf*); (*troops*) przerzucać (przerzucić *perf*).

shuttlecock ['ʃʌtlkɔk] *n* lotka *f*.

shy [ʃaɪ] *adj* (*person*) nieśmiały; (*animal*) płochliwy ♦ *vi*: **to shy away from doing sth** (*fig*) wzbraniać się przed robieniem czegoś; **to fight shy of** starać się unikać *+gen*; **to be shy of doing sth** wstydzić się coś (z)robić.

shyly ['ʃaɪlɪ] *adv* nieśmiało.

shyness ['ʃaɪnɪs] *n* nieśmiałość *f*.

Siam [saɪ'æm] *n* Syjam *m*.

Siamese [saɪə'mi:z] *adj*: **Siamese cat** kot *m* syjamski; **Siamese twins** bliźnięta syjamskie.

Siberia [saɪ'bɪərɪə] *n* Syberia *f*.

sibling ['sɪblɪŋ] *n* (*brother*) brat *nt*; (*sister*) siostra *nt*; **siblings** rodzeństwo *nt*.

Sicilian [sɪ'sɪlɪən] *adj* sycylijski ♦ *n* Sycylijczyk (-jka) *m(f)*.

Sicily ['sɪsɪlɪ] *n* Sycylia *f*.

sick [sɪk] *adj* chory; (*humour*) niesmaczny; **to be sick** wymiotować (zwymiotować *perf*); **I feel sick** jest mi niedobrze; **to fall sick** zachorować (*perf*); **to be (off) sick** być na zwolnieniu (lekarskim); **a sick person** chory (-ra) *m(f)*; **I am sick of** (*fig*) niedobrze mi się robi od *+gen*.

sickbag ['sɪkbæg] *n* (*on airplane*) torebka *f* higieniczna.

sickbay ['sɪkbeɪ] *n* izba *f* chorych; (*on ship*) szpital *m* pokładowy.

sickbed ['sɪkbɛd] *n* łóżko *nt* (chorego).

sicken ['sɪkn] *vt* napawać obrzydzeniem ♦ *vi*: **to be sickening for a cold/flu** mieć pierwsze objawy przeziębienia/grypy.

sickening ['sɪknɪŋ] *adj* (*fig*) obrzydliwy.

sickle ['sɪkl] *n* sierp *m*.

sick leave *n* zwolnienie *nt* (lekarskie).

sick list *n* lista *f* chorych.

sickly ['sɪklɪ] *adj* chorowity; (*smell*) mdły.

sickness ['sɪknɪs] *n* (*illness*) choroba *f*; (*vomiting*) wymioty *pl*.

sickness benefit *n* zasiłek *m* chorobowy.

sick pay *n* zasiłek *m* chorobowy.

sickroom ['sɪkru:m] *n* pokój *m* chorego.

side [saɪd] *n* strona *f*; (*of body*) bok *m*; (*team*) przeciwnik *m*; (*of hill*) zbocze *nt* ♦ *adj* boczny ♦ *vi*: **to side with sb** stawać (stanąć *perf*) po czyjejś stronie; **by the side of** przy *+instr*; **side by side** (*work*) wspólnie; (*stand*) obok siebie; **the right/wrong side** właściwa/niewłaściwa strona; **they are on our side** są po naszej stronie; **she never left my side** zawsze była przy moim boku; **to put sth to one side** odkładać (odłożyć *perf*) coś na bok; **from side to side** z boku na bok; **I'm not going to take sides** nie stanę po niczyjej stronie; **a side of beef** pół tuszy wołowej.

sideboard ['saɪdbɔ:d] *n* (niski) kredens *m* (*w jadalni*); **sideboards** (*BRIT*) *npl* = **sideburns**.
sideburns ['saɪdbə:nz] *npl* baczki *pl*.
sidecar ['saɪdkɑ:*] *n* przyczepa *f* (motocykla).
side dish *n sałatka lub inny dodatek do dania głównego*.
side drum *n* werbel *m*.
side effect *n* (*MED*) działanie *nt* uboczne; (*fig*) skutek *m* uboczny.
sidekick ['saɪdkɪk] (*inf*) *n* pomagier *m* (*inf*).
sidelight ['saɪdlaɪt] *n* światło *nt* boczne.
sideline ['saɪdlaɪn] *n* (*SPORT*) linia *f* boczna; (*fig*) dodatkowy etat *m*; **to wait/stand on the sidelines** (*fig*) stać z boku.
sidelong ['saɪdlɔŋ] *adj*: **to give sb a sidelong glance** spoglądać (spojrzeć *perf*) na kogoś ukradkiem; **to exchange sidelong glances** wymieniać (wymienić *perf*) porozumiewawcze spojrzenia.
side plate *n* talerzyk *m* na sałatkę.
side road *n* boczna droga *f*.
side-saddle ['saɪdsædl] *adv* siodło *nt* damskie.
sideshow ['saɪdʃəu] *n jedna z pomniejszych atrakcji w wesołym miasteczku lub towarzysząca występom cyrku, np. strzelnica lub teatrzyk kukiełkowy*.
sidestep ['saɪdstɛp] *vt* (*fig*) omijać (ominąć *perf*) ♦ *vi* robić (zrobić *perf*) unik.
side street *n* boczna uliczka *f*.
sidetrack ['saɪdtræk] *vt* (*fig*) odwracać (odwrócić *perf*) uwagę *+gen*.
sidewalk ['saɪdwɔ:k] (*US*) *n* chodnik *m*.
sideways ['saɪdweɪz] *adv* (*lean*) na bok; (*go in, move*) bokiem; (*look*) z ukosa.
siding ['saɪdɪŋ] *n* bocznica *f*.
sidle ['saɪdl] *vi*: **to sidle up (to)** podchodzić (podejść *perf*) ukradkiem *or* chyłkiem (do *+gen*).
SIDS (*MED*) *n abbr* (= *sudden infant death syndrome*) zespół *m* nagłej śmierci niemowląt.
siege [si:dʒ] *n* oblężenie *nt*; **to be under siege** być oblężonym; **to lay siege to** oblegać (oblec *perf*) *+acc*.
siege economy *n* antyimportowa polityka *f* gospodarcza.
Sierra Leone [sɪ'ɛrəlɪ'əun] *n* Sierra Leone *nt inv*.
siesta [sɪ'ɛstə] *n* sjesta *f*.
sieve [sɪv] *n* sito *nt*; (*small*) sitko *nt* ♦ *vt* przesiewać (przesiać *perf*).
sift [sɪft] *vt* (*flour etc*) przesiewać (przesiać *perf*); (*also*: **sift through**: *documents etc*) segregować (posegregować *perf*).
sigh [saɪ] *n* westchnienie *nt* ♦ *vi* wzdychać (westchnąć *perf*); **to breathe a sigh of relief** odetchnąć (*perf*) z ulgą.
sight [saɪt] *n* (*faculty*) wzrok *m*; (*spectacle*) widok *m*; (*on gun*) celownik *m* ♦ *vt* widzieć, zobaczyć (*perf*); **in sight** w zasięgu wzroku; **on sight** (*shoot*) bez uprzedzenia; **out of sight** poza zasięgiem wzroku; **payable at sight** płatny za okazaniem *or* awista; **at first sight** na pierwszy rzut oka; **love at first sight** miłość od pierwszego wejrzenia; **I know her by sight** znam ją z widzenia; **to catch sight of sb/sth** dostrzegać (dostrzec *perf*) kogoś/coś; **to lose sight of sth** (*fig*) tracić (stracić *perf*) coś z oczu; **to set one's sights on sth** stawiać (postawić *perf*) sobie coś za cel.
sighted ['saɪtɪd] *adj* widzący; **partially sighted** niedowidzący.
sightseeing ['saɪtsi:ɪŋ] *n* zwiedzanie *nt*; **to go sightseeing** udawać się (udać się *perf*) na zwiedzanie.
sightseer ['saɪtsi:ə*] *n* zwiedzający (-ca) *m(f)*.
sign [saɪn] *n* (*symbol*) znak *m*; (*notice*) napis *m*; (*with hand*) gest *m*; (*indication, evidence*) oznaka *f* (*usu pl*); (*also*: **road sign**) znak *m* drogowy ♦ *vt* (*document*) podpisywać (podpisać *perf*); (*FOOTBALL etc*: *player*) pozyskiwać (pozyskać *perf*); **a sign of the times** znak czasu; **it's a good/bad sign** to dobry/zły znak; **plus/minus sign** znak dodawania/odejmowania; **there's no sign of her changing her mind** nic nie wskazuje na to, by miała zmienić zdanie; **he was showing signs of improvement** wykazywał oznaki poprawy; **to sign one's name** podpisywać się (podpisać się *perf*); **to sign sth over to sb** przepisywać (przepisać *perf*) coś na kogoś.
►**sign away** *vt* (*independence*) wyrzekać się (wyrzec się *perf*) *+gen*; (*rights, property*) zrzekać się (zrzec się *perf*) *+gen*.
►**sign in** *vi* (*in hotel*) meldować się (zameldować się *perf*); (*in club etc*) wpisywać się (wpisać się *perf*) (*do księgi gości*).
►**sign off** *vi* (*RADIO, TV*) kończyć (zakończyć *perf*) emisję; (*in letter*) kończyć (skończyć *perf*).
►**sign on** *vi* (*MIL*) zaciągać się (zaciągnąć się *perf*); (*for course*) zapisywać się (zapisać się *perf*); (*BRIT*: *as unemployed*) zgłaszać się (zgłosić się *perf*) (*w urzędzie d/s bezrobotnych*) ♦ *vt* (*MIL*) wcielać (wcielić *perf*) do służby wojskowej; (*employee*) przyjmować (przyjąć *perf*).
►**sign out** *vi* (*from hotel etc*) wymeldowywać się (wymeldować się *perf*).
►**sign up** *vi* (*MIL*) wstępować (wstąpić *perf*) do wojska; (*for course*) zapisywać się (zapisać się *perf*) ♦ *vt* werbować (zwerbować *perf*).
signal ['sɪgnl] *n* sygnał *m*; (*RAIL*) semafor *m* ♦ *vi* (*AUT*) włączyć (włączać *perf*) migacz *or* kierunkowskaz ♦ *vt* dawać (dać *perf*) znak *+dat*; **to signal a right/left turn** włączać (włączyć *perf*) prawy/lewy migacz *or* kierunkowskaz.
signal box *n* (*RAIL*) nastawnia *f*.
signalman [sɪgnlmən] (*irreg like*: **man**) *n* nastawniczy *m*.
signatory ['sɪgnətərɪ] *n* sygnatariusz *m*.
signature ['sɪgnətʃə*] *n* podpis *m*.

signature tune *n* sygnał *m* programu.
signet ring ['sɪgnət-] *n* sygnet *m*.
significance [sɪg'nɪfɪkəns] *n* znaczenie *nt*; **that is of no significance** to jest bez znaczenia.
significant [sɪg'nɪfɪkənt] *adj* znaczący; **it is significant that ...** znamienne jest, że... .
significantly [sɪg'nɪfɪkəntlɪ] *adv* (*improve, increase*) znacznie; (*smile*) znacząco.
signify ['sɪgnɪfaɪ] *vt* oznaczać; (*person*) dawać (dać *perf*) do zrozumienia.
sign language *n* język *m* migowy.
signpost ['saɪnpəust] *n* drogowskaz *m*; (*fig*) wskazówka *f*.
Sikh [si:k] *n* Sikh(ijka) *m(f)* ♦ *adj* sikhijski.
silage ['saɪlɪdʒ] *n* kiszonka *f*.
silence ['saɪləns] *n* cisza *f*; (*someone's*) milczenie *nt* ♦ *vt* uciszać (uciszyć *perf*); (*fig*) zamykać (zamknąć *perf*) usta *+dat*.
silencer ['saɪlənsə*] *n* tłumik *m*.
silent ['saɪlənt] *adj* (*quiet*) cichy; (*taciturn*) małomówny; (*film*) niemy; **to remain silent** zachowywać (zachować *perf*) milczenie.
silently ['saɪləntlɪ] *adv* (*quietly*) cicho; (*without speaking*) w milczeniu.
silent partner *n* cichy wspólnik *m*.
silhouette [sɪlu:'ɛt] *n* zarys *m*, sylwetka *f* ♦ *vt*: **silhouetted against** rysujący się na tle *+gen*.
silicon ['sɪlɪkən] *n* krzem *m*.
silicon chip *n* (krzemowy) obwód *m* scalony.
silicone ['sɪlɪkəun] *n* silikon *m*.
Silicon Valley *n* Dolina *f* Krzemowa.
silk [sɪlk] *n* jedwab *m* ♦ *adj* jedwabny.
silky ['sɪlkɪ] *adj* jedwabisty.
sill [sɪl] *n* (*also*: **window sill**) parapet *m* (okienny); (*of door*) próg *m*.
silly ['sɪlɪ] *adj* głupi, niemądry; **to do something silly** robić (zrobić *perf*) coś głupiego.
silo ['saɪləu] *n* (*on farm*) silos *m*; (*for missile*) podziemna wyrzutnia *f* rakietowa.
silt [sɪlt] *n* muł *m*.
►**silt up** *vi* zamulać się (zamulić się *perf*) ♦ *vt* zamulać (zamulić *perf*).
silver ['sɪlvə*] *n* (*metal*) srebro *nt*; (*coins*) bilon *m*; (*items made of silver*) srebra *pl* ♦ *adj* srebrny.
silver foil (*BRIT*) *n* (*kitchen*) folia *f* aluminiowa; (*wrapping*) cynfolia *f*.
silver paper (*BRIT*) *n* cynfolia *f*.
silver-plated [sɪlvə'pleɪtɪd] *adj* posrebrzany.
silversmith ['sɪlvəsmɪθ] *n* złotnik *m*.
silverware ['sɪlvəwɛə*] *n* srebra *pl* stołowe.
silver wedding (anniversary) *n* srebrne wesele *nt*.
silvery ['sɪlvrɪ] *adj* srebrzysty.
similar ['sɪmɪlə*] *adj*: **similar (to)** podobny (do *+gen*).
similarity [sɪmɪ'lærɪtɪ] *n* podobieństwo *nt*.
similarly ['sɪmɪləlɪ] *adv* podobnie.
simile ['sɪmɪlɪ] *n* (*LING*) porównanie *nt*.
simmer ['sɪmə*] (*CULIN*) *vi* gotować się (na wolnym ogniu).
►**simmer down** (*inf*) *vi* (*fig*) ochłonąć (*perf*).
simper ['sɪmpə*] *vi* uśmiechać się niemądrze.
simpering ['sɪmprɪŋ] *adj* (*person*) uśmiechający się niemądrze; (*smile*) niemądry.
simple ['sɪmpl] *adj* (*easy, plain*) prosty; (*foolish*) ograniczony.
simple interest (*COMM*) *n* odsetki *pl* proste *or* zwykłe.
simple-minded [sɪmpl'maɪndɪd] (*pej*) *adj* naiwny.
simpleton ['sɪmpltən] (*pej*) *n* prostak (-aczka) *m(f)* (*pej*).
simplicity [sɪm'plɪsɪtɪ] *n* prostota *f*.
simplification [sɪmplɪfɪ'keɪʃən] *n* uproszczenie *nt*.
simplify ['sɪmplɪfaɪ] *vt* upraszczać (uprościć *perf*).
simply ['sɪmplɪ] *adv* (*just, merely*) po prostu; (*in a simple way*) prosto.
simulate ['sɪmjuleɪt] *vt* (*enthusiasm, innocence*) udawać; (*illness*) symulować, pozorować.
simulated ['sɪmjuleɪtɪd] *adj* (*pleasure*) udawany; (*nuclear explosion*) symulowany; (*fur, hair*) sztuczny.
simulation [sɪmju'leɪʃən] *n* udawanie *nt*; (*TECH*) symulacja *f*.
simultaneous [sɪməl'teɪnɪəs] *adj* (*broadcast*) równoczesny; (*translation*) symultaniczny, równoległy.
simultaneously [sɪməl'teɪnɪəslɪ] *adv* równocześnie.
sin [sɪn] *n* grzech *m* ♦ *vi* grzeszyć (zgrzeszyć *perf*).
Sinai ['saɪneɪaɪ] *n* Synaj *m*.
since [sɪns] *adv* od tego czasu ♦ *prep* od *+gen* ♦ *conj* (*time*) odkąd; (*because*) ponieważ; **since then, ever since** od tego czasu.
sincere [sɪn'sɪə*] *adj* szczery.
sincerely [sɪn'sɪəlɪ] *adv* szczerze; **Yours sincerely** Z poważaniem.
sincerity [sɪn'sɛrɪtɪ] *n* szczerość *f*.
sine [saɪn] (*MATH*) *n* sinus *m*.
sine qua non [sɪnɪkwɑ:'nɔn] *n* warunek *m* sine qua non *or* konieczny.
sinew ['sɪnju:] *n* ścięgno *nt*.
sinful ['sɪnful] *adj* grzeszny.
sing [sɪŋ] (*pt* **sang**, *pp* **sung**) *vt* śpiewać (zaśpiewać *perf*) ♦ *vi* śpiewać (zaśpiewać *perf*).
Singapore [sɪŋgə'pɔ:*] *n* Singapur *m*.
singe [sɪndʒ] *vt* przypalać (przypalić *perf*).
singer ['sɪŋə*] *n* (*in opera etc*) śpiewak (-aczka) *m(f)*; (*pop, rock etc*) piosenkarz (-arka) *m(f)*.
Singhalese [sɪŋə'li:z] *adj* = **Sinhalese**.
singing ['sɪŋɪŋ] *n* śpiew *m*; **a singing in the ears** dzwonienie w uszach.
single ['sɪŋgl] *adj* (*solitary*) jeden; (*individual, not double*) pojedynczy; (*unmarried*: *man*) nieżonaty; (: *woman*) niezamężny ♦ *n* (*BRIT*: *also*: **single ticket**) bilet *m* (w jedną stronę); (*record*) singel *m*; **not a single one was left** nie pozostał ani jeden; **every single day** każdego dnia; **single**

spacing (*TYP*) pojedynczy odstęp (*między wierszami*).
►**single out** *vt* wybierać (wybrać *perf*).
single bed *n* łóżko *nt* pojedyncze.
single-breasted ['sɪŋglbrɛstɪd] *adj* (*jacket*) jednorzędowy.
single file *n*: **in single file** gęsiego.
single-handed [sɪŋgl'hændɪd] *adv* bez niczyjej pomocy; (*sail*) samotnie.
single-minded [sɪŋgl'maɪndɪd] *adj*: **to be single-minded** mieć (tylko) jeden cel.
single parent *n* (*mother*) samotna matka *f*; (*father*) samotny ojciec *m*.
single room *n* pokój *m* pojedynczy.
singles ['sɪŋglz] *npl* (*TENNIS*) singel *m*, gra *f* singlowa *or* pojedyncza.
singles bar *n* bar *m* dla samotnych.
singly ['sɪŋglɪ] *adv* pojedynczo.
singsong ['sɪŋsɔŋ] *adj* (*intonation etc*) jednostajnie wznoszący się i opadający ♦ *n* wspólne śpiewanie *nt*.
singular ['sɪŋgjulə*] *adj* (*outstanding*) wyjątkowy; (*LING*) pojedynczy; (*odd*) szczególny ♦ *n* (*LING*) liczba *f* pojedyncza; **in the feminine singular** w liczbie pojedynczej rodzaju żeńskiego.
singularly ['sɪŋgjuləlɪ] *adv* wyjątkowo.
Sinhalese [sɪnhə'li:z] *adj* syngaleski.
sinister ['sɪnɪstə*] *adj* (*event, implications*) złowróżbny, złowieszczy; (*figure*) złowrogi, groźny.
sink [sɪŋk] (*pt* **sank**, *pp* **sunk**) *n* zlew *m*, zlewozmywak *m* ♦ *vt* (*ship*) zatapiać (zatopić *perf*); (*well, foundations*) wykopywać (wykopać *perf*) ♦ *vi* (*ship*) tonąć (zatonąć *perf*); (*heart*) zamierać (zamrzeć *perf*); (*ground*) zapadać się (zapaść się *perf*); (*also*: **sink down**: *in exhaustion*) osuwać się (osunąć się *perf*); **to sink one's teeth/claws into** zatapiać (zatopić *perf*) zęby/pazury w *+loc*; **he sank (back) into a chair** (*in exhaustion*) opadł na fotel; (*getting comfortable*) zagłębił się w fotelu; **he sank into the mud** wpadł w błoto; **I had that sinking feeling** poczułem się niewyraźnie.
►**sink in** *vi* (*fig*): **it took a moment for her words to sink in** dopiero po chwili dotarło do mnie, co powiedziała.
sinking fund *n* fundusz *m* amortyzacyjny.
sink unit *n* zlewozmywak *m* (*z obudową*).
sinner ['sɪnə*] *n* grzesznik (-ica) *m(f)*.
Sino- ['saɪnəu] *pref* sino-.
sinuous ['sɪnjuəs] *adj* (*snake*) wijący się.
sinus ['saɪnəs] (*ANAT*) *n* zatoka *f*.
sip [sɪp] *n* łyk *m*, łyczek *m* ♦ *vt* popijać (*małymi łykami*).
siphon ['saɪfən] *n* syfon *m*.
►**siphon off** *vt* (*liquid*) ociągać (odciągnąć *perf*); (*money*) odprowadzać (odprowadzić *perf*) (*niezgodnie z pierwotnym przeznaczeniem*).
sir [sə*] *n uprzejma forma zwracania się do mężczyzn, zwłaszcza w sytuacjach formalnych*; **what would you like, sir?** czego Pan sobie życzy?; **yes, sir** tak, proszę Pana; (*MIL*) tak jest; **Sir John Smith** Sir John Smith (*tytuł szlachecki*); **Dear Sir** Szanowny Panie.
siren ['saɪərn] *n* syrena *f*.
sirloin ['sə:lɔɪn] *n* (*also*: **sirloin steak**) befsztyk *m* z polędwicy.
sirocco [sɪ'rɔkəu] *n* sirocco *m or nt*.
sisal ['saɪsəl] *n* sizal *m*.
sissy ['sɪsɪ] (*inf, pej*) *n* (*boy, man*) baba *f* (*inf, pej*).
sister ['sɪstə*] *n* (*relation, nun*) siostra *f*; (*BRIT*: *nurse*) siostra *f* oddziałowa ♦ *cpd* (*ship, city*) siostrzany.
sister-in-law ['sɪstərɪnlɔ:] *n* (*husband's sister, wife's sister*) szwagierka *f*; (*brother's wife*) bratowa *f*, szwagierka *f*.
sit [sɪt] (*pt, pp* **sat**) *vi* (*sit down*) siadać (usiąść *perf*); (*be sitting*) siedzieć; (*for painter*) pozować; (*assembly*) obradować ♦ *vt* (*exam*) zdawać, przystępować (przystąpić *perf*) do *+gen*; **to sit on** (*committee etc*) zasiadać (zasiąść *perf*) w *+loc*; **to sit tight** nie podejmować żadnych działań.
►**sit about** *vi* przesiadywać.
►**sit around** *vi* = **sit about**.
►**sit back** *vi* rozsiadać się (rozsiąść się *perf*), siadać (usiąść *perf*) wygodnie.
►**sit down** *vi* siadać (usiąść *perf*); **to be sitting down** siedzieć.
►**sit in on** *vt fus* być obecnym na *+loc*.
►**sit up** *vi* (*after lying*) podnosić się (podnieść się *perf*); (*straight*) wyprostowywać się (wyprostować się *perf*); (*stay up*) nie kłaść się (spać).
sitcom ['sɪtkɔm] (*TV*) *n abbr* = **situation comedy**.
sit-down ['sɪtdaun] *adj*: **a sit-down strike** strajk *m* okupacyjny; **a sit-down meal** posiłek spożywany przy stole.
site [saɪt] *n* miejsce *nt*; (*also*: **building site**) plac *m* budowy ♦ *vt* (*factory*) lokalizować (zlokalizować *perf*); (*missiles*) rozmieszczać (rozmieścić *perf*).
sit-in ['sɪtɪn] *n* okupacja *f* (budynku) (*na znak protestu*).
siting ['saɪtɪŋ] *n* lokalizacja *f*.
sitter ['sɪtə*] *n* (*for painter*) model(ka) *m(f)*; (*also*: **baby-sitter**) opiekun(ka) *m(f)* do dziecka.
sitting ['sɪtɪŋ] *n* (*of assembly*) posiedzenie *nt*; (*in canteen*) zmiana *f* (*osób jedzących posiłek*); **at a single sitting** za jednym posiedzeniem.
sitting member (*POL*) *n* poseł/posłanka *m/f* bieżącej kadencji.
sitting room *n* salon *m*.
sitting tenant (*BRIT*) *n* lokator(ka) *m(f)* (*wynajmujący dom lub mieszkanie na stałe*).
situate ['sɪtjueɪt] *vt* umieszczać (umieścić *perf*) (*w kontekście*).

situated ['sɪtjueɪtɪd] *adj* położony; **to be situated** znajdować się; (*town etc*) być położonym.
situation [sɪtju'eɪʃən] *n* (*state*) sytuacja *f*; (*job*) posada *f*; (*location*) położenie *nt*; **"situations vacant"** (*BRIT*) ≈ „Praca" (*rubryka w ogłoszeniach gazetowych*).
situation comedy *n* (*TV*) komedia *f* sytuacyjna.
six [sɪks] *num* sześć.
sixteen [sɪks'ti:n] *num* szesnaście.
sixth ['sɪksθ] *num* szósty; **the upper/lower sixth** (*BRIT*) *ostatni/przedostatni rok nauki w szkole średniej*.
sixty ['sɪkstɪ] *num* sześćdziesiąt.
size [saɪz] *n* wielkość *f*; (*of project etc*) rozmiary *pl*; (*of clothing, shoes*) rozmiar *m*, numer *m*; **I take size 14** (*dress etc*) ≈ noszę rozmiar 42; **the small/large size** (*of soap powder etc*) małe/duże opakowanie; **it's the size of** jest wielkości *+gen*; **cut to size** przycięty na miarę.
▸**size up** *vt* (*person*) mierzyć (zmierzyć *perf*) wzrokiem; (*situation*) oceniać (ocenić *perf*).
sizeable ['saɪzəbl] *adj* spory, pokaźny.
sizzle ['sɪzl] *vi* skwierczeć.
SK (*CANADA*) *abbr* (= *Saskatchewan*).
skate [skeɪt] *n* (*ice skate*) łyżwa *f*; (*roller skate*) wrotka *f*; (*fish*) płaszczka *f* ♦ *vi* (*on ice*) jeździć na łyżwach; (*roller skate*) jeździć na wrotkach.
▸**skate around, skate over** *vt fus* (*avoid dealing with*) prześlizgiwać się (prześlizgnąć się *perf*) nad *+instr*; (*deal with superficially*) prześlizgiwać się (prześlizgnąć się *perf*) po *+loc*.
skateboard ['skeɪtbɔ:d] *n* deskorolka *f*.
skater ['skeɪtə*] *n* (*on ice*) łyżwiarz (-arka) *m(f)*; (*on roller skates*) wrotkarz (-arka) *m(f)*.
skating ['skeɪtɪŋ] *n* jazda *f* na łyżwach; (*SPORT*) łyżwiarstwo *nt*; **figure skating** łyżwiarstwo figurowe, jazda figurowa na lodzie.
skating rink *n* lodowisko *nt*.
skeleton ['skɛlɪtn] *n* (*ANAT, TECH*) szkielet *m*; (*outline*) zarys *m*.
skeleton key *n* klucz *m* uniwersalny.
skeleton staff *n* niezbędny personel *m*.
skeptic *etc* (*US*) = **sceptic** *etc*.
sketch [skɛtʃ] *n* (*drawing, outline*) szkic *m*; (*THEAT, TV*) skecz *m* ♦ *vt* szkicować (naszkicować *perf*); (*also*: **sketch out**) nakreślać (nakreślić *perf*), zarysowywać (zarysować *perf*).
sketchbook ['skɛtʃbuk] *n* szkicownik *m*.
sketchpad ['skɛtʃpæd] *n* blok *m* rysunkowy.
sketchy ['skɛtʃɪ] *adj* pobieżny.
skew [skju:] *adj* przekrzywiony.
skewed [skju:d] *adj* wypaczony.
skewer ['skju:ə*] *n* (*CULIN*) szpikulec *m* (*do zrazów, szaszłyków itp*).
ski [ski:] *n* narta *f* ♦ *vi* jeździć na nartach.
ski boot *n* but *m* narciarski.
skid [skɪd] *n* (*AUT*) poślizg *m* ♦ *vi*: **the car skidded** samochód zarzuciło; **we skidded** zarzuciło nas; **to go into a skid** wpadać (wpaść *perf*) w poślizg.
skid marks *npl* ślady *pl* poślizgu.
skier ['ski:ə*] *n* narciarz (-arka) *m(f)*.
skiing ['ski:ɪŋ] *n* jazda *f* na nartach; (*SPORT*) narciarstwo *nt*; **to go skiing** wybierać się (wybrać się *perf*) na narty.
ski instructor *n* instruktor *m* narciarski.
ski jump *n* (*event*) skoki *pl* (narciarskie); (*ramp*) skocznia *f* (narciarska).
skilful ['skɪlful] (*US* **skillful**) *adj* (*negotiator etc*) wprawny; (*handling of situation*) umiejętny, zręczny.
ski lift *n* wyciąg *m* narciarski.
skill [skɪl] *n* (*dexterity*) wprawa *f*, zręczność *f*; (*expertise*) umiejętności *pl*; (*work or art requiring training*) umiejętność *f*.
skilled [skɪld] *adj* (*worker*) wykwalifikowany; **skilled and semi-skilled work** praca dla osób w pełni i częściowo wykwalifikowanych.
skillet ['skɪlɪt] *n* patelnia *f*.
skillful ['skɪlful] (*US*) *adj* = **skilful**.
skil(l)fully ['skɪlfəlɪ] *adv* umiejętnie, zręcznie.
skim [skɪm] *vt* (*also*: **skim off**: *cream, fat*) zbierać (zebrać *perf*); (*glide over*) prześlizgiwać się (prześlizgnąć się *perf*) po *+loc*; (*also*: **skim through**) przeglądać (przejrzeć *perf*) (pobieżnie).
skimmed milk [skɪmd-] *n* ≈ chude mleko *nt*.
skimp [skɪmp] (*also*: **skimp on**) *vt* żałować *or* skąpić *+gen*.
skimpy ['skɪmpɪ] *adj* (*meal*) skąpy; (*skirt*) kusy.
skin [skɪn] *n* (*of person, animal*) skóra *f*; (*of fruit*) skórka *f*; (*complexion*) cera *f* ♦ *vt* (*animal*) zdejmować (zdjąć *perf*) skórę z *+gen*; **wet** *or* **soaked to the skin** przemoczony *or* przemoknięty do suchej nitki.
skin cancer *n* rak *m* skóry.
skin-deep ['skɪn'di:p] *adj* powierzchowny.
skin diver *n* płetwonurek *m*.
skin diving *n* płetwonurkowanie *nt*.
skinflint ['skɪnflɪnt] *n* kutwa *m/f*, sknera *m/f*.
skin graft *n* przeszczep *m* skóry.
skinhead ['skɪnhɛd] *n* skinhead *m*, skin *m*.
skinny ['skɪnɪ] *adj* chudy.
skin test *n* (*MED*) próba *f* skórna.
skintight ['skɪntaɪt] *adj* obcisły.
skip [skɪp] *n* (*movement*) podskok *m*; (*BRIT*: *for rubbish, debris*) kontener *m* ♦ *vi* (*jump*) podskakiwać (podskoczyć *perf*); (*with rope*) skakać przez skakankę ♦ *vt* (*pass over*) opuszczać (opuścić *perf*), pomijać (pominąć *perf*); (*miss*: *lunch etc*) nie jeść *+gen*; (: *lecture etc*) nie iść (nie pójść *perf*) na *+acc*; **to skip school** (*esp US*) nie iść (nie pójść *perf*) do szkoły.
ski pants *npl* spodnie *pl* narciarskie.
ski pole *n* kijek *m* do nart.
skipper ['skɪpə*] *n* (*NAUT*) szyper *m*; (*inf*: *SPORT*) kapitan *m* ♦ *vt* być kapitanem *+gen*.

skipping rope ['skɪpɪŋ-] *n* skakanka *f*.
ski resort *n* ośrodek *m* narciarski.
skirmish ['skə:mɪʃ] *n* (*MIL*) potyczka *f*; (*political etc*) utarczka *f*.
skirt [skə:t] *n* spódnica *f* ♦ *vt* (*fig*: *issue etc*) unikać podjęcia *+gen*.
skirting board ['skə:tɪŋ-] *n* listwa *f* przypodłogowa.
ski run *n* trasa *f* narciarska.
ski slope *n* stok *m* narciarski.
ski suit *n* kombinezon *m* narciarski.
skit [skɪt] *n* skecz *m*.
ski tow *n* wyciąg *m* narciarski.
skittle ['skɪtl] *n* kręgiel *m*.
skittles ['skɪtlz] *n* kręgle *pl*.
skive [skaɪv] (*BRIT*: *inf*) *vi* obijać się (*inf*).
skulk [skʌlk] *vi* przyczaić się (*perf*), przycupnąć (*perf*).
skull [skʌl] *n* czaszka *f*.
skullcap ['skʌlkæp] *n* (*of Catholic priest*) piuska *f*; (*of Jew*) jarmułka *f*, mycka *f*.
skunk [skʌŋk] *n* skunks *m*.
sky [skaɪ] *n* niebo *nt*; **to praise sb to the skies** wychwalać kogoś pod niebiosa.
sky-blue [skaɪ'blu:] *adj* błękitny.
skylark ['skaɪlɑ:k] *n* skowronek *m*.
skylight ['skaɪlaɪt] *n* świetlik *m* (*okno*).
skyline ['skaɪlaɪn] *n* linia *f* horyzontu; (*of city*) sylwetka *f*.
skyscraper ['skaɪskreɪpə*] *n* drapacz *m* chmur.
slab [slæb] *n* (*of stone, wood*) płyta *f*; (*of cake, cheese*) kawał *m*.
slack [slæk] *adj* (*trousers, skin*) obwisły; (*security, discipline*) rozluźniony; (*period, season*) martwy ♦ *n* (*in rope etc*) luźny kawałek *m*; **slacks** *npl* spodnie *pl*; **the business/market is slack** panuje zastój w interesach/na rynku.
slacken ['slækn] *vi* (*also*: **slacken off**: *speed, demand*) maleć (zmaleć *perf*); (: *depression, effort*) tracić (stracić *perf*) na sile; (: *rain*) słabnąć (osłabnąć *perf*) ♦ *vt* zwalniać (zwolnić *perf*).
slag heap [slæg-] *n* hałda *f*.
slag off (*BRIT*: *inf*) *vt* przygadywać (przygadać *perf*) *+dat* (*inf*).
slain [sleɪn] *pp of* **slay**.
slake [sleɪk] *vt*: **to slake one's thirst** gasić (ugasić *perf*) pragnienie.
slalom ['slɑ:ləm] *n* slalom *m*.
slam [slæm] *vt* (*door*) trzaskać (trzasnąć *perf*) *+instr*; (*money, papers*) ciskać (cisnąć *perf*); (*person, proposal*) zjechać (*perf*) (*inf*) ♦ *vi* (*door*) trzaskać (trzasnąć *perf*); **I slammed the phone down** rzuciłem *or* trzasnąłem słuchawką; **to slam on the brakes** (*AUT*) gwałtownie nacisnąć (*perf*) na hamulce.
slander ['slɑ:ndə*] *n* (*JUR*) zniesławienie *nt*; (*insult*) oszczerstwo *nt*, pomówienie *nt* ♦ *vt* rzucać oszczerstwa na *+acc*.
slanderous ['slɑ:ndrəs] *adj* oszczerczy.
slang [slæŋ] *n* (*informal language*) slang *m*; (*prison slang etc*) gwara *f*.
slant [slɑ:nt] *n* (*position*) nachylenie *nt*; (*fig*) punkt *m* widzenia ♦ *vi* być nachylonym.
slanted ['slɑ:ntɪd] *adj* skośny.
slanting ['slɑ:ntɪŋ] = **slanted**.
slap [slæp] *n* klaps *m* ♦ *vt* dawać (dać *perf*) klapsa *+dat* ♦ *adv* (*inf*) prosto; **to slap sb in** *or* **across the face** uderzyć (*perf*) kogoś w twarz; **to slap some paint on the wall** pacnąć (*perf*) trochę farby na ścianę (*inf*); **it fell slap(-bang) in the middle** wylądowało w samym środku.
slapdash ['slæpdæʃ] *adj* (*person*) niedbały; (*work*) byle jaki, na odczepnego *post*.
slapstick ['slæpstɪk] *n* komedia *f* slapstickowa.
slap-up ['slæpʌp] *adj*: **a slap-up meal** (*BRIT*) wystawne żarcie *nt* (*inf*).
slash [slæʃ] *vt* (*upholstery etc*) ciąć (pociąć *perf*); (*fig*: *prices*) drastycznie obniżać (obniżyć *perf*).
slat [slæt] *n* listewka *f* (*np. w żaluzji*).
slate [sleɪt] *n* (*material*) łupki *pl*; (*for roof*) płytka *f* łupkowa ♦ *vt* (*fig*: *criticize*) zjechać (*perf*) (*inf*).
slaughter ['slɔ:tə*] *n* rzeź *f* ♦ *vt* (*animals*) ubijać (ubić *perf*); (*people*) dokonywać (dokonać *perf*) rzezi na *+loc*.
slaughterhouse ['slɔ:təhaus] *n* rzeźnia *f*.
Slav [slɑ:v] *adj* słowiański ♦ *n* Słowianin (-anka) *m(f)*.
slave [sleɪv] *n* niewolnik (-ica) *m(f)* ♦ *vi* (*also*: **slave away**) harować; **to slave (away) at** męczyć się nad *+instr*.
slave labour *n* praca *f* niewolników; **it's just slave labour** (*fig*) to po prostu katorżnicza robota.
slaver ['slævə*] *vi* ślinić się.
slavery ['sleɪvərɪ] *n* (*system*) niewolnictwo *nt*; (*condition*) niewola *f*.
Slavic ['slævɪk] *adj* słowiański.
slavish ['sleɪvɪʃ] *adj* (*obedience*) niewolniczy; (*imitation*) dosłowny.
Slavonic [slə'vɔnɪk] *adj* słowiański; **Slavonic people** Słowianie.
slay [sleɪ] (*pt* **slew**, *pp* **slain**) *vt* (*literary*) zgładzić (*perf*), uśmiercać (uśmiercić *perf*).
sleazy ['sli:zɪ] *adj* obskurny.
sledge [slɛdʒ] *n* (*for travelling*) sanie *pl*; (*child's*) sanki *pl*, saneczki *pl*; (*SPORT*) saneczki *pl*.
sledgehammer ['slɛdʒhæmə*] *n* młot *m* (oburęczny).
sleek [sli:k] *adj* (*hair, fur*) lśniący; (*car, boat*) elegancki.
sleep [sli:p] (*pt, pp* **slept**) *n* sen *m* ♦ *vi* spać ♦ *vt* (*person*): **we can sleep four** możemy przenocować cztery osoby; (*place*): **the cottage sleeps six** w domku jest sześć miejsc do spania; **to go to sleep** zasypiać (zasnąć *perf*); **to have a good night's sleep** dobrze się wyspać (*perf*); **to put to sleep** (*animal*) usypiać (uśpić

perf); **to sleep lightly** mieć lekki sen; **to sleep with sb** (*have sex*) spać *or* sypiać z kimś.
►**sleep around** *vi* sypiać z wszystkimi dookoła.
►**sleep in** *vi* (*oversleep*) zaspać (*perf*); (*rise late*) spać (pospać *perf*) dłużej.
sleeper ['sli:pə*] *n* (*train*) pociąg *m* sypialny; (*berth*) miejsce *nt* w wagonie sypialnym; (*BRIT*: *on track*) podkład *m* kolejowy; **to be a light/heavy sleeper** mieć lekki/mocny *or* twardy sen.
sleepily ['sli:pılı] *adv* sennie.
sleeping ['sli:pıŋ] *adj*: **sleeping accommodation** miejsca *pl* do spania.
sleeping bag *n* śpiwór *m*.
sleeping car *n* wagon *m* sypialny.
sleeping partner (*BRIT*: *COMM*) = **silent partner**.
sleeping pill *n* tabletka *f* nasenna.
sleepless ['sli:plıs] *adj* (*night*) bezsenny.
sleeplessness ['sli:plısnıs] *n* bezsenność *f*.
sleepwalker ['sli:pwɔ:kə*] *n* lunatyk (-yczka) *m(f)*.
sleepy ['sli:pı] *adj* (*person*) śpiący, senny; (*fig*: *town etc*) senny; **I am** *or* **feel sleepy** chce mi się spać, jestem śpiący.
sleet [sli:t] *n* deszcz *m* ze śniegiem.
sleeve [sli:v] *n* (*of jacket etc*) rękaw *m*; (*of record*) okładka *f*; **to have sth up one's sleeve** (*fig*) mieć coś w zanadrzu.
sleeveless ['sli:vlıs] *adj* bez rękawów *post*.
sleigh [sleı] *n* sanie *pl*.
sleight [slaıt] *n*: **by sleight of hand** zręcznym *or* wprawnym ruchem.
slender ['slɛndə*] *adj* (*figure*) smukły, szczupły; (*means*) skromny; (*majority*) niewielki, nieznaczny; (*prospects*) nikły.
slept [slɛpt] *pt, pp of* **sleep**.
sleuth [slu:θ] *n* detektyw *m*.
slew [slu:] *vi* (*also*: **slew round**) (gwałtownie) skręcić (*perf*) *or* obrócić się (*perf*) (*np. na skutek poślizgu*) ♦ *pt of* **slay**.
slice [slaıs] *n* (*of ham, lemon*) plasterek *m*; (*of bread*) kromka *f*; (*cake slice, fish slice*) łopatka *f* ♦ *vt* kroić (pokroić *perf*) w plasterki; (*bread*) kroić (pokroić *perf*); **she thinks he's the best thing since sliced bread** jest nim zachwycona.
slick [slık] *adj* (*film etc*) sprawnie zrobiony; (*pej*: *salesman, answer*) sprytny ♦ *n* (*also*: **oil slick**) plama *f* ropy.
slid [slıd] *pt, pp of* **slide**.
slide [slaıd] (*pt, pp* **slid**) *n* (*downward movement*) obniżanie się *nt*; (: *moral etc*) staczanie się *nt*; (*in playground*) zjeżdżalnia *f*; (*PHOT*) przeźrocze *nt*, slajd *m*; (*COMM*: *in prices*) spadek *m* cen; (: *of currency*) spadek *m* kursu; (*also*: **microscope slide**) preparat *m*; (*BRIT*: *also*: **hair slide**) klamra *f* do włosów ♦ *vt*: **to slide sth into sth** wsuwać (wsunąć *perf*) coś do czegoś ♦ *vi* przesuwać się (przesunąć się *perf*), sunąć; **to slide out** wysuwać się (wysunąć się *perf*); **to let things slide** (*fig*) zaniedbywać (zaniedbać *perf*) sprawy.
slide projector *n* rzutnik *m*.
slide rule *n* suwak *m* (logarytmiczny).
sliding door ['slaıdıŋ-] *n* drzwi *pl* rozsuwane.
sliding roof *n* (*AUT*) szyberdach *m*.
sliding scale *n* ruchoma skala *f*.
slight [slaıt] *adj* (*person, error*) drobny; (*accent, pain*) lekki; (*increase, difference*) nieznaczny, niewielki; (*book etc*) mało znaczący ♦ *n* afront *m*; **the slightest noise/problem** najmniejszy hałas/problem; **I haven't the slightest idea** nie mam najmniejszego pojęcia; **not in the slightest** ani trochę, zupełnie nie.
slightly ['slaıtlı] *adv* odrobinę; **slightly built** drobnej budowy *post*.
slim [slım] *adj* (*figure*) szczupły; (*chance*) znikomy, nikły ♦ *vi* odchudzać się.
slime [slaım] *n* (*in pond*) szlam *m*, muł *m*; (*on tub*) (brudny) osad *m*; (*of snail*) śluz *m*.
slimming [slımıŋ] *n* odchudzanie *nt*.
slimy ['slaımı] *adj* (*pond*) mulisty, zamulony; (*pej*: *fig*: *person*) oślizgły (*inf, pej*).
sling [slıŋ] (*pt, pp* **slung**) *n* (*MED*) temblak *m*; (*for baby*) nosidełko *nt*; (*weapon*) proca *f* ♦ *vt* (*throw*) ciskać (cisnąć *perf*); **to have one's arm in a sling** mieć rękę na temblaku.
slink [slıŋk] (*pt, pp* **slunk**) *vi*: **to slink away** *or* **off** oddalać się (oddalić się *perf*) chyłkiem.
slip [slıp] *n* (*fall*) poślizgnięcie (się) *nt*; (*mistake*) pomyłka *f*; (*underskirt*) halka *f*; (*of paper*) kawałek *m* ♦ *vt* wsuwać (wsunąć *perf*) ♦ *vi* (*person*) poślizgnąć się (*perf*); (*production, profits*) spadać (spaść *perf*); **to slip into the room** wślizgiwać się (wślizgnąć się *perf*) do pokoju; **to slip out of the house** wymykać się (wymknąć się *perf*) z domu; **to let a chance slip by** przepuścić (*perf*) okazję; **the cup slipped from her hand** filiżanka wyślizgnęła się jej z ręki; **a slip of the tongue** przejęzyczenie; **to give sb the slip** zwiać (*perf*) komuś (*inf*); **to slip on one's jacket** narzucać (narzucić *perf*) marynarkę; **to slip on one's shoes** wciągać (wciągnąć *perf*) buty.
►**slip away** *vi* wymykać się (wymknąć się *perf*).
►**slip in** *vt* wsuwać (wsunąć *perf*) *or* wrzucać (wrzucić *perf*) do *+gen*.
►**slip out** *vi* (*go out*) wyskakiwać (wyskoczyć *perf*).
►**slip up** *vi* pomylić się (*perf*).
slip-on ['slıpɔn] *adj* (*garment*) wciągany (przez głowę); **slip-on shoes** buty wsuwane.
slipped disc [slıpt-] *n* przesunięty *or* wypadnięty dysk *m*.
slipper ['slıpə*] *n* pantofel *m* (domowy), kapeć *m*.
slippery ['slıpərı] *adj* śliski; (*fig*) szczwany.
slip road *n* (*BRIT*: *onto motorway*) wjazd *m*; (: *off motorway*) zjazd *m*.
slipshod ['slıpʃɔd] *adj* byle jaki.

slipstream ['slɪpstri:m] *n strumień powietrza powstający za szybko poruszającym się pojazdem.*
slip-up ['slɪpʌp] *n* potknięcie *nt* (*fig*), wpadka *f* (*inf*).
slipway ['slɪpweɪ] (*NAUT*) *n* pochylnia *f*.
slit [slɪt] (*pt, pp* **slit**) *n* (*cut*) nacięcie *nt*; (*opening*) szpara *f*; (*tear*) rozdarcie *nt* ♦ *vt* rozcinać (rozciąć *perf*); **to slit sb's throat** poderżnąć (*perf*) komuś gardło.
slither ['slɪðə*] *vi* (*person*) ślizgać się; (*snake*) pełzać (zygzakiem).
sliver ['slɪvə*] *n* (*of wood, glass*) drzazga *f*; (*of cheese etc*) skrawek *m*.
slob [slɔb] (*inf*) *n* niechluj *m* (*inf*).
slog [slɔg] (*BRIT*) *vi* mozolić się ♦ *n*: **it was a hard slog** to była ciężka robota.
slogan ['sləugən] *n* hasło *nt*, slogan *m*.
slop [slɔp] *vi* wylewać się (wylać się *perf*) ♦ *vt* rozlewać (rozlać *perf*).
▸**slop out** *vi* (*in prison etc*) opróżniać (opróżnić *perf*) kubeł.
slope [sləup] *n* (*gentle hill*) wzniesienie *nt*; (*side of mountain*) zbocze *nt*, stok *m*; (*ski slope*) stok *m* narciarski; (*slant*) nachylenie *nt* ♦ *vi*: **to slope down** opadać; **to slope up** wznosić się.
sloping ['sləupɪŋ] *adj* pochyły.
sloppy ['slɔpɪ] *adj* (*work*) byle jaki; (*appearance*) niechlujny; (*film, letter*) ckliwy, łzawy.
slops [slɔps] *npl* zlewki *pl*.
slosh [slɔʃ] (*inf*) *vi*: **to slosh around** *or* **about** (*person*) taplać się; (*liquid*) rozchlapywać się (rozchlapać się *perf*).
sloshed [slɔʃt] (*inf*) *adj* zalany (*inf*).
slot [slɔt] *n* otwór *m* (*automatu, telefonu itp*); (*fig: in timetable, TV*) okienko *nt* ♦ *vt*: **to slot sth in** wrzucać (wrzucić *perf*) coś ♦ *vi*: **to slot into** wchodzić *or* pasować do *+gen*.
sloth [sləuθ] *n* (*laziness*) opieszałość *f*; (*ZOOL*) leniwiec *m*.
slot machine *n* (*BRIT*) automat *m* (*ze słodyczami, napojami itp*); (*for gambling*) automat *m* do gry.
slot meter (*BRIT*) *n* licznik *m* samoinkasujący.
slouch [slautʃ] *vi* garbić się ♦ *n*: **he's no slouch (when it comes to)** nie leni się (jeśli chodzi o *+acc*); **to slouch about** *or* **around** snuć się; **she was slouched in a chair** siedziała oklapnięta w fotelu (*inf*).
slovenly ['slʌvənlɪ] *adj* niechlujny.
slow [sləu] *adj* wolny, powolny ♦ *adv* wolno, powoli ♦ *vt* (*also*: **slow down, slow up**: *speed*) zmniejszać (zmniejszyć *perf*); (: *business etc*) przyhamowywać (przyhamować *perf*) ♦ *vi* (*also*: **slow down, slow up**) zwalniać (zwolnić *perf*); **to slow down** *or* **up the car** zwalniać (zwolnić *perf*); **"slow"** *znak ograniczenia prędkości*; **at a slow speed** powoli; **to be slow to act/decide** zbyt wolno działać/podejmować decyzje; **my watch is 20 minutes slow** mój zegarek spóźnia się o dwadzieścia minut; **business is slow** w interesach panuje zastój; **to go slow** (*driver*) jechać wolno *or* powoli; (*BRIT*: *workers*) zwalniać (zwolnić *perf*) tempo pracy (*w ramach akcji protestacyjnej*).
slow-acting [sləu'æktɪŋ] *adj* (*chemical etc*) o powolnym działaniu *post*.
slowly ['sləulɪ] *adv* (*not quickly*) wolno, powoli; (*gradually*) powoli; **to drive slowly** jechać wolno.
slow motion *n*: **in slow motion** w zwolnionym tempie.
slow-moving [sləu'mu:vɪŋ] *adj* poruszający się wolno.
slowness ['sləunɪs] *n* wolne tempo *nt*, powolność *f*.
sludge [slʌdʒ] *n* (*mud*) muł *m*; (*sewage*) ścieki *pl*.
slue [slu:] (*US*) *vi* = **slew**.
slug [slʌg] *n* ślimak *m* nagi; (*US*: *inf*: *bullet*) kula *f*.
sluggish ['slʌgɪʃ] *adj* (*person*) ociężały, ospały; (*engine*) powolny; (*COMM*: *business*) w zastoju *post*.
sluice [slu:s] *n* (*gate*) śluza *f*; (*channel*) kanał *m* ♦ *vt*: **to sluice down/out** spłukiwać (spłukać *perf*)/wypłukiwać (wypłukać *perf*).
slum [slʌm] *n* slumsy *pl*.
slumber ['slʌmbə*] *n* sen *m*.
slump [slʌmp] *n* (*economic*) załamanie *nt*, kryzys *m* ♦ *vi* (*prices*) (gwałtownie) spadać (spaść *perf*); **he slumped into his chair** ciężko opadł na krzesło; **he was slumped over the wheel** leżał bezwładnie na kierownicy.
slung [slʌŋ] *pt, pp of* **sling**.
slunk *pt, pp of* **slink**.
slur [slə:*] *n* (*fig*) obelga *f* ♦ *vt*: **to slur one's words** mówić niewyraźnie; **to cast a slur on** rzucać (rzucić *perf*) obelgę na *+acc*.
slurred [slə:d] *adj* niewyraźny.
slush [slʌʃ] *n* rozmokły śnieg *m*.
slush fund *n* pieniądze *pl* na łapówki.
slushy ['slʌʃɪ] *adj* (*snow*) rozmokły; (*street*) pokryty rozmokłym śniegiem; (*BRIT*: *fig*) ckliwy.
slut [slʌt] (*pej*) *n* dziwka *f* (*pej*).
sly [slaɪ] *adj* przebiegły; **on the sly** po kryjomu.
smack [smæk] *n* klaps *m*; (*on face*) policzek *m* ♦ *vt* (*hit*) klepać (klepnąć *perf*); (: *child*) dawać (dać *perf*) klapsa *+dat*; (: *on face*) uderzać (uderzyć *perf*) ♦ *vi*: **to smack of** trącić *+instr* ♦ *adv*: **it fell smack in the middle** (*inf*) upadło w sam środek; **to smack one's lips** cmokać (cmoknąć *perf*).
smacker ['smækə*] (*inf*) *n* całus *m*.
small [smɔ:l] *adj* mały ♦ *n*: **the small of the back** krzyż *m*; **to get** *or* **grow smaller** maleć (zmaleć *perf*), zmniejszać się (zmniejszyć się *perf*); **to make smaller** zmniejszać (zmniejszyć *perf*); **a small shopkeeper** drobny sklepikarz.
small ads (*BRIT*) *npl* ogłoszenia *pl* drobne.
small arms (*MIL*) *n* broń *f* małokalibrowa *or* ręczna.

small change *n* drobne *pl.*
small fry *npl* (*people*) płotki *pl.*
smallholder ['smɔ:lhəuldə*] (*BRIT*) *n* chłop *m* małorolny.
smallholding ['smɔ:lhəuldɪŋ] (*BRIT*) *n* małe gospodarstwo *nt* rolne.
small hours *npl*: **in the small hours** wczesnym ran(ki)em, we wczesnych godzinach rannych.
smallish ['smɔ:lɪʃ] *adj* przymały (*inf*).
small-minded [smɔ:l'maɪndɪd] *adj* małostkowy.
smallpox ['smɔ:lpɔks] *n* ospa *f.*
small print *n* (*in contract etc*) adnotacje *pl* drobnym drukiem.
small-scale ['smɔ:lskeɪl] *adj* (*map, model*) w małej skali *post*; (*business, farming*) na małą skalę *post.*
small talk *n* rozmowa *f* towarzyska.
small-time ['smɔ:ltaɪm] *adj* drobny; **a small-time thief** drobny złodziejaszek.
smarmy ['smɑ:mɪ] (*BRIT*: *pej*) *adj* wazeliniarski (*pej*).
smart [smɑ:t] *adj* (*neat, fashionable*) elegancki; (*clever*: *person*) bystry, rozgarnięty; (: *idea*) chytry, sprytny; (*pace*) żwawy; (*blow*) silny ♦ *vi* (*eyes, wound*) piec, szczypać; **she was smarting from a guilty conscience** dręczyły ją wyrzuty sumienia; **the smart set** eleganckie towarzystwo; **to look smart** wyglądać elegancko.
smart card (*BANKING*) *n* karta *f* magnetyczna.
smarten up ['smɑ:tn-] *vi* ogarniać się (ogarnąć się *perf*) ♦ *vt* (*room etc*) odświeżać (odświeżyć *perf*).
smash [smæʃ] *n* (*also*: **smash-up**) kraksa *f*; (*sound*) trzask *m*; (*song, play, film*) przebój *m*; (*TENNIS*) ścięcie *nt* ♦ *vt* roztrzaskiwać (roztrzaskać *perf*); (*fig*: *sb's career*) rujnować (zrujnować *perf*); (: *political system*) obalać (obalić *perf*); (: *record*) bić (pobić *perf*) ♦ *vi* (*break*) roztrzaskiwać się (roztrzaskać się *perf*); (*against wall/into sth*) walnąć (*perf*).
►**smash up** *vt* (*car*) rozwalać (rozwalić *perf*) (*inf*), roztrzaskiwać (roztrzaskać *perf*); (*room*) rujnować (zrujnować *perf*).
smash hit *n* przebój *m.*
smashing ['smæʃɪŋ] (*inf*) *adj* kapitalny, fantastyczny.
smattering ['smætərɪŋ] *n*: **a smattering of** odrobina *+gen.*
smear [smɪə*] *n* (*trace*) smuga *f*; (*insult*) potwarz *f*, oszczerstwo *nt*; (*MED*) wymaz *m*, rozmaz *m* ♦ *vt* (*spread*) rozmazywać (rozmazać *perf*); (*make dirty*) usmarować (*perf*), umazać (*perf*); **his hands were smeared with oil/ink** ręce miał usmarowane olejem/powalane atramentem.
smear campaign *n* kampania *f* oszczerstw.
smear test *n* badanie *nt* cytologiczne, wymaz *m* z szyjki macicy.
smell [smɛl] (*pt, pp* **smelt** *or* **smelled**) *n* (*odour*) zapach *m*; (*sense*) węch *m*, powonienie *nt* ♦ *vt* wyczuwać (wyczuć *perf*) ♦ *vi* pachnieć; (*pej*) śmierdzieć; **to smell of** pachnieć *+instr*; (*pej*) śmierdzieć *+instr.*
smelly ['smɛlɪ] (*pej*) *adj* śmierdzący.
smelt [smɛlt] *pt, pp of* **smell** ♦ *vt* wytapiać (wytopić *perf*).
smile [smaɪl] *n* uśmiech *m* ♦ *vi* uśmiechać się (uśmiechnąć się *perf*).
smiling ['smaɪlɪŋ] *adj* uśmiechnięty.
smirk [smə:k] (*pej*) *n* uśmiech *m* wyższości, uśmieszek *m.*
smithy ['smɪðɪ] *n* kuźnia *f.*
smitten ['smɪtn] *adj*: **smitten with** oczarowany *+instr.*
smock [smɔk] *n* (*woman's*) bluzka *f* koszulowa (*długa i luźna*); (*artist's, doctor's*) kitel *m.*
smog [smɔg] *n* smog *m.*
smoke [sməuk] *n* dym *m* ♦ *vi* (*person*) palić; (*chimney*) dymić ♦ *vt* palić (wypalić *perf*); **to have a smoke** zapalić (*perf*); **do you smoke?** (czy) palisz?; **to go up in smoke** iść (pójść *perf*) z dymem; (*fig*) spalić (*perf*) na panewce.
smoked ['sməukt] *adj* (*bacon, salmon*) wędzony; (*glass*) zadymiony, przyciemniony.
smokeless fuel ['sməuklɪs-] *n* paliwo *nt* bezdymne.
smokeless zone (*BRIT*) *n* strefa *f* bezdymna.
smoker ['sməukə*] *n* (*person*) palacz(ka) *m(f)*; (*RAIL*) wagon *m* dla palących.
smokescreen ['sməukskri:n] *n* (*lit, fig*) zasłona *f* dymna.
smoke shop (*US*) *n* sklep *m* z wyrobami tytoniowymi.
smoking ['sməukɪŋ] *n* palenie *nt*; **"no smoking"** „palenie wzbronione".
smoking compartment (*US* **smoking car**) *n* wagon *m* dla palących.
smoking room *n* palarnia *f.*
smoky ['sməukɪ] *adj* zadymiony; (*whisky*) pachnący dymem.
smolder ['sməuldə*] (*US*) *vi* = **smoulder**.
smooth [smu:ð] *adj* gładki; (*flavour, landing, take-off*) łagodny; (*movement*) płynny; (*flight*) spokojny; (*pej*: *person*) ugrzeczniony.
►**smooth out** *vt* (*skirt, piece of paper*) wygładzać (wygładzić *perf*); (*fig*: *difficulties*) usuwać (usunąć *perf*).
►**smooth over** *vt*: **to smooth things over** (*fig*) łagodzić (załagodzić *perf*) sytuację.
smoothly ['smu:ðlɪ] *adv* gładko; (*peacefully*) spokojnie; **everything went smoothly** wszystko poszło gładko.
smoothness ['smu:ðnɪs] *n* gładkość *f*; (*steadiness*) spokój *m.*
smother ['smʌðə*] *vt* (*fire, emotions*) tłumić (stłumić *perf*), dusić (zdusić *perf*); (*person*) dusić (udusić *perf*).
smoulder ['sməuldə*] (*US* **smolder**) *vi* (*lit, fig*) tlić się.

smudge [smʌdʒ] *n* smuga *f* ♦ *vt* rozmazywać (rozmazać *perf*).
smug [smʌg] (*pej*) *adj* zadowolony z siebie.
smuggle ['smʌgl] *vt* przemycać (przemycić *perf*), szmuglować (przeszmuglować *perf*); **to smuggle sth in/out** przemycać (przemycić *perf*) coś do *+gen*/z *+gen*.
smuggler ['smʌglə*] *n* przemytnik (-iczka) *m(f)*, szmugler *m*.
smuggling ['smʌglɪŋ] *n* przemyt *m*.
smut [smʌt] *n* pyłek *m* sadzy; (*fig*) nieprzyzwoitość *f*.
smutty ['smʌtɪ] *adj* (*fig*) nieprzyzwoity, sprośny.
snack [snæk] *n* przekąska *f*; **to have a snack** przekąsić *(perf)* coś.
snack bar *n* bar *m* szybkiej obsługi.
snag [snæg] *n* (drobny) problem *m*.
snail [sneɪl] *n* ślimak *m*.
snake [sneɪk] *n* wąż *m*.
snap [snæp] *n* (*sound*) trzask *m*; (*photograph*) zdjęcie *nt*, fotka *f* (*inf*); (*CARDS*) *rodzaj gry w karty* ♦ *adj* (*decision etc*) nagły ♦ *vt* łamać (złamać *perf*) ♦ *vi* pękać (pęknąć *perf*); (*fig*) tracić (stracić *perf*) panowanie nad sobą; **to snap one's fingers** pstrykać (pstryknąć *perf*) *or* strzelać (strzelić *perf*) palcami; **a cold snap** nagłe ochłodzenie; **to snap open** otwierać się (otworzyć *perf* się) z trzaskiem; **to snap shut** zamykać się (zamknąć się *perf*) z trzaskiem.
►**snap at** *vt fus* (*dog*) kłapać (kłapnąć *perf*) zębami na *+acc*; (*person*) warczeć (warknąć *perf*) na *+acc*.
►**snap off** *vt* odłamywać (odłamać *perf*).
►**snap up** *vt* rzucać się (rzucić się *perf*) na *+acc*.
snap fastener *n* zatrzask *m*, napa *f*.
snappy ['snæpɪ] (*inf*) *adj* zgryźliwy; **make it snappy** pośpiesz się; **a snappy dresser** elegant(ka) *m(f)*.
snapshot ['snæpʃɔt] *n* zdjęcie *nt*, fotka *f* (*inf*).
snare [snɛə*] *n* sidła *pl*, wnyki *pl* ♦ *vt* (*animal*) łapać (złapać *perf*) w sidła; (*fig*: *person*) chwytać (schwytać *perf*) w pułapkę.
snarl [snɑːl] *vi* warczeć (warknąć *perf*) ♦ *vt*: **snarled up** (*plans*) wstrzymany; (*traffic*) zablokowany.
snarl-up ['snɑːlʌp] *n* blokada *f*.
snatch [snætʃ] *n* strzęp *m*, urywek *m* ♦ *vt* porywać (porwać *perf*); (*fig*: *opportunity*) (skwapliwie) korzystać (skorzystać *perf*) z *+gen*; (: *time*) urywać (urwać *perf*) (*inf*) ♦ *vi*: **don't snatch!** nie zabieraj!; **to snatch a sandwich** szybko coś przegryźć *(perf)*; **to snatch some sleep** przespać się *(perf)* trochę; **to snatch a look at** rzucać (rzucić *perf*) ukradkowe spojrzenie na *+acc*.
►**snatch up** *vt* złapać *(perf)*.
sneak [sniːk] (*pt (US) also* **snuck**) *vi*: **to sneak in** zakradać się (zakraść się *perf*); **to sneak out** wymykać się (wymknąć się *perf*) ♦ *vt*: **to sneak a look at sth** rzucać (rzucić *perf*) ukradkowe spojrzenie na coś ♦ *n* (*inf, pej*) donosiciel(ka) *m(f)* (*inf, pej*).
►**sneak up** *vi*: **to sneak up on sb** donosić (donieść *perf*) na kogoś.
sneakers ['sniːkəz] *npl* tenisówki *pl*.
sneaking ['sniːkɪŋ] *adj*: **I have a sneaking feeling** *or* **suspicion that ...** dręczy mnie podejrzenie, że... .
sneaky ['sniːkɪ] *adj* (*pej*) podstępny.
sneer [snɪə*] *vi* uśmiechać się (uśmiechnąć się *perf*) szyderczo;: **to sneer at** szydzić z *+gen* ♦ *n* (*remark*) drwina *f*, szyderstwo *nt*; (*expression*) szyderczy uśmiech *m*.
sneeze [sniːz] *n* kichnięcie *nt* ♦ *vi* kichać (kichnąć *perf*).
►**sneeze at** *vt fus*: **not to be sneezed at** nie do pogardzenia.
snide [snaɪd] (*pej*) *adj* (*remark*) złośliwy.
sniff [snɪf] *n* (*sound*) pociągnięcie *nt* nosem; (*smell*) obwąchanie *nt* ♦ *vi* pociągać (pociągnąć *perf*) nosem ♦ *vt* wąchać (powąchać *perf*); (*glue*) wąchać.
sniffer dog ['snɪfə-] *n* pies *m* policyjny.
snigger ['snɪgə*] *vi* chichotać (zachichotać *perf*).
snip [snɪp] *n* cięcie *nt*, ciachnięcie *nt* (*inf*); (*BRIT*: *inf*: *bargain*) okazja *f* ♦ *vt* przecinać (przeciąć *perf*), ciachać (ciachnąć *perf*) (*inf*).
sniper ['snaɪpə*] *n* snajper *m*.
snippet ['snɪpɪt] *n* (*of information, news*) strzęp *m*.
snivelling ['snɪvlɪŋ] (*US* **sniveling**) *adj* mazgajowaty.
snob [snɔb] *n* snob(ka) *m(f)*.
snobbery ['snɔbərɪ] *n* snobizm *m*.
snobbish ['snɔbɪʃ] *adj* snobistyczny.
snooker ['snuːkə*] *n* (*SPORT*) snooker *m* ♦ *vt* (*BRIT*: *inf*): **to be snookered** mieć związane ręce.
snoop ['snuːp] *vi*: **to snoop about** węszyć; **to snoop on sb** wtykać nos w czyjeś sprawy.
snooper ['snuːpə*] *n* osoba *f* wtykająca nos w cudze sprawy.
snooty ['snuːtɪ] *adj* przemądrzały.
snooze [snuːz] *n* drzemka *f* ♦ *vi* drzemać.
snore [snɔː*] *n* chrapanie *nt* ♦ *vi* chrapać.
snoring ['snɔːrɪŋ] *n* chrapanie *nt*.
snorkel ['snɔːkl] *n* fajka *f* (*do nurkowania*).
snort [snɔːt] *n* prychnięcie *nt*, parsknięcie *nt* ♦ *vi* prychać (prychnąć *perf*), parskać (parsknąć *perf*) ♦ *vt* (*inf*: *cocaine*) wdychać.
snotty ['snɔtɪ] *adj* (*inf*) zasmarkany; (*pej*: *proud*) zadzierający nosa.
snout [snaut] *n* (*of pig*) ryj *m*; (*of dog*) pysk *m*.
snow [snəu] *n* śnieg *m* ♦ *vi*: **it snowed/is snowing** padał/pada śnieg ♦ *vt*: **to be snowed under with work** być zawalonym pracą.
snowball ['snəubɔːl] *n* śnieżka *f* ♦ *vi* (*fig*: *campaign, business*) rozkręcać się (rozkręcić się *perf*); (: *problem*) narastać (narosnąć *perf*) (w szybkim tempie).

snowbound ['snəubaund] *adj* zasypany śniegiem.
snow-capped ['snəukæpt] *adj* ośnieżony.
snowdrift ['snəudrɪft] *n* zaspa *f* (śnieżna).
snowdrop ['snəudrɔp] *n* przebiśnieg *m*.
snowfall ['snəufɔ:l] *n* opad *m* śniegu.
snowflake ['snəufleɪk] *n* płatek *m* śniegu, śnieżynka *f*.
snowline ['snəulaɪn] *n* linia *f* wiecznego śniegu.
snowman ['snəumæn] *n* (*irreg like*: **man**) bałwan *m*.
snowplough ['snəuplau] (*US* **snowplow**) *n* pług *m* śnieżny.
snowshoe ['snəuʃu:] *n* rakieta *f* śnieżna.
snowstorm ['snəustɔ:m] *n* zamieć *f* śnieżna, śnieżyca *f*.
snowy ['snəuɪ] *adj* (*hair*) biały jak śnieg; (*peak*) ośnieżony.
SNP (*BRIT*: *POL*) *n abbr* (= *Scottish National Party*).
snub [snʌb] *vt* robić (zrobić *perf*) afront *+dat* ♦ *n* afront *m*.
snub-nosed [snʌb'nəuzd] *adj* z zadartym nosem *post*.
snuff [snʌf] *n* tabaka *f* ♦ *vt* (*also*: **snuff out**: *candle*) gasić (zgasić *perf*) (*nakrywając płomień albo palcami*).
snuff movie *n film porno zawierający autentyczne sceny tortur lub śmierci*.
snug [snʌg] *adj* (*place*) przytulny; (*garment*) (dobrze) dopasowany; **I'm very snug here** jest mi tu bardzo wygodnie; **the dress is a snug fit** suknia jest dobrze dopasowana.
snuggle ['snʌgl] *vi*: **to snuggle up to sb** przytulać się (przytulić się *perf*) do kogoś; **to snuggle down (in bed)** opatulać się (opatulić się *perf*) kołdrą.
snugly ['snʌglɪ] *adv*: **snugly wrapped** ciepło opatulony; **to fit snugly** (*object in pocket etc*) wygodnie się mieścić (zmieścić *perf*); (*garment*) być dobrze dopasowanym.
SO (*BANKING*) *n abbr* = **standing order**.

KEYWORD

so [səu] *adv* **1** (*thus, likewise*) tak; **if so** jeśli tak; **I didn't do it – you did so!** ja tego nie zrobiłem – a właśnie, że zrobiłeś!; **so do I, so am I** *etc* ja też; **I've got work to do – so has Paul** mam robotę – Paul też; **it's five o'clock – so it is!** jest piąta – rzeczywiście!; **I hope so** mam nadzieję, że tak; **so far** (jak) dotąd *or* do tej pory, dotychczas. **2** (*to such a degree*: *+adjective*) tak *or* taki; (: *+adverb*) tak; **so big (that)** tak(i) duży (, że); **she's not so clever as her brother** nie jest tak bystra jak jej brat; **so quickly (that)** tak szybko (, że). **3**: **so much** *adj* tyle *+gen*, tak dużo *or* wiele *+gen*; **I've got so much work** mam tyle *or* tak dużo pracy ♦ *adv* tak bardzo; **I love you so much** tak bardzo cię kocham; **so many** tyle *+gen*, tak wiele *or* dużo *+gen*; **there are so many things to do** jest tyle *or* tak wiele rzeczy do zrobienia. **4** (*phrases*): **ten or so** z dziesięć; **so long!** (*inf*) tymczasem! (*inf*), na razie! (*inf*) ♦ *conj* **1** (*expressing purpose*): **so as to** żeby *+infin*; **we hurried so as not to be late** popędziliśmy, żeby się nie spóźnić; **so (that)** żeby; **I brought it so (that) you could see it** przyniosłem, żebyś mógł to zobaczyć. **2** (*expressing result*) więc; **he didn't arrive so I left** nie przyjechał, więc wyszedłem; **so I was right after all** (a) więc jednak miałam rację.

soak [səuk] *vt* (*drench*) przemoczyć (*perf*); (*steep in water*) namaczać (namoczyć *perf*) ♦ *vi* moczyć się; **to be soaked through** być (doszczętnie *or* na wskroś) przemoczonym.
►**soak in** *vi* wsiąkać (wsiąknąć *perf*).
►**soak up** *vt* wchłaniać (wchłonąć *perf*).
soaking ['səukɪŋ] *adj* (*also*: **soaking wet**) przemoczony.
so-and-so ['səuənsəu] *n*: **(Mr/Dr) so-and-so** (Pan/Dr) taki *m* a taki *m*; **you so-and-so!** (*pej*) ty taki owaki!
soap [səup] *n* mydło *nt*; (*TV*: *also*: **soap opera**) telenowela *f*, powieść *f* telewizyjna.
soapflakes ['səupfleɪks] *npl* płatki *pl* mydlane.
soap opera *n* telenowela *f*, powieść *f* telewizyjna.
soap powder *n* proszek *m* do prania.
soapsuds ['səupsʌds] *npl* mydliny *pl*.
soapy ['səupɪ] *adj* (*water*) mydlany; (*hands*) namydlony.
soar [sɔ:*] *vi* (*bird, plane*) wzbijać się (wzbić się *perf*) (wysoko); (*buildings, trees*) wznosić się (wysoko); (*price, production, temperature*) gwałtownie wzrastać (wzrosnąć *perf*) *or* iść (pójść *perf*) w górę.
soaring ['sɔ:rɪŋ] *adj* (*prices etc*) gwałtownie rosnący.
sob [sɔb] *n* szloch *m* ♦ *vi* szlochać.
s.o.b. (*US*: *inf!*) *n abbr* (= *son of a bitch*) sukinsyn *m* (*inf!*).
sober ['səubə*] *adj* (*not drunk, realistic, practical*) trzeźwy; (*serious*) poważny; (*colour etc*) spokojny, stonowany.
►**sober up** *vt* otrzeźwiać (otrzeźwić *perf*) ♦ *vi* trzeźwieć (wytrzeźwieć *perf*).
sobriety [sə'braɪətɪ] *n* trzeźwość *f*; (*seriousness*) powaga *f*.
Soc. *abbr* = **society**.
so-called ['səu'kɔ:ld] *adj* tak zwany.
soccer ['sɔkə*] *n* piłka *f* nożna.
soccer pitch *n* boisko *nt* piłkarskie.
soccer player *n* piłkarz *m*.
sociable ['səuʃəbl] *adj* towarzyski.
social ['səuʃl] *adj* (*history, structure, background*) społeczny; (*policy, benefit*) socjalny; (*event,*

contact) towarzyski; (*animal*) stadny ♦ *n* spotkanie *nt* towarzyskie; **social life** życie towarzyskie.
social class *n* klasa *f* społeczna.
social climber (*pej*) *n* snob(ka) *m(f)* (*pej*).
social club *n* klub *m* towarzyski.
social democrat *n* socjaldemokrata (-tka) *m(f)*.
social insurance (*US*) *n* ubezpieczenia *pl* społeczne.
socialism ['səuʃəlɪzəm] *n* socjalizm *m*.
socialist ['səuʃəlɪst] *adj* socjalistyczny ♦ *n* socjalista (-tka) *m(f)*.
socialite ['səuʃəlaɪt] *n* osoba *f* z towarzystwa.
socialize ['səuʃəlaɪz] *vi* udzielać się towarzysko; **to socialize with** utrzymywać stosunki (towarzyskie) z *+instr*.
socially ['səuʃəlɪ] *adv* (*visit*) towarzysko, w celach towarzyskich; (*acceptable*) społecznie.
social science *n* nauki *pl* społeczne.
social security (*BRIT*) *n* ubezpieczenia *pl* społeczne; **Department of Social Security** Ministerstwo Ubezpieczeń Społecznych.
social services *npl* opieka *f* społeczna.
social welfare *n* ubezpieczenia *pl* społeczne.
social work *n* praca *f* w opiece społecznej.
social worker *n* pracownik (-ica) *m(f)* opieki społecznej.
society [sə'saɪətɪ] *n* społeczeństwo *nt*; (*local*) społeczność *f*; (*club*) towarzystwo *nt*; (*also*: **high society**) wytworne towarzystwo *nt* ♦ *cpd*: **society lady** dama *f* z towarzystwa.
socioeconomic ['səusɪəui:kə'nɔmɪk] *adj* społeczno-ekonomiczny.
sociological [səusɪə'lɔdʒɪkl] *adj* socjologiczny.
sociologist [səusɪ'ɔlədʒɪst] *n* socjolog *m*.
sociology [səusɪ'ɔlədʒɪ] *n* socjologia *f*.
sock [sɔk] *n* skarpeta *f*, skarpetka *f* ♦ *vt* (*inf*) walnąć (*perf*) (pięścią) (*inf*); **to pull one's socks up** (*fig*) brać (wziąć *perf*) się w garść.
socket ['sɔkɪt] *n* (*ANAT*: *of eye*) oczodół *m*; (: *of tooth*) zębodół *m*; (: *of hip etc*) panewka *f* (stawu); (*BRIT*: *in wall*) gniazdko *nt*; (: *for light bulb*) oprawka *f*; **her eyes popped out of their sockets** oczy wyszły jej z orbit.
sod [sɔd] *n* (*earth*) darń *f*; (*BRIT*: *inf!*: *person*) gnojek *m* (*inf!*).
soda ['səudə] *n* (*CHEM*) soda *f*; (*also*: **soda water**) woda *f* sodowa; (*US*: *also*: **soda pop**) napój *m* gazowany.
sodden ['sɔdn] *adj* (*clothes*) przemoczony; (*ground*) rozmokły.
sodium ['səudɪəm] *n* sód *m*.
sodium chloride *n* chlorek *m* sodu *or* sodowy.
sofa ['səufə] *n* kanapa *f*.
Sofia ['səufɪə] *n* Sofia *f*.
soft [sɔft] *adj* (*lit, fig*) miękki; (*voice, music, light*) łagodny; (*skin*) delikatny; **soft in the head** (*inf*) przygłupi (*inf*).
soft-boiled ['sɔftbɔɪld] *adj*: **soft-boiled egg** jajko *nt* na miękko.
soft drink *n* napój *m* bezalkoholowy.
soft drugs *npl* narkotyki *pl* miękkie.
soften ['sɔfn] *vt* zmiękczać (zmiękczyć *perf*); (*effect, blow*) łagodzić (złagodzić *perf*) ♦ *vi* mięknąć (zmięknąć *perf*); (*voice, expression*) łagodnieć (złagodnieć *perf*); **the memory of that meeting softened her face** na wspomnienie tego spotkania twarz jej złagodniała.
softener ['sɔfnə*] *n* (*water softener*) środek *m* do zmiękczania wody; (*fabric softener*) środek *m* do zmiękczania tkanin.
soft fruit (*BRIT*) *n* owoce *pl* miękkie.
soft furnishings *npl* *zasłony, obicia i inne elementy wystroju wnętrz wykonane z materiału.*
soft-hearted [sɔft'hɑ:tɪd] *adj*: **to be soft-hearted** mieć miękkie serce.
softly ['sɔftlɪ] *adv* miękko, łagodnie.
softness ['sɔftnɪs] *n* miękkość *f*; (*gentleness*) łagodność *f*, delikatność *f*.
soft sell *n* nienachalna reklama *f*.
soft spot *n*: **to have a soft spot for sb** mieć do kogoś słabość.
soft toy *n* pluszowa zabawka *f*.
software ['sɔftwɛə*] *n* oprogramowanie *nt*.
software package (*COMPUT*) *n* pakiet *m* programowy.
soft water *n* miękka woda *f*.
soggy ['sɔgɪ] *adj* rozmokły.
soil [sɔɪl] *n* (*earth*) gleba *f*, ziemia *f*; (*territory*) ziemia *f* ♦ *vt* brudzić (pobrudzić *perf*); (*fig*) plamić (splamić *perf*).
soiled [sɔɪld] *adj* (*handkerchief, nappy*) brudny.
sojourn ['sɔdʒə:n] (*fml*) *n* pobyt *m*.
solace ['sɔlɪs] *n* pocieszenie *nt*.
solar ['səulə*] *adj* słoneczny.
solarium [sə'lɛərɪəm] (*pl* **solaria**) *n* solarium *nt*.
solar panel *n* bateria *f* słoneczna.
solar plexus [-'plɛksəs] *n* splot *m* słoneczny.
solar power *n* energia *f* słoneczna.
solar system *n* układ *m* słoneczny.
sold [səuld] *pt, pp of* **sell**.
sold out *adj* (*goods, tickets*) wyprzedany; **the concert was sold out** (wszystkie) bilety na koncert zostały wyprzedane; **we're sold out (of bread)** (chleba) (już) nie ma.
solder ['səuldə*] *vt* lutować (zlutować *perf*) ♦ *n* lut *m*.
soldier ['səuldʒə*] *n* żołnierz *m* ♦ *vi*: **to soldier on** nie poddawać się; **to soldier on doing sth** nadal (wytrwale) coś robić; **toy soldier** żołnierzyk.
sole [səul] *n* (*of foot, shoe*) podeszwa *f*; (*fish*: *pl inv*) sola *f* ♦ *adj* (*unique*) jedyny; (*exclusive*) wyłączny; **the sole reason** jedyny powód.
solely ['səullɪ] *adv* jedynie, wyłącznie; **I will hold you solely responsible** cała odpowiedzialność spoczywa na tobie.

solemn ['sɔləm] *adj* uroczysty.
sole trader (*COMM*) *n* firma *f* jednoosobowa.
solicit [sə'lɪsɪt] *vt* zabiegać o *+acc* ♦ *vi* (*prostitute*) nagabywać klientów.
solicitor [sə'lɪsɪtə*] (*BRIT*) *n* ≈ notariusz *m*.
solid ['sɔlɪd] *adj* (*not hollow*) lity; (*not liquid*) stały; (*reliable, strong*) solidny; (*substantial*: *advice etc*) konkretny; (*unbroken*: *hours etc*) bity; (*pure*: *gold etc*) szczery, czysty ♦ *n* ciało *nt* stałe; **solids** *npl* pokarmy *pl* stałe; **to be on solid ground** (*fig*) mieć solidne podstawy; **I read for two hours solid** czytałem przez bite dwie godziny.
solidarity [sɔlɪ'dærɪtɪ] *n* solidarność *f*.
solidify [sə'lɪdɪfaɪ] *vi* krzepnąć (skrzepnąć *perf*), tężeć (stężeć *perf*); (*fig*) krzepnąć (okrzepnąć *perf*), utrwalać się (utrwalić się *perf*) ♦ *vt* utrwalać (utrwalić *perf*).
solidity [sə'lɪdɪtɪ] *n* solidność *f*.
solidly ['sɔlɪdlɪ] *adv* (*built*) solidnie; (*respectable*) z gruntu; (*in favour*) twardo.
solid-state ['sɔlɪdsteɪt] (*ELEC*) *adj* półprzewodnikowy.
soliloquy [sə'lɪləkwɪ] *n* monolog *m*.
solitaire [sɔlɪ'tɛə*] *n* (*gem*) soliter *m*; (*game*) samotnik *m*; (*card game*) pasjans *m*.
solitary ['sɔlɪtərɪ] *adj* (*lonely, single*) samotny; (*empty*) pusty, opustoszały.
solitary confinement *n* więzienna izolatka *f*; **to be in solitary confinement** przebywać w izolatce.
solitude ['sɔlɪtju:d] *n* samotność *f*; **to live in solitude** żyć w odosobnieniu.
solo ['səuləu] *n* solo *nt inv* ♦ *adv* w pojedynkę, solo; **solo flight** samotny lot.
soloist ['səuləuɪst] *n* solista (-tka) *m(f)*.
Solomon Islands ['sɔləmən-] *npl*: **the Solomon Islands** Wyspy *pl* Salomona.
solstice ['sɔlstɪs] *n* przesilenie *nt* (*letnie lub zimowe*).
soluble ['sɔljubl] *adj* rozpuszczalny.
solution [sə'lu:ʃən] *n* (*answer*) rozwiązanie *nt*; (*liquid*) roztwór *m*, mieszanina *f*.
solve [sɔlv] *vt* rozwiązywać (rozwiązać *perf*).
solvency ['sɔlvənsɪ] *n* wypłacalność *f*.
solvent ['sɔlvənt] *adj* wypłacalny ♦ *n* (*CHEM*) rozpuszczalnik *m*.
solvent abuse *n* odurzanie się *nt* chemikaliami.
Som. (*BRIT*: *POST*) *abbr* (= *Somerset*).
Somali [sə'mɑ:lɪ] *adj* somalijski ♦ *n* Somalijczyk (-jka) *m(f)*.
Somalia [sə'mɑ:lɪə] *n* Somalia *f*.
sombre ['sɔmbə*] (*US* **somber**) *adj* (*dark*) ciemny, mroczny; (*grave*) ponury, posępny.

KEYWORD

some [sʌm] *adj* **1** (*a certain amount of*) trochę *+gen*; (*a certain number of*) parę *+gen nvir pl*, paru *+gen vir pl*, kilka *+gen nvir pl*, kilku *+gen vir pl*; **some tea/water** trochę herbaty/wody; **some biscuits** parę *or* kilka herbatników; **some policemen** paru *or* kilku policjantów. **2** (*certain*: *in contrasts*) niektóre *+nvir pl*, niektórzy *+vir pl*; **some people say that ...** niektórzy (ludzie) mówią, że ...; **some films were excellent** niektóre filmy były świetne. **3** (*unspecified*): **some woman was asking for you** jakaś kobieta pytała o ciebie; **some day** pewnego dnia ♦ *pron* **1** (*a certain number*) parę *nvir pl*, paru *vir pl*, kilka *nvir pl*, kilku *vir pl*; **have you got any friends? – yes, I've got some** (czy) masz jakichś przyjaciół? – tak, mam paru *or* kilku; **have you got any stamps? – yes, I've got some** (czy) masz jakieś znaczki? – tak, mam parę *or* kilka. **2** (*a certain amount*) trochę; **have we got any money? – yes, we've got some** (czy) mamy jakieś pieniądze? – tak, mamy trochę; **some was left** trochę zostało ♦ *adv*: **some ten people** jakieś dziesięć osób.

somebody ['sʌmbədɪ] *pron* = **someone**.
someday ['sʌmdeɪ] *adv* pewnego dnia.
somehow ['sʌmhau] *adv* jakoś.
someone ['sʌmwʌn] *pron* ktoś *m*.
someplace ['sʌmpleɪs] (*US*) *adv* = **somewhere**.
somersault ['sʌməsɔ:lt] *n* koziołek *m*, fikołek *m*; (*SPORT*) salto *nt* ♦ *vi* koziołkować (przekoziołkować *perf*).
something ['sʌmθɪŋ] *pron* coś *nt*; **something nice** coś miłego; **something to do** coś do zrobienia; **there's something wrong** coś tu jest nie tak, coś tu nie gra (*inf*).
sometime ['sʌmtaɪm] *adv* kiedyś; **I'll finish it sometime** kiedyś to skończę.
sometimes ['sʌmtaɪmz] *adv* czasami, czasem.
somewhat ['sʌmwɔt] *adv* w pewnym stopniu, nieco; **somewhat to my surprise** ku memu niejakiemu zdziwieniu.
somewhere ['sʌmwɛə*] *adv* gdzieś; **it's somewhere or other in Scotland** to (jest) gdzieś w Szkocji; **somewhere else** gdzie(ś) indziej.
son [sʌn] *n* syn *m*.
sonar ['səunɑ:*] (*NAUT*) *n* sonar *m*, hydrolokator *m*.
sonata [sə'nɑ:tə] *n* sonata *f*.
song [sɔŋ] *n* (*MUS*) pieśń *f*, (: *popular*) piosenka *f*; (*of bird*) śpiew *m*.
songbook ['sɔŋbuk] *n* śpiewnik *m*.
songwriter ['sɔŋraɪtə*] *n* autor(ka) *m(f)* piosenek.
sonic ['sɔnɪk] *adj* dźwiękowy; **sonic boom** uderzenie dźwiękowe.
son-in-law ['sʌnɪnlɔ:] *n* zięć *m*.
sonnet ['sɔnɪt] *n* sonet *m*.
sonny ['sʌnɪ] (*inf*) *n* synu (*voc*) (*inf*).
soon [su:n] *adv* (*before long*) wkrótce, niebawem; (*early*) wcześnie; **soon afterwards**

wkrótce *or* niedługo potem; **quite soon** już wkrótce; **how soon can you do it?** kiedy (najwcześniej) możesz to zrobić?; **see you soon!** do zobaczenia wkrótce!; *see also* **as**.

sooner ['su:nə*] *adv* (*time*) prędzej; (*preference*): **I would sooner read than watch TV** wolałbym poczytać, niż oglądać telewizję; **sooner or later** prędzej czy później; **the sooner the better** im prędzej, tym lepiej; **it was no sooner said than done** zostało to zrobione natychmiast; **no sooner had we left than ...** ledwie wyszliśmy, gdy ... .

soot [sut] *n* sadza *f*.

soothe [su:ð] *vt* (*person, animal*) uspokajać (uspokoić *perf*); (*pain*) koić (ukoić *perf*), łagodzić (złagodzić *perf*).

soothing ['su:ðɪŋ] *adj* kojący.

SOP *n abbr* (= *standard operating procedure*).

sop [sɔp] *n*: **that's only a sop** to tylko coś na odczepnego.

sophisticated [sə'fɪstɪkeɪtɪd] *adj* (*person, audience*) wyrobiony, bywały; (*fashion, dish*) wyrafinowany, wyszukany, wymyślny; (*machinery, arguments*) skomplikowany.

sophistication [səfɪstɪ'keɪʃən] *n* (*of person*) wyrobienie *nt*; (*of machine, argument*) stopień *m* złożoności *or* skomplikowania.

sophomore ['sɔfəmɔ:*] (*US*: *SCOL*) *n student drugiego roku college'u*.

soporific [sɔpə'rɪfɪk] *adj* (*drug*) nasenny; (*lecture etc*) usypiający ♦ *n* środek *m* nasenny.

sopping ['sɔpɪŋ] *adj*: **sopping (wet)** ociekający wodą.

soppy ['sɔpɪ] (*pej*) *adj* ckliwy (*pej*).

soprano [sə'prɑ:nəu] *n* sopran *m*, sopranista (-tka) *m(f)*.

sorbet ['sɔ:beɪ] *n* sorbet *m*.

sorcerer ['sɔ:sərə*] *n* czarnoksiężnik *m*.

sordid ['sɔ:dɪd] *adj* (*dirty*) obskurny; (*wretched*) paskudny, ohydny.

sore [sɔ:*] *adj* (*painful*) bolesny, obolały; (*esp US*: *offended*) dotknięty ♦ *n* owrzodzenie *nt*; **I have a sore throat** boli mnie gardło; **a sore point** (*fig*) czułe miejsce.

sorely ['sɔ:lɪ] *adv*: **I am sorely tempted (to)** mam wielką ochotę (+*infin*).

soreness ['sɔ:nɪs] *n* bolesność *f*.

sorrel ['sɔrəl] *n* szczaw *m*.

sorrow ['sɔrəu] *n* smutek *m*, żal *m*; **sorrows** *npl* smutki *pl*, żale *pl*.

sorrowful ['sɔrəuful] *adj* (*day*) przygnębiający; (*smile*) przygnębiony.

sorry ['sɔrɪ] *adj* (*condition*) opłakany; (*sight*) pożałowania godny; **to be sorry** żałować; **sorry!** przepraszam!; **sorry?** słucham?; **to feel sorry for sb** współczuć komuś; **I'm sorry to hear that** przykro mi to słyszeć; **to be sorry about sth** przepraszać (przeprosić *perf*) za coś; **what a sorry sight you are!** wyglądasz jak półtora nieszczęścia!

sort [sɔ:t] *n* (*type*) rodzaj *m*; (*make*: *of coffee*) gatunek *m*; (: *of car*) marka *f* ♦ *vt* (*also*: **sort out**: *papers, belongings*) segregować (posegregować *perf*); (: *problems*) rozwiązywać (rozwiązać *perf*); (*COMPUT*) sortować (posortować *perf*); **what sort do you want?** jaki rodzaj Pan/Pani sobie życzy?; **what sort of car?** samochód jakiej marki?; **I'll do nothing of the sort!** nic podobnego nie zrobię!; **all sorts of reasons** najróżniejsze powody; **it's sort of awkward** (*inf*) to tak jakoś niezręcznie.

sortie ['sɔ:tɪ] *n* wypad *m*.

sorting office ['sɔ:tɪŋ-] (*POST*) *n* oddział *m* rozdzielni przesyłek.

SOS *n abbr* (= *save our souls*) SOS *nt inv*.

so-so ['səusəu] *adv* tak sobie ♦ *adj* taki sobie.

soufflé ['su:fleɪ] *n* suflet *m*.

sought [sɔ:t] *pt, pp of* **seek**.

sought-after ['sɔ:tɑ:ftə*] *adj* poszukiwany; **a much sought-after item** bardzo poszukiwana pozycja.

soul [səul] *n* dusza *f*; (*MUS*) soul *m*; **the poor soul had nowhere to sleep** biedactwo nie miało gdzie spać; **I didn't see a soul** nie widziałem żywej duszy.

soul-destroying ['səuldɪstrɔɪɪŋ] *adj* przygnębiający, przytłaczający.

soulful ['səulful] *adj* (*eyes, music*) pełen wyrazu.

soulless ['səullɪs] *adj* (*place*) bez życia *post*; (*job*) monotonny.

soul mate *n* przyjaciel (-ciółka) *m(f)* od serca.

soul-searching ['səulsə:tʃɪŋ] *n*: **after much soul-searching, I decided ...** po głębokim namyśle zdecydowałam ... .

sound [saund] *adj* (*healthy*) zdrowy; (*not damaged*) nietknięty; (*reliable, thorough*) solidny, dogłębny; (*investment*) pewny, bezpieczny; (*advice*) rozsądny; (*argument, policy*) słuszny ♦ *adv*: **to be sound asleep** spać głęboko ♦ *n* (*noise*) dźwięk *m*, odgłos *m*; (*volume*: *on TV etc*) dźwięk *m*, głośność *f*; (*GEOG*) przesmyk *m* ♦ *vt* (*alarm, horn*) włączać (włączyć *perf*) ♦ *vi* (*alarm, horn*) dźwięczeć (zadźwięczeć *perf*); (*fig*: *seem*) wydawać się; **to sound like sb** mówić *or* brzmieć jak ktoś; **it sounds like French** to wygląda na francuski; **that sounds like them returning** wygląda na to, że wracają; **to be of sound mind** być przy zdrowych zmysłach; **I don't like the sound of it** nie podoba mi się to; **to sound one's horn** (*AUT*) trąbić (zatrąbić *perf*); **it sounds as if ...** wygląda na to, że ... .

►**sound off** (*inf*) *vi*: **to sound off (about)** wygłaszać opinie (o +*loc*).

►**sound out** *vt* badać (wybadać *perf*), sondować (wysondować *perf*).

sound barrier *n* bariera *f* dźwięku.

soundbite ['saundbaɪt] *n* sformułowanie *nt* łatwo wpadające w ucho (*wycięte z dłuższej wypowiedzi i prezentowane w mediach*).
sound effects *npl* efekty *pl* dźwiękowe.
sound engineer (*RADIO, TV etc*) *n* realizator(ka) *m(f)* dźwięku.
sounding ['saundɪŋ] (*NAUT*) *n* sondowanie *nt*.
sounding board (*MUS*) *n* płyta *f* rezonująca; (*fig*): **to use sb as a sounding board for one's ideas** omawiać z kimś swoje pomysły.
soundly ['saundlɪ] *adv* (*sleep*) głęboko, mocno; (*beat*) dotkliwie.
soundproof ['saundpru:f] *adj* dźwiękoszczelny ♦ *vt* izolować (wyizolować *perf*) akustycznie.
soundtrack ['saundtræk] *n* ścieżka *f* dźwiękowa.
sound wave *n* fala *f* akustyczna.
soup [su:p] *n* zupa *f*; **in the soup** (*fig*) w opałach.
soup course *n* zupa *f*.
soup kitchen *n* ≈ garkuchnia *f*.
soup plate *n* głęboki talerz *m*.
soupspoon ['su:pspu:n] *n* łyżka *f* do zupy.
sour ['sauə*] *adj* kwaśny; (*milk*) kwaśny, skwaśniały; (*fig*) cierpki; **to go** *or* **turn sour** kwaśnieć (skwaśnieć *perf*); (*fig*: *relationship*) psuć się (popsuć się *perf*); **sour grapes** (*fig*) kwaśne winogrona.
source [sɔ:s] *n* źródło *nt*; **I have it from a reliable source that ...** wiem z wiarygodnego źródła, że ... .
south [sauθ] *n* południe *nt* ♦ *adj* południowy ♦ *adv* na południe; **(to the) south of** na południe od *+gen*; **to travel south** jechać na południe; **the South of France** południe Francji.
South Africa *n* Republika *f* Południowej Afryki.
South African *adj* południowoafrykański ♦ *n* Południowoafrykańczyk (-anka) *m(f)*.
South America *n* Ameryka *f* Południowa.
South American *adj* południowoamerykański ♦ *n* mieszkaniec (-nka) *m(f)* Ameryki Południowej.
southbound ['sauθbaund] *adj* (*traffic*) zdążający na południe; (*carriageway*) prowadzący na południe.
south-east [sauθ'i:st] *n* południowy wschód *m*.
South-East Asia *n* południowo-wschodnia Azja *f*.
southerly ['sʌðəlɪ] *adj* południowy.
southern ['sʌðən] *adj* południowy; **the southern hemisphere** półkula południowa.
South Korea *n* Korea *f* Południowa.
South Pole *n*: **the South Pole** biegun *m* południowy.
South Sea Islands *npl* Oceania *f*.
South Seas *npl*: **the South Seas** Południowy Pacyfik *m*.
southward(s) ['sauθwəd(z)] *adv* na południe.
south-west [sauθ'wɛst] *n* południowy zachód *m*.
souvenir [su:və'nɪə*] *n* pamiątka *f*, souvenir *m*.
sovereign ['sɔvrɪn] *n* monarcha *m*.
sovereignty ['sɔvrɪntɪ] *n* suwerenność *f*.
Soviet ['səuvɪət] *adj* radziecki ♦ *n* mieszkaniec (-nka) *m(f)* Związku Radzieckiego; **the Soviet Union** Związek Radziecki.
sow[1] [sau] *n* locha *f*, maciora *f*.
sow[2] [səu] (*pt* **sowed**, *pp* **sown**) *vt* siać (posiać *perf*), wysiewać (wysiać *perf*); (*fig*: *suspicion etc*) siać (zasiać *perf*).
soya ['sɔɪə] (*US* **soy**) *n*: **soya bean** soja *f*; **soya sauce** sos sojowy.
spa [spɑ:] *n* (*town*) uzdrowisko *nt*; (*US*: *also*: **health spa**) ≈ centrum *m* odnowy biologicznej.
space [speɪs] *n* (*gap*) szpara *f*; (*room*) miejsce *nt*; (*beyond Earth*) przestrzeń *f* kosmiczna, kosmos *m*; (*period*): **(with)in the space of** na przestrzeni *or* w przeciągu *+gen* ♦ *cpd*: **space research** badania *pl* kosmosu ♦ *vt* (*also*: **space out**: *text*) rozmieszczać (rozmieścić *perf*); (: *payments, visits*) rozkładać (rozłożyć *perf*); **to clear a space for sth** przygotowywać (przygotować *perf*) miejsce pod *or* na coś; **in a confined space** w zamkniętej przestrzeni; **in a short space of time** w krótkim czasie.
space bar *n* klawisz *m* odstępów, odstępnik *m*.
spacecraft ['speɪskrɑ:ft] *n* statek *m* kosmiczny.
spaceman ['speɪsmæn] *n* (*irreg like*: **man**) kosmonauta *m*.
spaceship ['speɪsʃɪp] = **spacecraft**.
space shuttle *n* prom *m* kosmiczny, wahadłowiec *m*.
spacesuit ['speɪssu:t] *n* skafander *m or* kombinezon *m* kosmiczny.
spacewoman ['speɪswumən] *n* (*irreg like*: **woman**) kosmonautka *f*.
spacing ['speɪsɪŋ] *n* odstęp *m*; **single/double spacing** (*TYP etc*) jednopunktowa/dwupunktowa interlinia.
spacious ['speɪʃəs] *adj* przestronny.
spade [speɪd] *n* łopata *f*; (*child's*) łopatka *f*; **spades** *npl* (*CARDS*) piki *pl*.
spadework ['speɪdwə:k] *n* (*fig*) czarna robota *f*.
spaghetti [spə'gɛtɪ] *n* spaghetti *nt inv*.
Spain [speɪn] *n* Hiszpania *f*.
span [spæn] *n* (*of wings, arch*) rozpiętość *f*; (*in time*) okres *m* ♦ *vt* (*river*) łączyć (połączyć *perf*) brzegi *+gen*; (*fig*: *time*) obejmować (objąć *perf*).
Spaniard ['spænjəd] *n* Hiszpan(ka) *m(f)*.
spaniel ['spænjəl] *n* spaniel *m*.
Spanish ['spænɪʃ] *adj* hiszpański ♦ *n* (język *m*) hiszpański; **the Spanish** *npl* Hiszpanie *vir pl*; **Spanish omelette** omlet po hiszpańsku (*z pomidorami, papryką i zielem angielskim*).
spank [spæŋk] *vt* dawać (dać *perf*) klapsa *+dat*.
spanner ['spænə*] (*BRIT*) *n* klucz *m* (*maszynowy*).
spar [spɑ:*] *n* (*NAUT*) drzewce *nt* ♦ *vi* (*BOXING*) odbywać (odbyć *perf*) sparing.
spare [spɛə*] *adj* (*free*) wolny; (*extra*) zapasowy ♦ *n* = **spare part** ♦ *vt* (*save*: *trouble etc*) oszczędzać (oszczędzić *perf*) *+gen*; (*make available*) przeznaczać (przeznaczyć *perf*); (*afford*

to give) użyczać (użyczyć *perf*) +*gen*; (*refrain from hurting*) oszczędzać (oszczędzić *perf*); **to spare** w zapasie; **these two are going spare** tych dwoje dostaje szału; **to spare no expense** nie szczędzić kosztów; **can you spare the time?** czy możesz poświęcić trochę czasu?; **I've a few minutes to spare** mam kilka wolnych minut; **there is no time to spare** nie ma chwili do stracenia; **spare me the details** oszczędź mi szczegółów.

spare part *n* część *f* zamienna *or* zapasowa.

spare room *n* pokój *m* gościnny.

spare time *n* wolny czas *m*.

spare tyre *n* zapasowa opona *f*.

spare wheel *n* zapasowe koło *nt*.

sparing ['spɛərɪŋ] *adj*: **to be sparing with** oszczędzać na +*loc*.

sparingly ['spɛərɪŋlɪ] *adv* oszczędnie.

spark [spɑ:k] *n* iskra *f*; (*fig*: *of wit etc*) przebłysk *m*.

spark(ing) plug ['spɑ:k(ɪŋ)-] *n* świeca *f* zapłonowa.

sparkle ['spɑ:kl] *n* połysk *m* ♦ *vi* mienić się, skrzyć się.

sparkling ['spɑ:klɪŋ] *adj* (*water*) gazowany; (*wine*) musujący; (*fig*: *conversation, performance*) błyskotliwy.

sparrow ['spærəu] *n* wróbel *m*.

sparse [spɑ:s] *adj* (*hair*) rzadki; (*rainfall*) skąpy; (*population*) nieliczny.

spartan ['spɑ:tən] *adj* (*fig*) spartański.

spasm ['spæzəm] *n* (*MED*) skurcz *m*, spazm *m*; (*fig*: *of anger etc*) paroksyzm *m*.

spasmodic [spæz'mɔdɪk] *adj* (*fig*) nerwowy.

spastic ['spæstɪk] (*old*: *MED*) *n* osoba *f* z porażeniem kurczowym ♦ *adj* (*MED*) spastyczny, kurczowy.

spat [spæt] *pt, pp of* **spit** ♦ *n* (*US*) sprzeczka *f*.

spate [speɪt] *n* (*fig*): **a spate of** (*letters etc*) nawał *m or* powódź *f* +*gen*; **a river in spate** wezbrana rzeka.

spatial ['speɪʃl] *adj* przestrzenny.

spatter ['spætə*] *vt* (*liquid*) rozpryskiwać (rozpryskać *perf*); (*surface*) opryskiwać (opryskać *perf*) ♦ *vi* rozpryskiwać się (rozpryskać się *perf*).

spatula ['spætjulə] *n* (*CULIN*) łopatka *f*; (*MED*) szpatułka *f*.

spawn [spɔ:n] *vi* (*fish*) składać (złożyć *perf*) ikrę; (*frog*) składać (złożyć *perf*) skrzek ♦ *vt* (*group, problem etc*) dawać (dać *perf*) początek +*dat* ♦ *n* (*of fish*) ikra *f*; (*of frog*) skrzek *m*.

SPCA (*US*) *n abbr* (= *Society for the Prevention of Cruelty to Animals*).

SPCC (*US*) *n abbr* (= *Society for the Prevention of Cruelty to Children*).

speak [spi:k] (*pt* **spoke**, *pp* **spoken**) *vi* (*use voice*) mówić; (*make a speech*) przemawiać (przemówić *perf*); (*truth*) mówić (powiedzieć *perf*); **to speak to sb/of** *or* **about sth** rozmawiać (porozmawiać *perf*) z kimś/o czymś; **speak up!** mów głośniej!; **to speak English** mówić po angielsku; **to speak at a conference/in a debate** zabierać (zabrać *perf*) głos na konferencji/w debacie; **to speak one's mind** wyrażać (wyrazić *perf*) swoje zdanie; **he has no money to speak of** on nie ma praktycznie żadnych pieniędzy; **so to speak** że tak powiem, że się tak wyrażę.

►**speak for** *vt fus*: **to speak for sb** mówić za kogoś *or* w czyimś imieniu; **that picture is already spoken for** ten obraz jest już sprzedany; **speak for yourself!** mów za siebie!

speaker ['spi:kə*] *n* (*person*) mówca *m*; (*also*: **loudspeaker**) głośnik *m*; **the Speaker** (*BRIT, US*) *przewodniczący jednej z izb Parlamentu/Kongresu*; **are you a Welsh speaker?** czy mówisz po walijsku?

speaking ['spi:kɪŋ] *adj* mówiący; **a speaking clock** zegarynka; **Italian-speaking people** ludzie mówiący po włosku; **they are not on speaking terms** oni ze sobą nie rozmawiają.

spear [spɪə*] *n* włócznia *f* ♦ *vt* dźgać (dźgnąć *perf*) włócznią.

spearhead ['spɪəhɛd] *vt* stać (stanąć *perf*) na czele +*gen*.

spearmint ['spɪəmɪnt] *n* mięta *f* kędzierzawa.

spec [spɛk] (*inf*) *n*: **on spec** w ciemno (*inf*); **to buy/go on spec** kupować/iść w ciemno (*inf*).

spec. (*TECH*) *n abbr* (= *specification*) specyfikacja *f*.

special ['spɛʃl] *adj* (*effort, help, occasion*) specjalny, szczególny; (*adviser, permission, school*) specjalny ♦ *n* pociąg *m* specjalny *or* dodatkowy; **take special care** bądź szczególnie ostrożny; **nothing special** nic szczególnego *or* specjalnego; **today's special is ...** dziś polecamy +*acc*.

special agent *n* agent *m* specjalny.

special correspondent *n* specjalny korespondent *m or* wysłannik *m*.

special delivery (*POST*) *n*: **by special delivery** przesyłką ekspresową.

special effects *npl* efekty *pl* specjalne.

specialist ['spɛʃəlɪst] *n* specjalista (-tka) *m(f)*; **heart specialist** specjalista kardiolog *or* chorób serca.

speciality [spɛʃɪ'ælɪtɪ] *n* specjalność *f*.

specialize ['spɛʃəlaɪz] *vi*: **to specialize (in)** specjalizować się (w +*loc*).

specially ['spɛʃlɪ] *adv* specjalnie.

special offer (*COMM*) *n* oferta *f* specjalna, okazja *f*.

specialty ['spɛʃəltɪ] (*esp US*) = **speciality**.

species ['spi:ʃi:z] *n inv* gatunek *m*.

specific [spə'sɪfɪk] *adj* (*fixed*) określony; (*exact*) ścisły; **specific to** specyficzny dla +*gen*.

specifically [spəˈsɪfɪklɪ] *adv* (*specially*) specjalnie; (*exactly*) ściśle.
specification [spɛsɪfɪˈkeɪʃən] *n* (*TECH*) opis *m* techniczny; (*requirement*) wymóg *m*; **specifications** *npl* (*TECH*) parametry *pl*.
specify [ˈspɛsɪfaɪ] *vt* wyszczególniać (wyszczególnić *perf*); **unless otherwise specified** przy braku innych wskazań.
specimen [ˈspɛsɪmən] *n* (*single example*) okaz *m*; (*MED*) próbka *f*.
specimen copy *n* egzemplarz *m* próbny.
specimen signature *n* wzór *m* podpisu.
speck [spɛk] *n* drobinka *f*, pyłek *m*.
speckled [ˈspɛkld] *adj* (*hen, eggs*) nakrapiany.
specs [spɛks] (*inf*) *npl* okulary *pl*.
spectacle [ˈspɛktəkl] *n* widowisko *nt*; **spectacles** *npl* okulary *pl*.
spectacle case (*BRIT*) *n* etui *nt inv* do okularów.
spectacular [spɛkˈtækjulə*] *adj* (*rise etc*) dramatyczny; (*success*) spektakularny ♦ *n* (*THEAT*) gala *f*.
spectator [spɛkˈteɪtə*] *n* widz *m*; **a spectator sport** sport widowiskowy.
spectra [ˈspɛktrə] *npl of* **spectrum**.
spectre [ˈspɛktə*] (*US* **specter**) *n* widmo *nt*.
spectrum [ˈspɛktrəm] (*pl* **spectra**) *n* widmo *nt*; (*fig*: *of opinion etc*) spektrum *m*.
speculate [ˈspɛkjuleɪt] *vi* (*FIN*) spekulować, grać (*na giełdzie*); **to speculate about** snuć domysły na temat *+gen*.
speculation [spɛkjuˈleɪʃən] *n* (*FIN*) spekulacja *f*; (*guesswork*) domysły *pl*, spekulacje *pl*.
speculative [ˈspɛkjulətɪv] *adj* oparty na domysłach.
speculator [ˈspɛkjuleɪtə*] *n* spekulant(ka) *m(f)*.
sped [spɛd] *pt, pp of* **speed**.
speech [spi:tʃ] *n* (*faculty, act, part of play*) mowa *f*; (*manner of speaking, enunciation*) wymowa *f*; (*formal talk*) przemówienie *nt*, przemowa *f*.
speech day (*BRIT*: *SCOL*) *n dzień, w którym uczniom rozdaje się nagrody, zaprasza się do szkoły rodziców i wygłasza przemówienia.*
speech impediment *n* zaburzenie *nt* mowy.
speechless [ˈspi:tʃlɪs] *adj* oniemiały; **he was speechless** zaniemówił, oniemiał.
speech therapist *n* logopeda *m*.
speech therapy *n* leczenie *nt* logopedyczne.
speed [spi:d] (*pt, pp* **sped**) *n* (*rate*) prędkość *f*, szybkość *f*; (*fast travel, promptness, haste*) szybkość *f* ♦ *vi*: **to speed (along/by)** pędzić (popędzić *perf*) (wzdłuż *+gen*/obok *+gen*); (*AUT*) jechać z nadmierną prędkością, przekraczać (przekroczyć *perf*) dozwoloną prędkość; **at speed** (*BRIT*) z dużą prędkością; **at full** *or* **top speed** z maksymalną prędkością; **at a speed of 70km/h** z prędkością siedemdziesięciu kilometrów na godzinę; **shorthand/typing speed** szybkość stenografowania/pisania na maszynie; **a five-speed gearbox** pięciobiegowa skrzynia biegów.
►**speed up** (*pt, pp* **speeded up**) *vi* przyspieszać (przyspieszyć *perf*) ♦ *vt* przyspieszać (przyspieszyć *perf*).
speedboat [ˈspi:dbəut] *n* ślizgacz *m* (*łódź motorowa*).
speedily [ˈspi:dɪlɪ] *adv* szybko, pośpiesznie.
speeding [ˈspi:dɪŋ] (*AUT*) *n* jazda *f* z nadmierną prędkością, przekroczenie *nt* dozwolonej prędkości.
speed limit (*AUT*) *n* ograniczenie *nt* prędkości.
speedometer [spɪˈdɔmɪtə*] (*AUT*) *n* szybkościomierz *m*.
speed trap (*AUT*) *n miejsce, w którym prowadzi się radarową kontrolę prędkości przejeżdżających pojazdów.*
speedway [ˈspi:dweɪ] *n* (*also*: **speedway racing**) wyścigi *pl* na żużlu.
speedy [spi:dɪ] *adj* (*fast*) szybki, prędki; (*prompt*) szybki, rychły.
speleologist [spɛlɪˈɔlədʒɪst] *n* speleolog *m*.
spell [spɛl] (*pt, pp* **spelt** *(BRIT) or* **spelled**) *n* (*also*: **magic spell**) zaklęcie *nt*, urok *m*; (*period*) okres *m* ♦ *vt* (*in writing*) pisać (napisać *perf*); (*also*: **spell out**) literować (przeliterować *perf*); (*signify*: *danger etc*) oznaczać; **to cast a spell on sb** rzucać (rzucić *perf*) na kogoś czar *or* urok; **cold/hot spell** fala chłodów/upałów; **he can't spell** on robi błędy ortograficzne; **how do you spell your name?** jak się pisze Pana/Pani nazwisko?; **can you spell it for me?** czy może mi Pan/Pani to przeliterować?
spellbound [ˈspɛlbaund] *adj* oczarowany.
spelling [ˈspɛlɪŋ] *n* (*word form*) pisownia *f*; (*ability*) ortografia *f*; **spelling mistake** błąd ortograficzny.
spelt [spɛlt] *pt, pp of* **spell**.
spend [spɛnd] (*pt, pp* **spent**) *vt* (*money*) wydawać (wydać *perf*); (*time, life*) spędzać (spędzić *perf*); (*devote*): **to spend time/money/effort on sth** poświęcać (poświęcić *perf*) czas/pieniądze/wysiłek na coś.
spending [ˈspɛndɪŋ] *n* wydatki *pl*; **government spending** wydatki publiczne.
spending money *n* kieszonkowe *nt*.
spending power *n* siła *f or* zdolność *f* nabywcza
spendthrift [ˈspɛndθrɪft] *n* rozrzutnik *m*.
spent [spɛnt] *pt, pp of* **spend** ♦ *adj* (*patience*) wyczerpany; (*cartridge, matches*) zużyty; (*bullets*) wystrzelony.
sperm [spə:m] *n* nasienie *nt*, sperma *f*; (*single*) plemnik *m*.
sperm whale *n* kaszalot *m*.
spew [spju:] *vt* wypluwać (wypluć *perf*), wyrzucać (wyrzucić *perf*) (z siebie).
sphere [sfɪə*] *n* (*round object*) kula *f*; (*area*) sfera *f*.
spherical [ˈsfɛrɪkl] *adj* kulisty, sferyczny.

sphinx [sfɪŋks] *n* sfinks *m*.
spice [spaɪs] *n* przyprawa *f* ♦ *vt* przyprawiać (przyprawić *perf*).
spick-and-span ['spɪkən'spæn] *adj* (*house etc*) lśniący czystością, wychuchany (*inf*).
spicy ['spaɪsɪ] *adj* mocno przyprawiony, ostry.
spider ['spaɪdə*] *n* pająk *m*; **spider's web** pajęczyna.
spidery ['spaɪdərɪ] *adj* przypominający pajęczynę.
spiel [spi:l] (*inf*) *n* gadka *f* (*inf, pej*).
spike [spaɪk] *n* (*point*) kolec *m*; (*BOT*) kwiatostan *f* stożkowaty; (*ELEC*) impuls *m*; **spikes** *npl* (*SPORT*) kolce *pl*.
spike heel (*US*) *n* szpilka *f* (*obcas lub but*).
spiky ['spaɪkɪ] *adj* kolczasty.
spill [spɪl] (*pt, pp* **spilt** *or* **spilled**) *vt* rozlewać (rozlać *perf*) ♦ *vi* rozlewać się (rozlać się *perf*), wylewać się (wylać się *perf*); **to spill the beans** (*inf: fig*) wygadać się (*perf*), puszczać (puścić *perf*) farbę (*inf*).
►**spill out** *vi* (*people*) wysypywać się (wysypać się *perf*).
►**spill over** *vi* (*liquid*) przelewać się (przelać się *perf*); (*fig: conflict*) rozszerzać się (rozszerzyć się *perf*).
spin [spɪn] (*pt* **spun, span**, *pp* **spun**) *n* (*in car*) przejażdżka *f*; (*revolution of wheel*) wirowanie *nt*; (*: single*) obrót *m*; (*AVIAT*) korkociąg *m* ♦ *vt* (*wool etc*) prząść (uprząść *perf*); (*wheel*) obracać (obrócić *perf*) *+instr*; (*BRIT: also*: **spin-dry**) odwirowywać (odwirować *perf*) ♦ *vi* (*make thread*) prząść; (*turn round*) okręcać się (okręcić się *perf*), obracać się (obrócić się *perf*); **to put spin on a ball** podkręcać (podkręcić *perf*) piłkę (*inf*); **to spin a yarn** opowiadać niestworzone historie; **to spin a coin** (*BRIT*) rzucać (rzucić *perf*) monetą; **my head is spinning** kręci mi się w głowie.
►**spin out** *vt* (*talk, holiday*) przeciągać (przeciągnąć *perf*); (*money*) gospodarować oszczędnie *+instr*.
spinach ['spɪnɪtʃ] *n* szpinak *m*.
spinal ['spaɪnl] *adj*: **spinal injury** uraz *m* kręgosłupa.
spinal column *n* kręgosłup *m*.
spinal cord *n* rdzeń *m* kręgowy.
spindly ['spɪndlɪ] *adj* wrzecionowaty.
spin-dry ['spɪn'draɪ] *vt* odwirowywać (odwirować *perf*).
spin-dryer [spɪn'draɪə*] (*BRIT*) *n* wirówka *f*.
spine [spaɪn] *n* (*ANAT*) kręgosłup *m*; (*thorn*) kolec *m*.
spine-chilling ['spaɪntʃɪlɪŋ] *adj* mrożący krew w żyłach.
spineless ['spaɪnlɪs] *adj* (*fig: person*) bez kręgosłupa *post*.
spinner ['spɪnə*] *n* prządzarz/prządka *m/f*.
spinning ['spɪnɪŋ] *n* przędzenie *nt*.
spinning top *n* (*toy*) bąk *m*.
spinning wheel *n* kołowrotek *m*.
spin-off ['spɪnɔf] *n* (*fig*) efekt *m* uboczny.
spinster ['spɪnstə*] *n* stara panna *f*.
spiral ['spaɪərl] *n* spirala *f* ♦ *vi* (*fig: prices etc*) wzrastać (wzrosnąć *perf*) gwałtownie; **the inflationary spiral** spirala inflacyjna.
spiral staircase *n* schody *pl* kręcone.
spire ['spaɪə*] *n* iglica *f*.
spirit ['spɪrɪt] *n* (*soul*) dusza *f*; (*ghost, sense*) duch *m*; (*courage*) odwaga *f*; (*frame of mind*) nastrój *m*; **spirits** *npl* napoje *pl* alkoholowe; **in good spirits** w dobrym humorze *or* nastroju; **community spirit** poczucie *or* duch wspólnoty.
spirited ['spɪrɪtɪd] *adj* (*resistance*) żarliwy, zagorzały; (*performance*) porywający.
spirit level *n* poziomnica *f*.
spiritual ['spɪrɪtjuəl] *adj* duchowy ♦ *n* (*also*: **Negro spiritual**) *utwór chóralny o charakterze religijnym wywodzący się z kultury Murzynów północnoamerykańskich.*
spiritualism ['spɪrɪtjuəlɪzəm] *n* spirytyzm *m*.
spit [spɪt] (*pt, pp* **spat**) *n* (*for roasting*) rożen *m*; (*saliva*) plwocina *f* ♦ *vi* (*person*) pluć (plunąć *perf*), spluwać (splunąć *perf*); (*cooking*) skwierczeć (zaskwierczeć *perf*); (*fire*) trzaskać (trzasnąć *perf*); (*inf: rain*) siąpić.
spite [spaɪt] *n* złośliwość *f* ♦ *vt* robić (zrobić *perf*) na złość *+dat*; **in spite of** (po)mimo *+gen*.
spiteful ['spaɪtful] *adj* złośliwy, zawzięty.
spitroast ['spɪt'rəust] *n* pieczeń *f* z rożna.
spitting ['spɪtɪŋ] *n*: **"spitting prohibited"** „nie pluć" ♦ *adj*: **to be the spitting image of sb** być podobnym do kogoś jak dwie krople wody.
spittle ['spɪtl] *n* ślina *f*.
spiv [spɪv] (*BRIT: inf, pej*) *n* kombinator *m* (*inf, pej*).
splash [splæʃ] *n* (*sound*) plusk *m*, plusnięcie *nt*; (*of colour*) plama *f* ♦ *excl* plusk, chlup ♦ *vt* ochlapywać (ochlapać *perf*) ♦ *vi* (*also*: **splash about**) pluskać się; (*water*) chlapać; **to splash paint on the floor** chlapać (pochlapać *perf*) podłogę farbą.
splashdown ['splæʃdaun] *n* wodowanie *nt* statku kosmicznego.
splayfooted ['spleɪfutɪd] *adj* platfusowaty.
spleen [spli:n] *n* śledziona *f*.
splendid ['splɛndɪd] *adj* (*excellent*) doskonały, świetny; (*impressive*) okazały, wspaniały.
splendour ['splɛndə*] (*US* **splendor**) *n* wspaniałość *f*; **splendours** *npl* wspaniałości *pl*.
splice [splaɪs] *vt* kleić (skleić *perf*).
splint [splɪnt] *n* szyna *f* (usztywniająca), łubek *m*.
splinter ['splɪntə*] *n* (*of wood*) drzazga *f*; (*of glass*) odłamek *m* ♦ *vi* rozszczepiać się (rozszczepić się *perf*), rozłupywać się (rozłupać się *perf*).
splinter group *n* odłam *m*.
split [splɪt] (*pt, pp* **split**) *n* (*crack, tear*) pęknięcie *nt*; (*fig*) podział *m*; (*POL*) rozłam *m* ♦ *vt* (*divide*)

dzielić (podzielić *perf*); (*party*) powodować (spowodować *perf*) podział *or* rozłam w *+loc*; (*work, profits*) dzielić (podzielić *perf*) ♦ *vi* (*divide*) dzielić się (podzielić się *perf*); (*crack*) pękać (pęknąć *perf*); (*tear*) rozdzierać się (rozedrzeć się *perf*); **let's split the difference** (*with money*) podzielmy resztę na połowę; (*fig: in argument*) pójdźmy na kompromis; **to do the splits** robić (zrobić *perf*) szpagat.

►**split up** *vi* (*couple*) zrywać (zerwać *perf*) (ze sobą), rozstawać się (rozstać się *perf*); (*group*) rozdzielać się (rozdzielić się *perf*).

split-level ['splɪtlɛvl] *adj* (*house*) wielopoziomowy.

split peas *npl* groch *m or* groszek *m* łuskany.

split personality *n* rozdwojenie *nt* jaźni.

split second *n* ułamek *m* sekundy.

splitting ['splɪtɪŋ] *adj*: **I have a splitting headache** głowa mi pęka.

splutter ['splʌtə*] *vi* prychać (prychnąć *perf*), parskać (parsknąć *perf*).

spoil [spɔɪl] (*pt, pp* **spoilt** *or* **spoiled**) *vt* (*thing*) uszkadzać (uszkodzić *perf*); (*enjoyment*) psuć (zepsuć *perf*); (*child*) rozpieszczać (rozpieścić *perf*), psuć ♦ *vi*: **to be spoiling for a fight** rwać się do walki; **to spoil a vote** oddawać (oddać *perf*) nieważny głos.

spoils [spɔɪlz] *npl* łupy *pl*.

spoilsport ['spɔɪlspɔ:t] (*pej*) *n*: **don't be a spoilsport** nie psuj ludziom zabawy.

spoilt [spɔɪlt] *pt, pp of* **spoil** ♦ *adj* (*child*) rozpieszczony; (*ballot paper*) nieważny.

spoke [spəuk] *pt of* **speak** ♦ *n* szprycha *f*.

spoken ['spəukn] *pp of* **speak**.

spokesman ['spəuksmən] (*irreg like*: **man**) *n* rzecznik *m*.

spokesperson ['spəukspə:sn] *n* (*irreg like*: **person**) rzecznik (-iczka) *m(f)*.

spokeswoman ['spəukswumən] *n* (*irreg like*: **woman**) rzeczniczka *f*.

sponge [spʌndʒ] *n* gąbka *f*; (*also*: **sponge cake**) biszkopt *m* ♦ *vt* przecierać (przetrzeć *perf*) gąbką ♦ *vi*: **to sponge off** *or* **on sb** wyciągać od kogoś pieniądze.

sponge bag (*BRIT*) *n* kosmetyczka *f*.

sponger ['spʌndʒə*] *n* (*pej*) pasożyt *m* (*pej*).

spongy ['spʌndʒɪ] *adj* gąbczasty.

sponsor ['spɔnsə*] *n* (*of player, programme, event*) sponsor(ka) *m(f)*; (*for application*) poręczyciel(ka) *m(f)*; (*for bill in parliament*) inicjator(ka) *m(f)* ♦ *vt* (*player, programme, event*) sponsorować; (*proposal*) przedkładać (przedłożyć *perf*); **I sponsored him at 3p a mile** (*in fund-raising race*) sponsorowałem go w kwocie 3 pensów za milę.

sponsorship ['spɔnsəʃɪp] *n* sponsorowanie *nt*.

spontaneity [spɔntə'neɪɪtɪ] *n* spontaniczność *f*.

spontaneous [spɔn'teɪnɪəs] *adj* spontaniczny; **spontaneous combustion** samozapłon.

spooky ['spu:kɪ] (*inf*) *adj* straszny.

spool [spu:l] *n* (*for thread*) szpulka *f*; (*for film, tape*) szpula *f*.

spoon [spu:n] *n* łyżka *f*; (*small*) łyżeczka *f*.

spoon-feed ['spu:nfi:d] *vt* (*baby*) karmić łyżeczką; (*patient*) karmić łyżką; (*fig: students*) podawać (podać *perf*) wszystko na tacy *+dat*.

spoonful ['spu:nful] *n* (pełna) łyżka *f*.

sporadic [spə'rædɪk] *adj* sporadyczny.

sport [spɔ:t] *n* (*game*) sport *m*; (*also*: **good sport**) świetny kumpel *m* ♦ *vt* (*piece of clothing, jewellery*) paradować w *+loc*; (*purse, umbrella*) paradować z *+instr*; **indoor/outdoor sports** sporty halowe/rozgrywane na wolnym powietrzu.

sporting ['spɔ:tɪŋ] *adj* (*event*) sportowy; (*gesture*) szlachetny; **a sporting chance** realna szansa.

sport jacket (*US*) *n* = **sports jacket**.

sports car *n* samochód *m* sportowy.

sports centre *n* ośrodek *m* sportowy.

sports ground *n* boisko *nt* (sportowe).

sports jacket (*BRIT*) *n* sportowa marynarka *f*.

sportsman ['spɔ:tsmən] *n* (*irreg like*: **man**) sportowiec *m*.

sportsmanship ['spɔ:tsmənʃɪp] *n* sportowe zachowanie *nt*.

sports page (*PRESS*) *n* dział *m* sportowy.

sportswear ['spɔ:tswɛə*] *n* odzież *f* sportowa.

sportswoman ['spɔ:tswumən] *n* (*irreg like*: **woman**) sportsmenka *f*.

sporty ['spɔ:tɪ] *adj* wysportowany.

spot [spɔt] *n* (*dot*) kropka *f*; (*mark: dirty, unwanted*) plama *f*; (*: on animal*) cętka *f*; (*on skin*) pryszcz *m*; (*place*) miejsce *nt*; (*also*: **spot advertisement**) reklama *f* (*między programami*); (*RADIO, TV*) *część programu zarezerwowana dla konkretnego artysty lub określonego typu rozrywki* ♦ *vt* zauważać (zauważyć *perf*); **on the spot** (*in that place*) na miejscu; (*immediately*) z miejsca; **a spot of trouble** mały kłopot; **I'll do a spot of gardening** popracuję trochę w ogrodzie; **in a spot** w kropce; **to put sb on the spot** stawiać (postawić *perf*) kogoś w trudnej sytuacji; **to come out in spots** dostawać (dostać *perf*) wysypki.

spot check *n* wyrywkowa kontrola *f*.

spotless ['spɔtlɪs] *adj* nieskazitelny.

spotlight ['spɔtlaɪt] *n* jupiter *m*.

spot-on [spɔt'ɔn] (*BRIT: inf*) *adj*: **to be spot-on** trafiać (trafić *perf*) w dziesiątkę.

spot price (*COMM*) *n* cena *f* loco.

spotted ['spɔtɪd] *adj* (*bird*) nakrapiany; (*animal*) cętkowany; (*garment*) w kropki *post*; **spotted with** poplamiony *+instr*.

spotty ['spɔtɪ] *adj* pryszczaty.

spouse [spaus] *n* małżonek (-nka) *m(f)*.

spout [spaut] *n* (*of jug, teapot*) dziobek *m*; (*of pipe*) wylot *m*; (*of liquid*) struga *f* ♦ *vi* chlustać (chlusnąć *perf*), bluzgać (bluznąć *perf*).

sprain [spreɪn] *n* (*MED*) skręcenie *nt* ♦ *vt*: **to sprain one's ankle/wrist** skręcić *(perf)* nogę w kostce/rękę w nadgarstku.
sprang [spræŋ] *pt of* **spring**.
sprawl [sprɔ:l] *vi* rozciągać się (rozciągnąć się *perf*) ♦ *n*: **urban sprawl** rozrastanie się *nt* miasta (*w sposób nadmierny i/lub niekontrolowany*); **to send sb sprawling** zwalać (zwalić *perf*) kogoś z nóg.
spray [spreɪ] *n* (*small drops*) rozpylona ciecz *f*; (: *of water*) pył *m* wodny; (*sea spray*) mgiełka *f* od wody; (*container*) spray *m*, aerozol *m*; (*garden spray*) spryskiwacz *m* ogrodowy; (*of flowers*) gałązka *f* ♦ *vt* (*liquid*) rozpryskiwać (rozpryskać *perf*); (*crops*) opryskiwać (opryskać *perf*) ♦ *cpd*: **spray deodorant** dezodorant *m* w sprayu *or* aerozolu; **spray can** spray, aerozol; **to spray water on sth, to spray sth with water** opryskiwać (opryskać *perf*) coś wodą.
spread [sprɛd] (*pt, pp* **spread**) *n* (*area covered*) zasięg *m*; (*span, variety*) rozpiętość *f*; (*distribution*) rozkład *m*; (*expansion*) rozprzestrzenianie się *nt*; (*CULIN*) pasta *f* (*do smarowania pieczywa*); (*inf*: *food*) uczta *f*; (*PRESS*) rozkładówka *f* ♦ *vt* (*objects, one's arms, repayments*) rozkładać (rozłożyć *perf*); (*dirt, rumour, disease*) roznosić (roznieść *perf*) ♦ *vi* (*disease*) rozprzestrzeniać się (rozprzestrzenić się *perf*); (*news*) rozchodzić się (rozejść się *perf*); (*stain*) rozlewać się (rozlać się *perf*); **middle-age spread** zaokrąglanie się figury w średnim wieku; **to spread butter on, to spread with butter** smarować (posmarować *perf*) masłem *+acc*.
►**spread out** *vi* (*move apart*) rozchodzić się (rozejść się *perf*), rozdzielać się (rozdzielić się *perf*); (*extend*) rozciągać się.
spread-eagled ['sprɛdi:gld] *adj*: **he was (lying) spread-eagled** leżał z rozrzuconymi kończynami.
spreadsheet ['sprɛdʃi:t] (*COMPUT*) *n* arkusz *m* kalkulacyjny.
spree [spri:] *n*: **let's go on a spree** chodźmy zaszaleć.
sprig [sprɪg] *n* gałązka *f*.
sprightly ['spraɪtlɪ] *adj* dziarski, żwawy.
spring [sprɪŋ] (*pt* **sprang**, *pp* **sprung**) *n* (*coiled metal*) sprężyna *f*; (*season*) wiosna *f*; (*of water*) źródło *nt*; (: *small*) źródełko *nt* ♦ *vi* (*leap*) skakać (skoczyć *perf*) ♦ *vt*: **the pipe/boat had sprung a leak** rura/łódka zaczęła przeciekać; **in spring** wiosną, na wiosnę; **to walk with a spring in one's step** chodzić sprężystym krokiem; **to spring from** wynikać (wyniknąć *perf*) z *+gen*; **to spring into action** zaczynać (zacząć *perf*) działać; **he sprang the news on me** zaskoczył mnie tą wiadomością.
►**spring up** *vi* wyrastać (wyrosnąć *perf*) (jak grzyby po deszczu).
springboard ['sprɪŋbɔ:d] *n* (*SPORT*) trampolina *f*; (*fig*): **to be the springboard for** stanowić odskocznię dla *+gen*.
spring-clean(ing) [sprɪŋ'kli:n(ɪŋ)] *n* wiosenne porządki *pl*.
spring onion (*BRIT*) *n* zielona cebulka *f*.
springtime ['sprɪŋtaɪm] *n* wiosenna pora *f*; **in springtime** wiosną, na wiosnę.
springy ['sprɪŋɪ] *adj* sprężysty.
sprinkle ['sprɪŋkl] *vt*: **to sprinkle water on sth, to sprinkle sth with water** skrapiać (skropić *perf*) *or* zraszać (zrosić *perf*) coś wodą; **to sprinkle salt/sugar on sth, to sprinkle sth with salt/sugar** posypywać (posypać *perf*) coś solą/cukrem.
sprinkler ['sprɪŋklə*] *n* (*for lawn*) spryskiwacz *m*, zraszacz *m*; (*to put out fire*) instalacja *f* tryskaczowa *or* sprinklerowa.
sprinkling ['sprɪŋklɪŋ] *n* (*of water*) kilka *pl* kropli; (*of salt, sugar*) szczypta *f*; (*fig*) odrobina *f*.
sprint [sprɪnt] *n* sprint *m* ♦ *vi* biec (pobiec *perf*) sprintem; **the 200 metres sprint** bieg na 200 metrów.
sprinter ['sprɪntə*] *n* sprinter(ka) *m(f)*.
sprite [spraɪt] *n* chochlik *m*.
sprocket ['sprɔkɪt] *n* koło *nt* łańcuchowe.
sprout [spraut] *vi* kiełkować (wykiełkować *perf*).
sprouts [sprauts] *npl* (*also*: **Brussels sprouts**) brukselka *f*.
spruce [spru:s] *n inv* świerk *m* ♦ *adj* elegancki.
►**spruce up** *vt* (*room, car*) wyszykować *(perf)*; **to spruce o.s. up** stroić się (wystroić się *perf*).
sprung [sprʌŋ] *pp of* **spring**.
spry [spraɪ] *adj* dziarski, żwawy.
SPUC *n abbr* (= *Society for the Protection of Unborn Children*).
spud [spʌd] (*inf*) *n* kartofel *m*.
spun [spʌn] *pt, pp of* **spin**.
spur [spə:*] *n* ostroga *f*; (*fig*) bodziec *m*, zachęta *f* ♦ *vt* (*also*: **spur on**) zachęcać (zachęcić *perf*); **on the spur of the moment** pod wpływem chwilowego impulsu.
spurious ['spjuərɪəs] *adj* (*attraction*) złudny; (*argument*) błędny; (*sympathy*) fałszywy, udawany.
spurn [spə:n] *vt* (*proposal, idea*) odrzucać (odrzucić *perf*); (*person*) odtrącać (odtrącić *perf*).
spurt [spə:t] *n* (*of blood etc*) struga *f*; (*of emotion*) poryw *m* ♦ *vi* (*blood*) tryskać (trysnąć *perf*); (*flame*) strzelać (strzelić *perf*); **to put on a spurt** (*runner*) przyśpieszać (przyśpieszyć *perf*).
sputter ['spʌtə*] *vi* = **splutter**.
spy [spaɪ] *n* szpieg *m* ♦ *vi*: **to spy on** szpiegować *+acc* ♦ *vt* ujrzeć *(perf)*, spostrzec *(perf)* ♦ *cpd* szpiegowski.
spying ['spaɪɪŋ] *n* szpiegostwo *nt*.
Sq. *abbr* (*in address*) = **square** pl.
sq. *abbr* = **square** kw.
squabble ['skwɔbl] *vi* sprzeczać się (posprzeczać się *perf*) ♦ *n* sprzeczka *f*.

squad [skwɔd] *n* (*MIL, POLICE*) oddział *m*; (*SPORT*) ekipa *f*; **flying squad** (*POLICE*) lotna brygada.

squad car (*BRIT*) *n* samochód *m or* wóz *m* patrolowy.

squadron ['skwɔdrn] *n* (*MIL*) szwadron *m*; (*AVIAT, NAUT*) dywizjon *m*.

squalid ['skwɔlɪd] *adj* (*conditions, house*) nędzny; (*story*) plugawy.

squall [skwɔ:l] *n* szkwał *m*.

squalor ['skwɔlə*] *n* nędza *f*.

squander ['skwɔndə*] *vt* (*money*) trwonić (roztrwonić *perf*); (*chances*) trwonić (strwonić *perf*).

square [skwɛə*] *n* (*shape*) kwadrat *m*; (*in town*) plac *m*; (*US*: *block of houses*) kwartał *m*; (*also*: **set square**) ekierka *f* ♦ *adj* (*in shape*) kwadratowy; (*meal*) solidny; (*inf*: *ideas, person*) staromodny, staroświecki ♦ *vt* (*arrange*) układać (ułożyć *perf*); (*MATH*) podnosić (podnieść *perf*) do kwadratu; (*reconcile*) godzić (pogodzić *perf*) ♦ *vi*: **to square with** przystawać *or* pasować do *+gen*; **don't be such a square** (*inf*) nie bądź taki nie na czasie; **the match was all square** wynik meczu był remisowy; **two metres square** kwadrat o boku dwóch metrów; **two square metres** dwa metry kwadratowe; **I'll square it with him** (*inf*) załatwię to z nim; **can you square it with your conscience?** czy pozwala ci na to sumienie?; **we're back to square one** wróciliśmy do punktu wyjścia.

►**square up** (*BRIT*) *vi* wyrównywać (wyrównać *perf*) rachunki; **to square up with sb** rozliczać się (rozliczyć się *perf*) z kimś.

square bracket *n* nawias *m* kwadratowy.

squarely ['skwɛəlɪ] *adv* (*fall etc*) prosto; (*confront, look*) odważnie, wprost.

square root *n* pierwiastek *m* kwadratowy.

squash [skwɔʃ] *n* (*US*) kabaczek *m*; (*SPORT*) squash *m*; (*BRIT*): **lemon/orange squash** sok *m* cytrynowy/pomarańczowy (*z koncentratu*) ♦ *vt* zgniatać (zgnieść *perf*).

squat [skwɔt] *adj* przysadzisty ♦ *vi* (*also*: **squat down**) przykucać (przykucnąć *perf*); (*on property*) mieszkać nielegalnie.

squatter ['skwɔtə*] *n* dziki (-ka) *m(f)* lokator(ka) *m(f)*.

squawk [skwɔ:k] *vi* skrzeczeć (zaskrzeczeć *perf*).

squeak [skwi:k] *vi* (*door*) skrzypieć (zaskrzypieć *perf*); (*mouse*) piszczeć (zapiszczeć *perf*) ♦ *n* (*of hinge*) skrzypienie *nt*; (*of mouse*) pisk *m*.

squeal [skwi:l] *vi* piszczeć (zapiszczeć *perf*).

squeamish ['skwi:mɪʃ] *adj* przewrażliwiony, przeczulony.

squeeze [skwi:z] *n* (*of hand etc*) uścisk *m*; (*ECON*) ograniczenie *nt*; (*also*: **credit squeeze**) ograniczenie *nt* kredytu ♦ *vt* ściskać (ścisnąć *perf*) ♦ *vi*: **to squeeze past/under sth** przeciskać się (przecisnąć się *perf*) obok czegoś/pod czymś; **a squeeze of lemon** odrobina soku z cytryny.

►**squeeze out** *vt* (*juice etc*) wyciskać (wycisnąć *perf*); (*fig*: *person*) wykluczać (wykluczyć *perf*), wykolegowywać (wykolegować *perf*) (*inf*).

squelch [skwɛltʃ] *vi* chlupać (chlupnąć *perf*), chlupotać (zachlupotać *perf*).

squib [skwɪb] *n* petarda *f*.

squid [skwɪd] *n* kałamarnica *f*, mątwa *f*.

squiggle ['skwɪgl] *n* zakrętas *m*, zawijas *m*.

squint [skwɪnt] *vi*: **to squint (at)** patrzeć (popatrzeć *perf*) przez zmrużone oczy (na *+acc*) ♦ *n* zez *m*; **he has a squint** on ma zeza.

squire ['skwaɪə*] (*BRIT*) *n* ≈ dziedzic *m*; ≈ ziemianin *m*; (*inf*) szefie (*voc*) (*inf*).

squirm [skwə:m] *vi* wiercić się; (*fig*: *with embarassment*) skręcać się (*inf*).

squirrel ['skwɪrəl] *n* wiewiórka *f*.

squirt [skwə:t] *vi* tryskać (trysnąć *perf*), sikać (siknąć *perf*) (*inf*) ♦ *vt* strzykać (strzyknąć *perf*) *+instr*.

Sr *abbr* (*in names*) = **senior** sen., sr.; (*REL*) = **sister** s.

SRC (*BRIT*) *n abbr* (= *Students' Representative Council*).

Sri Lanka [srɪ'læŋkə] *n* Sri Lanka *f*.

SRN (*BRIT*) *n abbr* (= *State Registered Nurse*) ≈ pielęgniarka (-arz) *f(m)* dyplomowana (-ny) *f(m)*.

SRO (*US*) *abbr* (= *standing room only*) tylko miejsca stojące.

SS *abbr* = **steamship**.

SSA (*US*) *n abbr* (= *Social Security Administration*) *agencja rządowa sprawująca kontrolę nad systemem ubezpieczeń społecznych*.

SST (*US*) *n abbr* (= *supersonic transport*) transport *m* ponaddźwiękowy.

ST (*US*) *abbr* (= *Standard Time*).

St *abbr* = **saint** św.; = **street** ul.

stab [stæb] *n* (*with knife etc*) pchnięcie *nt*, dźgnięcie *nt*; (*of pain*) ukłucie *nt*; (*inf*): **to have a stab at sth/doing sth** próbować (spróbować *perf*) czegoś/zrobić coś ♦ *vt* pchnąć (*perf*) *or* dźgnąć (*perf*) nożem; **to stab sb to death** zadźgać (*perf*) kogoś.

stabbing ['stæbɪŋ] *n* napad *m* z nożem ♦ *adj* kłujący.

stability [stə'bɪlɪtɪ] *n* stabilność *f*.

stabilization [steɪbəlaɪ'zeɪʃən] *n* stabilizacja *f*.

stabilize ['steɪbəlaɪz] *vt* stabilizować (ustabilizować *perf*) ♦ *vi* stabilizować się (ustabilizować się *perf*).

stabilizer ['steɪbəlaɪzə*] *n* (*AVIAT, NAUT*) stabilizator *m*; (*food additive*) środek *m* stabilizujący.

stable ['steɪbl] *adj* (*prices, patient's condition*) stabilny; (*marriage*) trwały ♦ *n* (*for horse*) stajnia *f*; (*for cattle*) obora *f*; **riding stables** ujeżdżalnia.

staccato [stə'kɑ:təu] *adv* staccato ♦ *adj* przerywany.

stack [stæk] *n* stos *m* ♦ *vt* (*also*: **stack up**) układać (ułożyć *perf*) w stos, gromadzić (nagromadzić *perf*); **to stack a room/table with** zastawiać (zastawić *perf*) pokój/stół *+instr*; **there's stacks of time** (*BRIT*: *inf*) jest mnóstwo czasu.

stadia ['steɪdɪə] *npl of* **stadium**.

stadium ['steɪdɪəm] (*pl* **stadia** *or* **stadiums**) *n* stadion *m*.

staff [stɑ:f] *n* (*workforce*) pracownicy *vir pl*, personel *m*; (*BRIT*: *also*: **teaching staff**) grono *nt* nauczycielskie *or* pedagogiczne; (*servants*) służba *f*; (*MIL*) sztab *m*; (*stick*) laska *f* ♦ *vt* obsadzać (obsadzić *perf*).

staffroom ['stɑ:fru:m] *n* pokój *m* nauczycielski.

Staffs (*BRIT*: *POST*) *abbr* (= *Staffordshire*).

stag [stæg] *n* rogacz *m*; (*BRIT*) *gracz spekulujący nowo emitowanymi akcjami*; **stag market** (*BRIT*) *spekulacja nowo emitowanymi akcjami*.

stage [steɪdʒ] *n* (*in theatre etc*) scena *f*; (*platform*) podium *nt*, estrada *f*; (*point, period*) etap *m*, okres *m* ♦ *vt* (*play*) wystawiać (wystawić *perf*); (*demonstration*) organizować (zorganizować *perf*); (*perform for effect*) inscenizować (zainscenizować *perf*); **the stage** (*THEAT*) scena; **in stages** stopniowo; **to go through a difficult stage** przechodzić trudny okres; **in the early stages** we wczesnych stadiach; **in the final stages** w końcowych stadiach.

stagecoach ['steɪdʒkəutʃ] *n* dyliżans *m*.

stage door *n* wejście *nt* dla aktorów.

stage fright *n* trema *f*.

stagehand ['steɪdʒhænd] *n* inspicjent(ka) *m(f)*.

stage-manage ['steɪdʒmænɪdʒ] *vt* (*fig*) wyreżyserować (*perf*).

stage manager (*THEAT*) *n* reżyser *m*.

stagger ['stægə*] *vi* zataczać się (zatoczyć się *perf*), iść (pójść *perf*) zataczając się ♦ *vt* wstrząsać (wstrząsnąć *perf*) *+instr*; (*hours, holidays*) układać (ułożyć *perf*) naprzemiennie.

staggering ['stægərɪŋ] *adj* (*sum, price*) zawrotny.

stagnant ['stægnənt] *adj* (*water*) stojący; (*economy*) martwy, w zastoju *post*.

stagnate [stæg'neɪt] *vi* trwać w zastoju.

stagnation [stæg'neɪʃən] *n* stagnacja *f*, zastój *m*.

stag party *n* wieczór *m* kawalerski.

staid [steɪd] *adj* stateczny.

stain [steɪn] *n* (*mark*) plama *f*; (*colouring*) bejca *f* ♦ *vt* (*mark*) plamić (poplamić *perf*); (: *fig*) plamić (splamić *perf*); (*wood*) bejcować (zabejcować *perf*).

stained glass window [steɪnd-] *n* witraż *m*.

stainless steel ['steɪnlɪs-] *n* stal *f* nierdzewna.

stain remover *n* odplamiacz *m*, wywabiacz *m* plam.

stair [stɛə*] *n* stopień *m*; **stairs** *npl* schody *pl*; **on the stairs** na schodach.

staircase ['stɛəkeɪs] *n* klatka *f* schodowa.

stairway ['stɛəweɪ] = **staircase**.

stairwell ['stɛəwɛl] *n* klatka *f* schodowa.

stake [steɪk] *n* (*post*) słup *m*; (*COMM*) udział *m*; (*BETTING*: *usu pl*) stawka *f* ♦ *vt* (*money*) stawiać (postawić *perf*); (*life, reputation*) ryzykować (zaryzykować *perf*); (*also*: **stake out**) ogradzać (ogrodzić *perf*); **to stake a claim (to sth)** rościć sobie prawo (do czegoś); **to be at stake** wchodzić w grę; **to have a stake in sth** być zainteresowanym czymś.

stalactite ['stæləktaɪt] *n* stalaktyt *m*.

stalagmite ['stæləgmaɪt] *n* stalagmit *m*.

stale [steɪl] *adj* (*bread*) czerstwy; (*food*) nieświeży; (*smell, air*) stęchły; (*beer*) zwietrzały.

stalemate ['steɪlmeɪt] *n* (*CHESS*) pat *m*; (*fig*) sytuacja *f* patowa.

stalk [stɔ:k] *n* (*of flower*) łodyga *f*; (*of fruit*) szypułka *f* ♦ *vt* śledzić, podchodzić ♦ *vi*: **to stalk out/off** oddalać się (oddalić się *perf*).

stall [stɔ:l] *n* (*BRIT*) stoisko *nt*, stragan *m*; (*in stable*) przegroda *f* ♦ *vt* (*AUT*): **I stalled the car** zgasł mi silnik; (*fig*: *decision etc*) opóźniać (opóźnić *perf*), przeciągać (przeciągnąć *perf*); (: *person*) zwodzić (zwieść *perf*), zbywać (zbyć *perf*) ♦ *vi* (*engine, car*) gasnąć (zgasnąć *perf*); (*fig*: *person*) grać na zwłokę *or* czas; **stalls** *npl* (*BRIT*: *in cinema, theatre*) parter *m*; **a seat in the stalls** miejsce na parterze; **a clothes/flower stall** stoisko *or* budka z odzieżą/kwiatami.

stallholder ['stɔ:lhəuldə*] (*BRIT*) *n* straganiarz (-arka) *m(f)*.

stallion ['stæljən] *n* ogier *m*.

stalwart ['stɔ:lwət] *adj* lojalny, oddany.

stamen ['steɪmɛn] (*BOT*) *n* pręcik *m*.

stamina ['stæmɪnə] *n* wytrzymałość *f*, wytrwałość *f*.

stammer ['stæmə*] *n* jąkanie (się) *nt* ♦ *vi* jąkać się, zająkiwać się (zająknąć się *perf*); **to have a stammer** jąkać się.

stamp [stæmp] *n* (*postage stamp*) znaczek *m* (pocztowy); (*rubber stamp, mark*) pieczątka *f*, stempel *m*; (*fig*) piętno *nt* ♦ *vi* (*also*: **stamp one's foot**) tupać (tupnąć *perf*) ♦ *vt* (*letter*) naklejać (nakleić *perf*) znaczek na *+acc*; (*mark*) znaczyć (oznaczyć *perf*), znakować (oznakować *perf*); (*with rubber stamp*) stemplować (ostemplować *perf*); **stamped addressed envelope** zaadresowana koperta ze znaczkiem.

▸**stamp out** *vt* tłumić (stłumić *perf*); (*fig*: *crime*) wypleniać (wyplenić *perf*).

stamp album *n* album *m* na znaczki *or* filatelistyczny.

stamp collecting *n* filatelistyka *f*, zbieranie *nt* znaczków.

stamp duty (*BRIT*) *n* opłata *f* stemplowa.

stampede [stæm'pi:d] *n* paniczna ucieczka *f*; (*fig*) panika *f*, popłoch *m*; **a stampede for tickets** pogoń za biletami.

stamp machine *n* automat *m* do sprzedaży znaczków.

stance [stæns] *n* pozycja *f*; (*fig*) postawa *f*, stanowisko *nt*.

stand [stænd] (*pt, pp* **stood**) *n* (*COMM*: *stall*) stoisko *nt*, budka *f*; (: *at exhibition*) stoisko *nt*; (*SPORT*) trybuna *f*; (*piece of furniture*) wieszak *m*, stojak *m* ♦ *vi* (*be on foot, be placed*) stać; (*rise*) wstawać (wstać *perf*), powstawać (powstać *perf*); (*remain*) pozostawać (pozostać *perf*) ważnym, zachowywać (zachować *perf*) aktualność; (*in election etc*) kandydować ♦ *vt* (*object*) stawiać (postawić *perf*); (*person, situation*) znosić (znieść *perf*); **to stand at** (*level, score etc*) wynosić (wynieść *perf*); **to make a stand against sth** dawać (dać *perf*) odpór czemuś; **to take a stand on sth** zajmować (zająć *perf*) stanowisko w jakiejś sprawie; **to take the stand** (*US*) zajmować (zająć *perf*) miejsce dla świadków; **to stand for parliament** (*BRIT*) kandydować do parlamentu; **to stand to gain/lose sth** móc coś zyskać/stracić; **to stand sb a drink/meal** stawiać (postawić *perf*) komuś drinka/obiad; **it stands to reason** to jest logiczne; **as things stand** w obecnym stanie rzeczy; **I can't stand him** nie mogę go znieść; **we don't stand a chance** nie mamy (najmniejszej) szansy; **to stand trial** stawać (stanąć *perf*) przed sądem.

►**stand by** *vi* (*be ready*) być gotowym *or* przygotowanym, stać w pogotowiu; (*fig*) stać (bezczynnie) ♦ *vt fus* (*opinion*) podtrzymywać (podtrzymać *perf*); (*person*) stawać (stanąć *perf*) po stronie *+gen*.

►**stand down** *vi* ustępować (ustąpić *perf*), wycofywać się (wycofać się *perf*).

►**stand for** *vt fus* (*signify*) znaczyć, oznaczać; (*represent*) reprezentować (sobą), przedstawiać (sobą); (*tolerate*) znosić (znieść *perf*).

►**stand in for** *vt fus* zastępować (zastąpić *perf*).

►**stand out** *vi* wyróżniać się, rzucać się w oczy.

►**stand up** *vi* wstawać (wstać *perf*), powstawać (powstać *perf*).

►**stand up for** *vt fus* stawać (stanąć *perf*) w obronie *+gen*.

►**stand up to** *vt fus* (*pressure etc*) (dobrze) wytrzymywać *or* znosić *+acc*; (*person*) stawiać (stawić *perf*) czoło *+dat*.

stand-alone ['stændələun] (*COMPUT*) *adj* autonomiczny.

standard ['stændəd] *n* (*level*) poziom *m*; (*norm, criterion*) norma *f*, standard *m*; (*flag*) sztandar *m* ♦ *adj* (*size etc*) typowy; (*textbook*) klasyczny; (*practice*) znormalizowany, standardowy; (*model, feature*) standardowy, podstawowy; **standards** *npl* obyczaje *pl*; **to be** *or* **to come up to standard** być na odpowiednim poziomie; **to apply a double standard** stosować (zastosować *perf*) podwójną miarę.

standardization [stændədaɪ'zeɪʃən] *n* standaryzacja *f*, ujednolicenie *nt*.

standardize ['stændədaɪz] *vt* standaryzować, ujednolicać (ujednolicić *perf*).

standard lamp (*BRIT*) *n* lampa *f* stojąca.

standard of living *n* stopa *f* życiowa.

standard time *n* czas *m* urzędowy.

stand-by ['stændbaɪ] (*also spelled* **standby**) *n* rezerwa *f*, środek *m* awaryjny ♦ *adj* rezerwowy, awaryjny; **on stand-by** w pogotowiu.

stand-by ticket *n* *tani bilet kupowany tuż przed rozpoczęciem spektaklu, odlotem samolotu itp.*

stand-in ['stændɪn] *n* zastępca (-pczyni) *m(f)*.

standing ['stændɪŋ] *adj* stały ♦ *n* pozycja *f* (społeczna); **standing ovation** owacja na stojąco; **of many years' standing** długoletni, wieloletni; **he received/was given a standing ovation** sprawiono mu owację na stojąco; **of 6 months' standing** sześciomiesięczny; **a man of some standing** człowiek o pewnej pozycji.

standing committee *n* stała komisja *f*.

standing joke *n* pośmiewisko *nt*.

standing order (*BRIT*) *n* (*at bank*) zlecenie *nt* stałe.

standing room *n* miejsca *pl* stojące.

stand-offish [stænd'ɔfɪʃ] *adj* sztywny.

standpat ['stændpæt] (*US*) *adj* konserwatywny.

standpipe ['stændpaɪp] *n* hydrant *m*.

standpoint ['stændpɔɪnt] *n* punkt *m* widzenia, stanowisko *nt*.

standstill ['stændstɪl] *n*: **at a standstill** zablokowany; (*fig*) w martwym punkcie; **to come to a standstill** (*traffic*) stanąć (*perf*).

stank [stæŋk] *pt of* **stink**.

stanza ['stænzə] *n* zwrotka *f*.

staple ['steɪpl] *n* (*for papers*) zszywka *f*, (*chief product*) główny artykuł *m* (handlowy) ♦ *adj* (*food etc*) podstawowy, główny ♦ *vt* zszywać (zszyć *perf*).

stapler ['steɪplə*] *n* zszywacz *m*.

star [stɑ:*] *n* gwiazda *f* ♦ *vt*: **the movie starred Lana Turner** główną rolę w filmie grała Lana Turner ♦ *vi*: **to star in** grać (zagrać *perf*) (jedną z głównych ról) w *+loc*; **the stars** *npl* (*horoscope*) gwiazdy *pl*; **4-star hotel** hotel czterogwiazdkowy; **2-star petrol** (*BRIT*) benzyna średniooktanowa; **4-star petrol** (*BRIT*) benzyna wysokooktanowa.

star attraction *n* główna atrakcja *f*.

starboard ['stɑ:bəd] *adj* (*NAUT, AVIAT*) po prawej stronie *post*; **to starboard** na sterburtę.

starch [stɑ:tʃ] *n* (*for clothes*) krochmal *m*; (*CULIN*) skrobia *f*.

starched ['stɑ:tʃt] *adj* wykrochmalony.

starchy ['stɑ:tʃɪ] *adj* bogaty w skrobię; (*pej*: *person*) sztywny (*pej*).

stardom ['stɑ:dəm] *n* sława *f*.

stare [stɛə*] *n* spojrzenie *nt* ♦ *vi*: **to stare at** wpatrywać się w *+acc*, gapić się na *+acc* (*pej*).

starfish ['stɑ:fɪʃ] *n* rozgwiazda *f*.

stark [stɑ:k] *adj* (*landscape, simplicity*) surowy;

(*reality, facts*) nagi; (*poverty*) skrajny ♦ *adv*: **stark naked** zupełnie nagi.
starlet ['stɑ:lɪt] *n* gwiazdka *f*.
starlight ['stɑ:laɪt] *n* światło *nt* gwiazd;: **by starlight** przy świetle gwiazd.
starling ['stɑ:lɪŋ] *n* szpak *m*.
starlit ['stɑ:lɪt] *adj* rozświetlony gwiazdami.
starry ['stɑ:rɪ] *adj* gwiaździsty.
starry-eyed [stɑ:rɪ'aɪd] *adj* naiwny; **to be starry-eyed** (*from wonder*) robić wielkie oczy (*inf*).
star-studded ['stɑ:stʌdɪd] *adj*: **a star-studded cast** obsada *f* pełna gwiazd.
START (*MIL*) *n abbr* (= *Strategic Arms Reduction Talks*) rokowania *pl* START.
start [stɑ:t] *n* (*beginning*) początek *m*; (*SPORT*) start *m*; (*sudden movement*) poderwanie się *nt*; (*advantage*) fory *pl* ♦ *vt* (*begin*) rozpoczynać (rozpocząć *perf*), zaczynać (zacząć *perf*); (*panic etc*) powodować (spowodować *perf*); (*business etc*) zakładać (założyć *perf*); (*engine*) uruchamiać (uruchomić *perf*) ♦ *vi* (*begin*) rozpoczynać się (rozpocząć się *perf*), zaczynać się (zacząć się *perf*); (*with fright*) wzdrygać się (wzdrygnąć się *perf*); (*engine etc*) zaskakiwać (zaskoczyć *perf*); **at the start** na *or* z początku; **for a start** po pierwsze; **to make an early start** wcześnie wyruszać (wyruszyć *perf*); **to start (off) with ...** (*firstly*) po pierwsze ...; (*at the beginning*) na (samym) początku; **to start a fire** rozpalać (rozpalić *perf*) ogień; **to start doing** *or* **to do sth** zaczynać (zacząć *perf*) coś robić.
▸**start off** *vi* (*begin*) zaczynać (zacząć *perf*) działać; (*leave*) wyruszać (wyruszyć *perf*).
▸**start over** (*US*) *vi* zaczynać (zacząć *perf*) od początku.
▸**start up** *vt* (*business etc*) zakładać (założyć *perf*); (*engine, car*) uruchamiać (uruchomić *perf*).
starter ['stɑ:tə*] *n* (*AUT*) rozrusznik *m*; (*SPORT*: *official*) starter *m*; (: *runner, horse*) startujący *m*; (*BRIT*: *CULIN*) przystawka *f*.
starting point ['stɑ:tɪŋ-] *n* punkt *m* wyjścia.
starting price *n* cena *f* wywoławcza *or* wyjściowa.
startle ['stɑ:tl] *vt* zaskakiwać (zaskoczyć *perf*), przestraszać (przestraszyć *perf*).
startling ['stɑ:tlɪŋ] *adj* (*news etc*) zaskakujący.
star turn (*BRIT*) *n* główna atrakcja *f*.
starvation [stɑ:'veɪʃən] *n* głód *m*; **to die of/from starvation** umierać (umrzeć *perf*) z głodu.
starve [stɑ:v] *vi* (*be very hungry*) być wygłodzonym; (*to death*) umierać (umrzeć *perf*) *or* ginąć (zginąć *perf*) z głodu ♦ *vt* głodzić (zagłodzić *perf*), morzyć (zamorzyć *perf*) głodem; (*fig*): **to starve sb of sth** pozbawiać (pozbawić *perf*) kogoś czegoś; **I'm starving** umieram z głodu.
state [steɪt] *n* (*condition*) stan *m*; (*government*) państwo *nt* ♦ *vt* oświadczać (oświadczyć *perf*), stwierdzać (stwierdzić *perf*); **the States** *npl* Stany *pl* (Zjednoczone); **to be in a state** być zdenerwowanym; **to get into a state** denerwować się (zdenerwować się *perf*); **in state** uroczyście; **to lie in state** być wystawionym na widok publiczny (*o zwłokach*); **state of emergency** stan wyjątkowy; **state of mind** nastrój.
state control *n* nadzór *m* państwowy.
stated ['steɪtɪd] *adj* (*purpose etc*) podany.
State Department (*US*) *n* Departament *m* Stanu.
state education (*BRIT*) *n* oświata *f* państwowa.
stateless ['steɪtlɪs] *adj* bezpaństwowy, bez obywatelstwa *post*.
stately ['steɪtlɪ] *adj* majestatyczny; **stately home** rezydencja.
statement ['steɪtmənt] *n* oświadczenie *nt*, wypowiedź *f*; (*FIN*) bilans *m*; **official statement** oficjalne oświadczenie; **bank statement** wyciąg (z konta).
state of the art *n*: **the state of the art** współczesny stan *m* wiedzy (*w określonej dziedzinie*) ♦ *adj*: **state-of-the-art** najnowocześniejszy.
state-owned ['steɪtəund] *adj* państwowy.
state secret *n* tajemnica *f* państwowa.
statesman ['steɪtsmən] (*irreg like*: **man**) *n* mąż *m* stanu.
statesmanship ['steɪtsmənʃɪp] *n* zalety *pl* właściwe mężowi stanu.
static ['stætɪk] *n* (*RADIO, TV*) zakłócenia *pl* ♦ *adj* statyczny, nieruchomy.
static electricity *n* ładunek *m* elektrostatyczny.
station ['steɪʃən] *n* (*RAIL*) dworzec *m*; (: *small*) stacja *f*; (*also*: **bus station**) dworzec *m* autobusowy; (*also*: **police station**) posterunek *m* (policji); (*RADIO*) stacja *f* ♦ *vt* (*guards etc*) wystawiać (wystawić *perf*); **to be stationed in/at** (*MIL*) stacjonować w *+loc*; **action stations** (*MIL*) posterunki bojowe; **above one's station** ponad stan.
stationary ['steɪʃnərɪ] *adj* nieruchomy, stały.
stationer ['steɪʃənə*] *n* sprzedawca *m* artykułów piśmiennych *or* papierniczych.
stationer's (shop) *n* sklep *m* papierniczy *or* z artykułami piśmiennymi.
stationery ['steɪʃnərɪ] *n* artykuły *pl* piśmienne.
stationmaster ['steɪʃənmɑ:stə*] *n* naczelnik *m* stacji.
station wagon (*US*) *n* kombi *nt inv*.
statistic [stə'tɪstɪk] *n* dana *f* statystyczna (*usu pl*).
statistical [stə'tɪstɪkl] *adj* statystyczny.
statistics [stə'tɪstɪks] *n* statystyka *f*.
statue ['stætju:] *n* posąg *m*, statua *f*.
statuesque [stætju'ɛsk] *adj* posągowy.
statuette [stætju'ɛt] *n* posążek *m*, statuetka *f*.
stature ['stætʃə*] *n* postura *f*; (*fig*) renoma *f*.
status ['steɪtəs] *n* pozycja *f*, status *m*; **the status quo** (istniejący) stan rzeczy, status quo.

status line (*COMPUT*) *n* wiersz *m* stanu *or* statusu.
status symbol *n* symbol *m* statusu (społecznego).
statute ['stætju:t] *n* ustawa *f*; **statutes** *npl* statut *m*.
statute book *n*: **on the statute book** w kodeksie.
statutory ['stætjutrı] *adj* ustawowy, statutowy; **statutory meeting** zgromadzenie założycielskie.
staunch [stɔ:ntʃ] *adj* zagorzały ♦ *vt* tamować (zatamować *perf*).
stave [steıv] *n* pięciolinia *f*.
►**stave off** *vt* (*attack*) odpierać (odeprzeć *perf*); (*threat*) powstrzymywać (powstrzymać *perf*).
stay [steı] *n* pobyt *m* ♦ *vi* pozostawać (pozostać *perf*), zostawać (zostać *perf*); **to stay put** nie ruszać się (z miejsca); **stay of execution** (*JUR*) zawieszenie wykonania wyroku; **to stay with friends** mieszkać u przyjaciół *or* znajomych; **to stay the night** zostawać (zostać *perf*) na noc.
►**stay behind** *vi* zostawać (zostać *perf*), zaczekać (*perf*).
►**stay in** *vi* zostawać (zostać *perf*) w domu.
►**stay on** *vi* pozostawać (pozostać *perf*).
►**stay out** *vi* (*of house*) pozostawać (pozostać *perf*) *or* być poza domem; (*on strike*) kontynuować strajk.
►**stay up** *vi* nie kłaść się (spać).
staying power ['steııŋ-] *n* wytrzymałość *f*.
STD *n abbr* (*BRIT*: *TEL*: = *subscriber trunk dialling*) automatyczne połączenie *nt* międzymiastowe; (*MED*: = *sexually transmitted disease*) choroba *f* przenoszona drogą płciową.
stead [stɛd] *n*: **in sb's stead** zamiast kogoś; **to stand sb in good stead** (bardzo) przydawać się (przydać się *perf*) komuś.
steadfast ['stɛdfɑ:st] *adj* (*person*) niezachwiany; (*refusal, support*) zdecydowany.
steadily ['stɛdılı] *adv* (*breathe*) równomiernie, miarowo; (*rise, grow*) stale; (*look*) bacznie.
steady ['stɛdı] *adj* (*constant*) stały; (*regular*) równomierny, miarowy; (*firm*) pewny; (*calm*: *look*) baczny; (: *voice*) opanowany; (*person, character*) solidny ♦ *vt* (*stabilize*) podtrzymywać (podtrzymać *perf*); (*nerves*) uspokajać (uspokoić *perf*); **to steady o.s. on** *or* **against sth** oprzeć się (*perf*) o coś.
steak [steık] *n* stek *m*.
steakhouse ['steıkhaus] *n* *restauracja specjalizująca się w podawaniu steków*.
steal [sti:l] (*pt* **stole**, *pp* **stolen**) *vt* kraść (ukraść *perf*) ♦ *vi* kraść; (*move secretly*) skradać się.
►**steal away** *vi* wykradać się (wykraść się *perf*).
stealth [stɛlθ] *n*: **by stealth** po kryjomu, ukradkiem.
stealthy ['stɛlθı] *adj* ukradkowy.
steam [sti:m] *n* para *f* (wodna) ♦ *vt* gotować (ugotować *perf*) na parze ♦ *vi* parować; **under one's own steam** (*fig*) o własnych siłach; **I ran out of steam** (*fig*) zabrakło mi energii *or* sił; **to let off steam** (*inf*: *fig*) wyładowywać się (wyładować się *perf*).
►**steam up** *vi* zachodzić (zajść *perf*) parą; **to get steamed up about sth** (*inf*: *fig*) podniecać się (podniecić się *perf*) czymś (*inf*).
steam engine *n* (*RAIL*) parowóz *m*.
steamer ['sti:mə*] *n* (*ship*) parowiec *m*; (*CULIN*) garnek *m* do gotowania na parze.
steam iron *n* żelazko *nt* z nawilżaczem.
steamroller ['sti:mrəulə*] *n* walec *m* parowy.
steamship ['sti:mʃıp] *n* = **steamer**.
steamy ['sti:mı] *adj* (*window*) zaparowany; (*book, film*) pikantny.
steed [sti:d] *n* rumak *m*.
steel [sti:l] *n* stal *f* ♦ *adj* stalowy.
steel band *n* *zespół muzyków grających na metalowych bębnach*.
steel industry *n* przemysł *m* stalowy.
steel mill *n* walcownia *f* stali.
steelworks ['sti:lwə:ks] *n* stalownia *f*.
steely ['sti:lı] *adj* (*determination*) żelazny; (*eyes, gaze*) stalowy.
steep [sti:p] *adj* (*stair, slope*) stromy; (*increase*) gwałtowny; (*price*) wygórowany ♦ *vt* zamaczać (zamoczyć *perf*); **to be steeped in history** (*fig*) być przesiąkniętym historią.
steeple ['sti:pl] *n* (*ARCHIT*) wieża *f* strzelista.
steeplechase ['sti:pltʃeıs] *n* (*on horse*) długodystansowy wyścig *m* z przeszkodami; (*on foot*) bieg *m* z przeszkodami.
steeplejack ['sti:pldʒæk] *n* *robotnik wykonujący prace remontowe na dużej wysokości*.
steeply ['sti:plı] *adv* (*rise, fall*: *mountains*) stromo; (: *prices*) gwałtownie.
steer [stıə*] *vt* (*vehicle*) kierować *+instr*; (*boat*) sterować *+instr*; (*person*) prowadzić (poprowadzić *perf*) ♦ *vi*: **the ship steered out of Santiago Bay** statek wypłynął z Santiago Bay; **to steer clear of sb/sth** (*fig*) trzymać się z daleka od kogoś/czegoś.
steering ['stıərıŋ] (*AUT*) *n* układ *m* kierowniczy.
steering column (*AUT*) *n* kolumna *f* kierownicy.
steering committee *n* komisja *f* koordynacyjna *or* kontroli.
steering wheel *n* kierownica *f*.
stellar ['stɛlə*] *adj* gwiezdny.
stem [stɛm] *n* (*of plant*) łodyga *f*; (*of leaf, fruit*) szypułka *f*, ogonek *m*; (*of glass*) nóżka *f*; (*of pipe*) trzon *m* ♦ *vt* tamować (zatamować *perf*).
►**stem from** *vt fus* mieć swoje źródło w *+loc*, brać się z *+gen*.
stench [stɛntʃ] (*pej*) *n* smród *m* (*pej*).
stencil ['stɛnsl] *n* (*lettering, design*) szablon *m*; (*pattern used*) matryca *f* ♦ *vt* malować (namalować *perf*) przez szablon.
stenographer [stɛ'nɔgrəfə*] (*US*) *n* stenografista (-tka) *m(f)*.

stenography [stɛ'nɔgrəfɪ] (*US*) *n* stenografia *f*.
step [stɛp] *n* krok *m*; (*of stairs*) stopień *m* ♦ *vi*: **to step forward/back** występować (wystąpić *perf*) w przód/w tył; **steps** *npl* (*BRIT*) = **stepladder**; **step by step** (*fig*) krok po kroku; **to march in/out of step (with)** maszerować w takt/nie w takt (*+gen*); **to be in/out of step with** (*fig*) być/nie być zgodnym z *+instr*.
►**step down** *vi* (*fig*) ustępować (ustąpić *perf*).
►**step in** *vi* (*fig*) wkraczać (wkroczyć *perf*).
►**step off** *vt fus* wysiadać (wysiąść *perf*) (z *+gen*).
►**step on** *vt fus* następować (nastąpić *perf*) na *+acc*.
►**step over** *vt fus* przestępować (przestąpić *perf*) *+acc*.
►**step up** *vt* (*efforts*) wzmagać (wzmóc *perf*); (*pace*) przyśpieszać (przyśpieszyć *perf*).
stepbrother ['stɛpbrʌðə*] *n* brat *m* przyrodni.
stepchild ['stɛptʃaɪld] *n* pasierb(ica) *m(f)*.
stepdaughter ['stɛpdɔːtə*] *n* pasierbica *f*.
stepfather ['stɛpfɑːðə*] *n* ojczym *m*.
stepladder ['stɛplædə*] (*BRIT*) *n* składane schodki *pl*.
stepmother ['stɛpmʌðə*] *n* macocha *f*.
stepping stone ['stɛpɪŋ-] *n* (*fig*) odskocznia *f*; **stepping stones** *kamienie, po których można przejść przez rzekę itp*.
stepsister ['stɛpsɪstə*] *n* siostra *f* przyrodnia.
stepson ['stɛpsʌn] *n* pasierb *m*.
stereo ['stɛrɪəu] *n* zestaw *m* stereo ♦ *adj* stereofoniczny; **in stereo** (w) stereo.
stereotype ['stɪərɪətaɪp] *n* stereotyp *m* ♦ *vt* szufladkować (zaszufladkować *perf*).
sterile ['stɛraɪl] *adj* (*free from germs*) sterylny, wyjałowiony; (*barren*) bezpłodny; (*fig*) jałowy.
sterility [stɛ'rɪlɪtɪ] *n* bezpłodność *f*.
sterilization [stɛrɪlaɪ'zeɪʃən] *n* sterylizacja *f*.
sterilize ['stɛrɪlaɪz] *vt* (*thing, place*) wyjaławiać (wyjałowić *perf*), sterylizować (wysterylizować *perf*); (*person, animal*) sterylizować (wysterylizować *perf*).
sterling ['stəːlɪŋ] *adj* (*silver*) standardowy; (*fig: character, work*) najwyższej próby *post* ♦ *n* funt *m* szterling; **one pound sterling** jeden funt szterling.
sterling area *n* strefa *f* szterlingowa.
stern [stəːn] *adj* surowy ♦ *n* rufa *f*.
sternum ['stəːnəm] *n* (*ANAT*) mostek *m*.
steroid ['stɪərɔɪd] *n* steroid *m*, steryd *m*.
stethoscope ['stɛθəskəup] *n* słuchawka *f* lekarska, stetoskop *m*.
stevedore ['stiːvədɔː*] *n* doker *m*.
stew [stjuː] *n* gulasz *m* ♦ *vt* (*meat, vegetables*) dusić (udusić *perf*); (*fruit*) robić (zrobić *perf*) kompot z *+gen* ♦ *vi* dusić się (udusić się *perf*); **stewed tea** zbyt mocna herbata; **stewed fruit** kompot.
steward ['stjuːəd] *n* (*on ship, plane etc*) steward *m*; (*in club etc*) gospodarz *m*; (*also*: **shop steward**) mąż *m* zaufania (*związku zawodowego*).
stewardess ['stjuədɛs] *n* stewardessa *f*.
stewing steak ['stjuːɪŋ-] (*US* **stew meat**) *n* wołowina *f* na gulasz.
St. Ex. *abbr* = **stock exchange** GPW *f inv* (= Giełda Papierów Wartościowych).
stg *abbr* = **sterling**.
stick [stɪk] (*pt, pp* **stuck**) *n* (*of wood*) kij *m*; (: *smaller*) patyk *m*, kijek *m*; (*of dynamite, for walking*) laska *f*; (*of chalk etc*) kawałek *m* ♦ *vt* (*with glue etc*) przyklejać (przykleić *perf*); (*inf: put*) wtykać (wetknąć *perf*); (: *tolerate*) wytrzymywać (wytrzymać *perf*); (*thrust*): **to stick sth into** wbijać (wbić *perf*) coś w *+acc* ♦ *vi* (*dough etc*) kleić się, lepić się; (*thought: in mind*) tkwić (utkwić *perf*); (*drawer etc*) zacinać się (zaciąć się *perf*); **to get hold of the wrong end of the stick** (*BRIT: fig*) zrozumieć (*perf*) coś opacznie *or* na opak; **I nicknamed him "Fingers", and the name stuck** przezwałem go „Fingers" i przezwisko to przylgnęło do niego.
►**stick around** (*inf*) *vi* kręcić się (pokręcić się *perf*) (*inf*).
►**stick out** *vi* wystawać ♦ *vt*: **to stick it out** (*inf*) wytrzymywać (wytrzymać *perf*) do końca.
►**stick to** *vt fus* (*one's word*) pozostawać (pozostać *perf*) wiernym *+dat*; (*agreement*) przestrzegać *+gen*; (*the truth, facts*) trzymać się *+gen*.
►**stick up** *vi* sterczeć.
►**stick up for** *vt fus* stawać (stanąć *perf*) w obronie *+gen*.
sticker ['stɪkə*] *n* naklejka *f*.
sticking plaster ['stɪkɪŋ-] *n* przylepiec *m*, plaster *m*.
stickleback ['stɪklbæk] (*ZOOL*) *n* ciernik *m*.
stickler ['stɪklə*] *n*: **to be a stickler for** być pedantem na punkcie *+gen*.
stick-up ['stɪkʌp] (*inf*) *n* napad *m* z bronią w ręku.
sticky ['stɪkɪ] *adj* (*hands*) lepki; (*tape*) klejący; (*day*) parny.
stiff [stɪf] *adj* sztywny; (*competition*) zacięty; (*penalty*) ciężki; (*drink*) mocny; (*breeze*) silny ♦ *adv*: **bored/scared stiff** śmiertelnie znudzony/przestraszony; **the door was rather stiff** drzwi chodziły dość opornie; **I am/feel too stiff to move** jestem/czuję się zbyt obolały, żeby się ruszyć; **to have a stiff neck/back** nie móc zgiąć karku/pleców; **to keep a stiff upper lip** (*BRIT: fig*) nie okazywać emocji.
stiffen ['stɪfn] *vi* sztywnieć (zesztywnieć *perf*).
stiffness ['stɪfnɪs] *n* sztywność *f*.
stifle ['staɪfl] *vt* tłumić (stłumić *perf*); (*heat, scent*) dławić, dusić.
stifling ['staɪflɪŋ] *adj* duszący.
stigma ['stɪgmə] *n* (*of failure etc*) piętno *nt*; (*BOT*) znamię *nt*; **stigmata** *npl* stygmaty *pl*.
stile [staɪl] *n* przełaz *m*.

stiletto [stɪˈlɛtəu] (*BRIT*) *n* (*also*: **stiletto heel**) szpilka *f* (*but lub obcas*).

still [stɪl] *adj* (*motionless*) nieruchomy; (*tranquil*) spokojny; (*BRIT*: *drink*) niegazowany ♦ *adv* (*up to this time*) nadal, ciągle; (*even, yet*) jeszcze; (*nonetheless*) mimo to ♦ *n* (*FILM*) fotos *m*; **to stand still** stać nieruchomo *or* w bezruchu; **keep still!** nie ruszaj się!; **he still hasn't arrived** ciągle (jeszcze) go nie ma.

stillborn [ˈstɪlbɔ:n] *adj* martwo urodzony.

still life *n* martwa natura *f*.

stilt [stɪlt] *n* (*pile*) pal *m*; (*for walking on*) szczudło *nt*.

stilted [ˈstɪltɪd] *adj* sztywny, wymuszony.

stimulant [ˈstɪmjulənt] *n* środek *m* pobudzający, stymulant *m*.

stimulate [ˈstɪmjuleɪt] *vt* (*demand*) pobudzać (pobudzić *perf*), stymulować; (*person*) pobudzać (pobudzić *perf*) do działania, inspirować (zainspirować *perf*).

stimulating [ˈstɪmjuleɪtɪŋ] *adj* inspirujący, stymulujący.

stimulation [stɪmjuˈleɪʃən] *n* stymulacja *f*.

stimuli [ˈstɪmjulaɪ] *npl of* **stimulus**.

stimulus [ˈstɪmjuləs] (*pl* **stimuli**) *n* bodziec *m*.

sting [stɪŋ] (*pt, pp* **stung**) *n* (*wound*: *of mosquito, snake*) ukąszenie *nt*; (: *of bee, wasp*) użądlenie *nt*; (: *of nettle, jellyfish*) oparzenie *nt*; (*organ*) żądło *nt*; (*inf*) kant *m* (*inf*) ♦ *vt* kłuć (ukłuć *perf*); (*fig*) dotykać (dotknąć *perf*), urazić (*perf*)) ♦ *vi* (*bee, wasp*) żądlić; (*mosquito, snake*) kąsać; (*plant, hedgehog*) kłuć; (*nettle, jellyfish*) parzyć; (*eyes, ointment*) szczypać, piec; **my eyes are stinging** oczy mnie szczypią *or* pieką.

stingy [ˈstɪndʒɪ] (*pej*) *adj* skąpy, sknerowaty.

stink [stɪŋk] (*pt* **stank**, *pp* **stunk**) *n* smród *m* ♦ *vi* śmierdzieć.

stinker [ˈstɪŋkə*] (*inf*) *n* (*person*) drań *m*; **it's a real stinker** (*problem, exam*) to naprawdę cholernie trudne (*inf*).

stinking [ˈstɪŋkɪŋ] (*inf*) *adj* (*fig*) parszywy (*inf*); **a stinking cold** paskudne przeziębienie; **he's stinking rich** jest nadziany (*inf*).

stint [stɪnt] *n*: **I've done my stint** wykonałem swoją część pracy ♦ *vi*: **to stint on** skąpić (poskąpić *perf*) *or* żałować (pożałować *perf*) +*gen*; **during his stint in Washington/as a lecturer** w okresie, gdy pracował w Waszyngtonie/jako wykładowca.

stipend [ˈstaɪpɛnd] *n* pensja *f* (*zwłaszcza duchownego*).

stipendiary [staɪˈpɛndɪərɪ] *adj*: **stipendiary magistrate** *sędzia niższej instancji otrzymujący pensję*.

stipulate [ˈstɪpjuleɪt] *vt* (*conditions, amount*) określać (określić *perf*), ustalać (ustalić *perf*).

stipulation [stɪpjuˈleɪʃən] *n* warunek *m*.

stir [stə:*] *n* (*fig*) poruszenie *nt* ♦ *vt* (*tea etc*) mieszać (zamieszać *perf*); (*fig*: *emotions, person*) poruszać (poruszyć *perf*) ♦ *vi* drgać (drgnąć *perf*); **to give sth a stir** zamieszać (*perf*) coś; **to cause a stir** wywoływać (wywołać *perf*) poruszenie.

►**stir up** *vt* (*trouble*) wywoływać (wywołać *perf*).

stirring [ˈstə:rɪŋ] *adj* poruszający.

stirrup [ˈstɪrəp] *n* strzemię *nt*.

stitch [stɪtʃ] *n* (*SEWING*) ścieg *m*; (*KNITTING*) oczko *nt*; (*MED*) szew *m*; (*pain*) kolka *f* ♦ *vt* zszywać (zszyć *perf*).

stoat [stəut] *n* gronostaj *m*.

stock [stɔk] *n* (*supply*) zapas *m*; (*COMM*) zapas *m* towaru; (*AGR*) (żywy) inwentarz *m*; (*CULIN*) wywar *m*; (*descent, origin*) ród *m*; (*FIN*) papiery *pl* wartościowe; (*RAIL*: *also*: **rolling stock**) tabor *m* (kolejowy) ♦ *adj* (*reply, excuse*) szablonowy ♦ *vt* mieć na składzie; **stocks and shares** akcje i obligacje; **in stock** na składzie; **out of stock** wyprzedany; **well-stocked** dobrze zaopatrzony; **to take stock of** (*fig*) oceniać (ocenić *perf*) +*acc*; **government stock** obligacje rządowe.

►**stock up** *vi*: **to stock up (with)** robić (zrobić *perf*) zapasy (+*gen*).

stockade [stɔˈkeɪd] *n* częstokół *m*.

stockbroker [ˈstɔkbrəukə*] *n* makler *m* giełdowy.

stock control *n* inwentaryzacja *f* zapasów.

stock cube (*BRIT*) *n* kostka *f* bulionowa *or* rosołowa.

stock exchange *n* giełda *f* papierów wartościowych.

stockholder [ˈstɔkhəuldə*] (*esp US*) *n* akcjonariusz(ka) *m(f)*.

Stockholm [ˈstɔkhəum] *n* Sztokholm *m*.

stocking [ˈstɔkɪŋ] *n* pończocha *f*.

stock-in-trade [ˈstɔkɪnˈtreɪd] *n* (*fig*): **it's his stock-in-trade** (*usual job*) to dla niego chleb powszedni; (*typical behaviour*) to jego specjalność.

stockist [ˈstɔkɪst] (*BRIT*) *n* sklep *m* firmowy.

stock market (*BRIT*) *n* rynek *m* papierów wartościowych.

stock phrase *n* utarty zwrot *m*.

stockpile [ˈstɔkpaɪl] *n* (*of weapons, food*) skład *m* ♦ *vt* składować.

stockroom [ˈstɔkru:m] *n* skład *m*, magazyn *m*.

stocktaking [ˈstɔkteɪkɪŋ] (*BRIT*) *n* inwentaryzacja *f*, remanent *m*.

stocky [ˈstɔkɪ] *adj* krępy.

stodgy [ˈstɔdʒɪ] *adj* (*food*) ciężki.

stoic [ˈstəuɪk] *n* stoik *m*.

stoic(al) [ˈstəuɪk(l)] *adj* stoicki.

stoke [stəuk] *vt* (*fire, furnace*) dorzucać do +*gen*.

stoker [ˈstəukə*] *n* palacz *m* (*zawód*).

stole [stəul] *pt of* **steal** ♦ *n* (*silk*) szal *m*; (*fur*) etola *f*; (*priest's*) stuła *f*.

stolen [ˈstəuln] *pp of* **steal**.

stolid [ˈstɔlɪd] *adj* beznamiętny.

stomach [ˈstʌmək] *n* (*ANAT*) żołądek *m*; (*belly*) brzuch *m* ♦ *vt* (*fig*) trawić (strawić *perf*).

stomach ache *n* ból *m* żołądka *or* brzucha.

stomach pump *n* odsysacz *m* treści żołądka.
stomach ulcer *n* wrzód *m* żołądka.
stomp [stɔmp] *vi*: **to stomp in/out** wchodzić (wejść *perf*)/wychodzić (wyjść *perf*) ciężkim krokiem.
stone [stəun] *n* (*also MED*) kamień *m*; (*pebble*) kamyk *m*, kamyczek *m*; (*in fruit*) pestka *f*; (*BRIT*: *weight*) *6,35 kg* ♦ *adj* kamienny ♦ *vt* (*person*) kamienować (ukamienować *perf*); (*fruit*) drylować (wydrylować *perf*); **within a stone's throw of the station** o dwa kroki od stacji.
Stone Age *n*: **the Stone Age** epoka *f* kamienna.
stone-cold ['stəun'kəuld] *adj* lodowato zimny.
stoned [stəund] (*inf*) *adj* (*on drugs*) naćpany (*inf*); (*drunk*) urżnięty (*inf*).
stone-deaf ['stəun'dɛf] *adj* głuchy jak pień.
stonemason ['stəunmeɪsn] *n* kamieniarz *m*.
stonework ['stəunwə:k] *n* kamieniarka *f*.
stony ['stəunɪ] *adj* (*ground*) kamienisty; (*fig*: *silence, face*) kamienny; (: *glance*) lodowaty.
stood [stud] *pt, pp of* **stand**.
stool [stu:l] *n* taboret *m*.
stoop [stu:p] *vi* (*also*: **stoop down**) schylać się (schylić się *perf*); (*walk with a stoop*) garbić się; **to stoop to sth/doing sth** (*fig*) zniżać się (zniżyć się *perf*) do czegoś/robienia czegoś.
stop [stɔp] *n* przystanek *m*; (*also*: **full stop**) kropka *f* ♦ *vt* (*person*) powstrzymywać (powstrzymać *perf*); (*car*) zatrzymywać (zatrzymać *perf*); (*pay*) wstrzymywać (wstrzymać *perf*); (*crime*) zapobiegać (zapobiec *perf*) *+dat* ♦ *vi* (*person*) zatrzymywać się (zatrzymać się *perf*); (*watch, clock*) stawać (stanąć *perf*); (*rain, noise*) ustawać (ustać *perf*); **to come to a stop** zatrzymywać się (zatrzymać się *perf*); **to stop a cheque** wstrzymywać (wstrzymać *perf*) wypłatę z czeku; **to stop doing sth** przestawać (przestać *perf*) coś robić; **to put a stop to** kłaść (położyć *perf*) kres *+dat*; **to stop sb (from) doing sth** powstrzymywać (powstrzymać *perf*) kogoś od zrobienia czegoś; **stop it!** przestań!
►**stop by** *vi* zachodzić (zajść *perf*), wpadać (wpaść *perf*).
►**stop off** *vi* zatrzymywać się (zatrzymać się *perf*) (*podczas podróży*).
►**stop up** *vt* (*hole*) zatykać (zatkać *perf*).
stopcock ['stɔpkɔk] *n* zawór *m* odcinający.
stopgap ['stɔpgæp] *n* (*person*) (tymczasowe) zastępstwo *nt*; (*thing*) substytut *m*; **stopgap measure** środek tymczasowy.
stoplights ['stɔplaɪts] (*AUT*) *npl* światła *pl* stopu.
stopover ['stɔpəuvə*] *n* przerwa *f* (w podróży).
stoppage ['stɔpɪdʒ] *n* (*strike*) przestój *m*; (*blockage*) zablokowanie *nt*, blokada *f*; (*of pay*) potrącenie *nt*.
stopper ['stɔpə*] *n* korek *m*, zatyczka *f*.
stop press *n* wiadomości *pl* z ostatniej chwili (*w gazecie*).
stopwatch ['stɔpwɔtʃ] *n* stoper *m*.
storage ['stɔ:rɪdʒ] *n* przechowywanie *nt*, składowanie *nt*; (*of nuclear waste etc*) składowanie *nt*; (*COMPUT*) pamięć *f*; (*in house*): **storage space** schowki *pl*.
storage capacity (*COMPUT*) *n* pojemność *f* pamięci.
storage heater (*BRIT*) *n* grzejnik *m* akumulacyjny.
store [stɔ:*] *n* (*stock*) zapasy *pl*; (*depot*) schowek *m*; (*shop*: *US*) sklep *m*; (: *BRIT*) dom *m* towarowy; (*fig*: *of patience, understanding*) pokłady *pl* ♦ *vt* (*information, medicines, files*) przechowywać; (*goods*) magazynować; (*nuclear waste*) składować; **stores** *npl* (*provisions*) zapasy *pl* żywności (*podczas ekspedycji, operacji wojskowej itp*); **in store** na przechowaniu; **who knows what's in store for us?** kto wie, co nas czeka?; **to set great/little store by sth** przywiązywać wielką/małą wagę do czegoś.
►**store up** *vt* (*food*) trzymać *or* mieć w zapasie; (*fig*: *memories*) (pieczołowicie) przechowywać (przechować *perf*).
storehouse ['stɔ:haus] *n* (*US*) magazyn *m*; (*fig*) skarbnica *f*.
storekeeper ['stɔ:ki:pə*] (*US*) *n* sklepikarz (-arka) *m(f)*.
storeroom ['stɔ:ru:m] *n* schowek *m*.
storey ['stɔ:rɪ] (*US* **story**) *n* piętro *nt*.
stork [stɔ:k] *n* bocian *m*.
storm [stɔ:m] *n* (*lit, fig*) burza *f*; (*at sea*) sztorm *m* ♦ *vi* (*fig*: *speak angrily*) grzmieć (zagrzmieć *perf*) ♦ *vt* szturmować, przypuszczać (przypuścić *perf*) szturm na *+acc*; **to take by storm** brać (wziąć *perf*) szturmem.
storm cloud *n* chmura *f* burzowa.
storm door *n* zewnętrzne drzwi *pl* werandowe.
stormy ['stɔ:mɪ] *adj* (*weather*) burzowy; (: *at sea*) sztormowy; (*fig*) burzliwy.
story ['stɔ:rɪ] *n* (*history*) historia *f*; (*account*) opowieść *f*; (*tale*) opowiadanie *nt*; (*PRESS*) artykuł *m*; (*lie*) historyjka *f*, bajka *f*; (*US*) = **storey**.
storybook ['stɔ:rɪbuk] *n* książeczka *f* z opowiadaniami *or* bajkami.
stout [staut] *adj* (*branch*) gruby; (*person*) tęgi, korpulentny; (*supporter, resistance*) niezłomny ♦ *n* porter *m*.
stove [stəuv] *n* (*for cooking*) kuchenka *f*; (*for heating*) piec *m*, piecyk *m*; **gas/electric stove** kuchenka gazowa/elektryczna.
stow [stəu] *vt* (*also*: **stow away**) składać (złożyć *perf*).
stowaway ['stəuəweɪ] *n* pasażer(ka) *m(f)* na gapę.
straddle ['strædl] *vt* (*sit*) siedzieć (usiąść *perf*) okrakiem na *+loc*; (*stand*) stać (stanąć *perf*) okrakiem nad *+instr*; (*fig*) obejmować (objąć *perf*).
strafe [strɑ:f] *vt* (*with bullets*) ostrzeliwać (ostrzelać *perf*); (*with bombs*) bombardować (zbombardować *perf*).

straggle ['strægl] *vi* (*person*) odłączać się (odłączyć się *perf*); **the houses straggled down the hillside** domy były rozsiane *or* rozrzucone po zboczu.

straggler [stræglə*] *n* maruder *m*.

straggly ['stræglɪ] *adj* (*hair*) rozwichrzony.

straight [streɪt] *adj* (*line, back, hair*) prosty; (*answer*) jasny; (*choice, fight*) bezpośredni; (*THEAT: part, play*) dramatyczny; (*whisky etc*) czysty; (*inf: heterosexual*) normalny ♦ *adv* prosto ♦ *n*: **the straight** (*SPORT*) prosta *f*; **to put** *or* **get sth straight** (*make clear*) wyjaśniać (wyjaśnić *perf*) coś; (*make tidy*) doprowadzać (doprowadzić *perf*) coś do porządku; **let's get this straight** ustalmy fakty; **10 straight wins** 10 wygranych z rzędu; **I like my whisky straight** lubię czystą whisky; **to go straight home** iść (pójść *perf*) prosto do domu; **to tell sb straight out** powiedzieć (*perf*) komuś prosto z mostu; **straight away, straight off** od razu.

straighten ['streɪtn] *vt* (*skirt, bed*) poprawiać (poprawić *perf*).

►**straighten out** *vt* (*fig: problem*) wyjaśniać (wyjaśnić *perf*); (*matters*) porządkować (uporządkować *perf*).

straight-faced [streɪt'feɪst] *adj*: **to be straight-faced** zachowywać (zachować *perf*) poważną minę ♦ *adv* z poważną miną.

straightforward [streɪt'fɔ:wəd] *adj* (*simple*) prosty; (*honest*) prostolinijny.

strain [streɪn] *n* (*pressure*) obciążenie *nt*; (*MED: physical*) nadwerężenie *nt*; (: *mental*) stres *m*; (*of virus*) szczep *m*; (*breed*) odmiana *f* ♦ *vt* (*one's back, resources*) nadwerężać (nadwerężyć *perf*); (*potatoes etc*) cedzić (odcedzić *perf*) ♦ *vi*: **to strain to hear/see** wytężać (wytężyć *perf*) słuch/wzrok; **strains** *npl* (*MUS*) dźwięki *pl*; **he's been under a lot of strain recently** ostatnio żyje w ciągłym stresie.

strained [streɪnd] *adj* (*back, muscle*) nadwerężony; (*laugh*) wymuszony; (*relations*) napięty.

strainer ['streɪnə*] *n* cedzak *m*, durszlak *m*.

strait [streɪt] *n* cieśnina *f*; **straits** *npl* (*fig*): **to be in dire straits** znajdować się w ciężkich tarapatach.

straitjacket ['streɪtdʒækɪt] *n* kaftan *m* bezpieczeństwa.

strait-laced [streɪt'leɪst] *adj* purytański.

strand [strænd] *n* (*of thread, wool*) włókno *nt*; (*of wire*) żyła *f*; (*of hair*) kosmyk *m*; (*fig*) element *m*.

stranded ['strændɪd] *adj*: **to be stranded** (*ship*) osiąść (*perf*) na mieliźnie; (*sea creature*) zostać (*perf*) wyrzuconym na brzeg; (*traveller, holidaymaker*) znaleźć się (*perf*) w tarapatach (*bez pieniędzy, paszportu itp*).

strange [streɪndʒ] *adj* (*unfamiliar*) obcy; (*odd*) dziwny.

strangely ['streɪndʒlɪ] *adv* dziwnie; *see also* **enough**.

stranger ['streɪndʒə*] *n* (*unknown person*) nieznajomy (-ma) *m(f)*; (*from another area*) obcy (-ca) *m(f)*; **I'm a stranger here** (*in company*) nikogo tu nie znam; (*in town, country*) jestem nietutejszy.

strangle ['stræŋgl] *vt* (*victim*) dusić (udusić *perf*); (*fig: creativity etc*) tłamsić (stłamsić *perf*).

stranglehold ['stræŋglhəuld] *n* (*fig*) ucisk *m*.

strangulation [stræŋgju'leɪʃən] *n* uduszenie *nt*.

strap [stræp] *n* (*of watch, bag*) pasek *m*; (*of slip, dress*) ramiączko *nt* ♦ *vt* (*also*: **strap in, strap on**) przypinać (przypiąć *perf*).

straphanging ['stræphæŋɪŋ] *n* jazda *f* na stojąco (*w autobusie itp*).

strapless ['stræplɪs] *adj* bez ramiączek *post*.

strapping ['stræpɪŋ] *adj* rosły, postawny.

Strasbourg ['stræzbə:g] *n* Strasburg *m*.

strata ['strɑ:tə] *npl of* **stratum**.

stratagem ['strætɪdʒəm] *n* fortel *m*.

strategic [strə'ti:dʒɪk] *adj* strategiczny.

strategist ['strætɪdʒɪst] *n* strateg *m*.

strategy ['strætɪdʒɪ] *n* strategia *f*.

stratosphere ['strætəsfɪə*] *n* stratosfera *f*.

stratum ['strɑ:təm] (*pl* **strata**) *n* warstwa *f*.

straw [strɔ:] *n* (*dried stalks*) słoma *f*; (*for drinking*) słomka *f*; **that's the last straw!** tego już za wiele!

strawberry ['strɔ:bərɪ] *n* truskawka *f*.

stray [streɪ] *adj* (*animal*) bezpański; (*bullet*) z(a)błąkany; (*pieces of information*) nie powiązany (ze sobą) ♦ *vi* (*animals*) uciekać (uciec *perf*); (*children*) błąkać się (zabłąkać się *perf*); (*thoughts*) błądzić.

streak [stri:k] *n* smuga *f*, pasmo *nt*; (*in hair*) pasemko *nt*; (*fig: of madness etc*) pierwiastek *m*, element *m* ♦ *vt* tworzyć smugi na *+loc* ♦ *vi*: **to streak past** przemykać (przemknąć *perf*); **to have streaks in one's hair** mieć pasemka we włosach; **a winning/losing streak** dobra/zła passa.

streaky ['stri:kɪ] *adj* (*bacon*) przerośnięty *or* poprzerastany (tłuszczem).

stream [stri:m] *n* (*small river*) strumień *m*, potok *m*; (*current*) prąd *m*; (*of people, vehicles, insults*) strumień *m*, potok *m*; (*of smoke*) warkocz *m*; (*of questions*) seria *f*; (*SCOL*) *klasa utworzona z uczniów o zbliżonym poziomie* ♦ *vt* (*SCOL*) *dzielić na klasy według poziomu*.

►**stream down** *vi* spływać (spłynąć *perf*).

►**stream out** *vi* wypływać (wypłynąć *perf*); **the audience began to stream in/out** publiczność zaczęła tłoczyć się do wejścia/wyjścia; **against the stream** pod prąd; **to come on stream** (*new power plant etc*) zostać (*perf*) uruchomionym.

streamer ['stri:mə*] *n* (papierowa) serpentyna *f*.

stream feed *n* (*on photocopier etc*) podawanie *nt* ciągłe (*papieru*).

streamline ['stri:mlaɪn] *vt* nadawać (nadać *perf*) opływowy kształt *+dat*; (*fig: text*) okroić *(perf)*; (*: organization*) usprawnić *(perf)* działanie *+gen* (*np. przez zmniejszenie zatrudnienia*).
streamlined ['stri:mlaɪnd] *adj* opływowy; (*AVIAT*) aerodynamiczny; (*fig: text, account*) okrojony.
street [stri:t] *n* ulica *f*; **the back streets** biedniejsze ulice; **to be on the streets** (*homeless*) być na bruku; (*as prostitute*) pracować na ulicy, stać pod latarnią (*inf*).
streetcar ['stri:tkɑ:*] (*US*) *n* tramwaj *m*.
street lamp *n* latarnia *f* uliczna.
street lighting *n* oświetlenie *nt* uliczne.
street map *n* plan *m* miasta.
street market *n* targ *m* uliczny.
street plan *n* plan *m* miasta.
streetwise ['stri:twaɪz] (*inf*) *adj* cwany (*inf*).
strength [strɛŋθ] *n* (*lit, fig*) siła *f*; (*of knot etc*) wytrzymałość *f*; (*of chemical solution, wine*) moc *f*; **on the strength of** pod wpływem *+gen*; **at full strength** w pełnym składzie; **below strength** w niepełnym składzie.
strengthen ['strɛŋθn] *vt* (*lit, fig*) wzmacniać (wzmocnić *perf*), umacniać (umocnić *perf*).
strenuous ['strɛnjuəs] *adj* (*walk, exercise*) forsowny; (*efforts*) wytężony, uparty.
strenuously ['strɛnjuəslɪ] *adv*: **she strenuously denied the rumour** z uporem zaprzeczała plotce.
stress [strɛs] *n* (*applied to object*) nacisk *m*; (*internal to object*) naprężenie *nt*; (*mental strain*) stres *m*; (*LING*) akcent *m*; (*emphasis*) nacisk *m*, akcent *m* ♦ *vt* akcentować (zaakcentować *perf*); **to lay great stress on sth** kłaść (położyć *perf*) wielki nacisk na coś; **to be under stress** przeżywać stres.
stressful ['strɛsful] *adj* (*job*) stresujący; (*situation*) stresowy.
stretch [strɛtʃ] *n* (*of ocean, forest*) obszar *m*; (*of water*) akwen *m*; (*of road, river, beach*) odcinek *m*; (*of time*) okres *m* ♦ *vi* (*person, animal*) przeciągać się (przeciągnąć się *perf*); (*land, area*) rozciągać się, ciągnąć się ♦ *vt* rozciągać (rozciągnąć *perf*); (*fig: job, task*) zmuszać (zmusić *perf*) do wysiłku; **to stretch to/as far as** ciągnąć się do *+gen* /aż po *+acc*; **it stretches as far as the eye can see** ciągnie się tak daleko, jak okiem sięgnąć; **at a stretch** jednym ciągiem, bez przerwy; **to stretch one's legs** rozprostowywać (rozprostować *perf*) nogi; **by no stretch of the imagination** w żaden sposób.
►**stretch out** *vi* wyciągać się (wyciągnąć się *perf*) ♦ *vt* (*arm etc*) wyciągać (wyciągnąć *perf*).
►**to stretch to** *vt fus* (*money, food*) wystarczać (wystarczyć *perf*) na *+acc*.
stretcher ['strɛtʃə*] *n* nosze *pl*.
stretcher-bearer ['strɛtʃəbɛərə*] *n* noszowy (-wa) *m(f)*.
stretch marks *npl* rozstępy *pl*.
strewn [stru:n] *adj*: **the carpet was strewn with broken glass** na dywanie porozrzucane były kawałki szkła.
stricken ['strɪkən] *adj* (*industry, city*) dotknięty *or* ogarnięty kryzysem; **stricken by** (*fear, doubts*) ogarnięty *+instr*; **stricken with** (*disease*) dotknięty *+instr*.
strict [strɪkt] *adj* (*severe, firm*) surowy; (*precise*) ścisły; **she told me about it in the strictest confidence** powiedziała mi o tym w najgłębszej tajemnicy.
strictly [strɪktlɪ] *adv* (*severely*) surowo; (*exactly*) ściśle; (*solely*) wyłącznie; **strictly confidential** ściśle poufne; **strictly speaking** ściśle(j) mówiąc; **strictly between ourselves** wyłącznie między nami.
strictness ['strɪktnɪs] *n* surowość *f*.
stridden ['strɪdn] *pp of* **stride**.
stride [straɪd] (*pt* **strode**, *pp* **stridden**) *n* krok *m* ♦ *vi* kroczyć; **to take sth in one's stride** (*fig*) spokojnie podchodzić (podejść *perf*) do czegoś, podchodzić (podejść *perf*) do czegoś z marszu (*inf*).
strident ['straɪdnt] *adj* (*voice, sound*) ostry, przenikliwy; (*demands*) natarczywy.
strife [straɪf] *n* spór *m*.
strike [straɪk] (*pt, pp* **struck**) *n* (*of workers*) strajk *m*; (*attack*) uderzenie *nt* ♦ *vt* (*person, thing*) uderzać (uderzyć *perf*); (*oil etc*) natrafiać (natrafić *perf*) na *+acc*; (*deal*) zawierać (zawrzeć *perf*); (*coin, medal*) wybijać (wybić *perf*); (*fig: occur to*) uderzać (uderzyć *perf*) ♦ *vi* (*workers*) strajkować (zastrajkować *perf*); (*illness, snake*) atakować (zaatakować *perf*); (*clock*) bić, wybijać (wybić *perf*) godzinę; (*killer*) uderzać (uderzyć *perf*); **to be on strike** strajkować; **to strike a balance** zachowywać (zachować *perf*) proporcje; **to strike a bargain with sb** ubijać (ubić *perf*) z kimś interes; **the tree was struck by lightning** w drzewo uderzył piorun; **the clock struck eleven** zegar wybił (godzinę) jedenastą; **when personal disaster strikes ...** gdy kogoś dotknie osobiste nieszczęście, ...; **to strike a match** zapalać (zapalić *perf*) zapałkę.
►**strike back** *vi* (*MIL*) kontratakować; (*fig*) odgrywać się (odegrać się *perf*).
►**strike down** *vt* powalać (powalić *perf*).
►**strike off** *vt* (*name from list*) skreślać (skreślić *perf*); (*doctor, lawyer*) pozbawiać (pozbawić *perf*) prawa wykonywania zawodu.
►**strike out** *vi*: **to strike out on one's own** uniezależnić się *(perf)* ♦ *vt* skreślać (skreślić *perf*).
►**strike up** *vt* (*MUS*) zaczynać (zacząć *perf*) grać; (*conversation*) zagajać (zagaić *perf*); (*friendship*) zawierać (zawrzeć *perf*).
strikebreaker ['straɪkbreɪkə*] *n* łamistrajk *m*.
strike pay *n* zasiłek *m* z funduszu strajkowego (*wypłacany stajkującym przez związki zawodowe*).

striker ['straɪkə*] *n* (*worker*) strajkujący (-ca) *m(f)*; (*SPORT*) napastnik (-iczka) *m(f)*.

striking ['straɪkɪŋ] *adj* (*remarkable*) uderzający; (*stunning*) uderzająco piękny, zachwycający.

string [strɪŋ] (*pt, pp* **strung**) *n* (*thin rope*) sznurek *m*; (*of beads, cars, islands*) sznur *m*; (*of disasters, excuses*) seria *f*; (*COMPUT*) ciąg *m* znaków; (*MUS*) struna *f* ♦ *vt*: **to string together** związywać (związać *perf*) (ze sobą); **the strings** *npl* (*MUS*) smyczki *pl*; **to pull strings** (*fig*) pociągać za sznurki; **with no strings attached** (*fig*) bez dodatkowych zobowiązań; **villages strung out along dirt roads** wsie ciągnące się wzdłuż polnych dróg.

string bean *n* fasolka *f* szparagowa.

stringed instrument *n* instrument *m* strunowy.

stringent ['strɪndʒənt] *adj* surowy.

string quartet *n* kwartet *m* smyczkowy.

strip [strɪp] *n* (*of paper, cloth*) pasek *m*; (*of land, water*) pas *m*; (*SPORT*) stroje *pl*, kostiumy *pl* ♦ *vt* (*person*) rozbierać (rozebrać *perf*); (*paint*) zdrapywać (zdrapać *perf*); (*also*: **strip down**: *machine*) rozbierać (rozebrać *perf*) na części ♦ *vi* rozbierać się (rozebrać się *perf*).

strip cartoon *n* komiks *m*.

stripe [straɪp] *n* pasek *m*; **stripes** *npl* (*MIL, POLICE*) ≈ belki *pl*.

striped [straɪpt] *adj* w paski *post*.

strip lighting (*BRIT*) *n* oświetlenie *nt* jarzeniowe.

stripper ['strɪpə*] *n* striptizerka *f*.

striptease ['strɪpti:z] *n* striptiz *m*, striptease *m*.

strive [straɪv] (*pt* **strove**, *pp* **striven**) *vi*: **to strive for sth** dążyć do czegoś, starać się coś osiągnąć; **to strive to ...** starać się *+infin*.

striven ['strɪvn] *pp of* **strive**.

strode [strəud] *pt of* **stride**.

stroke [strəuk] *n* (*blow*) raz *m*, uderzenie *nt*; (*SWIMMING*) styl *m*; (*MED*) udar *m*, wylew *m*; (*of clock*) uderzenie *nt*; (*of paintbrush*) pociągnięcie *nt* ♦ *vt* głaskać (pogłaskać *perf*); **at a stroke** za jednym zamachem *or* pociągnięciem; **on the stroke of five** punktualnie o piątej; **a stroke of luck** uśmiech losu, łut szczęścia; **a two-stroke engine** silnik dwusuwowy.

stroll [strəul] *n* spacer *m*, przechadzka *f* ♦ *vi* spacerować, przechadzać się; **to go for a stroll, have** *or* **take a stroll** iść (pójść *perf*) na spacer, przejść się *(perf) or* przespacerować się *(perf)*.

stroller ['strəulə*] (*US*) *n* spacerówka *f*.

strong [strɔŋ] *adj* silny, mocny; (*material, drink, point, language*) mocny ♦ *adv*: **to be going strong** świetnie się trzymać; **50 strong** w sile *or* liczbie 50 ludzi.

strong-arm ['strɔŋɑ:m] *adj*: **strong-arm method/tactics** metoda *f*/taktyka *f* silnej *or* twardej ręki.

strongbox ['strɔŋbɔks] *n* kasa *f* ogniotrwała.

stronghold ['strɔŋhəuld] *n* forteca *f*; (*fig*) bastion *m*.

strongly ['strɔŋlɪ] *adv* silnie, mocno; (*defend, advise, argue*) zdecydowanie; **I feel strongly about it** (*deeply*) to mi bardzo leży na sercu; (*negatively*) jestem temu zdecydowanie przeciwny.

strongman ['strɔŋmæn] (*irreg like*: **man**) *n* siłacz *m*; **the strongman of British politics** najbardziej wpływowy polityk brytyjski.

strongroom ['strɔŋru:m] *n* skarbiec *m*.

strove [strəuv] *pt of* **strive**.

struck *pt, pp of* **strike**.

structural ['strʌktʃrəl] *adj* (*changes, similarities*) strukturalny; (*defect*) konstrukcyjny.

structurally ['strʌktʃrəlɪ] *adv* strukturalnie.

structure ['strʌktʃə*] *n* struktura *f*; (*building*) konstrukcja *f*.

struggle ['strʌgl] *n* (*fight*) walka *f*; (*effort*) zmaganie się *nt*, borykanie się *nt* ♦ *vi* walczyć; **to struggle to do sth** usiłować coś zrobić; **to have a struggle to do sth** wkładać (włożyć *perf*) w coś wiele wysiłku.

strum [strʌm] *vt* (*guitar*) brzdąkać na *+instr*.

strung *pt, pp of* **string**.

strut [strʌt] *n* rozpórka *f* ♦ *vi* kroczyć dumnie.

strychnine ['strɪkni:n] *n* strychnina *f*.

stub [stʌb] *n* (*of cheque, ticket*) odcinek *m* (kontrolny); (*of cigarette*) niedopałek *m* ♦ *vt*: **to stub one's toe** uderzyć się *(perf)* w palec u nogi.

►**stub out** *vt* (*cigarette*) gasić (zgasić *perf*).

stubble ['stʌbl] *n* (*on field*) ściernisko *nt*; (*on chin*) szczecina *f*.

stubborn ['stʌbən] *adj* (*child*) uparty; (*stain*) oporny; (*pain, illness*) uporczywy.

stubby ['stʌbɪ] *adj* krótki i gruby.

stucco ['stʌkəu] *n* tynk *m* szlachetny, stiuk *m*.

stuck [stʌk] *pt, pp of* **stick** ♦ *adj* zablokowany; **to be/get stuck** utknąć *(perf)*; (*fig*) napotykać (napotkać *perf*) trudności.

stuck-up [stʌk'ʌp] (*inf*) *adj* zadzierający nosa.

stud [stʌd] *n* (*on clothing*) ćwiek *m*; (*collar stud*) spinka *f*; (*jewellery*) kolczyk *m* (*tzw. wkrętka*); (*on sole of boot*) korek *m*; (*also*: **stud farm**) stadnina *f*; (*also*: **stud horse**) ogier *m* rozpłodowy ♦ *vt*: **studded with** (*precious stones*) nabijany *+instr*; (*stars*) usiany *+instr*.

student ['stju:dənt] *n* (*at university*) student(ka) *m(f)*, słuchacz(ka) *m(f)*; (*at school*) uczeń/uczennica *m/f* ♦ *cpd* studencki; **law/medical student** student(ka) *m(f)* prawa/medycyny; **student nurse/teacher** słuchacz(ka) *m(f)* szkoły pielęgniarskiej/pedagogicznej.

student driver (*US*) *n* uczestnik (-iczka) *m(f)* kursu prawa jazdy.

students' union ['stju:dənts-] (*BRIT*) *n* (*association*) zrzeszenie *nt* studentów; (*building*) klub *m* studencki.

studied ['stʌdɪd] *adj* (*expression etc*) wystudiowany.
studio ['stju:dɪəu] *n* (*TV etc*) studio *nt*; (*sculptor's etc*) pracownia *f*, atelier *nt inv*.
studio flat (*US* **studio apartment**) *n* ≈ kawalerka *f*.
studious ['stju:dɪəs] *adj* pilny, staranny.
studiously ['stju:dɪəslɪ] *adv* pilnie, starannie.
study ['stʌdɪ] *n* (*activity*) nauka *f*; (*room*) gabinet *m* ♦ *vt* (*subject*) studiować, uczyć się *+gen*; (*face, evidence*) studiować (przestudiować *perf*) ♦ *vi* studiować, uczyć się; **studies** *npl* studia *pl*; **to make a study of sth** studiować (przestudiować *perf*) coś; **to study for an exam** uczyć się do egzaminu.
stuff [stʌf] *n* (*thing(s)*) rzeczy *pl*; (*substance*) coś *nt* ♦ *vt* (*soft toy, dead animals*) wypychać (wypchać *perf*); (*CULIN*) faszerować (nafaszerować *perf*), nadziewać (nadziać *perf*); (*inf*: *push*) upychać (upchnąć *perf*); **my nose is stuffed up** mam zapchany nos; **get stuffed!** (*inf!*) wypchaj się! (*inf!*).
stuffed toy [stʌft-] *n* pluszowa zabawka *f*.
stuffing ['stʌfɪŋ] *n* (*in sofa, pillow*) wypełnienie *nt*; (*CULIN*) farsz *m*, nadzienie *nt*.
stuffy ['stʌfɪ] *adj* (*room*) duszny; (*person, ideas*) staroświecki.
stumble ['stʌmbl] *vi* potykać się (potknąć się *perf*); **to stumble across** *or* **on** (*fig*) natykać się (natknąć się *perf*) na *+acc*.
stumbling block ['stʌmblɪŋ-] *n* przeszkoda *f*, zawada *f*.
stump [stʌmp] *n* (*of tree*) pniak *m*; (*of limb*) kikut *m* ♦ *vt*: **stumped** zbity z tropu.
stun [stʌn] *vt* (*news*) oszałamiać (oszołomić *perf*); (*blow on head*) ogłuszać (ogłuszyć *perf*).
stung [stʌŋ] *pt, pp of* **sting**.
stunk [stʌŋk] *pp of* **stink**.
stunning ['stʌnɪŋ] *adj* (*victory*) oszałamiający; (*girl, dress*) uderzająco piękny, zachwycający.
stunt [stʌnt] *n* (*in film*) wyczyn *m* kaskaderski; (*also*: **publicity stunt**) chwyt *m* reklamowy.
stunted ['stʌntɪd] *adj* (*trees*) skarłowaciały; (*growth*) zahamowany.
stuntman ['stʌntmæn] (*irreg like*: **man**) *n* kaskader *m*.
stupefaction [stju:pɪ'fækʃən] *n* (*daze*) otępienie *nt*; (*amazement*) oszołomienie *nt*.
stupefy ['stju:pɪfaɪ] *vt* wprawiać (wprawić *perf*) w otępienie; (*fig*) oszałamiać (oszołomić *perf*).
stupendous [stju:'pɛndəs] *adj* zdumiewająco wielki.
stupid ['stju:pɪd] *adj* głupi.
stupidity [stju:'pɪdɪtɪ] *n* głupota *f*.
stupidly ['stju:pɪdlɪ] *adv* głupio.
stupor ['stju:pə*] *n* osłupienie *nt*, zamroczenie *nt*; **in a stupor** w stanie zamroczenia.
sturdily ['stə:dɪlɪ] *adv* (*built*) mocno, solidnie.
sturdy ['stə:dɪ] *adj* mocny.
sturgeon ['stə:dʒən] *n* jesiotr *m*.
stutter ['stʌtə*] *n* jąkanie (się) *nt* ♦ *vi* jąkać się; **to have a stutter** jąkać się.
Stuttgart ['stutgɑ:t] *n* Stuttgart *m*.
sty [staɪ] *n* chlew *m*.
stye [staɪ] (*MED*) *n* jęczmień *m*.
style [staɪl] *n* (*way, attitude*) styl *m*; (*elegance*) styl *m*, szyk *m*; (*design*) fason *m*; **in the latest style** w najnowszym fasonie; **hair style** fryzura.
styli ['staɪlaɪ] *npl of* **stylus**.
stylish ['staɪlɪʃ] *adj* szykowny.
stylist ['staɪlɪst] *n* (*hair stylist*) fryzjer(ka) *m(f)*; (*writer*) stylista (-tka) *m(f)*.
stylized ['staɪlaɪzd] *adj* stylizowany.
stylus ['staɪləs] (*pl* **styli** *or* **styluses**) *n* igła *f* (gramofonowa).
suave [swɑ:v] *adj* uprzedzająco grzeczny.
sub [sʌb] *n abbr* (*NAUT*) = **submarine**; (*ADMIN*) = **subscription**; (*PRESS*) = **sub-editor**.
sub... [sʌb] *pref* pod... .
subcommittee ['sʌbkəmɪtɪ] *n* podkomitet *m*, podkomisja *f*.
subconscious [sʌb'kɔnʃəs] *adj* podświadomy.
subcontinent [sʌb'kɔntɪnənt] *n*: **the (Indian) subcontinent** subkontynent *m* indyjski.
subcontract [*vb* sʌbkən'trækt, *n* 'sʌb'kɔntrækt] *vt* zlecać (zlecić *perf*) podwykonawcy ♦ *n* podkontrakt *m*, subkontrakt *m*.
subcontractor ['sʌbkən'træktə*] *n* podwykonawca *m*.
subdivide [sʌbdɪ'vaɪd] *vt* dzielić (podzielić *perf*) (dalej).
subdivision ['sʌbdɪvɪʒən] *n* (dalszy) podział *m*.
subdue [səb'dju:] *vt* (*rebels etc*) ujarzmiać (ujarzmić *perf*); (*emotions*) tłumić (stłumić *perf*).
subdued [səb'dju:d] *adj* (*light*) przyćmiony, przytłumiony; (*person*) przygnębiony.
sub-editor ['sʌb'ɛdɪtə*] (*BRIT*: *PRESS*) *n* zastępca *m* redaktora naczelnego.
subject [*n* 'sʌbdʒɪkt, *vb* səb'dʒɛkt] *n* (*matter*) temat *m*; (*SCOL*) przedmiot *m*; (*of kingdom*) poddany (-na) *m(f)*; (*LING*) podmiot *m* ♦ *vt*: **to subject sb to sth** poddawać (poddać *perf*) kogoś czemuś; **to be subject to** (*law, tax*) podlegać *+dat*; (*heart attacks*) być narażonym na *+acc*; **subject to confirmation in writing** podlegający zatwierdzeniu na piśmie; **to change the subject** zmieniać (zmienić *perf*) temat.
subjection [səb'dʒɛkʃən] *n* podporządkowanie *nt*.
subjective [səb'dʒɛktɪv] *adj* subiektywny.
subject matter *n* tematyka *f*, temat *m*.
sub judice [sʌb'dʒu:dɪsɪ] (*JUR*) *adj* w trakcie postępowania sądowego *post*.
subjugate ['sʌbdʒugeɪt] *vt* (*people*) podbijać (podbić *perf*); (*wishes, desires*) podporządkowywać (podporządkować *perf*).
subjunctive [səb'dʒʌŋktɪv] (*LING*) *n* tryb *m* łączący.
sublet [sʌb'lɛt] *vt* podnajmować (podnająć *perf*).

sublime [sə'blaɪm] *adj* wzniosły, wysublimowany; **from the sublime to the ridiculous** od wzniosłości do śmieszności.
subliminal [sʌb'lɪmɪnl] *adj* podświadomy.
submachine gun ['sʌbmə'ʃi:n-] *n* pistolet *m* maszynowy.
submarine [sʌbmə'ri:n] *n* łódź *f* podwodna.
submerge [səb'mə:dʒ] *vt* zanurzać (zanurzyć *perf*) ♦ *vi* zanurzać się (zanurzyć się *perf*).
submersion [səb'mə:ʃən] *n* zanurzenie *nt*.
submission [səb'mɪʃən] *n* (*subjection*) uległość *f*, posłuszeństwo *nt*; (*of plan, proposal*) przedłożenie *nt*; (*of application*) złożenie *nt*; (*proposal*) propozycja *f*.
submissive [səb'mɪsɪv] *adj* uległy, posłuszny.
submit [səb'mɪt] *vt* (*proposal*) przedkładać (przedłożyć *perf*); (*application, resignation*) składać (złożyć *perf*) ♦ *vi*: **to submit to sth** poddawać się (poddać się *perf*) czemuś.
subnormal [sʌb'nɔ:ml] *adj* (*temperatures*) poniżej normy *post*; (*old*: *child*) opóźniony w rozwoju.
subordinate [sə'bɔ:dɪnət] *n* podwładny (-na) *m(f)* ♦ *adj* (*also LING*) podrzędny; **to be subordinate to sb** podlegać komuś.
subpoena [səb'pi:nə] (*JUR*) *n* wezwanie *nt* do sądu *or* stawienia się przed sądem ♦ *vt* wzywać (wezwać *perf*) do stawienia się przed sądem.
subroutine [sʌbru:'ti:n] (*COMPUT*) *n* podprogram *m*.
subscribe [səb'skraɪb] *vi*: **to subscribe to** (*theory, values*) wyznawać *+acc*; (*opinion*) podpisywać się pod *+instr*; (*fund, charity*) wspierać finansowo *+acc*, łożyć na *+acc*; (*magazine etc*) prenumerować *+acc*.
subscriber [səb'skraɪbə*] *n* (*to magazine*) prenumerator *m*; (*TEL*) abonent *m*.
subscript ['sʌbskrɪpt] (*TYP*) *n* indeks *m* dolny.
subscription [səb'skrɪpʃən] *n* (*to magazine etc*) prenumerata *f*; (*membership dues*) składka *f* (członkowska); **to take out a subscription to** (*organization*) zapisać się *(perf)* do *+gen*; (*magazine*) zaprenumerować *(perf) +acc*.
subsequent ['sʌbsɪkwənt] *adj* późniejszy; **subsequent to** w następstwie *+gen*.
subsequently ['sʌbsɪkwəntlɪ] *adv* później.
subservient [səb'sə:vɪənt] *adj* (*person, behaviour*) służalczy; (*policy, goals*) drugorzędny; **to be subservient to** być podporządkowanym *+dat*.
subside [səb'saɪd] *vi* (*feeling, pain*) ustępować (ustąpić *perf*); (*earth*) obsuwać się (obsunąć się *perf*); **the flood subsided** wody powodziowe opadły.
subsidence [səb'saɪdns] *n* obsuwanie się *nt* gruntu.
subsidiarity [səbsɪdɪ'ærɪtɪ] (*POL*) *n* subsydiarność *f*.
subsidiary [səb'sɪdɪərɪ] *adj* (*question, role*) drugorzędny; (*BRIT*: *SCOL*: *subject*) dodatkowy ♦ *n* (*also*: **subsidiary company**) przedsiębiorstwo *nt* filialne, filia *f*.
subsidize ['sʌbsɪdaɪz] *vt* dotować, subsydiować.
subsidy ['sʌbsɪdɪ] *n* dotacja *f*.
subsist [səb'sɪst] *vi*: **to subsist on sth** utrzymywać się przy życiu dzięki czemuś.
subsistence [səb'sɪstəns] *n* utrzymanie się *nt* przy życiu, przetrwanie *nt*.
subsistence allowance *n* (*for poor person*) zapomoga *f*; (*for traveller*) dieta *f*.
subsistence level *n* ≈ poziom *m* minimum socjalnego.
substance ['sʌbstəns] *n* substancja *f*; (*fig*) istota *f*; **a man of substance** wpływowy człowiek; **to lack substance** (*argument*) być pozbawionym (solidnych) podstaw; (*book, film*) być pozbawionym treści.
substandard [sʌb'stændəd] *adj* (*goods*) niskiej jakości *post*; (*housing*) o niskim standardzie *post*.
substantial [səb'stænʃl] *adj* (*building, meal*) solidny; (*amount*) pokaźny.
substantially [səb'stænʃəlɪ] *adv* (*by a large amount*) znacznie; (*in essence*) z gruntu, zasadniczo; **substantially bigger** znacznie większy.
substantiate [səb'stænʃɪeɪt] *vt* (*confirm*) potwierdzać (potwierdzić *perf*); (*prove*) udowadniać (udowodnić *perf*).
substitute ['sʌbstɪtju:t] *n* (*thing*) substytut *m*; (*person*): **to be a substitute for** zastępować (zastąpić *perf*) *+acc* ♦ *vt*: **to substitute sth for sth** zastępować (zastąpić *perf*) coś czymś.
substitute teacher (*US*) *n* nauczyciel(ka) *m(f)* na zastępstwie.
substitution [sʌbstɪ'tju:ʃən] *n* zastąpienie *nt*; (*FOOTBALL*) zmiana *f*.
subterfuge ['sʌbtəfju:dʒ] *n* wybieg *m*, podstęp *m*.
subterranean [sʌbtə'reɪnɪən] *adj* podziemny.
subtitles ['sʌbtaɪtlz] (*FILM*) *npl* napisy *pl*.
subtle ['sʌtl] *adj* subtelny.
subtlety ['sʌtltɪ] *n* subtelność *f*; **subtleties** *npl* subtelności *pl*.
subtly ['sʌtlɪ] *adv* (*change, vary*) nieznacznie; (*criticize, persuade*) w subtelny sposób; (*flavoured etc*) subtelnie; (*different*) nieco.
subtotal [sʌb'təutl] *n* suma *f* częściowa.
subtract [səb'trækt] *vt* odejmować (odjąć *perf*).
subtraction [səb'trækʃən] *n* odejmowanie *nt*.
subtropical [sʌb'trɔpɪkl] *adj* podzwrotnikowy, subtropikalny.
suburb ['sʌbə:b] *n* przedmieście *nt*; **the suburbs** *npl* przedmieścia *pl*, peryferie *pl*.
suburban [sə'bə:bən] *adj* (*train*) podmiejski; (*lifestyle*) zaściankowy (*pej*).
suburbia [sə'bə:bɪə] *n* przedmieścia *pl*, peryferie *pl*.
subvention [səb'vɛnʃən] *n* subwencja *f*.

subversion [səb'və:ʃən] *n* działalność *f* wywrotowa.
subversive [səb'və:sɪv] *adj* wywrotowy.
subway ['sʌbweɪ] *n* (*US*) metro *nt*; (*BRIT*) przejście *nt* podziemne.
sub-zero [sʌb'zɪərəu] *adj*: **sub-zero temperatures** temperatury *pl* poniżej zera *or* ujemne.
succeed [sək'si:d] *vi* (*plan*) powieść się *(perf)*; (*person*) odnieść *(perf)* sukces ♦ *vt* (*in job*) przejmować (przejąć *perf*) obowiązki po *+loc*; (*in order*) następować (nastąpić *perf*) po *+loc*; **did you succeed in finding them?** czy udało ci się ich znaleźć?
succeeding [sək'si:dɪŋ] *adj* następny; **succeeding generations** następne pokolenia.
success [sək'sɛs] *n* (*achievement*) sukces *m*, powodzenie *nt*; (*hit*) przebój *m*; **to be a success** odnieść *(perf)* sukces; **without success** bez powodzenia.
successful [sək'sɛsful] *adj* (*venture, attempt*) udany, pomyślny; (*writer*) wzięty; (*business*) dobrze prosperujący; (*POL: candidate*) zwycięski; **to be successful as** odnosić sukcesy jako *+nom*; **I was successful in getting the job** udało mi się zdobyć tę pracę.
successfully [sək'sɛsfəlɪ] *adv* pomyślnie.
succession [sək'sɛʃən] *n* (*of things, events*) seria *f*; (*to throne, peerage*) sukcesja *f*; **three years in succession** przez trzy kolejne lata.
successive [sək'sɛsɪv] *adj* następujący po sobie, kolejny; **on three successive days** przez trzy kolejne dni.
successor [sək'sɛsə*] *n* następca (-pczyni) *m(f)*.
succinct [sək'sɪŋkt] *adj* zwięzły.
succulent ['sʌkjulənt] *adj* soczysty ♦ *n* (*BOT*) sukulent *m*.
succumb [sə'kʌm] *vi* (*to temptation*) ulegać (ulec *perf*) *+dat*; (*to illness*) poddawać się (poddać się *perf*) *+dat*.
such [sʌtʃ] *adj* taki; **such a book** taka książka; **such courage** taka odwaga; **such a lovely day** taki piękny dzień; **such a lot of** tyle *or* tak dużo *+gen*; **such a long time ago** tak dawno (temu); **in Brighton or some such place** w Brighton, czy w jakimś takim miejscu; **she made such a noise that ...** narobiła tyle hałasu, że ...; **such as** taki jak *+nom*; **such books as I have** takie książki, jakie mam; **I said no such thing** nic takiego *or* podobnego nie powiedziałam; **as such** jako taki.
such-and-such ['sʌtʃənsʌtʃ] *adj* taki a taki.
suchlike ['sʌtʃlaɪk] (*inf*) *pron*: **and suchlike** i temu podobne.
suck [sʌk] *vt* ssać; (*pump etc*) zasysać.
sucker ['sʌkə*] *n* (*ZOOL, TECH*) przyssawka *f*; (*BOT*) odrost *m*; (*inf*) frajer *m* (*inf*).
suckle ['sʌkl] *vt* (*baby*) karmić piersią; (*young animal*) karmić własnym mlekiem.
suction ['sʌkʃən] *n* ssanie *nt*.
suction pump *n* pompa *f* ssąca.
Sudan [su'dɑ:n] *n* Sudan *m*.
Sudanese [su:də'ni:z] *adj* sudański ♦ *n* (*person*) Sudańczyk (-anka) *m(f)*.
sudden ['sʌdn] *adj* nagły; **all of a sudden** nagle.
suddenly ['sʌdnlɪ] *adv* nagle.
suds [sʌdz] *npl* mydliny *pl*.
sue [su:] *vt* podawać (podać *perf*) do sądu, zaskarżać (zaskarżyć *perf*) ♦ *vi* procesować się; **to sue for divorce** występować (wystąpić *perf*) o rozwód; **to sue sb for damages** zaskarżać (zaskarżyć *perf*) kogoś o odszkodowanie.
suede [sweɪd] *n* zamsz *m* ♦ *cpd* zamszowy.
suet ['suɪt] (*CULIN*) *n* łój *m*.
Suez ['su:ɪz] *n*: **the Suez Canal** Kanał *m* Sueski.
Suff. (*BRIT: POST*) *abbr* = **Suffolk**.
suffer ['sʌfə*] *vt* (*undergo*) doznawać (doznać *perf*) *+gen*, doświadczać (doświadczyć *perf*) *+gen*; (*old: bear, allow*) cierpieć (ścierpieć *perf*) ♦ *vi*: **your studies are suffering** cierpią na tym twoje studia; **he would be the first to suffer** on pierwszy by na tym ucierpiał; **to suffer from** (*illness*) cierpieć na *+acc*; (*shock*) doznawać (doznać *perf*) *+gen*; **to suffer the effects of alcohol/a fall** cierpieć z powodu *or* na skutek wypicia alkoholu/upadku.
sufferance ['sʌfərns] *n*: **he was only there on sufferance** był tam zaledwie tolerowany.
sufferer ['sʌfərə*] *n* (*MED*) cierpiący (-ca) *m(f)*.
suffering ['sʌfərɪŋ] *n* cierpienie *nt*.
suffice [sə'faɪs] *vi* wystarczać (wystarczyć *perf*).
sufficient [sə'fɪʃənt] *adj* wystarczający, dostateczny; **sufficient money** wystarczająco dużo pieniędzy.
sufficiently [sə'fɪʃəntlɪ] *adv* wystarczająco, dostatecznie.
suffix ['sʌfɪks] *n* (*LING*) przyrostek *m*.
suffocate ['sʌfəkeɪt] *vi* (*have difficulty breathing*) dusić się; (*die from lack of air*) udusić się *(perf)*.
suffocation [sʌfə'keɪʃən] *n* uduszenie *nt*.
suffrage ['sʌfrɪdʒ] *n* prawo *nt* wyborcze.
suffragette [sʌfrə'dʒɛt] *n* sufrażystka *f*.
suffused [sə'fju:zd] *adj*: **suffused with** (*light*) skąpany w *+loc*; (*tears*) zalany *+instr*; (*colour*) nasycony *+instr*.
sugar ['ʃugə*] *n* cukier *m* ♦ *vt* słodzić (posłodzić *perf*).
sugar beet *n* burak *m* cukrowy.
sugar bowl *n* cukierniczka *f*.
sugar cane *n* trzcina *f* cukrowa.
sugar-coated ['ʃugə'kəutɪd] *adj*: **sugar-coated pill/sweet** drażetka *f*.
sugar lump *n* kostka *f* cukru.
sugar refinery *n* rafineria *f* cukru.
sugary ['ʃugərɪ] *adj* bogaty w cukier; (*fig*) cukierkowy.
suggest [sə'dʒɛst] *vt* (*propose*) proponować (zaproponować *perf*); (*indicate*) wskazywać na

+acc; **what do you suggest I do?** co według ciebie powinienem zrobić?
suggestion [sə'dʒɛstʃən] *n* (*proposal*) propozycja *f*; (*indication*) oznaka *f*.
suggestive [sə'dʒɛstɪv] (*pej*) *adj* niedwuznaczny.
suicidal [suɪ'saɪdl] *adj* (*act*) samobójczy; (*person*): **to be** *or* **feel suicidal** być w nastroju samobójczym.
suicide ['suɪsaɪd] *n* (*act*) samobójstwo *nt*; (*person*) samobójca (-jczyni) *m(f)*; *see also* **commit**.
suicide attempt *n* próba *f* samobójstwa.
suicide bid *n* = **suicide attempt**.
suit [su:t] *n* (*man's*) garnitur *m*, ubranie *nt*; (*woman's*) kostium *m*, garsonka *m*; (*JUR*) proces *m*; (*CARDS*) kolor *m* ♦ *vt* odpowiadać *+dat*; **to suit sth to** dostosowywać (dostosować *perf*) coś do *+gen*; **that colour/hat doesn't suit you** w tym kolorze/kapeluszu nie jest ci do twarzy; **to be suited to** nadawać się do *+gen*; **to bring a suit against sb** wytaczać (wytoczyć *perf*) komuś proces; **he bowed his head; I followed suit** skłonił głowę – poszłam za jego przykładem; **suit yourself!** rób, jak chcesz!; **a well suited couple** dobrana para.
suitability [su:tə'bɪlɪtɪ] *n* odpowiedniość *f*.
suitable ['su:təbl] *adj* odpowiedni; **would tomorrow be suitable?** czy jutrzejszy dzień byłby odpowiedni?; **we found somebody suitable** znaleźliśmy kogoś odpowiedniego.
suitably ['su:təblɪ] *adv* odpowiednio.
suitcase ['su:tkeɪs] *n* walizka *f*.
suite [swi:t] *n* (*in hotel*) apartament *m*; (*MUS*) suita *f*; **bedroom/dining room suite** komplet mebli do sypialni/jadalni; **a three-piece suite** zestaw wypoczynkowy.
suitor ['su:tə*] *n* starający się *m* (*o rękę*).
sulfate ['sʌlfeɪt] (*US*) *n* = **sulphate**.
sulfur ['sʌlfə*] (*US*) *n* = **sulphur**.
sulfuric [sʌl'fjuərɪk] (*US*) = **sulphuric**.
sulk [sʌlk] *vi* dąsać się.
sulky ['sʌlkɪ] *adj* (*child, face*) nadąsany; **to be in a sulky mood** być nadąsanym, dąsać się.
sullen ['sʌlən] *adj* ponury.
sulphate ['sʌlfeɪt] (*US* **sulfate**) *n* siarczan *m*; *see also* **copper sulphate**.
sulphur ['sʌlfə*] (*US* **sulfur**) *n* siarka *f*.
sulphuric [sʌl'fjuərɪk] (*US* **sulfuric**) *adj*: **sulphuric acid** kwas *m* siarkowy.
sultan ['sʌltən] *n* sułtan *m*.
sultana [sʌl'tɑ:nə] *n* rodzynka *f* sułtańska, sułtanka *f*.
sultry ['sʌltrɪ] *adj* duszny, parny.
sum [sʌm] *n* (*calculation*) obliczenie *nt*; (*result of addition*) suma *f*; (*amount*) suma *f*, kwota *f*.
►**sum up** *vt* (*describe*) podsumowywać (podsumować *perf*); (*size up*) oceniać (ocenić *perf*) ♦ *vi* podsumowywać (podsumować *perf*).
Sumatra [su'mɑ:trə] *n* Sumatra *f*.
summarize ['sʌməraɪz] *vt* streszczać (streścić *perf*).
summary ['sʌmərɪ] *n* streszczenie *nt*, skrót *m* ♦ *adj* doraźny, natychmiastowy.
summer ['sʌmə*] *n* lato *nt* ♦ *cpd* (*dress, school*) letni; **in summer** w lecie, latem.
summer camp (*US*) *n* obóz *m* letni, kolonie *pl* letnie.
summer holidays *npl* wakacje *pl* letnie.
summerhouse ['sʌməhaus] *n* altana *f*.
summertime ['sʌmətaɪm] *n* lato *nt*, pora *f* letnia.
summer time *n* czas *m* letni.
summery ['sʌmərɪ] *adj* letni.
summing-up [sʌmɪŋ'ʌp] *n* mowa *f* podsumowująca (*skierowana do przysięgłych*).
summit ['sʌmɪt] *n* (*of mountain*) szczyt *m*, wierzchołek *m*; (*also*: **summit conference/meeting**) szczyt *m*.
summon ['sʌmən] *vt* (*police, witness*) wzywać (wezwać *perf*); (*meeting*) zwoływać (zwołać *perf*).
►**summon up** *vt* (*strength, energy*) zbierać (zebrać *perf*); (*courage*) zebrać się *(perf) or* zdobyć się *(perf)* na *+acc*.
summons ['sʌmənz] *n* (*also JUR*) wezwanie *nt* ♦ *vt* wzywać (wezwać *perf*) do sądu; **to serve a summons on sb** doręczać (doręczyć *perf*) komuś urzędowe wezwanie.
sump [sʌmp] (*BRIT*: *AUT*) *n* miska *f* olejowa.
sumptuous ['sʌmptjuəs] *adj* wspaniały, okazały.
sun [sʌn] *n* słońce *nt*; **in the sun** w *or* na słońcu; **to catch the sun** lekko się opalić *(perf)*; **everything under the sun** wszystko, co można sobie wyobrazić.
Sun. *abbr* = **Sunday** nd., niedz.
sunbathe ['sʌnbeɪð] *vi* opalać się.
sunbeam ['sʌnbi:m] *n* promień *m* słońca.
sunbed ['sʌnbɛd] *n* łóżko *nt* z kwarcówką.
sunburn ['sʌnbə:n] *n* oparzenie *nt* słoneczne.
sunburned ['sʌnbə:nd] *adj* = **sunburnt**.
sunburnt ['sʌnbə:nt] *adj* (*tanned*) opalony; (*painfully*) spalony (słońcem).
sun-cream ['sʌnkri:m] *n* krem *m* do opalania.
sundae ['sʌndeɪ] *n* deser *m* lodowy.
Sunday ['sʌndɪ] *n* niedziela *f*; *see also* **Tuesday**.
Sunday school *n* szkółka *f* niedzielna.
sundial ['sʌndaɪəl] *n* zegar *m* słoneczny.
sundown ['sʌndaun] (*esp US*) *n* zachód *m* (słońca).
sundries ['sʌndrɪz] *npl* różności *pl*, inne *pl* (drobiazgi).
sundry ['sʌndrɪ] *adj* różny, rozmaity; **all and sundry** wszyscy bez wyjątku.
sunflower ['sʌnflauə*] *n* słonecznik *m*.
sunflower oil *n* olej *m* słonecznikowy.
sung [sʌŋ] *pp of* **sing**.
sunglasses ['sʌnglɑ:sɪz] *npl* okulary *pl* (przeciw)słoneczne.
sunk [sʌŋk] *pp of* **sink**.
sunken ['sʌŋkn] *adj* (*rock*) podwodny; (*ship*)

zatopiony; (*eyes, cheeks*) zapadnięty; (*bath*) wpuszczony (w podłogę).
sunlamp ['sʌnlæmp] *n* lampa *f* kwarcowa, kwarcówka *f*.
sunlight ['sʌnlaɪt] *n* światło *nt* słoneczne, słońce *nt*.
sunlit ['sʌnlɪt] *adj* nasłoneczniony.
sunny ['sʌnɪ] *adj* (*weather, day, place*) słoneczny; (*fig: disposition, person*) pogodny; **it is sunny** jest słonecznie.
sunrise ['sʌnraɪz] *n* wschód *m* (słońca).
sun roof *n* (*AUT*) szyberdach *m*; (*on building*) taras *m*.
sunset ['sʌnsɛt] *n* zachód *m* (słońca).
sunshade ['sʌnʃeɪd] *n* (*over table*) parasol *m* (przeciw)słoneczny; (*US: over window*) markiza *f*; (*lady's*) parasolka *f* (przeciw)słoneczna.
sunshine ['sʌnʃaɪn] *n* słońce *nt*, (piękna) pogoda *f*.
sunspot ['sʌnspɔt] (*ASTRON*) *n* plama *f* słoneczna.
sunstroke ['sʌnstrəuk] *n* porażenie *nt* słoneczne, udar *m* słoneczny.
suntan ['sʌntæn] *n* opalenizna *f*.
suntan lotion *n* emulsja *f* do opalania.
suntanned ['sʌntænd] *adj* opalony.
suntan oil *n* olejek *m* do opalania.
suntrap ['sʌntræp] *n bardzo nasłonecznione miejsce.*
super ['su:pə*] (*inf*) *adj* super (*inf*).
superannuation [su:pərænju'eɪʃən] *n* składka *f* na fundusz emerytalny.
superb [su:'pə:b] *adj* pierwszorzędny, znakomity.
supercilious [su:pə'sɪlɪəs] *adj* wyniosły.
superficial [su:pə'fɪʃəl] *adj* powierzchowny.
superficially [su:pə'fɪʃəlɪ] *adv* powierzchownie, z wierzchu.
superfluous [su'pə:fluəs] *adj* zbyteczny.
superhuman [su:pə'hju:mən] *adj* nadludzki.
superimpose ['su:pərɪm'pəuz] *vt* nakładać (nałożyć *perf*).
superintend [su:pərɪn'tɛnd] *vt* nadzorować, kierować (pokierować *perf*) +*instr*.
superintendent [su:pərɪn'tɛndənt] *n* (*of place, activity*) kierownik *m*; (*POLICE*) inspektor *m*.
superior [su'pɪərɪə*] *adj* (*better*) lepszy; (*more senior*) starszy (rangą); (*smug*) wyniosły ♦ *n* przełożony (-na) *m(f)*; **Mother Superior** matka *or* siostra przełożona.
superiority [supɪərɪ'ɔrɪtɪ] *n* wyższość *f*, przewaga *f*.
superlative [su'pə:lətɪv] *n* (*LING*) stopień *m* najwyższy ♦ *adj* doskonały.
superman ['su:pəmæn] (*irreg like:* **man**) *n* superman *m*.
supermarket ['su:pəmɑ:kɪt] *n* supermarket *m*, supersam *m*.
supernatural [su:pə'næţʃərəl] *adj* nadprzyrodzony ♦ *n*: **the supernatural** siły *pl or* zjawiska *pl* nadprzyrodzone.
superpower ['su:pəpauə*] *n* supermocarstwo *nt*.
superscript ['su:pəskrɪpt] (*TYP*) *n* indeks *m* górny.
supersede [su:pə'si:d] *vt* wypierać (wyprzeć *perf*).
supersonic ['su:pə'sɔnɪk] *adj* (po)naddźwiękowy.
superstar ['su:pəstɑ:*] *n* supergwiazda *f*.
superstition [su:pə'stɪʃən] *n* przesąd *m*, zabobon *m*.
superstitious [su:pə'stɪʃəs] *adj* (*person*) przesądny, zabobonny; (*practices*) zabobonny.
superstore ['su:pəstɔ:*] (*BRIT*) *n* megasam *m*.
supertanker ['su:pətæŋkə*] *n* supertankowiec *m*.
supertax ['su:pətæks] *n* domiar *m* podatkowy.
supervise ['su:pəvaɪz] *vt* (*person, activity*) nadzorować; (*children*) pilnować +*gen*.
supervision [su:pə'vɪʒən] *n* nadzór *m*; **under medical supervision** pod kontrolą lekarza.
supervisor ['su:pəvaɪzə*] *n* (*of workers*) kierownik (-iczka) *m(f)*; (*of students*) opiekun(ka) *m(f)*, promotor(ka) *m(f)*.
supervisory ['su:pəvaɪzərɪ] *adj* nadzorujący, nadzorczy.
supine ['su:paɪn] *adj* leżący na wznak *or* na plecach ♦ *adv* na wznak, na plecach.
supper ['sʌpə*] *n* kolacja *f*; **to have supper** jeść (zjeść *perf*) kolację.
supplant [sə'plɑ:nt] *vt* wypierać (wyprzeć *perf*), zastępować (zastąpić *perf*).
supple ['sʌpl] *adj* (*person, body*) gibki, giętki; (*leather etc*) miękki, elastyczny.
supplement ['sʌplɪmənt] *n* (*of vitamins etc*) uzupełnienie *nt*, dawka *f* uzupełniająca; (*of book*) suplement *m*; (*of newspaper, magazine*) dodatek *m* ♦ *vt* uzupełniać (uzupełnić *perf*).
supplementary [sʌplɪ'mɛntərɪ] *adj* dodatkowy, uzupełniający.
supplementary benefit (*BRIT: old*) *n* zasiłek *m*.
supplier [sə'plaɪə*] *n* dostawca *m*.
supply [sə'plaɪ] *vt* (*provide, deliver*) dostarczać (dostarczyć *perf*); (*satisfy*) zaspokajać (zaspokoić *perf*) ♦ *n* (*stock*) zapas *m*; (*supplying*) dostawa *f*; **supplies** *npl* dostawy *pl*; **to supply sth to sb** dostarczać (dostarczyć *perf*) coś komuś; **to supply sth with sth** zaopatrywać (zaopatrzyć *perf*) coś w coś; **office supplies** materiały biurowe; **petrol is in short supply** brakuje benzyny; **the electricity/water/gas supply** dostawy prądu/wody/gazu; **supply and demand** podaż i popyt; **it comes supplied with an adaptor** dołączony jest do niego zasilacz.
supply teacher (*BRIT*) *n nauczyciel zastępujący nieobecnych nauczycieli w kilku szkołach.*
support [sə'pɔ:t] *n* (*moral*) poparcie *m*, wsparcie *nt*; (*financial*) wsparcie *nt*; (*TECH*) podpora *f* ♦ *vt* (*policy*) popierać (poprzeć *perf*); (*family*) utrzymywać (utrzymać *perf*); (*TECH*) podtrzymywać (podtrzymać *perf*), podpierać (podeprzeć *perf*); (*theory*) potwierdzać (potwierdzić *perf*); (*football team etc*) kibicować

+dat; **they stopped work in support of ...** przerwali pracę na znak poparcia dla *+gen*; **to support o.s.** utrzymywać się (utrzymać się *perf*), zarabiać (zarobić *perf*) na siebie.

supporter [sə'pɔ:tə*] *n* (*POL etc*) stronnik (-iczka) *m(f)*; (*SPORT*) kibic *m*.

supporting [sə'pɔ:tɪŋ] *adj* (*role, actor*) drugoplanowy.

suppose [sə'pəuz] *vt* (*think likely*) sądzić; (*imagine*) przypuszczać; **he is supposed to do it** ma *or* powinien to zrobić; **it was worse than she'd supposed** było gorzej, niż przypuszczała; **I don't suppose she'll come** nie sądzę, żeby przyszła; **he's about sixty, I suppose** ma chyba około sześćdziesiątki; **he's supposed to be an expert** on jest podobno specjalistą; **I suppose so/not** sądzę, że tak/nie.

supposedly [sə'pəuzɪdlɪ] *adv* podobno.

supposing [sə'pəuzɪŋ] *conj* (a) jeśli *or* gdyby, przypuśćmy, że.

supposition [sʌpə'zɪʃən] *n* przypuszczenie *nt*.

suppository [sə'pɔzɪtrɪ] (*MED*) *n* czopek *m*.

suppress [sə'prɛs] *vt* (*revolt, feeling, yawn*) tłumić (stłumić *perf*); (*activities*) zakazywać (zakazać *perf*) *+gen*; (*information*) zatajać (zataić *perf*); (*publication*) zakazywać (zakazać *perf*) rozpowszechniania *+gen*; (*scandal*) tuszować (zatuszować *perf*).

suppression [sə'prɛʃən] *n* (*of rights*) odebranie *nt*; (*of activities*) zakaz *m*; (*of information*) zatajenie *nt*; (*of feelings, yawn, revolt*) (s)tłumienie *nt*.

suppressor [sə'prɛsə*] (*ELEC etc*) *n* tłumik *m*.

supremacy [su'prɛməsɪ] *n* supremacja *f*.

supreme [su'pri:m] *adj* (*in titles*) najwyższy, naczelny; (*effort, achievement*) niezwykły, olbrzymi.

Supreme Court (*US*) *n* Sąd *m* Najwyższy.

Supt. (*POLICE*) *abbr* = **superintendent**.

surcharge ['sə:tʃɑ:dʒ] *n* opłata *f* dodatkowa.

sure [ʃuə*] *adj* (*convinced*) pewny; (*reliable*) niezawodny ♦ *adv* (*inf*: *esp US*): **that sure is pretty, that's sure pretty** to jest faktycznie ładne; **to make sure that** upewniać się (upewnić się *perf*), że *or* czy; **to make sure of sth** upewniać się (upewnić się *perf*) co do czegoś; **sure!** jasne!, pewnie!; **sure enough** rzeczywiście; **I'm sure of it** jestem tego pewna; **I'm not sure how/why/when** nie jestem pewien jak/dlaczego/kiedy; **to be sure of o.s.** być pewnym siebie.

sure-footed [ʃuə'futɪd] *adj* trzymający się pewnie na nogach.

surely ['ʃuəlɪ] *adv* z pewnością, na pewno; **surely you don't mean that!** chyba nie mówisz tego poważnie!

surety ['ʃuərətɪ] *n* (*money*) gwarancja *f*, poręczenie *nt*; (*person*) poręczyciel(ka) *m(f)*; **to go** *or* **stand surety for sb** ręczyć (poręczyć *perf*) za kogoś.

surf [sə:f] *n* morska piana *f* (*z fal rozbijających się o brzeg lub skały*).

surface ['sə:fɪs] *n* powierzchnia *f*; (*of lake, pond*) tafla *f* ♦ *vt* (*road*) pokrywać (pokryć *perf*) (nową) nawierzchnią ♦ *vi* wynurzać się (wynurzyć się *perf*), wypływać (wypłynąć *perf*) (na powierzchnię); (*fig*: *news, feeling*) pojawiać się (pojawić się *perf*); (: *person*: *inf*) zwlekać się (zwlec się *perf*) z łóżka (*inf*); **on the surface** (*fig*) na pozór, na pierwszy rzut oka.

surface area *n* pole *nt* (powierzchni), powierzchnia *f*.

surface mail *n* poczta *f* zwykła (*lądowa lub morska*).

surfboard ['sə:fbɔ:d] *n* deska *f* surfingowa.

surfeit ['sə:fɪt] *n*: **a surfeit of** nadmiar *m +gen*.

surfer ['sə:fə*] *n osoba uprawiająca surfing*.

surfing ['sə:fɪŋ] *n* surfing *m*, pływanie *nt* na desce.

surge [sə:dʒ] *n* (*increase*) skok *m*, nagły wzrost *m*; (*fig*: *of emotion*) przypływ *m*; (*ELEC*) skok *m* napięcia ♦ *vi* (*water*) przelewać się; (*people*) rzucać się (rzucić się *perf*); (*emotion*) wzbierać (wezbrać *perf*); (*ELEC*: *power*) skakać (skoczyć *perf*); **to surge forward** ruszać (ruszyć *perf*) naprzód.

surgeon ['sə:dʒən] *n* chirurg *m*.

Surgeon General (*US*) *n* ≈ Naczelny Lekarz *m* Kraju.

surgery ['sə:dʒərɪ] *n* (*practice*) chirurgia *f*; (*operation*) operacja *f*; (: *minor*) zabieg *m* (chirurgiczny); (*BRIT*) gabinet *m* (lekarski); (: *also*: **surgery hours**) godziny *pl* przyjęć; (: *of MP etc*) godziny *pl* przyjęć; **to undergo surgery** przechodzić (przejść *perf*) operację.

surgical ['sə:dʒɪkl] *adj* (*instrument, mask*) chirurgiczny; (*treatment*) chirurgiczny, operacyjny.

surgical spirit (*BRIT*) *n* spirytus *m* skażony.

surly ['sə:lɪ] *adj* opryskliwy.

surmise [sə:'maɪz] *vt*: **to surmise that ...** domyślać się, że ... .

surmount [sə:'maunt] *vt* (*fig*: *obstacle*) przezwyciężać (przezwyciężyć *perf*).

surname ['sə:neɪm] *n* nazwisko *nt*.

surpass [sə:'pɑ:s] *vt* (*fig*) przewyższać (przewyższyć *perf*).

surplus ['sə:pləs] *n* nadwyżka *f* ♦ *adj*: **surplus stock/grain** nadwyżka zapasów/ziarna; **it is surplus to our requirements** to wykracza poza nasze potrzeby.

surprise [sə'praɪz] *n* (*unexpected event*) niespodzianka *f*, zaskoczenie *nt*; (*astonishment*) zdziwienie *nt* ♦ *vt* (*astonish*) dziwić (zdziwić *perf*); (*catch unawares*) zaskakiwać (zaskoczyć *perf*); **to take sb by surprise** zaskakiwać (zaskoczyć *perf*) kogoś.

surprising [sə'praɪzɪŋ] *adj* zaskakujący, niespodziewany; **it is surprising how/that** (to) zaskakujące, jak/że.
surprisingly [sə'praɪzɪŋlɪ] *adv* zaskakująco, niespodziewanie; **(somewhat) surprisingly, he agreed** (dość) nieoczekiwanie zgodził się.
surrealism [sə'rɪəlɪzəm] *n* surrealizm *m*.
surrealist [sə'rɪəlɪst] *adj* surrealistyczny.
surrender [sə'rɛndə*] *n* poddanie się *nt* ♦ *vi* poddawać się (poddać się *perf*) ♦ *vt* zrzekać się (zrzec się *perf*) *+gen*.
surrender value *n* suma *f* wykupu (*polisy ubezpieczeniowej*).
surreptitious [sʌrəp'tɪʃəs] *adj* potajemny, ukradkowy.
surrogate ['sʌrəgɪt] *n* namiastka *f*, surogat *m* ♦ *adj* zastępczy.
surrogate mother *n* matka *f* zastępcza (*rodząca dziecko dla innej kobiety*).
surround [sə'raund] *vt* otaczać (otoczyć *perf*).
surrounding [sə'raundɪŋ] *adj* otaczający, okoliczny.
surroundings [sə'raundɪŋz] *npl* otoczenie *nt*, okolica *f*.
surtax ['sə:tæks] *n* podatek *m* wyrównawczy.
surveillance [sə:'veɪləns] *n* inwigilacja *f*; **to be under surveillance** być inwigilowanym.
survey [*n* 'sə:veɪ, *vb* sə:'veɪ] *n* (*examination*: *of land*) pomiar *m*; (: *of house*) oględziny *pl*, ekspertyza *f*; (*comprehensive view*) przegląd *m* ♦ *vt* (*land*) dokonywać (dokonać *perf*) pomiarów *+gen*; (*house*) poddawać (poddać *perf*) ekspertyzie *or* oględzinom; (*scene, prospects etc*) oceniać (ocenić *perf*), przyglądać się (przyjrzeć się *perf*) *+dat*.
surveying [sə'veɪɪŋ] *n* (*of land*) pomiar *m* (geodezyjny).
surveyor [sə'veɪə*] *n* (*of land*) mierniczy *m*; (*of house*) rzeczoznawca *m* budowlany.
survival [sə'vaɪvl] *n* (*state*) przetrwanie *nt*, przeżycie *nt*; (*object*) relikt *m* ♦ *cpd*: **survival kit** zestaw *m* ratunkowy; **survival course** kurs *or* szkoła przetrwania.
survive [sə'vaɪv] *vi* (*person, animal*) przeżyć (*perf*); (*custom etc*) przetrwać (*perf*) ♦ *vt* przeżyć (*perf*).
survivor [sə'vaɪvə*] *n* ocalały *m*, pozostały *m* przy życiu.
susceptible [sə'sɛptəbl] *adj*: **susceptible (to)** (*injury, pressure*) podatny (na *+acc*); (*heat*) wrażliwy (na *+acc*).
suspect [*adj, n* 'sʌspɛkt, *vb* səs'pɛkt] *adj* podejrzany ♦ *n* podejrzany (-na) *m(f)* ♦ *vt* podejrzewać; (*doubt*) powątpiewać w *+acc*.
suspend [səs'pɛnd] *vt* (*lit, fig*) zawieszać (zawiesić *perf*).
suspended sentence *n* wyrok *m* w zawieszeniu.
suspender belt [səs'pɛndə*-] *n* pas *m* do pończoch.
suspenders [səs'pɛndəz] *npl* (*BRIT*) podwiązki *pl*; (*US*) szelki *pl*.
suspense [səs'pɛns] *n* (*uncertainty*) niepewność *f*; (*in film etc*) napięcie *nt*; **to keep sb in suspense** trzymać kogoś w niepewności.
suspension [səs'pɛnʃən] *n* zawieszenie *nt*; (*liquid*) zawiesina *f*.
suspension bridge *n* most *m* wiszący.
suspicion [səs'pɪʃən] *n* (*distrust*) podejrzenie *nt*; (*idea*) myśl *f*; (*trace*): **a suspicion of danger** cień *m* niebezpieczeństwa; **to be under suspicion** być podejrzanym; **arrested on suspicion of murder** aresztowany pod zarzutem morderstwa.
suspicious [səs'pɪʃəs] *adj* (*suspecting*) podejrzliwy; (*causing suspicion*) podejrzany; **to be suspicious of** *or* **about sb/sth** mieć podejrzenia co do kogoś/czegoś.
suss out [sʌs-] (*BRIT*: *inf*) *vt* rozpracować (*perf*) (*inf*).
sustain [səs'teɪn] *vt* (*interest etc*) podtrzymywać (podtrzymać *perf*); (*injury*) odnosić (odnieść *perf*); (*give energy*) krzepić (pokrzepić *perf*).
sustained [səs'teɪnd] *adj* ciągły, nieprzerwany.
sustenance ['sʌstɪnəns] *n* pożywienie *nt*.
suture ['su:tʃə*] (*MED*) *n* szew *m*.
SW (*RADIO*) *abbr* = **short wave** f.kr.
swab [swɔb] *n* (*MED*) wacik *m* ♦ *vt* (*NAUT*: *also*: **swab down**) szorować (wyszorować *perf*).
swagger ['swægə*] *vi* chodzić *or* iść dumnie.
swallow ['swɔləu] *n* (*bird*) jaskółka *f*; (*of food*) kęs *m*; (*of drink*) łyk *m*, haust *m* ♦ *vt* przełykać (przełknąć *perf*), połykać (połknąć *perf*); (*fig*: *story, insult*) przełykać (przełknąć *perf*); (: *one's words*) odwoływać (odwołać *perf*); (: *one's pride*) przezwyciężać (przezwyciężyć *perf*).
▸**swallow up** *vt* (*savings*) pochłaniać (pochłonąć *perf*); (*business*) wchłaniać (wchłonąć *perf*).
swam [swæm] *pt of* **swim**.
swamp [swɔmp] *n* bagno *nt*, mokradło *nt* ♦ *vt* (*ship etc*) zatapiać (zatopić *perf*); (*fig*: *with complaints etc*) zalewać (zalać *perf*).
swampy ['swɔmpɪ] *adj* bagnisty, podmokły.
swan [swɔn] *n* łabędź *m*.
swank [swæŋk] (*inf*) *vi* szpanować (*inf*).
swansong ['swɔnsɔŋ] *n* (*fig*) łabędzi śpiew *m*.
swap [swɔp] *n* zamiana *f*, wymiana *f* ♦ *vt*: **to swap (for)** (*exchange*) zamieniać (zamienić *perf*) (na *+acc*); (*replace*) wymieniać (wymienić *perf*) (na *+acc*).
swarm [swɔ:m] *n* (*of bees*) rój *m*; (*of people*) mrowie *nt* ♦ *vi* (*bees*) roić się; (*people*) tłoczyć się, iść tłumem; **the garden was swarming with security men** w ogrodzie roiło się od agentów obstawy.
swarthy ['swɔ:ðɪ] *adj* ogorzały, smagły.

swashbuckling ['swɔʃbʌklɪŋ] *adj* (*look, behaviour*) zawadiacki.
swastika ['swɔstɪkə] *n* swastyka *f*.
swat [swɔt] *vt* (*insect*) pacnąć *(perf)* w *+acc* ♦ *n* (*BRIT*: *also*: **fly swat**) packa *f* na muchy.
swathe [sweɪð] *vt*: **to swathe sth in** (*silk etc*) spowijać (spowić *perf*) coś w *+acc*; (*warm blanket etc*) opatulać (opatulić *perf*) coś *+instr*.
swatter ['swɔtə*] *n* (*also*: **fly swatter**) packa *f* na muchy.
sway [sweɪ] *vi* chwiać się (zachwiać się *perf*), kołysać się (zakołysać się *perf*) ♦ *vt* sterować *+instr* ♦ *n*: **to hold sway (over sb)** rządzić (kimś).
Swaziland ['swɑ:zɪlænd] *n* Suazi *nt inv*.
swear [swɛə*] (*pt* **swore**, *pp* **sworn**) *vi* (*curse*) kląć (zakląć *perf*), przeklinać ♦ *vt* (*promise*) przysięgać (przysiąc *perf*); **to swear an oath** składać (złożyć *perf*) przysięgę.
►**swear in** *vt* zaprzysięgać (zaprzysiąc *perf*).
swearword ['swɛəwə:d] *n* przekleństwo *nt*.
sweat [swɛt] *n* pot *m* ♦ *vi* pocić się (spocić się *perf*); **in a sweat** spocony.
sweatband ['swɛtbænd] (*SPORT*) *n* opaska *f* (na czoło).
sweater ['swɛtə*] *n* sweter *m*.
sweatshirt ['swɛtʃə:t] *n* bluza *f*.
sweatshop ['swɛtʃɔp] (*pej*) *n fabryka lub warsztat wyzyskujący robotników*.
sweaty ['swɛtɪ] *adj* (*clothes*) przepocony; (*hands*) spocony.
Swede [swi:d] *n* Szwed(ka) *m(f)*.
swede [swi:d] (*BRIT*) *n* brukiew *f*.
Sweden ['swi:dn] *n* Szwecja *f*.
Swedish ['swi:dɪʃ] *adj* szwedzki ♦ *n* (język *m*) szwedzki.
sweep [swi:p] (*pt, pp* **swept**) *n* (*act*) zamiecenie *nt*; (*curve*) łuk *m*, krzywizna *f*; (*range*) krąg *m*; (*also*: **chimney sweep**) kominiarz *m* ♦ *vt* (*brush*) zamiatać (zamieść *perf*); (*with hand*) zgarniać (zgarnąć *perf*); (*current*) znosić (znieść *perf*) ♦ *vi* (*wind*) wiać; (*hand, arm*) machnąć *(perf)*.
►**sweep away** *vt* (*restrictions etc*) znosić (znieść *perf*).
►**sweep past** *vi* przemykać (przemknąć *perf*) (obok).
►**sweep up** *vi* zamiatać (pozamiatać *perf*).
sweeping ['swi:pɪŋ] *adj* (*gesture*) zamaszysty; (*changes*) daleko idący *or* posunięty; (*statement*) pochopny.
sweepstake ['swi:psteɪk] *n* zakłady *pl*, totalizator *m*.
sweet [swi:t] *n* (*candy*) cukierek *m*; (*BRIT*: *pudding*) deser *m* ♦ *adj* (*lit, fig*) słodki; (*kind*) dobry ♦ *adv*: **to smell sweet** pachnieć słodko; **this tastes sweet** to jest słodkie; **sweet and sour** słodko-kwaśny.
sweetbread ['swi:tbrɛd] *n potrawa z grasicy jagnięcej lub cielęcej*.
sweetcorn ['swi:tkɔ:n] *n* (słodka) kukurydza *f*.
sweeten ['swi:tn] *vt* słodzić (posłodzić *perf*); **he bought her lunch to sweeten her before telling her the bad news** postawił jej obiad, żeby osłodzić złą wiadomość, którą miał jej przekazać.
sweetener ['swi:tnə*] *n* (*CULIN*) słodzik *m*; (*fig*) zachęta *f*.
sweetheart ['swi:thɑ:t] *n* ukochany (-na) *m(f)*; (*as form of address*) kochanie *nt*.
sweetness ['swi:tnɪs] *n* (*amount of sugar*) słodkość *f*, słodycz *f*; (*kindness*) słodycz *f*, dobroć *f*.
sweet pea (*BOT*) *n* groszek *m* pachnący.
sweet potato (*BOT*) *n* batat *m*, patat *m*.
sweetshop ['swi:tʃɔp] (*BRIT*) *n* kiosk *m or* sklepik *m* ze słodyczami.
sweet tooth *n*: **to have a sweet tooth** przepadać za słodyczami.
swell [swɛl] (*pt* **swelled**, *pp* **swollen** *or* **swelled**) *n* (*of sea*) fala *f* ♦ *adj* (*US*: *inf*) kapitalny ♦ *vi* (*increase*) wzrastać (wzrosnąć *perf*); (*get stronger*) narastać (narosnąć *perf*), wzmagać się (wzmóc się *perf*); (*also*: **swell up**) puchnąć (spuchnąć *perf or* opuchnąć *perf*).
swelling ['swɛlɪŋ] *n* opuchlizna *f*, obrzęk *m*.
sweltering ['swɛltərɪŋ] *adj* upalny, skwarny.
swept [swɛpt] *pt, pp of* **sweep**.
swerve [swə:v] *vi* (gwałtownie) skręcać (skręcić *perf*).
swift [swɪft] *n* jerzyk *m* ♦ *adj* szybki; (*stream*) wartki, bystry.
swiftly ['swɪftlɪ] *adv* szybko.
swiftness ['swɪftnɪs] *n* szybkość *f*.
swig [swɪg] (*inf*) *n* łyk *m*, haust *m* ♦ *vt* pociągać (pociągnąć *perf*) (*inf*).
swill [swɪl] (*inf*) *vt* (*also*: **swill down**) trąbić (wytrąbić *perf*) (*inf*); (*also*: **swill out**) płukać (wypłukać *perf*) ♦ *n* pomyje *pl*.
swim [swɪm] (*pt* **swam**, *pp* **swum**) *vi* płynąć (popłynąć *perf*); (*regularly etc*) pływać; (*shimmer*) latać przed oczami ♦ *vt* przepływać (przepłynąć *perf*) ♦ *n*: **to go for a swim, to go swimming** iść (pójść *perf*) popływać; **my head is swimming** kręci mi się w głowie.
swimmer ['swɪmə*] *n* pływak (-aczka) *m(f)*.
swimming ['swɪmɪŋ] *n* pływanie *nt*.
swimming baths (*BRIT*) *npl* kryty basen *m*, kryta pływalnia *f*.
swimming cap *n* czepek *m* (kąpielowy).
swimming costume (*BRIT*) *n* kostium *m or* strój *m* kąpielowy.
swimming pool *n* basen *m*, pływalnia *f*.
swimming trunks *npl* kąpielówki *pl*.
swimsuit ['swɪmsu:t] *n* = **swimming costume**.
swindle ['swɪndl] *n* szwindel *m* (*inf*), kant *m* (*inf*) ♦ *vt* kantować (okantować *perf*) (*inf*).
swindler ['swɪndlə*] *n* kanciarz *m* (*inf*).
swine [swaɪn] (*inf!*) *n* świnia *f* (*inf*).

swing [swɪŋ] (*pt, pp* **swung**) *n* (*in playground*) huśtawka *f*; (*movement*) kołysanie *nt*; (*in opinions etc*) zwrot *m*; (*MUS*) swing *m* ♦ *vt* machać *or* wymachiwać *+instr* ♦ *vi* kołysać się, huśtać się; (*also*: **swing round**: *person*) obracać się (obrócić się *perf*); (: *vehicle*) zawracać (zawrócić *perf*); **a swing to the left** (*POL*) zwrot w lewo; **to get into the swing of things** wciągać się (wciągnąć się *perf*) (w coś); **the party was in full swing** przyjęcie rozkręciło się na dobre; **to swing the car (round)** zawracać (zawrócić *perf*); **the door swung open** drzwi otworzyły się na oścież.

swing bridge *n* most *m* obrotowy.

swing door (*US* **swinging door**) *n* drzwi *pl* wahadłowe.

swingeing ['swɪndʒɪŋ] (*BRIT*) *adj* druzgocący, miażdżący.

swinging ['swɪŋɪŋ] *adj* wahadłowy; (*old*: *fig*) tętniący życiem.

swipe [swaɪp] *vt* (*also*: **swipe at**) zamachnąć się (*perf*) na *+acc*; (*inf*: *steal*) zakosić (*perf*) (*inf*) ♦ *n*: **to take a swipe (at)** zamachnąć się (*perf*) (na *+acc*).

swirl [swəːl] *vi* wirować (zawirować *perf*) ♦ *n* wirowanie *nt*.

swish [swɪʃ] *vi* (*tail*) świsnąć (*perf*); (*curtains*) szeleścić (zaszeleścić *perf*) ♦ *n* (*of tail*) świst *m*; (*of curtains*) szelest *m* ♦ *adj* (*inf*) szykowny.

Swiss [swɪs] *adj* szwajcarski ♦ *n inv* Szwajcar(ka) *m(f)*.

Swiss French *adj dotyczący francuskojęzycznej części Szwajcarii.*

Swiss German *adj dotyczący niemieckojęzycznej części Szwajcarii.*

Swiss roll *n* rożek *m* (*z dżemem lub kremem*).

switch [swɪtʃ] *n* (*for light, radio etc*) przełącznik *m*, wyłącznik *m*; (*change*) zmiana *f*, zwrot *m* ♦ *vt* (*change*) zmieniać (zmienić *perf*); (*exchange*) wymieniać (wymienić *perf*), zamieniać (zamienić *perf*); **to switch round** *or* **over** zamieniać (zamienić *perf*) miejscami.

►**switch off** *vt* wyłączać (wyłączyć *perf*) ♦ *vi* (*fig*) wyłączać się (wyłączyć się *perf*).

►**switch on** *vt* włączać (włączyć *perf*).

switchback ['swɪtʃbæk] (*BRIT*) *n* serpentyna *f*, kręta droga *f*.

switchblade ['swɪtʃbleɪd] *n* nóż *m* sprężynowy.

switchboard ['swɪtʃbɔːd] *n* centrala *f or* łącznica *f* (telefoniczna).

switchboard operator *n* telefonista (-tka) *m(f)*.

Switzerland ['swɪtsələnd] *n* Szwajcaria *f*.

swivel ['swɪvl] *vi* (*also*: **swivel round**) obracać się (obrócić się *perf*), okręcać się (okręcić się *perf*).

swollen ['swəulən] *pp of* **swell** ♦ *adj* (*ankle etc*) spuchnięty, opuchnięty; (*lake etc*) wezbrany.

swoon [swuːn] *vi* omdlewać ♦ *n* omdlenie *nt*.

swoop [swuːp] *n* (*by police etc*) nalot *m*; (*of bird*) lot *m* nurkowy ♦ *vi* (*also*: **swoop down**) nurkować (zanurkować *perf*), pikować.

swop [swɔp] = **swap**.

sword [sɔːd] *n* miecz *m*.

swordfish ['sɔːdfɪʃ] *n* miecznik *m*.

swore [swɔː*] *pt of* **swear**.

sworn [swɔːn] *pp of* **swear** ♦ *adj* (*statement, evidence*) pod przysięgą *post*; (*enemy*) zaprzysięgły.

swot [swɔt] *vi* (*inf*) wkuwać (*inf*), zakuwać (*inf*) ♦ *n* (*pej*: *inf*) kujon *m* (*pej, inf*).

►**swot up** *vt* (*inf*): **to swot up (on)** wkuwać (wkuć *perf*) *or* zakuwać (zakuć *perf*) (*+acc*) (*inf*).

swum [swʌm] *pp of* **swim**.

swung [swʌŋ] *pt, pp of* **swing**.

sycamore ['sɪkəmɔː*] *n* (*US*) platan *m*; (*BRIT*) jawor *m*; (*in the Near East*) sykomora *f*.

sycophant ['sɪkəfænt] *n* pochlebca *m*.

sycophantic [sɪkə'fæntɪk] *adj* służalczy, podlizujący się.

Sydney ['sɪdnɪ] *n* Sydney *nt inv*.

syllable ['sɪləbl] *n* sylaba *f*, zgłoska *f*.

syllabus ['sɪləbəs] *n* program *m or* plan *m* zajęć; **on the syllabus** w programie *or* planie (zajęć).

symbol ['sɪmbl] *n* symbol *m*.

symbolic(al) [sɪm'bɔlɪk(l)] *adj* symboliczny; **to be symbolic of sth** symbolizować coś.

symbolism ['sɪmbəlɪzəm] *n* symbolizm *m*.

symbolize ['sɪmbəlaɪz] *vt* symbolizować.

symmetrical [sɪ'mɛtrɪkl] *adj* symetryczny.

symmetry ['sɪmɪtrɪ] *n* symetria *f*.

sympathetic [sɪmpə'θɛtɪk] *adj* (*understanding*) współczujący; (*likeable*) sympatyczny; (*supportive*) życzliwy; **to be sympathetic to a cause** sympatyzować ze sprawą.

sympathetically [sɪmpə'θɛtɪklɪ] *adv* (*with understanding*) współczująco; (*with support*) życzliwie.

sympathize ['sɪmpəθaɪz] *vi*: **to sympathize with** (*person*) współczuć *+dat*; (*feelings*) podzielać *+acc*; (*cause*) sympatyzować z *+instr*.

sympathizer ['sɪmpəθaɪzə*] (*POL*) *n* sympatyk (-yczka) *m(f)*.

sympathy ['sɪmpəθɪ] *n* współczucie *nt*; **sympathies** *npl* sympatie *pl*; **with our deepest sympathy** z wyrazami najgłębszego współczucia; **to come out in sympathy** przeprowadzać (przeprowadzić *perf*) strajk solidarnościowy.

symphonic [sɪm'fɔnɪk] *adj* symfoniczny.

symphony ['sɪmfənɪ] *n* symfonia *f*.

symphony orchestra *n* orkiestra *f* symfoniczna.

symposia [sɪm'pəuzɪə] *npl of* **symposium**.

symposium [sɪm'pəuzɪəm] (*pl* **symposiums** *or* **symposia**) *n* sympozjum *nt*.

symptom ['sɪmptəm] *n* objaw *m*, symptom *m*; (*fig*) oznaka *f*.

symptomatic [sɪmptə'mætɪk] *adj*: **to be symptomatic of** być przejawem *+gen*.

synagogue ['sɪnəgɔg] *n* synagoga *f*, bóżnica *f*.
synchromesh [sɪŋkrəu'mɛʃ] *n* synchronizator *f* (skrzyni biegów).
synchronize ['sɪŋkrənaɪz] *vt* synchronizować (zsynchronizować *perf*) ♦ *vi*: **to synchronize with** być zsynchronizowanym z *+instr*.
syncopated ['sɪŋkəpeɪtɪd] *adj* synkopowany.
syndicate ['sɪndɪkɪt] *n* syndykat *m*.
syndrome ['sɪndrəum] *n* syndrom *m*.
synonym ['sɪnənɪm] *n* synonim *m*.
synonymous [sɪ'nɔnɪməs] *adj* (*fig*): **synonymous (with)** równoznaczny (z *+instr*).
synopses [sɪ'nɔpsi:z] *npl of* **synopsis**.
synopsis [sɪ'nɔpsɪs] (*pl* **synopses**) *n* streszczenie *nt*.
syntactic [sɪn'tæktɪk] *adj* składniowy, syntaktyczny.
syntax ['sɪntæks] *n* składnia *f*, syntaksa *f*.
syntax error *n* błąd *m* składniowy *or* syntaktyczny.
syntheses ['sɪnθəsi:z] *npl of* **synthesis**.
synthesis ['sɪnθəsɪs] (*pl* **syntheses**) *n* synteza *f*.
synthesizer ['sɪnθəsaɪzə*] *n* syntezator *m*.
synthetic [sɪn'θɛtɪk] *adj* syntetyczny; **synthetics** *npl* włókna *pl* syntetyczne *or* sztuczne.
syphilis ['sɪfɪlɪs] *n* kiła *f*, syfilis *m*.
syphon ['saɪfən] = **siphon**.
Syria ['sɪrɪə] *n* Syria *f*.
Syrian ['sɪrɪən] *adj* syryjski ♦ *n* Syryjczyk (-jka) *m(f)*.
syringe [sɪ'rɪndʒ] *n* strzykawka *f*.
syrup ['sɪrəp] *n* syrop *m*; (*also*: **golden syrup**) *przesycony roztwór cukrów używany do celów spożywczych*.
syrupy ['sɪrəpɪ] *adj* lepki; (*pej*: *fig*) ckliwy.
system ['sɪstəm] *n* (*organization, method*) system *m*; (*body*) organizm *m*; (*ANAT*) układ *m*; **it was a shock to his system** był to wstrząs dla jego organizmu.
systematic [sɪstə'mætɪk] *adj* systematyczny.
system disk (*COMPUT*) *n* dysk *m* systemowy.
systems analyst ['sɪstəmz-] (*COMPUT*) *n* analityk *m* systemów.

T,t

T, t [ti:] *n* (*letter*) T *nt*, t *nt*; **T for Tommy** ≈ T jak Tadeusz.
TA (*BRIT*) *n abbr* = **Territorial Army**.
ta [tɑ:] (*BRIT*: *inf*) *excl* dzięki (*inf*).
tab [tæb] *n abbr* = **tabulator**; **to keep tabs on sb/sth** (*fig*) mieć kogoś/coś na oku.
tabby ['tæbɪ] *n* (*also*: **tabby cat**) pręgowany kot *m*.
tabernacle ['tæbənækl] *n* tabernakulum *nt*.
table ['teɪbl] *n* (*furniture*) stół *m*; (*MATH, CHEM etc*) tabela *f*, tablica *f* ♦ *vt* (*BRIT*: *motion etc*) przedstawiać (przedstawić *perf*); **to lay** *or* **set the table** nakrywać (nakryć *perf*) do stołu; **to clear the table** sprzątać (sprzątnąć *perf*) ze stołu; **league table** (*BRIT*) tabela ligowa.
tablecloth ['teɪblklɔθ] *n* obrus *m*.
table d'hôte [tɑ:bl'dəut] *adj* (*menu, meal*) *składający się z ograniczonej liczby dań o ustalonej cenie*.
table lamp *n* lampka *f* na stolik.
tablemat ['teɪblmæt] *n* (*for plate*) serwetka *f*; (*for hot dish*) podkładka *f*.
table of contents *n* spis *m* treści.
table salt *n* sól *f* kuchenna.
tablespoon ['teɪblspu:n] *n* łyżka *f* stołowa.
tablet ['tæblɪt] *n* (*MED*) tabletka *f*; (*for writing*) tabliczka *f*; (*plaque*) tablica *f*; **a tablet of soap** (*BRIT*: *fml*) kostka mydła.
table tennis *n* tenis *m* stołowy.
table wine *n* wino *nt* stołowe.
tabloid ['tæblɔɪd] *n* ≈ brukowiec *m* (*pej*); **the tabloids** ≈ prasa brukowa.
taboo [tə'bu:] *n* tabu *nt* ♦ *adj* zakazany, tabu *post*.
tabulate ['tæbjuleɪt] *vt* układać (ułożyć *perf*) w tabelę.
tabulator ['tæbjuleɪtə*] *n* (*on typewriter*) tabulator *m*.
tachograph ['tækəgrɑ:f] (*AUT*) *n* tachograf *m*.
tachometer [tæ'kɔmɪtə*] (*AUT*) *n* obrotomierz *m*.
tacit ['tæsɪt] *adj* milczący.
taciturn ['tæsɪtə:n] *adj* małomówny.
tack [tæk] *n* pinezka *f* ♦ *vt* (*nail*) przypinać (przypiąć *perf*) (pinezkami); (*stitch*) fastrygować (sfastrygować *perf*) ♦ *vi* (*NAUT*) halsować; **to change tack** (*fig*) zmieniać (zmienić *perf*) kurs; **to tack sth on to (the end of) sth** dołączać (dołączyć *perf*) coś do czegoś.
tackle ['tækl] *n* (*for fishing*) sprzęt *m* wędkarski; (*for lifting*) wyciąg *m* (wielokrążkowy); (*FOOTBALL, RUGBY*) zablokowanie *nt* ♦ *vt* (*deal with, challenge*) stawiać (stawić *perf*) czoło *+dat*; (*grapple with*) podejmować (podjąć *perf*) walkę z *+instr*; (*FOOTBALL, RUGBY*) blokować (zablokować *perf*).
tacky ['tækɪ] *adj* (*sticky*) lepki; (*pej*) tandetny (*pej*).
tact [tækt] *n* takt *m*.
tactful ['tæktful] *adj* taktowny.
tactfully ['tæktfəlɪ] *adv* taktownie.
tactical ['tæktɪkl] *adj* taktyczny; **tactical error** błąd taktyczny.
tactics ['tæktɪks] *npl* taktyka *f*.
tactless ['tæktlɪs] *adj* nietaktowny.
tactlessly ['tæktlɪslɪ] *adv* nietaktownie.
tadpole ['tædpəul] *n* kijanka *f*.
taffy ['tæfɪ] (*US*) *n* toffi *nt inv*.

tag [tæg] *n* (*price*) metka *f*; (*airline*) przywieszka *f*; **name tag** identyfikator.
►**tag along** *vi* (*person*) przyczepić się *(perf)*.
Tahiti [tɑːˈhiːtɪ] *n* Tahiti *nt inv*.
tail [teɪl] *n* (*of animal, plane*) ogon *m*; (*of shirt, coat*) poła *f* ♦ *vt* śledzić; **tails** *npl* frak *m*; **to turn tail** dawać (dać *perf*) nogę (*inf*); *see also* **head**.
►**tail off** *vi* stopniowo maleć (zmaleć *perf*); (*voice*) zamierać (zamrzeć *perf*).
tailback [ˈteɪlbæk] (*BRIT*) *n* korek *m* (*uliczny*).
tail coat *n* = **tails**.
tail end *n* końcówka *f*.
tailgate [ˈteɪlgeɪt] *n* (*AUT*) tylna klapa *f*.
tail light (*AUT*) *n* tylne światło *nt*.
tailor [ˈteɪlə*] *n* krawiec *m* męski ♦ *vt*: **to tailor sth (to)** dopasowywać (dopasować *perf*) coś (do +*gen*); **tailor's shop** zakład krawiecki.
tailoring [ˈteɪlərɪŋ] *n* (*craft*) krawiectwo *nt*; (*cut*) krój *m*.
tailor-made [ˈteɪləˈmeɪd] *adj* (*suit*) (szyty) na miarę; (*fig: part in play, person for job*) wymarzony.
tailwind [ˈteɪlwɪnd] *n* wiatr *m* w plecy.
taint [teɪnt] *vt* (*food, water*) zanieczyszczać (zanieczyścić *perf*); (*fig: reputation*) brukać (zbrukać *perf*), nadszarpywać (nadszarpnąć *perf*).
tainted [ˈteɪntɪd] *adj* (*food, air*) skażony, zanieczyszczony; (*fig: reputation*) zbrukany, nadszarpnięty.
Taiwan [ˈtaɪˈwɑːn] *n* Tajwan *m*.
take [teɪk] (*pt* **took**, *pp* **taken**) *vt* (*shower, holiday*) brać (wziąć *perf*); (*photo*) robić (zrobić *perf*); (*decision*) podejmować (podjąć *perf*); (*steal*) zabierać (zabrać *perf*); (*courage, time*) wymagać +*gen*; (*pain etc*) znosić (znieść *perf*); (*passengers, spectators etc*) mieścić (pomieścić *perf*); (*accompany: person*) zabierać (zabrać *perf*); (*carry, bring: object*) brać (wziąć *perf*), zabierać (zabrać *perf*); (*exam, test*) zdawać, podchodzić (podejść *perf*) do +*gen*; (*drug, pill etc*) brać (wziąć *perf*), zażywać (zażyć *perf*) ♦ *vi* (*drug*) działać (zadziałać *perf*); (*dye*) przyjmować się (przyjąć się *perf*), chwytać (chwycić *perf*) (*inf*) ♦ *n* (*FILM*) ujęcie *nt*; **to take sth from** wyjmować (wyjąć *perf*) coś z +*gen*; **I take it (that)** zakładam (, że); **I took him for a doctor** wziąłem go za lekarza; **she took them for geography** uczyła ich geografii; **to take sb's hand** brać (wziąć *perf*) kogoś za rękę; **to take sb for a walk** brać (zabrać *perf*) kogoś na spacer; **to be taken ill** (nagle) zachorować *(perf)*; **to take it upon o.s. to do sth** brać (wziąć *perf*) na siebie zrobienie czegoś; **take the first (street) on the left** skręć w pierwszą ulicę w lewo; **to take Russian at university** mieć na uniwersytecie zajęcia z języka rosyjskiego; **it won't take long** to nie potrwa długo; **I was quite taken with her** bardzo mi się spodobała.
►**take after** *vt fus* przypominać +*acc*, być podobnym do +*gen*.
►**take apart** *vt* rozbierać (rozebrać *perf*) (na części).
►**take away** *vt* (*remove*) odbierać (odebrać *perf*); (*carry off*) wynosić (wynieść *perf*); (*MATH*) odejmować (odjąć *perf*) ♦ *vi*: **to take away from** umniejszać (umniejszyć *perf*) +*acc*.
►**take back** *vt* (*goods*) zwracać (zwrócić *perf*); (*one's words*) cofać (cofnąć *perf*), odwoływać (odwołać *perf*).
►**take down** *vt* (*write down*) notować (zanotować *perf*), zapisywać (zapisać *perf*); (*dismantle*) rozbierać (rozebrać *perf*).
►**take in** *vt* (*deceive*) oszukiwać (oszukać *perf*); (*understand*) przyjmować (przyjąć *perf*) do wiadomości; (*include*) wchłaniać (wchłonąć *perf*); (*lodger*) brać (wziąć *perf*); (*orphan*) przygarniać (przygarnąć *perf*); (*dress*) zwężać (zwęzić *perf*).
►**take off** *vi* (*AVIAT*) startować (wystartować *perf*); (*go away*) wybrać się *(perf)* ♦ *vt* (*clothes*) zdejmować (zdjąć *perf*); (*make-up*) usuwać (usunąć *perf*); (*person*) naśladować.
►**take on** *vt* (*work, responsibility, employee*) przyjmować (przyjąć *perf*); (*competitor*) stawać (stanąć *perf*) do współzawodnictwa z +*instr*.
►**take out** *vt* (*person*) zapraszać (zaprosić *perf*) (*do lokalu*); (*tooth*) usuwać (usunąć *perf*); (*licence*) uzyskiwać (uzyskać *perf*); **to take sth out of sth** wyjmować (wyjąć *perf*) coś z czegoś; **don't take it out on me!** nie odgrywaj się na mnie!
►**take over** *vt* (*business*) przejmować (przejąć *perf*); (*country*) zajmować (zająć *perf*) ♦ *vi*: **to take over from sb** przejmować (przejąć *perf*) od kogoś obowiązki, zastępować (zastąpić *perf*) kogoś.
►**take to** *vt fus* polubić *(perf)*; **to take to doing sth** zacząć *(perf)* coś robić.
►**take up** *vt* (*hobby, sport*) zainteresować się *(perf) or* zająć się *(perf)* +*instr*; (*post*) obejmować (objąć *perf*); (*idea, suggestion*) podejmować (podjąć *perf*), podchwytywać (podchwycić *perf*); (*time, space*) zajmować (zająć *perf*), zabierać (zabrać *perf*); (*task, story*) podejmować (podjąć *perf*); (*garment*) skracać (skrócić *perf*) ♦ *vi*: **to take up with sb** zaprzyjaźnić się *(perf)* z kimś; **to take sb up on an offer/invitation** skorzystać *(perf)* z czyjejś propozycji/czyjegoś zaproszenia.
takeaway [ˈteɪkəweɪ] (*BRIT*) *n* (*food*) dania *pl* na wynos; (*shop, restaurant*) *restauracja specjalizująca się w daniach na wynos*.
take-home pay [ˈteɪkhəum-] *n* płaca *f* na rękę.
taken [ˈteɪkən] *pp of* **take**.
takeoff [ˈteɪkɔf] (*AVIAT*) *n* start *m*.
takeout [ˈteɪkaut] (*US*) *n* = **takeaway**.
takeover [ˈteɪkəuvə*] *n* (*COMM*) przejęcie *nt*; (*of country*) zajęcie *nt*.

takeover bid (*COMM*) *n* oferta *f* przejęcia.
takings ['teɪkɪŋz] (*COMM*) *npl* wpływy *pl*.
talc [tælk] *n* talk *m*.
tale [teɪl] *n* (*story*) baśń *f*, opowieść *f*; (*account*) historia *f*; **to tell tales** skarżyć.
talent ['tælnt] *n* talent *m*.
talented ['tæləntɪd] *adj* utalentowany, uzdolniony.
talent scout *n* łowca *m* talentów.
talk [tɔ:k] *n* (*prepared speech*) wykład *m*; (: *non-academic*) pogadanka *f*; (*conversation*) rozmowa *f*; (*gossip*) plotki *pl* ♦ *vi* (*speak*) mówić; (*gossip*) gadać (*inf*); (*chat*) rozmawiać; **talks** *npl* (*POL etc*) rozmowy *pl*; **to give a talk** wygłaszać (wygłosić *perf*) wykład *or* pogadankę; **to talk about** mówić *or* rozmawiać o *+loc*; **talking of films, have you seen ...?** à propos filmów, czy widziałaś *+acc*?; **to talk sb into doing sth** namówić *(perf)* kogoś do zrobienia czegoś; **to talk sb out of doing sth** wyperswadować *(perf)* komuś zrobienie czegoś; **to talk shop** rozmawiać o sprawach zawodowych.
▸**talk over** *vt* omawiać (omówić *perf*).
talkative ['tɔ:kətɪv] *adj* rozmowny.
talker ['tɔ:kə*] *n*: **a good/entertaining** *etc* **talker** dobry/zajmujący *etc* mówca *m*.
talking point ['tɔ:kɪŋ-] *n* przedmiot *m* rozmów.
talking-to ['tɔ:kɪŋtu] *n*: **to give sb a (good) talking-to** (ostro) kogoś zbesztać *(perf)*.
talk show *n* talk show *m*.
tall [tɔ:l] *adj* wysoki; **to be 6 feet tall** mieć 6 stóp (wzrostu); **how tall are you?** ile masz wzrostu?
tallboy ['tɔ:lbɔɪ] (*BRIT*) *n* (wysoka) komoda *f*.
tallness ['tɔ:lnɪs] *n* (*of person*) wzrost *m*; (*of object*) wysokość *f*.
tall story *n* nieprawdopodobna historia *f*.
tally ['tælɪ] *n* (*of marks, amounts of money etc*) zgadzać się ♦ *vi*: **to tally (with)** (*figures, stories etc*) zgadzać się (z *+instr*); **to keep a tally of sth** prowadzić rejestr czegoś.
talon ['tælən] *n* pazur *m*, szpon *m*.
tambourine [tæmbə'ri:n] *n* tamburyn *m*.
tame [teɪm] *adj* (*animal*) oswojony; (*fig: story, performance*) ugłaskany.
tamper ['tæmpə*] *vi*: **to tamper with sth** majstrować przy czymś.
tampon ['tæmpɔn] *n* tampon *m*.
tan [tæn] *n* (*also*: **suntan**) opalenizna *f* ♦ *vi* opalać się (opalić się *perf*) ♦ *vt* garbować (wygarbować *perf*) ♦ *adj* jasnobrązowy; **to get a tan** opalić się *(perf)*.
tandem ['tændəm] *n* (*cycle*) tandem *m*; **in tandem (with)** w parze (z *+instr*).
tang [tæŋ] *n* (*flavour*) posmak *m*; (*smell*) intensywny zapach *m*.
tangent ['tændʒənt] *n* tangens *m*; **to go off at a tangent** (*fig*) odbiegać (odbiec *perf*) od tematu.
tangerine [tændʒə'ri:n] *n* (*fruit*) mandarynka *f*; (*colour*) pomarańczowy.
tangible ['tændʒəbl] *adj* namacalny; **tangible assets** majątek rzeczowy.
Tangier [tæn'dʒɪə*] *n* Tanger *m*.
tangle ['tæŋgl] *n* plątanina *f*, gąszcz *m*; (*fig*) mętlik *m*; **to be/get in a tangle** plątać się/zaplątać się *(perf)*.
tango ['tæŋgəu] *n* tango *nt*.
tank [tæŋk] *n* (*for water, petrol*) zbiornik *m*; (*for photographic processing*) kuweta *f*; (*also*: **fish tank**) akwarium *nt*; (*MIL*) czołg *m*.
tankard ['tæŋkəd] *n* kufel *m*.
tanker ['tæŋkə*] *n* (*ship*) tankowiec *m*; (*truck*) samochód *m* cysterna *f*; (*RAIL*) wagon *m* cysterna *f*.
tanned [tænd] *adj* opalony.
tannin ['tænɪn] *n* tanina *f*.
tanning ['tænɪŋ] *n* garbowanie *nt*.
tannoy ['tænɔɪ] (*also spelled* **Tannoy**) ® (*BRIT*) *n* system *m* nagłaśniający; **over the tannoy** przez megafony.
tantalizing ['tæntəlaɪzɪŋ] *adj* zwodniczy.
tantamount ['tæntəmaunt] *adj*: **tantamount to** równoznaczny z *+instr*.
tantrum ['tæntrəm] *n* napad *m* złości; **to throw a tantrum** wpadać (wpaść *perf*) w złość.
Tanzania [tænzə'nɪə] *n* Tanzania *f*.
Tanzanian [tænzə'nɪən] *adj* tanzański ♦ *n* Tanzańczyk (-anka) *m(f)*.
tap [tæp] *n* (*on sink*) kran *m*; (*gas tap*) zawór *m*, kurek *m*; (*gentle blow*) klepnięcie *nt* ♦ *vt* (*hit gently*) klepać (klepnąć *perf*); (*exploit: resources etc*) wykorzystywać (wykorzystać *perf*); **on tap** (*fig: resources, information*) dostępny; (*beer*) z beczki; **to tap sb's telephone** zakładać (założyć *perf*) u kogoś podsłuch.
tap-dancing ['tæpdɑ:nsɪŋ] *n* stepowanie *nt*.
tape [teɪp] *n* (*also*: **magnetic tape**) taśma *f* (magnetyczna); (*cassette*) kaseta *f*; (*also*: **sticky tape**) taśma *f* klejąca; (*for tying*) tasiemka *f* ♦ *vt* (*record, conversation*) nagrywać (nagrać *perf*); (*stick*) przyklejać (przykleić *perf*) (*taśmą*); **on tape** nagrany (na taśmie).
tape deck *n* magnetofon *m* (*bez wzmacniacza*).
tape measure *n* centymetr *m* (*miara*).
taper ['teɪpə*] *n* długa cienka świeca *f* ♦ *vi* zwężać się (ku dołowi).
tape recorder *n* magnetofon *m*.
tape recording *n* nagranie *nt*.
tapered ['teɪpəd] *adj* (*skirt etc*) zwężany.
tapering ['teɪpərɪŋ] *adj* (*fingers*) cienki.
tapestry ['tæpɪstrɪ] *n* gobelin *m*; (*fig*) (wielowątkowy) obraz *m*.
tapeworm ['teɪpwə:m] *n* tasiemiec *m*.
tapioca [tæpɪ'əukə] *n* tapioka *f*.
tappet ['tæpɪt] (*AUT*) *n* popychacz *m*.
tar [tɑ:] *n* smoła *f*; **low/middle tar cigarettes**

papierosy o niskiej/średniej zawartości substancji smolistych.
tarantula [tə'ræntjulə] *n* tarantula *f*.
tardy ['tɑ:dɪ] *adj* (*reply, letter*) spóźniony; (*progress*) powolny.
target ['tɑ:gɪt] *n* cel *m*; (*fig*) obiekt *m*; **on target** (*work, sales*) zgodny z planem.
target practice *n* ćwiczenia *pl* na strzelnicy.
tariff ['tærɪf] *n* (*on goods*) taryfa *f* celna; (*BRIT*: *in hotel etc*) cennik *m*.
tariff barrier *n* bariera *f* celna.
tarmac ['tɑ:mæk] *n* ® (*BRIT*) ≈ asfalt *m*; (*AVIAT*): **on the tarmac** w kolejce do startu ♦ *vt* (*BRIT*) pokrywać (pokryć *perf*) asfaltem.
tarn [tɑ:n] *n* staw *m* (górski).
tarnish ['tɑ:nɪʃ] *vt* (*silver etc*) powodować matowienie *+gen*; (*fig*: *reputation*) brukać (zbrukać *perf*), szargać (zszargać *perf*).
tarpaulin [tɑ:'pɔ:lɪn] *n* brezent *m*.
tarragon ['tærəgən] *n* estragon *m*.
tart [tɑ:t] *n* tarta *f* (*z owocami, dżemem itp*); (*small*) ciastko *nt* z owocami; (*BRIT*: *inf*) dziwka *f* (*inf, pej*) ♦ *adj* cierpki.
►**tart up** (*BRIT*: *inf*) *vt* (*place, room*) odstawiać (odstawić *perf*) (*inf*); **to tart o.s. up** stroić się (wystroić się *perf*); (*pej*) odstawiać się (odstawić się *perf*) (*inf*).
tartan ['tɑ:tn] *n* tartan *m* ♦ *adj* w szkocką kratę *post*.
tartar ['tɑ:tə*] *n* kamień *m* (nazębny); (*pej*) herod-baba *f* (*inf, pej*).
tartar(e) sauce ['tɑ:tə-] *n* sos *m* tatarski.
task [tɑ:sk] *n* zadanie *nt*; **to take sb to task** udzielać (udzielić *perf*) komuś nagany.
task force *n* oddział *m* specjalny.
taskmaster ['tɑ:skmɑ:stə*] *n*: **he's a hard taskmaster** jest bardzo wymagający.
Tasmania [tæz'meɪnɪə] *n* Tasmania *f*.
tassel ['tæsl] *n* frędzel *m*.
taste [teɪst] *n* (*lit, fig*: *flavour*) smak *m*; (*sense*) smak *m*, zmysł *m* smaku; (*sample*) odrobina *f* na spróbowanie ♦ *vt* (*get flavour of*) czuć (poczuć *perf*) smak *+gen*; (*test*) próbować (spróbować *perf*) *or* kosztować (skosztować *perf*) *+gen* ♦ *vi*: **to taste of** *or* **like sth** smakować jak coś; **what does it taste like?** jak to smakuje?; **you can taste the garlic (in it)** czuć w tym czosnek; **to have a taste of sth** próbować (spróbować *perf*) czegoś; (*fig*) zakosztować (*perf*) czegoś; **to acquire a taste for sth** zasmakować (*perf*) w czymś; **to be in good/bad taste** być w dobrym/złym guście.
taste buds *npl* kubki *pl* smakowe.
tasteful ['teɪstful] *adj* gustowny.
tastefully ['teɪstfəlɪ] *adv* gustownie.
tasteless ['teɪstlɪs] *adj* (*food*) bez smaku *post*; (*remark, joke*) niesmaczny; (*furnishings*) niegustowny.
tasty ['teɪstɪ] *adj* smaczny.
tattered ['tætəd] *adj* (*clothes*) podarty, wystrzępiony; (*paper*) porwany, porozrywany; (*fig*: *hopes*) zrujnowany.
tatters ['tætəz] *npl*: **in tatters** w strzępach.
tattoo [tə'tu:] *n* (*on skin*) tatuaż *m*; (*spectacle*) capstrzyk *m* ♦ *vt*: **to tattoo sth on sth** tatuować (wytatuować *perf*) coś na czymś.
tatty ['tætɪ] (*BRIT*: *inf*) *adj* (*clothes*) niechlujny; (*furniture, room*) zapuszczony.
taught [tɔ:t] *pt, pp of* **teach**.
taunt [tɔ:nt] *n* drwina *f* ♦ *vt* szydzić *or* drwić z *+gen*; **to taunt sb with cowardice** zarzucać (zarzucić *perf*) komuś tchórzostwo.
Taurus ['tɔ:rəs] *n* Byk *m*; **to be Taurus** być spod znaku Byka.
taut [tɔ:t] *adj* napięty, naprężony.
tavern ['tævən] *n* tawerna *f*.
tawdry ['tɔ:drɪ] *adj* tandetny.
tawny ['tɔ:nɪ] *adj* śniady, ogorzały.
tawny owl *n* puszczyk *m*.
tax [tæks] *n* podatek *m* ♦ *vt* opodatkowywać (opodatkować *perf*); (*fig*) wystawiać (wystawić *perf*) na próbę; **before tax** przed opodatkowaniem; **after tax** po opodatkowaniu; **free of tax** wolny od podatku.
taxable ['tæksəbl] *adj* podlegający opodatkowaniu.
tax allowance *n* ulga *f* podatkowa.
taxation [tæk'seɪʃən] *n* (*system*) opodatkowanie *nt*; (*money paid*) podatki *pl*.
tax avoidance *n* obchodzenie *nt* przepisów podatkowych.
tax collector *n* poborca *m* podatkowy.
tax disc (*BRIT*: *AUT*) *n* *nalepka na szybę samochodu świadcząca o opłaceniu podatku.*
tax evasion *n* uchylanie się *nt* od podatków.
tax exemption *n* zwolnienie *nt* od podatku.
tax exile *n* wychodźca *m* podatkowy.
tax-free ['tæksfri:] *adj* wolny od podatku.
tax haven *n* raj *m* podatkowy.
taxi ['tæksɪ] *n* taksówka *f*, taxi *nt inv* ♦ *vi* (*AVIAT*) kołować.
taxidermist ['tæksɪdə:mɪst] *n* wypychacz *m* zwierząt.
taxi driver *n* taksówkarz *m*.
tax inspector (*BRIT*) *n* inspektor *m* podatkowy.
taxi rank (*BRIT*) *n* postój *m* taksówek.
taxi stand *n* = **taxi rank**.
taxpayer ['tækspeɪə*] *n* podatnik (-iczka) *m(f)*.
tax rebate *n* zwrot *m* nadpłaconego podatku.
tax relief *n* ulga *f* podatkowa.
tax return *n* zeznanie *nt* podatkowe, deklaracja *f* podatkowa.
tax shelter (*COMM*) *n* *możliwość uzyskania ulgi podatkowej dzięki inwestycjom itp.*
tax year *n* rok *m* podatkowy.
TB *n abbr* = **tuberculosis**.
TD (*US*) *n abbr* = **Treasury Department**; (*FOOTBALL*) = **touchdown**.

tea [ti:] *n* (*drink, plant*) herbata *f*; (*BRIT*: *also*: **high tea**) (późny) obiad *m*, obiadokolacja *f*; (: *also*: **afternoon tea**) podwieczorek *m*.
tea bag *n* torebka *f* herbaty ekspresowej.
tea break (*BRIT*) *n* przerwa *f* na herbatę.
teacake ['ti:keɪk] (*BRIT*) *n słodka bułka z rodzynkami, jedzona najczęściej w postaci grzanek z masłem.*
teach [ti:tʃ] (*pt* **taught**) *vt* (*pupils*) uczyć; (*subject*) uczyć *or* nauczać *+gen*; (*instruct*): **to teach sb sth, teach sth to sb** uczyć (nauczyć *perf*) kogoś czegoś ♦ *vi* uczyć; **it taught him a lesson** (*fig*) była to dla niego nauczka.
teacher ['ti:tʃə*] *n* nauczyciel(ka) *m(f)*; **French teacher** nauczyciel(ka) *m(f)* francuskiego.
teacher training college *n* kolegium *nt* nauczycielskie.
teaching ['ti:tʃɪŋ] *n* nauczanie *nt*, uczenie *nt*.
teaching aids *npl* pomoce *pl* naukowe.
teaching hospital (*BRIT*) *n* ≈ klinika *f* (Akademii Medycznej).
teaching staff (*BRIT*) *n* personel *m* dydaktyczny.
tea cosy *n okrycie na dzbanek zapobiegające stygnięciu herbaty.*
teacup ['ti:kʌp] *n* filiżanka *f* do herbaty.
teak [ti:k] *n* tik *m*, tek *m*.
tea leaves *npl* fusy *pl* (herbaciane).
team [ti:m] *n* (*of people, experts*) zespół *m*; (*SPORT*) drużyna *f*; (*of horses, oxen*) zaprzęg *m*.
►**team up** *vi*: **to team up (with)** łączyć (połączyć *perf*) siły (z *+instr*).
team games *npl* gry *pl* zespołowe.
team spirit *n* duch *m* zespołowy.
teamwork ['ti:mwə:k] *n* praca *f* zespołowa.
tea party *n* herbatka *f* (towarzyska).
teapot ['ti:pɔt] *n* dzbanek *m* do herbaty.
tear[1] [tɛə*] (*pt* **tore**, *pp* **torn**) *n* rozdarcie *nt*, dziura *f* ♦ *vt* drzeć (podrzeć *perf*) ♦ *vi* drzeć się (podrzeć się *perf*); **to tear to pieces** *or* **to bits** *or* **to shreds** (*paper, letter, clothes*) drzeć (podrzeć *perf*) na kawałki *or* na strzępy; (*fig*: *person, work*) nie zostawić (*perf*) suchej nitki na *+loc*; **to tear each other to pieces** niszczyć się (zniszczyć się *perf*) nawzajem.
►**tear along** *vi* pędzić (popędzić *perf*).
►**tear apart** *vt* (*book, clothes*) rozrywać (rozerwać *perf*), rozdzierać (rozedrzeć *perf*); (*people*) rozdzielać (rozdzielić *perf*); **to be torn apart (by)** (*fig*) być rozdartym wewnętrznie (przez *+acc*).
►**tear away** *vt*: **to tear o.s. away from sth** (*fig*) odrywać się (oderwać się *perf*) od czegoś.
►**tear out** *vt* wyrywać (wyrwać *perf*).
►**tear up** *vt* (*sheet of paper, cheque*) drzeć (podrzeć *perf*).
tear[2] [tɪə*] *n* łza *f*; **in tears** we łzach; **to burst into tears** wybuchać (wybuchnąć *perf*) płaczem.
tearaway ['tɛərəweɪ] (*BRIT*: *inf*) *n* narwaniec *m* (*inf*).
teardrop ['tɪədrɔp] *n* łza *f*.
tearful ['tɪəful] *adj* zapłakany.
tear gas *n* gaz *m* łzawiący.
tearing ['tɛərɪŋ] *adj*: **to be in a tearing hurry** strasznie się spieszyć.
tearoom ['ti:ru:m] *n* = **teashop**.
tease [ti:z] *vt* dokuczać *+dat* ♦ *n* kpiarz *m*.
tea set *n* serwis *m* do herbaty.
teashop ['ti:ʃɔp] (*BRIT*) *n* herbaciarnia *f*.
teaspoon ['ti:spu:n] *n* łyżeczka *f* (do herbaty).
tea strainer *n* sitko *nt* do herbaty.
teat [ti:t] *n* (*on bottle*) smoczek *m*.
teatime ['ti:taɪm] *n* pora *f* podwieczorku.
tea towel (*BRIT*) *n* ścier(ecz)ka *f* do naczyń.
tea urn *n* termos *m* bufetowy.
tech [tɛk] (*inf*) *n abbr* = **technology**; = **technical college**.
technical ['tɛknɪkl] *adj* (*advances*) techniczny; (*terms, language*) techniczny, fachowy.
technical college (*BRIT*) *n* ≈ technikum *nt*.
technicality [tɛknɪ'kælɪtɪ] *n* (*detail*) szczegół *m* techniczny; (*point of law*) szczegół *m* (prawny); **on a technicality, the judge dismissed the case** z powodu uchybienia formalnego sędzia oddalił sprawę.
technically ['tɛknɪklɪ] *adv* (*strictly speaking*) formalnie rzecz biorąc; (*regarding technique*: *of dancer, musician*) technicznie, z technicznego punktu widzenia; (: *of painter, actor*) warsztatowo, pod względem warsztatu.
technician [tɛk'nɪʃən] *n* technik *m*.
technique [tɛk'ni:k] *n* technika *f*.
technocrat ['tɛknəkræt] *n* technokrata (-tka) *m(f)*.
technological [tɛknə'lɔdʒɪkl] *adj* techniczny.
technologist [tɛk'nɔlədʒɪst] *n* technolog *m*.
technology [tɛk'nɔlədʒɪ] *n* technika *f*.
teddy (bear) ['tɛdɪ(-)] *n* (pluszowy) miś *m*.
tedious ['ti:dɪəs] *adj* nużący.
tedium ['ti:dɪəm] *n* nuda *f*.
tee [ti:] (*GOLF*) *n* (*peg*) podstawka *f*; (*area*) rzutnia *f*.
►**tee off** *vi* (*GOLF*) rozpoczynać (rozpocząć *perf*) grę.
teem [ti:m] *vi*: **the museum was teeming with tourists/visitors** w muzeum roiło się od turystów/zwiedzających; **it is teeming down** leje jak z cebra.
teenage ['ti:neɪdʒ] *adj* (*fashions*) młodzieżowy; (*children*) nastoletni.
teenager ['ti:neɪdʒə*] *n* nastolatek (-tka) *m(f)*.
teens [ti:nz] *npl*: **to be in one's teens** być nastolatkiem (-ką) *m(f)*.
tee-shirt ['ti:ʃə:t] *n* = **T-shirt**.
teeter ['ti:tə*] *vi* chwiać się (zachwiać się *perf*); (*fig*): **to teeter on the edge/brink of** stać na krawędzi *+gen*.
teeth [ti:θ] *npl of* **tooth**.
teethe [ti:ð] *vi*: **she's teething** ząbkuje, wyrzynają jej się ząbki.

teething ring ['ti:ðɪŋ-] *n* gryzak *m*.
teething troubles *npl* (*fig*) początkowe trudności *pl*.
teetotal ['ti:'təutl] *adj* niepijący.
teetotaller ['ti:'təutlə*] (*US* **teetotaler**) *n* abstynent(ka) *m(f)*, niepijący (-ca) *m(f)*.
TEFL ['tɛfl] *n abbr* (= *Teaching of English as a Foreign Language*).
Teheran [tɛə'rɑ:n] *n* Teheran *m*.
tel. *abbr* = **telephone** tel.
Tel Aviv ['tɛlə'vi:v] *n* Tel-Awiw *m*.
telecast ['tɛlɪkɑ:st] *n* transmisja *f* telewizyjna.
telecommunications ['tɛlɪkəmju:nɪ'keɪʃənz] *n* telekomunikacja *f*.
telegram ['tɛlɪgræm] *n* telegram *m*.
telegraph ['tɛlɪgrɑ:f] *n* telegraf *m*.
telegraphic [tɛlɪ'græfɪk] *adj* telegraficzny.
telegraph pole *n* słup *m* telegraficzny.
telegraph wire *n* drut *m* telegraficzny.
telepathic [tɛlɪ'pæθɪk] *adj* (*power, communication*) telepatyczny; (*person*): **to be telepathic** mieć zdolności telepatyczne.
telepathy [tə'lɛpəθɪ] *n* telepatia *f*.
telephone ['tɛlɪfəun] *n* telefon *m* ♦ *vt* telefonować (zatelefonować *perf*) *or* dzwonić (zadzwonić *perf*) do *+gen* ♦ *vi* telefonować (zatelefonować *perf*), dzwonić (zadzwonić *perf*); **to be on the telephone** (*talking*) rozmawiać przez telefon; (*possess phone*) mieć telefon.
telephone booth (*BRIT* **telephone box**) *n* budka *f* telefoniczna.
telephone call *n* rozmowa *f* telefoniczna; **there was a telephone call for you** był do ciebie telefon; **can I make a telephone call?** czy mogę zatelefonować ?
telephone directory *n* książka *f* telefoniczna.
telephone exchange *n* centrala *f* telefoniczna.
telephone number *n* numer *m* telefonu.
telephone operator *n* telefonista (-tka) *m(f)*.
telephone tapping *n* podsłuch *m* telefoniczny.
telephonist [tə'lɛfənɪst] (*BRIT*) *n* telefonista (-tka) *m(f)*.
telephoto ['tɛlɪ'fəutəu] *adj*: **telephoto lens** teleobiektyw *m*.
teleprinter ['tɛlɪprɪntə*] *n* dalekopis *m*.
Teleprompter ['tɛlɪprɔmptə*] ® (*US*) *n* czytnik *m* telewizyjny.
telescope ['tɛlɪskəup] *n* teleskop *m* ♦ *vi* (*fig*: *bus, lorry*) składać się (złożyć się *perf*) w harmonijkę ♦ *vt* (*instrument etc*) składać (złożyć *perf*) (*teleskopowo*).
telescopic [tɛlɪ'skɔpɪk] *adj* (*aerial*) teleskopowy; (*legs*) składany; **a 400 mm telescopic lense** teleobiektyw o ogniskowej 400 mm.
Teletext ['tɛlɪtɛkst] ® *n* teletekst *m*, telegazeta *f*.
televise ['tɛlɪvaɪz] *vt* transmitować w telewizji.
television ['tɛlɪvɪʒən] *n* (*set*) telewizor *m*; (*system, business*) telewizja *f*; **to be on television** (*person*) występować (wystąpić *perf*) w telewizji; **what's on television tonight?** co jest dziś wieczorem w telewizji?
television licence (*BRIT*) *n* abonament *m* telewizyjny.
television programme *n* program *m* telewizyjny.
television set *n* telewizor *m*.
telex ['tɛlɛks] *n* teleks *m* ♦ *vt* (*message*) przesyłać (przesłać *perf*) teleksem; (*company*) teleksować (zateleksować *perf*) do *+gen* ♦ *vi* teleksować (zateleksować *perf*).
tell [tɛl] (*pt* **told**) *vt* (*say*) mówić (powiedzieć *perf*); (*relate*) opowiadać (opowiedzieć *perf*); (*distinguish*): **to tell sth from sth** odróżniać (odróżnić *perf*) coś od czegoś ♦ *vi*: **to tell on** (*affect*) odbijać się (odbić się *perf*) na *+loc*; **to tell sb to do sth** kazać (kazać *perf*) komuś coś zrobić; **to tell sb of** *or* **about sth** (*inform*) mówić (powiedzieć *perf*) komuś o czymś; (*at length*) opowiadać (opowiedzieć *perf*) komuś o czymś; **I couldn't tell what they were thinking** nie miałem pojęcia, co myślą; **to be able to tell the time** znać się na zegarze; **can you tell me the time?** czy może mi Pan/Pani powiedzieć, która (jest) godzina?; **(I) tell you what ...** wiesz co, ...; **I can't tell them apart** nie rozróżniam ich.
►**tell off** *vt* besztać (zbesztać *perf*).
►**tell on** *vt fus* skarżyć (naskarżyć *perf*) na *+acc*.
teller ['tɛlə*] *n* (*in bank*) kasjer(ka) *m(f)*.
telling ['tɛlɪŋ] *adj* (*revealing*) wymowny, wiele mówiący; (*significant*) znaczący.
telltale ['tɛlteɪl] *adj* (*sign*) charakterystyczny ♦ *n* (*pej*) skarżypyta *m/f* (*pej*).
telly ['tɛlɪ] (*BRIT*: *inf*) *n abbr* = **television**.
temerity [tə'mɛrɪtɪ] *n*: **to have the temerity to ...** mieć czelność *+infin*.
temp [tɛmp] (*BRIT*: *inf*) *n abbr* (= *temporary office worker*) tymczasowa pomoc *f* biurowa ♦ *vi* pracować jako tymczasowa pomoc biurowa.
temper ['tɛmpə*] *n* (*nature*) usposobienie *nt*; (*mood*) nastrój *m*, humor *m*; (*fit of anger*) gniew *m* ♦ *vt* (*moderate*) łagodzić (złagodzić *perf*); **to be in a temper** być rozdrażnionym; **to lose one's temper** tracić (stracić *perf*) panowanie nad sobą.
temperament ['tɛmprəmənt] *n* temperament *m*, usposobienie *nt*.
temperamental [tɛmprə'mɛntl] *adj* (*person*) zmienny, (łatwo) ulegający nastrojom; (*fig*: *car, machine*) kapryśny.
temperate ['tɛmprət] *adj* umiarkowany.
temperature ['tɛmprətʃə*] *n* temperatura *f*; **to have** *or* **run a temperature** mieć gorączkę; **to take sb's temperature** mierzyć (zmierzyć *perf*) komuś temperaturę.
temperature chart (*MED*) *n* karta *f* gorączkowa.
tempered ['tɛmpəd] *adj* (*steel*) hartowany.
tempest ['tɛmpɪst] *n* burza *f*.
tempestuous [tɛm'pɛstjuəs] *adj* (*time,*

relationship) burzliwy; (*person*) gwałtowny, porywczy.

tempi ['tɛmpi:] *npl of* **tempo**.

template ['tɛmplɪt] *n* szablon *m*.

temple ['tɛmpl] *n* (*building*) świątynia *f*; (*ANAT*) skroń *f*.

tempo ['tɛmpəu] (*pl* **tempos** *or* **tempi**) *n* tempo *nt*.

temporal ['tɛmpərl] *adj* (*secular*) świecki; (*earthly*) doczesny; (*relating to time*) czasowy.

temporarily ['tɛmpərərɪlɪ] *adv* (*stay, accommodate*) tymczasowo, chwilowo; (*closed, unavailable, alone*) chwilowo.

temporary ['tɛmpərərɪ] *adj* tymczasowy.

temporize ['tɛmpəraɪz] *vi* grać na zwłokę *or* na czas.

tempt [tɛmpt] *vt* (*attract*) kusić (skusić *perf*); (: *client, customer*) przyciągać (przyciągnąć *perf*); (*persuade*): **to tempt sb to do sth/into doing sth** nakłaniać (nakłonić *perf*) kogoś do zrobienia czegoś; **to be tempted to do sth** mieć (wielką) ochotę coś (z)robić.

temptation [tɛmp'teɪʃən] *n* pokusa *f*.

tempting ['tɛmptɪŋ] *adj* kuszący.

ten [tɛn] *num* dziesięć ♦ *n*: **tens of thousands** dziesiątki *pl* tysięcy.

tenable ['tɛnəbl] *adj* (*argument*) dający się obronić; **the position of Chairman is tenable for a maximum of 3 years** kadencja przewodniczącego trwa maksimum 3 lata.

tenacious [tə'neɪʃəs] *adj* (*person*) uparty, nieustępliwy; (*idea*) (głęboko) zakorzeniony.

tenacity [tə'næsɪtɪ] *n* upór *m*, nieustępliwość *f*.

tenancy ['tɛnənsɪ] *n* dzierżawa *f*, najem *m*.

tenant ['tɛnənt] *n* (*of land, property*) dzierżawca *m*, najemca *m*; (*of flat*) najemca *m*, lokator(ka) *m(f)*; (*of room*) sublokator(ka) *m(f)*.

tend [tɛnd] *vt* (*crops*) uprawiać; (*sick person*) doglądać *+gen* ♦ *vt*: **I tend to wake up early** mam zwyczaj budzić się *or* zwykle budzę się wcześnie.

tendency ['tɛndənsɪ] *n* (*inclination*) skłonność *f*; (*habit*) zwyczaj *m*; (*trend*) tendencja *f*.

tender ['tɛndə*] *adj* (*affectionate*) czuły; (*sore*) obolały; (*meat*) miękki, kruchy; (*age*): **he's at a tender age, he's of tender years** jest (jeszcze) bardzo młody ♦ *n* (*COMM*) oferta *f*; (*money*): **legal tender** środek *m* płatniczy ♦ *vt* (*offer, resignation*) składać (złożyć *perf*); **to put in a tender (for)** składać (złożyć *perf*) ofertę (na *+acc*); **to put work out to tender** (*BRIT*) ogłaszać (ogłosić *perf*) przetarg na wykonanie prac.

tenderize ['tɛndəraɪz] (*CULIN*) *vt* (*meat*) zmiękczać (zmiękczyć *perf*).

tenderly ['tɛndəlɪ] *adv* czule.

tenderness ['tɛndənɪs] *n* (*affection*) czułość *f*; (*of meat*) miękkość *f*, kruchość *f*.

tendon ['tɛndən] *n* ścięgno *nt*.

tendril ['tɛndrɪl] *n* (*BOT*) wąs *m* (*pnącza*); (*of hair*) kosmyk *m*.

tenement ['tɛnəmənt] *n* kamienica *f* czynszowa.

Tenerife [tɛnə'ri:f] *n* Teneryfa *f*.

tenet ['tɛnət] *n* zasada *f*.

tenner ['tɛnə*] *n* (*BRIT*: *inf*: *ten pounds*) dycha *f* (*inf*).

tennis ['tɛnɪs] *n* tenis *m*.

tennis ball *n* piłka *f* tenisowa.

tennis club *n* klub *m* tenisowy.

tennis court *n* kort *m* tenisowy.

tennis elbow (*MED*) *n* łokieć *m* tenisisty.

tennis match *n* mecz *m* tenisowy.

tennis player *n* tenisista (-tka) *m(f)*.

tennis racket *n* rakieta *f* tenisowa.

tennis shoes *npl* tenisówki *pl*.

tenor ['tɛnə*] *n* (*MUS*) tenor *m*; (*of speech, reply*) wydźwięk *m*.

tenpin bowling ['tɛnpɪn-] (*BRIT*: *SPORT*) *n* kręgle *pl*.

tense [tɛns] *adj* (*person*) spięty; (*situation, atmosphere*) napięty; (*muscle*) napięty, naprężony; (*smile*) nerwowy ♦ *n* (*LING*) czas *m* ♦ *vt* napinać (napiąć *perf*), naprężać (naprężyć *perf*).

tenseness ['tɛnsnɪs] *n* napięcie *nt*.

tension ['tɛnʃən] *n* (*nervousness*) napięcie *nt*; (*between ropes etc*) naprężenie *nt*, napięcie *nt*.

tent [tɛnt] *n* namiot *m*.

tentacle ['tɛntəkl] *n* (*ZOOL*: *of octopus*) macka *f*; (: *of snail*) czułek *m*; (*fig*: *of organization*) macka *f*; (: *of idea, class background*) okowa *f* (*usu pl*).

tentative ['tɛntətɪv] *adj* (*conclusion, plans*) wstępny; (*person, step, smile*) niepewny.

tentatively ['tɛntətɪvlɪ] *adv* (*suggest*) wstępnie; (*wave, smile*) niepewnie.

tenterhooks ['tɛntəhuks] *npl*: **on tenterhooks** jak na szpilkach.

tenth [tɛnθ] *num* dziesiąty.

tent peg *n* kołek *m* namiotowy *or* do namiotu, śledź *m*.

tent pole *n* maszt *m* namiotowy.

tenuous ['tɛnjuəs] *adj* (*hold, links etc*) słaby.

tenure ['tɛnjuə*] *n* (*of land, buildings*) tytuł *m* własności; (*holding of office*) urzędowanie *nt*; (*period in office*) kadencja *f*; (*UNIV*): **to have tenure** mieć dożywotnią posadę.

tepid ['tɛpɪd] *adj* letni; (*fig*: *reaction*) chłodny; (: *applause*) wstrzemięźliwy.

term [tə:m] *n* (*word*) termin *m*; (*expression*) określenie *nt*; (*period in power*) kadencja *f*; (*SCOL*) ≈ semestr *m* ♦ *vt* nazywać (nazwać *perf*); **terms** *npl* warunki *pl*; **in economic/political terms** w kategoriach ekonomicznych/politycznych; **in terms of** (*as regards*) pod względem *+gen*; **term of imprisonment** okres pozbawienia wolności; **easy terms** (*COMM*) dogodne warunki; **in the short/long term** na krótką/dłuższą metę; **to be on good terms with sb** być z kimś w dobrych stosunkach; **to come to terms with** godzić się (pogodzić się *perf*) z *+instr.*

terminal ['tə:mɪnl] *adj* (*disease*) nieuleczalny; (*patient*) nieuleczalnie chory ♦ *n* (*ELEC*) końcówka *f*, przyłącze *nt*; (*COMPUT*) terminal *m*; (*also*: **air terminal**) terminal *m* lotniczy; (*BRIT*: *also*: **bus terminal**) pętla *f* autobusowa.

terminate ['tə:mɪneɪt] *vt* (*discussion*) zakańczać (zakończyć *perf*); (*pregnancy*) przerywać (przerwać *perf*); (*contract*) rozwiązywać (rozwiązać *perf*) ♦ *vi*: **to terminate in** kończyć się (skończyć się *perf*) *+instr.*

termination [tə:mɪ'neɪʃən] *n* (*of discussion*) zakończenie *nt*; (*of links, contacts*) zerwanie *nt*; (*of contract*) wygaśnięcie *nt*; (: *before time*) rozwiązanie *nt*; (*MED*) przerwanie *nt* ciąży.

termini ['tə:mɪnaɪ] *npl of* **terminus.**

terminology [tə:mɪ'nɔlədʒɪ] *n* terminologia *f.*

terminus ['tə:mɪnəs] (*pl* **termini**) *n* (*for buses*) przystanek *m* końcowy; (*for trains*) stacja *f* końcowa.

termite ['tə:maɪt] *n* termit *m.*

Ter(r). *abbr* (*in street names*) = **terrace.**

terrace ['tɛrəs] *n* (*on roof, of garden*) taras *m*; (*next to house*) patio *nt*; (*BRIT*: *houses*) *szereg przylegających do siebie domków jednorodzinnych*; **the terraces** (*BRIT*: *SPORT*) *npl* trybuny *pl* stojące.

terraced ['tɛrəst] *adj* (*house*) szeregowy; (*garden*) tarasowy.

terracotta ['tɛrə'kɔtə] *n* terakota *f* ♦ *adj* z terakoty *post.*

terrain [tɛ'reɪn] *n* teren *m.*

terrible ['tɛrɪbl] *adj* straszny, okropny; (*inf*: *awful*) okropny.

terribly ['tɛrɪblɪ] *adv* strasznie, okropnie.

terrier ['tɛrɪə*] *n* terier *m.*

terrific [tə'rɪfɪk] *adj* (*very great*: *thunderstorm*) straszny, okropny; (: *speed etc*) zawrotny; (*wonderful*) wspaniały.

terrify ['tɛrɪfaɪ] *vt* przerażać (przerazić *perf*); **to be terrified** być przerażonym.

terrifying ['tɛrɪfaɪɪŋ] *adj* przerażający.

territorial [tɛrɪ'tɔ:rɪəl] *adj* terytorialny; (*BRIT*) *n* *członek ochotniczej rezerwy Królewskich Sił Zbrojnych.*

Territorial Army (*BRIT*) *n*: **the Territorial Army** *ochotnicza rezerwa Królewskich Sił Zbrojnych.*

territorial waters *npl* wody *pl* terytorialne.

territory ['tɛrɪtərɪ] *n* terytorium *nt*; (*fig*) teren *m.*

terror ['tɛrə*] *n* przerażenie *nt*, paniczny strach *m.*

terrorism ['tɛrərɪzəm] *n* terroryzm *m.*

terrorist ['tɛrərɪst] *n* terrorysta (-tka) *m(f).*

terrorize ['tɛrəraɪz] *vt* terroryzować (sterroryzować *perf*).

terse [tə:s] *adj* (*statement*) zwięzły, lakoniczny; (*style*) lapidarny.

tertiary ['tə:ʃərɪ] *adj* trzeciorzędny; **tertiary education** (*BRIT*) szkolnictwo wyższe.

Terylene ['tɛrɪli:n] ® *n* torlen *m* ♦ *adj* torlenowy.

TESL ['tɛsl] *n abbr* (= *Teaching of English as a Second Language*).

test [tɛst] *n* (*trial, check*) próba *f*; (*MED*) badanie *nt*, analiza *f*; (*SCOL*) sprawdzian *m*, test *m*; (*PSYCH*) test *m*; (*also*: **driving test**) egzamin *m* na prawo jazdy ♦ *vt* (*try out*) testować (przetestować *perf*); (*examine*) badać (zbadać *perf*); (*SCOL*: *pupil*) testować (przetestować *perf*); (: *knowledge*) sprawdzać (sprawdzić *perf*); **to put sth to the test** poddawać (poddać *perf*) coś próbie; **to test sth for sth** badać (zbadać *perf*) coś na zawartość czegoś.

testament ['tɛstəmənt] *n* (*testimony*) świadectwo *nt*; (*also*: **last will and testament**) testament *m*; **the Old/New Testament** Stary/Nowy Testament.

test ban *n* (*also*: **nuclear test ban**) zakaz *m* prób jądrowych.

test card (*TV*) *n* plansza *f* kontrolna.

test case *n* (*JUR*) precedens *m* sądowy; **to be a test case for** (*fig*) mieć precedensowe znaczenie dla *+gen.*

test flight *n* lot *m* próbny.

testicle ['tɛstɪkl] (*MED*) *n* jądro *nt.*

testify ['tɛstɪfaɪ] *vi* zeznawać (zeznać *perf*); **to testify to sth** (*JUR*) poświadczać (poświadczyć *perf*) coś; (*be sign of*) świadczyć o *+loc.*

testimonial [tɛstɪ'məunɪəl] *n* (*BRIT*) referencje *pl.*

testimony ['tɛstɪmənɪ] *n* zeznanie *nt*;: **to be (a) testimony to** być świadectwem *+gen.*

testing ['tɛstɪŋ] *adj* (*situation, period*) trudny.

test match (*CRICKET, RUGBY*) *n* mecz *m* reprezentacji narodowych.

test paper *n* (pisemna) praca *f* klasowa.

test pilot *n* oblatywacz *m.*

test tube *n* probówka *f.*

test-tube baby ['tɛsttju:b-] *n* dziecko *nt* z probówki.

testy ['tɛstɪ] *adj* (*person*) drażliwy; (*comment*) złośliwy.

tetanus ['tɛtənəs] *n* tężec *m.*

tetchy ['tɛtʃɪ] *adj* popędliwy.

tether ['tɛðə*] *n*: **at the end of one's tether** u kresu wytrzymałości ♦ *vt* pętać (spętać *perf*).

text [tɛkst] *n* tekst *m.*

textbook ['tɛkstbuk] *n* podręcznik *m.*

textiles ['tɛkstaɪlz] *npl* (*fabrics*) tekstylia *pl*, wyroby *pl* włókiennicze; (*industry*) włókiennictwo *nt*, przemysł *m* włókienniczy.

texture ['tɛkstʃə*] *n* (*of cloth, paper*) faktura *f*; (*of rock*) tekstura *f*; (*of soil*) struktura *f.*

TGWU (*BRIT*) *n abbr* (= *Transport and General Workers' Union*).

Thai [taɪ] *adj* tajski, tajlandzki ♦ *n* (*person*) Tajlandczyk (-dka) *m(f)*; (*LING*) (język *m*) syjamski.

Thailand ['taɪlænd] *n* Tajlandia *f.*

thalidomide [θə'lɪdəmaɪd] ® (*MED*) *n* thalidomid *m.*

Thames [tɛmz] *n*: **the Thames** Tamiza *f*.

than [ðæn, ðən] *conj* niż; **I have more than you** mam więcej niż ty; **we have more wine than beer** mamy więcej wina niż piwa; **she is older than you think** jest starsza, niż przypuszczasz; **it's more than likely** to więcej niż prawdopodobne; **more than once** nie raz.

thank [θæŋk] *vt* dziękować (podziękować *perf*) *+dat*; **thank you (very much)** dziękuję (bardzo); **thank God!** dzięki Bogu!

thankful ['θæŋkful] *adj*: **thankful (for)** wdzięczny (za *+acc*); **we were thankful that it was all over** byliśmy wdzięczni (za to), że było już po wszystkim.

thankfully ['θæŋkfəlɪ] *adv* z wdzięcznością; **thankfully there were few victims** na szczęście było niewiele ofiar.

thankless ['θæŋklɪs] *adj* niewdzięczny.

thanks [θæŋks] *npl* podziękowanie *nt*, podziękowania *pl* ♦ *excl* (*also*: **many thanks, thanks a lot**) (stokrotne) dzięki; **thanks to** dzięki *+dat*.

Thanksgiving (Day) ['θæŋksgɪvɪŋ(-)] (*US*) *n* Święto *nt* Dziękczynienia.

KEYWORD

that [ðæt, ðət] (*pl* **those**) *adj* (*demonstrative*) ten; (: *in contrast to 'this' or to indicate (greater) distance*) tamten; **that man/woman/chair** ten mężczyzna/ta kobieta/to krzesło; **that one** (tam)ten *m*/(tam)ta *f*/(tam)to *nt*; **that one over there** tamten, ten tam (*inf*) ♦ *pron* **1** (*demonstrative*) to *nt*; (: *in contrast to 'this' or referring to something (more) distant*) tamto *nt*; **who's/what's that?** kto/co to (jest)?; **is that you?** czy to ty?; **I prefer this to that** wolę to od tamtego; **that's what he said** to właśnie powiedział; **what happened after that?** co się stało potem?; **that is (to say)** to jest *or* znaczy. **2** (*relative*) który; (: *after 'all', 'anything' etc*) co; **the man (that) I saw** człowiek, którego widziałem; **the people (that) I spoke to** ludzie, z którymi rozmawiałem; **all (that) I have** wszystko, co mam. **3** (*relative*: *of time*) kiedy, gdy; **the day (that) he came** tego dnia, kiedy *or* gdy przyszedł ♦ *conj* że, iż (*fml*); **he thought that I was ill** myślał, że jestem chory; **she suggested that I phone you** poradziła mi, żebym do ciebie zadzwonił ♦ *adv* (*+adjective*) (aż) tak *or* taki; (*+adverb*) (aż) tak; **I can't work that much** nie mogę (aż) tyle pracować; **I didn't realize it was that bad** nie zdawałam sobie sprawy, że jest (aż) tak źle.

thatched [θætʃt] *adj* kryty strzechą.

thaw [θɔ:] *n* odwilż *f* ♦ *vi* (*ice*) topić się (stopić się *perf*), tajać (stajać *perf*); (*food*) rozmrażać się (rozmrozić się *perf*) ♦ *vt* (*also*: **thaw out**) rozmrażać (rozmrozić *perf*); **it's thawing** jest odwilż.

KEYWORD

the [ðə, ði:] *def art* **1** (*usu*): **the history of Poland** historia Polski; **the books/children are in the library** książki/dzieci są w bibliotece; **the rich and the poor** bogaci i biedni; **to attempt the impossible** porywać się z motyką na słońce. **2** (*in titles*): **Elizabeth the First** Elżbieta I; **Peter the Great** Piotr Wielki. **3** (*in comparisons*): **the more he works the more he earns** im więcej pracuje, tym więcej zarabia.

theatre ['θɪətə*] (*US* **theater**) *n* teatr *m*; (*also*: **lecture theatre**) sala *f* wykładowa; (*also*: **operating theatre**) sala *f* operacyjna.

theatre-goer ['θɪətəgəuə*] *n* teatroman(ka) *m(f)*.

theatrical [θɪ'ætrɪkl] *adj* teatralny.

theft [θɛft] *n* kradzież *f*.

their [ðɛə*] *adj* ich, swój; **companies and their workers** przedsiębiorstwa i ich pracownicy; **they never left their village** nigdy nie wyjeżdżali ze swojej wioski.

theirs [ðɛəz] *pron* ich; **it is theirs** to (jest) ich; **a friend of theirs** (pewien) ich znajomy; *see also* **my, mine**[1].

them [ðɛm, ðəm] *pron* (*direct*) ich *vir*, je *nvir*; (*indirect*) im; (*stressed, after prep*) nich; **I see them** widzę ich/je; **give them the book** daj im książkę; **give me a few of them** daj mi kilka z nich; *see also* **me**.

theme [θi:m] *n* temat *m*.

theme park *n park rozrywki, w którym atrakcje pogrupowane są wg tematu i dotyczą konkretnej dziedziny lub epoki.*

theme song *n* melodia *f* przewodnia, motyw *f* przewodni.

theme tune *n* = **theme song**.

themselves [ðəm'sɛlvz] *pl pron* (*reflexive*) się; (*after prep*) siebie *(gen, acc)*, sobie *(dat, loc)*, sobą *(instr)*; (*emphatic*) sami *vir*, same *nvir*; **between themselves** między sobą.

then [ðɛn] *adv* (*at that time*) wtedy, wówczas; (*next*) następnie, potem ♦ *conj* tak więc ♦ *adj*: **the then president** ówczesny prezydent; **by then** (*past*) do tego czasu; (*future*) do tej pory, do tego czasu; **from then on** od tego czasu, od tamtej chwili *or* pory; **before then** przedtem; **until then** do tego czasu; **and then what?** i co wtedy?; **what do you want me to do then?** (*afterwards*) co chcesz, żebym zrobił potem?; (*in that case*) co w takim razie chcesz, żebym zrobił?; **the importance of education, then, ...** tak więc, znaczenie wykształcenia ...; **but then** z drugiej strony (jednak).

theologian [θɪə'ləudʒən] *n* teolog *m*.

theological [θɪə'lɔdʒɪkl] *adj* teologiczny; **theological college** akademia teologiczna.
theology [θɪ'ɔlədʒɪ] *n* teologia *f*.
theorem ['θɪərəm] *n* twierdzenie *nt*.
theoretical [θɪə'rɛtɪkl] *adj* teoretyczny.
theorize ['θɪəraɪz] *vi* teoretyzować.
theory ['θɪərɪ] *n* teoria *f*; **in theory** teoretycznie.
therapeutic [θɛrə'pju:tɪk] *adj* terapeutyczny, leczniczy.
therapist ['θɛrəpɪst] *n* terapeuta (-tka) *m(f)*.
therapy ['θɛrəpɪ] *n* terapia *f*, leczenie *nt*.

KEYWORD

there [ðɛə*] *adv* **1**: **there is/there are** jest/są; **there are 3 of them** jest ich 3; **there has been an accident** wydarzył się wypadek; **there will be a meeting tomorrow** jutro odbędzie się zebranie. **2** (*referring to place*) tam; **up/down there** tam na górze/na dole; **there he is!** oto i on! **3**: **there, there** (no) już dobrze.

thereabouts ['ðɛərə'bauts] *adv* (*place*) gdzieś tam (w pobliżu), w okolicy; (*amount*) coś koło tego.
thereafter [ðɛər'ɑ:ftə*] *adv* od tego czasu.
thereby ['ðɛəbaɪ] *adv* przez to, tym samym.
therefore ['ðɛəfɔ:*] *adv* dlatego (też), zatem.
there's ['ðɛəz] = **there is**; = **there has**.
thereupon [ðɛərə'pɔn] *adv* następnie.
thermal ['θə:ml] *adj* (*energy*) cieplny; (*underwear*) ocieplany; (*paper, printer*) termiczny; **thermal springs** cieplice.
thermodynamics ['θə:mədaɪ'næmɪks] *n* termodynamika *f*.
thermometer [θə'mɔmɪtə*] *n* termometr *m*.
thermonuclear ['θə:məu'nju:klɪə*] *adj* termojądrowy.
Thermos ['θə:məs] ® *n* (*also*: **Thermos flask**) termos *m*.
thermostat ['θə:məustæt] *n* termostat *m*.
thesaurus [θɪ'sɔ:rəs] *n* tezaurus *m*, ≈ słownik *m* wyrazów bliskoznacznych.
these [ði:z] *pl adj* ci *(+vir pl)*, te *(+nvir pl)* ♦ *pl pron* ci *vir*, te *nvir*.
theses ['θi:si:z] *npl of* **thesis**.
thesis ['θi:sɪs] (*pl* **theses**) *n* (*for doctorate etc*) rozprawa *f*, praca *f*.
they [ðeɪ] *pl pron* oni; **they say that ...** mówią *or* mówi się, że... .
they'd = **they had**; = **they would**.
they'll = **they shall**; = **they will**.
they're = **they are**.
they've [ðeɪv] = **they have**.
thick [θɪk] *adj* (*slice, line, socks*) gruby; (*sauce, forest, hair*) gęsty; (*inf*: *person*) tępy ♦ *n*: **in the thick of the battle** w wirze walki; **it's 20 cm thick** ma 20 cm grubości.
thicken ['θɪkn] *vi* gęstnieć (zgęstnieć *perf*) ♦ *vt* zagęszczać (zagęścić *perf*); **the plot thickens** akcja się komplikuje.
thicket ['θɪkɪt] *n* gąszcz *m*, zarośla *pl*.
thickly ['θɪklɪ] *adv* (*spread, cut*) grubo; (*populated*) gęsto.
thickness ['θɪknɪs] *n* grubość *f*; (*layer*) warstwa *f*.
thickset [θɪk'sɛt] *adj* przysadzisty.
thick-skinned [θɪk'skɪnd] *adj* (*fig*) gruboskórny.
thief [θi:f] (*pl* **thieves**) *n* złodziej *m*.
thieves [θi:vz] *npl of* **thief**.
thieving ['θi:vɪŋ] *n* złodziejstwo *nt*.
thigh [θaɪ] *n* udo *nt*.
thighbone ['θaɪbəun] *n* kość *f* udowa.
thimble ['θɪmbl] *n* naparstek *m*.
thin [θɪn] *adj* (*slice, line, book*) cienki; (*person, animal*) chudy; (*soup, fog, hair*) rzadki ♦ *vt*: **to thin (down)** rozrzedzać (rozrzedzić *perf*), rozcieńczać (rozcieńczyć *perf*) ♦ *vi* przerzedzać się (przerzedzić się *perf*); **his hair is thinning** włosy mu rzedną.
thing [θɪŋ] *n* rzecz *f*; **things** *npl* rzeczy *pl*; **do you know how to drive this thing?** czy wiesz, jak się tym kieruje?; **he has a thing about blondes** (*inf*) ma słabość do blondynek; **first thing in the morning** z samego rana; **last thing at night** przed (samym) pójściem spać; **the thing is ...** rzecz w tym, że ...; **for one thing** przede wszystkim; **don't worry about a thing** (o) nic się nie martw; **you'll do no such thing!** nic takiego nie zrobisz!; **poor thing** biedactwo; **the best thing would be to ...** najlepiej byłoby *+infin*; **how are things?** co słychać?
think [θɪŋk] (*pt* **thought**) *vi* (*reflect*) myśleć (pomyśleć *perf*); (*reason*) myśleć ♦ *vt* myśleć (pomyśleć *perf*); **to think of** (*reflect upon, show consideration for*) myśleć (pomyśleć *perf*) o *+loc*; (*recall*) przypominać (przypomnieć *perf*) sobie *+acc*; (*conceive*) pomyśleć *(perf)* o *+loc*; **what did you think of them?** jakie zrobili na tobie wrażenie?; **to think about sth/sb** myśleć (pomyśleć *perf*) o czymś/kimś; **I'll think about it** zastanowię się nad tym; **she thinks of going away to Italy** myśli o wyjeździe do Włoch; **I think so/not** myślę, że tak/nie; **to think highly of sb** być wysokiego mniemania o kimś; **to think aloud** myśleć głośno *or* na głos; **think again!** zastanów się!
▸**think over** *vt* przemyśliwać (przemyśleć *perf*), rozważać (rozważyć *perf*); **I'd like to think things over** chciałabym (to) wszystko przemyśleć.
▸**think through** *vt* przemyśliwać (przemyśleć *perf*).
▸**think up** *vt* (*excuse*) wymyślać (wymyślić *perf*); (*plan*) obmyślać (obmyślić *perf*).
thinking ['θɪŋkɪŋ] *n* myślenie *nt*; **to my (way of) thinking** w moim pojęciu.
think tank *n* sztab *m* ekspertów.

thinly ['θɪnlɪ] *adv* (*spread, cut*) cienko; (*disguised*) ledwie.
thinness ['θɪnnɪs] *n* cienkość *f*.
third [θə:d] *num* trzeci ♦ *n* (*fraction*) jedna trzecia *f*; (*AUT*) trzeci bieg *m*, trójka *f* (*inf*); (*BRIT*: *SCOL*) *dyplom ukończenia studiów z najniższą oceną*; **a third of** trzecia część *+gen*.
third-degree burns ['θə:ddɪgri:-] *npl* poparzenia *pl* trzeciego stopnia.
thirdly ['θə:dlɪ] *adv* po trzecie.
third party insurance (*BRIT*) *n* ubezpieczenie *nt* od odpowiedzialności cywilnej.
third-rate ['θə:d'reɪt] (*pej*) *adj* trzeciorzędny.
Third World *n*: **the Third World** Trzeci Świat *m* ♦ *adj*: **Third World countries** kraje *pl* Trzeciego Świata.
thirst [θə:st] *n* pragnienie *nt*.
thirsty ['θə:stɪ] *adj* spragniony; **I am thirsty** chce mi się pić; **gardening is thirsty work** przy pracy w ogrodzie chce się pić.
thirteen [θə:'ti:n] *num* trzynaście.
thirteenth [θə:'ti:nθ] *num* trzynasty.
thirtieth ['θə:tɪɪθ] *num* trzydziesty.
thirty ['θə:tɪ] *num* trzydzieści.

KEYWORD

this [ðɪs] (*pl* **these**) *adj* (*demonstrative*) ten; **this man/woman/child** ten mężczyzna/ta kobieta/to dziecko; **these people** ci ludzie; **these children** te dzieci; **this one** ten *m*/ta *f*/to *nt* ♦ *pron* to; **who/what is this?** co/kto to jest?; **this is where I live** tutaj (właśnie) mieszkam; **this is Mr Brown** (*in introductions*) (to) pan Brown; (*in photo*) to (jest) pan Brown; (*on telephone*) mówi Brown, tu Brown ♦ *adv* (*+adjective*) tak *or* taki; (*+adverb*) tak; **it was about this big** to było mniej więcej takie duże; **now we've gone this far** teraz, gdy zaszliśmy (już) tak daleko.

thistle ['θɪsl] *n* oset *m*.
thong [θɔŋ] *n* pasek *m*, rzemień *m*.
thorn [θɔ:n] *n* cierń *m*, kolec *m*.
thorny ['θɔ:nɪ] *adj* ciernisty; (*fig*) najeżony trudnościami.
thorough ['θʌrə] *adj* gruntowny; (*person*) sumienny, skrupulatny.
thoroughbred ['θʌrəbrɛd] *n* koń *m* czystej krwi.
thoroughfare ['θʌrəfɛə*] *n* główna arteria *f* komunikacyjna; **"no thoroughfare"** (*BRIT*) „przejazd wzbroniony".
thoroughly ['θʌrəlɪ] *adv* gruntownie; **I was thoroughly ashamed** było mi bardzo wstyd; **I thoroughly agree** całkowicie się zgadzam.
thoroughness ['θʌrənɪs] *n* gruntowność *f*.
those [ðəuz] *pl adj* (tam)ci *(+vir pl)*, (tam)te *(+nvir pl)* ♦ *pl pron* (tam)ci *vir*, (tam)te *nvir*.
though [ðəu] *conj* chociaż, mimo że ♦ *adv* jednak; **even though** (po)mimo że, chociaż; **it's not easy, though** nie jest to jednak łatwe.
thought [θɔ:t] *pt, pp of* **think** ♦ *n* (*idea, intention*) myśl *f*; (*reflection*) namysł *m*; **thoughts** *npl* zdanie *nt*, opinia *f*; **after much thought** po długim namyśle; **I've just had a thought** właśnie przyszedł mi do głowy pewien pomysł; **I'll give it some thought** pomyślę o tym, zastanowię się nad tym.
thoughtful ['θɔ:tful] *adj* (*pensive*) zamyślony; (*considerate*) troskliwy.
thoughtfully ['θɔ:tfəlɪ] *adv* (*pensively*) w zamyśleniu; (*considerately*) troskliwie.
thoughtless ['θɔ:tlɪs] *adj* bezmyślny.
thoughtlessly ['θɔ:tlɪslɪ] *adv* bezmyślnie.
thoughtlessness ['θɔ:tlɪsnɪs] *n* bezmyślność *f*.
thousand ['θauzənd] *num* tysiąc; **two thousand** dwa tysiące; **thousands of** tysiące *+gen*.
thousandth ['θauzəntθ] *num* tysięczny.
thrash [θræʃ] *vt* (*beat*) bić (zbić *perf*), lać (zlać *perf*) (*inf*); (*defeat*) pobić *(perf)* na głowę.
▸**thrash about** *vi* rzucać się.
▸**thrash around** *vi* = **thrash about**.
▸**thrash out** *vt* (*problem*) rozpracowywać (rozpracować *perf*).
thrashing ['θræʃɪŋ] *n*: **to give sb a thrashing** sprawić *(perf)* komuś lanie.
thread [θrɛd] *n* (*yarn*) nić *f*, nitka *f*; (*of screw*) gwint *m* ♦ *vt* (*needle*) nawlekać (nawlec *perf*); **to thread one's way between** przemykać (przemknąć *perf*) pomiędzy *+instr*.
threadbare ['θrɛdbɛə*] *adj* wytarty, przetarty.
threat [θrɛt] *n* groźba *f*, pogróżka *f*; (*fig*) zagrożenie *nt*; **we are under threat of** grozi nam *+nom*.
threaten ['θrɛtn] *vi* grozić, zagrażać ♦ *vt*: **to threaten sb with sth** grozić (zagrozić *perf*) komuś czymś; **the riots threatened to get out of hand** istniało niebezpieczeństwo, że rozruchy wymkną się spod kontroli.
threatening ['θrɛtnɪŋ] *adj* groźny.
three [θri:] *num* trzy.
three-dimensional [θri:dɪ'mɛnʃənl] *adj* trójwymiarowy.
threefold ['θri:fəuld] *adv*: **to increase threefold** wzrastać (wzrosnąć *perf*) trzykrotnie.
three-piece suit ['θri:pi:s-] *n* garnitur *m* trzyczęściowy.
three-piece suite *n* zestaw *m* wypoczynkowy.
three-ply [θri:'plaɪ] *adj* (*wool*) potrójny; (*wood*) trójwarstwowy.
three-quarters [θri:'kwɔ:təz] *npl* trzy czwarte *pl*; **three-quarters full** napełniony w trzech czwartych.
three-wheeler [θri:'wi:lə*] *n* samochód *m* na trzech kołach.
thresh [θrɛʃ] *vt* młócić (wymłócić *perf*).
threshing machine ['θrɛʃɪŋ-] *n* młocarnia *f*.

threshold ['θrɛʃhəuld] *n* próg *m*; **to be on the threshold of** (*fig*) być u progu *+gen*.
threshold agreement (*ECON*) *n* porozumienie *nt* progowe.
threw [θru:] *pt of* **throw**.
thrift [θrɪft] *n* oszczędność *f*, zapobiegliwość *f*.
thrifty ['θrɪftɪ] *adj* oszczędny, zapobiegliwy.
thrill [θrɪl] *n* (*excitement*) dreszcz(yk) *m* emocji, emocje *pl*; (*shudder*) dreszcz *m* ♦ *vi*: **to thrill to sth** ekscytować się czymś ♦ *vt* ekscytować; **to be thrilled** być podekscytowanym.
thriller ['θrɪlə*] *n* dreszczowiec *m*.
thrilling ['θrɪlɪŋ] *adj* podniecający, ekscytujący.
thrive [θraɪv] (*pt* **thrived** *or* **throve**, *pp* **thrived**) *vi* dobrze się rozwijać; **he thrives on hard work** ciężka praca mu służy.
thriving ['θraɪvɪŋ] *adj* kwitnący, (dobrze) prosperujący.
throat [θrəut] *n* gardło *nt*; **I have a sore throat** boli mnie gardło.
throb [θrɔb] *n* (*of heart*) (silne) bicie *nt*; (*of pain*) rwanie *nt*, pulsowanie *nt*; (*of engine*) warkot *m* ♦ *vi* (*heart*) walić; (*arm etc*) rwać; (*machine*) warczeć; **my head is throbbing** głowa mi pęka.
throes [θrəuz] *npl*: **in the throes of** w wirze *or* ferworze *+gen*; **death throes** drgawki przedśmiertne; (*fig*) ostatnie podrygi.
thrombosis [θrɔm'bəusɪs] (*MED*) *n* zakrzepica *f*.
throne [θrəun] *n* tron *m*.
throng ['θrɔŋ] *n* tłum *m* ♦ *vt* (*streets etc*) wypełniać (wypełnić *perf*) ♦ *vi*: **to throng to** ciągnąć do *+gen*, walić do *+gen* (*inf*).
throttle ['θrɔtl] *n* przepustnica *f*, zawór *m* dławiący ♦ *vt* dusić (udusić *perf*).
through [θru:] *prep* przez *+acc* ♦ *adj* (*train etc*) bezpośredni ♦ *adv* bezpośrednio, prosto; **(from) Monday through Friday** (*US*) od poniedziałku do piątku; **to let sb through** przepuszczać (przepuścić *perf*) kogoś; **to put sb through to sb** (*TEL*) łączyć (połączyć *perf*) kogoś z kimś; **to be through** (*TEL*) mieć połączenie; **to be through with sb/sth** skończyć (*perf*) z kimś/czymś; **"no through road"** (*BRIT*) *ślepa uliczka*; **"no through traffic"** (*US*) *ślepa uliczka*.
throughout [θru:'aut] *prep* (*place*) w całym *+loc*; (*time*) przez cały *+acc* ♦ *adv* (*everywhere*) wszędzie; (*the whole time*) od początku do końca, przez cały czas; **the pictures can be transmitted by satellite throughout the world** zdjęcia te można transmitować przez satelitę na cały świat.
throughput ['θru:put] *n* (*of materials*) przerób *m*; (*of information*) przepustowość *f*.
throve [θrəuv] *pt of* **thrive**.
throw [θrəu] (*pt* **threw**, *pp* **thrown**) *n* rzut *m* ♦ *vt* (*object*) rzucać (rzucić *perf*); (*rider*) zrzucać (zrzucić *perf*); (*pottery*) toczyć; (*fig*) zbić (*perf*) z tropu; **to throw a party** urządzać (urządzić *perf*) przyjęcie; **to throw open** (*doors*) otwierać (otworzyć *perf*) na oścież; (*debate*) zapraszać (zaprosić *perf*) wszystkich do udziału w *+instr*.
►**throw about** *vt* trwonić (roztrwonić *perf*).
►**throw around** *vt* = **throw about**.
►**throw away** *vt* (*rubbish*) wyrzucać (wyrzucić *perf*); (*money*) trwonić (roztrwonić *perf*), przepuszczać (przepuścić *perf*) (*inf*).
►**throw off** *vt* zrzucać (zrzucić *perf*).
►**throw out** *vt* (*rubbish, person*) wyrzucać (wyrzucić *perf*); (*idea*) odrzucać (odrzucić *perf*).
►**throw together** *vt* (*meal*) pichcić (upichcić *perf*) (*inf*), pitrasić (upitrasić *perf*) (*inf*); (*costume, essay*) klecić (sklecić *perf*).
►**throw up** *vi* wymiotować (zwymiotować *perf*).
throwaway ['θrəuəweɪ] *adj* (*toothbrush etc*) jednorazowy; (*remark*) rzucony od niechcenia.
throwback ['θrəubæk] *n*: **it's a throwback to** to przejaw powrotu do *+gen*.
throw-in ['θrəuɪn] (*FOOTBALL*) *n* wrzut *m* z autu.
thrown [θrəun] *pp of* **throw**.
thru [θru:] (*US*) = **through**.
thrush [θrʌʃ] *n* (*bird*) drozd *m*; (*MED*: *esp in children*) pleśniawka *f*; (: *BRIT*: *in women*) grzybica *f* pochwy.
thrust [θrʌst] (*pt* **thrust**) *n* (*TECH*) ciąg *m*, siła *f* ciągu; (*push*) pchnięcie *nt*; (*fig*) kierunek *m* ♦ *vt* pchać (pchnąć *perf*); **to thrust sth into sth** wpychać (wepchnąć *perf*) coś do czegoś.
thud [θʌd] *n* łomot *m*.
thug [θʌg] *n* opryszek *m*, zbir *m*.
thumb [θʌm] *n* kciuk *m* ♦ *vt*: **to thumb a lift** zatrzymywać (zatrzymać *perf*) autostop; **to give sb/sth the thumbs up** zapalać (zapalić *perf*) dla kogoś/czegoś zielone światło.
►**thumb through** *vt fus* kartkować (przekartkować *perf*), przerzucać (przerzucić *perf*) strony *+gen*.
thumb index *n zaokrąglone wcięcia z brzegu książki, z których każde oznacza początek sekcji (np. danej litery w słowniku).*
thumbnail ['θʌmneɪl] *n* paznokieć *m* kciuka.
thumbnail sketch *n* zarys *m*.
thumbtack ['θʌmtæk] (*US*) *n* pluskiewka *f*, pinezka *f*.
thump [θʌmp] *n* grzmotnięcie *nt* ♦ *vt* grzmocić (grzmotnąć *perf*) (*inf*), walić (walnąć *perf*) (*inf*) ♦ *vi* (*heart etc*) walić.
thumping ['θʌmpɪŋ] *adj* (*majority, victory*) miażdżący; (*headache*) potężny.
thunder ['θʌndə*] *n* grzmot *m* ♦ *vi* grzmieć (zagrzmieć *perf*); **thunder and lightning** piorun; **to thunder past** (*train etc*) przelatywać (przelecieć *perf*) z hukiem.
thunderbolt ['θʌndəbəult] *n* piorun *m*.
thunderclap ['θʌndəklæp] *n* trzask *m* pioruna.
thunderous ['θʌndrəs] *adj* (*crash*) ogłuszający; (*applause*) gromki.
thunderstorm ['θʌndəstɔ:m] *n* burza *f* z piorunami.

thunderstruck ['θʌndəstrʌk] *adj* jak rażony piorunem *or* gromem.
thundery ['θʌndərɪ] *adj* burzowy.
Thur(s). *abbr* = **Thursday** cz., czw.
Thursday ['θə:zdɪ] *n* czwartek *m*; *see also* **Tuesday**.
thus [ðʌs] *adv* (*in this way*) tak, w ten sposób; (*consequently*) tak więc, a zatem.
thwart [θwɔ:t] *vt* (*plans*) krzyżować (pokrzyżować *perf*); (*person*) psuć (popsuć *perf*) szyki *+dat*.
thyme [taɪm] *n* tymianek *m*.
thyroid ['θaɪrɔɪd] *n* (*also*: **thyroid gland**) tarczyca *f*.
tiara [tɪ'ɑ:rə] *n* (*woman's jewellery*) diadem *m*; (*papal crown*) tiara *f*.
Tiber ['taɪbə*] *n*: **the Tiber** Tyber *m*.
Tibet [tɪ'bɛt] *n* Tybet *m*.
Tibetan [tɪ'bɛtən] *adj* tybetański ♦ *n* (*person*) Tybetańczyk (-anka) *m(f)*; (*LING*) (język *m*) tybetański.
tibia ['tɪbɪə] *n* piszczel *f*.
tic [tɪk] *n* tik *m*.
tick [tɪk] *n* (*sound*) tykanie *nt*; (*mark*) fajka *f* (*inf*), ptaszek *m* (*inf*); (*ZOOL*) kleszcz *m*; (*BRIT*: *inf*) momencik *m*, chwileczka *f* ♦ *vi* tykać ♦ *vt* (*item on list*) odfajkowywać (odfajkować *perf*) (*inf*), odhaczać (odhaczyć *perf*) (*inf*); **what makes him tick?** co jest motorem jego działania?; **to put a tick against sth** stawiać (postawić *perf*) przy czymś ptaszek; **to buy sth on tick** (*BRIT*: *inf*) kupować (kupić *perf*) coś na kredyt.
►**tick off** *vt* (*item on list*) odfajkowywać (odfajkować *perf*) (*inf*), odhaczać (odhaczyć *perf*) (*inf*); (*person*) besztać (zbesztać *perf*).
►**tick over** *vi* (*engine*) chodzić na jałowym biegu; (*fig*: *business etc*) funkcjonować na zwolnionych obrotach.
ticker tape ['tɪkəteɪp] *n* taśma *f* perforowana; (*US*: *in celebrations*) serpentyna *f*.
ticket ['tɪkɪt] *n* bilet *m*; (*in shop*: *on goods*) metka *f*, etykieta *f*; (: *from cash register*) paragon *m*; (*for library*) karta *f*; (*also*: **parking ticket**) mandat *m* (za złe parkowanie); (*US*: *POL*) mandat *m*.
ticket agency (*THEAT*) *n* biuro *nt* sprzedaży biletów.
ticket collector (*RAIL*) *n pracownik odbierający od wysiadających wykorzystane bilety.*
ticket holder *n* posiadacz(ka) *m(f)* biletu.
ticket inspector *n* (*on bus*) kontroler(ka) *m(f)* biletów.
ticket office *n* (*RAIL*) kasa *f* biletowa; (*THEAT*) kasa *f*.
tickle ['tɪkl] *vt* łaskotać (połaskotać *perf*); (*fig*) bawić (ubawić *perf*) ♦ *vi* łaskotać; **it tickles!** to łaskocze!
ticklish ['tɪklɪʃ] *adj* (*problem etc*) delikatny, drażliwy; (*person*): **to be ticklish** mieć łaskotki.
tidal ['taɪdl] *adj* pływowy.
tidal wave *n* fala *f* pływowa.
tidbit ['tɪdbɪt] (*US*) *n* = **titbit**.
tiddlywinks ['tɪdlɪwɪŋks] *n* pchełki *pl* (*gra*).
tide [taɪd] *n* (*in sea*) pływ *m*; (*fig*: *of events, opinion*) fala *f*; **high tide** przypływ; **low tide** odpływ; **the tide was coming in** nadchodził przypływ.
►**tide over** *vt*: **this money will tide me over till Monday** dzięki tym pieniądzom przeżyję do poniedziałku.
tidily ['taɪdɪlɪ] *adv* starannie, schludnie.
tidiness ['taɪdɪnɪs] *n* staranność *f*, schludność *f*.
tidy ['taɪdɪ] *adj* (*room*) czysty, schludny; (*person*) staranny, schludny; (*sum*) spory, pokaźny ♦ *vt* (*also*: **tidy up**) porządkować (uporządkować *perf*), sprzątać (posprzątać *perf*).
tie [taɪ] *n* (*BRIT*: *also*: **necktie**) krawat *m*; (*string etc*) wiązanie *nt*, wiązadło *nt*; (*fig*) więź *f*; (*match*) spotkanie *nt*, mecz *m*; (*draw*) remis *m* ♦ *vt* (*parcel*) związywać (związać *perf*); (*shoelaces*) zawiązywać (zawiązać *perf*) ♦ *vi* remisować (zremisować *perf*); **"black/white tie"** *uwaga na zaproszeniu, oznaczająca, że wymaganym na przyjęciu strojem jest smoking/frak*; **family ties** więzi *or* więzy rodzinne; **to tie sth in a bow** zawiązywać (zawiązać *perf*) coś na kokardkę; **to tie a knot in sth** zawiązywać (zawiązać *perf*) na czymś węzeł.
►**tie down** *vt* (*fig*: *person*) krępować (skrępować *perf*); **to tie sb down (to a date** *etc*) wiązać (związać *perf*) kogoś (terminem *etc*).
►**tie in** *vi*: **to tie in with** pozostawać (pozostać *perf*) w związku z *+instr*.
►**tie on** *vt* (*BRIT*: *label etc*) przywiązywać (przywiązać *perf*), przyczepiać (przyczepić *perf*).
►**tie up** *vt* (*parcel*) związywać (związać *perf*); (*dog, boat*) wiązać (uwiązać *perf*); (*person*) związywać (związać *perf*), krępować (skrępować *perf*); (*arrangements*) finalizować (sfinalizować *perf*); **to be tied up** być zajętym.
tie-break(er) ['taɪbreɪk(ə*)] *n* (*TENNIS*) tie-break *m*; (*in quiz*) *dogrywka mająca wyłonić zwycięzcę konkursu w przypadku remisu.*
tie-on ['taɪɔn] (*BRIT*) *adj* (*label*) przywiązywany.
tie-pin ['taɪpɪn] (*BRIT*) *n* spinka *f* do krawata.
tier [tɪə*] *n* (*of stadium etc*) rząd *m*, kondygnacja *f*, (*of cake*) warstwa *f*.
Tierra del Fuego [tɪ'ɛrədɛl'fweɪgəu] *n* Ziemia *f* Ognista.
tie tack (*US*) *n* = **tie-pin**.
tiff [tɪf] *n* sprzeczka *f*.
tiger ['taɪgə*] *n* tygrys *m*.
tight [taɪt] *adj* (*screw*) dokręcony; (*knot*) zaciśnięty; (*grip*) mocny; (*clothes*) obcisły; (*shoes*) ciasny; (*budget, schedule*) napięty; (*bend, security*) ostry; (*inf*: *drunk*) wstawiony (*inf*); (: *stingy*) skąpy ♦ *adv* (*hold, squeeze*) mocno; (*shut*: *window*) szczelnie; (: *eyes*) mocno; **money is tight** krucho z pieniędzmi;

the suitcase was packed tight walizka była mocno wypakowana; **people were packed tight** ludzie byli stłoczeni; **hold tight!** trzymaj się mocno!

tighten ['taɪtn] *vt* (*rope*) napinać (napiąć *perf*), naprężać (naprężyć *perf*); (*screw*) dokręcać (dokręcić *perf*); (*grip*) zacieśniać (zacieśnić *perf*); (*security*) zaostrzać (zaostrzyć *perf*) ♦ *vi* (*fingers*) zaciskać się (zacisnąć się *perf*); (*rope, chain*) napinać się (napiąć się *perf*), naprężać się (naprężyć się *perf*).

tightfisted [taɪt'fɪstɪd] *adj* skąpy.

tightly ['taɪtlɪ] *adv* (*grasp, cling*) mocno; (*pack*) ciasno.

tightrope ['taɪtrəup] *n* lina *f* (*do akrobacji*); **to be on** *or* **walking a tightrope** (*fig*) balansować na linie.

tightrope walker *n* linoskoczek *m*.

tights [taɪts] (*BRIT*) *npl* rajstopy *pl*.

tigress ['taɪgrɪs] *n* tygrysica *f*.

tilde ['tɪldə] *n* tylda *f*.

tile [taɪl] *n* (*on roof*) dachówka *f*; (*on floor, wall*) kafelek *m* ♦ *vt* (*wall, bathroom etc*) wykładać (wyłożyć *perf*) kafelkami, kafelkować (wykafelkować *perf*) (*inf*).

tiled [taɪld] *adj* (*wall, bathroom*) wykafelkowany.

till [tɪl] *n* kasa *f* (*sklepowa*) ♦ *vt* (*land*) uprawiać ♦ *prep, conj* = **until**.

tiller ['tɪlə*] (*NAUT*) *n* rumpel *m*.

tilt [tɪlt] *vt* przechylać (przechylić *perf*) ♦ *vi* przechylać się (przechylić się *perf*) ♦ *n*: **with a tilt of her head** przechylając głowę; **to wear one's hat at a tilt** nosić czapkę na bakier; **she was running at full tilt** pędziła co sił.

timber ['tɪmbə*] *n* (*material*) drewno *nt*; (*trees*) drzewa *pl* na budulec.

time [taɪm] *n* czas *m*; (*often pl*: *epoch*) czasy *pl*; (*moment*) chwila *f*; (*occasion*) raz *m*; (*MUS*): **in 3/4 time** w rytmie na 3/4 ♦ *vt* (*measure time of*) mierzyć (zmierzyć *perf*) czas *+gen*; (*fix moment for*) ustalać (ustalić *perf*) czas *+gen*; **to time sth well/badly** wybierać (wybrać *perf*) dobry/zły czas na coś; **I will see you at the same time next week** do zobaczenia w przyszłym tygodniu o tej samej porze; **for a long time** przez długi czas; **for the time being** na razie; **four at a time** (po) cztery na raz; **from time to time** od czasu do czasu; **time after time, time and again** wielokrotnie, wiele razy; **at times** czasami, czasem; **in time** (*soon enough*) na czas, w porę; (*eventually*) z czasem; (*MUS*) w takt, do taktu; **in a week's time** za tydzień; **in no time** w mgnieniu oka, w mig; **any time** obojętnie kiedy; **any time you want** kiedy tylko zechcesz; **on time** na czas; **to be 30 mins behind/ahead of time** być 30 minut po czasie/przed czasem; **by the time he arrived** zanim przyjechał; **5 times 5** 5 razy 5; **what time is it?** która (jest) godzina?; **to have a good time** dobrze się bawić; **we had a hard time** było nam ciężko; **time's up!** czas minął!; **I've no time for it** (*fig*) szkoda mi na to czasu; **he'll do it in his own (good) time** (*without being hurried*) zrobi to w swoim czasie; **he'll do it in** *or* *(US)* **on his own time** (*after hours*) zrobi to po godzinach; **to be behind the times** być nie na czasie; **the bomb was timed to go off five minutes later** bombę nastawiono na wybuch po pięciu minutach.

time-and-motion study ['taɪmənd'məuʃən-] *n* badanie *nt* efektywności pracy.

time bomb *n* bomba *f* zegarowa; (*fig*) bomba *f* z opóźnionym zapłonem.

time card *n* karta *f* kontrolna (*pracownika*).

time clock *n* zegar *m* kontrolny.

time-consuming ['taɪmkənsju:mɪŋ] *adj* czasochłonny.

time difference *n* różnica *f* czasu.

time-honoured ['taɪmɔnəd] (*US* **time-honored**) *adj* uświęcony tradycją *or* zwyczajem.

timekeeper ['taɪmki:pə*] *n*: **she's a good/poor timekeeper** punktualnie przychodzi/spóźnia się do pracy.

time lag *n* zwłoka *f*, opóźnienie *nt*.

timeless ['taɪmlɪs] *adj* ponadczasowy.

time limit *n* termin *m*.

timely ['taɪmlɪ] *adj* w (samą) porę *post*.

time off *n* wolne *nt*.

timer ['taɪmə*] *n* regulator *m* czasowy.

time-saving ['taɪmseɪvɪŋ] *adj* czasooszczędny.

timescale ['taɪmskeɪl] (*BRIT*) *n* okres *m*.

time-share ['taɪmʃɛə*] *n prawo użytkowania wspólnego domku letniskowego przez określony okres każdego roku.*

time-sharing ['taɪmʃɛərɪŋ] *n* (*COMPUT*) *system umożliwiający wielu osobom jednoczesne korzystanie z tego samego komputera.*

time sheet = **time card**.

time signal (*RADIO*) *n* sygnał *m* czasu.

time switch *n* wyłącznik *m* zegarowy.

timetable ['taɪmteɪbl] *n* (*RAIL*) rozkład *m* jazdy; (*SCOL*) plan *m* zajęć; (*of events*) program *m*.

time zone *n* strefa *f* czasu.

timid ['tɪmɪd] *adj* (*person*) nieśmiały; (*animal*) bojaźliwy.

timidity [tɪ'mɪdɪtɪ] *n* (*of person*) nieśmiałość *f*; (*of animal*) bojaźliwość *f*.

timing ['taɪmɪŋ] *n* (*SPORT*) wyczucie *nt* czasu; **the timing of his resignation was completely wrong** wybrał fatalny moment na złożenie rezygnacji.

timing device *n* (*on bomb*) urządzenie *nt* zegarowe.

timpani ['tɪmpənɪ] *npl* (*MUS*) kotły *pl*.

tin [tɪn] *n* (*metal*) cyna *f*; (*for biscuits etc*) (blaszane) pudełko *nt*; (*for baking*) forma *f* do pieczenia *or* ciasta; (*BRIT*: *can*) puszka *f*; **we'll need 2 tins of paint** będziemy potrzebować 2 puszki farby.

tinfoil ['tɪnfɔɪl] *n* folia *f* aluminiowa.
tinge [tɪndʒ] *n* (*of colour*) odcień *m*; (*fig: of emotion*) domieszka *f* ♦ *vt*: **tinged with** (*fig: emotion etc*) zabarwiony *+instr*; **her eyes were tinged with red** miała zaczerwienione oczy.
tingle ['tɪŋgl] *vi*: **my leg was tingling** czułem mrowienie w nodze; **he was tingling with excitement** drżał z podniecenia.
tinker ['tɪŋkə*] *n* druciarz *m*.
▸**tinker with** *vt fus* majstrować przy *+loc*.
tinkle ['tɪŋkl] *vi* dzwonić (zadzwonić *perf*), brzęczeć (zabrzęczeć *perf*) ♦ *n* (*inf*): **to give sb a tinkle** (*TEL*) zadzwonić (*perf*) do kogoś.
tin mine *n* kopalnia *f* cyny.
tinned [tɪnd] (*BRIT*) *adj* (*food*) puszkowany; (*salmon, peas*) konserwowy.
tinny ['tɪnɪ] (*pej*) *adj* (*sound*) metaliczny; (*car etc*) lichy, byle jaki.
tin opener [-əupnə*] (*BRIT*) *n* otwieracz *m* do puszek *or* konserw.
tinsel ['tɪnsl] *n* lameta *f*.
tint [tɪnt] *n* (*colour*) odcień *m*, zabarwienie *nt*; (*for hair*) płukanka *f* koloryzująca ♦ *vt* (*hair*) farbować (ufarbować *perf*).
tinted ['tɪntɪd] *adj* (*glass*) barwiony; (*hair*) farbowany.
tiny ['taɪnɪ] *adj* malutki, maleńki.
tip [tɪp] *n* (*of paintbrush, tree*) czubek *m*; (*of tongue*) koniec *m*; (*gratuity*) napiwek *m*; (*BRIT: for rubbish*) wysypisko *nt*; (*: for coal*) hałda *f*; (*advice*) rada *f*, wskazówka *f* ♦ *vt* (*waiter*) dawać (dać *perf*) napiwek *+dat*; (*bowl, bottle*) przechylać (przechylić *perf*); (*also*: **tip over**) przewracać (przewrócić *perf*); (*also*: **tip out**) wysypywać (wysypać *perf*); (*predict*) typować (wytypować *perf*).
▸**tip off** *vt* udzielać (udzielić *perf*) poufnych informacji *+dat*, dawać (dać *perf*) cynk *+dat* (*inf*).
tip-off ['tɪpɔf] *n* poufna informacja *f*, cynk *m* (*inf*).
tipped ['tɪpt] *adj* (*BRIT*): **tipped cigarette** papieros *m* z filtrem; **steel-tipped** ze stalowym czubkiem.
Tipp-Ex ['tɪpɛks] ® *n* korektor *m*.
tipple ['tɪpl] (*BRIT*) *vi* popijać (*alkohol*) ♦ *n*: **what's your tipple?** co pijesz? (*inf*).
tipsy ['tɪpsɪ] (*inf*) *adj* wstawiony (*inf*).
tiptoe ['tɪptəu] *n*: **on tiptoe** na palcach *or* paluszkach.
tip-top ['tɪptɔp] *adj*: **in tip-top condition** w pierwszorzędnym stanie.
tire ['taɪə*] *n* (*US*) = **tyre** ♦ *vt* męczyć (zmęczyć *perf*) ♦ *vi* męczyć się (zmęczyć się *perf*); **to tire of** męczyć się (zmęczyć się *perf*) *+instr*.
▸**tire out** *vt* wyczerpywać (wyczerpać *perf*).
tired ['taɪəd] *adj* zmęczony; **to be/feel tired** być/czuć się zmęczonym; **to look tired** wyglądać na zmęczonego; **to be tired of sth/of doing sth** mieć dosyć czegoś/robienia czegoś.
tiredness ['taɪədnɪs] *n* zmęczenie *nt*.
tireless ['taɪəlɪs] *adj* niestrudzony.
tiresome ['taɪsəm] *adj* dokuczliwy.
tiring ['taɪərɪŋ] *adj* męczący.
tissue ['tɪʃu:] *n* (*ANAT, BIO*) tkanka *f*; (*paper handkerchief*) chusteczka *f* higieniczna.
tissue paper *n* bibułka *f*.
tit [tɪt] *n* (*ZOOL*) sikora *f*; (*inf*) cycek *m* (*inf*); **tit for tat** wet za wet.
titanium [tɪ'teɪnɪəm] *n* tytan *m* (*metal*).
titbit ['tɪtbɪt] (*US* **tidbit**) *n* smaczny kąsek *m*; (*fig*) łakomy *or* pikantny kąsek *m*.
titillate ['tɪtɪleɪt] *vt* podniecać (podniecić *perf*).
titivate ['tɪtɪveɪt] *vt* upiększać (upiększyć *perf*).
title ['taɪtl] *n* tytuł *m*; (*JUR*): **title to** tytuł *m or* prawo *nt* do *+gen*.
title deed *n* tytuł *m* własności.
title page *n* strona *f* tytułowa.
title role *n* rola *f* tytułowa.
titter ['tɪtə*] *vi* chichotać (zachichotać *perf*).
tittle-tattle ['tɪtltætl] (*inf*) *n* gadanina *f*.
tizzy ['tɪzɪ] *n*: **to be/get in a tizzy** denerwować się (zdenerwować się *perf*) (bez powodu).
T-junction ['ti:'dʒʌŋkʃən] *n* skrzyżowanie *nt* w kształcie litery T.
TM *abbr* = **trademark**; = **transcendental meditation**.
TN (*US: POST*) *abbr* (= *Tennessee*).
TNT *n abbr* (= *trinitrotoluene*) trotyl *m*.

KEYWORD

to [tu:, tə] *prep* **1** (*usu*) do *+gen*; **to go to Germany** jechać (pojechać *perf*) do Niemiec; **to count to ten** liczyć (policzyć *perf*) do dziesięciu; **the key to the front door** klucz do drzwi frontowych; **A is to B as C is to D** A ma się do B tak jak C do D; **three goals to two** trzy do dwóch; **to the left/right** na lewo/prawo; **she is secretary to the director** jest sekretarką dyrektora; **30 miles to the gallon** 1 galon na 30 mil. **2** (*with expressions of time*) za *+acc*; **a quarter to five** za kwadrans *or* za piętnaście piąta. **3** (*introducing indirect object*): **to give sth to sb** dawać (dać *perf*) coś komuś; **to talk to sb** rozmawiać (porozmawiać *perf*) z kimś; **to cause damage to sth** uszkadzać (uszkodzić *perf*) coś; **to be a danger to sb/sth** stanowić zagrożenie dla kogoś/czegoś; **to carry out repairs to sth** wykonywać naprawy czegoś. **4** (*purpose, result*): **to come to sb's aid** przychodzić (przyjść *perf*) komuś z pomocą; **to sentence sb to death** skazywać (skazać *perf*) kogoś na śmierć; **to my surprise** ku m(oj)emu zdziwieniu ♦ *with verb* **1** (*simple infinitive*): **to eat** jeść (zjeść *perf*); **to want to sleep** chcieć spać. **2** (*with verb omitted*): **I don't want to** nie chcę; **you ought to** powinieneś. **3** (*purpose, result*) żeby, (a)by; **I did it to help you** zrobiłem to, żeby *or* aby ci pomóc; **he came to see you** przyszedł (, żeby) się z tobą zobaczyć. **4** (*equivalent to relative* *clause*): **he has a lot to lose** ma wiele do stracenia; **I have things to do** jestem zajęta; **the main thing is to try** najważniejsza rzecz to spróbować. **5** (*after adjective etc*) żeby, (a)by; **too old/young to ...** za stary/młody, żeby *+infin*; **ready to go** gotowy do drogi ♦ *adv*: **to push/pull the door to** przymykać (przymknąć *perf*) drzwi.

toad [təud] *n* ropucha *f*.
toadstool ['təudstu:l] *n* muchomor *m*.
toady ['təudɪ] (*pej*) *vi*: **to toady to sb** podlizywać się komuś (*pej*).
toast [təust] *n* (*CULIN*) grzanka *f*, tost *m*; (*drink*) toast *m* ♦ *vt* (*CULIN*) opiekać (opiec *perf*); (*drink to*) wznosić (wznieść *perf*) toast za *+acc*; **a piece** *or* **slice of toast** grzanka, tost.
toaster ['təustə*] *n* opiekacz *m*, toster *m*.
toastmaster ['təustmɑ:stə*] *n osoba kierująca porządkiem wznoszonych toastów*.
toast rack *n* stojak *m* na grzanki.
tobacco [tə'bækəu] *n* tytoń *m*; **pipe tobacco** tytoń fajkowy.
tobacconist [tə'bækənɪst] *n* właściciel *m* sklepu z wyrobami tytoniowymi.
tobacconist's (shop) [tə'bækənɪsts-] *n* sklep *m* z wyrobami tytoniowymi.
Tobago [tə'beɪgəu] *n see* **Trinidad**.
toboggan [tə'bɔgən] *n* tobogan *m*; (*child's*) sanki *pl*.
today [tə'deɪ] *adv* dzisiaj, dziś ♦ *n* dzisiaj *nt inv*, dziś *nt inv*; **the writers of today** dzisiejsi pisarze; **what day is it today?** jaki jest dzisiaj dzień?; **what date is it today?** którego dzisiaj mamy?; **today is the 4th of March** dzisiaj jest 4 marca; **a week ago today** (dokładnie) tydzień temu; **today's paper** dzisiejsza gazeta.
toddle ['tɔdl] (*inf*) *vi*: **to toddle along** dreptać (podreptać *perf*).
toddler ['tɔdlə*] *n* maluch *m*, szkrab *m*.
to-do [tə'du:] *n* zamieszanie *nt*.
toe [təu] *n* (*of foot*) palec *m* (u nogi); (*of shoe, sock*) palce *pl*; **to toe the line** (*fig*) podporządkowywać się (podporządkować się *perf*); **big/little toe** duży/mały palec u nogi.
toehold ['təuhəuld] *n* (*in climbing*) oparcie *nt* dla stopy; (*fig*): **to get/gain a toehold (in)** zaczepić się (*perf*) (w *+loc*).
toenail ['təuneɪl] *n* paznokieć *m* u nogi.
toffee ['tɔfɪ] *n* toffi *nt inv*.
toffee apple (*BRIT*) *n jabłko na patyku w polewie z toffi*.
toga ['təugə] *n* toga *f*.
together [tə'gɛðə*] *adv* razem; **together with** razem *or* wraz z *+instr*.
togetherness [tə'gɛðənɪs] *n* poczucie *nt* wspólnoty.
toggle switch ['tɔgl-] (*COMPUT*) *n* przełącznik *m* dwustabilny.
Togo ['təugəu] *n* Togo *nt inv*.
togs [tɔgz] (*inf*) *npl* ciuchy *pl* (*inf*).
toil [tɔɪl] *n* trud *m* ♦ *vi* trudzić się.
toilet ['tɔɪlət] *n* toaleta *f* ♦ *cpd* toaletowy; **to go to the toilet** iść (pójść *(perf)*) do toalety.
toilet bag (*BRIT*) *n* kosmetyczka *f*.
toilet bowl *n* muszla *f* klozetowa.
toilet paper *n* papier *m* toaletowy.
toiletries ['tɔɪlətrɪz] *npl* przybory *pl* toaletowe.
toilet roll *n* rolka *f* papieru toaletowego.
toilet soap *n* mydło *nt* toaletowe.
toilet water *n* woda *f* toaletowa.
to-ing and fro-ing ['tu:ɪŋən'frəuɪŋ] (*BRIT*) *n* kursowanie *nt* w tę i z powrotem.
token ['təukən] *n* (*sign*) znak *m*; (*souvenir*) pamiątka *f*; (*substitute coin*) żeton *m* ♦ *adj* symboliczny; **by the same token** (*for the same reasons*) z tych samych powodów; (*in the same way*) tak samo; (*thereby*) tym samym; **token strike** strajk manifestacyjny; **gift token** (*BRIT*) talon *or* bon na zakupy (*dawany w prezencie*).
Tokyo ['təukjəu] *n* Tokio *nt inv*.
told [təuld] *pt, pp of* **tell**.
tolerable ['tɔlərəbl] *adj* znośny.
tolerably ['tɔlərəblɪ] *adv*: **tolerably good** dość dobry.
tolerance ['tɔlərns] *n* tolerancja *f*.
tolerant ['tɔlərnt] *adj* tolerancyjny; **to be tolerant of** być wytrzymałym na *+acc*.
tolerate ['tɔləreɪt] *vt* znosić (znieść *perf*).
toleration [tɔlə'reɪʃən] *n* tolerancja *f*; **toleration of** (*person*) tolerancja w stosunku do *+gen*; (*pain, noise*) wytrzymałość na *+acc*.
toll [təul] *n* (*casualties*) liczba *f* ofiar; (*charge*) opłata *f* (za przejazd) ♦ *vi* (*bell*) bić; **death toll** liczba ofiar śmiertelnych; **the work took its toll on us** praca dała nam się we znaki.
tollbridge ['təulbrɪdʒ] *n* most *m* z płatnym przejazdem.
toll road *n* droga *f* z płatnym przejazdem.
tomato [tə'mɑ:təu] (*pl* **tomatoes**) *n* pomidor *m*.
tomato purée *n* przecier *m* pomidorowy.
tomb [tu:m] *n* grobowiec *m*.
tombola [tɔm'bəulə] *n* loteria *f*.
tomboy ['tɔmbɔɪ] *n* chłopczyca *f*.
tombstone ['tu:mstəun] *n* nagrobek *m*.
tomcat ['tɔmkæt] *n* kocur *m*.
tome [təum] (*fml*) *n* tom *m*.
tomorrow [tə'mɔrəu] *adv* jutro ♦ *n* jutro *nt*; **a week tomorrow** od jutra za tydzień; **tomorrow morning** jutro rano; **the day after tomorrow** pojutrze; **tomorrow's performance** jutrzejsze przedstawienie.
ton [tʌn] *n* (*metric ton*) tona *f*; (*BRIT*) *1016 kg*; (*US*: *also*: **short ton**) *907,18 kg*; **I've got tons of books** (*inf*) mam masę książek (*inf*).
tonal ['təunl] *adj* tonalny.

tone [təun] *n* ton *m*; (*TEL*) sygnał *m* ♦ *vi*: **to tone in with** pasować do *+gen*, harmonizować z *+instr*.
▸**tone down** *vt* tonować (stonować *perf*).
▸**tone up** *vt* (*muscles*) wyrabiać (wyrobić *perf*).
tone-deaf [təun'dɛf] *adj* pozbawiony słuchu.
toner ['təunə*] *n* (*for photocopier*) toner *m*.
Tonga [tɔŋə] *n* Tonga *nt inv*.
tongs [tɔŋz] *npl* szczypce *pl*; (*also*: **curling tongs**) lokówka *f* (nożycowa).
tongue [tʌŋ] *n* język *m*; (*CULIN*) ozór *m*, ozorek *m*; **tongue in cheek** (*speak, say*) żartem.
tongue-tied ['tʌŋtaɪd] *adj* (*fig*): **he was tongue-tied** język stanął mu kołkiem.
tongue-twister ['tʌŋtwɪstə*] *n* łamaniec *m* językowy.
tonic ['tɔnɪk] *n* (*MED*) lek *m* tonizujący; (*also*: **tonic water**) tonik *m*; (*MUS*) tonika *f*; (*fig*) pokrzepienie *nt*.
tonight [tə'naɪt] *adv* (*this evening*) dzisiaj *or* dziś wieczorem; (*this night*) dzisiejszej nocy ♦ *n* (*this evening*) dzisiejszy wieczór *m*; (*this night*) dzisiejsza noc *f*; **(I'll) see you tonight!** do zobaczenia wieczorem!; **in tonight's programme** w dzisiejszym programie.
tonnage ['tʌnɪdʒ] *n* tonaż *m*.
tonne [tʌn] (*BRIT*) *n* tona *f* (metryczna).
tonsil ['tɔnsl] *n* migdałek *m*; **he had to have his tonsils out** trzeba mu było wyciąć migdałki.
tonsillitis [tɔnsɪ'laɪtɪs] *n* zapalenie *nt* migdałków, angina *f*.
too [tu:] *adv* (*excessively*) zbyt, za; (*also*) też, także ♦ *adj*: **there's too much water** jest za dużo wody; **there are too many people** jest za dużo ludzi; **it's too sweet** to zbyt słodkie; **I went there too** ja też tam poszedłem; **she loves him too much to ...** zbyt *or* zanadto go kocha, żeby *+infin*; **too bad!** (wielka) szkoda!
took [tuk] *pt of* **take**.
tool [tu:l] *n* narzędzie *nt*.
tool box *n* skrzynka *f* narzędziowa.
tool kit *n* zestaw *m* narzędzi.
toot [tu:t] *n* (*of horn*) trąbienie *nt*; (*of whistle*) gwizd *m* ♦ *vi* (*with car-horn*) trąbić (zatrąbić *perf*).
tooth [tu:θ] (*pl* **teeth**) *n* ząb *m*; **to have a tooth out** *or (US)* **pulled** mieć wyrwany ząb; **to brush one's teeth** myć (umyć *perf*) zęby; **by the skin of one's teeth** (*fig*) o mały włos.
toothache ['tu:θeɪk] *n* ból *m* zęba; **she has toothache** boli ją ząb.
toothbrush ['tu:θbrʌʃ] *n* szczoteczka *f* do zębów.
toothpaste ['tu:θpeɪst] *n* pasta *f* do zębów.
toothpick ['tu:θpɪk] *n* wykałaczka *f*.
toothpowder ['tu:θpaudə*] *n* proszek *m* do czyszczenia zębów.
top [tɔp] *n* (*of mountain, ladder*) szczyt *m*; (*of tree*) wierzchołek *m*; (*of cupboard, table*) blat *m*; (*of page, pyjamas*) góra *f*; (*of bottle*) zakrętka *f*; (*of jar, box*) wieczko *nt*; (*also*: **top gear**) najwyższy bieg *m*; (*also*: **spinning top**) bąk *m*; (*blouse etc*) góra *f* ♦ *adj* najwyższy ♦ *vt* (*be first in*) znajdować się (znaleźć się *perf*) na czele *+gen*; (*exceed*) przewyższać (przewyższyć *perf*); **at the top of the stairs** u szczytu schodów; **at the top of the street** na (drugim) końcu ulicy; **on top of** (*on*) na *+loc*; (*in addition to*) w dodatku do *+gen*; **on top of that** na dodatek; **from top to bottom** od góry do dołu; **from top to toe** (*BRIT*) od stóp do głów; **at the top of the list** na początku listy; **at the top of one's voice** na cały głos; **a top player** jeden z najlepszych graczy; **at top speed** z maksymalną prędkością; **to go over the top** (*inf*) przeholować *(perf)* (*inf*).
▸**top up** (*US* **top off**) *vt* (*salary*) podnosić (podnieść *perf*); **to top up sb's drink** *or* **glass** dolewać (dolać *perf*) komuś.
topaz ['təupæz] *n* topaz *m*.
topcoat ['tɔpkəut] *n* (*of paint*) warstwa *f* zewnętrzna.
top floor *n* najwyższe piętro *nt*.
top hat *n* cylinder *m*.
top-heavy [tɔp'hɛvɪ] *adj* (*object*) przeciążony u góry; (*fig*: *organization*) z przerostem kierownictwa *post*.
topic ['tɔpɪk] *n* temat *m*.
topical ['tɔpɪkl] *adj* aktualny.
topless ['tɔplɪs] *adj* (*bather*) rozebrany do pasa; (*waitress*) w toplesie *post* (*inf*).
top-level ['tɔplɛvl] *adj* na najwyższym szczeblu *post*.
topmost ['tɔpməust] *adj* najwyższy.
topography [tə'pɔgrəfɪ] *n* topografia *f*.
topping ['tɔpɪŋ] *n* (*on dessert*) przybranie *nt*; (*on pizza*) dodatek *m*.
topple ['tɔpl] *vt* (*government, leader*) obalać (obalić *perf*) ♦ *vi* przewracać się (przewrócić się *perf*).
top-ranking ['tɔpræŋkɪŋ] *adj* wysoko postawiony.
top-secret ['tɔp'si:krɪt] *adj* ściśle tajny.
top-security ['tɔpsə'kjuərɪtɪ] (*BRIT*) *adj*: **top-security prison** więzienie *nt* o zaostrzonych środkach bezpieczeństwa.
topsy-turvy ['tɔpsɪ'tə:vɪ] *adj* postawiony na głowie, przewrócony do góry nogami ♦ *adv* do góry nogami.
top-up ['tɔpʌp] *n*: **would you like a top-up?** dolać Panu/Pani?
torch [tɔ:tʃ] *n* (*with flame*) pochodnia *f*; (*BRIT*: *electric*) latarka *f*.
tore [tɔ:*] *pt of* **tear**.
torment [*n* 'tɔ:mɛnt, *vb* tɔ:'mɛnt] *n* męczarnie *pl* ♦ *vt* dręczyć.
torn [tɔ:n] *pp of* **tear**[1] ♦ *adj*: **torn between** (*fig*) rozdarty pomiędzy *+instr*.
tornado [tɔ:'neɪdəu] (*pl* **tornadoes**) *n* tornado *nt*.
torpedo [tɔ:'pi:dəu] (*pl* **torpedoes**) *n* torpeda *f*.
torpedo boat *n* kuter *m* torpedowy.
torpor ['tɔ:pə*] *n* odrętwienie *nt*.

torrent ['tɔrnt] *n* (*lit, fig*) potok *m*.
torrential [tɔ'rɛnʃl] *adj* ulewny.
torrid ['tɔrɪd] *adj* (*weather*) skwarny; (*love affair*) gorący.
torso ['tɔ:səu] *n* tułów *m*.
tortoise ['tɔ:təs] *n* żółw *m* (*lądowy lub słodkowodny*).
tortoiseshell ['tɔ:təʃɛl] *adj* (*jewellery, ornaments*) szylkretowy; (*cat*) brązowo-czarno-żółty.
tortuous ['tɔ:tjuəs] *adj* (*path*) kręty; (*argument, essay*) zawiły.
torture ['tɔ:tʃə*] *n* tortury *pl*; (*fig*) tortura *f*, męczarnia *f* ♦ *vt* torturować; (*fig*) zadręczać.
torturer ['tɔ:tʃərə*] *n* oprawca *m*, kat *m*.
Tory ['tɔ:rɪ] (*BRIT*) *adj* torysowski ♦ *n* torys *m*.
toss [tɔs] *vt* (*object*) rzucać (rzucić *perf*); (*salad*) mieszać (wymieszać *perf*); (*pancake*) przewracać (przewrócić *perf*) (w locie); (*one's head*) odrzucać (odrzucić *perf*) do tyłu ♦ *n*: **with a toss of her head** (gwałtownie) odrzucając głowę do tyłu; **to toss a coin** rzucać (rzucić *perf*) monetę; **to toss up for sth** grać (zagrać *perf*) o coś w orła i reszkę; **to toss and turn** (*in bed*) przewracać się (z boku na bok), rzucać się; **to win/lose the toss** wygrywać (wygrać *perf*)/przegrywać (przegrać *perf*) losowanie.
tot [tɔt] *n* (*BRIT*: *drink*) kropelka *f*, kapka *f*; (*child*) szkrab *m*, brzdąc *m*.
▸**tot up** (*BRIT*) *vt* sumować (zsumować *perf*).
total ['təutl] *adj* (*number, cost*) całkowity; (*failure, wreck, stranger*) zupełny ♦ *n* (*of figures*) suma *f*; (*of things, people*) ogólna liczba *f* ♦ *vt* (*add up*) sumować (zsumować *perf*), dodawać (dodać *perf*); (*add up to*) wynosić (wynieść *perf*); **in total** w sumie.
totalitarian [təutælɪ'tɛərɪən] *adj* totalitarny.
totality [təu'tælɪtɪ] *n* całość *f*.
totally ['təutəlɪ] *adv* całkowicie, zupełnie.
totem pole ['təutəm-] *n* słup *m* totemiczny.
totter ['tɔtə*] *vi* (*person*) zataczać się (zatoczyć się *perf*), chwiać się (zachwiać się *perf*) (na nogach); (*fig*: *government*) chwiać się.
touch [tʌtʃ] *n* (*sense*) dotyk *m*; (*contact*) dotknięcie *nt*; (*skill*) ręka *f* ♦ *vt* dotykać (dotknąć *perf*) +*gen*; (*tamper with*) tykać (tknąć *perf*); (*emotionally*: *move*) wzruszać (wzruszyć *perf*); (: *stir*) poruszać (poruszyć *perf*) ♦ *vi* dotykać się (dotknąć się *perf*), stykać się (zetknąć się *perf*); **the personal touch** indywidualne podejście; **to put the finishing touches to sth** wykańczać (wykończyć *perf*) coś; **a touch of** (*fig*) odrobina +*gen*; **in touch with** w kontakcie z +*instr*; **to put sb in touch with** kontaktować (skontaktować *perf*) kogoś z +*instr*; **to get in touch with sb** kontaktować się (skontaktować się *perf*) z kimś; **I'll be in touch** odezwę się; **we've lost touch** straciliśmy (ze sobą) kontakt; **to be out of touch with events** nie nadążać za biegiem wypadków, nie być na bieżąco; **touch wood!** odpukać (w niemalowane drewno)!
▸**touch on** *vt fus* (*topic*) poruszać (poruszyć *perf*) +*acc*.
▸**touch up** *vt* retuszować (podretuszować *perf*).
touch-and-go ['tʌtʃən'gəu] *adj* niepewny; **it was touch-and-go whether we'd succeed** nie było pewne, czy nam się uda.
touchdown ['tʌtʃdaun] *n* (*of rocket, plane*) lądowanie *nt*; (*US*: *FOOTBALL*) przyłożenie *nt*.
touched [tʌtʃt] *adj* (*moved*) wzruszony; (*inf*: *mad*) szurnięty (*inf*).
touching ['tʌtʃɪŋ] *adj* wzruszający.
touchline ['tʌtʃlaɪn] (*SPORT*) *n* linia *f* autowa *or* boczna.
touch-type ['tʌtʃtaɪp] *vi* pisać (na maszynie) bez patrzenia na klawiaturę.
touchy ['tʌtʃɪ] *adj* (*person*) przewrażliwiony; (*subject*) drażliwy.
tough [tʌf] *adj* (*material, meat, policy*) twardy; (*shoes, rope*) mocny; (*person, animal*) wytrzymały; (*choice, task*) trudny, ciężki; (*neighbourhood*) niebezpieczny; **tough luck!** trudno!; **they're having a tough time** jest im ciężko.
toughen ['tʌfn] *vt* (*sb's character*) hartować (zahartować *perf*); (*glass etc*) utwardzać (utwardzić *perf*), hartować.
toughness ['tʌfnɪs] *n* (*of person*) wytrzymałość *f*, hart *m* (ducha); (*of glass etc*) twardość *f*.
toupee ['tu:peɪ] *n* tupecik *m*, peruczka *f*.
tour ['tuə*] *n*: **a tour (of)** (*country, region*) podróż *f* (po +*loc*); (*town, museum*) wycieczka *f* (po +*loc*); (*by pop group etc*) tournée *nt inv* (po +*loc*) ♦ *vt* (*in vehicle*) objeżdżać (objechać *perf*); (*on foot*) obchodzić (obejść *perf*), zwiedzać (zwiedzić *perf*); **to go on a tour of** wybierać się (wybrać się *perf*) na wycieczkę po +*loc*; **to be on tour** być w trasie; **to go on tour** wyjeżdżać (wyjechać *perf*) w trasę.
touring ['tuərɪŋ] *n* zwiedzanie *nt*; (*of pop group etc*) tournée *nt inv*.
tourism ['tuərɪzm] *n* turystyka *f*.
tourist ['tuərɪst] *n* turysta (-tka) *m(f)* ♦ *cpd* turystyczny; **the tourist trade** przemysł turystyczny.
tourist class (*NAUT, AVIAT*) *n* klasa *f* turystyczna.
tourist information centre (*BRIT*) *n* biuro *nt* informacji turystycznej.
tourist office *n* biuro *nt* turystyczne.
tournament ['tuənəmənt] *n* turniej *m*.
tourniquet ['tuənɪkeɪ] *n* opaska *f* uciskowa.
tour operator (*BRIT*) *n* organizator *m* wycieczki.
tousled ['tauzld] *adj* potargany, rozczochrany.
tout [taut] *vi*: **to tout for business/custom** nagabywać (potencjalnych) klientów ♦ *n* (*also*: **ticket tout**) konik *m*.
tow [təu] *vt* holować ♦ *n*: **to give sb a tow** (*AUT*)

brać (wziąć *perf*) kogoś na hol; **"on** *or (US)* **in tow"** (*AUT*) „pojazd na holu".
tow away *vt* odholowywać (odholować *perf*).
toward(s) [tə'wɔ:d(z)] *prep* (*to*) do *+gen*, ku *+dat* (*fml*); (*in direction of*) w kierunku *or* stronę *+gen*; (*in relation to*) do *+gen*, wobec *+gen*; (*as conribution to*) na *+acc*, na rzecz *+gen*; **towards noon** około południa; **towards the end (of the year)** pod koniec (roku); **to feel friendly toward(s) sb** czuć do kogoś sympatię.
towel ['tauəl] *n*: **(hand/bath) towel** ręcznik *m* (do rąk/kąpielowy); **to throw in the towel** (*fig*) poddawać się (poddać się *perf*).
towelling ['tauəlɪŋ] *n* tkanina *f* frotté.
towel rail (*US* **towel rack**) *n* wieszak *m* na ręczniki.
tower ['tauə*] *n* wieża *f* ♦ *vi*: **to tower (above** *or* **over sb/sth)** wznosić się (nad kimś/czymś).
tower block (*BRIT*) *n* wieżowiec *m*.
towering ['tauərɪŋ] *adj* gigantyczny.
towline ['təulaɪn] *n* (*NAUT*) lina *f* holownicza.
town [taun] *n* miasto *nt*; **to go to town** iść (pójść *perf*) do miasta; (*fig*) zaszaleć (*perf*) (*inf*); **I had lunch in town** zjadłem obiad na mieście; **I'll be out of town** nie będzie mnie w mieście.
town centre *n* centrum *nt* (miasta).
town clerk *n* urzędnik *m* miejski.
town council *n* rada *f* miejska.
town hall *n* ratusz *m*.
town plan *n* plan *m* miasta.
town planner *n* urbanista (-tka) *m(f)*.
town planning *n* urbanistyka *f*.
townspeople ['taunzpi:pl] *npl* mieszkańcy *pl* miasta.
towpath ['təupɑ:θ] *n* *ścieżka wzdłuż kanału lub rzeki, którą chodziły konie holujące barki.*
towrope ['təurəup] *n* (*AUT*) linka *f* holownicza, hol *m*.
tow truck (*US*) *n* holownik *m* (*pojazd serwisowy*).
toxic ['tɔksɪk] *adj* toksyczny, trujący.
toxin ['tɔksɪn] *n* toksyna *f*, substancja *f* trująca.
toy [tɔɪ] *n* zabawka *f*.
►**toy with** *vt fus* (*object, food*) bawić się *+instr*; (*idea*) rozważać.
toyshop ['tɔɪʃɔp] *n* sklep *m* z zabawkami.
trace [treɪs] *n* (*sign, small amount*) ślad *m*; (*of emotion*) cień *m* ♦ *vt* (*draw*) odrysowywać (odrysować *perf*) przez kalkę, kalkować (przekalkować *perf*); (*locate*) odszukiwać (odszukać *perf*); (: *cause*) odkrywać (odkryć *perf*); **without trace** bez śladu; **there was no trace of him** zniknął bez śladu; **empiricism can be traced back to Hume and Locke** empiryzm wywodzi się od Hume'a i Locke'a.
trace element *n* pierwiastek *m* śladowy.
trachea [trə'kɪə] *n* tchawica *f*.
tracing paper ['treɪsɪŋ-] *n* kalka *f* techniczna.
track [træk] *n* (*road*) droga *f* (*gruntowa*); (*path*) ścieżka *f*; (*of bullet, planet, for train*) tor *m*; (*of suspect, animal*) ślad *m*; (*on tape, record*) utwór *m*; (*SPORT*) bieżnia *f* ♦ *vt* tropić (wytropić *perf*); **to keep track of** (*fig*) śledzić *+acc*; **to be on the right track** (*fig*) zmierzać we właściwym kierunku.
►**track down** *vt* tropić (wytropić *perf*).
tracker dog ['trækə-] (*BRIT*) *n* pies *m* gończy.
track events *npl* biegi *pl* lekkoatletyczne.
tracking station ['trækɪŋ-] *n* stacja *f* śledzenia (*lotu obiektów kosmicznych*).
track record *n*: **to have a good track record** mieć na swoim koncie osiągnięcia.
tracksuit ['træksu:t] *n* dres *m*.
tract [trækt] *n* (*of land*) przestrzeń *f*; (*pamphlet*) traktat *m*; **respiratory tract** drogi oddechowe.
traction ['trækʃən] *n* (*power*) trakcja *f*; (*AUT*) przyczepność *f*; (*MED*): **in traction** na wyciągu.
traction engine *n* lokomobila *f*.
tractor ['træktə*] *n* traktor *m*, ciągnik *m*.
trade [treɪd] *n* (*exchanging goods*) handel *m*; (*business*) branża *f*; (*skill, job*) fach *m* ♦ *vi* handlować ♦ *vt*: **to trade sth (for sth)** wymieniać (wymienić *perf*) coś (na coś); **to trade in/with** prowadzić handel *+instr*/z *+instr*; **foreign trade** handel zagraniczny; **Department of Trade and Industry** (*BRIT*) Ministerstwo Handlu i Przemysłu.
►**trade in** *vt* wymieniać (wymienić *perf*) na nowy za dopłatą.
trade barrier *n* bariera *f* handlowa.
trade deficit *n* deficyt *m* handlowy.
Trade Descriptions Act (*BRIT*) *n* *ustawa regulująca zasady opisu i reklamy produktów.*
trade discount *n* rabat *m* hurtowy.
trade fair *n* targi *pl* handlowe.
trade-in ['treɪdɪn] *n*: **to take sth as a trade-in** *przyjąć coś, najczęściej używanego, w rozliczeniu za nowy artykuł.*
trade-in value *n* wartość *f* wymienna.
trademark ['treɪdmɑ:k] *n* znak *m* fabryczny *or* towarowy.
trade mission *n* przedstawicielstwo *nt* handlowe.
trade name *n* nazwa *f* handlowa *or* firmowa.
trader ['treɪdə*] *n* handlowiec *m*.
trade secret *n* tajemnica *f* handlowa; (*fig*) tajemnica *f*.
tradesman ['treɪdzmən] *n* (*irreg like*: **man**) (*shopkeeper*) handlowiec *m*.
trade union *n* związek *m* zawodowy.
trade unionist [-'ju:njənɪst] *n* działacz(ka) *m(f)* związkowy(wa) *m(f)*.
trade wind *n* pasat *m*.
trading ['treɪdɪŋ] *n* handel *m*.
trading estate (*BRIT*) *n* teren *m* przemysłowy.
trading stamp *n* kupon *m* premiowy (*w handlu detalicznym*).
tradition [trə'dɪʃən] *n* tradycja *f*.
traditional [trə'dɪʃənl] *adj* tradycyjny.
traditionally [trə'dɪʃnəlɪ] *adv* tradycyjnie.

traffic ['træfɪk] *n* (*AUT, AVIAT etc*) ruch *m*; (*in drugs, stolen goods*) handel *m* ♦ *vi*: **to traffic in** handlować *+instr*.
traffic circle (*US*) *n* rondo *nt*.
traffic island (*AUT*) *n* wysepka *f*.
traffic jam *n* korek *m* (uliczny).
trafficker ['træfɪkə*] *n* handlarz (-arka) *m(f)* (*nielegalnym towarem*).
traffic lights *npl* sygnalizacja *f* świetlna, światła *pl*.
traffic offence (*BRIT*) *n* wykroczenie *nt* drogowe.
traffic sign *n* znak *m* drogowy.
traffic violation (*US*) *n* = **traffic offence**.
traffic warden *n funkcjonariusz kontrolujący prawidłowość parkowania pojazdów*.
tragedy ['trædʒədɪ] *n* tragedia *f*.
tragic ['trædʒɪk] *adj* tragiczny.
tragically ['trædʒɪkəlɪ] *adv* tragicznie.
trail [treɪl] *n* (*path*) szlak *m*; (*of smoke*) smuga *f* ♦ *vt* (*drag*) ciągnąć; (*follow*) tropić ♦ *vi* (*hang loosely*) ciągnąć się; (*in game, contest*) przegrywać; **a trail of footprints** ślady; **to be on sb's trail** podążać czyimś tropem *or* śladem.
▸**trail away** *vi* (*sound, voice*) zamierać (zamrzeć *perf*).
▸**trail behind** *vi* ciągnąć się (z tyłu).
▸**trail off** *vi* = **trail away**.
trailer ['treɪlə*] *n* (*AUT*) przyczepa *f*; (*US*: *caravan*) przyczepa *f* kempingowa; (*FILM, TV*) zwiastun *m*.
trailer truck *n* (*US*) ciężarówka *f* z naczepą.
train [treɪn] *n* (*RAIL*) pociąg *m*; (*underground train*) kolejka *f* (podziemna); (*of dress*) tren *m* ♦ *vt* (*apprentice, doctor*) szkolić (wyszkolić *perf*); (*dog*) tresować (wytresować *perf*); (*athlete*) trenować (wytrenować *perf*); (*mind*) ćwiczyć (wyćwiczyć *perf*); (*plant*): **to train along** puszczać (puścić *perf*) wzdłuż *+gen*; (*camera, gun*): **to train on** celować (wycelować *perf*) w *+acc* ♦ *vi* (*learn a skill*) szkolić się; (*SPORT*) trenować; **my train of thought** tok moich myśli; **train of events** bieg wydarzeń; **to go by train** jechać (pojechać *perf*) pociągiem; **to train sb to do sth** szkolić (wyszkolić *perf*) kogoś w robieniu czegoś.
train attendant (*US*) *n* ≈ konduktor *m*.
trained [treɪnd] *adj* (*worker, manpower*) wykwalifikowany; (*animal*) tresowany; (*eye*) wprawny.
trainee [treɪ'ni:] *n* praktykant(ka) *m(f)*, stażysta (-tka) *m(f)*.
trainer ['treɪnə*] *n* (*coach*) trener(ka) *m(f)*; (*shoe*) but *m* sportowy; (*of animals*) treser(ka) *m(f)*.
training ['treɪnɪŋ] *n* (*for occupation*) szkolenie *nt*; (*SPORT*) trening *m*; **to be in training for** (*SPORT*) trenować do *+gen*.
training college *n* (*for teachers*) kolegium *nt* nauczycielskie.
training course *n* kurs *m* szkoleniowy.
traipse [treɪps] *vi*: **to traipse (a)round** włóczyć się po *+loc*.
trait [treɪt] *n* cecha *f*.
traitor ['treɪtə*] *n* zdrajca (-jczyni) *m(f)*.
trajectory [trə'dʒɛktərɪ] *n* tor *m*.
tram [træm] (*BRIT*) *n* (*also*: **tramcar**) tramwaj *m*.
tramline ['træmlaɪn] *n* szyny *pl or* tory *pl* tramwajowe.
tramp [træmp] *n* włóczęga *m*, tramp *m*; (*inf, pej*) dziwka *f* (*inf, pej*) ♦ *vi* brnąć ♦ *vt* (*town, streets*) przemierzać.
trample ['træmpl] *vt*: **to trample (underfoot)** deptać (podeptać *perf*) ♦ *vi*: **to trample on** (*sb's feelings, rights*) deptać (podeptać *perf*).
trampoline ['træmpəli:n] *n* trampolina *f*.
trance [trɑ:ns] *n* trans *m*; **to go into a trance** wpadać (wpaść *perf*) w trans.
tranquil ['træŋkwɪl] *adj* spokojny.
tranquillity [træŋ'kwɪlɪtɪ] (*US* **tranquility**) *n* spokój *m*.
tranquillizer ['træŋkwɪlaɪzə*] (*US* **tranquilizer**) *n* środek *m* uspokajający.
transact [træn'zækt] *vt* (*business*) załatwiać (załatwić *perf*); (*deal*) zawierać (zawrzeć *perf*).
transaction [træn'zækʃən] *n* transakcja *f*; **cash transaction** transakcja gotówkowa.
transatlantic ['trænzət'læntɪk] *adj* transatlantycki.
transcend [træn'sɛnd] *vt* wykraczać poza *+acc*.
transcendental [trænsɛn'dɛntl] *adj* transcendentalny.
transcribe [træn'skraɪb] *vt* transkrybować (przetranskrybować *perf*).
transcript ['trænskrɪpt] *n* zapis *m*, transkrypt *m*.
transcription [træn'skrɪpʃən] *n* transkrypcja *f*.
transept ['trænsɛpt] *n* transept *m*, nawa *f* poprzeczna.
transfer [*n* 'trænsfə*, *vb* træns'fə:*] *n* (*of employee*) przeniesienie *nt*; (*of money*) przelew *m*; (*of power*) przekazanie *nt*; (*SPORT*) transfer *m*; (*picture etc*) kalkomania *f* ♦ *vt* (*employee*) przenosić (przenieść *perf*); (*money*) przelewać (przelać *perf*); (*power, ownership*) przekazywać (przekazać *perf*); **to transfer the charges** (*BRIT*) telefonować (zatelefonować *perf*) na koszt przyjmującego rozmowę; **by bank transfer** przelewem bankowym.
transferable [træns'fə:rəbl] *adj* (*JUR*) zbywalny; **"not transferable"** (*on ticket*) ≈ „bilet nie może być odstępowany".
transfix [træns'fɪks] *vt* przebijać (przebić *perf*), przeszywać (przeszyć *perf*); **transfixed with fear** skamieniały ze strachu.
transform [træns'fɔ:m] *vt* odmieniać (odmienić *perf*); **to transform into** przekształcać (przekształcić *perf*) w *+acc*.
transformation [trænsfə'meɪʃən] *n* przemiana *f*, transformacja *f*.
transformer [træns'fɔ:mə*] (*ELEC*) *n* transformator *m*.

transfusion [træns'fju:ʒən] *n* (*also*: **blood transfusion**) transfuzja *f* (krwi).
transgress [træns'grɛs] *vt* przekraczać (przekroczyć *perf*).
transient ['trænzɪənt] *adj* przelotny.
transistor [træn'zɪstə*] *n* tranzystor *m*.
transit ['trænzɪt] *n*: **in transit** (*things*) podczas transportu; (*people*) w podróży.
transit camp *n* obóz *m* przejściowy.
transition [træn'zɪʃən] *n* przejście *nt*.
transitional [træn'zɪʃənl] *adj* przejściowy.
transitive ['trænzɪtɪv] *adj* (*LING*) przechodni.
transit lounge *n* (*at airport etc*) hala *f* tranzytowa.
transitory ['trænzɪtərɪ] *adj* (*emotion*) przemijający, krótkotrwały; (*arrangement, character*) przejściowy.
transit visa *n* wiza *f* tranzytowa.
translate [trænz'leɪt] *vt*: **to translate (from/into)** tłumaczyć (przetłumaczyć *perf*) *or* przekładać (przełożyć *perf*) (z *+gen*/na *+acc*).
translation [trænz'leɪʃən] *n* tłumaczenie *nt*, przekład *m*; **in translation** w tłumaczeniu *or* przekładzie.
translator [trænz'leɪtə*] *n* tłumacz(ka) *m(f)*.
translucent [trænz'lu:snt] *adj* półprzezroczysty.
transmission [trænz'mɪʃən] *n* (*of information, energy, data*) przesyłanie *nt*; (*of disease*) przenoszenie *nt*; (*TV*) transmisja *f*; (*AUT*) przekładnia *f*.
transmit [trænz'mɪt] *vt* (*message, signal*) przesyłać (przesłać *perf*), transmitować; (*disease*) przenosić (przenieść *perf*); (*RADIO, TV*) nadawać (nadać *perf*), transmitować; (*knowledge, ideas*) przekazywać (przekazać *perf*).
transmitter [trænz'mɪtə*] *n* przekaźnik *m*.
transparency [træns'pɛərnsɪ] *n* (*quality*) przezroczystość *f*; (*BRIT*: *PHOT*) przezrocze *nt*.
transparent [træns'pærnt] *adj* przezroczysty; (*fig*) jawny, oczywisty.
transpire [træns'paɪə*] *vi* (*become known*): **it finally transpired that ...** w końcu okazało się *or* wyszło na jaw, że ...; (*happen*): **nobody knows what transpired at the meeting** nikt nie wie, co się wydarzyło na zebraniu.
transplant [*vb* træns'plɑ:nt, *n* 'trænsplɑ:nt] *vt* (*MED*) przeszczepiać (przeszczepić *perf*); (*seedlings*) przesadzać (przesadzić *perf*) ♦ *n* (*MED*) przeszczep *m*; **to have a heart transplant** mieć przeszczepione serce.
transport [*n* 'trænspɔ:t, *vb* træns'pɔ:t] *n* transport *m* ♦ *vt* przewozić (przewieźć *perf*); **public transport** ≈ komunikacja miejska; **Department of Transport** (*BRIT*) ≈ Ministerstwo Transportu.
transportation ['trænspɔ:'teɪʃən] *n* (*moving*) przewóz *m*, transport *m*; (*means of transport*) środek *m* transportu; **Department of Transportation** (*US*) ≈ Ministerstwo Transportu.
transport café (*BRIT*) *n* bar *m* przydrożny.
transpose [træns'pəuz] *vt* transponować (przetransponować *perf*).
transverse ['trænzvə:s] *adj* (*beam etc*) poprzeczny.
transvestite [trænz'vɛstaɪt] *n* transwestyta (-tka) *m(f)*.
trap [træp] *n* (*for mice, rats*) pułapka *f*; (*for larger animals*) sidła *pl*, wnyki *pl*; (*carriage*) dwukółka *f*; (*fig*) pułapka *f*, zasadzka *f* ♦ *vt* (*mouse*) łapać (złapać *perf*) w pułapkę; (*hare etc*) łapać (złapać *perf*) w sidła *or* we wnyki; (*energy*) pozyskiwać; (*fig*: *trick*) łapać (złapać *perf*) w pułapkę; **to set** *or* **lay a trap (for sb)** zastawiać (zastawić *perf*) (na kogoś) pułapkę; **to be trapped** (*in bad marriage, under rubble etc*) być uwięzionym; **he trapped his finger in the door** przytrzasnął sobie palec drzwiami; **shut your trap!** (*inf!*) stul gębę! (*inf!*).
trap door (*also spelled* **trapdoor**) *n* drzwi *pl* spustowe; (*in stage*) zapadnia *f*; (*in mine*) drzwi *pl* zapadowe.
trapeze [trə'pi:z] *n* trapez *m* (*przyrząd*).
trapper ['træpə*] *n* traper *m*.
trappings ['træpɪŋz] *npl* przywileje *pl*.
trash [træʃ] *n* (*rubbish*) śmieci *pl*; (*pej*: *books etc*) chłam *m* (*pej*).
trash can (*US*) *n* kosz *m* na śmieci.
trauma ['trɔ:mə] *n* bolesne przeżycie *nt*; (*MED, PSYCH*) uraz *m*, trauma *f*.
traumatic [trɔ:'mætɪk] *adj* traumatyczny.
travel ['trævl] *n* podróż *f* ♦ *vi* (*person*) podróżować; (*car, aeroplane*) poruszać się; (*news, sound*) rozchodzić się (rozejść się *perf*) ♦ *vt* (*distance*) przejeżdżać (przejechać *perf*); **travels** *npl* podróże *pl*; **I travel to work by train** jeżdżę do pracy pociągiem; **this wine doesn't travel well** to wino źle znosi transport.
travel agency *n* biuro *nt* podróży.
travel agent *n* pracownik (-ica) *m(f)* biura podróży.
travel brochure *n* prospekt *m* turystyczny.
traveller ['trævlə*] (*US* **traveler**) *n* podróżnik (-iczka) *m(f)*; (*COMM*) komiwojażer(ka) *m(f)*.
traveller's cheque (*US* **traveler's check**) *n* czek *m* podróżny.
travelling ['trævlɪŋ] (*US* **traveling**) *n* podróżowanie *nt* ♦ *cpd* (*circus*) wędrowny; (*exhibition*) objazdowy; (*bag, clock*) podróżny; **travelling expenses** koszty podróży.
travel(l)ing salesman *n* komiwojażer *m*.
travelogue ['trævəlɔg] *n* (*book*) książka *f* podróżnicza; (*talk*) odczyt *m* o podróżach; (*film*) film *m* podróżniczy.
travel sickness *n* choroba *f* lokomocyjna.
traverse ['trævəs] *vt* przemierzać (przemierzyć *perf*).
travesty ['trævəstɪ] *n* parodia *f*.
trawler ['trɔ:lə*] *n* trawler *m*.

tray [treɪ] *n* taca *f*; (*also*: **in-tray/out-tray**) tacka *f* (na korespondencję).
treacherous ['trɛtʃərəs] *adj* (*person, look*) zdradziecki; (*ground, tide*) zdradliwy; **road conditions are treacherous** warunki drogowe są niebezpieczne.
treachery ['trɛtʃərɪ] *n* zdrada *f*.
treacle ['tri:kl] *n* (*black treacle*) melasa *f*.
tread [trɛd] (*pt* **trod**, *pp* **trodden**) *n* (*of tyre*) bieżnik *m*; (*step*) chód *m*; (*of stair*) stopień *m* ♦ *vi* stąpać.
▸**tread on** *vt fus* nadeptywać (nadepnąć *perf*) na *+acc*.
treadle ['trɛdl] *n* (*on sewing machine etc*) pedał *m*.
treas. *abbr* = **treasurer**.
treason ['tri:zn] *n* zdrada *f*.
treasure ['trɛʒə*] *n* (*lit, fig*) skarb *m* ♦ *vt* (*object*) być bardzo przywiązanym do *+gen*; (*memory, thought*) (pieczołowicie) przechowywać w pamięci; (*friendship*) pielęgnować; **treasures** *npl* skarby *pl*.
treasure hunt *n* poszukiwanie *nt* skarbów.
treasurer ['trɛʒərə*] *n* skarbnik (-iczka) *m(f)*.
treasury ['trɛʒərɪ] *n*: **the Treasury,** *(US)* **the Treasury Department** ≈ Ministerstwo *nt* Finansów.
treasury bill *n* bilet *m* skarbowy.
treat [tri:t] *n* uczta *f* (*fig*) ♦ *vt* (*handle, regard*) traktować (potraktować *perf*); (*MED*) leczyć; (*TECH*) impregnować (zaimpregnować *perf*); **it came as a real treat** to była prawdziwa przyjemność; **this is my treat** ja stawiam; **to treat sth as a joke** traktować (potraktować *perf*) coś jako żart; **she treated us to dinner** poczęstowała nas obiadem.
treatment ['tri:tmənt] *n* (*attention, handling*) traktowanie *nt*; (*MED*) leczenie *nt*; **to have treatment for sth** poddawać się (poddać się *perf*) leczeniu na coś.
treaty ['tri:tɪ] *n* traktat *m*.
treble ['trɛbl] *adj* (*triple*) potrójny; (*MUS*: *part, instrument*) sopranowy; (*voice*) dyszkantowy, sopranowy ♦ *n* (*singer*) sopranista (-tka) *m(f)*; (*on radio etc*) wysokie tony *pl* ♦ *vt* potrajać (potroić *perf*) ♦ *vi* potrajać się (potroić się *perf*); **to be treble the amount/size of** być trzykrotnie większym od *+gen*.
treble clef *n* klucz *m* wiolinowy.
tree [tri:] *n* drzewo *nt*.
tree-lined ['tri:laɪnd] *adj* wysadzany drzewami.
treetop ['tri:tɔp] *n* wierzchołek *m or* korona *f* drzewa.
tree trunk *n* pień *m* drzewa.
trek [trɛk] *n* (*long difficult journey*) wyprawa *f*; (*tiring walk*) wędrówka *f* ♦ *vi* wędrować.
trellis ['trɛlɪs] *n* trejaż *m*, treliaż *m*.
tremble ['trɛmbl] *vi* drżeć (zadrżeć *perf*).
trembling ['trɛmblɪŋ] *n* drżenie *nt* ♦ *adj* drżący.
tremendous [trɪ'mɛndəs] *adj* (*enormous*) olbrzymi, ogromny; (*excellent*) wspaniały.
tremendously [trɪ'mɛndəslɪ] *adv* ogromnie; **he enjoyed it tremendously** sprawiło mu to ogromną przyjemność.
tremor ['trɛmə*] *n* (*of excitement, fear*) dreszcz *m*; (*in voice*) drżenie *nt*; (*also*: **earth tremor**) wstrząs *m* (podziemny).
trench [trɛntʃ] *n* rów *m*; (*MIL*) okop *m*.
trench coat *n* trencz *m*.
trench warfare *n* wojna *f* okopowa.
trend [trɛnd] *n* (*in attitudes, fashion*) trend *m*; (*of events*) kierunek *m*; **trend towards** tendencja w kierunku *+gen*; **trend away from** odejście od *+gen*; **to set a/the trend** nadawać (nadać *perf*) kierunek *or* ton.
trendy ['trɛndɪ] *adj* modny.
trepidation [trɛpɪ'deɪʃən] *n* trwoga *f*; **in trepidation** zatrwożony.
trespass ['trɛspəs] *vi*: **to trespass on** (*private property*) wkraczać (wkroczyć *perf*) na *+acc*; **"no trespassing"** „teren prywatny – wstęp wzbroniony".
trespasser ['trɛspəsə*] *n osoba wkraczająca na teren prywatny bez zgody właściciela*; **"trespassers will be prosecuted"** „wstęp pod karą wzbroniony".
tress [trɛs] *n* pukiel *m*.
trestle ['trɛsl] *n* kozioł *m* (*podpora*).
trestle table *n* stół *m* na kozłach.
trial ['traɪəl] *n* (*JUR*) proces *m*; (*of machine, drug etc*) próba *f*; (*worry*) utrapienie *nt*; **trials** *npl* (*unpleasant*) przykre przejścia *pl*; (*difficult*) perypetie *pl*; **horse trials** gonitwa próbna *or* przygotowawcza; **trial by jury** rozprawa przed ławą przysięgłych; **the case was sent for trial** sprawa została skierowana do sądu; **he went on trial for larceny** był sądzony za kradzież; **by trial and error** metodą prób i błędów.
trial balance *n* (*COMM*) bilans *m* próbny.
trial basis *n*: **on a trial basis** tytułem próby.
trial period *n* okres *m* próbny.
trial run *n* próba *f*.
triangle ['traɪæŋgl] *n* trójkąt *m*.
triangular [traɪ'æŋgjulə*] *adj* trójkątny.
tribal ['traɪbl] *adj* plemienny.
tribe [traɪb] *n* plemię *nt*.
tribesman ['traɪbzmən] *n* (*irreg like*: **man**) członek *m* plemienia.
tribulations [trɪbju'leɪʃənz] *npl* troski *pl*.
tribunal [traɪ'bju:nl] *n* trybunał *m*; **industrial (relations) tribunal** sąd pracy.
tributary ['trɪbjutərɪ] *n* dopływ *m*.
tribute ['trɪbju:t] *n* (*compliment*) wyrazy *pl* uznania; **to pay tribute to** wyrażać (wyrazić *perf*) uznanie dla *+gen*.
trice [traɪs] *n*: **in a trice** w okamgnieniu.
trick [trɪk] *n* sztuczka *f*; (*CARDS*) lewa *f* ♦ *vt* oszukiwać (oszukać *perf*); **the trick is to ...**

(cała) sztuka polega na tym, żeby *+infin*; **to play a trick on sb** spłatać *(perf)* komuś figla; **to trick sb into doing sth** podstępem zmusić *(perf)* kogoś do zrobienia czegoś; **to trick sb out of sth** podstępem pozbawić *(perf)* kogoś czegoś; **it's a trick of the light** to złudzenie optyczne; **that should do the trick** to powinno załatwić sprawę.

trickery ['trɪkərɪ] *n* oszustwo *nt*.

trickle ['trɪkl] *n* strużka *f* ♦ *vi* (*water*) sączyć się, kapać; (*rain, tears*) kapać; (*people*) iść małymi grupkami.

trick photography *n* fotografia *f* trikowa.

trick question *n* podchwytliwe pytanie *nt*.

trickster ['trɪkstə*] *n* oszust(ka) *m(f)*, naciągacz(ka) *m(f)* (*inf*).

tricky ['trɪkɪ] *adj* (*problem etc*) skomplikowany.

tricycle ['traɪsɪkl] *n* rower *m* trójkołowy.

trifle ['traɪfl] *n* błahostka *f*, drobnostka *f*; (*CULIN*) *ciasto biszkoptowe przekładane owocami, galaretką lub kremem* ♦ *adv*: **a trifle long** (nieco) przydługi ♦ *vi*: **to trifle with sb/sth** stroić sobie żarty z kogoś/czegoś.

trifling ['traɪflɪŋ] *adj* błahy.

trigger ['trɪgə*] *n* spust *m*, cyngiel *m*.

►**trigger off** *vt fus* wywoływać (wywołać *perf*).

trigonometry [trɪgə'nɔmətrɪ] *n* trygonometria *f*.

trilby ['trɪlbɪ] (*BRIT*) *n* (*also*: **trilby hat**) kapelusz *m* filcowy.

trill [trɪl] *n* (*MUS*) tryl *m*; (*of birds*) trele *pl*.

trilogy ['trɪlədʒɪ] *n* trylogia *f*.

trim [trɪm] *adj* (*house, garden*) starannie utrzymany; (*figure, person*) szczupły ♦ *n* (*haircut*) podstrzyżenie *nt*, podcięcie *nt*; (*on clothes*) lamówka *f*, wykończenie *nt*; (*on car*) elementy *pl* ozdobne karoserii ♦ *vt* (*cut*) przycinać (przyciąć *perf*), przystrzygać (przystrzyc *perf*); (*decorate*): **to trim (with)** ozdabiać (ozdobić *perf*) (*+instr*); (*NAUT*: *sail*) ustawiać (ustawić *perf*); **to keep in (good) trim** utrzymywać (dobrą) formę, dobrze się trzymać (*inf*).

trimmings ['trɪmɪŋz] *npl* (*CULIN*) garnirunek *m*; (*cuttings*) skrawki *pl*.

Trinidad and Tobago ['trɪnɪdæd-] *n* Trynidad *m* i Tobago *nt inv*.

trinity ['trɪnɪtɪ] *n* (*REL*): **the (Holy) Trinity** Trójca *f* Święta.

trinket ['trɪŋkɪt] *n* (*ornament*) ozdóbka *f*; (*piece of jewellery*) błyskotka *f*, świecidełko *nt*.

trio ['tri:əu] *n* trójka *f*; (*MUS*: *musicians*) trio *nt*, tercet *m*; (: *composition*) trio *nt*.

trip [trɪp] *n* (*journey*) podróż *f*; (*outing*) wycieczka *f* ♦ *vi* (*stumble*) potykać się (potknąć się *perf*); (*go lightly*) iść lekkim krokiem; **to go on a (business) trip** wyjeżdżać (wyjechać *perf*) w podróż (służbową).

►**trip over** *vt fus* potykać się (potknąć się *perf*) o *+acc*.

►**trip up** *vi* potykać się (potknąć się *perf*) ♦ *vt* podstawiać (podstawić *perf*) nogę *+dat*.

tripartite [traɪ'pɑ:taɪt] *adj* trójstronny.

tripe [traɪp] *n* (*CULIN*) flaczki *pl*, flaki *pl*; (*pej*) bzdury *pl*.

triple ['trɪpl] *adj* potrójny ♦ *adv*: **triple the distance/speed** trzy razy dalej/szybciej.

triplets ['trɪplɪts] *npl* trojaczki *pl*.

triplicate ['trɪplɪkət] *n*: **in triplicate** w trzech egzemplarzach.

tripod ['traɪpɔd] *n* trójnóg *m*.

Tripoli ['trɪpəlɪ] *n* Trypolis *m*.

tripper ['trɪpə*] (*BRIT*) *n* wycieczkowicz(ka) *m(f)*.

tripwire ['trɪpwaɪə*] *n* linka *f* turbulencyjna, turbilizator *m*.

trite [traɪt] (*pej*) *adj* wyświechtany, oklepany.

triumph ['traɪʌmf] *n* tryumf *m or* triumf *m* ♦ *vi* tryumfować (zatryumfować *perf*); **to triumph over** (*opponent*) odnosić (odnieść *perf*) zwycięstwo nad *+instr*; (*disabilities, adversities*) przezwyciężać (przezwyciężyć *perf*) *+acc*.

triumphal [traɪ'ʌmfl] *adj* tryumfalny *or* triumfalny.

triumphant [traɪ'ʌmfənt] *adj* (*team*) zwycięski, tryumfujący *or* triumfujący; (*return*) tryumfalny *or* triumfalny; (*smile, expression*) tryumfalny *or* triumfalny, tryumfujący *or* triumfujący.

triumphantly [traɪ'ʌmfəntlɪ] *adv* tryumfalnie *or* triumfalnie, tryumfująco *or* triumfująco.

trivia ['trɪvɪə] (*pej*) *npl* błahostki *pl*.

trivial ['trɪvɪəl] *adj* (*unimportant*) błahy; (*commonplace*) trywialny, banalny.

triviality [trɪvɪ'ælɪtɪ] *n* (*state of being trivial*) błahość *f*; (*sth trivial*) rzecz *f* błaha.

trivialize ['trɪvɪəlaɪz] *vt* bagatelizować (zbagatelizować *perf*).

trod [trɔd] *pt of* **tread**.

trodden [trɔdn] *pp of* **tread**.

trolley ['trɔlɪ] *n* (*for luggage, shopping*) wózek *m*; (*table*) stolik *m* na kółkach; (*also*: **trolley bus**) trolejbus *m*.

trollop ['trɔləp] (*pej*) *n* flądra *f* (*pej, inf*).

trombone [trɔm'bəun] *n* puzon *m*.

troop [tru:p] *n* (*of people*) gromada *f*; (*of monkeys*) stado *nt* ♦ *vi*: **to troop in/out** wchodzić (wejść *perf*)/wychodzić (wyjść *perf*) gromadnie; **troops** *npl* wojsko *nt*, żołnierze *pl*.

troop carrier *n* transportowiec *m* (*samolot lub okręt*).

trooper ['tru:pə*] *n* (*MIL*) żołnierz *m* (*niższej rangi, w kawalerii i w wojskach pancernych*); (*US*) policjant(ka) *m(f)*.

trooping the colour ['tru:pɪŋ-] (*BRIT*) *n* parada *f* wojskowa.

troopship ['tru:pʃɪp] *n* transportowiec *m*.

trophy ['trəufɪ] *n* trofeum *m*.

tropic ['trɔpɪk] *n* zwrotnik *m*; **the tropics** *npl* tropik *m*, tropiki *pl*; **Tropic of Cancer/Capricorn** zwrotnik Raka/Koziorożca.

tropical ['trɔpɪkl] *adj* tropikalny, zwrotnikowy.
trot [trɔt] *n* (*fast pace*) trucht *m*; (*of horse*) kłus *m* ♦ *vi* (*horse*) kłusować (pokłusować *perf*); (*person*) biec (pobiec *perf*) truchtem; **on the trot** (*BRIT*: *one after another*) z rzędu.
►**trot out** *vt* (*excuse, reason*) recytować (wyrecytować *perf*); (*names, facts*) wyciągać (wyciągnąć *perf*) z lamusa.
trouble ['trʌbl] *n* (*difficulty, bother*) kłopot *m*; (*unrest*) zamieszki *pl* ♦ *vt* (*worry*) martwić (zmartwić *perf*); (*disturb*) niepokoić ♦ *vi*: **to trouble to do sth** zadawać (zadać *perf*) sobie trud zrobienia czegoś; **troubles** *npl* kłopoty *pl*; **to be in trouble** mieć kłopoty *or* nieprzyjemności; (*ship, climber etc*) być w tarapatach *or* opałach; **to go to the trouble of doing sth** zadawać (zadać *perf*) sobie trud, żeby coś zrobić; **it's no trouble!** to żaden kłopot!; **please don't trouble yourself** proszę się nie fatygować; **the trouble is ...** kłopot w tym, że ...; **did you have any trouble finding your way here?** czy miałaś jakieś kłopoty z trafieniem tutaj?; **what's the trouble?** co się stało?; (*to patient*) co Panu/Pani dolega?; **stomach trouble** dolegliwości żołądkowe.
troubled [trʌbld] *adj* (*person*) zmartwiony; (*era, life*) burzliwy; (*water*) wzburzony; (*country*) targany konfliktami.
trouble-free ['trʌblfri:] *adj* bezproblemowy.
troublemaker ['trʌblmeɪkə*] *n* wichrzyciel *m*.
troubleshooter ['trʌblʃu:tə*] *n* mediator *m*, rozjemca *m*.
troublesome ['trʌblsəm] *adj* (*child*) nieznośny; (*cough, stammer*) dokuczliwy.
trouble spot *n* punkt *m* zapalny.
trough [trɔf] *n* (*also*: **drinking/feeding trough**) koryto *nt*; (*channel*) rów *m*; (*low point*) spadek *m*; **a trough of low pressure** klin niskiego ciśnienia.
trounce [trauns] *vt* sprawić (*perf*) sążniste lanie *+dat* (*np. drużynie przeciwnika*).
troupe [tru:p] *n* trupa *f*.
trouser press ['trauzə-] *n* prasownica *f* do spodni.
trousers ['trauzəz] *npl* spodnie *pl*; **short trousers** krótkie spodenki; **a pair of trousers** para spodni.
trouser suit (*BRIT*) *n* kostium *m* ze spodniami.
trousseau ['tru:səu] (*pl* **trousseaux** *or* **trousseaus**) *n* wyprawa *f* (ślubna).
trout [traut] *n inv* pstrąg *m*.
trowel ['trauəl] *n* (*garden tool*) rydel *m*; (*builder's tool*) kielnia *f*.
truant ['truənt] (*BRIT*) *n*: **to play truant** iść (pójść *perf*) na wagary; (*frequently*) chodzić na wagary, wagarować.
truce [tru:s] *n* rozejm *m*, zawieszenie *nt* broni.
truck [trʌk] *n* (*lorry*) ciężarówka *f*, samochód *m* ciężarowy; (*RAIL*) platforma *f*; (*for luggage*) wózek *m*; **I will have no truck with them** nie chcę mieć z nimi do czynienia.
truck driver *n* kierowca *m* ciężarówki.
trucker ['trʌkə*] (*US*) *n* = **truck driver**.
truck farm (*US*) *n* gospodarstwo *nt* warzywnicze.
trucking ['trʌkɪŋ] (*US*) *n* transport *m* samochodowy, przewóz *m* samochodami ciężarowymi.
trucking company (*US*) *n* przedsiębiorstwo *nt* przewozowe.
truculent ['trʌkjulənt] *adj* zaczepny, zadziorny.
trudge [trʌdʒ] *vi* (*also*: **trudge along**) iść powłócząc nogami, wlec się.
true [tru:] *adj* (*not false, real, genuine*) prawdziwy; (*accurate, faithful*) wierny; (*wall etc*) dobrze wypionowany; **it's true** to prawda; **to come true** (*dreams*) spełniać się (spełnić się *perf*); (*predictions*) sprawdzać się (sprawdzić się *perf*); **to be true to life** wiernie oddawać rzeczywistość.
truffle ['trʌfl] *n* trufla *f*.
truly ['tru:lɪ] *adv* (*genuinely, truthfully*) naprawdę; (*really*) doprawdy; **yours truly** (*in letter*) z poważaniem.
trump [trʌmp] *n* (*lit, fig*) karta *f* atutowa; **to turn up trumps** (*fig*: *help*) poratować (*perf*) kogoś w potrzebie.
trumped up *adj*: **a trumped-up charge** sfabrykowane oskarżenie *nt*.
trumpet ['trʌmpɪt] *n* trąbka *f*.
truncated [trʌŋ'keɪtɪd] *adj* (*object*) skrócony, przycięty; (*message*) okrojony.
truncheon ['trʌntʃən] (*BRIT*: *POLICE*) *n* pałka *f*.
trundle ['trʌndl] *vt* (*trolley etc*) pchać *or* popychać (powoli) ♦ *vi*: **to trundle along** (*vehicle*) toczyć się (potoczyć się *perf*); (*person*) iść (pójść *perf*) powoli.
trunk [trʌŋk] *n* (*of tree*) pień *m*; (*of person*) tułów *m*; (*of elephant*) trąba *f*; (*case*) kufer *m*; (*US*: *AUT*) bagażnik *m*; **trunks** *npl* (*also*: **swimming trunks**) kąpielówki *pl*.
trunk call (*BRIT*) *n* rozmowa *f* międzymiastowa.
trunk road (*BRIT*) *n* magistrala *f*.
truss [trʌs] *n* (*MED*) pas *m* przepuklinowy.
►**truss (up)** *vt* (*CULIN*) związywać (związać *perf*) nogi i skrzydła *+dat*; (*person*) związywać (związać *perf*) mocno.
trust [trʌst] *n* zaufanie *nt*; (*in bright future, human goodness etc*) ufność *f*; (*COMM*) trust *m* ♦ *vt* ufać (zaufać *perf*) *+dat*; **to take sth on trust** przyjmować (przyjąć *perf*) coś na słowo; **to have trust in** pokładać ufność w *+loc*; **to trust sth to sb** powierzać (powierzyć *perf*) coś komuś; **in trust** (*JUR*) pod zarządem powierniczym; **to trust (that)** mieć nadzieję(, że).
trust company *n* spółka *f* powiernicza.
trusted ['trʌstɪd] *adj* zaufany.
trustee [trʌs'ti:] *n* (*JUR*) powiernik (-iczka) *m(f)*; (*of school etc*) członek *m* zarządu.

trustful ['trʌstful] *adj* ufny.
trust fund *n* fundusz *m* powierniczy.
trusting ['trʌstɪŋ] *adj* ufny.
trustworthy ['trʌstwəːðɪ] *adj* godny zaufania.
trusty ['trʌstɪ] *adj* (*horse*) wierny; (*pen etc*) sprawdzony.
truth [truːθ] (*pl* **truths**) *n* prawda *f*.
truthful ['truːθful] *adj* (*person*) prawdomówny; (*answer, account*) zgodny z prawdą *post*.
truthfully ['truːθfəlɪ] *adv* zgodnie z prawdą.
truthfulness ['truːθfəlnɪs] *n* (*of person*) prawdomówność *f*; (*of account*) prawdziwość *f*.
try [traɪ] *n* próba *f*; (*RUGBY*) przyłożenie *nt* ♦ *vt* (*attempt, experience*) próbować (spróbować *perf*) +*gen*; (*JUR*) sądzić; (*patience*) wystawiać (wystawić *perf*) na próbę ♦ *vi* (*attempt*) próbować (spróbować *perf*); (*make effort*) starać się (postarać się *perf*); **to have a try** próbować (spróbować *perf*); **to try to do sth** próbować (spróbować *perf*) coś zrobić; **to try one's (very) best** *or* **one's (very) hardest** starać się ze wszystkich sił.
►**try on** *vt* przymierzać (przymierzyć *perf*); **to try it on (with sb)** (*fig*) próbować (spróbować *perf*) (na kimś) swoich sztuczek.
►**try out** *vt* wypróbowywać (wypróbować *perf*).
trying ['traɪɪŋ] *adj* męczący.
tsar [zɑː*] *n* car *m*.
T-shirt ['tiːʃəːt] *n* koszulka *f* (z krótkim rękawem).
T-square ['tiːskwɛə*] *n* przykładnica *f*.
TT *adj abbr* (*BRIT*: *inf*) = **teetotal** ♦ *abbr* (*US*: *POST*: = *Trust Territory*).
tub [tʌb] *n* (*container*) kadź *f*; (*bath*) wanna *f*.
tuba ['tjuːbə] *n* tuba *f*.
tubby ['tʌbɪ] *adj* pulchny.
tube [tjuːb] *n* (*pipe*) rurka *f*; (: *wide*) rura *f*; (*container*) tubka *f*; (*BRIT*: *underground*) metro *nt*; (*US*: *inf*): **the tube** telewizja *f*.
tubeless ['tjuːblɪs] *adj* (*tyre*) bezdętkowy.
tuber ['tjuːbə*] (*BOT*) *n* bulwa *f*.
tuberculosis [tjubəːkju'ləusɪs] *n* gruźlica *f*.
tube station (*BRIT*) *n* stacja *f* metra.
tubing ['tjuːbɪŋ] *n* rurka *f*; (*wide*) rura *f*.
tubular ['tjuːbjulə*] *adj* (*scaffolding, furniture*) rurowy; (*container*) cylindryczny; **tubular steel** rury stalowe.
TUC (*BRIT*) *n abbr* (= *Trades Union Congress*) *federacja brytyjskich związków zawodowych*.
tuck [tʌk] *vt* wsuwać (wsunąć *perf*) ♦ *n* (*SEWING*) zakładka *f*.
►**tuck away** *vt* (*money*) odkładać (odłożyć *perf*); **tucked away** ukryty (głęboko).
►**tuck in** *vt* (*shirt etc*) wkładać (włożyć *perf*) w spodnie/spódnicę; (*child*) otulać (otulić *perf*) (*do snu*) ♦ *vi* zajadać, wcinać (*inf*).
►**tuck up** *vt* otulać (otulić *perf*) (*do snu*).
tuck shop *n* sklepik *m* ze słodyczami.
Tue(s). *abbr* = **Tuesday** wt.
Tuesday ['tjuːzdɪ] *n* wtorek *m*; **it is Tuesday 23rd March** (dziś) jest wtorek, 23 marca; **on Tuesday** we wtorek; **on Tuesdays** we wtorki; **every Tuesday** w każdy wtorek; **every other Tuesday** w co drugi wtorek; **last/next Tuesday** w zeszły/przyszły wtorek; **the following Tuesday** w następny wtorek; **Tuesday's newspaper** wtorkowa gazeta; **a week/fortnight on Tuesday** od wtorku za tydzień/dwa tygodnie; **the Tuesday before last** we wtorek dwa tygodnie temu; **the Tuesday after next** we wtorek za dwa tygodnie; **Tuesday morning/afternoon/evening** we wtorek rano/po południu/wieczorem; **we spent Tuesday night in Leeds** wtorkową noc spędziliśmy w Leeds.
tuft [tʌft] *n* kępka *f*.
tug [tʌg] *n* holownik *m* ♦ *vt* pociągać (pociągnąć *perf*) (mocno).
tug-of-war [tʌgəv'wɔː*] *n* zawody *pl* w przeciąganiu liny; (*fig*) rywalizacja *f*.
tuition [tjuː'ɪʃən] *n* (*BRIT*: *instruction*) nauka *f*, lekcje *pl*; (*US*: *school fees*) czesne *nt*; **to have private tuition** mieć prywatne lekcje.
tulip ['tjuːlɪp] *n* tulipan *m*.
tumble ['tʌmbl] *n* upadek *m* ♦ *vi* spadać (spaść *perf*), staczać się (stoczyć się *perf*).
►**tumble to** (*inf*) *vt fus*: **to tumble to the fact that ...** pokapować się (*perf*), że ... (*inf*).
tumbledown ['tʌmbldaun] *adj* walący się.
tumble dryer (*BRIT*) *n* suszarka *f* (bębnowa).
tumbler ['tʌmblə*] *n* (*glass*) szklaneczka *f*; (: *tall*) szklanka *f*.
tummy ['tʌmɪ] (*inf*) *n* brzuch *m*.
tumour ['tjuːmə*] (*US* **tumor**) (*MED*) *n* guz *m*.
tumult ['tjuːmʌlt] *n* (*uproar*) zgiełk *m*, tumult *m*.
tumultuous [tjuː'mʌltjuəs] *adj* burzliwy.
tuna ['tjuːnə] *n inv* (*also*: **tuna fish**) tuńczyk *m*.
tune [tjuːn] *n* melodia *f* ♦ *vt* (*MUS*) stroić (nastroić *perf*); (*RADIO, TV*) nastawiać (nastawić *perf*); (*AUT*) regulować (wyregulować *perf*); **to be in tune** (*instrument*) być nastrojonym; (*singer*) śpiewać czysto; **to be out of tune** (*instrument*) być nie nastrojonym; (*singer*) fałszować; **to be in/out of tune with** (*fig*) harmonizować/nie harmonizować z +*instr*; **she was robbed to the tune of 10,000 pounds** obrabowano ją na kwotę 10.000 funtów.
►**tune in** *vi* (*RADIO, TV*): **to tune in (to)** nastawiać (nastawić *perf*) odbiornik (na +*acc*).
►**tune up** *vi* stroić (nastroić *perf*) instrumenty.
tuneful ['tjuːnful] *adj* melodyjny.
tuner ['tjuːnə*] *n* (*radio set*) tuner *m*; **piano tuner** stroiciel fortepianów.
tuner amplifier *n* tuner *m* ze wzmacniaczem.
tungsten ['tʌŋstn] *n* wolfram *m*.
tunic ['tjuːnɪk] *n* tunika *f*.
tuning fork ['tjuːnɪŋ-] *n* kamerton *m*.
Tunis ['tjuːnɪs] *n* Tunis *m*.
Tunisia [tjuː'nɪzɪə] *n* Tunezja *f*.

Tunisian [tju:'nɪzɪən] *adj* tunezyjski ♦ *n* Tunezyjczyk (-jka) *m(f)*.
tunnel ['tʌnl] *n* (*passage*) tunel *m*; (*in mine*) sztolnia *f* ♦ *vi* przekopywać (przekopać *perf*) tunel.
tunny ['tʌnɪ] *n* tuńczyk *m*.
turban ['tə:bən] *n* turban *m*.
turbid ['tə:bɪd] *adj* (*water*) mętny; (*air*) zapylony.
turbine ['tə:baɪn] *n* turbina *f*.
turbojet [tə:bəu'dʒɛt] *n* (*engine*) silnik *m* turboodrzutowy; (*plane*) samolot *m* turboodrzutowy.
turboprop [tə:bəu'prɔp] *n* (*engine*) silnik *m* turbośmigłowy; (*plane*) samolot *m* turbośmigłowy.
turbot ['tə:bət] *n inv* (*ZOOL*) turbot *m*.
turbulence ['tə:bjuləns] *n* turbulencja *f*.
turbulent ['tə:bjulənt] *adj* (*lit, fig*) burzliwy.
tureen [tə'ri:n] *n* waza *f*.
turf [tə:f] *n* (*grass*) darń *f*; (*clod*) bryła *f* darni ♦ *vt* pokrywać (pokryć *perf*) darnią; **the Turf** (*horse-racing*) wyścigi konne.
▸**turf out** (*inf*) *vt* wyrzucać (wyrzucić *perf*).
turf accountant (*BRIT*) *n* bukmacher *m*.
turgid ['tə:dʒɪd] *adj* (*speech, style*) napuszony; (*verse, film*) ciężki.
Turin ['tjuə'rɪn] *n* Turyn *m*.
Turk [tə:k] *n* Turek/Turczynka *m/f*.
Turkey ['tə:kɪ] *n* Turcja *f*.
turkey ['tə:kɪ] *n* indyk *m*.
Turkish ['tə:kɪʃ] *adj* turecki ♦ *n* (język *m*) turecki.
Turkish bath *n* łaźnia *f* turecka.
Turkish delight *n* rachatłukum *nt inv*.
turmeric ['tə:mərɪk] *n* (*CULIN*) kurkuma *f*.
turmoil ['tə:mɔɪl] *n* zgiełk *m*, wrzawa *f*; **in turmoil** wzburzony.
turn [tə:n] *n* (*rotation*) obrót *m*; (*in road*) zakręt *m*; (*change*) zmiana *f*; (*chance*) kolej *f*; (*performance*) występ *m*; (*inf: of illness*) napad *m* ♦ *vt* (*handle*) przekręcać (przekręcić *perf*); (*key*) przekręcać (przekręcić *perf*), obracać (obrócić *perf*); (*steak, page*) przewracać (przewrócić *perf*); (*wood, metal*) toczyć ♦ *vi* (*rotate*) obracać się (obrócić się *perf*); (*change direction*) skręcać (skręcić *perf*); (*face in different direction*) odwracać się (odwrócić się *perf*); (*milk*) kwaśnieć (skwaśnieć *perf*); **her hair is turning grey** włosy jej siwieją; **he has turned forty** skończył czterdzieści lat; **I did him a good turn** wyświadczyłam mu przysługę; **a turn of events** obrót spraw; **it gave me quite a turn** (*inf*) to mnie nieźle zaszokowało (*inf*); **"no left turn"** „zakaz skrętu w lewo"; **it's your turn** twoja kolej; **in turn** (*in succession*) po kolei; (*indicating consequence, cause etc*) z kolei; **to take turns (at)** zmieniać się (zmienić się *perf*) (przy *+loc*); **at the turn of the century** u schyłku wieku, na przełomie wieków; **at the turn of the year** pod koniec roku; **to take a turn for the worse** przybierać (przybrać *perf*) zły obrót; **his health** *or* **he has taken a turn for the worse** jego stan pogorszył się, pogorszyło mu się (*inf*).
▸**turn around** *vi* odwracać się (odwrócić się *perf*).
▸**turn against** *vt fus* zwracać się (zwrócić się *perf*) przeciw(ko) *+dat*.
▸**turn away** *vi* odwracać się (odwrócić się *perf*) ♦ *vt* (*applicants*) odprawiać (odprawić *perf*) (z niczym *or* z kwitkiem); **one should never turn away business** nigdy nie należy gardzić możliwością zrobienia interesu.
▸**turn back** *vi* zawracać (zawrócić *perf*) ♦ *vt* zawracać (zawrócić *perf*).
▸**turn down** *vt* (*offer*) odrzucać (odrzucić *perf*); (*person, request*) odmawiać (odmówić *perf*) *+dat*; (*heater*) przykręcać (przykręcić *perf*); (*radio*) przyciszać (przyciszyć *perf*), ściszać (ściszyć *perf*); (*bedclothes*) odwijać (odwinąć *perf*).
▸**turn in** *vi* (*inf*) iść (pójść *perf*) spać ♦ *vt* (*to police*) wydawać (wydać *perf*).
▸**turn into** *vt fus* zamieniać się (zamienić się *perf*) w *+acc*.
▸**turn off** *vi* (*from road*) skręcać (skręcić *perf*) ♦ *vt* (*light, engine, radio*) wyłączać (wyłączyć *perf*); (*tap*) zakręcać (zakręcić *perf*).
▸**turn on** *vt* (*light, engine, radio*) włączać (włączyć *perf*); (*tap*) odkręcać (odkręcić *perf*).
▸**turn out** *vt* (*light, gas*) wyłączać (wyłączyć *perf*) ♦ *vi* (*people*) przybywać (przybyć *perf*); **the house turned out to be a ruin** dom okazał się (być) ruiną; **how did the cake turn out?** jak się udało ciasto?
▸**turn over** *vi* (*person*) przewracać się (przewrócić się *perf*) na drugi bok ♦ *vt* (*object*) odwracać (odwrócić *perf*); (*page*) przewracać (przewrócić *perf*); **to turn sth over to** (*different function*) przestawiać (przestawić *perf*) coś na *+acc*; (*rightful owner*) zwracać (zwrócić *perf*) coś *+dat*.
▸**turn round** *vi* (*person*) odwracać się (odwrócić się *perf*); (*vehicle*) zawracać (zawrócić *perf*); (*rotate*) obracać się (obrócić się *perf*).
▸**turn up** *vi* (*person*) pojawiać się (pojawić się *perf*); (*lost object*) znajdować się (znaleźć się *perf*) ♦ *vt* (*collar*) stawiać (postawić *perf*); (*radio*) podgłaśniać (podgłośnić *perf*); (*heater*) podkręcać (podkręcić *perf*).
turnabout ['tə:nəbaut] *n* (*fig*) zwrot *m* o 180 stopni.
turnaround ['tə:nəraund] *n* (*fig*) = **turnabout**.
turncoat ['tə:nkəut] *n* renegat *m*.
turned-up ['tə:ndʌp] *adj* (*nose*) zadarty.
turning ['tə:nɪŋ] *n* (*in road*) zakręt *m*; **the first turning on the right** pierwszy zakręt w prawo.
turning circle (*BRIT: AUT*) *n* promień *m* skrętu.
turning point *n* (*fig*) punkt *m* zwrotny.
turning radius (*US*) *n* = **turning circle**.

turnip ['tə:nɪp] *n* rzepa *f*.
turnout ['tə:naut] *n* (*of voters etc*) frekwencja *f*.
turnover ['tə:nəuvə*] *n* (*COMM*) obrót *m*, obroty *pl*; (*CULIN*) *zawijane ciastko z owocami lub dżemem*; **turnover of staff** fluktuacja kadr.
turnpike ['tə:npaɪk] (*US*) *n* autostrada *f* (*zwykle płatna*).
turnstile ['tə:nstaɪl] *n* kołowrót *m* (*przy wejściu na stadion itp*).
turntable ['tə:nteɪbl] *n* (*on record player*) talerz *m* obrotowy.
turn-up ['tə:nʌp] (*BRIT*) *n* (*on trousers*) mankiet *m*; **that's a turn-up for the books!** (*inf*) a to ci dopiero! (*inf*).
turpentine ['tə:pəntaɪn] *n* (*also*: **turps**) terpentyna *f*.
turquoise ['tə:kwɔɪz] *n* turkus *m* ♦ *adj* turkusowy.
turret ['tʌrɪt] *n* wieżyczka *f*.
turtle ['tə:tl] *n* żółw *m*.
turtleneck (sweater) ['tə:tlnɛk(-)] *n* golf *m*.
Tuscan ['tʌskən] *adj* toskański ♦ *n* Toskańczyk (-anka) *m(f)*.
Tuscany ['tʌskənɪ] *n* Toskania *f*.
tusk [tʌsk] *n* kieł *m*.
tussle ['tʌsl] *n* bójka *f*.
tutor ['tju:tə*] *n* (*BRIT*) *wykładowca prowadzący zajęcia z małą grupą studentów lub opiekujący się indywidualnymi studentami*; (*private tutor*) prywatny(na) *m(f)* nauczyciel (-ka) *m(f)*.
tutorial [tju:'tɔ:rɪəl] *n* zajęcia *pl* (*dla małej grupy studentów*).
tuxedo [tʌk'si:dəu] (*US*) *n* smoking *m*.
TV [ti:'vi:] *n abbr* = **television**.
twaddle ['twɔdl] (*inf*) *n* bzdury *pl*.
twang [twæŋ] *n* (*of tight wire*) brzdęk *m*; (*of voice*) nosowe brzmienie *nt* ♦ *vi* (*springs etc*) brzęczeć (brzęknąć *perf*) ♦ *vt* (*guitar*) brzdąkać na *+loc*.
tweak [twi:k] *vt* (*ear*) wykręcać (wykręcić *perf*); (*nose*) szczypać (uszczypnąć *perf*) w *+acc*; (*tail*) ciągnąć (pociągnąć *perf*) za *+acc*.
tweed [twi:d] *n* tweed *m* ♦ *adj* tweedowy.
tweezers ['twi:zəz] *npl* pinceta *f*.
twelfth [twɛlfθ] *num* dwunasty.
Twelfth Night *n* wigilia *f* Trzech Króli.
twelve [twɛlv] *num* dwanaście; **at twelve (o'clock)** o (godzinie) dwunastej.
twentieth ['twɛntɪɪθ] *num* dwudziesty.
twenty ['twɛntɪ] *num* dwadzieścia.
twerp [twə:p] (*inf*) *n* przygłup *m* (*inf*).
twice [twaɪs] *adv* dwa razy, dwukrotnie; **twice as much** dwa razy tyle; **twice a week** dwa razy w tygodniu; **she is twice your age** jest od ciebie dwa razy starsza.
twiddle ['twɪdl] *vt* kręcić *+instr* ♦ *vi*: **to twiddle with sth** kręcić czymś; **to twiddle one's thumbs** (*fig*) zbijać bąki.
twig [twɪg] *n* gałązka *f* ♦ *vi* (*BRIT*: *inf*) skapować (się) (*perf*) (*inf*).
twilight ['twaɪlaɪt] *n* (*evening*) zmierzch *m*; (*morning*) brzask *m*; **in the twilight of his career** u schyłku (swej) kariery.
twill [twɪl] *n* diagonal *m* (*tkanina*).
twin [twɪn] *n* bliźniak (-aczka) *m(f)*; (*in hotel*) pokój *m* z dwoma łóżkami ♦ *adj* (*towers, pregnancy*) bliźniaczy ♦ *vt*: **Nottingham is twinned with Poznań** Nottingham i Poznań to miasta bliźniacze; **twin brother** (brat) bliźniak; **twin sister** (siostra) bliźniaczka; **twins** bliźniaki, bliźnięta.
twin-bedded room ['twɪn'bɛdɪd-] *n* pokój *m* z dwoma łóżkami.
twin beds *npl* dwa pojedyncze łóżka *pl* (*w jednym pokoju*).
twin-carburettor ['twɪnkɑ:bju'rɛtə*] *adj* dwugaźnikowy.
twine [twaɪn] *n* szpagat *m* (*sznurek*) ♦ *vi* (*plant*) wić się.
twin-engined [twɪn'ɛndʒɪnd] *adj* dwusilnikowy.
twinge [twɪndʒ] *n* (*of pain, regret*) ukłucie *nt*; (*of conscience*) wyrzut *m*.
twinkle ['twɪŋkl] *vi* (*star, light*) migotać (zamigotać *perf*); (*eyes*) skrzyć się ♦ *n* (*in eye*) błysk *m*, iskra *f*.
twin town *n* miasto *nt* bliźniacze.
twirl [twə:l] *vt* (*umbrella etc*) kręcić *+instr* ♦ *vi* kręcić się, wirować ♦ *n* obrót *m*.
twist [twɪst] *n* (*of body*) skręt *m*; (*of coil*) zwój *m*; (*in road*) (ostry) zakręt *m*; (*in attitudes, story*) zwrot *m* ♦ *vt* (*head*) odwracać (odwrócić *perf*); (*ankle etc*) skręcać (skręcić *perf*); (*scarf etc*) owijać (owinąć *perf*); (*fig*: *words*) przekręcać (przekręcić *perf*); (: *meaning*) wypaczać (wypaczyć *perf*) ♦ *vi* (*road, river*) wić się; **to twist sb's arm** (*fig*) przyciskać (przycisnąć *perf*) kogoś.
twisted ['twɪstɪd] *adj* (*rope*) poskręcany; (*ankle, wrist*) skręcony; (*fig*: *logic*) pokrętny; (: *personality*) skrzywiony.
twit [twɪt] (*inf*) *n* przygłup *m* (*inf*).
twitch [twɪtʃ] *n* (*nervous*) drgnięcie *nt*; (*at sleeve*) szarpnięcie *nt* ♦ *vi* drgać.
two [tu:] *num* dwa; **two by two, in twos** dwójkami; **to put two and two together** (*fig*) kojarzyć (skojarzyć *perf*) fakty.
two-door [tu:'dɔ:*] *adj* dwudrzwiowy.
two-faced [tu:'feɪst] *adj* (*pej*) dwulicowy.
twofold ['tu:fəuld] *adv* (*increase*) dwukrotnie ♦ *adj* (*increase*) dwukrotny; (*aim, value*) dwojaki.
two-piece (suit) ['tu:pi:s-] *n* kostium *m*.
two-piece (swimsuit) *n* kostium *m* (kąpielowy) dwuczęściowy.
two-ply ['tu:plaɪ] *adj* (*tissues*) dwuwarstwowy; (*wool*) dwuniciowy.
two-seater [tu:'si:tə*] *n* samochód *m* dwumiejscowy.
twosome ['tu:səm] *n* dwójka *f*.

two-stroke ['tu:strəuk] *n* (*also*: **two-stroke engine**) silnik *m* dwusuwowy ♦ *adj* dwusuwowy.
two-tone ['tu:'təun] *adj* (*shoes etc*) w dwóch odcieniach *post*.
two-way ['tu:weɪ] *adj* (*traffic, street*) dwukierunkowy; **two-way radio** urządzenie nadawczo-odbiorcze, krótkofalówka.
TX (*US*: *POST*) *abbr* (= *Texas*).
tycoon [taɪ'ku:n] *n* magnat *m*.
type [taɪp] *n* typ *m*; (*TYP*) czcionka *f* ♦ *vt* pisać (napisać *perf*) na maszynie; **what type do you want?** jaki rodzaj Pan/Pani sobie życzy?; **in bold type** tłustym drukiem; **in italic type** kursywą.
typecast ['taɪpkɑ:st] (*irreg like*: **cast**) *vt* (*actor*) szufladkować (zaszufladkować *perf*).
typeface ['taɪpfeɪs] *n* krój *m* pisma.
typescript ['taɪpskrɪpt] *n* maszynopis *m*.
typeset ['taɪpsɛt] *vt* (*TYP*) składać (złożyć *perf*).
typesetter ['taɪpsɛtə*] *n* składacz *m*, zecer *m*.
typewriter ['taɪpraɪtə*] *n* maszyna *f* do pisania.
typewritten ['taɪprɪtn] *adj* napisany na maszynie.
typhoid ['taɪfɔɪd] *n* tyfus *m or* dur *m* brzuszny.
typhoon [taɪ'fu:n] *n* tajfun *m*.
typhus ['taɪfəs] *n* tyfus *m or* dur *m* plamisty.
typical ['tɪpɪkl] *adj*: **typical (of)** typowy (dla *+gen*).
typify ['tɪpɪfaɪ] *vt* (*person*) być uosobieniem *+gen*.
typing ['taɪpɪŋ] *n* pisanie *nt* na maszynie.
typing error *n* błąd *m* maszynowy.
typing pool *n* hala *f* maszyn.
typist ['taɪpɪst] *n* maszynistka *f*.
typo ['taɪpəu] (*inf*) *n abbr* (= *typographical error*) (*in typing*) błąd *m* maszynowy; (*in typesetting*) błąd *m* drukarski.
typography [tɪ'pɔgrəfɪ] *n* typografia *f*.
tyranny ['tɪrənɪ] *n* tyrania *f*.
tyrant ['taɪərnt] *n* tyran *m*.
tyre ['taɪə*] (*US* **tire**) *n* opona *f*.
tyre pressure *n* ciśnienie *nt* w ogumieniu.
Tyrol [tɪ'rəul] *n* Tyrol *m*.
Tyrolean [tɪrə'li:ən] *adj* tyrolski ♦ *n* Tyrolczyk (-lka) *m(f)*.
Tyrolese [tɪrə'li:z] = **Tyrolean**.
Tyrrhenian Sea [tɪ'ri:nɪən-] *n*: **the Tyrrhenian Sea** Morze *nt* Tyrreńskie.
tzar [zɑ:*] *n* = **tsar**.

U,u

U[1], **u** [ju:] *n* (*letter*) U *nt*, u *nt*; **U for Uncle** ≈ U jak Urszula.
U[2] (*BRIT*: *FILM*) *n abbr* (= *universal*) b.o.
UAW (*US*) *n abbr* (= *United Automobile Workers*) *związek zawodowy pracowników przemysłu motoryzacyjnego.*
UB40 (*BRIT*) *n abbr* (= *unemployment benefit form 40*) *karta rejestracyjna bezrobotnego.*
U-bend ['ju:bɛnd] *n* (*in pipe*) syfon *m*.
ubiquitous [ju:'bɪkwɪtəs] *adj* wszechobecny.
UCCA ['ʌkə] (*BRIT*) *n abbr* (= *Universities Central Council on Admissions*) *rada koordynująca przyjęcia na uniwersyteckie studia wyższe.*
UDA (*BRIT*) *n abbr* (= *Ulster Defence Association*) *protestancka organizacja paramilitarna w Irlandii Północnej.*
UDC (*BRIT*) *n abbr* (= *Urban District Council*).
udder ['ʌdə*] *n* wymię *nt*.
UDI (*BRIT*: *POL*) *n abbr* (= *unilateral declaration of independence*).
UDR (*BRIT*) *n abbr* (= *Ulster Defence Regiment*) *część armii brytyjskiej w Irlandii Północnej składająca się z mieszkańców Ulsteru.*
UEFA [ju:'eɪfə] *n abbr* (= *Union of European Football Associations*) UEFA *f inv*.
UFO ['ju:fəu] *n abbr* (= *unidentified flying object*) UFO *nt inv*, NOL *m* (= Niezidentyfikowany Obiekt Latający).
Uganda [ju:'gændə] *n* Uganda *f*.
Ugandan [ju:'gændən] *adj* ugandyjski ♦ *n* Ugandyjczyk (-jka) *m(f)*.
UGC (*BRIT*) *n abbr* (= *University Grants Committee*) *komisja koordynująca finansowanie uniwersytetów.*
ugh [ə:h] *excl* fu(j).
ugliness ['ʌglɪnɪs] *n* brzydota *f*.
ugly ['ʌglɪ] *adj* brzydki; (*situation, incident*) paskudny.
UHF *abbr* (= *ultra-high frequency*) UHF *nt inv*.
UHT *abbr* (= *ultra-heat treated*) UHT; **UHT milk** mleko UHT.
UK *n abbr* = **United Kingdom**.
ulcer ['ʌlsə*] *n* (*also*: **stomach** *etc* **ulcer**) wrzód *m*; (*also*: **mouth ulcer**) afta *f*.
Ulster ['ʌlstə*] *n* Ulster *m*.
ulterior [ʌl'tɪərɪə*] *adj*: **ulterior motive** ukryty motyw *m*.
ultimata [ʌltɪ'meɪtə] *npl of* **ultimatum**.
ultimate ['ʌltɪmət] *adj* (*final*) ostateczny; (*greatest*: *insult, deterrent*) największy; (: *authority*) najwyższy ♦ *n*: **the ultimate in luxury** szczyt *m* luksusu.
ultimately ['ʌltɪmətlɪ] *adv* ostatecznie.
ultimatum [ʌltɪ'meɪtəm] (*pl* **ultimatums** *or* **ultimata**) *n* ultimatum *nt*.
ultrasonic [ʌltrə'sɔnɪk] *adj* ultradźwiękowy, (po)naddźwiękowy.
ultrasound ['ʌltrəsaund] *n* ultradźwięk *m*.
ultraviolet ['ʌltrə'vaɪəlɪt] *adj* ultrafioletowy, nadfioletowy.
umbilical cord [ʌm'bɪlɪkl-] *n* pępowina *f*.

umbrage ['ʌmbrɪdʒ] *n*: **to take umbrage** poczuć się *(perf)* urażonym.
umbrella [ʌm'brɛlə] *n* parasol *m*; (*lady's*) parasolka *f*; (*fig*): **under the umbrella of** pod egidą *or* patronatem *+gen*.
umpire ['ʌmpaɪə*] *n* arbiter *m*, sędzia *m* ♦ *vt, vi* sędziować.
umpteen [ʌmp'ti:n] *adj* ileś tam *+gen*, en *+gen*.
umpteenth [ʌmp'ti:nθ] *adj*: **for the umpteenth time** po raz któryś *or* enty (z rzędu).
UMW *n abbr* (= *United Mineworkers of America*).
UN *n abbr* = **United Nations**.
unabashed [ʌnə'bæʃt] *adj*: **to be/seem unabashed** nie być/nie wydawać się zbitym z tropu.
unabated [ʌnə'beɪtɪd] *adv*: **to continue unabated** nie słabnąć ♦ *adj* niesłabnący.
unable [ʌn'eɪbl] *adj*: **to be unable to do sth** nie być w stanie czegoś (z)robić.
unabridged [ʌnə'brɪdʒd] *adj* (*novel, article*) nie skrócony.
unacceptable [ʌnək'sɛptəbl] *adj* (*behaviour*) niedopuszczalny; (*price, proposal*) nie do przyjęcia *post*.
unaccompanied [ʌnə'kʌmpənɪd] *adj* (*child, luggage*) bez opieki *post*; (*song*) bez akompaniamentu *post*.
unaccountably [ʌnə'kauntəblɪ] *adv* z niewyjaśnionych przyczyn.
unaccounted [ʌnə'kauntɪd] *adj*: **thirty per cent were unaccounted for** brakowało trzydziestu procent.
unaccustomed [ʌnə'kʌstəmd] *adj*: **to be unaccustomed to** nie być przyzwyczajonym do *+gen*.
unacquainted [ʌnə'kweɪntɪd] *adj*: **to be unacquainted with** nie być zaznajomionym z *+instr*.
unadulterated [ʌnə'dʌltəreɪtɪd] *adj* (*nonsense, misery*) czysty; (*food, water*) nie skażony.
unaffected [ʌnə'fɛktɪd] *adj* bezpretensjonalny; **he was unaffected by it** nie wpłynęło to na niego.
unafraid [ʌnə'freɪd] *adj*: **to be unafraid (of)** nie obawiać się (*+gen*).
unaided [ʌn'eɪdɪd] *adv* bez (niczyjej) pomocy.
unanimity [ju:nə'nɪmɪtɪ] *n* jednomyślność *f*.
unanimous [ju:'nænɪməs] *adj* jednomyślny, jednogłośny.
unanimously [ju:'nænɪməslɪ] *adv* jednomyślnie, jednogłośnie.
unanswered [ʌn'ɑ:nsəd] *adj* bez odpowiedzi *post*.
unappetizing [ʌn'æpɪtaɪzɪŋ] *adj* nieapetyczny.
unappreciative [ʌnə'pri:ʃɪətɪv] *adj* niewdzięczny.
unarmed [ʌn'ɑ:md] *adj* nie uzbrojony; **unarmed combat** walka wręcz.
unashamed [ʌnə'ʃeɪmd] *adj* bezwstydny.
unassisted [ʌnə'sɪstɪd] *adv* bez (niczyjej) pomocy.
unassuming [ʌnə'sju:mɪŋ] *adj* (*person*) skromny; (*manner*) nie narzucający się.
unattached [ʌnə'tætʃt] *adj* (*single*) samotny; (*unconnected*): **unattached to** nie związany z *+instr*.
unattended [ʌnə'tɛndɪd] *adj* pozostawiony bez opieki.
unattractive [ʌnə'træktɪv] *adj* (*person, appearance*) nieatrakcyjny; (*character, idea*) nieciekawy.
unauthorized [ʌn'ɔ:θəraɪzd] *adj* (*visit, use*) bezprawny, bez pozwolenia *post*; (*version*) nie autoryzowany.
unavailable [ʌnə'veɪləbl] *adj* nieosiągalny.
unavoidable [ʌnə'vɔɪdəbl] *adj* nieunikniony.
unavoidably [ʌnə'vɔɪdəblɪ] *adv* (*delayed etc*) z przyczyn obiektywnych *post*.
unaware [ʌnə'wɛə*] *adj*: **to be unaware of** być nieświadomym *+gen*.
unawares [ʌnə'wɛəz] *adv* znienacka.
unbalanced [ʌn'bælənst] *adj* (*report etc*) nie wyważony; (*person, mind*) niezrównoważony.
unbearable [ʌn'bɛərəbl] *adj* nieznośny, nie do zniesienia *or* wytrzymania *post*.
unbeatable [ʌn'bi:təbl] *adj* bezkonkurencyjny.
unbeaten [ʌn'bi:tn] *adj* (*record*) nie pobity; (*team, army*) nie pokonany, nie zwyciężony.
unbecoming [ʌnbɪ'kʌmɪŋ] *adj* (*language, behaviour*) niestosowny; (*garment, colour*) nietwarzowy; **unbecoming to** niegodny *+gen*.
unbeknown(st) [ʌnbɪ'nəun(st)] *adv*: **unbeknown(st) to me** bez mojej wiedzy.
unbelief [ʌnbɪ'li:f] *n* niewiara *f*.
unbelievable [ʌnbɪ'li:vəbl] *adj* niewiarygodny.
unbelievably [ʌnbɪ'li:vəblɪ] *adv* niewiarygodnie.
unbend [ʌn'bɛnd] (*irreg like*: **bend**) *vi* (*become less tense*) rozluźniać się (rozluźnić się *perf*); (*become less strict*) mięknąć (zmięknąć *perf*) (*inf*) ♦ *vt* odginać (odgiąć *perf*), prostować (wyprostować *perf*).
unbending [ʌn'bɛndɪŋ] *adj* nieugięty.
unbiased [ʌn'baɪəst] *adj* bezstronny.
unblemished [ʌn'blɛmɪʃt] *adj* nieskalany; (*fig*: *reputation*) nieposzlakowany.
unblock [ʌn'blɔk] *vt* (*pipe*) przetykać (przetkać *perf*).
unborn [ʌn'bɔ:n] *adj* nie narodzony.
unbounded [ʌn'baundɪd] *adj* bezgraniczny.
unbreakable [ʌn'breɪkəbl] *adj* (*glass, china*) nietłukący; (*plastic*) niełamliwy.
unbridled [ʌn'braɪdld] *adj* (*emotion, behaviour*) nieokiełznany; (*gluttony*) niepohamowany.
unbroken [ʌn'brəukən] *adj* (*seal*) nie uszkodzony; (*silence*) niezmącony; (*record*) nie pobity; (*series*) nieprzerwany.
unbuckle [ʌn'bʌkl] *vt* rozpinać (rozpiąć *perf*) (*z klamry*).
unburden [ʌn'bə:dn] *vt*: **to unburden o.s. (to**

sb) wywnętrzać się (wywnętrzyć się *perf*) (przed *+instr*).

unbusinesslike [ʌn'bɪznɪslaɪk] *adj* nieprofesjonalny.

unbutton [ʌn'bʌtn] *vt* rozpinać (rozpiąć *perf*).

uncalled-for [ʌn'kɔ:ldfɔ:*] *adj* (*remark*) nie na miejscu *post*; (*rudeness*) (niczym) nie usprawiedliwiony.

uncanny [ʌn'kænɪ] *adj* (*resemblance, silence*) niesamowity; (*knack*) osobliwy.

unceasing [ʌn'si:sɪŋ] *adj* nieustający.

unceremonious [ʌnsɛrɪ'məunɪəs] *adj* bezceremonialny, obcesowy.

uncertain [ʌn'sə:tn] *adj* niepewny; **to be uncertain about** nie być pewnym *+gen*; **in no uncertain terms** dosadnie, bez ogródek.

uncertainty [ʌn'sə:tntɪ] *n* niepewność *f*; **uncertainties** *npl* niewiadome *pl*.

unchallenged [ʌn'tʃælɪndʒd] *adj* nie kwestionowany ♦ *adv*: **he walked, unchallenged, past a stewardess** nie zatrzymywany (przez nikogo) przeszedł koło stewardesy; **her decisions always went unchallenged** nigdy nie kwestionowano jej decyzji.

unchanged [ʌn'tʃeɪndʒd] *adj* nie zmieniony.

uncharitable [ʌn'tʃærɪtəbl] *adj* nieżyczliwy.

uncharted [ʌn'tʃɑ:tɪd] *adj* nieznany.

unchecked [ʌn'tʃɛkt] *adv* w niekontrolowany sposób.

uncivil [ʌn'sɪvɪl] *adj* nieuprzejmy, niegrzeczny.

uncivilized [ʌn'sɪvɪlaɪzd] *adj* niecywilizowany; (*fig*: *behaviour, hour*) barbarzyński.

uncle ['ʌŋkl] *n* wujek *m*, wuj *m*.

unclear [ʌn'klɪə*] *adj* niejasny; **I'm still unclear about what I'm supposed to do** wciąż nie jestem pewna, czego się ode mnie wymaga.

uncoil [ʌn'kɔɪl] *vt* rozwijać (rozwinąć *perf*) ♦ *vi* (*snake*) rozwijać się (rozwinąć się *perf*).

uncomfortable [ʌn'kʌmfətəbl] *adj* (*chair, situation, fact*) niewygodny; (*person*: *nervous*) nieswój; **I am uncomfortable here** jest mi tu niewygodnie; **to feel uncomfortable** czuć się (poczuć się *perf*) niezręcznie *or* nieswojo.

uncomfortably [ʌn'kʌmfətəblɪ] *adv* (*sit*) niewygodnie; (*smile*) niewyraźnie.

uncommitted [ʌnkə'mɪtɪd] *adj* niezaangażowany.

uncommon [ʌn'kɔmən] *adj* niezwykły.

uncommunicative [ʌnkə'mju:nɪkətɪv] *adj* niekomunikatywny.

uncomplicated [ʌn'kɔmplɪkeɪtɪd] *adj* nieskomplikowany.

uncompromising [ʌn'kɔmprəmaɪzɪŋ] *adj* bezkompromisowy.

unconcerned [ʌnkən'sə:nd] *adj* nie zainteresowany; **to be unconcerned about sth** nie przejmować się czymś.

unconditional [ʌnkən'dɪʃənl] *adj* bezwarunkowy.

uncongenial [ʌnkən'dʒi:nɪəl] *adj* nieprzyjazny.

unconnected [ʌnkə'nɛktɪd] *adj* nie związany, nie powiązany; **to be unconnected with sth** nie mieć związku z czymś.

unconscious [ʌn'kɔnʃəs] *adj* nieprzytomny; **unconscious of** nieświadomy *+gen* ♦ *n*: **the unconscious** podświadomość *f*; **to knock sb unconscious** pozbawić *(perf)* kogoś przytomności.

unconsciously [ʌn'kɔnʃəslɪ] *adv* nieświadomie, bezwiednie.

unconsciousness [ʌn'kɔnʃəsnɪs] *n* nieprzytomność *f*.

unconstitutional ['ʌnkɔnstɪ'tju:ʃənl] *adj* niezgodny z konstytucją, niekonstytucyjny.

uncontested [ʌnkən'tɛstɪd] *adj* (*victory*) bezsporny; (*divorce*) za zgodą obu stron *post*; (*POL*: *seat, election*) bez kontrkandydatur *post*.

uncontrollable [ʌnkən'trəuləbl] *adj* (*person, animal*) nieokiełznany, nieposkromiony; (*temper, laughter*) niepohamowany.

uncontrolled [ʌnkən'trəuld] *adj* niekontrolowany.

unconventional [ʌnkən'vɛnʃənl] *adj* niekonwencjonalny.

unconvinced [ʌnkən'vɪnst] *adj*: **to be** *or* **remain unconvinced** nie być *or* nie zostać *(perf)* przekonanym.

unconvincing [ʌnkən'vɪnsɪŋ] *adj* nieprzekonujący.

uncork [ʌn'kɔ:k] *vt* odkorkowywać (odkorkować *perf*).

uncorroborated [ʌnkə'rɔbəreɪtɪd] *adj* nie potwierdzony.

uncouth [ʌn'ku:θ] *adj* nieokrzesany.

uncover [ʌn'kʌvə*] *vt* odkrywać (odkryć *perf*).

unctuous ['ʌŋktjuəs] (*fml*) *adj* obłudny.

undamaged [ʌn'dæmɪdʒd] *adj* nie uszkodzony.

undaunted [ʌn'dɔ:ntɪd] *adj* nie zrażony; **undaunted, she struggled on** nie zrażona walczyła dalej.

undecided [ʌndɪ'saɪdɪd] *adj* (*person*) niezdecydowany; (*question*) nie rozstrzygnięty.

undelivered [ʌndɪ'lɪvəd] *adj* nie dostarczony; **if undelivered return to sender** w przypadku niedostarczenia odesłać na adres zwrotny.

undeniable [ʌndɪ'naɪəbl] *adj* niezaprzeczalny.

undeniably [ʌndɪ'naɪəblɪ] *adv* niezaprzeczalnie.

under ['ʌndə*] *prep* (*in space*) pod *+instr*; (*in age, price*) poniżej *+gen*; (*law, agreement etc*) w myśl *+gen*, zgodnie z *+instr*; (*sb's leadership*) pod rządami *+gen* ♦ *adv* pod spodem; **from under sth** spod czegoś; **under there** tam (na dole); **in under 2 hours** w niecałe dwie godziny; **under anaesthetic** pod narkozą, w znieczuleniu; **under repair** w naprawie; **under the circumstances** w tej sytuacji; **the project under discussion** omawiany projekt.

under... ['ʌndə*] *pref przedrostek, któremu w języku polskim odpowiadają najczęściej przedrostki pod..., nie... lub niedo...* .

under-age [ʌndər'eɪdʒ] *adj* niepełnoletni, nieletni; **under-age drinking** picie alkoholu przez nieletnich.
underarm ['ʌndərɑːm] *adv* spod ramienia ♦ *adj* (*throw etc*) spod ramienia *post*; **underarm deodorant** ≈ dezodorant do ciała.
undercapitalized ['ʌndə'kæpɪtəlaɪzd] *adj* niedoinwestowany.
undercarriage ['ʌndəkærɪdʒ] (*AVIAT*) *n* podwozie *nt*.
undercharge [ʌndə'tʃɑːdʒ] *vt* liczyć (policzyć *perf*) za mało *+dat*.
underclothes ['ʌndəkləuðz] *npl* bielizna *f*.
undercoat ['ʌndəkəut] *n* podkład *m* (*farby*).
undercover [ʌndə'kʌvə*] *adj* tajny ♦ *adv* w przebraniu.
undercurrent ['ʌndəkʌrnt] *n* (*fig*: *of feeling*) ukryta nuta *f*.
undercut [ʌndə'kʌt] (*irreg like*: **cut**) *vt* konkurować cenami z *+instr*.
underdeveloped ['ʌndədɪ'vɛləpt] *adj* nierozwinięty, zacofany.
underdog ['ʌndədɔg] *n*: **the underdog** (*in society*) słabsi *vir pl*; (*in team competition*) słabsza drużyna *f*.
underdone [ʌndə'dʌn] *adj* nie dogotowany.
under-employment ['ʌndərɪm'plɔɪmənt] *n* częściowe bezrobocie *nt*.
underestimate ['ʌndər'ɛstɪmeɪt] *vt* nie doceniać (nie docenić *perf*) *+gen*.
underexposed ['ʌndərɪks'pəuzd] (*PHOT*) *adj* niedoświetlony.
underfed [ʌndə'fɛd] *adj* niedożywiony.
underfoot [ʌndə'fut] *adv* pod stopami.
undergo [ʌndə'gəu] (*irreg like*: **go**) *vt* (*change*) ulegać (ulec *perf*) *+dat*; (*test, operation*) zostawać (zostać *perf*) poddanym *+dat*, przechodzić (przejść *perf*); **the car is undergoing repairs** samochód jest w naprawie.
undergraduate [ʌndə'grædjuɪt] *n student, który nie zdobył jeszcze stopnia BA* ♦ *cpd*: **undergraduate courses** *kursy akademickie prowadzące do stopnia BA*.
underground ['ʌndəgraund] *n*: **the underground** (*BRIT*) metro *nt*; (*POL*) podziemie *nt* ♦ *adj* podziemny ♦ *adv* pod ziemią; **to go underground** (*POL*) schodzić (zejść *perf*) do podziemia.
undergrowth ['ʌndəgrəuθ] *n* podszycie *nt* (leśne).
underhand(ed) [ʌndə'hænd(ɪd)] *adj* (*fig*) podstępny.
underinsured [ʌndərɪn'ʃuəd] *adj* niedostatecznie ubezpieczony.
underlay [ʌndə'leɪ] *n* warstwa *f* izolująca (*między dywanem a podłogą*).
underlie [ʌndə'laɪ] (*irreg like*: **go**) *vt* (*fig*) leżeć *or* tkwić u podstaw *+gen*; **the underlying cause** właściwa przyczyna.
underline [ʌndə'laɪn] *vt* podkreślać (podkreślić *perf*).
underling ['ʌndəlɪŋ] (*pej*) *n* podwładny (-na) *m(f)*.
undermanning [ʌndə'mænɪŋ] *n* niedobory *pl* personelu *or* kadrowe.
undermentioned [ʌndə'mɛnʃənd] *adj* wymieniony (po)niżej.
undermine [ʌndə'maɪn] *vt* podkopywać (podkopać *perf*).
underneath [ʌndə'niːθ] *adv* pod spodem ♦ *prep* pod *+instr*.
undernourished [ʌndə'nʌrɪʃt] *adj* niedożywiony.
underpaid [ʌndə'peɪd] *adj* źle opłacany.
underpants ['ʌndəpænts] *npl* slipy *pl*.
underpass ['ʌndəpɑːs] (*BRIT*) *n* przejście *nt* podziemne; (*on motorway*) przejazd *m* podziemny.
underpin [ʌndə'pɪn] *vt* podtrzymywać (podtrzymać *perf*).
underplay [ʌndə'pleɪ] (*BRIT*) *vt* pomniejszać (pomniejszyć *perf*) znaczenie *+gen*.
underpopulated [ʌndə'pɔpjuleɪtɪd] *adj* słabo zaludniony.
underprice [ʌndə'praɪs] *vt* zaniżać (zaniżyć *perf*) ceny *+gen*.
underprivileged [ʌndə'prɪvɪlɪdʒd] *adj* społecznie upośledzony.
underrate [ʌndə'reɪt] *vt* nie doceniać (nie docenić *perf*) *+gen*.
underscore [ʌndə'skɔː*] *vt* podkreślać (podkreślić *perf*).
underseal [ʌndə'siːl] (*BRIT*) *vt* zabezpieczać (zabezpieczyć *perf*) przed korozją ♦ *n* powłoka *f* antykorozyjna.
undersecretary ['ʌndə'sɛkrətərɪ] *n* podsekretarz *m*.
undersell [ʌndə'sɛl] (*irreg like*: **sell**) *vt* konkurować cenami z *+instr*.
undershirt ['ʌndəʃəːt] (*US*) *n* podkoszulek *m*.
undershorts ['ʌndəʃɔːts] (*US*) *npl* kalesonki *pl*.
underside ['ʌndəsaɪd] *n* (*of object*) spód *m*; (*of animal*) podbrzusze *nt*.
undersigned ['ʌndə'saɪnd] *adj* niżej podpisany ♦ *n*: **the undersigned** niżej podpisany (-na) *m(f)*; **we the undersigned agree that ...** my, niżej podpisani, uzgadniamy, że ... .
underskirt ['ʌndəskəːt] (*BRIT*) *n* (pół)halka *f*.
understaffed [ʌndə'stɑːft] *adj* cierpiący na niedobory kadrowe.
understand [ʌndə'stænd] (*irreg like*: **stand**) *vt* rozumieć (zrozumieć *perf*); **I understand (that) ...** rozumiem, że ...; **to make o.s. understood** porozumieć się (*perf*) (*nie znając dobrze języka*), dogadać się (*perf*) (*inf*).
understandable [ʌndə'stændəbl] *adj* zrozumiały.
understanding [ʌndə'stændɪŋ] *adj* wyrozumiały ♦ *n* (*of subject, language*) znajomość *f*; (*sympathy*) wyrozumiałość *f*, zrozumienie *nt*; (*co-operation*) porozumienie *nt*; **to come to an**

understanding with sb dochodzić (dojść *perf*) z kimś do porozumienia; **on the understanding that ...** przy założeniu, że ... .
understate [ʌndə'steɪt] *vt* (*seriousness*) pomniejszać (pomniejszyć *perf*); (*amount*) zaniżać (zaniżyć *perf*).
understatement ['ʌndəsteɪtmənt] *n* niedopowiedzenie *nt*, niedomówienie *nt*; **that's an understatement!** to mało powiedziane!
understood [ʌndə'stud] *pt, pp of* **understand** ♦ *adj* (*agreed*) ustalony; (*implied*) zrozumiały sam przez się.
understudy ['ʌndəstʌdɪ] *n* dubler(ka) *m(f)* (*w teatrze*).
undertake [ʌndə'teɪk] (*irreg like*: **take**) *vt* podejmować się (podjąć się *perf*) *+gen* ♦ *vi*: **to undertake to do sth** podejmować się (podjąć się *perf*) zrobienia czegoś.
undertaker ['ʌndəteɪkə*] *n* przedsiębiorca *m* pogrzebowy.
undertaking ['ʌndəteɪkɪŋ] *n* (*job*) przedsięwzięcie *nt*; (*promise*) zobowiązanie *nt*.
undertone ['ʌndətəun] *n* (*of criticism etc*) zabarwienie *nt*; **in an undertone** półgłosem.
undervalue [ʌndə'vælju:] *vt* nie doceniać (nie docenić *perf*) *+gen*.
underwater [ʌndə'wɔ:tə*] *adv* pod wodą ♦ *adj* podwodny.
underwear ['ʌndəwɛə*] *n* bielizna *f*.
underweight [ʌndə'weɪt] *adj*: **to be underweight** mieć niedowagę.
underworld ['ʌndəwə:ld] *n* świat *m* przestępczy.
underwrite [ʌndə'raɪt] *vt* (*FIN*) poręczać (poręczyć *perf*); (*INSURANCE*) przyjmować (przyjąć *perf*) do ubezpieczenia.
underwriter ['ʌndəraɪtə*] (*INSURANCE*) *n* agent(ka) *m(f)* ubezpieczeniowy (-wa) *m(f)*.
undeserved [ʌndɪ'zə:vd] *adj* niezasłużony.
undesirable [ʌndɪ'zaɪərəbl] *adj* (*objectionable*) nieodpowiedni; (*unwanted*) niepożądany.
undeveloped [ʌndɪ'vɛləpt] *adj* (*land, resources*) nie zagospodarowany; (*countries*) nie rozwinięty.
undies ['ʌndɪz] (*inf*) *npl* bielizna *f* (*zwłaszcza damska*).
undiluted ['ʌndaɪ'lu:tɪd] *adj* (*substance, liquid*) nie rozcieńczony; (*emotion*) silny.
undiplomatic ['ʌndɪplə'mætɪk] *adj* niedyplomatyczny.
undischarged ['ʌndɪs'tʃɑ:dʒd] *adj*: **undischarged bankrupt** *dłużnik, w stosunku do którego nie uchylono upadłości*.
undisciplined [ʌn'dɪsɪplɪnd] *adj* niezdyscyplinowany.
undiscovered ['ʌndɪs'kʌvəd] *adj* nie odkryty.
undisguised ['ʌndɪs'gaɪzd] *adj* nie skrywany.
undisputed ['ʌndɪs'pju:tɪd] *adj* bezdyskusyjny, bezsporny.
undistinguished ['ʌndɪs'tɪŋgwɪʃt] *adj* nie wyróżniający się (niczym).
undisturbed [ʌndɪs'tə:bd] *adj* niezakłócony; **to leave sth undisturbed** pozostawiać (pozostawić *perf*) coś w nienaruszonym stanie.
undivided [ʌndɪ'vaɪdɪd] *adj*: **you have my undivided attention** słucham cię z całą uwagą.
undo [ʌn'du:] (*irreg like*: **do**) *vt* (*shoelaces, string*) rozwiązywać (rozwiązać *perf*); (*buttons*) rozpinać (rozpiąć *perf*); (*fig*: *work, hopes*) niweczyć (zniweczyć *perf*); (: *person*) gubić (zgubić *perf*).
undoing [ʌn'du:ɪŋ] *n* (*downfall*) zguba *f*.
undone [ʌn'dʌn] *pp of* **undo**; **to come undone** (*shoelaces, string*) rozwiązywać się (rozwiązać się *perf*); (*button*) rozpinać się (rozpiąć się *perf*).
undoubted [ʌn'dautɪd] *adj* niewątpliwy.
undoubtedly [ʌn'dautɪdlɪ] *adv* niewątpliwie, bez wątpienia.
undress [ʌn'drɛs] *vi* rozbierać się (rozebrać się *perf*) ♦ *vt* rozbierać (rozebrać *perf*).
undrinkable [ʌn'drɪŋkəbl] *adj*: **to be undrinkable** nie nadawać się do picia.
undue [ʌn'dju:] *adj* nadmierny, zbytni.
undulating ['ʌndjuleɪtɪŋ] *adj* (*landscape*) pofalowany, falisty; (*movement*) falujący.
unduly [ʌn'dju:lɪ] *adv* nadmiernie, zbytnio.
undying [ʌn'daɪɪŋ] *adj* (*love, loyalty*) dozgonny; (*fame*) nieśmiertelny.
unearned [ʌn'ə:nd] *adj* niezasłużony; **unearned income** dochód nie pochodzący z pracy.
unearth [ʌn'ə:θ] *vt* (*skeleton etc*) wykopywać (wykopać *perf*); (*ruins*) odkopywać (odkopać *perf*); (*fig*: *secrets etc*) wydobywać (wydobyć *perf*) na światło dzienne.
unearthly [ʌn'ə:θlɪ] *adj* niesamowity, nie z tej ziemi *post*; **at some unearthly hour** o nieprzyzwoitej porze.
unease [ʌn'i:z] *n* niepokój *m*.
uneasy [ʌn'i:zɪ] *adj* (*person*) zaniepokojony; (*feeling*) nieprzyjemny, nie dający spokoju; (*peace*) niepewny; **I am** *or* **I feel uneasy about taking his money** niechętnie biorę od niego pieniądze.
uneconomic ['ʌni:kə'nɔmɪk] *adj* nierentowny.
uneconomical ['ʌni:kə'nɔmɪkl] *adj* nieekonomiczny.
uneducated [ʌn'ɛdjukeɪtɪd] *adj* niewykształcony, bez wykształcenia *post*.
unemployed [ʌnɪm'plɔɪd] *adj* bezrobotny ♦ *npl*: **the unemployed** bezrobotni *vir pl*.
unemployment [ʌnɪm'plɔɪmənt] *n* bezrobocie *nt*.
unemployment benefit (*BRIT*) *n* zasiłek *m* dla bezrobotnych.
unemployment compensation (*US*) *n* = **unemployment benefit**.
unending [ʌn'ɛndɪŋ] *adj* nie kończący się.
unenviable [ʌn'ɛnvɪəbl] *adj* nie do pozazdroszczenia *post*.
unequal [ʌn'i:kwəl] *adj* nierówny; **to feel/be**

unequal to nie być w stanie sprostać *+dat*; **unequal pay** zróżnicowanie płac.
unequalled [ʌn'i:kwəld] (*US* **unequaled**) *adj* niezrównany, niedościgniony.
unequivocal [ʌnɪ'kwɪvəkl] *adj* niedwuznaczny, jednoznaczny; **he was unequivocal about it** powiedział wprost, co o tym myśli.
unerring [ʌn'ə:rɪŋ] *adj* nieomylny, niezawodny.
UNESCO [ju:'nɛskəu] *n abbr* (= *United Nations Educational, Scientific and Cultural Organization*) UNESCO *nt inv*.
unethical [ʌn'ɛθɪkl] *adj* (*methods*) nieetyczny; (*doctor's behaviour*) niezgodny z etyką zawodową *post*.
uneven [ʌn'i:vn] *adj* nierówny.
uneventful [ʌnɪ'vɛntful] *adj* spokojny.
unexceptional [ʌnɪk'sɛpʃənl] *adj* zwyczajny, przeciętny.
unexciting [ʌnɪk'saɪtɪŋ] *adj* nieciekawy.
unexpected [ʌnɪks'pɛktɪd] *adj* nieoczekiwany, niespodziewany.
unexpectedly [ʌnɪks'pɛktɪdlɪ] *adv* nieoczekiwanie, niespodziewanie.
unexplained [ʌnɪks'pleɪnd] *adj* nie wyjaśniony.
unexploded [ʌnɪks'pləudɪd] *adj*: **unexploded bomb/shell** niewybuch *m*.
unfailing [ʌn'feɪlɪŋ] *adj* (*support*) niezawodny; (*energy*) niewyczerpany.
unfair [ʌn'fɛə*] *adj* (*system*) niesprawiedliwy; (*advantage*) nieuczciwy; **unfair to** niesprawiedliwy w stosunku do *+gen*; **it's unfair that ...** to niesprawiedliwe, że ... .
unfair dismissal *n* nieuzasadnione zwolnienie *nt* (z pracy).
unfairly [ʌn'fɛəlɪ] *adv* (*treat*) niesprawiedliwie; (*dismiss*) niesłusznie.
unfaithful [ʌn'feɪθful] *adj* niewierny.
unfamiliar [ʌnfə'mɪlɪə*] *adj* nieznany; **to be unfamiliar with** nie znać *+gen*.
unfashionable [ʌn'fæʃnəbl] *adj* niemodny.
unfasten [ʌn'fɑ:sn] *vt* rozpinać (rozpiąć *perf*).
unfathomable [ʌn'fæðəməbl] *adj* niezgłębiony.
unfavourable [ʌn'feɪvrəbl] (*US* **unfavorable**) *adj* (*circumstances, weather*) niesprzyjający; (*opinion*) nieprzychylny.
unfavo(u)rably [ʌn'feɪvrəblɪ] *adv* (*review*) niekorzystnie; **to compare unfavourably with** wypadać (wypaść *perf*) niekorzystnie w porównaniu z *+instr*; **to look unfavourably on** ustosunkowywać się (ustosunkować się *perf*) nieprzychylnie do *+gen*.
unfeeling [ʌn'fi:lɪŋ] *adj* bezduszny.
unfinished [ʌn'fɪnɪʃt] *adj* nie dokończony.
unfit [ʌn'fɪt] *adj* (*physically*) mało sprawny, w słabej kondycji *post*; (*incompetent*) niezdolny; **unfit for work** niezdolny do pracy; **unfit for human consumption** nie nadający się do spożycia.
unflagging [ʌn'flægɪŋ] *adj* nie słabnący.
unflappable [ʌn'flæpəbl] *adj*: **he's unflappable** nie można go wyprowadzić z równowagi.
unflattering [ʌn'flætərɪŋ] *adj* (*dress, hairstyle*) nietwarzowy; (*remark*) niepochlebny.
unflinching [ʌn'flɪntʃɪŋ] *adj* niezachwiany.
unfold [ʌn'fəuld] *vt* rozkładać (rozłożyć *perf*) ♦ *vi* rozwijać się (rozwinąć się *perf*).
unforeseeable [ʌnfɔ:'si:əbl] *adj* nieprzewidywalny, nie do przewidzenia *post*.
unforeseen ['ʌnfɔ:'si:n] *adj* nieprzewidziany.
unforgettable [ʌnfə'gɛtəbl] *adj* niezapomniany.
unforgivable [ʌnfə'gɪvəbl] *adj* niewybaczalny.
unformatted [ʌn'fɔ:mætɪd] (*COMPUT*) *adj* nie sformatowany.
unfortunate [ʌn'fɔ:tʃənət] *adj* (*person*) pechowy; (*accident*) nieszczęśliwy; (*event, remark*) niefortunny; **it is unfortunate that ...** szkoda, że ... .
unfortunately [ʌn'fɔ:tʃənətlɪ] *adv* niestety.
unfounded [ʌn'faundɪd] *adj* bezpodstawny, nieuzasadniony.
unfriendly [ʌn'frɛndlɪ] *adj* (*person*) nieprzyjazny; (*behaviour, remark*) nieprzyjemny.
unfulfilled [ʌnful'fɪld] *adj* (*ambition, prophecy*) nie spełniony; (*person*) niespełniony.
unfurl [ʌn'fə:l] *vt* (*flag*) rozpościerać (rozpostrzeć *perf*); (*umbrella*) rozkładać (rozłożyć *perf*).
unfurnished [ʌn'fə:nɪʃt] *adj* nie umeblowany.
ungainly [ʌn'geɪnlɪ] *adj* niezgrabny.
ungodly [ʌn'gɔdlɪ] *adj* piekielny; **at some ungodly hour** o nieprzyzwoitej porze.
ungrateful [ʌn'greɪtful] *adj* niewdzięczny.
unguarded [ʌn'gɑ:dɪd] *adj*: **in an unguarded moment** w chwili nieuwagi.
unhappily [ʌn'hæpɪlɪ] *adv* (*sadly*) nieszczęśliwie; (*unfortunately*) niestety.
unhappiness [ʌn'hæpɪnɪs] *n* nieszczęście *nt*, zgryzota *f*.
unhappy [ʌn'hæpɪ] *adj* nieszczęśliwy; **unhappy about/with** niezadowolony z *+gen*.
unharmed [ʌn'hɑ:md] *adj* bez szwanku *post*.
UNHCR *n abbr* (= *United Nations High Commission for Refugees*) Wysoka Komisja *f* ONZ do spraw Uchodźców.
unhealthy [ʌn'hɛlθɪ] *adj* (*person*) chory; (*place*) niezdrowy; (*fig*: *interest*) chorobliwy, niezdrowy.
unheard-of [ʌn'hə:dɔv] *adj* niespotykany, nieznany.
unhelpful [ʌn'hɛlpful] *adj* (*person*) niezbyt pomocny; (*advice*) nieprzydatny.
unhesitating [ʌn'hɛzɪteɪtɪŋ] *adj* (*loyalty*) niezachwiany; (*reply*) zdecydowany, stanowczy.
unhook [ʌn'huk] *vt* rozpinać (rozpiąć *perf*).
unhurt [ʌn'hə:t] *adj* bez szwanku *post*; **to be unhurt** nie doznać *(perf)* (żadnych) obrażeń.
unhygienic ['ʌnhaɪ'dʒi:nɪk] *adj* (*room*) urągający higienie; (*conditions*) niehigieniczny.
UNICEF ['ju:nɪsɛf] *n abbr* (= *United Nations*

International Children's Emergency Fund) UNICEF *m*.
unicorn ['ju:nɪkɔ:n] *n* jednorożec *m*.
unidentified [ʌnaɪ'dɛntɪfaɪd] *adj* (*unfamiliar*) niezidentyfikowany; (*unnamed*) (bliżej) nieokreślony; *see also* **UFO**.
unification [ju:nɪfɪ'keɪʃən] *n* zjednoczenie *nt*.
uniform ['ju:nɪfɔ:m] *n* mundur *m* ♦ *adj* jednolity.
uniformity [ju:nɪ'fɔ:mɪtɪ] *n* jednolitość *f*.
unify ['ju:nɪfaɪ] *vt* jednoczyć się (zjednoczyć się *perf*).
unilateral [ju:nɪ'lætərəl] *adj* jednostronny.
unimaginable [ʌnɪ'mædʒɪnəbl] *adj* niewyobrażalny.
unimaginative [ʌnɪ'mædʒɪnətɪv] *adj* (*person*) pozbawiony wyobraźni, bez wyobraźni *post*; (*design*) niewyszukany.
unimpaired [ʌnɪm'pɛəd] *adj* nienaruszony, nie osłabiony.
unimportant [ʌnɪm'pɔ:tənt] *adj* nieważny, nieistotny.
unimpressed [ʌnɪm'prɛst] *adj* niewzruszony.
uninhabited [ʌnɪn'hæbɪtɪd] *adj* (*house*) niezamieszkały; (*island*) bezludny.
uninhibited [ʌnɪn'hɪbɪtɪd] *adj* (*person*) bez zahamowań *post*; (*behaviour*) swobodny.
uninjured [ʌn'ɪndʒəd] *adj* bez szwanku *or* szkody *post*.
unintelligent [ʌnɪn'tɛlɪdʒənt] *adj* nieinteligentny.
unintentional [ʌnɪn'tɛnʃənəl] *adj* nie zamierzony.
unintentionally [ʌnɪn'tɛnʃnəlɪ] *adv* niechcący.
uninvited [ʌnɪn'vaɪtɪd] *adj* nieproszony.
uninviting [ʌnɪn'vaɪtɪŋ] *adj* (*food*) nieapetyczny; (*place*) niezbyt zachęcający.
union ['ju:njən] *n* (*unification*) zjednoczenie *nt*, unia *f*; (*also*: **trade union**) związek *m* zawodowy ♦ *cpd* (*activities, leader*) związkowy; **union president** przewodniczący związku; **the Union** (*US*) Unia (*Stany Zjednoczone*).
unionize ['ju:njənaɪz] *vt* organizować (zorganizować *perf*) w związek zawodowy.
Union Jack *n flaga brytyjska.*
Union of Soviet Socialist Republics *n* Związek *m* Socjalistycznych Republik Radzieckich.
union shop *n zakład pracy zatrudniający wyłącznie członków związku zawodowego.*
unique [ju:'ni:k] *adj* (*object*) unikalny; (*performance*) jedyny w swoim rodzaju, niepowtarzalny; (*number*) nie powtarzający się; (*ability, skill*) wyjątkowy; **to be unique to** być wyłączną cechą *+gen*.
unisex ['ju:nɪsɛks] *adj* (*hairdresser*) damsko-męski; **unisex clothes** odzież uniseks.
unison ['ju:nɪsn] *n*: **in unison** (*say, act*) zgodnie; (*sing*) unisono.
UNISON *n federacja wolnych związków zawodowych w Wielkiej Brytanii.*
unit ['ju:nɪt] *n* jednostka *f*; **production unit** jednostka produkcyjna; **kitchen unit** szafka kuchenna.
unit cost (*COMM*) *n* koszt *m* jednostkowy.
unite [ju:'naɪt] *vt* jednoczyć (zjednoczyć *perf*) ♦ *vi* jednoczyć się (zjednoczyć się *perf*).
united [ju:'naɪtɪd] *adj* (*agreed*) zgodny; (*country, party*) zjednoczony.
United Arab Emirates *npl*: **the United Arab Emirates** Zjednoczone Emiraty *pl* Arabskie.
United Kingdom *n*: **the United Kingdom** Zjednoczone Królestwo *nt* (Wielkiej Brytanii).
United Nations *n*: **the United Nations** Narody *pl* Zjednoczone, Organizacja *f* Narodów Zjednoczonych.
United States (of America) *n*: **the United States** Stany *pl* Zjednoczone (Ameryki Północnej).
unit price (*COMM*) *n* cena *f* jednostkowa.
unit trust (*BRIT*: *COMM*) *n* fundusz *m* powierniczy.
unity ['ju:nɪtɪ] *n* jedność *f*.
Univ. *abbr* = **university** uniw.
universal [ju:nɪ'və:sl] *adj* powszechny, uniwersalny.
universe ['ju:nɪvə:s] *n* wszechświat *m*.
university [ju:nɪ'və:sɪtɪ] *n* uniwersytet *m* ♦ *cpd* (*year*) akademicki; (*education*) uniwersytecki; **university student/professor** student/profesor uniwersytetu.
university degree *n* stopień *m* naukowy.
unjust [ʌn'dʒʌst] *adj* niesprawiedliwy.
unjustifiable ['ʌndʒʌstɪ'faɪəbl] *adj* nieuzasadniony, nie dający się usprawiedliwić.
unjustified [ʌn'dʒʌstɪfaɪd] *adj* (*belief, action*) bezpodstawny, nieuzasadniony; (*text*) niejustowany.
unkempt [ʌn'kɛmpt] *adj* (*appearance*) zaniedbany; (*hair, beard*) rozczochrany.
unkind [ʌn'kaɪnd] *adj* niegrzeczny, nieżyczliwy.
unkindly [ʌn'kaɪndlɪ] *adv* niegrzecznie, nieżyczliwie.
unknown [ʌn'nəun] *adj* (*fact*) nieznany, niewiadomy; (*person*) nieznajomy, nieznany; **unknown to me** bez mojej wiedzy; **unknown quantity** (*MATH*) niewiadoma.
unladen [ʌn'leɪdn] *adj* (*ship*) bez ładunku *post*; (*weight*) wyładowany, rozładowany.
unlawful [ʌn'lɔ:ful] *adj* bezprawny, nielegalny.
unleaded ['ʌn'lɛdɪd] *adj* bezołowiowy.
unleash [ʌn'li:ʃ] *vt* (*fig*: *feeling, forces etc*) uwalniać (uwolnić *perf*).
unleavened [ʌn'lɛvnd] *adj* przaśny, bezdrożdżowy.
unless [ʌn'lɛs] *conj* jeżeli nie, o ile nie, chyba że; **...unless he comes** ...jeżeli nie przyjdzie, ...chyba że przyjdzie; **Unless he comes, ...** Jeżeli nie przyjdzie,...; **unless otherwise stated** o ile nie określono inaczej; **unless I am mistaken** o ile się nie mylę.

unlicensed [ʌn'laɪsnst] (*BRIT*) *adj* (*restaurant*) nie posiadający koncesji na sprzedaż alkoholu.
unlike [ʌn'laɪk] *adj* niepodobny ♦ *prep* (*not like*) w odróżnieniu od *+gen*; (*different from*) niepodobny do *+gen*.
unlikelihood [ʌn'laɪklɪhud] *n* małe prawdopodobieństwo *nt*, nieprawdopodobieństwo *nt*.
unlikely [ʌn'laɪklɪ] *adj* (*not likely*) nieprawdopodobny, mało prawdopodobny; (*unexpected*) nieoczekiwany; **in the unlikely event of any trouble, ...** gdyby były jakieś kłopoty, co (jest) mało prawdopodobne, ...; **in the unlikely event that they give you any trouble, ...** gdyby sprawiali wam jakieś kłopoty, co (jest) mało prawdopodobne, ...
unlimited [ʌn'lɪmɪtɪd] *adj* nieograniczony, bez ograniczeń *post*.
unlisted ['ʌn'lɪstɪd] *adj* (*US*: *telephone number*) zastrzeżony; (*company*) nie notowany na giełdzie.
unlit [ʌn'lɪt] *adj* nie oświetlony.
unload [ʌn'ləud] *vt* wyładowywać (wyładować *perf*), rozładowywać (rozładować *perf*).
unlock [ʌn'lɔk] *vt* otwierać (otworzyć *perf*) (*kluczem*).
unlucky [ʌn'lʌkɪ] *adj* (*person*) nieszczęśliwy, pechowy; (*object, number*) pechowy; **to be unlucky** mieć pecha.
unmanageable [ʌn'mænɪdʒəbl] *adj* (*tool, book*) nieporęczny; (*situation*) wymykający się spod kontroli, nie do opanowania *post*.
unmanned [ʌn'mænd] *adj* bezzałogowy.
unmarked [ʌn'mɑ:kt] *adj* bez skazy *post*; **unmarked police car** samochód policyjny bez oznakowań.
unmarried [ʌn'mærɪd] *adj* (*man*) nieżonaty; (*woman*) niezamężna.
unmarried mother *n* samotna matka *f*.
unmask [ʌn'mɑ:sk] *vt* demaskować (zdemaskować *perf*).
unmatched [ʌn'mætʃt] *adj* niezrównany.
unmentionable [ʌn'mɛnʃnəbl] *adj* (*topic*) zakazany, tabu *post*; (*word*) niecenzuralny.
unmerciful [ʌn'mə:sɪful] *adj* bezlitosny.
unmistak(e)able [ʌnmɪs'teɪkəbl] *adj* wyraźny, niewątpliwy.
unmistak(e)ably [ʌnmɪs'teɪkəblɪ] *adv* wyraźnie, niewątpliwie.
unmitigated [ʌn'mɪtɪgeɪtɪd] *adj* totalny, absolutny.
unnamed [ʌn'neɪmd] *adj* (*nameless*) nie nazwany; (*anonymous*) nie wymieniony z nazwiska.
unnatural [ʌn'nætʃrəl] *adj* nienaturalny.
unnecessarily [ʌn'nɛsəsərɪlɪ] *adv* (*worry etc*) niepotrzebnie, zbytecznie; (*severe etc*) nadmiernie.
unnecessary [ʌn'nɛsəsərɪ] *adj* niepotrzebny, zbyteczny.
unnerve [ʌn'nə:v] *vt* wytrącać (wytrącić *perf*) z równowagi.
unnoticed [ʌn'nəutɪst] *adj*: **to go** *or* **pass unnoticed** pozostawać (pozostać *perf*) nie zauważonym.
UNO ['ju:nəu] *n abbr* (= *United Nations Organization*) ONZ *m*.
unobservant [ʌnəb'zə:vnt] *adj* mało spostrzegawczy.
unobtainable [ʌnəb'teɪnəbl] *adj* (*item*) niedostępny; (*TEL*) nieosiągalny.
unobtrusive [ʌnəb'tru:sɪv] *adj* nie rzucający się w oczy, dyskretny.
unoccupied [ʌn'ɔkjupaɪd] *adj* (*seat*) nie zajęty; (*house*) niezamieszkały.
unofficial [ʌnə'fɪʃl] *adj* (*news*) nie potwierdzony; (*strike*) nieoficjalny.
unopened [ʌn'əupənd] *adj* nie otwarty.
unopposed [ʌnə'pəuzd] *adj* nie napotykający oporu *or* sprzeciwu.
unorthodox [ʌn'ɔ:θədɔks] *adj* (*treatment*) niekonwencjonalny; (*REL*) nieortodoksyjny.
unpack [ʌn'pæk] *vi* rozpakowywać się (rozpakować się *perf*) ♦ *vt* rozpakowywać (rozpakować *perf*).
unpaid [ʌn'peɪd] *adj* (*bill*) nie zapłacony; (*holiday, leave*) bezpłatny; (*work*) niepłatny; (*worker*) nie opłacany.
unpalatable [ʌn'pælətəbl] *adj* (*meal*) niesmaczny; (*truth*) trudny do przełknięcia.
unparalleled [ʌn'pærəlɛld] *adj* niezrównany.
unpatriotic ['ʌnpætrɪ'ɔtɪk] *adj* niepatriotyczny.
unplanned [ʌn'plænd] *adj* nie zaplanowany.
unpleasant [ʌn'plɛznt] *adj* nieprzyjemny, niemiły.
unplug [ʌn'plʌg] *vt* wyłączać (wyłączyć *perf*) z sieci.
unpolluted [ʌnpə'lu:tɪd] *adj* nie zanieczyszczony, nie skażony.
unpopular [ʌn'pɔpjulə*] *adj* niepopularny; **to make o.s. unpopular (with)** narażać się (narazić się *perf*) (*+dat*), podpadać (podpaść *perf*) (*+dat*) (*inf*).
unprecedented [ʌn'prɛsɪdəntɪd] *adj* (*decision, event*) bezprecedensowy; (*wealth, scale*) niespotykany.
unpredictable [ʌnprɪ'dɪktəbl] *adj* nieprzewidywalny.
unprejudiced [ʌn'prɛdʒudɪst] *adj* nieuprzedzony.
unprepared [ʌnprɪ'pɛəd] *adj* (*person*) nie przygotowany; (*speech*) (za)improwizowany.
unprepossessing ['ʌnpri:pə'zɛsɪŋ] *adj* nieatrakcyjny, nieciekawy.
unpretentious [ʌnprɪ'tɛnʃəs] *adj* bezpretensjonalny.
unprincipled [ʌn'prɪnsɪpld] *adj* bez zasad *post*.
unproductive [ʌnprə'dʌktɪv] *adj* (*land*) jałowy; (*discussion*) jałowy, bezproduktywny.
unprofessional [ʌnprə'fɛʃənl] *adj* (*attitude*)

nieprofesjonalny; (*conduct*) sprzeczny z etyką zawodową.
unprofitable [ʌn'prɔfɪtəbl] *adj* nieopłacalny, nierentowny.
unprovoked [ʌnprə'vəukt] *adj* nieuzasadniony, bezpodstawny.
unpunished [ʌn'pʌnɪʃt] *adj*: **to go unpunished** nie zostać *(perf)* ukaranym.
unqualified [ʌn'kwɔlɪfaɪd] *adj* (*nurse etc*) niewykwalifikowany; (*disaster*) kompletny; (*success*) pełen.
unquestionably [ʌn'kwɛstʃənəblɪ] *adv* niewątpliwie, bezsprzecznie.
unquestioning [ʌn'kwɛstʃənɪŋ] *adj* (*obedience etc*) ślepy, bezwarunkowy.
unravel [ʌn'rævl] *vt* rozwijać (rozwinąć *perf*), rozplątywać (rozplątać *perf*); (*fig*) rozwiązywać (rozwiązać *perf*), rozwikływać (rozwikłać *perf*).
unreal [ʌn'rɪəl] *adj* (*artificial*) sztuczny; (*peculiar*) nierzeczywisty, nierealny.
unrealistic ['ʌnrɪə'lɪstɪk] *adj* nierealistyczny.
unreasonable [ʌn'ri:znəbl] *adj* (*person*) nierozsądny; (*idea*) niedorzeczny; (*demand*) wygórowany; (*length of time*) nadmierny.
unrecognizable [ʌn'rɛkəgnaɪzəbl] *adj* nie do poznania *post*.
unrecognized [ʌn'rɛkəgnaɪzd] *adj* (*talent, genius*) nie rozpoznany; (*POL*: *regime*) nie uznawany.
unrecorded [ʌnrə'kɔ:dɪd] *adj* (*piece of music etc*) nie nagrany; (*incident, statement*) nie odnotowany.
unrefined [ʌnrə'faɪnd] *adj* nie rafinowany, nie oczyszczony.
unrehearsed [ʌnrɪ'hə:st] *adj* (*THEAT etc*) bez prób(y) *post*; (*spontaneous*) (za)improwizowany, spontaniczny.
unrelated [ʌnrɪ'leɪtɪd] *adj* (*incident*) nie powiązany, nie związany; (*family*) nie spokrewniony.
unrelenting [ʌnrɪ'lɛntɪŋ] *adj* (*person*) bezlitosny, nieubłagany; (*activity*) nie słabnący, uporczywy.
unreliable [ʌnrɪ'laɪəbl] *adj* (*person, firm*) niesolidny; (*machine, method*) zawodny.
unrelieved [ʌnrɪ'li:vd] *adj* (*monotony, misery*) beznadziejny.
unremitting [ʌnrɪ'mɪtɪŋ] *adj* nieustający, nieustanny.
unrepeatable [ʌnrɪ'pi:təbl] *adj* nie nadający się do powtórzenia.
unrepentant [ʌnrɪ'pɛntənt] *adj* nie skruszony.
unrepresentative ['ʌnrɛprɪ'zɛntətɪv] *adj*: **unrepresentative (of)** niereprezentatywny (dla *+gen*).
unreserved [ʌnrɪ'zə:vd] *adj* (*seat*) nie zarezerwowany; (*approval*) całkowity; (*admiration*) szczery.
unreservedly [ʌnrɪ'zə:vɪdlɪ] *adv* (*approve*) całkowicie, w pełni; (*admire*) szczerze.
unresponsive [ʌnrɪs'pɔnsɪv] *adj* obojętny; **to be unresponsive to** nie reagować na *+acc*.
unrest [ʌn'rɛst] *n* niepokój *m*.
unrestricted [ʌnrɪ'strɪktɪd] *adj* nieograniczony; **to have unrestricted access to** mieć nieograniczony dostęp do *+gen*.
unrewarded [ʌnrɪ'wɔ:dɪd] *adj*: **his efforts went unrewarded** jego wysiłki nie zostały nagrodzone.
unripe [ʌn'raɪp] *adj* niedojrzały.
unrivalled [ʌn'raɪvəld] (*US* **unrivaled**) *adj* niezrównany.
unroll [ʌn'rəul] *vt* rozwijać (rozwinąć *perf*).
unruffled [ʌn'rʌfld] *adj* (*person*) nie poruszony; (*hair, surface*) gładki.
unruly [ʌn'ru:lɪ] *adj* niesforny.
unsafe [ʌn'seɪf] *adj* (*in danger*) zagrożony; (*dangerous*) niebezpieczny; **unsafe to eat/drink** niezdatny do spożycia/picia.
unsaid [ʌn'sɛd] *adj*: **to leave sth unsaid** przemilczeć *(perf)* coś.
unsaleable [ʌn'seɪləbl] (*US* **unsalable**) *adj* niechodliwy; **it's practically unsaleable** tego praktycznie nie da się sprzedać.
unsatisfactory ['ʌnsætɪs'fæktərɪ] *adj* niezadowalający.
unsatisfied [ʌn'sætɪsfaɪd] *adj* nie usatysfakcjonowany, niezadowolony.
unsavoury [ʌn'seɪvərɪ] (*US* **unsavory**) *adj* (*fig*) podejrzany.
unscathed [ʌn'skeɪðd] *adj* nietknięty.
unscientific ['ʌnsaɪən'tɪfɪk] *adj* nienaukowy.
unscrew [ʌn'skru:] *vt* odkręcać (odkręcić *perf*).
unscrupulous [ʌn'skru:pjuləs] *adj* pozbawiony skrupułów.
unsecured ['ʌnsɪ'kjuəd] *adj* (*creditor*) bez zabezpieczenia *post*; (*loan*) nie zabezpieczony.
unseemly [ʌn'si:mlɪ] *adj* niewłaściwy, niestosowny.
unseen [ʌn'si:n] *adj* (*hidden object*) niewidoczny; (*forces, hand*) niewidzialny; (*danger*) ukryty.
unselfish [ʌn'sɛlfɪʃ] *adj* bezinteresowny.
unsettled [ʌn'sɛtld] *adj* (*person*) niespokojny; (*future, weather*) niepewny; (*question*) nie rozstrzygnięty.
unsettling [ʌn'sɛtlɪŋ] *adj* niepokojący.
unshak(e)able [ʌn'ʃeɪkəbl] *adj* niewzruszony, niezachwiany.
unshaven [ʌn'ʃeɪvn] *adj* nie ogolony.
unsightly [ʌn'saɪtlɪ] *adj* szpetny.
unskilled [ʌn'skɪld] *adj* niewykwalifikowany.
unsociable [ʌn'səuʃəbl] *adj* nietowarzyski.
unsocial [ʌn'səuʃl] *adj*: **to work unsocial hours** pracować w nietypowych godzinach.
unsold [ʌn'səuld] *adj* nie sprzedany.
unsolicited [ʌnsə'lɪsɪtɪd] *adj* (*goods, manuscripts*) nie zamówiony; **she was given much unsolicited advice** dostała dużo rad, o które nie prosiła.

unsophisticated [ʌnsəˈfɪstɪkeɪtɪd] *adj* (*person*) prosty; (*method, device*) nieskomplikowany.
unsound [ʌnˈsaund] *adj* (*floor, foundations*) słaby; (*policy, advice*) oparty na błędnych przesłankach; **of unsound mind** nie w pełni władz umysłowych.
unspeakable [ʌnˈspiːkəbl] *adj* (*indescribable*) niewymowny, niewypowiedziany; (*awful*) okropny.
unspoken [ʌnˈspəukn] *adj* (*word*) nie wypowiedziany; (*agreement*) milczący.
unstable [ʌnˈsteɪbl] *adj* (*piece of furniture*) chwiejny; (*government*) niestabilny; (*person: mentally*) niezrównoważony.
unsteady [ʌnˈstɛdɪ] *adj* niepewny.
unstinting [ʌnˈstɪntɪŋ] *adj* hojny, szczodry.
unstuck [ʌnˈstʌk] *adj*: **to come unstuck** (*label etc*) odklejać się (odkleić się *perf*); (*fig: plan, system*) zawodzić (zawieść *perf*).
unsubstantiated [ˈʌnsəbˈstænʃɪeɪtɪd] *adj* (*rumour*) nie potwierdzony; (*accusation*) bezpodstawny.
unsuccessful [ʌnsəkˈsɛsful] *adj* (*attempt, marriage*) nieudany; **her application was unsuccessful** jej podanie zostało odrzucone; **he was unsuccessful** (*in attempting sth*) nie udało mu się; (*in examination*) nie powiodło mu się; (*as writer etc*) nie miał powodzenia.
unsuccessfully [ʌnsəkˈsɛsfəlɪ] *adv* bez powodzenia.
unsuitable [ʌnˈsuːtəbl] *adj* nieodpowiedni.
unsuited [ʌnˈsuːtɪd] *adj*: **to be unsuited for** *or* **to sth** nie nadawać się do czegoś; **he is unsuited to be leader of a party** nie nadaje się na lidera partii.
unsure [ʌnˈʃuə*] *adj* niepewny; **to be unsure of o.s.** nie być pewnym siebie.
unsuspecting [ʌnsəsˈpɛktɪŋ] *adj* niczego nie podejrzewający.
unsweetened [ʌnˈswiːtnd] *adj* nie słodzony.
unswerving [ʌnˈswəːvɪŋ] *adj* niezachwiany.
unsympathetic [ˈʌnsɪmpəˈθɛtɪk] *adj* (*showing no understanding*) obojętny; (*unlikeable*) niesympatyczny, antypatyczny; **unsympathetic to(wards)** nieprzychylny *+dat*.
untangle [ʌnˈtæŋgl] *vt* (*string*) rozplątywać (rozplątać *perf*); (*mystery*) rozwikływać (rozwikłać *perf*).
untapped [ʌnˈtæpt] *adj* (*resources*) nie wykorzystany.
untaxed [ʌnˈtækst] *adj* nie opodatkowany.
unthinkable [ʌnˈθɪŋkəbl] *adj* nie do pomyślenia *post*.
untidy [ʌnˈtaɪdɪ] *adj* (*room*) nie posprzątany; (*person*) nieporządny.
untie [ʌnˈtaɪ] *vt* (*knot, parcel, prisoner*) rozwiązywać (rozwiązać *perf*); (*dog, horse*) odwiązywać (odwiązać *perf*).
until [ənˈtɪl] *prep* (aż) do *+gen* ♦ *conj* aż; (*after negative*) dopóki nie; **they didn't find her until the next day** znaleźli ją dopiero następnego dnia; **she waited until he had gone** poczekała, aż wyszedł; **until he comes** dopóki nie przyjdzie; **until now** dotychczas; **until then** do tego czasu; **from morning until night** od rana do wieczora *or* nocy.
untimely [ʌnˈtaɪmlɪ] *adj* (*arrival*) nie w porę *post*; (*moment*) niedogodny; (*death*) przedwczesny.
untold [ʌnˈtəuld] *adj* (*suffering, wealth*) nieopisany; **the untold story** kulisy, tło.
untouched [ʌnˈtʌtʃt] *adj* nietknięty; **untouched by** (*unaffected*) obojętny *or* nieczuły na *+acc*.
untoward [ʌntəˈwɔːd] *adj* (*unforeseen*) nieprzewidziany; (*adverse*) niefortunny.
untrammelled [ʌnˈtræmld] *adj* nieskrępowany.
untranslatable [ʌntrænzˈleɪtəbl] *adj* nieprzetłumaczalny.
untried [ʌnˈtraɪd] *adj* (*policy, remedy*) nie wypróbowany; (*prisoner*) nie sądzony.
untrue [ʌnˈtruː] *adj* nieprawdziwy.
untrustworthy [ʌnˈtrʌstwəːðɪ] *adj* niegodny zaufania.
unusable [ʌnˈjuːzəbl] *adj* nie nadający się do użytku.
unused[1] [ʌnˈjuːzd] *adj* (*clothes*) nie używany; (*land*) nie wykorzystany.
unused[2] [ʌnˈjuːst] *adj*: **to be unused to sth/to doing sth** nie być przyzwyczajonym do czegoś/do robienia czegoś.
unusual [ʌnˈjuːʒuəl] *adj* niezwykły, niecodzienny; **it was not unusual to come home at three in the morning** powroty do domu o trzeciej nad ranem nie należały do rzadkości.
unusually [ʌnˈjuːʒuəlɪ] *adv* niezwykle.
unveil [ʌnˈveɪl] *vt* odsłaniać (odsłonić *perf*).
unwanted [ʌnˈwɔntɪd] *adj* (*clothing*) niepotrzebny; (*child, pregnancy*) nie chciany.
unwarranted [ʌnˈwɔrəntɪd] *adj* nieuzasadniony.
unwary [ʌnˈwɛərɪ] *adj* nieświadomy.
unwavering [ʌnˈweɪvərɪŋ] *adj* (*faith, support*) niezłomny, niezachwiany; (*gaze*) uporczywy.
unwelcome [ʌnˈwɛlkəm] *adj* (*guest*) niepożądany, niemile widziany; (*facts, situation*) niewygodny; **I felt unwelcome** czułem się jak intruz.
unwell [ʌnˈwɛl] *adj*: **I feel unwell** źle się czuję; **she's unwell** jest chora.
unwieldy [ʌnˈwiːldɪ] *adj* (*object*) nieporęczny; (*system*) niesprawny.
unwilling [ʌnˈwɪlɪŋ] *adj*: **to be unwilling to do sth** nie chcieć czegoś (z)robić.
unwillingly [ʌnˈwɪlɪŋlɪ] *adv* niechętnie.
unwind [ʌnˈwaɪnd] (*irreg like*: **wind**) *vt* (*bandage*) odwijać (odwinąć *perf*); (*ball of string*) rozwijać (rozwinąć *perf*) ♦ *vi* odprężać się (odprężyć się *perf*), relaksować się (zrelaksować się *perf*).
unwise [ʌnˈwaɪz] *adj* niemądry.

unwitting [ʌn'wɪtɪŋ] *adj* bezwiedny.
unworkable [ʌn'wə:kəbl] *adj* niewykonalny.
unworthy [ʌn'wə:ðɪ] *adj*: **unworthy of** niegodny *or* niewart *+gen*; **to be unworthy of sth/to do sth** nie zasługiwać na coś/, by coś (z)robić; **that kind of behaviour is unworthy of you** takie zachowanie ci nie przystoi.
unwrap [ʌn'ræp] *vt* rozwijać (rozwinąć *perf*), rozpakowywać (rozpakować *perf*).
unwritten [ʌn'rɪtn] *adj* niepisany.
unzip [ʌn'zɪp] *vt* rozpinać (rozpiąć *perf*).

KEYWORD

up [ʌp] *prep*: **to go up the stairs** wchodzić (wejść *perf*) po schodach; **he went up the hill** wszedł na wzgórze; **the cat was up a tree** kot był na drzewie; **they live further up the street** mieszkają dalej na tej ulicy ♦ *adv* **1** (*upwards, higher*): **up in the sky/the mountains** wysoko na niebie/w górach; **put it a bit higher up** połóż to troszkę wyżej; **up there** tam w *or* na górze; **up above** wysoko. **2**: **to be up** (*out of bed*) być na nogach; (*prices, level*) wzrosnąć (*perf*); (*building, tent*) stać. **3**: **up to** do *+gen*; **I've read up to page 60** przeczytałem do strony 60.; **the water came up to his knees** woda podeszła mu do kolan; **up to now** do tej pory. **4**: **to be up to** (*depend on*) zależeć od *+gen*; **it's up to you** to zależy od ciebie; **it's not up to me to decide** decyzja nie należy do mnie. **5**: **to be up to** (*equal to*: *person*) podołać (*perf*) *or* sprostać (*perf*) *+dat*; (: *work etc*) spełniać (spełnić *perf*) *+acc*, odpowiadać *+dat*; **he's not up to it** nie podoła temu; **their work is not up to the required standard** ich praca nie spełnia wymaganych norm. **6**: **to be up to** (*inf*: *be doing*) porabiać; **what is he up to?** co on porabia?; (*showing disapproval, suspicion*) co on kombinuje? (*inf*) ♦ *n*: **ups and downs** wzloty *pl* i upadki *pl*.

up-and-coming [ʌpənd'kʌmɪŋ] *adj* dobrze się zapowiadający.
upbeat ['ʌpbi:t] *n* (*MUS*) nieakcentowana miara *f* taktu; (*in economy, prosperity*) boom *m*, wzrost *m* ♦ *adj* (*person*) w dobrym nastroju *post*; (*mood, ending*) optymistyczny.
upbraid [ʌp'breɪd] *vt* karcić (skarcić *perf*).
upbringing ['ʌpbrɪŋɪŋ] *n* wychowanie *nt*.
update [ʌp'deɪt] *vt* uaktualniać (uaktualnić *perf*).
upend [ʌp'ɛnd] *vt* stawiać (postawić *perf*) pionowo.
upgrade [ʌp'greɪd] *vt* (*house*) podnosić (podnieść *perf*) standard *+gen*; (*pay, status*) podnosić (podnieść *perf*); (*employee*) awansować (awansować *perf*); (*COMPUT*) zastępować (zastąpić *perf*) nowszą wersją.
upheaval [ʌp'hi:vl] *n* (*emotional*) wstrząs *m*; (*POL*) wstrząsy *pl*, wrzenie *nt*.
uphill [ʌp'hɪl] *adj* (*climb*) pod górę *post*; (*fig*: *task*) żmudny ♦ *adv* pod górę; **to go uphill** wspinać się (w górę).
uphold [ʌp'həuld] (*irreg like*: **hold**) *vt* (*law, principle*) przestrzegać *+gen*; (*decision, conviction*) podtrzymywać (podtrzymać *perf*).
upholstery [ʌp'həulstərɪ] *n* tapicerka *f*, obicie *nt*.
upkeep ['ʌpki:p] *n* utrzymanie *nt*, koszty *pl* utrzymania.
up-market [ʌp'mɑ:kɪt] *adj* ekskluzywny.
upon [ə'pɔn] *prep* na *+loc*.
upper ['ʌpə*] *adj* górny, wyższy ♦ *n* (*of shoe*) wierzch *m*, cholewka *f*.
upper class *n*: **the upper class** warstwa *f or* klasa *f* wyższa.
upper-class ['ʌpə'klɑ:s] *adj* (*families, accent*) arystokratyczny; (*district*) ekskluzywny.
upper hand *n*: **to have the upper hand** mieć przewagę.
uppermost ['ʌpəməust] *adj* najwyższy, znajdujący się na (samej) górze; **there were two thoughts uppermost in my mind** myślałam przede wszystkim o dwóch rzeczach.
Upper Volta [-'vɔltə] *n* Górna Wolta *f*.
upright ['ʌpraɪt] *adj* (*vertical*) pionowy; (*erect*) wyprostowany; (*fig*: *honest*) prawy ♦ *adv* prosto ♦ *n* wspornik *m* pionowy, belka *f* pionowa.
uprising ['ʌpraɪzɪŋ] *n* powstanie *nt*.
uproar ['ʌprɔ:*] *n* (*shouts*) hałas *m*; (*protest*) poruszenie *nt*, wrzawa *f*.
uproot [ʌp'ru:t] *vt* (*tree*) wyrywać (wyrwać *perf*) z korzeniami; (*fig*: *family*) wysiedlać (wysiedlić *perf*).
upset [*vb, adj* ʌp'sɛt, *n* 'ʌpsɛt] (*irreg like*: **set**) *vt* (*knock over*) przewracać (przewrócić *perf*); (*make sad*) martwić (zmartwić *perf*); (*make angry or nervous*) denerwować (zdenerwować *perf*); (*routine, plan*) dezorganizować (zdezorganizować *perf*) ♦ *adj* (*person*: *worried*) zmartwiony; (: *angry*) zdenerwowany; (*stomach*) rozstrojony ♦ *n*: **to have a stomach upset** (*BRIT*) mieć rozstrój żołądka; **I get upset when...** (*sad*) jest mi przykro, gdy...; (*angry*) denerwuję się, gdy... .
upset price ['ʌpsɛt-] (*US, Scottish*) *n* cena *f* wywoławcza.
upsetting [ʌp'sɛtɪŋ] *adj* przykry.
upshot ['ʌpʃɔt] *n* wynik *m*, rezultat *m*; **the upshot of it all was that ...** skończyło się na tym, że ... .
upside down ['ʌpsaɪd-] *adv* do góry nogami; **to turn a place upside down** (*fig*) przetrząsać (przetrząsnąć *perf*) wszystkie kąty.
upstairs [ʌp'stɛəz] *adv* (*be*) na piętrze, na górze; (*go*) na piętro, na górę ♦ *adj* na piętrze *post* ♦ *n* piętro *nt*, góra *f*; **there's no upstairs** jest tylko parter *or* jedno piętro.

upstart ['ʌpstɑːt] (*pej*) *n* ważniak (-aczka) *m(f)* (*pej*).
upstream [ʌp'striːm] *adv* pod prąd ♦ *adj*: **to be upstream** znajdować się (dalej) w górę rzeki.
upsurge ['ʌpsəːdʒ] *n* (*of enthusiasm etc*) przypływ *m*.
uptake ['ʌpteɪk] *n*: **to be quick/slow on the uptake** szybko/wolno się orientować.
uptight [ʌp'taɪt] (*inf*) *adj* spięty.
up-to-date ['ʌptə'deɪt] *adj* (*modern*) nowoczesny; (*having latest information*: *map etc*) aktualny; (: *person*) dobrze poinformowany.
upturn ['ʌptəːn] *n* zmiana *f* na lepsze.
upturned ['ʌptəːnd] *adj* (*nose*) zadarty.
upward ['ʌpwəd] *adj* (*movement*) w górę *post*.
upwards ['ʌpwədz] *adv* w górę; **upward(s) of 200,000 people** z górą 200 tysięcy osób.
URA (*US*) *n abbr* (= *Urban Renewal Administration*).
Ural Mountains *n*: **the Ural Mountains** (*also*: **the Urals**) Ural *m*.
uranium [juə'reɪnɪəm] *n* uran *m*.
Uranus [juə'reɪnəs] *n* Uran *m*.
urban ['əːbən] *adj* (wielko)miejski.
urbane [əː'beɪn] *adj* grzeczny, dobrze wychowany.
urbanization ['əːbənaɪ'zeɪʃən] *n* urbanizacja *f*.
urchin ['əːtʃɪn] *n* urwis *m*.
urge [əːdʒ] *n* pragnienie *nt*, chęć *f* ♦ *vt*: **to urge sb to do sth** namawiać (namówić *perf*) kogoś, żeby coś zrobił *or* do zrobienia czegoś; **to urge caution** zalecać (zalecić *perf*) ostrożność.
►**urge on** *vt* zachęcać.
urgency ['əːdʒənsɪ] *n* (*need to act quickly*) pośpiech *m*; (*of tone*) zaniepokojenie *nt*; **a matter of urgency** (bardzo) pilna sprawa.
urgent ['əːdʒənt] *adj* (*need*) naglący; (*message*) pilny; (*voice*) natarczywy.
urgently ['əːdʒəntlɪ] *adv* pilnie.
urinal ['juərɪnl] *n* (*building*) toaleta *f* męska; (*vessel*) pisuar *m*.
urinate ['juərɪneɪt] *vi* oddawać (oddać *perf*) mocz.
urine ['juərɪn] *n* mocz *m*.
urn [əːn] *n* (*container*) urna *f*; (*also*: **tea urn**) termos *m* bufetowy.
Uruguay ['juərəgwaɪ] *n* Urugwaj *m*.
Uruguayan [juərə'gwaɪən] *adj* urugwajski ♦ *n* Urugwajczyk (-jka) *m(f)*.
US *n abbr* = **United States**.
us [ʌs] *pron* nas *(gen, acc, loc)*, nam *(dat)*, nami *(instr)*; *see also* **me**.
USA *n abbr* = **United States of America**; (*MIL*: = *United States Army*).
usable ['juːzəbl] *adj* (*information*) użyteczny, przydatny; (*tool etc*) nadający się do użytku.
USAF *n abbr* (= *United States Air Force*).
usage ['juːzɪdʒ] (*LING*) *n* użycie *nt*.
USCG *n abbr* (= *United States Coast Guard*).
USDA *n abbr* (= *United States Department of Agriculture*) Ministerstwo *nt* Rolnictwa.
USDAW ['ʌzdɔː] (*BRIT*) *n abbr* (= *Union of Shop, Distributive and Allied Workers*).
USDI *n abbr* (= *United States Department of the Interior*) Ministerstwo *nt* Ochrony Środowiska, Zasobów Naturalnych i Leśnictwa.
use [*n* juːs, *vb* juːz] *n* (*using*) użycie *nt*, stosowanie *nt*; (*usefulness*) użytek *m*, zastosowanie *nt* ♦ *vt* używać (użyć *perf*) *+gen*, posługiwać się (posłużyć się *perf*) *+instr*; **in use** w użyciu; **to go out of use** wychodzić (wyjść *perf*) z użycia; **to be of use** przydawać się (przydać się *perf*); **to make use of sth** stosować (zastosować *perf*) *or* wykorzystywać (wykorzystać *perf*) coś; **it's no use!** nic z tego!; **it's no use arguing with you** dyskusja z tobą nie ma sensu; **she used to live in this street** mieszkała kiedyś na tej ulicy; **to have the use of** móc korzystać z *+gen*; **what's this used for?** do czego to służy?; **to be used to** być przyzwyczajonym do *+gen*; **to get used to** przyzwyczajać się (przyzwyczaić się *perf*) *or* przywykać (przywyknąć *perf*) do *+gen*.
►**use up** *vt* (*food, leftovers*) zużywać (zużyć *perf*); (*money*) wydawać (wydać *perf*).
used [juːzd] *adj* używany.
useful ['juːsful] *adj* użyteczny, przydatny; **to come in useful** przydawać się (przydać się *perf*).
usefulness ['juːsfəlnɪs] *n* użyteczność *f*, przydatność *f*.
useless ['juːslɪs] *adj* (*unusable*) bezużyteczny, nieprzydatny; (*pointless*) bezcelowy; (*bad, hopeless*) beznadziejny.
user ['juːzə*] *n* użytkownik (-iczka) *m(f)*; (*of gas etc*) odbiorca *m*.
user-friendly ['juːzə'frɛndlɪ] *adj* łatwy w użyciu *or* zastosowaniu.
USES *n abbr* (= *United States Employment Service*).
usher ['ʌʃə*] *n osoba usadzająca gości na weselu, widzów w teatrze itp* ♦ *vt*: **to usher sb in** wprowadzać (wprowadzić *perf*) kogoś.
usherette [ʌʃə'rɛt] *n* (*in cinema*) bileterka *f*.
USIA *n abbr* (= *United States Information Agency*) *Ministerstwo Informacji USA*.
USM *n abbr* (= *United States Mint*) *mennica państwowa*; (= *United States Mail*).
USN *n abbr* (= *United States Navy*).
USPHS *n abbr* (= *United States Public Health Service*).
USPO *n abbr* (= *United States Post Office*).
USS *abbr* (= *United States Ship*) *skrót stanowiący część nazwy amerykańskich okrętów wojennych*.
USSR *n abbr* (*formerly*: = *Union of Soviet Socialist Republics*) ZSRR *nt inv*.
usu. *abbr* = **usually**.
usual ['juːʒuəl] *adj* zwykły; **as usual** jak zwykle.

usually ['juːʒuəlɪ] *adv* zwykle, zazwyczaj.
usurer ['juːʒərə*] *n* lichwiarz (-arka) *m(f)*.
usurp [juː'zəːp] *vt* uzurpować (uzurpować *perf*) sobie.
usury ['juːʒurɪ] *n* lichwa *f*.
UT (*US*: *POST*) *abbr* (= *Utah*).
utensil [juː'tɛnsl] *n*: **kitchen utensils** przybory *pl* kuchenne.
uterus ['juːtərəs] (*ANAT*) *n* macica *f*.
utilitarian [juːtɪlɪ'tɛərɪən] *adj* (*object*) funkcjonalny; (*PHILOSOPHY*) utylitarystyczny.
utility [juː'tɪlɪtɪ] *n* użyteczność *f*, przydatność *f*; **public utilities** usługi komunalne.
utility room *n* pomieszczenie *nt* gospodarcze.
utilization [juːtɪlaɪ'zeɪʃən] *n* wykorzystanie *nt*.
utilize ['juːtɪlaɪz] *vt* wykorzystywać (wykorzystać *perf*), użytkować (zużytkować *perf*).
utmost ['ʌtməust] *adj* najwyższy ♦ *n*: **we will do our utmost to ...** zrobimy wszystko, co w naszej mocy, by *+infin*; **to be of the utmost importance** być sprawą najwyższej wagi.
utter ['ʌtə*] *adj* (*conviction*) pełny, całkowity; (*amazement*) kompletny; (*rubbish, fool*) zupełny, skończony ♦ *vt* (*sounds*) wydawać (wydać *perf*) (z siebie); (*words*) wypowiadać (wypowiedzieć *perf*).
utterance ['ʌtrns] *n* wypowiedź *f*.
utterly ['ʌtəlɪ] *adv* zupełnie.
U-turn ['juː'təːn] *n* (*AUT*) zawracanie *nt*; (*fig*) zwrot *m* o 180 stopni.

V,v

V[1], **v** [viː] *n* (*letter*) V *nt*, v *nt*; **V for Victor** ≈ V jak Violetta.
V[2] *abbr* = **volt** V.
v. *abbr* = **verse** w.; = **versus**; (= *vide*) zob.
VA (*US*: *POST*) *abbr* (= *Virginia*).
vac [væk] (*BRIT*: *inf*) *n abbr* = **vacation**.
vacancy ['veɪkənsɪ] *n* (*BRIT*: *job*) wakat *m*, wolny etat *m*; (*in hotel*) wolny pokój *m*; **"no vacancies"** „wolnych miejsc brak"; **have you any vacancies?** (*hotel*) czy mają Państwo (jakieś) wolne pokoje?; (*office*) czy mają Państwo (jakieś) wolne etaty?
vacant ['veɪkənt] *adj* (*room, post*) wolny; (*look, expression*) nieobecny.
vacant lot (*US*) *n* wolna działka *f*.
vacate [və'keɪt] *vt* (*house*) wyprowadzać się (wyprowadzić się *perf*) z *+gen*; (*post, seat*) zwalniać (zwolnić *perf*).
vacation [və'keɪʃən] *n* (*esp US*) urlop *m*; (*SCOL*) wakacje *pl*; **to take a vacation** brać (wziąć *perf*) urlop; **on vacation** na urlopie.
vacation course *n* kurs *m* wakacyjny.
vaccinate ['væksɪneɪt] *vt*: **to vaccinate sb (against sth)** szczepić (zaszczepić *perf*) kogoś (przeciwko czemuś).
vaccination [væksɪ'neɪʃən] *n* (*no pl*: *act of vaccinating*) szczepienia *pl*; (*instance*) szczepienie *nt*.
vaccine ['væksiːn] *n* szczepionka *f*.
vacuum ['vækjum] *n* próżnia *f*.
vacuum cleaner *n* odkurzacz *m*.
vacuum flask (*BRIT*) *n* termos *m*.
vacuum-packed ['vækjum'pækt] *adj* pakowany próżniowo.
vagabond ['vægəbɔnd] *n* włóczęga *m*, wagabunda *m*.
vagary ['veɪgərɪ] *n*: **the vagaries of** kaprysy *+gen*.
vagina [və'dʒaɪnə] (*ANAT*) *n* pochwa *f*.
vagrancy ['veɪgrənsɪ] *n* włóczęgostwo *nt*.
vagrant ['veɪgrənt] *n* włóczęga *m*.
vague [veɪg] *adj* (*blurred*) niewyraźny; (*unclear*) niejasny; (*not precise*) ogólnikowy; (*evasive*) wymijający; **he was vague** wyrażał się mało konkretnie; **I haven't the vaguest idea** nie mam najmniejszego pojęcia.
vaguely ['veɪglɪ] *adv* (*not precisely*) ogólnikowo; (*evasively*) wymijająco; (*slightly*) trochę.
vagueness ['veɪgnɪs] *n* ogólnikowość *f*.
vain [veɪn] *adj* (*person*) próżny; (*attempt*) daremny; **in vain** na próżno, (na)daremnie.
vainly ['veɪnlɪ] *adv* na próżno, (na)daremnie.
valance ['væləns] *n* *ozdobna falbanka zwisająca z ramy łóżka*.
valedictory [vælɪ'dɪktərɪ] *adj* pożegnalny.
valentine ['væləntaɪn] *n* (*also*: **valentine card**) walentynka *f*; (*person*) *osoba, której wysyła się walentynkę*.
valet ['vælɪt] *n* służący *m*.
valet parking *n* *parkowanie samochodów gości przez obsługę hotelu, restauracji itp.*
valet service *n* usługi *pl* (*hotelowe itp*).
valiant ['vælɪənt] *adj* mężny.
valid ['vælɪd] *adj* (*ticket, document*) ważny; (*argument*) przekonujący; (*reason, criticism*) uzasadniony.
validate ['vælɪdeɪt] *vt* (*contract*) zatwierdzać (zatwierdzić *perf*); (*document*) nadawać (nadać *perf*) ważność *+dat*; (*argument, claim*) uzasadniać (uzasadnić *perf*).
validity [və'lɪdɪtɪ] *n* (*of argument, reason*) zasadność *f*; (*of figures, data*) wiarygodność *f*, prawdziwość *f*.
valise [və'liːz] *n* (mała) walizka *f*.
valley ['vælɪ] *n* dolina *f*.
valour ['vælə*] (*US* **valor**) *n* męstwo *nt*.
valuable ['væljuəbl] *adj* (*jewel etc*) wartościowy, cenny; (*advice, time*) cenny.
valuables ['væljuəblz] *npl* kosztowności *pl*.
valuation [vælju'eɪʃən] *n* (*of house etc*) wycena *f*; (*judgement of quality*) ocena *f*.

value ['vælju:] *n* (*financial worth*) wartość *f*; (*importance*) znaczenie *nt* ♦ *vt* (*fix price of*) wyceniać (wycenić *perf*); (*appreciate*) doceniać (docenić *perf*); **values** *npl* wartości *pl*; **it's good value for money** to jest warte swej ceny; **you get good value for money in that shop** opłaca się robić zakupy w tym sklepie; **to lose/gain (in) value** tracić (stracić *perf*)/zyskiwać (zyskać *perf*) na wartości; **to be of great value (to sb)** (*fig*) mieć (dla kogoś) wielką wartość.

value added tax (*BRIT*) *n* podatek *m* od wartości dodanej.

valued ['vælju:d] *adj* (*advice*) cenny; (*specialist, customer*) ceniony.

valuer ['væljuə*] *n* rzeczoznawca *m*, taksator *m*.

valve [vælv] *n* (*TECH*) zawór *m*; (*MED*) zastawka *f*.

vampire ['væmpaɪə*] *n* (*lit*) wampir (-irzyca) *m(f)*.

van [væn] *n* (*AUT*) furgonetka *f*, półciężarówka *f*; (*BRIT*: *RAIL*) ≈ wagon *m* kryty.

V and A (*BRIT*) *n abbr* (= *Victoria and Albert Museum*).

vandal ['vændl] *n* wandal *m*.

vandalism ['vændəlɪzəm] *n* wandalizm *m*.

vandalize ['vændəlaɪz] *vt* dewastować (zdewastować *perf*).

vanguard ['vængɑ:d] *n* (*fig*): **in the vanguard of** na czele *+gen*, w awangardzie *+gen* (*literary*).

vanilla [və'nɪlə] *n* wanilia *f*.

vanilla ice cream *n* lody *pl* waniliowe.

vanish ['vænɪʃ] *vi* znikać (zniknąć *perf*).

vanity ['vænɪtɪ] *n* próżność *f*.

vanity case *n walizeczka na kosmetyki.*

vantage point ['vɑ:ntɪdʒ-] *n* dogodny punkt *m* (obserwacyjny); (*fig*) punkt *m* widzenia.

vaporize ['veɪpəraɪz] *vt* odparowywać (odparować *perf*) ♦ *vi* parować.

vapour ['veɪpə*] (*US* **vapor**) *n* (*gas*) para *f*; (*mist, steam*) opary *pl*.

vapo(u)r trail (*AVIAT*) *n* smuga *f* kondensacyjna.

variable ['vɛərɪəbl] *adj* (*likely to change*) zmienny; (*able to be changed*) regulowany ♦ *n* czynnik *m*; (*MATH*) zmienna *f*.

variance ['vɛərɪəns] *n*: **to be at variance (with)** różnić się (od *+gen*); **to be at variance with** (*facts etc*) być sprzecznym z *+instr*.

variant ['vɛərɪənt] *n* odmiana *f*, wariant *m*.

variation [vɛərɪ'eɪʃən] *n* (*fluctuation*) zmiany *pl*; (*different form*) odmiana *f*; (*MUS*) wariacja *f*.

varicose ['værɪkəus] *adj*: **varicose veins** żylaki *pl*.

varied ['vɛərɪd] *adj* (*diverse*) różnorodny; (*full of changes*) urozmaicony.

variety [və'raɪətɪ] *n* (*degree of choice*) wybór *m*; (*diversity*) zróżnicowanie *nt*, urozmaicenie *nt*; (*type*) rodzaj *m*; **a variety of people** rozmaici ludzie; **a variety of noises** rozmaite odgłosy; **the library had a wide variety of books** biblioteka miała duży wybór książek; **for a variety of reasons** z wielu różnych powodów.

variety show *n* variétés *nt inv*.

various ['vɛərɪəs] *adj* (*different, diverse*) różny; (*several*) kilku (*+gen vir pl*), kilka (*+gen nvir pl*); **at various times** (*at different times*) o różnych porach; (*several times*) kilka razy.

varnish ['vɑ:nɪʃ] *n* lakier *m* ♦ *vt* (*wood etc*) lakierować (polakierować *perf*); (*nails*) malować (pomalować *perf*).

vary ['vɛərɪ] *vt* urozmaicać (urozmaicić *perf*) ♦ *vi* różnić się; **to vary with** zmieniać się w zależności od *+gen*.

varying ['vɛərɪɪŋ] *adj* różny.

vase [vɑ:z] *n* wazon *m*.

vasectomy [væ'sɛktəmɪ] (*MED*) *n* wycięcie *nt* nasieniowodu, wazektomia *f*.

Vaseline ['væsɪli:n] ® *n* wazelina *f*.

vast [vɑ:st] *adj* (*knowledge*) rozległy; (*expense, area*) olbrzymi, ogromny.

vastly ['vɑ:stlɪ] *adv* znacznie.

vastness ['vɑ:stnɪs] *n* ogrom *m*.

VAT [væt] (*BRIT*) *n abbr* = **value added tax** VAT *m*.

vat [væt] *n* kadź *f*.

Vatican ['vætɪkən] *n*: **the Vatican** Watykan *m*.

vaudeville ['vəudəvɪl] *n* wodewil *m*.

vault [vɔ:lt] *n* (*of roof*) sklepienie *nt*; (*in church*) krypta *f*; (*in cemetery*) grobowiec *m*; (*in bank*) skarbiec *m*; (*jump*) skok *m* ♦ *vt* (*also*: **vault over**) przeskakiwać (przeskoczyć *perf*) (przez).

vaunted ['vɔ:ntɪd] *adj*: **much-vaunted** wychwalany.

VC *n abbr* = **vice-chairman**; (*BRIT*: = *Victoria Cross*) *brytyjski order za odwagę.*

VCR *n abbr* = **video cassette recorder**.

VD *n abbr* = **venereal disease**.

VDU (*COMPUT*) *n abbr* = **visual display unit**.

veal [vi:l] *n* cielęcina *f*.

veer [vɪə*] *vi* skręcać (skręcić *perf*) gwałtownie.

veg. [vɛdʒ] (*BRIT*: *inf*) *n abbr* = **vegetable(s)**.

vegetable ['vɛdʒtəbl] *n* warzywo *nt* ♦ *cpd* (*oil, matter*) roślinny; (*garden, plot*) warzywny; **the vegetable kingdom** królestwo roślin.

vegetarian [vɛdʒɪ'tɛərɪən] *n* wegetarianin (-anka) *m(f)*, jarosz *m* ♦ *adj* (*diet, dish*) wegetariański, jarski; (*restaurant*) wegetariański.

vegetate ['vɛdʒɪteɪt] *vi* wegetować.

vegetation [vɛdʒɪ'teɪʃən] *n* roślinność *f*.

vehemence ['vi:ɪməns] *n* pasja *f*.

vehement ['vi:ɪmənt] *adj* gwałtowny.

vehicle ['vi:ɪkl] *n* pojazd *m*; (*fig*: *means*) narzędzie *nt*.

vehicular [vɪ'hɪkjulə*] (*AUT*) *adj*: **"no vehicular traffic"** „zakaz *m* ruchu wszelkich pojazdów".

veil [veɪl] *n* woalka *f*; (*long*) welon *m* ♦ *vt* (*fig*) ukrywać (ukryć *perf*); **under a veil of secrecy** (*fig*) w sekrecie *or* tajemnicy.

veiled [veɪld] *adj* (*fig*) zawoalowany.

vein [veɪn] *n* (*blood vessel, mineral deposit*) żyła *f*; (*of leaf*) żyłka *f*; (*fig*) ton *m*.
vellum ['vɛləm] *n* welin *m*, papier *m* welinowy.
velocity [vɪ'lɔsɪtɪ] *n* prędkość *f*, szybkość *f*.
velvet ['vɛlvɪt] *n* aksamit *m* ♦ *adj* aksamitny.
vendetta [vɛn'dɛtə] *n* wendeta *f*.
vending machine ['vɛndɪŋ-] *n* automat *m* (*do sprzedaży papierosów, kawy itp*).
vendor ['vɛndə*] *n* (*of house, land*) sprzedający *m*; **street vendor** handlarz uliczny.
veneer [və'nɪə*] *n* okleina *f*, fornir *m*; (*fig*) pozory *pl*, fasada *f*.
venerable ['vɛnərəbl] *adj* (*person*) czcigodny, szacowny; (*building etc*) szacowny; (*REL*: *Anglican*) *tytuł przysługujący archidiakonowi*; (: *Roman Catholic*) sługa *m* Boży (*określenie osoby, w stosunku do której rozpoczęto proces beatyfikacyjny*).
venereal [vɪ'nɪərɪəl] *adj*: **venereal disease** choroba *f* weneryczna.
Venetian [vɪ'ni:ʃən] *adj* wenecki ♦ *n* Wenecjanin (-anka) *m(f)*.
Venetian blind *n* żaluzja *f*.
Venezuela [vɛnɛ'zweɪlə] *n* Wenezuela *f*.
Venezuelan [vɛnɛ'zweɪlən] *adj* wenezuelski ♦ *n* Wenezuelczyk (-lka) *m(f)*.
vengeance ['vɛndʒəns] *n* zemsta *f*; **with a vengeance** (*fig*) zapamiętale, zawzięcie.
vengeful ['vɛndʒful] *adj* mściwy.
Venice ['vɛnɪs] *n* Wenecja *f*.
venison ['vɛnɪsn] *n* dziczyzna *f*.
venom ['vɛnəm] *n* (*of snake, insect*) jad *m*; (*of person, remark*) jadowitość *f*.
venomous ['vɛnəməs] *adj* (*lit, fig*) jadowity.
vent [vɛnt] *n* (*also*: **air vent**) otwór *m* wentylacyjny; (*in jacket*) rozcięcie *nt* ♦ *vt* (*fig*) dawać (dać *perf*) upust +*dat*; **to vent one's anger on sb/sth** wyładowywać (wyładować *perf*) (swoją) złość na kimś/czymś.
ventilate ['vɛntɪleɪt] *vt* wietrzyć (wywietrzyć *perf*).
ventilation [vɛntɪ'leɪʃən] *n* wentylacja *f*.
ventilation shaft *n* szyb *m* wentylacyjny.
ventilator ['vɛntɪleɪtə*] *n* (*TECH*) wentylator *m*; (*MED*) respirator *m*.
ventriloquist [vɛn'trɪləkwɪst] *n* brzuchomówca *m*.
venture ['vɛntʃə*] *n* przedsięwzięcie *nt* ♦ *vt*: **to venture an opinion** nieśmiało wyrażać (wyrazić *perf*) swoje zdanie ♦ *vi* odważyć się *(perf) or* ośmielić się *(perf)* pójść; **business venture** przedsięwzięcie handlowe, interes; **to venture to do sth** odważyć się *(perf) or* ośmielić się *(perf)* coś zrobić.
venture capital *n* kapitał *m* zainwestowany (*z ryzykiem*).
venue ['vɛnju:] *n* miejsce *nt* (*konferencji, występu itp*).
Venus ['vi:nəs] *n* Wenus *f*.
veracity [və'ræsɪtɪ] *n* (*of person*) prawdomówność *f*; (*of documents*) prawdziwość *f*.
veranda(h) [və'rændə] *n* weranda *f*.
verb [və:b] *n* czasownik *m*.
verbal ['və:bl] *adj* (*skills*) werbalny; (*translation*) ustny; (*attack*) słowny; (*of a verb*) czasownikowy, werbalny.
verbally ['və:bəlɪ] *adv* słownie.
verbatim [və:'beɪtɪm] *adj* dosłowny ♦ *adv* słowo w słowo, dosłownie.
verbose [və:'bəus] *adj* (*style*) rozwlekły; (*piece of writing*) przegadany (*inf*); (*person*) gadatliwy.
verdict ['və:dɪkt] *n* (*JUR*) orzeczenie *nt*, werdykt *m*; (*fig*) opinia *f*, zdanie *nt*; **verdict of guilty/not guilty** wyrok skazujący/uniewinniający.
verge [və:dʒ] *n* (*BRIT*: *of road*) pobocze *nt*; **he was on the verge of giving up** już miał zrezygnować; **"soft verges"** (*BRIT*) *napis informujący o niebezpiecznym miękkim poboczu*.
►**verge on** *vt fus* graniczyć z +*instr*.
verger ['və:dʒə*] *n* kościelny *m* (*w kościele anglikańskim*).
verification [vɛrɪfɪ'keɪʃən] *n* weryfikacja *f*.
verify ['vɛrɪfaɪ] *vt* weryfikować (zweryfikować *perf*).
veritable ['vɛrɪtəbl] *adj* prawdziwy, istny.
vermin ['və:mɪn] *npl* (*mice, rats etc*) szkodniki *pl*; (*fleas, lice etc*) robactwo *nt*.
vermouth ['və:məθ] *n* wermut *m*.
vernacular [və'nækjulə*] *n* (*of country*) miejscowy język *m*; (*of region*) miejscowy dialekt *m*.
versatile ['və:sətaɪl] *adj* (*person*) wszechstronny; (*substance, tool*) mający wiele zastosowań.
versatility [və:sə'tɪlɪtɪ] *n* (*of person*) wszechstronność *f*.
verse [və:s] *n* (*poetry*) poezja *f*, wiersze *pl*; (*part of poem or song*) strofa *f*, zwrotka *f*; (*in Bible*) werset *m*; **in verse** wierszem.
versed [və:st] *adj*: **to be (well-)versed in** (dobrze) znać się na +*loc*.
version ['və:ʃən] *n* wersja *f*.
versus ['və:səs] *prep* (*in contrast to*) a +*nom*; (*against*) kontra +*nom*, przeciw +*dat*.
vertebra ['və:tɪbrə] (*pl* **vertebrae**) *n* kręg *m*.
vertebrae ['və:tɪbri:] *npl of* **vertebra**.
vertebrate ['və:tɪbrɪt] *n* kręgowiec *m*.
vertical ['və:tɪkl] *adj* pionowy ♦ *n* linia *f* pionu.
vertically ['və:tɪklɪ] *adv* pionowo.
vertigo ['və:tɪgəu] *n* zawroty *pl* głowy; **to suffer from vertigo** cierpieć na zawroty głowy.
verve [və:v] *n* werwa *f*.
very ['vɛrɪ] *adv* bardzo ♦ *adj*: **the very book which...** właśnie ta książka, która...; **the very thought (of it) alarms me** sama myśl (o tym) mnie przeraża; **at the very end** na samym końcu; **the very last** (zupełnie) ostatni; **at the very least** przynajmniej; **very much** bardzo.
vespers ['vɛspəz] *npl* nieszpory *pl*.

vessel ['vɛsl] *n* (*military*) okręt *m*; (*fishing*) statek *m*; (*container, vein*) naczynie *nt*; *see* **blood**.
vest [vɛst] *n* (*BRIT*) podkoszulek *m*; (*US*) kamizelka *f* ♦ *vt*: **to vest sb with sth, to vest sth in sb** powierzać (powierzyć *perf*) coś komuś.
vested interest ['vɛstɪd-] *n* (*COMM*) ulokowany *or* włożony kapitał *m*; **to have a vested interest in** być żywotnie *or* osobiście zainteresowanym *+instr*.
vestibule ['vɛstɪbju:l] *n* przedsionek *m*, westybul *m*.
vestige ['vɛstɪdʒ] *n* pozostałość *f*, ślad *m*.
vestment ['vɛstmənt] *n* ornat *m*.
vestry ['vɛstrɪ] *n* zakrystia *f*.
Vesuvius [vɪ'su:vɪəs] *n* Wezuwiusz *m*.
vet [vɛt] *n abbr* = **veterinary surgeon** ♦ *vt* (*BRIT*: *candidate*) weryfikować (zweryfikować *perf*); (*text*) sprawdzać (sprawdzić *perf*).
veteran ['vɛtərn] *n* kombatant(ka) *m(f)*, weteran(ka) *m(f)* ♦ *adj*: **she's a veteran campaigner for ...** jest zasłużoną orędowniczką *+gen*.
veteran car *n samochód wyprodukowany przed rokiem 1919*.
veterinarian [vɛtrɪ'nɛərɪən] (*US*) *n* weterynarz *m*.
veterinary ['vɛtrɪnərɪ] *adj* weterynaryjny.
veterinary surgeon (*BRIT*) *n* weterynarz *m*.
veto ['vi:təu] (*pl* **vetoes**) *n* (*right*) prawo *nt* weta; (*act*) weto *nt* ♦ *vt* wetować (zawetować *perf*); **to put a veto on** zakładać (założyć *perf*) *or* stawiać (postawić *perf*) weto wobec *+gen*.
vetting ['vɛtɪŋ] *n* (*of person*) weryfikacja *f*; (*POL*) lustracja *f*.
vex [vɛks] *vt* drażnić, irytować.
vexed [vɛkst] *adj* (*question*) stale powracający.
VFD (*US*) *n abbr* (= *voluntary fire department*) OSP *f inv* (= Ochotnicza Straż Pożarna).
VG (*BRIT*: *SCOL etc*) *n abbr* (= *very good*) bdb.
VHF (*RADIO*) *abbr* = **very high frequency**.
VI (*US*: *POST*) *abbr* (= *Virgin Islands*).
via ['vaɪə] *prep* przez *+acc*.
viability [vaɪə'bɪlɪtɪ] *n* (*of project*) wykonalność *f*; (*of product*) możliwość *f* utrzymania się na rynku; (*of organism*) zdolność *f* utrzymania się przy życiu.
viable ['vaɪəbl] *adj* (*project*) wykonalny; (*alternative*) realny; (*company*) rentowny.
viaduct ['vaɪədʌkt] *n* wiadukt *m*.
vibrant ['vaɪbrnt] *adj* (*lively*) żywy; (*colour, light*) jaskrawy; (*voice*) dźwięczny.
vibrate [vaɪ'breɪt] *vi* (*house, machine*) drżeć (zadrżeć *perf*); (*sound*) rozbrzmiewać (rozbrzmieć *perf*).
vibration [vaɪ'breɪʃən] *n* wibracja *f*, drganie *nt*; (*single*) drgnięcie *nt*, drgnienie *nt*.
vicar ['vɪkə*] *n* pastor *m* (*kościoła anglikańskiego*).
vicarage ['vɪkərɪdʒ] *n* plebania *f* (*w kościele anglikańskim*).
vicarious [vɪ'kɛərɪəs] *adj* pośrednio doznawany.
vice [vaɪs] *n* (*moral fault*) wada *f*, przywara *f*; (*TECH*) imadło *nt*.
vice- [vaɪs] *pref* wice... .
vice-chairman [vaɪs'tʃɛəmən] *n* wiceprzewodniczący *m*, wiceprezes *m*.
vice chancellor (*BRIT*) *n* rektor *m* (uniwersytetu).
vice president *n* wiceprezydent *m*.
vice squad *n* (*POLICE*) ≈ obyczajówka *f* (*inf*).
vice versa ['vaɪsɪ'və:sə] *adv* na odwrót, vice versa.
vicinity [vɪ'sɪnɪtɪ] *n*: **in the vicinity (of)** w pobliżu *or* sąsiedztwie (*+gen*).
vicious ['vɪʃəs] *adj* (*attack, blow*) wściekły; (*words*) zjadliwy; (*look*) nienawistny; (*horse*) narowisty; (*dog*) zły.
vicious circle *n* błędne koło *nt*.
viciousness ['vɪʃəsnɪs] *n* nienawiść *f*.
vicissitudes [vɪ'sɪsɪtju:dz] *npl* (zmienne) koleje *pl*.
victim ['vɪktɪm] *n* ofiara *f*; **to be the victim of** padać (paść *perf*) ofiarą *+gen*.
victimization ['vɪktɪmaɪ'zeɪʃən] *n* represjonowanie *nt*.
victimize ['vɪktɪmaɪz] *vt* represjonować, stosować represje wobec *+gen*.
victor ['vɪktə*] *n* zwycięzca *m*.
Victorian [vɪk'tɔ:rɪən] *adj* wiktoriański.
victorious [vɪk'tɔ:rɪəs] *adj* zwycięski.
victory ['vɪktərɪ] *n* zwycięstwo *nt*; **to win a victory over sb** odnosić (odnieść *perf*) zwycięstwo nad kimś.
video ['vɪdɪəu] *n* (*film*) film *m* wideo, wideo *nt*; (*also*: **video cassette**) kaseta *f* wideo; (*also*: **video cassette recorder**) magnetowid *m*, wideo *nt*.
video game *n* gra *f* wideo.
video recording *n* nagranie *nt* wideo.
video tape *n* taśma *f* wideo.
vie [vaɪ] *vi*: **to vie (with sb) (for sth)** rywalizować (z kimś) (o coś).
Vienna [vɪ'ɛnə] *n* Wiedeń *m*.
Viennese [vɪə'ni:z] *adj* wiedeński.
Vietnam ['vjɛt'næm] *n* Wietnam *m*.
Viet Nam ['vjɛt'næm] *n* = **Vietnam**.
Vietnamese [vjɛtnə'mi:z] *adj* wietnamski ♦ *n inv* (*person*) Wietnamczyk (-mka) *m(f)*; (*LING*) (język *m*) wietnamski.
view [vju:] *n* (*sight*) widok *m*; (*outlook*) spojrzenie *nt*; (*opinion*) pogląd *m* ♦ *vt* (*look at*) oglądać (obejrzeć *perf*), przyglądać się (przyjrzeć się *perf*) *+dat*; (*fig*) ustosunkowywać się (ustosunkować się *perf*) do *+gen*; (*situation*) widzieć, zapatrywać się na *+acc*; **to view (sth) as** uważać (coś) za *+acc*; **the exhibition on view** wystawiona ekspozycja; **in full view of** na oczach *+gen*; **he takes the view that ...** stoi na stanowisku, że ...; **in view of ...** zważywszy na *+acc*; **in my view** w moim mniemaniu; **an**

overall view of the situation ogólne spojrzenie na sytuację; **with a view to doing sth** z myślą o tym, żeby coś zrobić.
viewer ['vju:ə*] *n* (*person*) (tele)widz *m*; (*viewfinder*) wizjer *m*, celownik *m*; (*for slides*) przeglądarka *f*.
viewfinder ['vju:faɪndə*] *n* wizjer *m*, celownik *m*.
viewpoint ['vju:pɔɪnt] *n* (*attitude*) punkt *m* widzenia; (*place*) punkt *m* widokowy.
vigil ['vɪdʒɪl] *n* czuwanie *nt*; **to keep vigil** czuwać.
vigilance ['vɪdʒɪləns] *n* czujność *f*.
vigilant ['vɪdʒɪlənt] *adj* czujny.
vigorous ['vɪgərəs] *adj* (*action*) energiczny; (*plant*) żywotny.
vigour ['vɪgə*] (*US* **vigor**) *n* (*of person*) wigor *m*, energia *f*; (*of campaign, democracy*) prężność *f*.
vile [vaɪl] *adj* (*evil*) nikczemny, podły; (*unpleasant*) obrzydliwy, wstrętny.
vilify ['vɪlɪfaɪ] *vt* szkalować (oszkalować *perf*).
villa ['vɪlə] *n* willa *f*.
village ['vɪlɪdʒ] *n* wieś *f*, wioska *f*.
villager ['vɪlɪdʒə*] *n* mieszkaniec (-nka) *m(f)* wsi.
villain ['vɪlən] *n* (*scoundrel*) łajdak *m*, łotr *m*; (*in novel, film*) czarny charakter *m*; (*BRIT*: *criminal*) złoczyńca *f*.
VIN (*US*) *n abbr* (= *vehicle identification number*).
vindicate ['vɪndɪkeɪt] *vt* (*person*) rehabilitować (zrehabilitować *perf*); (*action*) potwierdzać (potwierdzić *perf*) słuszność *+gen*.
vindication [vɪndɪ'keɪʃən] *n* (*of person*) rehabilitacja *f*; (*of action*) potwierdzenie *nt* słuszności.
vindictive [vɪn'dɪktɪv] *adj* mściwy.
vine [vaɪn] *n* winorośl *f*.
vinegar ['vɪnɪgə*] *n* ocet *m*.
vine grower *n* hodowca *m* winorośli.
vine-growing ['vaɪngrəuɪŋ] *adj*: **vine-growing region** region *m* uprawy winorośli ♦ *n* uprawa *f* winorośli.
vineyard ['vɪnjɑ:d] *n* winnica *f*.
vintage ['vɪntɪdʒ] *n* (*of wine*) dobry rocznik *m* ♦ *cpd* (*comedy, performance etc*) klasyczny; **the 1970 vintage** (*of wine*) rocznik 1970.
vintage car *n samochód wyprodukowany w latach 1919-1930.*
vintage wine *n* wino *nt* z dobrego rocznika.
vinyl ['vaɪnl] *n* (*material*) winyl *m*; (*records*) płyty *pl* winylowe.
viola [vɪ'əulə] *n* altówka *f*.
violate ['vaɪəleɪt] *vt* (*agreement*) naruszać (naruszyć *perf*); (*peace*) zakłócać (zakłócić *perf*); (*graveyard*) bezcześcić (zbezcześcić *perf*).
violation [vaɪə'leɪʃən] *n* (*of agreement etc*) naruszenie *nt*; **in violation of** z naruszeniem *+gen*.
violence ['vaɪələns] *n* przemoc *f*; (*strength*) gwałtowność *f*.
violent ['vaɪələnt] *adj* gwałtowny; **a violent dislike of sb/sth** silna niechęć do kogoś/czegoś.
violently ['vaɪələntlɪ] *adv* gwałtownie; (*ill, angry*) bardzo.
violet ['vaɪələt] *adj* fioletowy ♦ *n* (*colour*) (kolor *m*) fioletowy, fiolet *m*; (*plant*) fiołek *m*.
violin [vaɪə'lɪn] *n* skrzypce *pl*.
violinist [vaɪə'lɪnɪst] *n* skrzypek (-paczka) *m(f)*.
VIP *n abbr* (= *very important person*) VIP *m*.
viper ['vaɪpə*] (*ZOOL*) *n* żmija *f*.
virgin ['və:dʒɪn] *n* (*woman*) dziewica *f*; (*man*) prawiczek *m* ♦ *adj* dziewiczy; **the Blessed Virgin** Najświętsza Panna.
virginity [və:'dʒɪnɪtɪ] *n* dziewictwo *nt*.
Virgo ['və:gəu] *n* Panna *f*; **to be Virgo** być spod znaku Panny.
virile ['vɪraɪl] *adj* męski.
virility [vɪ'rɪlɪtɪ] *n* męskość *f*.
virtual ['və:tjuəl] *adj* (*COMPUT, PHYS*) wirtualny; **it's a virtual impossibility** to praktycznie niemożliwe; **the virtual leader** rzeczywisty *or* faktyczny przywódca.
virtual reality *n* rzeczywistość *f* wirtualna.
virtually ['və:tjuəlɪ] *adv* praktycznie.
virtue ['və:tju:] *n* (*moral correctness*) moralność *f*; (*good quality*) cnota *f*; (*advantage*) zaleta *f*; **by virtue of** z racji *+gen*.
virtuosi [və:tju'əuzɪ] *npl of* **virtuoso**.
virtuoso [və:tju'əuzəu] (*pl* **virtuosos** *or* **virtuosi**) *n* wirtuoz(ka) *m(f)*.
virtuous ['və:tjuəs] *adj* cnotliwy.
virulence ['vɪruləns] *n* (*of disease*) złośliwość *f*; (*hatred*) zjadliwość *f*.
virulent ['vɪrulənt] *adj* (*disease*) złośliwy; (*attack, loathing*) zajadły; (*speech*) jadowity.
virus ['vaɪərəs] *n* wirus *m*.
visa ['vi:zə] *n* wiza *f*.
vis-à-vis [vi:zə'vi:] *prep* w porównaniu z *+instr*, względem *+gen*.
viscose ['vɪskəus] *n* wiskoza *f*.
viscount ['vaɪkaunt] *n* wicehrabia *m*.
viscous ['vɪskəs] *adj* lepki.
vise [vaɪs] (*US*: *TECH*) *n* = **vice**.
visibility [vɪzɪ'bɪlɪtɪ] *n* widoczność *f*, widzialność *f*.
visible ['vɪzəbl] *adj* widoczny; (*fig*) wyraźny, dostrzegalny; **visible exports/imports** eksport/import widzialny.
visibly ['vɪzəblɪ] *adv* (*nervous etc*) wyraźnie.
vision ['vɪʒən] *n* (*sight*) wzrok *m*; (*foresight*) zdolność *f or* dar *m* przewidywania; (*in dream etc*) wizja *f*, widzenie *nt*.
visionary ['vɪʒənrɪ] *adj* wizjonerski.
visit ['vɪzɪt] *n* (*to person*) wizyta *f*, odwiedziny *pl*; (*to place*) pobyt *m*, wizyta *f* ♦ *vt* odwiedzać (odwiedzić *perf*); **on a private/an official visit** z wizytą prywatną/oficjalną.
visiting ['vɪzɪtɪŋ] *adj*: **visiting speaker** gościnny mówca *m*; **visiting team** drużyna gości.

visiting card *n* bilet *m* wizytowy, wizytówka *f.*
visiting hours *npl* godziny *pl* odwiedzin.
visiting professor *n* profesor *m* na gościnnych wykładach.
visitor ['vɪzɪtə*] *n* gość *m.*
visitors' book ['vɪzɪtəz-] *n* księga *f* gości.
visor ['vaɪzə*] *n* (*of helmet*) osłona *f*; (*of cap*) daszek *m.*
VISTA ['vɪstə] *n abbr* (= *Volunteers in Service to America*) *ochotnicza organizacja udzielająca pomocy najuboższym mieszkańcom USA.*
vista ['vɪstə] *n* perspektywa *f.*
visual ['vɪzjuəl] *adj* (*image*) wizualny; (*memory*) wzrokowy; **visual arts** sztuki plastyczne.
visual aid (*SCOL*) *n* wizualna pomoc *f* naukowa.
visual display unit (*COMPUT*) *n* monitor *m* ekranowy.
visualize ['vɪzjuəlaɪz] *vt* wyobrażać (wyobrazić *perf*) sobie.
visually ['vɪzjuəlɪ] *adv* wizualnie; **visually appealing** atrakcyjny z wyglądu; **visually handicapped** (*with impaired vision*) niedowidzący; (*blind*) niewidomy.
vital ['vaɪtl] *adj* (*essential*) zasadniczy, istotny; (*full of life*) pełen życia; (*necessary for life*) żywotny; **of vital importance (to sb/sth)** najwyższej wagi (dla kogoś/czegoś).
vitality [vaɪ'tælɪtɪ] *n* witalność *f.*
vitally ['vaɪtəlɪ] *adv*: **vitally important** niezwykle ważny.
vital statistics *npl* (*fig*: *of woman*) wymiary *pl*; (*of population*) dane *pl* demograficzne.
vitamin ['vɪtəmɪn] *n* witamina *f* ♦ *cpd*: **vitamin deficiencies** niedobory *pl* witamin.
vitiate ['vɪʃɪeɪt] *vt* (*spoil*) psuć (zepsuć *perf*).
vitreous ['vɪtrɪəs] *adj* (*china*) nieporowaty; (*enamel*) szklisty.
vitriolic [vɪtrɪ'ɔlɪk] *adj* (*criticism*) zjadliwy, jadowity; (*behaviour*) złośliwy.
viva ['vaɪvə] *n* (*also*: **viva voce**) egzamin *m* ustny.
vivacious [vɪ'veɪʃəs] *adj* żywotny.
vivacity [vɪ'væsɪtɪ] *n* żywotność *f.*
vivid ['vɪvɪd] *adj* (*imagination, memory, colour*) żywy; (*light*) jaskrawy.
vividly ['vɪvɪdlɪ] *adv* żywo.
vivisection [vɪvɪ'sɛkʃən] *n* wiwisekcja *f.*
vixen ['vɪksn] *n* lisica *f*; (*pej*: *woman*) jędza *f* (*pej*).
viz [vɪz] *abbr* (= *videlicet*) mianowicie.
VLF (*RADIO*) *abbr* (= *very low frequency*).
V-neck ['vi:nɛk] *n* (*also*: **V-neck jumper** *or* **pullover**) sweter *m* z dekoltem w szpic.
VOA *n abbr* (= *Voice of America*) Głos *m* Ameryki.
vocabulary [vəu'kæbjulərɪ] *n* słownictwo *nt.*
vocal ['vəukl] *adj* (*of the voice*) głosowy; (: *in singing*) wokalny; (*articulate*): **to be vocal (on)** zabierać głos *or* wypowiadać się (w sprawie *+gen*).
vocal cords *npl* wiązadła *pl* głosowe.
vocalist ['vəukəlɪst] *n* wokalista (-tka) *m(f)*.
vocals ['vəuklz] *npl* śpiew *m*, partie *pl* wokalne.
vocation [vəu'keɪʃən] *n* powołanie *nt.*
vocational [vəu'keɪʃənl] *adj* zawodowy.
vociferous [və'sɪfərəs] *adj* głośny, hałaśliwy.
vodka ['vɔdkə] *n* wódka *f.*
vogue [vəug] *n* (*fashion*) moda *f*; (*popularity*) powodzenie *nt*; **in vogue** w modzie.
voice [vɔɪs] *n* głos *m* ♦ *vt* wyrażać (wyrazić *perf*); **in a loud/soft voice** głośno/cicho; **to give voice to** dawać (dać *perf*) wyraz *+dat.*
void [vɔɪd] *n* (*hole*) przepaść *f*; (*fig*: *emptiness*) próżnia *f*, pustka *f* ♦ *adj* nieważny; **void of** pozbawiony *+gen.*
voile [vɔɪl] *n* woal *m* (*tkanina*).
vol. *abbr* = **volume** t.
volatile ['vɔlətaɪl] *adj* (*situation*) niestabilny; (*person*) zmienny; (*substance*) lotny.
volcanic [vɔl'kænɪk] *adj* wulkaniczny.
volcano [vɔl'keɪnəu] (*pl* **volcanoes**) *n* wulkan *m.*
volition [və'lɪʃən] *n*: **of one's own volition** z własnej woli.
volley ['vɔlɪ] *n* (*of gunfire*) salwa *f*; (*of stones*) grad *m*; (*of questions*) potok *m*; (*TENNIS etc*) wolej *m*; **a volley of abuse** stek przekleństw.
volleyball ['vɔlɪbɔ:l] *n* siatkówka *f.*
volt [vəult] *n* wolt *m.*
voltage ['vəultɪdʒ] *n* napięcie *nt*; **high/low voltage** wysokie/niskie napięcie.
volte-face ['vɔlt'fɑ:s] *n* (całkowita) zmiana *f* frontu, zwrot *m* o 180 stopni.
voluble ['vɔljubl] *adj* (*person*) gadatliwy; (*speech*) potoczysty.
volume ['vɔlju:m] *n* (*space*) objętość *f*; (*amount*: *of exports, trade*) wolumen *m*, rozmiary *pl*; (: *of traffic*) natężenie *nt*; (*of book*) tom *m*; (*sound level*) głośność *f*; **volume one/two** tom pierwszy/drugi; **his expression spoke volumes** z jego wyrazu twarzy wiele można było wyczytać.
volume control (*RADIO, TV*) *n* regulacja *f* głośności.
volume discount (*COMM*) *n* rabat *m* przy dużym zamówieniu.
voluminous [və'lu:mɪnəs] *adj* (*clothes, notes*) obszerny; (*correspondence*) obfity.
voluntarily ['vɔləntrɪlɪ] *adv* dobrowolnie.
voluntary ['vɔləntərɪ] *adj* (*done willingly*) dobrowolny; (*unpaid*) ochotniczy.
voluntary liquidation (*COMM*) *n* likwidacja *f* dobrowolna.
voluntary redundancy (*BRIT*) *n* dobrowolne zwolnienie się *nt* z pracy (*w sytuacji nadmiaru zatrudnienia*).
volunteer [vɔlən'tɪə*] *n* ochotnik (-iczka) *m(f)* ♦ *vt* (*information*) (dobrowolnie) udzielać (udzielić *perf*) *+gen* ♦ *vi* zgłaszać się (zgłosić się *perf*) na

ochotnika; **to volunteer to do sth** ofiarować się (zaofiarować się *perf*) coś zrobić.
voluptuous [və'lʌptjuəs] *adj* zmysłowy.
vomit ['vɔmɪt] *n* wymiociny *pl* ♦ *vt, vi* wymiotować (zwymiotować *perf*).
vote [vəut] *n* (*indication of choice*) głos *m*; (*votes cast*) głosy *pl*; (*right to vote*) prawo *nt* do głosowania, czynne prawo *nt* wyborcze ♦ *vt* (*elect*): **he was voted chairman** wybrano go na przewodniczącego; (*propose*): **to vote that** proponować (zaproponować *perf*), żeby ♦ *vi* głosować (zagłosować *perf*); **to vote to do sth** opowiadać się *or* głosować za zrobieniem czegoś; **to put sth to the vote, take a vote on sth** poddawać (poddać *perf*) coś pod głosowanie; **to vote for** *or* **in favour of/against** głosować za +*instr*/przeciw(ko) +*dat*; **to vote on sth** poddawać (poddać *perf*) coś pod głosowanie; **to vote yes to** przyjmować (przyjąć *perf*) +*acc*; **to vote no to** odrzucać (odrzucić *perf*) +*acc*; **she voted Labour** głosowała na Partię Pracy; **to pass a vote of confidence/no confidence** uchwalać (uchwalić *perf*) wotum zaufania/nieufności; **they passed a vote of censure on** przyjęli wniosek potępiający +*acc*.
vote of thanks *n* oficjalne podziękowanie *nt* (*w formie przemówienia*).
voter ['vəutə*] *n* głosujący *m*, wyborca *m*.
voting ['vəutɪŋ] *n* głosowanie *nt*.
voting paper (*BRIT*) *n* karta *f* wyborcza *or* do głosowania.
voting right *n* prawo *nt* wyborcze.
vouch [vautʃ]: **vouch for** *vt fus* ręczyć *or* zaręczać (zaręczyć *perf*) za +*acc*.
voucher ['vautʃə*] *n* (*with petrol etc*) kupon *m*, talon *m*; (*receipt*) kwit *m*; **luncheon voucher** bon obiadowy; **travel voucher** bon na (darmowy) przejazd; **gift voucher** talon *or* bon na zakupy (*dawany w prezencie*).
vow [vau] *n* przyrzeczenie *nt* ♦ *vt*: **to vow that/to do sth** przyrzekać (przyrzec *perf*) (uroczyście), że/, że się coś zrobi; **she took** *or* **made a vow to give up smoking** postanowiła uroczyście, że rzuci palenie.
vowel ['vauəl] *n* samogłoska *f*.
voyage ['vɔɪɪdʒ] *n* podróż *m*.
VP *n abbr* = **vice-president**.
vs *abbr* = **versus**.
V-sign ['vi:saɪn] *n* znak *m* zwycięstwa; (*BRIT*) *wulgarny gest, w którym palce ułożone są jak do znaku zwycięstwa, a dłoń zwrócona do wewnątrz.*
VSO (*BRIT*) *n abbr* (= *Voluntary Service Overseas*) *organizacja kierująca ochotników do pracy w krajach słabo rozwiniętych.*
VT (*US*: *POST*) *abbr* (= *Vermont*).
vulgar ['vʌlgə*] *adj* (*rude*) wulgarny, ordynarny; (*in bad taste*) ordynarny.
vulgarity [vʌl'gærɪtɪ] *n* (*rudeness*) wulgarność *f*; (*ostentation*) ordynarność *f*.
vulnerability [vʌlnərə'bɪlɪtɪ] *n* (*to illness, bad influence etc*) podatność *f*; (*being easily hurt*) wrażliwość *f*; (*weakness*) słabość *f*.
vulnerable ['vʌlnərəbl] *adj* (*position*) trudny do obrony; (*point*) czuły; (*person*): **vulnerable (to)** (*influences, depression, infection*) podatny (na +*acc*); (*danger*) narażony (na +*acc*); **she's very vulnerable** (*sensitive*) bardzo łatwo ją zranić.
vulture ['vʌltʃə*] *n* sęp *m*; (*fig*: *pej*: *person*) szakal *m*.
vulva ['vʌlvə] (*ANAT*) *n* srom *m*.

W,w

W¹, w ['dʌblju:] *n* (*letter*) W *nt*, w *nt*; **W for William** ≈ W jak Wacław.
W² *abbr* = **west** zach.; (*ELEC*) = **watt** W.
WA (*US*: *POST*) *abbr* (= *Washington*).
wad [wɔd] *n* (*of cotton wool*) tampon *m*; (*of paper, banknotes*) zwitek *m*.
wadding ['wɔdɪŋ] *n* watowanie *nt*, watolina *f*.
waddle ['wɔdl] *vi* człapać.
wade [weɪd] *vi* brodzić; **to wade across** (*river etc*) przechodzić (przejść *perf*) (w bród) przez +*acc*; **to wade through** (*fig*: *a book*) brnąć (przebrnąć *perf*) przez +*acc*.
wafer ['weɪfə*] *n* (*biscuit*) wafelek *m*; (*REL*) opłatek *m*.
wafer-thin ['weɪfə'θɪn] *adj* cieniutki.
waffle ['wɔfl] *n* (*CULIN*) gofr *m*; (*empty talk*) ględzenie *nt* ♦ *vi* ględzić.
waffle iron *n* gofrownica *f*.
waft [wɔft] *vt* (*sound, scent*) nieść, unosić (unieść *perf*) ♦ *vi* (*sound, scent*) nieść się, unosić się (unieść się *perf*).
wag [wæg] *vt* (*tail*) merdać (zamerdać *perf*) +*instr*; (*finger*) kiwać (pokiwać *perf*) +*instr* ♦ *vi* kiwać się; **the dog wagged its tail** pies zamerdał ogonem.
wage [weɪdʒ] *n* (*also*: **wages**) zarobki *pl*, płaca *f* ♦ *vt*: **to wage war** toczyć *or* prowadzić wojnę; **a day's wages** dniówka.
wage claim *n* roszczenia *pl* płacowe.
wage differential *n* rozpiętość *f* płac.
wage earner [-ə:nə*] *n* zarabiający (-ca) *m(f)*.
wage freeze *n* zamrożenie *nt* płac.
wage packet *n* wypłata *f*.
wager ['weɪdʒə*] *n* zakład *m* ♦ *vt* stawiać (postawić *perf*), zakładać się (założyć się *perf*) o +*acc*.
waggle ['wægl] *vt* (*ears etc*) ruszać +*instr* ♦ *vi* ruszać się.

wag(g)on ['wægən] *n* (*horse-drawn*) wóz *m* (zaprzęgowy); (*BRIT*: *RAIL*) wagon *m*.
wail [weɪl] *n* (*of person*) płacz *m*, zawodzenie *nt*; (*of siren*) wycie *nt* ♦ *vi* (*person*) zawodzić, płakać (zapłakać *perf*); (*siren*) wyć (zawyć *perf*).
waist [weɪst] *n* (*ANAT*) talia *f*, pas *m*; (*of clothing*) talia *f*, pas(ek) *m*.
waistcoat ['weɪskəut] (*BRIT*) *n* kamizelka *f*.
waistline ['weɪstlaɪn] *n* talia *f*.
wait [weɪt] *n* (*interval*) przerwa *f*; (*act of waiting*) oczekiwanie *nt* ♦ *vi* czekać (poczekać *perf* or zaczekać *perf*); **to keep sb waiting** kazać (kazać *perf*) komuś czekać; **I can't wait to tell her** nie mogę się doczekać, kiedy jej powiem; **to wait for sb/sth** czekać (poczekać *perf*) na kogoś/coś; **wait a minute!** zaraz, zaraz!, chwileczkę!; **"repairs while you wait"** „naprawy na poczekaniu"; **to lie in wait for sb** czaić się (zaczaić się *perf*) na kogoś.
►**wait behind** *vi* zostawać (zostać *perf*), zaczekać (*perf*).
►**wait on** *vt fus* obsługiwać (obsłużyć *perf*) *+acc*.
►**wait up** *vi*: **don't wait up for me** nie czekaj na mnie, idź spać.
waiter ['weɪtə*] *n* kelner *m*.
waiting ['weɪtɪŋ] *n*: **"no waiting"** (*BRIT*) „zakaz *m* postoju".
waiting list *n* lista *f* oczekujących.
waiting room *n* poczekalnia *f*.
waitress ['weɪtrɪs] *n* kelnerka *f*.
waive [weɪv] *vt* odstępować (odstąpić *perf*) od *+gen*.
waiver ['weɪvə*] *n* zrzeczenie się *nt*.
wake [weɪk] (*pt* **woke, waked**, *pp* **woken, waked**) *vt* (*also*: **wake up**) budzić (obudzić *perf*) ♦ *vi* (*also*: **wake up**) budzić się (obudzić się *perf*) ♦ *n* (*for dead*) stypa *f*; (*NAUT*) kilwater *m*; **to wake up to sth** (*fig*) uświadamiać (uświadomić *perf*) sobie coś; **in the wake of** (*fig*) w ślad za *+instr*; **to follow in sb's wake** (*fig*) podążać (podążyć *perf*) za kimś *or* czymś śladem.
waken ['weɪkn] *vt, vi* = **wake**.
Wales [weɪlz] *n* Walia *f*; **the Prince of Wales** książę Walii.
walk [wɔːk] *n* (*hike*) wycieczka *f*; (*shorter*) spacer *m*; (*gait*) chód *m*; (*path*) alej(k)a *f*, ścieżka *f*; (*along coast etc*) promenada *f* ♦ *vi* (*go on foot*) chodzić, iść (pójść *perf*); (*for pleasure, exercise*) chodzić piechotą *or* pieszo *or* na piechotę, iść (pójść *perf*) piechotą, przechadzać się (przejść się *perf*) ♦ *vt* (*distance*) przechodzić (przejść *perf*); (*dog*) wyprowadzać (wyprowadzić *perf*) (na spacer); **it's ten minutes' walk from here** to jest piechotą dziesięć minut stąd; **to go for a walk** iść (pójść *perf*) na spacer; **to slow to a walk** zwalniać (zwolnić *perf*) do marszu; **people from all walks of life** ludzie (ze) wszystkich sfer; **to walk in one's sleep** chodzić we śnie; **I'll walk you home** odprowadzę cię do domu.
►**walk out** *vi* (*audience*) wychodzić (wyjść *perf*) przed końcem (przedstawienia); (*workers*) strajkować (zastrajkować *perf*).
►**walk out on** (*inf*) *vt fus* (*boyfriend etc*) odchodzić (odejść *perf*) od *+gen*.
walker ['wɔːkə*] *n* piechur *m*.
walkie-talkie ['wɔːkɪ'tɔːkɪ] *n* walkie-talkie *nt inv*, krótkofalówka *f*.
walking ['wɔːkɪŋ] *n* chodzenie *nt*, wycieczki *pl* piesze; **it's within walking distance** można tam dojść pieszo *or* piechotą.
walking holiday *n* wczasy *pl* wędrowne.
walking shoes *npl* buty *pl* turystyczne.
walking stick *n* laska *f*.
Walkman ['wɔːkmən] ® *n* walkman *m*.
walk-on ['wɔːkɔn] (*THEAT*) *adj* (*part*) epizodyczny.
walkout ['wɔːkaut] *n* strajk *m*.
walkover ['wɔːkəuvə*] (*inf*) *n* łatwe zwycięstwo *nt*.
walkway ['wɔːkweɪ] *n* pasaż *m*, przejście *nt*.
wall [wɔːl] *n* (*interior*) ściana *f*; (*exterior*) mur *m*, ściana *f*; (*of tunnel, cave*) ściana *f*, ścianka *f*; (*city wall etc*) mur *m*; **to go to the wall** (*fig*) podupadać (podupaść *perf*).
►**wall in** *vt* otaczać (otoczyć *perf*) murem.
wall cupboard *n* szafka *f* ścienna.
walled [wɔːld] *adj* otoczony murem.
wallet ['wɔlɪt] *n* portfel *m*.
wallflower ['wɔːlflauə*] *n* (*BOT*) lak *m* wonny; **to be a wallflower** (*fig*) podpierać ściany.
wall hanging *n* draperia *f*.
wallop ['wɔləp] (*BRIT*: *inf*) *vt* tłuc (stłuc *perf*), przywalić (*perf*) *+dat* (*inf*).
wallow ['wɔləu] *vi* (*in mud*) tarzać się; (*in water*) pławić się; (*in grief etc*) pogrążać się (pogrążyć się *perf*).
wallpaper ['wɔːlpeɪpə*] *n* tapeta *f* ♦ *vt* tapetować (wytapetować *perf*).
wall-to-wall ['wɔːltə'wɔːl] *adj* na całą podłogę *post*.
wally [wɔlɪ] (*inf*) *n* tuman *m* (*inf*).
walnut ['wɔːlnʌt] *n* (*nut, tree*) orzech *m* włoski; (*wood*) orzech *m*.
walrus ['wɔːlrəs] (*pl* **walrus** *or* **walruses**) *n* mors *m*.
waltz [wɔːlts] *n* walc *m* ♦ *vi* tańczyć (zatańczyć *perf*) walca.
wan [wɔn] *adj* blady, mizerny.
wand [wɔnd] *n* (*also*: **magic wand**) (czarodziejska) różdżka *f*.
wander ['wɔndə*] *vi* (*person*) wędrować, włóczyć się; (*mind*) błądzić ♦ *vt* przemierzać, przechadzać się po *+loc*; **my thoughts kept wondering back to that night** myślami wracałam ciągle do tamtej nocy.
wanderer ['wɔndərə*] *n* wędrowiec *m*.
wandering ['wɔndrɪŋ] *adj* wędrowny.
wane [weɪn] *vi* zmniejszać się (zmniejszyć się

perf), maleć (zmaleć *perf*); **the moon is waning** ubywa księżyca.
wangle ['wæŋgl] (*BRIT*: *inf*) *vt* załatwiać (załatwić *perf*) sobie.
want [wɔnt] *vt* (*wish for*) chcieć *+gen or +acc*; (*need, require*) wymagać *+gen* ♦ *n*: **for want of** z braku *+gen*; **wants** *pl* potrzeby *pl*; **to want to do sth** chcieć coś (z)robić; **to want sb to do sth** chcieć, żeby ktoś coś (z)robił; **to want in/out** (*US, Scottish*) chcieć wejść/wyjść; (*fig*) chcieć się przyłączyć/wycofać; **you're wanted on the phone** jest do ciebie telefon; **he is wanted by the police** poszukuje go policja; **a want of foresight** brak umiejętności przewidywania.
want ads (*US*) *npl* ogłoszenia *pl* drobne.
wanted ['wɔntɪd] *adj* poszukiwany; **"cook wanted"** „zatrudnię kucharza".
wanting ['wɔntɪŋ] *adj* niedoskonały, nie spełniający wymogów.
wanton ['wɔntn] *adj* (*violence*) nieusprawiedliwiony, niepotrzebny; (*woman*) rozwiązły.
war [wɔ:*] *n* wojna *f*; **to go to war** wszczynać (wszcząć *perf*) wojnę; **to be at war (with)** prowadzić *or* toczyć wojnę *or* wojny (z *+instr*); **to make war (on)** prowadzić *or* toczyć wojnę *or* wojny (z *+instr*); **a war on drugs/crime** walka z narkotykami/przestępczością.
warble ['wɔ:bl] *n* świergot *m*, ćwierkanie *nt* ♦ *vi* ćwierkać.
war cry *n* okrzyk *m* bojowy; (*fig*) hasło *nt*.
ward [wɔ:d] *n* (*in hospital*) oddział *m*; (*POL*) okręg *m*, dzielnica *f*; (*also*: **ward of court**) *osoba niepełnoletnia pod kuratelą sądu*.
►**ward off** *vt* (*attack*) odpierać (odeprzeć *perf*); (*danger, illness*) zapobiegać (zapobiec *perf*) *+dat*; (*evil spirits*) odpędzać (odpędzić *perf*).
warden ['wɔ:dn] *n* (*of game reserve etc*) ≈ gajowy *m*; (*of jail*) naczelnik *m*; (*BRIT*: *of youth hostel, in university*) ≈ dyrektor *m* (administracyjny); (: *also*: **traffic warden**) *funkcjonariusz nadzorujący poprawność parkowania pojazdów*.
warder ['wɔ:də*] (*BRIT*) *n* strażnik *m* (więzienny).
wardrobe ['wɔ:drəub] *n* (*for clothes*) szafa *f*; (*collection of clothes*) garderoba *f*, odzież *f*; (*FILM, THEAT*) garderoba *f*.
warehouse ['wɛəhaus] *n* magazyn *m*, hurtownia *f*.
wares [wɛəz] *npl* towary *pl*.
warfare ['wɔ:fɛə*] *n* działania *pl* wojenne, wojna *f*.
war game *n* gra *f* wojenna.
warhead ['wɔ:hɛd] *n* głowica *f* bojowa.
warily ['wɛərɪlɪ] *adv* ostrożnie, z rezerwą.
Warks (*BRIT*: *POST*) *abbr* (= *Warwickshire*).
warlike ['wɔ:laɪk] *adj* (*nation*) wojowniczy; (*appearance*) zawadiacki.
warm [wɔ:m] *adj* ciepły; (*thanks, applause*) gorący, serdeczny; (*person, heart*) czuły; **it's warm** jest ciepło; **I'm warm** ciepło mi; **to keep a room** *etc* **warm** utrzymywać (utrzymać *perf*) ciepło w pokoju *etc*; **with my warmest thanks/congratulations** załączam najserdeczniejsze podziękowania/gratulacje.
►**warm up** *vi* (*weather*) ocieplać się (ocieplić się *perf*); (*water*) zagrzewać się (zagrzać się *perf*); (*athlete*) rozgrzewać się (rozgrzać się *perf*); (*engine*) nagrzewać się (nagrzać się *perf*) ♦ *vt* (*food*) podgrzewać (podgrzać *perf*), odgrzewać (odgrzać *perf*); (*person*) rozgrzewać (rozgrzać *perf*), ogrzewać (ogrzać *perf*).
warm-blooded ['wɔ:m'blʌdɪd] *adj* stałocieplny.
war memorial *n* pomnik *m* poległych (na wojnie).
warm-hearted [wɔ:m'hɑ:tɪd] *adj* serdeczny.
warmly ['wɔ:mlɪ] *adv* ciepło.
warmonger ['wɔ:mʌŋgə*] (*pej*) *n* podżegacz *m* wojenny (*pej*).
warmongering ['wɔ:mʌŋgrɪŋ] (*pej*) *n* podżeganie *nt* do wojny (*pej*).
warmth [wɔ:mθ] *n* (*heat*) ciepło *nt*; (*friendliness*) serdeczność *f*.
warm-up ['wɔ:mʌp] *n* (*also*: **warm-up exercise**) rozgrzewka *f*.
warn [wɔ:n] *vt*: **to warn sb that ...** przestrzegać (przestrzec *perf*) *or* ostrzegać (ostrzec *perf*) kogoś, że ...; **to warn sb of/against sth** przestrzegać (przestrzec *perf*) *or* ostrzegać (ostrzec *perf*) kogoś przed czymś; **to warn sb not to do sth** *or* **against doing sth** ostrzegać (ostrzec *perf*) kogoś, żeby czegoś nie robił.
warning ['wɔ:nɪŋ] *n* ostrzeżenie *nt*; (*signal*) uprzedzenie *nt*; **without (any) warning** (*suddenly*) bez (najmniejszego) ostrzeżenia; (*without notifying*) bez (żadnego) uprzedzenia; **gale warning** ostrzeżenie przed sztormem.
warning light *n* światło *nt* ostrzegawcze.
warning triangle *n* (*AUT*) trójkąt *m* odblaskowy *or* ostrzegawczy.
warp [wɔ:p] *vi* wypaczać się (wypaczyć się *perf*) ♦ *vt* (*fig*) wypaczać (wypaczyć *perf*) ♦ *n* osnowa *f*.
warpath ['wɔ:pɑ:θ] *n*: **to be on the warpath** (*fig*) być na wojennej ścieżce.
warped [wɔ:pt] *adj* wypaczony.
warrant ['wɔrnt] *n* (*for arrest*) nakaz *m*; (*also*: **search warrant**) nakaz *m* rewizji ♦ *vt* dawać (dać *perf*) podstawy do *+gen*.
warrant officer *n* (*MIL*) chorąży *m*; (*NAUT*) ≈ bosman *m*.
warranty ['wɔrəntɪ] *n* gwarancja *f*; **under warranty** (*COMM*) na gwarancji.
warren ['wɔrən] *n* (*of rabbits*) kolonia *f*; (*fig*: *of streets etc*) labirynt *m*; **the warrens of** (*city*) zaułki *+gen*.
warring ['wɔ:rɪŋ] *adj* (*nations, factions*) walczący, wojujący; (*interests*) sprzeczny.
warrior ['wɔrɪə*] *n* wojownik *m*.
Warsaw ['wɔ:sɔ:] *n* Warszawa *f*.

warship ['wɔːʃɪp] *n* okręt *m* wojenny.
wart [wɔːt] *n* brodawka *f*.
wartime ['wɔːtaɪm] *n*: **in wartime** w czasie wojny.
wary ['wɛərɪ] *adj* nieufny; **to be wary about** *or* **of doing sth** nieufnie podchodzić (podejść *perf*) do (robienia) czegoś.
was [wɔz] *pt of* **be**.
wash [wɔʃ] *vt* (*clothes*) prać (wyprać *perf*); (*objects, face, hair*) myć (umyć *perf*); (*dishes, grease, paint*) zmywać (zmyć *perf*) ♦ *vi* myć się (umyć się *perf*) ♦ *n* pranie *nt*; (*of ship*) kilwater *m*; **to wash over/against sth** (*sea etc*) obmywać (obmyć *perf*) coś; **he was washed overboard** zmyło go z pokładu; **to have a wash** myć się (umyć się *perf*); **to give sth a wash** myć (umyć *perf*) coś.
►**wash away** *vt* (*flood etc*) zmywać (zmyć *perf*).
►**wash down** *vt* (*wall*) zmywać (zmyć *perf*); (*path, car*) spłukiwać (spłukać *perf*); (*food*) popijać (popić *perf*).
►**wash off** *vi* zmywać się (zmyć się *perf*); (*in the wash*) spierać się (sprać się *perf*) ♦ *vt* zmywać (zmyć *perf*).
►**wash out** *vt* spierać (sprać *perf*).
►**wash up** *vi* (*BRIT*) zmywać (zmyć *perf or* pozmywać *perf*) (naczynia); (*US*) myć się (umyć się *perf*).
washable ['wɔʃəbl] *adj* (*fabric*) nadający się do prania; (*wallpaper*) zmywalny.
washbasin ['wɔʃbeɪsn] *n* umywalka *f*.
washbowl ['wɔʃbəul] (*US*) *n* umywalka *f*.
washcloth ['wɔʃklɔθ] (*US*) *n* myjka *f*.
washer ['wɔʃə*] *n* (*on tap etc*) podkładka *f*.
washing ['wɔʃɪŋ] *n* pranie *nt*.
washing line (*BRIT*) *n* sznur *m* do prania *or* bielizny.
washing machine *n* pralka *f* (automatyczna).
washing powder (*BRIT*) *n* proszek *m* do prania.
Washington ['wɔʃɪŋtən] *n* Waszyngton *m*.
washing-up [wɔʃɪŋ'ʌp] *n* mycie *nt* naczyń, zmywanie *nt*; **to do the washing-up** zmywać (pozmywać *perf*) (naczynia).
washing-up liquid (*BRIT*) *n* płyn *m* do (mycia) naczyń.
wash-out ['wɔʃaut] (*inf*) *n* klapa *f* (*inf*).
washroom ['wɔʃrum] (*US*) *n* toaleta *f*.
wasn't ['wɔznt] = **was not**.
WASP [wɔsp] (*US*: *inf*) *n abbr* (= *White Anglo-Saxon Protestant*) *określenie, mające często negatywne zabarwienie, oznaczające białego Amerykanina o anglosaskim rodowodzie.*
Wasp [wɔsp] *n abbr* = **WASP**.
wasp [wɔsp] *n* osa *f*.
waspish ['wɔspɪʃ] *adj* (*remark*) cięty; (*person*) zły jak osa.
wastage ['weɪstɪdʒ] *n* (*amount wasted*) straty *pl*; (*loss: in manufacturing etc*) marnotrawstwo *nt*, marnowanie *nt*; **natural wastage** ubytek naturalny.
waste [weɪst] *n* (*of life, energy*) marnowanie *nt*; (*of money, time*) strata *f*; (*act of wasting*) marnotrawstwo *nt*; (*rubbish*) odpady *pl* ♦ *adj* (*by-product*) odpadowy; (*left over*) nie wykorzystany ♦ *vt* (*time, money*) tracić (stracić *perf*); (*opportunity, life, energy*) marnować (zmarnować *perf*); **wastes** *npl* pustkowie *nt*; **it's a waste of money** to strata pieniędzy; **to go to waste** marnować się (zmarnować się *perf*); **to lay waste** obracać (obrócić *perf*) w perzynę.
►**waste away** *vi* marnieć (zmarnieć *perf*).
wastebasket ['weɪstbɑːskɪt] (*US*) *n* = **wastepaper basket**.
waste disposal unit (*BRIT*) *n* młynek *m* zlewozmywakowy, kuchenny rozdrabniacz *m* odpadków.
wasteful ['weɪstful] *adj* (*person*) rozrzutny; (*process*) nieekonomiczny.
waste ground (*BRIT*) *n* nieużytki *pl*.
wasteland ['weɪstlənd] *n* nieużytki *pl*; (*in town*) teren *m* nie zagospodarowany; (*fig*) pustynia *f*.
wastepaper basket ['weɪstpeɪpə-] (*BRIT*) *n* kosz *m* na śmieci.
waste pipe *n* rura *f* ściekowa.
waste products *npl* odpady *pl* produkcyjne.
watch [wɔtʃ] *n* (*also*: **wristwatch**) zegarek *m*; (*surveillance*) obserwacja *f*; (*group of guards*) warta *f*; (*NAUT*: *spell of duty*) wachta *f* ♦ *vt* (*people, objects*) przyglądać się *+dat*, patrzeć *or* patrzyć na *+acc*; (*match, TV*) oglądać (obejrzeć *perf*); (*spy on, guard*) obserwować; (*be careful of*) uważać na *+acc* ♦ *vi* patrzyć, przyglądać się; **on watch** na warcie; **to keep a close watch on sb/sth** bacznie kogoś/coś obserwować; **watch what you're doing/how you drive** uważaj, co robisz/jak jedziesz.
►**watch out** *vi* uważać; **watch out!** uważaj!
watchband ['wɔtʃbænd] (*US*) *n* pasek *m* do zegarka.
watchdog ['wɔtʃdɔg] *n* pies *m* podwórzowy; (*fig*) jednostka *f* nadzorująca.
watchful ['wɔtʃful] *adj* czujny.
watchmaker ['wɔtʃmeɪkə*] *n* zegarmistrz *m*.
watchman ['wɔtʃmən] (*irreg like*: **man**) *n see* **night watchman**.
watch stem (*US*) *n* pokrętło *nt* (zegarka).
watchstrap ['wɔtʃstræp] *n* pasek *m* do zegarka.
watchword ['wɔtʃwəːd] *n* hasło *nt* (wywoławcze).
water ['wɔːtə*] *n* woda *f* ♦ *vt* podlewać (podlać *perf*) ♦ *vi* łzawić; **my mouth's watering** cieknie mi ślinka; **a drink of water** szklanka wody; **in British waters** na brytyjskich wodach (terytorialnych); **to pass water** oddawać (oddać *perf*) mocz; **to make sb's mouth water** robić komuś apetyt (narobić *perf* komuś apetytu).
►**water down** *vt* rozwadniać (rozwodnić *perf*); (*fig*) tonować (stonować *perf*).
water biscuit *n* krakers *m*.
water cannon *n* armatka *f* wodna.

water closet (*BRIT*) *n* ustęp *m*, WC *nt inv*.
watercolour ['wɔːtəkʌlə*] (*US* **watercolor**) *n* akwarela *f*; **watercolours** *npl* akwarele *pl*, farby *pl* wodne.
water-cooled ['wɔːtəkuːld] *adj* chłodzony wodą.
watercress ['wɔːtəkrɛs] *n* rzeżucha *f*.
waterfall ['wɔːtəfɔːl] *n* wodospad *m*.
waterfront ['wɔːtəfrʌnt] *n* (*at seaside*) wybrzeże *nt*; (*at docks*) nabrzeże *nt*.
water heater *n* podgrzewacz *m* wody.
water hole *n* źródełko *nt*.
water ice *n* sorbet *m*.
watering can ['wɔːtərɪŋ-] *n* konewka *f*.
water level *n* poziom *m* wody.
water lily *n* lilia *f* wodna, nenufar *m*.
waterline ['wɔːtəlaɪn] *n* linia *f* wodna.
waterlogged ['wɔːtəlɔgd] *adj* (*ground*) zalany (wodą); (*wood*) przesiąknięty wodą.
water main *n* magistrala *f* wodna.
watermark ['wɔːtəmɑːk] *n* znak *m* wodny.
watermelon ['wɔːtəmɛlən] *n* arbuz *m*.
waterproof ['wɔːtəpruːf] *adj* (*clothes*) nieprzemakalny; (*watch*) wodoodporny.
water-repellent ['wɔːtərɪ'pɛlnt] *adj* impregnowany.
watershed ['wɔːtəʃɛd] *n* (*GEOG*) dział *m* wodny; (*fig*) punkt *m* zwrotny.
water-skiing ['wɔːtəskiːɪŋ] *n* narciarstwo *nt* wodne.
water softener *n* środek *m* do zmiękczania wody.
water tank *n* zbiornik *m* wody.
watertight ['wɔːtətaɪt] *adj* (*seal, door*) wodoszczelny; (*fig*: *excuse etc*) niepodważalny.
water vapour *n* para *f* wodna.
waterway ['wɔːtəweɪ] *n* (*canal, river*) droga *f* wodna; (*sea channel*) kanał *m*.
waterworks ['wɔːtəwəːks] *n* zakład *m* wodociągowy; (*inf*: *fig*) pęcherz *m*.
watery ['wɔːtərɪ] *adj* (*soup etc*) wodnisty; (*eyes*) załzawiony.
watt [wɔt] *n* wat *m*.
wattage ['wɔtɪdʒ] *n* moc *f* (znamionowa).
wattle ['wɔtl] *n* wiklina *f*.
wattle and daub *n*: **a house of wattle-and-daub** lepianka *f*.
wave [weɪv] *n* fala *f*; (*of hand*) machnięcie *nt* ♦ *vi* (*move in the air*) falować (zafalować *perf*); (*signal*) machać (pomachać *perf*) ♦ *vt* (*hand, handkerchief*) machać (pomachać *perf*) +*instr*; (*flag*) powiewać +*instr*; (*gun, stick*) wymachiwać +*instr*; (*hair*) kręcić (zakręcić *perf*); **short/medium/long wave** fale krótkie/średnie/długie; **the new wave** nowa fala; **he waved us over to his table** skinieniem dłoni przywołał nas do swojego stolika; **to wave goodbye to sb** machać (pomachać *perf*) komuś na pożegnanie.
►**wave aside** *vt* (*fig*) przechodzić (przejść *perf*) do porządku (dziennego) nad +*instr*.
waveband ['weɪvbænd] *n* zakres *m or* pasmo *nt* częstotliwości.
wavelength ['weɪvlɛŋθ] *n* (*size*) długość *f* fali; (*frequency*) częstotliwość *f*; **to be on the same wavelength** (*fig*) świetnie się rozumieć.
waver ['weɪvə*] *vi* (*voice*) drżeć (zadrżeć *perf*); (*eyes*) mrugać (mrugnąć *perf*); (*love*) chwiać się (zachwiać się *perf*); (*person*) wahać się (zawahać się *perf*).
wavy ['weɪvɪ] *adj* (*line*) falisty; (*hair*) falujący.
wax [wæks] *n* wosk *m*; (*for skis*) parafina *f*; (*in ear*) woskowina *f* ♦ *vt* (*floor, car*) woskować (nawoskować *perf*); (*skis*) smarować (nasmarować *perf*); **the moon is waxing** przybywa księżyca.
waxed [wækst] *adj* woskowany.
waxen [wæksn] *adj* woskowo blady.
waxworks ['wækswəːks] *npl* figury *pl* woskowe ♦ *n* gabinet *m* figur woskowych.
way [weɪ] *n* (*route*) droga *f*; (*access*) przejście *nt*; (*distance*) kawał(ek) *m* (drogi); (*direction*) strona *f*; (*manner, method*) sposób *m*; (*habit*) zwyczaj *m*, przyzwyczajenie *nt*; **a way of life** styl życia; **which way? – this way** którędy? – tędy; **on the way** po drodze; **to be on one's way** być w drodze; **to fight one's way through a crowd** torować (utorować *perf*) sobie drogę przez tłum; **to lie one's way out of sth** wyłgać się (*perf*) od czegoś; **to keep out of sb's way** trzymać się z dala od kogoś, nie wchodzić komuś w drogę; **it's a long way away** to daleko stąd; **the village is rather out of the way** wieś położona jest raczej na uboczu; **to go out of one's way to do sth** zadawać (zadać *perf*) sobie wiele trudu, żeby coś zrobić; **to be in the way** zawadzać; **to lose one's way** błądzić (zabłądzić *perf*), gubić (zgubić *perf*) drogę; **under way** w toku; **the way back** droga powrotna; **to make way (for sb/sth)** robić (zrobić *perf*) miejsce (dla kogoś/czegoś); **to get one's own way** stawiać (postawić *perf*) na swoim; **put it the right way up** (*BRIT*) postaw to właściwą stroną ku górze; **the wrong way round** odwrotnie, na odwrót; **he's in a bad way** kiepsko z nim; **in a way** w pewnym sensie; **in some ways** pod pewnymi względami; **no way!** (*inf*) ani mi się śni! (*inf*); **by the way** à propos, nawiasem mówiąc; **"way in"** (*BRIT*) „wejście"; **"way out"** (*BRIT*) „wyjście"; **"give way"** (*BRIT*: *AUT*) „ustąp pierwszeństwa przejazdu".
waybill ['weɪbɪl] *n* list *m* przewozowy.
waylay [weɪ'leɪ] (*irreg like*: **lay**) *vt* zasadzać się (zasadzić się *perf*) na +*acc*; **to get waylaid** (*fig*) zostać (*perf*) zatrzymanym.
wayside ['weɪsaɪd] *n*: **wayside inn** zajazd *m*, przydrożna gospoda *f*; **to fall by the wayside** (*fig*) nie dawać (nie dać *perf*) (sobie) rady.

way station (*US*) *n* (*RAIL*) przystanek *m*; (*fig*) etap *m* pośredni.
wayward ['weɪwəd] *adj* krnąbrny.
WC (*BRIT*) *n abbr* = **water closet**.
WCC *n abbr* (= *World Council of Churches*).
we [wi:] *pl pron* my; **here we are** (*arriving*) jesteśmy na miejscu; (*finding*) (już) jest, (już) mam.
weak [wi:k] *adj* słaby; **to grow weak(er)** słabnąć (osłabnąć *perf*).
weaken ['wi:kn] *vi* słabnąć (osłabnąć *perf*) ♦ *vt* osłabiać (osłabić *perf*).
weak-kneed ['wi:k'ni:d] *adj* (*fig*) bez charakteru *post*.
weakling ['wi:klɪŋ] *n* słabeusz *m*.
weakly ['wi:klɪ] *adv* (*stand*) niepewnie; (*say*) nieśmiało; (*protest*) słabo.
weakness ['wi:knɪs] *n* (*frailty*) osłabienie *nt*; (*of system etc*) słabość *f*; (*of signal etc*) niski poziom *m*; **to have a weakness for** mieć słabość do *+gen*.
wealth [wɛlθ] *n* bogactwo *nt*; (*of knowledge*) (duży) zasób *m*.
wealth tax *n* podatek *m* majątkowy.
wealthy ['wɛlθɪ] *adj* bogaty, zamożny (*fml*).
wean [wi:n] *vt* odstawiać (odstawić *perf*) od piersi; (*fig*) odzwyczajać (odzwyczaić *perf*).
weapon ['wɛpən] *n* broń *f*.
wear [wɛə*] (*pt* **wore**, *pp* **worn**) *n* (*use*) noszenie *nt* (*odzieży, butów itp*); (*damage through use*) zużycie *nt* ♦ *vt* (*clothes, shoes*) mieć na sobie, być ubranym w *+acc*; (: *habitually*) nosić, ubierać się w *+acc*; (*spectacles, beard*) nosić; (*put on*) ubierać się (ubrać się *perf*) w *+acc* ♦ *vi* (*last*) być trwałym; (*become old*) zużywać się (zużyć się *perf*); (: *clothes, shoes etc*) wycierać się (wytrzeć się *perf*), zdzierać się (zedrzeć się *perf*); **sports/babywear** odzież sportowa/niemowlęca; **town/evening wear** strój wyjściowy/wieczorowy; **to wear a hole in sth** przetrzeć (*perf*) coś na wylot.
►**wear away** *vt* wycierać (wytrzeć *perf*) ♦ *vi* zacierać się (zatrzeć się *perf*).
►**wear down** *vt* (*heels*) ścierać (zetrzeć *perf*); (*person, strength*) wyczerpywać (wyczerpać *perf*); (*resistance*) łamać (złamać *perf*).
►**wear off** *vi* (*pain etc*) mijać (minąć *perf*), przechodzić (przejść *perf*).
►**wear on** *vi* ciągnąć się, wlec się.
►**wear out** *vt* (*shoes, clothing*) zdzierać (zedrzeć *perf*); (*person, strength*) wyczerpywać (wyczerpać *perf*).
wearable ['wɛərəbl] *adj* nadający się do noszenia.
wear and tear [-tɛə*] *n* zużycie *nt* (eksploatacyjne).
wearer ['wɛərə*] *n* posiadacz(ka) *m(f)*.
wearily ['wɪərɪlɪ] *adv* ze znużeniem.
weariness ['wɪərɪnɪs] *n* znużenie *nt*.
wearisome ['wɪərɪsəm] *adj* nużący.
weary ['wɪərɪ] *adj* (*tired*) znużony; (*dispirited*) bezbarwny ♦ *vi*: **I'm beginning to weary of it** zaczyna mnie to nużyć.
weasel ['wi:zl] *n* łasica *f*.
weather ['wɛðə*] *n* pogoda *f* ♦ *vt* (*crisis etc*) przetrwać (*perf*); (*wood etc*) powodować (spowodować *perf*) niszczenie *or* rozkład *+gen* ♦ *vi* (*rock etc*) wietrzeć (zwietrzeć *perf*); **what's the weather like?** jaka jest pogoda?; **under the weather** (*fig*) chory.
weather-beaten ['wɛðəbi:tn] *adj* (*face*) ogorzały; (*building*) sponiewierany przez burze.
weathercock ['wɛðəkɔk] *n* wiatrowskaz *m* (*na dachu*).
weather forecast *n* prognoza *f* pogody.
weatherman ['wɛðəmæn] (*irreg like*: **man**) *n* synoptyk *m*.
weatherproof ['wɛðəpru:f] *adj* (*garment*) nieprzemakalny; (*building*) odporny na działanie czynników atmosferycznych.
weather report *n* komunikat *m* o pogodzie *or* meteorologiczny.
weather vane [-veɪn] *n* = **weathercock**.
weave [wi:v] (*pt* **wove**, *pp* **woven**) *vt* (*cloth*) tkać (utkać *perf*); (*basket*) pleść (upleść *perf*) ♦ *vi* (*fig*: *pt, pp weaved*) przemykać się (przemknąć się *perf*).
weaver ['wi:və*] *n* tkacz(ka) *m(f)*.
weaving ['wi:vɪŋ] *n* tkactwo *nt*.
web [wɛb] *n* (*of spider*) pajęczyna *f*; (*on duck's foot*) błona *f* pławna; (*network*) sieć *f*; (*fig*: *of reasons etc*) splot *m*.
webbed ['wɛbd] *adj* płetwiasty.
webbing ['wɛbɪŋ] *n*: **a belt of webbing** pas *m* parciany.
wed [wɛd] (*pt* **wedded**) *vt* poślubiać (poślubić *perf*) ♦ *vi* pobierać się (pobrać się *perf*), brać (wziąć *perf*) ślub ♦ *n*: **the newly-weds** nowożeńcy *vir pl*, młoda para *f*.
Wed. *abbr* = **Wednesday** śr.
we'd [wi:d] = **we had**; = **we would**.
wedded ['wɛdɪd] *pt, pp of* **wed** ♦ *adj*: **to be wedded to** (*fig*) być oddanym *+dat*.
wedding [wɛdɪŋ] *n* (*ceremony*) ślub *m*; (*party*) wesele *nt*; **silver/golden wedding** srebrne/złote gody *or* wesele.
wedding day *n* dzień *m* ślubu.
wedding dress *n* suknia *f* ślubna.
wedding present *n* prezent *m* ślubny.
wedding ring *n* obrączka *f*.
wedge [wɛdʒ] *n* klin *m*; (*of cake*) kawałek *m* ♦ *vt* (*fasten*) klinować (zaklinować *perf*); (*pack tightly*) wciskać (wcisnąć *perf*).
wedge-heeled shoes ['wɛdʒhi:ld-] *npl* buty *pl* na koturnie.
wedlock ['wɛdlɔk] *n* związek *m* małżeński.
Wednesday ['wɛdnzdɪ] *n* środa *f*; *see also* **Tuesday**.
wee [wi:] (*Scottish*) *adj* mały.

weed [wi:d] *n* (*BOT*) chwast *m*; (*pej*) wymoczek *m* (*pej*), cherlak *m* (*pej*) ♦ *vt* pielić (wypielić *perf*).
weedkiller ['wi:dkılə*] *n* środek *m* chwastobójczy.
weedy ['wi:dı] *adj* (*pej*) cherlawy (*pej*).
week [wi:k] *n* tydzień *m*; **once/twice a week** raz/dwa razy w tygodniu; **in two weeks' time** za dwa tygodnie; **a week today/on Friday** od dziś/od piątku za tydzień.
weekday ['wi:kdeı] *n* (*Monday to Friday*) dzień *m* roboczy; (*Monday to Saturday*) dzień *m* powszedni.
weekend [wi:k'ɛnd] *n* weekend *m*; **this/next/last weekend** w ten/zeszły/przyszły weekend; **what are you doing at the weekend?** co robisz w ten weekend?; **open at weekends** otwarte w soboty i niedziele.
weekly ['wi:klı] *adv* (*once a week*) raz w tygodniu; (*every week*) co tydzień ♦ *adj* (co)tygodniowy ♦ *n* tygodnik *m*.
weep [wi:p] (*pt* **wept**) *vi* płakać (zapłakać *perf*), łkać (załkać *perf*) (*literary*); **the wound is weeping** sączy się z rany.
weeping willow ['wi:pıŋ-] *n* wierzba *f* płacząca.
weft [wɛft] *n* wątek *m* (*układ nici*).
weigh [weı] *vt* ważyć (zważyć *perf*); (*fig*: *evidence, risks*) rozważać (rozważyć *perf*) ♦ *vi* ważyć; **to weigh anchor** podnosić (podnieść *perf*) kotwicę.
►**weigh down** *vt* obciążać (obciążyć *perf*); (*fig*): **to be weighed down by** *or* **with** być przytłoczonym *+instr*.
►**weigh out** *vt* odważać (odważyć *perf*).
►**weigh up** *vt* (*person*) oceniać (ocenić *perf*); (*offer, pros and cons*) rozważać (rozważyć *perf*).
weighbridge ['weıbrıdʒ] *n* waga *f* pomostowa.
weighing machine ['weııŋ-] *n* waga *f* automatyczna.
weight [weıt] *n* (*metal object*) odważnik *m*; (*heaviness*) waga *f* ♦ *vt* (*fig*): **to be weighted in favour of** działać na korzyść *+gen*; **sold by weight** sprzedawany na wagę; **to lose/put on weight** tracić (stracić *perf*)/przybierać (przybrać *perf*) na wadze; **weights and measures** miary i wagi.
weighting ['weıtıŋ] *n* dodatek *m* specjalny (*rekompensujący wyższe koszty utrzymania*).
weightlessness ['weıtlısnıs] *n* nieważkość *f*.
weightlifter ['weıtlıftə*] *n* ciężarowiec *m*.
weight limit *n* limit *m* wagowy.
weighty ['weıtı] *adj* (*heavy*) ciężki; (*important*) ważki.
weir [wıə*] *n* jaz *m*.
weird [wıəd] *adj* (*strange*) dziwny, dziwaczny; (*eerie*) przedziwny, niesamowity.
welcome ['wɛlkəm] *adj* mile widziany ♦ *n* powitanie *nt* ♦ *vt* (*bid welcome to*) witać (powitać *perf*); (*be glad of*) witać (powitać *perf*) z zadowoleniem; **welcome to Szczecin** witamy w Szczecinie; **to make sb welcome** życzliwie kogoś przyjmować (przyjąć *perf*); **you're welcome to try** możesz spróbować; **thank you – you're welcome!** dziękuję – proszę bardzo!
welcoming ['wɛlkəmıŋ] *adj* (*person, smile*) serdeczny; (*room*) przyjemny; (*speech*) powitalny.
weld [wɛld] *n* spaw *m* ♦ *vt* spawać (zespawać *perf*).
welder ['wɛldə*] *n* spawacz *m*.
welding ['wɛldıŋ] *n* spawanie *nt*.
welfare ['wɛlfɛə*] *n* (*well-being*) dobro *nt*; (*US*: *social aid*) opieka *f* społeczna; (: *supplementary benefit*) zasiłek *m* (*z opieki społecznej*).
welfare state *n* państwo *nt* opiekuńcze.
welfare work *n* praca *f* w opiece społecznej.
well [wɛl] *n* (*for water*) studnia *f*; (*oil well*) szyb *m* naftowy ♦ *adv* dobrze ♦ *adj*: **she's well** (*healthy*) jest zdrowa ♦ *excl* (no) cóż; **I don't feel well** nie czuję się dobrze; **I woke well before dawn** obudziłam się (na) długo przed świtem; **the film is well worth seeing** film jest zdecydowanie wart obejrzenia; **as well** również; **you might as well tell me** lepiej mi powiedz; **he played as well as he could** grał najlepiej jak potrafił; **X as well as Y** zarówno X, jak i Y; **well, as I was saying ...** a więc, jak mówiłem, ...; **well done!** brawo!, bardzo dobrze!; **get well soon!** wracaj szybko do zdrowia!; **to do well** dobrze sobie radzić (poradzić *perf*).
►**well up** *vi* wzbierać (wezbrać *perf*).
we'll = **we will**; = **we shall**.
well-behaved ['wɛlbı'heıvd] *adj* dobrze wychowany.
well-being ['wɛl'bi:ıŋ] *n* dobro *nt*, pomyślność *f*.
well-bred ['wɛl'brɛd] *adj* dobrze wychowany.
well-built ['wɛl'bılt] *adj* dobrze zbudowany.
well-chosen ['wɛl'tʃəuzn] *adj* (*remark*) trafny.
well-deserved ['wɛldı'zə:vd] *adj* zasłużony.
well-developed ['wɛldı'vɛləpt] *adj* dobrze rozwinięty.
well-disposed ['wɛl'dıspəuzd] *adj*: **well-disposed to(wards)** życzliwie usposobiony do *+gen*.
well-dressed ['wɛl'drɛst] *adj* dobrze ubrany.
well-earned ['wɛl'ə:nd] *adj* zasłużony.
well-groomed ['wɛl'gru:md] *adj* zadbany.
well-heeled ['wɛl'hi:ld] (*inf*) *adj* nadziany (*inf*).
well-informed ['wɛlın'fɔ:md] *adj* (*having knowledge of sth*) dobrze poinformowany; (*having general knowledge*) wykształcony.
Wellington ['wɛlıŋtən] (*GEOG*) *n* Wellington *nt inv*.
wellingtons ['wɛlıŋtənz] *npl* gumowce *pl*.
well-kept ['wɛl'kɛpt] *adj* (*house*) dobrze utrzymany; (*secret*) pilnie strzeżony.
well-known ['wɛl'nəun] *adj* dobrze znany.

well-mannered ['wɛl'mænəd] *adj* dobrze wychowany.
well-meaning ['wɛl'mi:nɪŋ] *adj* (*person*) mający dobre intencje; (*offer, effort*) w dobrej wierze *post*.
well-nigh ['wɛl'naɪ] *adv*: **it's well-nigh impossible** to prawie niemożliwie.
well-off ['wɛl'ɔf] *adj* dobrze sytuowany, zamożny.
well-read ['wɛl'rɛd] *adj* oczytany.
well-spoken ['wɛl'spəukn] *adj*: **to be well-spoken** mówić poprawnie *or* poprawnym językiem.
well-stocked ['wɛl'stɔkt] *adj* dobrze zaopatrzony.
well-timed ['wɛl'taɪmd] *adj* na czasie *post*.
well-to-do ['wɛltə'du:] *adj* dobrze sytuowany, zamożny.
well-wisher ['wɛlwɪʃə*] *n* sympatyk (-yczka) *m(f)*.
Welsh [wɛlʃ] *adj* walijski ♦ *n* (język *m*) walijski; **the Welsh** *npl* Walijczycy *vir pl*.
Welshman ['wɛlʃmən] (*irreg like*: **man**) *n* Walijczyk *m*.
Welsh rarebit *n* grzanka *f* z serem.
Welshwoman ['wɛlʃwumən] (*irreg like*: **woman**) *n* Walijka *f*.
welter ['wɛltə*] *n* zamęt *m*.
went [wɛnt] *pt of* **go**.
wept [wɛpt] *pt, pp of* **weep**.
were [wə:*] *pt of* **be**.
we're [wɪə*] = **we are**.
weren't [wə:nt] = **were not**.
werewolf ['wɪəwulf] (*pl* **werewolves**) *n* wilkołak *m*.
werewolves ['wɪəwulvz] *npl of* **werewolf**.
west [wɛst] *n* zachód *m* ♦ *adj* zachodni ♦ *adv* na zachód; **west of** na zachód od +*gen*.
West [wɛst]: **the West** *n* Zachód *m*.
westbound ['wɛstbaund] *adj* (*traffic*) zdążający na zachód; (*carriageway*) prowadzący na zachód.
West Country (*BRIT*): **the West Country** *n* *południowo-zachodnia Anglia*.
westerly ['wɛstəlɪ] *adj* zachodni.
western ['wɛstən] zachodni ♦ *n* (*FILM*) western *m*.
westernized ['wɛstənaɪzd] *adj* zeuropeizowany (*przyjmujący wartości i styl życia charakterystyczny dla Europy Zachodniej*).
West German *adj* zachodnioniemiecki ♦ *n* Niemiec (-mka) *m(f)* z RFN.
West Germany *n* Niemcy *pl* Zachodnie.
West Indian *adj* z Indii Zachodnich *post* ♦ *n* mieszkaniec (-nka) *m(f)* Indii Zachodnich.
West Indies [-'ɪndɪz] *npl*: **the West Indies** Indie *pl* Zachodnie.
westward(s) ['wɛstwəd(z)] *adv* na zachód.
wet [wɛt] *adj* mokry; (*weather, day*) deszczowy; (*climate*) wilgotny ♦ *n* (*BRIT*: *POL*): **Tory Wets** umiarkowani torysi *vir pl*; **to wet o.s.** moczyć się (zmoczyć się *perf*); **to wet one's pants** siusiać (zsiusiać się *perf*) w majtki (*inf*); **to get wet** moknąć (zmoknąć *perf*); **"wet paint"** „świeżo malowane"; **to be a wet blanket** (*pej*) odbierać innym ochotę do zabawy.
wetness ['wɛtnɪs] *n* wilgotność *f*.
wetsuit ['wɛtsu:t] *n* strój *m* piankowy.
we've [wi:v] = **we have**.
whack [wæk] *vt* walić (walnąć *perf*) (*inf*).
whacked [wækt] (*BRIT*: *inf*) *adj* wykończony (*inf*), skonany (*inf*).
whale [weɪl] *n* wieloryb *m*.
whaler ['weɪlə*] *n* (*ship*) statek *m* wielorybniczy.
wharf [wɔ:f] (*pl* **wharves**) *n* nabrzeże *nt*.
wharves [wɔ:vz] *npl of* **wharf**.

KEYWORD

what [wɔt] *adj* **1** (*in questions*) jaki; **what colour/shape is it?** jakiego to jest koloru/kształtu? **2** (*in exclamations*) co za, ale(ż); **what a mess!** co za bałagan!; **what a fool I am!** ale głupiec ze mnie! ♦ *pron* **1** (*interrogative*) co; **what are you doing?** co robisz?; **what about me?** (a) co ze mną?; **what is it called?** jak to się nazywa?; **what about having something to eat?** (a) może byśmy coś zjedli? **2** (*relative*) (to,) co; **I saw what you did** widziałam, co zrobiłeś ♦ *excl* (*disbelieving*) co?!

whatever [wɔt'ɛvə*] *adj* jakikolwiek ♦ *pron*: **do whatever is necessary/you want** rób, co konieczne/co chcesz; **whatever happens** cokolwiek się stanie; **for no reason whatever** *or* **whatsoever** zupełnie *or* absolutnie bez powodu; **nothing whatever** *or* **whatsoever** zupełnie *or* absolutnie nic.
whatsoever [wɔtsəu'ɛvə*] *adj* = **whatever**.
wheat [wi:t] *n* pszenica *f*.
wheatgerm ['wi:tdʒə:m] *n* kiełki *pl* pszenicy.
wheatmeal ['wi:tmi:l] *n* *rodzaj mąki pszennej*.
wheedle ['wi:dl] *vt*: **to wheedle sth out of sb** wyłudzać (wyłudzić *perf*) coś od kogoś; **to wheedle sb into doing sth** nakłaniać (nakłonić *perf*) kogoś do zrobienia czegoś (*pochlebstwami itp*).
wheel [wi:l] *n* koło *nt*; (*also*: **steering wheel**) kierownica *f*; (*NAUT*) koło *nt* sterowe, ster *m* ♦ *vt* (*pram, cart*) pchać; (*bicycle*) prowadzić ♦ *vi* (*birds*) krążyć; (*also*: **wheel round**: *person*) odwracać się (odwrócić się *perf*).
wheelbarrow ['wi:lbærəu] *n* taczki *pl*.
wheelbase ['wi:lbeɪs] *n* rozstaw *m* osi.
wheelchair ['wi:ltʃɛə*] *n* wózek *m* (inwalidzki).
wheel clamp *n* blokada *f* kół.
wheeler-dealer ['wi:lə'di:lə*] (*pej*) *n* kombinator(ka) *m(f)*.
wheelie-bin ['wi:lɪbɪn] *n* kubeł *m* na śmieci na kółkach.
wheeling ['wi:lɪŋ] *n*: **wheeling and dealing** (*pej*) machinacje *pl* (*pej*).

wheeze [wi:z] *vi* rzęzić ♦ *n* (*idea*) (świetny) pomysł *m*.

KEYWORD

when [wɛn] *adv* kiedy; **when will you be back?** kiedy wrócisz? ♦ *conj* **1** kiedy, gdy; **she was reading when I came in** czytała, gdy *or* kiedy wszedłem; **on the day when I met him** w dniu, kiedy go poznałam; **that was when I needed you** wtedy właśnie cię potrzebowałem. **2** (*whereas*): **why did you buy that when you can't afford it?** dlaczego to kupiłaś, kiedy cię na to nie stać?; **you said I was wrong when in fact I was right** powiedziałeś, że nie mam racji, podczas gdy w rzeczywistości miałem.

whenever [wɛn'ɛvə*] *adv* kiedykolwiek, obojętnie kiedy ♦ *conj* (*any time that*) kiedy *or* gdy tylko; (*every time that*) ilekroć, zawsze kiedy *or* gdy; **I go there whenever I can** chodzę tam, kiedy tylko mogę.

where [wɛə*] *adv* gdzie ♦ *conj* gdzie; **this is where ...** to właśnie tutaj...; **where possible** tam, gdzie to możliwe; **where are you from?** skąd jesteś?

whereabouts [*adv* wɛərə'bauts, *n* 'wɛərəbauts] *adv* gdzie, w którym miejscu ♦ *n*: **nobody knows his whereabouts** nikt nie zna miejsca jego pobytu.

whereas [wɛər'æz] *conj* podczas gdy.

whereby [wɛə'baɪ] (*fml*) *adv* (*by means of which*: *system, solution*) dzięki któremu, za pomocą którego; (*according to which*: *decision, law*) na mocy którego, zgodnie z którym; (*in consequence of which*) przez co.

whereupon *conj* po czym.

wherever [wɛər'ɛvə*] *conj* gdziekolwiek, obojętnie gdzie ♦ *adv*: **wherever have you been?** gdzieś ty był?; **sit wherever you like** usiądź, gdzie chcesz.

wherewithal ['wɛəwɪðɔ:l] *n*: **the wherewithal (to do sth)** środki *pl* (na zrobienie czegoś).

whet [wɛt] *vt* (*appetite*) zaostrzać (zaostrzyć *perf*); (*tool*) ostrzyć (naostrzyć *perf*).

whether ['wɛðə*] *conj* czy; **I don't know whether to accept the proposal or not** nie wiem, czy (mam) przyjąć tę propozycję, czy nie.

whey ['weɪ] *n* serwatka *f*.

KEYWORD

which [wɪtʃ] *adj* **1** który; **which picture do you want?** który obraz chcesz?; **which one?** który? **2**: **the train may be late, in which case don't wait up** pociąg może się spóźnić. W takim wypadku nie czekaj na mnie; **we got there at 8 pm, by which time the cinema was full** dotarliśmy tam o ósmej. Do tego czasu kino było już pełne ♦ *pron* **1** (*interrogative*) który; **which (of these) are yours?** które (z tych) są twoje? **2** (*relative*: *referring to preceding noun*) który; (: *referring to preceding clause*) co; **the chair on which you are sitting** krzesło, na którym siedzisz; **she said I was late, which was true** powiedziała, że się spóźniłem, co było prawdą; **after which** po czym.

whichever [wɪtʃ'ɛvə*] *adj*: **take whichever book you prefer** weź tę książkę, którą wolisz; **whichever book you take, ...** którąkolwiek *or* obojętnie którą książkę weźmiesz, ...

whiff [wɪf] *n* zapach *m*; **to catch a whiff of sth** czuć (poczuć *perf*) powiew czegoś.

while [waɪl] *n* jakiś *or* pewien czas *m*; (*very short*) chwila *f* ♦ *conj* (*at the same moment as*) w chwili *or* momencie, gdy; (*during the time that*) (podczas) gdy *or* kiedy; (*although*) chociaż, choć; **for/in a while** przez/za jakiś czas; **all the while** (przez) cały czas; **we'll make it worth your while** postaramy się, żeby Pan/Pani na tym nie stracił/a.

►**while away** *vt* (*time*) skracać (skrócić *perf*) (sobie).

whilst [waɪlst] *conj* = **while**.

whim [wɪm] *n* zachcianka *f*.

whimper ['wɪmpə*] *n* (*of baby*) kwilenie *nt*; (*of dog*) skomlenie *nt* ♦ *vi* (*baby*) kwilić (zakwilić *perf*); (*dog*) skomleć (zaskomleć *perf*).

whimsical ['wɪmzɪkl] *adj* (*person*) kapryśny; (*smile, look*) żartobliwy; (*story*) dziwaczny, wymyślny.

whine [waɪn] *n* (*of person*) jęk *m*; (*of dog*) skomlenie *nt*; (*of siren*) wycie *nt* ♦ *vi* (*person*) jęczeć (zajęczeć *perf*); (*dog*) skomleć (zaskomleć *perf*); (*siren*) wyć (zawyć *perf*); (*fig*: *complain*) jęczeć, marudzić.

whip [wɪp] *n* (*lash*) bat *m*, bicz *m*; (*riding whip*) pejcz *m*; (*POL*) *poseł odpowiedzialny za obecność członków swej partii na głosowaniach* ♦ *vt* (*person, animal*: *hit*) smagać (smagnąć *perf*) batem; (: *beat*) smagać (wysmagać *perf*) batem; (*cream, eggs*) ubijać (ubić *perf*); **to whip sth off** zerwać *(perf) or* zedrzeć *(perf)* coś; **to whip sth away** wyrwać *(perf) or* wydrzeć *(perf)* coś.

►**whip up** *vt* (*cream*) ubijać (ubić *perf*); (*inf*: *meal*) pitrasić (upitrasić *perf*) (*inf*); (*hatred, interest*) wzbudzać (wzbudzić *perf*); (*people*): **to whip up sb into excitement** wywoływać (wywołać *perf*) u kogoś emocje.

whiplash ['wɪplæʃ] *n* (*also*: **whiplash injury**) uraz *m* kręgosłupa szyjnego.

whipped cream [wɪpt-] *n* bita śmietana *f*.

whipping boy ['wɪpɪŋ-] *n* (*fig*) chłopiec *m* do bicia.

whip-round ['wɪpraund] (*BRIT*: *inf*) *n* zrzutka *f* (*inf*).

whirl [wə:l] *vt* kręcić (zakręcić *perf*) +*instr* ♦ *vi*

wirować ♦ *n* wir *m*; **I am** *or* **my mind is in a whirl** kręci mi się w głowie.
whirlpool ['wə:lpu:l] *n* wir *m* (wodny).
whirlwind ['wə:lwɪnd] *n* trąba *f* powietrzna.
whirr [wə:*] *vi* (*motor*) warkotać, warczeć; (*wings*) furkotać.
whisk [wɪsk] *n* trzepaczka *f* (do ubijania piany), ubijacz *m* ♦ *vt* ubijać (ubić *perf*); **to whisk sb away** *or* **off** błyskawicznie kogoś zabierać (zabrać *perf*).
whiskers ['wɪskəz] *npl* (*of cat*) wąsy *pl*; (*of man*: *also*: **side whiskers**) baczki *pl*, bokobrody *pl*.
whisky ['wɪskɪ] (*US, IRISH* **whiskey**) *n* whisky *f inv*.
whisper ['wɪspə*] *n* szept *m* ♦ *vi* szeptać (szepnąć *perf*) ♦ *vt* szeptać (szepnąć *perf*), wyszeptać (*perf*); **to whisper sth to sb** mówić (powiedzieć *perf*) coś komuś szeptem.
whispering ['wɪspərɪŋ] *n* szepty *pl*.
whist [wɪst] (*BRIT*) *n* wist *m*.
whistle ['wɪsl] *n* (*sound*) gwizd *m*; (*object*) gwizdek *m* ♦ *vi* (*person*) gwizdać (gwizdnąć *perf or* zagwizdać *perf*), pogwizdywać; (*bird, kettle*) gwizdać (zagwizdać *perf*); (*bullet*) świstać (świsnąć *perf*) ♦ *vt* **to whistle a tune** gwizdać (zagwizdać *perf*) (jakąś) melodię.
whistle-stop ['wɪslstɔp] *adj*: **to make a whistle-stop tour of** (*POL*) odbywać (odbyć *perf*) serię spotkań przedwyborczych w *+loc*.
Whit [wɪt] *n* = **Whitsun**.
white [waɪt] *adj* biały ♦ *n* (*colour*) (kolor *m*) biały, biel *f*; (*person*) biały (-ła) *m(f)*; (*of egg*) białko *nt*; **to turn** *or* **go white** (*pale*) blednąć (zblednąć *perf or* pobladnąć *perf*); (*grey*) siwieć (osiwieć *perf*); **the whites** (*washing*) białe rzeczy; **tennis/cricket whites** strój do gry w tenisa/krykieta.
whitebait ['waɪtbeɪt] *n* smażone szprotki *pl*.
white coffee (*BRIT*) *n* biała kawa *f*, kawa *f* ze śmietanką.
white-collar worker ['waɪtkɔlə-] *n* pracownik *m* umysłowy, urzędnik *m*.
white elephant *n* (*fig*) chybiona inwestycja *f*.
white goods *npl* (*appliances*) sprzęt *m* gospodarstwa domowego; (*linen*) bielizna *f* (*pościelowa i stołowa*).
white-hot [waɪt'hɔt] *adj* rozgrzany do białości.
white lie *n* niewinne kłamstwo *nt*.
whiteness ['waɪtnɪs] *n* biel *f*.
white noise *n* biały szum *m*.
whiteout ['waɪtaut] *n* śnieżyca *f*.
white paper *n* (*POL*) raport *m* rządowy.
whitewash ['waɪtwɔʃ] *n* wapno *nt* (do bielenia); (*inf*: *SPORT*) przegrana *f* do zera ♦ *vt* bielić (pobielić *perf*); (*fig*) wybielać (wybielić *perf*).
white water *n*: **white-water rafting** spływ *m* górski (tratwami).
whiting *n inv* (*fish*) witlinek *m*.
Whit Monday *n* drugi dzień *m* Zielonych Świątek.
Whitsun ['wɪtsn] *n* Zielone Świątki *pl*.
whittle ['wɪtl] *vt*: **to whittle away** *or* **down** (*costs*) redukować (zredukować *perf*).
whizz [wɪz] *vi*: **to whizz past** *or* **by** śmigać (śmignąć *perf*) obok.
whizz kid (*inf*) *n* geniusz *m*, cudowne dziecko *nt*.
WHO *n abbr* (= *World Health Organization*) WHO *nt inv*, Światowa Organizacja *f* Zdrowia.

KEYWORD

who [hu:] *pron* **1** (*interrogative*) kto *m*; **who is it?, who's there?** kto to?, kto tam?; **who are you looking for?** kogo szukasz? **2** (*relative*) który; **the woman who spoke to me** kobieta, która ze mną rozmawiała; **those who can swim** ci, którzy umieją pływać.

whodunit [hu:'dʌnɪt] (*also spelled* **whodunnit**) (*inf*) *n* kryminał *m* (*książka, film itp*).
whoever [hu:'ɛvə*] *pron*: **whoever finds him** ten, kto go znajdzie; **ask whoever you like** spytaj, kogo (tylko) chcesz; **whoever he marries** z kimkolwiek się ożeni; **whoever told you that?** któż ci to powiedział?
whole [həul] *adj* cały ♦ *n* całość *f*; **the whole of July** cały lipiec; **the whole of the town** całe miasto; **the whole lot (of it)** wszystko (to); **the whole lot (of them)** wszyscy *vir pl*, wszystkie *nvir pl*; **the whole (of the) time** cały czas; **whole villages were destroyed** zniszczeniu uległy całe wsie; **on the whole** ogólnie (rzecz) biorąc.
wholefood(s) ['həulfu:d(z)] *n(pl)* żywność *f* naturalna.
wholefood shop *n* sklep *m* z żywnością naturalną.
wholehearted [həul'hɑ:tɪd] *adj* (*agreement*) całkowity; (*support*) gorący.
wholeheartedly [həul'hɑ:tɪdlɪ] *adv* (*agree*) całkowicie; (*support*) z całego serca, gorąco.
wholemeal ['həulmi:l] (*BRIT*) *adj* (*bread, flour*) razowy.
whole note *n* cała nuta *f*.
wholesale ['həulseɪl] *n* hurt *m* ♦ *adj* (*price*) hurtowy; (*destruction*) masowy ♦ *adv* hurtowo, hurtem.
wholesaler ['həulseɪlə*] *n* hurtownik *m*.
wholesome ['həulsəm] *adj* zdrowy.
wholewheat ['həulwi:t] = **wholemeal**.
wholly ['həulɪ] *adv* całkowicie.

KEYWORD

whom [hu:m] *pron* **1** (*interrogative*): **whom did you see?** kogo widziałaś?; **to whom did you give it?** komu to dałeś? **2** (*relative*): **the man whom I saw** człowiek, którego widziałem; **the lady with whom I was talking** pani, z którą rozmawiałem; **some people whom we didn't know** jacyś ludzie, których nie znaliśmy.

whooping cough ['hu:pɪŋ-] *n* koklusz *m*.
whoosh [wuʃ] *vi* śmigać (śmignąć *perf*) ♦ *n* świst *m*; **the skiers whooshed past, skiers came by with a whoosh** narciarze przemknęli obok ze świstem.
whopper ['wɔpə*] (*inf*) *n* (*lie*) wierutne kłamstwo *nt*; (*large thing*) kolos *m*.
whopping ['wɔpɪŋ] (*inf*) *adj* ogromniasty (*inf*), wielgachny (*inf*).
whore [hɔ:*] (*inf, pej*) *n* dziwka *f* (*inf, pej*), kurwa *f* (*inf!, pej*).

KEYWORD

whose [hu:z] *adj* **1** (*interrogative*) czyj; **whose book is this?, whose is this book?** czyja to książka?, czyja jest ta książka? **2** (*relative*): **the girl whose sister you were speaking to** dziewczyna, z której siostrą rozmawiałeś; **the gardener whose name was Dave** ogrodnik, który miał na imię Dave ♦ *pron* czyj *m*/czyja *f*/czyje *nt*; **I know whose it is** wiem, czyje to jest.

Who's Who ['hu:z'hu:] *n* „Kto jest kim" *nt inv*.

KEYWORD

why [waɪ] *adv* dlaczego, czemu; **why is he always late?** dlaczego on zawsze się spóźnia?; **fancy a drink? – why not?** może drinka? – czemu nie? ♦ *conj* dlaczego; **I wonder why he said that** zastanawiam się, dlaczego to powiedział; **that's not why I'm here** nie dlatego tu jestem; **the reason why I'm here** powód, dla którego tu jestem ♦ *excl* (*expressing surprise, annoyance etc*) och; (*explaining*) ależ, przecież; **why, it's you!** och, to ty!; **why, that's impossible!** ależ to niemożliwe!; **I don't understand – why, it's obvious!** nie rozumiem – przecież to oczywiste!

WI *n abbr* (*BRIT*) (= *Women's Institute*) *stowarzyszenie kobiece* ♦ *abbr* (= *West Indies*); (*US*: *POST*: = *Wisconsin*).
wick [wɪk] *n* knot *m*; **he gets on my wick** (*BRIT*: *inf*) on działa mi na nerwy.
wicked ['wɪkɪd] *adj* (*crime*) haniebny; (*man*) podły, niegodziwy; (*witch*) zły; (*smile, wit*) szelmowski; (*inf*: *weather etc*) paskudny.
wicker ['wɪkə*] *adj* wiklinowy.
wickerwork ['wɪkə*wə:k] *adj* wiklinowy ♦ *n* wyroby *pl* wikliniarskie *or* z wikliny.
wicket ['wɪkɪt] (*CRICKET*) *n* (*stumps*) bramka *f*; (*grass area*) *obszar boiska do krykieta pomiędzy dwiema bramkami*.
wicket-keeper ['wɪkɪtki:pə*] (*CRICKET*) *n gracz broniący bramki*.
wide [waɪd] *adj* szeroki ♦ *adv*: **to open wide** otwierać (otworzyć *perf*) szeroko; **to go wide** (*shot etc*) przechodzić (przejść *perf*) obok; **the bridge is 3 metres wide** most ma 3 metry szerokości.
wide-angle lens ['waɪdæŋgl-] *n* obiektyw *m* szerokokątny.
wide-awake [waɪdə'weɪk] *adj* (całkiem) rozbudzony.
wide-eyed [waɪd'aɪd] *adj* (*fig*) naiwny; **she sat there wide-eyed** siedziała z szeroko otwartymi oczami.
widely ['waɪdlɪ] *adv* (*differ, vary*) znacznie; (*travel*) dużo; (*spaced, known*) szeroko; **he's widely read** (*reader*) jest bardzo oczytany; (*writer*) ma wielu czytelników.
widen ['waɪdn] *vt* (*road, river*) poszerzać (poszerzyć *perf*); (*one's experience*) rozszerzać (rozszerzyć *perf*) ♦ *vi* (*road, river*) rozszerzać się; (*gap*) powiększać się (powiększyć się *perf*).
wideness ['waɪdnɪs] *n* (*of road, river*) szerokość *f*; (*of gap*) wielkość *f*.
wide open *adj* szeroko otwarty.
wide-ranging [waɪd'reɪndʒɪŋ] *adj* (*implications*) daleko idący; (*survey*) wszechstronny.
widespread ['waɪdsprɛd] *adj* powszechny, rozpowszechniony.
widow ['wɪdəu] *n* wdowa *f*.
widowed ['wɪdəud] *adj* owdowiały.
widower ['wɪdəuə*] *n* wdowiec *m*.
width [wɪdθ] *n* szerokość *f*; **the street is 7 metres in width** ulica ma 7 metrów szerokości.
widthways ['wɪdθweɪz] *adv* wszerz.
wield [wi:ld] *vt* dzierżyć.
wife [waɪf] (*pl* **wives**) *n* żona *f*.
wig [wɪg] *n* peruka *f*.
wigging ['wɪgɪŋ] (*BRIT*: *inf*) *n* ochrzan *m* (*inf*).
wiggle ['wɪgl] *vt* (*hips*) kręcić *+instr*; (*ears*) ruszać *+instr*.
wiggly ['wɪglɪ] *adj* falisty.
wigwam ['wɪgwæm] *n* wigwam *m*.
wild [waɪld] *adj* (*animal, plant, land*) dziki; (*weather, night, applause*) burzliwy; (*sea*) wzburzony; (*idea*) szalony; (*person*): **wild with anger** *etc* oszalały z gniewu *etc* ♦ *n*: **animals in the wild** zwierzęta w swym naturalnym środowisku; **the wilds** *npl* pustkowie *nt*; **I'm not wild about him** nie przepadam za nim; **he took a wild guess** próbował zgadnąć na chybił trafił; **to go wild** (*excited*) oszaleć (*perf*); (*inf*: *furious*) wściec się (*perf*) (*inf*).
wild card (*COMPUT*) *n* (globalny) znak *m* zastępczy.
wildcat ['waɪldkæt] *n* żbik *m*.
wildcat strike *n* dziki strajk *m*.

wilderness ['wɪldənɪs] *n* dzicz *f*, pustynia *f*.
wildfire ['waɪldfaɪə*] *n*: **to spread like wildfire** rozchodzić się (rozejść się *perf*) lotem błyskawicy.
wild-goose chase [waɪld'gu:s-] *n* (*fig*) szukanie *nt* wiatru w polu.
wildlife ['waɪldlaɪf] *n* (dzika) przyroda *f*.
wildly ['waɪldlɪ] *adv* dziko; (*applaud*) burzliwie; (*shake etc*) gwałtownie, wściekle; (*romantic*) niesamowicie; (*erratic, inefficient*) wysoce.
wiles [waɪlz] *npl* sztuczki *pl*.
wilful ['wɪlful] (*US* **willful**) *adj* (*child, character*) uparty; (*action, disregard*) umyślny.

KEYWORD

will [wɪl] (*vt: pt, pp* **willed**) *aux vb* **1** (*forming future tense*): **I will finish it tomorrow** skończę to jutro; **I will have finished it by tomorrow** skończę to do jutra. **2** (*in conjectures, predictions*): **he will** *or* **he'll be there by now** (pewnie) już tam jest; **that will be the postman** to pewnie listonosz. **3** (*in commands, requests, offers*): **will you be quiet!** bądźże cicho!; **will you help me?** (czy) możesz mi pomóc?, pomożesz mi?; **will you have a cup of tea?** (czy) napije się Pan/Pani herbaty? ♦ *vt*: **to will sb to do sth** zmuszać (zmusić *perf*) kogoś, by coś (z)robił; **he willed himself to go on** zmusił się, by iść dalej ♦ *n* (*volition*) wola *f*; (*also*: **last will**) testament *m*; **he did it against his will** zrobił to wbrew swojej woli.

willful ['wɪlful] (*US*) *adj* = **wilful**.
willing ['wɪlɪŋ] *adj* (*having no objection*) chętny; (*enthusiastic*) ochoczy; **he's willing to do it** on chętnie to zrobi; **to show willing** wykazywać (wykazać *perf*) dobre chęci.
willingly ['wɪlɪŋlɪ] *adv* chętnie.
willingness ['wɪlɪŋnɪs] *n* (*readiness*) chęć *f*, gotowość *f*; (*enthusiasm*) ochota *f*.
will-o'-the wisp ['wɪləðə'wɪsp] *n* błędny ognik *m*; (*fig*) złudzenie *nt*.
willow ['wɪləu] *n* wierzba *f*.
willpower ['wɪl'pauə*] *n* siła *f* woli.
willy-nilly ['wɪlɪ'nɪlɪ] *adv* chcąc nie chcąc.
wilt [wɪlt] *vi* więdnąć (zwiędnąć *perf*).
Wilts [wɪlts] (*BRIT: POST*) *abbr* (= *Wiltshire*).
wily ['waɪlɪ] *adj* przebiegły, chytry.
wimp [wɪmp] (*inf, pej*) *n* mięczak *m* (*inf, pej*).
win [wɪn] (*pt* **won**) *n* zwycięstwo *nt*, wygrana *f* ♦ *vt* (*game, competition, election*) wygrywać (wygrać *perf*), zwyciężać (zwyciężyć *perf*) w *+loc*; (*prize, support, popularity*) zdobywać (zdobyć *perf*) ♦ *vi* wygrywać (wygrać *perf*), zwyciężać (zwyciężyć *perf*).
►**win over** *vt* pozyskiwać (pozyskać *perf*).
►**win round** (*BRIT*) *vt* = **win over**.
wince [wɪns] *vi* krzywić się (skrzywić się *perf*).
winch [wɪntʃ] *n* kołowrót *m*.
Winchester disk ['wɪntʃɪstə-] (*COMPUT*) *n* dysk *m* stały typu Winchester.
wind¹ [wɪnd] *n* (*air*) wiatr *m*; (*MED*) wzdęcie *nt*; (*breath*) dech *m* ♦ *vt* pozbawiać (pozbawić *perf*) tchu; **the winds** *npl* (*MUS*) instrumenty *pl* dęte; **into** *or* **against the wind** pod wiatr; **to get wind of sth** (*fig*) zwietrzyć (*perf*) coś; **to break wind** puszczać wiatry.
wind² [waɪnd] (*pt* **wound**) *vt* (*thread, rope*) nawijać (nawinąć *perf*); (*bandage*) zawijać (zawinąć *perf*); (*clock, toy*) nakręcać (nakręcić *perf*) ♦ *vi* wić się.
►**wind down** *vt* (*car window*) opuszczać (opuścić *perf*); (*fig: business etc*) (stopniowo) likwidować (zlikwidować *perf*), zwijać (zwinąć *perf*) (*inf*).
►**wind up** *vt* (*clock, toy*) nakręcać (nakręcić *perf*); (*debate*) kończyć (zakończyć *perf*).
windbreak ['wɪndbreɪk] *n* zasłona *f* od wiatru (*mur, drzewa itp*).
windbreaker ['wɪndbreɪkə*] (*US*) *n* = **windcheater**.
windcheater ['wɪndtʃi:tə*] *n* wiatrówka *f* (*kurtka*).
winder ['waɪndə*] (*BRIT*) *n* pokrętło *nt* (zegarka).
windfall ['wɪndfɔ:l] *n* (*money*) nieoczekiwany przypływ *m* gotówki; (*apple*) spad *m*.
winding ['waɪndɪŋ] *adj* kręty, wijący się.
wind instrument ['wɪnd-] *n* instrument *m* dęty.
windmill ['wɪndmɪl] *n* wiatrak *m*.
window ['wɪndəu] *n* (*of house, vehicle, on computer screen*) okno *nt*; (*of shop*) witryna *f*; (*in bank, post office*) okienko *nt*.
window box *n* skrzynka *f* na kwiaty.
window cleaner *n* osoba *f* do mycia okien.
window dresser *n* dekorator(ka) *m(f)* witryn sklepowych.
window envelope *n* koperta *f* z okienkiem.
window frame *n* framuga *f or* rama *f* okienna.
window ledge *n* parapet *m*.
window pane *n* szyba *f* (okienna).
window-shopping ['wɪndəuʃɔpɪŋ] *n* oglądanie *nt* wystaw sklepowych.
windowsill ['wɪndəusɪl] *n* parapet *m*.
windpipe ['wɪndpaɪp] *n* tchawica *f*.
wind power ['wɪnd-] *n* siła *f* wiatru.
windscreen ['wɪndskri:n] *n* (*AUT*) przednia szyba *f*.
windscreen washer *n* spryskiwacz *m* przedniej szyby.
windscreen wiper [-waɪpə*] *n* wycieraczka *f* (przedniej szyby).
windshield ['wɪndʃi:ld] (*US*) *n* = **windscreen**.
windsurfing ['wɪndsə:fɪŋ] *n* windsurfing *m*.
windswept ['wɪndswɛpt] *adj* (*place*) nie osłonięty, odsłonięty; (*hair*) potargany (przez wiatr).
wind tunnel ['wɪnd-] *n* tunel *m* aerodynamiczny.
windy ['wɪndɪ] *adj* wietrzny; **it's windy** wieje silny wiatr.

wine [waɪn] *n* wino *nt* ♦ *vt*: **to wine and dine sb** podejmować (podjąć *perf*) kogoś wystawną kolacją (*zwykle w drogiej restauracji*).
wine bar *n* winiarnia *f*.
wine cellar *n* piwnica *f* win.
wine glass *n* kieliszek *m* do wina.
wine list *n* karta *f* win.
wine merchant *n* handlarz *m* winem.
wine tasting [-teɪstɪŋ] *n* degustacja *f* win.
wine waiter *n* kelner *m* podający wino.
wing [wɪŋ] *n* skrzydło *nt*; (*AUT*) błotnik *m*; **the wings** *npl* (*THEAT*) kulisy *pl*; **in the wings** za kulisami; **from the wings** zza kulis.
winger ['wɪŋə*] (*SPORT*) *n* skrzydłowy (-wa) *m(f)*.
wing mirror (*BRIT*) *n* lusterko *nt* boczne.
wing nut *n* nakrętka *f* motylkowa.
wingspan ['wɪŋspæn] *n* rozpiętość *f* skrzydeł.
wingspread ['wɪŋsprɛd] *n* = **wingspan**.
wink [wɪŋk] *n* mrugnięcie *nt* ♦ *vi* mrugać (mrugnąć *perf*).
winkle [wɪŋkl] *n* pobrzeżek *m* (*małż jadalny*).
winner ['wɪnə*] *n* (*of race, competition*) zwycięzca/zwyciężczyni *m/f*; (*of prize*) zdobywca (-wczyni) *m(f)*.
winning ['wɪnɪŋ] *adj* (*team, competitor, goal*) zwycięski; (*smile*) ujmujący; *see also* **winnings**.
winning post *n* meta *f*.
winnings ['wɪnɪŋz] *npl* wygrana *f*.
winsome ['wɪnsəm] *adj* pociągający.
winter ['wɪntə*] *n* zima *f* ♦ *vi* (*birds*) zimować; **in winter** zimą, w zimie.
winter sports *npl* sporty *pl* zimowe.
wintry ['wɪntrɪ] *adj* (*weather, day*) zimowy; (*smile*) lodowaty.
wipe [waɪp] *vt* (*dry, clean*) wycierać (wytrzeć *perf*); (*erase*) zmazywać (zmazać *perf*); **to wipe one's nose** wycierać (wytrzeć *perf*) nos ♦ *n*: **to give sth a wipe** przecierać (przetrzeć *perf*) coś.
►**wipe off** *vt* ścierać (zetrzeć *perf*).
►**wipe out** *vt* (*city etc*) zmiatać (zmieść *perf*) z powierzchni ziemi.
►**wipe up** *vt* (*spilt liquid etc*) ścierać (zetrzeć *perf*), zbierać (zebrać *perf*) szmatką.
wire ['waɪə*] *n* drut *m*; (*ELEC*) przewód *m*; (*telegram*) telegram *m*, depesza *f* (*old*) ♦ *vt* (*US*: *person*) wysyłać (wysłać *perf*) telegram do +*gen*; (*also*: **wire up**: *electrical fitting*) podłączać (podłączyć *perf*).
wire brush *n* szczotka *f* druciana.
wire cutters *npl* szczypce *pl* do cięcia drutu.
wireless ['waɪəlɪs] (*BRIT*: *old*) *n* radio *nt*.
wire netting *n* siatka *f* druciana.
wire-tapping ['waɪə'tæpɪŋ] *n* podsłuch *m* (telefoniczny).
wiring ['waɪərɪŋ] (*ELEC*) *n* instalacja *f* elektryczna.
wiry ['waɪərɪ] *adj* (*person*) silny (*mimo drobnej budowy*); (*hair, grass*) szorstki.
wisdom ['wɪzdəm] *n* (*of person*) mądrość *f*; (*of action, remark*) sens *m*.
wisdom tooth *n* ząb *m* mądrości.
wise [waɪz] *adj* mądry; **I'm none the wiser** nadal nic nie rozumiem.
►**wise up** (*inf*) *vi*: **he wised up to the fact she wasn't coming back** (wreszcie) dotarło do niego, że ona nie wróci.
...wise [waɪz] *suff* (*with regard to*): **timewise** *etc* jeśli chodzi o czas *etc*; (*in the manner of*): **crabwise** *etc* jak rak *etc*.
wisecrack ['waɪzkræk] *n* dowcipna uwaga *f*.
wisely ['waɪzlɪ] *adv* mądrze.
wish [wɪʃ] *n* pragnienie *nt*; (*specific*) życzenie *nt* ♦ *vt*: **I wish I were/I had been ...** żałuję, że nie jestem/nie byłem ...; **best wishes** (*for birthday etc*) najlepsze życzenia; **with best wishes** (*in letter*) łączę pozdrowienia; **to make a wish** pomyśleć (*perf*) sobie (jakieś) życzenie; **give her my best wishes** pozdrów ją ode mnie; **we have no wish to repeat their mistakes** nie mamy zamiaru powtarzać ich błędów; **to wish sb well** dobrze komuś życzyć; **to wish to do sth** pragnąć coś (z)robić; **to wish for** życzyć (zażyczyć *perf*) sobie (w myślach) +*gen*; **she wished him good luck** życzyła mu powodzenia; **I wouldn't wish it on my worst enemy** nie życzyłbym tego największemu wrogowi.
wishful ['wɪʃful] *adj*: **it's wishful thinking** to pobożne życzenia.
wishy-washy ['wɪʃɪ'wɔʃɪ] (*inf*) *adj* (*colour*) rozmyty; (*ideas, person*) nijaki, mało konkretny.
wisp [wɪsp] *n* (*of grass, hay*) wiązka *f*; (*of hair*) kosmyk *m*; (*of smoke*) smuga *f*.
wistful ['wɪstful] *adj* tęskny.
wit [wɪt] *n* (*wittiness*) dowcip *m*; (*also*: **wits**) inteligencja *f*; (*person*) humorysta *m*; (*presence of mind*) rozum *m*; **to be at one's wits' end (about)** nie wiedzieć, co począć (z +*instr*); **to have one's wits about one** mieć się na baczności; **to wit** (a) mianowicie.
witch [wɪtʃ] *n* czarownica *f*.
witchcraft ['wɪtʃkrɑ:ft] *n* czary *pl*.
witch doctor *n* szaman *m*.
witch-hunt ['wɪtʃhʌnt] *n* (*fig*) polowanie *nt* na czarownice, nagonka *m*.

KEYWORD

with [wɪð, wɪθ] *prep* **1** (*accompanying, in the company of*) z +*instr*; **I was with him** byłem z nim; **we stayed with friends** zatrzymaliśmy się u przyjaciół; **I'll be with you in a minute** zaraz się Panem/Panią zajmę; **I'm with you** rozumiem; **to be with it** (*inf*: *up-to-date*) być na bieżąco; (: *alert*) kontaktować (*inf*); **I'm not quite with it this morning** nie bardzo dziś kontaktuję. **2** (*descriptive*): **a room with a view** pokój z widokiem; **the man with the grey hat** (ten) mężczyzna w szarym kapeluszu. **3** (*indicating* *manner, means, cause*): **with tears in her eyes** ze łzami w oczach; **to walk with a stick** chodzić o lasce; **red with anger** czerwony ze złości; **to fill sth with water** napełniać (napełnić *perf*) coś wodą.

withdraw [wɪθ'drɔ:] (*irreg like*: **draw**) *vt* (*object*) wyjmować (wyjąć *perf*); (*offer, troops*) wycofywać (wycofać *perf*); (*statement*) cofać (cofnąć *perf*), odwoływać (odwołać *perf*); (*money*: *from bank*) podejmować (podjąć *perf*) ♦ *vi* wycofywać się (wycofać się *perf*); **to withdraw into o.s.** zamykać się (zamknąć się *perf*) w sobie.

withdrawal [wɪθ'drɔ:əl] *n* (*of offer, troops, services*) wycofanie *nt*; (*of statement*) cofnięcie *nt*, odwołanie *nt*; (*of participation*) wycofanie się *nt*; (*of money*) podjęcie *nt*.

withdrawal symptoms *npl* zespół *m* abstynencji.

withdrawn [wɪθ'drɔ:n] *pp of* **withdraw** ♦ *adj* zamknięty w sobie.

wither ['wɪðə*] *vi* usychać (uschnąć *perf*), więdnąć (zwiędnąć *perf*).

withered ['wɪðəd] *adj* (*plant*) uschnięty, zwiędnięty; (*limb*) bezwładny.

withhold [wɪθ'həuld] (*irreg like*: **hold**) *vt* (*rent etc*) odmawiać (odmówić *perf*) płacenia *+gen*; (*permission*) odmawiać (odmówić *perf*) *+gen*; (*information*) zatajać (zataić *perf*).

within [wɪð'ɪn] *prep* (*object*) wewnątrz *or* w środku *+gen*; (*building, area*) na terenie *+gen*; (*time*) w (prze)ciągu *or* na przestrzeni *+gen*; (*distance*) w odległości *+gen* ♦ *adv* wewnątrz, w środku; **from within** ze środka; **within reach of** w miejscu dostępnym dla *+gen*; **they came within sight of the gate** dotarli do miejsca, z którego widać było bramę; **the end is within sight** widać już koniec; **within the week** w ciągu tygodnia; **within a mile of** o milę od *+gen*; **within an hour of** w niecałą godzinę od *+gen or* po *+loc*; **within the law** w granicach prawa.

without [wɪð'aut] *prep* bez *+gen*; **without a coat** bez płaszcza; **without speaking** nic nie mówiąc; **it goes without saying** to się rozumie samo przez się; **without anyone knowing** bez niczyjej wiedzy.

withstand [wɪθ'stænd] (*irreg like*: **stand**) *vt* (*wind*) stawiać (stawić *perf*) opór *+dat*; (*attack*) wytrzymywać (wytrzymać *perf*).

witness ['wɪtnɪs] *n* świadek *m* ♦ *vt* (*lit, fig*) być świadkiem *+gen*; **to bear witness to** (*behaviour*) świadczyć o *+loc*; (*person*) dawać (dać *perf*) świadectwo *+dat*; **witness for the prosecution/defence** świadek oskarżenia/obrony; **to witness to sth/having seen sth** zaświadczać (zaświadczyć *perf*) o czymś/, że się coś widziało.

witness box *n* miejsce *nt* dla świadka.

witness stand (*US*) = **witness box**.

witticism ['wɪtɪsɪzəm] *n* dowcipne powiedzenie *nt*.

witty ['wɪtɪ] *adj* dowcipny.

wives [waɪvz] *npl of* **wife**.

wizard ['wɪzəd] *n* czarodziej *m*.

wizened ['wɪznd] *adj* pomarszczony.

wk *abbr* = **week** tydz.

Wm. *abbr* (= *William*).

WO (*MIL*) *n abbr* (= *warrant officer*) chorąży *m*.

wobble ['wɔbl] *vi* (*legs, jelly*) trząść się; (*chair*) chwiać się.

wobbly ['wɔblɪ] *adj* (*hand, voice*) trzęsący się; (*table, chair*) chwiejący się; **to feel wobbly** (*person, legs*) trząść się, dygotać.

woe [wəu] *n* (*sorrow*) żałość *f*; (*misfortune*) nieszczęście *nt*.

woke [wəuk] *pt of* **wake**.

woken ['wəukn] *pp of* **wake**.

wolf [wulf] (*pl* **wolves**) *n* wilk *m*.

wolves [wulvz] *npl of* **wolf**.

woman ['wumən] (*pl* **women**) *n* kobieta *f*; **woman friend** przyjaciółka; **woman teacher** nauczycielka; **women's page** (*PRESS*) strona z poradami dla kobiet.

woman doctor *n* lekarka *f*.

womanize ['wumənaɪz] (*pej*) *vi* uganiać się za spódniczkami (*pej*).

womanly ['wumənlɪ] *adj* kobiecy.

womb [wu:m] *n* (*ANAT*) macica *f*; (*fig*) łono *nt*; **a baby in its mother's womb** dziecko w łonie matki.

women ['wɪmɪn] *npl of* **woman**.

women's lib ['wɪmɪnz-] (*inf*) *n* = **Women's (Liberation) Movement**.

Women's (Liberation) Movement *n* ruch *m* wyzwolenia kobiet.

won [wʌn] *pt, pp of* **win**.

wonder ['wʌndə*] *n* (*miracle*) cud *m*; (*awe*) zdumienie *nt* ♦ *vi*: **to wonder whether/why** zastanawiać się, czy/dlaczego; **to wonder at** dziwić się *+dat*; **to wonder about** zastanawiać się nad *+instr*; **it's no wonder (that)** nic dziwnego (, że); **I wonder if you could help me** czy byłbyś uprzejmy mi pomóc?; **I wonder why he's late** ciekawe, czemu się spóźnia.

wonderful ['wʌndəful] *adj* (*excellent*) wspaniały; (*miraculous*) cudowny.

wonderfully ['wʌndəfəlɪ] *adv* (*kind, funny etc*) niezwykle.

wonky ['wɔŋkɪ] (*BRIT*: *inf*) *adj* (*table etc*) rozklekotany (*inf*).

won't [wəunt] = **will not**.

woo [wu:] *vt* (*woman*) zalecać się do *+gen*; (*audience, voters*) zabiegać o względy *+gen*.

wood [wud] *n* (*timber*) drewno *nt*; (*forest*) las *m* ♦ *cpd* drewniany.

wood-carving ['wudkɑ:vɪŋ] *n* (*act*) rzeźbienie *nt* w drewnie; (*object*) drewniana rzeźba *f*.

wooded ['wudɪd] *adj* zalesiony, lesisty.
wooden ['wudn] *adj* drewniany; (*fig*: *performance etc*) bez wyrazu *post*.
woodland ['wudlənd] *n* teren *m* leśny.
woodpecker ['wudpɛkə*] *n* dzięcioł *m*.
wood pigeon *n* dziki gołąb *m*.
woodwind ['wudwɪnd] *n* drewniany instrument *m* dęty; **the woodwind** sekcja drewnianych instrumentów dętych.
woodwork ['wudwə:k] *n* stolarka *f*.
woodworm ['wudwə:m] *n* czerw *m* drzewny.
woof [wuf] *n* szczeknięcie *nt* ♦ *vi* szczekać (zaszczekać *perf*); **woof, woof!** hau, hau!
wool [wul] *n* wełna *f*; **to pull the wool over sb's eyes** (*fig*) mydlić komuś oczy.
woollen ['wulən] (*US* **woolen**) *adj* wełniany.
woollens ['wulənz] *npl* odzież *f* wełniana.
woolly ['wulɪ] (*US* **wooly**) *adj* wełniany; (*fig*: *ideas*) mętny ♦ *n* sweter *m*.
Worcs (*BRIT*: *POST*) *abbr* (= *Worcestershire*).
word [wə:d] *n* (*unit of language, promise*) słowo *nt*; (*news*) wiadomość *f* ♦ *vt* formułować (sformułować *perf*); **word for word** (*repeat*) słowo w słowo; (*translate*) dosłownie; **what's the word for "pen" in French?** jak jest „długopis" po francusku?; **to put sth into words** wyrażać (wyrazić *perf*) coś słowami; **in other words** innymi słowy; **to break one's word** łamać (złamać *perf*) (dane) słowo; **to keep one's word** dotrzymywać (dotrzymać *perf*) słowa; **to have words with sb** rozmówić się (*perf*) z kimś; **they have been having words again** znów doszło między nimi do ostrej wymiany zdań; **to have a word with sb** zamienić (*perf*) z kimś parę słów; **I'll take your word for it** wierzę ci na słowo; **to send word of** zawiadamiać (zawiadomić *perf*) o +*loc*; **to leave word (with sb/for sb) that ...** zostawiać (zostawić *perf*) (u kogoś/dla kogoś) wiadomość, że ... .
wording ['wə:dɪŋ] *n* sposób *m* sformułowania.
word-perfect ['wə:d'pə:fɪkt] *adj*: **she was word-perfect** ani razu się nie pomyliła.
word processing *n* komputerowe redagowanie *nt* tekstu.
word processor [-prəusɛsə*] *n* edytor *m* tekstów.
wordwrap ['wə:dræp] (*COMPUT*) *n* automatyczne zawijanie *nt* tekstu (*po dojściu do prawego marginesu*).
wordy ['wə:dɪ] *adj* (*book*) rozwlekły, przegadany (*inf*); (*person*) mówiący rozwlekle.
wore [wɔ:*] *pt of* **wear**.
work [wə:k] *n* praca *f*; (*ART, LITERATURE*) dzieło *nt*; (*MUS*) utwór *m* ♦ *vi* (*person*) pracować; (*mechanism*) działać; (*medicine*) działać (zadziałać *perf*) ♦ *vt* (*wood, stone*) obrabiać; (*land*) uprawiać; (*machine*) obsługiwać; **to go to work** chodzić do pracy; **to go** *or* **get** *or* **set to work** zabierać się (zabrać się *perf*) do pracy; **to be at work (on sth)** pracować (nad czymś); **to be in work** mieć pracę; **to be out of work** nie mieć pracy; **to work a mine/an oil well** pracować przy wydobyciu węgla/ropy; **to work hard** ciężko pracować; **to work loose** (*screw etc*) obluzowywać się (obluzować się *perf*); (*knot*) rozluźniać się (rozluźnić się *perf*); **to work on the principle that ...** działać przy założeniu, że ...; **to work miracles** *or* **wonders** czynić cuda.
►**work on** *vt fus* (*task, person*) pracować nad +*instr*; **he's working on his car** pracuje przy (swoim) samochodzie.
►**work out** *vi* (*job, relationship*) układać się (ułożyć się *perf*); (*plan*) powieść się (*perf*); (*person*) ćwiczyć, trenować ♦ *vt* (*problem*) rozpracowywać (rozpracować *perf*); (*plan*) opracowywać (opracować *perf*); **he couldn't work out why ...** nie mógł dojść, dlaczego ...; **it works out at 100 pounds** to wynosi 100 funtów.
►**work up** *vt*: **to get worked up** denerwować się (zdenerwować się *perf*).
workable ['wə:kəbl] *adj* (*solution, idea*) wykonalny; (*system, proposal*) nadający się do zastosowania *or* wykorzystania.
workaholic [wə:kə'hɔlɪk] *n* pracoholik *m*.
workbench ['wə:kbɛntʃ] *n* stół *m* warsztatowy.
worker ['wə:kə*] *n* (*physical*) robotnik (-ica) *m(f)*; (*employee*) pracownik (-ica) *m(f)*; **office worker** urzędnik (-iczka) *m(f)*.
workforce ['wə:kfɔ:s] *n* siła *f* robocza; (*in particular company, area*) liczba *f* zatrudnionych.
work-in ['wə:kɪn] (*BRIT*) *n strajk okupacyjny, podczas którego nie przerywa się pracy.*
working ['wə:kɪŋ] *adj* (*day*) roboczy; (*population, mother*) pracujący; **working conditions/hours** warunki/godziny pracy; **a working knowledge of English** praktyczna znajomość (języka) angielskiego.
working capital *n* kapitał *m* obrotowy.
working class *n* klasa *f* robotnicza.
working-class ['wə:kɪŋ'klɑ:s] *adj* robotniczy.
working man *n*: **the working man** ludzie *vir pl* pracy.
working order *n*: **in working order** sprawny, na chodzie (*inf*).
working party (*BRIT*) *n* grupa *f* robocza.
working week *n* tydzień *m* roboczy.
workload ['wə:kləud] *n* obciążenie *nt*.
workman ['wə:kmən] (*irreg like*: **man**) *n* robotnik *m*.
workmanship ['wə:kmənʃɪp] *n* (*of person*) fachowość *f*; (*of object*) jakość *f* wykonania.
workmate ['wə:kmeɪt] *n* kolega *m* z pracy.
workout ['wə:kaut] *n* trening *m*.
work permit *n* pozwolenie *nt* na pracę.
works [wə:ks] (*BRIT*) *n* (*factory*) zakład *m* ♦ *npl* (*of clock, machine*) mechanizm *m*.

worksheet ['wə:kʃi:t] *n przygotowana przez nauczyciela kartka z ćwiczeniami, nad którymi uczeń pracuje na lekcji.*
workshop ['wə:kʃɔp] *n* (*building*) warsztat *m*; (*practical session*) warsztaty *pl.*
work station *n* stanowisko *nt* pracy.
work study *n* racjonalizacja *f* pracy.
work-to-rule ['wə:ktə'ru:l] (*BRIT*) *n* strajk *m* włoski.
world [wə:ld] *n* świat *m* ♦ *cpd* światowy; **all over the world** na całym świecie; **to think the world of sb** (*think highly*) bardzo kogoś cenić; (*like, love*) świata poza kimś nie widzieć; **what in the world is he doing?** co on u licha robi?; **it will do you a/the world of good** to ci doskonale zrobi; **world champion** mistrz(yni) *m(f)* świata; **World War One/Two** pierwsza/druga wojna światowa; **out of this world** nieziemski.
World Cup *n*: **the World Cup** Puchar *m* Świata.
world-famous [wə:ld'feɪməs] *adj*: **to be world-famous** być znanym na całym świecie; **a world famous singer/physicist** światowej sławy śpiewak/fizyk.
worldly ['wə:ldlɪ] *adj* (*not spiritual*) ziemski, doczesny; (*knowledgeable*) światowy.
worldwide ['wə:ld'waɪd] *adj* (ogólno)światowy ♦ *adv* na całym świecie.
worm [wə:m] *n* robak *m.*
►**worm out** *vt*: **to worm sth out of sb** wyciągać (wyciągnąć *perf*) coś z kogoś.
worn [wɔ:n] *pp of* **wear** ♦ *adj* (*carpet*) wytarty; (*shoe*) znoszony.
worn-out ['wɔ:naut] *adj* (*object*) zużyty; (*person*) wyczerpany, wykończony (*inf*).
worried ['wʌrɪd] *adj* (*anxious*) zaniepokojony; (*distressed*) zmartwiony; **I'm worried about you** niepokoję się *or* martwię się o ciebie.
worrier ['wʌrɪə*] *n*: **she's a worrier** ona lubi się zamartwiać.
worrisome ['wʌrɪsəm] *adj* niepokojący.
worry ['wʌrɪ] *n* (*anxiety*) troski *pl*, zmartwienia *pl*; (*problem*) zmartwienie *nt* ♦ *vt* (*upset*) martwić (zmartwić *perf*), trapić; (*alarm*) niepokoić (zaniepokoić *perf*) ♦ *vi* martwić się, niepokoić się; **to worry about** *or* **over sth/sb** niepokoić się czymś/o kogoś, martwić się o coś/kogoś.
worrying ['wʌrɪɪŋ] *adj* niepokojący.
worse [wə:s] *adj* gorszy ♦ *adv* gorzej ♦ *n* gorsze *nt*; **to get worse** pogarszać się (pogorszyć się *perf*); **a change for the worse** zmiana na gorsze; **he's none the worse for it** ani trochę na tym nie ucierpiał; **so much the worse for you!** tym gorzej dla ciebie!
worsen ['wə:sn] *vt* pogarszać (pogorszyć *perf*) ♦ *vi* pogarszać się (pogorszyć się *perf*).
worse off *adj* (*financially*) biedniejszy; (*fig*) w gorszej sytuacji *post*; **he is now worse off than before** powodzi mu się teraz gorzej niż przedtem.
worship ['wə:ʃɪp] *n* uwielbienie *nt*, kult *m* ♦ *vt* (*god*) oddawać (oddać *perf*) cześć *+dat*, wielbić (*fml*); (*person*) uwielbiać; **freedom of worship** wolność wyznania; **object/place of worship** obiekt/miejsce kultu; **Your Worship** (*BRIT*) *forma zwracania się do burmistrza lub sędziego.*
worshipper ['wə:ʃɪpə*] *n* (*in church*) wierny (-na) *m(f)*; (*fig*) czciciel(ka) *m(f)*.
worst [wə:st] *adj* najgorszy ♦ *adv* (*dressed*) najgorzej; (*affected*) najbardziej, najsilniej ♦ *n* najgorsze *nt*; **at worst** w najgorszym razie; **if the worst comes to the worst** w najgorszym wypadku.
worsted ['wustɪd] *n* wełna *f* czesankowa.
worth [wə:θ] *n* wartość *f* ♦ *adj* warty; **how much is it worth?** ile to jest warte?; **I'd like 50 pence worth of apples** poproszę jabłek za 50 pensów; **fifty thousand dollars' worth of equipment** sprzęt (o) wartości pięćdziesięciu tysięcy dolarów; **it's worth it** to (jest) warte zachodu; **the film is worth seeing** ten film warto zobaczyć; **it will be worth your while to do it** opłaci ci się to zrobić.
worthless ['wə:θlɪs] *adj* (*thing*) bezwartościowy; (*person*) nic nie wart *post.*
worthwhile ['wə:θ'waɪl] *n* wart zachodu *post.*
worthy [wə:ðɪ] *adj* (*person*) szanowny, czcigodny; (*motive*) szlachetny, zacny; **to be worthy of** być wartym *+gen.*

KEYWORD

would [wud] *aux vb* **1** (*conditional*): **if you asked him he would do it** gdybyś go poprosił, zrobiłby to; **if you had asked him he would have done it** gdybyś go (wtedy) poprosił, zrobiłby to. **2** (*in offers, invitations, requests*): **would you like a biscuit?** może herbatnika?; **would you ask him to come in?** (czy) mógłbyś go poprosić (, żeby wszedł)? **3** (*in indirect speech*): **I said I would do it** powiedziałam, że to zrobię. **4** (*emphatic*): **it WOULD have to rain today!** musiało akurat dzisiaj padać!; **you WOULD say that, wouldn't you!** musiałeś to powiedzieć, prawda? **5** (*insistence*): **she wouldn't give in** nie chciała się poddać, nie dawała za wygraną. **6** (*conjecture*): **it would have been midnight** pewnie było już koło północy; **it would seem so** na to by wyglądało. **7** (*indicating habit*): **he would go there on Mondays** chadzał tam w poniedziałki.

would-be ['wudbi:] *adj* niedoszły.
wouldn't ['wudnt] = **would not.**
wound[1] [waund] *pt, pp of* **wind**[2].
wound[2] [wu:nd] *n* rana *f* ♦ *vt* ranić (zranić *perf*); **he was wounded (in the leg)** został ranny (w nogę).
wove [wəuv] *pt of* **weave.**

woven ['wəuvn] *pp of* **weave**.
WP *n abbr* = **word processing**; = **word processor** ♦ *abbr* (*BRIT*: *inf*: = *weather permitting*) jeśli pogoda dopisze.
WPC (*BRIT*) *n abbr* (= *woman police constable*) policjantka *f*.
wpm *abbr* (= *words per minute*).
WRAC (*BRIT*) *n abbr* (= *Women's Royal Army Corps*) Żeńska Służba *f* Pomocnicza w Królewskich Siłach Lądowych.
WRAF (*BRIT*) *n abbr* (= *Women's Royal Air Force*) Żeńska Służba *f* Pomocnicza w Lotnictwie Królewskim.
wrangle ['ræŋgl] *n* sprzeczka *f* ♦ *vi*: **to wrangle with sb over sth** sprzeczać się z kimś o coś.
wrap [ræp] *n* (*shawl*) szal *m*; (*cape*) pelerynka *f*, narzutka *f* ♦ *vt* (*cover*) pakować (opakować *perf*); (*also*: **wrap up**) pakować (zapakować *perf*); (*wind*) owijać (owinąć *perf*); **to keep sth under wraps** (*fig*) trzymać coś w tajemnicy.
wrapper ['ræpə*] *n* (*on chocolate*) opakowanie *nt*; (*BRIT*: *of book*) obwoluta *f*.
wrapping paper ['ræpɪŋ-] *n* (*brown*) papier *m* pakowy; (*fancy*) papier *m* do pakowania (prezentów).
wrath [rɔθ] *n* gniew *m*.
wreak [ri:k] *vt*: **to wreak havoc (on)** siać spustoszenie (wśród *+gen*); **to wreak vengeance** *or* **revenge on sb** brać (wziąć *perf*) odwet na kimś.
wreath [ri:θ] (*pl* **wreaths**) *n* wieniec *m*.
wreck [rɛk] *n* (*vehicle, ship*) wrak *m*; (*pej*: *person*) wrak *m* (człowieka) ♦ *vt* (*car*) rozbijać (rozbić *perf*); (*device*) niszczyć (zniszczyć *perf*) (doszczętnie); (*chances*) niweczyć (zniweczyć *perf*).
wreckage ['rɛkɪdʒ] *n* szczątki *pl*.
wrecker ['rɛkə*] (*US*) *n* ≈ pomoc *f* drogowa.
WREN (*BRIT*) *n abbr kobieta służąca w WRNS*; *see also* **WRNS**.
wren [rɛn] *n* strzyżyk *m*.
wrench [rɛntʃ] *n* (*TECH*) klucz *m* (francuski); (*tug*) szarpnięcie *nt*; (*fig*) bolesne przeżycie *nt* ♦ *vt* (*arm, joint*) skręcić (*perf*); **to wrench sth off** *or* **away** oderwać (*perf*) coś; **to wrench sth from sb** wyrwać (*perf*) coś komuś; **he wrenched the door open** szarpnięciem otworzył drzwi.
wrest [rɛst] *vt*: **to wrest sth from sb** wydzierać (wydrzeć *perf*) coś komuś.
wrestle ['rɛsl] *vi*: **to wrestle (with sb)** mocować się (z kimś); **to wrestle with a problem** borykać się z problemem.
wrestler ['rɛslə*] *n* zapaśnik (-iczka) *m(f)*.
wrestling ['rɛslɪŋ] *n* zapasy *pl*; (*also*: **all-in wrestling**) wolna amerykanka *f*.
wrestling match *n* walka *f* zapaśnicza.
wretch [rɛtʃ] *n* (*wicked*) nędznik *m*; (*unfortunate*) nieszczęśnik *m*; **little wretch!** biedaczek!
wretched ['rɛtʃɪd] *adj* (*poor*) nędzny; (*unhappy*) nieszczęsny; (*inf*) głupi; **to be** *or* **feel wretched** czuć się okropnie.
wriggle ['rɪgl] *vi* (*also*: **wriggle about**: *person*) wiercić się; (: *fish*) trzepotać (się); (: *snake*) wić się ♦ *n*: **with a wriggle** wiercąc się.
wring [rɪŋ] (*pt* **wrung**) *vt* (*wet clothes*) wykręcać (wykręcić *perf*); (*hands*) załamywać (załamać *perf*); (*bird's neck*) ukręcać (ukręcić *perf*); **to wring sth out of sb/sth** (*fig*) wyciskać (wycisnąć *perf*) coś z kogoś/czegoś (*inf*).
wringer ['rɪŋə*] *n* wyżymaczka *f*.
wringing ['rɪŋɪŋ] *adj* (*also*: **wringing wet**) ociekający wodą.
wrinkle ['rɪŋkl] *n* (*on skin*) zmarszczka *f*; (*on paper etc*) zagniecenie *nt* ♦ *vt* marszczyć (zmarszczyć *perf*) ♦ *vi* marszczyć się (zmarszczyć się *perf*).
wrinkled ['rɪŋkld] *adj* pomarszczony.
wrinkly ['rɪŋklɪ] *adj* = **wrinkled**.
wrist [rɪst] *n* nadgarstek *m*, przegub *m* (dłoni).
wristband ['rɪstbænd] *n* (*BRIT*: *of shirt*) mankiet *m*; (*of watch*: *leather*) pasek *m* (do zegarka); (: *metal*) bransoletka *f* (do zegarka).
wristwatch ['rɪstwɔtʃ] *n* zegarek *m* (na rękę).
writ [rɪt] (*JUR*) *n* nakaz *m* urzędowy; **to issue a writ against sb, serve a writ on sb** pozywać (pozwać *perf*) kogoś do sądu.
write [raɪt] (*pt* **wrote**, *pp* **written**) *vt* (*letter, novel*) pisać (napisać *perf*); (*cheque, receipt, prescription*) wypisywać (wypisać *perf*) ♦ *vi* pisać (napisać *perf*); **to write to sb** pisać (napisać *perf*) do kogoś.
►**write away** *vi*: **to write away for** (*information*) prosić (poprosić *perf*) listownie o *+acc*; (*goods*) zamawiać (zamówić *perf*) listownie *+acc*.
►**write down** *vt* zapisywać (zapisać *perf*).
►**write off** *vt* (*debt*) umarzać (umorzyć *perf*); (*plan, person*) spisywać (spisać *perf*) na straty; (*car*) kasować (skasować *perf*) ♦ *vi* = **write away**.
►**write out** *vt* (*report, list*) spisywać (spisać *perf*); (*cheque, receipt*) wypisywać (wypisać *perf*).
►**write up** *vt* przepisywać (przepisać *perf*) (na czysto).
write-off ['raɪtɔf] *n*: **the car was a write-off** samochód nadawał się do kasacji *or* na złom.
write-protect ['raɪtprə'tɛkt] (*COMPUT*) *vt* zabezpieczać (zabezpieczyć *perf*) przed zapisem.
writer ['raɪtə*] *n* (*job*) pisarz (-arka) *m(f)*; (*of report, document*) autor(ka) *m(f)*.
write-up ['raɪtʌp] *n* recenzja *f* (*w gazecie*).
writhe [raɪð] *vi* skręcać się, wić się.
writing ['raɪtɪŋ] *n* (*words written*) napis *m*; (*also*: **handwriting**) pismo *nt*, charakter *m* pisma; (*of author*) pisarstwo *nt*; (*activity*) pisanie *nt*; **in writing** na piśmie; **in my own writing** moim własnym pismem.
writing case *n* teczka *f* (*zawierająca materiały piśmiennicze*).
writing desk *n* biurko *nt*, sekretarzyk *m* (*old*).

writing paper *n* papier *m* listowy.
written ['rɪtn] *pp of* **write**.
WRNS (*BRIT*) *n abbr* (= *Women's Royal Naval Service*) Żeńska Służba *f* Pomocnicza w Królewskiej Marynarce Wojennej.
wrong [rɔŋ] *adj* (*inappropriate, morally bad*) niewłaściwy; (*incorrect*) zły, błędny; (*unfair*) niesprawiedliwy ♦ *adv* źle, błędnie ♦ *n* (*injustice*) krzywda *f*; (*evil*) zło *nt* ♦ *vt* wyrządzać (wyrządzić *perf*) krzywdę *+dat*, krzywdzić (skrzywdzić *perf*); **the answer was wrong** odpowiedź była błędna *or* zła; **he was wrong (in saying ...)** nie miał racji *or* mylił się (, mówiąc ...); **you were wrong to speak to the newspapers** źle zrobiłeś, rozmawiając z dziennikarzami; **it's wrong to steal, stealing is wrong** kradzież jest złem; **you are wrong about that, you've got it wrong** mylisz się co do tego; **who's in the wrong?** kto zawinił?; **what's wrong?** co się stało?; **there's nothing wrong** wszystko (jest) w porządku; **to go wrong** (*person*) mylić się (pomylić się *perf*); (*machine, relationship*) psuć się (popsuć się *perf*).
wrongful ['rɔŋful] *adj* bezprawny.
wrongly ['rɔŋlɪ] *adv* (*answer, translate, spell*) źle, błędnie; (*accuse*) bezpodstawnie; (*imprison*) bezprawnie; (*dressed, arranged*) nieodpowiednio, niewłaściwie.
wrong number (*TEL*) *n*: **you've got the wrong number** (to) pomyłka.
wrong side *n*: **the wrong side** (*of material*) lewa strona *f*.
wrote [rəut] *pt of* **write**.
wrought [rɔ:t] *adj*: **wrought iron** kute żelazo *nt*.
wrung [rʌŋ] *pt, pp of* **wring**.
WRVS (*BRIT*) *n abbr* (= *Women's Royal Voluntary Service*) *żeńska organizacja ochotnicza niosąca pomoc potrzebującym*.
wry [raɪ] *adj* lekko drwiący.
wt. *abbr* = **weight**.
WV (*US*: *POST*) *abbr* (= *West Virginia*).
WY (*US*: *POST*) *abbr* (= *Wyoming*).
WYSIWYG ['wɪzɪwɪg] (*COMPUT*) *abbr* (= *what you see is what you get*) *sposób komputerowego opracowywania tekstu, w którym postać wydruku odpowiada dokładnie postaci na ekranie*.

X,x

X, x [ɛks] *n* (*letter*) X *nt*, x *nt*; (*BRIT*: *FILM*: *old*) ≈ od lat 18-tu; **X for Xmas** ≈ X jak Xantypa.
Xerox ['zɪərɔks] ® *n* (*also*: **Xerox machine**) kserokopiarka *f*, ksero *nt* (*inf*); (*photocopy*) kserokopia *f*, ksero *nt* (*inf*) ♦ *vt* kserować (skserować *perf*).
XL *abbr* (= *extra large*) XL.
Xmas ['ɛksməs] *n abbr* = **Christmas**.
X-rated ['ɛks'reɪtɪd] (*US*) *adj* ≈ od lat 18-tu *post*.
X-ray [ɛks'reɪ] *n* (*ray*) promień *m* Rentgena *or* X; (*photo*) zdjęcie *nt* rentgenowskie, prześwietlenie *nt* ♦ *vt* prześwietlać (prześwietlić *perf*); **to have an X-ray** robić (zrobić *perf*) sobie prześwietlenie.
xylophone ['zaɪləfəun] *n* ksylofon *m*.

Y,y

Y, y [waɪ] *n* (*letter*) Y *nt*, y *nt*; **Y for Yellow,** *(US)* **Y for Yoke** ≈ Y jak Ypsylon.
yacht [jɔt] *n* jacht *m*.
yachting ['jɔtɪŋ] *n* żeglarstwo *nt*.
yachtsman ['jɔtsmən] (*irreg like*: **man**) *n* żeglarz *m*.
yam [jæm] *n* słodki ziemniak *m*.
Yank [jæŋk] (*pej*) *n* Jankes(ka) *m(f)*.
yank [jæŋk] *vt* szarpać (szarpnąć *perf*) ♦ *n* szarpnięcie *nt*; **to give sth a yank** szarpać (szarpnąć *perf*) (za) coś.
Yankee ['jæŋkɪ] (*pej*) *n* = **Yank**.
yap [jæp] *vi* ujadać.
yard [jɑ:d] *n* (*of house*) podwórko *nt*; (*US*: *garden*) ogródek *m*; (*measure*) jard *m* (*91,4 cm*); **builder's yard** plac budowy.
yardstick ['jɑ:dstɪk] *n* (*fig*) miara *f*.
yarn [jɑ:n] *n* (*thread*) przędza *f*; (*tale*) opowieść *f*.
yawn [jɔ:n] *n* ziewnięcie *nt* ♦ *vi* ziewać (ziewnąć *perf*).
yawning ['jɔ:nɪŋ] *adj* (*gap*) ziejący.
yd *abbr* = **yard**.
yeah [jɛə] (*inf*) *adv* tak, no (*inf*).
year [jɪə*] *n* rok *m*; **she wanted to go there every year** chciała tam jeździć co roku; **let's do it this year** zróbmy to w tym roku; **a** *or* **per year** na rok, rocznie; **year in, year out** z roku na rok; **to be 8 years old** mieć 8 lat; **an eight-year-old child** ośmioletnie dziecko.
yearbook ['jɪəbuk] *n* rocznik *m*.
yearling ['jɪəlɪŋ] *n* roczniak *m*.
yearly ['jɪəlɪ] *adj* (*once a year*) doroczny; (*every year*) coroczny; (*per year*) roczny ♦ *adv* (*once a year*) raz do *or* w roku; (*every year*) corocznie; (*per year*) rocznie; **twice yearly** dwa razy w *or* do roku.
yearn [jə:n] *vi*: **to yearn for sth** tęsknić do czegoś; **to yearn to do sth** (bardzo) pragnąć coś (z)robić.
yearning ['jə:nɪŋ] *n*: **to have a yearning for**

sth/to do sth (bardzo) pragnąć czegoś/(z)robić coś.

yeast [ji:st] *n* drożdże *pl*.

yell [jɛl] *n* wrzask *m* ♦ *vi* wrzeszczeć (wrzasnąć *perf*).

yellow ['jɛləu] *adj* żółty ♦ *n* (kolor *m*) żółty.

yellow fever *n* żółta febra *f*.

yellowish ['jɛləuɪʃ] *adj* żółtawy.

Yellow Sea *n*: **the Yellow Sea** Morze *nt* Żółte.

yelp [jɛlp] *n* (*person's*) okrzyk *m*; (*animal's*) skowyt *m* ♦ *vi* (*person*) krzyczeć (krzyknąć *perf*); (*animal*) skowyczeć (zaskowyczeć *perf*).

Yemen ['jɛmən] *n* Jemen *m*.

Yemeni ['jɛmənɪ] *adj* jemeński ♦ *n* Jemeńczyk/Jemenka *m/f*.

yen [jɛn] *n* jen *m*; **to have a yen for/to do sth** mieć ochotę na coś/(z)robienie czegoś.

yeoman ['jəumən] (*irreg like*: **man**) *n* (*BRIT*): **yeoman of the guard** żołnierz *m* królewskiej straży przybocznej.

yes [jɛs] *adv* tak ♦ *n* (*consent*) tak *nt*; (*in voting*) głos *m* za; **to say yes** zgadzać się (zgodzić się *perf*).

yes-man ['jɛsmæn] (*irreg like*: **man**) (*pej*) *n* potakiwacz *m* (*pej*).

yesterday ['jɛstədɪ] *adv* wczoraj ♦ *n* wczoraj *nt*, dzień *m* wczorajszy; **yesterday morning/evening** wczoraj rano/wieczorem; **the day before yesterday** przedwczoraj; **all day yesterday** (przez) cały wczorajszy dzień.

yet [jɛt] *adv* jeszcze ♦ *conj* ale, (a) mimo to; **must you go just yet?** czy musisz już iść?; **not yet** jeszcze nie; **the best yet** najlepszy do tej pory *or* jak dotąd; **as yet** jak dotąd, na razie; **a few days yet** jeszcze kilka dni; **yet again** znowu, jeszcze raz.

yew [ju:] *n* cis *m*.

YHA (*BRIT*) *n abbr* (= *Youth Hostels Association*) ≈ PTSM *m*.

Yiddish ['jɪdɪʃ] *n* (*LING*) jidysz *m inv*.

yield [ji:ld] *n* (*AGR*) plon *m*; (*COMM*) zysk *m* ♦ *vt* (*control*) oddawać (oddać *perf*); (*results, profit*) dawać (dać *perf*), przynosić (przynieść *perf*) ♦ *vi* (*surrender*) ulegać (ulec *perf*), ustępować (ustąpić *perf*); (*US*: *AUT*) ustępować (ustąpić *perf*) pierwszeństwa przejazdu; (*break, move position*) ustępować (ustąpić *perf*), nie wytrzymywać (nie wytrzymać *perf*); **a yield of 5%** pięcioprocentowy zysk.

YMCA *n abbr* (= *Young Men's Christian Association*) (*organization*) YMCA *f*; (*hostel*) schronisko *nt* YMCA.

yob(bo) ['jɔb(əu)] (*BRIT*: *inf*) *n* chuligan *m*.

yodel ['jəudl] *vi* jodłować.

yoga ['jəugə] *n* joga *f*.

yog(h)ourt ['jəugət] *n* jogurt *m*.

yog(h)urt ['jəugət] *n* = **yog(h)ourt**.

yoke [jəuk] *n* jarzmo *nt* ♦ *vt* zaprzęgać (zaprząc *perf*).

yolk [jəuk] *n* żółtko *nt*.

Yorks [jɔ:ks] (*BRIT*: *POST*) *abbr* (= *Yorkshire*).

KEYWORD

you [ju:] *pron* **1** (*subject sg*) ty; (*subject pl*) wy; **you and I** ty i ja; **you French** wy Francuzi; **you are very kind** jest Pan bardzo miły *or* uprzejmy. **2** (*direct object sg*) cię; (: *stressed*) ciebie; (*direct object pl*) was; **I know you** znam cię/was; **I saw you, not her** widziałam ciebie, nie ją. **3** (*indirect object sg*) ci; (: *stressed*) tobie; (*indirect object pl*) wam; **I told you** mówiłam ci; **I told YOU to do it** kazałem to zrobić tobie/wam. **4** (*after prep, in comparisons*): **it's for you** to dla ciebie/was; **can I come with you?** (czy) mogę pójść z tobą/wami?; **she's younger than you** jest młodsza od ciebie. **5** (*polite sg*) Pan(i) *m(f)*; (*polite pl*) Państwo *vir pl*; **can I help you?** czym mogę Panu/Pani/Państwu służyć? **6** (*impersonal*): **you never know** nigdy nie wiadomo; **you can't do that!** tak nie można!

you'd = **you had**; = **you would**.

you'll [ju:l] = **you will**; = **you shall**.

young [jʌŋ] *adj* młody; **the young** *npl* (*of animal*) młode *pl*; (*people*) młodzież *f*; **a young man** młody człowiek; **a young lady** młoda dama.

younger [jʌŋgə*] *adj* młodszy; **the younger generation** młodsze pokolenie; **in one's younger days** za młodu.

youngish ['jʌŋɪʃ] *adj* dość młody.

youngster ['jʌŋstə*] *n* (*child*) dziecko *nt*; (*young man*) chłopak *m*; (*young woman*) dziewczyna *f*.

your [jɔ:*] *adj* twój; (*one's*) swój (własny); *see also* **my**.

you're [juə*] = **you are**.

yours [jɔ:z] *pron* twój; **a friend of yours** (jakiś) twój kolega *m*/(jakaś) twoja koleżanka *f*; **is it yours?** czy to jest twoje?; **yours sincerely/faithfully** z poważaniem; *see also* **mine**[1].

yourself [jɔ:'sɛlf] *pron* (*reflexive*) się; (*after prep*) siebie *(gen, acc)*, sobie *(dat, loc)*, sobą *(instr)*; (*after conj*) ty; (*emphatic*) sam; **you yourself told me** ty sam mi powiedziałeś.

yourselves [jɔ:'sɛlvz] *pl pron* (*reflexive*) się; (*after prep*) siebie *(gen, acc)*, sobie *(dat, loc)*, sobą *(instr)*; (*after conj*) wy; (*emphatic*) sami; **people like yourselves** ludzie tacy jak wy; *see also* **oneself**.

youth [ju:θ] *n* (*young days*) młodość *f*; (*young man*) młodzieniec *m*.

youth club *n* klub *m* młodzieżowy.

youthful ['ju:θful] *adj* (*person*) młody; (*enthusiasm*) młodzieńczy.

youthfulness ['ju:θfəlnɪs] *n* młodzieńczość *f*.

youth hostel *n* schronisko *nt* młodzieżowe.

youth movement *n* ruch *m* młodzieżowy.
you've [ju:v] = **you have**.
yowl [jaul] *n* wycie *nt*.
yr *abbr* = **year** r.
Yugoslav ['ju:gəuslɑ:v] *adj* jugosłowiański ♦ *n* Jugosłowianin (-anka) *m(f)*.
Yugoslavia ['ju:gəu'slɑ:vɪə] *n* Jugosławia *f*.
Yugoslavian ['ju:gəu'slɑ:vɪən] *adj* jugosłowiański.
Yule log [ju:l-] *n polano spalane w kominku w Wigilię Bożego Narodzenia.*
yuppie ['jʌpɪ] (*inf*) *n* yuppie *m* ♦ *adj* typowy dla yuppies.
YWCA *n abbr* (= *Young Women's Christian Association*) (*organization*) YWCA *f*; (*hostel*) schronisko *nt* YWCA.

Z,z

Z, z [zɛd] *n* (*letter*) Z *nt*, z *nt*; **Z for Zebra** ≈ Z jak Zygmunt.
Zaire [zɑ:'i:ə*] *n* Zair *m*.
Zambia ['zæmbɪə] *n* Zambia *f*.
Zambian ['zæmbɪən] *adj* zambijski ♦ *n* Zambijczyk (-jka) *m(f)*.
zany ['zeɪnɪ] *adj* dziwaczny.
zap [zæp] (*COMPUT*) *vt* usuwać (usunąć *perf*).
zeal [zi:l] *n* zapał *m*.
zealot ['zɛlət] *n* fanatyk (-yczka) *m(f)*; **to be a zealot for/against sth** być zagorzałym zwolennikiem/przeciwnikiem czegoś.
zealous ['zɛləs] *adj* zagorzały.
zebra ['zi:brə] *n* zebra *f*.
zebra crossing (*BRIT*) *n* przejście *nt* dla pieszych, pasy *pl*.
zenith ['zɛnɪθ] *n* zenit *m*; (*fig*) szczyt *m*.
zero ['zɪərəu] *n* zero *nt* ♦ *vi*: **to zero in on** (*target*) kierować się (nakierować się *perf*) na +*acc*; (*problem*) koncentrować się (skoncentrować się *perf*) na +*loc*; **5 degrees below zero** 5 stopni poniżej zera.
zero hour *n* godzina *f* zero.
zero-rated ['zi:rəureɪtɪd] (*BRIT*) *adj* zwolniony od VAT-u.
zest [zɛst] *n* zapał *m*, entuzjazm *m*; **zest for life** radość życia; **orange/lemon zest** skórka pomarańczowa/cytrynowa.
zigzag ['zɪgzæg] *n* zygzak *m* ♦ *vi* (*on foot*) iść (pójść *perf*) zygzakiem; (*car*) jechać (pojechać *perf*) zygzakiem.
Zimbabwe [zɪm'bɑ:bwɪ] *n* Zimbabwe *nt inv*.
Zimbabwean [zɪm'bɑ:bwɪən] *adj*: **the Zimbabwean government/people** rząd *m*/naród *m* Zimbabwe.
zinc [zɪŋk] *n* cynk *m*.
Zionism ['zaɪənɪzəm] *n* syjonizm *m*.
Zionist ['zaɪənɪst] *adj* syjonistyczny ♦ *n* syjonista (-tka) *m(f)*.
zip [zɪp] *n* zamek *m* błyskawiczny ♦ *vt*: **to zip up sth** zapinać (zapiąć *perf*) coś (na zamek).
zip code (*US*) *n* kod *m* pocztowy.
zipper ['zɪpə*] (*US*) = **zip**.
zither ['zɪðə*] *n* cytra *f*.
zodiac ['zəudɪæk] *n* zodiak *m*.
zombie ['zɔmbɪ] *n* (*fig*) żywy trup *m*.
zone [zəun] *n* strefa *f*.
zoo [zu:] *n* zoo *nt inv*.
zoological [zuə'lɔdʒɪkl] *adj* zoologiczny.
zoologist [zu'ɔlədʒɪst] *n* zoolog *m*.
zoology [zu:'ɔlədʒɪ] *n* zoologia *f*.
zoom [zu:m] *vi*: **to zoom past (sth)** przemykać (przemknąć *perf*) obok (czegoś); **to zoom in (on sth/sb)** (*PHOT, FILM*) robić (zrobić *perf*) najazd (na coś/kogoś).
zoom lens *n* teleobiektyw *m*.
zucchini [zu:'ki:nɪ] (*US*) *n(pl)* cukinia *f*.
Zulu ['zu:lu:] *adj* zuluski ♦ *n* (*person*) Zulus(ka) *m(f)*; (*LING*) (język *m*) zulu.
Zürich ['zjuərɪk] *n* Zurych *m*.